ISBN 978-0-332-27516-1
PIBN 10996326

ORATORES
ATTICI

ET QUOS SIC VOCANT

SOPHISTÆ

OPERA ET STUDIO

GULIELMI STEPHANI DOBSON A.M.

REGIÆ SOCIETATIS LITERARUM SOCII

TOMUS TERTIUS

ISOCRATES

LONDINI

EXCUDIT J. F. DOVE

(APUD QUEM ETIAM VENEUNT)

A. S. MDCCCXXVIII.

ISOCRATIS

QUÆ EXSTANT OMNIA

INDICIBUS

VARIETATE LECTIONIS

CONTINUA INTERPRETATIONE LATINA

SCHOLIIS GRÆCIS

ANNOTATIONIBUS VARIORUM

H. WOLFII H. STEPHANI AUGERI
LANGII CORAIS FACCIOLATI FRICKII MORI SPOHNII
BERGMANI FINDEISENI ORELLII MAII
ALIORUMQUE ET SUIS

ILLUSTRAVIT

GULIELMUS STEPHANUS DOBSON A.M.

REGIÆ SOCIETATIS LITERARUM SOCIUS

PRÆFIGUNTUR ADVERSARIA

NUNC PRIMUM PUBLICI JURIS FACTA

PETRI PAULI DOBREE

GRÆCARUM LITERARUM APUD CANTABRIGIENSES
NUPER PROFESSORIS REGII

LONDINI

PROSTANT APUD J. F. DOVE

A. S. MDCCCXXVIII.

PRÆFATIO EDITORIS.

Isocratem, qualicunque meo studio ac industria expolitum, jam ordine tertium, haud interturbato instituti mei processu, tuas, Lector candide, in manus tradere, tuoque judicio permittere, mihi contingit, parum, uti spero, benignitatem tuam et liberalitatem in me Auctoremque meum claudi sensuro.

Tres potissimum Editores recentiores nactus est Isocrates, Augerum scilicet, Langium et Coraem: quorum, mea saltim opinione, Coraes longe optimus. Verum enimvero, eo quod post tempora Corais plures atque præstantiores MSS. sunt collati, eorumque lectiones variantes hinc illinc congestæ, in medio jam tandem repostæ, partes Editoris iniquius, ut putabam, egissem, ni Textum recensuissem. Ex eo igitur animi mei sensu Textum ad fidem MSS. denuo formavi; et Varietates Textuum, Augeri, Langii et Corais, in singulis paginis apposui.

Annotationes, perinde ac in præcedentibus Oratoribus a me nuperrime editis, comparatæ ac digestæ, Textui apponuntur. Atqui studiosis Isocratis mei auctor sum, ut Panegyricam et Areopagiticam, copiosioribus animadversionibus, Bergmani hanc, illam Mori, illustratam, ceu clavim, quod vulgo dicunt, ad cæteras, primas pellegerint: in reliquis enim, Parænetica excepta et Nicocleis, brevitati, quantum liceret, studui.

Accedunt Scholia, in editione Corais evulgata, Variantes Lectiones, et Indices.

Interpretatio Latina Hieronymi Wolfii est, in lacuna autem longiore orationis de Antidosi, recentius ex auctoritate MSS. expleta, Angeli Maii, ad Nostram editionem passim accommodata.

Isocratem nostrum volo, L.C., inspexeris et conquæsieris. Εὐτύχει.

Augustis Nonis, A. D. MDCCCXXVIII., ex Museo meo, in vico quem vocant Highgate, prope Londinum.

PETRI PAULI DOBREE

ΤΟΥ ΜΑΚΑΡΙΤΟΥ

GRÆCARUM LITERARUM APUD CANTABRIGIENSES

PROFESSORIS REGII

ADVERSARIA

AD ISOCRATEM.

Isocrates Bekkeri.

[AD PAG. ET LIT. EDIT. STEPH.]

Lectus Isocr. Januario et Februario 1823. Relegebam Martio. Notas inchoavi Martii 23tio.

"Paucis ille mendis deformatur." Valok. mss. Philosophi descriptio, ad Nicocl. p. 22. d. Isocr. τέχναι. Ep. Soor. 28. p. 60. 65. Vide Phil. 105. c. ἦν δὲ καὶ τὰ παλαιὰ διαλεχθῆναι τῆς Ἰσοκράτους ἡλικίας, τὸ δὲ εὐθαλῶς, ὡς φησὶν αὐτὸς, ἀνθούσης τῆς διανοίας. ibid. p. 60. 61. ubi cæcutit Allatius. An respicit Panath. 233. b. c.? Imo Philipp. 84. d. ut recto Allat. Cæterum Allatii ms. alius εὐρυθαλῶς, i. e.

ΕΥΡΥΘΜΩΣ, quomodo lege ex Isocr. 87. e. (adde c. Sophist. 294. d. et compara Isocr. Epist. VI.) et verte, *res antiquas narrare, Isocratis ætatem decet; exornare, florentis ætatis est.* Isocrati defuit vox et audacia, Philipp. 98. c. Panath. 234. b. ἄρχων et τύραννος, quomodo differant, de Pace 177. c. Piæ fraudes, Busir. 226. b. Rhetorica fides, 265. b. 282. e. 284. b. Agamemnoni et Pindaro sese comparat, Panath. 247. d. etc. Antid. §. 177. ed. Bekk. Homero, Panath. 288. b. Philippo, Ep. I. Education, 238. b. etc. Attica dialectus, Xenophon Resp. Ath. 2. 8. Antidos. §. 316. Codex Fuggeranus apud Wolfium est non mstus ipse, sed msti collatio, illi communicata ab amico (vide Præf. ad Castig. p. 806), admixtis forsan v. ll. aliunde ductis, ut πλεονεξίας p. 160. A. quod suspicor e Dionysio, non msto, esse. De ed. Basil. apud Isingrinium, Hemst. in Miscell. Obs. t. 7. p. 324. Orationum ordo hic, qui apud Wolf. et Steph. Isocratem perstringi a Platone Euthyd. p. 305. c. H. St. valde probabiliter conjicit optimus Heindorfius.

Ad Demonicum.

Isocratis Apolloniatæ. Hemsterh. ad Plut. p. 294.

Ad Nicoclem.

[211] 17. a. ἀσκητῶν. Ad Arist. Pl. 585.

17. b. Antidos. §. 224.

18. d. καὶ τῷ κάλλει τῶν κτημάτων. Scholion, ut suspicor, ad προειρημ. scil. κατασκευαῖς.

19. d. πολεμικός. De Pace 186. b.

20. e. Conf. Nicocl. 35. d.

24. d. Non fero ὄντα omissum post πολλῶν, præsertim in antithetorum artifice. (Porson. ad Hec. p. 49. et marg.) Malim, βασιλέα ὄντα.

Nicocles.

26. b. De Pace 165. e.

27. b.—28. d. Antidos. §. 268—275.

27. b. Malim, εἴπερ γὰρ διὰ τοὺς ἐξαπατῶντας καὶ ψευδομένους πρὸς — (vel simpliciter dele κ. τ. ψευδ.)

27. d. "Sequentia confer cum Cicer. de Orator. I. ." Maius.

30. d. Conf. Thucyd. I. 141.

32. a. εἰ δὲ δεῖ — "Exprimit Cicero de Rep. I. 36." Maius.

32. a. ἀρχαίων. Philipp. 111. c.

33. c. Lys. c. Nicom. p. 185, 19.

36. a. Vide Antidos. §. 308.

36. d. Conf. ad Nicocl. 20. e. Epist. II.

39. b. δύνασθαι μὲν πλείω τῆς ἀρετῆς ὠφελεῖν. Forsan del. ὠφ. Vide seqq. Male: vide de Pace 165. c. Per τὰς δυνάμεις αὐτῶν εἶναι, intellige, *illud et esse et vocari malum, hoc bonum.* δύναμις, Busir. 226. d.

Panegyricus.

[213] Quo tempore edita? — Durante Antalcida pace, 64. d. occupata Cadmea, 67. a. Olynthiis et Phliasiis obsessis, 67. a. Amyntas, Dionysius, 67. a. Res Ægyptiæ, 69. d. Evagoras, 69. e. Persicæ res, 74. c. Italia et Sicilia, 76. b. παρακαταθήκη, 80. d. Non possunt intelligi de Oropo: vide Chronol. ad Ol. 103, 3. "Olymp. XCIX. 3. circiter editus Paneg." Simson Chron. p. 828. Citatur Panegyricus, Antidos. 321. c. etc. Philipp. 99. a. b. 84. b—d. Panath. 269. a. Epist. III. πάτριον, 44. c. 45. d. 51. e. 53. c.

42. b. πέρας Phil. 110. e.

42. d. ἀρχαίως. Harpocr. in v. Epp. Socr. XXVIII. p. 64, 1.

43. a. Panath. 233. d.

46. b. De Pace 166. b.

47. d. ἐφ' ἑκατέρας τῆς ἠπ. Panath. 241. d. 267. e. Philipp. 105. a.

48. c. fin. οἱ γὰρ ἐν ἀρχῇ. Non intelligo.

49. b. Lysias Olymp.

49. c. εὐτυχίας. De Bigis 353. e.

50. a. καὶ τῶν ἀ. Si tantum posuisset πάντων pro ἀπ. effecisset opimum Aristophaneum.

50. a. An sensus est, *Præmio a vobis donati non magis insignes sunt, quam si simile præmium in singulis Græciæ urbibus reportavissent?* An morem tangit, inseriptionem publice faciendam curandi, in civium honorem, qui Athenis vicissent?

50. e. Antidos. §. 316.

52. e. Panath. 273. d.

52. e. Eur. Or. 1167.

56. c. Areopag. 148. a. etc.

56. d. φθήσονται. Vid. Evag. 197. b.

56. e. De Pace 186. a.

58. b. οἰκείαν. Lys. p. 192, 25.

58. b. ἀλλοτρίαις Lysias p. 193, 1.

59. b. ἀγωνιῶντες. Harpocr. v.

60. d. fin. Markl. ad Lys. p. 194, 14.

61. a. Citat Coraes Evag. 194. e. Vide Markl. ad Lys. Epitaph. p. 194, 15.

61. d. Cum seqq. confer Panath. 245. c. etc.

64. a. Xenoph. Hellen. 3. 5. 12.

65. c. Phil. 94. e.

66. a. μέγαν. Epist. II.

66. b. Panath. 244. e.

66. c. Plataic. 300. b.

66. d.—68. c. 72. d.

67. e. Ep. III.

68. c. τῶνδε τῶν τόπων. Intelligo de ἐπικούροις, i. e. ξένοις, e Cræcia. Similiter Plato Menex. t. 5. p. 397, 10. Bekk. φυγάδας καὶ ἐθελοντάς. sed de alio tempore, ut puto; vide Isocr. - - - - mox 70. b.

69. a—d. Respicit, ut videtur, Demosthenes.

70. a. εἰ δὲ δεῖ — "Clem. Al. Str. VI. p. 747. Andocid. 23, 39." Cor.

70. a. Ῥόδον. Phil. 94. e.

71. b. Philipp. 100. c.

71. d. κώμην. Antidos. §. 122.

71. e. Evag. 200. e.

72. c. ἐξεταζόμενοι utcunque intelligas *drilled, trained* (to servitude). Sed vide an hæc transponenda 71. e. καὶ τελευτῶντες, ἐξεταζόμενοι πρὸς αὐτοῖς τοῖς βασιλείοις, καταγέλαστοι γεγόνασιν. ut pugnam ad Cunaxam pompam fuisse meram dicat. Si hoc probas, ἔχοντες, προκ. lege sine καί.

73. a. Panath. 266. c.

73. d. εἴ τις ἐπικηρ. Arist. Thesm. 344.

75. a. An del. οἷον Ῥόδος καὶ Σάμος καὶ Χίος?

Philippus.

83. d. Etsi vulgatæ lectiones plerumque negligendæ, vide an hic lateat πολιτῶν, vel τῶν ἐν τῇ πόλει (ut 86. e.) et διαλεγομένων. Quid si, τοιαῦτα δὲ πολλῶν λεγόντων τῶν ἐν τῇ πόλει τῶν διαλεγομένων ἡμῖν. Philippica oratio vulgata statim post pacem, antequam Phocico bello finem imposuisset Philippus, 92. e. 96. e. etc. 109. a.

87. a. Evag. 199. c. Panath. 277. b.

87. c. Epist. I.

87. d. Liber patrono eget, Plato Phædr. p. 98—9. *quem* locum contulit Grayius cum Protag. p. 221, 15. (Bekk.) imo

com 186, 4. Adde Ps. Dem. Epist. 1. p. 1463, 19. Ep. Socr. XXVIII. p. 67, 11. Panath. 236. c. Epist. I. Panath. 284. c.

88. b. Epist. I.

89. d. Si ex Urb. recipias ἐμποιοῦσι, dele ἡμῖν vel ὑμῖν.

90. d. πρὸς Ξέρξην. Falsum et ineptum. Prope ad literas πρὸς τὸν Πέρσην, sed hoc loquendi modo nunquam utitur Isocr. (Rex, perpetua persona, sive sit ille Darius, sive X. sive Artax. Plato Menex. t. 5. p. 394, 4. Bekk.=243. H. St. quamvis interdum ponat ὁ βάρβαρος pro Rex Persarum, ut Areopag. 141. e. Paneg. 77. c. 78. b. 67. d. Omnino vide ad Lys. Epitaph. p. 193, 12.) Nisi obstaret locus Panath. 265. d. tentarem, πρὸς βασιλέα, ut Ξέρξην esset e scholio. Ita in Plataico 304. c. pro ἔξω γὰρ αὐτοῦ etc. inferserunt, Ξέρξη γὰρ αὐτῷ etc. Cæterum omnino confer Panath. 253. e. τοὺς βασιλέας αὐτῶν.

94. c. "Paneg. 65. c. de Pace 179. e." Coraes. Vid. Epp. Socr. 28. p. 66, 3.

94. e. Paneg. 70. a.

96. d. "Urbin. lect. confirmat Arist. Rhet. 3. 10. p. 338. H. ed. Cas. Vide Philippi Epist. apud Dem. p. 94. ed. R." Coraes.

98. a. μηδὲ [παρὰ] μικρὸν ἡγεῖσθαι. Præpos. nata videtur e seq. παρὰ πᾶσιν.

98. b. De Pace 187. d.

98. c. Ep. I. VIII. Panath. 234. e.

99. d. Epist. IX.

100. c. προπέτειαν. Epist. II.

100. c. Paneg. 71. b.

100. e. εἰ μὴ διὰ Κῦρον. Inepta. κἀκεῖνοι enim sunt *Græci* ἐπίκουροι, *duce Cyro et auxiliis barbaris destituti.* Confer etiam, si tanti est, Paneg. 71. b. etc. Forsan, Κλέαρχον. Is enim, renitente exercitu, pervicit, ut duces Persam convenirent, Xen. Anab. 2. 5. 30. Vide potius an ista delenda.

101. a. λαβεῖν. λαθεῖν.

101. b. Antidos. §. 80.

101. d. Epist. IX.

[215] 102. b. An, ἐκδοθεισῶν πόλεων sine αὐτῷ?

102. e. Ἱδριέα. Harpocr. v.

104. c. φρονήσει καὶ τῇ φιλοτιμίᾳ. Non movendam puto vulgatam φιλοσοφίᾳ, nisi forsan in φιλανθρωπίᾳ, ut 105. d. 106. a. Ridiculus esset, qui φιλοτιμίαν Herculis novum esse argumentum diceret.

105. c. Ep. Socr. 28. pp. 60, 65. Evag. 206. e.

105. d. "Ep. III. Dem. Phil. III. p. 116." Coraes.

108. b. Antidos. 332. e. Panath. 264. d.

109. d. τῶν ὄντων. Ep. III.

110. b. Malim, μᾶλλον γὰρ ἂν ἄξιον οὕτως—.

110. e. Paneg. 42. b.

111. b. ἀντιπαραβαλών.

111. c. Busir. Nicocl. 32. a.

111. c. Evag. 196. d. fin.

112. b. μαλακώτερον. Ep. Socr. 28. p. 67, 9. Panath. 233. c. 234. d. Antidos. 312. a. Ep. VI.

112. d. Ep. IX.

113. c. τὸ δὲ τῶν ἄλλων γένος. Exspectabam ἀνων, i. e. ἀνθρώπων. Sed alibi opponit Græcos τοῖς ἄλλοις. Areopag. 153. b.

Archidamus.

Tempus Olymp. 103. circa initium, mortuis Amynta et Dionysio, 124. e—125. c. (Ægypti rex, 129. a.) 116. a. b. Expressisse videtur Demosthenes, Phil. I. init. "Schol. Dem. Timocr. p. 701." Coraes.

117, b. ἄσμενος.

122. a. ὅτε δὴ.

[217] 123. b. ἂν ποιήσαιτε καταγέλαστον. Qu. an ita loquantur pro —τα sine πρᾶγμα.

124. d. fin. Antidos. §. 249. Dem. Phil. II. p. 46, 25.=71.

125. a. ἀρχὴν τὴν τῶν πολιτῶν. Vide an, τῆς πόλεως, quum subabsurdum sit imperium illis tribuere, qui ipsi serviebant tyranno.

130. b. μενεῖν Coraes ex em.

131. b. "καὶ Ἰ. om. mss. ex Dionys. addidit Wolf." Cor.

131. e. Recte H. Wolfius: quare lege, μηδεμιᾷ πόλει τεταγμένη χ.

132. b. In Bekkeri nota turbatur. Mallem fere, ἡμᾶς δὲ μὴ δύνανται ποιεῖν, scil. κακῶς.

133. c. Malim, τῶν ἄλλων ἐλευθερίας. Demosth. Ol. II. p. 25, 8. τοὺς μὲν ἄλλους σεσώκατε etc.

134. c. ὅμως δ'—An, ὅλως δ'—?

134. d. ἀλλὰ καλὴν—ποιησ. abesse malim.

136. c. fin. Pausan. p. 233.

Areopagitica.

Statim post pacem cum sociis factam, (Olymp. 106, 1.) Mitford. c. 37. §. 7. n. 20. 141. fin. quinam isti Θηβαίων φίλοι? Oratio non ad Areopagum habita, 147. c.

142. c. "Panath. 261. c." Coraes.

142. d. ἐργαστηρίων, Callim. 372. e.

143. d. Panath. 259. d.

144. e. Dem. Ol. III. p. 36.

145. c. Harpocr. v. ἀπὸ μισθωμ.
145. d. ἐμπλήκτως. Eur. Troad. 1204. ed. Beck.
147. c. Panath. 265. b.
[219] 147. d. Nescio quomodo hiulca videtur oratio. Sermo continuandus erat de majoribus in universum, non ad Areopagum restringendus. Paneg. 56. c. Panath. 263. A.
147. fin. Tacit. Ann. 3. 27.
149. c. Antidos. §. 305.
149. d. οὓς νῦν. Antidos. §. 303.
150. d. χειμάζοντας ἐν οἷς etc. i. e. ῥάκη φοροῦντας (ut recte Coraes), quod non solum choreutis, sed ipsis choragis accidere solere, docet Antiph. Athenæi III. p. 103—104. ἱμάτια χρυσᾶ παρασχὼν τῷ χορῷ, ῥάκος φορεῖ. Inepte vertit Mitford. t. 8. p. 75. De Pace 168. d.
152. b. q. κάλλιστα δημοκρ. Nam quod vulgatur μάλιστα, etsi mox explicat orator, nimis aperte falsum, quam ut tulissent auditores.
153. a. Evag. 202. e.
153. b. τοῖς ὁσίοις. Ita Harpocr. v. ὅσιον. Conf. Antidos. §. 250.
153. b. Lys. c. Eratosth. in fine.
153. d. Dem. Leptin. p. 276.=
156. d. ἅπαντας.

De Pace.

159. e. κτήσεις. Plataic. 305. a.
160. a. πλεονεξίας. πλημμελείας Ald. 1. 2. edd. Wolf. Steph. πλεονεξίας codex Fuggeranus, sed forsan e Dionysio p. 100, 30. ed. Sylburg.
160. b. θεῶν. Dem. de Cherson. p. 61. §. 61=101.
165. c. Nicocl. 39. b.
165. e. Nicocl. 26. b.
166. a. Antidos. §. 303.
166. b. Paneg. 46. b.
167. c. Vix tam bellam occasionem prætermisisset bonus Isocrates antitheton elaborandi. Forsan locus est mutilus, ad hunc sensum explendus: ἀπαλλαγῶμεν πρὶν εἰδέναι σαφῶς εἰ τευξόμεθα τούτου· τοὺς δὲ λόγους ἀποδοκιμάζειν οὓς ἴσμεν ὅτι τοιαύτην—.
167. fin. Epist IX.
168. d. Areopag. 150. d.
169. c. ὀλίγον.
169. e. Æsch. F. L. p. 52, 5.
170. b. Panath. 261. e. Ps. Demosth. Aristog. II. p. 806. 28.
170. c. γενόμενον. Panath. 262. d.
171. b.—186. b.
171. d. Dem. Ol. I. p. 13. R.
175. a. fin. Dem. Ol. III. p. 31. R.
175. c. Recte G. διελόντας. *ut* (reipubl. ministri, μισθωταὶ mox 175. c.) *dividerent* etc. Cæterum recte explicat locum Coraes.
176. b. ἐν δὲ τῷ Π. Herodot. IX. 75.
176. c. κατὰ δέκα καὶ πέντε καὶ δέκα καὶ πλ. Coraes. Forsan, τὰς δὲ κατὰ πέντε, καὶ δέκα, καὶ πλ. Scriba minus intelligens facile potuerit exhibere, τὰς δὲ κατὰ ιε καὶ π. Vide ad Plut.
177. c. Ep. VII.
[221] 177. e. Forsan, καὶ μήθ' ἱερῶν μήθ' ὁσίων, μήτε γ.
178. b. Eur. Alcest. 819. ed. Matth.
179. e. τὴν ἀρχήν. Phil. 94. c. Infra 180. d.
181. b.—171. b.
182. b. Eur. Troad. 413. ed. Matth.
182. c. Servandum puto, ἐπὶ πάντων ὁμοίως.
184. d. ἀνήνεγκεν. Antidos. §. 251.
185. b. βούλονται. Aristoph. Vesp. 701. Dem. Ol. III. p. 37. R.
185. b. τῆς πόλεως. Dem. Ph. I. p. 45, 13.
186. a. Lysias p. 171, 36.
186. a. Paneg. 56. e.
186. b. τὰς ἡγεμονίας. Recipiendam puto Urbinatis lectionem: vulg. nasci potuit ex 186. d.
186. b. fin. Ad Nicocl. 19. d.
187. b. Paneg. 56. e.
187. d. τὴν ἐν Λ. Vide Coraen t. 2. p. 245.
187. d. fin. Epist. II. Phil. 98. b.
188. fin. ὡς ἐν ταῖς etc. Suspecta habet Valck. quod sane mirum. Confer Dem. Ol. I. in fine. Quin ipsum Isocr. in Panegr. fine.

Evagoras.

193. e. Ep. VII.
194. e. Paneg. 61. a.
196. c. Cogitabam, ἐπιστήσας, i. e. διάνοιαν, vide 203. a. Paneg. 43. b.
196. d. ἢ ῥήτωρ dele, ut schol. ad λόγων εὑρετής. Vide Phil. 111. c. Qu. an del. et in Lysia Epitaph. p. 195, 35.
197. e. C. Sophist. 292. c.
200. e. Paneg. 71. e.
202. c. Pro ἅπαν malebam πάλαι. Nescio annon melius vocem delere.
202. e. Areop. 153. a.
204. b. Pindar. Nem. 5, 1.
206. c. μιμεῖσθαι friget, exspectares ἐκμάττεσθαι, vel ἀπομάττεσθαι. Tacit. Agric. 46.
206. e. Phil. 105. c.

Helenæ Encomion.

214. c. Eurip. Ion. 623. Matth. Panath. 247. c.

216. c. γενέσθαι. Porson. ad Phœn. 576.

Busiris.

Historiam in anonymi argumento, de Polycrate scribente orationem, quam habuerit Meletus, confictam esse puto e male intellecto loco 222. d. quo respici videtur declamatio quædam post Socratis mortem conscripta.

226. d. Antidos. §. 276.

229. a. δεσμούς. Phot. p. 74.

Panathenaicus.

[223] Editus, Ol. CIX. 3. vide 233. b. Imo CX. 2. vide 289. a. c. Ægyptus, 266. b. Rerum status, ibid. Thebanis tum favebatur, 269. a—c.

233. a. Paneg. 43. a.

233. b. ἐπισημαίνεσθαι. Harp. in v.

234. a. οὔτε νῦν τὴν ἐγγ. — ταραχὴν, forsan del. videntur, ut scholion ad οὔτε τὴν ἀτοπ. etc. Saltem tollendum νῦν.

234. e. Phil. 98. c.

236. d. σοφιστῶν, τῶν καὶ πάντα φ. lege.

237. b. ὥστε μηδέν' ἄν ποτε γενέσθαι πίστιν τῶν λεγόντων. Nescio annon, μηδὲν ἄν, qua construct. οὐδὲν ὑγιὲς τούτου.

237. b. ὠδυράμην. 234. c. fin.

237. c. Lege, μήτε τῆς ὁ. μήθ' ἣν —. Si serves μηδὲ, tria erunt, 1. ἧς ἄξιος, 2. ἡ ὁμολ., 3. ἡ τῶν πεπλησ. quum ἧς ἄξ. dividi oportet in τὴν ὁμολ. et τὴν τῶν πεπ.

240. b. Helen. 209. d—210. d.

240. c. ἢ τοὺς ἄλλ. Lys. p. 158. 14.

240. d. fin. Blomf. Closs. Agam. 383. (391. P.)

244. e. Paneg. 65. b.

245. c. qu. an del. παρ' ἄλληλα. Forsan nota marginalis, παράλληλον vel —λα, i. e. "ἅμα et π. τ. α. sunt capienda ἐκ παραλλήλου."

245. c. Cum his confer Paneg. 61. d. etc.

245. d. Addenda esse vidit Coraes ex Harpocrat.

245. e. Dem. de Coron. p. 322. Ep. II.

247. a. Ambigue, utrum, *quid fecerimus nesciunt*, an *quæ sint illæ insulæ, nesciunt*; atque hoc possit sensus: sed vix puto dici οἶδά τινα vel τι pro γιγνώσκω. (οἶδα Nub. 1096. Ach. 429.) An excidit verbum, ἴσασιν ὄντα? an, ἴσασιν ὅπου ποτ' ἐστίν? Conf. 251. a. Æsch. Ctes. p. 65, 23.

247. b.—274. d.

247. c. Helen. 216. c.

247. c. ὅσας.

252. a. παραγ. vulgo, περιγ. Coraes e mss. Ita Wolf. in Cast. et e marg. Ising. probat. Hemst. Misc. Obs. t. 7. p. 324.

253. c. ὡς τοιοῦτόν τι δ. ἦν. Qu. an recte habeat τι post negativ. Usitatius certe οὐδέν. τις post neg. hic n. 241.

257. b. "Plato Gorgias." Wolf.

258. e. Helen. 212. a. etc.

259. d. Areopag. 143. d. fin.

[225] 259. e. χρησίμην vel χρησιμωτάτην οὖσαν. An excidit πανταχοῦ? Tentabam χρῆσιν, vide 279. b. Sensus certe est, *aristocratia non est certa reipublicæ forma, sed cujuslibet formæ virtus et perfectio*, vel, *certus modus, isque optimus, administrandi rempublicam, cujuscujus formæ*. πάσης πολιτείας ἀρετὴ καὶ κοσμιότης.

260. d. τοῖς πρότερον [εἰρημένοις] forsan del. vox, nisi sequens εἰρημένοις hinc ortum sit. ὅσοι δὲ χαίρουσι τοῖς — διαλεγομένοις. ὅσοι, ut Ægin. 391. b. ubi mox εἴ τινες (ὅσοι = οἵτινες = εἴ τινες). Epist. VIII. θαυμάζω δ' ὅσαι τῶν πόλεων — ἀξιοῦσι.

261. c. Areop. 142. c.

261. d. fin. De pace. 170, b.

262. d. αὑτοὺς γεν. De Pace 170. c.

263. a. Areopag. 147. d.

263. b. Ita Wolfius: "πλημμελημάτων] F. λημμάτων. ut de Pace, πλημμελείας pro πλεονεξίας." Respicit locum p. 160. a. ut ex ejus Comm. p. 513. liquet. Istud autem F. puto valere *fortasse*, non *Fug*. ut Coraes.

264. d. Philip. 108. b.

265. a. Vide Paneg. Philipp. 90. d.

265. b. Panath. 147. c.

266. c. Paneg. 73. a.

268. b. Paneg. 47. c.

269. e. Porson. ad Nub. 937.

271. b. οἰκειότητος. ὠμότητος Wolf. Cast. Vide 276. b.

273. d. Vide Paneg. 52. e.

274. d.—247. b.

276. b. οὕτως εἰκῇ καὶ παρανόμως οὓς ἂν τύχῃς ἐπαινῶν. Lege, παραβόλως.

277. c. Plataic. 300. fin.

277. e. περὶ μὲν τῆς τῶν παίδων.

279. c. Dele τὴν ante ἐναντίαν.

283. d. Antidos. §. 300.

284. a. Antidos. §. 263.

284. d. "λεγόμενον vulgo, γενόμενον em. Wolfius." Cor. λεγόμενον Ald. 1. 2.

287. a. Vide an leg. οὐδέν' ἂν εὑρεῖν, vel οὐδεμίαν οὐδέν' ἂν εὑρεῖν —.

287. a. Antidos. §. 135.

C. Sophistas.

[227] Fragmentum sane luculentum. Quando scripta oratio, Isocr. Antidos. p. 645. ed. nostr.

291. c. fin. αὐτούς.

291. d. οὐκ ἂν ἠμφεσβήτησαν ὡς οὐκ εὖ φρονοῦντες τυγχάνουσι. Id est, *sapere se faterentur.* Sensus contrarius. οἷς φ. ms. Urb. quare dele οὐκ. Contra hic p. 239.

292. c. Evag. 197. e.

293. b. παύσασθαι τοὺς φλυαροῦντας, Dele τοὺς, nisi substituas αὐτούς.

293. c. ποιητικὸν recte explicat Coraes ex Diog. Laert. III. 84. et cum Langio πράγματος ad rhetoricam refert, τέχνην ad artem scribendi. Fere vertas, *they are not aware that they bring as an instance of a productive art, an art governed by fixed rules.* Quidni? et ποιητικὴ et τεταγμένη est ἡ τεκτονικὴ, et mille aliæ artes. Neque videtur Isocrates in istiusmodi argutias descensurus. Sensus, *artem varie pro re nata exercendam comparant cum alia, certis regulis adstricta.* Malim, ποικίλου.

293. c. τῶν γραμμάτων. " Hippocr. I. p. 420, 43." Cor.

293. d. τῶν καιρῶν. Antidos. §. 197. mox 294. c.

295. b. ὃ τῶν φθονούντων ἔργον ἦν [λέγειν]—.

295. d. Antidos. §. 293. "

295. e. καταστήσειν. Multa, quæ hic sequebantur, in Antidosi exstare conjicit Anonymus p. 108.

Plataicus.

[229] συνέδριον 300. a. d. Oropus 300. c. 303. d. Corinthian war 301. c.

297. b. ἐκ πλείονος χρόνου — οἰκειότερον δ. Suspect. duplex comparativus.

299. b. μόνον ἂν θᾶττον. C. Sophist. 295. d.

300. b. Paneg. 66. c.

300. d. ὑπὲρ [τῶν] πεπραγμένων.

300. e. Antidos. §. 165. Panath. 277. c.

301. e. ὅθεν — ἐνέμειναν. Malim, οὗ — ἀνέμειναν. nisi potius malis ἔνθα. Non dicit *inde cognosci posse* etc. sed *ex iis quæ deinde fecerunt.*

305. a. τῶν κτημάτων — ἀπέστησε. Id est, τῶν κληρουχιῶν. Vide Diodor. XV. 29. De Pace 159. e.

305. d. Lys. Epit. p. 197, 28.

305. e. Lys. pro Polystr. p. 161, 19.

305. e. συμβολαίων. Lys. c. Erastosth. p. 129, 23.

306. b. *reliquas* αἰσχύνας, i. e. παίδων καὶ παρθένων. Paneg. 64. d. Vide Laert. Phædon. II. c. 105. Lysias c. Simonem, p. 96, 40. Πλαταϊκοῦ μειρακίου.

De Permutatione, Ἀντιδόσει.

[207] *Anon.* i. e. Anonymus interpres Mediol. 1813. quem esse Angelum Maium disco et Bekkero §. 257. Codicis Ambrosiani lectiones exhibet pp. 124—6. Edita oratio, quum esset 82 annos natus, 312. a. id est, Olymp. 104, 3. imo Ol. 106, 3. Thebani ἐχθροί, p. 655, 8. ed. nostr.

312. b. μαλακώτερος. " Cf. Philipp. 112. b. Panath. 233. c." Anon.

314. a. Lysias de bonis Aristoph. p. 152, 17. &c.

315. b. " Innocentia nulli prodest; siquidem in innocentium condemnatione sese ostentant sycophantæ, ut a nocentibus pecuniam accipiant." Ni failor, simillima alicubi Lysias.

332, e. " Qui ipsi nihil invenientes id unum curant, ut aliena inventa carpant." Alibi Isocrates 108. b. Panath. 264. d.

342. c. βούλομαι δὲ καὶ [τοῦ] τρίτου.

343. b. εἰληφότα. 311. c.

619, 25. ed. nostr. " Cf. Phil. 101. a. Epist. VI." Anon.

620, 1. ἀναγιγνώσκεσθαι — 320. c.

621, 26. Illi (philosophi) hortantur ad virtutem, ab aliis ἀγνοουμένην, ab ipsis ἀντιλεγομένην. Alibi,

628, 2. κώμην. Paneg. 71. d.

628, 13. ὡς — διαπραξάμενοι. Lege, διαπραξόμενοι, vel forsan — ομένους.

629, 16. τὰς ἄλλας πόλεις. Vide de ἄλλος abundante ad Ind. Demosth. Sed qu. an del. ἄλλας, ut eximie dicantur αἱ πόλεις, sociæ scil. ut passim Attici.

630, 20. Panath. 287. a.

630. ult. De historia vide Anon. Plutarch. Lysia, p. 836. D.

633, 31. εὐπραγίαις. Vid. infr. 636, 3. 637, 2, 638, 12. ult.

634, 2. ταῦτα δὲ δρῶντες οὐκ ἀγνοοῦσιν. Ob seqq. ἐλπίζοντες et προσδοκῶντες malim δρῶσιν et ἀγνοοῦντες. Vide marg. ad Porsoni Med. .

634, 19. — 315. c.

636, 25. καὶ διὰ τὴν ἐμὴν παρουσίαν. Ferri potest; sed malim περιουσίαν.

636, ult. Plataic. 300. e.

639, 6. ἐνθένδε. Vide 636, 10. 634, antep. 636, 20. 318. b. Areop. 150. d. de Pace 185. c.

642, 25. Plato Gorg. p. 309. ed. Basil.

643, 8. τῶν καιρῶν. Aptior locus c. Sophist. 293. c — e.

[209] 651, 25. τὸ γὰρ αἴτιον ἐν ἅπασι

τοῦτο πέφυκεν ἐνεργάζεσθαι. An, αἴτιόν τινος? *whatever is the cause of any thing will produce that thing in all persons alike.* An potius τοῦτο vertend. in ταὐτό? *for the same cause will produce the same effect every where.* Vel etiam, manentibus cæteris, leg. ἐργάζεσθαι. *for in all kinds of things causes will operate in this way* (i. e. on all alike).

651, ult. Κλεισθένης. Infr. 667, 12.

652, 13. Areop. 153. b.

654, 29. Panath. 284. a. infr. 664, 10.

657, 22. Busir. 226. d..

657, 20. "περὶ τῶν ἐρίδων versati quidam eloquentiæ studium vituperant." Vide an Platonis Gorgian innuat. Ejusdem ibidem dogma, *melius injuriam pati quam facere*, tangi puto, Panath. 257. b. et sic H. Wolfius.

662, 7. Supr. 661, 3. de Pace 166. a. Panath. 283. d.

662, 22. Thucyd. III. 82.

662, 26. Areopag. 149. d.

662, antep. οἱ περὶ τῶν ἀγαθῶν — πλεονεκτοῦσι. Malim, οἵπερ τῶν ἀγ. De Pace 166. a.

663, 1. ἀμελήσαντες τοὺς τὰ τ. Vix dubium quin ex ἀμελοῦντας natum sit ἀμελήσαντες.

663, 11. Areopag. 149. c.

663, 27. Malim, ἐν μὲν ταῖς ἀκ. vel ἐν ταῖς μὲν — Vulg. oriri potuit e var. lect. Deindo facile carerem istis, τῶν τηλικούτων. Nicocl. 36. a. b.

664, 10. Supr. 654, 29.

665, 11. κοινότητα. Xenoph. Rep. Ath. 2. 8.

667, 12. Supr. 651, ult.

667, 26. προέχοντας recte Ambr.

343. e. ἀκαιρίας. Ep. II.

344. c. φιλαπεχθημοσύνην. Ad Arist. Plut. 911.

De Bigis.

[231] Epilogus, qualis Lysiæ Or. 21. etc. Valckenærii sententiam prorsus miror, statuentis esse duo fragmenta, quorum alterum incipit post primam periodum. "Ad hanc orationem interdum respicit Lysias c. Alcibiadem I. Perverse rem capit Marklandus." Valck. cui omnino assentior. p. 142, 27. conf. ad Isoc. p. 348. e. ubi veteres accusationes aliorum, Isocratis responsione non deterritus, repetit Lysias, ut et p. 143, 12. [vide Isocr. p. 348, e.] p. 142, 30. etc. ∞ Isocr. p. 349. a. p. 142, 37. ∞ Isocr. p. 349. a. b. p. 143, 3. λέγει ὡς οὕτως ἐκεῖνος μέγα ἐδύνατο. "ubi hoc dicit Isocrates?" Vide an respicit Lysias Isocratis locum p. 354. e. καίτοι πολλοὶ etc. An potius e p. 349. a. δικαίως πράξαντα, confessionem extorquet?

348. a. fin. Andoc. p. 2, 1.

349. d. Thucyd. V. 52.

349. e. ἐπειδὴ κατῆλθεν. Ejus κάθοδον incipere facit a tempore quo ad exercitum arcessitus est. (Thucyd. VIII.)

350. c. ἐμέμψατο.

351. a. περὶ [τοῦ] τεθνεῶτος.

352. b. Antidos. §. 320.

352. c. Cf. Antid. §. 118.

353. b. Markl. ad Lys. p. 198, 12.

354. b. Lysias or. XVIII. p. 149, 34.

354. e. λέγων. Archid. 123. a.

354. c. *The late revolutions have shewn, who was for democr., who for aristocr., who cared for neither, and who tried to get on in both.* Eandem sententiam, iisdem fere verbis expressam, legisse videor apud Lysiam; sed multum quærens non invenio.

356. b. Callim. 382. a.

356. e. Quomodo ἄτιμος?

Trapeziticus.

[233] Vivo Satyro Bospori rege, vide 370. b. ergo ante Olymp. 96, 4. (Diodor.) Vide 366. a. Agyrrhius 365. a. Xenotimus Carcini filius (Tragici scil. Schol. Aristoph. Nub. 1264.) 369. b. q. an idem Xenotimus c. Callim. 373. b. Xenotimus Carcini apud Chandl. Inscr. p. 44. No. IV. 2. fin. 22. Delii tum Ath. hostes, 367. b.

361. d. ἴσως [ἂν] — δόξειεν.

362. b. ὡς ἠναγκάσθη μὲν — δὲ — πειράσαιτο. Lege, πειράσοιτο, *brevi conaturum.*

363. c. Lenius potuissent, τοῦ ξένου τοὺς παῖδας, vide 363. e. bis. 365. d. Sed satius est Urbinatem sequi.

363. c. τί ἂν — λέγοιμι. Callim. 373. a.

363. c. εὑρέθη γὰρ ἐν τῷ γραμματείῳ [γεγραμμένον.]

365. d. Nescio an potius servandum sit alterum σεσημασμέναι. Fortius est ita, et alterum glossam sapit.

365. e. ἐδεήθην [Στρατοκλέους.]

[235] 367. a. τὴν μεγίστην εἰσφοράν. Intelligo non proprie εἰσφορὰν, i. e. certam pecuniæ summam, sed alius generis contributionem, puta armorum, frumenti, instrumenti nautici, etc. Possis delere εἰσφορὰν, ut in verbo contineatur ἐπιγραφή. Vide in marg. Dem. ed. Paris. p. 34.

367. b. Lege, ὥστε τὸ μὲν πρῶτον παρὰ μικρὸν — τελ. δ' —.

368. d. ἐπεγράψατο Vales. ad Harpocr. p. 280.
369. b. Respicit Harp. v. Καρκῖνος.
369. c. fin. "Cum Isæo Ciron. 16. confert Porphyrius Eusebii P. E. X. p. 466. ed. Col." Reisk. t. 7. p. 194.
369. d. ἡγουμένους. Ita Coraes, citans Archid. 116. b. Evag. 193. d. Callim. 378. b.
369. e. Antiphon. p. 133.

C. Callimachum.

[237] Tempus circa Olymp. 95. Archinus 371. b. Patrocles 372. b. Xenotimus 373. b. vide hic p. 233. NB. Tempore XXX. fiebant βασιλεῖς 372. a.
371. c. ὁπότερος δ' ἂν ἡττηθῇ. Non assequor Corais mentem. Satis plana res; uter uter victus sit in certamine παραγραφῆς, hanc quasi mulctam pendere. Si actor, puniebatur ut sycophanta; si defensor (ὁ παραγραψάμενος), ut veterator.
372. a. Recte viderunt in φίλον latere nomen: Φιλῖνον fortasse. (Φίλωνα conjeceram, sed ob 375. d. repudiavi.) Nil præterea mutandum, nisi quod ante δημόσιον restituendum καί. *and that it was forfeited. γίγνεσθαι, to become the due of* —, vide Arist. Plut. 1111.
372. e. ἐργαστηρίοις. Areop. 142. d.
373. a. τί ἂν — διηγοίμην. Trapez. 363. b.
374. d. Λυσάνδρου. Vide Schn. ad Xen. Hell. 2. 3. 20,
[239] 376, a. εἰ ἐπὶ μὲν — ἐμμενεῖτε. Ob sequens ἀναγκάζετε malim ἐμμένετε. Aliqui vide hic p. 173.
377. e. ὡς μὲν οὖν χρὴ — *non puto illum* ἀντερεῖν. Imo ὡς μ. οὖν οὐ χρὴ — (Contra hic p. 227.
378. a. ἄτιμος. Quare? Confer Demosth. Aphob. I. p. 834—5. apud Petit. p. 486.
378. b. Dem. Ol. I. p. 14, 1. Phil. II. p. 74, 5.
379. a. Antidos. §. 97.
380. d. Andoc. Myst. p. 10. fin.
380. e. "Lysias c. Agor. at p. 135, 41." Cor.
382. a. De Bigis 356. b.

Æginetica.

Nitidissima oratio.
386. c. fin. φυγόντες. Lege φεύγοντες. *in our exile.*
385. a. Deesse quiddam liquet. An, μὴ παρ' ὑμῶν πρώτων πειρᾶσθαι —.
388. e. Πασῖνος. Harpocr.
389. d. θάτερον. Coray. t. 2. p. 279. Wyttenb. ad Phædon. p. 320.
390. c. Harpocr.
390. d. ὥσπερ τῶν χρημ. "E Lysia." Cl. Alex. Strom. VI. p. 748.
392. d. fin. Lege, αὕτη.
393. d. fin. Isæus Menecl. 13.

C. Lochitem.

[240] Specimen luculentum δεινώσεως, ad infimam plebem inflammandam accomodatæ. Videtur esse actio αἰκίας, quam cum graviori ὕβρεως studiose confundit orator. Nempe qui plagas acceperat, vel γραφὴν ὕβρεως, vel δίκην αἰκίας, intentare poterat. Vide Wess. ad Petit. pp. 256. 622. Demosth. Conon. p. 1256, 1262. fin. 1265. fin.
396. a. Dem. Conon. p. 1262.
398. a. "Eurip. Med. 516—9." Coraes.
399. a. Restitue, οὐκ ἐάν γέ μοι πεισθῆτε. Urbinatis lectio nata e 399. a. med.

C. Euthynum.

Arguta, nitida.
400. d. *Oportet* ἐκ τεκμηρίων καὶ ἡμᾶς διδάσκειν καὶ ὑμᾶς δικάζειν. Aliquando putabam, εἰκάζειν. Sed nunc repudio.
402. b. Bekkerus, ὅπως μὴ, μηδὲν ἀδικῶν, κακόν τι πείσοιτο. Ubi dubito, 1. de μὴ μηδὲν juxta positis, et de τι post negativam. Possis, ἀλλ' εἰ μηδὲν — Intellige ὁ λόγος, vide hic p. 101. Neque enim necesse, ut sit negativa in utroque membro. Dem. F. L. p. 366, 24. — Si ὅπως retines, forsan legere poteris, ἀλλ' ὅπως, μηδὲν ἀδικῶν, μηδὲν αὐτὸς κακὸν π.
403. d. Necessario legendum, δι' ἣν. π. αἰτίαν οὕτως ἐνεκάλεσεν.

Ad Epistolas.

I.

[241] Epistola prima scripta videtur ad Dionysium Juniorem sub regni initia. Vid. 404. 406. a. Sed ms. Helmstad. *Lycophroni* (de quo Diodor. 16, 14.) scriptam

testatur, de quo amplius esset quærendum, nisi rem in liquido poneret locus de Carthaginiensibus.
404. Philip. 87. c.
405. a. Philip. 87. d.
405. a. fin. Philip. 88. b.
406. b. Philip. 98. c. Ep. VIII. 425. d.

II.

Tempus non decernit Valck. Orat. de Philippo p. 253. (Ol. CX. 2. Mitford. c. 41. fin.)
407. a. Ep. IX. 777, 16. ed. nostr.
408. a. Lege, τῆς σῆς σωτηρίας. De Pace 187. d.
408, b. Phil. 100. c.
408. d. Nicocl. 35. d.
409. a. μέγαν. Paneg. 66. a. Ep. III. 412. d.
409. b. ἠπίστησας. "Valck. ad Herod. VI. 108. ex Harp." Cor.
409. c. ἀκαιρίαν. Antidos. §. 334.
410. a. πάντα τε ταῦτ' εἶναι — Corrupta.
410. a. Panath. 245. e.
410. e. Antidos. §. 130.

III.

Tempus, judice Mitfordio. C. 42. §. 6. statim post pugnam ad Chæroneam. Cum 412. a. b. confer Diodor. XVI. 89.
412. d. δεόντων. Phil. 109. d.
412. d. fin. Paneg. 67. e. Ep. II. 409. a.
412. e. Phil. 105. d.
412. e. fin. Transponendum liquet, προστάτης· οὐδὲν γὰρ ἔσται λοιπὸν πλὴν θεὸν γενέσθαι. ταῦτα δὲ —.

IV.

Belli tempore, init.
414. b. ὡς ὧν οὐ προαιροῦνταί τι ποιεῖν βιαζομένην αὐτούς. Construct. potius, ποιεῖν τι ὧν οὐ πρ. quam, ποιεῖν ὧν οὔ τι πρ. — τι post neg. hic p. 223.
[243] 416. fin. ὑπὲρ ἀνδρῶν φίλων καὶ προσφιλεστάτων μοι γεγενημένων. Tautologiam tolles legendo, ἀνδρῶν ἀγαθῶν, et mille aliis modis.

VI.

Mutilam esse liquet e 418. d. Alias putares merum esse propempticon orationis deperditæ. Statim, ut videtur, post Iasonis mortem, Olymp. 102. 3. Ait Diodorus XV. 60. successisse Iasoni fratrem Polydorum; fortasse sub specie tutoris.
418. a. τὴν ὁμιλίαν [τὴν] γενομένην. Si deles τὴν, intell. εἰ γένοιτο. Sed forsan leg. ταύτην.
419. a. μᾶλλον λόγον ἐχούσας. Mirum: verba fere sonant, *rationi magis consentaneas*, quo nil potest dici ineptius. Si sana sunt hæc, an vertendum, *orationi ornatæ commodiorem locum dantes?* A more oratorical subject.
419. a. Vult Bekkerus, αὐτῶν. ἡγοῦμαι δὲ — Respici Eurip. Phoen. 539. notat Coraes.
419. b. Antidos. §. 80.
420. c. Æschin. c. Timarch. p. 27, 12.

VII.

Timotheo Clearchi filio, Heracleæ Ponticæ tyranno. Sub regni initia scriptam liquet (Olymp. 106. 4. Diodor. XV. 81. XVI. 36. Conf. Memnon. Photii 224. p. 707. *Coraes.*)
421. Malim, συμβαλεῖσθαι μεγάλην πίστιν.
422. a. λυμαινοῦνται. "Ita Valck. ad Herodot. V. 92. §. 6." Vide de Pace 168. d. 184. c.
422. b. De Pace 177. c.
422. c. Evag. 193. e.

VIII.

[245] Tempus Ep. 8^{vae}. post mortem Timothei, 426. a. (Olymp. 106. 3. decesserat, vide Antidos. §. 108.)
424. b. Retinenda erat vulgata, ἐπειδὴ — κατηγάγετε.
425. d. Ep. I. 406. b.

IX.

Epist. IX. e ms. Fulvii Ursini a Schotto descriptam vulgavit Hœschelius notis ad Photii Bibl. p. 942—3. In textum Photii ed. 1653. p. 328. transtulit Schottus. H. est ms. Helmstad. cum Hœsch. collatus a Reiskio apud C. F. Matthæi Isocratis etc. Epistolæ, Mosquæ 1776. Propempticon, ut videtur, orationis quam postea immutatam Philippo inscripsit; Epist. Socrat. 28. p. 66. ubi videtur Speusippus Agesilaum memoriæ vitio pro Archidamo posuisse. Tempus Olymp. 106. 1. Vide p. 780, 16. ed. nostr. Archidami virtus in oppugnatione Spartæ, 773, 3.

776, 2. στρατηγίας καὶ στρατείας. Varia lectio, ut videtur.

776, 6. Possis cum Matth. τῶν λόγων, vel potius τοῖν λόγοιν, sed recte vulgata. Aristoph. Nub. . καὶ τὸν λόγον τὸν ἥττω. *non ignorans utrum argumentum facilius sit tractatu.*

777, 15. εὐπόρως ἐπιδραμεῖν. Non intelligo: exspectes fere, ἐπιεικῶς, ἀνεκτῶς, vel simile. Ep. II. init.

778, 12. De Pace 167. e.

778, 15. Phil. 101. d.

779, 15. Phil. 99. d.

[247] 780, 19. Nota anacoluthon: ἡγοῦμαι δὲ τοὺς Ἕλληνας — οὐκ ἂν — προκριθῆναι. nisi malis προκρῖναι. Phil. 112. d.

780, 24. πῶς οὐκ ἂν αἰσχρὸν ποιήσαιμεν; Qu. an ita dicunt pro αἰσχρὰ, vel αἰσχρὸν πρᾶγμα.

Tandem eluctatus sum tædium, quod summum fuit, relegendi et annotandi, Maii 24, 1823. Deo gratias.

TABULA

EORUM QUÆ CONTINENTUR

IN

TOMO TERTIO.

ΙΣΟΚΡΑΤΟΥΣ ΛΟΓΟΙ.

ΙΣΟΚΡΑΤΟΥΣ· ΕΠΙΣΤΟΛΑΙ.

HIERONYMUS WOLFIUS

DE

VITA ISOCRATIS

ET

ORATIONUM EJUS DIVISIONE

ATQUE

INTERPRETATIONE SUA.

ISOCRATES rhetor et philosophus Atheniensis, honestis parentibus natus, annis abhinc circiter bis mille: atque ab optimis præceptoribus, ea ætate qua et philosophia et eloquentia floruerunt, Gorgia, Prodico, Theramene, Tisia institutus, vixit annos prope centum: et nobilissimis adolescentibus erudiendis, et gravissimis orationibus scribendis, opes et gloriam intra domesticos parietes est consecutus: quam tanto temporis spatio adhuc inviolatam retinet. Id quod nobis argumentum esse debet, bonitatis scriptorum ejus. Nam Aristoteles (quisquis ille fuit, sive Stagirites philosophus, sive Siculus rhetor), quum se ejus æmulum esse dissimulare non potuerit, seipsum magis invidentiæ crimine condemnavit, quam Isocratem obtrectando læsit: et Aristides rhetor, Panathenaicum æmulatus, contra orationem de Pace non tam fortassis ex animo quam ostentandi ingenii causa scripsit. Jam Dionysii Halicarnassei censuræ ejusmodi sunt; ut Isocrati nihil detrahant: sed adolescentes moneant, ne temere quidvis, alieno et loco et tempore, imitentur. Quintiliano tamen in declamando stylique exercitationibus magis placet ubertas et copia ornamentorumque orationis affectatio, quam horrida et jejuna brevitas. Præterea tam honorifica de auctore nostro, cum aliorum complurium, tum Platonis et Ciceronis testimonia in promptu sunt, ut confidenter possint omnibus omnium calumniis et opponi et anteferri. Præstantiam ejus illud etiam declarat, quod, ut idem Cicero ait, ex ejus ludo, tanquam ex equo Trojano, innumeri principes exierunt, quorum partim in pompa, partim in acie illustres esse voluerunt. Et ipse apud Græciæ principes ac reges, quamvis ob vocis imbecillitatem et verecundiam ingenii rempubl. non attigisset, celebris et gratiosus fuit: et plerasque orationes vel ad maximas Græciæ civitates vel ad reges et principes scripsit. Quamobrem lucubrationes ejus et scripta suavissima atque saluberrima, non studiosorum duntaxat hominum lectione, sed regum etiam et principum in republica virorum cognitione digna sunt; modo illi, aliis occupationibus et oblectationibus paulisper omissis, sapientium virorum legendis monimentis aliquid temporis impertire ad utilitatem et suam et aliorum dignarentur. Atque hæc de vita ejus delibasse nobis satis sit: cætera e suis petantur auctoribus.

Genus orationis numerosum, purum, et ornatum, delectationi honestæ et ingeniorum culturæ magis est quam forensi contentioni accommodatum. Cujus suavitas et elegantia, nec e mea conversione (quam ipse limavi quidem ut potui, sed longe ornatiorem esse vellem), nec fortasse cujusquam alterius perspici potest. Sententiæ (quas me et perspicue explicasse, et fide optima appendisse confido) in eo passim gravissimæ sunt, tam philosophicæ, quam ad vitam civilem pertinentes. Docet rationem studiorum: dat gerendæ reipubl. præcepta: et imperandi et parendi disciplinam tradit: recte facta magnifice exornat: argumentorum gravitatem suavissimæ orationis concinnitate quasi condit et demulcet, ut non abs re Attica Siren fuerit appellatus. Quum igitur utile dulci miscuerit, nec tantum doceat, sed moveat etiam et delectet, omne tulisse punctum, ut ait Horatius, videri potest, et omnibus honestatis et eloquentiæ studiosis quam commendatissimus esse debet. Instruentur enim hic tum recte sentiendi tum bene dicendi et præceptis et copiosissimis in omni genere causarum exemplis. Illud tamen monendi sunt rudiores, in orationibus ad ostentationem et delectationem scriptis quædam vel laudari vel defendi, quæ in præceptis et doctrina morum improbentur et vituperentur; itaque illa non esse imitanda. Neque enim ita sensit Isocrates, sed causæ propositæ serviit; illaque ludens potius, quam serio scripsit: neque adeo fuit obliviosus, ut non animadverteret ea præceptis suis et consiliis non esse consentanea; neque putavit quenquam fore tam hebetem atque ineptum, ut ab oratione philosophica declamationem oratoriam non discerneret.

Orationes ejus ad nostram ætatem pervenerunt una et viginti, quæ in quatuor classes distribui possunt, hoc modo. Primæ classis sunt admonitiones tres, seu præceptiones de officiis: παραίνεσις ad Demonicum, ad Nicoclem, Nicocles sive συμβουλευτικός. etsi nonnulli codices perperam scriptum habent συμμαχικὸς, quæ inscriptio ad orationem de Pace pertinet. Hæ referri possunt ad genus διδακτικὸν ἢ διδασκαλικὸν καὶ ἐξεταστικὸν, non sine causa cæteris tribus causarum generibus ab Aristotele additum, quod in omni liberali doctrina (si quis vere judicet) principatum obtinet, ac suasioni, quæ inde veluti propagatur, admodum est affine. Sunt autem Deliberativi generis orationes quinque: Panegyrica, et Ad Philippum (quarum tanta fuit apud Græcos admiratio et auctoritas, ut Philippus et Alexander earum lectione ad Persicum regnum evertendum incitati esse perhibeantur), Archidamus sive Λακεδαιμόνιος, Areopagiticus, De pace sive συμμαχικὸς ἢ συμβουλευτικός. Nec alio fere pertinent novem ejus Epistolæ, quamvis una atque altera laudationis speciem habeat. Tertio loco sunt laudationes quatuor: Evagoræ, Helenæ, Busiridis, et liber qui Panathenaicus inscribitur. Mausoli enim encomion, ut et ad Dionysium tyrannum scripta oratio, interciderunt. Eodem etiam oratio, quæ reprehensionem sophistarum continet, non incommode referetur; licet eos (ut bono et cordato viro dignum est) emendare quam vituperare, et semetipsum commendare quam illos in odium atque invidiam adducere, magis instituit. Restant forenses septem: De Permutatione, De Bigis, Æginetica, Trapezitica, Paragraphica, Contra Lochitem, Ἀμάρτυρος. His annumerari potest etiam Plataica, quæ forensi omnino vehementia constat, cum accusatione violentiæ Thebanorum. Oratio autem de Bigis non tam defensio est, quam laudatio Alcibiadis; Philippicam item, et Panegyricam, et de Permutatione, Dionysius ἐσχηματισμένους ἐπαίνους, hoc est, per speciem suasionis et defensionis tectas esse laudes, confirmat.

Et hæ reliquiæ sunt scriptorum Isocratis. Nam ejus præceptiones artis oratoriæ, orationes item vel quatuor, ut Dionysius, vel septem, ut Cæcilius quidam putabat, vel, ut Suidas tradit, undecim, nobis quidem perierunt. Duæ autem, aut (dissentiunt enim auctores de numero) quinque et triginta, falso quondam adscriptæ illi fuerunt. Sed ex amissis desiderari maxime potest oratio scripta ad Dionysium Siciliæ tyrannum (cujus ipse in oratione Philippica meminit), in quo a crudelitate revocando, et animo ejus ad clementiam et moderationem traducendo, magnas haud dubie vires eloquentiæ adhibuit. Nec sine magno fructu et insigni voluptate legerentur, opinor, criminationes Aristotelis, et Cephisodori defensiones.

Hic autem earum quæ supersunt ordo, quem exposui, quemque in Græcolatina editione Basiliensi propter discentium commoditatem (ut et in Demosthene et Æschine factum est), observandum curavimus: etsi ab usitata collocatione recedit, tamen quum ea neque temporum neque ullius methodi rationem habeat, sed plane fortuita videatur, laudandus potius est quam reprehendendus. Primum enim docendi sunt imperiti, alias ἐξηγήσει et simplici expositione sententiæ nostræ (quod genus παραινετικὸν dicitur), alias ἀποδείξει allatisque rationibus cujusmodi et disputationes philosophicæ sunt et aliqua ex parte genus *συμβουλευτικόν*. Nec enim ei qui dat consilium, hoc tantum dicendum est, Sic volo, sic censeo, ita opinor: sed afferendæ sunt rationes, cur ita velit, censeat, opinetur; et demonstrandum, id quod suadet, fieri et posse et debere et expedire. Jam consiliis et factis, quæ vel honesta et recta esse vel turpia et prava constat, parata est aut laus aut vituperatio. Si non constat, arbitrorum et judicum disceptatione controversia dirimitur. Doctrina igitur institutioque consilium et suasionem, suasio laudationem, laudatio quæ certarum rerum est, disceptationem quæ est dubiarum, antecedit. Sed hæc non magni sunt momnti: et quicunque ordo servetur, cuique liberum est, eam primum legere orationem quam sibi aptissimam esse putarit.

Transeamus igitur ad conversionem nostram, deque ea Lectorem paucis moneamus. Ad hujus eloquentissimi et sapientissimi scriptoris lectionem assiduam Tybingæ excitatus sum, studio et industria Iacobi Scheggii, anno Salutis restitutæ M. D. XXXV. ætatis meæ XIX. qui, ut vir est non excellenti tantum ingenio et omnium disciplinarum capaci præditus omnique liberali doctrina, philosophiæ in primis et artis medicæ scientia exquisita perpolitus, sed singulari etiam humanitate ornatus, Ioanni Scheubelio, Euclidi nostræ ætatis, et mihi Evagoræ laudationem privatim interpretari non est gravatus. Quæ mihi res tantam Isocratis admirationem movit, ut ex eo tempore vix ullum sive Latinum sive Græcum scriptorem illi anteponam. Post, quum anno M. D. XLV. in celebri quadam urbe selectos adolescentes docerem, industria et vitæ modestia mihi laudem et gratiam peperit: quas e vestigio insecuta Invidia et Ate nescio quæ pessimis artibus et capitalibus insidiis persequi me non prius destitit, quam invitis et diu repugnantibus iis quorum erat auctoritas (putabant enim viri optimi, nihil mihi periculi esse, ignari scilicet illorum scelerum, sed melancholicis me turbari cogitationibus ex assiduitate studiorum natis) et doctissimis quibusque frustra me retinere cupientibus fuga salutem quærere coegisset. Quæ fuga mea in belli Germanici initia incidit, ut privata mea calamitas cum publicis conjuncta summam mihi desperationem rerum omnium afferret. Sustentatus igitur ad tempus patroni cujusdam et paterni amici, clarissimi optimique viri, liberalitate, quatuor converti orationes, Archidamum, Philippicam, de Pace, Areopagiticam, partim levandi mei doloris causa, partim spe innotescendi eruditis et remedium aliquod afflictæ fortunæ meæ inveniendi. Quibus Basileam allatis, auctor mihi fuit Oporinus totius Isocratis convertendi: idque factum Argentinæ anno MDXLVII. in ædibus Medici celeberrimi et veteris amici, Sebaldi Havenreuteri, qui mihi domum victumque communem jam ante liberalissime obtulerat, neque in hunc usque diem omnibus officiis ornare me destitit. Qua in re tanta animi alacritate perrexi, ut interdum uno die duodecim Græcas pagellas absolverem: Reliquas certe XVII. orationes, cum IX. epistolis et vita Isocratis a tribus descripta auctoribus, intra mensis unius spatium confeci. Deinde semestre circiter datum est emendationi et annotationum conscriptioni, statimque prælo subjectus Latinus Isocrates anno MDXLVIII. editus est, temerario prorsus (ut Fabii verbis utar) editionis honore, eventu tamen feliciore quam prudentiore consilio. Majorem enim habebam tum Græcæ linguæ usum et facultatem, quam Latinæ, deque styli puritate parum laborabam, id satis esse ratus, si auctoris sententiam utcunque expressissem, ut posset intelligi; prava consuetudine nostri sæculi et nationis fretus; quam Egnatius, *τὴν Ἡγησίππου λοιδορίαν μιμησάμενος, τὸν ἐγκέφαλον οὐκ ἐν τοῖς κροτάφοις οὐδὲ ἐν ταῖς πτέρναις καταπεπατημένον φορεῖν*, sed cerebrum in digitis habere, dixit, propter inconsideratam chartis quidvis illinendi audaciam: quæ tamen non male mihi cessit. Nam et patroni primum id meum, et minime elaboratum opus, liberaliter sunt remunerati; et docti viri ac studiosi adolescentes non pauci conatum meum approbarunt; et hac occasione commissi mihi fuerunt Augustani discipuli, quos biennium Basileæ, unum annum Lutetiæ Parisiorum, institui. Unde in Fuggeranam familiam primum adscitus, post a Senatu Augustano ad Græcas Latinasque literas docendas sum vocatus: quo in munere versor adhuc, eo studio quod fides mea postulat, eo successu quem sive loci genius sive fortuna mea sive tempora nostra patiuntur. Sed ut ad institutum redeam, Castalio, quum Isocratem meum statim a prælo percurrisset, crassissima quæque vitia dictionis, in suo codice, Oporini opinor impulsu, notavit: ut sunt clausulæ in carmen desinentes, paraphrases non necessariæ, proverbia affectata, Græci casus, trajectiones verborum obscuriores, Germanismi nonnulli, et id genus alia. Quæ ego omnia in meum transcripta codicem Lutetiam attuli et diligentius expendi omnia; triploque plura delevi et mutavi, quam a Castalione confixa fuerant; et codicem non Threiciis sed Allobrogicis et Wolfianis notis compunctum, Basileam anno MDLI. rediens, una cum Demosthene (de quo alias dicendi locus dabitur), Vascosano reliqui, a quo is biennio post, quum eum contempsisse lucubrationem meam putarem, est elegantibus typis editus: quo tempore illius editionis Oporinus æque ignarus, severiore etiam a me lima, dum Fuggeranæ bibliothecæ præessem, adhibita, eundem Græce Latineque recudit. Cæterum, quum ne illa quidem vel mihi, nedum aliis severioribus censoribus, satis probaretur, inter docendum mutavi pæne totum orationis genus, ut eundem esse vix agnoscas. Quod quantis laboribus et molestiis mihi constiterit, ii demum credere poterunt, qui eandem aleam luserint. Hoc certe affirmare ausim, me plus in una oratione castiganda sudasse, quam in totius operis prima translatione. Quam tamen auguror ab hominibus obesæ naris prælatum iri huic tanto a me studio adornatæ. Pauci enim, in hac ignavia, in tanta ambitionis et avaritiæ fiamma et rixandi vesania, Latinitatis rationem habent, augendis opibus et honoribus adipiscendis et adversariis prosternendis intenti. Sed ego adolescentiæ rationem habui, quam assuefieri velim, ut quemadmodum Jurisconsulti sine legibus, ita et ipsa absque probati auctoris exemplis loqui erubesceret. Neque tamen id assecutum me esse dicere ausim. Repugnat enim sæpe Græci sermonis genius, minimeque se Latino præbet obedientem, nisi latissime velis extra auctoris quasi alveum expatiari, *καὶ ὑπὲρ τὰ ἐσκαμμένα πηδᾷν*: quod ego mihi permittere nequaquam velim, rem conatus arduam et perdifficilem, ac potius eam quæ vix ac ne vix quidem fieri posse videatur, ut et verbis Græcis proxime insisterem, et a Latinitate quam minimum aberrarem. Quod igitur olim temere et imperite potius (fatendum est enim), quam superbe et arroganter (quid si etiam *μαντικῶς* scripsi: nam et poetæ vates dicuntur),

Græca legant docti: rudibus conversio servit
  Nostra, polita minus, sed studiosa scopi.
Hi nimis audaces super ardua nubila tranant:
  Hi timidi nimium litora tuta legunt.
Nos (medio quantum licuit contendere cursu)
  Flamma nec exussit, nec madefecit aqua.
Est appensa quidem planis sententia verbis,
  Verbaque, qua debent, annumerata fide:

nunc majore cum venia Lectorum, et paulo verius scribere posse videar. Sicubi tamen hunc scopum, vel rei difficultate victus, vel ab ingenio et doctrinæ copio destitutus, attingere non potui, religiosus et fidus interpres esse malui, quam quod multi faciunt, alii ex inscitia, alii ex ambitione, meas pro Isocraticis in medium afferre sententias. Quam religionem sunt qui superstitionem atque ineptias appellantes et contemnant et oderint et insectentur, et primam translationem meam, tam secundæ et tertiæ, quam et huic quintæ recognitioni anteponant. Paucis enim, ut dixi, Latinitas curæ est, et a pluribus tumidum et promiscuum orationis genus modesto et puro antefertur. Sunt etiam quibus totum hoc displiceat, recognoscere et corrigere: et toties eandem quasi cantilenam recantare vehementer improbetur. Cur non aiunt, aut initio functus es omni fidelis et diserti interpretis officio; aut si id non potuisti, cur non potius egisti otium, et aliis istam mandasti provinciam, doctioribus et eloquentioribus? Equidem nihil habeo quod respondeam, nisi, nos tum pro nostris opibus mœnia condidisse:

Primitias dedimus, quas noster agellus habebat,
  Quales e tenui rure venire solent:

et quod neque primam editionem abolere licuit, neque ulla cujusquam conversio, quam quidem nos viderimus, nostra melior successit; κατὰ τὸν δεύτερόν φασι πλοῦν, ad recognitionem, tanquam eos qui in Ecclesia lapsi sunt, ad pœnitentiam, confugisse.

Nunc postquam nos alma Ceres meliore beavit
Fruge, damus, nobis quod dedit alma Ceres.

Nam et optima quæque nobis spectanda sunt: et quum ea negantur, in hac consolatione acquiescendum, quod meliorem partem scimus a majore vinci, quæ, perspicuitate nostræ conversionis contenta, verborum ornatum non magnopere requirat. Sin illud etiam accesserit, ut aliqui styli quoque laudem nonnullam aut saltem diligentiæ mihi tribuant, quidni præclare mecum actum putabo? Severis autem istis censoribus, οὐχὶ μὲν κλαίειν καὶ οἰμώζειν λέγω (Σκυθικὸν γὰρ τοῦτό γε, καὶ λίαν ἴσως φιλαπέχθημον), ἀλλά, κατὰ Βιάντα τὸν σοφὸν, κρόμμυα ἐσθίειν: ut lacrymis oculorum, sine ullo animi dolore, impediti, minus acute perspiciant errata nostræ orationis, et ideas Platonicas et Zenonias somniare desistant, et in se ipsi descendentes cogitent quam multa et dixerint et fecerint et scripserint, quæ nunc si omnia eis essent integra, mutata vellent. Quod si in moribus et vita, quæ omni gestu moderatior, omni versu aptior esse debet, concessum est παλινδρομῆσαι μᾶλλον ἢ κακῶς δραμεῖν, si in uno epistolio, quod ad magnum principem gravi de re scribitur, multa delentur, nonnulla adduntur, non pauca mutantur, et sæpe de uno verbo scrupulosæ exsistunt disputationes, cur nobis ea scribentibus, quæ ad memoriam posteritatis pertinent, ἡ τῶν δευτέρων φροντίδων εἴτε μετάνοια εἴτε καὶ πρόνοια negetur? Sed et de me, et de ignavis atque ingratis mearum lucubrationum Momis, οἵ τινες ῥᾷον ἂν ἡμᾶς μωμήσαιντο ἢ μιμήσαιντο, plus satis.

Ego præstiti quod licuit et potui facileque patior eos, quibus nostra displicent, alios Isocratis quærere interpretes, qui complures fuerunt: de quibus ego recensebo, quos mihi videre contigit. Parænesin igitur interpretatus est Antonius Luscus, Rodolphus Agricola, Ioachimus Camerarius, Antonius Schorus, Andreas Sidelius: Orationem de regno ad Nicoclem, Martinus Phileticus, Erasmus Roterodamus, Thomas Naogeorgus: Nicoclem et Evagoram, Claudius Baduellus, sane quam eleganter, qui utinam totum Isocratem convertendum sumpsisset; sic enim mea opera nequaquam fuisset opus: Evagoram, Baptista Guarinus, Matthæus Dreserus: Areopagiticum, Ioannes Ludovicus Vives, et Vitus Amerpachius: Orationem contra Sophistas, Christophorus Hegendorfinus, Vitus Amerpachius; idemque et Nicoclem et Helenæ laudationem et Busiridem et Plataicum et de Permutatione, Archidamum item, quem et Victorinus Strigelius: Philippicam,

Georgius Sabinus: Orationem de Pace, Onophrius Bartholinus, et Petrus Mosellanus: Orationes Isocratis omnes, Ioannes Lonicerus: Epistolas omnes, Renatus Guillonius. Hæ igitur Isocraticarum lucubrationum interpretationes in manus mihi venerunt: de quibus singulis quid sentiam, non necesse habeo dicere. Sed acutus, eruditus et æquus Lector facile videbit QUID DISTENT ÆRA LUPINIS: et, ut nihil aliud ego præstitissem, vel ob hoc mihi deberi gratiam intelliget, quod plurimos adolescentes ad legendum Græcæ eloquentiæ parentem (cur enim hoc ornare Isocratem elogio dubitem ?) incitarim; idque non minima ex parte effecerim, ut is in plerasque scholas bene institutas sit receptus. Neque vero parum bene de repub. meriti esse censendi sunt, qui adolescentiæ studia ad optimum quenque utriusque linguæ auctorem cognoscendum excitarint. Verum noster hic orator vere politicus et regius (repetenda enim sunt quæ supra etiam diximus) non modo studiosorum hominum lectione, sed et regum et principum in republica virorum cognitione, mihi certe quidem videtur esse dignus. Quod, etsi legendis ejus scriptis melius quam ulla alia ratione intelligetur, tamen vel propter Græcæ linguæ ignaros, vel propter rerum imperitos adolescentes, et veterum et nostræ ætatis doctorum hominum testimonia, tanquam sententiæ nostræ suffragia quædam adscribamus.

HENRICI STEPHANI
IN ISOCRATEM
DIATRIBÆ.

Facturum me rem vobis gratam putavi, si aliquot Diatribis meam de multis ad lectionem librorum Isocratis pertinentibus et conferentibus, quæ ab iis proponuntur, earumque sunt argumenta, sententiam exponerem. Rationi autem consentaneum existimavi, primum, quis esset primi libri, vel potius libelli, auctor, disquirere: præsertim quum satis nossem, ex Isocratis lectoribus vix centesimum quenque scire tres scriptores fuisse qui nomen illud haberent: et magni tamen referre judicarem, notum unicuique esse quisnam sit cujus librum in manus sumit, et sibi magistrum deligit: atque hoc præsertim non ignorari, quonam is sæculo vixerit. Ex hujus enim rei ignoratione in magnos aliquis errores incidere possit. Sed quid mirum, tam multos illi primo et celeberrimo scriptori Isocrati illam ad Demonicum Parænesin falso adscribere, quæ tanta doctrina tamque salubribus præceptis referta est ut vel illo Isocrate digna videri queat, quum inter Latina scripta esse tam multa pseudepigrapha videamus, et quidem ita ut eorum nomina scriptorum mentiantur, cum quibus non solum indigni sunt qui ulla in parte conferantur, sed quorum mentio cum illorum mentione conjungatur. Atque ut de illo putido historicorum grege, veterum nomina impudentissime mentiente (quo in grege non ultimus est Berosus) taceam: nonne sæculo nostro valde pudendum est, quosdam qui ante ducentos aut circiter annos vixissent, quique versificatorum titulum vix mererentur, pro veteribus poetis esse habitos? Quid sæculo nostro dico, quum de re, quam et nuper omnes viderunt, loquar? Quum enim etiam nuper tot editiones typographicæ immundos illos et lutulentos Maximiani versus pro Cornelii Galli elegiis nobis certatim obtruderent, quotusquisque e lectoribus fucum sibi fieri animadvertebat?

Sed, ne hujus rei mentio a nostris Isocratibus longius nos abducat, hoc quidem extra controversiam est, Atheniensem illum, adeo a Græcis Latinisque celebratum, oratorem, et qui omnium scriptorum primus hoc nomine exstitisse existimatur, auctorem illius opusculi non fuisse: sed uter e cæteris duobus illud scripserit, id vero controversia haud caret. Hanc ego ita dirimere conatus sum, ut, si non aliud præstiterim, meum judicium proposuerim, suum unicuique relinquens.

Ausus sum autem et aliam dubitationem movere, et eam quidem novam, de auctore duorum quæ primum illud sequuntur opusculorum: de qua si mihi non assentiemini, hoc saltem (ut spero) fatebimini, me idoneam (haud nullam certe, qualiscunque sit) dubitandi habuisse causam.

DIATRIBE I.

(1.) De tribus Scriptoribus, quorum quisque Isocrates nominatus fuit. (2.) Quædam legi in Libello qui inscribitur Parænesis ad Demonicum, et quem vulgus primo illi et omnium celeberrimo Atheniensi adscribit, in quibus tamen auctor sermonem minime cum illius Isocratis sermone communem habeat: quinetiam præceptiones quasdam, quæ sæculo illius Isocratis minus accommodatæ aut minus necessariæ videri possint. (3.) Libellum hunc a Dionysio Halicarnasseo uni e duobus posterioribus adscribi, ab Harpocratione, alteri: ac utri potius tribuendus videatur. (4.) Parænesis an potius Paræneses appellari debeat. (5.) Paræneticam Epistolam aptius vocatum iri quam Paræneticam Orationem.

(1.) Isocratis nomen celeberrimus ille scriptor Atheniensis, haud unus habuit: ille inquam qui Socratis et Platonis æqualis fuit, cujus schola officina eloquentiæ habita est: aut (si ipsa Ciceronis verba mavis) e cujus ludo, tanquam ex equo Trojano, innumeri principes exierunt. Ille de quo apud Platonem Socrates hæc loquitur (eodem Cicerone interprete), ‘Adolescens etiamnunc, Phædre, Isocrates est: sed quid de illo augurer, lubet dicere. Majore mihi ingenio videtur esse quam ut cum orationibus Lysiæ comparetur: præterea ad virtutem major indoles: ut minime mirum futurum sit, si, quum ætate processerit, aut in hoc orationum genere, cui nunc studet, tantum quantum pueris reliquis præstet omnibus, qui unquam orationes attigerunt: aut, si contentus his non fuerit, divino aliquo animi motu majora concupiscat. Inest enim natura philosophia in hujus viri mente quædam.’ Haud, inquam, hic, cujus alia multa eulogia in sequentibus habes, unus inter veteres scriptores hoc appellatus nomine fuit: sed alii etiam duo Isocrates fuerunt. Horum unus (ut testatur Suidas) Amyclæ filius fuit, qui Apolloniam Ponticam, sive Heracleam, patriam habuit: discipulus ac successor magni illius Isocratis (ita enim ille loquitur, μαθητὴς καὶ διάδοχος τοῦ μεγάλου Ἰσοκράτους) qui et Platonis auditor fuit. Plura autem apud Suidam de hoc tibi legenda relinquens, ad alterum e duobus posterioribus venio, cujus a Dionysio Halicarnasseo fit mentio. Is enim in suo de arte rhetorica libello Echecratem compellans, Isocratis cujusdam mentionem facit qui suus pariter et Echecratis sodalis fuerit.

(2.) Opusculum ad Demonicum scriptum, seu Demonico dicatum, esse quidem Isocratis, sed non ejus Isocratis cujus et cætera quæ exstant sive opera, sive opuscula, Wolfius interpres sibi persuadere non potuit: ut hæc ejus verba ostendunt, 'Cæterum quia pleraque nomina, quæ propria dicuntur, ὁμώνυμα sunt, id est, diversis personis tribuuntur: notandum est, Harpocrationem ex hoc libello citare sententiam Ἰσοκράτους Ἀπολλωνιάτου: sed et orationis et præceptionum id genus est, ut a reliquis Atheniensis Isocratis scriptis minime abhorreat.' Hæc ille: at ego contra sermonem ejus quædam habere dico in quibus minime cum Atheniensis Isocratis sermone conveniat. Nam ut de adverbio ἀκμὴν, pro ἔτι, cujus alibi a me fit mentio, taceam (præsertim quum alia exstet lectio, ut ibidem doceo), διότι dicit ubi ὅτι tantummodo habere locum apud Atheniensem Isocratem posset §. ϛʹ. ἐνθυμοῦ δὲ διότι τοῖς μὲν φαύλοις ἐνδέχεται τὰ τυχόντα πράττειν. At in Polybio hunc particulæ διότι usum (quem fortasse abusum Isocratis sæculum vocasset) me sæpe observasse memini: sicut et illud ἀκμὴν, adverbialiter positum pro ἔτι. Nec minus (ut opinor) abuti judicatus fuisset vocula ὧν, eam ponens pro τίνων §. βʹ. μέλλομεν σοὶ συμβουλεύειν ὧν χρὴ τοὺς νεωτέρους ὀρέγεσθαι, καὶ τίνων ἔργων ἀπέχεσθαι. Idemque latum judicium fuisset de hoc loco qui est in primo hujus opusculi limine: τεκμήριον μὲν τῆς πρὸς ἡμᾶς φιλίας. Tunc enim neminem non dicturum fuisse τῆς πρὸς ἀλλήλους φιλίας existimo. Aliæ præterea sunt quorundam verborum constructiones quam quæ Isocratis sæculo dari illis solerent, ut καλὸν μὲν ἔργον ἐπιχειροῦσιν, quum eo sæculo diceretur καλῷ μὲν ἔργῳ ἐπιχειροῦσιν. Sic στέργε τὰ παρόντα §. δʹ. med. quum Isocrates huic verbo στέργειν dativum tribuat: sicut et ab aliis passim tribui videmus. Dubito etiam an πολὺ ita superlativo junctum reperiatur apud Isocratem ut initio hujus opusculi habemus. Sunt vero et pleonasmi, quos (ut mea fert sententia) nec Isocrates sibi concessisset, nec illius sæculi aures ferre potuissent. Ex horum numero est, τὰ τῶν τρόπων ἤθη, in ipso limine, ἀλλ' ὅπως τὰ τῶν τρόπων ἤθη σπουδαῖοι πεφυκέναι δόξουσι. Ac nec nomini ἀρετὴ genitivum τρόπων addere (si bene memini) Isocrates solet. Quinetiam ipsius sermonis structuram longe esse aliam quam apud Isocratem, facile animadvertet qui unum cum altero diligenter conferet. Quid quod voces hoc in opusculo quamplurimæ sunt, præsertim compositæ, quæ nusquam apud Isocratem comparent? Ac sunt certe vocabula quæ hac in re perspicaces indolem alii potius sæculo, quod Isocrateo posterius fuerit, couvenientem, præ se ferre facile judicabunt. Cujusmodi sunt φιλοπροσήγορος et φιλοπροσηγορία. Neque tamen hoc ita dico quasi κίβδηλα aut ὑποκίβδηλα censeri debeant: immo vero non tantum a Græcæ linguæ puritate ea haud abhorrere, sed ei multum quoque ornamenti afferre existimo: utpote quæ (de compositis autem potissimum loquor) docta et magno judicio prædita audacia ab Isocratis posteris excogitata fuerint. Hanc autem audaciam e sæculo in sæculum magis ac magis crevisse fateor: sed simul etiam judicium, quod ad hanc requirebatur, magis ac magis, quo longius ab antiquitate recedebatur, decrevisse dico. Libuit autem hasce meas circa sermonem hujus scriptoris observationes in exemplum etiam proponere examinis sermonis aliorum quorundam scriptorum: quum ex tali examine aliæ tales controversiæ tolli possint. Verum, ut ad Wolfium redeam, quum is genus id orationis in hoc esse opusculo contendat, quod a reliquis Atheniensis Isocratis scriptis (dicit autem, a reliquis, tanquam non dubitans quin et hoc sit ejusdem Isocratis) minime abhorreat: idemque de præceptionibus dicat: illud quidem prius satis me refutasse fateberis, ut spero: ad præceptiones autem quod attinet, sicut plurimas esse Isocrate dignas non inficior, ita nonnullas de rebus levioribus esse puto quam ut ejus gravitati convenire dici possint: quasdam etiam quæ ejus sæculo fortasse minus accommodatæ fuisse aut minus necessariæ videri queant. Scio tamen alioqui duos proxime sequentes libellos auctoritatem huic dare videri posse: verum de illorum quoque auctore aliquid dubitationis mihi subortum esse in proxime sequente Diatribe docebo.

(3.) Nunc, tanquam ex abundanti (siquidem satis validis usus videor argumentis ad probandum quod dixi), auctoritate Harpocrationis primum, deinde et Dionysii Halicarnassei nitar. Ille igitur exponens ἐπακτὸς ὅρκος, Lysiam, necnon Isocratem. Apolloniaten ἐν ταῖς πρὸς Δημόνικον παραινέσεσι, his usum esse verbis scribit. Exstant autem hæc §. δ'. ante med. Verum huic loco opponere velit fortasse contentiosus aliquis alium ejusdem Harpocrationis, in vocabulo παράκλησις: quod postquam poni ἀντὶ τοῦ προτροπῆ dixit, subjungit, Ἰσοκράτης παραινέσεσι. et ex eo affert ista verba §. β'. διόπερ ἡμεῖς οὐ παράκλησιν εὑρόντες ἀλλὰ παραίνεσιν γράψαντες. Animadvertendum est autem posse hunc locum alteri opponi, quod Ἰσοκράτης, ut in cæteris locis, sine adjunctione illa vocabuli Ἀπολλωνιάτης, dicatur: ac fatendum vel illic non ab Harpocratione, sed ab alio, qui non itidem illi prisco Isocrati adscribendum hoc opusculum censeret, vocabulum hoc adjunctum, vel hic ab aliquo detractum fuisse. Nisi quod hic, ut illic, adjectum non est, oblivione ipsius Harpocrationis contigisse quis existimare malit. Utrocunque autem se res modo habeat, videmus non animadvertisse Muretum, posse locum hunc alteri opponi: nullam enim hujus mentionem facit.

Neque vero hujus Isocratis Apolloniatæ esse sibi persuadet, sed potius cujusdam alius, qui sodalis Dionysii Halicarnassei et Echecratis fuerit: quem Echecratem Dionysius in suo de arte rhetorica libro compellans (ad eum enim hunc scribit) ita orditur: Ἰσοκράτης μὲν, ὁ σὸς ἑταῖρος καὶ ἐμὸς, ὦ Ἐχέκρατες, εἴπερ ἄλλο τι, φησὶ χρῆναι προσεῖναι τοῖς σπουδαίοις ἀνθρώποις (ἐν τῇ παραινέσει τῇ πρὸς τὸν Ἱππονίκου), καὶ τὴν φιλοπροσηγορίαν. Hæc autem scribit Dionysius in ea libri ejus parte cui titulum fecit, μέθοδος προσφωνηματικῶν. Observandum est porro obiter aliam quoque esse lectionem, pro τὸν Ἱππονίκου, videlicet τὸν Ἱππόνικον: sed non dubium est quin Ἱππονίκου scribendum sit, ut intelligamus Demonicum, Hipponici filium. Adeo ut nulla de illius nomine, cui dicatus fuerit libellus iste, possit oriri controversia: sicut etiam nulla nasci potest de loco quem Dionysius affert: quum idem locus in omnium oculos statim incurrat, in nostro ad Demonicum opusculo §. δ'. τῷ μὲν τρόπῳ γίνου φιλοπροσήγορος, τῷ δὲ λόγῳ εὐπροσήγορος. Quinetiam hæc, quæ adjicit Dionysius illis quæ attuli verbis, ὅπερ ἐστὶ τὸ προσφωνεῖν τοὺς ἀπαντῶντας, sequi illo itidem in loco videmus. Adjicit enim quicunque est libelli auctor: ἔστι δὲ φιλοπροσηγορίας μὲν, τὸ προσφωνεῖν τοὺς ἀπαντῶντας. Quum ergo nulla de his rebus dubitatio relinquatur, superest tantum ut judicemus utri potius e duobus posterioribus adjudicandus sit hic libellus. Muretus quidem illi Isocrati, cujus mentionem facit Dionysius, adscribendum potius censet (postquam enim illum Dionysii ipse quoque locum proposuit, addit, 'Harpocration tamen quid sit ἐπακτὸς ὅρκος, id est, delatum jusjurandum, exponens, Isocratem Apolloniatem ejus de quo agimus libelli auctorem facit: at is veteris illius Isocratis auditor fuit, ut apud Suidam est. Sed magis me ea quæ supra recitavi verba Dionysii movent.'), ac me quoque in hac esse sententia fateor: verum quum nullam ille rationem afferat, ego duas afferri posse existimo. Prior est, verisimile non esse, Dionysium Halicarnasseum, tantum virum, et tam diligentem talium rerum inquisitorem, potuisse hic falli, præsertim quum is quem auctorem libri illius esse scribebat, non solum ætate sua viveret, sed etiam sodalis ejus esset: atque id (eum videlicet esse auctorem) Echecrati, suo discipulo, tanquam rem non solum controversia carentem sed notissimam diceret. Posterior autem ratio est, quia quo longius a vetustissimi Isocratis sæculo abfuit hic Isocrates Dionysii et Echecratis sodalis, eo verisimilius est illud opusculum ab eo scriptum esse: et quidem propter illa quæ in eo animadvertenda esse dixi.

(4.) De Titulo quoque moveri possit controversia, utrum is esse debeat Parænesis, an Paræneses. Ac sicut in præcedente, Dionysium quidem ab una stare parte, Harpocrationem ab altera, vidimus, ita et hic accidere videmus. Dionysius enim ἐν τῇ παραινέσει non ἐν ταῖς παραινέσεσι, dicit: Harpocration contra παραινέσεσι, non παραινέσει, et quidem utroque in loco: nimirum et in παράκλησις, ubi simpliciter Isocratem nominat: et in ἐπακτὸς ὅρκος, ubi Isocratem Apolloniatem vocat. Quumque hic ἐν ταῖς πρὸς Δημόνικον παραινέσεσι legamus, ibi legitur tantum, Ἰσοκράτης παραινέσεσι. Ego, quamvis παραίνεσιν ferri posse haud negem, ut idem valeat quod παραινετικὸς λόγος, tamen vel hoc ipsum παραινετικὸς λόγος (ut a quibusdam vocatur, quum fortasse παραινετικὴ ἐπιστολὴ aptius appellari posset, ut paulo post dicetur), vel cum Harpocratione παραινέσεις titulum ei esse malim.

(5.) Ne de hoc quidem assentiri aliis possum, hoc opusculum pro oratione habendum esse, et orationem ad Demonicum vocari debere. Epistolæ enim potius quam orationis formam præ se fert. Ac titulus qui a veteribus huic opusculo datur, παραίνεσις, sive παραινέσεις, non minus epistolæ quam orationi convenire potest: ac quamvis vulgo παραινετικὸς etiam λόγος appelletur, non minus apte παραινετικὴν ἐπιστολὴν dici posse constat.

DIATRIBE II.

(1.) Illa etiam duo Opuscula, quorum unum Ad Nicoclem, alterum Nicocles inscribitur, suspecta quibusdam fuisse, tanquam nomen auctoris mentientiá. (2.) Illa quoque Opuscula, sive illos Libellos, magis apte fortasse vocari posse Epistolas: præsertimque priori videri magis convenire nomen Epistolæ.

(1.) Magis mirum posse multis videri scio quod nunc de aliis duobus opusculis dicam, quæ illud ad Demonicum proxime sequuntur: suspecta videlicet fuisse et ipsa tanquam nomen auctoris mentientia. Movisse autem illos existimo cum alia, quæ non minus adversus hos libellos quam primum illum objici possent (et hoc quidem nominatim, convenientius fuisse illi, de optimo reipubl. statu, quam de regno optime administrando, præcepta tradere: ac facilius illic quam hic præceptiones ejus fidem a lectoribus impetrare potuisse, quod illic multo magis quam hic ducem habere experientiam posset), tum vero quod a multis Græcis scriptoribus qui aliorum hujus Isocratis librorum mentionem faciunt, nullam hujus fieri viderent. Ego vero, quod ad priorem illam objectionem attinet, parvi eam esse ponderis existimo præ hac quæ afferri posset: homini et in democratia nato, et democratiam mirifice laudare solito, non solum indecens sed vix etiam fas esse tantis monarchiam laudibus extollere, easque literarum monumentis mandare. Quinetiam majoris ista objectio ponderis esset, ponderis (ut opinor) esset, quod orationis quæ Nicocles vocatur repugnantia quædam loquantur iis quæ in Areopagitica leguntur. nam ibi scribit §. κδ'. καὶ Λακεδαιμονίους διὰ τοῦτο κάλλιστα πολιτευομένους, ὅτι μάλιστα δημοκρατούμενοι τυγχάνουσιν. at vero in Nicocle hæc legimus §. ϛ'. ἔτι δὲ Καρχηδονίους καὶ Λακεδαιμονίους, τοὺς ἄριστα τῶν Ἑλλήνων πολιτευομένους, οἴκοι μὲν ὀλιγαρχουμένους, παρὰ δὲ τὸν πόλεμον βασιλευομένους. Quis unquam magis sibi repugnantia scripsisse dici potest, si ab unius ejusdemque calamo profectus est uterque locus? Frivolum autem (ne dicam ridiculum) hic esset, allegare quod in Nicocle legitur, ex Isocrate jam auditum esse quomodo administrandum regnum esset. Quid enim obstaret quominus responderetur, unum e cæteris duobus, quorum facta est mentio, aut etiam unum e tribus aliis fuisse illum Isocratem. Nam alii quidem duo ad notitiam nostram pervenerunt: verum fieri potest ut tertius aliquis atque adeo et quartus quispiam nos lateat. Ego tamen hanc quæstionem in medio relinquens, hoc tantum dico, eandem et in Evagoræ encomio quam in illis duobus libellis hærere videri suspicionem (quod tamen opusculum ab Harpocratione illi primo Isocrati non uno in loco adscribitur): præsertim quum hoc Nicocli filio dicatum sit, et in ipso limine ab illo compelletur. Meminit porro idem Harpocration, in Ἑρμαῖ, cujusdam orationis Antiphontis πρὸς Νικοκλέα: quicunque hic fuerit.

(2.) Addam vero et hoc, illa opuscula, a quocunque scripta sint (illam enim quæstionem, uti dixi, in medio relinquo), magis apte, meo quidem judicio, epistolas, quam orationes, vocatum iri: præsertimque priori magis convenire nomen epistolæ videri: sicut et illi ad Demonicum libello convenientius esse judicavi. Nec vero movere hoc quenquam debet, quod in Nicocle legimus §. δ'. τὸν μὲν οὖν πρότερον λόγον, ὡς χρὴ τυραννεῖν, Ἰσοκράτους ἠκούσατε· τὸν δ' ἐχόμενον, ἃ δεῖ ποιεῖν τοὺς ἀρχομένους, ἐγὼ πειράσομαι διελθεῖν. Neque enim hic λόγον necesse est orationem interpretari, ea quidem significatione qua Isocratis orationes vocamus, et aliorum qui oratores appellantur: sed late accipere possumus, ita ut is etiam, qui in sua epistola de re aliqua disserit, de ea λόγον ποιεῖσθαι dici queat.

DIATRIBE III.

(1.) De Orationum Isocratis in certas classes distributione. (2.) De diversis Titulis seu Inscriptionibus quarundam.

(1.) Quam hic vides orationum Isocratis in certas classes distributionem, licet tres illæ editiones, Aldina, Romana, Mediolanensis, non haberent, sed eam Hieronymus Wolfius introduxerit, sequendam tamen putavi: nec dubito quin meum in sequenda ea consilium sis probaturus, quum hæc novitas non solum nihil incommodi sed etiam commodi aliquid ad harum lectionem afferat. Sed et vocabulum *συμμορία* quo usus est (quasi quis *decuriam* Latine dicat, ut Bud. interpretatur) retinui: etiamsi *τάγμα* paulo magis placeret. Sed quum ille scripsisset: Ἡ *πρώτη συμμορία, παραινετικὴ οὖσα*· et in Latina interpretatione: *Prima classis admonitionum.* malui ita inscribere: Τῶν Ἰσοκράτους λόγων συμμορία πρώτη, τοὺς παραινετικοὺς λόγους περιέχουσα. Eandemque in cæteris classibus formam tituli secutus sum. Hanc autem in certas classes distributionem non solum nihil incommodi sed etiam aliquid commodi (ut modo dixi) et quidem multum commodi attulisse animadvertes, si cum præcedentibus editionibus conferas, ubi Nicoclem sequitur Evagoræ encomium: et hoc alia duo: quum ille multo aptius Nicocli, tertiæ orationi parænetica, classem earum, quas suasorias vocat, subjunxerit. Sed quum ibi sit hic titulus: Ἡ *δευτέρα συμμορία συμβουλευτική*· et in Interpretatione: *Secunda classis suasionum.* malui, eandem quam in prima classe formam sequens, scribere: Τῶν Ἰσοκρ. λ. συμμ. δευτ. τοὺς συμβουλ. περιέχουσα. Præsertim vero Latinum titulum mutare necesse fuit, propter ambiguitatem. Qui enim audit, *Secunda classis suasionum,* unicam suasionum classem esse non putat. Adeo ut saltem addendum foret, *quæ est,* hoc modo: *Secunda classis, quæ est suasionum.* Ego igitur ita: *Classis secunda, orationes suasorias complectens.* Quod si quis tamen una eademque classe comprehendendas fuisse has orationes, qua et tres præcedentes, dicat, non valde repugnabo: etiamsi illæ (præsertimque duæ priores) aliam quandam formam habeant, utpote in quasdam velut particulas sectæ, ut fieri ab iis solet qui præcepta tradunt: et ita denique scriptæ ut epistolæ potius quam orationes vocandæ videantur. Tertiæ classi quum titulus hic datus esset: Ἡ *τρίτη συμμορία ἐγκωμιαστική*· et in Latina interpretatione: *Tertia classis exornationum* (ubi eadem quæ in præcedente est ambiguitas). ego mihi permisi ita inscribere: *Συμμορία τρίτη, τοὺς ἐπιδεικτικοὺς ἢ ἐγκωμιαστικοὺς λόγους περιέχουσα*· in Latina autem interpretatione: *Classis tertia, orationes complectens quæ sunt generis demonstrativi sive encomiastici, id est, quo encomia scribuntur.* Ideo autem *ἐπιδεικτικοὺς* præposui, quod mihi latius quam altera vox patere videatur. Quamvis autem *generis demonstrativi* dixerim, fateor assentiri me non posse iis qui *ἐπιδεικτικὸν εἶδος, demonstrativum genus,* itidemque *ἐπιδεικτικοὺς λόγους* vocant *demonstrativas orationes* (etiamsi quorundam veterum scriptorum auctoritate niti se dicant), quum istud verbale hoc in loco eam sequatur verbi *ἐπιδείκνυσθαι* significationem, qua de iis dicitur qui aliquod scriptum ad se ostentandos edunt: ideoque *ἐπιδεικτικοὶ λόγοι* (qui et *πρὸς τὰς ἐπιδείξεις* γεγραμμένοι ab Isocrate dicuntur) sonet *orationes ad ostentationem comparatæ*, aut uno verbo *ostentatoriæ*. Quamvis autem ἐπιδεικτικὸν γένος tantum et ἐγκωμιαστικὸν dixerim, scio tamen esse qui ἐπαινετικὸν etiam ac πανηγυρικὸν vocari existiment: sed illud ἐπαινετικὸν minus quam ἐγκωμιαστικὸν est significans: at illud πανηγυρικὸν ad certas quasdam orationes restringitur, tales qualis hujus ipsius Isocratis est ea quæ πανηγυρικὸς λογὸς appellatur: sicut et qui παναθηναϊκὸς dicitur, hoc poni in numero potest. Quarta classis ab eo inscripta fuit: Ἡ τρίτη συμμορία δικανική· Latine uno quidem in loco: *Quarta, classis forensium orationum:* at in altero: *Quarta classis judiciorum.* Agnoscis autem utrobique eandem illam cujus antea mentionem feci amphiboliam. Sed eum *judicialium orationum* potius quam *judiciorum* dicere debuisse, existimo. Atque hæc sunt de quibus te, quod attinet ad harum orationum in certas classes distributionem, monendum putavi. De nonnullis autem quæ privatim ad quasdam orationes spectant, a me in sequentibus moneberis: si tamen prius de auctore orationis ad Demonicum verba fecero.

(2.) Ad Titulos diversos unius ejusdemque orationis nunc veniens, a Parænesi ad Demonicum initium sumam (quam tamen vocandam epistolam potius quam orationem mihi videri dixi) sed ita ut ad ea quæ Diatribe prima de aliis duobus ejus titulis scripsi, lectorem remittam. Secundo opusculo post hæc verba: ΠΡΟΣ ΝΙΚΟΚΛΕΑ· in quibusdam exempl. subjungitur: περὶ τοῦ βασιλεύειν· in aliis: περὶ βασιλείας. Sed in Nicocle §. δ'. legimus: Τὸν μὲν οὖν ἕτερον λόγον, ὡς χρὴ τυραννεῖν Ἰσοκράτους ἠκούσατε. ubi non dubito quin ὡς positum sit pro πῶς (ut ὧν pro τίνων in opusc. ad Demonicum), τυραννεῖν autem in bonam partem dictum esse constat pro βασιλεύειν. Quamobrem suspicari quis possit scriptum illic fuisse non περὶ τοῦ βασιλεύειν, sed περὶ τοῦ πῶς χρὴ βασιλεύειν, aut etiam brevius πῶς χρὴ βασιλεύειν. Alterum autem ad titulum quod attinet, περὶ βασιλείας, suspectum quidem esse mihi, dicere vix ausim: sed hoc saltem dicam, perinde videri intelligendum ac si scriptum esset περὶ τῆς ἀγαθῆς βασιλείας, aut etiam περὶ τῆς ἀρίστης βασιλείας. Opusculo quod proxime sequitur hoc, ac veluti copulatum huic est, titulus est ΝΙΚΟΚΛΗΣ: in quibusdam vero libris ei adjectum est ἢ συμβουλευτικός. Cujus epigraphes mentio fit et hac in editione his verbis: ἐπιγράφεται δὲ ὅμως οὐ μόνον Νικοκλῆς ἀλλὰ καὶ συμβουλευτικός. Sed hic titulus minime mihi placet, quum τοῦ συμβουλευτικοῦ λόγου appellatio tam late pateat, ut non minus convenire præcedenti potuerit. Ex eo autem ipso quem paulo ante ex §. δ'. attuli loco titulum elicere aptissimum quis possit istum, περὶ τοῦ, τίνα δεῖ ποιεῖν τοὺς ἀρχομένους. Nam post allata inde verba sequitur, τὸν δ' ἐχόμενον (subaudi λόγον) ἃ δεῖ ποιεῖν τοὺς ἀρχομένους, ἐγὼ πειράσομαι διελθεῖν. Ac valde profecto rationi hoc consentaneum est, ut postquam expositum est quæ sint regis partes, exponatur etiam quæ sint eorum quos sua in ditione habet. Fateor alioqui dubitare me an hujus libelli auctor locuturus ita fuerit: *περὶ τοῦ, τίνα δεῖ ποιεῖν τοὺς ἀρχομένους*. et annon potius dicturus: *περὶ τῶν ποιητέων τοῖς ἀρχομένοις*. aut etiam: *περὶ τῶν καθηκόντων τοῖς ἀρχομένοις*. Interpres a Stobæo orationem hanc *Κύπριον λόγον* appellari etiam scribit; atque addit, mirum non futurum eandem et *Σαλαμίνιον* inscribi: sed hi tituli dantur orationi quem *Εὐαγόρου ἐγκώμιον* vocatur, ut ibi docebo. Sequitur oratio quæ PANEGYRICA inscripta est (quum ante illam de qua dixi orationum Isocratis in certas classes distributionem sequeretur Evagoræ encomium), eam alio nomine quam *πανηγυρικὸν* (subaudiendo *λόγον*) ne ab Harpocratione quidem nominatam invenio. Ita enim passim, *Ἰσοκράτης πανηγυρικῷ*. AD PHILIPPUM scripta oratio, non solum *πρὸς Φίλιππον λόγος*, sed etiam *Φιλιππικὸς* sine adjectione hujus substantivi, sæpe nominatur: et, quidem ab Harpocratione, scribente passim: *Ἰσοκράτης Φιλιππικῷ*. Alicubi tamen, et *Φιλίππῳ* scriptum invenitur: ut in *ἀναιρεθεὶς*, post quam exposuit *ἀναληφθεὶς καὶ στραφεὶς* (verum minime dubium est quin mutandum sit in *τραφεὶς*), subjungit: *παρ' Ἰσοκράτει Φιλίππῳ*. Exstat autem hoc participium §. *κζ'*. Atque ut ibi legimus *Φιλίππῳ* apud Harpocrationem, sic et in *ἀπαριθμῶν*. Dionysius Halicarnasseus, de hac ipsa oratione loquens (nisi et epistola vocari potest, aut etiam debet: eo tamen excepto quod epistolæ *μέτρον* excedere videri queat), dicit: *ἃ πρὸς Φίλιππον αὐτῷ τὸν Μακεδόνα γέγραπται*. Quemadmodum autem hanc orationem vocari etiam *τὸν Φιλιππικὸν λόγον* dixi, ita et orationes Demosthenis *Φιλιππικοὶ λόγοι* vocatæ fuerunt: sed hæ *κατὰ Φιλίππου* dicendæ sunt (Dionysius autem et *τὰς κατὰ Φιλίππου δημηγορίας* appellat), quum ista Isocratis inscribatur *πρὸς Φίλιππον*. Ac merito quidem, quum sit consilium ei dantis: ideoque recte inter *τοὺς συμβουλευτικοὺς λόγους* hic ponatur. Nam ipsemet Isocrates se *συμβουλεύειν* dicit, paucis argumentum hujus orationis ita complectens §. *ϛ'*. *μέλλω γάρ σοὶ συμβουλεύειν, προστῆναι τῆς τε τῶν Ἑλλήνων ὁμονοίας καὶ τῆς ἐπὶ τοὺς βαρβάρους στρατείας*. Excipit illam ad Philippum orationem ea quæ ΑΡΧΙΔΑΜΟΣ vocatur. Inscripta autem fuit et *Πρὸς Λακεδαιμονίους λόγος*: et quidem Dionysium Halicarnasseum ita vocantem audimus ubi ejus argumentum proponit: *μάλιστα δ' ἐν τῷ πρὸς Λακεδαιμονίους γραφέντι λόγῳ* inquit. Sunt vero qui et *Λακεδαιμόνιον λόγον* nomen ei fuisse scribant: quem tamen titulum (qui brevitatis, ut verisimile est, studio excogitatus fuit) minus probo. Ab Harpocratione passim *Ἀρχίδαμος* appellatur: alicubi tamen et *Ὁ περὶ Ἀρχιδάμου λόγος* appellatur. ut in nomine *Πεδάριτος*. scribit enim: *Πεδάριτος. Ἰσοκράτης ἐν τῷ περὶ Ἀρχιδάμου λόγῳ τῶν ἐκ Λακεδαί-*

μονος ἐκπεμφθέντων. ἔστιν οὗτος ἁρμοστὴς ἀνήρ. sed expungenda est stigme post ἐκπεμφθέντων. Sunt porro qui Archidamum inscriptam fuisse hanc orationem dicant, quod vel habita fuerit vel haberi potuerit ab Archidamo apud Lacedæmonios. Quarum rationum posterior quidem mihi probatur: at prior dicere quod minime verisimile sit videtur. A Philostrato Archidamus nominatur: qui hoc insigni eulogio eam ornat: ἄριστα τῶν Ἰσοκράτους φροντισμάτων ὁ Ἀρχίδαμος ξύγκειται &c. AREOPAGITICA ORATIO aliud nomen (quod sciam) non habet: sed tantum Ἀρειοπαγιτικὸς λόγος a Græcis itidem vocatur. Interpres senatoriam sive censoriam, aut de corrigenda et ordinanda republica, dici posse existimat. Scopus enim ejus, et summa est: ὅτι δεῖ τὴν ὀχλοκρατίαν καὶ ἀναρχίαν ἀνελόντας μεταλαμβάνειν δημοκρατίαν. Existimatur autem vocata fuisse Areopagitica hæc oratio, quod ab Isocrate in ipso Areopago habita fuerit: sed fieri etiam potest (meo quidem judicio) ut a dignitate et præstantia nomen hoc consecuta sit: tanquam digna quæ vel in medio Areopago haberetur. Sic de oratione quæ Archidamus inscribitur, creditum est a quibusdam, sic esse dictam quod Archidamo conveniens esset, ac digna quæ ab eo apud Lacedæmonios haberetur. Subjungitur orationi Areopagiticæ oratio de pace, inscripta Ο ΠΕΡΙ ΕΙΡΗΝΗΣ ΛΟΓΟΣ, vel Ο ΣΥΜΜΑΧΙΚΟΣ (id est, *socialis*), et quidem ab Aristotele hoc nomine vocatur. Unde autem nomen hoc illi datum sit, ex argumento Dionysii Halicarnassei intelligi potest. In quibusdam libris veteribus his verbis Περὶ εἰρήνης adjectum est συμβουλευτικός. Alicubi autem et τὸν εἰρηνικὸν λόγον nominatim inveni. Oratio inscripta EVAGORÆ ENCOMIUM, alicubi et EVAGORAS simpliciter vocatur, ut videre est apud Harpocrationem. Habet vero et alia nomina. nam Σαλαμίνιος etiam λόγος, et Κύπριος, et Ἐπιτάφιος appellatur: ut etiam interpres annotat. Mirum est vero eum scripsisse eadem illa nomina duo, Σαλαμίνιος et Κύπριος, dari orationi quæ Nicocles appellatur: ac vereor ne memoriæ lapsu factum hoc sit. At huic orationi quæ Evagoras vel Evagoræ Encomium dicitur, posse convenire, ex ejus argumento, necnon ex iis quæ in ipsa oratione scribuntur, disci potest. Sicut quidam ex Evagoræ Encomio aliquid afferentes, citabant interdum Isocratem in Evagora, brevitatis gratia, sic etiam Isocratem in Helena, pro illis verbis, in Helenæ Encomio. Itidemque et in sequente Encomio Busiridis mos fuit ut Isocrates in Busiride, pro illis verbis, Isocrates in Busiridis Encomio, citaretur. PANATHENAICA ORATIO vocatur ista, nulloque alio, ut opinor, nomine: sed quum interpres in dubio relinquat, an ita vocata sit ex eo quod in festo cui nomen Panathenæa habita est, an vero quod πάντα τὰ Ἀθηναίων κατορθώματα καταλέγει: non dubium est quin priori illi etymo assentiendum sit potius, et quin hoc posterius nimis ridicule (ne dicam ridicula nimis subtilitate) sit excogitatum. Pro his verbis ΚΑΤΑ ΤΩΝ ΣΟΦΙΣΤΩΝ legitur etiam Εἰς τοὺς σοφιστάς: sed Κατὰ τῶν σοφιστῶν tutius scribitur. In reliquis orationibus aut nulla aut rara est tituli diversitas: sed quod attinet ad orationem illam quæ hic ΠΡΟΣ ΕΥΘΥΝΟΥΝ inscribitur, animadvertendum est id de quo lector monitus a me ibi fuit: ne ejus titulus esse vocabulum ΑΜΑΡΤΥΡΟΣ existimetur, ut in quibusdam editionibus pro titulo positum fuit: unde manavit et in hanc editionem eadem vox, ac super posita fuit, tanquam titulus unicuique paginæ: quum alioqui ipsi orationis principio verus præfixus fuisset, ΠΡΟΣ ΕΥΘΥΝΟΥΝ. Nisi quis malit ΥΠΕΡ ΝΙΚΙΟΥ ΠΡΟΣ ΕΥΘΥΝΟΥΝ. Quod autem ad illam vocem Ἀμάρτυρος attinet, hinc contigisse puto ut pro epigraphe hujus orationis sit habita: quod in quibusdam exemplaribus scriptum sit: ΥΠΕΡ ΝΙΚΙΟΥ Η ΑΜΑΡΤΥΡΟΣ. aliquis autem illud Η acceperit pro Ἢ, id est *vel*, quum esset accipiendum pro articulo præpositivo Ἡ.

DIATRIBE IV.

(1.) De multis quæ Dionysius Halicarnasseus apud Isocratem summopere laudat. (2.) De nonnullis quæ idem apud eundem reprehendit. (3.) De quibusdam ad Vitam ejus pertinentibus, a Dionysio Halicarnasseo prætermissis.

(1.) Dionysius Halicarnasseus multa apud Isocratem (et merito quidem) summopere laudat: sed ita ut nec quæ reprehendat, desint. Verum laudatio (de qua prius dicam) multo latius patet. nam haud tantum ejus doctrinam et eloquentiam sed mores etiam laudat: ad reprehensionem autem quod attinet, ea non circa aliud quam nescio quam ejus in suo dicendi genere κακοήθειαν (utar enim hoc verbo, quoniam maxime convenire videtur ei quod ille exprimere velle videtur. etiamsi eo minime usus sit) versatur: ut ex altera parte hujus Diatribes patebit. Quum autem non solum in ejus vita sed aliis plerisque locis ejus eloquentiam laudet, eum quem mihi memoria suggeret ordinem sequar. Legimus igitur in Isæo de hoc oratore: *ἐνθυμούμενος δὲ ὅτι τὴν μὲν ποιητικὴν κατασκευὴν καὶ τὸ μετέωρον δὴ τοῦτο καὶ πομπικὸν εἰρημένον οὐδεὶς Ἰσοκράτους ἀμείνων ἐγένετο, παρέλιπον ἑκὼν οὓς ᾔδειν ἧττον ἐν ταῖς ἰδέαις ταύταις κατορθοῦντας.* Mirari autem quis possit hunc quem primum (non tamen habita ordinis ratione, sed prout memoria suggessit, sicut modo dicebam) propono locum: idque duabus de causis. Una est, quod hæc poetica structura (ita enim κατασκευὴν quam compositionem interpretari malim: alioqui nec elocutionem dicere dubitaturus) minus in Isocrate quam in quibusdam aliis exstare videatur: altera, quod eam contra in Platone reprehendat, in sua ad Cn. Pompeium epistola, qua illi respondens, suam de Platonis elocutione (quam ille ab eo reprehensam conquerebatur) sententiam profert: *Reprehendo autem* (inquit) *Platonem, non tanquam unum quempiam e multis, sed tanquam virum magnum et qui non longe a natura divina abfuerit, quod illum poeticæ structuræ tumorem in sermones philosophicos invexerit, Gorgiam æmulatus.* Ejus verba sunt: ἐπιτιμῶ τε οὐχ ὡς τῶν τυχόντων τῳ, ἀλλ' ὡς ἀνδρὶ μεγάλῳ καὶ ἐγγὺς τῆς θείας ἐληλυθότι φύσεως, ὅτι τὸν ὄγκον τῆς ποιητικῆς κατασκευῆς ἐπὶ λόγοις ἤγαγε φιλοσόφους, ζηλώσας τοὺς περὶ Γοργίαν. Est autem valde notandum illud οὐχ ὡς τῶν τυχόντων τῳ, ac si diceret, *si quis e scriptorum vulgo*, seu *e vulgaribus scriptoribus* (vel *si quis e magno scriptorum grege*, aut *e gregariis scriptoribus*, si fas sit ita loqui), hoc peccasset, mereri veniam videri posset. Illud autem ὄγκον malui *tumorem* (quod proprie sonat), quam *fastum* (ut quidam), interpretari: respiciens ad tumidi epithetum, quod Antimacho dabatur. Et hæc quidem Dionysius: verum aliquis pro illo respondere poterit, idcirco reprehendi ab eo Platonem, quod hac in re modum sicut Isocrates, et quidam alii, minime tenuerit. Atque hoc ex iis quæ proxime sequuntur apparet: ὥστε καὶ διθυράμβοις τινὰ ποιεῖν ἐοικότα. Ut autem illas nostri Isocratis laudes ex Dionysio persequar, animadvertendum est, eum alibi, videlicet in libello Περὶ συνθέσεως ὀνομάτων, illius stylo μεγαλοπρέπειαν tribuere: quæ appellatio cum præcedentibus optime convenit. Ad ornatum autem orationis ejus quod attinet, vel potius ornamenta varia, non potuit suam de illis mentem nobis aptius aperire, quam ea qua utitur comparatione in libello Περὶ τῆς Δημοσθένους δεινότητος. Ibi enim nostri Isocratis, sicut et Platonis, compositionem seu elocutionem cælatis et tornatis operibus comparat. Ejus verba sunt: ὁρῶν γε δὴ τοὺς θαυμαζομένους ἐπὶ σοφίᾳ καὶ κρατίστων λόγων ποιητὰς νομιζομένους, Ἰσοκράτην καὶ Πλάτωνα, γλυπτοῖς καὶ τορευτοῖς ἐοικότας ἐκφέροντας λόγους. Eodem vero et alibi hos duos scriptores eulogio ornat, nimirum in libro Περὶ συνθέσεως ὀνομάτων. nam ibi quoque scribit: ἄλλως τε καὶ τῶν τότε ἀνθρώπων οὐ γραπτοῖς ἀλλὰ γλυπτοῖς καὶ τορευτοῖς ἐοικότας ἐκφερόντων λόγους. Quibus subjungit: λέγω δὲ Ἰσοκράτους καὶ Πλάτωνος τῶν σοφιστῶν. Ubi observa obiter, vocari σοφιστὰς eos quos altero in loco ἐπὶ σοφίᾳ θαυμαζομένους dixit. Ad illam autem σοφίαν (de Isocrate nunc peculiariter loquor) referendæ sunt laudes illæ quas idem ejus orationibus tribuit, non jam ad elocutionem, qua utitur, sed ad ea quæ ab eo dicuntur, respiciens. Nam de consilio quod ille in Archidamo dat Lacedæmoniis, loquens, scribit: *Hæc enim non Lacedæmoniis solum* (puto enim οὐ Λακεδαιμονίοις μόνον eum scripsisse), *sed aliis quoque Græcis, atque adeo omnibus hominibus, suadere illum dixerim, multo melius quam omnes philosophos, qui virtutem et honestatem finem vitæ constituunt.* Qui locus mihi in memoriam revocat illum Horatii de Homero,

> "Qui, quid sit pulcrum, quid turpe, quid utile, quid non,
> Plenius ac melius Chrysippo et Crantore dicit."

Ac omnino certe similis est quæ illic Isocrati a Dionysio laus tribuitur. Inter alios autem locos quibus illius orationes mirifice commendat, non (uti dixi) ad ipsam elocutionem, verum ad ea quæ ab illo dicuntur, respiciens, præcipuus esse videtur, ubi Isocratem et Lysiam inter se comparans, postquam scripsit: τά τε ἄλλα ὅσα περὶ τὴν πραγματικὴν οἰκονομίαν ἐστὶν ἀγαθὰ, πολλῷ μείζονα ἐστὶ παρ' Ἰσοκράτει καὶ κρείττονα, subjungit ista, in quibus videtur aliqua ex parte ipsis Isocratis verbis insistere. Hæc enim sunt quæ subjungit: μάλιστα δ' ἡ προαίρεσις ἡ τῶν λόγων περὶ οὓς ἐσπούδαζε, καὶ τῶν ὑποθέσεων τὸ κάλλος, ἐν αἷς ἐποιεῖτο τὰς διατριβάς (nam illud προαίρεσις et hoc διατριβὰς ex ipso mutuari videtur, ut in sequentibus ostendam)· ἐξ ὧν οὐ λέγειν δεινοὺς μόνον ἀπεργάσαιτ' ἂν τοὺς προσέχοντας αὐτῷ τὸν νοῦν, ἀλλὰ καὶ τὰ ἤθη σπουδαίους, οἴκῳ τε καὶ πόλει καὶ ὅλῃ τῇ Ἑλλάδι χρησίμους. κράτιστα γὰρ δὴ παιδεύματα πρὸς ἀρετὴν ἐν τοῖς Ἰσοκράτους ἐστὶν εὑρεῖν λόγοις. Sequentia autem, quæ eodem pertinent, ibi videnda tibi relinquo. Sed quod dixi, eum initio hujus sermonis ipsis Isocratis verbis aliqua ex parte videri insistere, a me dictum scias velim, propter illa verba: μάλιστα δ' ἡ προαίρεσις ἡ τῶν λόγων περὶ οὓς ἐσπούδαζε, nec non illa: ἐν αἷς ἐποιεῖτο τὰς διατριβάς. Legimus enim apud ipsum Isocratem Panath. §. δ'. πλὴν ὅτι περὶ τὴν φιλοσοφίαν ἣν προειλόμην, ἀτυχίαι τινὲς μοὶ καὶ συκοφαντίαι γεγόνασι. Atque ut hic dicit προειλόμην, ita προαιρούμενος, de re eadem, in loco qui hunc parvo intervallo præcedit: τοὺς δὲ εἰδέναι ποιήσω περὶ ἃ προαιρούμενος τυγχάνω διατρίβειν. Neque enim dubito quin hic eadem de re loquatur, de qua et in illo altero loco: ubi suæ philosophiæ, id est ejus quam προείλετο, mentionem facit. De qua philosophia in Diatribe quinta dicturus sum: alia etiam multa quæ ex Dionysio iis quæ attuli adjici possent, apud eum videnda tibi relinquens, ac præcipua tibi proposuisse contentus.

(2.) Ad partem alteram hujus Diatribes accedo, in qua me de iis quæ Dionysius Halicarnasseus in Isocrate reprehendit, dicturum promisi. Is igitur in hujus oratoris vita, figuras quasdam apud eum ita crebras esse scribit (cujusmodi sunt paromœoses, et parisoses, et antitheta) ut reliquæ structuræ orationis incommodent, et auribus fastidium pariant. Ejus verba sunt: *αἵ τε παρομοιώσεις καὶ παρισώσεις καὶ τὰ ἀντίθετα, καὶ πᾶς ὁ τῶν τοιούτων σχημάτων κόσμος, πολύς ἐστι παρ' αὐτῷ καὶ λυπεῖ πολλάκις τὴν ἄλλην κατασκευὴν, προσιστάμενος ταῖς ἀκοαῖς.* Et in iis quæ parvo intervallo præcedunt, dixerat, orationes ejus esse tales ut concertationes cujusmodi sunt in conventibus populi et in judiciis, non ferant. Idem alibi de eo loquens: *τῆς μέντοι ἀγωγῆς τῶν περιόδων τὸ κύκλιον καὶ τῶν σχηματισμῶν τῆς λέξεως τὸ μειρακιῶδες οὐκ ἐδοκίμαζον.* Quinetiam mentionem paulo post facit cujusdam Philonici dialectici, qui diceret, eum quum alioqui reliquam orationis ejus structuram (seu compositionem) probet, hoc novitatis studium reprehendere (nisi quis non *καινότητος*, sed *κενότητος*, malit legere) et similem pictori esse adderet, qui iisdem vestibus ac gestibus picturas omnes ornaret. Omnes enim (aiebat) ejus orationes eosdem tropos habere comperiebam. Atque his subjungit Hieronymi philosophi de eo dictum super iisdem orationibus, belle quidem eas posse legi, sed non etiam in concione posse ita ut decet pronuntiari. Et aliquanto post, mentionem iterum facit earum nominatim figurarum quarum et antea fecerat, videlicet antitheseωn, parisoseωn et paromœoseωn. Quibus subjungit, se tamen illa figurarum genera non carpere (quum multi et historici et oratores iis usi sint, orationem tanquam flosculis ornare volentes), sed nimium earum usum. Tandemque ad exempla veniens, ea ex Panegyrico (quem *τὸν περιβόητον λόγον* appellat, id est, celeberrimam illam orationem) depromit, et ab hoc loco incipiens: *πλείστων μὲν οὖν ἀγαθῶν αἰτίους καὶ μεγίστων ἐπαίνων ἀξίους ἡγοῦμαι.* hic non tantum membrum unum orationis alteri respondere scribit (sive æquale esse; dicit enim: *οὐ μόνον τῷ κώλῳ τὸ κῶλον ἴσον*), sed etiam vocabula vocabulis, videlicet *μεγίστων* illi *πλείστων*, et *ἐπαίνων* illi *ἀγαθῶν*, et *ἀξίους* illi *αἰτίους*. Atque hanc periodum subjungens: *οὐδὲ ἀπέλαυον μὲν ὡς ἰδίων, ἠμέλουν δὲ ἀλλοτρίων·* ait, non solum membrum sequens esse *πάρισον* ei quod præcedit: sed etiam bis uti hic antithetis: quum *ἠμέλουν* sit antithetum illi *ἀπέλαυον*: at *ἀλλοτρίων* antithetum sit præcedenti *ἰδίων*. Sequitur apud eum: *ἀλλ' ἐκήδοντο μὲν ὡς οἰκείων, ἀπείχοντο δὲ ὥςπερ χρὴ τῶν μηδὲν προσηκόντων.* Atque hic rursus hoc *ἀπείχοντο* opponi ait illi *ἐκήδοντο* et hæc *μηδὲν προσηκόντων* illi *οἰκείων*. Ac ne his quidem (inquit) contentus est: sed in ea quæ sequitur periodo, rursus hæc verba: *καὶ τοῖς παισὶ μεγάλην δόξαν καταλείψειν·* ex adverso posita sunt illorum (vel ex adverso illis respondent), *αὐτός τε μέλλοι μάλιστα εὐδοκιμήσειν.* Itidemque ex adverso horum, *οὐδὲ τὰς θρασύτητας τὰς ἀλλήλων ἐζήλουν*, posita sunt ista quæ subjunguntur: *οὐδὲ τὰς τόλμας τὰς καθ' ἑαυτῶν ἤσκουν.* Atque hæc parvo intervallo apud eum sequi ait: *ἀλλὰ δεινότερον μὲν ἐνόμιζον* εἶναι κακῶς ὑπὸ τῶν πολιτῶν ἀκούειν, ἢ καλῶς ὑπὲρ τῆς πατρίδος ἀποθνήσκειν. ubi καλῶς et κακῶς sibi respondent, ἀκούειν autem et ἀποθνήσκειν sunt πάρισα. In hujus autem loci interpretatione verbum ἀντιστρέφειν nolui reddere (cum quibusdam) inter se converti: ne quis eum putaret aliud hoc verbo quam parisosin illam velle ostendere. Nam et Fabius eam agnoscit in hoc dicto: "*Quantum possis, in eo semper experire ut prosis:*" vocans tamen πάρισον. Nec vero ἀντιστρέφειν tantum dicit Dionysius, sed etiam ἀντίστροφον esse. Fabius contraposita vocat, libro ix. "In concionibus quidem etiam similiter cadentia quædam et contraposita deprehendas." Idem alibi scribit: "Gratiam dicendi e paribus contrariis acquirere." Quum autem ἀντίθετα εἶναι et ἀντίκεισθαι dicit Dionysius, ad eam quoque respicit oppositionem qua res rebus opponuntur. Verum, ut longius in illa Dionysiana reprehensione progrediar, subjungit, Isocratem tolerari potuisse, si hic saltem illi affectationi modum posuisset: quod eum non fecisse ostendit. Nam in periodo quæ illam excipit, talem esse: ὅτι τοῖς ἀγαθοῖς τῶν ἀνθρώπων οὐδὲν δεήσει πολλῶν γραμμάτων, ἀλλ' ὀλίγων συνθημάτων, καὶ περὶ τῶν κοινῶν καὶ περὶ τῶν ἰδίων ὁμονοήσουσιν. Ubi esse πάρισα dicit hæc duo, γραμμάτων et συνθημάτων: at vero πολλῶν et ὀλίγων, κοινῶν et ἰδίων, esse ἀντίθετα. Est autem observandum et hic quod antea dixi, ubi antitheta vocat, ad ipsam quæ in rebus est antithesin respicere. Subjungit Dionysius: ἔπειθ', ὥςπερ οὐδὲν εἰρηκὼς τοιοῦτον, ἀθρόαις ἐπικλύσει ταῖς παρισώσεσιν. Respondet autem hoc futurum ἐπικλύσει præcedenti ἀνήσει: ubi scribit, ἀλλ' οὐκ ἀνήσει. Quo etiam in loco video hærere multos (ut de hoc quoque obiter moneam): ita enim scriptus est: εἰ μέτριος ἦν μέχρι δεῦρο, ἀνεκτὸς, ἀλλ' οὐκ ἀνήσει. at si interpunctionis sedem mutent, hærere desinent. Sic autem mutanda est illa sedes, ut quæ post δεῦρο est, post ἦν ponatur: hoc modo, εἰ μέτριος ἦν, μέχρι δεῦρο ἀνεκτός. Perinde ac si diceret: Si modum tenere sciret, nequaquam ulterius perrexisset, ac tolerari certe huc usque potuisset. Sed contra οὐκ ἀνήσει; quin potius, ἀθρόαις ἐπικλύσει ταῖς παρισώσεσιν. Videamus autem illum ἐπικλυσμόν. is huic loco subest (si fidem illi habemus): τὰ τῶν ἄλλων διῴκουν θεραπεύοντες, ἀλλ' οὐχ ὑβρίζοντες τοὺς Ἕλληνας· καὶ στρατηγεῖν οἰόμενοι δεῖν αὐτῶν, ἀλλὰ μὴ τυραννεῖν αὐτῶν· καὶ μᾶλλον ἐπιθυμοῦντες ἡγεμόνες ἢ δεσπόται προσαγορεύεσθαι, καὶ σωτῆρες ἀλλὰ μὴ λυμεῶνες ἀποκαλεῖσθαι· τῷ ποιεῖν εὖ προσαγόμενοι τὰς πόλεις, ἀλλ' οὐ βίᾳ προσκαταστρεφόμενοι· πιστοτέροις μὲν τοῖς λόγοις ἢ νῦν τοῖς ὅρκοις χρώμενοι· ταῖς δὲ συνθήκαις, ὥςπερ ἀνάγκαις, ἐμμένειν ἀξιοῦντες. Tandemque exclamat: καὶ τί δεῖ τὰ καθ' ἕκαστα διεξιόντα μηκύνειν; ὀλίγου γὰρ ἅπας ὁ λόγος ὑπὸ τῶν τοιούτων αὐτῷ κεκόμψευται σχημάτων. Leguntur autem hi omnes loci Panegyrici Isocratis §. κα'. κβ'. sed quod habemus hic *προσκαταστρεφόμενοι*, valde mirum et ineptum etiam visum est, id est, ineptæ cujusdam affectationis: atque adeo magis, quam aliud quidquam eorum quæ a Dionysio reprehenduntur, reprehensione dignum. Inepte enim, vel potius ineptissime, dictum esset *προσκαταστρεφόμενοι* pro *καταστρεφόμενοι*, ut duobus modis conveniret cum *προσαγόμενοι*, id est, ut non modo essent parisa, seu homœoteleuta (etiamsi quidam inter hæc discrimen constituunt), sed etiam ab eadem præpositione utrumque inciperet. Sed mea editio statim ostendit, fidem Dionysio, aut librario cujus manu exscriptus fuit hic ejus liber, minime habendam esse. Nam in ea *καταστρεφόμενοι* legi comperi. De hoc quidem certe ei assentior, ista, quæ alioqui ornamenta orationis essent, et aures mulcerent, contra ob nimiam frequentiam, eas posse offendere. Scimus enim esse ubique verum istud, Ne quid nimis: nec minus vere dici (allegorice etiam loquendo), Mel nimium in fel converti: juxta illum quoque versiculum Græcum:

Καὶ γὰρ τοῦ μέλιτος τὸ πλέον ἐστὶ χολή.

Nec vero Dionysius tantum reprehendit eum hoc nomine, sed Fabius quoque reprehendi ait: Scribit enim: "in compositione adeo diligens, ut cura ejus reprehendatur." Ita ut in dubio nobis hic relinquat, an et ipse sit e numero reprehensorum. Quam nobis augere dubitationem hic ejusdem locus potest: "Magnæ veteribus curæ fuit, gratiam dicendi e paribus contrariis acquirere: Gorgias, in hoc immodicus, copiosus utique prima ætate Isocrates fuit." Neque enim immodicum, sicut et Gorgiam, fuisse scribit, sed tantum copiosum. Et quidem hoc ab eo restringi etiam, observandum est, quum addit, prima ætate. Quod optime convenit cum eo quod scribit Dionysius, orationes ab eo sub vitæ finem scriptas, minus esse *μειρακιώδεις*, utpote perfectam prudentiam a longa ætate adeptas. Fortasse autem illa, *ἧττον εἰσὶ μειρακιώδεις*, verti ex Horatio possent *minus juvenantur*. Cæterum, quamvis ita de Isocrate scribat, fateor tamen, eum, ubi, de junctura loquens, quædam exempla eorum quæ in illa animadvertenda sunt attulit, addere: "Nimiosque non immerito in hac cura putant omnes Isocratem secutos, præcipueque Theopompum." Idem scribit, plures eruditorum aliam esse dicendi rationem, aliam scribendi, putavisse: ac rursus, alios ad componendum optimos, actionibus idoneos non fuisse, ut Isocratem. Unde et Ciceronem dicentem audimus "eum forensi luce caruisse."

(3.) Inter illa autem quæ Dionysius Halicarnasseus ad vitam Isocratis pertinentia omisit, memorabilia sunt quæ de ejus senectute leguntur, cum apud alios, tum vero Ciceronem in libro De Senectute: "Est etiam (inquit) quiete et pure et eleganter actæ ætatis placida ac lenis senectus. Qualem accepimus Platonis, qui uno et octogesimo anno scribens mortuus est: qualem Isocratis, qui eum librum, qui Panathenaicus inscribitur, quarto et nonagesimo anno scripsisse dicitur: vixitque quinquennium postea." Nisi potius scribendum est: 'vixisseque quinquennium postea.' Mentionem autem ipsemet Isocr. ætatis suæ facit circa principium hujus libri §. α'. ἡγοῦμαι γὰρ (inquit) οὐχ ἁρμόττειν οὔτε τοῖς ἔτεσι τοῖς ἐννενήκοντα καὶ τέσσαρσιν, ὧν ἐγὼ τυγχάνω γεγονὼς, οὔθ' ὅλως τοῖς ἤδη πολιὰς ἔχουσιν ἐκεῖνον τὸν τρόπον ἔτι λέγειν. Ac mirum est Ciceronem ita loqui: "quarto et nonagesimo anno scripsisse dicitur." quum ipsemet Isocrates de se hoc testetur. Nisi forte Ciceroni hoc in mentem non venisse putandum est. Prætereundum autem non est, eum, quamvis ita de sua ætate locutus hic sit Isocrates, tamen circa finem hujus ipsius orationis dicere se triennio tantum a centum annis abesse. Cæterum, si de senectute Isocratis verba fecisset Dionysius, deque iis quæ tam senex præstitit, mentio facienda simul fuisset ejus quod non semel illi usu venit, ut videlicet delirare putaretur. Legimus enim in oratione ad Philippum §. ζ'. οὕτως ἐξεπλάγησαν μὴ διὰ τὸ γῆρας ἐξέστηκα τοῦ φρονεῖν. Quæ interpres vertit: *Usque adeo veriti sunt ne senio delirarem.* Sed animadvertere debuit esse ellipsin ante particulam μή: ideoque, verbo ἐξεπλάγησαν significationem suam relinquens, ita locum hunc reddere: *Usque adeo obstupefacti sunt, verentes ne præ senio delirarem.* Vel: *ne præ senio mente motus essem.* Quinetiam alibi rei hujus mentionem facit, et quidem verbo magis proprio utens: id est, quod Latino delirare respondet. Locus est in Panathenaico §. θ'. ἄλλως τε ἂν καὶ φανῶ μηδὲ νῦν πω, τηλικοῦτος ὢν, μὴ παραληρῶν. Ubi tamen observandum scripsisse (si locus mendo caret) non ληρῶν, sed παραληρῶν. In quo aliquis fortasse vocabulo præpositionem extenuandi vim habere suspicetur. In illa autem ad Philippum oratione non dubitat suam in senectute etiam φιλοτιμίαν profiteri. Postquam enim dixit de Panegyrica oratione loquens, se non ignorasse hanc orationem ætati suæ minime convenientem esse, et aliud etiam incommodum prævidisse: tandem se adeo in ipsa etiam senectute fuisse φιλότιμον scribit, ut eorum quæ deterrere illum poterant, rationem minime habuerit. Ejus verba sunt: ἀλλ' ὅμως ἐγὼ, ἁπάσας ταύτας τὰς δυσχερείας ὑπεριδὼν, οὕτως ἐπὶ γήρως γέγονα φιλότιμος, ὥστε βουληθῆναι ἅμα τοῖς πρός σε λεγομένοις καὶ τοῖς μετ' ἐμοῦ διατρίψασιν ὑποδεῖξαι etc. Ubi minime placet, cum interprete φιλότιμος reddere *acer:* sed propriam ei significationem relinquendam censeo: quum hujusmodi φιλοτιμία maximum sit cujusdam in senectute permanentis μεγαλοφροσύνης indicium: quam alioqui et in aliis quodam loco laudantem eum audimus. Jam vero et circa principium Panathenaici multa de sua senectute verba facit:

sed ibi ejus incommoda nolle se dissimulare ostendit, quamvis alibi (quod sciam) minime de illa conqueratur. Incipit autem ab illis quæ senio tribui solent epithetis, scribens §. δ'. ἀλλ' οὕτω μοι τὸ γῆράς ἐστι δυσάρεστον καὶ μικρολόγον καὶ μεμψίμοιρον. et subjungit: ὥςτε πολλάκις ἤδη τὴν μὲν φύσιν τὴν ἐμαυτοῦ κατεμεμψάμην, ἣς οὐδεὶς ἄλλος καταπεφρόνηκε, καὶ τὴν τύχην ὠδυράμην. Alioqui certe multa de sua præterita vita commemorat, quæ felicem illam reddidisse dici poterant. *Ego enim* (inquit) *ea bona maxima consecutus, quibus se præditos esse, omnibus sit optabile, ac primum ut sanus et corpore et mente essem (nec utcunque, id quidem, sed ita ut cum illis certare possem qui ad summam circa horum utrumque felicitatem pervenerunt), deinde earum quas vita postulat facultatum tantum, ut nunquam ulla re caruerim ex iis quæ intra mediocritatem consistunt, neque quas ullus qui prudentia præditus sit concupiscat.* Cætera tibi apud eum legenda relinquo: quibus eam quam dixi de sua senectute querimoniam subjungit. Neque vero hæc tantum apud eum legas velim, et observes, cum hac in oratione tum in aliis. Inde enim multa de viri tanti vita, quæ cognitu dignissima sunt, iis quæ a Dionysio scripta sunt adjici poterunt.

DIATRIBE V.

(1.) Politica quædam Isocratis, quæ observatu præ aliis digna videntur. (2.) Ethica quædam ejusdem, quæ itidem observatu præ aliis digna videri possunt.

(1.) Maximam fuisse cognitionem Isocrati politicæ scientiæ (quam ipse nobis permitteret politicam philosophiam appellare) existimavit Dionysius Halicarnasseus, ut ex aliquot ejus locis colligere possumus. Inter illos autem præcipuus est ille, ubi auctor est iis qui dant operam ut eam scientiam seu facultatem (vocat enim πολιτικὴν δύναμιν) sibi comparent, et quidem non aliquam ejus partem, sed universam, hunc scriptorem semper in manibus habeant. Puto enim deesse ἀεὶ ante vel post ἔχειν. Scribit autem initio vitæ ipsius Isocratis fuisse primum qui se contulerit ad hanc scientiam, et τοὺς ἐριστικοὺς ac φυσικοὺς λόγους relinquens, τοὺς πολιτικοὺς amplexus sit. Ex hac autem scientia consequi aliquem (quemadmodum ipse Isocrates scribit) ut possit et deliberare et alloqui et agere quæ sunt utilia. Hoc autem et Periclem sibi apud Thucydidem tribuere scimus, quum dicit: ὃς οὐδενὸς οἴομαι ἥσσων εἶναι γνῶναί τε τὰ δέοντα καὶ ἑρμηνεῦσαι ταῦτα. ac perinde esse ac si se nulli in iis quæ ad politicam scientiam pertinent, cedere diceret. Vocat autem non solum τὴν πολιτικὴν ἐπιστήμην, sed etiam τὴν πολιτικὴν φιλοσο-

φίαν, cum alibi, tum vero in iis quæ de priscis oratoribus ad Ammæum scripsit. Nec dubito quin et Isocrates plerisque locis de sua philosophia loquens, hanc intelligat. Sic in Panathenaico, postquam dixit §. ε'. *ἐπὶ τὸ φιλοσοφεῖν, καὶ πονεῖν, καὶ γράφειν ἃ διανοηθείην, κατέφυγον.* addit: *οὐ περὶ μικρῶν τὴν προαίρεσιν αἱρούμενος, οὐδὲ περὶ τῶν ἰδίων συμβολαίων, οὐδὲ περὶ ὧν ἄλλοι τινὲς ληροῦσιν, ἀλλὰ περὶ τῶν Ἑλληνικῶν καὶ βασιλικῶν καὶ πολιτικῶν πραγμάτων.* Eam certe doctrinam quocunque nomine appellet, ad eam pertinentia omnia tractari ab eo constat, si quis diligenter quæ ab eo dicuntur observet. Quemadmodum autem Aristoteles politicæ vitæ finem statuit honorem, sic apud hunc nostrum scriptorem legimus in oratione Areopagitica, de iis qui reipublicæ curam gessissent (dicit enim *ἐπιμελεῖσθαι τῶν κοινῶν*), si se in eo munere justos præbuissent, laudari solitos, eosque hoc fuisse honore contentos. Cæterum, quum in democratia viverit Isocrates, et hæc politeia illi præ quavis alia placeret, non mirum si suam politicam scientiam sive politicam philosophiam (ut etiam nominari dictum paulo ante fuit) ad eam potissimum contulerit. Atque aliis certe quamplurimis itidem placuisse mirum in modum democratiam præ oligarchia et aristocratia (nisi forte dicendum potius est eam solam placuisse) vel hinc colligimus, quod prisci oratores politeiam de democratia, tanquam *κατ' ἐξοχὴν*, dixerint: et ipse Isocrates eorum sit e numero, qui vocabulo illo ita usi sunt. Alioqui *πολιτείαν* et pro *πολίτευμα*, id est, pro certa administrandæ reipubl. forma, ab eo etiam dici videmus. Sic in Areopag. §. ε'. *Nihil aliud est anima civitatis quam ipsa politeia: quæ tantam vim habet quantam in corpore prudentia.* Ac possit certe hic *διοίκησις* exponi: sicut proxime præcedit: *ἀλλὰ τοῖς ἄριστα καὶ σωφρονέστατα τὴν αὐτῶν διοικοῦσιν.* Immo et *διοίκησιν* paulo ante dixerat: sicut et in Panath. §. ν'. legimus. Quum autem tres sint *διοικήσεως* formæ, id est, administrationis reipublicæ, sive regiminis reipubl. tres formæ, unaquæque earum vocatur interdum *κατάστασις* (ut si quis Latine hunc vel illum reip. statum esse dicat) ab hoc etiam scriptore: exstatque exemplum in Areopag. §. κδ'. Sed cum *κατάστασις* subaudiendus genitivus *πολιτείας*, aut *πόλεως*. Atque ita dici queant esse tres *καταστάσεις πολιτείας*: sicut tres *ἰδέαι πολιτείας* ab ipso etiam Isocrate nominantur (dicente alioqui et *πολετεῖαι* pro hoc ipso), eodemque modo tres *διοικήσεως ἰδέας* appellare non dubito quin nobis liceat: quemadmodum paulo ante dixi tres *διοικήσεως* formæ. Nec vero dubitandum est quin et reliquæ *πολιτείας ἰδέαι*, ut ab ipso quoque Isocrate vocari modo dixi, illi optime notæ fuerint: ideoque tanto potuerit de sua illa democratia prudentius loqui. Sed hoc sciendum est, illum, in Panathenaica oratione, non cum aliis tres has ideas constituere, oligarchiam, democratiam, et aristocratiam: sed oligarchiæ et democratiæ addere monarchiam, facta alioqui paulo ante democratiæ mentione quæ aristocratia uteretur: et ita quidem ut neget se hanc cum vulgo inter politeias velle numerare. Aliquot autem in locis oligarchiæ longe præferendam esse democratiam ostendit: quorum unus est in Areop. §. κε'. Politicum igitur ita se ostendit noster Isocrates in iis quæ de optima democratia passim his in orationibus disseruit, ut vix meliorem quis eo magistrum nancisci possit. Politicum autem quum dico, politicæ scientiæ seu philosophiæ (ut etiam vocari docui) peritum intelligo. Ideoque aliquot in locis quæ sit vera democratia (ut in Panath. §. νη'.), quæ sit omnium æquissima et firmissima (ut in Areop. §. θ'.), doctissime disserit. Inter illas autem quibus democraticum statum afficit laudes, hæc minime est postrema, in Areop. §. κδ'. Lacedæmonios ideo pulcherrimam politeiam habere, quod omnium maxime democratia utuntur. Hæc enim verba: καὶ Λακεδαιμονίους διὰ τοῦτο κάλλιστα πολιτευομένους ὅτι μάλιστα δημοκρατούμενοι τυγχάνουσιν. ita malo vertere, quam ut ab interprete versa habes: quoniam, ut ille vertit, non agnoscitur comparatio unius politeiæ cum cæteris. Ac, quum ἰσότης, id est, æquabilitas (vel juris æquabilitas, ut ab aliis vocatur), ad democratici status conservationem multum valeat, eam sæpe commendat: atque ubi illa ἰσότης locum habet, res se habere ὁμαλῶς ait: ut contra ἀνωμάλως, ubi ei locus non est. Huc autem pertinentem locum habes contra Lochit. §. ιγ'. ubi pauperum et divitum fit mentio. Adeo autem hanc ἰσότητος observationem veris democratiis asserit, ut ἰσότητας et democratias, et contra πλεονεξίας et oligarchias, copulet in Areop. orat. §. κδ'. Ac ibidem, postquam illud de Lacedæmoniis dixit quod paulo ante memoravi, rationem affert quod tum circa electionem magistratuum, tum vero circa ea quæ ad quotidianam vitæ consuetudinem spectant, ἰσότητες necnon ὁμοιότητες plus quam apud alios valeant. De bonis etiam legibus, quod bonæ democratiæ sint fundamentum, sæpe disserit, et quomodo sua eis auctoritas conservanda sit, ostendit: adeo quidem ut alicubi judices ταῖς ἐπιεικείαις καταχρωμένους (quod uno verbo majores nostri *epicaïzer* dicebant, pro *epieikizer*, verbo ex illo nomine ἐπιείκεια deducto) opponat iis qui legibus parent. Videtur autem legum multitudinem in Paneg. reprehendere §. κβ'. Denique, ut hodie pragmatici suas cautiones habent, quas vulgo cautelas juris appellant (nec mirum ex tot cautelariis libris tot cautelarios viros emergere: liceat enim nobis voce hac utrobique uti), sic nostro isti politico suæ fuerunt: quarum unam in Areopag. tibi videndam relinquo §. η'. Quinetiam ut democratiæ suas corruptelas haberent (maxime autem adversus corruptelas cautionibus esse opus scimus, et quidem præcautionibus etiam, ut ab illis caveatur) cum ex aliis locis, tum ex quodam §. λ'. discimus.

(2.) Ethica tamen an minus huic nostro Isocrati quam politica cognita fuerint, in dubium fortasse quispiam vocet: at mihi, non minorem illorum quam horum cognitionem adeptum esse eum persuasissimum est. Sed circa hanc philosophiam aliquid sibi peculiare vel potius aliqua sibi peculiaria habuisse videtur: adeo quidem ut improborum etiam nonnullis suam quandam virtutem tribuat. Quod multo magis videri non solum *παράδοξον*, sed etiam *ἄτοπον*, potest, quam quod alibi apud eum legimus, aliquam esse *ψευδολογίαν*, minime reprehensione sed excusatione dignam. Immo vero istud quod de pseudologia scribit, excusatione digna, omnino excusabile, nec prorsus novum est: at illud alterum de improborum virtute, non dubium est, quin multi tale sibi videri dicturi sint quale ego dixi. Sed erunt fortasse qui, huic dictio patrocinari volentes, latrones seu prædones in exemplum afferant, qui in partienda inter se præda justitiam servare dicti a nonnullis fuerunt. Verum illis respondendum erit,

" Nil agit exemplum quod litem lite resolvit."

Ac, quoniam justitiæ mentio incidit, hoc addam, ejus præcipue mentionem ab eo passim fieri, ac interdum hanc et *σωφροσύνην* copulari. ut in Nicocle §. ι'. *ἅπαντα γὰρ ταῦτα σωφροσύνης ἔργα καὶ δικαιοσύνης ἐστίν.* Quinetiam duas hasce virtutes maximi inter cæteras pretii esse in eodem opusculo scribit §. η'. *οἶμαι γὰρ ἔγωγε πάντας ἂν ὁμολογῆσαι, πλείστου τῶν ἀρετῶν ἀξίας εἶναι τήν τε σωφροσύνην καὶ τὴν δικαιοσύνην.* Quinetiam in libello ad Demonicum copulari has videmus. Ac scio quidem ab aliquo hic quæstionem moveri posse, an facere nobis satis illa exempla debeant, quod an nostri Isocratis sint illa opuscula dubitetur (immo vero de priore nulla relinquatur dubitatio, quin alius Isocratis sit), verum ego eandem copulationem et in quibusdam locis quos esse nostri scriptoris constat, me observare memini: et aliquod fortasse exemplum, antequam de justitia dicendi finem faciam, sum allaturus. Ista quidem duo *καρτερίαν* et *σωφροσύνην* in Panathenaico conjungi videmus §. οθ'. Verum, ad *δικαιοσύνην* ut revertar, mirum quidem nemini videri possit, illam cum *σωφροσύνῃ* conjungi: sed *ἀπὸ τῆς ἀρετῆς* separari, id vero vix ulli mirum non futurum arbitror. Legimus tamen De Pace in fin. *προτρέψουσιν ἐπ' ἀρετὴν καὶ δικαιοσύνην.* Quod autem in Panath. §. μθ'. exstat, *ἀρετῆς καὶ φρονήσεως*, non itidem videri mirum debere dixerim, quod nonnullos (quorum Aristoteles) *φρόνησιν*, id est, prudentiam, in virtutum numero scimus haud posuisse. Si autem bene memini, etiam *ἀρετὴν καὶ ἀνδρείαν* alicubi ita dicit, quasi hæc separans. Verum ne hic quidem mihi desit quod respondeam, quum in Panath. §. οθ'. legamus: *ἑώρων γὰρ ἅπαντες τὴν μὲν εὐψυχίαν τὴν πολεμικὴν* (dixerat autem antea *ἀνδρείαν*) *πολ-*

λοὺς ἔχοντας καὶ τῶν ταῖς κακίαις ὑπερβαλλόντων, τῆς δὲ χρησίμης ἐπὶ πᾶσι καὶ πάντας δυναμένης ὠφελεῖν οὐ κοινωνοῦντας τοὺς πονηρούς. Ne tamen omni patrocinio destitutum et primum illum relinquam locum, ἐπ' ἀρετὴν καὶ δικαιοσύνην (monstrosa enim hæc separatio fuerit justitiæ a virtute), videndum esse aio, annon ita intelligi possint illa verba ut si dictum esset: ἐπὶ τήν τε ἄλλην ἀρετὴν καὶ δικαιοσύνην. Nisi forte et scriptum ita ab Isocrate fuisse suspicandum sit. Sed novum multis (sat scio) videbitur, ita loqui Isocratem, ἐπὶ τὴν ἄλλην ἀρετὴν, pro his, ἐπὶ τὰς ἄλλας ἀρετάς. Ego hunc illi scrupulum eximam, alium locum proferens ex De Pace §. κ'. ubi ita loquitur. ibi enim legimus: τήν τ' εὐσέβειαν, καὶ τὴν σωφροσύνην, καὶ τὴν δικαιοσύνην, καὶ τὴν ἄλλην ἀρετήν. Alioqui καὶ τὰς ἄλλας ἀρετὰς, magis usitato sermone, alibi ab eo dici confiteor. Facit autem pro mea conjectura hic locus, modis duobus. nam et τὴν ἄλλην ἀρετὴν ita dictum videmus, ut in altero illo intelligi deberet loco: et de injuria quam δικαιοσύνῃ fieri questus sum, mihi assentitur, quum illi contra suum inter virtutes locum tribuat. Sed antequam ab hoc ipso loco discedam, aliud est de quo te monebo: Isocratis philosophiam ethicam peculiare aliquid et in eo habere, quod quum ii, qui felicitatem humanam in virtute constituunt, minime pietatem illi, vel potius pietati illam, minimè adjungant; contra ille veluti ducem illam constituat. Is enim e quo proxime præcedentia deprompsi locus, ita totus legitur: ἃ μὲν οὖν ὑπάρχειν δεῖ τοῖς μέλλουσιν εὐδαιμονήσειν, τήν τ' εὐσέβειαν καὶ τὴν σωφροσύνην καὶ τὴν δικαιοσύνην (simul autem observa, σωφροσύνην et δικαιοσύνην, sicut in iis quos attuli antea locis, copulari, ideoque me jam meo promisso satisfecisse memineris quod non longo intervallo præcessit) καὶ τὴν ἄλλην ἀρετὴν, ὀλίγῳ πρότερον εἰρήκαμεν. Est autem et alius locus, ubi eum hujus erga deos pietatis mentionem facere videmus, et quidem eam itidem velut ducem virtutibus constituentem: non tamen iisdem quibus illic virtutibus, temperantiæ et justitiæ, sed justitiæ et prudentiæ. Ejus verba sunt: οὐδεὶς γὰρ ὅστις οὐχὶ τῶν ἐπιτηδευμάτων προκρίνει τὴν εὐσέβειαν τὴν περὶ τοὺς θεοὺς, καὶ τὴν δικαιοσύνην τὴν περὶ τοὺς ἀνθρώπους, καὶ τὴν φρόνησιν τὴν περὶ τὰς ἄλλας πράξεις. Sciendum est autem, hunc nostrum Isocratem præ quovis alio magni illos facere quos καλῶς γεγονότας vocat (bene natos Latine nos posse interpretari puto), tanquam aliquod ad virtutem adipiscendam προτέρημα habentes: atque hoc multis in locis, a me admonitus, observare poteris. Sed hoc quoque animadvertendum est, alicubi bonæ etiam educationis et institutionis mentionem facere. ut Panath. §. οθ'. ἀλλὰ μόνοις ἐγγινομένην (sed muto in ἐγγινομένης) τοῖς καλῶς γεγονόσι καὶ τεθραμμένοις καὶ πεπαιδευμένοις. Ubi tamen potuisse videtur contentus esse adjectione participii τεθραμμένοις, quum eo comprehendi et πεπαιδευμένοις queat: sicut et apud Latinos educatio institutionem complectitur. Ac pro meo facere quidam videtur locus, ubi ἐλευθέρως τεθραμμένους et μεγαλοφρονεῖν εἰθισμένους dicit: quum antea τοῦ παιδευθῆναι mentione facta, eadem de re loqui velle videatur. Alia sunt quamplurima per hujus nostri Isocratis orationes sparsa, quæ ad ethicam philosophiam pertinent: ea autem observanda tibi relinquo, te velut in viam hujus observationis induxisse contentus. Sed quum finem huic Diatribæ imponere hic statuissem, recordatus sum illius loci Isocratici, cujus in principio mentionem feci, ubi videlicet ille improbis nonnullis suam quandam virtutem tribuit: ac puduit lectorem omnino suspensum de eo relinquere, ac non hoc saltem addere, annon et ipse aliquo, meo patrocinio adjuvari posset: ac mihi in mentem venit tandem, id me officium illi in uno ex meis Schediasmatis præstitisse.

DIATRIBE VI.

(1.) De aliquot locis communibus, quorum nonnulli haud semel tractantur. (2.) De quibusdam acute et fere paradoxe ab eo dictis. (3.) Hunc Oratorem simul et Virum bonum ubique videri: quod veteres in uno quoque oratore requisiverunt.

(1.) Communes etiam loci hunc apud scriptorem sunt pulcherrimi, et pulcherrime tractati. De iis autem loquor communibus locis quorum a Quintiliano non semel fit mentio: et quidem ita ut libri secundi cap. primo, theseωn simul mentionem faciat, ubi scribit: " antiquis hoc fuisse ad augendam eloquentiam genus exercitationis, ut theses dicerent (nisi forte *discerent* potius quam *dicerent* scripsit), et communes locos, et cætera, citra complexum rerum personarumque, quibus veræ fictæque controversiæ continentur." Et aliquanto post, de locis communibus loquitur: " sive qui sunt in vitia directi, quales leguntur a Cicerone compositi; seu quibus quæstiones generaliter tractantur, quales sunt editi a Quinto quoque Hortensio: ut, Sitne parvis argumentis credendum: et pro testibus, et in testes, in mediis litium medullis versantur." Quibus subjungit: " arma hæc esse quodammodo præparanda semper, ut aliquis, quum res poscet, his utatur." Non dubito autem quin tales locos valde apte ex nostro Isocrate ἐπαμφοτερίζειν dicere possimus. Fit autem eorundem ab eodem mentio cum alibi tum hic, ubi librarii fidem suspectam habeo (lib. xii. cap. 8.) " Nam, ut taceam (inquit) de negligentibus, quorum nihil refert ubi litium cardo vertatur, dum sint, quæ vel extra causam ex personis ac communi tractatu locorum occasionem clamandi largiantur: aliquos et ambitio pervertit etc." Neque enim dubito quin pro his, *communi tractatu locorum*, scribendum sit, *communium tractatu locorum*: immo ne de hoc quidem dubitandum puto, quin mihi de hac emendatione omnes sint assensuri: præsertim quum et alibi hoc loquendi genere utatur: "Tractare locos communes." Verum sunt apud hunc oratorem nonnullæ etiam dissertationes, quæ quum et ipsæ pro locis communibus haberi possint (ut postea latius locorum communium appellatio extenta fuit), tamen in illis vel potius de illis λόγοι ἐπαμφοτερίζοντες locum itidem non habent. Exemplum insigne in principio Nicoclis habemus §. β'. ἀλλὰ γὰρ οὐ δίκαιον, οὐδ' εἴ τινες τοὺς ἀπαντῶντας τύπτοιεν, τῆς ῥώμης κατηγορεῖν, οὐδὲ τοὺς ἀποκτιννύντας τὴν ἀνδρείαν λοιδορεῖν· οὐδ' ὅλως τὴν τῶν ἀνθρώπων πονηρίαν ἐπὶ τὰ πράγματα μεταφέρειν. Huc autem pertinet iste etiam Panathenaici locus: *Existimo enim neminem esse, qui non fassurus sit, pessimos gravissimo supplicio dignos esse qui rebus quæ ad hominum utilitatem inventæ sunt, ad eorum perniciem utuntur.* Sic Aristot. Rhetor. lib. i. εἰ δὲ ὅτι μεγάλα βλάψειεν ἂν ὁ χρώμενος ἀδίκως τῇ τοιαύτῃ δυνάμει τῶν λόγων, τοῦτό γε κοινόν ἐστι κατὰ πάντων τῶν ἀγαθῶν, πλὴν ἀρετῆς· καὶ μάλιστα κατὰ τῶν χρησιμωτάτων, οἷον, ἰσχύος, ὑγιείας, πλούτου, στρατηγίας. τούτοις γὰρ ἄν τις ὠφελήσειε τὰ μέγιστα, χρώμενος δικαίως, καὶ βλάψειεν, ἀδίκως. Quamvis autem hic virtutem excipiat, tamen si admitteretur illud quod antea ex hoc nostro oratore attuli, eam in improbis quoque locum habere, nullo modo ne ipsa quidem excipi posset. Atque adeo audivimus jam illum, inter alia exempla etiam τὸ τῆς ἀνδρείας afferentem. Et vero his de rebus liceret ἐπαμφοτερίζειν, non minus quam de illis quæ tractantur per locos illos qui proprie communes appellantur, si Carneadem imitari quis vellet. Is enim (ut Fabius refert) Romæ audiente censorio Catone non minoribus viribus contra justitiam dicitur disseruisse quam pridie pro justitia dixerat. Est autem hic locus ex eorum numero quos poetæ quoque interdum tractandos sibi sumunt; et quem pulcre ab Ovidio tractatum esse videmus Tristium libro ii. 266. his versibus: ibi enim, ut thesin hanc probet,

> "Nil prodest quod non lædere possit idem,"

his exemplis utitur,

> "Igne quid utilius? siquis tamen urere tecta
>   Apparat, audaces instruit igne manus.
> Eripit interdum, modo dat medicina salutem:
>   Quæque juvet monstrat, quæque sit herba nocens.
> Et latro et cautus præcingitur ense viator:
>   Ille sed insidias, hic sibi portat opem.
> Discitur innocuas ut agat facundia causas:
>   Protegit hæc sontes immeritosque premit."

(2.) Nunc mihi ad ea transeundum est quæ apud nostrum oratorem, acute et fere paradoxe dicta, leguntur, id est, ad pauca eorum exempla. Vide igitur annon poni hoc in numero possint ista, quæ habes in Paneg. §. λγ'. διὰ δὲ τὴν πυκνότητα τῶν μεταβολῶν, ἀθυμότερον διάγουσιν οἱ τὰς πόλεις οἰκοῦντες, τῶν ταῖς φυγαῖς ἐζημιωμένων· οἱ μὲν γὰρ τὸ μέλλον δεδίασιν, οἱ δὲ ἀεὶ κατιέναι προσδοκῶσι. Ubi etiam voluisse videtur alludere ad proverbium illud: 'Spes alit exsules.' Subjungam quod affinitatis multum cum isto habet, quum in eo quoque mentio spei fiat. Exstat autem in Panathenaico §. δ'. fin. ἀτιμότεροι γίνονται, πρὸς τῷ μὴ δοκεῖν ἄξιοί τινος εἶναι, τῶν ὀφειλόντων τῷ δημοσίῳ· τοῖς μὲν γὰρ ἐκτίσειν τὸ καταγνωσθὲν ἐλπίδες ὕπεισιν, οἱ δ' οὐδέποτ' ἂν τὴν φύσιν μεταβάλοιεν. Hoc in numero (mea quidem sententia) poni queunt nonnulla quæ in Panegyrico leguntur in fine paginæ 63. ed. Steph. et principio sequentis. Sed aptiora etiam multa lector a me admonitus observare poterit.

(3.) In tertii etiam capitis Diatribes hujus ratione reddenda brevis ero: et a Fabii verbis initium summam: quibus scribit, "perfectum illum oratorem quem instituit, nonnisi virum bonum esse posse. ideoque se non dicendi modo eximiam in eo facultatem sed omnes animi virtutes exigere. Neque enim hoc concesserim (inquit) rationem rectæ honestæque vitæ, ut quidam putaverunt, ad philosophos relegandam: quum vir ille vere civilis, et publicarum privatarumque rerum administrationi accommodatus, qui regere consiliis urbes, fundare legibus, emendare judiciis possit, non alius sit profecto quam orator." Hæc ille, plura quidem certe ab eo quem instituit oratore exigens quam fortasse exigi necesse foret: verum quod ad illud attinet, ut orator sit vir bonus, si, quod Demosthenes in proœmio cujusdam orationis et quidem in prima ipsius proœmii periodo dicit, locum haberet, quemvis oratorem virum esse bonum necesse foret. Ita enim ille: "Ἔδει μὲν, ὦ ἄνδρες Ἀθηναῖοι, τοὺς λέγοντας ἅπαντας ἐν ὑμῖν, μήτε πρὸς ἔχθραν ποιεῖσθαι λόγον μηδένα, μήτε πρὸς χάριν. Quis enim orator, nisi idem sit vir bonus, poterit nec odii nec amicitiæ in dicendo rationem habere? Sed quum non facile hæ duæ dotes in unum eundemque coeant, ut nimirum bonus orator virque bonus sit, hic esse debere videtur πλοῦς δεύτερος, ut vir bonus baheatur. In promptu enim ratio est,

Τρόπος ἐσθ' ὁ πείθων τοῦ λέγοντος, οὐ λόγος.

At de nostro Isocrate quid dicemus, in cujus orationibus omnes καλοκαγαθίας notæ elucescunt? Neque vero eum verisimile est ita de se loqui ausurum fuisse: πειρώμενος γὰρ ἀναμαρτήτως ζῆν καὶ τοῖς ἄλλοις ἀλύπως. nisi se haberi saltem pro tali scivisset. Sed tamen si quis locum hunc et alios quosdam ejus de seipso loquentis suspectos habet, saltem Dionysium Halicarnasseum audiat, de consilio quod ille Lacedæmoniis dat in Archidamo, hæc scribentem (ut dixi

Diatribe quarta). Hæc enim non Lacedæmoniis solum, sed aliis quoque Græcis, atque adeo omnibus hominibus suadere illum dixerim, multo melius quam omnes philosophos, qui virtutem et honestatem finem vitæ constituunt. Quod si hoc contentus eulogio non est, audiat et alterum, quod in Isæo de ejus et Lysiæ orationibus pronuntiat.

DIATRIBE VII.

(1.) De nonnullis vocabulis et loquendi generibus ab Harpocratione et Suida apud Isocratem observatis. (2.) De iis quæ illis adjici posse videntur. (3.) De artificio quod Isocrates sermoni suo adhibuit, præsertimque de eo quod minus animadvertitur.

(1.) Harpocrationis Lexicon quoddam ab Aldo Manutio editum olim fuit, anno MDIII. cui titulus est LEXICON DECEM ORATORUM (vix enim hic potest exprimi vis articuli τῶν, genitivo ῥητόρων præfixi), et orationibus Demosthenis ab eo subjunctum. Postea vero idem ex eodem Harpocrationis Lexico, necnon e Suida, excerpsit aut excerpenda curavit Isocratica quædam vocabula: atque huic eclogæ titulum fecit, ΑΡΠΟΚΡΑΤΙΩΝΟΣ ΚΑΙ ΣΟΥΙΔΑ ΠΕΡΙ ΤΙΝΩΝ ΠΑΡ' ΙΣΟΚΡΑΤΕΙ ΛΕΞΕΩΝ. eamque ipsius Isocratis orationibus a se excusis subjunxit: quum alioqui titulus fronti libri illius præfixus, Harpocrationem, non aliquam tantum ejus partem polliceretur. Ego vero, quum toto Harpocrationis Lexico a multis jam annis attente considerato animadvertissem, eum quæ titulo sui libri promiserat, fideliter præstitisse, ac eos etiam qui alioqui in Græca lingua non parum exercitati essent, partim ἀγνοεῖν nonnulla quæ ab illo docerentur, partim ἀμφιγνοεῖν quædam de quibus omnem ipsis auctoritate sua (quam haud parvam existimo) dubitationem tolleret; et scirem ipsum cum ex aliorum multorum librorum ac libellorum, tum vero ex hujus editione, gratiam a Græcæ linguæ studiosis iniisse: tantum abest ut quod ille ipsis sua editione dederat, mea denegare voluerim, ut contra meo paternoque simul more, id illis πολλῷ τῷ μέτρῳ et λῷον reddere statuerim. Quomodo autem id effecerim quid attinet hic commemorare, quum oculis tuis sim subjecturus? Prius tamen quam id faciam, de eo quod Harpocration et Suidas hac in parte præstiterunt, præfari quædam libet. Te igitur nescium esse nolo, eos, præsertimque Harpocrationem, ea quæ Isocrati vel peculiaria vel cum aliis communia paucis essent, in his paucis quæ ex illo excerptæ sunt paginis, non proponere solum, sed etiam exponere. Alicubi igitur Isocratis tantum fit mentio, tanquam hoc vel illo vocabulo usi: et alicubi dicitur Isocrates in more habere ita eo uti (veluti ubi legimus, Ἤπειρον, σύνηθές ἐστι τῷ Ἰσοκράτει τὴν ὑπὸ τῷ βασιλεῖ τῶν Περσῶν γῆν οὕτω καλεῖν); alicubi additur et quidam alius qui eo itidem usus fuerit, aut quidam alii adjiciuntur. Suidam autem sciendum est non harum tantum vocum quæ ad Isocratis sed aliarum etiam quæ ad aliorum oratorum lectionem faciunt, plerasque habere, ac non immerito existimari eum ex Harpocrationis libro eas descripsisse: quum Harpocration et prior eo fuerit, et multos scriptores testes citet, quorum alibi nulla fit a Suida mentio. Alioqui ex uno eodemque hausisse fonte videri possent: quamvis apud Suidam alicubi plura, alicubi contra pauciora legantur: et alicubi emendatior ejus sit lectio, alicubi mendosior: alicubi eadem omnino menda, nominatimque eædem alicujus vocis aut aliquarum vocum ἐλλείψεις, habeantur. Exempli gratia, in vocabulo σκαφηφόροι, legitur apud Harpocrationem pariter et Suidam: οὐχ ἡμῖν ἔχοντες χάριν τῆς πολιτείας, ἀλλὰ τῷ ἀργυρίῳ, οὗτοι γὰρ εσκαφηφόρουν Ἀθήνησι. Hunc locum sive apud Harpocrationem sive apud Suidam quis legat, multum illi negotii facesset particula γὰρ, quoniam nihil videre poterit cujus rationem illa reddat, adeoque nec quomodo hæc οὗτοι γὰρ ἐσκαφηφόρουν Ἀθήνησι, cum præcedentibus cohæreant. Nec mirum si hoc in loco apud utrumque lexicographum hærebit: quum apud utrumque inter ἀργυρίῳ et οὗτοι desint hæ tres voces, ἀντὶ τοῦ μέτοικοι. optime enim (his insertis) cohærere illa videbis, οὗτοι γὰρ ἐσκαφηφόρουν Ἀθήνησι. Nam apud illos quum post σκαφηφόροι sequi deberet ἀντὶ τοῦ μέτοικοι, deinde afferri locus Dinarchi ubi sic usus est illo vocabulo: contra continuo post σκαφηφόροι ponitur, Δείναρχος ἐν τῷ κατὰ Ἀγασικλέους φησὶν, et his subjunguntur ejus verba: istis vero illa, οὗτοι γὰρ ἐσκαφηφόρουν Ἀθήνησι, omissis illis quæ interjicienda sunt (uti dixi) et quidem e veteris libri auctoritate. Libuit enim, ut tibi magis in hac parte Harpocrationis edenda gratificarer, etiam unum e meis in quosdam illius locos Schediasmatis, quod alioqui cum cæteris dilatum fortasse diu fuisset, tibi repræsentare: simulque de ista Harpocrationis in quibusdam locis consuetudine te monere, expositionem vocabuli talem in locum reservandi, id est, non ponendi nisi post ipsius auctoris verba. Ne hoc quidem ignorare te velim, Suidam plerumque Isocratis nomen tacere, etiamsi aliquod vocabulum quo is usus est, exponat: interdum in fine tantum ponere, post alia multa, ad ipsum Isocratem, licet ejusdem vocis et ibi fiat mentio, non pertinentia. ut videre est in Παραγραφή. Cum hoc autem, tum alia, in causa fuerunt cur alicubi ad ipsum remittere, quam totum afferre locum maluerim. Quod alioqui et apud Harpocrationem quibusdam in vocabulis feci. Quum vero et aliquot propria nomina tum virorum tum locorum ex utroque cæteris vocabulis interjecta essent, ea omittenda censui: præsertim quum eo in numero nonnulla sint ex iis etiam quæ cuique satis esse nota possunt. Nam et Agesilaus unum eorum est, Ἀγησίλαος (inquit) οὗτος ἦν, ὡς ὁ Ξενοφῶν δηλοῖ, βασιλεὺς Λακ. etc. Id est, Agesilaus. Hic, ut Xenophon declarat, Lacedæmoniorum rex erat, clarus et strenuus: et multa Asiæ loca in suam potestatem redegit, usus eorum militum qui cum Cyro adscenderant opera. Hæc fere sunt de quibus te, antequam tibi ad Harpocrationem et Suidam aditum patefacerem, præmonendum putavi.

ΑΓΕΛΑΙΩΝ. Ἰσοκράτης ἐν τῷ Παναθηναϊκῷ. ὡς ἂν εἰ ἔλεγε, τῶν πολλῶν σοφιστῶν καὶ πλανητῶν. ἡ μεταφορὰ ἀπὸ τῶν ἀγελαίων ζώων, ἃ βόσκεται εἰς ἃ τύχοι χωρία· ἢ ἀπὸ τῶν ἰχθύων, οὓς διαβόσκεσθαι φασὶ ῥύδην, καὶ ἀγεληδόν. ἡ εὐθεῖα, ὁ ἀγελαῖος. HARPOCRAT.

ΑΓΕΛΑΙΩΝ, *apud Isocratem in Panathenaica oratione. Perinde ac si diceret, vulgarium sophistarum et erronum.* Locus autem Isocratis in Panathen. §. η'. est hic: ἀπαντήσαντες γάρ μοί τινες τῶν ἐπιτηδείων, ἔλεγον ὡς ἐν τῷ Λυκείῳ συγκαθεζόμενοι τρεῖς ἢ τέτταρες τῶν ἀγελαίων σοφιστῶν, καὶ πάντα φασκόντων εἰδέναι, και ταχέως πανταχοῦ γιγνομένων, διαλ. etc. Ubi quod additur, καὶ ταχέως πανταχοῦ γιγνομένων occasionem fortasse præbuit Harpocrationi addendi illud πλανητῶν: quum alioqui sufficere posset τῶν πολλῶν. Alioqui non minus placeret eodem alioqui sensu, exponere τῶν τυχόντων, τῶν ἀπεῤῥιμμένων, vel τῶν καταβεβλημένων καὶ κατημελημένων: ut hæc duo participia copulantur ab Isocrate hac in ipsa oratione. Gregarios sophistas interpretando, vocem quidem voci respondentem habebimus, sed tamen ita ut alia in Latino quam in Græco vocabulo futura esse videatur. Cæterum non διαβόσκεσθαι sed βόσκεσθαι apud Suidam legitur: quod et malo.

ΑΓΩΝΙΑΙΝ, τὸ ἀγωνίζεσθαι, Ἰσοκράτης ἐν τῷ περὶ τῆς ἀντιδόσεως. Ἀγωνιῶντες ἀντὶ τοῦ ἀγωνιζόμενοι, παρὰ τῷ αὐτῷ ἐν τῷ Πανηγυρικῷ. HARPOCRAT.

ΑΓΩΝΙΑΙΝ, *in significatione verbi* ἀγωνίζεσθαι, *apud Isocratem in oratione De antidosi. Itidemque* Ἀγωνιῶντες, *significans* ἀγωνίζεσθαι, *apud eundem in Paneg.* Hæc Harpocration: sed omittere non debuit, poni itidem nomen ἀγωνία (unde factum est verbum ἀγωνιᾷν) pro ἀγὼν, et quidem apud eundem oratorem in Evagoræ encomio. Nam ibi plurale ἀγωνίας legimus, pro ἀγῶνας, id est, *certamina*, §. α'. οἱ δὲ περὶ τὴν μουσικὴν καὶ τὰς ἄλλας ἀγωνίας ὄντες. Digna autem fuerunt ἀγωνία et ἀγωνιᾷν quorum hæc significatio notaretur, quum jam hæc obsolevisset, et aliam accepissent.

ΑΔΕΛΦΙΖΕΙΝ, ἀντὶ τοῦ ἀδελφὸν καλεῖν, παρ' Ἰσοκράτει, ἐν Αἰγινητικῷ. HARPOCRAT.

ΑΔΕΛΦΙΖΕΙΝ, *fratrem appellare, apud Isocratem in Æginetica oratione.* Habes autem §. ιε'. εἶτα νῦν ἀδελφίζειν αὐτὸν ἐπιχειρήσουσιν.

Sic autem πατρίζειν a quodam invenio annotatum pro *patrem appellare*, non solum pro *patrem imitari:* sed neutrius significationis exemplum affertur. Hanc autem posteriorem significationem et πατριάζειν et πατρώζειν habere constat. Nominat alioqui Harpocration et alios qui verbo ἀδελφίζειν ita usi sint.

ΑΝΑΙΡΕΘΕΙΣ, ἀντὶ τοῦ ἀναληφθεὶς καὶ στραφεὶς, παρ' Ἰσοκράτει Φιλίππῳ. HARPOCRAT.

ΑΝΑΙΡΕΘΕΙΣ, *sublatus et educatus, apud Isocr. ad Philippum.* Intelligendum autem istud participium *sublatus,* sequendo eum verbi *tollere* usum quo dicitur a Terentio,

"Quicquid peperisset, decreverunt tollere."

Educatus autem addo, quod pro στραφεὶς reponam τραφείς. Locus est §. κζ'. ἐκτεθεὶς μὲν ὑπὸ τῆς μητρὸς εἰς τὴν ὁδὸν, ἀναιρεθεὶς δὲ ὑπὸ Περσίδος γυναικός. Ad hanc autem accedit significationem illud ἀναιρεθεὶς, quod de eo dicitur cujus cadaver sublatum fuit ad sepulturam. Cujus significationis ignoratio multos interpretes in errorem impulit.

ΑΝΤΙΘΕΣΙΣ, Ἰσοκράτης Παναθηναϊκῷ. Σχῆμα λέξεως ἐστὶν ἡ ἀντίθεσις, καθ' ἣν ἀντιτιθέασιν ἀλλήλοις τὰ ἐναντία, ἤτοι κατὰ μέρος, ἢ ἀθρόα. HARPOCRAT.

ANTITHESIS, *apud Isocr. in Panath. Figura orationis est Antithesis, per quam inter se opponunt contraria, vel singulatim, vel confertim.* Nisi quis pro ἀθρόα dicere malit *multa simul.* Dicit autem Harpocr. σχῆμα λέξεως, ad differentiam eorum quæ vocantur σχήματα διανοίας. In principio illius orationis occurrit locus ille; ibi enim legitur §. α'. καὶ πολλῶν μὲν ἐνθυμημάτων γέμοντας, οὐκ ὀλίγων δ' ἀντιθέσεων καὶ παρισώσεων, καὶ τῶν ἄλλων ἰδεῶν τῶν ἐν ταῖς ῥητορείαις διαλαμπουσῶν. videlicet λόγους. Ut autem ἀντιθέσεων et παρισώσεων ab Isocrate mentio hic fit simul, ita etiam a Dionysio Halicarnasseo ea conjungi videmus, earum usum, et quidem nimium, apud hunc oratorem esse dicentem. Sed παρισώσεσιν addit παρομοιώσεις. Quod si quis utriusque generis antitheseωn ab Harpocratione propositi exempla videri cupit, plura apud Harpocrationem legat. Idem ἀντίθετον quoque ab Æschine vocari hoc schema scribit.

ΑΠΑΡΙΘΜΩΝ, ἀντὶ τοῦ ἀποπληρῶν ἀριθμόν. Ἰσοκράτης Φιλίππῳ. HARPOCRAT.

ΑΠΑΡΙΘΜΩΝ, *id est, explens numerum. Isocrates ad Philippum.* Videndum an significatio hæc satis isti loco conveniat §. ι'. ἀναγινώσκῃ δέ τις αὐτὸν ἀπιθάνως, καὶ μηδὲν ἦθος ἐνσημαινόμενος, ἀλλ' ὥςπερ ἀπαριθμῶν.

ΑΠΙΣΤΕΙΝ, ἀντὶ τοῦ ἀπειθεῖν, Ἀντιφῶν κατὰ Λαισποδίου, Ἰσοκράτης ἐν τῇ ἐπιστολῇ τῇ πρὸς Φίλιππον. HARPOCRAT.

ΑΠΙΣΤΕΙΝ *pro* ἀπειθεῖν, *Antiphon adversus Læspodiam, Isocrates in sua ad Philippum epistola.* Addit vero et ἀπιστίαν eodem modo pro ἀπείθειαν dixisse Demosthenem, et alios plerosque. Ita quidem Harpocration: sed exemplaria ut nec in istis duobus nominibus, nec in illis duobis verbis sibi assentiri sciendum est. Interim autem observa hic vocare epistolam ad Philippum, non autem orationem: quum alioqui dicat alibi passim Ἰσοκράτης Φιλίππῳ.

ΑΠΟΛΕΛΟΙΠΟΤΕΣ, ἀντὶ τοῦ νενικηκότες. ἡ μεταφορὰ ἀπὸ τῶν δρομέων. οἱ γὰρ νικῶντες ἀπολείπουσι τοὺς ἡττημένους. Ἰσοκράτης Παναθ. καὶ Πανηγ. HARPOCRAT.

ΑΠΟΛΕΛΟΙΠΟΤΕΣ, *id est, qui vicerunt. Metaphora a cursoribus. qui enim vincunt, relinquunt eos qui victi sunt. Isocr. Panath. et Panegyr.* Latini, eadem metaphora utentes, non simpliciter dicunt *relinquere*, id est, ἀπολείπειν, sed *a tergo relinquere*. Quum autem valde usitata sit hæc metaphora in voce passiva ἀπολείπεσθαι (unde et ἀπελείφθη habes in Panegyr. §. ιβ'. pro *victa fuit*, vel *inferior fuit*, aut *postremas tulit:* habes ἀπολειφθέντες dictum itidem in Panath. §. ξε'.), contra rara est in activa ἀπολείπειν. ideoque non mirum est si Harpocration dignam judicavit quam annotaret.

ΑΠΟΠΟΜΠΑΣ, ἀποτροπάς, Ἰσοκράτης Φιλίππῳ. HARPOCRAT.

ΑΠΟΠΟΜΠΑΣ, *aversationes, Isocr. ad Philippum.* Haud commode tamen Latine possit quis dicere *aversationes horum facere*, pro *aversari hos*, sicut Græce dicitur ἀποτροπὰς ποιεῖσθαι, et frequentius ἀποτροπὴν ποιεῖσθαι. Locus autem est §. μθ'. τοὺς δὲ οὔτ' ἐν ταῖς εὐχαῖς, οὔτ' ἐν ταῖς θυσίαις τιμωμένους, ἀλλ' ἀποπομπὰς αὐτῶν ἡμᾶς ποιουμένους. Id est, *sed illos aversantes*, aut etiam *detestantes*. At vero ἀποπομπαῖοι θεοὶ aliter dicuntur, minimeque ἀναλόγως huic significationi: sed ita vocantur tanquam depulsores (videlicet malorum), et aversores, seu propulsatores. Dies tamen quibus illis sacrificabatur, ἀποπομπαὶ vocabantur.

ΑΡΧΑΙΩΣ, Ἰσοκράτης Πανηγυρικῷ. Τά τε παλαιὰ καινῶς διελθεῖν, καὶ περὶ τῶν νεωστὶ γενομένων ἀρχαίως εἰπεῖν. ἔνιοι μὲν φασὶ σημαίνειν ἀρχαιοτρόπως, τουτέστιν, ἀρχαιοτέροις ὀνόμασι χρῆσθαι. HARPOCRAT.

ΑΡΧΑΙΩΣ, *apud Isocr. Panegyr.* pro ἀρχαιοτρόπως. Legitur autem §. α'. is quem affert locus, non procul a principio Panegyrici: sed pro διελθεῖν ibi est διεξελθεῖν: quod magis probo. Sonare autem dici posset ἀρχαιοτρόπως, *antiquo more*, vel, *modo quodam qui suam antiquitatem sapiat* aut *redoleat*. Sed ipsummet Harpocrationem audimus exponentem, ἀρχαιοτέροις ὀνόμασι: sic tamen ut ambiguum sit an ex suo an ex aliorum judicio ita exponat ἀρχαιοτρόπως: sequens nimirum judicium eorum qui pro ἀρχαιοτρόπως accipi censuerunt. Quare videndum an recte interpres verterit hunc locum ita: *tum iis quæ recens acta sunt, quædam vetustatis opinio conci-*

liari queat." Cæterum suspicor scripsisse Harpocrationem, Θουκυδίδης δ' ἐν τῇ πρώτῃ. ut videlicet particula δὲ præcedenti μὲν respondeat, per oppositionem. Sed emendatione opus habere videtur ille locus Thucydidis.

ΑΥΘΕΝΤΗΣ, ὁ αὐτόχειρ, ἢ ὁ αὐτὸν ἀναιρῶν. διὸ παρ' Ἰσοκράτει, αὐθέντης. HARPOCRAT.

Harpocrationis locus hic donec suæ integritati restitutus fuerit, haud facile fuerit illius mentem ex eo eruere. Quorsum enim hic διὸ ante παρ' Ἰσοκράτει αὐθέντης ponitur? Sed eadem tamen apud Suidam scriptura exstat. Illud quidem αὐθέντης nondum mihi apud Isocratem occurrit, quod quidem meminerim: sed αὐτόχειρες legimus in Panegyr. §. λβ'. μᾶλλον δὲ ἐτίμων τοὺς αὐτόχειρας καὶ φονέας τῶν πολιτῶν ἢ τοὺς γονέας τοὺς ἑαυτῶν. Sed hanc loci istius scripturam vix puto ab Harpocratione potuisse agnosci. quid enim attinebat, post αὐτόχειρας illud φονέας adjicere?

ΔΕΚΑΖΩΝ, Ἰσοκράτης περὶ τῆς εἰρήνης. ὅ,τι ποτὲ τοῦτ' ἐστὶ, δῆλον ἅπασιν. Ἐρατοσθένης δὲ ἐν τοῖς περὶ τῆς ἀρχαίας κωμῳδίας, πόθεν τὸ πρᾶγμα εἴρηται δηλοῖ, οὕτω λέγων, Λύκος ἐστὶν ἥρως πρὸς τοῖς ἐν Ἀθήναις δικαστηρίοις, τοῦ θηρίου μορφὴν ἔχων, πρὸς ὃν οἱ δωροδοκοῦντες κατὰ δέκα γιγνόμενοι συνεστρέφοντο. ὅθεν εἴρηται Λύκου δεκάς. Ἀριστοτέλης δ' ἐν Ἀθηναίων πολιτείᾳ, Ἄνυτον φησὶ καταδεῖξαι τὸ δεκάζειν τὰ δικαστήρια. HARPOCRAT.

ΔΕΚΑΖΩΝ, *apud Isocratem De pace. Quid autem sit istud, notum est omnibus. Eratosthenes autem in iis quæ de antiqua comœdia scripsit, unde res hæc dicta sit, declarat.* Interpretor autem, *haud notum est omnibus:* quoniam præfixa particula οὐ, lego οὐ δῆλον ἅπασιν. Cætera quæ adjungit, conferenda cum iis quæ a Zenodoto, Suida et Hesychio, scribuntur. et videndus Erasmus in proverbio, Lupi decas. Quod autem ad Isocratis locum attinet, is exstat in illa oratione §. ιζ'. Cæterum sequendo quam habemus lectionem, ὅ,τι ποτὲ τοῦτ' ἐστὶ δῆλον ἅπασιν, intelligendum erit: Notum esse quidem omnibus verbi hujus usum, sed non item hujus usus originem, verum ab Eratosthene eam declarari. Alioqui videri posset scribendum, οὐ δῆλον ἅπασι. tunc autem ὅ,τι ποτὲ τοῦτ' ἐστὶ dicendum esset significare: Unde data sit isti vocabulo hæc significatio. Sed aliter locuturus fuisse videtur, si hoc dicere voluisset.

ΔΕΚΑ καὶ ΔΕΚΑΔΟΥΧΟΣ, Ἰσοκράτης ἐν τῇ πρὸς Καλλίμαχον παραγραφῇ. ἦρχον μὲν γὰρ οἱ δέκα, οἱ μετὰ τοὺς τριάκοντα καταστάντες. περὶ τῶν κατὰ τὴν κατάλυσιν τῶν τριάκοντα Ἀθήνησι χειροτονηθέντων ἀνδρῶν δέκα, καὶ τῶν ἑξῆς, εἴρηκεν Ἀνδροτίων ἐν τῇ τρίτῃ. ἐκαλεῖτο μέντοι τούτων ἕκαστος τῶν ἀρχόντων δεκαδοῦχος, ὡς δῆλον ποιεῖ Λυσίας ἐν τῷ περὶ τοῦ Διογένους κλήρου. HARPOCRAT.

ΔΕΚΑ *et* ΔΕΚΑΔΟΥΧΟΣ, *apud Isocratem in Exceptione adversus Callimachum. Rerum enim potiebantur viri decem, qui post eos qui Triginta vocabantur constituti fuerant. Cæterum de viris decem qui Athenis creati fuerunt quum abrogatum viris triginta esset imperium, et de illis quæ secuta sunt, dixit Androtion libro tertio. Horum autem decem magistratuum quisque Decaduchus vocabatur, ut Lysias declarat, in oratione quæ inscribitur* περὶ τοῦ Διογένους κλήρου. Sed videtür scribendum, περὶ δὲ τῶν κατὰ κατάλυσιν. Immo nec κατὰ satis placet, verum malim μετά. Quinetiam in principio hujus observationis, non δέκα, sed οἱ δέκα (pro eo quod Latini dicerent *Decemviri*), scriptum ab Harpocratione fuisse verisimile est: quum omnino requiratur articulus (ut etiam legimus circa principium illius παραγραφῆς adversus Callimachum: ἦρχον μὲν γὰρ οἱ δέκα, οἱ μετὰ τοὺς τριάκοντα καταστάντες), ac verisimile sit, quum hunc auctor præfixisset, a quopiam fuisse sublatum, quod ordinem alphabeticum interrumperet. At in Panath. ubi non δέκα simpliciter, sed δέκα μόνους ἄνδρας dixit, merito articulum omisit. Fortasse autem pro δεκαδοῦχος suspicetur quispiam scribendum δεκάδαρχος. De qua suspicione vide quæ dicentur in observatione proxime sequente nominis δεκαδαρχία.

ΔΕΚΑΔΑΡΧΙΑ, Ἰσοκράτης. τὰς μὲν ὑπὸ Λακεδαιμονίων κατασταθείσας πόλεσι δεκαδαρχίας συνεχῶς ὀνομάζουσιν οἱ ἱστορικοί· ὁ μέντοι Ἰσοκράτης ἐν τῷ Παναθηναϊκῷ τρόπον τινὰ ἐξηγήσατο τοὔνομα. φησὶ γὰρ ὅτι Λακεδαιμόνιοι δέκα μόνον ἄνδρας, κυρίους ἑκάστης πόλεως ἐποίησαν. Φίλιππος μέντοι παρὰ Θετταλοῖς δεκαδαρχίας οὐ κατέστησεν, ὡς γέγραπται ἐν τῷ ἕκτῳ Φιλιππικῶν Δημοσθένους, ἀλλὰ τετραρχίαν. HARPOCRAT.

ΔΕΚΑΔΑΡΧΙΑ, *apud Isocratem. Historici subinde vocant Decadarchias quæ a Lacedæmoniis constitutæ sunt in urbibus: Isocrates vero in Panathen. vocabulum hoc quodammodo exposuit. scribit enim Lacedæmonios unamquanque urbem in potestatem virorum decem tradidisse. Philippus tamen apud Thessalos non constituit decadarchias (ut scriptum est in Philipp. VI. Demosthenis), sed tetrarchiam.* Nisi forte τετραρχίαν in τετραρχίας mutandum quis censet. Scripsisse porro Harpocrationem δεκαδαρχίαι, non δεκαδαρχία, existimo, initio hujus suæ observationis. Sic certe apud Isocratem in oratione ad Philippum pluralem numerum habemus §. μ΄. διὰ τὰς δεκαδαρχίας τὰς ἐπὶ Λακεδαιμονίων. Nec dubito quin Harpocration locum hunc significare voluerit, atque adeo hujus etiam ipsius orationis nomen addiderit: qui omissus a librario fuerit. Quod vero attinet ad illum Panathenaici locum, in quo scribit Isocratem quodammodo vocabulum illud δεκαδαρχίας ἐξηγήσασθαι, id est, *exposuisse*, pulcherrimam ejus emendationem una eademque opera nobis suppeditat. Quum enim non in hac mea tantum editione sed in aliis quoque scriptum sit, ἀλλὰ δέκα μόνους ἄνδρας ἑκάστης πόλεως ἐποίησαν, quis hærere hic non cogatur? At ecce, jam hærere desinemus, quum κυρίους genitivo illi adjiciendum ex isto Lexicographo didicerimus. Ne hoc quidem omittendum, apud Suidam legi δεκάρχαι, non δεκαδάρχαι: et ἀναλόγως ibidem scriptum esse δεκαρχίας, non δεκαδαρχίας. (Simul autem animadvertendum, scriptum esse apud eum καταστᾶθείσας ἐν ταῖς πόλεσι.) Atqui δεκαδάρχαι, iidem et δεκάδαρχοι dicuntur. Adeo ut suspectum cuipiam esse possit illud δεκαδοῦχος, quod in præcedente Harpocrationis observatione legitur: etiamsi apud Suidam eadem scriptura exstet. Respondendum fuerit alioqui, dictum esse δεκαδοῦχος, tanquam δεκάδα ἔχων, ea forma qua alia quædam ex verbo ἔχω composita.

ΔΗΜΟΚΟΙΝΟΣ, ὁ δημόσιος βασανιστής. Ἰσοκράτης ἐν τῷ Τραπεζιτικῷ σχεδὸν ἐξηγήσατο τοὔνομα. HARPOCRAT.

ΔΗΜΟΚΟΙΝΟΣ, *publicus tortor. Isocrates in oratione quæ Trapezitica vocatur, propemodum exposuit hoc vocabulum.* Locus in quo Isocratem propemodum exposuisse hoc vocabulum scribit, est hic §. θ'. καὶ ἐγὼ μὲν ἠξίουν αὐτοὺς μαστιγοῦν τὸν ἐκδοθέντα καὶ στρεβλοῦν, ἕως ἂν τἀληθῆ δόξειεν αὐτοῖς λέγειν· οὗτος δ' οὐ δημοκοίνους ἔφασκεν ἑλέσθαι αὐτούς, ἀλλ' ἐκέλευε λόγῳ πυνθάνεσθαι παρὰ τοῦ παιδὸς εἴ τι βούλοιτο. Ideo autem puto dici ab illo eum propemodum exposuisse hanc vocem, quod præcedat, μαστιγοῦν τὸν ἐκδοθέντα καὶ στρεβλοῦν. perinde videlicet ac si δημόκοινος esset ὁ μαστιγῶν καὶ στρεβλῶν.

ΔΙΑΘΕΣΙΣ, ἀντὶ τοῦ πρᾶσις, Ἰσοκράτης Βουσίριδι. HARPOCRAT.

ΔΙΑΘΕΣΙΣ, *pro venditione, apud Isocratem Busiride.* Quamvis autem rarus sit hic verbi διατίθεσθαι usus, non tamen Isocrati peculiaris: sicut nec is activæ vocis usus quem habet apud eum adverbio juncta in Paneg. Nam illic legimus §. λβ.' εἶτα οὐκ αἰσχύνονται τὰς μὲν ἑαυτῶν πόλεις οὕτως ἀνόμως διαθέντες, τῆς δ' ἡμετέρας ἀδίκως κατηγοροῦντες, id est, *quum suas civitates tot injuriis contra leges affecerint.* At vero §. λγ'. οὓς ἡμεῖς οὕτω διέθεμεν, ὥστε μὴ μόνον παύσασθαι στρατείας ἐφ' ἡμᾶς ποιουμένους, id est, *quos ita tractavimus*, vel *quos in eum statum redegimus.* Non enim assentiri possum interpreti, vertenti: *quos ita compescuimus.* Libuit autem, facta mentione illius usus vocis passivæ, et de hoc activæ usu istud annotare, præsertim quum Isocrati multo sit magis quam aliis vetustis scriptoribus familiaris. Sed addam alium paulum diversum ex Panath. §. νϛ'. ibi enim dicens, καὶ διατιθέντας οὕτω πρὸς ἡμᾶς, intelligit: *qui hunc illis erga nos affectum indunt*, sive *qui eos sic affectos erga nos reddunt*, vel *animatos.*

ΔΙΕΣΚΑΡΙΦΗΣΑΜΕΘΑ, ἀντὶ τοῦ διελύσαμεν. σκάριφον γάρ ἐστι τὸ κάρφος, καὶ φρύγανον. ἔστι δὲ τὰ τοιαῦτα εὐδιάλυτα καὶ εὐφύσητα. Ἰσοκράτης Ἀρεοπαγιτικῷ. Περὶ ἐγγύης δὲ διεσκαριφησάμεθα. Σκαριφήσασθαι γάρ ἐστὶ, τὸ ἐπισεσυρμένως τι ποιεῖν, καὶ μὴ κατὰ τὴν προσήκουσαν ἀκρίβειαν. HARPOCRAT.

ΔΙΕΣΚΑΡΙΦΗΣΑΜΕΘΑ, *id est, dissolvimus. Nam* σκάριφον *est idem quod* κάρφος *et* φρύγανον. *hæc autem sunt ejusmodi ut facile dissolvantur et flatu excutiantur. Isocr. in orat. Areopagitica:* περὶ ἐγγύης δὲ διεσκαριφησάμεθα. *Nam* σκαριφήσασθαι *est aliquid raptim facere, et non tam accurate quam par est.* Apud Suidam eadem leguntur: nisi quod ipse Isocratis locus non affertur: sed hæc verba, οὕτως Ἰσοκράτης, sequitur, σκαριφήσασθαι ἐστὶ τὸ ἐπισεσυρμ. etc. Non abs re autem quis in hac Harpocrationis observatione quædam miretur: primum, unde sint illæ duæ voces περὶ ἐγγύης, quas verbo διεσκαριφησάμεθα præfigit: deinde, quomodo exponat verbo διελύσαμεν, quum hoc ipsum ab Isocrate verbum subjungatur (apud eum enim legimus, illa in oratione §. ε'. οὐδένα χρόνον τὰς εὐτυχίας κατασχεῖν ἠδυνήθημεν, ἀλλὰ ταχέως διεσκαριφησάμεθα καὶ διελύσαμεν αὐτάς): postremo, quomodo cum præcedentibus cohæreant ista quæ Aristophanis locum sequuntur: σκαριφήσασθαι γάρ ἐστὶ, τὸ ἐπισεσυρμ. etc. Cujus enim rei rationem hic particula γὰρ reddit, quum alia sit omnino expositio, ac minime cum præcedente conveniens? Sed duo sunt eorum quæ proposui in quibus nos aliquantum Suidas juvat. Ac primum ad hanc posteriorem expositionem quod attinet, apud eum vocula γὰρ illi non adhibetur, sed legitur, σκαριφήσασθαι ἐστὶ τὸ ἐπισ. ut antea dixi. Nec dubito quin omissa fuerit particula disjunctiva ante verbum σκαριφήσασθαι, et Harpocr. scriptum reliquerit, ἢ σκαριφ. ut ea uti mos est quum diversa expositio proponitur. Alioqui dicitur etiam, κατὰ δὲ τοὺς ἄλλους, vel aliquid tale. Præterea videmus Harpocrationis lectionem, in iis quæ profert tanquam ex Isocrate, et minime tamen cum nostris conveniunt (nisi et in alio hujus orationis loco ita verbo διεσκαριφησάμεθα utitur), a Suida non confirmari. Quod si quis eum ipsum esse locum sibi persuadet, sed ab hoc Lexicographo aliud quam περὶ ἐγγύης scriptum fuisse, manet interim illa dubitatio quam movi primam, quomodo illud vocabulum διεσκαριφησάμεθα exponatur voce διελύσαμεν, quæ ab ipso Isocrate cum altera illa velut copulatur. Ac mihi certe fit verisimile illum non verbo διελύσαμεν, sed aliquo alio usum esse. Aliud autem aptius in mentem mihi non venit quam διερρίψαμεν. Cæterum alia quædam hoc de verbo (quo nullum in toto Isocratis opere magis aliis inusitatum esse arbitror) in meo Thesauro Græcæ linguæ legere poteris.

ΕΙΛΩΤΕΥΕΙΝ, τὸ δουλεύειν. Ἰσοκράτης Πανηγυρικῷ. εἵλωτες γὰρ οἱ μὴ γόνῳ δοῦλοι Λακεδαιμονίων, ἀλλ' οἱ πρῶτοι χειρωθέντες τῶν Ἕλος τὴν πόλιν οἰκούντων· ὡς ἄλλοι τε πολλοὶ μαρτυροῦσι καὶ Ἑλλάνικος ἐν τῇ πρώτῃ. HARPOCRAT.

ΕΙΛΩΤΕΥΕΙΝ, *servire, Isocr. Paneg. nam* εἵλωτες *vocabantur qui Lacedæmoniorum servi erant, non ab ipso ortu, sed capti primi ex illis qui urbem dictam Helos incolebant: ut cum alii multi testantur, tum Hellanicus libro* 1. Isocratis de Lacedæmoniis verba in illa oratione sunt §. λϛ'. τῇ αὐτῶν πόλει τοὺς ὁμόρους εἱλωτεύειν ἀναγκάζουσι. Sed εἱλωτεύειν non exponerem simpliciter δουλεύειν, cum Harpocratione, verum δουλεύειν ὥςπερ εἵλωτα. et illo in loco δουλεύειν ὥςπερ εἵλωτας, vel ὥςπερ εἵλωτας ὄντας, sive δουλεύειν εἱλωτικὴν τινὰ τρόπον, aut etiam δουλεύειν εἱλωτικῶς, si hoc uti adverbio liceret. Latine autem dici posset: *Heloticam quandam servitutem servire.* Valde autem duram hanc fuisse, ex alio ejusdem oratoris loco discimus. Cæterum hyperbole quadam utens, eos e servis dominos suos a nonnullis Græcis factos scribit §. λβ'.

ΕΠΑΚΤΟΣ ὅρκος, ὃν αὐτός τις ἑκὼν αὐτῷ ἐπάγεται, τουτέστιν αἱρεῖται. Λυσίας ἐν τῷ πρὸς Χαιρέστρατον καὶ Ἰσοκράτης Ἀπολλωνιάτης ἐν ταῖς πρὸς Δημόνικον παραινέσεσιν. ἔστι δὲ ὅρκου τρία εἴδη, ἀπώμοτος καὶ κατώμοτος, καὶ ὁ καλούμενος ἐπακτός. εἶναι δὲ τοῦτον οὐχ ἁπλοῦν. δεῖ γὰρ τὸν προτεινόμενον ὑπὸ τοῦ ὁρκίζοντος αὐτοῖς ὀνόμασιν ἀντιφωνεῖν τὸν ὁρκιζόμενον.

ΕΠΑΚΤΟΣ ὅρκος (est autem ὅρκος *jusjurandum), quem quis sibi defert, id est, spontaneus. Lysias in orat. ad* (vel *adversus) Chærestratum, et Isocrates Apolloniates in suis ad Demonicum monitis. Sunt vero ejus tria genera,* ἀπώμοτος et κατώμοτος *et qui* ἐπακτὸς *appellatur. Hunc autem non esse simplicem: oportet enim ei quod proponitur ab eo qui jusjurandum defert respondere iisdem verbis eum cui defertur.* (p. 6. e. ed. Steph.) Valde nova nec vera hæc ἐπακτοῦ ὅρκου expositio non immerito lectori videatur, quum vix ullus inveniri possit qui in dubium vocandum putet an ἐπακτὸς ὅρκος sit qui ab alio defertur. Neque tamen negari potest quin Harpocrationis menti assentiatur mea interpretatio: nam αὑτῷ recte a me scribi, non αὐτῷ, ut sit pro ἑαυτῷ, ostendit Suidas, quum apud eum legatur ἑαυτῷ: et hujus expositionis totius verba sint apud eum ista: ὃν ἄν τις αὐτὸς ἑκὼν ἑαυτῷ ἐπάγηται, τουτέστιν αἱρεῖται. Illa autem, ὃν ἄν τις αἱρῆται (nam ita scribendum est, sicut præcedit ἐπάγηται) vel ὅν τις αἱρεῖται, una voce reddo *spontaneus:* quum et *voluntarius* reddi (ut opinor) queat. Recte autem apud eundem Suidam corrigitur illa expositio hac proxime sequente: ἄλλοι δὲ τοὐναντίον, ὁ ἀλλαχόθεν ἐπιφερόμενος, ἀλλ' οὐκ αὐθαίρετος. Quibus verbis subjungitur mentio illorum trium generum jurisjurandi. Sed quod ad posteriorem hanc ἐπακτοῦ ὅρκου expositionem attinet (quam et ego multo meliorem, immo solam bonam esse judico), jam apud eundem Lexicographum præcesserat, antequam περὶ τοῦ αὐθαιρέτου intelligi debere diceretur. Hæc enim ibi præcedunt: Ἐπακτὸς ὅρκος, ὁ μὴ αὐθαίρετος, ἀλλ' ἐφ' ὃν ἕτερος ἄγει. Jam vero et ipse

Isocratis locus, sive Apolloniatæ, sive alius (ut antea dictum fuit) qui tempore Dionysii Halicarnassei vixit, ad amplectendam posteriorem hanc ἐξήγησιν, rejicendam priorem (quod pace Harpocrationis, magni alioqui viri, dictum sit) compellere nos videtur. Ibi enim ita eum monet: *Jusjurandum epactum admitte, duabus de causis : vel ut teipsum turpi crimine liberes, vel ut amicos e periculis eripias.* Nam hic observandum est dici προσδέχου, id est, *admitte:* atqui quomodo quis jusjurandum spontaneum, non autem ab alio delatum, admittere diceretur? Illud vero διὰ δύο προφάσεις libenter aliter interpretarer, quam *duabus de causis:* quum hæc verba respondeant potius Græcis istis, διὰ δύο αἰτίας : et quæ subjunguntur illis verbis διὰ δύο προφάσεις, non tam sint duæ causæ propter quas jusjurandum admitti debet, quam duæ res quæ quum accidunt, præ aliis ad jusjurandum admittendum impellere debent. In illis porro Harpocrationis quæ sequuntur verbis, ubi de tribus jurisjurandi generibus loquitur, desidero verbum ad quod illud εἶναι referri possit. Præterea vereor ne aliud quam ἁπλοῦν ipse scripserit. In sequenti autem et ultima hujus observationis periodo lego τῷ προτεινομένῳ, sive τοῖς προτεινομένοις pro τὸν προτεινόμενον, ut ostendere vel mea hujus loci interpretatio potest.

ΕΛΑΦΡΟΤΑΤΟΥΣ. ἐν ἐπαίνῳ λέγουσι τοὔνομα οἱ παλαιοὶ, ἀντὶ τοῦ πραοτάτους· κατὰ τὸ ἐναντίον τῷ βαρυτάτους καὶ φορτικωτάτους. Ἰσοκράτης Παναθηναϊκῷ· Σφᾶς δ' αὐτοὺς ὡς δυνατὸν ἐλαφροτάτους καὶ μετριωτάτους τοῖς συνοῦσι παρέχοντας. HARPOCRAT.

ΕΛΑΦΡΟΤΑΤΟΥΣ. *In laudem utuntur veteres hoc vocabulo, pro* πραοτάτους, *ut contrario his,* βαρυτάτους et φορτικωτάτους. *Isocr. Panath.* σφᾶς δ' αὐτοὺς ὡς δυνατὸν ἐλαφροτάτους καὶ μετριωτάτους τοῖς συνοῦσι παρέχοντας. Facit autem pro Harpocrationis expositione locus hic qui eadem in oratione legitur §. ιθ'. μάλιστα μὲν οὖν ἐντεῦθεν ἄν τις συνηθείη κατιδεῖν ὅσῳ μετριώτερον καὶ πραότερον ἡμεῖς τῶν πραγμάτων ἐπεμελήθημεν. Nam illi superlativo ἐλαφροτάτους, quod exponit πραοτάτους, vides eodem modo subjungi μετριωτάτους, quo hic comparativo μετριώτερον subjungitur πραότερον (neque enim in hujusmodi copulationibus ratio ordinis semper habetur), ac fieri potest ut in illa expositione ad locum hunc respexerit. Quum autem dicit κατὰ τὸ ἐναντίον τῷ βαρυτάτους et φορτικωτάτους, respicit ad eas voces quæ eo in loco præcedunt istas: et tamen non omnino easdem affert quas ibi legimus. Nam ita scriptum habemus totum locum §. ια'. τὰς μὲν τῶν ἄλλων ἀηδίας καὶ βαρύτητας εὐκόλως καὶ ῥᾳδίως φέροντας, σφᾶς δ' αὐτοὺς ἐλαφροτάτους καὶ μετριωτάτους τοῖς συνοῦσι παρέχοντας. Apud Suidam paulo aliter quam apud Harpocr. scriptum est: ἐν ἐπαίνῳ λέγουσι τὸ ὄνομα οἱ παλαιοὶ, ἀντὶ τοῦ πραοτάτους, κατὰ τὸ ἐναντίον τοῦ βαρυτάτου καὶ φορτικωτάτου. Istud igitur colligendum hinc est, Harpocrationem et Suidam (nisi potius Harpocrationis tantum mentio facienda est, quum Suidam ex illo mutuatum esse vix quisquam neget) hunc quidem in voce *φορτικωτάτους*, illum autem in vocabulo *φορτικωτάτου*, ad illud *ἀηδίας* respexisse: perinde ac si *ἡ ἀηδία* et *τὸ φορτικὸν*, aut etiam *τὸ φορτικώτατον*, idem sonarent. Verum, quamvis paulo ante *ἐλαφροτάτους*, sicut et *μετριωτάτους*, scripserim in illo Isocratis loco, tanquam et in hac mea editione ita legeretur, nunc contra fateor, in ea, sicut in Aldina et aliis, *ἐλαφροτέρους* male scriptum esse, ac *ἐλαφροτάτους* ex isto Harpocrationis loco reponendum esse: etiamsi, vel eo tacente, aliquem hanc emendationem sibi permittere potuisse existimem.

ΕΠΙΘΕΤΟΥΣ *ἑορτὰς*, *Ἰσοκράτης Ἀρεοπαγιτικῷ. τὰς μὴ πατρίους, ἄλλως δὲ ἐπιψηφισθείσας, ἐπιθέτους ἐκάλουν.* HARPOCRAT.

ΕΠΙΘΕΤΟΥΣ *ἑορτὰς* (perinde ac si quis dicat: *adjectitia festa*, sive *adscititia*), *quæ patriæ non erant, sed alia de causa decreto approbatæ*, *ἐπιθέτους* *appellabant.* Locus Isocratis exstat §. *ια'*. *οὐδὲ τὰς μὲν ἐπιθέτους ἑορτὰς, αἷς ἑστίασίς τις προσείη, μεγαλοπρεπῶς ἦγον, ἐν δὲ τοῖς ἁγιωτάτοις τῶν ἱερῶν ἀπὸ μισθωμάτων ἔθυον.* Ubi tamen interpres *peregrinas ferias* vertit, non *adjectitias*, aut *adscititias*, vel *advectitias*, vel *adventitias:* quorum unoquoque, ac præsertim illorum priorum, vim vocabuli et originem ostendisset. Cæterum ad expositionem Harpocrationis quod attinet, in qua, inter cætera, *τὰς μὴ πατρίους* esse dicit, sciendum est, apud Isocratem, proxime præcedere, *τὰς πατρίους θυσίας ἐξέλειπον.* ita enim scribendum est, non *ἐξέλιπον.*

ΕΠΙΣΗΜΑΙΝΕΣΘΑΙ, *ἀντὶ τοῦ ἐπαινεῖν, καὶ, ὡς ἐν τῇ συνηθείᾳ λέγομεν ἐπιφωνεῖν. Ἰσοκράτης Παναθηναϊκῷ.* HARPOCRAT.

ΕΠΙΣΗΜΑΙΝΕΣΘΑΙ, *id est, Laudare, atque* (*ut consueto nobis sermone dicitur*) *ἐπιφωνεῖν.Isocr.Panath.* Locus Isocratis est in ipso Panathenaici principio §. *α'*. *καὶ τοὺς ἀκούοντας ἐπισημαίνεσθαι καὶ θορυβεῖν ἀναγκαζουσῶν.* Ubi observa etiam *θορυβεῖν* eadem de re dictum. Nisi forte *ἐπιθορυβεῖν* potius scripsisse existimandus est, quod sæpe hujusmodi locis adhibetur. Verum et simplex *θορυβεῖν* hac de re dictum in alio ejusdem orationis loco legitur: et quidem ab ipso Isocrate explicatum. Nam hæc sunt ejus verba, circa finem ejusdem orationis. §. videlicet *ργ'*. habemus: *ταῦτ' εἰπόντος αὐτοῦ, καὶ τοὺς παρόντας ἀξιώσαντος ἀποφήνασθαι περὶ ὧν παρεκλήθησαν, οὐκ ἐθορύβησαν (ὃ ποιεῖν εἰώθασι πᾶσι τοῖς χαριέντως διειλεγμένοις)· ἀλλ' ἀνεβόησαν, ὡς ὑπερβαλλόντως εἰρηκότος.*

ΕΠΙΣΤΑΘΜΟΣ, *Ἰσοκράτης Πανηγυρικῷ· Ἑκάτομνος δ' ὁ Καρίας ἐπίσταθμος. Ὃς οὐδὲν ἕτερον ἦν, ἢ κατὰ σατραπείαν Καρίας κύριος ὑπῆρχεν.* HARPOCRAT.

ΕΠΙΣΤΑΘΜΟΣ, *Isocrates oratione Panegyrica: Ἑκάτομνος δ' ὁ Καρίας ἐπίσταθμος. Quod nihil aliud est quam, κατὰ σατραπείαν*

Καρίας κύριος ὑπῆρχεν. Ideo autem ita interpretor, *quod nihil aliud est* (nisi quis malit: *quod nihil aliud sonat),* quoniam scribo, ὃ οὐδὲν ἕτερον ἦν, vel potius ἐστί. At vero apud Suidam mendosus etiam legitur hic locus: ita videlicet, ὃς οὐδὲν ὕστερον ἦν ἢ κατὰ σατραπείαν Καρίας κύριος. Hæc autem verba ita reddi posse existimo: *per satrapeiam* (nisi quis malit *satrapeiæ jure*) *dominus Cariæ,* vel *Cariæ dominus utpote satrapa.* Interpres hoc loco vertit: *Cariæ præses.* Legitur autem in alio ejusdem orationis loco §. λδ'. καὶ προστάττων ἃ χρὴ ποιεῖν ἑκάστους, καὶ μονονοὐκ (ita enim potius scribendum quam disjuncte μόνον οὐκ) ἐπιστάθμους ἐν ταῖς πόλεσι καθιστάς. Ubi idem interpres *præfectos* reddit. Non dubium est tamen quin eadem utrobique hujus vocabuli esse interpretatio debeat. nam et hic de rege Persarum agitur, ἐπιστάθμους in Græcia, non secus quam in Asia sua, constituente.

ΗΠΕΙΡΟΝ. συνηθές ἐστι τῷ Ἰσοκράτει τὴν ὑπὸ τῷ βασιλεῖ τῶν Περσῶν γῆν οὕτω καλεῖν. ὥςπερ ἔν τε Φιλιππικῷ καὶ Ἀρχιδάμῳ. HARPOCRAT.

ΗΠΕΙΡΟΝ. *In more habet Isocrates regionem quæ est sub regis Persarum ditione, ita vocare: ut in Philippica oratione, et in Archidamo.* Sic autem et ἠπειρώτας, eos quibus rex Persarum imperabat, appellantem audimus in Paneg. §. μβ'. τοῖς δ' ἠπειρώταις, οὐδ' ὅταν εὖ πάσχωσι, χάριν ἴσασιν. ubi interpres pro Epirotis, seu Epiri incolis, *Asianos* dixit. Ac eosdem certe τοὺς τὴν Ἀσίαν κατοικοῦντας vocat Isocrates in Panath. ubi etiam subaudiendum est βαρβάρους, sicut ex sequentibus apparet. Ita enim ibi scriptum est §. λ'. οὐ μόνον πρὸς ἅπαντας τοὺς τὴν Ἀσίαν κατοικοῦντας ἀλλὰ καὶ πρὸς ἄλλα γένη πολλὰ τῶν βάρβάρων κινδυνεύων. Nam ex eo quod subjungit, πρὸς ἄλλα γένη πολλὰ τῶν βαρβάρων, se et Asianos omnes pro barbaris habere ostendit. Fortasse tamen objiciet quispiam necesse non esse ex sequentibus ibi subaudire βαρβάρους, quum, vel Isocrate tacente, ex aliis ejus locis et aliorum etiam quibusdam pro barbaris habitos constet. Eodem vero dicitur modo in Philipp. §. δ'. εἰς τὴν Ἀσίαν τὸν πόλεμον ἐξενεγκεῖν. At in Panegyr. §. γ'. dans idem consilium, dicit: κοινῇ τοῖς βαρβάροις πολεμήσωμεν. quibus verbis præfixa sunt ista: παυσάμενοι τῆς πρὸς ἡμᾶς αὐτοὺς φιλονεικίας. sicut illo altero in loco hæc verba: εἰς τὴν Ἀσίαν τὸν πόλεμον ἐξενεγκεῖν: præcedunt ista: πλὴν εἰ δόξειε ταῖς πόλεσι ταῖς μεγίσταις, διαλυσαμέναις τὰ πρὸς σφᾶς αὐτάς. Jam vero in eadem oratione Panegyrica, tanquam ex aliis idem consilium proponens, scribit §. β'. ὡς χρὴ, διαλυσαμένους τὰς πρὸς ἡμᾶς αὐτοὺς ἔχθρας ἐπὶ βάρβαρον τραπέσθαι. Cæterum in Panath. Europæ simul et Asiæ mentionem facit. Græcis, non minus quam barbaris, suam orbis partem tribuens, §. ις'. καὶ τὴν Εὐρώπην κρείττω γίνεσθαι τῆς Ἀσίας.

ΚΑΙΝΩΣ, Ἰσοκράτης Πανηγυρικῷ, οἷον ὡς τοῖς νεωτέροις ἁρμόττειν πράγμασιν. Ἔφορος δὲ τρόπον τινὰ ἐξηγήσατο αὐτὸ ἐν τῇ πρώτῃ. HARPOCRAT.

ΚΑΙΝΩΣ, *Isocr. orat. Panegyrica: ita videlicet ut rebus novis convenire queat. Ephorus autem illud quodammodo exposuit libro primo.* Locus hic est idem qui et in voce ἀρχαίως ab eo citatus fuit ex eadem oratione. ibi enim post ἀρχαίως scribit, Isocr. Panegyrico §. α΄. τά τε παλαιὰ καινῶς διελθεῖν, καὶ περὶ τῶν νεωστὶ γενομένων ἀρχαίως εἰπεῖν. Cujus scripturæ minimum est discrimen a nostra (circa hujus orationis principium); tantum enim pro illo διελθεῖν habemus διεξελθεῖν (quum multi sint loci qui et hoc διεξελθεῖν comprobare possint: et quidem unum ex iis legamus in proxime sequente pagina §. β΄. καὶ διεξέρχονται τάς τε συμφορὰς τὰς ἐκ τοῦ πολέμου τοῦ πρὸς ἀλλήλους ἡμῖν γεγενημένας), et γεγενημένων pro γενομένων. Cæterum in eadem illa vocabuli ἀρχαίως observatione, paucis interjectis, addit: Θουκυδίδης ἐν τῇ πρώτῃ τῶν ἱστοριῶν τρόπον τινὰ ἐξηγήσατο. at hic videmus de Ephoro idem scribi, id est, eum dici eundem illum locum τρόπον τινὰ ἐξηγήσασθαι. Qua de re alius erit dicendi locus.

ΚΑΚΩΣ εἰδότες, ἀντὶ τοῦ ἀγνοοῦντες· Ἰσοκράτης περὶ εἰρήνης. HARPOCRAT.

ΚΑΚΩΣ εἰδότες (id est, *male scientes*, si verbum verbo reddatur), *pro ignorantes, Isocrates De pace.* Excogitatum fortasse fuit hoc loquendi genus ad imitationem illius quod ei opponitur, εὖ εἰδότες: quamvis hic εὖ dici queat pleonasticum. Ac ne hoc quidem observatu indignum est, adverbium κακῶς eum in hoc loquendi genere habere usum quem habet alicubi *male* (quod ei apud Latinos respondet), veluti ubi dicitur de non sano *male sanus;* qui et *insanus.* Ovidio autem præ aliis hic adverbii istius usus est familiaris. Cæterum non debuit Harpocration aliquem tantum ex oratione De pace testem citare: quum et alibi passim exstent in aliis ejus orationibus loci ex quibus testimonia peti possunt. Eorum e numero duos saltem, qui in Panath. leguntur, memoria mea suppeditabit. Unus est §. ξε΄. κακῶς εἰδότες ὡς τοὺς μὲν θεραπεύοντας αὐτὸν ὑβρίζειν εἴθισται. ubi tamen interpres vertit: *ut non animadvertamus.* Altero, §. οε΄. κακῶς εἰδότες ὡς οὐδὲν οὔτ' ὅσιον οὔτε καλόν ἐστι τὸ μὴ μετὰ δικαιοσύνης καὶ λεγόμενον καὶ πραττόμενον.

ΚΗΡΥΚΕΣ, Ἰσοκράτης Πανηγυρικῷ. γένος ἐστὶν ἐν Ἀθήναις οὕτως ὀνομαζόμενον. κέκληται δὲ ἀπὸ Κήρυκος τοῦ Ἑρμοῦ. HARPOCRAT.

ΚΗΡΥΚΕΣ, *Isocrates Paneg. Stirps quædam est Athenis hoc nomine. Vocatur autem a quodam Keryce, qui Mercurii filius fuit.* Verto ita ἀπὸ Κήρυκος τοῦ Ἑρμοῦ, quod existimem subaudiri υἱοῦ, ut omnes norunt hanc ellipsin esse frequentissimam. ac ideo scripsi etiam Κήρυκος, litera K majuscula. Alioqui non video quæ hujus loci interpretatio afferri possit. Nam si voluisset significare stirpem illam a quodam, qui præco Mercurii fuit, nomen accepisse, paulo aliter (ut opinor) locutus fuisset: et his vel similibus verbis usus esset: *ἀπό τινὸς ὃς κῆρυξ τοῦ Ἑρμοῦ ἐγένετο.* Sed eum hoc dicere voluisse, parum mihi sit verisimile. Exstat autem locus Isocratis *μβ'. Εὐμολπίδαι δὲ καὶ κήρυκες ἐν τῇ τελετῇ τῶν μυστηρίων* etc. Sed scribendum censeo hic quoque Κήρυκες litera K majuscula. Interpres tamen, tanquam appellativum, reddidit *præcones.*

ΚΟΡΟΠΛΑΘΟΣ, Ἰσοκράτης *ἐν τῷ περὶ τῆς ἀντιδόσεως. Τοὺς ἐκ πηλοῦ, ἢ κηροῦ, ἢ τινὸς τοιαύτης ὕλης, πλάττοντας κόρας ἢ κούρους, οὕτως ὠνόμαζον.* HARPOCRAT.

ΚΟΡΟΠΛΑΘΟΣ, *Isocr. in orat. De permutatione. Eos qui e luto, aut cera, aut ex alia hujusmodi materia, puellulos aut puellulas fingebat, ita vocabant.* Suidas habet: Κοροπλάθοι, *οἱ τοὺς κόρους πλάττοντες κηρῷ ἢ γύψῳ. τουτέστι τὰ ζῶα πάντα.* Ubi non dubium est quin mendosum sit hoc *τουτέστι*, et quæ distinguenda erant, male in unum confusa fuerint: ut ex iis quæ in Thesauro meo Græcæ linguæ leges, tibi apparebit. Sunt qui *κοροπλάθον* *puparum fictorem* interpretentur. Locus porro Isocratis in illius orationis initio tibi occurret.

ΛΟΓΙΣΜΟΣ, *ἡ λογιστικὴ τέχνη.* Ἰσοκράτης Βουσίριδι. HARPOCRAT.

ΛΟΓΙΣΜΟΣ, *Supputandi ars, sive computandi. Isocr. Busiride.* Apud Isocr. in Buriside §. *ϑ'.* plurale *λογισμοῖς* habemus, non singulare *λογισμῷ*. Ita enim ibi scriptum est: *ἐν ἀστρονομίᾳ καὶ λογισμοῖς καὶ γεωμετρίᾳ διατρίβειν ἔπεισεν.* sed minime dubium est quin *λογισμῷ* non *λογισμοῖς* scriptum hic ab Harpocratione fuerit. Cæterum *λογισμοῖς* illud redditur ab interprete *arithmetica.*

ΛΟΓΟΠΟΙΟΣ, *ὁ ὑφ' ἡμῶν ἱστορικὸς λεγόμενος.* Ἰσοκράτης Βουσίριδι. HARPOCRAT.

ΛΟΓΟΠΟΙΟΣ, *qui a nobis dicitur historicus. Isocr. Busiride.* Isocr. in Bus. §. *ιε'. ὁμολογεῖται δὲ παρὰ πάντων τῶν λογοποιῶν.* Paulo post autem legimus etiam verbum quod ex hoc nomine factum est, ubi scribit: *καὶ πολλὰς ἄλλας ἀνομίας ἐλογοποίησαν κατὰ τούτων.*

ΞΕΝΙΤΕΥΟΜΕΝΟΥΣ, *ἀντὶ τοῦ μισθοφοροῦντας. ξένοι δὲ οἱ μισθοφόροι.* Ἰσοκράτης Φιλιππικῷ, *κἀν τινὶ τῶν πρὸς Φίλιππον ἐπιστολῶν.* HARPOCRAT.

ΞΕΝΙΤΕΥΟΜΕΝΟΥΣ, *id est, mercede militantes. ξένοι autem qui mercede militant. Isocr. or. Phil. et in quadam epistolarum ad Philippum.* Tanquam præcedente nomine *ξενίτης*, dicitur *ξενιτεύομαι*, etiamsi Harpocr. nullam hujus sed tantum nominis *ξένοι* mentionem faciat. Cæterum unus ex illis Isocratis locis est hic §. ν΄. ὅσοι τῶν τὰς δυνάμεις ἐχόντων τὰ τῶν ξενιτευομένων στρατόπεδα μισθοῦνται.

ΟΣΙΟΝ. Ὑπερίδης ἐν τῷ πρὸς Ἀριστογείτονα φησί· Καὶ τὰ χρήματα τά τε ἱερὰ καὶ τὰ ὅσια. ὅ,τε Ἰσοκράτης Ἀρεοπαγιτικῷ· Καὶ τοῖς ἱεροῖς καὶ τοῖς ὁσίοις. Ὅτι δὲ τὰ ὅσια τὰ δημόσια δηλοῖ Δημοσθένης ἐν τῷ κατὰ Τιμοκράτους σαφῶς διδάσκει. HARPOCRAT.

ΟΣΙΟΝ. *Hyperides oratione ad Aristogitonem dicit,* καὶ τὰ χρήματα τά τε ἱερὰ καὶ τὰ ὅσια. *Quin etiam Isocrates in Areopag.* καὶ τοῖς ἱεροῖς καὶ τοῖς ὁσίοις. *Significare autem* ὅσια *idem quod* δημόσια, *aperte docet Demosthenes adversus Timocratem.* His subjungit locum illum Demosthenis: atque illi addit, ex Didymo, duobus dictum fuisse modis τὸ ὅσιον, et quod esset ἱερὸν, et quod ἰδιωτικόν. Ubi hæc vox ἰδιωτικὸν non immerito futura esse suspecta videtur, etiamsi eadem apud Suidam lectio exstet. Cæterum et vulgaris nominis ὅσιον usus exemplum habemus apud nostrum Isocratem, cum alibi, tum Panath. §. ιε΄.

ΠΑΡΡΗΣΙΑΣ, ἀντὶ τοῦ βλασφημίας καὶ λοιδορίας. Ἰσοκράτης Βουσίριδι. HARPOCRAT.

ΠΑΡΡΗΣΙΑΣ, *id est, maledicentiæ et convitiationis. Isocr. Busiride.* Nisi quis malit *maledictorum et convitiorum:* quod illud verbale *convitiatio,* præsertimque ejus genitivus, aliquid duriusculum habeat. Locus est §. ις΄. τῆς δ' εἰς τοὺς θεοὺς παῤῥησίας ὀλιγωρήσομεν. Non assentior autem Harpocrationi de hac expositione: sed malim simpliciter exponere: *nimiæ in deos loquendi libertatis.* Quod si licentiam loquendi dicamus, adjectivo illo non itidem opus fuerit. Perinde ac si diceret: Tantæ loquendi licentiæ ut ad maledicta usque ac convitia erumpat.

ΕΚ ΤΟΥ ΠΛΑΤΩΝΟΣ

ΠΕΡΙ ΙΣΟΚΡΑΤΟΥΣ.

ΦΑΙΔΡΟΣ. Οὐδὲ γὰρ οὐδὲ τὸν σὸν ἑταῖρον δεῖ παρελθεῖν. ΣΩΚΡΑΤΗΣ. Τίνα τοῦτον; ΦΑΙΔ. Ἰσοκράτη τὸν καλόν. ᾧ τί ἀπαγγελεῖς ὦ Σώκρατες; τίν' αὐτὸν φήσομεν εἶναι; ΣΩΚΡ. Νέος ἔτι, ὦ Φαῖδρε, Ἰσοκράτης· ὃ μέντοι μαντεύομαι κατ' αὐτοῦ λέγειν ἐθέλω. ΦΑΙΔ. Τὸ ποῖον δή; ΣΩΚΡ. Δοκεῖ μοι ἀμείνων ἢ κατὰ τοὺς περὶ Λυσίαν εἶναι λόγους τὰ τῆς φύσεως, ἔτι τε ἤθει γεννικωτέρῳ κεκρᾶσθαι· ὥςτε οὐδὲν ἂν γένοιτο θαυμαστὸν προϊούσης τῆς ἡλικίας, εἰ περὶ αὐτούς τε τοὺς λόγους οἷς νῦν ἐπιχειρεῖ πλέον ἢ παίδων διενέγκοι τῶν πώποτε ἁψαμένων λόγων, ἔτι τε εἰ αὐτῷ μὴ ἀποχρήσαι ταῦτα, ἐπὶ μείζω δέ τις αὐτὸν ἄγοι ὁρμὴ θειοτέρα. φύσει γὰρ, ὦ φίλε, ἔνεστί τις φιλοσοφία τῇ τοῦ ἀνδρὸς διανοίᾳ.

ΕΚ ΔΙΟΝΥΣΙΟΥ ΤΟΥ ΑΛΙΚΑΡΝΑΣΣΕΩΣ

ΠΕΡΙ ΙΣΟΚΡΑΤΟΥΣ.

α΄. ΙΣΟΚΡΑΤΗΣ ὁ Ἀθηναῖος ἐγεννήθη μὲν ἐπὶ τῆς ὀγδοηκοστῆς καὶ ἕκτης Ὀλυμπιάδος, ἄρχοντος Ἀθήνησι Λυσιμάχου, πέμπτῳ πρότερον ἔτει τοῦ Πελοποννησιακοῦ πολέμου, δυσὶ καὶ εἴκοσιν ἔτεσι νεώτερος Λυσίου. πατρὸς δ' ἦν Θεοδώρου, τινὸς τῶν μετρίων πολιτῶν, θεράποντας αὐλοποιοὺς κεκτημένου καὶ τὸν βίον ἀπὸ ταύτης ἔχοντος τῆς ἐργασίας. ἀγωγῆς δὲ τυχὼν εὐσχήμονος καὶ παιδευθεὶς οὐδενὸς Ἀθηναίων χεῖρον, ἐπειδὴ τάχιστα ἀνὴρ ἐγένετο, φιλοσοφίας ἐπεθύμησε. γενόμενος δ' ἀκουστὴς Προδίκου τε τοῦ Κείου καὶ Γοργίου τοῦ Λεοντίνου καὶ Τισίου τοῦ Συρακουσίου, τῶν τότε μέγιστον ὄνομα ἐν τοῖς Ἕλλησιν ἐχόντων ἐπὶ σοφίᾳ, ὡς δέ τινες ἱστοροῦσι, καὶ Θηραμένους τοῦ ῥήτορος, ὃν οἱ

ΠΛΑΤΩΝΟΣ] In Phædr. §. 146.

ΔΙΟΝΥΣΙΟΥ] Περὶ τῶν ἀρχαίων Ῥητόρων, p. 534—585.

Λυσιμάχου] Nonnulli rescribendum censent Ναυσιμάχου.

Τριάκοντα ἀπέκτειναν, δημοτικὸν εἶναι δοκοῦντα, σπουδὴν μὲν ἐποιεῖτο πράττειν τε καὶ λέγειν τὰ πολιτικά. ὡς δὲ ἡ φύσις ἠναντιοῦτο, τὰ πρῶτα καὶ κυριώτατα τοῦ ῥήτορος ἀφελομένη, τόλμαν τε καὶ φωνῆς μέγεθος, ὧν χωρὶς οὐχ οἷόν τε ἦν ἐν ὄχλῳ λέγειν, ταύτης μὲν ἀπέστη τῆς προαιρέσεως. ἐπιθυμῶν δὲ δόξης καὶ τοῦ πρωτεῦσαι παρὰ τοῖς Ἕλλησιν ἐπὶ σοφίᾳ, καθάπερ αὐτὸς εἴρηκεν, ἐπὶ τὸ γράφειν ἃ διανοηθείη κατέφυγεν, οὐ περὶ μικρῶν τὴν προαίρεσιν ποιούμενος οὐδὲ περὶ τῶν ἰδίων συμβολαίων οὐδὲ ὑπὲρ ὧν ἄλλοι τινὲς τῶν τότε σοφιστῶν, περὶ δὲ τῶν Ἑλληνικῶν καὶ βασιλικῶν πραγμάτων, ἐξ ὧν ὑπελάμβανε, τάς τε πόλεις ἄμεινον οἰκήσεσθαι καὶ τοὺς ἰδιώτας ἐπίδοσιν ἕξειν πρὸς ἀρετήν· ταῦτα γὰρ ἐν τῷ Παναθηναϊκῷ λόγῳ περὶ αὑτοῦ γράφει. πεφυρμένην δὲ παραλαβὼν τὴν ἄσκησιν τῶν λόγων ὑπὸ τῶν περὶ Γοργίαν καὶ Πρωταγόραν σοφιστῶν, πρῶτος ἐχώρησεν ἀπὸ τῶν ἐριστικῶν τε καὶ φυσικῶν ἐπὶ τοὺς πολιτικούς, καὶ περὶ ταύτην σπουδάζων τὴν ἐπιστήμην διετέλεσεν, ἐξ ἧς, ὥς φησιν αὐτὸς, τὸ βουλεύεσθαι καὶ λέγειν καὶ πράττειν τὰ συμφέροντα παραγίνεται τοῖς μαθοῦσιν. ἐπιφανέστατος δὲ γενόμενος τῶν κατὰ τὸν αὐτὸν ἀκμασάντων χρόνον, καὶ τοὺς κρατίστους των Ἀθήνησί τε καὶ ἐν τῇ ἄλλῃ Ἑλλάδι νέων παιδεύσας, ὧν οἱ μὲν ἐν τοῖς δικανικοῖς ἐγένοντο ἄριστοι λόγοις, οἱ δ' ἐν τῷ πολιτεύεσθαι καὶ τὰ κοινὰ πράττειν διήνεγκαν, [καὶ] ἄλλοι δὲ τὰς κοινὰς τῶν Ἑλλήνων τε καὶ βαρβάρων πράξεις ἀνέγραψαν, καὶ τῆς Ἀθηναίων πόλεως εἰκόνα ποιήσας τὴν ἑαυτοῦ σχολὴν, κατὰ τὰς ἀποικίας τῶν λόγων, πλοῦτον ὅσον οὐδεὶς τῶν ἀπὸ φιλοσοφίας χρηματισαμένων περιποιησάμενος ἐτελεύτα τὸν βίον ἐπὶ Χαιρωνίδου ἄρχοντος ὀλίγαις ἡμέραις ὕστερον τῆς ἐν Χαιρωνείᾳ μάχης, δυοῖν δέοντα βεβιωκὼς ἑκατὸν ἔτη· γνώμῃ χρησάμενος ἅμα τοῖς ἀγαθοῖς τῆς πόλεως συγκαταλῦσαι τὸν ἑαυτοῦ βίον, ἀδήλου ἔτι ὄντος πῶς χρήσεται τῇ τύχῃ Φίλιππος παραλαβὼν τὴν τῶν Ἑλλήνων ἀρχήν. τὰ μὲν οὖν ἱστορούμενα περὶ αὐτοῦ κεφαλαιωδῶς ταῦτ' ἐστίν.

β'. Ἡ δὲ λέξις ᾗ κέχρηται τοιοῦτόν τινα χαρακτῆρα ἔχει· καθαρὰ μέν ἐστιν οὐχ ἧττον τῆς Λυσίου καὶ οὐδὲν εἰκῇ τιθεῖσα ὄνομα, τήν τε διάλεκτον ἀκριβοῦσα ἐν τοῖς πάνυ τὴν κοινὴν καὶ συνηθεστάτην· καὶ γὰρ αὕτη πέφευγεν ἀπηρχαιωμένων καὶ σημειωδῶν ὀνομάτων τὴν ἀπειροκαλίαν, καὶ κέκραται συμμέτρως, τό τε σαφὲς ἐκείνῃ παραπλήσιον ἔχει, καὶ τὸ ἐναργὲς, ἠθική τέ ἐστι καὶ πιθανή. κατὰ δὲ τὴν τροπικὴν φράσιν ὀλίγον τι διαλλάττει τῆς Λυσίου. καὶ στρογγύλη δὲ οὐκ ἔστιν, ὥςπερ ἐκείνη, καὶ συγκεκροτημένη καὶ πρὸς ἀγῶνας δικανικοὺς εὔθετος· ὑπτία δέ ἐστι μᾶλλον καὶ κεχυμένη πλουσίως. οὐδὲ δὴ σύντομος οὕτως, ἀλλὰ καὶ κατασκελὴς καὶ βραδυτέρα τοῦ μετρίου — δι' ἣν δ' αἰτίαν τοῦτο πάσχει,

Περὶ δὲ τῶν] Leg. ἀλλὰ περὶ τῶν. AUGER.

Ἐχώρησεν κ. τ. λ.] Ἴσως ἐχώρισεν ἀπὸ τῶν ἐριστικῶν τε καὶ φυσικῶν τοὺς πολιτικούς. CORAES.

Ἐν τοῖς πάνυ] Sub. ἀκριβοῦσι. *inter eos qui dictionem maxime curant.* AUGER.

Καὶ γὰρ αὕτη πέφευγεν] Ἴσ. γρ. καὶ γάρτοι πέφευγεν. COR.

Σημειωδῶν] Per σημειώδη ὀνόματα intelligo *verba per tropos aliunde deducta,* his opponuntur ὀνόματα συνηθέστατα. AUGER.

μετὰ μικρὸν ἐρῶ —, οὐδὲ τὴν σύνθεσιν ἐπιδείκνυται τὴν φυσικὴν καὶ ἀφελῆ καὶ ἐναγώνιον, ὥςπερ ἡ Λυσίου, ἀλλὰ πεποιημένην μᾶλλον εἰς σεμνότητα πομπικὴν καὶ ποικίλην, καὶ πῆ μὲν εὐπρεπεστέραν ἐκείνης, πῆ δὲ περιεργοτέραν· ὁ γὰρ ἀνὴρ οὗτος τὴν εὐέπειαν ἐκ παντὸς διώκει καὶ τοῦ γλαφυρῶς λέγειν στοχάζεται μᾶλλον ἢ τοῦ ἀφελῶς. τῶν τε γὰρ φωνηέντων τὰς παραλλήλους θέσεις, ὡς λυούσας τὰς ἁρμονίας τῶν ἤχων καὶ τὴν λειότητα τῶν φθόγγων λυμαινομένας, παραιτεῖται· περιόδῳ τε καὶ κυκλῳ περιλαμβάνειν τὰ νοήματα πειρᾶται ῥυθμοειδεῖ πάνυ καὶ οὐ πολὺ ἀπέχοντι τοῦ ποιητικοῦ μέτρου, ἀναγνώσεώς τε μᾶλλον οἰκειότερός ἐστιν ἢ ῥήσεως. τοιγάρτοι τὰς μὲν ἐπιδείξεις τὰς ἐν ταῖς πανηγύρεσι καὶ τὴν ἐκ χειρὸς θεωρίαν φέρουσιν αὐτοῦ οἱ λόγοι, τοὺς δ' ἐν ἐκκλησίαις καὶ δικαστηρίοις ἀγῶνας οὐχ ὑπομένουσι. τούτου δ' αἴτιον, ὅτι πολὺ τὸ παθητικὸν ἐν ἐκείνοις εἶναι δεῖ, τοῦτο δ' ἥκιστα δέχεται περίοδος· αἵ τε γὰρ παρομοιώσεις καὶ παρισώσεις καὶ τὰ ἀντίθετα καὶ πᾶς ὁ τῶν τοιούτων σχημάτων κόσμος πολύς ἐστι παρ' αὐτῷ, καὶ λυπεῖ πολλάκις τὴν ἄλλην κατασκευὴν προσιστάμενος ταῖς ἀκοαῖς.

γ'. Καθόλου δὲ τριῶν ὄντων, ὥς φησι Θεόφραστος, ἐξ ὧν γίνεται τὸ μέγα καὶ σεμνὸν καὶ περιττὸν ἐν λέξει, τῆς τε ἐκλογῆς τῶν ὀνομάτων καὶ τῆς ἐκ τούτων ἁρμονίας καὶ τῶν περιλαμβανόντων αὐτὰ σχημάτων, ἐκλέγει μὲν εὖ πάνυ καὶ τὰ κράτιστα ὀνόματα τίθησιν, ἁρμόττει δ' αὐτὰ περιέργως τὴν εὐφωνίαν ἐντείνων μουσικὴν, σχηματίζει τε φορτικῶς, καὶ τὰ πολλὰ γίνεται ψυχρὸς ἢ τῷ πόῤῥωθεν λαμβάνειν ἢ τῷ μὴ πρέποντα εἶναι τὰ σχήματα τοῖς πράγμασι [ἢ] διὰ τὸ μὴ κρατεῖν τοῦ μετρίου. ταῦτα μέντοι καὶ μακροτέραν αὐτῷ ποιεῖ τὴν λέξιν πολλάκις· λέγω δὲ τό τε εἰς περιόδους ἐναρμόττειν ἅπαντα τὰ νοήματα καὶ τὸ τοῖς αὐτοῖς τύποις τῶν σχημάτων τὰς περιόδους περιλαμβάνειν καὶ τὸ διώκειν ἐκ παντὸς τὴν εὐρυθμίαν. οὐ γὰρ ἅπαντα δέχεται, οὔτε μῆκος τὸ αὐτὸ, οὔτε σχῆμα τὸ παραπλήσιον, οὔτε ῥυθμὸν τὸν ἴσον, ὥστ' ἀνάγκη παραπληρώμασι λέξεων οὐδὲν ὠφελουσῶν χρῆσθαι καὶ ἀπομηκύνειν πέρα τοῦ χρησίμου τὸν λόγον. λέγω δ' οὐχ ὡς διὰ παντὸς αὐτοῦ ταῦτα ποιοῦντος — οὐχ οὕτω μαίνομαι —· καὶ γὰρ συντίθησί ποτ' ἀφελῶς τὰ ὀνόματα καὶ λύει τὴν περίοδον εὐγενῶς καὶ τὰ περίεργα σχήματα καὶ φορτικὰ φεύγει, καὶ μάλιστα ἐν τοῖς συμβουλευτικοῖς τε καὶ δικανικοῖς λόγοις, ἀλλ' ὡς ἐπὶ πολὺ τῷ ῥυθμῷ δουλεύοντος καὶ τῷ κύκλῳ τῆς περιόδου καὶ τὸ κάλλος τῆς ἀπαγγελίας ἐν τῷ περιττῷ τιθεμένου κοινότερον εἴρηκα περὶ αὐτοῦ.

δ'. Κατὰ δὴ ταῦτα φημὶ τὴν Ἰσοκράτους λέξιν λείπεσθαι τῆς Λυσίου, καὶ ἔτι κατὰ τὴν χάριν. καίτοι γε ἀνθηρός ἐστιν, εἰ καί τις ἄλλος, καὶ ἐπαγωγὸς ἡδονῇ τῶν ἀκροωμένων Ἰσοκράτης, ἀλλ' οὐκ ἔχει τὴν αὐτὴν χάριν ἐκείνῳ· τοσοῦτον δ' αὐτοῦ λείπεται κατὰ ταύτην τὴν ἀρετὴν, ὅσον τῶν φύσει καλῶν σωμάτων τὰ συνερανι-

Ἐπιδ. τὴν φυσικὴν] Ἰσ. ἐπιδείκνυται φυσικήν. Cor.

Τὴν ἐκ χειρὸς θεωρίαν] Modus loquendi parum usitatus, quem intellexi et verti: *lectionem placidam.* Auger.

ζόμενα κόσμοις ἐπιθέτοις. πέφυκε γὰρ ἡ Λυσίου λέξις ἔχειν τὸ χάριεν· ἡ δ' Ἰσοκράτους βούλεται. ταύταις μὲν δὴ ταῖς ἀρεταῖς ὑστερεῖ Λυσίου, κατὰ γοῦν τὴν ἐμὴν γνώμην, προτερεῖ δέ γε ἐν ταῖς μελλούσαις λέγεσθαι. ὑψηλότερός ἐστιν ἐκείνου κατὰ τὴν ἑρμηνείαν καὶ μεγαλοπρεπέστερος μακρῷ καὶ ἀξιωματικώτερος. θαυμαστὸν γὰρ δὴ καὶ μέγα τὸ τῆς Ἰσοκράτους κατασκευῆς ὕψος, ἡρωϊκῆς μᾶλλον ἢ ἀνθρωπίνης φύσεως οἰκεῖον. δοκεῖ δή μοι μὴ ἀπὸ σκοποῦ τις ἂν εἰκάσαι τὴν μὲν Ἰσοκράτους ῥητορικὴν τῇ Πολυκλείτου τε καὶ Φειδίου τέχνῃ κατὰ τὸ σεμνὸν καὶ μεγαλότεχνον καὶ ἀξιωματικὸν, τὴν δὲ Λυσίου τῇ Καλάμιδος καὶ Καλλιμάχου τῆς λεπτότητος ἕνεκα καὶ τῆς χάριτος· ὥςπερ γὰρ ἐκείνων οἱ μὲν ἐν τοῖς ἐλάττοσι καὶ ἀνθρωπικοῖς ἔργοις εἰσὶν ἐπιτυχέστεροι τῶν ἑτέρων, οἱ δ' ἐν τοῖς μείζοσι καὶ θειοτέροις δεξιώτεροι, οὕτω καὶ τῶν ῥητόρων ὁ μὲν ἐν τοῖς μικροῖς ἐστὶ σοφώτερος, ὁ δ' ἐν τοῖς μεγάλοις περιττότερος· τάχα μὲν γὰρ καὶ τῇ φύσει μεγαλόφρων τις ὢν, εἰ δὲ μὴ, τῇ γε προαιρέσει πάντως τὸ σεμνὸν καὶ θαυμαστὸν διώκων. ταῦτα μὲν οὖν περὶ τῆς λέξεως τοῦ ῥήτορος.

ε'. Τὰ δ' ἐν τῷ πρακτικῷ τόπῳ θεωρήματα, τὰ μὲν ὅμοια τοῖς Λυσίου, τὰ δὲ κρείττονα. ἡ μὲν εὕρεσις ἡ τῶν ἐνθυμημάτων, ἡ πρὸς ἕκαστον ἁρμόττουσα πρᾶγμα, πολλὴ καὶ πυκνὴ καὶ οὐδὲν ἐκείνης λειπομένη, καὶ κρίσις ὡσαύτως ἀπὸ μεγάλης φρονήσεως γινομένη· τάξις δὲ καὶ μερισμοὶ τῶν πραγμάτων καὶ ἡ κατ' ἐπιχείρημα ἐξεργασία καὶ τὸ διαλαμβάνεσθαι τὴν ὁμοειδίαν ἰδίαις μεταβολαῖς καὶ ξένοις ἐπεισοδίοις, τά τε ἄλλα ὅσα περὶ τὴν πραγματικὴν οἰκονομίαν ἐστὶν ἀγαθὰ, πολλῷ μείζονά ἐστι παρ' Ἰσοκράτει καὶ κρείττονα, μάλιστα δ' ἡ προαίρεσις ἡ τῶν λόγων, περὶ οὓς ἐσπούδαζε, καὶ τῶν ὑποθέσεων τὸ κάλλος, ἐν αἷς ἐποιεῖτο τὰς διατριβὰς, ἐξ ὧν οὐ λέγειν δεινοὺς μόνον ἀπεργάσαιτ' ἂν τοὺς προσέχοντας αὐτῷ τὸν νοῦν, ἀλλὰ καὶ τὰ ἤθη σπουδαίους οἴκῳ τε καὶ πόλει καὶ ὅλῃ τῇ Ἑλλάδι χρησίμους· κράτιστα γὰρ δὴ παιδεύματα πρὸς ἀρετὴν ἐν τοῖς Ἰσοκράτους ἐστὶν εὑρεῖν λόγοις. καὶ ἔγωγε φημὶ χρῆναι τοὺς μέλλοντας οὐχὶ μέρος τι τῆς πολιτικῆς δυνάμεως, ἀλλ' ὅλην αὐτὴν κτήσασθαι, τοῦτον ἔχειν τὸν ῥήτορα διὰ χειρός· καὶ εἴ τις ἐπιτηδεύει τὴν ἀληθινὴν φιλοσοφίαν, μὴ τὸ θεωρητικὸν αὐτῆς μόνον ἀγαπῶν, ἀλλὰ καὶ τὸ πραγματικὸν, μηδ' ἀφ' ὧν αὐτὸς ἄλυπον ἕξει βίον προαιρούμενος, ἀλλ' ἐξ ὧν πολλοὺς ὠφελήσει, παρακελευσαίμην ἂν αὐτῷ τὴν ἐκείνου τοῦ ῥήτορος μιμεῖσθαι προαίρεσιν.

ϛ'. Τίς γὰρ οὐκ ἂν γένοιτο φιλόπολίς τε καὶ φιλόδημος; ἢ τίς οὐκ ἂν ἐπιτηδεύσειε τὴν πολιτικὴν καλοκαγαθίαν, ἀναγνοὺς αὐτοῦ τὸν Πανηγυρικόν; ἐν ᾧ, διεξιὼν τὰς τῶν ἀρχαίων ἀρετὰς, φησὶν, ὡς οἱ τὴν Ἑλλάδα ἐλευθερώσαντες ἀπὸ τῶν βαρβάρων οὐ τὰ πολέμια δεινοὶ μόνον ἦσαν, ἀλλὰ καὶ τὰ ἤθη γενναῖοι καὶ φιλότιμοι καὶ σώφρονες· οἵ γε τῶν μὲν κοινῶν μᾶλλον ἐφρόντιζον ἢ τῶν

Κόσμοις ἐπιθέτοις] Leg., admonente Wolfio, κόσμους ἐπιθέτους. Idem.

Τάχα μὲν γὰρ καὶ] Ἴσ. τάχα μὲν καὶ. Cor.

Τὰ δ' ἐν τῷ πρακτικῷ τόπῳ] Hic Dionysius, postquam egit de verbis (περὶ τῆς λέξεως), agit de rebus et sententiis, περὶ τῶν πράξεων. Auger.

ἰδίων, τῶν δ' ἀλλοτρίων ἧττον ἐπεθύμουν ἢ τῶν ἀδυνάτων, καὶ τὴν εὐδαιμονίαν οὐ πρὸς ἀργύριον ἔκρινον, ἀλλὰ πρὸς εὐδοξίαν, μέγαν οἰόμενοι τοῖς παισὶ καταλείψειν πλοῦτον καὶ ἀνεπίφθονον, τὴν παρὰ τοῖς πλήθεσι τιμήν. κρείττονα δ' ἡγοῦντο τὸν εὐσχήμονα θάνατον ἢ τὸν ἀκλεῆ βίον· ἐσκόπουν δ' οὐχ ὅπως οἱ νόμοι καλῶς καὶ ἀκριβῶς αὐτοῖς ἕξουσιν, ἀλλ' ὡς ἡ τῶν καθ' ἡμέραν ἐπιτηδευμάτων μετριότης μηδὲν ἐκβήσεται τῶν πατρίων· οὕτω δ' εἶχεν αὐτοῖς τὰ πρὸς ἀλλήλους φιλοτίμως καὶ πολιτικῶς, ὥςτε καὶ τὰς στάσεις ἐποιοῦντο πρὸς ἀλλήλους, πότεροι πλείω τὴν πόλιν ἀγαθὰ ποιήσουσιν, οὐχ οἵ τινες ἑτέρους ἀπολέσαντες τῶν λοιπῶν αὐτοὶ ἄρξουσι· τῇ δ' αὐτῇ προθυμίᾳ χρώμενοι καὶ πρὸς τὴν Ἑλλάδα, τῷ θεραπεύειν προσήγοντο τὰς πόλεις, καὶ τῷ πείθειν ταῖς εὐεργεσίαις μᾶλλον ἢ τῷ βιάζεσθαι τοῖς ὅπλοις κατεῖχον, πιστοτέροις χρώμενοι τοῖς λόγοις ἢ νῦν τοῖς ὅρκοις, καὶ ταῖς συνθήκαις ἀξιοῦντες μᾶλλον ἐμμένειν ἢ ταῖς ἀνάγκαις· τοιαῦτα δὲ περὶ τῶν ἡττόνων ἀξιοῦντες γινώσκειν, οἷα περὶ σφῶν αὐτῶν τοὺς κρείττους ἂν ἠξίωσαν φρονεῖν· οὕτω δὲ παρεσκευασμένοι τὰς γνώμας, ὡς ἰδίᾳ μὲν ἔχοντες τὰς ἑαυτῶν πόλεις, κοινὴν δὲ πατρίδα τὴν Ἑλλάδα οἰκοῦντες.

ζ'. Τίς δ' οὐκ ἂν ἀγαπήσειε μέγεθος ἔχων ἀνὴρ καὶ δυνάμεώς τινος ἡγούμενος, ἃ πρὸς Φίλιππον αὐτῷ τὸν Μακεδόνα γέγραπται; ἐν οἷς ἀξιοῖ στρατηγὸν ἄνδρα καὶ τηλικαύτης ἐξουσίας κύριον διαλλάττειν μὲν τὰς διαφερομένας πόλεις, ἀλλὰ μὴ συγκρούειν πρὸς ἀλλήλας· τὴν δ' Ἑλλάδα μεγάλην ἐκ μικρᾶς ποιεῖν· ὑπεριδόντα δὲ τῆς περὶ τὰ μικρὰ φιλοτιμίας τοῖς τοιούτοις ἐπιχειρεῖν ἔργοις, ἐξ ὧν κατορθώσας τε πάντων ἡγεμόνων ἐπιφανέστατος ἔσται, καὶ ἀποτυχὼν τήν γ' εὔνοιαν τὴν παρὰ τῶν Ἑλλήνων κτήσεται, ἧς οἱ τυχόντες πολλῷ μᾶλλόν εἰσι ζηλωτότεροι τῶν μεγάλας πόλεις καὶ πολλὰς χώρας καταστρεφομένων. ἔτι δὲ παρακελεύεται μιμεῖσθαι τὴν Ἡρακλέους τε προαίρεσιν καὶ τῶν ἄλλων ἡγεμόνων, ὅσοι μετὰ τῶν Ἑλλήνων ἐπὶ τοὺς βαρβάρους ἐστράτευσαν· καὶ φησὶ χρῆναι τοὺς ἑτέρων διαφέροντας προαιρεῖσθαι μὲν τὰς μέγεθος ἐχούσας πράξεις, ἐπιτελεῖν δ' αὐτὰς μετ' ἀρετῆς, ἐνθυμουμένους ὅτι τὸ μὲν σῶμα θνητὸν ἔχομεν, ἀθάνατοι δὲ γινόμεθα δι' ἀρετήν· καὶ τοῖς μὲν πρὸς ἄλλο τι τῶν ἀγαθῶν ἀπλήστως διακειμένοις ἀχθόμεθα, τοὺς δὲ τιμὴν μείζω τῆς ὑπαρχούσης ἀεὶ κτωμένους ἐπαινοῦμεν· καὶ ὅτι τῶν μὲν ἄλλων, ἐφ' οἷς χαίρουσιν οἱ πολλοὶ, τοῦ τε πλούτου καὶ ἀρχῆς καὶ δυναστείας, πολλάκις τοὺς ἐχθροὺς συμβαίνει γίνεσθαι κυρίους, τῆς δὲ ἀρετῆς καὶ τῆς παρὰ τοῖς πλήθεσιν εὐνοίας τοὺς οἰκείους ἑκάστου κληρονομεῖν.

η'. Πολλὴ γὰρ ἀνάγκη τοὺς ἀναγινώσκοντας ταῦτα δυνάστας φρονήματός τε μείζονος ὑποπίμπλασθαι καὶ μᾶλλον ἐπιθυμεῖν τῆς ἀρετῆς.

θ'. Τίς δ' ἂν μᾶλλον ἐπὶ τὴν δικαιοσύνην καὶ τὴν εὐσέβειαν προτρέψαιτο, καθ' ἕκαστόν τ' ἄνδρα ἰδίᾳ καὶ κοινῇ τὰς πόλεις

Αὐτῷ — γέγραπται] *scripta sunt ab ipso*, np. ab Isocrate. Idem.

ὅλας, τοῦ Περὶ τῆς Εἰρήνης λόγου; ἐν γὰρ δὴ τούτῳ πείθει τοὺς Ἀθηναίους τῶν μὲν ἀλλοτρίων μὴ ἐπιθυμεῖν, ἐπὶ δὲ τοῖς παροῦσι στέργειν· καὶ τῶν μὲν μικρῶν πόλεων ὥσπερανεὶ κτημάτων φείδεσθαι, τοὺς δὲ συμμάχους εὐνοίᾳ τε καὶ εὐεργεσίαις πειρᾶσθαι κατέχειν, ἀλλὰ μὴ ταῖς ἀνάγκαις μηδὲ ταῖς βίαις· τῶν δὲ προγόνων μιμεῖσθαι, μὴ τοὺς πρὸ τῶν Δεκελεικῶν γενομένους, οἳ μικροῦ ἐδέησαν ἀπολέσαι τὴν πόλιν, ἀλλὰ τοὺς πρὸ τῶν Περσικῶν, οἳ καλοκαγαθίαν ἀσκοῦντες διετέλεσαν· ἐπιδείκνυταί θ', ὡς οὐχ αἱ πολλαὶ τριήρεις, οὐδ' οἱ μετὰ βίας ἀρχόμενοι Ἕλληνες μεγάλην ποιοῦσι τὴν πόλιν, ἀλλ' αἱ δίκαιαί τε προαιρέσεις καὶ τὸ τοῖς ἀδικουμένοις βοηθεῖν. παρακαλεῖ τε τὴν τῶν Ἑλλήνων εὔνοιαν οἰκείαν ποιεῖν τῇ πόλει, μεγίστην ἡγούμενος πρὸς εὐδαιμονίαν, καὶ πολεμικοὺς μὲν εἶναι ταῖς παρασκευαῖς καὶ ταῖς μελέταις, εἰρηνικοὺς δὲ τῷ μηδένα μηδὲν ἀδικεῖν, διδάσκων ὡς οὔτε πρὸς πλοῦτον οὔτε πρὸς δόξαν οὔθ' ὅλως πρὸς εὐδαιμονίαν οὐθὲν ἂν συμβάλοιτο τηλικαύτην δύναμιν, ὅσην ἀρετὴ καὶ τὰ μέρη ταύτης, καὶ τοῖς μὴ ταὐτὰ ὑπειληφόσιν ἐπιτιμῶν, οἳ τὴν μὲν ἀδικίαν κερδαλέαν ἡγοῦνται καὶ πρὸς τὸν βίον τὸν καθ' ἡμέραν συμφέρουσαν, τὴν δὲ δικαιοσύνην ἀλυσιτελῆ καὶ μᾶλλον ἑτέροις ἢ τοῖς ἔχουσιν ὠφέλιμον. τούτων γὰρ οὐκ οἶδ' εἴ τις ἂν ἢ βελτίους ἢ ἀληθεστέρους ἢ μᾶλλον πρέποντας φιλοσοφίᾳ δύναιτο λόγους εἰπεῖν.

ι'. Τίς δὲ τὸν Ἀρεοπαγιτικὸν ἀναγνοὺς λόγον οὐκ ἂν γένοιτο κοσμιώτερος; ἢ τίς οὐκ ἂν θαυμάσειε τὴν ἐπιβολὴν τοῦ ῥήτορος, ὃς ἐτόλμησε διαλεχθῆναι περὶ πολιτείας Ἀθηναίοις, ἀξιῶν μεταθέσθαι μὲν τὴν τότε καθεστῶσαν δημοκρατίαν ὡς μεγάλα βλάπτουσαν τὴν πόλιν, ὑπὲρ ἧς τῶν δημαγωγῶν οὐδεὶς ἐπεχείρει λέγειν, θεωρῶν εἰς τοσαύτην αὐτὴν προεληλυθυῖαν ἀκοσμίαν ὥςτε μηδὲ τοὺς ἄρχοντας ἔτι τῶν ἰδιωτῶν κρατεῖν, ἀλλ' ἕκαστον ὅ τι καθ' ἡδονὴν αὐτῷ γίνοιτο καὶ ποιοῦντα καὶ λέγοντα καὶ τὴν ἄκαιρον παῤῥησίαν δημοτικὴν ἐξουσίαν ὑπὸ πάντων νομιζομένην· ἀνασώσασθαι δὲ τὴν ὑπὸ Σόλωνός τε καὶ Κλεισθένους κατασταθεῖσαν πολιτείαν. ἧς τὴν προαίρεσιν καὶ τὰ ἤθη διεξιών, δεινότερον μὲν ἡγεῖσθαι φησὶ τοὺς τότ' ἀνθρώπους τὸ τοῖς πρεσβυτέροις ἀντειπεῖν ἢ τὴν τάξιν λύειν· δημοκρατίαν δ' αὐτοὺς νομίζειν οὐ τὴν ἀκολασίαν, ἀλλὰ τὴν σωφροσύνην· τὸ δ' ἐλεύθερον οὐκ ἐν τῷ καταφρονεῖν τῶν ἀρχόντων, ἀλλ' ἐν τῷ τὰ κελευόμενα ποιεῖν τίθεσθαι, ἐξουσίαν τ' οὐθενὶ τῶν ἀκολάστων ἐπιτρέπειν, ἀλλὰ τοῖς βελτίστοις ἀνατιθέναι τὰς ἀρχάς, τοιούτους ἔσεσθαι τοὺς ἄλλους ὑπολαμβάνοντας οἷοίπερ ἂν ὦσιν οἱ τὴν πόλιν διοικοῦντες· ἀντὶ δὲ τοῦ τὰς ἰδίας οὐσίας ἐκ τῶν δημοσίων ἐπανορθοῦν, τοὺς ἰδίους πλούτους εἰς τὰ κοινὰ καταχορηγεῖν· χωρὶς δὲ τούτων πλείω τὴν ἐπιμέλειαν ποιεῖσθαι τοὺς πατέρας τῶν υἱῶν ἀνδρῶν γενομένων ἢ παίδων ὄντων ἐποιοῦντο, ἐνθυμουμένους ὡς

Ἐπιβολὴν] I. e. inquit Wolfius, ἔννοιαν, ἐγχείρησιν, *cogitationem*, *conatum*, seu *institutum*. IDEM.

Λύειν] F. leg. λιπεῖν. IDEM.

Καταχορηγήσειν] Καταχορηγῆσαι corrigebat Wolfius, καταχορηγεῖν Coraes, cui obsecundamus.

οὐκ ἐξ ἐκείνης τῆς παιδείας ἀλλ' ἐκ ταύτης τῆς σωφροσύνης μᾶλλον ὠφελεῖται τὸ κοινὸν, κρείττονά θ' ὑπολαμβάνειν τὰ χρηστὰ ἐπιτηδεύματα τῆς ἀκριβοῦς νομοθεσίας, σκοποῦντας οὐχ ὅπως ταῖς τιμωρίαις τοὺς ἁμαρτάνοντας ἀνείρξουσιν, ἀλλ' ὡς μηδὲν ἄξιον ζημίας ἕκαστον ἐπιτηδεύειν, καὶ τὴν μὲν πατρίδα δεῖν οἰομένους ἐν ἐξουσίᾳ διάγειν μεγάλῃ, τοῖς δ' ἰδιώταις μηδὲν ἐξεῖναι ποιεῖν ὅ τι ἂν οἱ νόμοι κωλύωσι, καρτερεῖν δὲ τὰ δεινὰ καὶ μὴ ἐκπλήττεσθαι ταῖς συμφοραῖς.

ια'. Τίς δ' ἂν μᾶλλον πείσειε καὶ πόλιν καὶ ἄνδρας τοῦ ῥήτορος, πολλαχῇ μὲν καὶ ἄλλῃ, μάλιστα δ' ἐν τῷ πρὸς Λακεδαιμονίους γραφέντι λόγῳ, ὃς ἐπιγράφεται μὲν Ἀρχίδαμος, ὑπόθεσιν δὲ περιείληφε τὴν περὶ τοῦ μὴ προέσθαι Μεσσήνην Βοιωτοῖς, μηδὲ ποιεῖν τὸ προσταττόμενον ὑπὸ τῶν ἐχθρῶν; ἠτύχητο γὰρ δὴ τοῖς Λακεδαιμονίοις ἥ τε περὶ Λεῦκτρα μάχη, καὶ πολλαὶ μετ' ἐκείνην ἕτεραι, καὶ τὰ μὲν Θηβαίων πράγματα ἤνθει τε καὶ εἰς μέγεθος ἀρχῆς προεληλύθει, τὰ δὲ τῆς Σπάρτης ταπεινὰ καὶ ἀνάξια τῆς ἀρχαίας ἡγεμονίας ἐγεγόνει. τελευτῶσα γοῦν, ἵνα τύχῃ τῆς εἰρήνης ἡ πόλις, ἐβουλεύετο εἰ χρὴ Μεσσηνίας ἀποστῆναι, ταύτην ἐπιτιθέντων αὐτῇ Βοιωτῶν τὴν ἀνάγκην. ὁρῶν οὖν αὐτὴν ἀνάξια πράττειν μέλλουσαν τῶν προγόνων, τόνδε τὸν λόγον συνετάξατο Ἀρχιδάμῳ, νέῳ μὲν ὄντι καὶ οὔπω βασιλεύοντι, ἐλπίδας δὲ πολλὰς ἔχοντι ταύτης τεύξεσθαι τῆς τιμῆς· ἐν ᾧ διεξέρχεται, πρῶτον μὲν ὡς δικαίως ἐκτήσαντο Μεσσήνην Λακεδαιμόνιοι, παραδόντων τ' αὐτὴν τῶν Κρεσφόντου παίδων, ὅτε ἐξέπεσον ἐκ τῆς ἀρχῆς, καὶ τοῦ θεοῦ προστάξαντος δέξασθαι καὶ τιμωρεῖν τοῖς ἀδικουμένοις, πρὸς δὲ τούτοις ἐπικυρώσαντος μὲν τὴν κτῆσιν τοῦ πολέμου, κάτοχον δὲ καὶ βέβαιον πεποιηκότος τοῦ χρόνου. διδάσκει δ' ὡς οὐ Μεσσηνίοις τοῖς οὐκέτ' οὖσιν, ἀλλὰ δούλοις καὶ εἵλωσιν, ὁρμητήριον καὶ καταφυγὴν παρέξουσι τὴν πόλιν, διεξέρχεταί τε τοὺς κινδύνους τῶν προγόνων οὓς ὑπέμειναν ἕνεκα τῆς ἡγεμονίας, καὶ τῆς δόξης ὑπομιμνήσκει τῆς παρὰ τοῖς Ἕλλησιν ὑπαρχούσης περὶ αὐτῶν, παραινεῖ τε μὴ συγκαταπίπτειν ταῖς τύχαις μηδ' ἀπογινώσκειν τὰς μεταβολὰς, ἐνθυμουμένους ὅτι πολλοὶ μὲν ἤδη μείζω δύναμιν ἔχοντες ἢ Θηβαῖοι ὑπὸ τῶν ἀσθενεστέρων ἐκρατήθησαν, πολλοὶ δ' εἰς πολιορκίαν κατακλεισθέντες καὶ δεινότερα ἢ Λακεδαιμόνιοι πάσχοντες διέφθειραν τοὺς ἐπιστρατεύσαντας. καὶ παράδειγμα ποιεῖται τὴν Ἀθηναίων πόλιν, ἥτις ἐκ πολλῆς εὐδαιμονίας ἀνάστατος γενομένη τοὺς ἐσχάτους ὑπέστη κινδύνους, ἵνα μὴ τοῖς βαρβάροις ποιῇ τὸ προσταττόμενον. παρακελεύεται δὲ καὶ καρτερεῖν ἐπὶ τοῖς παροῦσι καὶ θαρρεῖν περὶ τῶν μελλόντων, ἐπισταμένους ὅτι τὰς τοιαύτας συμφορὰς αἱ πόλεις ἐπανορθοῦνται πολιτείᾳ χρηστῇ καὶ πολέμων ἐμπειρίαις, ἐν οἷς προεῖχεν ἡ Σπάρτη τῶν ἄλλων πόλεων. οἴεται δὲ δεῖν οὐ τοὺς κακῶς πράττοντας εἰρήνης ἐπιθυμεῖν, οἷς ἐκ τῆς καινουργίας ἐπὶ τὸ κρεῖττον μεταβάλλειν τὰ πράγματα ἐλπὶς,

Ἕκαστον ἐπιτηδεύειν] Velim legi: ἕκαστος ἐπιτηδεύσῃ. Auger.

Συνετάξατο] Νp. ὁ Ἰσοκράτης. Idem.
Πάσχοντες] F. παθόντες. Sylburg.

ἀλλὰ τοὺς εὐτυχοῦντας· ἐν γὰρ τῷ ἀκινδύνῳ τὴν τῶν παρόντων ἀγαθῶν εἶναι φυλακήν. πολλὰ δὲ καὶ ἄλλα πρὸς τούτοις διεξελθὼν, ὅσα καὶ κοινῇ καὶ ἰδίᾳ τοῖς ἐπιφανεστάτοις αὐτῶν ἐπράχθη κατὰ τοὺς πολέμους λαμπρὰ ἔργα, καὶ ὅσης αἰσχύνης ἄξια δράσουσι, καὶ ὡς διαβληθήσονται παρὰ τοῖς Ἕλλησιν ἐπιλογισάμενος, καὶ ὅτι πάντοθεν αὐτοῖς ἐπικουρία τις ἔσται τὸν ἀγῶνα ποιουμένοις καὶ παρὰ θεῶν καὶ παρὰ συμμάχων καὶ παρὰ πάντων ἀνθρώπων, οἷς ἐπίφθονος ἡ Θηβαίων δύναμις αὐξομένη, καὶ τὴν κατέχουσαν ἀκοσμίαν καὶ ταραχὴν τὰς πόλεις, ἐπιτροπευόντων τῆς Ἑλλάδος Βοιωτῶν, ἐπιδειξάμενος· τελευτῶν, εἰ καὶ μηθὲν τούτων μέλλοι γίνεσθαι μηδ' ὑπολείποιτό τις ἄλλη σωτηρίας ἐλπὶς, ἐκλιπεῖν κελεύει τὴν πόλιν, διδάσκων αὐτοὺς, ὡς χρὴ παῖδας μὲν καὶ γυναῖκας καὶ τὸν ἄλλον ὄχλον εἴς τε Σικελίαν ἐκπέμψαι καὶ Ἰταλίαν καὶ τἄλλα χωρία τὰ φίλια, αὐτοὺς δὲ καταλαβομένους τόπον, ὅστις ἂν ὀχυρώτατος ᾖ καὶ πρὸς τὸν πολέμον ἐπιτηδειότατος, ἄγειν καὶ φέρειν τοὺς πολεμίους καὶ κατὰ γῆν καὶ κατὰ θάλατταν· οὐδεμίαν γὰρ ἀξιώσειν δύναμιν ὁμόσε χωρεῖν ἀνδράσι κρατίστοις μὲν τὰ πολέμια τῶν Ἑλλήνων, ἀπονενοημένως δὲ πρὸς τὸ ζῆν διακειμένοις, δικαίαν δ' ὀργὴν καὶ πρόφασιν εὐπρεπῆ τῆς ἀνάγκης ἔχουσι. ταῦτα γὰρ οὐ Λακεδαιμονίοις μόνοις συμβουλεύειν φαίην ἂν αὐτὸν ἔγωγε, ἀλλὰ καὶ τοῖς ἄλλοις Ἕλλησι καὶ πᾶσιν ἀνθρώποις, πολλῷ κρεῖττον ἁπάντων φιλοσόφων, οἳ τέλος ποιοῦνται τοῦ βίου τὴν ἀρετὴν καὶ τὸ καλόν.

ιβ'. Ἔχων δὲ πολλοὺς αὐτοῦ καὶ ἄλλους διεξιέναι λόγους, πρὸς πόλεις τε καὶ δυνάστας καὶ ἰδιώτας γραφέντας, ὧν οἱ μὲν εἰς τὴν τοῦ βίου σωφροσύνην τὰ πλήθη παρακαλοῦσιν, οἱ δ' εἰς μετριότητα καὶ νόμιμον ἀρχὴν τοὺς δυνάστας προάγουσιν, οἱ δὲ κοσμίους τῶν ἰδιωτῶν ἀπεργάζονται τοὺς βίους, ἃ δεῖ πράττειν ἕκαστον ὑποτιθέμενοι, δεδοικὼς μὴ πέρα τοῦ δέοντος ὁ λόγος ἐκμηκυνθῇ μοι, ταῦτα μὲν ἐάσω· τοῦ δ' εὐπαρακολούθητα γενέσθαι μοι μᾶλλον τὰ πρόσθεν εἰρημένα, καὶ τῆς διαφορᾶς ἕνεκα ᾗ διαλλάττει Λυσίου, τὰς ἀρετὰς αὐτῶν εἰς βραχύτερον συναγαγὼν λόγον ἐπὶ τὰ παραδείγματα μεταβήσομαι.

ιγ'. Πρώτην μὲν τοίνυν ἔφην ἀρετὴν εἶναι λόγων τὴν καθαρὰν ἑρμηνείαν· ἐν ᾗ διαλλαγὴν οὐδεμίαν εὕρισκον παρ' οὐδετέρῳ. ἔπειτα τὴν ἀκρίβειαν τῆς διαλέκτου τῆς τότε συνήθους· καὶ ταύτην ἑώρων ὁμοίαν παρ' ἀμφοτέροις. μετὰ ταῦτ' ἐπελογιζόμην, ὅτι τοῖς κυρίοις καὶ συνήθεσι καὶ κοινοῖς ὀνόμασιν ἀμφότεροι κέχρηνται· ἡ δ' Ἰσοκράτους λέξις, προσλαβοῦσά τι τῆς τροπικῆς κατασκευῆς, μέχρι τοῦ μὴ λυπῆσαι προῆλθε. τῆς δὲ σαφηνείας καὶ τῆς ἐναργείας ἀμφοτέρους κρατεῖν ἀπεφηνάμην. ἐν δὲ τῷ συντόμως ἐκφέρειν τὰ νοήματα Λυσίαν μᾶλλον ἡγούμην ἐπιτυγχάνειν. περὶ τὰς αὐξήσεις Ἰσοκράτην κατορθοῦν ἄμεινον ἐδόκουν. ἐν τῷ συστρέφειν τὰ νοήματα καὶ στρογγύλως ἐκφέρειν, ὡς πρὸς ἀλη-

' Διαλλάττει] Scil. ὁ Ἰσοκράτης. Sic phrasim intellige: *et discriminis causa quo Isocrates a Lysia differt.* AUGER.

Μέχρι τοῦ μὴ λυπῆσαι] Non absque ratione velit Sylburgius μὴ mutari in καὶ, sic enim Dionysius cum veritate simul et secum melius consentiret. IDEM. Ἀπιθάνως. COR.

θινοὺς ἀγῶνας ἐπιτήδειον, Λυσίαν ἀπεδεχόμην. ἐν ταῖς ἠθοποιΐαις ἀμφοτέρους εὕρισκον δεξιούς· τῆς δὲ χάριτος καὶ τῆς ἡδονῆς ἀναμφιλόγως ἀπεδίδουν τὰ πρωτεῖα Λυσίᾳ. τὸ μεγαλοπρεπὲς ἡρῷον παρ' Ἰσοκράτει· τοῦ πιθανοῦ καὶ πρέποντος οὐδέτερον ἐδόκουν ἀπολείπεσθαι. ἐν τῇ συνθέσει τῶν ὀνομάτων Λυσίαν μὲν ἀφελέστερον ἔκυικον, Ἰσοκράτην δὲ περιεργότερον· καὶ τὸν μὲν τῆς ἀληθείας πιθανότερον εἰκαστὴν, τὸν δὲ τῆς κατασκευῆς ἀθλητὴν ἰσχυρότερον. ταῦτ' ἔφην περὶ τῆς λέξεως τῆς ἑκατέρου.

ιδ'. Τῶν δὲ πραγμάτων ποιούμενος ἐξέτασιν, τὴν μὲν εὕρεσιν θαυμαστὴν παρ' ἀμφοῖν κατελαβόμην, καὶ ἔτι τὴν κρίσιν· τῇ δὲ τάξει τῶν ἐνθυμημάτων καὶ τοῖς μερισμοῖς τῶν ἐπιχειρημάτων καὶ τῇ καθ' ἕκαστον εἶδος ἐξεργασίᾳ, τοῖς τ' ἄλλοις ἅπασι τοῖς ἐν τῷ πραγματικῷ τόπῳ θεωρήμασι, παρὰ πολὺ προτερεῖν ἡγούμην Ἰσοκράτην Λυσίου· κατὰ δὲ τὴν λαμπρότητα τῶν ὑποθέσεων καὶ τὸ φιλόσοφον τῆς προαιρέσεως πλεῖον διαφέρειν ἢ παιδὸς ἄνδρα, ὡς ὁ Πλάτων εἴρηκεν· εἰ δὲ χρὴ τἀληθὲς εἰπεῖν, καὶ τῶν ἄλλων ἁπάντων ῥητόρων, ὅσοι φιλοσόφως τοῦ μαθήματος τούτου προέστησαν. τῆς μέντοι ἀγωγῆς τῶν περιόδων τὸ κύκλιον καὶ τῶν σχηματισμῶν τῆς λέξεως τὸ μειρακιῶδες οὐκ ἐδοκίμαζον· δουλεύει γὰρ ἡ διάνοια πολλάκις τῷ ῥυθμῷ τῆς λέξεως καὶ τοῦ κομψοῦ λείπεται τὸ ἀληθινόν. κράτιστον δ' ἐπιτήδευμα ἐν διαλέκτῳ πολιτικῇ καὶ ἐναγωνίῳ τὸ ὁμοιότατον τῷ κατὰ φύσιν· βούλεται δ' ἡ φύσις τοῖς νοήμασιν ἕπεσθαι τὴν λέξιν, οὐ τῇ λέξει τὰ νοήματα. συμβούλῳ δὲ δὴ περὶ πολέμου καὶ εἰρήνης λέγοντι, καὶ ἰδιώτῃ τὸν περὶ ψυχῆς τρέχοντι κίνδυνον ἐν δικασταῖς, τὰ κομψὰ καὶ θεατρικὰ καὶ μειρακιώδη ταῦτα, οὐκ οἶδα ἥν τινα δύναιτ' ἂν παρασχεῖν ὠφέλειαν· μᾶλλον δ' οἶδα ὅτι καὶ βλάβης ἂν αἴτια γένοιτο. χαριεντισμὸς γὰρ πᾶς ἐν σπουδῇ καὶ καλῶς γινόμενος, ἄωρον πρᾶγμα καὶ πολεμιώτατον ἐλέῳ.

ιε'. Οὗτος δ' οὐκ ἐμὸς ὁ λόγος πρώτου μὰ Δία· ἐπεὶ πολλοὶ καὶ τῶν παλαιῶν ταύτην εἶχον ὑπὲρ αὐτοῦ τὴν δόξαν. Φιλόνικος μὲν γὰρ ὁ διαλεκτικὸς, τὴν ἄλλην κατασκευὴν τῆς λέξεως ἐπαινῶν τἀνδρὸς, μέμφεται τῆς καινότητος ταύτης καὶ τοῦ φορτικοῦ, ἐοικέναι τέ φησιν αὐτὸν ζωγράφῳ ταῖς αὐταῖς ἐσθήσεσι καὶ τοῖς αὐτοῖς σχήμασι πάσας ἐπικοσμοῦντι τὰς γραφάς. ἅπαντας γοῦν [φησὶν] εὕρισκον τοὺς λόγους αὐτοῦ τοῖς αὐτοῖς τρόποις τῆς λέξεως κεχρημένους, ὥστ' ἐν πολλοῖς τεχνικῶς τὰ καθ' ἕκαστα ἐξεργαζόμενον τοῖς ὅλοις ἀπρεπῆ παντελῶς φαίνεσθαι διὰ τὸ μὴ προσηκόντως τοῖς ὑποκειμένοις τῶν ἠθῶν φράζειν. Ἱερώνυμος δ' ὁ φιλόσοφος φησὶν, ἀναγνῶναι μὲν ἄν τινα δυνηθῆναι τοὺς λόγους αὐτοῦ καλῶς, δημηγορῆσαι δὲ τήν τε φωνὴν καὶ τὸν τόνον ἐπάραντα, καὶ ἐν ταύτῃ τῇ κατασκευῇ μετὰ τῆς ἁρμοττούσης ὑποκρίσεως εἰπεῖν οὐ παντελῶς· τὸ γὰρ μέγιστον καὶ κινητικώτατον τῶν ὄχλων παραιτεῖσθαι, τὸ παθητικὸν καὶ ἔμψυχον, δουλεύειν γὰρ αὐτὸν τῇ λειότητι διὰ παντός· τὸ δὲ κεκραμένον καὶ παν-

Ὁ Πλάτων εἴρηκεν] In Phædr. §. 146.

Καὶ καλῶς] F. leg. καὶ κακοῖς. Casaub.

Καινότητος] F. leg. κενότητος. Sylburg.

Κεχρημένους] F. leg. κεχρωσμένους. Wolf.

τοδαπὸν ἐπιτάσει τε καὶ ἀνέσει καὶ τὸ ταῖς παθητικαῖς ἀποθέσεσι διειλημμένον ὑπερβεβηκέναι. καθόλου δέ φησιν αὐτὸν εἰς ἀναγνώστου παιδὸς φωνὴν καταδύντα μήτε τόνον μήτε πάθος μήθ' ὑπόκρισιν δύνασθαι φέρειν. πολλοῖς δὲ καὶ ἄλλοις ταῦτα καὶ παραπλήσια τούτοις εἴρηται· περὶ ὧν οὐδὲν δέομαι γράφειν· ἐξ αὐτῆς γὰρ ἔσται τῆς Ἰσοκράτους λέξεως τεθείσης καταφανὴς ὅ τε τῶν περιόδων ῥυθμὸς, ἐκ παντὸς διώκων τὸ γλαφυρὸν, καὶ τῶν σχημάτων τὸ μειρακιῶδες περὶ τὰς ἀντιθέσεις καὶ παρισώσεις καὶ παρομοιώσεις κατατριβόμενον. καὶ οὐ τὸ γένος μέμφομαι τῶν σχημάτων· πολλοὶ γὰρ αὐτοῖς ἐχρήσαντο καὶ συγγραφεῖς καὶ ῥήτορες, ἀνθίσαι βουλόμενοι τὴν λέξιν· ἀλλὰ τὸν πλεονασμόν. τὸ γὰρ μὴ ἐν καιρῷ γίνεσθαι μηδ' ἐν ὥρᾳ προσίστασθαι φημὶ ταῖς ἀκοαῖς.

ιϛʹ. Ἐν γοῦν τῷ Πανηγυρικῷ, τῷ περιβοήτῳ λόγῳ, πολύς ἐστιν ἐν τοῖς τοιούτοις· πλείστων μὲν οὖν ἀγαθῶν αἰτίους, καὶ μεγίστων ἐπαίνων ἀξίους ἡγοῦμαι· ἐνταῦθα γὰρ οὐ μόνον τῷ κώλῳ τὸ κῶλον ἴσον, ἀλλὰ καὶ τὰ ὀνόματα τοῖς ὀνόμασι, τῷ μὲν πλείστων τὸ μεγίστων, τῷ δ' ἀγαθῶν τὸ ἐπαίνων, τῷ δ' αἰτίους τὸ ἀξίους· καὶ αὖθις· οὐδὲ ἀπέλαυον μὲν ὡς ἰδίων, ἠμέλουν δὲ ὡς ἀλλοτρίων· τό τε γὰρ κῶλον τὸ δεύτερον τῷ κώλῳ τῷ πρὸ αὐτοῦ πάρισον, καὶ τῶν ὀνομάτων, τῷ μὲν ἀπέλαυον τὸ ἠμέλουν ἀντίθετον, τῷ δ' ἰδίων τὸ ἀλλοτρίων· οἷς ἐπιτίθησιν· ἀλλ' ἐκήδοντο μὲν ὡς οἰκείων, ἀπείχοντο δ' ὥσπερ χρὴ τῶν μηδὲν προσηκόντων· ἀντίκειται γὰρ δὴ πάλιν κἀνταῦθα, τῷ μὲν ἐκήδοντο τὸ ἀπείχοντο, τῷ δ' οἰκείων τὸ μηδὲν προσηκόντων. καὶ οὔπω ταῦτα ἱκανὰ, ἀλλ' ἐν τῇ μετὰ ταῦτα περιόδῳ πάλιν ἀντιστρέφει τῷ μὲν αὐτός τε μέλλοι μάλιστα εὐδοκιμήσειν, τὸ ἐπιφερόμενον καὶ τοῖς παισὶ μεγάλην δόξαν καταλείψειν, τῷ δ' οὐδὲ τὰς θρασύτητας τὰς ἀλλήλων ἐζήλουν, τὸ συναπτόμενον αὐτῷ οὐδὲ τὰς τόλμας τὰς καθ' ἑαυτῶν ἤσκουν. καὶ οὐδὲ μικρὸν διαλιπὼν ἐπιφέρει τούτοις· ἀλλὰ δεινότερον μὲν ἐνόμιζον εἶναι κακῶς ὑπὸ τῶν πολιτῶν ἀκούειν ἢ καλῶς ὑπὲρ τῆς πατρίδος ἀποθνήσκειν. οὐκοῦν καὶ δεύτερον τῷ μὲν καλῶς τὸ κακῶς ἀντίστροφον, τῷ δ' ἀκούειν τὸ ἀποθνήσκειν πάρισον. εἰ μέτριος ἦν, μέχρι δεῦρο ἀνεκτός· ἀλλ' οὐκ ἀνήσει. πάλιν γοῦν ἐν τῇ μετ' αὐτὴν περιόδῳ τίθησιν· ὅτι τοῖς ἀγαθοῖς τῶν ἀνθρώπων οὐδὲν δεήσει πολλῶν γραμμάτων, ἀλλ' ἀπ' ὀλίγων συνθημάτων καὶ περὶ τῶν κοινῶν καὶ περὶ τῶν ἰδίων ὁμονοήσουσιν· οὐκοῦν τὸ γραμμάτων καὶ συνθημάτων πάρισον, καὶ τὸ πολλῶν καὶ ὀλίγων, καὶ κοινῶν καὶ ἰδίων ἀντίθετα. ἔπειθ' ὥσπερ οὐδὲν εἰρηκὼς τοιοῦτον, ἀθρόαις ἐπικλύσει ταῖς παρισώσεσιν, εἰσφέρων αὐτίκα· τὰ τῶν ἄλλων διῴκουν θεραπεύοντες, ἀλλ' οὐχ ὑβρίζοντες τοὺς Ἕλλη-

Ταῦτα] Ἴσως· ταὐτά. Cor. Εἰ μέτριος] Ἴσως· καὶ εἰ μέτριος. Cor.

νας, καὶ στρατηγεῖν οἰόμενοι δεῖν, ἀλλὰ μὴ τυραννεῖν αὐτῶν· καὶ μᾶλλον ἐπιθυμοῦντες ἡγεμόνες ἢ δεσπόται προσαγορεύεσθαι· καὶ σωτῆρες, ἀλλὰ μὴ λυμεῶνες ἀποκαλεῖσθαι· τῷ ποιεῖν εὖ προσαγόμενοι τὰς πόλεις, ἀλλ' οὐ βίᾳ καταστρεφόμενοι· πιστοτέροις μὲν τοῖς λόγοις ἢ νῦν τοῖς ὅρκοις χρώμενοι, ταῖς δὲ συνθήκαις ὥςπερ ἀνάγκαις ἐμμένειν ἀξιοῦντες. καὶ τί δεῖ τὰ καθ' ἕκαστα διεξιόντα μηκύνειν; ὀλίγου γὰρ ἅπας ὁ λόγος ὑπὸ τῶν τοιούτων αὐτῷ κεκόμψευται σχημάτων· οἱ μέντοι γε ἐπὶ τελευτῇ τοῦ βίου γραφέντες λόγοι ἧττον εἰσὶ μειρακιώδεις, ὡς ἂν οἶμαι, τελείαν ἀπειληφότες τὴν φρόνησιν παρὰ τοῦ χρόνου· καὶ περὶ μὲν τούτων ἱκανὰ ταῦτα.

ιζ'. Ὥρα δ' ἂν εἴη καὶ τῶν παραδειγμάτων ἅψασθαι καὶ δεῖξαι τίς ἐστι τούτοις ἡ τοῦ ῥήτορος ἰσχύς. ἅπαντα μὲν οὖν τὰ γένη τῶν προβλημάτων καὶ πάσας τὰς ἰδέας τῶν λόγων ἀμήχανον ἐν ὀλίγῳ δηλῶσαι· ἀρκεῖ δὲ μία τε δημηγορία παραληφθεῖσα, καὶ λόγος εἷς ἐκ τῶν δικανικῶν. ὁ μὲν οὖν συμβουλευτικὸς λόγος ἐστὶν, ἐν ᾧ παρακαλεῖ τοὺς Ἀθηναίους διαλύσασθαι μὲν τὸν συμμαχικὸν κληθέντα πόλεμον, ὃν ἐπολέμουν πρὸς αὐτοὺς Χῖοί τε καὶ Ῥόδιοι καὶ οἱ τούτων σύμμαχοι· παύσασθαι δὲ πλεονεκτοῦντας καὶ τῆς κατὰ γῆν καὶ κατὰ θάλατταν ἐπιθυμοῦντας ἀρχῆς, διδάσκων ὡς ἔστιν οὐ μόνον κρείττων ἡ δικαιοσύνη τῆς ἀδικίας, ἀλλὰ καὶ ὠφελιμωτέρα. τὸ μὲν οὖν ὕπτιον καὶ ἀναβεβλημένον τῆς ἀγωγῆς καὶ τῶν περιόδων ὁ χαριεντισμὸς ἔνεστι κἀν τούτοις· τὰ δὲ θεατρικὰ τῶν σχημάτων τεταμιευμένως παρείληπται. ταῦτα μὲν δὴ παρορᾷν δεῖ τοὺς ἀναγινώσκοντας καὶ μὴ ἄξια ἡγεῖσθαι σπουδῆς, ὥςπερ κατ' ἀρχὰς ἔφην· τοῖς δ' ἄλλοις πάνυ προσέχειν τὸν νοῦν. ἄρχεται δ' ὁ λόγος ἐνθένδε. Ἅπαντες μὲν εἰώθασιν οἱ παριόντες ἐνθάδε ταῦτα μέγιστα φάσκειν εἶναι καὶ μάλιστα σπουδῆς ἄξια τῇ πόλει, περὶ ὧν αὐτοὶ μέλλουσι συμβουλεύειν· οὐ μὴν ἀλλ' εἰ καὶ περὶ ἄλλων τινῶν πραγμάτων ἥρμοζε τοιαῦτα προειπεῖν, δοκεῖ μοι πρέπειν καὶ περὶ τῶν νυνὶ παρόντων ἐντεῦθεν ποιήσασθαι τὴν ἀρχήν. ἥκομεν γὰρ ἐκκλησιάσοντες περί τε πολέμου καὶ εἰρήνης, ἃ μεγίστην ἔχει δύναμιν ἐν τῷ βίῳ τῷ τῶν ἀνθρώπων, καὶ περὶ ὧν ἀνάγκη τοὺς ὀρθῶς βουλευσαμένους ἄμεινον τῶν ἄλλων πράττειν. τὸ μὲν οὖν μέγεθος ὑπὲρ ὧν συνεληλύθαμεν τηλικοῦτόν ἐστιν. ὁρῶ δ' ὑμᾶς οὐκ ἐξ ἴσου τῶν λεγόντων τὴν ἀκρόασιν ποιουμένους, ἀλλὰ τοῖς μὲν προσέχοντας τὸν νοῦν, τῶν δ' οὐδὲ τῆς φωνῆς ἀνεχομένους. καὶ θαυμαστὸν οὐδὲν ποιεῖτε· καὶ γὰρ τὸν

Ἀπειληφότες] Διορθ., τινὲς, ἀπειληφότος. Idem.

Τίς ἐστι τούτοις] F. τίς ἐστιν ἐν τούτοις, ἢ τούτοις τίς ἐστιν. Wolf. Malim τούτοις τίς ἐστιν. Augfr.

Εἷς ἐκ] F. εἷς τῶν ἐκ. Idem.

Συμβουλευτικὸς] Orationem Περὶ Εἰρήνης ἢ συμμαχικὸς intellige.

ἄλλον χρόνον εἰώθατε τοὺς ἄλλους ἅπαντας ἐκβάλλειν, πλὴν τοὺς συναγορεύοντας ταῖς ὑμετέραις ἐπιθυμίαις. ὃ καὶ δικαίως ἄν τις ὑμῖν ἐπιτιμήσειεν, ὅτι, συνειδότες πολλοὺς καὶ μεγάλους οἴκους ὑπὸ τῶν κολακευόντων ἀναστάτους γεγενημένους, καὶ μισοῦντες ἐπὶ τῶν ἰδίων τοὺς ταύτην ἔχοντας τὴν τέχνην, ἐπὶ τῶν κοινῶν οὐχ ὁμοίως διάκεισθε πρὸς αὐτούς· ἀλλά, κατηγοροῦντες τῶν προσιεμένων καὶ χαιρόντων τοῖς τοιούτοις, αὐτοὶ μᾶλλον φαίνεσθε τούτοις πιστεύοντες ἢ τοῖς ἄλλοις πολίταις. καὶ γάρ τοι πεποιήκατε τοὺς ῥήτορας μελετᾶν καὶ φιλοσοφεῖν οὐ τὰ μέλλοντα τῇ πόλει συνοίσειν, ἀλλ' ὅπως ἀρέσκοντας ὑμῖν λόγους ἐροῦσιν, ἐφ' οὓς καὶ νῦν τὸ πλῆθος αὐτῶν συνερρύηκεν. ἅπασι γὰρ ἦν φανερόν, ὅτι μᾶλλον ἥδεσθε τοῖς παρακαλοῦσιν ὑμᾶς ἐπὶ τὸν πόλεμον ἢ τοῖς περὶ τῆς εἰρήνης συμβουλεύουσιν. οἱ μὲν γὰρ προσδοκίαν ἐμποιοῦσιν, ὡς τὰς κτήσεις τὰς ἐν ταῖς πόλεσι κομιούμεθα καὶ τὴν δύναμιν ἀναληψόμεθα πάλιν, ἣν πρότερον ἐτυγχάνομεν ἔχοντες· οἱ δ' οὐδὲν τοιοῦτον ὑποτείνουσιν, ἀλλ' ὡς ἡσυχίαν ἔχειν δεῖ· καὶ μὴ μεγάλων ἐπιθυμεῖν παρὰ τὸ δίκαιον, ἀλλὰ στέργειν τὸ ἴσον, ὃ χαλεπώτατον πάντων τοῖς πλείστοις τῶν ἀνθρώπων ἐστίν. οὕτω γὰρ ἐξηρτήμεθα τῶν ἐλπίδων καὶ πρὸς τὰς δοκούσας εἶναι πλεονεξίας ἀπλήστως ἔχομεν, ὥςτ' οὐδ' οἱ κεκτημένοι τοὺς μεγίστους πλούτους μένειν ἐπὶ τούτοις ἐθέλουσιν, ἀλλ' ἀεὶ τοῦ πλείονος ὀρεγόμενοι περὶ τῶν ὑπαρχόντων κινδυνεύουσι. διόπερ ἄξιόν ἐστι δεδιέναι μὴ καὶ νῦν ἡμεῖς ἔνοχοι γενώμεθα ταύταις ταῖς ἀνοίαις· λίαν γάρ τινές μοι δοκοῦσιν ὡρμῆσθαι πρὸς τὸν πόλεμον, ὥςπερ οὐ τῶν τυχόντων συμβεβουλευκότων, ἀλλὰ τῶν θεῶν ἀκηκοότες, ὅτι κατορθώσομεν ἅπαντα καὶ ῥᾳδίως κρατήσομεν τῶν ἐχθρῶν. χρὴ δὲ τοὺς νοῦν ἔχοντας περὶ μὲν ὧν ἴσασι μὴ βουλεύεσθαι — περίεργον γὰρ —, ἀλλὰ πράττειν ὡς ἐγνώκασι· περὶ ὧν δ' ἂν βουλεύωνται, μὴ νομίζειν εἰδέναι τὸ συμβησόμενον, ἀλλ' ὡς δόξῃ μὲν χρωμένους, ὅ τι δ' ἂν τύχῃ γενησόμενον, οὕτω διανοεῖσθαι περὶ αὐτῶν. ὧν ὑμεῖς οὐδέτερον τυγχάνετε ποιοῦντες, ἀλλ' ὡς οἷόν τε ταραχωδέστατα διάκεισθε· συνεληλύθατε μὲν γάρ, ὡς δέον ὑμᾶς ἐξ ἁπάντων τῶν ῥηθέντων ἐκλέξασθαι τὸ βέλτιστον· ὥςπερ δ' ἤδη σαφῶς εἰδότες ὃ πρακτέον ἐστὶν, οὐ θέλετε ἀκούειν πλὴν τῶν εἰς ἡδονὴν δημηγορούντων. καίτοι προσῆκεν ὑμᾶς, εἴπερ ἐβούλεσθε ζητεῖν τὸ τῇ πόλει συμφέρον, μᾶλλον τοῖς ἐναντιουμένοις ταῖς ὑμετέραις γνώμαις προσέχειν τὸν νοῦν ἢ τοῖς χαριζομένοις, εἰδότας ὅτι τῶν ἐνθάδε παριόντων οἱ μὲν ἃ βούλεσθε λέγοντες ῥᾳδίως ἐξαπατᾶν δύνανται· τὸ γὰρ πρὸς χάριν ῥηθὲν ἐπισκοτεῖ τῷ καθορᾶν τὸ βέλτιστον· ὑπὸ δὲ τῶν μὴ πρὸς ἡδονὴν συμβουλευόντων οὐδὲν ἂν πάθοιτε τοιοῦτον· οὐ γάρ ἐστιν ὅπως ἂν μεταπεῖσαι δυνηθεῖεν ὑμᾶς, μὴ φανερὸν τὸ συμφέρον καταστήσαντες. χωρὶς δὲ τούτων, πῶς ἂν ἄνθρωποι καλῶς δυνηθεῖεν ἢ κρῖναι περὶ τῶν γεγενημένων ἢ βουλεύσασθαι περὶ τῶν μελλόντων, εἰ μὴ τοὺς μὲν λόγους τοὺς τῶν ἐναντιουμένων παρ' ἀλλήλους ἐξετάζοιεν, αὐτοὶ δ' αὑτοὺς κοινοὺς ἀμφοτέροις ἀκροατὰς παράσχοιεν; θαυμάζω δὲ τῶν πρεσβυτέρων, εἰ μηκέτι μνημονεύουσι, καὶ τῶν νεωτέρων, εἰ μηδενὸς ἀκηκόασιν, ὅτι διὰ μὲν τοὺς παραινοῦντας ἀντέχεσθαι τῆς εἰρήνης οὐδὲν πώποτε κακὸν ἐπάθομεν· διὰ δὲ τοὺς ῥᾳδίως πολεμεῖν αἱρουμένους μεγάλαις συμφοραῖς περιεπέσομεν. ὧν ἡμεῖς οὐδεμίαν ποιούμεθα μνείαν· ἀλλ' ἑτοίμως ἔχομεν, μηδὲν εἰς τὸ πρόσθεν ἡμῖν αὐτοῖς πράττοντες, τριήρεις πληροῦν καὶ χρημάτων εἰσφορὰς ποιεῖσθαι καὶ βοηθεῖν καὶ πολεμεῖν οἷς ἂν τύχωμεν, ὥςπερ ἐν ἀλλοτρίᾳ τῇ πόλει κινδυνεύοντες. τούτων δ' αἴτιόν ἐστιν, ὅτι προσῆκον ὑμᾶς ὁμοίως ὑπὲρ τῶν κοινῶν ὥςπερ ὑπὲρ τῶν ἰδίων σπουδάζειν, οὐ τὴν αὐτὴν γνώμην ἔχετε περὶ αὐτῶν· ἀλλ', ὅταν μὲν ὑπὲρ τῶν ἰδίων βουλεύησθε, ζητεῖτε συμβούλους τοὺς ἄμεινον φρονοῦντας ὑμῶν αὐτῶν· ὅταν δ' ὑπὲρ τῆς πόλεως ἐκκλησιάζητε, τοῖς μὲν τοιούτοις ἀπιστεῖτε καὶ φθονεῖτε, τοὺς δὲ πονηροτάτους τῶν ἐπὶ τὸ βῆμα παριόντων ἐπαινεῖτε, καὶ νομίζετε δημοτικωτέρους εἶναι τοὺς μεθύοντας τῶν νηφόντων καὶ τοὺς νοῦν οὐκ ἔχοντας τῶν εὖ φρονούντων καὶ τοὺς τὰ τῆς πόλεως διανεμομένους τῶν ἐκ τῆς ἰδίας οὐσίας ὑμῖν λειτουργούντων· ὥςτ' ἄξιον θαυμάζειν εἴ τις ἐλπίζει τὴν πόλιν, τοιούτοις συμβούλοις χρωμένην, ἐπὶ τὸ βέλτιον ἐπιδώσειν. ἐγὼ δ' οἶδα μὲν ὅτι πρόσαντές ἐστιν ἐναντιοῦσθαι ταῖς ὑμετέραις διανοίαις, καὶ ὅτι δημοκρατίας οὔσης οὐκ ἔστι παῤῥησία, πλὴν ἐνθάδε μὲν τοῖς ἀφρονεστάτοις καὶ μηδὲν ὑμῶν φροντίζουσιν, ἐν δὲ τοῖς θεάτροις τοῖς κωμῳδοδιδασκάλοις· ὃ καὶ πάντων ἐστὶ δεινότατον, ὅτι τοῖς μὲν ἐκφέρουσιν εἰς τοὺς ἄλλους Ἕλληνας τὰ τῆς πόλεως ἁμαρτήματα τοσαύτην ἔχετε χάριν, ὅσην οὐδὲ τοῖς εὖ ποιοῦσι, πρὸς δὲ τοὺς ἐπιπλήττοντας καὶ νουθετοῦντας ὑμᾶς οὕτω διατίθεσθε δυσκόλως, ὥςπερ πρὸς τοὺς κακόν τι τὴν πόλιν ἐργαζομένους. ὅμως δὲ, καὶ τούτων ὑπαρχόντων, οὐκ ἂν ἀποσταίην ὧν διενοήθην· παρελήλυθα γὰρ οὐ χαριούμενος ὑμῖν οὐδὲ χειροτονίαν μνηστεύσων, ἀλλ' ἀποφανούμενος ἃ τυγχάνω γιγνώσκων· πρῶτον μὲν περὶ ὧν ὁ πρύτανις προτίθησιν, ἔπειτα καὶ περὶ τῶν ἄλλων τῶν τῆς πόλεως πραγμάτων. οὐδὲν γὰρ ὄφελος ἔσται τῶν ὑπὲρ τῆς εἰρήνης γνωσθέντων, ἂν μὴ περὶ τούτων ὀρθῶς λοιπὸν βουλευσώμεθα. φημὶ δ' οὖν χρῆναι ποιεῖσθαι τὴν εἰρήνην, μὴ μόνον πρὸς Χίους τε καὶ Ῥοδίους καὶ Βυζαντίους καὶ Κώους, ἀλλὰ πρὸς πάντας ἀνθρώπους, καὶ χρῆσθαι ταῖς συνθήκαις, μὴ ταύταις αἷς νῦν τινὲς γεγράφασιν, ἀλλὰ ταῖς γενομέναις μὲν πρὸς βασιλέα καὶ Λακεδαιμονίους, προσταττούσαις δὲ τοὺς Ἕλληνας αὐτονόμους εἶναι καὶ τὰς φρουρὰς ἐκ τῶν ἀλλοτρίων πόλεων ἐξιέναι καὶ τὴν αὐτῶν ἔχειν ἑκάστους. τούτων γὰρ οὔτε δικαιοτέρας εὑρήσομεν οὔτε μᾶλλον τῇ πόλει συμφερούσας.

ιη'. Ταῦτα προειπὼν καὶ οὕτω διαθεὶς τοὺς ἀκούοντας πρὸς τὸν μέλλοντα λόγον ἐπιτηδείως, ἐγκώμιόν τε κάλλιστον τῆς δικαιοσύνης διαθέμενος, καὶ τὰ καθεστηκότα πράγματα μεμψάμενος, ἐπιτίθησι τούτοις τὴν σύγκρισιν τῶν τότ' ἀνθρώπων πρὸς τοὺς προγόνους. Τούτου δ' ἕνεκα ταῦτα προεῖπον, ὅτι περὶ τῶν λοιπῶν οὐδὲν ὑποστειλάμενος, ἀλλὰ παντάπασιν ἀνειμένως μέλλω ποιεῖσθαι τοὺς λόγους πρὸς ὑμᾶς. τίς γὰρ, ἄλλοθεν ἐπελθὼν καὶ μήπω συνδιεφθαρμένος ἡμῖν, ἀλλ' ἐξαίφνης ἐπιστὰς τοῖς γενομένοις, οὐκ ἂν μαίνεσθαι καὶ παραφρονεῖν ἡμᾶς νομίσειεν; οἳ φιλοτιμούμεθα μὲν ἐπὶ τοῖς τῶν προγόνων ἔργοις καὶ τὴν πόλιν ἐκ τῶν τότε πραχθέντων ἐγκωμιάζειν ἀξιοῦμεν, οὐδὲν δὲ τῶν αὐτῶν ἐκείνοις πράττομεν, ἀλλὰ πᾶν τοὐναντίον. οἱ μὲν γὰρ ὑπὲρ τῶν Ἑλλήνων τοῖς βαρβάροις πολεμοῦντες διετέλεσαν· ἡμεῖς δὲ τοὺς ἐκ τῆς Ἀσίας τὸν βίον πορίζομένους ἐκεῖθεν ἀναστήσαντες ἐπὶ τοὺς Ἕλληνας ἠγάγομεν. κἀκεῖνοι μὲν ἐλευθεροῦντες τὰς πόλεις τὰς Ἑλληνίδας καὶ βοηθοῦντες αὐταῖς τῆς ἡγεμονίας ἠξιώθησαν, ἡμεῖς δὲ καταδουλούμενοι καὶ τἀναντία τοῖς τότε πράττοντες, ἀγανακτοῦμεν, εἰ μὴ τὴν αὐτὴν τιμὴν ἐκείνοις ἕξομεν· οἳ τοσοῦτον ἀπολελείμμεθα καὶ τοῖς ἔργοις καὶ ταῖς διανοίαις τῶν κατ' ἐκεῖνον τὸν χρόνον γενομένων, ὅσον οἱ μὲν ὑπὲρ τῆς τῶν Ἑλλήνων σωτηρίας κ. τ. λ. οὕτως ὀλίγον αὐτῶν φροντίζομεν — ἐν γὰρ ἀκούσαντες γνώσεσθε καὶ περὶ τῶν ἄλλων —, ὥστε θανάτου τῆς ζημίας ἐπικειμένης ἤν τις ἁλῷ δεκάζων, τοὺς τοῦτο φανερώτατα ποιοῦντας στρατηγοὺς χειροτονοῦμεν, καὶ τὸν πλείστους διαφθεῖραι δυνηθέντα τῶν πολιτῶν, τοῦτον ἐπὶ τὰ μέγιστα

Τοὺς ἐκ τῆς Ἀ. τὸν βίον πορίζομένους] Intellige Græcos mercenarios milites, qui inopia coacti in Asiam militatum ibant, et regi Persarum aut satrapis illius navabant operam. AUGER.

τῶν πραγματών καθίσταμεν· σπουδάζοντες δὲ περὶ τὴν πολειτείαν οὐχ ἧττον ἢ περὶ τὴν σωτηρίαν ὅλης τῆς πόλεως, καὶ τὴν δημοκρατίαν εἰδότες ἐν μὲν ταῖς ἡσυχίαις καὶ ταῖς ἀσφαλείαις αὐξομένην καὶ διαμένουσαν, ἐν δὲ τοῖς πολέμοις δὶς ἤδη καταλυθεῖσαν, πρὸς μὲν τοὺς τῆς εἰρήνης ἐπιθυμοῦντας, ὡς πρὸς ὀλιγαρχικοὺς ὄντας, δυσκόλως ἔχομεν· τοὺς δὲ τὸν πόλεμον ἀγαπῶντας, ὡς τῆς δημοκρατίας κηδομένους, εὔνους εἶναι νομίζομεν. ἐμπειρότατοι δὲ λόγων καὶ πραγμάτων ὄντες, οὕτως ἀλογίστως ἔχομεν, ὥςτε περὶ τῶν αὐτῶν τῆς αὐτῆς ἡμέρας οὐ ταὐτὰ γινώσκομεν· ἀλλ' ὧν πρὶν εἰς τὴν ἐκκλησίαν ἀναβῆναι κατηγοροῦμεν, ταῦτα συνελθόντες χειροτονοῦμεν· οὐ πολὺν δὲ χρόνον διαλιπόντες, τοῖς [ἐνταῦθα] ψηφισθεῖσιν, ἐπειδὰν ἀπίωμεν πάλιν, ἐπιτιμῶμεν· προσποιούμενοι δὲ σωφρονέστατοι τῶν Ἑλλήνων εἶναι, τοιούτοις χρώμεθα συμβούλοις, ὧν οὐκ ἔστιν ὅςτις οὐκ ἂν καταφρονήσειε, καὶ τοὺς αὐτοὺς τούτους κυρίους τῶν κοινῶν ἁπάντων καθίσταμεν, οἷς οὐδεὶς ἂν τῶν ἰδίων οὐδὲν ἐπιτρέψειε.

ιθ'. Τοιοῦτος μὲν δή τις ἐν τοῖς συμβουλευτικοῖς λόγοις ὁ ἀνήρ· ἐν δὲ τοῖς δικανικοῖς, τὰ μὲν ἄλλα πάνυ ἀκριβὴς καὶ ἀληθινὸς, καὶ τῷ Λυσίου χαρακτῆρι ἔγγιστα μὲν προσεληλυθὼς, ἐν δὲ τῇ συνθέσει τῶν ὀνομάτων τὸ λεῖον ἐκεῖνο καὶ εὐπρεπὲς ἔχων, ἔλαττον μὲν ἢ ἐν ἄλλοις λόγοις, οὐ μὴν ἀλλ' ἔχων γε. μηδεὶς δ' ἀγνοεῖν ὑπολάβῃ με, μηδ' ὅτι Ἀφαρεὺς, ὁ πρόγονός τε καὶ εἰσποίητος Ἰσοκράτει γενόμενος, ἐν τῷ πρὸς Μεγακλείδην περὶ τῆς ἀντιδόσεως λόγῳ, διορίζεται μηδεμίαν ὑπὸ τοῦ πατρὸς ὑπόθεσιν εἰς δικαστήριον γεγράφθαι, μηδ' ὅτι δέσμας πάνυ πολλὰς δικαστικῶν λόγων Ἰσοκρατείων περιφέρεσθαι φησὶν ὑπὸ τῶν βιβλιοπωλῶν Ἀριστοτέλης· ἐπίσταμαι γὰρ ταῦτα ὑπὸ τῶν ἀνδρῶν ἐκείνων λεγόμενα· καὶ οὔτ' Ἀριστοτέλει πείθομαι, ῥυπαίνειν τὸν ἄνδρα βουλομένῳ, οὔτ' Ἀφαρεῖ, τούτου γ' ἕνεκα λόγον εὐπρεπῆ πλαττομένῳ, συντίθεμαι· ἱκανὸν δ' ἡγησάμενος εἶναι τῆς ἀληθείας βεβαιωτὴν τὸν Ἀθηναῖον Κηφισόδωρον — ὃς καὶ συνεβίωσεν Ἰσοκράτει καὶ γνησιώτατος ἀκουστὴς ἐγένετο καὶ τὴν ἀπολογίαν τὴν πάνυ θαυμαστὴν ἐν ταῖς πρὸς Ἀριστοτέλην ἀντιγραφαῖς ἐποιήσατο —, πιστεύω γεγράφθαι λόγους τινὰς ὑπὸ τοῦ ἀνδρὸς εἰς δικαστήρια, οὐ μέντοι πολλούς. καὶ χρῶμαι παραδείγματι ἐξ αὐτῶν ἑνὶ — οὐ γὰρ ἐγχωρεῖ πλείοσι —, τῷ Τραπεζι-

Ἐν ἄλλοις] Γρ. ἐν τοῖς ἄλλοις. Cor.

Πρόγονος] *privignus*, vel quia locum filii tenet, vel quia natus est antequam ille, cujus est privignus, ipsius matrem duxerit. Auger.

Διορίζεται] Malim cum Wolfio διϊσχυρίζεται. Idem. Μηδὲν δέον. Cor.

Ἀριστοτέλην] Siculum illum Aristotelem, inquit Wolfius, male cum Stagirita confundunt Cicero, Dionysius, Athenæus et Eusebius, ut bene Ionsius in dissertatione de philosophia peripatetica observavit. Menagius ad Diog. Laert. p. 199. ed. Amst. Auger.

Πλείοσι] Np. χρῆσθαι. Idem.

τικῷ λεγομένῳ, ὃν ἔγραψε ξένῳ τινὶ τῶν μαθητῶν κατὰ Πασίωνος τοῦ Τραπεζίτου. ἔστι δὲ ὁ λόγος οὗτος. Ὁ μὲν ἀγών μοι μέγας ἐστὶν, ὦ ἄνδρες δικασταί· οὐ γὰρ μόνον περὶ πολλῶν χρημάτων κινδυνεύω, ἀλλὰ καὶ περὶ τοῦ μὴ δοκεῖν ἀδίκως τῶν ἀλλοτρίων ἐπιθυμεῖν, ὃ ἐγὼ περὶ πλείστου ποιοῦμαι. οὐσία γάρ μοι ἱκανὴ καταλειφθήσεται, καὶ τούτων στερηθέντι· εἰ δὲ δόξαιμι μηδὲν προσῆκον τοσαῦτα χρήματα ἐγκαλέσαι, διαβληθείην ἂν τὸν ἅπαντα βίον. ἔστι δ', ὦ ἄνδρες δικασταὶ, πάντων χαλεπώτατον τοιούτων ἀντιδίκων τυχεῖν. τὰ μὲν γὰρ συμβόλαια πρὸς τοὺς ἐπὶ ταῖς τραπέζαις ἄνευ μαρτύρων γίνεται· τοῖς ἀδικουμένοις δὲ πρὸς τοιούτους ἀνάγκη κινδυνεύειν, οἳ καὶ φίλους πολλοὺς κέκτηνται καὶ χρήματα πολλὰ διαχειρίζουσι καὶ πιστοὶ διὰ τὴν τέχνην δοκοῦσιν εἶναι. ὅμως δὲ, καὶ τούτων ὑπαρχόντων, ἡγοῦμαι φανερὸν πᾶσι ποιήσειν, ὅτι ἀποστεροῦμαι τοσούτων χρημάτων ὑπὸ Πασίωνος. ἐξ ἀρχῆς δ' ὑμῖν, ὅπως ἂν δύνωμαι, διηγήσομαι τὰ πεπραγμένα. ἐμοὶ γὰρ, ὦ ἄνδρες δικασταὶ, πατὴρ μέν ἐστι Σινωπεὺς, ὃν οἱ πλέοντες εἰς τὸν Πόντον ἅπαντες ἴσασιν οὕτως οἰκείως πρὸς Σάτυρον διακείμενον, ὥςτε πολλῆς μὲν χώρας ἄρχειν, ἁπάσης δὲ τῆς δυνάμεως ἐπιμελεῖσθαι τῆς ἐκείνου. πυνθανόμενος δὲ καὶ περὶ τῆςδε τῆς πόλεως καὶ περὶ τῆς ἄλλης Ἑλλάδος, ἐπεθύμησα ἀποδημῆσαι. γεμίσας δ' ὁ πατήρ μου δύο ναῦς σίτου καὶ χρήματα δοὺς ἐξέπεμψεν ἅμα κατ' ἐμπορίαν καὶ θεωρίαν. συστήσαντος δέ μοι Πυθοδώρου τοῦ Φοίνικος Πασίωνα, ἐχρώμην τῇ τούτου τραπέζῃ. χρόνῳ δ' ὕστερον διαβολῆς πρὸς Σάτυρον γενομένης, ὡς καὶ ὁ πατὴρ ὁ ἐμὸς ἐπιβουλεύοι τῇ ἀρχῇ κἀγὼ τοῖς φυγάσι συγγινοίμην, τὸν μὲν πατέρα μου συλλαμβάνει, ἐπιστέλλει δὲ τοῖς ἐνθάδε ἐπιδημοῦσιν ἐκ τοῦ Πόντου, τὰ χρήματα παρ' ἐμοῦ παραλαβεῖν καὶ αὐτὸν εἰσπλεῖν κελεύειν· ἐὰν δὲ τούτων μηδὲν ποιῶ, παρ' ὑμῶν ἐξαιτεῖν. ἐν τοσούτοις δὲ κακοῖς ὢν, ὦ ἄνδρες δικασταὶ, λέγω πρὸς Πασίωνα τὰς ἐμαυτοῦ συμφοράς· οὕτω γὰρ οἰκείως πρὸς αὐτὸν διεκείμην, ὥςτε μὴ μόνον περὶ τῶν χρημάτων, ἀλλὰ καὶ περὶ τῶν ἄλλων τούτῳ μάλιστα πιστεύειν. ἡγούμην δὲ, εἰ μὲν προείμην ἅπαντα τὰ χρήματα, κινδυνεύσειν, εἴ τι πάθοι ἐκεῖνος, στερηθεὶς καὶ τῶν ἐνθάδε καὶ τῶν ἐκεῖ, πάντων ἐνδεης γενήσεσθαι· εἰ δ' ὁμολογῶν εἶναι, ἐπιστείλαντος Σατύρου, μὴ παραδοίην, εἰς τὰς μεγίστας διαβολὰς ἐμαυτὸν καὶ τὸν πατέρα καταστήσειν πρὸς Σάτυρον. βουλευομένοις οὖν ἡμῖν ἐδόκει βέλτιστον εἶναι, τὰ μὲν φανερὰ τῶν χρημάτων παραδοῦναι, περὶ δὲ τῶν παρὰ τούτῳ κειμένων μὴ μόνον ἔξαρνον εἶναι, ἀλλὰ καὶ ὀφείλοντά με καὶ ἑτέροις ἐπὶ τόκῳ φαίνεσθαι, καὶ πάντα ποιεῖν, ἐξ ὧν ἐκεῖνοι μάλιστ' ἤμελλον πεισθήσεσθαι μὴ εἶναί μοι χρήματα. τότε μὲν οὖν, ὦ ἄνδρες δικασταί, ἐνόμιζόν μοι Πασίωνα δι' εὔνοιαν ἅπαντα ταῦτα συμβουλεύειν· ἐπειδὴ δὲ ταῦτα πρὸς τοὺς περὶ Σάτυρον διεπραξάμην, ἔγνων αὐτὸν ἐπιβουλεύοντα τοῖς ἐμοῖς. βουλομένου γὰρ ἐμοῦ κομίσασθαι τἀμαυτοῦ, καὶ πλεῖν εἰς Βυζάντιον, ἡγησάμενος οὗτος κάλλιστον καιρὸν αὐτῷ παραπεπτωκέναι· τὰ μὲν γὰρ χρήματα πολλὰ εἶναι τὰ παρ' αὐτῷ κείμενα, [καὶ] ἄξια ἀναισχυντίας· ἐμὲ δὲ πολλῶν ἀκουόντων ἔξαρνον γεγενῆσθαι μηδὲν κεκτῆσθαι· πᾶσί τε φανερὸν ἀπαιτούμενον, καὶ ἑτέροις ὁμολογοῦντα ὀφείλειν, καὶ πρὸς τούτοις, ὦ ἄνδρες δικασταί, νομίζων, εἰ μὲν αὐτοῦ μένειν ἐπιχειροίην, ἐκδοθήσεσθαί με ὑπὸ τῆς πόλεως Σατύρῳ, εἰ δ' ἄλλοσέ ποι τραποίμην, οὐδὲν αὐτῷ μελήσειν τῶν ἐμῶν λόγων, εἰ δ' εἰσπλευσοίμην εἰς τὸν Πόντον, ἀποθανεῖσθαί με μετὰ τοῦ πατρός· ταῦτα διαλογιζόμενος, διενοεῖτό με ἀποστερεῖν τὰ χρήματα. καὶ πρὸς μὲν ἐμὲ προσεποιεῖτο ἀπορεῖν ἐν τῷ παρόντι, καὶ οὐκ ἂν ἔχειν ἀποδοῦναι· ἐπειδὴ δ' ἐγὼ, βουλόμενος εἰδέναι τὸ πρᾶγμα, προσπέμπω Φιλόμηλον αὐτῷ καὶ Μενέξενον ἀπαιτήσοντας, ἔξαρνος γίνεται πρὸς αὐτοὺς μηδὲν ἔχειν τῶν ἐμῶν. πανταχόθεν δέ μοι τοσούτων κακῶν προσπεπτωκότων, τίνα οἴεσθέ με γνώμην ἔχειν; ᾧ γ' ὑπῆρχε σιωπῶντι μὲν ὑπὸ τούτου ἀποστερεῖσθαι τῶν χρημάτων, λέγοντι δὲ μηδὲν μᾶλλον κομίσασθαι, πρὸς Σάτυρον δ' εἰς τὴν μεγίστην διαβολὴν ἐμαυτὸν καὶ τὸν πατέρα καταστῆσαι. κράτιστον οὖν ἡγησάμην ἡσυχίαν ἄγειν. μετὰ δὲ ταῦτα, ὦ ἄνδρες δικασταί, ἀφικνοῦνταί μοι οἱ ἀπαγγέλλοντες, ὅτι ὁ πατὴρ ἀφεῖται, καὶ Σατύρῳ οὕτως ἁπάντων μεταμέλει τῶν πεπραγμένων, ὡς πίστεις τε τὰς μεγίστας αὐτῷ δεδωκὼς εἴη, καὶ τὴν ἀρχὴν ἔτι μείζω πεποιηκὼς ἧς εἶχε πρότερον, καὶ τὴν ἀδελφὴν τὴν ἐμὴν γυναῖκα τῷ ἑαυτοῦ υἱεῖ εἰληφώς. πυθόμενος δὲ ταῦτα Πασίων, καὶ εἰδὼς ὅτι φανερῶς ἤδη πράξω περὶ τῶν ἐμαυτοῦ, ἀφανίζει τὸν παῖδα, ὃς συνῄδει περὶ τῶν χρημάτων. ἐπειδὴ δ' ἐγὼ προσελθὼν ἐπεζήτουν αὐτὸν, ἡγούμενος ἔλεγχον σαφέστατον τοῦτον ἂν γενέσθαι περὶ ὧν ἐνεκάλουν, λέγει λόγον δεινότατον, ὡς ἐγὼ καὶ Μενέξενος, διαφθείραντες καὶ πείσαντες τὸν ἐπὶ τῇ τραπέζῃ καθήμενον, ἓξ τάλαντα ἀργυρίου λάβοιμεν παρ' αὐτοῦ. ἵνα δὲ μηδεὶς ἔλεγχος μηδὲ βάσανος γένοιτο περὶ αὐτῶν, ἔφασκεν ἡμᾶς ἀφανίσαντας τὸν παῖδα ἀντεγκαλεῖν αὐτῷ, καὶ ἐξαιτεῖν τοῦτον ὃν αὐτοὶ ἠφανίσαμεν. καὶ ταῦτα λέγων καὶ ἀγανακτῶν καὶ δακρύων εἷλκέ με πρὸς τὸν πολέμαρχον, ἐγγυητὰς αἰτῶν· καὶ οὐ πρότερον ἀφῆκεν, ἕως αὐτῷ κατέστησα ἐξ ταλάντων ἐγγυητάς. καί μοι ἀνάβητε τούτων μάρτυρες.

κ'. Ταῦθ' ὅτι μὲν ὅλῳ τῷ γένει διαφέρει τῶν ἐπιδεικτικῶν τε καὶ συμβουλευτικῶν κατὰ τὸν χαρακτῆρα τῆς λέξεως, οὐθείς ἐστιν ὃς οὐκ ἂν ὁμολογήσειεν· οὐ μέντοι παντάπασί γε τὴν Ἰσοκράτειον ἀγωγὴν ἐκβέβηκεν· ἀκαρῆ δέ τινα διασώζει τῆς κατασκευῆς τε καὶ σεμνολογίας ἐκείνης ἐνθυμήματα, καὶ ποιητικώτερα μᾶλλόν ἐστιν ἢ ἀληθινώτερα. οἷον ὅταν φησίν· ἡγούμην δὲ, εἰ μὲν μὴ προείμην τὰ χρήματα, κινδυνεύσειν. τὸ γὰρ ἀποίητόν τε καὶ ἀφελὲς τοιοῦτον· ἡγούμην δὲ μὴ παραδοὺς τὰ χρήματα κινδυνεύσειν. ἔτι ἐκεῖνο· καὶ πρὸς τούτοις, ὦ ἄνδρες δικασταὶ, νομίζων, εἰ μὲν αὐτοῦ μένειν ἐπιχειροίην, ἐκδοθήσεσθαί με ὑπὸ τῆς πόλεως Σατύρῳ, εἰ δ' ἄλλοσέ ποι τραποίμην, οὐδὲν αὐτῷ μελήσειν τῶν ἐμῶν λόγων, εἰ δ' εἰσπλευσοίμην εἰς τὸν Πόντον, ἀποθανεῖσθαί με μετὰ τοῦ πατρός. ἥ τε γὰρ περίοδος ἐκμηκύνεται πέρα τοῦ δικανικοῦ τρόπου, καὶ ἡ σύνθεσις ἔχει τι τοῦ ποιητικοῦ, τό τε σχῆμα τῆς λέξεως ἐκ τῶν ἐπιδεικτικῶν εἴληπται παρισώσεων καὶ παρομοιώσεων. τό τε οὖν ἐπιχειροίην καὶ τραποίμην καὶ εἰσπλευσοίμην ἐν ἑνὶ χωρίῳ κείμενα, καὶ τῶν κώλων τριῶν ὄντων τὸ μῆκος ἴσον ὑπάρχον, τεκμήρια τῆς Ἰσοκράτους κατασκευῆς ἐστί· καὶ τὰ τούτοις ἐπιφερόμενα· διενοεῖτό με ἀποστερεῖν τὰ χρήματα, καὶ πρὸς μὲν ἐμὲ προσεποιεῖτο ἀπορεῖν καὶ οὐκ ἂν ἔχειν· παρόμοιά τε καὶ παραπλήσια ἀλλήλοις ἐστὶ, καὶ πρὸς τούτοις ἃ μετ' ὀλίγον ἐπιτίθησιν· ὡς πίστεις τε μεγίστας αὐτῷ δεδωκὼς εἴη, καὶ τὴν ἀρχὴν ἔτι μείζω πεποιηκὼς ἧς εἶχε πρότερον, καὶ τὴν ἀδελφὴν τὴν ἐμὴν γυναῖκα τῷ ἑαυτοῦ υἱεῖ εἰληφώς· καὶ γὰρ ἐνταῦθα πάλιν τὸ δεδωκὼς καὶ πεποιηκὼς καὶ εἰληφὼς παρόμοιον, καὶ τὴν ἀρχὴν καὶ τὴν ἀδελφήν. ἔχοι δ' ἄν τις καὶ ἄλλα πρὸς τούτοις λέγειν, ἐξ ὧν ὁ χαρακτὴρ τοῦ ῥήτορος ἔσται καταφανής· ἀνάγκη δ' ἴσως στοχάζεσθαι τοῦ χρόνου.

ΕΚ ΤΟΥ ΑΥΤΟΥ ΔΙΟΝΥΣΙΟΥ.

Ὁ δ' Ἰσοκρατικὸς [λόγος] κομψεύεται μὲν, ἀλλὰ μετὰ σεμνότητος, καὶ πανηγυρικώτερός ἐστι μᾶλλον ἢ δικανικώτερος· ἔχει δὲ τὸν κόσμον μετ' ἐνεργείας καὶ πομπικός ἐστι μετὰ τοῦ ἀνυστικοῦ καὶ χρησίμου, οὐ μὴν ἀγωνιστικός· περιγράφων δὲ τὴν ἀπαγγελίαν ταῖς περιόδοις, καὶ ὅλως μεσότητα σωφρονίζων λιτότητι, τὸ δὲ λιτὸν ἐξαίρων. καὶ αὐτοῦ μάλιστα ζηλωτέον τήν τε τῶν ὀνομάτων συνέχειαν καὶ τὸ τῆς ὅλης ἰδέας ἐπιδεικτικόν.

ΔΙΟΝΥΣΙΟΥ] Ἀρχαίων κρίσ. p. 432. Μεσότητα] Ἴσως· σεμνότητα. IDEM. Ἐνεργείας] Γρ. ἐναργείας. COR.

ΕΚ ΤΟΥ ΛΟΥΚΙΑΝΟΥ ΠΕΡΙ ΙΣΟΚΡΑΤΟΥΣ.

Ἰσοκράτης, ἐνενήκοντα καὶ ἓξ ἐτῶν γεγονὼς, τὸν Πανηγυρικὸν ἔγραφε λόγον· περὶ ἔτη δὲ ἑνὸς ἀποδέοντα ἑκατὸν γεγονὼς, ὡς ᾔσθετο Ἀθηναίους ὑπὸ Φιλίππου ἐν τῇ περὶ Χαιρώνειαν μάχῃ νενικημένους, ποτνιώμενος, τὸν Εὐριπίδειον στίχον προσηνέγκατο, εἰς ἑαυτὸν ἀναφέρων,

Σιδώνιόν ποτ' ἄστυ Κάδμος ἐκλιπών·

καὶ ἐπειπὼν, ὡς δουλεύσει ἡ Ἑλλὰς, ἐξέλιπε τὸν βίον.

ΕΚ ΤΟΥ ΑΥΤΟΥ.

Ἂν σολοικίσῃς δὲ ἢ βαρβαρίσῃς, ἓν ἔστω φάρμακον ἡ αναισχυντία· καὶ πρόχειρον εὐθὺς ὄνομα οὔτε ὄντος τινὸς οὔτε γενομένου ποτὲ ἢ ποιητοῦ ἢ συγγραφέως, ὃς οὕτω λέγειν ἐδοκίμαζε σοφὸς ἀνὴρ καὶ τὴν φωνὴν ἐς τὸ ἀκρότατον ἀπηκριβωμένος. ἀλλὰ καὶ ἀναγίγνωσκε τὰ παλαιὰ μὲν μὴ σύ γε, μηδὲ εἴ τι ὁ λῆρος Ἰσοκράτης ἢ ὁ χαρίτων ἄμοιρος Δημοσθένης ἢ ὁ ψυχρὸς Πλάτων, ἀλλὰ τοὺς τῶν πρὸ ἡμῶν ὀλίγον λόγους, καὶ ἅς φασι ταύτας ΜΕΛΕΤΑΣ, ὡς ἔχῃς, ἀπ' ἐκείνων ἐπισιτισάμενος, ἐν καιρῷ καταχρῆσθαι, καθάπερ ἐκ ταμιείου προαιρῶν.

ΕΚ ΤΟΥ ΠΑΥΣΑΝΙΟΥ ΠΕΡΙ ΙΣΟΚΡΑΤΟΥΣ.

Κεῖται δὲ [ἐν τῷ Ὀλυμπίῳ] ἐπὶ κίονος Ἰσοκράτους ἀνδριάς. ὃς ἐς μνήμην τρία ὑπελείπετο, ἐπιμονώτατον μὲν, ὅτι οἱ βιώσαντι ἔτη δυοῖν δέοντα ἑκατὸν οὔποτε κατελύθη μαθητὰς ἔχειν· σωφρονέστατον δὲ, ὅτι πολιτείας ἀπεχόμενος διέμεινε καὶ τὰ κοινὰ οὐ πολυπραγμονῶν· ἐλευθερώτατον δὲ, ὅτι, πρὸς τὴν ἀγγελίαν τῆς ἐν Χαιρωνείᾳ μάχης ἀλγήσας, ἐτελεύτησεν ἐθελοντής.

ΛΟΥΚΙΑΝΟΥ] Μακροβ. §. κγ'.
Πανηγυρικὸν] Γρ. Παναθηναϊκόν. Cor.
Προσηνέγκατο] Γρ. προηνέγκατο. Idem.
ΤΟΥ ΑΥΤΟΥ] Ῥητόρ. διδασκ. §. ιζ'.
ΠΑΥΣΑΝΙΟΥ] Attic. c. 18.

ΕΚ ΤΟΥ ΦΙΛΟΣΤΡΑΤΟΥ ΠΕΡΙ ΙΣΟΚΡΑΤΟΥΣ.

Ἡ δὲ σειρὴν ἡ ἐφεστηκυῖα τῷ Ἰσοκράτους τοῦ σοφιστοῦ σήματι — ἐφέστηκε δ' οἷον ᾄδουσα — πειθὼ κατηγορεῖ τοῦ ἀνδρὸς, ἣν συνεβάλετο ῥητορικοῖς νόμοις καὶ ἤθεσι, πάρισα καὶ ἀντίθετα καὶ ὁμοιοτέλευτα οὐχ εὑρὼν πρῶτος, ἀλλ' εὑρημένοις εὖ χρησάμενος. ἐπεμελήθη δὲ καὶ περιβολῆς καὶ ῥυθμῶν καὶ συνθήκης καὶ κρότου. ταυτὶ δ' ἡτοίμασέ που καὶ τὴν Δημοσθένους γλῶτταν· Δημοσθένης γὰρ μαθητὴς μὲν Ἰσαίου, ζηλωτὴς δὲ Ἰσοκράτους γενόμενος, ὑπερεβάλετο αὐτὸν ῥυθμῷ καὶ ἐπιφορᾷ καὶ περιβολῇ καὶ ταχύτητι λόγου τε καὶ ἐννοίας. σεμνότης δ' ἡ μὲν Δημοσθένους ἐπεστραμμένη μᾶλλον, ἡ δ' Ἰσοκράτους ἁβροτέρα τε καὶ ἡδίων. παράδειγμα δὲ ποιώμεθα τῆς μὲν Δημοσθένους σεμνότητος· πέρας μὲν γὰρ ἅπασιν ἀνθρώποις ἐστὶ τοῦ βίου θάνατος, κἂν ἐν οἰκίσκῳ τις αὐτὸν καθείρξας τηρῇ· δεῖ δὲ τοὺς ἀγαθοὺς ἄνδρας ἐγχειρεῖν μὲν ἅπασιν ἀεὶ τοῖς καλοῖς, τὴν ἀγαθὴν προβαλλομένους ἐλπίδα, φέρειν δ' ὅ τι ἂν ὁ θεὸς διδῷ γενναίως. ἡ δὲ Ἰσοκράτους σεμνότης ὧδε κεκόσμηται· τῆς γὰρ γῆς ἁπάσης τῆς ὑπὸ τῷ κόσμῳ κειμένης δίχα τετμημένης, καὶ τῆς μὲν Ἀσίας, τῆς δ' Εὐρώπης καλουμένης, τὴν ἡμίσειαν ἐκ τῶν συνθηκῶν εἴληφεν, ὥςπερ πρὸς τὸν Δία τὴν χώραν νεμόμενος. τὰ μὲν οὖν πολιτικὰ ὤκνει καὶ ἀπεφοίτα τῶν ἐκκλησιῶν, διά τε τὸ ἐλλιπὲς τοῦ φθέγματος, διά τε τὸν Ἀθήνησι φθόνον, ἀντιπολιτευόμενον ἐν τοῖς μάλιστα τοῖς σοφώτερόν τι ἑτέρου ἀγορεύουσιν· ὅμως δ' οὐκ ἀπεσπούδαζε τῶν κοινῶν. τόν τε γὰρ Φίλιππον, ἐν οἷς πρὸς αὐτὸν ἔγραφεν, Ἀθηναίοις δήπου διωρθοῦτο· καὶ οἷς περὶ τῆς εἰρήνης συγγέγραφεν, ἀνεσκεύαζε τοὺς Ἀθηναίους ἐκ τῆς θαλάττης, ὡς κακῶς ἐν αὐτῇ ἀκούοντας· ὁ Πανηγυρικός τε αὐτῷ λόγος, ὃν διῆλθεν Ὀλυμπιᾶσι, τὴν Ἑλλάδα πείθων ἐπὶ τὴν Ἀσίαν στρατεύειν, παυσαμένους τῶν οἴκοι ἐγκλημάτων. οὗτος μὲν οὖν, εἰ καὶ κάλλιστος λόγων, αἰτίαν ὅμως παραδέδωκεν, ὡς ἐκ τῶν Γοργίᾳ σπουδασθέντων εἰς τὴν αὐτὴν ὑπόθεσιν συντεθείς. ἄριστα δὲ τῶν Ἰσοκράτους φροντισμάτων ὅ τε Ἀρχίδαμος ξύγκειται καὶ ὁ Ἀμάρτυρος. τοῦ μὲν γὰρ

ΦΙΛΟΣΤΡΑΤΟΥ] Vit. Sophist. i. 17.

Πειθὼ κατηγορεῖ] Ad verbum interpretor: *accusat*, vel *arguit*, *virum suadelæ*, i. e. testatur virum donatum fuisse suadela. AUGER.

Τὰ πολιτικὰ ὤκνει] I. e. ὤκνει πολιτεύεσθαι. IDEM.

Ἐν τοῖς] Malim abesse. IDEM.

Διωρθοῦτο] *rectum faciebat*, i. e. efficiebat ut illis amicus esset. IDEM.

Ἀνεσκεύαζε — ἐκ τῆς θαλάττης] Ἀπέτρεπε τῆς κατὰ θάλατταν ἀρχῆς. COR.

Πείθων] Sub. ἐστί. AUGER. Ἴσως· πείθει. COR.

Τοῦ μὲν γὰρ — ἀναφέρον] *spiritus enim illius* (i. e. Archidami, orationis inscriptæ ΑΡΧΙΔΑΜΟΣ) *pervadit Lacedæmonios, revocans a Leuctrica clade*, i. e. erigens illorum animos Leuctrica clade afflictos. AUGER.

διήκει φρόνημα Λακεδαιμονίοις τῶν Λευκτρικῶν ἀναφέρον, καὶ οὐκ ἀκριβῆ μόνον τὰ ὀνόματα, ἀλλὰ καὶ ἡ συνθήκη λαμπρά· ἐναγώνιος δ' ὁ λόγος, ὡς καὶ τὸ μυθῶδες αὐτοῦ μέρος τὸ περὶ τὸν Ἡρακλέα καὶ τὰς βοῦς σὺν ἐπιστροφῇ ἡρμηνεῦσθαι. ὁ δ' Ἀμάρτυρος ἰσχὺν ἐνδείκνυται κεκολασμένην εἰς ῥυθμούς· νόημα γὰρ ἐκ νοήματος εἰς περιόδους ἰσοκώλους τελευτᾷ. ἀκροαταὶ δὲ τοῦ ἀνδρὸς τούτου πολλοὶ μὲν, ἐλλογιμώτατος δὲ Ὑπερίδης ὁ ῥήτωρ· Θεόπομπον γὰρ τὸν ἐκ Χίου καὶ τὸν Κυμαῖον Ἔφορον οὔτ' ἂν διαβάλοιμι οὔτ' ἂν θαυμάσαιμι. οἱ δ' ἡγούμενοι τὴν κωμῳδίαν καθάπτεσθαι τοῦ Ἰσοκράτους, ὡς αὐλοποιοῦ, ἁμαρτάνουσι. πατὴρ μὲν γὰρ αὐτῷ Θεόδωρος ἦν, ὃν ἐκάλουν αὐλοποιὸν Ἀθήνησιν· αὐτὸς δὲ οὔτ' αὐλοὺς ἐγίνωσκεν οὔτε ἄλλο τι τῶν ἐν βαναύσοις. οὐ γὰρ ἂν οὐδὲ τῆς ἐν Ὀλυμπίᾳ εἰκόνος ἔτυχεν, εἴ τι τῶν εὐτελῶν εἰργάζετο. ἀπέθανε μὲν οὖν Ἀθήνησιν ἀμφὶ τὰ ἑκατὸν ἔτη. ἕνα δὲ αὐτὸν ἡγώμεθα τῶν ἐν πολέμῳ ἀποθανόντων· ἐπειδὴ μετὰ τὰ κατὰ Χαιρώνειαν ἐτελεύτα, μὴ καρτερήσας τὴν ἀκρόασιν τοῦ Ἀθηναίων πταίσματος.

ΕΚ ΤΟΥ ΑΙΛΙΑΝΟΥ
ΠΕΡΙ ΙΣΟΚΡΑΤΟΥΣ.

Ἰσοκράτης ὁ ῥήτωρ ἔλεγεν ὑπὲρ τῆς Ἀθηναίων πόλεως, ὁμοίαν εἶναι ταῖς ἑταίραις. καὶ γὰρ ἐκείναις τοὺς ἁλισκομένους ὑπὸ τῆς ὥρας αὐτῶν βούλεσθαι συνεῖναι αὐταῖς· ὅμως δὲ μηδένα εὐτελῶς οὕτως αὑτοῦ πέρι φρονεῖν, ὡς ὑπομεῖναι ἂν συνοικῆσαί τινι αὐτῶν. καὶ οὖν καὶ τὴν Ἀθηναίων πόλιν ἐνεπιδημῆσαι μὲν εἶναι ἡδίστην, καὶ κατά γε τοῦτο πασῶν τῶν κατὰ τὴν Ἑλλάδα διαφέρειν· ἐνοικῆσαι δὲ ἀσφαλῆ μηκέτι εἶναι. ἠνίττετο δὲ διὰ τούτων τοὺς ἐπιχωριάζοντας αὐτῇ συκοφάντας καὶ τὰς ἐκ τῶν δημαγωγούντων ἐπιβουλάς.

ΕΚ ΤΟΥ ΑΥΤΟΥ.

Λόγος τις εἰς ἐμὲ ἀφίκετο, λέγων αἴτιον Ἰσοκράτην γενέσθαι τὸν ῥήτορα τοῖς Πέρσαις καταδουλώσεως, ἧς ἐδουλώσαντο αὐτοὺς Μακεδόνες. τοῦ γὰρ Πανηγυρικοῦ λόγου, ὃν Ἰσοκράτης τοῖς Ἕλλησιν ἐπεδείξατο, εἰς Μακεδονίαν ἐλθοῦσα ἡ φήμη, πρῶτον μὲν Φίλιππον ἐπὶ τὴν Ἀσίαν ἀνέστησεν· ἀποθανόντος δὲ ἐκείνου, Ἀλέξανδρον τὸν υἱὸν αὐτοῦ, πατρῴων κληρονόμον, τὴν ὁρμὴν τὴν τοῦ Φιλίππου διαδέξασθαι παρεσκεύασε.

Ὡς καὶ τὸ μυθ.] Ὡς hic idem ac ὥστε, quod ultimum malim. IDEM.
Ὀλυμπίᾳ] Γρ. Ὀλυμπιείῳ. COR.
Ἐν πολέμῳ] Γρ. ἐν τῷ πολέμῳ. IDEM.
ΑΙΛΙΑΝΟΥ] Var. Hist. l. xii. 52.
ΤΟΥ ΑΥΤΟΥ] Var. Hist. l. xiii. 11.

ΕΚ ΤΟΥ ΠΛΟΥΤΑΡΧΟΥ ΠΕΡΙ ΙΣΟΚΡΑΤΟΥΣ.

α΄. Ἰσοκράτης Θεοδώρου μὲν ἦν παῖς τοῦ Ἐρχιέως τῶν μετρίων πολιτῶν, θεράποντας αὐλοποιοὺς κεκτημένου, καὶ εὐπορήσαντος ἀπὸ τούτων ὡς καὶ χορηγῆσαι καὶ παιδεῦσαι τοὺς υἱοὺς — ἦσαν γὰρ αὐτῷ καὶ ἄλλοι, Τελέσιππος καὶ Διόμνηστος· ἦν δὲ καὶ θυγάτριον —· ὅθεν εἰς τοὺς αὐλοὺς κεκωμῴδηται ὑπὸ Ἀριστοφάνους καὶ Στράττιδος.

β΄. Γενόμενος δὲ κατὰ τὴν ὀγδοηκοστὴν ἕκτην Ὀλυμπιάδα ἐπὶ Λυσιμάχου Μυῤῥινουσίου, ἄρχοντος Ἀθήνησι, Λυσίου μὲν ἦν νεώτερος δυσὶ καὶ εἴκοσιν ἔτεσι, πρεσβύτερος δὲ Πλάτωνος ἑπτά. παῖς μὲν ὢν ἐπαιδεύετο οὐδενὸς ἧττον Ἀθηναίων, ἀκροώμενος Προδίκου τε τοῦ Κείου καὶ Γοργίου τοῦ Λεοντίνου καὶ Τισίου τοῦ Συρακουσίου καὶ Θηραμένους τοῦ ῥήτορος. οὗ καὶ συλλαμβανομένου ὑπὸ τῶν Τριάκοντα καὶ φυγόντος ἐπὶ τὴν Βουλαίαν ἑστίαν, ἁπάντων καταπεπληγμένων, μόνος ἀνέστη βοηθήσων. καὶ πολὺν χρόνον ἐσίγησε κατ' ἀρχάς· ἔπειτα ὑπ' αὐτοῦ παρῃτήθη, εἰπόντος, ὀδυνηρότερον αὐτῷ συμβήσεσθαι, εἴ τις τῶν φίλων ἀπολαύσειε τῆς συμφορᾶς· καὶ ἐκείνου τινὰς οὔσας τέχνας αὐτῷ φασὶ συμπραγματεύσασθαι, ἡνίκα ἐν τοῖς δικαστηρίοις ἐσυκοφαντεῖτο, αἳ εἰσὶν ἐπιγεγραμμέναι Βότωνος.

γ΄. Ἐπεὶ δ' ἠνδρώθη, τῶν μὲν πολιτικῶν πραγμάτων ἀπέσχετο, ἰσχνόφωνός τε ὢν καὶ εὐλαβὴς τὸν τρόπον καὶ τὰ πατρῷα ἀποβεβληκὼς ἐν τῷ πρὸς Λακεδαιμονίους πολέμῳ, ἄλλοις δὲ μεμελετηκὼς φαίνεται, ἕνα δὲ μόνον εἰπὼν λόγον τὸν περὶ τῆς Ἀντιδόσεως. διατριβὴν δὲ συστησάμενος, ἐπὶ τὸ φιλοσοφεῖν καὶ γράφειν ἃ διανοηθείη ἐτράπετο. καὶ τόν τε Πανηγυρικὸν λόγον καὶ τινὰς ἄλλους τῶν συμβουλευτικῶν, οὓς μὲν αὐτὸς γράφων ἀνεγίνωσκεν, οὓς δ' ἑτέροις παρεσκεύαζεν, ἡγούμενος οὕτως ἐπὶ τὸ τὰ δέοντα φρονεῖν τοὺς Ἕλληνας προτρέψασθαι. διαμαρτάνων δὲ τῆς προαιρέσεως, τούτων μὲν ἀπέστη, σχολῆς δὲ ἡγεῖτο, ὥς τινές φασι, πρῶτον ἐπὶ Χίου, μαθητὰς ἔχων ἐννέα· ὅτε καὶ ἰδὼν τὸν μισθὸν ἀριθμούμενον εἶπε δακρύσας, Ὡς ἐπέγνων ἐμαυτὸν νῦν τούτοις πεπραμένον. ὡμίλει δὲ τοῖς βουλομένοις, χωρίσας πρῶτος τοὺς ἐριστι-

ΠΛΟΥΤΑΡΧΟΥ] Vit X. Orat.

Ἐσίγησε] Συνηγόρησε dedit Coraes.

Τῆς συμφορᾶς] F. τῆς αὐτοῦ συμφορᾶς. Reisk.

Ἐκείνου] Leg. ἐκεῖνον. Auger.

Βότωνος] Boton præceptor fuit Xenophanis philosophi juxta Diog. Laert. l. ix. 18.

Εἰπὼν] F. εἰπεῖν. Xyland.

Διατριβὴν δὲ συστησάμενος] *quumque ludum aperuisset.* Wolf.

Προτρέψασθαι] Προτρέψεσθαι de suo Coraes.

κοὺς λόγους τῶν πολιτικῶν, περὶ οὓς ἐσπούδασε. καὶ ἀρχὰς δὲ καὶ περὶ τὴν Χίον κατέστησε, καὶ τὴν αὐτὴν τῇ πατρίδι πολιτείαν· ἀργύριόν θ', ὅσον οὐδεὶς σοφιστῶν, εὐπόρησεν, ὡς καὶ τριηραρχῆσαι. ἀκροαταὶ δ' αὐτοῦ ἐγένοντο εἰς ἑκατὸν, ἄλλοι τε πολλοὶ, καὶ Τιμόθεος ὁ Κόνωνος, σὺν ᾧ καὶ πολλὰς πόλεις ἐπῆλθε, συντιθεὶς τὰς πρὸς Ἀθηναίους ὑπὸ Τιμοθέου πεμπομένας ἐπιστολάς· ὅθεν ἐδωρήσατο αὐτῷ τάλαντον τῶν ἀπὸ Σάμου περιγενομένων. ἐμαθήτευσε δ' αὐτῷ καὶ Θεόπομπος ὁ Χῖος καὶ Ἔφορος ὁ Κυμαῖος καὶ Ἀσκληπιάδης ὁ τὰ τραγῳδούμενα συγγράψας καὶ Θεοδέκτης ὁ Φασηλίτης ὁ τὰς τραγῳδίας ὕστερον γράψας — οὗ ἐστὶ τὸ μνῆμα ἐπὶ τὸν Κυαμίτην πορευομένοις, κατὰ τὴν ἱερὰν ὁδὸν τὴν ἐπ' Ἐλευσῖνα, τὰ νῦν κατερηρειμμένον, ἔνθα καὶ τοὺς ἐνδόξους τῶν ποιητῶν ἀνέστησε σὺν αὐτῷ, ὧν Ὅμηρος ὁ ποιητὴς σώζεται μόνος — Λεωδάμας τ' Ἀθηναῖος καὶ Λάκριτος ὁ νομοθέτης Ἀθηναίοις, ὡς δέ τινές φασι, καὶ Ὑπερίδης καὶ Ἰσαῖος. καὶ Δημοσθένην δ' ἔτι ῥητορεύοντι φασὶ μετὰ σπουδῆς προσελθεῖν αὐτῷ· καὶ χιλίας μὲν ἃς εἰσεπράττετο οὐκ ἔχειν φάναι παρασχεῖν, διακοσίας δὲ δώσειν ἐφ' ᾧ τε τὸ πέμπτον μέρος ἐκμάθῃ, τὸν δ' ἀποκρίνασθαι, ὡς Οὐ τεμαχίζομεν, ὦ Δημόσθενες, τὴν πραγματείαν, ὥσπερ δὲ τοὺς καλοὺς ἰχθῦς ὅλους πωλοῦμεν, οὕτω κἀγώ σοι, εἰ βούλοιο μαθητεύειν, ὁλόκληρον ἀποδώσομαι τὴν τέχνην.

δ'. Ἐτελεύτα δ' ἐπὶ Χαιρωνίδου ἄρχοντος, ἀπαγγελθέντων τῶν περὶ Χαιρώνειαν ἐν τῇ Ἱπποκράτους παλαίστρᾳ πυθόμενος, ἐξαγαγὼν αὑτὸν τοῦ βίου τέτρασιν ἡμέραις διὰ τοῦ σιτίων ἀποσχέσθαι, προειπὼν τρεῖς ἀρχὰς δραμάτων Εὐριπίδου,

Δαναὸς ὁ πεντήκοντα θυγατέρων πατήρ·
Πέλοψ ὁ Ταντάλειος εἰς Πίσαν μολών·
Σιδώνιόν ποτ' ἄστυ Κάδμος ἐκλιπών·

ὀκτὼ καὶ ἐννενήκοντα ἔτη βιοὺς, ἢ, ὥς τινες, ἑκατόν· οὐχ ὑπομείνας τετράκις ἰδεῖν τὴν Ἑλλάδα καταδουλουμένην· πρὸ ἐνιαυτοῦ, ἢ, ὥς τινες, πρὸ τεσσάρων ἐτῶν, τῆς τελευτῆς συγγράψας τὸν Παναθηναϊκόν. τὸν δὲ Πανηγυρικὸν ἔτεσι δέκα συνέθηκεν, οἱ δὲ δεκαπέντε λέγουσιν, ὃν μετενηνοχέναι ἐκ τῶν Γοργίου τοῦ Λεοντίνου καὶ Λυσίου· τὸν δὲ περὶ τῆς Ἀντιδόσεως δύο καὶ ὀγδοήκοντα ἔτη γεγονώς· τὸν δὲ πρὸς Φίλιππον ὀλίγῳ πρότερον τοῦ θανάτου. ἐγένετο δ' αὐτῷ καὶ παῖς Ἀφαρεὺς, πρεσβύτῃ ὄντι, ἐκ Πλαθάνης τῆς Ἱππίου τοῦ ῥήτορος ποιητὸς, τῶν δὲ τῆς γυναικὸς

Δὲ καὶ περὶ] F. δὲ τὰς περὶ. Reisk. Quocum facit Coraes, qui καὶ interim expunxit.

Τὸν Κυαμίτην] Sic dedit Coraes pro vulg. τὴν Κυαμῖτιν. Cyamites heros Atheniensis, cujus sacellum in via sacra non procul a sepulcro Theodectis. Cf. Pausan. Attic. c. 37.

Νομοθέτης] F. νομοθετήσας. Wolf. Xyland. Reisk. σοφιστεύσας Ἀθήνησιν mavult Coraes, qui citat Demosth. c. Lacrit. §. γ'. et §. ια'.

Καὶ — δ' ἔτι] *quin etiam præter hos.* Wolf.

Ἐφ' ᾧ τε] I. e. ἵνα. Idem.

Ἐκμάθῃ] F. ἐκμαθεῖν. Salmas.

Πωλοῦμεν] Πωλοῦσιν conjecit Coraes.

Τετράκις] Mavult vel deleri vel mutari in γεγηρακὼς Wyttenbach. Rectius forsan rem tractant, qui Philippum, quartum post Danaum, Pelopem, Cadmum, alienum Græciæ debellatorem intelligunt. Cf. Panath. §. κθ'.

Τῆς Ἱππίου] Scil. θυγατρός. Wolf.

τριῶν παίδων ὁ νεώτατος. εὐπόρησε δ᾽ ἱκανῶς, οὐ μόνον ἀργύριον εἰσπράττων τοὺς γνωρίμους, ἀλλὰ καὶ παρὰ Νικοκλέους τοῦ Κυπρίων βασιλέως, ὃς ἦν υἱὸς Εὐαγόρου, εἴκοσι τάλαντα λαβὼν ὑπὲρ τοῦ πρὸς αὐτὸν γραφέντος λόγου· ἐφ᾽ οἷς φθονηθεὶς τρὶς προεβλήθη τριηραρχεῖν. καὶ δὶς μὲν ἀσθένειαν σκηψάμενος διὰ τοῦ παιδὸς παρῃτήσατο· τὸ δὲ τρίτον ὑποστὰς ἀνήλωσεν οὐκ ὀλίγα. πρὸς δὲ τὸν εἰπόντα πατέρα, ὡς οὐδὲν ἄλλ᾽ ἢ ἀνδράποδον συνέπεμψε τῷ παιδίῳ, Τοιγαροῦν (ἔφη) ἄπιθι· δύο γὰρ ἀνθ᾽ ἑνὸς ἕξεις ἀνδράποδα. ἠγωνίσατο δὲ καὶ τὸν ἐπὶ Μαυσώλῳ τεθέντα ὑπὸ Ἀρτεμισίας ἀγῶνα· τὸ δὲ ἐγκώμιον οὐ σώζεται. ἐποίησε δὲ καὶ εἰς Ἑλένην ἐγκώμιον καὶ Ἀρεοπαγιτικόν. ἐξελθεῖν δὲ τοῦ βίου, οἱ μὲν ἐναταῖον φασὶ, σίτων ἀποσχόμενον, οἱ δὲ τεταρταῖον, ἅμα ταῖς ταφαῖς τῶν ἐν Χαιρωνείᾳ πεσόντων. συνέγραψε δ᾽ αὐτοῦ καὶ ὁ παῖς Ἀφαρεὺς λόγους.

ε΄. Ἐτάφη δὲ μετὰ τῆς συγγενείας πλησίον Κυνοσάργους ἐπὶ τοῦ λόφου ἐν ἀριστερᾷ αὐτός τε καὶ ὁ πατὴρ αὐτοῦ Θεόδωρος καὶ ἡ μήτηρ αὐτοῦ, ταύτης τε ἀδελφὴ τηθὶς τοῦ ῥήτορος Ἀνακὼ, καὶ ὁ ποιητὸς υἱὸς Ἀφαρεὺς, καὶ ὁ ἀνεψιὸς αὐτοῦ Σωκράτης μητρὸς Ἰσοκράτους ἀδελφῆς Ἀνακοῦς υἱὸς ὢν, ὅ τε ἀδελφὸς αὐτοῦ ὁμώνυμος τοῦ πατρὸς Θεόδωρος, καὶ οἱ υἱωνοὶ τοῦ ποιηθέντος αὐτῷ παιδὸς Ἀφαρέως, Ἀφαρεὺς, καὶ ὁ τούτου πατὴρ Θεόδωρος, ἥ τε γυνὴ Πλαθάνη, μήτηρ δὲ τοῦ ποιητοῦ Ἀφαρέως. ἐπὶ μὲν οὖν τούτων τράπεζαι ἐπῆσαν ἓξ, αἳ νῦν οὐ σώζονται. αὐτῷ δ᾽ Ἰσοκράτει ἐπὶ τοῦ μνήματος ἐπῆν κίων τριάκοντα πηχῶν, ἐφ᾽ οὗ Σειρὴν πηχῶν ἑπτὰ συμβολικῶς, ὃς νῦν οὐ σώζεται. ἦν δὲ καὶ αὐτοῦ τράπεζα πλησίον, ἔχουσα ποιητάς τε καὶ τοὺς διδασκάλους αὐτοῦ, ἐν οἷς καὶ Γοργίαν εἰς σφαῖραν ἀστρολογικὴν βλέποντα, αὐτόν τε τὸν Ἰσοκράτην παρεστῶτα. ἀνάκειται δὲ αὐτοῦ καὶ ἐν Ἐλευσῖνι εἰκὼν χαλκῆ ἔμπροσθεν τοῦ προστώου ὑπὸ Τιμοθέου τοῦ Κόνωνος, καὶ ἐπιγέγραπται·

Τιμόθεος φιλίας τε χάριν, ξενίην τε προτιμῶν,
Ἰσοκράτους εἰκῶ τήνδ᾽ ἀνέθηκε θεαῖς·

Λεωχάρους ἔργον.

ϛ΄. Φέρονται δὲ αὐτοῦ λόγοι ἑξήκοντα, ὧν εἰσὶ γνήσιοι κατὰ μὲν Διονύσιον εἰκοσιπέντε, κατὰ δὲ Καικίλιον εἰκοσιοκτὼ, οἱ δ᾽ ἄλλοι κατεψευσμένοι. εἶχε δ᾽ ἀλλοτρίως πρὸς ἐπίδειξιν, ὡς ἀφικομένων ποτὲ πρὸς αὐτὸν τριῶν ἐπὶ τὴν ἀκρόασιν, τοὺς μὲν δύο κατασχεῖν, τὸν δὲ τρίτον ἀπολῦσαι, φάμενος, εἰς τὴν ἐπιοῦσαν

Παίδων] Add. ὤν. Reisk.

Προεβλήθη] Ἴσως. προεκλήθη. Cor.

Τρίτον ἀποστὰς] Ὑποστὰς, i. e. ὑπομείνας, ἀναδεξάμενος, de suo Coraes.

Ἠγωνίσατο] Confundit hic, aiunt VV. DD., Pseudo-Plutarchus Isocratem Atheniensem cum Apolloniata.

Καὶ οἱ υἱωνοὶ] Διορθοῦσι οἱ μὲν, καὶ ὁ υἱωνὸς, τοῦ ποιηθέντος αὐτῷ παιδὸς Ἀφαρέως, Ἀφαρεὺς κ. τ. λ. ἕτεροι δὲ, Καὶ οἱ υἱωνοὶ αὐτοῦ, τοῦ ποιηθέντος αὐτῷ παῖδες Ἀφαρέως. Ἐν δὲ τῇ Γαλλικῇ τοῦ Ἀμιότου μεταφράσει παρελείφθησαν ἅπαντα ταῦτα. Ἴσως γραπτέον, Καὶ οἱ υἱοὶ τοῦ ποιηθέντος αὐτῷ Ἀφαρέως, ἥ τε γυνὴ Πλαθάνη κ. τ. λ. Cor.

Τράπεζαι] Sunt longæ et latæ tabulæ, seu ligneæ seu marmoreæ, appensæ e parietibus cum inscriptione aut imaginibus pictis. Reisk.

Ἐλευσῖνι] Ἴσως· Ἐλευσινίῳ. Cor.

ἥξειν· νῦν γὰρ αὐτῷ τὸ θέατρον εἶναι ἐν ἀκροατηρίῳ. εἰώθει δὲ καὶ πρὸς τοὺς γνωρίμους αὐτοῦ λέγειν, ὡς αὐτὸς μὲν δέκα μνῶν διδάσκοι, τῷ δ' αὐτὸν διδάξαντι τόλμαν καὶ εὐφωνίαν δώσειν δεκακισχιλίας. καὶ πρὸς τὸν ἐρόμενον, Διότι οὐκ ὢν αὐτὸς ἱκανὸς ἄλλους ποιεῖ, Εἶπεν, ὅτι καὶ αἱ ἀκόναι αὐταὶ μὲν τέμνειν οὐ δύνανται, τὸν δὲ σίδηρον τμητικὸν ποιοῦσιν. εἰσὶ δ' οἳ καὶ τέχνας αὐτὸν λέγουσι συγγεγραφέναι· οἱ δ' οὐ μεθόδῳ ἀλλ' ἀσκήσει χρήσασθαι. πολίτην δὲ οὐδέποτε εἰσέπραξε μισθόν. προσέταττε δὲ τοῖς γνωρίμοις εἰς τὰς ἐκκλησίας ἀπαντῶσιν ἀναφέρειν αὐτῷ τὰ εἰρημένα. ἐλυπήθη δὲ οὐ μετρίως ἐπὶ τῷ Σωκράτους θανάτῳ καὶ μελανειμονῶν τῇ ὑστεραίᾳ προῆλθε. πάλιν δὲ ἐρομένου τινὸς αὐτὸν, Τί ῥητορική; Εἶπε, τὰ μὲν μικρὰ μεγάλα, τὰ δὲ μεγάλα μικρὰ ποιεῖν. ἑστιώμενος δέ ποτε παρὰ Νικοκρέοντι τῷ Κύπρου τυράννῳ, προτρεπομένων αὐτὸν τῶν παρόντων διαλεχθῆναι, ἔφη, Οἷς μὲν ἐγὼ δεινὸς, οὐχ ὁ νῦν καιρός· οἷς δὲ ὁ νῦν καιρὸς, οὐκ ἐγὼ δεινός. Σοφοκλέα δὲ τὸν τραγικὸν θεασάμενος ἑπόμενον ἐρωτικῶς παιδὶ, εἶπεν, Οὐ μόνον δεῖ, Σοφόκλεις, τὰς χεῖρας ἔχειν παρ' αὑτῷ, ἀλλὰ καὶ τοὺς ὀφθαλμούς. τοῦ δὲ Κυμαίου Ἐφόρου ἀπράκτου τῆς σχολῆς ἐξελθόντος καὶ πάλιν ὑπὸ τοῦ πατρὸς Δημοφίλου πεμφθέντος ἐπὶ δευτέρῳ μισθῷ, παίζων Δίφορον αὐτὸν ἐκάλει· ἐσπούδασε μέντοι ἱκανῶς περὶ τὸν ἄνδρα καὶ τὴν ὑπόθεσιν τῆς ἱστορίας αὐτὸς ὑπεθήκατο. ἐγένετο δὲ πρὸς τὰ Ἀφροδίσια καταφερὴς, ὡς ὑποπάστῳ παρειλκυσμένῳ ἐν τῇ κοίτῃ χρῆσθαι, κρόκῳ διάβροχον ἔχοντα τὸ προσκεφάλαιον· καὶ νέον μὲν ὄντα μὴ γῆμαι, γηράσαντα δὲ ἑταίρᾳ συνεῖναι, ᾗ ὄνομα ἦν Λαγίσκη, ἐξ ἧς ἔσχε θυγάτριον, ὃ γενόμενον ἐτῶν δώδεκα πρὸ γάμων ἐτελεύτησεν. ἔπειτα Πλαθάνην, τὴν Ἱππίου τοῦ ῥήτορος, γυναῖκα ἠγάγετο τρεῖς παῖδας ἔχουσαν. ὧν τὸν Ἀφαρέα, ὡς προείρηται, ἐποιήσατο· ὃς καὶ εἰκόνα αὐτοῦ χαλκῆν ἀνέθηκε πρὸς τῷ Ὀλυμπιείῳ ἐπὶ κίονος, καὶ ἐπέγραψεν.

Ἰσοκράτους Ἀφαρεὺς πατρὸς εἰκόνα τήνδ' ἀνέθηκε
Ζηνὶ, θεούς τε σέβων, καὶ γονέων ἀρετήν.

ζ'. Λέγεται δὲ καὶ κελητίσαι, ἔτι παῖς ὤν· ἀνάκειται γὰρ ἐν ἀκροπόλει χαλκοῦς ἐν τῇ σφαιρίστρᾳ τῶν Ἀῤῥηφόρων κελητίζων [ἔτι παῖς ὢν, ὥς εἶπον τινές]. δύο δ' ἐν ἅπαντι τῷ βίῳ συνέστησαν αὐτῷ ἀγῶνες· πρότερος μὲν εἰς ἀντίδοσιν προκαλεσαμένου αὐτὸν Μεγακλείδου, πρὸς ὃν οὐκ ἀπήντησε διὰ νόσον, τὸν δὲ υἱὸν πέμψας Ἀφαρέα ἐνίκησε· δεύτερος δὲ Λυσιμάχου αὐτὸν προκαλεσαμένου περὶ τριηραρχίας εἰς ἀντίδοσιν, ἡττηθεὶς δὲ τὴν τριηραρχίαν ὑπέστη. ἦν δ' αὐτοῦ καὶ γραπτὴ εἰκὼν ἐν τῷ Πομπείῳ.

η'. Ὁ δὲ Ἀφαρεὺς συνέγραψε μὲν λόγους, οὐ πολλοὺς δὲ, δικανικούς τε καὶ συμβουλευτικούς. ἐποίησε δὲ καὶ τραγῳδίας περὶ ἑπτὰ καὶ τριάκοντα, ὧν ἀντιλέγονται δύο. ἀρξάμενος δ' ἀπὸ

Ἀκροατηρίῳ] Οὕτως οἱ πλεῖστοι ἐκ διορθ. ἀντὶ τοῦ, ἀκρωτηρίῳ. Ἀλλ' οὐδ' οὕτως εὐσύνετος ἡ φράσις. Μήποτε οὖν ἐγέγραπτο· Νῦν γὰρ αὐτῷ θέατρον οὐκ εἶναι ἀκροατήριον. τοῦ Ἀκροατήριον ὧδε ἐπιθετικῶς ἐκλαμβανομένου. Cor.

Δεκακισχιλίας] Scil. δραχμάς.

Νικοκρέοντι] F. Νικοκλεῖ. Wolf. Cor.

Ὑποπάστῳ] F. χρυσοπάστῳ. Salmas. ὑπὸ πάστῳ. Turneb.

Ἔχοντα] F. ἔχοντι. Reisk.

Ὀλυμπιείῳ] Scil. τῷ ναῷ τοῦ Ὀλυμπίου Διός.

Λυσιστράτου διδάσκειν ἄχρι Σωσιγένους, ἐν ἔτεσιν εἰκοσιοκτὼ, διδασκαλίας ἀστικὰς καθῆκεν ἕξ· καὶ δὶς ἐνίκησε διὰ Διονυσίου καθεὶς, καὶ δι' ἑτέρων ἑτέρας δύο Ληναϊκάς. τῆς δὲ μητρὸς αὐτῶν, Ἰσοκράτους καὶ Θεοδώρου, καὶ τῆς ταύτης ἀδελφῆς Ἀνακοῦς, εἰκόνες ἀνέκειντο ἐν Ἀκροπόλει, ὧν ἡ τῆς μητρὸς παρὰ τὴν Ὑγίειαν νῦν κεῖται μετεπιγεγραμμένη· ἡ δὲ Ἀνακοῦς οὐ σώζεται. ἔσχε δὲ υἱοὺς, Ἀλέξανδρον μὲν ἐκ Κοίνου, Σωσικλέα δ' ἐκ Λυσίου.

ΕΚ ΤΟΥ ΦΩΤΙΟΥ
ΠΕΡΙ ΙΣΟΚΡΑΤΟΥΣ.

Ἀνεγνώσθη Ἰσοκράτους τοῦ ῥήτορος λόγοι κα'. καὶ ἐπιστολαὶ θ'. Συμβουλευτικοὶ μὲν τῶν αὐτοῦ λόγων εἰσὶν ὅ τε πρὸς Δημόνικον καὶ ὁ πρὸς Νικοκλέα, χρησίμους παραινέσεις περιέχοντες· καὶ ἔτι ὁ δεύτερος πρὸς Νικοκλέα καὶ περὶ τῆς Εἰρήνης. καὶ ὁ Πανηγυρικὸς δὲ σκοπὸν ἔχειν ὑποτίθεται τὴν συμβουλὴν, δι' ἧς ὁμόνοιά τε πρὸς ἀλλήλους τοῖς Ἕλλησι καὶ κοινὸς ὁ πρὸς τοὺς βαρβάρους καταπραχθείη πόλεμος· τὸ δὲ πλεῖστον τοῦ λόγου εἰς τὰ τῶν Ἀθηναίων ἐγκώμια κατατρίβεται. καὶ ὁ Ἀρεοπαγιτικὸς δὲ τῶν συμβουλευτικῶν ἐστὶ, προτρέπων τοὺς Ἀθηναίους ἐπ' ἀρετὴν, ἐξ ἐπαίνου μὲν τῶν προγεγονότων, καταδρομῆς δὲ τῶν ἔτι τῷ βίῳ περιόντων. καὶ ὁ Πλαταϊκὸς δὲ συμβουλευτικός ἐστι. καὶ ὁ ἐπιγραφόμενος δὲ Ἀρχίδαμος συμβουλευτικός ἐστι καὶ παρακαλεῖ Λακεδαιμονίους ἐπὶ τὸν κατὰ Θηβαίων πόλεμον ὑπὲρ Μεσσηνίων. ὁ δὲ κατὰ τῶν Σοφιστῶν ἐπιγραφόμενος κατηγορία τῶν ἀντιπολιτευομένων αὐτῷ ἐστὶ σοφιστῶν. ὁ δὲ ἐφεξῆς λόγος Βουσίριδος αὐτῷ ἐστὶν ἐγκώμιον, ὥςπερ καὶ ἐπιγέγραπται. ὁ δὲ ἑνδέκατος Ἑλένης ἐγκώμιον· καὶ ὁ δωδέκατος Εὐαγόρου ἐγκώμιον, ὃς Εὐαγόρας ἐπιγράφεται, προσπεφωνημένος Νικοκλεῖ τῷ υἱεῖ. ὁ δὲ ἐπιγραφόμενος Φίλιππος συμβουλευτικός ἐστι, Φιλίππῳ συμβουλεύων τῆς τε τῶν Ἑλλήνων φροντίζειν ὁμονοίας καὶ τῆς κατὰ τῶν ἐν Ἀσίᾳ βαρβάρων συστρατείας. ὁ δὲ Παναθηναϊκὸς ἐγκώμιόν ἐστι τῆς Ἀθηναίων πόλεως καὶ τῶν προγόνων, ὃν ἀπάρξασθαι μέν φησι συγγράφειν ἐνενήκοντα καὶ τεττάρων ἐτῶν ἄγων ἡλικίαν, νόσου δὲ χαλεπῆς τριετίαν κατασχούσης, ἐν τῷ ἐνενηκοστῷ ἑβδόμῳ εἰς πέρας ἀγαγεῖν τὸν λόγον. ὁ δὲ περὶ τῆς Ἀντιδόσεως ἐπιγραφόμενος λόγος δικανικός τις εἶναι δοκεῖ,

Λυσιστράτου] Scil. ἄρχοντος Ἀθήνησι. Wolf.

Διονυσίου] Dionysius videtur celeber ea ætate histrio fuisse. Reisk.

Ἔσχε] Scil. Anaco. Sed vid. Wolf., Reisk., Wyttenbach., cæteri, ad loc.

ΦΩΤΙΟΥ] Cod. 159.

Ἀνεγνώσθη] Γράφε· ἀνεγνώσθησαν. Cor.

Περὶ τῆς Εἰρήνης] Γράφε· ὁ περὶ τῆς Εἰρήνης. Idem.

καὶ ἀπολογίαν ἔχων ὧν Λυσίμαχος κακῶς εἶπεν Ἰσοκράτην. δύο δὲ καὶ ὀγδοήκοντα ἐτῶν ὄντι οὗτος αὐτὸς μέγιστος ὢν τῶν ἄλλων λόγος συνετάγη. ἔστι δ' ὁ λόγος σύμμικτος καὶ ποικίλος μᾶλλον ἢ οἱ ἄλλοι· παρατίθεται δὲ καὶ τῶν ἄλλων αὐτοῦ λόγων περικοπάς τινας, ἐξ ὧν οὐ φθείρειν τοὺς νέους, ἀλλ' ὠφελεῖν τὸ κοινὸν ἐπιδείκνυσιν ἑαυτόν. δικανικὸς δὲ καὶ ὁ πρὸς Καλλίμαχον· ὁμοίως δὲ καὶ ὁ Αἰγινητικὸς ὑπὲρ κλήρου ἀγωνιζόμενος. τῶν δικανικῶν δὲ καὶ ὁ πρὸς Εὐθύνουν ὑπὲρ Νικίου, καὶ ὁ Τραπεζιτικὸς, καὶ ὁ πρὸς Λοχίτην ὕβρεως καὶ πληγῶν δίκην ἀπαιτῶν. οὕτω μὲν καὶ τοσούτους ἔγνωμεν Ἰσοκράτους λόγους. Τῶν δ' ἐννέα ἐπιστολῶν αὐτοῦ μία μέν ἐστι πρὸς Διονύσιον τὸν Σικελίας τύραννον, ἑτέρα δὲ πρὸς Ἀρχίδαμον, καὶ πρὸς Φίλιππον δύο, μία δὲ πρὸς Ἀλέξανδρον, καὶ πρὸς Ἀντίπατρον ἄλλη· καὶ δὴ καὶ πρὸς Τιμόθεον· καὶ πρὸς τοὺς Μυτιληναίων ἄρχοντας ἡ ἐννάτη. οὗτος μὲν οὖν ὁ ῥήτωρ σοφιστεύειν μᾶλλον ἢ τῶν κοινῶν προστατεῖν, ὥσπερ οἱ ἄλλοι ἐννέα ῥήτορες, ὧν καὶ Δημοσθένης ἦν, εἵλετο, καίτοι καὶ πρὸ ἐκείνων τοῖς τῆς ῥητορικῆς ἀκμάζων λόγοις καὶ κατ' ἐκείνους τὴν ἐπ' αὐτοῖς δόξαν οὐκ ἐλαττούμενος. κέχρηται δὲ μάλιστα μὲν, ὡς αὐτίκα τοῖς ἀναγινώσκουσι δῆλον, εὐκρινείᾳ καὶ καθαρότητι· πολλήν τε ἐπιμέλειαν περὶ τὴν ἐργασίαν τῶν λόγων ἐπιδείκνυται. ὥςτε καὶ εἰς περιττὸν τῷ διεκπίπτειν τὸν κόσμον, καὶ τὸ ἐπιμελές. καὶ αὐτὸ δὲ τὸ τῆς ἐργασίας πλεονάζον παρ' αὐτῷ οὐ τὸ γόνιμον μᾶλλον τῶν ἐπιχειρημάτων ἢ τὸ ἀπειρόκαλον παριστᾷ. ἦθος δὲ καὶ ἀλήθεια καὶ γοργότης οὐδὲ μέτεστι παρ' αὐτῷ. μεγέθους δὲ αὐτῷ, ὅσον εἰς τὸν πολιτικὸν ἐναρμόζει λόγον, ἄριστα, καὶ παραπλησίως κέκραται τῇ σαφηνείᾳ· ἄτονος δὲ πλέον τοῦ δέοντος ὁ λόγος. οὐχ ἥκιστα δὲ αὐτοῦ σμικρολογίαν καὶ τὸ προσκορὲς τῶν παρισώσεων αἰτιᾶται. ἀλλὰ ταῦτα φαμὲν, πρὸς τὴν ἐν λόγοις αὐτοῦ ἀρετὴν, τὸ ἐκπίπτον ἐκείνης καὶ ἀνόμοιον ἐνδεικνύμενοι· ἐπεὶ πρός γε ἐνίους τῶν γράφειν λόγους ἐπαιρωμένων ἀρεταὶ ἂν δόξωσι καὶ τὰ ἐκείνου ἐλαττώματα.

ΕΚ ΤΟΥ ΑΥΤΟΥ ΦΩΤΙΟΥ.

Ἀνεγνώσθησαν Ἰσοκράτους λόγοι διάφοροι. φέρονται δὲ αὐτοῦ τὸν ἀριθμὸν ἑξήκοντα· ὧν ἐκρίθησαν γνήσιοι, κατὰ μὲν Διονύσιον ἐπὶ τοῖς πέντε καὶ εἴκοσι, κατὰ δὲ Καικίλιον ὀκτὼ καὶ εἴκοσι. γεγραφέναι δὲ αὐτὸν τέχνην ῥητορικὴν λέγουσιν, ἣν καὶ ἡμεῖς ἴσμεν τοῦ ἀνδρὸς ἐπιγραφομένην τῷ ὀνόματι. οἱ δὲ συνασκήσει μᾶλλον ἢ τέχνῃ χρήσασθαι κατὰ τοὺς λόγους τὸν ἄνδρα φασί. γέγονε δὲ

Αὐτὸς μέγιστος] Ἴσως. αὐτῷ μέγιστος. IDEM.

Τοσούτους — λόγους] Παρέδραμεν ἢ ὁ Φώτιος ἀμνημονήσας, ἢ ὁ τὰ Φωτίου ἀντιγράψας, τὸν Περὶ τοῦ ζεύγους λόγον. IDEM.

Ἐννάτη] Παρέλιπε τὴν Πρὸς τοὺς Ἰάσονος παῖδας ἐπιστολήν. IDEM.

Σοφιστεύειν] Τὴν τῶν λόγων τέχνην διδάσκειν. IDEM.

Πρὸ ἐκείνων] Τῶν πλείστων δηλονότι. IDEM.

Περιττὸν τῷ] Γράφε, περιττὸν αὐτῷ. IDEM.

Ἀλήθεια] Ἀφέλεια. IDEM.

Μέτεστι παρ' αὐτῷ. μεγέθους] Ἴσως· μέτεστιν αὐτῷ. μέγεθος —. IDEM.

ΦΩΤΙΟΥ] Κώδ. σζ'. Ἐκ τοῦ Ψευδοπλουτάρχου, ἢ γοῦν ἐξ οὗ καὶ ὁ Ψευδοπλούταρχος, παρείληφε τῶν ἑξῆς τὰ πλεῖστα ὁ Φώτιος. Ἔχει δὲ καὶ ἀλλαχόθεν οὐκ οἶδ' ὅθεν συνηρανισμένα τινά· ὧν χάριν καὶ τἄλλα δὶς γράψαι οὐκ ὤκνησα. IDEM.

κατὰ τὴν ὀγδοηκοστὴν καὶ ἕκτην Ὀλυμπιάδα, νεώτερος μὲν Λυσίου ἐπὶ δυσὶν ἔτεσι καὶ εἴκοσι, Πλάτωνος δὲ πρεσβύτερος δέκα δεόντων τριῶν. ἦν δὲ παῖς Θεοδώρου Ἐρχιέως, ἑνὸς τῶν μετρίων πολιτῶν. ἐν παισὶ μὲν οὖν τελῶν ἠκροάσατο Προδίκου τε τοῦ Κείου καὶ Γοργίου τοῦ Λεοντίνου καί Τισίου τοῦ Συρακουσίου καὶ τοῦ ῥήτορος Θηραμένους. εἰς ἄνδρας δὲ τελέσας πραγμάτων μὲν ἀναχωρεῖ τῶν πολιτικῶν, ὅτι τε τὴν φωνὴν ἰσχνὸς ἦν καὶ τὸν τρόπον εὐλαβής· τὰ πατρῷα μέντοι ἀποβεβληκὼς ἐν τῷ πρὸς Λακεδαιμονίους πολέμῳ, ἕνα μόνον τὸν τῆς Ἀντιδόσεως λόγον εἰπών, ἀπέστη τῆς τοιαύτης προαιρέσεως· ἰδίαν δὲ διατριβὴν ὑποστησάμενος ἐπὶ τὸ φιλοσοφεῖν καὶ γράφειν ὥρμησε. καὶ ὅ τε Πανηγυρικὸς αὐτῷ λόγος συνετάγη, καί τινες ἄλλοι τῶν συμβουλευτικῶν, ἡγουμένῳ ταῖς παραινέσεσι τοὺς Ἕλληνας φρονεῖν ἐκδιδάξαι τὰ συμφέροντα. ἀποτυχὼν δὲ τῆς γνώμης, τούτου μὲν ἀπέστη τοῦ ἐπιτηδεύματος, σχολῆς δὲ σοφιστικῆς ἡγεῖτο, ὡς μέν τινές φασι, τὰ πρῶτα ἐπὶ Χίου, μαθητὰς ἔχων ἐννέα· ἡνίκα καὶ τὸν μισθὸν ἰδὼν τῆς διδασκαλίας ἀριθμούμενον φάναι δακρύσαντα, ὡς Νῦν ἐμαυτὸν ἔγνων τούτοις πεπραμένον. ἠκροάσαντο δὲ αὐτοῦ ἄλλοι τε πολλοὶ, ὡς καὶ εἰς ἑκατὸν συντελέσαι, καὶ δὴ καὶ Τιμόθεος ὁ Κόνωνος· μεθ' οὗ καὶ πολλὰς ἐπιὼν πόλεις τὰς πρὸς Ἀθηναίους ἐπιστολὰς συνετίθει, αἳ τὸν Τιμόθεον ἐπεγράφοντο. ὅθεν ἐκεῖνος ταλάντῳ αὐτὸν ἐδωρήσατο. γεγόνασι δὲ αὐτοῦ ἀκροαταὶ καὶ Ξενοφῶν ὁ Γρύλλου καὶ Θεόπομπος ὁ Χῖος καὶ Ἔφορος ὁ Κυμαῖος· οἷς καὶ ταῖς ἱστορικαῖς συγγραφαῖς προὐτρέψατο χρήσασθαι, πρὸς τὴν ἑκάστου φύσιν ἀναλόγως καὶ τὰς ὑποθέσεις τῆς ἱστορίας αὐτοῖς διανειμάμενος. ἐπὶ τούτοις καὶ Ἀσκληπιάδης, ὃς τὰ τραγῳδούμενα συνεγράψατο· Θεοδέκτης δὲ ὁ Φασηλίτης, καὶ αὐτὸς ὕστερον τραγῳδίας συνταξάμενος. ἀλλὰ καὶ Λαοδάμας ὁ Ἀθηναῖος, καὶ Λάκριτος ὁ νομοθετήσας Ἀθηναίοις· ὡς δέ φασιν ἄλλοι, καὶ Ὑπερίδης καὶ Ἰσαῖος. Δημοσθένης δὲ προσῆλθε μὲν αὐτῷ μετὰ σπουδῆς, καὶ χιλίας μὲν, ἃς εἰσεπράττετο οὐκ ἔχειν [ἔφη] παρασχεῖν, διακοσίας δὲ ἐφ' ᾧ τὸ πέμπτον μέρος ἐκμαθεῖν, δώσειν· πρὸς δὲ ταῦτα τὸν Ἰσοκράτην ἀποκρίνασθαι, ὡς Οὐ τεμαχίζομεν τὴν πραγματείαν, ἀλλ', εἰ βούλοιο, ὁλόκληρόν σοι ἀποδώσομεν τὴν τέχνην. τὸν μὲν οὖν Περὶ τῆς ἀντιδόσεως, καὶ τὸν

Τούτου μὲν ἀπέστη] Ἀντιφάσκει προδήλως τοῦτο τοῖς ἄλλοις τοῖς περὶ Ἰσοκράτους ἱστορημένοις. τοσοῦτον γὰρ ἐδέησεν ἀποστῆναι τοῦ συμβουλεύειν τοῖς ἑαυτοῦ πολίταις τὰ συμφέροντα, ὥστ', ἐνενηκοστὸν καὶ τέταρτον ἄγων ἔτος τῆς ἡλικίας, γράφειν ἤρξατο τὸν Παναθηναϊκὸν, ἐν ᾧ παραβάλλει τὴν ἐκδιαίτησιν τῆς ἐφ' ἑαυτοῦ δημοκρατίας πρὸς τὴν τῶν προγόνων σώφρονα πολιτείαν. IDEM.

Οἷς καὶ] Γρ. οὓς καί. IDEM.

Τραγῳδούμενα] Τὴν ἱστορίαν τῶν ἐπὶ σκηνῆς τραγῳδουμένων, ἤγουν τῶν ἀφορμὴν τραγῳδίας καὶ ὑπόθεσιν παρασχόντων προσώπων. IDEM.

Θεοδέκτης δὲ] Γράφε· Θεοδέκτης τε. Οὗτος δὲ καὶ Ἀριστοτέλει ὕστερον ἐμαθήτευσε, καὶ τραγῳδίας ἐποίησε, καὶ τέχνην συνέταξε ῥητορικήν. IDEM.

Ὁ νομοθετήσας Ἀθηναίοις] Ἴσως γρ. Ὁ σοφιστεύσας Ἀθήνησι, καθάπερ ἔφθην σημειωσάμενος εἰς τὰ τοῦ Ψευδοπλουτάρχου· ἐξ ἐκείνου γὰρ παρείληφε ταῦτα ὁ Φώτιος. IDEM.

Ἀποδώσομεν] Γράφε· Ἀποδώσομαι· Ἔστι δὲ καὶ ταῦτα ἐκ τοῦ Ψευδοπλουτάρχου. περὶ ὧν τῆς ἀπιθανότητος εἴρηκα μὲν καὶ ἐν τοῖς περὶ τῆς Ἰσοκράτους ἐκδόσεως (Μερ. Α. σελ. ξδ'-ξε'.), προσθήσω δὲ νῦν τοῖς εἰρημένοις, ὅτι καὶ παντάπασιν ἄτοπον τὸν ἐν Χίῳ δακρύσαντα Ἰσοκράτην, ἡνίκα τὸν μισθὸν ἐλάμβανε παρὰ τῶν ξένων μαθητῶν, ὕστερον Ἀθήνησιν ἐπὶ τοσοῦτον ἐλθεῖν φιλοκερδείας, ἢ ἀληθέστερον φάναι, αἰσχροκερδείας, καὶ ταύτης ἀνοήτου, ὥστε παρὰ πολίτου τοῦ Δημοσθένους, διότι μὴ ὅλον

Πανηγυρικὸν, καί τινας τῶν συμβουλευτικῶν, εἴρηταί μοι ὅπως τε καὶ ὅτε συνέταξε. συνέθηκε μέντοι τὸν Πανηγυρικὸν, οἱ μὲν ἔτεσι φασὶ δέκα, οἱ δὲ ἐπὶ τούτοις ἕτερα πέντε· καίτοι γε Γοργίου τοῦ Λεοντίνου καὶ Λυσίου τῶν ἐνθυμημάτων καὶ ἐπιχειρημάτων μικροῦ μεταβολὴ καθέστηκε καὶ μετάθεσις ὁ Πανηγυρικὸς Ἰσοκράτους λόγος. διατρίψαι δ' ἄν τις οἰηθείη μακρὸν οὕτω χρόνον τοῦ Πανηγυρικοῦ, προσεδρεύοντα τὸν ῥήτορα τῇ συνθήκῃ, διὰ τὸ τῆς λέξεως κατεσκευασμένον καὶ περιττὸν, καὶ διὰ τὴν εἰς ἀκρίβειαν τῶν ὀνομάτων ἐκλογὴν, καὶ δὴ καὶ τῆς πρὸς ἄλληλα τούτων συνθήκης. ἀλλὰ καὶ ἡ τῶν κώλων καὶ περιόδων ἐπὶ τοσοῦτον ἀκρίβεια ἱκανὴ καταναλῶσαι χρόνον. μάλιστα δὲ αὐτῷ ἡ τῶν πραγμάτων εὕρεσις καὶ διοίκησις τὴν τοσαύτην ἀσχολίαν ἐνεποίησε· τὰ γὰρ κεφάλαια καὶ τὰ ἐπιχειρήματα, οἷς ὁ λόγος οἰκονομούμενος ἀπαρτίζεται, εἴ τις ἐπιμελῶς καὶ καθ' ἕκαστον μέρος ἐπισκέψοιτο, εὑρήσει συντελεσθῆναι πολλοῦ δεόμενα χρόνου. διὸ καὶ πολλὰς πολλοῖς παρέσχε τῶν κριτικῶν διατριβὰς μὲν καθ' ἑαυτοὺς, διαφωνίας δὲ πρὸς ἀλλήλους, τῶν μὲν ἐμβαθυνομένων τῇ μελέτῃ καὶ διασκέψει τοῦ λόγου, τῶν δὲ κατὰ τὸ ἐπιπόλαιον τὴν ἀνάγνωσιν ποιουμένων· ἔστι δ' εἰπεῖν καὶ διότι τοῖς μὲν ἔνεστι φύσις εὖ ἔχουσα πρὸς τὰς κρίσεις, τοὺς δὲ ὁ ἐλαττούμενος ἐπιγινώσκει λόγος. τὸν δὲ λεγόμενον Παναθηναϊκὸν πρὸ ἐνιαυτοῦ τῆς τελευτῆς αὐτοῦ ἔγραψεν, ἢ, ὥς τινές φασι, πρὸ τεσσάρων. καὶ τοὺς πρὸς Φίλιππον δὲ ὀλίγῳ πρότερον τοῦ θανάτου. ἐβίω δὲ, ὡς μέν τινές φασιν, ἔτη ἑκατὸν, ὡς δ' ἕτεροι, δυοῖν δεόντων μόνον. ἐτελεύτησε δὲ, ἀπαγγελθέντος αὐτῷ τοῦ περὶ Χαιρώνειαν πάθους, ἐξαγαγὼν ἑαυτὸν τοῦ βίου τέτρασιν ἡμέραις ἀσιτήσας, ἅτε δὴ μὴ ὑπομείνας ἰδεῖν τετράκις δουλουμένην τὴν Ἑλλάδα. εὐπόρησε δὲ ἀργύριον ἱκανὸν, οὐ τοὺς γνωρίμους εἰσπράττων μόνον, ἀλλὰ καὶ παρὰ Νικοκλέους, ὃς ἐβασίλευε τῶν Κυπρίων — Εὐαγόρου δὲ ἦν οὗτος υἱὸς —, ὑπὲρ τοῦ πρὸς αὐτὸν γραφέντος συμβουλευτικοῦ λόγου τάλαντα λαβὼν εἴκοσιν· ἐφ' οἷς φθόνον ἐφελκύσας, τριηραρχεῖν προεβλήθη. καὶ δὶς μὲν ἀσθένειαν σκηψάμενος διὰ τοῦ παιδὸς παρῃτήσατο· τὸ δὲ τρίτον ὑποστὰς ἀνήλωσεν οὐκ ὀλίγα. οὗτος πρὸς τὸν διαπυνθανόμενον, Διὰ τί, μὴ δυνατὸς ὢν δημηγορεῖν, ἄλλους ποιεῖ δημηγόρους; Ὅτι καὶ αἱ ἀκόναι (ἔφη) αὐταὶ μὲν τέμνειν οὐ δύνανται, τὸν δὲ σίδηρον τμητικὸν ποιοῦσι. καὶ πρὸς τὸν εἰπόντα δὲ πατέρα, ὡς οὐδὲν ἄλλο ἢ ἀνδράποδον συνέπεμψε τῷ οἰκείῳ παιδὶ, Ἄπιθι (ἔφη), δύο γὰρ ἀνθ' ἑνὸς ἕξεις ἀνδράποδα. ἐπὶ δὲ τῷ Σωκράτους

εἶχε καταθεῖναι τὸν μισθὸν, μηδὲ τὸ πέμπτον αὐτοῦ μέρος ἐθέλειν λαμβάνειν. IDEM.

Τοὺς πρὸς Φίλ.] Ἢ γραπτέον, Τὸν πρὸς Φίλιππον, ἢ καὶ τὰς πρὸς τὸν Μακεδόνα τοῦ Ῥήτορος ἐπιστολὰς συννενοηκέναι τὸν Φώτιον ὑποληπτέον. IDEM.

Τοῦ παιδὸς] Τοῦ εἰσποιητοῦ υἱοῦ Ἀφαρέως. IDEM.

Ἕξεις ἀνδράποδα] Τοιοῦτός τις ἔοικεν ὁ νοῦς εἶναι τοῦ λεγομένου· τῶν τις ξένων εὐπόρων, Ἰσοκράτει μαθητεύσοντα πέμψας Ἀθήναζε τὸν υἱὸν, ἀνδράποδον μόνον συνέπεμψεν ὑπουργὸν, οὐ μὴν καὶ ἀργύριον, μισθὸν τῆς μαθήσεως. Τὴν οὖν ῥυπαρίαν τοῦ πεπομφότος καταμεμφόμενος Ἰσοκράτης, Ἄπιθι, ἔφη, καὶ δύο ἀνθ' ἑνὸς ἕξεις ἀνδράποδα, τό τε συμπεμφθὲν τῷ υἱεῖ, καὶ αὐτὸν τὸν υἱὸν, μηδὲν ἀνδραπόδου διοίσοντα, εἰ μὴ μεθέξει τῆς προσηκούσης τοῖς ἐλευθέροις ἀγωγῆς καὶ παιδείας. Τοῦτο καὶ πρὸς οὐκ ὀλίγους τῶν νῦν ἐστὶν ἐπιλέγειν τοὺς ἵππους μὲν καλοὺς τοῖς παισὶν ὠνουμένους, παιδείας δὲ μεταδοῦναι μηδόλως φροντίζοντας· Ἄπιθι πατέρων κακοδαιμονέστατε· δύο γὰρ ἀνθ' ἑνὸς ἕξεις ἵππους, τὸν μὲν ἐν τῇ φάτνῃ τρεφόμενον, τὸν δὲ τῆς αὐτῆς σοι τραπέζης μετέχοντα. COR.

θανάτῳ λίαν ἐλυπήθη, καὶ μελανειμονῶν προῆλθε τῇ ὑστεραίᾳ. δύο δὲ ἐν ἅπαντι τῷ βίῳ συνέστησαν αὐτῷ ἀγῶνες· πρότερος μὲν εἰς ἀντίδοσιν, προκαλεσαμένου αὐτὸν Μεγακλείδου, πρὸς ὃν οὐκ ἀπήντησε διὰ νόσον, τὸν δὲ θετὸν υἱὸν ἀνθ᾽ αὑτοῦ προβαλλόμενος Ἀφαφέα, ἐνίκησε· δεύτερος δὲ, Λυσιμάχου προκαλεσαμένου αὐτὸν περὶ τριηραρχίας εἰς ἀντίδοσιν, ἐν ᾧ καὶ ἡττηθεὶς, τὴν τριηραρχίαν ὑπέστη. τῶν δὲ λόγων αὐτοῦ τὸ εὐκρινὲς καὶ σαφὲς καὶ μεμελετημένον πᾶσι δῆλον· καὶ ὡς ἐπανθεῖ αὐτοῖς οὐ μόνον ἔμφυτον, ἀλλὰ καὶ κομμωτικὸν κάλλος. οὐ μέντοι γε πολυσχήμων ὁ ἀνὴρ, οὐδὲ ταῖς κατὰ τὸ σχῆμα τροπαῖς ποικιλλόμενος· διὸ καὶ δι᾽ ἔνδειαν τῆς ἐν τούτοις μεταβολῆς, οὐδὲ ἐναγώνιος. Ἰσοκρατικὴ δὲ καὶ τῶν ἐν τοῖς λόγοις ὑποστάσεων ἡ συνέχεια. τάχα δ᾽ ἄν τις αὐτὸν αἰτιάσαιτο κλοπῆς, ἐξ ὧν ἐν τῷ Πανηγυρικῷ λόγῳ αὐτοῦ πολλὰ τῶν κατὰ τοὺς ἐπιταφίους λόγους εἰρημένων Ἀρχίνῳ τε καὶ Θουκυδίδῃ καὶ Λυσίᾳ ὑπεβάλετο. ἀλλ᾽ οὐδὲν κωλύει, παραπλησίων ἀνακυπτόντων πραγμάτων, ταῖς ὁμοίαις ἐξεργασίαις χρῆσθαι καὶ τοῖς ἐνθυμήμασιν, οὐχ ὑποβαλλόμενον τὰ ἀλλότρια, ἀλλὰ τῆς τῶν πραγμάτων ἀναβλαστανούσης φύσεως τοιαῦτα, οἷα καὶ τοῖς προλαβοῦσι προβαλλομένη ἐπιδείκνυται. ἐτάφη δὲ τελευτήσας λαμπρῶς ἅμα πατρὶ καὶ μητρὶ καὶ ἀδελφῇ καὶ τῇ ἄλλῃ συγγενείᾳ. ἀνάκειται δὲ αὐτοῦ καὶ ἐν Ἐλευσῖνι εἰκὼν χαλκῆ, ἐπιγραφὴν ἔχουσα,

Τιμόθεος, φιλίας τε χάριν σύνεσίν τε προτιμῶν,
Ἰσοκράτους εἰκῶ τήνδ᾽ ἀνέθηκε θεῷ,

Λεωχάρους ἔργον. καὶ ἑτέραν δὲ εἰκόνα ἔστησεν αὐτοῦ πρὸς τῷ Ὀλυμπίῳ ἐπὶ κίονος χαλκῆς ὁ θετὸς παῖς Ἀφαρεὺς, υἱὸς γεγονὼς Λαγίσκης, ἑταίρας τινός· ἣν ἔχουσαν τρεῖς παῖδας ὕστερον Ἰσοκράτης ἠγάγετο, ὧν εἷς ἦν καὶ ὁ Ἀφαρεὺς ὁ τὴν εἰκόνα στησάμενος καὶ ἐπιγράψας·

Ἰσοκράτους Ἀφαρεὺς πατρὸς εἰκόνα τήνδ᾽ ἀνέθηκε
Ζηνὶ, θεούς τε σέβων, καὶ γονέων ἀρετήν.

Ὑποστάσεων] Ὑπόστασις καλεῖται τοῖς τὰς ῥητορικὰς τέχνας συντεταχόσιν ἐκεῖνο τὸ εἶδος τοῦ λόγου, ἐν ᾧ κῶλα κώλοις, καὶ περίοδοι περιόδοις συζεύγνυνται δι᾽ ἐκείνων τῶν μορίων, ἅπερ ἀναγκαίως συνεισάγουσιν ἄλληλα, καὶ ἀλλήλοις ἀνταποδίδονται· οἷά ἐστι τὰ Οὕτως ὥστε, Τοσοῦτον ὅσον, Τηλικαῦτα ἡλίκα κ. τ. λ. οἷς μάλιστα χαίρειν τὸν Ἰσοκράτην ἴσασιν οἱ καὶ κατὰ μικρὸν τοῖς λόγοις αὐτοῦ συνδιατρίψαντες. Σκοπητέον δὲ ἀκριβέστερον μήποτε συγκέχυται ἡ Ὑπόστασις ἐνίοτε τῇ Ἀποστάσει, καίπερ ἑτεροῖόν τι δηλούσης τῆς ῥητορικῆς Ἀποστάσεως. Idem.

Ἐλευσῖνι] Ἐλευσινίῳ, γραπτέον εἶναι φθὰς εἴκασα ἐν τοῖς πρόσθεν. Idem.

Θεῷ] Γράφε, θεαῖς (τουτέστι τῇ Δήμητρι καὶ τῇ Κόρῃ), ὡς φέρεται ἐν τοῖς τοῦ Ψευδοπλουτάρχου. Idem.

Λεωχάρους] Ἀντὶ, Κλεοχάρους, ἔγραψα, καθὰ φέρεται ἐν τοῖς τοῦ Ψευδοπλουτάρχου, Λεωχάρους. Ἦν δ᾽ οὗτος τῶν ὀνομαστοτάτων ἀνδριαντοποιῶν, ἀκμάσας, ὥς φησι Πλίνιος (ΛΔ. η΄. σελ. 649.), κατὰ τὴν ἑκατοστὴν δευτέραν Ὀλυμπιάδα. Idem.

Ὀλυμπίῳ] Γρ. Ὀλυμπείῳ. Idem.

Λαγίσκης] Ὁ δὲ Ψευδοπλούταρχος, ἐξ οὗ ταῦτα παρείληφεν ὁ Φώτιος, οὐ τῆς ἑταίρας Λαγίσκης υἱὸν λέγει τὸν Ἀφαρέα, ἀλλὰ Πλαθάνης, τῆς Ἱππίου τοῦ Ῥήτορος θυγατρὸς, ἣν νόμῳ γαμετὴν ἐποιήσατο Ἰσοκράτης. Idem.

ΕΚ ΤΟΥ ΣΟΥΙΔΑ ΠΕΡΙ ΙΣΟΚΡΑΤΟΥΣ.

Ἰσοκράτης, Θεοδώρου αὐλοποιοῦ, Ἀθηναῖος ῥήτωρ, γενόμενος ἐπὶ τῆς ὀγδοηκοστῆς ἕκτης Ὀλυμπιάδος, ὅ ἐστι μετὰ τὰ Πελοποννησιακά. καὶ διὰ μὲν τῆς φωνῆς τὴν ἀτονίαν καὶ τὸ ἀπαῤῥησίαστον δίκας οὐκ εἶπεν· ἐδίδαξε δὲ πλείστους, καὶ λόγους γέγραφε λβʹ. βιώσας δʼ ἔτη ἓξ πρὸς τοῖς ἑκατὸν ἐτελεύτησεν. ἀδελφοὶ δʼ αὐτῷ ἐγένοντο Τίσιππος καὶ Θεόμνηστος καὶ Θεόδωρος, διδάσκαλος δὲ Γοργίας· οἱ δὲ Τισίαν φασὶν, οἱ δὲ Ἀρχῖνον, οἱ δὲ Πρόδικον ἔφασαν, οἱ δὲ Θηραμένην. οἱ δὲ λόγοι αὐτοῦ πλεῖστοι.

ΕΚ ΤΟΥ ΑΥΤΟΥ.

Ἔφορος Κυμαῖος καὶ Θεόπομπος Δαμασιστράτου Χῖος, ἄμφω Ἰσοκράτους μαθηταὶ, ἀπʼ ἐναντίων τό τε ἦθος καὶ τοὺς λόγους ὁρμώμενοι. ὁ μὲν γὰρ Ἔφορος ἦν τὸ ἦθος ἁπλοῦς, τὴν δὲ ἑρμηνείαν τῆς ἱστορίας ὕπτιος καὶ νωθρὸς καὶ μηδεμίαν ἔχων ἐπίτασιν· ὁ δὲ Θεόπομπος τὸ ἦθος πικρὸς καὶ κακοήθης, τῇ δὲ φράσει πολὺς καὶ συνεχὴς καὶ φορᾶς μεστὸς [καὶ] φιλαλήθης ἐν οἷς ἔγραψεν. ὁ γοῦν Ἰσοκράτης τὸν μὲν ἔφη χαλινοῦ δεῖσθαι, τὸν δὲ Ἔφορον κέντρου κ. τ. λ.

ΕΚ ΤΟΥ ΑΥΤΟΥ.

Φιλίσκος Μιλήσιος, ῥήτωρ, Ἰσοκράτους ἀκουστὴς τοῦ ῥήτορος. ἐγένετο δὲ πρότερον αὐλητὴς παραδοξότατος· διὸ καὶ Αὐλοτρύπην Ἰσοκράτης αὐτὸν ἐκάλει. γέγραπται δὲ αὐτῷ τάδε· Μιλησιακὸς, Ἀμφικτυονικὸς, Τέχνη ῥητορικὴ ἐν βιβλίοις δύο, Ἰσοκράτους ἀπόφασις.

ΕΚ ΤΟΥ ΑΥΤΟΥ.

Ἰσοκράτης, Ἀμύκλα τοῦ φιλοσόφου· Ἀπολλωνίας τῆς ἐν τῷ Πόντῳ, ἢ Ἡρακλείας, ὡς Καλλίστρατος ὁ ῥήτωρ· μαθητὴς καὶ διάδοχος τοῦ μεγάλου Ἰσοκράτους, διακούσας δὲ καὶ Πλάτωνος τοῦ φιλοσόφου. οὗτος δὲ ὁ Ἰσοκράτης καὶ Θεοδέκτῃ τῷ ῥήτορι καὶ τραγῳδιοποιῷ καὶ Θεοπόμπῳ τῷ Χίῳ ἅμα τῷ Ἐρυθραίῳ Ναυκράτῃ διηγωνίσατο περὶ λόγων εἰς τὸν ἐπιτάφιον Μαυσώλου τοῦ Καρὸς, βασιλέως Ἁλικαρνασσοῦ. καὶ λόγοι αὐτοῦ εʹ. Ἀμφικτυονικὸς, Προτρεπτικὸς, Περὶ τοῦ τάφου μὴ ποιῆσαι Φιλίππῳ, Περὶ τοῦ μετοικισθῆναι, Περὶ τῆς ἑαυτοῦ πολιτείας.

Μετὰ τὰ Πελ.] Γρ. κατὰ τὰ Πελ. Idem.

Τίσιππος] Τελέσιππον καὶ Διόμνηστον ὠνόμασε τούτους ὁ Ψευδοπλούταρχος ἀνωτέρω παραλιπὼν τὸν Θεόδωρον. Idem.

Προτρεπτικὸς] Ὁ πρὸς Δημόνικον ἂν εἴη οὗτος. Idem.

ΕΚ ΤΟΥ ΕΥΣΤΑΘΙΟΥ
ΠΕΡΙ ΙΣΟΚΡΑΤΟΥΣ.

Φασὶ δ' ἐνταῦθα οἱ παλαιοὶ, ὅτι τρεῖς τρόποι ῥητορείας· ὁ ἀπολελυμένος καὶ βραχὺς καὶ περὶ τὰ καίρια ἔχων, οἷος ὁ τοῦ Μενελάου, ὃς ἐπιτρέχων τὰ πολλὰ, ὡς εἴρηται, μόνα λέγει τὰ καίρια. δεύτερος ὁ ὑψηλὸς καὶ καταπληκτικὸς καὶ μεστὸς ἐνθυμημάτων ἀθρόως λεγομένων, ὃν καὶ Δημοσθένης ζηλοῖ. καὶ τρίτος ὁ πιθανὸς καὶ πολλῶν πλήρης δογμάτων, οἷος ὁ τοῦ Νέστορος, οὗ ζηλωτὴς Ἰσοκράτης, ὃς τὸ γνωμολογικὸν καὶ σαφὲς ἐζήλωσε.

ΕΚ ΤΟΥ ΕΡΡΙΚΟΥ ΣΤΕΦΑΝΟΥ
ΠΕΡΙ ΙΣΟΚΡΑΤΟΥΣ.

Ἰσοκράτης κάκιστον ἄρχοντα ἔλεγεν εἶναι τὸν ἄρχειν ἑαυτοῦ μὴ δυνάμενον. Ἐρωτηθείς· Διὰ ποίαν αἰτίαν τοὺς ἄλλους διδάσκων λέγειν αὐτὸς σιωπᾷ; ἔφη· Καὶ γὰρ ἡ ἀκόνη αὐτὴ μὲν οὐ τέμνει, τὰ δὲ ξίφη ὀξέα ποιεῖ. Ἐρωτηθείς· Τίνι οἱ φιλόπονοι τῶν ῥαθύμων διαφέρουσιν; εἶπεν· Ὡς οἱ εὐσεβεῖς τῶν ἀσεβῶν ἐλπίσιν ἀγαθαῖς. Ἰδὼν νεανίαν φιλοπονοῦντα, ἔφη· Κάλλιστον ὄψον τῷ γήρατι ἀρτύεις. Καρέωνος ὄντος λάλου καὶ σχολάζειν παρ' αὐτῷ βουλομένου, διττοὺς ᾔτησε μισθούς. τοῦ δὲ τὴν αἰτίαν πυθομένου, Ἕνα μὲν (ἔφη), ἵνα λαλεῖν μάθῃς, τὸν δὲ ἕτερον, ἵνα σιγᾷν.

ΕΚ ΤΟΥ ΕΡΜΟΓΕΝΟΥΣ
ΠΕΡΙ ΙΣΟΚΡΑΤΟΥΣ.

Πολὺ τὸ καθαρὸν τῆς λέξεως παρ' Ἰσοκράτει.

ΕΥΣΤΑΘΙΟΥ] Ad Il. Γ. p. 406.

Ἀθρόως λεγομένων] Τοὺς ἀντιγράψαντας τὰ τοῦ Εὐσταθίου εἰκὸς ὧδε παραλιπεῖν τὰς τέσσαρας ταύτας λέξεις, "Οἷος ὁ τοῦ Ὀδυσσέως" ἐκεῖνα γὰρ ἑρμηνεύει ἐνθάδε Εὐστάθιος τὰ ἔπη (Ἰλιάδ. Γ. 213—223.), ἐν οἷς θαυμασίως ὁ ποιητὴς τὴν Ὀδυσσέως ῥητορείαν πρὸς τὴν τοῦ Μενελάου παραβάλλει, προεπηνεκὼς ἐν ἑτέροις (Ἰλιάδ. Α. 249.) τὴν γλυκίονα μέλιτος αὐδὴν τοῦ ῥητορικοῦ Νέστορος. Cor.

ΣΤΕΦΑΝΟΥ] Syllog. Apophthegm. Hellen. p. 697.

Καρέωνος] Οὐχ Ἑλληνικὸν, ἢ γοῦν οὐ τῶν ἐπὶ Ἰσοκράτους ἐν χρήσει κυρίων ὀνομάτων, τοῦ Καρέωνος τοὔνομα· καὶ μήποτε γραφικῶς ἡμάρτηται παρὰ τῷ Μονεμβασίας ἐπισκόπῳ Ἀρσενίῳ, ἐξ οὗ ταῦτα ἠρανίσατο ὁ Στέφανος. Cor.

ΕΡΜΟΓΕΝΟΥΣ] Lib. A. ἰδεῶν.

ΙΣΟΚΡΑΤΟΥΣ

ΛΟΓΟΙ.

A.

ΙΣΟΚΡΑΤΟΥΣ

ΠΡΟΣ ΔΗΜΟΝΙΚΟΝ

ΠΑΡΑΙΝΕΣΙΣ.

Pag. ed. Steph. — Pag. ed. Cor.

2 α΄. ΕΝ πολλοῖς μὲν, ὦ Δημόνικε, πολὺ διεστώσας 1
εὑρήσομεν τάς τε τῶν σπουδαίων γνώμας καὶ τὰς τῶν
φαύλων διανοίας· πολὺ δὲ μεγίστην διαφορὰν εἰλήφασιν ἐν
ταῖς πρὸς ἀλλήλους συνηθείαις. οἱ μὲν γὰρ φίλους παρόντας
μόνον τιμῶσιν, οἱ δὲ καὶ μακρὰν ἀπόντας ἀγαπῶσι· καὶ
b τὰς μὲν τῶν φαύλων συνηθείας ὀλίγος χρόνος διέλυσε, τὰς
δὲ τῶν σπουδαίων φιλίας οὐδ᾽ ἂν ὁ πᾶς αἰὼν ἐξαλείψειεν.
ἡγούμενος οὖν πρέπειν τοὺς δόξης ὀρεγομένους καὶ παιδείας
ἀντιποιουμένους τῶν σπουδαίων ἀλλὰ μὴ τῶν φαύλων

SUMMARIUM] (α΄.) *Proœmium.* Causæ, quare hanc orationem ad Demonicum miserit. Multo præstare adolescentes ad bene vivendum, quam ad bene dicendum informare. Quid sibi in hac oratione propositum sit. Præstantia virtutis, quæ Herculis Theseique laboribus immortalitatis notam impresserit. (γ΄.) Exemplum Hipponici patris virtutibus maxime conspicui filio ad imitandum proponitur. Transitus ad præcepta. (δ΄.) *Præcepta.* Qua ratione dii sunt colendi. Pietas erga parentes. Quæ corporis exercitatio eligenda sit. Modestia. Quid juvenes deceat. Conscientiæ vis. Quomodo te geras erga deos, parentes, amicos, leges. Quæ voluptates quærendæ. Famæ parcendum esse, criminationes ab aliis profectas fugiendo. Qua via multa discere possimus. Affabilitas et comitas. Exercitatio in laboribus. Animi continentia. Taciturnitas et in arcanis custodiendis cautio. Quomodo jusjurandum sit præstandum. Qua ratione amici sint comparandi, explorandi, conservandi. Vestitus. Quæ in divitiarum possessione et usu lex observanda sit. Nemini calamitatem esse exprobrandam. Quibus benefaciendum. Cavendum esse ab assentatoribus. Officia comitatis. Compotationes fugiendæ. Liberalitas. Humanitatis præstantia. Quomodo amicitia concilietur. Optima consultandi ac perficiendi ratio. Reges imitandos esse iisque parendum. Magistratuum gerendorum ratio. Potentiam cum æquitate esse jungendam. Justitiam pecuniæ præponendam. Corpus exercendum, sed ingenium præcipue colendum. Gloriæ postponenda securitas. (ε΄.) *Epilogus.* Quare multa dicta sint, quæ ætati Demonici nondum conveniant. Rerum honestarum studium in Demonico laudat, et quo ille animo has admonitiones recepturus sit, inde auguratur. Voluptates, quæ e recte factis oriantur, quæque præterea ad virtutem sequendam probos homines impellere possint. Deorum erga probos pravosque animus e remunerandis puniendisque liberis ex se susceptis optime perspici potest. Præcepta utilia undequaque colligenda esse. LANG. Hæc oratio videtur scripta fuisse anno ante Christum 404. et Isocratis ætatis 33. AUGER.

Πολλοῖς] Sub. πράγμασι. WOLF.

Διεστώσας] Pro διεστηκέναι ἢ διεστᾶναι, Græci enim verbis finitis, sensuum præsertim, sæpe subjungunt accusativos, ubi Latini infinitivis sæpius utuntur. IDEM.

Εὑρήσομεν] Ἐπιτευξόμεθα, ἐξετάσομεν, καὶ ἐρεύνῃ καταληψόμεθα. Ἐλλειπτικὸν est. Intelligitur enim μελετῶντες, ἢ θεωροῦντες τὸν βίον. IDEM.

Σπουδαίων] Scil. ἀνθρώπων ἢ ἀνδρῶν. Est autem σπουδαῖος non tam studiosus, qui φιλομαθὴς rectius dicitur; quam vir bonus et honestus, virtute præditus, philosophiæ deditus. IDEM.

Διαφορὰν εἰλήφασιν] Διαφέρουσι. IDEM.

Παρόντας] I. e. ἕως ἂν παρῶσι. IDEM.

Διέλυσε] I. e. διαλύειν εἴωθε. IDEM. *dirimere solet.* AUGER.

εἶναι μιμητὰς, ἀπέσταλκά σοι τόνδε τὸν λόγον δῶρον, τεκμήριον μὲν τῆς πρὸς [1]ὑμᾶς [2]εὐνοίας, σημεῖον δὲ τῆς πρὸς Ἱππόνικον συνηθείας. πρέπει γὰρ τοὺς παῖδας, ὥσπερ τῆς οὐσίας, οὕτω καὶ τῆς φιλίας τῆς πατρικῆς κληρονομεῖν.
β΄. Ὁρῶ δὲ καὶ τὴν τύχην ἡμῖν συλλαμβάνουσαν καὶ c
τὸν παρόντα καιρὸν συναγωνιζόμενον· σὺ μὲν γὰρ παιδείας ἐπιθυμεῖς, ἐγὼ δὲ παιδεύειν ἄλλους ἐπιχειρῶ; καὶ [3]σοὶ μὲν ἀκμὴ φιλοσοφεῖν, ἐγὼ δὲ τοὺς φιλοσοφοῦντας ἐπανορθῶ. ὅσοι μὲν οὖν πρὸς τοὺς ἑαυτῶν φίλους τοὺς προτρεπτικοὺς λόγους συγγράφουσι, καλὸν μὲν ἔργον [4]ἐπιχειροῦσιν, οὐ μὴν περί γε τὸ κράτιστον τῆς φιλοσοφίας διατρίβουσιν· ὅσοι δὲ τοῖς νεωτέροις εἰσηγοῦνται, μὴ δι' ὧν τὴν δεινότητα τὴν d
ἐν τοῖς λόγοις ἀσκήσουσιν, ἀλλ' ὅπως τὰ τῶν τρόπων ἤθη
2 σπουδαῖοι πεφυκέναι δόξουσι, τοσούτῳ μᾶλλον ἐκείνων τοὺς 3

[1] ἡμᾶς Langius
[2] φιλίας Augerus Coraes L.
[3] σὺ μὲν ἀκμὴν φιλοσοφεῖς A. C. L.
[4] ἐπιχειροῦσι ποιεῖν C.

Τεκμήριον — σημεῖον] Distinguunt τεκμήριον et σημεῖον, ut hoc et fallax conjectura sit et proprie ad præterita pertinet: illud ad futura, item, ut sit propria et certa rei nota. Ex qua distinctione colligi potest, hoc velle Isocratem: Demonico hanc orationem quasi pignus esse debere constituendæ cum ipso amicitiæ, quæ cum patre ejus olim intercesserit. WOLF.

Τῆς πρὸς ἡμᾶς] Scil. οὔσης ἢ ὑπαρχούσης. IDEM. ἡμᾶς cum editionibus veteribus et Wolfio retinui, quidquid contra dicant octo Auger. biblioth. regiæ Codd., e quibus ille recepit ὑμᾶς. Contextus enim auctorisque sive imitatoris hujus loquendi subtilitas postulant, ut φιλία (*amicitia*) erga Demonicum a συνηθείᾳ (*consuetudine*) πρὸς Ἱππόνικον probe secernatur. Quod si concesseris, συνήθεια πρὸς Ἱππόνικον, quæ sequitur, requirit in hoc versu φιλίαν πρὸς σὲ, sive, ut mutua significetur inter Isocratem et Demonicum amicitia, φιλίαν ἡμῶν, vel, quod idem est, πρὸς ἡμᾶς, nentiquam vero πρὸς ὑμᾶς. LANG. Coraes quoque πρὸς ὑμᾶς dedit; et pro singulari πρός σε intelligi vult, ut in Orat. ad Philipp. et Epist. 3.

Ὁρῶ] Scil. τῇ διανοίᾳ. WOLF.

Συλλαμβάνουσαν] Συνεργοῦσαν, βοηθοῦσαν. IDEM.

Καιρὸν] Καιρὸς est pars temporis, rei gerendæ commoditatem incommoditatemve complectens. IDEM.

Ἀκμὴν] Non mihi displicet lectio Codd. καί σοι μὲν ἀκμὴ φιλοσοφεῖν, quod interpretor: *et tu quidem es in eo ætatis flore ut literis studeas.* Nota apud Isocratem φιλοσοφεῖν significare sæpius *literis studere*, sicut οἱ φιλόσοφοι *viri literati*, et φιλοσοφία *studium literarum*. AUGER. Φιλοσοφίαν λέγει ἅπασαν ἁπλῶς τὴν ἀνθρωπίνην παιδείαν, καὶ φιλοσοφεῖν τὸ περὶ ταύτην σπουδάζειν. CORAES. Interpreteris: *hoc ipso tempore.* Auger., male, puto, cum Wolfio *ardenter.* Nam ut verba antecedentia καὶ τὸν παρόντα χρόνον, in sequentibus habeant, cui respondeant, ἀκμὴν, h. l. de tempore intelligendum est, interpretandumque, ut dixi. Conf. Mœris Atticist. ed. Fischeri p. 7. et Morum in Indice ad Xenoph. Anabas. LANG. ἀκμὴν Coraes per ἔτι exponit.

Τοὺς] Ante προτρεπτικοὺς videtur abesse posse. LANG.

Ἐπιχειροῦσι] Cum accusativo positum offendit. Hinc in Cod. Battiei illi verbo non male additum legitur ποιεῖν, quo insolentior verbi structura, ubivis cum dativo occurrentis, evanescit. IDEM. Plut. ὡς δὲ ᾔσθετο καὶ τὴν Ἀρ. τὰ αὐτὰ βουλευομένην, ἐπεχείρει τὸ ἔργον. Plat. in Crit. §. 5. οὐδὲ δίκαιόν μοι δοκεῖς ἐπιχειρεῖν τὸ πρᾶγμα.

Τὸ κράτιστον] Vel μέρος subintelligi potest; vel neutrum loco fœminini positum esse existimari, ut sit περὶ τὴν κρατίστην φιλοσοφίαν. WOLF.

Φιλοσοφίας] Vid. Ind. LANG.

Εἰσηγοῦνται] Εἰσάγουσι, χειραγωγοῦσι. *introducunt, tirones viæ ignaros quasi manu ducunt.* WOLF.

Δι' ὧν] Scil. πραγμάτων ἢ τρόπων. IDEM.

Τὰ τῶν τρόπων ἤθη] I. e. κατὰ συνωνυμίαν, τὰ ἤθη καὶ τοὺς τρόπους. IDEM.

Δόξουσι] Cod. Bav. et August. male δόξωσι. Vid. Fr. Aug. Wolf. ὁ πάνυ in

ἀκούοντας ὠφελοῦσιν, ὅσον οἱ μὲν ἐπὶ λόγον μόνον παρακαλοῦσιν, οἱ δὲ καὶ τὸν τρόπον αὐτῶν ἐπανορθοῦσι. διόπερ ἡμεῖς, οὐ παράκλησιν εὑρόντες ἀλλὰ παραίνεσιν γράψαντες, μέλλομέν σοι συμβουλεύειν, ὧν χρὴ τοὺς νεωτέρους ὀρέγεσθαι καὶ τίνων ἔργων ἀπέχεσθαι, καὶ ποίοις τισὶν ἀνθρώποις ὁμιλεῖν, καὶ πῶς τὸν ἑαυτῶν βίον οἰκονομεῖν. ὅσοι γὰρ τοῦ βίου ταύτην τὴν ὁδὸν ἐπορεύθησαν, οὗτοι μόνοι τῆς ἀρετῆς
b ἐφικέσθαι γνησίως ἠδυνήθησαν· ἧς οὐδὲν κτῆμα σεμνότερον οὐδὲ βεβαιότερόν ἐστι. κάλλος μὲν γὰρ ἢ χρόνος [1] ἀνήλωσεν ἢ νόσος ἐμάρανε· πλοῦτος δὲ κακίας μᾶλλον ἢ καλοκαγαθίας ὑπηρέτης ἐστὶν, ἐξουσίαν μὲν τῇ ῥᾳθυμίᾳ παρασκευάζων, ἐπὶ δὲ τὰς ἡδονὰς τοὺς νέους παρακαλῶν· ῥώμη δὲ μετὰ μὲν φρονήσεως ὠφέλησεν, ἄνευ δὲ ταύτης πλείω τοὺς

[1] ἀνάλωσεν C. L.

Demosth. Leptin. p. 266. et 375. e qua observatione multa hujusmodi loca emendanda sunt. Adde Findeisen. ad Evagor. c. 1. et Fischer. ad Welleri Grammat. (edit. noviss.) spec. 2. p. 251. seq. qui plura, ut solet, in hanc rem loca collegit. LANG.

Οἱ μὲν — οἱ δὲ] Scil. οἱ προτρέποντες — οἱ παραινοῦντες. WOLF.

Παράκλησιν — παραίνεσιν] Παράκλησιν Suidas ait esse λόγον ἀντίῤῥησιν ἐπιδεχόμενον, παραίνεσιν vero λόγον συμβουλευτικὸν ἀντίῤῥησιν οὐκ ἐπιδεχόμενον. IDEM. Apparet ex hoc loco per παράκλησιν intelligi debere *hortationem ad eloquentiam*, et per παραίνεσιν *hortationem ad virtutem*. AUGER.

Ὧν] Ante ὧν subauditur ταῦτα. IDEM.

Ἧς οὐδὲν — βεβαιότερόν ἐστι] Sententiam hanc iisdem pæne verbis repetiit Stobæus in Sermonib. (ed. Gesneri, 1543. f.) p. 4; hoc tamen discrimine, ut pro ἧς, qua voce ibi incipi non poterat, poneret τῆς ἀρετῆς. LANG.

Ἀνάλωσεν] Unus Harlei. ἠνάλωσεν: alter ἀνήλωσεν. Verbum ἀναλίσκειν vel potius ἀναλοῦν modo augmento carere, modo ante præpositionem incrementum habere, modo post illam, a grammaticis præcipi, notum est. Sed, quoniam alterum α hoc in verbo longum est, Attici aliique Græci veteres illud carere augmento jusserunt. V. Valcken. ad Euripid. Phœn. p. 223. et Pierson. ad Mœr. p. 122. Dialectus vero Macedonica et Alexandrina, relicta hac diligentia, uti augmento perperam instituerunt. Unde Suidas v. ἀναλίσκειν: ἐν δὲ τῷ παρεληλυθότι, inquit, καὶ διὰ τοῦ η ἀδιαφόρως· οἷον, ἀνήλισκον καὶ ἀνάλισκον. Atque hac posteriorum scriptorum negligentia decepti librarii, etiam in veterum Græcorum libris, alii alterum α longum, alii primum, mutarent fere in η longum. Deinde e vitiosa Mœridis (Λέξεων Ἀττικῶν καὶ Ἑλλήνων) lectione, recentiorum quorundam grammaticorum ortum est præceptum, ut formas perfecti ἀνήλωκα et ἠνάλωκα Atticas, sed formam ἀνάλωκα communem appellarent. Res potius, ut Hudsonius ad Mœridem docuit, contra se habet. Hinc Fischerus ad Welleri Grammat. (edit. sec.) spec. 3. part. 1. p. 34. non dubitat, quin in locis Atticorum auctorum, in quorum optimo et vetustissimo quoque Codice in talibus locis forma perfecti ἀναύξητος exstet, hujus verbi augmentum ubique delendum sit, et vetus genuinaque forma restituenda. Quorum in numero sunt quoque quatuor Isocratis loci, quos ille ex vera Atticorum norma emendandos censet. In Panathen. ἀναλωκότας pro ἀνηλωκότας, in Paragraph. ἀνάλωσεν et ἀναλώσαμεν pro ἀνήλωσεν et ἀνηλώσαμεν, in Areopag. ἀναλώκει pro ἀνηλώκει et in oratione de Pace ἀνάλωκας pro ἀνήλωκας. Quod vero de simplicibus valet, de compositis quoque valere, quis dubitet? Exemplis igitur a Fischero allatis adjicienda erunt κατηναλωμένα p. 670. et ἀπανηλωκότες p. 239. Aliter H. Wolf. in Castigatt. p. 808. qui ἀνήλωσεν hoc nostro loco rectius legi hujusque verbi a regulis incrementorum exceptionem a depravatis potius codicibus, quam ab usu grammaticorum derivandam putat. IDEM. Ἀνάλωσεν, ἐμάρανε, ὠφέλησεν, ἔβλαψε, ἐκόσμησε, ἐπεσκότησεν, ἀντὶ τοῦ ἀναλίσκει ἢ φιλεῖ ἀναλίσκειν, κ. τ. λ. CORAES.

ἔχοντας ἔβλαψε, καὶ τὰ μὲν σώματα τῶν ἀσκούντων ἐκόσμησε, ταῖς δὲ τῆς ψυχῆς ἐπιμελείαις ἐπεσκότησεν. ἡ δὲ τῆς c
ἀρετῆς κτῆσις, οἷς ἂν ἀκιβδήλως [1] ταῖς διανοίαις συναυξηθῇ, μόνη μὲν συγγηράσκει, πλούτου δὲ κρείττων, χρησιμωτέρα δὲ εὐγενείας ἐστὶ, τὰ μὲν τοῖς ἄλλοις ἀδύνατα δυνατὰ [2] καθιστᾶσα, τὰ δὲ τῷ πλήθει φοβερὰ θαρσαλέως ὑπομένουσα, καὶ τὸν μὲν ὄκνον ψόγον, τὸν δὲ πόνον ἔπαινον ἡγουμένη. ῥάδιον δὲ τοῦτο καταμαθεῖν ἐστὶν ἔκ τε τῶν Ἡρακλέους ἄθλων καὶ τῶν Θησέως ἔργων, οἷς ἡ τῶν τρόπων d
ἀρετὴ τηλικοῦτον εὐδοξίας χαρακτῆρα [3] τοῖς ἔργοις ἐπέβαλεν, ὥςτε μηδὲ τὸν ἅπαντα χρόνον δύνασθαι λήθην ἐμποιῆσαι τῶν ἐκείνοις πεπραγμένων.

γʹ. Οὐ μὴν ἀλλὰ, καὶ τὰς τοῦ πατρὸς προαιρέσεις ἀναμνησθεὶς, οἰκεῖον καὶ καλὸν ἕξεις παράδειγμα τῶν

[1] ἐν ταῖς A. C. [2] καθιστῶσα A. L. [3] [τοῖς ἔργοις] L.

Ἔχοντας] Scil. τὴν ῥώμην, sive τοὺς ῥωμαλέους. Wolf.

Ἀσκούντων] Wolf. conjecit ἀθλούντων, vel supplet ἑαυτοὺς, vel refert ad σώματα. Ego vero ῥώμην subaudire seu repetere malim. Lang.

Ἐπεσκότησεν] *obesse solet.* Cod. August. ἐπεσκότισεν, quod Battieus quoque in Codd. Bodlei., Harlei. et Collegii novi illis reperisse ait. Tuetur quoque hanc lectionem Stobæus, p. 358. Sed verba in έω et ίζω, ut οἰκεῖν et οἰκίζειν, quorum illa neutraliter, hæc transitive accipi solent, ab ipsis auctoribus inter se confusa esse videntur, et quod ad ἐπισκοτίζειν attinet, illud ne exstare quidem, quantum scio, videtur. Sed utut sit, hoc tamen indubitatum est, quod ἐπισκοτεῖν in significatione activa in pluribus veterum locis appareat et, quod majus est, in ipso Isocrate, p. 253, v. 13. ἐπισκοτεῖ legatur. Hinc nihil mutare consultius duxi. Idem. Τοὺς ἀθλητὰς αἰνίττεται. Coraes.

Οἷς — συναυξηθῇ] Si præpositio a verbo divulsa ad casum suum referatur h. m. σὺν οἷς — αὐξηθῇ, vel ὧν — αὐξηθῇ, facilior erit conversio. Wolf. ἐν ante ταῖς διανοίαις in Cod. August., ed. Ald. et apud Stobæum, p. 4. deest. οἷς vero h. l., ut alibi, pro ὧν positum est, ut locus interpretandus sit: *quorum cum ratione illa augetur.* Lang.

Συγγηράσκει] Scil. τῷ κεκτημένῳ ἢ ἔχοντι αὐτήν. Wolf.

Οἷς — τοῖς ἔργοις] Suspecta lectio, constructio certe non nisi per ἀντίπτωσιν excusari potest. Nec sane nego, sæpe Græcos dativis uti pro genitivis, facile tamen dat. plural. οἷς pro genitivo dual. οιν scribi potest. Wolf. Quodsi Wolfio concedimus, locus ita sonaret: Ἡρακλέους ἄθλων καὶ τῶν Θησέως ἔργων, ὧν τοῖς ἔργοις. At quis est, qui sentiat, talem ejusdem verbi intra tam breve spatium repetitionem in tam concinno et difficili scriptore, qualis hic noster aut ejus sollicitus imitator est, vix tolerabilem esse? Itaque verosimilius mihi videtur, verba, quæ inclusi, ab aliquo margini adscripta esse, quibus iste indicaret, οἷς non esse ad Herculem et Theseum, sed ad ἔργων trahendum, quod scilicet dubium esse possit. Atque in hoc verum iste, quicunque fuerit, vidit; nam nota operibus quidem alicujus imprimi potest, minime ipsi. Ergo alterutrum concedendum est, vel οἷς positum esse pro ὧν, cui tamen repugnat auctoris dicendi mos, vel ἔργοις delendum; quorum posterius verosimilius mihi visum est. Hæc vero admonitio priscis jam temporibus e margine in textum migrasse et loco quidem perverso videtur, quum Scholiastes ad Sophoclis Trachin., ed. Brunck. octonis, Tom. III. p. 201. utrumque et οἷς et τοῖς ἔργοις retineat; nisi quis et Scholiastam interpolatum esse contendat. Lang. Conjecturam Langii οὐκ ἄλογον censet Coraes; nisi si τοῖς ἔργοις synecdochice per κατὰ τὰ ἔργα explicare placeat.

Ἐμποιῆσαι] Scilicet τοῖς ἀνθρώποις. Wolf.

Ἐκείνοις] Pro ὑπ' ἐκείνων ἢ δι' ἐκείνων. Sicut mox sequitur τῶν ὑπ' ἐμοῦ λεγομένων Idem.

ὑπ' ἐμοῦ [1]σοι λεγομένων. [2]οὐ γὰρ ὀλιγωρῶν τῆς ἀρετῆς
οὐδὲ ῥαθυμῶν διετέλεσε τὸν βίον, ἀλλὰ τὸ μὲν σῶμα τοῖς
e πόνοις ἐγύμναζε, τῇ δὲ ψυχῇ τοὺς κινδύνους ὑπέμενεν. οὐδὲ
τὸν πλοῦτον παρακαίρως ἠγάπα, ἀλλ' [3]ἀπέλαυε μὲν τῶν
παρόντων ἀγαθῶν ὡς θνητὸς, ἐπεμελεῖτο δὲ τῶν ὑπαρχόντων ὡς ἀθάνατος. οὐδὲ ταπεινῶς διῴκει τὸν ἑαυτοῦ βίον, ἀλλὰ
4 φιλόκαλός τε ἦν καὶ μεγαλοπρεπὴς καὶ τοῖς φίλοις κοινὸς, 3
καὶ μᾶλλον ἐθαύμαζε τοὺς περὶ αὐτὸν σπουδάζοντας ἢ τοὺς
τῷ γένει προσήκοντας· ἡγεῖτο γὰρ εἶναι πρὸς ἑταιρίαν πολλῷ κρείττω φύσιν νόμου καὶ τρόπον γένους καὶ προαίρεσιν
ἀνάγκης. ἐπιλίποι δ' ἂν ἡμᾶς ὁ πᾶς χρόνος, εἰ πάσας τὰς
ἐκείνου πράξεις καταριθμησαίμεθα. ἀλλὰ τὸ μὲν ἀκριβὲς
αὐτῶν ἐν ἑτέροις καιροῖς δηλώσομεν, δεῖγμα δὲ τῆς Ἱππονίκου
b φύσεως νῦν ἐξενηνόχαμεν, πρὸς ὃ δεῖ [4]ζῆν σε ὥσπερ πρὸς
παράδειγμα, νόμον μὲν τὸν ἐκείνου τρόπον ἡγησάμενον,
μιμητὴν δὲ καὶ ζηλωτὴν τῆς πατρῴας ἀρετῆς γενόμενον·
αἰσχρὸν γὰρ τοὺς μὲν γραφεῖς ἀπεικάζειν τὰ καλὰ τῶν
ζώων, τοὺς δὲ παῖδας μὴ μιμεῖσθαι τοὺς σπουδαίους τῶν
γονέων. ἡγοῦ δὲ μηδενὶ τῶν ἀθλητῶν οὕτω προσήκειν ἐπὶ
τοὺς ἀνταγωνιστὰς ἀσκεῖν, ὡς σοὶ σκοπεῖν ὅπως ἐφάμιλλος

[1] σοι om. A. [2] οὐδὲ A. L. [3] ἀπήλαυε A. C. L. [4] σε ζῆν A. C.

Οὐδὲ γὰρ] Malim ut in Codd. οὐ γάρ. Auger.

Ὑπέμενεν] Cod. August. ὑπέμεινεν formam usitatiorem, tuetur, quæ in plurali legere est in Paneg. §. ιδ'. Οὐ γὰρ μικροὺς, οὐδὲ ὀλίγους, οὐδὲ ἀφανεῖς ἀγῶνας ὑπέμειναν. Cod. Auger. S. habet ὑφίστατο. Lang.

Παρακαίρως] I. e. ἀπρεπῶς, ἀναρμόστως, παρὰ τὸν καιρόν. Wolf.

Ἀλλ' ἀπήλαυε — θνητὸς] Optime illustrantur disticho margini Cod. Augerii adscripto [Lucian. t. iii. p. 314.]

Ὡς τεθνηξόμενος μὲν τῶν ἀγαθῶν ἀπόλαυε·
Ὡς δὲ βιωσόμενος φείδεο τῶν κτεάνων.
Lang.

Τῶν ὑπαρχόντων] Scil. ἀγαθῶν. Wolf.

Κοινὸς] Interpretantur hoc loco πᾶσι προκείμενος καὶ γινόμενος. Potest etiam intelligi de comitate et humanitate Hipponici, ὅτι γέγονε πρὸς τοὺς πλησιάζοντας ὁμιλητικὸς, ἀλλὰ μὴ σεμνός. ut Xen. Hell. I. 1. 30. ἰδίᾳ οἱ πρὸς Ἑρμοκράτην προσομιλοῦντες μάλιστα ἐπόθησαν τήν τε ἐπιμέλειαν καὶ προθυμίαν καὶ κοινότητα. Isocr. Evag. §. κα'. ἡγούμενοι κοινοτέραν εἶναι κ. τ. λ. i. e. ἐπιεικεστέραν, πρᾳοτέραν, φιλανθρωποτέραν. Sic et in Hel. laud. §. ιζ'. ἡγούμενοι πιστοτέραν εἶναι κ. τ. λ. Unde apparet τὸ κοινὸν humanitatis et communitatis studium significare. neque enim placet illa expositio: Hipponicum parem omnibus amicis tribuisse. Idem.

Τοὺς τῷ γένει προσήκοντας] Scil. αὐτῷ. τοὺς ἑαυτῷ συγγενεῖς. Idem.

Τὸ μὲν ἀκριβὲς] Sive perfectionem dicas, sive certitudinem, sive accuratam rationem, sive diligentiam, sive quid aliud, parum erit commodum: si vero τὸ ἀκριβὲς αὐτῶν δηλώσομεν sic efferas ἀκριβῶς ἢ ἀκριβέστερον αὐτὰς δηλώσομεν, commodius explicabitur Latine *accurate* aut *accuratius eas declarabimus*. Idem. I. e. *accuratam morum illius descriptionem*. Lang.

Πρὸς ὃ] Sic rectius, ut subintelligatur δεῖγμα. Wolf. Rudolphus legisse videtur πρὸς ὃν· convertit enim: *ad quem*. Lang.

Γραφεῖς] Et mox γονεῖς pro γραφέας et γονέας, quibus gaudent Attici ususque est alibi Isocrates, esse argumento inter alia plurima opinatur Coraes, hano orationem Isocratis Atheniensis non esse.

γενήσῃ τοῖς τοῦ πατρὸς ἐπιτηδεύμασιν. οὕτω δὲ τὴν γνώμην c
ἀδύνατον διατεθῆναι τὸν μὴ πολλῶν καὶ καλῶν ἀκουσμάτων πεπληρωμένον· τὰ μὲν γὰρ σώματα τοῖς συμμέτροις πόνοις, ἡ δὲ ψυχὴ τοῖς σπουδαίοις λόγοις αὔξεσθαι πέφυκε. διόπερ ἐγώ σοι πειράσομαι συντόμως ὑποθέσθαι, δι' ὧν ἄν μοι δοκοίης ἐπιτηδευμάτων πλεῖστον πρὸς ἀρετὴν ἐπιδοῦναι καὶ παρὰ τοῖς ἄλλοις ἅπασιν ἀνθρώποις εὐδοκιμῆσαι.

δ'. Πρῶτον μὲν οὖν εὐσέβει τὰ πρὸς τοὺς θεοὺς, μὴ d
μόνον θύων, ἀλλὰ καὶ τοῖς ὅρκοις ἐμμένων· ἐκεῖνο μὲν γὰρ τῆς τῶν χρημάτων εὐπορίας σημεῖον, τοῦτο δὲ τῆς τῶν τρόπων καλοκαγαθίας τεκμήριον. Τίμα τὸ δαιμόνιον ἀεὶ

Διατεθῆναι] I. e. διακεῖσθαι. *nemo hoc in animum inducere potest, nisi,* etc. WOLF.

Ὑποθέσθαι] Idem quod παραινεῖν. IDEM.

Ἐπιδοῦναι — εὐδοκιμῆσαι] Pro ἐπιδώσειν — εὐδοκιμήσειν. IDEM.

Πρῶτον μὲν εὐσέβει] Apud plerosque mortalium, cultiores præsertim, usu receptum est, a divino cultu, tanquam sanctissimo aliquo negotio rerum atque actionum capere initium. Memoratu digna sunt verba Platonis de leg. l. IV. §. 7. ὁ μὲν δὴ Θεὸς, ὥσπερ ὁ παλαιὸς λόγος, ἀρχήν τε καὶ τελευτὴν καὶ μέσα τῶν ὄντων ἁπάντων ἔχει. et qui Orpheo, poetæ veteri, adscribuntur versus :

Ζεὺς κεφαλὴ, Ζεὺς μέσσα,
Διὸς δ' ἐκ πάντα τέτυκται.
Ζεὺς βασιλεὺς, Ζεὺς ἀρχὸς
ἁπάντων, ἀρχιγένεθλος.

A cultu Deorum immortalium exordiendum esse, præcipit quoque aureorum illorum carminum auctor, qui Pythagoras statuitur, dum canere, incipit: Ἀθανάτους μὲν πρῶτα θεοὺς, νόμῳ ὡς διάκειται, Τίμα. Romanos eundem morem tenuisse, testis est Plinius, qui panegyricam orationem, Nervæ Trajano dictam his verbis orditur: "Bene ac sapienter, P. C. majores instituerunt, ut rerum agendarum, ita dicendi initium a precationibus capere, quod nihil rite nihilque providenter homines sine Deorum immortalium ope, consilio, honore auspicarentur." Quin omnis non sermonis solum, sed cogitationis etiam principium a Diis sumendum esse, scribit dictus Plato : ἀπὸ γὰρ θεῶν χρὴ πάντα ἀρχόμενόν ἀεὶ λέγειν τε καὶ νοεῖν. epist. VIII. FRICK.

Μὴ μόνον θύων] Ita Zaleucus quoque apud Diodorum l. XII. incipit leges suas eandemque sententiam habet Xenophon sub finem orationis de Agesilao. FACCIOLATUS. Ὑμνῶν (verba sunt Xenophontis) οὔποτ' ἔληγεν, ὡς τοὺς θεοὺς οἴοιτο οὐδὲν ἧττον ὁσίοις ἔργοις ἢ ἁγνοῖς ἱεροῖς ἥδεσθαι. FRICK.

Τοῖς ὅρκοις] Id vel maxime monuit Isocrates, quia Græca fides fama laborabat et apud multos valebat impium illud, quod est apud Ælianum var. hist. l. VII. c. 12. δεῖ τοὺς παῖδας τοῖς ἀστραγάλοις ἐξαπατᾷν, τοὺς δὲ ἄνδρας τοῖς ὅρκοις. FACC. De juratissimis Græcis Euripidis illud valet : πιστὸν Ἕλλας οἶδεν οὐδέν. Apud Ægyptios perjurium crimen ita grave est habitum, ut perjuri omnes capite damnarentur, velut tales, qui pietatem in deos violarent et fidem inter homines tollerent. Theognis jam questus est, v. 1135. Ὅρκοι δ' οὐκέτι πιστοὶ ἐν ἀνθρώποισι δίκαιοι, Οὐδὲ θεοὺς οὐδεὶς ἅζεται ἀθανάτους. Recte Cicero : "Qui jusjurandum violat, fidem violat." Item : "nullum vinculum ad adstringendam fidem jurejurando majores arctius esse voluerunt." Offic. l. III. c. 29. 31. Hinc Bacchis apud Terentium inquit : "Aliud si scirem, qui firmare meam apud vos possem fidem, Sanctius quam jusjurandum, id pollicerer tibi, Laches." in Hecyr. act. V. sc. 1. 24. 25. Polybius, comparatione Græcos inter et Romanos instituta, de posterioribus inquit l. vi. c. 54. παρὰ Ῥωμαίοις κατά τε τὰς ἀρχὰς καὶ πρεσβείας πολύ τι πλῆθος χρημάτων χειρίζοντες, δι' αὐτῆς τῆς κατὰ τὸν ὅρκον πίστεως, τηροῦσι τὸ καθῆκον. FRICK.

Τὸ δαιμόνιον] I. e. πᾶν τὸ ὑπερβαῖνον τὴν ἀνθρωπίνην φύσιν. WOLF.

Τὸ δαιμόνιον] In Græco est δαιμόνιον, quo nomine intelligitur loci Genius. In carminibus Pythagoreis, quibus tota hæc sententia exprimitur, habemus ἥρωας ἀγαυοὺς et καταχθονίους δαίμονας. De his Cicero de leg. l. II. c. 11. "Ex hominum genere consecratos, sicut Herculem et cæteros, coli lex jubet." FACC. Dæmones

μὲν, μάλιστα δὲ μετὰ τῆς πόλεως· οὕτω γὰρ δόξεις ἅμα
e τε τοῖς θεοῖς θύειν καὶ τοῖς νόμοις ἐμμένειν. Τοιοῦτος γίγνου περὶ τοὺς γονεῖς, οἵους ἂν εὔξαιο περὶ σεαυτὸν γενέσθαι τοὺς [1]σεαυτοῦ παῖδας. Ἄσκει τῶν περὶ τὸ σῶμα γυμνασίων μὴ τὰ πρὸς τὴν ῥώμην, ἀλλὰ τὰ πρὸς τὴν ὑγίειαν συμφέροντα. τούτου δ' ἂν [2]ἐπιτύχοις, εἰ [3]λήγοις τῶν πόνων ἔτι πονεῖν δυνάμενος. Μήτε γέλωτα προπετῆ στέργε, μήτε λόγον μετὰ θράσους ἀποδέχου· τὸ μὲν γὰρ ἀνόητον, τὸ δὲ μανικόν. Ἃ ποιεῖν αἰσχρὸν, ταῦτα νόμιζε μηδὲ λέγειν εἶναι καλόν. Ἔθιζε [1]σεαυτὸν εἶναι μὴ σκυθρωπὸν, ἀλλὰ σύννουν· 4

[1] σαυτ. A. C. L. [2] ἐπιτυγχάνοις A. C. L. [3] λήγεις L.

terrestres, hoc est, præstantes virtute viros cum Pythagora honorari vult Noster, de quibus legi merentur Theod. Marcilii annotata ad Pythagoræ carm. aur. v. 3. quæ adjuncta sunt Hieroclis Commentar. in ead. p. 348. seq. ed. Lond. MDCLXXIII. FRICK.

Μετὰ τῆς πόλεως] Ἐν αἷς ἡμέραις ἡ πόλις εἴωθε τιμᾷν τὸ δαιμόνιον ἑορταῖς καὶ θυσίαις. COR.

Μετὰ τῆς πόλεως] Cultus est honoris signum. Ac privatus quidem honoris exigui. Ille demum magni verique honoris signum est, in quem cives omnes publice consentiunt. FACC.

Τοιοῦτος γίνου κ.τ.λ.] Sumptum ex Thalete apud Diogenem Laert. l. I. segm. 37. IDEM. Thaletis sententia, crebriore usu confirmata, hæc est: οὓς ἂν ἐράνους εἰσενέγκῃς τοῖς γονεῦσι, τοὺς αὐτοὺς προσδέχου καὶ παρὰ τῶν τέκνων. FRICK.

Γονεῖς] Nomine autem parentum intelligit Isocrates illos omnes, qui nobis a natura, vel a parentibus ipsis loco parentum dati sunt. Magistri quoque hac voce significantur, ut est apud Clem. Alexandrinum stromat. l. I. sub init. PACO.

Τοὺς γονεῖς — τοὺς σαυτοῦ παῖδας] F. leg. τοὺς σοὺς γονεῖς — τοὺς σοὺς παῖδας. AUGER.

Ἄσκει κ. τ. λ.] Ita Celsus l. I. c. 2. "Exercitationis plerumque finis esse debet sudor; aut certe lassitudo, quæ citra fatigationem sit." Id præsertim eo spectat, quia 'corporis fatigationes, si nimiæ sint, impediunt studia et cætera mentis opera,' ut scribit Plutarchus de lib. educ. c. XI. 4. FACC. Conspirat Cicero cum Nostro. "Habenda (inquit) ratio valetudinis: utendum exercitationibus modicis." Et, paucis interjectis: "corpora defatigatione et exercitatione ingravescunt; animi autem exercitatione levantur." de senect. c. 11. FRICK.

Πρὸς τὴν ῥώμην] Notat athletas, fortasse etiam Lacedæmonas, qui omnes exercitationes ad corporis robur referebant, in quo et reprehenduntur ab Aristotele polit. l. VIII. c. 4. FACC.

Μήτε γέλωτα προπετῆ στέργε] Wolf. recte explicat: μὴ προπετῶς γέλα. LANG.

Μήτε γέλωτα] Epictetus enchir. c. XLIII. γέλως μὴ πολὺς ἔστω, μηδὲ ἐπὶ πολλοῖς, μηδὲ ἀνειμένος. FACC.

Μήτε λόγον μετὰ θράσους ἀποδέχου] Ambiguum est, aut videtur, utrum moneat, Demonico abstinendum esse temeraria oratione, an vero, si quem jactabundum audierit, eum improbandum esse. Sed facile intelligitur, Demonico præcipi, quid ipsi faciundum, quidve fugiendum sit. WOLF. μήτε θρασεῖς ἔστωσαν οἱ λόγοι. COR.

Ἃ ποιεῖν αἰσχρὸν] Hoc traductum est inter Publii Syri mimos n. 793. "quod facere turpe est, dicere honestum ne puta." Isocrates sumpsit fortasse ex Herodoto I. 138. ἅσσα δέ σφι ποιέειν οὐκ ἔξεστι, ταῦτα οὐδὲ λέγειν ἔξεστι. FACC.

Σκυθρωπὸν] Horat. l. I. ep. 18. v. 94. "Deme supercilio nubem." Cicero de amicit. c. 18. "Tristitia et in omni re severitas absit." FACC. Tristitiam non animi; sed vultus exprimit vocabulum Græcum σκυθρωπὸς, nec veram, sed affectatam, talem nempe, qualis est hypocritarum, Matth. VI. 16. Adhibetur tamen eadem vox quoque de discipulis Emaunticis, Luc. XXIV. 17. Latini auctores vocabula *tristis* et *severus* eodem significatu conjungunt. Cicero: "triste et severum dicendi genus." de clar. orator. Item: "severus ac tristis vultus." de orat. Cornelius Nepos Lysim, Epaminondæ in philosophia præceptorem, appellat "tristem et severum senem." Sed Plinius junior de Euphrato l. I. ep. 10. "nullus horror in cultu,

δι' ἐκεῖνο μὲν γὰρ αὐθάδης, διὰ δὲ τοῦτο φρόνιμος εἶναι δόξεις. Ἡγοῦ μάλιστα σεαυτῷ πρέπειν κόσμον, αἰσχύνην, D
δικαιοσύνην, σωφροσύνην· τούτοις γὰρ ἅπασι δοκεῖ κρατεῖσθαι τὸ τῶν νεωτέρων ἦθος. Μηδέποτε μηδὲν αἰσχρὸν ποιήσας ἔλπιζε λήσειν· καὶ γὰρ ἂν τοὺς ἄλλους λάθῃς, [1]σεαυτῷ γε συνειδήσεις. [2]Τοὺς μὲν θεοὺς φοβοῦ, τοὺς δὲ

[1] σαυτῷ A. C. L.

[2] τὸν μὲν θεὸν A.

nulla tristitia, multum severitatis." ubi observa, tristitiam indicare excessum quendam severitatis, et vide, quæ Cellarius ad hunc locum annotavit. Præterea lege, quæ de voce σκυθρωπὸς habent I. C. Wolfius in cur. philol. et crit. in Matth. VI. 16. et E. Leigh. crit. sacr. nov. test. p. 547. FRICK.

Σύννουν] Σύννους, ut Agricola, *cogitabundus*; *severus*, ut Camerarius. WOLF.

Κόσμον] Κοσμιότητα καὶ εὐταξίαν. COR.

Αἰσχύνην] Αἰσχύνη hic pudor honestus, qui adolescentem decet, quo sensu a Thucydide cum voce αἰδοῦς conjungitur: τῆς αἰδοῦς καὶ αἰσχύνης ἡ εὐψυχία πλεῖστον μετέχει. Schol. libr. 1. Alias tum apud profanos scriptores haud raro, tum præsertim in posterioris fœderis libris in malam accipitur partem. FRICK.

Τούτοις γὰρ ἅπασι δοκεῖ κρατεῖσθαι] Constructio ambigua est, utrum τούτοις ἅπασι, an vero ἅπασι δοκεῖ, κρατεῖσθαι τούτοις, conjungenda sint. Mihi tamen (nisi codices refragarentur) commodior lectio videretur: τούτοις γὰρ ἅπαν κ. τ. λ. Κρατεῖσθαι, i. e. ἐμπεριέχεσθαι, ἐμπεριλαμβάνεσθαι. WOLF. Construe: δοκεῖ γὰρ κρατεῖσθαι τούτοις ἅπασι κ. τ. λ. Quod hic intelligendum sit per κρατεῖσθαι non satis liquet; nonnulli interpretantur *excellere*, *commendari*, quam interpretationem admitto. AUGER. Locus videtur sic explicandus: *Hæc enim* (quatuor) *omnia esse videntur, quibus juvenum mores seu disciplina contineantur.* est enim idem, ac si dixisset: Ταῦτα γὰρ (scil. κόσμος, αἰσχύνη, δικαιοσύνη, σωφροσύνη) ἅπαντα εἶναι δοκεῖ, οἷς τὸ τῶν νεωτέρων ἦθος κρατεῖται. Similem constructionem legis Areop. §. ιζʹ. ἐν μόνοις γὰρ ἂν τούτοις ἐμμένειν τοὺς ἐλευθέρως τεθραμμένους, pro μόνα γὰρ ἂν ταῦτα εἶναι, οἷς etc. Κρατεῖν autem habere significationem τοῦ *continere*, tum ex prima hujus verbi vi, ubi *viribus præditum esse* significat, unde *firmiter tenere* et *continere* sua sponte veluti progreditur, tum ex usu ejus satis apparet. Hinc κρατεῖσθαι a Wolfio recte explicatur per ἐμπεριέχεσθαι, ἐμπεριλαμβάνεσθαι, et supervacanea est vel potius falsa ejusdem Viri conjectura, qua ille pro ἅπασι, quod recte se habere antea a me demonstratum est, offert ἅπαν. LANG. Τοῖς γὰρ τέσσαρσι τούτοις κατέχεσθαι καὶ μένειν ἐντὸς τοῦ καλοῦ τὸ ἦθος νέων νομίζεται. COR. Idem ἐπικρατήσειεν in fin. h. or. per κατάσχοι exponit, et citat Areopagit. §. ιηʹ. ἀμφοτέροις κατεῖχον κ. τ. λ.

Ποιήσας] I. e. ἐὰν ποιήσῃς. *si quid unquam turpe feceris, minime clam fore sperato.* WOLF.

Ἔλπιζε λήσειν] Seneca ep. 27. "scelera, etiamsi non sint deprehensa, quum fierent, sollicitudo non cum ipsis absit." Juvenalis sat. 13. "Nocte dieque tuum gestas in pectore testem." Attamen "quoto cuique (inquit Plinius lib. III. ep. 20.) eadem honestatis cura secreto, quæ palam? Multi famam, conscientiam pauci verentur." FACC.

Γε συνειδήσεις] Scil. τὸ αἰσχρόν. γε hic commode per *at* redditur: *at ipse tibi conscius eris.* WOLF.

Τοὺς θεοὺς] Pro vulgato τὸν θεὸν recepi. Posteriorem lectionem Christianæ alicui vel piæ recentiorum temporum manui, quæ pias fraudes pro licitis haberet, originem debere, quis dubitare possit? Singularem itaque quotiescunque occurrit, occurrit autem plus quam semel, tum hac ratione, tum Codd. auctoritate permotus in pluralem non minus pie mutavi. LANG.

Τοὺς μὲν θεοὺς φοβοῦ] Solon apud Diog. Laert. l. I. segm. 60. θεοὺς τίμα, γονέας αἰδοῦ. Quam sententiam carmine expressit Phocylides v. 6. Πρῶτα θεὸν τίμα, μετέπειτα δὲ σεῖο γονῆας. Isocrates dixit: φοβοῦ, *time.* In sacris literis passim Dei *timor*, id est, cultus et religio, inculcatur. Observandum est enim, analogiam quandam esse inter *timorem* et *religionem*, quod notavit Servius ad Virg. Æn. II. v. 715. Apud Persium Sat. II. 31. "metuens divum matertera," id est, religiosa. Apud Silium l. I. 82. "templum patria Tyriis formidine cultum," id est, religione. Eodem sensu usurpat formidinem Horatius l. I. ep. 6. 4. FACC. Iisdem fere sententiis utitur Plutarchus: δεῖ θεοὺς μὲν σέβεσθαι, γονέας δὲ τιμᾷν, πρεσβυτέρους αἰδεῖσθαι, νόμοις πειθαρχεῖν, ἄρχουσιν ὑπείκειν, φίλους ἀγαπᾷν. de lib. educ. c. 10. Quo et spectat Virgilii illud: "Imprimis venerare Deos." Georg. l. I. 338. FRICK.

γονεῖς τίμα, τοὺς δὲ φίλους αἰσχύνου, τοῖς δὲ νόμοις πείθου.
c Τὰς ἡδονὰς θήρευε τὰς μετὰ δόξης· τέρψις γὰρ σὺν τῷ καλῷ μὲν ἄριστον, ἄνευ δὲ τούτου κάκιστον. Εὐλαβοῦ τὰς διαβολὰς, κἂν ψευδεῖς ὦσιν· οἱ γὰρ πολλοὶ τὴν μὲν ἀλήθειαν ἀγνοοῦσι, πρὸς δὲ τὴν δόξαν ἀποβλέπουσιν. Ἅπαντα δόκει ποιεῖν, ὡς μηδένα λήσων· καὶ γὰρ ἂν παραυτίκα κρύψῃς, ὕστερον ὀφθήσῃ. μάλιστα δ' ἂν εὐδοκιμοίης, εἰ
d φαίνοιο [1] ταῦτα μὴ πράττων, ἃ τοῖς ἄλλοις [2] ἂν πράττουσιν ἐπιτιμῴης. Ἐὰν ᾖς φιλομαθὴς, ἔσῃ πολυμαθής. Ἃ μὲν ἐπίστασαι, διαφύλαττε ταῖς μελέταις, ἃ δὲ μὴ μεμάθηκας, προσλάμβανε ταῖς ἐπιστήμαις· ὁμοίως γὰρ αἰσχρὸν ἀκούσαντα χρήσιμον λόγον μὴ [3] μαθεῖν, καὶ διδόμενόν τι ἀγαθὸν παρὰ τῶν φίλων μὴ [4] λαβεῖν. Καταναλίσκε τὴν ἐν τῷ

[1] τοιαῦτα L. [2] ἣν πράττωσιν L.
[3] μανθάνειν A. C. L. [4] λαμβάνειν C. L.

Τὰς ἡδονὰς κ. τ. λ.] Eandem fere sententiam expressit Isocrates senior in oratione, quam habuit Nicocles § ια'. ταύτας προειλόμην τῶν ἡδονῶν, οὐ τὰς ἐπὶ τοῖς ἔργοις μηδεμίαν τιμὴν ἐχούσας, ἀλλὰ τὰς ἐπὶ ταῖς δόξαις ταῖς δι' ἀνδραγαθίαν γινομένας. Ex distichis Catonianis: "Si famam servare cupis, dum vivis, honestam, Fac fugias animo, quæ sunt mala gaudia vitæ." FACC.

Τὰς μετὰ δόξης] Scil. οὔσας, i. e. ἐνδόξους. WOLF.

Διαβολὰς] H. l. passive accipiendum est, ut e sequentibus liquet: *criminationes, quibus tu ab aliis afficeris.* LANG.

Τὰς διαβολὰς] Cicero de amic. c. 17. "Nec vero negligenda est fama." Et de offic. l. I. c. 28. "Negligere, quid de se quisque sentiat, non solum arrogantis est; sed etiam omnino dissoluti." FACC.

Δόξαν] Δόξα hic intelligenda est *opinio ex rumore populari orta.* WOLF.

Τὴν δόξαν] Hinc Syrus in mimis n. 8. "Ad calamitatem quilibet rumor valet." FACC.

Δοκεῖ] *persuasum habeto, fingito ipse tibi.* WOLF.

Κρύψῃς] Scil. τὰ πεπραγμένα, vel ἃ ἂν ποιήσῃς. IDEM.

Ὕστερον ὀφθήσῃ] Verus est apud Græcos sententia: πάντ' ἀνακαλύπτων ὁ χρόνος πρὸς φῶς φέρει. In Publii Syri mimis n. 574. "Nullum sine teste putaveris suo locum." FACC. Legi merentur, quæ in tritum illud: 'tempus omnia revelat.' aureo adagiorum opere habet Erasmus. FRICK.

Μὴ πράττων] Idem monebat Thales apud Diog. Laert. segm. 36. unde sumpsit Isocrates. Auctor distich. Caton. libr. I. "Quæ culpare soles, ea tu ne feceris ipse." FACC.

Φιλομαθὴς] Ex hoc fortasse Isocratis loco sumptum est illud distich. Caton. libr. IV. "Ne pudeat, quæ nescieris, te velle doceri: Scire aliquid, laus est, pudor est, nil discere velle." Itaque Plinius hac de causa laudat Avitum l. VIII. ep. 23. "Hæc ejus præcipua eruditio, quod discere volebat." Vid. Senecam ep. 76. IDEM.

Ἃ μὲν ἐπίστασαι] Ita Plinius Basso suo l. IV. ep. 23. "Cognovi, te multum disputare, multum audire, multum lectitare, quumque plurimum scias, quotidie tamen aliquid addiscere." IDEM.

Ταῖς μελέταις] I. e. διὰ τῶν μελετῶν. WOLF.

Ταῖς ἐπιστήμαις] Τῷ μανθάνειν, ἢ διὰ τοῦ μανθάνειν ἐπιστήμας. IDEM.

Ὁμοίως γὰρ κ. τ. λ.] Socrates apud Diog. Laert. l. II. segm. 31. aichat, 'unicum bonum esse scientiam, unicum malum inscitiam.' "Quamvis enim scientia (ut ait Seneca ep. 89.) virtutem dare non possit; animum tamen ad accipiendam illam præparat." Ex distich. Catonian. l. IV. "Discere ne cesses: cura sapientia crescit." FACC.

Λαμβάνειν] Mihi videtur vel μανθάνειν mutandum in μαθεῖν, vel λαβεῖν in λαμβάνειν. AUGER. E Cod. Auger. R. desumpsi. Sed fortasse λαβεῖν bene habet, quum nullus dubitem, infinitivos diversorum temporum conjunctos fuisse, præsertim quum hæc diversitas non significationi, sed formæ tantum insit. Librarii vero talia nescientes alterum pro altero posue-

βίῳ σχολὴν εἰς τὴν τῶν λόγων φιληκοΐαν· οὕτω γὰρ τὰ e
τοῖς ἄλλοις χαλεπῶς εὑρημένα συμβήσεταί σοι ῥᾳδίως
μανθάνειν. Ἡγοῦ τῶν ἀκουσμάτων πολλὰ πολλῶν εἶναι
χρημάτων κρείττω· τὰ μὲν γὰρ ταχέως ἀπολείπει, τὰ δὲ
πάντα τὸν χρόνον παραμένει· σοφία γὰρ [1] μόνον τῶν κτημάτων ἀθάνατον. Μὴ κατόκνει μακρὰν ὁδὸν πορεύεσθαι 6
πρὸς τοὺς διδάσκειν τι χρήσιμον ἐπαγγελλομένους· αἰσχρὸν
γὰρ τοὺς μὲν ἐμπόρους τηλικαῦτα πελάγη διαπερᾶν ἕνεκα
τοῦ πλείω ποιῆσαι τὴν ὑπάρχουσαν οὐσίαν, τοὺς δὲ νεωτέρους μηδὲ τὰς κατὰ γῆν πορείας ὑπομένειν ἐπὶ τῷ βελτίω
καταστῆσαι τὴν αὑτῶν διάνοιαν. Τῷ μὲν τρόπῳ γίγνου
φιλοπροσήγορος, τῷ δὲ λόγῳ εὐπροσήγορος. ἔστι δὲ φιλοπροσηγορίας μὲν τὸ προσφωνεῖν τοὺς ἀπαντῶντας, εὐπροσ- b
ηγορίας δὲ τὸ τοῖς λόγοις αὐτοῖς οἰκείως ἐντυγχάνειν.

[1] μόνη A. L.

runt. Hinc pro μανθάνειν v. pen. tres. Auger. Codd. habent μαθεῖν, et pro λαβεῖν unus Augerii, ut dixi, λαμβάνειν. Itaque si quid mutandum, μαθεῖν potius, quoniam plures id tuentur, quam λαβεῖν recipiendum videtur. LANG.

Καταγάλισκε κ. τ. λ.] Ex distich. Catonian. l. IV. "Disce aliquid: nam qoum subito fortuna recedit, Ars remanet vitamque hominis non deserit unquam." Idem docet Phædrus l. IV. fab. 21. per Simonidis naufragium, in quo ipse unus nihil amisit, quia ejus opes sapientia duntaxat continebantur. FACC. Hoc Plutarcho elegantius expressit nemo: πλοῦτος, inquit, τίμιον μὲν, ἀλλὰ τύχης κτῆμα, ἐπειδὴ τῶν μὲν ἐχόντων πολλάκις ἀφείλετο, τοῖς δ' οὐκ ἐλπίσασι φέρουσα προσήνεγκε. Instituta deinde comparatione doctrinæ cum gloria, pulcra forma, sanitate et robore, tandem concludit: παιδεία τῶν ἐν ἡμῖν μόνον ἐστὶν ἀθάνατον καὶ θεῖον. de lib. educ. c. VIII. FRICK.

Βίῳ] Videtur subintelligi παντὶ ἢ ὅλῳ. *quicquid in vita otii datur.* WOLF.

Τὰ μὲν] Observandum hic τὰ μὲν ad propinquius referri. IDEM.

Μόνη] Malim μόνον. AUGER.

Κτημάτων] I. e. ἁπάντων ὧν ἔχομεν. WOLF.

Ἀθάνατον] Scil. χρῆμα ἢ πρᾶγμα. IDEM. Intellige χρῆμα. LANG.

Μὴ κατόκνει] Θεογν. στ. 71. Ἀλλὰ μετ' ἐσθλὸν ἰὼν βούλεο, πολλὰ μογήσας, Καὶ μακρὴν ποσσὶν, Κύρν', ὁδὸν ἐκτελέσας. COR.

Μὴ κατόκνει κ. τ. λ.] Veteres longa itinera suscipiebant ad eos, qui doctrina fama celebrabantur. Cicero de fin. l. V. c. 29. "Cur Plato Ægyptum peragravit, ut a sacerdotibus barbaris numeros et cœlestia acciperet? Cur post Tarentum ad Archytam? Cur ad cæteros Pythagoreos, cæt. Cur ipse Pythagoras et Ægyptum lustravit, et Persarum Magos adiit? Cur tantas regiones barbarorum pedibus obiit, tot maria transmisit?" FACC. Græcorum pariter ac Romanorum juvenes ætate provectiori doctores longe celeberrimos in ipsa Græcia et alibi salutasse et præter alia sapientiæ emporia cum primis academiam Atheniensem, communem tum omnium ludum literarium, adiisse, satis constat. Conferri hic merentur I. Zeutgravii diss. de peregrin. academ., G. N. Kriegkii diatribe de peregrin. Rom. academ. et I. G. Walghii parerg. acad. pag. 68. seq. FRICK.

Πλείω ποιῆσαι] I. e. αὐξῆσαι. WOLF.

Τῷ μὲν τρόπῳ κ. τ. λ.] Cicero offic. l. II. c. 14. "Difficile dictu est, quantopere conciliet animos hominum comitas affabilitasque sermonis." Itaque Plutarchus de lib. educ. c. XIV. ult. adolescentes esse φιλοπροσηγόρους et comiter alloqui compellantes se. Huc spectavit Dionysius Halicarnasseus, quum scripsit initio methodi orationum προσφωνηματικῶν pag. 37. Ἰσοκράτης μὲν ὁ σὸς ἑταῖρος καὶ ἐμὸς, ὦ Ἐχέκρατες, εἴπερ ἄλλο τι, φησὶ χρῆναι προσεῖναι τοῖς σπουδαίοις ἀνθρώποις, ἐν τῇ παραινέσει πρὸς τὸν Ἱππονίκου, καὶ τὴν φιλοπροσηγορίαν, ὅπερ ἐστὶ τὸ προσφωνεῖν τοὺς ἀπαντῶντας. Hinc apparet, orationis hujus auctorem fuisse Isocratem quendam Dionysii æqualem. FACC.

Αὐτοῖς] Scil. τοῖς ἀπαντῶσι. WOLF.

Οἰκείως] Bifariam intelligi potest, vel

Ἡδέως μὲν ἔχε πρὸς ἅπαντας, χρῶ δὲ τοῖς βελτίστοις· οὕτω
γὰρ τοῖς μὲν οὐκ ἀπεχθὴς ἔσῃ, τοῖς δὲ φίλος γενήσῃ.
Τὰς ἐντεύξεις μὴ ποιοῦ [1] πυκνὰς τοῖς αὐτοῖς, μηδὲ μακρὰς
περὶ τῶν αὐτῶν· πλησμονὴ γὰρ ἁπάντων. Γύμναζε σεαυτὸν
πόνοις ἑκουσίοις, ὅπως ἂν [2] δύνῃ καὶ τοὺς ἀκουσίους ὑπομέ-
c νειν. Ὑφ᾽ ὧν κρατεῖσθαι τὴν ψυχὴν αἰσχρόν, τούτων
ἐγκράτειαν ἄσκει πάντων, κέρδους, ὀργῆς, ἡδονῆς, λύπης. [3] ἔσῃ
δὲ τοιοῦτος, [4] ἐὰν κέρδη μὲν εἶναι νομίζῃς δι᾽ ὧν εὐδοκιμήσεις,
ἀλλὰ μὴ δι᾽ ὧν εὐπορήσεις, [5] τῇ δὲ ὀργῇ παραπλησίως
ἔχῃς πρὸς τοὺς ἁμαρτάνοντας, ὥσπερ ἂν πρὸς [6] σεαυτὸν
ἁμαρτάνοντα καὶ τοὺς ἄλλους ἔχειν ἀξιώσειας· ἐν δὲ τοῖς
τερπνοῖς, [4] ἐὰν αἰσχρὸν ὑπολάβῃς τῶν μὲν οἰκετῶν ἄρχειν,
d ταῖς δ᾽ ἡδοναῖς δουλεύειν· ἐν δὲ τοῖς λυπηροῖς, [4] ἐὰν τὰς τῶν
ἄλλων ἀτυχίας ἐπιβλέπῃς καὶ σαυτὸν ὡς ἄνθρωπος ὢν
ὑπομιμνήσκῃς. Μᾶλλον τήρει τὰς τῶν λόγων ἢ τὰς τῶν
χρημάτων παρακαταθήκας· δεῖ γὰρ τοὺς ἀγαθοὺς ἄνδρας
τρόπον ὅρκου πιστότερον φαίνεσθαι παρεχομένους. Προσή-

[1] πυκνὰς ποιοῦ A. L. [2] δύναιο A. C. L. [3] ἔσῃ δὲ ἐν τῷ κέρδει A.
[4] ἂν A. C. L. [5] τῇ δὲ ὀργῇ ἂν C. L. ἐν δὲ τῇ ὀργῇ ἂν A. [6] σαυτὸν A. C. L.

pro φιλικῶς vel pro κατ᾽ ἀξίαν, προσηκόντως. Et quidem non peccare mihi videatur, si quis hic vertat: *et familiariter et convenienter cum iis colloqui.* IDEM.

Ἡδέως ἔχε] Ἡδὺς ἔσο τῷ τε ἔργῳ καὶ τῷ λόγῳ. IDEM.

Χρῶ τοῖς βελτίστοις] Amicorum delectum cum honore parentum et cognatorum statim conjungit. Pythagoras v. 5. τῶν ἄλλων ἀρετῇ ποιεῦ φίλον ὅστις ἄριστος. Illa demum amicitia, quæ cum optimis constituitur, hoc est, quæ virtutis societate conglutinatur, et fructuosa et firma stabilisque censenda est. FRICK.

Τοῖς αὐτοῖς] Scil. ἀνθρώποις. WOLF.

Τῶν αὐτῶν] Scil. πραγμάτων. IDEM.

Γύμναζε σεαυτὸν] De laboribus voluntariis ad vires exercendas multa sunt in Græcarum civitatum institutis. Cicero Tuscul. II. c. 14. "Illi, qui Græciæ formam rerumpublicarum dederunt, corpora juvenum firmari labore voluerunt." FACC.

Ἐγκράτειαν] Præcepta hæc continentiæ petita sunt e schola virtutis moralis, unde et sedulo inculcata in schola Pythagoricorum ex doctrina magistri, dicentis v. 9. κρατεῖν δ᾽ εἰθίζεο τῶν δὲ, Γαστρὸς μὲν πρώτιστα, καὶ ὕπνου, λαγνείης τε καὶ θυμοῦ. Continentia hæc in omni apparet virtute hujusque studiosus animum instruit continentia omnium, quibus vinci aliquem, turpe est, lucri, iræ, voluptatis, doloris, ac tristitiæ. FRICK.

Τοιοῦτος] Scil. ἐγκρατής. AUGER.

Δι᾽ ὧν εὐδοκιμήσεις] In Publii Syri mimis n. 66. "Bene vulgo audire, est alterum patrimonium." Ibid. "Damnum appellandum est cum mala fama lucrum." FACC.

Ὡς ἄνθρωπος ὢν] Pro ὡς ἄνθρωπον ὄντα, vel ὡς ἄνθρωπος εἶ. WOLF. Male. LANG.

Μᾶλλον τήρει κ. τ. λ.] Plutarchus de lib. educ. c. XIV. scribit: 'ideo a veteribus mysteria quædam fuisse instituta, quæ proferre nefas esset, ut homines custodiendis arcanis adsuescerent et per fidem divinam ad humanam ducerentur.' Adde et Horatium l. I. sat. 4. v. 84. et l. I. ep. 18. v. 38. FACC. Huc pertinet et Phocylidis illud v. 18. Γλώσσῃ νοῦν ἐχέμεν, κρυπτὸν λόγον ἐν φρεσὶν ἴσχειν. FRICK.

Δεῖ γὰρ — παρεχομένους] Verbum de verbo: *Viros enim bonos decet, apparere* (φαίνεσθαι), *integritatem vel mores* (τρόπον) *fide digniores exhibentes* (παρεχομένους), *quam jusjurandum*, h. e. monstrare illos docet integritatem vel probitatem fide digniorem, quam jusjurandum. LANG.

Τρόπον ὅρκου] Huc pertinet illud Solonis apud Diog. Laert. l. I. segm. 60. καλοκαγαθίαν ὅρκου πιστοτέραν ἔχε. Itaque Xenocratem, quum ad aram accessisset testimo-

κειν ἡγοῦ τοῖς πονηροῖς ἀπιστεῖν, ὥσπερ τοῖς χρηστοῖς
πιστεύειν. Περὶ [1] τῶν ἀποῤῥήτων μηδενὶ λέγε, πλὴν ἐὰν
ὁμοίως συμφέρῃ τὰς πράξεις σιωπᾶσθαι σοί τε τῷ λέγοντι e
κἀκείνοις τοῖς ἀκούουσιν. Ὅρκον ἐπακτὸν προσδέχου διὰ
[2] δύο προφάσεις, ἢ σεαυτὸν αἰτίας αἰσχρᾶς ἀπολύων, ἢ
φίλους ἐκ [3] μεγάλων κινδύνων διασώζων. ἕνεκα δὲ χρημάτων
μηδένα [4] θεῶν ὀμόσῃς, μηδ᾽ ἂν εὐορκεῖν μέλλῃς· δόξεις γὰρ 7
τοῖς μὲν ἐπιορκεῖν, τοῖς δὲ φιλοχρημάτως ἔχειν. Μηδένα
φίλον ποιοῦ, πρὶν ἂν ἐξετάσῃς πῶς κέχρηται τοῖς πρότερον φίλοις· ἔλπιζε γὰρ αὐτὸν καὶ περὶ σὲ [5] γενέσθαι
τοιοῦτον, οἷος καὶ περὶ ἐκείνους γέγονε. Βραδέως μὲν φίλος

[1] δὲ τῶν A. [2] δύω C. L. [3] μεγάλων om. A. [4] θεὸν A. [5] γενήσεσθαι A. C.

nium dicturus, judices jurare prohibuerunt, ut est apud Valerium Maximum l. II. c. 10. et apud Ciceronem ad Atticum l. I. ep. 16. Facc. F. leg. τὸν τρόπον ὅρκ. H. Stephan.

Προσήκειν ἡγοῦ κ. τ. λ.] Utramque partem hujus moniti complexus est Phædrus l. III. fab. 10. "Hippolytus obiit, quia novercæ creditum est; Cassandræ quia non creditum, ruit Ilium." Ad partem primam pertinet illud Plinii l. I. ep. 5. "Gratia malorum tam infida est, quam ipsi." Facc.

Πλὴν ἐὰν ὁμοίως κ. τ. λ.] Hæc verba sic vulgo interpretantur: *nisi taceri illas res æque expediat illis, qui audiant, quam tibi, qui enunties.* At quid, quæso, hoc sibi vult? Contextus postulat potius contrarium! Quod ut constet, ante σιωπᾶσθαι modo inseras μὴ, quæ particula, in locis parum dilucide expressis, nunc addita, nunc deleta a librariis, plures ejusmodi locos, de quibus deinde sermo erit, corrupit. Si hanc particulam meo voto adjeceris, locum verte: *nisi res illas non taceri*, i. e. evulgare, *æque expediat tibi, qui evulges, ac aliis, qui istas audiant.* Wolf. et Auger. nullam h. l. difficultatem sensisse videntur. Lang.

Ὅρκον ἐπακτὸν προσδέχου] *jusjurandum adactum accipito.* Rodolph. *jusjurandum si exigatur dabis.* Camerar. *jusjurandum si postulabitur dabis.* Wolf. Ἐπακτὸς ὅρκος est jusjurandum ab alio delatum. Facc. Harpocration in voce ἐπακτὸς explicuit: ὃν αὐτός τις ἑκὼν αὐτῷ ἐπάγεται, τοῦτ᾽ ἔστιν αἱρεῖται. Consentit Suidas, sed adjicit: ἄλλοι δὲ τοὐναντίον (dicunt ἐπακτὸν ὅρκον), ὁ ἀλλαχόθεν εἰσφερόμενος. Hanc vero Harpocrationis explicationem sive falsam sive corruptam habet Augerius. Posterius illi ob Suidæ consensum dari vix potest, ergo prius examinemus. Jusjurandum dupliciter dividi potest: vel a nobis ipsis offertur, vel ab aliis nobis imponitur. Illud in universum spontaneum est et per se rejiciendum: hoc partim spontaneum, partim necessarium est. Spontaneum dico, quod detrectari potest, exempli causa, quod nobis ad veritatem in judicio eruendam offertur; necessarium, quod evitari non potest, ut judicis aliorumque munerum jusjurandum. Quid, si Harpocration illud spontaneum jusjurandum, quod nobis quidem ab aliis imponitur, sed non minus tamen voluntarium est, quam quod ipsi offerimus, ὅρκον ἐπακτὸν vocaret, quis eum aut erroris aut corruptionis insimularet? Lang.

Ἀπολύων — διασώζων] Pro ἵνα ἀπολύῃς — διασώζῃς. Wolf.

Μηδένα θεῶν ὀμόσῃς] Id videtur sumptum a Clinia Pythagorico, de quo Basilius in paræn. ad adolesc. p. 15. Ἐξὸν δι᾽ ὅρκου τριῶν ταλάντων ζημίαν ἀποφυγεῖν, ὁ δὲ ἀπέτισε μᾶλλον, ἢ ὤμοσε, καὶ ταῦτα εὐορκεῖν μέλλων. Epictetus enchirid. c. XLIV. Ὅρκον παραίτησαι, εἰ μὲν οἷόν τε, εἰς ἅπαν· εἰ δὲ μὴ, ἐκ τῶν ἐνόντων. Facc.

Πῶς κέχρηται] Præceptum Epicharmi est, cujus hemistichium habet Cicero in fine epist. I. l. III. ad Q. Fratr. γνῶθι, πῶς ἄλλῳ κέχρηται. Idem.

Γενέσθαι] Pro γενήσεσθαι. Wolf.

Βραδέως μὲν φίλος κ. τ. λ.] Ex Solone apud Diog. Laert. l. I. segm. 60. Φίλους μὴ ταχὺ κτῶ, οὓς δ᾽ ἂν κτήσῃ, μὴ ἀποδοκίμαζε. Hac de causa laudatur Augustus a Suetonio c. LXVI. "Amicitias neque facile admisit, et constantissime retinuit." Theognis v. 1143. Μήποτε τὸν παρεόντα μεθεὶς φίλον, ἄλλον ἐρεύνα. Facc.

γίγνου, [1]γενόμενος δὲ πειρῶ διαμένειν· ὁμοίως γὰρ αἰσχρὸν μηδένα φίλον ἔχειν καὶ πολλοὺς ἑταίρους μεταλλάττειν.
b Μήτε μετὰ βλάβης πειρῶ τῶν φίλων, μήτε ἄπειρος εἶναι τῶν ἑταίρων θέλε, τοῦτο δὲ ποιήσεις, [2]ἐὰν μὴ δεόμενός [3]του δεῖσθαι προσποιῇ. [4]Περὶ τῶν ῥητῶν ὡς ἀποῤῥήτων [5]ἀνακοινοῦ. μὴ τυχὼν μὲν γὰρ οὐδὲν βλαβήσῃ, τυχὼν δὲ μᾶλλον τὸν τρόπον αὐτῶν ἐπιστήσῃ. Δοκίμαζε τοὺς φίλους ἔκ τε τῆς περὶ τὸν βίον ἀτυχίας καὶ τῆς ἐν τοῖς

[1] γινόμενος L. [2] ἂν A. C. L. [3] τὸ A. L. [4] , περὶ δὲ τῶν A. , περί τε τῶν C. [5] ἀνακοινῇ A. ἀνακοινοῖ C.

Γινόμενος] Cod. August. et ed. Mediolan. Rectius tamen videtur γενόμενος saltem ex iis, quæ docuit Fischer. ad Welleri Grammat. spec. 3. part. 1. p. 61. Liceat modo adjicere, γινόμενος posse esse participium imperfecti, non aliam significationem habens quam γενόμενος, quod Fischer. pro aor. 2. accipit, nos pro alio imperfecto a γένομαι derivato habemus. Hinc, præsertim Cod. August. bonæ alias notæ et edit. principe suffragantibus, nihil mutandum esse duximus. LANG.

Πειρῶ διαμένειν] Notum est proverbium vere antiquissimum: 'amicitia stabilium, felicitas temperantium,' quod jam Aristoteles commendavit: ὀρθῶς λέγεται, ὅτι ἡ φιλία τῶν βεβαίων, ὥσπερ ἡ εὐδαιμονία τῶν αὐτάρκων. mor. ad Eudem. l. VII. FRICK.

Μήτε μετὰ βλάβης κ. τ. λ.] Hinc Publius Syrus in mimis n. 118. "Cave amicum credas, nisi quem probaveris." Vitium eorum, qui amicos sibi sumunt sine examine, Lucianus vocat ἀκρασίαν περὶ τοὺς φίλους, in Timone p. 72. Vide Ciceronem de amic. c. XVII. seq. FACC. Sapienter Seneca ep. 3. "post amicitiam credendum est, ante amicitiam judicandum." FRICK.

Τοῦτο δε ποιήσεις] I. e. τούτου ἂν ἐπιτυγχάνῃς. WOLF.

Μὴ] Pro μηδενὸς, et mox τὸ δεῖσθαι pro τὴν ἔνδειαν. IDEM.

Δεόμενος, τὸ δεῖσθαι] Δεόμενός του, δεῖσθαι de suo dedit Coraes; et sententiam sic effert: τοῦτο δὲ ποιήσεις, τουτέστι πειράσῃ τῶν ἑταίρων, πρῶτον μὲν, ἐὰν μὴ δεόμενός τινος πράγματος παρ' αὐτῶν, προσποιήσῃ δεῖσθαι· ἔπειτα, ἐὰν ἀνακοινοῖ αὐτοῖς περὶ τῶν ἀζημίως ῥηθῆναι δυναμένων, ὡς περὶ ἀποῤῥήτων. Ἢν μὲν γὰρ μὴ τύχῃς παρ' αὐτῶν οὗ ἐδεήθης πράγματος, ἢ τῆς περὶ ὧν ἀνεκοινώσω πίστεως, οὐδὲν βλαβήσῃ κ. τ. λ.

Περὶ τῶν ῥητῶν ὡς ἀποῤῥήτων ἀνακοινοῦ] Scil. τούτοις, οὓς ἂν φίλους ποιεῖσθαι ἐν νῷ ἔχῃς. WOLF. Unde hic sensus exit: Quod ita facies, si egere te simularis non egens et cum iis communicaris res non arcanas tanquam arcanas. At ne sic quidem hæc verba in sequentibus habent, quo commode nitantur. Nam verba μὴ τυχὼν, cum verbis quidem δεῖσθαι προσποιῇ bene conveniunt, sed minus bene posteriori propositionis membro apta sunt. Ab aliena manu profecta videntur. LANG.

Μὴ τυχὼν] Vocem generaliorem, scil. τῆς ἐλπίδος, supplet Wolf., seu explicat ἀποτυχὼν τῆς βοηθείας καὶ σιγῆς, vertens: *si non juverint et arcanum effutiverint.* Quæ omnia fecerunt, ut verba pro subditivis haberem. IDEM.

Δοκίμαζε τοὺς φίλους ἐκ τῆς ἀτυχίας] I. e. ἡ δοκιμασία τῶν φίλων εἴη ἡ ἀτυχία. WOLF.

Δοκίμαζε τοὺς φίλους κ. τ. λ.] Publius Syrus in mimis n. 33. "Amicum, an nomen habeas, aperit calamitas." Porro similitudinem Isocrateam expressit Ovidius trist. l. I. el. 5. "Scilicet ut fulvum spectatur in ignibus aurum; Tempore sic duro est inspicienda fides." FACC. Quo in loco poetæ τὸ *spectare* idem est quod δοκιμάζειν, *probare.* Atque ex hac Isocratea oratione sumpsit fortasse quoque Cicero, quæ ad Papirium scripsit l. IX. ep. 16. "non facile dijudicatur amor verus et fictus, nisi aliquod incidat ejusmodi tempus, ut quasi aurum igni, sic benevolentia fidelis periculo aliquo perspici possit." id quod jam suspicatum esse Manutium, ex ejus commentar. didici. Huc spectant et illa Valerii Max. l. IV. c. 7. "sinceræ fidei amici præcipue in adversis rebus cognoscuntur, in quibus quicquid præstatur, totum a constanti benevolentia proficiscitur." FRICK.

Περὶ τὸν βίον] I. e. τῶν βιωτικῶν. ut et in Panegyr. τῆς ἀπορίας τῆς περὶ τὸν βίον ἡμῶν ἀφαιρεθείσης. Si quis vero generaliter de quavis calamitate intelligere vult, non sane impedio: sed alterum membrum societatis periculorum frustratum adjici videretur. WOLF.

6 κινδύνοις κοινωνίας· τὸ μὲν γὰρ χρυσίον ἐν τῷ πυρὶ [1] βασανίζομεν, τοὺς δὲ φίλους ἐν ταῖς ἀτυχίαις διαγιγνώσκομεν. c
[2] Οὕτως ἄριστα χρήσῃ τοῖς φίλοις, [3] ἐὰν μὴ περιμένῃς τὰς
παρ' ἐκείνων δεήσεις, ἀλλ' αὐτεπάγγελτος αὐτοῖς [4] ἐν τοῖς
καιροῖς βοηθῇς. Ὁμοίως αἰσχρὸν [5] εἶναι νόμιζε τῶν ἐχθρῶν
νικᾶσθαι ταῖς κακοποιΐαις καὶ τῶν φίλων ἡττᾶσθαι ταῖς
εὐεργεσίαις. Ἀποδέχου τῶν ἑταίρων μὴ μόνον τοὺς ἐπὶ
τοῖς κακοῖς δυσχεραίνοντας, ἀλλὰ καὶ τοὺς ἐπὶ τοῖς d
ἀγαθοῖς μὴ φθονοῦντας· πολλοὶ γὰρ ἀτυχοῦσι [6] μὲν τοῖς
φίλοις συνάχθονται, καλῶς δὲ πράττουσι φθονοῦσι. Τῶν
ἀπόντων φίλων μέμνησο πρὸς τοὺς παρόντας, ἵνα δοκῇς
μηδὲ τούτων ἀπόντων ὀλιγωρεῖν. Εἶναι βούλου τὰ περὶ τὴν
ἐσθῆτα φιλόκαλος, ἀλλὰ μὴ καλλωπιστής. ἔστι δὲ φιλο-

[1] δοκιμάζομεν A. C. L. [2] οὕτω δ' ἂν A. οὕτω δ' C. L. [3] ἂν A. C. L. [4] ἐν τοῖς καιροῖς αὐτοῖς A. L. [5] εἶναι om. A. C. L. [6] μὲν om. L.

Οὕτω δ' ἂν ἄριστα κ. τ. λ.] Hinc Publius Syrus in mimis n. 86. "Bis est gratum, quod opus est, ultro si afferas: Qui exspectat, ut rogetur, officium levat." Hinc Seneca de benefic. l. II. c. 1. "molestum verbum est, onerosum et demisso vultu dicendum: ROGO. Hujus facienda est gratia amico. Sero beneficium dedit, qui roganti dedit. Ideo divinanda est cujusque voluntas et, quum intellecta est, necessitate gravissima rogandi liberanda est." Itaque scribit Aristoteles Rhet. l. II. c. 7. 'nos irasci amicis, qui non advertunt, quibus rebus indigeamus.' FACC.

Ἐν τοῖς καιροῖς] Scil. αὐτῶν, i. e. ἐν ταῖς δυστυχίαις. Sic Cicero quoque "sua tempora" dicit Clodianum illud exsilium. Si quis tamen καιροῖς αὐτοῖς pro *in ipso temporis articulo* accipere velit, non obsto. WOLF. Καιροὺς λέγει τὰς τῶν συμφορῶν περιστάσεις. COR.

Τῶν ἐχθρῶν νικᾶσθαι] Publius Syrus in mimis n. 950. "Veterem ferendo injuriam, invites novam." Ex moribus scribit ætatis et gentis suæ. Nam apud Ethnicos justitiæ munus geminum erat, nec aliis injuriam facere nocendo, nec sibi tolerando. Itaque Corinthii apud Thucydidem l. II. Lacedæmonas reprehendunt tanquam minus justos, 'quod ipsi quidem alios non læderent, sed tamen lædi se socorditer paterentur.' Et Isocrates senior in Evagora eum laudat, tanquam virum religiosum, 'quod acceptas injurias ulcisceretur, non ipse prior faceret.' FACC.

Μὴ φθονοῦντας] Rogatus Cleobulus, ut est apud Stobæum p. 409. ed Wechel. quid vitandum esset maximo, respondit: τῶν μὲν φίλων τὸν φθόνον, τῶν δὲ ἐχθρῶν τὴν ἐπιβουλήν. Hinc Pyblius Syrus in mimis: "Mage cavenda est amicorum invidia, quam insidiæ hostium." IDEM.

Τούτων ἀπόντων] Τούτων ponitur pro αὐτῶν, et ἀπόντων hypotheticῶs pro ἐὰν ἀπῶσι, *cum abfuerint*. WOLF. Sed dubium est, utrum hoc αὐτῶν ad ἀπόντων φίλων, an ad τοὺς παρόντας retulerit, quod in sensu h. l. constituendo diligenter definiendum est. Accuratiorem interpretationem præbere videtur Melissa, cujus lectionem Wolf. h. l. citat, nempe τῶν παρόντων. Quæ quidem Melissæ lectio nihil nisi interpretamentum est, quo monere voluit, τούτων ad παρόντας, non ad ἀπόντων φίλων referendum esse, tanquam scripsisset auctor: ἵνα δοκῇς μηδὲ τῶν παρόντων φίλων, ἀπόντων (i. e. ἐὰν ἀπῶσι) ὀλιγωρεῖν. sed nos tamen, quomodo locum intellexerit, melius docet et ad veram illius explicationem ducit. Locum igitur hac explicatione admissa sic vertas: *ne ipsos nunc præsentes, quando absint, negligere videaris.* LANG.

Τῶν ἀπόντων φίλων κ. τ. λ.] Itaque eos amamus, a quibus videmus amari amicos absentes, ut scribit Aristoteles Rhet. l. I. c. 9. FACC. Egregium quoque Thaletis dictum, quod jure celebratur: φίλων παρόντων καὶ ἀπόντων μεμνῆσθαι φησί. apud Diog. Laert. l. I. segm. 37. Vid. Erasmi adag. II. 52. FRICK.

Τὰ περὶ τὴν ἐσθῆτα] Pro κατὰ τὴν ἐσθῆτα. Verte: *sis in vestitu munditiæ studiosus, sed quæ non odiosa sit et quæsita nimis.* LANG.

Φιλόκαλος] Seneca ep. XCII. "Mun-

κάλου μὲν τὸ μεγαλοπρεπὲς, καλλωπιστοῦ δὲ τὸ περίεργον.
e Ἀγάπα τῶν ὑπαρχόντων ἀγαθῶν μὴ τὴν ὑπερβάλλουσαν κτῆσιν, ἀλλὰ τὴν μετρίαν ἀπόλαυσιν. Καταφρόνει τῶν περὶ τὸν πλοῦτον σπουδαζόντων [1] μὲν, χρῆσθαι δὲ τοῖς ὑπάρχουσι μὴ δυναμένων· παραπλήσιον γὰρ οἱ τοιοῦτοι
8 πάσχουσιν, ὥςπερ ἂν εἴ τις ἵππον κτήσαιτο καλὸν, κακῶς ἱππεύειν ἐπιστάμενος. Πειρῶ τὸν πλοῦτον χρήματα καὶ κτήματα κατασκευάζειν. ἔστι δὲ χρήματα μὲν τοῖς ἀπολαύειν ἐπισταμένοις, κτήματα δὲ τοῖς [2] κτᾶσθαι δυναμέ-

[1] μὲν om. A. C. L. [2] χρῆσθαι L.

dæ vestis electio appetenda est homini. Natura enim homo mundum et elegans animal est." Huic ipsi munditiæ modum præscribit Cicero l. I. offic. c. 36. "Adhibenda est munditia non odiosa; neque exquisita nimis, tantum quæ fugiat agrestem et inhumanam negligentiam. Eadem ratio est adhibenda vestitus, in quo, sicut in plerisque rebus, mediocritas optima est." Facc. Homerus odyss. ζ. 29. Ἐκ γάρ τοι τούτων φάτις ἀνθρώποις ἀναβαίνει Ἐσθλή. Ad quem versum jam Cælii Rhodigini, item Erasmi indicio respicit Quintilianus, dicens: "cultus concessus atque magnificus addit hominibus, ut Græco versu testatum est auctoritatem." Instit. orat. l. VIII. procem. Frick.

Ἀγάπα τῶν ὑπαρχ. κ. τ. λ.] In Publii Syri mimis n. 745. "quicquid est plus, quam necesse, possidentes premit." Apuleius in Apol. p. 436. in usum Delph. "In omnibus ad vitæ munia utendis quicquid aptam moderationem supergreditur, oneri potius, quam usui exuberat." Sumpsit opinor, ab Aristotele, qui l. VII. polit. c. 1. scribit: 'ea, quæ in usu posita sunt, et bona utilia dicuntur, talia esse, ut excessu noceant habenti.' Facc.

Κτῆσιν] Ut apud Aristotelem hic commode intelligi potest *quærendi studium* seu *actum*. Wolf.

Καταφρόνει κ. τ. λ.] In Publii Syri mimis n. 762. 638. "Quid tibi pecunia opus est, si ea uti non potes?" "Pecunia est ancilla, si scis uti: si nescis, domina est." Itaque Socrates, cuidam de suis divitiis glorianti, οὐ πρότερον αὐτὸν θαυμάσειν ἔφη, πρὶν ἂν καὶ ὅτι κεχρῆσθαι τούτοις ἐπίσταται πειρασθῆναι. Refert Basilius in paræn. ad adolesc. Adde Aristidem socrat. dial. II. n. 17. Facc.

Πειρῶ τὸν πλοῦτον] I. e. πλουτεῖν. Wolf.

Πειρῶ τὸν πλοῦτον etc.] Sententia vult: et utendum et fruendum esse divitiis, h. e. eam rationem ineundam rei familiaris, ut et sarta tecta conservetur et fructus ex ea percipiatur; vel, pecuniam conferendam esse in usus necessarios et liberales, prædia vero excolenda, tuenda et conservanda esse. Idem. Interpreteris. *Fac, ut divitiis non tantum utaris, sed et serves illas: utuntur iis, qui frui sciunt; servant seu retinent, qui uti illis possunt.* Qui enim caput ipsum, non usuras, consumit, is utitur quidem divitiis, sed modo tamdiu, quoad consumptæ sunt, nec ulterius iis uti potest. Quod sine dubio subtilis auctor exquisitis his verbis indicare voluit, uti quisque mecum sentiet, qui morem illius penitius noverit. Auger. vero in alia prorsus abiit locumque paullo immutatum sic perperam est interpretatus: *Fac, ut divitiæ non ad necessitatem tantum, sed ad commoditates vitæ inserviant, iisque utare non ad vivendum duntaxat, sed ad vivendum cum splendore convenienti.* Lang. Coraes cum Augero pro χρῆσθαι dedit κτᾶσθαι, et sic sententiam effert: πειρῶ τὰ κτήματα ποιεῖν χρήματα, τουτέστι χρήσιμα· παρὰ τὸ χρῆσθαι γὰρ τὰ χρήματα, ὥσπερ παρὰ τὸ κτᾶσθαι τὰ κτήματα, ὧν ἡ περιουσία πλοῦτος καλεῖται. καὶ τὸ ἀπολαύειν τῶν κτημάτων οὐδέν ἐστιν ἕτερον ἢ ἐλευθερίως χρῆσθαι αὐτοῖς. Cf. Aristot. Rhet. I. 5.

Πειρῶ τὸν πλοῦτον κ. τ. λ.] Monitum hoc ortum puto ex verbis margini adscriptis ab interprete aliquo, ut intelligeretur, qua de re agat hoc loco Isocrates. Ipsa quoque constructio verborum minus recte habet. Cæterum ad artem recte fruendi pertinet illud Horatii l. I. ep. 4. v. 7. "Di tibi divitias dederant artemque fruendi." Sallustius in Catilin. c. 2. dixit "vivere et frui anima," quo ferme sensu Seneca ep. 60. "vivit is, qui se utitur." Facc.

Ἀπολαύειν — χρῆσθαι] Ἡ ἀπόλαυσις finis est et divitiarum et laborum qui propter eas capiuntur omnium: χρῆσις vero τοῦ πλούτου est ea administratio rei familiaris, ut sors incolumis sit. Wolf.

νοις. Τίμα τὴν ὑπάρχουσαν οὐσίαν δυοῖν ἕνεκα, τοῦ τε
ζημίαν μεγάλην ἐκτῖσαι [1]δύνασθαι, καὶ τοῦ φίλῳ σπου- b
δαίῳ δυστυχοῦντι βοηθῆσαι· πρὸς δὲ τὸν ἄλλον βίον μηδὲν
ὑπερβαλλόντως ἀλλὰ μετρίως αὐτὴν ἀγάπα. Στέργε μὲν
τὰ παρόντα, ζήτει δὲ τὰ βελτίω. Μηδενὶ συμφορὰν ὀνει-
δίσῃς· κοινὴ γὰρ ἡ τύχη, καὶ τὸ μέλλον ἀόρατον. Τοὺς
ἀγαθοὺς εὖ ποίει· καλὸς γὰρ θησαυρὸς παρ' ἀνδρὶ σπουδαίῳ χάρις ὀφειλομένη. τοὺς κακοὺς [2]δ' εὖ ποιῶν ὅμοια
πείσῃ τοῖς τὰς ἀλλοτρίας κύνας σιτίζουσιν· ἐκεῖναί τε γὰρ c
τοὺς διδόντας ὥσπερ τοὺς τυχόντας ὑλακτοῦσιν, οἵ τε
κακοὶ τοὺς ὠφελοῦντας ὥσπερ τοὺς βλάπτοντας ἀδικοῦσι.
Μίσει τοὺς κολακεύοντας, ὥσπερ τοὺς ἐξαπατῶντας·

[1] δύνασθαι om. A. L.

[2] δ' om. A. L.

Ζημίαν] Vox ζημία fortasse referenda est ad mulctas et pœnas judiciarias. Facc. Nisi integram phrasin de quocunque damno rei familiaris resarciendo interpretari malis. Frick.

Βοηθῆσαι] Cicero offic. l. I. c. 20. "Nihil honestius magnificentiusque, quam pecuniam contemnere, si non habeas: si habeas, ad beneficentiam liberalitatemque conferre." Nepos in vita Attici c. 12. "Tantum abfuit a cupiditate pecuniæ, ut nulla in re usus sit ea, nisi in deprecandis amicorum aut periculis aut incommodis. Facc.

Αὐτὴν] Scil. οὐσίαν. — Med. αὐτὸν, scil. βίον, qua posteriore lectione admissa βίος h. l. idem erit, quod οὐσία, locusque ita fere transferendus: *quod vero ad reliquas divitias attinet, tu ne non immoderate illas, sed mediocriter æstimes.* At non video, quid sibi velint *aliæ divitiæ*, nec quid aliud mihi displiceat, addo. Hinc πρὸς τὸν ἄλλον βίον explico: *ad reliquos in vita usus.* præsertim quum οὐσίαν jam præcesserit, et αὐτὴν, quod ad οὐσίαν commode refertur, a Codd. firmetur. Lang.

Στέργε μὲν τὰ παρόντα] *sorte tua contentus esto.* Wolf.

Στέργε μὲν τὰ παρόντα] Id dicitur in eos, qui *sua parvi pendunt*, ut loquitur Sallustius in Catilin. c. IX. Phædrus l. I. fab. 4. ita docet meliora quærenda esse, ut tamen præsentia non amittamus. Idem docuit Æsopus et ex eo G. Faernus fab. LIII. et Avianus fab. XX. Horat. l. I. ep. 17. v. 23. "Omnis Aristippum decuit color et status et res, Tentantem majora, fere præsentibus æquum. Facc.

Ζήτει δὲ τὰ βελτίω] Cicero *res meliores quærere* hoc dicit. Wolf.

Μηδενὶ συμφορὰν ὀνειδίσῃς] Sumptum est ex Pittaco apud Diog. Laert. l. I. segm. 78. Ἀτυχίαν μὴ ὀνειδίζειν. Hinc Publius Syrus in mimis n. 148. "Crudelis est in re adversa objurgatio." Idem ibid. n. 586. "objurgari in calamitate gravius est, quam calamitas." Ex proverb. Catonian. cujuscunque sint auctoris: "Irridens miserum, dubium seiat omne futurum." Facc.

Σπουδαίῳ] Post σπουδαίῳ supplendum ἀπόκειται. *præclarus thesaurus repositus est apud virum bonum debita gratia.* Sententia est: Beneficium in bonum virum collocatum non aliud est, quam thesaurum aliquem asservandum illi dedisse, quem is tibi quovis tempore bona fide sit redditurus. Wolf.

Τοὺς κακοὺς εὖ ποιῶν] Phædrus l. IV. fab. 18. "Qui fert auxilium malis, post tempus dolet." Est etiam in rem hanc Theognidis sententia v. 105. Δειλοὺς εὖ ἔρδοντι ματαιοτάτη χάρις ἐστί. Item Plauti in Pœnul. act. III. sc. 3. "Malo benefacere tantundem est periculum, quantum bono malefacere." Facc.

Ἐκεῖναι] Pro αὗται, et refertur ad propinquius nomen. Wolf.

Τυχόντας] Budæus in suo codice annotarat τύπτοντας, ut τύπτειν et διδόναι inter se opponerentur: lectio bona est, etsi τυπόντας melius quadraret ad τυχόντας. Idem. Egregie. Lang. Ἀλλ' οὐ χρὴ μετακινεῖν τὴν γραφήν· οἱ γὰρ κύνες, οὐκ ἐπὶ μόνους τοὺς τύπτοντας ὁρμῶσιν, ἀλλὰ "πρὶν σκέψασθαι εἰ φίλος, ἂν μόνον ψοφήσῃ, ὑλακτοῦσιν," ὥς φησιν ὁ φιλόσοφος Ἠθ. Νικομ. Ζ. ζ'. Cor.

Ὠφελοῦντας] Scil. αὐτούς. Wolf.

Μίσει τοὺς κολακεύοντας] Huc facit illud Phædri l. I. fab. 13. "qui se laudari gau-

ἀμφότεροι γὰρ πιστευθέντες τοὺς [1]πιστεύσαντας ἀδικοῦσιν. Ἐὰν ἀποδέχῃ τῶν φίλων τοὺς πρὸς τὸ φαυλότατόν σοι
χαριζομένους, οὐχ ἕξεις ἐν τῷ βίῳ τοὺς πρὸς τὸ βέλτιστον 7
d ἀπεχθανομένους. Γίγνου πρὸς τοὺς πλησιάζοντας ὁμιλητικὸς, ἀλλὰ μὴ σεμνός· τὸν μὲν γὰρ τῶν ὑπεροπτικῶν ὄγκον
μόλις ἂν οἱ δοῦλοι καρτερήσειαν, τὸν δὲ τῶν ὁμιλητικῶν
τρόπον ἅπαντες ἡδέως ὑποφέρουσιν. ὁμιλητικὸς δ' ἔσῃ, μὴ
δύσερις ὢν μηδὲ δυσάρεστος μηδὲ πρὸς [2] πάντας φιλόνικος,
μηδὲ πρὸς τὰς τῶν πλησιαζόντων ὀργὰς τραχέως ἀπαντῶν,
e μηδ' ἂν ἀδίκως ὀργιζόμενοι τυγχάνωσιν, ἀλλὰ θυμουμένοις
μὲν αὐτοῖς εἴκων, πεπαυμένοις δὲ τῆς ὀργῆς ἐπιπλήττων·
μηδὲ περὶ τὰ γελοῖα σπουδάζων, μηδὲ περὶ τὰ σπουδαῖα

[1] πιστεύοντας A. C. L.

[2] πάντα A. C. L.

dent verbis subdolis, Seræ dant pœnas turpes pœnitentiæ." Hinc Cato: "Noli homines blando nimium sermone probare. fistula dulce canit, volucrem dum decipit auceps." Vid. Senec. p. 123. FACC. Exstat in Plutarchi moralibus opusculum *de discrimine adulatoris et amici*, ubi primo τραπεζέας *mensarios* nominat; deinde vero ad quæstionem: 'a quonam adulatorum maxime cavendum sit?' respondet: τὸν μὴ δοκοῦντα, μηδ' ὁμολογοῦντα κολακεύειν, ὃν οὐκ ἔστι λαβεῖν περὶ τοὐπτανεῖον, οὐδὲ ἁλίσκεται σκιὰν καταμετρῶν ἐπὶ δεῖπνον, οὐδ' ἔῤῥιπται μεθυσθεὶς ὅπως ἔτυχεν, ἀλλὰ νήφει τὰ πολλὰ, καὶ πολυπραγμονεῖ, καὶ πράξεων μετέχειν οἴεται δεῖν, καὶ λόγων ἀποῤῥήτων βούλεται κοινωνὸς εἶναι. FRICK.

Πιστευθέντες] I. e. Ἐάν τις πιστεύῃ αὐτοῖς. WOLF.

Πρὸς τὸ φαυλότατον] Idem est quod ἐν τοῖς φαυλοτάτοις πράγμασι. WOLF. *ad maximum tuum incommodum.* LANG.

Ἐν τῷ βίῳ] Videtur subintelligi ὅλῳ, *quoad vixeris.* WOLF.

Πρὸς τὸ βέλτιστον] I. e. ἕνεκα τοῦ βελτίστου. IDEM. *ad maximam tuam utilitatem.* Idem est ac quod Epist. 4. occurrit: περὶ τοῦ συμφέρειν ἀντιλέγειν τολμῶντας, et ibid. ἐπὶ τῷ βελτίστῳ παῤῥησιαζομένους. LANG.

Ἀπεχθανομένους σοι] I. e. οἵτινες ἂν βούλοιντο ἀπεχθάνεσθαί σοι. *qui propter admonitionum severitatem odium tuum suscipere non recusent.* Rodolphus fortasse legit παρισταμένους, vertit enim *qui tibi ad ea quæ sunt optima sequendum assistant.* WOLF.

Γίνου π. τ. πλ. ὁμιλητικὸς] Phædrus l. III. fab. 16. "Humanitati qui se non accommodat, Plerumque pœnas oppetit superbiæ." FACC. Cicero l. II. offic. c. 14. Conciliat animos hominum comitas affabilitasque sermonis." Idem de amic. c. 18. "Suavitas quædam sermonum atque morum haudquaquam mediocre condimentum amicitiæ." FRICK.

Πάντα] Subintelligi potest vel ἄνθρωπον vel πράγματα. Rodolphus: *cum omnibus.* ergo aut legit πάντας, aut πάντα genere masculino accepit. WOLF.

Πρὸς πάντα φιλόνεικος] *omnibus in rebus adversator*, uti H. Wolfius interpretatur. Præstantior autem est lectio, quæ Facciolato quoque placuit: πρὸς πάντας φιλόνεικος. *cum omnibus certandi, omnibus præstandi cupidus*, scilicet ut Isocrates ταυτολογίας culpa liberetur. FRICK.

Τραχέως] Rodolphus: *celeriter.* legit ταχέως. quod cum iis quæ sequuntur, non male convenit. WOLF.

Τραχέως] Libenter legissem ταχέως, *continuo.* Seneca de ira l. III. c. 39. "Primam iram non audebis oratione mulcere, surda est et amens. Remedia in remissionibus prosunt." Vide ibi plura. Huc pertinet Pythagoricum dictum apud Plutarchum de lib. educ. c. XVII. πῦρ σιδήρῳ μὴ σκαλεύειν. FACC. Quod cum reliquis Pythagoræ symbolis erudite explicavit Erasmus adag. I. 2. FRICK.

Ἀπαντῶν] I. e. ἀποκρινόμενος, vel μηδὲ λόγοις μηδ' ἔργοις ἀμειβόμενος. WOLF.

Περὶ τὰ γελοῖα — περὶ τὰ σπ.] Antitheta sunt. *serium rem in nugis agere*, h. e. severitate ludicris in rebus uti; et *in re seria nugas agere*, idem quod παίζειν. IDEM. Pro περὶ utroque loco Cod. August. legit παρὰ, quod in significatione *inter*, v. c. παρὰ τὴν πόσιν (*inter potandum*), huic loco apprime convenit. Accedit, quod hæ præpositiones a librariis

τοῖς γελοίοις χαίρων — τὸ γὰρ ἄκαιρον πανταχοῦ λυπη-
ρόν —· μηδὲ τὰς χάριτας ἀχαρίστως χαριζόμενος, ὅπερ
πάσχουσιν οἱ πολλοὶ, ποιοῦντες [1] μὲν, ἀηδῶς δὲ τοῖς φίλοις
ὑπουργοῦντες· μηδὲ φιλαίτιος ὢν, βαρὺ γὰρ, μηδὲ φιλεπιτι- 9
μητὴς, παροξυντικὸν γάρ. Μάλιστα μὲν εὐλαβοῦ τὰς ἐν
τοῖς πότοις συνουσίας· [2] ἐὰν δέ ποτέ σοι συμπέσῃ καιρὸς,
ἐξανίστασο πρὸ μέθης. ὅταν γὰρ ὁ νοῦς ὑπὸ οἴνου διαφθαρῇ,
ταὐτὰ πάσχει τοῖς ἅρμασι τοῖς τοὺς ἡνιόχους [3] ἀποβα-
λοῦσιν· ἐκεῖνά τε γὰρ ἀτάκτως φέρεται [4] διαμαρτόντα τῶν
εὐθυνούντων, ἥ τε ψυχὴ πολλὰ σφάλλεται διαφθαρείσης b

[1] μὲν εὖ A. C. [2] ἂν A. C. L. [3] ἀποβάλλουσιν A. C. L. [4] διαμαρτάνοντα τῶν εὐθυνόντων A. L.

quam sæpissime inter se sunt confusæ, ut docet Fischer. ad Weller. Gr. spec. 3. part. 2. p. 225 et 271. Ceterum γελοῖα e præcepto Mœridis scribendum est γέλοια. LANG.

Μὴ περὶ τὰ γελοῖα] Horatius l. I. ep. 18. v. 89. "Oderunt hilarem tristes tristemque jocosi." Hinc Aristoteles scribit Rhet. l. II. c. 7. "nos irasci illis, qui ironia utuntur, quum ipsi serio agimus." Hac ipsa de causa Socrates invidia laboravit, quod perpetua ironia uteretur. FACC.

Τοῖς γελοίοις χαίρων] Pro τοῖς γελοίοις χαίρων exspectamus γελοιάζων vel tale quid. LANG.

Τὸ ἄκαιρον] Scilicet id vult Isocrates, ut quæ suo tempore suóque loco fieri, convenit, illa faciamus; ne lætemur aliis dolentibus, quum iis condolere sit æquum, quod in Theognidis sententiis v. 1217. seq. sic exprimitur: Μήποτε πὰρ κλαίουσι καθιζόμενοι γελάσωμεν, Τοῖς αὐτῶν ἀγαθοῖς, Κύρν', ἐπιτερπόμενοι. FRICK.

Μηδὲ τὰς χάριτας κ. τ. λ.] Seneca de benefic. l. II. c. 4. "Sunt, qui beneficia asperitate verborum et supercilio in odium adducunt, eo sermone usi, ea superbia, ut impetrasse, pœniteat." Et c. 7. "Fabius verrucosus beneficium ab homine duro aspere datum, panem lapidosum vocabat." Vid. ibi plura in hanc rem. FACC.

Ποιοῦντες μὲν] Scil. ὧνπερ δέονται οἱ φίλοι. Budæus legit: ποιοῦντες μὲν εὖ. WOLF. Et textui inseruit Wolfius; etsi ἐλλειπτικῶς, inquit, potest accipi. Citat Coraes Lycurg. c. Leocrat. §. κδ'.

Τὰς χάριτας ὅστις εὐγενῶς χαρίζεται,
Ἥδιον ἐν βροτοῖσιν· οἳ δὲ δρῶσι μὲν,
Χρόνῳ δὲ δρῶσι, δρῶσι δυσγενέστερον.

Φιλαίτιος] Contra querulos in malis humanis est Senecæ epist. 96. Sed hic queruli notantur in amicitia colenda. FACC.

Φιλεπιτιμητὴς] Publius Syrus in mimis, n. 34. "Amicum lædere ne joco quidem licet." IDEM.

Μάλιστα μὲν εὐλαβοῦ κ. τ. λ.] Anacharsis apud Diog. Laert. l. I. segm. 103. aiebat, vitem tres ferre fructus, primum *voluptatis*, secundum *ebrietatis*, tertium *mœroris*. Itaque idem philosophus mirabatur, cur Græci primum quidem parvis poculis in mensa uterentur; postea vero, quum saturi essent, majoribus. De hac Græcorum intemperantia loquitur Cicero Tusc. V. et in oratione pro Cluentio. Contra Plato, ut est apud Diog. Laert. l. III. segm. 39. p. 187. concedebat, ut in rebus festis ad ebrietatem potaretur. Et Xenocrates, vir cætera temperantissimus, corona aurea donatus est ob largiorem compotationem. Diog. Laert. l. IV. segm. 8. IDEM. Græcorum veteres bibaces fuisse, ex Athenæo, Æliano aliisque facile demonstratur. Quin et potationum concertationes usitatas fuisse, vel unum πολυποσίας certamen, ab Alexandro Magno institutum, docet, in quo unus et quadraginta compotorum vini sumpti abundantia perierunt; victor autem Promachus, accepto talento, victoriæ præmio, tertio post conflictum die obiit, referente Plutarcho in Alexandro. Plura exempla percenset Ælianus var. hist. l. II. c. 41. Cum hoc Isocratis præcepto egregie quoque conspirat Theognidis V. 484. seqq. sententia: μὴ πῖν' οἶνον ὑπερβολάδην, Ἀλλ' ἢ πρὶν μεθύειν ὑπανίστασο, μὴ σὲ βιάσθω Γαστὴρ, ὥστε κακὸν λάτριν ἐφημέριον· Ἢ παρεὼν μὴ πῖνε. FRICK.

Διαμαρτάνοντα] I. e. μὴ ἔχοντα. WOLF.

Εὐθυνόντων] Cod. August. et ed. Mediolan. εὐθυνοῦντων (scr. εὐθυνούντων). Vid. epist. 9. p. 758. Vertas: *illi* (currus) *enim temere feruntur, quum rectoribus destituti sunt.* LANG.

τῆς διανοίας. Ἀθάνατα μὲν φρόνει τῷ μεγαλόψυχος εἶναι, θνητὰ δὲ τῷ συμμέτρως τῶν ὑπαρχόντων ἀπολαύειν. Ἡγοῦ τὴν παιδείαν τοσούτῳ μεῖζον ἀγαθὸν εἶναι τῆς ἀπαιδευσίας, ὅσῳ τὰ μὲν ἄλλα μοχθηρὰ πάντες κερδαίνοντες πράττουσιν, αὕτη δὲ μόνη καὶ προσεζημίωσε τοὺς ἔχοντας· πολλάκις γὰρ, [1] ὧν τοῖς λόγοις ἐλύπησαν, [2] τούτων τοῖς ἔργοις
c τὴν τιμωρίαν ἔδοσαν. Οὓς ἂν βούλῃ ποιήσασθαι φίλους, ἀγαθόν τι λέγε περὶ αὐτῶν πρὸς τοὺς [3] ἀπαγγέλλοντας· ἀρχὴ [4] γὰρ φιλίας μὲν ἔπαινος, ἔχθρας δὲ ψόγος. Βουλευόμενος παραδείγματα ποιοῦ τὰ παρεληλυθότα τῶν μελλόντων· τὸ γὰρ ἀφανὲς ἐκ τοῦ φανεροῦ ταχίστην ἔχει τὴν διάγνωσιν. Βουλεύου μὲν βραδέως, ἐπιτέλει δὲ ταχέως τὰ δόξαντα. Ἡγοῦ κράτιστον εἶναι παρὰ μὲν [5] τῶν θεῶν

[1] ὃν A. C. L. [2] τούτῳ A. C. L. [3] ἀπαγγελοῦντας C. [4] μὲν γὰρ φιλίας A. C. L. [5] θεοῦ A.

Ἀθάνατα μὲν φρόνει etc.] Verba hæc vertenda esse videntur, ac si Græce scriptum esset: μεγαλόψυχος ἔσο, ὡς ἀθάνατος, καταφρονῶν τῆς ὑπερβαλλούσης κτήσεως τῶν χρημάτων· συμμέτρως δὲ τῶν ὑπαρχόντων ἀπόλαυε, ὡς θνητός. Wolf. Quæ in Hipponico supra (p. 3. e. ed. Steph.) laudavit auctor, ea h. l. in præcepti forma recurrunt, unde apparet μεγαλόψυχον h. l. esse *liberalem*. Lang. Ἐλευθέριος. Cor.

Τὴν παιδείαν] De παιδείᾳ et ἀπαιδευσίᾳ, quæ non modo in tractatione artium, sed in omni vita locum habet, vide Scioppium de pædia politices. Quem hic Isocrates vocat ἀπαίδευτον, Ital. *incolto, incivile*, Plutarchus de legend. poet. dicit ἀμαθῆ, eumque ait in rebus omnibus peccare. Huic opponit τὸν ἀστεῖον, quem ait omnia recte agere. Facc. Βαρὺ ἀπαιδευσία, inquit Pittacus apud Stobæum serm. XXVIII. p. 87. ed. Wechel. Frick.

Πάντες] Fortasse πάντα legendum. Wolf. Perperam. Lang.

Κερδαίνοντες] Construe hæc verba ita, ut κερδαίνοντες ultimum locum occupet, vertens: *lucrum inde facientes*. Idem.

Αὕτη δὲ μόνη etc.] *Illa autem* (eruditionis inopia) *tantum abest, ut lucrum faciat, ut etiam maxime noceat possessoribus suis*. Idem.

Τοὺς ἔχοντας] Scil. τὴν ἀπαιδευσίαν, h. e. τοὺς ἀπαιδεύτους. Wolf.

Ἀπαγγέλλοντας] Scil. ἐκείνοις. sed malim ἀπαγγελοῦντας. Idem. Uti Rodolp. Agricol. in suo Cod. reperisse videtur, quippe qui vertit: *qui renunciaturi sunt*. Lang.

Βουλευόμενος] I. e. ἐν τῷ βουλεύεσθαι, vel ἐὰν βουλεύῃ. Aliquid obscuritatis habent hæc verba, sed sententia perspicua est: Si quas res agendas suscepturus sis, considerandum esse, quomodo eædem aliis successerint, ut eas vel urgeas, si felix eventus fuerit, vel omittas, si adversus. Wolf.

Ταχίστην ἔχει διάγνωσιν] *facillime vel celerrime perspicitur*. Lang.

Βουλεύου μὲν βραδέως κ. τ. λ.] Primam partem hujus moniti expressit Publius Syrus in mimis n. 170. "Deliberandum est diu, quod statuendum est semel:" alteram Velleius l. II. c. 79. a quo M. Agrippa dicitur "extra dilationes positus consultisque facta conjungens:" utramque Sallustius de bello catilin. c. 1. "Priusquam incipias, consulto et, ubi consulueris, mature facto opus est." Id totum refertur ab Aristotele inter proverbia l. VI. ethic. c. 10. Δεῖ βουλεύεσθαι μὲν ἐφ' ἡσυχίας, ποιεῖν δὲ τὰ δόξαντα μετὰ σπουδῆς. Facc. Livius l. V. c. 19. "Omnia summa ratione consilioque acta fortuna etiam sequitur." Frick.

Δόξαντα] Scil. σοί. Wolf.

Ἡγοῦ κράτιστον κ. τ. λ.] Horatius l. I. ep. 18. v. ult. "Satis est orare Jovem, quæ donat et aufert: Det vitam, det opes, æquum mi animum ipse parabo." Et Cicero de nat. deor. l. III. c. 36. "Judicium hoc omnium mortalium est, fortunam a deo petendam, a se ipso sumendam esse sapientiam." Vide tamen, ne homini plus tribuas, quam deceat. Facc.

Παρὰ τῶν θεῶν] H. e. τῶν διδομένων ὑπὸ τῶν θεῶν καὶ μὴ τῆς ἀνθρωπίνης δυνάμεως ὄντων. Wolf.

εὐτυχίαν, παρὰ δὲ ἡμῶν αὐτῶν εὐβουλίαν. Περὶ ὧν ἂν d
αἰσχύνῃ παῤῥησιάσασθαι, [1] βούλῃ δέ τισι τῶν φίλων
8 ἀνακοινώσασθαι, χρῶ τοῖς λόγοις ὡς περὶ ἀλλοτρίου τοῦ
πράγματος· οὕτω γὰρ τὴν ἐκείνων τε γνώμην αἰσθήσῃ, καὶ
σεαυτὸν οὐ καταφανῆ ποιήσεις. Ὅταν [2] ὑπὲρ τῶν σεαυτοῦ
μέλλῃς τινὶ [3] συμβούλῳ [4] χρῆσθαι, σκόπει πρῶτον πῶς
[5] τὰ ἑαυτοῦ διῴκησεν· ὁ γὰρ κακῶς διανοηθεὶς περὶ τῶν
ἰδίων, οὐδέποτε καλῶς βουλεύσεται περὶ τῶν ἀλλοτρίων. e
οὕτω δ᾽ ἂν [6] μάλιστα βουλεύεσθαι παροξυνθείης, εἰ τὰς
συμφορὰς τὰς ἐκ τῆς ἀβουλίας ἐπιβλέψειας· καὶ γὰρ τῆς
ὑγιείας πλείστην ἐπιμέλειαν ἔχομεν, ὅταν τὰς λύπας τὰς
ἐκ τῆς ἀῤῥωστίας ἀναμνησθῶμεν. Μιμοῦ τὰ τῶν βασιλέων 10
ἤθη, καὶ δίωκε τὰ ἐκείνων ἐπιτηδεύματα· δόξεις γὰρ αὐτοὺς
ἀποδέχεσθαι καὶ ζηλοῦν· ὥστε σοι συμβήσεται παρά τε
τῷ πλήθει μᾶλλον εὐδοκιμεῖν καὶ τὴν παρ᾽ ἐκείνων εὔνοιαν

[1] βούλει A. C. L. [2] δὲ ὑπὲρ τῶν A. C. L. [3] συμβουλεύεσθαι A. C. L.
[4] χρῆσθαι om. A. C. L. [5] ὑπὲρ τῶν αὐτοῦ A. [6] κάλλιστα A.

Παρ᾽ ἡμῶν αὐτῶν] I. e. ὅσα ἐπὶ τοῖς ἀνθρώποις ἐστί. Idem.

Ἀνακοινώσασθαι] Scil. περὶ αὐτῶν. Idem.

Ὅταν δὲ ὑπὲρ τῶν σεαυτοῦ κ. τ. λ.] Itaque Isocrates senior in orat. de regno monet Nicoclem, ut sibi caveat ab iis, qui τοῖς μὲν ἄλλοις εὐδαιμονίαν ὑπισχνοῦνται, αὐτοὶ δὲ ἐν πολλαῖς ἀπορίαις εἰσί. Facc.

Μέλλῃς τινὶ συμβουλεύεσθαι] I. e. συμβουλήν τινος ζητήσῃς. Wolf. Auct. ad Herenn., 4. 18: "Qui suis rationibus inimicus fuerit semper, eum quomodo alienis rebus amicum fore speres." Plura loca laudat Kuhn ad Æl. V. H. 1. 33. ed. Perizon. p. 64. Cæterum συμβουλεύεσθαι cum dativo constructum est: *consulere aliquem* seu *commentari cum aliquo de re agenda.* Lang.

Μάλιστα] Conf. infra p. 110. 8. seq. Idem.

Ἀβουλίας] Scil. γιγνομένας. Wolf.

Μιμοῦ τὰ τῶν βασιλέων ἤθη] Memorandum videtur hoc præceptum et locis illis, quorum plures in hac oratione deprehendisse mihi videor, annumerandum, e quibus demonstrari possit, Isocratem Atheniensem vix posse esse opusculi hujus auctorem, quidquid alii, in quorum numero etiam Augerius est, contra clamitent. Nam tum in verbis dicendique formis, tum in sententiis et nimio imitandi studio, quo haud raro obscuritas oritur non levis, denique in toto scribendi genere tot, ut mihi quidem videtur, argumentorum copia operis subditivi parata est, ut Wolf., qui Isocratem ejusque dicendi morem penitius novit, valde mirer, quod huic libello, etsi per se haud contemnendo, Isocratis Atheniensis nomen tam simpliciter præponere non dubitarit. Lang.

Μιμοῦ τὰ τῶν βασ. ἤθη] Plinius paneg. c. XLV. "Flexibiles quamcunque in partem ducimur a principe atque, ut ita dicam, sequaces sumus. Huic enim cari, huic probati esse cupimus, quod frustra speraverint dissimiles, eoque obsequii continuatione pervenimus, ut prope omnes homines unius moribus vivamus." Facc. Pergit interjectis paucis Plinius: "vita principis censura est eaque perpetua: ad hanc dirigimur, ad hanc convertimur; nec tam imperio nobis opus est, quam exemplo," quasi diceret: recta vitæ principis exempla idem præstant, quod munus censoris perpetui. Disserit enim de principe optimo, Trajano suo. Josephus antiqu. judaic. 3. circa finem hæc habet: οἱ ἀρχόμενοι οὐκ ἀποδέχεσθαι δοκοῦσι τὰ τῶν βασιλέων ἔργα, μὴ ταῦτα πράττοντες. Frick.

Διώκε] Διώκειν hic idem est quod ἐφίεσθαι καὶ ἐπιτηδεύειν. Wolf.

Δόξεις] Sive αὐτοῖς τοῖς βασιλεῦσι sive ἑτέροις τισί. Idem.

Αὐτοὺς ἀποδέχεσθαι] I. e. ἀρέσκεσθαι τοῖς τρόποις αὐτῶν. Idem.

Ζηλοῦν] Licet fortassis accipere hic ἀντὶ τοῦ μακαρίζειν, h. e. *fortunatum judicare.* Idem.

βεβαιοτέραν ἔχειν. Πείθου μὲν καὶ τοῖς νόμοις τοῖς ὑπὸ τῶν βασιλέων κειμένοις· ἰσχυρότατον μέντοι νόμον ἡγοῦ τὸν ἐκείνων τρόπον. ὥσπερ γὰρ τὸν ἐν δημοκρατίᾳ πολιτευό-
b μενον τὸ πλῆθος δεῖ θεραπεύειν, οὕτω καὶ τὸν ἐν μοναρχίᾳ κατοικοῦντα τὸν βασιλέα προσήκει θαυμάζειν. Εἰς ἀρχὴν κατασταθεὶς, μηδενὶ χρῶ πονηρῷ πρὸς τὰς διοικήσεις· ὧν γὰρ ἂν ἐκεῖνον [1] ἁμάρτῃ, σοὶ τὰς αἰτίας ἀναθήσουσιν. Ἐκ τῶν κοινῶν ἐπιμελειῶν ἀπαλλάττου μὴ πλουσιώτερος ἀλλ᾽ ἐνδοξότερος· πολλῶν γὰρ χρημάτων κρείττων ὁ παρὰ
c τοῦ πλήθους ἔπαινος. Μηδενὶ πονηρῷ πράγματι μήτε παρίστασο μήτε συνηγόρει· δόξεις γὰρ καὶ αὐτὸς τοιαῦτα πράττειν, οἷάπερ ἂν τοῖς ἄλλοις πράττουσι βοηθῇς. Παρασκεύαζε σεαυτὸν πλεονεκτεῖν μὲν [2] δύνασθαι, ἀνέχου δὲ τὸ ἴσον [3] ἔχων, ἵνα δοκῇς ὀρέγεσθαι τῆς δικαιοσύνης μὴ δι᾽ ἀσθένειαν ἀλλὰ δι᾽ ἐπιείκειαν. Μᾶλλον ἀποδέχου δικαίαν πενίαν
d ἢ πλοῦτον ἄδικον· τοσούτῳ γὰρ κρείττων δικαιοσύνη χρημάτων, ὅσῳ τὰ μὲν ζῶντας μόνον ὠφελεῖ, ἡ δὲ καὶ τελευτήσασι δόξαν παρασκευάζει, κἀκείνων μὲν [4] τοῖς φαύλοις μέτεστι, ταύτης δὲ τοῖς μοχθηροῖς ἀδύνατον μεταλαβεῖν. Μηδένα ζήλου

[1] ἁμάρτοι A. L. [2] δυνάμενον A. L. [3] ἔχειν A. C. L. [4] καὶ τοῖς C.

Τὴν παρ᾽ ἐκείνων] H. e. τὴν τῶν βασιλέων. IDEM.

Κειμένοις] Pro τεθειμένοις. IDEM.

Τὸν ἐκείνων τρόπον] I. e. ὅπερ ἂν αὐτοῖς βουλομένοις ᾖ. IDEM.

Θαυμάζειν] I. e. περὶ πλείστου ποιεῖσθαι ἢ τιμᾶν. IDEM.

Κατασταθεὶς] Scil. ὑπὸ τοῦ βασιλέως ἢ τῶν κρατούντων. IDEM.

Διοικήσεις] Cum Wolfio suppleas τῶν περὶ τὴν ἀρχὴν πραγμάτων. LANG.

Τοῦ πλήθους ἔπαινος] Hinc Publius Syrus in mimis n. 96. "Bona opinio hominum tutior pecunia est." FACC. Pindarus Isthm. hymn. VII. ὁ δ᾽ ὄλβιος, ὃν φᾶμαι κατέχοντ᾽ ἀγαθαί. FRICK.

Μηδενὶ πονηρῷ κ. τ. λ.] Publius Syrus in mimis n. 88. "Bis peccas, quum peccanti obsequium accommodas." Theognis v. 411. Μηδενὸς ἀνθρώπων κακίας δόκει εἶναι ἑταῖρος. FACC.

Παρίστασο] Ad advocatos pertinet, qui etiam tacentes sua præsentia reo patrocinantur, quod Latini dicunt *stare ab aliquo*: συνηγόρει ad oratores et causidicos, qui oratione defendunt reum. WOLF.

Ἀνέχου τὸ ἴσον ἔχειν] I. e. στέργε ἢ ἀγάπα τὴν ἰσότητα, μὴ δυσφόρει τὰ ἴσα ἔχων.

Pro ἔχειν quid si participium ἔχων legatur? quod videtur Ἑλληνικώτερόν. Etsi in Paragr. οὐκ ἀγαπᾷ τῶν ἴσων τυγχάνειν τοῖς ἄλλοις. IDEM.

Δικαίαν πενίαν] I. e. πενίαν μετὰ δικαιοσύνης. Quanquam si ad alios refertur, res pro persona posita est, ut sit: τοὺς δικαίους πένητας ἢ τοὺς πλουσίους ἀδίκους ὄντας. IDEM.

Μᾶλλον ἀποδέχου δικαίαν κ. τ. λ.] Theognis v. 144. Βούλεο δ᾽ εὐσεβέως ὀλίγοις σὺν χρήμασιν οἰκεῖν, Ἢ πλουτεῖν ἀδίκως χρήματα πασσάμενος. FACC. Huc pertinet et illud Pindari Isthm. hymn. VII. τὸ δὲ πὰρ δίκαν γλυκὺ πικροτάτα μένει τελευτά. FRICK.

Κἀκείνων] Theognis v. 149. Χρήματα μὲν δαίμων καὶ παγκάκῳ ἀνδρὶ δίδωσιν. FACC. Idem v. 681. Πολλοὶ πλοῦτον ἔχουσιν ἀΐδριες, οἱ δὲ τὰ καλὰ Ζητοῦσιν χαλεπῇ τειρόμενοι πενίῃ. FRICK.

Κἀκείνων μὲν τ. φ. μέτεστι] I. e. καὶ οἱ φαῦλοι πλουτεῖν δύνανται. WOLF.

Ταύτης] Τῆς δόξης τῆς ὑπὸ τῆς δικαιοσύνης παρασκευαζομένης. COR.

Μηδένα ζήλου κ. τ. λ.] Ex Chilone apud Diog. Laert. l. I. segm. 70. Ζημίαν αἱρεῖσθαι μᾶλλον ἢ κέρδος αἰσχρόν. FACC. Celebratum quoque Hesiodi dictum Ἔργ. 350. Μὴ κακὰ κερδαίνειν, κακὰ κέρδεα ἶσ᾽ ἄτῃσιν. FRICK.

τῶν ἐξ ἀδικίας κερδαινόντων, ἀλλὰ μᾶλλον ἀποδέχου τοὺς
μετὰ δικαιοσύνης ζημιωθέντας· οἱ γὰρ δίκαιοι τῶν ἀδίκων εἰ e
9 μηδὲν ἄλλο πλεονεκτοῦσιν, ἀλλ᾽ οὖν ἐλπίσι γε σπουδαίαις
ὑπερέχουσι. Πάντων μὲν ἐπιμελοῦ τῶν περὶ τὸν βίον,
μάλιστα δὲ τὴν σαυτοῦ φρόνησιν ἄσκει· μέγιστον γὰρ ἐν
ἐλαχίστῳ νοῦς ἀγαθὸς ἐν ἀνθρώπου σώματι. Πειρῶ [1] τῷ μὲν 11
σώματι εἶναι φιλόπονος, [2] τῇ δὲ ψυχῇ φιλόσοφος· ἵνα τῷ
μὲν ἐπιτελεῖν δύνῃ τὰ δόξαντα, τῇ δὲ προορᾶν ἐπίστῃ τὰ
συμφέροντα. Πᾶν ὅ τι ἂν μέλλῃς λέγειν, πρότερον ἐπισκόπει
τῇ γνώμῃ· πολλοῖς γὰρ ἡ γλῶττα προτρέχει τῆς διανοίας.
[3] Δύο ποιοῦ καιροὺς τοῦ λέγειν, ἢ περὶ ὧν οἶσθα σαφῶς, ἢ περὶ
ὧν ἀναγκαῖον εἰπεῖν. ἐν τούτοις γὰρ μόνοις ὁ λόγος τῆς σιγῆς
κρείττων, ἐν δὲ τοῖς ἄλλοις ἄμεινον σιγᾶν ἢ λέγειν. Νόμιζε
μηδὲν εἶναι τῶν ἀνθρωπίνων βέβαιον· οὕτω γὰρ οὔτ᾽ εὐτυχῶν
ἔσῃ περιχαρής, οὔτε δυστυχῶν περίλυπος. Χαῖρε μὲν ἐπὶ

[1] τὸ μὲν σῶμα A. C. L. [2] τὴν δὲ ψυχὴν A. C. L. [3] δύω C.

Μηδὲν ἄλλο πλεονεκτοῦσιν] I. e. ἐν μηδενὶ ἄλλῳ πράγματι πλέον ἔχουσι τῶν ἀδίκων ἢ ὑπερέχουσιν. Wolf.

Ἐλπίσι γε σπουδαίαις] Isocrates moniti hujus rationem videtur ab eodem Chilone sumpsisse apud Diog. Laert. l. I. segm. 69. Ἐρωτηθεὶς, τίνι διαφέρουσιν οἱ πεπαιδευμένοι τῶν ἀπαιδεύτων, ἔφη, ἐλπίσιν ἀγαθαῖς. Facc.

Τῶν περὶ τὸν βίον] Quicquid ad vitam degendam attinet, intelligendum. Wolf.

Νοῦς ἀγαθὸς] Quid sit *mens bona*, vide apud Senecam epist. XXIII. XLI. et LXXVI. Late funditur ad omne recte cogitandi, loquendi et agendi consilium. Vid. et Persii sat. II. quæ inscribi solet de *bona mente*. Facc.

Φιλόπονος] Seneca de provid. c. V. "Labor optimos citat. Senatus per totum diem consulitur, quum illo tempore vilissimus quisque aut in campo otium suum oblectet, aut in popina lateat cæt." Facc.

Πολλοῖς γὰρ ἡ γλῶττα τ. λ.] Ex Chilone, ut est apud Diog. Laert. I. segm. 70. γλῶτταν μὴ προτρέχειν τοῦ νοῦ. Idem significat Homerus, quum ait, "Ulyssem non ex ore vocem mittere, sed ex pectore." ut est apud Gellium l. I. c. 15. Facc.

Δύο ποιοῦ κ. τ. λ.] In vulgata præceptum hoc sequenti est propositum, quam transpositionem Augerius, Wolfii auctoritate recepit. Lang.

Τῆς σιγῆς] Epictetus enchir. c. XLI. σιωπὴ τὸ πολὺ ἔστω, ἢ λαλείσθω τὰ ἀναγκαῖα, καὶ δι᾽ ὀλίγων. Simonides autem aiebat: μηδέποτε αὐτῷ μεταμελῆσαι σιγήσαντι, φθεγξαμένῳ δὲ πολλάκις. Ex distich. Catonian. l. I. "Virtutem primam esse puta compescere linguam: Proximus ille deo, qui scit ratione tacere." Facc.

Εὐτυχῶν ἔσῃ περιχαρὴς] Ex Periandro ut est apud Diog. Laert. l. I. segm. 97. Εὐτυχῶν μὲν μέτριος ἴσθι, δυστυχῶν δὲ φρόνιμος. Ita Phædrus l. IV. fab. 16. "Parce gaudere oportet et sensim queri." Facc. Ceterum de fortuna utraque, æquo animo ferenda, ut multa egregia habet Plutarchus: ita et hanc commendat sententiam: Εὐλόγιστος ὁ τὸν οἰκεῖον ὅρον ἔχων καὶ δυνάμενος φέρειν δεξιῶς τά τε προσηνῆ καὶ τὰ λυπηρὰ τῶν ἐν τῷ βίῳ συμβαινόντων. Paucis interjectis pergit: τῶν καλῶς λεγομένων ἐστὶν ἐν ὑποθήκης μέρει καὶ τοῦτο·

μηδ᾽ εὐτύχημα μηδὲν ὧδ᾽ ἔστω μέγα,
ὅ σ᾽ ἐξεπαίρῃ μεῖζον, ἢ χρεὼν, φρονεῖν·
μηδ᾽, ἄν τι συμβῇ δυσχερὲς, δουλοῦ πάλιν,
ἀλλ᾽ αὐτὸς αἰεὶ μίμνε τὴν σαυτοῦ φύσιν
σώζων βεβαίως, ὥστε χρυσὸς ἐν πυρί.

πεπαιδευμένων γάρ ἐστι καὶ σωφρόνων ἀνδρῶν, πρός τε τὰς δοκούσας εὐτυχίας τὸν αὐτὸν εἶναι, καὶ πρὸς τὰς ἀτυχίας γενναίως φυλάξαι τὸ πρέπον. Orat. consol. ad Apollon. vol. vii. p. 318. ed. Hutten. Frick.

τοῖς συμβαίνουσι τῶν ἀγαθῶν, [1] λυποῦ δὲ μετρίως ἐπὶ τοῖς
γιγνομένοις τῶν κακῶν, γίγνου δὲ τοῖς ἄλλοις [2] μηδ' ἐν
ἑτέροις ὢν κατάδηλος· ἄτοπον γὰρ τὴν μὲν οὐσίαν ἐν ταῖς
οἰκίαις ἀποκρύπτειν, τὴν δὲ διάνοιαν φανερὰν ἔχοντα πε-
c ριπατεῖν. Μᾶλλον εὐλαβοῦ ψόγον ἢ κίνδυνον· δεῖ γὰρ εἶναι
φοβερὰν τοῖς μὲν φαύλοις τὴν τοῦ βίου τελευτὴν, τοῖς δὲ
σπουδαίοις τὴν ἐν τῷ ζῆν ἀδοξίαν. Μάλιστα μὲν πειρῶ
ζῆν κατὰ τὴν ἀσφάλειαν· ἐὰν δέ ποτέ σοι συμβῇ κινδυνεύειν, ζήτει τὴν ἐκ τοῦ πολέμου σωτηρίαν μετὰ καλῆς δόξης,
ἀλλὰ μὴ μετ' αἰσχρᾶς φήμης· τὸ μὲν γὰρ τελευτῆσαι
πάντων ἡ πεπρωμένη κατέκρινε, τὸ δὲ καλῶς ἀποθανεῖν
d ἴδιον τοῖς σπουδαίοις ἡ φύσις ἀπένειμε.

ε'. Καὶ μὴ θαυμάσῃς, εἰ πολλὰ τῶν εἰρημένων οὐ πρέπει σοι πρὸς τὴν νῦν παροῦσαν ἡλικίαν. οὐδὲ γὰρ ἐμὲ τοῦτο
διέλαθεν· ἀλλὰ προειλόμην διὰ τῆς αὐτῆς πραγματείας
ἅμα τοῦ τε παρόντος βίου συμβουλίαν ἐξενεγκεῖν, καὶ τοῦ
μέλλοντος χρόνου παράγγελμα καταλιπεῖν. τὴν μὲν γὰρ
τούτων χρείαν ῥᾳδίως εἰδήσεις, τὸν δὲ συμβουλεύοντα μετ'
e εὐνοίας χαλεπῶς εὑρήσεις. ὅπως οὖν τὰ λοιπὰ μὴ παρ'
ἑτέρου ζητῇς, ἀλλ' ἐντεῦθεν ὥσπερ ἐκ ταμιείου προφέρῃς,
ᾠήθην δεῖν μηδὲν παραλιπεῖν ὧν [3] ἔχω σοι συμβουλεύειν.
πολλὴν δ' ἂν [4] τοῖς θεοῖς χάριν σχοίην, εἰ μὴ διαμάρτοιμι 10
12 τῆς δόξης. [5] ἧς ἔχων περὶ σοῦ τυγχάνω. τῶν μὲν γὰρ ἀλ-

[1] καὶ λυποῦ μετρ. A. C. L. [2] ἐν μηδετέροις L. [3] ἂν ἔχω A. C. L. [4] τῷ θεῷ A. [5] ἣν A. L.

Τῶν ἀγαθῶν] Pro ἀγαθοῖς positum est, sicoti τῶν κακῶν pro κακοῖς. WOLF.

Μετρίως] Mihi videtur referendum ad χαῖρε, sicut ad λυποῦ. AUGER.

Λυποῦ μετρίως] Theognis v. 1159. ὁ μὲν ἐσθλὸς Τολμᾷ ἔχων τὸ κακὸν, οὐκ ἐπίδηλος ὅμως. FACC.

Ἐν μηδετέροις] Verte: *neque gaudens neque dolens aliis hominibus* (ἄλλοις) *manifestus sis*. LANG. Et sic Coraes.

Μᾶλλον εὐλαβοῦ ψόγον κ. τ. λ.] In Publii Syri mimis n. 923. "Tolerabilior, qui mori jubet, quam qui male vivere." Hino C. Marius apud Sallustium de bello Jugurth. c. XC. "Nemo ignavia immortalis factus; neque quisquam parens liberis, ut æterni forent, optavit, magis ut boni honestique vitam exigerent." FACC.

Κατὰ τὴν ἀσφάλειαν] Pro ἀσφαλῶς καὶ ἐν ἀσφαλεῖ, ἐν εἰρήνῃ. WOLF.

Ἐκ τοῦ πολέμου] *ex certamine*. Si quis ita vertat, *ex bello*, non repugnarim. Nam et Livius l. II. c. 7. videtur sumere *bellum* pro certamine. Et apertius Varro de lingua Lat. l. VI. c. 3. FACC.

Τὸ δὲ καλῶς ἀποθ.] Cicero pro P. Quinet. c. 15. "Mors honesta sæpe vitam quoque turpem exornat." IDEM.

Ἡ φύσις ἀπένειμε] Quæ salvo sensu omitti possunt, a Cod. August. absunt. LANG.

Προειλόμην] Pro ἐβουλόμην. WOLF.

Διὰ τῆς αὐτῆς πραγματείας] *una eademque opera*. LANG.

Τοῦ παρόντος βίου συμβουλίαν ἐξενεγκεῖν] I. e. συμβουλεύειν, ὅπως νῦν χρὴ διάγειν τὸν βίον etc. WOLF.

Τὴν μὲν γὰρ τούτων χρείαν] I. e. πῶς καὶ ποτὲ χρὴ τούτοις χρῆσθαι. IDEM.

Προφέρῃς] Ἴσ. προφέρῃ. ἡ γὰρ μεταφορὰ ἀπὸ τῶν ἐδωδίμων, ἅ τις προαιρεῖται καὶ προφέρεται, ἤγουν ἐξάγει ἰδίας ἕνεκα χρήσεως. COR.

λων τοὺς πλείστους εὑρήσομεν, ὥσπερ τῶν σιτίων τοῖς ἡδίστοις μᾶλλον ἢ τοῖς ὑγιεινοτάτοις χαίροντας, οὕτω καὶ τῶν φίλων τοῖς συνεξαμαρτάνουσι πλησιάζοντας, ἀλλ' οὐ τοῖς νουθετοῦσι. σὲ δὲ νομίζω τοὐναντίον τούτων ἐγνωκέναι, τεκμηρίῳ χρώμενος τῇ περὶ τὴν ἄλλην σου παιδείαν φιλοπονίᾳ· τὸν γὰρ αὑτῷ τὰ βέλτιστα πράττειν ἐπιτάττοντα, τοῦτον εἰκὸς καὶ τῶν ἄλλων τοὺς ἐπὶ τὴν ἀρετὴν παρακα- b
λοῦντας ἀποδέχεσθαι. μάλιστα δ' ἂν παροξυνθείης ὀρεχθῆναι τῶν καλῶν ἔργων, εἰ καταμάθοις, ὅτι καὶ τὰς ἡδονὰς [1] ἐκ τούτων μάλιστα [2] γνησίως ἔχομεν. ἐν μὲν γὰρ τῷ ῥαθυμεῖν καὶ τὰς πλησμονὰς ἀγαπᾶν εὐθὺς αἱ λῦπαι ταῖς ἡδοναῖς παραπεπήγασι, τὸ δὲ περὶ τὴν ἀρετὴν φιλοπονεῖν καὶ σωφρόνως τὸν αὑτοῦ βίον οἰκονομεῖν ἀεὶ τὰς [3] τέρψεις εἰλικρινεῖς καὶ βεβαιοτέρας ἀποδίδωσι· κἀκεῖ μὲν πρότερον c
ἡσθέντες ὕστερον ἐλυπήθημεν, ἐνταῦθα δὲ μετὰ τὰς λύπας τὰς ἡδονὰς ἔχομεν. ἐν [4] πᾶσι δὲ τοῖς ἔργοις οὐχ οὕτω τῆς ἀρχῆς μνημονεύομεν, ὡς τῆς τελευτῆς αἴσθησιν λαμβάνομεν· τὰ γὰρ πλεῖστα τῶν περὶ τὸν βίον οὐ δι' αὐτὰ πράγματα ποιοῦμεν, ἀλλὰ τῶν ἀποβαινόντων ἕνεκα διαπονοῦμεν.

ϛ'. Ἐνθυμοῦ δὲ [5] ὅτι τοῖς μὲν φαύλοις ἐνδέχεται τὰ τυχόντα πράττειν — εὐθὺς γὰρ τοῦ βίου τοιαύτην πεποίηνται τὴν ὑπόθεσιν —, τοῖς δὲ σπουδαίοις οὐχ οἷόν τε τῆς d
ἀρετῆς ἀμελεῖν [6] διὰ τὸ πολλοὺς ἔχειν τοὺς ἐπιπλήττοντας.

[1] τὰς ἐκ A. C. L. [2] γνησίας C. [3] πρῶτον A. C. L.
[4] ἅπασι A. C. L. [5] διότι A. L. [6] ἢ πολλοὺς A. C. L.

Τούτων] Scil. τῶν πλησιαζόντων τοῖς συνεξαμαρτάνουσι. Wolf.

Φιλοπονίᾳ] Conjungenda sunt φιλοπονίᾳ σοῦ. Idem.

Πράττειν] Scil. τῆς φήμης ἕνεκα. Idem.

Γνησίως] F. γνησίας. Idem.

Παραπέπηγασι] Γειτνιάζουσι καὶ πλησίον ἀλλήλαις κεῖνται. Cor.

Φαύλοις] De significatione φαῦλος et σπουδαῖος vid. Ind. Lang.

Εὐθὺς] Ἀπ' αὐτῆς τῆς ἀρχῆς. Cor. Cf. Schol. Aristoph. Nub. 1043.

Τοιαύτην πεποίηνται τὴν ὑπόθεσιν] *tale fundamentum vitæ illorum jactum est*, scil. a fortuna, h. e. cum fortuna obscuros eos fecerit, nemo magnopere curat, sive honeste sive turpiter vivant. Wolf.

Ἢ πολλοὺς] Post ἢ videtur deesse aliquid, et legendum ἢ αὐτοὺς μὴ πολλοὺς, subaudiendo οὐχ οἷόν τε. Auger. Post ἢ intelligi etiam potest ἀναγκαῖον. vel constructio ita resolvenda: τοῖς δὲ σπουδαίοις οὐχ οἷόν τε τῆς ἀρετῆς ἀμελεῖν ἢ τοιόνδε ὥστε ἔχειν. Wolf. οἷόν τε repeti commode posse negat, hinc aut ἀνάγκη post ἔχειν repetit, aut ἔχειν pro ἔξουσι positum esse putat. Ego vero vix dubito, Græcos ita locutos esse, quum, ut Fr. A. Wolf. ait ad Reizii libell. de prosodiæ Græcæ accentus inclinatione, p. 80: 'vulgus, penes quod norma est et arbitrium loquendi, adeo ducitur analogiæ sensu, ut ea, quæ in uno aliquo genere satis causæ habent, eadem in aliis aut minore ratione aut nulla ad imitationem trahat. *Inde fit, ut non raro constructio aliqua auctores habeat optimos,*

πάντες γὰρ μισοῦσιν οὐχ οὕτω τοὺς ἐξαμαρτάνοντας, ὡς τοὺς ἐπιεικεῖς μὲν φάσκοντας εἶναι, μηδὲν δὲ τῶν τυχόντων διαφέροντας· εἰκότως· ὅπου γὰρ τοὺς τῷ λόγῳ [1] μόνον ψευδομένους ἀποδοκιμάζομεν, ἦ πού [2] γε τοὺς τῷ βίῳ παντὶ
e ἐλαττουμένους, οὐ φαύλους εἶναι φήσομεν; δικαίως δ' ἂν τοὺς τοιούτους ὑπολάβοιμεν μὴ μόνον εἰς ἑαυτοὺς ἁμαρτάνειν, ἀλλὰ καὶ τῆς τύχης εἶναι προδότας· ἡ μὲν γὰρ αὐτοῖς χρήματα καὶ δόξαν καὶ φίλους ἐνεχείρισεν, οἱ δὲ σφᾶς αὐτοὺς ἀναξίους τῆς υπαρχούσης εὐδαιμονίας κατέστησαν. εἰ δὲ δεῖ θνητὸν ὄντα τῆς τῶν θεῶν στοχάσασθαι διανοίας,
13 ἡγοῦμαι κἀκείνους ἐπὶ τοῖς οἰκειοτάτοις μάλιστα δηλῶσαι 11
πῶς ἔχουσι πρὸς τοὺς φαύλους καὶ τοὺς σπουδαίους τῶν ἀνθρώπων. Ζεὺς γὰρ Ἡρακλέα καὶ Τάνταλον γεννήσας — ὡς οἱ μῦθοι λέγουσι, καὶ πάντες πιστεύουσι —, τὸν μὲν διὰ τὴν ἀρετὴν ἀθάνατον ἐποίησε, τὸν δὲ διὰ τὴν κακίαν ταῖς μεγίσταις τιμωρίαις ἐκόλασεν. οἷς [3] δεῖ παραδείγμασι χρωμένους ὀρέγεσθαι τῆς καλοκαγαθίας, καὶ μὴ μόνον τοῖς
b ὑφ' ἡμῶν εἰρημένοις ἐμμένειν, ἀλλὰ καὶ τῶν ποιητῶν τὰ βέλτιστα μανθάνειν, καὶ τῶν ἄλλων σοφιστῶν, εἴ τι χρήσιμον εἰρήκασιν, ἀναγιγνώσκειν. ὥσπερ γὰρ τὴν μέλιτταν ὁρῶμεν ἐφ' ἅπαντα μὲν τὰ βλαστήματα καθιζάνουσαν, ἀφ' ἑκάστου δὲ τὰ [4] βέλτιστα λαμβάνουσαν, οὕτω χρὴ καὶ τοὺς παιδείας ὀρεγομένους, μηδενὸς μὲν ἀπείρως ἔχειν, πανταχόθεν δὲ τὰ χρήσιμα συλλέγειν. μόλις γὰρ ἄν τις ἐκ ταύτης τῆς ἐπιμελείας τὰς τῆς φύσεως ἁμαρτίας ἐπικρατήσειεν.

[1] μόνῳ A. C. L. [2] γε om. A. C. L. [3] χρὴ A. C. L. [4] χρήσιμα A. C. L.

cujus difficile sit probabilem solutionem afferre.' Mihi displicet porro τοὺς post ἔχειν. LANG. ἢ per εἰ δὲ exponit Coraes, subaudiondo ἀμελήσουσι ἀνάγκη.

Ἤπου] Πόσῳ μᾶλλον. COR.

Ἐλαττουμένους] Scil. τῆς δόξης καὶ τῆς τῶν ἀνθρώπων προσδοκίας τῆς περὶ αὐτῶν ὑπαρχούσης. WOLF. *factos inferiores*, np. ea quam de se dederant opinione, vel ea quam professi erant virtute. AUGER. Cæterum ut intelligas, qua fiat, ut φαύλοις universis h. l. tribuantur, quæ nonnullis tantum eorum conveniant, i. e. magna de se hominum opinio, res familiaris, amici, peculiarem h. l. vocis φαῦλος et σπουδαῖος vim observes, quam in Indice indicavi. LANG.

Τύχης] Rodolphus: ψυχῆς. Sed nostra lectio haud dubie verior est. WOLF.

Προδότας] Vid. Ind. LANG.

Καὶ τῶν ἄλλων] F. καὶ τὰ τῶν ἄλλων. Verbum enim ἀναγινώσκειν alioqui commode satis construi non potest, etiamsi ad εἴ τι χρήσιμον εἰρήκασιν referre velis. WOLF.

Σοφιστῶν] Τῶν μὴ ἐμμέτρως, ἀλλὰ καταλογάδην γραψάντων. COR. Cf. Schol. Aristoph. Nub. 330.

Μόλις] *et vix tamen.* LANG.

Ἐκ ταύτης] I. e. διὰ ταύτης. WOLF.

B.

ΙΣΟΚΡΑΤΟΥΣ

ΠΡΟΣ ΝΙΚΟΚΛΕΑ

ΠΕΡΙ ΤΟΥ ΒΑΣΙΛΕΥΕΙΝ Η ΠΕΡΙ ΒΑΣΙΛΕΙΑΣ.

Pag. ed. Cor. 12 — Pag. ed. H. Ste 14

ά. ΟΙ μὲν εἰωθότες, ὦ Νικόκλεις, ὑμῖν τοῖς βασιλεῦσιν ἐσθῆτας ἄγειν ἢ χρυσὸν εἰργασμένον ἢ [1] τῶν ἄλλων τι τῶν τοιούτων κτημάτων, ὧν αὐτοὶ μὲν ἐνδεεῖς εἰσὶν, ὑμεῖς δὲ

[1] ἄλλο τι A. C. L.

SUMMARIUM. (α'.) *Procemium.* Muneris hujus præ aliis quæ regibus offerri soleant indoles ac præstantia, cujus finis sit de regum officiis præcipiendi. Hominibus nimirum privatis multam esse officia sua discendi occasionem, regibus, qui difficillimam artem exerceant, nullam. Hinc tyrannorum, qui beatissimi esse possint, miserabilem vitam, multorumque hominum de conditione illorum perversum judicium. Quid regibus sequendum sit, quid fugiendum, in universum docere per se laudabile esse, licet expositio instituto non respondeat. (γ'.) *Præcepta.* Primarius regum finis, ex quo veluti e fonte omnia eorum officia effluant inque quem recurrant. (δ'.) Quem si quis consequi velit, sapientiorem aliis fieri oportere ingenio excolendo et prudentiorum hominum consuetudine. (ε'.) Reges debere populum amore complecti, multitudinem tueri et continere, optimos honorare, omnes ab injuria defendere. (ϛ'.) Edicta, instituta, leges, negotiationes, lites, judicia. Quomodo civitas administranda sit. In quo magnificentia sit ostendenda. Qua ratione dii sint colendi. (ζ'.) Quibus honores tribuendi. Quæ sit tutissima corporis custodia. Privatorum opes tuendæ. Veritatis studium. Qua ratione peregrini habendi sint. Erga cives clementia. Quomodo et quando bellum sit gerendum. Moderatio et abstinentia. (η'.) De amicis, familiaribus, præfectis, ministris eligendis. Quid alii de aliis dicant, audiendum. Calumniatores puniendos. Sibi ipsi imperandum esse. (θ'.) Quibus studiis delectandum sit, et de quibus rebus certandum. Quales honores ambiendi. Quæ studia occultanda, quæ ostendenda. Regum temperantia exemplum civibus. Optimi regni indicium. Liberis gloria potius quam opes relinquenda. In vestibus splendor, in vita severitas, in dictis factisque consideratio. Modus in rebus servandus. (ι'.) Urbanitas cum gravitate conjuncta. Cui studiorum generi præ cæteris opera danda sit regibus. Qua ratione optime inclarescant. (ια'.) Præstantia animi præ corporis effigie. Ipsis faciendum esse quod probent, quod æmulentur, quod liberis præcipiant. Qui sapientes sint habendi. — (ιβ'.) *Epilogus.* In ejusmodi præceptis non id agi ut nova sint, quæ doceantur, sed ut quam plurima undique collecta jucunde tradantur. Ea utilia quidem esse, sed lectoribus haud jucunda. (ιγ'.) In causa esse hominum perversitatem. Cupiunt pessima, aversantur optima. Hinc qui vulgo hominum placere velit, eum Homerico more fabulas narrare easdemque Tragicorum exemplo in actiones redigere oportere. (ιδ'.) Regi vero aliter esse judicandum, neque homines factaque voluptate, sed utilitate esse metiendos. Homines autem inprimis e prudentibus et tempestivis consiliis æstimandos esse. Bonum consiliatorem omnibus bonis esse præponendum. (ιε'.) Hoc donum quoque in hac re ab aliis differre, quod usu non deterius, sed pretiosius etiam fiat. Lang. Videtur scripta hæc oratio fuisse non multo tempore postquam Nicocles ad regnum pervenit anno ante Christum 373. et Isocratis ætatis 63. Auger.

Νικόκλεις] Fuit hic Nicocles Evagoræ filius, rex Cypriæ Salaminis. Wolf.

Ὑμῖν τοῖς βασιλεῦσιν] Scil. τοῖς ἡμιθέοις εἶναι δοκοῦσι. Idem.

Ἄγειν] Scil. διὰ γῆς ἢ θαλάσσης, ἢ ἐξ ἀλλοδαπῆς χώρας. Idem.

Κτημάτων] Prætuli eam maxime ob

15 πλουτεῖτε, λίαν ἔδοξαν εἶναί μοι καταφανεῖς, οὐ δόσιν ἀλλ'
ἐμπορίαν ποιούμενοι, καὶ πολὺ τεχνικώτερον αὐτὰ πωλοῦντες τῶν ὁμολογούντων καπηλεύειν. ἐγὼ δ' [1]ἡγησάμην ἂν
[2]γενέσθαι ταύτην καλλίστην δωρεὰν καὶ χρησιμωτάτην καὶ
μάλιστα πρέπουσαν ἐμοί τε δοῦναι καὶ σοὶ λαβεῖν, εἰ δυνηθείην ὁρίσαι, ποίων ἐπιτηδευμάτων ὀρεγόμενος καὶ τίνων
ἔργων ἀπεχόμενος ἄριστ' ἂν καὶ τὴν πόλιν καὶ τὴν βασι-
b λείαν διοικοίης. τοὺς μὲν γὰρ ἰδιώτας ἔστι πολλὰ τὰ παιδεύοντα, [3]μάλιστα μὲν τὸ μὴ τρυφᾶν ἀλλ' ἀναγκάζεσθαι
περὶ τοῦ βίου καθ' [4]ἑκάστην τὴν ἡμέραν βουλεύεσθαι,
ἔπειθ' οἱ νόμοι καθ' οὓς ἕκαστοι πολιτευόμενοι τυγχάνουσιν, ἔτι δ' ἡ παρρησία καὶ τὸ φανερῶς ἐξεῖναι τοῖς τε φίλοις ἐπιπλῆξαι, καὶ τοῖς ἐχθροῖς ἐπιθέσθαι ταῖς ἀλλήλων
ἁμαρτίαις, πρὸς δὲ τούτοις [5]καὶ τῶν ποιητῶν τινὲς τῶν
προγεγενημένων ὑποθήκας ὡς χρὴ ζῆν καταλελοίπασιν·
c ὥστ' ἐξ ἁπάντων τούτων εἰκὸς αὐτοὺς βελτίους γίγνεσθαι.
τοῖς δὲ τυράννοις οὐδὲν ὑπάρχει τοιοῦτον, ἀλλ' [6]οὓς ἔδει
παιδεύεσθαι μᾶλλον τῶν ἄλλων, ἐπειδὰν εἰς τὴν ἀρχὴν
[7]καταστῶσιν, ἀνουθέτητοι διατελοῦσιν· οἱ μὲν γὰρ πλεῖστοι τῶν ἀνθρώπων αὐτοῖς οὐ πλησιάζουσιν, οἱ δὲ συνόντες 13
πρὸς χάριν ὁμιλοῦσι. καὶ γάρ τοι κύριοι [8]γιγνόμενοι καὶ
d χρημάτων πλείστων καὶ πραγμάτων μεγίστων, διὰ τὸ μὴ
καλῶς χρῆσθαι ταύταις ταῖς ἀφορμαῖς πεποιήκασιν ὥστε
πολλοὺς ἀμφισβητεῖν, πότερόν ἐστιν ἄξιον ἑλέσθαι τὸν
βίον τὸν τῶν ἰδιωτευόντων μὲν, ἐπιεικῶς δὲ πραττόντων, ἢ

[1] ἡγησαίμην A. L. [2] καλλίστην γενέσθαι ταύτην A. C. L. [3] καὶ μάλιστα A. C. L.
[4] ἐκ. ἀγωνίζεσθαι τὴν ἡμέραν, ἔπειθ' A. C. L. [5] τινὲς καὶ τῶν ποιητῶν A. C. L.
[6] οὓς μᾶλλον ἔδει τῶν ἄλλων παιδεύεσθαι A. C. L. [7] κατασταθῶσιν A. C. L.
[8] γενόμενοι A. L.

causam, quod pretium rerum, quas possidemus modo, ut possideamus, non, ut illis utamur (κτημάτων), leve est et fere nullum, et contextus postulat, ut rerum, quarum h. l. auctor mentionem facit, pretium quam maxime extenuetur. LANG.

Ὁρίσαι] Martinus Philetieus: *definitione quadam explicare*. WOLF.

Τὴν πόλιν] Scil. Salaminem, præcipuam Nicoclis urbem. IDEM.

Τὸ ἐξεῖναι] I. e. ἡ ἐξουσία. Observetur obiter etiam constructio: ἐξεῖναι τοῖς φίλοις ἐπιπλῆξαι, scil. τοῖς φίλοις. IDEM.

Ἐξ ἁπάντων κ. τ. λ.] Conjungo: γίνεσθαι βελτιόυς ἐξ ἁπάντων τούτων, i. e. ὅταν ταῦτα πάντα συζευχθῇ. IDEM.

Μὴ καλῶς] Philetieus: *perperam atque immodice*. Ἤγουν ἐπὶ βλάβῃ ἑαυτῶν τε καὶ ἑτέρων, ἀλλ' οὐκ εἰς τὸ αὐτούς τε εὐδαιμονεῖν καὶ τοὺς ἄλλους εὐεργετεῖν. IDEM.

Πολλοὺς] Scilicet τῶν εὖ φρονούντων. IDEM.

Ἐπιεικῶς δὲ πραττόντων] Referri hoc potest vel ad morum modestiam, vel ad fortunarum mediocritatem, id quod magis probo. IDEM. *mediocri sorte* vel *conditione utentium*. AUGER. Et sic quoque Coraes.

τὸν τῶν τυραννευόντων. ὅταν μὲν γὰρ ἀποβλέψωσιν εἰς τὰς
τιμὰς καὶ τοὺς πλούτους καὶ τὰς δυναστείας, ἰσοθέους
[1]ἅπαντες νομίζουσι τοὺς ἐν ταῖς μοναρχίαις ὄντας· ἐπειδὰν δὲ ἐνθυμηθῶσι τοὺς φόβους καὶ τοὺς κινδύνους, καὶ
διεξιόντες [2]ὁρῶσι τοὺς μὲν ὑφ᾽ ὧν ἥκιστα [3]χρῆν διεφθαρμέ- e
νους, τοὺς δὲ εἰς τοὺς οἰκειοτάτους ἐξαμαρτεῖν ἠναγκασμένους, τοῖς δὲ ἀμφότερα ταῦτα συμβεβηκότα, πάλιν ὁπωσοῦν ζῆν ἡγοῦνται λυσιτελεῖν μᾶλλον ἢ μετὰ τοιούτων συμφορῶν ἁπάσης τῆς Ἀσίας βασιλεύειν. ταύτης δὲ τῆς ἀνω- 16
μαλίας καὶ τῆς ταραχῆς αἴτιόν ἐστιν, ὅτι τὴν βασιλείαν
ὥσπερ ἱερωσύνην παντὸς ἀνδρὸς εἶναι νομίζουσιν, ὃ [4]τῶν
ἀνθρωπίνων πραγμάτων μέγιστόν ἐστι καὶ πλείστης προνοίας δεόμενον.

β΄. Καθ᾽ ἑκάστην μὲν οὖν [5]τὴν πρᾶξιν, ἐξ ὧν ἄν τις μάλιστα δύναιτο κατὰ τρόπον διοικεῖν, καὶ τὰ μὲν ἀγαθὰ διαφυλάττειν τὰς δὲ συμφορὰς διαφεύγειν, τῶν ἀεὶ παρόν-

[1] ἅπαντας A. C. L. [2] εὕρωσι A. C. L. [3] ἐχρῆν A. C. L. [4] πάντων τῶν C. [5] τὴν om. A. C. L.

Ἐνθυμηθῶσι] Ἐν νῷ βάλωνται καὶ λογίσωνται. Cor.

Τοὺς κινδύνους] Scil. τοὺς ἐπηρτημένους τοῖς τυράννοις. Wolf.

Διεξιόντες] Scil. παρ ἑαυτοῖς, h. e. λογιζόμενοι ἢ ἐνθυμούμενοι. Nisi quis malit subintelligere τὰς ἱστορίας, ut sit τὸ διεξιέναι idem quod τὸ ἀναγινώσκειν. Idem.

Ὑφ᾽ ὧν ἥκιστα ἐχρῆν] Scil. ὑπὸ τῶν οἰκειοτάτων. Idem. Vid. de Pace §. λϛ΄. Lang.

Ὁπωσοῦν] Quasi dicat: *vel in extrema paupertate.* Wolf.

Ἀνωμαλίας καὶ τῆς ταραχῆς] Prius ad regum cædes præternaturales (v. 5.), posterius ad turbulentam eorum vitam referendum est, neutrum ad aliorum hominum de regum vita ambiguum judicium, de quo antea sermo est. Wolfius contra ἀνωμαλίας utroque modo explicari posse contendit, ut post ἀνωμαλίας vel suppleri possit τῆς ὑπολήψεως περὶ τοῦ τυραννικοῦ βίου, vel ἀνωμαλίαν accipias pro διαστροφὴν, i. e. perversitatem, qua a naturæ præscripto et officii regula disceditur. Nam cognati et conjuges et confines non perdere, sed metuo sese tueri debebant. Uter nostrum hac de re rectius existimet, sequentia statim docebunt. Lang. τῆς ἐν τοῖς βασιλείοις συμβαινούσης. Cor.

Ὅτι τὴν βασιλείαν, ὥσπερ ἱερωσύνην] Videtur hoc intelligendum, non tam de illis sacerdotibus qui sacra per omnem ætatem curabant, quam de iis qui sorte apud Athenienses reges sacrificuli et pontifices designabantur, neque quicquam fere præstabant aliud, quam quod in pompa sacrorum illustri ornatu se spectandos præbebant. Cf. Demosth. contra Neær. Wolf. In oratione de Antidosi, §. κϛ΄. hæc leguntur: παραινῶ τῷ Νικοκλεῖ, μὴ ῥαθυμεῖν, μηδ᾽ ὥσπερ ἱερωσύνην εἰληφότα τὴν βασιλείαν, ἀμελῶς οὕτω τὴν γνώμην ἔχειν. e quo loco apparet, auctorem ipsum docuisse, quo verbum νομίζουσιν (v. 11.), quod Wolf. et ad alios homines de regum vita judicantes referri posse contendit, pertineat, nempe ad ipsos reges. Quo concesso, etiam ἀνωμαλία illuc trahendum erit. Conf. Epist. ϛ. §. δ΄. Lang.

Πλείστης] Ab Augero seductus, dedi pro πλείονος, quod bene cum antecedenti superlativo conjungi posse, docuit Fisoberus in Animadv. ad Welleri Gramm. ed. 2. III. a. 330. Idem.

Καθ᾽ ἑκάστην πρᾶξιν] I. e. ἐν ἑκάστῃ πράξει, scil. ἐκεῖνα ἢ ταῦτα ἐξ ὧν ἢ δι᾽ ὧν. Wolf. Intellige adverbialiter *singulatim.* Auger.

Ἐξ ὧν] Pro ὅπως vel τίνα τρόπον. Wolf. *quomodo, quo pacto.* Auger.

Διοικεῖν] Scil. τὴν πόλιν καὶ τὴν βασιλείαν. Wolf.

Τῶν ἀεὶ παρόντων] I. e. τῶν ἐφεστώτων τῇ διοικήσει τῶν πραγμάτων, τῶν συμβούλων,

των ἔργον ἐστὶ συμβουλεύειν· [1]καθ' ὅλων δὲ τῶν ἐπιτηδευ-
b μάτων ὧν χρὴ στοχάζεσθαι, καὶ περὶ ἃ δεῖ διατρίβειν,
ἐγὼ πειράσομαι διελθεῖν. εἰ μὲν οὖν ἔσται τὸ δῶρον ἐξεργασθὲν ἄξιον τῆς ὑποθέσεως, χαλεπὸν ἀπὸ τῆς ἀρχῆς συνιδεῖν· πολλὰ γὰρ καὶ τῶν [2]μετὰ μέτρου ποιημάτων καὶ τῶν καταλογάδην συγγραμμάτων ἔτι μὲν ἐν ταῖς διανοίαις ὄντα τῶν συντιθέντων μεγάλας τὰς προσδοκίας παρέσχεν, ἐπιτελεσθέντα δὲ καὶ τοῖς ἄλλοις [3]ἐπιδειχθέντα πολὺ
c καταδεεστέραν τὴν δόξαν τῆς ἐλπίδος ἔλαβεν. οὐ μὴν ἀλλὰ
[4]τό γε [5]ἐπιχείρημα καλῶς ἔχει, τὸ ζητεῖν τὰ παραλελειμμένα καὶ νομοθετεῖν ταῖς μοναρχίαις. οἱ μὲν γὰρ τοὺς ἰδιώτας παιδεύοντες ἐκείνους μόνους ὠφελοῦσιν· εἰ δέ τις τοὺς κρατοῦντας τοῦ πλήθους ἐπ' ἀρετὴν προτρέψειεν, ἀμφοτέρους ἂν [6]ὀνήσειε, καὶ τοὺς τὰς δυναστείας ἔχοντας καὶ
τοὺς ὑπ' [7]αὐτοῖς ὄντας· τοῖς μὲν γὰρ ἂν τὰς ἀρχὰς ἀσφα- 14
λεστέρας, τοῖς δὲ τὰς πολιτείας πρᾳοτέρας ποιήσειεν.

d γ'. Πρῶτον μὲν οὖν σκεπτέον, τί τῶν βασιλευόντων
ἔργον ἐστίν· ἐὰν γὰρ [8]ἐν κεφαλαίοις τὴν δύναμιν ὅλου τοῦ πράγματος καλῶς [9]περιλάβωμεν, ἐνταῦθα ἀποβλέποντες ἄμεινον καὶ περὶ τῶν [10]μερῶν ἐροῦμεν. οἶμαι δὴ πάντας ἂν

[1] καθόλον A. C. L. [2] ἐμμέτρων A. C. L. [3] ὑποδειχθέντα A. L.
[4] καὶ τό A. C. L. [5] ἐγχείρημα A. C. L. [6] ὠφελήσειε A. C. L.
[7] αὐταῖς A. C. L. [8] τὸ κεφάλαιον καὶ τὴν A. C. [9] παραλάβωμεν A.
[10] ἄλλων μερῶν A. C. L.

τῶν μεγιστάνων. IDEM.

Καθόλου δὲ τῶν ἐπιτηδευμάτων] Observetur constructio. Auger genitivum ἐπιτηδευμάτων a καθόλου regi putat, Wolf. vero genitivum esse positum pro accusativo. Conf. p. 133. v. 12. (καθόλου τῶν πραγμάτων λέγοντας), quo posteriore loco non dubium est, quin πραγμάτων a καθόλου regatur, quum priori loco genitivus a διελθεῖν pendere possit. Constructio vero καθόλου cum genitivo ita resolvenda videtur, ut hoc adverbium in suas partes dividatur, καθ' ὅλου. ὅλον autem, omnesque illius casus, quum substantivi vim habeat, sequentis substantivi genitivum secum habere quis miretur? Præcipi ergo posse videtur, καθόλου, propter ipsius substantivam naturam, nonnunquam cum genitivo construi. LANG. Ὑπερβιβασμὸς est juxta Coraem pro καθόλου ὧν ἐπιτηδευμάτων χρὴ στοχ. ut Panath. §. ξα'. καὶ τὸν χρόνον, ὅσον αὐτῇ χρώμενοι διετ. pro καὶ ὅσον χρόνον αὐτῇ χρώμενοι διετ. et Aristoph. Vesp. 601. Σκέψαι δ' ἀπὸ τῶν ἀγαθῶν οἵων ἀποκλείεις pro Σκέψαι δ' ἀφ' οἵων ἀγαθῶν ἀποκλείεις.

Τῶν ἐπιτηδευμάτων] Regitur a καθόλου. *quantum ad studia generatim quæ* etc. AUGER.

Ἔσται τὸ δῶρον ἐξεργασθὲν] Εἰ τὸ δῶρον, ἐπειδὰν ἐξεργασθῇ, ἔσται ἄξιον τῆς ὑποθ. Cave conjungas ἔσται ἐξεργασθὲν ἀντὶ τοῦ ἐξεργασθήσεται. WOLF.

Προσδοκίας] Scil. διὰ τὴν δόξαν τῶν συντιθέντων. IDEM.

Παραλελειμμένα] Scil. ὑπὸ τῶν ἄλλων. IDEM. I.e. ea quæ nondum tractata sunt. AUGER.

Ἀσφαλεστέρας] Διὰ τὴν τῶν ὑπηκόων εὔνοιαν. WOLF.

Πρᾳοτέρας] Διὰ τὴν τῶν ἀρχόντων παιδείαν καὶ φρόνησιν. IDEM.

Ἐν κεφαλαίοις] Lectio a me recepta e Cod. Auger. R. deprompta est. Verte: *si enim regnandi vim summatim comprehenderimus*. quanquam non nego, et vulgatam ad idem fere redire: *si artis regnandi vim et summam* etc. modo obscurius paullo dictum videtur. LANG.

ὁμολογῆσαι, προσήκειν αὐτοῖς πόλιν τε δυστυχοῦσαν παῦσαι καὶ καλῶς πράττουσαν διαφυλάξαι καὶ μεγάλην ἐκ μικρᾶς ποιῆσαι· τὰ γὰρ ἄλλα τὰ καθ᾽ ἑκάστην [1] τὴν ἡμέραν συμπίπτοντα τούτων ἕνεκα πρακτέον ἐστί. καὶ μὴν e
ἐκεῖνό γε φανερὸν, ὅτι δεῖ τοὺς ταῦτα δυνησομένους καὶ περὶ [2] τηλικούτων βουλευσομένους μὴ ῥαθυμεῖν [3] μηδ᾽ ἀμελεῖν, ἀλλὰ σκοπεῖν ὅπως φρονιμώτερον [4] διακείσονται τῶν ἄλλων. δέδεικται γὰρ, ὅτι τοιαύτας [5] τὰς βασιλείας ἕξουσι, οἵας 17
περ ἂν τὰς αὐτῶν γνώμας παρασκευάσωσιν. ὥστε οὐδενὶ τῶν [6] ἀσκητῶν οὕτω προσήκει τὸ σῶμα γυμνάζειν, ὡς τοῖς βασιλεῦσι τὴν ψυχὴν τὴν ἑαυτῶν· ἅπασαι γὰρ αἱ πανηγύρεις [7] οὐδὲν μέρος τιθέασι τούτων τῶν ἄθλων, [8] περὶ ὧν ὑμεῖς καθ᾽ ἑκάστην [9] τὴν ἡμέραν ἀγωνίζεσθε.

δ'. Ὧν ἐνθυμούμενον χρὴ προσέχειν τὸν νοῦν, ὅπως ὅσον περ ταῖς τιμαῖς τῶν ἄλλων προέχεις, τοσοῦτον καὶ ταῖς ἀρεταῖς αὐτῶν διοίσεις. καὶ μὴ νόμιζε τὴν ἐπιμέλειαν ἐν μὲν b
τοῖς ἄλλοις πράγμασι χρησίμην εἶναι, πρὸς δὲ τὸ βελτίους ἡμᾶς καὶ φρονιμωτέρους γίγνεσθαι μηδεμίαν ἔχειν δύναμιν· μηδὲ καταγνῷς τῶν ἀνθρώπων τοσαύτην δυστυχίαν, ὡς περὶ μὲν τὰ θηρία τέχνας εὑρήκαμεν, αἷς αὐτῶν τὰς ψυ-

[1] τὴν om. A. C. L. [2] τούτων A. [3] μηδ᾽ ἀμελεῖν om. A. L.
[4] διακείσωνται A. [5] ἕξουσι τὰς βασιλείας A. C. L. [6] ἀθλητῶν A. C. L.
[7] οὐθὲν A. L. [8] ὑπὲρ A. C. L. [9] ἀγωνίζεσθε τὴν ἡμέραν A. C. L.

Αὐτοῖς] Np. τοῖς βασιλεῦσι. Auger.

Μεγάλην ἐκ μικρᾶς ποιῆσαι] Ita in orat. ad Philipp. ait, ejus esse, τὴν Ἑλλάδα μεγάλην ἐκ μικρᾶς ποιεῖν. Huc pertinet dictum Themistoclis, qui (ut est apud Plutarchum in ejus vita) aiebat, 'se lyræ quidem et psalterii rudem esse; civitatem autem, quam parvam et obscuram accepisset, magnam et claram fecisse.' Quomodo civitas ex parva fiat magna, et quænam sit vere magna, docet Aristoteles l. VII. polit. c. 4. Facc.

Ῥαθυμεῖν] Quam Isocrates vocat ῥαθυμίαν, Xenophon appellat ῥᾳδιουργίαν in epilogo orat. de Agesil. τῇ βασιλείᾳ προσήκειν ἐνόμισεν οὐ ῥᾳδιουργίαν. Idem.

Φρονιμώτερον] Qua significatione dixit Aristoteles l. IV. ethic. c. 5. 'prudentem esse, qui, quæ sibi et aliis hominibus bona sint, cernere potest.' Idem.

Δέδεικται] *demonstratum est*, i. e. id pro demonstrato, pro certo, tenetur. Auger.

Ἅπασαι γὰρ — ἄθλων] *omnes enim ludorum celebritates nullam partem constituunt eorum præmiorum*, i. e. nulla pars sunt eorum præmiorum, nihil sunt in comparatione eorum præmiorum. Idem. Male. Lang. Τουτέστιν, Αἱ πανηγύρεις (cf. Paneg. in init.) τοὺς μὲν ἀθλητὰς μεγάλων δωρεῶν ἠξίωσαν, καίπερ οὐδὲν ἕτερον σκοποῦντας ἢ ὅπως εὐεκτήσουσι τοῖς σώμασι· τοῖς δ᾽ ὑπὲρ τῶν κοινῶν πονοῦσι, καὶ τὰς αὐτῶν ψυχὰς οὕτω παρασκευάσασιν ὥστε καὶ τοὺς ἄλλους ὠφελεῖν δύνασθαι, οὐδεμίαν τιμὴν ἀπένειμαν. Cor.

Ὧν ἐνθυμούμενον] Scil. σε. Observetur constructio verbi cum genitivo; usitate enim dicitur: ἃ ἐνθυμ. Wolf.

Ὅπως ὅσονπερ κ. τ. λ.] Eandem sententiam repetit in oratione, quam habuit Nicocles. Cyrus autem aiebat, ut est apud Xenophontem in pæd. l. VIII. et apud Plutarchum in apophth. reg. et imp. ἄρχειν μηδενὶ προσήκειν, ὃς οὐ κρείττων ἐστὶ τῶν ἀρχομένων. Plinius de Trajano in paneg. c. XXI. "Hoc ceteris major, quo melior." Facc. Recte hinc Aristoteles ὅσον τῇ τύχῃ διαφέρεις, τοσοῦτον καὶ ταῖς ἀρεταῖς πρωτεύειν σε δεῖ. Frick.

χὰς ἡμεροῦμεν καὶ πλείονος ἀξίας ποιοῦμεν, ἡμᾶς δ' αὐτοὺς
c οὐδὲν ἂν πρὸς ἀρετὴν ὠφελήσαιμεν, ἀλλ' ὡς καὶ τῆς παιδεύσεως καὶ τῆς ἐπιμελείας δυναμένης τὴν ἡμετέραν [2] φύσιν
εὐεργετεῖν, οὕτω διάκεισο τὴν γνώμην, καὶ τῶν τε παρόντων τοῖς φρονιμωτάτοις πλησίαζε, καὶ τῶν [3] ἄλλων οὓς
ἂν δύνῃ μεταπέμπου, καὶ μήτε τῶν ποιητῶν τῶν εὐδοκιμούντων μήτε τῶν σοφιστῶν μηδενὸς οἴου δεῖν ἀπείρως
ἔχειν, ἀλλὰ τῶν μὲν ἀκροατὴς γίγνου, τῶν δὲ μαθητής,
καὶ παρασκεύαζε σεαυτὸν τῶν μὲν [4] ἐλαττόνων κριτήν,
τῶν δὲ μειζόνων [5] ἀγωνιστήν· διὰ γὰρ τούτων τῶν γυμνα-
d σίων, τάχιστ' ἂν γένοιο τοιοῦτος, οἷον ὑπεθέμεθα δεῖν εἶναι
τὸν ὀρθῶς βασιλεύσοντα καὶ τὴν πόλιν ὡς χρὴ διοικήσοντα.
μάλιστα δ' ἂν αὐτὸς ὑπὸ σαυτοῦ παρακληθείης, εἰ δεινὸν

[1] ἄλλως τε καὶ L. [2] ψυχὴν A. [3] ἀπόντων C. [4] ἐλασσόνων A. C. L. [5] ἀνταγωνιστήν A. C. L.

Ἄλλως τε] Wolf. conjecit ἀλλ' ὥς γε vel ἀλλ' ὡς τῆς τε. Idem adjicit: 'Ordo verborum est: ἀλλ' οὕτω διάκεισο τὴν γνώμην, ὡς τῆς παιδεύσεως etc.' Cui loco simillimus est, qui in epist. 6. ad fin. occurrit, item in Xenoph. Anabasi, 1. 3. 6. ed. Zeun. ὡς ἐμοῦ οὖν ἰόντος ὅπῃ ἂν καὶ ὑμεῖς, οὕτω τὴν γνώμην ἔχετε. et in Cyrop. 1. 6. 11. ὡς οὖν ἐμοῦ μηδέποτε ἀμελήσοντος — οὕτως ἔχε τὴν γνώμην. Conf. ibid. 8. 4. 27. et 8. 7. 10. Constructio ita credo, resolvi potest: *sed quemadmodum* seu *ac si possit institutio et opera naturæ nostræ benefacere, ita existimate.* Quocirca Wolfii conjecturam non recepisse me nunc pœnitet. Adjicit Wolf.: ὁ νοῦς, ὅτι ταῖς μελέταις αὔξεσθαι πέφυκεν ἡ ἀρετή. Commodius videretur legi: ἀλλ' ὡς τῆς τε παιδεύσεως καὶ etc. Fieri etiam potest, ut in archetypo scriptum fuerit: ἀλλ' ὥς γε, librarius vero conjunxit, et τε pro γε scripsit. LANG. Οὕτω διάκεισο τὴν γνώμην περὶ τῆς παιδεύσεως καὶ τῆς ἐπιμελείας, ὡς δυναμένων ἀμφοτέρων εὐεργετεῖν τὴν ἡμετέραν φύσιν. COR.

Τῶν τε παρόντων] H. e. τῶν ἐγχωρίων τῶν ἐν τῇ πόλει καὶ τοῖς βασιλείοις σου διατριβόντων. WOLF.

Τοῖς φρονιμωτάτοις] Ita in fine orationis Nicoclem monet, ut sibi adjungat τοὺς νοῦν ἔχοντας, καὶ δυναμένους ὁρᾷν πλέον τι τῶν ἄλλων. Vetus poeta apud Themistium orat. XVI. Σοφοὶ τύραννοι τῶν σοφῶν ξυνουσίᾳ. FACC.

Καὶ τῶν ἄλλων οὓς ἂν δύνῃ μεταπέμπου] Hæc verba lucem accipiunt, redduntque iis vicissim, a verbis, quæ p. 122. v. 2. leguntur. LANG.

Μήτε τῶν ποιητῶν κ. τ. λ.] Horatius l. I. ep. 18. v. 96. "Inter cuncta leges et percontabere doctos." Aristoteles Ethic. l. X. c. 9. Τὰ πολιτικὰ ἐπαγγέλλονται μὲν διδάσκειν οἱ σοφισταί. Porro Sophistæ nomen ea tempestate honestissimum erat. Poetas autem quum dicit, Theognidem intelligit, Phocylidem, Solonem, Homerum, Hesiodum, et alios, qui morum et sapientiæ magistri habebantur. Vide Plutarchum de poet. legend. FACC.

Τῶν μὲν ἀκροατὴς] Ἀνάφερε τὸ τῶν μὲν πρὸς τοὺς σοφιστὰς, τὸ δὲ τῶν δὲ πρὸς τοὺς ποιητάς. COR.

Τῶν μὲν ἐλασσόνων — τῶν δὲ μειζόνων] Wolf. recte interpretatus est: *minorum* (scil. τὴν φρόνησιν καὶ τὴν παιδείαν) *sis judex, majorum* (i. e. τῶν φρονιμωτέρων) *æmulator.* Auger. vero, perperam, ut contextus docet: *in minoribus rebus, — in majoribus* etc. LANG.

Τῶν μειζόνων ἀνταγωνιστὴν] Cicero de se: "ego (inquit) omnium meorum consiliorum atque factorum exempla semper ex summorum hominum factis mihi censui petenda." Orat. de provinc. consul. c. VIII. FRICK.

Εἰ δεινὸν ἡγήσαιο κ. τ. λ.] Qui unus in civitate aliis imperare vult (ut scribit Aristoteles l. III. polit. c. 9.), ita debet virtute excellere, ut ne comparari quidem cum aliis possit; sed sit "veluti Deus quidam inter homines. Nemo enim ausit Jovem gubernare; aut se illi socium in gubernando adjungere." Publius Syrus in mimis n. 599. "Omnes æquo animo parent, ubi

ἡγήσαιο τοὺς χείρους τῶν βελτιόνων ἄρχειν καὶ τοὺς ἀνοητοτέρους τοῖς φρονιμωτέροις προστάττειν· ὅσῳ γὰρ ἂν ἐῤῥωμενεστέρως τὴν τῶν ἄλλων ἄνοιαν ἀτιμάσῃς, τοσούτῳ μᾶλλον τὴν σαυτοῦ διάνοιαν ἀσκήσεις.

ε΄. Ἄρχεσθαι μὲν οὖν ἐντεῦθεν χρὴ τοὺς μέλλοντάς τι e
τῶν δεόντων [1]ποιήσειν, πρὸς δὲ τούτοις φιλάνθρωπον εἶναι δεῖ
καὶ φιλόπολιν· οὔτε γὰρ ἵππων οὔτε κυνῶν οὔτε ἀνδρῶν
οὔτε ἄλλου πράγματος οὐδενὸς οἷόν τε καλῶς ἄρχειν, ἣν μή
τις χαίρῃ τούτοις ὧν αὐτὸν δεῖ ποιεῖσθαι τὴν ἐπιμέλειαν.
μελέτω σοι τοῦ πλήθους, καὶ περὶ παντὸς ποιοῦ κεχαρισμένως αὐτοῖς ἄρχειν, γιγνώσκων ὅτι καὶ τῶν ὀλιγαρχιῶν 18
καὶ τῶν ἄλλων πολιτειῶν αὗται πλεῖστον χρόνον διαμέ-
νουσιν, αἵτινες ἂν ἄριστα τὸ πλῆθος [2]θεραπεύωσι. καλῶς
δὲ δημαγωγήσεις, ἐὰν [3]μήθ᾽ ὑβρίζειν τὸν ὄχλον ἐᾷς μήθ᾽
ὑβριζόμενον περιορᾷς, ἀλλὰ [4]σκοπῇς ὅπως οἱ βέλτιστοι
μὲν τὰς τιμὰς ἕξουσιν, οἱ δ᾽ ἄλλοι μηδὲν [5]ἀδικήσονται·
ταῦτα γὰρ στοιχεῖα πρῶτα καὶ μέγιστα χρηστῆς πολιτείας ἐστί.

ϛ΄. Τῶν προσταγμάτων καὶ τῶν ἐπιτηδευμάτων κίνει b

[1] ποιήσειν τῶν δεόντων A. C. L.
[2] θεραπεύσωσι A. C. L.
[3] μήτε τὸν ὄχλον ὑβρίζειν A. C. L.
[4] σκοπεῖς A.
[5] ἀδικηθήσονται A. C. L.

digni imperant." Facc.

Δεινὸν] H. l. ἄδικον, ἄτοπον, παρὰ φύσιν. Wolf.

Ἄνοιαν] Propter oppositum διάνοιαν vers. seq., lectioni quorundam Codd. ἄγνοιαν præferendam esse, Wolf. jure censet. Lang.

Τοὺς μέλλοντας] Idem quod τοὺς βουλομένους ἢ ἐπιθυμοῦντας. Wolf.

Φιλάνθρωπον] Rex dicitur φιλάνθρωπος et φιλόπολις, quia nisi suos amet, ne Rex quidem dici potest, siquidem, ut est apud Xenophontem in pædia, sub initium l. VIII. ἄρχων ἀγαθὸς οὐδὲν διαφέρει πατρὸς ἀγαθοῦ. Hujus amoris in patriam et cives præclarum exemplum habes in vita Agesilai, quam scripsit idem Xenophon. Id porro, quod monet Isocrates, eo maxime spectat, ut, qui civitatem regit, habeat φιλίαν πρὸς τὴν καθεστῶσαν πολιτείαν, ut est apud Aristotelem l. V. polit. c. 9. Facc. In primis prædicat hunc civium amorem in Trajano Plinius Paneg. c. 21. "Ut cum civibus tuis, quasi cum liberis parens, vivis! hoc tantum ceteris major, quo melior." Frick.

Εἶναι] Subaudi σὲ, vel τινὰ, si intelligas de omni homine regnum habente. Auger.

Μελέτω σοι τοῦ πλήθους κ. τ. λ.] Hac ratione Evagoras dicitur ab Isocrate δημοτικὸς ὢν τῇ τοῦ πλήθους θεραπείᾳ. Cura porro multitudinis commendatur ab Aristotele polit. l. V. præsertim c. 8. et 10. ubi ostendit, potissimas causas tum conservandæ tum corrumpendæ dominationis inde oriri. Facc.

Κεχαρισμένως ἄρχειν, est ita imperare, ut carus gratusque sis ipsis civibus, hoc est, lenitate et clementia iis se commendare, quippe qua Principes animos civium facile sibi conciliant simulque firmissimum illud præsidium, amorem scilicet et fidem, comparant adeoque rem publicam validissimis munimentis stabiliunt. Nam teste Claudiano de IV. Consul. Honor. v. 281. seq. "Non sic excubiæ, nec circumstantia pila, Quam tutatur amor." Corn. Nep. x. 5. "Nec ullum imperium tutum, nisi benevolentia munitum." Confer omnino Senecam de clementia. Frick.

Αὐτοῖς] Regitur a κεχαρισμένως, non ab ἄρχειν, quod regit genitivum. Auger.

Καλῶς δημαγωγήσεις] Principem decet "mitis severitas, non dissoluta clementia," ut ait Plinius in panegyr. c. LXXX. Frick.

Τῶν προσταγμάτων κ. τ. λ.] Velleius

καὶ μετατίθει τὰ μὴ καλῶς καθεστῶτα· καὶ μάλιστα μὲν εὑρετὴς γίγνου τῶν βελτίστων, εἰ δὲ μή, μιμοῦ τὰ παρὰ τοῖς ἄλλοις [1]ὀρθῶς ἔχοντα. Ζήτει νόμους τὸ μὲν σύμπαν δικαίους καὶ συμφέροντας καὶ σφίσιν αὐτοῖς ὁμολογουμένους, πρὸς δὲ τούτοις οἵτινες τὰς μὲν ἀμφισβητήσεις ὡς ἐλαχίστας, τὰς δὲ διαλύσεις ὡς οἷόν τε ταχίστας, τοῖς πολίταις [2]ποιοῦσι· ταῦτα γὰρ ἅπαντα προσεῖναι δεῖ τοῖς καλῶς
c κειμένοις νόμοις. Τὰς μὲν ἐργασίας αὐτοῖς καθίστη κερδαλέας, τὰς δὲ πραγματείας ἐπιζημίους, ἵνα τὰς μὲν φεύγωσι, πρὸς δὲ τὰς [3]προθυμότερον ἔχωσι. Τὰς κρίσεις ποιοῦ, περὶ ὧν ἂν πρὸς ἀλλήλους ἀμφισβητῶσι, μὴ πρὸς χάριν μηδὲ ἐναντίας ἀλλήλαις, ἀλλ' ἀεὶ ταὐτὰ [4]περὶ τῶν 16
αὐτῶν γίγνωσκε· καὶ γὰρ πρέπει καὶ συμφέρει τὴν τῶν βασιλέων γνώμην [5]ἀκινήτως ἔχειν περὶ τῶν δικαίων, ὥσπερ
d τοὺς νόμους τοὺς καλῶς κειμένους. [6]Οἴκει τὴν πόλιν ὁμοίως ὥσπερ τὸν πατρῷον οἶκον, ταῖς μὲν κατασκευαῖς λαμπρῶς καὶ βασιλικῶς, ταῖς δὲ πράξεσιν ἀκριβῶς, ἵν' εὐδοκιμῇς

[1] καλῶς A. C. L. [2] ποιήσουσι A. C. L. [3] προθύμως A. C. L.
[4] περί γε A. C. L. [5] ἀμετακινήτως A. C. L. [6] διοίκει A. C. L.

l. II. c. 89. laudat Augustum cum ob alias causas, tum præsertim, "quod leges emendarit utiliter." Aristoteles tamen polit. l. II. c. 6. monet, 'ne facile leges mutentur; sed errata potius quædam legislatorum ferantur. Non enim (inquit) tantum proderit correctio et mutatio, quantum nocebit exemplum non parendi.' Facc. Livius: "Ex legibus, quæ non in tempus aliquod, sed perpetuæ utilitatis causa in æternum latæ sunt, nullam abrogari debere, fateor, nisi quam aut usus coarguit aut status aliquis reipublicæ inutilem fecit." histor. l. XXXIV. 6. Idem.

Εἰ δὲ μὴ] Scil. δύναιο εὑρίσκειν αὐτός. Wolf.

Μιμοῦ τὰ παρὰ κ. τ. λ.] Non ille solum laudabilis est, qui ipse per se sapit et per se invenit; sed etiam qui scit uti aliorum sapientia, ut est apud Hesiodum in syntagmate, quod inscribitur Opera et dies v. 293. et apud Aristotelem Ethic. l. I. c. 4. Facc.

Ἀμφισβητήσεις] Intelligo, et incertas interpretationes legum, et lites ac controversias forenses: διαλύσεις, tum arbitrorum tum judicum sententias. Wolf.

Ἐργασίας] Non tantum opus et laborem, sed etiam quæstum, sive ex agricultura, sive ex artibus, sive ex mercatura significare, nemini est ignotum. Πραγματεῖαι autem, quum omnia callida aucupia et inhonesta, tum vero causidicorum messem continent, quæ ita a Græcis appellantur. Vult agricolas, opifices, mercatores meliori esse conditione, et regi gratiores, quam homines callidis aucupiis deditos. Idem.

Καθίστη] Wolf. mutare vult in καθίστα a καθιστάω. Conf. p. 126. v. 4. Lang.

Πραγματείας ἐπιζημίους] Tacitus annal. l. XI. c. 6. "Quo modo vis morborum pretia medentibus, sic fori tabes pecuniam advocatis fert." Facc.

Διοίκει τὴν πόλιν — διαρκῆς] Sensus expeditus videtur: Sumptus civitatis tuæ sicuti domus ne superent reditus. quo regibus h. l. idem præciperetur, quod supra p. 101. antep. universis hominibus præceptum est. Quocirca κατασκευὴ explicarem *apparatus* seu *res unicuique civitati necessarias*, πράξεις autem *rationes accepti expensi*. Lang. Langio assentitur Coraes, et ἀκριβῶς per φειδομένως exponit.

Διοίκει τ. π. ὁμοίως] Scilicet, quod scribit Tacitus annal. l. XIII. c. 50. "ut ratio quæstuum et necessitas erogationum inter se congruant." Facc.

Ταῖς πράξεσιν] Intelligi potest vel de

ἅμα καὶ διαρκῆς. Τὴν μεγαλοπρέπειαν ἐνδείκνυσο [1] μηδ' ἐν μιᾷ τῶν πολυτελειῶν τῶν εὐθὺς ἀφανιζομένων, ἀλλ' ἔν τε τοῖς προειρημένοις καὶ τῷ κάλλει τῶν κτημάτων, καὶ ταῖς τῶν φίλων εὐεργεσίαις· τὰ γὰρ τοιαῦτα τῶν ἀναλωμάτων αὐτῷ τε σοὶ [2] παραμενεῖ, καὶ τοῖς ἐπιγιγνομένοις [3] πλείονος ἄξια τῶν δεδαπανημένων καταλείψεις. Τὰ e
[4] πρὸς τοὺς θεοὺς ποίει μέν, ὡς οἱ πρόγονοι κατέδειξαν, ἡγοῦ δὲ [5] θῦμα τοῦτο κάλλιστον εἶναι καὶ θεραπείαν μεγίστην, ἐὰν ὡς βέλτιστον καὶ δικαιότατον σεαυτὸν παρέχῃς· μᾶλλον γὰρ ἐλπὶς τοὺς τοιούτους ἢ τοὺς ἱερεῖα πολλὰ καταβάλ- 19
λοντας πράξειν τὶ παρὰ τῶν θεῶν ἀγαθόν.

ζ'. Τίμα ταῖς μὲν ἀρχαῖς τῶν [6] φίλων τοὺς οἰκειοτάτους,

[1] ἐν μηδεμιᾷ A. C. L. [2] παραμένει L. [3] πλέονος A. [4] περὶ A. C. L. [5] τοῦτο εἶναι θῦμα κάλλιστον A. C. L. [6] τιμῶν A. C. L.

vectigalium, vel de privatæ vitæ, rationibus; utrumque sensum ego admisi. Auger.

Τὴν μεγαλοπρέπειαν κ. τ. λ.] De re hac tota vide Ciceronem offic. l. II. c. 16. et 17. Martialis l. V. epigr. 43. ostendit, opes omnes tandem perire easque duntaxat manere et in ære nostro esse, per quas benigni sumus erga amicos. M. Antonius apud Senecam l. VI. de benefic. c. 3. "Hoc habeo, quodcunque dedi." Facc.

Ἐν τοῖς προειρημένοις] Videlicet τῇ τε φρονήσει καὶ δικαιοσύνῃ, καὶ ταῖς λαμπραῖς καὶ βασιλικαῖς παρασκευαῖς, καὶ πράξεσιν ἀκριβέσιν. Etsi fortasse præstat τὰ προειρημένα intelligere τὴν φρόνησιν καὶ δικαιοσύνην. Wolf.

Τῶν κτημάτων] Αἱ κατασκευαὶ potissimum ad ædificia referri videntur: τὰ κτήματα vero significare instrumentum domesticum et supellectilem omnemque ædium apparatum. Idem.

Ταῖς τῶν φίλων εὐεργεσίαις] H. e. ταῖς εἰς τοὺς φίλους γιγνομέναις, ἐὰν εὐεργετήσῃς τοὺς φίλους. Idem.

Παραμένει] F. παραμενεῖ. Idem.

Ὡς οἱ πρόγονοι κατέδειξαν] Idem curavit Numa, ut est apud Livium l. I. c. 20. "ne quid divini juris, negligendo patrios ritus peregrinosque adsciscendo, turbaretur." Cicero de leg. l. II. c. 16. "Quum consulerent Athenienses Apollinem Pythium, quas potissimum religiones tenerent; oraculum editum est, eas, quæ essent in more majorum." Mæcenas autem, quum idem suaderet Augusto, addidit rationem, ut est apud Dionem l. LII. sub fin. "Quia, qui nova numina introducunt, ad usum peregrinarum legum cives pelliciunt." Facc.

Θῦμα κάλλιστον] Ad partem hanc moniti hujus secundam pertinet, quod Persius scribit adversus illos, qui magna sacrificia faciebant mente improba, Sat. II. v. 71. "Quin damus id Superis, de magna quod dare lance Non possit magni Messallæ lippa propago, Compositum jus fasque animo, sanctosque recessus Mentis, et incoctum generoso pectus honesto?" Idem.

Καταβάλλοντας] Κτείνοντας, σφάζοντας. et πράξειν· λαβεῖν ex Hesych. Cor.

Τίμα ταῖς μὲν ἀρχαῖς τῶν τιμῶν τοὺς οἰκειοτάτους] Pro ἀρχαῖς sensus videtur requirere λαμπροτάταις, ut opponatur ἀληθεστάταις, et ita sum interpretatus. Auger. Locus, uti nunc est, inter difficiles numerandus, quum propter singula verba, tum ob eorum structuram lectionisque varietatem. Erasmus transtulit: *Primos honores tribue conjunctissimis, verissimos amicissimis.* Wolfius pro ἀρχαῖς conjecit ἀρίσταις sive ἀρχικωτάταις. At vero neque hæc Wolfii conjectura neque nostra quam dedimus in Notis explicatio [scil. *capitibus honorum*, i. e. primariis honoribus] attento, credo, lectori satisfaciet. Restat igitur, ut locum alio modo curandi periculum faciamus. Quid si pro ἀρχαῖς levissima mutatione, legamus ἀργαῖς (*inanibus*)? quod τῷ ἀληθεστάταις optime responderet: *inanibus — veris*, præsertim si alteram Cod. Auger. lectionem admitteremus, ἀληθείαις αὐταῖς (vel, si mavis, αὐτῶν), ut gradus quoque convenirent, quanquam posterius propter crebram graduum diversorum compositionem ne po-

ταῖς δὲ [1] ἀληθείαις αὐταῖς τοὺς εὐνουστάτους. Φυλακὴν ἀσφαλεστάτην ἡγοῦ τοῦ σώματος εἶναι τήν τε τῶν φίλων ἀρετὴν καὶ τὴν τῶν πολιτῶν εὔνοιαν καὶ τὴν σαυτοῦ φρόνησιν· διὰ γὰρ τούτων καὶ κτᾶσθαι καὶ [2] σώζειν τὰς τυραννίδας μάλιστ' ἄν τις δύναιτο. Κήδου τῶν οἴκων τῶν [3] πο-
b λιτικῶν, καὶ νόμιζε τοὺς [4] δαπανῶντας ἀπὸ τῶν σῶν ἀναλίσκειν καὶ τοὺς ἐργαζομένους τὰ σὰ πλείω ποιεῖν· ἅπαντα γὰρ τὰ τῶν οἰκούντων τὴν πόλιν οἰκεῖα τῶν καλῶς βασιλευόντων ἐστί. Διὰ παντὸς τοῦ χρόνου τὴν ἀλήθειαν οὕτω φαίνου προτιμῶν, ὥστε πιστοτέρους εἶναι τοὺς σοὺς λόγους [5] ἢ τοὺς τῶν ἄλλων ὅρκους. Ἅπασι μὲν τοῖς ξένοις ἀσφαλῆ τὴν πόλιν πάρεχε καὶ πρὸς τὰ συμβόλαια νόμι-

[1] ἀληθεστάταις τοὺς A. C. L. [2] διασώζειν A. C. L. [3] ἰδιωτῶν A. C. L.
[4] δαπανωμένους A. C. L. [5] μᾶλλον ἢ C.

stularetur quidem. (Vid. Fischeri Animadvv. ad Welleri Gr. spec. 3. part. 1. p. 330.) Quid vero sint τιμαὶ ἀληθέσταται, explicatum invenies p. 125. antep. unde apparet, esse *reverentiæ* signa. Ex hac conjectura locus sic esset vertendus: *inanibus reverentiæ signis honora propinquissimos viros* (qui pluribus de causis raro amicissimi sunt et prudentissimi), *verissimis amicissimos.* Aliis verbis: *amicissimis viris benevolentiam et fiduciam, propinquissimis vero civilitatem tribuas.* Alteram Cod. lectionem φίλων pro τιμῶν negligendam prorsus ideo duxi, quod tantum abest, ut loco subveniat, ut etiam impeditiorem illum reddat. Nam ἀληθεστάταις in sequentibus necessario requirit substantivum, quo ullo modo referri possit. LANG. Ἐνδέχεται μέντοι τὴν ἀρχαίαν γραφὴν ὑπάρξαι, ταῖς ἀρχικαῖς τῶν τιμῶν, τουτέστι, ταῖς τιμαῖς, αἷς ἀρχή τις καὶ δυναστεία συνῆπται, τίμα τοὺς προσήκοντάς σοι τῷ γένει μάλιστα, ταῖς δὲ ἀληθεστάταις τιμαῖς, οἷόν ἐστι τὸ ἐπὶ συμβουλίαν παρακαλεῖν τινὰ, τὸ στεφανοῦν, ἢ δωρεαῖς τιμᾷν, τῶν καλῶς πεπραγμένων ἕνεκα, καὶ τὰ τοιαῦτα, τοὺς εὐνουστάτους. COR.

Φυλακὴν ἀσφαλεστάτην κ. τ. λ.] Apud eundem Isocratem in Helenæ encomio laudatur Theseus, οὐδὲ ἐπεισάκτῳ δυνάμει τὴν ἀρχὴν διαφυλάττων, ἀλλὰ τῇ τῶν πολιτῶν εὐνοίᾳ δορυφορούμενος. Sallustius in bell. Jugurth. c. X. "Non exercitus, neque thesauri præsidia regni sunt; verum amici." Tacitus hist. l. IV. c. 7. "Nullum majus boni imperii instrumentum, quam boni amici." FACC.

Κήδου τῶν οἴκων κ. τ. λ.] Idem in Panegyr. Ἐπὶ τῆς ἡμετέρας ἡγεμονίας εὑρήσομεν τοὺς οἴκους τοὺς ἰδίους πρὸς εὐδαιμονίαν πλεῖστον ἐπιδόντας. Mæcenas apud Dionem V. p. 485. ed. Vechel. monet Augustum, 'ne sinat, cives suos ædificiis uti pluribus, aut majoribus, quam deceat.' Hoc autem pertinet ad tollendas impensas supervacuas, quibus civitatis vires exhauriuntur. FACC.

Τοὺς δαπανωμένους] I. e. τοὺς ἐλαττοῦντας τὴν οὐσίαν, εἴτε δι' ἀμέλειαν εἴτε ἐξ ἀσωτίας. WOLF.

Ἀπὸ τῶν σῶν] Post ἀπὸ Codd. Auger. inserunt τῶν ἰδίων, non male: *et crede, illos, qui sua ipsorum consumunt, consumere tua.* LANG. Εἰκὸς τὴν γνησίαν Ἰσοκράτους γραφὴν, τοιαύτην ὑπάρξαι πάλαι· κήδου τῶν πολιτικῶν οἴκων οὐχ ἧττον ἢ τῶν ἰδίων, καὶ νομίζε — τοὺς δ' ἐργαζομένους πλείω ποιεῖν τὰ σά. Οἴκους δὲ πολιτικοὺς δηλονότι λέγει τοὺς τῶν πολιτῶν. COR.

Πιστοτέρους εἶναι τοὺς σοὺς λόγους] Huc pertinet illud Scytharum ad Alexandrum, apud Curtium l. VII. c. 8. "Jurando gratiam Scythas sancire ne credideris: colendo fidem jurant." Isocrates noster in Panegyrico laudat antiquos Athenienses, tanquam πιστοτέροις χρώμενους τοῖς λόγοις, ἢ νῦν τοῖς ὅρκοις. FACC.

Τοῖς ξένοις] "Male etiam (inquit Cicero l. III. offic. c. II). qui peregrinos urbibus uti prohibent eosque exterminant. Nam esse pro cive, qui civis non sit, rectum est non licere; usu vero urbis prohibere peregrinos, sane inhumanum est." Id porro monet Isocrates, quia in Græcia civitates erant hospitibus iniquiores. Vide Livium l. XLI. c. 23. IDEM.

Ἀσφαλῆ] Ὥστε μήτ' αὐτὴν βλάπτεσθαι ὑπὸ τῶν ξένων μήτε βλάπτειν τούτους. WOLF.

μον, περὶ πλείστου δὲ ποιοῦ τῶν ἀφικνουμένων μὴ τοὺς
σοὶ [1] δωρεὰς [2] ἄγοντας, ἀλλὰ τοὺς παρὰ σοῦ λαμβάνειν c
ἀξιοῦντας· τιμῶν γὰρ τοὺς τοιούτους μᾶλλον παρὰ τοῖς
ἄλλοις εὐδοκιμήσεις. Τοὺς [3] πολλοὺς φόβους [4] ἐξαίρει τῶν
πολιτῶν, καὶ μὴ βούλου [5] περιδεεῖς εἶναι τοὺς μηδὲν ἀδικοῦν-
17 τας· ὅπως γὰρ ἂν τοὺς ἄλλους πρὸς σαυτὸν διαθῇς, οὕτω
καὶ σὺ πρὸς ἐκείνους ἕξεις. Ποίει μὲν μηδὲν μετ' ὀργῆς,
δόκει δὲ τοῖς ἄλλοις, ὅταν σοι καιρὸς [6] ᾖ· Δεινὸς μὲν φαίνου
τῷ μηδέν σε λανθάνειν τῶν γιγνομένων, πρᾶος δὲ τῷ τὰς d
τιμωρίας ἐλάττους ποιεῖσθαι τῶν ἁμαρτανομένων. Ἀρχικὸς
εἶναι βούλου μὴ χαλεπότητι μηδὲ τῷ σφόδρα κολάζειν,
ἀλλὰ τῷ πάντας ἡττᾶσθαι τῆς σῆς διανοίας, καὶ νομίζειν
ὑπὲρ τῆς [7] αὐτῶν σωτηρίας ἄμεινον [8] αὐτῶν σε βουλεύεσθαι.

[1] δῶρα A. [2] εἰσάγοντας A. L. [3] πολλοὺς om. A. C. L. [4] ἐξαιροῦ A. C. L. [5] περιδεὴς εἶναι τοῖς μηδὲν ἀδικοῦσι A. C. L. [6] ᾖ· καὶ δεινὸς C. [7] ἑαυτῶν A. C. L. [8] αὐτῶν om. A. C. L.

Δωρεὰς εἰσάγον.] Sallustius in Catilin. c. VI. laudat vetustissimos Romanorum, quod "magis dandis, quam accipiendis beneficiis amicitias pararent." Ceterum de iis, qui dona Regibus ferebant, ut majora quædam ab iis auferrent, loquitur Isocrates initio hujus orationis. Regibus quidem Persarum, dum regiones suas obirent, nemo accedebat sine donis, ut est apud Ælianum de var. hist. c. XXXI. et XXXII. Facc.

Ἀλλὰ τοὺς παρὰ σοῦ λαμβάνειν ἀξιοῦντας] Tales sunt homines eruditi, philosophi, poetæ, oratores, musici etc. Wolf. Conf. p. 117. 5. Lang.

Τοὺς φόβους ἐξαιροῦ] Cicero offic. l. II. c. 7. "Omnium rerum nec aptius est quidquam ad opes tuendas ac tenendas, quam diligi; nec alienius, quam timeri." Et paullo post: "qui se metui volunt, a quibus metuuntur, eosdem metuant ipsi, necesse est." In eandem sententiam Auctor ep. I. ad Cæsar. de ordin. rep. c. 3. "Nec quemquam arbitror multis metuendum esse, quin ad eum ex multis formido recidat." Similia habet Seneca de ira l. II. c. 11. et de clementia l. I. c. 19. Itaque recte Statius Theb. l. I. 127. "Parens odii metus." Facc. Idem confirmat Lucanus Pharsal. l. V. 257. "Quisque pavet, quibus ipse timori est." et quod habet Josephus antiq. judaic. l. VIII. c. 4. Εὐνούστεροι ἔσεσθαι πρὸς αὐτὸν καὶ ἀγαπήσειν τὴν δουλείαν διὰ τὴν ἐπιείκειαν, ἢ διὰ τὸν φόβον. Frick.

Μετ' ὀργῆς] "Cum ira (inquit Cicero offic. l. I. c. 38.) nihil recte fieri, nihil considerate potest." Nam iratus videre nequit mediocritatem illam, quæ est inter nimium et parum. Idcirco autem videre nequit, quia, ut scribit Plutarchus de ira, ὡς δι' ὁμίχλης τὰ σώματα, καὶ δι' ὀργῆς τὰ πράγματα μείζονα φαίνεται. Decet igitur, ut ait idem Cicero offic. l. I. c. 25. "eos, qui præsunt reipublicæ, esse legum similes, quæ ad puniendum non iracundia, sed æquitate ducuntur." Multa sunt exempla sapientum virorum, qui noluerunt castigare eos, quibus essent irati, ob id ipsum quod essent irati. Vide Plutarchum de liber. educ. Facc. Quo spectat et Senecæ illud de ira l. I. c. 16. "procedam in tribunal, non furens, nec infestus; sed vultu legis," quæ non excandescit, sed omnibus est æqualis. Verissima item Thucydidis sententia l. III. ἐναντιωτάτη τῇ εὐβουλίᾳ ὀργή. quam sic expressit Sallustius in bel. Jugurth. c. LXIV. "cupido atque ira consultores pessimi." Frick.

Δοκεῖ δὲ τοῖς ἄλλοις] Scil. ποιεῖν μετ' ὀργῆς, ἢ ὀργίζεσθαι. Wolf.

Ὅταν σοι] Σοι non incommode videretur omitti, et tamen ferri potest, ut prudentiæ Nicoclis hoc permittat. Idem. Quod velim et ego abesse, nisi in or. ad Demon. legerem: ἂν δέ ποτέ σοι συμπέσῃ καιρός. Auger.

Δεινὸς μὲν φαίνου] Mæcenas ad Augustum apud Dionem l. LII. sub fin. Τὸν δὴ τῶν ἄλλων βίον ἐπισκόπει μέν, μὴ μέντοι καὶ χαλεπῶς ἐξέταζε. Facc.

Μὴ χαλεπότητι] Ita Evagoras ab eodem Isocratę laudatur, φοβερὸς ὢν, οὐ τῷ

Πολεμικὸς [1] μὲν ἴσθι ταῖς ἐπιστήμαις καὶ ταῖς παρασκευαῖς, εἰρηνικὸς δὲ τῷ μηδὲν παρὰ τὸ δίκαιον πλεονεκτεῖν.
e Οὕτως ὁμίλει τῶν πόλεων πρὸς τὰς ἥττους, ὥσπερ ἂν τὰς κρείττους πρὸς σεαυτὸν ἀξιώσειας. Φιλονείκει μὴ περὶ [2] πάντων, ἀλλὰ περὶ ὧν ἂν κρατήσαντί σοι μέλλῃ συνοίσειν. Φαύλους ἡγοῦ μὴ τοὺς συμφερόντως ἡττωμένους, ἀλλὰ τοὺς μετὰ βλάβης περιγιγνομένους. Μεγαλόφρονας εἶναι νόμιζε μὴ τοὺς μείζω περιβαλλομένους ὧν οἷοί τέ εἰσι κατασχεῖν, ἀλλὰ τοὺς [3] καλῶν μὲν ἐφιεμένους, ἐξεργάζεσθαι δὲ δυναμένους οἷς ἂν ἐπιχειρῶσι. Ζήλου μὴ τοὺς μεγίστην ἀρχὴν κτησαμένους, ἀλλὰ τοὺς ἄριστα τῇ παρούσῃ χρησαμένους· καὶ νόμιζε τελέως εὐδαιμονήσειν, οὐκ ἐὰν [2] πάντων ἀνθρώπων μετὰ φόβων καὶ κινδύνων [4] ἄρξῃς, ἀλλ' ἐὰν,
b τοιοῦτος ὢν οἷον χρὴ καὶ πράττων ὥσπερ ἐν τῷ παρόντι, μετρίων ἐπιθυμῇς καὶ μηδενὸς τούτων [5] ἀτυχῇς.

[1] γίγνου ταῖς A. C. L. [2] ἁπάντων A. C. L. [3] μετρίων A. C. L. [4] ἄρχῃς A. C. L. [5] ἀπορῇς A. C. L.

πολλοῖς χαλεπαίνειν, ἀλλὰ τῷ πολὺ τὴν φύσιν τῶν ἄλλων ὑπερβάλλειν. Eadem fere sententia repetitur in orat. de pace. Plinius ad Trajanum in paneg. c. XLVI. "Quis terror valuisset efficere, quod reverentia tui efficit?" Idem.

Πολεμικὸς γίνου] In orat. de pace vult Athenienses suos πολεμικοὺς μὲν εἶναι ταῖς παρασκευαῖς καὶ ταῖς μελέταις, εἰρηνικοὺς δὲ τῷ μηδένα μηδὲν ἀδικεῖν. Plinius ad Trajanum in Paneg. c. XVI. "Nec times bella, nec provocas." Idem. Ante dixit Plinius excit. loc. "Innutritus bellicis laudibus pacem amas." Frick.

Πολεμικὸς γίνου ταῖς ἐπιστήμαις etc.] Conf. de Pace §. μϛ'. Lang.

Πρὸς τὰς ἥττους] Ita in Panegyrico ait, antiquos Athenienses magna fide et modestia se gessisse erga reliquos Græciæ populos. Τὴν αὐτὴν ἀξιοῦντες γνώμην ἔχειν πρὸς τοὺς ἥττους, ἥνπερ τοὺς κρείττους πρὸς σφᾶς αὐτούς. Vide monitum ultimum orationis tertiæ. Facc.

Φιλονείκει] Contra eos, qui inutiles pugnas conserunt, est Senecæ epistola XLV. Aristippus autem ad disputatorem, a quo fuerat in tali quadam contentione per fallacias victus: 'Ego (inquit) victus abeo, jucundius, quam tu victor, dormiturus.' Idem.

Τοὺς συμφ. ἡττωμένους] Plutarchus de lib. educ. Οὐ τὸ νικᾶν μόνον, ἀλλὰ καὶ τὸ ἡττᾶσθαι ἐπίστασθαι καλὸν, ἐν οἷς τὸ νικᾶν βλαβερόν. Idem.

Τοὺς συμφερόντως ἡττωμένους] Ii sunt intelligendi qui in potestate habent suos affectus et cedunt cum possent vincere, ut post majorem fructum capiant suæ moderationis; aut qui commodius tempus vincendi exspectant. Wolf.

Τοὺς μείζω περιβαλλομένους] Seneca de consol. ad Helv. c. X. "Nonne furor et ultimus mentium error est, quum exiguum capias, cupere multum?" Theognis v. 461. Μή ποτ' ἐπ' ἀπρήκτοισι νόον ἔχε, μηδὲ μενοίνα Χρήμασι, τῶν ἄνυσις γίγνεται οὐδεμία. Facc. Sapienter quoque Pindarus Pyth. Od. 3. Χρὴ δὲ καθ' αὐτὸν αἰεὶ παντὸς ὁρᾶν μέτρον. Frick.

Μεγίστην ἀρχὴν] Sallustius in Catil. c. II. inter vitia priscorum regum, qui Cyrum secuti sunt, refert, quod "maximam gloriam in maximo imperio putarent." Apuleius autem in apolog. p. 436. fortunam tunicæ comparat, quæ "magis concinna, quam longa probatur:" et paullo infra gubernaculis navium, quæ si "ingentia et enormia sint, facilius mergunt, quam regunt." Seneca ep. CXIII. "O quam magnis homines erroribus tenentur, qui jus dominandi trans maria cupiunt permittere, felicissimosque se judicant, si multas per milites provincias obtinent et novas veteribus adjungunt!" Facc.

Μετρίων ἐπιθυμῇς] Phocylides in sentent. Πάντων μέτρον ἄριστον, ὑπερβασίη δ' ἀλεγεινή. Sumpta est sententia ex dicto sive Solonis sive Cleobuli, ut est apud Clementem Alexandr. l. I. Strom. p. 300. ed. Col. 1688. Idem. Idem præceptum

η΄. Φίλους κτῶ μὴ πάντας τοὺς βουλομένους, ἀλλὰ
τοὺς τῆς σῆς φύσεως ἀξίους ὄντας· μηδὲ μεθ᾽ ὧν ἥδιστα
συνδιατρίψεις, ἀλλὰ μεθ᾽ ὧν ἄριστα τὴν πόλιν διοικήσεις.
Ἀκριβεῖς ποιοῦ τὰς δοκιμασίας τῶν συνόντων, εἰδὼς ὅτι
πάντες οἱ μή σοι [1]πλησιάσαντες ὅμοιόν σε τοῖς χρωμένοις
[2]εἶναι νομιοῦσι. Τοιούτους ἐφίστη τοῖς πράγμασι τοῖς μὴ
διὰ σοῦ γιγνομένοις, ὡς αὐτὸς τὰς αἰτίας ἕξων ὧν ἂν
ἐκεῖνοι πράξωσι. Πιστοὺς ἡγοῦ μὴ τοὺς [3]ἅπαν, ὅ τι ἂν c
λέγῃς ἢ ποιῇς, ἐπαινοῦντας, ἀλλὰ τοὺς τοῖς ἁμαρτανομένοις ἐπιτιμῶντας. Δίδου παῤῥησίαν τοῖς εὖ φρονοῦσιν, ἵνα,
περὶ ὧν ἂν ἀμφιγνοῇς, ἔχῃς τοὺς συνδοκιμάσοντας. Διόρα
8 καὶ τοὺς τέχνῃ κολακεύοντας καὶ τοὺς μετ᾽ εὐνοίας θερα-

[1] πλησιάζοντες A. C. L. [2] εἶναι om. A. L. [3] πᾶν A. C. L.

exstat apud Homerum et Hesiodum, quorum ille Od. O. 69. νεμεσσῶμαι δὲ καὶ ἄλλῳ Ἀνδρὶ ξεινοδόκῳ, ὅς κ᾽ ἔξοχα μὲν φιλέησιν, Ἔξοχα δ᾽ ἐχθαίρησιν, ἀμείνω δ᾽ αἴσιμα πάντα. Hic ἔργ. καὶ ἡμ. 692. Μέτρα φυλάσσεσθαι, καιρὸς δ᾽ ἐπὶ πᾶσιν ἄριστος. Similia habet Euripides, Pindarus, alii. Frick.

Φίλους κτῶ] In fine orationis explicat clarius, quinam sint amici Regi idonei, id est, σύμβουλοι ἀγαθοί. Facc. Bene de Principe Helvidius Priscus: "nullum majus (inquit) boni imperii instrumentum, quam boni amici," apud Tacitum hist. l. IV. c. 7. cum quo conspirat Plinii illud in Paneg. c. 45. "Quum plurimis amicitiis fortuna Principum indigeat, præcipuum est Principis opus, amicos parare." item Sallustii: "non exercitus, neque thesauri præsidia regni sunt, verum amici," hoc est, consiliarii, bell. Jugurth. c. X. Frick.

Ἀκριβεῖς ποιοῦ κ. τ. λ.] Plinius ad Trajanum in Panegyr. c. LXXXIII. "Est magnificum, quod te ab omni contagione vitiorum reprimis ac revocas, sed magnificentius, quod tuos. Quanto enim magis arduum est alios præstare, quam se, tanto laudabilius, quod quum ipse sis optimus, omnes circa te similes tui effecisti." Itaque Mæcenas monet Augustum apud Dionem l. LII. sub fin. ne familiaribus suis nimium indulgeat. Πάντα γὰρ, ὅσα ἂν ἢ καλῶς ἢ κακῶς πράξωσι, σοὶ προστεθήσεται. Facc.

Τοιούτους ἐφίστη κ. τ. λ.] Cicero ad Quintum Fratrem, Prætorem Asiæ l. I. ep. 1. c. 3. "Circumspiciendum diligenter, ut in hac custodia provinciæ non te unum, sed omnes ministros imperii tui, sociis et civibus et reipublicæ præstare videare." Plutarchus in præcept. polit. scribit, Principem, qui utitur pravis administris, non differre ab opifice, qui utitur normis, regulis ac libellis parum idoneis. Idem.

Πιστοὺς ἡγοῦ] Xenophon. in Cyrop. l. VIII. 2. 10. scribit, Cyrum habuisse familiares quosdam, qui *oculi et aures Regis* appellabantur, ut, quæcunque viderent aut audirent sibi opportuna, libere dicerent ac monerent. Idem. De Nerone contra memoriæ proditum est, ejus auribus veritate nihil gravius exstitisse eumque, "ut faciendis sceleribus promptum, ita audiendi, quæ faceret, insolentem fuisse," ut scribit Tacitus annal. l. XV. c. 67. Adulatores detestatur bonus Princeps, quibus "omnia ejus, honesta atque inhonesta, laudare mos est." Idem annal. l. II. c. 38. Frick.

Δίδου παῤῥησίαν] Hiero (inquit Plutarchus in apophth. reg. et imp.) dicere solebat: μηδένα τῶν παῤῥησιαζομένων πρὸς αὐτὸν ἄκαιρον εἶναι. Theopompus autem, ut est apud eundem Plutarchum in apophthegm. Lacon. interroganti cuidam, quomodo regnum tuto servare posset, respondit: 'Si justam loquendi libertatem amicis permittas.' Hanc in rem facit Senecæ querela de benefic. l. VI. c. 30. "Non vides, quomodo Principes in præceps agat exstincta libertas et fides in obsequium servile submissa? dum nemo ex animi sui sententia suadet dissuadetque; sed adulandi certamen est, et unum amicorum omnium officium, una contentio, quis blandissime fallat." Facc.

Τοὺς συνδοκιμάσοντας] Τοὺς συνεξετάσοντας, τί ποιητέον, τί ψηφιστέον, τί ἀποκριτέον, τί δικαστέον. Wolf.

Διόρα τοὺς τέχνῃ κολακ.] Celebre est Phocyonis dictum ad Antipatrum apud

πεύοντας, ἵνα μὴ πλέον οἱ πονηροὶ τῶν χρηστῶν ἔχωσιν. Ἄκουε τοὺς λόγους τοὺς περὶ ἀλλήλων, καὶ πειρῶ γνωρίζειν ἅμα τούς [1] τε λέγοντας, [2] ὁποῖοί τινές εἰσι, καὶ περὶ
d ὧν ἂν λέγωσι. Ταῖς αὐταῖς κόλαζε ζημίαις τοὺς ψευδῶς διαβάλλοντας, αἷσπερ [3] τοὺς ἐξαμαρτάνοντας. Ἄρχε σαυτοῦ μηδὲν ἧττον ἢ [4] τῶν ἄλλων, καὶ τοῦθ' ἡγοῦ βασιλικώτατον, ἐὰν μηδεμιᾷ δουλεύῃς τῶν ἡδονῶν, ἀλλὰ κρατῇς τῶν ἐπιθυμιῶν μᾶλλον ἢ τῶν πολιτῶν. Μηδεμίαν συνουσίαν εἰκῇ προσδέχου μηδ' ἀλογίστως, ἀλλ' ἐπ' ἐκείναις ταῖς διατριβαῖς ἔθιζε σαυτὸν χαίρειν, ἐξ ὧν αὐτός τ'
e ἐπιδώσεις καὶ τοῖς ἄλλοις βελτίων εἶναι δόξεις.

θ'. Μὴ φαίνου φιλοτιμούμενος ἐπὶ τοῖς τοιούτοις ἃ καὶ τοῖς κακοῖς διαπράξασθαι δυνατόν ἐστιν, ἀλλ' ἐπ' ἀρετῇ μέγα φρονῶν, ἧς οὐδὲν μέρος τοῖς πονηροῖς μέτεστι. Νόμιζε τῶν τιμῶν ἀληθεστάτας εἶναι, μὴ τὰς ἐν τῷ φανερῷ μετὰ
21 δέους γιγνομένας, ἀλλ' ὅταν αὐτοὶ παρ' αὐτοῖς ὄντες μᾶλλόν σου τὴν γνώμην ἢ τὴν τύχην θαυμάζωσιν. Λάνθανε

[1] τε om. A. C. L. [2] ὁποῖοι καὶ τίνες A. L. [3] ἂν τοὺς C. L. [4] καὶ τῶν A. C. L.

Plutarchum in apophth. reg. et imp. Οὐ δύνασαι, Ἀντίπατρε, καὶ φίλῳ Φωκίωνι χρῆσθαι, καὶ κόλακι. Curtius autem l. VIII. c. 5. "Adulatio perpetuum malum regum, quorum opes sæpius assentatio quam hostis overtit." Plutarchus syntagma scripsit de distinguendo adulatore ab amico, quod legere juvabit. Facc.

Ἄκουε τοὺς λόγους κ. τ. λ.] Agesilaus, ut refert Xenophon sub fin. orationis, quam de illo scripsit, et Plutarchus in apophtegm. Laconicis, quum audiret laudatores aut vituperatores aliorum, aiebat: οὐχ ἧττον δεῖν μανθάνειν τοὺς τῶν λεγόντων τρόπους, ἢ περὶ ὧν λέγοιεν. Hanc in rem monet Horatius eos, qui cum viris principibus vivunt, l. I. ep. 18. v. 68. "Quid de quoque viro et cui dicas, sæpe videto." Idem.

Ταῖς αὐταῖς κόλαζε κ. τ. λ.] Seite Julianus Imperator, ut est apud Ammianum initio l. XVIII. "Eoquis innocens esse poterit, si accusasse sufficiet?" Itaque Plinius in Paneg. c. XXXIV. et XXXV. Trajanum summopere laudat, quod delatores acerbissimis suppliciis coerceret. Idem.

Αἷσπερ ἂν] Scil. ἐκόλαζες ἁλόντας ἢ ἐξελεγχθέντας τοὺς διαβαλλομένους. Wolf.

Ἄρχε σαυτοῦ] Seneca ep. CXIII. "Imperare sibi maximum imperium est." Hinc servus Horatio exprobrat l. II. Sat. 7. v. 81. "Tu mihi, qui imperitas, aliis servis miser." Ab Isocrate nostro Evagoras laudator, tanquam ἡγούμενος τῶν ἡδονῶν, ἀλλ' οὐκ ἀγόμενος ὑπ' αὐτῶν. Facc.

Μηδεμίαν συνουσίαν κ. τ. λ.] Advertenda vox συνουσία, et verbum ἐπιδίδωμι. Nam Plato eodem fere modo locutus est sub initium Hippiæ Majoris: ὥς σοι συνόντες πλέον ἂν εἰς ἀρετὴν ἐπιδιδοῖεν. Ad sententiam quod attinet, idem præcipit Theognis redditque rationem hanc v. 35. Ἐσθλῶν μὲν γὰρ ἀπ' ἐσθλὰ μαθήσεαι, ἢν δὲ κακοῖσι Συμμιχθῇς, ἀπολεῖς καὶ τὸν ἐόντα νόον. Idem. "Sumuntur (ait Seneca) a conversantibus mores," de ira l. III. c. 8. Frick.

Μηδεμίαν — δόξεις] Post διοικήσεις p. 124. 3. de suo posuit Augerus.

Ἐπιδώσεις] Scil. πρὸς φρόνησιν καὶ ἀρετήν. Wolf.

Μέγα φρονῶν] Scil. φαίνου. Idem.

Ἧς οὐδὲν μέρος] Ita Nicocles in oratione, quæ proxime sequitur, ait, se eas virtutes semper coluisse, ὧν μηδὲν μέρος τοῖς πονηροῖς μέτεστι. Facc.

Νόμιζε τῶν τιμῶν κ. τ. λ.] Totam hanc sententiam expressit Plinius in exordio panegyrici ad Trajanum. Idem.

Αὐτοὶ] Np. πολῖται. Auger.

Λάνθανε κ. τ. λ.] Ratio moniti est, quia Principibus, ut scribit Tacitus annal. l. IV,

μὲν, [1] ἣν ἐπί τῷ σοι συμβῇ τῶν φαύλων χαίρειν, ἐνδείκνυσο
δὲ περὶ τὰ μέγιστα σπουδάζων. Μὴ τοὺς μὲν ἄλλους ἀξίου
κοσμίως ζῆν, τοὺς δὲ βασιλέας ἀτάκτως· ἀλλὰ τὴν σαυτοῦ σωφροσύνην παράδειγμα τοῖς ἄλλοις καθίστη, γιγνώσκων ὅτι τὸ τῆς πόλεως ὅλης ἦθος ὁμοιοῦται τοῖς ἄρχουσι.
Σημεῖον ἔστω σοι τοῦ καλῶς βασιλεύειν, ἐὰν τοὺς ἀρχομέ- b
νους ὁρᾷς εὐπορωτέρους καὶ σωφρονεστέρους γιγνομένους διὰ
τὴν σὴν ἐπιμέλειαν. Περὶ πλείονος ποιοῦ δόξαν καλὴν ἢ
πλοῦτον μέγαν τοῖς παισὶ καταλιπεῖν· ὁ μὲν γὰρ θνητὸς,
ἡ δὲ ἀθάνατος, καὶ δόξῃ μὲν χρήματα κτητὰ, δόξα δὲ χρημάτων οὐκ ὠνητὴ, καὶ τὰ μὲν καὶ [2] φαύλοις [3] ἐνίοτε παραγίγνεται, τὴν δὲ οὐχ οἷόν τε ἀλλ᾽ ἢ τοὺς διενεγκόντας κτήσασθαι. Τρύφα μὲν [4] ἐν ταῖς ἐσθῆσι καὶ τοῖς περὶ τὸ σῶμα

[1] ἐὰν A. C. L. [2] τοῖς φαύλοις A. C. L. [3] ἐνίοτε om. A. L. [4] ἐν om. A. L.

c. 40. "præcipua rerum ad famam dirigenda sunt." Facc.

Παράδειγμα τοῖς ἄλλοις] Eandem sententiam Isocrates expressit in orat. Areopagitica, ubi loquitur de Solone et Clisthene. In bonum exemplum Velleius l. II. c. 126. "Facere recte cives suos Princeps optimus faciendo docet, quumque sit imperio maximus, exemplo major est." In malum Cicero de leg. l. III. c. 14. "Vitiosi principes vitia infundunt in civitatem; neque solum obsunt, quod ipsi corrumpuntur, sed etiam quod corrumpunt, plusque exemplo, quam peccato nocent." Plutarchus in Syntagmate ad Princip. imper. comparat eum, qui imperat, regulæ, quæ, nisi recta sit, non potest ea, quibus applicatur, recta facere. Porro de iis, quæ Princeps facere debet, ut civibus suis ad virtutem exemplo sit, vide Xenophontem in Cyri Pædia sub initium lib. VIII. Idem. Cicero alibi ex Platonis l. IV. de legibus hoc dictum refert: "quales in republica Principes essent, tales reliquos solere esse cives." famil. l. I. ep. 9. Confirmant idem Livius: "ipsi se homines in Regis, velut unici exempli, mores formant." l. I. c. 21. Plinius: "ut in corporibus, sic in imperio gravissimus est morbus, qui a capite diffunditur." l. IV. ep. 22. Claudianus: "componitur orbis Regis ad exemplum, nec sic inflectere sensus Humanos edicta valent, ut vita regentis." de IV. consul. Honor. v. 299. Valerius Maximus, qui, dum Ptolomæum, Ægyptiorum regem luxuriæ se tradidisse memorat, tum pergit, "regis mores omnem secutam regiam; nec amicos tantum præfectosque, verum etiam omnem exercitum, depositis militiæ studiis, otio ac desidia corruptos fuisse." l. XXX. c. i. Frick.

Σημεῖον ἔστω κ. τ. λ.] Cicero ad Atticum l. VIII. ep. 11. "Moderatori reipublicæ beata civium vita proposita est, ut opibus firma, copiis locuples, gloria ampla, virtute honesta sit." Et Mæcenas apud Dionem l. LII. p. 481. Τὸν ἄρχοντα τὸν ἄριστον οὐ δεῖ μὴ μόνον αὐτὸν πάνθ᾽ ἃ προσήκει ποιεῖν, ἀλλὰ καὶ τῶν ἄλλων ὅπως ὡς ὅτι βέλτιστοι γίγνωνται, προνοεῖν. Facc.

Περὶ πλείονος ποιοῦ κ. τ. λ.] Auctor ep. 2. ad Cæs. de ordin. rep. c. 7. "Sæpe jam audivi, qui reges, quæ civitates et nationes per opulentiam magna imperia amiserint, quæ per virtutem inopes ceperint." Facc. Valerius Maximus l. IV. c. 3. "Ea civitas, id regnum æterno in gradu facile steterit, ubi minimum virium Veneris pecuniæque cupido sibi vindicaverit." Frick.

Δόξῃ] Stobæus p. 328. δόξης. Melius credo. Et mox post φαύλοις Cod. Auger. non male addit ἐνίοτε. Lang.

Τρύφα μὲν ταῖς ἐσθῆσι] Cyrus, ut est apud Xenophontem in Cyrop. l. VIII. 1. 40. tum ipse magnam vestis totiusque corporis ornatus curam suscipiebat, tum eos quoque suscipere volebat, quibus magistratus mandaret. Contra Livius sub init. l. XXI. laudat Annibalem, "quod vestitus ejus nihil inter æquales excelleret." Sed tunc quidem Annibal nondum erat cum imperio. Cæterum, ut scribit Plinius l. VI. ep 31. "Veste et comitatu non quidem augetur dignitas; ornatur tamen et instruitur." Facc.

c κόσμοις, καρτέρει δὲ ὡς χρὴ τοὺς [1]βασιλεύοντας ἐν τοῖς ἄλλοις ἐπιτηδεύμασιν, ἵνα οἱ μὲν ὁρῶντες διὰ τὴν ὄψιν ἄξιόν σε τῆς ἀρχῆς εἶναι νομίζωσιν, οἱ δὲ συνόντες διὰ τὴν τῆς ψυχῆς ῥώμην τὴν αὐτὴν ἐκείνοις γνώμην ἔχωσιν. Ἐπισκόπει τοὺς λόγους ἀεὶ τοὺς σαυτοῦ καὶ τὰς πράξεις, ἵν᾽ ὡς ἐλα- 19
χίστοις [2]ἁμαρτήμασι περιπίπτῃς. Κράτιστον μὲν τῆς ἀκμῆς τῶν καιρῶν τυγχάνειν, ἐπειδὴ δὲ δυσκαταμαθήτως
d ἔχουσιν, ἐλλείπειν αἱροῦ καὶ μὴ πλεονάζειν· αἱ γὰρ μετριότητες μᾶλλον ἐν ταῖς ἐνδείαις ἢ ταῖς ὑπερβολαῖς [3]ἔνεισιν. ι΄. Ἀστεῖος εἶναι πειρῶ καὶ σεμνός· τὸ μὲν γὰρ τῇ τυραννίδι πρέπει, τὸ δὲ πρὸς τὰς συνουσίας ἁρμόττει. χαλεπώτατον δὲ τοῦτο πάντων ἐστὶ [4]τῶν προσταγμάτων· εὑρήσεις γὰρ ὡς ἐπὶ τὸ πολὺ, τοὺς μὲν σεμνυνομένους ψυχροὺς ὄντας, τοὺς δὲ βουλομένους ἀστείους εἶναι ταπεινοὺς φαινομένους. δεῖ δὲ χρῆσθαι μὲν ἀμφοτέραις ταῖς ἰδέαις ταύταις,
e τὴν δὲ συμφορὰν τὴν [5]ἑκατέρᾳ προσοῦσαν διαφεύγειν. Ὅ τι ἂν [6]ἀκριβῶσαι [7]βουληθῇς ὧν ἐπίστασθαι προσήκει τοὺς βασιλέας, ἐμπειρίᾳ μέτιθι καὶ φιλοσοφίᾳ· τὸ μὲν γὰρ φιλοσοφεῖν τὰς ὁδούς σοι δείξει, τὸ δὲ ἐπ᾽ αὐτῶν τῶν ἔργων
22 γυμνάζεσθαι δύνασθαί σε χρῆσθαι τοῖς πράγμασι ποιήσει.

[1] βασιλέας A. C. L. [2] τοῖς ἁμαρτ. A. C. L [3] ἰσχύουσιν A. C. L
[4] πραγμάτων A. C. L. [5] ἑκατέραις A. C. L. [6] ἀκριβῶς εἰδέναι A. C. L.
[7] βούλει A. L. βούλῃ C.

Καρτέρει] Si, uti vult Wolfius per *laborum tolerantiam* reddatur καρτέρει et per ἐπιτηδεύματα intelligantur *deliberationes et præludia bellica*, quid demum per συνόντες in sequentibus velit non satis constat. Nec occurrit, quo pacto hæcce studia familiaribus potius, quam remotissimo cuique, animi indolem notam faciant: quum laborum tolerantia et præludia bellica non minus in conspectum veniunt, quam splendida vestitus ornamenta. Quod si per καρτέρει *temperantia* intelligatur, et per ἐπιτηδεύματα *alia studia quæ cum voluptate conjuncta sunt*, tum familiares eundem merito admiraturi sunt ob virtutes privatas, quarum ipsi sunt conscii, quem ob vestitus splendorem admirantur vulgus. Battie.

Ἐλλείπειν αἱροῦ] Cicero in Orat. c. XXII. "Etsi suus cuique rei modus est; tamen magis offendit nimium, quam parum." Facc.

Ἀστεῖος εἶναι πειρῶ] Lampridius in Alexandr. c. 1. narrat, *nimiam civilitatem* Alexandro objectam fuisse, quæ imperii potestatem contemptibiliorem faciebat. Modum egregie tenuit Trajanus, de quo Plinius in panegyr. c. IV. "Nihil severitati ejus hilaritate, nihil gravitati simplicitate, nihil majestati humanitate detrahitur." Vide Nepotem in Attico c. XV. Idem.

Σεμνὸς] Σεμνότητα cum Justo Lipsio in privato *auctoritatem*, in principe *majestatem* dixeris, polit. l. II. c. 16. Frick.

Ἀμφοτέραις] I. e. gravitate et urbanitate. Lang.

Ἀκριβῶς] Ὁλοκλήρως, h. e. θεωρητικῶς τε καὶ πραγματικῶς. Mox μέτιθι παρὰ τὸ μετιέναι, τὸ ἐπιχειρεῖν. Wolf.

Φιλοσοφίᾳ] De conjunctione philosophiæ cum experientia ad recte gubernandum agit Aristoteles Ethic. l. X. c. ult. Crudelem Neronis dominationem matri quidam imputant, ut est apud Suetonium c. LII. "quod eum a philosophia avertit, monens imperaturo contrariam esse." Facc.

Θεώρει τὰ γιγνόμενα καὶ τὰ συμπίπτοντα καὶ τοῖς ἰδιώταις καὶ τοῖς τυράννοις· ἐὰν γὰρ τὰ παρεληλυθότα μνημονεύῃς, ἄμεινον [1]περὶ τῶν μελλόντων βουλεύσῃ. Δεινὸν ἡγοῦ τῶν μὲν ἰδιωτῶν τινὰς [2]ἐθέλειν ἀποθνήσκειν, ἵνα τελευτήσαντες ἐπαινεθῶσι, τοὺς δὲ βασιλέας μὴ τολμᾶν χρῆσθαι τοῖς ἐπιτηδεύμασι τούτοις, ἐξ ὧν ζῶντες εὐδοκιμήσουσιν. Βούλου τὰς εἰκόνας τῆς ἀρετῆς ὑπόμνημα μᾶλλον ἢ τοῦ b
σώματος καταλιπεῖν. Μάλιστα μὲν πειρῶ τὴν ἀσφάλειαν σαυτῷ καὶ τῇ πόλει διαφυλάττειν· [3]ἐὰν δ' ἀναγκασθῇς κινδυνεύειν, αἱροῦ καλῶς τεθνάναι μᾶλλον ἢ ζῆν αἰσχρῶς. Ἐν [4]πᾶσι τοῖς ἔργοις μέμνησο τῆς βασιλείας, καὶ φρόντιζε ὅπως μηδὲν ἀνάξιον τῆς τιμῆς ταύτης [5]πράξεις.

[1] καὶ περὶ A. C. L. [2] ἐθέλειν τινὰς A. C. L. [3] ἢν A. C. L. [4] ἅπασι A. C. L. [5] ποιήσεις A. C. L.

Ἐὰν γὰρ τὰ παραληλ. μνημονεύῃς] Plutarchus scribit: Ἡ τῶν γεγενημένων πράξεων μνήμη τῆς περὶ τῶν μελλόντων εὐβουλίας γίνεται παράδειγμα. de lib. educ. c. XIII. Ex proverbiis Catonian. in I. A. Fabricii bibl. med. et inf. Latinit. vol. v. p. 53. "Quid cautus caveas, aliena exempla docebunt." Dionysius Halicarn. βουλεύονταί τε ἄριστα περὶ τῶν μελλόντων οἱ παράδειγμα ποιούμενοι τὰ γεγονότα τῶν ἐσομένων. antiq. l. X. p. 471. Andocides: χρὴ τεκμηρίοις χρῆσθαι τοῖς πρότερον γενομένοις περὶ τῶν μελλόντων ἔσεσθαι. FRICK.

Βούλου τὰς εἰκόνας] Agesilaus moriens, ut narrat Plutarchus in apophthegm. vetuit sibi imagines poni. Εἴ τι καλὸν ἔργον πεποίηκα, τοῦτό μου μνημεῖόν ἐστιν. Sumpsit, opinor, Plutarchus ex oratione Xenophontis de Agesilao, ubi eadem fere sententia est; prope finem. Mæcenas quoque monuit Augustum, ne statuas aureas aut argenteas sibi fieri pateretur, sed potius recte agendo memoriam sui propagaret, ut est apud Dionem l. II. sub fin. Tiberius apud Tacitum annal. l. IV. c. 38. "Hæc mihi in animis vestris templa, hæ pulcherrimæ effigies et mansuræ." Loquitur de suis virtutibus. FACC. Adde Plinium, qui "fama (inquit) Principis non imaginibus et statuis, sed virtute ac meritis prorogatur." in paneg. c. LV. 10. FRICK.

Καλῶς τεθνάναι] Cicero offic. l. I. c. 23. "Quum tempus necessitasque postulat, decertandum manu est, et mors servituti turpitudinique anteponenda." Sallustius de T. Turpilio Silano Præfecto Vacoæ in Numidia, in bell. Jugurth. c. LXVII. "Quia illi in tanto malo turpis vita fama integra potior, improbus intestabilisque videtur." FACC. Alibi Cicero: "mors honesta sæpe vitam quoque turpem exornat; vita turpis ne morti quidem honestæ locum relinquit." orat. pro Quinctio c. XV. Philo: ψυχὴ φιλότιμος ζωῆς ἀδόξου τὸν σὺν εὐκλείᾳ θάνατον προκρίνουσα. de fortitud. p. 741. ed. Franc. FRICK.

Μέμνησο τῆς βασιλ.] Rationem rei hujus reddit Plutarchus in præcept. polit. Διὰ δόξαν, ἣν οἱ πολλοὶ περὶ ἀρχῆς καὶ πολιτείας ἔχουσιν, ὡς πράγματος μεγάλου, καὶ καθαρεύειν ἀξίου πάσης ἀτοπίας καὶ πλημμελείας. Itaque, ut idem ait Plutarchus non solum in publica dicta et facta Principis inquiritur, sed et in cœnam ejus, et in cubile, et in matrimonium, et in seria, et in ludicra omnia. FACC. Huc pertinet illud Senecæ: "humili loco positis exserere manum, litigare, in rixam procurrere ac morem iræ suæ gerere, liberius est, leves inter paria ictus sunt; Regi vociferatio quoque verborumque intemperantia non ex majestate est." qui paucis interjectis pergit: "alia conditio est eorum, qui in turba, quam non excedunt, latent, quorum et virtutes ut appareant diu luctantur et vitia tenebras habent. Vestra, o Nero, facta dictaque rumor excipit, et ideo nullis magis curandum est, qualem famam habeant, quam qui qualemcunque meruerint, magnam habituri sunt." de clementia l. I. c. 7. 8. item Plinii: "habet hoc primum magna fortuna, quod nihil tectum nihil occultum esse patitur; principum vero non modo domos, sed cubicula ipsi intimosque secessus recludit, omniaque arcana noscenda famæ proponit atque explicat." in panegyr. c. LXXXIII. FRICK.

ιαʹ. Μὴ περιίδῃς τὴν σαυτοῦ φύσιν [1]ἅπασαν ἅμα διαλυθεῖσαν ἀλλ' ἐπειδὴ θνητοῦ [2][μὲν] σώματος ἔτυχες c [3][ἀθανάτου δὲ ψυχῆς], πειρῶ τῆς ψυχῆς ἀθάνατον [4]τὴν μνήμην καταλιπεῖν. Μελέτα περὶ καλῶν ἐπιτηδευμάτων λέγειν, ἵνα συνεθισθῇς ὅμοια τοῖς εἰρημένοις φρονεῖν. [5]Ἅττ' ἄν σοι λογιζομένῳ φαίνηται βέλτιστα, ταῦτα τοῖς ἔργοις ἐπιτέλει. Ὧν τὰς δόξας ζηλοῖς, μιμοῦ [6]τὰς πράξεις. Ἃ [7]τοῖς αὑτοῦ παισὶν ἂν συμβουλεύσειας, τούτοις αὐτὸς ἐμμένειν ἀξίου. Χρῶ τοῖς εἰρημένοις, ἢ ζήτει βελτίω τούτων. d Σοφοὺς [8]νόμιζε μὴ τοὺς [9]περὶ μικρῶν ἀκριβῶς ἐρίζοντας, ἀλλὰ τοὺς εὖ περὶ τῶν μεγίστων λέγοντας, μηδὲ τοὺς τοῖς μὲν ἄλλοις εὐδαιμονίαν ὑπισχνουμένους, αὐτοὺς δὲ ἐν πολλαῖς ἀπορίαις ὄντας, ἀλλὰ τοὺς μέτρια μὲν περὶ αὑτῶν λέγοντας, ὁμιλεῖν δὲ καὶ τοῖς πράγμασι καὶ τοῖς ἀνθρώποις δυναμένους, καὶ μὴ διαταραττομένους ἐν ταῖς τοῦ βίου μεταβολαῖς, ἀλλὰ καλῶς καὶ μετρίως καὶ τὰς συμφορὰς καὶ τὰς εὐτυχίας φέρειν ἐπισταμένους.

e ιβʹ. Καὶ μὴ θαύμαζε, εἰ πολλὰ τῶν εἰρημένων ἐστίν, ἃ καὶ σὺ γιγνώσκεις· οὐδὲ γὰρ ἐμὲ τοῦτο [10]παρέλαθεν, ἀλλ' ἠπιστάμην, ὅτι τοσούτων ὄντων τὸ πλῆθος καὶ τῶν ἰδιωτῶν

[1] ἅμα πᾶσαν A. C. L. [2] uncos om. A. C. L. [3] uncos om. A. C. L.
[4] τὴν om. A. C. L. [5] ἃ δ' ἂν A. L. [6] καὶ τὰς L. [7] τοῖς παισὶν τοῖς αὑτοῦ A. C. L.
[8] δὲ νόμιζε A. [9] ἀκριβῶς περὶ μικρῶν A. C. L. [10] διέλαθεν A. C. L.

Μὴ περιίδῃς κ. τ. λ.] Idem fere Isocrates scribit in orat. ad Philipp. Τὸ μὲν σῶμα θνητὸν ἔχομεν, ἀθάνατοι δὲ γινόμεθα δι' ἀρετήν. Utramque sui partem homini considerandam Plinius proponit l. IX. ep. 3. "Omnes homines arbitror oportere aut immortalitatem suam aut mortalitatem cogitare: et illos quidem contendere et eniti, hos quiescere et remitti." Facc. Cætera humana pereunt et, Sallustio teste, "divitiarum et formæ gloria fluxa atque fragilis est, virtus clara æternaque habetur," bell. Catilin. c. I. Quo etiam pertinet Metrodori cujusdam effatum: "mortale est omne mortalium bonum," apud Senecam ep. XCVIII. ubi addit: "illud verum bonum non moritur, certum est sempiternumque, sapientia et virtus: hoc unum contingit immortale mortalibus." Confer quoque Valerium Maximum l. V. c. 6. Frick.

Διαλυθεῖσαν] Ἀντὶ τοῦ διαλυθῆναι, ἢ ὅπως ἂν διαλυθῇ. Wolf.

Μελέτα περὶ κ. τ. λ.] Ratio moniti hujus peti potest a contrario, ut est apud Aristotelem polit. l. VII. c. 17. Ἐκ τοῦ γὰρ εὐχερῶς λέγειν ὁτιοῦν τῶν αἰσχρῶν, γίνεται καὶ τὸ ποιεῖν συνέγγυς. Facc.

Ἃ δ' ἄν σοι λογιζ.] Celeberrimum erat apud Lacedæmonas dictum, quod refert Plutarchus in apophthegm. Lacon. ἴσασι μὲν οἱ Ἀθηναῖοι τὰ καλὰ, οὐ πράσσουσι δέ. Vide Ciceronem de senect. c. XVIII. Idem.

Μίμου τὰς πράξεις] Quintilianus: "artis pars magna continetur imitatione. Atque omnis vitæ ratio sic constat, ut, quæ probamus in aliis, facere ipsi velimus." Institut. l. X. 2. Cicero de Orat. l. II. 22. "Quæ maxime excellunt in eo quem quis imitator, ea diligentissime persequatur." Frick.

Χρῶ τοῖς εἰρημένοις] Horatius l. I. ep. 6. "si quid novisti rectius istis, Candidus imperti; si non, his utere mecum." Facc.

Τοσούτων ὄντων τὸ πλῆθος etc.] Ambiguum videri potest, utrum referatur ad

καὶ τῶν ἀρχόντων οἱ μέν τι τούτων εἰρήκασιν, οἱ δὲ ἀκηκόα- 23
σιν, οἱ δὲ ἑτέρους ποιοῦντας ἑωράκασιν, [1] οἱ δὲ αὐτοὶ τυγχάνουσιν ἐπιτηδεύοντες. ἀλλὰ γὰρ οὐκ ἐν τοῖς λόγοις χρὴ τοῖς
περὶ τῶν ἐπιτηδευμάτων ζητεῖν τὰς καινότητας, ἐν οἷς οὔτε
παράδοξον οὔτ' ἄπιστον οὔτ' ἔξω τῶν νομιζομένων οὐδὲν
ἔστιν εὑρεῖν, ἀλλ' ἡγεῖσθαι τοῦτον εἶναι χαριέστατον, ὃς
ἂν τῶν διεσπαρμένων ἐν ταῖς τῶν ἄλλων διανοίαις ἀθροῖσαι
τὰ πλεῖστα δυνηθῇ καὶ φράσαι κάλλιστα περὶ αὐτῶν. b
ἐπεὶ κἀκεῖνό μοι πρόδηλον ἦν, ὅτι τὰ συμβουλεύοντα καὶ
τῶν ποιημάτων καὶ τῶν συγγραμμάτων χρησιμώτατα μὲν
ἅπαντες νομίζουσιν, οὐ μὴν ἥδιστά γε αὐτῶν ἀκούουσιν,
ἀλλὰ ταὐτὸ πεπόνθασιν ὅπερ πρὸς τοὺς νουθετοῦντας· καὶ
γὰρ ἐκείνους ἐπαινοῦσι μὲν ἅπαντες, πλησιάζειν δὲ οὐ βούλονται, ἀλλὰ μᾶλλον αἱροῦνται συνεῖναι τοῖς [2] συνεξαμαρτάνουσιν, ἀλλ' οὐ τοῖς ἀποτρέπουσι. σημεῖον δ' ἄν τις ποιήσαιτο, τὴν Ἡσιόδου καὶ Θεόγνιδος καὶ Φωκυλίδου ποίησιν· c
καὶ γὰρ τούτους φασὶ μὲν ἀρίστους συμβούλους γεγενῆσθαι
τῷ βίῳ τῷ τῶν ἀνθρώπων, ταῦτα δὲ λέγοντες αἱροῦνται
συνδιατρίβειν ταῖς ἀλλήλων ἀνοίαις μᾶλλον ἢ ταῖς ἐκείνων
ὑποθήκαις. ἔτι δ' εἴ τις ἐκλέξειε [3] τῶν προεχόντων ποιητῶν
τὰς καλουμένας γνώμας, ἐφ' αἷς ἐκεῖνοι μάλιστ' ἐσπούδα-
1 σαν, ὁμοίως ἂν καὶ πρὸς ταύτας διατεθεῖεν· ἥδιον γὰρ ἂν
κωμῳδίας τῆς φαυλοτάτης ἢ τῶν οὕτω τεχνικῶς πεποιη- d
μένων ἀκούσαιεν.

ιγ'. Καὶ τί δεῖ καθ' ἓν ἕκαστον λέγοντα διατρίβειν; ὅλως γὰρ εἰ [4] θέλοιμεν σκοπεῖν τὰς φύσεις [5] τὰς τῶν ἀνθρώπων, εὑρήσομεν τοὺς πολλοὺς αὐτῶν οὔτε τῶν σιτίων χαίροντας τοῖς ὑγιεινοτάτοις οὔτε τῶν ἐπιτηδευμάτων τοῖς καλλίστοις οὔτε τῶν πραγμάτων τοῖς βελτίστοις οὔτε

[1] ἔνια A. C. L. [2] ἐξαμαρτάνουσιν A. C. L. [3] καὶ τῶν A. C. L. [4] ἐθέλοιμεν A. C. L. [5] τὰς om. A. C. L.

πλῆθος παραινέσεων, an vero πλῆθος ἀνθρώπων. Sed rectius videtur, si intelligatur τοσούτου πλήθους ὄντος ἰδιωτῶν καὶ ἀρχόντων. Sic enim ea postulant quæ sequuntur. Wolf. Resolve et verte: ὅτι οἱ μὲν καὶ τῶν ἰδιωτῶν καὶ τῶν ἀρχόντων (τοσούτων αὐτῶν ὄντων τὸ πλῆθος). *quod tum privatorum hominum, tum regum tot numero existentium, alii etc., alii etc.* Ergo genitivus τοσούτων ὄντων pendet ab οἱ μὲν, οἱ δὲ. Lang.

Coraes refert ad τῶν εἰρημένων.

Ἐξαμαρτάνουσιν] F. συνεξαμαρτάνουσιν. ut Paræenesi legitur p. 110. 3. Wolf.

Συνδιατρίβειν ταῖς ἀλλήλων ἀνοίαις] Τὸ συνδιατρίβειν commode hic accipi potest ἀντὶ τοῦ διαλέγεσθαι περὶ τῆς τῶν ἀλλήλων ἀνοίας. *de stultis suis opinionibus et factis colloqui malunt.* Wolf. Προκρίνουσιν ἀκούειν τοὺς ἀνοήτους λόγους ἀλλήλων. Cor. Cf. Paneg. §. μβ'. Evag. §. λα'.

τῶν μαθημάτων τοῖς ὠφελιμωτάτοις, ἀλλὰ παντάπασιν
e ἐναντίας τῷ συμφέροντι τὰς ἡδονὰς ἔχοντας, καὶ δοκοῦντας
καρτερικοὺς καὶ φιλοπόνους [1] εἶναι τοὺς τῶν δεόντων τι
[2] ποιοῦντας· ὥστε πῶς ἄν τις τοῖς τοιούτοις ἢ παραινῶν ἢ
διδάσκων ἢ χρήσιμόν τι λέγων ἀρέσειεν; οἳ πρὸς τοῖς εἰρημένοις λόγοις φθονοῦσι μὲν τοῖς εὖ φρονοῦσιν, ἁπλοῦς δὲ
24 ἡγοῦνται τοὺς νοῦν οὐκ ἔχοντας· οὕτω δὲ τὰς ἀληθείας τῶν
πραγμάτων φεύγουσιν, ὥστε οὐδὲ τὰ σφέτερ' αὐτῶν ἴσασιν,
ἀλλὰ λυποῦνται μὲν περὶ τῶν ἰδίων λογιζόμενοι, χαίρουσι
δὲ περὶ τῶν ἀλλοτρίων διαλεγόμενοι, βούλοιντο δ' ἂν τῷ
σώματι κακοπαθῆσαι μᾶλλον ἢ τῇ ψυχῇ πονῆσαι καὶ
σκέψασθαι περί τινος τῶν ἀναγκαίων. εὕροι δ' ἄν τις

[1] εἶναι καὶ φιλοπόνους A. C. L.

[2] μὴ ποιοῦντας A. L.

Καὶ δοκοῦντας καρτερικοὺς εἶναι, καὶ φιλοπόνους, τοὺς τῶν δεόντων τι μὴ ποιοῦντας] F. leg. τοὺς τῶν μὴ δεόντων τι ποιοῦντας. *ex male factis eos constantiæ laudem captare.* Budæus τῶν δεόντων τι μὴ pro μηδὲν τῶν δεόντων interpretatur: *eos qui officio nulla ex parte funguntur.* Et sunt sane Græcis tales μεταθέσεις negationum non inusitatæ. Wolf. Τι μὴ, i. e. μηδέν. Auger. Locum, uti nunc est, atque ut ipsi dedimus illum, dum attentius intueor, me offendit. *et* (reperimus) *illos videri constantes et industrios, quæ eorum, quæ facere debebant, nihil faciunt.* At homines dissolutos et inertes, de quibus hic sermo est, a quoquam vel stultissimo *constantes* haberi et *laboriosos*, quis non miretur, quanquam contextus ita comparatus sit, ut absurdissima quæque huic perversorum hominum sermoni aptissima esse videantur. Nam hæc ipsa perversitas postulat, ut vel οἱ τῶν δεόντων τι μὴ ποιοῦντες oppositi sint constantibus et laboriosis, vel alius ex hoc loco sensus eliciatur. Deinde molesti nescio quid habet istud τι μὴ, quod Wolfius ideo disponere cupit. Tum, quod me maxime movet, est locus huic nostro simillimus, qui de Pace §. λε'. legitur sic: ἐπιδείξειεν ἄν τις πολλοὺς, χαίροντας μὲν καὶ τῶν ἐδεσμάτων καὶ τῶν ἐπιτηδευμάτων τοῖς καὶ τὸ σῶμα καὶ τὴν ψυχὴν βλάπτουσιν, ἐπίπονα δὲ καὶ χαλεπὰ νομίζοντας (scil. ταῦτα) ἀφ' ὧν ἀμφότερα ταῦτ' (i. e. σῶμα καὶ ψυχὴ) ὠφελοῖντο, καὶ καρτερικοὺς εἶναι δοκοῦντας, τοὺς ἐν τούτοις ἐμμένοντας. Quæ postrema verba e contextu ita vertenda sunt: *eosque, qui in hisce difficilibus rebus* (quæ corpori et animo saluti sunt) *perdurant, carnifices* (καρτερικοὺς) *sui ipsius esse putant.* Video vocem καρτερικὸς h. l. non in laudem sed vituperium dictam esse, atque hanc significationem illa et hic habere poterit, dummodo μὴ post τι expungas, vertens: *eosque haberi carnifices sui duramque vitam agentes* (φολοπόνους), *qui ex parte modo officio suo satisfaciant.* Tunc quoque τι τῶν δεόντων jure positum esset pro τὰ δέοντα, locusque multo quam antea expeditior. Quam sæpe vero οὐ et μὴ librariorum incuria vel appositum sit vel deletum, ubi non debebat, non est, quod multis demonstrem. Plura in hanc rem exempla in Nostro occurrunt. Hinc Interpretes nunc ponere illud, nunc delere pro loci cujusque natura tentarunt. Vid. e. c. Panath. §. δ'. init. et quæ statim hic sequuntur. Lang. μὴ omittit Coraes, et locum sic exponit: καὶ νομίζοντας εἶναι καρτερικοὺς, τουτέστι, πόνων ὑπομενετικοὺς ἕνεκα τοῦ καλοῦ, καὶ φιλομόχθους, τοὺς πράττοντάς τι τῶν ἀναγκαίων, ὧν οὐδὲ τοὺς φαυλοτάτους εἰκὸς ἀμελεῖν.

Ἁπλοῦς δὲ ἡγοῦνται τοὺς νοῦν οὐκ ἔχοντας] Steph. in Thes. T. I. p. 485. vocem ἁπλοῦς h. l., quam ibi expresse laudat, transfert: *qui mente caret*, i. e. *stultus*, sed quid mirum, quæso, stultos vocari mente carentes? Hinc cum Augerio ἁπλοῦς sensu bono accipio, vel οὐκ ante νοῦν deleo, quod magis nunc placet, ut sensus exeat: *et prudentes* (νοῦν ἔχοντας) *pro stultis habent.* Alia enim interpretandi ratio, quæ in mentem venit, dura nimis videtur, quam quod eam huic præferam, nempe τοὺς accipi posse pro τούτους, ut locus ita constituatur: ἁπλοῦς δὲ ἡγοῦνται τούτους, νοῦν οὐκ ἔχοντας. *illosque* (sapientes) *pro simplicibus habent, mente carentes.* Lang. Ἁπλοῦς ἐπὶ καλοῦ ἀντὶ τοῦ χρηστούς. Cor.

αὐτοὺς ἐν μὲν ταῖς πρὸς ἀλλήλους συνουσίαις [1]ἢ λοιδοροῦν- b
τας ἢ λοιδορουμένους, ἐν δὲ ταῖς ἐρημίαις οὐ βουλευομένους
ἀλλ᾽ εὐχομένους. λέγω δὲ ταῦτα οὐ [2]καθ᾽ ἁπάντων, ἀλλὰ
κατὰ τῶν ἐνόχων τοῖς εἰρημένοις ὄντων. ἐκεῖνο δ᾽ οὖν φανερὸν, ὅτι δεῖ τοὺς βουλομένους ἢ ποιεῖν ἢ γράφειν τι κεχαρισμένον τοῖς πολλοῖς μὴ τοὺς ὠφελιμωτάτους τῶν λόγων
ζητεῖν, ἀλλὰ τοὺς μυθωδεστάτους· ἀκούοντες μὲν γὰρ τῶν
τοιούτων χαίρουσι, θεωροῦντες δὲ τοὺς ἀγῶνας καὶ τὰς c
ἁμίλλας [3][ψυχαγωγοῦνται]. διὸ καὶ τὴν Ὁμήρου ποίησιν
καὶ τοὺς [4]πρώτους εὑρόντας τραγῳδίαν ἄξιον θαυμάζειν,
ὅτι κατιδόντες τὴν φύσιν τὴν τῶν ἀνθρώπων ἀμφοτέραις
ταῖς ἰδέαις ταύταις κατεχρήσαντο πρὸς τὴν ποίησιν. ὁ μὲν
γὰρ τοὺς ἀγῶνας καὶ τοὺς πολέμους [5]τοὺς τῶν ἡμιθέων
ἐμυθολόγησεν, οἱ δὲ τοὺς μύθους εἰς ἀγῶνας καὶ πράξεις
κατέστησαν, ὥστε μὴ μόνον ἀκουστοὺς ἡμῖν ἀλλὰ καὶ θεα-
22 τοὺς [6]γενέσθαι. τοιούτων οὖν παραδειγμάτων ὑπαρχόντων, d
δέδεικται τοῖς ἐπιθυμοῦσι τοὺς ἀκροωμένους ψυχαγωγεῖν,
ὅτι τοῦ μὲν νουθετεῖν καὶ συμβουλεύειν ἀφεκτέον, ἐκεῖνα
δὲ γραπτέον καὶ λεκτέον οἷς ὁρῶσι τοὺς ὄχλους [7]μάλιστα
χαίροντας.

ιδ΄. Ταῦτα δὲ διῆλθον ἡγούμενός σε δεῖν, [8]τὸν οὐχ ἕνα
τῶν πολλῶν ἀλλὰ πολλῶν ὄντα τύραννον, μὴ τὴν αὐτὴν
γνώμην ἔχειν τοῖς ἄλλοις, μηδὲ τὰ σπουδαῖα τῶν πραγμά-

[1] ἢ om. A. C. L. [2] κατὰ πάντων A. C. L.
[3] ἀγάζονται A. ἄχθονται L. uncos om. C. [4] πρώτως A. L. [5] τοὺς om. A. C. L.
[6] γεγενῆσθαι A. C. L. [7] μάλιστα om. A. C. L. [8] τὸν om. A. C. L.

Εὐχομένους] Sex Augerii Codd. habent, εὐωχουμένους (*epulantes*). At quis non videat *epulari* (ταῖς ἐρημίαις) solitudini minime convenire, *optare* contra optime locum habere? Lang.

Τοὺς ἀγῶνας] Hic intelligo propter verbum θεωροῦντας, non tam serias deliberationes atque negotia, aut graviores disputationes, quam τοὺς γυμνικοὺς ἀγῶνας, certamina pugilum etc. ut significet eos ita molles esse, ut etiam ista belli præludia reformident extra omne periculum constituti, et iis, quæ in scena repræsentantur, non secus atque veris rebus et historiis afficiantur, perversis animis præditi; alienisque malis iisque confictis dolentes, et vera sua non agnoscentes. Wolf. Vulgatam verte: *lætitia et dolore propter aliena afficiuntur*. Lang.

Ἄχθονται] E marg. Cod. pro ἄχθονται dedit Coraes ψυχαγωγοῦνται. et, si ἐξηγητικῶς id intelligis, priscam lectionem fuisse suspicatur ἄγονται, h. e. κηλοῦνται, θέλγονται. Εἰκὸς μέντοι μᾶλλον (pergit) τὸ ψυχαγωγοῦνται διόρθωσιν εἶναι τοῦ ἡμαρτημένου ἄχθονται· οὐ μόνον ὅτι καὶ προϊὼν χρήσεται τῇ λέξει ὁ ῥήτωρ, ἀλλ᾽ ὅτι καὶ οἰκεῖον πάνυ τὸ ῥῆμα ἐπὶ τῶν τοιούτων, sc. τραγῳδιῶν.

Πρώτως] Malim πρώτους. quod τὸ πρώτως plerumque idem valet quod προηγουμένως, eique opponitur τὸ δευτέρως vel κατὰ τὸν δεύτερον λόγον. Wolf.

Ταῦτα] Np. præceptiones et sententias de regno bene administrando quæ præcesserunt. Auger. Male. Cum modo, ut quisque facile videt, qui locum bis legerit, ad observationem de perverso hominum studio factam referri possit. Lang.

e των μηδὲ τοὺς εὖ φρονοῦντας τῶν ἀνθρώπων ταῖς ἡδοναῖς [1]κρίνειν, ἀλλ' ἐπὶ τῶν πράξεων τῶν χρησίμων αὐτοὺς δοκιμάζειν· ἄλλως τε [2]ἐπειδὴ περὶ [3]μὲν τῶν γυμνασίων τῶν τῆς ψυχῆς ἀμφισβητοῦσιν οἱ περὶ τὴν φιλοσοφίαν [4]ὄντες, καὶ φασὶν οἱ μὲν διὰ τῶν ἐριστικῶν λόγων, οἱ δὲ διὰ τῶν πολιτικῶν, οἱ δὲ δι' ἄλλων τινῶν φρονιμωτέρους ἔσεσθαι τοὺς αὐτοῖς πλησιάζοντας, ἐκεῖνο δὲ πάντες ὁμολογοῦσιν, ὅτι δεῖ τὸν καλῶς πεπαιδευμένον ἐξ ἑκάστου τούτων [5]φαίνεσθαι [6]βουλεύεσθαι δυνάμενον. χρὴ τοίνυν ἀφέμενον τῶν ἀμφισβητουμένων ἐπὶ τὸ ὁμολογούμενον ἐλθόντα λαμβάνειν αὐτῶν τὸν ἔλεγχον, καὶ μάλιστα μὲν ἐπὶ τῶν καιρῶν θεωρεῖν τοὺς συμβουλεύοντας, εἰ δὲ μή, τοὺς καθόλου [7]περὶ
b τῶν πραγμάτων λέγοντας. καὶ τοὺς [8]μὲν μηδὲν γιγνώσκοντας τῶν δεόντων [9]ἀποδοκίμαζε — δῆλον γὰρ ὡς ὁ μηδὲν ὢν [10]αὐτὸς χρήσιμος οὐδ' ἂν ἄλλον φρόνιμον ποιήσειεν —, τοὺς δὲ νοῦν ἔχοντας καὶ δυναμένους ὁρᾶν πλέον τι τῶν ἄλλων περὶ πολλοῦ ποιοῦ καὶ θεράπευε, γιγνώσκων

[1] ἀνακρίνειν A. C. L. [2] καὶ ἐπειδὴ C. [3] μὲν om. A. C. L. [4] διατρίβοντες A. C. L. [5] γενέσθαι A. L. ἑλέσθαι C. [6] [τὰ χρήσιμα]. χρὴ τοίνυν τὸν δυνάμενον βουλεύεσθαι ἀφέμενον C. [7] περὶ om. A. C. L. [8] μὲν om. A. C. L. [9] ἀποδοκιμάζειν A. C. L. [10] αὐτῷ A. C. L.

Ταῖς ἡδοναῖς ἀνακρίνειν] Τουτέστι, μήτε τὰ πράγματα σπουδαῖα, μήτε τοὺς ἀνθρώπους φρονίμους, κρίνειν, ἐκ τῆς προσγινομένης ἡμῖν ἐξ αὐτῶν ἡδονῆς, ἀλλ' ἐξ ὧν ἡμᾶς ὠφελοῦσιν. Cor.

Ἄλλως τε] Post τε videtur addendum καὶ juxta usitatum loquendi morem. Auger. Sensus: Quocunque modo aliquis eruditus sit, omnes tamen, quid profecerint, in una re examinari possunt. Lang.

Διὰ τῶν ἐριστικῶν λόγων] Erasmus: e *disputatoriis et ad contentionem paratis rationibus.* Phileticus: *liberali quadam sermonum inter se discrepantium disciplina.* Intelligo disputationes dialecticas. Wolf.

Διὰ τῶν πολιτικῶν] Intelligo doctrinam et artem dicendi. Tales sunt orationes Isocratis. Idem.

Αὐτοῖς] Τοῖς περὶ τὴν φιλοσοφιάν διατρίβουσι. Cor.

Αὐτῶν] Τῶν ἀμφισβητουμένων. Erasm. Vel τῶν λόγων, vel τῶν περὶ τὴν φιλοσοφίαν διατριβόντων καὶ τὴν εὐβουλίαν ἐπαγγελλομένων. et rectius ad personam refertur oratio quam ad rem. Wolf. *eos* (philosophos) *explorare.* Lang.

Ἐπὶ τῶν καιρῶν] Intelligo simpliciter: *cum negotia incidunt. cum res consilium præsens postulat.* Wolf. Hæc verba, propter sequentia δῆλον γὰρ, ὡς ὁ μηδὲν ὢν αὐτῷ χρήσιμος, explicanda videntur sic: *eo temporis puncto, quo ipsi consilio indigent.* Nihilominus tamen duo sunt in primis, quæ huic expositioni obstant; primum καθόλου τῶν πραγμάτων, deinde etiam λέγοντας. utrumque enim vocabulum ad publicas magis quam ad privatas res, de quibus posterioribus insuper in reliquis verbis non est sermo, spectant. Accedit, quod res ipsa absurdi quid contineat. Quis enim alterum de rebus domesticis examinare possit aut velit? Quapropter valde dubito, an verba, δῆλον γὰρ — ποιήσειν, genuina sint, præsertim quum salvo contextu abesse possint, immo ipsum potius turbent, quam ad illum pertineant, et glossæ margini adscriptæ similiora sint, quam, ut in proverbio est, unum ovum alteri ovo. E loco p. 106. v. 7. huc migrasse videntur. Lang.

Εἰ δὲ μὴ] Scil. θεωρηθῶσιν ἐπὶ τῶν καιρῶν. *si re consilium præsens flagitante, ambages et nugas egerint.* Fortasse τοὺς ἐριστικοὺς intelligit. Wolf. τῶν πραγμάτων regitur a καθόλου: *eos qui in genere de rebus loquuntur.* Auger. De καθόλου conf. quæ dicta sunt ad p. 115. v. 1. Lang.

ὅτι σύμβουλος ἀγαθὸς χρησιμώτατον καὶ τυραννικώτατον ἁπάντων [1] τῶν κτημάτων ἐστίν. ἡγοῦ δὲ τούτους σοι μεγίστην [2] ποιεῖν τὴν βασιλείαν, οἵ τινες ἂν τὴν διάνοιαν τὴν c σὴν πλεῖστα ὠφελῆσαι δυνηθῶσιν.

ιέ. Ἐγὼ μὲν οὖν ἅ τε γιγνώσκω [3] παρήνεκα, καὶ τιμῶ σε τούτοις οἷς τυγχάνω δυνάμενος· βούλου δὲ καὶ τοὺς ἄλλους, ὅπερ εἶπον ἀρχόμενος [4] τοῦ λόγου, μὴ τὰς εἰθισμένας ἄγειν σοι δωρεὰς, ἃς ὑμεῖς πολὺ πλείονος ἀγοράζετε παρὰ τῶν διδόντων ἢ [5] παρὰ τῶν πωλούντων, ἀλλὰ τοιαύτας, αἷς [6] κἂν σφόδρα [7] χρῇ καὶ μηδεμίαν ἡμέραν [8] δια- d λείπῃς, οὐ κατατρίψεις, ἀλλὰ [9] καὶ πλείονος ἀξίας [10] ποιήσεις.

[1] τῶν om. A. C. L. [2] ποιήσειν A. C. L. [3] παρήνεσα A. C. L.
[4] τοῦ λόγου om. A. L. [5] παρὰ om. A. C. L. [6] ἐὰν A. C. L.
[7] χρήσῃ A. C. L. [8] διαλίπῃς A. C. L. [9] μείζους καὶ A. C.
[10] οὔσας αὐτὰς ποιήσ. A. αὐτὰς ποιήσ. C. L.

Τιμῶ σε τούτοις] Δωροῦμαί σε τούτοις. Cor.

Ἢ τῶν πωλ.] F. ἢ παρὰ τῶν πωλ. Auger.

Γ.

ΙΣΟΚΡΑΤΟΥΣ

ΝΙΚΟΚΛΗΣ

Η ΣΥΜΒΟΥΛΕΥΤΙΚΟΣ.

Pag. ed. Steph. 26 α΄. ΕΙΣΙ τινες οἳ δυσκόλως ἔχουσι πρὸς τοὺς λόγους καὶ Pag. ed. Cor. 23
διαμέμφονται τοὺς φιλοσοφοῦντας, καί φασιν αὐτοὺς οὐκ

SUMMARIUM. (α΄.) *Procemium*. Eloquentia, ob vile lucrum quod illius studiosi inde faciunt, non est vituperanda. Majus enim commodum ex agendo, quam ex loquendo nascitur. Deinde quævis humana actio commodum aliquod spectat. (β΄.) Quare hominum vitium, quo rebus utilibus abutuntur, non esse ad res transferendum. Quæ distinguendi negligentia fecit, ut bonum, quo natura nobis dederit egregiius nullum, odio persequerentur. (γ΄.) Quantam vim ratio atque oratio in hominum vitam habuerint, et qui fructus quotidie inde redeant, ita ut omnium, quæ ratione perficiantur, oratio dux et auctor habenda sit. Qui igitur hanc facultatem lædunt, isti vel nefandissima quæque committere non dedignabuntur. Omnium autem orationum id genus reliquis palmam præripere, quod de officiis regum erga cives et civium erga illos moneat. (δ΄.) Cujus posterioris generis hanc esse, in qua Nicocles primum monarchiæ præstantiam, deinde suum regnandi jus evincere, denique præcepta subditorum erga regem exponere conatur. (ε΄.) Monarchiam aliis imperii formis præstare justitia, jucunditate, lenitate, quemque ex meritis honorando, utiles ab inutilibus distinguendo, postulando denique, ut uni, non pluribus pareatur. Excellere etiam in consultando et agendo. Qui annuum magistratum gerunt, experientia carent, successoribus freti multa negligunt, sibi invident, rerum gerendarum occasiones prætermittunt, successoribus meliores videri cupiunt, de republica ut re aliena securi sunt. Audacissimorum civium consiliis utuntur. (ϛ΄.) At non tantum domi, verum etiam in bello monarchia ceteris ubique præferenda est. Illam enim milites facilius conscribere posse iisque unum melius quam plures præesse, exempla Persarum, Dionysii, Carthaginiensium, Lacedæmoniorum, et Atheniensium satis ostendunt. Omnes denique homines monarchiam ceteris præponere vel inde liquet, quod diis ipsis hanc imperii formam affingimus. (ζ΄.) Me vero jure hoc regno potitum esse, ex origine mea facillime demonstrari potest. (η΄.) Restat ut me esse dignum illo probem. (θ΄.) Quodsi inter omnes virtutes temperantia et justitia primum locum occupant, in restituendis rebus et internis et externis, quas turbarum plenas a patre acceperam, nil nisi incrementa et felicitatem civitatis respiciens justus repertus ero. Tantum autem abfuit, ut aliena appeterem, ut etiam redderem, quæ mihi hereditate obvenerant, ac multis civibus et exteris benefacerem. (ι΄.) Temperantiam in eo probavi, quod alienis uxoribus et pueris semper abstinui. Quo in genere virtutis, civibus partim exemplo, partim in ea re superior esse volui, in qua vel laudatissimi quique subinde labuntur, nihil detestabilius ratus, læsa fide conjugali, sanctissime omnium servanda. Hac neglecta, discordiæ ac seditiones domesticæ oriuntur, regibus æque ac publicæ vitandæ. Ideo quoque in procreandis liberis ab aliorum regum consuetudine secessi, genuinam tantum sobolem procreandam esse ratus easque seligendas voluptates, non quæ multum laboris et parum laudis haberent, sed gloriæ participes e probitate veluti ultro provenirent. (ια΄.) Sed quum virtutes tum maxime explorandæ sint, quum difficillime exerceantur, equidem justitiam in summa penuria,

ἀρετῆς ἀλλὰ πλεονεξίας ἕνεκα ποιεῖσθαι τὰς τοιαύτας διατριβάς. ἡδέως ἂν οὖν πυθοίμην τῶν οὕτω διακειμένων, διὰ
τί τοὺς μὲν εὖ λέγειν ἐπιθυμοῦντας [1] ψέγουσι, τοὺς δ' ὀρθῶς
πράττειν [2] βουλομένους ἐπαινοῦσιν· εἰ γὰρ αἱ πλεονεξίαι b
λυποῦσιν αὐτούς, πλείους καὶ μείζους ἐκ τῶν ἔργων ἢ τῶν
λόγων εὑρήσομεν,, γιγνομένας. ἔπειτα κἀκεῖνο ἄτοπον, εἰ
λέληθεν αὐτούς, ὅτι τὰ περὶ τοὺς θεοὺς εὐσεβοῦμεν καὶ τὴν
δικαιοσύνην ἀσκοῦμεν καὶ τὰς ἄλλας ἀρετὰς ἐπιτηδεύομεν, 27
οὐχ ἵνα τῶν ἄλλων ἔλαττον ἔχωμεν, ἀλλ' ὅπως ἂν ὡς μετὰ
πλείστων ἀγαθῶν τὸν βίον διάγωμεν. ὥστε οὐ κατηγορη-
τέον τούτων τῶν πραγμάτων ἐστὶν, δι' ὧν ἄν τις μετ' ἀρετῆς πλεονεκτήσειεν, ἀλλὰ τῶν ἀνθρώπων τῶν περὶ τὰς
πράξεις ἐξαμαρτανόντων ἢ τοῖς λόγοις ἐξαπατώντων καὶ
μὴ δικαίως χρωμένων αὐτοῖς.

β'. Θαυμάζω δὲ τῶν ταύτην τὴν γνώμην ἐχόντων, [3] ὅπως b
οὐ καὶ τὸν πλοῦτον καὶ τὴν ῥώμην καὶ τὴν ἀνδρίαν κακῶς
λέγουσιν. εἴπερ γὰρ διὰ τοὺς [4] ἐξαμαρτάνοντας καὶ τοὺς
ψευδομένους πρὸς τοὺς λόγους χαλεπῶς ἔχουσι, προσήκει
καὶ τοῖς ἄλλοις ἀγαθοῖς αὐτοὺς ἐπιτιμᾶν· φανήσονται γὰρ
τινες καὶ τῶν ταῦτα κεκτημένων ἐξαμαρτάνοντες καὶ πολ-

[1] φεύγουσι A. [2] βουλευομένους L. [3] πῶς A. L. [4] ἐξαπατῶντας A. L.

temperantiam in maxima potestate, continentiam in juvenili ætate, idque non fortuito, sed consilio colui. (ιβ'.) *Præcepta.* De diligenti ac justa rerum administratione. Abstinentia et aliis se præbendi ratio. Quomodo optime parentur opes. Accipere non semper fructuosum esse, dare damnosum. Mandata alacriter facienda esse. Regum, in delictis perspiciendis, sollertia. Aperte esse agendum. Inter cives simpliciter et aperte esse versandum. Quomodo actiones explorandæ. Conspirationes contra regem haud reticendæ. Qui felices habendi sint. Cœtus seditiosos fugiendos peccatorumque etiam suspiciones vitandas esse. (ιγ'.) Præsenti statui adhærendum regumque mores civium moribus temperandos. Regum securitas cives a metu vacuos reddit. Cives in observantia legum humiles, in obeundis muneribus publicis splendidos esse oportere. Quomodo adolescentes ad virtutem ducendi sint, et quare parere discere iis expediat. Quæ opes filiis relinquendæ. Diffidentes miseros esse et infelices, felices autem nihil mali sibi conscios. Flagitium prodesse, virtutem obesse qui opinantur, in errore sunt. Bonis hominibus non esse invidendum, sed illos æmulandos esse. Qui amandi sint a civibus ac honorandi. Quæ absente rege cogitanda. Quibus in rebus benevolentiam erga regem ostendere oporteat. Quomodo erga alios nos geramus, quid evitemus, quid exspectemus. Bonos non tantum laudandos, sed etiam imitandos esse. Quibus maxima libertate frui liceat. (ιδ'.) Adhortatio ad peragenda præcepta a commodis consecuturis desumpta. LANG. Hæc oratio videtur scripta fuisse eodem fere tempore quo illa quæ præcedit, cujus est veluti appendix. AUGER.

Τοὺς φιλοσοφοῦντας] Speciatim τοὺς περὶ τοὺς λόγους σπουδάζοντας. WOLF. *eos qui studio eloquentiæ addicti sunt.* AUGER.

Τὰς τοιαύτας διατριβὰς] Οἵαπερ ἐγένετο ἡ Ἰσοκράτους πρὸς Νικοκλέα. Disputationes de eloquentiæ et philosophiæ studio, de administrando regno, de virtute et omni officio. WOLF.

Βουλευομένους] F. leg. βουλομένους. IDEM.

Ὡς μετὰ πλείστων] Ἀντὶ τοῦ μεθ' ὡς πλείστων. COR.

λοὺς διὰ τούτων κακῶς ποιοῦντες. ἀλλὰ γὰρ οὐ δίκαιον,
[1]οὔτ', εἴ τινες τοὺς ἀπαντῶντας [2]τύπτουσι, τῆς ῥώμης 24
c κατηγορεῖν, οὔτε διὰ τοὺς [3]ἀποκτείνοντας [4]οὓς οὐ δεῖ τὴν ἀνδρίαν λοιδορεῖν, οὔθ' ὅλως τὴν τῶν ἀνθρώπων πονηρίαν ἐπὶ τὰ πράγματα μεταφέρειν, ἀλλ' αὐτοὺς ἐκείνους ψέγειν, ὅσοι τοῖς ἀγαθοῖς κακῶς χρῶνται καὶ τοῖς ὠφελεῖν δυναμένοις τούτοις βλάπτειν τοὺς συμπολιτευομένους ἐπιχειροῦσι. νῦν δ', ἀμελήσαντες τοῦτον τὸν τρόπον περὶ ἑκάστου διορίζεσθαι, πρὸς ἅπαντας τοὺς λόγους δυσκόλως διάκεινται, καὶ τοσοῦτον διημαρτήκασιν ὥστε οὐκ αἰσθά-
d νονται τοιούτῳ πράγματι δυσμενῶς ἔχοντες, ὃ πάντων τῶν ἐνόντων ἐν τῇ τῶν ἀνθρώπων φύσει πλείστων ἀγαθῶν αἴτιόν ἐστι.

γ'. Τοῖς μὲν γὰρ ἄλλοις οἷς ἔχομεν οὐδὲν τῶν ἄλλων ζώων διαφέρομεν, ἀλλὰ [6]πολλῶν καὶ τῷ τάχει καὶ τῇ ῥώμῃ καὶ ταῖς ἄλλαις εὐπορίαις καταδεέστεροι τυγχάνομεν ὄντες· ἐγγενομένου δὲ ἡμῖν τοῦ πείθειν ἀλλήλους καὶ δηλοῦν πρὸς ἡμᾶς αὐτοὺς περὶ ὧν ἂν βουληθῶμεν, οὐ μόνον τοῦ
e θηριωδῶς ζῆν ἀπηλλάγημεν, ἀλλὰ καὶ συνελθόντες πόλεις ᾠκίσαμεν καὶ νόμους ἐθέμεθα καὶ τέχνας εὕρομεν, καὶ σχεδὸν ἅπαντα τὰ δι' ἡμῶν μεμηχανημένα λόγος ἡμῖν ἐστὶν ὁ συγκατασκευάσας. οὗτος γὰρ [7]περὶ τῶν δικαίων καὶ [8]τῶν
28 ἀδίκων καὶ τῶν αἰσχρῶν καὶ τῶν καλῶν ἐνομοθέτησεν· ὧν μὴ διαταχθέντων, οὐκ ἂν οἷοί τε ἦμεν οἰκεῖν μετ' ἀλλήλων. τούτῳ καὶ τοὺς κακοὺς ἐξελέγχομεν καὶ τοὺς ἀγαθοὺς ἐγκωμιάζομεν. διὰ τούτου τούς τε ἀνοήτους παιδεύομεν καὶ τοὺς φρονίμους δοκιμάζομεν· τὸ γὰρ λέγειν ὡς δεῖ τοῦ φρονεῖν εὖ μέγιστον σημεῖον ποιούμεθα, καὶ λόγος ἀληθὴς καὶ νόμιμος καὶ δίκαιος ψυχῆς ἀγαθῆς καὶ πιστῆς εἴδωλόν ἐστιν. μετὰ τούτου καὶ περὶ τῶν ἀμφισβητησίμων ἀγωνι-
b ζόμεθα καὶ περὶ τῶν ἀγνοουμένων σκοπούμεθα· ταῖς γὰρ πίστεσιν, αἷς τοὺς [9]ἄλλους λέγοντες πείθομεν, ταῖς αὐταῖς ταύταις [10]βουλευόμενοι χρώμεθα, καὶ ῥητορικοὺς μὲν καλοῦ-

[1] οὐδ' L. [2] τύπτοιεν A. C. L. [3] ἀποκτιννύντας A. C. [4] οὓς οὐ δεῖ om. A. [5] ὄντων A. C. L. [6] πολλῷ A. C. L. [7] καὶ περὶ A. C. L. [8] περὶ τῶν A. C. L. πολλοὺς A. [10] καὶ περὶ τῶν ἰδίων βουλευόμ. A. καὶ περὶ τῶν ἄλλων βουλευόμ. C. L.

Διαταχθέντων] Πρῶτον μὲν ὑπὸ τῆς φύσεως· ἔπειτα δὲ καὶ ὑπὸ τῶν νομοθετῶν. Wolf.

Καὶ περὶ τῶν ἄλλων] F. περὶ τῶν ἰδίων vel οἰκείων. *iisdem argumentis et in nostris rebus*

μεν τοὺς ἐν τῷ πλήθει λέγειν δυναμένους, εὐβούλους δὲ νομίζομεν οἵ τινες ἂν αὐτοὶ πρὸς αὑτοὺς ἄριστα περὶ τῶν πραγμάτων διαλεχθῶσιν. εἰ δὲ δεῖ συλλήβδην περὶ τῆς δυνάμεως ταύτης εἰπεῖν, οὐδὲν τῶν φρονίμως πραττομένων εὑρήσομεν ἀλόγως γιγνόμενον, ἀλλὰ καὶ τῶν ἔργων καὶ τῶν c
διανοημάτων ἁπάντων ἡγεμόνα [1]λόγον ὄντα, καὶ μάλιστα χρωμένους αὐτῷ τοὺς πλεῖστον νοῦν ἔχοντας· ὥστε τοὺς τολμῶντας βλασφημεῖν περὶ τῶν παιδευόντων καὶ φιλοσοφούντων ὁμοίως ἄξιον μισεῖν, ὥσπερ τοὺς εἰς τὰ τῶν θεῶν ἕδη ἐξαμαρτάνοντας. ἐγὼ δ' ἀποδέχομαι μὲν [2]ἅπαντας τοὺς λόγους, τοὺς καὶ κατὰ μικρὸν ἡμᾶς ὠφελεῖν δυναμένους· οὐ μὴν ἀλλὰ [3]καλλίστους ἡγοῦμαι καὶ βασιλικωτά- d
τους καὶ μάλιστα πρέποντας ἐμοὶ τοὺς περὶ τῶν ἐπιτηδευμάτων καὶ τῶν πολιτειῶν παραινοῦντας, καὶ τούτων αὐτῶν ὅσοι διδάσκουσι τούς τε δυναστεύοντας ὡς δεῖ τῷ πλήθει χρῆσθαι, καὶ τοὺς ἰδιώτας ὡς χρὴ πρὸς [4]τοὺς ἄρχοντας διακεῖσθαι· [5]διὰ γὰρ τούτων ὁρῶ τὰς πόλεις εὐδαιμονεστάτας καὶ μεγίστας γιγνομένας.

δ'. Τὸν μὲν οὖν ἕτερον λόγον, ὡς χρὴ τυραννεῖν, Ἰσοκράτους ἠκούσατε, τὸν δὲ ἐχόμενον, ἃ δεῖ ποιεῖν τοὺς ἀρχομέ- e
νους, ἐγὼ πειράσομαι διελθεῖν, οὐχ ὡς ἐκεῖνον ὑπερβαλούμενος, ἀλλ' ὡς προσῆκόν μοι περὶ τούτων μάλιστα διαλεχθῆναι πρὸς ὑμᾶς. εἰ μὲν γάρ, ἐμοῦ μὴ δηλώσαντος ἃ βούλομαι ποιεῖν ὑμᾶς, [6]διαμάρτοιτε τῆς ἐμῆς γνώμης, οὐκ 29
ἂν εἰκότως ὑμῖν ὀργιζοίμην· εἰ δέ, προειπόντος ἐμοῦ, μηδὲν γίγνοιτο [7]τούτων, δικαίως ἂν ἤδη τοῖς μὴ πειθομένοις μεμφοίμην. ἡγοῦμαι δ' οὕτως ἂν μάλιστα παρακαλέσαι καὶ προτρέψαι πρὸς τὸ μνημονεύειν ὑμᾶς τὰ ῥηθέντα καὶ πειθαρχεῖν αὐτοῖς, οὐκ εἰ περὶ τὸ συμβουλεύειν μόνον

[1] τὸν λόγον A. C. L. [2] πάντας A. C. L. [3] καὶ καλλίστους A. L.
[4] τοὺς om. A. [5] καὶ γὰρ διὰ A. C. L. [6] διαμαρτάνοιτε A. C. L.
[7] τοιοῦτον A. L.

utimur. ut τοὺς ἄλλους et περὶ τῶν ἰδίων antitheta sint. Alioqui, si subintelligas πράγματα, frigidius erit. IDEM. *quibus enim argumentis alios dicendo persuademus, iisdem etiam aliorum res deliberantes utimur.* LANG. Ἴσως ἄμεινον τὸ διαγράφειν αὐτάς. COR.

Ἀλόγως] Ἄνευ λόγου. WOLF.

Παιδευόντων] Hic intelligo de iis qui docent eloquentiam, φιλοσοφούντων de iis qui student eloquentiæ. AUGER.

Πρὸς ἄρχοντας] Malim πρὸς τοὺς ἄρχοντας. WOLF.

Ὡς χρὴ — ἃ δεῖ] Προσυπακουστέον ἔξωθεν τῷ ὡς καὶ τῷ ἃ, τὸ διδάσκοντα, παραινοῦντα, ὑποτιθέμενον, ἢ ἕτερόν τι τοιοῦτον. COR.

γενοίμην καὶ ταῦτ᾽ ἀπαριθμήσας ἀπαλλαγείην, ἀλλ᾽ εἰ
b [1]προεπιδείξαιμι, πρῶτον μὲν τὴν πολιτείαν τὴν παροῦσαν
ὡς ἄξιόν ἐστιν ἀγαπᾷν, οὐ μόνον διὰ τὴν ἀνάγκην, οὐδ᾽ ὅτι
πάντα τὸν χρόνον μετὰ ταύτης οἰκοῦμεν, ἀλλ᾽ ὅτι [2]βελ-
τίστη τῶν πολιτειῶν ἐστίν· ἔπειθ᾽ ὡς ἐγὼ ταύτην ἔχω τὴν
ἀρχὴν οὐ παρανόμως οὐδ᾽ ἀλλοτρίαν, ἀλλ᾽ ὁσίως καὶ δικαίως
καὶ διὰ τοὺς ἐξ ἀρχῆς προγόνους καὶ διὰ τὸν πατέρα καὶ
δι᾽ ἐμαυτόν. τούτων γὰρ προαποδειχθέντων, [3]τίς οὐκ αὐτὸς 26
c αὑτοῦ καταγνώσεται τὴν μεγίστην ζημίαν, ἐὰν μὴ πει-
θαρχῇ τοῖς ὑπ᾽ ἐμοῦ συμβουλευθεῖσι καὶ προσταχθεῖσι;
ε΄. Περὶ μὲν οὖν τῶν πολιτειῶν — ἐντεῦθεν γὰρ ὑποτιθέμενος ἠρξάμην — οἶμαι πᾶσι δοκεῖν δεινότατον μὲν εἶναι
τὸ τῶν αὐτῶν ἀξιοῦσθαι τοὺς χρηστοὺς καὶ τοὺς πονηρούς,
δικαιότατον δὲ τὸ [4]διωρίσθαι περὶ τούτων καὶ μὴ τοὺς
d ἀνομοίους τῶν ὁμοίων τυγχάνειν, ἀλλὰ καὶ πράττειν καὶ
τιμᾶσθαι κατὰ τὴν ἀξίαν ἑκάστους. αἱ μὲν τοίνυν ὀλιγαρχίαι καὶ δημοκρατίαι τὰς ἰσότητας τοῖς μετέχουσι τῶν
πολιτειῶν ζητοῦσι, καὶ τοῦτο εὐδοκιμεῖ παρ᾽ αὐταῖς, [5]ἢν
μηδὲν ἕτερος ἑτέρου δύνηται πλέον ἔχειν· ὃ τοῖς πονηροῖς
συμφέρον ἐστίν· αἱ δὲ μοναρχίαι πλεῖστον μὲν νέμουσι τῷ
βελτίστῳ, δεύτερον δὲ τῷ μετ᾽ ἐκεῖνον, τρίτον δὲ καὶ τέταρτον τοῖς ἄλλοις κατὰ τὸν αὐτὸν λόγον. καὶ ταῦτ᾽ εἰ μὴ
e πανταχοῦ καθέστηκεν, ἀλλὰ τό γε βούλημα τῆς πολιτείας τοιοῦτόν ἐστιν. καὶ [6]μὲν δὴ διορᾶν καὶ τὰς φύσεις
τῶν ἀνθρώπων καὶ τὰς πράξεις ἅπαντες ἂν τὰς τυραννί-

[1] προσεπιδείξαιμι A. C. L. [2] καὶ βελτίστη τῶν ἄλλων πολ. A. C. L.
[3] οὐκ ἔστιν ὅστις A. C. L. [4] διορθώσασθαι A. διορίζεσθαι L. [5] ἐὰν A. C.
[6] μὴν δὴ L. μὴν εἰ δεῖ A.

Ἀπαριθμήσας] Ἁπλῶς διηγησάμενος. Idem.

Προσεπιδείξαιμι] Ἴσως προαποδείξαιμι. Idem.

Ὑποτιθέμενος ἠρξάμην] Velim legi: ὑποθέμενος ἄρχομαι. *hic enim incipio juxta id quod proposui.* Auger.

Πράττειν] Interpretor: *ut agatur cum unoquoque, ut ea cujusque fortuna sit et dignitas.* Wolf.

Τοῖς μετέχουσι τῶν πολ.] *iis qui participes sunt administrationum*, np. omnibus civibus in democratia, et principibus tantum in oligarchia. Auger.

Καὶ μὴν δὴ διορᾶν etc.] Construas: Καὶ ἅπαντες ἂν ὁμολογήσαιεν τὰς τυραννίδας μᾶλλον διορᾶν, καὶ τὰς φύσεις τῶν ἀνθρώπων καὶ τὰς πράξεις. *atque quisque facile concedat, a tyrannide hominum mores et vitam melius perspici posse, quam a reliquis civitatum formis.* Ita vero locum esse explicandum, nempe de tyrannidis bonos cives a malis distinguendi facultate, et antecedentia et consequentia docent. Non audiendus igitur videtur Wolf., qui post μᾶλλον addere vult συμφέρειν, quo alius prorsus et a contextu alienissimus sensus egreditur. Lang. Προειλόμην, καὶ μὲν δὴ, τουτέστιν, καὶ πρὸς τούτοις. Cor. Cf. Busir. §. ιε΄. καὶ μὲν δὴ - - - καίτοι etc.

δας μᾶλλον ὁμολογήσαιεν. καίτοι τίς οὐκ ἂν [1]δέξαιτο τῶν εὖ φρονούντων τοιαύτης πολιτείας μετέχειν ἐν ᾗ μὴ [2]διαλή- 30
σει χρηστὸς ὤν, μᾶλλον ἢ φέρεσθαι μετὰ τοῦ πλήθους μὴ γιγνωσκόμενος ὁποῖός τίς ἐστιν; ἀλλὰ μὴν καὶ πρᾳοτέραν τοσούτῳ [3]δικαίως ἂν αὐτὴν [4]εἶναι [5]κρίναιμεν, ὅσῳπερ ῥᾷόν ἐστιν ἑνὸς ἀνδρὸς γνώμῃ προσέχειν τὸν νοῦν μᾶλλον ἢ πολλαῖς καὶ παντοδαπαῖς [6]διανοίαις ζητεῖν ἀρέσκειν. ὅτι μὲν οὖν ἡδίων ἐστὶ καὶ πρᾳοτέρα καὶ δικαιοτέρα, διὰ πλειόνων μὲν ἄν τις ἀποδείξειεν, οὐ μὴν ἀλλὰ καὶ διὰ τούτων συνι- b
δεῖν ῥᾴδιόν ἐστι· περὶ δὲ τῶν λοιπῶν, ὅσον αἱ μοναρχίαι [7]πρὸς τὸ βουλεύσασθαι καὶ [8]πρᾶξαί τι τῶν δεόντων διαφέρουσιν, οὕτως ἂν κάλλιστα θεωρήσαιμεν, εἰ τὰς μεγίστας τῶν πράξεων παρ' ἀλλήλας τιθέντες ἐξετάζειν ἐπιχειρήσαιμεν αὐτάς. οἱ μὲν τοίνυν κατ' ἐνιαυτὸν εἰς τὰς ἀρχὰς εἰσιόντες πρότερον ἰδιῶται γίγνονται, πρὶν αἰσθέσθαι τι τῶν τῆς πόλεως, καὶ λαβεῖν ἐμπειρίαν αὐτῶν· οἱ δ' ἀεὶ τοῖς c
27 αὐτοῖς ἐπιστατοῦντες, ἢν καὶ τὴν φύσιν καταδεεστέραν ἔχωσιν, ἀλλ' οὖν ταῖς γε ἐμπειρίαις πολὺ τῶν ἄλλων προέχουσιν. ἔπειθ' οἱ μὲν πολλῶν καταμελοῦσιν, εἰς ἀλλήλους ἀποβλέποντες, οἱ δ' οὐδενὸς ὀλιγωροῦσιν, εἰδότες ὅτι δεῖ πάντα δι' αὑτῶν γίγνεσθαι. πρὸς δὲ τούτοις οἱ μὲν ἐν ταῖς ὀλιγαρχίαις καὶ ταῖς δημοκρατίαις διὰ τὰς πρὸς σφᾶς αὐτοὺς φιλοτιμίας λυμαίνονται τοῖς κοινοῖς· οἱ δ' ἐν ταῖς μοναρχίαις ὄντες, οὐκ ἔχοντες ὅτῳ φθονήσουσιν, [9]πάντων, d
ὡς οἷόν τ' ἐστὶ, [10]βέλτιστα πράττουσιν. ἔπειθ' οἱ μὲν [11]ὑστερίζουσι τῶν πραγμάτων· τὸν μὲν γὰρ πλεῖστον χρόνον ἐπὶ τοῖς ἰδίοις διατρίβουσιν, ἐπειδὰν δ' εἰς τὰ συνέδρια συνέλ-

[1] εὔξαιτο A. C. L. [2] διαλήσῃ A. L. [3] καὶ ἡδίονα δικαίως A. [4] εἶναι om. A. C. L. [5] κρίνοιμεν A. L. [6] διανοίαις καὶ παντοδαπαῖς A. C. L. [7] καὶ πρὸς A. C. L. [8] πρὸς τὸ πρᾶξαί A. C. L. [9] περὶ ἁπάντων A. C. L. [10] τὰ βέλτιστα A. C. L. [11] ὑστεροῦσι A. C. L.

Καὶ δικαιοτέραν δικαίως] Post τοσούτῳ abjeci verba καὶ δικαιοτέραν, quæ tum contextui repugnant, tum a duobus Auger. Codd. et a Stob., p. 322. recte absunt. Nam contextu accuratius considerato invenies, monarchiam aliis civitatis formis justitia præstare, jam esse demonstratum, item civibus illam jucundiorem esse; quibus peractis restat, ut eam quoque mansuetiorem ac leniorem esse demonstretur, quæ demonstratio a verbis, ἀλλὰ μὴν καὶ πρᾳοτέραν, nunc demum incipit. Quæ tres virtutes singulatim antea commemoratæ inde a versu 7. ὅτι μὲν οὖν etc., summatim repetuntur, quo clarum fit, in enumeratione singularum virtutum antecedente, duas diversas virtutes, quarum altera jam affuerit, non esse conjungendas. Augerius hunc locum parum perspexit. LANG.

Κάλλιστα] Ἴσως μάλιστα. COR.

Ταῖς γε ἐμπειρίαις] Εἰ ἀεὶ τοῖς αὐτοῖς ἐπιστατοῖεν. WOLF.

θωσιν, πλεονάκις ἄν τις αὐτοὺς εὕροι διαφερομένους ἢ κοινῇ
βουλευομένους· οἱ δ', οὔτε συνεδρίων οὔτε χρόνων αὐτοῖς
ἀποδεδειγμένων, ἀλλὰ καὶ τὰς ἡμέρας καὶ τὰς νύκτας ἐπὶ
e ταῖς πράξεσιν ὄντες, οὐκ ἀπολείπονται τῶν καιρῶν, ἀλλ'
ἕκαστον ἐν τῷ δέοντι πράττουσιν. ἔτι δ' οἱ μὲν πρὸς ἀλλήλους δυσμενῶς ἔχουσι, καὶ βούλοιντ' ἂν καὶ τοὺς πρὸ αὐτῶν
ἄρχοντας καὶ τοὺς ἐφ' [1] αὐτοῖς ὡς κάκιστα διοικῆσαι τὴν
πόλιν, ἵν' ὡς μεγίστην δόξαν αὐτοὶ [2] λαβῶσιν· οἱ δὲ διὰ
31 παντὸς τοῦ βίου κύριοι τῶν πραγμάτων ὄντες εἰς [3] ἅπαντα
τὸν χρόνον καὶ τὰς εὐνοίας [4] ἔχουσι. τὸ δὲ μέγιστον· τοῖς
γὰρ κοινοῖς οἱ μὲν ὡς ἰδίοις, οἱ δὲ ὡς ἀλλοτρίοις, προσέχουσι
τὸν νοῦν, καὶ συμβούλοις χρῶνται περὶ αὐτῶν οἱ μὲν τῶν
ἀστῶν τοῖς τολμηροτάτοις, οἱ δ' ἐξ ἁπάντων ἐκλεξάμενοι
τοῖς φρονιμωτάτοις, καὶ τιμῶσιν οἱ μὲν τοὺς ἐν τοῖς ὄχλοις
εἰπεῖν δυναμένους, οἱ δὲ τοὺς χρῆσθαι τοῖς πράγμασιν
ἐπισταμένους.
b ϛ'. Οὐ μόνον δ' ἐν τοῖς ἐγκυκλίοις καὶ τοῖς κατὰ [5] τὴν
ἡμέραν [6] ἑκάστην γιγνομένοις αἱ μοναρχίαι διαφέρουσιν, ἀλλὰ
καὶ τὰς ἐν τῷ πολέμῳ πλεονεξίας ἁπάσας περιειλήφασι.
καὶ γὰρ παρασκευάσασθαι δυνάμεις καὶ [7] χρήσασθαι ταύταις, ὥστε καὶ λαθεῖν καὶ [8] φθῆναι, καὶ τοὺς μὲν πεῖσαι, τοὺς

[1] ἑαυτῶν A. [2] λαμβάνωσιν A. C. L. [3] πάντα L.
[4] ὁμοίως ἔχουσι. τὸ δὲ μέγιστον πάντων· A. C. L. [5] τὴν om. A. C. L.
[6] ἑκάστην om. A. L. [7] χρῆσθαι A. [8] ὀφθῆναι A. C. L.

Ἀποδεδειγμένων] Διωρισμένων. Cor.

Καὶ τὰς ἡμέρας καὶ τὰς νύκτας] Ἀντὶ τοῦ συνεχῶς. Idem.

Δέοντι] Καιρῷ ἢ χρόνῳ. Idem.

Τοὺς ἐφ' ἑαυτοῖς] Wolf. transtulit: *eos, qui in ipsorum potestate sunt*, quanquam non negat, his verbis significari posse quoque *collegas*, qui ipsorum temporibus vivunt, *successores* vero, quod oppositum, τοὺς πρὸ αὐτῶν ἄρχοντας, postulat, non interpretari audet, mavult igitur τοὺς μεθ' ἑαυτούς. At in utroque, tum versione tum in postremo dubio, erravit sane Vir egregius, quum οἱ ἐφ' ἑαυτοῖς non solum esse possint æquales, sed et successores, ut, plures optimorum auctorum loci, quos Fischerus collegit ad Welleri Grammat. spec. 3. part. 2. p. 236. seq., ubi hic noster locus expresse in auxilium vocatus est, satis declarant. Lang. Τοὺς διαδεχομένους αὐτοὺς ἄρχοντας. Cor.

Εὐνοίας] Wolf. conjecit εὐνοίας ὁμοίας, ut sententia sit: *eadem perpetuo sentiunt. reipublicæ consultum semper volunt.* Lang. Ἴσως εὐνοίας ὁμοίας. Cor. Idem tamen lectionem: εὐνοίας ἔχουσιν. τὸ δὲ μέγιστον· veram censet.

Γὰρ κοινοῖς] Malim abesse γάρ. Lang.

Καὶ γὰρ παρασκευάσασθαι etc.] Causa tum hujus præstantiæ, tum aliarum quæ monarchiæ h. l. conceduntur, in eo sine dubio quærenda, quod voluntate unius, si idoneus est et strenuus homo, omnia civitatis negotia et *facilius* et *celerius*, quoniam non eget ille consensu aliorum, perfici possunt. Quod ideo adjicio, ne quis hunc locum difficultatis temere aut corruptionis insimulet, ut factum est ab ignota manu in editione Isocratis Wolfiana minoris formæ, quam ex auctione librorum Fischeri emptam possideo. Idem.

Ὀφθῆναι] Ἴσως φθῆναι. Εὐαγόρ. ιθ'. μήτε τ. ἐ. α. φθάνειν, μήτε τ. ἐ. ὄ. λανθάνειν. Cor.

δὲ βιάσασθαι· παρὰ δὲ τῶν ἐκπρίασθαι, τοὺς δὲ ταῖς ἄλλαις θεραπείαις προσαγαγέσθαι, μᾶλλον αἱ τυραννίδες τῶν
8 ἄλλων πολιτειῶν οἷαί τ' εἰσί. καὶ ταῦτ' ἐκ τῶν ἔργων ἄν τις c
οὐχ ἧττον ἢ τῶν λόγων πιστεύσειεν. τοῦτο μὲν γὰρ τὴν τῶν
Περσῶν δύναμιν ἅπαντες ἴσμεν τηλικαύτην τὸ μέγεθος γεγενημένην, οὐ διὰ τὴν τῶν ἀνδρῶν φρόνησιν, ἀλλ' ὅτι μᾶλλον
τῶν ἄλλων τὴν βασιλείαν τιμῶσι· τοῦτο δὲ Διονύσιον τὸν
τύραννον, [1] ὅτι παραλαβὼν τὴν μὲν ἄλλην Σικελίαν ἀνάστατον γεγενημένην, τὴν δ' αὐτοῦ πατρίδα πολιορκουμένην, οὐ
μόνον αὐτὴν τῶν παρόντων κινδύνων ἀπήλλαξεν, ἀλλὰ καὶ d
μεγίστην τῶν Ἑλληνίδων πόλεων ἐποίησεν· ἔτι δὲ Καρχηδονίους καὶ Λακεδαιμονίους, τοὺς ἄριστα τῶν Ἑλλήνων
πολιτευομένους, οἴκοι μὲν ὀλιγαρχουμένους, [2] παρὰ δὲ τὸν
πόλεμον βασιλευομένους. ἔχοι δ' ἄν τις ἐπιδεῖξαι καὶ τὴν
πόλιν τῶν Ἀθηναίων, τὴν μάλιστα τὰς τυραννίδας μισοῦ-
σαν, ὅταν μὲν πολλοὺς ἐκπέμψῃ στρατηγούς, ἀτυχοῦσαν,
ὅταν δὲ δι' ἑνὸς [3] ποιήσηται τοὺς κινδύνους, κατορθοῦσαν. καί- e
τοι πῶς ἄν τις σαφέστερον ἐπιδείξειεν ἢ διὰ [4] τοιούτων παραδειγμάτων πλείστου τὰς μοναρχίας ἀξίας οὔσας; φαίνονται γὰρ οἵ τε διὰ τέλους [5] τυραννευόμενοι μεγίστας δυνάμεις
ἔχοντες, οἵ τε καλῶς ὀλιγαρχούμενοι, περὶ ἃ μάλιστα 32
σπουδάζουσιν, οἱ μὲν ἕνα μόνον στρατηγόν, οἱ δὲ βασιλέα
τῶν στρατοπέδων κύριον καθιστάντες, οἵ τε μισοῦντες τὰς
τυραννίδας, ὁπόταν πολλοὺς ἄρχοντας ἐκπέμψωσιν, οὐδὲν
τῶν δεόντων πράττοντες. εἰ δὲ δεῖ τι καὶ τῶν ἀρχαίων
εἰπεῖν, λέγεται καὶ τοὺς θεοὺς ὑπὸ [6] Διὸς βασιλεύεσθαι.
περὶ ὧν, εἰ μὲν ὁ λόγος ἀληθής ἐστι, δῆλον ὅτι κἀκεῖνοι ταύτην τὴν κατάστασιν προκρίνουσιν, εἰ δὲ τὸ μὲν σαφὲς μηδεὶς
οἶδεν, αὐτοὶ δ' εἰκάζοντες οὕτω περὶ αὐτῶν ὑπειλήφαμεν, b

[1] ὃς C. L. [2] περὶ L. [3] ποιῆται A. C. L. [4] τούτων τῶν A. C. L. [5] τυραννούμενοι A. C. L. [6] τοῦ Διὸς A. C. L.

Ἀνάστατον γεγεν.] Ὑπὸ τῶν Καρχηδονίων. Hujus meminit et in Philippica oratione. Wolf. Historia apud Diod. Sic. l. 13. 14. Batt.

Παρὰ τὸν πόλεμον] Ἐν καιρῷ πολέμου. Cor.

Καὶ τὴν πόλιν τῶν Ἀθ.] Videtur alludere ad cladem acceptam ad Ægospotamos, cui bello sex duces præfuerunt. Xen. Hellen. l. II. Item ad Siculam expeditionem, cui tres, Nicias, Lamachus, Demosthenes, revocato Alcibiade. Wolf.

Οἵ τε καλῶς ὀλιγαρχούμενοι περὶ ἃ] Pro τῶν τε καλῶς ὀλιγαρχουμένων ἐν ἐκείνοις πράγμασι περὶ ἃ — Sic Homerus Od. M. 73. οἱ δὲ δύω σκόπελοι, ὁ μὲν οὐρανὸν εὐρὺν ἱκάνει, ἀντὶ τοῦ, τοῖν δὲ δυοῖν σκοπέλοιν ὁ μὲν etc. Idem.

σημεῖον, ὅτι πάντες τὴν μοναρχίαν προτιμῶμεν· οὐ γὰρ ἄν
ποτ' αὐτῇ χρῆσθαι τοὺς θεοὺς ἔφαμεν, εἰ μὴ πολὺ τῶν ἄλλων προέχειν αὐτὴν ἐνομίζομεν. περὶ μὲν οὖν τῶν πολιτειῶν,
ὅσον ἀλλήλων διαφέρουσιν, ἅπαντα μὲν οὔθ' εὑρεῖν οὔτ' εἰπεῖν
δυνατόν ἐστιν· οὐ μὴν ἀλλὰ πρός γε τὸ παρὸν [1] ἀποχρώντως
καὶ νῦν εἴρηται περὶ αὐτῶν.

c ζ'. Ὡς δὲ προσηκόντως ἡμεῖς τὴν ἀρχὴν ἔχομεν, πολὺ
τούτου συντομώτερος καὶ μᾶλλον ὁμολογούμενος ὁ λόγος 29
ἐστίν. τίς γὰρ οὐκ οἶδεν, ὅτι Τεῦκρος μὲν ὁ τοῦ γένους ἡμῶν
ἀρχηγὸς, παραλαβὼν τοὺς τῶν ἄλλων πολιτῶν προγόνους,
πλεύσας δεῦρο καὶ [2] τὴν πόλιν αὐτοῖς ἔκτισε καὶ τὴν χώραν
[3] κατένειμεν; ὁ δὲ πατὴρ Εὐαγόρας ἀπολεσάντων ἑτέρων
τὴν ἀρχὴν πάλιν ἀνέλαβεν, ὑποστὰς τοὺς μεγίστους κινδύ-
d νους, καὶ τοσοῦτον μετέστησεν ὥστε μηκέτι Φοίνικας Σαλαμινίων τυραννεῖν, ἀλλ', ὧνπερ ἦν τὴν ἀρχὴν, τούτους καὶ
νῦν ἔχειν τὴν βασιλείαν.

η'. Λοιπὸν οὖν ἐστιν ὧν προεθέμην, περὶ ἐμαυτοῦ διελθεῖν,
ἵν' ἐπίστησθε ὅτι τοιοῦτός ἐστιν ὑμῶν ὁ βασιλεὺς, ὃς οὐ
μόνον διὰ τοὺς προγόνους ἀλλὰ καὶ δι' [4] ἐμαυτὸν δικαίως ἂν
καὶ μείζονος [5] τιμῆς ἢ τηλικαύτης [6] ἠξιώθην. οἶμαι γὰρ ἐγὼ
πάντας ἂν ὁμολογῆσαι πλείστου τῶν ἀρετῶν ἀξίας εἶναι
e τήν τε σωφροσύνην καὶ τὴν δικαιοσύνην. οὐ γὰρ μόνον ἡμᾶς
τὸ καθ' αὑτὰς ὠφελοῦσιν, ἀλλ', εἰ [7] θέλοιμεν σκοπεῖν καὶ
τὰς φύσεις καὶ τὰς δυνάμεις καὶ τὰς χρήσεις τῶν [8] πραγμάτων, εὑρήσομεν τὰς μὲν [9] μὴ μετεχούσας [10] τούτων τῶν

[1] ἐξαρκούντως A. C. L. [2] τὴν om. A. C. L. [3] διένειμεν A. C. L. [4] ἑαυτὸν C. αὐτὸν L. [5] τιμῆς om. C. [6] ἀξιωθείην A. ἀρχῆς ἀξιωθείη C. ἀρχῆς ἀξιωθείην L. [7] ἐθέλοιμεν C. [8] ἀρετῶν A. [9] μὴ om. A. C. [10] μηδαμῶς τούτων A. C.

Ὁ δὲ πατὴρ Εὐαγόρας] Hæc in Evagora copiosius exponuntur §. η'. sqq. et attinguntur ab Horatio l. 1. od. 7. Idem.

Ἦν τὴν ἀρχὴν] Adverbialiter pro κατὰ τὴν ἀρχήν. *quorum fuerat initio.* Idem.

Δι' ἐμαυτὸν] Quid si δι' ἑαυτὸν, et postea ἀξιωθείη. Idem.

Εὑρήσομεν τὰς μὲν μὴ μετεχούσας] Τὰς μὲν et in sequentibus τὰς δὲ ad χρήσεις et δυνάμεις nullo modo referri potest, multo minus ad πραγμάτων, quod generis diversitas prohibet. Hinc pro πραγμάτων aut cum Augerio recipiendum erit ex illius conjectura ἀρετῶν, cui tamen verbum γιγνομένας de actione potius, quam de virtutis exercitatione dici solitum obstare videtur, aut, quod ipse obtuli, πράξεων. Cæterum Augerii ἀρετῶν Isocratis de virtutibus sententiæ, alteram nimirum ab altera sejunctam exerceri posse, nullo modo repugnat, ut e loco p. 147. v. 5. satis manifestum est. Lang. Ὑπολαμβάνω σχῆμα εἶναι τὸ λεγόμενον σύνεσιν, τὴν ἐπαγωγὴν τοῦ θηλυκοῦ τὰς μὲν πρὸς τὸ οὐδέτερον πραγμάτων, ὑπονοουμένου δηλονότι τοῦ πράξεις, συγγενοῦς ὀνόματος τῷ πράγματα. Cor.

ἰδεῶν μεγάλων κακῶν αἰτίας οὔσας, τὰς δὲ μετὰ δικαιοσύ- 33
νης καὶ σωφροσύνης γιγνομένας πολλὰ τὸν βίον [1]τὸν τῶν
ἀνθρώπων ὠφελούσας. εἰ [2]δή τινες τῶν προγεγενημένων ἐπὶ
ταύταις ταῖς ἀρεταῖς εὐδοκίμησαν, ἡγοῦμαι κἀμοὶ προσήκειν τῆς αὐτῆς δόξης ἐκείνοις τυγχάνειν.

θʹ. Τὴν μὲν οὖν δικαιοσύνην ἐκεῖθεν ἂν μάλιστα κατί-
δοιτε. παραλαβὼν γὰρ, ὅτ᾽ εἰς τὴν ἀρχὴν καθιστάμην, τὰ
μὲν βασίλεια χρημάτων κενὰ καὶ πάντα [3]κατηναλωμένα,
τὰ δὲ [4]πράγματα ταραχῆς μεστὰ καὶ πολλῆς ἐπιμελείας b
δεόμενα καὶ φυλακῆς καὶ δαπάνης, εἰδὼς [5]ἑτέρους ἐν τοῖς
τοιούτοις καιροῖς ἐκ παντὸς τρόπου τὰ σφέτερ᾽ αὐτῶν διορθου-
μένους καὶ πολλὰ παρὰ τὴν φύσιν τὴν αὑτῶν πράττειν
ἀναγκαζομένους, ὅμως οὐδ᾽ ὑφ᾽ ἑνὸς τούτων διεφθάρην, ἀλλ᾽
οὕτως ὁσίως καὶ καλῶς ἐπεμελήθην τῶν πραγμάτων, ὥστε
μηδὲν ἐλλείπειν ἐξ ὧν οἷόν τ᾽ ἦν αὐξηθῆναι καὶ πρὸς εὐδαιμο-
0 νίαν ἐπιδοῦναι τὴν πόλιν. πρός τε γὰρ τοὺς πολίτας μετὰ c
τοσαύτης πρᾳότητος προσηνέχθην, ὥστε μήτε φυγὰς μήτε
θανάτους μήτε χρημάτων ἀποβολὰς μήτ᾽ ἄλλην μηδεμίαν
τοιαύτην συμφορὰν ἐπὶ τῆς ἐμῆς γεγενῆσθαι βασιλείας. ἀβάτου δ᾽ ἡμῖν τῆς Ἑλλάδος οὔσης διὰ τὸν πόλεμον τὸν γεγενημένον, καὶ πανταχοῦ [6]συλωμένων ἡμῶν, τὰ πλεῖστα τούτων διέλυσα, τοῖς μὲν ἅπαντ᾽ ἀποτίνων, τοῖς δὲ μέρη, τῶν
δ᾽ [7]ἀναβαλέσθαι δεόμενος, πρὸς δὲ τοὺς ὅπως ἠδυνάμην περὶ d
τῶν ἐγκλημάτων διαλλαττόμενος. ἔτι δὲ καὶ τῶν τὴν νῆσον
οἰκούντων δυσκόλως πρὸς ἡμᾶς διακειμένων, [8]καὶ βασιλέως
τῷ μὲν λόγῳ διηλλαγμένου τῇ δ᾽ ἀληθείᾳ τραχέως ἔχοντος,
ἀμφότερα ταῦτα κατεπράϋνα, τῷ μὲν προθύμως ὑπηρετῶν,
πρὸς δὲ τοὺς δίκαιον ἐμαυτὸν παρέχων. τοσούτου γὰρ δέω
τῶν ἀλλοτρίων ἐπιθυμεῖν, ὥσθ᾽ ἕτεροι μὲν, ἢν καὶ [9]μακρῷ
μείζω τῶν ὁμόρων δύναμιν ἔχωσιν, ἀποτέμνονται τῆς γῆς e

[1] τὸν om. A. C. L. [2] δὲ δή A. C. L. [3] καταναλωμένα C.
[4] πράγματα δὲ A. C. L. [5] δ᾽ ἑτέρους A. C. L. [6] συλουμένων A. C. L.
[7] ἀναβάλλεσθαι A. L. [8] καὶ τοῦ βασ. A. L. [9] μικρῷ A. C. L.

Τούτων τῶν ἰδεῶν] Τῆς τε σωφροσύνης καὶ τῆς δικαιοσύνης. Wolf.

Οὐδ᾽ ὑφ᾽ ἑνὸς] Ἀντὶ τοῦ, ὑπ᾽ οὐδενός. Cor.

Ἀβάτου — οὔσης] Propter fœdera, ut opinor, quæ inter regem Persarum et Græcos auctoritate Lacedæmoniorum facta sunt. Defecerat autem Evagoras ab Artaxerxe, ut postea videbimus: quare consentaneum est, eum a Græcis etiam hostem fuisse judicatum. Wolf.

Πανταχοῦ] Malim πανταχῇ. undequaque. Auger.

Καὶ βασιλέως] Malim καὶ τοῦ βασιλέως. Wolf.

καὶ πλεονεκτεῖν ζητοῦσιν· ἐγὼ δ᾽ οὐδὲ τὴν διδομένην [1] χώραν
ἠξίωσα λαβεῖν, ἀλλ᾽ αἱροῦμαι μετὰ δικαιοσύνης τὴν ἐμαυτοῦ [2] μόνον ἔχειν μᾶλλον ἢ μετὰ κακίας πολλαπλασίαν
34 τῆς ὑπαρχούσης κτήσασθαι. καὶ τί δεῖ καθ᾽ [3] ἓν ἕκαστον
λέγοντα διατρίβειν, ἄλλως τε καὶ συντόμως ἔχοντα δηλῶσαι περὶ ἐμαυτοῦ; φανήσομαι γὰρ [4] οὐδένα μὲν πώποτ᾽
ἀδικήσας, πλείους δὲ καὶ τῶν πολιτῶν καὶ τῶν ἄλλων
Ἑλλήνων εὖ πεποιηκὼς, καὶ μείζους δωρεὰς ἑκατέροις δεδωκὼς ἢ σύμπαντες οἱ πρὸ ἐμοῦ βασιλεύσαντες. καίτοι χρὴ
τοὺς μέγα φρονοῦντας ἐπὶ δικαιοσύνῃ καὶ προσποιουμένους
b χρημάτων εἶναι κρείττους τοιαύτας ὑπερβολὰς ἔχειν εἰπεῖν
περὶ αὑτῶν.

ι. Καὶ μὲν δὴ καὶ περὶ σωφροσύνης ἔτι μείζω τούτων ἔχω
διελθεῖν. εἰδὼς γὰρ ἅπαντας ἀνθρώπους περὶ πλείστου
ποιουμένους τοὺς παῖδας τοὺς αὑτῶν καὶ τὰς γυναῖκας, καὶ
μάλιστα ὀργιζομένους τοῖς εἰς ταῦτα ἐξαμαρτάνουσι, καὶ
τὴν ὕβριν τὴν περὶ ταῦτα μεγίστων κακῶν αἰτίαν γιγνομένην, καὶ πολλοὺς ἤδη [5] καὶ τῶν ἰδιωτῶν καὶ τῶν [6] δυ-
c ναστευσάντων διὰ ταύτην [7] ἀπολομένους, οὕτως ἔφυγον τὰς
αἰτίας ταύτας, ὥστε ἐξ οὗ τὴν βασιλείαν ἔλαβον, οὐδενὶ 31
φανήσομαι σώματι πεπλησιακὼς πλὴν τῆς ἐμαυτοῦ γυναικὸς, οὐκ ἀγνοῶν [8] ὅτι κἀκεῖνοι παρὰ τοῖς πολλοῖς εὐδοκιμοῦσιν, ὅσοι περὶ μὲν τὰ τῶν πολιτῶν δίκαιοι τυγχάνουσιν
ὄντες, ἄλλοθεν δέ ποθεν αὑτοῖς ἐπορίσαντο τὰς ἡδονάς·
ἀλλὰ βουλόμενος ἅμα μὲν ἐμαυτὸν ὡς πορρωτάτω ποιῆσαι
τῶν τοιούτων ὑποψιῶν, ἅμα δὲ παράδειγμα καταστῆσαι
d τὸν τρόπον τὸν ἐμαυτοῦ τοῖς ἄλλοις πολίταις, γιγνώσκων
ὅτι φιλεῖ τὸ πλῆθος ἐν τούτοις τοῖς ἐπιτηδεύμασι τὸν βίον
διάγειν, ἐν οἷς ἂν τοὺς ἄρχοντας τοὺς αὑτῶν ὁρῶσι διατρί-

[1] μοί χώραν A. C. L. [2] μόνην A. C. L. [3] ἓν om. A. [4] μηδένα A. C. L.
[5] καὶ om. A. C. L. [6] δυναστευόντων A. C. L. [7] ἀπολλυμένους A. C L.
[8] ὡς A. C. L.

Τὴν διδομένην μοι χώραν] Historia mihi nota non est. Forte rex Persarum ditionem, alii ademptam, Nicocli donare voluit; aut aliqui a vicino tyranno ad Nicoclem defecerunt. In Evagora scribit: ὅτι καὶ χώραν πολλὴν προσεκτήσατο, καὶ μικροῦ ἐδέησεν Κύπρον ἅπασαν κατασχεῖν. Quid ergo si διδομένην, i. e. τὴν ὑπὸ τοῦ πατρὸς καταλειφθεῖσαν. Wolf. Διδομένην, *apatre relictam, et reliquis Cypri regibus armis ereptam:* cui opponitur ἡ ἐμαυτοῦ lin. seq. Lang.

Καὶ πολλοὺς ἤδη τῶν] F. καὶ πολλούς τῶν τε. vel ἀπολομένους aut ἀπολωλότας. Ἤδη ἀπολλυμένους videtur insolens hoc quidem loco, quum præcedat εἰδὼς γὰρ ἅπαντας κ. τ. λ. Wolf. Ἄμεινον γράφειν ἀπολομένους. Cor.

βοντας. ἔπειτα καὶ προσήκειν ἡγησάμην τοσούτῳ τοὺς
βασιλέας βελτίους εἶναι τῶν ἰδιωτῶν, ὅσῳπερ καὶ τὰς
τιμὰς μείζους αὐτῶν ἔχουσι, καὶ δεινὰ ποιεῖν, ὅσοι τοὺς
μὲν ἄλλους κοσμίως ζῆν ἀναγκάζουσιν, αὐτοὶ δ' αὑτοὺς μὴ
σωφρονεστέρους τῶν ἀρχομένων παρέχουσι. πρὸς δὲ τούτοις e
τῶν μὲν ἄλλων πράξεων ἑώρων ἐγκρατεῖς καὶ τοὺς πολλοὺς
γιγνομένους, τῶν δ' ἐπιθυμιῶν τῶν περὶ τοὺς παῖδας καὶ
τὰς γυναῖκας καὶ τοὺς βελτίστους ἡττωμένους· ἠβουλήθην
οὖν ἐν τούτοις ἐμαυτὸν ἐπιδεῖξαι καρτερεῖν δυνάμενον, ἐν οἷς
ἔμελλον οὐ μόνον τῶν [1]ἄλλων διοίσειν, ἀλλὰ καὶ τῶν ἐπ'
ἀρετῇ μέγα φρονούντων. ἔτι δὲ καὶ τῶν τοιούτων πολλὴν 35
κακίαν κατεγίγνωσκον, ὅσοι γυναῖκας λαβόντες καὶ κοινωνίαν ποιησάμενοι παντὸς τοῦ βίου μὴ [2]στέργουσιν οἷς
ἔπραξαν, ἀλλὰ ταῖς αὑτῶν ἡδοναῖς [3]λυποῦσι ταύτας, ὑφ'
ὧν αὐτοὶ μηδὲν ἀξιοῦσι λυπεῖσθαι· καὶ περὶ μὲν ἄλλας
τινὰς [4]κοινωνίας ἐπιεικεῖς σφᾶς αὐτοὺς [5]παρέχουσιν, ἐν δὲ
ταῖς πρὸς τὰς γυναῖκας [6]ἐξαμαρτάνουσιν· ἃς ἔδει τοσούτῳ
μᾶλλον διαφυλάττειν, ὅσῳπερ οἰκειότεραι καὶ μείζους οὖσαι b
τυγχάνουσι τῶν ἄλλων. εἶτα καὶ λανθάνουσιν ἔνδον ἐν
[7]τοῖς βασιλείοις στάσεις καὶ διαφορὰς αὑτοῖς ἐγκαταλεί-
ποντες. καίτοι χρὴ τοὺς ὀρθῶς βασιλεύοντας μὴ μόνον τὰς
πόλεις ἐν ὁμονοίᾳ πειρᾶσθαι διάγειν, ὧν ἂν ἄρχωσιν, ἀλλὰ
καὶ [8]τοὺς οἴκους τοὺς ἰδίους καὶ τοὺς τόπους ἐν οἷς ἂν κατοι-
κῶσιν· ἅπαντα γὰρ ταῦτα σωφροσύνης ἔργα καὶ δικαιοσύνης
32 ἐστίν. οὐ τὴν αὐτὴν δὲ γνώμην ἔσχον οὐδὲ περὶ τῆς παιδο- c
ποιίας τοῖς πλείστοις τῶν βασιλέων, οὐδ' ᾠήθην δεῖν τοὺς
μὲν ἐκ ταπεινοτέρας ποιήσασθαι τῶν παίδων τοὺς δ' ἐκ
σεμνοτέρας, οὐδὲ τοὺς μὲν νόθους αὑτῶν τοὺς δὲ γνησίους
καταλιπεῖν, ἀλλὰ πάντας ἔχειν τὴν αὐτὴν φύσιν καὶ πρὸς
πατρὸς καὶ πρὸς μητρὸς ἀνενεγκεῖν, τῶν μὲν θνητῶν εἰς
Εὐαγόραν τὸν πατέρα τὸν ἐμὸν, τῶν δ' ἡμιθέων εἰς Αἰακίδας,

[1] πολλῶν C. L. [2] στέργωσιν A. [3] λυπῶσι A. [4] κοινωνίας τινὰς A. C. L. [5] παρέχωσι A. [6] ἐξαμαρτάνωσιν A. [7] αὐτοῖς τοῖς A. C. L. [8] τοὺς ἰδίους οἴκους A. C. L.

Καρτερεῖν] Ἀντὶ τοῦ, ἐγκράτειαν ἀσκεῖν, ἢ ἐγκρατεύεσθαι, ἢ ἐγκρατῆ τούτων εἶναι. Wolf.

Οἷς ἔπραξαν] Pro ἐκείνοις ἃ ἔπραξαν. Idem.

Διάγειν] Διοικεῖν, ἢ κυβερνᾶν. Cor.

Τὴν αὐτὴν φύσιν] Malim τὴν αὑτῶν φύσιν. *ortum suum.* Wolf. *sed omnes posse referre.* Aug. Ita ut ἔχειν significet *posse*, et conjungatur cum sequente ἀνενεγκεῖν. Lang.

τῶν δὲ θεῶν εἰς Δία, καὶ μηδένα τῶν ἐξ ἐμοῦ γενομένων
d ἀποστερηθῆναι ταύτης τῆς εὐγενείας.

ιαʹ. Πολλῶν δέ με προτρεπόντων ἐμμένειν τοῖς ἐπιτηδεύμασι τούτοις, οὐχ ἥκιστά με κἀκεῖνο παρεκάλεσεν, ὅτι
τῆς μὲν ἀνδρίας καὶ τῆς δεινότητος καὶ τῶν ἄλλων τῶν
εὐδοκιμούντων ἑώρων καὶ τῶν κακῶν ἀνδρῶν πολλοὺς μετέχοντας, τὴν δὲ σωφροσύνην καὶ τὴν δικαιοσύνην ἴδια κτήματα τῶν καλῶν κἀγαθῶν ὄντα. κάλλιστον οὖν ὑπέλαβον,
εἴ τις δύναιτο ταύταις ταῖς ἀρεταῖς [1] προέχειν τῶν ἄλλων
e [2] ὧν οὐδὲν μέρος τοῖς πονηροῖς μέτεστιν, ἀλλὰ [3] γνησιώταται
καὶ βεβαιόταται [4] καὶ μεγίστων ἐπαίνων ἄξιαι τυγχάνουσιν οὖσαι. [5] τούτων ἕνεκα [6] καὶ ταῦτα διανοηθεὶς [7] περιττοτέρως τῶν ἄλλων ἤσκησα τὴν σωφροσύνην καὶ [8] [τὴν
δικαιοσύνην καὶ ταύτας] προειλόμην τῶν ἡδονῶν οὐ τὰς ἐπὶ
36 τοῖς ἔργοις [9] τοῖς μηδεμίαν τιμὴν [10] ἔχουσιν, ἀλλὰ τὰς ἐπὶ

[1] προσέχειν τὸν νοῦν τῶν A. C. L. [2] ἀφελόμενος (ἀφέμενος C.) ὧν μηδὲν A. C. L. [3] καὶ γνησιώταται A. C. L. [4] καὶ μέγισται καὶ A. [5] [τούτων ἕνεκα] L. [6] καὶ om. A. C. L. [7] περιττότερον A. C. L. [8] uncos om. A. C. L. [9] τοῖς om. A. C. L. [10] ἐχούσας A. C. L.

Δεινότητος] Δεινότης jure mihi explicasse videor *acrimonia mentis*, seu, ut alias vocatur hæc virtus, *sapientia*, ut, quod contextus flagitat, primariarum quatuor virtutum nulla omissa videatur. [Augerus enim *eloquentia*.] Lang. Φρονήσεως. Cor.

Τῶν ἄλλων ἀφελόμενος] Wolf. explicat *ab aliis avulsus*, i. e. selegi ac quasi separavi has duas virtutes a cæteris, has mihi peculiares esse volui et eximie colui. Sed minus bene vel saltem minus dilucide, credo. ἀφελόμενος enim active significat, ut fere semper, *auferens*, seu h. l. *separans*, ubi αὐτὰς supplendum est. Dicitur enim ἀφαιρεῖσθαί τί τινος, secundum quam usitatam hujus verbi constructionem proprie dicendum fuisset: αὐτὰς τῶν ἄλλων ἀφελόμενος. *eus a reliquis separans.* Lang. *eas segregans ab aliis virtutibus*, i. e. eas aliis virtutibus præponens, vel eas seligens inter alias virtutes. Auger.

Ἕνεκα] Mihi videtur addendum καὶ post ἕνεκα, et forte recidendum τούτων ἕνεκα ut redundans. Lang.

Ταύτας — τῶν ἡδονῶν] Pro ταύτας τὰς ἡδονάς. Wolf.

Οὐ τὰς ἐπὶ τοῖς ἔργοις μηδεμίαν τιμὴν ἐχούσας] In Summario interpretatus sum: *non istas* (voluptates), *quæ cum labore conjunctæ honore carent, sed quæ cum honore conjunctæ veluti ultro proveniunt.* Respondent sibi h. l. ἐπὶ τοῖς ἔργοις et ἐπὶ ταῖς δόξαις, μηδεμίαν τιμὴν ἐχούσας et δι' ἀνδραγαθίαν γιγνομένας, quam posteriorem lectionem alteri, quæ in textu remansit, præferendam puto. Sententia vero mihi hæc esse videtur: Voluptates, quæ e moderationis et justitiæ interno sensu nascuntur, et honorificæ sunt, et opera non egent, ultro potius omnia juste facta comitantur, e puro quippe bonæ conscientiæ fonte promanantes. Intelligit ergo Noster sapientum voluptates, sive, ut cum Epicuro loquar, voluptates stabiles, quæ nihil aliud sunt nisi animi nil mali sibi conscii hilaritas. Aliter Wolfius, qui τὰς ἐπὶ τοῖς ἔργοις μηδεμίαν τιμὴν ἐχούσας exponit ὧν τὰ ἔργα ἄτιμά ἐστιν, ἢ οὐκ ἔντιμά γε, οἷον αἱ συνουσίαι ταῖς γυναιξὶν, οἱ πότοι καὶ κῶμοι etc. sequentia vero, ἀλλὰ τὰς ἐπὶ ταῖς δόξαις, eas voluptates, quæ expetuntur propter gloriam, fortium facinorum comitem. Wolf. igitur ἐπὶ ante τοῖς ἔργοις alio sensu accipit, quam ἐπὶ ante ταῖς δόξαις, in quo falli videtur. Lang. Προειλόμην οὐκ ἐκείνας τὰς ἡδονὰς, αἵπερ οὐδεμίαν τιμὴν τῷ ἡδομένῳ παρέχουσι μεθ' ἃ ἔπραξεν ἔργα, ἀλλὰ τὰς ἡδονὰς τὰς ἑπομένας ταῖς δόξαις ταῖς γιγνομέναις δι' ἀνδραγαθίαν, ἤγουν τὰς ἡδονὰς, ἃς ἥδεταί τις ἐπαινούμενος δι' ἀνδραγαθίαν. Cor.

ταῖς δόξαις ταῖς δι' ἀνδραγαθίαν [1]γιγνομέναις. χρὴ δὲ δοκιμάζειν τὰς ἀρετὰς οὐκ ἐν ταῖς αὐταῖς ἰδέαις ἁπάσας, ἀλλὰ τὴν μὲν δικαιοσύνην ἐν ταῖς ἀπορίαις, τὴν δὲ σωφροσύνην ἐν ταῖς δυναστείαις, τὴν [2]δ' ἐγκράτειαν ἐν ταῖς τῶν νεωτέρων ἡλικίαις. ἐγὼ τοίνυν ἐν [3]πᾶσι τοῖς καιροῖς τούτοις φανήσομαι πεῖραν τῆς ἐμαυτοῦ φύσεως δεδωκώς. ἐνδεὴς μέν b
[4]γε χρημάτων καταλειφθεὶς οὕτω δίκαιον ἐμαυτὸν παρέσχον, ὥστε μηδένα λυπῆσαι τῶν πολιτῶν· λαβὼν δ' ἐξουσίαν ὥστε ποιεῖν ὅ τι ἂν βούλωμαι, σωφρονέστερος τῶν ἰδιωτῶν ἐγενόμην· τούτων δ' ἀμφοτέρων ἐκράτησα, ταύτην ἔχων τὴν ἡλικίαν ἐν ᾗ τοὺς πλείστους ἂν εὕροιμεν μάλιστα περὶ
33 τὰς πράξεις ἐξαμαρτάνοντας. καὶ [5]ταῦτ' ἐν ἑτέροις μὲν ἴσως ὤκνουν εἰπεῖν, οὐχ ὡς οὐ φιλοτιμούμενος ἐπὶ τοῖς c
πεπραγμένοις, ἀλλ' ὡς οὐκ ἂν πιστευθεὶς ἐκ τῶν λεγομένων· ὑμεῖς δ' αὐτοί μοι μάρτυρές ἐστε πάντων τῶν εἰρημένων. ἄξιον μὲν οὖν καὶ τοὺς φύσει κοσμίους ὄντας ἐπαινεῖν καὶ θαυμάζειν, ἔτι δὲ μᾶλλον [6]καὶ τοὺς μετὰ λογισμοῦ τοιούτους ὄντας. οἱ μὲν γὰρ τύχῃ καὶ μὴ γνώμῃ σωφρονοῦντες τυχὸν ἂν καὶ μεταπεισθεῖεν· οἱ δὲ πρὸς τῷ πεφυκέναι καὶ διεγνωκότες ὅτι μέγιστόν ἐστι τῶν ἀγαθῶν ἀρετή, δῆλον ὅτι πάντα τὸν βίον ἐν ταύτῃ τῇ τάξει [7]διαμενοῦσι. διὰ d
τοῦτο δὲ πλείους ἐποιησάμην τοὺς λόγους καὶ περὶ ἐμαυτοῦ καὶ περὶ τῶν ἄλλων τῶν προειρημένων, ἵνα μηδεμίαν ὑπολίπω πρόφασιν, ὡς οὐ δεῖ ποιεῖν ὑμᾶς ἑκόντας καὶ προθύμως, ἅττ' ἂν ἐγὼ προστάξω καὶ συμβουλεύσω.

ιβ'. Φημὶ [8]δὲ [9]χρῆναι πράττειν ἕκαστον ὑμῶν, ἐφ' οἷς ἐφέστηκεν, ἐπιμελῶς καὶ δικαίως· καθ' ὁπότερον γὰρ ἂν
[10]ἐλλείπητε τούτων, ἀνάγκη ταύτῃ κακῶς [11]σχεῖν τὰς πρά- e
ξεις. μηδενὸς οὖν ὀλιγωρεῖτε μηδὲ καταφρονεῖτε τῶν προστε-

[1] γινομένας A. [2] δὲ καρτερίαν A. C. L. [3] ἅπασι A. C. L. [4] γὰρ A. C. L. [5] πάντα ταῦτα A. L. [6] τοὺς καὶ A. C. L. [7] διαμένουσι L. [8] δὴ A. C. L. [9] χρῆναι om. A. L. [δεῖν] C. [10] ἐλλίπητέ τι A. C. L. [11] ἔχειν A. C. L.

Γινομέναις] F. γινομένας. WOLF.

Ἰδέαις] I. e. περιστάσεσι, ut Wolfius recte explicat. LANG. Ἢ καιροῖς, ἢ ὑποθέσεσι. COR.

Ἀμφοτέρων] Ἤγουν τῆς δικαιοσύνης καὶ σωφροσύνης. WOLF.

Ἐκράτησα] Ἀμετακινήτως περὶ αὐτὰς ἐσπούδασα. IDEM. *hæc utraque præstiti fortiter et meipsum vincens.* AUGER.

Διαμένουσι] Malim διαμενοῦσι. WOLF.

Φημὶ] Hic ἀντὶ τοῦ κελεύω positum esse videtur. IDEM. LANG.

Τούτων] Np. horum quibus vos præfecti estis. AUGER.

ταγμένων, ὑπολαμβάνοντες ὡς οὐ παρὰ [1]τοῦτ' ἐστὶν, ἀλλ'
ὡς παρ' ἕκαστον τῶν μερῶν ἢ καλῶς ἢ κακῶς ἕξον τὸ
37 σύμπαν, οὕτω σπουδάζετε περὶ αὐτῶν. [2]Κήδεσθε μηδὲν
ἧττον τῶν ἐμῶν ἢ τῶν ὑμετέρων αὐτῶν, καὶ μὴ νομίζετε
μικρὸν ἀγαθὸν εἶναι τὰς τιμὰς ἃς ἔχουσιν οἱ καλῶς τῶν
ἡμετέρων ἐπιστατοῦντες. Ἀπέχεσθε τῶν ἀλλοτρίων, ἵν'
ἀσφαλέστερον τοὺς οἴκους τοὺς ὑμετέρους αὐτῶν κεκτῆσθε.
Τοιούτους εἶναι χρὴ περὶ τοὺς ἄλλους ὑμᾶς, οἷόνπερ ἐμὲ
περὶ ὑμᾶς ἀξιοῦτε γίγνεσθαι. Μὴ σπεύδετε πλουτεῖν
μᾶλλον ἢ χρηστοὶ δοκεῖν εἶναι, γιγνώσκοντες ὅτι καὶ τῶν
b Ἑλλήνων καὶ τῶν Βαρβάρων οἱ μεγίστας ἐπ' ἀρετῇ δόξας
ἔχοντες πλείστων ἀγαθῶν δεσπόται καθίστανται. Τοὺς
χρηματισμοὺς τοὺς παρὰ τὸ δίκαιον γιγνομένους ἡγεῖσθε
μὴ πλοῦτον ἀλλὰ κίνδυνον ποιήσειν. Μὴ τὸ μὲν λαβεῖν
κέρδος εἶναι νομίζετε, τὸ δ' ἀναλῶσαι ζημίαν· οὐδέτερον γὰρ
τούτων ἀεὶ τὴν αὐτὴν ἔχει δύναμιν, ἀλλ' ὁπότερον ἂν ἐν 34
c καιρῷ καὶ μετ' ἀρετῆς γίγνηται, τοῦτ' [3]ὠφελεῖ τοὺς ποιοῦντας. Μηδὲ πρὸς ἓν χαλεπῶς ἔχετε τῶν ὑπ' ἐμοῦ προσ-
ταττομένων· ὅσοι γὰρ ἂν ὑμῶν περὶ πλεῖστα τῶν ἐμῶν
χρησίμους αὐτοὺς παράσχωσιν, οὗτοι πλεῖστα τοὺς οἴκους
τοὺς αὐτῶν ὠφελήσουσιν. Ὅ τι ἂν ὑμῶν ἕκαστος αὐτὸς
αὑτῷ τύχῃ συνειδὼς, ἡγείσθω μηδὲ ἐμὲ λήσειν, [4]ἀλλὰ κἂν
τὸ σῶμα τοὐμὸν μὴ παρῇ, τήν γε διάνοιαν τὴν ἐμὴν οἰέσθω
τοῖς γιγνομένοις παρεστάναι· ταύτην γὰρ τὴν γνώμην

[1] ταῦτ' A. C. L. [2] καὶ κήδεσθε L. [3] ὠφελήσει A. C. L.
[4] ἀλλὰ ἐὰν καὶ A. L.

Ὡς οὐ παρὰ ταῦτ' ἐστὶν] Multum obscuritatis est in verbis, sed hanc puto sententiam esse: Singula mandata esse diligenter exsequenda, non quod in ipsis per se tantum semper momenti sit; sed quod is, qui minima negligat, etiam graviora contemnere videatur; et qui semel contumax deprehendatur, de illius animo nunquam sit bene sperandum. Παρὰ cum accusativo sæpe causam denotat. Wolf. Subaudi τὸ κοινὸν vel τὸ σύμπαν. *quod ab his non pendet commune bonum.* Auger. *quod in eo res non sita est.* Lang. Μηδενὸς τῶν ὑπ' ἐμοῦ προσταττομένων καταφρονεῖτε, νομιζόντες ὅτι οὐ διὰ ταῦτα, τουτέστι, δι' τὴν ἐπιμέλειαν ἢ τὴν καταφρόνησιν αὐτῶν, καλῶς ἢ κακῶς ἕξει τὸ σύμπαν, ἀλλὰ σπουδάζετε περὶ αὐτῶν, νομίζοντες ὅτι καλῶς ἢ κακῶς ἕξει τὸ σύμπαν, καὶ δι' ἕκαστον τῶν μερῶν, τουτέστι, καὶ δι' ἑνὸς μόνου ἐπιμέλειαν, ἢ καταφρόνησιν, τῶν ὑπ' ἐμοῦ προσταττομένων. Cor. Cf. Aristot. Polit l. v. c. 8.

Ἀπέχεσθε κ. τ. λ.] Vide Ciceronem de offic. l. III. c. 5. et seq. Cæterum qui sibi licere vult aliena occupare, idem jus videtur aliis concedere in sua. Facc. Dio Cassius: 'propria (inquit) diligenter asservanda, aliena neutiquam desideranda.' hist. Rom. l. LIII. Justinus: "dum aliena affectat, propria amittit." l. XXXIX. c. 1. Frick.

Μὴ τὸ μὲν λαβεῖν] Itaque aichat Publius Syrus in mimis n. 645. "Perdidisse mallem, quam accipere turpiter." Facc.

Μηδ' πρὸς ἓν] Ἀντὶ τοῦ, πρὸς μηδέν. Cor.

ἔχοντες, σωφρονέστερον [1] βουλεύσεσθε περὶ ἁπάντων. Μηδὲν d
ἀποκρύπτεσθε μήθ᾽ ὧν κέκτησθε μήθ᾽ ὧν μέλλετε πράττειν, εἰδότες ὅτι περὶ τὰ κεκρυμμένα τῶν πραγμάτων ἀναγκαῖόν ἐστι πολλοὺς φόβους γίγνεσθαι. Μὴ τεχνικῶς ζητεῖτε πολιτεύεσθαι μηδ᾽ ἀφανῶς, ἀλλ᾽ οὕτως ἁπλῶς καὶ φανερῶς ὥστε μηδ᾽ ἄν τις βούληται ῥᾴδιον εἶναι ὑμᾶς [2] διαβαλεῖν. Δοκιμάζετε τὰς πράξεις, καὶ νομίζετε πονηρὰς μὲν e
ἃς [3] πράττοντες ἐμὲ [4] βούλεσθε λανθάνειν, χρηστὰς δὲ περὶ ὧν [5] ἐγὼ μέλλω πυθόμενος βελτίους ὑμᾶς νομιεῖν. Μὴ κατασιωπᾶτε, ἐάν τινας ὁρᾶτε περὶ τὴν ἀρχὴν τὴν ἐμὴν πονηροὺς ὄντας, ἀλλ᾽ ἐξελέγχετε, καὶ νομίζετε τῆς αὐτῆς εἶναι ζημίας ἀξίους τοὺς συγκρύπτοντας τοῖς ἐξαμαρτάνουσιν.
[6] Εὐτυχεῖν [7] νομίζετε μὴ τοὺς λανθάνοντας, ἐάν τι κακὸν 38
ποιήσωσιν, ἀλλὰ τοὺς μηδὲν ἐξαμαρτάνοντας· τοὺς μὲν γὰρ εἰκὸς τοιαῦτα παθεῖν, οἷάπερ αὐτοὶ ποιοῦσι, τοὺς δὲ χάριν ἀπολαβεῖν, ἧς ἄξιοι τυγχάνουσιν ὄντες. [8] Ἑταιρείας μὴ [9] ποιεῖσθε μηδὲ συνόδους ἄνευ τῆς ἐμῆς γνώμης· αἱ γὰρ τοιαῦται συστάσεις ἐν μὲν ταῖς ἄλλαις πολιτείαις πλεονεκτοῦσιν, ἐν δὲ ταῖς μοναρχίαις κινδυνεύουσιν. Μὴ μόνον ἀπέχεσθε τῶν ἁμαρτημάτων, ἀλλὰ καὶ τῶν ἐπιτηδευ- b
μάτων τῶν τοιούτων ἐν οἷς ἀναγκαῖόν ἐστιν ὑποψίαν [10] ἐγγίγνεσθαι.

1 ἂν βουλεύσησθε περὶ αὐτῶν. A. C. L. 2 διαβάλλειν A. C. L. 3 ἂν πράττοντες A. C. L. 4 βούλησθε A. G. L. 5 ἂν ἐγὼ A. C. L. 6 εὐτυχεῖς A. C. L. 7 δὲ νομίζετε L. 8 ἑταιρίας C. L. 9 ποιεῖτε μήτε A. C. L. 10 γίγνεσθαι A. C. L.

Μηδὲν ἀποκρύπτεσθε] Cicero offic. l. III. c. 9. "Honesta bonis viris, non occulta quæruntur." Proindeque ad vitandos terrores "hic murus aheneus esto, Nil conscire sibi," ut ait Horatius l. I. ep. 1. v. 70. Facc. Moris humani accuratissimus censor, Seneca vere scribit: "Quid prodest recondere se et oculos hominum auresque vitare? bona conscientia turbam advocat, mala etiam in solitudine anxia atque sollicita est. Si honesta sunt, quæ facis, omnes sciant: si turpia, quid refert, neminem scire, quum tu scias? O te miserum, si contemnis hunc testem!" ep. XLIII. Frick.

Εὐτυχεῖς νομίζετε] Cicero offic. l. III. c. 8. "satis nobis persuasum esse debet, si omnes deos hominesque celare possimus; nihil tamen avare, nihil injuste, nihil libidinose, nihil incontinenter esse faciendum." Facc.

Ἑταιρείας μὴ ποιεῖτε] Cato apud Livium l. XXXIV. c. 2. "Ab nullo genere non æque summum periculum est, si cœtus et concilia et secretas consultationes esse sinas." Facc. Ἑταιρεῖαι sunt conventus vel coitiones hominum unius corporis, vel collegii. Ejusmodi sodalitates, sine publica auctoritate factas, dudum prudentissimi imperatores, reges et principes suspectas habuerunt, ne sub eo nomine coeuntes hominum factiosorum cœtus res novarent ac rempublicam perturbarent. Ita Trajanus imperator eas in provincia Bithynia vel ideo vetuerat, quod "provinciam istam ab ejusmodi factionibus esse vexatum, meminerat," ut ipse ad Plinium suum scribit l. X. ep. XLIII. Fusius de his hetæriis commentatur Rupertus in observ. ad Sallustii bell. Jugurth. p. 372. seq. Frick.

ιγʹ. Τὴν ἐμὴν φιλίαν ἀσφαλεστάτην καὶ βεβαιοτάτην εἶναι νομίζετε. [1] Διαφυλάττετε τὴν παροῦσαν κατάστασιν, καὶ μηδεμίας ἐπιθυμεῖτε μεταβολῆς, εἰδότες ὅτι διὰ τὰς [2] ταραχὰς ἀναγκαῖόν ἐστι καὶ τὰς πόλεις ἀπόλλυσθαι καὶ τοὺς οἴκους τοὺς ἰδίους ἀναστάτους γίγνεσθαι. Μὴ μόνον c τὰς φύσεις αἰτίας νομίζετε τοῦ χαλεποὺς ἢ πράους εἶναι τοὺς τυράννους, ἀλλὰ καὶ τὸν τρόπον [3] τὸν τῶν πολιτῶν· πολλοὶ γὰρ ἤδη διὰ τὴν τῶν ἀρχομένων κακίαν τραχύτερον ἢ κατὰ τὴν αὑτῶν γνώμην ἄρχειν ἠναγκάσθησαν. Θαῤῥεῖτε μὴ διὰ τὴν ἐμὴν μᾶλλον πραότητα ἢ διὰ τὴν ὑμετέραν αὐτῶν ἀρετήν. Τὴν ἐμὴν ἀσφάλειαν ἄδειαν [4] ὑμῖν αὐτοῖς εἶναι νομίζετε· καλῶς γὰρ τῶν περὶ ἐμὲ καθεστώd των, τὸν αὐτὸν τρόπον καὶ τὰ περὶ ὑμᾶς [5] ἕξει. Ταπεινοὺς μὲν εἶναι χρὴ πρὸς τὴν ἀρχὴν τὴν ἐμὴν, ἐμμένοντας τοῖς [6] ἔθεσι καὶ διαφυλάττοντας τοὺς νόμους τοὺς βασιλικοὺς, λαμπροὺς δ᾽ ἔν τε ταῖς ὑπὲρ τῆς πόλεως λειτουργίαις καὶ [7] τοῖς ἄλλοις τοῖς ὑπ᾽ ἐμοῦ προσταττομένοις. Προτρέπετε τοὺς νεωτέρους ἐπ᾽ ἀρετὴν, μὴ μόνον παραινοῦντες, ἀλλὰ καὶ περὶ τὰς πράξεις ὑποδεικνύντες αὐτοῖς [8] οἵους εἶναι χρὴ e τοὺς ἄνδρας τοὺς ἀγαθούς. Διδάσκετε τοὺς παῖδας τοὺς ὑμετέρους ἄρχεσθαι, καὶ περὶ τὴν παίδευσιν

[1] καὶ διαφυλάττετε A. C. L. [2] τοιαύτας ταραχὰς A. C. L. [3] τὸν om. A. C. L.
[4] ἑαυτοῖς A. C. L. [5] αὐτοὺς ἕξει A. C. L. [6] ἤθεσι A. C. L.
[7] τοῖς ἄλλοις om. A. L. [8] ὁποίους A. C. L.

Διαφυλάττετε κ. τ. λ.] Petrarcha de rep. administr. "Augusti est notissimum illud: Quisquis præsentem statum civitatis commutari non vult, et civis et vir bonus est." Facc. Exstat hoc inter alios Augusti sermones in Macrobii saturnal. l. II. c. 4. Xenophon Hellen. l. II. πᾶσαι μεταβολαὶ πολιτειῶν εἰσὶ θανατηφόροι. Ejusdem sententiæ est illud Taciti: "quæ convertuntur, in deterius mutantur." annal. l. XIV. c. 43. Ita Lycurgus, constituta pœna gravissima, prohibuit, ne quis civis, peregre profectus, vagari, neve in ædes suas advenas recipere, auderet. Cui legi ferendæ hæc ratio suberat, ne vel peregrini externas in civium domos res importarent, vel ipsi, exteras regiones perlustrantes, novos mores adsciscerent. Referunt hoc Plutarchus tum in apophthegm. Lacon. tum in vita Lycurgi et Xenophon de republ. Laced. p. 689. seq. Conferendi quoque N. Cragius de republ. Laced. l. III. p. 314. et I. Meursius miscell. Laconic. l. II. c. 9. p. 142. Frick.

Θαῤῥεῖτε κ. τ. λ.] Huc referri potest; quod est in Publii Syri mimis n. 593. "Oportet, ut bonum peccandi odio, non metu, facias." Facc.

Τὴν ἐμὴν ἀσφάλειαν κ. τ. λ.] Plinius ad Trajanum in panegyr. c. LXXII. "Deos obsecramus, ut omnia prospere cedant tibi, reipublicæ, nobis; vel, si brevius sit optandum, ut uni tibi, in quo et respublica et nos sumus." Facc. Idem ad eundem: "Precati deos, ut te generi humano, cujus tutela et securitas saluti tuæ innisa est, incolumem florentemque præstarent," l. X. ep. 60. Seneca: "Quid pulcrius est, quam - - - nihil esse cuiquam tam pretiosum, quod non salute Præsidis commutatum velit? Omne, quod illi contingit, sibi quoque evenire deputet." de clement. l. I. c. 19. Frick.

Παίδευσιν τῆς τοιαύτης ἀρετῆς] F. παίδευσιν ταύτης τῆς ἀρετῆς. Wolf.

[1]τὴν τοιαύτην ἐθίζετε αὐτοὺς ὡς μάλιστα διατρίβειν· [2]ἢν
γὰρ [3]καλῶς ἄρχεσθαι μάθωσι, [4]πολλῶν ἄρχειν δυνήσονται,
καὶ πιστοὶ μὲν ὄντες καὶ δίκαιοι μεθέξουσι τῶν ἡμετέρων
ἀγαθῶν, κακοὶ δὲ γενόμενοι κινδυνεύσουσι περὶ τῶν ὑπαρχόντων. Μέγιστον ἡγεῖσθε τοῖς παισὶ καὶ βεβαιότατον 39
πλοῦτον παραδώσειν, ἢν αὐτοῖς δύνησθε τὴν ἡμετέραν
εὔνοιαν [5]καταλείπειν. Ἀθλιωτάτους ἡγεῖσθε καὶ δυστυχεστάτους, ὅσοι περὶ τοὺς πιστεύσαντας ἄπιστοι γεγόνα-
σιν· ἀνάγκη γὰρ τοὺς τοιούτους ἀθύμως ἔχοντας καὶ φοβου-
μένους [6]ἅπαντα, καὶ μηδὲν μᾶλλον πιστεύοντας τοῖς φίλοις
ἢ τοῖς ἐχθροῖς τὸν ἐπίλοιπον χρόνον διάγειν. Ζηλοῦτε μὴ
τοὺς πλεῖστα κεκτημένους, ἀλλὰ τοὺς μηδὲν κακὸν σφίσιν b
αὑτοῖς συνειδότας· μετὰ γὰρ τοιαύτης ψυχῆς [7]ἥδιστ' ἂν
τις τὸν βίον δύναιτο [8]διαγαγεῖν. Μὴ τὴν κακίαν δύνασθαι
μὲν [9]πλείω τῆς ἀρετῆς ὠφελεῖν νομίζετε, τὸ δ' ὄνομα
δυσχερέστερον ἔχειν· ἀλλ' οἵωνπερ ὀνομάτων [10]ἕκαστον τῶν
πραγμάτων τετύχηκε, τοιαύτας ἡγεῖσθε καὶ τὰς δυνάμεις
αὐτῶν εἶναι. Μὴ φθονεῖτε τοῖς παρ' [11]ἐμοὶ πρωτεύουσιν,
36 ἀλλ' ἁμιλλᾶσθε, καὶ πειρᾶσθε χρηστοὺς ὑμᾶς αὐτοὺς
[12]παρέχοντες ἐξισοῦσθαι τοῖς προέχουσι. Φιλεῖν οἴεσθε δεῖν c
καὶ τιμᾶν οὕσπερ ἂν καὶ ὁ βασιλεύς, ἵνα καὶ παρ' ἐμοῦ
τυγχάνητε τῶν αὐτῶν τούτων. Οἷά περ παρόντος ἐμοῦ
λέγετε, τοιαῦτα καὶ [13]περὶ ἀπόντος φρονεῖτε. Τὴν εὔνοιαν
τὴν πρὸς ἡμᾶς ἐν τοῖς ἔργοις ἐνδείκνυσθε μᾶλλον ἢ [14]ἐν τοῖς

[1] τῆς τοιαύτης ἀρετῆς ἐθίζ. A. [2] ἐὰν A. C. L. [3] καλῶς om. A. C. L. [4] πολλῷ μᾶλλον ἄρχειν A. C. L. [5] καταλιπεῖν A. C. L. [6] ἅπαντας A. C. L. [7] ἥδιον A. C. L. [8] διάγειν A. C. L. [9] πλέον A. C. L. [10] ἕκαστα A. C. L. [11] ἐμοῦ A. L. [12] παρέχοντας A. L. [13] περὶ om. A. C. L. [14] ἐν om. A. C. L.

Ἐὰν γὰρ ἄρχεσθαι μάθωσι] Cicero de leg. l. III. c. 2. "Qui modeste paret, videtur, qui aliquando imperet, dignus esse." Facc.

Ἄπιστοι γεγόνασιν] Cicero: "perfidiosum et nefarium est, fidem frangere, quæ continet vitam." Orat. pro Q. Rosc. Com. c. VI. Frick.

Ζηλοῦτε μὴ τοὺς κ. τ. λ.] Horatius l. IV. Od. 9.

"Non possidentem multa vocaveris
Recte beatum: rectius occupat
Nomen beati, qui deorum
Muneribus sapienter uti,
Duramque callet pauperiem pati,
Pejusque letho flagitium timet."

Fagg.

Παρ' ἐμοῦ πρωτ.] F. παρ' ἐμοὶ πρωτ. Wolf.

Παρέχοντας] F. παρέχοντες. Idem.

Φιλεῖν οἴεσθε κ. τ. λ.] M. Terentius hac ipsa de causa excusat Tiberio amorem suum et obsequium erga Sejanum apud Tacitum annal. l. VI. c. 8. "Tuum, Cæsar, generum, tui consulatus socium, tua officia in republica capessentem colebamus. Non est nostrum æstimare, quem supra cæteros et quibus de causis extollas." Facc.

Οἷάπερ] Malim οἷα. Wolf.

λόγοις. Ἃ πάσχοντες ὑφ' ἑτέρων ὀργίζεσθε, ταῦτα [1] τοὺς
ἄλλους μὴ ποιεῖτε. Περὶ ὧν ἂν ἐν τοῖς λόγοις κατηγορῆτε,
d μηδὲν τούτων ἐν τοῖς ἔργοις ἐπιτηδεύετε. Τοιαῦτα προσδοκᾶτε πράξειν, οἷ' ἂν περὶ ἡμῶν [2] διανοῆσθε. Μὴ μόνον ἐπαινεῖτε τοὺς ἀγαθοὺς, ἀλλὰ καὶ μιμεῖσθε. Τοὺς λόγους τοὺς ἐμοὺς νόμους εἶναι [3] νομίζοντες πειρᾶσθε τούτοις ἐμμένειν, εἰδότες ὅτι τοῖς μάλιστα ποιοῦσιν ὑμῶν [4] ἁγὼ βούλομαι, [5] τάχιστα τούτοις ἐξέσται ζῆν ὡς αὐτοὶ βούλονται.

ιδ'. Κεφάλαιον δὲ τῶν εἰρημένων, οἵους περ [6] τοὺς ὑφ'
e ὑμῶν ἀρχομένους [7] οἴεσθε δεῖν περὶ ὑμᾶς εἶναι, τοιούτους χρὴ [8] καὶ περὶ τὴν ἀρχὴν τὴν ἐμὴν ὑμᾶς γίγνεσθαι. καὶ ταῦτ' ἐὰν ποιῆτε, τί δεῖ περὶ τῶν συμβησομένων μακρολογεῖν; ἢν γὰρ ἐγώ τε παρέχω τοιοῦτον ἐμαυτὸν, οἷόν περ ἐν τῷ παρελθόντι χρόνῳ, καὶ τὰ παρ' ὑμῶν ὁμοίως ὑπηρετῆται, ταχέως ὄψεσθε καὶ τὸν βίον τὸν ὑμέτερον αὐτῶν ἐπιδεδωκότα καὶ τὴν ἀρχὴν τὴν ἐμὴν ηὐξημένην καὶ τὴν πόλιν εὐδαίμονα γεγενημένην. ἄξιον μὲν οὖν τηλικούτων ἀγαθῶν ἕνεκα μηδὲν ἐλλείπειν, ἀλλὰ καὶ πόνους καὶ κινδύνους οὑστινασοῦν ὑπενεγκεῖν· ὑμῖν δ' ἔξεστι μηδὲν ταλαιπωρηθεῖσιν, ἀλλὰ πιστοῖς μόνον καὶ δικαίοις οὖσιν, ἅπαντα ταῦτα διαπράξασθαι.

[1] τοῖς ἄλλοις A. L. [2] διανοεῖσθε A. L. [3] νομίζετε καὶ πειρ. A. C. L.
[4] ἃ A. C. L. [5] τάχιστα om. A. C. L. [6] ἂν τοὺς A. C. L.
[7] οἴησθε C. [8] καὶ om. A. C. L.

Ἃ πάσχοντες ὑφ' κ. τ. λ.] Hinc illud Publii Syri in mimis n. 4. "Ah alio exspectes, alteri quod feceris." FACC.

Τοῖς ἄλλοις] F. τοὺς ἄλλους. WOLF.

Περὶ ὧν] I. e. ὧνπερ. *quæ accusatis.* Malim περὶ ὧνπερ. IDEM. F. ὧνπερ. AUGER.

Περὶ ὧν ἂν ἐν τοῖς κ. τ. λ.] Inter apophthegmata, quæ Thaleti tribuuntur (num vero eum auctorem agnoscant, incertum est), et hoc exstat: Θαλῆς ἐρωτηθεὶς, πῶς ἂν ἄριστα καὶ δικαιότατα βιώσαιμεν, ἐὰν, ἔφη, ἃ τοῖς ἄλλοις ἐπιτιμῶμεν αὐτοὶ μὴ δρῶμεν. Diog. Laert. l. I. segm. 36. FRICK.

Πράξειν] I. e. εὐτυχήσειν, ἢ δυστυχήσειν. WOLF.

Οἷα ἂν] Malim οἷάπερ ἄν. IDEM.

Μὴ μόνον ἐπαινεῖτε] Sapienter Plutarchus: τοῦτο προκοπῆς ἀληθοῦς ἴδιόν ἐστι πάθος, ὧν ζηλοῦμεν τὰ ἔργα, τὴν διάθεσιν φιλεῖν καὶ ἀγαπᾷν καὶ μετ' εὐνοίας ἀεὶ τιμὴν ἀποδιδούσης εὔφημον ἐξομιοῦσθαι. FRICK.

Οἵουσπερ ἂν περὶ ὑμᾶς κ. τ. λ.] Ad illud pertinet id, quod Seneca scribit epist. XLVII. "Sic cum inferiore vivas, quemadmodum tecum superiorem velles vivere." FACC.

Τὰ παρ' ὑμῶν — ὑπηρετῆται] I. e. ἐὰν ὑμεῖς ὑπηρετῆτε. WOLF.

CONJECTURA

DE TEMPORE

QUO EDITUS VIDETUR PANEGYRICUS

AUCTORE S. F. N. MORO.

Locus classicus, e quo tempus hujus orationis definiri debet capite XXXIX. occurrit: Βασιλεὺς, στρατεύσας ἐπ' Εὐαγόραν, — — οὐ δύναται περιγενέσθαι, ἀλλ' ἤδη ἓξ ἔτη διατέτριφεν, unde necessario sequitur, Panegyricum editum esse sexto aut septimo anno belli, ab Artaxerxe Mnemone cum Evagora gesti, et, si Diodorus Siculus audiatur, per decennium gesti: etsi eum in hoc numero vix audiendum esse, ad Panegyrici c. 39. monui. Initia belli dupliciter constituta reperi. Diodorus Siculus,[1] Calvisius[2] et Dodwellus[3] ad annum secundum Olympiadis XCVII. retulerunt, ut adeo editio Panegyrici in annum tertium aut quartum Olymp. XCVIII. incidat. Chytræus,[4] quanquam ipsius anni numeros non expressit, eo tamen loco inseruit mentionem hujus belli, ut videatur Olympiadi XCVII. et XCVIII. attribuisse. Scaliger,[5] qui in versione Eusebiani Chronici ad Olymp. XCVIII. notatum repererat: *Evagoras in furorem versus, quum regnaret Cypri:* hæc Latina primum ex Eusebii Græcis, ubi ἐξέστη (i. e. ἐξεχώρησε) scriptum est, recte corrigenda censuit, et de deditione insulæ accepit, qua omni, præter Salamina, *cesserat Evagoras:* deinde anno quarto Olymp. XCVIII. finem belli posuit, secutus, ut videtur, eam rationem, quam sequendam esse ipse Isocrates suadet, ut ad c. 39. dixi. Nam si Diodori Siculi decennium esset verus numerus: efficeret aliquot annis antiquiorem Panegyricum, eumque anno quarto Olymp. XCVII. aut primo Olymp. XCVIII. assignari juberet: etiamsi tam exiguum discrimen in illa temporum vetustate eo minus attendi deberet, quo minus definiri plane potest, aliusque videtur tempus belli cœpti, alius consilii initi et primæ occultæque molitionis notasse. Quum ergo plurium sententiæ tamen satis propinqua rei gestæ tempora indicent, non temere statuemus, Panegyricum vel Olympiade XCVII. vel XCVIII. scriptum esse. Saltem hoc, nisi chronologis, qui rem consulto tractarunt, nimium

[1] L. 14. p. 716. ed. Wessel. Cf. Usserii Annales p. 136.

[2] In Opere Chronol. p. 272.

[3] Chronologia Xenophont. §. 20.

[4] Chronologia Xenoph. p. 192.

[5] Ad Euseb. Chron. an. 1650. p. 123.

detrahere velimus, temporum rationi multo melius convenit, quam quod Fabricius[6] et nuper doctissimus nobisque amicissimus Schirachius[7] judicarunt, innotuisse Panegyricum intra Olymp. XCII. et XCVI.

Nihilo minus duo videntur sententiæ nostræ opponi posse, quæ si tollere nequeamus, veremur, ut de tempore Panegyrici aliquid constituere liceat. Nam primum, quæ Isocrates cap. XXXV. de Olynthiis et Amynta narrat, ea Diodorus Siculus[8] in rebus anni secundi Olymp. XCIX. commemoravit, consentiente Dodwello:[9] quæ Isocrates ibidem contra Phliasios jam facta dicit, ea idem Diodorus eodem loco et de eodem tempore, quo superiora, tradit; quanquam Dodwellus,[1] probante ad illum Diodori locum Wesselingio, post Olynthi expugnationem sub initia Olymp. C. Phliasios subactos putat. Similiter expugnatio Cadmeæ recentior Panegyrico est.[2] Tum in Calvisiano opere chronologico, et illa Scaligeriana ἱστοριῶν συναγωγῇ, quæ est in Thesauro temporum,[3] nihil horum ante Olymp. XCIX. aut C. ponitur. Secunda difficultas hæc est. Isocrates c. XXXIX. bellum Artaxerxis contra Ægyptios, jam finitum, notandis ducum nominibus et exitu sic describit, ut illud, de quo Diodorus[4] accurate egit, intelligi debeat. Atqui hoc magno chronologorum consensu ex Diodori auctoritate finem habuit Olymp. CI. anno tertio. Et quis tandem hæc expediat? Panegyricum sexto vel septimo anno belli, a Persis contra Evagoram gesti, prodiise, hoc est, Olymp. XCVII. vel XCVIII. nihilo minus in eo tradi, quæ in Olymp. XCIX. C. et CI. incidant. Nam ille locus Isocratis, quem classicum diximus, ita certus est et perspicuus, ut, si quis de vitio cogitet, ne reperiri quidem possit probabili conjectura, cur alicui in mentem venerit illud ἤδη ἓξ ἔτη ponere. Diodorum autem, consentientem fere chronologiæ Xenophonteæ, tamque studiosum in notandis numeris, et cum eo recentiores chronologos, negligentiæ errorisque in omni illa serie numerorum arguere velle, temerarium fuerit. Relinquitur ergo, ut vel negemus, nobis de tota re constare, quæ ut est sæpe honesta excusatio, ita videri potest interdum occultare tædium quærendi et cogitandi; vel Isocratem duobus locis interpolatum suspicemur. Id autem sic intelligendum est, ex c. XXXV. tollendam esse hanc particulam: Καὶ τὴν Θηβαίων Καδμείαν κατέλαβον —— τῷ Μακεδόνων βασιλεῖ, ex c. XXXIX. totum hunc locum: Οὐκ ἐκεῖνος μὲν ἐπὶ τὸν πόλεμον —— τῶν ὁμόρων ζητεῖν ἐπάρχειν. Nempe attentus ad historiam Græcam lector hæc Isocraticæ narrationi addidit, quæ sciret postea evenisse. Verum simul ac cogito, in loco de

[6] Bibl. Gr. Lib. II. c. 26.
[7] Disput. de Isocrate, §. 7. p. 23.
[8] L. XV. p. 17.
[9] Chronol. Xenoph. §. 29.
[1] Ibid. §. 31.
[2] Vid. Dodwell. l. c. §. 29.
[3] Pag. 324.
[4] Lib. XV. p. 33.

Olyntho νῦν et πολεμοῦσι tempore præsenti legi, et de Amynta συμπράττουσι, omnem hanc conjecturam repudio; saltem vehementer dubito: namque vivo Isocrate, vixit autem ultra hæc tempora, nemo interpolare orationem ausus est: cur ergo, qui interpolavit, quum res jam gestæ essent, non perfectum usurpavit? Certius mendum alterius loci de defectione Ægypti demonstrare possum. Ter igitur reperi Ægyptum ab Artaxerxe Mnemone descivisse. Primum Lacedæmoniis, a Conone bello petitis,[5] Nephereus, Ægypti rex, frumenta misit, quæ est ἀποστασία, defectionis a rege Persiæ professio. Secundo Acoris, rex Ægypti, Evagoram contra Persas juvit, habuitque adjutorem Gaon, præfectum classis Persicæ.[6] Jam hæ quidem defectiones cum eo tempore Panegyrici, quod ab initio constituere conati sumus, conveniunt: sed nec Artaxerxes vel Nephereo bellum intulisse usquam traditur, vel Acoridi (contra quem sine dubio ultionis studio, finito demum bello contra Evagoram, expeditionem paravit,[7] quanquam ipsum bellum serius cum Nectanebi gestum est), nec talis fuit eventus, potuitve esse, bello non gesto, qualis in loco Isocratico describitur. Igitur narratio oratoris a rei gestæ veritate abhorret. Tertiæ Ægypti defectio plane sic narrata est a Diodoro,[8] tum quoad ducis Pharnabazi nomen, tum quoad eventum seu discessum Persarum ex Ægypto, ut ab Isocrate. Atqui hoc bellum, ut ante diximus, recentius est tempore Panegyrici: quapropter totum hoc, quod agit de bello contra Nectanebin, ducibus Persicis et eventu, resecandum videtur a Panegyrico: ita enim relinquitur defectio vel Nepherei, vel Acoridis, illa antiquior Panegyrico, hæc æqualis: esse vero utramque intelligendam, inde fit credibile, quod apud Isocratem hæc leguntur: τί διαπέπρακται πρὸς τοὺς ἔχοντας αὐτὴν, hoc est, contra duos reges, diverso tempore imperium obtinentes. Accedit aliud, quod additamentum ejici jubet: Quomodo, si hic de bello contra Nectanebin ageretur, potuisset Isocrates scribere: Μετὰ ταῦτα ἐπ' Εὐαγόραν στρατεύσας, quum bellum Evagoræ jam antea confectum fuerit? E contrario hæc bene cohærent, si πρῶτον μὲν ad alterutram priorum defectionum, vel utramque adeo referatur: ita enim μετὰ ταῦτα significat rem, quæ profecto post illas defectiones accidit, id quod de Nephereo exploratum est, de Acoride hinc apparet, quod Evagoram in initiis belli et molitione adjuvit, ideoque ante ipsum bellum descivit a Persis. Atque sic Isocraticum τί διαπέπρακται magnum contemptum exprimit, quoniam expeditio Persarum contra defectores ne suscepta quidem est.

Si cui forte in mentem veniat opinari, bis potuisse Panegyricum

[5] Isocr. Paneg. c. 41. Diod. Sic. l. XIV. p. 703. ad quem locum Wesselingius nomen Hercynionis apud Justinum, VI. 2, VI. 6. 3. corruptum judicat.

[6] Diod. Sic. l. XV. p. 5, 6. 9, 10.

[7] Diod. Sic. ibid. p. 23.

[8] Lib. XV. p. 33.

ab ipso Isocrate edi, ac posteriori recensioni adjici, quæ post priorem editionem facta essent: is diligenter cogitet, argui hoc modo Isocratem incredibilis negligentiæ, qui, cum temporis spatia voluisset extendere, e priori editione ἤδη ἓξ ἔτη servarit, quasi non protulisset temporis fines, et res confuderit. Neque hanc conjecturam de duplici editione adjuverit locus, de quo ad cap. 14. nonnulla scripsi.

COROLLARIUM.

Hæc igitur de ætate definienda Morus censuit; quum antea excitaverit tantum, quæ secum pugnent, neque vero eadem reconciliaverit, in iis acquiescere nemo potest. C. M. Wielandus, qui in Musei Attici volumine I. part. I. 1796. versionem hujus orationis dedit, in præfatione hanc etiam quæstionem de anno, quo editus sit Panegyricus p. X. — XVII. tetigit. Quæ ibi disputavit eo redeunt, ut, quum duo argumenta paribus sibi adversentur viribus, quorum hoc comprobet orationem *haud serius* esse editam, quam ineunte Olympiade XCVIII. illud autem doceat *haud prius* esse editam, quam exeunte XCIX. sumat Isocratem tam diu versatum esse in Panegyrico elaborando et perpoliendo, ut interea bellum Cyprium finitum, et expeditio Lacedæmoniorum adversus Olynthios suscepta fuerit. Recensionem duplicem necessariam esse negat, et verba ἤδη ἓξ ἔτη de industria non mutata remansisse, neque vero ob incuriam relicta esse affirmat, quum orationibus ex ipsa Isocratis sententia et ad ejusdem exemplum liceat interdum a fide et veritate historica recedere, cfr. Panathen. c. 71. hanc vero fidem tanto facilius ab illo negligi potuisse censet, quanto major fuerit Atheniensium, longe alia curantium, levitas.

Quum post has Wielandi curas, qui hanc rem tractaverit, neminem noverim (Langius enim in versione vernacula Panegyrici, quæ 1797. prodiit p. 14. pæne idem dicit, his verbis: quidni sumamus eum tam diu hanc orationem retinuisse, ut de rebus gestis et prioribus et posterioribus tanquam de præsentibus posset loqui?), equidem hic sententiam apponam Io. Aug. Godofredi Rostii, juvenis docti et in literis Græcis optime versati. Dederat hic eam Godofr. Henr. Schaefero, viro probitate, doctrina et eruditione pariter eximio, ut, si qua data fuerit occasio, publice proponeret, qui ubi novæ editionis parandæ curam mihi traditam esse compererat, quæ est ejus, qua me ornat, benevolentia, mecum eam communicavit. Habet se ita:

DE ISOCRATIS PANEGYRICO.

" Neque Moro neque Wielando in iis, quæ de Panegyrico scripserunt, assentior. Morus enim, cujus solius dissertationem editioni Panegyrici ab ipso curatæ præmissam hæc scribens ob oculos habebam, in capite 39. delere voluit verba οὐκ ἐκεῖνος ζητεῖν ἐπάρχειν, quia, quæ hic narrentur, post evenerint, quam Panegyricus editus fuerit, quippe qui prodierit sexto aut septimo anno belli ab Artaxerxe Mnemone cum Evagora gesti. At quidni statuamus, Isocratem bis edidisse Panegyricum aliaque in priori, alia in posteriori editionibus narrasse? Judico igitur, eum, cum primum publici juris faceret Panegyricum, dixisse, regem Persarum cum Ægypto, quæ defecisset, bellantem infelicem fuisse, et huic calamitati subjunxisse expeditionem adversus Evagoram post malum hoc susceptam, quam, quoniam Evagoras tandem victas manus dedit, in posteriori editione cum Panegyricus promulgaretur, tertia Ægypti defectio acciderat. Suppressa vero narratione, cujus initium est Μετὰ ταῦτα, non licuit superius scribere Καὶ πρῶτον μὲν ἀποστάσης Αἰγύπτου, sed simpliciter Καὶ ἀποστάσης Αἰγύπτου, aut Ἀποστάσης γὰρ Αἰγύπτου. Scriba vero, cui Panegyricus qui nunc habetur maximam certe partem debetur, quod utriusque editionis manuscriptis utebatur, se nihil eorum, quæ in alterutra editione legerentur, omittentem optimum opus conditurum esse putavit. Quid mirum, si diligentia nimia protulit ea, quæ negligentiam spirant? Sed cur non eandem sententiam de capitis 35. particula καὶ τὴν Θηβαίων — τῷ Μακεδόνων βασιλεῖ feramus? cur dubitemus eam ab Isocrate in editione panegyrici posteriore scriptam esse? Scripsi Eisenbergæ urbe principatus Altenburgensis Ioannes Augustus Godofredus Rost Candidatus Theologiæ."

Equidem, ut jam quid ipse sentiam de hac re proponam, nihil horum probo, quanquam acumen et sagacitatem virorum, qui has sententias tulerunt, uti decet, laudo. Demonstratum est a Moro *ante* Olympiadem XCVIII. Panegyricum edi non potuisse; patet hoc ex iis, quæ de Thimbrone et Dercyllida c. 40, Agesilao c. 41, Cytheris c. 33. cfr. Xenoph. hist. Gr. IV. 8. Diodor. Sicul. XIV. 84. Cyri expeditione c. 40. prœlio ad Cnidum commisso c. 39. 43. Cononis obitu c. 41. pace Antalcidæ c. 33. 34. 47. et præter alia de Evagoræ bello cum Artaxerxe Mnemone narrantur. Sed his missis ad ea progrediar, de quibus non convenit.

Primum loquar de Ægypti defectione, quæ c. 39. commemoratur. Morus hanc eandem esse putavit, quam Diodorus l. XV. enarret, et quam secutum sit bellum gravissimum, in quo dux erat Pharnabazus. Sed quum hoc gestum sit Olympiadis CI. anno tertio, Panegyricum autem Ol. XCVIII. a. 4. editum esse putet, omnem hunc locum spurium, ab aliena manu insertum, ideoque rescindendum censet, in qua re adstipulantem habet Langium.[1] Wielandus

[1] L. commemor. p. 14. " Mit der andern (Stelle c. 39.) aber hat es weniger Schwierigkeit, daher auch Morus die letztere mit Klammern, jene aber nicht damit versehn hat."

et Rostius eandem expeditionem cum Moro sumunt, diverso autem modo, de quo supra, explicare student.

Sed hoc bellum intelligi nequit. Solum Pharnabazi nomen nihil probare non est, quod pluribus verbis doceam; illud autem bellum, quod Olympiadis CI. anno III. assignatur, quanquam plures annos parando belli apparatu insumpserat Pharnabazus, per *unius* anni spatium ita gestum est, ut Pharnabazus et Iphicrates ex Ægypto recedere deberent. Navibus enim accesserunt Diodor. Sic. l. XIV. c. 41. 42. Polyæn. strat. III. 38. militibus expositis castellum oppugnarunt Diodor. Sic. l. 1. c. 42. et Nilo omnem regionem inundante ex Ægypto discesserunt ib. c. 43. Isocrates autem c. 35. diserte dicit: *καὶ πρῶτον μὲν ἀποστάσης Αἰγύπτου, τί διαπέπρακται πρὸς τοὺς ἔχοντας αὐτήν; Οὐκ ἐκεῖνος (ὁ βασιλεὺς) μὲν ἐπὶ τὸν πόλεμον τοῦτον κατέπεμψε τοὺς εὐδοκιμωτάτους Περσῶν Ἀκροκόμαν, καὶ Τιθραύστην, καὶ Φαρνάβαζον; Οὗτοι δὲ τρία ἔτη μείναντες, καὶ πλείω κακὰ παθόντες, ἢ ποιήσαντες, τελευτῶντες οὕτως αἰσχρῶς ἀπηλλάγησαν, ὥστε κ.τ.λ.* Sed præterea, quod hoc bellum, quod Isocrates innuit, per *tres annos* gestum est, illud autem, quod illi volunt, intra *unius anni* spatium continetur, alia accedunt, quæ doceant, de illo non esse cogitandum. Patet enim ex verbis, *Καὶ πρῶτον μὲν ἀποστάσης Αἰγύπτου, — μετὰ δὲ ταῦτα ἐπ' Εὐαγόραν στρατεύσας,* defectionem Ægypti et secutam expeditionem Artaxerxis priorem esse, et antecessisse bello adversus Evagoram. Morus et Rostius, qui hoc bene senserunt, ut aptum redderent locum sententiæ, vario modo de his verbis statuerunt. Sed hunc locum optime sese habere, nullo modo sollicitandum esse et magna cura servatum in eo esse ordinem temporis, statim apparebit. Eadem serie Isocrates alio loco repetiit, de quo ne cogitarunt quidem, qui de Panegyrici editi anno scripserunt. Capite XLIII. hæc leguntur: *οὐκ Αἴγυπτος μὲν αὐτοῦ καὶ Κύπρος ἀφέστηκε; Φοινίκη δὲ καὶ Συρία — ἀνάστατοι γεγόνασι; Τύρος δ' — ὑπὸ τῶν ἐκείνου κατείληπται;* (postquam Ægyptus defecerat, Evagoras descivit; post defectionem Evagoras Phœniciam et alias regiones in suam potestatem redegerat) *Ἑκάτομνος δ' ὁ Καρίας ἐπίσταθμος τῇ μὲν ἀληθείᾳ πολὺν ἤδη χρόνον ἀφέστηκε.* postquam bellum inceperat Evagoras, clam eum adjuvit Hecatomnus Diod. Sic. XV. 2. Elucet inde servato ordine in priore loco Isocratem dixisse *καὶ πρῶτον μὲν — Μετὰ δὲ ταῦτα,* et aliam expeditionem, quæ triennium expleverit, neque vero istam uno finitam anno hic ab Isocrate esse indicatam. Quænam vero fuerit, atque utrum ex iis sit rebus gestis, quas ex historicis, quos superstites habemus, non comperimus, an quas ex oratoribus discimus, quarum historici vero nullam fecerunt mentionem, non definiam. Videtur autem, si probabilibus datur locus, rex Persarum adversus Nephereum aut Acoridem expeditionem suscepisse, quam Diodorus non commemoraverit.

Hæc igitur ante expeditionem Artaxerxis contra Evagoram evenerant, neque possunt Olympiadis CI. anno tertio assignari.

Jam vero de Amynta, Olynthiis, Phliasiis et expugnata Cadmea videamus. Olymp. XCVIII. anno quarto Lacedæmonii Mantineam oppugnabant; cives per æstatem fortiter restiterunt, sed sub finem anni se dediderunt Lacedæmoniis, qui eos in vicos denuo abire jusserunt (*διῴκισαν*). Olymp. XCIX. a. II. Lacedæmonii cum Amynta, Olynthiis et Phliasiis bellum inferre cœperunt; quod varia fortuna cum Amynta continuarunt usque ad finem anni I. Olympiadis C. quo Olynthii se Lacedæmoniis submiserunt Diodor. Sic. l. XV. c. 19 — 23. res Phliasiorum non uti e Diodoro XV. 19. videri possit Olymp. XCIX. a. II. sed post Agesipolidis adversus Olynthios expeditionem, h. e. *post finem anni IV.* ejusdem Olymp. compositas esse jam Wesselingius Tom. II. p. 17. ad Diodorum et Dodwellus, cfr. Conjectur. Mori, docuerunt. Cadmeam vero Thebanorum arcem duce Phœbida Lacedæmonii occuparunt a. III. Olymp. XCIX. Diodor. Sic. XV. 20. Hæc quum c. 35. commemorentur, neque concinere videantur cum loco c. 39. varia ratione, quam repetere nolo, sollicitata sunt.

Restat igitur, ut de illo loco, qui bellum Evagoræ tangit, et omni hoc bello nonnulla moneam. Initium expeditionis Persicæ adversus Evagoram constituunt anno secundo Olympiadis XCVII. cfr. Mor. Conject. init.; quum sexto hujus belli anno Panegyricum editum esse putent, credunt hoc anno IV. Olymp. XCVIII. factum esse, atque eadem de causa illa, de quibus modo locutus sum, exagitarunt. Vidit quidem Morus hic latere difficultatem et vix audiendum esse Diodorum, qui per decennium hoc bellum dicat esse gestum, cfr. Conject. in.; sed tantum abest, ut solverit, ut novis offuderit tenebris ad c. 39. ubi putat non decimo aut nono demum anno finitum esse hoc bellum, sed jam septimo. At vero ut hoc missum faciam, veram enim non esse hanc opinionem mox sponte apparebit, Diodorus egregie secum pugnat, neque ita quidem potest ab errore defendi, ut sumamus eum, quæ serius acciderint addidisse prioribus, ut statim declaret quemnam hæc res habuerit finem, priusquam ad alia transierit, qua ratione fortassis quæ de Phliasiis monui possent excusari. Narrat enim Diodorus l. XV. c. 9. *ὁ μὲν οὖν Κυπριακὸς πόλεμος, δεκαετὴς σχεδὸν γεγενημένος, καὶ τὸ πλέον τοῦ χρόνου περὶ παρασκευὰς ἀσχοληθεὶς, διετῆ χρόνον τὸν ἐπὶ πᾶσι συνεχῶς πολεμηθεὶς, τοῦτον τὸν τρόπον κατελύθη,* Olympiadis XCVIII. a. IV. libri XIV. autem capite 98. initia hujus belli Olympiadis XCVII. anno secundo assignat: hoc modo igitur post decem, illo post sex, annos bellum finitum esse dicit, et duobus postremis potissimum annis pugnatum esse. Ad hunc locum Wesselingius: "at Isocrates Panegyr. p. 101. sextum ejus belli annum, cum orationem eam scriberet; verti, jamque Evagoram maritimo certamine superatum rebus angustis esse, significat: cui eadem tempestate viventi cur tandem non accessero?" Tum quidem decem annorum numerum confirmat ipse Isocrates Evagor. c. 23. Εὐαγόρᾳ δὲ πολεμήσας (βασιλεὺς) ἔτη δέκα, τῶν αὐτῶν κύριον κατέλιπεν, ὧνπερ ἦν καὶ πρὶν εἰς τὸν πόλεμον εἰσελθεῖν, sed reliqua facile illustrari non possunt. Quæ Diodorus l. l. narrat per ἐπανάληψιν historicam eorum, quæ aliquot annis ante facta fuerant, ita ut ea adjunxerit et repetierit, quo facilius origines atque causæ belli perspici possent jam recte explicuit Verpoortennius in Dissertat. de regno Salaminio in Cypro cur. Ioh. Fr. Fischer. Lips. 1779. 8. jam enim Olymp. XCV. a. II. rex erat. Olymp. XCVII. a. II. quum solam Salaminem teneret, reliquis Cypri urbibus bellum parasse videtur, et deinde iis intulisse, quarum aliis persuasit, alias armis coegit, ut imperio suo se subjicerent; expeditio autem Artaxerxis adversus ipsum serius initium cepit, atque bellum usque ad mediam Olympiadem centesimam gestum est. Potest quidem hoc ex Isocrate et aliunde jam sentiri, sed ut demonstrem, locum historici adhibeam, qui erat huic ætati proximus, de qua quæcunque traduntur et obscura sunt et secum pugnant.

Ex iis scriptoribus, qui si eorum opera ætatem tulissent optime tenebras dissipare possent, quæ etiamnum permultas historiæ Græcæ ætates obtegunt, pæne primum locum obtinet Theopompus Chius. Etiamsi enim interdum paullo cupidius in notatione morum versaretur, et rhetorico artificio scripta exornaret, Isocratis disciplinam prodens; tamen eum gravissimis et fide dignis auctoribus annumerandum esse, ejusque testimonia maximi esse ponderis, nam de Θαυμασίοις hic sermo non est, atque ab eo multos historiæ scriptores, inter eos etiam Diodorum pendere constat. Quapropter quum collectione eorum, qua ex ejus scriptis hic illic ab antiquioribus commemorantur etiamnum ægre careamus, maxime optandum est, ut ne diutius retineant, qui ea collecta servant. Theopompi libros legit Photius cod. CLXXVI., et nobiscum nonnulla communicat, quorum quædam hic proferam. P. 389. ed. Hoeschel. 1653. Ἀνεγνώσθησαν Θεοπόμπου λόγοι ἱστορικοί. Πεντήκοντα δὲ καὶ τρεῖς εἰσὶν οἱ σωζόμενοι αὐτοῦ τῶν ἱστορικῶν λόγοι, διαπεπτωκέναι δὲ καὶ τῶν παλαιῶν τινὲς ἔφησαν τήν τε ἕκτην καὶ ἑβδόμην, καὶ δὴ καὶ τὴν ἐννάτην καὶ εἰκοστὴν, καὶ τὴν τριακοστήν. Ἀλλὰ ταύτας μὲν οὐδ' ἡμεῖς εἴδομεν· Μηνοφάνης δέ τις τὰ περὶ Θεόπομπον διεξιὼν (ἀρχαῖος δὲ καὶ εὐκαταφρόνητος ὁ ἀνὴρ), καὶ τὴν δωδεκάτην συνδιαπεπτωκέναι λέγει. Καίτοι αὐτὴν ἡμεῖς ταῖς ἄλλαις συνανέγνωμεν κ. τ. λ. Scripsit Theopompus σύνταξιν Ἑλληνικῶν libris XII. contentam, in qua ubi desierat Thucydides inde exorsus est et septendecim annorum historiam enarravit, Diodor. Sic. XIII. 42. XIV. 85. usque ad Olymp. XCVI. a. 2. ex hoc libro esse nequeunt, quæ Photius affert, indicat enim opus trium et quinquaginta librorum et alia inscriptione insignitum. Intelligendus igitur est liber duodecimus eorum, quos Theopompus præterea conscripsit, ejus operis, quod ipse ἱστορικοὺς λόγους inscripsisse videtur, quod vero seriores, quum præcipue res Philippi in eo persequeretur, φιλιππικὸν vel φιλιππικὰ dixerunt. Sed præterquam quod de numero librorum diversæ sunt sententiæ, his quoque difficultatibus hic impliciti sumus, primum quod in hoc opere Theopompum ab Olympiadis *quintæ et centesimæ* anno secundo exorsum esse dicit Diodorus Sic. XVII. 3. deinde quod Menophanes, cfr. Photii loc., librum duodecimum periisse dixerat, quod Wesselingium permovit, ut ad Diodor. Sic. T. I. p. 573. n. 37. diceret: "Ego vero haud scio an Photius libri titulo sit deceptus. Theopompus XII. Græc. Historicæ librum absolvit navali pugna ad Cnidum, quæ ex Nostri calculis anno secundo Olymp. XCVI. commissa est. Quæ vero illo L. XII., quem Patriarcha excerpsit Cod. CLXXVI., continebantur, omnia Olympiadem eam exceperunt, veluti res Acoridis in Ægypto gestæ, Evagoræ illatum ab Artaxerxe bellum, pax Antalcidæ et motus pacis ejus causa per Græciam orti et reliqua. Hæc Callisthenes libris Rer. Græcarum, ut Auctor extremo L. XIV. significat, complexus erat, non Theopompus." Dolendum est Frid. Kochium promissis nondum stetisse in Proleg. ad Theopompum Chium Sedini 1803. datis, nam has ἀπορίας solvere voluit, cfr. p. 51. Sed ut ut est, sive Callisthenes hæc scripserit, cujus historica Græca bene distinguenda sunt ob virtutem a reliquis ejus scriptis, sive ipse Theopompus fortassis ea ratione, qua a libro XLI. ad XLIII. historiam Siculam rebus Olymp. CIX. gestis inseruit, ab initio tyrannidis Dionysiacæ Ol. XCIII. exorsus; tamen ab auctore profecta sunt, illi ætati propius viventi, quam Diodorus erat, et permagnum iis nullo modo poterit denagari momentum.

Pergit Photius: καὶ περιέχει ὁ δωδέκατος λόγος περί τε Πακώριος ('Ακώριος) τοῦ Αἰγυπτίων βασιλέως, ὡς πρός τε τοὺς Βαρκαίους ἐσπείσατο, καὶ ὑπὲρ Εὐαγόρου ἔπραττε τοῦ Κυπρίου, ἐναντία πράττων τῷ Πέρσῃ (Olymp. XCVII. exeunt. et Ol. XCVIII. in.)· ὅν τε τρόπον παράδοξον (παρὰ δόξαν) Εὐαγόρας τῶν Κυπρίων ἀρχῆς ἐπέβη, Αὐδήμωνα (*Diod.* 'Αβδήμονα) κατασχὼν τὸν Κιτιέα, ταύτης ἐπάρχοντα· τίνα δέ τρόπον Ἕλληνες, οἱ σὺν 'Αγαμέμνονι, τὴν Κύπρον κατέσχον, ἀπελάσαντες τοὺς μετὰ Κινύρου, ὧν εἰσὶν ὑπολιπεῖς 'Αμαθούσιοι (hæc omnino per ἐπανάληψιν historicam)· ὅπως τε ὁ βασιλεὺς (rex Persarum) Εὐαγόρᾳ συνεπείσθη πολεμῆσαι, στρατηγὸν ἐπιστήσας Αὐτοφραδάτην τὸν Λυδίας σατράπην, ναύαρχον δὲ Ἑκατόμνων (Olymp. XCVIII. in. ad hoc enim tempus et finem prægressæ Ol. referenda videntur, quæ Diodor. Sic. XV. 2. de Evagora, ἐκυρίευε κατὰ τὴν Φοινίκην Τύρου καὶ τινῶν ἑτέρων, et Isocrates dicunt, Evag. c. 23. μικροῦ μὲν ἐδέησε Κύπρον ἅπασαν κατασχεῖν, Φοινίκην δὲ ἐπόρθησε, Τύρον δὲ κατὰ κράτος εἷλε, Κιλικίαν δὲ βασιλέως ἀπέστησε). Tunc igitur Hecatomno mandatum est, ut Evagoram subigeret; paullo post ubi ille plus profuerat, quam nocuerat Evagoræ, Artaxerxes, expeditionem majorem suscepit. Persequamur verba Photii: καὶ περὶ τῆς εἰρήνης, ἣν αὐτὸς τοῖς Ἕλλησιν ἐβράβευσεν. Patet, hic intelligendam esse pacem Antalcidæ, Ol. XCIII. a. II. hac facta ὁ μὲν βασιλεὺς, ut utar Diodori verbis XIV. 110. διαλυθεὶς τῆς πρὸς τοὺς Ἕλληνας διαφορᾶς, παρεσκευάζετο τὰς δυνάμεις εἰς τὸν Κυπριακὸν πόλεμον. ὁ γὰρ Εὐαγόρας σχεδὸν ὅλην τὴν Κύπρον ἦν ἐκκεκλημένος, καὶ δυνάμεις ἁδρὰς συνηθροίκει διὰ τὸ τὸν Ἀρταξέρξην ἐν τῷ πρὸς τοὺς Ἕλληνας πολέμῳ διεσπάσθαι.

Hanc expeditionem Photius indicat ita: ὅπως τε πρὸς Εὐαγόραν ἐπικρατέστερον ἐπολέμει; et ab ea (Olymp. XCVIII. a. II. ex. et III. in. sese exordium libri XV. fecisse declarat ipse Diodorus XV. c. I. extremo. Proxime sequuntur apud Photium: καὶ περὶ τῆς ἐν Κύπρῳ ναυμαχίας (Diod. l. I. c. 3. constat, hanc pugnam commissam esse a. III. ejusdem Olymp.) καὶ ὡς Ἀθηναίων ἡ πόλις ταῖς πρὸς βασιλέα συνθήκαις ἐπειρᾶτο ἐμμένειν, Λακεδαιμόνιοι δὲ ὑπέρογκα φρονοῦντες παρέβαινον τὰς συνθήκας. Hæc postrema indicant civium Mantineæ διοικισμὸν; anno IV. ejusd. Olymp. et quæ deinde Olynthiis, Phliasiis, Thebanis fecerunt. Quum jam ad Lacedæmonios transiisset auctor, quem excerpsit Photius, et injuriarum fecisset mentionem et ὑπερβασιῶν, pacem iterum commemoravit Antalcidæ Lacedæmonii; quam enim ante in Persarum rebus enarrandis ex horum rationibus enarraverat, eandem ad Lacedæmonios progressus ex alterius hujus partis rationibus exposuit, ut ab utraque parte eam explanaret et illustraret.

Inde redit: καὶ ὡς Τιρίβαζος ἐπολέμησεν· (Diodor. XV. 8. Ol. XCVIII. anno IV. ex. et seqq.) ὅπως τε Εὐαγόρᾳ ἐπεβούλευσεν· ὅπως τε αὐτὸν Εὐαγόρας πρὸς βασιλέα διαβαλὼν συνέβαλε μετ' Ὀρόντου.

Hæc omnia tempore *post finem* Olympiadis XCVIII. proximo et deinceps (h. e. Ol. XCIX.) facta esse ordo docet; mirum esse nequit, quod recedunt hi numeri et anni ab iis Diodori, quum omnis narratio diversa sit, et, uti supra monui, hic a se ipse dissentiat.

Audiamus Photium: καὶ ὡς Νεκτενβίιος παρειληφότος τῶν Αἰγυπτίων βασιλείαν, πρὸς Λακεδαιμονίους πρεσβεις ἀπέστειλεν Εὐαγόρας (rex autem factus est Nectenibis vel Nectanebis ineunte Olympiade C.[1])· τίνα τε τρόπον ὁ περὶ Κύπρον αὐτῷ πόλεμος διελύθη. Ita incideret finis belli hujus Cyprii in annum II. vel III. Olympiadis centesimæ. Consentiunt cum hac ratione, quæ ab Isocrate narrantur. Nam, uti supra monitum est, bellum Cyprium decem explevit annos, dicit autem c. 39. Μετὰ δὲ ταῦτα ἐπ' Εὐαγόραν στρατεύσας (Olymp. XCVIII. 2.), ὃς ἄρχει μὲν μιᾶς πόλεως (Salaminem intelligas) τῶν ἐν Κύπρῳ, ἐν δὲ ταῖς συνθήκαις ἔκδοτός ἐστιν (pace Antalcidæ Ol. XCVIII. 2. facta), οἰκῶν δὲ τὴν νῆσον κατὰ μὲν θάλατταν προδεδυστύχηκεν (Ol. XCVIII. 3.), ὑπὲρ τῆς χώρας τρισχιλίους εἶχε μόνον πελταστάς· ἀλλ' ὅμως οὕτω ταπεινῆς δυνάμεως οὐ δύναται περιγενέσθαι βασιλεὺς πολεμῶν, ἀλλ' ἤδη μὲν ἓξ ἔτη διατέτριφεν· εἰ δὲ δεῖ τὰ μέλλοντα κ. τ. λ.

Hæc ita sunt explicanda: ex quo victus est Evagoras prœlio navali, nonnisi tria millia militum habebat, sola Salamine se continere debet, jam *sextus* agitur annus; tanto exercitu, quo Evagoram Ol. XCVIII. 2. aggressus est ipse βασιλεὺς eum subigere nequit, sed ex quo cum eo post prœlium navale pugnat, et Evagoras, qui antea ingentem exercitum coegerat (vide supra et Diod. XV. 2.), quum defecissent socii, periissent aut descivissent milites, tria modo εἶχε militum millia, Artaxerxes οὕτω ταπεινῆς δυνάμεως περιγενέσθαι nequit, sed adversus eam bellum gerens jam sextum annum attigit. Elucet hinc sextum hunc annum, ex quo Artaxerxes frustra οὕτω ταπεινὴν δύναμιν oppugnet, esse annum quartum Olympiadis nonagesimæ.

Finis hujus belli (σχεδὸν vid. Diod. supr.) per decennium gesti, et Ol. XCVIII. 2. incepti, incidit in eundem annum, qui ex excerptis historici antiqui modo erutus est Ol. C. 2. Post ejus finem a Photio hæc commemorantur: καὶ περὶ Νικοκρέοντος ὡς ἐπεβούλευσεν, ὡς παραδόξως ἐφωράθη, ὡς ἔφυγε· καὶ ὡς τῇ ἐκείνου παιδὶ καταλειφθείσῃ κόρῃ Εὐαγόρας τε καὶ ὁ τούτου παῖς Πνυταγόρας (var. Πρυταγόρας, Isocrat. et Diodor. Πρωταγόρας, vid. Wesseling. ad Diodor. XV. 4.), λανθάνοντες ἀλλήλους, συνεκάθευδον· Θρασυδαίου δὲ ἠμάῤῥενος (ὃς ἦν Ἠλεῖος τὸ γένος) αὐτοῖς παρὰ μέρος ὑπηρετουμένου τῇ πρὸς τὴν κόρην ἀκολασίᾳ· καὶ ὡς τοῦτο αὐτοῖς αἴτιον ὀλέθρου γέγονε, Θρασυδαίου τὴν ἐκείνων ἀναίρεσιν κατεργασαμένου. Interemptus autem est Evagoras Ol. CI. 3. cfr. Verpoortenn. l. I. p. 28. Meurs.

[1] Olymp. C. a. II. Cfr. Allgemeine Welthistorie, Tom. I. Hal. 1746, p. 566, §. 692. atque §. ant. coll. p. 486. §. 598, Eusebius anno I. Olympiadis XCVIII. assignat, et ejusdem a. II. Evagoræ deditionem: nam rectissime Scaliger dedit ἑξίστη, hoc vero non potest intelligi de fuga Evagoræ ad Acoridem hoc anno a Diodoro enarratam, sed ita: Cypri, pæne totius insulæ, imperium, quod antea sibi vindicaverat, amisit (et solam retinuit Salaminem). Hic prochronismum esse jam Morus sensit; est autem decem annorum. Simili modo in iis, quæ proxime notata sunt ab Eusebio prochronismum septem annorum esse jam Scaliger vidit, et in animadvers. p. 114 b. notavit.

Cypr. p. 114. Perizon. ad Ælian. Tom. II. p. 475. sqq. ed. Gron. 1731., neque diu post finem hujus belli vixit, ita, ut quanquam erat, si quis alius, audax et ad molitiones proclivis nihil perfecerit, quapropter etiam Isocrates in ejus laudatione post hoc tempus nihil commemorat.

Quæ quum ita sint editus est Panegyricus a. IV. Olymp. XCIX. et omnia optime consentiunt. Hoc anno dicere poterat Isocrates c. 45. Hecatomnus, τῇ μὲν ἀληθείᾳ πολὺν ἤδη χρόνον ἀφέστηκε (inde a med. Ol. XCVIII.). c. 35. Μαντινέων πόλιν — ἀνάστατον ἐποίησαν (Ol. XCVIII. 4.), τὴν δὲ Θηβαίων Καδμείαν κατέλαβον (Ol. XCIX. 3. in., de eadem re intelligo verba c. 33. πελτασταὶ δὲ τὰς πόλεις καταλαμβάνουσιν), καὶ νῦν Ὀλυνθίοις καὶ Φλιασίοις πολεμοῦσι. vid. sup. p. 160.

Etiamsi Isocrates decem aut adeo plures annos insumpserit Panegyrico elaborando; tamen eo usque dementiæ delabi non potuit, ut quæ in fine hujus decennii pariter atque quæ in initio gesta essent, tanquam præsentia conjungeret. Fac per plures annos eum magnam hujus orationis partem, fortassis a. c. 4—30. (cfr. Lang. vers. vernac. præf. p. 10.), perpolivisse; tamen cum C. M. Wielando l. l. sumi nullo modo potest, eum quamvis interea se subjecisset Evagoras, non mutata reliquisse verba: ἀλλ' ἤδη ἓξ ἔτη διατέτριφεν· εἰ δὲ δεῖ τὰ μέλλοντα τοῖς γεγενημένοις τεκμαίρεσθαι, πολὺ πλεῖον ἐλπίς ἐστιν, ἕτερον ἀποστῆναι, πρὶν ἐκεῖνον ἐκπολιορκηθῆναι. Quamvis enim in rebus antiquioribus orator non adstrictus sit ad fidem historicam: tamen tam miro modo de rebus paucis annis antea gestis, quam ederet hanc suasionem (Cic. Or. c. II.), non potuit hallucinari, ut argumentis in hortando et suadendo uteretur, quæ jam dudum evanuissent atque ad nihilum redacta et irrita essent.

Denique, si duplicem fecit recensionem Isocrates, nonnisi verba mutavit, et in tornanda et elimanda oratione versatus est. De ea Ægypti defectione, quam tertiam dixerunt Morus et Rostius cogitari non posse docui; sed etiamsi altera recensio post eam facta esset, Isocrates eam *post* Evagoræ bellum commemorasset, neque vero *ante*, quod non solum hoc, verum etiam alio loco c. 43. fecit, qui ita adversatur huic sententiæ, ut nihil clarius; cæterum idem valet hic, quod modo contra Wielandum monitum est.

Non modo restant, quæ jam aderant difficultates, neque possunt his rationibus moveri, uti Morus jam sensit; sed novæ etiam excitantur. Plane irrita fuisset tota oratio, Evagoras, Olynthii, Phliasii jam dudum subacti, Cyprus Persis subjecta, Lacedæmonii Thebis pulsi, Evagoras interemptus, Lacedæmonii adversum Martem sæpius experti fuissent, ut multa alia, partim gravissima taceam.

Editus igitur est et in vulgus innotuit Panegyricus anno quarto Olympiadis XCIX. SPOHN.

Δ.

ΙΣΟΚΡΑΤΟΥΣ

ΠΑΝΗΓΥΡΙΚΟΣ.

Pag. ed. Cor. 37 — Pag. ed. H. Ste 41

α΄. ΠΟΛΛΑΚΙΣ ἐθαύμασα τῶν τὰς πανηγύρεις συναγαγόντων καὶ τοὺς γυμνικοὺς ἀγῶνας καταστησάντων,

SUMMARIUM. (α΄.) Quanquam ingenii vires exercentibus nulla publice præmia destinata sunt, tamen gloriam ex hac oratione capiendam satis mihi magnum fore præmium ratus, consilium daturus adsum, de bello Barbaris inferendo ac de concordia inter nos ipsos restituenda. Multi quidem, qui oratoris nomen sibi vindicant, idem argumentum certatim arripuerunt, attamen ego, quum istis male successerit, et ejusmodi materia, quæ et auctorem ostendere et multis prodesse possit, inprimis mihi placeat, deinde tempus, quo eam tractare expediat, nondum præterierit, eademque denique res multam disserendi varietatem admittat, non fugiendum illud, sed melius tractandum esse existimavi. In hac nimirum, sicuti in alia quavis arte, non tam is laudari meretur, qui primo, quam qui optime laboravit. (β΄.) Quum vero ii, qui nimiam in orationibus diligentiam, tanquam vulgi captu superiorem vituperant, quasi vero accuratio simplicitatem excludat, nostris orationibus judicandis impares sese ostendant, ego potius ejusmodi judices provoco, qui difficiles ac morosi, nil nisi quod frustra apud alios quærant, in meis orationibus exspectent. Tantum vero abest, ut auditorum benevolentiam excusando captem, ut etiam ad irridendum me eos invitem, nisi exspectationi talibus promissis excitatæ satisfecero. Deinde alii in hoc præcipue peccant, quod Græcos, missis erga se ipsos inimicitiis, ad bellum contra Persas excitant, antequam principes Græciæ civitates, facta imperii divisione, inter se conciliarunt. (γ΄.) Quoniam igitur causa discordiæ inter Lacedæmonios Atheniensesque, ante omnia removenda, imperium terrestre et maritimum est, quod Lacedæmonii totum sibi vindicant, Atheniensibus dimidia parte contentis; Lacedæmonii fortasse obsecundabunt, si demonstratum ivero, imperium Græciæ multis de causis Atheniensium potius quam Lacedæmoniorum esse. (δ΄. ε΄.) Imperium Græciæ ab initio penes Athenienses fuisse eosque plurima maximaque beneficia in Græcos contulisse, quo isti (Lacedæmonii) jus suum potissimum evinci cupiunt, ex antiquitate, magnitudine ac celebritate Athenarum rebusque ab initio gestis facillime demonstrari potest. (ς΄.) Quod ad beneficia attinet, Athenienses primum fruges et mysteria, quæ a Cerere ipsis donata maximam in hominum culturam vim habuerunt, cum omnibus, ab invidia alieni, communicarunt. (ζ΄.) Quæ narratio, etsi ob id ipsum, quod antiquissima est, fidem meretur, tamen quum quibusdam suspecta videri possit, argumentis ex historia et ratione petitis confirmabitur. Plurimæ Græciæ civitates in veteris beneficii memoriam quotannis frumenti primitias Athenas mittunt, quod qui facere neglexerunt, iis Pythia sæpius patria observare imperavit. (η΄.) Præterea meliorem hanc vivendi rationem paullatim introductam verosimile est, aut primos maximeque pios homines a diis accepisse, aut quos constat ingeniosissimos invenisse. (θ΄.) Deinde quum Athenienses viderent Græcos, ob arctum terræ quam incolerent spatium, fame et assiduis bellis premi, miserunt in urbes, qui egenorum duces facti barbaros fugarunt et sedibus positis fines Græciæ propagarunt. (ι΄. ια΄.) Reliqua denique omnia bona, quæ a diis non profecta sunt, Atheniensibus accepta referuntur. Prima leges tulit Atheniensium civitas, rempublicam constituit, multis Græcos malis liberavit, artes et ad necessaria vitæ et ad jucunditatem utiles invenit, hospitalem se omnibus præbet, atque in

ὅτι τὰς μὲν τῶν σωμάτων εὐεξίας οὕτω μεγάλων δωρεῶν ἠξίωσαν, ταῖς δὲ ὑπὲρ τῶν κοινῶν ἰδίᾳ πονήσασι καὶ τὰς

media Græcia mercatum instituit, ubi universæ res facile comparari possunt. (ιβ'.) Quodsi magni conventus multis de causis laudari merentur, nostra civitas, in qua perpetuus est hominum undequaque confluentium conventus quæque ludos et celebritates maximas apud se instituendas curavit, nec hac quidem in re postremas tulit. (ιγ'.) In philosophia vero et eloquentia, quarum altera legum inventrix, morumque ac disciplinæ magistra fuit, altera homines a belluis, sapientes a stolidis, eruditos ab ineruditis distinxit, in tantum urbs nostra omnes homines superavit, ut ejus discipuli aliorum præceptores facti sint, nomenque Græci et ingeniosi hominis idem prorsus significent. (ιδ'.) At non solum in pace, verum etiam in bello Atheniensium beneficia laudari merentur, quippe qui et pro patria et libertate aliorum multa magna splendidaque pericula subierunt, imbecillioribusque opitulari, quam potentioribus injuriarum adjutores esse maluerunt. (ιε'. ιϛ'.) Quem promptum eorum ad opem ferendam animum ac potentiam, supplices, antiquissimis jam temporibus Athenas, tanquam ad communem aram misericordiæ confugientes, satis declarant. Ut leviora omittam, Adrastus, Argivorum rex, adversus Thebanos, qui corpora ad Cadmeam cæsorum sepelienda sibi tradere recusarant, et Heraclidæ adversus Eurystheum opem urbis nostræ implorarunt tanto successu, ut Atheniensium auxilia adjuti alteros cadavera reddere cogerent et alterius ferociam prorsus compescerent. Adrastus, compos voti factus, a Thebis abiit, et Eurystheus, qui Herculem, Jove natum divinoque robore præditum, partim imperiis, partim injuriis, per totam vitam vexaverat, captus ab Heraclidis contumeliosa morte periit, qui quum Spartam postea conderent ejusque reges fierent, omnis posterioris Lacedæmoniorum felicitatis, Atheniensium beneficio, auctores fuerunt. (ιζ'.) Si vero antiquissimis illis temporibus civitas nostra Thebanos imperata facere coegit, Lacedæmonios servavit, Argivos vicit, atque hi tres populi potentissimi omnium inter Græcos fuerunt, nostros majores omnibus ab initio superiores fuisse liquet. (ιη'.) Atque idem fere de barbaris dicere licet, quorum antiquissimos et potentissimos civitas nostra vicit. (ιθ'.) Thracum et Amazonum incursiones, qui, Atheniensibus in potestatem redactis, omnes omnino Græcos subegisse opinabantur, tanto successu a majoribus nostris repulsæ sunt, ut alteri sedes suas Græcis relinquere cogerentur, alterarum nulla clade superstes esset. (κ'. κα'.) In bello autem contra Darium et Xerxem gesto, et virtus et opes majorum nostrorum tam insignes fuere, ut præmio fortitudinis statim ab initio honorati paullo post, omnium consensu, maris imperium obtinerent, non recusantibus Lacedæmoniis, de quorum et Atheniensium civitate paullo prolixius disserere conabor, etsi plures iique eloquentissimi cives easdem res jam olim occuparunt. (κβ'.) Atque hoc loco ii, qui ante hoc bellum in utraque civitate exstiterunt ac rem publicam administrarunt, propter egregia instituta moresque, quibus populum ad virtutem, in Persico bello probatam, præpararunt, silentio non sunt prætereundi. Quemadmodum vero erga se, eodem modo et erga reliquas civitates affecti erant, quas beneficiis conciliare sibi, quam vi subigere satius duxerunt. (κγ'.) His igitur moribus posteri eorum imbuti et aucti, tales sese in bello Persico præstiterunt, ut, viribus totius Asiæ perbrevi tempore fractis, omnique laude superiores facti, neque poetarum neque oratorum quisquam eos digne satis extollere potuerit. (κδ'.) Fuit quidem semper inter Athenienses Lacedæmoniosque æmulatio quædam ac honoris contentio, sed tum de salute Græcorum, non de servitute certarunt, quod utrique in primis celeritate, qua primam Persarum in Græciam irruptionem represserunt, ubi alteri alteris priores esse voluerunt, affatim satis manifestarunt. (κε'.) Quæ utriusque civitatis æmulatio etiam ex eo palam fit, quod Athenienses in secunda Persarum in Græciam expeditione, cui Xerxes ipse præfuit, cum paucis navibus suis, veluti soli cum barbaris confligere cuperent, classi illorum ad Artemisium, Lacedæmonii autem, paucis adjuti sociis, Persarum pedestribus copiis innumerabilibus in Thermopylis occurrerunt. (κϛ'.) Verum enim vero varia utrique fortuna usi sunt. Lacedæmonii in Thermopylis ab hostibus circumventi perierunt; Athenienses, victis ad Artemisium barbaris, ubi Thermopylas expugnatas esse audiverunt, domum reversi omnibusque sociis destituti, proprio Marte immensam hostium multitudinem terra marique repellere conati sunt. (κζ'.) Muneribus Persarum, si bello desisterent, generoso animo repudiatis, neo Græcis, a quibus turpiter destituti erant, irati, solos se, tanquam Græciæ principes, pro patria mori decere existimarunt et urbe hostibus

αὐτῶν ψυχὰς οὕτω παρασκευάσασιν ὥστε καὶ τοὺς ἄλλους ὠφελεῖν δύνασθαι, τούτοις [1] δ' οὐδεμίαν τιμὴν ἀπένειμαν; ὧν b

[1] δ' om. A. C. L.

ad diripiendum et diruendum relicta, soli naves conscenderunt. Victis vero hac classe ad Salaminem barbaris, Athenienses, qui plurimas ad hoc prœlium naves contulerant, salutis Græcorum auctores putandi sunt. (κη'.) Qui igitur in superioribus bellis maximam gloriam deportarunt, qui privata sæpius pro aliis pericula subierunt, qui in communibus prœliis fortitudinis præmia obtinuerunt, qui pro salute aliorum urbem suam reliquerunt, denique qui antiquis temporibus plurimas urbes condiderunt, easque maximis periculis liberarunt, nonne æquum est, eos in bello contra barbaros hegemoniam habere? (κθ'.) Sunt quidem, qui nos, suscepto maris imperio, maleficiorum in socios accusent, sed animadvertimus tantum in contumaces, quod in regundis tot civitatibus bonus ordo requirit, idque rarius etiam quam sub Lacedæmoniorum imperio factum est, bonarum autem civitatum concordiæ et incrementis, ad eandem normam omnes regundo, sicuti vera societas postulat, consuluimus. (λ'. λα'.) Introduximus nempe ubique democratiam, quæ justissima et, ut nostrum exemplum docet, saluberrima est reipublicæ forma, nec vituperari meremur, quod custodiæ locorum causa in desertas urbes colonias deduximus, non permoti, ut isti opinantur, injusta habendi cupiditate, a qua tam longe remoti sumus, ut ne Eubœam quidem, nobis percommode sitam, occupaverimus. Nonne Scionæorum agrum Platæensibus distribuimus? (λβ'.) Qua igitur fronte decemviri, per Græciæ civitates a Lacedæmoniis constituti, qui injustissima quæque nefandissimaque in cives committere non erubuerunt, cupiditatis aliena possidendi accusare nos audent? Quis a communi hac calamitate immunis fuit? Præterea judicia nostra illo tempore accusant, qui trium mensium spatio plures indicta causa interfecerunt, quam civitas nostra per totum imperii tempus vix in judicium adduxit. (λγ'.) Neque præsens status, in quo pax et libertas in scriptis sunt, desiderantur in factis, nostro principatui anteponendus est. Facta quippe hac pace bellum civile exortum est, libertas evanuit. Persæ autem, simulac imperium Græciæ a nobis ad Lacedæmonios transiit, maris imperium acceperunt, multasque Græciæ civitates expugnarunt et adorti sunt. (λδ'.) Quanta hæc fuerit imperii mutatio, e fœderibus maxime, nunc et illo tempore ictis, apparet; siquidem Persarum rex, sub nostro imperio intra fines suos repressus, imo tributa dare coactus, e Lacedæmoniorum pactis rerum Græcarum arbiter est, multasque Græciæ civitates in ditionem accepit, quarum conditionem servorum illa miserabiliorem esse Lacedæmonii patiuntur. (λε'.) Etenim tanta potentia præditi sunt Lacedæmonii, ut socios facile liberare possent, quod tantum abest ut faciant, ut, etiam servitute sociorum vires barbarorum augeant, cum Græcis quotidie bella gerant et cum barbaris societatem perpetuam ineant. (λϛ'.) Quæ asperius a me dicta sunt, non quo Lacedæmonios in odium adducam, sed quantum fieri possit, ab isto instituto abducam; quo animo illud etiam adjicio, quod finitimos civitati suæ servire cogunt, barbaros totius Græciæ servos non efficiunt, pauperes insulanos exactionibus vexant, Asianos in abundantia vivere sinunt. (λζ'.) Utrique autem valde dementes sumus in eo, quod omissis fructibus, quos ex Asia percipere liceret, agrum nostrum populamur, seditiones in Asia non modo non excitamus, sed etiam tumultus fortuito exortos componere studemus, atque dum de minutiis inter nos rixamur, regem Persarum, qui nos irridet, viribus nostris uti Asiamque illius esse concedimus, non viribus coacti, sed dementia nostra capti. (λη'.) Qui regem Persarum hoc tempore, quo turbis agitatus est, ob nimis magnam potentiam oppugnatu difficilem opinantur, bellum potius suadent quam dissuadent, et ratione virium illius vehementer errant. (λθ'.) Istæ enim non tam æstimandæ sunt ex eo, quod cum Atheniensibus vel Lacedæmoniis conjunctus, quam quod solus effecit, ubi imbecillimus, ut exempla docent, reperietur. Ægyptum, quæ defecerat, ad obsequium reducere per triennium frustra tentavit; Evagoram Salaminis in Cypro regem sexennium obsedit et nondum expugnavit; Lacedæmoniorum denique ad Cnidum classem, triennium obsessus, vix tandem vicit; quanquam hæc in splendidissimis ejus facinoribus numerantur, quæ de industria selegi, non ignarus illorum, quæ ignaviam satraparum Persiæ clarissime ostendunt. (μ'.) Nonne Dercyllidas, Lacedæmoniorum dux, cum mille cetratis Æoliam occupavit, Draco cum tribus millibus Mysiam vastavit, Thibro cum totidem fere Lydiam populatus est, Agesilaus denique reliquiis virium Cyri minoris usus, tota pæne Asia intra Halyn sita po-

εἰκὸς ἦν αὐτοὺς μᾶλλον ποιήσασθαι πρόνοιαν· τῶν μὲν γὰρ ἀθλητῶν δὶς τοσαύτην ῥώμην λαβόντων οὐδὲν ἂν πλέον

titus est? Neque meliores se exercitus circa ipsum regem interiorisque Asiæ incolæ præstiterunt, qui cum exigua ac deserta Cyri manu dimicare non ausi, insidias frustra struxerunt, eamque, quamvis regem ipsum aggressa esset, incolumem redire passi sunt. Ubique igitur ignaviam ostenderunt. (μα'.) Causa vero, quare et duces et milites neque fortitudinis neque alius cujuspiam virtutis participes sunt, in educatione ac civitatis forma quærenda est. Proceres eorum, in ipsa regia, humilitate ac superbia imbuti, hos mores in provinciis retinent, erga amicos infidi, adversus hostes effeminati sunt, partim abjecte, partim superbe vivunt, socios contemnunt, hostibus serviunt. Exemplo sunt Conon, Themistocles, Agesilaus etc. Nunquam Græcis insidiari destiterunt, omniaque nostra ita iis inimica fuerunt, ut neque deorum sedibus pepercerint. (μβ'.) Hinc Græci laudandi, qui, templa ab illis diruta non reficiendo Persasque a mysteriis arcendo, perpetuum veluti odii monumentum posteris relinquere voluerunt. Naturale quasi Græcorum in barbaros odium e hymnis, qui in bellum cum barbaris compositi sunt, delectationeque nostra, qua illorum clades audimus, elucet. Hinc etiam honor a majoribus nostris Homeri carminibus tributus, quæ in scholis legi et in quibus certari instituerunt, derivandus est. (μγ'.) In iis autem, quæ bellum adversus illos suscipiendum suadent, tempus maxime præsens est, quo nullum potest inveniri opportunius, ubi plurimæ Asiæ civitates aut defecerunt ab illo, aut vastatæ sunt, aut ab hostibus illius occupatæ. Qua opportunitate usi, si maritimas Asiæ civitates præoccupaverimus, reliquæ omnes, quæ invitæ regis imperio parent, in partes nostras transibunt, cumque conjunctis viribus adorti tota facile Asia fruemur. (μδ'.) Præterquam autem, quod fructuosior est hujus expeditionis maturatio, æquitas etiam postulat hac ipsa ætate illam suscipi, ut, qui maximarum calamitatum, quibus Græcia hucusque afflicta fuit, participes fuerunt, iidem prosperis ejusdem rebus fruantur. (με'. μς'.) Quo vero pusillioris animi civitatum principes sunt, qui, quæ ipsos curare in primis deceret, privatis hominibus relinquunt, tanto nos simus alacriores, ut hæ nostræ inimicitiæ finiantur, quod fiet, si communiter barbaris bellum intulerimus, quum ad concordiam et communis hostis et communis amicus nec non victus quotidiani copia requiratur. (μζ'.) Hanc ob causam festinandum est, ut bellum quam primum e Græcia in Asiam transferamus. Pax enim, facta nuper cum barbaris, nos retardare non potest, quum injustissima sit, nec ab illis servetur, jussui denique quam pacto sit similior. Hinc legati, per quos fœdus Antalcidæ factum est, jure accusandi sunt, quod Lacedæmoniis et Atheniensibus, qui bellum ob stabiliendas opes gesserunt, nihil prorsus concesserunt, immo ne definiverunt quidem, an utrique armis capta reddant, an retineant; barbarum vero, quasi bellum ejus causa gestum sit, ignominiose totius Asiæ dominum constituerunt. (μη'.) Deinde magno nobis est dedecori, injurias toti Græciæ illatas non ulcisci, quum majores nostri, ob mulierem uni ereptam, decem totos annos cum barbaris bellaverunt Trojamque diruerunt. (μθ'.) Suadent præterea hanc expeditionem commodum, justitia, invidia licita, pietas erga majores, hostium denique imbecillitas. (ν'.) Quoniam autem vindicta e barbaris, Asiæ imperium, laus denique æterna huic expeditioni, tanquam præmia, posita sunt, non deerunt sane, qui interesse illi velint. (να'.) *Epilogus.* Sed nunc demum me huic felicitati, quæ inde redundabit, adumbrandæ imparem sentio, meosque auditores hortor, ut, qui potentia instructi sunt, Athenienses et Lacedæmonios conciliare inter se studeant, oratores vero in ejusmodi potius argumento, quam quovis alio minus gravi atque utili, certare velint. LANG.

Πολλάκις ἐθαύμασα] Exordium, more Isocratis simplicitate conspicuum, transitum ad rem ipsam parat, §. α'. β'. Superbia quadam a reliquis differt, oratores, quicunque ea de re antea dixerant, spernens. Sed, uti jam Augerus rectissime monuit, ita comparatum esse debuit, si quidem Isocrates post tot et toties repetita aliorum tentamina, quæ nihil effecerant, animos auditorum sibi et orationi suæ statim in initio conciliare voluit. Cfr. quæ infra ad §. β'. extr. dicentur. MORUS.

Συναγαγόντων] Aristoteles Rhet. III. c. 9. ubi hunc locum laudat, habet ἀγόντων. Sed non est sermo de his, qui conventus agunt et celebrant; verum de iis, qui instituerunt, ut solerent esse conventus. IDEM.

Δωρεῶν] Et hæc repetiit Aristoteles Rhet. III. c. 14. sed sensum modo expressit. IDEM. Aristoteles comparat Isocratis a vituperio τῶν τὰς πανηγύρεις

γένοιτο τοῖς ἄλλοις, ἑνὸς δὲ ἀνδρὸς εὖ φρονήσαντος ἅπαντες
ἂν ἀπολαύσειαν οἱ βουλόμενοι κοινωνεῖν τῆς ἐκείνου διανοίας.
οὐ μὴν ἐπὶ τούτοις ἀθυμήσας εἱλόμην ῥαθυμεῖν, ἀλλ᾿
ἱκανὸν νομίσας ἆθλον ἔσεσθαί μοι τὴν δόξαν τὴν ἀπ᾿
αὐτοῦ τοῦ λόγου γενησομένην ἥκω συμβουλεύσων περί τε
τοῦ πολέμου τοῦ πρὸς τοὺς βαρβάρους καὶ τῆς ὁμονοίας τῆς
πρὸς ἡμᾶς αὐτούς, οὐκ ἀγνοῶν ὅτι πολλοὶ τῶν προσποιησα- c
μένων εἶναι σοφιστῶν ἐπὶ τοῦτον τὸν λόγον ὥρμησαν, ἀλλ᾿ 42
ἅμα μὲν ἐλπίζων τοσοῦτον [1]διοίσειν ὥστε τοῖς ἄλλοις μηδὲν
πώποτε δοκεῖν εἰρῆσθαι περὶ αὐτῶν, ἅμα δὲ προκρίνας
τούτους καλλίστους εἶναι τῶν λόγων, οἵτινες περὶ μεγίστων
τυγχάνουσιν ὄντες καὶ τούς τε λέγοντας μάλιστ᾿ ἐπιδει-
κνύουσι καὶ τοὺς ἀκούοντας πλεῖστ᾿ ὠφελοῦσιν, ὧν εἷς

[1] αὐτῶν διοίσειν A. C. L.

συναγαγόντων et Gorgiæ in oratione deperdita, quæ Ὀλυμπιακὸς λόγος inscribebatur, a laude eorundem incipientis exordia. Spohn.

Ἰδίᾳ πονήσασι] Non in omnium conspectu, non in conventu et panegyri; sed domi, privato studio, cogitando, discendo, seque ad facultatem ῥητορικὴν parando. Mor. Et docendo, quam vitæ rationem exemplo ipse comprobavit Isocrates. Vide Lucian. Parasit. tom. II. p. 257. Cic. Brut. c. 8. Valckenaer. ad Eurip. Hippol. p. 269. et Isocr. in orat. περὶ ἀντιδόσεως. Spohn.

Οὐδὲν ἂν πλέον γένοιτο] *nihil tamen hoc aliis profuerit.* Πλέον γίνεταί τινι ἔκ τινος, *nascitur alicui commodum ex aliquo.* Nam πλέον in quibusdam, ut πλέον ἔχειν, πλεονεκτεῖν, et inde deductis verbis, significat *præcipui quid, commodum*, etiam injuste partum. Mor. Cfr. Valckenaer. diatrib. in Euripid. fragm. c. 14. p. 151. Matthiæ Gramm. Gr. p. 514. sq. Spohn.

Σοφιστῶν] Sophistæ (quales ante Isocratem fuerunt Gorgias, Thrasymachus, Protagoras [Hippias], v. Isocr. Encom. Hel. init. Plutarch. et Dion. Halic. in Isocrate, in. [Cic. de Orat. III. c. 16.]) proprie ἀπὸ τοῦ σοφίζειν dicti sunt *magistri, doctores*, ut Isocr. contra Soph. §. α΄. οἱ παιδεύειν ἐπιχειροῦντες, et §. δ΄. τὴν σοφίαν διδάσκοντες. Imprimis ita nominati sunt, qui artem disserendi tradiderunt, eamque duplicem, vel de capite aliquo doctrinæ in scholis (Cic. Fin. II. 1.), vel de republica: quod discrimen apertum est ex oratione contra Soph. §. ε΄. Οὐ μόνον τούτοις, qui doctrinam omnem amplectuntur, ἀλλὰ καὶ τοῖς τοὺς πολιτικοὺς λόγους ὑπισχνουμένοις. Sed Isocrates, qui auctore Plutarcho et Dionysio Hal. in ejus vita (p. 94. ed. Sylb.) a præceptoribus acceperat ῥητορικὴν seu διαλεκτικὴν πεφυρμένην (mistam ex omnibus dicendi generibus, etiam his, quæ controversias et disputationes physicas tractarent), eam fecit tantum πολιτικήν, h. e. eam, cujus usus esset in civitate, eo quod de moribus, regenda civitate, humanaque vita exponeret, et vivere in civitate, aut eam administrare doceret. Sunt ergo hoc loco, et §. κγ΄. item Thuc. III. 38. extr. σοφισταὶ, *oratores* [Cfr. Schol. Aristophan. ad Nub. v. 330. p. 323. ed. Hermann.] (σοφισταὶ λόγων dicuntur ap. Plutarch. in Lycurg. c. 9.), ut de Pac. fin. οἱ φιλόσοφοι sunt δημαγωγοὶ, aut saltem, qui dicunt de republica. Plutarchus in Isocrate et Longinus sect. 4. hunc ipsum Isocratem accensent Sophistis [Cic. Orat. c. 11. inquit: " qualem Isocrates fecit Panegyricum, multique alii, qui sunt nominati Sophistæ"]. Diod. Sic. l. XII. p. 514. Wessel. τὴν σοφιστείαν *eloquentiæ facultatem et laudem* dixit. V. Suidas in h. v. et Intt. Hesychii [s. h. v. et s. v. φιλόσοφος]. Mor.

Περὶ αὐτῶν] Vide, quæ infra ad §. β΄. med. dicentur. Idem.

Προκρίνας] Pro simplici κρίνας. Panath. §. μδ΄. πολὺ σπουδαιοτέραν τὴν ἀρχὴν προκρίναντες, ubi synonymum νομίζοντες, i. e. κρίνοντες. Xenoph. apol. Socr. §. 21. προκρίνομαι εἶναι βέλτιστος. Idem Cyrop. II. 3. 5. πᾶσι τοῦτο προκέκριται κάλλιστον εἶναι. Idem. Non pro simplici κρίνας ponitur, sed quando aliquid cum aliquo comparatur, et ei præfertur. Spohn.

οὗτός ἐστιν. ἔπειτ᾽ οὐδ᾽ οἱ καιροί πω παρεληλύθασιν, ὥστ᾽
ἤδη μάτην εἶναι τὸ μεμνῆσθαι περὶ [1] τούτων. τότε γὰρ χρὴ
b παύεσθαι [2] λέγοντας, ὅταν ἢ τὰ πράγματα λάβῃ τέλος
καὶ μηκέτι δέῃ βουλεύεσθαι περὶ αὐτῶν, ἢ τὸν λόγον ἴδῃ τις
ἔχοντα πέρας, ὥστε μηδεμίαν λελεῖφθαι τοῖς ἄλλοις ὑπερ- 38
βολήν. ἕως δ᾽ ἂν τὰ μὲν ὁμοίως ὥσπερ πρότερον φέρηται, τὰ
δ᾽ εἰρημένα φαύλως ἔχοντα τυγχάνῃ, πῶς οὐ χρὴ σκοπεῖν
καὶ φιλοσοφεῖν τοῦτον τὸν λόγον, ὃς ἢν κατορθωθῇ καὶ τοῦ
πολέμου τοῦ πρὸς ἀλλήλους καὶ τῆς ταραχῆς τῆς παρούσης
c καὶ τῶν μεγίστων κακῶν ἡμᾶς ἀπαλλάξει; πρὸς δὲ τούτοις, εἰ μὲν μηδαμῶς ἄλλως οἷόν τ᾽ ἦν δηλοῦν τὰς αὐτὰς
πράξεις ἀλλ᾽ ἢ διὰ μιᾶς ἰδέας, εἶχεν ἄν τις ὑπολαβεῖν, ὡς
περίεργόν ἐστι τὸν αὐτὸν τρόπον ἐκείνοις λέγοντα πάλιν

[1] αὐτῶν A. C. L. [2] λέγοντα C. L.

Λέγοντα] Malim λέγοντας, vitandi hiatus causa. Wolf.

Ἔχοντα πέρας] Orat. ad Philipp. §. ζ΄. ἐγὼ μὲν γὰρ ἡγοῦμαι ταῦτα πέρας ἕξειν· οὐδένα γὰρ ἄλλον ποτὲ δυνήσεσθαι μείζω πρᾶξαι τούτων. Spohn.

Φέρηται] Emphaticum verbum est, quo significat, nihil ratione geri, sed cœco quodam impetu animorum Græcos inter se digladiari. Wolf.

Φαύλως ἔχοντα] *non idonea ad persuadendum*, ut Xen. Symp. III. 7. φαῦλος φανοῦμαι, parum idoneus ad emendandos homines: apud Thucyd. φαῦλον τείχισμα IV. 115. parum idoneum seu firmum ad defendendum. Mor. Xenoph. Memor. Socr. IV. 13. de Venat. III. 7. Thucyd. IV. 9. et multi alii loci addi possent, si necessarium esset. Φαῦλον enim non solum dicitur, quodcunque est parvi pretii, nullius momenti etc.; sed quodcunque non tali est conditione, qua esse debet. Vid. §. β΄. extr. Spohn.

Σκοπεῖν — λόγον] *de hujusmodi oratione cogitare eamque elaborare.* Lang.

Φιλοσοφεῖν] Est omnino in cogitatione et tractatione alicujus rei versari, præsertim subtilius et certa via. Isocr. de permut. §. ιη΄. φιλοσοφεῖν περὶ τοὺς ποιητὰς, tractare poetas, legendo, interpretando. Contra Soph. §. η΄. οἱ φιλοσοφήσαντες, qui literas, præsertim artem disserendi didicerunt; οἱ συγγινόμενοι τοῖς σοφισταῖς, Plutarchus in Isocr.; ἐπὶ τὸ φιλοσοφεῖν (ad cogitandum) καὶ γράφειν ἐτράπετο, quod est e Panath. §. ι΄. Alio Panath. loco. ϟγ΄. est, *rem dijudicare*, examinare secundum præcepta. V. infra p. 173. not. Ergo est φιλοσοφεῖν λόγον, *versari in commentatione orationis*, tractare, scribere orationem. Sic infra §. ν΄. et de pace §. β΄. synonyma sunt σκοπεῖν, μελετᾶν, μεριμνᾶν, φροντίζειν, σκέπτεσθαι. V. Budæi Comm. L. Gr. p. 1072. Harpocratio φιλοσοφεῖν interpretatur πονεῖσθαι φάσκειν, *exerceri ad dicendum, se parare.* Mor. Symmach §. μη΄. φιλοσοφήσετε καὶ σκέψεσθε. Epistol. ad Timoth. ζητεῖν καὶ φιλοσοφεῖν, et Photii Lexic. p. 473. Spohn.

Διὰ μιᾶς ἰδέας] *uno eodemque modo.* Sequitur synonymum, τὸν αὐτὸν τρόπον, ut de permut. §. ν΄. αἱ ἰδέαι et οἱ τρόποι τῶν λόγων promiscue dicuntur: qui locus omnino conferendus est. Significat igitur ἡ ἰδέα τῶν λόγων, *modum, formam* (Cic. Orat. c. 11.), *habitum, genus orationum*, in modo et tractandi, et eloquendi. Encom. Helen. §. ϛ΄. διὰ πολλῶν ἰδεῶν, ita ut attendas varia genera scriptionum: ib. §. ζ΄. λόγος ἐκ τῶν αὐτῶν ἰδεῶν, oratio, scripta eodem modo, quo alii scripsere. Busir. §. ιγ΄. extr. ἡ ἰδέα ὅλη, δι᾽ ἧς εὐλογεῖν δεῖ, universa forma et modus orationis, quo quis in laudando uti debet. Contra Soph. §. θ΄. αἱ ἰδέαι, ἐξ ὧν τοὺς λόγους συντίθεμεν, varia genera dicendi, e quibus orationem componimus. De permut. §. ι΄. Epist. ad Iasonis liberos p. 742. ed. Lang. inventis argumentis et partibus, ζητητέον τὰς ἰδέας, quærendus est modus et forma orationis, elocutio et tractatio. Sed Panath. init. sunt *figuræ orationis*, ubi et exempla ponuntur. Cf. Longin. Sect. 11. αἱ ἰδέαι τῶν αὐξήσεων. Mor. Addo orat. ad Nicocl. §. ι΄. ιγ΄. Spohn.

ἐνοχλεῖν τοῖς ἀκούουσιν· ἐπειδὴ δ' οἱ λόγοι τοιαύτην ἔχουσι τὴν φύσιν, ὥςθ' οἷόν τ' εἶναι περὶ τῶν αὐτῶν πολλαχῶς ἐξηγήσασθαι, καὶ τά τε μεγάλα ταπεινὰ ποιῆσαι καὶ τοῖς μικροῖς μέγεθος [1]περιθεῖναι καὶ τὰ παλαιὰ καινῶς [2]διελθεῖν καὶ περὶ τῶν νεωστὶ γεγενημένων ἀρχαίως εἰπεῖν, d
οὐκ ἔτι φευκτέον ταῦτ' ἐστὶ περὶ ὧν ἕτεροι πρότερον εἰρήκασιν, ἀλλ' ἄμεινον ἐκείνων εἰπεῖν πειρατέον. αἱ μὲν γὰρ πράξεις αἱ προγεγενημέναι κοιναὶ πᾶσιν ἡμῖν κατελείφθησαν, τὸ δ' ἐν καιρῷ ταύταις καταχρήσασθαι καὶ τὰ προσήκοντα περὶ ἑκάστης ἐνθυμηθῆναι καὶ τοῖς ὀνόμασιν εὖ διαθέσθαι τῶν εὖ φρονούντων ἴδιόν ἐστιν. ἡγοῦμαι δ' οὕτως ἂν μεγίστην ἐπίδοσιν λαμβάνειν καὶ τὰς ἄλλας τέχνας e

[1] προσθεῖναι A. C. L. [2] διεξελθεῖν A. G. L.

Ἐπειδὴ — ἀρχαίως εἰπεῖν] Hunc locum cum aliqua varietate, sensum non immutante, omisso etiam integro membro, περὶ τῶν αὐτῶν πολλαχῶς ἐξηγήσασθαι, Longinus de Subl. sect. 38. §. 3. repetiit, judicavitque hanc vitiosam hyperbolen, quæ dicturo fidem non conciliaret. Et tamen Isocrates, auctore Plutarcho in ejus vita, in hac re vim eloquentiæ posuit. Cf. Schirachius disp. 2. de Isocrate, §. 15. Mor.

Καινῶς διελθεῖν] Quum καινῶς διελθεῖν haud dubie significet, *novo modo dicere, ut nemo antea*, οὕτως, ὡς οὐδεὶς ἂν ἄλλος δύναιτο (quod legitur capite hoc exeunte et Panath. initio), vel, ut non solent οἱ πρῶτοι τῶν λόγων ἀρχόμενοι, sequitur, ut ἀρχαίως εἰπεῖν explicari debeat, *antiquo modo dicere, ut ii, qui initium fecerunt et tentarunt*, non immutata in melius ratione tractandi, olim introducta. Si Harpocratio, ἀρχαίως explicans ἀρχαιοτρόπως, sic, ut dixi, intellexit: audio. Sin addito illo, ἀρχαιοτέροις ὀνόμασι, ad verba tantum et elocutionem retulit: non probem, quoniam hic non tantum de verbis, sed etiam de modo tractandi agitur. Cf. H. Stephani diatr. 7. in Isocr. p. 39. Mor. Locus ab aliis comprobatus. Cfr. Wyttenbachii Biblioth. Crit. VIII. 1. p. 38., Toupium ad Longinum c. XXXVIII. p. 437. Lips., Cresollium in Theatr. Soph. I. xi. p. 83. ed. Paris.; his, quæ Meier-Marx ad Ephori Cumæi fragm. p. 90. annotavit, adde Wielandii observat. in Mus. Attic. 1796. (tom. I. p. I.) p. 73. sq. Hunc locum ita explicandum esse puto: 'Quum autem orationis indoles et natura ea sit, ut eadem minime eodem modo repeti debeant, sed variis modis et formis possint proponi, et res magnæ minui et deprimi, contra parvæ efferri, augeri et amplificari; jam dudum gestæ, a multis igitur jam cognitæ et celebratæ, nova forma et recens gestarum colore ornari, recens gestæ, novæ necdum auditæ, quadam antiquitatis nota commendari queant, ut illæ specie novarum animos alliciant et oblectent, hæ vero, dum rebus priscis et rationibus prius usitatis componantur et conferantur, speciem conditionis haud insolitæ præ se ferentes in auditorum animos sese insinuent' et q. s. Spohn.

Εὖ διαθέσθαι] *ornate scribere*, omninoque elocutionis virtutes indicantur. Est enim εὖ seu καλῶς διατιθέναι in universum, rem aut hominem quocunque modo (i. e. rem quoad naturam, conditionem, usum etc. hominem quoad sententias, appetitiones, corpus, res externas) sic afficere, ut bonus sit, *reddere bonum*: ideoque hominem reddere sapientem, virtutis amantem, felicem: rem reddere pulcram, utilem, probabilem. Cf. §. λβ'. Oratio autem redditur καλὴ τοῖς ὀνόμασι, quæ ornate scribitur, elocutionisque virtutes habet. Præterea ut hic conjunxit προσήκοντα ἐνθυμηθῆναι, de sententiis aptis rei quæ tractatur, et ὀνόμασιν εὖ διαθέσθαι, ita contra Soph. §. θ'. conjunctim posuit, τὸν λόγον ἐνθυμήμασι πρεπόντως καταποικίλαι, et τοῖς ὀνόμασιν εὐρύθμως καὶ μουσικῶς εἰπεῖν, *oratione numerose cadente et concinna uti*. Cf. Panath. init. De permut. §. ιη'. Atqui hoc est τοῖς ὀνόμασιν εὖ διαθέσθαι, sive εἰπεῖν χαριέστερον, in Soph. l. c. vel ἐπιχαρίτως, ep. ad Ias. lib. §. β'. Mor. Cfr. Evag. §. γ'. Spohn.

Ἂν] Med. et Cod. Coll. N. ἀεί. Recte,

καὶ τὴν περὶ τοὺς λόγους φιλοσοφίαν, εἴ τις τιμῴη καὶ
θαυμάζοι μὴ τοὺς πρώτους τῶν [1]ἔργων ἀρχομένους, ἀλλὰ
τοὺς ἄριστα αὐτῶν ἕκαστον ἐξεργαζομένους, μηδὲ τοὺς
43 περὶ τούτων ζητοῦντας [2]λέγειν περὶ ὧν μηδεὶς πρότερον
εἴρηκεν, ἀλλὰ τοὺς οὕτως ἐπισταμένους εἰπεῖν ὡς οὐδεὶς ἂν
ἄλλος δύναιτο.

β'. Καίτοι τινὲς ἐπιτιμῶσι τῶν λόγων τοῖς ὑπὲρ τοὺς ἰδιώτας ἔχουσι καὶ λίαν ἀπηκριβωμένοις· καὶ τοσοῦτον διημαρτήκασιν ὥςτε τοὺς πρὸς ὑπερβολὴν πεπονημένους πρὸς

[1] λόγων A. C. L.

[2] τι λέγειν A. C. L.

opinor. Mor. Minime; ἂν enim ad οὕτως et λαμβάνειν referendum est, uti in oratione de permutat. §. ιζ'. ἡγοῦμαι τάχιστ' ἂν ἀφεῖσθαι τῆς δόξης ταύτης. Vid. Dawes. Miscellan. crit. p. 64. ed. Lips., Matthiæ Gramm. p. 879., Schaefer. Meletem. crit. p. 60. L. 1. ἀφεῖσθαι retinendum est, Coraes contra codd. fidem ἀφέσθαι. Spohn.

Φιλοσοφίαν] Auctore Cicerone de Or. III. 16. ante Socratem "omnis rerum optimarum cognitio, atque in iis exercitatio, philosophia" nominata est: et docet tractatio veterum scriptorum, omnibus disciplinis hoc nomen commune fuisse. Sic enim Panath. §. η'. αἱ φιλοσοφίαι καὶ παιδεῖαι τῶν ἄλλων, *disciplinæ quas alii coluerunt*, doctrina aliorum cujusvis generis. Hesychius in φιλόσοφος etiam musicos sic appellatos esse tradit. V. Cel. Ruhnken. ad h. l. et S. V. Ernesti de philosophia vitæ. Ergo etiam hoc loco ἡ φιλοσοφία περὶ τοὺς λόγους erit *eloquentia*, eloquentiæ studium, aut ars disserendi, ut Evag. §. γ'. οἱ ἐπὶ τὴν φιλοσοφίαν, *oratores*, quos paullo post appellat τοὺς περὶ τοὺς λόγους. orat. ad Phil. §. λε'. οἱ περὶ τὴν φιλοσοφίαν διατρίβοντες, *oratores*. ep. ad Ias. lib. §. γ'. οἱ διατρίβοντες περὶ τὴν φιλοσοφίαν τὴν ἡμετέραν, æmulantes studia mea, i. e. eloquentiam. In Soph. §. ς'. suam et rhetorum artem φιλοσοφίαν nominat, Panath. §. δ'. ἡ φιλοσοφία ἣν προειλόμην, *genus doctrinæ quod secutus sum*, cf. init. orat. de permut., Busir. in. et Dion. Hal. in Isocr. p. 94. οἱ χρηματιζόμενοι ἐκ τῆς φιλοσοφίας, *qui literis, præsertim eloquentia trudenda, victum quærunt*. Causa nominis est apud Dion. Hal. p. 98. ὅσοι φιλοσόφως τοῦ μαθήματος τούτου (loquitur de eloquentia) προέστησαν, qui eam subtiliter tractarunt, artem effecerunt: ut Isocrates de permut. §. ιη'. ἐκ φιλοσοφίας τὴν δύναμιν τῶν λόγων εἰλήφασι, cogitando discendoque, præceptis subtilius cognoscendis, θεωρητικῶς, facultatem dicendi sibi pararunt, non mero usu, πρακτικῶς. H. Stephanus diatr. 5. in Isocr. p. 27. ubicunque Isocrates φιλοσοφίαν memorat, intelligi putat τὴν πολιτικὴν φιλοσοφίαν, hactenus, ut, qui eam teneat, possit et deliberare, et alloqui, et agere quæ sint utilia. Mor. Cfr. Wielandii observat. in Mus. Attic. Tom. I. P. I. p. 74. et adde init. orat. ad Demonic. Hanc ob causam recte comprobat Coraes lectionem var. in cap. 5. illius orationis, quæ pro v. φιλοπονίᾳ φιλοσοφίᾳ præbet; Isocrates enim §. δ'. dixerat: πειρῶ τὸ μὲν σῶμα εἶναι φιλόπονος, τὴν δὲ ψυχὴν φιλόσοφος. Lexicon rhetoricum in Bekkeri Anecdot. Græc. Vol. I. p. 314. φιλοσόφημα· ἐπινόημα, τεχνίτευμα. Spohn.

Τοῖς ὑπὲρ τ. ἰ. ἔχουσι] Sensus est, τοῖς ὑπερέχουσι τοὺς ἰδιώτας, *quæ superant intelligentiam et vires indoctorum, alienorum a facultate dicendi, quæ vulgi captum excedunt*. Rarior syntaxis, ὑπερέχειν accusativo jungens. V. H. Steph. Thes. L. G. Tmesis verbi ὑπερέχειν, in oratione Attici scriptoris metro soluta, defendi poterit exemplo Xenoph. Symp. VIII. 17. παρά τι ποιεῖσθαι. V. Bachium. Cf. ad Xen. Hellen. I. 4. 2. Mor. Exempla tmeseos in Herodoto satis frequentia sunt; apud Atticos scriptores non tam rara esse, quam Matthiæ Gr. gr. §. 594. censet, docent Schaeferus ad Long. p. 417. sqq., Koen. ad Gregor. Cor. p. 449. ed. Schaef., Boissonad., idem Schaefer. in Meletem. critic. p. 68. not. 7. et quos ibi laudat. Spohn.

Λίαν ἀπηκριβωμένοις] *diligentissime scriptæ orationes*. Panath. §. ι'. ἀπηκριβωμένοι ἐπὶ τοῖς μαθήμασι, qui literas summa cum cura tractarunt. Busir. §. α'. μᾶλλον ἀπηκριβωμένοι, diligentiores cæteris in re tractanda, ideoque doctiores. Mor.

Διημαρτήκασιν] Subaudi τῆς ἀληθείας. Auger.

Ὥστε — σκοποῦσιν] Sensus est: Orationes politicas, summo studio perpolitas,

τοὺς ἀγῶνας τοὺς περὶ τῶν ἰδίων συμβολαίων σκοποῦσιν,
ὥςπερ ὁμοίως ἀμφοτέρους δέον ἔχειν, ἀλλ' οὐ τοὺς μὲν ἀσφαλῶς τοὺς δὲ ἐπιδεικτικῶς, ἢ σφᾶς μὲν διορῶντας τὰς με- b
τριότητας, τὸν δὲ ἀκριβῶς ἐπιστάμενον λέγειν ἁπλῶς οὐκ
ἂν [1] δυνάμενον εἰπεῖν. οὗτοι μὲν οὖν οὐ λελήθασιν ὅτι τούτους
9 ἐπαινοῦσιν, ὧν ἐγγὺς αὐτοὶ τυγχάνουσιν ὄντες· ἐμοὶ δὲ
οὐδὲν πρὸς τοὺς τοιούτους ἀλλὰ πρὸς ἐκείνους [2] ἐστὶ τοὺς
οὐδὲν ἀποδεξομένους τῶν [3] εἰκῇ λεγομένων, ἀλλὰ δυσχερα-
νοῦντας καὶ ζητήσοντας ἰδεῖν τι τοιοῦτον ἐν τοῖς ἐμοῖς λόγοις,
[4] οἷον παρὰ τοῖς ἄλλοις οὐχ εὑρήσουσι. πρὸς οὓς ἔτι μικρὸν c
ὑπὲρ ἐμαυτοῦ θρασυνάμενος, ἤδη περὶ τοῦ πράγματος ποιήσομαι τοὺς λόγους. τοὺς μὲν γὰρ ἄλλους ἐν τοῖς προοιμίοις
ὁρῶ καταπραΰνοντας τοὺς ἀκροατὰς, καὶ προφασιζομένους
ὑπὲρ τῶν μελλόντων ῥηθήσεσθαι, καὶ λέγοντας τοὺς μὲν
ὡς ἐξ ὑπογυίου γέγονεν αὐτοῖς ἡ παρασκευὴ, τοὺς δὲ ὡς
χαλεπόν ἐστιν [5] ἴσους τοὺς λόγους τῷ μεγέθει τῶν ἔργων
ἐξευρεῖν. ἐγὼ δ', ἢν μὴ καὶ τοῦ πράγματος ἀξίως εἴπω καὶ
τῆς δόξης τῆς ἐμαυτοῦ καὶ τοῦ χρόνου, μὴ μόνον τοῦ περὶ d
τὸν λόγον ἡμῖν διατριφθέντος ἀλλὰ καὶ σύμπαντος οὗ βεβίωκα, παρακελεύομαι μηδεμίαν μοι συγγνώμην ἔχειν,
ἀλλὰ καταγελᾶν καὶ καταφρονεῖν· οὐδὲν γὰρ ὅ τι τῶν

[1] μὴ δυνάμενον A. C. L. [2] ἐστὶ ante ἀλλὰ ponunt A. C. L. [3] εἰκῇ τῶν A. C. L. [4] ὃ A. C. L. [5] ἴσους τῷ μεγέθει λόγους A. C. L.

cum iis, quæ de causis privatis coram judicibus habentur, quarumque maxima virtus simplicitas est, temere confundunt. LANG.

Σκοποῦσιν] Σκοπεῖν τι πρὸς ἄλλο τι, aliquid ad alius rei rationes examinare, aliquid cum alia re comparare; ita Æginet. §. κβ'. Cæterum cfr. or. de permutat. ιζ'. SPOHN.

Δέον] Ἀντὶ τοῦ δέοντος, et σφᾶς διορῶντας pro σφῶν διορώντων· WOLF.

Τὰς μετριότητας] Si quis medium teneat inter nimium orationis ornatum, qui objici solebat generi ἐπιδεικτικῷ, et nimiam tenuitatem. Thuc. II. 35. μετρίως εἰπεῖν, medium tenere dicendo, nec nimis, nec parum laudare, ut μετρίως ἐπαινεῖν, Panathen. §. ιδ'. MOR.

Οὐ λελήθασιν] *non obscurum est, palam est, ab his eos laudari, quos assequi facile possunt et æquare.* IDEM. Vel ad τούτους subaudiendum τοὺς λόγους, vel pro τούτους legendum ταῦτα, quod malim. AUGER.

Neutrum probo; sed ad oratores istius generis referendum est. SPOHN.

Ἐκείνους] Servant Græci, secus ac Latina consuetudo patitur, demonstrativa pronomina ante participia. §. γ'. Τούτους τιμᾶσθαι, τοὺς ὄντας. Panath. §. α'. περὶ ἐκείνους ἐπραγματευόμην, τοὺς συμβουλεύοντας. §. θ'. pronomen postponitur, εἰς τὴν χώραν ἀφορισθεῖσαν, εἰς ταύτην ἰέναι. §. μδ'. ἵν' οἱ κοινωνήσαντες οὗτοι ἀπολαύσωσι. de pace §. ιβ'. τὸ ὠφελοῦν τοῦτο προαιρεῖσθαι χρή. Lycurg. in Leocr. §. ι'. τὸν περιηρημένον τοῦτον ἐᾶσαι. §. ιθ'. τὴν εὔκλειαν συνειλεγμένην ταύτην περιορᾶν καταλυομένην. MOR.

Ὡς — παρασκευὴ] *se parum temporis tribuere commentandæ orationi potuisse.* IDEM.

Τοῦ χρόνου] Sive decem sive quindecim annis hæc est composita oratio, ut scribit Plutarchus. WOLF.

Παρακελεύομαι] Cf. orat. ad Phil. §. λε'. ubi hujus loci mentio fit. MOR.

τοιούτων οὐκ ἄξιός εἰμι [1]πάσχειν, εἴπερ μηδὲν τῶν ἄλλων διαφέρων οὕτω μεγάλας τὰς ὑποσχέσεις ποιοῦμαι. περὶ μὲν οὖν τῶν ἰδίων ταῦτά μοι προειρήσθω· περὶ δὲ τῶν
e κοινῶν, ὅσοι μὲν εὐθὺς ἐπελθόντες διδάσκουσιν ὡς χρὴ διαλυσαμένους τὰς πρὸς ἡμᾶς αὐτοὺς ἔχθρας ἐπὶ τὸν βάρβαρον τραπέσθαι, καὶ διεξέρχονται τάς τε συμφορὰς τὰς ἐκ τοῦ πολέμου τοῦ πρὸς ἀλλήλους ἡμῖν γεγενημένας καὶ τὰς ὠφελείας τὰς ἐκ τῆς στρατείας τῆς ἐπ' ἐκεῖνον ἐσομένας,
44 ἀληθῆ μὲν λέγουσιν, οὐ μὴν ἐντεῦθέν γε ποιοῦνται τὴν ἀρχήν, ὅθεν ἂν μάλιστα συστῆσαι ταῦτα δυνηθεῖεν. τῶν γὰρ Ἑλλήνων οἱ μὲν [2]ὑφ' ἡμῖν, οἱ δ' ὑπὸ Λακεδαιμονίοις εἰσίν· αἱ γὰρ πολιτεῖαι, δι' ὧν οἰκοῦσι τὰς πόλεις, οὕτω τοὺς πλείστους αὐτῶν διειλήφασιν. ὅστις οὖν οἴεται τοὺς

[1] μὴ πάσχειν L.

[2] ἐφ' L.

Εἰμι μὴ] Wolfius, quanquam geminatam negationem vehementius negare opinatur; tamen omisit, et post eum reliqui. Idem. Recte quidem; duæ enim voculæ negantes ad diversa verba referendæ sunt, quod non respexit Langius μὴ iterum recipiens. Sensus est: dignus sum, qui quodvis horum patiar. Spohn.

Περὶ τῶν ἰδίων] Quæ ad me unum pertinent: περὶ τῶν κοινῶν, quæ mihi cum cæteris oratoribus communia sunt, et ad constitutionem causæ referenda. Mor.

Ἔχθρας] Bellum Peloponnesiacum intelligit. Ὁ Βάρβαρος est rex Persiæ. Idem.

Συστῆσαι] *unde si ordirentur, hanc omnem causam constituere* (statum controversiæ definire) *poterant.* §. γ'. ἐχρῆν ἐντεῦθεν ἄρχεσθαι. Nam στάσις, cui conjunctum est συνίστημι, apud rhetores Græcos (v. argum. orationum Demosth. Lycurg. aliorumque) est ea, quam Cic. Inv. I. 8. *constitutionem causæ*, Quinctilianus III. 6. *statum* appellavit. Causa, quam Isocrates tractat, sic constituenda erat, ut primum quæreretur, utrum ad Lacedæmonios, an Athenienses principatus Græciæ pertineret: deinde, ut bellum contra Persas suaderetur. Idem. Coraes, nescio quam ὑπαλλαγὴν statuens, ad Ἕλληνας refert. Augerus: 'pro συστῆσαι in vulg. vellem legi συστῆναι, quod explicarem, *coagmentari, conflari, constare.*' Cfr. Orat. ad Philipp. §. ις'. ubi hæc: ὥστ' οὐδὲν ἄτοπον εἰ καὶ ταῦτα μόνος ἂν συστῆσαι δυνηθείης (perficere). ibidem §. κη'. πῶς οὐ σέ γε χρὴ προσδοκᾶν —— ῥᾳδίως τὰ προειρημένα συστήσειν. Spohn.

Αἱ πολιτεῖαι] *forma civitatis, qua singulæ civitates utuntur*, vel democratica, vel oligarchica. §. ε'. ἡ κατασκευὴ, ἐν ᾗ κατοικοῦμεν, καὶ δι' ἧς πολιτευόμεθα. §. λα': μετὰ ταύτης τῆς πολιτείας οἰκοῦμεν. Areop. §. η'. διὰ ταύτης τῆς πολιτείας ᾤκουν τὴν πόλιν. Est ergo πολιτεία, δι' ἧς οἰκοῦμεν τὴν πόλιν, forma et institutio reipublicæ, secundum quam, tanquam normam, rempublicam administramus, inque ea vivimus: quod eleganti similitudine declaravit Isocr. Areop. §. η'. Mor.

Διειλήφασιν] Thuc. I. 18. Victo Xerxe, Græci omnes διεκρίθησαν πρός τε Ἀθηναίους καὶ Λακεδαιμονίους. Cf. III. 82. Διαλαμβάνειν v. c. τόπον est, *occupare locum per intervalla*, disponendis præsidiis, ædificiis, arboribus, Dion. Hal. A. p. 253. et Diod. Sic. l. IV. p. 654. πύργοις διαλαβεῖν. Demosth. de Cor. c. 51. τοὺς ὅρους στήλαις διαλαβεῖν, *fines columnis dispositis constituere:* unde omnino Isocr. ad Phil. §. ν'. διαλαβεῖν τὴν Ἀσίαν, *utrinque fines Asiæ ponere.* Aristid. Panath. p. 65. τροπαίοις διαλαβεῖν Ἑλλήσποντον, *per intervalla ponere tropæa.* Vid. Reiskii Animadv. ad Polyb. p. 135. Wessel. ad Diod. Sic. I. 33. Æl. V. H. IX. 3. Hoc est igitur *distinguere locum* v. c. arboribus, quo facto in intervalla dividitur: hinc omnino, ut nostro loco, *dividere. Græcorum* πολιτεῖαι *sic diviserunt (atque adeo comprehendunt) plerosque Græcos*, i. e. forma, qua quæque utuntur, vel δημοκρατικὴ vel μοναρχικὴ, coegit eos, vel Atheniensibus vel Lacedæmoniis se adjungere. Cf. or. ad Phil. §. ια'. Ἅπασαι (πόλεις τῆς Ἑλλάδος) ὑπὸ ταῖς εἰρημέναις εἰσὶν (parent Ather Spart.

ἄλλους κοινῇ τι πράξειν ἀγαθὸν, πρὶν ἂν τοὺς προεστῶτας
αὐτῶν διαλλάξῃ, λίαν ἁπλῶς ἔχει καὶ πόῤῥω τῶν πραγμάτων ἐστίν. ἀλλὰ δεῖ [1] τὸν μὴ μόνον ἐπίδειξιν [2] ποιούμενον b
ἀλλὰ καὶ διαπράξασθαί τι [3] βουλόμενον ἐκείνους τοὺς
λόγους ζητεῖν, οἵ τινες [4] τὼ πόλη τούτω πείσουσιν ἰσομοιρῆσαι πρὸς ἀλλήλας καὶ τάς θ' ἡγεμονίας διελέσθαι, καὶ
τὰς πλεονεξίας ἃς νῦν παρὰ τῶν Ἑλλήνων ἐπιθυμοῦσιν
αὐταῖς γίνεσθαι, ταύτας παρὰ τῶν βαρβάρων ποιήσασθαι.
γ'. Τὴν μὲν οὖν ἡμετέραν πόλιν ῥᾴδιον ἐπὶ ταῦτα [5] προαγαγεῖν, Λακεδαιμόνιοι δὲ νῦν μὲν ἔτι δυσπείστως ἔχουσι· c
παρειλήφασι γὰρ ψευδῆ λόγον, ὡς ἔστιν αὐτοῖς ἡγεῖσθαι
πάτριον· ἢν δ' ἐπιδείξῃ τις αὐτοῖς ταύτην τὴν τιμὴν ἡμετέραν οὖσαν μᾶλλον ἢ [6] 'κείνων, τάχ' ἂν ἐάσαντες τὸ διακριβοῦσθαι περὶ τούτων ἐπὶ τὸ συμφέρον ἔλθοιεν. ἐχρῆν μὲν
οὖν καὶ τοὺς ἄλλους ἐντεῦθεν ἄρχεσθαι καὶ μὴ πρότερον
περὶ τῶν ὁμολογουμένων συμβουλεύειν, πρὶν [7] περὶ τῶν ἀμφισβητουμένων ἡμᾶς [8] ἐδίδαξαν· ἐμοὶ δ' οὖν ἀμφοτέρων
ἕνεκα προσήκει περὶ ταῦτα ποιήσασθαι τὴν πλείστην δια- d
τριβὴν, μάλιστα μὲν ἵνα προὔργου τι γένηται καὶ παυσάμενοι τῆς πρὸς ἡμᾶς αὐτοὺς φιλονεικίας κοινῇ τοῖς βαρβάροις πολεμήσωμεν, εἰ δὲ τοῦτό ἐστιν ἀδύνατον, ἵνα δηλώσω
τοὺς ἐμποδὼν ὄντας τῇ τῶν Ἑλλήνων εὐδαιμονίᾳ, καὶ πᾶσι
γένηται φανερὸν ὅτι καὶ πρότερον ἡ πόλις ἡμῶν δικαίως τῆς
θαλάττης ἦρξε καὶ νῦν οὐκ ἀδίκως ἀμφισβητεῖ περὶ τῆς

[1] τοὺς A. C. L. [2] ποιουμένους A. C. L. [3] βουλομένους A. C. L.
[4] τὰς πόλεις ταύτας A. C. L. [5] προσαγαγεῖν A. C. L. [6] ἐκείνων A. C. L.
[7] [περὶ] L. [8] ἀπαλλάξαι A. C. L.

Argiv. Thebanis), καὶ καταφεύγουσιν, ἐφ' ἣν ἂν τούτων τύχωσιν, καὶ τὰς βοηθείας ἐντεῦθεν λαμβάνουσιν. Cf. Xen. Hellen. VI. 3. 6. Idem.

Ἡγεμονίας] Ἡγεμονία modo ita comparata erat, ut e pluribus civitatibus iisdemque sociis aliqua ἡγεμὼν esset Evag. §. ι'. prima inter pæne pares, προστάτις Paneg. §. λ'. modo ita, ut imperio quodam esset conjuncta, quo illa ἡγεμὼν cum reliquis ageret, tanquam cum subditis et subjectis, hanc ob causam interdum cum δυναστείᾳ commutatur Paneg. §. γ'. et ιζ'. ad Philipp. §. ιε'. ιθ'. Panath. §. κ'. Συμμαχικῶς igitur et δεσποτικῶς ratio τῆς ἡγεμονίας sese habere potuit. Spohn.

Διελέσθαι] Antea maritimum imperium Atheniensium, terrestre Lacedæmoniorum fuerat. Thuc. I. 18. Quæ divisio quam justa sit et utilis, oratione explicatur apud Xenoph. Hellen. VII. 1. cf. 5. 34. Mor.

Καὶ τὰς πλεονεξίας — ποιήσασθαι] Hæc in Panegyrico se posuisse, ipse Isocrates or. ad Phil. §. δ'. dicit. Idem.

Ἀμφοτέρων ἕνεκα] *duplicem ob causam, quæ sequitur.* Lang.

Προὔργου] Suidas s. v. προὔργου· — Ἰσοκράτης φησίν· Ἵνα προὔργου τι γένηται ἀντὶ τοῦ πλέον. Cfr. Zonar. Phot. ibidemque Schleusner. et interprr. Hesych. unde Coraes suam explicationem hausit. Spohn.

Τοὺς ἐμποδὼν ὄντας] Lacedæmonios. Aristot. rhet. III. c. 17. §. 17. Ἰσοκράτης συμβουλεύων κατηγορεῖ Λακεδαιμονίων ἐν τῷ Πανηγυρικῷ. Mor.

ἡγεμονίας. τοῦτο μὲν γάρ, εἰ δεῖ τούτους ἐφ' ἑκάστῳ τιμᾶ-
e σθαι τῶν ἔργων τοὺς ἐμπειροτάτους ὄντας καὶ μεγίστην
δύναμιν ἔχοντας, ἀναμφισβητήτως ἡμῖν προσήκει τὴν ἡγεμονίαν ἀπολαβεῖν, ἥν[1] περ πρότερον ἐτυγχάνομεν ἔχοντες·
οὐδεὶς γὰρ ἂν ἑτέραν πόλιν ἐπιδείξειε τοσοῦτον ἐν τῷ πολέμῳ
τῷ κατὰ γῆν ὑπερέχουσαν ὅσον τὴν ἡμετέραν ἐν τοῖς κινδύνοις τοῖς κατὰ θάλατταν διαφέρουσαν. τοῦτο δέ, εἴ τινες
ταύτην μὲν μὴ[2] νομίζουσι δικαίαν εἶναι τὴν κρίσιν, ἀλλὰ
πολλὰς τὰς μεταβολὰς γίγνεσθαι — τὰς γὰρ δυναστείας
οὐδέποτε τοῖς αὐτοῖς παραμένειν —, ἀξιοῦσι δὲ τὴν ἡγεμονίαν ἔχειν ὥσπερ ἄλλο τι γέρας ἢ τοὺς πρώτους τυχόντας
ταύτης τῆς τιμῆς ἢ τοὺς πλείστων ἀγαθῶν αἰτίους τοῖς
Ἕλλησιν ὄντας, ἡγοῦμαι καὶ τούτους[3] εἶναι μεθ' ἡμῶν· ὅσῳ
b γὰρ ἄν τις[4] πορρωτέρωθεν σκοπῇ περὶ τούτων ἀμφοτέρων, τοσούτῳ πλέον ἀπολείψομεν τοὺς[6] ἀμφισβητοῦντας.
δ'. Ὁμολογεῖται μὲν γὰρ τὴν πόλιν ἡμῶν ἀρχαιοτάτην 41
εἶναι καὶ μεγίστην καὶ παρὰ πᾶσιν ἀνθρώποις ὀνομαστοτά-
την· οὕτω δὲ[7] καλῆς τῆς ὑποθέσεως οὔσης, ἐπὶ τοῖς ἐχομένοις τούτων ἔτι μᾶλλον ἡμᾶς προσήκει τιμᾶσθαι. ταύτην
γὰρ οἰκοῦμεν οὐχ ἑτέρους ἐκβαλόντες οὐδ' ἐρήμην καταλα-
c βόντες οὐδ' ἐκ πολλῶν ἐθνῶν μιγάδες συλλεγέντες, ἀλλ'

[1] περ om. A. C. L. [2] νομίζωσι A. L. [3] γ' εἶναι A. C. L.
[4] πορρωτέρω A. C. L. [5] πλεῖον A. C. L. [6] ἀμφισβ. περὶ αὐτῶν. A. C. L.
[7] καλλίστης ὑποθ. A. C. L.

Ἐφ' ἑκάστῳ] Subaudi πράγματι. nisi mavis ἐφ' ἑκάστῳ jungere cum τῶν ἔργων, disjungendo τῶν ἔργων ab ἐμπειροτάτους, quod ultimum malo. AUGER.

Τοὺς πρώτους] Videtur Isocrates §. δ'. hoc ex antiquitate gentis Atticæ per se demonstrare voluisse: quod ut vim habeat, vereor, nisi reliquæ narrationes de bellis §. θ'. ιε'. addantur; quum antiquitas ipsa non necessario cum principatu conjuncta sit. Cæterum sciendum est, hanc omnem antiquissimi temporis ἡγεμονίαν non fuisse ei similem, quæ per Salaminiam victoriam constituta (v. ad §. κ'.) pacis et belli tempore aliquamdiu obtinuit: sed partim majorem in bellis auctoritatem propter opes majores (ut §. ιε'. de Atheniensibus ante tempora Trojani belli, ἡγεμονικῶς εἶχον, cum explicatione, μείζω δύναμιν εἶχον), partim munus ordinandi belli aliosque ducendi, unde §. θ'. στρατηγοὶ καταστάντες αὐτῶν, et §. κβ'. οἰόμενοι δεῖν στρατηγεῖν. Eodem sensu Thuc. p. 13. 59. 63. 64. ed. Steph. de Lacedæmoniis, ante victoriam Lysandri, quæ iis principatum κατ' ἐξοχὴν acquisivit, ἡγεῖσθαι, et p. 263. μέγιστον ἀξίωμα τῶν Ἑλλήνων ἔχοντες. Et ita accipiendum est, ubicunque Lacedæmoniis tribuitur ἡγεμονία ante pugnam illam Lysandri. Quid quod ipso tempore Salaminiæ pugnæ visi sibi sunt ἡγεμόνες τῆς θαλάσσης, Diod. Sic. XI. 27. hoc est cæteris opulentiores et majores, digni jure belli constituendi. MOR.

Πορρωτέρω] *ulterius regrediendo ad prisca tempora.* IDEM. Archidam. §. ε'. διὰ τοῦτο δὲ προλήψομαι πόρρωθεν. ib. §. μγ'. καὶ τί δεῖ τὰ πόρρω λέγειν; et imprimis §. ιϛ'. ἀρχαῖα καὶ πορρωτέρω — λέγειν. SPOHN.

Μεγίστην] Cfr. Helen. Encom. §. ιζ'. Panathen. §. μη'. IDEM.

Οἰκοῦμεν] Justin. II. 6. MOR.

Μιγάδες] Τὸ ἐκ πολλῶν ἄθροισμα ξένων. Hesych. Dicuntur etiam σύγκλυδες Thuc. VII. 5. et Lat. *convenæ*. Sed fortasse μιγάδες h. l. glossema est, quo, ut notissimo

οὕτω καλῶς καὶ γνησίως γεγόναμεν, ὥςτ' ἐξ ἧςπερ ἔφυμεν,
ταύτην ἔχοντες ἅπαντα τὸν χρόνον διατελοῦμεν, αὐτόχθονες
ὄντες καὶ [1] τῶν ὀνομάτων τοῖς αὐτοῖς [2] οἷςπερ τοὺς οἰκειοτάτους τὴν πόλιν ἔχοντες προσειπεῖν· μόνοις γὰρ ἡμῖν τῶν
Ἑλλήνων τὴν αὐτὴν τροφὸν καὶ πατρίδα καὶ μητέρα καλέ-
σαι προσήκει. καίτοι χρὴ τοὺς εὐλόγως μέγα φρονοῦντας
καὶ περὶ τῆς ἡγεμονίας δικαίως ἀμφισβητοῦντας καὶ τῶν d
[3] πατρίων πολλάκις μεμνημένους τοιαύτην τὴν ἀρχὴν τοῦ
γένους ἔχοντας φαίνεσθαι.

έ. Τὰ μὲν οὖν ἐξ ἀρχῆς ὑπάρξαντα καὶ παρὰ τῆς τύχης
δωρηθέντα τηλικαῦθ' ἡμῖν τὸ μέγεθός ἐστιν· ὅσων δὲ τοῖς
ἄλλοις ἀγαθῶν αἴτιοι γεγόναμεν, οὕτως ἂν κάλλιστ' ἐξετά-
σαιμεν, εἰ τόν τε χρόνον ἀπ' ἀρχῆς καὶ τὰς πράξεις τὰς e
τῆς πόλεως ἐφεξῆς διέλθοιμεν· εὑρήσομεν γὰρ αὐτὴν οὐ
μόνον τῶν πρὸς τὸν πόλεμον κινδύνων, ἀλλὰ καὶ τῆς ἄλλης
κατασκευῆς, ἐν ᾗ κατοικοῦμεν καὶ μεθ' ἧς πολιτευόμεθα

[1] τοῖς ὀνόμασι A. C. L. [2] ὥςπερ L. [3] πατρῴων L.

verbo, aliquis interpretari voluit periphrasin Isocraticam, οἱ ἐκ πολλῶν ἐθνῶν συλλεγέντες. IDEM. Non ita videtur. SPOHN.

Γεγόναμεν] Nos, qui nunc vivimus, tam honestam et ingenuam originem habemus. MOR.

Αὐτόχθονες ὄντες] An est glossema periphraseos, ἐξ ἧσπερ ἔφυμεν? IDEM. Neque hoc ejiciendum esse censeo, tantam enim ea in re quæsiverunt gloriam Athenienses, ut vix credam Isocratem illud nomen omisisse. Cfr. Symmach. §. ιζ'. imprim. Panathen. §. μη'. ubi leguntur: ὄντας δὲ μήτε μιγάδας, μήτ' ἐπήλυδας, ἀλλὰ μόνους αὐτόχθονας τῶν Ἑλλήνων, καὶ ταύτην ἔχοντας τὴν χώραν τροφὸν, ἐξ ἧσπερ ἔφυσαν, καὶ στέργοντας αὐτὴν ὁμοίως, ὥσπερ οἱ βέλτιστοι τοὺς πατέρας καὶ τὰς μητέρας τὰς αὑτῶν. Vid. etiam Harpocrat. SPOHN.

Τὴν αὐτὴν κ. τ. λ.] Panath. §. μη'. Lys. Epitaph. §. ϛ'. τὴν αὐτὴν ἐκέκτηντο μητέρα καὶ πατρίδα. Demosth. Orat. Fun. §. β'. Platon. Menex. p. 365. ed. Bas., Aristid. Panath. p. 11. ed. Steph. sententiam immutavit. Cic. Flacc. 26. parens, altrix, patria. MOR.

Τῶν πατρίων] §. γ'. Λακεδαιμόνιοι δὲ — πάτριον. Ergo hi sunt ii, qui semper jactant, qua auctoritate majores fuerint, et quid ipsis inde a majoribus proprium fuerit, et propter majores etiamnum debeatur. Πατρῴων hoc loco non probo, (etsi in re simili Herodotus IX. 27. usurpavit), partim quia Isocrates videtur pluribus locis (§. γ'. θ'. ιε'. ιϛ'. ιθ'.) eodem verbo de eadem re usus esse: partim, quia constat, πατρῷα plerumque dici, quæ ad *patrem* referuntur, πάτρια, quæ ad majores patriamque universam pertinent; quanquam libri scripti et editi sunt inconstantes, ipsique scriptores videntur variasse. De discrimine horum verborum e sententia grammaticorum veterum v. Intt. ad Lucian. Solœc. T. III. p. 561. et Fischerus ad Wellerum, p. 293. [Coraes ad Heliodor. p. 92.] Itaque conjecturam Wolfii πατρίων secutus sum. IDEM.

Διέλθοιμεν] Si res, et ab initio gestas, et ceteras deinceps percurramus. IDEM.

Πρὸς τὸν πόλεμ.] Quia belli, præsertim mari, gerendi rationem et modum demonstravit: sic enim historia duce debet intelligi, αἰτία τῶν πρὸς τὸν πόλεμον κινδύνων, *quæ docuit bella gerere.* De bellis egit c. θ'. ιε'. ιθ'. De re maritima Thuc. p. 13. Ἀθηναῖοι ναυτικοὶ ἐγένοντο, qui etiam p. 122. Athenas dixit πόλιν, καὶ ἐς πόλεμον, καὶ ἐς εἰρήνην αὐταρκεστάτην. IDEM. Np. αἰτίαν οὖσαν, *esse causam periculorum in bello,* i. e. belli gerendi rationem demonstravisse, vel, suo exemplo docuisse qua virtute belli pericula subeunda sint. AUGER.

καὶ δι' ἣν ζῆν δυνάμεθα, σχεδὸν ἁπάσης αἰτίαν οὖσαν.
ἀνάγκη δὲ προαιρεῖσθαι τῶν εὐεργεσιῶν μὴ τὰς διὰ μικρό-
46 τητα διαλαθούσας καὶ κατασιωπηθείσας, ἀλλὰ τὰς διὰ
τὸ μέγεθος ὑπὸ πάντων ἀνθρώπων καὶ πάλαι καὶ νῦν καὶ
πανταχοῦ καὶ λεγομένας καὶ μνημονευομένας.
ϛʹ. Πρῶτον μὲν [1] τοίνυν, οὗ πρῶτον ἡ φύσις ἡμῶν ἐδεήθη,
διὰ τῆς πόλεως της ἡμετέρας ἐπορίσθη· καὶ γὰρ εἰ μυθώ-
δης ὁ λόγος γέγονεν, ὅμως [2] αὐτῷ καὶ νῦν ῥηθῆναι προσήκει.
Δήμητρος γὰρ [3] ἀφικομένης εἰς τὴν χώραν [4] ὅτ' ἐπλανήθη
b τῆς Κόρης ἁρπασθείσης, καὶ πρὸς τοὺς προγόνους [5] ἡμῶν
εὐμενῶς διατεθείσης ἐκ τῶν εὐεργεσιῶν ἃς οὐχ οἷόν τ' ἄλ- 42
λοις ἢ τοῖς μεμυημένοις ἀκούειν, καὶ δούσης δωρεὰς [6] αἵπερ
μέγισται τυγχάνουσιν οὖσαι, τούς τε καρποὺς οἳ τοῦ μὴ
θηριωδῶς ζῆν ἡμᾶς αἴτιοι γεγόνασι, καὶ τὴν τελετὴν ἧς οἱ
[7] μετασχόντες περί τε τῆς τοῦ βίου τελευτῆς καὶ τοῦ σύμπαντος αἰῶνος ἡδίους τὰς ἐλπίδας ἔχουσιν, οὕτως ἡ πόλις
ἡμῶν οὐ μόνον θεοφιλῶς ἀλλὰ καὶ φιλανθρώπως ἔσχεν, ὥστε
c κυρία γενομένη τοιούτων ἀγαθῶν οὐκ ἐφθόνησε τοῖς ἄλλοις,
ἀλλ' ὧν ἔλαβεν ἅπασι μετέδωκε. καὶ τὰ μὲν ἔτι καὶ νῦν

[1] οὖν A. C. L. [2] αὐτὸν A. C. L. [3] ἀφικνουμένης A. C. L.
[4] ἡμῶν ὅτε A. C. L. [5] τοὺς ἡμετέρους A. C. L. [6] διττὰς αἵπερ A. C. L.
[7] μετέχοντες A. C. L.

Δι' ἣν ζῆν δυνάμεθα] Quum locus de vita in societate, quæ humanior est, capiendus sit, efficitur hic sensus: *per quam institutionem civitatis vitalem vitam* (ἀξιοβίωτον) *vivere possumus*, non ferinam amplius, quæ ratione hominum, societati destinatorum, ne vita quidem dici potest. Hoc autem effectum quidem est etiam inventione frugum, quæ homines a vita ferina abduxit (§. ϛʹ.), et mysteriis, quæ bona spe replent vitam humanam (ibid.), sed potissimum legibus (§. ηʹ.), de quibus et Xen. Mem. III. 3. 11. δι' ὧν ζῆν ἐπιστάμεθα. Nec vita primorum hominum, ut est §. ηʹ. talis fuit, qualis nunc vivitur; sed subinde accesserunt commoda, δι' ἃ ζῆν (melius et humanius vivere) δυνάμεθα. Atqui hæc omnia debentur Atheniensibus. Cf. Diod. Sic. V. 5. Mor.

Πρῶτον] Ad hoc refertur, περὶ δὲ τοὺς αὐτοὺς χρόνους, §. θʹ. Idem.

Δήμητρος] Callim. H. in Cer. 8. sqq. Ovid. Met. V. 438. ibidemque v. 385. de raptu Proserpinæ, quæ est ἡ Κόρη. Cf. Cic. N. D. II. 24. Verr. IV. 49., Tacit. Ann. II. 49., Claudiani carmen nemo nescit. Idem.

Θηριωδῶς] Diod. Sic. I. 8., Sext. Empir. p. 295. et 551. ed. Fabric., Ovid. Fast. II. 291., Æl. V. H. III. 39. Idem.

Σύμπαντος αἰῶνος] Demonstratum est initiatis, animum esse immortalem, aut saltem, vitam a morte corporis continuari, et esse futuram sortem beatam miseramve. Cf. Platon. Phæd. c. 13., Æschin. dial. 3. c. 17. 20., Aristoph. Ran. v. 155 sqq. et schol. ad h. l. Cic. de Legg. II. 14. "Hic accepimus non solum rationem cum lætitia vivendi; sed et cum spe meliore moriendi." Meursii Eleusin. c. 17., Eschenbachii Epigenes p. 185. Idem.

Θεοφιλῶς] Non modo cara Diis fuit, quippe ornata beneficiis divinis; sed et alios suorum honorum reddidit participes. Idem. Cfr. Panathen. §. μηʹ. ubi Athenienses dicit πάντα — τὸν χρόνον ἠσκηκότας εὐσέβειαν μὲν περὶ τοὺς θεούς, δικαιοσύνην δὲ περὶ τοὺς ἀνθρώπους. ibid. c. πεʹ. εὐσέβεια et δικαιοσύνη junguntur. Spohn.

Τὰ μὲν] Refertur ad fruges, quarum

καθ᾽ ἕκαστον [1] τὸν ἐνιαυτὸν δείκνυμεν, τῶν δὲ συλλήβδην τὰς [2] ἐργασίας καὶ τὰς χρείας καὶ τὰς [3] ὠφελίας τὰς [4] ἀπ᾽ αὐτῶν γιγνομένας [5] ἐδίδαξεν· καὶ τούτοις ἀπιστεῖν [6] μικρῶν ἔτι προστεθέντων οὐδεὶς ἂν ἀξιώσειεν.

ζ΄. Πρῶτον μὲν γὰρ, ἐξ ὧν ἄν τις καταφρονήσειε τῶν λεγομένων ὡς ἀρχαίων ὄντων, ἐκ τῶν αὐτῶν τούτων εἰκότως d
ἂν καὶ τὰς πράξεις γεγενῆσθαι νομίσειεν· διὰ γὰρ τὸ πολλοὺς εἰρηκέναι καὶ πάντας ἀκηκοέναι προσήκει μὴ καινὰ μὲν, πιστὰ δὲ δοκεῖν εἶναι τὰ λεγόμενα περὶ αὐτῶν. ἔπειτ᾽ οὐ μόνον ἐνταῦθα καταφυγεῖν ἔχομεν, ὅτι τὸν λόγον καὶ τὴν φήμην ἐκ πολλοῦ παρειλήφαμεν, ἀλλὰ καὶ σημείοις μείζοσιν ἢ τούτοις ἔστιν ἡμῖν χρήσασθαι περὶ αὐτῶν· αἱ

[1] τὸν om. A. C. L. [2] εὐεργεσίας A. L. [3] ὠφελείας A. C. L.
[4] δι᾽ A. C. L. [5] ἐδιδάξαμεν A. C. L. [6] μικρὸν ἔτι ἡμῶν προστιθέντων A. C. L.

primitiæ quotannis ex omni Græcia Athenas mittebantur, §. ζ΄. (cf. Suidas in Εἰρεσιώνη. T. II. p. 29.) Quotannis ergo argumento idoneo demonstrabatur, agriculturam aliis ostensam esse ab Atheniensibus. Τῶν δὲ, acceperim de mysteriis, quorum commoda breviter docuit, ἧς οἱ μετέχοντες — ἔχουσι. Quum ergo εὐεργεσίαι τῶν sc. τελετῶν seu μυστηρίων, jam significet *commoda e mysteriis orta*, ideoque molesta sit ejusdem rei repetitio, τὰς δι᾽ αὐτῶν γιγνομένας (quod insuper in γενομένας mutandum videtur), quumque synonymia χρείας et ὠφελείας habeat aliquid frigidi: deleverim penitus hæc verba, quæ inclusi, adscripta fortasse ab eo, qui τὰς εὐεργεσίας et χρείας τῶν μυστηρίων explicare vellet. Mor. Morus igitur verba καὶ τὰς ὠφελείας usque ad γιγνομένας delenda esse censuit, ideoque uncinis inclusit; sed non ejicienda sunt, vox autem εὐεργεσίας mutanda est, uti rectissime docuit Retbergius in Tentamine emendationum et animadversionum in Isocratem, quod insertum est Biblioth. vet. liter. et art. ab Heerenio editæ Part. X. Gott. 1794. Inedit. et Animadv. crit. p. 23. sqq. Ibi p. 24. ille hæc disseruit: — 'quomodo differant εὐεργεσίαι frugum et ὠφέλειαι, equidem non dixerim. Mendosum esse videtur εὐεργεσίας proque eo ἐργασίας legendum. Sic omnia leniter fluunt et perspicue. Tria nempe cum reliquis Græcis communicarunt Athenienses. 1) τὰς ἐργασίας τῶν καρπῶν, h. e. variarum frugum, non tritici solius, suam quarumcunque culturam. 2) τὰς χρείας τῶν καρπῶν, i. e. quæcunque τέχναι [ut statim vocat] ad colendas eas, et in usum hominum conficiendas necessariæ sunt. 3) τὰς ὠφελείας αὐτῶν, quem usum, quæve commoda præstent. Facile permutari potuit εὐεργεσίας et ἐργασίας. Similiter erratum est. ep. 7. 421.' i. e. in epistola ad Timotheum p. 746. ed. Lang. l. 15., ubi H. Wolfius recte conjecit ἐργασίας, quam lectionem cod. Augeri et Helmstad. Matthaei comprobant. Eandem vocem recte restituisse videtur Coraes §. κα΄. orat. Areopagit., ubi etiam ὠφέλειαι sequuntur, cfr. §. ιβ΄. ejusd. orat. Reliqua, et in iis verbum γιγνομένας, bene se habent. Vox εὐεργεσίας ea de causa, præter similitudinem, commutari facile potuit cum illa, quod sæpe repetitur et statim §. seq. (τῆς παλαιᾶς εὐεργεσίας) recurrit. Passim confusæ sunt hæ voces. vid. var. lect. ad Artemidor. p. 379. ed. Reiff., et Dionys. de compos. p. 50 sq. et not. Schaefer. ed. Göller. p. 25. Spohn. Sic vertas: *et hæc quidem* (mysteria) *nos Athenienses etiam nunc quotannis in magna hominum undique confluentium frequentia celebramus, harum vero* (frugum) *culturam* (ἐργασίας ex Retbergii conject.), *artesque quæ ad eas in hominum usum præparandas necessariæ sunt, usum denique,* συλλήβδην (ein für alle mahl, *once for all*) *docuimus.* Lang.

Μὴ καινὰ] Qui pro μὴ καινὰ intelligendo posuerit ἀρχαῖα (sunt enim ἀρχαῖα profecto μὴ καινὰ, *non nupera demum*), is videbit, quam apte e serie narrationis ἀρχαῖα eademque πιστὰ jungantur: *non nupera quidem et recentia, sed fide tamen digna:* nam vetustarum narrationum fides hic defenditur. Mor.

μὲν γὰρ πλεῖσται τῶν πόλεων [1] ὑπόμνημα τῆς παλαιᾶς
e εὐεργεσίας ἀπαρχὰς τοῦ σίτου καθ᾽ ἕκαστον [2] τὸν ἐνιαυτὸν
ὡς ἡμᾶς ἀποπέμπουσι, ταῖς δὲ ἐκλειπούσαις πολλάκις ἡ
Πυθία προσέταξεν ἀποφέρειν τὰ μέρη τῶν καρπῶν καὶ
ποιεῖν πρὸς τὴν πόλιν τὴν ἡμετέραν τὰ πάτρια. καίτοι
47 περὶ τίνων χρὴ [3] μᾶλλον πιστεύειν, ἢ περὶ ὧν ὅ τε θεὸς
ἀναιρεῖ καὶ πολλοῖς τῶν Ἑλλήνων συνδοκεῖ, καὶ τά τε
πάλαι ῥηθέντα τοῖς παροῦσιν ἔργοις συμμαρτυρεῖ καὶ τὰ
νῦν γιγνόμενα τοῖς ὑπ᾽ ἐκείνων εἰρημένοις ὁμολογεῖ;

η΄. Χωρὶς δὲ τούτων, [4] ἢν ἅπαντα ταῦτα ἐάσαντες ἀπὸ
τῆς ἀρχῆς σκοπῶμεν, εὑρήσομεν, ὅτι τὸν βίον οἱ πρῶτοι
φανέντες ἐπὶ γῆς οὐκ εὐθὺς οὕτως ὥσπερ νῦν ἔχοντα κατέλαβον, ἀλλὰ κατὰ μικρὸν [5] αὐτοὶ συνεπορίσαντο. τίνας
b οὖν χρὴ μᾶλλον νομίζειν ἢ δωρεὰν παρὰ τῶν θεῶν λαβεῖν ἢ
ζητοῦντας αὐτοὺς ἐντυχεῖν; οὐ τοὺς ὑπὸ πάντων ὁμολο- 4
γουμένους καὶ πρώτους γενομένους καὶ πρός τε τὰς τέχνας
εὐφυεστάτους ὄντας καὶ πρὸς τὰ τῶν θεῶν εὐσεβέστατα
διακειμένους; καὶ μὴν ὅσης προσήκει τιμῆς τυγχάνειν τοὺς
τηλικούτων ἀγαθῶν αἰτίους, [6] περίεργον διδάσκειν· οὐδεὶς
γὰρ ἂν δύναιτο [7] δωρεὰν τοσαύτην τὸ μέγεθος εὑρεῖν, ἥ τις
ἴση τοῖς πεπραγμένοις [8] ἐστί.

[1] ὑπομνήματα A. C. L. [2] τὸν om. A. C. L. [3] μάλιστα A. C. L.
[4] ἐὰν A. C. L. [5] αὐτοῖς A. C. L. [6] πάρεργον A. L.
[7] δωρεᾶς τοσαύτης A. L. [8] ἔσται C.

Ἐκλειπούσαις] An ἐκλιπούσαις melius? Idem visum est Augero. De primitiis, Athenas quotannis missis, eadem habet Aristid. Panath. p. 14. Ibidem: θεὸς διὰ τῶν μαντειῶν μητρόπολιν τῶν καρπῶν ὀνομάζει τὴν πόλιν. IDEM. Vulgaris lect. defendi debet. SPOHN.

Χωρὶς δὲ τούτων] Summa capitis hæc est: Si, missa narratione fabulosa de frugibus et mysteriis, rem consideremus ab initio, h. e. si quæramus, quale fuerit humanum genus inde ab initio rerum humanarum, reperiemus, commoda vitæ, quibus nunc utimur, paullatim accessisse. Jam ea vel deus dedit, vel homines invenerunt. Si illud, videtur largitus esse Athenis, ubi colitur sanctissime: sin hoc, videntur Athenienses invenisse, quippe primi omnium, et ad inveniendum solertissimi. MOR.

Συνεπορίσαντο] Subaudi τὰ ἐπιτήδεια. Forte tamen revocandum τὸν βίον, et jungendo cum συνεπορίσαντο interpretandum est: *victum comparaverunt*. AUGER.

Λαβεῖν] Subaudi τοὺς καρποὺς, ita et ad ἐντυχεῖν subaudi τοῖς καρποῖς. IDEM.

Δωρεᾶς τοσαύτης] Sed non displicet conjectura Wolfii in Cast. δωρεὰν τοσαύτην τὸ μέγεθος. Etiam versio Latina, huic conjecturæ accommodata, mollior est. Δωρεὰ et paullo ante τιμὴ, *honor, remunerationis et præmii vim habens, præmium benevolum*. MOR. Wolf. conjecit δωρεὰν τοσαύτην, quod Langius non improbat, et Coraes in textum recepit; idem deinde ἔσται pro ἐστί scripsit. Neutrum probo; neque Augero assentior, qui notavit: ‘δωρεᾶς regitur ab εὑρεῖν, nam εὑρίσκω construitur cum genitivo et accusativo.’ Sensus est: Nemo, opinor, magnitudinem beneficii cogitatione complecti potest, quod illi plane æquum sit. Ὅστις post talia sæpe adest. vid. Wyttenbach. Bibl. Crit. III. 2. p. 63. sq. SPOHN.

Τοῖς πεπραγμένοις] *ipsis beneficiis*, quæ sunt in facto posita. MOR.

Ἐστὶ] Malim ἔσται. AUGER.

θ'. Περὶ μὲν οὖν τοῦ μεγίστου τῶν εὐεργετημάτων καὶ c
πρώτου γενομένου καὶ πᾶσι κοινοτάτου ταῦτ᾽ ἔχομεν εἰπεῖν.
περὶ δὲ τοὺς αὐτοὺς χρόνους ὁρῶσα τοὺς μὲν βαρβάρους
τὴν πλείστην τῆς χώρας κατέχοντας, τοὺς δ᾽ Ἕλληνας
εἰς μικρὸν τόπον [1]κατακεκλειμένους καὶ διὰ σπανιότητα
τῆς γῆς ἐπιβουλεύοντάς τε σφίσιν αὐτοῖς καὶ στρατείας
ἐπ᾽ ἀλλήλους ποιουμένους, καὶ τοὺς μὲν δι᾽ ἔνδειαν τῶν καθ᾽
ἡμέραν τοὺς δὲ διὰ τὸν πόλεμον ἀπολλυμένους, οὐδὲ ταῦθ᾽ d
οὕτως ἔχοντα περιεῖδεν, ἀλλ᾽ ἡγεμόνας εἰς τὰς πόλεις ἐξέπεμψεν, οἳ παραλαβόντες τοὺς μάλιστα βίου δεομένους,
στρατηγοὶ καταστάντες αὐτῶν καὶ πολέμῳ κρατήσαντες
τοὺς βαρβάρους, πολλὰς μὲν ἐφ᾽ [2]ἑκατέρας τῆς ἠπείρου

[1] κατακεκλεισμένους A. C. L.

[2] ἑκάτερα A. C. L.

Ἔχομεν εἰπεῖν] Cfr. autem Panath. c. 69. Spohn.

Περὶ δὲ τοὺς κ. τ. λ.] Cfr. ad tria, quæ jam sequuntur capita Thucyd. II. 36—41. Idem.

Τῆς χώρας] *ejus terræ, quam nos incolimus, quæ ab Attica et Bœotia* (nam hæ duæ partes vetustissimis temporibus Græcia supra Isthmum fuisse videntur, id quod de Athenis constat, de Thebis intelligitur e §. ιε'.) *usque ad Macedoniam pertinuit, et postea* Ἑλλάδος *nomen habuit.* Hoc postulat et narratio hujus loci, et quæ diserte sequuntur de hac χώρᾳ, ἅπας τόπος, ὃν νῦν τυγχάνομεν κατέχοντες, et ἡ ὑφ᾽ ἡμῶν ἀφορισθεῖσα χώρα, *quæ, finibus nostra opera constitutis, a barbarorum regnis divisa et Græca facta est.* Hoc firmatur duobus locis e Panath. §. ις'. Οἱ ἡμέτεροι πρόγονοι (gerendis iis rebus, uæ nostro loco narrantur) ἐδίδαξαν τοὺς Ἕλληνας, ὃν τρόπον τὴν Ἑλλάδα μεγάλην ποιήσειαν. Mox: Συνέβαινεν, ἐξ ὧν ἡμεῖς (Athenienses) ἐπράττομεν, αὐξάνεσθαι τὴν Ἑλλάδα καὶ τὴν Εὐρώπην κρείττω γίνεσθαι τῆς Ἀσίας. Quibus addendum est ex eadem oratione §. ξη'. Athenienses illo tempore διπλασίαν πεποιήκασι τὴν Ἑλλάδα, τῆς ἐξ ἀρχῆς συστάσης. Etiam Barbaros intelligimus eos, qui tum finitimi Atticæ et Bœotiæ fuerunt, communique nomine Thraces et Scythæ dicti videntur, quorum nominum vaga est significatio; utrique tamen imperium Europæ habuerunt. Ac de Thracibus Isocrates §. ιθ'. τὸν ἄλλον χρόνον (ante Erechtheum) ὅμοροι προσοικοῦντες ἡμῖν, et Socrates apud Xen. Mem. III. 5. 10. bellum ab Erechtheo gestum (gestum autem est cum Thracibus et Eleusiniis: Paneg. §. ιθ'.) appellat bellum πρὸς τοὺς ἐκ τῆς ἐχομένης ἠπείρου πάσης. Ergo Thraces illo tempore finitimi Atticæ fuerunt. Hos Thraces coegerunt Athenienses recedere versus septentrionem, et Græciæ fines promoverunt: nam inter Thracas et Atticam Bœotiamque orta est Thessalia, Epirus, Macedonia etc. Hinc §. ιθ'. de Thracibus: Τοσοῦτον διέλιπον, ὥστε ἐν τῷ μεταξὺ τῆς χώρας (inter Bœotiam et Thraciam) ἔθνη πολλὰ, καὶ γένη παντοδαπὰ, καὶ πόλεις μεγάλας κατοικισθῆναι. Fines Thraciæ tempore belli Peloponnesiaci Thucyd. II. 97. notavit, unde apparet, quam longe a Græcia remoti fuerint. Mor.

Στρατείας ἐπ᾽ ἀλλήλ.] Thucyd. l. I. init. Idem.

Ἐφ᾽ ἑκάτερα τῆς ἠπ.] Versus Ionium et Ægæum mare, ut Panath. §. ις'. ubi eadem verba repetuntur: nam ἤπειρος h. l. est Græcia, his maribus conclusa. Quum autem Isocrates, quod paullo ante demonstravimus, hic de finibus Græciæ, in Europa propagatis, et de antiquissima ætate loquatur: male Wolfius et Meursius Fort. Att. c. 6. de coloniis, in ora Europæ et Asiæ illo tempore conditis, cogitarunt: nam hoc Minos fecit, non Athenienses. Diod. Sic. V. 84. Quid vero, si etiam temporum ratio pugnet? Scilicet colonia in Ioniam deducta est tertio Archonte perpetuo, quod Meursius ibidem docuit. Ergo non περὶ τοὺς αὐτοὺς χρόνους, *eo tempore, quo fruges inventæ sunt,* quod diu ante Archontum tempora accidit. Tum Arist. Panath. p. 20. absoluta narratione de modo insularum condendarum, his demum conditis in Asiam trajecisse Athenienses docet. Idem Aristides p. 18. ab Atheniensibus illo tempore adjutos dicit τοὺς ἀπ᾽ ἀμφοτέρων αἰγιαλῶν, τοῦ θ᾽ ἑσπερίου

πόλεις ἔκτισαν, [1]ἁπάσας δὲ τὰς νήσους κατῴκισαν, ἀμφοτέρους δὲ καὶ τοὺς ἀκολουθήσαντας καὶ τοὺς ὑπομείναντας
e ἔσωσαν· τοῖς μὲν γὰρ ἱκανὴν τὴν οἴκοι χώραν κατέλιπον,
τοῖς δὲ πλείω τῆς ὑπαρχούσης ἐπόρισαν· ἅπαντα γὰρ περιεβάλοντο τὸν τόπον, ὃν νῦν τυγχάνομεν κατέχοντες. ὥστε
καὶ τοῖς ὕστερον βουληθεῖσιν ἀποικίσαι τινὰς καὶ μιμήσασθαι τὴν πόλιν τὴν ἡμετέραν πολλὴν ῥᾳστώνην ἐποίησαν·
48 οὐ γὰρ αὐτοὺς ἔδει κτωμένους χώραν διακινδυνεύειν, ἀλλ᾽ εἰς
τὴν [2]ὑφ᾽ ἡμῶν ἀφορισθεῖσαν εἰς ταύτην οἰκεῖν ἰόντας. καίτοι τίς ἂν ταύτης ἡγεμονίαν ἐπιδείξειεν ἢ πατριωτέραν τῆς
πρότερον γενομένης πρὶν [3]τὰς πλείστας οἰκισθῆναι τῶν
Ἑλληνίδων πόλεων, ἢ μᾶλλον συμφέρουσαν τῆς τοὺς μὲν
βαρβάρους ἀναστάτους ποιησάσης, τοὺς δὲ Ἕλληνας [4]εἰς
τοσαύτην εὐπορίαν προαγαγούσης;

[1] πάσας A. C. L. [2] ἀφ᾽ L. [3] τὰς om. A. C. L. [4] ἐπὶ A. C. L.

καὶ τοῦ ἑῴου, eo quidem loco, quo Græcis auxilia ab iis lata esse prædicat. Ambo illa litora, quibus Attica continetur, (quorsum enim referatur ἀμφότεροι et quidnam medium sit?) num alia esse possunt, quam Ægæi et Ionii maris? Simile quid notavit Perizon. ad Æl. V. H. V. 3. IDEM. *in utrumque Græciæ latus*, i. e. versus Ionium et Ægæum mare. Augerus conjicit ἑκατέρᾳ. *per utramque continentem*, Europam et Asiam. Perperam. LANG. Γρ. ἑκατέρας ὧδέ τε καὶ ἐν τῷ Παναθ. (§. ις΄.), καθὰ φέρεται ἀλλάχου (§. ξζ΄.) τοῦ αὐτοῦ Παναθηναϊκοῦ. COR. ἐφ᾽ ἑκατέρα; τ. ἡ. scribi debet, uti etiam Philipp. §. μζ΄. legitur, quod jam Cor. bene vidit; denotare voluit utrumque litus terræ continentis et Græciæ et Asiæ (minoris), non utrumque latus Græciæ. Cfr. Panath. §. κα΄. SPOHN.

Τὰς νήσους] Cycladas intelligit, e quibus Minois ætate Caras ejecerunt. Panath. l. c. et Aristid. Panath. p. 20. qui Aristides, remotis ab ora Græciæ Barbaris, Ægeum mare pacatum esse gloriatur, quod Wolfius e Thucydide (I. 8.) observarat: etsi Thuc. a Minoe expulsos esse tradidit (cf. Diod. Sic. IV. 6.), quod et Athenienses suo modo facere potuerunt, quanquam Minos fuit θαλαττοκράτωρ. Cæterum hoc beneficium denuo pluribus commendavit Panath. §. ξς΄. sqq. e quo loco quædam partes narrationis accuratius cognosci possunt. Totum autem bellum, quo Græcia amplificata est, ibid. §. ϛ΄. πόλεμον περὶ τὴν κτίσιν τῶν ἀποικιῶν appellat. MOR.

Ἀμφοτέρους] Aristot. rhet. III. c. 9. locum memoriter sic protulit: ἀμφοτέρους δ᾽ ὤνησαν, καὶ τοὺς ὑπομ. καὶ τοὺς ἀκολ. τῶν μὲν γὰρ πλείω τοῖς οἴκοι προσεκτήσαντο, τοῖς δ᾽ ἱκανὴν τοῖς οἴκοι κατέλιπον. IDEM. Retbergius l. l. p. 25. utramque lectionem ὤνησαν et προσεκτήσαντο præferendam esse putat. Coraes Mori sententiam amplectitur. SPOHN.

Περιεβάλοντο] *omnem terram sibi vindicarunt, occuparunt.* Ergo tenuerunt ampliorem ea, quam ante incoluerant regionem. Herodot. V. 25. πόλιν περιβαλέσθαι, *occupare.* Aristoteles προσκτήσασθαι posuit, quæ est interpretatio. MOR.

Ἀφ᾽] Ὑφ᾽ est in Wolf. min. Cant. Aug. Posterius, ut usitatius, substituerunt rariori, cujus exempla non desunt, ut Xen. Mem. II. 2. 5. εὐεργετημένος ἀπὸ γονέων, ubi conjunguntur ἀπὸ et ὑπό. Actor. II. 22. ἀποδεδειγμένος ἀπὸ τοῦ θεοῦ. ubi vid. Loesner. Observatt. Philon. Thucyd. V. 37. ἐπεσταλμένος ἀπό τινος, *cui ab aliquo mandatum est.* Id. VIII. 48. τὰ πρασσόμενα ἀπὸ Ἀλκιβιάδου. Cf. Fischerus ad Wellerum p. 354. IDEM. Sed præfero vulgar. ἀπὸ, quam librarii immutasse videntur, nam dicit τοὺς ὕστερον βουληθέντας ἀποικίσαι τινὰς οὐκ ἔδει διακινδυνεύειν, ἀλλ᾽ εἰς τὴν ἀφ᾽ ἡμῶν ἀφορισθεῖσαν ἰέναι, τοῦτ᾽ ἔστιν εἰς τὴν ἀπὸ τῶν προγόνων τῶν ἡμετέρων etc. *postea* in eam abire licuit, quæ jam inde a majorum nostrorum temporibus occupata erat et constituta. Vid. v. c. Jacobs. Anthol. Tom. I. 1. p. 159. Heinrich. ad Musæi v. 32. SPOHN.

Πατριωτέραν] *antiquiorem*, ad verbum interpretor: principatum qui magis a

ι'. Οὐ τοίνυν, ἐπειδὴ τὰ μέγιστα συνδιέπραξε, τῶν ἄλλων ὠλιγώρησεν· ἀλλ' ἀρχὴν μὲν ταύτην ἐποιήσατο τῶν b
44 εὐεργεσιῶν, τροφὴν τοῖς δεομένοις εὑρεῖν, ἥνπερ χρὴ τοὺς
μέλλοντας καὶ περὶ τῶν ἄλλων καλῶς διοικήσειν. ἡγουμένη
δὲ τὸν βίον τὸν ἐπὶ τούτοις μόνον οὔπω τοῦ ζῆν ἐπιθυμεῖν
ἀξίως ἔχειν, οὕτως ἐπεμελήθη καὶ τῶν λοιπῶν, ὥστε τῶν
παρόντων τοῖς ἀνθρώποις ἀγαθῶν, ὅσα μὴ παρὰ τῶν θεῶν
ἔχομεν ἀλλὰ δι' ἀλλήλους ἡμῖν γέγονε, μηδὲν μὲν ἄνευ τῆς
πόλεως τῆς ἡμετέρας εἶναι, τὰ δὲ πλεῖστα διὰ ταύτην γεγενῆσθαι. παραλαβοῦσα γὰρ τοὺς Ἕλληνας ἀνόμως ζῶντας c
καὶ σποράδην οἰκοῦντας, καὶ τοὺς μὲν ὑπὸ δυναστειῶν ὑβρι-
ζομένους, τοὺς δὲ δι' ἀναρχίαν ἀπολλυμένους, καὶ τούτων τῶν
κακῶν αὐτοὺς ἀπήλλαξε, τῶν μὲν κυρία γενομένη, τοῖς δ'
αὑτὴν παράδειγμα ποιήσασα· πρώτη γὰρ καὶ νόμους ἔθετο
καὶ πολιτείαν κατεστήσατο. δῆλον δὲ ἐκεῖθεν· οἱ γὰρ ἐν
ἀρχῇ περὶ τῶν φονικῶν ἐγκαλέσαντες καὶ βουληθέντες μετὰ d
λόγου καὶ μὴ μετὰ βίας διαλύσασθαι τὰ πρὸς ἀλλήλους,
ἐν τοῖς νόμοις τοῖς ἡμετέροις τὰς κρίσεις ἐποιήσαντο περὶ
[1]αὐτῶν. καὶ μὲν δὴ καὶ τῶν τεχνῶν τάς τε πρὸς [2]τἀνα-
γκαῖα τοῦ βίου χρησίμας καὶ τὰς πρὸς ἡδονὴν μεμηχανη-
μένας, τὰς μὲν εὑροῦσα, τὰς δὲ δοκιμάσασα, χρῆσθαι τοῖς
[3]ἄλλοις παρέδωκε.

[1] τούτων A. C. L. [2] τὰ ἀναγκαῖα A. C. L. [3] λοιποῖς A. C. L.

patribus, a majoribus, veniat. AUGER.

Εὑρεῖν] Non video satis, qui locus hic sit infinitivo: itaque malim εὑροῦσα, quod et Augero in mentem venit. Reperit autem Athen. civitas τοῖς δεομένοις τροφὴν, quum iis, de quibus §. θ'. dixit, hoc est, τοῖς τοῦ βίου δεομένοις, effecerit εὐπορίαν, assignandis sedibus, ibid. De initiis agriculturæ frugibusque omnino repertis jam §. ς' — η'. dictum erat. MOR. Miror Morum Augeri opinionem probare potuisse sic legendum esse censentis: δεομένοις εὑροῦσα, ἥνπερ χρὴ εὑρεῖν τοὺς κ. τ. λ. Infinitivum in lingua Græca sæpissime ita poni notum est, et similia exempla attulit Coraes e Busir. §. ς'. ἤρξατο μὲν οὖν ἐντεῦθεν, ὅθεντερ χρὴ τοὺς εὖ φρονοῦντας, ἅμα τόπον ὡς κάλλιστον καταλαβεῖν, καὶ τὴν τροφὴν ἱκανὴν τοῖς περὶ αὐτὸν ἐξευρεῖν. et ex Evag. §. ια'. λαβὼν δὲ ταύτην τὴν ἀφορμὴν, ἥνπερ χρὴ τοὺς εὐσεβεῖν βουλομένους, ἀμύνεσθαι κ. τ. λ. SPOHN.

Τὸν ἐπὶ τούτοις μόνον] Vita, quæ his tantum rebus (victu et commoratione certa atque commoda) continetur. MOR.

Ἀλλήλους] F. ἀλλήλων. WOLF.

Γεγενῆσθαι] Panathen. §. θ'. βουλόμενος ἐπιδεῖξαι τὴν πόλιν ἡμῶν πλειόνων ἀγαθῶν αἰτίαν γεγενημένην τοῖς Ἕλλησιν ἢ τὴν Λακεδαιμονίων. sim. §. μγ'. οθ'. de permut. §. κα'. SPOHN.

Παραλαβοῦσα] *quum* (illo tempore, quo curam Græciæ suscepit) *accepisset* (nacta esset) *Græcos*. MOR.

Ἀνόμως ζῶντας] Cic. pro Sext. 42. Inv. I. 2. IDEM.

Σποράδην] Encom. Hel. §. ιζ'. de Theseo: τὴν πόλιν σποράδην καὶ κατὰ κώμας οἰκοῦσαν εἰς ταὐτὸν συνήγαγε. Thucyd. II. 15. Saltem hinc discitur, quid sit σποράδην. IDEM.

Παράδειγμα] Vid. omnino Thucyd. II. 37. IDEM.

Νόμους ἔθετο] Multa collegit Spanhem. ad Callim. H. in. Cer. passim. IDEM. Cfr. Panathen. §. ιη'. et μη'. SPOHN.

ια'. Τὴν τοίνυν ἄλλην διοίκησιν οὕτω φιλοξένως κατε-
e σκευάσατο καὶ πρὸς ἅπαντας οἰκείως, ὥστε καὶ τοῖς χρημάτων δεομένοις καὶ τοῖς ἀπολαῦσαι τῶν ὑπαρχόντων
ἐπιθυμοῦσιν ἀμφοτέροις ἁρμόττειν, καὶ μήτε τοῖς εὐδαιμο-
νοῦσι μήτε τοῖς δυστυχοῦσιν ἐν ταῖς αὑτῶν ἀχρήστως ἔχειν,
ἀλλ' ἑκατέροις αὐτῶν εἶναι παρ' ἡμῖν, τοῖς μὲν ἡδίστας
49 διατριβὰς, τοῖς δὲ ἀσφαλεστάτην καταφυγήν. ἔτι δὲ τὴν
χώραν οὐκ αὐτάρκη κεκτημένων ἑκάστων, ἀλλὰ τὰ μὲν
ἐλλείπουσαν τὰ δὲ πλείω τῶν ἱκανῶν φέρουσαν, καὶ πολλῆς
ἀπορίας οὔσης τὰ μὲν ὅπου χρὴ διαθέσθαι τὰ δὲ ὁπόθεν
εἰσαγαγέσθαι, καὶ ταύταις ταῖς συμφοραῖς ἐπήμυνεν. ἐμπόριον γὰρ ἐν μέσῳ τῆς Ἑλλάδος τὸν Πειραιᾶ [1] κατεσκευάσατο, τοσαύτην ἔχονθ' ὑπερβολὴν, ὥσθ' ἃ παρὰ τῶν ἄλλων
ἓν παρ' ἑκάστων χαλεπόν ἐστι λαβεῖν, ταῦθ' ἅπαντα παρ'
b αὐτῆς ῥᾴδιον εἶναι πορίσασθαι.

ιβ'. Τῶν τοίνυν τὰς πανηγύρεις καταστησάντων δικαίως 45
ἐπαινουμένων, ὅτι τοιοῦτον ἔθος ἡμῖν παρέδοσαν, ὥστε σπει-
σαμένους πρὸς ἀλλήλους καὶ τὰς ἔχθρας τὰς ἐνεστηκυίας
διαλυσαμένους συνελθεῖν εἰς ταὐτὸν, [2] καὶ μετὰ τοῦτ'
εὐχὰς καὶ θυσίας κοινὰς ποιησαμένους ἀναμνησθῆναι μὲν
τῆς συγγενείας τῆς πρὸς ἀλλήλους ὑπαρχούσης, εὐμενεστέ-
c ρως δ' εἰς τὸν λοιπὸν χρόνον διατεθῆναι πρὸς ἡμᾶς αὐτοὺς,
καὶ τάς τε παλαιὰς ξενίας ἀνανεώσασθαι καὶ καινὰς [3] ἑτέρας ποιήσασθαι, καὶ μήτε τοῖς ἰδιώταις μήτε τοῖς διενεγ-
κοῦσι τὴν φύσιν ἀργὸν εἶναι τὴν διατριβὴν, ἀλλ' ἀθροι-
σθέντων τῶν Ἑλλήνων [4] ἐγγενέσθαι τοῖς μὲν ἐπιδείξασθαι
τὰς αὑτῶν εὐτυχίας, τοῖς δὲ θεάσασθαι τούτους πρὸς ἀλλή-

[1] κατεστήσατο, τοσαύτην ὑπερβολὴν ἔχον A. C. L. [2] μετὰ δὲ τοῦτο A. C. L.
[3] ἄλλας A. C. L. [4] εἰς ἓν γενέσθαι A. L. εἰς ἓν ἐγγενέσθαι C.

Φιλοξένως] H. e. cœpit esse κοινὴ πόλις (c. 14.), qualis βασιλεία κοινὴ Evag. §. κα'. in quam exteri omnes recipiebantur, φιλόξενος. Adde Thuc. II. 39. Mor.

Ἀπολαῦσαι] Aristot. rhet. III. c. 9. ὥστε καὶ τ. χρ. δ. κ. τ. ἀπολ. βουλομένοις. Idem.

Ἐνταῖς] Χώραις, πόλεσι, πατρίσι. Wolf.

Διαθέσθαι] Dorvillius ad Chariton. p. 269. (p. 362. ed. Lips). vertit: *venum exponere et vendere*. Polyb. XIV. 7. prædam διατίθεσθαι mercatoribus. Mor.

Ἐμπόριον] Thuc. II. 38. ἐπεισέρχεται ἐκ πάσης γῆς τὰ πάντα. Idem.

Χαλεπὸν] Quippe quum itinera in diversa loca facienda sint. Lang.

Πανηγύρεις] Conventus, similes ludis Olympicis, Pythicis, etc. Paullo post συνόδους appellat. Mor.

Θυσίας κοινὰς] Comparari possunt feriæ Latinæ. Idem.

Ἰδιώταις] Qui se non exercuerunt ad edenda ingenii, virium, dexteritatisque specimina in iis conventibus et ludis. Mor.

Εὐτυχίας] Bona animi, corporis, rerum

λους ἀγωνιζομένους, καὶ μηδετέρους ἀθύμως διάγειν, ἀλλ'
ἑκατέρους ἔχειν ἐφ' οἷς φιλοτιμηθῶσιν, οἱ μὲν ὅταν ἴδωσι d
τοὺς ἀθλητὰς αὑτῶν ἕνεκα πονοῦντας, οἱ δὲ ὅταν ἐνθυμη-
θῶσιν ὅτι πάντες ἐπὶ τὴν σφετέραν θεωρίαν ἥκουσι, —
τοσούτων τοίνυν ἀγαθῶν διὰ τὰς συνόδους ἡμῖν γιγνομένων,
οὐδ' ἐν τούτοις ἡ πόλις ἡμῶν ἀπελείφθη. καὶ γὰρ θεάματα
πλεῖστα καὶ κάλλιστα κέκτηται, τὰ μὲν ταῖς δαπάναις
ὑπερβάλλοντα, τὰ δὲ κατὰ τὰς τέχνας εὐδοκιμοῦντα, τὰ
δ' ἀμφοτέροις τούτοις διαφέροντα· καὶ τὸ πλῆθος τῶν [1] εἰσα- e
φικνουμένων ὡς ἡμᾶς τοσοῦτόν ἐστιν, ὥστ' εἴ τι ἐν τῷ πλησιάζειν [2] ἀλλήλοις ἀγαθόν ἐστι, καὶ τοῦτο ὑπ' αὐτῆς πε-
ριειλῆφθαι. πρὸς δὲ τούτοις καὶ φιλίας εὑρεῖν πιστοτάτας
καὶ συνουσίαις ἐντυχεῖν [3] παντοδαπωτάταις μάλιστα παρ'
ἡμῖν ἐστὶν, ἔτι δὲ ἀγῶνας ἰδεῖν [4] μὴ μόνον τάχους καὶ ῥώμης, ἀλλὰ καὶ λόγων καὶ γνώμης καὶ τῶν ἄλλων ἔργων
ἁπάντων, καὶ τούτων ἆθλα μέγιστα. πρὸς γὰρ οἷς αὐτὴ
τίθησι, καὶ τοὺς ἄλλους διδόναι συναναπείθει· τὰ γὰρ ὑφ'
ἡμῶν κριθέντα τοσαύτην λαμβάνει δόξαν, ὥστε παρὰ πᾶσιν ἀνθρώποις ἀγαπᾶσθαι. χωρὶς δὲ τούτων αἱ μὲν ἄλλαι
πανηγύρεις διὰ πολλοῦ χρόνου συλλεγεῖσαι ταχέως διε- b
λύθησαν, ἡ δ' ἡμετέρα πόλις ἅπαντα τὸν αἰῶνα τοῖς ἀφι-
κνουμένοις πανήγυρίς ἐστιν.

[1] ἀφικνουμένων A. C. L. [2] ἀλλήλους L. [3] παντοδαπαῖς A. C. L. [4] καὶ μὴ A. L.

externarum, quorum omnium documenta dantur in illis conventibus, ut animi, recitando; corporis, pugnando; divitiarum, χορηγίᾳ, ἱπποτροφίᾳ, et omnino λειτουργίαις. Hino Lysias Epitaph. §. ιϛ'. ἀγῶνες ῥώμης καὶ σοφίας καὶ πλούτου. Cf. omnino Dionys. Halic. in τέχνῃ, T. II. p. 33. ed. Sylburg. Has ipsas partes hujus εὐτυχίας enarrat Aristoteles Rhet. l. 1. c. 5. §. 4. et §. 41. addit, esse hæc omnia εὐτυχίαν sive εὐτυχήματα, quoniam a fortuna, vel sola, vel artibus adjuta, proficiscantur. Idem.

Ἀθύμως] Ἄθυμος est l. l. qui co, quod alios excellere laudarique videt, *ægre fert*, se a nulla re laudabilem esse, *et sibi displicet*. Idem.

Ἐφ' οἷς φιλοτιμηθ.] *e qua re laudem sibi vindicare*, qua re gloriari, cujus possessione sibi placere *possint*. Sic μέγα φρονεῖν c. 22. et Xen. Symp. c. 3. 4. sæpe. Idem.

Πλησιάζειν ἀλλήλοις] Θικλίαι et ἀγῶνες accurate respondent superioribus, εἰς ταυ-τὸν συνελθεῖν, ξενίαι et ἀγωνιζόμενοι. Ergo, quæcunque commoda sunt conventuum Græciæ, ea deprehenduntur Athenis, quæ urbs sempiterno conventui Olympico similis est, et ἅπαντα τὸν αἰῶνα πανήγυρις. Cæterum ἀλλήλοις a Wolfio sumpsi. Idem.

Ἀγαπᾶσθαι] Thuc. I. 41. ἡ πᾶσα πόλις παίδευσις τῆς Ἑλλάδος ἐστί. Idem.

Διὰ πολλοῦ χεόνου] *post satis longi temporis intervallum*, ut Olympici, Pythici, Isthmici ludi statis temporibus repetuntur. Finitis ludis, domum quisque suam discedit. Sed Athenis perpetuus est hominum undiquaque congregatorum conventus, fitque semper, quod alibi fit tum, cum ludi celebrantur, per intervalla temporis longiora. Idem. Cfr. Viger. p. 587. et Hermann. ad eund. p. 856. sic etiam simplex διὰ χρόνου, vid. Wolf. in præfat. ad Orationem pro M. Marcello p. 27., Spalding. in Mus. antiquit. studior. P. I. p. 74. sq. Spohn.

ιγ'. Φιλοσοφίαν τοίνυν, ἣ πάντα ταῦτα συνεξεῦρε καὶ
συγκατεσκεύασε, καὶ πρός τε τὰς πράξεις ἡμᾶς ἐπαίδευσε 46
καὶ πρὸς ἀλλήλους ἐπράϋνε, καὶ τῶν συμφορῶν τάς τε δι'
ἀμαθίαν καὶ τὰς ἐξ ἀνάγκης γιγνομένας διεῖλε, καὶ τὰς
μὲν φυλάξασθαι τὰς δὲ καλῶς ἐνεγκεῖν [1] ἐδίδαξεν, ἡ πόλις
c ἡμῶν [2] κατέδειξε, καὶ λόγους ἐτίμησεν ὧν πάντες μὲν ἐπιθυμοῦσι τοῖς δὲ ἐπισταμένοις φθονοῦσι, συνειδυῖα μὲν, ὅτι
τοῦτο μόνον ἐξ ἁπάντων τῶν ζώων ἴδιον ἔφυμεν ἔχοντες,
καὶ ὅτι τούτῳ πλεονεκτήσαντες καὶ τοῖς ἄλλοις ἅπασιν
αὐτῶν διηνέγκαμεν, ὁρῶσα δὲ περὶ μὲν τὰς ἄλλας πράξεις
οὕτω ταραχώδεις οὔσας τὰς τύχας ὥστε πολλάκις ἐν αὐταῖς καὶ τοὺς φρονίμους ἀτυχεῖν καὶ τοὺς ἀνοήτους κατορθοῦν, τῶν δὲ λόγων τῶν καλῶς καὶ τεχνικῶς ἐχόντων οὐ
d μετὸν τοῖς φαύλοις, ἀλλὰ ψυχῆς εὖ φρονούσης ἔργον ὄντας
καὶ τούς τε σοφοὺς καὶ τοὺς ἀμαθεῖς δοκοῦντας εἶναι ταύτῃ
πλεῖστον ἀλλήλων διαφέροντας, ἔτι δὲ τοὺς [3] εὐθὺς ἐξ ἀρχῆς
ἐλευθέρως τεθραμμένους ἐκ μὲν ἀνδρίας καὶ πλούτου καὶ
τῶν τοιούτων ἀγαθῶν οὐ γιγνωσκομένους, ἐκ δὲ τῶν λεγομένων μάλιστα καταφανεῖς γιγνομένους, καὶ τοῦτο σύμβο-
λον τῆς παιδεύσεως ἡμῶν ἑκάστου πιστότατον ἀποδεδει-
e γμένον, καὶ τοὺς [4] λόγῳ καλῶς χρωμένους οὐ μόνον ἐν ταῖς
αὐτῶν δυναμένους, ἀλλὰ καὶ παρὰ τοῖς ἄλλοις ἐντίμους
ὄντας. τοσοῦτον [5] δ' ἀπολέλοιπεν ἡ πόλις ἡμῶν περὶ [6] τὸ
φρονεῖν καὶ λέγειν τοὺς ἄλλους ἀνθρώπους, ὥσθ' οἱ ταύτης
51 μαθηταὶ τῶν ἄλλων διδάσκαλοι γεγόνασι, καὶ τὸ τῶν

[1] ἐποίησεν· ἐδίδαξεν A. [2] κατέδειξε om. A. L. [3] εὐθὺς om. A. C. L. [4] τῷ λόγῳ A. C. L. [5] δ' om. L. [6] τοῦ A. C. L.

Φιλοσοφίαν] Qualem Cicero descripsit Tosc. V. 2. Mor.

Συνεξεῦρε] *in inveniendo excolendoque adjuvit ingenium, vel necessitatem.* Ordo periodi est: ἡ πόλις ἡμῶν φιλοσοφίαν καὶ λόγους ἐτίμησε: nam subjectum, ἡ πόλις ἡμῶν, est διὰ μέσου positum. V. Perizon. ad Sanctii Minerv. p. 720. sq. Mor. Lang.

Διεῖλε] *discernere docuit.* Mor.

Λόγους] Facultatem de partibus sapientiæ, i. e. rebus divinis et humanis, probabiliter dicendi. Sic Xen. Mem. III. 3. 11. Idem IV. 6. διαλεκτικὴν appellat, et IV. 3. 12. ἑρμηνείαν: nam λόγος est ejus, qui sensus animi interpretatur oratione et explicat. Vis eloquendi et oratio dicitur a Cicerone N. D. II. 59. Inv. I. 2. de Orat. I. 8. et alibi. Idem.

Τεθραμμένοι] Quibus inde a natalibus liberalior educatio contigit. Idem.

'Αποδεδειγμένον] *ostensum, monstratum nobis esse, et ab ipsa natura, et usu vitæ,* ut §. μα'. δέδεικται, i. e. *docuit usus.* Idem.

"Οντας] Hunc putavi finem periodi: ἡ πόλις ἐτίμησε φιλοσοφίαν καὶ λόγους, συνειδυῖα μὲν, ὁρῶσα δέ. Post τοσοῦτον non male δὲ addatur: nam antea dixerat: *Urbs nostra coluit philosophiam;* nunc addit: *Tantum autem alios hoc studio præstitit.* Idem.

Περὶ τοῦ φρονεῖν] *quod ad philosophiam et dicendi facultatem attinet.* Wolf. sine causa suspicatur π. τὸ φρονεῖν. Idem.

Ἑλλήνων ὄνομα πεποίηκε μηκέτι τοῦ γένους ἀλλὰ τῆς διανοίας δοκεῖν [1] εἶναι, καὶ μᾶλλον Ἕλληνας καλεῖσθαι τοὺς τῆς παιδεύσεως τῆς ἡμετέρας ἢ τοὺς τῆς κοινῆς φύσεως [2] μετέχοντας.

ιδ΄. Ἵνα δὲ μὴ δοκῶ περὶ τὰ μέρη διατρίβειν ὑπὲρ ὅλων τῶν πραγμάτων ὑποθέμενος [3] μηδ' ἐκ τούτων ἐγκωμιάζειν τὴν πόλιν ἀπορῶν τὰ πρὸς τὸν πόλεμον αὐτὴν ἐπαινεῖν, b
ταῦτα μὲν εἰρήσθω μοι πρὸς τοὺς ἐπὶ τοῖς τοιούτοις φιλοτιμουμένους· ἡγοῦμαι δὲ [4] τοῖς προγόνοις ἡμῶν οὐχ ἧττον ἐκ τῶν κινδύνων [5] [τῶν πρὸς τὸν πόλεμον] τιμᾶσθαι προσήκειν ἢ τῶν ἄλλων εὐεργεσιῶν. οὐ γὰρ μικροὺς οὐδ' ὀλίγους οὐδ'
47 ἀφανεῖς ἀγῶνας ὑπέμειναν, ἀλλὰ πολλοὺς καὶ δεινοὺς καὶ μεγάλους, τοὺς μὲν ὑπὲρ τῆς αὑτῶν χώρας, τοὺς δὲ ὑπὲρ τῆς τῶν ἄλλων ἐλευθερίας· ἅπαντα γὰρ τὸν χρόνον διετέλεσαν κοινὴν τὴν πόλιν παρέχοντες καὶ τοῖς ἀδικουμένοις c
ἀεὶ τῶν Ἑλλήνων ἐπαμύνουσαν. διὸ δὴ καὶ κατηγοροῦσί τινες ἡμῶν ὡς οὐκ ὀρθῶς βουλευομένων, ὅτι τοὺς ἀσθενεστέρους εἰθίσμεθα θεραπεύειν, ὥσπερ οὐ μετὰ τῶν ἐπαινεῖν βουλομένων ἡμᾶς τοὺς λόγους ὄντας τοὺς τοιούτους. οὐ γὰρ, ἀγνοοῦντες ὅσον διαφέρουσιν αἱ μείζους τῶν συμμαχιῶν πρὸς τὴν ἀσφάλειαν, οὕτως [6] ἐβουλευόμεθα περὶ αὐτῶν, ἀλλὰ, πολὺ τῶν ἄλλων ἀκριβέστερον εἰδότες τὰ συμ- d
βαίνοντ' ἐκ τῶν τοιούτων, ὅμως ᾑρούμεθα τοῖς ἀσθενεστέ-

[1] τεκμήριον εἶναι A. C. L. [2] μετασχόντας A. C. L. [3] ἐρεῖν μηδ' A. C. L.
[4] τοὺς προγόνους A. C. L. [5] uncos om. A. C. L. [6] ἐβουλευσάμεθα A. C. L.

Τῆς διανοίας] Intelligit φιλοκαλίαν, urbanitatis et elegantiæ sensum, quem quivis esse ibi putat, ubi audit Græcum hominem, Græcas artes, Græcos mores. IDEM.

Ἐπαινεῖν] Quam materiam laudis hic et Panathenaici pluribus locis tractare instituit Isocrates, eam laudatori Atheniensium necessariam judicavit Aristoteles, Rhet. l. II. c. 22. Πῶς ἂν δυναίμεθα ἐπαινεῖν τοὺς Ἀθηναίους, εἰ μὴ ἔχοιμεν τὴν ἐν Σαλαμῖνι ναυμαχίαν, ἢ τὴν ἐν Μαραθῶνι μάχην, ἢ τὰ ὑπὲρ Ἡρακλειδῶν πραχθέντα, ἢ τῶν ἄλλων τινῶν τοιούτων. Cicero quidem has res gestas "campum oratorum" dixit. V. Valokenaer. ad Herodot. IX. 27. IDEM.

Ἡγοῦμαι] Totus hic locus usque ad §. κθ΄. in oratione περὶ ἀντιδόσεως §. κα΄. sqq. repetitus est cum multa varietate. IDEM.

Ἀεὶ] Junge cum τοῖς ἀδικουμένοις. Gallice ad verbum: *secourant tous les Grecs à mesure qu'ils étoient opprimés.* Nam sæpius apud Græcos ἀεὶ significat non perpetuitatem rei in omnibus temporis instantibus, sed perpetuitatem rei quoties eædem recurrunt occasiones. AUGER.

Ὥσπερ οὐ μετὰ κ. τ. λ.] *quasi vero hujusmodi verba non adjuvent potius laudatores nostros.* LANG.

Τοὺς λόγους ὄντας] Accusativi absoluti. Sensus est: Quasi vero hujusmodi voces reprehensorum nostræ incogitantiæ non adjuvent potius laudatores nostros. Eundem sensum Wolfius et Marklandus ad Lys. p. 440. expresserunt. MOR.

Ἡρούμεθα κ. τ. λ.] Auctor sententiæ Lysias Epitaph. §. ε΄. Ἠξίουν ὑπὲρ τῶν ἀσθενεστέρων μετὰ τοῦ δικαίου διαμάχεσθαι μᾶλλον, ἢ τοῖς δυναμένοις χαριζόμενοι τοὺς ὑπ' ἐκείνων ἀδικουμένους ἐκδοῦναι. IDEM.

ροις καὶ παρὰ τὸ συμφέρον βοηθεῖν μᾶλλον ἢ τοῖς κρείττοσι τοῦ λυσιτελοῦντος ἕνεκα συναδικεῖν.

ιε΄. Γνοίη δ' ἄν τις καὶ τὸν τρόπον καὶ τὴν ῥώμην [1] τὴν τῆς πόλεως ἐκ τῶν ἱκετειῶν, ἃς ἤδη τινὲς [2] ἡμῖν ἐποιήσαντο. τὰς μὲν οὖν ἢ νεωστὶ γεγενημένας ἢ περὶ μικρῶν ἐλθούσας παραλείψω· πολὺ δὲ πρὸ τῶν Τρωϊκῶν—ἐκεῖθεν γὰρ δίκαιον
e τὰς πίστεις λαμβάνειν τοὺς [3] ὑπὲρ τῶν πατρίων ἀμφισβητοῦντας — ἦλθον οἵ θ' Ἡρακλέους παῖδες, καὶ μικρὸν πρὸ τούτων Ἄδραστος ὁ Ταλαοῦ βασιλεὺς ὢν Ἄργους· οὗτος
52 μὲν ἐκ τῆς στρατείας [4] τῆς ἐπὶ Θήβας δεδυστυχηκὼς, καὶ τοὺς [5] ὑπὸ τῇ Καδμείᾳ τελευτήσαντας αὐτὸς μὲν οὐ δυνάμενος ἀνελέσθαι, τὴν δὲ πόλιν ἡμῶν ἀξιῶν βοηθεῖν ταῖς κοιναῖς τύχαις καὶ μὴ [6] περιορᾶν τοὺς ἐν τοῖς πολέμοις ἀποθνήσκοντας ἀτάφους γιγνομένους μηδὲ παλαιὸν ἔθος καὶ πάτριον νόμον καταλυόμενον· οἱ [7] δ' Ἡρακλέους παῖδες φεύγοντες τὴν Εὐρυσθέως ἔχθραν, καὶ τὰς μὲν ἄλλας πό-

[1] τὴν om. A. C. L. [2] ἡμῶν A. C. L. [3] περὶ A. C. L.
[4] δεδυστυχηκὼς τῆς ἐπὶ Θήβας A. C. L. [5] ἐπὶ L. [6] παρορᾶν L.
[7] δὲ παῖδες Ἡρακλέους A. C. L.

Ῥώμην] Γνώμην ἀντ. quod sensum non incommodum efficit, et de sensibus atque studiis Atheniensium, alios juvandi, accipi potest, ut §. ιδ΄. dixerat ὀρθῶς βουλεύεσθαι, quæ est γνώμη ὀρθή. Sed præterquam quod hoc jam verbo τρόπον, quo *mores* et *indoles* indicantur, comprehensum est: vidi in margine Bas. 1. 2. verbo γνώμην adscriptum esse δύναμιν, fortasse ut ex loco Panegyrici moneretur de corrigendo altero loco. Et profecto verum est ῥώμην. Nam, sive professionem Isocratis Panath. §. ο΄. sq. ubi res cum Thebanis gestas enarravit, audiamus, sive ad conclusionem nostri loci (ἐκ δὲ τούτων — εἶχε, cf. §. ιζ΄. fin. quod totam demonstrationem finit), attendamus, apparet, auctoritatem et opes Atheniensium descriptas esse. Jam quod est in conclusione argumenti, id nonne tum promittitur, quum argumenti initium fit? Ergo incipit περὶ τῆς ῥώμης dicere. Idem.

Ταλαοῦ] Quia Talaus fuit Argonauta (Apoll. Rh. I. 118. Orph. Arg. 146.), ideoque vixit Herculis ætate, Adrastus, ejus filius, æqualis Heraclidis, potuit paullo ante, quam Heraclidæ e Peloponneso ejicerentur, ad Athenienses confugere. Idem.

Ἐπὶ Θήβας] Est hæc expeditio illorum, qui plerumque οἱ ἑπτὰ ἐπὶ Θήβας dicuntur, ab Æschylo, Euripide, Statio celebrata; a Diod. Sic. IV. 64. 65. narrata. Laudavit Lysias Epitaph. §. δ΄. virtutem Atheniensium in hoc bello. Cf. Isocr. Panath. §. ο΄. οα΄. quo loco ipse fatetur, se in Panegyrico aliter narrasse: quæ diversitas in eo est, quod hoc loco Athenienses bello oppugnasse Thebas traduntur; in Panathenaico, missa legatione Thebanos permovisse, ut occisorum corpora humanda redderent. In Plataico §. κα΄. ubi eadem res exponitur, ambigue dicit, coactos esse Thebanos νομιμώτερον βουλεύεσθαι. Lysias primum legatione, deinde bello repetitos mortuos docet. Non pugnat Herodotus IX. 27. cum Argivorum ducem Polynicen appellat: hic enim, ab Eteocle fratre Thebis pulsus, ad Adrastum confugit, ab eoque exercitum accepit: quare primi ducum fuerunt οἱ περὶ τὸν Ἄδραστον καὶ Πολυνείκην. Diod. Sic. l. c. Idem.

Ἐπὶ τῇ Καδμ.] Ita Xen. Hell. VI. 5. 38. Sed ὑπὸ Wolf. Sensus non variatur; crediderim tamen, hoc significatu ὑπὸ cum accusativo usitatius poni, quanquam Plataic. §. κα΄. et Aristid. Panath. p. 24. dativus legitur. V. ad §. λα΄. Idem. Helen. enc. §. ιε΄. ὑπὸ τὴν Καδμείαν τελ. Fischerus ad Weller. III. b. 278. præfert ὑπό. Spohn.

Ἀνελέσθαι] Scil. πρὸς ταφήν. Wolf.

Φεύγοντες] Heraclidarum ejectio e Peloponneso et reditus est antiquæ historiæ

λεις ὑπερορῶντες ὡς οὐκ ἂν δυναμένας βοηθῆσαι ταῖς αὐτῶν b
συμφοραῖς, τὴν δ' ἡμετέραν ἱκανὴν νομίζοντες εἶναι μόνην
ἀποδοῦναι χάριν ὑπὲρ ὧν ὁ πατὴρ αὐτῶν ἅπαντας ἀνθρώπους [1]εὐεργέτησεν. ἐκ δὴ τούτων ῥᾴδιον κατιδεῖν ὅτι καὶ κατ'
ἐκεῖνον τὸν χρόνον ἡ πόλις ἡμῶν ἡγεμονικῶς εἶχε καὶ νῦν
οὐκ ἀδίκως ἀμφισβητεῖ περὶ τῆς ἡγεμονίας. [2]τίς γὰρ ἂν
48 ἱκετεύειν [3]τολμήσειεν ἢ τοὺς ἥττους [4]αὐτοῦ ἢ τοὺς ὑφ' ἑτέροις ὄντας, [5]παραλιπὼν τοὺς μείζω δύναμιν ἔχοντας, ἄλλως c
τε καὶ περὶ πραγμάτων οὐκ ἰδίων ἀλλὰ κοινῶν, καὶ περὶ
ὧν οὐδένας ἄλλους εἰκὸς ἦν ἐπιμεληθῆναι πλὴν [6]τοὺς προεστάναι τῶν Ἑλλήνων [7]ἀξιοῦντας; ἔπειτ' οὐδὲ ψευσθέντες
φαίνονται τῶν ἐλπίδων, δι' ἃς κατέφυγον ἐπὶ τοὺς προγόνους ἡμῶν. ἀνελόμενοι γὰρ [8]πόλεμον ὑπὲρ μὲν τῶν τελευτη-
σάντων πρὸς Θηβαίους, ὑπὲρ δὲ τῶν παίδων τῶν Ἡρακλέους
πρὸς τὴν Εὐρυσθέως δύναμιν, τοὺς μὲν ἐπιστρατεύσαντες
ἠνάγκασαν ἀποδοῦναι θάψαι τοὺς νεκροὺς τοῖς προσήκουσι, d
Πελοποννησίων δὲ τοὺς μετ' Εὐρυσθέως εἰς τὴν χώραν ἡμῶν
εἰσβαλόντας ἐπεξελθόντες ἐνίκησαν μαχόμενοι κἀκεῖνον τῆς
ὕβρεως ἔπαυσαν. θαυμαζόμενοι δὲ καὶ διὰ τὰς ἄλλας πράξεις, ἐκ τούτων τῶν ἔργων ἔτι μᾶλλον εὐδοκίμησαν. οὐ γὰρ

[1] εὐηργέτησεν A. C. L. [2] τίνες A. C. L. [3] τολμήσαιεν A. C. L.
[4] αὐτῶν A. C. L. [5] παραλιπόντες A. C. L. [6] τῶν C. L. [7] ἀξιούντων C. L.
[8] τὸν πόλεμον A. C. L.

Græcæ nobilissima pars. Diod. Sic. IV. 57. Cf. Lysias Epitaph. §. ε'. Aristides Panath. p. 17. Euripides in Heraclidis. Mor.

Εὐεργέτησεν] Hino Hercules in Lucian. dial. Deor. 13. init. *Τοσαῦτα πεπόνηκα* (inquit) *ἐκκαθαίρων τὸν βίον, θηρία καταγωνιζόμενος, καὶ ἀνθρώπους ὑβριστὰς τιμωρούμενος.* Idem.

Ἡγεμ. εἶχε] *par imperio fuit.* Idem.

Τολμήσαιεν] Οὐκ ἂν ὀκνήσαιεν, φοβηθέντες δήπου μὴ ἄπρακτοι γένωνται· ἤ, τίνες ἂν ὑπομείναιεν, ἢ ἀξιώσαιεν, ἢ οὐκ ἂν αἰσχύνοιντο. Videtur enim catachresis quædam in hoc esse verbo. Wolf. Retbergius in comment. supr. laud. p. 26. lectionem vulg. defendi posse statuit, sed si displicuerit, legi vult τλήσαιεν aut ἐθελήσαιεν. Locus ἀντ. docet nihil esse mutandum. Spohn.

Ἠνάγκασαν] Isocrates h. l. facit cum Euripide in Supplic., quem Plutarchus falsi arguit in Theseo c. 28. (*οὐχ ὡς Εὐριπίδης ἐποίησεν, μάχῃ τῶν Θηβαίων κρατήσας, ἀλλὰ πείσας καὶ σπεισάμενος·*), et in Helenæ Encom. §. ιε'. (quanquam in Panathenaico aliam sententiam tueri videtur) itemque Pausan. Attic. c. 39. Wendler. Justin. VI. 6. "Corpora interfectorum ad sepulturam poscere, est apud Græcos signum victoriæ traditæ." Hic respicit τοὺς ἐπὶ τῇ Καδμείᾳ τελευτήσαντας, vide supra et Plataic. §. κα'. Spohn.

Οὐ — ἐποίησαν] Sensus est apertus: *non parum effecerunt, non parvum momentum fecerunt:* in quo cum Wolfio in annotationibus rariorem syntaxin agnosco; nemo enim παρὰ desideret, si absit. Thucyd. IV. 12. τοῦτο ἐπὶ πολὺ τῆς δόξης ἐποίει, pro πολὺ, *magnam gloriam attulit, fecit magnum ad gloriam.* Conferri potest, ἔστι παρ' ὀλίγον, παρὰ πολὺ, *est exiguum, magnum,* in Platon. apol. Socr. c. 25. ubi vid. Fischerus. Mor. Non superfluum est παρὰ, sensus enim hic est: non enim eo tantum pevenerunt, at parum abesset, quin perficerent; sed tantopere immutarunt etc. Deleto autem παρὰ plane alius oritur sensus. Spohn. Cum Moro facit Langius; cum Spohnio Coraes. Cf. Symmach. §. λβ'.

παρὰ μικρὸν ἐποίησαν, ἀλλὰ τοσοῦτον τὰς τύχας ἑκατέ-
e ρων μετήλλαξαν, ὥςθ' ὁ μὲν ἱκετεύειν ἡμᾶς ἀξιώσας βίᾳ τῶν ἐχθρῶν [1]ἅπανθ' ὅσων ἐδεήθη διαπραξάμενος ἀπῆλθεν, Εὐρυσθεὺς δὲ βιάσασθαι προσδοκήσας αὐτὸς αἰχμάλωτος [2]γενόμενος ἱκέτης ἠναγκάσθη καταστῆναι, καὶ τῷ μὲν ὑπερενεγκόντι τὴν ἀνθρωπίνην φύσιν, ὃς ἐκ Διὸς μὲν [3]γεγονὼς, ἔτι δὲ θνητὸς ὢν θεοῦ ῥώμην [4]ἔσχε, τούτῳ μὲν ἐπιτάττων καὶ λυμαινόμενος ἅπαντα τὸν χρόνον διετέλεσεν,
53 ἐπειδὴ δὲ εἰς ἡμᾶς ἐξήμαρτεν, εἰς τοσαύτην κατέστη μεταβολὴν ὥςτ' ἐπὶ τοῖς παισὶ [5]τοῖς ἐκείνου γενόμενος ἐπονειδίστως τὸν βίον ἐτελεύτησε.

ιϛ'. Πολλῶν δ' ὑπαρχουσῶν [6]ἡμῖν εὐεργεσιῶν εἰς τὴν πόλιν [7]τὴν Λακεδαιμονίων, περὶ ταύτης μόνης μοι συμβέβηκεν εἰπεῖν· ἀφορμὴν γὰρ λαβόντες τὴν δι' ἡμῶν αὐτοῖς γενομένην σωτηρίαν οἱ πρόγονοι μὲν τῶν νῦν ἐν Λακεδαίμονι βασιλευόντων, ἔκγονοι δ' Ἡρακλέους, κατῆλθον μὲν εἰς
b Πελοπόννησον, κατέσχον δ' Ἄργος καὶ Λακεδαίμονα καὶ [8]Μεσσήνην, οἰκισταὶ δὲ Σπάρτης ἐγένοντο, καὶ τῶν παρόν-

1 κρατήσας ἅπανθ' A. C. L. 2 γεγονὼς A. C. L. 3 ἦν γεγονὼς A. C. L. 4 εἶχε A. C. L. 5 τοῖς om. A. 6 εὐεργεσιῶν ἡμῖν A. C. L. 7 τῶν A. C. L. 8 Μεσήνην A. L.

Βιάσασθαι] An βιάσεσθαι? Mor.

Λυμαινόμενος] Solet fere accusativo jungi λυμαίνεσθαι, sed et dativo, ut contra Locbit. §. θ'. ὕβρις, ὅλοις τοῖς πράγμασι λυμαινομένη. Xen. Hell. II. 3. 17. λυμ. τῇ καταστάσει. Dem. cor. c. 95. λυμ. τοῖς ὅλοις. Cf. Ernest. ad Xen. Mem. I. 3. 6. Idem.

Ἐπὶ — γενόμενος] *subjectus Heraclidis est, iis succubuit.* Cf. Panath. §. οη'. et Wesseling. ad. Diod. Sic. IV. 57. E sententia Dorvillii ad Chariton, p. 156. [p. 294. ed. Lips.] legendum est ἐπὶ τοῖς ἐκείνου, ejecto παισί. Idem.

Συμβέβηκεν] *ita factum est, res ita tulit*, ut de hoc uno beneficio dicerem. Nam hujus beneficii commemoratio erat consilio dicentis inprimis opportuna. Idem.

Ἀφορμὴν] Nam beneficio a nobis exhibito nituntur commoda Lacedæmoniorum, quibus adhuc utuntur. Idem.

Βασιλευόντων] I. e. *Heraclidæ*, quorum stemma, quatenus huc pertinet, sic decurrit: Hercules: Hyllus: Cleodæus: Aristomachus: Aristodemus: Eurysthenes et Procles. Hinc duæ regiæ familiæ Lacedæmoniæ, Eurysthenidarum et Proclidarum. Herod. VI. 52. VII. 204. VIII. 131. Idem.

Ἔκγονοι] Ἀντ. ἔγγονοι, ut apud Demosth. de cor. p. 290. ed. Reisk. Ἡρακλέους ἔγγονοι, al. ἔκγονοι, de hac ipsa re, confusione fere constanti. Credo igitur Alberto ad Hesych. in ἔκγονα et ἔγγονα, item Ernestio ad Callim. Epigr. 29. T. I. p. 237. et ad Hom. Od. γ. 123. et Oudendorpio ad Thom. Mag. p. 849. utrumque verbum promiscue *filios et nepotes*, omninoque posteros notare: etsi nonnulli ἔκγονον de filio, ἔγγονον de nepotibus explicari volunt. Cf. Dorvill. ad Charit. p. 327. ed. Lips. Certe hoc loco παῖδες, ἔκγονοι, ἔγγονοι Ἡρακλέους sunt inprimis filii proprie dicti (nam agitur de ætate Eurysthei, qui Herculi æqualis fuit), intellectis tamen etiam familiis. Idem.

Μεσήνην] Malit Wolf. Μεσσήνην. Monuit ad Pausan. Gr. p. 568. Sylburgius, diplasiasmum literæ in talibus poeticum esse: nam ætas prisca literas non facile duplicavit. De conditis his regnis v. Pausan. Gr. p. 151. 205. 284. Idem. Heynius ad Apollodor. Bibl. I. 7. 9. simplici σ scribendum esse hoc nomen censet, et quodammodo ei assentitur Dorvillius ad Chariton. p. 254. ed. Lips. Sed

των αὐτοῖς ἀγαθῶν ἁπάντων ἀρχηγοὶ κατέστησαν. ὧν ἐχρῆν ἐκείνους μεμνημένους μηδέποτ' εἰς τὴν χώραν ταύτην
49 [1]εἰσβαλεῖν, ἐξ ἧς ὁρμηθέντες αὐτῶν οἱ πρόγονοι [2]τοσαύτην εὐδαιμονίαν [3]κατεστήσαντο, μηδ' εἰς κινδύνους καθιστάναι τὴν πόλιν τὴν ὑπὲρ τῶν παίδων τῶν Ἡρακλέους προκινδυνεύσασαν, μηδὲ τοῖς μὲν ἀπ' ἐκείνου [4]γεγονόσι διδόναι τὴν c
βασιλείαν, τὴν δὲ τῷ γένει τῆς σωτηρίας αἰτίαν οὖσαν δουλεύειν αὐτοῖς ἀξιοῦν. εἰ δὲ δεῖ τὰς χάριτας καὶ τὰς ἐπιεικείας ἀνελόντας ἐπὶ τὴν ὑπόθεσιν πάλιν ἐπανελθεῖν καὶ τὸν ἀκριβέστατον τῶν λόγων εἰπεῖν, οὐ δή που πάτριόν ἐστιν ἡγεῖσθαι τοὺς ἐπήλυδας τῶν αὐτοχθόνων, οὐδὲ τοὺς εὖ παθόντας τῶν εὖ ποιησάντων, οὐδὲ τοὺς ἱκέτας γενομέ- d
νους τῶν ὑποδεξαμένων.

ιζ'. Ἔτι δὲ συντομωτέρως ἔχω δηλῶσαι περὶ αὐτῶν. τῶν μὲν γὰρ Ἑλληνίδων πόλεων, χωρὶς τῆς ἡμετέρας, Ἄργος καὶ Θῆβαι καὶ Λακεδαίμων καὶ τότ' ἦσαν μέγισται καὶ νῦν ἔτι διατελοῦσι. φαίνονται δ' ἡμῶν οἱ πρόγονοι τοσοῦτον ἁπάντων διενεγκόντες, [5]ὥσθ' ὑπὲρ μὲν Ἀργείων δυστυχη-

[1] ἐμβαλεῖν A. C. L. [2] εἰς τοσαύτην C. L. [3] ἐκτήσαντο A. κατέστησαν C. L. [4] γενομένοις A. C. L. [5] ὥσθ' om. A. C.

duplici σ usitatior scriptura. vid. I. Casaubon. ad Polyb. III. p. 120. Wass. ad Thucyd. VI. 74. Eustath. ad Dionys. Perieges. v. 411. et ad Hom. Il. p. 294. I. 46. Odyss. p. 1899. l. 51. sq. ed. Rom. Tzschuck. ad Pomp. Mel. Vol. III. P. II. p. 236. Ita etiam in nummis cfr. Wass. l. l. Rasche Lex. num. Vol. III. P. I. p. 592. sq. Spohn.

Ἀρχηγοὶ κατέστησαν] Isocrates, auxilium hoc Heraclidis præstitum contra Eurysthea exaggerans, jungit oratorio more cum vero reditu, hac ratione, quod nisi tunc Athenienses eos servassent, redire nunquam potuissent. Quare, addit, oportebat Lacedæmonios dein hujus beneficii memores nunquam hanc terram invadere, ex qua profecti ipsorum majores ad illam devenerunt fortunam. Isocratem sequitur Ælian. Var. Hist. IV. 5. ubi vid. Perizon. Wendler.

Δουλεύειν] *esse in imperio, parere iis,* quod apud Cæsarem B. G. centies est *servire.* Cic. Flacc. c. 28. Judæam dicit *servam factam* (al. male, servatam), quoniam Romano imperio subjecta est. Ita Lycurg. in Leocr. §. ιε'. πόλις δούλη οὖσα. Mor.

Εἰ δὲ δεῖ κ. τ. λ.] Sed si, omissa a nobis mentione gratiarum (quas Lacedæmonii nobis debent) æquitatisque (qua erga nos uti debent), redeundum est ad caput rei (quæ hac oratione tractatur, h. e. ad quæstionem de jure principatus postulandi), si res ipsa plane urgenda est (qualis est per se, summo jure, per naturam rei), non doceri potest, repetendo rem inde a majorum factis, jus imperii esse — — Est ergo ἀναιρεῖν h. l. *tollere, omittere, non commemorare, prætermittere.* Post ἀνελόντας intelligendum ἡμᾶς: nisi quis malit ἀνελόντα, sc. μέ. Idem. Morum non temere conjecisse ἀνελόντα comprobat Coraes ex Evagor. §. ιζ'. Busir. §. ιδ'. Spohn.

Διατελοῦσι] Wolf. ante διατελοῦσι addi vult οὖσαι, quasi non possit ex ἦσαν repeti. Mor. Cfr. or. ad Philipp. §. ια'. Spohn.

Ὥσθ' ὑπὲρ] Duplex ὥστε in hac periodo etsi sic positum videri potest, ut altero loco post longius hyperbaton significet, *ut inquam:* tamen priori loco non aptum est. Periodus sic cohæret: Majores nostri alios omnes tantum præstiterunt, imperando, vincendo, servando (hic est modus, quo præstiterunt alios), ut nemo videatur de opibus Atheniensium illo tempore clarius dicere posse, quam si res illas commemoret. Ergo inter τὸ præ-

σάντων Θηβαίοις, ὅτε μέγιστον ἐφρόνησαν, ἐπιτάττοντες,
e ὑπὲρ δὲ τῶν παίδων τῶν Ἡρακλέους Ἀργείους καὶ τοὺς ἄλλους Πελοποννησίους μάχῃ [1]κρατήσαντες, ἐκ δὲ [2]τῶν πρὸς Εὐρυσθέα [3]κινδύνων τοὺς οἰκιστὰς τῆς Σπάρτης καὶ τοὺς ἡγεμόνας τοὺς Λακεδαιμονίων διασώσαντες. [4]ὥστε περὶ μὲν τῆς ἐν τοῖς Ἕλλησι δυναστείας οὐκ οἶδ' ὅπως ἄν τις σαφέστερον ἐπιδεῖξαι δυνηθείη.

54 ιη'. Δοκεῖ δέ μοι καὶ περὶ [5]τῶν πρὸς τοὺς βαρβάρους

[1] νικήσαντες A. C. L. [2] τοῦ A. C. L. [3] κινδύνου A. C. L.
[4] , ὥστε A. C. , [ὥστε] L. [5] τῶν πρότερον τῶν A. L.

stare et ea verba, quæ modum præstandi exprimunt, non potuit ὥστε intermedium poni, quia illæ duæ notiones, *præstare aliquem aliqua re*, non solent divelli ullius linguæ consuetudine: quód statim sentiet, qui locum in aliam linguam transtulerit. Hinc prius ὥστε inclusi. Quod autem Wolfius pro ὥστε ἐπέταξαν dictum judicavit, neglecta ob numeros constructione, id continet excusationem omnium vitiorum. Non sic numerose scribunt, ut grammaticæ damnum fiat. Quis unquam ὥστε junxit participio? Mor. Langius posterius inclusit, p. 564. haud inutile declaravit, in Corrig. et Addend. commode ferri posse et prius potius includendum esse censuit. Ioh. Casp. Orellius in orat. de permut. p. 222. defendit, pleonastice positam esse h. voc. putans, sed quod attulit exemplum ex Archidam. §. β'. id nihil probat. Quum hanc voculam ὥστε codd. non solum hic, sed etiam in orat. de permut., præter Laurentianum in utroque loco egregio consensu tueantur, equidem puto eam non e librarii cujusdam aut ignorantia aut incuria ortam esse, neque igitur statim ejiciendam. Huic loco non quidem alius §. γ'. extr. ad Philipp. tam similis est: εὕρισκον οὐδαμῶς ἂν ἄλλως αὐτὴν ἡσυχίαν ἄγουσαν, πλὴν εἰ δόξειε ταῖς πόλεσι ταῖς μεγίσταις, διαλυσαμέναις τὰ πρὸς σφᾶς αὐτὰς, εἰς τὴν Ἀσίαν τὸν πόλεμον ἐξενεγκεῖν, καὶ τὰς πλεονεξίας, ἃς νῦν ἀξιοῦσι παρὰ τῶν Ἑλλήνων αὐταῖς γίγεσθαι, ταύτας εἰ παρὰ τῶν Βαρβάρων ποιήσασθαι βουληθεῖεν. quam qui legitur Evagor. §. λγ'. χρὴ δ' οὐκ ἀγαπᾷν εἰ τῶν παρόντων τυγχάνεις ὢν ἤδη κρείττων, ἀλλ' ἀγανακτεῖν, εἰ [τοιοῦτος μὲν αὐτὸς ὢν τὴν φύσιν, γεγονὼς δὲ τὸ μὲν παλαιὸν ἀπὸ Διὸς, τὸ δ' ὑπογυιότατον (ita scribas) ἐξ ἀνδρὸς τοιούτου τὴν ἀρετὴν], εἰ μὴ πολὺ διοίσεις καὶ τῶν ἄλλων, καὶ κ. τ. λ. Hinc saltem videmus non plane alienam fuisse ab Isocrate eam struendi rationem, quam codd. exhibent, neque statim delendum, neque cum Moro et Langio includendum [ὥσθ'], neque in ὡς mutandum esse hoc vocabulum, quanquam Isocrates ὡς sæpissime cum participiis conjungat. Scripsi igitur ὥστε. Obiter moneo, me etiam Demon. §. ϛ'. ῥᾴδιον δὲ τοῦτο καταμαθεῖν ἐστὶν ἔκ τε τῶν Ἡρακλέους ἄθλων, καὶ τῶν Θησέως ἔργων, οἷς ἡ τῶν τρόπων ἀρετὴ τηλικοῦτον εὐδοξίας χαρακτῆρα τοῖς ἔργοις ἐπέβαλεν, ὥστε μηδὲ τὸν ἅπαντα χρόνον δύνασθαι λήθην ἐμποιῆσαι τῶν ἐκείνοις πεπραγμένων, nihil mutandum censere. Spohn.

Κινδύνου] Codd. Ambros. et Laurent. in ἀντ. τῶν πρ. Εὐρ. κινδύνων, quod idem est, quum Isocrates sæpissime plurali numero utatur. Non solum de hac voce id animadverti potest, v. c. Archid. §. ζ'. Evagor. §. δ'. ϛ'. ζ'. η'. ιβ'. et sæpiss. sed etiam de aliis vocibus, quales sunt καιροὶ, ἐλπίδες, ἰσότητες, ταπεινότητες, ἀνάγκαι, καινότητες, φόβοι, et cum multis aliis, quas enumerare mora est, πλήθη (de cujus probitate non debebat dubitare Schneiderus ad Theophrast. c. 6. (7.) 3.) Panegyr. §. κβ'. et in orat. de permutat. §. κα'. Areopagit. §. ιϛ'. et πλοῦτοι Panegyr. §. μα'. Areopagit. §. β'. de pac. §. λη'. Panathen. §. οθ'. et sæpius, cfr. Schaefer. ad Dionys. de composit. p. 364. et sq. Idem.

Τῆς Σπάρτης] Deest in ἀντ., ut jungatur τοὺς οἰκιστὰς τῶν Λακεδ. Sed respexit ad c. 16. οἰκισταὶ Σπάρτης. Ἡγεμόνες, quia Heraclidæ postea duces et reges Lacedæmoniorum fuerunt. Mor. Τῆς Σπάρτης Orell. recepit, licet renuentibus codicibus, et præter necessitatem, Dio Cass. Hist. Hom. l. LI. c. 16. τὸν Ἀλέξανδρον τὸν οἰκιστὴν αὐτῶν. Spohn.

Περὶ τῶν πρότερον] *de vetustioribus.* Sunt quidem, quæ sequuntur de Eumolpo, priora ejectione Heraclidarum et rebus Adrasti, de quibus huc usque dixit (nam utraque res in tempora Thesei incidit, id quod de Heraclidis indubitatum est, de Adrasto constat e Panath. §. ο'. [Helen. Encom. §. ιε'.]), sed bellum cum Amazonibus Thesei memoria gestum est, Persica

τῇ πόλει πεπραγμένων προσήκειν εἰπεῖν, ἄλλως [1] τε καὶ
ἐπειδὴ τὸν λόγον κατεστησάμην περὶ τῆς ἡγεμονίας τῆς
ἐπ᾽ ἐκείνους. ἅπαντας μὲν οὖν ἐξαριθμῶν τοὺς κινδύνους
λίαν ἂν μακρολογοίην· ἐπὶ δὲ τῶν μεγίστων [2] τὸν αὐτὸν
τρόπον ὅνπερ ὀλίγῳ πρότερον [3] πειράσομαι καὶ περὶ τούτων
διελθεῖν. ἔστι γὰρ ἀρχικώτατα μὲν τῶν [4] γενῶν καὶ μεγί- b
στας δυναστείας ἔχοντα Σκύθαι καὶ Θρᾷκες καὶ Πέρσαι·
τυγχάνουσι δ᾽ οὗτοι μὲν ἅπαντες ἡμῖν ἐπιβουλεύσαντες, ἡ
δ᾽ ἡμετέρα πόλις πρὸς ἅπαντας τούτους διακινδυνεύσασα.
καίτοι τί λοιπὸν ἔσται τοῖς ἀντιλέγουσιν, ἢν ἐπιδειχθῶσι
τῶν μὲν Ἑλλήνων οἱ μὴ δυνάμενοι τυγχάνειν τῶν δικαίων
ἡμᾶς ἱκετεύειν ἀξιοῦντες, τῶν δὲ βαρβάρων οἱ βουλόμενοι
καταδουλώσασθαι τοὺς Ἕλληνας ἐφ᾽ ἡμᾶς πρώτους ἰόντες;

[1] τε ἐπειδὴ καὶ A. L. [2] στὰς τὸν A. C. [3] διῆλθον πειράσομαι A. C. L. [4] ἐθνῶν A. C. L.

autem multo post. Hinc intelligitur, bella cum Barbaris, quæ tractare hoc capite incipit, h. e. bella cum Eumolpo, Amazonibus et Persis, non omnia posse τὰ πρότερον, Heraclidis et Adrasto vetustiora, appellari. Præterea cum hactenus Atheniensium δυναστείαν ἐν τοῖς Ἕλλησι declarasset: demonstrat nunc, etiam Barbaros ab iis superatos esse. Ergo rebus Atheniensium cum Græcis nunc opponuntur res eorundem cum Barbaris gestæ; non autem quæritur, quid πρότερον fuerit. Quare inclusi hæc verba, τῶν πρότερον, quæ in loco altero περὶ ἀντ. ab omnibus editionibus recte absunt. Mor. πρότερον sume absolute, *antea, jam pridem*; non relative ad facta, quæ præcedunt. Auger. τῶν πρότερον omnes codd. in Panegyr. habent, et in ἀντ. cod. Ambros., neque ejici debet, respectu belli, quod denuo Barbaris illaturos esse vult Græcos. Τῇ πόλει πεπραγμένων, similis ratio, deprehenditur Demonic. §. β΄. Philipp. §. ξδ΄. Evagor. §. ιβ΄. Spohn.

Ἄλλως τε ἐπειδὴ καὶ] Coraes hic et in ἀντ. ad Philipp. §. λγ΄. Evagor. §. β΄. Panathen. §. θ΄. καὶ, quod in omnibus libris sequitur particulam insertam, præfixit et ante eam posuit. Præter necessitatem, ut videtur Hermanno ad Viger. p. 781. edit. II., et usum Isocratis. Idem.

Ἐπὶ τῶν μεγίστων] Habet aliquid obscuritatis, quia absolute positum videtur, nec jungi potest τῷ διελθεῖν. Verti tamen sic debet: *in maximis rebus* (hærens, vel subsistens, quod ad maximas res attinet), *conabor de his ita, ut paullo ante, dicere.* Quod si cui parum probetur, is ἐπὶ mutet in ἐκ, hoc sensu: *e maximis* (petita materia orationis) *conabor* etc. Et plane sic locutus est §. κα΄. ἐκ τῶν ὑπολοίπων οὐκ ὀκνητέον μνησθῆναι περὶ αὐτῶν, *e reliquis* (petita materia, seu, facto selectu), *non dubitandum est de iis dicere.* Mor. Hic certo nihil mutandum est; ἐπὶ τῶν μεγ. idem est, quod περὶ τῶν μ., præpositiones autem interdum permutantur, idemque fit in eadem construendi serie; exempla sunto, quod Mor. e §. κα΄. et quæ Schaeferus, eruditionis penu, ad Dionys. Halic. de compos. p. 387. et in indice Melemat. crit. p. 162. commemorarunt. Spohn. Sensus facilis est: *quomodo autem res gravissimas narravi, eodem has etiam* (i. e. gravissimas) *afferam.* Lang.

Ἀρχικώτατα] Putem esse populos, imperantes late, quos Cic. Or. c. 34. *imperiosos* dixit. Ἀντ. ἀρχαϊκώτατα, quod Wolfius recte rejecit. Nam primum non de antiquitate, sed imperio nationum sermo est: deinde non decuit Isocratem, qui paullo Athenienses fecerat vetustissimos, nunc illum honorem Barbaris tribuere. De imperio Thracum et Scytharum præter Herodotum vid. §. ιθ΄. Καθ᾽ ὃν χρόνον ἑκάτεροι τῆς Εὐρώπης ἐπῆρχον, quibus convenit, quod apud Xenoph. Mem. II. 1. 10. Socrates de sua ætate loquitur: ἐν τῇ Εὐρώπῃ (quatenus non paret Græcis) Σκύθαι μὲν ἄρχουσι, Μαιῶται δὲ ἄρχονται. Etiam Thucydides II. 96. sqq. utriusque populi opes describit: quæ saltem sunt argumenta vetustæ magnitudinis. Mor. Intelligo, gentes, quæ maxime principem locum obtinent. Auger.

Καταδουλώσασθαι] Idem judicium de

c ιθ'. Ἐπιφανέστατος μὲν οὖν τῶν πολέμων ὁ Περσικὸς γέγονεν. οὐ μὴν ἐλάττω [1] τεκμήρια τὰ παλαιὰ τῶν ἔργων ἐστὶ τοῖς περὶ τῶν πατρίων ἀμφισβητοῦσιν. ἔτι γὰρ ταπεινῆς οὔσης τῆς Ἑλλάδος, ἦλθον εἰς τὴν χώραν ἡμῶν Θρᾷκες μὲν μετ' Εὐμόλπου τοῦ Ποσειδῶνος, Σκύθαι δὲ μετὰ Ἀμαζόνων τῶν Ἄρεως θυγατέρων, οὐ κατὰ τὸν αὐτὸν χρόνον, ἀλλὰ καθ' ὃν ἑκάτεροι τῆς Εὐρώπης ἐπῆρχον, μισοῦντες μὲν ἅπαν τὸ τῶν Ἑλλήνων γένος, ἰδίᾳ δὲ πρὸς ἡμᾶς ἐγκλή-
d ματα ποιησάμενοι, νομίζοντες ἐκ τούτου τοῦ τρόπου πρὸς μίαν μὲν πόλιν κινδυνεύσειν, ἁπασῶν δὲ ἅμα κρατήσειν. οὐ μὴν κατώρθωσαν, ἀλλὰ πρὸς μόνους τοὺς προγόνους τοὺς ἡμετέρους συμβαλόντες ὁμοίως διεφθάρησαν, ὥσπερ ἂν εἰ πρὸς ἅπαντας ἀνθρώπους ἐπολέμησαν. δῆλον δὲ τὸ μέγεθος τῶν κακῶν τῶν γενομένων ἐκείνοις· οὐ γὰρ ἄν ποθ' οἱ λόγοι περὶ αὐτῶν τοσοῦτον χρόνον διέμειναν, εἰ μὴ καὶ τὰ πραχθέν-
e τα πολὺ τῶν ἄλλων διήνεγκε. λέγεται δ' οὖν περὶ μὲν Ἀμαζόνων, ὡς τῶν μὲν ἐλθουσῶν οὐδεμία πάλιν ἀπῆλθεν, αἱ δ' ὑπολειφθεῖσαι διὰ τὴν ἐνθάδε συμφορὰν ἐκ τῆς ἀρχῆς ἐξεβλήθησαν· περὶ δὲ Θρᾳκῶν, ὅτι τὸν ἄλλον χρόνον ὅμοροι προσοικοῦντες ἡμῖν διὰ τὴν τότε γεγενημένην στρατείαν τοσοῦτον διέλιπον, ὥστ' ἐν τῷ μεταξὺ τῆς χώρας ἔθνη πολλὰ καὶ γένη παντοδαπὰ καὶ πόλεις μεγάλας κατοικισθῆναι.

κ'. Καλὰ μὲν οὖν καὶ ταῦτα καὶ πρέποντα τοῖς περὶ

[1] τούτων τεκμήρια A. C. L.

bellis Persicis Lysiæ in Epitaph. §. ζ'. Mor.

Ταπεινῆς] Est illa Græcia, quam Isocrates §. θ'. init. descripsit. Etiam Latine dicitur "humilis civitas," Cæs. B. G. VII. 54. quo loco verbum *humilis* in hac re perspicue explicatur. Idem.

Ἦλθον — Θρᾷκες] Tempore Erechthei. Panath. §. οη'. Thucyd. II. 15. Lycurg. in Leocr. §. κδ'. Xen. Memor. III. 5. 10. Dicitur Eleusinium bellum, quia Eumolpus dux Eleusiniorum fuit, quibuscum Athenienses de finibus contenderunt. Thuc. II. 15. Meurs. de regno Att. II. 8. Idem.

Σκύθαι] Tempore Thesei. Panath. l. c. Lysias Epitaph. §. γ'. Plutarch. Thes. c. 27. Aristid. Panath. p. 25. Justin. II. 4. 26. Amazonum ἐγκλήματα fuerunt, raptam esse a Theseo Hippolyten. Idem.

Ἐπῆρχον] Plerique idem valere putant τὸ ἐπάρχειν, quod simplex ἄρχειν, i. e. *imperare*, vel *imperium obtinere*. Sed mihi conatum potius atque initium occupandi imperii, quam effectum et absolutionem, significare videtur. Wolf. Non interpretare *imperabant*, sed *imperare affectabant*. Auger.

Δῆλον δὲ — γὰρ] De hac frequentissima loquendi forma, cui similis est §. κδ'. λα'. σημεῖον δὲ, τεκμήριον δὲ, ἐδήλωσε δὲ, et alia ejusdem significationis, sequente γὰρ, egit Bachius ad Xen. Symp. IV. 17. Mor.

Αἱ δ' ὑπολειφθεῖσαι] *quæ in patria remanserant*, non ad bellum una profectæ erant. Idem.

Προσοικ. ἡμῖν] Vid. §. θ'. Itaque διέλιπον sic accipiendum est: *spatium intermedium reliquerunt*, recedendo a finibus nostris. Idem.

τῆς ἡγεμονίας ἀμφισβητοῦσιν· ἀδελφὰ δὲ τῶν εἰρημένων, καὶ τοιαῦτα οἷάπερ [1] εἰκὸς τοὺς ἐκ τοιούτων γεγονότας, [2] οἱ πρὸς Δαρεῖον καὶ Ξέρξην πολεμήσαντες ἔπραξαν. μεγίστου γὰρ πολέμου συστάντος [3] ἐκείνου καὶ πλείστων κινδύνων [4] εἰς τὸν αὐτὸν χρόνον συμπεσόντων, καὶ τῶν μὲν πολεμίων b
ἀνυποστάτων οἰομένων εἶναι διὰ τὸ πλῆθος, τῶν δὲ συμμάχων ἀνυπέρβλητον ἡγουμένων ἔχειν τὴν ἀρετὴν, ἀμφοτέρων κρατήσαντες ὡς ἑκατέρων προσῆκε, καὶ πρὸς ἅπαντας τοὺς
51 κινδύνους διενεγκόντες, εὐθὺς μὲν τῶν ἀριστείων ἠξιώθησαν, οὐ πολλῷ δ' ὕστερον τὴν ἀρχὴν [5] τῆς θαλάττης ἔλαβον, δόντων μὲν τῶν ἄλλων Ἑλλήνων, οὐκ ἀμφισβητούντων δὲ τῶν νῦν ἡμᾶς ἀφαιρεῖσθαι ζητούντων. c

κα'. Καὶ μηδεὶς οἰέσθω με ἀγνοεῖν ὅτι καὶ Λακεδαιμόνιοι περὶ τοὺς καιροὺς [6] τούτους πολλῶν ἀγαθῶν αἴτιοι τοῖς Ἕλλησι κατέστησαν· ἀλλὰ διὰ τοῦτο καὶ μᾶλλον ἐπαινεῖν

[1] εἰκὸς ποιεῖν τοὺς L. [2] ἃ A. οἳ L. [3] ἐκείνου πολέμου συστάντος A. C. L. [4] κατὰ A. C. L. [5] τῆς θαλάττης τὴν ἀρχὴν A. C. L. [6] τούτους τοὺς καιροὺς A. C. L.

Ἀδελφὰ — ἔπραξαν] *quæ in bellis Persicis gesserunt, similia sunt superioribus, et talia, qualia tantorum virorum posteros fecisse credibile est.* Post εἰκὸς cod. Bav. ποιεῖν addit, quod non abhorret ab Isocratica redundantia. Mox male in ἀντ. scriptum est οἳ pro ἃ, quasi ad τοιούτους referatur. Idem. Langius illud ποιεῖν recepit, rectius autem in voce ἔπραξαν subauditur; ποιεῖν enim ab homine minus erudito, quam qui hæc intelligeret, majoris perspicuitatis causa additum esse videtur. Sensus est: ἀδελφὰ δὲ τ. εἰρ. καὶ τοιαῦτα, οἷάπερ εἰκὸς τοὺς ἐκ τ. γ. [πράττειν] (ἐκεῖνά ἐστιν) ἃ ἔπραξαν κ. τ. λ. Spohn.

Συμμάχων] Wolfius frustra socios Persarum intelligit. Mor.

Ἡγουμένων] Wolfius inserendum esse putat αὐτούς. Spohn.

Ὡς ἑκατέρῳ προσῆκεν] *ut debebant utrique vinci:* socios enim, qui se a nemine antecelli putabant, ut decet, virtute superarunt; hostes armis. Wolfius ἑκατέροις legi voluit, ut paullo ante ἀμφότεροι forma plurali, qua similitudine non opus est. Ego, si quid mutem (nam nescio, an προσήκει αὐτῷ dicatur hic recte de eo, qui patitur jure meritoque, quum fere usurpetur de his, qui aliquid agunt, unde et Wolfius ad h. l. mire philosophatus est), receperim ἑκατέρων ex Ἀντ. ut κρατῆσαι repetatur, ὡς προσῆκεν (Ἀθηναίοις) ἑκατέρων κρατῆσαι. Nam sic Lyc. in Leocr. §. ιζ'. qui locus aperte expressus est ex Isocratico: ἀμφοτέρων περιγεγόνασι, ὡς ἑκατέρων (περιγίνεσθαι) προσῆκε. Is. Panath. §. κη'. οὐχ οὕτως εὐδοκίμησεν, ὡς προσῆκεν αὐτὸν (εὐδοκιμεῖν). Mor. Ἑκατέρων etiam Retbergius in Bibl. vet. Lit. et art. l. I. p. 25. prætulit. Spohn.

Ἠξιώθησαν] *judicati sunt fortissimi*, primo post pugnam ad Artemisium, quæ in hæc tempora incidit, Herodot. VIII. 17. τῶν Ἑλλήνων κατὰ ταύτην τὴν ἡμέρην ἠρίστευσαν Ἀθηναῖοι. Adde Diod. Sic. XI. 13. Iterum post pugnam Salaminiam et bellum cum Xerxe, Isocr. Areop. §. γ'. ἐπρωτεύσαμεν τῶν Ἑλλήνων, et Justin. II. 14. "Atheniensium virtus cæteris prælata." Herodotus tamen VIII. 98. primo loco Æginetas ponit, ubi vid. Valckenar. Cf. Diod. Sic. XI. 27. Mor.

Ἔλαβον] Hoc ita factum est, ut Græci, etiam Asiatici, imperium iis deferrent. Areop. §. ς'. οἱ πρόγονοι παρ' ἑκόντων Ἑλλήνων τὴν ἡγεμονίαν ἔλαβον. Panath. §. ιζ'. Symmach. §. ια'. Thucyd. V. 95. Tum cœperunt naves et tributa imperare, ib. c. 96., obedientibus Græcis, eoque se imperium maris inter Græcos habere declararunt. Cf. omnino Xen. Hell. VI. 5. 34. Locum hunc Aristot. rhet. III. p. 239. extr. repetiit, ab εὐθὺς ad ἔλαβον. Idem.

Οὐκ ἀμφισβητούντων] Clandestinis artibus Lacedæmonii auctoritatem hanc Atheniensium minuere mox conati sunt. Idem.

ἔχω τὴν πόλιν τὴν ἡμετέραν, ὅτι τοιούτων ἀνταγωνιστῶν
τυχοῦσα τοσοῦτον αὐτῶν διήνεγκε. βούλομαι δ' ὀλίγῳ
μακρότερα περὶ [1] τοῖν πολέοιν [2] τούτοιν εἰπεῖν καὶ μὴ ταχὺ
d λίαν παραδραμεῖν, ἵν' ἀμφοτέρων ἡμῖν [3] ὑπόμνημα γένηται,
τῆς τε τῶν προγόνων ἀρετῆς, καὶ τῆς πρὸς τοὺς βαρβάρους
ἔχθρας. καίτοι με [4] οὐ λέληθεν, ὅτι χαλεπόν ἐστιν ὕστατον
ἐπελθόντα λέγειν περὶ πραγμάτων πάλαι προκατειλημμένων,
καὶ περὶ ὧν οἱ μάλιστα δυνηθέντες τῶν πολιτῶν
εἰπεῖν ἐπὶ τοῖς δημοσίᾳ θαπτομένοις πολλάκις εἰρήκασιν·
ἀνάγκη γὰρ τὰ μὲν μέγιστ' [5] αὐτῶν ἤδη κατακεχρῆσθαι,
e μικρὰ δέ τινα παραλελεῖφθαι. ὅμως δ' ἐκ τῶν ὑπολοίπων,
ἐπειδὴ συμφέρει τοῖς πράγμασιν, οὐκ ὀκνητέον μνησθῆναι
περὶ αὐτῶν.

κβ'. Πλείστων μὲν οὖν ἀγαθῶν αἰτίους καὶ μεγίστων
ἐπαίνων ἀξίους ἡγοῦμαι γεγενῆσθαι τοὺς τοῖς σώμασιν
56 ὑπὲρ τῆς Ἑλλάδος προκινδυνεύσαντας· οὐ μὴν οὐδὲ τῶν πρὸ
τοῦ πολέμου τούτου [6] γενομένων καὶ δυναστευσάντων [7] ἐν
ἑκατέρᾳ [1] τοῖν πολέοιν δίκαιον ἀμνημονεῖν. ἐκεῖνοι γὰρ ἦσαν
οἱ προασκήσαντες τοὺς ἐπιγιγνομένους καὶ τὰ πλήθη προτρέψαντες
ἐπ' [8] ἀρετὴν καὶ χαλεποὺς ἀνταγωνιστὰς τοῖς
βαρβάροις ποιήσαντες. οὐ γὰρ ὠλιγώρουν τῶν κοινῶν, οὐδ'
ἀπέλαυον μὲν ὡς ἰδίων, ἠμέλουν δ' ὡς ἀλλοτρίων, ἀλλ'
ἐκήδοντο μὲν ὡς οἰκείων, ἀπείχοντο δ' ὥσπερ χρὴ τῶν μηδὲν
b προσηκόντων· οὐδὲ πρὸς ἀργύριον τὴν εὐδαιμονίαν ἔκρινον,

[1] ταῖν A. C. L. [2] ταύταιν A. C. L. [3] ὑπομνήματα A. C. L.
[4] οὐδὲ A. L. [5] τούτων A. C. L. [6] γεγενημένων A. G. L. [7] ἐν om. L.
[8] ἀρετῇ L.

Ἐπὶ τοῖς δημ. θαπτ.] De concionibus funebribus Periclis (Thucyd. II. 35.), Platonis in Menexeno, Demosthenis (qui quidem an sit auctor, non constat), Hyperidis et Lysiæ diligentissime exposuit Taylorus Lect. Lysiacis c. 3. Marklandus ad Lysiam p. 435. Isocratem hoc loco de Lysiæ ἐπιταφίῳ dixisse putat. IDEM.

Κατακεχρῆσθαι] Hic, quod non memini me alibi vidisse, verbum καταχράομαι accipitur in sensu passivo; et significat *valde utor*. AUGER.

Πλείστων — ἡγοῦμαι] Hæc posuit Dion. Hal. T. II. p. 99. v. 23. ed. Sylb. in exemplis nimiæ concinnitatis. Idem p. 96. totum hoc caput summatim enarravit. MOR.

Προκινδυνεύσαντας] Cum Miltiade et Themistocle. Cf. Lycurg. in Leocr. §. ιβ'. MOR. Et Cor. ad Heliod. p. 165. SPOHN.

Ἐν ἑκατέρᾳ] Etsi Steph. in Thes. L. Gr. δυναστεύειν etiam dativo jungi monuit: tamen usitatius prætuli. Et sunt οἱ δυναστεύσαντες ἐν τῇ πόλει, qui magistratum gesserunt, civitatem administrarunt. MOR.

Ἐκεῖνοι] Aristot. rhet. l. III. c. 17. Ἐν τοῖς ἐπιδεικτικοῖς δεῖ τὸν λόγον ἐπεισοδιοῦν ἐπαίνοις, οἷον Ἰσοκράτης ποιεῖ· ἀεὶ γάρ τινα εἰσάγει. Talis est hæc laus majorum, et Areop. §. η'. κ'. qui locus cum nostro ob similitudinem sententiarum et verborum necessario conferendus est. IDEM.

ἀλλ᾽ οὗτος ἐδόκει πλοῦτον ἀσφαλέστατον κεκτῆσθαι καὶ
κάλλιστον, ὅστις [1] τοιαῦτα τυγχάνοι πράττων ἐξ ὧν
αὐτός τε μέλλοι μάλιστ᾽ εὐδοκιμήσειν καὶ τοῖς παισὶ με-
52 γίστην δόξαν καταλείψειν· οὐδὲ [2] τὰς θρασύτητας [3] τὰς
ἀλλήλων ἐζήλουν, οὐδὲ τὰς τόλμας τὰς [4] αὐτῶν ἤσκουν,
ἀλλὰ δεινότερον [5] μὲν ἐνόμιζον εἶναι [6] κακῶς ὑπὸ τῶν πολιτῶν ἀκούειν ἢ καλῶς ὑπὲρ τῆς [7] πόλεως ἀποθνήσκειν, c
μᾶλλον δ᾽ ᾐσχύνοντ᾽ ἐπὶ τοῖς κοινοῖς ἁμαρτήμασιν ἢ νῦν
ἐπὶ τοῖς ἰδίοις τοῖς σφετέροις αὐτῶν. τούτων δ᾽ ἦν αἴτιον,
ὅτι τοὺς νόμους ἐσκόπουν ὅπως ἀκριβῶς καὶ καλῶς ἕξουσιν,
οὐχ οὕτω τοὺς περὶ τῶν ἰδίων συμβολαίων ὡς τοὺς περὶ
τῶν καθ᾽ ἑκάστην [8] τὴν ἡμέραν ἐπιτηδευμάτων. ἠπίσταντο
γὰρ ὅτι τοῖς καλοῖς κἀγαθοῖς τῶν ἀνθρώπων οὐδὲν δεήσει
πολλῶν γραμμάτων, ἀλλὰ ἀπ᾽ ὀλίγων συνθημάτων ῥᾳδίως
καὶ περὶ τῶν ἰδίων καὶ περὶ τῶν κοινῶν ὁμονοήσουσιν. οὕτω d
δὲ πολιτικῶς εἶχον, ὥστε καὶ τὰς στάσεις ἐποιοῦντο πρὸς

[1] τυγχάνει τοιαῦτα A. L. τυγχάνοι τοιαῦτα C. [2] γὰρ τὰς A. C. L. [3] τὰς om. A. L. [4] καθ᾽ ἑαυτῶν A. C. L. [5] μὲν om. A. L. [6] τὸ κακῶς A. C. L. [7] πατρίδος ἀποθανεῖν A. C. L. [8] τὴν om. A. C. L.

Οὐδὲ γὰρ] Orellius p. 226. in notis præfert lectionem οὐδὲ τὰς θρ. reliquis, sed γὰρ hic non delevi. Nam non continuantur hic, uti Orellius opinatur, membra οὐ γὰρ — οὐδὲ πρ., sed quæ sequuntur, οὐδὲ γὰρ τὰς etc., referenda sunt ad verba ὅστις τυγχάνοι τοιαῦτα πράττων. Sensus est: Sed ii ditissimi videbantur, qui in ejusmodi factis operam collocarent, quæ et sibi et posteris gloriam pararent maximam, neque enim audacia certabant, neque sese invicem17 ferociter lacessebant, sed gravius quiddam esse putabant male audire a civibus, quam honeste pro patria mori, magis vero pudebat eos publicorum delictorum, quam nostros homines pudet privatorum peccatorum. Spohn.

Θρασύτ. ἀλλήλων] Sunt αἱ θρασ. ἀλλ. quum omnes sibi omnia in omnes licere putant, et αἱ τόλμαι καθ᾽ ἑαυτ. quum omnes audent omnia in omnes. Mor.

Ἐπιτηδευμάτων] Quales fuerunt Lycurgi leges, quæ disciplinam constituerunt. Areop. §. ιϛ΄. οὐκ ἐκ τῶν γραμμάτων (legibus scriptis) ἡ ἐπίδοσις τῆς ἀρετῆς ἐστὶ, ἀλλ᾽ ἐκ τῶν καθ᾽ ἑκάστην ἡμέραν ἐπιτηδευμάτων. Idem.

Ὅτι — ὁμονοήσουσιν] Dion. H. l. c. v. 38. Sed omisit καλοῖς, ἀπ᾽, ῥᾳδίως. Quod autem in ἀντ. pro γραμμάτων est πραγμάτων, id huic loco non convenit. Συνθήματα sunt, quæ invicem constituerunt, de quibus convenerunt: ut adeo ex composito potius, quam e lege agerent. Nec debebat h. l. Wolfius *tesseras* vertere, etsi in cod. Fug. scholion hoc, σημείων, repererat. Præterea ὁμονοεῖν ἀπό τινος est *consentire ope et beneficio alicujus rei*, §. μϛ΄. ἀσφαλῶς οἰκεῖν ἔκ τινος. Thuc. IV. 25. παραπλέειν ἀπὸ κάλω *prætervehi, ope remulci*. Id. IV. 18. γνώμῃ σφάλλεσθαι ἀπό τινος, *errare propter aliquid*. et IV. 98. τολμᾶν τι ἀπὸ ξυμφορῶν, *audere aliquid propter calamitatem, coactum calamitate*. IV. 105. δύνασθαι ἀπὸ μετάλλων *opulentum esse propter metallorum possessiones*. Idem.

Ὅτι δεήσει — ὁμονοήσουσι] Sic jungitur ὅτι futuro indicativi. Lysias in Eratosth. §. θ΄. ὅτι ἔσονται — δυνήσονται. Etiam διότι, Xen. Mem. I. 2. 53. ubi est pro ὅτι. Item ὥστε, Paneg. c. 37. Xen. Mem. III. 6. 12. Et ὅπως, ut paullo ante ὅπως ἕξουσιν, et c. λε΄. με΄. μϛ΄. μη΄. να΄. Areop. λβ΄. quinquies eodem loco, Lysias l. c. ὅπως ψηφίσεσθε — ἔσεσθε. Xen. Mem. III. 2. 1. III. 8. 8. II. 1. 1. Œcon. VI. 12. 15. Dem. de Cor. c. 94. et innumeris aliis locis. De eadem syntaxi τοῦ ἵνα v. Markland. ad Lysiam p. 43. ed. Reisk. Idem.

Ἀλλὰ] Post ἀλλὰ repete ὅτι, et ita verte: *sed ope paucorum pactorum et publicis et privatis de rebus facillime consensuros esse*. Lang.

ἀλλήλους, οὐχ ὁπότεροι τοὺς ἑτέρους ἀπολέσαντες τῶν λοιπῶν ἄρξουσιν, ἀλλ᾽ ὁπότεροι [1]φθήσονται τὴν πόλιν ἀγαθόν
τι ποιήσαντες· καὶ τὰς [2]ἑταιρείας συνῆγον, οὐχ ὑπὲρ τῶν
ἰδίᾳ συμφερόντων, ἀλλ᾽ ἐπὶ τῇ τοῦ πλήθους ὠφελείᾳ. τὸν
αὐτὸν δὲ τρόπον καὶ τὰ τῶν ἄλλων διῴκουν, θεραπεύοντες
e ἀλλ᾽ οὐχ ὑβρίζοντες τοὺς Ἕλληνας, καὶ στρατηγεῖν οἰόμενοι δεῖν ἀλλὰ μὴ τυραννεῖν αὐτῶν, καὶ μᾶλλον ἐπιθυμοῦντες
ἡγεμόνες ἢ δεσπόται προσαγορεύεσθαι καὶ σωτῆρες ἀλλὰ
μὴ λυμεῶνες ἀποκαλεῖσθαι, τῷ ποιεῖν εὖ προσαγόμενοι τὰς
πόλεις, ἀλλ᾽ οὐ βίᾳ καταστρεφόμενοι, πιστοτέροις μὲν τοῖς
57 λόγοις ἢ νῦν τοῖς ὅρκοις χρώμενοι, ταῖς δὲ συνθήκαις ὥσπερ
ἀνάγκαις ἐμμένειν ἀξιοῦντες, οὐχ οὕτως ἐπὶ ταῖς δυναστείαις
μέγα φρονοῦντες ὡς ἐπὶ τῷ σωφρόνως ζῆν φιλοτιμούμενοι,
τὴν αὐτὴν ἀξιοῦντες γνώμην ἔχειν πρὸς τοὺς ἥττους ἥνπερ
τοὺς κρείττους πρὸς σφᾶς αὐτούς, ἴδια μὲν ἄστη τὰς αὑτῶν

[1] ὀφθήσονται A. C. L.

[2] ἑταιρίας A. C. L.

Ὀφθήσονται] Codd. Cor. in ἀντ. quod etiam Coraes illuc recepit, et huc se non recepisse in notis dolet, φθήσονται. Dionys. Halicarn. ita sensum hujus loci exprimit: *πότεροι πλείω τὴν πόλιν ἀγαθὰ ποιήσουσι, οὐχ οἵτινες, ἑτέρους ἀπολέσαντες, τῶν λοιπῶν αὐτοὶ ἄρξουσι.* Neque vero hic neque in ἀντ. ὀφθήσονται necessario mutandum est, nam ὄπτομαι ποιῶν idem est, quod *incurrit in oculos, palam, conspicuum* etc. *est me hoc facere*, aut palam facio, conspicuus sum, fio, hoc perficiendo, Archidam. §. μ΄. extr., et sic infra §. κδ΄. κϛ΄. ἀντ. p. 65. Orell. Cfr. Hesych. s. v. ὀφθῇ et ὤφθη, Gataker. ad Antonin. X. 8. p. 329. De simili ratione, qua participii loco substantivum est, monuit Dorvillius ad Chariton. p. 483. ed. Lips. Vertendum igitur puto hunc locum: *sed utri bonis urbi parandis conspicui essent*, i. e. utri voluntatem in urbem luculentius declararent. Idem pæne exprimitur verbo φαίνεσθαι, ita ut φαίνομαι ποιῶν et ὄπτομαι ποιῶν sensu non differant, cfr. præter locos, quos Morus in Ind. attulit, Nicocl. §. β΄. Areopagit. §. ιη΄. Busir. §. γ΄. ιη΄. Panath. §. ιε΄. ξ΄. Plat. §. η΄. ιη΄. de Big. §. γ΄. ιβ΄. Trapezit. §. ε΄. Callim. §. κδ΄. Æginet. §. η΄. Spohn.

Τὰ τῶν ἄλλων — ἐμμένειν ἀξιοῦντες] Dion. Hal. l. c. v. 42. Post δεῖν addidit αὐτῶν. De θεραπεύειν cf. §. ιβ΄. τοὺς ἀσθενεστέρους θεραπ. Mor.

Καὶ σωτῆρες] Hoc quantum sit, non melius explicari potest, quam ab Herodoto, VII. 139. factum est, etsi ille non de his majoribus, quos Isocrates prædicat, sed de iis commodis, quæ Salaminiam victoriam consecuta sunt, loquitur. Mor. Cfr. de pac. §. μϛ΄. Spohn.

Καταστρεφόμενοι] *subjicientes imperio suo.* Sic Herodot. I. 6. V. 1. et sæpissime. Dem. de Cor. c. 10. 14. Xen. Cyrop. VII. 4. 8. ubi syn. est, ὑποχείριον ποιεῖσθαι. Diod. Sic. XVII. 89. Et Latini dicunt, *evertere, delere civitatem*, cui leges et libertas eripiuntur. Præterea Dion. H. habet προσκαταστρεφόμενοι, cujus verbi exempla ignoro. Henr. Stephanus diatr. 4. in Isocr. p. 25. errori librariorum tribui posse putat [ortum sine dubio inde, quod προσαγορεύεσθαι et προσαγόμενοι antecedunt]. Mor.

Ὅρκοις] Ita edd. omnes et Dion. H. etiam p. 96. Recte. Nam ἔργοις, quod in ἀντ. editur, non aptum videtur, et est a Wolfio rejectum: quum hoc velut in proverbium de laude bonæ fidei abierit, dictis tantum, atque adeo plus tribui, quam juramentis. Idem.

Ἄστη] Civitates (Athenas, Spartam) putabant esse urbes *suas*, quas suas dicerent, quarum possessio, amor, cura et usus ad ipsos proprie pertineret, ut patriæ urbis, quæ non est omnium omnino patria. Quæ sint *privatæ urbes* apud Anglum interpretem et Wolfium, equidem non intelligo. Idem. Dionys. Halicarn. l. l. τοιαῦτα δὲ περὶ τῶν ἡττόνων ἀξιοῦντες γινώσκειν, οἷα περὶ σφῶν αὐτῶν. τοὺς κρείττους ἂν ἠξίωσαν φρονεῖν, οὕτω δὲ παρεσκευασμένοι τὰς γνώμας, ὡς ἰδίᾳ μὲν ἔχοντες τὰς

πόλεις ἡγούμενοι, κοινὴν δὲ πατρίδα τὴν Ἑλλάδα νομίζοντες
εἶναι.

κγ΄. Τοιαύταις δὲ διανοίαις χρώμενοι, καὶ τοὺς νεωτέρους [1]ἐν τοῖς τοιούτοις ἤθεσι παιδεύοντες, οὕτως ἄνδρας b
ἀγαθοὺς ἀπέδειξαν τοὺς πολεμήσαντας πρὸς τοὺς ἐκ τῆς
Ἀσίας, ὥστε μηδένα πώποτε δυνηθῆναι περὶ αὐτῶν μήτε
τῶν ποιητῶν μήτε τῶν σοφιστῶν ἀξίως τῶν ἐκείνοις πεπρα-
3 γμένων εἰπεῖν. καὶ πολλὴν αὐτοῖς ἔχω συγγνώμην· ὁμοίως
γάρ ἐστι χαλεπὸν ἐπαινεῖν τοὺς [2]ὑπερβεβληκότας τὰς τῶν
ἄλλων ἀρετάς, ὥσπερ τοὺς μηδὲν ἀγαθὸν πεποιηκότας·
τοῖς μὲν γὰρ οὐχ ὕπεισι πράξεις, πρὸς δὲ τοὺς οὐκ εἰσὶν c
ἁρμόττοντες λόγοι. πῶς γὰρ ἂν γένοιντο σύμμετροι τοιούτοις
ἀνδράσιν, οἳ τοσοῦτον [3]μὲν τῶν ἐπὶ Τροίαν στρατευσαμένων
διήνεγκαν, ὅσον οἱ μὲν [4]περὶ μίαν πόλιν [5][στρατεύσαντες]
ἔτη δέκα διέτριψαν, οἱ δὲ τὴν ἐξ ἁπάσης τῆς Ἀσίας δύναμιν ἐν ὀλίγῳ χρόνῳ κατεπολέμησαν, οὐ μόνον δὲ τὰς αὑτῶν
πατρίδας διέσωσαν, ἀλλὰ καὶ τὴν σύμπασαν [6]Ἑλλάδα
ἠλευθέρωσαν; ποίων δ᾽ ἂν ἔργων ἢ πόνων ἢ κινδύνων ἀπέστησαν ὥστε ζῶντες εὐδοκιμεῖν, οἵτινες ὑπὲρ τῆς δόξης, ἧς d
ἔμελλον τελευτήσαντες ἕξειν, οὕτως ἑτοίμως ἤθελον ἀποθνήσκειν; οἶμαι δὲ καὶ τὸν πόλεμον τοῦτον θεῶν τινὰ συναγαγεῖν ἀγασθέντα τὴν ἀρετὴν αὐτῶν, ἵνα μὴ τοιοῦτοι γενόμενοι τὴν φύσιν διαλάθοιεν μηδ᾽ ἀκλεῶς τὸν βίον τελευτή-
σαιεν, ἀλλὰ τῶν αὐτῶν τοῖς ἐκ τῶν θεῶν γεγονόσι καὶ
καλουμένοις ἡμιθέοις ἀξιωθεῖεν. καὶ γὰρ [7]ἐκείνων τὰ μὲν
σώματα ταῖς τῆς φύσεως ἀνάγκαις ἀπέδοσαν, τῆς δ᾽ ἀρετῆς e
ἀθάνατον τὴν μνήμην [8]ἐποίησαν.

[1] ἐν τοῖς om. A. L. τοῖς om. C. [2] ὑπερβεβηκότας A. C. L. [3] μὲν om. A. C. L. [4] ἐπὶ A. C. [5] uncos om. A. C. L. [6] Ἑλλάδα σύμπασαν A. C. L. [7] ἐκεῖνοι A. C. L. [8] κατέλιπον A. C. L.

ἑαυτῶν πόλεις, κοινὴν δὲ πατρίδα τὴν Ἑλλάδα οἰκοῦντες. Spohn.

Ἄνδρας ἀγαθοὺς] *viros fortes*, ut §. κβ΄. χαλεποὺς ἀνταγωνιστὰς τοῖς Βαρβάροις dixerat. Mor.

Σοφιστῶν] De sophistis, qui h. l. sunt oratores, vid. ad. §. α΄. Interpretatio hujus loci peti potest e Panath. §. ιγ΄. Σύμπαντες οἱ περὶ τὴν ποίησιν καὶ τοὺς λόγους ὄντες. Similiter ad Phil. §. ξα΄. οὔτε λόγων εὑρετὴς, οὔτε ποιητής. Idem. Adde ib. §. μϛ΄. Evagor. §. ιη΄. Spohn.

Ὅσον] *quatenus, quoad.* Mor.

Περὶ μίαν πόλιν] Conjungitur περὶ πόλιν διατρ. et στρατεύσαντες est, *expeditione suscepta.* Cæteræ edd. ἐπὶ, ut cum στρατ. jungatur, quod non est necesse. Idem.

Κινδύνων ἀπέστησαν] *quæ pericula credibile est eos fugisse, qui — quæ tandem pericula declinassent?* Idem.

Οἶμαι κ. τ. λ.] Si Suidas in v. ἄγαμαι (ubi legitur, οἶμαι δὲ τὸν πόλεμον θεῶν τινὰ ἀγασθῆναι) ad hunc Isocratis locum respexit, memoriter eum scripsit. Idem.

Κατέλιπον] Orell. Symmach. §. λα΄. commemorat, quod cfr. Spohn.

κδʹ. Ἀεὶ μὲν οὖν οἵ θ' ἡμέτεροι πρόγονοι καὶ Λακεδαιμόνιοι φιλοτίμως πρὸς ἀλλήλους εἶχον, οὐ μὴν ἀλλὰ [1] περὶ
58 καλλίστων ἐν ἐκείνοις τοῖς χρόνοις ἐφιλονείκησαν, οὐκ ἐχθροὺς
ἀλλ' ἀνταγωνιστὰς σφᾶς αὐτοὺς εἶναι νομίζοντες, οὐδ' ἐπὶ
δουλείᾳ τῇ τῶν Ἑλλήνων τὸν βάρβαρον θεραπεύοντες, ἀλλὰ
[2] περὶ μὲν τῆς κοινῆς σωτηρίας ὁμονοοῦντες, ὁπότεροι δὲ ταύτης αἴτιοι γενήσονται, περὶ τούτου ποιούμενοι τὴν ἅμιλλαν.
ἐπεδείξαντο δὲ τὰς αὐτῶν ἀρετὰς πρῶτον μὲν ἐν τοῖς ὑπὸ
Δαρείου πεμφθεῖσιν. ἀποβάντων γὰρ αὐτῶν εἰς τὴν Ἀττι-
b κήν, οἱ μὲν οὐ περιέμειναν τοὺς συμμάχους, ἀλλὰ τὸν κοινὸν πόλεμον ἴδιον κίνδυνον ποιησάμενοι πρὸς τοὺς ἁπάσης
τῆς Ἑλλάδος καταφρονήσαντας ἀπήντων τὴν οἰκείαν δύναμιν ἔχοντες, ὀλίγοι πρὸς πολλὰς μυριάδας ὥσπερ ἐν ἀλλοτρίαις ψυχαῖς μέλλοντες [3] κινδυνεύειν, οἱ δ' οὐκ ἔφθησαν
πυθόμενοι τὸν περὶ τὴν Ἀττικὴν πόλεμον, καὶ πάντων 54
τῶν ἄλλων ἀμελήσαντες ἧκον ἡμῖν ἀμυνοῦντες, τοσαύτην
ποιησάμενοι σπουδὴν ὅσηνπερ ἂν τῆς αὐτῶν χώρας πορθου-
c μένης. σημεῖον δὲ τοῦ τάχους καὶ τῆς ἁμίλλης· τοὺς μὲν
γὰρ ἡμετέρους προγόνους φασὶ τῆς αὐτῆς ἡμέρας πυθέσθαι
τε τὴν ἀπόβασιν τὴν τῶν βαρβάρων καὶ βοηθήσαντας ἐπὶ
τοὺς ὅρους τῆς χώρας καὶ μάχῃ νικήσαντας τρόπαιον στῆσαι
τῶν πολεμίων, τοὺς δ' ἐν τρισὶν ἡμέραις καὶ τοσαύταις νυξὶ

[1] καὶ περὶ A. C. L. [2] ἅμα μὲν περὶ A. C. L. [3] κινδυνεύσειν A. C. L.

Ἀρετὰς] Ἀντ. εὐψυχίας. Cfr. Montefalcon. Palæogr. Gr. p. 336. 338. Bast. epistol. crit. p. 147. not. 61. inprimis vero in not. ad Gregor. Corinth. p. 739. ed. Schaef. et Schaefer. in Meletem. critic. p. 117. Idem.

Εἰς τὴν Ἀττικὴν] Herodot. V. 102. Mor.

Περιέμειναν] 'Habuerunt quidem Athenienses in exercitu civium decem mille et mille Platæenses auxiliares (sic Justin. II. 9. 9. Paullo aliter Cornel. Milt. c. 5. Rem narrat Herodotus, VI. 108. sed de numero nihil: venisse etiam Platæenses πανδημεί.) et opem Lacedæmoniorum implorarunt (Herodot. c. 106.), sed quum illi religione (νόμῳ, Herodot.) impediti ante plenilunium exire non auderent, Athenienses Martis aleam experiri summo cum periculo sunt coacti. Orator igitur noster, quod necessarium fuit, voluntarium facit.' Hæc Wolfius. Athenienses (οἱ μὲν) non exspectarunt eos, quos auxilio vocarant, Lacedæmonios: sed socios habuerant, qui se ultro obtulerant, Platæenses. Herodot. c. 108. Lysias Epitaph. §. ζʹ. οὐκ ἀνέμειναν πυθέσθαι οὐδὲ βοηθῆσαι τοὺς συμμάχους. Mox idem, ἀπήντων ὀλίγοι πρὸς πολλούς. Idem.

Μέλλ. κινδυνεύσειν] *quasi adituri essent periculum, non sua, sed aliorum vita projicienda.* Rursus e Lysia, §. ζʹ. τὰς ψυχὰς ἀλλοτρίας διὰ τὸν θάνατον κεκτῆσθαι. Thucyd. I. 70. σώμασιν ἀλλοτριωτάτοις χρῶνται, sic utuntur corpore in prœliis, quasi illud sit alius hominis corpus. Contra ea apud Diod. Sic. XVI. 78. dicitur ταῖς τῶν ἄλλων ψυχαῖς ἐναποκυβεύειν, qui aleam fortunæ experitur ita, ut vitam aliorum morti objiciat, non suam. Idem. *quasi non suam, sed aliorum vitas, periculo objicerent.* Lang.

Ἧκον] Sed sero venerunt Spartani (οἱ δὲ). Herodot. VI. 120. Mor.

διακόσια καὶ χίλια στάδια διελθεῖν στρατοπέδῳ πορευο-
μένους. οὕτω σφόδρ' ἠπείχθησαν οἱ μὲν μετασχεῖν τῶν d
κινδύνων, οἱ δὲ [1] φθῆναι συμβαλόντες πρὶν ἐλθεῖν τοὺς
βοηθήσοντας.

κέ. Μετὰ δὲ ταῦτα γενομένης τῆς ὕστερον στρατείας, ἣν
αὐτὸς Ξέρξης ἤγαγεν, ἐκλιπὼν μὲν τὰ βασίλεια, στρατηγὸς δὲ καταστῆναι τολμήσας, ἅπαντας δὲ τοὺς ἐκ τῆς
Ἀσίας συναγείρας· περὶ οὗ τίς οὐχ ὑπερβολὰς προθυμηθεὶς
εἰπεῖν ἐλάττω τῶν ὑπαρχόντων εἴρηκεν; ὃς εἰς τοσοῦτον
ἦλθεν [2] ὑπερηφανίας, ὥστε μικρὸν μὲν ἡγησάμενος ἔργον e
εἶναι τὴν Ἑλλάδα χειρώσασθαι, βουληθεὶς δὲ τοιοῦτον μνημεῖον καταλιπεῖν ὃ μὴ τῆς ἀνθρωπίνης φύσεως ἐστὶν, οὐ
πρότερον ἐπαύσατο πρὶν ἐξεῦρε καὶ συνηνάγκασεν ὃ πάντες
[3] θρυλοῦσιν, ὥστε τῷ στρατοπέδῳ πλεῦσαι μὲν διὰ τῆς
ἠπείρου, πεζεῦσαι δὲ διὰ τῆς θαλάττης, τὸν μὲν Ἑλλήσποντον ζεύξας, τὸν δὲ Ἄθω διορύξας. πρὸς δὴ τὸν οὕτω μέγα 59
φρονήσαντα καὶ τηλικαῦτα διαπραξάμενον καὶ τοσούτων
δεσπότην γενόμενον ἀπήντων διελόμενοι τὸν κίνδυνον, Λακεδαιμόνιοι μὲν εἰς Θερμοπύλας πρὸς τὸ πεζὸν, χιλίους αὐτῶν

[1] ὀφθῆναι A. L. [2] ὑπερηφανείας A. L. [3] θρυλλοῦσιν A. C. L.

Στρατ. πορευομένους] Στρατοπέδῳ πορεύεσθαι, *iter facere exercitu*, h. e. sic, ut iter facientes sint exercitus (Liv. III. 18. "agmine in forum descendunt," sic, ut descendentes essent agmen: Id. III. 50. "eunt agmine in urbem," i. e. sic, ut essent agmen), ergo cum armis servatoque ordine, ut solet στρατόπεδον aut agmen, non palantes, quale iter paullo plus difficultatis et tarditatis habet, et imparatos objicit hosti. Pertinet loquendi modus ad augendam admirationem celeritatis. IDEM.

Ὀφθῆναι] Quid si φθῆναι? Sed et illud satis commodum. WOLF. Cf. §. κβ'.

Μετὰ δὲ ταῦτα κ. τ. λ.] Hic subaudiendum videtur ἐπεδείξαντο τὰς αὑτῶν ἀρετὰς, quod præcessit p. 201. v. 8. Malim tamen ut sæpius fit apud oratores, phrasim suspensam hærere post συναγείρας, nec finiri; quod mihi consentaneum videtur spiritui illi tanquam divino quo hic animatur orator. AUGER. Cf. Panath. §. ιζ'. LANG.

Περὶ οὗ κ. τ. λ.] Constitui parenthesin a verbis περὶ οὗ usque ad διορύξας, quum apodosis sit in ἀπήντων. *suscepta expeditione, cujus dux Xerxes fuit — tanto duci occurrerunt.* Omnino cum hac Xerxis descriptione Lysias in Epit. §. ζ'. conferendus est, e quo nonnulla ad verbum repetiit Isocrates. Occurrit ibidem ἠνάγκασε absolute, ut hic συνηνάγκασεν, et Cic. Catil. II. 11. "dii cogent vitia superari." MOR.

Προθυμηθεὶς κ. τ. λ.] *etsi nova plane et inaudita dicere sustinuit.* Exemplum ὑπερβολῶν erat, flumina siccata esse. Justin. II. 10. Alia Isocrates ipse tangit. IDEM.

Ὑπερηφανείας] Scripsi ὑπερηφανίας, cfr. Etymolog. Magn. p. 420. l. 2. edit. Schaefer. Iul. Poll. VIII. 79. SPOHN.

Ὥστε τῷ στρατ. πλεῦσ.] Repetit Aristot. rhet. III. c. 9. MOR.

Πρὸς τὸ πεζὸν] *contra pedites*, ut paullo post, πρὸς τὸ ναυτικόν. IDEM.

Χιλίους] Etsi Herodotus, VII. 202. 205. trecentos tantum commemoravit, tamen dissensus componi potest. Nam quum trecenti dicuntur, intelligendi sunt patres familias, cives Spartani, diligentissime ex toto populo delecti, quod idem diserte tradit c. 205. Quum mille nominantur, addendi sunt trecentis illis civibus Helotes, quorum duobus vel tribus quisque civis stipatus esse solebat, id quod in universum monuit Isocrates Panath. §. ογ'. et accurate demonstravit Wesseling. ad Herodot. VII. 222. VIII. 25. Cf. Thucyd.

ἐπιλέξαντες καὶ τῶν συμμάχων ὀλίγους παραλαβόντες, ὡς ἐν τοῖς στενοῖς κωλύσοντες αὐτοὺς περαιτέρω προελθεῖν, οἱ δ' ἡμέτεροι πατέρες ἐπ' Ἀρτεμίσιον, ἑξήκοντα τριήρεις
b πληρώσαντες πρὸς ἅπαν τὸ τῶν πολεμίων ναυτικόν. ταῦτα δὲ ποιεῖν ἐτόλμων, οὐχ οὕτω τῶν πολεμίων καταφρονοῦντες ὡς πρὸς ἀλλήλους [1] ἀγωνιῶντες, Λακεδαιμόνιοι μὲν ζηλοῦντες

[1] ἀγωνιζόμενοι A. C. L.

IV. 8. Λακεδαιμόνιοι εἴκοσι καὶ τετρακόσιοι, καὶ Εἵλωτες οἱ περὶ αὐτούς. In Plutarchi Aristide c. 10. de Spartanis militibus est: ὧν ἕκαστος ἑπτὰ περὶ αὑτὸν Εἵλωτας εἶχε. Add. Xen. Hellen. VI. 5. 28. Neque vero mirandum est, cur, quum etiam de Helotibus Isocrates loquatur, dixerit, *mille e* suis *delegerunt*, quoniam Helotes quoque dicuntur. Lacedæmonii, iisque in recensione exercitus sic annumerantur, ut Lacedæmonii, e quorum numero etiam Helotes sunt, opponantur Spartanis, qui sunt cives Spartani. In quam rem insignis est locus Xenoph. Hellen. VI. 4. 15. ubi narratur, συμπάντων Λακεδαιμονίων mille obiisse, inter quos fuerint quadringenti Spartani, αὐτοὶ Σπαρτιᾶται, cives: quod egregie convenit Herodoteo loco de patribus familias. Denique Diod. Sic. XI. 4. de hoc ipso prœlio: Λακεδαιμονίων χίλιοι; καὶ σὺν αὐτοῖς Σπαρτιᾶται τριακόσιοι. ubi Wesselingius ostendit, Lacedæmonios et Spartanos ut partem et totum differre. Sexcenti Lacedæmonii apud Justin. II. 11. 14. etiam cives et Helotes fuisse videntur. Idem.

Ὀλίγους] Fuere secundum Herodotum, VII. 222. quadringenti Thebani, septingenti Thespienses: nam reliqui, c. 202. nominati, diffugerant, c. 219. Diod. XI. 9. qui solos Thespienses mansisse narrat. Ante sociorum fugam superarant summam quatuor millium, quam Diod. Sic. XI. 4. et Justin. II. 11. init. rotunde posuit. De numero Thespiensium non temere dubitavit Valckenaer. ad Herodot. VII. 202. Idem.

Αὐτοὺς] Malim αὐτὸν, nempe Xerxem. Auger. Sed ad πεζὸν referendum est. Non omnes enim Xerxis copiæ (i. e. αὐτὸς) ibi erant, sed pedestres tantum; navales vero Athenienses arcere studebant. Legendum igitur αὐτοὺς, copias pedestres. Spohn.

Ἑξήκοντα τριήρ.] Universæ Græcorum classi, ad Artemisium collectæ, interfuerunt 127. naves Atticæ, Herodot. VIII. 1. aut 140. juxta Diod. Sic. XI. 12. quibus post priorem congressum ad Artemisium 53. submissæ sunt, Herodot. c. 14. Diod. Sic. c. 13. Quomodo ergo Isocrates dicere potuit, ἑξήκοντα τριήρεις πληρώσαντες? An illas tantum quinquaginta et tres submissas, rotundo numero sexaginta, nominavit, cæteris omissis? Quod si ita est, ut videtur, nisi locum corruptum arbitremur, nimis recessit a vero. Mor. Coraes hanc ob rem conjecit verba καὶ ἑκατὸν esse addenda. Sed quamvis numerus facillime depravari potuerit, præsertim si siglis scriptus esset; tamen nihil mutandum esse puto. Nam secundum Herodot. VIII. in. Athenienses CXXVII. naves miserant, sed ex his magnum numerum Platæenses compleverant; deinde vero, ut hoc, in quo scriptores, uti in omnibus quæ hanc pugnam spectant, non optime consentiunt, mittam, oratoris consilium adeo conspicuum est, ut de mutatione cogitari vix possit. Comparare enim studet Atheniensium virtutem ad Artemisium declaratam cum clarissimo Lacedæmoniorum ad Thermopylas facto (Herodot. VIII. c. 15.); inde autem patet tantum abesse debuisse, ut numerum more oratorum amplificaret, ut ne verum quidem recenseret, sed minueret, quo facto facilius cum parvo Lacedæmoniorum ad Thermopylas numero conferri posset. Spohn.

Ἀγωνιζόμενοι] Codd. Ambrosian. et Laurent. ἀγωνιῶντες. Harpocratio: ἀγωνιᾶν τὸ ἀγωνίζεσθαι. Ἰσοκράτης ἐν τῷ περὶ τῆς ἀντιδόσεως· ἀγωνιῶντες ἀντὶ τοῦ ἀγωνιζόμενοι παρὰ τῷ αὐτῷ, ἐν τῷ Πανηγυρικῷ. Inde Suidas: ἀγωνιᾶν Ἰσοκράτης ἀντὶ τοῦ ἀγωνίζεσθαι et ἀγωνιῶντες ἀντὶ τοῦ ἀγωνιζόμενοι. Ἰσοκράτης. Quum neutrum in scriptis Isocrateis repererit Carol. Segaar. in Observ. in Isocrat. (Act. Soc. Traject. I. p. 85.), statuit memoria lapsum esse Harpocrationem, quum certum sit 'Grammaticos Veterum loca non raro memoriter citare atque ex istis citationibus receptam lectionem non temere esse mutandam.' Sed Zonaras quoque p. 37. ἀγωνιῶντες ἀντὶ τοῦ ἀγωνιζόμενοι· οὕτως Ἰσοκράτης, et Photius p. 12. ἀγωνιᾶν. Ἰσοκράτης ἀντὶ τοῦ ἀγωνίζεσθαι, καὶ ἀγωνιῶντες ἀντὶ τοῦ ἀγωνιζόμενοι, ὁ αὐτὸς, et pæne iisdem verbis Lexicon rhetor. sophist. in Bekkeri Anecdot. gr. Vol. I. p. 333. l. 26. sq., ita, ut mirum sit, si in omnibus error Harpocrationis prævaluisset

τὴν πόλιν τῆς [1]Μαραθῶνι μάχης καὶ ζητοῦντες αὐτοὺς [2]ἐξισῶσαι, καὶ δεδιότες μὴ δὶς ἐφεξῆς ἡ πόλις ἡμῶν αἰτία γένηται τοῖς Ἕλλησι τῆς σωτηρίας· οἱ δ' ἡμέτεροι [3][πρόγονοι] μάλιστα μὲν βουλόμενοι διαφυλάξαι τὴν παροῦσαν δόξαν καὶ πᾶσι ποιῆσαι φανερὸν ὅτι καὶ [4]τὸ πρότερον δι' c ἀρετὴν ἀλλ' οὐ διὰ [5]τύχην ἐνίκησαν, ἔπειτα [6]καὶ προαγαγέσθαι τοὺς Ἕλληνας ἐπὶ [7]τὸ διαναυμαχεῖν, ἐπιδείξαντες αὐτοῖς ὁμοίως ἐν τοῖς ναυτικοῖς κινδύνοις ὥσπερ ἐν [8]τοῖς πεζοῖς τὴν ἀρετὴν τοῦ πλήθους περιγιγνομένην.

κϛʹ. Ἴσας δὲ τὰς τόλμας παρασχόντες οὐχ [9]ὁμοίαις ἐχρήσαντο ταῖς τύχαις, ἀλλ' οἱ μὲν διεφθάρησαν καὶ ταῖς ψυχαῖς νικῶντες τοῖς σώμασιν ἀπεῖπον — οὐ γὰρ δὴ τοῦτό γε θέμις εἰπεῖν, ὡς ἡττήθησαν· οὐδεὶς γὰρ αὐτῶν φυγεῖν d ἠξίωσεν —, οἱ δ' ἡμέτεροι τὰς μὲν πρόπλους ἐνίκησαν,

[1] ἐν Μαραθῶνι A. C. L. [2] ἐξίσου καταστῆσαι A. C. L. [3] uncos om. A. C. L.
[4] τὸ om. A. C. L. [5] τὴν τύχην A. C. L. [6] δὲ καὶ προσαγαγέσθαι A. C. L.
[7] τῷ L. [8] τοῖς om. A. L. [9] ὁμοίως A. L.

præ veritate. In neutra oratione reperiri hanc vocem testatur etiam Coraes. Nunc demum a Mustoxyde in codicibus illis reperta est vox ἀγωνιῶντες; fortassis ἀντ. locum innuit Harpocrationis observatio, quum illic pæne eadem repetat, quæ in Panegyr. legantur a §. ιδʹ. ad §. κθʹ., sed partim aliam ob causam, partim, quod nondum scimus quid in loco Panegyr. illi codices exhibeant, nihil mutavi. Sane vero dolendum est, Mustoxyden nondum publici juris fecisse, quas e codicibus illis, præcipue autem e cod. Ambros. nactus sit varias lectiones, notatu dignas, ad alias orationes, quam ad illam de permutatione, spectantes. Cæterum nisi plane recesserunt a more suo glossographi, quos supra commemoravi, ἀγωνιᾶν in alio loco orationis de permut. legebatur, illic autem et in Panegyr. ἀγωνιῶντες. Idem.

Τῆς Μ. μάχης] Subaudi ἕνεκα. Auger. Lang.

Τὴν ἀρετὴν κ. τ. λ.] Lycurg. in Leocr. §. κηʹ. Οἱ πρόγονοι καταφανῆ ἐποίησαν, τὴν ἀνδρίαν τοῦ πλούτου, καὶ τὴν ἀρετὴν τοῦ πλήθους περιγιγνομένην. Mor.

Ὁμοίως] Lycurg. in Leocr. §. ιβʹ. de Chæronensi prœlio: τῶν κινδύνων ἐξίσου μετασχόντες, οὐχ ὁμοίως τῆς τύχης ἐκοινώνησαν, et §. κηʹ. de Thermopylis: ταῖς μὲν τύχαις οὐχ (nam hoc est necessario addendum) ὁμοίως ἐχρήσαντο. Idem. Helen. Enc. §. ιβʹ. Nicocl. §. εʹ. Plutarch. Thes. c. 20. Spohn.

Ὡς ἡττήθησαν] Lysias Epitaph. §. ηʹ. οὐχ ἡττηθέντες τῶν ἐναντίων, ἀλλ' ἀποθανόντες, οὗπερ ἐτάχθησαν. Lycurg. §. ιβʹ. οὐχ ἡττήθησαν, ἀλλ' ἀπέθανον ἀμύνοντες, et νικῶντες ἀπέθανον, qui locus ibi pulcherrime tractatus est. Hæc jam notavit Markland. ad Lysiam l. l. Diod. Sic. XI. 11. τοῖς μὲν σώμασι κατεπονήθησαν, ταῖς δὲ ψυχαῖς οὐχ ἡττήθησαν. Justin. II. 11. 18. "Non victi, sed vincendo fatigati." Diduxit sententiam Demosth. Or. fun. §. ζʹ. Mor.

Πρόπλους] *præmissas, præcursorias.* Sic Thuc. VI. 46. αἱ πρόπλοι νῆες, et IV. 120. τριήρης προπλέουσα. Herodot. VI. 97. Δᾶτις προπλώσας, *qui præierat.* Nempe Xerxes selectas ex omni classe Persica ducentas naves (Diod. Sic. XI. 12. trecentas) ad Artemisium præmiserat, ut Græcorum classem adorirentur. Herodot. VIII. 7. Wolfiana interpretatio, πρωτόπλους, in marginem utriusque Bas. venit. Sed πρωτόπλους Græci dicunt vel recentes, Homer. Od. θ. 35. vel eas, quæ navigant in primo ordine, Xenoph. Hellen. v. 1. 24. ut πρωτοστάται in exercitu pedestri. Idem.

Ἐνίκησαν] Duobus prœliis ad Artemisium commissis, quæ Herodotus, VIII. 6 — 16. descripsit. Sed in priori c. 11. ἑτεραλκέως ἀγωνίσασθαι narrat, in posteriori c. 16. παραπλησίους ἀλλήλοισι γενέσθαι, ut Cornel. Them. c. 3. "pari prœlio discessisse," quibuscum consentit Diod. Sic. XI. 12. μέρει μὲν τῶν νεῶν ἑκάτεροι ἐπροτέ-

ἐπειδὴ δὲ ἤκουσαν τῆς παρόδου τοὺς πολεμίους κρατοῦντας, οἴκαδε καταπλεύσαντες [1] [καὶ τὰ κατὰ τὴν πόλιν διοικήσαντες] οὕτως ἐβουλεύσαντο περὶ τῶν λοιπῶν, ὥστε πολλῶν καὶ καλῶν αὐτοῖς προειργασμένων ἐν τοῖς τελευταίοις τῶν κινδύνων [2] ἔτι πλέον διήνεγκαν. ἀθύμως γὰρ ἁπάντων τῶν συμμάχων διακειμένων, καὶ Πελοποννησίων μὲν διατειχι-
e ζόντων τὸν Ἰσθμὸν καὶ ζητούντων ἰδίαν αὐτοῖς σωτηρίαν, τῶν δὲ ἄλλων πόλεων ὑπὸ τοῖς βαρβάροις γεγενημένων καὶ συστρατευομένων ἐκείνοις, πλὴν εἴ τις διὰ [3] μικρότητα ἠμελήθη, προσπλεουσῶν δὲ τριήρων διακοσίων καὶ χιλίων καὶ [4] πεζῆς στρατιᾶς ἀναριθμήτου μελλούσης εἰς τὴν Ἀττικὴν
60 εἰσβάλλειν, οὐδεμιᾶς σωτηρίας αὐτοῖς [5] ὑποφαινομένης, ἀλλ' ἔρημοι συμμάχων γεγενημένοι καὶ τῶν ἐλπίδων ἁπασῶν διημαρτηκότες, ἐξὸν αὐτοῖς μὴ μόνον τοὺς παρόντας κινδύνους διαφυγεῖν ἀλλὰ καὶ τιμὰς ἐξαιρέτους λαβεῖν, ἃς αὐτοῖς ἐδίδου βασιλεὺς, ἡγούμενος εἰ τὸ τῆς πόλεως προσλάβοι ναυτικὸν, παραχρῆμα καὶ Πελοποννήσου κρατήσειν, οὐχ ὑπέμειναν τὰς παρ' ἐκείνου δωρεὰς, οὐδ' ὀργισθέντες
b τοῖς Ἕλλησιν ὅτι προυδόθησαν ἀσμένως ἐπὶ τὰς διαλλαγὰς τὰς πρὸς τοὺς βαρβάρους ὥρμησαν, ἀλλ' αὐτοὶ μὲν ὑπὲρ τῆς

[1] καὶ - - - διοικήσαντες om. L. uncos om. A. [2] ἐπὶ πλέον διενεγκεῖν A. C. L. [3] σμικρότητα παρημελήθη A. C. L. [4] τῆς πεζῆς A. C. L. [5] ὑπολειπομένης A. C. L.

ρησαν, οὐδέτεροι δὲ ὁλοσχερεῖ νίκῃ πλεονεκτήσαντες διελύθησαν. Ergo orator hic nimis laudavit. Idem.

Παρόδου] Thermopylas seu Pylas intelligit, ut Lysias Epit. §. η'. nam Pylæ dicuntur loca, per quæ regio aditur. Curt. III. 4. Idem.

Διοικήσαντες] Herodot. VIII. 40. 41. rem narravit: intelligitur decretum de servandis familiis. Καὶ τὰ — διοικήσαντες nescio, unde Wolfius ediderit; sed ejicere nolui, quum in ἀντ. legatur κατασκευάσαντες τὰ περὶ τὴν πόλιν. Idem.

Διατειχ. τὸν Ἰσθμὸν] Ita Lysias Epitaph. §. θ'. et Diod. Sic. XI. 16. item ὀχυροῦν τεῖχος ἀπὸ Λεχαίου μέχρι Κεγχρεῶν. Herodot. VIII. 40. τειχεῖν τὸν Ἰσθμόν. c. 71. οἰκοδόμεον διὰ τοῦ Ἰσθμοῦ τεῖχος. Xen. Symp. V. 6. ὑψηλὴ ῥὶς διατετείχικε τὰ ὄμματα, velut murus inter oculos interjectus impedimento est. Idem.

Γεγενημένων] Herodot. VIII. 65. Idem.

Διακοσ. καὶ χιλίων] Idem numerus Persicæ classis §. κζ'. λγ'. et Panath. §. ιζ'. repetitur [Cfr. Lys. Epitaph.]. Herodot. VII. 89. septem addit. cf. Brisson. de Regno Fersar. p. 747. sqq. Idem.

Ἐδίδου βασιλεὺς] Non memini, me hoc legisse apud historicos. Wolf. Aut ignoramus, quid a Xerxe Atheniensibus ante ipsam Salaminiam pugnam oblatum sit (esse autem nihil oblatum, inde fit credibile, quod sine mora post pugnam ad Thermopylas Atticam et Athenas vastavit: Herodot. VIII. 51 — 54.), aut Isocrates festinatione quadam retulit ad hæc tempora id, quod vel Xerxes ante prœlium ad Thermopylas Græcis ibi collectis promisit, Diod. Sic. XI. c. 5. vel Mardonius, dux Xerxis, post Salaminiam pugnam ante Platæense prœlium, Atheniensibus obtulit. Herodot. VIII. 136. 140. Justin. II. 14. Plutarch. Aristid. c. 10. Diod. Sic. c. 28. Aristid. Panath. p. 41. "Ετερος (i. e. Xerxes) δώσει τὴν ἡγεμονίαν, καὶ προσθήσει χρήματα Μηδικὰ καὶ δωρεάς. Cf. p. 49. ubi suo loco narratur. Mor.

6 ἐλευθερίας πολεμεῖν παρεσκευάζοντο, τοῖς δ' ἄλλοις τὴν
δουλείαν αἱρουμένοις συγγνώμην εἶχον. ἡγοῦντο γὰρ ταῖς
μὲν ταπειναῖς τῶν πόλεων προσήκειν [1] ἐκ παντὸς τρόπου ζητεῖν τὴν σωτηρίαν, ταῖς δὲ προεστάναι τῆς Ἑλλάδος ἀξιού-
σαις οὐχ οἷόν τ' εἶναι διαφεύγειν τοὺς κινδύνους, ἀλλ' ὥςπερ c
τῶν ἀνδρῶν τοῖς καλοῖς κἀγαθοῖς αἱρετώτερόν ἐστι καλῶς
ἀποθανεῖν ἢ ζῆν αἰσχρῶς, οὕτω καὶ τῶν πόλεων ταῖς ὑπερ-
εχούσαις λυσιτελεῖν ἐξ ἀνθρώπων ἀφανισθῆναι μᾶλλον ἢ
δούλαις ὀφθῆναι γενομέναις. δῆλον δ' ὅτι ταῦτα διενοήθησαν·
ἐπειδὴ γὰρ οὐχ οἷοί τ' ἦσαν πρὸς ἀμφοτέρας ἅμα παρα-
τάξασθαι τὰς δυνάμεις, παραλαβόντες ἅπαντα τὸν
ὄχλον τὸν ἐκ τῆς πόλεως εἰς τὴν ἐχομένην νῆσον ἐξέπλευσαν,
ἵν' ἐν μέρει πρὸς ἑκατέραν [2] [τὴν δύναμιν ἀλλὰ μὴ πρὸς ἀμ- d
φοτέρας ἅμα] κινδυνεύσωσι.

κζ'. Καίτοι πῶς ἂν ἐκείνων ἄνδρες ἀμείνους ἢ μᾶλλον
φιλέλληνες ὄντες ἐπιδειχθεῖεν, οἵτινες ἐτόλμησαν ἐπιδεῖν,
ὥςτε μὴ τοῖς λοιποῖς αἴτιοι γενέσθαι τῆς δουλείας, ἐρήμην
μὲν τὴν πόλιν γιγνομένην, τὴν δὲ χώραν πορθουμένην, ἱερὰ
δὲ συλώμενα καὶ νεὼς ἐμπιπραμένους, ἅπαντα δὲ τὸν πόλεμον περὶ [3] τὴν πατρίδα τὴν αὑτῶν γιγνόμενον; καὶ οὐδὲ e
ταῦτ' ἀπέχρησεν αὐτοῖς, ἀλλὰ πρὸς χιλίας καὶ διακοσίας
τριήρεις μόνοι διαναυμαχεῖν [4] ἐμέλλησαν. οὐ μὴν εἰάθησαν·
καταισχυνθέντες γὰρ Πελοποννήσιοι τὴν ἀρετὴν αὐτῶν, καὶ
νομίσαντες προδιαφθαρέντων μὲν τῶν ἡμετέρων οὐδ' αὐτοὶ
σωθήσεσθαι, κατορθωσάντων δὲ εἰς ἀτιμίαν τὰς αὑτῶν πόλεις καταστήσειν, ἠναγκάσθησαν μετασχεῖν τῶν κινδύνων. 61

[1] ἐξ ἅπαντος A. C. L.   [2] uncos om. A. C. L.   [3] τὴν om. A. C. L.   [4] ἐτόλμησαν A. C. L.

Ἐπειδὴ γὰρ κ. τ. λ.] Magnam hujus loci partem repetiit Dionys. Halicarn. de vi Demosth. T. II. p. 188. ed. Sylb. IDEM.

Ἐν μέρει] *separatim.* LANG.

Πρὸς ἑκατέραν] Lysias Epitaph. §. η'. ἵν' ἐν μέρει πρὸς ἑκατέραν, ἀλλὰ μὴ πρὸς ἀμφοτέρας ἅμα τὰς δυνάμεις κινδυνεύσωσιν. MOR. Aliam et uti Langio videtur veram hujus migrationis causam videmus Panathen. §. ιζ'. SPOHN.

Ἐτόλμησαν] Ἔτλησαν Retberg. l. l. p. 25. IDEM.

Ἱερὰ] Τὰ ἀναθήματα καὶ σκεύη. WOLF.

Ἅπαντα δὲ] Markland. ad Lysiam §. η'. propter Lysiæ locum sic corrigit: ἅπ. δὲ δεινὰ καὶ τ. π. Sed uni editioni nihil tribuerim. Cum lectione vulgata consentit Dionys. Hal. De Athenis desertis Herodot. VIII. 51. sqq. MOR.

Ἠναγκάσθησαν] *pudore et honesti cogitatione adacti sunt.* Sic Isocraticæ narrationis consilium hæc accipere jubet, quanquam calliditate Themistoclis coacti sunt remanere, cum fugam decressent. Herodot. VIII. 75. Cornel. Themist. c. 4. quibuscum Lycurg. in Leocr. §. ιζ'. consentit: *βίᾳ τοὺς ἄλλους ἠλευθέρωσαν οἱ Ἀθηναῖοι, ἀναγκάσαντες ναυμαχεῖν, alios invitos servarunt, quoniam dimicare coegerunt.* Ergo primum Athenienses non soli depu-

καὶ τοὺς μὲν θορύβους τοὺς ἐν τῷ πράγματι γενομένους καὶ
τὰς κραυγὰς καὶ τὰς παρακελεύσεις, ἃ κοινὰ πάντων [1] ἐστὶ
τῶν ναυμαχούντων, [2] οὐκ οἶδ' [3] ὅτι δεῖ λέγοντα διατρίβειν· ἃ
δ' ἐστὶν ἴδια καὶ τῆς ἡγεμονίας ἄξια καὶ τοῖς προειρημένοις
ὁμολογούμενα, ταῦτα δ' ἐμὸν ἔργον [4] ἐστὶν εἰπεῖν. τοσοῦτον
γὰρ ἡ πόλις ἡμῶν διέφερεν, ὅτ' ἦν ἀκέραιος, ὥστ' ἀνάστατος
b γενομένη πλείους μὲν συνεβάλετο τριήρεις εἰς τὸν κίνδυνον
τὸν ὑπὲρ τῆς Ἑλλάδος ἢ σύμπαντες οἱ [5] ναυμαχήσαντες,
οὐδεὶς δὲ πρὸς ἡμᾶς οὕτως ἔχει δυσμενῶς, ὅστις οὐκ ἂν ὁμο- 57
λογήσειε διὰ μὲν τὴν ναυμαχίαν ἡμᾶς τῷ πολέμῳ κρατῆσαι, ταύτης δὲ τὴν ἡμετέραν πόλιν αἰτίαν γενέσθαι.

κη'. Καίτοι μελλούσης στρατείας ἐπὶ τοὺς βαρβάρους ἔσεσθαι, τίνας χρὴ τὴν ἡγεμονίαν ἔχειν; οὐ τοὺς ἐν τῷ

[1] εἰσὶ A. C. L. [2] οὐχ ὁρῶ A. C. L. [3] τί A. L. [4] εἰπεῖν ἐστὶν A. C. L.
[5] συνναυμαχήσαντες C.

gnare voluerunt (v. Taylorus ad Lysiam §. ζ'.), deinde socii non pudore aut vi honestatis victi affuerunt prœlio, denique præter Lacedæmonios multi alii Atheniensium socii convenerant, quos Herodot. VIII. 42. sqq. enumeravit. Adeo multum Isocrates laudandi studio tribuit. IDEM.

Καὶ — διατρίβειν] Descripsit hæc omnia Lysias Epitaph. §. η'. quem ab Isocrate hic reprehendi Marklandus existimat. Eadem fere verba Isocr. Evag. §. ϛ'. IDEM.

Ταῦτα δ'] Malim δὴ, aut γε, nam δὲ non est idoneum. IDEM. Sed etiam in ἀντ. loco omnes in hoc δ' consentire videntur, quum nulla notata sit varietas; neque aliquid mutandum esse patet ex iis, quæ Werfer. in Act. Philol. Monac. I. p. 91. sedulo notavit. SPOHN.

Ὥστ' ἀνάστ.] Legendum videtur, ὥστε καὶ ἀνάστ. MOR. Non est, quod cum Moro et Augero mutemus. SPOHN.

Πλείους κ. τ. λ.] Hunc locum et §. λα'. τριήρεις διπλασίας, ἢ σύμπαντες οἱ ἄλλοι, et similem Lysiæ Epit. §. η'. sic explicandum puto, ut Demosth. de cor. c. 21. 70. Τριακοσίων οὐσῶν τῶν πασῶν (τριηρῶν), τὰς διακοσίας ἡ πόλις (τῶν Ἀθηναίων) παρέσχετο, numeris rotunde positis: quibuscum consentiunt, quos Valckenaer. ad Herodot. VIII. 1. laudavit, quorumque loca de classe ad Salaminem collecta intelligenda sunt. Sed si numeros accurate ineamus, ab Atheniensibus 180 naves missæ sunt, Herodot. VIII. 44. et universa Græcorum classis 378 navibus constitit, ib. c. 48. ideoque Athenienses *propemodum* tot miserunt, quot cæteri omnes. Rem optime expressit Thucydides I. 74. Ἐς τὰς τετρακοσίας ναῦς (h. e. 378. quæ fuit universa classis) παρεσχόμεθα ὀλίγῳ ἐλάσσους τῶν δύο μοιρῶν. Aristides Panath. p. 38. de multitudine Atticarum navium more suo nimis argute locutus est. Melius p. 41. δύο τοῦ παντὸς μέρη μόνοι Ἀθηναῖοι ἐπλήρουν. MOR.

Μὲν] Delendum videtur: nam οὐδεὶς δὲ non refertur ad hoc μέν. IDEM. Augerus assentitur, Coraes retinendum esse putat et interpretatur: τοσοῦτον ἡ πόλις ἡμῶν διέφερε, ὥστε οὐκ ἔστιν ὃς οὐκ ἂν ὁμολογήσειεν αἰτίαν αὐτὴν γενέσθαι τῆς ναυμαχίας, δι' ἣν ἐκρατήσαμεν τῶν Βαρβάρων. Sed idem fortassis in μόνη mutandum censet et hoc præferre videtur. Malc. Orator verborum concinnitati et numerorum suavitati indulgens paullulum recessit a recta via, sive verius obscuriorem reddidit nexum. Sensus hic est: Urbs plures *quidem* instruxit naves ad pugnam, quam reliqui socii, inde *autem* patet eam salutis nostræ esse causam; posterius vero membrum ornatu oratorio variatum est. Ex his μὲν retinendum esse in hoc loco, quod etiam ἀντ. habet, et οὐδεὶς δὲ scribendum esse apparet. SPOHN.

Ἡμᾶς] Pro ἡμᾶς velim legi Ἕλληνας. AUGER.

Ταύτης]. Sc. τῆς ναυμαχίας, quoniam, cæteris recusantibus, præ metu Isthmum munientibus, et in Peloponneso latentibus, unus Themistocles sociis persuasit, ut ad Salamina confligerent, Herodot. VIII. 56—64. idemque eos, fugere molientes, resistere coegit. MOR.

προτέρῳ πολέμῳ μάλιστα εὐδοκιμήσαντας, καὶ πολλάκις
μὲν ἰδίᾳ προκινδυνεύσαντας, ἐν δὲ τοῖς κοινοῖς τῶν ἀγώνων c
ἀριστείων ἀξιωθέντας; οὐ τοὺς τὴν αὑτῶν ἐκλιπόντας
ὑπὲρ τῆς τῶν ἄλλων σωτηρίας, καὶ τό τε παλαιὸν οἰκιστὰς τῶν πλείστων πόλεων γενομένους, [1] καὶ πάλιν αὐτὰς
ἐκ τῶν μεγίστων συμφορῶν διασώσαντας; πῶς δ᾽ οὐκ ἂν
δεινὰ πάθοιμεν, εἰ τῶν κακῶν πλεῖστον μέρος μετασχόντες
ἐν ταῖς τιμαῖς ἔλαττον ἔχειν [2] ἀξιωθεῖμεν, καὶ τότε προταχθέντες ὑπὲρ ἁπάντων νῦν ἑτέροις ἀκολουθεῖν [3] ἀναγκα- d
σθεῖμεν;

κθ΄. Μέχρι μὲν οὖν τούτων οἶδ᾽ ὅτι πάντες ἂν [4] ὁμολογήσειαν πλείστων ἀγαθῶν τὴν πόλιν ἡμῶν αἰτίαν γεγενῆσθαι, καὶ δικαίως ἂν αὐτῆς τὴν ἡγεμονίαν εἶναι· μετὰ δὲ
ταῦτα ἤδη τινὲς ἡμῶν κατηγοροῦσιν ὡς, ἐπειδὴ τὴν ἀρχὴν
τῆς θαλάττης παρελάβομεν, πολλῶν κακῶν αἴτιοι τοῖς
Ἕλλησι κατέστημεν, καὶ τόν τε Μηλίων ἀνδραποδισμὸν
καὶ [5] τὸν Σκιωναίων ὄλεθρον ἐν τούτοις τοῖς λόγοις ἡμῖν e
προφέρουσιν. ἐγὼ δ᾽ ἡγοῦμαι, πρῶτον μὲν οὐδὲν εἶναι τοῦτο
σημεῖον ὡς κακῶς ἤρχομεν, εἴ τινες τῶν πολεμησάντων
ἡμῖν σφόδρα φαίνονται κολασθέντες, ἀλλὰ πολὺ τόδε μεῖ-

[1] [καὶ] L. [2] ἀξιωθείημεν A. C. L. [3] ἀναγκασθείημεν A. C. L. [4] ὁμολογήσαιεν A. C. L. [5] τῶν A. L.

Τό τε παλ.] An τό γε παλαιὸν, e Dion. Hal. Ergo τό γε παλ. *olim. quidem*; πάλιν, *denuo*. Idem. Melius. Lang.

Οἰκιστὰς] §. θ΄. πολλὰς μὲν — ἔκτισαν, et, ἅπαντα περιεβάλοντο τὸν τόπον. Ergo hic οἰκισταὶ dicuntur, qui colonias deducunt, ut Callim. H. in Ap. v. 67. οἰκιστὴρ, et Schol. ad v. 76. Mox inclusi καί. Mor. Idem fecit Langius, satis temere, nam referendum est ad antecedens τε, καὶ τό τε παλαιόν — καὶ πάλιν — *neque vero tantummodo olim, — sed etiam deinde* etc. Spohn.

Προταχθέντες] Deberi Atheniensibus principatum, etiam Herodot. IX. 27. Thucydides I. 73. et Xenoph. Hell. VII: 1. fictis orationibus explicarunt. Mor.

Κακῶν αἴτιοι] Quidquid, constituto post Salaminiam victoriam imperio Atheniensium, usque ad initium belli Peloponnesiaci ab iis crudeliter, avare, aut injuste factum est, tradidit Thucyd. I. 98—119. Isocratis autem, hæc excusantis, argumenta quis non videt admodum infirma esse? Idem.

Μηλίων] Tempore belli Peloponnesiaci Melus, colonia Lacedæmoniorum (Herodot. VIII. 38.), noluerat Atheniensium societati adjungere, Thucyd. V. 84. Itaque diu obsessa tandem se dedidit Atheniensibus, qui ἡβῶντας ἀπέκτειναν, παῖδάς τε καὶ γυναῖκας ἠνδραπόδισαν, τὸ δὲ χωρίον αὐτοὶ ᾤκησαν, ἀποίκους ὕστερον πεντακοσίους πέμψαντες. Id. V. 160. Cf. Isocr. Panath. §. κβ΄. Xen. Hellen. II. 2. 2. Diod. Sic. XII. 65. Melios tandem restituit Lysander Xen. Hell. II. 2. 5. Idem.

Σκιωναίων] Scione ab Atheniensibus defecit, Aristoph. Vesp. 210. Thuc. IV. 120. oppugnata est, c. 133. sqq. et capta, V. 32. Cf. Diod. Sic. XII. 72. 76. Ac tum quoque juventute interfecta, liberis mulieribusque in servitutem redactis, Athenienses locum Platæensibus habitandum dederunt. Cf. infra §. λα΄. Etiam Aristides Panath. p. 77. excusat Athenienses, sed, ut omnia solet, nimis. Idem.

Κολασθέντες] Sed Melii nihil, tali ultione dignum, commiserant. Idem.

62 ζον τεκμήριον ὡς καλῶς διωκοῦμεν τὰ τῶν συμμάχων, ὅτι
τῶν πόλεων τῶν [1] ὑφ' ἡμῖν οὐσῶν οὐδεμία τοιαύταις συμφοραῖς περιέπεσεν. ἔπειτ', εἰ μὲν ἄλλοι τινὲς τῶν αὐτῶν πραγμάτων πρᾳότερον ἐπεμελήθησαν, εἰκότως ἂν ἡμῖν ἐπιτι-
μῷεν· εἰ δὲ [2] μήτε τοῦτο γέγονε, μήθ' οἷόν τ' ἐστὶ τοσούτων
πόλεων τὸ πλῆθος κρατεῖν ἣν μή τις κολάζῃ τοὺς ἐξαμαρτάνοντας, πῶς [3] οὐκ ἤδη δίκαιόν ἐστιν ἡμᾶς ἐπαινεῖν, οἵ τινες
ἐλαχίστοις χαλεπήναντες πλεῖστον χρόνον τὴν ἀρχὴν κατασχεῖν ἠδυνήθημεν;
b λʹ. Οἶμαι δὲ πᾶσι δοκεῖν τούτους κρατίστους προστάτας
[4] γενήσεσθαι τῶν Ἑλλήνων, ἐφ' ὧν οἱ πειθαρχήσαντες ἄριστα 58
τυγχάνουσι πράξαντες. ἐπὶ τοίνυν τῆς ἡμετέρας ἡγεμονίας
εὑρήσομεν καὶ τοὺς οἴκους τοὺς ἰδίους πρὸς εὐδαιμονίαν πλεῖστον ἐπιδόντας καὶ τὰς πόλεις μεγίστας γενομένας. οὐ
γὰρ ἐφθονοῦμεν ταῖς αὐξανομέναις αὐτῶν, οὐδὲ ταραχὰς
[5] ἐνεποιοῦμεν πολιτείας [6] ἐναντίας παρακαθιστάντες, ἵν'
c [7] ἀλλήλοις μὲν στασιάζοιεν, ἡμᾶς δ' ἀμφότεροι θεραπεύοιεν,
ἀλλὰ τὴν τῶν συμμάχων ὁμόνοιαν κοινὴν ὠφέλειαν νομίζοντες τοῖς αὐτοῖς νόμοις ἁπάσας τὰς πόλεις διῳκοῦμεν,
συμμαχικῶς ἀλλ' οὐ δεσποτικῶς βουλευόμενοι περὶ αὐτῶν,
ὅλων μὲν τῶν πραγμάτων ἐπιστατοῦντες, ἰδίᾳ δ' ἑκάστους
ἐλευθέρους ἐῶντες εἶναι, καὶ τῷ μὲν πλήθει βοηθοῦντες,

[1] ἐφ' A. L. [2] μήποτε A. C. L. [3] οὐ δίκ. A C. L. [4] γεγενῆσθαι A. C. L. [5] ἐποιοῦντο L. [6] ὑπεναντίας A. C. L. [7] ἐν ἀλλήλ. A. C. L.

Πλεῖστον χρόνον] Panath. §. ιθʹ. Σπαρτιᾶται μὲν ἔτη δέκα μόλις ἐπεστάτησαν τῶν πραγμάτων· ἡμεῖς δὲ πέντε καὶ ἑξήκοντα συνεχῶς κατέσχομεν τὴν ἀρχήν. Recte ergo locus Lycurgi in Leocr. §. ιζʹ. ἐννενήκοντα ἔτη τῶν Ἑλλήνων ἡγεμόνες οἱ πρόγονοι κατέστησαν, repugnans cæterorum narrationi, a Tayloro sic in dubitationem vocatur, ut is ἑβδομήκοντα legendum esse suspicetur, quod et Lysias Epitaph. §. ιαʹ. scripsit: nisi quis ex Aristid. Panath. p. 73. (Ἀθηναῖοι πλέον ἢ ἑβδομήκοντα ἔτη κατέσχον τὴν ἀρχήν· Λακεδαιμόνιοι οὐδ' εἰς τρεῖς Ὀλυμπιάδας διεφύλαξαν.) defendere utcumque Lycurgum malit, et ab Aristide addita existimare tempora, quibus per Cononem recuperarunt Attici imperium (Cornel. Con. c. 4.): v. Meursii Fortuna Att. c. 10. p. 89. Idem.

Ἐποιοῦμεν] Ἐνεποιοῦμεν, quod e conjectura recepit Wolfius, non est necessarium. Si quis medio ἐποιούμεθα opus esse putet, is cogitet, ταραχὰς ποιεῖν non esse hoc loco circumlocutionem verbi ταράττειν, *in præsenti jam miscere omnia* (nam tum ταραχὰς ποιεῖσθαι melius erat, ut λόγον ποιεῖσθαι pro λέγειν), sed significare, *instigatorem esse et causam turbarum futurarum.* Et sic ποιεῖν ῥοπὴν, ῥᾳστώνην, *efficere, causam esse,* §. θʹ. ληʹ. Idem.

Κοινὴν] *nobis communem*, ad nos quoque pertinentem. Idem.

Τοῖς αὐτοῖς νόμ.] *ad eandem normam*, quam ipsi nobis proposueramus: quæ norma describitur, συμμαχικῶς — ἀποστερεῖσθαι, et in sententiis inest institutisque, quæ δημοκρατίαν introducunt et firmant. Idem.

Ἑκάστους] Singuli intelligantur non cives; sed singulæ civitates et respublicæ, ut Rhodii, Chii, Byzantii. Wolf.

ταῖς δὲ [1] δυναστείαις πολεμοῦντες, δεινὸν ἡγούμενοι τοὺς
πολλοὺς ὑπὸ τοῖς ὀλίγοις εἶναι, καὶ τοὺς ταῖς οὐσίαις
ἐνδεεστέρους τὰ δὲ ἄλλα μηδὲν χείρους ὄντας ἀπελαύνεσθαι d
τῶν ἀρχῶν, ἔτι δὲ κοινῆς τῆς πατρίδος οὔσης τοὺς μὲν
τυραννεῖν τοὺς δὲ μετοικεῖν, καὶ φύσει πολίτας ὄντας νόμῳ
τῆς πολιτείας ἀποστερεῖσθαι. τοιαῦτ᾽ ἔχοντες ταῖς ὀλιγαρχίαις ἐπιτιμᾶν καὶ πλείω τούτων, τὴν αὐτὴν πολιτείαν
ἥνπερ παρ᾽ ἡμῖν αὐτοῖς καὶ παρὰ τοῖς ἄλλοις κατεστήσαμεν, ἣν οὐκ οἶδ᾽ [2] ὅ τι δεῖ διὰ μακροτέρων ἐπαινεῖν, ἄλλως τε
καὶ συντόμως ἔχοντα δηλῶσαι περὶ αὐτῆς. μετὰ γὰρ ταύ- e
της οἰκοῦντες ἑβδομήκοντ᾽ ἔτη [3] διετέλεσαν, ἄπειροι μὲν τυ-
ραννίδων, ἐλεύθεροι δὲ πρὸς τοὺς βαρβάρους, ἀστασίαστοι

[1] δυναστείαις δὲ A. C. L. [2] ὅτι A. C. [3] διετελέσαμεν A. C. L.

Τοὺς δὲ μετοικεῖν] *velut peregrinos vivere in patria*, deterioris conditionis esse, velut μετοίκους εἶναι. Dicebantur enim ab Atheniensibus μέτοικοι, qui sedes rerum suarum e patria Athenas transtulerant, ibique fixerant. v. Harpocrat. in μετοίκιον, et Valckenaer. ad Ammon. p. 109. et [p. 113. Cfr. præterea de his, quæ monuerunt Jul. Pollux l. VIII. 91. et III. 55. Hesych., Suid., Etymol. M., Ducker. ad Thucyd. II. 13., Potter. Archæol. L. I. c. 10., Petit. legg. Att. II. 5. inprimis Wolf. Prolegg. ad Demosth. Leptin. p. 362. sqq.] Nam id Isocrates h. l. non dicit, Athenienses noluisse, ut imperio illorum utentes aliorsum migrarent, sed ne qui, nati in patria, in ea carerent jure civitatis; et νόμῳ (per introductam civitatis formam) μετοίκων loco ac numero essent. Mor.

Παρ᾽ ἡμῖν αὐτοῖς] Integro libello de rep. Athen. exposuit Xenophon, Athenis veram δημοκρατίαν fuisse. Idem.

Ἑβδομήκοντα ἔτη] Non miror, si Meursio in Fort. Att. c. 10. p. 89. et aliis fortasse in mentem venit, hos septuaginta annos de eo tempore, quo Athenienses imperium tenuerunt, capiendos esse, quum annorum numerus conveniat, et multa quoad numerum similia loca reperiantur: qua de re ad c. 29. n. dictum est. Sed res longe aliter se habet. Nam primum illud tempus imperii, frequentissimum bellis, non poterat dici sine bellis cum ullis hominibus effluxisse: deinde μετὰ ταύτης ad πολιτείαν δημοκρατικὴν τῶν Ἀθηναίων §. λ'. refertur, non ad ἡγεμονίαν. Quæritur ergo, quando Athenis tale spatium temporis elapsum sit, quale hic describitur, videnturque termini septuaginta annorum sic constituendi, ut initium ducamus a primo archonte annuo, Creonte, qui Olympiade 23. creatus est, finemque faciamus Olympiadem 42. Nam sic non solum efficiuntur anni septuaginta et sex, quos Isocrates rotunde septuaginta appellavit, sed etiam sermo est de vera δημοκρατίᾳ, quæ a tempore archontum annuorum initium cepit. Porro per hoc totum tempus nullus exstitit tyrannus, nulla seditio, sed demum Olymp. 45. Cylon arcem invasit (Herodot. V. 71. Thucyd. I. 126.): nec bella sunt cum aliis gesta, donec Olymp. 43. contra Mitylenæos pugnarunt: nec denique cum Barbaris dimicatio incidit: aut si quid tale accidit (quis enim omnia legerit?), levius fuit, et propemodum negligendum in historia. Itaque nec Corsinus in Fastis Att. T. III. p. 33. sqq. per totum hoc tempus alicujus belli, ab Atheniensibus gesti, mentionem injecit: quanquam initium archontum annuorum Ol. 24. et turbas Cylonis Ol. 42. assignavit. Quum ergo sit hoc intervallum septuaginta annorum, quantum præterea de tempore adeo remoto judicare licet, tale, quale Isocrates descripsit: fortasse non temere hos terminos constitui. De quo si quis me humaniter admonendum putaverit, et libenter patiar, et verum amplectar. Mor. Eundem annorum numerum deprehendes apud Lys. in Epitaph. §. ια'. sed Demosthen. Olynth. III. §. θ'. 45. a., et adv. Phil. III. §. ε'. 73. a., Lycurg. adv. Leocrat. §. ιζ'. nonaginta, nisi error latet in numero, Andocides (aut Phæax) de pac. §. η'. quinque et octoginta, Dionys. Halicarn. Arch. Rom. I. c. 3. 68. ipse vero Isocrates in Panathen. §. ιθ'. 65. annos, et Plato. Epist. VII. 70. ἡγεμονίαν habuisse Athenienses referunt. Spohn.

δὲ πρὸς σφᾶς αὐτούς, εἰρήνην δ' ἄγοντες πρὸς [1]πάντας ἀνθρώπους.

63 λα'. Ὑπὲρ ὧν προσήκει τοὺς εὖ φρονοῦντας μεγάλην χάριν ἔχειν πολὺ μᾶλλον ἢ τὰς κληρουχίας ἡμῖν ὀνειδίζειν, ἃς ἡμεῖς εἰς τὰς ἐρημουμένας τῶν πόλεων φυλακῆς ἕνεκα τῶν χωρίων ἀλλ' οὐ διὰ πλεονεξίαν ἐξεπέμπομεν. σημεῖον δὲ τούτων· ἔχοντες γὰρ χώραν μὲν [2]ὡς πρὸς τὸ πλῆθος τῶν πολιτῶν ἐλαχίστην, ἀρχὴν δὲ μεγίστην, [3]καὶ κεκτημένοι τριήρεις διπλασίας μὲν ἢ σύμπαντες οἱ ἄλλοι, δυνα-
b μένας δὲ πρὸς δὶς τοσαύτας κινδυνεύειν, ὑποκειμένης [4]τῆς
Εὐβοίας ὑπὸ τὴν Ἀττικήν, ἣ καὶ πρὸς τὴν ἀρχὴν [5]τὴν τῆς 59
θαλάττης εὐφυῶς εἶχε καὶ [6]τὴν ἄλλην ἀρετὴν ἁπασῶν τῶν νήσων διέφερε, κρατοῦντες αὐτῆς μᾶλλον ἢ τῆς ἡμετέρας αὐτῶν, καὶ πρὸς τούτοις εἰδότες καὶ τῶν ἄλλων Ἑλλήνων καὶ τῶν βαρβάρων τούτους [7]μάλιστ' εὐδοκιμοῦντας, οἳ τοὺς ὁμόρους ἀναστάτους ποιήσαντες ἄφθονον καὶ ῥᾴθυμον
c αὑτοῖς κατεστήσαντο τὸν βίον, ὅμως οὐδὲν τούτων ἡμᾶς ἐπῆρε

[1] ἅπαντας A. C. L. [2] πρὸς μὲν τὸ A. C. L. [3] κεκτημένοι δὲ A. C. L. [4] δὲ τῆς A. C. L. [5] τὴν om. A. C. L. [6] πρὸς τὴν A. C. L. [7] κάλλιστ' A. L.

Ὑπὲρ ὧν] *ob ea, quæ huc usque exposita sunt, merita.* Totum hunc locum, ὑπὲρ ὧν — ἐξεπέμπομεν, repetiit Harpocratio in Κληροῦχοι: quos ille dicit fuisse: οὓς Ἀθηναῖοι ἔπεμπον ἐπὶ τὰς πόλεις, ἃς ἐλάμβανον, κλήρους ἑκάστοις διανεμοῦντες. Eam ob rem Diod. Sic. XV. 23. refert, Athenienses male ubivis audiisse, ideoque tandem coactos esse, ereptos possessoribus legitimis agros iis restituere. Ibid. §. κθ'. Mor.

Τῶν πόλεων] Vid. §. κθ'. de Melo et Scione. Idem.

Διὰ πλεονεξίαν] §. λβ'. μὴ τῶν ἀλλοτρίων ἐπιθυμεῖν. Idem.

Διπλασίας] Vid. §. κζ'. Mox δὶς τοσαύτας de Xerxis classe intelligendum, de qua ibidem dixit. Idem.

Ὑποκειμένης] Ὑποκειμένη seu κειμένη ὑπὸ τὴν Ἀττικήν, *sita prope, juxta Atticam.* Hom. Il. φ. 26. ὑπὸ κρημνούς, *juxta crepidines.* Virgil. "Trojæ sub mœnibus altis." Usitatius fere est ἐπικεῖσθαι, ut Thuc. IV. 53. de insula, ἐπίκειται τῇ Λακωνικῇ, et c. 54. ἐπίκ. ἐπὶ τῇ Λακ. Versio Wolfii, *infra Atticam sita,* non exprimit, quod l. l. exprimi debet. Idem.

Εὐφυῶς εἶχε] Thucyd. VIII. 96. de opportunitate Eubœæ ad imperium Atheniensium agit, et ex ea capere Athenienses plus emolumenti dicit, quam ex ipsa Attica. Idem.

Πρὸς τὴν ἄλλην ἀρετὴν] *quoad cætera bona, commoda.* Herodot. IV. 198. ἀρετὴ Λιβύης, Thuc. I. 2. ἀρετὴ γῆς, de fertilitate. Nam omnis præstantia rei alicujus, sive a natura sit, sive ab exercitatione et opera, dicitur ἀρετή. Vid. omnino Fragm. Metopi in Galei Opusc. myth. p. 684. Cic. Phil. XIV. 9. "virtutes diei." Idem.

Κρατοῦντες] Quid si? κρατοῦντες ἂν αὐτῆς, ἤγουν, εἴπερ ἠβουλόμεθα. Wolf. *obtinentes,* i. e. obtinere volentes, id agentes ut imperio teneremus. Eodem modo I Thess. II. 24. οὐκ ἀρέσκοντες, *non placere studentes.* Gal. I. 10. εἰ ἤρεσκον, *si placere studerem.* Sic fortasse Xen. Mem. I. 2. 31. ἐπηρεάζων, *insolenter tractare cupiens,* hoc agens, ut eum tractaret insolenter. Similiter Latinos omittere verbum *velle,* docuit Gron. ad Liv. 37. 17. Mor.

Κάλλιστ'] Fug. et Bav. μάλιστ', probante Wolfio, nisi forte hæc rarioris formæ, καλῶς εὐδοκιμεῖν, interpretatio est. Sensus est: Etsi noveramus, Græcos et Barbaros magna laude floruisse, qui satis injuste vicinos oppresserant, ut ipsi crescerent: tamen ideo nobis non indulsimus, eos imitari. Idem.

περὶ τοὺς ἔχοντας τὴν νῆσον ἐξαμαρτεῖν, ἀλλὰ μόνοι δὴ τῶν μεγάλην δύναμιν [1] λαβόντων περιείδομεν ἡμᾶς αὐτοὺς [2] ἀπορωτέρως ζῶντας τῶν δουλεύειν αἰτίαν ἐχόντων. καίτοι βουλόμενοι πλεονεκτεῖν οὐκ ἂν δή που τῆς μὲν Σκιωναίων γῆς ἐπεθυμήσαμεν, ἣν Πλαταιέων τοῖς ὡς ἡμᾶς καταφυγοῦσι φαινόμεθα παραδόντες, τοσαύτην δὲ χώραν παρελίπομεν, ἣ πάντας ἂν ἡμᾶς εὐπορωτέρους ἐποίησε. d

λβ'. Τοιούτων τοίνυν ἡμῶν γεγενημένων καὶ τοσαύτην πίστιν δεδωκότων ὑπὲρ τοῦ μὴ τῶν ἀλλοτρίων ἐπιθυμεῖν, τολμῶσι κατηγορεῖν οἱ τῶν δεκαδαρχιῶν κοινωνήσαντες καὶ τὰς αὑτῶν πατρίδας [3] διαλυμηνάμενοι, καὶ μικρὰς μὲν ποιήσαντες δοκεῖν εἶναι τὰς τῶν προγεγενημένων ἀδικίας, οὐδεμίαν δὲ [4] λιπόντες ὑπερβολὴν τοῖς αὖθις βουλομένοις γενέσθαι πονηροῖς, ἀλλὰ φάσκοντες μὲν λακωνίζειν τἀναντία e
δ' ἐκείνοις ἐπιτηδεύοντες, καὶ τὰς μὲν Μηλίων ὀδυρόμενοι συμφοράς, περὶ δὲ τοὺς αὑτῶν πολίτας ἀνήκεστα τολμήσαντες ἐξαμαρτεῖν. ποῖον γὰρ αὐτοὺς ἀδίκημα διέφυγεν; ἢ τί τῶν αἰσχρῶν καὶ δεινῶν οὐ διεξῆλθον; οἳ τοὺς μὲν [5] ἀνο- 64
μωτάτους πιστοτάτους ἐνόμιζον, τοὺς δὲ προδότας ὥσπερ εὐεργέτας ἐθεράπευον, ἡροῦντο δὲ τῶν Εἱλώτων ἐνίοις δου-

[1] ἐχόντων A. C. L. [2] ἀπορώτερον A. C. L. [3] λυμηνάμενοι A. C. L.
[4] ἀπολιπόντες A. C. L. [5] ἀνοητοτάτους A.

Ἐξαμαρτεῖν] Tamen Athenienses, Eubœa suo imperio subjecta, cæterisque incolis in fidem et societatem receptis, unam insulæ urbem, Hestiæam, ejectis oppidanis, occuparunt. Thuc. I. 114. Diod. Sic. XII. 22. (Xenoph. Hellen. II. 2. 2. rem obiter tangens, Ἱστιέας appellat, haud infrequenti scripturæ permutatione. v. Stephan. de urb. in Ἱστίαια.) Quam urbem etiam tum tenuerunt, quum insula a Lacedæmoniis subacta est, Thuc. VIII. 95. Oreus enim, quod nomen hoc loco commemoratur, est recentius, cum antiquo Hestiææ mutatum. v. Intt. Diod. Sic. XV. 30. Wass. ad Thuc. l. l. Schol. ad Thucyd. I. 114. IDEM.

Τῶν δ. α. ἐχόντων] *in quibus causa erat, quare servirent*, digni servitute. Nam ab Atheniensibus defecerant. Diod. Sic. XII. 7. IDEM. I. e. qui facile possent in servitutem redigi. AUGER.

Πλεονεκτεῖν] Si injuste lucrari voluissemus, non quæsiissemus parvum lucrum, magnum autem neglexissemus. MOR.

Καταφυγοῦσι] Thucyd. III. 20. De Scione Platæensibus tradita vid. §. κα'. IDEM.

Τοιούτων κ. τ. λ.] Totum hoc caput et contra Lacedæmonios, et contra eos qui cum iis principatum tenentibus senserunt, imprimis contra decemviros per Græciæ civitates constitutos, et triginta tyrannos Athenis præfectos, scriptum est. Eædem injuriæ enumeratæ sunt de Pace §. λϛ'. Panath. §. λη'. IDEM.

Δεκαδαρχιῶν] Lacedæmonii, eorumque jussu constituti decemviri. Præter ea, quæ Isocrates ipse Panath. §. ιη'. Cornel. Lysand. c. 1. 2. 3. et Harpocratio in h. v. et in δεκαδοῦχος (cf. Henr. Stephani diatr. 7. in Isocr. p. 40.) habent, adeundus est Diod. Sic. l. XIV. 3. X. 13. Plutarch. Lysand. c. 13. ad quem locum Wesselingius de varietate scribendi, in verbis δεκαρχία et δεκαδαρχία ubivis usitata, quædam notavit. IDEM. Adde Isocrat. ad Philipp. §. μ'. et Panath. §. κε'. Vales. ad l. Harpocrat. Cor. et Lang. ad loc. Isocr. laud. SPOHN.

Ἡγοῦντο] F. ἡροῦντο. WOLF. *hanc rationem sequebantur*. MOR.

Τῶν Εἱλώτων] Plerumque δούλους inter-

λεύειν, ὥστ' εἰς τὰς αὐτῶν πατρίδας ὑβρίζειν, μᾶλλον δ' ἐτίμων τοὺς αὐτόχειρας [1][καὶ φονέας] τῶν πολιτῶν ἢ τοὺς

[1] uncos om. A. L.

pretantur (v. Hesych. in h. v.), quod parum definitum est (cf. Henr. Steph. diatr. 7. in Isocr. p. 43.) Accuratius ergo Harpocratio in εἱλωτεύειν. Εἵλωτες, οἱ μὴ γόνῳ δοῦλοι Λακεδαιμονίων, ἀλλ' οἱ πρῶτοι χειρωθέντες τῶν Ἕλος τὴν πόλιν οἰκούντων. et scholiastes Thucyd. ad I. 101. Ἕλος, πόλις Λακωνικῆς, ἧς οἱ πολῖται ἐκαλοῦντο Εἵλωτες. Ergo Helotes fuerunt populus Spartæ finitimus, quippe qui cum aliis finitimis potuit aliorsum confugere (Thucyd. l. c.), a quo Spartani semper defectionem metuerunt (IV. 80.), et cujus pars, inito cum Lacedæmoniis fœdere, e Peloponneso exiit (I. 103.), verum ad imam servitutem redactus, ut, quidquid permisissent aut jussissent Lacedæmonii, sustinere deberet. Vid. Strabo l. VIII. p. 364. et Cornel. Pausan. c. 2. Eorum conditionem accurate descripsit Isocr. Panath. §. ογ'. Sed quanquam fuerunt ordo, inter ingenuos et servos natos interjectus (Pollux Onom. III. 8. p. 366.), tamen auctore Thucydideo scholiaste, l. c. in contemptum Helotum omnino servi Lacedæmoniorum dicti sunt Helotes. Quare ubique videndum, utrum populus Spartæ finitimus, an servi et domestici, οἰκέται, intelligantur. Hoc loco de populo sermo est. IDEM.

Αὐτόχειρας] Αὐτόχειρ, *percussor, qui sua manu interficit, etiam alium.* Isocr. Æginet. §. θ'. ἀπέκτειναν τὸν πατέρα, αὐτόχειρες γενόμενοι, *sua manu patrem occiderunt.* Plataic. §. ιβ'. qui cædes faciunt, αὐτόχειρες appellantur. Αὐτόχειρ θυγατρός. Dion. Hal. T. I. p. 720. ed. Sylb. Αὐτόχειρ τοῦ φόνου, *patrans cædem.* Demosth. de Cor. c. 88. Etiam Hesychius: Αὐτόχειρ, φονεὺς (alterius, opinor, quia non addidit ἑαυτοῦ), et Αὐτόχειρες, οἱ ταῖς ἰδίαις χερσὶ φονεύοντες, quod Lycurg. in Leocr. c. 30. αὐτοχειρὶ ἀποκτείνειν dixit: ut in Xenoph. Hell. VI. 4. 35. αὐτοχειρία, *cædis administratio*, cui opponitur βουλή, machinatio. Videntur præterea hoc loco αὐτόχειρ et φονεύς, quæ non constanter differunt, sic posse distingui, ut ille sit, qui sua manu occidat, hic, qui etiam subornet administros cædium: nisi potius καὶ φονέας glossema est. MOR. Αὐτόχειρ est quicunque sua manu aliquid perficit, cfr. Hoogeveen. ad Viger. ed. Herm. sec. not. 47., Hesych. s. v. αὐτοχειρία, Thom. Mag. ad eand. voc., ibique interprr., Phrynich. Eclog. p. 216. ed. Pauw., idem in Prop. in Bekker. Anecdot. Græc. Vol. I. p. 7. et 17., Sophocl. Antigon. 892. Electr. 1196., N. T. Act. Apostol. c. 27. 19. Hinc ita dicitur, qui manu operatur, ἐργάτης Iul. Poll., quem locum Henr. Stephan. Thes. Gr. recte ita emendavit, αὐτόχειρ, ἐργάτης. Deinde quicunque ipse, non per alium, aliquid efficit, auctor, v. c. μάχης Herodian. hist. L. VII. c. 3. τάφου Soph. Antigon. 306. Erf. τῆς ἀσελγείας Demosth. p. 534. 4. ed. Reisk. τοῦ μιάσματος Memnon. Exc. ed. Orell. p. 18.; neque κακῶν neque ἀγαθῶν αὐτόχειρες sunt dii Isocr. Philipp. c. 64, quum non suis manibus, non ipsi tribuant, sed ope aliorum. Passive αὐτόχειρα γράμματα, quæ a cujusdam ipsius manu scripta sunt, αὐτόγραφα, Dio Cass. p. 905. 42. ed. Reim. Imprimis vero de cæde dicitur, ut denotetur h. v. cædem sua manu perficiens, sua manu trucidans, Hesych. Φονεύς, Phavorin. s. h. v. — ἕτερον καὶ μὴ δι' ἄλλου φονεύσας, Zonar. — φονεύσαντες αὐτοχειρίᾳ — τινάς, adde Hesych. loc. a Moro adscriptum. Harpocrat. s. v. αὐθέντης. Αὐτόχειρ τοῦ φόνου Sophocl. Electr. 950. Œd. Reg. 269. Demosth. p. 321. 17. ed. Reisk. Plato Epist. VII. auctor cædis, vi illata. Additur plerumque genitivus hominis interfecti, quod jam Stephan. in Thes. rectissime vidit. Αὐτόχειρα ἄλλον ἄλλου Demosth. adv. Leptin. §. λδ'. αὐτόχειρά μου id. 549. 5. ed. Reisk., αὐτοῦ Dio Cass. 935. 75. 1193. 84. Φλάκκου id. l. 50. 56. sq., Γαΐου Appian. Bell. Civ. IV. c. 9. Dio Cass. 446. 4. 485. 5. 509. 73., τοῦ πατρὸς Liban. I. p. 922. extr. Diodor. Sicul. I. 377., θυγατρὸς Dionys. Halic. loc. a Moro laud. Sæpenumero autem hic genitivus omittitur. Isocrat. Plataic. §. ιβ'. Æginet. §. θ'., Dio Cass. I. p. 64. l. 46. sq., Soph. Œd. Reg. 230. Erf. Ajac. 57., Hesych. s. v. αὐτόχειρες. Ipsius manu est αὐτόχειρ Soph. Antigon. 1159., ita ut dubium sit, utrum sua ipsius, an patris ipsius manu ceciderit, nam Chorus interrogat, cfr. interprr. ad h. loc. Ita Antigon. 172. de fratribus illis legimus πληγέντες αὐτόχειρι σὺν μιάσματι, ipsorum manibus (invicem) perempti. Cfr. Eurip. Phœniss. 887. Sophocl. Œd. Reg. 1326. nemo sua ipsius manu fecit, sed ego mea ipsius feci. De simili ratione verborum αὐτόκτονος et αὐτοσφαγής vid. Lobeckium meum ad Ajac. p. 355. et Heath. ap. Musgrav. ad Antigon. 1159. Denique dicitur de vi, quam aliquis sibimet ipse infert. Παίσας ὑφ' ἧπαρ αὐτόχειρ αὐτὴν Sophocl. Antig. v. 1300. αὐτόχειρ σφαγὴ Eurip. Phœn. 344. τρόπος Orest. 1040. αὐτόχειρ ἑαυτοῦ Dio Cass. 872. 28. Plerumque simpliciter positum denotat eum, qui ipse

γονέας τοὺς αὑτῶν, εἰς τοῦτο δ' ὠμότητος ἅπαντας ἡμᾶς
κατέστησαν, ὥςτε πρὸ τοῦ μὲν διὰ τὴν παροῦσαν εὐδαιμονίαν καὶ ταῖς μικραῖς ἀτυχίαις πολλοὺς ἕκαστος ἡμῶν εἶχε
τοὺς συμπαθήσοντας, ἐπὶ δὲ τῆς τούτων ἀρχῆς διὰ τὸ πλῆ- b
θος τῶν οἰκείων κακῶν ἐπαυσάμεθ' ἀλλήλους ἐλεοῦντες·
60 οὐδενὶ γὰρ τοσαύτην σχολὴν παρέλιπον, ὥςθ' ἑτέρῳ συνα-
χθεσθῆναι. τίνος γὰρ οὐκ ἐφίκοντο; ἢ τίς οὕτω [1] πόῤῥω

[1] τοσοῦτον πόῤῥω A. L.

semet ipsum peremit. Zonar. Phavorin. Suid et loc. innumeris. Cæterum cfr. de h. v. Carol. Segaar. l. l. Orell. ad Nicol. Damascen., præcipue vero F. A. Wolf. ad Demosth. Leptin. §. λδ'. Similis ratio conspicitur in usu verbi αὐτοχειρία cfr. Iens. Lect. Luc. p. 9. loc. Glossogr. supra commemorat. De eo, qui alium sua manu interficit, Demosth. 787. 26. ed. Reisk., Tzetz. Schol. ad Lyc. 17. Adde Xenoph. locum, quem Morus attulit. Harpocratio in Lexic. αὐθέντης, ὁ αὐτόχειρ, ἢ ὁ αὐτὸν ἀναιρῶν. διὸ παρ' Ἰσοκράτει, αὐθέντης, Λυσίας δὲ ἐν τῷ κ. τ. λ. Sed vocem αὐθέντης apud Isocratem reperiri negarunt Henr. Stephan. Diatr. ad h. l. Corol. Segaar. in Specim. Observ. p. 74. Stephanus de h. l.: 'Harpocrationis locus hic, donec suæ integritati restitutus fuerit, haud facile fuerit illius mentem ex eo eruere.' Valckenaerius in Diatribe in Eurip. perd. dram. reliq. p. 189: 'Mallem scripsisset ut veriora αὐθέντης, ὁ αὐτόχειρ, ἢ ἑαυτὸν ἀναιρῶν, παρ' Ἀντιφῶντι· διὸ παρὰ Σοφοκλεῖ, αὐτοέντης.' Segaar. antea legendum esse putaverat: ὁ αὐτὸς ἀναιρῶν. διὸ παρ' Ἰσοκράτει αὐθέντας καὶ φονέας. deinde vero conjecit αὐτὸν, quemadmodum Henr. Steph. jam exhibet, reliqua non retractans. Quum hic et Coraes putarent, Harpocrationem hunc Panegyrici locum respexisse, ille l. c., Coraes αὐθέντας et hic et Plataic. §. ιβ'. reposuit. Sententiam Harpocrationis confirmant Suidas et Cyrill. Lex. MS. Voss. (coll. MS. Fabric.) laud. Albert. ad Hesych. αὐτοέντης. Sed sumamus haud corruptum esse locum in libro tantopere corrupto, potuitne alium locum respicere, quum Isocratis scripta et manca adhuc et perquam negligenter tractata sint? Equidem nihil video, quod ad hunc solum locum nos vocet. Miror etiam Morum verba καὶ φονέας delenda putasse, multo magis vero Segaarium dixisse adstipulantem, p. 75. 'Interpretamenti speciem præ se ferre videri' et expungendum esse p. 76. eundem p. 78. ea revera ejecisse, sed ἀυτόχειρας reduxisse ita, ut legeret τοὺς αὐτόχειρας τῶν πολιτῶν ἢ τοὺς γονέας τοὺς ἑαυτῶν. Coraes in ipsa oratione asteriscis notavit Morum secutus, glossema esse putans; in not. et hic et Plataic. §. ιβ'. confirmat, τοὺς αὐθέντας τῶν πολιτῶν scribens. Nihil est, quod adeo moveat; rectius retinentur hæc verba, quam rejiciuntur. Αὐτόχειρας καὶ φονέας τῶν πολιτῶν, ἢ τοὺς γονέας τοὺς ἑαυτῶν, quivis videt oratorem scribere potuisse, qui in his magnam curam collocaret. Respondet vox φονέας sono sequentis vocis γονέας; ita supra ῥώμης καὶ γνώμης §. ιγ'. infra §. ξ'. φήμην καὶ μνήμην, de pace §. θ'. πόλιν πάλιν, et sexcenties similia reperiuntur. Spohn.

Καὶ] Wolfius suspicatur κἀν, vel καὶ ἐπὶ vel κἂν ἐπὶ, sine causa: quum bene Græce dicatur, συμπάσχειν ταῖς ἀτυχίαις, ut mox συναχθ. ἑτέροις. Mor.

Οὕτω τοσοῦτον πόῤῥω] An pleonasmus illustrari potest exemplo illius, οὕτω μέχρι πόῤῥω, apud Demosth. de Cor. c. 52. Wolfio τοσοῦτον redundare videtur. In margine edd. Bas. legitur ἐπὶ τοσοῦτον, quod etsi in se significat, *adeo*, tamen ante πόῤῥω poni non potest. Idem. Pleonasmus evidens, sed utraque vox servari potest, quum Græci a pleonasmis non alieni sint. Auger. Coraes autem ejecit vocem τοσοῦτον. Reiskius in animadv. in auct. Græc. Vol. II. p. 16. extr.: 'sæpe vim, dicit, et efficaciam sermonis consectantes Auctores ubertate utuntur et exaggerant verba æquipollentia.' Addam, imprimis in formulis et verbis, quæ numerum, magnitudinem et similia indicant. Ita et Isocrates et alii sæpissime οὕτω σφόδρα, ita μᾶλλον cum comparativo μάλιστα cum superlativo, ἢ post genitivum comparentem, alia multa in quibus Hesiod. ἔργ. 41. ὅσον — μέγ' ὄνειαρ, αὖθις αὖ πάλιν, cfr. Brunck. lex. Sophocl. et Schaefer. ad Soph. Tom. II. p. 326. Meletem. crit. p. 99. Αὐτοὶ μόνοι Reisk. l. l. μόνος καθ' αὑτὸν Soph. Œd. Reg. 63. μοῦνος ἀπ' ἄλλοιν, cfr. Schneider. ad Argon. Orph. v. 83. Hæc, ut reliqua taceam, doceant non adeo superfluum et ineptum glossema esse v. τοσοῦτον, quam Coraes putaverit.

τῶν πολιτικῶν ἦν πραγμάτων, ὅςτις οὐκ ἐγγὺς ἠναγκάσθη γενέσθαι τῶν συμφορῶν, εἰς ἃς αἱ τοιαῦται φύσεις ἡμᾶς c κατέστησαν; εἶτα οὐκ αἰσχύνονται τὰς [1] αὑτῶν πόλεις οὕτως ἀνόμως διαθέντες [2] καὶ τῆς ἡμετέρας ἀδίκως κατηγοροῦντες, ἀλλὰ πρὸς τοῖς ἄλλοις καὶ περὶ τῶν δικῶν καὶ τῶν γραφῶν τῶν ποτὲ παρ' ἡμῖν γενομένων λέγειν τολμῶσιν, αὐτοὶ πλείους ἐν τρισὶ μησὶν ἀκρίτους ἀποκτείναντες ὧν ἡ πόλις ἐπὶ τῆς ἀρχῆς ἁπάσης ἔκρινε. φυγὰς δὲ καὶ στάσεις καὶ νόμων συγχύσεις καὶ πολιτειῶν μεταβολὰς, ἔτι δὲ d παίδων ὕβρεις καὶ γυναικῶν αἰσχύνας καὶ χρημάτων ἁρπαγὰς τίς ἂν δύναιτο διεξελθεῖν; πλὴν τοσοῦτον εἰπεῖν ἔχω [3] καθ' ἁπάντων, ὅτι τὰ μὲν ἐφ' ἡμῶν δεινὰ ῥαδίως ἄν τις ἑνὶ ψηφίσματι διέλυσε, τὰς δὲ σφαγὰς καὶ τὰς

[1] μὲν ἑαυτῶν A. C. L. [2] τῆς δ' A. C. L. [3] κατὰ πάντων A. C. L.

Latinum adeo simili modo poni, videre est apud Vechner. in Hellenolex. p. 166. not. Nihil igitur mutavi in lectione, quam omnes, quod sciam, codices tuentur, et cavendum in his, ne cum Heynio, notum illud μοῦνος ἐπ' ἀνθρώπων conjiciente, erremus. Πόῤῥω τῶν πραγμάτων εἶναι, cfr. Panathen. §. κη'. λγ'. de permut. §. ις'. et sæpius, ignarum et imperitum eorum esse, ἰδιώτην, denotat. Spohn.

Φύσεις] Homines his ingeniis, hac indole præditi. Mor.

Διαθέντες] Sunt οἱ διαθέντες τὰς πόλεις ἀνόμως, ii quos supra dixit κοινωνήσαντας τῶν δεκαδαρχιῶν, hoc est, alii etiam Græci, præter Lacedæmonios, qui quidem, jubentibus Lacedæmoniis, in sua quique civitate decemviralem potestatem tenuerunt: quapropter hic dicuntur τὰς ἑαυτῶν πόλεις, suam patriam, fœde tractasse, et paulo ante περὶ τοὺς ἑαυτῶν πολίτας ἐξημαρτηκέναι, item λυμήνασθαι τὰς ἑαυτῶν πατρίδας. Cornel. Lys. c. 1. Οὕτω διέθεντο, *ad eam conditionem adegerunt*. Cf. §. α'. λγ'. μγ'. et Ernesti ad Xen. Mem. IV. 2. 40. De ἀνόμως est in fine capitis, αἱ ἀνομίαι ἐπὶ Λακεδαιμονίων γενόμεναι, et νόμων συγχύσεις, et §. μδ'. ἐν ταῖς αὑτῶν ἀνόμως ἀπώλοντο, in quibus omnibus locis ἀνόμως est, contra *leges illarum civitatum*, neglectas a decemviris, a quibus defendi debebant, cum cives essent, et patriam administrarent. Idem.

Περὶ τῶν] Cfr. Caroli Segaar. Spec. Observ. crit. in Isocrat. in Actis Trajectin. I. p. 86. qui comprobat. Spohn.

Γενομένων] Cfr. Panath. §. κβ'. Idem.

'Εν τρισὶ μησὶν] Hoc ad triginta tyrannorum, a Spartanis constitutorum, tempora videtur referendum, a quibus Areop. §. κζ'. narrat mille et quingentos cives occisos (quanquam addit ἀκρίτους, quod fortasse non de omnibus omnino capiendum est), ultra quinque millia fugiendi consilium capere coacta esse: rursus Panath. §. κδ'. plures esse indicta causa a Lacedæmoniis tempore imperii occisos, quam Athenis ab urbe condita in judicium adductos. Cf. Xen. Hell. II. 4. 13. ubi eorum crudelitas per octo menses grassata chronologice dicitur (nam non integrum annum tyranni fuerunt), ut ab Isocrate per tres menses, h. e. satis breve temporis spatium. Mor. Cfr. Senec. de tranquillit. III. p. 352. Diogen. Laert. VII. 5. Æschin. de mal. leg. p. 38. 15. contr. Ctesiph. p. 87. 20. Hemsterhuis. ad Aristoph. Plut. p. 440. Wesseling. ad Diodor. Sic. T. I. p. 643. Taylor. in Lys. vit. p. 47. Valkenaer. diatr. in Eurip. p. 188. sq. Spohn.

Παίδων ὕβρεις] Cfr. Cor. Prodr. bibl. gr. p. 366. ipse Isocr. infra Panath. §. ϙ'. αἰσχύνας γυναικῶν καὶ παίδων. Lucian. Tyr. §. 26. παρθένους διαφθείρων καὶ ἐφήβους καταισχύνων. Demosth. p. 413. 26. ed. Reisk. Spohn.

'Αρπαγὰς] Panath. §. πθ'. de Lacedæmoniis: ὥσπερ τέχνην ἔχοντες τὸ ἁρπάζειν. Mor. Cfr. §. πδ'. sed hanc artem hic non innuit. Spohn.

Τὰ μὲν] Pro τὰ velim legi πάντα. Auger.

Διέλυσε] *facile abolere potuisset*. Centies enim ἂν, aoristi indicativo junctum, Latini plusquamperfecti conjunctivo simile est. [Cfr. Hermann. ad Vigor. p. 820. edit. II.] Prudenter de Atheniensium

ἀνομίας τὰς ἐπὶ τούτων γενομένας οὐδεὶς ἂν ἰάσασθαι δύναιτο.

λγ΄. Καὶ μὴν οὐδὲ τὴν παροῦσαν εἰρήνην, οὐδὲ τὴν αὐτονομίαν τὴν ἐν ταῖς πολιτείαις μὲν οὐκ ἐνοῦσαν, ἐν δὲ ταῖς e
συνθήκαις ἀναγεγραμμένην, ἄξιον ἑλέσθαι μᾶλλον ἢ τὴν
ἀρχὴν τὴν ἡμετέραν. τίς γὰρ ἂν τοιαύτης καταστάσεως
ἐπιθυμήσειεν; ἐν ᾗ καταποντισταὶ μὲν τὴν θάλατταν
κατέχουσι, πελτασταὶ δὲ τὰς πόλεις καταλαμβάνουσιν,
ἀντὶ δὲ τοῦ πρὸς ἑτέρους περὶ τῆς χώρας πολεμεῖν ἐντὸς
τείχους πρὸς ἀλλήλους οἱ πολῖται μάχονται, πλείους δὲ 65
πόλεις αἰχμάλωτοι γεγόνασιν ἢ πρὶν τὴν εἰρήνην ἡμᾶς
ποιήσασθαι, διὰ δὲ τὴν πυκνότητα τῶν μεταβολῶν [1] ἀθυμοτέρως διάγουσιν οἱ τὰς πόλεις οἰκοῦντες τῶν ταῖς φυγαῖς
ἐζημιωμένων· οἱ μὲν γὰρ τὸ μέλλον δεδίασιν, οἱ δὲ ἀεὶ κατιέναι προσδοκῶσι. τοσοῦτον δ᾽ ἀπέχουσι τῆς ἐλευθερίας καὶ
τῆς αὐτονομίας, ὥςθ᾽ αἱ μὲν ὑπὸ τυράννοις εἰσὶ, τὰς δ᾽ ἁρμο-
σταὶ κατέχουσιν, ἔνιαι δ᾽ ἀνάστατοι γεγόνασι, τῶν δ᾽ οἱ
βάρβαροι δεσπόται καθεστήκασιν· οὓς ἡμεῖς διαβῆναι τολ- b

[1] ἀθυμότερον A. C. L.

injuriis verbo leniore διαλύειν, *finire*, utitur, graviore ἰᾶσθαι de Lacedæmoniorum sævitia. Mor.

Εἰρήνην] Pacem, ignominioso Antalcidæ fœdere a Græcis cum Artaxerxe Mnemone sancitam: quo fœdere quum Lacedæmonii primum Atheniensibus molesti esse cuperent, tamen ad extremum etiam Athenienses conditiones pacis probarunt. Ejus historia e Xen. Hellen. IV. 8. 12. sqq. et Diod. Sic. XIV. 110. petenda est. Ipsa formula pacis, αἱ συνθῆκαι, apud Xen. l. c. V. 1. 28. legitur. Cf. Justin. VI. 6. Quantum rex Persiæ creverit hac pace, paucis, sed perspicue infra §. λζ΄. fin. traditur: τὴν γὰρ Ἀσίαν — τειχίζειν. Cf. §. λδ΄. §. μζ΄. Panath. λθ΄. Plutarch. in Artaxerxe p. 1022. ed. Francof. Idem.

Καταποντισταὶ] Odii augendi causa Lacedæmonios et Persas appellat piratas, ut eorum crudelitatem in expeditionibus marinis indicet. Verbum καταποντιστὴς suo significatu de piratis occurrit Panath. §. πθ΄. et καταποντισμὸς, recens natorum, mari mersorum, nex §. μς΄. Demosth. c. Aristocr. §. μα΄. λῃστὰς καὶ καταποντιστὰς ut synonyma conjungit. Idem.

Καταλαμβάνουσιν] Retulerim ad Lacedæmonios, qui facta pace Antalcidæ unam post aliam urbem hostiliter aggressi sunt, armisque ceperunt. Res narratur §. λε΄. Idem est, πόλεις αἰχμάλωτοι γεγόνασι. Ergo peltastæ sunt omnino *armati*. Idem. Male audierunt πελτασταὶ, quia erant ξένοι, *milites mercenarii* (ergo non omnino *armati*). ξενικὸν autem hoc primum fuit in Græcia. vid. Valesii Notæ in Notas Maussaci ad Harpocrat. p. 322. sq. Wendler.

Ἀπέχουσι] Adde vel subaudi αἱ πόλεις. Auger.

Ἁρμοσταὶ] Ἁρμοστὴς ex etymologia et loquendi usu est omnino reipublicæ administrator: v. Intt. ad Hesych. et Suidas, et Wesseling. ad Diod. Sic. XIII. 66. Sed constat, verbo generis translato ad formam significandam, nominatim eos, qui a Lacedæmoniis præfecti sunt urbibus, eorum imperio subjectis, nomen τῶν ἁρμοστῶν gessisse. Dem. de Cor. c. 28. de hoc ipso tempore imperii Spartanorum: Λακεδαιμόνιοι τὰ κύκλῳ τῆς Ἀττικῆς κατεῖχον ἁρμοσταῖς. Polyb. IV. 27. Xen. de rep. Laced. XIV. 2. dicit, olim Lacedæmonios maluisse domi vivere, quam ἁρμόζειν (i. e. εἶναι ἁρμοστὰς) ἐν ταῖς πόλεσιν. Mor. Adde Harpocrat. et Zonar. s. v. ἁρμ., Etym. M. p. 364. l. 38. ed. Sylb. Spohn.

Δεσπόται] Hinc §. λδ΄. οἱ Λακεδαιμόνιοι πολλοὺς τῶν Ἑλλήνων ἐκδότους τοῖς βαρβάροις

μήσαντας εἰς τὴν Εὐρώπην καὶ μεῖζον ἢ [1]προσῆκεν αὐτοῖς
φρονήσαντας οὕτω διέθεμεν, ὥστε μὴ μόνον παύσασθαι στρα- 61
τείας ἐφ' ἡμᾶς ποιουμένους, ἀλλὰ καὶ τὴν αὑτῶν χώραν
ἀνέχεσθαι πορθουμένην, καὶ διακοσίαις καὶ χιλίαις ναυσὶ
περιπλέοντας εἰς τοσαύτην ταπεινότητα κατεστήσαμεν,
ὥστε μακρὸν πλοῖον [2]ἐπὶ τάδε Φασήλιδος μὴ καθέλκειν,
c ἀλλ' ἡσυχίαν ἄγειν καὶ τοὺς καιροὺς περιμένειν, ἀλλὰ μὴ
τῇ παρούσῃ δυνάμει πιστεύειν. καὶ ταῦθ' ὅτι διὰ τὴν τῶν
προγόνων τῶν ἡμετέρων ἀρετὴν οὕτως εἶχον, αἱ τῆς πόλεως
συμφοραὶ σαφῶς ἐπέδειξαν· ἅμα γὰρ ἡμεῖς τε τῆς ἀρχῆς
ἀπεστερούμεθα καὶ τοῖς Ἕλλησιν ἀρχὴ τῶν κακῶν ἐγίγνετο. μετὰ γὰρ τὴν ἐν Ἑλλησπόντῳ γενομένην ἀτυχίαν ἑτέρων
d ἡγεμόνων καταστάντων ἐνίκησαν μὲν οἱ βάρβαροι ναυμαχοῦντες, ἦρξαν δὲ τῆς θαλάττης, κατέσχον δὲ τὰς πλείστας
τῶν νήσων, ἀπέβησαν δ' εἰς τὴν Λακωνικήν, Κύθηρα δὲ
κατὰ κράτος εἷλον, ἅπασαν δὲ τὴν Πελοπόννησον κακῶς
ποιοῦντες περιέπλευσαν.

λδ'. Μάλιστα δ' ἄν τις συνίδοι τὸ μέγεθος τῆς μεταβολῆς, [3]εἰ παραναγνοίη τὰς συνθήκας τάς τ' ἐφ' ἡμῶν γενομένας καὶ τὰς νῦν ἀναγεγραμμένας. τότε μὲν γὰρ ἡμεῖς
e φανησόμεθα τὴν ἀρχὴν τὴν βασιλέως ὁρίζοντες καὶ τῶν

[1] προσῆκον A. [2] ἐντὸς Φασ. A. C. L. [3] εἴπερ ἀναγνοίη A. C. L.

ἐποίησαν. Cf. λζ'. μδ'. μζ'. et formula pacis apud Xenoph. Hellen. IV. 8. 12. Mor.

Προσῆκον] Scil. προσῆκον ἦν, aut προσῆκεν. Wolf.

Οὕτω διέθεμεν] *eo redegimus*. Videtur autem totum hoc de rebus Cimonis ad Eurymedontem intelligendum esse. Thuc. I. 100. Diod. Sic. XI. 60. 61. Mor.

Πορθουμένην] Cfr. Plataic. c. 24. Spohn.

Κατεστήσαμεν] Eos, qui (nuper Xerxis ætate) mille et ducentis navibus usi erant (postea tempore Longimani), adeo humiles reddidimus. Mor.

Φασήλιδος] Cf. Areop. §. λζ'. Panath. §. κ'. Scilicet Athenienses cum Artaxerxe Longimano, ad Cyprum victo a Cimone, fœdus fecerunt, ut est apud Lycurg. in Leocr. c. 17. μακρῷ πλοίῳ μὴ πλεῖν ἐντὸς Κυανέων καὶ Φασήλιδος. Hoc pro Φάσιδος scribendum esse, Taylorus recte docuit, et Diod. Sic. XII. 4. ac Suidam in Κίμων laudavit. Aristides Panath. p. 57. versus septentrionem Cyaneas, versus meridiem Chelidonias (insulas, Phaselidi vicinas, v. Suid. l. c.) terminos constitutos dicit. Adde Plutarch. in Cimone p. 487. ed. Francof. Hoc ergo §. λδ'. voluit Isocrates, quum τὴν ἀρχὴν τὴν βασιλέως ὁρίζειν scripsit. Idem. Φάσηλις Herodot. II. 178. Plutarch. vit. Alex. p. 674. Thucyd. II. 69. VIII. 88. ubi cod. Cr. Φασηλίδος, VIII. 99. Dionys. Perieg. v. 855. Eustath. ad Hom. p. 635. l. 36. ed. Rom. nam secundum Herodianum ap. Steph. Byz. προπαροξύνεται. Φασηλὶς autem ὀξυτόνως scribitur e præceptis Eustathii ad Dionys. l. ita Strab. Tom. V. p. 666. *Tz.*, Stephan. Byzant. s. h. v. Ptolem. V. 3. Diodor. Sic. XII. c. 4. XX. c. 27. Scylax p. 59. ed. Hudson. Φασῆλις apud Ctes. in Phot. bibl. p. 145. Spohn.

Ἀτυχίαν] Clades Atheniensium ad flumen Ægos, ubi victoria Lysandri Lacedæmoniis imperium Græciæ peperit. Xen. Hellen. II. 1. Diod. Sic. III. 106. Cornel. Lys. Mor.

Ναυμαχοῦντες] Ut postea Artaxerxes Mnemon ad Cnidum, de quo §. λθ'. Idem.

φόρων ἐνίους τάττοντες καὶ κωλύοντες αὐτὸν τῇ θαλάττῃ χρῆσθαι· νῦν δ᾽ ἐκεῖνός ἐστιν ὁ διοικῶν τὰ τῶν Ἑλλήνων, καὶ προστάττων ἃ χρὴ ποιεῖν ἑκάστους, καὶ μόνον οὐκ ἐπιστάθμους ἐν ταῖς πόλεσι καθιστάς. πλὴν γὰρ τούτου τί τῶν ἄλλων ὑπόλοιπόν ἐστιν; οὐ καὶ τοῦ πολέμου κύριος ἐγένετο,
καὶ τὴν εἰρήνην ἐπρυτάνευσε, καὶ τῶν παρόντων πραγμά- 66
των ἐπιστάτης καθέστηκεν; οὐχ ὡς ἐκεῖνον πλέομεν, ὥσπερ πρὸς δεσπότην, ἀλλήλων κατηγορήσοντες; οὐ βασιλέα τὸν μέγαν αὐτὸν προσαγορεύομεν, ὥσπερ αἰχμάλωτοι γεγονότες; οὐκ ἐν τοῖς πολέμοις τοῖς πρὸς ἀλλήλους ἐν ἐκείνῳ τὰς ἐλπίδας ἔχομεν τῆς σωτηρίας, ὃς ἀμφοτέρους ἡμᾶς ἡδέως ἂν
ἀπολέσειεν; ὧν ἄξιον ἐνθυμηθέντας ἀγανακτῆσαι μὲν ἐπὶ b
τοῖς παροῦσι, [1]ποθέσαι δὲ τὴν ἡγεμονίαν τὴν ἡμετέραν, μέμψασθαι δὲ Λακεδαιμονίοις ὅτι τὴν μὲν ἀρχὴν εἰς τὸν
62 πόλεμον κατέστησαν ὡς ἐλευθερώσοντες τοὺς Ἕλληνας, ἐπὶ
δὲ [2]τελευτῆς οὕτω πολλοὺς αὐτῶν ἐκδότους τοῖς βαρβάροις ἐποίησαν, καὶ τῆς μὲν ἡμετέρας πόλεως τοὺς Ἴωνας ἀπέστησαν, ἐξ ἧς ἀπῴκησαν καὶ δι᾽ ἣν πολλάκις ἐσώθησαν,
τοῖς δὲ βαρβάροις αὐτοὺς ἐξέδοσαν, ὧν ἀκόντων τὴν χώραν c
ἔχουσι καὶ πρὸς οὓς οὐδὲ πώποτ᾽ ἐπαύσαντο πολεμοῦντες. καὶ τότε μὲν ἠγανάκτουν, ὅθ᾽ ἡμεῖς νομίμως ἐπάρχειν τινῶν ἠξιοῦμεν· νῦν δ᾽ εἰς [3]τοιαύτην δουλείαν καθεστώτων

[1] ποθῆσαι A. C. L. [2] τελευτῆς δὲ A. C. L. [3] τοσαύτην A. C. L.

Ἐπιστάθμους] Ἐπίσταθμος, κατὰ σατραπείαν κύριος (i. e. satrapa). Harpocr. Suidas. Idem. Etymol. Magn. p. 330. ed. Schaef. Spohn.

Τὴν εἰρήνην ἐπρυτ.] *suo arbitratu de pace decernit*, eam facit, suadet, tuetur, mutat, tollit: plane idem, quod hoc ipso loco, κύριος ἐγένετο, *penes eum est arbitrium.* Diod. Sic. XIV. 110. constitutum narrat, ut, si qui non paruissent fœderi, contra eos Artaxerxes διὰ τῶν εὐδοκούντων (*e sua sententia, ut ipsi placeret*, εὐδοκουμένως αὐτῷ. Polyb. XVII. 32.) bellum gereret. Aristid. Panath. p. 72. regi Persiæ Asiaticos Græcos deditos queritur, datamque potestatem τοῖς ἄλλοις (Europæis Græcis) τὰ δίκαια ὁρίζειν. Proinde Cræci non solum pace Antalcidæ velut norma usi sunt, Xen. Hellen. VI. 5. 2. sed Artaxerxes etiam iis sæpe suasit pacem, Diod. Sic. XV. 38. 50. 70. 76. Usurpari autem πρυτανεύειν significato administrandi et moderandi, notum est. Lucian. T II. p. 379. simillimum est, τοὺς στασιάζοντας διαλλάττειν, καὶ ἐκείνοις εἰρήνην πρυτανεύειν. Dion. Halic. T. II. p. 34. ed. Sylb. de rege, pacem patriæ conservante, τὴν εἰρήνην πρυτανεύει. Hesychius: ἐπρυτάνευε, διῴκει. quod et de hoc loco valere potest. Cf. Harpocrat. in πρυτανεύοντα, [πρυτάνεις et ἐπιστάτης, ac Vales. not.] Mor.

Πλέομεν] Lege omnino Panath. §. ξε΄. sq. πρέσβεις πέμπομεν ὡς ἐκεῖνον, ἐλπίζοντες, ὁποτέροις ἂν οἰκειότερον διατεθείη, κυρίους τότε (f. τούτους) γενήσεσθαι τῆς ἐν τοῖς Ἕλλησι πλεονεξίας. Idem.

Ἐξέδοσαν] In formula pacis Antalcidæ, Xen. Hellen. V. 1. 28. Ἀρταξέρξης νομίζει δίκαιον, τὰς ἐν τῇ Ἀσίᾳ πόλεις (i. e. τοὺς Ἴωνας) ἑαυτοῦ εἶναι. Ergo ἀπέστησαν significat, *a nobis nostraque societate separatos esse voluerunt*; eo, quod Persico imperio eos subesse passi sunt: nec accurate vertit in notis Wolfius: *impulerunt ad defectionem.* Idem.

οὐδὲν φροντίζουσιν αὐτῶν, οἷς οὐκ ἐξαρκεῖ δασμολογεῖσθαι καὶ τὰς ἀκροπόλεις ὁρᾶν ὑπὸ τῶν ἐχθρῶν κατεχομένας, ἀλλὰ πρὸς ταῖς κοιναῖς συμφοραῖς καὶ τοῖς σώμασι δεινό-
d τερα πάσχουσι τῶν παρ' ἡμῖν ἀργυρωνήτων· οὐδεὶς γὰρ ἡμῶν οὕτως αἰκίζεται τοὺς οἰκέτας, ὡς ἐκεῖνοι τοὺς ἐλευθέρους κολάζουσι. μέγιστον δὲ τῶν κακῶν, ὅταν ὑπὲρ αὐτῆς τῆς δουλείας ἀναγκάζωνται συστρατεύεσθαι, καὶ πολεμεῖν τοῖς ἐλευθεροῦν ἀξιοῦσι, καὶ τοιούτους κινδύνους ὑπομένειν, ἐν οἷς ἡττηθέντες μὲν παραχρῆμα διαφθαρήσονται, κατορθώσαντες δὲ μᾶλλον εἰς τὸν [1] λοιπὸν χρόνον δουλεύσουσιν.

λε΄. Ὧν τίνας ἄλλους αἰτίους χρὴ νομίζειν ἢ Λακεδαι-
e μονίους; οἳ τοσαύτην ἰσχὺν ἔχοντες περιορῶσι τοὺς μὲν αὑτῶν συμμάχους γενομένους οὕτω δεινὰ πάσχοντας, τὸν δὲ βάρβαρον τῇ τῶν Ἑλλήνων ῥώμῃ τὴν ἀρχὴν τὴν αὑτοῦ κατασκευαζόμενον. καὶ πρότερον μὲν τοὺς τυράννους ἐξέβαλ-
67 λον, τῷ δὲ πλήθει τὰς βοηθείας ἐποιοῦντο, νῦν δὲ [2] τοσοῦτον μεταβεβλήκασιν, ὥστε ταῖς μὲν πολιτείαις πολεμοῦσι, τὰς δὲ μοναρχίας συγκαθιστᾶσι. τὴν [3] μέν γε Μαντινέων πόλιν εἰρήνης ἤδη γεγενημένης ἀνάστατον ἐποίησαν, [4] καὶ τὴν Θηβαίων Καδμείαν κατέλαβον, καὶ νῦν [5] Ὀλυνθίους καὶ Φλιασίους πολιορκοῦσιν, Ἀμύντᾳ δὲ τῷ Μακεδόνων βα-

[1] ἐπίλοιπον A. C. L. [2] εἰς τοσοῦτον A. C. L. [3] δὲ Μαντ. A. C. L. [4] τὴν δὲ A. G. L. [5] Ὀλυνθίοις καὶ Φλιασίοις πολεμοῦσιν A. C. L.

Ἐξαρκεῖ] *qui non satis miseriarum pati videntur, quod tributa ab iis exiguntur.* Nempe Lacedæmonii imperarunt iis tributa. Cf. §. λϛ΄. IDEM.

Ἀργυρωνήτων] Οὐδὲν ἧττον τῶν ἀργυρωνήτων δουλεύουσι. Plataic. §. ια΄. IDEM.

Ῥώμῃ] *opibus Ioniæ adjutus, usus.* IDEM.

Ἐξέβαλλον] Opem tulerunt Atheniensibus, quum Hippiam ejecerunt. Herodot. V. 62—65. Thucyd. VI. 59. sqq. Xen. Hellen. VI. 5. 33. IDEM.

Πολιτείαις] Ut oppositio πολιτείας et μοναρχίας ostendit, πολιτείαν esse hoc loco δημοκρατίαν aut πλῆθος, quod ante dixerat: ita Harpocratio in πολιτεία docet, rhetores hoc verbo ἰδίως uti de democratia, laudatque Isocratis Panegyricum. Demosth. de Rhod. lib. p. 196. ed. Reisk. οἱ τὰς πολιτείας καταλύοντες, καὶ μεθιστάντες εἰς ὀλιγαρχίαν, κοινοὶ ἐχθροὶ πάντων τῶν ἐλευθερίαν ἐπιθυμούντων. Cf. Henr. Steph. diatr. 5. in Isocr. p. 27. IDEM. Et F. A. Wolf. ad Demosth. Leptin. §. ϛ΄. SPOHN.

Μαντινέων] De Pace §. λγ΄. Μαντινέας διῴκισαν, *divisos* in quatuor pagos *habitare jusserunt.* Xen. Hellen. V. 2. Wesselingius ad Diod. Sic. XV. 5. cf. c. 12. Polyb. IV. 27. Ipsa urbs diruta est. Cf. Harpocrat. in Μαντινέων διοικισμός. [et Vales. not.] Mon.

Καδμείαν] Phœbidas Lacedæmonius, capta per fraudem Cadmea, ipse quidem punitus est, sed non item deductum præsidium. Plataic. §. ιβ΄. Xen. Hellen. V. 2. 17. sqq. Diod. Sic. XV. 20. Polyb. IV. 27. IDEM.

Ὀλυνθίους] Initia sunt apud Xen. l. c. §. 11. Reliqua §. 27. Tum c. 3. init. et §. 18—26. Adde Diod. Sic. XV. 19. sqq. ubi Lacedæmonios dicit denuo habuisse principatum Græciæ. Ex his locis, præcipue Diodori, simul intelligitur, contra Olynthios pugnanti Amyntæ Spartanos opem tulisse. IDEM.

Φλιασίους] Tandem expugnati sunt, de

σιλεῖ καὶ Διονυσίῳ τῷ Σικελίας τυράννῳ καὶ τῷ βαρβάρῳ
[1] τῷ τῆς Ἀσίας κρατοῦντι συμπράττουσιν, ὅπως [2] ὡς με- b
γίστην ἀρχὴν ἕξουσιν. καίτοι πῶς οὐκ ἄτοπον τοὺς προεστῶτας τῶν Ἑλλήνων ἕνα μὲν ἄνδρα τοσούτων ἀνθρώπων
63 καθιστάναι δεσπότην, ὧν οὐδὲ τὸν ἀριθμὸν ἐξευρεῖν ῥᾴδιόν
ἐστι, τὰς δὲ μεγίστας τῶν πόλεων μηδ' αὐτὰς αὑτῶν ἐᾶν
εἶναι κυρίας, ἀλλ' ἀναγκάζειν δουλεύειν ἢ ταῖς μεγίσταις
συμφοραῖς περιβάλλειν· ὃ δὲ πάντων δεινότατον, [3] ὅταν τις
ἴδῃ τοὺς τὴν ἡγεμονίαν ἔχειν ἀξιοῦντας ἐπὶ μὲν τοὺς Ἕλ- c
ληνας [4] [μόνον οὐχὶ] καθ' ἑκάστην [5] τὴν ἡμέραν στρατευομένους, πρὸς δὲ τοὺς βαρβάρους εἰς ἅπαντα τὸν χρόνον συμμαχίαν πεποιημένους.

λς'. Καὶ μηδεὶς ὑπολάβῃ με δυσκόλως ἔχειν, ὅτι τραχύτερον τούτων ἐμνήσθην, προειπὼν ὡς περὶ διαλλαγῶν
ποιήσομαι τοὺς λόγους· οὐ γάρ, ἵνα πρὸς τοὺς ἄλλους δια-
βάλω τὴν πόλιν τὴν Λακεδαιμονίων, οὕτως εἴρηκα περὶ αὐτῶν, ἀλλ' ἵν' αὐτοὺς ἐκείνους παύσω, καθ' ὅσον ὁ λόγος δύναται, τοιαύτην [6] τὴν γνώμην ἔχοντας. ἔστι δὲ οὐχ οἷόν τ' d
ἀποτρέπειν τῶν ἁμαρτημάτων, οὐδ' ἑτέρων πράξεων πείθειν ἐπιθυμεῖν, ἣν μή τις ἐρρωμένως ἐπιτιμήσῃ τοῖς [7] παρ-
οῦσι· χρὴ δὲ κατηγορεῖν μὲν ἡγεῖσθαι τοὺς ἐπὶ βλάβῃ
[8] τοιαῦτα λέγοντας, νουθετεῖν δὲ τοὺς ἐπ' ὠφελείᾳ [9] λοιδοροῦντας. τὸν γὰρ αὐτὸν λόγον οὐχ ὁμοίως ὑπολαμβάνειν
δεῖ, μὴ μετὰ τῆς αὐτῆς διανοίας λεγόμενον. ἐπεὶ καὶ τοῦτ'

[1] τῷ om. A. C. L. [2] ὡς om. A. C. L. [3] ὅτ' ἂν A. L.
[4] uncos om. A. C. L. [5] τὴν om. A. C. L. [6] τὴν om. A. C. L.
[7] ἁμαρτάνουσι A. C. L. [8] λοιδοροῦντας A. C. L. [9] τοιαῦτα πράττοντας A. C. L.

Pace §. λγ'. [adde Archid. §. λθ'.] Uberius narravit Xen. Hellen. V. 2. 8. V. 3. 10—25. Diod. Sic. XV. 19. Idem.

Διονυσίῳ] Misso ad Dionysium Aristo, qui verbis defenderet libertatem Græcorum in Sicilia, re oppremeret. Diod. Sic. XIV. 10. quem locum jam Wolfius indicavit. Cf. Xenoph. Hellen. VI. 2. 3. 21. Diod. Sic. XV. 23. Iidem adjuverunt Dionysium auxiliaribus submittendis, Diod. Sic. XIV. 44. omnique modo ejus tyrannidem munierunt, ut ipsi, tanto adjutore freti, crescerent. Sed res diu ante cœpta est, quam Panegyricus editus est. Dicemus ergo, quum Isocrates de præsenti tempore loquatur, illa fuisse initia societatis, ad tempora usque Panegyrici cultæ. Idem.

Βαρβάρῳ] Facta cum eo per Antalcidam pace v. ad §. λγ'. et deinde re, opera, studio omni. Ne vero quis additamentum ineptum putet, τῆς Ἀσίας κρατοῦντι, quod in se supervacuum esse fatemur, sciendum est, hoc additamentum esse præparationem lectorum ad argumentationem, statim adjectam, τοσούτων ἀνθρώπων δεσπότης. Hic igitur est ille τῆς Ἀσίας (ὅλης) κρατήσας. Non verbum Βάρβαρος multitudinem subjectorum indicat, sed notio *domini Asiæ*. Idem.

Ἕξουσιν] Subaudi οἱ βάρβαροι. Lang.

Κατηγορεῖν] Κακηγορεῖν pro κατηγορεῖν scribendum putat Markland. ad Lysiam p. 380. Ed. Reisk. Wendler.

Ἐπεὶ] Wolf. vertit, *nam*. Significat hoc quoad sensum, sed in se est, *quum*,

ἔχομεν αὐτοῖς ἐπιτιμᾶν, ὅτι τῇ μὲν αὑτῶν πόλει τοὺς ὁμό-
e ρους εἱλωτεύειν ἀναγκάζουσι, τῷ δὲ κοινῷ [1] τῷ τῶν συμμάχων οὐδὲν τοιοῦτον κατασκευάζουσιν, [2] ἐξὸν αὐτοῖς τὰ
πρὸς ἡμᾶς διαλυσαμένοις ἅπαντας τοὺς βαρβάρους περιοίκους ὅλης τῆς Ἑλλάδος καταστῆσαι. καίτοι χρὴ τοὺς φύσει καὶ μὴ διὰ τύχην μέγα φρονοῦντας τοιούτοις ἔργοις
68 ἐπιχειρεῖν πολὺ μᾶλλον ἢ τοὺς νησιώτας δασμολογεῖν, οὓς
ἄξιόν ἐστιν ἐλεεῖν, ὁρῶντας, [3] τούτους μὲν διὰ σπανιότητα
τῆς γῆς τὰ ὄρη γεωργεῖν ἀναγκαζομένους, τοὺς δ' ἠπειρώτας δι' ἀφθονίαν [4] τῆς χώρας τὴν μὲν πλείστην αὐτῆς ἀρ-

[1] τῷ om. A. C. L. [2] ἐξ ὧν ἔσται αὐτοῖς A. L. ἐξ ὧν αὐτοῖς ἔσται C.
[3] τοὺς A. C. L. [4] τῆς om. A. C. L.

quoniam, et adhærescit superioribus, ut Latinum *quanquam*, quod interdum est additamentum proximæ periodi sine apodosi. Mor.

Εἱλωτεύειν] *Helotum more servire.* Vid. §. λβ'. Cæteros accolas eodem modo, quo Helotas, tractant. Harpocratio: Εἱλωτεύειν, δουλεύειν· Ἰσοκράτης ἐν τῷ Πανηγυρικῷ. Idem. Adde epistol. ad Philipp. III. Spohn.

Τῷ κοινῷ τῶν συμμ.] *communitati sociorum*, i. e. Græcorum omnium societate inter se conjunctorum. Auger. I. e. Græcis universis. Lang.

Ἐξ ὧν] Devar. de partic. linguæ Gr. p. 139. malit ἐξ οὗ. Recte. Mor. Langius pro ἐξ ὧν ἔσται conjecit ἐξόν. Sed Cor. et Auger. recte defendunt lect. vulg. nam sæpenumero ἐξ ὧν eodem sensu legitur, quo δι' ὧν uti jam Henr. Stephan. innuit Thes. Gr. I. p. 1162. in. et Cor. ad h. l. vidit, id fieri solet, quando plura præcesserunt ad quæ refertur. Vide Xenoph. Hiero 8. 8. Sympos. 4. 10., Demosth. 1160. 23. ed. Reisk., Isocr. ad Nicocl. §. β'. Panegyr. §. ζ'. λζ'. λθ'. bis, μγ'. Archidam. §. κε'. pac. §. μ'. Areopagit. §. ις'. Spohn.

Ἡμᾶς] Pro ἡμᾶς velim legi σφᾶς, et ita sum interpretatus: *abolitis suis ipsorum controversiis.* Auger. Non mutanda est hæc vox. Spohn.

Περιοίκους] Persas eo redigere, ut Græcis sint tales, quales Spartanis sunt περίοικοι. Sed περίοικοι a Spartanis dicebantur, vicinorum Spartæ oppidorum incolæ, liberi quidem, sed imperio Spartanorum subjecti, jure autem civitatis non donati. Ergo sensus est: redigere Persas ad similitudinem subditorum deterioris conditionis. Plura dixi in ind. ad Xen. Hellen. Omnino lenitate nominis, *vicinus*, *finitimus*, tegitur crudelitas aut insolentia rei, *servitutis*, deteriorisque conditionis. Cæterum nomina varia, quibus singulæ gentes appellabant addictos ita sibi deteriore conditione, et subditos, collegit Pollux Onomast. III. 83. Mor.

Νησιώτας] Asiæ insulas potissimum indicat. Ὁρῶντας, *si viderint* sc. οἱ μέγα φρονοῦντες. Idem.

Ἠπειρώτας] Persas, et quicunque in Asia minore, præter insulanos, Persico imperio parent. Ipsum consilium Isocratis declarat, Persas hoc toto loco dici crescentes et opulentos negligentia quadam Lacedæmoniorum. Accedit auctoritas Harpocrationis in Ἤπειρον, unde verba huc retulimus: Ἤπειρον· Σύνηθές ἐστι τῷ Ἰσοκράτει, τὴν ὑπὸ τῷ βασιλεῖ τῶν Περσῶν γῆν (Asiam minorem et Persiam) οὕτω καλεῖν. Loca Isocratis hæc sunt: §. μβ'. τοῖς ἠπειρώταις, Persis. Nam quæ hoc loco de odio Atheniensium erga ἠπειρώτας narrat, ea statim exemplis odii erga Persas illustrat. Quare odium erga ἠπειρώτας est odium erga Persas. §. να'. τὸν πόλεμον πρὸς τοὺς ἠπειρώτας ποιεῖσθαι, transferre bellum ad eos, qui in Asia Persis parent. §. μγ'. fin. Rex Persiæ invitis ἠπειρώταις imperat, i. e. satrapiis Asiæ minoris, de quibus toto capite egit. Ibid. αἱ νῆσοι αἱ περὶ τὴν ἤπειρον, ad oras Asiæ minoris, vide ibi exempla: paullo post et in orat. ad Phil. §. μγ'. διαβαίνειν εἰς τὴν ἤπειρον, in Asiam, quæ Persis paret, trajicere. Evag. §. ι'. τὰ περὶ τὴν ἤπειρον, res Asiæ, Persis subjectæ. Xen. Hellen. III. 1. 3. de Asia, αἱ ἐν τῇ ἠπείρῳ Ἑλληνίδες πόλεις. Nam quas copias Xenophon ex his oppidis venisse dicit, eas Diod. Sic. l. XIV. p. 670. Asiaticas fuisse tradit. Aristid. Panath. p. 27. οἱ ἐν τῇ ἠπείρῳ Ἴωνες· Auctor orat. funebr. in opp. Demosth. p. 1392. τὸν ἐξ ἁπάσης τῆς ἠπείρου στόλον dixit classem Persicam. Adde Paneg. §. μς'.

γὸν περιορῶντας, ἐξ ἧς δὲ καρποῦνται, τοσοῦτον πλοῦτον
κεκτημένους.

λζʹ. Ἡγοῦμαι δ', εἴ τινες ἄλλοθέν ποθεν ἐπελθόντες
θεαταὶ γένοιντο τῶν παρόντων πραγμάτων, πολλὴν ἂν αὐτοὺς καταγνῶναι μανίαν ἀμφοτέρων ἡμῶν, οἵ τινες οὕτω b
περὶ μικρῶν κινδυνεύομεν, ἐξὸν ἀδεῶς πολλὰ κεκτῆσθαι,
64 καὶ τὴν ἡμετέραν αὐτῶν χώραν διαφθείρομεν, ἀμελήσαντες [1]τὴν Ἀσίαν καρποῦσθαι. καὶ τῷ μὲν οὐδέν ἐστι προὐργιαίτερον ἢ σκοπεῖν ἐξ ὧν [2]μηδέποτε παυσόμεθα πολεμοῦντες πρὸς ἀλλήλους· ἡμεῖς δὲ τοσούτου δέομεν συγκρούειν
τι τῶν ἐκείνου πραγμάτων ἢ ποιεῖν στασιάζειν, ὥστε καὶ
τὰς διὰ [3]τύχην αὐτῷ γεγενημένας ταραχὰς [4]συνδιαλύειν
ἐπιχειροῦμεν, οἵ τινες καὶ τοῖν στρατοπέδοιν τοῖν περὶ c
Κύπρον ἐῶμεν αὐτὸν τῷ μὲν χρῆσθαι τὸ δὲ πολιορκεῖν,
ἀμφοτέροιν αὐτοῖν [5]τῆς Ἑλλάδος ὄντοιν. οἵ τε γὰρ ἀφεστῶτες πρὸς ἡμᾶς τ' οἰκείως ἔχουσι καὶ Λακεδαιμονίοις
σφᾶς αὐτοὺς ἐνδιδόασι, τῶν τε μετὰ Τιριβάζου στρατευομένων καὶ τοῦ πεζοῦ τὸ χρησιμώτατον ἐκ τῶνδε τῶν τόπων

[1] τοῦ τὴν A. C. L. [2] οὐδέποτε A. C. L. [3] τύχας A. C. L. [4] διαλύειν A. C. L. [5] ἐκ τῆς A. C. L.

et Henr. Steph. diatr. 7. in Isocr. p. 47. Vales. ad Harpocrat. p. 87. sq. IDEM. Cfr. quæ infra ad §. μςʹ. not. disseram. SPOHN.

Τῷ μὲν] Regi Persiæ. MOR. LANG.

Συγκρούειν] In aliqua parte ejus regni turbas seditionemve movere, sollicitando committere cum eo, *collidere bello*. Horat. Epp. I. 2. 7. Ut ergo Demosth. de Cor. c.7. συγκρούειν καὶ ταράττειν τὰ πράγματα dixit: ita et hic συγκρούειν est idem quod ποιεῖν στασιάζειν, alterum proprium, alterum translatum. Hoc loco tamen ἢ ποιεῖν στασιάζειν, ob illud ἢ, et explicandi speciem, glossemati similius est, quam synonymo addito. MOR. Non ita videtur; non enim idem est, sed diversum. SPOHN.

Ταραχὰς] Interpreter *seditiones*, tum quia de his loquitur, tum quia sequitur locus de defectione Evagoræ, exemplo ταραχῆς διὰ τύχην γεγενημένης. MOR.

Στρατοπέδοιν] Exercitus, quo socio Artaxerxes usus est ad Evagoram, Salaminiæ tyrannum, coercendum, qui Cyprum sibi vindicare moliebatur, fuit præcipue Ionum duce Tiribazo, quod hic narratur: is, quem obsedit, fuit Evagoræ, dimicantis contra Persas, a quorum imperio defecerat §. λθʹ. Sunt ergo οἱ ἀφεστῶτες Evagoras cum sociis, quorum nomina prodidit Diod. Sic. XV. 2. De Athen. et Evagoræ societate etiam Xen. Hellen. IV. 8. 24. V. 1. 40. IDEM.

Τῶν τόπων] Sed e quibus locis? An ex iis, in quibus orator versabatur, quos velut δεικτικῶς appellat? Quum autem rex Persiæ nullos e Græcia Europæa adjutores habuerit, sic videtur hoc referendum ad τὴν Ἑλλάδα, ut de Græcia Asiatica intelligatur (quam et Xenoph. Hell. II. 2. 3. etsi de alia re scribens, Ἑλλάδα appellat), quomodo mox Ἰωνία ponitur, e quo apparet, Isocratem voluisse hoc loco Ἑλλάδα latissimo significatu dicere. Nihilo minus durum est, quum nihil nisi Ἑλλὰς præcesserit, τούσδε τοὺς τόπους repente accipere de Asiatica Græcia. Præterea ἐκείνων τῶν τόπων scribendum fuit. Itaque vel nomen proprium latet in τῶνδε τῶν, vel commata sic transponenda sunt: τῶν τε μετὰ Τιριβάζου στρατευομένων καὶ τοῦ ναυτικοῦ τὸ πλεῖστον μέρος ἀπ' Ἰωνίας συμπέπλευκεν, καὶ τοῦ πεζοῦ τὸ χρησιμώτατον ἐκ τῶνδε (f. τούτων) τῶν τόπων (i. e. Ἰωνίας) ἤθροισται. IDEM. Coraes ita hæc verba struit et explicat: καὶ τὸ χρησιμώτατον τοῦ πεζοῦ τῶν στρατευομένων μετὰ Τιριβάζου (τοῦ Περσικοῦ σατράπου) συνήθροισται ἐκ τῶν-

ἤθροισται, καὶ τοῦ ναυτικοῦ τὸ πλεῖστον μέρος ἀπ' Ἰωνίας
d συμπέπλευκεν, οἳ πολὺ ἂν ἥδιον κοινῇ τὴν Ἀσίαν ἐπόρθουν
ἢ πρὸς ἀλλήλους ἕνεκα μικρῶν ἐκινδύνευον. ὧν ἡμεῖς οὐδεμίαν ποιούμεθα πρόνοιαν, ἀλλὰ περὶ μὲν τῶν Κυκλάδων
νήσων ἀμφισβητοῦμεν, τοσαύτας δὲ τὸ πλῆθος [1]πόλεις καὶ
τηλικαύτας τὸ μέγεθος δυνάμεις οὕτως εἰκῇ τῷ βαρβάρῳ
παραδεδώκαμεν. τοιγαροῦν τὰ μὲν ἔχει, τὰ δὲ μέλλει,
τοῖς δ' ἐπιβουλεύει, δικαίως ἁπάντων ἡμῶν καταπεφρονη-
e κώς. διαπέπρακται γὰρ ὃ τῶν ἐκείνου προγόνων οὐδεὶς πώ-
ποτε· τήν τε γὰρ Ἀσίαν διωμολόγηται καὶ παρ' ἡμῶν καὶ
παρὰ Λακεδαιμονίων βασιλέως εἶναι, τάς τε πόλεις τὰς
Ἑλληνίδας οὕτω κυρίως παρείληφεν, ὥστε τὰς μὲν αὐτῶν
κατασκάπτειν, ἐν δὲ ταῖς ἀκροπόλεις [2]ἐντειχίζειν. καὶ
ταῦτα πάντα γέγονε διὰ τὴν ἡμετέραν ἄνοιαν, ἀλλ' οὐ διὰ
τὴν ἐκείνου δύναμιν.

60 λη'. Καίτοι τινὲς θαυμάζουσι τὸ μέγεθος τῶν βασιλέως
πραγμάτων, καὶ φασὶν αὐτὸν εἶναι δυσπολέμητον, διεξιόντες ὡς πολλὰς τὰς μεταβολὰς [3]τοῖς Ἕλλησι [4]πεποίηκεν.
ἐγὼ δ' ἡγοῦμαι μὲν τοὺς [5]ταῦτα λέγοντας οὐκ ἀποτρέπειν
ἀλλ' ἐπισπεύδειν τὴν [6]στρατείαν· εἰ γὰρ ἡμῶν ὁμονοησάν-

[1] τριήρεις A. C. L. [2] τειχίζειν A. C. L. [3] ἐν τοῖς A. C. L.
[4] πεποίηται A. C. L. [5] ταῦτα τοὺς A. C. L. [6] στρατιάν A.

δε τῶν τόπων (Κύπρου τε δηλονότι καὶ τῶν περὶ Κύπρον τόπων, μάλιστα δὲ τῆς κατέναντι Κιλικιακῆς παραλίας, Δωρικαῖς ἀποικίαις τὸ πάλαι κατεχομένης), καὶ τὸ πλεῖστον μέρος τοῦ ναυτικοῦ ἀπ' Ἰωνίας (τοῦτ' ἔστι τῆς Ἀσιανῆς Ἑλλάδος) συμπέπλευκε. Sed nonnisi transpositio est, sive ὕστερον πρότερον; et navales copiæ ex Ionia secutæ et terrestres in illa regione collectæ sunt. Non alienum esse hunc modum loquendi ab Isocrate, docent, si exemplis opus est in re plana, Evagor. §. ιβ'. κβ'. SPOHN.

Τὴν Ἀσίαν] Persiam. ἐπόρθουν ἂν dictum est pro πορθοῖεν ἄν, *prædari vellent*. MOR. Minime, illud enim significaret: fieri forsitan potuisse, ut etc., hoc autem denotat: qui multo lubentius, opinor, vastabant, i. e. vastare volebant. SPOHN.

Ἀλλήλους] Iones cum Cypriis de unius Evagoræ possessione. MOR.

Περὶ μὲν τῶν Κυκλ.] Περὶ τῶν μὲν Κυκλ. WOLF.

Ἐν δὲ ταῖς] Insolentius dictum pro solenni ἐν ταῖς δὲ — Sic supr. § κγ'. τοῖς μὲν γὰρ οὐχ ἁρμόττουσι πράξεις, πρὸς δὲ τοὺς οὐκ εἰσὶν ἁρμόττοντες λόγοι. infr. §. μα'. εἰς μὲν τοὺς ὑβρίσοντες, τοῖς δὲ δουλεύοντες. vid. H. Steph. de dial. Att. p. 184. et Reizius de accent. inclin. p. 13. WENDLER.

Πεποίηται] Ἴσως· πεποίηκεν. COR. Non video, qui eo delabi potuerit, nam et sensus planus est (non quidem in se, sed sibi, in commodum suum, talia perfecerat), et in quibus perfectum et plusquamperfectum medii non usitata sunt, eadem tempora e passivo peti solent. Ita Areopagit. §. ι'. λ'. Demonic. §. ς'. Evag. §. λα'. pac. §. λα'. Archidam. §. α'. Evag. §. κα'. et sæp., cfr. Viger. p. 216. et 748. ed. Hermann. sec. et quos ibi laudat, Stephan. de Dial. Attic. p. 65. Markland. post Suppl. Eurip. p. 281. Fischer. præfat. ad Well. p. 12. sq., quibus adde Maittair. p. 107. ed. Sturz., Fisch. ad Well. T. III. b. p. 62. sq., Dorvill. ad Charit. p. 604. ed. Lips., Matth. Gr. Gr. §. 493. Poppo. Observat. crit. in Thucyd. p. 76. sq. In sequentibus a recepta ratione distinguendarum enunciationum recessi. SPOHN.

των [1] αὐτὸς ἐν ταραχαῖς ὢν χαλεπὸς ἔσται [2] προσπολεμεῖν, ἦ που σφόδρα χρὴ δεδιέναι τὸν καιρὸν ἐκεῖνον, ὅταν
τὰ μὲν τῶν βαρβάρων καταστῇ καὶ διὰ μιᾶς γένηται γνώ- b
65 μης, ἡμεῖς δὲ πρὸς ἀλλήλους ὥσπερ νῦν πολεμικῶς ἔχωμεν.
οὐ μὴν οὐδ᾽ εἰ συναγορεύουσι τοῖς ὑπ᾽ ἐμοῦ λεγομένοις, οὐδ᾽
ὣς ὀρθῶς περὶ τῆς ἐκείνου δυνάμεως γιγνώσκουσιν. εἰ μὲν
γὰρ ἀπέφαινον αὐτὸν ἅμα [3] τοῖν πολέοιν ἀμφοτέροιν πρότερόν ποτε περιγεγενημένον, εἰκότως ἂν ἡμᾶς καὶ νῦν ἐκφοβεῖν ἐπεχείρουν. εἰ δὲ τοῦτο μὲν [4] μὴ γέγονεν, ἀντιπάλων
δ᾽ ὄντων ἡμῶν καὶ Λακεδαιμονίων προσθέμενος τοῖς ἑτέροις c
ἐπικυδέστερα τὰ πράγματα [5] θάτερ᾽ ἐποίησεν, οὐδέν ἐστι
τοῦτο σημεῖον τῆς ἐκείνου ῥώμης. ἐν γὰρ τοῖς τοιούτοις καιροῖς πολλάκις μικραὶ δυνάμεις μεγάλας [6] τὰς ῥοπὰς ἐποίη-
σαν· ἐπεὶ καὶ περὶ Χίων ἔχοιμ᾽ ἂν τοῦτον τὸν λόγον εἰπεῖν,
ὡς ὁποτέροις ἐκεῖνοι προσθέσθαι βουληθεῖεν, οὗτοι κατὰ
θάλατταν κρείττους ἦσαν.

λθ΄. Ἀλλὰ γὰρ οὐκ ἐκ τούτων δίκαιόν ἐστι σκοπεῖν τὴν
βασιλέως δύναμιν, ἐξ ὧν μεθ᾽ ἑκατέρων γέγονεν, ἀλλ᾽ ἐξ ὧν d
αὐτὸς ὑπὲρ αὑτοῦ πεπολέμηκε. καὶ πρῶτον μὲν ἀποστάσης
Αἰγύπτου τί διαπέπρακται πρὸς τοὺς ἔχοντας αὐτήν; οὐκ
ἐκεῖνος μὲν ἐπὶ τὸν πόλεμον τοῦτον κατέπεμψε τοὺς εὐδοκιμωτάτους Περσῶν, [7] Ἀβροκόμαν καὶ Τιθραύστην καὶ

[1] ἁπάντων αὐτὸς A. C. L. [2] πρὸς τὸ πολεμεῖν A. [3] ταῖν πολέοιν ἀμφοτέραιν A. C. L. [4] μηδέποτε A. C. L. [5] τούτων A. C. L. [6] τὰς om. A. C. L. [7] Ἀκροκόμαν A. C. L.

Ἐν ταραχαῖς ὢν] Utens regno perturbato seditionibus, ut ipso illo tempore cum Evagora, qui defecerat, bellum gerebat. Cf. §. λθ΄. Mor.

Πρὸς τὸ πολεμεῖν] Wolfius e conjectura recepit προσπολεμεῖν, *oppugnatu*. recte, opinor. Nam primo postulat hoc usus loquendi in hac ipsa formula, χαλεπὸς προσπολεμεῖν, Thuc. VII. 51. (ubi Scholiastes χαλεπὸν προσπ. interpretatur δυσεπιχείρητον), deinde analogia linguæ, jungentis talia adjectiva infinitivis, χαλεπὸς ἄρξαι, difficilis imperatu, qui difficulter gubernari potest, Thuc. VII. 14. aut φοβερὸς προσπολεμεῖν, Demosth. Olynth. 2. p. 54. ed Reisk. Idem. Lectionem προσπολεμεῖν probat quoque Dorville ad Charit. p. 534. additque, non opus esse passivo. Sic Lucian. Phalar. Pr. p. 190. ἀποτρόπαιά μοι ἀκοῦσαι ἦν, ubi recte Schol. explicat ἀκουσθῆναι. Wendler. Vide quæ notarunt Fischer. ad Well. III. b. p. 24. interp. ad Viger. 187. ed. II. Hermann., Matthiæ Gr. Gr. p. 765. sq., Dorvill. ad Charit. p. 434. sq. 469. 526. et imprimis Poppo. Observat. crit. ad Thucyd. p. 73. sqq. Spohn.

Ὅταν — γνώμης] *quando barbari tranquilli et concordes erunt.* Lang.

Πολεμικῶς] Wolf. mavult πολεμίως ἔχειν, *hostilem esse*; quum πολεμικῶς ἔχειν sit *bellicosum esse.* Idem.

Ἐπικυδέστερα] Ἐνδοξότερα, ἐπικρατέστερα Hesychius, cfr. etiam Zonar. p. 793. Spohn.

Οὐκ — ἐπάρχειν] Egi de hoc loco, quem inclusi, in Conjectura de tempore Panegyrici. Nomen satrapæ Persici, Ἀκροκόμας, Harpocratio inseruit Lexico suo; sed ibi Ἀβροκόμας dicitur. Mor. Ita etiam in Suidæ Lexico, et apud Zonaram Ἀβροκόμας ex Harpocrat. Spohn.

Φαρνάβαζον; οὗτοι δὲ τρί' ἔτη μείναντες, καὶ πλείω κακὰ παθόντες ἢ ποιήσαντες, τελευτῶντες οὕτως αἰσχρῶς ἀπηλλάγησαν, ὥστε τοὺς ἀφεστῶτας μηκέτι τὴν ἐλευθερίαν
e ἀγαπᾶν, ἀλλ' ἤδη καὶ τῶν ὁμόρων ζητεῖν ἐπάρχειν; μετὰ δὲ ταῦτα ἐπ' Εὐαγόραν στρατεύσας, ὃς ἄρχει μὲν μιᾶς πόλεως [1][τῶν ἐν Κύπρῳ], ἐν δὲ ταῖς συνθήκαις ἔκδοτός ἐστιν, οἰκῶν δὲ νῆσον κατὰ μὲν θάλατταν προδεδυστύχηκεν, ὑπὲρ δὲ τῆς χώρας τρισχιλίους [2] ἔχει μόνον πελταστάς, ἀλλ' ὅμως οὕτω ταπεινῆς δυνάμεως οὐ δύναται περιγενέσθαι βασιλεὺς πολεμῶν, ἀλλ' ἤδη μὲν ἓξ ἔτη διατέτριφεν, εἰ δὲ δεῖ τὰ μέλλοντα τοῖς γεγενημένοις τεκμαίρεσθαι, πολὺ πλείων ἐλπίς ἐστιν ἕτερον ἀποστῆναι πρὶν ἐκεῖνον ἐκπο-

[1] uncos om. A. C. L.

[2] εἶχε A. C.

Εὐαγόραν] Voluerat Evagoras, Salaminiorum tyrannus, subjectam Artaxerxi Mnemoni Cyprum sibi omnino vindicare (cf. c. 37. n. Diod. Sic. XIV. 98.), quare bellum exarsit (XV. 2.), quod, si numeros recte iniit Diodorus, per decem annos sic gestum est, ut duobus annis extremis pugnaretur, reliquum tempus apparatu insumeretur (XV. 9. vid. Wesseling.), Evagoras denique, navali prælio victus, obsidione pressus, et a sociis fere derelictus, pacem peteret (ibid.). Historiam Evagoræ laudandi causa narravit Isocr. Evag. §. ια'. Mor.

'Εν Κύπρῳ] Sed non debebat Isocrates reticere, Evagoram omni fere Cypro imperasse (Diod. Sic. XV. 2.), cujus urbes et consilio et vi sibi adjunxerat (id XIV. 98.), et multas cum aliis societates contraxisse (id. XV. 2.). Idem.

Ἔκδοτος] Fœdere non comprehensus, sed Artaxerxi deditus erat. Nam pace Antalcidæ Cyprus in Persarum potestatem venit. Xen. Hellen. V. 1. 28. Hinc Cypriorum nonnulli adversus vim Evagoræ, late imperitantis, Artaxerxem in auxilium vocarunt. Idem.

Οἰκῶν κ. τ. λ.] *qui, etsi in ipsa insula habitat*, et inde multo plus opportunitatis ad bellum habet, quam hostes, procul venientes, et a patria longe remoti, *tamen* προδεδυστύχηκε, *ab initio infeliciter pugnavit cum classe hostili, et tria tantum millia peditum, quibus insulam defendat, habet*. Legerim ἔχει, pro εἶχε, ut Wolfius e conjectura edidit. Idem. Langius hæc notat: 'Wolf. ad vocem νῆσον adjicit: quæ fugam intercludit. Ego vero, quum neutra explicatio satisfaciat, commate post ἐστιν deleto δὲque incluso locum uti nunc est ita interpretor: *quique in fœdere* (Antalcidæ), *quo tota Cyprus Persarum regi tradita est, ipse quoque, partem ejusdem possidens deditus est.* Si quis vero verba: οἰκῶν δὲ τὴν νῆσον vel pro glossemate habere vel aliter corrigere velit, lubenter accedo.' Nihil mutandum est; neque εἶχε sollicitandum, quum de re continuata ex altera parte præterita, ex altera vero præsente sermo sit: *per omne illud tempus habebat et etiamnum habet.* Spohn.

Προσδεδυστύχηκεν] Evagoram primo navali congressu victum esse, narrat Diod. Sic. XV. 3. Hinc conclusi, προδεδυστυχηκότα esse hoc loco, *qui ab initio male pugnavit*. Mor.

Τῆς χώρας] Victus navali prœlio, in ipsa insula obsessus est (Diod. Sic. XV. 4. 8.), et ὑπὲρ τῆς χώρας pugnare coactus. Idem.

Πελταστὰς] Diod. Sic. XV. 2. Evagoram, præter socios, habuisse dicit militum sex millia. Nempe ab initio. Sed victum navali prælio, obsessumque Salamine, a sociis relictum esse narrat, XV. 8. Sic ergo fieri potuit, ut ejus copiæ tandem ad trium millium paucitatem redigerentur. Idem.

Διατέτριφεν] Si ergo tum, quum Isocrates hæc scripsit, sextus hujus belli annus exactus est, aut septimus agebatur, si eo anno clades navalis jam acciderat, et insula obsidebatur: non concedi potest Diodoro Sic. (XV. 9.), nono aut decimo anno finitum esse hoc bellum. Nam finitum est hac ipsa obsidione, quæ, auctore Isocrate, in septimum annum belli incidit. Et cur non assentiamus, monente ad h. l. Diodori Wesselingio, Isocrati, qui eo ipso tempore vixit? Quare Diodorus non accurate narravit, decem annos insumptos esse. Idem.

λιορκηθῆναι· τοιαῦται βραδυτῆτες ἐν ταῖς πράξεσι ταῖς βασιλέως ἔνεισιν. ἐν δὲ τῷ πολέμῳ τῷ περὶ [1]Ῥόδον ἔχων μὲν
τοὺς Λακεδαιμονίων συμμάχους εὔνους διὰ τὴν χαλεπότητα
τῶν πολιτειῶν, χρώμενος δὲ ταῖς ὑπηρεσίαις ταῖς παρ' ἡμῶν, b
6 στρατηγοῦντος δὲ αὐτῷ Κόνωνος, ὃς ἦν ἐπιμελέστατος μὲν
τῶν στρατηγῶν, πιστότατος δὲ τοῖς Ἕλλησιν, ἐμπειρότατος
δὲ τῶν πρὸς τὸν πόλεμον κινδύνων, τοιοῦτον λαβὼν συναγωνιστὴν, τρία μὲν ἔτη περιεῖδε τὸ ναυτικὸν [2]τὸ προκινδυνεῦον ὑπὲρ τῆς Ἀσίας ὑπὸ τριήρων ἑκατὸν [3]μόνων πολιορ-
κούμενον, πεντεκαίδεκα δὲ μηνῶν τοὺς στρατιώτας τὸν μισθὸν ἀπεστέρησεν, ὥστε τὸ μὲν ἐπ' ἐκείνῳ πολλάκις ἂν
διελύθησαν, διὰ δὲ τὸν ἐφεστῶτα κίνδυνον καὶ τὴν συμμα- c
χίαν τὴν περὶ Κόρινθον συστᾶσαν μόλις ποτὲ ναυμαχοῦντες

[1] Κνίδον A. C. L. [2] τὸ περὶ τὴν Ἀσίαν A. C. L. [3] μόνον A. C. L.

Ἐκπολιορκηθῆναι] Ergo tum maxime obsidebatur Evagoras anno septimo. Hæc autem obsidio finem fecit paulo post bello. Proinde bellum non per decem annos tractum est. Cæterum Isocratem spes fefellit: nam Evagoras hac ipsa obsidione tandem coercitus est. Idem.

Ἐν τῷ πολέμῳ] Narratio de hoc bello, quod rex Persiæ, duce Conone socioque Evagora usus, contra Lacedæmonios gessit, occurrit in Evag. §. κα'. Or. ad Phil. §. κε'. [adde Areopag. §. ε'.] Xen. Hellen. IV. 3. 6. Diod. Sic. XIV. 39. 79. 83. Justin. IV. 2. 3. Cornel. Con. II. 3. 4. Meminit et Plutarch. in Artaxerxe p. 1022. ed. Francof. Quibus quidem locis quum constanter tradatur, ad Gnidum a Conone bellum gestum esse, debui e conjectura Wolfii Κνίδον atque Κόνωνος recipere, quum ante Wolfium contra omnem historiæ fidem Ῥόδον et Κίμωνος legeretur. Idem. His locis de hac pugna F. A. Wolfius in orat. Demosth. Leptin. §. ις'. addit Andoc. de pac. §. δ'. Dinarch. in Demosthen. §. γ'. Quum mirus codicum consensus in hoc loco Ῥόδον defendat, et hæc pugna non solum potuerit ibi commissa dici, quod etiam Coraes vidit, quoniam Rhodus vicina erat, sed etiam a Schol. ad loc. Demosth. περὶ Ῥόδον pugnata dicatur, pristinam lectionem Ῥόδον, quæ ab H. Wolfio expulsa est et a Steph. aliisque rejecta, revocavi. Cfr. præterea Ernest. ad Xenoph. Memorab. III. 5. 4. quem etiam F. A. Wolfius laudat, Drakenborch. ad Liv. XXXIX. 49. et de simili re Dorvill. ad Charit. p. 571. ed. Lips. Spohn.

Χαλεπότητα] *quia ferre non poterant formam civitatum, a Lacedæmoniis institutam.* cf. §. λβ'. Diod. Sic. XIV. 82. διὰ τὸ βάρος τῆς ἐπιστάσεως, plane eodem sensu. Xenoph. Mem. II. 2. 7. ἡ χαλεπότης τῆς μητρὸς, *mores matris, quos filius ferre nequit.* Liv. "gravis ordo senatorius," i. e. plebi molestus. Cononem secuti sunt Rhodii, desertis Lacedæmoniis. Diod. Sic. XIV. 79. Cf. paulo post v. pen. Mor.

Ὑπηρεσίαις] *ministeriis.* Rectius ὑπειρεσίαις, *remigiis.* Wolf. Varia nostra Atheniensium opera usus est, nos commoda ei ministravimus. Scilicet cum Tithraustes, satrapa Persicus, vim Agesilai, tum in Asia bellum gerentis, timeret: pecunia sollicitavit Græcos, ut bello Spartanis inferendo Agesilaum redire cogerent. Effecta igitur societas est, cui et Athenienses se adjunxerunt. Sic Agesilao redire coacto inservierunt Athenienses Persis, et commodum iis ingens ministrarunt. Xenoph. Hellen. III. 5. 1. 9. it. 4. 2. Mor. Wieland. Mus. Attic. I. 1. p. 105. ὑπειρεσίαις. Recte Auger. *où ses vaisseaux étoient remplis de rameurs Athéniens.* Sic Demosth. p. 1208. 20. 1214. 23. 1216. 13. 1217. 2. Thuc. I. 143. cfr. Ducker. ad eund. VI. 31. VIII. 1. Diod. Sic. XIV. 54. Spohn.

Ἐμπειρότατος] Respicit hunc locum Eustathius ad Il. A. v. 225. Tom. 1. p. 179. seq. ed. Polit. In sequentibus errore affuit ὅστε, mutavi etiam rationem interpungendi. Mor.

Συμμαχίαν] Hæc est ipsa illa contra Spartanos conflata societas, de qua v.

ἐνίκησαν. καὶ ταῦτ' ἐστὶ τὰ βασιλικώτατα καὶ σεμνότατα τῶν ἐκείνῳ πεπραγμένων, καὶ περὶ ὧν οὐδέποτε παύονται λέγοντες οἱ βουλόμενοι τὰ τῶν βαρβάρων μεγάλα ποιεῖν.

μ'. Ὥστ' οὐδεὶς ἂν ἔχοι τοῦτ' εἰπεῖν, ὡς οὐ [1] δικαίως
χρῶμαι τοῖς παραδείγμασιν, οὐδ' ὡς ἐπὶ μικροῖς διατρίβω
d τὰς μεγίστας τῶν πράξεων [2] παραλείπων· φεύγων γὰρ
ταύτην τὴν αἰτίαν τὰ κάλλιστα τῶν ἔργων διῆλθον, οὐκ
ἀμνημονῶν οὐδ' ἐκείνων, ὅτι Δερκυλλίδας μὲν χιλίους ἔχων
ὁπλίτας τῆς Αἰολίδος [3] ἐπῆρχε, Δράκων δὲ Ἀταρνέα καταλαβὼν καὶ τρισχιλίους πελταστὰς συλλέξας τὸ Μύσιον
πεδίον ἀνάστατον ἐποίησε, [4] Θίβρων δὲ ὀλίγῳ πλείους τούτων διαβιβάσας τὴν Λυδίαν [5] ἅπασαν ἐπόρθησεν, Ἀγη-
e σίλαος δὲ τῷ [6] Κυρείῳ [7] στρατεύματι χρώμενος μικροῦ δεῖν

[1] δικαίοις A. G. L. [2] παραλιπὼν A. G. L. [3] ἐπῆρξε A. C. L.
[4] Θίμβρων A. C. [5] πᾶσαν A. C. L. [6] Κύρου A. [7] στρατοπέδῳ A. C.

4. dixi. Nam quoniam Corinthi exercitus collectus est (Diod. Sic. XIV. 83.), indidemque ad bellum profectus (Xen. Hell. IV. 4. 1.), et commune sociorum concilium ibi habitum (Diod. Sic. XIV. 82. ἐν τῇ Κορίνθῳ κοινὸν συνέδριον κατεστήσαντο), ipsum bellum dictum est Corinthiacum. Hinc Diod. Sic. XIV. 87. Τῶν κατὰ τὸν πόλεμον (τοῦτον) δεινῶν σχεδόν τι περὶ τὴν Κόρινθον γενομένων, ὁ πόλεμος οὗτος ἐκλήθη Κορινθιακός. Sic Isocr. Plataic. §. ιβ'. Apud Xenoph. IV. 2. 8. οἱ περὶ τοὺς Κορινθίους opponuntur τοῖς περὶ τοὺς Λακεδαιμονίους. IDEM.

Ἀμνημονῶν] Cfr. Priscian. l. XVIII. p. 1174. COR.

Δερκυλλίδας] Dercyllidas, a Lacedæmoniis in Asiam harmosta missus, Thibroni successit, qui iniquius erga socios se gesserat. Xen. Hellen. III. 1. 6. sqq. Diod. Sic. XIV. 38. Justin. VI. 1. 2. scribitur *Hercyllides*. Harpocratio, Dercyllidam regem Lacedæmoniorum appellans, abusus est regis nomine. MOR.

Δράκων] Dracon Atarneo, oppido Mysiæ, e regione Lesbi sito et a Dercyllida occupato, præfectus est. Xenoph. Hell. III. 2. 9. Cf. Harpocratio in Δράκων, et Ἀταρνεύς, et Hutchinson. Dissertat. ad Xenoph. de Expedit. Cyri, p. 39. Ed. Lips. IDEM. Cf. Zonar. Berkel. et Holsten. ad Stephan. Byzant. s. h. v. Valckenaer. ad Herodot. I. 160. Wesseling. ad Diodor. Sic. XVI. 52. et Herodot. VI. 4. Maussac. ad Harpoc. p. 272. et Vales. in ejusd. not. p. 337. ed. Gronov. SPOHN.

Θίβρων] Vulgo Θίμβρων, de qua varietate Wesseling. ad Diod. Sic. XIV. 36. egregie disputavit. Res ita se habuit. Postquam Artaxerxes adjutores Cyri fratris ulcisci cœperat, Iones a Lacedæmoniis auxilium petierunt. Itaque Thibro harmosta missus est. Diod. Sic. l. c. Xen. Hellen. III. 1. 3. Occupatis tum aliquot oppidis (ibid.), redire Spartam jussus est: sed paullo ante pacem Antalcidæ denuo in Asiam missus ἔφερε καὶ ἦγε τὴν βασιλέως. Xenoph. Hellen. IV. 8. 17. Diod. Sic. XIV. 99. Cf. Harpocratio in Θίμβρων. MOR. Wesseling. ad Diod. Sic. XIII. 66. ad Herodot. II. 164. Schneider. Xenoph. Anab. VII. 2. 28. Ephem. lit. Ien. a. 1809. p. 128. et omnino Thes. Stephan. T. III. p. 1147. Interprr. Hesych. s. v. συμβίνη, Reland. Palæst. III. p. 911. Dorvill. ad Chariton. p. 469. 601. 672. ed. Lips. Orus in Etymol. M. p. 69. l. 16. ed. Sylb. et imprimis Hemsterhuis. ad Aristoph. Plut. v. 729. De hoc nomine Vales. ad Harpocr. p. 93. ed. Gronov. et Wesseling. l. a Moro laudatum. SPOHN.

Διαβιβάσας] Ναυσὶ δηλονότι διὰ τοῦ Ἑλλησπόντου διαγαγών. WOLF.

Ἀγησίλαος] Reliquiæ Græcorum, qui Cyrum minorem in illa nobilissima expeditione adversus fratrem adjuverant, et victo Cyro se duce Xenophonte receperant, adjunxerant se Agesilao, tum in Asia pugnanti adversus Persas. v. ad Xenoph. Hellen. III. 4. 20. Quum autem Agesilaus illo tempore multos alios Europæos et Asiaticos habuerit in exercitu (Xen.

τῆς ἐντὸς Ἅλυος χώρας ἁπάσης ἐκράτησε. καὶ [1]μὴν οὐδὲ τὴν στρατιὰν τὴν μετὰ βασιλέως περιπολοῦσαν, οὐδὲ τὴν Περσῶν [2]ἀνδρίαν ἄξιον φοβηθῆναι· καὶ γὰρ ἐκεῖνοι φανερῶς ἐπεδείχθησαν ὑπὸ τῶν Κύρῳ συναναβάντων οὐδὲν βελτίους
ὄντες τῶν ἐπὶ [3]θαλάττῃ. τὰς μὲν γὰρ ἄλλας μάχας ὅσας 71
ἡττήθησαν ἐῶ, καὶ τίθημι στασιάζειν αὐτοὺς καὶ μὴ βούλεσθαι προθύμως πρὸς τὸν ἀδελφὸν [4]τὸν βασιλέως διακινδυνεύειν· ἀλλ᾽ ἐπειδὴ Κύρου τελευτήσαντος συνῆλθον ἅπαντες οἱ τὴν Ἀσίαν κατοικοῦντες, ἐν τούτοις τοῖς καιροῖς οὕτως αἰσχρῶς ἐπολέμησαν, ὥστε μηδένα λόγον [5]ὑπολιπεῖν τοῖς εἰθισμένοις τὴν [6]Περσῶν [2]ἀνδρίαν ἐπαινεῖν. λαβόντες γὰρ
ἑξακισχιλίους τῶν Ἑλλήνων, οὐκ ἀριστίνδην [7]ἐπειλεγμένους, b
7 ἀλλ᾽ οἳ διὰ φαυλότητα ἐν ταῖς αὑτῶν πόλεσιν οὐχ οἷοί τ᾽

[1] μὴν om. A. C. L. [2] ἀνδρείαν A. [3] θαλάττης A. C. L. [4] τοῦ A. C. L. [5] ὑπολείπειν A. L. τῶν Περσῶν A. C. L. [7] μὲν ἐπιλελεγμένους A. C. L.

Hellen. III. 4. 2. 3. Agesil. 1. 14. sqq.), non video, cur Isocrates hoc loco eum tantummodo reliquias exercitus, qui Cyrum adjuverat, habuisse dicat, quasi non alios multos in exercitu habuisset. An simpliciter tempus hoc additamento notare voluit: *tunc, quum illas reliquias in exercitu suo habebat?* Agesilaus enim sæpe pugnavit adversus Persas alio tempore. Præterea Harpocratio in Κυρεῖον exstare dicit hoc verbum in Isocratis Panegyrico, et interpretatur Κυρεῖον στράτευμα. Sed non exstat in Panegyrico. Ergo in hoc nostro Isocratis loco legerim: τῷ Κυρείῳ χρώμενος. Hoc aliquis explicaturus in margine τῷ Κύρου στρατοπέδῳ scripsit, quod glossema in textum venit. Harpocrationis locum Suidas T. II. p. 401. corruptum exhibet. Mor. Cfr. præterea Photium, Phavorinum, Plutarch. Tom. I. 605. II. p. 212. Xenoph. Expedit. Cyr. I. 10. 1. quæ addi possunt iis, quæ Carol. Segaar. in Act. Traject. I. p. 81. sqq. collegit, qui etiam Κυρείῳ probare videtur. Κυρείῳ στρατεύματι, quum loci Glossogr. II. hoc diserte flagitent, ego quoque recepi. Κύρου στρατοπέδῳ ejus glossa esse videtur, quæ uti multæ aliæ deinde in textum recepta est, formula, quæ minus usitata erat, expulsa. Spohn.

Ἀνδρίαν] Ἀνδρείαν Wolf. De qua mutatione Dorvillius ad Chariton. p. 405. (p. 446. ed. Lips.) præclare judicat: 'Nollem, in Isocrate contra fidem antiquarum editionum ubique ἀνδρεία repositum.' Nam in perpetua scribendi varietate vix potest certa lex in solutæ orationis scriptoribus esse, ut adeo monumentorum veterum scriptura tenenda videatur. Persæ hic opponuntur populis Asiæ minoris, de quibus huc usque dixerat. Mor.

Συναναβάντων] Xenoph. Hist. III. 14. οἱ ἀναβάντες μετὰ Κύρου. Idem.

Ἐπὶ θαλάττῃ] Οἱ ἐπὶ θαλάττης, qui in Asia minore habitant, etiam non prope oras. Nam qui e Persia Asiam minorem adeunt, versus mare e mediterraneis proficiscuntur. Sic §. μα΄. καταβαίνοντες ἐπὶ θάλατταν, satrapæ, qui e Persia in Asiæ minoris provincias mittuntur. Infra, hoc ipso capite, ἡ παραλία τῆς Ἀσίας, de iisdem provinciis. §. μγ΄. αἱ πόλεις αἱ ἐπὶ θαλάττῃ, urbes Asiæ minoris. Xen. Hell. I. 4. 1. et Diod. Sic. XIV. 12. Κῦρος ἄρχων τῶν ἐπὶ θαλάττης σατραπῶν. Idem XI. 2. provincias πάσης τῆς παραθαλαττίου, quæ Xerxi paret, sic enarrat, ut Asia minor describatur. Hinc in Xen. Hell. III. 4.27. πόλεις ἐπιθαλαττίδιοι. Cæterum de bello Cyri adversus fratrem Artaxerxem nota sunt omnia e Xenophonte de expeditione Cyri, et Diod. Sic. XIV. 19. sqq. Idem.

Τίθημι] *pono* seu *concedo*. Lang.

Ἑξακισχ. τῶν Ἑλλ.] *quum iis hostes obtigissent sex millia Græcorum.* Secundum Xenophontem anab. V. 3. 4. e decem millibus Græcorum, qui cum Gyro fuerant, reversi sunt octo millia et sexcenti. Rem denuo narravit Isocrates or. ad Phil. §. λζ΄. Mor.

Μὲν ἐπιλελεγ.] Μὲν superfluum esse putans Coraes, et e librariorum incuria ortum, errat. Spohn.

ἦσαν ζῆν, ἀπείρους μὲν τῆς χώρας ὄντας, ἐρήμους δὲ συμμάχων γεγενημένους, [1] προδεδομένους δ' ὑπὸ τῶν συναναβάντων, ἀπεστερημένους δὲ τοῦ στρατηγοῦ μεθ' οὗ συνηκολούθησαν, τοσοῦτον ἥττους αὐτῶν ἦσαν, ὥςθ' ὁ βασιλεύς, ἀπορήσας τοῖς παροῦσι καὶ καταφρονήσας τῆς περὶ αὐτὸν
c δυνάμεως, τοὺς ἄρχοντας τοὺς τῶν [2] ἐπικούρων ὑποσπόνδους συλλαβεῖν ἐτόλμησεν, ὡς εἰ τοῦτο παρανομήσειε συνταράξων τὸ στρατόπεδον, καὶ μᾶλλον εἵλετο περὶ τοὺς θεοὺς ἐξαμαρτεῖν ἢ πρὸς ἐκείνους ἐκ τοῦ φανεροῦ διαγωνίσασθαι. διαμαρτὼν δὲ τῆς ἐπιβουλῆς, καὶ τῶν στρατιωτῶν συμμεινάντων καὶ καλῶς [3] ἐνεγκόντων τὴν συμφορὰν, ἀπιοῦσιν αὐτοῖς [4] Τισσαφέρνην καὶ τοὺς ἱππέας συνέπεμψεν, ὑφ' ὧν ἐκεῖνοι παρὰ πᾶσαν ἐπιβουλευόμενοι τὴν ὁδὸν ὁμοίως διεπο-
d ρεύθησαν ὥσπερανεὶ προπεμπόμενοι, μάλιστα μὲν φοβούμενοι τὴν ἀοίκητον τῆς χώρας, μέγιστον δὲ τῶν ἀγαθῶν νομίζοντες εἰ τῶν πολεμίων ὡς πλείστοις ἐντύχοιεν. κεφάλαιον δὲ τῶν εἰρημένων· ἐκεῖνοι γὰρ, οὐκ ἐπὶ [5] λείαν ἐλθόντες

[1] προδιδομένους C. [2] Ἑλλήνων A. C. L. [3] ἐνεγκάντων A. C. L.
[4] Τισαφέρνην A. C. L. [5] Μυσῶν λείαν C. μὲν λείαν L.

Τοῦ στρατηγοῦ] Cyrus potius quam Clearchus intelligatur. Wolf.

Συνηκολούθησαν] Cfr. Priscian. p. 1104. Putsch. Spohn.

Συλλαβεῖν] Xenoph. anab. II. c. 5. 6. Mor.

Ἐπιβουλῆς] Wolf. suspicatur ἐπιβολῆς, sine necessitate. Idem.

Τισαφέρνην] Xen. anab. l. III. c. 4. sqq. ubi semper, ut apud alios, scribitur Τισσαφέρνης. Idem.

Ἀοίκητον] Diod. Sic. XIV. 25. extr. Idem.

Ἐπιμέλειαν] Ἐπὶ μὲν λείαν, ne esset locus sine sensu, cum Wolf. edidi. Idem laudat conjecturam Justi Velsii, ἐπί γε λείαν. Idem. Coraes conjecit ἐπὶ Μυσῶν λείαν. Est hoc proverbium de iis, qui facile agros suos vastari sibique quamvis injuriam inferri patiuntur, neque se defendentes neque ulciscentes, et impune a quibuslibet læduntur et diripiuntur. Cfr. Harpocrat. p. 122. ed. Gronov., Aristotel. Rhetor. I. 12. Explicat vero Cor. hunc locum ita: οὐκ ἐλθόντες ἐπὶ Μυσῶν λῃστείαν, ὥς φησιν ἡ παροιμία, τοῦτ' ἔστιν ἐπ' εὐκαταφρονήτους τινὰς καὶ ὑπὸ τοῦ τυχόντος ὁτιοῦν πάσχειν ἑτοίμους, οἷοί περ ἦσαν οἱ Μυσοὶ, οὐδὲ κώμην καταλαβόντες, ἀλλ' ἐπ' αὐτὸν τὸν βασιλέα τὸν προσηγορευόμενον Μέγαν, καὶ πλείστων ἀνθρώπων τε καὶ πόλεων δεσπόζοντα, στρατεύσαντες, ἀσφαλέστερον ἀνεχώρησαν κ. τ. λ. Sed contra hanc conjecturam, quamvis speciosam, edit. Cor. censor doctissimus in Ephemer. literar. Ienens. a. 1810. n. 188. p. 301. hæc monuit. Primum ipse rex in ea erat conditione, ut Μυσῶν λεία dici potuisset, nam provincias regni sui neque ulciscitur vastatas neque punit desciscentes, contra milites eosdemque mercenarios, qui ad regiæ sedis et urbis principis viciniam audaci conatu progressi erant, nonnisi proditione se regnumque defendere potest, et proditos demum a se vinci posse putat. Deinde quum quamvis injuriam et insolentiam in terra vi subacta denotet Μ. λ., haud apte sequi putanda essent verba singularem indicantia οὐδὲ κώμην λαβόντες. Præterea offenderet, si in eodem capite verba Μυσῶν λεία imagine a simili re mutuo sumpta explicari deberent et orator metaphorico sensu iis usus esset, paulo ante verbis τὸ Μύσιον πεδίον sensu vero et simplici. His ab illo viro d. notatis addi potest, Isocratem, si Μυσῶν λείαν scripsisset, addidisse aut κατὰ τὴν παροιμίαν aut simili modo auditores monuisse. Ita quos affert Coraes Demosth. p. 280. Reisk. τὴν Μ. λείαν καλουμένην, et Aristot. ὡς ὄντας κατὰ τὴν παροιμίαν τούτους Μυσῶν λείαν. Egregia est H. Wolfii conjectura, quam

οὐδὲ κώμην καταλαβόντες, ἀλλ᾽ ἐπ᾽ αὐτὸν τὸν βασιλέα στρατεύσαντες, ἀσφαλέστερον κατέβησαν τῶν περὶ φιλίας [1] ὡς [2] αὐτὸν πρεσβευόντων· ὥστε μοι δοκοῦσιν ἐν ἅπασι τοῖς τόποις σαφῶς ἐπιδεδεῖχθαι τὴν αὐτῶν μαλακίαν· καὶ γὰρ e
ἐν τῇ παραλίᾳ τῆς Ἀσίας πολλὰς μάχας ἥττηνται, καὶ διαβάντες εἰς τὴν Εὐρώπην δίκην ἔδοσαν — οἱ μὲν γὰρ αὐτῶν κακῶς ἀπώλοντο, οἱ δ᾽ αἰσχρῶς ἐσώθησαν —, καὶ τελευτῶντες [3] ὑπ᾽ αὐτοῖς τοῖς βασιλείοις καταγέλαστοι γεγόνασι.

μα΄. Καὶ τούτων οὐδὲν ἀλόγως γέγονεν, ἀλλὰ πάντ᾽ 72
εἰκότως ἀποβέβηκεν· [4] οὐ γὰρ οἷόν τε τοὺς οὕτω τρεφομένους καὶ πολιτευομένους οὔτε τῆς ἄλλης ἀρετῆς μετέχειν οὔτε ἐν ταῖς μάχαις τρόπαιον [5] ἱστάναι τῶν πολεμίων.

[1] ὡς om. A. C. L. [2] αὐτοῦ A. L. αὐτῶν C. [3] ἐπ᾽ A. C. L. [4] οὐδὲ A. C. L. [5] ἵστασθαι A. C. L.

relinui, ἐπὶ μὲν λείαν. Quæ sequuntur οὐδὲ κώμην λαβόντες sæpe his annectuntur, uti jam vidit censor l. l., qui hæc attulit exempla Plutarch. Camill. 23. τὴν χώραν περιϊόντες ἐληλάτουν καὶ τὰς κώμας ἐπόρθουν. Herodian. VI. 5. 5. πολλὰς ἐνέπρησε κώμας λείαν τε ἀπήγαγεν. VII. 2. 3. et 4. τάς τε κώμας ἐμπιπρὰς. . . . καὶ λείας ἀπέλαυνον. VII. 9. 11. ἀγρούς τε καὶ κώμας ἐμπιπράναι ληλατεῖν τε τοῖς στρατιώταις ἐπέτρεψεν. Polyæn. VII. 29. 1. φρούρια βασιλέως κατέσκαψε, κώμας κατέπρησε, φόρους ἥρπασε, λείαν ἤλασεν. Adde Xenophon. Expedit. Cyr. VII. 6. 26. Herodian. I. 10. 2. κώμαις τε καὶ ἀγροῖς ἐπιτρέχων ἐλῄστευεν, ib. III. 9. 7. πολλὰς δὲ κώμας — πορθήσας τήν τε χώραν ληλατήσας, ib. 17. τὴν γῆν ἐληλάτει — καὶ κώμας ἐμπιπρὰς κ. τ. λ. IV. 11. 11. Polyaen. III. 11. 10. Sensus est: neque enim agros incursaverant, et leviter incursionem fecerant in fines regni, prædandi causa, aut pagos, locos haud munitos, aggressi erant, ut eos celeriter diriperent; sed ipsum regem, quem ob potentiam magnum appellare solent homines, adorti et ad regiam sedem, ut totum regnum everterent, progressi erant. Μὲν autem, quod Coraem offendit, ab H. Wolfio optime appositum est; ita paullo superius οὐκ ἀριστίνδην μὲν ἐπιλελεγμένους, ἀλλ᾽ οἳ διὰ φαυλότητα —, exemplis non opus est. SPOHN.

Αὐτοῦ] E conjectura Wolfius, *qui de amicitia cum eo* (rege) *missi sunt*, haud dubie vere, quia præcesserat βασιλέα. MOR. Coraes retinuit lectionem codicum, αὐτῶν, quod aut ad Persas aut κατ᾽ ἔμφασιν ad vocem πρεσβευόντων referendum esse putat, sensum ita constituens: quanquam contra ipsum regem pugnaverunt; tamen facilius et majore securitate redierunt, non solum, quam quilibet alii, quos sumere placet, sed etiam majore quam qui maxima cura regis favorem sibi conciliare studuerunt, et ea de causa legatos miserunt. Sed, ut alia taceam, tunc scripsisset orator αὐτῶν τῶν περὶ φιλίας πρεσβευόντων. In codicibus sine dubio ob sequentem vocem πρεσβευόντων erratum est. SPOHN.

Τοῖς βασιλείοις] Evag. §. κβ΄. μικροῦ δεῖν Κῦρος ἔλαθε τὸν βασιλέα ἐπὶ τὸ βασίλειον ἐπιστάς. Xenoph. Anabas. II. 4. 4. ἡμεῖς (Græci cum Gyro) ἐνικῶμεν τὴν βασιλέως δύναμιν ἐπὶ ταῖς θύραις αὐτοῦ. MOR.

Οὔτε τῆς ἄλλης ἀρετῆς] Interpretare commentando: *neque virtutis bellicæ neque aliarum virtutum*. Græci, sicut Latini, virtutem in plures partes dividebant, quarum virtus bellica una erat. AUGER.

Τρόπαιον] Τρόπαιόν τινος significat tropæum, quod aliquis erexit, signum victoriæ aut victoriam quam aliquis reportavit, ita Herodian. I. 15. 15. πατρός τε καὶ προγόνων. plerumque autem quod in alicujus victi memoriam erectum est, τῶν βαρβάρων Lys. p. 89. Reisk., Xenophon. Expedit. Cyr. VII. 6. 25. Isocrat. ad Philipp. §. μζ΄. τῶν πολεμίων Xenophon. Ages. 1. 26. Sympos. 8. 38. Andocid. ed. Reisk. p. 73. Isocrat. Panegyr. c. 24. in memoriam rei, victoriæ de re, τρ. ἔργου Lys. p. 112. 119. 924. Reisk., τῶν κακῶν Eurip. Orest. v. 712. τῆς ἱππομαχίας Thucyd. VI. 98. τῆς νησομαχίας Lucian. Ver. hist. I. 42. Herodian. III. 4. 6. huc non referam. Lu-

πῶς γὰρ [1] ἐν τοῖς ἐκείνων ἐπιτηδεύμασιν ἐγγενέσθαι δύναιτ'
ἂν ἢ στρατηγὸς δεινὸς ἢ στρατιώτης ἀγαθὸς, ὧν τὸ μὲν
πλεῖστόν ἐστιν ὄχλος ἄτακτος καὶ κινδύνων ἄπειρος, πρὸς
b μὲν τὸν πόλεμον ἐκλελυμένος, πρὸς δὲ τὴν δουλείαν ἄμεινον
τῶν παρ' ἡμῖν οἰκετῶν πεπαιδευμένος, οἱ δ' ἐν ταῖς μεγί- 68
σταις δόξαις ὄντες αὐτῶν ὁμαλῶς μὲν οὐδὲ κοινῶς οὐδὲ πολιτικῶς οὐδεπώποτ' ἐβίωσαν, ἅπαντα δὲ τὸν χρόνον διάγουσιν εἰς μὲν τοὺς ὑβρίζοντες τοῖς δὲ δουλεύοντες, [2] ὡς ἂν ἄνθρωποι μάλιστα τὰς φύσεις [3] διαφθαρεῖεν, καὶ τὰ μὲν σώματα διὰ τοὺς πλούτους τρυφῶντες, τὰς δὲ ψυχὰς διὰ τὰς
c μοναρχίας ταπεινὰς καὶ περιδεεῖς ἔχοντες, ἐξεταζόμενοι

[1] ἂν ἐν A. C. L. [2] ὡσανεὶ A. C. L. [3] διεφθαρμένοι A. C. L.

cian. Ver. hist. I. 18. τρόπαια ἐστήσαμεν, τὰ μὲν ἐπὶ τῶν ἀραχνίων τῆς πεζομαχίας, τὸ δὲ τῆς ἀερομαχίας ἐπὶ τῶν νεφῶν. SPOHN.

Δύναιτ' ἂν] Cfr. Werfer. in Act. phil. Monac. T. I. p. 247. Hermann. ad Viger. p. 815. sqq. IDEM.

'Αμείνων] F. ἄμεινον. WOLF.

'Ομαλῶς] *æquabiliter*, ut æquo jure alios tecum frui sinas, οὐκ ἐπιθυμῶν πλεονεξίας. v. Budæi Comment. L. Gr. p. 1069. Ergo ὁμαλῶς οὐδεπώποτ' ἐβίωσαν non potest melius explicari, quam per illa, οὐ κοινῶς, οὐ πολιτικῶς. Fortassis ergo οὐδὲ κ. οὐδὲ πολ. glossemata sunt. MOR. Omnium minime, sed perquam necessaria sunt. Πολιτικῶς hic aliam habet significationem quam supra §. κϛ'. neque eam, quæ Demosth. p. 976. πολιτικὸς ἔρανος καὶ κοινός ἐστι πάνθ' ὅσα ταξάντων τῶν νόμων ἕκαστος ποιεῖ, p. 329. πολιτικὴ καὶ κοινὴ βοήθεια χρημάτων, p. 151. οὐκ ἴσως, οὐδὲ πολιτικῶς ἔνιοι πολιτεύονται, et aliis multis inest, neque quam Cicero de finib. V. c. 23. explicat his verbis: "nam quum sic hominis natura generata sit, ut habeat quiddam innatum *quasi civile atque populare*, quod Græci πολιτικὸν vocant." Κοινῶς autem non ita intelligendum est, uti apud Demosth. aut cum v. δίκαιος p. 524. aut cum v. φιλάνθρωπος junctum p. 315. 1018. aut simpliciter κοινῶς p. 1436. Thucyd. III. c. 53. Coraes ita hæc verba explicat: τὰ μὲν ταπεινῶς τὰ δ' ὑπερηφάνως ζῶντες, — κοινῶς, ἐξ ἴσου τοῖς ἄλλοις, — πολιτικῶς, ὥσπερ χρὴ τὸν ἐν Πολιτείᾳ, τοῦτ' ἔστιν ἰσονομίᾳ, καὶ μὴ τυραννίᾳ, βιοῦντα. Augerus vertit: *qui vero ex iis honoratissimi sunt, nunquam æquabili jure, aut populariter, civiliterque vixerunt, sed ita omnem exigunt ætatem, ut aliis insultent, aliis inserviant*, etc. Equidem ita interpretor: nunquam æquabili, constante sibique conveniente ratione vixerunt, neque ita, ut cives decet, ut communi reliquorum civium, privatorum, statu frui vellent, et legibus et magistratibus obedirent, quippe qui cum aliis insolenter agere soleant potentiorum more, et δεσποτικῶς καὶ ὡς δυναστεύοντες vivere velle videantur, neque vero κοινῶς, æqua reliquorum conditione contenti; neque ita, ut magistratus decet et eos qui in administranda republica versantur, subditorum enim more obediunt et serviunt. De v. πολιτικῶς non est, quod exemplis hanc significationem confirmem; κοινῶς sic me legere memini apud Dion. Cass. l. 45. c. 43. ὥστε μηδ' ἂν βούληται δύνασθαι δημοκρατικῶς ὑμῖν συμπολιτεῦσαι· εἰ μὲν γὰρ ἴσως καὶ κοινῶς, eodem statu, quo reliqui cives, ζῆν ἠβούλετο, οὐδ' ἂν κ. τ. λ. et l. 46. c. 17. οὐδὲν ἔτι τὸ παράπαν ὡς καὶ δυναστεύων ἔπραξε καὶ προσέτι καὶ κοινῶς καὶ ἀφυλάκτως πᾶσιν ἡμῖν συνῆν. SPOHN.

Τρυφῶντες] Τρυφᾶν, quia opponitur τῷ ταπεινῷ et περιδεεῖ, videtur indicare fastum et contemptum aliorum. Ergo: *quoad corpus*, externas res, *superbiunt*, cultu victuque luxuriantes, in quo est arrogantia et pauperum contemptus. Xen. Hellen. IV. 1. 13. est ἐντρυφᾶν, luxu et deliciis se efferre. MOR.

'Εξεταζόμενοι] Genealogia hujus verbi hæc est: 1) examinari, 2) habito examine talem, qualis quisque est, inveniri (i. e. spectari), 3) inveniri, cognosci omnino qualitate præditum sine notione examinis, 4) inveniri, esse, versari aliquo in loco, 5) inveniri inter alios, h. e. iis annumerari, esse inter eos, 6) inveniri aliquid agentem, ideoque cerni agentem, ut manifestum sit et certum, te egisse. His exempla quædam addidimus. Demosth. de Cor. c. 54. ἐξηταζόμην λέγων καὶ πράττων τὰ δέοντα, *inveniebar*, i. e. erat apertum,

[1]πρὸς αὐτοῖς τοῖς βασιλείοις καὶ [2]προκαλινδούμενοι καὶ πάντα τρόπον μικρὸν φρονεῖν μελετῶντες, θνητὸν μὲν ἄνδρα προσκυνοῦντες καὶ δαίμονα προσαγορεύοντες, τῶν δὲ θεῶν μᾶλλον ἢ τῶν ἀνθρώπων [3]ὀλιγωροῦντες. τοιγαροῦν οἱ καταβαίνοντες αὐτῶν ἐπὶ θάλατταν, οὓς καλοῦσι σατράπας, οὐ καταισχύνουσι τὴν [4]ἐκεῖ παίδευσιν, ἀλλ' ἐν τοῖς ἤθεσι τοῖς αὐτοῖς διαμένουσι, πρὸς μὲν τοὺς φίλους ἀπίστως d
πρὸς δὲ τοὺς ἐχθροὺς ἀνάνδρως ἔχοντες, καὶ τὰ μὲν ταπεινῶς τὰ δ' ὑπερηφάνως ζῶντες, τῶν μὲν συμμάχων καταφρονοῦντες, τοὺς δὲ πολεμίους θεραπεύοντες. τὴν μέν γε μετ' Ἀγησιλάου στρατιὰν ὀκτὼ μῆνας ταῖς αὐτῶν δαπάναις διέθρεψαν, τοὺς δ' ὑπὲρ αὐτῶν [5]κινδυνεύοντας ἑτέρου τοσούτου χρόνου τὸν μισθὸν ἀπεστέρησαν· καὶ τοῖς μὲν Κισθήνην καταλαβοῦσιν ἑκατὸν τάλαντα διένειμαν, τοὺς

[1] δὲ πρὸς A. C. L. [2] προκυλινδούμενοι A. C. L. [3] καταφρονοῦντες A. C. L. [4] ἐκείνων A. C. L. [5] κινδυνεύσαντας A. C. L.

me dicere. C. 58. ἐπὶ τοῖς συμβᾶσιν ἐξήτασαι πεποιηκώς, *inventus es*, eventu cognitum apertumque fuit, te fecisse. In bis duobus locis simile est τῷ ὅπτεσθαι (v. ind. in h. v.), atque adeo Demosth. Olynth. 2. p. 23. ed. Reisk. opponuntur κρύπτεσθαι ac σκιάζεσθαι verbo ἐξετάζεσθαι. Harpocratio e Demosth. ἐξετάζεσθαι, ἀντὶ τοῦ ὁρᾶσθαι. Dion. Hal. A. l. IV. p. 108. v. 38. In familia et civitate regenda ἐξητάσθη πιστὸς καὶ δίκαιος, *experimento talis inventus est*, fides ejus et justitia spectata est. Demosth. de Cor. c. 63. εἰ παρῆν καὶ μετὰ τῶν ἄλλων ἐξητάζετο, si adfuit (publicæ lætitiæ) et *cum aliis inventus est*, s. interfuit aliis. Aristid. Panath. p. 58. Ἐπιδαύριοι σὺν Κορινθίοις ἐξεταζόμενοι, *iis juncti*, eorum socii. Sic apud Suidam: ἐξεταζόμενος, συναριθμούμενος. Demosth. c. 84. ἐμπειρίαν μου εὑρήσετε ἐξεταζομένην ἐν τοῖς κοινοῖς, meam dicendi facultatem cognoscetis semper *inventam*, i. e. versatam esse in causis publicis. Huic simillimum Sext. Emp. adversus rhetores, init. ῥητορικὴ ἐπ' ἀγορᾶς καὶ βημάτων ἐξεταζομένη, versatur in foro. Cf. Hesych. in ἐτάζεσθαι, ἐξετάζεται, ἐξητασμένος, et similibus, Vales. et Harpocrat. p. 63., Reiskii index Gr. Demosth., Ernestii Glossar. Polyb. Itaque locus Isocraticus sic vertendus est: *ante palatium inveniuntur*, i. e. versantur. Suidam, qui hunc ipsum locum in Lexico, T. I. p. 768. repetit, et sic interpretatur, ἀριθμούμενοι ἐν τοῖς βασιλείοις, *aulicis annumerantur*, non sequar, quum id non videatur h. l. dici, e quo quis genere hominum sit; sed qua re se submittat regi, et humiliter eum colat observetque. Non bene editor Cant. *tanquam lustratione facta recensiti*. Melius Wolfius: *præstolati*. Idem. *in regiæ foribus ordine dispositi*. Lang.

Μικρὸν φρονεῖν] Cfr. Aristoteles in Rhetor. III. c. 10. Spohn.

Διέθρεψαν] Accepit Agesilaus ea lege, ut recederet, a Tithrauste, Satrapa Persico, triginta talenta. Xen. Hellen. III. 4. 25. Diod. Sic. XIV. 80. nihil nisi semestres inducias commemorat. Mor.

Ἀπεστέρησαν] *bis totidem mensium stipendio privaverunt*. §. λθ'. fin. de quindecim mensibus locutus est. Ergo *alterum tantum temporis spatium* non ἀκριβῶς dixit. Idem.

Κισθήνην] Harpocratio de monte Thraciæ cepit; Suidas item, apud quem Κισσήνη scribitur. Cf. Intt. ad Hesych. in Κισσήνη. Wolfius de urbe Æolidis intelligit, quam Cellar. Geogr. T. II. p. 44. ad Mysiam retulit, et Stephanus de urbibus in Πᾶσσα itemque Plinius Hist. Nat. V. 32. commemoravit. Sed quam diu de re, quam Isocrates respicit, non constat (mihi quidem non constat), tam diu de situ loci nihil definiri potest. Idem. Assentior Wolfio. Κισθήνη urbs, prope quam erat portus; Strabonis ætate ἔρημος ea erat p. 607. Plin. V. 30. Pompon. Mela I. 18. ubi cfr. Tzschuck. Spohn.

e δὲ μεθ' αὐτῶν εἰς Κύπρον στρατευσαμένους μᾶλλον ἢ τοὺς
αἰχμαλώτους ὕβριζον. ὡς δ' ἁπλῶς εἰπεῖν καὶ μὴ καθ'
[1] ἓν ἕκαστον ἀλλ' ὡς ἐπὶ [2] τὸ πολὺ, τίς ἢ τῶν πολεμησάντων αὐτοῖς οὐκ εὐδαιμονήσας ἀπῆλθεν, ἢ τῶν ὑπ' ἐκείνοις
73 γενομένων οὐκ αἰκισθεὶς τὸν βίον ἐτελεύτησεν; οὐ Κόνωνα
μὲν, ὃς ὑπὲρ τῆς Ἀσίας στρατηγήσας [3] τὴν ἀρχὴν τὴν Λακεδαιμονίων κατέλυσεν, ἐπὶ [4] θανάτῳ συλλαβεῖν ἐτόλμησαν;
Θεμιστοκλέα δ', ὃς ὑπὲρ τῆς Ἑλλάδος αὐτοὺς κατεναυμά-
χησε, [5] τῶν μεγίστων δωρεῶν ἠξίωσαν; καίτοι πῶς χρὴ
τὴν τούτων φιλίαν ἀγαπᾶν, οἳ τοὺς μὲν εὐεργέτας τιμω-
ροῦνται, τοὺς δὲ κακῶς ποιοῦντας οὕτως ἐπιφανῶς κολα-
b κεύουσι; περὶ τίνας δ' ἡμῶν οὐκ [6] ἐξημαρτήκασι; ποῖον δὲ
χρόνον διαλελοίπασιν [7] ἐπιβουλεύοντες τοῖς Ἕλλησι; τί δ'

[1] ἓν om. A. C. L. [2] τὸ om. A. [3] τὴν Λακεδαιμονίων ἀρχὴν A. C. L. [4] θάνατον A. L. [5] καὶ A. C. L. [6] ἐξαμαρτάνουσι A. C. L. [7] οὐκ ἐπιβουλεύοντες A. C. L.

Στρατευσαμένους] Iones. cf. §. λζ'. Mor.

Ὑπὲρ τῆς Ἀσίας] Nomine regis Persiæ. § λθ'. Idem.

Κατέλυσεν] Diod. Sic. XIV. 84. Λακεδαιμόνιοι ἀπὸ τούτου τοῦ χρόνου τὴν κατὰ θάλατταν ἀρχὴν ἀπέβαλον. Nam eo bello confecto, omnis Græcia Athenis paruit, Isocr. Areop. §. γ'. liberataque est a dominatu Spartanorum, Justin. VI. 4. Cornel. Con. c. 4. Idem.

Ἐπὶ θάνατον] Ἐπὶ θανάτῳ. Wolf. Est quidem posterius usitatius et forte verius, *eo consilio, ut interficeretur*; sed quis nunquam aliter locutos, nunquam talia permutata, dicat? Mor. Quum solennes sint formulæ λαμβάνειν, συλλαμβάνειν, ἄγειν ἐπὶ θανάτῳ (vid. Wesseling. ad Diod. Sic. Tom. II. p. 86. n. 45. et p. 182. n. 24. cujus exemplis adde Xenophon. Exped. Cyr. V. 7. 34. ed. Zeun. Memor. IV. 4. 3. Lucian. Pisc. 4. et ipse Isocrates Encom. Helen. §. ις'. quem locum Coraes indicavit, ita dixerit), Coraem secutus dedi ἐπὶ θανάτῳ. Cæterum Xenoph. Expedit. Cyr. I. 6. 10. lect. var. ἐπὶ θάνατον ἄγοιτο. Spohn.

Συλλαβεῖν] Xen. Hellen. IV. 8. 16. et Diod. Sic. XIV. 85. falso crimine captum tradunt, ut pax Antalcidæ perficeretur. Paullo aliter Cornel. Con. c. 5. Mor.

Ἠξίωσαν] Cornel. Them. c. 9. 10. Idem.

Οὐκ ἐπιβουλεύοντες] Potest exprimi per καθ' ὃν οὐκ ἐπεβούλευσαν. Sed si conjungas διαλελοίπασιν ἐπιβουλ., negatio οὐκ redundabit: est enim idem quod οὐ διετέλεσαν ἐπιβουλεύοντες. Wolf. Coraes vocem οὐκ supervacaneam, atque aut errore librariorum, aut ira oratoris nimio in Barbaros odio effervescentis ortam esse putat; prius concedit etiam ejus censor in Ephemerid. liter. Ienens. a. 1810. p. 184. p. 270. qui eam librariis originem debere opinatur. Coraes recte quidem ad h. l. et de pac. §. κβ'. dixit, in ejusmodi interrogationibus, ubi quasi subaudiatur, qui neget, non adesse negationem, de qua re non dubitare debebat idem censor l. com. p. 269. sq., nam quos versus ex Ovidio affert, ii nihil probant, non enim interrogantis, sed exclamantis et admirantis sunt. Contra Coraes non recte declaravit, negationem tunc tantum adesse posse in ejusmodi enunciationibus, ubi quasi subaudiatur respondens, qui affirmet. Discernendæ enim sunt interrogationes, in quibus negatio ad omnia quæ sequuntur referenda est, quales v. c. sunt Panegyr. §. λθ'. οὐκ ἐκεῖνος μὲν ἐπὶ τὸν πόλεμον τοῦτον κατέπεμψε τοὺς εὐδοκιμωτάτους Περσῶν, Ἀκροκόμαν καὶ Τιθραύστην καὶ Φαρνάβαζον; ubi subaudiri posset ἀληθῶς, κατέπεμψεν ἐκείνους, de big. § ι'. οὐ, καταλαβόντες τὸν Πειραιᾶ, καὶ τὸν σῖτον — διεφθείρετε, καὶ τὴν γῆν ἐτέμνετε; κ. τ. λ. ubi responderi potuisset πάνυ μὲν οὖν οὕτως ἔχει, ab iis interrogationibus, in quibus negatio nonnisi singulam notionem spectat, quæ pari modo affirmate exprimi potuisset. Tales sunt, quas ipse affert, περὶ τίνας δὲ ἡμῶν οὐκ ἐξαμαρτάνουσι; ibi negatio ad solam vocem ἐξαμαρ. referenda est, οὐκ ἐξαμαρτάνειν est ita se gerere, uti decet; dicere potuisset περὶ τίνας καλῶς καὶ προσηκόντως

69 οὐκ ἐχθρὸν αὐτοῖς ἐστι τῶν παρ' ἡμῖν, οἳ καὶ τὰ τῶν θεῶν ἕδη καὶ τοὺς νεὼς συλᾶν ἐν τῷ προτέρῳ πολέμῳ καὶ κατακαίειν ἐτόλμησαν; διὸ καὶ τοὺς Ἴωνας ἄξιον ἐπαινεῖν, ὅτι τῶν ἐμπρησθέντων ἱερῶν ἐπηράσαντ' εἴ [1]τι τινὲς [2]κινήσειαν ἢ πάλιν εἰς [2]τἀρχαῖα καταστῆσαι βουληθεῖεν, οὐκ ἀποροῦντες [4]πόθεν ἐπισκευάσωσιν, ἀλλ' ἵν' ὑπόμνημα τοῖς ἐπι- c
γιγνομένοις ᾖ τῆς τῶν βαρβάρων ἀσεβείας, καὶ μηδεὶς πιστεύῃ τοῖς τοιαῦτα εἰς τὰ τῶν θεῶν [5][ἕδη] ἐξαμαρτεῖν [6]τολμῶσιν, ἀλλὰ καὶ φυλάττωνται καὶ δεδίωσιν, ὁρῶντες

[1] τι om. L. [2] οἰκοδομήσαιεν A. C. L. [3] τὰ ἀρχαῖα A. C. L.
[4] ὅθεν A. L. ὁπόθεν C. [5] uncos om. A. C. L. [6] τολμήσασιν A. C. L.

πράττουσι; ubi subaudiendum est περὶ οὐδένα· τίς οὐκ εὐδαιμονήσας ἀπῆλθεν; h. e. τίς κακοδαιμονήσας ἀπῆλθεν; οὐδείς· τί δ' οὐκ ἐχθρὸν αὐτοῖς ἐστί; h. e. τί φίλον αὐτοῖς ἐστίν; οὐδὲν, πάντα γὰρ ἐχθρὰ αὐτοῖς ἐστίν. Ita etiam de pac. §. ε'. τίνας δὲ — οὐ παρεκαλέσαμεν; de big. §. ε'. ποῖον κίνδυνον οὐκ ἂν ὑπέμεινεν; — ἐπὶ τίνα δ' ἢ πόλιν, ἢ φίλον, ἢ ξένον οὐκ ἤλθετε; Panegyr. §. λβ'. τί τῶν αἰσχρῶν καὶ δεινῶν οὐ διεξῆλθον; — i. e. — παρακαλεῖν ὠκνήσαμεν; ὑπομενεῖν ὤκνησεν; — παρελίπετε; — διέρχεσθαι ἐφυλάξαντο εὐλαβούμενοι; Hoc igitur loco pari modo non ad omnem enunciationem, sed ad solum verbum ἐπιβουλεύοντες negatio referri debet, ita ut pæne idem sit, ac si dixisset: ποῖον δὲ χρόνον διαλελοίπασιν ἐπιβουλεύειν ὀκνοῦντες; Contra de pac. §. κβ'. πόσας δὲ πρεσβείας ὡς βασιλέα τὸν μέγαν ἀπεστείλαμεν, κ. τ. λ. verba sunt non interrogantis, sed secum reputantis et admirantis, uti illa Ovidii: "*quos* humeros," "*quales* vidi" etc., quæ commemoravit cens. l. com., h. e. quam ingentem numerum! quam pulcros vidi! Hinc patet negationem in h. l. omnium minime esse supervacaneam, neque igitur aliquid mutandum, nisi sensum eximere placuerit toti loco. SPOHN.

Ἕδη] Ne videantur otiosa tautologia τὰ τῶν θεῶν ἕδη templis jungi, interpreter τὰ ἕδη, *simulacra*: de qua significatione ad Xenoph. Hellen. in ind. dixi: nisi quis hanc periphrasin templorum, τὰ τῶν θεῶν ἕδη ad indignationem augendam facere debere existimet. De re vid. §. κζ'. MOR. *loca sacra*. LANG.

Καὶ τοὺς νεὼς] Si quis hæc verba e margine in textum venisse dixerit, adstipulantem habebit Langium; sed hic non recte intellexit h. l. SPOHN.

Ἴωνας] Ante pugnam Platæensem conjuratum esse a Græcis in hanc sententiam, et Diod. Sic. XI. 29. et Lycurg. in Leocr. §. ιθ'. servata etiam jurisjurandi formula, narravit: ille in Isthmo in ipso itinere factum dixit, hic ad Platæas, itinere finito. Sed de Ionibus ne verbum quidem: tantum Ἕλληνας commemorant, quo nomine hic Europæos Græcos indicari, docet Herodotus, IX. 28. sq. quo loco aciem Græcorum describit, etsi de jurejurando plane nihil retulit. Igitur vel audiendus est judex, inprimis peritus, Wesselingius, ad locum istum Diodori, qui Isocratem in hoc similem Theopompo, a quo tota res in dubitationem adducta est, arbitratur: aut Ἴωνας mutandum in Ἕλληνας· Quod si sequamur, §. μβ'. in. καὶ περὶ τῶν πολιτῶν τῶν ἡμετέρων erit *nominatim et de civibus et majoribus Atheniensium*. MOR.

Εἴ τινες] Vere correxit Valckenaer. ad Herodot. V. 102. εἴ τι τινὲς sublata distinctione ante εἰ. Non enim templa devoverunt, sed eos, qui ea refecturi essent: et ut hic τὶ τῶν ἱερῶν, sic Lycurgus l. c. οὐδὲν τῶν ἱερῶν τῶν ἐμπρησθέντων ἀνοικοδομήσω. Diodorus, ut Isocrates, οἰκοδομήσω. IDEM. Langius, qui verba τῶν ἐμπρ. ἱερῶν genitivos absolutos esse putavit, magnopere erravit. Dedi εἴ τί τινες. De re cfr. Brisson. de R. Pers. II. p. 218. sqq. et Wesseling. ad Diod. Sic. XI. 29. SPOHN.

Ὅθεν] Coraes e cod. Par., quem contulit, ὁπόθεν, ejus censor in Eph. lit. Ien. l. l. p. 285. ὅθεν ἐπισκευάσουσι. scribendum censet ad Helen. enc. §. λ'. sed hujus loci alia est ratio, est autem conj. aor., non c. fut., uti ille putat. IDEM. *unde reædificarent*. Xen. Hell. II. 1. 7. II. 2. 1. ἐπισκευάζειν τὰς ναῦς, *reficere naves*. Diod. Sic. XX. 84. Thucyd. I 29. ἐπισκευὴ τῶν νεῶν, *refectio classis*. v. Schol. Demosth. de Cor. c 35. et 97. ἐπισκευὴ τῶν τειχῶν, *refectio murorum*, quam Lycurg. §. ια'. κατασκευὴν dixit: eodemque significatu Thuc. IV. 116. ἀνασκευάζειν. Cæterum ὑπόμνημα τῆς τῶν βαρβάρων ἀσεβείας ipsius formulæ verba sunt. MOR.

αὐτοὺς οὐ μόνον τοῖς σώμασιν ἡμῶν ἀλλὰ καὶ τοῖς ἀναθήμασι πολεμήσαντας.

μβ΄. Ἔχω δὲ καὶ περὶ τῶν πολιτῶν τῶν ἡμετέρων [1]τοιαῦτα διελθεῖν. καὶ γὰρ οὗτοι πρὸς μὲν τοὺς ἄλλους, ὅσοις πεπολεμήκασιν, ἅμα διαλλάττονται καὶ τῆς ἔχθρας τῆς
d [2]γεγενημένης ἐπιλανθάνονται, τοῖς δ' ἠπειρώταις οὐδ' ὅταν εὖ πάσχωσι χάριν ἴσασιν· οὕτως ἀείμνηστον πρὸς αὐτοὺς τὴν ὀργὴν ἔχουσι. καὶ πολλῶν μὲν οἱ πατέρες ἡμῶν Μηδισμοῦ θάνατον κατέγνωσαν, ἐν δὲ τοῖς συλλόγοις ἔτι καὶ νῦν ἀρὰς ποιοῦνται, πρὶν ἄλλο τι χρηματίζειν, εἴ τις ἐπικηρυκεύεται Πέρσαις τῶν πολιτῶν· Εὐμολπίδαι δὲ καὶ Κήρυκες

[1] πολλὰ τοιαῦτα A. C. L.

[2] προγεγενημένης A. C. L.

Ἠπειρώταις] Vid. §. λς΄. IDEM.

Χρηματίζειν] Quum χρηματίζειν omnino significet, *rem tractare:* etiam nominatim significat, *publicum negotium tractare*, h. e. in concione aut senatu aliquid agere, de republica agere, ideoque in hoc Isocratico loco, *decernere et suadere in concione.* Cf. Hesych. et Budæus in Comm. L. Gr. p. 325. Variatur autem usus verbi ita, ut vel χρηματίζειν, verbum generis, ponatur solum eo significatu, *publicam rem tractare*; vel adjungatur forma (species), quæ potissimum intelligenda sit. E priore genere sunt: ἡ βουλὴ χρηματιοῦσα περὶ φυλακῆς, *acturus, deliberaturus senatus de præsidio.* Lycurg. c. Leocr. §. ια΄. χρηματίζειν περί τινος, *deliberare communi consilio.* Aristoph. Thesmoph. v. 384. χρηματίζειν τοῖς πρεσβευταῖς, *legatis operam dare, cum iis agere.* Polyb. III. 66. et Exc. Leg. n. 3. τῇ πόλει χρηματίζειν περὶ φιλίας, *cum civitate agere de amicitia.* Thucyd. V. 4. E posteriore genere sunt: Πρυτάνεις καὶ στρατηγοὶ ἐχρημάτισαν, καὶ εἵλοντο πρέσβεις, *negotium publicum tractarunt, inque senatu legatos crearunt.* Demosth. de Cor. c. 23. χρηματίζει ἡ βουλὴ καὶ προβουλεύει, *senatus deliberat et probuleuma facit.* ibid. c. 53. χρηματίζων τε καὶ δικάζων, *negotium publicum tractans, ac nominatim jus dicens.* Dion. Hal. A. p. 710. χρηματίζειν τε καὶ πράττειν, *administrare publicam rem et moderari.* Diod. Sic. I. 70. Denique in Plat. apol. Socr. c. 26. ἀμελήσας χρηματισμοῦ, *qui omni genere occupationis privatæ vel publicæ abstinuit.* IDEM. Cfr. Coray. ad Heliodor. II. p. 347., Spanhem. ad Julian. p. 122., Interprr. Thom. M. p. 919. ed. Bernard., Ducker. ad Thucyd. p. 58. 354. 417. Wesseling. ad Diod. Sic. I. p. 53. 74. 81. SPOHN.

Ἐπικηρυκεύεται] *si quis legatos de pace et amicitia mittendos censeat.* Eodem sensu apud Thucyd. IV. 27. ubi Scholia πρεσβείαν πέμπειν explicandi causa habent. Plene dixit Dion. Hal. A. p. 616. ἐπικηρυκεύειν περὶ διαλλαγῶν καὶ φιλίας, quo fere modo Harpocratio ἐπικηρυκείαν dixit esse, τὸ περὶ διαλλαγῶν καὶ φιλίας κήρυκας πέμπειν. Ad Isocratis locum refero Hesychianum: Ἐπικηρυκεύεται, προσκηρύσσεται, h. e. *per præconem nunciat*; ut Thucyd. IV. 118. προσκηρυκεύεσθαι dixit. Ita verbum, quod per se significabat, *præconem aut caduceatorem mittere*, nominatim dici cœpit de his, qui de pace et amicitia mittunt legatos. Cf. Aristoph. Thesmoph. v. 342. sqq. MOR. De hujus vocab. rat. omnino disseruerunt Valesius in Notas Maussaci ad Harpocrat. p. 146. et 281. ed. Gronov., Valckenaer. in Animadv. ad Ammon. p. 80., Abresch. ad Thucyd. p. 411., Ducker. ad Thucyd. l. VII. c. 48. VIII. c. 80.; adde Zonar. p. 802. et 838. atque Tittmann. ad post. loc., et F. A. Wolf. ad Demosth. Leptin. §. ιγ΄. SPOHN.

Εὐμολπίδαι] Hesychius: Εὐμολπίδαι· οὕτως οἱ ἀπὸ τοῦ Εὐμόλπου (v. Paneg. §. ιθ΄.) ἐκαλοῦντο, τοῦ πρώτου ἱεροφαντήσαντος, h. e. qui Athenienses primus docuit Eleusiniæ Cereris sacra. v. Intt. Hesych. a quibus Suidas et Meursius in Eleus. nominati sunt. MOR.

Κήρυκες] Plura fuerunt Athenis genera Κηρύκων, diversorum occupatione, et tempore ac loco, quo fungebantur præconum munere. v. Pollux VIII. 103. Hoc loco intelliguntur ii, de quibus ita scripsit Harpocratio: Κήρυκες· Ἰσοκράτης Πανηγυρικῷ· γένος ἐστὶν (fuit familia sacra, in Eleusiniis mysteriis præconum munere fungens,

ἐν τῇ τελετῇ τῶν μυστηρίων διὰ τὸ τούτων μῖσος καὶ τοῖς
ἄλλοις βαρβάροις εἴργεσθαι τῶν ἱερῶν, ὥσπερ τοῖς ἀνδρο- e
φόνοις, προαγορεύουσιν. οὕτω δὲ φύσει πολεμικῶς πρὸς αὐτοὺς
ἔχομεν, ὥστε καὶ τῶν μύθων ἥδιστα συνδιατρίβομεν τοῖς
Τρωϊκοῖς καὶ Περσικοῖς, δι' ὧν ἔστι πυνθάνεσθαι τὰς ἐκείνων
συμφοράς. εὕροι δ' ἄν τις ἐκ μὲν τοῦ πολέμου τοῦ πρὸς 74
τοὺς βαρβάρους ὕμνους πεποιημένους, ἐκ δὲ τοῦ πρὸς [1] τοὺς
Ἕλληνας θρήνους ἡμῖν γεγενημένους, καὶ τοὺς μὲν ἐν ταῖς
ἑορταῖς ᾀδομένους, τῶν δ' ἐπὶ ταῖς συμφοραῖς ἡμᾶς μεμνημένους. οἶμαι δὲ καὶ τὴν Ὁμήρου ποίησιν μείζω λαβεῖν
δόξαν, ὅτι καλῶς τοὺς πολεμήσαντας τοῖς βαρβάροις
ἐνεκωμίασε, καὶ διὰ τοῦτο βουληθῆναι τοὺς προγόνους ἡμῶν
ἔντιμον αὐτοῦ ποιῆσαι τὴν τέχνην ἔν τε τοῖς τῆς μουσικῆς b
ἄθλοις καὶ τῇ παιδεύσει τῶν νεωτέρων, ἵνα πολλάκις
70 ἀκούοντες τῶν ἐπῶν ἐκμανθάνωμεν τὴν ἔχθραν τὴν ὑπάρχουσαν [2] πρὸς αὐτούς, καὶ ζηλοῦντες τὰς ἀρετὰς τῶν

[1] τοὺς om. A. C. L.

[2] πρὸς αὐτοὺς ὑπάρχουσαν A. C. L.

plane ut Eumolpidæ, quæ et ipsa est familia sacra, certæ occupationi destinata. v. Sigon. de rep. t n. p. 46. Potter. archæol. Gr. II. 3A the228.) ἐν Ἀθήναις, οὕτως ὀνομαζόμενον ἀπὸ τοῦ Κήρυκος τοῦ Ἑρμοῦ. Adde Hesych. et Polluc. IV. 12. imprimis VIII. 103. ubi unum genus τῶν κηρύκων dicitur μυστικόν. Hinc Xen. Hellen. II. 4. 13. τῶν Μυστῶν κήρυξ. ubi in ind. monui. Solent autem Εὐμολπίδαι et Κήρυκες sæpe jungi, ubi de mysteriis sermo est: Thuc. VIII. 53. Æsch. c. Ctesiph. p. 406. ed. Reisk. Diod. Sic. I. 29. Æliani fragm. in Εὐμολπίδαι: et voluerunt jungere nonnulli in Cornel. Alcib. c. 4. In quo sequi possumus Diodor. Siculum, Eumolpidas cum Ægyptiorum sacerdotum dignitate comparantem, Κήρυκας cum Ægyptiis pastophoris, inferioris quippe dignitatis. Si ergo Ceryces familia fuerunt: non video, cur Wolf. et ed. Cant. verterint, *præcones*, etsi munere præconum functi sunt, quum debuissent servare nomen Ceryces. vid. Taylor. ad Æschin. l. l. Mor.

Ἐν τῇ τελ. τῶν μυστ.] *tum, quum initiant mysteriis.* Tum ergo Eumolpidæ jubent edici, et a Cerycibus edicitur, ut Persæ procul absint. Idem. *in receptione in mysteria.* Lang.

Ἀδομένους] Quod factum est a rhapsodis: neque enim nisi particulas Homerici carminis, velut hymnos in laudem heroum, intelligere videtur, non factos peculiares hymnos. Mor.

Συμφοραῖς] Bella Græcorum intestina sunt materia lugubris orationis, si quis ἐπὶ ταῖς συμφοραῖς, de magno luctu, aut in publico luctu dicat. Etiam fabularum scenicarum argumentum sic versari solebat in luctu, ut hujusmodi res describerentur, Panath. §. μϛ'. Dem. de Cor. c. 21. Idem.

Μουσικῆς] Musica certamina sunt, in quibus certatur edendis literarum artium ingeniique speciminibus. Nam Musa omnem eruditionem et elegantiam indicat. Atticos dicere potius ἀγῶνα (sive ἆθλον) μουσικῆς, quam ἀγῶνα μουσικὸν, præclare docuit Hemsterh. ad Aristoph. Plut. v. 1163. 1164. Apud Thucyd. III. 104. ἀγὼν μουσικῆς et μουσικὸς promiscue occurrit. Itaque quum fere usurpetur ἀγὼν μουσικῆς, non τῆς μουσικῆς, quanquam posterius Aristid. Panath. p. 52. habet, etiam hoc loco articulum inclusi. Causa erroris e dativo τοῖς orta est. Putem quoque in Evagoræ initio μουσικῆς scribendum pro μουσικῇ, ut ἀγῶσι μουσικῆς καὶ γυμνικοῖς cohæreat, quod idem, si quis Aristophanis locum corrigeret, legendum esset. Idem. Morus articulum τῆς uncis incluserat, Coraes, si aliquid mutandum esset, ἔν τε τοῖς μουσικοῖς ἄθλοις; hoc repugnat iis, quæ Morus notavit, illud haud necessarium est. Spohn.

στρατευσαμένων ἐπὶ Τροίαν τῶν αὐτῶν ἔργων ἐκείνοις ἐπιθυμῶμεν.

μγ΄. Ὥςτε μοι δοκεῖ πολλὰ λίαν εἶναι τὰ παρακελευόμενα πολεμεῖν αὐτοῖς, μάλιστα δ' ὁ παρὼν καιρὸς, ὃν οὐκ
c ἀφετέον, [1][οὗ σαφέστερον οὐδέν]· καὶ γὰρ αἰσχρὸν, παρόντι μὲν μὴ χρῆσθαι, παρελθόντος δ' αὐτοῦ μεμνῆσθαι. τί γὰρ ἂν καὶ [2]βουληθεῖμεν ἡμῖν προσγενέσθαι, μέλλοντες βασιλεῖ πολεμεῖν, ἔξω τῶν νῦν ὑπαρχόντων; οὐκ Αἴγυπτος μὲν αὐτοῦ καὶ Κύπρος ἀφέστηκε; Φοινίκη δὲ καὶ Συρία διὰ τὸν πόλεμον ἀνάστατοι γεγόνασι; Τύρος δ', ἐφ' ᾗ μέγ' ἐφρόνησεν, ὑπὸ τῶν ἐχθρῶν τῶν ἐκείνου κατείληπται; τῶν
d δ' ἐν Κιλικίᾳ πόλεων τὰς μὲν πλείστας οἱ μεθ' ἡμῶν ὄντες ἔχουσι, τὰς δ' οὐ χαλεπόν ἐστι κτήσασθαι. Λυκίας δ' οὐδὲ εἷς πώποτε Περσῶν ἐκράτησεν. [3]Ἑκατόμνως δ' ὁ Καρίας ἐπίσταθμος τῇ μὲν ἀληθείᾳ πολὺν ἤδη χρόνον ἀφέστηκεν, ὁμολογήσει δ' ὅταν ἡμεῖς βουληθῶμεν· ἀπὸ δὲ Κνίδου μέχρι Σινώπης Ἕλληνες τὴν Ἀσίαν παροικοῦσιν, οὓς οὐ δεῖ πείθειν ἀλλὰ μὴ κωλύειν πολεμεῖν. [4]καίτοι τοιούτων ὁρμητηρίων ὑπαρξάντων, καὶ τοσούτου πολέμου τὴν Ἀσίαν
e περιστάντος, τί δεῖ τὰ συμβησόμενα λίαν ἀκριβῶς [5]ἐξετάζειν; ὅπου γὰρ μικρῶν μερῶν ἥττους εἰσὶ, [6]οὐκ ἄδηλον [7]ὡς ἂν [8]διατεθεῖεν, εἰ πᾶσιν ἡμῖν πολεμεῖν ἀναγκασθεῖεν: ἔχει δὲ οὕτως. ἐὰν μὲν ὁ βάρβαρος ἐρρωμενεστέρως κατάσχῃ τὰς πόλεις τὰς ἐπὶ θαλάττῃ, φρουρὰς μείζους ἐν αὐταῖς ἢ νῦν

1 uucos om. A. C. L. 2 βουληθείημεν A. C. L. 3 Ἑκατόμνος A. C. L.
4 καὶ A. C. L. 5 προαγορεύειν A. C. L. 6 οὐκ ἄδηλον om. A. C. L.
7 πῶς A. C. L. 8 διατελεῖεν A.

Οὗ σαφέστερον οὐδὲν] *qua re nihil est evidentius*, i. e. nihil est evidentius occasionem omitti non debere. AUGER.

Βουληθείημεν] Cfr. Werfer in Act. Monac. Tom. I. p. 246. SPOHN.

Κατείληπται] Diod. Sic. XV. 2. de Evagora: Ἐκυρίευε κατὰ τὴν Φοινίκην Τύρου καὶ τινῶν ἑτέρων. ubi Wesselingius hunc Isocratis locum comparavit. De Syria nihil babeo. MOR.

Ἑκάτομνος] Hunc locum Harpocratio in ἐπίσταθμος respexit. Diod. Sic. XV. 2. Εὐαγόρας (bello cum Artaxerxe suscepto) παρ' Ἑκατόμνου, τοῦ Καρίας δυνάστου (et IV. 98. ubi vid. Wesseling.) λάθρα συμπράττοντος αὐτῷ, χρημάτων ἔλαβε πλῆθος, εἰς διατροφὴν ξενικῶν δυνάμεων. IDEM.

Ἀληθείᾳ] *si rem vere æstimemus*, non ex ejus simulatione. Ὁμολογήσει, ita ut palam fiat, *ipsa re, ipso facto*, quod, sublata simulatione, ἀλήθειαν in lucem profert, et veluti fatetur. IDEM.

Ὁρμητηρίων] Ὁρμητήριον, *locus, unde proficiscimur, erumpimus in hostem.* Illustravit verbi usum Wesseling. ad Diod. Sic. XIV. 47. et monuit, talem locum arcem ac sedem belli Latine dici, usus auctoritate Casaub. ad Polyb. I. 17. IDEM.

Διατεθεῖεν] *quantam cladem accepturi videntur.* Vid. ad §. λβ΄. IDEM. *ad quamnam conditionem adacti fuerint.* Auger. διατελεῖεν, cujus correctionis eum pœnitet in Var. Lectt. LANG.

ἐγκαταστήσας, τάχ᾽ ἂν καὶ τῶν νήσων αἱ [1] περὶ τὴν ἤπει- 75
ρον, οἷον Ῥόδος καὶ Σάμος καὶ Χίος, ἐπὶ τὰς ἐκείνου τύχας
ἀποκλίναιεν· ἣν δ᾽ ἡμεῖς αὐτὰς πρότεροι καταλάβωμεν,
εἰκὸς τοὺς τὴν Λυδίαν καὶ Φρυγίαν καὶ τὴν ἄλλην τὴν
ὑπερκειμένην χώραν οἰκοῦντας ἐπὶ τοῖς ἐντεῦθεν ὁρμωμένοις
εἶναι. διὸ δεῖ σπεύδειν καὶ μηδεμίαν ποιεῖσθαι διατριβὴν, ἵνα
μὴ πάθωμεν ὅπερ οἱ πατέρες ἡμῶν. ἐκεῖνοι γὰρ [2] ὑστερίσαντες τῶν βαρβάρων καὶ προέμενοί τινας τῶν συμμάχων b
ἠναγκάσθησαν ὀλίγοι πρὸς πολλοὺς κινδυνεύειν, ἐξὸν αὐτοῖς
71 προτέροις διαβᾶσιν εἰς τὴν ἤπειρον μετὰ πάσης τῆς τῶν
Ἑλλήνων δυνάμεως ἐν μέρει τῶν ἐθνῶν ἕκαστον [3] χειροῦσθαι. δέδεικται γὰρ, ὅταν τις πολεμῇ πρὸς ἀνθρώπους ἐκ
πολλῶν τόπων [4] συλλεγομένους, ὅτι δεῖ μὴ περιμένειν, ἕως
ἂν [5] ἐπιστῶσιν, ἀλλ᾽ ἔτι διεσπαρμένοις αὐτοῖς ἐπιχειρεῖν. c
ἐκεῖνοι μὲν οὖν προεξαμαρτόντες ἅπαντα ταῦτ᾽ ἐπηνωρθώ-
σαντο, καταστάντες εἰς τοὺς μεγίστους ἀγῶνας. ἡμεῖς δ᾽,
ἂν σωφρονῶμεν, ἐξ ἀρχῆς φυλαξόμεθα καὶ πειρασόμεθα
φθῆναι περὶ τὴν Λυδίαν καὶ [6] τὴν Ἰωνίαν στρατόπεδον
ἐγκαταστήσαντες, εἰδότες ὅτι καὶ βασιλεὺς οὐκ ἑκόντων
ἄρχει τῶν ἠπειρωτῶν, ἀλλὰ μείζω δύναμιν περὶ αὑτὸν ἑκάστων αὐτῶν ποιησάμενος· ἧς ἡμεῖς [7] ὅταν κρείττω διαβιβά-
σωμεν, [8] ὃ βουληθέντες ῥᾳδίως ἂν ποιήσαιμεν, ἀσφαλῶς d

[1] εἰσι περὶ A. C. L. [2] ὑστερήσαντες A. C. L. [3] χειρώσασθαι A. C. L. [4] συλλεγομένους τόπων A. C. L. [5] ἀθροισθῶσιν A. C. L. [6] περὶ τὴν A. C. L. [7] ὁπόταν A. C. L. [8] ἣν A.

Ἤπειρον] Vid. § λϛ΄. [et paullo inferius, §. μϛ΄.] Ita mox διαβαίνειν εἰς τὴν ἤπειρον et ἠπειρῶται. Si cui nomina insularum, Græcis notissimarum, delere libeat, ego non dissentiam. Mor.

Ὑπερκειμένην] *quæ ultra Phrygiam sita est*, Persiæ propinquior. Wolfius etiam ὑποκειμένην, *ad mare situm*, legi posse putat, quod plane non est necessarium. Idem.

Εἶναι] Ante εἶναι velim addi ἄν. Auger. Numeros turbaret, neque video, quod flagitet. Spohn.

Ὑστερήσαντες] *passi sunt se a barbaris præveniri.* Unde mox: πειρασόμεθα φθῆναι. Qui autem Herodotum IV. 89—104. et V. 4—94. legerit, reperiet, primum τινὰς τῶν συμμάχων proditos et Ionas esse, et quotquot in Græcia a Persis ante pugnam Marathoniam subacti sint (IV. 103. V. 49. 100.), deinde, quæ hic dicantur de majorum negligentia, ad Darii Hystaspis tempora pertinere, non, ut Wolfio placuit, ad Xerxis tantum ætatem. Omnino enim, si Persas prævertere voluerunt, ante debuerunt Persiam petere, quam Persæ primum omnium Europam: hoc autem a Dario factum est. Mor.

Προέμενοι] *quum præmisissent.* Lang.

Ἐν μέρει] *sensim, paulatim.* Idem.

Ὃ βουλ.] Editt. ἣν βουλ. legunt, quod Auger. vertit: *quem* (exercitum) *velimus, facile modo comparaverimus.* Sed ita in medio ποιησαίμεθα dicendum fuisset, ut duobus versibus ante. Mor. Lectionem ἣν ita defendit Hoogeveen (ad Viger. de Idiotism. Gr. ling. p. 290.), ut dicat, articulum subjunctivum retinere aliquando genus substantivi, quod in præcedente membro inveniatur. Wendler. Sensus est: Non lubenter parent incolæ illarum regionum Persarum regi, sed coacti, ma-

ἅπασαν τὴν Ἀσίαν καρπωσόμεθα. πολὺ δὲ κάλλιον ἐκείνῳ περὶ τῆς βασιλείας πολεμεῖν, ἢ πρὸς ἡμᾶς αὐτοὺς περὶ τῆς ἡγεμονίας ἀμφισβητεῖν.

μδ΄. Ἄξιον δ᾽ ἐπὶ τῆς νῦν ἡλικίας ποιήσασθαι τὴν [1]στρατείαν, ἵν᾽ οἱ τῶν συμφορῶν κοινωνήσαντες οὗτοι καὶ τῶν ἀγαθῶν ἀπολαύσωσι καὶ μὴ πάντα τὸν χρόνον
e δυστυχοῦντες διαγάγωσιν. ἱκανὸς γὰρ ὁ παρεληλυθὼς χρόνος, ἐν ᾧ τί τῶν δεινῶν οὐ γέγονε; πολλῶν γὰρ κακῶν τῇ φύσει τῇ τῶν ἀνθρώπων. ὑπαρχόντων αὐτοὶ πλείω τῶν ἀναγκαίων προσεξευρήκαμεν, πολέμους καὶ στάσεις ἡμῖν αὐτοῖς ἐμποιήσαντες, ὥστε τοὺς μὲν ἐν ταῖς αὑτῶν ἀνόμως
76 ἀπόλλυσθαι, τοὺς δ᾽ ἐπὶ ξένης μετὰ παίδων καὶ γυναικῶν ἀλᾶσθαι, πολλοὺς δὲ δι᾽ ἔνδειαν τῶν καθ᾽ ἡμέραν ἐπικουρεῖν ἀναγκαζομένους ὑπὲρ τῶν ἐχθρῶν τοῖς φίλοις μαχομένους ἀποθνήσκειν. ὑπὲρ ὧν οὐδεὶς πώποτ᾽ ἠγανάκτησεν· ἀλλ᾽ ἐπὶ [2]μὲν ταῖς συμφοραῖς ταῖς ὑπὸ τῶν ποιητῶν συγκειμέναις δακρύειν ἀξιοῦσιν, ἀληθινὰ δὲ πάθη πολλὰ καὶ δεινὰ γιγνόμενα διὰ τὸν πόλεμον ἐφορῶντες τοσούτου δέουσιν

[1] στρατιὰν A. [2] μὲν om. A. C. L.

jorem enim habet exercitum, quam illorum civitates singulæ; ubi igitur nos in illis regionibus exercitum opposuerimus copiis Persarum, iis majorem (quod facile, opinor, fieri potest, dummodo velimus), totam Asiam etc. Spohn.

Ἀνόμως] Vid. ad §. λβ΄. Wolf. ἀνόμως, ὠμῶς, quam utrum conjecturam, an interpretationem esse voluerit, non dixit: neque ergo judicare licet. Longe aliter Paullus Rom. 2. 12. ἀνόμως ἀπόλλυσθαι. Mor.

Δι᾽ ἔνδειαν] Legerim, τῇ ἐνδείᾳ, *inopiæ succurrere coactos.* Vulgatam qui defendere velit, ponet comma post ὑπὲρ τῶν ἐχθρῶν, et ἐπικουρεῖν ὑπὲρ. τ. ἐχθ. capiet, ut ὑπέρ τινος βοηθεῖν, *auxilio defendere aliquem.* Idem. Verte: *multi apud hostes, propter inopiam quotidiani victus, stipendia facere coacti, pugnantes cum hostibus contra amicos, cadunt.* Lang. Nihil mutandum est ἡ ἔνδεια τῶν καθ᾽ ἡμέραν Archidam. §. κγ΄. Philipp. §. ν΄. de pac. §. ις΄. Busir. §. η΄. ις΄. Panegyr. §. θ΄. coll. Panathen. §. ξζ΄. sq. et infra §. μς΄. est inopia rerum ad vitam sustentandum necessariarum, penuria; multi igitur, βίου δεόμενοι, Panath. §. ξη΄. *propter* penuriam, propterea quod deerat iis victus, quo vitam sustentare possent, coacti, ἐπίκουροι ἐγένοντο τῶν Βαρβάρων, ne fame perirent, veriti, καὶ ἀποθνήσκουσι μαχόμενοι, ἤγουν πολεμοῦντες, τοῖς φίλοις, τοῦτ᾽ ἔστι τοῖς Ἕλλησι, popularibus, amicis, ὑπὲρ τῶν ἐχθρῶν, i. e. τῶν Βαρβάρων. Ita Xenoph. Expedit. Cyr. VII. 4. 9. ὑπὲρ τούτου ἀποθανεῖν, et ib. I. 9. 30. μαχόμενοι ἀπέθανον ὑπὲρ Κύρου, Eurip. Alcest. v. 701. μὴ θνῆσχ᾽ ὑπὲρ τοῦδ᾽ ἀνδρός, v. 693. οὐχ ὑπερθνήσκειν σέθεν, et v. 711. κατθανεῖν πείσεις ἀεὶ γυναῖχ᾽ ὑπὲρ σοῦ, 284. θνήσκω ὑπὲρ σέθεν. μάχεσθαι ὑπέρ τινος Xenoph. Cyropæd. II. 1. 21. IV. 4. 11. cfr. Observat. miscellan. Vol. VIII. p. 350. In ejusmodi formulis quomodo differant περὶ et ὑπὲρ docuerunt Markland. ad Lys. Or. 3. §. θ΄. et Valckenaer. ad Eurip. Phœniss. p. 419. De verbo ἐπικουρεῖν autem, ejusque significatione diversa ab ea verbi συμμαχεῖν Ammon. de different. affin. voc. p. 31. ed. Valckenaer. et p. 55. idem de differentia vocum ἐπίκουροι et σύμμαχοι dixit, adde Etymolog. Magn. et Thom. Mag. s. v. βοηθεῖν. Sed hoc discrimen non semper servatum esse, notum est. Cæterum hunc locum jam Augerus et Langius recte interpretati sunt. Spohn.

ἐλεεῖν, ὥστε καὶ μᾶλλον χαίρουσιν ἐπὶ τοῖς ἀλλήλων κακοῖς b
ἢ τοῖς ἰδίοις αὐτῶν ἀγαθοῖς. ἴσως δ᾽ ἂν καὶ τῆς ἐμῆς
εὐηθείας πολλοὶ καταγελάσειαν, εἰ [1] δυστυχίας ἀνδρῶν ἐν
72 [2] τοῖς τοιούτοις καιροῖς ὀδυροίμην, ἐν οἷς Ἰταλία μὲν ἀνάστατος γέγονε, Σικελία δὲ καταδεδούλωται, τοσαῦται δὲ πόλεις τοῖς βαρβάροις ἐκδέδονται, τὰ δὲ λοιπὰ μέρη τῶν Ἑλλήνων ἐν τοῖς μεγίστοις κινδύνοις ἐστί.

με΄. Θαυμάζω δὲ τῶν δυναστευόντων ἐν ταῖς πόλεσιν,
εἰ προσήκειν αὐτοῖς ἡγοῦνται μέγα φρονεῖν, μηδὲν πώποθ᾽ c
ὑπὲρ τηλικούτων πραγμάτων μήτ᾽ εἰπεῖν μήτ᾽ ἐνθυμηθῆναι δυνηθέντες. ἐχρῆν γὰρ αὐτούς, εἴπερ ἦσαν ἄξιοι τῆς παρούσης δόξης, ἁπάντων ἀφεμένους τῶν ἄλλων περὶ τοῦ πολέμου τοῦ πρὸς τοὺς βαρβάρους εἰσηγεῖσθαι καὶ συμβουλεύειν. τυχὸν μὲν γὰρ ἄν τι [3] συνεπέραναν. εἰ δὲ καὶ προαπεῖπον, ἀλλ᾽ οὖν τούς γε λόγους ὥσπερ χρησμοὺς εἰς
τὸν ἐπιόντα χρόνον [4] ἂν κατέλιπον. νῦν δ᾽ οἱ μὲν ἐν ταῖς d
μεγίσταις δόξαις ὄντες ἐπὶ μικροῖς σπουδάζουσιν, ἡμῖν δὲ τοῖς τῶν πολιτικῶν ἐξεστηκόσι περὶ τηλικούτων πρα-

[1] δυστυχίαν A. C. L. [2] τοῖς om. A. C. L. [3] διεπέραναν A. C. L. [4] ἂν om. A. C. L.

Δυστ. ἀνδρῶν] Clades *hominum singulorum:* quum *integræ civitates* pereant clade. Mor.

Ἰταλία] De Pace §. λγ΄. Λακεδαιμόνιοι (accepto principatu) τὰς ἐν Ἰταλίᾳ καὶ Σικελίᾳ πολιτείας ἀνῄρουν, καὶ τυραννίδας καθίστασαν. Hinc interpretor ἀνάστατον γίγνεσθαι καὶ καταδουλοῦσθαι. Nimirum Dionysius, Siciliæ tyrannus, fractis in Sicilia opibus Atheniensium, quidquid Græcorum ibi et in Italia (Diod. Sic. XIV. 90. 91. Thuc. l. VI. init.) fuit, fuit autem magna multitudo, juvantibus imprimis Spartanis (cf. §. λε΄.), sibi conjicere conatus est. Justin. XX. 1. Aristid. Panath. p. 80. Idem.

Τυχὸν κ. τ. λ.] *nam fortasse profecissent aliquid: sin ante exitum rei defecissent,* v. c. fatigati labore, infirmitate detenti, necessitate coacti, etc. ideoque rem infectam abjecissent. Nemo, opinor, reprehendet hanc verbi προαπειπεῖν interpretationem, quum ita διαπεραίνειν et προαπειπεῖν accurate opponantur, quod non est in hujus verbi versione Wolf. *diem obire:* neque enim necessarium erat, hoc loco perfectioni conatus impedimentum mortis opponere, qui præterea rarissimus est significatus. Hemsterh. ad Lucian. dial. sel. p. 78. exemplum verbi προαπειρηκέναι sic usurpati posuit, ut hic προαπειπεῖν usurpatur. Idem. *ante rei exitum animum desponderent, rem infectam abjicerent.* Lang. Mihi quidem hic etiam Wolfius optime intellexisse videtur Isocratem, προαπειπεῖν enim sine dubio denotat antea mori, diem obire re nondum perfecta; nam de morte impediente cogitandum esse docet locus Lycurgi similis, quem Coraes attulit, in Leocr. §. 21. καί μοι δοκοῦσι τῶν ἀρχαίων τινὲς ποιητῶν, ὥσπερ χρησμοὺς γράψαντες τοῖς ἐπιγενομένοις τάδε τὰ ἰαμβεῖα καταλιπεῖν, et comprobant verba: εἰ καὶ προαπεῖπον, tamen εἰς τὸν ἐπιόντα χρόνον reliquerunt. Χρησμοὶ dici possunt verba eorum, qui in eadem sentiendi ratione perseverantes morte opprimuntur; sed nisi καταγέλαστος fieri voluit Isocrates, eorum λόγους, qui per parvum temporis spatium idem constanter suaserant, paullo post autem de successu desperantes a priore consilio desciverant, χρησμοὺς appellare non potuit, neque dicere eos, λόγους, quos prius habuerint, καταλιπεῖν εἰς τὸν ἐπιόντα χρόνον. Spohn.

Ἐξεστηκόσι] *qui, omissa republica, vitam privatam agunt.* Lang. *qui alieni sumus ab administranda republica.* Vide de hoc

γμάτων συμβουλεύειν [1]παραλελοίπασιν. οὐ μὴν ἀλλ᾽ ὅσῳ μικροψυχότεροι τυγχάνουσιν ὄντες οἱ προεστῶτες ἡμῶν, [2]τοσούτῳ τοὺς ἄλλους ἐῤῥωμενεστέρως δεῖ σκοπεῖν ὅπως [3]ἀπαλλαγησόμεθα τῆς παρούσης ἔχθρας. νῦν μὲν γὰρ μάτην ποιούμεθα τὰς περὶ τῆς εἰρήνης συνθήκας· οὐ γὰρ
e διαλυόμεθα τοὺς πολέμους ἀλλ᾽ ἀναβαλλόμεθα, καὶ περιμένομεν τοὺς καιροὺς ἐν οἷς ἀνήκεστόν τι κακὸν ἀλλήλους ἐργάσασθαι δυνησόμεθα.

μϛʹ. Δεῖ δὲ ταύτας τὰς ἐπιβουλὰς [4]ἐκποδὼν ποιησαμένους ἐκείνοις τοῖς ἔργοις ἐπιχειρεῖν, ἐξ ὧν τάς τε πόλεις ἀσφαλέστερον οἰκήσομεν καὶ πιστότερον διακεισόμεθα πρὸς ἡμᾶς αὐτούς. ἔστι δ᾽ ἁπλοῦς καὶ ῥᾴδιος ὁ λόγος ὁ περὶ
77 τούτων· οὔτε γὰρ εἰρήνην οἷόν τ᾽ ἐστὶ βεβαίαν ἀγαγεῖν, [5]ἢν μὴ κοινῇ τοῖς βαρβάροις πολεμήσωμεν, οὐθ᾽ ὁμονοῆσαι τοὺς Ἕλληνας, πρὶν ἂν καὶ τὰς [6]ὠφελίας ἐκ τῶν αὐτῶν καὶ τοὺς κινδύνους πρὸς τοὺς αὐτοὺς ποιησώμεθα. τούτων δὲ [7]γενομένων καὶ τῆς ἀπορίας τῆς περὶ τὸν βίον ἡμῶν

[1] καταλελοίπασιν A. C. L. [2] τοσοῦτον A. C. L. [3] ἀπαλλαγησώμεθα A. [4] ἐκ ποδῶν C. [5] ἐὰν A. C. L. [6] φιλίας A. C. L. [7] γεγονότων A. C. L.

verbo Hemsterhuis. ad Lucian. Tim. p. 152. Dorvill. ad Chariton. I. 4. 8. 2. SPOHN.

Οὐ μὴν] Particula μὴν prædictæ locutionis antecedens innuit, *quod tametsi res ita se habeat*, ac si dixisset: καίπερ οὖν τούτων οὕτως ἐχόντων. v. Devar. de Particc. Gr. L. p. 302. WENDLER. Viger. p. 464., Abresch. Dilucidatt. Thucyd. 5. 45., Bergler. ad Alciphron. p. 253., Hoogeveen. doctrin. partic. ed. Schutz. p. 481. sq. SPOHN.

Ἀναβαλλόμεθα] Laudat hunc locum tanquam pulcrum Aristotel. Rhetor. III. 1. MOR.

Ἐπιβουλὰς] Revocavi: refertur enim ad περιμένειν τοὺς καιροὺς etc. §. μεʹ. quæ sunt insidiæ. Etiam versio Wolf. habet *insidias*, et voluit Wolfius ἐπιβουλὰς poni pro ἐπιβολὰς, probavitque Dorvillius ad Chariton. p. 35. qui [*aggressiones*] *molimina*, *consilia*, interpretatur. Nec detrahitur quidquam oppositioni Isocraticæ, ἐπιβουλαὶ et ἔργα, quum ἐπιβουλαὶ sint consilia insidiantium. IDEM. Cfr. Panathen. §. μδʹ. SPOHN.

Ἐκ τῶν αὐτῶν] An est, *ab iisdem* expectandam amicitiam sibi conciliare? Cf. tamen ind. in ἐκ. MOR. In indice interpretatus erat: *iisdem argumentis impulsi*, quod quum plane falsum esset de levi. Langius vertit: *nisi e Græcis tantum, exclusis barbaris, amicos elegerimus.* Auger. cum Wolfio: *et amicitias propter eosdem et bella contra eosdem paraverimus.* Locutus est de Persis et Græcis, ita quidem ut diceret, haud prius firmam fore pacem Græcis, quam communi molimine et junctis viribus omnes Græci Persas fuerint adorti; hoc autem antea fieri non posse, neque Græcos ad illum consensum posse revocari, quam φιλίας h. e. συμμαχίας, uti Xenophon. Expedit. Cyr. VII. 3. 7. Hellen. VII. 4. 4. fecerint ἐκ τῶν αὐτῶν, de quibus modo locutus erat, e Græcis, contra τοὺς αὐτοὺς, de quibus etiam vix desierat loqui, Persas. Sensus igitur est: πρὶν ἂν καὶ τὴν συμμαχίαν ἐκ τῶν αὐτῶν, τῶν Ἑλλήνων, καὶ τοὺς κινδύνους τοὺς πολεμικοὺς ἤγουν τὸν πόλεμον, πρὸς τοὺς αὐτοὺς, τοῦτ᾽ ἔστι τοὺς Βαρβάρους, ποιησώμεθα. SPOHN.

Τῆς ἀπορ. — βίον] §. μδʹ. ἡ ἔνδεια τῶν καθ᾽ ἡμέραν. MOR. Langius in indice hæc dicta esse putat pro τὸν πόλεμον ἐνθένδε διοριοῦμεν, ita etiam vertit Augerus. Coraes putare aliquis possit, inquit, Isocratem scripsisse: ὅπως ὡς τάχιστα τὸν πόλεμον ἐνθένδε εἰς τὴν etc. sed ἐνθένδε significat ἐνταῦθα. Res ita se habet: denotat bellum *hinc* (Barbaris) imminens. Primo adspectu videtur quidem simile

ἀφαιρεθείσης, ἣ καὶ τὰς ἑταιρίας διαλύει καὶ τὰς συγγενείας εἰς ἔχθραν προάγει καὶ πάντας ἀνθρώπους εἰς
πολέμους καὶ στάσεις καθίστησιν, οὐκ ἔστιν ὅπως οὐχ
ὁμονοήσομεν καὶ τὰς εὐνοίας ἀληθινὰς πρὸς ἡμᾶς αὐτοὺς b
73 ἕξομεν. ὧν ἕνεκα περὶ παντὸς ποιητέον ὅπως ὡς τάχιστα
τὸν ἐνθένδε πόλεμον εἰς τὴν ἤπειρον διοριοῦμεν, ὡς μόνον
[1]ἂν τοῦτο ἀγαθὸν ἀπολαύσαιμεν [2]τῶν κινδύνων τῶν πρὸς
ἡμᾶς αὐτούς, εἰ ταῖς ἐμπειρίαις ταῖς ἐκ τούτων γεγενημέναις πρὸς τὸν βάρβαρον καταχρήσασθαι δόξειεν ἡμῖν.

μζ΄. Ἀλλὰ γὰρ ἴσως διὰ τὰς συνθήκας ἄξιον ἐπισχεῖν,
ἀλλ' οὐκ ἐπειχθῆναι καὶ θᾶττον ποιήσασθαι τὴν [3]στρα- c
τείαν· δι' ἃς αἱ μὲν ἠλευθερωμέναι τῶν πόλεων βασιλεῖ

[1] γ' ἂν A. C. δ' ἂν L. [2] ἐκ τῶν A. C. L. [3] στρατιάν A.

aliquid significare, ac si dixisset auctor, bellum quod hic oritur; re vera autem diversum est, originem et originis locum indicat, verum etiam id inde aliorsum flecti. De re simili monuit Matthiæ Gr. Gr. §. 596. SPOHN.

Ἤπειρον] Vid. §. λϛ΄. MOR. Ἤπειρος — σύνηθες δὲ τῷ Ἰσοκράτῃ (sic, scrib. Ἰσοκράτει), καλεῖν ἤπειρον τὴν ὑπὸ βασιλείας τῶν Περσῶν γῆν, Io. Zonaras in Lexic. p. 1001. Photius ed. Hermann. p. 58. ἤπειρον, τῷ Ἰσοκράτει σύνηθές ἐστι τὴν ὑπὸ βασιλεῖ τῶν Περσῶν γῆν οὕτω καλεῖν, qui locus nonnisi eo a Suidæ loco recedit, quod hic τῷ ante v. βασιλεῖ habet. Lexicon rhetoricum in Bekkeri Anecdot. Græc. Vol. I. p. 263. ἤπειρος ἡ Ἀσία, καὶ ἠπειρῶται οἱ Βάρβαροι. Locus Harpocrationis jam a Moro adscriptus est, §. λϛ΄. adde locis ibi commemoratis: Panegyr. §. μγ΄. Archidam. §. θ΄. λα΄. Evagor. §. κε΄. Pac. §. πγ΄. Philipp. §. μ΄. μγ΄. bis. ν΄. Xenophon. Hellen. I. 2. 11. ita etiam intelligendi sunt loci Dion. Cass. l. XLVIII. c. 24. L. c. 6. 28. ἡ ἤπειρος, et l. XLVIII. c. 26. τήν τε Κιλικίαν κατέσχε καὶ τῆς Ἀσίας τὰς ἠπειρώτιδας πόλεις, neque vero uti vulgo vertitur; huc etiam spectant Æschyl. Pers. 45. ἠπειρογενὲς ἔθνος, Aristid. de concord. urb. Tom. II. p. 301. ed. Jebb., Callimach. hym. in Del. v. 178. e recepta lectione. Ita etiam Ælian. V. H. VIII. c. 5. intelligo; neque enim de Epiro cum Gesnero cogitandum, neque Vulteio et Kuhnio in continente vertendum, dicit enim: condidit Miletum, Ephesum etc. καὶ ἄλλας δὲ πολλὰς ὕστερον ᾤκισε πόλεις ἐν τῇ ἠπείρῳ, i. e. alias etiam multas Asiæ (minoris) urbes. Cæterum cfr. præter Vales. ad Harpocrat. p. 87. ed. Gronov., Spanhem. ad Callimach. hymn. in Del. v. 62. qui ad v. 178. uberius ea de re dicere voluit, neque vero dixit, eundem in Observationn. ad Julian. Orat. p. 122. sq., Tittmann. ad Zonar. l. l. SPOHN.

Διοριοῦμεν] *exterminemus.* LANG.

Ὡς μόνον δ'] Wolf. suspicatus est γ'. Eleganter. *ut hoc uno* saltem *commodo fruamur.* MOR. Ὡς ad verbum interpretare *ita ut.* AUGER. Ordo verborum est: ἀπολαύσαιμεν δ' ἂν τοῦτο ἀγαθὸν ὡς μόνον, εἰ. LANG. Is, quem illi volunt, sensus plane non inest, neque inesse potest. Interpretor locum: quæ quum ita sint, ante omnia eo anniti debemus, ut quam primum, quod hinc Persis imminet, bellum in Asiam (minorem) transferamus; *tanquam* unicum autem lucrum et commodum e bellis, quæ contra nosmet ipsos gessimus, paratum hoc nobis videri posset, etc. unum autem hoc bonum inde ortum cogitare possemus, etc. SPOHN.

Ἐκ τῶν] Wolfius particulam ἐκ ejiciendam putat: non male, etsi non necessarium est. MOR.

Ἐμπειρίαις] Lysias Epitaph. §. 30. ἐκ τῶν ἡμαρτημένων μαθόντα περὶ τῶν λοιπῶν ἄμεινον βουλεύσασθαι. Hæc est ergo ἐμπειρία. Sed fateor, mihi semper planius visum esse, ei ἐμπειρίαις mutaretur in εὐπορίαις, firmarique suspicionem alio loco §. β΄. fin. τὰς πλεονεξίας, ἃς παρὰ τῶν Ἑλλήνων αὐτοῖς γίγνεσθαι ἀξιοῦσιν, ποιήσασθαι παρὰ τῶν Βαρβάρων. IDEM. Quævis mutatio locum corrumperet, quo nihil integrius. SPOHN. Mori mutationi sensus totius prorsus obstat. LANG.

Ποιήσασθαι] Suspicor scribendum πορίσασθαι. H. STEPHAN.

Βασιλεῖ] Cfr. Schaefer. Meletem. critic. p. 4. SPOHN.

χάριν ἴσασιν, ὡς δι' ἐκεῖνον τυχοῦσαι τῆς αὐτονομίας
ταύτης, αἱ δ' ἐκδεδομέναι τοῖς βαρβάροις μάλιστα μὲν
Λακεδαιμονίοις [1]ἐπικαλοῦσιν, ἔπειτα δὲ καὶ τοῖς ἄλλοις
τοῖς [2]μετασχοῦσι τῆς εἰρήνης, ὡς [3]ὑπὸ τούτων δουλεύειν
ἠναγκασμέναι. καίτοι πῶς οὐ χρὴ διαλύειν ταύτας τὰς
ὁμολογίας, ἐξ ὧν τοιαύτη δόξα γέγονεν, ὥςθ' ὁ μὲν βάρ-
d βαρος κήδεται τῆς Ἑλλάδος καὶ φύλαξ τῆς εἰρήνης ἐστὶν,
ἡμῶν δέ τινές εἰσιν οἱ λυμαινόμενοι καὶ κακῶς ποιοῦντες
αὐτήν; ὃ δὲ πάντων καταγελαστότατον, ὅτι τῶν γεγραμμένων ἐν ταῖς ὁμολογίαις τὰ χείριστα τυγχάνομεν διαφυλάττοντες. ἃ μὲν γὰρ αὐτονόμους ἀφίησι τάς τε νήσους καὶ
τὰς πόλεις τὰς ἐπὶ τῆς Εὐρώπης, πάλαι λέλυται καὶ μάτην
ἐν ταῖς στήλαις ἐστίν· ἃ δ' αἰσχύνην φέρει ἡμῖν καὶ πολ-
e λοὺς τῶν συμμάχων ἐκδέδωκε, ταῦτα δὲ [4]κατὰ χώραν
μένει καὶ [5]πάντες [6]αὐτὰ κύρια ποιοῦμεν. ἃ [7]χρῆν ἀναιρεῖν
καὶ μηδεμίαν ἐᾶν ἡμέραν, νομίζοντας προστάγματα καὶ μὴ
συνθήκας εἶναι. τίς γὰρ οὐκ οἶδεν ὅτι συνθῆκαι μέν εἰσιν,
78 αἵ τινες ἂν ἴσως καὶ κοινῶς [8]ἀμφοτέροις ἔχωσι, προστά-

[1] ἐγκαλοῦσιν A. C. L. [2] μετέχουσι A. C. L. [3] ὑπὲρ A. C. L. [4] καὶ κατὰ C. [5] πάντ' A. C. L. [6] αὐτοὶ C. [7] χρὴ A. C. L. [8] ἐν ἀμφοτέροις A. C. L.

Τοῖς ἄλλοις] Videtur intelligere Athenienses. Vid. §. λγ'. Est autem fœdus, de quo Isocrates toto hoc capite loquitur, pax Antalcidæ. Mor.

Ὁμολογίας] Et συνθήκας pro una eademque re h. l. usurpat Isocrates. Proprie ὁμολογίαι sunt pacta nuda scriptis non comprehensa: at συνθῆκαι sunt conventiones scripto comprehensæ, quæ et deponi apud sequestrem solebant. vid. Vales. ad Harpocrat. p. 250. sq. Wendler.

Ὥστ'] An ὡς legendum? Indicativus enim defendi possit. Mor. Consentit, qui eum secutus est, Coraes. Muniverat autem viam Augerus, qui in notis ad hunc locum, pro ὥστε, inquit, malim ὡς. Hæc quidem quid sibi vellent, non prius perspexi, quam ubi versionem hujus loci inspexeram, quæ haud dubie fraudem iis fecit. Ita se habet: *e quibus talis opinio orta est, Barbarum et Græciæ curam gerere, et pacis esse custodem; nostrum vero* etc. Imo ironice ita intelligo: *scilicet talem laudem et tantam gloriam inde consecuti sumus, ut Persarum rex Græciæ curam gerat et pacem inter Græcos conservet; nostrum autem* etc. δόξα enim hic est, quam Evagor. §. κβ'. dixit δόξαν τῶν πραγμάτων, rebus gestis parta. Spohn.

Φύλαξ τῆς εἰρ.] *tueatur pacem*, ne quis eam violet, ut νομοφύλακες Græcorum leges tuebantur, ne quis eas violaret, Cic. Leg. III. 20. Sed ipsa re quid fecerit Artaxerxes, disci potest e §. λδ'. Mor.

Στήλαις] Cf. §. μη'. ἐν στήλαις λιθίναις ἀναγράψαντας. Idem.

Ταῦτα δὲ] Legendum ταῦτά γε. Idem. Coraes dedit ταῦτα δὲ καὶ κατὰ χώραν μ., assumpta vocula καὶ e codice suo, et refert ad antecedentem v. καὶ, ac si dixisset: οὐ μόνον ἐν ταῖς στήλαις μένει (τοῦτο γάρ ἐστι [uti putat] τὸ κατὰ χώραν) ἀλλὰ καὶ ἐπικυροῦμεν ἡμεῖς πάντα τῷ διαφυλάττειν αὐτά. Recte quidem deinde addit non esse mutandum δὲ in γε, uti voluerint Langius et Morus, quod verum esse videbis ex iis quæ Werferus in Actis philol. Monacens. Tom. I. p. 92. disseruit; sed κατὰ χώραν non bene intellexit. Vide de ejus significatione Viger. p. 161. Schol. Thucyd. ad I. c. 28. et Stephan. ad h. l. ad III. c. 22. IV. c. 26. et 76.; exempla apud Thucydidem, Dion. Cassium satis multa. Coraes deinde αὐτὰ Morum secutus in αὐτοὶ mutavit. Nollem factum; omnia bene se habent, modo ne quis cum Corae verba ἃ χρὴ ab antecedentibus colo sejungat, sed uti debet iis annectat. Spohn.

Ἐν ἀμφοτέροις] Particulam ἐν nemo desideret, si absit: συνθήκη ἔχουσα ἴσως καὶ

γματα δὲ τὰ τοὺς ἑτέρους ἐλαττοῦντα παρὰ τὸ δίκαιον;
διὸ καὶ τῶν πρεσβευσάντων ταύτην τὴν εἰρήνην δικαίως ἂν
κατηγοροῖμεν, ὅτι πεμφθέντες ὑπὸ τῶν Ἑλλήνων ὑπὲρ τῶν
βαρβάρων ἐποιήσαντο τὰς συνθήκας. ἐχρῆν γὰρ αὐτούς,
εἴτ' ἐδόκει τὴν αὑτῶν ἔχειν ἑκάστους, εἴτε καὶ τῶν [1]δορια-
λώτων ἐπάρχειν, εἴτε [2]τούτων κρατεῖν ὧν ὑπὸ τὴν εἰρήνην
ἐτυγχάνομεν ἔχοντες, ἕν τι τούτων ὁρισαμένους καὶ κοινὸν
τὸ δίκαιον ποιησαμένους, οὕτω συγγράφεσθαι περὶ αὐτῶν. b
74 νῦν δὲ τῇ μὲν ἡμετέρᾳ πόλει καὶ τῇ Λακεδαιμονίων οὐδεμίαν
τιμὴν ἀπένειμαν, τὸν δὲ βάρβαρον ἁπάσης τῆς Ἀσίας δεσπότην κατέστησαν, ὡς ὑπὲρ ἐκείνου πολεμησάντων ἡμῶν,
ἢ τῆς μὲν Περσῶν ἀρχῆς πάλαι καθεστηκυίας, ἡμῶν δὲ ἄρτι
τὰς πόλεις κατοικούντων, ἀλλ' οὐκ ἐκείνων μὲν νεωστὶ
[3]ταύτην τὴν τιμὴν ἐχόντων, ἡμῶν δὲ τὸν ἅπαντα χρόνον c
ἐν τοῖς Ἕλλησι δυναστευόντων.

μή. Οἶμαι δ' ἐκείνως εἰπὼν μᾶλλον δηλώσειν τήν τε περὶ ἡμᾶς ἀτιμίαν γεγενημένην καὶ τὴν τοῦ βασιλέως πλεονεξίαν. τῆς γὰρ γῆς ἁπάσης τῆς ὑπὸ τῷ κόσμῳ κειμένης δίχα τετμημένης, καὶ τῆς μὲν Ἀσίας τῆς δ' Εὐρώπης κα-

[1] δορυαλώτων A. [2] καὶ τούτων A. C. L. [3] ταύτην om. A. L.

κοινῶς ἀμφοτέροις. Mor.

Προστάγματα] §. λδ'. προστάττει, ἃ χρὴ ποιεῖν ἑκάστους. Idem.

Ἐχρῆν κ. τ. λ.] Verba hujus periodi sic ordina: ἐχρῆν γὰρ αὐτοὺς ἕν τι — ποιησαμένους, εἴτ' ἐδόκει — ἔχοντες, οὕτω συγγράφεσθαι περὶ αὐτῶν. Lang.

Κόσμῳ] Malim τὸν κόσμον, ἤγουν οὐρανόν. Wolf. Κόσμος est cœli ambitus, cum sideribus, ut Ammian. Marcell. XII. 42. "consideratio mundani motus et siderum." v. Ernesti ad Xen. Mem. I. 1. 11. Itaque γῆ ὑπὸ τῷ κόσμῳ terra est, quæ sub cœlo jacet. Sic Alexandrini Iob. 1. 7. 2. 2. ἡ ὑπ' οὐρανὸν, de orbe terrarum. Aristid. Pan. p. 14. αἱ ὑφ' ἡλίῳ πόλεις ex Hom. Il. δ. 44. Theophrast. Char. procem. τῆς Ἑλλάδος ὑπὸ τὸν αὐτὸν ἀέρα κειμένης. Ovid. Tr. v. 3. 7. se, in Ponto habitantem, nominat *suppositum stellis ursæ*. Mor. 'Κόσμος proprie illis temporibus dictum cœlum cum sideribus, cujus appellationis auctor Pythagoras. Phot. Bibl. Cod. 659. adde [Plutarch. de plac. Philos. 4. 1. Diogen. Laert. VIII. 48.] Stanleium ad Æschyl. Agam. 6.' Ernest. ad Mem. l. l. His adjungas Platon. Timæ. Tom. III. p. 31. et 43. ed. Steph. Vol. XI. p. 302. Bip. Polit. Vol. VI. p. 30. Bip. et quos laudant interprr. ad Diogen. Laert. VIII. 485. c. 25. Achill. Tat. Isag. p. 129. Bentley. ed. Phalar. Epist. p. 292. ed. Lennep. Philo de incorrupt. mund. Tom. II. p. 488. ed. Mang. Apud Latinos mundus eodem sensu, vide quos laudarunt interpp. Plin. H. N. II. 51. et Pompon. Mel. Tom. III. P. I. p. 19. ed. Tzschuck., Gronov. Observat. l. c. 9. et Forcellin. in Lex. s. h. v. Spohn.

Τετμημένης] Constat, Africam ab antiquis vel Asiæ annumeratam esse, quod jam monuit Wolfius, vel Europæ: unde hic duæ partes terræ. V. Agathemerus de geograph. 2. 2. apud Hudson. in Geogr. minoribus vol. II. Ciaceon. ad Pompon. Melam 1. 1. Cort. ad Sallust. Jug. c. 17. Cellar. Geogr. T. I. l. 1. c. 11. Mor. Adde: Berkel. ad Stephan. Byzant. s. v. ἤπειρος, Varro de re rust. lib. I. c. 2. de ling. Lat. IV. 5. Hudson. ad Scymn. Chi. v. 76. p. 2. Lycophron. v. 1295. ibique Tzetz., Salmas. Exercitat. Plin. p. 228. extr., Schaefer. ad Lamberti Bos Ellips. p. 531. Meletemat. crit. p. 27. 32. ad Schol. Paris. ad Apollon. Rhod. Argon. II. v. 778. Tom. II. 188, Vkert. in libro:

λουμένης, τὴν ἡμίσειαν ἐκ τῶν συνθηκῶν εἴληφεν, ὥςπερ
πρὸς τὸν Δία τὴν χώραν νεμόμενος, ἀλλ' οὐ πρὸς [1] ἀνθρώπους
d τὰς συνθήκας ποιούμενος. καὶ ταύτας [2] ἠνάγκασεν ἡμᾶς
ἐν στήλαις λιθίναις ἀναγράψαντας ἐν τοῖς κοινοῖς τῶν ἱερῶν
ἀναθεῖναι, πολὺ κάλλιον τρόπαιον τῶν ἐν ταῖς μάχαις
γιγνομένων· τὰ μὲν γὰρ ὑπὲρ μικρῶν ἔργων καὶ μιᾶς τύχης
ἐστὶν, αὗται δ' ὑπὲρ [3] ἅπαντος τοῦ πολέμου καὶ καθ' ὅλης
τῆς Ἑλλάδος ἑστήκασιν. ὑπὲρ ὧν [4] ἄξιον ὀργίζεσθαι, καὶ
e σκοπεῖν ὅπως τῶν [5] τε γεγενημένων δίκην [6] ληψόμεθα καὶ
τὰ μέλλοντα [7] διορθωσόμεθα. καὶ γὰρ αἰσχρὸν, ἰδίᾳ μὲν
τοῖς βαρβάροις οἰκέταις ἀξιοῦν χρῆσθαι, δημοσίᾳ δὲ τοσούτους τῶν συμμάχων περιορᾶν αὐτοῖς δουλεύοντας· καὶ τοὺς
μὲν περὶ τὰ Τρωϊκὰ [8] γενομένους μιᾶς γυναικὸς ἁρπασθείσης οὕτως ἅπαντας συνοργισθῆναι τοῖς ἀδικηθεῖσιν, ὥστε
79 μὴ πρότερον παύσασθαι πολεμοῦντας πρὶν τὴν πόλιν ἀνάστατον ἐποίησαν τοῦ τολμήσαντος ἐξαμαρτεῖν, ἡμᾶς δὲ ὅλης
τῆς Ἑλλάδος ὑβριζομένης μηδεμίαν ποιήσασθαι κοινὴν τιμωρίαν, ἐξὸν ἡμῖν εὐχῆς ἄξια διαπράξασθαι. μόνος γὰρ οὗτος
ὁ πόλεμος κρείττων εἰρήνης ἐστὶ, [9] θεωρίᾳ μὲν μᾶλλον ἢ

[1] τοὺς ἀνθρώπους A. C. L. [2] συνηνάγκασεν A. C. L. [3] παντὸς A. C. L.
[4] καὶ ἄξιον A. L. [5] τε om. A. C. L. [6] ληψώμεθα A.
[7] διορθωσώμεθα A. [8] γιγνομένους L. [9] καὶ θεωρίᾳ μᾶλλον A. C. L.

Geographie der Griechen und Römer Tom. I. P. 2. pag. 280. sq. SPOHN.

Νεμόμενος] *quasi* frater Jovis *terram inter se et Jovem divisisset*. Tralatitium est, omnem mundum inter Jovem, Neptunum et Plutonem divisum esse. Quæ quidem quum divisio totius in partes permagnas fuerit, habet aliquid simile huic divisioni, quæ totam terram in duas partes magnas distribuit. MOR. Commentor: quasi partitio regionis cum ipso fieret tanquam cum Jove. AUGER.

Ἐν τοῖς κοινοῖς τῶν ἱερῶν] Wolf. *in publicis templis*. quod equidem sic ceperim, ut in notis Wolfius, ut Thuc. V. 18. ἱερὰ κοινὰ de Delphico templo, ut Xenoph. Mem. I. 1. 2. κοινοὺς τῆς πόλεως βωμοὺς, ut Isocr. Paneg. §. ιβ'. κοινὰς θυσίας a communione sacrorum dixit, et verterim: *communia toti Græciæ templa*, quale fuit Delphicum et Jovis Olympii, quoniam fœdus Antalcidæ totius Græciæ nomine factum, ejusque tabula in communi templo posita est. Exemplum occurrit apud Thucyd. V. 47. Nam publica, i. e. urbis templa, sic intelligere, ut opponantur privatis, i. e. singulorum sacellis, de quibus ad Theophr. Char. c. 16. Casaubonus dixit, ab hoc loco alienum fuerit. MOR. Hunc quoque locum laudat Aristotel. Rhetor. III. 1. indicante Corae. SPOHN.

Τῶν γεγ.] Τῶν τε γεγ. WOLF.

Θεωρίᾳ] *bellum, similius legationi solemni*, sacrorum et splendoris causa profecturæ, *quam expeditioni, aut exercitui*, ad bellum profecturo. Videbimur θεωρίαν mittere, non exercitum: ergo bellum habebit plus admirationis, splendoris et ostentationis, quam periculi et laboris. De θεωρίᾳ, solemni legatione, v. Ernestium ad Xen. Mem. III. 3. 12. Valckenaer. ad Herodot. VI. 87. Schol. Triclin. ad Soph. Œd. T. 114. [Reines. epist. ad. Vorst. p. 62. Cuper. Observ. l. IV. c. 15. Thom. Mag. ibique interprr.] Sententiam imitatus est Aristid. Panath. p. 30. de bello contra Darium: Ἡ πόλις πομπὴν ἀγούσῃ προσεῴκει μᾶλλον, ἢ πρὸς ἀγῶνα κοσμουμένῃ. Ibid. p. 75. de alio bello: Ἐξῆλθον, ὥσπερ πομπῆς, ἀλλ' οὐ κινδύνων μεθέξειν μέλλοντες. Quæ loca dubitare non sinunt, θεωρίαν hic esse πομπήν. Male igitur Wolf. *specta-*

[1]στρατείᾳ προσεοικὼς, ἀμφοτέροις δὲ συμφέρων, καὶ τοῖς
[2]ἡσυχίαν ἄγειν βουλομένοις καὶ τοῖς πολεμεῖν ἐπιθυμοῦσιν.
[3]εἴη γὰρ ἂν τοῖς μὲν ἀδεῶς τὰ σφέτερ' αὐτῶν καρποῦσθαι, b
τοῖς δ' ἐκ τῶν ἀλλοτρίων μεγάλους πλούτους καταστήσασθαι.

μθ'. [4]Πολλαχοῦ δ' ἄν τις λογιζόμενος εὕροι ταύτας
τὰς πράξεις μάλιστα [5]λυσιτελούσας ἡμῖν. φέρε γὰρ, πρὸς
τίνας χρὴ πολεμεῖν τοὺς μηδεμιᾶς πλεονεξίας ἐπιθυμοῦντας,
ἀλλ' αὐτὸ τὸ δίκαιον σκοποῦντας; οὐ πρὸς τοὺς καὶ
πρότερον τὴν Ἑλλάδα κακῶς ποιήσαντας καὶ νῦν ἐπιβουλεύοντας
καὶ πάντα τὸν χρόνον οὕτω διακειμένους πρὸς c
ἡμᾶς; τίσι δὲ φθονεῖν εἰκός ἐστι τοὺς μὴ παντάπασιν
ἀνάνδρως διακειμένους, ἀλλὰ μετρίως τούτῳ τῷ πράγματι
χρωμένους; οὐ τοῖς μείζους μὲν τὰς δυναστείας ἢ κατ' ἀνθρώπους
περιβεβλημένοις, ἐλάττονος δ' ἀξίοις τῶν παρ'
ἡμῖν δυστυχούντων; ἐπὶ τίνας δὲ [6]στρατεύειν προσήκει
τοὺς ἅμα μὲν εὐσεβεῖν βουλομένους, ἅμα δὲ τοῦ συμφέροντος
[7]ἐνθυμουμένους; οὐκ ἐπὶ τοὺς καὶ φύσει πολεμίους καὶ
πατρικοὺς ἐχθροὺς, καὶ πλεῖστα μὲν ἀγαθὰ κεκτημένους, d
ἥκιστα δ' ὑπὲρ αὐτῶν [8]ἀμύνεσθαι δυναμένους; οὐκοῦν
ἐκεῖνοι πᾶσι τούτοις ἔνοχοι τυγχάνουσιν ὄντες.

1 στρατιᾷ A. L. 2 τὴν ἡσυχίαν A. C. L. 3 ἐξέσται A. C. L. 4 πολλαχῆ C. 5 λυσιτελούσας μάλιστα A. C. L. 6 μᾶλλον προσήκει στρατεύειν A. C. L. 7 προνοουμένους A. C. L. 8 ἀμύνασθαι A. C. L.

culum interpretatur. Similis locus Thuc. VI. 31. de apparatu bellico: μᾶλλον ἐπίδειξις τῆς δυνάμεως καὶ ἐξουσίας, ἢ ἐπὶ πολεμίους παρασκευή. Mor.

Πράγματι] H. e. invidia. Hac autem utitur moderate, qui in invidendo tenet medium, ideoque nec viris bonis, quorum virtus dignitatem meretur, invidet, neque tamen æquo animo videre potest ignavos et malos, opibus auctos: quod qui ferre potest, is ἀνάνδρως διάκειται. Idem vidimus Wolfio placuisse. Ergo sic procurrit oratio: *cui videtur invidere is, qui non plane ignavus est* (non plane nullos invidiæ stimulos sentit), *nec tamen immodicus in hac re*, in invidendo? Quod autem versio ed. Cant. hoc πρᾶγμα intellexit de bello, in quo ex πολεμεῖν in initio capitis πόλεμος repetendum est, id durius videtur. Nec placet Augeri sententia, πρᾶγμα referentis ad ἀνανδρείαν. Idem. Recte interpretatus esse videtur Coraes, qui in illo ἀνάνδρως subaudiendum putat v. ἀνδρία; est enim ἀνάνδρως, ἄνευ ἀνδρίας, ita ut hunc in modum procedat: τοὺς μὴ παντάπασιν ἄνευ ἀνδρίας ὄντας, ἀλλὰ μετρίως τούτῳ τῷ πράγματι (τῇ ἀνδρίᾳ) χρωμένους. Similem locum Coraes ex Archidam. §. γ'. attulit: οὐ μόνον ἡμῖν, ἀλλὰ καὶ τοῖς ἄλλοις τοῖς μηδὲ ἀνάνδρως διακειμένοις, ἀλλὰ καὶ κατὰ μικρὸν (μετρίως) ἀρετῆς ἀντιποιουμένοις. De simile re vid. exempla ap. Matth. Gr. Gr. p. 603. Spohn.

Τῆς δυναστείας — περιβεβλημένοις] *qui induerunt potentiam*, seu *potentia cinctis*. Lang.

Δυστυχούντων] Exsules aut servi, similes Helotibus. §. λβ'. λϛ'. Mor. Ii qui et ingenio et opibus infelices sunt. Auger.

Οὐκοῦν] Scripsi οὔκουν (cfr. Hermann. ad Viger. ed. II. p. 794. sq.) et in fine mutavi signum, videntur enim hæc verba interrogare: *nonne igitur hæcce omnia in Persas cadunt?* Spohn.

ν. Καὶ μὴν οὐδὲ τὰς πόλεις λυπήσομεν στρατιώτας ἐξ αὐτῶν καταλέγοντες, ὃ νῦν ἐν τῷ πολέμῳ τῷ πρὸς ἀλλήλους ὀχληρότατον αὐταῖς ἐστί· πολὺ γὰρ οἶμαι σπανιωτέρους ἔσεσθαι τοὺς μένειν [1]ἐθελήσοντας τῶν συνακολουθεῖν ἐπιθυμησόντων. τίς γὰρ οὕτως ἢ νέος ἢ παλαιὸς ῥᾴθυμός
e ἐστιν, ὅστις οὐ μετασχεῖν βουλήσεται ταύτης τῆς στρατιᾶς τῆς ὑπ' Ἀθηναίων μὲν καὶ Λακεδαιμονίων στρατηγουμένης, ὑπὲρ δὲ τῆς τῶν συμμάχων ἐλευθερίας ἀθροιζομένης, ὑπὲρ δὲ τῆς Ἑλλάδος ἁπάσης ἐκπεμπομένης, ἐπὶ δὲ τὴν τῶν βαρβάρων τιμωρίαν πορευομένης; φήμην δὲ καὶ μνήμην
80 μην καὶ δόξαν πόσην τινὰ χρὴ νομίζειν ἢ ζῶντας ἕξειν ἢ τελευτήσαντας καταλείψειν τοὺς ἐν [2]τοῖς τοιούτοις ἔργοις ἀριστεύσαντας; ὅπου γὰρ οἱ πρὸς Ἀλέξανδρον πολεμήσαντες καὶ μίαν πόλιν ἑλόντες τοιούτων ἐπαίνων ἠξιώθησαν, ποίων [3]τινῶν χρὴ προσδοκᾶν ἐγκωμίων τεύξεσθαι τοὺς ὅλης [4]τῆς Ἀσίας κρατήσαντας; τίς γὰρ ἢ τῶν ποιεῖν δυναμένων ἢ τῶν λέγειν ἐπισταμένων οὐ πονήσει καὶ φιλο-
b σοφήσει, βουλόμενος ἅμα τε τῆς αὑτοῦ διανοίας καὶ τῆς 76
ἐκείνων ἀρετῆς [5]μνημεῖον εἰς ἅπαντα τὸν χρόνον καταλιπεῖν;

να'. Οὐ τὴν αὐτὴν δὲ τυγχάνω γνώμην ἔχων ἔν τε τῷ παρόντι καιρῷ καὶ περὶ τὰς ἀρχὰς τοῦ λόγου. τότε μὲν γὰρ ᾤμην ἀξίως δυνήσεσθαι [6]τῶν πραγμάτων εἰπεῖν· νῦν δ' οὐκ ἐφικνοῦμαι τοῦ μεγέθους αὐτῶν, ἀλλὰ πολλά με διαπέφευγεν ὧν διενοήθην. αὐτοὺς οὖν χρὴ [7]συνδιορᾶν ὅσης ἂν
c εὐδαιμονίας τύχοιμεν, εἰ τὸν μὲν πόλεμον τὸν νῦν ὄντα περὶ

[1] ἐθέλοντας A. C. L. [2] τούτοις τοῖς A. C. L. [3] τίνων A.
[4] τῆς om. A. C. L. [5] μνήμην A. C. L. [6] περὶ τῶν A. C. L.
[7] συνορᾶν A. C. L.

Ἢ νέος ἢ παλ.] Coraes opinari videtur Isocratem hic locum Homericum respexisse Il. Ξ. 108. sed plures sunt loci, ubi similis ratio, v. c. Xenophon. Memorab. III. 10. 1. Idem.

Φήμην] Ad verba φήμη, μνήμη, δόξα, respexit Aristot. rhet. III. c. 7. §. 11. ubi ab oratore commoto eandem rem pluribus verbis repeti atque iterari monet, idque Isocratem sub finem Panegyrici fecisse dicit, usum verbis φήμη δὲ καὶ γνώμη. Ergo legendum apud Aristot. φήμη δὲ καὶ μνήμη. Mor.

Ἀλέξανδρον] Paridem Trojanum intelligit. Idem.

Τοὺς ὅλης Ἀσίας] Malim τοὺς ὅλης τῆς Ἀσίας. Wolf.

Ποιεῖν] *carmina scribere*. Auger.

Φιλοσοφήσει] Quid sit φιλοσοφεῖν, §. α'. dixi. [Cfr. Heusdium in *Cornelii Anne den Tex* dissertatione de vi musices ad excolendum hominem e sententia Platonis, Trajecti, 1816. 8. p. 110. sq.] Οἱ ποιεῖν δυνάμενοι καὶ εἰπεῖν βουληθέντες [poetæ et oratores] est apud Lysiam Epitaph. §. α'. e quo locum hunc Isocratis ductum putant Taylorus et Marklandus. Mor.

Εἰ τὸν μὲν πόλεμον κ. τ. λ.] Hunc locum Isocrates orat. ad Phil. p. 121. [c. 4.] repetiit: εἰ δόξειε ταῖς πόλεσι ταῖς μεγί-

ἡμᾶς πρὸς τοὺς ἠπειρώτας ποιησαίμεθα, τὴν δ' εὐδαιμονίαν
τὴν ἐκ τῆς Ἀσίας εἰς τὴν Εὐρώπην διακομίσαιμεν, καὶ μὴ
μόνον ἀκροατὰς γενομένους ἀπελθεῖν, ἀλλὰ τοὺς μὲν πράττειν δυναμένους παρακαλοῦντας ἀλλήλους πειρᾶσθαι διαλλάττειν τήν τε πόλιν τὴν ἡμετέραν καὶ τὴν Λακεδαιμονίων,
τοὺς δὲ τῶν λόγων ἀμφισβητοῦντας πρὸς μὲν τὴν παρακαταθήκην καὶ περὶ τῶν ἄλλων ἁπάντων ὧν νῦν φλυαροῦσι d
[1]παύεσθαι γράφοντας, πρὸς δὲ τοῦτον τὸν λόγον ποιεῖσθαι
τὴν ἅμιλλαν, καὶ σκοπεῖν ὅπως ἄμεινον ἐμοῦ περὶ τῶν
αὐτῶν πραγμάτων ἐροῦσιν, ἐνθυμουμένους ὅτι τοῖς [2]μεγάλα
ὑπισχνουμένοις οὐ πρέπει περὶ μικρὰ διατρίβειν, οὐδὲ τοιαῦτα λέγειν ἐξ ὧν ὁ βίος μηδὲν ἐπιδώσει τῶν πεισθέντων,
ἀλλ' ὧν ἐπιτελεσθέντων αὐτοί τε ἀπαλλαγήσονται τῆς e
[3]παρούσης ἀπορίας καὶ τοῖς ἄλλοις μεγάλων ἀγαθῶν
αἴτιοι δόξουσιν εἶναι.

[1] παύσασθαι A. C. L. [2] μεγάλας τὰς ὑποσχέσεις ποιουμένοις οὐ A. C. L.
[3] τοιαύτης A. C. L.

σταις, διαλυσαμέναις τὰ πρὸς σφᾶς αὐτοὺς, εἰς τὴν Ἀσίαν (hæc est ergo ἤπειρος) τὸν πόλεμον ἐξενεγκεῖν. Illam εὐδαιμονίαν ἐκ τῆς Ἀσίας §. μη'. extr. appellavit μέγαν πλοῦτον ἐκ τῶν ἀλλοτρίων. Idem.

Καὶ μὴ μόνον] Subaudi χρή. Auger.

Ἀμφισβητοῦντας] *qui certant dicendo*, ἅμιλλαν ποιοῦνται, omninoque οἱ ἐπιστάμενοι λέγειν, ut §. ν'. Conjunxit ergo λέγειν καὶ πράττειν, quæ interdum, ubi aliquis δεινὸς λέγειν τε καὶ πράττειν dicitur, administrationem reipublicæ indicant, quæ agendo et dicendo absolvebatur. Mor.

Πρὸς] Auger. conjecit fortassis legendum esse περὶ, sed vide not. sq. Spohn.

Πρὸς τὴν παρακατ.] Ut e verbis, quæ paullo post leguntur, πρὸς τὸν λόγον ἁμιλλᾶσθαι, facile apparet, πρὸς τὴν παρακατ. esse, *contra depositum*, non *de deposito*: ita obscurum est, qua de re agatur: nisi quis Wolfii opinionem probare velit, cui ficta controversia declamationis forensis videtur, scripta illa ab Isocrate, et aliorum contrariis orationibus refutata. Mor. Thomas Magister p. 682. sq. ed. Bernard. et παραθήκη et παρακαταθήκη comprobat, Mœris autem p. 313. ed. Peirs. et Phrynich. p. 138. ed. Pauw. hoc Atticis vindicant, παραθήκην vero ἑλληνικῶς dici tradunt. Cfr. præterea de h. v. ejusque significationibus Hesych., Suid., Zonar., Phot., Phavorin., Harpocration. s. v. ὅρος p. 133. ed. Gron., Raphel., Pricaeum et Wetsten. ad I Timoth. VI. 20., Perizon. ad Ælian. V. H. IV. c. 1., Palairet. Observatt. Philolog. p. 469., Wesseling. ad Diodor. Sicul. XV. c. 76., Wass. ad Thucyd. II. c. 72., Dorvill. ad Charit. p. 508. ed. Lips. Hujus loci sensum ingeniose constituit Wolfius, sed vereor ut recte. Dicit enim Isocratem innuere declamationem, quam, referente Diogene Laertio, Antisthenes quidam scripserit contra orationem Isocratis πρὸς Εὐθύνουν inscriptum. Quum ibi de παρακαταθήκῃ agatur, facile potuisset altera inscriptione ἢ περὶ παρακαταθήκης dici, Isocrates igitur hoc loco dicere: desinant contra alias orationes inprimis contra illam πρὸς Εὐθύνουν scribere, et ad hujus (Panegyrici) æmulationem se convertant. Mihi vero eosdem hic in fine orationis indicare videtur, quos in initio notaverat §. β'. τοὺς περὶ τῶν ἰδίων συμβολαίων maximo studio dicentes. Cfr. Euthyn. §. β'. et γ'. unde patet de eadem re utrumque dici. Spohn. Wolfio assentitur Langius.

Ὧν] Augerus ante vocem ὧν v. περὶ addi vult; male. Spohn.

Τοιαῦτα λέγειν τ. κ. λ.] *talia dicere, ex quibus eorum, quibus persuaserint, vita non augebitur*, i. e. *ex quibus suæ vitæ nullum felicitatis incrementum capient.* ἐπιδώσει dicitur pro ἐπίδοσιν λήψεται. Wendler. Cfr. quæ hac de re monuerunt Elsnerus Observ. sacr. Tom. I. p. 482. Drusius Fragm. Vet. Græc. p. 180. Valckenaer. ad Euripid. Phœniss. v. 21. p. 112. Græv. ad Lucian. Pseudosophist. Obs. 33. Reitz. Tom. II. p. 61. Spohn.

ΠΡΟΣ ΦΙΛΙΠΠΟΝ.

ΥΠΟΘΕΣΙΣ

Pag. ed. Steph. — Pag. ed. Cor.

ΑΔΗΛΟΥ ΤΟΥ ΓΡΑΨΑΝΤΟΣ.

81 ΙΣΤΕΟΝ, ὅτι τὸν λόγον τοῦτον ἔγραψε τῷ Φιλίππῳ ὁ Ἰσοκράτης μετὰ τὴν εἰρήνην τὴν γενο- 77
μένην ὑπὸ τῶν περὶ τὸν Αἰσχίνην καὶ Δημοσθένην· διὸ καὶ ἔσχε καιρὸν γράψαι αὐτῷ, τῷ Φιλίππῳ, ὡς φίλῳ γενομένῳ τῆς Ἀθηναίων πόλεως. ἐν σχήματι δὲ τοῦ ἐγκωμιάσαι αὐτὸν παραινεῖ αὐτῷ διαλλάξαντα τὰς Ἑλληνικὰς πόλεις τὰς μεγάλας, πρὸς ἑαυτὰς στασιαζούσας, στρατεῦσαι κατὰ Περσῶν. πρέπει γάρ σοι, φησὶ, τοῦτο ποιῆσαι, Ἡρακλείδῃ ὄντι καὶ τοιούτῳ δυνατῷ. καὶ ὁ μὲν Φίλιππος λαβὼν τὸν λόγον καὶ ἀναγνοὺς οὐκ ἐπείσθη τοῖς λεγομένοις, ἀλλ' ἀνεβάλετο τέως· ὕστερον δὲ ὁ παῖς ὁ τούτου Ἀλέξανδρος ἀναγνοὺς τὸν λόγον καὶ ἐρεθισθεὶς ἐστράτευσε κατὰ Δαρείου τοῦ ὑστέρου καὶ λεγομένου Ὤχου. τὸ μὲν γὰρ κύριον ὄνομα Ὦχος ἐλέγετο· κολακεύοντες δ' αὐτὸν οἱ Πέρσαι ἐπίκλην αὐτὸν ὠνόμαζον Δαρεῖον, ὡς πρὸς τοὺς [1] πρώτους προγόνους.

Ἡ δὲ στάσις τοῦ λόγου πραγματική· συμβουλεύει γάρ. ἔγραψε δὲ ὁ Ἰσοκράτης τὸν λόγον 78
γέρων ὢν, μικρὸν πρὸ τῆς ἑαυτοῦ καὶ Φιλίππου τελευτῆς, ὥς φησιν ὁ Ἕρμιππος.

ΕΤΕΡΑ ΥΠΟΘΕΣΙΣ ΤΟΥ ΑΥΤΟΥ

ΕΚ ΤΩΝ ΔΙΟΝΥΣΙΟΥ ΤΟΥ ΑΛΙΚΑΡΝΑΣΣΕΩΣ.

Τίς οὐκ ἂν ἀγαπήσειε μέγεθος ἔχων ἀνὴρ καὶ δυνάμεώς τινος ἡγούμενος, ἃ πρὸς Φίλιππον αὐτῷ τὸν Μακεδόνα γέγραπται; ἐν οἷς ἀξιοῖ στρατηγὸν ἄνδρα καὶ τηλικαύτης ἐξουσίας κύριον διαλλάττειν μὲν τὰς διαφερομένας πόλεις, ἀλλὰ μὴ συγκρούειν πρὸς ἀλλήλας, τὴν δ' Ἑλλάδα μεγάλην ἐκ μικρᾶς ποιεῖν, καὶ ὑπεριδόντα τῆς περὶ τὰ μικρὰ φιλοτιμίας τοῖς τοιούτοις ἐπιχειρεῖν ἔργοις, ἐξ ὧν κατορθώσας τε πάντων ἡγεμόνων ἐπιφανέστατος ἔσται, καὶ ἀποτυχὼν τήν γε εὔνοιαν τὴν παρὰ τῶν Ἑλλήνων κτήσεται· ἧς οἱ τυχόντες πολλῷ μᾶλλον εἰσὶ ζηλωτότεροι

[1] πρώτους om. C.

Μετὰ τὴν εἰρήνην] Bellum inter se gerebant Athenienses et Philippus de Amphipoli Thraciæ urbe. Tandem utrique sumptibus exhausti pacem fecerunt: cujus sanciendæ causa Æschines et Demosthenes cum aliis octo legatis in Macedoniam sunt profecti. Consulantur hac de re Æschinis et Demosthenis orationes περὶ Παραπρεσβείας. Wolf.

Τοιούτῳ δυνατῷ] Pro οὕτω δυνατῷ. Idem. Γραπτέον ἔοικεν· οὕτω δυνατῷ, ἢ, ἔτι οὕτω δυνατῷ. Cor.

Οὐκ ἐπείσθη] Imo in ipso Persici belli apparato, auctore Diodoro Siculo, a Pausania satellite est interfectus. Scribit et Ælianus l. xiii. [V. H. c. 11.] Isocratem Persarum excidii causam extitisse. Fama enim Panegyricæ orationis Philippum excitatum expeditionem instituisse, quam eo mortuo filius Alexander confecerit. Wolf.

Καὶ λεγομένου Ὤχου] Non consentire videtur cum ratione temporum et historiis. Nam postremus Darius, quem Alexander vicit, Codomannus a Justino l. x. [c. 3.] cognomento dicitur. Idem. Ἴσως· τοῦ λεγ. Ὤχου. Cor.

Ἐπίκλην] Leg. ἐπίκλησιν pro κατ' ἐπίκλησιν, i. e. *cognomento*. Wolf. Adverb. *cognominatim*. Auger. Lang. Cf. Eustath. ad Hom. Il. H. 138.

Ὡς πρὸς τοὺς πρώτους προγόνους] Sive elliptica sive mutila oratio est. Sed sententia est: ὡσπερανεὶ ἐκ τῶν προγόνων τύχη ταύτης τῆς ἐπικλήσεως. Wolf. Subaudi vel adde ἐπιβλέψαντες, aut ἐπενεγκόντες, aut aliud quid. Auger. πρώτους, uti ad Cyrum et Cambysem potius quam Darium pertinens, expungebat Coraes; et subaudiebat ἀναφέροντες, aut talo quid.

Μικρὸν πρὸ τῆς ἑαυτοῦ] Cf. Plutarch. in Vit. Isocr. §. δ'.

Αὐτῷ — γέγραπται] *scripta sunt ab ipso*, sc. ab Isocrate. Auger.

τῶν μεγάλας πόλεις καὶ πολλὰς χώρας καταστρεφομένων. ἔτι δὲ παρακελεύεται μιμεῖσθαι τὴν Ἡρακλέους τε προαίρεσιν καὶ τῶν ἄλλων ἡγεμόνων, ὅσοι μετὰ τῶν Ἑλλήνων ἐπὶ τοὺς βαρβάρους ἐστράτευσαν. καί φησι χρῆναι τοὺς ἑτέρων διαφέροντας προαιρεῖσθαι μὲν τὰς μέγεθος ἐχούσας πράξεις, ἐπιτελεῖν δ' αὐτὰς μετ' ἀρετῆς, ἐνθυμουμένους ὅτι τὸ μὲν σῶμα θνητὸν ἔχομεν, ἀθάνατοι δὲ γινόμεθα δι' ἀρετὴν, καὶ τοῖς μὲν πρὸς ἄλλο τι τῶν ἀγαθῶν ἀπλήστως διακειμένοις ἀχθόμεθα, τοὺς δὲ τιμὴν μείζω τῆς ὑπαρχούσης ἀεὶ κτωμένους ἐπαινοῦμεν· καὶ ὅτι τῶν μὲν ἄλλων ἐφ' οἷς χαίρουσιν οἱ πολλοὶ, τοῦ τε πλούτου καὶ ἀρχῆς καὶ δυναστείας, πολλάκις τοὺς ἐχθροὺς συμβαίνει γίνεσθαι κυρίους, τῆς δ' ἀρετῆς καὶ τῆς παρὰ τοῖς πλήθεσιν εὐνοίας τοὺς οἰκείους ἑκάστου κληρονομεῖν. Πολλὴ γὰρ ἀνάγκη τοὺς ἀναγινώσκοντας ταῦτα δυνάστας φρονήματός τε μείζονος ὑποπίμπλασθαι καὶ μᾶλλον ἐπιθυμεῖν τῆς ἀρετῆς.

79 α'. ΜΗ θαυμάσῃς, ὦ Φίλιππε, διότι τοῦ λόγου ποιή- 82
σομαι τὴν ἀρχὴν οὐ τοῦ πρὸς σὲ ῥηθησομένου καὶ νῦν

SUMMARIUM. (α'.) Neque ætatis infirmitate, Philippe, neque delirio aliquo, sed justis de causis paullatimque ad hanc orationem scribendam adductus sum. (β'.) Bello enim Atheniensium de Amphipoli tecum adhuc durante, equidem, qoum alii utrosque vos ad bellum instigarent, pacis faciundæ auctor fui, suadens, ut Amphipolin, cujus possessio ob nimis magnam distantiam neque Atheniensibus neque tibi ob Atheniensium inimicitiam utilis esset, nomine illis traderes, revera possideres. (γ'.) Verum quum ego in hoc argumento versarer, vos prudenti consilio pacem fecistis, priusquam oratio absoluta erat. (δ'.) Reputans igitur mecum, qua ratione pax facta permaneret, nostram civitatem haud quieturam esse reperiebam, nisi maximæ civitates, compositis inter se discordiis, bellum in Asiam transferrent, et emolumenta, quæ nunc a Græcis extorquent, a barbaris peterent. (ε'.) Quam ob causam Panegyricæ orationis argumentum, quo nullum potest inveniri honestius nec cunctis Græcis utilius, denuo tractare conatus sum, hoc discrimine, ut consilium, in hac oratione, ad unum virum, qui huic negotio præesse possit, illic ad plures dirigam. (ϛ'.) Quoniam vero, Philippe, tu is es, qui talia efficere possis, tibi suasurus sum, ut concordiæ inter Græcos stabiliendæ et expeditioni contra barbaros suscipiendæ præesse velis. (ζ'.) Opposuerunt quidem se consilio, mittendi tibi orationem hanc, familiarium meorum nonnulli, res tuas gestas, prudentiam ac consiliatores in memoriam mihi revocantes, ac Philippum injuriam sibi factam existimaturum dicentes. (η'.) Sed quum orationem ipsam perlegissent, non solum omnium, quæ dixerant, eos pœnituit, sed hujus etiam orationis quam primum tibi mittendæ auctores fuerunt. (θ'.) Ne igitur idem tibi eveniat quod familiaribus meis, tota tibi perlegenda erit oratio, priusquam judicium de illa feras. (ι'.) Judicaveris autem optime, an operæ pretium quid dixerim, si missis omnibus, quæ ad rhetoricam atque illam prælegendi artem pertinent, ad res solummodo attentus, usum orationis potius e rerum tractatarum veritate quam vulgi opinione mensus fueris. (ια'.) *Pars prior: de Græcis inter se conciliandis.* Si Græcos inter se conciliare vis, quatuor solummodo, a quibus reliquæ omnes pendent, in concordiam reducendæ tibi erunt Argivorum, Lacedæmoniorum, Thebanorum, Atheniensiumque civitates. (ιβ'.) Nulla autem harum tibi negligenda erit, quum maxima earundem in majores tuos beneficia exstent. (ιγ'.) Nunc vero peropportuna adest, et debita illis digno modo solvendi, et omnia, quæ unquam in illos deliqueris, obliterandi occasio. (ιδ'.) At fortasse objicient nonnulli, neque Argivos unquam Lacedæmoniis amicos futuros esse, neque Lacedæmonios Thebanis. (ιε'.) Quibus respondeo, omnes calamitatibus exæquatos, commoda concordiæ rerum antehac gestarum injustæ habendi cupiditati longe præpposituros esse. (ιϛ'.) Fieri quidem potest, ut hoc negotium paullo difficilius sit, sed id ipsum, quod tu solus illi par sis, ad suscipiendum illud te excitare debet. (ιζ'.) Qui hanc rem nullo plane modo expediri posse opinantur, isti neque quid antea factum sit, neque ingenium Græcorum, utilitatem omnibus rebus anteponentium, neque miserias, neque denique auctoritatis tuæ vim novisse declarant. (ιη'.) Utrum vero primariæ Græciæ civitates, quas nominavi, ad reconciliationis maturitatem pervenerint nec ne, e rationibus eorundem inter se facillime apparebit. (ιθ'.) Lacedæmonii post acceptam ad Leuctras cladem in maximis angustiis versantur. (κ'.) His infeliciores etiam Argivi sunt, qui, bello finitimorum, quo indesinenter fere premuntur, nonnunquam vacantes, nobilissimos opulentissimosque civium trucidant. (κα'.) Thebani, quamvis splendidissimam in Leuctris e Lacedæmoniis victoriam deportarunt, tamen fortuna male usi, omnem hoc tempore salutis spem in te

δειχθήσεσθαι μέλλοντος, ἀλλὰ τοῦ περὶ Ἀμφιπόλεως γραφέντος. περὶ οὗ μικρὰ βούλομαι προειπεῖν, ἵνα δηλώσω

uno positam habent. (κβ'.) Nostra denique civitas pacem ante cæteras fecit tibique in omnibus, quæ a te suscipientur, adjumento erit. (κγ'.) *Facilia esse.* At vero facillime etiam perfici posse, quæ suadeo, ea exempla docebunt, ubi difficiliora etiam ac deteriora confecta videmus. (κδ'.) Alcibiades, quum a nobis ultro abiisset, et tanta vulnera inflixisset non solum urbi nostræ, sed Lacedæmoniis totique etiam Græciæ, in patriam per vim rediit et a civibus honorificentissime exceptus est. (κε'.) Item Conon, qui, accepta ad Ægospotamon clade, in Cyprum aufugerat ibique privatus degebat, classe ad Cnidum collecta Lacedæmonios superavit ac patriæ suæ imperium Græciæ una cum prisco decore restituit. (κϛ'.) Dionysius, unus e multis Syracusanorum, et genere et gloria et cæteris rebus, Syracusas occupavit et universas Siciliæ urbes, quæ quidem Græcæ essent, cepit, tantasque copias, tum pedestres tum navales, comparavit, quantas nemo ante illum. (κζ'.) Præterea Cyrus, a matre in viam abjectus, a Persica vero muliere sublatus et nutritus, totius Asiæ dominatu potitus est. (κη'.) Quum igitur hi tantas res gesserint, nonne te, quæ tibi suadeo, facile perfecturum crediderim? (κθ'.) Cæterum talia suscipienti nec gloria splendida, nec Græcorum benevolentia, nec propria felicitas tibi deerit. (λ'.) Nunc quæ hactenus verecundia retardatus omisi, libere eloquar. (λα'.) Oratores nostri, tui æque ac pacis inimici, spargere student, et olim te Græcis insidiatum esse et nunc nihil agere, quam ut omnem Græciam, victis Peloponnesiis, in tuam potestatem redigas. (λβ'.) Cui calumniæ, etsi quivis amicorum tuorum contradicit, tamen abs te haud negligendam esse arbitror, nec committendum, ut talis de te fama suboriatur. (λγ'.) Statuas modo eundem te præbere erga omnes, aliisque civitatibus bene aliis male velle desinas, atque insuper ea suspicias, propter quæ Græcorum fidem tibi conciliabis et barbaris terrorem incuties. (λδ'.) Ego vero, quanquam neque dux neque orator aut alioqui potens sim, tamen bene sentiendi et cognoscendi in contentionem si descendendum est, in primis me numeraverim, atque quo solo quoque possum modo, consilium dare conor tum patriæ, tum reliquis Græcis et illustribus quibusque viris. (λε'.) Si quæ forte in hac oratione omiserim aut non eodem modo, quo in Panegyrico factum est, dicere valeam, equidem, quum neque nova invenire, neque eadem repetere possim, a te, qui res non verba curas, veniam facile impetraturum esse confido. (λϛ'.) *Pars orationis posterior.* Nihil contra barbaros suscipiendum esse prius, quam Græci aut una militando aut saltem favendo, incœptis opitulentur, Agesilai irrita expeditio exemplo esse potest. (λζ'.) Ut igitur bellum, Græcis sibi reconciliatis, in Asiam transferas, ego non tam eorum te excitabo exemplis, qui rem ibi bene, sed male gessisse existimantur, eos dico, qui cum Cyro et Clearcho militarunt, quos rex Persarum, quum facillime ab iis superatus esset, tantopere timuit, ut duces eorum per insidias necare mallet, quam cum militibus, Cyro duce privatis, palam decertare auderet. (λη'.) Si igitur Cyri manus, nisi mors ducis intervenisset, totum Persicum regnum subactura fuisset, tu autem a nimio persequendi studio, quo ille interiit, facile cavere et meliores etiam copias comparare possis, quæ tandem adhortatio pulcrior esse possit et efficacior hoc exemplo? (λθ'.) Quum hoc loco res potius quam verba valeant, nihil, credo, attinebit, si quædam ex Panegyrico huc transtulerim, præsertim quum mea sint, quæ repeto, nec alii meis uti dubitent. (μ'.) Nunc audi, quibus rebus Cyrum minorem et Clearchum longe superas, Græcorum in Asia erga te benevolentia, milites conscribendi hoc tempore facilitate, artis denique militaris peritia. (μα'.) Deinde si regem, quocum tibi certandum erit, comparamus cum illo, cui Cyrus bellum intulit, illum Græcos oppugnasse, hunc ne devastantes quidem regionem suam superasse inveniemus. Ille totius Asiæ dominus fuit, hic ne earum quidem urbium Græcarum, quæ ipsi traditæ sunt. (μβ'.) Quo loco res ejus sunt? Ægyptus, Cyprus, Phœnicia, Cilicia finitimaque loca, unde classem Persæ instruere solebant, partim defecerunt, partim bello ac tantis malis conflictantur, ut nulla utilitas ex his gentibus ad illum redeat. (μγ'.) Idrieum, quem iste pessime tractat, aliosque satrapas, spe libertatis ostensa, facillime ad defectionem impuleris. (μδ'.) Plura adjicerem de ratione regem celerrime vincendi, nisi quorundam reprehensionem timerem, si ego tibi de ratione belli consilium darem. (με'.) Ad exemplum tibi sufficere arbitror Amyntam patrem, Caranum regni Macedonici, et Herculem, generis vestri auctorem, quorum primus omnibus iis civitatibus amicus fuit, ad quarum amicitiam te excito, secundus, omni regione Græca

καὶ σοὶ καὶ τοῖς ἄλλοις, ὡς οὐ δι' ἄνοιαν οὐδὲ διαψευσθεὶς [1] τῆς ἀῤῥωστίας τῆς νῦν μοι παρούσης [2] ἐπεθέμην γράφειν b τὸν πρὸς σὲ λόγον, ἀλλ' εἰκότως καὶ κατὰ μικρὸν ὑπαχθείς.

[1] ὑπὸ τῆς A. C. L. [2] ὑπεθέμην A. C. L.

omissa, Macedonicum regnum occupavit; (μϛ'.) tertius denique, familiæ vestræ auctor, prudentia, sapientia et justitia, temporis sui hominibus non minus antecelluit, quam robore corporis, ad quod demonstrandum unum ejus facinus, multis aliis omissis, sufficiat. (μζ'.) Ille, quum Græciam bellis ac seditionibus refertam videret, facta inter civitates pace, expeditionem contra Trojam, quæ tum in Asia potentissima erat, suscepit, eaque paucos intra dies capta, universis regibus gentium utrumque maris mediterranei litus incolentium occisis, veluti monumentum virtutis suæ, columnas, quas vocant Herculeas, constituit. (μη'.) Quibus exemplis, non alienis, sed domesticis excitari te æquum est, ut, nisi in omnibus, in moribus tamen et humanitate et benevolentia erga Græcos, progenitoris tui quam simillimus fias, non iis bellum inferens, quos te invadere nefas est, sed cum Græcis adversus eos bellum gerens, quos ab Herculis posteris oppugnari decet. (μθ'.) Te autem ideo per totam orationem ad præstanda Græcis beneficia, humanitatem ac mansuetudinem adhortor, quod morum acerbitatem omnibus molestam esse video, mansuetudinem autem non in brutis solum et hominibus, sed in diis etiam probari. (ν'.) Si Iason Pheræus maximam gloriam consecutus est eo, quod in Asiam se transiturum et regi Persarum bellum esse illaturum dictitabat, qualem de te opinionem homines habituros esse putas, si eadem, re ipsa, perfeceris ac nisi totum regnum, partem tamen illi eripueris, eoque deducas eos, qui nunc propter inopiam rerum necessariarum passim oberrant obvia quæque invastantes, aut saltem urbes Asiæ Græcas in libertatem vindicaveris. (να'.) Mirum est, piures Persas Græciam subigere voluisse, nostrum vero de expugnanda Asia cogitasse neminem. Illi nos ultro lacessunt, nos, ne de vindicanda quidem injuria cogitamus. De minutiis potius inter nos belligeramus, et dum reducendis iis, qui a rege defecerunt, operam navamus, non animadvertimus, nos cum patriis hostibus nostros perdere cognatos. (νβ'.) In tanta igitur Græcorum ignavia, te totam Græciam, in exemplum progenitoris tui, patriam existimare ac belli Persici ducem evadere decet. (νγ'.) At si qui fortasse me reprehenderint, quod, nostra urbe omissa, te ad expeditionem contra barbaros et ad curam totius Græciæ suscipiendam hortari maluerim; (νδ'.) isti eam non prætermissam, sed primum a me impulsam esse sciant, ac tum demum neglectam, quum, quæ a me dicerentur, illam minus curare viderem. (νε'.) Cogites igitur, quam turpe sit, Asiam florentiorem esse Europa, ac, qui ad Cyrum, a matre abjectum, genus referunt, Magnos reges appellari, Herculis vero, in deorum numerum recepti, posteros humilioribus nominibus salutari. (νϛ'.) At vero non opes ac potentiam, quarum satis habes, et quas vitæ periculo quærere inexplebilis est, sed amplissimam pulcherrimamque gloriam, cujus adipiscendæ causa et privatorum honestissimi mortem oppetere non dubitant, quamque solum liberis certo relinquere possumus, tibi inde comparandum esse suadeo. (νζ'.) Te autem non solum hac mea oratione, sed majorum exemplis, eorumque, qui ob susceptam contra barbaros expeditionem pro semideis habentur, nec non temporibus his excitari consideres. (νη'.) Ego vero, quum omnia, quæ de his rebus dixi quæque ad bellum hoc hortantur, colligere non valeam, tibi eadem ex omnibus seligenda committo. (νθ'.) Qui imperium Persarum ab homine barbaro constitutum et ad servitutem conflatum, a viro Græco et bellicis in rebus multum exercitato, spe libertatis proposita dissolvi posse negant, in maximo isti errore versantur. (ξ'.) Si nos ad concordiam reduxeris ac barbaros debellaveris, quid vetat, quum facta tua majorum facta jam æquent, quo minus dicamus, talia neque gesta a quoquam esse, neque in posterum gestum iri? (ξα'.) Tantali opes, Pelopis imperium atque Eurysthei potentiam a nemine, neque poetarum neque oratorum, laudata invenies, qui vero ad Trojam militarunt eorumque similes ab omnibus prædicantur. (ξβ'.) Atque eodem modo non tam Atheniensium imperium pecuniamque a sociis exactam atque potentiam, quæ sæpius reprehensa etiam sunt, quam Marathoniam pugnam et Salaminiam celebrant, Lacedæmoniorum autem non victorias, sed in Thermopylis cladem admirantur. (ξγ'.) At si quæ pejus ac frigidius in hac oratione dicta sint, senectuti meæ, sin similia iis quæ superiore tempore edidi, deorum alicui tribuas, qui non tam mei quam Græciæ curam gerit, et sicuti in aliis, ita etiam in

β'. Ὁρῶν γὰρ τὸν πόλεμον τὸν ἐνστάντα σοὶ [1] καὶ τῇ
πόλει περὶ Ἀμφιπόλεως πολλῶν κακῶν αἴτιον γιγνόμενον,
ἐπεχείρησα λέγειν περί τε τῆς πόλεως ταύτης καὶ τῆς
χώρας οὐδὲν τῶν αὐτῶν οὔτε τοῖς ὑπὸ τῶν σῶν ἑταίρων
λεγομένοις οὔτε τοῖς ὑπὸ τῶν ῥητόρων τῶν παρ' ἡμῖν, ἀλλ'
c ὡς οἷόν τε πλεῖστον ἀφεστῶτα τῆς τούτων διανοίας. οὗτοι
μὲν γὰρ παρώξυνον ἐπὶ τὸν πόλεμον, συναγορεύοντες ταῖς
ἐπιθυμίαις ὑμῶν· ἐγὼ δὲ περὶ μὲν τῶν ἀμφισβητουμένων
οὐδὲν [2] ἀπεφαινόμην, ὃν δ' ὑπελάμβανον τῶν λόγων εἰρηνι-
κώτατον εἶναι, περὶ τοῦτον διέτριβον, λέγων ὡς ἀμφότεροι
83 διαμαρτάνετε τῶν πραγμάτων, καὶ σὺ μὲν πολεμεῖς ὑπὲρ
τῶν ἡμῖν συμφερόντων, ἡ δὲ πόλις ὑπὲρ τῆς σῆς δυναστείας·
λυσιτελεῖν γὰρ σοὶ μὲν [3] ἡμᾶς ἔχειν τὴν χώραν ταύτην, τῇ
δὲ πόλει μηδ' ἐξ ἑνὸς τρόπου λαβεῖν αὐτήν. καὶ περὶ τούτων οὕτως ἐδόκουν διεξιέναι τοῖς ἀκούουσιν, ὥστε μηδένα τὸν
λόγον [4] αὐτῶν μηδὲ τὴν λέξιν ἐπαινεῖν ὡς ἀκριβῶς καὶ κα-
θαρῶς ἔχουσαν, [5] ὅπερ εἰώθασί τινες ποιεῖν, ἀλλὰ τὴν
b ἀλήθειαν τῶν πραγμάτων θαυμάζειν, καὶ νομίζειν οὐδαμῶς ἂν ἄλλως παύσασθαι τῆς φιλονεικίας ὑμᾶς ταύτης,
πλὴν εἰ σὺ μὲν πεισθείης πλείονος ἀξίαν ἔσεσθαί σοι τὴν
τῆς πόλεως φιλίαν ἢ τὰς προσόδους τὰς ἐξ Ἀμφιπόλεως

[1] τε καὶ A. C. L. [2] ἀπεφηνάμην A. C. L. [3] μὴ A. L. [4] αὐτὸν A. C. L. [5] ὥσπερ A. C. L.

his partes cuique suas distribuit. (ξγ'.) At vero scias, verissimis te eorum laudibus celebrari, qui ingenium tuum tantis negotiis par esse existimant, quique efficiunt, ut universa posteritas te magis quam omnium temporum reges admiretur. (ξε'.) *Epilogus.* Hæc quam temporibus apte quave diligentia scripta sint, e vobis, qui audieritis, cognoscendum erit, sed meliora his et ad hunc rerum statum accommodatiora tibi neminem suasorum esse, satis mihi scire videor. LANG. Videtur scripta fuisse oratio anno ante Christum 347. et Isocratis ætatis 90. AUGER.

Ῥηθησομένου] Instituerat Isocrates mittere ad Philippum orationem de Amphipoli, quæ pace facta non absoluta fuit. Ejus orationis summam hic exponit. WOLF.

Δι' ἄνοιαν] F. δι' ἄγνοιαν. IDEM.

Τὸν πρὸς σὲ λόγον] I. e. hanc præsentem orationem, ab illa de Amphipoli diversam; quæ non, sicuti hæc, πρὸς Φίλιππον scripta est. LANG.

Κατὰ μικρὸν] *paulatim, mora interposita.* non subito, nec temerario cœcoque animi impetu, sed maturo consilio. WOLF.

Ἐνστάντα] Συμβάντα, γενόμενον. COR. I. e. *durare* viderem. LANG.

Ἀφεστῶτα] In accusativo neutrius generis, et regitur a λέγειν. AUGER.

Περὶ τῶν ἀμφισβητουμένων] *de controversiis,* i. e. de jure possidendi Amphipolim. LANG. περὶ ὧν διαφέρεσθε. COR.

Διαμαρτάνετε τῶν πραγμ.] *aberratis a rebus,* i. e. erratis. LANG. Κακῶς κρίνετε τὰ πράγματα. COR.

Ὑπὲρ τῶν ἡμῖν συμφ.] *pro nostro commodo,* ne Amphipolim amplius possideamus. LANG.

Σοὶ μὲν ἡμᾶς ἔχειν] Sensus est: Nomine esso possessorem hujus terræ æque tibi inutile est propter Atheniensium inimicitiam inde ortam, ac illis vera possessio propter distantiam et incolarum (ἐμπολιτευθέντων) supplementum nocet. IDEM.

Μηδ' ἐξ ἑνὸς] Pro ἐκ μηδενός. WOLF.

80 γιγνομένας, ἡ δὲ πόλις δυνηθείη καταμαθεῖν ὡς χρὴ τὰς
μὲν τοιαύτας φεύγειν ἀποικίας, αἵ τινες τετράκις ἢ πεντάκις ἀπολωλέκασι τοὺς ἐμπολιτευθέντας, ζητεῖν δ' ἐκείνους τοὺς τόπους τοὺς πόῤῥω μὲν κειμένους τῶν ἄρχειν δυ- c
ναμένων, ἐγγὺς δὲ τῶν δουλεύειν εἰθισμένων, εἰς οἷόν περ
Λακεδαιμόνιοι Κυρηναίους ἀπῴκισαν· πρὸς δὲ τούτοις, εἰ σὺ
μὲν γνοίης ὅτι [1]λόγῳ παραδοὺς τὴν χώραν ἡμῖν ταύτην
αὐτὸς ἔργῳ κρατήσεις αὐτῆς, καὶ προσέτι τὴν εὔνοιαν τὴν
ἡμετέραν κτήσῃ — τοσούτους γὰρ ὁμήρους παρ' ἡμῶν λήψῃ
τῆς φιλίας, ὅσους περ ἂν [2]ἐποίκους εἰς τὴν σὴν δυναστείαν
ἀποστείλωμεν —, τὸ δὲ πλῆθος ἡμῶν εἴ τις διδάξειεν ὡς,
ἢν λάβωμεν Ἀμφίπολιν, ἀναγκασθησόμεθα τὴν αὐτὴν d
εὔνοιαν ἔχειν τοῖς σοῖς πράγμασι διὰ τοὺς ἐνταῦθα κατοικοῦντας [3]οἵαν περ εἴχομεν Μηδόκῳ τῷ παλαιῷ διὰ τοὺς ἐν
Χεῤῥονήσῳ γεωργοῦντας.

γʹ. Τοιούτων δὲ [4]πολλῶν λεγομένων [5]ἤλπισαν ὅσοι περ
ἤκουσαν, διαδοθέντος τοῦ λόγου διαλύσεσθαι τὸν πόλεμον
[6]ὑμᾶς καὶ γνωσιμαχήσαντας βουλεύσεσθαί τι κοινὸν ἀγαθὸν περὶ [7]ὑμῶν αὐτῶν. εἰ μὲν οὖν ἀφρόνως ἢ [8]καὶ νουνεχόντως e
ταῦτ' ἐδόξαζον, δικαίως ἂν ἐκεῖνοι τὴν αἰτίαν ἔχοιεν· ὄντος
δ' οὖν ἐμοῦ περὶ τὴν πραγματείαν ταύτην ἔφθητε ποιησάμενοι τὴν εἰρήνην, πρὶν ἐξεργασθῆναι τὸν λόγον, σωφρονοῦν-
τες· ὅπως γὰρ οὖν πεπρᾶχθαι κρεῖττον ἦν [9]αὐτὴν ἢ συνέ- 84
χεσθαι τοῖς κακοῖς τοῖς διὰ τὸν πόλεμον γιγνομένοις.

δʹ. Συνησθεὶς δὲ τοῖς περὶ τῆς εἰρήνης ψηφισθεῖσι, καὶ
νομίσας οὐ μόνον ἡμῖν ἀλλὰ καὶ σοὶ καὶ τοῖς ἄλλοις Ἕλλησιν
ἅπασι συνοίσειν, ἀποστῆσαι μὲν τὴν ἐμαυτοῦ διάνοιαν τῶν
ἐχομένων οὐχ οἷός τ' ἦν, ἀλλ' οὕτω διεκείμην ὥστ' εὐθὺς

[1] σὺ μὲν λόγῳ A. C. L. [2] ἀποίκους A. C. L. [3] ἡμῶν οἵαν A. C. L.
[4] ὄντων τῇ πόλει τῶν λεγ. A. C. L. [5] ἡμῖν ἤλπισαν A. C. L. [6] ἡμᾶς A. C. L.
[7] ἡμῶν A. C. L. [8] καὶ om. C. [9] ἡμῖν A. L. ὑμῖν C.

Κυρηναίους ἀπῴκισαν] Pro τοὺς ἑαυτῶν πολίτας εἰς Κυρήνας ἀπῴκισαν, τοὺς νῦν Κυρηναίους λεγομένους. Cf. Herodot. Melpom. [c. 163. sq.] Idem.

Μηδόκῳ] Harpocration legit Ἀμαδόκῳ, et dicit hic agi de Amadoco patre, qui habebat filium ejusdem nominis. Demosthenes in oratione contra Aristocratem, et Xenophon in historiis Hellenicis, loquuntur de Amadoco Thraciæ principe. Diodorus Siculus hunc nominat Medocum, ut hic nominatur. Auger.

Διὰ τοὺς ἐν Χ. γεωργοῦντας] Athenienses, Miltiade duce, coloni ad Chersonesum missi, agros aliquot illic tenuerunt. Idem.

Γνωσιμαχήσαντας] Μετανοήσαντας. Cor. Cf. Hesych. et Mœris sub voc.

Ἐξεργασθῆναι] Τελειωθῆναι. Cor.

Πεπρᾶχθαι] Scil. εἰρήνην. Auger. *pacem quocumque modo* (ὅπως οὖν) *factam esse melius erat quam belli calamitatibus premi* (συνέχεσθαι). Lang.

σκοπεῖσθαι, πῶς ἂν τὰ πεπραγμένα παραμείνειεν ἡμῖν,
b καὶ μὴ χρόνον ὀλίγον ἡ πόλις ἡμῶν διαλιποῦσα πάλιν ἑτέρων
πολέμων ἐπιθυμήσειε· διεξιὼν δὲ [1] περὶ τούτων πρὸς ἐμαυτὸν εὕρισκον οὐδαμῶς ἂν ἄλλως αὐτὴν ἡσυχίαν ἄγουσαν,
πλὴν εἰ δόξειε ταῖς πόλεσι ταῖς μεγίσταις διαλυσαμέναις
τὰ πρὸς σφᾶς αὐτὰς εἰς τὴν Ἀσίαν τὸν πόλεμον ἐξενεγκεῖν,
καὶ τὰς πλεονεξίας, ἃς νῦν ἀξιοῦσι παρὰ τῶν Ἑλλήνων αὐ- 81
ταῖς γίγνεσθαι, ταύτας εἰ παρὰ τῶν βαρβάρων ποιήσασθαι
c βουληθεῖεν· ἅπερ ἐν τῷ πανηγυρικῷ λόγῳ τυγχάνω συμβεβουλευκώς.

έ. Ταῦτα δὲ διανοηθεὶς, καὶ νομίσας οὐδέποτ' ἂν εὑρεθῆναι καλλίω ταύτης ὑπόθεσιν οὐδὲ κοινοτέραν οὐδὲ μᾶλλον
[2] ἅπασιν ἡμῖν [3] συμφέρουσαν, ἐπήρθην πάλιν [4] γράψαι περὶ
αὐτῆς, οὐκ ἀγνοῶν οὐδὲν τῶν περὶ ἐμαυτὸν, ἀλλ' εἰδὼς μὲν τὸν
λόγον τοῦτον οὐ [5] τῆς ἡλικίας τῆς ἐμῆς δεόμενον, ἀλλ' ἀνδρὸς
ἀνθοῦσαν τὴν ἀκμὴν ἔχοντος καὶ τὴν φύσιν πολὺ τῶν
ἄλλων διαφέροντος, ὁρῶν δ' ὅτι χαλεπόν ἐστι περὶ τὴν
d αὐτὴν ὑπόθεσιν δύο λόγους ἀνεκτῶς εἰπεῖν, ἄλλως τε κἂν
ὁ [6] πρότερον ἐκδοθεὶς οὕτως ᾖ γεγραμμένος, ὥστε καὶ τοὺς
βασκαίνοντας ἡμᾶς μιμεῖσθαι καὶ θαυμάζειν αὐτὸν μᾶλλον
τῶν καθ' ὑπερβολὴν ἐπαινούντων. ἀλλ' ὅμως ἐγὼ ἁπάσας
ταύτας τὰς δυσχερείας ὑπεριδὼν οὕτως ἐπὶ γήρως γέγονα
φιλότιμος, [7] ὥστ' ἠβουλήθην ἅμα τοῖς πρὸς σὲ [8] λεγομένοις
e καὶ τοῖς μετ' ἐμοῦ διατρίψασιν ὑποδεῖξαι καὶ ποιῆσαι φανερὸν ὅτι τὸ μὲν ταῖς πανηγύρεσιν ἐνοχλεῖν καὶ πρὸς ἅπαντας λέγειν τοὺς συντρέχοντας ἐν αὐταῖς πρὸς οὐδένα λέγειν

[1] ἕκαστα A. C. L. [2] ἅπασιν om. A. C. L. [3] ξυμφέρουσαν A. L. [4] συγγράψαι A. C. L. [5] τῆς ἐμῆς ἡλικίας A. C. L. [6] πρότερος A. C. L. [7] ὥστε βουληθῆναι A. C. L. [8] συλλεγομένοις A.

Ἄγουσαν] Malim ἄξουσαν. sed esto enallage temporis. Wolf.

Ποιήσασθαι] Stephanus conjicit πορίσασθαι. Sed nihil mutandum videtur, uti recte judicat Retberg. Lang.

Κοινοτέραν] Segaarius p. 87. existimat Isocratem scripsisse οἰκειοτέραν. Perperam. Idem. Κοινῇ πᾶσι τοῖς Ἕλλησι προσήκουσαν. Cor.

Τὴν ἀκμὴν] Quid si τὴν αὐτὴν, scil. ἡλικίαν, Wolf. ἀνθοῦσαν ἔχοντος τὴν ἀκμὴν, πραθυστέρως θ' ἅμα καὶ εὐφανοτέρως Ἀριστοτέλης Ῥητορ. Γ. ια'. Cor.

Ἅμα τοῖς - - - μετ' ἐμοῦ] I. e. eadem opera et tibi consulere et familiares meos monere. καὶ hic significat *etiam*. Wolf. Dedi συλλεγομένοις, *iis qui circa te congregantur*, i. e. tuis aulicis. Auger. Quod opus non erat. Vertere velim: *collectis circa te*. ita ut respondeat τῷ διατρίψασιν μετ' ἐμοῦ. Lang. Διὰ τῶν πρὸς σέ μοι λεγομένων, ἤγουν, ἐν ᾧ χρόνῳ ταῦτα λέγω πρὸς σέ. Cor.

Ὑποδεῖξαι] Ἴσως· ἐπιδεῖξαι. Idem.

Τοὺς συντρέχοντας] Μνημονεύει Ἀριστοτέλης Ῥητορ. Γ. ι'. Idem.

ἐστὶν, ἀλλ' ὁμοίως οἱ τοιοῦτοι τῶν λόγων ἄκυροι τυγχάνουσιν ὄντες τοῖς νόμοις καὶ ταῖς πολιτείαις ταῖς ὑπὸ τῶν σοφιστῶν γεγραμμέναις· δεῖ δὲ τοὺς βουλομένους μὴ μάτην 85
φλυαρεῖν ἀλλὰ προὔργου τι ποιεῖν, καὶ τοὺς οἰομένους ἀγαθόν τι κοινὸν εὑρηκέναι τοὺς μὲν ἄλλους ἐᾶν πανηγυρίζειν,
αὐτοὺς δ' ὧν εἰσηγοῦνταί ποιήσασθαί τινα προστάτην
τῶν καὶ λέγειν καὶ πράττειν δυναμένων καὶ δόξαν μεγάλην ἐχόντων, εἴπερ μέλλουσί [1] τινες προσέξειν αὐτοῖς
τὸν νοῦν.

ς'. Ἅπερ ἐγὼ γνοὺς, διαλεχθῆναί σοι προειλόμην, οὐ
[2] πρὸς χάριν ἐκλεξάμενος,—καίτοι πρὸ πολλοῦ ποιησαίμην
ἄν σοι κεχαρισμένως εἰπεῖν, ἀλλ' οὐκ ἐπὶ [3] τούτῳ τὴν διά- b
νοιαν ἔσχον. ἀλλὰ τοὺς μὲν ἄλλους ἑώρων τοὺς ἐνδόξους τῶν
ἀνδρῶν ὑπὸ πόλεσι καὶ νόμοις οἰκοῦντας, καὶ οὐδὲν ἐξὸν
[4] αὐτοῖς ἄλλο πράττειν [5] πλὴν τὸ προσταττόμενον, ἔτι δὲ
πολὺ καταδεεστέρους ὄντας τῶν πραγμάτων τῶν ῥηθησομέ-
82 νων, σοὶ δὲ μόνῳ πολλὴν ἐξουσίαν ὑπὸ τῆς τύχης δεδομένην
καὶ πρέσβεις πέμπειν πρὸς οὓς [6] τινας ἂν [7] βουληθῇς καὶ
δέχεσθαι παρ' ὧν ἄν σοι δοκῇ καὶ λέγειν ὅ τι ἂν ἡγῇ c
συμφέρειν, πρὸς δὲ τούτοις καὶ πλοῦτον καὶ [8] δύναμιν
κεκτημένον [9] ὅσην οὐδεὶς τῶν Ἑλλήνων, ἃ μόνα τῶν ὄντων
καὶ πείθειν καὶ βιάζεσθαι πέφυκεν· ὧν οἶμαι καὶ τὰ νῦν
ῥηθησόμενα προσδεήσεσθαι. μέλλω γάρ σοι συμβουλεύειν

[1] τινες om. A. L. [2] τὰ πρὸς A. C. L. [3] τοῦτο A. L.
[4] αὐτοῖς ἐξὸν A. C. L. [5] ἢ A. C. L. [6] τινας om. A. C. L.
[7] βουληθείης A. L. [8] δύναμιν καὶ πλοῦτον A. C. L. [9] ὅσον A. C. L.

Ὁμοίως — τοῖς νόμοις] *æqualiter legibus*, i. e. æque atque leges. Exstabant eo tempore Platonis libri de Legibus et de Republica. Scribitur autem obiisse Plato anno Philippi xiii. a quo etiam reprehensus fuerit. Diog. Laert. l. iii. Et quidem, si conjecturæ venia detur propter illa ipsa scripta de Legibus et de Repub. fuisse reprehensum a Philippo crediderim, quod multa in iis præcepta sunt contra morem consuetudinemque civilem. Apte igitur affert hoc, quod Philippo probari sciebat. Wolf. Aut Prodici sophistæ, qui idem argumentum ante Platonem tractasse fertur. Auger.

Δεῖ δὲ] Oratio pendet a membro superiore, ὅτι δὲ δεῖ. Wolf.

Εἴπερ μέλλουσι] Scil. οἱ ἀκούοντες. Possit et οἵπερ μέλλ. sed illud melius. Idem.

Σοι] Scil. τοιούτῳ ὄντι, οἷόν περ ὑπεθέμην. Idem.

Οὐ πρὸς χάριν] Scil. διαλεχθῆναι. vel τὰ πρὸς χάριν, scil. ὄντα, ἢ λεγόμενα. Idem. Forsan citra necessitatem, judice Corae.

Ἐπὶ τοῦτο] F. ἐπὶ τούτῳ. Wolf.

Ὑπὸ πόλεσι καὶ νόμοις] Videtur intelligere reges Lacedæmoniorum potissimum, qui et ipsi Heraclidæ erant, æque ac Philippus: ac recens erat adhuc Agesilai memoria, qui e medio victoriæ cursu, patriæ imperio, ex Asia domum revocatus ea quæ instituerat perficere non potuit. Idem.

Καταδεεστέρους - - - ῥηθησομένων] Ἀδυνατωτέρους ἢ ὥστε ἐπιτελέσαι ἅπερ μέλλω σοι λέγειν. Cor.

προστῆναι τῆς τε τῶν Ἑλλήνων ὁμονοίας καὶ τῆς ἐπὶ τοὺς βαρβάρους στρατείας· ἔστι δὲ τὸ μὲν πείθειν [1] πρὸς τοὺς Ἕλληνας συμφέρον· τὸ [2] δὲ βιάζεσθαι πρὸς τοὺς βαρβάρους
d [3] χρήσιμον. ἡ μὲν οὖν περιβολὴ παντὸς [4] τοῦ λόγου τοιαύτη τίς ἐστιν.

ζ'. Οὐκ ὀκνήσω δὲ πρὸς σὲ κατειπεῖν ἐφ' οἷς ἐλύπησάν μέ τινες τῶν [5] πλησιασάντων· οἶμαι γὰρ ἔσεσθαί τι προὔργου. δηλώσαντος γάρ μου πρὸς αὐτοὺς ὅτι μέλλω σοι λόγον πέμπειν οὐκ ἐπίδειξιν ποιησόμενον οὐδ' ἐγκωμιασόμενον τοὺς πολέμους τοὺς διὰ σοῦ γεγενημένους — ἕτεροι γὰρ τοῦτο
e ποιήσουσιν —, ἀλλὰ πειρασόμενόν σε προτρέπειν ἐπὶ πράξεις οἰκειοτέρας καὶ καλλίους καὶ μᾶλλον συμφερούσας ὧν νῦν τυγχάνεις προῃρημένος, οὕτως ἐξεπλάγησαν μὴ διὰ τὸ γῆρας [6] ἐξεστηκὼς ὦ τοῦ φρονεῖν, ὥστ' ἐτόλμησαν ἐπιπλῆξαί μοι, πρότερον οὐκ εἰωθότες τοῦτο ποιεῖν, λέγοντες
86 ὡς ἀτόποις καὶ λίαν ἀνοήτοις ἐπιχειρῶ πράγμασιν, ὅστις Φιλίππῳ συμβουλεύσοντα λόγον [7] μέλλεις πέμπειν, ὃς, εἰ καὶ πρότερον ἐνόμιζεν αὑτὸν εἶναί τινος πρὸς τὸ φρονεῖν καταδεέστερον, νῦν διὰ τὸ μέγεθος τῶν συμβεβηκότων οὐκ ἔστιν ὅπως οὐκ οἴεται βέλτιον δύνασθαι βουλεύεσθαι τῶν ἄλλων. ἔπειτα καὶ Μακεδόνων ἔχει περὶ αὑτὸν τοὺς σπουδαιοτάτους, οὓς εἰκὸς, εἰ καὶ περὶ τῶν ἄλλων ἀπείρως ἔχουσι, τό γε συμ-
b φέρον ἐκείνῳ μᾶλλον ἢ σὲ γιγνώσκειν. ἔτι δὲ

[1] στρατεύειν ἰδίᾳ σοι τιμὴν φέρον A. C. L. [2] ἐπὶ τοὺς A. C. L.
[3] κοινῇ χρήσιμον A. C. L. [4] τοῦ λόγου παντὸς A. C. L. [5] πλησιαζόντων A. C. L.
[6] ἐξέστηκα τοῦ A. C. L. [7] μέλλω A. C. L.

Προστῆναι] Quasi patronum et præsidem, seu ducem et auctorem esse. Wolf.

Ἡ περιβολὴ τοῦ λόγου] Ἡ ὑπόθεσις ἣν ὁ λόγος περιέχει, καὶ οἱονεὶ περίβολος περικλείει. Coh.

Οἶμαι γὰρ ἔσεσθαί τι προὔργου] *nam profuturum esse puto*, sc. ut perlegas orationem hanc, priusquam de illa deque auctore ejus judices. V. §. θ'. Lang.

Οἰκειοτέρας] Vel ad imitationem Herculis τοῦ ἀθλητοῦ καταστάντος ὑπὲρ τοῦ βίου τῶν ἀνθρώπων, ut alibi dicit, pertinet; vel ἀντὶ τοῦ πρεπωδεστέρας ponitur. Eodem etiam τὸ καλλίους referatur. Wolf.

Μᾶλλον συμφερούσας] Scil. tam publice Græcis, quam privatim ipsi Philippo, qui majorem prædam a barbaris Asianis capere poterat, quam a vicinis et Græcis. Idem.

Μὴ ἐξεστηκὼς ὦ τοῦ φρονεῖν] *ne a mente alienus*, seu *mente captus, sim.* Lang.

Ὅστις] Ἀντὶ τοῦ ἁπλοῦ, ὅς. Cor.

Αὑτὸν εἶναι - - - καταδεέστερον] Juxta regulas Græci sermonis videretur legendum esse: αὐτὸς εἶναι - - - καταδεέστερος. Auger. Πρὸς per κατὰ exprimit Coraes sic: κατὰ τὴν φρόνησιν ἐλαττούμενον. Et syntaxin explicat: καταδεέστερος τῷ φρονεῖν, ἢ τῇ φρονήσει, sub. ἐν.

καὶ τῶν Ἑλλήνων πολλοὺς ἂν ἴδοις ἐκεῖ κατοικοῦντας, οὐκ ἀδόξους ἄνδρας οὐδ' ἀνοήτους,
ἀλλ' οἷς ἐκεῖνος ἀνακοινούμενος οὐκ ἐλάττω
τὴν βασιλείαν πεποίηκεν, ἀλλ' εὐχῆς ἄξια
διαπέπρακται. τί γὰρ ἐλλέλοιπεν; οὐ Θετ-
ταλοὺς μὲν τοὺς πρότερον [1]ἐπάρχοντας Μα-
83 κεδονίας οὕτως οἰκείως πρὸς αὑτὸν διακεῖσθαι
πεποίηκεν, ὥσθ' ἑκάστους αὐτῶν μᾶλλον
ἐκείνῳ πιστεύειν ἢ τοῖς συμπολιτευομένοις;
τῶν δὲ πόλεων τῶν περὶ τὸν τόπον ἐκεῖνον c
τὰς μὲν ταῖς εὐεργεσίαις πρὸς τὴν αὑτοῦ
συμμαχίαν προσῆκται, τὰς δὲ σφόδρα λυπού-
σας [2]αὐτὸν ἀναστάτους πεποίηκε; Μάγνη-
τας δὲ καὶ [3]Περραιβαίους καὶ Παίονας κατέ-
στραπται, καὶ πάντας ὑπηκόους αὑτοὺς εἴληφε;
τοῦ δ' Ἰλλυριῶν πλήθους πλὴν τῶν [4]παρὰ τὸν
Ἀδρίαν οἰκούντων ἐγκρατὴς καὶ κύριος γέγονεν; ἁπάσης δὲ τῆς Θρᾴκης οὓς ἠβουλήθη
δεσπότας κατέστησε; τὸν δὴ [5]τοιαῦτα καὶ τη- d
λικαῦτα διαπεπραγμένον οὐκ οἴει πολλὴν μω-
ρίαν καταγνώσεσθαι τοῦ πέμψαντος τὸ βιβλίον, καὶ πολὺ διεψεῦσθαι νομιεῖν τῆς τε
τῶν λόγων δυνάμεως καὶ τῆς αὑτοῦ διανοίας;

η'. Ταῦτ' ἀκούσας ὡς μὲν τὸ πρῶτον ἐξεπλάγην, καὶ
πάλιν ὡς ἀναλαβὼν ἐμαυτὸν ἀντεῖπον πρὸς ἕκαστον τῶν
ῥηθέντων, παραλείψω, μὴ καὶ δόξω τισὶ [6]λίαν ἀγαπᾶν,
εἰ χαριέντως αὐτοὺς ἠμυνάμην· λυπήσας δ' οὖν [7]μετρίως e
— ὡς ἐμαυτὸν ἔπειθον — τοὺς ἐπιπλῆξαί μοι τολμήσαντας, τελευτῶν ὑπεσχόμην μόνοις αὐτοῖς τῶν ἐν τῇ
πόλει τὸν λόγον δείξειν, καὶ ποιήσειν οὐδὲν ἄλλο περὶ αὐ-

[1] ἐπάρξαντας A. C. L. [2] αὐτὸν om. A. C. L. [3] Περρεβαίους A. L.
[4] περὶ A. C. L. [5] τοιοῦτον A. C. L. [6] λίαν om. A. C. L.
[7] οὐ μετρίως A. C. L.

Ἐπάρχοντας] *imperium affectantes.* Nisi quis [cum Wolfio] in hoc verbo exaggerationem potentiæ Thessalicæ quærere velit. LANG. Cf. Diodor. Sic. l. xvi. Justin. l. viii. Demosth. Olynth. et Philippic. et Plutarch. passim.

Οὐκ οἴει - - - διανοίας] *nonne putas stultum judicaturum hunc qui libellum miserit, magnoque illum in errore versari de orationum scriptarum vi atque minus honorifice sentire de judicio prudentiaque ejus ad quem scribitur?* Igitur αὐτοῦ ad Philippum referas. LANG.

τοῦ πλὴν ὅ τι ἂν ἐκείνοις δόξῃ. τούτων ἀκούσαντες ἀπῆλ-
87 θον, οὐκ οἶδ᾽ ὅπως τὴν διάνοιαν ἔχοντες. πλὴν οὐ πολλαῖς
ἡμέραις ὕστερον ἐπιτελεσθέντος τοῦ λόγου καὶ δειχθέντος
αὐτοῖς, [1]τοσοῦτον μετέπεσον, ὥστ᾽ ᾐσχύνοντο μὲν ἐφ᾽ οἷς
[2]ἐθρασύναντο, μετέμελε δ᾽ αὐτοῖς ἁπάντων τῶν εἰρημένων,
ὡμολόγουν δὲ μηδενὸς πώποτε [3]τοσοῦτον πράγματος διαμαρτεῖν, ἔσπευδον δὲ μᾶλλον [4]ἢ 'γὼ πεμφθῆναί σοι τοῦτον τὸν λόγον, ἔλεγον δ᾽ ὡς ἐλπίζουσιν οὐ μόνον σὲ καὶ
b τὴν πόλιν ἕξειν μοι χάριν ὑπὲρ τῶν εἰρημένων, ἀλλὰ καὶ
τοὺς Ἕλληνας ἅπαντας.

θ΄. Τούτου δ᾽ ἕνεκά σοι ταῦτα διῆλθον, ἵν᾽ ἤν τί σοι
[5]φανῇ τῶν ἐν ἀρχῇ λεγομένων ἢ μὴ πιστὸν ἢ μὴ δυνατὸν ἢ
μὴ πρέπον σοι πράττειν, μὴ δυσχεράνας ἀποστῇς τῶν λοιπῶν, μηδὲ πάθῃς [6]ταὐτὸ τοῖς ἐπιτηδείοις [7]τοῖς ἐμοῖς, ἀλλ᾽
ἐπιμείνῃς ἡσυχάζουσαν ἔχων τὴν διάνοιαν, ἕως ἂν διὰ τέλους
ἀκούσῃς ἁπάντων τῶν λεγομένων. οἶμαι γὰρ ἐρεῖν τι τῶν 84
δεόντων καὶ τῶν σοὶ συμφερόντων.

c ι΄. Καίτοι μ᾽ οὐ λέληθεν, ὅσον διαφέρουσι τῶν λόγων εἰς
τὸ πείθειν οἱ λεγόμενοι τῶν ἀναγιγνωσκομένων, οὐδ᾽ ὅτι
πάντες ὑπειλήφασι τοὺς μὲν περὶ σπουδαίων πραγμάτων
καὶ κατεπειγόντων ῥητορεύεσθαι, τοὺς δὲ πρὸς ἐπίδειξιν
καὶ πρὸς ἐργολαβίαν γεγράφθαι. καὶ ταῦτ᾽ [8]οὐκ ἀλόγως
ἐγνώκασιν· ἐπειδὰν γὰρ ὁ λόγος ἀποστερηθῇ τῆς τε δόξης
d [9]τῆς τοῦ λέγοντος καὶ τῆς φωνῆς καὶ τῶν μεταβολῶν τῶν
ἐν ταῖς ῥητορείαις γιγνομένων, ἔτι δὲ καὶ τῶν καιρῶν καὶ

[1] τοσοῦτο A. C. L. [2] ἐθρασύνοντο A. C. L. [3] τοσούτου C.
[4] εἰς τὸ πεμφθ. A. G. L. [5] φαίνηται A. C. L. [6] τὸ αὐτὸ A. C. L.
[7] ἐμοὶ A. C. L. [8] οὐ κακῶς A. C. L. [9] τῆς om. A. C. L.

Πλὴν ὅ τι] Hic πλὴν per ἢ explicat Coraes: sed mox v. 2. per ὅμως vel ἀλλά.

Μετέπεσον] Μετεβάλλοντο. Cor.

Τοσούτου πράγματος] Ferri potest et hoc. Malim tamen τοσοῦτον. *ut negarent se ulla unquam in re tantopere errasse.* Wolf.

Οἱ λεγόμενοι] Οἱ ἐκ στόματος ἀπαγγελλόμενοι ἐπὶ πολλῶν ἀκροωμένων. Cor.

Τοὺς μὲν] Τοὺς λεγομένους. Idem.

Ῥητορεύεσθαι] Ῥητορικῶς ἀπαγγέλλεσθαι. Idem.

Τοὺς δὲ] Τοὺς ἀναγινωσκομένους. Idem.

Ἐργολαβίαν] Ἐργολαβία ἐπὶ κακοῦ λαμβάνεται· ἔστι γὰρ, ὡς ἂν τις εἴποι, καπηλικὴ περὶ τὸ κέρδος σπουδή. Idem.

Τῶν μεταβολῶν] Actionis varietas in voce, in vultu, gestu, statu, incessu, motu denique corporis totius, ad exprimendam vim rerum de quibus agitur atque affectuum varietatem, intelligenda est. Wolf.

Τῶν καιρῶν] Articulus rei gerendæ intelligatur, ut si nuntietur adventare hostes, qui arma paranda esse suadet, attentos habet auditores, et excitata illorum studia ad rem gerendam multo magis, quam si aut Panegyricum Isocratis aut orationem Demosthenis περὶ Στεφάνου securis et otiosis recitaret. οἱ γὰρ καιροὶ τὴν σπουδὴν καὶ προθυμίαν ἐγείρουσι. Idem.

τῆς σπουδῆς τῆς περὶ τὴν πρᾶξιν, καὶ μηδὲν ᾖ τὸ συναγωνιζόμενον καὶ συμπεῖθον, ἀλλὰ τῶν μὲν προειρημένων ἁπάντων ἔρημος γένηται καὶ γυμνὸς, ἀναγιγνώσκῃ δέ τις αὐτὸν ἀπιθάνως καὶ μηδὲν ἦθος ἐνσημαινόμενος ἀλλ᾽ ὥσπερ ἀπαριθμῶν, εἰκότως, οἶμαι, φαῦλος εἶναι δοκεῖ τοῖς ἀκούουσιν, ἅπερ καὶ τὸν νῦν [1]ἐπιδεικνύμενον μάλιστ᾽ ἂν βλάψειε καὶ φαυλότερον φαίνεσθαι ποιήσειεν· οὐδὲ γὰρ ταῖς περὶ τὴν λέξιν εὐρυθμίαις καὶ ποικιλίαις κεκοσμήκαμεν αὐτὸν, αἷς e
αὐτός τε νεώτερος ὢν ἐχρώμην, καὶ τοῖς ἄλλοις ὑπέδειξα δι᾽ ὧν τοὺς λόγους ἡδίους [2]ἂν ἅμα καὶ πιστοτέρους ποιοῖεν. ὧν οὐδὲν ἔτι δύναμαι διὰ τὴν ἡλικίαν, ἀλλ᾽ ἀπόχρη μοι το- 88
σοῦτον, ἢν αὐτὰς τὰς πράξεις ἁπλῶς δυνηθῶ διελθεῖν. ἡγοῦμαι δὲ καὶ σοὶ προσήκειν ἁπάντων τῶν ἄλλων ἀμελήσαντι ταύταις μόναις προσέχειν τὸν νοῦν. οὕτω δ᾽ ἂν ἀκριβέστατα καὶ κάλλιστα [3]θεωρήσειας εἴ τι [4]τυγχάνομεν λέγοντες, ἢν τὰς μὲν δυσχερείας τὰς περὶ τοὺς σοφιστὰς καὶ τοὺς ἀναγιγνωσκομένους τῶν λόγων ἀφέλῃς, ἀναλαμ- b
βάνων δ᾽ ἕκαστον αὐτῶν εἰς τὴν διάνοιαν [5]ἐξετάζῃς, μὴ πάρεργον ποιούμενος μηδὲ μετὰ ῥαθυμίας, ἀλλὰ μετὰ λογισμοῦ καὶ φιλοσοφίας, ἧς καὶ σὲ μετεσχηκέναι φασίν. μετὰ γὰρ τούτων σκοπούμενος μᾶλλον ἢ μετὰ τῆς τῶν πολλῶν δόξης ἄμεινον ἂν βουλεύσαιο περὶ αὐτῶν. ἃ μὲν οὖν ἠβουλόμην σοι προειρῆσθαι, ταῦτά ἐστι.

ια΄. Περὶ δ᾽ αὐτῶν τῶν πραγμάτων ἤδη ποιήσομαι τοὺς
85 λόγους. φημὶ γὰρ χρῆναί σε τῶν μὲν ἰδίων μηδενὸς ἀμελῆ-

[1] ἔτι δεικνύμενον A. [2] θ᾽ A. C. L. [3] θεωρήσαις C. [4] τυγχάνοιμεν A. C. L. [5] ἐξετάσῃς A.

Ἦθος] H. l. redditur *affectus*. Vid. Quinctl. l. vi. 2. Lang.

Ὥσπερ ἀπαριθμῶν] *quasi verba annumeraret auditori*. Harpocration paullo difficilius explicuit: ἀποπληρῶν ἀριθμόν. Idem.

Πιστοτέρους] Πιθανωτέρους. Cor.

Ἁπλῶς] Sine ornamentis verborum et sententiarum. Wolf.

Οὕτω δ᾽ ἂν] Velim legi: οὕτω γὰρ ἄν. Auger.

Τὰς μὲν δυσχερείας τὰς περὶ τοὺς σοφιστὰς] *difficultates*, sive *incommoditates*, *sophisticas*, i. e. oratorias, aut certe rhetoricas. Sententia est: Pronuntiationem et actionem minus aptam non obstare oportere consilii veritati. Wolf. *omissis difficultatibus de sophistis*, i. e. sophistam tibi consilium esse daturum, *et prælectis orationibus*. Lang. Ἐὰν μὴ προσέχων ταῖς δυσχερείαις, αἳ παρέπονται τοῖς λόγοις τῶν σοφιστῶν, τουτέστιν, οὐ μόνον ταῖς εὐρυθμίαις καὶ ποικιλίαις, αἷς νῦν κοσμεῖν τοὺς λόγους διὰ τὸ γῆρας ἀδυνατῶ, ἀλλὰ καὶ αὐτῷ τούτῳ, ὅτι οὐχ ὁμοίως πείθουσιν οἱ ἀναγινωσκόμενοι τοῖς ἀπὸ στόματος δημηγορουμένοις τῶν λόγων· ἐὰν, φημὶ, ταῦτα πάντα χαίρειν ἐάσας, ταῖς διὰ τῶν λόγων δηλουμέναις πράξεσιν ἐπιβάλλῃς τὴν διάνοιαν καὶ ταύτας μόνας ἐξετάζῃς. Cor.

Ἕκαστον αὐτῶν] Np. ἕκαστον τῶν ὑπ᾽ ἐμοῦ λεγομένων. Auger.

σαι, πειραθῆναι δὲ διαλλάξαι τήν τε πόλιν [1] τὴν Ἀργείων καὶ τὴν Λακεδαιμονίων καὶ τὴν Θηβαίων καὶ τὴν ἡμετέραν. ἢν γὰρ ταύτας συστῆσαι δυνηθῇς, οὐ χαλεπῶς, οἶμαι, καὶ τὰς ἄλλας ὁμονοεῖν ποιήσεις· ἅπασαι γάρ εἰσιν ὑπὸ ταῖς εἰρημέναις, καὶ καταφεύγουσιν, ὅταν φοβηθῶσιν, ἐφ' ἣν ἂν τούτων τύχωσι, καὶ τὰς βοηθείας ἐντεῦθεν λαμβάνου-
d σιν. [2] ὥστ' ἐὰν τέτταρας μόνον πόλεις εὖ φρονεῖν πείσῃς, καὶ τὰς ἄλλας πολλῶν κακῶν ἀπαλλάξεις.

ιϐ'. Γνοίης δ' ἂν ὡς οὐδεμιᾶς σοι προσήκει τούτων ὀλιγωρεῖν, ἢν ἀνενέγκῃς αὐτῶν τὰς πράξεις ἐπὶ τοὺς σοὺς προγόνους· εὑρήσεις γὰρ [3] ἑκάστῃ πολλὴν φιλίαν πρὸς ὑμᾶς καὶ μεγάλας εὐεργεσίας ὑπαρχούσας. Ἄργος μέν γάρ ἐστι σοι πατρὶς, ἧς δίκαιον τοσαύτην σε ποιεῖσθαι πρό-
e νοιαν, ὅσην περ τῶν γονέων τῶν σαυτοῦ· Θηβαῖοι δὲ τὸν ἀρχηγὸν τοῦ γένους ὑμῶν τιμῶσι καὶ ταῖς προσόδοις καὶ ταῖς θυσίαις μᾶλλον ἢ τοὺς θεοὺς τοὺς ἄλλους· Λακεδαιμόνιοι δὲ τοῖς ἀπ' ἐκείνου γεγονόσι καὶ τὴν βασιλείαν καὶ τὴν
89 ἡγεμονίαν εἰς ἅπαντα τὸν χρόνον δεδώκασι· τὴν δὲ πόλιν τὴν ἡμετέραν φασὶν, οἷς περὶ τῶν παλαιῶν πιστεύομεν, Ἡρακλεῖ μὲν [4] συναιτίαν γενέσθαι τῆς ἀθανασίας — ὃν δὲ τρόπον, σοὶ μὲν αὖθις πυθέσθαι ῥᾴδιον, ἐμοὶ δὲ νῦν εἰπεῖν οὐ καιρὸς —, τοῖς δὲ παισὶ τοῖς ἐκείνου τῆς σωτηρίας. μόνη γὰρ ὑποστᾶσα τοὺς μεγίστους κινδύνους πρὸς τὴν Εὐρυσθέως δύναμιν ἐκεῖνόν τε τῆς ὕβρεως ἔπαυσε καὶ τοὺς παῖδας τῶν φόβων τῶν ἀεὶ παραγιγνομένων αὐτοῖς
b ἀπήλλαξεν. ὑπὲρ ὧν οὐ μόνον τοὺς τότε σωθέντας δίκαιον ἦν ἡμῖν χάριν ἔχειν, ἀλλὰ καὶ τοὺς νῦν ὄντας· διὰ γὰρ ἡμᾶς καὶ ζῶσι καὶ τῶν ὑπαρχόντων ἀγαθῶν ἀπολαύουσι· μὴ γὰρ σωθέντων ἐκείνων, [5] οὐδὲ γενέσθαι τὸ παράπαν ὑπῆρχεν αὐτοῖς.

[1] τῶν A. L. [2] ὥστε ἂν A. C. L. [3] ἐν ἑκάστῃ A. C. L. [4] αἰτίαν A. C. L. [5] οὐδ' ἂν C.

Συστῆσαι] I. e. ὁμονοεῖν ποιῆσαι καὶ διαλλάξαι πρὸς ἀλλήλας. Wolf. Εἰς ὁμόνοιαν ἄξαι καὶ φιλιῶσαι. Cor.

Ἄργος - - - πατρὶς] Propter Caranum Argivum, ad quem Philippus genus suum referebat. Vide Justinum l. vii. 1. et Diodorum. Wolf.

Τὸν ἀρχηγὸν τοῦ γένους] Scil. τοῦ σαυτοῦ, ἤγουν τὸν Ἡρακλέα. Idem.

Προσόδοις] Προσελεύσεσιν, ἐντεύξεσι, προσευχαῖς. Cor.

Οἷς περὶ τῶν π. πιστεύομεν] Periphrasis, i. e. οἱ συγγραφεῖς, ἢ ἱστοριογράφοι. Wolf.

Τοῖς δὲ παισὶν] Vide Pausaniæ Attica [c. 32.] et Euripidis Heraclidas. Idem.

ιγ΄. Τοιούτων οὖν ἁπασῶν τῶν πόλεων γεγενημένων
ἔδει μὲν μηδέποτέ σοι μηδὲ πρὸς μίαν αὐτῶν γενέσθαι
διαφοράν. ἀλλὰ γὰρ [1]ἅπαντες πλείω πεφύκαμεν ἐξαμαρτάνειν ἢ κατορθοῦν. ὥστε τὰ μὲν πρότερον γεγενημένα
c κοινὰ θεῖναι δίκαιόν ἐστιν· εἰς δὲ τὸν ἐπίλοιπον χρόνον 86
φυλακτέον ὅπως μηδὲν συμβήσεταί [2]σοι τοιοῦτον, καὶ
σκεπτέον τί ἂν ἀγαθὸν αὐτὰς ἐργασάμενος φανείης ἄξια
καὶ σαυτοῦ καὶ τῶν ἐκείνοις πεπραγμένων πεποιηκώς.
ἔχεις δὲ καιρόν· ἀποδιδόντα γάρ σε χάριν ὧν [3]ὤφειλες,
ὑπολήψονται διὰ τὸ πλῆθος τοῦ χρόνου τοῦ μεταξὺ προϋπάρχειν τῶν εὐεργεσιῶν. καλὸν δ' ἐστὶ δοκεῖν μὲν τὰς μεγί-
d στας τῶν πόλεων εὖ ποιεῖν, μηδὲν δ' ἧττον [4]αὑτὸν ἢ 'κείνας
ὠφελεῖν. χωρὶς δὲ τούτων, εἰ πρός τινας αὐτῶν ἀηδές τί
σοι συμβέβηκεν, ἅπαντα ταῦτα διαλύσεις· αἱ γὰρ ἐν τοῖς
παροῦσι καιροῖς εὐεργεσίαι λήθην [5]ἐμποιοῦσι τῶν πρότερον [6]ὑμῖν εἰς ἀλλήλους πεπλημμελημένων. ἀλλὰ μὴν
κἀκεῖνο φανερὸν, ὅτι πάντες ἄνθρωποι τούτων πλείστην
μνείαν ἔχουσιν, ὧν ἂν ἐν ταῖς συμφοραῖς εὖ πάθωσιν.
e ὁρᾷς δ' ὡς τεταλαιπώρηνται διὰ τὸν πόλεμον, καὶ ὡς
παραπλησίως ἔχουσι τοῖς ἰδίᾳ μαχομένοις. καὶ γὰρ
ἐκείνους αὐξανομένης μὲν τῆς ὀργῆς οὐδεὶς ἂν διαλλάξειεν·
ἐπὴν δὲ κακῶς ἀλλήλους διαθῶσιν, οὐδενὸς διαλύοντος αὐτοὶ
90 διέστησαν. ὅπερ οἶμαι καὶ ταύτας ποιήσειν, ἢν μὴ σὺ
πρότερον αὐτῶν ἐπιμεληθῇς.

ιδ΄. Τάχ' οὖν ἄν τις ἐνστῆναι τοῖς εἰρημένοις τολμήσειε, λέγων, ὡς ἐπιχειρῶ σε πείθειν ἀδυνάτοις [7]ἐπιτίθεσθαι πράγμασιν· οὔτε γὰρ Ἀργείους φίλους ἄν ποτε γενέσθαι Λακεδαιμονίοις [8]οὔτε Λακεδαιμονίους Θηβαίοις, οὔθ' ὅλως τοὺς εἰθισμένους ἅπαντα τὸν χρόνον πλεονεκτεῖν οὐδέποτ' ἂν ἰσομοιρῆσαι πρὸς ἀλλήλους.

ιε΄. Ἐγὼ δ', ὅτε μὲν ἡ πόλις ἡμῶν ἐν τοῖς Ἕλλησιν
b ἐδυνάστευε καὶ πάλιν ἡ Λακεδαιμονίων, οὐδὲν ἂν [9]ἡγοῦμαι

[1] πάντες A. C. L. [2] τοιοῦτο A. C. L. [3] ὀφείλεις A. C. L.
[4] σεαυτὸν ἢ ἐκείνας A. C. L. [5] ἐμποιήσουσι A. C. L. [6] ἡμῖν A. C. L.
[7] ἐπιθέσθαι A. C. L. [8] οὔτ' ἂν A. C. L. [9] ἡγούμην A. C. L.

Κοινὰ θεῖναι] communia putare, i. e. fragilitati humanæ tribuere. LANG.
Ἔχεις δὲ καιρὸν] Ἐν δέοντι καὶ εὐκαίρως AUGER.
τοῦτο ποιήσεις. COR.
Οὔτ' ἂν Λακ.] Malim οὔτ' αὖ Λακ.

περανθῆναι τούτων· ῥᾳδίως γὰρ ἂν [1]ἑκατέραν ἐμποδὼν γενέσθαι τοῖς πραττομένοις· νῦν δ᾽ οὐχ ὁμοίως ἔγνωκα περὶ αὐτῶν. οἶδα γὰρ ἁπάσας ὡμαλισμένας ὑπὸ τῶν συμφορῶν, ὥσθ᾽ ἡγοῦμαι πολὺ μᾶλλον αὐτὰς αἱρήσεσθαι τὰς ἐκ τῆς ὁμονοίας ὠφελείας ἢ τὰς ἐκ τῶν τότε πραττομένων πλεονεξίας.

ιϛ΄. Ἔπειτα τῶν μὲν ἄλλων ὁμολογῶ μηδέν᾽ ἂν δυνηθῆναι
c διαλλάξαι τὰς πόλεις ταύτας, σοὶ δ᾽ οὐδὲν τῶν τοιούτων ἐστὶ χαλεπόν. ὁρῶ γάρ σε τῶν τοῖς ἄλλοις δοκούντων ἀνελ- 87
πίστων εἶναι καὶ παραδόξων πολλὰ διαπεπραγμένον, ὥστ᾽ οὐδὲν ἄτοπον εἰ καὶ ταῦτα μόνος [2]συστῆσαι δυνηθείης. χρὴ δὲ τοὺς μέγα φρονοῦντας καὶ τοὺς διαφέροντας μὴ [3]τοῖς τοιούτοις ἐπιχειρεῖν ἃ καὶ τῶν τυχόντων ἄν τις καταπράξειεν, ἀλλ᾽ ἐκείνοις οἷς μηδεὶς ἂν ἄλλος ἐπιχειρήσειε
d πλὴν τῶν ὁμοίαν σοι καὶ τὴν φύσιν καὶ τὴν δύναμιν ἐχόντων.

ιζ΄. Θαυμάζω δὲ τῶν ἡγουμένων ἀδύνατον εἶναι πραχθῆναί τι τούτων, εἰ μήτ᾽ αὐτοὶ τυγχάνουσιν εἰδότες μήθ᾽ ἑτέρων ἀκηκόασιν ὅτι πολλοὶ [4]δὴ πόλεμοι καὶ δεινοὶ γεγόνασιν, οὓς οἱ διαλυσάμενοι μεγάλων ἀγαθῶν ἀλλήλοις [5]αἴτιοι κατέστησαν. τίς γὰρ ἂν ὑπερβολὴ γένοιτο τῆς ἔχθρας τῆς πρὸς Ξέρξην τοῖς Ἕλλησι γενομένης; οὗ τὴν φιλίαν ἅπαντες ἴσασιν ἡμᾶς τε καὶ Λακεδαιμονίους μᾶλλον ἀγα-
e πήσαντας ἢ τῶν συγκατασκευασάντων ἑκατέροις ἡμῶν τὴν ἀρχήν. καὶ τί δεῖ [6]λέγειν τὰ παλαιὰ καὶ τὰ πρὸς τοὺς βαρβάρους; ἀλλ᾽ εἴ τις ἀθρήσειε καὶ σκέψαιτο τὰς τῶν [7]Ἑλλήνων συμφοράς, οὐδὲν ἂν μέρος οὖσαι φανεῖεν τῶν διὰ
91 Θηβαίους καὶ Λακεδαιμονίους ἡμῖν γεγενημένων. ἀλλ᾽ οὐδὲν ἧττον Λακεδαιμονίων τε στρατευσάντων ἐπὶ Θηβαίους καὶ

[1] ἑκατέραν ἐμπ. ἂν A. C. L. [2] ἂν συστῆσαι A. C. L. [3] τοῖς om. A. C. L. [4] δὲ καὶ δεινοὶ πόλεμοι A. L. [5] αἴτιοι ἀλλήλοις A. L. [6] με λέγειν A. C. L. [7] ἄλλων A. C. L.

Ὡμαλισμένας] Ἐξισωμένας, ἀπὸ μεταφορᾶς τῶν ὁμαλῶν καὶ ἐπιπέδων χωρίων, ἀντιδιεσταλμένως πρὸς τὰ ἄνισα καὶ ἀνώμαλα. μνημονεύει δὲ καὶ τούτου τοῦ χωρίου Ἀριστοτέλης Ῥητορ. Γ. ια΄. Cor.

Οὗ τὴν φιλίαν] De historia non satis mihi constat, nisi id quod de amicitia Laconum et Atheniensium cum Xerxe scribit, ad ejus posteros et successores referatur, aut de utriusque populi ducibus, Pausania atque Themistocle, intelligatur. Fortassis autem καὶ παρ᾽ ἱστορίαν servit causæ Isocrates, aut alios quam nos habuit auctores. Wolf.

Οὐδὲν ἂν μέρος] Οὐδὲ τὸ πολλοστὸν μέρος παραβαλλόμεναι πρὸς τὰς γενομένας ἡμῖν συμφορὰς ὑπὸ Θηβαίων καὶ Λακεδαιμονίων, Cor.

βουλομένων λυμήνασθαι τὴν Βοιωτίαν καὶ [1]διοικίσαι τὰς
πόλεις, βοηθήσαντες ἡμεῖς ἐμποδὼν ἐγενόμεθα ταῖς ἐκείνων
ἐπιθυμίαις· καὶ πάλιν μεταπεσούσης τῆς τύχης, καὶ Θηβαίων καὶ Πελοποννησίων ἁπάντων ἐπιχειρησάντων ἀνάστατον ποιῆσαι τὴν Σπάρτην, ἡμεῖς καὶ πρὸς ἐκείνους μόνοι
τῶν Ἑλλήνων ποιησάμενοι συμμαχίαν [2]συναίτιοι τῆς σω- b
τηρίας αὐτοῖς κατέστημεν. πολλῆς οὖν ἀνοίας ἂν εἴη μεστὸς,
εἴ τις ὁρῶν τηλικαύτας μεταβολὰς γιγνομένας, καὶ τὰς
πόλεις μήτ' ἔχθρας μήθ' ὅρκων μήτ' ἄλλου μηδενὸς φρον-
τιζούσας πλὴν ὅ τι ἂν ὑπολάβωσιν ὠφέλιμον αὐταῖς εἶναι,
τοῦτο [3]δὲ μόνον στεργούσας καὶ πᾶσαν τὴν σπουδὴν περὶ
[4]τούτου ποιουμένας, μὴ καὶ νῦν νομίζοι τὴν αὐτὴν γνώμην
ἕξειν αὐτὰς, ἄλλως τε καὶ σοῦ μὲν ἐπιστατοῦντος ταῖς
διαλλαγαῖς, τοῦ δὲ συμφέροντος πείθοντος, τῶν δὲ παρόντων c
88 κακῶν ἀναγκαζόντων. ἐγὼ μὲν γὰρ οἶμαι τούτων [5]σοι
συναγωνιζομένων ἅπαντα γενήσεσθαι κατὰ τρόπον.

ιη'. Ἡγοῦμαι δ' οὕτως ἂν σε μάλιστα καταμαθεῖν εἴτ' εἰρηνικῶς εἴτε πολεμικῶς αἱ πόλεις αὗται πρὸς ἀλλήλας ἔχουσιν, εἰ διεξέλθοιμεν μήτε παντάπασιν ἁπλῶς μήτε λίαν ἀκριβῶς [6]τὰ μέγιστα τῶν παρόντων αὐταῖς.

ιθ'. Καὶ πρῶτον μὲν σκεψώμεθα [7]τὰ Λακεδαιμονίων. d
οὗτοι [8]γὰρ ἄρχοντες τῶν Ἑλλήνων — οὐ πολὺς χρόνος ἐξ οὗ — καὶ κατὰ γῆν καὶ κατὰ θάλατταν, εἰς τοσαύτην μεταβολὴν ἦλθον, ἐπειδὴ τὴν μάχην ἡττήθησαν τὴν ἐν Λεύκτροις, ὥστ' ἀπεστερήθησαν μὲν τῆς ἐν τοῖς Ἕλλησι δυναστείας, τοιούτους δ' ἄνδρας ἀπώλεσαν σφῶν αὐτῶν, οἳ προῃροῦντο τεθνάναι μᾶλλον ἢ ζῆν ἡττηθέντες [9]ὧν πρότερον

[1] διοικῆσαι L. [2] ,αἴτιοι A. C. L. [3] τε C. [4] τοῦτο A. C. L. [5] σοι om. A. C. L. [6] ἀλλὰ τὰ A. C. L. [7] τὰ τῶν Λακ. A. L. [8] μὲν γὰρ A. C. L. [9] ὑπὸ τούτων ὧν A.

Διοικῆσαι] Legendum censeo διοικίσαι, i. e. dissipare, eversis mœnibus in pagos redigere. Wolf. Cf. Harpocrat. sub voc.

Ἐμποδὼν ἐγενόμεθα] Scilicet non tam cupiditate conservandi Thebanos, quam crescentis potentiæ Lacedæmoniorum metu, Alcibideo artificio. Wolf. Vid. Diod. Sic. l. xv. p. 345. 375. Batt.

Πολλῆς οὖν ἀνοίας] Hic haud immerito exclamat Wolfius in fidem Græcorum, qui jus et fas proprio emolumento postponebant, idque ita palam profitebantur. Auger.

Οὐ πολὺς χρόνος ἐξ οὗ] *non multum tempus ex quo*, i. e. οὐ πρὸ πολλοῦ, cum non ita olim Græcis imperassent. Wolf. Phrasis usitata apud Demosthenem, quæ adverbialiter sumitur, *non ita pridem;* explica phrasin: non multum tempus est ex quo hæc de quibus agitur facta sunt. Auger.

Τὴν μάχην] Vid. Xenoph. Hellen. l. vi. c. 4. Batt.

ἐδέσποζον. πρὸς δὲ τούτοις ἐπεῖδον Πελοποννησίους ἅπαντας
e τοὺς πρότερον [1] μεθ' αὑτῶν ἐπὶ τοὺς ἄλλους ἀκολουθοῦντας,
τούτους μετὰ Θηβαίων εἰς τὴν αὑτῶν [2] εἰσβαλόντας, πρὸς
οὓς ἠναγκάσθησαν [3] διακινδυνεύειν οὐκ ἐν τῇ χώρᾳ περὶ
τῶν καρπῶν, ἀλλ' ἐν μέσῃ τῇ πόλει πρὸς αὐτοῖς τοῖς ἀρ-
χείοις περὶ παίδων καὶ γυναικῶν, τοιοῦτον κίνδυνον ὃν μὴ
92 κατορθώσαντες μὲν εὐθὺς [4] ἀπώλλυντο, νικήσαντες δ' οὐδὲν
μᾶλλον ἀπηλλαγμένοι τῶν κακῶν εἰσὶν, ἀλλὰ πολεμοῦνται
μὲν [5] ὑπὸ τῶν τὴν χώραν αὐτῶν περιοικούντων, ἀπιστοῦνται
δ' ὑφ' ἁπάντων Πελοποννησίων, μισοῦνται δ' ὑπὸ τοῦ
πλήθους τῶν Ἑλλήνων· ἄγονται δὲ καὶ φέρονται τῆς νυκτὸς
καὶ τῆς ἡμέρας ὑπὸ τῶν οἰκετῶν τῶν σφετέρων αὐτῶν, οὐδένα δὲ χρόνον διαλείπουσιν ἢ στρατεύοντες ἐπί τινας ἢ
b μαχόμενοι πρός τινας ἢ βοηθοῦντες τοῖς ἀπολλυμένοις αὐτῶν.
τὸ δὲ μέγιστον τῶν κακῶν· δεδιότες γὰρ διατελοῦσι, μὴ
Θηβαῖοι διαλυσάμενοι τὰ πρὸς Φωκέας πάλιν ἐπανελθόντες
μείζοσιν αὐτοὺς συμφοραῖς περιβάλωσι τῶν πρότερον [6] γεγενημένων. καίτοι πῶς οὐ χρὴ νομίζειν τοὺς οὕτω διακειμένους
[7] ἀσμένους ἂν ἰδεῖν ἐπιστατοῦντα τῆς εἰρήνης ἀξιόχρεων
ἄνδρα καὶ δυνάμενον διαλῦσαι τοὺς ἐνεστῶτας αὐτοῖς πολέμους;

c κ'. Ἀργείους τοίνυν ἴδοις ἂν τὰ μὲν παραπλησίως τοῖς 89
εἰρημένοις πράττοντας, τὰ δὲ χεῖρον τούτων ἔχοντας· πολεμοῦσι [8] μὲν γὰρ ἐξ [9] οὗ περ τὴν πόλιν οἰκοῦσι πρὸς τοὺς ὁμόρους, ὥσπερ καὶ Λακεδαιμόνιοι, τοσοῦτον δὲ διαφέρουσιν
ὅσον ἐκεῖνοι μὲν πρὸς ἥττους αὑτῶν, οὗτοι δὲ πρὸς κρείττους·
ὃ πάντες ἂν ὁμολογήσειαν μέγιστον εἶναι τῶν κακῶν. οὕτω
δὲ τὰ περὶ τὸν πόλεμον ἀτυχοῦσιν, ὥστ' ὀλίγου δεῖν καθ'
d ἕκαστον [10] τὸν ἐνιαυτὸν τεμνομένην καὶ πορθουμένην τὴν [11] αὐ-

[1] μετ' αὐτῶν A. C. L. [2] εἰσβάλλοντας A. C. L. [3] κινδυνεύειν A. C. L.
[4] ἀπόλοιντο A. C. L. [5] ὑπὸ πάντων A. C. L. [6] αὐτοῖς γεγεν. A. C. L.
[7] ἀσμένως A. C. L. [8] μὲν om. A. C. L. [9] ὅσου A. C. L.
[10] τὸν om. A. C. L. [11] αὐτῶν om. A. C. L.

Τοὺς πρότερον - - - ἀκολουθοῦντας] *qui prius cum ipsis contra alios militabant.* LANG.

Ἀπόλοιντο] Γραπτέον ἔοικεν· ἂν ἀπώλοντο. COR.

Τῶν οἰκετῶν] Sunt intelligendi Helotes, sive περίοικοι, mancipia Lacedæmoniorum. WOLF.

Διαλυσάμενοι τὰ πρὸς Φωκέας] *pace facta cum Phocensibus.* Loquitur de sacro bello, quod copiose describitur a Diodoro l. xvi. et apud Justinum l. viii. IDEM.

Ἐκεῖνοι] Οἱ Λακεδαιμόνιοι. COR.

Οὗτοι] Οἱ Ἀργεῖοι. IDEM.

τῶν χώραν περιορῶσιν. ὃ δὲ πάντων δεινότατον· ὅταν γὰρ οἱ
[1] πολέμιοι διαλίπωσι κακῶς αὐτοὺς ποιοῦντες, αὐτοὶ τοὺς
[2] ἐνδοξοτάτους καὶ πλουσιωτάτους τῶν πολιτῶν ἀπολλύ-
ουσι, καὶ ταῦτα δρῶντες οὕτω χαίρουσιν ὡς οὐδένες ἄλλοι
τοὺς πολεμίους [3] ἀποκτείνοντες. αἴτιον δ' ἐστὶ τοῦ ταραχωδῶς αὐτοὺς οὕτω ζῆν οὐδὲν ἄλλο πλὴν ὁ πόλεμος· ὃν ἢν
διαλύσῃς, οὐ μόνον αὐτοὺς τούτων ἀπαλλάξεις, ἀλλὰ καὶ e
περὶ τῶν ἄλλων ἄμεινον βουλεύεσθαι ποιήσεις.

κα'. Ἀλλὰ μὴν τὰ περὶ Θηβαίους οὐδὲ σὲ λέληθε. καλλίστην γὰρ μάχην νικήσαντες, καὶ μεγίστην δόξαν ἐξ αὐτῆς λαβόντες, διὰ τὸ μὴ καλῶς [4] χρῆσθαι ταῖς εὐτυχίαις
οὐδὲν βέλτιον πράττουσι τῶν ἡττηθέντων καὶ δυστυχησάντων. οὐ γὰρ ἔφθασαν τῶν ἐχθρῶν [5] κρατήσαντες, καὶ πάντων
ἀμελήσαντες ἠνώχλουν μὲν ταῖς πόλεσι ταῖς ἐν Πελοπον- 93
νήσῳ, Θετταλίαν δ' ἐτόλμων καταδουλοῦσθαι, Μεγαρεῦσι
δ' ὁμόροις οὖσιν ἠπείλουν, τὴν δ' ἡμετέραν πόλιν μέρος τι
τῆς χώρας ἀπεστέρουν, Εὔβοιαν δὲ ἐπόρθουν, εἰς Βυζάντιον
δὲ τριήρεις ἐξέπεμπον, ὡς καὶ γῆς καὶ θαλάττης ἄρξοντες.
τελευτῶντες δὲ πρὸς Φωκέας πόλεμον ἐξήνεγκαν, ὡς τῶν τε
πόλεων ἐν ὀλίγῳ χρόνῳ κρατήσοντες, τόν τε τόπον ἅπαντα
τὸν περιέχοντα κατασχήσοντες, τῶν τε χρημάτων τῶν ἐν b
Δελφοῖς περιγενησόμενοι ταῖς ἐκ τῶν ἰδίων δαπάναις. ὧν
οὐδὲν [6] αὐτοῖς ἀποβέβηκεν, ἀλλ' ἀντὶ μὲν [7] τοῦ λαβεῖν τὰς
Φωκέων πόλεις τὰς αὐτῶν ἀπολωλέκασιν, εἰσβάλλοντες δ'
εἰς τὴν τῶν πολεμίων ἐλάττω κακὰ ποιοῦσιν [8] ἐκείνους ἢ
90 πάσχουσιν [9] ἀπιόντες εἰς τὴν αὐτῶν· ἐν μὲν γὰρ τῇ Φωκίδι
τῶν μισθοφόρων τινὰς ἀποκτείνουσιν, οἷς λυσιτελεῖ τεθνάναι
μᾶλλον ἢ ζῆν, ἀναχωροῦντες δὲ τοὺς ἐνδοξοτάτους [10] αὐτῶν

[1] πόλεμοι A. L. [2] ἐνδόξους A. L. [3] ἀποκτείναντες A. C. L.
[4] χρήσασθαι A. C. L. [5] τὰς πόλεις τὰς A. C. L. [6] αὐτοῖς om. A. C. L.
[7] εἰσβαλόντες A. L. [8] ἐκείνοις L. [9] πρὶν ἀπιέναι A. G. L.
[10] αὐτῶν om. A. C. L.

Περιορῶσιν] *despiciunt, negligunt*, i. e. obsistere aut prohibere non possunt. Wolf.

Αὐτοὶ τοὺς ἐνδοξ.] De seditione inter Argivos orta, scytalismi nomine insignita, vid. Diod. Sic. l. xv. p. 372. Batt.

Μάχην] Pugna Leuctrica nemini ignota est ex Plutarchi Pelopida et Xenophontis Hellen. l. vi. Wolf.

Οὐ γὰρ ἔφθασαν κ. τ. λ.] I. e. ἐπειδὴ τάχιστα ἐκράτησαν, ἠμέλησαν πάντων καὶ ἠνώχλουν etc. Idem. *nam quum hostes vicissent, nihil iis prius fuit, quam molestos esse.* Lang.

Τῶν τε χρημάτων - - - δαπάναις] *quasi vero Delphicas opes*, a Phocensibus, ut belli sumptibus pares sint occupatas, *superaturi sint sumptibus privatis.* Lang.

c καὶ μάλιστα τολμῶντας ὑπὲρ τῆς πατρίδος ἀποθνήσκειν
ἀπολλύουσιν. εἰς τοῦτο δὲ τὰ πράγματα αὐτῶν περιέστηκεν,
ὥστ' ἐλπίσαντες ἅπαντας τοὺς Ἕλληνας ὑφ' αὑτοῖς ἔσεσθαι
νῦν ἐν σοὶ τὰς ἐλπίδας ἔχουσι τῆς αὑτῶν σωτηρίας. ὥστ'
οἶμαι καὶ τούτους ταχέως ποιήσειν ὅ τι ἂν σὺ κελεύῃς [1] καὶ
συμβουλεύῃς.

κβ'. Λοιπὸν δ' ἂν ἦν ἡμῖν ἔτι περὶ τῆς πόλεως διαλεχθῆναι τῆς ἡμετέρας, εἰ μὴ προτέρα τῶν ἄλλων εὖ φρονήσασα
d τὴν εἰρήνην [2] ἐπεποίητο. νῦν δ' αὐτὴν οἶμαι καὶ συναγωνιεῖσθαι τοῖς ὑπὸ σοῦ πραττομένοις, ἄλλως τε κἂν δυνηθῇ
συνιδεῖν, ὅτι ταῦτα [3] διοικεῖς πρὸ τῆς ἐπὶ τὸν βάρβαρον
στρατείας.

κγ'. Ὡς μὲν οὖν οὐκ ἀδύνατόν ἐστί σοι συστῆσαι τὰς
πόλεις ταύτας, ἐκ τῶν εἰρημένων ἡγοῦμαί σοι [4] γεγενῆσθαι
φανερόν· ἔτι τοίνυν ὡς καὶ ῥᾳδίως ταῦτα πράξεις, ἐκ πολλῶν
παραδειγμάτων οἶμαι γνῶναί σε ποιήσειν. ἢν γὰρ φανῶσιν
e ἕτεροί τινες τῶν προγεγενημένων μὴ καλλίοσι μὲν μηδ' ὁσιω-
τέροις ὧν ἡμεῖς συμβεβουλεύκαμεν ἐπιχειρήσαντες, μείζω
δὲ καὶ [5] δυσκολώτερα τούτων ἐπιτελέσαντες, τί λοιπὸν
ἔσται τοῖς ἀντιλέγουσιν ὡς οὐ θᾶττον σὺ [6] τὰ ῥᾴω πράξεις
ἢ 'κεῖνοι τὰ χαλεπώτερα;

94 κδ'. Σκέψαι δὲ πρῶτον τὰ περὶ [7] Ἀλκιβιάδην. ἐκεῖνος
γὰρ [8] φυγὼν παρ' ἡμῶν, καὶ τοὺς ἄλλους ὁρῶν, τοὺς πρὸ
αὐτοῦ ταύτῃ τῇ συμφορᾷ κεχρημένους ἐπτηχότας διὰ τὸ
μέγεθος [9] τὸ τῆς πόλεως, οὐ τὴν αὐτὴν γνώμην ἔσχεν ἐκείνοις,
ἀλλ' οἰηθεὶς πειρατέον εἶναι βίᾳ κατελθεῖν προείλετο πολεμεῖν πρὸς αὐτήν. καθ' ἕκαστον μὲν οὖν τῶν τότε γενομένων

[1] καὶ συμβουλεύῃς om. A. C. L. [2] ἐποιήσατο A. C. L. [3] διοικήσεις A. C. L.
[4] γενήσεσθαι A. C. L. [5] σκολιώτερα A. C. L. [6] ταῦτα πράξεις A. C. L.
[7] τὸν Ἀλκιβιάδην A. C. L. [8] ἐκπεσὼν A. C. L. [9] τὸ om. A. C. L.

Ὑφ' αὑτοῖς ἔσεσθαι] *sub semetipsis fore*, pro ἐλπίσαντες ἄρξειν τῶν Ἑλλήνων. WOLF.

Ὅτι ταῦτα διοικεῖς] I. e. ὅτι εἰς ὁμόνοιαν ἄγεις τὰς στασιαζούσας τῶν πόλεων. Sed longe aliter Philippus egit. Primum Phocenses evertit; postea Græcos contra se a Demosthene concitatos ad Chæroneam vicit; ac tum demum bellum contra barbaros apparavit. IDEM.

Ἐκεῖνος γὰρ φυγὼν] Accusatus scilicet quod Atheniensium mysteria impie polluisset quodque Mercurii statuas violasset. Qui a Sicilia, quo cum imperio missus fuerat, in judicium revocatus, veritusque in patriam redire, ad Lacedæmonios se contulit, illisque contra patriam navavit operam. Qua de re copiose egit Thucydides l. vi. et Xenophon, Diodorus item l. xiii. BATT.

Ἐπτηχότας] *trepidasse*, i. e. nihil esse molitos contra Athenienses, sed otium egisse. WOLF.

[1] εἴ τις λέγειν ἐπιχειρήσειεν, οὔτ᾽ ἂν διελθεῖν ἀκριβῶς δύναιτο, πρός τε τὸ παρὸν ἴσως ἂν ἐνοχλήσειεν· εἰς τοσαύτην δὲ b
ταραχὴν κατέστησεν οὐ μόνον τὴν πόλιν, ἀλλὰ καὶ Λακε-
91 δαιμονίους καὶ τοὺς ἄλλους Ἕλληνας, ὥσθ᾽ ἡμᾶς μὲν παθεῖν
ἃ πάντες ἴσασι, τοὺς δ᾽ ἄλλους τηλικούτοις κακοῖς περιπεσεῖν ὥστε μηδέπω νῦν ἐξιτήλους εἶναι τὰς συμφορὰς τὰς δι᾽
ἐκεῖνον τὸν πόλεμον ἐν ταῖς πόλεσι [2] ἐγγεγενημένας, Λακεδαιμονίους δὲ τοὺς τότε δόξαντας εὐτυχεῖν εἰς τὰς νῦν ἀτυχίας δι᾽ Ἀλκιβιάδην καθεστάναι· πεισθέντες γὰρ ὑπ᾽ c
αὐτοῦ τῆς κατὰ θάλατταν δυνάμεως ἐπιθυμῆσαι καὶ τὴν
κατὰ γῆν ἡγεμονίαν ἀπώλεσαν, ὥστ᾽ εἴ τις φαίη τότε τὴν
ἀρχὴν αὐτοῖς γενέσθαι τῶν παρόντων κακῶν, ὅτε τὴν
ἀρχὴν τῆς θαλάττης ἐλάμβανον, οὐκ ἂν ἐξελεγχθείη ψευδόμενος. ἐκεῖνος μὲν οὖν τηλικούτων αἴτιος γενόμενος κατῆλθεν εἰς τὴν πόλιν, μεγάλης μὲν δόξης τυχὼν, οὐ μὴν
[3] ἐπαινούμενος ὑφ᾽ ἁπάντων.

κέ. Κόνων δ᾽ οὐ πολλοῖς ἔτεσιν ὕστερον ἀντίστροφα
τούτων ἔπραξεν. ἀτυχήσας γὰρ ἐν τῇ ναυμαχίᾳ τῇ περὶ d
Ἑλλήσποντον οὐ δι᾽ αὑτὸν ἀλλὰ διὰ τοὺς συνάρχοντας οἴκαδε μὲν ἀφικέσθαι κατῃσχύνθη, πλεύσας δ᾽ εἰς Κύπρον
χρόνον μέν τινα περὶ τὴν τῶν ἰδίων ἐπιμέλειαν διέτριβεν,
αἰσθόμενος δ᾽ Ἀγησίλαον εἰς τὴν Ἀσίαν μετὰ πολλῆς δυνάμεως διαβεβηκότα καὶ πορθοῦντα τὴν χώραν οὕτω μέγ᾽
ἐφρόνησεν, ὥστ᾽ ἀφορμὴν οὐδεμίαν ἄλλην ἔχων πλὴν τὸ
σῶμα καὶ τὴν διάνοιαν ἤλπισε Λακεδαιμονίους καταπο- e
λεμήσειν ἄρχοντας τῶν ἄλλων Ἑλλήνων καὶ κατὰ γῆν καὶ
κατὰ θάλατταν, καὶ ταῦτα πέμπων ὡς τοὺς βασιλέως
στρατηγοὺς [4] ὑπισχνεῖτο ποιήσειν. καὶ τί δεῖ [5] τὰ πλείω
λέγειν; συστάντος γὰρ αὐτῷ ναυτικοῦ περὶ [6] Ῥόδον καὶ

[1] οὔτε λέγειν ἂν τις ἐπιχ. A. C. L.
[2] γεγενημένας A. C. L. [3] ἐπαινουμένης A. C. L. [4] ὑπισχνεῖται A. L.
[5] τὰ om. A. C. L. [6] Κνίδον νικήσας A. C. L.

Ὡς ἡμᾶς μὲν παθεῖν] Plutarchus scribit impulsu Alcibiadis Lacedæmonios et Gylippum in Siciliam misisse et exercitum in Atticam, et Deceleam muniisse, ex qua acerrime sunt oppugnati Athenienses. IDEM.

Τὴν ἀρχὴν αὐτοῖς] Μνημονεύει τοῦ χωρίου ὁ Ἀριστοτέλης Ῥητορικ. Γ. ια΄. COR.

Ἀντίστροφα] Hesych. explicat: ἴσα, ὅμοια. Sed h. l. potius sunt *opposita*. Alcibiades per vim in urbem rediit, Conon voluntate civium. LANG.

Ἀτυχήσας γὰρ κ. τ. λ.] Vid. Xenoph. Hellen. l. ii. c. 1. BATT.

Περὶ τὴν τῶν ἰδ. ἐπιμ. διέτριβεν] *suarum rerum cura occupatus fuit*, i. e. privatus degit. LANG.

95 νικήσας τῇ ναυμαχίᾳ, Λακεδαιμονίους μὲν ἐξέβαλεν ἐκ
τῆς ἀρχῆς, τοὺς δ' ἄλλους Ἕλληνας ἠλευθέρωσεν, οὐ μόνον
δὲ τὰ τείχη τὰ τῆς πατρίδος ἀνώρθωσεν, ἀλλὰ καὶ τὴν
πόλιν εἰς τὴν αὐτὴν δόξαν προήγαγεν ἐξ ἧσπερ ἐξέπεσεν.
καίτοι τις ἂν προσεδόκησεν ὑπ' ἀνδρὸς οὕτω ταπεινῶς
πράξαντος ἀναστραφήσεσθαι τὰ τῆς Ἑλλάδος πράγματα,
καὶ τὰς μὲν ἀτιμωθήσεσθαι τὰς δ' ἐπιπολάσειν τῶν Ἑλληνίδων πόλεων;
b κϛʹ. Διονύσιος τοίνυν — βούλομαι γὰρ ἐκ πολλῶν σε
πεισθῆναι ῥᾳδίαν εἶναι τὴν πρᾶξιν, ἐφ' ἥν σε τυγχάνω
παρακαλῶν — πολλοστὸς ὢν [1]Συρακοσίων καὶ τῷ γένει 92
καὶ τῇ δόξῃ, καὶ τοῖς ἄλλοις [2]ἅπασιν, ἐπιθυμήσας μοναρχίας ἀλόγως καὶ μανικῶς, καὶ τολμήσας ἅπαντα πράττειν τὰ φέροντα πρὸς τὴν δύναμιν ταύτην, κατέσχε μὲν
Συρακούσας, ἁπάσας δὲ τὰς ἐν Σικελίᾳ πόλεις, ὅσαι περ
ἦσαν Ἑλληνίδες, κατεστρέψατο, τηλικαύτην δὲ δύναμιν
c περιεβάλετο καὶ [3]πεζὴν καὶ ναυτικὴν ὅσην οὐδεὶς ἀνὴρ τῶν
πρὸ ἐκείνου [4]γενομένων.
κζʹ. Ἔτι τοίνυν Κῦρος — ἵνα μνησθῶμεν καὶ [5]περὶ
τῶν βαρβάρων — ἐκτεθεὶς μὲν ὑπὸ τῆς μητρὸς εἰς τὴν ὁδὸν,
ἀναιρεθεὶς δ' ὑπὸ Περσίδος γυναικὸς, εἰς τοσαύτην ἦλθε
μεταβολὴν ὥσθ' ἁπάσης τῆς Ἀσίας γενέσθαι δεσπότης.
κηʹ. Ὅπου δ' Ἀλκιβιάδης μὲν φυγὰς ὢν, Κόνων δὲ δεδυστυχηκὼς, Διονύσιος δ' οὐκ ἔνδοξος ὢν, Κῦρος δ' οὕτως
οἰκτρᾶς αὐτῷ τῆς ἐξ ἀρχῆς γενέσεως [6]ὑπαρξάσης, εἰς το-
d σοῦτον προῆλθον καὶ [7]τηλικαῦτα διεπράξαντο, πῶς οὐ σέ
γε χρὴ προσδοκᾶν, τὸν ἐκ τοιούτων μὲν γεγονότα, Μακεδονίας δὲ βασιλεύοντα, τοσούτων δὲ κύριον ὄντα, ῥᾳδίως
τὰ προειρημένα συστήσειν;

[1] Συρακουσίων A. C. L. [2] ἅπασιν om. A. C. L. [3] πεζικὴν A. C. L. [4] γεγενημένων A. C. L. [5] περὶ om. A. C. L. [6] ὑπαρχούσης A. C. L. [7] τοσαῦτα A. C. L.

Τὰ τείχη] Quæ mœnia Athenarum a Themistocle constructa Lysander everterat. Wolf.

Ἐπιπολάσειν] Ἐξ ἀδόξων ἐνδόξους γενήσεσθαι. ἡ μεταφορὰ ἀπὸ τῶν ἐπιπλεόντων τῷ ὕδατι, ἀντιδιεσταλμένως πρὸς τὰ ὑποβρύχια. Cor.

Διονύσιος] Vid. Diod. Sic. l. xiii. et xiv. Batt.

Πολλοστὸς] Ἐλάχιστος, ἄδοξος. γραμματεὺς γὰρ ἦν, ὥς φησι Δημοσθένης ἐν τῷ πρὸς Λεπτίνην [λεʹ.]. Cor.

Ἑλληνίδες] Nam barbari quoque Afri et alii multas Siciliæ urbes tenebant. Wolf.

Κῦρος] Vid. Herodot. l. i. 109. sqq. et Xenoph. Cyrop.

Ἀναιρεθεὶς] Ἀναληφθεὶς καὶ τραφείς. Harpocrat.

κθʹ. Σκέψαι δ᾽ ὡς ἄξιόν ἐστι τοῖς τοιούτοις τῶν ἔργων
μάλιστ᾽ ἐπιχειρεῖν, ἐν οἷς κατορθώσας μὲν [1]ἐνάμιλλον τὴν
σαυτοῦ δόξαν καταστήσεις τοῖς πρωτεύσασι, διαμαρτὼν δὲ
τῆς προσδοκίας ἀλλ᾽ οὖν τήν γε εὔνοιαν κτήσῃ τὴν παρὰ e
τῶν Ἑλλήνων, ἣν πολὺ κάλλιόν ἐστι λαβεῖν ἢ πολλὰς πόλεις τῶν Ἑλληνίδων κατὰ κράτος ἑλεῖν· τὰ μὲν γὰρ τοιαῦτα
τῶν ἔργων φθόνον ἔχει καὶ δυσμένειαν καὶ πολλὰς βλασφημίας, οἷς δ᾽ ἡμεῖς συμβεβουλεύκαμεν, οὐδὲν πρόσεστι τούτων. ἀλλ᾽ εἴ τις θεῶν αἵρεσίν σοι δοίη μετὰ ποίας ἂν ἐπι- 96
μελείας καὶ διατριβῆς εὔξαιο τὸν βίον [2]διαγαγεῖν, οὐδεμίαν
ἕλοιο ἂν, εἴπερ ἐμοὶ συμβούλῳ χρῷο, μᾶλλον ἢ ταύτην. οὐ
γὰρ μόνον ὑπὸ τῶν ἄλλων [3]ἔσῃ ζηλωτὸς, ἀλλὰ καὶ σὺ
σαυτὸν μακαριεῖς. τίς γὰρ ἂν ὑπερβολὴ γένοιτο τῆς τοιαύτης εὐδαιμονίας, ὅταν πρέσβεις μὲν ἥκωσιν ἐκ τῶν μεγίστων
πόλεων οἱ μάλιστ᾽ εὐδοκιμοῦντες εἰς τὴν σὴν δυναστείαν,
93 μετὰ δὲ τούτων βουλεύῃ περὶ τῆς κοινῆς σωτηρίας, περὶ ἧς
οὐδεὶς ἄλλος φανήσεται τοιαύτην πρόνοιαν πεποιημένος, b
αἰσθάνῃ δὲ τὴν Ἑλλάδα πᾶσαν ὀρθὴν οὖσαν ἐφ᾽ οἷς σὺ
τυγχάνεις [4]εἰσηγούμενος, μηδεὶς δ᾽ ὀλιγώρως ἔχῃ τῶν παρὰ
σοὶ βραβευομένων, ἀλλ᾽ οἱ μὲν πυνθάνωνται περὶ αὐτῶν ἐν
οἷς [5]ἐστὶν, οἱ δ᾽ εὔχωνταί σε μὴ διαμαρτεῖν ὧν ἐπεθύμησας,
οἱ δὲ δεδίωσι μὴ πρότερόν τι πάθῃς πρὶν τέλος ἐπιθεῖναι
τοῖς πραττομένοις; [6]ὧν γιγνομένων πῶς οὐκ ἂν εἰκότως
μέγα φρονοίης; πῶς δ᾽ [7]οὐκ ἂν περιχαρὴς ὢν τὸν βίον δια- c
τελοίης, τηλικούτων σαυτὸν εἰδὼς πραγμάτων ἐπιστάτην
γεγενημένον; τίς δὲ οὐκ ἂν τῶν καὶ μετρίως [8]λογιζομένων
ταύτας ἄν σοι παραινέσειε [9]μάλιστα προαιρεῖσθαι τῶν
πράξεων τὰς ἀμφότερα [10]φέρειν ἅμα δυναμένας, ὥςπερ καρ-
πούς, ἡδονάς θ᾽ ὑπερβαλλούσας καὶ τιμὰς ἀνεξαλείπτους;

[1] ἐφάμιλλον A. C. L. [2] διάγειν A. C. L. [3] ἔσει A. L. ἡγούμενος A. C. L. [5] εἰσὶν A. C. L. [6] ἐφ᾽ οἷς γιγνομένοις A. C. L. [7] οὐχὶ περιχ. A. C. L. [8] λογίζεσθαι δυναμένων A. C. L. [9] μάλιστα παραινέσειε A. C. L. [10] σοι φέρειν A. C. L.

Ὀρθὴν οὖσαν] Ἐγρηγοροῦσαν καὶ σφόδρα προσέχουσαν τὸν νοῦν. Cor.

Τῶν παρὰ σοι βραβευομένων] Regitur ab ὀλιγώρως. ὀλιγώρως ἔχῃ, *negligenter se habeat*, i. e. negligat. Auger. Verte: *quæ apud te*, in regia tua, *dispensantur* seu *diriguntur*. Lang.

Ἐν οἷς εἰσὶν] *in quibus sint*, i. e. quo loco res sint. Pro εἰσὶν Med. ἐστὶν, quum ad βραβευόμενα pertineat. Lang.

Μὴ πρότερόν τι πάθῃς] Videtur vaticinatus hic esse Isocrates, ut et in Epistolis: οὐδὲ γὰρ ἔσται λοιπὸν ἔτι, πλὴν θεὸν γενέσθαι. Nam in ipso Persici belli apparatu et pompa celeberrima, cum se decimum tertium deum fecisset, a satellite Pausania fuit interfectus. Wolf.

λʹ. [1]Ἀπέχρη δ᾽ ἂν [2]ἤδη μοι τὰ προειρημένα περὶ τούτων,
d εἰ μὴ παραλελοίπως ἦν τινὰ λόγον, οὐκ ἀμνημονήσας ἀλλ᾽
ὀκνήσας εἰπεῖν, ὃν ἤδη μοι δοκῶ δηλώσειν· οἶμαι γὰρ σοί τε
συμφέρειν ἀκοῦσαι περὶ αὐτῶν, ἐμοί τε προσήκειν μετὰ
παῤῥησίας, ὥσπερ εἴθισμαι, ποιεῖσθαι τοὺς λόγους.

λαʹ. Αἰσθάνομαι γάρ σε διαβαλλόμενον ὑπὸ τῶν σοὶ μὲν
φθονούντων, τὰς δὲ πόλεις τὰς αὑτῶν εἰθισμένων εἰς ταραχὰς καθιστάναι, καὶ [3]τὴν εἰρήνην τὴν τοῖς ἄλλοις κοινὴν
e πόλεμον τοῖς αὑτῶν ἰδίοις εἶναι νομιζόντων, οἳ πάντων τῶν
ἄλλων ἀμελήσαντες περὶ τῆς σῆς δυνάμεως λέγουσιν, ὡς
οὐχ ὑπὲρ τῆς Ἑλλάδος ἀλλ᾽ ἐπὶ ταύτην αὐξάνεται, καὶ
[4]σὺ πολὺν χρόνον ἤδη πᾶσιν ἡμῖν ἐπιβουλεύεις, καὶ λόγῳ μὲν
μέλλεις [5]Μεσσηνίοις βοηθεῖν, ἐὰν τὰ περὶ Φωκέας διοικήσῃς,
97 ἔργῳ δ᾽ ὑπὸ σαυτῷ ποιεῖσθαι Πελοπόννησον [6][διανοῇ]·
ὑπάρχουσι δέ σοι Θετταλοὶ μὲν καὶ Θηβαῖοι καὶ πάντες
οἱ τῆς Ἀμφικτυονίας μετέχοντες ἕτοιμοι συνακολουθεῖν,
Ἀργεῖοι δὲ καὶ [5]Μεσσήνιοι καὶ Μεγαλοπολῖται καὶ τῶν
ἄλλων πολλοὶ συμπολεμεῖν καὶ ποιεῖν ἀναστάτους Λακε-
δαιμονίους· ἢν δὲ ταῦτα πράξῃς, [7]ὡς καὶ τῶν ἄλλων Ἑλλήνων ῥᾳδίως κρατήσεις. ταῦτα φλυαροῦντες καὶ φάσκοντες 94
b ἀκριβῶς εἰδέναι, καὶ ταχέως ἅπαντα τῷ λόγῳ καταστρεφόμενοι, πολλοὺς πείθουσι, καὶ μάλιστα [8]μὲν τοὺς τῶν
αὐτῶν κακῶν ἐπιθυμοῦντας ὧνπερ οἱ λογοποιοῦντες, ἔπειτα

[1] ἀπόχρη A. L. [2] ἤδη om. A. C. L.
[3] τῆς εἰρήνης οὔσης τ. ἄ. κοινῆς τὸν πόλεμον αὐτῶν ἴδιον A. C. L.
[4] συχνὸν ἤδη χρόνον ἅπασιν A. C. L. [5] Μεσην. A. L. [6] uncos om. A. C. L.
[7] ὡς om. A. C. L. [8] μὲν om. A. C. L.

Καὶ τὴν εἰρήνην] Vid. Aristotel. Rhet. l. iii. 10. et Philip. Epist. apud Demosth. vol. i. §. ζ.

Μέλλεις Μεσσηνίοις βοηθεῖν] Messenii jam multos annos exsulabant eversa patria pulsi a Lacedæmoniis. Eis Philippus opem se laturum esse profitebatur, ut Lacedæmoniorum avaritiæ atque cupiditati obsisteretur. Wolf.

Ἀμφικτυονίας] Amphictyones commune Græcorum concilium fuit ad Thermopylas congregatum, ut ait Suidas, ita vocatum ab Amphictyone Deucalionis filio: ipse enim cum regnaret populos convocavit. Concilii autem hujusce participes fuere Iones, Dorienses, Perrhæbœi, Bœoti, Magnetes, Achæi, Phthiotæ, Melienses, Dolopes, Ænianes, Delphi, Phocenses. Alii vero narrant eos sic esse appellatos, quod qui convocabantur circum Delphos habitarent. Batt.

Συμπολεμεῖν] Sub. ὑπάρχουσιν ἕτοιμοι. Auger.

Τῷ λόγῳ καταστρεφόμενοι] Simile est Demosthenicum illud: τοῖς ψηφίσμασι πολεμεῖν. Innuit autem Isocrates facilius ista dici quam perfici; monetque Philippum, ne rem non modo inhonestam, sed etiam periculosissimam suscipiat. Wolf.

Τοὺς τῶν αὐτῶν κακῶν ἐπιθυμοῦντας] I. e. τοὺς τὸν πόλεμον ἴδιον χρηματισμὸν εἶναι νομίζοντας. Idem.

Οἱ λογοποιοῦντες] Οἱ ψευδεῖς λόγους συντιθέντες. Cor.

[1] καὶ τοὺς οὐδενὶ [2] λογισμῷ χρωμένους ὑπὲρ τῶν κοινῶν,
ἀλλὰ παντάπασιν [3] ἀναισθήτως διακειμένους καὶ πολλὴν
χάριν ἔχοντας τοῖς ὑπὲρ αὐτῶν φοβεῖσθαι καὶ δεδιέναι προσποιουμένοις, ἔτι δὲ τοὺς οὐκ ἀποδοκιμάζοντας τὸ δοκεῖν σε
ἐπιβουλεύειν τοῖς Ἕλλησιν, ἀλλὰ τὴν αἰτίαν ταύτην ἀξίαν c
ἐπιθυμίας εἶναι νομίζοντας· οἳ τοσοῦτον ἀφεστᾶσι τοῦ νοῦν
ἔχειν, ὥστ' οὐκ ἴσασιν, ὅτι τοῖς αὐτοῖς ἄν τις [4] λόγοις χρώμενος τοὺς μὲν βλάψειε, τοὺς δ' ὠφελήσειεν. οἷον καὶ νῦν, εἰ
μέν τις φαίη τὸν τῆς Ἀσίας βασιλέα τοῖς Ἕλλησιν ἐπιβουλεύειν καὶ [5] παρεσκευάσθαι στρατεύειν ἐφ' ἡμᾶς, οὐδὲν ἂν
λέγοι περὶ αὐτοῦ [6] φλαῦρον, ἀλλ' ἀνδρωδέστερον αὐτὸν καὶ
[7] πλέονος ἄξιον δοκεῖν [8] ἂν εἶναι ποιήσειεν· εἰ δὲ τῶν ἀφ'
Ἡρακλέους τινὶ πεφυκότων, ὃς ἁπάσης κατέστη τῆς Ἑλλά- d
δος εὐεργέτης, ἐπιφέροι τὴν αἰτίαν ταύτην, εἰς τὴν μεγίστην αἰσχύνην ἂν αὐτὸν καταστήσειε. τίς γὰρ οὐκ ἂν
ἀγανακτήσειε καὶ μισήσειεν, εἰ φαίνοιτο τούτοις ἐπιβουλεύων
ὑπὲρ ὧν ὁ πρόγονος αὐτοῦ προείλετο κινδυνεύειν, καὶ τὴν
μὲν εὔνοιαν, ἣν ἐκεῖνος κατέλιπε τοῖς ἐξ αὐτοῦ γεγενημένοις,
μὴ πειρῷτο διαφυλάττειν, ἀμελήσας δὲ τούτων ἐπονειδί-
στων ἐπιθυμοίη καὶ πονηρῶν πραγμάτων;

λβʹ. Ὧν ἐνθυμούμενόν σε χρὴ μὴ περιορᾶν τοιαύτην e
φήμην σαυτῷ περιφυομένην, ἣν οἱ μὲν ἐχθροὶ περιθεῖναί
σοι ζητοῦσι, τῶν δὲ φίλων οὐδεὶς ὅστις οὐκ ἂν ἀντειπεῖν
ὑπὲρ σοῦ τολμήσειε. καίτοι περὶ τῶν σοὶ συμφερόντων ἐν
ταῖς τούτων ἀμφοτέρων γνώμαις μάλιστ' ἂν κατίδοις τὴν
ἀλήθειαν.

λγʹ. Ἴσως [9] οὖν ὑπολαμβάνεις μικροψυχίαν εἶναι τὸ 98
τῶν βλασφημούντων καὶ φλυαρούντων καὶ τῶν πειθομένων
τούτοις φροντίζειν, ἄλλως [10] θ' ὅταν καὶ μηδὲν σαυτῷ
[11] συνειδῇς ἐξαμαρτάνων. χρὴ δὲ μὴ καταφρονεῖν τοῦ πλήθους, μηδὲ παρὰ μικρὸν ἡγεῖσθαι τὸ παρὰ πᾶσιν εὐδοκιμεῖν, ἀλλὰ τότε νομίζειν καλὴν ἔχειν καὶ μεγάλην τὴν

[1] δὲ καὶ A. C. L. [2] λόγῳ A. C. L. [3] ἀνοήτως A. C. L. [4] λογισμοῖς A. C. L. [5] παρασκευάζεσθαι A. C. L. [6] φαῦλον L. [7] πλείονος A. C. L. [8] ἂν om. A. L. [9] δ' A. C. L. [10] τε καὶ ὅταν C. [11] συνίδῃς A. συνοίδῃς L.

Περὶ τῶν σοι συμφερόντων κ. τ. λ.] Verte: *quid tibi utile sit, ex utrorumque*, et calumniatorum et defensorum, *sententiis facile perspicies.* Lang.

Συνίδῃς] Malim συνοίδῃς ἢ συνειδῇς. Nam συνιδεῖν, *perspicere*, συνειδέναι, *conscium esse*, significat. Wolf.

δόξαν καὶ πρέπουσαν [1] σοὶ καὶ τοῖς προγόνοις καὶ τοῖς ὑφ' 95
ὑμῶν πεπραγμένοις, ὅταν οὕτω διαθῇς τοὺς Ἕλληνας,
b ὥσπερ ὁρᾷς Λακεδαιμονίους τε πρὸς τοὺς αὑτῶν βασιλέας
ἔχοντας τούς θ' ἑταίρους τοὺς σοὺς πρὸς σὲ διακειμένους.
ἔστι δ' οὐ χαλεπὸν τυχεῖν τούτων, ἢν ἐθελήσῃς κοινὸς
ἅπασι γενέσθαι, καὶ παύσῃ ταῖς μὲν τῶν πόλεων οἰκείως
ἔχων, πρὸς δὲ τὰς ἀλλοτρίως διακείμενος· ἔτι δ' ἢν τὰ
τοιαῦτα προαιρῇ πράττειν, ἐξ ὧν τοῖς μὲν Ἕλλησιν ἔσῃ
πιστὸς, τοῖς δὲ βαρβάροις φοβερός.

c λδʹ. Καὶ μὴ θαυμάσῃς, ἅπερ ἐπέστειλα καὶ πρὸς Διονύσιον [2] τὴν τυραννίδα κτησάμενον, εἰ μήτε στρατηγὸς ὢν μήτε ῥήτωρ μήτ' ἄλλως δυνάστης θρασύτερόν σοι διείλεγμαι τῶν ἄλλων. ἐγὼ γὰρ πρὸς μὲν τὸ πολιτεύεσθαι πάντων ἀφυέστατος ἐγενόμην τῶν πολιτῶν — οὔτε γὰρ φωνὴν ἔσχον ἱκανὴν, οὔτε τόλμαν δυναμένην ὄχλῳ [3] χρῆσθαι καὶ μολύνεσθαι καὶ λοιδορεῖσθαι τοῖς ἐπὶ τοῦ βήματος καλινδουμένοις —, τοῦ δὲ φρονεῖν εὖ καὶ πεπαιδεῦσθαι καλῶς, εἰ
d καί τις ἀγροικότερον εἶναι φήσει τὸ ῥηθὲν, [4] ἀμφισβητῶ, καὶ θείην ἂν ἐμαυτὸν οὐκ ἐν τοῖς ἀπολελειμμένοις ἀλλ' ἐν τοῖς προέχουσι τῶν ἄλλων. διόπερ ἐπιχειρῶ συμβουλεύειν τοῦτον τὸν τρόπον, ὃν ἐγὼ πέφυκα καὶ δύναμαι, καὶ τῇ πόλει καὶ τοῖς ἄλλοις Ἕλλησι καὶ τῶν ἀνδρῶν τοῖς ἐνδοξοτάτοις.

λεʹ. Περὶ μὲν οὖν τῶν ἐμῶν, καὶ [5] ὧν σοι πρακτέον [6] ἐστὶ πρὸς τοὺς Ἕλληνας, σχεδὸν ἀκήκοας· περὶ δὲ τῆς στρατείας
e τῆς εἰς τὴν Ἀσίαν ταῖς μὲν πόλεσιν, ἃς ἔφην σε χρῆναι διαλλάττειν, τότε [7] συμβουλεύσομεν ὡς χρὴ πολεμεῖν πρὸς

[1] καὶ σοὶ A. C. L. [2] τὸν A. C. L. [3] χρήσασθαι καὶ μολύνασθαι A. C. L.
[4] ἀμφισβητῶν A. [5] περὶ ὧν ἡγοῦμαί σοι A. C. L. [6] εἶναι A. C. L.
[7] μοι δοκῶ συμβουλεύειν A. L. μοι δοκῶ συμβουλεύσειν C.

Ὅταν οὕτω διαθῇς τοὺς Ἑλλ.] *quando sic affeceris Græcos*, i. e. cum effeceris ut ita in te sint animati Græci, ad eum modum de te sentiant, eam erga te benevolentiam habeant. IDEM.

Πρὸς Διονύσιον] Hæc oratio hactenus non visa est. IDEM.

Μολύνεσθαι] Proprie *coinquinari*, hic *commisceri*, *conflictari*. AUGER. Πλησιάζειν, ἀναστρέφεσθαι καὶ συνδιατρίβειν, ἀπὸ μεταφορᾶς τῶν χρωματιζομένων τε καὶ σπιλουμένων. COR.

Λοιδορεῖσθαι] Active (Wolf. passive) *conviciis lacessere eos qui in subselliis versantur*, nisi καλινδούμενοι iidem qui §. νδʹ. μαινόμενοι, *in suggestu insanientes*. LANG. Medic Coraes, scil. λοιδορεῖν ἐν τῷ μέρει καὶ λοιδορεῖσθαι, vel λοιδοροῦντα ἀντιλοιδορεῖσθαι, sicuti Aristophan. Eq. 1400. μεθύων τε ταῖς πόρναισι λοιδορήσεται. Anglice verteris: *to bandy hasty words*.

Ἀγροικότερον] Ἀλαζονικώτερον. COR.

τοὺς βαρβάρους, ὅταν ἴδωμεν αὐτὰς ὁμονοούσας, πρὸς σὲ
δὲ νῦν ποιῶμαι τοὺς λόγους, οὐ τὴν αὐτὴν ἔχων διάνοιαν
[1] καὶ κατ' ἐκείνην τὴν ἡλικίαν, ὅτ' ἔγραφον [2] περὶ τὴν αὐτὴν 99
ὑπόθεσιν ταύτην. τότε μὲν γὰρ παρεκελευόμην τοῖς ἀκου-
σομένοις καταγελᾶν μου καὶ καταφρονεῖν, ἢν μὴ καὶ τῶν
πραγμάτων καὶ τῆς δόξης τῆς ἐμαυτοῦ καὶ τοῦ χρόνου τοῦ
περὶ [3] τὸν λόγον διατριφθέντος ἀξίως φαίνωμαι διεξιών· νῦν
δὲ φοβοῦμαι μὴ πάντων τῶν προειρημένων πολὺ καταδε-
96 έστερον τύχω διαλεχθείς. καὶ γὰρ πρὸς τοῖς ἄλλοις ὁ λόγος
ὁ Πανηγυρικὸς, ὁ τοὺς ἄλλους τοὺς περὶ τὴν φιλοσοφίαν b
διατρίβοντας εὐπορωτέρους ποιήσας, ἐμοὶ πολλὴν ἀπορίαν
παρέσχηκεν· οὔτε γὰρ ταὐτὰ βούλομαι λέγειν τοῖς ἐν
ἐκείνῳ γεγραμμένοις, [4] οὔτ' ἔτι καινὰ δύναμαι ζητεῖν. οὐ
μὴν ἀποστατέον [5] ἐστὶν, ἀλλὰ λεκτέον περὶ ὧν ὑπεθέμην,
ὅ τι ἂν [6] ὑποπέσῃ καὶ [7] συμφέρῃ πρὸς τὸ πεῖσαί σε ταῦτα
πράττειν. καὶ γὰρ ἢν ἐλλίπω τι καὶ μὴ δυνηθῶ τὸν αὐτὸν
τρόπον γράψαι τοῖς πρότερον ἐκδεδομένοις, ἀλλ' οὖν ὑπογρά-
ψειν γ' οἶμαι χαριέντως τοῖς ἐξεργάζεσθαι καὶ διαπονεῖν c
δυναμένοις.

λϛ'. Τὴν μὲν οὖν ἀρχὴν τοῦ λόγου τοῦ σύμπαντος οἶμαι
πεποιῆσθαι ταύτην, ἥνπερ προσήκει τοὺς ἐπὶ τὴν Ἀσίαν
πείθοντας στρατεύειν. δεῖ γὰρ μηδὲν πρότερον πράττειν,
πρὶν ἂν λάβῃ τις τοὺς Ἕλληνας δυοῖν θάτερον, ἢ συναγωνιζομένους ἢ πολλὴν εὔνοιαν ἔχοντας τοῖς πραττομένοις. ὧν
Ἀγησίλαος ὁ δόξας εἶναι Λακεδαιμονίων φρονιμώτατος ὠλι- d
γώρησεν, οὐ διὰ κακίαν ἀλλὰ διὰ φιλοτιμίαν. ἔσχε γὰρ
διττὰς ἐπιθυμίας, καλὰς μὲν ἀμφοτέρας, οὐ συμφωνούσας
δὲ ἀλλήλαις οὐδ' ἅμα πράττεσθαι δυναμένας. προῃρεῖτο

[1] νῦν καὶ A. C. L. [2] περὶ om. A. C. L. [3] τοὺς λόγους A. C. L.
[4] οὔτε δύναμαι καινὰ A. C. L. [5] γ' ἐστὶν A. C. L.
[6] ὑποπέσοι A. L. θ' ὕπεστί μοι C. [7] συμφέροι A. L. συμφέρει C.

Πρὸς σὲ δὲ νῦν] Malim scripsisset: νῦν δὲ πρὸς σέ. LANG.

Διεξιών] Vid. Paneg. §. β'.

Ὁ τοὺς ἄλλους] Oblique et dissimulanter perstringit æmulos sophistas et oratores. Videmus apud Demosthenem non pauca pæne de verbo ex Isocrate descripta. WOLF.

Τοῖς ἐξεργάζεσθαι] Τοῖς regitur a χαριέντως, *eo modo qui gratus sit iis qui* &c. AUGER. *qui absolvere et conficere possunt*, de opere malim, quale Isocrates suadet, quam de oratione intelligere. *ejusmodi tamen viris satisfacturum arbitror, qui res, non verba, spectantes, ad perficiendum quod agitur primis lineis contenti sunt.* Si quis tamen auctorem h. l. rhetores carpere potius putet, ut locus vulgo intelligitur, me non invito faciet. LANG.

Δυοῖν θάτερον] Sub. κατὰ, et sume adverbialiter. AUGER.

Κακίαν] Ἄγνοιαν, ἀπειρίαν. COR.

γὰρ βασιλεῖ τε πολεμεῖν, καὶ τοὺς ἑταίρους εἰς τὰς πόλεις
τὰς αὑτῶν [1] καταγαγεῖν, καὶ κυρίους ποιῆσαι τῶν πραγμάτων. συνέβαινεν οὖν ἐκ μὲν τῆς πραγματείας τῆς ὑπὲρ
τῶν ἑταίρων ἐν κακοῖς καὶ κινδύνοις εἶναι τοὺς Ἕλληνας,
e διὰ δὲ τὴν ταραχὴν τὴν ἐνθάδε γιγνομένην [2] μὴ σχολὴν
ἄγειν μηδὲ δύνασθαι πολεμεῖν τοῖς βαρβάροις. ὥστ' ἐκ τῶν
ἀγνοηθέντων κατ' ἐκεῖνον τὸν χρόνον ῥάδιον καταμαθεῖν
ὅτι δεῖ τὸν ὀρθῶς βουλευόμενον μὴ πρότερον ἐκφέρειν τὸν
100 πρὸς βασιλέα πόλεμον, πρὶν ἂν διαλλάξῃ τοὺς Ἕλληνας
καὶ παύσῃ τῆς μανίας τῆς νῦν αὐτοῖς ἐνεστώσης· ἅπερ καὶ
σοὶ συμβεβουλευκότες τυγχάνομεν.

λζ'. Περὶ μὲν οὖν τούτων οὐδεὶς ἂν ἀντειπεῖν τῶν εὖ
φρονούντων τολμήσειεν· οἶμαι δὲ τῶν μὲν ἄλλων εἴ τισι δόξειε περὶ τῆς στρατείας τῆς εἰς τὴν Ἀσίαν συμβουλεύειν,
ἐπὶ ταύτην ἂν ἐπιπεσεῖν τὴν παράκλησιν, λέγοντας ὡς ὅσοι
b περ ἐπεχείρησαν πρὸς τὸν βασιλέα πολεμεῖν, ἅπασι συν- 97
έπεσεν ἐξ ἀδόξων μὲν γενέσθαι λαμπροῖς, ἐκ πενήτων δὲ
πλουσίοις, ἐκ ταπεινῶν δὲ πολλῆς χώρας καὶ πόλεων δεσπόταις. ἐγὼ δ' οὐκ ἐκ τῶν τοιούτων μέλλω σε παρακαλεῖν,
ἀλλ' ἐκ τῶν ἠτυχηκέναι δοξάντων, λέγω δ' ἐκ τῶν μετὰ
Κύρου καὶ Κλεάρχου [3] συστρατευσαμένων. ἐκείνους γὰρ
[4] ὁμολογεῖται νικῆσαι μὲν μαχομένους ἅπασαν τὴν βασι-
c λέως δύναμιν τοσοῦτον, ὅσον περ ἂν εἰ ταῖς γυναιξὶν αὐτῶν
συνέβαλον, ἤδη δ' ἐγκρατεῖς δοκοῦντας εἶναι τῶν πραγμάτων,
διὰ τὴν Κύρου προπέτειαν ἀτυχῆσαι· περιχαρῆ γὰρ αὐτὸν
ὄντα καὶ διώκοντα πολὺ πρὸ τῶν ἄλλων, ἐν μέσοις γενόμενον τοῖς πολεμίοις ἀποθανεῖν. ἀλλ' ὅμως τηλικαύτης συμφορᾶς συμπεσούσης [5] οὕτω σφόδρα κατεφρόνησεν ὁ βασιλεὺς
τῆς περὶ αὑτὸν δυνάμεως, ὥστε [6] προκαλεσάμενος Κλέαρχον
καὶ τοὺς ἄλλους ἡγεμόνας εἰς λόγον ἐλθεῖν, καὶ τούτοις
d μὲν ὑποσχόμενος μεγάλας δωρεὰς δώσειν, τοῖς δὲ ἄλλοις
στρατιώταις ἐντελῆ τὸν μισθὸν ἀποδοὺς ἀποπέμψειν, τοι-

[1] κατάγειν A. C. L. [2] αὐτὸν μὴ A. [3] στρατευσαμένων A. C. L.
[4] ὁμολογοῦσι A. C. L. [5] αὐτῷ οὕτω A. C. L. [6] προσκαλεσάμενος A. C. L.

Μὴ σχολὴν ἄγειν] Scil. τὸν Ἀγησίλαον. Tametsi nihil vetat etiam ad Græcos referri, quorum ille auxiliis utebatur. Nota est historia et jocus Agesilai, se 30000 sagittariorum ex Asia pulsum conquerentis. WOLF.

Βουλευόμενον] Ἴσως· βουλευσόμενον. COR.
Συνέπεσεν] Συνέβη. IDEM.

αὐταῖς ἐλπίσιν [1]ὑπαγαγόμενος, καὶ πίστεις δοὺς τῶν [2]ἐκεῖ
νομιζομένων τὰς μεγίστας, συλλαβὼν αὐτοὺς ἀπέκτεινεν,
καὶ μᾶλλον εἵλετο περὶ τοὺς θεοὺς ἐξαμαρτεῖν ἢ τοῖς στρατιώταις οὕτως ἐρήμοις οὖσι συμβαλεῖν.

λη΄. [3]Ὥστε τίς ἂν γένοιτο παράκλησις ταύτης καλλίων
καὶ πιστοτέρα; Φαίνονται γὰρ κἀκεῖνοι κρατήσαντες ἂν e
τῶν βασιλέως πραγμάτων, εἰ μὴ διὰ Κῦρον. σοὶ δὲ τήν
[4]τε ἀτυχίαν τὴν τότε [5]γεγενημένην οὐ χαλεπὸν φυλάξασθαι, τοῦ τε στρατοπέδου τοῦ κρατήσαντος τὴν ἐκείνου
δύναμιν ῥᾴδιον πολὺ κρεῖττον παρασκευάσασθαι. καίτοι
τούτων ἀμφοτέρων ὑπαρξάντων πῶς οὐ χρὴ θαῤῥεῖν ποιούμενον τὴν στρατείαν ταύτην;

λθ΄. Καὶ μηδεὶς ὑπολάβῃ με βούλεσθαι λαθεῖν, ὅτι 101
τούτων ἔνια πέφρακα τὸν αὐτὸν τρόπον ὅνπερ πρότερον.
[6]ἐπιστὰς γὰρ ἐπὶ τὰς αὐτὰς διανοίας εἱλόμην [7]μὴ πονεῖν
γλιχόμενος τὰ [8]δεδηλωμένα καλῶς [9]ἑτέρως εἰπεῖν· καὶ γὰρ
εἰ μὲν ἐπίδειξιν ἐποιούμην, ἐπειρώμην ἂν ἅπαντα τὰ τοιαῦ-
98 τα [10]διαφεύγειν, σοὶ δὲ συμβουλεύων, μωρὸς ἂν [11]ἦν, εἰ περὶ
τὴν λέξιν [12]πλείω χρόνον διέτριβον ἢ περὶ τὰς πράξεις, ἔτι
δ' εἰ τοὺς ἄλλους ὁρῶν τοῖς ἐμοῖς χρωμένους αὐτὸς μόνος b
[13]ἀπειχόμην τῶν ὑπ' ἐμοῦ πρότερον εἰρημένων. τοῖς μὲν οὖν
οἰκείοις τυχὸν ἂν χρησαίμην, ἤν που σφόδρα κατεπείγῃ καὶ
[14]πρέπῃ, τῶν δ' ἀλλοτρίων οὐδὲν ἂν προσδεξαίμην, ὥσπερ
οὐδ' ἐν τῷ παρελθόντι χρόνῳ.

μ΄. Ταῦτα [15]μὲν οὖν οὕτως· δοκεῖ δέ μοι μετὰ ταῦτα
περὶ τῆς παρασκευῆς διαλεκτέον εἶναι τῆς τε σοὶ [16]γενησο-
μένης καὶ τῆς ἐκείνοις ὑπαρξάσης. τὸ μὲν τοίνυν μέγιστον,

[1] ὑπαγόμενος A. C. L. [2] ἐκείνῳ A. L. [3] καίτοι A. C. L. [4] τε om. A. C. L. [5] γενομένην A. C. L. [6] εἰ A. C. L. [7] ἐλθεῖν ποιεῖν A. C. L. [8] δεδηλωσόμενα A. [9] εἶχεν A. C. L. [10] διαφυλάττειν A. C. L. [11] εἴην A. C. L. [12] πλείονα A. C. L. [13] ἀπεσχόμην A. ἀπεχοίμην C. L. [14] πρέπον ᾖ A. C. L. [15] μὲν οὕτως ἕξει. A. C. L. [16] γενομένης A. L.

Ὑπαγαγόμενος] Μετ' ἀπάτης πείσας. Idem.

Τῶν ἐκεῖ νομιζομένων] Τῶν ἐν Ἀσίᾳ, τουτέστι παρὰ Πέρσαις, εἰθισμένων πίστεων. Ὁ Σικελιώτης Διόδωρ. Ις. μγ΄. Καὶ τὴν δεξιὰν ἔδωκε τῷ Θετταλίωνι· ἔστι δ' ἡ πίστις αὕτη βεβαιοτάτη παρὰ τοῖς Πέρσαις. Idem.

Εἰ μὴ διὰ Κῦρον] *nisi Cyrus obstitisset.* Wolf. deesse putat ἀπέτυχον, vel simile aliquod verbum, quanquam hæc ellipsis et alibi legitur. Lang. Εἰ μὴ ὁ Κύρου θάνατος ἐμποδὼν αὐτοῖς ἐγένετο. Cor.

Ἐκείνου] Scil. regis Persarum. Lang.

Τῶν δ' ἀλλοτρίων] Et tamen eavere non potuit, quin Lysiæ Epitaphium et Gorgiæ Panegyricum compilasse putaretur, ut Plutarchus et Philostratus indicant. Wolf. Verius, ni fallor, posueris nescio quem rhetoriscum hasce orationes ex Isocrateis aliisque coagmentasse.

Ἐκείνοις] Cyro nempe et Clearcho. Lang. Cor.

c σὺ μὲν τοὺς Ἕλληνας εὔνους ἕξεις, ἥνπερ [1]ἐθελήσῃς ἐμμεῖναι
τοῖς περὶ τούτων εἰρημένοις, ἐκεῖνοι δὲ διὰ τὰς δεκαδαρχίας
τὰς ἐπὶ Λακεδαιμονίων ὡς οἷόν τε [2]δυσμενεστάτους. ἡγοῦντο
γὰρ Κύρου μὲν καὶ Κλεάρχου κατορθωσάντων μᾶλλον ἔτι
δουλεύσειν, βασιλέως δὲ κρατήσαντος ἀπαλλαγήσεσθαι
τῶν κακῶν τῶν παρόντων· ὅπερ καὶ συνέπεσεν αὐτοῖς. καὶ
μὴν καὶ στρατιώτας σὺ μὲν ἐξ ἑτοίμου λήψῃ τοσούτους
d ὅσους ἂν βουληθῇς· οὕτω γὰρ ἔχει τὰ τῆς Ἑλλάδος, ὥστε
ῥᾷον εἶναι συστῆσαι στρατόπεδον μεῖζον καὶ κρεῖττον ἐκ
τῶν πλανωμένων ἢ τῶν πολιτευομένων· ἐν ἐκείνοις δὲ τοῖς
χρόνοις οὐκ ἦν ξενικὸν οὐδὲν, ὥστε ἀναγκαζόμενοι ξενολογεῖν
ἐκ τῶν πόλεων πλέον ἀνήλισκον εἰς τὰς διδομένας τοῖς
[3]συλλέγουσι δωρεὰς ἢ [4]τὴν εἰς τοὺς στρατιώτας [5]μισθοφο-
ράν. καὶ μὴν εἰ [6]βουληθεῖμεν ἐξετάσαι καὶ παραβαλεῖν
e σέ τε τὸν νῦν ἡγησόμενον τῆς στρατείας καὶ βουλευσόμενον
περὶ [7]ἁπάντων καὶ Κλέαρχον τὸν ἐπιστατήσαντα τῶν
τότε πραγμάτων, εὑρήσομεν ἐκεῖνον μὲν οὐδεμιᾶς πώποτε
δυνάμεως πρότερον οὔτε ναυτικῆς οὔτε πεζῆς καταστάντα
κύριον, ἀλλ' ἐκ τῆς ἀτυχίας τῆς συμβάσης αὐτῷ περὶ
102 τὴν ἤπειρον ὀνομαστὸν γενόμενον, σὲ δὲ τοσαῦτα καὶ τηλικαῦτα τὸ μέγεθος διαπεπραγμένον, περὶ ὧν εἰ μὲν πρὸς
ἑτέρους τὸν λόγον ἐποιούμην, καλῶς [8]ἂν εἶχε διελθεῖν,
πρὸς σὲ δὲ διαλεγόμενος, εἰ [9]τὰς σὰς πράξεις σοι διεξιοίην,
δικαίως ἂν ἀνόητος [10]ἅμα καὶ περίεργος εἶναι δοκοίην.

μα'. Ἄξιον δὲ μνησθῆναι καὶ τῶν βασιλέων [11]ἀμφοτέρων, 99
ἐφ' ὃν σοί τε [12]συμβουλεύω στρατεύειν καὶ πρὸς ὃν Κλέαρ-
χος ἐπολέμησεν, ἵν' ἑκατέρου [13]τὴν γνώμην καὶ τὴν δύναμιν
b εἰδῇς. ὁ μὲν τοίνυν τούτου πατὴρ τὴν [14]πόλιν τὴν ἡμετέραν

[1] ἐθέλῃς A. C. L. [2] δυσμενεστάτους [εἶχον]. C. [3] Ἕλλησι A. C. L.
[4] τὸν C. L. εἰς τὸν A. [5] μισθὸν A. C. L. [6] βουληθείημεν A. C. L.
[7] πάντων A. C. L. [8] ἂν om. A. C. L. [9] πάσας τὰς A. C. L.
[10] ἅμα om. A. C. L. [11] ἀμφοτέρων om. A. C. L. [12] συμβουλεύομεν A. C. L.
[13] καὶ τὴν A. C. L. [14] τε πόλιν A. C. L.

Τοὺς Ἕλληνας] Intellige Asiam incolentes. LANG.

Ἐκεῖνοι] Np. Cyri milites. AUGER.

Μᾶλλον ἔτι δουλεύσειν] Nam Clearchus Lacedæmonius erat. WOLF.

Ὥστε ῥᾷον εἶναι κ. τ. λ.] Vid. Epist. Θ. §. γ. LANG.

Τῶν πολιτευομένων] I. e. τῶν ἐν ταῖς πόλεσι ζώντων. WOLF.

Ξενικὸν] Scil. στράτευμα. Græci ξένους appellarunt *mercenarios milites*. qui proprie μισθοφόροι dicuntur. IDEM.

Ξενολογεῖν] *conducere mercede ac deligere peregrinos milites.* IDEM.

Ἐκ τῆς ἀτυχίας] Intelligo hic miserabilem Clearchi interitum. IDEM.

Ὁ μὲν τοίνυν τούτου πατὴρ] Rex Persarum nunc regnans erat Artaxerxes Ochus;

καὶ πάλιν [1] τὴν Λακεδαιμονίων κατεπολέμησεν, οὗτος δ᾽
οὐδενὸς πώποτε τῶν στρατευμάτων τῶν τὴν χώραν αὐτοῦ
λυμαινομένων ἐπεκράτησεν. ἔπειθ᾽ ὁ μὲν τὴν Ἀσίαν [2] ἅπασαν
παρὰ τῶν Ἑλλήνων ἐν ταῖς συνθήκαις [3] ἐξέλαβεν, οὗτος δὲ
τοσούτου δεῖ τῶν [4] ἄλλων ἄρχειν, ὥστ᾽ οὐδὲ τῶν ἐκδοθεισῶν
αὐτῷ πόλεων [5] ἐγκρατής ἐστιν. ὥστ᾽ [6] οὐδεὶς ὅστις οὐκ ἂν c
ἀπορήσειε, πότερα χρὴ νομίζειν τοῦτον αὐτῶν ἀφεστάναι
δι᾽ ἀνανδρίαν, ἢ [7] ᾽κείνας ὑπερεωρακέναι καὶ καταπεφρονηκέ-
ναι τῆς βαρβαρικῆς δυναστείας.

μϐ΄. Τὰ τοίνυν περὶ τὴν χώραν ὡς διάκειται, τίς οὐκ
ἂν ἀκούσας παροξυνθείη πολεμεῖν πρὸς αὐτόν; Αἴγυπτος
μὲν γὰρ ἀφειστήκει καὶ κατ᾽ ἐκεῖνον τὸν χρόνον, οὐ μὴν
ἀλλ᾽ ἐφοβοῦντο μή ποτε βασιλεὺς αὐτὸς ποιησάμενος
στρατείαν κρατήσειε καὶ τῆς διὰ τὸν ποταμὸν δυσχωρίας d
καὶ τῆς ἄλλης παρασκευῆς ἁπάσης· νῦν δ᾽ οὗτος ἀπήλλαξεν αὐτοὺς τοῦ δέους τούτου. [8] συμπαρασκευασάμενος γὰρ
δύναμιν ὅσην οἷός τ᾽ ἦν [9] πλείστην, καὶ στρατεύσας ἐπ᾽
αὐτοὺς, ἀπῆλθεν ἐκεῖθεν οὐ μόνον ἡττηθεὶς, ἀλλὰ καὶ
καταγελασθεὶς καὶ δόξας οὔτε βασιλεύειν οὔτε στρατηγεῖν ἄξιος εἶναι. τὰ τοίνυν περὶ Κύπρον καὶ Φοινίκην καὶ
Κιλικίαν καὶ τὸν τόπον ἐκεῖνον, ὅθεν ἐχρῶντο [10] ναυτικῷ,
τότε μὲν ἦν [11] βασιλέως, νῦν δὲ τὰ μὲν ἀφέστηκε, τὰ δ᾽ ἐν e
πολέμῳ καὶ κακοῖς τοσούτοις ἐστὶν, ὥστ᾽ ἐκείνῳ μὲν μηδὲν
εἶναι τῶν ἐθνῶν τούτων χρήσιμον, σοὶ δ᾽, ἢν πολεμεῖν πρὸς
αὐτὸν βουληθῇς, συμφόρως ἕξειν.

μγ΄. Καὶ μὴν Ἰδριέα γε τὸν εὐπορώτατον τῶν νῦν περὶ

[1] τὴν τῶν A. A. C. L. [2] πᾶσαν A. C. L. [3] ἔλαβεν A. C. L. [4] Ἑλλήνων A. C. L. [5] κύριός A. C. L. [6] οὐκ ἔστιν A. C. L. [7] ἐκείνας C. [8] συναγαγὼν A. C. L. [9] πλείστην ὅσην οἷός τ᾽ ἦν A. C. L. [10] τῷ ναυτικῷ A. C. L. [11] μετὰ βασιλέως A. C. L.

hujus pater Artaxerxes Mnemon. Auger.

Κατεπολέμησεν] Non tam suis ipse viribus et copiis, quam pecunia nunc Lacedæmoniis et Lysandro per Tissaphernem contra Athenienses, nunc his et Cononi per Pharnabazum contra illos, nunc Græcis cæteris contra utrosque, suppeditanda. Vide Diodorum l. xv. p. 478. et l. xvi. p. 531. Wolf.

Οὗτος δ᾽ οὐδενὸς] Ochus scilicet, quem postea se erga subditos crudeliter gerentem a Bagoa venenum interfectum esse totamque ipsius familiam funditus deletam narrat Diodorus. Batt.

Διὰ τὸν ποταμὸν] In Busiride affirmat Nilum quasi murum esse Ægypti. Wolf.

Παρασκευῆς] Παρασκευὴ, *omnia bello gerendo opportuna.* Lang.

Ἀπῆλθεν ἐκεῖθεν] Eum tamen Ægyptum subsegisse narrat Diodorus l. xvi. p. 446-8. Batt.

Νῦν δὲ τὰ μὲν ἀφέστηκε] Potissimum de Evagora hic agitur. Wolf.

Συμφόρως ἕξειν] Sub. τὰ ἔθνη ταῦτα. Auger.

Ἰδριέα] Fuit hic Idrieus Cariæ satrapa, filius Hecatomni, et frater Mausoli ac

τὴν ἤπειρον προσήκει δυσμενέστερον εἶναι τοῖς βασιλέως
103 πράγμασι τῶν πολεμούντων· ἢ πάντων γ' ἂν εἴη σχετλιώ-
τατος, εἰ μὴ βούλοιτο καταλελύσθαι ταύτην τὴν ἀρχὴν,
τὴν αἰκισαμένην μὲν τὸν ἀδελφὸν, πολεμήσασαν δὲ πρὸς
αὐτὸν, ἅπαντα δὲ τὸν χρόνον ἐπιβουλεύουσαν καὶ [2] βουλο- 100
μένην τοῦ τε σώματος αὐτοῦ καὶ τῶν χρημάτων ἁπάντων
γενέσθαι κυρίαν. ὑπὲρ ὧν δεδιὼς νῦν μὲν ἀναγκάζεται θεραπεύειν αὐτὸν καὶ χρήματα πολλὰ καθ' ἕκαστον [3] τὸν ἐνι-
b αυτὸν ἀναπέμπειν. εἰ δὲ σὺ διαβαίης εἰς τὴν ἤπειρον, ἐκεῖνός
τ' ἂν ἄσμενος ἴδοι βοηθὸν ἥκειν αὐτῷ σε νομίζων, τῶν τ'
ἄλλων σατραπῶν πολλοὺς ἀποστήσεις, ἢν ὑπόσχῃ τὴν
ἐλευθερίαν αὐτοῖς, καὶ τοὔνομα τοῦτο διασπείρῃς εἰς τὴν
Ἀσίαν, ὅπερ εἰς τοὺς Ἕλληνας εἰσπεσὸν καὶ τὴν ἡμετέραν
καὶ τὴν Λακεδαιμονίων [4] ἀρχὴν κατέλυσεν.

μδ΄. Ἔτι δ' ἂν πλείω λέγειν ἐπεχείρουν, ὃν τρόπον
πολεμῶν τάχιστ' ἂν περιγένοιο τῆς τοῦ βασιλέως δυνά-
c μεως· νῦν δὲ φοβοῦμαι μή τινες ἐπιτιμήσωσιν ἡμῖν, εἰ μηδὲν
πώποτε [5] μεταχειρισάμενος τῶν [6] στρατιωτικῶν [7] νῦν τολμῴην σοὶ παραινεῖν τῷ πλεῖστα καὶ μέγιστα διαπεπρα-
γμένῳ κατὰ πόλεμον· ὥστε περὶ μὲν τούτων οὐδὲν οἶμαι δεῖν
πλείω λέγειν.

με΄. Περὶ δὲ τῶν ἄλλων, ἡγοῦμαι [8] τόν τε πατέρα [9] σου
καὶ τὸν κτησάμενον τὴν βασιλείαν καὶ τὸν τοῦ γένους
ἀρχηγὸν, εἰ τῷ μὲν εἴη [10] θέμις, οἱ δὲ δύναμιν λάβοιεν, τῶν
d αὐτῶν ἂν τούτων γενέσθαι συμβούλους, ὧνπερ ἐγώ. χρῶμαι
δὲ τεκμηρίοις, ἐξ ὧν διαπεπραγμένοι τυγχάνουσιν. ὅ τε γὰρ
πατήρ σου πρὸς τὰς πόλεις ταύτας, αἷς σοὶ παραινῶ προσέχειν τὸν νοῦν, πρὸς ἁπάσας οἰκείως εἶχεν· ὅ τε κτησάμενος τὴν ἀρχὴν, μεῖζον φρονήσας τῶν αὑτοῦ πολιτῶν καὶ

[1] γ' om. A. C. L. [2] βουλευομένην A. C. L. [3] τὸν om. A. C. L.
[4] ἀρχὴν καὶ τὴν Λακ. A. C. L. [5] μεταχειρισάμενα A. C. L.
[6] στρατηγικῶν A. C. L. [7] σοὶ τολμῶμεν A. C. L.
[8] ἀρκεῖν πρὸς παράδειγμα τόν A. L. ἀρκεῖν πρὸς παράδειγμα asteriscis inclusit C.
[9] σοι A. C. L. [10] λέγειν C. βουλομένῳ λέγειν A. L.

Artemisiæ. Cf. Harpocrat. sub voc. et Diodor. Sic. l. xvi.

Σχετλιώτατος] Ἀνοητότατος. Cor.

Τόν τε πατέρα σου καὶ τὸν κτησάμενον τὴν βασιλείαν καὶ τὸν τοῦ γένους ἀρχηγὸν] Amyntum scil. et Caranum et Herculem.

Τῷ μὲν — οἱ δὲ] Herculi — Caranus et Amyntas.

Γενέσθαι] Hic deesse videtur οἴομαι, nisi mavis subaudiri ἡγοῦμαι quod præcessit. Auger. Ad γενέσθαι repete ἡγοῦμαι. Lang.

μοναρχίας ἐπιθυμήσας, οὐχ ὁμοίως[1] ἐβουλεύσατο τοῖς πρὸς
τὰς τοιούτας φιλοτιμίας ὁρμωμένοις. οἱ μὲν γὰρ ἐν ταῖς
αὑτῶν πόλεσι στάσεις καὶ ταραχὰς καὶ [2] σφαγὰς ἐμποι- e
οῦντες ἐκτῶντο τὴν τιμὴν ταύτην, ὁ δὲ τὸν μὲν τόπον τὸν
Ἑλληνικὸν ὅλως εἴασε, τὴν δ' ἐν Μακεδονίᾳ βασιλείαν κατασχεῖν ἐπεθύμησεν· ἠπίστατο γὰρ τοὺς μὲν Ἕλληνας οὐκ
εἰθισμένους ὑπομένειν τὰς μοναρχίας, τοὺς δ' ἄλλους οὐ
δυναμένους ἄνευ τῆς τοιαύτης δυναστείας διοικεῖν τὸν βίον 104
101 τὸν σφέτερον αὐτῶν. καὶ γάρ τοι συνέβη διὰ τὸ γνῶναι
περὶ τούτων αὐτὸν ἰδίως καὶ τὴν βασιλείαν γεγενῆσθαι
πολὺ τῶν ἄλλων ἐξηλλαγμένην. μόνος γὰρ [3] Ἑλλήνων οὐχ
ὁμοφύλου γένους ἀξιώσας ἄρχειν μόνος καὶ διαφυγεῖν ἠδυνή-
θη τοὺς κινδύνους τοὺς περὶ τὰς μοναρχίας γιγνομένους. τοὺς
μὲν γὰρ ἐν τοῖς Ἕλλησι τοιοῦτόν τι διαπεπραγμένους εὕροιμεν ἂν οὐ μόνον αὐτοὺς διεφθαρμένους, ἀλλὰ καὶ τὸ γένος b
αὐτῶν ἐξ ἀνθρώπων ἠφανισμένον, ἐκεῖνον δ' αὐτόν τε ἐν
εὐδαιμονίᾳ τὸν βίον [4] διαγαγόντα, τῷ τε γένει καταλιπόντα τὰς αὐτὰς τιμὰς ἅσπερ αὐτὸς εἶχε.

μς'. Περὶ τοίνυν Ἡρακλέους, οἱ μὲν ἄλλοι τὴν ἀνδρίαν
ὑμνοῦντες αὐτοῦ καὶ τοὺς ἄθλους ἀπαριθμοῦντες διατελοῦσι, περὶ δὲ τῶν ἄλλων τῶν τῇ ψυχῇ προσόντων ἀγαθῶν
οὐδεὶς οὔτε τῶν ποιητῶν οὔτε τῶν λογοποιῶν οὐδεμίαν φανήσεται μνείαν πεποιημένος. ἐγὼ δὲ ὁρῶ μὲν τόπον ἴδιον καὶ c
παντάπασιν [5] ἀδιεξέργαστον, οὐ μικρὸν οὐδὲ κενὸν, ἀλλὰ
πολλῶν μὲν ἐπαίνων καὶ καλῶν πράξεων γέμοντα, ποθοῦντα
δὲ τὸν ἀξίως ἂν δυνηθέντα διαλεχθῆναι περὶ αὐτῶν. ἐφ' ὃν
εἰ μὲν νεώτερος ὢν ἐπέστην, ῥᾳδίως ἂν ἐπέδειξα τὸν πρόγονον
ὑμῶν καὶ τῇ φρονήσει καὶ τῇ [6] φιλοτιμίᾳ καὶ τῇ δικαιοσύνῃ πλέον διενεγκόντα πάντων τῶν προγεγενημένων ἢ τῇ
ῥώμῃ τῇ τοῦ σώματος· νῦν δ' ἐπελθὼν ἐπ' αὐτὸν, καὶ κατι- d
δὼν τὸ πλῆθος τῶν ἐνόντων εἰπεῖν, τήν τε δύναμιν τὴν παρ-

[1] ὡρμημένοις A. C. L. [2] σφαγὰς καὶ ταραχὰς A. C. L.
τῶν Ἑλλ. A. C. L. [4] διάγοντα A. L. [5] ἀδιέργαστον A. C. L.
[6] φιλοσοφίᾳ A. C. L.

Γνῶναι] Κρῖναι. Cor.
Ἰδίως] Φρονίμως. proprie, i. e. prudenter et ad ingenia hominum accommodate. Wolf. Οὐχ ὡς οἱ ἄλλοι. Cor.
Βασιλείαν] Sub. αὐτοῦ. Auger.
Ἐξηλλαγμένην] Διαφέρουσαν. Cor.
Τήν τε δύναμιν τ. π. μοι κατεμεμψάμην] *reprehendi facultatem dicendi meam*, i. e. animadverto me imparem esse gravitati argumenti. Wolf.

οὖσάν μοι κατεμεμψάμην καὶ τὸν λόγον ᾐσθόμην [1] διπλάσιον ἂν γενόμενον τοῦ νῦν ἀναγιγνωσκομένου. τῶν μὲν οὖν
ἄλλων [2] ἀπέστην διὰ τὰς αἰτίας ταύτας, μίαν δὲ πρᾶξιν
[3] ἐξ αὐτῶν ἔλαβον, ἥπερ ἦν προσήκουσα μὲν καὶ πρέπουσα
τοῖς [4] προειρημένοις, τὸν δὲ καιρὸν ἔχουσα μάλιστα σύμ-
μετρον τοῖς νῦν λεγομένοις.
e μζ. Ἐκεῖνος γὰρ ὁρῶν τὴν Ἑλλάδα πολέμων καὶ στάσεων καὶ [5] πολλῶν ἄλλων κακῶν μεστὴν οὖσαν, παύσας
ταῦτα καὶ διαλλάξας τὰς πόλεις πρὸς ἀλλήλας ὑπέδειξε
τοῖς ἐπιγιγνομένοις, μεθ' ὧν χρὴ καὶ πρὸς οὓς δεῖ τοὺς πολέμους ἐκφέρειν. [6] [μὴ γὰρ ῥᾳθυμήσας] ποιησάμενος [7] γὰρ
105 στρατείαν ἐπὶ Τροίαν, ἥπερ εἶχε τότε [8] μεγίστην δύναμιν 102
τῶν περὶ τὴν Ἀσίαν, τοσοῦτον διήνεγκε τῇ στρατηγίᾳ τῶν
πρὸς τὴν αὐτὴν ταύτην ὕστερον πολεμησάντων, ὅσον οἱ μὲν
μετὰ τῆς τῶν Ἑλλήνων δυνάμεως ἐν ἔτεσι δέκα μόλις αὐτὴν
ἐξεπολιόρκησαν, ὁ δ' ἐν ἡμέραις ἐλάττοσιν ἢ τοσαύταις καὶ
μετ' ὀλίγων στρατεύσας ῥᾳδίως αὐτὴν κατὰ κράτος εἷλε.
καὶ μετὰ ταῦτα τοὺς βασιλέας τῶν ἐθνῶν τῶν ἐφ' ἑκατέ-
b ρας τῆς ἠπείρου τὴν παραλίαν κατοικούντων ἅπαντας
ἀπέκτεινεν· οὓς οὐδέποτ' ἂν διέφθειρεν, εἰ μὴ καὶ τῆς δυνάμεως αὐτῶν ἐκράτησε. ταῦτα δὲ πράξας τὰς στήλας τὰς
Ἡρακλέους καλουμένας ἐποιήσατο, τρόπαιον μὲν τῶν βαρβάρων, μνημεῖον δὲ τῆς ἀρετῆς αὐτοῦ καὶ τῶν κινδύνων, ὅρους
δὲ τῆς τῶν Ἑλλήνων χώρας. τούτου δ' ἕνεκά σοι περὶ τούτων διῆλθον, ἵνα γνῷς ὅτι σε τυγχάνω τῷ λόγῳ παρακα-

[1] διπλασίω A. C. L. [2] ἀφέξομαι πάντων διὰ A. C. L. [3] ἐκλεξάμενος ἔλαβον C. [4] εἰρημένοις A. C. L. [5] τῶν A. L. [6] uncos om. A. C. L. [7] δὲ A. C L. [8] μεγίστην τότε A. C. L.

Καιρὸν] Quæ sequuntur de seditionibus quibus laborabat Græcia quo tempore Hercules ipsius patrocinium suscepit, evincunt per καιρὸν intelligi debere *eandem temporis occasionem*, seu *simile tempus* quoddam Philippo accidisse quod Herculi; adeoque actionem illam Herculis, qua sc. Græciam liberavit a malis, etc., simili tempore (vel potius occasione) evenisse, quo nunc Philippum ad ea suscipienda hortatur. Si enim per καιρὸν voluisset intelligi *temporis spatium*, χρόνον potius dixisset. BATT. *occasionem*, i. e. hic, longitudinem tempori aptatam. AUGER. *longitudinem*, huic orationi aptam. LANG.

Ἐλάττοσιν ἢ τοσαύταις] *in diebus paucioribus quam tot*, sub. fuerunt anni, np. decem. Pro τοσαύταις forte legendum τοσούτοις, sc. ἔτεσιν. AUGER. Quod opus non est. LANG. Ἐλάττοσι δέκα ἡμερῶν. μνημονεύει τούτου καὶ Σένεκας ἐν Ἀγαμέμν. 865. 'Te duce concidit totidem diebus Troja, quot annis.' COR.

Ἐφ' ἑκατέρας τῆς ἠπείρου] Τῆς τε Ἀσιανῆς καὶ τῆς Εὐρωπαίας, ὡς ἐξηγήσατο ὁ Περιζώνιος ἐν τῇ Αἰλιαν. Ποικ. Ἱστ. Ε. γ'. IDEM.

λῶν ἐπὶ τοιαύτας πράξεις, ἃς ἐπὶ τῶν ἔργων οἱ πρόγονοί
σου φαίνονται κάλλιστα προκρίναντες. c

μη΄. Ἅπαντας μὲν οὖν χρὴ τοὺς νοῦν ἔχοντας [1] τὸν κράτιστον ὑποστησαμένους πειρᾶσθαι γίγνεσθαι τοιούτους,
μάλιστα δὲ σοὶ προσήκει. [2] τὸ γὰρ [3] μὴ [4] δεῖν ἀλλοτρίοις
χρῆσθαι παραδείγμασιν, ἀλλ' οἰκεῖον ὑπάρχειν, πῶς οὐκ
εἰκὸς ὑπ' αὐτοῦ σε παροξύνεσθαι καὶ φιλονεικεῖν ὅπως τῷ
προγόνῳ σαυτὸν ὅμοιον παρασκευάσεις; λέγω δ' οὐχ ὡς
δυνησόμενον ἁπάσας σε μιμήσασθαι τὰς Ἡρακλέους πρά- d
ξεις — οὐδὲ γὰρ [5] ἂν τῶν θεῶν ἔνιοι δυνηθεῖεν —· ἀλλὰ
κατά γε τὸ τῆς ψυχῆς ἦθος καὶ τὴν φιλανθρωπίαν καὶ
τὴν εὔνοιαν, ἣν εἶχεν εἰς τοὺς Ἕλληνας, δύναιο ἂν ὁμοιωθῆ-
ναι τοῖς ἐκείνου [6] βουλήμασιν. ἔστι δέ σοι πεισθέντι τοῖς ὑπ'
ἐμοῦ λεγομένοις τυχεῖν δόξης, οἵας ἂν αὐτὸς βουληθείης·
ῥᾷον γάρ ἐστιν ἐκ τῶν παρόντων κτήσασθαί σε τὴν καλλίστην, [7] ἢ ἐξ ὧν παρέλαβες ἐπὶ τὴν [8] νῦν ὑπάρχουσαν προελθεῖν. σκέψαι δ' ὅτι σε τυγχάνω παρακαλῶν, ἐξ ὧν ποιήσῃ e
τὰς στρατείας, οὐ μετὰ τῶν βαρβάρων ἐφ' οὓς οὐ δίκαιόν
ἐστιν, ἀλλὰ μετὰ τῶν Ἑλλήνων ἐπὶ τούτους πρὸς οὓς προσήκει τοὺς ἀφ' Ἡρακλέους γεγονότας πολεμεῖν.

μθ΄. Καὶ μὴ θαυμάσῃς, εἰ διὰ παντός σε τοῦ λόγου πει- 106
03 ρῶμαι προτρέπειν ἐπί [9] τε τὰς εὐεργεσίας [10] τὰς τῶν Ἑλλήνων καὶ [11] πρᾳότητα καὶ φιλανθρωπίαν· ὁρῶ γὰρ τὰς μὲν
χαλεπότητας λυπηρὰς οὔσας καὶ τοῖς ἔχουσι καὶ τοῖς ἐντυγχάνουσι, τὰς δὲ πρᾳότητας οὐ μόνον ἐπὶ [12] τῶν ἀνθρώπων καὶ τῶν ἄλλων [13] ζώων ἁπάντων εὐδοκιμούσας, ἀλλὰ

[1] τὸ A. C. L. [2] τῷ A. [3] μηδὲν A. L. μηδὲ C. [4] δεῖν om. A. C. L. [5] ἂν post δυνηθεῖεν ponunt A. C. L. [6] βουλεύμασιν A. C. L. [7] ἤπερ A. C. L. [8] νῦν om. A. C. L. [9] τε om. A. C. L. [10] τὰς om. A. C. L. [11] πρᾳότητας καὶ φιλανθρωπίας A. C. L. [12] τῶν ζώων καὶ τῶν A. C. L. [13] ζώων om. A. C. L.

Ἐπὶ τῶν ἔργων] *re ipsa*. LANG.

Κάλλιστα προκρίναντες] Soil. ἑτέρων πράξεων. WOLF. κάλλιστα h. l. idem ac καλλίστας. LANG. Γρ. μάλιστα προκρίν. COR.

Οἰκεῖον] Ἴσως· οἰκεῖα. IDEM.

Ὑπ' αὐτοῦ] Idem ac ὑπὸ τούτου. *ex ea re excitari.* Cæterum σε δυνησόμενον est accusativus absolutus. AUGER.

Ἐξ ὧν παρέλαβες] Ἐκ τούτων ἃ παρελ. Initia regni Philippi tenuia fuerunt et perturbatissima : sed ille tamen, omnibus difficultatibus superatis, tum regnum patrium recuperavit, tum fines imperii longe lateque propagavit. WOLF. Ἐξ ὧν hic idem ac ἵνα vel ὅπως. AUGER.

Ἐπὶ τὰς εὐεργεσίας κ. τ. λ.] Ἐπὶ τὸ εὐεργετεῖν τοὺς Ἕλληνας, καὶ πρᾷον εἶναι καὶ φιλάνθρωπον πρὸς αὐτούς. COR.

Χαλεπότητας] Non *difficultatem* significat hoc loco, sed *morositatem, asperitatem, sævitiam*. WOLF.

Καὶ τοῖς ἔχουσι καὶ τοῖς ἐντυγχάνουσι] Καὶ τοῖς χαλεποῖς οὖσι καὶ τοῖς πρὸς οὓς χαλεπῶς προσφέρονται. COR.

καὶ τῶν θεῶν τοὺς μὲν τῶν ἀγαθῶν ἡμῖν [1] αἰτίους ὄντας Ὀλυμπίους προσαγορευομένους, τοὺς δ' ἐπὶ ταῖς συμφοραῖς
b καὶ ταῖς τιμωρίαις τεταγμένους δυσχερεστέρας τὰς ἐπωνυμίας ἔχοντας, καὶ τῶν μὲν καὶ τοὺς ἰδιώτας καὶ τὰς πόλεις καὶ νεὼς καὶ βωμοὺς ἱδρυμένους, τοὺς δ' οὔτ' ἐν ταῖς εὐχαῖς οὔτ' ἐν ταῖς θυσίαις τιμωμένους, ἀλλ' ἀποπομπὰς αὐτῶν ἡμᾶς ποιουμένους. ὧν ἐνθυμούμενον ἐθίζειν σαυτὸν χρὴ καὶ μελετᾶν ὅπως ἔτι μᾶλλον ἢ νῦν τοιαύτην ἅπαντες περὶ σοῦ τὴν γνώμην ἕξουσι. χρὴ δὲ τοὺς μείζονος δόξης
c τῶν ἄλλων ἐπιθυμοῦντας [2] περιβάλλεσθαι μὲν τῇ διανοίᾳ τὰς πράξεις δυνατὰς μὲν, εὐχῇ δ' ὁμοίας, ἐξεργάζεσθαί δὲ ζητεῖν αὐτὰς ὅπως ἂν οἱ καιροὶ παραδιδῶσιν.

ν'. Ἐκ πολλῶν δ' ἂν κατανοήσειας ὅτι δεῖ τοῦτον τὸν τρόπον πράττειν, μάλιστα δ' ἐκ τῶν Ἰάσονι συμβάντων. ἐκεῖνος γὰρ οὐδὲν τοιοῦτον οἷον σὺ κατεργασάμενος μεγίστης δόξης ἔτυχεν, οὐκ ἐξ ὧν ἔπραξεν, ἀλλ' ἐξ ὧν ἔφησεν· ἐποι-
d εῖτο γὰρ τοὺς λόγους ὡς εἰς τὴν ἤπειρον διαβησόμενος καὶ βασιλεῖ πολεμήσων. ὅπου δ' Ἰάσων λόγῳ μόνον χρησάμενος οὕτως αὑτὸν ηὔξησε, ποίαν τινὰ χρὴ προσδοκᾶν περὶ σοῦ γνώμην αὐτοὺς ἕξειν, ἢν ἔργῳ ταῦτα πράξῃς, καὶ μάλιστα μὲν πειραθῇς ὅλην τὴν βασιλείαν ἑλεῖν, εἰ δὲ μὴ, χώραν ὅτι πλείστην ἀφορίσασθαι καὶ διαλαβεῖν τὴν Ἀσίαν, [3] ὡς λέγουσί τινες, ἀπὸ Κιλικίας μέχρι Σινώπης· πρὸς δὲ τού-
e τοις κτίσαι πόλεις ἐν τούτῳ τῷ τόπῳ, καὶ κατοικίσαι τοὺς νῦν πλανωμένους δι' ἔνδειαν τῶν καθ' ἡμέραν καὶ λυμαινομένους οἷς ἂν ἐντύχωσιν. οὓς εἰ μὴ [4] παύσομεν ἀθροι-

[1] αἰτίους ἡμῖν A. C. L. [2] περιβαλέσθαι A. C. L. [3] ἣν A. C. L. [4] παύσωμεν A. L.

Δυσχερεστάτας τὰς ἐπωνυμίας] Dii inferi intelligendi, ut Orcus, Furiæ, aliique quos ἀλάστορας [ἀλιτηρίους, προστροπαίους, παλαμναίους] dicunt a perpetuo nocendi studio. WOLF.

Καὶ τῶν μὲν κ. τ. λ.] Melius, puto auctor scripsisset: καὶ τοῖς μὲν κ. τ. λ. *atque illis* (Olympiis diis) *et privatos homines et civitates ponere et templa et aras* video. LANG.

Ἀποπομπὰς] Ἀποπομπαὶ sunt ea verba, quibus malum omen deprecamur: Quod absit! Quod deus avertat! Græce ὃ μὴ γένοιτο. [Anglice *heaven forfend!*] WOLF. Ἀποπομπὰς explicat Harpocration ἀποτροπὰς, *averruncationes*. AUGER.

Περιβάλλεσθαι] Ὑποτίθεσθαι. COR.

Παραδιδῶσιν] Ἐφιῶσι, συγχωρῶσιν, ἢ μᾶλλον ἀμεταβάτως, ἐνδιδῶσιν, ἐλλειπτικῶς τοῦ ἑαυτούς. COR.

Ἰάσονι] Iason, illa ætate Thessaliæ princeps, vir magna virtute magnaque potentia præditus, sed in ipso expeditionis barbaricæ apparato, ut et Philippus non multo post, interfectus. AUGER. Cf. Xenoph. Hellen. l. vi. c. 1.

Αὐτοὺς] Ignoro ad quod referatur: pro quo velim legi τοὺς ἀνθρώπους. AUGER.

Οἷς ἂν ἐντύχωσιν] Scil. τόποις καὶ ἀνθρώποις. *et obvios quosque spoliant et pagos at-*

ζομένους βίον ἱκανὸν αὐτοῖς [1]πορίσαντες, λήσουσιν ἡμᾶς
τοσοῦτοι γενόμενοι τὸ πλῆθος, ὥστε μηδὲν ἧττον αὐτοὺς
104 εἶναι φοβεροὺς τοῖς Ἕλλησιν ἢ τοῖς βαρβάροις· ὧν οὐδεμίαν 107
ποιούμεθα πρόνοιαν, ἀλλ' ἀγνοοῦμεν κοινὸν φόβον καὶ κίνδυνον ἅπασιν ἡμῖν αὐξανόμενον. ἔστιν οὖν ἀνδρὸς μέγα φρο-
νοῦντος καὶ φιλέλληνος καὶ πορρωτέρω τῶν ἄλλων τῇ διανοίᾳ καθορῶντος, ἀποχρησάμενον τοῖς τοιούτοις πρὸς τοὺς
βαρβάρους, καὶ χώραν ἀποτεμόμενον τοσαύτην ὅσην ὀλίγῳ
πρότερον εἰρήκαμεν, ἀπαλλάξαι τε τοὺς ξενιτευομένους
τῶν κακῶν ὧν αὐτοί τ' ἔχουσι καὶ τοῖς ἄλλοις παρέχουσι,
καὶ πόλεις ἐξ αὐτῶν συστῆσαι, καὶ ταύταις [2]ὁρίσαι τὴν b
Ἑλλάδα καὶ προβαλέσθαι πρὸ ἁπάντων ἡμῶν. ταῦτα
γὰρ πράξας οὐ μόνον ἐκείνους εὐδαίμονας ποιήσεις, ἀλλὰ
καὶ πάντας ἡμᾶς εἰς ἀσφάλειαν καταστήσεις. ἢν δ' οὖν
τούτων διαμάρτῃς, ἀλλ' ἐκεῖνό γε ῥᾳδίως ποιήσεις, τὰς
πόλεις τὰς τὴν Ἀσίαν κατοικούσας ἐλευθερώσεις. ὅ τι δ'
ἂν τούτων πρᾶξαι δυνηθῇς ἢ καὶ μόνον ἐπιχειρήσῃς, οὐκ
ἔσθ' ὅπως οὐ μᾶλλον τῶν ἄλλων εὐδοκιμήσεις, καὶ δικαίως, c
ἤνπερ ἐπὶ ταῦτα αὐτός θ' ὁρμήσῃς καὶ τοὺς Ἕλληνας προ-
τρέψῃς.

να'. Ἐπεὶ νῦν γε τίς οὐκ ἂν εἰκότως τὰ συμβεβηκότα
θαυμάσειε καὶ καταφρονήσειεν ἡμῶν; ὅπου παρὰ μὲν τοῖς
βαρβάροις, οὓς ὑπειλήφαμεν μαλακοὺς εἶναι καὶ πολέμων
ἀπείρους καὶ διεφθαρμένους ὑπὸ τῆς τρυφῆς, ἄνδρες [3]ἐγγε-
γόνασιν οἳ τῆς Ἑλλάδος ἠξίωσαν ἄρχειν, τῶν δ' Ἑλλήνων d
οὐδεὶς [4]τοσοῦτον πεφρόνηκεν, ὥστ' ἐπιχειρῆσαι τῆς Ἀσίας
ἡμᾶς ποιῆσαι κυρίους, ἀλλὰ τοσοῦτον αὐτῶν ἀπολελειμμένοι τυγχάνομεν, ὥστ' ἐκεῖνοι μὲν οὐκ ὤκνησαν οὐδὲ προϋ-
πάρξαι τῆς ἔχθρας τῆς πρὸς τοὺς Ἕλληνας, ἡμεῖς δ' οὐδ'
ὑπὲρ ὧν κακῶς ἐπάθομεν [5]ἀμύνεσθαι τολμῶμεν αὐτούς,
ἀλλ' ὁμολογούντων ἐκείνων ἐν ἅπασι τοῖς πολέμοις μήτε
στρατιώτας ἔχειν μήτε στρατηγοὺς [6]μήτ' ἄλλο μηδὲν τῶν

[1] εἰσπορίσαντες A. L. [2] ἐχυρῶσαι A. C. L. [3] γεγόνασιν A. C. L.
[4] τοσοῦτο A. C. L. [5] ἀμύνασθαι A. C. L. [6] μηδὲ L.

que oppidula diripiunt. Wolf.

Ἀποχρησάμενον τοῖς τοιούτοις] I. e. τοῖς ἐξ ἁπασῶν κακουργιῶν συνεῤῥυηκόσιν. Idem.

Ἀποτεμόμενον] Ἀπὸ τῆς Περσῶν βασιλείας ἀποχωρίσαντα. Cor.

Ξενιτευομένους] Harpocration explicat μισθοφοροῦντας. Sed hoc in loco rectius explicari puto: *vitam vagabundam agentes.* Lang. Τοὺς ἐπὶ ξένης πλανωμένους. Cor.

e εἰς τοὺς κινδύνους χρησίμων, ἀλλὰ ταῦτα πάντα παρ'
ἡμῶν μεταπεμπομένων, εἰς τοῦθ' ἥκομεν ἐπιθυμίας τοῦ κακῶς ἡμᾶς αὐτοὺς ποιεῖν, ὥστ', ἐξὸν ἡμῖν τἀκείνων ἀδεῶς
ἔχειν, πρὸς ἡμᾶς [1]τ' αὐτοὺς περὶ μικρῶν πολεμοῦμεν, καὶ
τοὺς ἀφισταμένους τῆς ἀρχῆς τῆς βασιλέως συγκαταστρε- 105
108 φόμεθα, καὶ λελήθαμεν ἡμᾶς αὐτοὺς ἐνίοτε μετὰ τῶν πα-
τρικῶν ἐχθρῶν τοὺς τῆς αὐτῆς συγγενείας μετέχοντας
ἀπολλύναι ζητοῦντες.

νβ'. Διὸ καὶ σοὶ νομίζω συμφέρειν, οὕτως ἀνάνδρως διακειμένων τῶν ἄλλων, προστῆναι τοῦ πολέμου [2]τοῦ πρὸς
ἐκεῖνον. προσήκει δὲ τοῖς μὲν ἄλλοις τοῖς ἀφ' Ἡρακλέους
πεφυκόσι καὶ τοῖς ἐν πολιτείᾳ καὶ νόμοις ἐνδεδεμένοις ἐκείνην
τὴν πόλιν στέργειν, ἐν ᾗ τυγχάνουσι κατοικοῦντες, σὲ δ'
ὥσπερ ἄφετον γεγενημένον [3]ἅπασαν τὴν Ἑλλάδα πατρίδα
b νομίζειν, ὥσπερ ὁ γεννήσας ὑμᾶς, καὶ κινδυνεύειν ὑπὲρ αὐτῆς
ὁμοίως [4]ὥσπερ ὑπὲρ ὧν μάλιστα σπουδάζεις.

νγ'. Ἴσως δ' ἂν τινες ἐπιτιμῆσαί μοι τολμήσειαν τῶν
οὐδὲν ἄλλο δυναμένων ἢ τοῦτο ποιεῖν, ὅτι σὲ προειλόμην
παρακαλεῖν ἐπί τε τὴν στρατείαν τὴν ἐπὶ τοὺς βαρβάρους
καὶ τὴν ἐπιμέλειαν τὴν τῶν Ἑλλήνων, παραλιπὼν τὴν
ἐμαυτοῦ πόλιν.

c νδ'. Ἐγὼ δ', εἰ μὲν πρὸς ἄλλους τινὰς πρότερον ἐπεχείρουν διαλέγεσθαι περὶ τούτων ἢ πρὸς τὴν πατρίδα τὴν τρὶς
τοὺς Ἕλληνας ἐλευθερώσασαν, δὶς μὲν ἀπὸ τῶν βαρβάρων,
ἅπαξ δ' ἀπὸ τῆς Λακεδαιμονίων ἀρχῆς, ὡμολόγουν ἂν
πλημμελεῖν· νῦν δ' ἐκείνην [5]μὲν φανήσομαι [6]πρώτην ἐπὶ
ταῦτα προτρέπων ὡς ἠδυνάμην μετὰ πλείστης σπουδῆς,
αἰσθανόμενος δ' ἔλαττον αὐτὴν φροντίζουσαν τῶν ὑπ' ἐμοῦ
d λεγομένων ἢ τῶν ἐπὶ τοῦ βήματος μαινομένων, ἐκείνην μὲν

[1] τ' om. A. C. L. [2] τοῦ om. A. C. L. [3] πᾶσαν A. C. L.
[4] ὡς περὶ ὧν A. C. L. [5] μὲν om. A. C. L. [6] πρῶτον A. C. L.

Ἐκεῖνον] Regem Persarum. Auger præter necessitatem legendum esse opinatur ἐκείνους, i. e. barbaros. LANG.

Ὥσπερ ἄφετον γεγενημένον] Ὥσπερ ἀπολελυμένον καὶ ἀποροῦντα πατρίδος ἰδίας. μνημονεύει τῆς ἀστείας τῆσδε μεταφορᾶς καὶ Ἀριστοτέλης Ῥητορικ. Γ. ια'. COR.

Ὥσπερ ὁ γεννήσας ὑμᾶς] Ὁ πρόγονος ὑμῶν Ἡρακλῆς. COR.

Ἐπί τε τὴν στρατείαν κ. τ. λ.] I. e. ἵνα στρατεύσῃς ἐπὶ τοὺς βαρβάρους καὶ ἐπιμελῇ τῶν Ἑλλήνων. WOLF.

Δὶς μὲν] Scil. in Marathonio campo, et altera vice apud Salaminem.

Ἅπαξ δ'] Cum Conon navali prælio victor Lacedæmoniis principatum eripuit. Nisi forte quis referre malit ad superiora tempora, cum post interfectum Pausaniam rerum potiri cœperunt Athenienses. WOLF.

Τῶν ἐπὶ τοῦ βήματος μαιν.] Wolf. vertit: *pro suggestu insanientium.* Ego vero in

εἴασα, τῆς δὲ πραγματείας οὐκ ἀπέστην. διὸ δικαίως ἂν
με πάντες ἐπαινοῖεν, ὅτι, τῇ δυνάμει ταύτῃ χρώμενος ἣν
ἔχων τυγχάνω, διατετέλεκα πάντα τὸν χρόνον πολεμῶν
μὲν τοῖς βαρβάροις, κατηγορῶν δὲ τῶν μὴ τὴν αὐτὴν [1] ἐμοὶ
γνώμην ἐχόντων, προτρέπειν δ' ἐπιχειρῶν οὓς ἂν [2] ἐλπίσω
μάλιστα δυνήσεσθαι τοὺς μὲν Ἕλληνας ἀγαθόν τι ποιῆσαι,
τοὺς δὲ βαρβάρους ἀφελέσθαι τὴν ὑπάρχουσαν εὐδαιμονίαν.
διόπερ καὶ νῦν πρὸς σὲ ποιοῦμαι τοὺς λόγους, οὐκ ἀγνοῶν e
ὅτι [3] τούτοις μὲν [4] ὑπ' ἐμοῦ λεγομένοις πολλοὶ φθονήσουσι,
106 τοῖς δ' αὐτοῖς τούτοις ὑπὸ σοῦ πραττομένοις ἅπαντες συνη-
σθήσονται. τῶν μὲν γὰρ εἰρημένων οὐδεὶς κεκοινώνηκε, τῶν
δ' [5] ὠφελιῶν τῶν κατεργασθησομένων οὐκ ἔστιν ὅςτις οὐκ
οἰήσεται μεθέξειν.

νέ. Σκέψαι δ' ὡς αἰσχρὸν περιορᾶν τὴν Ἀσίαν ἄμεινον 109
πράττουσαν τῆς Εὐρώπης καὶ τοὺς βαρβάρους εὐπορωτέρους
ὄντας τῶν Ἑλλήνων, ἔτι δὲ τοὺς μὲν ἀπὸ Κύρου τὴν ἀρχὴν
ἔχοντας, ὃν ἡ μήτηρ εἰς τὴν ὁδὸν ἐξέβαλε, [6] βασιλέας μεγάλους προσαγορευομένους, τοὺς δ' ἀφ' Ἡρακλέους πεφυκότας, ὃν ὁ γεννήσας διὰ τὴν ἀρετὴν εἰς θεοὺς ἀνήγαγε, ταπει-
νοτέροις ὀνόμασιν ἢ [7] 'κείνους προσαγορευομένους. ὧν οὐδὲν
ἐατέον οὕτως ἔχειν, [8] ἀλλ' ἀναστρεπτέον καὶ μεταστατέον b
ἅπαντα ταῦτ' ἐστίν.

νς'. Εὖ δ' ἴσθι μηδὲν ἄν με τούτων ἐπιχειρήσαντα πείθειν σε, εἰ δυναστείαν μόνον καὶ πλοῦτον ἑώρων ἐξ αὐτῶν
γενησόμενον· ἡγοῦμαι γὰρ τά γε τοιαῦτα καὶ νῦν σοι πλείω
τῶν ἱκανῶν ὑπάρχειν, καὶ πολλὴν ἀπληστίαν ἔχειν ὅςτις
προαιρεῖται κινδυνεύειν ὥςτ' ἢ ταῦτα λαβεῖν ἢ στερηθῆναι
τῆς ψυχῆς. ἀλλὰ γὰρ οὐ πρὸς τὰς τούτων κτήσεις ἀποβλέψας ποιοῦμαι τοὺς λόγους, ἀλλ' οἰόμενος ἐκ τούτων με- c
γίστην σοι καὶ καλλίστην γενήσεσθαι δόξαν. ἐνθυμοῦ δ'
ὅτι τὸ μὲν σῶμα θνητὸν ἅπαντες ἔχομεν, κατὰ δὲ τὴν
εὐδοξίαν καὶ τοὺς ἐπαίνους καὶ τὴν φήμην [9] καὶ τὴν μνήμην
τὴν τῷ χρόνῳ συμπαρακολουθοῦσαν ἀθανασίας μεταλαμ-

[1] μοι A. L. ἐμοὶ post ἐχόντων ponit C. [2] ἐλπίζω A. C. L. [3] τοῖς A. C. L.
[4] ὑπ' ἐμοῦ μὲν A. C. L. [5] ὠφελειῶν A. C. L. [6] βασιλεῖς A. L.
[7] κεῖνοι A. C. L. [8] ἀλλὰ μεταναστατέον καὶ ἀναστρεπτέον A. L.
[9] καὶ τὴν μνήμην om. A. C. L.

suggestu, ut §. λδ'. Lang. Τῶν ῥητόρων καὶ δημαγωγῶν. Cor.

Τῇ δυνάμει ταύτῃ] I. e. τοῖς λόγοις. Wolf.

βάνομεν, ἧς ἄξιον ὀρεγομένους καθ' ὅσον οἷοί τ' ἐσμὲν ὁτιοῦν πάσχειν. ἴδοις δ' ἂν καὶ τῶν ἰδιωτῶν τοὺς ἐπιεικεστάτους ὑπὲρ ἄλλου μὲν οὐδενὸς ἂν τὸ ζῆν ἀντικαταλλαξαμέ-
d νους, ὑπὲρ δὲ τοῦ τυχεῖν καλῆς δόξης ἀποθνήσκειν ἐν τοῖς
πολέμοις ἐθέλοντας, ὅλως δὲ τοὺς μὲν τιμῆς ἐπιθυμοῦντας
ἀεὶ μείζονος ἧς ἔχουσιν ὑπὸ πάντων ἐπαινουμένους, τοὺς δὲ
πρὸς ἄλλο τι τῶν [1]ὄντων ἀπλήστως διακειμένους ἀκρατε-
στέρους καὶ φαυλοτέρους ειναι δοκοῦντας. τὸ δὲ μέγιστον τῶν
εἰρημένων, ὅτι συμβαίνει τοῦ μὲν πλούτου καὶ τῶν δυναστειῶν
e πολλάκις τοὺς ἐχθροὺς κυρίους γίγνεσθαι, τῆς δ' εὐνοίας
τῆς παρὰ τῶν πολιτῶν καὶ τῶν ἄλλων τῶν προειρημένων 107
μηδένας ἄλλους καταλείπεσθαι κληρονόμους πλὴν τοὺς ἐξ
ἡμῶν γεγονότας. ὥστ' ᾐσχυνόμην ἄν, εἰ μὴ τούτων ἕνεκα
110 συνεβούλευόν [2]σοι καὶ τὴν στρατείαν ποιεῖσθαι ταύτην καὶ
πολεμεῖν καὶ κινδυνεύειν.

νζ'. Οὕτω δ' ἄριστα βουλεύσῃ περὶ τούτων, [3]ἢν ὑπολάβῃς μὴ μόνον τὸν λόγον τοῦτόν [4]σε παρακαλεῖν, ἀλλὰ
καὶ τοὺς προγόνους καὶ τὴν τῶν [5]βαρβάρων ἀνανδρίαν καὶ
τοὺς ὀνομαστοτάτους γενομένους καὶ δόξαντας ἡμιθέους εἶναι
διὰ τὴν στρατείαν τὴν ἐπ' ἐκείνους, μάλιστα δὲ πάντων τὸν
καιρόν, ἐν ᾧ σὺ μὲν τυγχάνεις τοσαύτην δύναμιν κεκτημένος
b ὅσην οὐδεὶς τῶν τὴν Εὐρώπην [6]κατοικησάντων, πρὸς ὃν δὲ
πολεμήσεις, οὕτως ἐστὶ σφόδρα μεμισημένος καὶ καταπε-
φρονημένος ὑφ' ἁπάντων ὡς οὐδεὶς πώποτε τῶν βασιλευ-
σάντων.

νη'. Πρὸ πολλοῦ δ' ἂν ἐποιησάμην οἷόν τ' εἶναι [7]συνε-
ρᾶσαι τοὺς λόγους [8]ἅπαντας τοὺς ὑπ' ἐμοῦ περὶ τούτων
εἰρημένους· μᾶλλον γὰρ ἂν [9]ἄξιος οὗτος ἔδοξεν τῆς ὑπο-
c θέσεως. οὐ μὴν ἀλλὰ σέ [10]γε χρὴ σκοπεῖν ἐξ ἁπάντων τὰ
συντείνοντα καὶ προτρέποντα πρὸς τὸν πόλεμον τοῦτον·
[11]οὕτω γὰρ ἂν ἄριστα βουλεύσαιο περὶ αὐτῶν.

νθ'. Οὐκ ἀγνοῶ δ' ὅτι πολλοὶ τῶν Ἑλλήνων τὴν βασι-

[1] ἀνοήτως φιλουμένων τοῖς πολλοῖς ὀλοσχερῶς διακειμ. A. C. L. [2] σε A. L.
[3] ἂν A. C. L. [4] σε τοῦτον A. C. L. [5] πατέρων ἀνδρίαν A. C. L.
[6] οἰκησάντων A. C. L. [7] ὅπως ἂν συνεpανίσαιμι A. C. L. [8] πάντας A. C. L.
[9] ἀξιόχρεως ἔδοξεν οὕτως ἡ πραγματεία εἶναι τῆς A. C. L. [10] τι L.
[11] οὕτω - - - - - αὐτῶν om. A. C. L.

Τῶν ἄλλων τῶν προειρ.] Τῆς εὐδοξίας, τῶν ἐπαίνων, τῆς φήμης. Idem.

λέως δύναμιν ἄμαχον εἶναι νομίζουσιν· ὧν ἄξιον θαυμάζειν,
εἰ τὴν ὑπ' ἀνθρώπου βαρβάρου καὶ κακῶς τεθραμμένου
κατασταθεῖσαν καὶ [1]συναχθεῖσαν ἐπὶ δουλείᾳ, ταύτην
ὑπ' ἀνδρὸς Ἕλληνος καὶ περὶ τοὺς πολέμους πολλὴν ἐμπειρίαν ἔχοντος μὴ νομίζουσιν ἂν ἐπ' ἐλευθερίᾳ διαλυθῆναι,
καὶ ταῦτ' εἰδότες ὅτι συστῆσαι μὲν ἐστὶν ἅπαντα χαλε- d
πὸν, διαλῦσαι δὲ ῥᾴδιον.
ζ'. Ἐνθυμοῦ δ' ὅτι μάλιστα τούτους τιμῶσιν ἅπαντες
καὶ θαυμάζουσιν, οἵτινες [2]ἀμφότερα δύνανται, καὶ πολιτεύεσθαι καὶ στρατηγεῖν. ὅταν οὖν ὁρᾷς τοὺς ἐν μιᾷ πόλει
[3]ταύτην ἔχοντας τὴν φύσιν εὐδοκιμοῦντας, ποίους τινὰς χρὴ
προσδοκᾷν τοὺς ἐπαίνους ἔσεσθαι τοὺς περὶ σοῦ ῥηθησομέ-
νους, ὅταν φαίνῃ ταῖς μὲν εὐεργεσίαις ἐν ἅπασι τοῖς Ἕλλησι e
πεπολιτευμένος, ταῖς δὲ στρατηγίαις τοὺς βαρβάρους
108 κατεστραμμένος; ἐγὼ μὲν γὰρ ἡγοῦμαι ταῦτα πέρας ἕξειν·
οὐδένα γὰρ ἄλλον ποτὲ δυνήσεσθαι μείζω πρᾶξαι τούτων·
οὔτε γὰρ ἐν τοῖς Ἕλλησι [4]γενήσεσθαι τηλικοῦτον ἔργον, 111
ὅσον ἐστὶ τὸ πάντας ἡμᾶς ἐκ τοσούτων πολέμων ἐπὶ τὴν
ὁμόνοιαν προαγαγεῖν, οὔτε [5]τοῖς βαρβάροις εἰκός ἐστι συστῆναι τηλικαύτην δύναμιν, ἣν τὴν νῦν ὑπάρχουσαν καταλύσῃς.
ὥστε τῶν [6]μὲν ἐπιγιγνομένων, οὐδ' ἤν τις τῶν ἄλλων διε-
νέγκῃ τὴν φύσιν, οὐδὲν ἕξει ποιῆσαι τοιοῦτον. ἀλλὰ μὴν τῶν
[7]γε προγεγενημένων [8]ἔχω μὲν ὑπερβαλεῖν τὰς πράξεις τοῖς b
ἤδη διὰ σοῦ κατειργασμένοις, [9]οὐ γλίσχρως, ἀλλ' ἀληθινῶς·
ὅστις γὰρ ἔθνη τοσαῦτα τυγχάνεις κατεστραμμένος ὅσας
οὐδεὶς πώποτε τῶν ἄλλων Ἑλλήνων πόλεις εἷλε, πῶς οὐκ
ἂν πρὸς ἕκαστον αὐτῶν ἀντιπαραβαλὼν ῥᾳδίως ἂν ἐπέδειξα
μείζω σε κἀκείνων διαπεπραγμένον; ἀλλὰ γὰρ εἰλόμην

[1] συνταχθεῖσαν C. [2] ἀμφότερα ἂν δύνανται A. L. ἂν ἀμφότερα δύνανται C.
[3] τοιαύτην A. C. L. [4] γεγενῆσθαι A. C. L. [5] ἐν τοῖς A. C. L.
[6] νῦν μὲν L. [7] γε om. A. C. L.
[8] ἔχομεν ὑπερβαλεῖν A. ἔχομεν παραβαλεῖν C. L. [9] οὐκ αἰσχρῶς A. C. οὐκ ἐχθρῶς L.

Ταῦτα πέρας ἕξειν] *hæc extrema, seu maxima, esse futura.* Lang.

Τῶν προγεγενημένων ἔχομεν ὑπερβαλεῖν κ. τ. λ.] Ad verbum interpretor: *possumus superare actiones majorum his jam a te factis*, i. e. possumus dicere actiones majorum his jam a te factis superari. Auger. Ego e Cod. Fugg. παραβαλεῖν et ἐχθρῶς revocavi. Sensus totius est: *possumus quidem res a te gestas cum majorum illis comparare, imo demonstrare, tuas esse superiores; sed abstineo, tum quod,* etc. Auger. vero cum explicatione vix audiendus est. Lang.

Πρὸς ἕκαστον] Scil. τῶν προγεγενημένων. Idem.

ἀποσχέσθαι τῆς τοιαύτης ἰδέας· δι᾽ ἀμφότερα, διά τε τοὺς οὐκ εὐκαίρως αὐτῇ χρωμένους, καὶ διὰ τὸ μὴ βούλεσθαι
c ταπεινοτέρους ποιεῖν τῶν νῦν ὄντων τοὺς ἡμιθέους εἶναι νομιζομένους.

ξα΄. Ἐνθυμοῦ δ᾽, ἵνα τι καὶ τῶν ἀρχαίων εἴπωμεν, ὅτι τὸν Ταντάλου πλοῦτον καὶ τὴν Πέλοπος ἀρχὴν καὶ τὴν Εὐρυσθέως δύναμιν οὐδεὶς ἂν οὔτε λόγων εὑρετὴς οὔτε ποιητὴς ἐπαινέσειεν· ἀλλὰ [1]μετά γε τὴν Ἡρακλέους ὑπερβολὴν καὶ τὴν Θησέως ἀρετὴν [2]τοὺς ἐπὶ Τροίαν στρατευσαμένους καὶ τοὺς ἐκείνοις ὁμοίους γενομένους ἅπαντες ἂν εὐλογήσειαν. [3]καίτοι τοὺς ὀνομαστοτάτους καὶ [4]τοὺς ἀρίστους αὐτῶν
d ἴσμεν ἐν μικροῖς πολιχνίοις καὶ νησυδρίοις τὰς ἀρχὰς κατασχόντας. ἀλλ᾽ ὅμως ἰσόθεον καὶ [5]παρὰ πᾶσιν ὀνομαστὴν τὴν αὑτῶν δόξαν κατέλιπον· ἅπαντες γὰρ φιλοῦσιν οὐ τοὺς σφίσιν αὐτοῖς μεγίστην δυναστείαν [6]κτησαμένους, ἀλλὰ τοὺς τοῖς Ἕλλησι πλείστων ἀγαθῶν αἰτίους γεγενημένους.

ξβ΄. Οὐ μόνον δ᾽ ἐπὶ τούτων αὐτοὺς ὄψει τὴν γνώμην ταύτην ἔχοντας, ἀλλ᾽ ἐπὶ πάντων ὁμοίως. ἐπεὶ καὶ τὴν πό-
e λιν ἡμῶν οὐδεὶς ἂν ἐπαινέσειεν, οὔθ᾽ ὅτι τῆς θαλάττης ἦρξεν, οὔθ᾽ ὅτι [7]τοσοῦτον πλῆθος [8]χρημάτων εἰσπράξασα τοὺς συμμάχους εἰς τὴν ἀκρόπολιν ἀνήνεγκεν, ἀλλὰ μὴν οὐδ᾽ ὅτι 109
πολλῶν πόλεων ἐξουσίαν ἔλαβε, τὰς μὲν ἀναστάτους ποιῆσαι, τὰς δ᾽ αὐξῆσαι, τὰς δὲ ὅπως ἠβουλήθη διοικῆσαι, —
112 πάντα γὰρ [9]ταῦτα παρῆν αὐτῇ πράττειν — · ἀλλ᾽ ἐκ τούτων μὲν πολλαὶ κατηγορίαι κατ᾽ αὐτῆς γεγόνασιν, ἐκ δὲ τῆς [10]Μαραθῶνι μάχης καὶ [11]τῆς ἐν Σαλαμῖνι ναυμαχίας, καὶ μάλισθ᾽ ὅτι τὴν αὑτῶν ἐξέλιπον ὑπὲρ τῆς τῶν Ἑλλήνων σωτηρίας, ἅπαντες αὐτὴν ἐγκωμιάζουσι. τὴν δ᾽ αὐτὴν γνώ-

[1] γε μετὰ A. L. μετὰ om. C. [2] καὶ τοὺς A. C. L. [3] καὶ A. L.
[4] τοὺς om. A. C. L. [5] παρὰ om. A. C. L. [6] κεκτημένους A. C. L.
[7] τοσοῦτο A. C. L. [8] τῶν χρημάτων A. L. [9] ταῦτα γὰρ ἅπαντα A. C. L.
[10] ἐν Μαραθῶνι A. C. L. [11] τῆς ἐν om. A. C. L.

Τῆς τοιαύτης ἰδέας] Scil. τῶν λόγων, i. e. τῆς ἀντιπαραβολῆς πρὸς τοὺς ἡμιθέους. Wolf. hoc genere vel hac re. Lang.

Δι᾽ ἀμφότερα] I. e. διὰ δύο προφάσεις. Wolf.

Τοὺς οὐκ εὐκαίρως] Τοὺς κόλακας. Idem.

Τῶν νῦν ὄντων] Σαυτοῦ, τοῦ Φιλίππου. Idem.

Τοὺς ἡμιθέους] Τοὺς ἐπὶ Τροίαν στρατευσαμένους. Idem.

Ἐπὶ τούτων] *de his*, i. e. ad Trojam militantibus. αὐτοὺς refertur ad ἅπαντες v. 14. Lang.

Εἰσπράξασα τοὺς συμμάχους] *quam a sociis exegerat.* Lang.

Εἰς τὴν ἀκρόπολιν] Cf. Symmachie. §. μ΄.

Ἐξέλιπον] Np. οἱ Ἀθηναῖοι. Auger.

μην καὶ περὶ Λακεδαιμονίων ἔχουσι· καὶ γὰρ ἐκείνων μᾶλλον [1] ἄγανται τὴν ἧτταν τὴν ἐν Θερμοπύλαις ἢ τὰς ἄλλας
νίκας, καὶ τὸ τρόπαιον τὸ μὲν κατ᾽ ἐκείνων ὑπὸ τῶν βαρ- b
βάρων σταθὲν ἀγαπῶσι [2] καὶ θεωροῦσι, τὰ δ᾽ ὑπὸ Λακεδαιμονίων κατὰ τῶν ἄλλων οὐκ ἐπαινοῦσιν ἀλλ᾽ ἀηδῶς ὁρῶσιν.
ἡγοῦνται γὰρ τὸ μὲν ἀρετῆς εἶναι σημεῖον, τὰ δὲ πλεονεξίας.

ξγ΄. Ταῦτ᾽ οὖν ἐξετάσας [3] ἅπαντα καὶ διελθὼν πρὸς αὐτόν, ἤν μέν τι τῶν εἰρημένων [4] ᾖ μαλακώτερον [5] ἢ καταδεέστερον, [6] αἰτιῶ τὴν ἡλικίαν [7] τὴν ἐμήν, ᾗ δικαίως ἂν ἅπαντες c
συγγνώμην ἔχοιεν· ἢν δ᾽ ὅμοια τοῖς πρότερον διαδεδομένοις,
νομίζειν αὐτὰ χρὴ μὴ τὸ γῆρας τοὐμὸν εὑρεῖν, ἀλλὰ τὸ δαιμόνιον ὑποβαλεῖν, οὐκ ἐμοῦ φροντίζον, ἀλλὰ τῆς Ἑλλάδος
κηδόμενον, καὶ βουλόμενον ταύτην τε τῶν κακῶν ἀπαλλάξαι
τῶν παρόντων, καὶ σοὶ πολὺ μείζω περιθεῖναι [8] δόξαν τῆς
νῦν ὑπαρχούσης. οἶμαι δέ σε οὐκ ἀγνοεῖν ὃν τρόπον οἱ θεοὶ
τὰ τῶν ἀνθρώπων διοικοῦσιν. οὐ γὰρ αὐτόχειρες οὔτε [9] τῶν d
ἀγαθῶν οὔτε τῶν κακῶν γίγνονται τῶν [10] συμβαινόντων αὐτοῖς, ἀλλ᾽ ἑκάστοις τοιαύτην ἔννοιαν ἐμποιοῦσιν, ὥςτε δι᾽ ἀλλήλων ἡμῖν ἑκάτερα παραγίγνεσθαι τούτων. οἷον ἴσως καὶ
νῦν τοὺς μὲν λόγους ἡμῖν ἀπένειμαν, ἐπὶ δὲ τὰς πράξεις σὲ
τάττουσι, νομίζοντες τούτων μὲν σὲ κάλλιστ᾽ ἂν ἐπιστατῆσαι, τὸν δὲ λόγον τὸν ἐμὸν ἥκιστ᾽ ἂν ὀχληρὸν γενέσθαι
τοῖς ἀκούουσιν. ἡγοῦμαι δὲ καὶ τὰ πεπραγμένα πρότερον
οὐκ ἄν ποτέ σοι γενέσθαι τηλικαῦτα τὸ μέγεθος, εἰ μή τις e
θεῶν αὐτὰ συγκατώρθωσεν, οὐχ ἵνα τοῖς βαρβάροις μόνον
110 τοῖς ἐπὶ τῆς Εὐρώπης κατοικοῦσι πολεμῶν διατελῇς, ἀλλ᾽ 113
ὅπως [11] ἂν ἐν τούτοις γυμνασθεὶς καὶ λαβὼν ἐμπειρίαν καὶ
γνωσθεὶς οἷος εἶ τούτων ἐπιθυμήσῃς, ὧν [12] ἐγὼ τυγχάνω

[1] ἄγανται μᾶλλον A. C. L. [2] καὶ θεωροῦσι om. C. [3] πάντα A. C. L. [4] εἴη A. L. [5] καὶ A. C. L. [6] ἀποβλέπειν εἰς τὴν A. C. L. [7] τὴν ἐμὴν δεῖ A. L. δεῖ τὴν ἐμὴν C. [8] δόξαν πολὺ μείζω τηρηθῆναι τῆς A. C. L. [9] μετὰ τῶν A. [μετὰ] τῶν L. [10] συνόντων A. C. L. [11] ἂν om. A. C. L. [12] ἐγὼ om. A. C. L.

Ἐξετάσας] Deberet legi ἐξετάσαντα et διελθόντα propter δεῖ quod sequitur, et ad quod subaudiri debet σε. IDEM. Sed anacoluthia est. LANG.

Ὅμοια] Sub. ᾖ.

Διαδεδομένοις] Videtur paulo sonantius et significantius esse quam ἐκδεδομένοις, quod alias ponit. WOLF.

Οὐ γὰρ αὐτόχειρες — αὐτοῖς] Ὁ νοῦς· Οἱ θεοὶ οὐ τοῖς αὐτῶν ἰδίαις χερσὶ διδόασιν οὔτε τἀγαθὰ οὔτε τὰ κακὰ τὰ συνόντα [συμβαίνοντα] τοῖς ἀνθρώποις. COR. Steph. in Thesaur. vertit: *non enim dii manu propria vel bona vel mala dant.* et de usu horum genitivorum monet.

συμβεβουλευκώς. αἰσχρὸν οὖν ἐστὶ καλῶς τῆς τύχης ἡγουμένης ἀπολειφθῆναι, καὶ μὴ παρασχεῖν [1]σαυτὸν εἰς [2]ὃ βούλεταί σε προαγαγεῖν.

ξδʹ. Νομίζω δὲ χρῆναί σε πάντας μὲν τιμᾷν τοὺς περὶ τῶν σοὶ πεπραγμένων ἀγαθόν τι λέγοντας, κάλλιστα μέντοι νομίζειν ἐγκωμιάζειν ἐκείνους τοὺς μειζόνων ἔργων [3]ἢ τηλι-
b κούτων τὴν σὴν φύσιν ἀξιοῦντας, καὶ τοὺς [4]μὴ μόνον ἐν τῷ παρόντι κεχαρισμένως διειλεγμένους, ἀλλ᾽ οἵτινες [5]ἂν τοὺς ἐπιγιγνομένους οὕτω [6]ποιήσωσι τὰς σὰς πράξεις θαυμάζειν ὡς οὐδενὸς ἄλλου τῶν προγεγενημένων. πολλὰ δὲ βουλόμενος τοιαῦτα λέγειν οὐ δύναμαι· τὴν δ᾽ αἰτίαν δι᾽ ἥν, πλεονάκις τοῦ δέοντος εἴρηκα.

ξεʹ. Λοιπὸν οὖν ἐστὶ τὰ προειρημένα συναγαγεῖν, ἵν᾽ ὡς
c [7]ἐν ἐλαχίστοις κατίδοις τὸ κεφάλαιον τῶν συμβεβουλευμένων. φημὶ γὰρ χρῆναί σε τοὺς μὲν Ἕλληνας εὐεργετεῖν, Μακεδόνων δὲ βασιλεύειν, τῶν δὲ βαρβάρων ὡς πλείστων ἄρχειν. ἢν γὰρ ταῦτα πράττῃς, ἅπαντές σοι χάριν ἕξουσιν, οἱ μὲν Ἕλληνες ὑπὲρ ὧν [8]εὖ πάσχουσι· Μακεδόνες δ᾽ [9]ἢν βασιλικῶς ἀλλὰ μὴ τυραννικῶς αὐτῶν ἐπιστατῇς, τὸ δὲ τῶν ἄλλων γένος [9]ἢν διὰ σὲ βαρβαρικῆς δεσποτείας ἀπαλ-
d λαγέντες Ἑλληνικῆς ἐπιμελείας τύχωσι. ταῦθ᾽ ὅπως μὲν γέγραπται τοῖς καιροῖς καὶ ταῖς ἀκριβείαις, παρ᾽ ὑμῶν τῶν ἀκουόντων πυνθάνεσθαι δίκαιόν ἐστιν· ὅτι μέντοι βελτίω τούτων καὶ μᾶλλον ἁρμόττοντα τοῖς ὑπάρχουσιν οὐδεὶς ἂν σοι συμβουλεύσειεν, σαφῶς εἰδέναι νομίζω.

[1] αὐτὸν A. C. L. [2] ἃ A. C L. [3] καὶ A. C. L. [4] μὴ μόνον τοὺς A. C. L. [5] ἂν om. A. C. L. [6] ποιήσουσι A. C. L. ἐν om. A. L. [8] ἂν εὖ πάσχωσι A. C. L. [9] ἂν A. C. L.

Τὴν δ᾽ αἰτίαν δι᾽ ἣν] Τὸ γῆρας λέγει. Cor.

Ὡς ἐν ἐλαχίστοις] Ἀντὶ τοῦ, ἐν ὡς ἐλαχίστοις. Idem.

Τοῖς καιροῖς καὶ ταῖς ἀκριβείαις] tempestive et accurate. Lang. Τῇ συμμετρίᾳ ἢ τῇ ἀμετρίᾳ, τουτέστιν, εἰ ὁ γραφεὶς μοι οὗτος λόγος συμμέτρως ἤ, ὑπὲρ τὸ μέτρον γέγραπται. Cor. Cf. Epist. E. §. ϛʹ.

Πυνθάνεσθαι] Subaudi με. Auger.

Ἁρμόττοντα τοῖς ὑπάρχουσιν] I. e. τοῖς καθεστῶσι πράγμασι τῶν τε βαρβάρων καὶ τῶν Ἑλλήνων καὶ τοῦ Φιλίππου. Wolf.

ϛ.

ΙΣΟΚΡΑΤΟΥΣ

ΑΡΧΙΔΑΜΟΣ.

ΥΠΟΘΕΣΙΣ

Pag. ed. Cor. 111 — Pag. ed. H. Ste 114

ΑΔΗΛΟΥ ΤΟΥ ΓΡΑΨΑΝΤΟΣ.

111 ΜΕΤΑ τὰ Λευκτρικὰ κατέτρεχον τὴν Λακεδαίμονα Θηβαῖοι καὶ πολλάκις αὐτὴν ἐκάκωσαν, 114
ὡς καὶ τὰς Λακεδαιμονίων γυναῖκας ἀπαντῆσαι Λακεδαιμονίοις συνεχῶς φεύγουσι καὶ εἰπεῖν [1] Μὴ καὶ δεύτερον ὑμᾶς ἔχομεν ἐν τῇ γαστρὶ δέξασθαι; καὶ οὕτω συστραφέντες ἐν Μαντινείᾳ ἐνίκησαν, τῶν Ἀθηναίων ἱππέων καλῶς παραταξαμένων. μετὰ τὰ ἐν Μαντινείᾳ οὖν ἔπεμψαν Λακεδαιμόνιοι πρὸς Θηβαίους αἰτοῦντες αὐτοὺς τὴν εἰρήνην· οἱ δ' ὑπέσχοντο αὐτοῖς ἡσυχάσειν, [2] ἢν [3] Μεσσήνην ἀνοικίσωσι καὶ αὐτόνομον ἐάσωσι. τῶν οὖν ἄλλων συμβουλευόντων Λακεδαιμονίοις ἀνοικίσαι, Ἀρχίδαμος ὁ νεώτερος συμβουλεύει Λακεδαιμονίοις μὴ ἀνοικίσαι. κατάγεται δ' οὕτως ὁ μικρὸς Ἀρχίδαμος· Ζευξίδαμος, οὗ Ἀρχίδαμος, οὗ Ἄγις, οὗ Ἀγησίλαος, οὗ Ἀρχίδαμος. καὶ οἱ μὲν λέγουσιν, ὅτι πέμψας Ἀρχίδαμος ἐν Ἀθήναις τὸν λόγον παρὰ Ἰσοκράτους ἐδέξατο· ἄλλοι δέ φασι γυμνασίαν εἶναι τὸν λόγον Ἰσοκράτους, Τίνας ἂν εἴποι λόγους Ἀρχίδαμος συμβουλεύων Λακεδαιμονίοις. καὶ ἡ μὲν ὑπόθεσις αὕτη· στάσις δὲ τῷ λόγῳ πραγματική· κεφάλαιον δὲ τὸ ξυμφέρον.

112

ΕΤΕΡΑ ΥΠΟΘΕΣΙΣ

ΕΚ ΤΩΝ ΔΙΟΝΥΣΙΟΥ ΤΟΥ ΑΛΙΚΑΡΝΑΣΣΕΩΣ.

Τίς δ' ἂν μᾶλλον πείσειε καὶ πόλιν καὶ ἄνδρας τοῦ ῥήτορος; πολλαχῇ μὲν καὶ ἄλλῃ, μάλιστα δ' ἐν τῷ πρὸς Λακεδαιμονίους γραφέντι λόγῳ, ὃς ἐπιγράφεται μὲν Ἀρχίδαμος, ὑπόθεσιν δὲ περιείληφε τὴν περὶ τοῦ μὴ προέσθαι [3] Μεσσήνην Βοιωτοῖς, μηδὲ ποιεῖν τὸ προσταττόμενον ὑπὸ τῶν ἐχθρῶν. ἠτύχητο γὰρ δὴ τοῖς Λακεδαιμονίοις ἥ τε περὶ Λεῦκτρα μάχη καὶ πολλαὶ μετ' ἐκείνην ἕτεραι, καὶ τὰ μὲν Θηβαίων πράγματα ἤνθει τε καὶ εἰς μέγεθος ἀρχῆς προελη-

[1] ἢ L. [2] εἰ A. L. [3] Μεσήνην A. L.

ΑΡΧΙΔΑΜΟΣ] Inscribitur etiam Λακεδαιμόνιος vel ὁ πρὸς Λακεδαιμονίους λόγος, quod vel habita fuerit vel haberi potuerit ab Archidamo apud Lacedæmonios. WOLF.

Μετὰ τὰ Λευκτρικὰ] Intell. πράγματα. *post res ad Leuctra gestas.* LANG.

Μὴ καὶ δεύτερον] *numquid denuo.* AUGER.

Ἐν τῇ γαστρὶ] Pro εἰς τὴν γαστέρα. WOLF.

Ἐνίκησαν] Contra historicorum fidem, quamvis in hoc prælio Epaminondas occisus est. LANG.

Καλῶς παραταξαμένων] I. e. ἐν τῇ προτάξει καλῶς μαχεσαμένων. WOLF.

Ἀνοικίσωσι] *instaurarent.* In quo argumenti hujus misellus auctor iterum lapsus est. Messene enim paulo post Leuctricam pugnam ab Epaminonda instaurata erat. Diod. Sic. l. xv. 66. et Pausan. Mess. c. 27. Rectius dixisset ἀφιστῶσι Μεσσήνης. LANG.

Κατάγεται] Id est, γενεαλογεῖται. WOLF.

Ὁ μικρὸς] Ὁ νεώτερος. IDEM.

Οὗ Ἀρχίδαμος] Soil. υἱὸς ἐγένετο. IDEM.

Ἐν Ἀθήναις] Pro εἰς Ἀθήνας. LANG.

Τίνας] Ante τίνας adde vel subaudi δείξαντος. AUGER.

Στάσις — πραγματικὴ] Nihil aliud esse videtur, quam finem orationis esse actionem, non auscultationem. WOLF.

Κεφάλαιον] Præcipuum argumentum et firmamentum, ut Wolf. explicat, quo res confirmatur. LANG.

λύθει, τὰ δὲ τῆς Σπάρτης ταπεινὰ καὶ ἀνάξια τῆς ἀρχαίας ἡγεμονίας ἐγεγόνει. τελευτῶσα γοῦν, ἵνα τύχῃ τῆς εἰρήνης ἡ πόλις, ἐβουλεύετο εἰ χρὴ [1] Μεσσηνίας ἀποστῆναι, ταύτην ἐπιτιθέντων αὐτῇ Βοιωτῶν τὴν ἀνάγκην. ὁρῶν οὖν αὐτὴν ἀνάξια πράττειν μέλλουσαν τῶν προγόνων, τόνδε τὸν λόγον συνετάξατο Ἀρχιδάμῳ, νέῳ μὲν ὄντι καὶ οὔπω βασιλεύοντι, ἐλπίδας δὲ πολλὰς ἔχοντι ταύτης τεύξεσθαι τῆς τιμῆς. ἐν ᾧ διεξέρχεται πρῶτον μὲν ὡς δικαίως ἐκτήσαντο [1] Μεσσήνην Λακεδαιμόνιοι, παραδόντων τε αὐτὴν τῶν Κρεσφόντου παίδων ὅτ' ἐξέπεσον ἐκ τῆς ἀρχῆς, καὶ τοῦ θεοῦ προστάξαντος δέξασθαι καὶ τιμωρεῖν τοῖς ἀδικουμένοις, πρὸς δὲ τούτοις ἐπικυρώσαντος μὲν τὴν κτῆσιν τοῦ πολέμου, κάτοχον δὲ καὶ βέβαιον πεποιηκότος τοῦ χρόνου. διδά-
115 σκει δ' ὡς οὐ [1] Μεσσηνίοις τοῖς οὐκέτ' οὖσιν, ἀλλὰ δούλοις καὶ Εἵλωσιν ὁρμητήριον καὶ καταφυγὴν παρέξουσι τὴν πόλιν. διεξέρχεταί τε τοὺς κινδύνους τῶν προγόνων οὓς ὑπέμειναν ἕνεκα τῆς ἡγεμονίας, καὶ τῆς δόξης ὑπομιμνήσκει τῆς παρὰ τοῖς Ἕλλησιν ὑπαρχούσης περὶ αὐτῶν. παραινεῖ δὲ μὴ συγκαταπίπτειν ταῖς τύχαις μηδ' ἀπογιγνώσκειν τὰς μεταβολὰς, ἐνθυμουμένους ὅτι πολλοὶ μὲν ἤδη μείζω δύναμιν ἔχοντες ἢ Θηβαῖοι ὑπὸ τῶν ἀσθενεστέρων ἐκρατήθησαν, πολλοὶ δ' εἰς πολιορκίαν κατακλεισθέντες καὶ δεινότερα ἢ Λακεδαιμόνιοι πάσχοντες διέφθειραν τοὺς ἐπιστρατεύσαντας. καὶ παράδειγμα ποιεῖται τὴν Ἀθηναίων πόλιν, ἥ τις ἐκ πολλῆς εὐδαιμονίας ἀνάστατος γενομένη τοὺς ἐσχάτους ὑπέστη κινδύνους, ἵνα μὴ τοῖς βαρβάροις ποιῇ τὸ προσταττόμενον. παρακελεύεται δὲ καὶ καρτερεῖν ἐπὶ τοῖς παροῦσι καὶ θαῤῥεῖν περὶ τῶν μελλόντων, ἐπισταμένους ὅτι τὰς τοιαύτας συμφορὰς αἱ πόλεις ἐπανορθοῦνται πολιτείᾳ χρηστῇ καὶ πολέμων ἐμπειρίαις, ἐν οἷς προεῖχεν ἡ Σπάρτη τῶν ἄλλων πόλεων. οἴεται δὲ δεῖν [2] οὐ τοὺς
κακῶς πράττοντας [3] εἰρήνης ἐπιθυμεῖν, οἷς ἐκ τῆς καινουργίας ἐπὶ τὸ κρεῖττον μεταβάλλειν τὰ 113
πράγματα ἐλπὶς, ἀλλὰ τοὺς εὐτυχοῦντας· ἐν γὰρ τῷ ἀκινδύνῳ τὴν τῶν παρόντων ἀγαθῶν εἶναι φυλακήν. Πολλὰ δὲ καὶ ἄλλα πρὸς τούτοις διεξελθὼν, ὅσα καὶ κοινῇ καὶ ἰδίᾳ τοῖς ἐπιφανεστάτοις αὐτῶν ἐπράχθη κατὰ τοὺς πολέμους λαμπρὰ ἔργα, καὶ ὅσης αἰσχύνης ἄξια δράσουσι, καὶ ὡς διαβληθήσονται παρὰ τοῖς Ἕλλησιν ἐπιλογισάμενος, καὶ ὅτι πάντοθεν αὐτοῖς ἐπικουρία τις ἔσται τὸν ἀγῶνα ποιουμένοις καὶ παρὰ θεῶν καὶ παρὰ συμμάχων καὶ παρὰ πάντων ἀνθρώπων, οἷς ἐπίφθονος ἡ Θηβαίων δύναμις αὐξομένη, καὶ τὴν κατέχουσαν ἀκοσμίαν καὶ ταραχὴν τὰς πόλεις ἐπιτροπευόντων τῆς Ἑλλάδος Βοιωτῶν ἐπιδειξάμενος, τελευτῶν, εἰ καὶ μηθὲν τούτων μέλλοι γίνεσθαι μηδ' ὑπολείποιτό τις ἄλλη σωτηρίας ἐλπὶς, ἐκλιπεῖν κελεύει τὴν πόλιν, διδάσκων αὐτοὺς ὡς χρὴ παῖδας μὲν καὶ γυναῖκας καὶ τὸν ἄλλον ὄχλον εἴς τε Σικελίαν ἐκπέμψαι καὶ Ἰταλίαν καὶ τἄλλα χωρία τὰ φίλια, αὐτοὺς δὲ καταλαβομένους τόπον ὅστις ἂν ὀχυρώτατος ᾖ καὶ πρὸς τὸν πόλεμον ἐπιτηδειότατος ἄγειν καὶ φέρειν τοὺς πολεμίους καὶ κατὰ γῆν καὶ κατὰ θάλατταν. οὐδεμίαν γὰρ ἀξιώσειν δύναμιν ὁμόσε χωρεῖν ἀνδράσι, κρατίστοις μὲν τὰ πολέμια τῶν Ἑλλήνων, ἀπονενοημένως δὲ πρὸς τὸ ζῆν διακειμένοις, δικαίαν δ' ὀργὴν καὶ πρόφασιν εὐπρεπῆ τῆς ἀνάγκης ἔχουσι.

Ταῦτα γὰρ οὐ Λακεδαιμονίοις μόνον συμβουλεύειν φαίην ἂν αὐτὸν ἔγωγε, ἀλλὰ καὶ τοῖς ἄλλοις Ἕλλησι καὶ πᾶσιν ἀνθρώποις, πολλῷ κρεῖττον ἁπάντων φιλοσόφων, οἳ τέλος ποιοῦνται τοῦ βίου τὴν ἀρετὴν καὶ τὸ καλόν.

116 ά. ΙΣΩΣ τινὲς ὑμῶν θαυμάζουσιν ὅτι, τὸν ἄλλον χρόνον ἐμμεμενηκὼς τοῖς τῆς πόλεως νομίμοις ὡς οὐκ οἶδ' εἴ τις

[1] Μεσην. A. L. [2] αὐτοὺς κακῶς A. L. [3] μὴ εἰρήνης A. L.

Συνετάξατο] Np. ὁ Ἰσοκράτης. AUGER.

Τοῖς βαρβάροις προστατт.] Idem ac ὑπὸ τῶν βαρβάρων προστατт. IDEM.

Ἐκ τῆς καινουργίας] Τουτέστιν, ἐκ τοῦ νεωτέροις πράγμασιν ἐπιχειρεῖν καὶ κινεῖν ὅλως τὰ καθεστηκότα. COR.

Ἐν τῷ ἀκινδύνῳ] Ἐν τῷ μὴ πολεμεῖν. IDEM.

Φαίην ἂν αὐτὸν] Np. τὸν Ἰσοκράτην. AUGER.

SUMMARIUM. (α'.) Quum seniorum, qui quidem apud vos concionari solent, nec quisquam pro reipublicæ dignitate dixit, aliique aut prorsus tacent aut non fortiter satis adversantur, ego adolescens vel præter civitatis meæque vitæ morem sententiam dicere aggrediar. (β'.) Est vero iste juvenes a dicendo arcendi mos multis de causis vituperandus, et quia recto judicandi facultas juvenibus æque ac senioribus data sit, tum de bello dicere, cujus maxime participes sunt, juvenibus plus quam senioribus conveniat, deinde errantes in dicendo non aliis, sed sibi noceant, denique hac ratione e multis optima eligere liceat. (γ'.) Res autem, de qua deliberatum nunc vobiscum conveni, gravissimi est momenti, siquidem libertas nostra, pro cujus defensione nullæ acerbitates nullaque pericula recusanda sunt, in summo periculo versatur, ubi, quæ Thebani postulant, sociique nobis suadere cupiunt (nempe ἀποστῆναι Μεσσηνίας), pacis recuperandæ causa, fecerimus, gravius sane ac illustrius tropæum Leuctrico illo contra nos erigentes. (δ'.) Quodsi socii vestri tale quid suadent atque minitantur etiam, nisi assentiamur, se pacem per se esse facturos, equidem illos vobis indignos et iniquos esse censeo. Sine

ἄλλος τῶν ἡλικιωτῶν, τοσαύτην πεποίημαι [1] τὴν μεταβολήν, ὥστε περὶ ὧν ὀκνοῦσιν οἱ πρεσβύτεροι λέγειν, περὶ τού-

[1] τὴν om. A. L.

quibus gloriosius etiam quam adjuti ab illis bellum contra Thebanos geremus. (ε'.) Ac primum quidem vos commonefaciendos esse censeo, quo pacto Mesene in potestatem vestram venerit, ut inde pateat, Mesenen vos eodem jure, quo Lacedæmonem possidere. (ϛ'.) Ubi Hercules e mortali deus factus erat, posteri ejus ætate tertia, ab oraculo in patriam terram abire jussi, considerata oraculi sententia, Argos hereditatis jure ad se pertinere, Lacedæmonem tanquam servam sibi traditam, Mesenen denique ut expugnatam ab Hercule et Nestoris fidei commissam sibi deberi, deprehenderunt. (ζ'.) Assumptis igitur majoribus vestris Doriensibus, in quibus Heraclidæ (Temenus, Cresphontes et Aristodemus), tunc habitabant, expeditionis sociis, inter quos regionem dividendam pacti sunt et a quibus regnum peculiari jure possidendum acceperunt, incolas illorum trium locorum vicerunt ac regna in totidem partes diviserunt. Sed quum Mesenii Cresphontem ducem ac regem suum interfecissent, filii ejus Mesenen in præmium vindictæ patris, quam petierant, Lacedæmoniis tradiderunt. (η'.) Quodsi autem Mesenem eodem jure, ut ex his breviter dictis apparet, quo Lacedæmonem possidemus, neque quisquam vestrum Lacedæmonem, si postularetur, relinqueret, non aliter quoque de Mesene animati esse debetis. (θ'.) Accedit, quod Mesenen prius possedimus, quam pleræque urbes Græciæ conditæ sunt Persæque Asiam subegerunt, et quod Thebani illam non Meseniis reddiderunt, sed Helotis, servis suis, tradiderunt. (ι'.) Mesenen nos jure obtinere et nos iniqua pati inde etiam patet, quod nunquam antea, ubi inferiores etiam hostibus, quam nunc, pacem facere coacti sumus, neque Persarum rex neque Thebanorum civitas jus illud in dubium vocarunt. (ια'.) Quod etiam vetussissimum et fide dignissimum oraculorum denuo agnovit, ubi nobis viam expugnandi Mesenen accuratissime monstravit. (ιβ'.) Quum igitur acceptam a Cresphontis filiis, oraculo consentiente, per tot annos atque ipsorum hostium judicio illam possideamus, quid est, quod nos, hoc tempore commodi studio pacem recusare et tunc rerum alienarum desiderio cum Meseniis bellum gessisse dicant? (ιγ'.) At vero dicunt, qui nobis pacis faciendæ auctores sunt, temporibus esse cedendum, neque in talibus rerum circumstantiis, quid justum sit, sed quid expediat, quærendum. (ιδ'.) Ego vero utile nunquam honesto præferendum esse dico, præsertim quum honestum ubique vincere et in hoc nostro casu jus (*possidendi Mesenen*) certum, utilitatem (*pacem cum Thebanis*) vero valde dubiam esse videam. (ιε'.) Deinde quoque magna nobis spes est, rem bene gerendi, quum sæpius usu venit, ut victi superiores fierent victoribus et obsidentes obsessis. (ιϛ'.) Exemplo sunt potissimum Athenienses, qui, ut antiquiora omittam, in Persico bello urbe ac regione relicta ex summis calamitatibus in maximam felicitatem evecti sunt. (ιζ'.) Item Dionysius, quum a Carthaginiensibus obsidione premeretur et jam in eo esset, ut salutem fuga quæreret, bello repetito non solum multa millia hostium cecidit, sed etiam dominationem in cives, qui erga ipsum iniquo animo erant, confirmavit. (ιη'.) His similia effecit etiam Amyntas, Macedonum rex, qui, a vicinis barbaris prœlio victus, totaque Macedonia privatus, parvum quoddam castellum occupavit ac trium mensium spatio totam Macedoniam recepit. (ιθ'.) Thebanorum quoque, incursus et minas nostras olim sustinere audentium, in tantum mutata est fortuna, ut jam nobis imperandi jus sibi arrogent. (κ'.) Igitur præsentia forti animo tolerare ac de futuris bene sperare oportet, præsertim quum ejusmodi calamitates et recta rerum administratione et rei militaris peritia, qua utraque gaudemus, emendantur. (κα'.) At quidam belli perfidiam accusant ac mirantur, quemquam esse, qui rei tam sævæ et temerariæ fidem habendam censeat. (κβ'.) Ego vero felicibus pacem expetendam esse puto, calamitosis vero bellum gerendum, ac tunc demum pactiones faciendas, quum aut suos hostes superarint aut ipsorum robur illorum robori æquaverint. (κγ'.) Recordemini autem, quam turpe sit, quod quum superioribus temporibus socia aliqua civitas vel unius Lacedæmonii ope servata sit, nos ne universi quidem patriam nostram servare conamur. (κδ'.) Quis nos non reprehenderet, si Mesenios, pro hac regione per viginti annos obsessos et a majoribus nostris multis laboribus et periculis paratos, verbis persuasi abjiceremus? (κε'.) Atque his omnibus neglectis, nonnulli tam cupide nobis Mesenen tradere suadent, ut urbis nostræ imbecillitatem hostiumque potentiam

των νεώτερος ὢν παρελήλυθα συμβουλεύσων. ἐγὼ δὲ, εἰ μέν τις [1]ἄλλος τῶν εἰθισμένων ἐν ὑμῖν ἀγορεύειν ἀξίως ἦν τῆς

[1] ἄλλος om. A. L.

commemorantes, nos sibi respondere jubeant, quibus auxiliis freti, suscipiendi vobis belli auctores simus. (κς'.) Ego vero et justitiam et deorum benevolentiam et bonam reipublicæ administrationem, cum civium pudore ac virtute conjunctam, delicta denique hostium maxima nobis eaque optima auxilia futura esse arbitror. (κζ'.) Tum et externi multi, opinor, Athenienses, inquam, et reliquarum urbium nonnullæ, nec non Dionysius tyrannus Ægyptique rex cæterique Asiæ principes suis æque ac nostris commodis consulent. (κη'.) Reliquæ porro Peloponnesi civitates, tum insigniores, tum ignobiliores, maximis hoc tempore calamitatibus afflictæ, etsi non prius, nunc saltem rerum maximarum curam habebunt. (κθ'.) Licet autem nihil horum eveniret, ego tamen, et majorum et juris nostri reverentia ductus, de sententia haud decederem et omnia belli pericula potius sustinerem, quam pactiones tam turpes inirem, eosque, qui civitatem nostram laudare solent, mendacii arguerem. (λ'.) Miserandam hanc nostram conditionem hostes vitiis emendabunt, quod nisi fit, dura quidem sunt, quæ suadebo, sed animis nostris digniora, quam qualia cæteri suadent. (λα'.) Parentes nostros cum uxoribus ac liberis reliquamque inutilem bello turbam in loca tuta transportandam esse arbitror, reliquis autem viris castellum erit occupandum, ex quo hostes terra marique tamdiu diripiant ac investent, quoad nostra sibi vindicasse eos pœniteat et ultro pacem petant. (λβ'.) Talem autem vagantem exercitum, qui omnia loca, bello opportuna, patriam habet, maxime terribilem fore puto, quia damna, quibus afficientur hostes, reddere non poterunt. (λγ'.) At si fortasse in unum collecti hostes nos adoriantur, nihil, puto, optabilius eveniet, quam ut cominus in aciem descendant incompositi homines, et ex colluvie quadam conflati, et a multis ducti imperatoribus. (λδ'.) Verum quidem est, nos neque urbis magnitudine neque multitudine virorum reliquis antecellere, tamen illud constat, quod nostra respublica exercitui similis est bene instituto ac ducibus parere volenti. (λε'.) Parva manu majores nostri hanc regionem expugnarunt. Athenienses pro aliorum libertate regionem suam deseruerunt, atque Phocæi, ut Persarum regis dominationem effugerent, Asia relicta, Massiliam condiderunt. Indignissimum igitur et maxime ridiculum esset, nisi nos, ne pro nostra quidem ipsorum salute urbem relinquere auderemus et iis ipsis parere sustineremus, quibus antea semper imperavimus. (λς'.) Atqui hæc non ideo dixi, quasi nulla alia ad salutem via superesset, sed ut acerbiores etiam calamitates perferatis, priusquam has de Mesene conditiones ineatis. (λζ'.) Neque vero tam cupide vos ad bellum excitarem, nisi firmam ac pulcram inde pacem emersuram viderem, quæ nulla prorsus esse potest, si urbem potentem factam vicinam habemus, in qua hostes servos nostros collocarunt. (λη'.) Quæ autem causa est, quæ nos magis ad bellum instiget, quam quod Thebani præter jus nobis imperant, agrum eripiunt, servos manumittunt, eosque in agro nostro collocant etc., pro quibus non bella solum, sed exsilia, sed mortem perpetiendam esse arbitror. (λθ'.) Non autem, quid sociis expediat, faciendum est, sed quid nos nostraque facinora deceat, reputandum, ita ut, nisi cum honestate servari liceat, mors nobis saluti anteponenda sit, quippe quum ignavia non minus in consiliis quam in prœliis appareat. (μ'.) Atque in primis cavendum est, ne quid respublica dedecoris traxerit, neque, quum imperium nobis vindicaverimus, imperata aliorum faciamus tantumque degenerasse videamur a majoribus nostris, ut, dum illi mortem oppetere non recusarunt, quo aliis imperent, nos ne pro libertate quidem pericula adire non audeamus. (μα'.) Deinde, quis nostrum ad Olympiam aliosque celebres conventus accedere suscipiet, ita tunc ob ignaviam conspicuus, ut antea virtute illustris, acerbissima convicia e servis nostris auditurus, qui fastum nobis et arrogantiam objicient, ingenium vero ac gravitatem abjudicabunt? (μβ'.) Imitemini igitur majores vestros, quorum virtutes nemo verbis exæquare possit, neque exspectetis, dum alii malis vestris medicinam adhibeant, sed quæ vobis evenere, eadem ipsi propulsare studeatis. (μγ'.) Principes hoc tempore Græciæ civitates non pace ad hanc magnitudinem pervenerunt, sed pristinam dignitatem belli calamitatibus recuperarunt. Illarum ut splendorem assequamur, neque vitæ neque aliarum rerum ulli parcere debemus, cogitantes præterea, omnes huic concilio attendere et quid statuatur cupide exspectare. (μδ'.) Quodsi ob nostrum jus tuendum mortem oppetere non recusaverimus, non tantum laude, sed securitate

πόλεως εἰρηκὼς, [1] πολλὴν ἂν ἡσυχίαν ἦγον· νῦν δ', ὁρῶν τοὺς
114 μὲν συναγορεύοντας οἷς οἱ πολέμιοι προστάττουσι, τοὺς δ' b
οὐκ ἐῤῥωμένως ἐναντιουμένους, τοὺς δὲ παντάπασιν ἀποσε-
σιωπηκότας, ἀνέστην ἀποφανούμενος ἃ γιγνώσκω περὶ τούτων, αἰσχρὸν νομίσας, εἰ τὴν ἰδίαν τοῦ βίου [2] τάξιν διαφυλάττων [3] περιόψομαι τὴν πόλιν [4] ἀνάξια ψηφισαμένην
αὑτῆς.

β'. Ἡγοῦμαι δ', εἰ καὶ περὶ τῶν ἄλλων πρέπει τοὺς τηλικούτους [5] σιωπᾶν, περί γε τοῦ πολεμεῖν ἢ μὴ προσήκειν
τούτους [6] μάλιστα συμβουλεύειν οἵπερ καὶ τῶν κινδύνων
πλεῖστον μέρος μεθέξουσιν, ἄλλως τε δὴ καὶ τοῦ γνῶναί c
τι τῶν δεόντων ἐν κοινῷ καθεστῶτος ἡμῖν. εἰ μὲν γὰρ ἦν
ἀποδεδειγμένον, ὥστε τοὺς μὲν πρεσβυτέρους περὶ ἁπάντων
εἰδέναι τὸ βέλτιστον, τοὺς δὲ νεωτέρους [7] μηδὲ περὶ ἑνὸς ὀρθῶς
γιγνώσκειν, καλῶς ἂν εἶχεν ἀπείργειν ἡμᾶς τοῦ συμβουλεύειν. ἐπειδὴ δ' οὐ τῷ πλήθει τῶν ἐτῶν πρὸς τὸ φρονεῖν εὖ
διαφέρομεν ἀλλήλων, ἀλλὰ τῇ φύσει καὶ ταῖς ἐπιμελείαις, 117
πῶς οὐκ [8] ἀμφοτέρων χρὴ τῶν ἡλικιῶν πεῖραν λαμβάνειν,
ἵν' ἐξ ἁπάντων ὑμῖν ἐξῇ τῶν ῥηθέντων ἑλέσθαι τὰ συμφο-
ρώτατα; θαυμάζω δ' ὅσοι τριήρων μὲν ἡγεῖσθαι καὶ στρατοπέδων ἄρχειν ἀξιοῦσιν ἡμᾶς, ὑπὲρ ὧν μὴ καλῶς βουλευ-
σάμενοι πολλαῖς ἂν συμφοραῖς καὶ μεγάλαις τὴν πόλιν
περιβάλοιμεν· εἰπεῖν δ' ἃ γιγνώσκομεν περὶ ὧν ὑμεῖς μέλλετε κρίνειν, οὐκ οἴονται δεῖν ἡμᾶς, ἐν οἷς κατορθώσαντες
μὲν ἅπαντας ἂν ὠφελήσαιμεν, διαμαρτόντες δὲ τῆς [9] ὑμε- b

[1] ἡσυχίαν ἂν A. C. L. [2] τάξιν τοῦ βίου A. C. L. [3] προήσομαι A. C. L. [4] ἀναξίως προφεισαμένην A. C. L. [5] σιωπᾶν om. A. C. L. [6] μάλιστα τούτοις A. C. L. [7] περὶ μηδενὸς A. C. L. [8] ἐπ' ἀμφοτέρων A. C. L. [9] ἡμετέρας A. L.

etiam in posterum fruemur, sin pericula metuerimus, multis turbis nos implicabimus. (με'.) Nunquam hostes de nobis tropæum erexerunt, duce e familia nostra rege. Hinc quibus ducibus in prœlio semper vicistis, iisdem etiam, quum de bello deliberatur, obtemperare velitis. Lang. Oratio hæc videtur scripta fuisse anno ante Christum 370. et Isocratis ætatis 66. Auger.

Ἐμμεμενηκὼς] Scil. οὕτως. Wolf.

Νομίμοις] In quibus cavebatur, qui xxx. annos natus non fuit apud populum concionaretur, etc. Cf. Plutarch. Lycurg. §. 25.

Τοὺς τηλικούτους] Homines ea ætate qua ego sum, i. e. juvenes. Auger.

Ὥστε τοὺς μὲν] Ὥστε ex sententia Corais redundat, aut pro τὸ poni videtur.

Πρὸς τὸ φρονεῖν εὖ] *sapientia*. Lang.

Ταῖς ἐπιμελείαις] Ταῖς τροφαῖς καὶ παιδείαις. Cor.

Περὶ ὧν ὑμεῖς μέλλετε κρίνειν] I. e. quæ facere aut omittere in arbitrio vestro est. Lang.

Διαμαρτόντες δὲ τῆς ὑμετέρας γνώμης] Ἀποτυχόντες δὲ τῆς ὑμετέρας κρίσεως, τουτέστιν, ἐὰν τὰ ὑπ' ἐμοῦ λεχθησόμενα μὴ χρήσιμα κρίνητε μήτε συμφέροντα. Cor.

τέρας γνώμης αὐτοὶ μὲν ἴσως [1] φαυλότεροι δόξομεν εἶναι, τὸ
δὲ κοινὸν οὐδὲν ἂν ζημιώσαιμεν. οὐ μὴν ὡς ἐπιθυμῶν τοῦ
λέγειν, οὐδ᾽ ὡς ἄλλως πως παρεσκευασμένος ζῆν ἢ τὸν παρελθόντα χρόνον, οὕτως εἴρηκα περὶ τούτων, ἀλλὰ βουλόμενος ὑμᾶς προτρέψαι μηδεμίαν ἀποδοκιμάζειν τῶν ἡλικιῶν,
c ἀλλ᾽ ἐν ἁπάσαις ζητεῖν εἴ τίς [2] τι δύναται περὶ τῶν παρόντων πραγμάτων εἰπεῖν [3] ἀγαθόν.

γʹ. Ὡς ἐξ οὗ τὴν πόλιν οἰκοῦμεν, οὐδεὶς οὔτε πόλεμος
οὔτε κίνδυνος περὶ τηλικούτων τὸ μέγεθος ἡμῖν γέγονε, περὶ
ὅσων [4] νυνὶ βουλευσόμενοι συνεληλύθαμεν. πρότερον μὲν γὰρ
ὑπὲρ τοῦ τῶν ἄλλων ἄρχειν ἠγωνιζόμεθα, νυνὶ δ᾽ ὑπὲρ τοῦ
μὴ ποιεῖν αὐτοὶ τὸ προσταττόμενον· ὃ σημεῖον ἐλευθερίας 115
d ἐστὶν, ὑπὲρ ἧς οὐδὲν ὅ τι τῶν δεινῶν οὐχ [5] ὑπομενετέον, οὐ
μόνον ἡμῖν, ἀλλὰ καὶ τοῖς ἄλλοις τοῖς [6] μὴ [7] λίαν ἀνάνδρως
διακειμένοις, ἀλλὰ καὶ κατὰ μικρὸν ἀρετῆς ἀντιποιουμένοις. ἐγὼ μὲν οὖν, εἰ δεῖ [8] τοὐμὸν ἴδιον εἰπεῖν, ἑλοίμην ἂν
ἀποθανεῖν ἤδη μὴ ποιήσας τὸ προσταττόμενον, μᾶλλον ἢ
[9] πολλαπλάσιον χρόνον ζῆν τοῦ τεταγμένου [10] ψηφισάμενος ἃ Θηβαῖοι κελεύουσιν· αἰσχυνοίμην γὰρ ἂν, εἰ γεγονὼς
μὲν ἀφ᾽ Ἡρακλέους, τοῦ δὲ πατρὸς βασιλεύοντος, αὐτὸς δ᾽
e ἐπίδοξος ὢν τυχεῖν τῆς τιμῆς ταύτης, περιίδοιμι, καθ᾽ ὅσον
ἐστὶν [11] ἐπ᾽ ἐμοὶ, τὴν χώραν, ἣν ἡμῖν οἱ πρόγονοι κατέλιπον, ταύτην τοὺς οἰκέτας τοὺς ἡμετέρους ἔχοντας. ἀξιῶ δὲ
καὶ ὑμᾶς τὴν αὐτὴν ἐμοὶ γνώμην ἔχειν, ἐνθυμηθέντας ὅτι
μέχρι μὲν [12] ταυτησὶ τῆς ἡμέρας δεδυστυχηκέναι δοκοῦμεν
118 ἐν τῇ μάχῃ τῇ πρὸς Θηβαίους, καὶ τοῖς μὲν σώμασι κρατηθῆναι διὰ [13] τὸν οὐκ ὀρθῶς [14] ἡγησάμενον, τὰς δὲ ψυχὰς ἔτι
καὶ νυν ἀηττήτους [15] ἔχειν· εἰ δὲ φοβηθέντες τοὺς ἐπιόντας
κινδύνους προησόμεθα τι τῶν ἡμετέρων [16] αὐτῶν, βεβαιώσο-

[1] ἂν φαυλ. δόξαιμεν A. C. L. [2] τι om. A. C. L. [3] ἀγαθόν τι A. C. L.
[4] νῦν βουλευσόμενος συνελήλυθα A. C. L. [5] ὑπομονητέον A. [6] μηδὲ A. C. L.
[7] λίαν om. A. C. L. [8] με τοῦτο ἴδιον A. L. μέ τι τῶν ἰδίων C.
[9] πολὺ πλείονα A. L. πολὺ πλείω C. [10] ποιήσας A. C. L. [11] ἐν A. C. L.
[12] ταύτης A. C. L. [13] τῶν A. C. L. [14] ἡγησαμένων A. C. L.
[15] ἴσχειν C. L. [16] αὐτῶν om. A. C. L.

Ὡς ἐξ οὗ] Ὡς hic significat *quia*, quam significationem interdum habet, et idem valet ac γάρ. Auger. Ego idem esse quod sequens ἐξ οὗ et prorsus redundare puto. Vid. Zeune ad Viger. p. 539. Lang.

Τὰς δὲ ψυχὰς — ἴσχειν] Ἴσχειν revocavi, quum optime respondeat præcedenti κρατηθῆναι. Verte: *quoad animos autem invictos valere* seu *invictos esse*. Idem.

μεν τὰς Θηβαίων ἀλαζονείας καὶ πολὺ σεμνότερον τρόπαιον
τοῦ περὶ Λεῦκτρα καὶ φανερώτερον στήσομεν καθ' ἡμῶν
αὐτῶν· τὸ μὲν γὰρ ἀτυχίας, τὸ δὲ τῆς ἡμετέρας διανοίας
ἔσται γεγενημένον. μηδεὶς οὖν ὑμᾶς [1] πείσῃ τοιαύταις αἰσχύναις τὴν πόλιν περιβαλεῖν.
δ΄. Καίτοι λίαν προθύμως οἱ σύμμαχοι συμβεβουλεύ- b
κασιν ὑμῖν, ὡς χρὴ [2] Μεσσήνην ἀφέντας ποιήσασθαι τὴν
εἰρήνην. οἷς ὑμεῖς δικαίως ἂν ὀργίζοισθε πολὺ μᾶλλον ἢ τοῖς
ἐξ ἀρχῆς ἀποστᾶσιν ὑμῶν. ἐκεῖνοι μὲν γὰρ ἀφέμενοι τῆς
[3] ἡμετέρας φιλίας τὰς αὑτῶν πόλεις ἀπώλεσαν, εἰς στάσεις
καὶ σφαγὰς καὶ πολιτείας πονηρὰς ἐμβαλόντες, οὗτοι δὲ
[4] ἡμᾶς κακῶς ποιήσοντες ἥκουσι· τὴν γὰρ δόξαν, ἣν ἡμῖν οἱ
πρόγονοι μετὰ πολλῶν κινδύνων ἐν ἑπτακοσίοις ἔτεσι [5] κτη- c
σάμενοι κατέλιπον, [6] ταύτην ἐν ὀλίγῳ χρόνῳ πείθουσιν
ὑμᾶς ἀποβαλεῖν, ἧς οὔτ' ἀπρεπεστέραν τῇ Λακεδαίμονι
[7] συμφορὰν οὔτε δεινοτέραν οὐδέποτ' ἂν εὑρεῖν ἠδυνήθησαν.
εἰς τοῦτο δ' ἥκουσι πλεονεξίας, καὶ τοσαύτην ἡμῶν [8] κατε-
116 γνώκασιν ἀνανδρίαν, ὥστε πολλάκις ἡμᾶς ἀξιώσαντες
ὑπὲρ τῆς αὑτῶν πολεμεῖν, ὑπὲρ Μεσσήνης οὐκ οἴονται δεῖν
ἡμᾶς κινδυνεύειν, ἀλλ' ἵν' αὐτοὶ τὴν σφετέραν αὐτῶν ἀσφα- d
λῶς καρπῶνται, πειρῶνται διδάσκειν ἡμᾶς ὡς χρὴ τοῖς
ἐχθροῖς τῆς ἡμετέρας παραχωρῆσαι, καὶ πρὸς τοῖς ἄλλοις
ἐπαπειλοῦσιν, ὡς εἰ μὴ ταῦτα συγχωρήσομεν ποιησόμενοι
τὴν εἰρήνην κατὰ σφᾶς αὐτούς. ἐγὼ δ' οὐ [9] τοσούτῳ χαλεπώτερον ἡγοῦμαι τὸν κίνδυνον ἡμῖν ἔσεσθαι τὸν ἄνευ τούτων,
[10] ὅσῳ καλλίω καὶ λαμπρότερον καὶ παρὰ πᾶσιν ἀνθρώποις
ὀνομαστότερον. τὸ γὰρ μὴ δι' ἑτέρων ἀλλὰ δι' ἡμῶν αὐτῶν e
πειρᾶσθαι σώζεσθαι καὶ περιγενέσθαι τῶν ἐχθρῶν, ὁμολογούμενον τοῖς ἄλλοις [11] τοῖς τῆς πόλεως ἔργοις ἐστίν. οὐδὲ
πώποτε δὲ λόγους ἀγαπήσας, ἀλλ' ἀεὶ νομίζων τοὺς περὶ
[12] τοῦτο διατρίβοντας ἀργοτέρους εἶναι [13] πρὸς τὰς πράξεις, 119

[1] πεῖσαι L. [2] Μεσήν. A. L. passim. [3] ὑμετέρας A. C. [4] ὑμᾶς A. C. [5] κτησάμενοι om. A. C. L. [6] αὐτὴν A. [7] συμφορὰν om. A. C. L. [8] κατεγνώκασιν ἡμῶν A. C. L. [9] τοσοῦτον C. [10] ὅσον C. [11] τοῖς om. A. C. [12] ταῦτα A. C. L. [13] πρὸς om. A. L.

Οἱ σύμμαχοι] Ἔπιθι τὸν Ξενοφ. Ἑλλην. Ζ. β΄. 2. καὶ δ΄. 7—10. Cor.

Ἧς οὔτ'] Malim ἧς πρᾶξιν οὔτ' etc. Nam ad δόξαν non sat commode referri posse videtur. Wolf. Subaudi cum Augero γνώμης. Lang. Ἧς συμβουλῆς· ὑπονοεῖται δὲ ἀπὸ τῶν προηγησαμένων, συμβεβουλεύκασιν καὶ πείθουσιν. Cor.

νῦν οὐδὲν ἂν περὶ πλείονος ποιησαίμην ἢ δυνηθῆναι περὶ τῶν προκειμένων ὡς βούλομαι διελθεῖν. ἐν γὰρ τῷ παρόντι διὰ τούτων ἐλπίζω μεγίστων ἀγαθῶν αἴτιος ἂν γενέσθαι τῇ πόλει.

έ. Πρῶτον μὲν οὖν οἶμαι δεῖν [1] διαλεχθῆναι πρὸς ὑμᾶς [2] ὃν τρόπον ἐκτησάμεθα Μεσσήνην, καὶ δι' ἃς αἰτίας ἐν Πελοποννήσῳ κατῳκήσατε Δωριεῖς τὸ παλαιὸν ὄντες. διὰ τοῦτο
b δὲ προλήψομαι [3] πορρωτέρωθεν, ἵν' ἐπίστησθ' [4] ὅτι ταύτην ὑμᾶς τὴν χώραν ἀποστερεῖν ἐπιχειροῦσιν, ἣν ὑμεῖς οὐδὲν ἧττον ἢ τὴν ἄλλην Λακεδαίμονα κέκτησθε δικαίως.

ς'. [5] Ἐπειδὴ γὰρ Ἡρακλῆς μετήλλαξε τὸν βίον, θεὸς ἐκ θνητοῦ γενόμενος, κατὰ μὲν ἀρχὰς οἱ παῖδες αὐτοῦ διὰ τὴν τῶν ἐχθρῶν δύναμιν ἐν πολλοῖς πλάνοις [6] καὶ κινδύνοις ἦσαν, τελευτήσαντος δ' Εὐρυσθέως κατῴκησαν ἐν Δωριεῦσιν. ἐπὶ δὲ [7] τρίτης γενεᾶς ἀφίκοντο εἰς Δελφούς, χρήσασθαι
c τῷ μαντείῳ περί τινων βουληθέντες. ὁ δὲ θεὸς περὶ μὲν [8] ὧν ἐπηρώτησαν οὐκ ἀνεῖλεν, ἐκέλευσε δ' [9] αὐτοὺς ἐπὶ τὴν πατρῴαν ἰέναι χώραν. σκοπούμενοι δὲ τὴν μαντείαν, εὕρισκον Ἄργος μὲν κατ' ἀγχιστείαν αὐτῶν γιγνόμενον — Εὐρυσθέως γὰρ ἀποθανόντος μόνοι [10] Περσειδῶν ἦσαν καταλελειμμένοι —, Λακεδαίμονα δὲ [11] κατὰ δόσιν — ἐκβληθεὶς γὰρ 117
Τυνδάρεως ἐκ τῆς ἀρχῆς, ἐπειδὴ Κάστωρ καὶ Πολυδεύκης
d ἐξ ἀνθρώπων ἠφανίσθησαν, καταγαγόντος αὐτὸν Ἡρακλέους δίδωσι [12] αὐτῷ τὴν χώραν διά τε τὴν εὐεργεσίαν ταύτην καὶ διὰ τὴν συγγένειαν τὴν πρὸς τοὺς παῖδας —, Μεσσήνην δὲ δοριάλωτον ληφθεῖσαν — συληθεὶς γὰρ Ἡρακλῆς τὰς βοῦς [13] τὰς ἐκ τῆς Ἐρυθείας [14] ὑπὸ Νηλέως καὶ τῶν παίδων,

[1] ὑμᾶς ὑπομνῆσαι A. C. L. [2] δι' ὃν A. L. [3] πόρρωθεν A. C. L. [4] διότι A. C. L. [5] ἐπεὶ A. C. L. [6] καὶ κίνδυνος om. A. L. [7] τῆς τρίτης A. C. L. [8] ὧν μὲν A. C. L. [9] αὐτοὺς om. A. C. L. [10] Περσιδῶν A. [11] καταδουλωθεῖσαν A. C. L. [12] αὐτῷ om. A. C. L. [13] ἃς A. C. L. [14] ἐξήλασεν ὑπὸ A. C. L.

Ἐλπίζω] Videtur poni ἀντὶ τοῦ ἐλπίζοιμι ἄν, ὑποθετικῶς. WOLF.

Τὴν ἄλλην Λακεδ.] *reliquam Lacedæmona*, i. e. reliqua Lacedæmonis dominia. AUGER.

Ἐπὶ τρίτης γενεᾶς] Herodotus et Pausanias tradunt Herculis filium fuisse Hyllum, qui genuerit Cleodæum, hic Aristomachum, cujus filius fuerit Aristodemus Herculis adnepos, qui cum Doriensibus Peloponnesum occuparit. WOLF.

Ἐξ ἀνθρώπων ἠφανίσθησαν] Non ἐτελευτήθησαν, quia, quum de obitu Castoris et Pollucis nihil certi traderetur, credebantur non mortui fuisse, sed in numerum deorum relati. AUGER.

Τὴν συγγένειαν] Subaudi Ἡρακλέους. LANG.

Παῖδας] Tyndarei, Castorem et Pollucem. IDEM.

Δοριάλωτον ληφθεῖσαν] *bello captam* ab Herculo. Repete εὕρισκον. LANG.

πλὴν [1]ὑπὸ Νέστορος, λαβὼν αὐτὴν αἰχμάλωτον τοὺς μὲν
ἀδικήσαντας ἀπέκτεινε, Νέστορι δὲ παρακατατίθεται τὴν
πόλιν, νομίσας αὐτὸν εὖ φρονεῖν, ὅτι νεώτατος ὢν οὐ συν- e
εξήμαρτε τοῖς ἀδελφοῖς —.

ζ΄. Ὑπολαβόντες δ' οὕτως ἔχειν τὴν μαντείαν, καὶ τοὺς
προγόνους τοὺς ὑμετέρους παραλαβόντες καὶ [2]στρατόπεδον
συστησάμενοι, τὴν μὲν ἰδίαν χώραν εἰς τὸ κοινὸν τοῖς συνα-
κολουθήσασιν ἔδοσαν, τὴν δὲ βασιλείαν ἐξαίρετον αὐτοὶ 120
παρ' ἐκείνων ἔλαβον, ἐπὶ δὲ τούτοις [3]πίστεις ἀλλήλοις δόντες ἐποιοῦντο τὴν στρατείαν. τοὺς μὲν οὖν κινδύνους τοὺς ἐν
τῇ πορείᾳ γενομένους καὶ τὰς ἄλλας πράξεις τὰς οὐδὲν
πρὸς τὸ παρὸν φερούσας τί δεῖ λέγοντα διατρίβειν; πολέμῳ
δὲ κρατήσαντες τοὺς ἐν τοῖς τόποις τοῖς εἰρημένοις κατοικοῦντας τριχῇ διείλοντο τὰς βασιλείας. ὑμεῖς μὲν οὖν μέχρι
[4]ταυτησὶ τῆς ἡμέρας ἐμμένετε ταῖς συνθήκαις καὶ τοῖς ὅρ- b
κοις, οὓς ἐποιήσασθε πρὸς τοὺς προγόνους τοὺς ἡμετέρους.
διὸ καὶ τὸν παρελθόντα χρόνον ἄμεινον τῶν ἄλλων ἐφέρεσθε,
καὶ τὸν ἐπιόντα προσδοκᾶν χρὴ τοιούτους ὄντας βέλτιον ἢ
νῦν πράξειν. Μεσσήνιοι δ' εἰς τοῦτ' ἀσεβείας ἦλθον, ὥστ'
ἐπιβουλεύσαντες ἀπέκτειναν Κρεσφόντην, τὸν οἰκιστὴν μὲν
τῆς πόλεως, κύριον δὲ τῆς χώρας, ἔκγονον δ' Ἡρακλέους,
[5]αὐτῶν δὲ γεγενημένον ἡγεμόνα. διαφυγόντες δ' οἱ παῖδες c
αὐτοῦ τοὺς κινδύνους ἱκέται κατέστησαν [4]ταυτησὶ τῆς πόλεως, ἀξιοῦντες [6]βοηθεῖν τῷ τεθνεῶτι καὶ τὴν χώραν διδόντες ἡμῖν. ἐπερόμενοι δὲ τὸν θεόν, κἀκείνου προστάξαντος
δέχεσθαι ταῦτα καὶ [7]τιμωρεῖν τοῖς ἠδικημένοις, ἐκπολιορκήσαντες Μεσσηνίους οὕτως ἐκτήσασθε τὴν χώραν.

118 η΄. Περὶ μὲν οὖν τῶν ἐξ ἀρχῆς ἡμῖν ὑπαρξάντων ἀκριβῶς
μὲν οὐ διῆλθον — ὁ γὰρ παρὼν καιρὸς οὐκ ἐᾷ μυθολογεῖν,
ἀλλ' ἀναγκαῖον ἦν συντομώτερον ἢ σαφέστερον διαλεχθῆναι d
περὶ αὐτῶν —, οὐ μὴν ἀλλὰ καὶ διὰ τούτων οἶμαι πᾶσιν

[1] ὑπὸ om. A. C. L. [2] τὸ στρατόπεδον A. C. L. [3] πίστιν A. C. L.
[4] ταύτης A. C. L. [5] αὐτὸν A. L. [6] τιμωρεῖν L. [7] βοηθεῖν L.

Τὸν οἰκιστὴν] Non quod condiderit, sed quia occupaverat. WOLF.

Βοηθεῖν τῷ τεθν.] Τιμωρεῖν τῷ τεθν. (quod, sicuti τιμωρεῖσθαι, cum dativo non raro ponitur pro ἐνδικεῖν, *vindicare, ulcisci*) ex egregia Segaarii conject., propter loquendi usum, loco βοηθεῖν huc translatum est, et posterius in locum τοῦ τιμωρεῖν v. 26. successit, quanquam ipse inter *opem ferre* et *ulcisci* affinitatem esse fatetur, ut Livius ait xxxi. 24. " proxima auxilio est ultio." Sed §. ια΄. ubi idem repetitur, legitur βοηθεῖν ἀδικουμένοις. LANG.

εἶναι φανερὸν διότι τὴν ὁμολογουμένην ἡμετέραν εἶναι χώραν
οὐδὲν διαφερόντως κεκτημένοι τυγχάνομεν ἢ τὴν ἀμφισβητουμένην. ταύτην [1] τε γὰρ οἰκοῦμεν, δόντων μὲν Ἡρακλειδῶν, ἀνελόντος δὲ τοῦ θεοῦ, πολέμῳ δὲ κρατήσαντες τοὺς
e ἔχοντας· ἐκείνην [2] τ' ἐλάβομεν παρὰ τῶν αὐτῶν [3] καὶ τὸν
αὐτὸν τρόπον καὶ ταῖς μαντείαις χρησάμενοι ταῖς αὐταῖς.
εἰ μὲν οὖν οὕτως ἔχομεν ὥστε μηδὲ περὶ ἑνὸς ἀντιλέγειν,
μηδ' [4] ἐὰν αὐτὴν τὴν Σπάρτην [5] ἐκλιπεῖν ἡμῖν προστάττωσι,
περίεργόν ἐστι [6] ὑπὲρ Μεσσήνης σπουδάζειν· εἰ δὲ μηδεὶς ἂν
ὑμῶν ἀξιώσειε ζῆν ἀποστερούμενος τῆς πατρίδος, προσήκει
121 καὶ περὶ ἐκείνης ὑμᾶς τὴν αὐτὴν γνώμην ἔχειν. τὰ γὰρ
αὐτὰ δικαιώματα καὶ τοὺς αὐτοὺς λόγους περὶ ἀμφοτέρων
αὐτῶν εἰπεῖν [7] ἔχομεν.

θ'. Ἀλλὰ μὴν οὐδ' ἐκεῖν' ὑμᾶς λέληθεν, ὅτι τὰς κτήσεις
καὶ τὰς ἰδίας καὶ τὰς κοινάς, ἢν ἐπιγένηται πολὺς χρόνος,
κυρίας καὶ πατρῴας ἅπαντες εἶναι νομίζουσιν. ἡμεῖς τοίνυν
Μεσσήνην εἵλομεν πρὶν [8] Πέρσας λαβεῖν τὴν βασιλείαν καὶ
κρατῆσαι τῆς ἠπείρου, καὶ πρὶν οἰκισθῆναί τινας τῶν πόλεων
b τῶν Ἑλληνίδων. καὶ τούτων ὑπαρχόντων ἡμῖν, τῷ μὲν
βαρβάρῳ τὴν Ἀσίαν [9] ὡς πατρῴαν οὖσαν [10] ἀποδιδόασιν, ὃς
οὔπω διακόσι' ἔτη [11] κατέσχηκε τὴν ἀρχήν, ἡμᾶς δὲ [12] Μεσσήνην ἀποστεροῦσιν, οἳ [13] πλέον ἢ διπλάσιον χρόνον ἢ τοσοῦτον τυγχάνομεν ἔχοντες αὐτήν· καὶ [14] Πλαταιὰς μὲν καὶ
Θεσπιὰς ἐχθὲς καὶ πρῴην πεποιήκασιν ἀναστάτους, ταύτην δὲ διὰ [15] τετρακοσίων ἐτῶν [16] μέλλουσι κατοικίζειν, ἀμφό-
c τερα παρὰ τοὺς ὅρκους καὶ τὰς συνθήκας πράττοντες. καὶ
εἰ μὲν τοὺς ὡς ἀληθῶς Μεσσηνίους κατῆγον, ἠδίκουν μὲν
ἄν, ὅμως δ' [17] εὐλογωτέρως ἂν εἰς ἡμᾶς [18] ἐξημάρτανον· νῦν δὲ
τοὺς Εἵλωτας ὁμόρους ἡμῖν παρακατοικίζουσιν, ὥστε μὴ

[1] μὲν A. C. L. [2] δὲ A. C. L. [3] κατὰ A. C. L. [4] ἂν A. C. L.
[5] ἐκλείπειν A. C. L. [6] περὶ A. C. L. [7] ἔχοιμεν A. L. [8] ἢ Πέρσας A. C. L.
[9] ὥσπερ A. C. L. [10] ἀπεδίδοσαν A. C. L. [11] κατέσχε A. C. L.
[12] Μεσσήνης A. C. L. [13] πλεῖον A. C. L. [14] Πλάταιαν A. C. L.
[15] τριακοσίων A. C. L. [16] κατοικίζουσιν A. C. L. [17] εὐλογώτερον A. C. L.
[18] ἐξήμαρτον A. C. L.

Προστάττωσι] Sub. Θηβαῖοι. Idem.

Ἀποδιδόασιν] Scil. Θηβαῖοι.

Πλέον ἢ διπλάσιον χρόνον ἢ τοσοῦτον] Πλέον τετρακοσίων ἐτῶν. Con.

Ἐχθὲς καὶ πρῴην] nuper admodum. Lang.

Τετρακοσίων] Ita quoque Dinarchus in orat. c. Demosth.; at Lycurgus in orat. c. Leocr. πεντακόσια, Plutarchus in Apothegm. et Ælianus V. H. xiii. 42. τριάκοντα καὶ διακόσια, et Diodorus Sic. l. xv. 80. τριακόσια ἔτη numerat.

119 τοῦτ' εἶναι χαλεπώτατον, εἰ τῆς χώρας [1] στερησόμεθα παρὰ
τὸ δίκαιον, ἀλλ' εἰ τοὺς δούλους τοὺς ἡμετέρους ἐποψόμεθα
κυρίους αὐτῆς ὄντας.

ί. Ἔτι τοίνυν ἐκ τῶν ἐχομένων γνώσεσθε σαφέστερον, d
ὅτι καὶ νῦν δεινὰ πάσχομεν καὶ τότε δικαίως Μεσσήνην εἴχομεν. πολλῶν γὰρ κινδύνων γεγενημένων ἡμῖν ἤδη ποτὲ [2] ποιήσασθαι τὴν εἰρήνην ἠναγκάσθημεν πολὺ χεῖρον πράττοντες
τῶν πολεμίων. ἀλλ' ὅμως ἐν τοιούτοις καιροῖς [3] γιγνομένων
τῶν συνθηκῶν, ἐν οἷς οὐχ οἷόν τ' ἦν πλεονεκτεῖν, περὶ μὲν
ἄλλων τινῶν [4] ἀμφισβητήσεις ἐγίγνοντο, περὶ δὲ [5] Μεσσήνης οὔθ' ὁ βασιλεὺς οὔθ' ἡ τῶν [6] Ἀθηναίων πόλις οὐδὲ e
πώποθ' ἡμῖν [7] ἐνεκάλεσεν ὡς ἀδίκως κεκτημένοις αὐτήν.
καίτοι πῶς ἂν περὶ τοῦ δικαίου κρίσιν ἀκριβεστέραν ταύτης
εὕροιμεν τῆς ὑπὸ μὲν τῶν ἐχθρῶν ἐγνωσμένης, ἐν δὲ ταῖς
ἡμετέραις δυσπραξίαις γεγενημένης;

ιά. Τὸ τοίνυν μαντεῖον, ὃ πάντες ἂν [8] ὁμολογήσειαν 112
ἀρχαιότατον εἶναι καὶ κοινότατον καὶ πιστότατον, οὐ μόνον
ἔγνω τόθ' ἡμετέραν εἶναι Μεσσήνην, ὅτε διδόντων ἡμῖν [9] αὐτὴν τῶν Κρεσφόντου παίδων προσέταξε δέχεσθαι τὴν [10] δωρεὰν καὶ βοηθεῖν τοῖς [11] ἀδικουμένοις, ἀλλὰ καὶ τοῦ πολέμου
μακροῦ γιγνομένου, πεμψάντων [12] ἀμφοτέρων εἰς Δελφούς,
[13] κἀκείνων μὲν σωτηρίαν αἰτούντων, ἡμῶν δ' ἐπερωτώντων
ὅτῳ τρόπῳ τάχιστ' ἂν κρατήσαιμεν τῆς πόλεως, τοῖς μὲν
οὐδὲν ἀνεῖλεν ὡς οὐ δικαίαν ποιουμένοις τὴν αἴτησιν, ἡμῖν δ' b
ἐδήλωσε καὶ [14] τὰς θυσίας [15] ἃς ἔδει ποιήσασθαι, καὶ βοήθειαν παρ' ὧν [16] μεταπέμψασθαι.

ιβ'. Καίτοι πῶς ἂν [17] τις μαρτυρίαν μείζω καὶ σαφεστέραν τούτων [18] παράσχοιτο; φαινόμεθα γὰρ πρῶτον μὲν παρὰ
τῶν κυρίων λαβόντες τὴν χώραν — οὐδὲν γὰρ κωλύει διὰ
βραχέων πάλιν περὶ αὐτῶν [19] διελθεῖν —, ἔπειτα κατὰ
πόλεμον αὐτὴν [20] ἑλόντες, ὅνπερ τρόπον αἱ πλεῖσται τῶν πό- c

[1] στερηθησόμεθα A. C. L. [2] ποιεῖσθαι A. C. L. [3] γενομένων A. C. L.
[4] ἀμφισβήτησις ἐγίγνετο A. C. L. [5] τῆς Μεσσ. A. C. L. [6] Θηβαίων A. C. L.
[7] ἐνεκάλεσαν A. C. L. [8] ὁμολογήσαιεν A. C. L. [9] αὐτὴν om. A. C. L.
[10] πόλιν A. C. L. [11] ἠδικημένοις C. [12] ἡμῶν ἀμφοτ. A. C. L.
[13] ἐκείνων A. C. L. [14] τὰς om. A. C. L. [15] οἵας A. C. L.
[16] μεταπέμπεσθαι A. C. L. [17] τις om. A. C. L.
[18] παράσχοι τις τούτων A. L. παρασχοιτό τις τούτων C. [19] ἔτι διελθεῖν A. C. L.
[20] ἔχοντες A. C. L.

Βοήθειαν παρ' ὧν μεταπεμψ.] Nota fabula de Tyrtæo.

λεων περὶ ἐκείνους τοὺς χρόνους ᾠκίσθησαν, ἔτι δὲ τοὺς ἠσεβηκότας εἰς τοὺς παῖδας [1] τοὺς Ἡρακλέους ἐκβεβληκότες, οἳ δικαίως ἂν ἐξ ἁπάσης τῆς οἰκουμένης ὑπερωρίσθησαν, πρὸς δὲ τούτοις καὶ τῷ πλήθει τοῦ χρόνου καὶ τῇ τῶν 120
ἐχθρῶν κρίσει καὶ ταῖς τοῦ θεοῦ μαντείαις προσηκόντως ἔχοντες αὐτήν. ὧν [2] ἓν ἕκαστόν ἐστιν ἱκανὸν διαλῦσαι τοὺς
d λόγους τῶν κατηγορεῖν τολμώντων, ὡς ἢ νῦν διὰ πλεονεξίαν οὐ ποιούμεθα τὴν εἰρήνην, ἢ τότε τῶν ἀλλοτρίων ἐπιθυμοῦντες ἐπολεμήσαμεν πρὸς Μεσσηνίους. περὶ μὲν οὖν τῆς κτήσεως ἔνεστι μὲν εἰπεῖν ἴσως πλείω τούτων, οὐ μὴν ἀλλὰ καὶ ταῦθ' ἱκανῶς εἰρῆσθαι νομίζω.

ιγ'. Λέγουσι δ' οἱ συμβουλεύοντες ἡμῖν ποιεῖσθαι τὴν εἰρήνην, ὡς χρὴ τοὺς εὖ φρονοῦντας μὴ τὴν αὐτὴν γνώμην
e ἔχειν περὶ τῶν πραγμάτων εὐτυχοῦντας [3] καὶ δυστυχοῦντας, ἀλλὰ πρὸς τὸ παρὸν [4] ἀεὶ βουλεύεσθαι καὶ ταῖς τύχαις ἐπακολουθεῖν καὶ μὴ [5] μεῖζον φρονεῖν τῆς δυνάμεως, μηδὲ τὸ δίκαιον ἐν τοῖς τοιούτοις καιροῖς ἀλλὰ τὸ συμφέρον ζητεῖν.

ιδ'. Ἐγὼ δὲ περὶ μὲν τῶν ἄλλων ὁμολογῶ τούτοις, ὅπως δὲ τοῦ δικαίου χρὴ ποιεῖσθαί [6] τι προὐργιαίτερον [7] οὐδεὶς ἂν
123 με λέγων πείσειεν. ὁρῶ γὰρ καὶ τοὺς νόμους ἕνεκα τούτου κειμένους, καὶ τοὺς ἄνδρας τοὺς καλοὺς [8] κἀγαθοὺς ἐπὶ τούτῳ φιλοτιμουμένους, καὶ τὰς πόλεις τὰς εὖ καὶ φιλοτίμως πολιτευομένας περὶ [9] τούτου μάλιστα σπουδαζούσας, [10] ἔτι δὲ τοὺς πολέμους τοὺς προγεγενημένους οὐ κατὰ τὰς δυνάμεις ἀλλὰ [11] κατὰ τὸ δίκαιον [12] τὸ τέλος ἅπαντας εἰληφότας· ὅλως δὲ τὸν βίον τὸν τῶν ἀνθρώπων διὰ μὲν κακίαν
b ἀπολλύμενον δι' ἀρετὴν δὲ σωζόμενον. ὥστ' οὐκ ἀθυμεῖν δεῖ τοὺς ὑπὲρ τῶν δικαίων κινδυνεύειν μέλλοντας, ἀλλὰ πολὺ μᾶλλον τοὺς ὑβρίζοντας καὶ τοὺς τὰς εὐτυχίας μὴ μετρίως φέρειν ἐπισταμένους. ἔπειτα κἀκεῖνο χρὴ σκοπεῖν· [13] νυνὶ γὰρ

[1] τοῦ A. C. L. [2] ἓν om. A. C. L. [3] τε καὶ A. C. L. [4] εὖ A. C. L. [5] μείζονα A. C. L. [6] τι om. C. [7] τὸ συμφέρον οὐδεὶς A. C. L. [8] τε κἀγ. A. C. L. [9] τοῦτο A. C. L. [10] καὶ τοὺς A. C. L. [11] καὶ κατὰ A. L. [12] τὸ om. A. C. L. [13] νυνὶ μὲν γὰρ περὶ A. C. L.

Διαλῦσαι] Ἀνατρέψαι, ἀνασκευάσαι, ψευδεῖς ἀποδεῖξαι. Cor.

Οὐδεὶς ἂν μαλιτῶν πείσειεν] Leg. οὐδεὶς ἄν με λέγων πείσειεν. *nemo verbis mihi persuaserit.* Isocrat. de Big. §. ιε'. ταῦτα οὐδεὶς ἂν ὑμᾶς λέγων ἔπεισε. Aristoph. Lys. 1231. ἢν τοὺς Ἀθηναίους ἐγὼ πείσω λέγων. Ad Herodot. l. iii. 115. Valckenaer. Qui τὸ συμφέρον porro inclusit.

Τούτου] Np. τοῦ δικαίου. Auger.

περὶ μὲν τοῦ δικαίου πάντες τὴν αὐτὴν γνώμην ἔχομεν,
περὶ δὲ τοῦ συμφέροντος ἀντιλέγομεν. δυοῖν δὲ [1] προτεινομένοιν ἀγαθοῖν, καὶ τοῦ μὲν ὄντος προδήλου τοῦ δὲ ἀγνοου-
μένου, πῶς οὐκ ἂν ποιήσαιτε καταγέλαστον, εἰ τὸ μὲν
ὁμολογούμενον ἀποδοκιμάσαιτε, τὸ δ' ἀμφισϐητούμενον c
ἑλέσθαι δόξειεν ὑμῖν, ἄλλως τε καὶ τῆς αἱρέσεως τοσοῦτον
121 διαφερούσης; ἐν μὲν γὰρ τοῖς [2] ἐμοῖς λόγοις ἔνεστι μηδὲν
[3] μὲν προέσθαι τῶν [4] ἡμετέρων αὐτῶν, μηδ' αἰσχύνῃ μηδεμιᾷ
τὴν πόλιν περιβαλεῖν, ὑπὲρ δὲ τῶν δικαίων κινδυνεύοντας
ἐλπίζειν ἄμεινον ἀγωνιεῖσθαι τῶν ἐχθρῶν, ἐν δὲ τοῖς τούτων
ἀφεστάναι μὲν ἤδη Μεσσήνης, [5] προεξαμαρτόντας δὲ τοῦτ'
εἰς ὑμᾶς αὐτοὺς τυχὸν καὶ τοῦ συμφέροντος καὶ τοῦ δικαίου d
καὶ τῶν ἄλλων ἁπάντων ὧν προσδοκᾶτε [6] διαμαρτεῖν. καὶ
γὰρ οὐδὲ τοῦτό [7] πω φανερόν ἐστιν, ὡς, ἐὰν ποιήσωμεν τὰ
κελευόμενα, ϐεβαίως ἤδη τὴν εἰρήνην [8] ἄξομεν. οἶμαι γὰρ οὐκ
ἀγνοεῖν ὑμᾶς, ὅτι πάντες εἰώθασι πρὸς μὲν τοὺς ἀμυνομένους
περὶ τῶν δικαίων διαλέγεσθαι, τοῖς δὲ λίαν ἑτοίμως ποιοῦσι
τὸ προσταττόμενον ἀεὶ [9] πλείω προσεπιβάλλειν οἷς ἂν ἐξ
ἀρχῆς [10] διανοηθῶσιν, ὥστε συμϐαίνειν ϐελτίονος εἰρήνης τυγ- e
χάνειν τοὺς πολεμικῶς διακειμένους τῶν ῥᾳδίως τὰς ὁμολογίας ποιουμένων.

ιέ. Ἵνα δὲ μὴ δοκῶ περὶ ταῦτα πολὺν χρόνον διατρίβειν, [11] ἁπάντων τῶν τοιούτων ἀφέμενος ἐπὶ τὸν ἁπλούστατον ἤδη τρέψομαι τῶν λόγων. εἰ μὲν γὰρ μηδένες 124
πώποτε τῶν δυστυχησάντων ἀνέλαβον αὑτοὺς μηδ' ἐπεκράτησαν τῶν ἐχθρῶν, οὐδ' ἡμᾶς εἰκὸς ἐλπίζειν περιγενή-
σεσθαι πολεμοῦντας· εἰ δὲ πολλάκις γέγονεν ὥστε καὶ τοὺς
μείζω δύναμιν ἔχοντας ὑπὸ τῶν ἀσθενεστέρων κρατηθῆναι
καὶ τοὺς πολιορκοῦντας ὑπὸ τῶν [12] κατακεκλειμένων δια-
φθαρῆναι, τί θαυμαστὸν, εἰ καὶ τὰ νῦν καθεστῶτα λήψε-
ταί τινα μετάστασιν;

[1] προκειμένοιν A. C. L. [2] ἡμετέροις A. C. L. [3] μὲν om. A. C. L.
[4] ὑμετέρων C. [5] προεξαμαρτάνοντας A. C. L. [6] διαμαρτάνειν A. C. L.
[7] πω om. A. C. L. [8] ἕξομεν A. C. L. [9] πλέον προσεπιτάττειν ὧν ἂν A. C. L.
[10] ἐπινοηθῶσιν A. L. ἐπινοήσωσιν C. [11] πάντων A. C. L.
[12] κατακεκλεισμένων A. C. L.

Ἐν δὲ τοῖς τούτων (adversariorum)] Sub. λόγοις ἔνεστι. AUGER. In oratione eorum Lacedæmoniorum qui pacem quocunque modo faciendam suadent. LANG.

Προσδοκᾶτε] Malim προσδοκῶμεν. AUG.

Ἀνέλαϐον αὑτοὺς] *recollegissent se, seu pristinum statum restituissent.* LANG.

Μετάστασιν] Μεταβολήν. COR.

b ιϛʹ. [1]Ἐπὶ μὲν οὖν τῆς ἡμετέρας πόλεως οὐδὲν ἔχω τοιοῦτον εἰπεῖν· ἐν γὰρ τοῖς ἐπέκεινα χρόνοις οὐδένες πώποτε
[2]κρείττους [3]ἡμῶν εἰς ταύτην τὴν χώραν εἰσέβαλον· ἐπὶ δὲ
τῶν ἄλλων πολλοῖς ἄν τις παραδείγμασι χρήσαιτο, καὶ
μάλιστ' ἐπὶ τῆς πόλεως τῆς Ἀθηναίων. τούτους γὰρ
εὑρήσομεν, ἐξ ὧν [4]μὲν τοῖς ἄλλοις προσέταττον, πρὸς τοὺς
Ἕλληνας διαβληθέντας, ἐξ ὧν δὲ τοὺς ὑβρίζοντας [5]ἠμύ-
ναντο, παρὰ πᾶσιν ἀνθρώποις εὐδοκιμήσαντας. τοὺς μὲν οὖν
c παλαιοὺς κινδύνους [6]εἰ διεξιοίην, οὓς ἐποιήσαντο πρὸς
Ἀμαζόνας ἢ Θρᾷκας ἢ Πελοποννησίους τοὺς μετ' Εὐρυσθέως
εἰς τὴν χώραν αὐτῶν εἰσβαλόντας, ἴσως ἀρχαῖα καὶ [7]πόῤῥω 122
τῶν νῦν παρόντων λέγειν ἂν δοκοίην· ἐν δὲ τῷ Περσικῷ
πολέμῳ τίς οὐκ οἶδεν ἐξ οἵων συμφορῶν εἰς ὅσην εὐδαιμονίαν
κατέστησαν; μόνοι γὰρ τῶν ἔξω Πελοποννήσου κατοικούντων, ὁρῶντες τὴν τῶν βαρβάρων δύναμιν ἀνυπόστατον
d οὖσαν, οὐκ ἠξίωσαν βουλεύσασθαι περὶ τῶν προσταττομένων αὐτοῖς, ἀλλ' εὐθὺς ἐγίγνοντο περιιδεῖν τὴν πόλιν ἀνάστατον [8]γεγενημένην μᾶλλον ἢ δουλεύουσαν. ἐκλιπόντες δὲ τὴν
χώραν [9][καὶ τὴν πόλιν], καὶ πατρίδα μὲν τὴν ἐλευθερίαν
νομίσαντες, κοινωνήσαντες δὲ τῶν κινδύνων ἡμῖν, τοσαύτης
μεταβολῆς ἔτυχον, ὥστε ὀλίγας ἡμέρας στερηθέντες τῶν
e αὑτῶν πολὺν χρόνον δεσπόται τῶν ἄλλων κατέστησαν.

ιζʹ. Οὐ μόνον δ' ἄν τις ἐπὶ ταύτης τῆς πόλεως ἐπιδείξειε τὸ τολμᾶν ἀμύνεσθαι τοὺς ἐχθροὺς, ὡς πολλῶν ἀγαθῶν αἴτιόν ἐστιν, ἀλλὰ καὶ Διονύσιος ὁ τύραννος καταστὰς
εἰς πολιορκίαν ὑπὸ Καρχηδονίων, οὐδεμιᾶς αὐτῷ σωτηρίας
125 [10]ὑποφαινομένης, ἀλλὰ καὶ τῷ πολέμῳ κατεχόμενος, καὶ
τῶν πολιτῶν πρὸς αὐτὸν δυσχερῶς διακειμένων, αὐτὸς μὲν
ἐμέλλησεν ἐκπλεῖν, τῶν δὲ χρωμένων τινὸς τολμήσαντος
εἰπεῖν ὡς καλόν ἐστιν ἐντάφιον ἡ τυραννὶς, αἰσχυνθεὶς ἐφ'

[1] περὶ A. [2] κρείττονες A. C. L. [3] ἡμῖν L. [4] μὲν om. A. C. L.
[5] ἠμύνοντο A. C. L. [6] εἰ διεξέλθοιμι κινδύνους A. C. L. [7] πορρωτέρω A. C. L.
[8] γινομένην A. C. L. [9] uncos om. A. C. L. [10] ὑπολειπομένης A. C. L.

Διονύσιος] Cf. Plutarch. in Vit. et Ælian. V. H. iv. 8.

Τῶν δὲ χρωμένων] Τῶν ἑταίρων ἢ φίλων. Cor.

Τινὸς] Qui nuncupatus est Eloris juxta Diod. Sic. l. xiv. et Ellopides juxta Ælian. l. l.

Ὡς καλόν ἐστιν ἐντάφιον ἡ τυραννὶς] *quam pulcrum ac decorum est tanquam tyrannum mori.* ἐντάφιον vestis est, qua mortuorum corpora honesto ad sepulturam involvebantur. Plures hujusmodi locutiones collegit Wessling. ad Diod. Sic. xi. 11. Lang.

οἷς διενοήθη καὶ πάλιν ἐπιχειρήσας πολεμεῖν, πολλὰς μὲν
μυριάδας Καρχηδονίων διέφθειρεν, ἐγκρατεστέραν δὲ τὴν
ἀρχὴν [1]τὴν τῶν πολιτῶν κατεστήσατο, πολὺ δὲ μείζω
τὴν δύναμιν τὴν αὐτοῦ τῆς πρότερον ὑπαρχούσης ἐκτήσατο,
τυραννῶν δὲ τὸν βίον διετέλεσε, καὶ τὸν υἱὸν ἐν ταῖς αὐταῖς b
τιμαῖς καὶ δυναστείαις, ἐν αἷσπερ αὐτὸς ἦν, κατέλιπε.

ιή. Παραπλήσια δὲ τούτοις Ἀμύντας ὁ [2]Μακεδόνων βασιλεὺς ἔπραξεν. ἡττηθεὶς γὰρ ὑπὸ τῶν βαρβάρων τῶν προσ-
οικούντων μάχῃ καὶ πάσης Μακεδονίας ἀποστερηθεὶς, τὸ
μὲν πρῶτον ἐκλιπεῖν τὴν χώραν διενοήθη καὶ τὸ σῶμα
διασώζειν, ἀκούσας δέ τινος ἐπαινοῦντος τὸ πρὸς Διονύσιον
ῥηθὲν, καὶ μεταγνοὺς ὥσπερ ἐκεῖνος, χωρίον μικρὸν καταλα- c
βὼν καὶ βοήθειαν ἐνθένδε μεταπεμψάμενος, ἐντὸς [3]μὲν
123 τριῶν μηνῶν ἅπασαν κατέσχε Μακεδονίαν, τὸν δ᾽ ἐπίλοιπον
χρόνον βασιλεύων γήρᾳ τὸν βίον ἐτελεύτησεν.

ιθ΄. Ἀπείποιμεν δ᾽ ἂν ἀκούοντές τε καὶ λέγοντες, εἰ
πάσας τὰς τοιαύτας πράξεις ἐξετάζοιμεν· ἐπεὶ καὶ τῶν
περὶ Θήβας πραχθέντων εἰ μνησθείημεν, ἐπὶ μὲν τοῖς γεγενημένοις ἂν [4]λυπηθεῖμεν, περὶ δὲ τῶν μελλόντων βελτίους
ἂν ἐλπίδας λάβοιμεν. τολμησάντων γὰρ αὐτῶν ὑπομεῖναι d
τὰς εἰσβολὰς καὶ τὰς ἀπειλὰς τὰς ἡμετέρας, εἰς τοῦθ᾽ ἡ
τύχη τὰ πράγματα περιέστησεν αὐτῶν, ὥστε τὸν ἄλλον
χρόνον ὑφ᾽ [5]ἡμῖν ὄντες νῦν ἡμῖν προστάττειν ἀξιοῦσιν.

κ΄. Ὅστις οὖν ὁρῶν [6]τοσαύτας μεταβολὰς γεγενημένας
ἐφ᾽ ἡμῶν οἴεται [7]παύσεσθαι, λίαν ἀνόητός ἐστιν· ἀλλὰ δεῖ
καρτερεῖν ἐπὶ τοῖς παροῦσι καὶ θαῤῥεῖν περὶ τῶν μελλόντων,
ἐπισταμένους ὅτι τὰς τοιαύτας συμφορὰς αἱ πόλεις ἐπαν- e
ορθοῦνται πολιτείᾳ χρηστῇ καὶ ταῖς περὶ τὸν πόλεμον

[1] τὴν om. A. C. L. [2] τῶν Μακ. A. C. L. [3] μὲν om. A. L.
[4] λυπηθείημεν A. C. L. [5] ἡμᾶς A. C. L. [6] τοιαύτας A. C. L.
[7] παύεσθαι A. L.

Ἐγκρατεστέραν — κατεστήσατο] Ἐγκρατέστερος ἐγένετο τῶν πολιτῶν, τουτέστιν, ἀσφαλέστερον αὐτῶν ἐτυράννησε. Cor.

Ὑπὸ τῶν βαρβάρων] Οἱ Ἰλλυριοὶ ἦσαν οὗτοι, ὡς ἱστορεῖ Διόδωρος ὁ Σικ. ΙΕ. ιθ΄. Cor.

Ἐνθένδε] I. e. παρ᾽ ἡμῶν τῶν Λακεδαιμονίων. Nam in Panegyrica mentio fit Amyntæ a Lacedæmoniis adjuti. Hoc malo quam ἐνθένδε pro ἐκεῖθεν accipere. Wolf. *hinc*, i. e. ex Lacedæmone. Auger. Sed obstat historia. V. Morus ad Paneg. §. λε΄. Hinc ἐνθένδε malim esse *e Græcia in universum*. Lang. Μήποτε δὲ ἀντὶ τοῦ ἐκεῖθεν ἐκληπτέον, τουτέστιν, ἐξ ἐκείνου τοῦ μικροῦ χωρίου, ὃ κατέλαβε, καλέσας πρὸς ἑαυτὸν, ἤγουν ἐλθεῖν ποιήσας, ἄλλοθεν βοήθειαν· παρὰ τίνων δὲ οὐ λέγει, οὐδὲ λέγειν ἐπαναγκὲς ἦν. ἦσαν δὲ οἱ συλλαβόντες αὐτῷ εἰς τὴν τῆς ἀρχῆς ἀνάκτησιν οἱ Θετταλοί. Διόδ. Σικ. ΙΔ. ϞΒ΄. Cor.

ἐμπειρίαις. περὶ ὧν οὐδεὶς [1] ἂν τολμήσειεν ἀντειπεῖν, ὡς οὐ
τὴν μὲν ἐμπειρίαν μᾶλλον τῶν ἄλλων ἔχομεν, [2] πολιτείαν
126 δ' οἵαν [3] εἶναι χρὴ, παρὰ μόνοις ἡμῖν ἐστίν. ὧν [4] ὑπαρχόντων, οὐκ ἔστιν ὅπως οὐκ ἄμεινον πράξομεν τῶν μηδ' ἑτέρου
τούτων πολλὴν ἐπιμέλειαν πεποιημένων.

κα΄. Κατηγοροῦσι δέ τινες τοῦ πολέμου, καὶ διεξέρχονται τὴν ἀπιστίαν αὐτοῦ, τεκμηρίοις ἄλλοις τε πολλοῖς
χρώμενοι καὶ μάλιστα τοῖς περὶ ἡμᾶς γεγενημένοις, καὶ
θαυμάζουσιν εἴ τινες οὕτω χαλεπῷ καὶ παραβόλῳ πράγματι πιστεύειν ἀξιοῦσιν.

κβ΄. Ἐγὼ δὲ πολλοὺς μὲν οἶδα διὰ τὸν πόλεμον μεγά-
b λην εὐδαιμονίαν κτησαμένους, πολλοὺς δὲ τῆς ὑπαρχούσης
[5] ἀποστερηθέντας διὰ τὴν εἰρήνην· οὐδὲν γὰρ τῶν [6] τοιούτων
ἐστὶν ἀποτόμως οὔτε κακὸν οὔτ' ἀγαθὸν, ἀλλ' [7] ὡς ἂν χρή-
σηταί τις [8] τοῖς πράγμασι καὶ τοῖς καιροῖς, οὕτως ἀνάγκη
καὶ τὸ τέλος ἐκβαίνειν ἐξ αὐτῶν. χρὴ δὲ τοὺς μὲν εὖ πράττοντας [9] τῆς εἰρήνης ἐπιθυμεῖν· ἐν γὰρ τῇ καταστάσει ταύτῃ
πλεῖστον ἂν τις χρόνον τὰ παρόντα διαφυλάξειε· τοὺς δὲ
c δυστυχοῦντας τῷ πολέμῳ προσέχειν τὸν νοῦν· ἐκ γὰρ τῆς 124
ταραχῆς καὶ τῆς [10] καινουργίας θᾶττον ἂν μεταβολῆς τύχοιεν. ὧν ἡμεῖς δέδοικα μὴ τἀναντία πράττοντες φανῶμεν·
ὅτε [11] μὲν γὰρ ἐξῆν ἡμῖν τρυφᾶν, πλείους τοὺς πολέμους
ἐποιούμεθα τοῦ δέοντος, ἐπειδὴ δ' εἰς ἀνάγκην [12] καθέσταμεν ὥστε κινδυνεύειν, ἡσυχίας ἐπιθυμοῦμεν καὶ περὶ ἀσφαλείας βουλευόμεθα. καίτοι χρὴ τοὺς βουλομένους ἐλευθέρους
d εἶναι τὰς μὲν ἐκ τῶν ἐπιταγμάτων συνθήκας φεύγειν ὡς ἐγγὺς δουλείας οὔσας, ποιεῖσθαι δὲ τὰς διαλλαγὰς, ὅταν ἢ πε-
ριγένωνται τῶν ἐχθρῶν ἢ [13] τὴν δύναμιν τὴν αὐτῶν ἐξισώσωσι

[1] ἂν om. A. C. L. [2] πολιτεία A. L. [3] εἶναι om. A. C. L.
[4] ὑπαρξάντων A. L [5] στερηθέντας A. C. L. [6] ὄντων A. L. [7] ὅπως A. C. L.
[8] καὶ τοῖς A. C. L. [9] τῆς om. A. C. L. [10] πανουργίας A. C. L.
[11] μὲν om. A. L. [12] καθίσταμεν A. κατέστημεν L. [13] τὴν αὐτῶν δύναμιν A. C. L.

Τὴν ἀπιστίαν] Passive *fidem incertam*, sive etiam active *perfidium*. LANG. Τὸ ἄδηλον καὶ ἀβέβαιον. COR.

Ἀποτόμως] *absolute, per se.* Sensus: Nulla res per se aut bona est aut mala, sed fit utrumque tractatione. LANG. Ἀκριβῶς, ἀπολύτως, τουτέστιν, καθ' ἑαυτὸ καὶ μὴ πρὸς ἕτερα τὴν ἀναφορὰν ἔχον. COR.

Καινουργίας] *novis rebus moliendis.* WOLF.

Χρὴ τοὺς κ. τ. λ.] Μνημονεύει τοῦ χωρίου Ἀριστοτέλης Ῥητορ. Γ. ιζ΄. COR.

Τὰς ἐκ τῶν ἐπιταγμάτων συνθήκας] Σπονδὰς ὀνομάζει τὰς τοιαύτας Ἀνδοκίδης ἀντιδιεσταλμένως πρὸς τὴν εἰρήνην. π. τ. πρὸς Λακ. εἰρην. §. α΄. IDEM.

τῇ τῶν πολεμίων· [1] ὡς τοιαύτην ἕκαστοι τὴν εἰρήνην ἕξουσιν,
οἵαν περ ἂν τοῦ πολέμου ποιήσωνται τὴν [2] κατάλυσιν.
κγ'. Ὧν ἐνθυμουμένους χρὴ μὴ προπετῶς ἡμᾶς αὐτοὺς
[3] ἐμβαλεῖν εἰς αἰσχρὰς ὁμολογίας, μηδὲ ῥαθυμότερον ὑπὲρ τῆς
πατρίδος ἢ [4] τῶν ἄλλων φανῆναι βουλευομένους. ἀναμνήσθητε e
δὲ πρὸς ὑμᾶς αὐτοὺς ὅτι τὸν παρελθόντα χρόνον, εἰ πολιορ-
κουμένῃ τινὶ τῶν πόλεων τῶν συμμαχίδων εἷς μόνος [5] Λακεδαιμονίων βοηθήσειεν, ὑπὸ πάντων [6] ἂν ὡμολογεῖτο παρὰ
τοῦτον [7] γενέσθαι τὴν σωτηρίαν αὐτοῖς. καὶ τοὺς μὲν πλείστους τῶν τοιούτων ἀνδρῶν παρὰ τῶν πρεσβυτέρων ἄν τις 127
ἀκούσειε, τοὺς δ' ὀνομαστοτάτους ἔχω κἀγὼ διελθεῖν.
[8] Πεδάριτος μὲν γὰρ εἰς Χίον [9] εἰσπλεύσας τὴν πόλιν αὐτῶν
διέσωσε· Βρασίδας δὲ εἰς Ἀμφίπολιν εἰσελθὼν, ὀλίγους περὶ
αὑτὸν τῶν πολιορκουμένων συνταξάμενος, πολλοὺς ὄντας
τοὺς πολιορκοῦντας ἐνίκησε μαχόμενος· Γύλιππος δὲ [10] Συρακοσίοις βοηθήσας οὐ μόνον ἐκείνους διέσωσεν, ἀλλὰ καὶ
τὴν δύναμιν τὴν κρατοῦσαν αὐτῶν καὶ κατὰ γῆν καὶ κατὰ
θάλατταν ἅπασαν αἰχμάλωτον ἔλαβε. καίτοι πῶς οὐκ b
αἰσχρὸν τότε μὲν ἕκαστον ἡμῶν ἱκανὸν εἶναι τὰς ἀλλοτρίας
πόλεις διαφυλάττειν, νυνὶ δὲ πάντας μηδὲ πειρᾶσθαι τὴν
ἡμετέραν αὐτῶν διασώζειν; καὶ τὴν μὲν Ἀσίαν καὶ τὴν
Εὐρώπην μεστὴν πεποιηκέναι τροπαίων ὑπὲρ τῶν ἄλλων
πολεμοῦντας, ὑπὲρ δὲ τῆς πατρίδος οὕτω φανερῶς ὑβριζο-
125 μένης μηδεμίαν μάχην ἀξίαν λόγου φαίνεσθαι μεμαχημέ-
νους; ἀλλ' ἑτέρας μὲν πόλεις, ὑπὲρ τῆς ἡμετέρας ἀρχῆς c
τὰς ἐσχάτας ὑπομεῖναι πολιορκίας, αὐτοὺς δ' ἡμᾶς, ὑπὲρ
τοῦ μηδὲν ἀναγκασθῆναι [11] παρὰ τὸ δίκαιον ποιεῖν, μηδὲ
μικρὰν οἴεσθαι δεῖν [12] ὑπενεγκεῖν κακοπάθειαν, ἀλλὰ ζεύγη
μὲν ἵππων ἀδηφαγούντων ἔτι καὶ νῦν ὁρᾶσθαι τρέφοντας,
ὥσπερ δὲ τοὺς εἰς τὰς δεινοτάτας ἀνάγκας ἀφιγμένους καὶ
τῶν καθ' ἡμέραν ἐνδεεῖς ὄντας οὕτω ποιεῖσθαι τὴν εἰρήνην;

[1] ὥστε L. [2] διάλυσιν A. C. L. [3] ἐμβάλλειν εἰς αἰσχρὰν ὁμολογίαν A. C. L. [4] περὶ τῶν A. C. L. [5] Λακεδαιμόνιος A. C. L. [6] ἂν om. A. C. L. [7] γεγενῆσθαι A. C. L. [8] Παιδάριτος A. [9] πλεύσας A. C. L. [10] Συρακουσίοις A. C. L. [11] παρὰ τὸ δικ. ἀναγκασθῆναι A. C. L. [12] ὑπομεῖναι A. C. L.

Πεδάριτος] Vid. Vales. ad Harpocrat. sub voc.

Αὐτῶν] Np. Χίων. Auger.

Ζεύγη μὲν ἵππων] Cf. Xenoph. Hellen. vi. 4. 10.

d κδ'. Ὁ δὲ πάντων σχετλιώτατον, εἰ φιλοπονώτατοι δοκοῦντες εἶναι τῶν Ἑλλήνων ῥᾳθυμότερον [1] τῶν ἄλλων βουλευσόμεθα περὶ τούτων. [2] τίνας γὰρ ἴσμεν, ὧν καὶ ποιήσασθαι μνείαν ἄξιόν ἐστιν, οἵτινες ἅπαξ ἡττηθέντες καὶ μιᾶς εἰσβολῆς γενομένης οὕτως ἀνάνδρως ὡμολόγησαν [3] πάντα τὰ προσταττόμενα ποιήσειν; [4] πῶς δ' ἂν οἱ τοιοῦτοι δυστυχοῦντες πολὺν χρόνον [5] ἀνταρκέσειαν; τίς δ' οὐκ ἂν
e ἐπιτιμήσειεν ἡμῖν, εἰ Μεσσηνίων [6] ὑπὲρ τῆς χώρας ταύτης εἴκοσιν ἔτη πολιορκηθέντων ἡμεῖς οὕτω ταχέως κατὰ συνθήκας αὐτῆς ἀποσταίημεν, καὶ μηδὲ τῶν προγόνων μνησθείημεν, ἀλλ' ἣν ἐκεῖνοι μετὰ πολλῶν πόνων καὶ κινδύνων
128 ἐκτήσαντο, ταύτην ἡμεῖς ὑπὸ λόγων πεισθέντες ἀποβάλοιμεν;

κε'. Ὧν οὐδὲν ἔνιοι φροντίσαντες, ἀλλὰ πάσας τὰς αἰσχύνας ὑπεριδόντες, τοιαῦτα [7] συμβουλεύουσι ὑμῖν, ἐξ ὧν εἰς ὀνείδη τὴν πόλιν καταστήσουσιν. οὕτω δὲ προθύμως [8] ἐπαγοῦσιν ὑμᾶς πρὸς τὸ παραδοῦναι [9] Μεσσήνην, ὥστε καὶ διεξελθεῖν ἐτόλμησαν τήν τε τῆς πόλεως ἀσθένειαν καὶ τὴν
b τῶν πολεμίων δύναμιν, καὶ κελεύουσιν ἀποκρίνασθαι τοὺς ἐναντιουμένους αὐτοῖς, πόθεν βοήθειαν προσδοκῶντες [10] ἥξειν διακελευόμεθα [11] πολεμεῖν.

κς'. Ἐγὼ δὲ μεγίστην ἡγοῦμαι συμμαχίαν εἶναι καὶ βεβαιοτάτην τὸ τὰ δίκαια πράττειν — εἰκὸς γὰρ καὶ τὴν τῶν θεῶν εὔνοιαν [12] γενέσθαι μετὰ τούτων, εἴπερ χρὴ περὶ τῶν μελλόντων τεκμαίρεσθαι τοῖς ἤδη γεγενημένοις —, πρὸς δὲ ταύτῃ τὸ καλῶς πολιτεύεσθαι καὶ σωφρόνως
c [13] ζῆν καὶ μάχεσθαι τοῖς πολεμίοις [14] ἐθέλειν καὶ μηδὲν 126
οὕτω δεινὸν νομίζειν ὡς τὸ κακῶς ἀκούειν ὑπὸ τῶν πολιτῶν·
[15] ἃ μᾶλλον ἡμῖν ἢ τοῖς ἄλλοις ἀνθρώποις ὑπάρχει· μεθ' ὧν

[1] τῶν ἄλλων om. A. C. L.
[2] τίνα δὲ τῶν περιισταμένων ἡμῖν ἐξ ἀνδρῶν τοιούτων ἀπειλῶν καὶ ποιεῖσθαι A. C. L.
[3] ἅπαντα A. C. L. [4] ἢ πῶς ἂν A. C. L. [5] ἐπαρκέσειαν A. C. L.
[6] ἐπὶ A. L. [7] συμβουλεύουσι ταῦτα, ἐξ A. C. L. [8] παρακαλοῦσιν ἡμᾶς A. C. L.
[9] τὴν Μεσ. A. C. L. [10] ἕξειν A. C. L. [11] πολεμεῖν ὑμῖν A. C. L.
[12] ἔσεσθαι A. C. L. [13] καὶ μέχρι θανάτου μάχεσθαι A. C. L. [14] θέλειν A. L.
[15] ὃ A. C. L.

Μετὰ τούτων] Scil. Λακεδαιμονίων, vel τῶν τὰ δίκαια πραττόντων. AUGER. Μετὰ τῶν τὰ δίκαια πραττόντων. LANG. COR.
Πρὸς δὲ ταύτῃ] Np. συμμαχίᾳ, supple καὶ ταύτην εἶναι συμμαχίαν ἡγοῦμαι, τὸ καλῶς —. AUGER. Supple συμμαχίᾳ, μεγίστην εἶναι συμμαχίαν ἡγοῦμαι. LANG. Πρὸς τῇ ἐκ τῆς δικαιοπραγίας συμμαχίᾳ. COR.

ἂν ἐγὼ πολὺ ἥδιον πολεμοίην ἢ μετὰ πολλῶν μυριάδων·
οἶδα γὰρ καὶ τοὺς [1] πρώτους ἡμῶν εἰς ταύτην τὴν χώραν
[2] ἀφικομένους οὐ τῷ πλήθει τῶν ἄλλων περιγενομένους,
ἀλλὰ ταῖς ἀρεταῖς ταῖς ὑπ' ἐμοῦ προειρημέναις· ὥστ' οὐκ
ἄξιον διὰ τοῦτο φοβεῖσθαι τοὺς πολεμίους, ὅτι πολλοὶ
τυγχάνουσιν ὄντες, ἀλλὰ πολὺ μᾶλλον ἐπ' ἐκείνοις θαῤῥεῖν, d
ὅταν ὁρῶμεν ἡμᾶς μὲν αὐτοὺς οὕτως ἐνηνοχότας τὰς συμφορὰς ὡς οὐδένες ἄλλοι πώποτε, καὶ τοῖς [3] τε νόμοις καὶ τοῖς
ἐπιτηδεύμασιν ἐμμένοντας, οἷς ἐξ ἀρχῆς κατεστησάμεθα,
τοὺς δὲ [4] μηδὲ τὰς εὐτυχίας φέρειν [5] δυναμένους, ἀλλὰ δια-
τεταραγμένους, καὶ τοὺς μὲν [6] τὰς συμμαχίδας πόλεις κα-
ταλαμβάνοντας, τοὺς δὲ τἀναντία τούτοις πράττοντας,
ἄλλους δὲ περὶ χώρας τοῖς ὁμόροις ἀμφισβητοῦντας, [7] τοὺς
δὲ μᾶλλον [8] ἀλλήλοις φθονοῦντας ἢ πρὸς ἡμᾶς πολεμοῦντας. e
ὥστε [9] θαυμάζω τῶν μείζω συμμαχίαν ζητούντων, ὧν οἱ
πολέμιοι τυγχάνουσιν ἐξαμαρτάνοντες. [10] [ταῦθ' ἡμῖν βο-
ηθήσει].

κζ'. Εἰ δὲ δεῖ καὶ περὶ τῶν ἔξωθεν βοηθειῶν εἰπεῖν,
[11] ἡγοῦμαι πολλοὺς ἔσεσθαι τοὺς βουλομένους ἡμῖν [12] ἐπα- 120
μύνειν. ἐπίσταμαι γὰρ πρῶτον μὲν Ἀθηναίους, εἰ καὶ μὴ
πάντα μεθ' ἡμῶν εἰσὶν, ἀλλ' [13] ὑπέρ γε τῆς σωτηρίας τῆς
ἡμετέρας ὁτιοῦν ἂν ποιήσοντας· ἔπειτα τῶν ἄλλων πόλεων
[14] ἔστιν ἃς ὁμοίως ἂν ὑπὲρ τῶν [15] ἡμῖν συμφερόντων ὡς περὶ
τῶν αὑταῖς βουλευσομένας· ἔτι δὲ Διονύσιον τὸν τύραννον
καὶ [16] τὸν Αἰγυπτίων βασιλέα καὶ τοὺς ἄλλους τοὺς κατὰ
τὴν Ἀσίαν δυνάστας, καθ' ὅσον [17] ἕκαστοι δύνανται, προθύμως ἂν ἡμῖν ἐπικουρήσοντας· πρὸς δὲ τούτοις καὶ τῶν Ἑλ- b
λήνων τοὺς ταῖς οὐσίαις προέχοντας καὶ ταῖς δόξαις πρωτεύοντας καὶ [18] βελτίστων πραγμάτων ἐπιθυμοῦντας, εἰ

[1] προγόνους A. C. L. [2] ἀφικνουμένους A. C. L. [3] νομιζομένοις A. C. L.
[4] μηδὲ om. A. C. L. [5] μὴ δυναμ. A. C. L. [6] ἔχοντας συμμαχίας, A. C. L.
[7] τοὺς δὲ om. A. L. [8] ἀλλήλοις φθονοῦντας om. A. L. [9] θαυμάζειν A. C. L.
[10] uncos om. A. C. L. [11] ὑπολαμβάνω A. om. C. L. [12] ἐπαμύνειν [ἐλπίς]. C.
[13] οὖν ὑπέρ γε τῆς ἑαυτῶν σωτηρίας πάντα ποιήσ. A. C. L. [14] τινὰς ὁμοίως A. C. L.
[15] νῦν ἡμῖν A. C. L. [16] τῶν L. [17] ἂν ἕκ. δύνωνται A. C. L.
[18] τῶν βελτίστων A. C. L.

Ἐπ' ἐκείνοις] Scil. τοῖς νῦν λεχθησομένοις. Τὸ ἐκείνοις sic accipere malo, quam referre ad personam Thebanorum. Wolf.

Μὴ πάντα] Πάντα adverbialiter, idem ac πάντως. Auger.

Κατὰ τὴν Ἀσίαν] Quæ apud veteres Africam, tanquam partem, complectebatur. Lang. At vero Pindarus Pyth. ix. 14. Libyam dicit ῥίζαν ἀπείρου τρίταν.

καὶ μήπω συνεστήκασιν, ἀλλὰ ταῖς γ' εὐνοίαις μεθ' ἡμῶν
ὄντας, ἐν οἷς περὶ τῶν μελλόντων εἰκότως ἂν μεγάλας
[1] ἐλπίδας ἔχοιμεν.

κη'. Οἶμαι δὲ καὶ τὸν [2] ἄλλον ὄχλον τὸν ἐν Πελοπον- 127
νήσῳ καὶ τὸν δῆμον, ὃν οἰόμεθα [3] μάλιστα πολεμεῖν ἡμῖν,
ποθεῖν ἤδη τὴν ἡμετέραν ἐπιμέλειαν· οὐδὲν γὰρ αὐτοῖς
c ἀποστᾶσι γέγονεν ὧν προσεδόκησαν, ἀλλ' ἀντὶ μὲν τῆς
ἐλευθερίας τοὐναντίον [4] ἀποβέβηκεν — ἀπολέσαντες γὰρ
αὐτῶν τοὺς βελτίστους ἐπὶ τοῖς χειρίστοις τῶν πολιτῶν
γεγόνασιν —, ἀντὶ δὲ τῆς αὐτονομίας εἰς πολλὰς καὶ δεινὰς ἀνομίας ἐμπεπτώκασιν. εἰθισμένοι δὲ τὸν ἄλλον χρόνον
μεθ' ἡμῶν ἐφ' ἑτέρους ἰέναι, νῦν τοὺς ἄλλους ὁρῶσιν [5] ἐφ'
αὐτοὺς στρατευομένους, καὶ τὰς στάσεις, ἃς ἐπυνθάνοντο
d πρότερον παρ' ἑτέροις οὔσας, νῦν παρ' αὐτοῖς ὀλίγου δεῖν
καθ' ἑκάστην ἡμέραν [6] γιγνομένας. οὕτω δ' [7] ὡμαλισμένοι
ταῖς συμφοραῖς εἰσὶν, ὥστε [8] μηδένα διαγνῶναι δύνασθαι
τοὺς κάκιστα πράττοντας αὐτῶν. οὐδεμία γάρ ἐστι τῶν πόλεων ἀκέραιος [9] οὐδ' ἥ τις οὐχ ὁμόρους ἔχει τοὺς κακῶς ποιή-
σοντας· [10] ὥςτε τετμῆσθαι μὲν τὰς χώρας, πεπορθῆσθαι
δὲ τὰς πόλεις, ἀναστάτους δὲ γεγενῆσθαι τοὺς οἴκους τοὺς
e ἰδίους, ἀνεστράφθαι δὲ τὰς πολιτείας καὶ καταλελύσθαι
τοὺς νόμους, μεθ' ὧν οἰκοῦντες εὐδαιμονέστατοι τῶν Ἑλλήνων [11] ἦσαν. οὕτω δ' ἀπίστως [12] τὰ πρὸς σφᾶς αὐτοὺς καὶ δυσμενῶς ἔχουσιν, ὥστε μᾶλλον τοὺς πολίτας ἢ τοὺς πολεμίους
δεδίασιν· ἀντὶ δὲ τῆς ἐφ' ἡμῶν [13] ὁμονοίας καὶ τῆς παρ' [14] ἀλ-
130 λήλων εὐπορίας εἰς τοσαύτην ἀμιξίαν ἐληλύθασιν, ὥςθ' οἱ
μὲν κεκτημένοι τὰς οὐσίας ἥδιον ἂν εἰς τὴν θάλατταν τὰ
σφέτερ' αὐτῶν [15] ἐκβάλοιεν ἢ τοῖς δεομένοις ἐπαρκέσειαν, οἱ
δὲ καταδεέστερον πράττοντες οὐδ' ἂν εὑρεῖν δέξαιντο μᾶλλον ἢ τὰ τῶν ἐχόντων ἀφελέσθαι· καταλύσαντες δὲ τὰς

[1] τὰς ἐλπίδας A. C. L. [2] ἄλλον om. A. C. L.
[3] κἂν οὐ πρότερον, ἀλλὰ νῦν γε πολλὴν ποιήσεσθαι τὴν ἐπιμ. A. C. L.
[4] αὐτοῖς ἀποβέβηκεν A. C. L. [5] ἐπ' αὐτοὺς ὁρῶσι A. C. L. [6] γιγν. ὁρῶσιν. A. C. L.
[7] δεδαμασμένοι A. C. L. [8] μηδὲ A. C. L. [9] οὐδ' om. A. C. L.
[10] ὡς A. C. L. [11] ἐτύγχανον A. C. L. [12] τὰ om. A. C. L. [13] εὐπορίας A. C. L.
[14] ἡμῶν εὐνοίας εἰς A. C. L. [15] βάλοιεν A. C. L.

Συνεστήκασιν] Scil. μετ' ἀλλήλων, vel, quod magis placet, μεθ' ἡμῶν. Wolf.

Ἀπολέσαντες —] Τὰς τῶν ἐν Πελοποννήσῳ πόλεων στάσεις αἰνίττεται, καὶ μάλιστα τῆς τῶν Κορινθίων, ἐν ᾗ πλείστους τῶν λακωνιζόντων ὁ δῆμος κατέσφαξε. Cor.

θυσίας· ἐπὶ τῶν βωμῶν σφάττουσιν ἀλλήλους· πλείους δὲ
φεύγουσι νῦν ἐκ μιᾶς πόλεως ἢ πρότερον ἐξ ἁπάσης τῆς Πελοποννήσου. καὶ τοσούτων ἀπηριθμημένων κακῶν, πολὺ b
πλείω τὰ παραλελειμμένα τῶν εἰρημένων ἐστίν· οὐδὲν γὰρ
ὅ τι τῶν δεινῶν ἢ χαλεπῶν [1] οὐκ ἐνταῦθα συνδεδράμηκεν. ὧν
οἱ μὲν ἤδη μεστοὶ τυγχάνουσιν ὄντες, οἱ δὲ [2] διὰ ταχέων
ἐμπλησθήσονται, καὶ ζητήσουσί τινα τῶν παρόντων πρα-
128 γμάτων εὑρεῖν ἀπαλλαγήν. μὴ γὰρ οἴεσθ' αὐτοὺς [3] μενεῖν
ἐπὶ τούτοις· οἵτινες γὰρ εὖ πράττοντες ἀπεῖπον, πῶς ἂν
οὗτοι κακοπαθοῦντες πολὺν χρόνον καρτερήσειαν; ὥστ', οὐ
μόνον [4] ἢν μαχόμενοι [5] νικήσωμεν, ἀλλ' ἐὰν ἡσυχίαν ἔχον- c
τες [6] περιμείνωμεν, ὄψεσθ' αὐτοὺς [7] μεταβαλλομένους καὶ
τὴν ἡμετέραν συμμαχίαν σωτηρίαν [8] αὐτῶν εἶναι νομίζοντας. τὰς μὲν οὖν ἐλπίδας ἔχω τοιαύτας.

κθ'. Τοσοῦτον δ' ἀπέχω τοῦ [9] ποιῆσαί τι τῶν προσταττομένων, ὥστ', εἰ μηδὲν γίγνοιτο τούτων μηδὲ βοηθείας μη-
δαμόθεν τυγχάνοιμεν, ἀλλὰ τῶν Ἑλλήνων οἱ μὲν ἀδικοῖεν
ἡμᾶς οἱ δὲ [10] περιορῷεν, οὐδ' ἂν οὕτω μεταγνοίην, ἀλλὰ d
πάντας ἂν τοὺς ἐκ τοῦ πολέμου κινδύνους ὑπομείναιμι πρὶν
ποιήσασθαι τὰς ὁμολογίας ταύτας. αἰσχυνθείην γὰρ ἂν
[11] ὑπὲρ ἀμφοτέρων, εἴτε καταγνοίημεν τῶν προγόνων, ὡς
ἀδίκως [12] Μεσσηνίους ἀφείλοντο τὴν χώραν, εἴτ' ἐκείνων
ὀρθῶς κτησαμένων [13] καὶ προσηκόντως ἡμεῖς παρὰ τὸ δίκαιον συγχωρήσαιμέν τι περὶ αὐτῆς. τούτων μὲν οὖν [14] οὐδέτερον ποιητέον, σκεπτέον δ' ὅπως ἀξίως ἡμῶν αὐτῶν [15] πολεμήσομεν, καὶ μὴ τοὺς εἰθισμένους ἐγκωμιάζειν ἡμῶν τὴν e
πόλιν [16] ἐλέγξομεν ψευδεῖς ὄντας, ἀλλὰ τοιούτους [17] ἡμᾶς
αὐτοὺς [18] παρασχήσομεν, ὥστ' ἐκείνους ἐλάττω [19] τῶν
ὑπαρχόντων δοκεῖν εἰρηκέναι περὶ ἡμῶν.

λ'. Οἶμαι μὲν οὖν [20] οὐδὲν δεινότερον συμβήσεσθαι τῶν νῦν

[1] ὃ οὐκ A. L. [2] ταχέως A. C. L. [3] μένειν A. L. [4] ἂν A. C. L. [5] νικῶμεν, ἀλλὰ ἂν A. C. L. [6] περιμένωμεν C. [7] μεταβαλλομένους αὐτοὺς A. C. L. [8] αὑτοῖς A. C. L. [9] ποιεῖν A. C. L. [10] ὑπερορῷεν A. C. L. [11] ὑπ' A. L. [12] Μεσσηνίων A. C. L. [13] καὶ προσηκόντως om. A. C. L. [14] οὐθέτερον C. οὐθ' ἕτερον L. [15] πολεμήσωμεν A. [16] ἐλέγξωμεν A. L. ἐξελέγξωμεν C. [17] ἡμᾶς αὐτοὺς om. A. L. [18] παρασχήσωμεν A. [19] τι τῶν A. L. [20] μηδὲν A. C. L.

Ἐπὶ τῶν βωμῶν σφάττουσιν ἀλλήλους] Τὰς σφαγὰς δῆλός ἐστι λέγων ἐνταῦθα τὰς ἐν Κορίνθῳ συμβάσας τῷ τρίτῳ τῆς ϞϚ'. Ὀλυμπ. περὶ ὧν ὁ Ξενοφ. Ἑλληνικ. Δ. δ'. 3. Idem.

Πλείους] Πεντακοσίους φησὶν ὁ Σικελιώτης Διόδωρος ΙΔ. πϛ'. φυγαδευθῆναι πολίτας ἐν τῇ προειρημένῃ στάσει. Idem.

131 παρόντων, ἀλλὰ τοὺς ἐχθροὺς τοιαῦτα βουλεύσεσθαι καὶ
πράξειν, ἐξ ὧν ἐπανορθώσουσιν ἡμᾶς· ἂν δ' ἄρα ψευσθῶμεν
τῶν ἐλπίδων καὶ πανταχόθεν ἐξειργώμεθα καὶ μηδὲ τὴν
πόλιν ἔτι δυνώμεθα [1]διαφυλάττειν, χαλεπὰ μέν ἐστιν ἃ
μέλλω λέγειν, ὅμως δ' οὐκ ὀκνήσω παῤῥησιάσασθαι περὶ
αὐτῶν. καὶ γὰρ ἐξαγγελθῆναι τοῖς Ἕλλησι καλλίω ταῦτ'
ἐστὶ καὶ μᾶλλον ἁρμόττοντα τοῖς ἡμετέροις φρονήμασιν,
[2]ὧν ἔνιοί τινες ἡμῖν συμβουλεύουσι.
b λα'. Φημὶ γὰρ χρῆναι τοὺς μὲν γονέας τοὺς ἡμετέρους
αὐτῶν καὶ τοὺς παῖδας καὶ τὰς γυναῖκας καὶ τὸν ὄχλον τὸν
ἄλλον ἐκ τῆς πόλεως ἐκπέμψαι, τοὺς μὲν ἐς Σικελίαν καὶ
Ἰταλίαν, τοὺς δ' εἰς Κυρήνην, τοὺς δ' εἰς τὴν ἤπειρον — 129
[3]ἄσμενοι δ' αὐτοὺς ἅπαντες οὗτοι δέξονται καὶ χώρᾳ πολλῇ
καὶ ταῖς ἄλλαις [4]ταῖς περὶ τὸν βίον εὐπορίαις, οἱ μὲν χάριν
ἀποδιδόντες ὧν εὖ πεπόνθασιν ὑφ' ἡμῶν, οἱ δὲ [5]κομιεῖσθαι
c προσδοκῶντες ὧν ἂν [6]προϋπάρξωσιν —, ὑπολειφθέντας
δὲ τοὺς βουλομένους καὶ δυναμένους κινδυνεύειν, τῆς μὲν
πόλεως [7]ἀφεῖσθαι καὶ τῶν ἄλλων κτημάτων, πλὴν ὅσα
ἂν [8]οἷοί τ' ὦμεν ἀπενέγκασθαι μεθ' ἡμῶν αὐτῶν, καταλα-
βόντας δὲ χωρίον, ὅ τι ἂν [9]ἐχυρώτατον ᾖ καὶ πρὸς τὸν
πόλεμον συμφορώτατον, ἄγειν καὶ φέρειν τοὺς πολεμίους καὶ
κατὰ γῆν καὶ κατὰ θάλατταν, ἕως ἂν παύσωνται τῶν
ἡμετέρων ἀμφισβητοῦντες. καὶ ταῦτ' ἐὰν τολμήσωμεν καὶ
d μὴ κατοκνήσωμεν, ὄψεσθε τοὺς νῦν ἐπιτάττοντας, ἱκετεύοντας καὶ δεομένους ἡμῶν Μεσσήνην ἀπολαβεῖν καὶ ποιήσασθαι τὴν εἰρήνην.

λβ'. Ποία γὰρ ἂν τῶν πόλεων τῶν ἐν Πελοποννήσῳ τοι-

[1] φυλάττειν A. C. L. [2] ἢ ὧν A. L. [3] ἀσμένως A. C. L. [4] ταῖς om. A. C. L. [5] κομίσασθαι A. L. κομίσεσθαι C. [6] προϋπάρχωσιν A. C. L. [7] ἀφίστασθαι A. C. L. [8] δυνώμεθα A. C. L. [9] ὀχυρώτατον A. C. L.

Ἔνιοί τινες] Coraes laudat similem usum ex Panath. §. ιδ'. Demosth. Aristog. B. §. ζ'. et Lysiam c. Philon. §. ϛ'.

Εἰς τὴν ἤπειρον] Supra dixit opem laturos Lacedæmoniis τοὺς κατὰ τὴν Ἀσίαν δυνάστας. Quare ἤπειρος hic ἀντὶ τῆς Ἀσίας τῆς ὑπὸ τῷ μεγάλῳ βασιλεῖ non incommode intelligitur, quo remotiores sint ab hostium violentia. Sed si quis mavult Epirum Græciæ regionem intelligere, non impedio. Wolf.

Δέξονται καὶ χώρᾳ πολλῇ] Ἐλλειπτικῶς τῆς ἐν. ὁ δὲ νοῦς· δέξονται χορηγοῦντες χώραν πολλὴν, εἴς τε οἴκησιν δηλάδη καὶ γεωργίαν καὶ τὰς ἄλλας εὐπορίας τοῦ βίου. Cor.

Οἱ δὲ κομιεῖσθαι — προϋπάρξωσιν] *alii sperantes reddita accipere pro illis in quibus anteiverunt.* Lang. Οἱ δὲ χάριν ἀπολαβεῖν προϋπηργμένων ἀγαθῶν ἐλπίζοντες. Cor.

Ὑπολειφθέντας — κινδυνεύειν] Refer ad φημὶ, χρῆναι. Intellige ὑπολειφθέντας non *relictos*, sed *reliquos*. Auger.

οὗτον πόλεμον ὑπομείνειεν, οἷον εἰκὸς [1] γενέσθαι βουληθέντων ἡμῶν; τίνες δ' οὐκ ἂν ἐκπλαγεῖεν καὶ δείσαιεν στρατόπεδον συνιστάμενον, τοιαῦτα μὲν [2] διαπεπραγμένον,
δικαίως δὲ τοῖς αἰτίοις τούτων ὠργισμένον, ἀπονενοημένως
δὲ πρὸς τὸ ζῆν διακείμενον; καὶ τῷ μὲν σχολὴν [3] ἄγειν, e
καὶ [4] μηδὲ περὶ ἓν ἄλλο διατρίβειν ἢ περὶ τὸν πόλεμον
τοῖς ξενικοῖς στρατεύμασιν ὡμοιωμένον, ταῖς δὲ ἀρεταῖς
καὶ τοῖς ἐπιτηδεύμασι τοιοῦτον οἷον ἐξ ἁπάντων ἀνθρώπων
οὐδεὶς ἂν συντάξειεν; ἔτι δὲ [5] μηδεμιᾷ πολιτείᾳ τεταγμένῃ χρώμενον, ἀλλὰ θυραυλεῖν καὶ πλανᾶσθαι κατὰ 132
τὴν χώραν δυνάμενον, καὶ ῥᾳδίως μὲν ὅμορον οἷς ἂν βούληται γιγνόμενον, τοὺς δὲ τόπους ἅπαντας τοὺς πρὸς τὸν
πόλεμον συμφέροντας πατρίδας εἶναι νομίζον; ἐγὼ μὲν
γὰρ οἶμαι τῶν λόγων [6] μόνον ῥηθέντων [7] τούτων καὶ διασπαρέντων εἰς τοὺς Ἕλληνας εἰς πολλὴν ταραχὴν καταστήσεσθαι τοὺς ἐχθροὺς [8] ἡμῶν, ἔτι δὲ μᾶλλον, [9] ἢν καὶ
τέλος ἐπιθεῖναι τούτοις ἀναγκασθῶμεν. τίνα γὰρ οἰηθῶμεν αὐτοὺς γνώμην ἕξειν, ὅταν αὐτοὶ μὲν κακῶς πάσχωσιν, b
ἡμᾶς δὲ μηδὲν δύνωνται [10] ποιεῖν; καὶ τὰς μὲν αὑτῶν
[11] πόλεις ἴδωσιν εἰς πολιορκίαν καθεστηκυίας, τὴν δ' ἡμετέραν οὕτω [12] διεσκευασμένην ὥστε μηκέτι τῇ συμφορᾷ ταύτῃ
130 περιπεσεῖν; ἔτι δὲ τὴν τῶν σωμάτων τροφὴν ἡμῖν μὲν
ῥᾳδίαν [13] οὖσαν ἔκ τε [14] τῶν ὑπαρχόντων [15] καὶ τῶν ἐκ τοῦ
πολέμου γιγνομένων, αὐτοῖς δὲ χαλεπὴν [16] διὰ τὸ μὴ ταὐτὸν εἶναι, στρατόπεδόν [17] τε [18] τοιοῦτον διοικεῖν καὶ [19] τοὺς
ὄχλους τοὺς ἐν ταῖς πόλεσι διατρέφειν; ὃ δὲ [20] πάντων c
ἄλγιστον [21] ἐκείνοις, ὅταν τοὺς μὲν ἡμετέρους οἰκείους ἐν

[1] ἢ γενέσθαι A. C. L. [2] συμπεπραγμένον A. C. L. [3] πρῶτον ἄγειν A. C. L.
[4] μηκέτι ἐν ἄλλῳ A. L. [5] ἐν μηδεμιᾷ πόλει τεταγμένον, ἀλλὰ A. C. L.
[6] μόνων C. [7] τούτων καὶ διασπαρέντων om. A. C. L. [8] ἡμῶν om. A. C. L.
[9] εἰ A. L. [10] ποιεῖν μὴ δύνωνται A. C. L. [11] πόλεις αὐτῶν A. C. L.
[12] παρεσκευασμένην A. C. L. [13] οὖσαν om. A. C. L. [14] τῆς τῶν A. C. L.
[15] κτήσεως καὶ A. L. χρήσεως καὶ C. [16] εἶναι διὰ A. C. L. [17] τε om. C.
[18] τοιοῦτο A. C. L. [19] τὸν ὄχλον τὸν A. C. L. [20] παντὸς L.
[21] ἐκείνοις ἀλγεινότατον A. C. L.

Θυραυλεῖν] Περιέρχεσθαι τὴν χώραν καὶ μηδεμιᾷ πόλει ἐγκατατετάχθαι. εἴη δ' ἂν πῶς καὶ τὸ Γαλλιστὶ λεγόμενον bivouaquer. Cor.

Διοικεῖν] *curare*, seu *alere*. Sensus: Talis exercitus pluribus eget alimentis, quam urbis alicujus incolæ. Lang.

Τοὺς μὲν ἡμετέρους οἰκείους] Γραπτέον ἔοικεν· οἴκους. τὸ γὰρ ἡμετέρους οἰκείους ἀντὶ τοῦ ἡμῖν οἰκείους οὐ πάνυ τι πιθανόν. ὁποτέρως δ' ἂν γράφῃς, πρὸς τοὺς μικρῷ πρόσθεν (λα'.) γονέας, παῖδας, καὶ γυναῖκας τὴν ἀναφορὰν ἔχει, οἳ παρὰ τοῖς ἐν Σικελίᾳ Κυρήνῃ τε καὶ ἠπείρῳ ἐν πάσαις ταῖς περὶ τὸν βίον εὐπορίαις διάξειν ἔμελλον. Cor.

πολλαῖς [1] εὐπορίαις πυνθάνωνται γεγενημένους, τοὺς δ' αὐτῶν ὁρῶσι καθ' ἑκάστην [2] τὴν ἡμέραν ἐνδεεῖς ὄντας τῶν ἀναγκαίων, καὶ μηδ' ἐπικουρῆσαι δύνωνται τοῖς κακοῖς [3] τούτοις, ἀλλ' ἐργαζόμενοι μὲν τὴν χώραν τὰ σπέρματα προσαπολλύωσιν, ἀργὸν δὲ περιορῶντες μηδένα χρόνον [4] ἀνταρκεῖν οἷοί τ' ὦσιν.

d λγ΄. Ἀλλὰ γὰρ ἴσως ἀθροισθέντες καὶ κοινὸν ποιησάμενοι στρατόπεδον παρακολουθήσουσι, [5] καὶ κωλύσουσιν ἡμᾶς κακῶς ποιεῖν αὐτούς. καὶ τί ἂν εὐξαίμεθα μᾶλλον ἢ λαβεῖν πλησιάζοντας καὶ [6] παρατεταγμένους καὶ περὶ τὰς αὐτὰς [7] δυσχωρίας ἡμῖν ἀντιστρατοπεδεύοντας ἀνθρώπους ἀτάκτους καὶ μιγάδας καὶ πολλοῖς ἄρχουσι χρωμέ-
e νους; [8] οὐδὲν γὰρ ἂν πολλῆς πραγματείας [9] δεήσειεν, ἀλλὰ ταχέως [10] ἂν αὐτοὺς [11] ἐξαναγκάσαιμεν ἐν τοῖς ἡμετέροις [12] καιροῖς ἀλλὰ μὴ [13] τοῖς αὐτῶν ποιήσασθαι τοὺς κινδύνους.

λδ΄. [14] Ἐπιλίποι δ' ἂν τὸ λοιπὸν μέρος τῆς ἡμέρας, εἰ τὰς πλεονεξίας τὰς [15] ἐσομένας λέγειν ἐπιχειρήσαιμεν. ἐκεῖνο δ' [16] οὖν [17] πᾶσι φανερόν, ὅτι τῶν Ἑλλήνων διενηνόχαμεν οὐ τῷ μεγέθει τῆς πόλεως οὐδὲ τῷ πλήθει τῶν
133 [18] ἀνθρώπων, ἀλλ' ὅτι τὴν πολιτείαν ὁμοίαν κατεστησάμεθα στρατοπέδῳ καλῶς διοικουμένῳ καὶ πειθαρχεῖν [19] ἐθέλοντι τοῖς ἄρχουσιν. ἢν οὖν εἰλικρινὲς τοῦτο [20] ποιήσωμεν, ὃ μιμησαμένοις ἡμῖν συνήνεγκεν, οὐκ ἄδηλον ὅτι [21] ῥᾳδίως τῶν πολεμίων ἐπικρατήσομεν.

λε΄. Ἴσμεν δὲ καὶ τοὺς [22] οἰκιστὰς ταυτησὶ τῆς πόλεως γενομένους, ὅτι μικρὸν μὲν στρατόπεδον εἰς τὴν Πελοπόν-

[1] ἐμπειρίαις καὶ εὐπορίαις A. L. [2] τὴν om. A. C. L. [3] τούτοις om. A. C. L. [4] αὐταρκεῖν A. C. L. [5] ἡμῖν καὶ A. C. L. [6] παρατατομένους C. [7] δυσχερείας A. L. [8] οὐδὲ A. C. L. [9] δεηθείημεν A. C. L. [10] μὲν A. L. [11] ἀναγκάσαιμεν A. C. L. [12] καιροῖς om. A. C. L. [13] ἐν τοῖς A. C. L. [14] ἐπιλείποι A. L. [15] ἡμετέρας A. C. L. [16] αὖ A. L. [17] πᾶσι om. A. C. L. [18] ἀνδρῶν A. C. L. [19] θέλοντι A. L. [20] ποιησώμεθα A. C. L. [21] ῥᾳδίως om. A. C. L. [22] ἐπικρατεῖς ταύτης A. C. L.

Δυσχωρίας] Significat Lacedæmonios versaturos in locis impeditis, arduis et præruptis, ubi ab hostibus oppugnari facile non possint. WOLF.

Ἐν τοῖς ἡμετέροις καιροῖς] *quando nostra utilitas postulabit.* AUGER.

Ἐπίλιποι δ' ἂν] Ἴσως· ἐπίλιποι δ' ἄν με. ὡς ἡρμήνευσεν ὁ Ἰταλὸς μεταφραστὴς, non mi basterà tutto oggi, καὶ ὡς αὐτὸς Ἰσοκράτης εἴρηκεν ἐν Συμμαχικ. ιζ΄. COR.

Ἐπιχειρήσαιμεν] Ἴσως· ἐπιχειρήσαιμι. IDEM.

Ἢν οὖν εἰλικρινὲς κ. τ. λ.] Ὁ νοῦς· Τούτῳ διαφέρομεν τῶν ἄλλων Ἑλλήνων, ὅτι ἡ παρ' ἡμῖν πολιτεία ὡμοίωτο στρατοπέδῳ, τουτέστιν ἐμιμεῖτο, καὶ εἰρήνης οὔσης, στρατόπεδον καλῶς διοικούμενον. ἐὰν οὖν νῦν πολεμούμενοι ποιήσωμεν εἰλικρινῶς καὶ ἀληθῶς τοῦτο, οὗ ἡ μίμησις ἐν τοῖς πρόσθεν χρόνοις ἡμᾶς ὠφέλησε καὶ προέχειν τῶν ἄλλων Ἑλλήνων ἐποίησε, δῆλον ὅτι νικήσωμεν τοὺς ἡμῖν πολεμοῦντας. IDEM.

νησον εἰσῆλθον ἔχοντες, πολλῶν δὲ καὶ μεγάλων [1] πόλεων
ἐκράτησαν. καλὸν οὖν μιμήσασθαι τοὺς προγόνους, καὶ b
πάλιν ἐπὶ τὴν ἀρχὴν ἐπανελθόντας, ἐπειδὴ προσεπταί-
131 καμεν, πειραθῆναι τὰς τιμὰς [2] καὶ τὰς δυναστείας ἀναλαβεῖν, ἃς πρότερον ἐτυγχάνομεν ἔχοντες. πάντων δ' ἂν δεινότατον ποιήσαιμεν, εἰ συνειδότες Ἀθηναίοις ἐκλιποῦσι τὴν
[3] αὑτῶν χώραν ὑπὲρ τῆς τῶν ἄλλων Ἑλλήνων ἐλευθερίας,
ἡμεῖς μηδὲ ὑπὲρ τῆς ἡμετέρας αὐτῶν σωτηρίας ἀφέσθαι τῆς c
πόλεως τολμήσαιμεν, ἀλλά, δέον ἡμᾶς [4] παράδειγμα [5] τῶν
τοιούτων ἔργων [6] τοῖς ἄλλοις παρέχειν, μηδὲ [7] μιμήσασθαι
τὰς ἐκείνων πράξεις ἐθελήσαιμεν. ἔτι δὲ [8] τούτου καταγε-
λαστότερον, εἰ Φωκαεῖς μὲν φεύγοντες τὴν βασιλέως τοῦ
μεγάλου δεσποτείαν, ἐκλιπόντες τὴν Ἀσίαν εἰς Μασσαλίαν
ἀπῴκησαν, ἡμεῖς δ' εἰς [9] τοσοῦτον μικροψυχίας ἔλθοιμεν
ὥστε τὰ προστάγματα τούτων ὑπομεῖναι, ὧν ἄρχοντες
ἅπαντα τὸν χρόνον διετελέσαμεν.

λϛ'. Χρὴ δὲ [10] μὴ περὶ τὴν ἡμέραν ταύτην ταῖς ψυχαῖς d
διατρίβειν, ἐν ᾗ δεήσει χωρίζειν τοὺς οἰκειοτάτους [11] ἀφ'
ἡμῶν αὐτῶν, ἀλλ' [12] ἐπ' ἐκείνους τοὺς χρόνους ἀφορᾶν, ἐν οἷς
περιγενόμενοι τῶν ἐχθρῶν [13] ἀνορθώσομεν τὴν πόλιν, κομιούμεθα δὲ τοὺς ἡμετέρους [14] αὐτῶν, ἐπιδειξόμεθα δὲ πᾶσιν ὅτι
νῦν μὲν ἀδίκως δεδυστυχήκαμεν, τὸν δὲ [15] παρελθόντα χρόνον δικαίως τῶν ἄλλων πλέον ἔχειν ἠξιοῦμεν. ἔχει δ' οὕτως.
ἐγὼ [16] τούτους εἴρηκα τοὺς λόγους, οὐχ ὡς δέον ἡμᾶς ἤδη e
ταῦτα πράττειν οὐδ' ὡς οὐδεμιᾶς ἄλλης ἐνούσης ἐν τοῖς
πράγμασι σωτηρίας, ἀλλὰ βουλόμενος ὑμῶν προπαρα-
σκευάσαι τὰς γνώμας, ὡς καὶ ταύτας [17] τὰς συμφορὰς καὶ
πολὺ δεινοτέρας τούτων ὑπομενετέον ἡμῖν, πρὶν περὶ Μεσσήνης ποιήσασθαι συνθήκας οἵας κελεύουσιν ἡμᾶς. 134

[1] πόλεων om. A. C. L. [2] καὶ τὰς δυναστείας om. A. C. L. [3] αὐτῶν om. A. C. L. [4] παραδείγματα A. C. L. [5] τῶν om. A. C. L. [6] καὶ A. C. L. [7] μιμεῖσθαι A. C. L. [8] τοῦτο A. L. [9] τοῦτο A. C. L. [10] μηδὲ A. C. L. [11] εὐθὺς ἀφ' A. C. L. [12] ἐπ' om. A. C. L. [13] ἐπανορθώσομεν A. C. L. [14] αὐτῶν οἰκείους, A. C. L. [15] παρεληλυθότα A. C. L. [16] γὰρ τούτους A. C. L. [17] καὶ πολὺ τούτων δεινοτέρας συμφορὰς A. C. L.

Συνειδότες Ἀθηναίοις ἐκλιποῦσι] Idem, Latino quidem more, εἰδότες ὅτι οἱ Ἀθηναῖοι τὴν πόλιν ἐξέλιπον. Wolf.

Καταγελαστότερον] Scil. ποιήσαιμεν ἄν.

Φωκαεῖς] Qui urbem Phocæam in Asia habitabant. Vid. Herodot. i. 163. sqq. et Harpocrat. sub v. Μασσαλία.

Ἀπῴκησαν] *in coloniam migraverunt.* Lang.

λζ'. Οὐχ οὕτω δ' ἂν προθύμως ἐπὶ τὸν πόλεμον ὑμᾶς
παρεκάλουν, εἰ μὴ τὴν εἰρήνην ἑώρων ἐξ ὧν μὲν ἐγὼ λέγω
καλὴν καὶ βεβαίαν γενησομένην, ἐξ ὧν δ' ἔνιοί [1] τινες συμβουλεύουσιν, [2] οὐ μόνον αἰσχρὰν ἐσομένην, ἀλλ' οὐδὲ χρόνον οὐδένα παραμενοῦσαν. [3] ἢν γὰρ [4] παρακατοικισώμεθα
[5] τοὺς Εἵλωτας καὶ τὴν πόλιν ταύτην [6] περιίδωμεν αὐξη-
θεῖσαν, τίς οὐκ οἶδεν, ὅτι πάντα [7] τὸν [8] βίον ἐν ταραχαῖς
καὶ κινδύνοις [9] διατελοῦμεν ὄντες; ὥσθ' οἱ περὶ ἀσφαλείας
b διαλεγόμενοι λελήθασιν αὑτοὺς τὴν μὲν εἰρήνην ὀλίγας
ἡμέρας ἡμῖν ποιοῦντες, τὸν δὲ πόλεμον εἰς [10] ἅπαντα τὸν
χρόνον κατασκευάζοντες.

λη'. Ἡδέως δ' ἂν αὐτῶν πυθοίμην, ὑπὲρ τίνων οἴονται 132
χρῆναι μαχομένους ἡμᾶς ἀποθνήσκειν; οὐχ ὅταν οἱ πολέμιοι προστάττωσί [11] τι παρὰ τὸ δίκαιον καὶ τῆς χώρας
ἀποτέμνωνται καὶ τοὺς οἰκέτας ἐλευθερῶσι; καὶ [12] τούτους
c μὲν κατοικίζωσιν [13] εἰς ταύτην ἣν ἡμῖν οἱ πατέρες κατέλιπον, ἡμᾶς δὲ μὴ μόνον τῶν ὄντων ἀποστερῶσιν, ἀλλὰ [14] καὶ
πρὸς τοῖς ἄλλοις [15] κακοῖς εἰς ὀνείδη καθιστῶσιν; ἐγὼ μὲν
γὰρ ὑπὲρ τούτων οὐ μόνον πόλεμον, ἀλλὰ καὶ φυγὰς καὶ
θανάτους οἴομαι προσήκειν ἡμῖν ὑπομένειν. πολὺ γὰρ κρεῖττον ἐν ταῖς δόξαις αἷς ἔχομεν τελευτῆσαι τὸν βίον μᾶλλον,
ἢ ζῆν ἐν [16] ταῖς ἀτιμίαις, [17] ἃς ληψόμεθα [18] ποιήσαντες ἃ
προστάττουσιν ἡμῖν. [19] ὅμως δ' εἰ δεῖ μηδὲν ὑποστειλάμενον
d εἰπεῖν, [20] αἱρετώτερον ἡμῖν [21] ἐστὶν [22] ἀναστάτοις γενέσθαι
μᾶλλον ἢ [23] καταγελάστοις ὑπὸ τῶν ἐχθρῶν. τοὺς γὰρ ἐν
ἀξιώμασι καὶ φρονήμασι [24] τηλικούτοις βεβιωκότας δυοῖν
δεῖ θάτερον, ἢ πρωτεύειν ἐν τοῖς Ἕλλησιν, ἢ παντάπασιν
[25] ἀνῃρῆσθαι μηδὲν ταπεινὸν διαπραξαμένους, [26] ἀλλὰ καλὴν τὴν τελευτὴν τοῦ βίου ποιησαμένους.

[1] τινες om. A. C. L. [2] οὐ μόνον om. A. C. L. [3] ἐὰν A. C. L. [4] παροικήσωμεν A. C. L. [5] τοὺς Εἵλωτας καὶ τὴν πόλιν om. A. C. L. [6] περιίδωμεν om. A. C. L. [7] τὸν πάντα A. C. L. [8] χρόνον A. L. [9] διατελέσομεν A. C. L. [10] πάντα A. C. L. [11] τι om. A. C. L. [12] τοὺς A. C. L. [13] εἰς ταύτην κατάγωσιν A. C. L. [14] καὶ om. A. C. L. [15] καὶ A. C. L. [16] πάσαις A. C. L. [17] ἃς ληψόμεθα om. A. C. L. [18] ποιήσαντας A. C. L. [19] εἰ δὲ A. C. L. [20] τὸ φαινόμενον αἱρετώτερον A. C. L. [21] ἐστὶν om. A. C. L. [22] ἀναστάτους A. C. L. [23] καταγελάστους A. C. L. [24] τοιούτοις A. C. L. [25] ἀναιρεῖσθαι A. C. L. [26] ἀλλὰ - - - - ποιησαμένους om. A. C. L.

Ὀλίγας ἡμέρας] Ἀντὶ τοῦ, ἐν ὀλίγαις ἡμέραις, τῶν Ἀττικῶν εἶναί φησιν ὁ Πρισκιανὸς Βιβ. λ. ΙΗ. 1191. Cor.

Τῆς χώρας ἀποτέμνωνται] Τὸ πλῆρες· Ἀπὸ τῆς χώρας μέρος τέμνωσιν ἑαυτοῖς. Idem.

λθ΄. Ἃ χρὴ [1]διαλογισαμένους μὴ φιλοψυχεῖν, μηδ᾽
ἐπακολουθεῖν ταῖς τῶν συμμάχων γνώμαις ὧν ἡγεῖσθαι e
πρότερον ἠξιοῦμεν, ἀλλ᾽ αὐτοὺς σκεψαμένους ἑλέσθαι μὴ
[2]τὸ τούτοις ῥᾷστον, ἀλλ᾽ ὃ πρέπον ἔσται τῇ Λακεδαίμονι καὶ
τοῖς πεπραγμένοις ἡμῖν. περὶ γὰρ τῶν αὐτῶν οὐχ ὁμοίως
ἅπασι βουλευτέον, ἀλλ᾽ ὡς ἂν ἐξ ἀρχῆς ἕκαστοι [3]τοῦ βίου
ποιήσωνται [4]τὴν ὑπόθεσιν. Ἐπιδαυρίοις μὲν [5]γὰρ καὶ
Φλιασίοις καὶ Κορινθίοις οὐδεὶς ἂν ἐπιπλήξειεν, εἰ μηδενὸς 135
ἄλλου φροντίζοιεν ἢ τοῦ διαγενέσθαι καὶ περιποιῆσαι σφᾶς
αὐτούς· Λακεδαιμονίους δ᾽ οὐχ οἷόν τ᾽ ἐστὶν ἐκ παντὸς
τρόπου ζητεῖν τὴν σωτηρίαν, ἀλλ᾽ ἂν μὴ [6]προσῇ τὸ καλῶς
[7]τῷ σώζεσθαι, θάνατον ἡμῖν αἱρετέον ἐστί. τοῖς γὰρ [8]ἀρε-
τῆς ἀμφισβητοῦσιν ὑπὲρ οὐδενὸς οὕτω σπουδαστέον, ὡς ὑπὲρ
τοῦ μηδὲν αἰσχρὸν πράττοντας φανῆναι. εἰσὶ δ᾽ [9]αἱ τῶν
πόλεων κακίαι καταφανεῖς οὐχ ἧττον ἐν τοῖς τοιούτοις b
βουλεύμασιν ἢ τοῖς ἐν τῷ πολέμῳ κινδύνοις. τῶν μὲν γὰρ
ἐκεῖ γιγνομένων τὸ πλεῖστον μέρος τῇ τύχῃ μέτεστι, [10]τὸ
δ᾽ ἐνθάδε [11]γνωσθὲν αὐτῆς τῆς διανοίας σημεῖόν ἐστιν. ὥσθ᾽
133 ὁμοίως ἡμῖν φιλονεικητέον ἐστὶν ὑπὲρ τῶν ἐνθάδε [12]ψηφι-
σθησομένων, ὥσπερ ὑπὲρ τῶν ἐν τοῖς [13]ὅπλοις ἀγώνων.

μ΄. Θαυμάζω δὲ τῶν ὑπὲρ [14]μὲν τῆς ἰδίας [15]δόξης ἀποθνήσκειν ἐθελόντων, ὑπὲρ δὲ τῆς κοινῆς μὴ τὴν αὐτὴν γνώμην ἐχόντων· ὑπὲρ ἧς ὁτιοῦν πάσχειν ἄξιον, [16]ὥστε μὴ c
καταισχῦναι τὴν πόλιν, μηδὲ περιιδεῖν [17] τὴν τάξιν λιποῦσαν,
εἰς ἣν οἱ πατέρες κατέστησαν αὐτήν. πολλῶν δὲ πραγμάτων καὶ δεινῶν ἡμῖν ἐφεστώτων, ἃ δεῖ διαφυγεῖν, ἐκεῖνο
μάλιστα φυλακτέον, ὅπως μηδὲν ἀνάνδρως φανησόμεθα
διαπραττόμενοι μηδὲ συγχωροῦντες τοῖς πολεμίοις παρὰ
τὸ δίκαιον. αἰσχρὸν γὰρ τοὺς ἄρξαι τῶν Ἑλλήνων ἀξιωθέντας ὀφθῆναι τὸ προσταττόμενον ποιοῦντας, καὶ τοσοῦτον
ἀπολειφθῆναι τῶν προγόνων, ὥστε τοὺς μὲν ὑπὲρ τοῦ τοῖς
ἄλλοις ἐπιτάττειν ἐθέλειν ἀποθνήσκειν, ἡμᾶς δ᾽ ὑπὲρ τοῦ
μὴ ποιεῖν τὸ [18]κελευόμενον μὴ τολμᾶν [19]διακινδυνεύειν. d

[1] λογιζομένους A. C. L. [2] ὃ A. C. L. [3] τοῦ βίου om. A. C. L.
[4] τούτου τὴν A. C. L. [5] οὖν A. C. L. [6] ᾖ πρὸς τῷ καλῷ A. [7] τῷ om. A. C. L.
[8] περὶ ἀρετῆς A. C. L. [9] αἱ om. A. C. L. [10] τῶν C. L.
[11] γνωσθέντων C. L. [12] ψηφιζομένων, ὡς A. C. L. [13] πολέμοις A. C. L.
[14] μὲν om. A. C. L. [15] χώρας A. C. L. [16] καὶ μὴ καταισχύνειν A. C. L.
[17] αὐτὴν ἐκλείπουσαν τὴν τάξιν A. C. L.
[18] προσταττόμενον A. C. L. [19] κινδυνεύειν A. C. L.

μα'. Ἄξιον δὲ καὶ τὴν [1]Ὀλυμπιάδα καὶ τὰς ἄλλας
αἰσχυνθῆναι πανηγύρεις, ἐν αἷς ἕκαστος ἡμῶν ζηλωτότερος
ἦν καὶ θαυμαστότερος τῶν ἀθλητῶν τῶν ἐν τοῖς ἀγῶσι
e τὰς νίκας ἀναιρουμένων. εἰς ἃς [2]τίς ἂν ἐλθεῖν τολμήσειεν,
ἀντὶ μὲν τοῦ τιμᾶσθαι [3]καταφρονηθησόμενος, ἀντὶ δὲ τοῦ
[4]περίστατος ὑπὸ πάντων δι' ἀρετὴν εἶναι [5]περίβλεπτος
136 ὑπὸ τῶν αὐτῶν ἐπὶ κακίᾳ [6]γενησόμενος, ἔτι δὲ πρὸς τούτοις [7]ὀψόμενος μὲν τοὺς οἰκέτας [8]ἀπὸ τῆς χώρας [9]ἧς οἱ
πατέρες ἡμῖν κατέλιπον ἀπαρχὰς καὶ θυσίας μείζους
ἡμῶν ποιουμένους, [10]ἀκουσόμενος δ' αὐτῶν τοιαύταις βλασφημίαις χρωμένων, οἵαις περ εἰκὸς τοὺς χαλεπώτερον μὲν
τῶν ἄλλων δεδουλευκότας, ἐξ ἴσου δὲ νῦν τὰς συνθήκας
τοῖς δεσπόταις πεποιημένους· ἐφ' αἷς [11]ἕκαστος ἡμῶν οὕτως
[12]ἂν ἀλγήσειεν, ὡς οὐδεὶς ἂν τῶν ζώντων διὰ [13]λόγου δηλώ-
b σειεν. ὑπὲρ ὧν χρὴ βουλεύεσθαι, καὶ μὴ τότ' ἀγανακτεῖν
ὅτ' οὐδὲν ἡμῖν ἔσται πλέον, ἀλλὰ νῦν σκοπεῖν ὅπως μηδὲν
συμβήσεται [14]τοιοῦτον. ὡς ἔστιν ἓν τῶν αἰσχρῶν πρότερον
μὲν μηδὲ [15]τῆς τῶν ἐλευθέρων ἰσηγορίας [16]ἀνέχεσθαι, νῦν δὲ
καὶ τὴν τῶν δούλων παῤῥησίαν ὑπομένοντας φαίνεσθαι. δό- 134
ξομεν γὰρ τὸν παρελθόντα χρόνον ἀλαζονεύεσθαι, καὶ τὴν
μὲν φύσιν ὅμοιοι τοῖς ἄλλοις εἶναι, ταῖς δὲ αὐθαδείαις καὶ
c ταῖς σεμνότησιν οὐκ ἀληθιναῖς ἀλλὰ πεπλασμέναις κεχρῆσθαι. μηδὲν οὖν ἐνδῶμεν [17]τοιοῦτον τοῖς εἰθισμένοις ἡμᾶς
κακολογεῖν, ἀλλὰ τοὺς [18]λόγους [19]αὐτῶν ἐξελέγξαι πειραθῶμεν, ὅμοιοι γενόμενοι τοῖς τῶν προγόνων ἔργοις.

μβ'. Ἀναμνήσθητε δὲ τῶν [20]ἐν Διπαίᾳ πρὸς Ἀρκάδας
ἀγωνισαμένων, οὓς φασιν ἐπὶ μιᾶς ἀσπίδος παραταξαμέ-

[1] Ὀλυμπίαν A. C. L. [2] τίνας ἂν τολμήσειν ἡμῶν οἴεσθε ἐλθεῖν A. C. L. [3] καταφρονηθησομένους A. C. L. [4] περιόπτους A. L. περιστάτους C. [5] περιβλέπτους A. C. L. [6] γενησομένους A. C. L. [7] ὀψομένους A. C. L. [8] ἐκ A. C. L. [9] ἣν A. C. L. [10] ἀκουσομένους A. C. L. [11] ἕκαστον A. L. [12] ἀναγκάσειαν A. L. ἂν ἀγανακτήσειεν C. [13] λόγων δηλῶσαι A. C. L. [14] τοιοῦτο A. C. L. [15] τὰς A. C. L. [16] ἀνασχέσθαι A. C. L. [17] τοιοῦτον om. A. C. L. [18] μὲν λόγους A. C. L. [19] αὐτῶν om. A. C. L. [20] προγόνων τῶν πρὸς τοὺς Ἀρκάδας ἠγωνισμένων A. C. L.

Ἐφ' αἷς] Scil. συνθήκαις. Sic enim malo quam ἐφ' αἷς βλασφημίαις. Significat, opinor: Si quis Lacedæmonius vicinum habuerit Messenium, cui aliquid eripere videatur, Messenios statim pacta et conventa objecturos. Wolf.

Ὅμοιοι — ἔργοις] Ἀντὶ τοῦ, ὅμοιοι γενόμενοι τοῖς προγόνοις, ἢ, ὅμοια ἐργασάμενοι τοῖς τῶν προγόνων ἔργοις. Περὶ τῆς Ἀντιδ. κθ'. Ὁμοίους γενέσθαι ταῖς αἰτίαις κ. τ. λ. Cor.

Ἐπὶ μιᾶς ἀσπίδος] Quid fuerit apud Græcos prorsus ignoro: sed hic patet hanc fuisse oratoris mentem, ut diceret

νους τρόπαιον στῆσαι πολλῶν μυριάδων, καὶ τῶν τριακοσίων d
τῶν ἐν [1] Θυρέαις ἅπαντας Ἀργείους μάχῃ νικησάντων, καὶ
τῶν χιλίων τῶν εἰς Θερμοπύλας ἀπαντησάντων, οἳ πρὸς
ἑβδομήκοντα μυριάδας τῶν βαρβάρων συμβαλόντες οὐκ
ἔφυγον οὐδ᾽ ἡττήθησαν, ἀλλ᾽ ἐνταῦθα τὸν βίον ἐτελεύτησαν
οὗ [2] περ ἐτάχθησαν, τοιούτους σφᾶς αὐτοὺς παρασχόντες,
ὥστε τοὺς μετὰ τέχνης ἐγκωμιάζοντας μὴ δύνασθαι τοὺς
ἐπαίνους ἐξισῶσαι ταῖς ἐκείνων ἀρεταῖς. ἁπάντων οὖν τούτων [3] ἀναμνησθέντες ἐῤῥωμενέστερον ἀντιλαβώμεθα τοῦ e
[4] πολέμου, καὶ μὴ περιμείνωμεν ὡς ἄλλων τινῶν τὰς παρούσας ἀτυχίας ἰασομένων, ἀλλ᾽ ἐπειδήπερ ἐφ᾽ ἡμῶν γεγόνασιν, ἡμεῖς αὐτὰς [5] καὶ διαλῦσαι πειραθῶμεν. χρὴ [6] δὲ τοὺς 137
ἄνδρας τοὺς ἀγαθοὺς ἐν τοῖς τοιούτοις καιροῖς φαίνεσθαι
διαφέροντας· αἱ μὲν γὰρ εὐτυχίαι καὶ τοῖς φαύλοις τῶν
ἀνθρώπων τὰς κακίας συγκρύπτουσιν, αἱ δὲ δυσπραξίαι
ταχέως καταφανεῖς ποιοῦσιν [7] ὁποῖοί τινες ἕκαστοι τυγχάνουσιν ὄντες· ἐν αἷς ἡμῖν ἐπιδεικτέον ἐστὶν, [8] εἴ τι τῶν ἄλλων
ἄμεινον τεθράμμεθα καὶ πεπαιδεύμεθα πρὸς ἀρετήν.

μγ΄. Ἔστι δ᾽ οὐδὲν ἀνέλπιστον ἐκ τῶν [9] νῦν παρόντων b
συμβῆναί τι τῶν [10] δεόντων ἡμῖν. οἶμαι γὰρ ὑμᾶς οὐκ
ἀγνοεῖν, ὅτι πολλαὶ πράξεις ἤδη τοιαῦτα γεγόνασιν, ἃς ἐν
ἀρχῇ μὲν ἅπαντες ὑπέλαβον εἶναι συμφορὰς καὶ τοῖς παθοῦσι
συνηχθέσθησαν, ὕστερον δὲ τὰς αὐτὰς ταύτας ἔγνωσαν
μεγίστων ἀγαθῶν αἰτίας γεγενημένας. καὶ τί δεῖ τὰ πόῤῥω
λέγειν; ἀλλὰ [11] καὶ νῦν τὰς πόλεις τὰς [12] γε πρωτευούσας,
λέγω [13] δὲ τὴν Ἀθηναίων καὶ Θηβαίων, εὕροιμεν ἂν οὐκ ἐκ c
135 τῆς εἰρήνης μεγάλην ἐπίδοσιν [14] λαβούσας, ἀλλ᾽ ἐξ ὧν [15] ἐν

[1] Θυρεαῖς A. C. L. [2] περ om. A. C. L. [3] μνησθέντες ἐῤῥωμένως A. C. L.
[4] πολεμεῖν A. C. L. [5] καὶ om. A. C. L. [6] γὰρ A. C. L. [7] οἷοί περ ἕκ. A. C. L.
[8] ὅτι A. C. L. [9] νυνὶ A. C. L. [10] μὴ παρόντων A. C. L.
[11] καὶ om. A. C. L. [12] γε om. A. C. L. [13] δὴ A. C. L.
[14] λαμβανούσας A. C. L. [15] ἐν om. A. L.

Lacedæmonios fuisse perquam paucos, et ita paucos ut sub una aspide, si ita loqui fas est, occultari potuissent. Sic dicimus Gallice *une poignée de soldats*. Auger. Male. *acie simplici*. Nostri: *einen mann hoch*. Græci: *einen schild hoch*. Vid. Xenoph. Hell. i. 6, 22. vi. 5, 19. 4, 12. Lang. Οὕτως ὀλίγους, ὡς ἐνὶ στίχῳ, πάντας ἐπὶ μετώπου προάγειν, οὐκ ἔχοντας βάθος. Cor.

Θυρεαῖς] Vid. Duker. ad Thucyd. iv. p. 270. Lang. Historia exstat apud Herodot. i. 82. et Pausan. Corinth. c. 38.

Συμβῆναι] Ἀντὶ τοῦ συμβήσεσθαι. Wolf.

Τὰ πόῤῥω] Τὰ παλαιά· Cor.

Ἐξ ὧν] H. l. interpretor *ex quo tempore*, ita ut respondeat p. 321. 1. ἐκ δὲ τούτων. Verte: *ex quo calamitatibus belli se roborarant*. δὲ, inquam. Lang.

τῷ πολέμῳ [1]προδυστυχήσασαι πάλιν ἀνέλαβον αὐτὰς, ἐκ δὲ τούτων τὴν μὲν ἡγεμόνα [2]τῶν Ἑλλήνων καταστᾶσαν, τὴν δ' ἐν τῷ παρόντι τηλικαύτην γεγενημένην ὅσην οὐδεὶς πώποτ' [3]ἔσεσθαι προσεδόκησεν. αἱ γὰρ ἐπιφάνειαι καὶ λαμπρότητες οὐκ ἐκ τῆς ἡσυχίας, ἀλλ' ἐκ τῶν ἀγώνων γίγνεσθαι φιλοῦσιν. ὧν ἡμᾶς ὀρέγεσθαι προσήκει, μήτε
d τῶν σωμάτων μήτε τῆς ψυχῆς μήτε τῶν ἄλλων ὧν ἔχομεν μηδενὸς φειδομένους. [4]ἢν γὰρ κατορθώσωμεν καὶ τὴν πόλιν εἰς ταὐτὸ καταστῆσαι δυνηθῶμεν, ἐξ ὧνπερ ἐκπέπτωκε, καὶ τῶν προγεγενημένων μᾶλλον [5]θαυμασθησόμεθα, καὶ τοῖς ἐπιγιγνομένοις οὐδεμίαν ὑπερβολὴν ἀνδραγαθίας ὑπολείψομεν, ἀλλὰ καὶ τοὺς βουλομένους ἡμᾶς [6]εὐλογεῖν ἀπορεῖν ποιήσομεν, [7]ὅ τι τῶν πεπραγμένων ἡμῖν [8]ἄξιον ἐροῦσι.
e δεῖ δὲ [9]μηδὲ τοῦτο λανθάνειν ὑμᾶς, ὅτι πάντες τῷ συλλόγῳ τούτῳ καὶ τοῖς γνωσθησομένοις ὑφ' ὑμῶν [10]προσέχουσι τὸν νοῦν. ὥσπερ οὖν ἐν κοινῷ θεάτρῳ τῶν Ἑλλήνων διδοὺς ἔλεγχον ἕκαστος ὑμῶν τῆς αὑτοῦ φύσεως οὕτω διακείσθω τὴν γνώμην.

138 μδ'. Ἔστι δ' ἁπλοῦν τὸ καλῶς βουλεύσασθαι περὶ τούτων. [11]ἢν μὲν γὰρ ἐθέλωμεν ἀποθνήσκειν ὑπὲρ τῶν δικαίων, οὐ μόνον εὐδοκιμήσομεν, ἀλλὰ καὶ τὸν ἐπίλοιπον χρόνον ἀσφαλῶς ἡμῖν ἐξέσται ζῆν· εἰ δὲ [12]φοβησόμεθα τοὺς κινδύνους, εἰς πολλὰς ταραχὰς καταστήσομεν ἡμᾶς αὐτούς. παρακαλέσαντες οὖν ἀλλήλους ἀποδῶμεν τὰ τροφεῖα τῇ πατρίδι, καὶ μὴ περιίδωμεν ὑβρισθεῖσαν τὴν Λακεδαίμονα
b καὶ καταφρονηθεῖσαν, μηδὲ ψευσθῆναι ποιήσωμεν τῶν ἐλπίδων τοὺς εὔνους ἡμῖν ὄντας, μηδὲ περὶ πλείονος [13]φανῶμεν ποιούμενοι τὸ ζῆν τοῦ παρὰ πᾶσιν ἀνθρώποις εὐδοκιμεῖν, ἐνθυμηθέντες ὅτι κάλλιόν ἐστιν ἀντὶ θνητοῦ σώματος ἀθάνατον δόξαν ἀντικαταλλάξασθαι, καὶ ψυχῆς ἧς [14]οὐχ ἕξομεν ὀλίγων ἐτῶν, πρίασθαι τοιαύτην εὔκλειαν ἣ πάντα

[1] δυστυχήσασαι A. C. L. [2] τῶν Ἑλλήνων om. A. C. L. [3] ἔσεσθαι πώποτε A. C. L. [4] ἐὰν A. C. L. [5] ἐγκωμιασθησόμεθα A. C. L. [6] εὐλογεῖν ἡμᾶς A. C. L. [7] τί A. C. L. [8] ἀξίως A. C. L. [9] μὴ A. L. [10] προσέξουσι A. C. L. [11] ἐὰν A. C. L. [12] φοβηθησόμεθα A. C. L. [13] ποιούμενοι τὸ ζῆν προδόται φανῶμεν A. C. L. [14] οὐκ εὐπορήσομεν A. C. L.

Ἐξ ὧνπερ] Hic nota, licet εἰς ταὐτὸ præcesserit. Quod quidem non est juxta grammaticæ regulas, sed spiritui eloquentiæ non adversatur. Auger.

Ψυχῆς ἧς οὐχ ἕξομεν ὀλίγων ἐτῶν] Ζωῆς ἧς μετ' ὀλίγα ἔτη στερηθησόμεθα. Cor.

τὸν αἰῶνα τοῖς ἐξ ἡμῶν [1] γενομένοις παραμενεῖ, πολὺ [2] μᾶλ- c
λον ἢ μικροῦ χρόνου [3] γλιχομένους μεγάλαις αἰσχύναις ἡμᾶς
136 αὐτοὺς περιβαλεῖν. ἡγοῦμαι δ' ἂν ὑμᾶς οὕτω μάλιστα πα-
ροξυνθῆναι πρὸς τὸν πόλεμον, εἰ ταῖς διανοίαις ὥσπερ παρε-
στῶτας ἴδοιτε τοὺς γονέας καὶ τοὺς παῖδας τοὺς ὑμετέρους [4] αὐτῶν, τοὺς μὲν παρακελευομένους μὴ καταισχῦναι
τὸ τῆς Σπάρτης ὄνομα μηδὲ τοὺς νόμους ἐν οἷς ἐπαιδεύ- d
θημεν μηδὲ τὰς μάχας τὰς ἐφ' αὐτῶν γενομένας, τοὺς δ'
ἀπαιτοῦντας τὴν χώραν ἣν οἱ πρόγονοι κατέλιπον, καὶ
[5] τὴν δυναστείαν [6] τὴν ἐν τοῖς Ἕλλησι, καὶ τὴν ἡγεμονίαν
ἥνπερ αὐτοὶ παρὰ τῶν πατέρων παρελάβομεν· πρὸς οὓς
οὐκ ἂν ἔχοιμεν εἰπεῖν ὡς οὐκ ἀμφότεροι δίκαια τυγχάνουσι
λέγοντες.

με'. Οὐκ οἶδ' ὅτι δεῖ μακρολογεῖν, πλὴν τοσοῦτον, ὡς
[7] πλείστων τῇ πόλει [8] ταύτῃ πολέμων καὶ κινδύνων γεγενημένων οὐδεπώποθ' οἱ πολέμιοι τρόπαιον ἡμῶν ἔστησαν
ἡγουμένου βασιλέως ἐκ τῆς οἰκίας τῆς ἡμετέρας. ἔστι δὲ e
νοῦν ἐχόντων ἀνδρῶν, οἵπερ [9] ἂν ἐν ταῖς μάχαις ἡγεμόσι
χρώμενοι [10] κατορθῶσι, τούτοις καὶ περὶ τῶν μελλόντων κινδύνων συμβουλεύουσι μᾶλλον ἢ τοῖς ἄλλοις πείθεσθαι.

[1] γιγνομένοις A. C. L.
[2] γὰρ μᾶλλον κρεῖττον μεγάλου καιροῦ τιμὴν ἀνταλλάξασθαι ἢ A. C. L.
[3] γλιχομένους om. A. C. L. [4] αὐτῶν om. A. C. L. [5] τὴν om. L. [6] τῶν L.
[7] πολλῶν A. C. L. [8] ταύτῃ om. A. C. L. [9] ἂν om. A. C. L.
[10] κατορθοῦσι A. C. L.

Τοὺς μὲν] Τοὺς γονέας. Idem.

Τοὺς δ'] Τοὺς παῖδας. Idem.

Ἀμφότεροι] Intellige παῖδες καὶ πατέρες. Lang.

Ἐκ τῆς οἰκίας τῆς ἡμετέρας] Heraclidæ fuerunt Spartani reges, et plerumque bini eodem tempore, sed e diversis familiis: quarum altera ab Eurysthene, altera a Procle, gemellis fratribus propagata erat. Archidamus autem ad Proclem ortum suum refert; eamque familiam tanquam perpetuo victricem commendat. Wolf.

BERGMANI
AD AREOPAGITICUM
PRÆFATIO.

ANTEQUAM ad Orationem Isocrateam perpetua annotatione illustrandam accedamus, operæ pretium duximus pauca quædam de ea universe præfari, quo facilior ad ejus intelligentiam aditus pateat.

Primum de Titulo operis dicendum. Inscribitur hæc oratio Ἀρειοπαγιτικὸς, scilicet λόγος. Sic certe legitur in Editione Wolfiana majori et minori, et apud reliquos Wolfium ætate consecutos, Editores, Stephanum, Battieum, Augerium, Langium, Coraem. Sed Veteres multi, neglecta diphthongo, scripserunt Ἀρεοπαγιτικός. Hoc habent primum Editiones Mediolanensis, Aldina, Isingriniana: deinde Codex Lugduno-Batavus: denique scriptores veteres, Dionysius Halicarnassensis duobus locis, quibus de hac oratione agit, περὶ συνθ. ὀνομ. p. 27. 8. et in Vita Isocratis p. 97. 6. Harpocration in διεσκαριφησάμεθα, ἐπιθέτους ἑορτὰς, ὅσιον, συγγραφεῖς. Etymologus in ἐπιθέτους ἑορτάς. Grammaticus περὶ συντάξεως a Bekkero editus in Anecd. Gr. Vol. I. p. 125. in Ἀμύνω καὶ ἐπαμύνω, et in Ἀπορῶ. Photius Cod. CLVIII. cujus verba retulit Coraes inter testimonia veterum de Isocrate. Pseudo-Plutarchus in Vita Isocratis p. 838. B. Quæritur quæ sit verior scriptura. Quod si auctoritatibus certandum est, sane illi hæc anteponenda videtur: sed videndum quid cum Linguæ Analogia, quid cum usu veterum conveniat. Quod ad hunc attinet, Areopagi tribunal a Græcis frequentissime dici τὴν ἐξ Ἀρείου πάγου βουλὴν, vel et τὴν ἐν Ἀρείῳ πάγῳ βουλὴν, ducta appellatione a loco quodam Athenis, qui Ἄρειος πάγος, hoc est, *Martis collis* diceretur, non est quod dedita opera ostendamus. Cf. modo §. ιδ'. Plutarchus in Sol. p. 88. D. E. Dicitur etiam Ἄρειος πάγος. Vid. §. ιε'. (quanquam ibi fortasse de ipso *Martis colle* appellatio adhibetur, potius quam de Senatorum concilio) Panath. p. 265. B. ed. H. Stephan. Plutarch. p. 88. F. Aristoteles Rhet. l. 1. 3. Aristides Panath. p. 15. E. Usquamne, duabus vocibus in unam conflatis, dicatur Ἀρειόπαγος vel et Ἀρεόπαγος, ignoro. Sed apud Græcos certe illud frequens non est; nam Latini scriptores constanter *Areopagum, consilium Areopagi* appellant. Vid. Cicero de Nat. Deor. II. 29. de Div. I. 25. ad Att. V. 11. quibus tamen locis Ernestus edidit *Ariopagus*, uti et apud Senecam de Tranq. An. C. 3. in f. *Ariopagos* legitur. Juvenalis et Ovidius Græcam rationem secuti appellant, ille Sat. IX. 101. "curiam Martis," hic Met. V. 70. "scopulum Mavortis." Quidquid vero ejus rei sit, ab ista appellatione Ἄρειος πάγος ducitur Judicum sive Senatorum appellatio Ἀρειοπαγῖται. Plutarch. p. 88. E. Sed frequentioris usus videtur, neglecta diphthongo, Ἀρεοπαγῖται. Plutarch. p. 89. A. T. II. p. 384. B. Hyperides apud Athenæum XIII. p. 566. laudandus §. ιη΄. Lucianus de Gymnas. T. I. p. 742 et 743. Ed. Bas. Dinarchus contra Demosth. §. θ΄. etiam Lucas Act. XVII. 34. Hinc Latinum *Areopagitæ*. Cicero de Off. I. 32. Phil. V. 5. Balb. 12. item de Div. I. 25. ubi tamen Ed. Ern. habet *Ariopagita:* ad Div. XIII. 1. Quinctilianus V. 9. Gellius XII. 7. Macrobius Saturn. VII. 1. Unde formatum adjectivum *Areopagiticus* habet Sidonius Apollinaris IX. Ep. 9. Ut videatur apud Græcos usurpatum fuisse Ἀρεοπαγιτικὸς (quæ et Orationis Lysiacæ VI. inscriptio est, non autem Ἀρειοπαγιτικὸς), itidem ductum a nomine substantivo Ἀρεοπαγίτης. Quod, nisi præstet totam varietatem librariis tribuere, ex Linguæ analogia forte ita explicari potest, ut ortum dicas non e conjunctione adjectivi Ἄρειος cum nomine substantivo πάγος, h. e. *collis Martius;* sed ab Ἄρεος, Genitivo nominis Ἄρης, et πάγος, ut sit Ἄρεος πάγος, *collis Martis*, contracte Ἀρεόπαγος, quemodmodum a Genitivo nominis Pelops ducitur Πελοπόννησος pro Πέλοπος νῆσος: ab Ἀρεόπαγος autem, etsi non videatur in usu fuisse, ducatur Ἀρεοπαγίτης. Accedit fortasse Latinorum, etsi non constans, cousuetudo diphthongum εἰ in *i* mutandi, ut si Græce nunquam aliter scriptum fuisset, quam Ἀρειόπαγος, Ἀρειοπαγίτης, illi potius scripturi fuisse videantur *Ariopagus, Ariopagita, Ariopagiticus.* Sed et hic libri variant. Certe cum Ἀρεοπαγιτικὸς in Inscriptione Isocratei operis, Grammaticorum, aliorum Scriptorum, Codicis unius (et fortasse plurium, nam de ista varietate nemo, quod sciam eorum, qui eos contulerunt, quidquam annotavit), postremo Editionum principum auctoritate nitatur; sic statuo, eam scribendi rationem non plane spernendam, sed ulteriore examine dignam esse. Maluimus tamen vulgo recepto Ἀρειοπαγιτικὸς suum locum relinquere.

Quæriter insuper, qua de causa ita inscribatur Oratio. Nihil hac de re Veteres. Vulgo existimatur eam ita dictam esse, quod ab Isocrate in Areopago habita fuerit. Vid. Wolfii argumentum in fine, qui præterea in Annotatione ait eam Latine dici posse *Senatoriam* sive *Censoriam*, sive de *Corrigenda et Ordinanda Republica.* Potius simpliciter vertatur *Oratio Areopagitica*, vel et *Areopagiticus.* Aliter H. Stephanus in Diatribe Isocratea III. qua agitur de diversis titulis seu inscriptionibus quarumdam Orationum, censet fieri etiam posse (suo quidem judicio) ut a dignitate et præstantia nomen hoc consecuta sit: tanquam digna quæ vel in medio Areopago haberetur. Oblocutus quoque est vulgari sententiæ Auctor Gallicus Vitarum veterum Oratorum Græcorum,[1] T. I. p. 88. qui putat ita inscriptam esse hanc orationem ob magnificam Areopagi, quæ in ea legitur, laudationem; neque enim, si eam habuisset Isocrates coram Areopago, eum de hujus, quæ erat sua ætate, conditione, tanta fiducia et acerbitate dicturum fuisse, quantæ v. gr. §. ιε'. apparent. Mihi quidem neque Stephani neque hujus ratio placet: neque enim Areopagi landes præcipuum argumentum operis faciunt. Sed ne vulgaris quidem sive Wolfii sententia stare potest, si quidem vere referat Pseudo-Plutarchus in Vita Isocr. p. 837. A. Isocratem tenui voce præditum et in dicendo timidum, *unam tantum habuisse orationem de Permutatione* (cf. et p. 838. A.), sed schola instituta, Panegyricum et alias quasdam orationes generis deliberativi (τῶν συμβουλευτικῶν) partim ipsum qui scripserat recitavisse (nimirum in schola, coram paucis auditoribus, coll. p. 838. D.), partim aliis recitandas tradidisse. Hujus autem orationis mentionem cum Laudationis Helenæ mentione conjunxit, nihil aliud dicens quam hoc p. 838. B. ἐποίησε δὲ καὶ εἰς Ἑλένην ἐγκώμιον καὶ Ἀρεοπαγιτικόν. Cur isti auctori fides denegetur causa nulla est, quandoquidem ejus testimonium ipse Isocrates comprobat in Exordio Panathenaici. Ergo falsum est orationem hanc habuisse Isocratem, falsum etiam eam coram Areopagi Senatu habitam esse. Et tamen nulla satis probabilis ratio inscriptionis afferri potest, si ea non habita est in Areopago. Quamobrem ego quidem sic existimem, dictam eam esse Areopagiticam, quia fingebatur habita esse in Areopago, sive quod eodem redit, quia ab Isocrate ad Areopagitas missa est. Nihil, fateor, certi hac de re novimus: sed maxime probabilia sequimur. Neque, si ita statuas, quidquam valet, quod a Scriptore Gallico opponi vidimus, Isocratem audacius, quam par esset, Areopagitas

[1] Liber, anno 1752. Lutetiæ Parisiorum, non addito auctoris nomine, forma octava editus, inscribitur: *Vies des Anciens Orateurs Grecs avec des Reflexions sur leur Eloquence, des Notices de leurs Ecrits, et des Traductions de quelques uns de leurs Discours.* Duos Operis Tomos possideo, quorum altero de Isocrate, altero de Dione Chrysostomo agitur. Utrum plures prodierint ignoro: certe consilium Operis hince duabus tractationibus minime absolutum est. Prior autem ille complectitur primum *Vitam Isocratis*, deinde *Observationes de ejus Eloquentia*, tum *Dissertationem de Operibus ejus*, addita eorum Tabula Chronologica, porro *Disputationem de historia Athenarum ad illustrandas Orationes Isocratis in primis Panegyricum*, postremo *Interpretationem Gallicam* nonnullarum orationum, *Nicoclis*, *Panegyrici*, *Laudationis Evagoræ*, *Amartyri adversus Euthynum*. Opus non indoctum, nec ineleganter scriptum, quod etiam post *Wolfium* in Ed. Isocr. *Fabricium* in Bibl. Græca cum fructu legi potest, et multa continet, nisi vera, certe vero quam simillima, dignaque, quæ diligentius perpendantur, maxime in ea parte ubi de Operibus Isocratis agitur.

reprehendisse. Aliud enim est dicere, aliud scribere. Quæ dicere forte erubuisset, commode scribere potuit; quæ auribus forte ingrata fuissent, prudenti lectori displicere non poterant: neque Areopagi erat, æquissimi judicii, in Isocratem vera prædicantem ira commoveri. Neque alia ratio videtur, ob quam Lysiæ quoque illa Oratio Areopagitica dicatur, quam quod coram Areopagi Judicibus habita fuerit, in primis cum causa esset ad religionem pertinens (continetur enim ea ὑπὲρ τοῦ σηκοῦ ἀπολογία, *de sacræ olivæ trunco*, uti vertit interpres Latinus), quales Areopagus dijudicare solebat. Vid. Harpocr. in ἐπιθέτους ἑορτάς. Parum autem refert utrum dicas de oratione aliqua eam esse esse habitam, an habitam fingi tantum.

Sequitur ut de Orationis Argumento ejusque tractandi ratione dicamus. Qua de causa ad dicendum accesserit Orator, jam inde ab initio declaravit cum diceret sese περὶ σωτηρίας τὴν πρόσοδον ποιήσασθαι, quod, ut haud male Wolfius monuit, idem valet ac si Latine dicas, de eo dicere *providendum esse ne quid respublica detrimenti capiat*, uti et docent sequentia. Quo autem consilio (ἥντινα γνώμην ἔχων), cum res Atheniensium satis prosperæ viderentur, de eo providendum esse censeret, docent hæc ex ultimo Capite: ἡγούμενος μὲν οὖν ἐγὼ, ἢν μιμησώμεθα τοὺς προγόνους, καὶ τῶν κακῶν ἡμᾶς τούτων (*odio Græcorum, contemptu barbarorum, paupertate* cæt. quæ Capitibus duobus præcedentibus enumeraverat) ἀπαλλαγήσεσθαι, καὶ σωτῆρας οὐ μόνον τῆς πόλεως ἀλλὰ καὶ τῶν Ἑλλήνων ἁπάντων γενήσεσθαι, τήν τε πρόσοδον ἐποιησάμην καὶ τοὺς λόγους εἴρηκα τούτους. Hoc ergo sibi vult, ut ad majorum imitationem Athenienses adhortetur, atque hoc consilio laudandam sibi sumpsit eam reipubl. administrandæ rationem, qua usi majores optime rem gesserant, et in qua sola civitatis salus posita erat. Docent id quæ §. ε'. in f. et ς'. leguntur: ὑπὲρ ἧς (πολιτείας ὑπὸ τῶν προγόνων καταλειφθείσης) ἐγὼ καὶ τὸν λόγον μέλλω ποιεῖσθαι καὶ τὴν πρόσοδον ἀπεγραψάμην. εὑρίσκω γὰρ ταύτην ἂν μόνην γενομένην, καὶ τῶν μελλόντων κινδύνων ἀποτροπὴν καὶ τῶν παρόντων κακῶν ἀπαλλαγὴν, ἢν ἐθελήσωμεν ἐκείνην τὴν δημοκρατίαν ἀναλαβεῖν, ἣν Σόλων μὲν ὁ δημοτικώτατος γενόμενος ἐνομοθέτησε, Κλεισθένης δὲ, ὁ τοὺς τυράννους ἐκβαλὼν καὶ τὸν δῆμον καταγαγὼν, πάλιν ἐξ ἀρχῆς κατέστησεν. Illam ergo Reipubl. formam primum a Solone constitutam, deinde, sopita Pisistratidarum tyrannide, a Clisthene revocatam et magis magisque confirmatam, quæ vero postea, in primis postquam Periclis et Ephialtæ opera Areopagi auctoritas labefactata erat, quod ipse Isocrates significat §. ιθ'., a prudenti rerum omnium administratione, quæ æqua ἀριστοκρατίας ac δημοκρατίας mixtura sive conjunctione efficiebatur, in intolerabilem plebis insanientis dominationem, bonorumque magistratuum inopia in omnis generis turpissimam licentiam, *εἰς ὀχλοκρατίαν καὶ ἀναρχίαν*, ab altera vero parte in paucorum tyrannidem sive *ὀλιγαρχίαν* conversa fuerat (cf Wolfius initio Annot.); illam, inquam, pristinam reip. formam in præsentis perversi et corrupti rerum status locum restituendam esse, summum est dicentis consilium, dicendorumque argumentum. In quo pertractando ita versatur ut utriusque Reip. formæ virtutes, vitia, commoda, incommoda exponat. Summam omnium paucis verbis complexus est Photius l. c. Καὶ ὁ Ἀρεοπαγιτικὸς δὲ, inquit, *τῶν συμβουλευτικῶν ἐστὶ, προτρέπων τοὺς Ἀθηναίους ἐπ' ἀρετὴν, ἐξ ἐπαίνου μὲν τῶν προγεγονότων, καταδρομῆς δὲ τῶν ἔτι τῷ βίῳ περιόντων.* Majore ubertate et orationis elegantia Dionysius Halicarnassensis in Vita Isocratis p. 97. insigni loco, quem plerique Editores argumenti loco Operi Isocrateo præfixerunt, nos huc referre maluimus, censentes Dionysium non adeo argumentum sibi conscribendum sumpsisse, quam præstantiam operis ostendere voluisse, de hac oratione ita disserit: Τίς *δὲ τὸν Ἀρεοπαγιτικὸν ἀναγνοὺς λόγον, οὐκ ἂν γένοιτο κοσμιώτερος; ἢ τίς οὐκ ἂν θαυμάσειε τὴν ἐπιβολὴν τοῦ ῥήτορος; ὃς ἐτόλμησε διαλεχθῆναι περὶ πολιτείας Ἀθηναίοις, ἀξιῶν μεταθέσθαι μὲν τὴν τότε καθεστῶσαν δημοκρατίαν, ὡς μεγάλα βλάπτουσαν τὴν πόλιν, ὑπὲρ ἧς (τῶν) δημαγωγῶν οὐθεὶς ἐπεχείρει λέγειν· θεωρῶν εἰς τοσαύτην αὐτὴν προεληλυθυῖαν ἀκοσμίαν, ὥστε μηδὲ τοὺς ἄρχοντας ἔτι τῶν ἰδιωτῶν κρατεῖν, ἀλλ' ἕκαστον ὅ, τι καθ' ἡδονὴν αὐτῷ γίνοιτο, καὶ ποιοῦντα καὶ λέγοντα, καὶ τὴν ἄκαιρον παῤῥησίαν δημοτικὴν ἐξουσίαν ὑπὸ πάντων νομιζομένην· ἀνασώσασθαι δὲ τὴν ὑπὸ Σόλωνός τε καὶ Κλεισθένους κατασταθεῖσαν πολιτείαν· ἧς τὴν προαίρεσιν καὶ τὰ ἔθη*[1] *διεξιὼν, δεινότερον μὲν ἡγεῖσθαί φησι τοὺς τότε ἀνθρώπους τὸ τοῖς πρεσβυτέροις ἀντειπεῖν, ἢ τὴν τάξιν λύειν· δημοκρατίαν δὲ αὐτοὺς νομίζειν οὐ τὴν ἀκολασίαν, ἀλλὰ τὴν σωφροσύνην· τὸ δὲ ἐλεύθερον οὐκ ἐν τῷ καταφρονεῖν τῶν ἀρχόντων, ἀλλ' ἐν τῷ τὰ κελευόμενα ποιεῖν τίθεσθαι· ἐξουσίαν τε οὐθενὶ τῶν ἀκολάστων ἐπιτρέπειν, ἀλλὰ τοῖς βελτίστοις ἀνατιθέναι τὰς ἀρχὰς, τοιούτους ἔσεσθαι τοὺς ἄλλους ὑπολαμβάνοντας οἷοίπερ ἂν ὦσιν οἱ τὴν πόλιν διοικοῦντες· ἀντὶ δὲ τοῦ τὰς ἰδίας οὐσίας ἐκ τῶν δημοσίων ἐπανορθοῦν, τοὺς ἰδίους πλούτους εἰς τὰ κοινὰ καταχορηγῆσαι· χωρὶς δὲ τούτων, πλείω τὴν ἐπιμέλειαν ποιεῖσθαι τοὺς πατέρας τῶν υἱῶν ἀνδρῶν γενομένων, ἢ παίδων ὄντων ἐποιοῦντο· ἐνθυμουμένους ὡς οὐκ ἐξ ἐκείνης τῆς παιδείας,*[2] *ἀλλ' ἐκ ταύτης τῆς σωφροσύνης, μᾶλλον ὠφελεῖται τὸ κοινόν· κρείττονά τε ὑπολαμβάνειν τὰ χρηστὰ ἐπιτηδεύματα τῆς ἀκριβοῦς νομοθεσίας, σκοποῦντας οὐχ ὅπως ταῖς τιμωρίαις τοὺς ἁμαρτάνοντας ἀνείρξουσιν, ἀλλ' ὡς μηδὲν ἄξιον ζημίας ἕκαστον ἐπιτηδεύειν·*[3] *καὶ τὴν μὲν πατρίδα δεῖν οἰομένους*

[1] Reiskius in Ed. Dionys. Hal. T. V. p. 550. dedit ἤθη, quem in hoc loco referendo secutus est Coraes, quem Vid. in Ann. T. II. p. 102.

[2] Langius in Isocratis Edit. p. 215. emendandum censet παιδιάς. Cf. Ann. ad locum Isocr. §. ιδ'.

[3] Reiskius T. V. p. 683. emendat ἕκαστος ἐπιτηδεύῃ· Augerius ἕκαστος ἐπιτηδεύσει.

ἐν ἐξουσίᾳ διάγειν μεγάλῃ, τοῖς δ' ἰδιώταις μηδὲν ἐξεῖναι ποιεῖν ὅ, τι ἂν οἱ νόμοι κωλύωσι· καρτερεῖν δὲ τὰ δεινὰ, καὶ μὴ ἐκπλήττεσθαι ταῖς συμφοραῖς.

Hæc ille. Nos panca adjungamus de argumenti tractandi ratione, sive de ea, quam dispositionem dicunt Rhetores.

De Exordio, quod §. ε'. prioribus continetur, vere utique judicavit Wolfius ad verba §. δ'. καὶ ταῦτ' εἰκότως καὶ ποιοῦμεν καὶ πάσχομεν. 'Quia (inquit) apud Areopagitas, neque exordiis uti, neque movere affectus licebat, in hoc principio non magnopere curantur præcepta exordiorum. Etsi enim loci benevolentiæ et attentionis passim in eo sparguntur: reprehensione tamen magna ex parte constat. Primum recensetur inanis fiducia Atheniensium (§. α'.). Deinde ostenditur, ut felices et potentes revera essent, fortunæ tamen non esse fidendum, exemplis adductis (§. α'. β'. γ'.). Tertio loco negat eos esse fortunatos: ac potius in periculo constitutos re male gesta demonstrat (§. δ'.). Nunc quarto loco αἰτιολογίαν subjicit calamitatum, eaque ratione commode ad propositionem accedit: corrigendam et ordinandam esse reipublicam, quod labefactata disciplina et superiorum calamitatum causa fuerit: et nisi ea in integrum restituatur, majores impendeant (§. ε'. ϛ'. ζ'.).'

Exordium et propositionem excipit ipsius Argumenti proprie ita dicta Pertractatio constans comparatione veteris Reipubl. formæ a Solone et Clisthene constitutæ cum ea, quæ ipsius ætate obtineret, inde a §. ζ' — κβ'. Primum de civitatis constitutione universe loquitur, §. η' — ι'. Deinde ad singulas ejus partes, et vitæ quotidianæ consuetudinem transit, agitque cum de cultu deorum §. ια'. tum de ditiorum pauperiorumque mutua necessitudine et concordia §. ιβ'. tum etiam, causam rei exponens §. ιγ'. de liberorum institutione et honestatis cura Areopagi Senatui mandata, de cujus Senatus laudibus, sapientissimoque ejus instituendi majorum consilio, et ad honestam vitæ rationem servandam, et ad scelera prævidenda et occupanda, et ad omne commodi genus civitati afferendum, deinceps usque ad §. κβ'. ita disserit, ut Solonis rempublicam oculis quasi cernere tibi videaris.

De hac autem utriusque Reipubl. formæ comparatione ante omnia hoc tenendum est, in ea ita versari Isocratem, ut in laudibus majorum reprehensio suæ ætatis, in hujus reprehensione laus majorum cernatur; sive, ut aliis verbis utar, plerumque eam constare commemoratione vitiorum, quibus illa careret, præsens premeretur, et prædicandis virtutibus bonisque, quibus illa abundaret et excelleret, hæc careret. Animadvertit hoc jam omnium interpretum primus, atque haud scio an princeps dicendus, Wolfius, Annot. ad initium §. η'. οἱ γὰρ κατ' ἐκεῖνον τὸν χρόνον κ. τ. λ. 'Descriptio (inquit) veteris laudatæque reipubl. κατ' ἀφαίρεσιν καὶ θέσιν tractata.

Nec enim id tantum dicit, quid fecerint illi, idest τὰ δέοντα, quod nunc non fiat: sed etiam, quid non fecerint, idest, τὰ γιγνόμενα, quod nunc fiat.' Et passim in Commentario hac de re monuit. Conferantur etiam Photii verba modo laudata: in primis quæ e Dionysio Hal. retulimus, quæ si quis contulerit cum locis Isocrateis, quæ ista scribens in animo habebat, videbit eum idem sensisse et illustrare voluisse. Nos quoque operam dabimus ut in præcipuorum locorum interpretatione idem ostendamus. Vid. Animadversiones nostræ ad §. η'. ιβ'. ιη'. ιθ'. Pertinet hæc observatio non solum ad artificii rhetorici, quo ad evitandam reprehensionis acerbitatem invidiamque depellendam orator usus est, intelligentiam, neque ad orationis tantum elegantiam pulcritudinemque sentiendam, ejusque consilium perspiciendum; sed etiam haud parum confert ad civitatis formam, mores, et vitæ consuetudinem Atheniensium cognoscendam; cum quæ Solonis eumque proxime secuta ætate fuerint; tum quantum de majorum virtute et severa disciplina desciverint, atque in ignaviam, gravissimarum rerum incuriam, luxuriam, morum corruptelam atque omni reprehensione dignam licentiam inciderint, et quousque jam Isocratis ætate prolapsi fuerint: quæ vitia in causa fuisse amissæ Græcorum libertatis, quæ, fusis Atheniensium sociorumque copiis ad Chæroneam a Philippo Macedone, Isocratis senectuti morte finem imposuit, non dubitandum est. Cf. Valckenaerius in orat. de Philippo Mac. p. 241. et 272. ibique annotationes.

Diximus de artificio rhetorico. Id in reliqua Orationis parte æque ac in superiore elucet. Inde a §. κγ' — κε'. occurrit Isocrates reprehensioni adversariorum, qui objicere poterant eum operam inanem ludere, et periculum esse ne novarum rerum studiosus videretur. Non nova se sed vetera atque omnibus nota suadere dicit, indeque maxime suam sententiam apparere, quod in plerisque orationibus paucorum cupiditates reprehendisset, æquam populi dominationem, τὰς δημοκρατίας, laudasset, quas sciret, vel tum, cum non essent optime constitutæ, tamen longe præstare ταῖς ὀλιγαρχίαις. Quod ut ostendat, atque odium, si quod forte sibi contraxisset, diluat, præsentis ab omnibus reprehensæ reip. formæ cum XXX. virorum tyrannide comparatæ laudationem (quanquam sese a proposito averti sentiebat) suscipit, §. κε' — κθ'. Quod cum fecisset, eique denuo objici posset, cur tandem eam civitatis administrationem, quam modo tantopere laudavisset, abrogandam, aliamque ejus loco substituendam censeret: ita dicenti sic occurrit §. λ'. ut contendat Athenienses non satis sibi ducere debere si paulo meliores essent pessimis civibus, XXX. tyrannis, sed graviter ferre quamdiu majoribus pejores essent. Inde ad pristinum argumentum redit, ac rursus incidit §. λβ'. in laudes fortitudinis et ingenii, quibus majores excelluerant, sed a quibus §. λγ'. eorum posteri h. e. sui æquales turpiter degeneraverant, ita ut illæ ipsis dedecori essent: quod dum agit se ipsum eorum numero non excludit, sed invidiæ minuendæ causa per κοίνωσιν prima persona utitur ἡμεῖς. Mox tamen isti vituperationi, ne propositum plane desereret, fine imposito, perorandi initium facit §. λδ'. atque, utilis et noxii ratione inita, aggreditur brevem comparationem sive potins ἀνακεφαλαίωσιν præcipuorum commodorum, quæ prudens reip. forma majorumque disciplina civitati olim attulerant, calamitatumque et periculorum, quorum præsens perversa rerum administratio et ignavia civium causæ exstiterant §. λε'—λη'. Postremo consilii, quo ad dicendum prodierat, brevi facta significatione, et re judicio Areopagitarum commissa, qui quod optimum civitati ipsis videretur eligerent, dicendi finem facit §. λθ'.

Comparationes ejus generis, quod postremo loco diximus, apud Oratores non sunt infrequentes. Simili arte usus est Demosthenes Olynth. III. §. η'. sqq. et περὶ συντάξεως §. ι'. Lycurgus adv. Leocratem p. 126. et sqq. contulit veterum temporum felicitatem, cum infelici et servili civitatis Atheniensis totiusque Græciæ conditione, quæ pugnam Chæronensem est consecuta. Quæ loca cum argumento hujus orationis contulisse, operæ pretium fuerit.

Superest tertio loco difficilior quæstio de Tempore, sive, quo ætatis anno eam orationem scripserit Isocratis. Nihil hac de re veteres, pauca recentiores in medium attulerunt: ut ex ipso operis argumento aliisque indiciis responsio petenda sit. Non nisi Wolfius et, quem supra laudavimus, auctor Gallicus aliquid monuerunt. Ille Annot. ad verba e §. α'. ὧν ὑπαρχόντων κ. τ. λ. ita disputavit ut appareat illum in ea versatum esse sententia, scriptionem hujus orationis secutam esse victoriam navalem Cononis, antecessisse bellum sociale et scriptam Orationem de Pace: 'Ex hac (inquit) enumeratione copiarum Atheniensis Reipubl. colligitur orationem hanc scriptam esse post navalem Cononis victoriam, qui patriæ dignitatem pristinam restituit, quam filius ejus Timotheus, felicissimus imperator, et conservavit et amplificavit. Etsi autem in hac oratione mentio nulla fit Philippi: tamen urbium Thraciæ amissionem [Vid. §. δ'.] nullam ego quidem aliam novi, nisi eam, cum, Olyntho expugnata, etiam cæteræ in ejus potestatem ceciderunt. Nam Thraciæ quidem reges, quorum prima Olynthiaca mentionem facit Demosthenes, ἀκύρως ἄγαν πόλεις vocarentur. Sed utut et χρονολογία et ἱστορία se habeant, cum videret Isocrates honestam disciplinam labefactari, et multa temere geri ex fiducia virium: mature monuit, occurrendum esse his periculis, quæ temeritatem consequi soleant: ut vates potins, quam orator fuisse videatur. Nec enim ita multo post, propter Atheniensium tyrannidem Chii et Rhodii et Coi et Byzantii, aliique eorum socii, bellum eis intulerunt, quod ὁ συμμαχικὸς πόλεμος dicitur: de quo agit in oratione περὶ εἰρήνης.' Fluctuavit Wolfius, et in Annot. ad locum §. δ'. de Thebanis aperte fassus est temporum rationes sibi non satis perspectas esse. Alter autem ille scriptor, quem diximus, annnm scriptæ orationis accuratius definire tentavit. Censet Op. l. p. 87. cum propter mentionem Lacedæmoniorum contra Thebanos ab Atheniensibus auxilia petentium (Vid. §. κη'.) tum epistolarum recens a Persiæ Rege missarum, in quibus Athenienses parum honorifice tractaverat (§. λζ'. in f.); ratione temporum habita, scriptionem ejus ponendam esse in annum A. C. 368. (laudans ad h. a. Usserium), Isocratis LXVIII. Eamque sententiam secutus est in conficienda Tabula Chronologica Operum ejus, p. 124. Ex mea quidem sententia seriora sunt hujus libri tempora. Primum de eo nullum dubium est, quin §. κη'. uti et γ'. mentio fiat temporum, quæ Leuctricam pugnam, quæ fuit anno A. C. 371. proxime consecuta sunt, ut suo loco videbimus. Sed de epistolis Regis Persarum, quæ §. λζ'. memorantur, non æque expedita res est, et nescio an usquam apud historicos earumdem, quas Isocrates significavit, mentio occurrat: nam sæpius accidit ut literæ ab illo in Græciam perferrentur. Verum nequaquam hæc sunt unica indicia, quæ sequi in hac quæstione aut possimus, aut debeamus. Contra plura alia adsunt. Mentio fit §. α'. pacis, qua terra marique Atheniensium civitas utebatur; classis ducentarum amplius triremium, quam possidebant; sociorum multorum ad opem, ubi opus esset, ferendam paratissimorum, aliorum tributa pendentium. §. γ'. coll. §. λζ'. renovati odii contemptusque Græcorum et inimicitiæ cum Rege Persarum. §. δ'. amissarum omnium Thraciæ civitatum, frustra in conductitias copias consumptorum mille amplius talentorum, calumniarum quibus a Græcis petebantur Athenienses, belli adversus barbarum orti, auxiliorum Thebanorum amicis sive sociis præstitorum, propria culpa perditorum et amissorum suorum sociorum, denique sacrificiorum læti nuncii, quæ in tot tantisque rebus adversis celebrata fuerant. Præterea §. κδ'. loquitur Isocrates de compluribus orationum a se habitarum, in quibus pravas paucorum imperantium cupiditates reprehendisset, æquam reipubl. popularis formam laudavisset. Similiterque §. λβ'. postquam superiori dixisset, Atheniensibus studendum esse non ut pessimis hominibus meliores essent, sed ne majoribus pejores, et cum his virtutis certamen illis ineundum esse, subjicit se hæc non nunc primum, sed sæpius jam, et in multorum conventu dixisse: καὶ τοῦτον εἴρηκα τὸν λόγον οὐ νῦν πρῶτον ἀλλὰ πολλάκις ἤδη καὶ πρὸς πολλούς. Quorum ratione habita sponte eo ducimur ut statuere debeamus, cum hanc orationem scriberet Isocrates, eum jam multas quin reliquarum plerasque edidisse: atque adeo non tantum post editum Panegyricum, cujus hoc præcipuum est argumentum ut majorum fortia facta suis ad imitationem proponat, ac de quo merito dicere poterat se dixisse *coram multis*, πρὸς πολλούς: scripta enim erat ista oratio ut in publico Græcorum conventu, πανηγύρει, unde etiam nomen habet, recitaretur; ejus autem scriptæ tempus ex Mori quidem sententia incidit in Olympiadem XCVII. vel XCVIII. hoc est, intra annos A. C. 388 et 380. sed etiam post tempora belli socialis Atheniensium contra socios, quod fuit inde ab anno 358—356. et scriptæ Orationis de Pace, περὶ εἰρήνης, qua de hoc bello agitur, idque in primis egit Isocrates ut injustas paucorum cupiditates increparet, temerariam rerum publicarum administrationem vituperaret, majorumque, qui tempore bellorum Persicorum vixerant, æquitatem et virtutem solas æmulatione dignas esse ostenderet. Vid. ibi p. 166. D. et alibi. Deinde si ad uberem illam, quam diximus, rerum gestarum enumerationem attenderis, nulla alia tempora intelligi posse opinor, quam quæ in extremam Oratoris senectutem cadant. Nam quod Wolfius ait nullam aliam se nosse urbium Thraciæ amissionem, nisi eam, cum Olyntho expugnata, etiam cæteræ in Philippi potestatem ceciderunt: id rectissime animadversum puto, ut loco laudato, sic in Annot. ad §. δ'. ubi vid. et nostra animadversio. Quod vero propterea miratur nullam fieri Philippi mentionem, eam ab illo non animadversam revera fieri censemus, si modo eodem Cap. ὁ βάρβαρος non de Rege Persarum, sed de Philippo intelligatur, ut intelligi debere verosimillimum est. Quapropter minime possumus probare, quod addit, Isocratem vatem potius quam oratorem egisse, ut mox secutam sociorum defectionem sibi prævisam prædixerit. Nec enim ea, quæ §. δ'. leguntur, ita referuntur, ut ea aut fieri posse aut futura esse significetur, sed ea ratione ut manifesto appareat res jam ante aliquod tempus gesta referri, ob quas etiam læti nuncii festa celebrata fuerint. Sed ut ad Thraciæ civitates redeamus, Olynthus, ut postea videbimus, expugnata est anno A. C. 348. quo tempore Isocrates annum agebat octogesimum octavum. Natus enim est Orator, auctoribus Pseudo-Plutarcho p. 136. B. et Dionysio Hal. in Vita Isocr. p. 94. I. Olymp. LXXXVI. quinto anno ante bellum Peloponnesium, h. e. anno A. C. 436. si belli istius initium ponas in annum 431. Interea jam per aliquot annos contra Phocenses bellum sacrum gerebatur a Thebanis eorumque sociis primum solis, deinde duce et adjutore Philippo, qui altero postea anno 346. finem ei imposuit, cum gravi sacrilegorum damno. Quorum impiam causam cum Athenienses tutati essent, hinc odium Græcorum invidiamque sibi contraxerant, cum Philippo autem et hac et aliis de causis inimicitiam habuerant, bellumque adversus eum gesserant: quo pertinere videntur cum quæ §. γ'. leguntur de odio Græcorum, tum verba e §. δ'. πρὸς δὲ τοὺς Ἕλληνας διαβεβλημένοι, καὶ τῷ βαρβάρῳ πολέμιοι γεγονότες, ut suo loco videbimus. Non autem usque ad finem belli duravit inimicitia cum Macedone. Metuens enim, ne diuturnitate belli pressi Thebani Atheniensium societatem peterent, Philippus illis auxilia, his pacem promisit, narrante Demosthene de Corona §. ζ'. Pacis conditiones accipiunt Athenienses. Ipso autem suasore Demosthene, mox Legati ad Regem mittuntur qui de fœdere cum eo agant. In his Æschines fuit, qui inde pacis auctorem arguit Demosthenem, adv. Ctesiph. §. κγ'. Demosthene culpam in illum transferente §. α'. sqq. Philippo autem in Thracia commorante, ibique omnia sibi subjiciente, Legati per tres menses otiosi in Macedonia consident. Subito ille e Thracia per Thermopylas in Phocidem transit, bellumque conficit eversis Phocensium urbibus. Huc referam pacis mentionem §. α'. Nec opinatus vero de Philippo adveniente nuncius, Atheniensibus, etsi pace ab eo accepta, tantum terrorem injecit, ut, ac si infesto animo Macedo adventaret, omnia ex agris in urbem comportanda esse decernerent, referentibus itidem Demosthene §. ιβ'. Æschine §. λ'. quo fortasse Isocrates respexit §. κ'. Apparet certe, quamvis pacis tempore, attamen minime prosperas, sed potius lubricas atque in periculo constitutas fuisse civitatis res: quod diserte Isocrates significat §. α'. Nam dum a Philippo decipiebantur, ad hunc compositi belli gratia, ad illos odium invidiaque pervenerunt. Cf. iterum Demosth. l. c. et passim alibi. Hisce autem temporum indiciis animadversis, cum et reliqua, quæ Isocrates refert, de Thebanorum sociis servatis, suis amissis, aut non multo post, aut paulo antea accidisse videantur, de quo suo loco videbimus, spero nos non plane a vero aberraturos esse, si statuamus hoc fere tempore, idest XC. circiter Oratoris anno, hanc ab eo missam esse Orationem ad Areopagi Senatum, qui de periculoso rerum statu deliberaret, quidque optimum factu et civitati utilissimum videretur, audita, sive potins lecta ejus senteutia, decerneret. Ὑμεῖς δὲ (inquit in fine) ταῦτα πάντα λογισάμενοι, χειροτονεῖτε, ὅ, τι ἂν ὑμῖν δοκῇ μάλιστα συμφέρειν τῇ πόλει.

Nolim nimium huic conjecturæ tribuere. Attamen aliunde patere videtur ad extremam Isocratis senectutem hoc opus referendum esse, quippe quod scriptum videatur demum post habitam Orationem de Permutatione, περὶ τῆς ἀντιδόσεως, quam ad annum ætatis ejus octogesimum secundum refert Pseudo-Plutarchus pag. 837. F. Cum autem orationem dico περὶ τῆς ἀντιδόσεως, non eam intelligo quæ in omnibus Operum Isocratis editionibus fertur, sed eam, quam ingenti lacuna suppleta cum sua animadversione edidit Orellius; de quo in Præfatione dictum est. In ista enim recens inventa hujus libri parte complura sunt quæ Areopagitico mirificam lucem affundant, partim distinctius quam in hac fit relata, partim uberius declarata, partim, qui Atheniensium depravati mores obiter tantum in hac perstringuntur, eos ita increpantia ut manifestum sit, cum illam haberet Isocrates, turpissima vitia in civitate locum habuisse, et in omni vitæ genere licentiam, quæcunque vellet quis faciendi, obtinuisse. Vid. Annot. ad §. ϛʹ. ιηʹ. κζʹ. Quæ si jam tum ita fuerint; quis miretur octo post annis nova ea reprehensione digna censuisse Oratorem atque in hac oratione Areopagitica dedita opera sibi vituperanda sumpsisse? Ne autem quis dicat, ea ex hac in illam postea fuisse translata, uti multa alia ex antea editis scriptis, nos quidem id facile concederemus si in illa περὶ ἀντιδόσεως uspiam Areopagitici mentionem factam videremus, quemadmodum diserte memorantur Panegyricus, Oratio de Pace, Oratio ad Nicoclem, Libellus contra Sophistas, cæt. e quibus integræ ῥήσεις eæque longiores fere verbotenus transscriptæ referuntur. Vid. Ed. Steph. p. 321. C. — 332. D. 330. B. — 342. B. 342. C. — 343. C. Orell. p. 53 — 58. et 95 — 97. Areopagiticus vero tantum abest ut usquam memoretur, ut contra, quæ ejus locis quibusdam simillima sunt, ea ita dicantur, ut non ex priore opere translata, sed tum primum a scriptore dicta videantur. Quod si autem jam tunc scriptus erat Areopagiticus, quid tandem causæ esse poterat cur hanc tantæ præstantiæ orationem, quæ civilis prudentiæ laudem adeo sibi vindicaret, ne semel quidem nominatim memoraret Isocrates, neque quæ in ea sapientissime coram Areopagi Judicibus disputaverat, itidem aut nulla aut levi mutatione ex ea referret? Nihil profecto magis ab Isocratis ingenio et consilio illius, qua se ab adversariorum calumniis liberare studebat, orationis abhorrere videtur, quam istud de suo opere silentium. Contra si aliquot annis post illam compositus censeatur Areopagiticus, haud postremum locum illa tenebit inter πλείστους illos λόγους suos quos §. κδʹ. et λβʹ. memorat. Ne dicam de argumento ejusque tractandi modo universe ita comparatis ut quo provectiore ætate scripserit Isocrates, eo seni venerabili et sapientiæ laude clarissimo digniora videantur. Ac ne quis de tanta senectute sollicitus sit, novimus postea duplo minimum longiorem orationem Panathenaicam ab eo conscriptam esse, quam XCIV. ætatis anno sese scribere aggressum esse, absolvisse XCVII. ipse fatetur pag. 233. B. et 289. C. Ut merito dixerit Cicero de Senect. 5. "Est etiam quiete et pure et eleganter actæ ætatis placida et lenis senectus. Qualem accepimus Platonis, qui uno et octogesimo anno scribens mortuus est. Qualem Isocratis, quicum librum, qui Panathenaicus inscribitur, quarto et nonagesimo anno scripsisse dicitur, vixitque quinquennium postea." Quo loco a Cicerone positum esse *scripsisse se dicit*, quod et in uno Cod. Palatino repertum fuit, comparato Isocrate p. 288. E. existimat Valckenaerius in Diatr. Euripidea, C. XXIII. p. 255. A.

Atque hæc de Oratione universe dicta sufficiant: quæ ad rectiorem singulorum intelligentiam ut aliquid collatura sint, spero. Sequatur jam ipsa Annotatio ad singula deinceps Capita.

Z.

ΙΣΟΚΡΑΤΟΥΣ

[1]ΑΡΕΟΠΑΓΙΤΙΚΟΣ.

Pag. ed. Steph. 140 α΄. ΠΟΛΛΟΥΣ ὑμῶν οἶμαι θαυμάζειν ἥντινά ποτε γνώμην ἔχων περὶ σωτηρίας τὴν πρόσοδον ἐποιησάμην, ὥσπερ τῆς — Pag. ed. Cor. 138

[1] ΑΡΕΙΟΠΑΓΙΤΙΚΟΣ A. C. L. passim.

SUMMARIUM. (α΄.) Quanquam Atheniensium reipublicæ hoc tempore conditio ob pacem et potentiam prosperrima videatur, tamen, quod multi mirabuntur, salus civitatis nostræ hujus orationis argumentum erit. (β΄.) Ipsa enim hæc vestra virium fiducia in causa est, quare vobis timeo, quum, uti Lacedæmoniorum et nostra ipsorum exempla maxime docent, opes ac potentiam dementia ac licentia comitari soleant, inopiam vero et humilitatem prudentia ac moderatio. (γ΄.) Nos certe cauta et diligenti rerum administratione Græciæ principes facti, nimis magna virium fiducia servitutem vix effugimus, idemque fere Lacedæmoniis evenit. Hinc insipientis est, rebus præsentibus confidere. (δ΄.) Quum amissis Thraciæ urbibus et ultra mille talentis in stipendia militum profusis, Græcis insuper suspecti, barbaro hostes facti sociisque vestris destituti, bis jam, quasi re prospere gesta, supplicationes decreveritis, aut, quantis in turbis civitas versetur, non animadvertere, aut nullam prorsus ejus curam habere videmini. (ε΄.) Atque harum rerum causa est reipublicæ forma, quæ in civitate idem valet, ac in corpore intelligentiæ vis, quæque de omnibus rebus deliberans secundas res servat, adversas vitat, quamque nos, quum depravata sit, dictis quidem reprehendimus, revera illi a majoribus acceptæ præferimus. (ϛ΄.) Una vero ratio est, qua et imminentia pericula declinentur et præsentia removeantur, si rejecta nostra, eam democratiam revocare voluerimus, quam Solon constituit, Clisthenesque revocavit, quaque nec populariorem nec reipublicæ utiliorem reperiemus. (ζ΄.) Utramque vero, et præsentem et veterem illam, quam brevissimis potero, adumbrare conabor. (η΄.) Vetus illud administrationis genus cives non sic erudiebat, ut in protervia democratiam, in legum neglectu libertatem, in audacia quidvis dicendi æqualitatem, et in faciendi quidvis licentia felicitatem positam esse existimarent, sed cives meliores et modestiores effecit, ea æqualitate introducta, quæ pro suo quemque merito remunerat et punit, nec omnes promiscue ad sortitionem magistratuum vocando, sed optimum quemque et singulis muneribus maxime parem eligendo. (θ΄.) Penes populum summum erat imperium, opulentiores vero rempublicam ut res suas administrabant, si bene rem gessissent, sola laude contenti, sin male, pœna affecti. Hinc nullæ, ut nunc, de magistratibus contentiones, hinc populi comprobatio. (ι΄.) Uti vero respublica in universum ordinata erat, ita quoque in negotiis quotidianis summus ordo apparuit. (ια΄.) Deos nec temere nec perturbate colebant, atque ut ipsi deos curabant, ita quoque a diis excipiebantur. (ιβ΄.) Quemadmodum vero deos colebant, sic etiam erga se ipsos animati erant. Pauperiores opulentiorum familias non minus curabant quam suas, locupletiores necessitatibus pauperum subveniebant, tuti nempe ob judicum justitiam possessionumque securitatem. (ιγ΄.) Cujus tam pacatæ inter se vitæ tamque præclaræ gubernationis causam etsi jam innuerim, tamen, ne quis de omissione ejusdem queratur, pluribus jam ac dilucidius exponere conabor. (ιδ΄.) Illi nempe majorem etiam virorum quam puerorum curam gerentes, Areopagiticum senatum morum censuræ præfecerunt, qui, quum præter virtute ac modestia spectatissimos nullus in eum reciperetur, universis Græciæ conciliis longe antecelluit. (ιε΄.) Cujus rei testimonium vel ex iis, quæ hodie fiunt, peti potest. Quicunque enim ad hoc concilium evecti sunt, etsi in cæteris rebus minus tolerabiles sint, tamen naturæ suæ indulgere non audentes, illius loci institutis utuntur. (ιϛ΄.) Majores scilicet

πόλεως ἐν κινδύνοις οὔσης ἢ σφαλερῶς αὐτῇ τῶν πραγμάτων καθεστηκότων, ἀλλ' οὐ πλείους μὲν τριήρεις ἢ διακοσίας κεκτημένης, εἰρήνην δὲ καὶ τὰ περὶ τὴν χώραν ἀγούσης καὶ

nostri, morum probitatem non e multitudine et accuratione legum pendere existimantes, non porticus legibus, sed animos justitia ornandos censebant, nec quomodo immodestos punirent, spectabant, sed ne pœna digni essent, cavebant, siquidem male educati vel optimas leges transgrederentur, bene instituti ne malas quidem negligerent. (ιζ'.) Quanquam autem nullam civium ætatem negligebant, adolescentes tamen utpote turbulentissimis affectibus et pluribus cupiditatibus agitatos præcipue inspiciebant, quemque pro facultate ad honesta studia ac jucundos labores assuefacientes, dum pigritiam inopiæ matrem et inopiam omnium flagitiorum præceptricem existimabant. (ιη'.) Denique, ut nullam ætatem negligerent, urbe in tribus divisa, agroque in pagos, uniuscujusque vitam notabant et parum modeste se gerentes in Senatum abducebant. Is alios monere, aliis minitari, aliosque, ut par erat, punire. Nam non vigilantia solum, sed pœna quoque opus esse credebant. Hinc alia prorsus eaque vera tunc juvenum vivendi ratio. (ιθ'.) Quodsi hodiernam vitupero, me non juvenibus iratum esse sciant, sed iis, qui paullo ante nos rempublicam administrantes Areopagi auctoritatem dissolverunt. (κ'.) Hujus sub imperio respublica, interna externaque quiete gavisa, Græcis fidelis, barbaris formidabilis fuit. In agro cives securi et felices, in urbe modesti vitam transigebant, felicitatem non fastus insolentia, sed tali rerum necessariarum copia metientes, ne quis civium egeret. Nunc multa in hoc administrationis statu secum pugnant et magno reipublicæ dedecori sunt. (κα'.) Quorum nihil sub illo Senatu fuit, qui tenuiorum inopiam levabat, magistratuum avaritiæ frenos injiciebat, juventutis intemperantiam coercebat, cives a cupiditate habendi retinebat, senibus torporem excutiebat, omniumque rerum diligentem curam suscipiebat. (κβ'.) Atque eorum, quæ fortasse a me prætermissa sunt, similem rationem fuisse, e dictis facile intelligitur. (κγ'.) Objecerunt quidem nonnulli, vos mihi nunquam in hac re obtemperaturos atque hunc rerum statum propter consuetudinem emendatiori et feliciori reipublicæ vix præpondituros, ita ut, perdita opera, nihil efficerem, quam ut populo infensus et oligarchiæ instituendæ cupidus viderer. (κδ'.) Ego vero haud novam et occultam administrationem, sed manifestam et patriam commendo, quæ et reipublicæ nostræ, et reliquis Græcis plurimas utilitates peperit, vituperans ubique injustam dominationem, æqualitatem vero et democratiam recte ordinatam laudans, qua qui utuntur, felicissimi semper fuerunt. (κε'.) Oligarchiæ nempe vel mala democratia, qualis hæc nostra est, longe anteponenda erit. (κϛ'.) Cujus utriusque discrimen, etsi ab instituto alienum videatur, tamen, ne delicta democratiæ nostræ perstringere, bona præterire videar, breviter exponam. (κζ'.) Post cladem ad Ægospotamon acceptam democratiæ faventes quidquid pro libertate pati parati erant, oligarchiæ vero cupidi, servitutem subire haud recusabant. Quamdiu democratia floruit, nos aliorum arcibus præsidia imposuimus, triginta vero regnantibus, nostra ab hostibus occupata fuit. Oligarchia nobis imperium eripuit, democratia reddidit. Hæc urbem ædificiis et sacris et profanis ornavit; illa neglexit, expilavit, destruxit; oligarchia innumeros cives occidit et in exsilium misit; democratia mansuete et civiliter erga cives egit. (κη'.) Mansuetudinis vero et æquitatis signum democratia dedit maximum et pulcherrimum eo, quod pecuniam ad democraticos expugnandos a Lacedæmoniis mutuo sumptam, rebus restitutis communiter esse solvendam censuit, quo tanta inter cives concordia orta est, ut Lacedæmonii, qui sub oligarchia nobis imperitabant, sub democratia a nobis auxilium contra Thebanos peterent. (κθ'.) Quæ omnia eo spectant, primum, ut me oligarchiæ haud suasorem esse ostendam, deinde, ut appareat democratiam vel male constitutam oligarchiæ longe præferendam esse. (λ'.) Si quis fortasse miretur, quare pro hoc civitatis statu, qui tanta tamque multa effecerit, alium substitui velim, atque nunc probem, quæ quavis alia occasione vituperem; (λα'.) is sciat, hanc reipublicæ formam, quæ nunc est, aliis quidem præferendam esse, sed ratione nostrum, qui ex optimis majoribus orti sumus, magnopere vituperandam, meque etiam singulos homines, qui ex integerrimis viris nati, paullo probiores sunt nequissimis, non tam laudare quam vituperare. (λβ'.) Huc accedit, quod nostra quoque terra viros gignit et alit, quum ad artes et negotia sollertissimos, tum fortitudine reliquisque virtutibus præstantes, uti e prœliis, quæ priscis temporibus commiserunt, satis apparet. (λγ'.) Atque hæc observatio non tam laudi nobis quam dedecori est, quippe

τῶν κατὰ θάλατταν ἀρχούσης, ἔτι δὲ συμμάχους ἐχούσης, b
πολλοὺς μὲν τοὺς [1]ἑτοίμως ἡμῖν ἤν τι δέῃ βοηθήσοντας,

[1] ἑτοίμους A. L.

qui ignavia et flagitiis nobilitatem nostram maculamus. Sed satis de his, ne longius ab instituto aberremus. (λδ'.) Paucis modo de iis, quæ ab initio institui, adjectis locum aliis cedam. (λε'.) Quodsi rempublicam, ut nunc, in posterum etiam administrabimus, fieri vix potest, ut felicitatis participes simus, sin vero eandem emendaverimus, consentaneum est, tales res nostras fore, quales majorum nostrorum fuerunt. (λς'.) Quod ut palam fiat, utriusque administrationis effectus, tum majorum, tum nostræ, inter se comparandi sunt. Ac primum quidem videamus, quomodo Græci ac barbari erga veterem rempublicam affecti fuerint, et quomodo nunc erga nos animati sint. (λζ'.) Græci igitur tantam tunc in nobis fiduciam posuerunt, ut plurimi ultro civitati nostræ se committerent, barbari vero eandem timerent. Nunc alteri nos oderunt, alteri contemnunt. (λη'.) Huc accedit, quod illi, pacati inter se atque quieti, omnes pugnando superarunt, qui quidem in Atticam impetum facerent, nos contra, quotidie nosmetipsos lacessimus, rem militarem prorsus negligimus, mendicando ab obviis civitatem probro afficimus, egemus, rempublicam missam facimus. (λθ'.) Ego vero sperans fore, ut ab his malis liberemur, nec tantum civitati nostræ, sed universis etiam Græcis saluti futuri simus, huc accessi dicturus, vobisque, ut reipublicæ consultum velitis, permitto. Lang.. Videtur oratio hæc scripta fuisse anno ante Christum 348. et Isocratis ætatis 88. Auger.

Πολλοὺς ὑμῶν — πρόσοδον ἐποιησάμην] Quæ hoc et seq. §. usque ad verba ἐπὶ τὸ χεῖρον εἰθισμένας μεταπίπτειν continentur, omnia in exemplum συνθέσεως γλαφυρᾶς καὶ ἀνθηρᾶς retulit Dionysius Halicarn. περὶ συνθ. ὀνομ. p. 27. l. 7—24. suo ipsius judicio subjecto l. 24—40. Notetur indicativus ἐποιησάμην, cujus loco Latinitas postulat subjunctivum: *multos ego vestrum mirari puto, quo tandem consilio huc accesserim.* Sic sæpe Græci indicativo utuntur, cujus generis multa notavit Matthiæ Gramm. Gr. §. 507. Similis constructio est ap. Antiphontem Or. I. §. β'. Θαυμάζω δ' ἔγωγε καὶ τοῦ ἀδελφοῦ, ἥντινά ποτε γνώμην ἔχων ἀντίδικος καθέστηκε πρὸς ἐμέ. Xenoph. Mem. Socr. I. 1. 1. ἐθαύμασα τίσι δήποτε λόγοις — ἔπεισαν. Cf. et initium Proœmii Theophrastei in Charact. Mor. Solent nonnunquam Oratores in orationis principio auditorum admirationi occurrere. Sic noster orationem ad Philippum ita incipit: Μὴ θαυμάσῃς, ὦ Φίλιππε, διότι τοῦ λόγου ποιήσομαι τὴν ἀρχὴν κ. τ. λ. Archidamus hoc modo exorditur: Ἴσως τινὲς ὑμῶν θαυμάζουσιν, ὅτι κ. τ. λ. — Ἥντινα γνώμην ἔχων, *quo consilio, quid mihi in mentem venerit, quæ sit consilii mei ratio, quæ res me moverit, ut cæt.* ut recte cepit Wolfius. Consilium autem Oratoris quale fuerit supra vidimus in Introd. Verba igitur περὶ σωτηρίας, scil. τῆς πόλεως, *de tuenda civitatis salute,* quod et per se facile intelligitur, non ad hæc sed ad sequentia τὴν πρόσοδον ἐποιησάμην pertinent.— Vocabulum πρόσοδον Budæus Comm. L. Gr. pag. 125. minus recte ait significare *conventum* et *concilium*, quasi σύνοδον, πανήγυριν, allatis locis Isocrateis: quam interpretationem probavit H. Stephanus in Thes. L. Gr. et expressit Wolfius vertens: *multos ego vestrum mirari puto, quidnam in mentem mihi veniat, ut indicto concilio providendum esse moneam ne quid Respubl. detrimenti capiat.* Rectius idem in Annot. explicuit *surgere* vel *prodire ad dicendam sententiam:* vertitque in fine Orat. verba τήν τε πρόσοδον ἐποιησάμην καὶ τοὺς λόγους εἴρηκα τούτους, *ea de causa et huc accessi et hanc orationem habui.* Est enim πρόσοδος *aditus ad senatum*, vel *ad populum*, h. l. Areopagitas, uti optime docuit Valesius Emendatt. IV. 9. vindicavitque Doricam formam πόθοδον in Psephismate Byzantiorum apud Demosth. pro Cor. §. κζ'. eoque sensu legitur in Fragmento Dionis Cassii p. 922. D. Ed. Leuncl. Πρόσοδον autem ποιεῖσθαι nihil aliud est quam προσιέναι, quod frequentius dicitur παριέναι, παρέρχεσθαι, *de oratore in concionem populi vel apud judices prodeunte ad verba facienda.* Cujusmodi periphrases infinitivi ποιεῖσθαι cum substantivo frequentissimæ sunt apud Græcos. Sic §. δ'. τὸν λόγον ποιεῖσθαι, et κδ'. τοὺς λόγους ποιεῖσθαι simpliciter denotat λέγειν *dicere*, ut Latine dicitur *verba facere.* Similiter ὀργὴν ποιησάμενος pro ὀργισθεὶς dixit Herodotus III. 25. ubi vid. Valckenaerius: idem VIII. 10. ἀπόπειραν αὐτέων ποιήσασθαι pro ἀποπειρᾶσθαι αὐτέων, ubi notavit Wesselingius. Quin ipsum πρόσοδον ποιεῖσθαι exstat apud eum VII. 223. Ξέρξης δὲ ἐς ἀγορῆς κου μάλιστα πληθώρην πρόσοδον ἐποιέετο, pro quo mox dicitur: οἵ τε δὴ βάρβαροι οἱ ἀμφὶ Ξέρξεα προσήϊσαν. eademque ratione sequitur: καὶ οἱ ἀμφὶ

2 x

πολὺ δὲ πλείους τοὺς τὰς συντάξεις ὑποτελοῦντας καὶ τὸ προσταττόμενον ποιοῦντας· ὧν ὑπαρχόντων [1] ἡμᾶς μὲν ἂν τις φήσειεν εἰκὸς εἶναι θαῤῥεῖν, ὡς πόῤῥω τῶν κινδύνων ὄντας, τοῖς δ᾽ ἐχθροῖς τοῖς ἡμετέροις προσήκειν δεδιέναι καὶ βουλεύεσθαι περὶ [2] τῆς αὐτῶν σωτηρίας.

β΄. Ὑμεῖς μὲν οὖν οἶδ᾽ ὅτι τούτῳ χρώμενοι τῷ λογισμῷ καὶ τῆς ἐμῆς προσόδου καταφρονεῖτε, καὶ πᾶσαν ἐλπίζετε c
τὴν Ἑλλάδα ταύτῃ τῇ δυνάμει κατασχήσειν· ἐγὼ δὲ δι᾽ αὐτὰ ταῦτα τυγχάνω δεδιώς. ὁρῶ γὰρ τῶν πόλεων τὰς ἄριστα πράττειν οἰομένας [3] κάκιστα [4] βουλευομένας καὶ τὰς

[1] ὑμᾶς A. C. L. [2] τῆς αὐτῶν om. A. C. L. [3] τὰ κάκιστα A. C. L. [4] συμβουλευομένας L.

Λεωνίδην Ἕλληνες, ὡς τὴν ἐπὶ θανάτῳ ἔξοδον ποιεύμενοι, i. e. ἐξιόντες. Plura collegit Matthiæ Gramm. Gr. §. 413. Obs. 5. Aliud vero est C. V. τὴν πρόσοδον ἀπεγραψάμην, quod monentibus Wolfio et Budæo l. c. p. 585. recte vertitur *denunciavi me accessurum esse*, illustraturque animadversione Corais ad §. α΄. etsi et hic minus recte alterum τὴν πρ. ποιεῖσθαι cum eo conferat: εἴη δ᾽ ἂν τοῦτο, inquit, ἡμέραν τάσσειν, ἐν ᾗ τῶν ῥητόρων ἕκαστος, πολλῶν ὄντων, διαλεχθήσεσθαι ἔμελλε πρὸς τὴν βουλὴν ἢ τὸν δῆμον. BERGMAN.

Ἢ σφαλερῶς] Fort. καὶ σφαλερῶς. LANG.

Ἀλλ᾽ οὐ πλείους — θάλατταν ἀρχούσης] Pacem intelligi tempore belli Phocensis a Philippo Macedone Atheniensibus oblatam ab iisque acceptam, nec non eam quæ bellum istud proxime consecuta est, supra in Introductione ex variis indiciis efficere studuimus. Quibus et nunc addantur, quæ de civitatis potentia navali hoc loco refert Isocrates, quæque eo tempore sic fere sese habuisse videntur. Etenim paulo ante pugnam Chæronensem, quod tempus haud ita longe inde abfuit, classem ducentarum navium in mare deducendam esse decreto sancivit Senatus Populusque Atheniensis, auctore Demosthene, qui rem narrat de Cor. §. νε΄. ipsumque decretum a se conditum affert. Hinc patet, qua ratione dici possint maris imperium tenuisse. De numero triremium, trecentas plerumque eos habuisse, docuit Meursius de Fortuna Athenarum, C. VII. ubi et plura de militia terrestri reditibusque civitatis collegit. Vid. et Lect. Att. I. 1. p. 7. et 8. Quantum rei navalis peritia, opibus, ac potentia reliquis Græcis præstiterint Athenienses, testatur Archidamus Lacedæmonius apud Thucydidem I. 80. eos vocans ἄνδρας, οἳ γῆν τε ἑκὰς ἔχουσι, καὶ προσέτι θαλάσσης ἐμπειρότατοί εἰσι, καὶ τοῖς ἄλλοις ἅπασιν ἄριστα ἐξήρτυνται, πλούτῳ τε ἰδίῳ καὶ δημοσίῳ, καὶ ναυσὶ καὶ ἵπποις καὶ ὅπλοις, καὶ ὄχλῳ, ὅσος οὐκ ἐν ἄλλῳ ἑνί γε χωρίῳ Ἑλληνικῷ ἐστίν· ἔτι δὲ καὶ ξυμμάχους πολλοὺς φόρου ὑποτελεῖς ἔχουσι. — Cæterum notissima dictio est εἰρήνην ἄγειν, proprie *pacem agere*, i. e. *in pace degere, vivere, pace frui*, frequens et apud alios et apud Isocratem, infra §. κ΄. in Paneg. Cf. Sluiteri Lectt. Andoc. p. 209. In Or. de Pace peculiariter denotat *pacem conservare, constanter paci studere* §. ι΄. BERG.

Ἑτοίμως — βοηθήσοντας] Est hæc omnino vera lectio, non ἑτοίμους, quod, ut recte monet Wolfius in Castig. postularet infinitivum βοηθήσειν, βοηθεῖν, βοηθῆσαι. Sic in Or. de Pace §. μϛ΄. πολλοὺς ἕξομεν τοὺς ἑτοίμως συναγωνιζομένους ἡμῖν. Unde recte nostro loco ἑτοίμως probat Royaards in Diatr. l. p. 61. Neque statui potest ἑτοίμους positum esse pro ἑτοίμως, adjectivum pro adverbio. Videtur quidem ἀσμένους sic positum esse pro ἀσμένως, apud Thucyd. VII. 73. 84. sed horum locorum alia ratio est. IDEM.

Τὰς συντάξεις ὑποτελοῦντας] Solennis dictis συντάξεις ὑποτελεῖν, *tributa pendere*, occurrit et de Pace §. ιγ΄. Idem est συντάξεις διδόναι ibid. §. ια΄. Συντάξεις autem Atticos per euphemismum dixisse pro φόρους, quæ vox occurrit in Laud. Hel. §. ιγ΄. et cum illa conjungitur in Panath. §. μδ΄. notissimum est. Cf. Harpocr. in voce. Egregia hac de re habet Coraes, omisso tamen insigni Plutarchi loco in Solone pag. 86. C. ἃ δ᾽ οὖν οἱ νεώτεροι τοὺς Ἀθηναίους λέγουσιν τὰς τῶν πραγμάτων δυσχερείας ὀνόμασι χρηστοῖς καὶ φιλανθρώποις ἐπικαλύπτοντας, ἀστείως ὑποκορίζεσθαι, τὰς μὲν πόρνας ἑταίρας, τοὺς δὲ φόρους συντάξεις, φυλακὰς δὲ τὰς φρουρὰς τῶν πόλεων, οἴκημα δὲ τὸ δεσμωτήριον καλοῦντας, πρῶτον Σόλωνος ἦν (ὡς ἔοικε) σόφισμα, τὴν τῶν χρεῶν ἀποκοπὴν σεισάχθειαν ὀνομάσαντος. IDEM.

μάλιστα θαῤῥούσας εἰς πλείστους κινδύνους καθισταμένας. αἴτιον δὲ τούτων ἐστὶν, ὅτι τῶν ἀγαθῶν καὶ τῶν κακῶν
d οὐδὲν αὐτὸ καθ' αὑτὸ παραγίγνεται τοῖς ἀνθρώποις, ἀλλὰ συντέτακται καὶ συνακολουθεῖ τοῖς μὲν πλούτοις καὶ ταῖς

Αἴτιον δὲ τούτων ἐστὶν κ. τ. λ.] Tib. Hemsterhusius in marg. Isocratis, qui in Bibliotheca Academiæ nostræ servatur, hæc notavit: ‘Theopompus ἐν τῇ ἑνδεκάτῃ τῶν περὶ Φιλίππου hæc Isocratea de verbo ad verbum transcripsit. Porphyrius ap. Eusebium Præp. Evang. X. p. 464. C.’ Idem.

Οὐδὲν αὐτὸ καθ' αὑτὸ παραγίγνεται τοῖς ἀνθρώποις] *nihil ipsum per se accidit, adest hominibus.* Sensus est: Nullum est bonum quod solum et sejunctum ab omni malo hominibus adsit: nullum contra malum quod sejunctum a bono exsistat. Similis sententia est in Archidamo §. κβ'. οὐδὲν γὰρ τῶν ὄντων ἐστὶν ἀποτόμως οὔτε κακὸν οὔτ' ἀγαθόν. De dictione αὐτὸ καθ' αὑτὸ, *solum, non cum aliis rebus commistum,* vid. Hoogeveenius ad Vigerum de Idiot. IV. 7. p. 170. Sic apud Platonem in Phædone p. 14. Ed. Wyttenb. illud dicitur esse mori χωρὶς μὲν ἀπὸ τῆς ψυχῆς ἀπαλλαγὲν αὐτὸ καθ' αὑτὸ τὸ σῶμα γεγονέναι, *seorsim ab animo liberatum solum esse corpus.* Plutarch. in Cicer. p. 882. E. αὐτὸς καθ' ἑαυτὸν ἐξέπλευσε, *solus navigavit.* Vid. et Xenoph. Mem. S. III. 5. §. 4. et 11. 14. §. 2. Idem.

Ἀλλὰ συντέτακται καὶ συνακολουθεῖ — μετριότης] Duo priora vocabula sejungenda videntur a reliquis, ut ex antecedentibus subintelligatur τὰ ἀγαθὰ καὶ τὰ κακά. *conjuncta sunt bona cum malis.* Ita constat oppositio antecedentium οὐδὲν αὐτὸ καθ' αὑτό. Jam quæ universe de omni bonorum ac malorum genere dicta erant, exemplo illustrat: καὶ συνακολουθεῖ κ. τ. λ. Et sic verbi causa, ut rem distinctius exponam: καὶ h. l. explicandi vim habet: συνακολουθεῖ κ. τ. λ. consequuntur divitias et potentias insania et postea insolentia, indigentiam vero et humilitatem temperantia et moderatio. Notanda est oppositio verborum πλοῦτοι — ἔνδειαι, δυναστεῖαι — ταπεινότητες, ἄνοια — σωφροσύνη, ἀκολασία — μετριότης, *divitiæ — paupertas, imperia — humilitas,* i. e. eorum conditio qui aliis subjecti sunt, *amentia — prudentia, insolentia — moderatio.* De divitiarum damno vid. et ad Demon. §. β'. et comparetur elegans locus Luciani in Timone T. I. 141. ubi Plutus dicit: ἐπειδάν τις ἀναπετάσας τὴν θύραν εἰσδέχεταί με, συμπαρεισέρχεται μετ' ἐμοῦ λαθὼν ὁ τῦφος καὶ ἡ ἄνοια. quem laudat Willetus ad Caleni Protrept. p. 80. De moderatione cum inopia conjuncta ad Nicocl. §. θ'. αἱ γὰρ μετριότητες (inquit) μᾶλλον ἐν ταῖς ἐνδείαις ἢ ταῖς ὑπερβολαῖς ἰσχύουσιν. Ne forte quem offendat τῇ ἀνοίᾳ h. l. opponi τὴν σωφροσύνην cum hæc soleat significare *temperantiam*, seiat, si etymologiam spectes, recte alteram alteri opponi: est enim ἄνοια *absentia mentis,* σωφροσύνη *sanitas mentis,* ex σόος *salvus* et φρὴν *mens.* Similiter ap. Xenoph. Mem. S. I. 3. 9. opponuntur οἱ σωφρονικοὶ τοῖς ἀνοήτοις ex emendatione Schutzii, qui in Append. Obss. p. 185. recte monet σωφρονικὸν proprie denotare *hominem sanæ mentis,* ἀνόητον *insanum* ac *dementem.* Eadem oppositionis ratio esse videtur in loco Isocratis de Pace §. κθ'. τοσοῦτον δὲ διήνεγκαν ἀνοίᾳ πάντων ἀνθρώπων, ὥστε τοὺς μὲν ἄλλους αἱ συμφοραὶ συστέλλουσι καὶ ποιοῦσι σωφρονεστέρους, ἐκεῖνοι δ' οὐδ' ὑπὸ τούτων ἐπαιδεύθησαν. Similiter certe Socrates ap. Xenoph. Mem. I. 1. 16. σωφροσύνην opponit μανίᾳ, ad quem locum Schneiderus similem Platonis affert ex Alcib. II. τὸ μαίνεσθαι ἄρα ὑπεναντίον σοι δοκεῖ τῇ σωφροσύνῃ. Isocrates τοὺς ἀνοήτους τοῖς φρονίμοις opposuit in Nicocl. §. γ'. τοὺς ἀνοητοτέρους τοῖς φρονιμωτέροις et τὴν ἄνοιαν τῇ διανοίᾳ ad Nicocl. §. δ'. et Panath. §. ς'. Aliter, et, si usum loquendi spectes, accuratius fortasse Aristot. Rhet. I. 9. 12. σωφροσύνην opponit ἀκολασίᾳ, et II. 23. 2. τὸ σωφρονεῖν τῷ ἀκολασταίνειν. Nostro autem loco ἀκολασία cum ἀνοίᾳ ita conjungitur, ut ex hac illam oriri significetur. Hinc ἄνοια non ita accipienda est ac si divites sana mente careant, sed hoc sibi vult Isocrates eos sana mente non uti, temere et inconsiderate agere: σωφροσύνη indicat pauperes et humili loco positos *prudenter* agere, i. e. cum sana mente, adhibito consilio et cogitate. Sensus itaque totius loci huc fere redit: Si qui divites et potentes sunt, hi in usu divitiarum et potestatis suæ non utuntur ratione, sed temere agunt, unde fit ut in lasciviam sive intemperantiam incidant: qui autem in inopia et humili loco versantur, hi eo ipso coguntur parvulis, quas habent, opibus, ratione et prudenter uti, neque elatius et superbius sese gerere, unde fit ut sint μέτριοι, ut modum et mediocritatem in omnibus rebus servent. De plurali πλούτοις cf. Coraes. Idem.

δυναστείαις ἄνοια καὶ μετὰ ταύτης ἀκολασία, ταῖς δ' ἐνδείαις καὶ ταῖς ταπεινότησι σωφροσύνη καὶ μετριότης. ὥςτε 141
χαλεπὸν εἶναι διαγνῶναι, ποτέραν ἄν τις δέξαιτο τῶν μερίδων τούτων τοῖς παισὶ τοῖς αὑτοῦ καταλιπεῖν. ἴδοιμεν γὰρ
ἂν ἐκ μὲν τῆς φαυλοτέρας εἶναι δοκούσης ἐπὶ τὸ βέλτιον
ὡς ἐπὶ τὸ πολὺ τὰς πράξεις ἐπιδιδούσας, ἐκ δὲ τῆς κρείτ-
139 τονος φαινομένης ἐπὶ τὸ χεῖρον εἰθισμένας μεταπίπτειν. καὶ
τούτων ἐνεγκεῖν [1] ἔχω παραδείγματα, πλεῖστα μὲν ἐκ τῶν
ἰδιωτικῶν πραγμάτων — πυκνοτάτας γὰρ ταῦτα λαμ- b
βάνει τὰς μεταβολὰς —, [2] οὐ μὴν ἀλλὰ μείζω [3] γε καὶ
φανερώτερα τοῖς ἀκούουσιν ἐκ τῶν ἡμῖν καὶ Λακεδαιμονίοις
συμβάντων.

γ'. Ἡμεῖς τε γὰρ ἀναστάτου μὲν τῆς πόλεως ὑπὸ τῶν

[1] ἔχει L. ἐστὶ A. [2] οὐ μὴν ἀλλὰ om. A. C. L. [3] δὲ A. C. L.

Ποτέραν ἄν τις δέξαιτο τῶν μερίδων τούτων τ. π. τ. α. κ.] *utram sortem quis optet suis liberis relinquere*, i. e. utrum πλούτους καὶ δυναστείας, an vero ἐνδείας καὶ ταπεινότητας. Δέχεσθαι h. l. est *velle*, *optare*, de qua significatione vid. Budæus Comm. L. Gr. p. 892. et seq. Sic in Archid. §. κη'. οὐδ' ἂν εὑρεῖν δέξαιντο μᾶλλον ἢ τὰ τῶν ἐχόντων ἀφελέσθαι. *ne invenire quidem mallent, quam possessoribus sua auferre.* De Pace §. λ'. εἰ δεξαίμεθ' ἂν — τοιαῦτα πάσχουσαν τὴν πόλιν ἐπιδεῖν. In Evag. §. ιε'. οὐδεὶς γάρ ἐστιν οὕτω ῥᾴθυμος, ὅστις ἂν δέξαιτο παρὰ τῶν προγόνων τὴν ἀρχὴν ταύτην παραλαβεῖν μᾶλλον, ἢ κτησάμενος ὁσίως — τοῖς παισὶ τοῖς ἑαυτοῦ καταλιπεῖν. Repudianda ergo Wolfii conjectura εὔξαιτο. In Nicocl. §. ε'. ad verba: καίτοι τίς οὐκ ἂν εὔξαιτο τῶν εὖ φρονούντων τοιαύτης πολιτείας μετέχειν, L. C. Valcken. in marg. e MSS. notavit δέξαιτο, et in proxime antecedentibus δὴ pro εἰ δεῖ. Quo Cod. V. Cl. usus sit ignoro, nam in LB. vetus lectio exstat εὔξαιτο. Idem.

Ἐκ μὲν τῆς φαυλοτέρας — ἐπὶ τὸ βέλτιον ἐπιδιδούσας] Varia ratione verbum ἐπιδίδωμι construitur: vel cum ἐπὶ, ut nostro loco et ap. Xenoph. Œcon. p. 826. C. et Isocr. de Pace §. ι'. vel cum εἰς, ibid. §. θ'. vel cum πρὸς, ad Nicocl. §. θ'. Paneg. §. λ'. de Pace §. κα'. Præcedit ἐκ τινὸς, *alicujus rei opera, per aliquid*, nostro loco et ad Nicocl. §. ζ'. item διὰ τινὸς ad Dem. §. γ'. ἐγώ σοι πειράσομαι συντόμως ὑποθέσθαι, δι' ὧν ἄν μοι δοκοίης ἐπιτηδευμάτων πλεῖστόν πρὸς ἀρετὴν ἐπιδοῦναι. Cf. Morus in Ind. Paneg. Idem.

Λαμβάνει τὰς μεταβολὰς] *accipiunt mutationes*, i. e. mutationibus subjecta, obnoxia sunt, eas patiuntur, mutantur. Sic in Panath. §. μδ'. ἥ τε τῶν συμμάχων εὔνοια ταχέως ληψομένη μεταβολήν. Sic etiam dicitur λαμβάνειν μετάστασιν in Archid. §. ιε'. Idem.

Ἡμεῖς τε γὰρ — ἐπρωτεύσαμεν τῶν Ἑλλήνων] Notanda est hujus loci similitudo cum alio de Pace, ubi de Atheniensibus et Lacedæmoniis conjunctim dicit §. λη'. σκέψεσθε, τί τὸ ποιῆσαν κ. τ. λ. Sermonem esse de bello Persico altero, a Xerxe Græciæ illato, manifestum est. Eo autem virtute et consilio Themistoclis feliciter composito, Principatus Græciæ, quanquam repugnantibus Lacedæmoniis, Atheniensibus delatus est: quod h. l. significat Isocrates verbis ἐπρωτεύσαμεν τῶν Ἑλλήνων, cujus loco §. ς'. legimus παρ' ἑκόντων τῶν Ἑλλήνων τὴν ἡγεμονίαν ἔλαβον, scil. majores nostri. In Paneg. §. κ'. εὐθὺς μὲν τῶν ἀριστείων ἠξιώθησαν, οὐ πολλῷ δ' ὕστερον τῆς θαλάττης τὴν ἀρχὴν ἔλαβον, δόντων μὲν τῶν ἄλλων Ἑλλήνων, οὐκ ἀμφισβητούντων δὲ τῶν νῦν ἡμᾶς ἀφαιρεῖσθαι ζητούντων, ubi vid. Morus, et ab eo laudatus Thucydides I. 95. Similitudinis causa apponantur loca de Pace §. ια'. ἐκ δὲ τοῦ δικαίαν τὴν πόλιν παρέχειν καὶ βοηθεῖν τοῖς ἀδικουμένοις, καὶ μὴ τῶν ἀλλοτρίων ἐπιθυμεῖν, παρ' ἑκόντων τῶν Ἑλλήνων τὴν ἡγεμονίαν ἐλάβομεν. §. ις'. κἀκεῖνοι (i. e. majores nostri in bello Persico) ἐλευθεροῦντες τὰς πόλεις τὰς Ἑλληνίδας καὶ βοηθοῦντες αὐταῖς τῆς ἡγεμονίας ἠξιώθησαν. Addatur Lycurgus adv. Leocr. p. 145. qui de victoriis Marathonia et Salaminia locutus, τοιγαροῦν (inquit) τοιαύταις χρώμενοι γνώμαις ἐννενήκοντα μὲν ἔτη Ἑλλήνων ἡγεμόνες κατέστησαν, Φοινίκην δὲ καὶ Κιλικίαν ἐπόρθησαν, ἐπ' Εὐρυμέδοντι δὲ

βαρβάρων [1] γεγενημένης διὰ τὸ δεδιέναι καὶ προσέχειν τὸν νοῦν τοῖς πράγμασιν ἐπρωτεύσαμεν τῶν Ἑλλήνων, ἐπειδὴ δ' ἀνυπέρβλητον ᾠήθημεν ἔχειν τὴν δύναμιν, παρὰ μικρὸν ἤλθομεν ἐξανδραποδισθῆναι· Λακεδαιμόνιοί τε τὸ μὲν πα-

[1] γενομένης A. C. L.

καὶ ναυμαχοῦντες καὶ πεζομαχοῦντες ἐνίκησαν, ἑκατὸν δὲ τριήρεις τῶν βαρβάρων αἰχμαλώτους ἔλαβον, ἅπασαν δὲ τὴν Ἀσίαν κακῶς ποιοῦντες κατέπλευσαν. Quo loco notetur exquisita significatio verbi καταπλέειν *continua navigatione infestare, populari*, quo sensu de pedestribus copiis frequentissimum est καταθέειν. De pugna Marathonia dicit p. 166. eos τῶν μὲν Ἑλλήνων προστάτας, τῶν δὲ βαρβάρων δεσπότας ἑαυτοὺς καθεστηκέναι. Denique mentio facienda est loci Isocratei in parte recens edita Orationis περὶ ἀντιδόσεως §. κϛ' * κ'. ἐπὶ δὲ τούτῳ Θεμιστοκλῆς ἡγεμὼν ἐν τῷ πολέμῳ τῷ Περσικῷ γενόμενος, συμβουλεύσας τοῖς προγόνοις ἡμῶν ἐκλιπεῖν τὴν πόλιν (ὃ τίς ἂν οἷός τ' ἐγένετο πεῖσαι, μὴ πολὺ τῷ λόγῳ διενεγκών;) εἰς τοῦτ' αὐτῶν τὰ πράγματα προήγαγεν, ὥστ' ὀλίγας ἡμέρας ἀνάστατοι γενόμενοι, πολὺν χρόνον δεσπόται τῶν Ἑλλήνων κατέστησαν. Eundemque Themistoclem respicit §. κϛ'. * κγ'. fin. ubi τὴν πόλιν (ait) διὰ φρόνησιν ἑνὸς ἀνδρὸς εὐδαιμονεστάτην καὶ μεγίστην τῶν Ἑλληνίδων πόλεων γενομένην. Cf. et §. κϛ'. * κθ'. fin. Idem.

Ἀναστάτου μὲν τῆς πόλεως — γενομένης] *eversa, vastata urbe a barbaris*. Et de ipsa urbe, et de tota regione, et de incolis usurpatur vox ἀνάστατος. Vid. Paneg. §. κζ'. Nicocl. §. ϛ'. Paneg. §. θ'. fin. ad Philipp. §. λα'. Budæus Comm. p. 472. Morus in Indice ad Paneg. De familiis ab adulatoribus pessumdatis occurrit de Pace §. β'. συνειδότες πολλοὺς καὶ μεγάλους οἴκους ὑπὸ τῶν κολακευόντων ἀναστάτους γεγενημένους. Eleganter Lycurgus adv. Leocr. ostendit civitatum ἀνάστασιν proprie esse earum mortem, usus etiam exemplo Athenarum et Trojæ, p. 138. et 139. Idem.

Προσέχειν τὸν νοῦν τοῖς πράγμασιν] Dici etiam elliptice potuisset προσέχειν τοῖς πράγμασι. Sed illud magis Atticum est, et frequentius, præsertim apud Oratores. Vid. Thomas Mag. voce προσέχω, ibique Sallier. Exemplis ab eo allatis, in quibus ellipsis obtinet, addatur Isocr. in Panath. νϛ'. μᾶλλον τούτῳ προσεῖχεν, ἢ τοῖς ἄλλοις, ὅπως κ. τ. λ. Idem.

Ἐπειδὴ δ' ἀνυπέρβλητον — ἐξανδραποδισθῆναι] Referenda ad acceptam cladem ad Ægospotamos et captas a Lysandro Athenas. Nam et in ipsa urbis obsidione Athenienses putabant se in servitutem redactum iri, ut est ap. Xenoph. Hist. Gr. II. p. 459. C. et ne hoc fieret, sola Lacedæmoniorum benevolentia effecit, qui cum Corinthii, Thebani, aliique Græci suaderent Athenas evertere, nolle sese Græcam civitatem servitute opprimere dixerunt. Vid. idem p. 460. B. de Thebanis etiam VI. p. 609. D. et 611. E. Ad hanc Lacedæmoniorum clementiam spectant etiam loca Isocratis de Pace §. κζ'. ὥστε παρὰ μικρὸν — συμμάχων ὄντων. item §. λδ'. ἡμεῖς τε γὰρ — ὑπὸ Λακεδαιμονίων ἐσώθημεν. adv. Callimachum §. ιγ'. καταπολεμηθέντες — ὑμῶν ἀγανακτήσειε. In primis perspicuus locus est in Plataico, ubi Athenienses ita alloquuntur Platæenses §. ιγ'. οὐ δυστυχησάντων ὑμῶν — συμφοραῖς περιπεσεῖν. Universam calamitatem deplorat Isocrates de Permut. §. κθ'. De causis hujus tantæ rerum conversionis miranti Pericli, quomodo tandem Atheniensium res in pejus ruerint, respondit Socrates apud Xenoph. Mem. III. 5. 13. ἐγὼ μὲν οἶμαι, ὥσπερ καὶ ἄλλοι τινὲς διὰ τὸ πολὺ ὑπερενεγκεῖν καὶ κρατιστεῦσαι, καταρραθυμήσαντες, ὑστερίζουσι τῶν ἀντιπάλων, οὕτω καὶ Ἀθηναίους πολὺ διενεγκόντας ἀμελῆσαι ἑαυτῶν, καὶ διὰ τοῦτο χείρους γεγονέναι. Atheniensium autem potestas in primis tum invicta censebatur, cum undique a finitimis hostibus pressi, nihilominus tamen classem cum ingentibus copiis ad Syracusas obsidendas et Siciliam debellandam emiserunt, uti hujus expeditionis historia docet apud Thucyd. VI. Cf. et Isocrates de Pace §. κθ'. Idem.

Λακεδαιμόνιοί τε — κινδύνοις κατέστησαν] Paucis verbis magnas rerum conversiones complexus est Isocrates. De origine Lacedæmoniorum repetenda a Doriensibus, qui ope Atheniensium Peloponnesum ingressi, Argos, Lacedæmona, Messenam occuparunt, deque eorum vita frugali et militaribus exercitiis dedita, qua factum est ut reliquos omnes virtute antecellerent, ac totam fere Peloponnesum sibi subjicerent, res notissima est cum aliunde, tum e multis Isocratis locis. Vid. Archid. §. ε'. sqq. Paneg. §. ιϛ'. ubi cf. Morus. Panath. ϟθ'. sqq. §. οδ'. §'. ιδ'. seq. ubi ipsis vita militaris vitio vertitur. Postea μείζω φρονήσαντες τοῦ δέοντος (in Panegyr. §. κϛ'. dicitur μεῖζον ἢ προσῆκον αὐτοῖς φρονήσαντες), καὶ λαβόντες καὶ τὴν κατὰ γῆν καὶ τὴν κατὰ θάλατταν ἀρχήν. Docent hæc, qua in re constiterit ista superbia, animi

λαιὸν ἐκ φαύλων [1] καὶ ταπεινῶν πόλεων ὁρμηθέντες διὰ τὸ c σωφρόνως ζῆν καὶ στρατιωτικῶς κατέσχον Πελοπόννησον, μετὰ δὲ ταῦτα [2] μεῖζον φρονήσαντες τοῦ δέοντος καὶ λαβόντες καὶ τὴν κατὰ γῆν καὶ τὴν κατὰ θάλατταν ἀρχὴν εἰς τοὺς αὐτοὺς ἡμῖν κινδύνους κατέστησαν. ὅςτις οὖν εἰδὼς τοσαύτας μεταβολὰς γεγενημένας καὶ τηλικαύτας δυνάμεις οὕτω ταχέως ἀναιρεθείσας πιστεύει τοῖς παροῦσιν, [3] λίαν ἀνόητός ἐστιν, ἄλλως τε καὶ τῆς μὲν πόλεως ἡμῶν πολὺ καταδεέστερον νῦν πραττούσης ἢ κατ' ἐκεῖνον τὸν χρόνον, d τοῦ δὲ μίσους τοῦ τῶν Ἑλλήνων καὶ τῆς ἔχθρας τῆς πρὸς

[1] τε καὶ μικρῶν πόλ. A. C. L. [2] μείζω A. C. L. [3] λίαν om. A. C. L.

elatio, τὸ μείζω φρονεῖν τοῦ δέοντος, in eo quod Principatum Græciæ sibi arrogaverint. Fuit autem hoc post captas a Lysandro Athenas. Nam ab eo inde tempore superbius sese gesserunt, socios crudeliter et injuste vexarunt, in primis Decadarchiis in civitatibus constitutis, Pacis Antalcideæ Græcorum libertati valde noxiæ auctores exstiterunt, alia, quæ passim ab historieis narrantur, et ab Isocrate in Panathenaico dedita opera reprehenduntur. Vid. ibi §. ιη'. κγ'. λε'. sq. ογ'. alibi. Et cf. Diodorus Siculus XIV. 2. 10. 11. 17. 34. 82. Hinc factum est, ut odiosum eorum nomen inter Græcos exsisteret, tandemque bello cum Thebanis impliciti, gravissima clade ad Leuctras accepta, fere in servitutem redigerentur: εἰς τοὺς αὐτοὺς, inquit Isocrates, ἡμῖν κινδύνους κατέστησαν. Quæ verba ad ejus cladis tempora pertinent. Nam ut antea Athenæ, sic post eam Lacedæmon pene expugnata est a Thebanis, qui statim in agrum Laconicum irruptionem fecerunt, ita ut ipsa urbs in maximo esset periculo. Vid. Xenoph. Hist. Gr. VI. p. 607. et 608. nec non in Agesil. p. 662. B. et C. Ælian. V. H. IV. 8. In primis legendus ipse Isocrates ad Philipp. §. ιζ'. sqq. et cum nostro loco conferenda sunt hæc e Panathenaico §. ιθ'. εὕροι τις ἂν — συμφοραῖς αἷσπερ ἡμεῖς. Idem.

Ὅστις οὖν εἰδὼς—ἀνόητός ἐστιν] Ut notetur quam sui similis semper sit Isocrates conferantur loci ad Phil. §. ιζ'. πολλῆς οὖν, ἀνοίας ἂν εἴη μεστὸς εἴ τις ὁρῶν τηλικαύτας μεταβολὰς γινομένας — in Archid. §. κ'. ὅστις οὖν ὁρῶν τοιαύτας μεταβολὰς γεγενημένας, ἐφ' ἡμῶν οἴεται παύεσθαι, λίαν ἀνόητός ἐστιν. — Πιστεύειν τοῖς παροῦσιν idem est quod in Paneg. §. λγ'. dicitur τῇ παρούσῃ δυνάμει πιστεύειν. Idem.

Κατ' ἐκεῖνον τὸν χρόνον] Æque ac, quod mox sequitur τότε, referendum ad ea tempora quæ pugnam ad Ægospotamos et captas a Lysandro Athenas proxime antecesserunt: de quibus initio Capitis dixerat. Idem.

Τοῦ δὲ μίσους — ἀνακεκαινισμένης] Quæ paulo ante dixerat τῆς πόλεως ἡμῶν πολὺ καταδεέστερον πραττούσης, spectabant internam Reipubl. conditionem, opes, copias navales ac pedestres, cæt. Quæ autem hic habentur, externum habitum civitatis indicant, præsertim aliorum hominum ratione habita. Ὁ βασιλεὺς sine dubio intelligitur Rex Persarum, qui a Græcis ita per excellentiam dicebatur, item βασιλεὺς ὁ μέγας, uti est in Paneg. §. λδ'. de Pace §. κβ'. De utroque et odio Græcorum et inimicitia cum Rege Persarum etiam infra queritur §. λβ'. ubi epistolas ab eo missas memorat, in quibus non magnifice sese de Atheniensibus sentire ostendisset. Sed ut de literis illis res parum nota est, sic nullum adest satis apertum indicium quo doceamur, quis Rex Persarum, quæ inimicitiæ intelligantur. Quod si recte sese habeant ea quæ de tempore hujus orationis editæ supra scripsimus, Rex erit intelligendus Ochus, Artaxerxis Mnemonis spurius filius, qui regnavit in Persis, quo tempore Philippus Macedoniæ præfuit, cujusque mentio fit cum in Oratione ad hunc scripta, §. μα'. tum nominatim in veteri ejus Orationis Argumento, cujus auctor eum cum Dario Codomanno confudit. Græcos ei in bello contra Phœnices et Ægyptios auxilia suppeditavisse historia docet. Vid. Diodorus Siculus XIV. 44. Sed de inimicitiis ejus cum Atheniensibus fateor mihi nihil constare. Fieri tamen potest ut justa bellandi causa fuerit, si quidem Philippum ad bellum communi cum Græcis consilio Persis inferendum excitare studuit Isocrates. Idem.

τὸν βασιλέα πάλιν ἀνακεκαινισμένης, ἃ τότε κατεπολέμησεν ἡμᾶς.

δ'. Ἀπορῶ δὲ πότερον ὑπολάβω μηδὲν μέλειν ὑμῖν τῶν κοινῶν πραγμάτων, ἢ φροντίζειν μὲν αὐτῶν, εἰς τοῦτο δ' ἀναισθησίας ἥκειν ὥςτε λανθάνειν ὑμᾶς εἰς ὅσην ταραχὴν ἡ
e πόλις ἡμῶν καθέστηκεν. ἐοίκατε γὰρ οὕτω διακειμένοις ἀνθρώποις, οἵτινες ἁπάσας μὲν τὰς πόλεις τὰς ἐπὶ Θρᾴκης

Ἃ τότε κατεπολέμησεν ἡμᾶς] Καταπολεμεῖν est *debellare*. Sic etiam in Paneg. §. κγ'. et apud Andoc. Or. III. §. γ'. Ut autem Athenæ a Lysandro caperentur, effecit et odium Græcorum, in primis Lacedæmoniorum, et inimicitia adversus regem Persarum Darium Nothum, qui per filium Cyrum Lysandro auxilia suppeditabat. Vid. Xenoph. Hist. Gr. II. p. 455. A. Idem.

Εἰς τοῦτο δ' ἀναισθησίας ἥκειν] Notetur solennis constructio pronominis τοῦτο sequente Genitivo. Sic in Paneg. p. 64. a. [ed. H. Stephan. et sic deinceps] εἰς τοῦτο δ' ὠμότητος ἅπαντας ἡμᾶς κατέστησαν. Ad Phil. p. 107. e. εἰς τοῦτο ἥκομεν ἐπιθυμίας. Archid. p. 118. c. εἰς τοῦτο δ' ἥκουσι πλεονεξίας. Similiter de Pace p. 174. d. εἰς τοσοῦτο μίσους κατέστησαν. Aliter tamen in Paneg. p. 65. b. εἰς τοσαύτην ταπεινότησα κατεστήσαμεν, adjectivo cum substantivo conveniente. Ἀναισθησία quid sit, docent Theophrastus in Charact. c. 15. et Casaubonus in Annot. Est vitium intelligentiæ, ut ille definit, βραδύτης ψυχῆς ἐν λόγοις καὶ πράξεσι, et opponitur τῇ ἀγχινοίᾳ quæ describi solet ὀξύτης ψυχῆς. Nostro loco quid sit, indicant sequentia ὥστε λανθάνειν ὑμᾶς εἰς ὅ. τ. ἡ. π. ἡ. κ. ea intelligitur animi tarditas qua fiebat ut cum in maximis periculis versarentur id nemo sentiret, omnes optime constitutas res civitatis putarent. Idem.

Ἐοίκατε γὰρ οὕτω διακειμένοις ἀνθρώποις] Qui scil. res publicas aut non curent, aut qua ratione sese habeant non sentiant. Sed est in hoc loco difficultas quædam, in eo posita quod cum hic ἐοίκατε in secunda persona dicatur, mox in prima sequatur οἵτινες — — τεθύκαμεν — ἐκκλησιάζομεν. A secunda persona ad primam transiisse Isocratem ne nimia in cives convicia diceret, censet Coraes, cujus hæc sunt verba: Ἐοίκατε] Ἐοίκαμεν, ὤφειλεν εἰπεῖν, πρωτοπροσώπως κἀνταῦθα, διὰ τὰ προσεχῆ, Τεθύκαμεν, Ἐκκλησιάζομεν· ἀλλ' εἰκὸς αὐτὸν, δι' οὐδὲν ἕτερον ἀπὸ τοῦ δευτέρου ἐπὶ τὸ πρῶτον μεταβῆναι πρόσωπον, ἢ τὸ μὴ δοκεῖν κατακόρως χρῆσθαι κατὰ τῶν πολιτῶν τοῖς ὀνείδεσι. Quidquid hujus sit, anacoluthon esse in hoc loco negari nequit, in quod incidisse videtur Scriptor, postquam minus considerate, de rebus magis quam de verbis sollicitus, dixerat τοὺς δ' ἡμετέρους αὐτῶν συμμάχους. Mihi aliquando in mentem venit ἐοίκατε γὰρ οὕτω διακειμένοις ἀνθρώποις transponendum esse ad antecedentia, vel post κοινῶν πραγμάτων, vel post ἀναισθησίας ἥκειν. Ita certe οἵτινες proxime pertineret ad ἡ πόλις ἡμῶν, atque prima persona sequi posset. Sed ejusmodi anacolutha apud optimos scriptores occurrunt, præsertim in longiore oratione, qualis etiam hoc loco est. Wolfius ad verba οἵτινες — ἀπολωλεκότες notavit: *scilicet* εἰσὶν, *idest* ἀπολωλέκασιν, *aut ellipsis est, aut enallage, participiis loco verborum positis.* Idem.

Οἵτινες ἁπάσας μὲν τὰς πόλεις — συμμάχους ἀπολωλεκότες] Difficile est his omnibus tantum, quantum satis est, lucis ex historia affundere. Neque ex interpretibus quisquam quod operæ pretium esset annotavit, præter Wolfium, cujus ipsa verba referamus. Primum ad ista ἁπάσας μὲν τὰς πόλεις τὰς ἐπὶ Θρᾴκης ἀπολωλεκότες notavit sequentia: 'Olynthum scilicet et triginta duas urbes Chalcidici generis, quas Philippus Macedo ceperat, de quibus multa verba fiunt apud Demosthenem περὶ Παραπρεσβείας. Vide Libanii argumentum τῶν Ὀλυνθιακῶν, itemque vitam Demosthenis ab eo descriptam.' Profecto nisi de civitatibus Thraciæ a Philippo captis sermo sit, quorsum hæc pertineant non video. De his autem præter orationis laudatæ loca §. κα'. νη'. οε'. Vid. ipsa Olynth. I. §. ϛ'. Phil. III. §. ϛ'. Diodorus Siculus XVI. 52. aliique ibi a Wesselingio laudati. Belli Philippum inter et Athenienses de Olynthiorum societate gesti initia Diodoro teste fuerunt Archonte Cephisodoto, Olymp. CV. 3. Cff. Capp. 6. et 8. Chalcidicas civitates Philippo subjectas refert Archonte Callimacho, Olymp. CVII. 4. Olynthum expugnatam sequente anno Olymp. CVIII. 1. Archonte Theophilo. Vid. Capp. 52. et 53. Qui annus, si Olympiadum initium ab anno 776. A. C. ducas, ut vulgaris fert sententia, respondet fere anno A. C. 348. vel 349. Simsonius eas numerare solens

ἀπολωλεκότες, πλείω δ' ἢ χίλια τάλαντα μάτην εἰς τοὺς ξένους [1] ἀνηλωκότες, πρὸς δὲ τοὺς Ἕλληνας διαβεβλημένοι

[1] ἀπανηλωκότες A. L. ἀπαναλωκότες C.

inde ab anno 774. retulit in annum 346. De exitu belli Phocensis Archonte Archia, Olymp. CVIII. 3. refert idem Diodorus C. 59. — Sequitur πλείω δ' ἢ χίλια τάλαντα μάτην εἰς τοὺς ξένους ἀπαναλωκότες ‘ Quia (inquit Wolfius) classis Atheniensium exclusa tempestate opem ferre Olynthiis non potuerat. Demosthenes περὶ Συντάξεως §. ι'. εἰς τοὺς Ἑλλήνων ἀπόρους· ξένοι scilicet στρατιῶται, sunt peregrini et conductitii milites, μισθωτοὶ ἢ μισθοφόροι, quorum duces ξεναγοὶ ἢ ξεναγωγοὶ dicuntur. τοῖς ξενοῖς ἢ ξενικοῖς στρατεύμασιν opponuntur αἱ πολιτικαὶ δυνάμεις. Demosthenes Olynthiaca 3. §. θ'. πλείω δ' ἢ χίλια καὶ πεντακόσια τάλαντα ἀνηλωκότες εἰς οὐδὲν δέον, etc. Conferatur hic locus cum Isocrate.’ Recte : vid. etiam Harpocr. in Ξενικὸν et Ξενιτευομένους. Illo, postquam de majorum præclare gestis retulerat, subjicit : ἡμεῖς δ'; ὅσης ἅπαντες ἐρημίας ἐπειλημμένοι, σκέψασθε εἰ παραπλήσια. οὐ πλείω μὲν ἢ χίλια καὶ πεντακόσια τάλαντα ἀνήλωται μάτην εἰς τοὺς τῶν Ἑλλήνων ἀπόρους ; ἐξανήλωνται δὲ οἵ τε ἴδιοι πάντες οἶκοι, καὶ τὰ κοινὰ τῇ πόλει, καὶ τὰ παρὰ τῶν συμμάχων ; οὓς δ' ἐν τῷ πολέμῳ συμμάχους ἐκτησάμεθα, οὗτοι νῦν ἐν τῇ εἰρήνῃ ἀπολώλασιν. Alter autem ex Olynth. III. ei plane similis sic se habet : νυνὶ δὲ πῶς ὑμῖν ὑπὸ τῶν χρηστῶν τῶν νῦν τὰ πράγματα ἔχει· ἆρά γε ὁμοίως καὶ παραπλησίως ; καὶ τὰ μὲν ἄλλα σιωπῶ, πολλ' ἂν ἔχων εἰπεῖν, ἀλλ' ὅσης ἅπαντες ὁρᾶτε ἐρημίας ἐπειλημμένοι· καὶ Λακεδαιμονίων μὲν ἀπολωλότων, Θηβαίων δ' ἀσχόλων ὄντων, τῶν δ' ἄλλων οὐδενὸς ὄντος ἀξιόχρεω περὶ τῶν πρωτείων ὑμῖν ἀντιτάξασθαι. ἐξὸν δ' ἡμῖν καὶ τὰ ἡμέτερ' αὐτῶν ἀσφαλῶς ἔχειν, καὶ τὰ τῶν ἄλλων δίκαια βραβεύειν, ἀπεστερήμεθα μὲν χώρας οἰκείας· πλείω δ' ἢ χίλια καὶ πεντακόσια τάλαντα ἀνηλώκαμεν εἰς οὐδὲν δέον. οὓς δ' ἐν τῷ πολέμῳ συμμάχους ἐκτησάμεθα, εἰρήνης οὔσης, ἀπολωλέκασιν οὗτοι. ἐχθρὸν δ' ἐφ' ἡμᾶς αὐτοὺς τηλικοῦτον ἠσκήκαμεν (ηὐξήκαμεν legendum putat Valcken. in Ann. 58. ad Orat. de Philippo Mac. p. 267). ἢ φρασάτω τις ἐμοὶ παρελθὼν, πόθεν ἄλλοθεν ἰσχυρὸς γέγονεν ἢ παρ' ἡμῶν αὐτῶν Φίλιππος. Numerum talentorum Demosthenes ipse remp. tractans diligentius notavit quam Isocrates. Erat autem gravis reprehensio et insigne ignaviæ documentum, tantam pecuniarum summam frustra in mercenarios milites esse consumptam. Antea enim populus ipse militabat, et res multo melius gerebantur. Ne Gyri quidem minoris ætate ullus usus erat militum mercenariorum : postea vero Græcia obruebatur vagorum et errabundorum hominum colluvie, qui mercede conducti stipendia faciebant in horum illorumve gratiam. Disertus est locus ad Philipp. p. 101. D. οὕτω γὰρ ἔχει τὰ τῆς Ἑλλάδος, ὥστε ῥᾷον εἶναι συστῆσαι στρατόπεδον μεῖζον καὶ κρεῖττον ἐκ τῶν πλανωμένων ἢ τῶν πολιτευομένων· ἐν ἐκείνοις δὲ τοῖς χρόνοις οὐκ ἦν ξενικὸν οὐδέν. His etiam naves compleri solebant dum ipsi cives Athenienses transtro insiderent, et remigium manu tenentes in terram hostilem escenderent. Sæpius de conductitiorum abusu queritur Isocrates. Vid. Oratio de Pace p. 168. D. et seq. 174. E. Panath. p. 249. C. Epist. ad Philipp. p. 410. C. De ignavia suæ ætatis Demosthenes l. c. τὸ μὲν πρῶτον, inquit, καὶ στρατεύεσθαι τολμῶν αὐτὸς ὁ δῆμος, δεσπότης τῶν πολιτευομένων ἦν, κ. τ. λ. — ὑμεῖς δ' ὁ δῆμος ἐκνενευρισμένοι, καὶ περιῃρημένοι χρήματα καὶ συμμάχους, ἐν ὑπηρέτου καὶ προσθήκης μέρει γεγένησθε. Multa etiam habet Philipp. I. §. β'. sqq. Militiæ neglectum ipse Isocrates infra notat §. λη'. Cf. Böckhius in Opere Germanico de Œconomia Civili Atheniensium, V. I. p. 291. — Πρὸς δὲ τοὺς Ἕλληνας διαβεβλημένοι. ‘ Suspecti atque invisi propter tyrannicum imperium, aut etiam propter res male adversus Philippum gestas.’ Sic Wolfius. Utraque conjungi possunt. In socios imperiose egerunt, maxima tributa ab iis exegerunt, classes iis imperarunt, cæt. nonnunquam etiam crudeliter in eos sævierunt, ut in Melios et Scionæos : quæ tamen alibi excusare studuit Isocrates Paneg. p. 61. D. et sq. Panath. p. 245. D. et sq. Unde Byzantiorum, Chiorum, Rhodiorum, aliorumque defectio, quæ fuit causa belli socialis : quod ipsum Athenienses πρὸς τοὺς Ἕλληνας διαβέβληκε, ut ait Isocrates de Pace p. 163. A. Maxime autem artibus Philippi apud reliquos Græcos invisi erant, quod bello sacro cum Lacedæmoniis aliisque nonnullis impiam Phocensium causam adversus Thebanos, Locros, aliosque, qui socium sibi adjunxerant Philippum (cf. ad Philipp. p. 93. E.), defendere voluerant. Vid. Demosth. de Cor. §. κζ'. et passim. — Καὶ τῷ βαρβάρῳ πολέμιοι γεγονότες. Dupliciter intelligi potest appellatio ὁ βάρβαρος, vel de Rege Persarum, vel de Philippo Macedone. Nam de illo quidem occurrit in Paneg. §. β'. ubi vid. Morus not. eique inimicitias fuisse cum Atheniensibus cum modo ante

καὶ τῷ βαρβάρῳ πολέμιοι γεγονότες, ἔτι δὲ τοὺς μὲν Θηβαίων φίλους σώζειν ἠναγκασμένοι, τοὺς δ' ἡμετέρους αὐτῶν

dixerat Isocrates in fine §. γ'. tum infra significat λζ'. Atque de hoc intellexit Wolfius, qui cousulendam esse ait Demosthenis orationem περὶ συμμοριῶν, qua utrum huic bellum sit inferendum nec ne deliberatur. Sed fortasse rectius intelligatur Philippus, quem a Demosthene sexcenties ita vocari omnes norunt, ut adeo hac appellatione eum distinguere voluerit Isocrates a Rege Persarum, quem et supra et infra constanter appellat τὸν βασιλέα. In primis id probabile fit si conferantur huic loco quam maxime similia verba Demosthenis ex Olynth. III. §. θ'. supra allata, quibus diserta Philippi ἐχθροῦ mentio fit. Contra eum autem bellum gesserant cum de Olynthiorum societate, tum bello Phocensi, ut vidimus. — Ἔτι δὲ τοὺς μὲν Θηβαίων φίλους σώζειν ἠναγκασμένοι. Apponantur iterum Wolfii verba: 'Intelligo (inquit) Megalopolitas, pro quibus exstat Demosthenis oratio, quæ quidem quasi commentarius est hujus loci. — Hæc igitur verba sunt Demosthenis §. ζ'. πολὺ δὴ κάλλιον καὶ ἄμεινον, τὴν Θηβαίων συμμαχίαν αὐτοὺς παραλαβεῖν, τῇ δὲ Λακεδαιμονίων πλεονεξίᾳ μὴ ἐπιτρέπειν· ἢ νῦν ὀκνοῦντας, μὴ τοὺς Θηβαίων σώσωμεν συμμάχους, τούτους μὲν προέσθαι, πάλιν δὲ σώζειν αὐτοὺς τοὺς Θηβαίους· καὶ προσέτι ἐν φόβῳ καθεστάναι περὶ ἡμῶν αὐτῶν. Mihi αἱ περὶ τὰς χρονολογίας δυσχέρειαι sæpe sunt molestæ, adeo ut verear, μήποτε δεινῆς ἀνιστορησίας κατηγορηθῶ. Neque enim ubique distinctio temporum mihi in promptu est, quod cum iis alia congruere videntur, alia ab iisdem abhorrere. ἐπέχων τοίνυν καὶ διασκεπτόμενος, æquo animo exspecto τὰς τῶν δογματικῶν, τῶν πανεπιστημόνων καὶ ἀναμαρτήτων ὄντων, ἀποφάνσεις· τουτέστι, ὅ, τι με χρὴ παθεῖν ἢ ἀποτῖσαι.' Nolim me referri in illorum numerum, quos Wolfius dixit. Sed si mea sententia quæratur, non censeo eum esse ἀνιστορησίας accusandum: cum tempora satis bene convenire videantur. Lacedæmoniorum enim illa in agrum Megalopolitarum excursio, quæ, missis ab utraque parte Athenas legatis, causam dicendi præbuit Demostheni, a Simsonio quidem relata est in A. M. 3653. A. C. 350. cum jam superiori anno belli initium factum esset, ut ex Demosthene cognosci notavit Wesselingius: ita ut facile ejus rei mentionem injicere potuerit Isocrates. Quod si fecerit, ἠναγκασμένοι significabit eos temporum rationibus adactos fuisse. Nam ut ex Demosthene constat, periculum erat ne, si, Megalopolitarum, qui Thebanorum socii et amici erant, causa repudiata, Lacedæmonios iniqua molientes adjuvissent, dum ne Thebanorum potentia nimia incrementa caperet se sibi cavere crederent, illis viam aperirent ad Peloponnesi dominatum et ipsi tandem ab illis sibi metuendum haberent. Ergo potius videbatur Thebanorum sociis quam Lacedæmoniis opem ferre. Quod, cum Thebani et bello Phocensi et aliis de causis ipsis infesti essent, durum erat: contra Lacedæmoniorum ad recuperandam Oropum opem exspectabant. Nec tamen constat utrum auxilia Megalopolitis miserint Athenienses: a Diodoro Siculo certe non memorantur XVI. 39. ubi vid. Wesselingius.—Superest: τοὺς δ' ἡμετέρους αὐτῶν συμμάχους ἀπολωλεκότες. Istud ἀπολλύναι dupliciter intelligi potest, vel *perdere*, vel *amittere*. Audiamus Wolfium: 'Perdidimus (inquit), ad egestatem redegimus tributis exigendis et male tractando: aut, Amisimus, quod magis placet, ut de Olynthiis et Thracensibus civitatibus intelligatur. Nam cæteri quidem socii nondum defecerant aut certe non omnes, cum initio statim dixerit, ἔτι δὲ συμμάχους ἐχούσης. Sed tamen et Demosthenes, qui ex hac oratione in tertiam Olynthiacam nonnulla transtulisse videri posset, si ratio temporum pateretur, sic scribit [l. supra cit. §. θ'.]: ἀπεστερήμεθα μὲν χώρας οἰκείας· πλείω δ' ἢ χίλια καὶ πεντακόσια τάλαντα ἀναλώκαμεν εἰς οὐδὲν δέον, οὓς δ' ἐν τῷ πολέμῳ συμμάχους ἐκτησάμεθα, εἰρήνης οὔσης ἀπολωλέκασιν οὗτοι. Quem locum enarrator de sociali bello intelligit, haud scio quam recte.' Oppositum σώζειν *ab interitu vindicare*, omnino postulat ut ἀπολλύναι majus quid significet quam simpliciter *amittere*, nimirum aut *ad interitum adducere*, aut certe *sua ipsius culpa amittere, ad defectionem cogere*. Utrumque acciderat nimiis tributis exigendis ad sustentandas copias mercenarias. Prius diserte significat Isocrates de Pace p. 168. D. εἰς τοῦτο δὲ μωρίας ἐληλύθαμεν, ὥστ' αὐτοὶ μὲν ἐνδεεῖς ἐσμὲν τῶν καθ' ἡμέραν, ξενοτροφεῖν δ' ἐπικεχειρήκαμεν. καὶ τοὺς συμμάχους τοὺς ἡμετέρους αὐτῶν λυμαινόμεθα καὶ δασμολογοῦμεν, ἵνα τοῖς ἁπάντων κοινοῖς ἐχθροῖς τὸν μισθὸν ἐκπορίζωμεν. Atque hoc quoque Demosthenem sibi voluisse verba ejus manifeste docent. Cf. et Olynth. II. §. γ'. Quo facto cum socii deficerent, eos et *perdiderant* et *amiserant*. Malim in vertendo uti priore vocabulo *perdidimus*. Quinam hic socii intelligantur difficile dictu est. Belli socialis tempore multos defecisse constat. Utrum Demosthenis

συμμάχους ἀπολωλεκότες, ἐπὶ τοσαύταις πράξεσιν εὐαγ- 142
γέλια μὲν δὶς ἤδη τεθύκαμεν, ῥαθυμότερον δὲ περὶ αὐτῶν
ἐκκλησιάζομεν τῶν πάντα τὰ δέοντα πραττόντων. καὶ ταῦτ'
140 εἰκότως καὶ ποιοῦμεν καὶ πάσχομεν· οὐδὲν γὰρ οἷόν τε γίγνεσθαι κατὰ τρόπον τοῖς μὴ καλῶς περὶ ὅλης [1] τῆς διοικήσεως βεβουλευμένοις, ἀλλ' ἐὰν καὶ κατορθώσωσι περί
τινας [2] τῶν πράξεων ἢ διὰ τύχην ἢ δι' ἀνδρὸς ἀρετὴν, μικρὸν b

[1] τῆς διοικήσεως ὅλης A. C. L.

[2] πράξεις A.C. L.

indicio Oropii intelligi queant, ignoro. Eam civitatem quo minus ope Lacedæmoniorum recuperarent, in causa fuisse, aut certe esse potuisse auxilia Megalopolitanis præstita, ejus verba declarant §. δ'. ς'. — Hæc de rebus gestis, in quibus illustrandis maxime probabilia secuti, certi nihil affirmare audemus. — Superest ut paucis rationem reddamus receptæ lectionis ἀπαναλωκότες, quam substituimus vulgari ἀπανηλωκότες, præeunte Corae, qui et infra §. κζ'. ἀνάλωσεν pro ἀνήλωσεν edidit, et ubique fere de revocanda veteri forma Attica monuit. Attici enim veteres ā longum in ἀναλόω non solent mutare, sine ullo augmento scribentes ἀναλίσκω, ἀνάλουν, ἀνάλωκα, ἀνάλωμαι, pro quibus seriores ἀνήλωκα, ἠνάλωκα, ἠνήλωκα scribunt. Vid. Valckenaer. ad Eurip. Phœniss. p. 222. Thomas Mag. p. 55. laudati Matthiæ Gramm. Gr. §. 166. N°. 1. Obs. 2. coll. §. 222. Ipsum ἀνάλωσεν exstat in Oratione ad Demonicum, non ita longe ab initio, de quo docte disputat Langius in Addendis p. 52. De verbo ἀνώγειν monuit Porsonus in Præf. ad Eurip. Hecubam p. 18. Sunt tamen qui dissentiant. Cff. Wolfius in Castig. ad hunc posteriorem locum, notæ ad Thomam Mag. l. c. Sallier. ad Mœrin, p. 26. Idem.

Ἐπὶ τοσαύταις πράξεσιν εὐαγγέλια μὲν δὶς ἤδη τεθύκαμεν] Εὐαγγέλια dicta fuisse ob res lætas nuntiatas indicta festa, quibus sacra facerent, amicisque partes victimarum mitterent, notum est e Meursii Græcia Fer. L. III. h. v. Εὐαγγέλια θύειν itaque est ejusmodi sacra facere læti nuncii causa, additurque ἐπὶ cum Dativo rei significans *propter*, *ob*, uti hoc nostro loco. Pollux V. 129. ἡ μέντοι ἐπὶ τὸ συνήδεσθαι θυσία, εὐαγγέλια, ὥσπερ καὶ ἐπὶ τὸ ἥδεσθαι· a quo nostrum Isocratis locum respici ait Kühnius in nota: dubito an recte. Aristoph. Eqq. 654. jam Wolfio laudatus:

———————— Ἄνδρες ἤδη μοι δοκεῖ,
Ἐπὶ συμφοραῖς ἀγαθαῖσιν εἰσηγγελμέναις,
Εὐαγγέλια θύειν, ἑκατὸν βοῦς τῇ θεῷ.

Quod vero hic tam diserte significat Isocrates *jam bis sacrificia boni nuncii facta esse*, de eo utrum aliunde constet, dicere nequeo. Idem.

Τῶν πάντα τὰ δέοντα πραττόντων] *quam qui prosperrima fortuna utuntur.* idem ac τῶν εὐτυχούντων, εὐπραττόντων, uti recte exposuit Wolfius. Est hæc rarior significatio dictionis τὰ δέοντα πράττειν, quæ alias frequentissime notat *officio fungi*; quam h. l. postulat oppositionis ratio. Eadem obtinere videtur in loco Nicocl. p. 32. A. φαίνονται γὰρ — οἵ τε μισοῦντες τὰς τυραννίδας, ὁπόταν πολλοὺς ἄρχοντας ἐκπέμψωσιν, οὐδὲν τῶν δεόντων πράττοντες. *apparet enim — eos, qui odio tyrannidis multos imperatores* (in prælium) *emittunt, nullam rem feliciter peragere.* Quæ sententia, si id nunc ageretur, magna exemplorum copia ex historia illustrari posset. Cæterum Wolfio videtur Orator de industria quæsivisse locutionem ambiguam, qua civibus et officii neglectum, et calamitatem temeritatis comitem objiceret. Idem.

Καὶ ταῦτ' εἰκότως κ. π. κ. π.] Εἰκότως ea fieri dicuntur, quæ *cum ratione*, non *temere aguntur.* Sic in Paneg. §. μα'. πάντα εἰκότως ἀποβέβηκεν opponitur τῷ οὐδὲν ἀλόγως γέγονεν. Nec tamen hoc sibi vult Isocrates ut Athenienses cum ratione tam prave res suas administrare dicat: sed vertendum est *merito*, ut sensus sit: Nil mirum est, nos tam male rem gerere, et tanta mala pati. Ποιοῦμεν spectat modo dicta ἐπὶ τοσαύταις — πραττόντων· πάσχομεν autem, quæ antea commemoraverat inde ab οἵτινες ἁπάσας μὲν — συμμάχους ἀπολωλεκότες. Idem.

Οὐδὲν γὰρ οἷόν τε — βεβουλευμένοις] Ad οὐδὲν suppleri potest μέρος τῆς διοικήσεως e sequentibus τῆς ὅλης διοικήσεως, ut sensus sit: *nulla enim pars rerum publicarum bene administrari potest ab iis, qui de universa reipublicæ administratione prava ineunt consilia.* Eadem sententia aliis verbis inversa exstat § ι'. ἀνάγκη γὰρ τοῖς περὶ ὅλων τῶν πραγμάτων καλὰς τὰς ὑποθέσεις πεποιημένοις, καὶ κατὰ τὰ μέρη τὸν αὐτὸν τρόπον ἔχειν ἐκείνοις. Idem.

Ἢ διὰ τύχην, ἢ δι' ἀνδρὸς ἀρετὴν] *sive for-*

διαλιπόντες πάλιν εἰς τὰς αὐτὰς ἀπορίας κατέστησαν. καὶ ταῦτα γνοίη τις ἂν ἐκ τῶν περὶ ἡμᾶς γεγενημένων.[1]

ε΄. Ἁπάσης γὰρ τῆς Ἑλλάδος ὑπὸ τὴν πόλιν ἡμῶν ὑποπεσούσης καὶ μετὰ τὴν Κόνωνος ναυμαχίαν καὶ μετὰ

[1] γενομένων A. C. L.

tuna, sive humana virtute. Fortunam veteres intelligebant divinam voluntatem, ad eamque non ea, quæ ratione ac consilio provisa administrataque essent, referebant, sed potius quorum causæ ignorarentur, quæque quasi divinitus cecidisse viderentur: itaque rationem, sive humanam prudentiam, fortunæ opponunt. Vid. Muretus in elegantissima de Fortuna disputatione ad Ciceronis Catil. I. 6. Opp. T. II. p. 552. et seqq. Ex hac animadversione illustrandus etiam est hic noster locus, ubi τύχη opponitur ἀνδρὸς ἀρετῇ, i. e. humanæ virtuti, consilio, prudentiæ, fortitudini. Cujusmodi oppositio frequens est apud Oratores. Sic Cicero pro Lege Manil. 16. "Ego enim sic existimo, Maximo, Marcello, Scipioni, Mario, et cæteris magnis imperatoribus non solum propter virtutem, sed etiam propter fortunam, sæpius imperia mandata atque exercitus esse commissos." Similiter Ælianus V. H. XIII. 23. Alexandri εἰς ὅπλα ἀρετὴν distinguit ab ejus τύχῃ. Itaque verba ἀνδρὸς ἀρετὴ h. l. idem fere valent ac ἀνθρωπίνη ἀρετὴ, quanquam Isocrates rectius usus est voce ἀνὴρ quam ἄνθρωπος. Illius enim propria virtus est, et hactenus huic opponitur. Eranius Philo Ammonio subjectus p. 156. Ἀνὴρ ἀνθρώπου διαφέρει. Ἀνὴρ μὲν γάρ ἐστι κυρίως ὁ ἐπ' ἀρετῇ διαπρέπων. Ἄνθρωπος δὲ ὁ ἐπὶ μηδενὶ διαπρέπων. Ubi vid. Valckenaerius. Sic item Grammaticus Bekkeri V. I. p. 394. Ἄνδρα· τὸν ἀνδρεῖον, καὶ τὸν κατὰ κοινωνίαν τῆς γυναικός. Eo sensu ἀνὴρ legitur in versibus Homericis:

Ὦ φίλοι, Ἀνέρες ἐστὲ, καὶ ἄλκιμον ἦτορ ἕλεσθε·
Ἀνέρες ἐστὲ φίλοι, μνήσασθε δὲ θούριδος ἀλκῆς.

Il. Ε. 529. Θ. 174. et sæpius recurrentibus. Huc pertinet quod refert Ælianus Var. Hist. IV. 27. Diogenem, accepto parvulo nummulo a Diotimo Carystio, ei versu Homerico gratias egisse, Od. Ζ. 180.

Σοὶ δὲ θεοὶ τόσα δοῖεν, ὅσα φρεσὶ σῇσι μενοινᾷς,
Ἄνδρα τε καὶ οἶκον.

Ἄνδρα enim eum de *viro forti* accepisse, patet ex iis quæ addit Ælianus: ἐδόκει δὲ πως ὁ Διότιμος μαλθακώτερος εἶναι. Quanquam Homerus simplicitur pro *marito* posuit. Sic et Xenoph. Cyrop. II. 2. 21. ὅστισπερ ἀνὴρ οἴοιτο εἶναι. *quicunque sese virum putaret.* Lycurgus adv. Leocr. p. 134. opposuit sexui imbelli et puerulis. De Autolyco, quem Athenienses condemnaverant, quod, quamvis ipse belli pericula subiisset, tamen uxorem liberosque in tuto deposuisset, postquam dixerat, in Leocratem sic invehitur: καίτοι εἰ τὸν τοὺς ἀχρήστους εἰς τὸν πόλεμον ὑπεκθέσθαι αἰτίαν ἔχοντα ἐτιμωρήσασθε, τί δεῖ πάσχειν, ὅστις ἀνὴρ ὢν οὐκ ἀπέδωκε τὰ τροφεῖα τῇ πατρίδι. Alio usu ἀνὴρ ponitur pro τὶς, uti et nonnunquam Latinorum *vir:* quod tamen poetis, quam oratoribus convenientius judicat Hoogeveenius ad Vigerum de Idiot. III. 3. 1. p. 76. Exemplis ab eo allatis addatur Homerus Il. Κ. 293.

ἣν οὔπω ὑπὸ ζυγὸν ἤγαγεν ἀνήρ·

et cf. ibid. vs. 320. Sic et Sophocles in Ajace, 1162. et 1172. laudatus Wyttenbachio ad Platonis Phædonem p. 257. Nec tamen desunt exempla, etsi rariora, apud solutæ orationis scriptores. Nolim huc referre locum Platonis Dial. laudati p. 92. Ed. Wyttenb. τὸ μὲν οὖν ταῦτα διϊσχυρίσασθαι οὕτως ἔχειν, ὡς ἐγὼ διελήλυθα, οὐ πρέπει νοῦν ἔχοντι ἀνδρί. Sed sine dubio huc pertinent loca Thucydidis VIII. 60. ξυνέπραξαν δὲ Ἐρετριέων τε ἄνδρες καὶ αὐτῶν Ὠρωπίων, h. e. *Eretriensium et Oropiorum nonnulli.* item c. 71. καὶ οἱ Ἀθηναῖοι — ἄνδρας κατέβαλον αὐτῶν — καὶ ὅπλων τινῶν καὶ νεκρῶν ἐκράτησαν. Herodoti IV. 26. ἐπεὰν ἀνδρὶ ἀποθάνοι πατήρ. VIII. 75. ἐξελθὼν δὲ πέμπει ἐς τὸ στρατόπεδον τὸ Μήδων ἄνδρα πλοίῳ, ἐντειλάμενος τὰ λέγειν χρεών. Cf. Gronovii Annotatio Ed. Wess. p. 84. b. init. Addatur Andocides de Myst. §. ιδ΄. μηδὲ ἐπ' ἀνδρὶ νόμον ἐξεῖναι θεῖναι, ἐὰν μὴ τὸν αὐτὸν ἐπὶ πᾶσιν Ἀθηναίοις. *et de nemine licere legem ferre, nisi eadem de omnibus Atheniensibus feratur.* Alia significatione ἀνὴρ identidem repetitum vertendum est *alius — alius*, ut apud Xenoph. Œcon. p. 867. B. Idem.

Μετὰ τὴν Κόνωνος ναυμαχίαν] Malim μετά τι τὴν Κόν. ναυμ. Wolf. Intelligitur pugna navalis, qua Conon Lacedæmonios ad Cnidum vicit, eosque maris imperium, quod inde a captis Athenis tenuerant per

τὴν Τιμοθέου στρατηγίαν, οὐδένα χρόνον τὰς εὐτυχίας κατασχεῖν ἠδυνήθημεν, ἀλλὰ ταχέως διεσκαριφησάμεθα καὶ διελύσαμεν αὐτάς. πολιτείαν γὰρ τὴν ὀρθῶς ἂν τοῖς πράγμασι [1] χρησαμένην οὔτ᾽ ἔχομεν οὔτε [2] καλῶς ζητοῦμεν. καίτοι τὰς εὐπραγίας ἅπαντες ἴσμεν καὶ παραγι-

[1] χρεστομένην A. C. L.   [2] λαβεῖν A. C. L.

decem annos, Atheniensibus reddere coegit: quod illi legatis missis fecerunt, uti infra Isocrates narrat §. κζ′. Cæterum res nota est, præter Isocratis locos ad Philip. p. 94. D. Evag. p. 199. C. — 200. D. et 202. D. e Xenophonte Hellen. IV. p. 518. A. B. Diodoro Siculo XIV. 83. et 84. Nepote in Con. 4. aliisque laudatis a Moro ad Paneg. §. λθ′. μα′. et Meursio Miscell. Lacon. III. 10. ubi de tempore, per quod Lacedæmonii Principatum Græciæ tenuerint, disputat. Addatur Andocides Or. III. et, qui conjunctum cum Timotheo filio Cononem patrem laudavit, Dinarchus contra Demosth. §. γ′. et contra Philoclem §. δ′. Id haud alienum videtur notare, quod Isocrates ipse ad Phil. l. c. de Conone dicit: ἤλπισε Λακεδαιμονίους καταπολεμήσειν ἄρχοντας τῶν ἄλλων Ἑλλήνων καὶ κατὰ γῆν καὶ κατὰ θάλατταν. similiter a Diodoro c. 39. referri Cononis hoc in copiis comparandis fuisse consilium ut Græciam liberaret. In eo autem a Xenophonte et Nepote discedit Diodorus, quod Periarchum, non Pisandrum, Lacedæmoniorum ducem nominat. Berg.

Τὴν Τιμοθέου στρατηγίαν] Στρατηγίαν dicit universe quoniam Timothei virtus et mari et terra conspicua fuit. De hoc quoque res satis cognita est e Nepote, qui victoriis ejus memoratis cap. 2. subjicit: "Quo facto Lacedæmonii de diutina contentione destiterunt, et sua sponte Atheniensibus imperii maritimi principatum concesserunt; pacemque his legibus fecerunt, ut Athenienses mari duces essent." Fuit is discipulus Isocratis, eique valde dilectus, quippe cujus etiam ad eum exstat Epistola. Sed nusquam magis ejus laudes celebravit, quam in Orat περὶ ἀντιδόσεως §. κϛ′. *ε′. — ζ. ubi fere ejus encomium scripsit. Primum de ejus expeditionibus victoriisque refert §. κϛ′. *ε′. Reliqua in ejus indole, clementia et benevolentia, qua sibi suisque Græcas civitates conciliaverat, celebrandis consumuntur. Locus longior est, quam ut hic adscribatur: sed animadversione dignum est, Cornelium Nepotem in Timotheo C. 1. et 2. Isocratem in nonnullis imitatum videri, ut quidem censet Orellius in Præf. Idem.

Διεσκαριφησάμεθα] Rarior vox, de qua egerunt Harpocration, Suidas, Etymologus, Hesychius, alii, quorum loca vid. ap. Coraem in egregia ad h. l. annotatione. Sensus perspicuus est, et recte ab eo expressus, διεσκορπίσαμεν, διεσκεδάσαμεν, *dissipavimus*; explicatur etiam sequenti καὶ διελύσαμεν αὐτὰς, unde conjicit Coraes aut apud Harpocrationem, qui itidem hac voce interpretatur, legendum esse διεχύσαμεν, aut tria ista vocabula ex Isociatea oratione ejicienda. Neutrum necesse videtur. Si qui conjecturæ locus esse debeat, quidni potius ab Isocrate scriptum dicamus διεχύσαμεν? Sed ne de hoc quidem statuere ausim. Cæterum de Harpocrationis loco conferri etiam possunt Stephanus Diatr. Isocr. VII. qui ab illo scriptum fuisse putat διερρίψαμεν, et H. Royaaids in Diatr. supra laud. p. 27. cumque priore ejus parte plane conveniunt hæc Grammatici veteris Bekkeriani V. I. p. 239. Διεσκαριφησάμεθα· ἀντὶ τοῦ διελύσαμεν. σκάριφον γάρ ἐστι τὸ κάρφος καὶ φρύγανον, ἔστι δὲ τὰ τοιαῦτα εὐδιάλυτα καὶ εὐφύσητα. Idem.

Τὰς εὐπραγίας ἅπαντες ἴσμεν — περιβεβλημένοις] Convenit quodammodo dictum Themistoclis apud Justinum II. 12. "Patriam municipes esse, non mœnia; civitatemque non in ædificiis, sed in civibus positam." Et Niciæ apud Thucyd. VII. 77. ἄνδρες γὰρ πόλις, καὶ οὐ τείχη, οὐδὲ νῆες ἀνδρῶν κεναί. Item Agesilai, qui interrogatus, cur Sparta non esset munita respondit: ἄνδρες πόλις καὶ οὐ τοῖχοι· cui simile est aliud Lycurgi, quod e Plutarcho notavit Valckenaerius ad Theocr. Adon. p. 254. οὐκ ἂν εἴη ἀτείχιστος πόλις, ἅτις ἀνδρείοις καὶ οὐ πλίνθοις ἐστεφάνωται. Cæterum ad verba οὐ τοῖς τείχη μ. κ. κ. π. opposite Wolfius: 'Hæc (inquit) ad laudem Athenarum pertinent:' attulitque ad proxime sequentia ἀλλὰ τοῖς ἄριστα καὶ σωφρ. τ. α. δ. locum Plauti in Persa Act. IV. Sc. IV. vs. 5. ubi de Athenis Sagaristio, Virgo et Toxilus colloquuntur:

"S. Quid id quod vidisti, ut munitum
muro tibi visum 'st oppidum?
V. Si incolæ bene sunt morati, pulcre
munitum arbitror.

γνομένας καὶ παραμενούσας οὐ τοῖς [1] τὰ τείχη μέγιστα καὶ κάλλιστα περιβεβλημένοις, οὐδὲ τοῖς μετὰ πλείστων ἀνθρώπων εἰς τὸν αὐτὸν τόπον [2] συνηθροισμένοις, ἀλλὰ τοῖς ἄριστα καὶ σωφρονέστατα τὴν αὑτῶν [3] πόλιν διοικοῦσιν. ἔστι γὰρ ψυχὴ πόλεως οὐδὲν [4] ἕτερον ἢ πολιτεία, τοσαύτην ἔχουσα δύναμιν ὅσην περ ἐν σώματι φρόνησις. αὕτη γάρ
d ἐστιν ἡ βουλευομένη περὶ ἁπάντων, καὶ τὰ μὲν ἀγαθὰ διαφυλάττουσα, τὰς δὲ συμφορὰς διαφεύγουσα. ταύτῃ καὶ τοὺς νόμους καὶ τοὺς ῥήτορας καὶ τοὺς ἰδιώτας ἀναγκαῖόν ἐστιν ὁμοιοῦσθαι, καὶ πράττειν οὕτως ἑκάστους, οἵαν περ

[1] τὰ om. A. C. L. [2] ἠθροισμένοις A. C. L. [3] πόλιν om. A. C. L. [4] ἄλλο A. C. L.

Perfidia et peculatus ex urbe et avaritia
si exsulant :
Quarta invidia, quinta ambitio, sexta
obtrectatio,
Septimum perjurium. T. Euge! V.
Octava indiligentia,
Nona injuria: decimum, quod pessimum aggressu scelus :
Hæc nisi urbe aberant, centuplex murus rebus servandis parum est."

IDEM.

Ἔστι γὰρ ψυχὴ πόλεως — οἵανπερ ἂν αὐτὴν ἔχωσιν] Egregia sententia, quæ exstat etiam in Panath. p. 261. C. πᾶσα πολιτεία ψυχὴ πόλεώς ἐστι, τοσαύτην ἔχουσα δύναμιν, ὅσηνπερ ἐν σώματι φρόνησις· αὕτη γάρ ἐστιν ἡ βουλευομένη περὶ ἁπάντων, καὶ τὰ μὲν ἀγαθὰ διαφυλάττουσα, τὰς δὲ συμφορὰς διαφεύγουσα, καὶ πάντων αἰτία τῶν ταῖς πόλεσι συμβαινόντων ἀγαθῶν. Et, notante Corae, apud Aristotelem Polit. IV. 11. ἡ γὰρ πολιτεία βίος τίς ἐστι πόλεως. Interest tamen quod βίος solummodo *vitam*, ψυχὴ utrumque et *vitam* vitæque conservatricem *animam*, et *animum* significat. Altera notio nostro loco præferenda, ob illud, quod sequitur, φρόνησις, quæ facultas est animi sive intelligentiæ. Locus autem Panathenaici aliquando me in eam cogitationem induxit, ut putarem Isocratem nostro loco verbis transpositis scripsisse : ἔστι γὰρ πολιτεία οὐδὲν ἄλλο ἢ ψυχὴ πόλεως. quæ lectio totius orationis nexui haud inepte respondeat. Primum enim non quæritur quid sit ψυχὴ πόλεως, cujus nulla in antecedentibus mentio facta erat, sed quid sit πολιτεία, de qua paulo ante dixerat πολιτείαν γὰρ τὴν ὀρθῶς ἂν κ. τ. λ. et cujus notio inest proxime præcedentibus τὴν αὐτῶν διοικοῦσιν, quorum loco æque dici potuerat τὴν αὐτῶν πολιτευομένοις, uti et vicissim ex his πολιτείαν interpretari debemus διοίκησιν, quod recte vidit Stephanus in Diatr. Isocr. V. Deinde sententiæ vis melius etiam apparet. Dixerat modo Isocrates : τὰς εὐπραγίας παραγίνεσθαι καὶ παραμένειν — τοῖς ἄριστα καὶ σωφρονέστατα τὴν αὑτῶν διοικοῦσιν. *felicitatem adesse et perdurare apud eos, qui optime et prudentissime suam civitatem administrent.* Quæritur ratio, quare id ita fiat. Respondet Isocrates : *quia hæc civitatis administratio,* διοίκησις, πολιτεία, *nihil aliud est quam animus civitatis, tantumque in eam vim habet, quantum in corpus hominis* φρόνησις, *animi prudentia.* Est comparatio universæ civitatis cum homine. Quemadmodum animi prudentia et moderatio plurimum confert ad corporis curam bene instituendam vitamque conservandam, sic etiam prudens reip. administratio magnam vim habet ad civitatis universæ salutem procurandam, eamque quam diutissime incolumem præstandam. Ab altera tamen parte huic conjecturæ obstat, quod, uti nunc legitur, τοσαύτην ἔχουσα δύναμιν et αὕτη γάρ κ. τ. λ. quæ de πολιτείᾳ dicuntur, hujus mentionem proxime sequuntur : quod, verbis trajectis, aliter sese habet; quanquam eodem modo ac in loco Panathenaici. Itaque nihil definiendum, omnia doctiorum judicio relinquenda putamus. Cæterum sequentia αὕτη γάρ κ. τ. λ. de πολιτείᾳ dicuntur, ejusque vim in civitatis salutem indicant. De civibus, quomodo Reip. formæ similes sint, comparetur Plato de Rep. VIII. Ed. Bip. V. VII. p. 168. quo libro singulas Reip. formas percurrit. Verbis τὰ μὲν ἀγ. δ. τ. δ. σ. δ. plane similia leguntur ad Nicoclem, pag. 28. Ad verba ὁμοιοῦσθαι καὶ πράττειν recte Wolfius : 'Prius ad actiones, mores, et orationes, alterum ad fortunam et successus referendum.' IDEM.

*ἂν [1] ταύτην ἔχωσιν. ἧς ἡμεῖς διεφθαρμένης οὐδὲν φροντίζο-
μεν, οὐδὲ σκοποῦμεν ὅπως ἐπανορθώσομεν αὐτήν· ἀλλ' ἐπὶ
μὲν τῶν [2] ἐργαστηρίων καθίζοντας κατηγοροῦμεν τῶν
καθεστηκότων, καὶ λέγομεν ὡς οὐδέποτ' ἐν δημοκρατίᾳ
κάκιον ἐπολιτεύθημεν, ἐν δὲ τοῖς πράγμασι καὶ ταῖς* e
*διανοίαις αἷς ἔχομεν μᾶλλον αὐτὴν ἀγαπῶμεν τῆς ὑπὸ τῶν
προγόνων καταλειφθείσης. ὑπὲρ ἧς ἐγὼ καὶ [3] τοὺς λόγους
μέλλω ποιεῖσθαι καὶ τὴν πρόσοδον ἀπεγραψάμην.*
ϛʹ. Εὑρίσκω γὰρ ταύτην μόνην [4] ἂν γενομένην καὶ τῶν 143
*μελλόντων κινδύνων ἀποτροπὴν καὶ τῶν παρόντων κακῶν
ἀπαλλαγὴν, ἢν ἐθελήσωμεν ἐκείνην τὴν δημοκρατίαν ἀνα-*
141 *λαβεῖν, ἣν Σόλων μὲν ὁ δημοτικώτατος γενόμενος ἐνομοθέ-*

[1] *αὐτὴν* A. C. L. [2] *δικαστηρίων τῶν καθεστηκότων κατηγοροῦμεν* A. C. L. [3] *τὸν λόγον* A. C. L. [4] *ἂν μόνην* A. C. L.

Ὑπὲρ ἧς — ἀπεγραψάμην] *pro qua ego dicturus sum, et me huc* (ad dicendum) *accessurum esse denunciavi.* Vid. annot. ad §. αʹ. Ὑπὲρ ἧς vertimus *pro qua.* Plus enim significat quam περὶ ἧς, *de qua*, nimirum, *in cujus gratiam, laudem, cujus celebrandæ et commendandæ causa.* Sic ὑπέρ τινος λέγειν est *pro aliquo dicere, eum in judicio defendere.* Similiter in Paneg. p. 53. D. ὑπὲρ μὲν Ἀργείων δυστυχησάντων Θηβαίοις ἐπιτάττοντες. *in gratiam Argivorum infelicium Thebanis imperantes.* In Archid. p. 123. C. ὑπὲρ τῶν δικαίων κινδυνεύειν. *pro jure, justa causa pericula obire.* Et ad Phil. p. 96. E. de Philippi potestate legimus: οὐχ ὑπὲρ τῆς Ἑλλάδος ἀλλ' ἐπὶ ταύτην αὐξάνεται. *non pro Græcia*, in ejus commodum, salutem, *sed contra eam*, in ejus perniciem, *augetur.* Idem.

Ἣν Σόλων μὲν ὁ δημοτικώτατος γεν. — ἐξ ἀρχῆς κατέστησε] Cf. Dionys. Hal. l. supra cit. in Introd. Notetur titulus δημοτικωτάτου Soloni tributus, et explicatus Demostheneo illo de Cor. §. γʹ. Σόλων εὔνους ὢν ὑμῖν (populo Atheniensium) καὶ δημοτικός. Eandem laudem ei vindicat Aristoph. in Nubibus, 1189.

> Ὁ Σόλων, ὁ παλαιὸς, ἦν φιλόδημος τὴν
> φύσιν.

Infra utrique et Soloni et Clistheni tribuitur §. κδʹ. Nec dubium, quin utrique conveniat. Δημοτικὸς enim proprie opponitur τῷ τυραννικῷ. Cf. Maximus Tyr. XIV. 6. Qualis esse debeat, delineavit, Æschines adv. Ctesiph. §. νδʹ. quorsum respicit Demosth. Or. l. §. λζʹ. Ad Clisthenem quod attinet, tyranni ab eo ejecti intelliguntur non Hippias et Hipparchus; hic enim jam antea occisus erat ab Harmodio et Aristogitone, quo facto tantum aberat ut liberarentur Athenæ tyrannide, ut contra magis etiam quam antea per quatuor annos ea premerentur, teste Herodoto V. 55.; sed Hippias ejusque et Hipparchi superstites liberi: quos Alcmæonidæ, et in his Clisthenes, oriundus ex ea gente, Pisistrato tyrannidem occupante, exsules voluntarii Athenis profecti, Pythia, Apollinis Delphici sacerdote, pecuniis inducta, ut, si quid Lacedæmonii ab oraculo peterent, primum Athenas liberandas esse diceret, horum opera, qui exercitum duce Rege suo Cleomene miserant, reliquis exsulibus collectis, ejecerunt, exsulesque in patriam reduxerunt. Rem uberius refert Herodotus V. 62—65. a quo diserte memorantur οἱ παῖδες τῶν Πεισιστρατιδέων. Probe autem animadvertendum, quod seq. Cap. 66. addit, Clisthenem eum fuisse, qui Pythiam corrupisse feratur: quod et testatur Scholiastes Mss. ad Aristidis Panath. a Valckenaerio ad cap. 63. laudatus. Hinc enim quodammodo apparet ipsum fuisse qui Tyrannos ejecerit, quod quomodo fecerit, populumque reduxerit, clarius docet Alcibiades filius, quem sic loquentem inducit Isocrates in Or. de Bigis p. 351. E. καὶ τὸ τελευταῖον (de Alcmæonidis agit qui odio tyrannidis Athenas reliquerant) Ἀλκιβιάδης καὶ Κλεισθένης, ὁ μὲν πρὸς πατρὸς, ὁ δὲ πρὸς μητρὸς ὢν πρόπαππος τοῦ πατρὸς τοὐμοῦ, στρατηγήσαντες τῆς φυγῆς (h. e. τῶν φυγάδων, *exercitum exsulum ducentes*, uti etiam abstracto pro concreto posito τὰς φυγὰς — κατελθούσας pro τοὺς φυγάδας — κατελθόντας dixit Isocrates de Pace

τησε, Κλεισθένης δὲ ὁ τοὺς τυράννους ἐκβαλὼν καὶ τὸν δῆμον καταγαγὼν πάλιν ἐξ ἀρχῆς κατέστησεν. ἧς οὐκ ἂν εὕροιμεν οὔτε δημοτικωτέραν οὔτε τῇ πόλει [1] μᾶλλον συμφέρουσαν. τεκμήριον δὲ μέγιστον· οἱ μὲν γὰρ ἐκείνῃ χρώμενοι, b πολλὰ καὶ καλὰ διαπραξάμενοι καὶ παρὰ πᾶσιν ἀνθρώποις εὐδοκιμήσαντες, παρ' ἑκόντων τῶν Ἑλλήνων τὴν ἡγεμονίαν ἔλαβον, οἱ δὲ τῆς νῦν παρούσης ἐπιθυμήσαντες, ὑπὸ πάντων μισηθέντες καὶ [2] πολλὰ καὶ δεινὰ παθόντες, μικρὸν

[1] μᾶλλον τῇ πόλει A. C. L. [2] πολλάκις δεινὰ A. L.

p. 184. A. Vid. et Xenophon. Hist. Gr. V. p. 553. D. Thucyd. VIII. 64. Ut non opus sit legere ἐκ τῆς φυγῆς, quod voluit Coraes.) κατήγαγον τὸν δῆμον (h. e. τοὺς φυγάδας de quibus ante dixerat), καὶ τοὺς τυράννους ἐξέβαλον, καὶ κατέστησαν ἐκείνην τὴν δημοκρατίαν, ἐξ ἧς οἱ πολῖται πρὸς μὲν ἀνδρείαν οὕτως ἐπαιδεύθησαν, κ. τ. λ. Plutarch. in Pericle p. 153. D. de Clisthene dicit: ὃς ἐξήλασε Πεισιστρατίδας καὶ κατέλυσε τὴν τυραννίδα γενναίως, καὶ νόμους ἔθετο, καὶ πολιτείαν ἄριστα κεκραμένην πρὸς ὁμόνοιαν καὶ σωτηρίαν κατέστησεν. Cf. idem in Aristide p. 319. C. et legatur Meursius in Pisistrato cap. XVI. Sed in primis memorandus est insignis locus ipsius Isocrates in Or. de Perm. §. κϛ'. * κ. qui nostro loco fere Commentarii instar esset possit: ἐκεῖνος μὲν γὰρ (inquit, loquitur autem de Solone) προστάτης τοῦ δήμου καταστὰς, οὕτως ἐνομοθέτησε, καὶ τὰ πράγματα διέταξεν ἐκείνου, καὶ τὴν πόλιν κατεσκεύασεν, ὥστ' ἔτι καὶ νῦν ἀγαπᾶσθαι τὴν διοίκησιν τὴν ὑπ' ἐκείνου συνταχθεῖσαν· μετὰ δὲ ταῦτα Κλεισθένης ἐκπεσὼν ἐκ τῆς πόλεως ὑπὸ τῶν τυράννων, λόγῳ πείσας τοὺς Ἀμφικτύονας δανεῖσαι τῶν τοῦ θεοῦ χρημάτων αὐτῷ (de hoc non alibi me legere memini), τόν τε δῆμον κατήγαγε, καὶ τοὺς τυράννους ἐξέβαλε, καὶ τὴν δημοκρατίαν ἐκείνην κατέστησε τὴν αἰτίαν τοῖς Ἕλλησι τῶν μεγίστων ἀγαθῶν γενομένην. Ibidem §. κϛ'. * κθ'. de Clisthene dicit: σκέψασθε ποῖός τις ἦν καὶ πῶς γεγονὼς, καὶ τίνα τρόπον πεπαιδευμένος ὁ τοὺς τυράννους ἐκβαλὼν καὶ τὸν δῆμον καταγαγών. Quæ omnia probant, magis ab Alcmæonidis, quam ab Harmodio et Aristogitone liberatas esse Athenas, de quo disertis verbis sententiam dixit Herodotus VI. 123. egregie confirmatam narratione Thucydidis VI. 53—59. Unde autem factum sit ut vel sic tamen his tanta tribueretur dissolutæ tyrannidis laus, docte exposuit Valckenaerius ad Herodoti V. 55. Cæterum ἐξ ἀρχῆς κατέστησε positum esse pro ἀποκατέστησε in *integrum restituit*, recte monuit Wolfius. De pleonasmo πάλιν ἐξ ἀρχῆς, quod habet et Aristoph. in Pluto 867. paucis egit Cl. Borgerus ad Ep. Pauli ad Gal. 267. Idem.

Τεκμήριον δὲ μέγιστον· οἱ μὲν γὰρ ἐκείνῃ χρώμενοι κ. τ. λ.] Elliptica dictio notissima pro τούτου δὲ τεκμήριον μέγιστόν ἐστι τοῦτο ὅτι οἱ μὲν ἐκ χρ. κ. τ. λ. in qua probe animadvertatur usus particulæ γὰρ pro ὅτι, cum apud Isocratem, tum apud alios frequentissimus, in primis post formulas τεκμήριον δὲ, σημεῖον δὲ, μέγιστον δὲ, κεφάλαιον δὲ, alia; de quo egerunt Vigerus et Hoogeveenius III. 11. 1. p. 145. Matthiæ Gr. §. 283. in f. Bachius ad Xenoph. Symp. IV. 17. laudatus a Moro ad Paneg. §. ιθ'. et verbo monuit Cl. Wyttenbachius ad Platonis Phæd. p. 160. plura se ad Plutarchum dicturum pollicitus. Eadem ratione post τεκμήριον occurrit infra §. κη'. De Pace p. 178. B. 185. C. Panath. p. 243. B. Trapez. p. 364. E. Amart. p. 402. A. Altera constructio cum ὅτι est in Paneg. p. 61. E. πολὺ τόδε μεῖζον τεκμήριον — ὅτι τῶν πόλεων κ. τ. λ. — Post κεφάλαιον §. ιϛ'. et λη'. — Post σημεῖον Paneg. p. 58. C. Evag. p. 190. C. Panath. p. 263. D. — Post τὸ δὲ μέγιστον Nicocl. p. 31. A. — Post ἔλεγχος ap. Lysiam Pro Mantitheo §. β'. — Post παράδειγμα ap. Thucyd, I. 2. — Post μαρτύριον δὲ, ap. eundem I. 8. cæt. — Similiter reperitur post adverbia: ἐκεῖθεν in Nicocl. p. 33. A. De Pace p. 176. D. infra §. κδ'. ἔνθενδε, Busir. p. 225. B. Similia quoque sunt ex Orat. ad Philipp. p. 92. E. τὰ περὶ τοὺς Θηβαίους οὐδέ σε λέληθεν· καλλίστην γὰρ μάχην νικήσαντες, κ. τ. λ. pro ὅτι καλλίστην μ. ν. Archid. p. 123. B. κἀκεῖνο χρὴ σκοπεῖν· νυνὶ γὰρ περὶ τοῦ δικαίου πάντες τὴν αὐτὴν γνώμην ἔχομεν, pro ὅτι νῦν περὶ τοῦ δ. κ. τ. λ. Idem.

Παρ' ἑκόντων — ἔλαβον] Vid. supra dicta ad cap. III. Idem.

Μικρὸν ἀπέλιπον τοῦ μὴ ταῖς ἐσχάταις συμφοραῖς περιπεσεῖν] H. e. τοῦ ἐξανδραποδισθῆναι, ut supra dixit §. γ'. Iisdem plane verbis utitur περὶ ἀντ. §. κϛ'. * ϛ'.

ἀπέλιπον τοῦ μὴ ταῖς ἐσχάταις συμφοραῖς περιπεσεῖν.
καίτοι πῶς χρὴ ταύτην τὴν πολιτείαν ἐπαινεῖν ἢ στέργειν,
τὴν τοσούτων μὲν κακῶν πρότερον αἰτίαν γενομένην, νῦν δὲ c
καθ' ἕκαστον [1] τὸν ἐνιαυτὸν ἐπὶ τὸ χεῖρον ἀεὶ φερομένην;
πῶς δ' οὐ [2] χρὴ δεδιέναι μὴ τοσαύτης ἐπιδόσεως γιγνομένης
τελευτῶντες εἰς τραχύτερα πράγματα τῶν τότε γενομένων ἐξοκείλωμεν;

ζ'. Ἵνα δὲ μὴ συλλήβδην μόνον ἀκηκοότες ἀλλ' ἀκριβῶς
εἰδότες ποιῆσθε καὶ τὴν αἵρεσιν καὶ τὴν κρίσιν [3] αὐτῶν,
ὑμέτερον μὲν ἔργον ἐστὶ παρασχεῖν ὑμᾶς αὐτοὺς προσέχοντας
τὸν νοῦν τοῖς ὑπ' ἐμοῦ λεγομένοις, ἐγὼ δ' ὡς ἂν δύνωμαι d
συντομώτατα πειράσομαι περὶ ἀμφοτέρων τούτων
διελθεῖν πρὸς ὑμᾶς.

η'. Οἱ γὰρ κατ' ἐκεῖνον τὸν χρόνον τὴν πόλιν διοικοῦντες
κατεστήσαντο πολιτείαν οὐκ ὀνόματι μὲν τῷ κοινοτάτῳ

[1] τὸν om. A. C. L. [2] δεῖ A. C. L. [3] περὶ αὐτῶν A. C. L.

De dictione *συμφοραῖς περιπίπτειν*, cui similes sunt aliæ *ζημίαις περιπ.* §. θ'. *ἀτυχίαις περιπ.* §. κζ'. vid. Wyttenb. Bibl. Crit. V. III. P. II. p. 68. Idem.

Τελευτῶντες εἰς τραχ. πρ. — ἐξοκείλωμεν] *tandem in asperiores res, acerbiores calamitates incidamus.* Ἐξοκέλλειν, *impingere*, proprie dicitur de navibus quæ ventorum vi in terram ejiciuntur. Eo sensu occurrit apud Herodotum VII. 182. et a Polluce I. 114. refertur inter *παθήματα* navis. Gramm. ap. Bekkerum An. Gr. V. I. p. 252. Ἐξοκεῖλαι· ἐξορμῆσαι καὶ ἐκδραμεῖν, ὑπὸ τῆς τοῦ πνεύματος φορᾶς ἐκπεσεῖν εἰς τὴν γῆν. Deinde ad alia transfertur et simpliciter notat *incidere, delabi in aliquid*, adhibeturque fere semper in malam partem. Sic in Ep. II. ad Philippum Isocrates dicit p. 409. C. ἔλαθον ἐμαυτὸν οὐκ εἰς ἐπιστολῆς συμμετρίαν, ἀλλ' εἰς λόγου μῆκος ἐξοκείλας, de quo loco vid. Coraes, et noletur ἐξοκέλλειν magis convenire formulæ *εἰς λόγου μῆκος*, quam alteri εἰς ἐπιστολῆς *συμμετρίαν*. De quo constructionis genere monuit Cl. Wyttenbachius Bibl. Crit. P. XI. p. 110. et seq. Ælian. V. H. IX. 24. ἐξώκειλε εἰς τοσοῦτον τρυφῆς, et XII. 24. ἐπὶ τοσοῦτον τρυφῆς. Vid. et Oratio περὶ ἀντ. §. κϛ'. *κε'. ubi conjungitur cum alia rariore forma κατασκελετεύω. Idem.

Συλλήβδην] H. l. τῷ ἀκριβῶς oppositum significat *summatim, universe*, ita ut non de singulis rei partibus, sed tantum in universum quid rei sit dicatur. Similiter fere occurrit in Paneg. §. ϛ'. et De Perm. §. κϛ'. * κδ'. Usitatum etiam hac ratione philosophis, uti ap. Platonem in Phædone p. 21. ad quem locum in ann. p. 170. Cl. Wyttenb. ait plura se notavisse ad Plutarchum de Educ. Pueror. p. 7. D. Gramm. ap. Bekkerum V. I. p. 303 Συλλήβδην (inquit) *συνειλημμένως, ἑκατέρωθεν, συνηθροισμένως, ὅπερ ἐστὶ συλλαβόντα καὶ συναγαγόντα.* Cæterum *τότε* æque ac supra §. γ'. spectat tempora captarum a Lysandro Athenarum. Idem.

Περὶ ἀμφοτέρων τούτων] Hoc est, de Reip. forma a Solone et Clisthene constituta, et de nostra præsenti rerum administratione. Similis comparatio majorumque laudatio, digna quæ cum hac, quam nunc incipit Isocrates, conferatur, exstat in Oratione de Pace p. 167. D. — 170. D. item p. 174. et in Paneg. §. κβ'. sqq. ubi vid. Morus. Idem.

Οἱ γὰρ κ. τ. λ.] *qui igitur* etc. Solenne oratoribus aliisque scriptoribus hac significatione est particula *γὰρ*, cum de re aliqua dicere incipiunt. Sic etiam infra §. κζ'. init. λε'. Ad Philipp. p. 113. C. λοιπὸν οὖν ἐστὶ τὰ προειρημένα συναγαγεῖν· φημὶ γὰρ, κ. τ. λ. *dico igitur cæt.* De Pace p. 174. A. ὅθεν δ' ἀπέλιπον πάλιν ποιήσομαι τὴν ἀρχήν· ἔφασκον γὰρ ἐκεῖθεν, κ. τ. λ. de Permut. p. 310. B. Trapez. p. 358. C. Ægin. p. 385. C. Alia exempla passim occurrunt. Idem.

Ὀνόματι μὲν τῷ κοινοτάτῳ καὶ πρᾳοτάτῳ] Τῷ τῆς δημοκρατίας δηλονότι, inquit Co-

καὶ πρᾳοτάτῳ προσαγορευομένην, ἐπὶ δὲ τῶν πράξεων οὐ τοιαύτην τοῖς ἐντυγχάνουσι φαινομένην, [1]οὐδ' ἡ τοῦτον τὸν τρόπον ἐπαίδευε τοὺς πολίτας ὥσθ' ἡγεῖσθαι τὴν μὲν
e ἀκολασίαν δημοκρατίαν, τὴν δὲ παρανομίαν ἐλευθερίαν, τὴν δὲ παῤῥησίαν ἰσονομίαν, τὴν δ' ἐξουσίαν τοῦ [2]πάντα ποιεῖν εὐδαιμονίαν, ἀλλὰ [3]μισοῦσα καὶ κολάζουσα τοὺς τοιούτους βελτίους [4]καὶ σωφρονεστέρους ἅπαντας τοὺς πολίτας ἐποίησε. μέγιστον δ' αὐτοῖς συνεβάλετο πρὸς τὸ
144 καλῶς οἰκεῖν τὴν πόλιν, ὅτι δυοῖν ἰσοτήτοιν νομιζομέναιν εἶναι, καὶ τῆς μὲν ταὐτὸν ἅπασιν ἀπονεμούσης, τῆς δὲ
[5]τὸ προσῆκον ἑκάστοις, οὐκ ἠγνόουν τούτων τὴν χρησιμω- 142
τέραν, ἀλλὰ τὴν μὲν τῶν αὐτῶν ἀξιοῦσαν τοὺς χρηστοὺς

[1] οὐδὲ τὸν τρόπον τοῦτον ἐπαίδευον A. C. L. [2] ταῦτα A: L. [3] καὶ μισοῦσα A. C. L. [4] μὲν καὶ A. L. [5] πρὸς τὸ A. C. L.

raes. Sensus est: Reip. formam sibi constituerunt non eam, quæ nomen quidem democratiæ gereret, re ipsa autem plane aliter esse haberet. Similiter Lysias Pro Polystr. init. τὸ ὄνομα τῶν τετρακοσίων opponit eorum ἔργοις. Alias dicitur λόγῳ μὲν — ἔργῳ δέ. Panath. p. 249. D. et 277. A. item ἐν μὲν τοῖς λόγοις — ἐν δὲ τοῖς ἔργοις, Hel. p. 209. A. quæ formulæ explicantur alia τῷ μὲν λόγῳ — τῇ δ' ἀληθείᾳ, Nicocl. p. 33. D. Cf. annotatio Valckenaerii ad Herod. II. 100. Nostrum autem locum illustrant hæc e Panath. p. 259. D. ἄπειροι πολιτειῶν ὄντες (de majoribus loquitur), οὐ διήμαρτον αἱρούμενοι τῆς ὑπὸ πάντων ἀνομολογηθείσης, οὐ μόνον εἶναι κοινοτάτης καὶ δικαιοτάτης, ἀλλὰ καὶ συμφορωτάτης ἅπασι τοῖς χρωμένοις καὶ ἡδίστης. Idem.

Οὐδὲ τὸν τρόπον τοῦτον — τοῦ πάντα ποιεῖν εὐδαιμονίαν] Rectissime Coraes pro veteri lectione ταῦτα in textum recepit πάντα, cum ob locum §. ιδ'. ἐξῆν αὐτοῖς ποιεῖν ὅτι βουληθεῖεν, tum ob alium e Panath. modo laudata verba proxime sequentem, et hæc itidem illustrantem: κατεστήσαντο γὰρ δημοκρατίαν οὐ τὴν εἰκῇ πολιτευομένην, καὶ νομίζουσαν τὴν μὲν ἀκολασίαν ἐλευθερίαν, τὴν δ' ἐξουσίαν, ὅ, τι βούλεταί τις (τοῦ ὅ, τι β. τ. edidit Coraes) ποιεῖν εὐδαιμονίαν, ἀλλὰ τὴν τοῖς τοιούτοις μὲν ἐπιτιμῶσαν, ἀριστοκρατίᾳ δὲ χρωμένην. Conf. etiam de Pace p. 180. A. ab eodemque laudatus Aristoteles Polit. VI. 4. Perversa autem ejusmodi ἐλευθερία, qualem Isocrates hic significat, a Platone de Rep. VIII. (Ed. Bip. V. VII. p. 217.) dicitur ἀναρχία, et cum Isocrateis omnino conferri merentur quæ de ea scripsit p. 210. 212. 213. et in sequentibus passim. Æquales hic increpat Orator, notante Dionys. Hal. l. l. in Introd. propterea de civitatis constitutione immutanda disserens, quod videret εἰς τοσαύτην αὐτὴν προεληλυθυῖαν ἀκοσμίαν, ὥστε μηδὲ τοὺς ἄρχοντας ἔτι τῶν ἰδιωτῶν κρατεῖν, ἀλλ' ἕκαστον ὅ, τι καθ' ἡδονὴν αὐτῷ γίγνοιτο καὶ ποιοῦντα καὶ λέγοντα, καὶ τὴν ἄκαιρον παῤῥησίαν δημοτικὴν ἐξουσίαν ὑπὸ πάντων νομιζομένην. Idem paulo post subjicit: δημοκρατίαν αὐτοὺς νομίζειν, οὐ τὴν ἀκολασίαν ἀλλὰ τὴν σωφροσύνην, τὸ δ' ἐλεύθερον οὐκ ἐν τῷ καταφρονεῖν τῶν ἀρχόντων, ἀλλ' ἐν τῷ τὰ κελευόμενα ποιεῖν τίθεσθαι. Idem.

Ἀλλὰ μισοῦσα καὶ κολάζουσα — ἐποίησε] Supplendus est ex antecedentibus Nominativus ἡ ὑπὸ τῶν προγόνων κατασταθεῖσα πολιτεία. Idem.

Δυοῖν ἰσοτήτοιν νομιζομέναιν εἶναι, κ. τ. λ.] Insignem esse imitationem Platonis Gorgiæ §. 136. p. 508. A. λέληθέ σε ὅτι ἡ ἰσότης ἡ γεωμετρικὴ καὶ ἐν θεοῖς καὶ ἐν ἀνθρώποις μέγα δύναται. de Legg. VI. p. 757. B. δυοῖν ἰσοτήτοιν οὔσαιν ὁμωνύμοιν μὲν, ἔργῳ δὲ εἰς πολλὰ σχεδὸν ἐναντίαιν, κ. τ. λ. censet Orellius ad Or. περὶ ἀντ. Wolfius notavit Aristotelem Eth. V. ex hac Oratione locum de duplici analogia seu proportione vel mutuatum esse, vel certe non primum invenisse. Locus est Eth. Nicom. V. 4. quem cum Platonis altero adscripsit Heindorfius Gorgiæ l. l. p. 211. de sententia laudans Valckenaerium ad Eurip. Phœn. v. 541. p. 199. Attamen alia videtur Platonis, alia Isocratis distinctio. Idem.

Ἀλλὰ τὴν μὲν τῶν αὐτῶν — οὐ δικαίαν οὖσαν] De hac perversa æqualitate comparetur disputatio Cyri cum suis apud Xenoph. Cyrop. II. 2. §. 17—21. Ne-

καὶ [1] τοὺς πονηροὺς ἀπεδοκίμαζον ὡς οὐ δικαίαν οὖσαν, τὴν δὲ κατὰ [2] τὴν ἀξίαν ἕκαστον τιμῶσαν καὶ κολάζουσαν προῃροῦντο, καὶ διὰ ταύτης ᾤκουν τὴν πόλιν, οὐκ ἐξ ἁπάν-

[1] τοὺς om. A. C. L. [2] τὴν om. A. C. L.

que ab hoc loco plane aliena sunt quæ Polybius disputat de Populi Romani potestate L. IV. p. 236. τιμῆς γάρ ἐστι καὶ τιμωρίας ἐν τῇ πολιτείᾳ μόνος ὁ δῆμος κύριος, οἷς συνέχονται μόνοις καὶ δυναστεῖαι, καὶ πολιτεῖαι, καὶ συλλήβδην πᾶς ὁ τῶν ἀνθρώπων βίος· παρ' οἷς γὰρ ἢ μὴ γινώσκεσθαι συμβαίνει τὴν τοιαύτην διαφορὰν, ἢ γινωσκομένην χειρίζεσθαι κακῶς, παρὰ τούτοις οὐδὲν οἷόν τε κατὰ λόγον διοικεῖσθαι τῶν ὑφεστώτων· πῶς γὰρ εἰκὸς ἐν ἴσῃ τιμῇ ὄντων τῶν ἀγαθῶν τοῖς κακοῖς; Quæ ultima speciem habent imitationis Homericæ, Il. Ἰ. 319.—

Ἐν δὲ ἰῇ τιμῇ ἠμὲν κακὸς ἠδὲ καὶ ἐσθλός.

Sed in primis conferenda sunt hæc ex Nicole p. 29. C. οἶμαι πᾶσι δοκεῖν δεινότατον μὲν εἶναι τὸ τῶν αὐτῶν ἀξιοῦσθαι τοὺς χρηστοὺς καὶ τοὺς πονηρούς· δικαιότατον δὲ τὸ διορθώσασθαι περὶ τούτων, καὶ μὴ τοὺς ἀνομοίους τῶν ὁμοίων τυγχάνειν, ἀλλὰ καὶ πράττειν καὶ τιμᾶσθαι κατὰ τὴν ἀξίαν ἑκάστους. Cf. quoque Lysias contra Philonem §. β'. Idem.

Οὐκ ἐξ ἁπάντων — προκρίνοντες, κ. τ. λ.] Insignis locus de magistratuum electione apud Athenienses, ea in primis quæ Solonis et Clisthenis ætate obtinuit. Huc pertinent quæ habet Dionysius Hal. l. cit. in Introd. et cf. Panath. p. 260. A. 261. D. 262. C. Proxime, quantum scimus, ad Isocratis sententiam accedit Aristotles, qui Polit. II. 10. de Solone agens, aït eum civitatis formam optimė temperavisse: εἶναι γὰρ τὴν μὲν ἐν Ἀρείῳ πάγῳ βουλὴν ὀλιγαρχικόν· τὸ δὲ τὰς ἀρχὰς αἱρετὰς ἀριστοκρατικόν· τὰ δὲ δικαστήρια δημοτικόν. Et mox, aliis interjectis, de magistratuum electione sic disputat: ἐπεὶ Σόλων γε ἔοικε τὴν ἀναγκαιοτάτην ἀποδιδόναι τῷ δήμῳ δύναμιν, τὸ τὰς ἀρχὰς αἱρεῖσθαι καὶ εὐθύνειν. μηδὲ γὰρ τούτου κύριος ὢν ὁ δῆμος, δοῦλος ἂν εἴη καὶ πολέμιος· τὰς δὲ ἀρχὰς ἐκ τῶν γνωρίμων καὶ τῶν εὐπόρων κατέστησε πάσας ἐκ τῶν πεντακοσιομεδίμνων, καὶ ζευγιτῶν, καὶ τρίτου τέλους τῆς καλουμένης ἱππάδος· τὸ δὲ τέταρτον θητικὸν, οἷς οὐδεμιᾶς ἀρχῆς μετῆν. Aristoteli in reliquis simillimus Plutarchus in Sol. p. 87. F. 88. A. Equites secundo, ζευγίτας tertio loco posuit, diserte significans postremæ classis cives, etsi nullo magistratu fungerentur, tamen τῷ συνεκκλησιάζειν καὶ δικάζειν participes fuisse τῆς πολιτείας. Vel sic tamen duo sunt, quæ difficilius expediantur, quin imo repugnantiæ specimen præ se ferant. Primum, Isocrates paulo ait eam constitutionem fuisse δημοτικωτέραν, quam ubi sortitio abhiberetur: Aristoteles contra id ἀριστοκρατικὸν judicat. Sed hoc levius. Gravius alterum, quo sensu magistratuum sortitionem neget ille, cum tamen constet eam in usu fuisse Athenis, idque jam antiquis temporibus. Nam quod ad Archontes attinet, eos fuisse κληρωτοὺς ἐκ παλαιοῦ, sole clarius ostendit Plutarchi locus in Pericle pag. 157. A. unde de Solone tanquam peculiare quid notare videtur Ælianus V. H. VIII. 80. quod Athenienses eum αἱρετὸν προείλοντο ἄρχειν αὐτοῖς, οὐ κληρωτόν. Legebatur eadem ratione Senatus CCCC. sive, ut Clisthenes postea instituit, CCCCC. unde ἡ βουλὴ ἀπὸ τοῦ κυάμου dicebatur, quia fabarum (κυάμων) in sortitione usus erat. Cf. Plutarch. in Per. p. 162. Et de aliis item magistratibus constat eos sorte lectos fuisse, cui sortitioni quotannis præessent Thesmothetæ in Theseo. Vid. Æschines adv. Ctesiph. §. ζ'. Id vero quo pacto cum Isocratis et Aristotelis sententia conciliari queat, quærendum est. Ipsa illius verba videamus. Οὐκ ἐξ ἁπάντων, inquit, τὰς ἀρχὰς κληροῦντες, *non ex omnibus magistratus sortientes*, ut non omnem sortitionem prorsus negare videatur, sed eam, cujus omnes cives, boni æque ac mali, nullo discrimine participes essent: cff. modo de *prava æqualitate* dicta. Ἀλλὰ τοὺς βελτίστους καὶ τοὺς ἱκανωτάτους ἐφ' ἕκαστον τῶν ἔργων προκρίνοντες. Ellipticam dicendi rationem censeo, in qua subintelligendum sit τοῖς ἄλλοις, h. e. τοῖς μὴ χρηστοῖς καὶ μὴ ἱκανοῖς, ex antecedentium oppositione, ut sensus sit: *sed optimos et ad unamquamque rem maxime idoneos præferentes minus bonis, minus idoneis*: hoc enim proprie significat προκρίνειν. Id autem ita intelligendum puto ac si dixisset: *optimos et maxime idoneos reliquis in sortitione anteponentes, ad sortiendum designantes.* Sic enim res sese habebat Athenis. Sorte legebantur complures magistratus, at non omnes promiscue cives ad eam sortitionem admittebantur; prius a populo designabantur, qui sortituri essent: hi autem e potentioribus civibus ex lege Solonis eligebantur, hoc est ἐκ πεντακοσιομεδίμνων, ἱππέων, ζευγιτῶν. Vid. Plut. l. c. collatis quæ p. 88. D. de Senatu CCCC. leguntur. Præterea ne quando minus apti munere fungerentur, obstat eorum exploratio (δοκιμασία), es-

των τὰς ἀρχὰς κληροῦντες, ἀλλὰ τοὺς βελτίστους καὶ τοὺς
b ἱκανωτάτους ἐφ' ἕκαστον τῶν ἔργων [1] προκρίνοντες. τοιούτους γὰρ ἤλπιζον ἔσεσθαι καὶ τοὺς ἄλλους, οἷοί περ ἂν ὦσιν οἱ τῶν πραγμάτων ἐπιστατοῦντες. ἔπειτα καὶ δημο-

[1] προκρίναντες A.

sentne parentibus civibus Atticis nati, legitimeque ad magistratum gerendum admissi, tum qui mores, quod vitæ genus antea fuisset: quam ut in reliquis, sic etiam in iis, qui sorte legebantur, antequam munus inirent, adhibitam fuisse, diserte docet Æschines contra Ctesiph. §. ζ'. καὶ αἱ κληρωταὶ ἀρχαὶ οὐκ ἀδοκίμαστοι, ἀλλὰ δοκιμασθεῖσαι ἄρχουσι. Universe cff. Pollux VIII. 44. ibique Hemsterh. item 68. Budæi Comment. L. Gr. p. 67. Xenoph. de Rep. Ath. III. 4. p. 699. D. Mem. II. 2. 13. Hinc jam intelligitur, quid sibi velint ista: οὐκ ἐξ ἁπάντων τὰς ἀρχὰς κληροῦντες. Sed præter τὰς κληρωτὰς ἀρχὰς aliud genus erat χειροτονητῶν, qui a tribubus singulis suffragiis eligebantur: quo pertinebant decem στρατηγοὶ, prætores, ἵππαρχοι duo, φύλαρχοι, ταξίαρχοι, alii. Vid. Pollux VIII. 94. 100. Valesius ad Harpocr. p. 175. Demosth. in Procem. 64. Et in his quidem maxime prudentiæ virtutisque ratio habebatur, ut iis Isocratea optime conveniant. Idemque de iis valet, qui proprie αἱρετοὶ dicebantur, et ad tempus rei cujusdam peragendæ, operisve curandi præfecturam gerebant. Universe de variis magistratuum generibus vid. loca Æschinis adv. Ctesiph. §. ιγ'. ζ'. Isocratem vero non nisi hos postremos significavisse, statui nequit. Potius est, ut ejus verba universe accipiantur, atque ex consuetudine civitatis explicentur. Idemque in sequentibus faciendum puto, ut ista: ἐν μὲν γὰρ τῇ κληρώσει τὴν τύχην βραβεύειν κ. π. λ. τ. ἀ. τ. ὀλ. ἐπ. ἐν δὲ τῷ προκρίνειν τοὺς ἐπιεικεστάτους, τὸν δῆμον ἔσεσθαι κύριον ἑλέσθαι τ. ἀ. μ. τ. κ. π. sic intelligantur: *etenim in sortitione, cujus omnes et boni et mali participes essent, omnia a fortuna pendere: ac sæpius magistratu potiri, qui paucorum potentiæ studeant: contra, ubi optimi cives minus bonis anteponerentur, penes populum esse, eos eligere, qui maxime populari imperio faveant*, h. e. eos ad sortiendum designare. Nec abhorret, statuere procedente ætate de severitate in optimis designandis aliquid remissum esse, ita ut fere ἐξ ἁπάντων sortitio fieret; adeoque tacitam his inesse Atheniensium reprehensionem, qualis etiam inest dicto Socratis apud Xenoph. Mem. I. 2. 9. quod respexisse videtur Aristoteles Rhetor. II. 20. §. 9. et 10. Certe suffragiis pessimos eligi solere diserte increpat Isocr. de Pace p. 170. C. Ut autem in creandis magistratibus, sic per totum muneris tempus, eoque exacto, populus erat κύριος τῶν ἀρχῶν, quippe omnes rationibus reddendis erant adstricti, ὑπεύθυνοι: cf. in primis Æschines l. l. et passim. Plutarch. in Per. p. 158. A. T. II. p. 822. E. Ruhnkenius ad Timæum p. 126. Ergo qui recte administraverant, eos laudare et honore afficere, qui secus, eos punire poterat, quod Isocrates significat §. seq. IDEM.

Τοιούτους — ἐπιστατοῦντες] Ratio redditur, quare ex optimis civibus magistratus elegerint, quia solet populus horum mores imitari. Nam ut est ad Nicoclem p. 21. A. τὸ τῆς πόλεως ὅλης ἦθος ὁμοιοῦται τοῖς ἄρχουσι. Et in Nicocle p. 34. D. φιλεῖ τὸ πλῆθος ἐν τούτοις τοῖς ἐπιτηδεύμασι τὸν βίον διάγειν, ἐν οἷς ἂν τοὺς ἄρχοντας τοὺς ἑαυτῶν ὁρῶσι διατρίβοντας. De Pace p. 170. B. reprehensis Atheniensibus, quod pessimis civibus reip. administrationem committebant, subjicit: καὶ τοὺς μὲν μετοίκους τοιούτους εἶναι νομίζομεν, οἵουςπερ ἂν τοὺς προστάτας νέμωσιν· αὐτοὶ δ' οὐκ οἰόμεθα τὴν αὐτὴν λήψεσθαι δόξαν τοῖς προεστῶσιν ἡμῶν: qui locus ideo notabilis est, quod ex eo quodammodo appareat tacite iterum cives reprehendere Isocratem, qui non amplius ita sentirent. Similiter Xenoph. Cyrop. VIII. 8. 5. ὁποῖοί τινες γὰρ ἂν οἱ προστάται ὦσι, τοιοῦτοι καὶ οἱ ὑπ' αὐτοὺς ἐπιτοπολὺ γίγνονται. Nec prorsus dissimile aliud de Vectigal. Athen. init. p. 920. A. ἐγὼ τοῦτο μὲν ἀεί ποτε νομίζω, ὁποῖοί τινες οἱ προστάται ὦσι, τοιαύτας καὶ τὰς πολιτείας γίγνεσθαι. Euripides Orest. 770.

Δεινὸν οἱ πολλοὶ, κακούργους ὅταν ἔχωσι προστάτας,
Ἀλλ', ὅταν χρηστοὺς λάβωσι, χρηστὰ βουλεύουσ' ἀεί.

Cicero ad Div. I. 9. ex Platone, notante Wolfio: "Quales (inquit) in republ. principes sunt, tales reliqui cives solent esse." Virgilius ad apum cœtum transtulit, Georg. IV. 951.

"Ut binæ regum facies, ita corpora plebis."

Ἔπειτα καὶ δημοτικωτέραν — πολιτείαν] Causa indicatur, cur magistratus non sorte

τικωτέραν ἐνόμιζον εἶναι [1]ταύτην τὴν κατάστασιν [2]ἢ τὴν διὰ τοῦ λαγχάνειν [3]γιγνομένην· ἐν μὲν γὰρ τῇ κληρώσει τὴν τύχην [4]βραβεύσειν καὶ πολλάκις λήψεσθαι τὰς ἀρχὰς τοὺς ὀλιγαρχίας ἐπιθυμοῦντας, ἐν δὲ τῷ προκρίνειν τοὺς ἐπιεικεστάτους τὸν δῆμον ἔσεσθαι κύριον ἑλέσθαι τοὺς ἀγα- c
πῶντας μάλιστα τὴν καθεστῶσαν πολιτείαν.

θ'. Αἴτιον δ' ἦν τοῦ ταῦτα τοῖς πολλοῖς ἀρέσκειν καὶ μὴ περιμαχήτους εἶναι τὰς ἀρχὰς, ὅτι [5]μεμαθηκότες ἦσαν ἐργάζεσθαι καὶ φείδεσθαι, καὶ μὴ τῶν μὲν οἰκείων ἀμελεῖν τοῖς δ' ἀλλοτρίοις ἐπιβουλεύειν, μηδ' ἐκ τῶν δημοσίων τὰ σφέτερ' αὐτῶν διοικεῖν, ἀλλ' ἐκ τῶν ἑκάστοις ὑπαρχόντων, ὁπότε δεήσειε, [6]τοῖς κοινοῖς ἐπαρκεῖν, μηδ' ἀκριβέστερον εἰδέναι τὰς ἐκ τῶν ἀρχείων προσόδους ἢ τὰς ἐκ τῶν ἰδίων d
γιγνομένας αὐτοῖς. οὕτω δ' ἀπείχοντο [7]σφόδρα τῶν τῆς

[1] ταύτην εἶναι A. C. L. [2] τῆς A. C. L. [3] γιγνομένης A. C. L. [4] βραβεύειν A. C. L.
[5] μεμελητηκότες A. C. L. [6] καὶ τοῖς A. C. L. [7] σφόδρα om. A. C. L.

duxerint. Verba modo explicuimus. IDEM.

Αἴτιον δ' ἦν τοῦ ταῦτα τοῖς πολλοῖς ἀρέσκειν, καὶ μὴ περιμαχήτους εἶναι τὰς ἀρχὰς, κ. τ. λ.] Cum argumento totius hujus §. cf. locus e Panath. p. 263. A — C. Ἐργάζεσθαι universe significat *rem familiarem augere, ejus curam gerere*; et ita h. l. opponitur sequenti τῶν οἰκείων ἀμελεῖν. Eadem significatione ad Nicocl. p. 19. B. opponitur τῷ δαπανᾶσθαι. Cf. Hoogev. ad Vigerum III. 13. 5. p. 163. Alteri φείδεσθαι, *parce vivere, parsimonia uti*, respondet item sequens τοῖς ἀλλοτρίοις ἐπιβουλεύειν, quod qui faciunt, tantum absunt, ut suis parcant, ut et aliorum bona dilapidare cupiant. IDEM.

Καὶ μὴ τῶν μὲν οἰκείων ἀμ. τ. δ. ἀ. ἐ.] Idem in veteribus Atheniensibus laudat in Paneg. p. 63. D. In Or. autem de Pace ita suos reprehendit, ut rursus illud appareat, hac laude majorum vituperationem præsentis ætatis contineri. Verba hæc sunt p. 164. C. οὐδὲν δὲ τούτων οἷόν τ' ἐστὶ γενέσθαι πρότερον, πρὶν ἂν πεισθῆτε, τὴν μὲν ἡσυχίαν ὠφελιμωτέραν καὶ κερδαλεωτέραν εἶναι τῆς πολυπραγμοσύνης, τὴν δὲ δικαιοσύνην τῆς ἀδικίας, τὴν δὲ τῶν ἰδίων ἐπιμέλειαν τῆς τῶν ἀλλοτρίων ἐπιθυμίας· περὶ ὧν οὐδεὶς πώποτε τῶν ῥητόρων εἰπεῖν ὑμῖν ἐτόλμησεν. Similiter de Permut. p. 315. A. memorantur οἱ προειρημένοι τῶν μὲν ἰδίων ἀμελεῖν, τοῖς δ' ἀλλοτρίοις ἐπιβουλεύειν. Nec tamen prorsus eadem esse putem τὰ ἴδια et τὰ οἰκεῖα· illa enim tantummodo privatas uniuscujusque civis res significant, et mox opponuntur τοῖς δημοσίοις. Contra τὰ οἰκεῖα latius patent, nec tantum singulorum civium bona, sed totius civitatis complectuntur. Perspicue id apparet ex loco de Pace p. 175. E. ubi exemplum τῆς τῶν οἰκείων ἀμελείας, τῶν δ' ἀλλοτρίων ἐπιθυμίας hoc affertur, quod Decelico bello pressi Athenienses, vel sic tamen classem ad Siciliam debellandam emiserant, quodque τῶν προαστείων τῶν οἰκείων οὐ κρατοῦντες, Ἰταλίας καὶ Σικελίας καὶ Καρχηδόνος ἄρξειν προσεδόκησαν. Nostro loco utrumque significari putem, privata ob antecedentia, publica, quod mox peculiaris τῶν ἰδίων mentio fit. Cæterum conferri potest præceptum Nicoclis p. 37. A. ἀπέχεσθε τῶν ἀλλοτρίων, ἵν' ἀσφαλέστερον τοὺς οἴκους τοὺς ὑμετέρους αὐτῶν κέκτησθε. IDEM.

Μηδ' ἐκ τῶν δημοσίων — ἐπαρκεῖν] Significantur hæc et illustrantur hisce Dionysii Hal. qui ait, antiquos Athenienses ἀντὶ τοῦ τὰς ἰδίας οὐσίας ἐκ τῶν δημοσίων ἐπανορθοῦν, τοὺς ἰδίους πλούτους εἰς τὰ κοινὰ καταχορηγῆσαι. Eadem laus illis tribuitur in Paneg. p. 56. A. Ejusque contrarium graviter in æqualibus reprehendit de Pace p. 161. B. Exemplum privatarum impensarum publicis sumptibus factarum Andocides Or. IV. §. ε'. refert Alcibiadem accusans quod ἰδίας ἀπὸ τῶν κοινῶν προσόδους κατεσκευάσατο. Cujus contrarium habemus ibid. §. ιδ'. ubi de se ipse dicit: τὰ προσταττόμενα δαπανῶ, οὐκ ἀπὸ τῶν κοινῶν, ἀλλ' ἀπὸ τῶν ἰδίων. IDEM.

Οὕτω δ' ἀπείχοντο — δεομένους] Sensus est: *tanta erat illorum abstinentia a pu-*

πόλεως, ὥςτε χαλεπώτερον ἦν ἐν ἐκείνοις τοῖς χρόνοις εὑρεῖν
τοὺς βουλομένους ἄρχειν ἢ νῦν τοὺς μηδὲν δεομένους· οὐ γὰρ
ἐμπορίαν ἀλλὰ λειτουργίαν ἐνόμιζον εἶναι τὴν τῶν κοινῶν
ἐπιμέλειαν, οὐδ' ἀπὸ τῆς πρώτης ἡμέρας ἐσκόπουν [1] ἐλθόντες
εἴ τι λῆμμα παραλελοίπασιν οἱ πρότερον ἄρχοντες, ἀλλὰ
e πολὺ μᾶλλον εἴ τινος πράγματος κατημελήκασι τῶν τέλος
ἔχειν κατεπειγόντων. ὡς δὲ συντόμως εἰπεῖν, ἐκεῖνοι διεγνωκότες
ἦσαν ὅτι δεῖ τὸν μὲν δῆμον ὥςπερ τύραννον καθιστά-

[1] ἐλθόντες om. A. C. L.

blicis opibus, ut eo tempore difficilius reperirentur, qui (lucri e publicis opibus capiendi cupiditate ducti) *magistratum gerere cuperent, quum nunc, qui illud recusent, nolint, fugiant.* Μηδὲν δεῖσθαι enim h. l. videtur significare *nolle*, uti interpretatur Budæus Comm. L. Gr. p. 955. Rursus est oppositio præteritorum et præsentium. Quam pauci olim erant, qui magistratu gerendo lucrum sibi comparare studerent, tam multi nunc sunt, qui publicæ pecuniæ inhiantes ad remp. administrandam advolant: tam pauci, qui privati homines vivere malint, a rebus gerendis remoti. Sic enim Panath. l. l. dicit, tunc temporis μηδένα τῶν πολιτῶν, ὥσπερ νῦν, διακεῖσθαι πρὸς τὰς ἀρχὰς, ἀλλὰ μᾶλλον τὸ ταύτας φεύγειν ἡδὺ ἢ διώκειν. Idem.

Οὐ γὰρ ἐμπορίαν — ἐπιμέλειαν] Non enim *mercaturam*, sed λειτουργίαν putabant esse rerum publicarum curam, h. e. non enim putabant se in gerenda rerum publicarum cura, in administranda republica, id sibi debere propositum habere, ut ex ea, tanquam ex mercatura, lucrum facerent, sed hoc potius, ut reipublicæ opera sua et pecunia prodessent (rursus his lucem afferunt sequentia μηδ' ἀπὸ τῆς — κατεπειγόντων). Hoc enim est λειτουργία et λειτουργεῖν; quod primaria notione significat *res publicus facere, operari*. Indicat hoc Ulpianus in Demosth. in Lept. λεῖτον ἐκάλουν οἱ παλαιοὶ τὸ δημόσιον, ὅθεν λειτουργεῖν τὸ δημόσιον ἐργάζεσθαι. Et peculiariter de ejusmodi *opera* usurpatur *quam sua pecunia cives reip. præstabant*: quod qui facerent, λειτουργοὶ Athenis dicebantur, erantque varii generis, χορηγοὶ, γυμνασίαρχοι, ἑστιάτορες, τριήραρχοι et εἰσφέροντες, de quibus omnibus egit Sigonius de Rep. Athen. IV. 4. Hoc sensu Xenophon Mem. II. 7. 6. λειτουργεῖν τῇ πόλει dixit pro, *civitati pecunias de suis ipsius facultatibus suppeditare.* eodemque Nicocles p. 38. D. cives suos jubet esse λαμπροὺς ἐν ταῖς ὑπὲρ τῆς πόλεως λειτουργίαις. Atque hæc notio nostro loco probe tenenda est: ex ea enim intelligitur oppositio inter ἐμπορίαν, quæ lucrum affert, et λειτουργίαν, qua, objecta omni lucri spe, ipsi de suis civitati opem ferant cives. Disputatur autem num scribi debeat λειτουργία, λειτουργεῖν, an potius λητουργία, λητουργεῖν. Vid. Thomas Mag. in voce p. 573. Hoc, ut Atticorum proprium, commendat Mœris, ad quem vid. Piersonus p 252. Huc pertinet quod dicit vetus Grammaticus ap. Bekkerum V. I. p. 277. Λειτουργεῖν· οἱ παλαιοὶ Ἀθηναῖοι διὰ τοῦ η ἔλεγον λητουργεῖν· λητὸς γὰρ ἐστὶ δημόσιον ἀρχεῖον, οἱ οὖν ἐν τῷ λητῷ ἐργαζόμενοι οὗτοι λειτουργοῦσιν (f. l. λητουργοῦσιν). ὅπερ νῦν διὰ τῆς ει διφθόγγου λέγεται. Mœridis sane sententiam hic egregie confirmat: quod autem de δημοσίῳ ἀρχείῳ ait, mihi quidem plane novum videtur: reliqui, quantum scio, simpliciter interpretantur τὸ δημόσιον. Vid. etiam Valcken. Animadv. ad Ammon. II. 16. p. 144. seq. Idem.

Λῆμμα] Gramm. cujus sunt λέξεις ῥητορικαὶ ap. Bekkerum V. I. p. 276. Λῆμμα· κέρδος. Eo sensu frequens est, veluti ap. Lysiam contra Diogit. §. ς'. Dinarchum in Demosth. §. ζ'. in Aristogit. §. γ'. in Philocl. §. α'. Dissentiunt Mœris p. 245. et Herodianus p. 470. scribendumne sit λῆμμα an λῆμα, qua de re vid. ad Mœrin Hudsonus et Piersonus. Illud omnino cum Herodiano tenendum. Nam λῆμα simplici μ significat *animum, animi impetum*, τὸ παράστημα τῆς ψυχῆς: contra λῆμμα est κέρδος, a verbo λαμβάνω: uti recte distinguunt Ammonius ejusque Editioni subjectus Eranius Philo, cum Herodiano consentientes, ut hinc cum Hudsono Mœris corrigendus videatur. Vid. Valckenaerius ad Ammon. Animadvs. L. II. C. XV. p. 141 — 143. et, præter alios Piersono laudatos, L. Bosii Anim. in Script. Gr. p. 48. Recte etiam distinguuntur in Fragm. Lex. Gr. subjecto Hermanni Libro de Emend. Rat. Gramm. Gr. p. 326. f. λῆμα ἡ ἀνδρία καὶ ἡ φρόνησις· λῆμμα δὲ τὸ κέρδος. Idem.

ναι τὰς ἀρχὰς καὶ κολάζειν τοὺς ἐξαμαρτάνοντας καὶ κρίνειν περὶ τῶν ἀμφισβητουμένων, τοὺς δὲ σχολὴν ἄγειν 145
δυναμένους καὶ βίον ἱκανὸν κεκτημένους ἐπιμελεῖσθαι τῶν
143 κοινῶν ὥσπερ [1] οἰκέτας, καὶ δικαίους μὲν γενομένους ἐπαινεῖσθαι καὶ στέργειν [2] ταύτῃ τῇ τιμῇ, κακῶς δὲ διοικήσαντας μηδεμιᾶς συγγνώμης τυγχάνειν, ἀλλὰ ταῖς μεγίσταις ζημίαις περιπίπτειν. καίτοι πῶς ἄν τις ταύτης ἢ βεβαιοτέραν ἢ δικαιοτέραν δημοκρατίαν εὕροι, τῆς τοὺς μὲν δυνατωτάτους ἐπὶ τὰς πράξεις καθιστάσης, αὐτῶν δὲ τούτων τὸν b
δῆμον κύριον ποιούσης;

ι'. Τὸ μὲν οὖν σύνταγμα τῆς πολιτείας τοιοῦτον ἦν αὐτοῖς· ῥᾴδιον δ' ἐκ τούτων [3] καταμαθεῖν ὡς καὶ τὰ κατὰ [4] τὴν ἡμέραν ἑκάστην ὀρθῶς καὶ νομίμως πράττοντες διετέλεσαν. ἀνάγκη γὰρ [5] τοῖς περὶ ὅλων τῶν πραγμάτων καλὰς τὰς ὑποθέσεις [6] πεποιημένοις καὶ [7] τὰ μέρη τὸν αὐτὸν τρόπον ἔχειν ἐκείνοις.

[1] οἰκειοτάτων A. L. [τῶν] οἰκειοτάτων C. [2] ταύτην τὴν τιμὴν A. C. L. [3] καταμανθάνειν A. C. L. [4] τὴν om. A. C. L. [5] τοὺς C. [6] πεποιημένους C. [7] τὰ κατὰ A. L. κατὰ τὰ C.

Σχολὴν ἄγειν] Intelligitur *otium liberale*, vacuum ab omni opificio, quale etiam dicitur ἀργία in Busir. p. 225. B. cui opponitur ἔργον, *opus illiberale*. Cf. Cl. Wyttenbachius ad Sel. Hist. Gr. p. 373. et 452. et Bibl. Crit. P. XII. p. 41. sq. IDEM.

Βίον] *res ad victum necessarias*, τὴν περιουσίαν, ut interpretatur Coraes. Locum respexit Isocrates de Perm. p. 129. Ed. Or. Τοὺς βίον ἱκανὸν κεκτημένους καὶ σχολὴν ἄγειν δυναμένους. notavitque Orellius. IDEM.

Ἐπιμελεῖσθαι τῶν κοινῶν ὥσπερ οἰκειοτάτων] Hoc est boni viri et imperantis. Comparentur loca e Paneg. et Or. de Pace supra laudata. Huc pertinet, quod refert Herodotus V. 29. Parios, Miletum sedatures, magistratus elegisse eos, quorum optime culti essent agri: δοκέειν γὰρ ἔφασαν καὶ τῶν δημοσίων οὕτω δὴ σφέας ἐπιμελήσεσθαι ὥσπερ τῶν σφετέρων. Ubi notavit quædam Wesselingius. IDEM.

Ἐπαινεῖσθαι καὶ στέργειν τ. τ. τ.] Laus enim est maximum præmium, uti docet etiam ad Demon. p. 10. B. ἐκ τῶν κοινῶν ἐπιμελειῶν ἀπαλλάττου μὴ πλουσιώτερος ἀλλ' ἐνδοξότερος· πολλῶν γὰρ χρημάτων κρείττων ὁ παρὰ τοῦ πλήθους ἔπαινος. Lycurgus adv. Leocr. §. ιβ'. ἔτι δὲ καὶ δίκαιον τὸν ἔπαινον, ὅς μόνος ἆθλον τῶν κινδύνων τοῖς ἀγαθοῖς ἀνδράσιν ἐστι, κ. τ. λ. Cicero Pro Arch. 11. "Nullam enim virtus aliam mercedem laborum periculorumque desiderat, præter hanc laudis et gloriæ." Sic etiam Aristoteles Politicæ vitæ finem statuit honorem: vid. Stephani Diatr. Is. V. p. 28. Exemplum Cyri habemus apud Xenoph. Cyrop. I. 2. 1. omnia tolerantis τοῦ ἐπαινεῖσθαι ἕνεκα. IDEM.

Τῆς τοὺς μὲν δυνατωτάτους ἐπὶ τ. π. κ.] Propter locum e §. η'. τοὺς ἱκανωτάτους ἐφ' ἕκαστον τῶν ἔργων προκρίνοντες, putet forte quis, hic reponendum esse ἱκανωτάτους· id vero minus recte. Referri enim potest ad antecedentia τοὺς δὲ σχολὴν ἄγειν δυναμένους, κ. τ. λ. IDEM.

Ἀνάγκη γὰρ τοῖς — πεποιημένοις, καὶ κατὰ τὰ μέρη τ. α. τ. ἔχειν ἐκείνοις] Recte Coraes κατὰ τὰ μέρη ex veteribus Edd. revocavit pro Wolfiano τὰ κατὰ μέρη: non item, meo quidem judicio, Dativum τοῖς — πεποιημένοις mutavit in Accusativum τοὺς πεποιημένους, allatis aliis locis, ubi ἀνάγκη sequente Accusativo cum Infinitivo occurrit. Nec enim h. l. Dativus pendet ab ἀνάγκη, sed ab Infinitivo ἔχειν, dum sequens ἐκείνοις in hac constructione redundat, hoc sensu: *Necesse enim est, ut qui universam rerum administrationem recte instituant, apud eosdem, quod ad singulas partes attinet, res eodem modo sese habeat.* Similem sententiam habuimus §. δ'. IDEM.

c ια'. Καὶ πρῶτον μὲν τὰ περὶ τοὺς θεοὺς — ἐντεῦθεν γὰρ [1]ἄρχεσθαι δίκαιον — οὐκ ἀνωμάλως οὐδ' ἀτάκτως οὔτ' ἐθεράπευον οὔτ' ὠργίαζον· οὐδ', [2]ὁπότε μὲν δόξειεν αὐτοῖς, [3]τριακοσίας βοῦς ἔπεμπον, ὁπότε δὲ τύχοιεν, τὰς πατρίους θυσίας [4]ἐξέλειπον· οὐδὲ τὰς μὲν ἐπιθέτους ἑορτάς, αἷς ἑστίασίς τις προσείη, μεγαλοπρεπῶς ἦγον, ἐν δὲ τοῖς ἁγιωτάτοις τῶν ἱερῶν ἀπὸ μισθωμάτων ἔθυον· ἀλλ' ἐκεῖνο μόνον
d ἐτήρουν, ὅπως μηδὲν μήτε τῶν πατρίων [5]καταλύσουσι μήτ' ἔξω τῶν νομιζομένων [6]προσθήσουσιν. οὐ γὰρ ἐν ταῖς πολυ-

ἄρξασθαι δίκαιόν μοι δοκεῖ A. L. ἄρξασθαι δίκαιον εἶναί μοι δοκεῖ C.
[2] εἴποτε A. C. L. [3] τριακοσίους A. L. [4] ἐξέλιπον A. L.
[5] καταλύσωσι A. [6] προσθήσωσιν A.

Οὔτε ἐθεράπευον, οὔτε ὠργίαζον] Notetur illud de *sacris popularibus*, hoc de *arcanis* sive *mysteriis* accipiendum: sic de sacris Bonæ Deæ occurrit apud Plutarch. in Cicer. p. 870. B. IDEM.

Οὐκ ἀνωμάλως οὐδὲ ἀτάκτως] Prius pertinet ad sumptus, alias maximos, alias minimos: alterum ad tempora et statos dies. WOLF.

Ἔπεμπον] Ἐν τῇ πομπῇ ἔθυον καὶ κατέβαλλον. Nam τὸ πέμπειν ἀντὶ τοῦ πομπεύειν hic poni videtur: nisi quis forte intelligere malit de sacrificiis, quæ Athenienses in externa templa, ut Delphici Apollinis, et Jovis Olympii, aliorumque Deorum miserunt. IDEM. Posterius præferam, quæ fuit præcipua pietatis pars apud Græcos: vid. Casaubonus ad Theophr. p. 329. qui hoc ipso loco utitur. BERG.

Ἐπιθέτους ἑορτὰς] Explicant Grammatici, Harpocration, Suidas et Etymologus, τὰς μὴ πατρίους, ἄλλως δὲ ἐπιψηφισθείσας, quæ Areopagi judicio adsciscebantur, uti sequentia declarant; addunt enim ἐλέγετο δὲ παρ' αὐτοῖς καὶ ἄλλα (ἄλλα solius est Etymologi) ἐπίθετά τινα, ὁπόσα μὴ πάτρια ὄντα ἡ ἐξ Ἀρείου πάγου βουλὴ ἐδίκαζεν. Cf. Valesius ad Harp. p. 29. IDEM.

Αἷς ἑστίασίς τις προσείη] Τὰς δημοθοινίας intelligi, de quibus Xenoph. de Ath. Rep. II. 9. θύουσιν οὖν δημοσίᾳ μὲν ἡ πόλις ἱερεῖα πολλά· ἔστι δὲ ὁ δῆμος ὁ εὐωχούμενος καὶ διαλαγχάνων τὰ ἱερεῖα, monet Coraes. Similiter Isæus de Astyphili hæred. §. ζ'. memorat: τὰς θυσίας — ἐν αἷσπερ οἱ ἄλλοι Ἀθηναῖοι ἑστιῶνται. Sequens μεγαλοπρεπῶς idem est, quod mox dicitur ἐν πολυτελείαις. IDEM.

Τοῖς ἁγιωτάτοις τῶν ἱερῶν] Eadem sunt, quæ modo τὰς πατρίους θυσίας dixerat, de quibus scriptum erat ἐν ταῖς κύρβεσι, *in tabulis legum*, unde dictio τὰ ἐκ τῶν κύρβεων θύειν. idem quod κατὰ τὰ πάτρια θύειν, apud Lysiam adv. Nicomachum §. ε'. qui ipsum illud, quod hic Isocrates reprehendit, fecisse accusatur. Cf. et Plutarchus in Solone p. 92. B. IDEM.

Ἀπὸ μισθωμάτων ἔθυον] Didymus apud Harpocrationem interpretatur ἐκ τῶν τεμενικῶν προσόδων, probantibus Maussaco et ad h. l. Wolfio: improbantibus Valesio ad Harp. p. 95. et Corae ad h. l. qui rectius interpretantur *ex locatione*. Hic quidem omnium optime vim dictionis explicuisse videtur. Primum docet e loco Lysiæ modo cit. aliud quid esse ἀπὸ τῶν προσόδων θύειν sive ἀπὸ τῶν προσιόντων χρημάτων, quæ Nicomachus nefarie in adscititiis sacris consumpsisse dicitur, ita ut, unde patria celebrarentur, non superesset. Tum, Valesium secutus, verborum ἀπὸ μισθωμάτων θύειν subjicit hanc interpretationem: Ἔστι δὲ τοῦτο τὸ μισθοῦ ἐκδιδόναι τινὶ, οὐ κατὰ μέρη ἀλλ' ὁλοκλήρως· οὕτως, ὥστε τὸν ἐργολαβήσαντα ἐπ' ἀδήλῳ σαλεύειν τῷ κέρδει τῷ ἀπὸ τούτου, ἢ τῇ ζημίᾳ, οὐδὲν ἧττον ἢ τὸν ἐκδόντα· οἷον, ἐπὶ τοῦ προκειμένου, εἰ ἔδει ἑκατόμβην τοῖς θεοῖς θῦσαι κατὰ τὰ πάτρια, αἱ δὲ πρόσοδοι οὐκ ἐξήρκουν εἰς ἑκατὸν βοῶν ὠνὴν, διὰ τὸ προκαταναλῶσθαι αὐτὰς εἰς τὰς μὴ πατρίους, ἀλλ' ἐπιθέτους ἑορτὰς καὶ θυσίας, ἐμίσθουν οἱ τῶν ἱερῶν διοικηταὶ τὴν ἑορτὴν καὶ τὴν θυσίαν τῷ ἐξ ἐλαχίστου ποιήσειν αὐτὰς ὑφισταμένῳ· καὶ ἐκαλεῖτο τοῦτο, Ἀπὸ μισθωμάτων θύειν. Cum qua interpretatione fere consentiunt duo Veteres Grammatici in Bekkeri An. Gr. V. I. p. 207. et 432. IDEM.

Οὐ γὰρ ἐν ταῖς π. — παρέδοσαν] Conferri possunt quæ refert de Socrate Xenophon Mem. I. 3. §. 3. et præceptum ad Nicocl. p. 18. E. τὰ περὶ τοὺς θεοὺς ποίει μὲν ὡς οἱ πρόγονοι κατέδειξαν· κ. τ. λ. Εἶναι ἐν l. l. est *constare in*, uti et ap. Aristot. Rhet. I. 5. 21. τὸ πλουτεῖν ἐστὶν ἐν τῷ χρῆσθαι,

τελείαις ἐνόμιζον εἶναι τὴν εὐσέβειαν, ἀλλ' ἐν τῷ μηδὲν
κινεῖν ὧν αὐτοῖς οἱ πρόγονοι παρέδοσαν. [1]καὶ γάρ τοι καὶ
τὰ παρὰ τῶν θεῶν οὐκ ἐμπλήκτως οὐδὲ ταραχωδῶς αὐτοῖς
συνέβαινεν, ἀλλ' εὐκαίρως καὶ πρὸς τὴν ἐργασίαν τῆς χώρας
καὶ πρὸς τὴν συγκομιδὴν τῶν καρπῶν.

ιβ'. Παραπλησίως δὲ τοῖς [2]εἰρημένοις καὶ τὰ πρὸς
σφᾶς αὐτοὺς διῴκουν. οὐ γὰρ μόνον περὶ τῶν κοινῶν ὡμο- e
νόουν, ἀλλὰ καὶ περὶ τὸν ἴδιον βίον τοσαύτην ἐποιοῦντο
πρόνοιαν ἀλλήλων, ὅσην περ χρὴ τοὺς εὖ φρονοῦντας καὶ
πατρίδος κοινωνοῦντας. οἵ τε γὰρ πενέστεροι τῶν πολιτῶν 146
τοσοῦτον ἀπεῖχον τοῦ φθονεῖν τοῖς πλείω κεκτημένοις, ὥστε
ὁμοίως ἐκήδοντο τῶν οἴκων τῶν μεγάλων ὥσπερ τῶν σφετέρων [3]αὐτῶν, ἡγούμενοι τὴν ἐκείνων εὐδαιμονίαν [4]αὐτοῖς
144 εὐπορίαν ὑπάρχειν· οἵ τε τὰς οὐσίας ἔχοντες οὐχ ὅπως ὑπερ-
εώρων τοὺς καταδεέστερον πράττοντας, ἀλλ' ὑπολαμβάνοντες αἰσχύνην αὐτοῖς εἶναι τὴν τῶν πολιτῶν ἀπορίαν ἐπή-
μυνον ταῖς ἐνδείαις, τοῖς μὲν γεωργίας ἐπὶ μετρίαις μισθώ- b

[1] τοιγάρτοι A. C. L. [2] προειρημένοις A. C. L. [3] αὑτῶν L. [4] αὑτοῖς A. L.

μᾶλλον ἢ ἐν τῷ κεκτῆσθαι. Κινεῖν autem est *abrogare, immutare*. Sic in Evag. p. 190. C. τὶ κινεῖν τῶν μὴ καλῶς ἐχόντων. Conjungitur cum μετατιθέναι ad Nicocl. p. 18. B. In Evag. p. 201. D. convenit cum λύειν, *abrogare*. Herodotus III. 80. dixit τὰ νόμαια κινεῖν. IDEM.

Οὐκ ἐμπλήκτως οὐδὲ ταραχωδῶς] Recte Wolfius ad h. l. 'Hæc verba pertinent ad τὴν δυσκρασίαν τῶν ὡρῶν καὶ τῶν ἀέρων, cum anni quadrantes suam temperiem non servant. — Item τὸ ἐμπλήκτως huc etiam accommodari potest, cum subitæ fiunt aeris et tempestatum mutationes.' Prius ἐμπλήκτως Coraes interpretatur εὐμεταβόλως, pro quo Homerum Od. Υ. 132. ἐμπλήγδην dixisse ait. Certe si ita accipiatur, quodammodo explicatur eo, quod sequitur, ταραχωδῶς, quod idem valet ac ἀτάκτως, ἀκαίρως, quippe utrumque opponitur sequenti εὐκαίρως. Occurrit etiam ἐμπλήκτως apud Thucyd. III. 82. ubi Schol. interpretatur μανιωδῶς. Et cum aliis ejusdem significationis adverbiis, εὐήθως, ἀνοήτως, ἀφρόνως, ἐπιπλήκτως, ἐκφρόνως, ἀσυνέτως, recensetur a Polluce V. 121. IDEM.

Τὰ πρὸς σφᾶς αὐτοὺς] Hoc est *civium inter consuetudo*. Primum dixit de cultu Deorum: nunc progreditur ad privatæ vitæ rationem describendam, τὸν ἴδιον βίον, ut ipse mox dicit. Cernitur autem in hac laude reprehensio æqualium, quos plane aliter egisse significat §. λη'. IDEM.

Ἐποιοῦντο πρόνοιαν ἀλλήλων] Πρόνοιαν ποιεῖσθαι τινὸς, *curam gerere alicujus*, frequens apud Isocratem dictio. Vid. Paneg. p. 41. B. De Pace p. 175. D. Genitivus pendet a suppressa præpositione περὶ, quæ addita reperitur ad Phil. p. 96. A. Plat. p. 297. A. Idem uno verbo dicitur προνοεῖσθαι Panath. p. 249. B. idemque significat quod ἐπιμελεῖσθαι, quippe opponitur τῷ ἀμελεῖν apud Galenum Protrept. C. VIII. ἑστιώμενος — παρά τινι τῶν μὲν ἑαυτοῦ πάντων ἀκριβῶς προνενοημένῳ, μόνου δ' ἑαυτοῦ παντάπασιν ἠμεληκότι. IDEM.

Ἡγούμενοι — ὑπάρχειν] Cum his ex Orat. de Perm. ἡγούμενος τὸν ἀγῶνα τὸν πρὸς ἐμὲ παρ' ἑτέρων χρηματισμὸν ποιήσειν, καὶ προσδοκῶν, κ. τ. λ. comparat Orellius in Ann. p. 209. IDEM.

Οὐχ ὅπως — ἀλλὰ] *non solum non — sed etiam*. Plenius οὐχ ὅπως — ἀλλὰ καὶ de Pace p. 136. C. Busir. p. 222. B. Vid. Sluiteri Lect. And. p. 280. ab eoque laudati. IDEM.

Γεωργίας] II. l. *agros colendos*, de ipsa *agricultura* infra legitur §. ιζ'. De agriculturæ studio apud Athenienses vid. Xenophon Œcon. C. IV. V. XII. IDEM.

σεσι παραδιδόντες, τοὺς δὲ κατ' ἐμπορίαν ἐκπέμποντες, τοῖς δ' εἰς τὰς ἄλλας ἐργασίας ἀφορμὴν παρέχοντες. [1] οὐ γὰρ ἐδεδίεσαν μὴ δυοῖν θάτερον πάθοιεν, ἢ πάντων στερηθεῖεν, ἢ πολλὰ πράγματα σχόντες μέρος τι κομίσαιντο τῶν [2] προεθέντων· ἀλλ' ὁμοίως ἐθάῤῥουν περὶ τῶν ἔξω [3] δεδομένων ὥςπερ περὶ τῶν ἔνδον [4] κειμένων. ἑώρων γὰρ τοὺς περὶ τῶν [5] συμβολαίων κρίνοντας οὐ ταῖς ἐπιεικείαις [6] χρωμένους,
c ἀλλὰ τοῖς νόμοις πειθομένους, οὐδ' ἐν τοῖς τῶν ἄλλων ἀγῶσιν αὐτοῖς ἀδικεῖν ἐξουσίαν παρασκευάζοντας, ἀλλὰ μᾶλ-

[1] οὐδὲ A. C. L. [2] πρόσθεν ὄντων A. C. L. [3] διδομένων A. C. L.
[4] ἀποκειμένων A. C. L. [5] τοιούτων A. C. L. [6] καταχρωμένους A. C. L.

Κατ' ἐμπορίαν ἐκπέμποντες] Sic Trapez. p. 359. A. ὁ πατὴρ — (μὲ) ἐξέπεμψεν ἅμα κατ' ἐμπορίαν καὶ κατὰ θεωρίαν. Solonem κατὰ θεωρίης πρόφασιν Athenis profectum, narrat Herodotus I. 29. Idem.

Ἀφορμὴν] *subsidia*, unde operis aut mercaturæ initium fieret, itaque *pecuniæ*, quæ apud Atticos propria hac voce dicebantur; postea προβολὴ, et ἐνθήκη dicta sunt. Vid. Harpocration in v. Maussacus ad eum, Valesius ad eum p. 14. et ad Notas Maussaci p. 103. et 104. Coraes ad h. l. et in Add. p. 334. item Casaubonus ad Theophr. p. 132. Idem.

Μέρος τι κομίσαιντο] *partem aliquam recuperarent.* Κομίζεσθαι sæpissime est *recuperare.* Vid. Thomas Mag. in v. et quos laudat Oudendorpius. Ex Isocrate notentur sequentia: Archid. p. 133. D. De Pace p. 163. D. Evag. p. 195. A. Plat. p. 301. C. Trapez. p. 359. E. 360. C. adv. Callim. p. 379. A. Addantur Andocides Or. III. §. γ'. Xenoph. Mem. S. IV. 4. 17. Herodot. IV. 179. Idem.

Ταῖς ἐπιεικείαις καταχρωμένους] Quid hoc sit, patet ex opposito τοῖς νόμοις πειθομένους, scilicet, nulla habita pœnarum lege constitutarum ratione, delinquentibus indulgere, veniam dare, certe concedere ut debitæ pecuniæ reddendæ tempus differant. Ταῖς συγκαταβάσεσι interpretatur Coraes. Cf. et Stephani Diatr. V. p. 29. Sententiam quodammodo illustrant hæc ad Nicocl. p. 18. C. τὰς κρίσεις ποιοῦ, περὶ ὧν ἂν πρὸς ἀλλήλους ἀμφισβητῶσι, μὴ πρὸς χάριν, μηδ' ἐναντίας ἀλλήλαις, ἀλλ' ἀεὶ ταὐτὰ περί γε τῶν αὐτῶν γίνωσκε. Wolfius ad hæc: 'Quando (inquit) ut Terentius ait, "judices propter invidiam adimunt diviti et ex misericordia addunt paupori."' Idem.

Οὐδ' ἐν τοῖς τῶν ἄλλων ἀγῶσιν αὐτοῖς ἀδικεῖν ἐξουσίαν παρασκ.] Proposita *impunitatis spe*, quam recte ait Cicero pro Milone 16. "maximam illecebram esse peccandi." Langius et Coraes ediderunt αὐτοῖς. Sed, me quidem judice, sententia postulat αὑτοῖς. Pendent hæc ab antecedenti ἑώρων quod dicitur de divitibus, qui pauperioribus pecunias mutuo dabant. Hi videbant, judices αὑτοῖς, *ipsis*, h. e. pauperibus illis, *nullam præbere fraudandi facultatem* (ἀδικεῖν sive τοῦ ἀδικεῖν ἐξουσίαν). Quomodo? ἐν τοῖς τῶν ἄλλων ἀγῶσιν, *in reliquarum judiciis*, hoc est in aliorum pauperum, si qui forte fidem fregissent, nec debita solvissent, causis dijudicandis, dum eos culpa liberarent. Etenim *clementiæ*, τῇ ἐπιεικείᾳ, erga delinquentes nullus locus erat, ut modo vidimus: sed ipsi judices reis magis infesti erant, quam ipsi illi qui injuriam acceperant. Atque sic etiam edidit Wolfius, quanquam in Annot. præferre videtur αὑτοῖς. 'Judicia enim (inquit) penes pauperes erant Athenis, et quotannis judices mutabantur. Itaque colludebant inter sese, sicut etiam in dicendis testimoniis. Unde proverbium δάνεισόν μοι μαρτυρίαν.' De quo Cf. Erasmus in Adag. p. 569. Idem.

Ἀλλὰ μᾶλλον ὀργιζομένους τ. ἀ. ἀ. τ. ἀ.] Οἱ ἀποστεροῦντες sunt *fraudatores, qui alios mutua data pecunia fraudant.* Sic occurrit etiam adv. Lochitem p. 398. B. Ὀργίζεσθαι proprie dicitur de populo in judiciis. Ad horum autem verborum rectam intelligentiam notanda est ratio legum Solonis, de quibus potissimum loquitur Isocrates, ita comparata ut lædentem pariter læsi atque illæsi persequerentur. Quam ipse optimam civitatis formam pronuntiavit apud Plutarch. in Sol. p. 88. C. Quo etiam pertinet ipsius dictum apud Stobæum Flor. S. XIII. p. 268. Ed. Gesn. εἰ δὲ βούλει καὶ νῦν, ἔφη ὁ Σόλων, περὶ πολιτείας ἀκοῦσαι, δοκεῖ μοι πόλις ἄριστα πράττειν, καὶ μάλιστα σώζειν δημοκρατίαν, ἐν ᾗ τὸν ἀδικήσαντα τοῦ ἀδικηθέντος οὐδὲν ἧττον οἱ μὴ ἀδικηθέντες προβάλλονται καὶ κολάζουσιν. laudatum Meursio in Solone C. XXIX. et de quo plura dedit Cl. Wyttenbachius

λον ὀργιζομένους τοῖς ἀποστεροῦσιν αὐτῶν τῶν ἀδικουμένων, καὶ νομίζοντας διὰ τοὺς ἄπιστα τὰ συμβόλαια ποιοῦντας μείζω βλάπτεσθαι τοὺς πένητας τῶν πολλὰ κεκτημένων· τοὺς μὲν γὰρ, ἢν παύσωνται [1] προϊέμενοι, μικρῶν προσόδων [2] ἀποστερηθήσεσθαι, τοὺς δ', [3] ἢν ἀπορήσωσι τῶν ἐπαρκούντων, εἰς τὴν ἐσχάτην ἔνδειαν [4] καταστήσεσθαι. καὶ γάρ d τοι διὰ ταύτην τὴν γνώμην [5] οὐδεὶς οὔτ' ἀπεκρύπτετο τὴν οὐσίαν οὔτ' ὤκνει συμβάλλειν, [6] ἀλλ' ἥδιον ἑώρων τοὺς δανειζομένους ἢ τοὺς ἀποδιδόντας. ἀμφότερα γὰρ αὐτοῖς συνέβαινεν, ἅπερ ἂν βουληθεῖεν ἄνθρωποι νοῦν ἔχοντες· ἅμα γὰρ τούς τε πολίτας ὠφέλουν καὶ τὰ σφέτερ' αὐτῶν ἐνεργὰ καθίστασαν. κεφάλαιον δὲ τοῦ καλῶς ἀλλήλοις ὁμιλεῖν· αἱ μὲν γὰρ κτήσεις ἀσφαλεῖς ἦσαν, οἷσπερ κατὰ τὸ δίκαιον e

[1] προσποιούμενοι A. C. L. [2] ἀποστερήσεσθαι A. C. L. [3] ἂν A. C. L. [4] κατασταθήσεσθαι A. C. L. [5] οὐδεὶς om. A. C. L. [6] οὐδεὶς, ἀλλ' A. C. L.

in animadversione ad Plutarchi Conviv. Sap. p. 154. D. Hinc item explicanda videntur Lysiæ hæc Pro Callia: ἄξιον δὲ μοὶ δοκεῖ εἶναι, οὐ τούτων ἴδιον ἡγεῖσθαι τὸν ἀγῶνα, ἀλλὰ κοινὸν ἁπάντων τῶν ἐν τῇ πόλει. Idem.

Καὶ νομίζοντας — κατασταθήσεσθαι] Cum Demosthene in Phormionem §. ιϛ'. comparavit Valesius Emend. IV. 4. Quod attinet ad verba ἢν παύσωνται προσποιούμενοι, non dubito quin supervacanea sit Corais conjectura προσπορίζόμενοι, et προσποιεῖσθαι hic recte interpretatus fuerit Wolfius in Ann. *augere opes mutuo danda pecunia, aut clientelis adsciscendis rem familiarem amplificare*, allato loco quodam Pausaniæ, quanquam eodem modo ac h. l. me alibi legere non memini. Cff. tamen Thucyd. II. 33. 85. ibique Schol. Herodotus VI. 66. ibique Valcken. item IX. 36. Itaque non capio, cur miretur Coraes, Harpocrationem in voce: Προσεποιήσαντο, ἀντὶ τοῦ Ἀντεποιήσαντο. Ἰσαῖος ἐν τῷ κατὰ Νικοδήμου. Οὐδεὶς πώποτε προσεποιήσατο, οὐδ' ἠμφισβήτησε τῆς κληρονομίας ἐκείνων (ἐκείνῳ editur de Pyrrhi hæred. init.). nullam fecisse hujus Isocrateæ significationis mentionem. Neque enim prorsus eadem est, ac in loco Isæi, ubi designat *injustum conatum hæreditatem sibi vindicandi*, uti et sequens ἠμφισβήτησε declarat: quod secus est nostro loco, ubi de *justo ac debito fœnore* agitur. — Cæterum ἀποστερήσεσθαι, est futurum medium pro passivo ἀποστερηθήσεσθαι, quod frequens est apud Atticos. Vid. Piersonus ad Mœrin p. 13. 367. et 21. Hemsterhusius ad Thomam Mag. p. 852. Valckenaerius ad Theocritum Id. I. 26. Sic ap. Thucyd. VI. 91. est ἀποστερήσονται pro ἀποστερηθήσονται. V. 56. ἀδικήσεσθαι pro ἀδικηθήσεσθαι. Paneg. p. 80. C. ἀπαλλαγήσονται pro ἀπαλλαχθήσονται. Quapropter haud inepta est Corais suspicio, pro eo quod sequitur κατασταθήσεσθαι restituendum esse καταστήσεσθαι, præsertim cum id etiam alibi exstet in Archid. p. 132. A. Idem.

Ἀπεκρύπτετο] Ἀποκρύπτεσθαι h. l. *sibi reservare, in suum usum abscondere*, ex vi verbi medii, quam recte ostendit Coraes. Eodem sensu eademque de re verbum occurrit apud Isæum De Apollod. hæred. §. η'. τί χρὴ τὸν μέτριον πολίτην; οὐκ, εἰ μὲν ἕτεροι τὰ μὴ προσήκοντ' ἐβιάζοντο λαμβάνειν, τούτων μηδὲν ποιεῖν, τὰ δ' ἑαυτοῦ μόνον πειρᾶσθαι σώζειν; οὐδ' εἰ (forte rectius legatur οὐκ, εἰ) πόλις δεῖται χρημάτων, ἐν πρώτοις εἰσφέρειν καὶ μηδὲν ἀποκρύπτεσθαι τῶν ὄντων; Antiquitus, et adhuc puero Isocrate, divitiæ magno honori erant Athenis, ita ut quisque se ditiorem, quam revera esset, simularet: postea periculo, ob sycophantarum calumnias, ut cogerentur opes dissimulare, ἀποκρύπτεσθαι. Qua de re classicus est locus περὶ τῆς ἀντ. §. κϛ'. * ι'. Idem.

Τὰ σφέτερ' αὐτῶν ἐνεργὰ καθ.] Scil. χρήματα, vel et κτήματα. Sunt autem κτήματα ἐνεργὰ *pecuniæ, quæ fœnora dant, quæstuosæ*, dicta etiam κάρπιμα, quibus opposita sunt κτήματα ἄκαρπα ap. Aristot. Rhet. I. 9. 34. Idem.

Αἱ μὲν γὰρ κτήσεις — αἱ δὲ χρήσεις — πολιτῶν] Pro ὅτι αἱ μὲν κτ. ut supra monuimus. Earundem vocum oppositio est in præcepto ad Dem. §. γ'. πειρῶ τὸν πλοῦ-

ὑπῆρχον, αἱ δὲ χρήσεις [1]κοιναὶ πᾶσι τοῖς δεομένοις τῶν πολιτῶν.

ιγ'. Ἴσως ἂν οὖν [2]τις ἐπιτιμήσειεν τοῖς εἰρημένοις, ὅτι τὰς μὲν πράξεις ἐπαινῶ τὰς ἐν ἐκείνοις τοῖς χρόνοις γεγενη-
147 μένας, τὰς δ' αἰτίας οὐ φράζω, δι' ἃς οὕτω καλῶς καὶ [3]τὰ πρὸς σφᾶς αὐτοὺς εἶχον καὶ τὴν πόλιν διῴκουν. ἐγὼ δ' οἶμαι μὲν εἰρηκέναι τι καὶ τοιοῦτον, οὐ μὴν ἀλλ' ἔτι πλείω καὶ σαφέστερον πειράσομαι διαλεχθῆναι περὶ αὐτῶν.

ιδ'. Ἐκεῖνοι γὰρ οὐκ ἐν μὲν ταῖς [4]παιδείαις πολλοὺς 145

[1] ἐπίσης κοιναὶ A. C. L. [2] τινες ἐπιτιμήσειαν A. C. L. [3] τὰ om. A. C. L. [4] παιδίαις A. L.

τον χρήματα καὶ κτήματα κατασκευάζειν· ἔστι δὲ χρήματα μὲν τοῖς ἀπολαύειν ἐπισταμένοις, κτήματα δὲ τοῖς κτᾶσθαι δυναμένοις. uti recte edidit Coraes pro vulgari χρῆσθαι δυν. et hunc locum cum simili Aristot. Rhet. I. 5. 19—21. contulit: quem cum nostro etiam contulisse, operæ pretium fuerit. Idem Aristot. Polit. II. 3. postquam dixisset apud Lacedæmonios omnia communi usui patere, addit: φανερὸν τοίνυν, ὅτι βέλτιον, εἶναι μὲν ἰδίας τὰς κτήσεις, τῇ δὲ χρήσει ποιεῖν κοινάς. Comparetur egregius locus Teletis apud Stobæum p. 522. et sq. item Cicero Ep. ad Div. VII. 29. Plutarch. Sol. p. 90. A. Xenophon. de Laced. Rep. p. 682. E. Quod ad rem ipsam attinet, notissimum habemus Cimonis exemplum apud Nepotem in Cim. C. IV. Plutarch. in Pericl. p. 156. F. Idem.

Ἐγὼ δ' οἶμαι μὲν εἰρηκέναι τι καὶ τοιοῦτον] Causa enim horum omnium erat in prudenti reip. moderatione, recta æqualitatis notione, cæt. de quibus supra §. η'. θ'. et passim hic illic dixit. Idem.

Ἐκεῖνοι γὰρ οὐκ — εἶχον] Intelligitur omne genus magistrorum et inspectorum, qui in Atheniensium institutione permulti erant, et hoc fere ordine sibi invicem succedebant: παιδαγωγὸς, παιδοτρίβης (qui corporis habitum et exercitia curabat, τὴν παιδοτριβικὴν, cujus pars erat ἡ γυμναστική), γραμματοδιδάσκαλος, ἁρμονικὸς, ζωγράφος, procedente ætate, ἀριθμητικὸς, γεωμέτρης, παλοδάμνης. Mox e pueritia in ephebos egressis, quod fiebat decimo octavo ætatis anno, ut mox videbimus, præerant κοσμηταὶ, παιδοτρίβης, ὁπλόμαχος, γυμνασίαρχος. Vid. elegans locus Teletis apud Stobæum Serm. XCVI. p. 535. 14. Ed. Gesn. eique adhibeatur Plato in Pratogora p. 325. C — 326. D. item Isocrates περὶ ἀντ. Ed. Orell. p. 91. Aristophanes in Nubb. 958 —980. Æschines Socraticus in Axiocho Cap. VII. et VIII. Qui cum ejus rei curam Areopago tribuat, quod et mox Isocrates facit, ejus verba adscribamus: ὁπόταν δὲ (τὸ βρέφος, de puero loquitur) εἰς τὴν ἑπταετίαν ἀφίκηται, πολλοὺς πόνους διαντλῆσαν, καὶ γυμνασταὶ καὶ παιδοτρίβαι τυραννοῦντες· αὐξομένου δὲ, κριτικοὶ, γεωμέτραι, τακτικοὶ, πολὺ πλῆθος δεσποτῶν. ἐπειδὰν δὲ εἰς τοὺς ἐφήβους ἐγγραφῇ, καὶ φόβος χείρων εἴη, τὸ Λυκεῖον, καὶ Ἀκαδήμεια, καὶ γυμνασιαρχία, καὶ ῥάβδοι, καὶ κακῶν ἀμετρίαι· καὶ πᾶς ὁ τοῦ μειρακίσκου χρόνος ἐστὶν ὑπὸ σωφρονιστὰς, καὶ τὴν ἐπὶ τοὺς νέους αἵρεσιν τῆς ἐξ Ἀρείου πάγου βουλῆς. Sophronistæ ejusmodi decem erant Athenis, ex singulis tribubus, notantibus Etymologo in voce, et distinctius Grammatico Bekkeri V. I. p. 301. Σωφρονισταί· ἄρχοντές τινες χειροτονητοὶ, δέκα τὸν ἀριθμὸν, ἑκάστης φυλῆς εἷς. ἐπεμελοῦντο δὴ τῆς σωφροσύνης τῶν ἐφήβων, μισθὸν παρὰ τῆς πόλεως λαμβάνοντες ἕκαστος καθ' ἡμέραν δραχμήν. Iidem dicebantur κοσμηταί. Cf. Meursius Lect. Att II. 5. p. 65. Pollux VIII. 138. ibique Hemsterh. quem corrigit Boeckh. de Œcon. Civ. Ath. V. I. p. 256. in nota. Petitus de Legg. Att. p. 384. Universe non ingenii tantum, sed multo etiam magis morum ratio habebatur in liberorum institutione. Multa loca laudantur in Annot. ad Creuzeri Orat. de Civitate Athenarum omnis humanitatis parente p. 57. Ad totum hunc locum pertinent verba Dionysii Hal. qui ait, veteres Athenienses πλείω τὴν ἐπιμέλειαν ποιεῖσθαι τοὺς πατέρας τῶν υἱῶν ἀνδρῶν γενομένων ἢ παίδων ὄντων ἐποιοῦντο· ἐνθυμουμένους ὡς οὐκ ἐξ ἐκείνης τῆς παιδείας, ἀλλ' ἐκ ταύτης τῆς σωφροσύνης μᾶλλον ὠφελεῖται τὸ κοινόν. E quibus nos quidem majus præsidium pro lectione παιδίαις, quam pro altera παιδείαις, peti posse putamus. Nec tamen illud cum Langio restituendum Dionysio. Hic enim Isocrateum παιδίαις explicuit verbis παίδων ὄντων, unde sequitur ἐξ ἐκείνης τῆς παιδείας positum esse pro ἐκ τῆς τῶν παίδων παιδείας seu

τοὺς ἐπιστατοῦντας εἶχον, ἐπειδὴ δ' εἰς ἄνδρας δοκιμασθεῖεν, ἐξῆν αὐτοῖς ποιεῖν ὅ τι βουληθεῖεν, ἀλλ' ἐν αὐταῖς ταῖς ἀκμαῖς πλείονος ἐπιμελείας ἐτύγχανον ἢ παῖδες ὄντες. b οὕτω γὰρ ἡμῶν [1] οἱ πρόγονοι σφόδρα περὶ τὴν σωφροσύνην ἐσπούδαζον, ὥστε τὴν ἐξ Ἀρείου πάγου βουλὴν ἐπέστησαν ἐπιμελεῖσθαι τῆς εὐκοσμίας, ἧς οὐχ οἷόν τ' ἦν μετασχεῖν πλὴν τοῖς καλῶς γεγονόσι καὶ πολλὴν ἀρετὴν καὶ σωφροσύνην ἐν τῷ βίῳ ἐνδεδειγμένοις, ὥστε πάντων αὐτὴν εἰκότως διενεγκεῖν τῶν ἐν τοῖς Ἕλλησι συνεδρίων.

[1] οἱ πρόγονοι ἡμῶν περὶ A. C. L.

ἀγωγῆς, *e puerorum institutione*, cui opponitur ἐκ ταύτης τῆς σωφροσύνης, h. e. τῶν ἀνδρῶν, *cum severa disciplina cives virilis ætatis in officio retinentur.* De simili Lycurgi instituto apud Spartanos refert Xenophon de Rep. Laced. p. 678. E. sq. Si cui h. l. magis placeat παιδείαις [dedit enim Bergmanus παιδίαις], interpretandum erit, ut fecit, Coraes, ἐν ταῖς τῶν παίδων ἀγωγαῖς, *in puerili institutione.* IDEM.

Ἐπειδὴ δ' εἰς ἄνδρας δοκιμασθεῖεν] *postquam virilem ætatem consecuti essent.* Significatur omne illud ætatis tempus quod pueritiam sequitur. Illustratur loco ex Æginet. p. 386. C. ubi opponuntur ἕως μὲν γὰρ παῖδες ἦμεν et ἐπειδὴ δ' ἄνδρες ἐγενόμεθα. idemque est, quod in Panath. p. 277. B. de Lacedæmoniorum pueris (παισὶ) dicit: ἐπειδ' ἂν δ' εἰς ἄνδρας συντελῶσιν. Ibid. p. 231. C. ἀπὸ τῶν νεωτέρων distinguit τοὺς πρεσβυτέρους, καὶ τοὺς εἰς ἄνδρας δεδοκιμασμένους, *virilis ætatis homines.* Idem simplici verbo dicitur δοκιμάζεσθαι, et in primis de iis adhibetur, qui *in suam tutelam veniunt*, a tutoribus liberati, ut opponatur τῷ ἐπιτροπευθῆναι. Sic de Bigis p. 352. B. de Alcibiade legimus: ἐπετροπεύθη δ' ὑπὸ Περικλέους — δοκιμασθεὶς δὲ κ. τ. λ. de quo loco cf. Budæus in Comm. L. Gr. p. 67. Lysias adv. Diagit. §. γ'. ἐπειδὴ δεδοκίμασαι καὶ ἀνὴρ γεγένησαι. Isæus de Astyph. hered. §. θ'. Harpocr. δοκιμασθεὶς, ἀντὶ τοῦ εἰς ἄνδρας ἐγγραφεὶς, ad quem plura dedit Valesius p. 22. Ὀρφανοὺς δοκιμάσαι dixit Xenophon de Rep. Ath. p. 699. D. Id autem Athenis ita fiebat, ut eorum nomina inscriberentur tabulæ, quæ dicebatur ληξιαρχικὸν γραμματεῖον, cujus mentio est ap. Isocr. de Pace p. 176. D. cf. etiam Harpocr. in v. idque fiebat vicesimo ætatis anno, postquam inde a duodevicesimo anno dicti essent ἔφηβοι. Vid. Pollux VIII. 104. et 105. Exemplum ejusmodi adolescentis, qualem hic delineat Isocrates, habemus apud Terentium Andr. Act. I. Sc. I. v. 24. sqq.

"Nam is postquam excessit ex ephebis,
Sosia,
Liberius vivendi fuit potestas: nam antea,
Qui scire posses, aut ingenium noscere,
Dum ætas, metus, magister prohibebant?"

Quod jam Wolfius notaverat. IDEM.

Ἐν αὐταῖς ταῖς ἀκμαῖς] *in ipso ætatis flore, vigore.* Eodem sensu voce ἀκμὴ utitur in Orat. ad Philippum p. 84. C. εἰδὼς τὸν λόγον τοῦτον οὐ τῆς ἐμῆς ἡλικίας δεόμενον (jam senex scribebat Isocrates), ἀλλ' ἀνδρὸς ἀνθοῦσαν τὴν ἀκμὴν ἔχοντος; cujus loci ultima verba respexit Aristot. Rhet. III. 11. 2. Valcken. margini adscripsit: 'Ep. Socrat. p. 61. 2.' Item in Evag. p. 204. A. et in Ep. ad Iasonis liberos p. 418. D. Hinc verbum ἀκμάζειν, ejusque oppositum παρακμάζειν, quibus utitur Xenoph. Mem. IV. 4. 23. IDEM.

Οὕτω γὰρ — εὐκοσμίας] Idem §. ις'. dicitur κυρίαν ἐποίησαν ἐπιμελεῖσθαι τῆς εὐταξίας. Quod sequitur ἧς, referendum ad βουλὴν, non ad εὐκοσμίας. IDEM.

Τοῖς καλῶς γεγονόσι] *bene natis.* Cf. Steph. Diatr. V. Recte Wolfius nobilitatem istam, more Attico, intelligendam dicit, ut utroque parente cive natus sit, ἐξ ἀστοῦ καὶ ἀστῆς, ut ex legitimo conjugio et parentibus, non infamibus, procreatus. IDEM.

Ὥστε πάντων αὐτὴν — συνεδρίων] De Areopagi præ omnibus aliis judiciis præstantia, justitia, gravitate, plura sunt veterum scriptorum loca. Lysias adv. Andoc. §. δ'. vocat σεμνότατον καὶ δικαιότατον δικαστήριον. Lycurgus adv. Leocr. §. δ'. κάλλιστον ἔχοντες τῶν Ἑλλήνων παράδειγμα, τὸ ἐν Ἀρείῳ πάγῳ συνέδριον, ὃ τοσοῦτον διαφέρει τῶν ἄλλων δικαστηρίων, ὥστε καὶ παρ' αὐτοῖς ὁμολογεῖσθαι τοῖς ἁλισκομένοις δικαίαν ποιεῖσθαι τὴν κρίσιν. Aristides Panath. p. 15. E. οὐ γάρ ἐστιν (inquit) ὑπὲρ τὸν Ἄρειον πάγον οὐδὲν εὑρεῖν ἥν τις ὑπερβολὴν ζητοίη. p. 91. A. vocat τῶν ἐν τοῖς Ἕλλησι δικαστηρίων ἐντιμότατον καὶ ἁγιώτατον. pag. 94. A. μὴ εἶναι dicit καλλίω λαβεῖν ἀριστοκρατίας

C ιε'. Σημείοις δ' ἄν τις χρήσαιτο περὶ τῶν τότε καθεστώτων καὶ τοῖς ἐν τῷ παρόντι γιγνομένοις· ἔτι γὰρ καὶ νῦν ἁπάντων τῶν περὶ τὴν αἵρεσιν καὶ τὴν δοκιμασίαν [1] κατημελημένων ἴδοιμεν ἂν τοὺς ἐν τοῖς ἄλλοις πράγμασιν οὐκ ἀνεκτοὺς ὄντας, ἐπειδὰν εἰς Ἄρειον πάγον ἀναβῶσιν, ὀκνοῦντας τῇ φύσει χρῆσθαι καὶ μᾶλλον τοῖς ἐκεῖ νομίμοις ἢ

[1] ταύτην καθημένων A. C. L.

εἰκόνα. Addatur Themistius Or. quomodo Philosopho dicendum sit p. 46. Xenoph. Mem. III. 5. 20. et egregia laudatio Areopagi ap. Demosth. adv. Aristocr. §. ιε'. Alia, de quibus Meursius in Areop. C. IV. Plura de cura honestatis ei mandata vid. ad §. ιη'. IDEM.

Ἁπάντων τῶν περὶ τὴν αἵρεσιν καὶ τὴν δοκιμασίαν ταύτην καθημένων] Locus obscurior, de quo sic Wolfius: '*Eos, qui sedent* circa *delectum et probationem hanc.* Verba suspicione mendi non vacant, obscura certe sunt. Puto tamen eam esse sententiam, ut intelligantur designati et delecti, seu adsciti in Senatum Areopagiticum, qui, etsi alias improbi, tamen eo in loco munere funguntur, et quasi παλιγγενεσίᾳ quadam immutati, gravitatem et sanctitatem quandam præ se ferre incipiunt. Si τῶν καθειμένων ἐπὶ τὴν αἱρ. καὶ τ. δοκ. τ. *qui demissi sunt ad hanc electionem et probationem* legatur, intelligerentur οἱ αἱρεθέντες καὶ δοκιμασθέντες Ἀρειοπαγῖται εἶναι ἢ εἰς Ἄρειον πάγον ἀναβῆναι, designati et creati Areopagitæ.' De qua conjectura ita disputat Coraes: 'Καὶ καλῶς ἂν εἶχεν οὕτω γράφειν, εἰ καὶ ἀντὶ τῆς Περὶ ἡ Ἐπὶ παρελαμβάνετο πρόθεσις· ἵν' ἦν, τῶν καθιέντων ἑαυτοὺς ἐπὶ τὴν αἵρεσιν, τουτέστι, τῶν προσερχομένων ἐπὶ τὸ δοκιμασθῆναι καὶ αἱρεθῆναι Ἀρειοπαγίτας, ἢ τῶν ἐφιεμένων τῆς τιμῆς ταύτης.' Langius: 'Verto: (inquit) *quamdiu examinantur et eliguntur* seu *circa examen et electionem versantur*, cui oppositum est ἀναβῶσιν, *electi sunt*. Metaphora est a colle petita, unde collegium illud nomen traxit, quem qui nondum adscenderunt, i. e. in Senatum Areopagiticum nondum recepti sunt, vocantur καθήμενοι (veluti circa collis radices sedentes), περὶ τὴν δοκιμασίαν etc., recepti vero ἀναβάντες. Hinc perperam vertitur καθήμενοι: *designati et delecti*. Auger. falso explicat αἵρεσις, *ordo, collegium*, δοκιμασία, *tribunal quod de moribus judicat*.' Orellius ad Orat. περὶ τῆς ἀντ. obiter monet una addita syllaba restituendum esse καθηρημένων. — Hæc Viri Docti: optionem perito Lectori relinquimus. Nobis tamen hactenus persuasum est, hæc verba haud incommode verti posse: *eorum, qui circa electionem et explorationem hanc versantur*; atque intelligi *eos, qui ad munus Areopagitarum adspirant, qui illud ambiunt, eoque consilio primum eliguntur et explorantur.* Quanquam exemplum similis constructionis verbi καθῆσθαι cum præpositione περὶ, sequente Accusativo, nunc non succurrit; constat Areopagitas non admissos fuisse nisi præcedente *exploratione, probatione*, sive δοκιμασίᾳ, qualis in omnibus magistratibus locum habebat, ut supra vidimus. Ἡ ἐν Ἀρείῳ πάγῳ βουλὴ, inquit Socrates ap. Xenoph. Mem. III. 5. 20. ἐκ τῶν δεδοκιμασμένων καθίσταται. Quæ δοκιμασία cujus generis esset, colligi potest ex insigni Plutarchi loco in Pericle p. 157. A. referentis Periclem Areopagi non fuisse participem, διὰ τὸ μήτ' ἄρχων, μήτε θεσμοθέτης, μήτε βασιλεὺς, μήτε πολέμαρχος λαχεῖν. αὗται γὰρ αἱ ἀρχαὶ, addit, κληρωταί τε ἦσαν ἐκ παλαιοῦ, καὶ δι' αὐτῶν οἱ δοκιμασθέντες ἀνέβαινον εἰς Ἄρειον πάγον. Cf. idem in Sol. p. 88. D. Nemo ergo, nisi qui ista munera cum laude gesserat, quod ut constaret examine opus erat, admittebatur: quo ipso illustrantur quæ modo ante scripsit Isocrates, nemini in eum Senatum admitti licuisse πλὴν τοῖς — πολλὴν ἀρετὴν καὶ σωφροσύνην ἐν τῷ βίῳ ἐνδεδειγμένοις, quarum virtutum ostendendarum opportunitate fruebantur per omne illud tempus, quo Archontis munere fungebantur. Porro, quæ his e regione opposita verba sequuntur, ἐπειδὰν εἰς Ἄρειον πάγον ἀναβῶσιν, recte vertuntur: *postquam in Areopagi Senatum cooptati, Senatores lecti fuerint*, quo sensu formula ἀναβαίνειν εἰς Ἄρειον πάγον, præter Plutarchum loco modo laudato, usus est ipse Isocrates in Panath. p. 265. B. metaphora, ut recte Langius monet, a colle petita, quippe situm erat Areopagi tribunal in colle Martis, Ἄρειος πάγος dicto, in quem gradibus adscendebatur, quos hodieque etiam conspicuos esse e Chandleri Itinerario T. II. p. 432. Ed. Gall. refert Coraes. Hinc Areopagus κατ' ἐξοχὴν dicebatur ἡ ἄνω βουλή. Vid. Meursius C. I. in f. et C. VI. Valesius ad Harpocr. p. 68. Grammaticus Bekkeri V. I. p. 253. IDEM.

Τῇ φύσει χρῆσθαι] *natura uti*, h. e. *naturæ pravitatem sequi*, idem quod mox di-

ταῖς αὑτῶν κακίαις ἐμμένοντας. τοσοῦτον φόβον [1] ἐκεῖνοι τοῖς
πονηροῖς [2] ἐνειργάσαντο, καὶ τοιοῦτο μνημεῖον ἐν τῷ τόπῳ
τῆς αὑτῶν ἀρετῆς καὶ σωφροσύνης ἐγκατέλιπον. d

ις′. Τὴν δὴ τοιαύτην, ὥσπερ εἶπον, κυρίαν ἐποίησαν ἐπιμελεῖσθαι τῆς εὐταξίας, [3] ἣ τοὺς μὲν οἰομένους ἐνταῦθα βελτίστους ἄνδρας γίγνεσθαι, παρ᾽ οἷς οἱ νόμοι μετὰ πλείστης
ἀκριβείας κείμενοι τυγχάνουσιν, ἀγνοεῖν [4] ἐνόμιζεν· οὐδὲν γὰρ
[5] ἂν κωλύειν ὁμοίους ἅπαντας εἶναι τοὺς Ἕλληνας ἕνεκά γε
τοῦ ῥᾴδιον εἶναι τὰ γράμματα λαβεῖν παρ᾽ ἀλλήλων. ἀλλὰ
γὰρ οὐκ ἐκ [6] τούτων τὴν ἐπίδοσιν εἶναι τῆς ἀρετῆς, ἀλλ᾽ ἐκ e
τῶν καθ᾽ ἑκάστην [7] τὴν ἡμέραν ἐπιτηδευμάτων· τοὺς γὰρ
πολλοὺς ὁμοίους [8] τοῖς ἤθεσιν ἀποβαίνειν, ἐν οἷς ἂν ἕκαστοι
παιδευθῶσιν. ἐπεί τά γε πλήθη καὶ τὰς ἀκριβείας τῶν
νόμων σημεῖον εἶναι τοῦ κακῶς οἰκεῖσθαι τὴν πόλιν [9] ταύτην·
ἐμφράγματα γὰρ αὐτοὺς ποιουμένους τῶν ἁμαρτημάτων 148

[1] ἐκεῖνοι φόβον A. C. L. [2] ἐναπειργάσαντο, καὶ τοσοῦτον A. C. L. [3] οἳ A. C. L. [4] ἐνόμιζον A. C. L. [5] ἂν om. A. C. L. [6] τοιούτων A. L. [τῶν] τοιούτων C. [7] τὴν om. A. C. L. [8] τοῖς ἤθεσιν ἀποβαίνειν ὁμοίους ἀνάγκη A. C. L. [9] αὐτὴν A. C. L.

citur ταῖς αὑτῶν κακίαις ἐμμένειν. Φύσις de quacunque animi affectione, sive bona, mala, usurpari videtur. Ælianus V. H. IX. 27. refert, Laconem quendam graviter lugentem, cum quidam eum increparet, respondisse: οὐ γὰρ ἐγὼ αἴτιος τούτου, ἡ φύσις δὲ μοῦ ῥεῖ. Idem.

Τὴν δὴ τοιαύτην] Scil. βουλήν. Sequens οἳ autem ad τοὺς προγόνους referendum, qui §. ιδ′. Areopago curam τῆς εὐκοσμίας commisisse dicuntur. Et de his, non de Judicibus Areopagi, sequentia omnia sunt accipienda. Minus recte Coraes ad Areopagitas retulit, pro οἳ — ἐνόμιζον olim ἣ ἐνόμιζεν scriptum fuisse putans. Quod si vel omnino ad hos referri debeat, ea emendatione non indigemus: βουλὴν enim, sequente οἳ, esset constructio κατὰ τὸ σημαινόμενον, frequens apud Atticos, docente Gregor. de Dial. Att. §. 27. et 29. ubi vid. Koenius. Sed leguntur §. sqq. quæ omnino de majoribus cogitare jubent, et init. §. ιη′. diserte illi distinguuntur ἀπὸ τῆς βουλῆς. Ac si de illis universe intelligatur, eo numero Areopagitas non excludi, res ipsa loquitur. In seqq. adverbio ἐνταῦθα proprie respondere debuisset ὅπου, sed grata quadam orationis negligentia posuit Isocrates παρ᾽ οἷς, quod commode ad antecedens ἀνθρώπους refertur. Ἀγνοεῖν autem idem valet ac ἐν ἀγνοίᾳ εἶναι, *in errore versari*, uti recte Coraes et Langius monent. Idem.

Ὁμοίους — παρ᾽ ἀλλήλων] Ὁμοίους, h. e. ὁμοίως ἀγαθοὺς, *æque bonos*. Et singularis animadvertenda vis particulæ ἕνεκα, quæ hic significat *quod attinet ad*; *quatenus*, ut sensus sit: *quatenus facile fieri possit, ut alter alterius leges describat*. Demosth. Olynth. III. §. ς′. id agens ut non facienda, sed et peragenda esse decreta adversus Philippum, ostendat, πάλαι γὰρ ἂν (inquit) ἕνεκά γε ψηφισμάτων, ἐδεδώκει δίκην, scil, ὁ Φίλιππος. Idem.

Ἀλλὰ γὰρ — παιδευθῶσιν] Ubi enim desunt morum probitas et recte agendi voluntas, ibi nihil efficiunt leges. Quod mox latius explicat Noster. Juvat apponere Horatianum Od. III. 24. 35.

"Quid leges sine moribus
Vanæ proficiunt?"

Cf. locus ex Paneg. p. 56. C. mox laudandus. De damno multarum legum multa loca laudavit Abramus ad Cicer. Or. pro Sext. C. XXV. Idem.

Ἐμφράγματα γὰρ — ἀναγκάζεσθαι] Est hic locus explicatu paulo difficilior. Pro γίνεσθαι Langius et Coraes e Codd. receperunt τίθεσθαι, solenne de legibus verbum: quomodo si legas, nexus sic constituendus videtur, ut αὐτοὺς, ob antecedens οἰκεῖσθαι τὴν πόλιν, accipiatur pro τοὺς τὴν πόλιν διοικοῦντας, h. e. τοὺς πολι-

πολλοὺς τίθεσθαι τοὺς νόμους ἀναγκάζεσθαι. [1]δεῖν δὲ τοὺς [2]ὀρθῶς πολιτευομένους οὐ τὰς στοὰς ἐμπιπλάναι γραμμάτων, ἀλλ' ἐν ταῖς ψυχαῖς ἔχειν τὸ δίκαιον· οὐ γὰρ τοῖς ψηφί- 146
σμασιν ἀλλὰ τοῖς ἤθεσι καλῶς οἰκεῖσθαι τὰς πόλεις, καὶ τοὺς μὲν κακῶς τεθραμμένους καὶ τοὺς ἀκριβῶς τῶν νόμων

[1] δεῖ A.

[2] εὖ A. C. L.

τευομένους· cff. sequentia; et ad hos referatur passivum ἀναγκάζεσθαι, hoc sensu: *ipsos enim* (eos, qui remp. administrant) *si velint obicem ponere malefactis* (ἐμφράγματα ποιουμένους τῶν ἁμαρτημάτων. Simili dictione, ἁπάσας τὰς ὁδοὺς τῶν ἀδικημάτων ἐνέφραξαν, dixit Lycurgus adv. Leocr. §. λ'.), *multas leges ferre cogi.* Quia, si eo tantum consilio leges ferri debeant, nunquam earum condendarum finis adest. Sic solita Isocratea concinnitate sibi respondent ἐμφράγματα ποιεῖσθαι et νόμους τίθεσθαι. Wolfius, legens γίγνεσθαι, αὐτοὺς ποιουμένους acceperat pro αὐτῶν ποιουμένων, *dum obstructionibus peccata prohibere nituntur.* Mihi aliquando videbatur tolli difficultas, si pro αὐτοὺς legatur ἂν τοὺς, sic: *eos enim, qui velint peccata legibus obstruere, eo ipso cogi multas leges ferre:* quod num liceat, videant alii: sensus idem est. IDEM.

Οὐ τὰς στοὰς ἐμπιπλάναι γραμμάτων] H. e. νόμων, quæ mox ψηφίσματα dicuntur. Leges apud Athenienses descriptas in tabulis, in publicis locis suspensas fuisse, recte monet Wolfius: cf. Plutarch. in Sol. p. 92. A. B. Sequenti dictione ἐν ταῖς ψυχαῖς ἔχειν τὸ δίκαιον utitur item Xenophon Sympos. p. 881. B. IDEM.

Καὶ τοὺς μὲν κακῶς — ἐθελήσειν ἐμμένειν] Ratio nunc reddenda receptæ lectionis ἁπλῶς. Dicit Isocrates, homines male institutos, τοὺς κακῶς τεθραμμένους, vel diligentissime scriptas, vel optimas leges migrare, τοὺς ἀκριβῶς τῶν νόμων ἀναγεγραμμένους, idem fere ac si dixisset τοὺς καλῶς κειμένους νόμους: eos contra, qui caute et prudenter, h. e. bene instituti sunt, τοὺς ἀσφαλῶς πεπαιδευμένους, eosdem ac τοὺς καλῶς τεθραμμένους, etiam bonis legibus, τοῖς καλῶς κειμένοις, obedire *solere*; id enim θέλειν hic videtur significare: cff. Pierson. ad Mœrin p. 382. et D'Arnaud Anim. Crit. p. 168. Non recte sibi invicem respondere opposita, quivis facile sentiet. Quis enim dubitet, quin, si homo male institutus nequeat bonis legibus coerceri, at certe bene institutus iis obtemperare velit. Jam sensit hoc Wolfius, qui propterea pro τοῖς καλῶς κειμένοις, emendari voluit τοῖς κακῶς κειμένοις. Quam conjecturam in textum receperunt Langius et Coraes; ille 'ut constet (inquit) oppositio, et insignis obedientia designetur, qualem Sophocles postulat, quum inquit in Antig. 666. ὃν πόλις στήσειε, τοῦδε χρὴ κλύειν — καὶ σμικρὰ καὶ δίκαια καὶ τἀναντία.' Eadem fere jam Wolfius notaverat. Omnia sane, si ita legatur, e regione opposita sunt. At, ne dicam e sola conjectura natam esse lectionem, quænam inde sententia nascitur? Ut e prava institutione procedat vel optimarum legum migratio, sic bonam institutionem efficere ut homines malis legibus obedire velint. Quis hanc sententiam universe probet, aut Athenis unquam usu probatam fuisse censeat? Equidem nihil in ea egregii video. Quod porro ad Sophoclem attinet, sunt ista verba Creontis tyranni, qui quo paternam et regiam auctoritatem tueatur, filiumque Hæmonem a nuptiis Antigones, quam jure sese mortis supplicio affecturum contendebat, avocet, filium ita alloquitur, et mox vs. 668. sqq. ab ista sententia in exornandum locum de gravissimo ἀναρχίας damno incidit, ut sensus universe huc fere redeat; *præstat injusti imperantis legibus parere, quam nullis.* Quæ sententia parum similitudinis cum Isocratea nostra habet. Neque loca Platonis in Critone p. 51. et Aristotelis Polit. IV. 8. a Corae allata huc pertinent. Si igitur neque καλῶς, neque κακῶς legi potest, quærenda est lectio duobus hisce extremis media velut interjacens: atque hanc nobis suppeditat Codex L. B. ἁπλῶς: qua assumpta omnia bene procedunt, veteres Athenienses cum maxime decent, et cum Isocratis consuetudine conveniunt. Sensus erit: *Ut homines bene instituti vel accuratissime scriptas leges migrant, sic bene instituti facile iis obtemperant, quæ non tanta diligentia, sed simplici via ac ratione scriptæ, neque malæ, neque bonæ sunt, non ita aliis præstantia sua antecellunt.* Sensisse ita veteres Athenienses, ostendunt quæ in Paneg. p. 56. C. de iis legimus: τοὺς νόμους ἐσκόπουν ὅπως ἀκριβῶς καὶ καλῶς ἕξουσιν, οὐχ οὕτω τοὺς περὶ τῶν ἰδίων συμβολαίων, ὡς τοὺς περὶ τῶν καθ' ἑκάστην ἡμέραν ἐπιτηδευμάτων· ἠπίσταντο γὰρ, ὅτι τοῖς καλοῖς κἀγαθοῖς τῶν ἀνθρώπων οὐδὲν δεήσει πολλῶν γραμμάτων, ἀλλ' ἀπ' ὀλίγων συνθημάτων ῥᾳδίως καὶ περὶ τῶν ἰδίων καὶ περὶ τῶν κοινῶν ὁμονοήσουσιν. quem locum respicit Dionys.

ἀναγεγραμμένους τολμήσειν παραβαίνειν, τοὺς δὲ [1] καλῶς πεπαιδευμένους καὶ τοῖς [2] ἁπλῶς κειμένοις [3] ἐθελήσειν ἐμ- b μένειν. ταῦτα [4] διανοηθέντες οὐ τοῦτο πρῶτον ἐσκόπουν, δι' ὧν κολάσουσι τοὺς ἀκοσμοῦντας, ἀλλ' ἐξ ὧν [5] παρασκευάσουσι μηδὲν αὐτοὺς ἄξιον ζημίας βουλήσεσθαι [6] ἐξαμαρτάνειν· ἡγοῦντο γὰρ τοῦτο μὲν αὐτῶν ἔργον εἶναι, τὸ δὲ περὶ τὰς τιμωρίας σπουδάζειν τοῖς ἐχθροῖς προσήκειν.

ιζ'. Ἁπάντων μὲν οὖν ἐφρόντιζον τῶν πολιτῶν, μάλιστα c δὲ τῶν νεωτέρων. ἑώρων γὰρ τοὺς τηλικούτους ταραχωδέστατα

[1] ἀσφαλῶς A. C. L. [2] καλῶς A. κακῶς C. L. [3] θελήσειν A. L. [4] δὲ διαν. A. C. L. [5] ἂν κατασκευάσουσι A. L. κατασκευάσουσι C. [6] ἁμαρτάνειν A. C. L.

Hal. cum in vita Isocr. p. 96. 11. de Atheniensibus e Panegyrico refert: ἐσκόπουν δὲ οὐχ ὅπως οἱ νόμοι καλῶς καὶ ἀκριβῶς αὐτοῖς ἕξουσιν, ἀλλ' ὡς ἡ τῶν καθ' ἡμέραν ἐπιτηδευμάτων μετριότης μηδὲν ἐκβήσεται τῶν πατρίων. Denique solet Isocrates voces ἀκριβῶς et ἁπλῶς opponere: veluti ad Philipp. p. 91. C. μήτε παντάπασιν ἁπλῶς, μήτε λίαν ἀκριβῶς. Paneg. p. 43. B. τὸν δὲ ἀκριβῶς ἐπιστάμενον λέγειν (modo memoraverat λόγους λίαν ἀπηκριβωμένους) ἁπλῶς οὐκ ἂν μὴ δυνάμενον εἰπεῖν. quod et Stephanus in Thes. animadvertit, dicens his locis ἁπλῶς posse etiam exponi *inelaborate*, præsertim quum alibi (init. Panath.) ἁπλῶς εἰρῆσθαι dicat, ἃ μηδεμιᾶς κοσμιότητος μετέχει. Recte quidem: et sic ipse Isocrates explicat in Or. ad Phil. p. 87. E. ubi de suo ad Philippum λόγῳ ita scribit: οὐδὲ γὰρ ταῖς περὶ τὴν λέξιν εὐρυθμίαις καὶ ποικιλίαις κεκοσμήκαμεν αὐτὸν, αἷς αὐτός τε νεώτερος ὢν ἐχρώμην, καὶ τοῖς ἄλλοις ἐπέδειξα, δι' ὧν τοὺς λόγους ἡδίους θ' ἅμα καὶ πιστοτέρους ποιοῖεν· ὧν οὐδὲν ἔτι δύναμαι διὰ τὴν ἡλικίαν, ἀλλ' ἀπόχρη μοι τοσοῦτον, ἣν αὐτὰς τὰς πράξεις ἁ π λ ῶ ς δυνηθῶ διελθεῖν. Ἡσυχίαν ἁπλῶς ἄγειν, *sine malevolentiæ suspicione* dixit Demosth. pro Cor. §. Ϛζ'. Isocratis locum Toupius adhibuit ad emendandum Longinum π. Ὑ. XLIV. 7. Idem.

Οὐ τοῦτο πρῶτον ἐσκ. — ἁμαρτάνειν] Οἱ ἀκοσμοῦντες, uti et §. ιη'. idem valet ac οἱ ἁμαρτάνοντες, i. e. qui negligunt τὴν εὐκοσμίαν et εὐταξίαν, de qua supra dixerat §. ιδ'. et ιϛ'. Sic etiam legitur init. §. ιη'. Hæc et antecedentia ἀλλὰ γὰρ οὐκ — ἐπιτηδευμάτων respiciuntur a Dionysio Hal. l. l. in Introd. p. 54. Sunt autem et hæc illustranda ex indole Legum Solonis, ea ut cives sponte sua a peccando arcerentur, et ad recte vivendum agendumque excitarentur. Quod manifestum fit ex dicto Solonis, qui, cum eum Anacharsis irrideret, ac si putaret, posse legibus cohiberi injustitias et pravas cupiditates civium respondit: ὅτι καὶ συνθήκας ἄνθρωποι φυλάττουσιν, ἃς οὐδετέρῳ λυσιτελές ἐστι παραβαίνειν τῶν θεμένων· καὶ τοὺς νόμους αὐτὸς οὕτως ἁρμόζεται τοῖς πολίταις, ὥστε πᾶσι τοῦ παρανομεῖν βέλτιον ἐπιδεῖξαι τὸ δικαιοπραγεῖν. Ut refert Plutarchus in Solone p. 81. A. Huc referri possunt quæ in Mitylenæorum causa de sociis in officio retinendis suadet Diotimus apud Thucyd. III. 46. χρὴ δὲ τοὺς ἐλευθέρους οὐκ ἀφισταμένους σφόδρα κολάζειν, ἀλλὰ πρὶν ἀποστῆναι σφόδρα φυλάσσειν, καὶ προκαταλαμβάνειν ὅπως μηδ' εἰς ἐπίνοιαν τούτου ἴωσι, κρατήσαντάς τε ὅτι ἐπ' ἐλάχιστον τὴν αἰτίαν ἐπιφέρειν. Cf. etiam Lycurgus adv. Leocr. §. λ'. Similis erat Persarum Legislatio, de qua Xenophon Cyrop. I. 2. §. 2. et 3. Idem.

Τιμωρίας] Τιμωρίαι apte hic tribuuntur τοῖς ἐχθροῖς, quippe vindicandæ legis et punientis causa infliguntur, κόλασις contra et κολάζειν spectant emendationem peccantis. Vid. Cl. Wyttemb. ad Sel. Hist. p. 372. et 452. Notanda hæc differentia, ut appareat, quam diligens fuerit Isocrates in verborum delectu, nec tamen nimis h. l. premenda. Idem.

Ἑώρων γὰρ τοὺς τηλικούτους — ἐπιθυμιῶν] Eadem de juventutis indole fuit Lycurgi sententia ap. Xenoph. de Rep. Laced. p. 679. A. Wolfius attulit versum Homericum. Il. Γ. 108.

Αἰεὶ δ' ὁπλοτέρων ἀνδρῶν φρένες ἠερέθονται.

Ταραχωδέστατα διακεῖσθαι significat *turbulentissimis animi perturbationibus agitari.* Hinc in Panath. p. 280. D. mentio fit μείζονος φρονήματος, quam senem deceat, et ταραχῆς μειρακειώδους. — Γέμειν proprie de *navibus oneratis* dicitur, deinde ad alia transfertur, præsertim in malam partem. Gramm. apud Bekkerum V. I. p. 86. Γέ-

διακειμένους καὶ πλείστων γέμοντας ἐπιθυμιῶν, καὶ τὰς
ψυχὰς αὐτῶν μάλιστα [1] παιδευθῆναι δεομένας [2] ἐπιθυμίαις
καλῶν ἐπιτηδευμάτων καὶ πόνοις ἡδονὰς ἔχουσιν· [3] ἐν μόνοις
γὰρ ἂν [4] τούτοις [5] ἐμμεῖναι τοὺς ἐλευθέρως τεθραμμένους
καὶ μεγαλοφρονεῖν εἰθισμένους. ἅπαντας μὲν οὖν ἐπὶ τὰς
αὐτὰς ἄγειν διατριβὰς οὐχ οἷόν τ' ἦν, ἀνωμάλως τὰ περὶ
d τὸν βίον ἔχοντας· ὡς δὲ πρὸς τὴν οὐσίαν ἥρμοττεν, οὕτως
ἑκάστοις προσέταττον. τοὺς μὲν γὰρ ὑποδεέστερον πράττοντας ἐπὶ τὰς γεωργίας καὶ τὰς ἐμπορίας ἔτρεπον, εἰδότες
τὰς μὲν ἀπορίας διὰ τὰς ἀργίας γιγνομένας, τὰς δὲ κα-
κουργίας διὰ τὰς ἀπορίας· ἀναιροῦντες οὖν τὴν ἀρχὴν τῶν
κακῶν ἀπαλλάξειν ᾤοντο καὶ τῶν ἄλλων ἁμαρτημάτων
τῶν μετ' [6] ἐκείνην γιγνομένων· τοὺς δὲ βίον ἱκανὸν κεκτημέ-

[1] παιδευθῆναι μάλιστα A. C. L. [2] ἐν ἐπιθυμίαις A. C. L. [3] μόνους A. [4] ἐν τούτοις A. [5] ἐμμένειν A. C. L. [6] ἐκείνων A. C. L.

μειν τὴν ναῦν μόνον φασὶ δεῖν λέγειν, τὰ δ' ἄλλα μεστὰ λέγειν, ἐλέγχει δ' αὐτοὺς Εὔβουλος Εἰρήνῃ. Alius περὶ συντάξεως p. 131. Γέμω· γενικῇ· Δίωνος ἐνδεκάτῳ βιβλίῳ· "οἱ δὲ Καρχηδόνιοι, τὰς ναῦς αὐτῶν ἀναπλεούσας οἴκαδε τηρήσαντες, συχνὰς χρημάτων γεμούσας εἷλον." καὶ Ἰσοκράτης· γεμούσας πονηρῶν ἐπιθυμιῶν. Scribe γεμούσαις uti est in loco de Pace p. 167. C. quem respexit. Sic γέμειν ἁμαρτημάτων Panath. p. 238. E. vid. et p. 233. A. ubi præcedit μεστὸς, et infra hujus Orationis §. κ'. Nonnunquam tamen et bono sensu dicitur: ad Phil. p. 104. C. ὁρῶ μὲν τόπον ἴδιον — πολλῶν μὲν ἐπαίνων καὶ καλῶν πράξεων γέμοντα. Vid. et Panath. init. p. 233. A. Idem.

Πόνοις ἡδονὰς ἔχουσιν] Notissimus est Epicharmi versiculus ap. Xenoph. Mem. II. 1. 20. Vid. et Hist. Gr. IV. p. 582. E. ἐκ τῶν πόνων καὶ τὰ μαλακὰ γίνεται. Et cf. Lucianus Rhet. Præc. T. II. p. 714. Ed. Basil. Ex Isocrate notetur locus ad Dem. p. 12. B. τὸ περὶ τὴν ἀρετὴν φιλοπονεῖν, καὶ σωφρόνως τὸν ἑαυτοῦ βίον οἰκονομεῖν ἀεὶ τὰς τέρψεις εἰλικρινεῖς καὶ βεβαιοτέρας ἀποδίδωσι. Hinc manifestum, quales labores intelligat Isocrates. Cf. et Evag. p. 197. B. et 198. A. Idem.

Τοὺς μὲν γὰρ — ἔτρεπον] Cff. quæ Cap. XII. dixit. Idem.

Τὰς μὲν ἀπορίας — ἀπορίας] Elegans in his est gradatio. Ad ultima illa τὰς δὲ κ. δ. τ. ἀπ. cui non in mentem veniat Horatianum illud Od. III. 24. 44.

"Magnum pauperies opprobrium jubet
Quidvis et facere et pati,
Virtutisque viam deserit arduæ."

Et ipse Isocrates legatur in Paneg. p. 77. A. cf. et Xenoph. de Ath. Rep. p. 692. Idem.

Ἀναιροῦντες οὖν τὴν ἀρχὴν τῶν κακῶν] Hoc est, τὴν ἀργίαν, quæ hic dicitur ἀρχὴ τῶν κακῶν, i. e. τῶν ἀποριῶν, *omnis infelicitatis*, nam de malefactis mox dicitur. Hanc autem sustulerunt Athenienses lata lege adversus ἀργίαν, de qua Plutarchus in Solone p. 87. E. Diog. Laert. I. 55. VII. 168. Eam ab Ægyptiis desumpsisse Solonem tradit Herodotus II. 177. sed Draconi potius auctori tribuendam esse monet Valcken. in annot. Pisistratum auctorem facit Plutarchus p. 96. D. Plura vid. cum apud eum, tum apud Meursium in Sol. C. XVII. Engelbronnerum in Annot. ad Orat. de Incr. quod bellorum Calamitas bonarum artium studiis affert, p. 41. auctoresque ibi laudatos. Similis lex fuit Sardis, referente Æliano V. H. IV. 1. Idem.

Τοὺς δὲ βίον ἱκανὸν κεκτ. — διατρίβειν] Ditiorum liberos potissimum in scholas ventitavisse, nec nisi sero eas reliquisse, diserte Plato notavit in Protag. p. 326. C. Cæterum de iis, quæ h. l. memorantur, res satis aperta est, cum aliunde, tum ex iis quæ init. §. ιδ'. notavimus. Duo hic distinguuntur exercitiorum genera: alterum corporis, ἡ ἱππική, τὰ γυμνάσια καὶ τὰ κυνηγέσια: animi alterum, ἡ φιλοσοφία. Sic ipse Isocrates distinxit insigni loco Orat. de Perm. §. κϛ'. *ιγ'. Legum Solonis circa educationem e complurium scriptorum locis summam hanc confecit Petitus de Legg. Att. p. 239. ut omnes natare et literas discerent: ut tenuioris

νους περὶ [1] τὴν ἱππικὴν καὶ τὰ γυμνάσια καὶ τὰ κυνηγέσια e
καὶ τὴν φιλοσοφίαν ἠνάγκασαν διατρίβειν, ὁρῶντες ἐκ τούτων τοὺς μὲν διαφέροντας γιγνομένους, τοὺς δὲ τῶν πλείστων κακῶν [2] ἀπεχομένους.

ιη'. Καὶ [3] ταῦτα νομοθετήσαντες [4] οὐδὲ τὸν λοιπὸν χρόνον 149
ὠλιγώρουν, ἀλλὰ διελόμενοι τὴν μὲν πόλιν κατὰ κώμας τὴν δὲ χώραν κατὰ δήμους ἐθεώρουν τὸν βίον τὸν ἑκάστου, καὶ

[1] τε A. C. L. [2] ἀποσχομένους A. C. L. [3] ταῦτ' οὐ νομοθ. C. L. [4] οὐ A. om. C. L.

sortis pueri vel agriculturæ, vel mercaturæ, vel opificio cuidam operam darent; honestiores et locupletiores musicam tractare et equitare discerent; tum et gymnasiis, venationi, et postremum philosophiæ studerent. Tria priora illa ad fortitudinem in bello referebantur, ut seite Wolfius monuit. De Equitatione et Venatione constat e libellis Xenophonteis. Illius studium præcipue cernebatur in quadrigis alendis, quæ currui jungerentur, et publicis certaminibus, v. c. Olympicis, destinarentur, ut constat Alcibiadis exemplo ap. Plutarch. p. 196. B. et Isocr. de Bigis p. 353. C. De Venatione vid. et Pollux L. V. initio. Gymnasia sive palæstræ erant Athenis tria, Lyceum, Academia, Cynosarges: cf. Fabri Agonisticon I. 17. p. 118. in nota: in quibus quænam exercitii genera obtinerent, docet Antiquitatis doctrina, et dedita opera pertractavit Hier. Mercurialis de Arte Gymnastica. Vid. et Faber. I. 5. 6. Nonnulla notavit Doct. Willetus ad Galen. Protrept. p. 77. 78. Γυμνάσια καὶ κυνηγέσια conjunxit etiam Lesbonax Orat. III. ad fin. Philosophiæ nomine intelligitur omnis liberalis doctrina, quæ animi cultum spectat, melioresque cives facit, potissimum dicendi ars. Id ipse Isocrates significat loco citato, late de philosophia disputans p. 88 — 95. Nam quæ postea κατ' ἐξοχὴν Philosophorum Scholæ Athenis fuerunt, antiqua illa ætate, quæ Solonem et Clisthenem proxime consecuta est, nondum erant. Ea res Socratis demum et Periclis ætate invaluit, qui uterque Anaxagoram audierunt, hic etiam Zenonem Eleatem. Cf. Plutarch. in Pericle p. 154. A. B. Cœterum de voce φιλοσοφία conferri potest Morus ad Paneg. §. α'. et ιγ'. Idem.

Καὶ ταῦτ' — ὠλιγώρουν] Contrarium in æqualibus apertius increpat de Pace p. 169. C. πλείστους δὲ τιθέμενοι νόμους, οὕτως ὀλίγον αὐτῶν φροντίζομεν (ἐν γὰρ ἀκούσαντες γνώσεσθε καὶ περὶ τῶν ἄλλων), ὥστε θανάτου τῆς ζημίας ἐπικειμένης ἤν τις ἁλῷ δεκάζων, τοὺς τοῦτο φανερώτατα ποιοῦντας στρατηγοὺς χειροτονοῦμεν, κ. τ. λ. Bonæ civitatis esse, curare ut leges rite observentur, eleganter docet Xenoph. Œcon. p. 845. E. Idem.

Διελόμενοι τὴν μὲν πόλιν κ. τ. λ.] De divisione Atticæ in populos, δήμους, nemo dubitat, satisque plana sunt omnia e Meursii libello de hoc argumento, cui adjungantur Excerpta ex J. Sponii Itinerario de Pagis Atticis, subjecta illius Theseo: ut videatur significari institutio τῶν δημάρχων, quorum erat suum quemque δῆμον convocare, in suffragia mittere, censum agere ad tributum definiendum, privatorum exactionem instituere, cætera. Vid. Schol. Aristoph. ad Nubes, vs. 37. Pollux VIII. 108. Bekkeri Anecd. V. I. p. 237. Etymologus et Harpocr. in v. δήμαρχος et ναυκραρικά. Sed urbis in κώμας distributio interpretes vexavit, e quibus Wolfium φυλὰς legendum, Langium vocabula transponenda censuisse monuimus. Ut universa regio Attica suos δήμους, sic ipsa Athenarum urbs suas κώμας habuit, a Theseo ita in unum congregatas, ut, sublatis singularum conciliis, unum omnium esset commune βουλευτήριον, communia judicia, Athenis. Res satis nota e loco classico Thucydidis II. 15. Cff. et Plutarch. in Theseo p. 10. E. et sq. et Isocrates ipse in Hel. p. 214. E. Hinc forte res explicanda est, si quidem Areopagus erat omnium supremum tribunal. Cæterum quid statuendum sit, aut de Suida in v. Κωμηδόν· ἔνιοι τοὺς ἐν τῇ πόλει δήμους κώμας φασὶ προσαγορεύεσθαι: aut de Grammatico Bekkeri V. I. p. 274. Κῶμαι· τὰ μέρη τῆς πόλεως ἢ τὰς ἀκροπόλεις: aut de ipso Meursio, hujus Isocratei loci auctoritate docente, 'utramque partem (urbem et Piræeum) in κώμας suas distributam fuisse, ut in δήμους totam regionem,' de Fort. Athen. C. II. in Gronov. Thes. T. V. p. 1693. doctiorum judicio relinquimus. Idem.

Ἐθεώρουν τὸν βίον τὸν ἑκάστου — ἐκόλαζεν] Valerius Maximus II. 6. "Est et ejusdem urbis sanctissimum consilium, Areopagus; ubi quid quisque ageret, aut quoniam quæstu sustentaretur, diligentissime inquiri solebat: ut homines honestatem,

τοὺς ἀκοσμοῦντας [1] ἀνῆγον εἰς τὴν βουλήν· ἡ δὲ τοὺς μὲν
ἐνουθέτει, τοῖς δὲ ἠπείλει, τοὺς δ' ὡς προσῆκεν ἐκόλαζεν. 147
ἠπίσταντο γὰρ, ὅτι δύο τρόποι τυγχάνουσιν ὄντες οἱ καὶ
προτρέποντες ἐπὶ τὰς ἀδικίας καὶ παύοντες τῶν πονηριῶν·
παρ' οἷς μὲν γὰρ μήτε φυλακὴ μήτε ζημία τῶν τοιούτων
b καθέστηκε μήθ' αἱ κρίσεις ἀκριβεῖς εἰσὶ, παρὰ τούτοις
μὲν διαφθείρεσθαι καὶ τὰς ἐπιεικεῖς τῶν φύσεων, ὅπου δὲ
μήτε λαθεῖν τοῖς ἀδικοῦσι ῥᾴδιόν ἐστι μήτε φανεροῖς γενομένοις συγγνώμης τυχεῖν, ἐνταῦθα δ' ἐξιτήλους γίγνεσθαι
τὰς κακοηθείας. ἅπερ ἐκεῖνοι γιγνώσκοντες [2] ἀμφοτέροις

[1] εἰς τὴν βουλὴν ἦγον A. C. L.

[2] ἀμφοτέρως L.

vitæ rationem memores reddendam esse, sequerentur." Athenæus VI. p. 168. A. ὅτι δὲ τοὺς ἀσώτους μὴ ἔκ τινος περιουσίας ζῶντας τὸ παλαιὸν ἀνεκαλοῦντο οἱ Ἀρεοπαγῖται, καὶ ἐκόλαζον, ἱστόρησαν Φανόδημος καὶ Φιλόχορος, ἄλλοι τε πλείους. Plutarch. in Sol. p. 88. D. et 90. E. Exemplum habemus Cleanthis, apud Diogenem Laertium VII. Demetrii, apud Athen. l. c. Vid. Meursius in Areop. C. IX. — Ἄγειν εἰς τὴν βουλὴν rarius esse pro εἰσάγειν, observat Orellius ad Or. π. ἀντ. p. 208. Animadvertatur item elegans gradatio verborum νουθετεῖν, *admonere*; ἀπειλεῖν, *minari*; κολάζειν, *castigare*: quæ tria inverso ordine conjunxit etiam Plato in Phædone p. 61. Ed. Wyttenb. Idem.

Ἠπίσταντο γὰρ — κακοηθείας] *Duæ* ex illorum sententia, erant *rationes*, *quæ* homines *ad male agendum excitarent*: *duæ* item, *quæ* eos *a peccando avocarent*. *Illæ* exsistunt, ubi negligitur omnis *cum* φυλακὴ, h. e. diligens cura, qua cavetur, ne cui male agendi aut voluntas aut opportunitas præbeatur, *tum* ζημία τῶν τοιούτων et κρίσεις ἀκριβεῖς, h. e. ubi malefactoribus nulla pœna constituta est, neque æquum et legitimum de malefactis judicium habetur; id enim est κρίσις ἀκριβὴς, h. e. quæ fiat non πρὸς χάριν, πρὸς ἐπιείκειαν, sed κατὰ τὸν νόμον. Cf. supra §. ιβ'. *Hæ* contra ibi adsunt, ubi adest *cum* φυλακὴ, qua fiat, ut malefactoribus latere difficile sit, *tum* ζημία καὶ κρίσις ἀκριβὴς, ita ut, si quando scelus commissum in lucem veniat, nulla venia peccanti exspectanda sit. *Illæ* vitia fovent, *hæ* virtutes excitant. Ita explicandus hic locus, atque si ita explicetur facile intelligitur, quid statuendum sit, de conjectura H. Royaards in Diss. sæpius laudata p. 50. pro ἀδικίας legendum esse ἀρετάς. Hæc universe. — Ἐξιτήλους γίγνεσθαι, proprie *evanidas fieri*, *evanescere*. Vox ἐξίτηλος occurrit etiam in Or. ad Philipp. p. 94. B. frequens in primis Herodoto, composita ab ἐξιτέω, frequentativo ab ἔξειμι, *exeo*, et terminatione ηλος, uti docet Cl. Wyttenbachius ad Sel. Pr. Hist. p. 340. Ineptissima itaque Grammatici annotatio ap. Bekkerum V. I. p. 252. Ἐξιτήλους· ἀφανεῖς, ἀπὸ τοῦ ἔξω εἶναι τοῦ δήλου, qui utrum nostrum locum in animo habuerit, nec ne, non statuimus. Metaphoram a coloribus evanescentibus ductam esse censet Coraes. Porro laudanda Isocratis diligentia in usu particularum μὲν et δὲ, quæ accuratissime h. l. sibi respondent: παρ' οἷς μὲν — παρὰ τούτοις μὲν — ὅπου δὲ — ἐνταῦθα δὲ. Eadem cernitur in loco de Pace p. 170. C. οἷς μὲν γὰρ περὶ τῶν μεγίστων συμβούλοις χρώμεθα, τούτους μὲν —· οἷς δ' οὐδεὶς ἂν — συμβουλεύσαιτο, τούτους δὲ αὐτοκράτορας ἐκπέμπομεν: uti et in locis Xenophonteis Œcon. p. 828. D. Hieron. p. 915. E. Insignem vim habet ista particularum repetitio, quod de simplici δὲ compluribus exemplis docuit in eodem Opere Wyttenbachius p. 409. et 456. Notentur ex Isocrate Paneg. κζ'. et μζ'. (quibus locis Morus corrigere voluit δὴ aut γὲ) Busir. p. 221. E. 226. B. Panath. p. 260. D. contra Soph. p. 294. D. adv. Callim. p. 382. B. Addantur Herodotus VI. 16. 54. Plato Phædon. p. 41. et 91. Ed Wyttenb. Idem.

Ἅπερ ἐκεῖνοι γινώσκ. — καὶ ταῖς τιμωρίαις καὶ ταῖς ἐπιμελείαις] H. e. τῇ ζημίᾳ καὶ ἀκριβεῖ κρίσει, καὶ τῇ φυλακῇ uti modo dixerat. Pœna maleficiis, honore recte factis proposito, cives a Solone a vitiis avocabantur, ad virtutem impellebantur. Notante Stobæo Serm. XLI. p. 247. 24. Σόλων ἐκείνην εἶπεν ἄριστα τὴν πόλιν οἰκεῖσθαι, ἐν ᾗ τοὺς ἀγαθοὺς ἄνδρας συμβαίνει τιμᾶσθαι, καὶ τὸ ἐναντίον, ἐν ᾗ τοὺς κακοὺς ἀμύνεσθαι. Auctor Ep. ad Brutum XV. "Solon Rempublicam duabus rebus contineri di-

κατεῖχον τοὺς πολίτας καὶ ταῖς τιμωρίαις καὶ ταῖς ἐπιμε-
λείαις· τοσούτου γὰρ [1] ἔδεον αὐτοὺς λανθάνειν οἱ κακόν τι
δεδρακότες, ὥστε καὶ τοὺς ἐπιδόξους ἁμαρτήσεσθαί [2] τι
προῃσθάνοντο. τοιγαροῦν οὐκ ἐν τοῖς [3] σκιραφείοις οἱ νεώτεροι c
διέτριβον, οὐδ' ἐν ταῖς αὐλητρίσιν, οὐδ' ἐν τοῖς τοιούτοις

[1] ἐδέοντο A. C. L. [2] τι om. A. C. L. [3] σκιραφίοις A. C. L.

xit, præmio et pœna." Laudat Meursius in Sol. C. XXIX. De τιμῇ, quæ pars erat, τῆς ἐπιμελείας uti h. l. dicitur, supra jam vidimus §. θ'. et cf. infra §. κα'. Referri huc potest Lycurgi locus adv. Leocr. §. γ'. δύο γάρ ἐστι τὰ παιδεύοντα τοὺς νέους, ἥ τε τῶν ἀδικούντων τιμωρία, καὶ ἡ τοῖς ἀνδράσι τοῖς ἀγαθοῖς δεδομένη δωρεά· πρὸς ἑκάτερον δὲ τούτων ἀποβλέποντες, τὴν μὲν διὰ τὸν φόβον φεύγουσι, τῆς δὲ διὰ τὴν δόξαν ἐπιθυμοῦσι. Idem.

Τοιγαροῦν οὐκ ἐν τοῖς σκιραφείοις κ, τ. λ.] Gravis est Atheniensium reprehensio, qui tantopere a majorum severitate et continentia desciverant, ut Isocratis ætate omnis generis incontinentiæ et lasciviæ, prava parentum indulgentia, juventus sese traderet. Gravius etiam in Orat. de Permut. §. κϛ'. * κζ'. de neglectu omnium eorum studiorum, quæ bonis civibus formandis inservirent, questus, hisce, quæ toti huic loco quasi commentarii instar esse possunt, in suos invehitur: ἀφ' ὧν ὑμεῖς πολὺν ἤδη χρόνον ἀπελαύνετε τοὺς νεωτέρους, ἀποδεχόμενοι τοὺς λόγους τῶν διαβαλλόντων τὴν τοιαύτην παιδείαν· καὶ γάρ τοι πεποιήκατε τοὺς μὲν ἐπιεικεστάτους αὐτῶν ἐν πότοις καὶ συνουσίαις καὶ ῥαθυμίαις καὶ λαγνείαις τὴν ἡλικίαν διάγειν, ἀμελήσαντες (ἀμελήσαντας e conj. edidit Orell.) τοῦ σπουδάζειν ὅπως ἔσονται βελτίους· τοὺς δὲ χεῖρω τὴν φύσιν ἔχοντας, ἐν τοιαύταις ἀκολασίαις ἡμερεύειν, ἐν αἷς πρότερον οὐδ' ἂν οἰκέτης ἐπιεικὴς οὐδεὶς ἐτόλμησεν· οἱ μὲν γὰρ αὐτῶν ἐπὶ τῆς ἐννεακρούνου ψύχουσιν οἶνον· οἱ δ' ἐν τοῖς καπηλείοις πίνουσιν· ἕτεροι δ' ἐν τοῖς σκιραφείοις κυβεύουσι· πολλοὶ δ' ἐν τοῖς τῶν αὐλητρίδων διδασκαλείοις διατρίβουσι. Quid melius nostrum locum illustret, quam hæc? de quibus nihil aliud monemus, quam τὴν ἐννεάκρουνον fuisse fontem Athenis, qui antea Callirrhoe dicebatur, testibus Thucydide II. 15. et Harpocratione in v. ab Orellio laudatis, qui hunc quidem ipsa illa Isocratis verba ob oculos habuisse putat: quod si verum sit, pro Λυσίας ἐν τῷ περὶ τῆς ἀντιδόσεως legendum erit Ἰσοκράτης ἐν τ. π. τ. ἀ. Cæterum digna, quæ iis addantur, sunt verba Theopompi apud Athenæum XII. p. 532. laudata a Corae. Hic igitur, discipulus Isocratis, eadem ac magister, de Atheniensibus testatur: Καὶ γὰρ αὐτοὶ τοῦτον τὸν τρόπον ἔζων, ὥστε τοὺς μὲν νέους ἐν τοῖς αὐλητριδίοις καὶ παρὰ ταῖς ἑταίραις διατρίβειν· τοὺς δὲ μικρὸν ἐκείνων πρεσβυτέρους ἔν τε τοῖς κύβοις καὶ ταῖς τοιαύταις ἀσωτίαις· τὸν δὲ δῆμον ἅπαντα πλείω καταναλίσκειν εἰς τὰς κοινὰς ἑστιάσεις καὶ κρεανομίας, ἤπερ εἰς τὴν τῆς πόλεως διοίκησιν. Lysias item pro Mantitheo §. γ'. memorat: τῶν νεωτέρων, ὅσοι περὶ κύβους ἢ πότους ἢ περὶ τὰς τοιαύτας ἀκολασίας τυγχάνουσι τὰς διατριβὰς ποιούμενοι. — Σκιράφεια Grammatici recte interpretantur κυβεῖα vel κυβευτήρια, *aleatoria*: sed neque de vera vocis scriptura, neque unde ducta sit appellatio, consentiunt. Vid. Harpocration, Etymologus, Suidas, Mœris, Hesychius, Pollux IX. 96. Grammaticus Bekkeri Vol. I. p. 300. Nos nostro loco lectionem σκιραφείοις prætulimus, probatam a Corae ad h. l. et ab Orellio. l. c. Hemsterhusius ad Pollucis locum iis accedere videtur, qui putant dicta fuisse a Σκίρῳ, loco extra Athenas, ubi templum erat Ἀθηνᾶς σκειράδος, et in quem convenire solebant aleatores, quippe Athenis per morum censores minus tutum esset alea ludere; ubi denique secundum Stephanum Byzantium etiam meretrices commorabantur. Plura qui cupit, adeat ipse Viri Cl. annotationem, uti et Meursium de Pop. Atticis p. 120. ac D'Orvillium in Vanno Critico p. 312. laudatos Piersono ad Mœrin p. 343. De Σκίρῳ Petitum citat Taylor ad Demosth. pro Cor. §. μ'. Idem.

Ἐν ταῖς αὐλητρίσιν] Priscianus L. XVIII. col. 1181. Ed. Putschii, laudatus etiam Corae in Add. p. 334. 'Isocrates (inquit) in Areopagitico, ἐν ταῖς αὐλητρίσιν, pro in loco, in quo habitant tibicines. Huic simile Cicero in I. Invectivarum (Catil. I. 1.): "Dico te venisse priore nocte inter falcarios," i. e. in locum ubi sunt falcarii.' Recte quidem ille: sic enim ipse Isocrates et Theopompus locis all. interpretantur. Cf. de hoc usu Brunck. ad Aristoph. Lysistr. 557. Meretricibus (ταῖς πορναῖς, παισί, ἑταίραις) plerumque comites aderant, uti et Saltrices (ὀρχηστρίδες). Vid. Aristoph. Ran. 513. Nubb. 996. laudatus a Corae et mox citandus. Apud Lysiam Or. IV. §. α'. confitentur quidam, se venisse πρὸς παῖδας καὶ αὐλητρίδας καὶ μετ' οἴνου. Ab Æliano V. H. VII. 2. conjunctim memorantur

συλλόγοις ἐν οἷς νῦν διημερεύουσιν· ἀλλ' ἐν τοῖς ἐπιτηδεύμασιν ἔμενον, ἐν οἷς ἐτάχθησαν, θαυμάζοντες καὶ [1] ζηλοῦντες

[1] ὁμιλοῦντες A. C. ὁμιλοῦντες καὶ θαυμάζοντες L.

πολλαὶ —γυναικῶν, μουσουργοὶ καὶ αὐλητρίδες, καὶ ἑταῖραι κάλλει διαπρέπουσαι καὶ ὀρχηστρίδες. XIII. 1. αὐλητρίδες et αὐτὰ τὰ τῶν μειρακίων τῶν κατὰ πόλιν, *ea quibus juvenes urbani delectari solent*. Apud Theocritum Id. II. 146. Simætha meretrix suam memorat αὐλητρίδα. IDEM.

Ἐν τοῖς τοιούτοις συλλόγοις, ἐν οἷς νῦν διημερεύουσιν] Quales intelligantur conventus, e locis allatis satis apparet. Διημερεύουσιν autem cum emphasi accipiendum, *totos dies transigunt*. Simili in causa hoc verbo utitur Ælian. V. H. III. 14. Isocrates bono sensu de discipulis suis secum degentibus, de Perm. §. κϛ'. * κβ'. Quæ huc usque dicta sunt omnia de licentia juventutis illustrat Æschines adv. Timarchum §. ι'. referens de juvene dedito ταῖς αἰσχίσταις ἡδοναῖς, ὀψοφαγίαις καὶ πολυτελείαις δείπνων, καὶ αὐλητρίσι, καὶ ἑταίραις, καὶ κύβοις, καὶ τοῖς ἄλλοις, ὑφ' ὧν οὐδενὸς χρὴ κρατεῖσθαι τὸν γενναῖον καὶ ἐλεύθερον. IDEM.

Θαυμάζοντες καὶ ὁμιλοῦντες τοὺς ἐν τούτοις πρωτεύοντας] Durius videtur ὁμιλεῖν sequente Accusativo, qui convenit τῷ θαυμάζειν. Hinc varii Interpretum conatus. Wolfii verba hæc sunt in Annot. ' Observentur verba diversæ constructionis: θαυμάζω σε dicitur, sed ὁμιλῶ σοι non σε. Et tamen Isocrates sic scripsit, nisi forte culpa librarii mutatus sit ordo et legendum ὁμιλοῦντες καὶ θαυμάζοντες τούς, etc. quod omnino verum esse puto. Plus enim est θαυμάζειν quam ὁμιλεῖν, et gravius verbum recte sequitur. Demosth. πρὸς Λεπτ. Θηβαῖοι τοὺς μὲν ἑαυτοὺς ἀγαθόν τι ποιοῦντας μήτε τιμῶντες, μήτε θαυμάζοντες.' Ὑμνοῦντες Ruhnkenii, ζηλοῦντες Valckenaerii est conjectura, qui ad Eurip. Hippol. vs. 106. de vi verbi θαυμάζειν pro *colere* disputans, allato loco Isocrateo, p. 177. D. 'illic (inquit) pro ὁμιλοῦντες, quod in καθομιλοῦντες mutari nolim, scribendum arbitror ζηλοῦντες ut scribit p. 175. D. τὸν πλοῦτον θαυμάζοντες καὶ ζηλοῦντες· p. 344. A. τοὺς — σοφιστὰς ἐθαύμαζον, καὶ τοὺς συνόντας αὐτοῖς ἐζήλουν. Similiter θαυμάζειν καὶ ζηλοῦν *Democrito* junguntur aliisque: literarum ductus propius accedit in Isocrateis ὑμνοῦντες. quod placet Clar. D. Ruhnkenio.' Τιμῶντες Segaario debetur, Professori quondam Rheno-Trajectino, cujus exstat specimen Observationum Criticarum in Isocratem in Actis Literariis Societatis Rheno-Trajectinæ, T. I. p. 73 — 105. Non immemor Valckenaerii, pag. 93. sic ab Isocrate scriptum existimabat, ' argumento (ut ait) loci p. 277. D. ἐκεῖνοι δὲ τοὺς τοιούτους τῶν ἔργων πρωτεύοντας βελτίστους εἶναι τῶν παίδων ὑπολαμβάνουσι, καὶ μάλιστα τιμῶσι: cui accedit, quod θαυμάζειν et τιμᾷν etiam jungit in Panegyr. p. 42. E. εἴ τις τιμῴη καὶ θαυμάζοι μὴ τοὺς πρώτους τῶν λόγων ἀρχομένους, ἀλλὰ τοὺς ἄριστα αὐτῶν ἕκαστον ἐξεργαζομένους.' Postremum tandem καθομιλοῦντες, quod Valckenaerio displicuisse vidimus, Coraes prætulit, qui, memoratis reliquorum conjecturis, in Addendis p. 334. scripsit: ' Καὶ ἔστι μὲν ἀληθὲς τὸ ἀείποτε πρὸς δοτικὴν φέρεσθαι τὸ Ὁμιλεῖν· οὐδέν γε μὴν ἐνταῦθα κωλύει καὶ πρὸς αἰτιατικὴν συνάψαι, κατὰ τὸ παρὰ τοῦτο σύνθετον Καθομιλεῖν, αἰτιατικῇ ὡς ἐπὶ τὸ πολὺ συνταττόμενον, ὡς ἐδήλωσεν ὁ Στέφανος ἐν τῷ Θησαυρῷ (B. σελ. 1310). Ἴσως δὲ καὶ, Θαυμάζοντες καὶ καθομιλοῦντες, ἦν ἡ ἀρχαία γραφή.' Nobis, si optio detur, reliquis omnibus præstare videtur Valckenaeriana conjectura, quæ elegantem efficit gradationem: primum admiratio exsistebat, deinde ex admiratione nascebatur æmulatio. Nec tamen ausi sumus eam in textum recipere, cum et vulgaris lectio ὁμιλοῦντες sese tueri posse videatur, sive ea ratione, quam Coraes attulit, sive alia quadam observatione, hac: duobus verbis diversos casus regentibus cum uno substantivo junctis, substantivum vel propioris vel remotioris casu poni. Prioris constructionis exempla sunt frequentissima. Sic §. λγ'. legimus: ἣν — ἐπιτιμήσω καὶ κατηγορήσω τῶν ἐνεστώτων πραγμάτων. Nam κατηγορεῖν Genitivum, ἐπιτιμᾷν Dativum postulat. Similia sunt ex Orat. de Perm. p. 332. E. ἐπιτιμᾷν καὶ βασκαίνειν τὰ τῶν ἄλλων. Contra Soph. p. 291. B. τίς γὰρ οὐκ ἂν μισήσειε ἅμα καὶ καταφρονήσειε — τῶν περὶ τὰς ἔριδας διατριβόντων. De Pace pag. 161. E. τοὺς ἐπιπλήττοντας καὶ νουθετοῦντας ὑμᾶς. Etenim νουθετεῖν cum Accusativo, ut §. ιη'. ἐπιπλήττειν cum Dativo poni solet, ad Nicocl. p. 15. B. Archid. p. 135. A. De Pace p. 167. C. Laud. Busir. p. 227. C. Quæ facere possint ad commendandam verborum transpositionem, quæ placuit Wolfio. Posterioris vero constructionis, qua remotiore loco positi verbi casum substantivum sequatur, exemplum esse possit hic noster locus; quanquam fateor ea esse rarissima, nec memini me ullum usquam invenire huic plane simile: nisi forte huc quodammodo pertineat istud Theophrasti περὶ ἀγροικίας

τοὺς ἐν τούτοις πρωτεύοντας. οὕτω δ' ἔφευγον τὴν ἀγορὰν, ὥστε εἰ καί ποτε διελθεῖν ἀναγκασθεῖεν, μετὰ πολλῆς αἰδοῦς καὶ σωφροσύνης ἐφαίνοντο τοῦτο ποιοῦντες. ἀντειπεῖν δὲ τοῖς πρεσβυτέροις ἢ λοιδορήσασθαι δεινότερον ἐνόμιζον d
[1] ἢ νῦν περὶ τοὺς γονέας [2] ἐξαμαρτεῖν. ἐν καπηλείῳ δὲ φαγεῖν ἢ πιεῖν [3] οὐδεὶς οὐδ' ἂν οἰκέτης ἐπιεικὴς ἐτόλμησε· σεμνύνεσθαι [4] γὰρ ἐμελέτων, [5] ἀλλ' οὐ βωμολοχεύεσθαι. καὶ τοὺς

[1] εἶναι ἢ A. C. L. [2] ἐξαμαρτάνειν A. C. L. [3] οὐθεὶς A. L. [4] δὲ A. C. L. [5] καὶ A. C. L.

p. 13. ἐπ' ἄλλῳ μὲν μήτε θαυμάζειν μήτε ἐκπλήττεσθαι. ubi ἐπ' ἄλλῳ pendet a remotiore, non a propiore verbo: dicitur enim ἐκπλήττεσθαι ἐπί τινι, sed θαυμάζειν τι. Certe nulla ratio grammatica prohibere videtur, quominus ubi sic duo verba diversæ constructionis junguntur, substantivum non æque cum remotiore, quam cum propiore convenire queat. Verumtamen suum unicuique judicium esto. IDEM.

Τὴν ἀγορὰν] Intelligitur forum ubi res venales exponebantur, quali in loco multa fieri solere honestati et bonis moribus contraria eleganter Xenophon animadvertit Cyrop. I. 2. 3. Ex turpitudine fori convicium illud περίτριμμα ἀγορᾶς, de quo cf. Pollux VI. 183. Eam partem τῆς ἀγορᾶς, ubi vendebatur, dictam fuisse κύκλους, Pollux testatur X. 18. Ad hæc autem et quæ proxime sequuntur pertinet locus Aristophanis Nubb. 986. et sqq. ubi, comparata majorum disciplina cum præsenti licentia, juvenem sic alloquitur aliquis:

Πρὸς ταῦτ', ὦ μειράκιον, θαῤῥῶν ἐμὲ τὸν κρείττω λόγον αἱροῦ·
Κἀπιστήσει μισεῖν ἀγορὰν, καὶ βαλανείων ἀπέχεσθαι,
Καὶ τοῖς αἰσχροῖς αἰσχύνεσθαι· κἂν σκώπτῃ τίς σε, φλέγεσθαι.
Καὶ τῶν θακῶν τοῖς πρεσβυτέροις ὑπανίστασθαι προσιοῦσι.
Καὶ μὴ περὶ τοὺς σαυτοῦ γονέας κακουργεῖν, ἄλλο τε μηδὲν
Αἰσχρὸν ποιεῖν· ὅτι τῆς αἰδοῦς μέλλεις τἄγαλμ' ἀναπλήσειν.
Μηδ' εἰς ὀρχηστρίδος εἰσιέναι, ἵνα μὴ πρὸς ταῦτα κεχηνὼς,
Μήλῳ βληθεὶς ὑπὸ πορνιδίου, τῆς εὐκλείας ἀποθραυσθῇς.
Μηδ' ἀντειπεῖν τῷ πατρὶ μηδέν· μηδ' Ἰαπετὸν καλέσαντα,
Μνησικακῆσαι τὴν ἡλικίαν, ἐξ ἧς ἐνεοτροφήθης.

IDEM.

Ἀντειπεῖν δὲ — ἐξαμαρτάνειν] Paulo aliter hæc refert Dionysius l. l. supra p. 327. δεινότερον μὲν ἡγεῖσθαί φησι (Isocrates) τοὺς τότε ἀνθρώπους τὸ τοῖς πρεσβυτέροις ἀντειπεῖν ἢ τὴν τάξιν λύειν. Cf. Aristoph. l. c. IDEM.

Ἐν καπηλείῳ δὲ — ἐτόλμησε] Καπηλεῖον, *caupona*, locus ubi vinum venale exponitur: cf. Pollux VII. 193. Simile est πανδοκεῖον; vid. ibid. 16. Cura honestatis in evitandis cauponis ex eo apparet, quod olim apud Græcos cauponæ, sive tabernæ, non multo honestiora loca erant, quam lenonis aut meretricis domus, ut ait Casaubonus ad Theophr. p. 207. (qui cf. et p. 436.) laudatis Æliano V. H. III. 14. et Athenæo XIII. p. 566. qui hæc Isocratis verba exemplo ex Hyperide desumpto comprobat: Ὑπερίδης δὲ, inquit, ἐν τῷ κατὰ Πατροκλέους, εἰ γνήσιος ὁ λόγος, τοὺς Ἀρεοπαγίτας, φησὶν, ἀριστήσαντά τινα ἐν καπηλείῳ κωλῦσαι ἀνιέναι εἰς Ἄρειον πάγον. Laudat et Meursius in Areop. C. IX. in f. IDEM.

Σεμνύνεσθαι] *gravitatem servare, omnia serio facere et dicere*, quemadmodum hic τῷ βωμολοχεύεσθαι, sic in Hel. p. 210. B. τῷ σκώπτειν opponitur. Est autem βωμολοχεύεσθαι, idem fere ac σκώπτειν, *scurram agere, risum movere*, quod qui faciunt dicuntur βωμολόχοι, Harpocrationi dicti, εὔκολοί τινες ἄνθρωποι καὶ ταπεινοὶ, καὶ πᾶν ὁτιοῦν ὑπομένοντες ἐπὶ κέρδει, διὰ τοῦ παίζειν τε καὶ σκώπτειν. Ipsum Aristophanem βωμολόχον ἄνδρα καὶ γελοῖον ὄντα καὶ εἶναι σπεύδοντα vocat Ælian. V. H. II. 13. Metaphoram ductam esse docent grammatici a mendicis aras insidiantibus (τοὺς βωμοὺς λοχώντων) adulandoque risum moventibus. Præter Harpocrationem, et Maussacum ad eum, Thomam Magistrum, ibique Stoeberum p. 176. vid. Grammaticus Bekkeri V. I. p. 221. et 222. et alius p. 185. De re cf. Aristoph. l. c. vs. 966. IDEM.

Καὶ τοὺς εὐτραπέλους δὲ — ἐνόμιζον] Thomas Mag. p. 801. distinguit inter σκῶμμα, γελοῖον et εὐτράπελον, quorum hoc definit τὸ μετὰ σεμνότητος χαριέντως λεγόμενον. Sed recte monet Sallierus alibi in malam partem dici, atque ita h. l. acci-

εὐτραπέλους δὲ καὶ [1] τοὺς σκώπτειν δυναμένους, οὓς νῦν εὐφυεῖς προσαγορεύουσιν, ἐκεῖνοι δυστυχεῖς ἐνόμιζον.

e ιθ΄. Καὶ μηδεὶς οἰέσθω με δυσκόλως διακεῖσθαι πρὸς τοὺς ταύτην ἔχοντας τὴν ἡλικίαν. οὔτε γὰρ ἡγοῦμαι τούτους αἰτίους εἶναι τῶν γιγνομένων, σύνοιδά τε τοῖς πλείστοις αὐτῶν ἥκιστα χαίρουσι ταύτῃ τῇ καταστάσει, δι' ἣν ἔξεστιν αὐτοῖς ἐν ταῖς ἀκολασίαις ταύταις διατρίβειν· ὥστε οὐκ ἂν εἰκότως τούτοις [2] ἐπιτιμῴην, ἀλλὰ πολὺ [3] δικαιότερον τοῖς ὀλίγῳ πρὸ ἡμῶν τὴν πόλιν διοικήσασιν. ἐκεῖνοι γὰρ ἦσαν [4] οἱ προτρέψαντες ἐπὶ ταύτας τὰς ὀλιγωρίας καὶ 148 καταλύσαντες τὴν τῆς βουλῆς δύναμιν.

κ΄. Ἧς ἐπιστατούσης οὐ δικῶν οὐδ' ἐγκλημάτων οὐδ'

[1] τοὺς om. A. C. L. [2] ἐπιτιμῴημεν A. C. L. [3] ἂν δικ. A. C. L. [4] οἱ τὴν ἀρχὴν προτρ. A. C. L.

piendum, quippe explicatur per σκώπτειν δυνάμενον. Et hoc loco τοὺς εὐτραπέλους καὶ σκώπτειν δυναμένους mera periphrasis est τῶν βωμολοχευόντων, quod non tantum modo allata Harpocrationis verba docere videntur, collata vocis etymologia, sed et extra omnem dubitationem ponit ipsius Isocratis, ut ita dicam, interpretatio in Orat. περὶ τῆς ἀντ. §. κς΄. * κζ΄. ἐπεὶ νῦν γ' οὕτως, inquit, ἀνέστραπται καὶ συγκέχυται πολλὰ τῶν κατὰ τὴν πόλιν, ὥστ' οὐδὲ τοῖς ὀνόμασιν ἐν τῇ διαλέκτῳ ἔνιοί τινες ἔτι χρῶνται κατὰ τὴν φύσιν, ἀλλὰ μεταφέρουσιν ἀπὸ τῶν καλλίστων πραγμάτων ἐπὶ τὰ φαυλότατα τῶν ἐπιτηδευμάτων· τοὺς γὰρ βωμολοχευομένους καὶ σκώπτειν καὶ μιμεῖσθαι (*mimos agere*) δυναμένους, εὐφυεῖς καλοῦσι· προσῆκον τῆς προσηγορίας ταύτης τυγχάνειν τοὺς ἄριστα πρὸς ἀρετὴν πεφυκότας. Utrique loco, et huic et nostro, debilem inesse imitationem terribilis orationis Thucydideæ III. 82. καὶ τὴν εἰωθυῖαν ἀξίωσιν τῶν ὀνομάτων εἰς τὰ ἔργα ἀντήλλαξαν τῇ δικαιώσει, Orellius putat in Ann. Quod habet Ammonius: εὐφυὴς λέγεται παρὰ Ἀττικοῖς ὁ σκωπτικὸς, confirmat Isocrates, cum ait τοὺς σκώπτειν δυναμένους ita dictos fuisse. Proprie significat *egregia indole præditum*, atque ita occurrit §. λβ΄. metaphora desumpta a plantis quæ læto germine sata feliciter surgunt. Vid. Valcken. in Animadvss. ad Amm. L. II. C. II. p. 87. ut non male Gallicum *homme d'esprit* conferat Coraes, qui et ex Athenæo VI. p. 60. locum affert Theopompi Philippum Macedonem dicentis χαίρειν — τῶν ἀνθρώπων τοῖς εὐφυέσι καλουμένοις, καὶ τὰ γελοῖα λέγουσι καὶ ποιοῦσι, eodem sensu ac nostro loco, ut apparet ex Demosthene Olynth. II. §. ζ΄. Σκωπτικὸς autem tantum distat a σκώπτης, quantum ab *eleganti* et ingenuo homine dignissimo jocandi genus *petulans* et flagitiosum, notante Valcken. ibid. p. 88. — Δυστυχεῖς, ex oppositione τοῦ εὐφυὴς, recte Laugius et Coraes interpretantur μωροὺς, ἠλιθίους. Eodem sensu, ut videtur, δυστυχία legitur ad Nicocl. p. 17. B. IDEM.

Ἐκεῖνοι γὰρ ἦσαν οἱ προτρέψαντες τὴν ἀρχὴν κ. τ. λ.] Tangit Periclem et Ephialtem, quorum opera Areopagi auctoritas insigniter imminuta est. Vid. Plutarchus in Pericle p. 155. E. 157. A. in Cimone p. 485. B. T. II. p. 812. C. Diod. Sic. XI. 77. Aristot. Polit. II. 10. Meursius in Areop. C. IX. τὴν ἀρχὴν, ut recte monet Wolfius et Coraes, h. l. adverbialiter accipiendum, *primum*, *primi*. Sic etiam in Paneg. p. 66. B. ubi opponitur τῷ ἐπὶ τελευτῆς. IDEM.

Ἧς ἐπιστατούσης — ἔγεμεν] Initium hujus capitis illustrant, quæ de præsentibus malis disputat Isocrates de Pace p. 185. A. μηδένα τῶν πολιτῶν ζῆν ἡδέως, μήτε ῥαθύμως, ἀλλ' ὀδυρμῶν μεστὴν εἶναι τὴν πόλιν· οἱ μὲν γὰρ τὰς πενίας καὶ τὰς ἐνδείας ἀναγκάζονται διεξιέναι καὶ θρηνεῖν πρὸς σφᾶς αὐτούς· οἱ δὲ τὸ πλῆθος τῶν προσταγμάτων καὶ λειτουργιῶν, καὶ τὰ περὶ τὰς εἰσφορὰς, καὶ τὰς ἀντιδόσεις· ἃ τοιαύτας ἐμποιεῖ λύπας, ὥστ' ἄλγιον ζῆν τοὺς τὰς οὐσίας κεκτημένους, ἢ τοὺς συνεχῶς πενομένους. Quæ omnia mala deinceps repetuntur a malevolis oratoribus et demagogis. Vid. etiam p. 184. B. De multitudine litium, quæ Athenis dijudicabantur, vid. Xenoph. de Ath. Rep. p. 699. A. —

εἰσφορῶν οὐδὲ πενίας οὐδὲ πολέμων ἡ πόλις ἔγεμεν, ἀλλὰ
καὶ πρὸς ἀλλήλους ἡσυχίαν εἶχον καὶ πρὸς τοὺς ἄλλους
ἅπαντας εἰρήνην ἦγον. παρεῖχον γὰρ σφᾶς αὐτοὺς τοῖς μὲν
Ἕλλησι πιστοὺς, τοῖς δὲ βαρβάροις φοβερούς. τοὺς μὲν γὰρ b
σεσωκότες ἦσαν, παρὰ δὲ τῶν δίκην τηλικαύτην εἰληφότες,
ὥστ' ἀγαπᾷν ἐκείνους εἰ μηδὲν ἔτι κακὸν πάσχοιεν. τοιγάρτοι διὰ ταῦτα μετὰ τοσαύτης ἀσφαλείας διῆγον, ὥστε
καλλίους εἶναι καὶ πολυτελεστέρας τὰς οἰκήσεις καὶ τὰς
[1] κατασκευὰς τὰς ἐπὶ τῶν ἀγρῶν ἢ τὰς ἐντὸς τείχους, καὶ
πολλοὺς τῶν πολιτῶν μηδ' εἰς τὰς ἑορτὰς εἰς ἄστυ καταβαίνειν, ἀλλ' αἱρεῖσθαι μένειν ἐπὶ τοῖς ἰδίοις ἀγαθοῖς μᾶλ- c
λον ἢ τῶν κοινῶν ἀπολαύειν. οὐδὲ γὰρ τὰ περὶ τὰς θεωρίας,

[1] ἐπισκευὰς A. C. L.

Εἰσφοραὶ, proprie *collationes pecuniæ*, civibus imperabantur, quotiescunque Respublica inopia laborabat. Lysias de Niciæ bonis publ. §. ζ. καὶ ὅταν ἡ πόλις δέηται χρημάτων, ἀπὸ τούτων ὑμῖν εἰσφέρομεν. Frequens earum mentio apud Oratores, conjuncta cum λειτουργίαις, τριηραρχίαις, χορηγίαις, etc. Isocrates περὶ ἀντιδ. §. κϛ'. * η'. se filiumque refert εἰς τοὺς διακοσίους τοὺς εἰσφέροντας καὶ λειτουργοῦντας. Prima autem ejus generis collatio, eaque ducentorum talentorum, facta est tempore belli Peloponnesii ad urgendam Mitylenes obsidionem, auctore Thucydide III. 19. Vere igitur h. l. dixit apud majores nullis εἰσφοραῖς opus fuisse, quo ipso suæ ætatis homines perstringit. — Πενίας, h. e. πενήτων. Vid. §. λη'. cur autem non essent ea ætate pauperes, ostendit §. ιβ'. Mox ad εἶχον ex antecedenti πόλις, supplendus nominativus οἱ πολῖται. Idem.

Παρεῖχον γὰρ — πάσχοιεν] Spectant tempora bellorum Persicorum. Athenienses tunc fuisse σωτῆρας τῆς Ἑλλάδος, probat Herodotus VII. 139. De verbo ἀγαπᾷν, *contentum esse, satis sibi ducere*, vid. Sluiterus Lect. And. p. 189. Lysias eo utitur contra Eratosth. §. γ'. eodemque sensu adverbio ἀγαπητῶς. pro Mantitheo §. δ'. Idem.

Διὰ ταῦτα] Delendum putat Coraes. Idem.

Μ.τὰ τοσαύτης ἀσφαλείας διῆγον — ἢ τὰς ἐντὸς τείχους] Securitatis indicium in eo cernitur, quod belli tempore, cum agri incursionibus vastabantur, omnia in urbem comportanda erant. Quod semper moleste tulerunt Athenienses, quorum plurimis mos erat in agris habitare; eaque consuetudine valde delectabantur. Exemplum ejus rei præbent tempora Peloponnesii belli, de quo egregius est Thucydidis locus, classicus in hac re, II. 14—17. qui morem istum repetit ex antiqua Atticorum degendi ratione per pagos, κατὰ κώμας, quæ postea etiam, quum jam Theseus eos dispersos in unam urbem coegisset, obtinuerit. Cap. 65. doluisse dicuntur οἱ δυνατοὶ καλὰ κτήματα κατὰ τὴν χώραν οἰκοδομίαις τε καὶ πολυτελέσι κατασκευαῖς ἀπολωλεκότες. Similiter post pugnam Chæronensem decrevit populus παῖδας μὲν καὶ γυναῖκας ἐκ τῶν ἀγρῶν ἐς τὰ τείχη κατακομίζειν, teste Lycurgo adv. Leocr. §. ϛ'. Aliud exemplum, Naxiorum exstat apud Herodotum V. 34. ubi vid. Valcken. In primis vero ipsorum Atheniensium factum animadvertatur, quos, quo tempore Philippus ad sacrilegos delendos Phocidem invaderet, etsi paulo ante pace ab eo accepta, attamen omnia ex agris in urbem comportanda decrevisse, referunt Demosth. de Corona §. ιϛ'. Æschines contra Ctesiph. §. λ'. Anonymus in Argumento Orat. Demosth. de Falsa Leg. Quod si enim vera sint, quæ de tempore conscripti Areopagitici supra disputavimus, ea res, quæ recens acciderat, aptam majorum laude æquales tacite reprehendendi causam Isocrati præbere poterat. — Τὰς ἐπισκευὰς recte Coraes interpretatur τὰ ἔπιπλα καὶ σκεύη τῶν οἴκων. Latine dicas *omnia quæ moveri possunt*, ut ait Nepos in Themist. 2. Consentit Thucydides, qui habet τὴν κατασκευὴν ᾗ κατ' οἶκον ἐχρῶντο. Cf. Pollux IX. 10. sq. Idem.

Οὐδὲ γὰρ τὰ περὶ τὰς θεωρίας — ἐποίουν] Θεωρίας fuisse *publica sacrificia*, quæ vel

ὧν ἕνεκ' [1] ἄν τις ἦλθεν, ἀσελγῶς οὐδ' ὑπερηφάνως, ἀλλὰ
νουνεχόντως ἐποίουν. οὐ γὰρ ἐκ τῶν πομπῶν οὐδ' ἐκ τῶν
περὶ τὰς χορηγίας φιλονεικιῶν οὐδ' ἐκ τῶν τοιούτων ἀλαζονειῶν τὴν εὐδαιμονίαν ἐδοκίμαζον, ἀλλ' ἐκ τοῦ σωφρόνως
οἰκεῖν καὶ τοῦ βίου τοῦ καθ' ἡμέραν καὶ τοῦ μηδένα τῶν
d πολιτῶν ἀπορεῖν τῶν ἐπιτηδείων. ἐξ ὧνπερ χρὴ κρίνειν τοὺς
ὡς ἀληθῶς εὖ πράττοντας καὶ μὴ φορτικῶς πολιτευομέ-
νους· ἐπεὶ νῦν γε τίς οὐκ ἂν ἐπὶ τοῖς γιγνομένοις τῶν εὖ
φρονούντων ἀλγήσειεν, ὅταν ἴδῃ τινὰς τῶν πολιτῶν αὐτοὺς
μὲν περὶ τῶν ἀναγκαίων, εἴθ' ἕξουσιν εἴτε μή, πρὸ τῶν δικαστηρίων κληρουμένους, τῶν δ' Ἑλλήνων τοὺς ἐλαύνειν τὰς

[1] ἂν om. L.

jungi vel opponi soleant ταῖς θυσίαις, notum est. Et his suæ ætatis petulantiam insectatur Isocrates, gravius vituperatam in Oratione de Pace p. 174. E. et sq. Queritur de ἀσελγείᾳ τῶν πατέρων et ἀνοίᾳ eorum qui temporibus fere captarum Athenarum rempubl. moderabantur; quos eo processisse ait, ut decernerent, quæ e sociorum vectigalibus pecuniæ superessent, ea per singula talenta in saltationem celebrandis Bacchi sacris esse inferenda (εἰς τὴν ὀρχήστραν τοῖς Διονυσίοις): tum ita pergit p. 175. C. ἐπειδὰν πλῆρες ᾖ τὸ θέατρον, καὶ τοῦτ' ἐποίουν, καὶ παρεισῆγον τοὺς παῖδας τῶν ἐν τῷ πολέμῳ τετελευτηκότων· ἀμφοτέροις ἐπιδεικνύντες, τοῖς μὲν συμμάχοις τὰς τιμὰς τῆς οὐσίας αὐτῶν ὑπὸ μισθωτῶν εἰσφερομένας, τοῖς δ' ἄλλοις Ἕλλησι τὸ πλῆθος τῶν ὀρφανῶν, καὶ τὰς συμφορὰς, τὰς διὰ τὴν πλεονεξίαν ταύτην γιγνομένας. καὶ ταῦτα δρῶντες αὐτοί τε τὴν πόλιν εὐδαιμόνιζον, καὶ πολλοὶ τῶν νοῦν οὐκ ἐχόντων ἐμακάριζον αὐτήν. Commode porro huc referuntur, quæ de θεωρικοῖς χρήμασι, seu pecunia publica inter pauperes distributa, ut, unde, ad spectacula ventitantes, duos obolos solverent, haberent, passim referuntur. Vid. Libanii Argumentum Demosth. Olynth. I. hujus Oratio περὶ συντάξεως. Harpocr. in voce et Valesius p. 38. Res a Pericle profecta postea Eubuli consiliis magis etiam invaluit. Cf. Roboken. Hist. Crit. Or. Gr. p. 66. IDEM.

Οὐ γὰρ ἐκ τῶν πομπῶν—ἐδοκίμαζον] Superbiæ Atheniensium (ὑπερηφανίας) in illis (ἐν ταῖς πομπαῖς) exemplum est apud Ælianum V. H. VI. 1. De insano studio τῶν χορηγιῶν egit Spanhemius ad Callimachum p. 363. laudatus Ernesto ad Xenoph. Mem. III. 4. §. 3. Cf. et Casaubonus ad Athenæum XIV. 8. p. 904. IDEM.

Καὶ τοῦ μηδένα τ. π. ἀ. τ. ἐ.] Socrates ad Xenoph. Mem. I. 6. 10. disputat, τὴν εὐδαιμονίαν non esse πολυτέλειαν, sed τὸ μηδενὸς δέεσθαι. IDEM.

Φορτικῶς] Coraes interpretatur ἀλαζονικῶς ex anteced. ἀλαζονειῶν. Pollux III. 130. eodem loco ponit cum ἀνυποίστως, δυσοίστως, ἀφορήτως, δυσανέκτως, δυσανασχέτως, δυσφόρως, βαρέως, ἐπαχθῶς. E quibus equidem h. l. duo postrema nostro loco aptissima censeam, atque τὸ φορτικῶς πολιτεύεσθαι de ea reip. administratione intelligam, qua fiat ut in aliorum civium opulentia et abundantia alii paupertate et omnis generis miseria premantur. Inopiæ certe mox mentio fit. Unus Cod. habet φροντικῶς, quod etsi rarum est, tamen μὴ deleto melius convenire ait Langius. IDEM.

Αὐτοὺς μὲν περὶ τῶν — κληρουμένους] Tanta illi inopia premebantur rerum maxime necessariarum, ut unde viverent, non haberent, nisi, ad causam judicandam sorte electi, in aliquo tribunali, δικαστηρίῳ, judicii mercedem, quæ erat τριώβολον, seu dimidium drachmæ, accepissent. Ex hac consuetudine explicat Coraes. Majorem lucem affert locus de Pace p. 185. B. ubi omnia mala repetens a pravis oratoribus et demagogis, πρὸς γὰρ τοῖς ἄλλοις κακοῖς, inquit, καὶ τῶν καθ' ἡμέραν ἑκάστην ἀναγκαίων, οὗτοι μάλιστα βούλονται σπανίζειν ὑμᾶς· ὁρῶσι γὰρ τοὺς μὲν ἐκ τῶν ἰδίων δυναμένους τὰ σφέτερ' αὐτῶν διοικεῖν, τῆς πόλεως ὄντας καὶ τῶν τὰ βέλτιστα λεγόντων· τοὺς δ' ἀπὸ τῶν δικαστηρίων ζῶντας, καὶ τῶν ἐκκλησιῶν, καὶ τῶν ἐντεῦθεν λημμάτων, ὑφ' αὑτοῖς διὰ τὴν ἔνδειαν ἠναγκασμένους εἶναι, καὶ πολλὴν χάριν ἔχοντας ταῖς εἰσαγγελίαις, καὶ ταῖς γραφαῖς, καὶ ταῖς ἄλλαις συκοφαντίαις, ταῖς δι' αὐτῶν γιγνομέναις, κ. τ. λ. IDEM.

Τῶν δ' Ἑλλήνων — τρέφειν ἀξιοῦντας] Vi-

ναῦς βουλομένους τρέφειν ἀξιοῦντας, καὶ χορεύοντας μὲν ἐν χρυσοῖς ἱματίοις, χειμάζοντας δ' ἐν [1] τοιούτοις ἐν οἷς οὐ βούλομαι λέγειν· καὶ τοιαύτας ἄλλας ἐναντιώσεις περὶ τὴν [2] διοίκησιν γιγνομένας, αἳ μεγάλην αἰσχύνην περιποιοῦσι τῇ πόλει;

κα'. Ὧν οὐδὲν ἦν ἐπ' ἐκείνης τῆς βουλῆς· ἀπήλλαξε γὰρ

[1] τούτοις A. C. L.

[2] τοιαύτην διοίκησιν A. C. L.

dentur intelligenda de ξενοτροφίᾳ de qua classicus est locus de Pace p. 168. D. εἰς τοῦτο δὲ μωρίας ἐληλύθαμεν, ὥστ' αὐτοὶ μὲν ἐνδεεῖς ἐσμὲν τῶν ἀναγκαίων, ξενοτροφεῖν δ' ἐπικεχειρήκαμεν. Cff. supra dicta ad §. δ'. Et paulo post de re navali loquens: καὶ τότε μὲν (inquit, h. e. majorum tempore) εἰ τριήρεις πληροῖεν, τοὺς μὲν ξένους καὶ τοὺς δούλους ναύτας εἰσεβίβαζον, τοὺς δὲ πολίτας μεθ' ὅπλων ἐξέπεμπον· νῦν δὲ τοῖς μὲν ξένοις ὁπλίταις χρώμεθα, τοὺς δὲ πολίτας ἐλαύνειν ἀναγκάζομεν. Cum tamen ex hoc ipso loco appareat, Isocratis ætate cives Athenienses, quos redit Aristophanes Equit. 1368. fuisse qui naves impellerent, quod diserte etiam testatur Xenophon de Rep. Ath. I. 2. difficile dictu est, qui nostro loco οἱ Ἕλληνες dici videantur ἐλαύνειν τὰς ναῦς, præsertim cum οἱ κληρούμενοι, de quibus modo dixerat, etiam Græci erant. Coraes ea de causa pro Ἑλλήνων legendum suspicatur ἄλλων, totius loci hac exhibita paraphrasi: 'Τίς οὐκ ἂν λυπηθείη ὁρῶν τινὰς τῶν πολιτῶν Ἀθηναίων οὕτω πενομένους, ὥστε κληροῦσθαι πρὸ τῶν δικαστηρίων, ἐπ' ἀδήλῳ τῷ ἕξειν τὰ ἀναγκαῖα, ἐὰν λάχωσι κρίνειν, ἢ μὴ ἕξειν, ἐὰν ἀπολάχωσι· καὶ ὅμως ἀξιοῦντας τρέφειν, ἤγουν μισθὸν διδόναι τὴν πόλιν τοῖς ἐκ τῶν ἄλλων πολιτῶν Ἀθηναίων βουλομένοις ἐλαύνειν τὰς ναῦς· τοῦτο γάρ ἐστιν, ὡς ἐρεῖ μετ' ὀλίγα ἡ περὶ τὴν διοίκησιν ἐναντίωσις.' De utriusque vocabuli confusione alibi dixerat in Ann. ad Paneg. §. κ'. ibique laudato loco Prodromi Biblioth. Gr. Nos de loco difficili statuere non audemus: quanquam fortasse vulgaris lectio explicari potest e loco Panath. p. 256. D. e quo patet genus hominum perditissimorum Athenas confluentium mercede navibus impositum fuisse, qui eas impellerent. Cf. etiam de Pace p. 174. E. Sic nexus esset: *æquum censentes alere eos Græcorum* (istos enim ἐκ τῆς Ἑλλάδος collectos fuisse, posteriore loco diserte significat) *qui velint naves* (Atheniensium scilicet) *impellere.* Sed judicium penes doctiores esto. Idem.

Χορεύοντας μὲν — βούλομαι λέγειν] Idem, monente Corae, fratri frater exprobrat apud Demosth. adv. Bœotum de Nom. §. ι'. Qui saltabant, non suis sumptibus, sed τῶν χορηγῶν, per totum illud disciplinæ tempus, quo erudiebantur chori ad festa, et vestiebantur et nutriebantur; ut facile fieri posset, si χορηγίαι magnifice agerentur, ut, cum eo tempore splendidis auroque ornatis vestibus saltassent, eo exacto ipsi pauperes nec tantis sumptibus pares hiemem sordido vestitu transigere cogerentur. Populum vili vestitu in balneis, frigoris levandi causa, hieme degisse, testantur Xenophon de Rep. Athen. l. 1. et Schol. ad Aristoph. Plut. 535. itidem Corai laudati. In illis ἐν οἷς βούλομαι λέγειν elegans est euphemismus, cui similis ap. Demosth. Ol. II. §. ζ'. Idem.

Ὧν οὐδὲν κ. τ. λ.] Complectitur hoc Caput quasi ἀνακεφαλαίωσιν quandam eorum quæ de laudibus Areopagi et reip. forma apud majores dixerat. Idem.

Ἀπήλλαξε γὰρ — ὠφελείαις] Cf. supra §. ιβ'. ubi facta mentio ἀφορμῆς, a divitibus pauperibus datæ εἰς τὰς ἐργασίας, confirmat Corais conjecturam, quæ et mihi aliquando in mentem venerat, pro εὐεργεσίαις legendum esse ἐργασίαις, quippe qua tollitur tautologia, et quæ hic dicuntur ὠφέλειαι, respondent τῇ ἀφορμῇ ibi memoratæ. Sæpius ista duo confunduntur. Langius in Paneg. §. ς'. fin. etsi in textu reliquerit εὐεργεσίας, in nota tamen probavit Retbergii conjecturam ἐργασίας. Aliter Morus eo loco spuria judicaverat verba καὶ τὰς ὠφελείας τὰς δι' αὐτῶν γιγνομένας. In Ep. Z. ad Timoth. eodem sensu, ac nostro loco, nunc legitur ἐργασίας, quod ibi pro εὐεργεσίας e Cod. MS. restituit Matthæus, probantibus Langio et Corae. Et sic etiam occurrit in Orat. ad Nicocl. p. 18. C. — Notato dignum est, τοὺς ἔχοντας h. l. uti et infra §. λη'. simpliciter positum significare *divites.* Supra §. ιβ'. dixerat οἱ τὰς οὐσίας ἔχοντες. Qua de re hæc sunt verba Cl. Ruhnkenii in Scholiis MS. in Xenoph. Mem. I. 2. 45. 'Οἱ τὰ χρήματα ἔχοντες sunt *divites*, sed sæpe supprimitur nomen χρήματα, et οἱ ἔχοντες simpliciter sunt *opulenti* et *fortunati*. Euripides apud Stobæum p. 53.

κακὸς ὁ μὴ 'χων, οἱ δ' ἔχοντες ὄλβιοι.

Hugo Grotius vertit: *dites beati, paupe-*

τοὺς μὲν πένητας τῶν ἀποριῶν ταῖς [1] ἐργασίαις καὶ ταῖς
151 παρὰ τῶν ἐχόντων [2] ὠφελίαις, τοὺς δὲ νεωτέρους τῶν ἀκολασιῶν τοῖς ἐπιτηδεύμασι καὶ ταῖς αὐτῶν ἐπιμελείαις, τοὺς 149
δὲ πολιτευομένους τῶν πλεονεξιῶν ταῖς τιμωρίαις καὶ τῷ μὴ λανθάνειν τοὺς ἀδικοῦντας, τοὺς δὲ πρεσβυτέρους τῶν [3] ἀθυμιῶν ταῖς τιμαῖς ταῖς πολιτικαῖς καὶ ταῖς παρὰ τῶν νεωτέρων θεραπείαις. καίτοι πῶς ἂν γένοιτο ταύτης πλείονος ἀξία πολιτεία, τῆς οὕτω καλῶς ἁπάντων τῶν πραγμάτων ἐπιμεληθείσης;

b κϛʹ. [4] Περὶ μὲν [5] οὖν τῶν [6] ποτὲ καθεστώτων τὰ μὲν πλεῖστα διεληλύθαμεν· ὅσα δὲ παραλελοίπαμεν, ἐκ τῶν εἰρημένων, ὅτι κἀκεῖνα τὸν αὐτὸν τρόπον εἶχε τούτοις, ῥᾴδιόν ἐστι καταμαθεῖν.

κγʹ. Ἤδη δέ τινες ἀκούσαντές μου ταῦτα [7] διεξιόντος ἐπῄνεσαν [8] μὲν ὡς οἷόν τε μάλιστα, καὶ τοὺς προγόνους ἐμακάρισαν ὅτι τὸν τρόπον τοῦτον τὴν πόλιν διῴκουν, οὐ μὴν
c ὑμᾶς [9] γε ᾤοντο πεισθήσεσθαι χρῆσθαι τούτοις, ἀλλ᾽ αἱρήσεσθαι διὰ τὴν συνήθειαν ἐν τοῖς καθεστηκόσι πράγμασι κακοπαθεῖν μᾶλλον ἢ μετὰ πολιτείας ἀκριβεστέρας ἄμεινον τὸν βίον διάγειν· εἶναι δ᾽ ἔφασαν [10] ἐμοὶ καὶ κίνδυνον, μὴ τὰ βέλτιστα συμβουλεύων μισόδημος εἶναι δόξω καὶ τὴν πόλιν ζητεῖν εἰς ὀλιγαρχίαν ἐμβαλεῖν.

κδʹ. Ἐγὼ δ᾽, εἰ μὲν περὶ [11] πραγμάτων ἀγνοουμένων καὶ

[1] εὐεργεσίαις A. L. [2] ὠφελείαις C. L. A. qui ante παρὰ ponit. [3] ῥᾳθυμιῶν A. C. L. [4] καὶ περὶ A. C. [5] οὖν om. A. C. [6] τότε A. C. L. [7] ἐπεξιόντος A. C. L. [8] με A. C. L. [9] γε om. A. C. L. [10] μοι A. C. L. [11] πραγμάτων περὶ A. C. L.

rum infelix genus. Vide Kusterum ad Aristoph. Plut. v. 596. Latini etiam hoc imitati sunt. Lactantius Div. Instit. V. 8. "ut habentium pia collatio non habentibus subveniret." Addantur Eurip. Alcest. 58. Aristot. Rhet. II. 16. 4. Virgil. Georg. II. 499. et vid. quoque Marklandus ad Lysiam pro Mantith. §. δʹ. Wetsten. in N. T. V. I. p. 400. Grævius ad Cicer. ad Div. VII. 29. Valcken. ad Herod. VI. 22. IDEM.

Τοὺς δὲ νεωτέρους — ἐπιμελείαις] Vid. supra §. ιζʹ. IDEM.

Τοὺς δὲ πολιτευομένους — ἀδικοῦντας] Cff. §. θʹ. et ιηʹ. IDEM.

Τοὺς ἀδικοῦντας] Αὐτοὺς ἀδικ. conjicit Coraes. IDEM.

Τοὺς δὲ πρεσβ. — θεραπείαις] Cff. item §. θʹ. et ιηʹ. Xenoph. Mem. II. 1. 33. οἱ γεραίτεροι ταῖς τῶν νέων τιμαῖς ἀγγάλλονται. IDEM.

Ἤδη δέ τινες ἀκούσαντες μου, κ. τ. λ.] Alios h. l. loquentes inducit Isocrates se et laudantes et difficultatem quandam sibi objicientes, quibus ipse deinde respondet. Eadem arte sæpius utitur, in Paneg. p. 61. D. ad Phil. p. 85. E. et sq. Panath. p. 275. A. 280. C. 281. C. sqq. de Permut. §. κϛʹ. * ηʹ. — Ἐπαινεῖν et μακαρίζειν distinguit Isocrates. Veteres illud ad fortunam, hoc ad virtutem referunt. Vid. Cl. Wyttenbachius Bibl. Crit. P. IX. p. 54. sq. ubi typographi errore bieco locus ex Archidamo, non ex Areopagitico laudatur. IDEM.

[1] μὴ κοινῶν τοὺς λόγους ἐποιούμην, καὶ περὶ τούτων ἐκέλευον ὑμᾶς ἑλέσθαι συνέδρους ἢ συγγραφέας, δι' ὧν ὁ δῆμος κατε- d

1. καινῶν A. C. L.

Καὶ περὶ τούτων — τὸ πρότερον] Illustranda hæc sunt ex historia conversionis Athenarum tempore Quadringentorum: quam refert Thucydides VIII. et ex eo Harpocration v. συγγραφεῖς. Referunt quoque Diod. Sic. XIII. 36. Justinus V. 3. Taylorus in vita Lysiæ Or. Gr. 115. Ruhnkenius Diss. de Antiphonte C. II. Opusc. p. 235—240. Summa rei hæc est: Alcibiades exsul reditum in patriam sibi parare studebat. Eo consilio agit cum Atheniensium ducibus, qui cum classe apud Samum commorabantur, iisque multa pollicitus significat velle se in patriam redire, ea conditione ut populare imperium in oligarchiam convertatur: cujus cum et ipsi cupidi essent, quanquam primum repugnante Phrynicho, legatus mittitur Athenas cum aliis Pisander, qui rem cum populo communicet. Quo simul ac pervenisset, populumque edocuisset in uno Alcibiadis reditu positam esse salutem civitatis, populi decreto eligitur cum novem collegis ad rem peragendam. Decem illi Athenis profecti ad Tissaphernem et Alcibiadem, postquam frustra cum iis egissent, Samum se conferunt: et cum Atheniensium ducibus ibi degentibus ipsi, nulla amplius Alcibiadis ratione habita, consilium capiunt paucorum imperii constituendi. Mox decem eo consilio dimittuntur, quinque ad insulas et subjectas civitates, quinque, in quibus Pisander, Athenas. Hi rem jam fere a sociis peractam, et popularem reip. formam dissolutam reperiunt. Hac rerum conditione statim reliqua perficere aggrediuntur. Primum, convocata populi concione, sententiam dicunt: δέκα ἄνδρας ἑλέσθαι ξυγγραφέας αὐτοκράτορας· τούτους δὲ ξυγγράψαντας γνώμην ἐσενεγκεῖν ἐς τὸν δῆμον ἐς ἡμέραν ῥητὴν, καθ' ὅ, τι ἄριστα ἡ πόλις οἰκήσεται. Postea, ubi dies ille advenisset, iterum convocata concione, nihil aliud in medium referunt isti ξυγγραφεῖς, quam *licere unicuique civi, quam velit, sententiam dicere*. Tum palam omnes sententiam dicunt, veteres magistratus esse abrogandos, eorumque loco eligendos quinque viros, dictos προέδρους, hos centum eligere, et horum centum unumquemque sibi tres alios adsciscere; omnes, quadringentos numero, curiam (τὸ βουλευτήριον) ingressos, ἄρχειν ὅπη ἂν ἄριστα γινώσκωσιν αὐτοκράτορας. Vid. Thucydides VIII. 47—49. 53. 54. 56. 63—68. Constituti sunt isti CCCC septimo anno ante XXX tyrannos et per IV menses reipublicæ præfuerunt, docente Wesselingio ad Simsoni Chron. p. 777. Jam nulla alia difficultas superest, quam quod Isocrates memoret συνέδρους ἢ συγγραφέας, Thucydides nullam συνέδρων mentionem facere videatur. Thucydideis repugnant quæ addit iis Harpocr. ἦσαν δὲ οἱ μὲν πάντες συγγραφεῖς τριάκοντα οἱ τότε αἱρεθέντες καθὰ φησὶν Ἀνδροτίων τε καὶ ὁ Φιλόχορος, ἑκάτερος ἐν τῇ Ἀτθίδι· quare ipse subjicit: ὁ δὲ Θουκυδίδης τῶν δέκα ἐμνημόνευσε μόνον τῶν προβούλων. Προβούλους nunc vocat, quos Thucydides ξυγγραφεῖς dixit; et revera non alii erant quam πρόβουλοι, quippe nulla decernendi auctoritate præditi, tantummodo quoddam, ut ita dicam, προβούλευμα de civitate ordinanda ad populum referre debebant. Valesius p. 71. Harpocrationem confundere docet ξυγγραφεῖς, quorum meminit Thucydides, qui priores ante CCCC electi sunt, cum XXX illis συγγραφεῦσι, quorum meminisse Androtionem dicit, aliosque: nam XXX illos συγγραφεῖς eos esse qui postea XXX tyranni evaserint, cumque ξυγγραφεῖς τῶν νόμων electi essent, nullam tamen legem tulerint, teste Xenophonte L. II. Porro Etymologi errorem notat, tradentis eosdem decem συγγραφεῖς dictos etiam fuisse καταλογεῖς, laudato Suida in καταλογεύς. Quod si ita sit, cum eo erravit, qui eadem fere habet, Grammaticus Bekkeri V. I. p. 301. et 270. Sed, quod majoris momenti est, e Suida et aliunde ostendit, decem illis alios additos esse XX προβούλους, quorum qui fiat ut nulla apud Thucydidem mentio reperiatur, equidem statuere non possum: sed hinc forte ista apud Harpocrat. προβούλων appellatio repetenda. Quidquid hujus sit, non multum ex his omnibus profecimus ad intelligendum, quinam fuerint isti σύνεδροι Isocratis. Neque enim hac appellatione designari aut eos, quos Thucydides προέδρους, aut quos Suidas aliique προβούλους memorant, verisimile est: apud Isocratem vero συνέδρους in προέδρους mutare, temerarium sit. D'Arnaud De Diis Paredris C. VIII. p. 41. suspicatur Isocratem scripsisse συνέδρους ἢ συγγραφέας, *decem scribas, collegas*. Sagaciter quidem ille et ingeniose. Sed si teneatur ista *collegæ* notio, uti omnino tenendam esse ipsa vocabuli vis et usus docent: sic enim Demosth. de Cor. §. ναʹ. συνέδρους τῶν Ἀμφικτυόνων dixit; et sic vocabantur qui a sociis Legati cum Atheniensibus de re communi deliberabant, ap. Isocr. de Pace p. 165. A. quo pertinet glossa Grammatici Bekkeriani V. I. p.

λύθη τὸ πρότερον, εἰκότως ἂν [1]εἶχον τὴν αἰτίαν ταύτην.
νῦν δ' οὐδὲν εἴρηκα τοιοῦτον, ἀλλὰ διείλεγμαι περὶ διοικήσεως οὐκ ἀποκεκρυμμένης ἀλλὰ [2]πᾶσι φανερᾶς, ἣν [3]πάν-
τες ἴστε καὶ [4]πατρίαν ἡμῖν οὖσαν καὶ πλείστων ἀγαθῶν
καὶ τῇ πόλει καὶ τοῖς ἄλλοις Ἕλλησιν αἰτίαν γεγενημένην,
πρὸς δὲ τούτοις ὑπὸ τοιούτων ἀνδρῶν νομοθετηθεῖσαν καὶ
e καταστᾶθεῖσαν, οὓς οὐδεὶς ὅστις οὐκ ἂν ὁμολογήσειε, δημο-
τικωτάτους γεγενῆσθαι τῶν πολιτῶν. ὥστε πάντων ἂν μοι
συμβαίη δεινότατον, εἰ τοιαύτην πολιτείαν εἰσηγούμενος
νεωτέρων δόξαιμι πραγμάτων ἐπιθυμεῖν. ἔπειτα κἀκεῖθεν
ῥᾴδιον γνῶναι τὴν ἐμὴν [5]διάνοιαν· ἐν γὰρ τοῖς πλείστοις τῶν 150
152 λόγων τῶν εἰρημένων ὑπ' ἐμοῦ φανήσομαι ταῖς μὲν ὀλιγαρχίαις καὶ [6]ταῖς πλεονεξίαις ἐπιτιμῶν, τὰς δ' ἰσότητας καὶ
τὰς δημοκρατίας ἐπαινῶν, οὐ πάσας, ἀλλὰ τὰς καλῶς

[1] ἔσχον A. C. L. [2] πᾶσι om. A. C. L. [3] ἅπαντες A. C. L.
[4] πάτριον A. C. L. [5] τὴν διάνοιαν διαγνῶναι τὴν ἐμήν A. C. L. [6] ταῖς om. A. C. L.

302. Σύνεδροι· οἱ ἀπὸ τῶν συμμάχων μετὰ τῶν Ἀθηναίων βουλευόμενοι περὶ τῶν πραγμάτων: si igitur teneatur ista *collegæ* significatio, equidem sine ulla mutatione Isocratem explicari posse puto, quem non crediderim id sibi proposuisse, ut historicorum diligentia *decem scribarum* mentionem faceret. Videtur utroque vocabulo unos eosdemque significavisse: primum scripsisse συνέδρους, *collegas:* quod cum esset vagum nec satis definitum, quo melius sua mens intelligeretur, addidit ἢ συγγραφέας, ut *ipsa* horum collegarum *appellatione* addita, nulla dubitandi causa relinqueretur. Ab Isocratis oratione ejusmodi tautologia, si tamen est tautologia, non abhorret: alioquin possit quis suspicari, voces ἢ συγγραφέας esse glossam, quæ interpretandi causa margini adscripta, in textum irrepserit; sed ea quidem suspicio non satis certa ratione niti videtur.—Atque hic huic jam nimis longæ annotationi finis imponendus esset, nisi de Harpocrationis loco aliqua mihi suspicio orta esset. Initium ejus sic se habet· Συγγραφεῖς· Ἰσοκράτης Ἀρεοπαγιτικῷ. εἰθισμένον ἦν παρ' Ἀθηναίοις ὁπότε δέοι πλῆθός τι αἱρεῖσθαι, ὥσπερ εἰς ῥητὴν ἡμέραν εἰσέφερε γνώμας εἰς τὸν δῆμον. Sequi eum Thucydidem, cujus verba supra attulimus, ultima illa manifestum faciunt: et mox ex eo totam rem subjicit. Sed corrupta ejus esse verba, facile apparet: nam si quæras, quid esset εἰθισμένον παρ' Ἀθηναίοις, nihil ex iis elici potest. Fortasse aliquid excidit: fortasse etiam vestigia Thucydidea secutis legere nobis licet: εἰθισμένον ἦν παρ' Ἀθηναίοις, ὁπότε δέοι πολιτείας, τινὰς αἱρεῖσθαι (vel αἱρεῖσθαί τινας), οἵπερ εἰς ῥητὴν ἡμέραν εἰσέφερον γνώμας εἰς τὸν δῆμον. Hoc certe dicere voluit. Cæterum Thucydidis meminit quoque Thomas Mag. v. συγγραφεύς, ad quem docta de variis ejus vocis significationibus est Sallierii animadversio p. 813. Idem.

Οὐκ ἀποκεκρυμμένης] H. e. οὐκ ἀγνοουμένης ex anteced. Idem.

Ἣν πάντες ἴστε — τῶν πολιτῶν] Vid. supra initio §. ϛ'. ibique annotata. Dictionem οὐδεὶς ὅστις οὐκ, quæ occurrit et §. sq. et Archid. p. 117. C. præter Hoogeveenium ad Vigerum p. 27. attigit Cl. Wyttenbachius Bibl. Crit. P. X. p. 93. et ad Platonis Phædonem p. 331. Idem.

Εἰσηγούμενος] H. e. *inducere volens, studens*, uti subinde verbis actionem significantibus inest voluntatis agendi notio, de qua constructione vid. Morus ad Paneg. §. λα'. et cf. Wyttenb. l. c. p. 185. Εἰσηγεῖσθαι est *alicujus rei auctorem esse, suadere aliquam rem*, αἴτιον εἶναί τινος. Thucyd. III. 20. εἰσηγησαμένων τὴν πεῖραν αὐτοῖς, Θεαινέτου τε τοῦ Τιμίδου, ἀνδρὸς μάντεως, καὶ Εὐμολπίδου τοῦ Δαϊμάχου. mox de iisdem dicit: ἡγοῦντο δὲ οἵπερ καὶ τῆς πείρας αἴτιοι ἦσαν. Hinc εἰσηγητής, *suasor, auctor, inventor:* de quo obiter monuit Cl. Reuvens Coll. Liter. p. 75. sq. Idem.

καθεστηκυίας, οὐδ' ὡς [1] ἔτυχον, ἀλλὰ δικαίως καὶ [2] λογονεχόντως. οἶδα γὰρ τούς τε προγόνους τοὺς ἡμετέρους [3] ἐν ταύτῃ τῇ καταστάσει πολὺ τῶν ἄλλων διενεγκόντας, καὶ Λακεδαιμονίους διὰ τοῦτο κάλλιστα πολιτευομένους, ὅτι

[1] ἐτύγχανον A. C. L. [2] γουνεχόντως A. C. L. [3] ἐν om. A. C. L.

Οὐδ' ὡς ἐτύγχανον] Recte Coraes: 'εἰκῆ καὶ ἀλογίστως, καὶ ὅπως ἐπήρχετό μοι.' Panath. p. 238. A. dicit εἰκῆ καὶ φορτικῶς καὶ χύδην ὅ, τι ἂν ἐπέλθῃ λέγειν. Similis est formula ὡς ἔτυχε. Cf. Royaards Diatr. l. p. 17. Non spernenda hæc Wolfii Annotatio: 'Est callide admodum usus h. l. Nam cum videri velit, etiam præsentem corruptamque Democratiam Oligarchiæ præferre: veterem tamen illam, quæ sincera fuit, commendat. Sic et populi offensionem cavet, et tamen id quod vult consequitur.' IDEM.

Καὶ Λακεδαιμονίους κ. τ. λ. — ἰσχύουσας] In priore loci parte Wolfii versionem: *et Lacedæmoniorum ob hoc maxime rempublicam scio florere, quod populari statu maxime utuntur:* sic correxit Stephanus Diatr. Isocr. V. *Lacedæmonios ideo pulcherrimam politeiam habere, quod omnium maxime democratia utuntur.* Conveniunt hæc e Panath. 270. C. Lacedæmonios παρὰ σφίσι μὲν αὐτοῖς ἰσονομίαν καταστῆσαι, καὶ δημοκρατίαν τοιαύτην, οἵανπερ χρὴ τοὺς μέλλοντας ἅπαντα τὸν χρόνον ὁμονοήσειν. Contrarium legitur in Nicocle p. 31. D. ἔτι δὲ Καρχηδονίους καὶ Λακεδαιμονίους, τοὺς ἄριστα τῶν Ἑλλήνων πολιτευομένους (cf. hujus loci emendatio a Cl. Wyttenbachio proposita Bibl. Crit. P. X. p. 8.), οἴκοι μὲν ὀλιγαρχουμένους, παρὰ δὲ τὸν πόλεμον βασιλευομένους. E qua repugnantia Stephanus Diatr. Isocr. II. quamvis minus recte, argumentum petiit ad eam quoque Orationem Isocrati abjudicandam. Mixta fuit Spartanæ Reip. forma e populari et optimatium imperio, accedente regio nomine, magis quam potestate. Significat ipse Isocrates in Panath. p. 265. A. agens de institutis Lycurgi τήν τε δημοκρατίαν καταστήσαντος παρ' αὐτοῖς, τὴν ἀριστοκρατίᾳ μεμιγμένην, ἥπερ ἦν παρ' ἡμῖν· καὶ τὰς ἀρχὰς οὐ κληρωτὰς ἀλλ' αἱρετὰς ποιήσαντος καὶ τὴν τῶν γερόντων αἵρεσιν, τῶν ἐπιστατούντων ἅπασι τοῖς πράγμασι, μετὰ τοσαύτης σπουδῆς ποιεῖσθαι νομοθετήσαντος, μεθ' ὅσησπέρ φασι καὶ τοὺς ἡμετέρους περὶ τῶν εἰς Ἄρειον πάγον ἀναβήσεσθαι μελλόντων· ἔτι δὲ καὶ τὴν δύναμιν αὐτοῖς περιθέντος τὴν αὐτήν, ἥνπερ ᾔδει καὶ τὴν βουλὴν ἔχουσαν τὴν παρ' ἡμῖν. Quod ait, Lycurgum Atheniensium rempubl. imitatum esse, fortasse majorem patriæ, quam veritatis, amorem spirat: sed apparet, quod diximus, mixtam fuisse civitatis formam. Hinc pro consilii varietate vel democratia vel oligarchia haberi poterat, notante Aristotele Polit. IV. 9. ὅπερ (inquit) συμβαίνει περὶ τὴν Λακεδαιμονίων πολιτείαν. πολλοὶ γὰρ ἐγχειροῦσι λέγειν ὡς δημοκρατίας οὔσης, διὰ τὸ δημοκρατικὰ πολλὰ τὴν τάξιν ἔχειν· οἷον, πρῶτον τὸ περὶ τὴν τροφὴν τῶν παίδων· ὁμοίως γὰρ οἱ τῶν πλουσίων τρέφονται τοῖς τῶν πενήτων, καὶ παιδεύονται τὸν τρόπον τοῦτον, ὃν ἂν δύναιντο καὶ τῶν πενήτων οἱ παῖδες· ὁμοίως δὲ καὶ ἐπὶ τῆς ἐχομένης ἡλικίας, καὶ ὅταν ἄνδρες γένωνται, τὸν αὐτὸν τρόπον· οὐδὲν γὰρ ἄδηλος ὁ πλούσιος καὶ ὁ πένης. οὕτω τὰ περὶ τὴν τροφὴν ταὐτὰ πᾶσιν ἐν τοῖς συσσιτίοις· καὶ τὴν ἐσθῆτα οἱ πλούσιοι τοιαύτην, οἵαν ἄν τις παρασκευάσαι δύναιτο καὶ τῶν πενήτων ὁστισοῦν. ἔτι τῷ δύο τὰς μεγίστας ἀρχὰς, τὴν μὲν αἱρεῖσθαι τὸν δῆμον, τῆς δὲ μετέχειν· τοὺς μὲν γὰρ γέροντας αἱροῦνται, τῆς δ' ἐφορείας μετέχουσιν. οἱ δ' ὀλιγαρχίαν, διὰ τὸ πολλὰ ἔχειν ὀλιγαρχικά· οἷον, τὸ πάσας αἱρετὰς εἶναι καὶ μηδεμίαν κληρωτήν· ἀλλ' ὀλίγους εἶναι κυρίους θανάτου καὶ φυγῆς, καὶ ἄλλα τοιαῦτα πολλά. Locum, quamvis longiorem, adscribere operæ pretium duximus, utpote qui Isocrateo nostro fere commentarii instar est. Ab universe enim dicta sententia, *Lacedæmonios ideo optima reip. forma uti quia maxime populari utuntur*, ad singulas partes transit, aitque et *in magistratuum electione*, ἐν τῇ τῶν ἀρχῶν αἱρέσει, et *in vita quotidiana*, τῷ βίῳ τῷ καθ' ἡμέραν, et *in reliquis rebus*, τοῖς ἄλλοις ἐπιτηδεύμασι, *magis apud eos æqualitatem et similitudinem valere, quam apud alios.* Ad primum quod attinet, sive τὴν τῶν ἀρχῶν αἵρεσιν, missis Regibus constanter ex eadem Proclis et Eurysthenis gente creari solitis, Reip. moderandæ præerat Senatus Seniorum, qui γερουσία dicebatur, constabatque viginti et octo viris, qui sexagesimum ætatis annum consecuti per totam vitam omni reprehensione vacaverant: horum autem electio penes populum erat, ut præter Aristotelem l. c. diserte testatur Plutarchus in Lycurgo p. 55. D. — 56. A. Postea constituti sunt Ephori, quorum potestati subessent reges: cf. Nepos in Pausan. C. III. Et in his quidem creandis magis etiam apparuit imperii popularis studium, si quidem, ut ait idem Aristoteles Polit. II. 7. hi magistratus, rerum maximarum domini, omnes

b μάλιστα δημοκρατούμενοι τυγχάνουσιν. ἐν γὰρ τῇ τῶν ἀρχῶν αἱρέσει καὶ τῷ βίῳ τῷ καθ' ἡμέραν καὶ τοῖς ἄλλοις [1]ἐπιτηδεύμασιν ἴδοιμεν ἂν παρ' αὐτοῖς τὰς ἰσότητας καὶ τὰς ὁμοιότητας μᾶλλον ἢ παρὰ τοῖς ἄλλοις ἰσχυούσας· [2]οἷς αἱ μὲν ὀλιγαρχίαι πολεμοῦσιν, οἱ δὲ καλῶς δημοκρατούμενοι χρώμενοι διατελοῦσι.

κε'. Τῶν τοίνυν ἄλλων πόλεων ταῖς ἐπιφανεστάταις καὶ
c [3]μεγίσταις, ἣν ἐξετάζειν βουληθῶμεν, εὑρήσομεν τὰς δημοκρατίας μᾶλλον ἢ τὰς ὀλιγαρχίας συμφερούσας· ἐπεὶ καὶ τὴν ἡμετέραν πολιτείαν, ᾗ πάντες ἐπιτιμῶσιν, ἢν παραβάλωμεν [4]αὐτὴν μὴ πρὸς τὴν ὑπ' ἐμοῦ ῥηθεῖσαν, ἀλλὰ πρὸς τὴν [5]ὑπὸ τῶν Τριάκοντα καταστᾶσαν, [6]οὐδεὶς ὅστις οὐκ ἂν θεοποίητον εἶναι νομίσειεν.

κϛ'. Βούλομαι δ', εἰ καί [7]τινές με φήσουσιν ἔξω τῆς

[1] τοῖς ἐπιτ. A. L. [2] αἷς A. L. [3] μεγάλαις A. C. L. [4] ταύτην C. [5] ἐπὶ A. C. L. [6] οὐθεὶς L. [7] τί A. C. L.

(erant autem quinque) e populo legebantur, ita ut sæpius pauperrimi ad illud munus pervenirent. De aliis, νομοφύλαξι, ἐμπελώροις, ἁρμοσταῖς, pauciora constant. *Vitæ quotidianæ*, τοῦ βίου τοῦ καθ' ἡμέραν, *æqualitas* ante omnia cernebatur in φειδιτίων seu συσσιτίων instituto, quæ erant convivia publica, quibus cives Spartani quotidie, ad quindecim plerumque una congregati, cibi capiundi causa aderant, habita maxima temperantiæ et frugalitatis ratione. Præter Aristotelem locis citatis, classica sunt loca Plutarchi in Lycurgo p. 45. B — D. et 46. B — F. Vid. et Meursius Miscell. Lac. I. 9. 10. Ad τὰ ἄλλα ἐπιτηδεύματα in primis referenda est liberorum institutio, qui civitatis potius quam parentum esse existimabantur, indeque a septimo ætatis anno omnes, nullo excepto, ne regiis quidem, cujuscunque generis et conditionis essent, domum paternam relinquere, publico loco una degere, eodem vestitu cultuque, iisdemque studiis et exercitiis, quibus unicuique civi interesse, eosque pro arbitrio interrogare, vituperare, laudare licebat, uti cogebantur. Aristoteli l. c. addatur Plutarchus p. 50. A. — 54. D. Referri etiam possunt, quæ matrimonium spectant, cui omnes adstrictos esse voluit Legislator, cujusque consilium non ita in vitæ suavitate et commodo statuit, sed ut esset, unde patriæ cives et defensores nascerentur. Vid. p. 48. C. — 49. D. Universe Lycurgi consilium fuit, ut nulla esset civium inter cives differentia, cujus maximo in eo indicium est quod agrum integrum civitatis esse et æqualiter inter cives distribui voluit, teste Plutarcho p. 42. A — C. Late de his omnibus aliisque exposuit Manso in Opere Germanico præstantissimo, quod inscribitur Sparta, Vol. I. P. I. p. 88. et sqq. 109. et sqq. 145. et sqq. 156. et sqq. 242. et sqq. et alibi passim. De agrorum illa distributione, liberorum educatione, syssitiis et vestitu Spartanorum peculiariter egit P. II. p. 129. et sqq. 156. et sqq. 188. et sqq. Idem.

Ἧ πάντες ἐπιτιμῶσιν] Supra §. ε'. dixerat: ἐπὶ μὲν τῶν δικαστηρίων τῶν καθεστηκότων κατηγοροῦμεν, καὶ λέγομεν ὡς οὐδέποτε ἐν δημοκρατίᾳ κάκιον ἐπολιτεύθημεν. Idem.

Ἔξω τῆς ὑποθέσεως] Nam id tantum Isocrates sibi proposuerat, ut laudatione Reip. formæ Solonis et Clisthenis ætate receptæ conscribenda ad eam revocandam cives adhortaretur. Vid. §. ε'. et ϛ'. Itaque hæc comparatio præsentis administrationis cum Imperio XXX. tyrannorum erat aliquid extra ejus ὑπόθεσιν, h. e. ad argumentum, quod sibi tractandum sumpserat, non pertinens. Ὑπόθεσις apud Rhetores et Oratores significat orationis *argumentum, consilium oratoris in dicendo*, ad Phil. p. 84. C. 110. B. Hel. p. 208. A. Formula ἔξω τῆς ὑποθέσεως λέγειν vel χρῆσθαι τοῖς λόγοις occurrit item Panath. p. 247. E. 266. D. Eodemque sensu πόῤῥω γίγνεσθαι τῆς ὑποθέσεως p. 250. E. et infra §. λγ'. ἀποπλανᾶσθαι ἀπὸ τῆς ὑποθέσεως. Idem.

ὑποθέσεως λέγειν, δηλῶσαι καὶ διελθεῖν ὅσον αὕτη τῆς τότε
[1]διήνεγκεν, ἵνα μηδεὶς οἴηταί με τὰ μὲν ἁμαρτήματα τοῦ d
δήμου λίαν ἀκριβῶς ἐξετάζειν, εἰ δέ τι καλὸν ἢ σεμνὸν διαπέπρακται, ταῦτα [2]δὲ [3]παραλείπειν. ἔσται δ᾽ ὁ λόγος
οὔτε μακρὸς οὔτ᾽ ἀνωφελὴς τοῖς ἀκούουσιν.

κζ΄. Ἐπειδὴ γὰρ τὰς ναῦς τὰς περὶ [4]Ἑλλήσποντον
ἀπωλέσαμεν καὶ ταῖς [5]συμφοραῖς ἐκείναις ἡ πόλις περιέπεσε, τίς οὐκ οἶδε τῶν πρεσβυτέρων τοὺς μὲν δημοτικοὺς
καλουμένους ἑτοίμους ὄντας ὁτιοῦν πάσχειν ὑπὲρ τοῦ μὴ
ποιεῖν τὸ προσταττόμενον, καὶ δεινὸν ἡγουμένους εἴ τις ὄψε- e
ται τὴν πόλιν τὴν τῶν Ἑλλήνων ἄρξασαν [6]ταύτην ὑφ᾽ ἑτέ-

[1] διέστηκεν A. C. L. [2] δὲ om. A. C. L. [3] παραλιπεῖν A. C. L.
[4] τὸν Ἑλλ. A. C. L. [5] ἀτυχίαις A. C. L. [6] ταύτην om. A. C. L.

Ἐπειδὴ γὰρ τὰς ναῦς — περιέπεσε] Significatur clades qua Lysander Atheniensium classem devicit ad Ægospotamos prope Hellespontum, de qua scripserunt Xenophon Hist. Gr. II. p. 456. D. — 457. B. Diodorus Sic. XIII. 106. Nepos in Lysandro, 1. in Alcib. 8. alii. Ab eo interitu classis in Hellesponto Oratores exordium sumunt dicendi de Rep. ad XXX viros translata, quod, laudato nostro loco aliisque Lysiæ, animadvertit Taylorus in hujus Vita Or. Gr. R. Vol. VI. p. 123. in nota. Præterea illud notandum, plerumque eos, nulla Ægospotami mentione facta, simpliciter de Clade ad Hellespontum loqui. Utriusque usus exempla quædam afferamus. Exordium dicendi ab ista clade ducunt Isocrates adv. Callim. p. 382. B. ὅτε γὰρ ἡ πόλις ἀπώλεσε τὰς ναῦς ἐν Ἑλλησπόντῳ καὶ τῆς δυνάμεως ἐστερήθη. Andocides de Myst. §. κϛ΄. ἐπεὶ γὰρ αἱ νῆες διεφθάρησαν καὶ ἡ πολιορκία ἐγένετο. Lysias in Nicom. §. γ΄. ἐπειδὴ γὰρ, ἀπολομένων τῶν νεῶν, ἡ μετάστασις ἐπράττετο. Or. Funebr. §. ιϛ΄. ἀπολλυμένων γὰρ τῶν νεῶν ἐν Ἑλλησπόντῳ, εἴτε ἡγεμόνος κακίᾳ, εἴτε θεῶν διανοίᾳ, καὶ συμφορᾶς ἐκείνης μεγίστης γενομένης καὶ ἡμῖν τοῖς δυστυχήσασι καὶ τοῖς ἄλλοις Ἕλλησι. Adv. Eratosth. §. θ΄. ἐπειδὴ δὲ ἡ ναυμαχία καὶ ἡ συμφορὰ τῇ πόλει ἐγένετο. Adv. Agoratum §. β΄. ἐπειδὴ γὰρ αἱ νῆες αἱ ὑμέτεραι διεφθάρησαν κ. τ. λ. Hellesponti præterea mentio fit apud Andoc. de Pace §. δ΄. ἡνίκα ἀπωλέσαμεν τὰς ναῦς ἐν Ἑλλησπόντῳ καὶ τειχήρεις ἐγενόμεθα. apud Lysiam pro bonis Aristoph. §. γ΄. ὅτε ἡ ναυμαχία ἐγένετο ἐν Ἑλλησπόντῳ. Pro Mantith. §. β΄. dicitur ἡ ἐν Ἑλλησπόντῳ συμφορά. Similiter apud Aristid. Panath. p. 67. E. ἡ ναυμαχία καθ᾽ Ἑλλήσποντον, et Lacedæmonii qui ibi pugnarunt p. 72. B. vocantur οἱ ἐν Ἑλλησπόντῳ Λακεδαιμονίων. Ita quoque Isocrati dicitur ἡ ναυμαχία ἡ περὶ Ἑλλήσποντον, ad Phil. p. 94. D. ἡ ἀτυχία ἡ ἐν Ἑλλησπόντῳ γενομένη, Panath. p. 253. C. ἡ ἐν Ἑλλησπόντῳ γενομένη ἀτυχία, Paneg. p. 65. C. Eandem significat de Pace p. 176. B. τὸ δὲ τελευταῖον ἐν Ἑλλησπόντῳ διακοσίας, scil. τριήρεις, ἀπωλέσαμεν. Atque ita a Lysia De Publ. Niciæ bonis §. ϛ΄. et Apol. δωροδοκίας §. ϛ΄. vocatur ἡ τελευταία ναυμαχία. Cæterum locus Lysiæ laudatus ex Or. Funebr. si cùm nostro comparetur, patet ταῖς ἀτυχίαις ἐκείναις cum emphasi accipiendum esse, *magnis illis calamitatibus*, h. e. obsidioni et tyrannidi XXX virorum eam cladem consecutæ, quæ similiter a Lysia in Philon. §. β΄. κατ᾽ ἐξοχὴν dicitur ἡ συμφορά. Idem.

Τίς οὐκ οἶδε τῶν πρεσβυτέρων] Nam calamitas illa acciderat trigesimo secundo circiter Isocratis anno: itaque qui cum eo senes erant, illorum temporum recordari poterant. Mox ipse: καὶ μὲν δὴ καὶ τάδε τίς οὐ μνημονεύει τῶν ἡλικιωτῶν τῶν ἐμῶν; Idem.

Τοὺς μὲν δημοτικοὺς — ὑφ᾽ ἑτέροις οὖσαν] Nam quum Lacedæmonii pacem obtulissent ea conditione ut longi muri decem stadiorum spatio ab utraque Piræei parte diruerentur, et Archestratus quidam eam accipere suaderet, in vinculis conjectus est, factumque decretum, ne de his suadere liceret, idque eo quidem tempore, quo urbs gravissima fame laborabat. Vid. Xenoph. Hist. Gr. II. p. 495. C. et D. Cf. quoque Lysias De Niciæ bonis publ. §. ϛ΄. et adv. Agoratum §. ϛ΄. Idem.

ροις οὖσαν [1][καὶ τούτους μὲν ἐκσπόνδους γενομένους], τοὺς
δὲ τῆς ὀλιγαρχίας ἐπιθυμήσαντας ἑτοίμως καὶ τὰ τείχη 151
καθαιροῦντας καὶ τὴν δουλείαν ὑπομένοντας; καὶ τότε μὲν,
153 ὅτε τὸ πλῆθος κύριον ἦν τῶν πραγμάτων, ἡμᾶς τὰς τῶν
ἄλλων ἀκροπόλεις φρουροῦντας, ἐπειδὴ δ' οἱ Τριάκοντα παρέλαβον τὴν πολιτείαν, τοὺς πολεμίους τὴν ἡμετέραν ἔχοντας; καὶ κατὰ μὲν ἐκεῖνον τὸν χρόνον δεσπότας ἡμῶν ὄντας
Λακεδαιμονίους, ἐπειδὴ δ' οἱ φεύγοντες κατελθόντες πολεμεῖν ὑπὲρ τῆς ἐλευθερίας ἐτόλμησαν καὶ Κόνων ναυμαχῶν
ἐνίκησε, πρέσβεις ἐλθόντας παρ' αὐτῶν καὶ διδόντας τῇ
πόλει τὴν ἀρχὴν [2]τὴν τῆς θαλάττης; καὶ μὲν δὴ καὶ τάδε
b τίς οὐ μνημονεύει τῶν ἡλικιωτῶν τῶν ἐμῶν, τὴν μὲν [3]δημο-

[1] uncos om. A. C. L. [2] τὴν om. A. C. L. [3] γὰρ δημοκρ. A. L.

Ἐκσπόνδους γενομένους] Μὴ κοινωνοῦντας ὧν ἐσπείσαντο οἱ ὀλιγαρχικοὶ πρὸς τοὺς Λακεδαιμονίους σπονδῶν, interpretatur Coraes. Sed hac de re nihil Xenophon. IDEM.

Ἑτοίμως καὶ τὰ τείχη καθαιροῦντας] Imo ad tibiæ cantum, ὑπ' αὐλῆς, ut ait Xenoph. p. 400. E. Cf. et Diodor. Sic. XIV. 3. Lysias adv. Erastosth. §. ια'. fraude Theramenis dirutos esse muros docet, eum opponens Themistocli, qui eas invitis Lacedæmoniis ædificaverat. Ut h. l. sic etiam adv. Lochitem p. 397. C. Isocrates Oligarchiæ fautoribus rem tribuit. IDEM.

Καὶ τότε μὲν — ἔχοντας] Idem brevius dixit de Pace p. 177. G. de Atheniensibus: ἀντὶ μὲν γὰρ τοῦ φρουρεῖν τὰς τῶν ἄλλων ἀκροπόλεις τῆς αὑτῶν ἐπεῖδον τοὺς πολεμίους κυρίους γενομένους. Item de Permut. p. 345. B. ἐπείδομεν — ὅλην τὴν πόλιν περὶ ἀνδραποδισμοῦ κινδυνεύσασαν — καὶ τὴν ἀκρόπολιν τοὺς πολεμίους οἰκήσαντας. Rogantibus XXX. missa sunt Athenas Lacedæmoniorum præsidia cum præfecto Callibio. Vid. Xenoph. p. 462. D. E. Hos Lacedæmoniorum ἐπικούρους fuisse, qui arcem occupaverint, diserte docet Lysias adv. Eratosth. §. ιε'. idemque adv. Agoratum §. ι'. dicit: Λακεδαιμόνιοι τὴν ἀκρόπολιν ὑμῶν εἶχον. IDEM.

Ἐπειδὴ δὲ οἱ τριάκοντα] Jam transit ad imperium XXX. tyrannorum, et Athenas in libertatem restitutas, quam historiæ Græcæ partem peculiariter persecutus est Taylorus in Vita Lysiæ Or. Gr. Vol. VI. p. 130—140. Et multi veteres historici, oratores, alii, ejus meminerunt: quorum loca ille collegit p. 130. in nota. Xenophontis Hellen. II. locum retulit etiam Cl. Wyttenbachius in Sel. Princ. Hist. p. 202—224. egregia annotatione auctum p. 400. sqq. Nos ea suo loco attingemus, quæ ad Isocratem illustrandum faciunt. IDEM.

Ἐπειδὴ δ' οἱ φεύγοντες — ἐτόλμησαν] Duce Thrasybulo, uti ex Nepote et aliunde notum est. IDEM.

Καὶ Κόνων ναυμαχῶν — τῆς θαλάττης] Decem annis postea locum habuit pugna navalis ad Cnidum, de qua supra diximus §. ε'. quamque Xenophon obiter tantum attingens nullam fecit Legationis istius mentionem. IDEM.

Τὴν μὲν δημοκρατίαν — ἁπάντων] Primum adscribatur locus fere similis ex Or. de Perm. §. κς' * κ'. ubi hæc omnia a Pericle repetuntur: τὸ δὲ τελευταῖον Περικλῆς καὶ δημαγωγὸς ὢν ἀγαθὸς καὶ ῥήτωρ ἄριστος, οὕτως ἐκόσμησε τὴν πόλιν καὶ τοῖς ἱεροῖς, καὶ τοῖς ἀναθήμασι, καὶ τοῖς ἄλλοις ἅπασιν, ὥστ' ἔτι καὶ νῦν τοὺς εἰσαφικνουμένους εἰς αὐτὴν νομίζειν μὴ μόνον ἄρχειν ἀξίαν εἶναι τῶν Ἑλλήνων, ἀλλὰ καὶ τῶν ἄλλων ἁπάντων. Jam duo hic animadvertenda: primum, κοσμήσασαν dictum esse pro κοσμῆσαι vel κεκοσμηκέναι, participium pro infinitivo, quod frequens esse jam ostenderunt Vigerus et Hoogev. de Idiot. p. 338. et Abreschius Dilucid. Thucyd. p. 151. laudatos Wyttenbachio ad Platonis Phædonem p. 170. qui plures variosque ejus rationis usus ad Plutarchum sese notavisse ait. Hoc quidem loco minus perspicue nobis apparere videbatur, ideoque notavimus. Cæterum in tota hac Orationis parte idem tenendum. Alterum, τοὺς ἀφικνουμένους simpliciter positum nihil aliud significare quam τοὺς ξένους, quod præter l. l. ex Or. de Perm. luce clarius docent hæc ad Nicocl. p. 19. B. ἅπασι

κρατίαν οὕτω κοσμήσασαν τὴν πόλιν καὶ τοῖς ἱεροῖς καὶ τοῖς ὁσίοις, ὥστ' ἔτι καὶ νῦν τοὺς ἀφικνουμένους νομίζειν

μὲν τοῖς ξένοις ἀσφαλῆ τὴν πόλιν παρέσχε, καὶ πρὸς τὰ συμβόλαια νόμιμον· περὶ πλείστου δὲ ποιοῦ τῶν ἀφικνουμένων μὴ τοὺς σοὶ δωρεὰς εἰσάγοντας, ἀλλὰ τοὺς παρὰ σοῦ λαμβάνειν ἀξιοῦντας. Eadem voce utitur in Paneg. p. 49. E. qui locus insignis est de multitudine hospitum Athenas ad πανηγύρεις adventantium. Cf. etiam Aristides Panath. p. 7. A. et 84. B. qui habet compositum εἰσαφικνουμένους. De Perm. p. 106. §. κς'. * ιθ'. τοὺς ξένους τοὺς ἀφικνουμένους dixit Isocrates. Demosth. pro Cor. §. νθ'. τοὺς εἰς τὴν πόλιν ἀνθρώπους ἀφικνουμένους. Verum hæc facilia. Superest multo difficilior quæstio de verbis τοῖς ἱεροῖς καὶ ταῖς θυσίαις, sintne ita legenda, an pro ταῖς θυσίαις reponendum τοῖς ὁσίοις, et quomodo explicanda. Harpocrationis locus, cujus auctoritate nititur posterior lectio, sic se habet: "Οσιον. Ὑπερίδης ἐν τῷ πρὸς Ἀριστογείτονα φησί· Καὶ τὰ χρήματα τά τε ἱερὰ καὶ τὰ ὅσια. ὅ, τε Ἰσοκράτης Ἀρεοπαγιτικῷ· Καὶ τοῖς ἱεροῖς καὶ τοῖς ὁσίοις. Ὅτι δὲ τὰ ὅσια δημόσια δηλοῖ, Δημοσθένης ἐν τῷ κατὰ Τιμοκράτους σαφῶς διδάσκει περὶ τούτων· Καὶ τὰ μὲν ἱερὰ, τὰς δεκάτας τῆς θεοῦ, καὶ τὰς πεντηκοστὰς τῶν ἄλλων θεῶν σεσυληκότες. καὶ μετ' ὀλίγα· Τὰ δὲ ὅσια ἃ ἐγένετο ἡμέτερα κεκλοφότες. Δίδυμος δὲ διχῶς, φησὶν, ἔλεγον τὸ ὅσιον· τό, τε ἱερὸν καὶ τὸ ἰδιωτικόν. Unde sua sumpsit Suidas in voce. Probaruntque istud τοῖς ὁσίοις, præter Isocratis Editores, Augerium, Langium et Coraem, Valckenaerius ad Herodotum VI. 9. Segaarius in Actis Lit. Trag. T. I. p. 83. Sluiterus Lectt. Andoc. p. 273. qui haud scio an minus recte huc retulerit Stephanum in Diatr. Isocr. VII. Quæ enim hic de Harpocrationis loco scripsit p. 50. paucissima sunt, eaque, e quibus quid senserit non facile appareat; in textu autem Isocrateo ταῖς θυσίαις reliquit. Quod si ab Isocrate non profectum est, mendum sit oportet omnibus Codicibus MSS. quotquot adhuc collati sunt, antiquius: omnes enim et codices et Editiones Veteres id tuentur: quibus omnibus sane ætate longe superior Harpocration, facile tamen memoriter citans labi potuit; ut, nisi sua sese bonitate lectio commendet, sola ejus auctoritas non sufficere videatur. Jam si legas τοῖς ἱεροῖς καὶ τοῖς ὁσίοις, subintelligendum est οἰκοδομήμασι, quæ nonnunquam apud veteres per ἱερὰ et ὅσια, *sacra* et *profana*, designari, Valckenaerius monet, quamvis nullo exemplo allato, eosdemque hic laudari vult, quos sæpe laudat Demosthenes, qui Athenarum urbem templis exornaverant, aliisque publicis ædificiis, veluti Olynth. III. §. θ'. δημόσια μὲν τοίνυν οἰκοδομήματα, καὶ κάλλη τοιαῦτα καὶ τοσαῦτα κατεσκεύασαν ἡμῖν ἱερῶν. alibi: posterius quidem recte, si verba allata ex Or. de Perm. conferas: ut sensus sit *democratiam illam ita ornasse urbem ædificiis cum sacris*, h. e. deorum templis, *tum publicis*, ut, cæt. Universe ὅσια veteres dixerunt τὰ δημόσια, τὰ μὴ θεῖα, eademque ratione τοῖς ἱεροῖς opposuerunt, ac τὰ βέβηλα τοῖς ἀβεβήλοις. Sic sæpissime distinguuntur χρήματα ἱερὰ καὶ ὅσια, *pecuniæ sacræ*, quas movere nefas est, et *publicæ*, *profanæ*, quibus uti licet in civitatis commodum. Vid. Sluiterus l. c. ab eoque laudatus Valcken. ad Ammon. Animadvss. L. III. C. VI. p. 184. et ipse Ammonius in v. ὅσιον. Cf. item Valesius ad Harpocr. p. 58. et Gramm. Bekkeri Vol. I. p. 288. Huc pertinent loca ab Harpocratione laudata, Hyperidis in Oratione deperdita adv. Aristogitonem, et Demosthenis adv. Timocr. §. λ'. item §. δ'. κθ'. alia complura. Cf. Pollux VIII. 105. Ἱερὰ καὶ ὅσια διοίκησις dicebatur *administratio expensarum in rebus sacris et publicis*. Vid. Böckh. de Œcon. Civ. Athen. Vol. I. p. 181. Similiter τὰ ἱερὰ καὶ ὅσια, scil. πράγματα, *res sacræ et profanæ*, distinguuntur in Lege, cujus meminit Isæus de Philoctemonis hæred. §. ι'. νόθῳ μηδὲ νόθῃ εἶναι ἀγχιστείαν μήθ' ἱερῶν μήθ' ὁσίων, item de Astyph. hæred. §. δ'. Lycurgus adv. Leocr. §. ιη'. ὑπὲρ ὁσίων καὶ ἱερῶν ἀμύνειν dixit; Latine dicas *pro aris ac focis decertare*; eodem forte sensu idem §. λζ'. τῇ πατρίδι βοηθεῖν καὶ τοῖς ἱεροῖς καὶ τοῖς νόμοις. Cf. item Demosth. adv. Aristocr. §. ιε'. Sed apud Isocratem κοσμεῖν τὴν πόλιν τοῖς ἱεροῖς καὶ τοῖς ὁσίοις non aliter quam de *ædificiis* intelligi potest: quod num Harpocrationi, verba inter duo loca, quibus *pecuniæ sacræ et publicæ* significarentur, collocanti, perspectum fuerit, equidem dubito, nec vanam suspicionem censeo ipsum Isocratis librum ob oculos ei non fuisse. Contra, si τοῖς ἱεροῖς καὶ ταῖς θυσίαις legatur, illud de *deorum templis* erit accipiendum, hoc de *sacrificiis publicis*, præsertim iis, quæ tempore festorum et solennium conventuum (πανηγύρεων) peragi solebant, cum ludis ac spectaculis conjuncta: de quorum pulcritudine et splendore, hospitumque advenientium multitudine classicus est locus Panegyrici p. 49. B.—50. B. Sæpius autem eo sensu ἱερὰ et θυσίαι conjunguntur. Insignia sunt loca Platonis Alcib. II. p. 148. E. de Atheniensibus: οἳ πλείστας μὲν

αὐτὴν ἀξίαν εἶναι μὴ μόνον τῶν Ἑλλήνων ἄρχειν ἀλλὰ καὶ τῶν ἄλλων ἁπάντων, τοὺς δὲ Τριάκοντα τῶν μὲν ἀμελήσαντας, [1]τὰ δὲ συλήσαντας, τοὺς δὲ νεωσοίκους ἐπὶ καθ-

[1] τοὺς C.

θυσίας καὶ καλλίστας τῶν Ἑλλήνων ἄγομεν, ἀναθήμασί τε κεκοσμήκαμεν τὰ ἱερὰ αὐτῶν, ὡς οὐδένες ἄλλοι. Plutarchi in Pericle p. 162. D. de decreto eo auctore facto, e Græcis civitatibus omnibus advocandos esse, et in conventum Athenas mittendos, qui deliberent περὶ τῶν Ἑλληνικῶν ἱερῶν, ἃ κατέπρησαν οἱ βάρβαροι, καὶ τῶν θυσιῶν, ἃς ὀφείλουσιν ὑπὲρ τῆς Ἑλλάδος εὐξάμενοι τοῖς θεοῖς. Xenophontis de Athen. Rep. II. 9. θυσίας δὲ καὶ ἱερὰ, καὶ ἑορτὰς, καὶ τεμένη, γνοὺς ὁ δῆμος ὅτι οὐχ οἷόν τέ ἐστιν ἑκάστῳ τῶν πενήτων θύειν, καὶ εὐωχεῖσθαι, καὶ κτᾶσθαι ἱερὰ, καὶ πόλιν οἰκεῖν καλὴν καὶ μεγάλην, ἐξεῦρεν ὅτῳ τρόπῳ ἔσται ταῦτα. Æschinis adv. Ctesiph. §. ν'. ἱερὰ μὲν ἱδρύσατο Παυσανίου, εἰς αἰτίαν δὲ εὐαγγελίων θυσίας τὴν βουλὴν κατέστησε ποιῆσαι. Alia significatione ita conjunguntur, ut ἱερὰ universe *sacra, ritus sacri* dicantur. Apud Xenophontem Hellen. II. p. 474. C. pugna commissa exsulum cum XXX. viris, Cleocritus præco sic exsules alloquitur: Ἄνδρες πολῖται, τί ἡμᾶς ἐξελαύνετε; τί ἀποκτεῖναι βούλεσθε; ἡμεῖς γὰρ ὑμᾶς κακὸν μὲν οὐδεπώποτε ἐποιήσαμεν, μετεσχήκαμεν δὲ ὑμῖν καὶ ἱερῶν τῶν σεμνοτάτων, καὶ θυσιῶν, καὶ ἑορτῶν τῶν καλλίστων. Plutarchus in Sol. p. 92. B. referens de legibus Solonis ligneis axibus, quæ κύρβεις dicerentur, inscriptis, subjicit: ἔνιοι δέ φασιν ἰδίως, ἐν οἷς ἱερὰ καὶ θυσίαι περιέχονται, κύρβεις, h. e. *quibus leges de sacris et sacrificiis continentur.* Sed hoc quidem loco ἱερὰ de *templis* potius accipienda esse, suadet locus supra laudatus ex Orat. de Perm. §. κϛ'. * κ'. quo, quod ad lectionis varietatem attinet, parum cæteroquin lucis oritur. Nos vulgarem ταῖς θυσίαις ejus generis esse putavimus, ut in textu servari posset: verane sit nec ne firmiter pronunciare non audemus. Pergimus ergo ad sequentia arcte cum his conjuncta. IDEM.

Τοὺς δὲ τριάκοντα τῶν μὲν ἀμελήσαντας, τοὺς δὲ συλήσαντας] Quæritur quorsum referenda sint τῶν μὲν et τοὺς δέ. Si ταῖς θυσίαις in antecedentibus legatur, optime, præeunte Wolfio in Ann. subintelligitur θυσιῶν: *triginta tyrannos vero sacrificia publica neglexisse.* Si τοῖς ὁσίοις *ædificiis publicis, profanis*, non æque aptum videtur verbum ἀμελεῖν, nisi eo sensu ut *nullam eorum curam habuerint*, iisque quasi *manum detraxerint.* Sed τοὺς δὲ quorsum pertinet? 'Neque ad ἱερὰ (inquit idem V. D.) neque ad θυσίας referri potest: fortassis omissum est πολίτας ἢ θεοὺς aut certe ea vox subintelligitur, nisi forte sit μνημονικὸν ἁμάρτημα, ut Isocrates respexerit non ad ἱερὰ sed ad ναούς.' Similia sunt quæ scripsit in Castig., nisi quod ibi ad τῶν μὲν ἀμ. supplet τῶν θυσιῶν καὶ ἱερῶν. Verbum συλᾶν optime deorum templis convenit. Vid. Paneg. p. 60. D. et 73. B. Qua propter Segaarius Op. l. p. 94. notavit, forte quem genuinum putare τὰ, vel et post τοὺς δὲ excidisse νεὼς, ob sequens τοὺς δὲ νεωσοίκους. 'Videtur tamen mihi (sic pergit) jam in Isocrate hic potius quædam incogitantia, tanquam si scripsisset ante τοῖς ναοῖς, locum habere; cujus plura apud optimos utriusque linguæ scriptores reperiuntur exempla. Vid. Hemsterh. ad Lucian. T. I. p. 400. et quos ibi laudat.' Idemque p. 104. τὰ ab Augerio receptum esse notat, incertum ex ingenione an ex Codd. cum nihil hic notatum sit. Recepit item τὰ δὲ Langius. Coraes servat τοὺς δὲ, esse putans σχῆμα πρὸς τὸ σημαινόμενον, uti apud Thucyd. II. 47. νόσος — λεγόμενον. Mihi dubium nullum est, quin quacunque tandem velis ratione, ad τοῖς ἱεροῖς referendum sit: nec improbabilis videtur lectio τὰ δὲ, quæ ob sequens τοὺς δὲ νεωσοίκους, ipsa facile in τοὺς δὲ abire potuit: noluimus tamen in textum admittere. IDEM.

Τοὺς δὲ νεωσοίκους — χιλίων ταλάντων] Rem ex Isocrate refert Meursius de Fortuna Ath. C. VII. Ejus etiam meminit Lysias adv. Eratosth. §. ιϛ'. ὑπέρ τε τῶν νεωρίων ἃ καθεῖλον. et adv. Agoratum §. ι'. Itaque videntur οἱ νεώσοικοι et τὰ νεώρια promiscue dicta esse. Posteriore vocabulo utitur Isocrates de Pace p. 179. B. τὰς δὲ τριήρεις ἐκ τῶν νεωρίων ἐξελκύσαντες. Distincte tamen recenset Pollux IX. 28. ubi cf. Hemsterh. Distinxit etiam Gramm. Bekkeri V. I. p. 282. Νεώσοικοι καταγώγια ἐπὶ τῆς θαλάττης ᾠκοδομημένα εἰς ὑποδοχὴν τῶν νεῶν, ὅτε μὴ θαλαττεύοιεν· τὰ νεώρια δὲ ἡ τῶν ὅλων περιβολή. qui fere convenit cum Etymologo, nisi quod hic habeat τῶν ὅρων. Illud fortasse rectius, si quidem Demosthenes loco classico περὶ συμμοριῶν §. ζ'. ait, τοὺς στρατηγοὺς δεῖν διανεῖμαι τόπους δέκα τῶν νεωρίων, σκεψαμένους, ὅπως ὡς ἐγγύτατ' ἀλλήλων κατὰ τριάκοντ' ὦσι νεώσοικοι, quos porro *triginta triremibus* inservire debere ait. Ergo νεώσοικοι *ædificia erant singulis triremibus destinata:* νεώρια, *omnium* νεωσοίκων *ambitus.* Cf. etiam Har-

αιρέσει τριῶν ταλάντων [1]ἀποδομένους, εἰς οὓς ἡ πόλις [2]ἀνή-
λωσεν οὐκ ἐλάττω χιλίων ταλάντων; ἀλλὰ μὴν οὐδὲ τὴν c
πραότητα δικαίως ἄν τις ἐπαινέσειε τὴν ἐκείνων μᾶλλον ἢ
τὴν [3]τοῦ δήμου. οἱ μὲν γὰρ ψηφίσμασι παραλαβόντες τὴν
πόλιν πεντακοσίους μὲν καὶ χιλίους τῶν πολιτῶν ἀκρίτους
ἀπέκτειναν, εἰς δὲ τὸν Πειραιᾶ [4]φυγεῖν [5]πλείους ἢ πεντακισχιλίους ἠνάγκασαν· οἱ δὲ κρατήσαντες καὶ μεθ' ὅπλων

[1] ἀποδιδομένους A. L. [2] ἀνάλωσεν C. [3] τῆς δημοκρατίας A. C. L. [4] φεύγειν A. C. L. [5] πλείονας A. L.

pocration, et ad eum Valesius p. 54. Antiquissima Atheniensium navalia ante Xerxis tempora erant in portu Phalero, teste Herodoto VI. 116. postea a Themistocle in Piræeum translata sunt. Vid. Mearsius in Piræeo Cap. X. et III. Locus, ubi ejusmodi navalia erant, dicebatur ἐπίνειον. Cf. Schol. Thucyd. ad I. 30. II. 84. Et videntur fuisse loca tecta: certe Xenoph. Hist. Gr. IV. p. 523. E. memorat τὰ τέγη τῶν νεωσοίκων, quanquam ibi de Atheniensium navalibus non loquitur. Idem.

Οἱ μὲν γὰρ ψηφίσματι παραλαβόντες τὴν πόλιν] Quo scilicet statutum erat ut Senatum reliquosque magistratus constituerent, et leges conscriberent, secundum quas Resp. administraretur. Posterius neglexerunt: prius ex amicis fecerunt. Vid. Xenoph. p. 461. 462. Diod. Sic. XIV. 4. Idem.

Πεντακοσίους μὲν καὶ χιλίους τῶν π. ἀ. ἀ.] Idem refert adv. Lochitem p. 397. D. In Paneg. §. λβ'. plures tribus mensibus indicta causa ab iis interfectos esse refert, quam civitas per universum imperii tempus condemnasset: ubi cf. Morus. Rem narrant etiam Æschines de Falsa leg. §. κδ'. contra Ctesiph. §. ϛ'. Heraclides de Polit. p. 2. Diog. Laert. in Zenone p. 437. Ed. Casaub. habet χιλίους καὶ τετρακοσίους, quem librarii errorem esse censet Coraes ad h. l. Non addito numero refert Lysias adv. Eratosth. p. §. ε'. ιε'. Pro Aristoph. bonis §. β'. ita interemptos ait Nicophemum et Aristophanem. In primis eos interfecere qui virtute et divitiis eminebant, unde Isocrates Amart. p. 402. A. ait eo tempore δεινότερον fuisse πλουτεῖν ἢ ἀδικεῖν. Cf. Lysias Pro Niciæ bonis §. η'. Fictam moderationem consecuta est tanta crudelitas: qua de re egregia sunt loca Sallustii de bello Cat. C. 51. et Diod. Sic. XIV. 4. ubi cf. Wessel. De nostro loco, uti et universe de historia XXX. virorum, pauca quædam dedit Hemsterh. ad Schol. Aristoph. in Plut. p. 440. et sq. — Ἄκριτος Harpocr. interpretatur ἀδιάκριτος, ad quem cf. Vales. p. 5. Quinam vere dici possint ἄκριτοι, Lysias eleganter docet adv. Epicr. §. β'. Idem.

Εἰς δὲ τὸν Πειραιᾶ φυγεῖν πλείονας ἢ πεντακισχιλίους ἠνάγκασαν] 'Metu (inquit Wolfius) ne et ipsi per injuriam occiderentur.' Recte: sic enim ἀναγκάζειν h. l. intelligendum: *crudelitate sua effecerunt ut in Piræeum confugere cogerentur quinque millia hominum.* Eodemque modo accipiendum apud Diodorum Siculum XIV. 32. μετῴκισαν αὐτοὺς εἰς τὸν Πειραιέα. *effecerunt ut in Piræeum habitatum concederent.* Quid porro de illis factum sit, Xenophon docet L. II. p. 470. D. φευγόντων δὲ ἐς τὸν Πειραιᾶ, καὶ ἐντεῦθεν πολλοὺς ἄγοντες, ἐνέπλησαν καὶ τὰ Μέγαρα καὶ τὰς Θήβας τῶν ὑποχωρούντων. Eos qui in Piræeum aufugerent, eo consilio ut inde navibus elaberentur, persequentes XXX. tyranni, *fecerunt ut Thebæ et Megara replerentur exsulibus.* Vid. Cl. Wyttenbachii Annotatio p. 406. Cæterum numerum exsulum nusquam alibi me traditum invenire memini. Idem.

Οἱ δὲ κρατήσαντες — τῶν κατελθόντων] Οἱ δὲ sunt *exsules*, qui partim in Piræeum, partim in alia loca, Megaram, Thebas, aufugerant. Hi κρατήσαντες, *victoria potiti* (ausi enim erant duce Thrasybulo κατελθόντες πολεμεῖν ὑπὲρ τῆς ἐλευθερίας, ut supra dixit), καὶ μεθ' ὅπλων μετιόντες, *et armis persecuti*, hostes, triginta tyrannos eorumque copias, ut non opus sit Wolfii conjectura κατιόντες, *redeuntes ab exsilio:* victoria enim accepta eos hostes persecutos esse, diserte Xenophon refert p. 471. C. et 474. B. αὐτοὺς τοὺς αἰτιωτάτους τῶν κακῶν ἀνελόντες, *sublatis non nisi qui maxime malorum auctores fuerant.* Critia et Hippomacho e triginta, Charmide e decem præfectis Piræei prælio cæsis (Vid. Xenoph. l. c.), tandem Pausaniæ quoque opera res eo deducta est, ut pax restitueretur, et unusquisque, *exceptis triginta tyrannis, et Undecimviris, et decem Piræei præfectis*, ad sua abiret: nec ita multo post jurejurando se obstrinxerunt, ἦ μὴν μὴ μνησικακήσειν, *injuriarum non amplius me-*

d [1]κατιόντες αὐτοὺς τοὺς αἰτιωτάτους τῶν κακῶν ἀνελόντες,
οὕτω τὰ πρὸς [2]τοὺς [3]ἄλλους καλῶς καὶ νομίμως διῴκησαν,
ὥςτε μηδὲν ἔλαττον ἔχειν τοὺς ἐκβαλόντας τῶν κατελθόντων.

κή. Ὃ δὲ πάντων κάλλιστον καὶ μέγιστον [4]τεκμή-
ριον τῆς ἐπιεικείας τοῦ δήμου· δανεισαμένων γὰρ τῶν ἐν
ἄστει μεινάντων ἑκατὸν τάλαντα παρὰ Λακεδαιμονίων εἰς
τὴν πολιορκίαν τῶν τὸν Πειραιᾶ [5]κατασχόντων, ἐκκλησίας
γενομένης περὶ ἀποδόσεως τῶν χρημάτων, καὶ λεγόντων
πολλῶν ὡς δίκαιόν ἐστι διαλύειν τὰ πρὸς [6]Λακεδαιμονίους
e μὴ τοὺς πολιορκουμένους ἀλλὰ τοὺς δανεισαμένους, ἔδοξε
τῷ δήμῳ κοινὴν ποιήσασθαι τὴν ἀπόδοσιν. καὶ γάρ τοι διὰ 152
ταύτην τὴν γνώμην εἰς τοιαύτην ἡμᾶς ὁμόνοιαν κατέστησαν
καὶ τοσοῦτον ἐπιδοῦναι τὴν πόλιν ἐποίησαν, ὥςτε Λακεδαι-
154 μονίους, τοὺς ἐπὶ τῆς ὀλιγαρχίας ὀλίγου δεῖν καθ' ἑκάστην [7]τὴν ἡμέραν ἡμῖν προστάττοντας, ἐλθεῖν ἐπὶ τῆς δημοκρατίας ἱκετεύσοντας καὶ δεησομένους μὴ περιιδεῖν
[8]αὐτοὺς ἀναστάτους [9][ὑπὸ Θηβαίων] γενομένους. τὸ δ'
οὖν κεφάλαιον τῆς ἑκατέρων διανοίας τοιοῦτον ἦν· οἱ μὲν
γὰρ ἠξίουν τῶν μὲν πολιτῶν ἄρχειν, τοῖς δὲ πολεμίοις δου-

[1] μετιόντες L. [2] τοὺς om. A. L. [3] ἀλλήλους L.
[4] τεκμήριον καὶ μέγιστον A. C. L. [5] κατεχόντων C. L. [6] τοὺς Λακ. A. C. L.
[7] τὴν om. A. C. L. [8] σφᾶς αὐτοὺς A. C. L. [9] uncos om. A. C. L.

mores fore. Res nota est e Xenophonte p. 478. C. et 479. B. Hoc significat Isocrates ultimis illis: οὕτω τὰ πρὸς ἀλλήλους καλῶς καὶ νομίμως διῴκησαν ὥστε μηδὲν ἔλαττον ἔχειν τοὺς ἐκβαλόντας τῶν κατελθόντων. In quibus temere lectionem πρὸς ἀλλήλους sollicitarunt Augerius, Langius et Coraes. Sensus enim est: *sic res inter se pulcre et legitime composuerunt*, nimirum, qui in urbe cum XXX. manserant (οἱ ἐκβαλόντες), et qui antea exsules armorum vi reditum sibi in patriam paraverant (οἱ κατελθόντες), *ut* cæt. Xenophon item l. c. habet. οἱ δὲ διήλλαξαν, ἐφ' ᾧ τε εἰρήνην μὲν ἔχειν ὡς πρὸς ἀλλήλους. Idem.

Δανεισαμένων γὰρ τῶν ἐν ἄστει μεινάντων ἑκατὸν τάλαντα κ. τ. λ.] Rei mentionem fecit etiam Xenophon p. 476. B. Lysias adv. Eratosth. §. ι'. Demosth. adv. Lept. §. ι'. p. 134. Οἱ τὸν Πειραιᾶ κατέχοντες, sunt *qui Piræeum tenebant*, partim ab initio tyrannidis eo profugi, partim qui aliunde reduces ductu Thrasybuli se cum illis conjunxerant. Vid Xenoph. l. c. et p. 472. C. et 475. B. Wolfii conjecturam κατασχόντων, *qui occupaverant*, contra omnium Codicum et Veterum Editionum fidem non recipiendam putavimus. Idem.

Διὰ ταύτην τὴν γνώμην] Recte Coraes: διὰ τὴν περὶ τῆς ἀποδόσεως ταύτην κρίσιν. Idem.

Ὥστε Λακεδαιμονίους — Θηβαίων γενομένους] Lacedæmoniis clade ad Leuctram afflictis, Thebani, facta irruptione in agrum Laconicum, Spartam ipsam obsederunt. Metu perculsi illi Legatos ad Athenienses miserunt, qui auxilia ab iis peterent. Rem narrat Xenophon. Hist. Gr. VI. p. 607. C. — 609. C. et significat etiam alibi Isocrates ad Phil. p. 91. A. de Pace p. 180. D. Idem.

Οἱ μὲν γὰρ ἠξίουν — ἔχειν] Οἱ μὲν sunt οἱ τῆς ὀλιγαρχίας ἐπιθυμήσαντες. — Οἱ δὲ, sunt οἱ δημοτικοὶ καλούμενοι uti supra dixerat §. κζ'. De re ipsa comparetur locus adv. Lochitem p. 397. C. αὐτοὶ γὰρ ἡμεῖς δὶς ἤδη τὴν δημοκρατίαν ἐπείδομεν καταλυθεῖσαν, καὶ δὶς τῆς ἐλευθερίας ἀπεστερήθημεν,

λεύειν, οἱ δὲ τῶν μὲν ἄλλων ἄρχειν, τοῖς δὲ πολίταις ἴσον ἔχειν.

κθ′. Ταῦτα δὲ διῆλθον δυοῖν [1]ἕνεκα, πρῶτον μὲν ἐμαυ- b
τὸν ἐπιδεῖξαι βουλόμενος οὐκ ὀλιγαρχιῶν οὐδὲ πλεονεξιῶν
ἀλλὰ δικαίας καὶ κοσμίας ἐπιθυμοῦντα πολιτείας, ἔπειτα
τὰς δημοκρατίας τάς τε κακῶς καθεστηκυίας ἐλαττόνων
συμφορῶν αἰτίας γιγνομένας, τάς τε καλῶς πολιτευομένας
προεχούσας τῷ δικαιοτέρας εἶναι καὶ κοινοτέρας καὶ τοῖς
χρωμένοις ἡδίους.

λ. Τάχ' οὖν ἄν [2]τις θαυμάσειεν, τί βουλόμενος ἀντὶ
τῆς πολιτείας τῆς οὕτω πολλὰ καὶ καλὰ διαπεπραγμένης c
ἑτέραν ὑμᾶς πείθω μεταλαβεῖν, καὶ τίνος ἕνεκα νῦν μὲν
οὕτω καλῶς ἐγκεκωμίακα τὴν δημοκρατίαν, ὅταν δὲ τύχω,
πάλιν μεταβαλὼν ἐπιτιμῶ καὶ κατηγορῶ τῶν [3]καθεστώτων;

λα′. Ἐγὼ δὲ καὶ τῶν ἰδιωτῶν τοὺς ὀλίγα μὲν κατορθοῦντας πολλὰ δ' ἐξαμαρτάνοντας μέμφομαι καὶ νομίζω
φαυλοτέρους εἶναι τοῦ δέοντος· καὶ πρός [4]γε τούτοις τοὺς
γεγονότας ἐκ καλῶν κἀγαθῶν ἀνδρῶν, καὶ μικρῷ μὲν ὄντας d
ἐπιεικεστέρους τῶν ὑπερβαλλόντων ταῖς πονηρίαις, πολὺ
δὲ χείρους τῶν [5]πατέρων, λοιδορῶ, καὶ συμβουλεύσαιμ' ἂν
αὐτοῖς παύσασθαι τοιούτοις οὖσι. τὴν αὐτὴν οὖν γνώμην [6]ἔχω καὶ περὶ τῶν κοινῶν· ἡγοῦμαι [7]γὰρ δεῖν

[1] ἕνεκεν A. C. L. [2] τινες θαυμάσειαν A. C. L. [3] καθεστηκότων A. C. L.
[4] τε A. L. [5] πατρῴων A. L. [6] ἔχων A. C. L.
[7] γὰρ om. A. C. L.

οὐχ ὑπὸ τῶν ταῖς ἄλλαις πονηρίαις ἐνόχων ὄντων, ἀλλὰ διὰ τοὺς καταφρονοῦντας καὶ βουλομένους τοῖς μὲν πολεμίοις δουλεύειν, τοὺς δὲ πολίτας ὑβρίζειν. Idem.

Ἐλαττόνων συμφορῶν] Comparativus pendet a subintellecto ἢ αἱ ὀλιγαρχίαι. Nam hoc est quod ex comparatione præsentis malæ democratiæ cum oligarchia triginta virorum efficere voluit. Idem.

Καὶ κοινοτέρας] H. e. κοινωφελεστέρας, *publicæ utiltati magis inservientes.* Eodem sensu occurrit ad Philipp. p. 84. C. ubi in margine notaverat Hemsterhusius, teste Segaario in Act. Traj. T. I. p. 105. Verba fortasse ideo omissa sunt quia non intelligebantur. Idem.

Τάχ' οὖν] *fortasse vero.* Grammaticus ap. Bekkerum An. Vol. I. p. 309. notavit. Τάχα· παρὰ τοῖς ποιηταῖς ἀντὶ τοῦ ταχέως, παρὰ δὲ τοῖς ῥήτορσι τὰ πολλὰ εὑρίσκεται ἀντὶ τοῦ ἴσως κειμένον; ἥκιστα δὲ παραλαμβάνεται ἐπὶ δισταγμοῦ. Plura et magis distincta habet Thomas Mag. p. 835. Idem.

Ὀλίγα μὲν κατορθοῦντας πολλὰ δ' ἐξαμαρτάνοντας] I. e. *pauca bene, multa male gerentes.* Sic eadem verba opponuntur ad Philipp. p. 89. B. πάντες πλείω πεφύκαμεν ἐξαμαρτάνειν ἢ κατορθοῦν. Eodemque fere sensu κατορθοῦν occurrit in Evag. p. 196. E. Frequentius tamen de *felici successu* usurpatur. Cf. Aristot. Rhet. I. 6. 41. 9. 58. Recte jam Wolfius annotavit: ‘Verbum κατορθοῦν et ad *animum* et ad *fortunam* refertur: κατόρθωμα aut *recte factum* est, aut *successus* et *res bene gesta.*’ Illa significatione philosophis usitata vox. Idem.

ἡμᾶς [1] οὐ μέγα φρονεῖν οὐδ᾽ ἀγαπᾷν, εἰ κακοδαιμονησάντων καὶ μανέντων ἀνθρώπων νομιμώτεροι γεγόναμεν, ἀλλὰ
πολὺ μᾶλλον ἀγανακτεῖν καὶ βαρέως φέρειν, εἰ χείρους 153
e τῶν προγόνων [2] τυγχάνοιμεν ὄντες· πρὸς γὰρ τὴν ἐκείνων
ἀρετὴν, ἀλλ᾽ οὐ πρὸς τὴν τῶν Τριάκοντα πονηρίαν, ἁμιλλητέον ἡμῖν ἐστὶν, ἄλλως τε καὶ προσῆκον ἡμῖν βελτίστοις
ἁπάντων ἀνθρώπων εἶναι.

155 λϛ'. Καὶ τοῦτον εἴρηκα τὸν λόγον οὐ νῦν πρῶτον, ἀλλὰ
πολλάκις ἤδη καὶ πρὸς πολλούς. ἐπίσταμαι γὰρ ἐν [3] μὲν

[1] μὴ μεγαλοφρονεῖν μηδ᾽ A. C. L. [2] τυγχάνομεν A. C. L. [3] μὲν om. A. C. L.

Εἰ κακοδαιμονησάντων καὶ μανέντων ἀνθρώπων νομ. γεγόν.] *si legibus melius pareamus quam furentes et insanientes homines.* Intelligendum de tyrannico furore, quo et XXX viri et omnes paucorum imperii fautores in leges violandas et miseros cives vexandos ferebantur. Sic etiam de Pace p. 181. B. mentio fit ἐπὶ τῶν τριάκοντα μανίας. et mox hoc ipso Cap. memorat τὴν τῶν τριάκοντα πονηρίαν. Verbum κακοδαιμονᾷν proprie *malo genio agitari*, vel significat *furere*, estque fere synonymum τοῦ μαίνεσθαι, ut h. l. et apud Xenophon. Mem. II. 1. 5. Aristoph. Plut. 372. ubi cf. Spanhemius; vel *adversa fortuna uti*, ita ut opponatur τῷ εὐδαιμονεῖν, quippe veteres δαίμονος nomine etiam *fortunam* intelligebant; ita certe hujus significationis rationem exposuit Moretus ad Cicer. Cat. I. Opp. T. II. p. 552. Eo sensu occurrit ap. Dinarchum adv. Demosth. §. ιζ'. εἰ μὲν οὖν ἔτι δεῖ τὴν πόλιν τῆς Δημοσθένους πονηρίας καὶ ἀτυχίας ἀπολαύειν, ἵνα πλέον κακοδαιμονῶμεν, *ut majoribus premamur cladibus* vertit interpres. Minus recte Stephanus in Thes. videtur distinxisse inter κακοδαιμονέω, *adversa fortuna uti*, et κακοδαιμονάω, *malo genio agitari*, si quidem illud Atticis non fuit in usu, auctore Thoma Magistro p. 491. ubi vid. annott. Nonnunquam plus esse quam μαίνεσθαι, ex Aristoph. Plut. 502. notat Coraes. IDEM.

Ἐπίσταμαι γὰρ ἐν μὲν τοῖς ἄλλοις τόποις — πρὸς ἀρετὴν διαφέροντας] Elegans comparatio, si qua est, sed ad cujus elegantiam penitus perspiciendam animadvertendum est τοῖς ἄλλοις τόποις, h. e. ταῖς ἄλλαις χώραις, *reliquis regionibus*, quæ feraces erant fructuum, arborum, animalium, Isocratem opponere τὴν ἡμετέραν χώραν, h. e. *Atticam*, cujus, quamvis melle et olivis abundaret, universe solum erat siccum et sterile, quod vel e Thucydide I. 2. notum multorum poetarum scriptorumque testimoniis confirmatur, quorum complura collegit Doct. Willetus ad Galeni Protrept. p. 92. Sensus itaque huc redit: Ut reliquæ regiones suos quæque fructus, arbores, animalia habent, sibi propria, atque a reliquarum regionum proventibus natura differentia; sic nostra regio, non illa quidem ita frugum ferax est, sed multo meliora et præstantiora profert, homines, eosque, qui non solum ad omnia agenda ac perficienda optima indole præditi sint, sed fortitudine et virtute reliquarum omnium regionum incolis antecellant. Elegantiam hujus loci in eodem argumento satis bene assecutus est Aristides in Panath. p. 11. A. B. Nec male Wolfius contulit Homeri de Ithaca dictum Od. I. 27. τρηχεῖ', ἀλλ' ἀγαθὴ κουροτρόφος. Quod autem ad illud attinet, unde comparatio desumpta est, aliis in terris alia crescere, de eo argumento egregie cecinit Virgilius Georg. I. 53—59.

"Hic segetes, illic veniunt felicius uvæ:
Arborei fœtus alibi, atque injussa virescunt
Gramina. Nonne vides, croceos ut Tmolus odores,
India mittit ebur, molles sua thura Sabæi?
At Chalybes nudi ferrum, virosaque Pontus
Castorea. Eliadum palmas Epiros equarum?
Continuo has leges æternaque fœdera certis
Imposuit natura locis."

Conf. etiam II. 116. et sqq. Nec minus egregia sunt hæc Themistii, diversitatem istam a Prometheo repetentis, Or. V. p. 122. ὁ δὲ (De Prometheo sermo est) αὐτὴν τὴν γῆν κατεποίκιλλε, καὶ διένεμεν ἑκάστῳ μέρει τὰ παρὰ τῶν θεῶν δεδομένα· νέμων δὲ, τὴν μὲν λητίων εὔπορον ἀπεργάζετο, τὴν δὲ ἀμπέλοις ἐκόσμει, τὴν δὲ τῷ κάρπῳ τῆς Ἀθη-

τοῖς ἄλλοις τόποις φύσεις ἐγγιγγνομένας καρπῶν καὶ δένδρων καὶ ζώων [1] ἰδίας ἐν ἑκάστοις καὶ πολὺ τῶν ἄλλων διαφερούσας, τὴν δ' ἡμετέραν χώραν ἄνδρας φέρειν [2] καὶ τρέφειν δυναμένην οὐ μόνον πρὸς τὰς τέχνας καὶ τὰς πράξεις [3] καὶ τοὺς λόγους εὐφυεστάτους, ἀλλὰ καὶ πρὸς ἀνδρίαν καὶ πρὸς ἀρετὴν [4] πολὺ διαφέροντας. τεκμαίρεσθαι δὲ δίκαιόν ἐστι b τοῖς τε παλαιοῖς ἀγῶσιν, οὓς ἐποιήσαντο πρὸς Ἀμαζόνας

1 ἰδέας A. 2 καὶ τρέφειν καὶ φέρειν A. C. L. 3 καὶ τοὺς λόγους om. A. C. L. 4 πολὺ om. A. C. L.

νᾶς, ἄλλην δὲ ἀκροδρύων πλήθεσιν. ἄλλην δὲ ὕλης εὐτροφίᾳ καθάπερ κόμῃ· καὶ τῇ μὲν χρυσὸν ἐγκατέσπειρε, τῇ δὲ χαλκὸν, τῇ δὲ ἄργυρον, τῇ δὲ ἄλλο τι τοιοῦτον, ἐπανισῶν ὅτι μάλιστα ἑκάστῳ μέρει τὸν κόσμον. IDEM.

Φύσεις ἐγγιγνομένας — διαφερούσας] Istud φύσεις καρπῶν καὶ δένδρων nihil aliud esse videtur quam periphrasis, pro καρποὺς καὶ δένδρα. Quem usum voeis φύσις apud Græcos, uti et *naturæ* apud Latinos, frequentem esse, compluribus exemplis ostendit Cl. Wyttenbachius ad Platonis Phædonem p. 232. e quibus unum hoc referamus, quod maxime ad rem præsentem facit, Dionis Chrys. Or. XXXV. p. 435. C. εἰσὶ δὲ λειμῶνες αὐτόθι πάγκαλοι, καὶ φύσις (uti pro φύσιν emendat. Wytt.) ἀνθῶν τε καὶ δένδρων. Quod sequitur ζώων ἰδέας, *animalium genera*, item eodem redit ac si dixisset ζῶα, et frequens ea significatione est vocabulum ἰδέα Isocrati. Panath. p. 259. E. ubi memorat τρεῖς ἰδέας τῶν πολιτειῶν. Hel. p. 210. E. de Perm. p. 319. C. Nec tamen puto temere scripsisse Wolfium in Ann. ad ista ἐν μὲν τοῖς ἄλλοις τόποις — ἐν ἑκάστοις. 'Durior constructio nec mendi suspicione vacat. Etsi hujusmodi sive trajectiones verborum, sive pleonasmi, passim apud bonos auctores occurrunt.' Inest enim et meo sensu nescio quid duri, ut si modo codicum auctoritas accederet, malim elegantem conjecturam Langii legentis ἰδίας, quæ certe universæ orationi melius convenire videtur: magis utique illa probanda quam, quod Coraes proposuit, servata lectione ἰδέας, in sequentibus legere κατὰ πολὺ διαφερούσας. Mihi aliquando in mentem venerat legendum esse φύσει ἐγγιγνομένας, κ. τ. λ. ita ut ἰδέας etiam ad καρπῶν καὶ δένδρων referretur: *natura*, h. e. propria cujusque regionis indole, *singulis inesse genera frugum et arborum et animalium, eaque multum a reliquis* (h. e. a reliquarum regionum frugibus) *diversa*. Sed possumus omni conjectura carere, dummodo, quod et in ipsa illa interpretatione feci, in verbis καὶ πολὺ τ. ἄ. δ. particula καὶ intensive accipiatur, ac si scriptum sit καὶ ταύτας, *et eas quidem*, sive *vel eas multum ab aliis diversas*. IDEM.

Τὴν δ' ἡμετέραν χώραν κ. τ. λ.] Eadem laus Atticæ tribuitur De Pace p. 346. ῥᾴδιόν ἐστι καταμαθεῖν καὶ τὴν χώραν ἡμῶν, ὅτι δύναται τρέφειν ἄνδρας ἀμείνους τῶν ἄλλων. De Italia idem cecinit Virgilius Georg. II. 168. et sqq. 'Est autem in his elegans gradatio: magnum est si qua regio excellentes viros, aliunde advenas, τρέφῃ, *nutriat, alat, foveat*, veluti *nutrix*, τροφός: majus etiam, si eos ipsa φέρῃ, *proferat*, si ipsa eorum quasi *mater* sit. Respicitur origo Atheniensium, qui sese αὐτόχθονας ferebant, habebantque ταύτην τὴν χώραν τροφὸν, ἐξ ἧσπερ ἔφυσαν, ut ait in Panath. p. 258. C. Classica hac de re loca sunt Paneg. §. γ'. ubi aliorum loca notavit Morus tum Thucydidis I. 2. Cf. etiam Aristides p. 6. A. Hinc apparet, quam egregie fallatur qui putet scribendum potius fuisse φέρειν καὶ τρέφειν cum tamen illud hoc antecedere debeat. IDEM.

Πρὸς τὰς τέχνας καὶ τὰς πράξεις εὐφυεστάτους] Πρὸς τὰς τέχνας εὐφυέστατοι dicuntur quoque Athenienses in Paneg. p. 47. B. e quo loco apparere videtur, intelligi eorum sagacitatem in inveniendis iis artibus quæ ad meliorem vitæ cultum ducunt. Nostro autem loco τέχναι et πράξεις ita distingui possunt, ut illud ad artium inventionem et cognitionem referatur, hoc ad earum usum in vitæ commodum; ut sensus sit: *eos optima indole præditos esse non tantum ad inveniendos et addiscendas artes, sed etiam ad eos in vitæ utilitatem exercendas, adhibendas*. IDEM.

Ἀλλὰ καὶ πρὸς ἀνδρίαν καὶ πρὸς ἀρετὴν διαφέροντας] Hac de re ita Lycurgus §. κ'. τοῦτο γὰρ ἔχει μέγιστον ἡ πόλις ἀγαθὸν, ὅτι τῶν μὲν καλῶν ἔργων παράδειγμα τοῖς Ἕλλησι γέγονε· ὅσον γὰρ τῷ χρόνῳ πασῶν ἐστὶν ἀρχαιοτάτη, τοσοῦτον οἱ πρόγονοι ἡμῶν τῶν ἄλλων ἀνθρώπων ἀρετῇ διενηνόχασιν. Quod deinceps probat ex historia Codri. IDEM.

Τοῖς τε παλαιοῖς ἀγῶσιν — ἠξιώθησαν] Similitudinis causa comparetur locus Xenophontis Mem. III. 5. §. 9. 10. ubi

καὶ Θρᾶκας καὶ Πελοποννησίους ἅπαντας, καὶ τοῖς κινδύνοις τοῖς περὶ τὰ Περσικὰ γενομένοις, ἐν οἷς καὶ μόνοι καὶ μετὰ Πελοποννησίων, καὶ πεζομαχοῦντες καὶ ναυμαχοῦντες, νικήσαντες τοὺς βαρβάρους ἀριστείων ἠξιώθησαν. ὧν οὐδὲν ἂν ἔπραξαν, εἰ μὴ πολὺ τὴν φύσιν διήνεγκαν.

λγʹ. Καὶ μηδεὶς οἰέσθω τὴν εὐλογίαν ταύτην προσήκειν
c ἡμῖν τοῖς νῦν πολιτευομένοις, ἀλλὰ πολὺ τοὐναντίον. εἰσὶ γὰρ οἱ τοιοῦτοι τῶν λόγων [1]ἔπαινος μὲν τῶν [2]ἀξίους σφᾶς αὐτοὺς τῆς τῶν προγόνων ἀρετῆς παρεχόντων, κατηγορία δὲ τῶν τὰς εὐγενείας ταῖς αὑτῶν ῥαθυμίαις καὶ κακίαις καταισχυνόντων. ὅπερ ἡμεῖς ποιοῦμεν· εἰρήσεται γὰρ τἀληθές· τοιαύτης [3]γὰρ ἡμῖν τῆς φύσεως ὑπαρχούσης οὐ διεφυλάξαμεν αὐτὴν, ἀλλ' ἐμπεπτώκαμεν εἰς [4]ἄνοιαν καὶ

[1] ἔπαινοι A. C. L. [2] ἀξίων A. [3] γὰρ ἡμῖν τῆς om. A. C. L. [4] ἄγνοιαν A. C. L.

eorundem omnium bellorum mentio fit. Breviter significamus bellum cum Amazonibus fuisse tempore Thesei, abreptæ Antiopes recuperandæ causa; cum Thracibus, quibus cum Eleusinii conjuncti erant, ætate Erechthei; cum omnibus Peloponnesiis, in Heraclidarum, qui Athenas supplices venerant, gratiam adversus Eurystheum regem gestum esse. Nam de rebus notissimis non est quod multa dicamus, præsertim cum frequentissima horum bellorum, uti et Persicorum, mentio sit; in Paneg. §. ιεʹ.—κζʹ. ubi cf. Morus. Panath. p. 242. D. — 243. B. 273. C. — 274. D. Archid. p. 124. C. ad Phil. p. 112. A. de Pace p. 166. E. et sq. Cf. Aristides in Panath. p. 23—51. De bello adversus Thraces suavissimus locus est Lycurgi adv. Leocr. §. κδʹ. et de pugna Marathonia ibid. §. κζʹ. Gloriari hisce fortibus factis solebant Athenienses. Cf. Herodotus IX. 27. Oratio Legatorum Atheniensium ap. Thucyd. I. 73. et sqq. item Periclis ibid. C. 144. Plura passim occurrunt. Idem.

Ἀριστείων ἠξιώθησαν] Vid. hac de re Morus ad Paneg. §. κʹ. Idem.

Καὶ μηδεὶς οἰέσθω τὴν εὐλογίαν ταύτην προσήκειν ἡμῖν] *nemo vero censeat, hanc laudationem, has laudes, convenire nobis,* i. e. *nos tantis laudibus dignos esse.* Minime vero: istis laudibus nostra potius reprohensio continetur, quippe qui a majorum virtute defecimus. Idem.

Τὰς εὐγενείας] Εὐγένεια in primis iis tribui solet, quorum majores bellica laude inclaruerunt, ignavia amittitur. Lesbonax Or. Hortat. §. γʹ. ὅστις μὲν γὰρ πρότερον δοκῶν εὐγενὴς, νῦν μὴ θελήσει διαμάχεσθαι, τήν τ' ἐκ τῶν προγόνων ὑπάρχουσαν εὐγένειαν ἀπολεῖ καὶ τοῖς παισὶ δυσμένειαν (f. l. δυσγένειαν) ἀπολείψει· ὅστις δὲ ἐν τῷ ἔργῳ ἀνὴρ ἀγαθὸς, τῶν τε προγόνων τὴν ἀρετὴν ἀναμνήσει, τοῖς τε παισὶν εὐγένειαν καταλείψει· τῶν γὰρ ἐν τοῖς δεινοῖς ἀνδρῶν ἀγαθῶν γενομένων οἱ παῖδες εὐγενεῖς νομίζονται. Idem.

Εἰρήσεται γὰρ τἀληθὲς] Eadem formula utitur Demosth. Or. adv. Philippi Ep. §. εʹ. ἡμεῖς δὲ (εἰρήσεται γὰρ τἀληθὲς) οὐδὲν ποιοῦντες ἔνθαδε καθήμεθα. Similes sunt complures aliæ Oratoribus usurpatæ. Andoc. de Pace §. δʹ. τὰ γὰρ ὄντα λέξω. Lysias in Simonem §. γʹ. ἅπαντα γὰρ δεῖ τἀληθῆ λέγειν. Adv. Andoc. §. ηʹ. et pro Mantith. §. ςʹ. τὰ γὰρ ἀληθῆ χρὴ λέγειν. Dinarch. contra Philocl. §. αʹ. εἰ δεῖ τἀληθῆ λέγειν (δεῖ δὲ). Contra Demosth. §. γʹ. εἰρήσεται γὰρ ἃ γιγνώσκω. Dionys. Hal. in Vita Isocr. p. 876. init. εἰ δὲ χρὴ τἀληθὲς εἰπεῖν. Idem.

Ἐμπεπτώκαμεν εἰς ἄγνοιαν καὶ ταραχὴν καὶ πον. πρ. ἐπ.] Ἄγνοιαν Wolfius interpretatur ἀκρισίαν τοῦ τε πρέποντος καὶ τοῦ συμφέροντος, *neque quid deceat, neque quid expediat vere judicamus.* Sic fere convenit cum ea quam §. δʹ. ἀναισθησίαν dixit. De Pace p. 182. B. ἃ γὰρ ἐπὶ τῶν ἄλλων ὁρᾶτε, ταῦτ' ἐφ' ὑμῶν ἀγνοεῖτε αὐτῶν. Ἄγνοια et ταραχὴ junguntur de Perm. §. κςʹ. * ζʹ. ἣν δ' ἀναλογίσησθε τὴν ἄγνοιαν, ὅσην ἔχομεν πάντες ἄνθρωποι, καὶ τοὺς φθόνους τοὺς ἐπιγιγνομένους ἡμῖν, ἔτι δὲ τὰς ταραχὰς καὶ τὴν τύρβην ἐν ᾗ ζῶμεν, κ. τ. λ. Sed præstat fortasse legere ἄνοιαν, quod conjecit Co-

ταραχὴν καὶ πονηρῶν πραγμάτων ἐπιθυμίαν. ἀλλὰ γὰρ ἢν [1] ἐπακολουθῶ τοῖς [2] ἐνοῦσιν [3] ἐπιτιμῆσαι καὶ κατηγο- d
ρῆσαι τῶν [4] ἐνεστώτων πραγμάτων, δέδοικα μὴ πόῤῥω λίαν τῆς ὑποθέσεως [5] ἀποπλανηθῶ.

λδʹ. Περὶ μὲν οὖν τούτων καὶ πρότερον εἰρήκαμεν, καὶ πάλιν ἐροῦμεν, ἢν μὴ πείσωμεν ὑμᾶς παύσασθαι τοιαῦτα ἐξαμαρτάνοντας· περὶ δ' ὧν ἐξ ἀρχῆς τὸν λόγον κατεστη-
154 σάμην βραχέα διαλεχθεὶς [6] παραχωρῶ τοῖς βουλομένοις e
ἔτι συμβουλεύειν περὶ τούτων.

[1] ἐπακολουθῶν A. C. L. [2] νῦν οὖσιν C. [3] ἐπιτιμήσω καὶ κατηγορήσω A. C. L. [4] καθεστώτων A. [5] ἀποπλανῶ L. [6] παραχωρήσομαι A. C. L.

raes, et ante eum conjecerat ipse Wolfius: nobis item aliquando in mentem venit. Sane permultis in locis Atheniensium *insania*, *dementia*, culpatur, maxime in Orat. de Pace. Ἀνοίας mentio ibi fit p. 160. A. et mox sequitur l. C. ὡς οἷόν τε ταραχωδέστατα διακεῖσθε. Pag. 165. B. ἐκ δὲ τοῦ δικαίαν τὴν πόλιν παρέχειν, καὶ βοηθεῖν τοῖς ἀδικουμένοις, καὶ μὴ τῶν ἀλλοτρίων ἐπιθυμεῖν παρ' ἑκόντων τῶν Ἑλλήνων τὴν ἡγεμονίαν ἐλάβομεν· ὧν νῦν ἀλογίστως καὶ λίαν εἰκῇ πολὺν ἤδη χρόνον καταφρονοῦμεν· εἰς τοῦτο γάρ τινες ἀνοίας ἐληλύθασιν ὥσθ' ὑπειλήφασι τὴν μὲν ἀδικίαν ἐπονείδιστον μὲν εἶναι, κερδαλέαν δὲ καὶ πρὸς τὸν βίον τὸν καθ' ἡμέραν συμφέρουσαν· τὴν δὲ δικαιοσύνην εὐδόκιμον μὲν, ἀλυσιτελῆ δὲ, κ. τ. λ. En, quæ intelligatur ἄνοια, ea, quam sequantur ἀδικίαι, sive, ut nostro loco est, πονηρῶν πραγμάτων ἐπιθυμίαι. Similiter ἄνοια memoratur p. 175. B. 183. E. 184. D. ἄνοια καὶ μανία τῶν τὴν ἀδικίαν πλεονεξίαν εἶναι νομιζόντων, p. 162. C. μωρία, p. 168. D. ἀφροσύνη et ἄνοια eorum qui, cum Attica vastaretur, Sicilia sese potituros putarent, p. 176. A. Quæ omnia eo majorem vim habent, quod sæpius similitudinem ejus Orationis cum nostra notavimus. In Paneg. p. 68. E. prospere gestæ res Regis Persarum ab Atheniensium ἀνοίᾳ repetuntur. Panath. p. 235. D. mentio fit μανίας in mutuis dissensionibus conspicuæ. Confusa sæpius esse duo ista vocabula, et literarum similitudo probabile reddit, et usus docet. Vid. Thucyd. VI. 89. cujus Scholiastæ ad C. 16. itidem ἄνοια pro ἄγνοια restituendum est. In Or. ad Nicocl. p. 17. D. ἄνοια et διάνοια opponuntur: in Or. de Perm. p. 343. C. ubi eadem repetuntur, sed antea legebatur ἄγνοιαν, recte ex Wolfii emendatione ἄνοιαν ediderunt Langius et Coraes. In Platonis Lachete p. 197. A. itidem requiri ἄνοιαν, *absentiam mentis*, non ἄγνοιαν, *ignorantiam*, monuit me Cl. Bakius. Quid differant docet Valcken. ad Herod. VI. 69. Idem.

Ἢν ἐπακολουθῶν τοῖς ἐνοῦσιν, κ. τ. λ.] Similiter de Pace p. 73. B. δέδοικα (inquit) μὴ διὰ τὸ πολλάκις ἐπιτιμᾷν δόξω τισὶ προαιρεῖσθαι τῆς πόλεως κατηγορεῖν. Videtur autem ex conjectura Wolfii pro veteri τοῖς αἰνοῦσιν quod nihili est, legendum esse τοῖς ἐνοῦσιν, præsertim cum ea lectio Codice LB. confirmetur. Sic sensus est: *si persequens, ad finem perducens ea quæ dicenda supersunt*, et subintelligitur infinitivus εἰπεῖν, qui eidem formulæ, τὰ ἐνόντα additur ad Phil. p. 104. D. de Perm. p. 345. C. Cf. et Busir. p. 229. E. de Pace p. 188. A. Sæpius confund. ε̄ et αι̅ monet Koen. ad Gregor. de Dial. p. 146. 190. 249. sq. Nec tamen plane spernendum quod Coraes offert τοῖς νῦν οὖσιν, h. e. τοῖς νῦν πολιτευομένοις, maxime ob verbum ἐπακολουθεῖν frequens significatione *insectandi, vituperandi*. Idem.

Δέδοικα μὴ πόῤῥω λίαν τῆς ὑποθέσεως ἀποπλανηθῶ] Ratio reddenda lectionis ἀποπλανηθῶ, quam e Wolfii conjectura nos recepisse significavimus pro alia ἀποπλανῶ. Hanc Langius defendere conatus est observatione Stephani Thes. T. III. p. 343. ἀποπλανῶ novo prorsus modo accipi posse pro ἀποπλανηθῶ. Idem tamen Stephanus in Edit. reliquit ἀποπλανηθῶ. Nostro quidem judicio recte animadvertit Coraes, si ἀποπλανῶ scripserit Isocrates, addendum fuisse ὑμᾶς, uti bis occurrit apud Æschinem adv. Ctesiph. §. ναʹ. ξγʹ. ἵνα δὲ μὴ ἀποπλανῶ ὑμᾶς ἀπὸ τῆς ὑποθέσεως. Hoc loco autem passivum postulant quæ supra jam dixerat §. κϛʹ. init. cum de triginta tyrannis narrare inciperet: βούλομαι δ', εἰ καί τί με φήσουσιν ἔξω τῆς ὑποθέσεως λέγειν. Idem.

Παραχωρῶ] Dicitur de Oratore qui, dicendi fine facto, de suggestu descendens alii dicendi locum præbet. Sic Andocides

λέ. Ἡμεῖς γὰρ ἢν μὲν οὕτως οἰκῶμεν τὴν πόλιν ὥςπερ
νῦν, [1] οὐκ ἔστιν ὅπως [2] οὐ καὶ βουλευσόμεθα καὶ πολεμήσομεν καὶ βιωσόμεθα καὶ σχεδὸν ἅπαντα [3] καὶ πεισόμεθα
156 καὶ πράξομεν, ἅπερ ἐν τῷ παρόντι [4] καιρῷ καὶ τοῖς παρελθοῦσι χρόνοις· ἢν δὲ μεταβάλωμεν τὴν πολιτείαν, δῆλον
ὅτι κατὰ τὸν αὐτὸν λόγον, οἷά περ ἦν τοῖς προγόνοις τὰ
πράγματα, τοιαῦτ' ἔσται καὶ περὶ ἡμᾶς· ἀνάγκη γὰρ ἐκ
τῶν αὐτῶν πολιτευμάτων καὶ τὰς πράξεις ὁμοίας ἀεὶ καὶ
παραπλησίας ἀποβαίνειν.

λς'. Δεῖ δὲ τὰς μεγίστας αὐτῶν παρ' ἀλλήλας [5] θέντας
βουλεύσασθαι, ποτέρας ἡμῖν αἱρετέον ἐστί. καὶ πρῶτον
b [6] μὲν σκεψώμεθα τοὺς Ἕλληνας καὶ τοὺς βαρβάρους, πῶς
πρὸς ἐκείνην τὴν πολιτείαν διέκειντο καὶ πῶς νῦν ἔχουσι
πρὸς ἡμᾶς· οὐ γὰρ ἐλάχιστον μέρος τὰ γένη ταῦτα συμ-
βάλλεται πρὸς εὐδαιμονίαν, ὅταν ἔχῃ κατὰ τρόπον ἡμῖν.

[1] οἰκοῦσι, οὐκ A. C. L. [2] οὐκ ἂν βουλ. A. C. L. [3] κακὰ A. C. L.
[4] καιρῷ om. A. C. L. [5] τιθέντας A. C. L. [6] μὲν om. A. C. L.

Or. I. §. ε'. ἐάν τις ἐλέγξῃ με, ὅτι ψεύδομαι, χρήσασθέ μοι ὅ, τι βούλεσθε· καὶ σιωπῶ, καὶ παραχωρῶ, εἴ τις ἀναβαίνειν βούληται. Cf. de hoc verbo not. ad Thomam Mag. p. 133. Idem.

Κατὰ τὸν αὐτὸν λόγον] *secundum eandem rationem, eadem ratione*, sive ut barbare dicas, *proportione*, scil. qua, si servaverimus malam reipublicæ administrationem, omnia cum ea conjuncta mala patiemur, *eadem*, inquam, *ratione*, si eam immutaverimus, æque prosperas res geremus. Eodem sensu legitur in Nicocl. p. 29. D. αἱ δὲ μοναρχίαι πλεῖστον μὲν νέμουσι τῷ βελτίστῳ, δεύτερον δὲ τῷ μετ' ἐκεῖνον, τρίτον δὲ καὶ τέταρτον τοῖς ἄλλοις κατὰ τὸν αὐτὸν λόγον, *eadem ratione*, h. e. ut quo sit inferior, eo minus ipsi tribuatur. Idem.

Ἀνάγκη γὰρ — ἀποβαίνειν] Nam ut ait Aristoteles Rhet. I. 4. 17. ἀπὸ γὰρ τῶν ὁμοίων τὰ ὅμοια γίγνεσθαι πέφυκε. Idem.

Δεῖ δὲ τὰς μεγίστας κ. τ. λ.] De peroratione, quæ hic incipit, constatque comparatione pristini et præsentis Reip. status, cff. supra dicta in Introductione. Idem.

Ποτέρας ἡμῖν αἱρετέον ἐστί] Proprius et Græcus usus Gerundii, quem et Latini subinde sequuntur, magna exemplorum copia probatus a Cl. Wyttenbachio Philom. P. II. p. 15. notatus etiam Willeto ad Galeni Protr. p. 137. Addantur sequentia. Isocrates in Paneg. p. 42. D. φευκτέον ταῦτ' ἐστί. Ep. VI. p. 419. E. τὰς πράξεις τὰς καθ' ἑκάστην τὴν ἡμέραν σκεπτέον. Andocides Or. III. §. η'. ταύτην οὐκ ἀκτέον φασὶ τὴν εἰρήνην τινὲς εἶναι. Lysias Or. VI. §. β'. τοὺς νόμους ἐξαλειπτέον. Lycurgus adv. Leocr. §. ις'. κολαστέον ἐστὶ τοῦτον. Demosth. Olynth. II. §. ς'. πολλὴν δὴ τὴν μετάστασιν καὶ μεγάλην δεικτέον τὴν μεταβολήν. Casus personæ, monente item Wyttenbachio, vel, ut h. l. Dativus est, vel Accusativus. Archid. p. 133. E. δεινοτέρας συμφορὰς ὑπομενετέον ἡμῖν. Ep. VII. ad Timoth. p. 422. D. ἑτέρους σοὶ συμβούλους παρακλητέον. Accusativi rarius exemplum hoc est e Xenoph. Mem. III. 11. 2. ταύτην ἡμῖν χάριν ἑκτέον, *hæc nobis gratias agere debet*. De usu Gerundii pluralis in έα pro singulari in έον, Atticis proprio, notavit Gregorius de Dial. §. 63. Sic Thucyd. I. 86. οὓς οὐ παραδοτέα τοῖς Ἀθηναίοις ἐστίν. Idem.

Ὅταν ἔχῃ κατὰ τρόπον ἡμῖν] *quando, uti oportet, decet, erga nos sese habeant, gerant.* Κατὰ τρόπον elliptice dicitur pro κατὰ τὸν δέοντα ἢ πρέποντα τρόπον, monente Coraе, cujus hæc est horum verborum paraphrasis: Ὅταν προσφέρωνται καθὼς πρέπει εἰς ἡμᾶς. Eodem sensu legitur supra §. δ'. et Philipp. p. 91. C. Adverbii locum tenens recte ponitur cum ἔχειν et Dativo personæ, uti similia complura sunt satis nota, εὐνοϊκῶς ἔχειν τινὶ, δυσκόλως ἔχειν τινὶ, cæt. Itaque non est, quod quis suspicetur, scriptum olim fuisse ὅντιν' ἂν ἔχῃ κατὰ τρόπον ἡμῖν, quod et verborum collocationi minus conveniat. Idem.

λζ'. Οἱ μὲν τοίνυν Ἕλληνες οὕτως ἐπίστευον τοῖς κατ' ἐκεῖνον τὸν χρόνον πολιτευομένοις, ὥστε τοὺς πλείστους αὐτῶν ἑκόντας ἐγχειρίσαι τῇ πόλει σφᾶς αὐτούς. οἱ δὲ βάρβαροι τοσοῦτον ἀπεῖχον τοῦ πολυπραγμονεῖν περὶ τῶν Ἑλληνικῶν πραγμάτων, ὥστε οὔτε μακροῖς πλοίοις [1] ἐπὶ τάδε Φασήλιδος ἔπλεον οὔτε στρατοπέδοις ἐντὸς Ἅλυος ποταμοῦ κατέβαινον, ἀλλὰ πολλὴν ἡσυχίαν ἦγον. νῦν δ' εἰς τοῦτο τὰ πράγματα [2] περιέστηκεν, ὥσθ' οἱ μὲν μισοῦσι τὴν πόλιν, οἱ δὲ καταφρονοῦσιν ἡμῶν. καὶ περὶ μὲν τοῦ μίσους τῶν Ἑλλήνων αὐτῶν ἀκηκόατε τῶν στρατηγῶν· ὡς δὲ βασιλεὺς ἔχει [3] πρὸς ἡμᾶς, ἐκ τῶν ἐπιστολῶν ὧν ἔπεμψεν ἐδήλωσεν.

[1] ἔγγιστα Φασ. A. C. L. [2] καθέστηκεν A. C. L. [3] τὰ πρὸς A. C. L.

Οἱ μὲν τοίνυν κ. τ. λ.] Latius hac §. exponitur quod supra §. κ'. breviter dixerat: παρεῖχον γὰρ σφᾶς αὐτοὺς τοῖς μὲν Ἕλλησι πιστοὺς τοῖς δὲ βαρβάροις φοβερούς. IDEM.

Ὥστε τοὺς πλείστους — αὐτοὺς] Conferatur locus de Pace p. 174. C. Eleganter in laudem Timothei dixit De Perm. §. κϛ'. * ϛ'. fin. τοιγάρτοι διὰ τὴν δόξαν τὴν ἐκ τούτων περιγιγνουμένην πολλαὶ τῶν πόλεων, τῶν πρὸς ὑμᾶς δυσκόλως ἐχουσῶν, ἀναπεπταμέναις αὐτὸν ἐδέχοντο ταῖς πύλαις. IDEM.

Ὥστ' οὔτε μακροῖς πλοίοις — κατέβαινον] De Phaselide et Haly fluvio, terminis ditionis regiæ, agitur etiam in Panath. p. 244. E. Phaselidis solius mentio fit in Paneg. p. 65. B. Victis Persarum copiis ad Eurymedontem fluvium a Cimone, Athenienses cum Artaxerxe fœdus fecerunt, quo istis finibus ejus regnum circumscriberetur: qua de re egregius est Lycurgi locus adv. Leocr. §. ιζ'. καὶ τὸ κεφάλαιον τῆς νίκης, οὐ τὸ ἐν Σαλαμῖνι τρόπαιον ἀγαπήσαντες ἔστησαν, ἀλλ' ὅρους τοῖς βαρβάροις πήξαντες τοὺς εἰς τὴν ἐλευθερίαν τῆς Ἑλλάδος, καὶ τούτους κωλύσαντες ὑπερβαίνειν, συνθήκας ἐποιήσαντο, μακρῷ μὲν πλοίῳ μὴ πλεῖν ἐντὸς Κυανέων καὶ Φάσιδος (leg. Φασήλιδος uti recte docet Taylorus), τοὺς δ' Ἕλληνας αὐτονόμους εἶναι, μὴ μόνον τοὺς τὴν Εὐρώπην ἀλλὰ καὶ τοὺς τὴν Ἀσίαν κατοικοῦντας. Non diserte quidem eo loco Halys memoratur, sed ejus mentio intelligitur ex iis quæ de Græcis in Asia habitantibus dicuntur. Quare autem Halys fluvius terminus statueretur, ratio petenda videtur cum ex eo quod Crœsi ditio eo terminata fuerat, tum ex ea Asiæ divisione, qua in Asiam cis Taurum et ultra Taurum distinguebatur, iliaque etiam dicebatur Asia intra Halyn. Vid. Cellarii Orbis antiq. L. III. C. I. in primis §. 6. et 13. ibique laudata Herodoti et Strabonis loca; et de Haly amni C. VIII. §. 57. Et hic quidem in continente terra terminus erat: mari Phaselis, Lyciæ in Pamphiliæ finibus urbs, de qua vid. Cell. ibid. C. III. §. 164. et C. VI. §. 4. Lycurgus meminit etiam Κυανέων, quod quomodo intelligendum sit, patet ex Aristide Panath. p. 57. E. qui distincte refert Regem Persarum convenisse δυοῖν ὅροιν εἴσω μηκέτι πλευσεῖσθαι, πρὸς μεσημβρίαν μὲν Χελιδονέας, πρὸς δὲ ἄρκτον Κυανέας. Scilicet cum mari ab utraque Asiæ parte, vel Ponto Euxino a septentrione, vel mari Interno a meridie navigari poterat, utroque loco terminus erat statuendus. Itaque a septentrione termini loco constitutæ sunt Insulæ Cyaneæ, sitæ prope ostium Ponti Euxini ad Bosporum: a meridie vero Chelidoneæ insulæ, sive, uti Isocrates et Lycurgus habent, urbs Phaselis, ad quam illæ insulæ jacent. Easdem memorat Aristides p. 72. A. et Or. in Romam p. 100. D. Non semper eosdem fuisse terminos docet ibid. p. 102. E. οὐ τοίνυν οὐδὲ μέχρι τούτων τῶν ὅρων ἐκεῖνός γε (Rex Persarum) κυρίως ἀεὶ βασιλεὺς, ἀλλ' ὅπως ἢ Ἀθηναῖοι δυνάμεως, ἢ Λακεδαιμόνιοι ἔχοιεν τύχης· νῦν μὲν ἕως Ἰώνων καὶ Αἰολέων καὶ θαλάττης βασιλεύς· πάλιν δὲ οὐκέτι Ἰώνων, οὐδὲ ἕως θαλάττης ἀλλ' ἄχρι Λυδῶν· οὐχ ὁρῶν θάλατταν ἐκ τῶν πρὸς ἑσπέραν Κυανέων, ἀτεχνῶς ὥσπερ ἐν παίδων παιδιᾷ βασιλεὺς, ἄνω μένων, πάλιν κατιὼν, τῶν συγχωρησόντων βασιλεύειν δεόμενος. Pace Antalcidea contra, uti notissimum est, fœdere sancitum est, ut omnes Græcæ in Asia civitates Regi subjectæ essent. IDEM.

Ἐκ τῶν ἐπιστολῶν ὧν ἔπεμψεν ἐδήλωσε] Utrumque dicitur et ἐκ τῶν ἐπιστολῶν et

d λη'. Ἔτι [1] πρὸς τούτοις ὑπὸ μὲν ἐκείνης τῆς εὐταξίας οὕτως ἐπαιδεύθησαν οἱ πολῖται πρὸς ἀρετὴν, ὥστε σφᾶς μὲν αὐτοὺς μὴ [2] λυπεῖν, τοὺς δ' εἰς τὴν χώραν εἰσβάλλοντας ἅπαντας μαχόμενοι νικᾶν. ἡμεῖς δὲ τοὐναντίον· ἀλλήλοις 155
μὲν γὰρ κακὰ [3] παρέχοντες οὐδεμίαν ἡμέραν [4] διαλείπομεν, τῶν δὲ περὶ τὸν πόλεμον οὕτω [5] κατημελήκαμεν, ὥστ' οὐδ' εἰς ἐξετάσεις ἰέναι τολμῶμεν, ἢν μὴ λαμβάνωμεν ἀργύριον.
e τὸ δὲ μέγιστον· τότε μὲν οὐδεὶς ἦν τῶν πολιτῶν ἐνδεὴς τῶν ἀναγκαίων, οὐδὲ προσαιτῶν τοὺς ἐντυγχάνοντας τὴν πόλιν

1 δὲ πρὸς A. C. L. 2 κινεῖν A. C. L. 3 παρέχειν A. C. L. 4 παραλείπομεν A. C. L. 5 κατημελήσαμεν A. C. L.

ἐν ταῖς ἐπιστολαῖς. Coraes suspicatur respici ejusmodi epistolam, qualis fuit ea, cujus mentionem facit Æschines c. Ctesiph. §. πη'. his verbis: ὁ γὰρ τῶν Περσῶν βασιλεὺς, οὐ πολλῷ πρότερον χρόνῳ πρὸ τῆς Ἀλεξάνδρου διαβάσεως εἰς τὴν Ἀσίαν, κατέπεμψε τῷ δήμῳ καὶ μάλα ὑβριστικὴν καὶ βάρβαρον ἐπιστολὴν, ἐν ᾗ τά τε δὴ ἄλλα καὶ μάλ' ἀπαιδεύτως διελέχθη, καὶ ἐπὶ τελευτῆς ἐνέγραψεν ἐν τῇ ἐπιστολῇ, Ἐγὼ, φησὶν, ὑμῖν χρυσίον οὐ δώσω· μή με αἰτεῖτε, οὐ γὰρ λήψεσθε. Num vero ipsæ illæ epistolæ, quas Isocrates in animo habuit, alicubi exstent, equidem dicere nequeo.

Ὑπὸ μὲν ἐκείνης τῆς εὐταξίας] Hoc est *tempore illius boni ordinis*, i. e. eo tempore cum bono ordini conservando tantum operæ dabat Areopagus: ὑπὸ hic idem fere valet ac ἐπὶ, tempus designans, qua de re cf. Sluiterus Lect. And. p. 265. Idem.

Τοὺς δ' εἰς τὴν χώραν εἰσβάλλοντας ἅπαντας μαχόμενοι νικᾶν] 'Observetur (inquit Wolfius) ἀντίπτωσις, amphiboliæ vitandæ causa, ut arbitror, usurpata. Ex regula enim dicendum erat, ὥστε μαχομένους νικᾶν τοὺς εἰσβάλλοντας. Sed tum fuisset ambiguum (quod ad constructionem quidem attinet: nam sententia vel sic plana atque perspicua esset) utrum τὸ μαχομένους ad Athenienses pertineret, an vero ad hostes? Accipiatur item τὸ μαχόμενοι, ἀντὶ τοῦ, τῷ μάχεσθαι, pugnando.' Cum his, et nonnullis ex antecedentibus, uti et sequentibus, in primis conferenda sunt quæ scripsit Pace p. 174. B. et seq. Idem.

Ἀλλήλοις μὲν γὰρ — παραλείπομεν] Recte Wolfius ad h. l. 'Athenæ (inquit) plenæ fuerunt sycophantis adeo ut litibus perstreperent omnia. Ad eam rixandi et calumniandi libidinem hæc verba referenda sunt.' Multa verba fiunt in Orationibus de Pace et de Permutatione: v. c. p. 185. C. 315. A. alibi. Referri etiam huc potest æmulatio τοῦ δήμου et τῶν ὀλιγάρχων, quæ duæ partes semper valuerunt Athenis. Cf. Casaubonus ad Theophrastum p. 360. Idem.

Τῶν δὲ περὶ τὸν πόλεμον — ἀργύριον] Cf. locus ex Or. de Pace modo laudatus, et alius p. 168. B. ἡμεῖς δ' οὐδ' ὑπὲρ τῆς ἡμετέρας αὐτῶν πλεονεξίας κινδυνεύειν ἀξιοῦμεν· ἀλλ' ἄρχειν μὲν ἁπάντων ζητοῦμεν, στρατεύεσθαι δ' οὐκ ἐθέλομεν· καὶ πόλεμον μὲν μικροῦ δεῖν πρὸς ἅπαντας ἀνθρώπους ἀναιρούμεθα, πρὸς δὲ τοῦτον οὐχ ἡμᾶς ἀσκοῦμεν. Εἰς ἐξέτασιν ἰέναι recte, ut videtur, Coraes explicat: Πορεύεσθαι εἰς τὸ ἐγγραφῆναι τῷ στρατιωτικῷ καταλόγῳ, εἰς τὸ μετὰ τῶν στρατευσομένων ἐξετασθῆναι. Addit: Εἴη δ' ἂν ἐξέτασις τῶν στρατιωτῶν καὶ ἣν οἱ Γάλλοι *revue* καλοῦσι. Illud præfero, ut sensus sit: *adeo negligimus belli studia, ut ne nomen quidem dare militiæ velimus, nisi accepta pecunia.* Atque ita fere jam Wolfius interpretatus erat. Τολμᾶν h. l. non adeo *audere* significat, sed potius *in animum inducere, velle*, ut etiam Paneg. §. ιε'. explicat Morus in Indice. Cf. de hoc usu verbi τολμᾶν Cl. Wyttenb. ad. Plat. Phæd. p. 273. Idem.

Τὸ δὲ μέγιστον· τότε μὲν οὐδεὶς — τὴν πόλιν κατῄσχυνε] Laudat Meursius de Fortuna Athen. c. IV. in f. factum esse docens ex omnium rerum ad victum necessariarum vili pretio. Addi debet cura divitum, qua pauperum inopiæ subveniebant, iisque ad quævis honesta opificia pecuniarum auxilia suppeditabant: tum etiam lex περὶ ἀργίας, qua cavebatur, ne quis otio languesceret, atque in inopiam incideret. De quibus supra dixit Isocrates §. ιβ'. et. ιζ'. Qui hic ἐνδεὴς τῶν ἀναγκαίων, alias dicitur βίου χρῄζων, βίου ἐνδεὴς, docente Valcken. ad Theocr. Adoniaz. p. 243. B. De eleganti formula Attica τὸ δὲ μέγιστον, monuerunt Hoogev. ad Vig. p. 11. et Wyttenb. l. c. p. 160. Idem.

κατήσχυνε, νῦν δὲ πλείους εἰσὶν οἱ [1] σπανίζοντες τῶν ἐχόντων· οἷς ἄξιόν ἐστι πολλὴν συγγνώμην ἔχειν, εἰ μηδὲν τῶν κοινῶν φροντίζουσιν, ἀλλὰ τοῦτο σκοποῦσιν ὁπόθεν τὴν [2] ἀεὶ παροῦσαν ἡμέραν [3] διάξουσιν. 157

λθ΄. Ἐγὼ μὲν οὖν [4] ἡγούμενος, ἢν μιμησώμεθα τοὺς προγόνους, καὶ τῶν κακῶν ἡμᾶς τούτων ἀπαλλαγήσεσθαι καὶ σωτῆρας οὐ μόνον τῆς πόλεως ἀλλὰ καὶ τῶν Ἑλλήνων ἁπάντων γενήσεσθαι, τήν τε πρόσοδον ἐποιησάμην καὶ τοὺς λόγους εἴρηκα τούτους· ὑμεῖς δὲ ταῦτα πάντα λογισάμενοι χειροτονεῖθ' ὅ τι ἂν ὑμῖν δοκῇ μάλιστα συμφέρειν τῇ πόλει.

[1] σπανιζόμενοι A. C. L. [2] ἀεὶ τὴν A. C. L. [3] δυνήσονται διαγαγεῖν A. C. L. [4] ἡγούμενος μὲν οὖν ἐγὼ A. C. L.

Νῦν δὲ πλείους εἰσὶν οἱ σπανιζόμενοι τῶν ἐχόντων] *nunc vero major est pauperum, quam divitum numerus.* Conff. quæ supra dixit §. κ΄. initio et fine, ibique notata. Idem.

Τήν τε πρόσοδον ἐποιησάμην καὶ τοὺς λόγους εἴρηκα τούτους] *huc accessi, in hunc locum adscendi, et hanc orationem habui.* Vid. ann. ad §. α΄. Idem.

Χειροτονεῖτε] *manibus sublatis, extensis, decernite,* uti mos erat Atheniensibus, satis cognitus. Sed ad hunc morem respiciens eleganter dixit Andocides Or. III. §. η΄. ὁ γὰρ τὴν χεῖρα μέλλων ὑμῶν αἴρειν, οὗτος ὁ πρεσβεύων ἐστὶν, ὁπότερ' ἂν αὐτῷ δοκῇ, καὶ τὴν εἰρήνην καὶ τὸν πόλεμον ποιεῖν. Forte etiam respexit Lycurgus adv. Leocr. §. λα΄. διομωμόκατε δ' ἐν τῷ ψηφίσματι τῷ Δημοφάντου, κτείνειν τὸν τὴν πατρίδα προδιδόντα, καὶ λόγῳ καὶ ἔργῳ καὶ χειρὶ καὶ ψήφῳ. Idem.

ΙΣΟΚΡΑΤΟΥΣ
ΠΕΡΙ ΕΙΡΗΝΗΣ
Η
ΣΥΜΜΑΧΙΚΟΣ.

ΥΠΟΘΕΣΙΣ

ΑΔΗΛΟΥ ΤΟΥ ΓΡΑΨΑΝΤΟΣ.

Pag. ed. Steph. 157 ΠΕΜΦΘΕΙΣ ὁ Χάρης καταδουλώσασθαι τὴν Ἀμφίπολιν, αὐτονομουμένην κατ᾽ ἐκεῖνον τὸν Pag. ed. Cor. 156
χρόνον καὶ καθ᾽ ἑαυτὴν γενομένην, ὡς τῶν Λακεδαιμονίων μὲν κακῶς διακειμένων μετὰ τὰ
Λευκτρικὰ, καὶ τῶν Ἀθηναίων δ᾽ ἀσθενῶν ὄντων, οὗτος, νομίζων εὐχερῶς αὐτὴν ὅτε δή ποτε
λαβεῖν, καὶ μᾶλλον βουλόμενος τὴν ἀρχαίαν δύναμιν περιποιῆσαι τοῖς Ἀθηναίοις, ἐπεχείρησε
Χίοις καὶ Ῥοδίοις καὶ τοῖς λοιποῖς συμμάχοις. εἶτα ἐκεῖνοι ἀντέστησαν, καὶ ἡττήθη ὁ Χάρης
οὕτως, ὥστε λοιπὸν αὐτὸν ἀπορεῖν τί δεῖ ποιῆσαι· καὶ γὰρ, εἰ ἀνεχώρησεν ἐξ αὐτῶν καὶ ἦλθεν
εἰς Ἀμφίπολιν, αὐτοὶ ἂν ἀμυνόμενοι ἤρχοντο εἰς τὴν Ἀττικήν. ταῦτα δ᾽ οἱ Ἀθηναῖοι ἀκούσαντες ᾔτησαν σπονδὰς, καὶ εὐθὺς οἱ Χῖοι καὶ Ῥόδιοι σὺν [1] τοῖς ἄλλοις συνέθεντο. καὶ οὗτός
ἐστιν ὁ συμμαχικὸς πόλεμος. νῦν οὖν πρόκειται ἐκκλησία περὶ τοῦ καταθέσθαι τὸν πόλεμον,
καὶ ἀνίσταται ὁ Ἰσοκράτης συμβουλεύων ὡς δεῖ μὴ πολυπραγμονεῖν ἀλλ᾽ ἡσυχάζειν. Καὶ
μερίζει τὸν λόγον εἰς δύο· ἓν μὲν τὸ καὶ τοὺς Χίους καὶ τοὺς ἄλλους ἐᾶσαι αὐτονόμους, ἓν δὲ 157
τὸ ἐᾶσαι τὴν ἡγεμονίαν τὴν κατὰ θάλατταν. κατὰ τοῦτο δὲ τὸ μέρος λέγεται Ἀριστείδης

[1] τοῖς om. A. L.

ΠΕΡΙ ΕΙΡΗΝΗΣ] Hæc oratio a Dionysio Halic. aliisque appellatur ΠΕΡΙ ΤΗΣ ΕΙΡΗΝΗΣ, ab Aristotele vero Rhetor. iii. 17. ΣΥΜΜΑΧΙΚΟΣ. Cf. Diodorus Sic. xvi. 7.

Χάρης] Cf. Aristot. l. l. et Theopompus xii. p. 532.

Μετὰ τὰ Λευκτρικὰ] Μετὰ τὴν ἧτταν ἣν ἡττήθησαν ἐν Λεύκτροις ὑπὸ Θηβαίων. Cor.

Καὶ τῶν Ἀθ. δ.] Καὶ δ᾽, particulæ jungendæ, significant *atque etiam*. Wolf. καὶ includebat Coraes.

Ὅτε δή ποτε] Intellige *quovis tempore*, vel *quando vellet*. Auger. Ὁπότε βουληθείη. Cor.

Λοιπὸν] *jam, deinde, deinceps*. Wolf.

Εἰ ἀνεχώρησεν ἐξ αὐτῶν] Scil. τῶν Χίων καὶ Ῥοδίων. *si ab illis recessisset, si eos oppugnare destitisset*. Idem.

Ἀμυνόμενοι] Non scilicet tam suis copiis et viribus freti, quam classe Persica. Nam, quia Pharnabazum, qui a rege defecerat, Chares adjuverat, Artaxerxes Atheniensibus iratus trecentas insularibus naves auxilio missurus erat. Idem.

Σὺν τοῖς ἄλλοις συνέθεντο] I. e. σὺν τοῖς ἄλλοις συμμάχοις συνέθεντο τὰς σπονδάς. Idem.

Ἀνίσταται ὁ Ἰσοκράτης] Videtur παρ ἱστορίαν εἶναι. Scripsit enim orationes Isocrates et aliis nonnullas dedit recitandas, cum ipse propter verecundiam et vocis imbecillitatem publice verba facere non posset. In Antidosi tamen se et scripsisse et habuisse orationes affirmat; et Panegyricum Olympiæ pronuntiatum ab eo tradit Philostratus, τὸν περὶ τῆς Ἀντιδόσεως Plutarchus. Idem.

Συμβουλεύων] Γρ. συμβουλεύσων. Cor.

Ἀριστείδης] Τὸν ἐν Σμύρνῃ σοφιστεύσαντα Ἀριστείδην λέγει, ὃς συνέταξε καὶ τὸν Παναθηναϊκὸν καλούμενον κατ᾽ Ἰσοκράτους μίμη-

ἐπαφεῖναι τὸν ἀντιῤῥητικὸν τῆς εἰρήνης. καὶ ἡ μὲν ὑπόθεσις αὕτη, κεφάλαιον δὲ τοῦ λόγου τὸ συμφέρον, ἡ δὲ στάσις πραγματική· συμβουλὴ γὰρ περὶ τῆς εἰρήνης.

Ἐὰν δέ ποτε ἀναγκασθῇς κοινὸν προοίμιον εἰπεῖν, τὴν κατασκευὴν αὐτῷ ἰδίαν πρόσαγε, ὡς ἐν τῷδε τῷ περὶ εἰρήνης Ἰσοκράτους ἡ κατασκευὴ ἰδία προσετέθη, ὅπου φησί· περὶ μεγάλων ἥκομεν· περὶ γὰρ πολέμου καὶ εἰρήνης. κάλλιστον δ' ἐν τούτοις καὶ τὸ τῆς μεθόδου, εἰ μεθοδεύοιμεν αὐτὰ ἐπισημαινόμενοι, εἰ καὶ πᾶσιν εἰωθὼς ὁ λόγος εἴη.

ΑΛΛΗ ΥΠΟΘΕΣΙΣ

ΕΚ ΤΩΝ ΔΙΟΝΥΣΙΟΥ ΤΟΥ ΑΛΙΚΑΡΝΑΣΣΕΩΣ.

Τίς ἂν μᾶλλον ἐπὶ τὴν δικαιοσύνην καὶ τὴν εὐσέβειαν προτρέψαιτο, καθ' ἕκαστόν τε ἄνδρα 158
ἰδίᾳ καὶ κοινῇ τὰς πόλεις ὅλας, τοῦ περὶ τῆς εἰρήνης λόγου; ἐν γὰρ δὴ τούτῳ πείθει τοὺς Ἀθηναίους τῶν μὲν ἀλλοτρίων μὴ ἐπιθυμεῖν, ἐπὶ δὲ τοῖς παροῦσι στέργειν, καὶ τῶν μὲν μικρῶν πόλεων ὡσπερανεὶ κτημάτων φείδεσθαι, τοὺς δὲ συμμάχους εὐνοίᾳ τε καὶ εὐεργεσίαις πειρᾶσθαι κατέχειν, ἀλλὰ μὴ ταῖς ἀνάγκαις μηδὲ ταῖς βίαις, τῶν δὲ προγόνων μιμεῖσθαι μὴ τοὺς πρὸ τῶν Δεκελεικῶν γενομένους, οἳ μικροῦ ἐδέησαν ἀπολέσαι τὴν πόλιν, ἀλλὰ τοὺς πρὸ τῶν Περσικῶν, οἳ καλοκαγαθίαν ἀσκοῦντες διετέλεσαν. ἐπιδείκνυταί τε ὡς οὐχ αἱ πολλαὶ τριήρεις οὐδ' οἱ μετὰ βίας ἀρχόμενοι Ἕλληνες μεγάλην ποιοῦσι τὴν πόλιν, ἀλλ' αἱ δίκαιαί τε προαιρέσεις καὶ τὸ τοῖς ἀδικουμένοις βοηθεῖν. παρακαλεῖ τε τὴν τῶν Ἑλλήνων εὔνοιαν οἰκείαν ποιεῖν τῇ πόλει, μεγίστην ἡγούμενος πρὸς εὐδαιμονίαν καὶ πολεμικοὺς μὲν εἶναι ταῖς παρασκευαῖς καὶ ταῖς μελέταις, εἰρηνικοὺς δὲ τῷ μηδένα μηδὲν ἀδικεῖν, διδάσκων ὡς οὔτε πρὸς πλοῦτον οὔτε πρὸς δόξαν οὐθ' ὅλως πρὸς εὐδαιμονίαν οὐθὲν ἂν συμβάλοιτο τηλικαύτην δύναμιν ὅσην ἀρετὴ καὶ τὰ μέρη ταύτης, καὶ τοῖς μὴ ταὐτὰ ὑπειληφόσιν ἐπιτιμῶν, οἳ τὴν μὲν ἀδικίαν κερδαλέαν ἡγοῦνται καὶ πρὸς τὸν βίον τὸν καθ' ἡμέραν συμφέρουσαν, τὴν δὲ δικαιοσύνην ἀλυσιτελῆ καὶ μᾶλλον ἑτέροις ἢ τοῖς ἔχουσιν ὠφέλιμον. τούτων γὰρ οὐκ οἶδ' εἴ τις ἂν βελτίους ἢ ἀληθεστέρους ἢ μᾶλλον πρέποντας φιλοσοφίᾳ δύναιτο λόγους εἰπεῖν.

158 α'. ΑΠΑΝΤΕΣ μὲν εἰώθασιν οἱ παριόντες ἐνθάδε ταῦτα 159
μέγιστα φάσκειν εἶναι καὶ μάλιστα σπουδῆς ἄξια τῇ πόλει,

σιν, καθὰ καὶ τὸν Πρὸς Λεπτίνην πρὸς Δημοσθένην ἁμιλλώμενος. Ἔοικε δὲ ὁ Ἀντιῤῥητικὸς τῆς εἰρήνης οὗτος ὁ αὐτὸς εἶναι καὶ ὁ παρὰ τῷ Φιλοστράτῳ ἐν Ἀριστείδου βίῳ ἐπιγραφόμενος, Ἰσοκράτης Ἀθηναίους ἐξάγων τῆς θαλάσσης. IDEM.

Ἐπαφεῖναι] Proprie *immisisse*, pro ἐκδεδωκέναι, *edidisse*. AUGER. Ἀπὸ μεταφορᾶς εἰρημένον τῶν ἀφιεμένων ἐπί τινα καὶ παρορμωμένων κυνῶν. COR.

Κοινὸν] *vulgare*, quibus plurimi utuntur. LANG.

Κατασκευὴν ἰδίαν] *conformationem.* Vult nempe, ut exemplo Isocratis methodice apponatur: *tametsi omnes hoc modo exordiri solent.* IDEM.

SUMMARIUM. (α'.) Si unquam oratori licet ejusmodi exordio uti: 'De maximis rebus atque summo studio dignis ad concionandum accedo,' certe de ea re licet, de qua nunc deliberaturi convenimus, de bello, inquam, ac pace. (β'.) Scio quidem, vos nemini attentam præbere aurem præterquam iis, qui vestræ plus habendi cupiditati blandientes ad bellum vos adhortantur; sed ipsam hanc vestram cupiditatem, quæ facit, ut oratores non quid reipublicæ expediat, sed quid vobis placeat, meditentur, sedandam esse arbitror. (γ'.) Atqui vobis, qui quod deliberaturi estis, nondum certo scitis, sed ob id ipsum deliberatis, quod quid faciendum sit, nescitis, non tam ii audiendi sunt, qui cupiditati vestræ gratificantur, quam ii, qui adversantur eidem, quum ab his verum audire, ab illis facillime decipi possitis. (δ'.) Quum vero in rebus privatis prudentiores in consilium adhibeatis, in publicis contra insipientiores, quid mirum est, vos ad bellum tam paratos esse et calamitatum immemores, quibus bello oppressi fuistis, iis, qui pacem suadent, maxime adversari? (ε'.) Quanquam vero scio, quam arduum sit, vestris adversari sententiis, libertatemque loquendi iis tantum in hac democratia concessam esse, qui vestra delicta efferant, non, qui emendare velint, tamen primum de iis, quæ Prytanes retulerunt, deinde et de cæteris reipublicæ negotiis, sententiam libere aperiam. (ς'.) *Pars prima.* Pacem igitur cum omnibus faciendam esse censeo, et quidem his conditionibus, quæ Græcos sui juris esse ac suam quemque regionem tenere jubeant. (ζ'.) Etsi autem ab initio injustum videbitur, si, nobis alienas possessiones relinquentibus, reliqui nostrum exemplum non sequuntur, tamen, si orationem ad finem attente audiveritis, dementiæ atque insaniæ condemnabitis eos, qui alienas urbes vi tenent, nec, quæ ex ejusmodi

περὶ ὧν ἂν αὐτοὶ μέλλωσι [1]συμβουλεύσειν· οὐ μὴν ἀλλ' εἰ καὶ περὶ ἄλλων τινῶν πραγμάτων [2]ἥρμοσε τοιαῦτα προει-

[1] συμβουλεύειν A. L. [2] ἥρμοζε A. C. L.

factis calamitates oriantur, animadvertunt. (η'.) Ac primum quidem de pace et quid in præsentia optemus, deinde de aliis rebus sermo erit. (θ'.) Quodsi in præsentia securitatem, necessitates, concordiam ac bonam apud alios existimationem desideramus, bellum certe hæc bona nobis eripuit, pax restituet, et insuper ab externis hostibus liberabit. (ι'.) At vero non solum pax facienda est, sed deliberandum etiam, qua ratione illam conservemus, nec tantum dilationem, sed præsentium malorum liberationem inveniamus; quod fieri non potest, nisi vobis pluribus demonstravero, quietem esse sollicitudini præferendam, improbitati justitiam, suarum rerum curam cupiditati alienarum, etsi de his rebus nemo oratorum apud vos verba facere conatus est. (ια'.) Omnes quidem homines commodum suum spectant, sed viam nescientes, diversas rationes ineunt. Ita nos quoque Græcorum imperium expetentes, dum a recta via aberramus, nil nisi inimicitias, bella et sumptus nobis paramus. (ιβ'.) Qui justitiam probatam quidem, sed inutilem, vel justos etiam miseriores habent injustis, in maximo isti errore versantur. Sola virtus ejusque pars justitia est, quæ, etsi non semper, plerumque tamen, non in præsentia tantum, sed etiam in omne ævum felices nos reddat. (ιγ'.) Utinam vero æque facile sit, virtutem extollere atque auditores ad eam colendam deducere, corruptos nempe ad hominibus, qui nihil aliud quam decipere possunt, quique quando largitionibus corrupti bellum aliquibus inferre volunt, majores esse imitandos dicere audent, etc. (ιδ'.) Quos lubenter interrogarem, utros majorum nobis ad imitandum commendent, an eos, qui tempore belli Persici fuerunt, an qui ante bellum Decelicum rempublicam gesserunt. Loquar an taceam, dubito. (ιε'.) Quanquam autem gravius irascimini iis, qui delicta vestra reprehendunt, quam malorum vestrorum auctoribus, tamen, quia ægrotis animis nullum aliud remedium est, quam libere reprehendens sermo, meus patriæ amor postulat, ut loquar ac vituperem. (ιϛ'.) Laudamus majores, illisque contraria facimus. Illi enim contra barbaros pugnarunt, Græcis libertatem donarunt, pro Græcorum salute urbem suam reliquerunt, nos vero adversus Græcos cum Græcis militibus pugnamus, Græcos servitute opprimimus, ne pro amplificando quidem dominatu nostro dimicare volumus, ipsi indigentes rebus ad victum necessariis, peregrinum militem eumque omni flagitiorum genere corruptissimum alere conamur, conductitios milites gravi armatura dignamur, et cives remigare cogimus. (ιζ'.) Verum non militiæ solum, sed etiam domi deterrime ac perturbatissime res nostras administramus, civitatem, qua gloriamur, cuivis impertientes, leges, quarum plurimas ferimus, ubivis negligentes, belli concitatores tanquam democratiæ fautores æstimantes, sententias in concione semper mutantes, pessimos consultores adhibentes, improbissimos civium fidelissimos reipublicæ custodes existimantes, eos denique, a quibus nemo vel de privatis vel de publicis rebus consilium peteret, summa potestate instructos emittentes. (ιη'.) Causa vero, quare tam male nobis consulentes non incolumes tantum, sed etiam nulla civitate opibus ac potentia inferiores simus, in hostium nostrorum erratis quærenda est, in quibus salutis spes nullo modo in posterum collocanda erit. (ιθ'.) Ne quis vero eorum, qui saniori mente sunt, mihi objiciat, vituperare facilius esse quam emendare, equidem, quum libere dicere aggressus sim, pari modo de mali nostri curatione loqui pergam. (κ'.) Vera quidem erit oratio nostra, sed haud jucunda vobis, qua ostendam, quomodo ad pietatem, moderationem et justitiam, tanquam felicitatis fundamenta, pervenire possimus. (κα'.) *Pars altera.* Censeo igitur, et feliciores et meliores nos fore, si maris imperium, quod omnium malorum causa fuit, concupiscere destiterimus, demonstraturus, illud neque justum esse neque utile, neque denique acquiri posse. (κβ'.) Ac primum injustum esse, a vobis ipsis didici, quippe qui, quum Lacedæmonii istam potentiam tenerent, nunquam eorum principatum accusare cessavistis, neque prius destitistis, terra marique pugnare, quam Lacedæmonii de libertate Græcorum fœdera facere voluerunt. (κγ'.) Deinde qui possumus in præsenti penuria rem comparare, quam in præterita abundantia amisimus, iis præsertim institutis usi, quibus non acquisivimus, eam, sed amisimus? (κδ'.) Antequam vero ad tertium progrediar, vobisque hanc potestatem inutilem esse demonstrem, iterum quædam præfari cogor, ne urbem imprimis accusare instituisse videar. (κε'.) Nolo autem vos apud alios criminari, sed a præsentibus studiis abducere. Hinc, quamvis

πεῖν, δοκεῖ μοι πρέπειν καὶ περὶ τῶν [1] νῦν παρόντων [2] ἐντεῦθεν ποιήσασθαι τὴν ἀρχήν. ἥκομεν γὰρ ἐκκλησιάσοντες b

[1] νυνὶ A. C. L. [2] πραγμάτων ἐντεῦθεν A. L. [πραγμάτων] ἐντεῦθεν C.

verba criminationis speciem habeant, mente tamen differunt, ideoque non malevolus, sed optimus civis vocari mereor. (κς'.) Optime, inquam, perspicietis, maris imperium nobis inutile esse, si reipublicæ statum ante acceptam istam potentiam cum præsenti forma contuleritis. (κζ'.) Ante maris imperium populus Atheniensis, ab optimis oratoribus ductus, fortis et laboriosus et temperans fuit, tantaque apud omnes fide gaudebat, ut se ultro traderent, idem vero maris imperio et malignis demagogis pigritiæ, ignaviæ vanæque spei plenus redditus est, tantumque odium sibi peperit, ut parum abesset, quin sociorum consensu urbs nostra excinderetur. (κη'.) Ne vero patrum nostrorum, imperii tempore rempublicam administrantium, delicta percensendo indignationem vestram nimium moveam, sepositis iis, quæ vobis odiosissima esse possint, ea solummodo commemorabo, e quibus amentiam illorum optime cognoscere possitis. (κθ'.) Pecuniam, quæ ex tributis supererat, populo in theatro distribuerunt, atque occisorum in bello pupillos introduxerunt, scilicet quo sociis facultatum suarum æstimationem et aliis clades ipsorum demonstrarent. Usqueadeo sua neglexerunt et aliena appetiverunt, ut, dum in conspectu suo patria a Lacedæmoniis vastabatur, in Siciliam triremes implerent, Italiamque cum Carthagine expugnare sperarent. Neque tamen calamitatibus correcti sunt. In Ægypto ducentas triremes cum ipsis hominibus, ad Cyprum quinquaginta et centum, in Ponto decem millia armatorum, partim civium, partim sociorum, amiserunt; in Sicilia quadraginta millia virorum cum ducentis et quadraginta triremibus; in Hellesponto denique ducentæ perierunt. Sepulcra publica civibus et civium tabulas exteris implebant, ita ut nobilissimorum virorum generibus amplissimisque familiis sub hoc imperio eversis, permutati et pæne alii facti videamur. (λ'.) Quodsi ea civitas laudanda est, quæ antiquissimas familias studiosius conservat, iique viri æmulandi sunt, qui imperio, quod iis a populo defertur, digni sunt, imitari ac laudari merentur circa Persica bella viventes, qui victu quotidiano non egentes nec abundantes, æquitatem reipublicæ gerendæ suasque virtutes laudi sibi ducentes suavissimam vitam transigebant. Hos autem proxime secuti, non principatum obtinere, sed tyrannidem exercere maluerunt, quorum alterum ab altero longissime distat. Quo factum est, ut, tyrannorum fortuna usi, suas arces suosque liberos hostium potestati permittere cogerentur. (λα'.) Quis vero nostrum est, nisi sit mente captus, omniumque, quæ homini sancta et cara esse solent, prorsus negligens, qui imperii ejusmodi calamitates, mediocris vitæ prosperitati, opesque justitiæ anteponere possit? E quibus omnibus apparet, et nostram terram viros aliis præstantiores alere, et imperium maris omnes, qui illo utuntur, deteriores efficere. (λβ'.) Atque hanc sui ipsius naturam citius etiam in Lacedæmoniis patefecit, quorum constitutionem, per septingentos annos intactam, ita concussit, ut parum abesset, quin funditus interiret. Reddidit enim illos injustos, socordes, iniquos, avaros, sociorum contemptores, alienarum rerum appetentes, jurisjurandi ac fœderum negligentes, bellorumque ita studiosos, ut neque sociis neque maxima sibi tribuentibus parcerent. Exemplo sunt Chii, Thebani rexque Persarum. (λγ'.) Hinc causa malorum Spartæ non in Leuctrica clade, sed in iis quærenda est, quæ istam cladem anteiverunt, quum Lacedæmonii alios vastabant, alios vexabant, respublicas aliorum abrogabant, alios denique bellis ac seditionibus implebant. Hac demum principatus licentia factum est, ut etiam terrestre imperium, cujus bona gubernatione maris illud facile acceperant, celeriter amitterent, neglectis nempe patrum legibus et institutis, nec cogitantes, istam potestatem meretricibus esse similem, quæ amatores alliciunt ac perdunt. (λδ'.) Hanc vero esse nimiæ potentiæ naturam et indolem, et Lacedæmoniorum et nostra simillima exempla docent. Utrique enim simulatque hanc potestatem adepti sumus, omni flagitiorum genere maculati et sociis invisi redditi, alteri alteros ab interitu vindicavimus. (λε'.) Neque vero mirum est, Lacedæmonios et Athenienses de maxima malorum causa armis contendisse, quum plurimorum natura ferat, ut vel in iis rebus, quæ illis præcipue curæ sunt, noxia utilibus anteponant, et hostibus melius quam sibimetipsis consulant. (λς'.) Idemque evenire videmus iis, qui in libera civitate potestatem summam, rem et odii et periculi plenissimam, summis viribus appetunt, aliosque sua ipsorum cupiditate veluti excusatos reddunt. (λζ'.) Quod de monarchia probatis, idem de maris imperio negatis, etsi monarchia a maris imperio nihil prorsus differt, atque pru-

[1] περὶ πολέμου καὶ εἰρήνης, ἃ μεγίστην ἔχει δύναμιν ἐν τῷ βίῳ τῷ τῶν ἀνθρώπων, καὶ περὶ ὧν ἀνάγκη τοὺς ὀρθῶς βουλευομένους, ἄμεινον τῶν ἄλλων πράττειν. τὸ μὲν οὖν μέγεθος, ὑπὲρ ὧν συνεληλύθαμεν, τηλικοῦτόν ἐστιν.

[1] περί τε A. C. L.

dentiæ non levissimum signum est, de iisdem rebus eadem ubique judicare. Thebanos quidem injuste agere creditis, quoniam finitimos lædunt, vos autem ipsi, qui in socios non æquiores estis, quam illi in Bœotos, justitiam exercere putatis. (λη'.) Quodsi inquirere velitis, quæ causa sit, quare nostra et Lacedæmoniorum civitas ab exiguis initiis profecta Græcis imperarint, ac deinde, aucta in immensum potentia, de excidio dimicarint, quareque Thessali, a majoribus maxima potentia instructi, in maximas angustias adducti sint, Megarenses autem, quibus ab initio res parvæ et tenues essent, maximas inter Græcos facultates nunc possideant, illi bello premantur, hi pace fruantur; omnium malorum causam esse, invenietis, intemperantiam et superbiam, bonorum vero modestiam, quæ a civitatibus multo magis colenda est, quam a privatis hominibus, quum civitas, ob immortalitatem, humanam ac divinam pœnam vix effugiat, privatus vero fortasse prius obierit, quam scelerum pœnas dare possit. (λθ'.) Cujus rei memores non iis auscultare debetis, qui in præsentia grata dicentes futuri temporis nullam rationem habent, quique, dum populo studere simulant, totam rempublicam evertunt, sed iis, qui rempublicam amplificaverunt, et quorum consiliis democratia multos per annos neque mota neque mutata est, quique viros in exsilium per Triginta actos revocarunt, et ob virtutem maxime celebrantur. (μ'.) Licet vero tam multa monumenta exstent, e quibus, qualis sub utrorumque administratione urbis conditio fuerit, appareat, ita tamen oratorum improbitate delectamur, ut hosce divites ac beatos, cives vero, ob bella et excitatas ab iis turbas, inopes ac infelices factos esse, æquis animis feramus. Qui quidem a Pericle tantum differunt, ut hic octo millibus talentorum in arcem relatis minorem censum relinqueret, quam a patre acceperat, hi contra e pauperibus ditissimi facti sint, populumque pauperiem pati cogant. (μα'.) Miror equidem, si non perspicere possitis, nullum genus hominum populo inimicius et malevolentius esse, quam oratores improbos et plebis concitatores, qui dum ipsi regnare cupiunt, nihil magis optant, quam ut cives etiam iis indigeant, quæ ad victum necessaria sunt, siquidem opulentiores civitati bene volunt, pauperes vero ipsis servire coguntur. (μβ'.) *Peroratio.* Quæ bis malis medela adhiberi possit, antea quidem jam dixi, sed uti in mentem incurrebat. Hinc repetere ea, quæ gravioris momenti sunt, non inutile erit. (μγ'.) Res igitur civitatis emendabimus feliciores que reddemus, primum, si tales consiliarios in publicis negotiis adhibuerimus, quales in privatis nobis contingere optamus, neque calumniatores pro popularibus, honestos vero pro oligarchicis habuerimus. (μδ'.) Deinde socii eodem loco habendi sunt, quo amici, neque iis dominorum more, sed amicorum præesse debemus. (με'.) Denique præter pietatem in deos nihil nobis potius esse debet, quam apud Græcos bene audire. (μς'.) Quodsi his accesserit, ut exercitatione et apparatu bellicosi, revera pacis studiosi simus, non tantum civitatem nostram, sed omnes omnino Græcos felices reddimus. Potentiores enim Græciæ civitates, quibus inferiorem aliquam lædendi animus erit, ubi paratum viderint nostram læsis opitulari, aut abstinebunt, aut omnes, qui in angustiis et metu erunt, ad nos confugient seque nobis tradent. Hinc neque amici nobis, neque opes et potentia, neque denique gloria deerunt, si, in aliorum injuriis et insania, primi nos ad sanam mentem reversi, recuperata majorum laude, libertatis potius vindices quam Græciæ pestis fuerimus appellati. (μζ'.) Totius autem rei caput est, si maledicta, quibus nunc petimur, exstinguere et a bellis temere susceptis cessare principatumque in omne tempus tenere cupimus, ut principatus noster non tyrannico imperio, sed Lacedæmoniorum regum illi similis sit, qui suos servare, non opprimere solent, indeque apud cives suos in maximo honore et amore sunt. (μη'.) Juniores vero et per ætatem robustiores in fine moneo, ut ea dicant et scribant, quibus maximas civitates aliisque mala inferre solitas ad virtutem et justitiam adhortentur, cogitantes, a Græciæ salute suam quoque ipsorum prosperam fortunam pendere. Lang. Videtur scripta fuisse oratio anno ante Christum 337. et Isocratis ætatis 79. Auger.

Μέγεθος] Sub. τούτων. Idem.

β'. Ὁρῶ δ' ὑμᾶς οὐκ ἐξ ἴσου τῶν λεγόντων τὴν ἀκρόασιν ποιουμένους, ἀλλὰ τοῖς μὲν προσέχοντας τὸν νοῦν, τῶν
δ' οὐδὲ τὴν φωνὴν ἀνεχομένους. καὶ θαυμαστὸν οὐδὲν ποιεῖτε·
καὶ γὰρ τὸν ἄλλον χρόνον εἰώθατε πάντας τοὺς ἄλλους ἐκ- c
βάλλειν, πλὴν τοὺς συναγορεύοντας ταῖς ὑμετέραις ἐπιθυμίαις. ὃ καὶ δικαίως ἄν τις ὑμῖν ἐπιτιμήσειεν, ὅτι, συνειδότες πολλοὺς καὶ μεγάλους οἴκους ὑπὸ τῶν κολακευόντων
ἀναστάτους γεγενημένους, καὶ μισοῦντες ἐπὶ τῶν ἰδίων
τοὺς ταύτην ἔχοντας τὴν [1]τέχνην, ἐπὶ τῶν κοινῶν οὐχ
ὁμοίως διάκεισθε πρὸς αὐτούς, ἀλλὰ κατηγοροῦντες τῶν
προσιεμένων καὶ χαιρόντων τοῖς τοιούτοις αὐτοὶ φαίνεσθε d
μᾶλλον τούτοις πιστεύοντες ἢ τοῖς ἄλλοις πολίταις. καὶ
[2]γάρ τοι πεποιήκατε τοὺς ῥήτορας μελετᾶν καὶ φιλοσοφεῖν
οὐ τὰ μέλλοντα τῇ πόλει συνοίσειν, ἀλλ' ὅπως ἀρέσκοντας ὑμῖν λόγους ἐροῦσιν· ἐφ' οὓς καὶ νῦν τὸ πλῆθος αὐτῶν
συνεῤῥύηκεν. [3]πᾶσι γὰρ ἦν φανερόν, ὅτι μᾶλλον [4]ἡσθή-
σεσθε τοῖς παρακαλοῦσιν ὑμᾶς ἐπὶ τὸν πόλεμον ἢ τοῖς
159 περὶ τῆς εἰρήνης συμβουλεύουσιν. οἱ μὲν γὰρ προσδοκίαν e
ἐμποιοῦσιν ὡς καὶ τὰς κτήσεις τὰς ἐν ταῖς πόλεσι κομιούμεθα καὶ τὴν δύναμιν ἀναληψόμεθα πάλιν ἣν [5]πρότερον
ἐτυγχάνομεν ἔχοντες· οἱ δ' οὐδὲν τοιοῦτον [6]ὑποτείνουσιν,
ἀλλ' ὡς ἡσυχίαν ἔχειν δεῖ καὶ μὴ μεγάλων ἐπιθυμεῖν
παρὰ τὸ δίκαιον, ἀλλὰ στέργειν τοῖς παροῦσιν, ὃ χαλεπώ- 160
τατον πάντων τοῖς πλείστοις τῶν ἀνθρώπων ἐστίν. οὕτω
γὰρ ἐξηρτήμεθα τῶν ἐλπίδων καὶ πρὸς τὰς δοκούσας εἶναι
πλεονεξίας ἀπλήστως ἔχομεν, ὥστ' οὐδ' οἱ κεκτημένοι
τοὺς μεγίστους πλούτους μένειν ἐπὶ τούτοις ἐθέλουσιν,
ἀλλ' ἀεὶ τοῦ πλείονος ὀρεγόμενοι [7]περὶ τῶν ὑπαρχόντων

[1] γνώμην A. C. L. [2] γὰρ αὐτοὶ A. L. [3] ἅπασι γάρ ἐστι A. C. L.
[4] ἥδεσθε A. C. L. [5] καὶ πρότερον A. C. L. [6] προτείνουσιν A. C. L.
[7] καὶ περὶ A. C. L.

Ὑπὸ τῶν κολακευόντων] Ὑπὸ τῶν δημηγόρων, οἳ λέγουσιν ὑμῖν ἐν ταῖς ἐκκλησίαις, ὅτι οὐδὲν πώποτε πεπλημμελήκατε. Ἔπιθι Ἐπιστ. Β. η'. Cor.

Ἀλλὰ κατηγοροῦντες — τοιούτοις] *quum reprehendatis istos, qui tales viros* (adulatores) *admittant eorumque consuetudine delectentur.* Lang.

Φιλοσοφεῖν] Idem ac πονεῖσθαι juxta Harpocrat. *laborando exquirere.* φιλοσοφεῖν ὅπως, *laborare, studere, ut.* Auger.

Ὅπως ἀρέσκοντας κ. τ. λ.] Εὐριπίδ. Ἑκάβ. 252.

Ἀχάριστον ὑμῶν σπέρμ', ὅσοι δημηγόρους
Ζηλοῦτε τιμάς· μηδὲ γιγνώσκοιθ' ἐμοί,
Οἳ τοὺς φίλους βλάπτοντες οὐ φροντίζετε,
Ἢν τοῖσι πολλοῖς πρὸς χάριν λέγητέ τι.
Cor.

κινδυνεύουσιν. ὅπερ ἄξιόν ἐστι δεδιέναι, μὴ καὶ νῦν ἡμεῖς
ἔνοχοι γενώμεθα ταύταις ταῖς ἀνοίαις· λίαν γάρ τινές
b μοι δοκοῦσιν ὡρμῆσθαι πρὸς τὸν πόλεμον, ὥσπερ οὐ τῶν
τυχόντων συμβεβουλευκότων, [1] ἀλλὰ τῶν θεῶν ἀκηκοότες
ὅτι [2] κατορθώσομεν ἅπαντα καὶ ῥᾳδίως τῶν ἐχθρῶν ἐπικρατήσομεν.

γʹ. Χρὴ δὲ τοὺς νοῦν ἔχοντας περὶ μὲν ὧν ἴσασι μὴ
βουλεύεσθαι — περίεργον γὰρ — ἀλλὰ πράττειν ὡς ἐγνώ-
κασι, περὶ ὧν δ' ἂν βουλεύωνται, μὴ νομίζειν εἰδέναι
c τὸ συμβησόμενον, ἀλλ' ὡς δόξῃ μὲν χρωμένους, ὅ τι ἂν
τύχῃ δὲ γενησόμενον, οὕτω διανοεῖσθαι περὶ αὐτῶν. ὧν
ὑμεῖς οὐδέτερον τυγχάνετε ποιοῦντες, ἀλλ' ὡς οἷόν τε ταραχωδέστατα διάκεισθε. συνεληλύθατε μὲν γὰρ ὡς δέον
ὑμᾶς ἐξ ἁπάντων τῶν ῥηθέντων ἐκλέξασθαι τὸ βέλτιστον,
ὥσπερ δ' ἤδη σαφῶς εἰδότες ὃ πρακτέον ἐστὶν, οὐκ ἐθέλετ'
ἀκούειν πλὴν τῶν πρὸς ἡδονὴν δημηγορούντων. καίτοι
d προσῆκεν ὑμᾶς, εἴπερ ἠβούλεσθε ζητεῖν τὸ τῇ πόλει συμφέρον, μᾶλλον τοῖς ἐναντιουμένοις ταῖς ὑμετέραις γνώμαις
προσέχειν τὸν νοῦν ἢ τοῖς καταχαριζομένοις, εἰδότας, ὅτι
τῶν ἐνθάδε παριόντων οἱ μὲν ἃ βούλεσθε λέγοντες ῥᾳδίως
ἐξαπατᾶν δύνανται — τὸ γὰρ πρὸς χάριν ῥηθὲν ἐπισκοτεῖ
τῷ καθορᾶν ὑμᾶς τὸ βέλτιστον —, ὑπὸ δὲ τῶν μὴ πρὸς
ἡδονὴν συμβουλευόντων οὐδὲν ἂν πάθοιτε τοιοῦτον· οὐ γάρ
e ἐστιν ὅπως ἂν μεταπεῖσαι δυνηθεῖεν ὑμᾶς, μὴ φανερὸν
τὸ συμφέρον ποιήσαντες. χωρὶς δὲ τούτων πῶς ἂν ἄνθρωποι
καλῶς δυνηθεῖεν ἢ κρῖναι περὶ τῶν γεγενημένων ἢ βουλεύ- 160
σασθαι περὶ τῶν μελλόντων, εἰ μὴ τοὺς μὲν λόγους τοὺς
161 τῶν ἐναντιουμένων παρ' ἀλλήλους ἐξετάζοιεν, αὐτοὶ δ'
αὑτοὺς κοινοὺς ἀμφοτέροις ἀκροατὰς [3] παράσχοιεν;

δʹ. Θαυμάζω δὲ τῶν [4] τε πρεσβυτέρων, εἰ μηκέτι μνη-

[1] ἀλλ' ὡς τῶν A. C. L. [2] καὶ κατορθώσομεν A. C. L. [3] παρέχοιεν A. C. L. [4] τε om. A. C. L.

Ὅπερ ἄξιον] Malim διόπερ ἄξιον. WOLF. Ἄμεινον. COR.

Ὡς δόξῃ — περὶ αὐτῶν] Ordo verborum hic est: χρὴ οὕτω διανοεῖσθαι περὶ αὐτῶν, ὡς δόξῃ μὲν χρωμένους, γενησόμενον δ' ὅ, τι ἂν τύχῃ. Τὸ δόξῃ χρῆσθαι est δοξάζειν καὶ οἴεσθαι, et γενησόμενον ἀντὶ τοῦ γενησομένου, ut mox ὡς δέον pro ὡς δέοντος, ὡς ἂν δέῃ. WOLF.

Μεταπεῖσαι] Ἕτερόν τι ἢ τοὐναντίον πεῖσαι, οὗ βούλεσθε. IDEM.

Εἰ μὴ τοὺς μὲν λόγους τοὺς τῶν ἐναντιουμένων] F. leg. εἰ μὴ τῶν μὲν λόγων τοὺς ἐναντιουμένους. AUGER. Quod opus non est. LANG.

μονεύουσι, καὶ τῶν νεωτέρων, εἰ μηδενὸς ἀκηκόασιν, ὅτι διὰ
μὲν τοὺς παραινοῦντας ἀντέχεσθαι τῆς εἰρήνης οὐδὲν πώποτε
κακὸν ἐπάθομεν, διὰ δὲ τοὺς ῥᾳδίως τὸν πόλεμον [1]αἱρου-
μένους πολλαῖς ἤδη καὶ μεγάλαις συμφοραῖς περιεπέσομεν.
ὧν ἡμεῖς οὐδεμίαν ποιούμεθα μνείαν, ἀλλ' ἑτοίμως ἔχομεν,
μηδὲν εἰς τοὔμπροσθεν ἡμῖν αὐτοῖς πράττοντες, τριήρεις b
πληροῦν καὶ χρημάτων εἰσφορὰς ποιεῖσθαι καὶ βοηθεῖν καὶ
πολεμεῖν οἷς ἂν τύχωμεν, ὥσπερ ἐν ἀλλοτρίᾳ τῇ πόλει
κινδυνεύοντες. τούτων δ' αἴτιόν ἐστιν, ὅτι [2]προσῆκον
ὑμᾶς ὁμοίως ὑπὲρ τῶν κοινῶν ὥσπερ ὑπὲρ τῶν ἰδίων σπουδάζειν, [3]οὐ τὴν αὐτὴν γνώμην ἔχετε περὶ αὐτῶν, ἀλλ'
ὅταν μὲν ὑπὲρ τῶν ἰδίων βουλεύησθε, ζητεῖτε συμβούλους
τοὺς ἄμεινον φρονοῦντας ὑμῶν αὐτῶν, ὅταν δὲ ὑπὲρ [4]τῆς c
πόλεως ἐκκλησιάζητε, τοῖς μὲν τοιούτοις ἀπιστεῖτε καὶ
φθονεῖτε, τοὺς δὲ [5]πονηροτάτους τῶν ἐπὶ τὸ βῆμα παριόντων [6]ἀσκεῖτε, καὶ νομίζετε δημοτικωτέρους εἶναι τοὺς μεθύοντας τῶν νηφόντων καὶ τοὺς νοῦν οὐκ ἔχοντας τῶν εὖ
φρονούντων καὶ τοὺς τὰ τῆς πόλεως διανεμομένους τῶν ἐκ
τῆς ἰδίας οὐσίας ὑμῖν λειτουργούντων. ὥστ' ἄξιον θαυμάζειν, εἴ τις ἐλπίζει τὴν πόλιν τοιούτοις συμβούλοις χρω- d
μένην ἐπὶ τὸ βέλτιον ἐπιδώσειν.

έ. Ἐγὼ δ' οἶδα μὲν ὅτι πρόσαντές ἐστιν ἐναντιοῦσθαι
ταῖς ὑμετέραις διανοίαις, καὶ ὅτι δημοκρατίας οὔσης οὐκ
ἔστι παῤῥησία, πλὴν ἐνθάδε μὲν τοῖς ἀφρονεστάτοις καὶ
μηδὲν ὑμῶν φροντίζουσιν, ἐν δὲ τῷ θεάτρῳ τοῖς κωμῳδοδι-
δασκάλοις — ὃ καὶ πάντων ἐστὶ δεινότατον, ὅτι τοῖς μὲν
ἐκφέρουσιν εἰς τοὺς ἄλλους Ἕλληνας τὰ τῆς πόλεως ἁμαρ-

[1] ἀναιρουμένους A. C. L. [2] προσῆκεν A. [3] ὑμεῖς δὲ οὐ A. C. L.
[4] τῶν τῆς A. C. L. [5] πονηροὺς C. L. [6] ἐπαινεῖτε A C. L.

Μηδὲν εἰς τοὔμπροσθεν ἡμῖν αὐτοῖς πράττοντες] Alii aliter interpretantur, sed haud dubie sententia est: *μηδὲν προκόπτοντες διὰ τούτων καὶ μηδὲν ὠφελούμενοι.* Recte Onophrius Bartholinus [cui assentitur Langius]: *nullam ex ea re utilitatem nobis comparantes.* WOLF. *nihil facientes nobismetipsis in anteriora,* i. e. juxta me, de futuro securi, non solliciti. AUGER. Πράττοντες ἀντὶ τοῦ προκόπτοντες, τοῦ νοῦ μηδὲν ὡς εἰπεῖν παραλλάττοντος. ἔστι γάρ· Μηδὲν ἑαυτοῖς ποιοῦντες, ὧν χρὴ ποιεῖν τοὺς εἰς τοὔμπροσθεν προχωρῆσαι βουλομένους. Ὡς τοίνυν τὸ τοῦ Πλάτωνος Πολιτ. I. 604. Εἰς τὸ πρόσθεν προβαίνειν, οὕτω καὶ τὸ τοῦ Ἰσοκράτους Εἰς τοὔμπροσθεν πράττειν, μόνῃ σχεδὸν τῇ λέξει διαφέρει τοῦ Εὐριπιδείου Ἑκάβ. 960. Εἰς πρόσθεν προκόπτειν. COR. Eum vide.

Πρόσαντες] Δυσχερὲς, ἀηδὲς, ὡς ἐξηγεῖται Ἡσύχιος. COR.

Παῤῥησία] Ἐξουσία, ἄδεια τοῦ λαλεῖν. IDEM.

Ἐνθάδε] *in suggestu.* LANG.

Τοῖς κωμῳδοδιδασκάλοις] Τοῖς ποιοῦσι καὶ διδάσκουσι τὰς κωμῳδίας, οἷος ἦν Ἀριστοφάνης, ὁ τοσαῦτά τε καὶ τοιαῦτα σκώψας τοὺς Ἀθηναίους. COR.

e τήματα τοσαύτην ἔχετε χάριν, ὅσην οὐδὲ τοῖς εὖ ποιοῦσι, πρὸς δὲ τοὺς ἐπιπλήττοντας καὶ νουθετοῦντας ὑμᾶς οὕτω διατίθεσθε δυσκόλως, ὥσπερ [1] πρὸς τοὺς κακόν τι τὴν πόλιν 161
ἐργαζομένους —· ὅμως δὲ καὶ τούτων ὑπαρχόντων οὐκ ἂν ἀποσταίην ὧν διενοήθην. παρελήλυθα γὰρ οὐ χαριούμενος
162 ὑμῖν οὐδὲ χειροτονίαν μνηστεύσων, ἀλλ' ἀποφανούμενος ἃ τυγχάνω γιγνώσκων πρῶτον μὲν περὶ ὧν οἱ πρυτάνεις προτιθέασιν, ἔπειτα [2] περὶ τῶν ἄλλων τῶν τῆς πόλεως πραγμάτων· οὐδὲν γὰρ ὄφελος [3] ἔσται τῶν νῦν περὶ τῆς εἰρήνης γνωσθέντων, ἢν μὴ καὶ περὶ τῶν λοιπῶν ὀρθῶς βουλευσώμεθα.

ϛʹ. Φημὶ δ' οὖν χρῆναι ποιεῖσθαι τὴν εἰρήνην μὴ μόνον πρὸς Χίους καὶ Ῥοδίους καὶ [4] Βυζαντίους, ἀλλὰ πρὸς
b ἅπαντας ἀνθρώπους, καὶ χρῆσθαι ταῖς συνθήκαις μὴ ταύταις αἷς νῦν τινὲς γεγράφασιν, ἀλλὰ ταῖς γενομέναις μὲν πρὸς βασιλέα καὶ Λακεδαιμονίους, προσταττούσαις δὲ Ἕλληνας αὐτονόμους εἶναι καὶ τὰς φρουρὰς ἐκ τῶν ἀλλοτρίων πόλεων ἐξιέναι καὶ τὴν αὑτῶν ἔχειν ἑκάστους. τούτων γὰρ οὔτε δικαιοτέρας εὑρήσομεν οὔτε μᾶλλον τῇ πόλει συμφερούσας.

c ζʹ. Ἢν μὲν οὖν ἐνταῦθα καταλίπω τὸν λόγον, οἶδ' ὅτι δόξω τὴν πόλιν ἐλαττοῦν, εἰ Θηβαῖοι μὲν ἕξουσι Θεσπιὰς καὶ Πλαταιὰς καὶ τὰς ἄλλας πόλεις ἃς παρὰ τοὺς ὅρκους κατειλήφασιν, ἡμεῖς δὲ ἔξιμεν μηδεμιᾶς ἀνάγκης οὔσης ἐξ ὧν τυγχάνομεν ἔχοντες· ἢν δὲ διὰ τέλους ἀκούσητέ μου προσέχοντες τὸν νοῦν, οἶμαι πάντας [5] ὑμᾶς καταγνώσεσθαι πολλὴν ἄνοιαν καὶ μανίαν τῶν τὴν ἀδικίαν πλεονεξίαν
d εἶναι νομιζόντων καὶ τῶν τὰς ἀλλοτρίας πόλεις βίᾳ [6] κατεχόντων καὶ μὴ λογιζομένων τὰς συμφορὰς τὰς ἐκ τῶν

[1] πρὸς om. A. L. [2] καὶ περὶ A. C. L. [3] ἐστι C. L.
[4] Βυζαντίους καὶ Κώους A. [5] ἂν ὑμᾶς A. C. L. [6] κατεχόντων βίᾳ A. C. L.

Χειροτονίαν] *suffragia*, i. e. magistratus qui dabantur per suffragia populi. AUGER. Οὐδὲ τοῦτο σπουδάζων, ὅπως διὰ τῆς χειροτονίας ψηφίσησθε ἃ μέλλω λέξειν. COR. Cf. Areopag. §. λθʹ.

Περὶ ὧν] Περὶ πολέμου δήπου καὶ εἰρήνης. WOLF.

Πρυτάνεις] Præsides senatus quingentorum, qui ad populum referebant id de quo deliberandum esset. AUGER.

Φημὶ δ' οὖν κ. τ. λ.] Observetur hic probari quod in Panegyrica improbatum est, fœdus scilicet Persicum Antalcida Lacedæmonio interprete factum. WOLF. Cf. Diodor. Sic. xvi. 7. 21.

Πλεονεξίαν] Κέρδος. ἐπὶ καλοῦ γὰρ ἐνταῦθα ἡ λέξις. COR.

τοιούτων ἔργων γιγνομένας. ταῦτα μὲν οὖν διὰ παντὸς τοῦ
λόγου [1]πειρασόμεθα διδάσκειν ὑμᾶς.
η'. Περὶ δὲ τῆς εἰρήνης πρῶτον διαλεχθῶμεν, καὶ σκεψώμεθα τί ἂν ἐν τῷ παρόντι γενέσθαι [2]βουληθεῖμεν ἡμῖν.
ἢν γὰρ ταῦτα [3]καλῶς ὁρισώμεθα καὶ νουνεχόντως, πρὸς
ταύτην τὴν ὑπόθεσιν ἀποβλέποντες ἄμεινον βουλευσόμεθα e
καὶ περὶ τῶν ἄλλων.
θ'. Ἆρ' οὖν ἂν ἐξαρκέσειεν ἡμῖν, εἰ τήν τε πόλιν ἀσφα-
162 λῶς οἰκοῖμεν καὶ τὰ [4]περὶ τὸν βίον εὐπορώτεροι γιγνοί-
μεθα καὶ τά τε πρὸς ἡμᾶς αὐτοὺς ὁμονοοῖμεν καὶ παρὰ
τοῖς ἄλλοις Ἕλλησιν εὐδοκιμοῖμεν; ἐγὼ μὲν γὰρ ἡγοῦμαι
τούτων ὑπαρξάντων τελέως τὴν πόλιν [5]εὐδαιμονήσειν. ὁ μὲν 163
τοίνυν πόλεμος ἁπάντων ἡμᾶς τῶν εἰρημένων ἀπεστέρηκε·
καὶ [6]γὰρ πενεστέρους πεποίηκε, καὶ πολλοὺς κινδύνους
ὑπομένειν ἠνάγκασε, καὶ πρὸς τοὺς Ἕλληνας διαβέβληκε,
καὶ [7]πάντας τρόπους τεταλαιπώρηκεν ἡμᾶς. ἢν δὲ τὴν
εἰρήνην ποιησώμεθα καὶ τοιούτους ἡμᾶς αὐτοὺς παράσχωμεν
οἵους αἱ κοιναὶ συνθῆκαι προστάττουσι, μετὰ πολλῆς μὲν
ἀσφαλείας τὴν πόλιν οἰκήσομεν, ἀπαλλαγέντες πολέμων b
καὶ κινδύνων καὶ ταραχῆς εἰς ἣν νῦν πρὸς ἀλλήλους [8]καθέ-
σταμεν, καθ' ἑκάστην δὲ τὴν ἡμέραν [9]πρὸς εὐπορίαν ἐπιδώ-
σομεν, ἀναπεπαυμένοι μὲν τῶν εἰσφορῶν καὶ τῶν τριηραρχιῶν
καὶ τῶν ἄλλων τῶν περὶ τὸν πόλεμον λειτουργιῶν, ἀδεῶς δὲ
γεωργοῦντες καὶ τὴν θάλατταν πλέοντες καὶ ταῖς ἄλλαις
ἐργασίαις ἐπιχειροῦντες, αἳ νῦν διὰ τὸν πόλεμον ἐκλελοί-
πασιν. ὀψόμεθα δὲ τὴν πόλιν διπλασίας μὲν ἢ νῦν τὰς c
προσόδους λαμβάνουσαν, μεστὴν δὲ [10]γιγνομένην ἐμπόρων
καὶ ξένων καὶ μετοίκων, ὧν νῦν [11]ἐρήμη καθέστηκε. τὸ δὲ
μέγιστον, συμμάχους ἕξομεν ἅπαντας ἀνθρώπους, οὐ βε-

[1] πειράσομαι A. C. L. [2] βουληθείημεν A. C. L. [3] καλῶς ταῦτα A. C. L. [4] πρὸς A. C. L. [5] πάλιν εὐδαιμ. A. C. L. [6] γάρ τοι A. C. L. [7] πάντα τρόπον A. C. L. [8] κατέστημεν A. L. [9] εἰς A. C. L. [10] γενομένην A. C. L. [11] ἔρημος A. C. L.

Ἀπαλλαγέντες — ταραχῆς] Ἀριστοφαν. Εἰρήν. 292.

Νῦν ἐστὶν ἡμῖν, ὦ ̓νδρες Ἕλληνες, καλὸν,
Ἀπαλλαγεῖσι πραγμάτων τε καὶ μαχῶν,
Ἐξελκύσαι τὴν πᾶσιν εἰρήνην φίλην.

IDEM.

Καθέσταμεν] Ὧ καὶ Θουκυδίδης καὶ ἕτεροι ἐχρήσαντο, ἀντὶ τοῦ καθίσταμεν, παρὰ τὸ θέμα ἕστημι. IDEM.

Ξένων καὶ μετοίκων] Ξένοι dicebantur peregrini qui urbem invisebant, in ea non permansuri. Μέτοικοι, peregrini qui in urbem migrarunt, in ea habituri. AUGER. Cf. Harpocrat. sub v. μετοίκιον.

βιασμένους ἀλλὰ πεπεισμένους, οὐδ' ἐν μὲν ταῖς ἀσφαλείαις
διὰ τὴν δύναμιν ἡμᾶς [1] ὑποδεχομένους, ἐν δὲ τοῖς κινδύνοις
d ἀποστησομένους, ἀλλ' οὕτω διακειμένους ὥσπερ χρὴ τοὺς
ἀληθῶς συμμάχους καὶ φίλους ὄντας. πρὸς δὲ τούτοις, ἃ
νῦν ἀπολαβεῖν οὐ δυνάμεθα διὰ πολέμου καὶ πολλῆς
δαπάνης, ταῦτα διὰ πρεσβείας ῥᾳδίως κομιούμεθα. μὴ
γὰρ οἴεσθε μήτε Κερσοβλέπτην ὑπὲρ Χεῤῥονήσου μήτε
Φίλιππον ὑπὲρ Ἀμφιπόλεως [2] πολεμήσειν, ὅταν ἴδωσιν
ἡμᾶς μηδενὸς τῶν ἀλλοτρίων ἐφιεμένους. νῦν μὲν γὰρ
εἰκότως φοβοῦνται γείτονα ποιήσασθαι τὴν πόλιν ταῖς
αὑτῶν δυναστείαις — ὁρῶσι γὰρ ἡμᾶς οὐ στέργοντας
e [3] ἐφ' οἷς ἂν [4] ἔχωμεν, ἀλλ' ἀεὶ τοῦ πλείονος ὀρεγομένους —,
ἢν δὲ μεταβαλώμεθα τὸν τρόπον καὶ δόξαν βελτίω λάβωμεν, οὐ μόνον ἀποστήσονται τῆς ἡμετέρας, ἀλλὰ καὶ τῆς 16
αὑτῶν προσδώσουσι· λυσιτελήσει γὰρ αὐτοῖς θεραπεύουσι
τὴν δύναμιν τὴν τῆς πόλεως ἀσφαλῶς ἔχειν τὰς αὑτῶν
βασιλείας. καὶ μὲν δὴ καὶ τῆς Θρᾴκης ἡμῖν ἐξέσται το-
164 σαύτην [5] ἀποτεμέσθαι χώραν, ὥστε μὴ μόνον αὐτοὺς
ἄφθονον ἔχειν, ἀλλὰ καὶ τοῖς δεομένοις τῶν Ἑλλήνων καὶ
δι' ἀπορίαν πλανωμένοις ἱκανὸν δύνασθαι βίον παρασχεῖν.
ὅπου γὰρ Ἀθηνόδωρος καὶ Καλλίστρατος, ὁ μὲν ἰδιώτης
ὤν, ὁ δὲ φυγάς, οἰκίσαι πόλεις οἷοί τε γεγόνασιν, ἦ που
βουληθέντες ἡμεῖς πολλοὺς ἂν τόπους τοιούτους [6] δυνηθεῖμεν
κατασχεῖν. χρὴ δὲ τοὺς πρωτεύειν ἐν τοῖς Ἕλλησιν ἀξιοῦν-
b τας τοιούτων ἔργων ἡγεμόνας γίγνεσθαι πολὺ μᾶλλον ἢ
πολέμου καὶ [7] στρατοπέδων ξενικῶν, ὧν νῦν ἡμεῖς ἐπιθυμοῦντες τυγχάνομεν.

ι'. Περὶ μὲν οὖν ὧν οἱ πρέσβεις ἐπαγγέλλονται, καὶ
ταῦθ' ἱκανὰ καὶ πολλὰ ἂν ἴσως τις προσθείη τούτοις·

[1] ὑποδεξομένους A. C. L. [2] ἡμῖν πολεμήσειν A. C. L. [3] ἐφ' om. A. C. L.
[4] ἔχομεν A. ἔχοιμεν L. [5] ἀποτέμνεσθαι A. [6] δυνηθείημεν A. C. L.
[7] στρατοπέδου ξενικοῦ A. C. L.

Ἄφθονον] Refer ad βίον quod sequitur. AUGER.

Ἀθηνόδωρος] Athenodorum στρατιώτην Ἀθηναῖον vocat Suidas. Birisadis Thraciæ regis et affinis et dux fuit, sicut Charidemus Cersobleptis: de quorum utrisque prolixe agitur in oratione Demosthenis contra Aristocratem. De Callistrato oratore Atheniensi vide Plutarchum in vita Demosthenis §. ς'. et ipsum Demosthenem in oratione περὶ τοῦ ἐπιτριηραρχήματος § ιγ'. [et Lycurgum c. Leocrat. §. κβ'.] WOLF.

Οἱ πρέσβεις] Incertum est de quibus hic legatis orator loquatur, an de legatis aliunde missis Athenas, vel de legatis Atheniensibus qui redierant unde missi fuere. AUGER.

ἡγοῦμαι δὲ δεῖν ἡμᾶς οὐ μόνον ψηφισαμένους τὴν εἰρήνην ἐκ
τῆς ἐκκλησίας ἀπελθεῖν, ἀλλὰ καὶ βουλευσαμένους ὅπως
ἄξομεν αὐτὴν, καὶ μὴ ποιήσομεν ὅπερ εἰώθαμεν, ὀλίγον c
χρόνον διαλιπόντες πάλιν εἰς τὰς αὐτὰς καταστησόμεθα
ταραχὰς, μηδ' ἀναβολὴν ἀλλ' ἀπαλλαγὴν εὑρήσομέν τινα
τῶν κακῶν τῶν παρόντων. οὐδὲν δὲ τούτων οἷόν τ' ἐστὶ γενέσθαι πρότερον, πρὶν ἂν πεισθῆτε τὴν μὲν ἡσυχίαν ὠφελιμωτέραν καὶ κερδαλεωτέραν εἶναι τῆς πολυπραγμοσύνης,
τὴν δὲ δικαιοσύνην τῆς ἀδικίας, τὴν δὲ τῶν ἰδίων ἐπιμέλειαν
τῆς τῶν ἀλλοτρίων ἐπιθυμίας. περὶ ὧν οὐδεὶς πώποτε τῶν
ῥητόρων εἰπεῖν [1]ἐν ὑμῖν ἐτόλμησεν· ἐγὼ δὲ περὶ αὐτῶν τού- d
των τοὺς πλείστους τῶν λόγων μέλλω ποιεῖσθαι πρὸς
ὑμᾶς· ὁρῶ γὰρ τὴν εὐδαιμονίαν ἐν τούτοις ἐνοῦσαν, ἀλλ'
οὐκ ἐν οἷς [2]νῦν [3]τυγχάνομεν πράττοντες. ἀνάγκη δὲ τὸν
ἔξω τῶν εἰθισμένων ἐπιχειροῦντα δημηγορεῖν καὶ τὰς ὑμετέρας γνώμας μεταστῆσαι βουλόμενον πολλῶν πραγμάτων ἅψασθαι καὶ διὰ μακροτέρων τοὺς λόγους ποιήσασθαι,
καὶ τὰ μὲν ἀναμνῆσαι, τῶν δὲ κατηγορῆσαι, τὰ δ' ἐπαι- e
164 νέσαι, περὶ δὲ τῶν συμβουλεῦσαι. μόλις γὰρ ἄν τις ὑμᾶς
ἐξ ἁπάντων τούτων ἐπὶ τὸ βέλτιον φρονῆσαι δυνηθείη
προαγαγεῖν.

ιά. Ἔχει γὰρ οὕτως. ἐμοὶ δοκοῦσιν ἅπαντες μὲν ἐπιθυμεῖν τοῦ συμφέροντος καὶ τοῦ πλέον ἔχειν τῶν ἄλλων,
οὐκ εἰδέναι δὲ τὰς πράξεις τὰς ἐπὶ ταῦτα φερούσας, ἀλλὰ 165
ταῖς δόξαις διαφέρειν ἀλλήλων· οἱ μὲν γὰρ [4]ἔχειν ἐπιεικεῖς
καὶ στοχάζεσθαι τοῦ δέοντος δυναμένας, οἱ δ' ὡς οἷόν τε
πλεῖστον τοῦ συμφέροντος διαμαρτανούσας. ὅπερ καὶ τῇ
πόλει συμβέβηκεν. ἡμεῖς γὰρ οἰόμεθα μὲν, ἢν τὴν θάλατταν πλέωμεν πολλαῖς τριήρεσι καὶ βιαζώμεθα τὰς πόλεις
συντάξεις διδόναι καὶ συνέδρους ἐνθάδε πέμπειν, [5]διαπρά-
ξασθαί τι τῶν δεόντων· πλεῖστον δὲ διεψεύσμεθα τῆς ἀλη- b
θείας. ὧν μὲν γὰρ ἠλπίζομεν οὐδὲν ἀποβέβηκεν, ἔχθραι δ'
ἡμῖν ἐξ αὐτῶν καὶ πόλεμοι καὶ δαπάναι [6]μεγάλαι γεγό-

[1] ἐν om. A. L. ἐν ὑμῖν om. C. [2] νῦν om. A. C. L. [3] ἐτυγχάνομεν A. L. [4] ἔχουσιν A. C. L. [5] διαπράξεσθαί C. [6] πολλαὶ A. C. L.

Ἄξομεν αὐτὴν] Ita Sallust. in Epist. Mithrid. "Liceatne tum pacem agere." Ἐπιεικεῖς — διαμαρτανούσας] Subaudi δόξας. AUGER. Et ἔχειν refer ad δοκοῦσιν.

Συνέδρους] *assessores*, quos urbes sociæ mittere cogebantur, ut deliberationibus de re communi interessent. AUGER.

νασιν, εἰκότως· καὶ γὰρ τὸ πρότερον ἐκ μὲν τῆς τοιαύτης
πολυπραγμοσύνης εἰς τοὺς ἐσχάτους κινδύνους κατέστημεν,
ἐκ δὲ τοῦ δικαίαν τὴν πόλιν παρέχειν καὶ βοηθεῖν τοῖς
ἀδικουμένοις καὶ μὴ τῶν ἀλλοτρίων ἐπιθυμεῖν παρ᾽ ἑκόν-
c των τῶν Ἑλλήνων τὴν ἡγεμονίαν ἐλάβομεν· ὧν νῦν ἀλογίστως καὶ λίαν εἰκῇ πολὺν ἤδη χρόνον καταφρονοῦμεν.

ιϛ΄. Εἰς τοῦτο γάρ τινες ἀνοίας ἐληλύθασιν, ὥσθ᾽ ὑπειλήφασι τὴν μὲν ἀδικίαν ἐπονείδιστον μὲν εἶναι, κερδαλέαν
δὲ καὶ πρὸς τὸν βίον τὸν καθ᾽ ἡμέραν συμφέρουσαν, τὴν δὲ
δικαιοσύνην εὐδόκιμον μὲν, ἀλυσιτελῆ δὲ καὶ μᾶλλον δυναμένην τοὺς ἄλλους ὠφελεῖν ἢ τοὺς ἔχοντας αὐτὴν, κακῶς
εἰδότες ὡς οὔτε πρὸς χρηματισμὸν οὔτε πρὸς δόξαν οὔτε
d πρὸς ἃ δεῖ πράττειν οὔθ᾽ ὅλως πρὸς εὐδαιμονίαν οὐδὲν ἂν
συμβάλοιτο τηλικαύτην δύναμιν, ὅσην περ ἀρετὴ καὶ τὰ
μέρη ταύτης. τοῖς γὰρ ἀγαθοῖς οἷς ἔχομεν ἐν τῇ ψυχῇ,
τούτοις κτώμεθα καὶ τὰς [1]ἄλλας ὠφελείας ὧν δεόμενοι
τυγχάνομεν· ὥσθ᾽ οἱ τῆς αὑτῶν διανοίας [2]ἀμελοῦντες λελήθασι σφᾶς αὐτοὺς ἅμα τοῦ τε φρονεῖν ἄμεινον καὶ τοῦ
πράττειν [3]βέλτιον τῶν ἄλλων ὀλιγωροῦντες. θαυμάζω δ᾽
e εἴ τις οἴεται τοὺς τὴν εὐσέβειαν καὶ τὴν δικαιοσύνην ἀσκοῦν- 165
τας [4]καρτερεῖν καὶ μένειν [5]ἐν τούτοις [6]ἐλπίζοντας ἔλαττον
ἕξειν τῶν πονηρῶν, ἀλλ᾽ οὐχ ἡγουμένους καὶ παρὰ θεοῖς
166 καὶ παρὰ ἀνθρώποις πλέον οἴσεσθαι τῶν ἄλλων. ἐγὼ μὲν
γὰρ πέπεισμαι τούτους μόνους ὧν δεῖ πλεονεκτεῖν, τοὺς δ᾽
ἄλλους ὧν οὐ βέλτιόν ἐστιν. [7]ὁρῶ γὰρ τοὺς μὲν τὴν ἀδικίαν
προτιμῶντας καὶ τὸ λαβεῖν τι τῶν ἀλλοτρίων μέγιστον
ἀγαθὸν [8]νομίζοντας ὅμοια πάσχοντας τοῖς δελεαζομένοις
τῶν ζώων, καὶ κατ᾽ ἀρχὰς μὲν ἀπολαύοντας ὧν ἂν λάβωσιν, ὀλίγῳ δ᾽ ὕστερον ἐν τοῖς μεγίστοις κακοῖς ὄντας, τοὺς
δὲ μετ᾽ εὐσεβείας καὶ δικαιοσύνης ζῶντας ἔν τε τοῖς παροῦσι

[1] ἄλλας om. A. C. L. [2] ὀλιγωροῦντες A. C. L. [3] βέλτιον τῶν ἄλλων πράττειν A. C. L.
[4] καὶ καρτερεῖν A. C. L. [5] ἐπὶ A. C. L. [6] ἐθέλοντας A. C. L.
[7] ὁρῶμεν C. ὁρῶ μὲν A. L. [8] εἶναι νομίζ. A. C. L.

Καὶ γὰρ τὸ πρότερον] Videntur hæc intelligenda de classe missa ad subigendam Siciliam et Samum expugnandam, quamvis ipsi Athenienses eo tempore a Lacedæmoniis obsiderentur. Etsi nihil vetat totum illud tempus intelligi, quo, adempto Lacedæmoniis imperio, Græciæ præfuerunt. Wolf.

Πρὸς ἃ δεῖ πράττειν] *ad ea quæ necessaria sunt gerenda seu ad rem bene gerendam.* Lang.

Τοὺς δ᾽ ἄλλους ὧν οὐ βέλτιόν ἐστιν] Τοὺς δὲ λοιποὺς, τουτέστιν τοὺς πονηροὺς, πέπεισμαι πλεονεκτεῖν ἐκείνοις τοῖς πράγμασιν, ἐν οἷς οὐ συμφέρει πλέον ἔχειν τῶν ἄλλων. Cor.

χρόνοις ἀσφαλῶς διάγοντας καὶ περὶ τοῦ σύμπαντος αἰῶνος b
ἡδίους τὰς ἐλπίδας ἔχοντας. καὶ ταῦτ', εἰ μὴ κατὰ πάντων οὕτως εἴθισται συμβαίνειν, ἀλλὰ τό γ' ὡς ἐπὶ τὸ
πολὺ τοῦτον γίνεται τὸν τρόπον. χρὴ δὲ τοὺς εὖ φρονοῦντας,
ἐπειδὴ τὸ μέλλον ἀεὶ συνοίσειν οὐ καθορῶμεν, τὸ πολλάκις
ὠφελοῦν, τοῦτο φαίνεσθαι προαιρουμένους. πάντων δ' ἀλογώτατον πεπόνθασιν, ὅσοι κάλλιον μὲν ἐπιτήδευμα νομίζουσιν εἶναι καὶ θεοφιλέστερον τὴν δικαιοσύνην τῆς ἀδικίας, c
χεῖρον δ' οἴονται βιώσεσθαι τοὺς ταύτῃ χρωμένους τῶν
τὴν πονηρίαν [1]προῃρημένων.

ιγ'. Ἠβουλόμην δ' ἄν, ὥσπερ πρόχειρόν ἐστιν ἐπαινέσαι
τὴν ἀρετήν, οὕτω [2]ῥᾴδιον εἶναι τοὺς ἀκούοντας [3]πεῖσαι
ἀσκεῖν αὐτήν· νῦν δὲ δέδοικα μὴ μάτην τὰ τοιαῦτα λέγω.
διεφθάρμεθα γὰρ πολὺν ἤδη χρόνον ὑπ' ἀνθρώπων οὐδὲν
ἀλλ' ἢ φενακίζειν δυναμένων, οἳ τοσοῦτον τοῦ πλήθους κα- d
ταπεφρονήκασιν ὥσθ' [4]ὁπόταν βουληθῶσι πόλεμον πρός
τινας ἐξενεγκεῖν, αὐτοὶ χρήματα λαμβάνοντες, λέγειν
τολμῶσιν ὡς χρὴ τοὺς προγόνους μιμεῖσθαι, καὶ μὴ περιορᾶν ἡμᾶς αὐτοὺς καταγελωμένους μηδὲ τὴν θάλατταν
πλέοντας τοὺς μὴ τὰς συντάξεις ἐθέλοντας ἡμῖν ὑποτελεῖν.

ιδ'. Ἡδέως ἂν οὖν αὐτῶν πυθοίμην, τίσιν ἡμᾶς τῶν
προγεγενημένων κελεύουσι [5]ὁμοίους [6]γίγνεσθαι; πότερον
166 τοῖς περὶ τὰ Περσικὰ γενομένοις, ἢ τοῖς πρὸ τοῦ πολέμου
τοῦ Δεκελεικοῦ τὴν πόλιν διοικήσασιν; εἰ μὲν γὰρ τούτοις, e
οὐδὲν ἀλλ' ἢ συμβουλεύουσιν ἡμῖν πάλιν περὶ ἀνδραποδισμοῦ κινδυνεύειν, εἰ δὲ τοῖς [7]Μαραθῶνι [8]τοὺς βαρβάρους
νικήσασι καὶ τοῖς πρὸ [9]τούτων γενομένοις, πῶς οὐ πάντων 167
ἀναισχυντότατοι τυγχάνουσιν ὄντες, εἰ τοὺς τότε [10]πολι-
τευομένους ἐπαινοῦντες τἀναντία πράττειν ἐκείνοις πείθουσιν ἡμᾶς, καὶ τοιαῦτ' ἐξαμαρτάνειν περὶ ὧν [11]ἀπορῶ τί
ποιήσω, πότερα χρήσωμαι ταῖς ἀληθείαις, ὥσπερ καὶ περὶ

[1] προαιρουμένων A. C. L. [2] καὶ ῥᾴδιον A. C. L. [3] πεῖσαι τοὺς ἀκούοντας A. C. L. [4] ὅταν A. C. L. [5] ὁμοίους κελεύουσιν A. C. L. [6] γεγενῆσθαι A. L. [7] ἐν Μαραθῶνι A. C. L. [8] τοὺς βαρβάρους om. A. C. L. [9] αὐτῶν γεγενημένοις, πῶς οὐχ ἁπάντων A. C. L. [10] πεπολιτευμένους A. L. [11] καὶ ἀπορῶ A. C. L.

Τὸ μέλλον ἀεὶ συνοίσειν] *quid semper utile futurum sit.* LANG.

Φαίνεσθαι προαιρουμένους] I. e. φανερῶς προαιρεῖσθαι καὶ προτιμᾶν τοῦ ἐναντίου. WOLF.

Διεφθάρμεθα] Τὸν νοῦν, ἢ τὴν φρόνησιν, ἢ δῆλον ἀλλαχόθεν Παναθ. οθ'. COR.

Πλέοντας] Subaudi περιορᾶν. AUGER.

τῶν ἄλλων, ἢ κατασιωπήσω, δείσας τὴν πρὸς ὑμᾶς ἀπέχθειαν;

ιε΄. Δοκεῖ μὲν γάρ μοι βέλτιον εἶναι διαλεχθῆναι περὶ
b αὐτῶν· ὁρῶ δ' ὑμᾶς χαλεπώτερον διατιθεμένους πρὸς τοὺς ἐπιτιμῶντας ἢ πρὸς τοὺς αἰτίους τῶν κακῶν γεγενημένους. οὐ μὴν ἀλλ' αἰσχυνθείην ἄν, εἰ φανείην μᾶλλον φροντίζων τῆς ἐμαυτοῦ δόξης ἢ τῆς κοινῆς σωτηρίας. ἐμὸν [1]μὲν οὖν ἔργον ἐστὶ, καὶ τῶν ἄλλων τῶν κηδομένων τῆς πόλεως, προαιρεῖσθαι τῶν λόγων μὴ τοὺς ἡδίστους ἀλλὰ τοὺς ὠφελιμωτάτους· ὑμᾶς δὲ χρὴ πρῶτον μὲν τοῦτο γιγνώσκειν, ὅτι τῶν [2]μὲν περὶ τὸ σῶμα νοσημάτων πολλαὶ θεραπεῖαι
c καὶ παντοδαπαὶ τοῖς ἰατροῖς εὕρηνται, ταῖς δὲ ψυχαῖς ταῖς [3]ἀγνοούσαις καὶ γεμούσαις πονηρῶν ἐπιθυμιῶν οὐδέν ἐστιν ἄλλο φάρμακον πλὴν λόγος ὁ τολμῶν τοῖς ἁμαρτανομένοις ἐπιπλήττειν, ἔπειθ' ὅτι καταγέλαστόν ἐστι τὰς μὲν καύσεις καὶ τὰς τομὰς τῶν ἰατρῶν ὑπομένειν, ἵνα πλειόνων ἀλγηδόνων ἀπαλλαγῶμεν, τοὺς δὲ λόγους ἀποδοκιμάζειν πρὶν εἰδέναι σαφῶς εἰ τοιαύτην ἔχουσι τὴν δύναμιν ὥστ' ὠφελῆσαι τοὺς ἀκούοντας.

d ις΄. Τούτου δ' ἕνεκα ταῦτα προεῖπον, ὅτι περὶ τῶν λοιπῶν οὐδὲν ὑποστειλάμενος ἀλλὰ παντάπασιν ἀνειμένως μέλλω τοὺς λόγους [4]ποιεῖσθαι πρὸς ὑμᾶς. τίς γὰρ [5]ἄλλοθεν ἐπελθὼν καὶ μήπω συνδιεφθαρμένος ἡμῖν, ἀλλ' ἐξαίφνης ἐπιστὰς τοῖς γιγνομένοις, οὐκ ἂν μαίνεσθαι καὶ παραφρονεῖν ἡμᾶς νομίσειεν; οἳ φιλοτιμούμεθα μὲν ἐπὶ τοῖς
e τῶν προγόνων ἔργοις καὶ τὴν πόλιν ἐκ τῶν τότε πραχθέντων ἐγκωμιάζειν ἔχομεν, οὐδὲν δὲ τῶν αὐτῶν ἐκείνοις πράτ- 167
τομεν, [6]ἀλλὰ πᾶν τοὐναντίον. οἱ μὲν γὰρ ὑπὲρ τῶν Ἑλλήνων τοῖς βαρβάροις πολεμοῦντες διετέλεσαν, ἡμεῖς δὲ τοὺς ἐκ τῆς Ἀσίας τὸν βίον ποριζομένους ἐκεῖθεν ἀναστή-
168 σαντες ἐπὶ τοὺς Ἕλληνας ἠγάγομεν· κἀκεῖνοι μὲν ἐλευθεροῦντες τὰς πόλεις τὰς Ἑλληνίδας καὶ βοηθοῦντες αὐταῖς

[1] μὲν om. A. C. L. [2] μὲν om. A. C. L. [3] νοσούσαις A. C. L.
[4] ποιεῖσθαι τοὺς λόγους A. C. L. [5] ἂν ἄλλοθεν C. [6] ἀλλ' ἅπαν C.

Ἀνειμένως] Ἐλευθέρως, πεπαῤῥησιασμένως. Cor.
Ἔχομεν] Quid si ἀξιοῦμεν. Wolf.
Ὅπερ ἄμεινον. Cor.

Τοὺς ἐκ τῆς Ἀσίας] Intelligantur Græci mercenarii milites, qui in Asiam militatum abierant, et regi Persarum aut satrapis illius navabant operam. Wolf.

τῆς ἡγεμονίας ἠξιώθησαν, ἡμεῖς δὲ καταδουλούμενοι καὶ
τἀναντία τοῖς τότε πράττοντες ἀγανακτοῦμεν, εἰ μὴ τὴν
αὐτὴν τιμὴν [1]ἐκείνοις [2]ἕξομεν, οἳ τοσοῦτον ἀπολελείμμεθα
καὶ τοῖς ἔργοις καὶ ταῖς διανοίαις τῶν κατ' ἐκεῖνον τὸν χρόνον γενομένων, ὅσον οἱ μὲν ὑπὲρ τῆς τῶν Ἑλλήνων σωτηρίας
τήν τε πατρίδα τὴν αὑτῶν ἐκλιπεῖν ἐτόλμησαν, καὶ μαχόμενοι καὶ ναυμαχοῦντες τοὺς βαρβάρους ἐνίκησαν, ἡμεῖς b
δ' οὐδ' ὑπὲρ τῆς ἡμετέρας αὐτῶν πλεονεξίας κινδυνεύειν
ἀξιοῦμεν, ἀλλ' ἄρχειν μὲν ἁπάντων ζητοῦμεν, στρατεύεσθαι δ' οὐκ ἐθέλομεν, καὶ πόλεμον μὲν μικροῦ δεῖν πρὸς
ἅπαντας ἀνθρώπους ἀναιρούμεθα, πρὸς δὲ τοῦτον οὐχ ἡμᾶς
αὐτοὺς ἀσκοῦμεν, ἀλλ' ἀνθρώπους [3]αἱρούμεθα τοὺς μὲν
ἀπόλιδας, τοὺς δ' αὐτομόλους, τοὺς δ' ἐκ τῶν ἄλλων κα- c
κουργιῶν συνεῤῥυηκότας, οἷς ὁπόταν τις [4]πλείω μισθὸν
διδῷ, μετ' ἐκείνου ἐφ' ἡμᾶς ἀκολουθήσουσιν. ἀλλ' ὅμως
οὕτως αὐτοὺς ἀγαπῶμεν, ὥσθ' ὑπὲρ μὲν τῶν παίδων τῶν
ἡμετέρων, [5]εἴ περί τινας ἐξαμάρτοιεν, οὐκ ἂν ἐθελήσαιμεν
δίκας ὑποσχεῖν, ὑπὲρ δὲ τῆς ἐκείνων ἁρπαγῆς καὶ βίας
καὶ [6]παρανομίας μελλόντων τῶν ἐγκλημάτων ἐφ' ἡμᾶς
ἥξειν οὐχ ὅπως ἀγανακτοῦμεν, ἀλλὰ καὶ χαίρομεν ὅταν
ἀκούσωμεν αὐτοὺς τοιοῦτόν τι [7]διαπεπραγμένους. εἰς τοῦτο d
δὲ μωρίας ἐληλύθαμεν, ὥστ' αὐτοὶ μὲν ἐνδεεῖς τῶν καθ'
ἡμέραν [8]ἐσμὲν, ξενοτροφεῖν δ' ἐπικεχειρήκαμεν, καὶ τοὺς
συμμάχους τοὺς ἡμετέρους αὐτῶν λυμαινόμεθα καὶ δασμολογοῦμεν, ἵνα τοῖς ἁπάντων [9]ἀνθρώπων κοινοῖς ἐχθροῖς τὸν
μισθὸν ἐκπορίζωμεν. τοσούτῳ δὲ χείρους ἐσμὲν τῶν προγόνων, οὐ μόνον τῶν εὐδοκιμησάντων ἀλλὰ καὶ τῶν μισῃ-

[1] ἐκείνοις τιμὴν A. C. L. [2] ἔχοιμεν A. [3] αἱρούμεθα om. A. L. [4] πλείονα A. L.
[5] ἦν A. L. [6] πλεονεξίας A. C. L. [7] διαπραττομένους A. C. L.
[8] ἔσμεν τῶν καθ' ἡμέραν A. C. L. [9] ἀνθρώπων om. A. C. L.

Ἡγεμονίας ἠξιώθ.] Post Pausaniæ interitum, qui crudelitate et superbia Græcorum animos a Lacedæmoniis alienaverat. IDEM.

Ὥσθ' ὑπὲρ τῶν μὲν παίδων — ὑποσχεῖν] Verte: *ut propter liberos nostros si quem læserint, pœnam suscipere nolimus*, ideoque illis talia facere interdicimus, illorum vero rapina etc., licet pœnam ipsi subibimus, gaudeamus. Augerius cum Wolfio locum male intellexit, dum vertit: *ut, si liberis nostris injuriam fecerint*, scil. isti homines. LANG.

Μελλόντων τῶν ἐγκλημ.] Quidam perperam interpretantur: *cum crimina seu querelæ de illorum rapinis* etc. *ad nos deferenda sint.* Sed sententia est: Quicquid peccaverint milites, id imputari Atheniensibus, qui Græcorum odia propter illos suscipiant. WOLF.

Οὐχ ὅπως] *non solum non.* AUGER. LANG.

Τοὺς συμμάχους κ. τ. λ.] Cf. Demosth. Phil. A. §. θ'.

e θέντων, ὅσον ἐκεῖνοι μὲν, εἰ πολεμεῖν πρός τινας ψηφίσαιντο,
μεστῆς οὔσης ἀργυρίου καὶ χρυσίου τῆς ἀκροπόλεως ὅμως 168
ὑπὲρ τῶν δοξάντων τοῖς αὑτῶν σώμασιν ᾤοντο δεῖν κινδυνεύειν, ἡμεῖς δ᾽ εἰς τοσαύτην ἀπορίαν ἐληλυθότες καὶ τοσοῦτοι τὸ πλῆθος ὄντες ὥσπερ βασιλεὺς ὁ μέγας μισθωτοῖς
169 χρώμεθα τοῖς στρατοπέδοις. καὶ τότε μὲν εἰ τριήρεις πληροῖεν, τοὺς μὲν ξένους καὶ τοὺς δούλους ναύτας εἰσεβίβαζον,
τοὺς δὲ πολίτας μεθ᾽ ὅπλων ἐξέπεμπον· νῦν δὲ τοῖς μὲν
ξένοις ὁπλίταις χρώμεθα, τοὺς δὲ πολίτας ἐλαύνειν ἀναγκάζομεν, ὥσθ᾽ ὁπόταν ἀποβαίνωσιν εἰς τὴν τῶν πολεμίων,
οἱ μὲν ἄρχειν τῶν Ἑλλήνων ἀξιοῦντες ὑπηρέσιον ἔχοντες
b ἐκβαίνουσιν, οἱ δὲ τοιοῦτοι τὰς φύσεις [1]ὄντες οἵους ὀλίγῳ
πρότερον διῆλθον, μεθ᾽ ὅπλων κινδυνεύουσιν.

ιζʹ. Ἀλλὰ γὰρ τὰ κατὰ τὴν πόλιν ἄν τις ἰδὼν καλῶς
διοικούμενα [2]περὶ τῶν ἄλλων θαῤῥήσειεν, ἀλλ᾽ οὐκ ἂν ἐπ᾽
αὐτοῖς τούτοις μάλιστ᾽ ἀγανακτήσειεν; οἵτινες αὐτόχθονες
μὲν εἶναι φαμὲν καὶ τὴν πόλιν ταύτην προτέραν οἰκισθῆναι
τῶν ἄλλων, προσῆκον δ᾽ ἡμᾶς ἅπασιν εἶναι παράδειγμα
c τοῦ καλῶς καὶ τεταγμένως πολιτεύεσθαι, χεῖρον καὶ τα-
ραχωδέστερον τὴν ἡμετέραν αὐτῶν διοικοῦμεν τῶν ἄρτι τὰς
πόλεις οἰκιζόντων, καὶ σεμνυνόμεθα μὲν καὶ μέγα φρονοῦ-
μεν ἐπὶ τῷ βέλτιον γεγονέναι τῶν ἄλλων, ῥᾷον δὲ μεταδί-
δομεν τοῖς βουλομένοις ταύτης τῆς εὐγενείας ἢ Τριβαλλοὶ
καὶ Λευκανοὶ τῆς αὑτῶν δυσγενείας· πλείστους δὲ τιθέμενοι νόμους οὕτως ὀλίγον αὐτῶν φροντίζομεν — ἓν γὰρ
ἀκούσαντες γνώσεσθε καὶ περὶ τῶν ἄλλων — ὥστε θανά-

[1] ὄντες om. C.

[2] καὶ περὶ A. C. L.

Μεστῆς οὔσης] *quamvis tanta pecuniæ vis parata erat, ut mercenarios alere possent.* Lang.

Ἐλαύνειν] *remigare.* Vid. Areopag. §. κʹ. Idem.

Ὑπηρέσιον] Legit Wolfius ὑπειρέσιον, aitque esse τὸ ὑποκείμενον τοῖς ἐρέταις, i. e. *pulvinum nauticum,* sive *cui insideant nautæ,* ne diuturna sessione atterantur nates; vel quem sub axillis gestarent, ne illæ exulcerarentur: alios vero per *remum* interpretari. Batt. Interpretor cum nonnullis *remum.* Auger. Τὲ Κῶας ᾧ ἐπικάθηνται οἱ ἐρέσσοντες διὰ τὸ μὴ συντρίβεσθαι αὐτῶν τὰς πυγὰς, ὡς φησὶν ὁ σχολιαστὴς τοῦ Θουκυδίδου Β. ϛγʹ. Cor.

Ὀλίγῳ πρότερον διῆλθον] Ἀπόλιδας δηλονότι, αὐτομόλους, καὶ ἐκ τῶν ἄλλων κακουργιῶν συνεῤῥυηκότας. Idem.

Ἀλλὰ γὰρ — ἀγανακτήσειεν] Ἐμιμήσατο τόδε τὸ χωρίον ὁ Δημοσθένης ἐν τῷ κατὰ Ἀνδροτ. 614. Idem.

Οἵτινες] Ante οἵτινες subaudi vel ἡμᾶς ἰδὼν vel παρ᾽ ἡμῶν. Auger.

Αὐτόχθονες] Justinus ii. 6. vertit; "eodem solo quod incolunt innati." Lang.

Ῥᾷον δὲ μεταδίδ.] Cf. Demosth. π. συνταξ. §. θʹ. et Athen. i. p. 12. et iii. 119.

Τριβαλλοὶ καὶ Λευκανοὶ] Triballi ignobiles barbari fuerunt, vicini Macedoniæ: Lucani, Italiæ populi, Apuliæ vicini. Wolf.

του τῆς ζημίας ἐπικειμένης ἤν τις ἁλῷ δεκάζων, τοὺς d
τοῦτο φανερώτατα ποιοῦντας στρατηγοὺς χειροτονοῦμεν,
καὶ τὸν πλείστους διαφθεῖραι τῶν πολιτῶν δυνηθέντα,
τοῦτον ἐπὶ τὰ μέγιστα τῶν πραγμάτων καθίσταμεν·
σπουδάζοντες δὲ περὶ τὴν πολιτείαν οὐχ ἧττον ἢ περὶ τὴν
σωτηρίαν ὅλης τῆς πόλεως, καὶ τὴν δημοκρατίαν εἰδότες
ἐν μὲν ταῖς ἡσυχίαις καὶ ταῖς ἀσφαλείαις αὐξανομένην καὶ
διαμένουσαν, ἐν δὲ τοῖς πολέμοις δὶς ἤδη καταλυθεῖσαν,
169 πρὸς μὲν τοὺς τῆς εἰρήνης ἐπιθυμοῦντας ὡς πρὸς ὀλιγαρχι- e
κοὺς ὄντας δυσκόλως ἔχομεν, τοὺς δὲ τὸν πόλεμον [1] ποιοῦντας
ὡς τῆς δημοκρατίας κηδομένους εὔνους εἶναι νομίζομεν· ἐμπειρότατοι δὲ λόγων καὶ πραγμάτων ὄντες οὕτως ἀλογίστως
ἔχομεν, ὥστε περὶ τῶν αὐτῶν τῆς αὐτῆς ἡμέρας οὐ ταὐτὰ 170
γιγνώσκομεν, ἀλλ' ὧν μὲν πρὶν εἰς τὴν ἐκκλησίαν ἀναβῆναι
κατηγοροῦμεν, ταῦτα συνελθόντες χειροτονοῦμεν, οὐ πολὺν
δὲ χρόνον [2] διαλιπόντες τοῖς [3] ἐνθάδε ψηφισθεῖσιν, ἐπειδὰν
ἀπίωμεν, πάλιν ἐπιτιμῶμεν· προσποιούμενοι δὲ σοφώτατοι
τῶν Ἑλλήνων εἶναι τοιούτοις χρώμεθα [4] συμβούλοις, ὧν
οὐκ ἔστιν ὅστις οὐκ ἂν καταφρονήσειεν, καὶ τοὺς αὐτοὺς
τούτους κυρίους ἁπάντων [5] τῶν κοινῶν καθίσταμεν, οἷς b
οὐδεὶς ἂν τῶν ἰδίων οὐδὲν ἐπιτρέψειε. [6] ὃ δὲ πάντων σχε-
τλιώτατον· οὓς γὰρ ὁμολογήσαιμεν ἂν πονηροτάτους εἶναι
τῶν πολιτῶν, τούτους πιστοτάτους φύλακας ἡγούμεθα
τῆς πολιτείας εἶναι· καὶ τοὺς μὲν μετοίκους τοιούτους
εἶναι νομίζομεν, οἵους περ ἂν τοὺς προστάτας νέμωσιν,
αὐτοὶ δ' οὐκ οἰόμεθα τὴν αὐτὴν λήψεσθαι δόξαν τοῖς προ-

[1] ἐμποιοῦντας A. C. L. [2] διαλείποντες A. C. L. [3] ἐνταῦθα A. C. L.
[4] συμβούλοις χρώμεθα A. C. L. [5] τῶν κοινῶν ἁπάντων A. C. L. [6] τὸ A. C. L.

Δεκάζων] *largitione corrumpens.* LANG. Hinc ortum esse vocabulum inquit Wolfius, quod rei, causæ suæ diffidentes, decimam controversæ pecuniæ partem judicibus promittere solebant, si secundum ipsos pronuntiassent: hinc transferri ad quamvis largitionem, corruptelam munerum et ambitus. Harpocration sub voc. aliam explicationem dat, quam valde obscuram et intellectu difficilem dicit Augerus, ἔτυμον Coraes. Harpocrat. vide.

Σχετλιώτατον] Ἀνοητότατον. COR.

Πονηροτάτους] Ἀριστοφ. Βατρ. 730. τοῖς δὲ χαλκοῖς καὶ ξένοις καὶ πυῤῥίαις Καὶ πονηροῖς κἀκ πονηρῶν εἰς ἅπαντα χρώμεθα. COR.

Τοὺς προστάτας] Peregrini, qui Athenis consederant, cogebantur patronum aliquem civem Atheniensem adsciscere, a quo non tantum defenderentur, sed etiam observarentur, ne vel insidiarentur reipub. WOLF. Cf. Harpocrat. sub voc: προστάτης et ἀπροστασίου, et Suid. tom. ii. 606.

Νέμωσιν] Ἀντὶ τοῦ αἱρῶνται. WOLF. Consuetam habet significationem: *quos patronos colunt.* LANG. Ἀντὶ τοῦ ἔχωσιν [cum Hesych. et Suid.] COR.

c εστῶσιν ἡμῶν. τοσοῦτον δὲ διαφέρομεν τῶν προγόνων, ὅσον
ἐκεῖνοι μὲν τοὺς αὐτοὺς προστάτας [1]τε τῆς πόλεως
ἐποιοῦντο καὶ στρατηγοὺς ᾑροῦντο, νομίζοντες τὸν ἐπὶ τοῦ
βήματος τὰ βέλτιστα [2]συμβουλεῦσαι δυνάμενον, τὸν αὐτὸν τοῦτον ἄριστ᾽ ἂν βουλεύσασθαι καὶ καθ᾽ αὑτὸν [3]γε-
νόμενον. ἡμεῖς δὲ τοὐναντίον τούτων ποιοῦμεν· οἷς μὲν γὰρ
περὶ τῶν μεγίστων συμβούλοις χρώμεθα, τούτους μὲν οὐκ
d ἀξιοῦμεν στρατηγοὺς χειροτονεῖν ὡς νοῦν οὐκ ἔχοντας, οἷς
δ᾽ οὐδεὶς ἂν οὔτε περὶ τῶν ἰδίων οὔτε περὶ τῶν κοινῶν συμβουλεύσαιτο, τούτους δ᾽ αὐτοκράτορας ἐκπέμπομεν ὡς
ἐκεῖ σοφωτέρους ἐσομένους καὶ ῥᾷον βουλευσομένους περὶ
τῶν Ἑλληνικῶν πραγμάτων [4]ἢ περὶ τῶν ἐνθάδε προτιθε-
μένων. λέγω δὲ ταῦτ᾽ οὐ κατὰ πάντων, ἀλλὰ κατὰ τῶν
ἐνόχων τοῖς λεγομένοις ὄντων. [5]ἐπιλίποι δ᾽ ἄν με τὸ λοι-
e πὸν μέρος τῆς ἡμέρας, εἰ πάσας τὰς πλημμελείας τὰς ἐν
τοῖς πράγμασι [6]ἐγγεγενημένας ἐξετάζειν ἐπιχειροίην.

ιη΄. Τάχ᾽ οὖν ἄν τις τῶν σφόδρα τοῖς λεγομένοις ἐνόχων
ὄντων ἀγανακτήσας ἐρωτήσειε, Πῶς, [7]εἴπερ οὕτω κακῶς 170
βουλευόμεθα, σωζόμεθα καὶ δύναμιν οὐδεμιᾶς πόλεως
171 ἐλάττω κεκτημένοι τυγχάνομεν; ἐγὼ δὲ πρὸς ταῦτ᾽ ἀποκριναίμην [8]ἂν ὅτι τοὺς ἀντιπάλους ἔχομεν οὐδὲν βέλτιον
ἡμῶν φρονοῦντας. εἰ γὰρ μετὰ τὴν μάχην, ἣν ἐνίκησαν
Θηβαῖοι Λακεδαιμονίους, ἐκεῖνοι μὲν ἐλευθερώσαντες τὴν
Πελοπόννησον καὶ τοὺς ἄλλους Ἕλληνας αὐτονόμους ποιήσαντες ἡσυχίαν εἶχον, ἡμεῖς δὲ [9]τοιαῦτ᾽ ἐξημαρτάνομεν,
οὔτ᾽ ἂν οὗτος [10]ἔσχε ποιήσασθαι ταύτην τὴν ἐρώτησιν, ἡμεῖς
τ᾽ ἂν ἔγνωμεν ὅσῳ κρεῖττόν ἐστι τὸ σωφρονεῖν τοῦ πολυ-
b πραγμονεῖν. νῦν δ᾽ ἐνταῦθα περιέστηκε τὰ πράγματα,
ὥστε Θηβαῖοι μὲν ἡμᾶς σώζουσιν, ἡμεῖς δὲ Θηβαίους, καὶ
συμμάχους ἐκεῖνοι μὲν [11]ἡμῖν ποιοῦσιν, ἡμεῖς δ᾽ [12]ἐκείνοις.

[1] τε om. A. C. L. [2] συμβουλεύσασθαι C. [3] δυνάμενον L.
[4] καὶ πολεμικῶν ἢ A. L. καὶ πολιτικῶν ἢ C. [5] ἐπιλείποι A. L.
[6] γεγενημένας A. C. L. [7] οὖν, εἴπερ A. C. L. [8] ἂν ἀποκριναίμην A. C. L.
[9] ταῦτα A. L. [10] εἶχε A. C. L. [11] ἡμᾶς A. L. [12] ἐκείνους A. L.

Καθ᾽ αὑτὸν γενόμενον] Στρατηγὸν αὐτοκράτορα χειροτονηθέντα, καὶ μόνον ἐν τῷ στρατοπέδῳ διοικοῦντα τὰ τοῦ πολέμου πράγματα. Idem.

Οἷς μὲν γὰρ κ. τ. λ.] Cf. Diog. Laert. in. Vit. Antisth. et Aristoph. Nub. 584. et Eq. 1313.

Συμμάχους ἐκεῖνοι — ἐκείνοις] Ὁ νοῦς· Ἡ Θηβαίων ἄνοια συμμάχους ἡμῖν παρασκευάζει οὓς ἂν κακῶς ἐκεῖνοι διατιθῶσι τῶν Ἑλλήνων, ὥσπερ καὶ ἡ ἡμετέρα ἄνοια συμμάχους ἐκείνοις ποιεῖ τοὺς κακῶς ὑφ᾽ ἡμῶν διατιθε-

ὥστ', εἰ νοῦν εἴχομεν, ἀλλήλοις ἂν εἰς τὰς ἐκκλησίας ἀργύριον παρείχομεν· ὁπότεροι γὰρ ἂν πλεονάκις συλλεγῶσιν,
οὗτοι τοὺς ἐναντίους ἄμεινον πράττειν ποιοῦσι. χρὴ δὲ τοὺς
καὶ μικρὰ λογίζεσθαι δυναμένους οὐκ ἐν τοῖς τῶν ἐχθρῶν
ἁμαρτήμασι τὰς ἐλπίδας ἔχειν τῆς σωτηρίας, ἀλλ' ἐν τοῖς c
αὑτῶν πράγμασι καὶ ταῖς αὑτῶν διανοίαις· τὸ μὲν γὰρ διὰ
τὴν ἐκείνων ἀμαθίαν συμβαῖνον ἡμῖν ἀγαθὸν τυχὸν ἂν παύ-
σαιτο καὶ λάβοι μεταβολήν, τὸ δὲ δι' ἡμᾶς αὐτοὺς γιγνόμενον [1] βεβαιοτέρως ἂν ἔχοι καὶ μᾶλλον παραμείνειεν ἡμῖν.
ιθ'. Πρὸς μὲν οὖν τοὺς εἰκῇ τὰς [2] ἐπιλήψεις ποιουμένους
οὐ χαλεπὸν ἀντειπεῖν· εἰ δὲ δή τίς μοι παραστὰς τῶν ἐπιει- d
κέστερον διακειμένων ἀληθῆ μὲν λέγειν με προσομολογήσειε
καὶ προσηκόντως ἐπιτιμᾶν τοῖς γιγνομένοις, δίκαιον δ' εἶναι
φαίη τοὺς ἐπ' εὐνοίᾳ νουθετοῦντας μὴ μόνον κατηγορεῖν τῶν
πεπραγμένων, ἀλλὰ καὶ συμβουλεύειν [3] τίνων ἀπεχόμενοι
καὶ [4] ποίων ὀρεγόμενοι παυσαίμεθ' ἂν ταύτην ἔχοντες τὴν
γνώμην καὶ τοιαῦτ' ἐξαμαρτάνοντες, οὗτος ὁ λόγος ἀπορεῖν
ἄν με ποιήσειεν ἀποκρίσεως, οὐκ ἀληθοῦς [5] καὶ συμφερούσης,
ἀλλὰ ἀρεσκούσης ὑμῖν. οὐ μὴν ἀλλ', ἐπειδήπερ ἀποκεκα- e
λυμμένως ὥρμημαι λέγειν, οὐκ ἀποκνητέον ἀποφήνασθαι
καὶ τούτων.
171 κ'. Ἃ μὲν οὖν ὑπάρχειν δεῖ τοῖς μέλλουσιν εὐδαιμονήσειν,
τήν τ' εὐσέβειαν καὶ τὴν σωφροσύνην καὶ τὴν δικαιοσύνην
καὶ τὴν ἄλλην ἀρετὴν ὀλίγῳ πρότερον εἰρήκαμεν· ὡς δ' ἂν 172
τάχιστα πρὸς τὸ τοιοῦτοι γενέσθαι [6] παιδευθεῖμεν, ἀληθὲς
μέν ἐστι τὸ ῥηθησόμενον, ἴσως δ' ἂν ἀκούσασιν ὑμῖν δεινὸν
εἶναι δόξειεν καὶ παρὰ πολὺ τῆς τῶν ἄλλων ἐξηλλαγμένον
διανοίας.
κά. Ἐγὼ γὰρ ἡγοῦμαι καὶ τὴν πόλιν ἡμᾶς ἄμεινον
οἰκήσειν καὶ βελτίους αὐτοὺς ἔσεσθαι καὶ πρὸς ἁπάσας τὰς
πράξεις ἐπιδώσειν, ἢν παυσώμεθα τῆς ἀρχῆς τῆς κατὰ
θάλατταν ἐπιθυμοῦντες. αὕτη γάρ ἐστιν ἡ καὶ νῦν εἰς τα- b

[1] βεβαίως A. C. L. [2] ὑπολήψεις A. C. L. [3] ποίων A. C. L.
[4] τίνων A. C. L. [5] οὐδὲ A. C. L. [6] παιδευθείημεν A. C. L.

μένους. Τὰ αὐτὰ δὲ σχεδὸν εἴρηκε καὶ ἀλλαχοῦ (λε'. μς'. περὶ Ἀντιδ· κθ'.) περί τε Λακεδαιμονίων καὶ τῶν ἄλλων Ἑλλήνων. Idem.

Τὰς ἐπιλήψεις ποιουμ.] Retberg. ἐπιλήψεις ποιεῖσθαι circumscriptionem esse putat pro ἐπιλαμβάνεσθαι, *reprehendere*.

Μὴ μόνον κατηγορεῖν] Cf. Demosth. Olynth. A. §. ζ'. init.

Ἐξηλλαγμένον] Διαφέρον. Cor.

ραχὴν ἡμᾶς καθιστᾶσα, καὶ τὴν δημοκρατίαν ἐκείνην καταλύσασα, μεθ᾽ ἧς οἱ πρόγονοι ζῶντες εὐδαιμονέστατοι τῶν Ἑλλήνων ἦσαν, καὶ σχεδὸν ἁπάντων τῶν κακῶν αἰτία, ὧν αὐτοί τε ἔχομεν καὶ τοῖς ἄλλοις παρέχομεν. οἶδα μὲν οὖν, ὅτι χαλεπόν ἐστι δυναστείας ὑπὸ πάντων ἐρωμένης καὶ περιμαχήτου γεγενημένης κατηγοροῦντα δοκεῖν ἀνεκτόν τι
c λέγειν· ὅμως δ᾽, ἐπειδήπερ ὑπεμείνατε καὶ τοὺς ἄλλους λόγους, ἀληθεῖς μὲν ὄντας, φιλαπεχθήμονας δὲ, καὶ τούτων ὑμᾶς [1] ἀνασχέσθαι δέομαι, καὶ μὴ καταγνῶναί μου τοσαύτην μανίαν, ὡς ἄρα ἐγὼ προειλόμην [2] ἂν διαλεχθῆναι πρὸς ὑμᾶς περὶ πραγμάτων οὕτω παραδόξων, εἰ μή τι λέγειν ἀληθὲς εἶχον περὶ αὐτῶν. νῦν δ᾽ οἶμαι φανερὸν ποιήσειν ἅπασιν, ὡς οὔτε δικαίας ἀρχῆς ἐπιθυμοῦμεν οὔτε γενέσθαι δυνατῆς οὔτε συμφερούσης ἡμῖν.

d κβʹ. Ὅτι μὲν οὖν οὐ δικαίας, παρ᾽ ὑμῶν μαθὼν ὑμᾶς ἔχω διδάσκειν. ὅτε γὰρ Λακεδαιμόνιοι ταύτην εἶχον τὴν δύναμιν, ποίους λόγους οὐκ [3] ἀνηλώσαμεν κατηγοροῦντες μὲν τῆς ἐκείνων ἀρχῆς, διεξιόντες δ᾽ ὡς δίκαιόν ἐστιν αὐτονόμους εἶναι τοὺς Ἕλληνας; τίνας δὲ τῶν πόλεων τῶν [4] ἐλλογίμων οὐ παρεκαλέσαμεν ἐπὶ τὴν συμμαχίαν τὴν ὑπὲρ
e τούτων συστᾶσαν; πόσας δὲ πρεσβείας ὡς βασιλέα τὸν μέγαν [5] ἀπεστείλαμεν, [6] διδαξούσας αὐτὸν ὡς οὔτε δίκαιόν ἐστιν οὔτε συμφέρον μίαν πόλιν κυρίαν εἶναι τῶν Ἑλλήνων; οὐ πρότερον δὲ ἐπαυσάμεθα [7] πολεμοῦντες καὶ κινδυνεύοντες 172
173 καὶ κατὰ γῆν καὶ κατὰ θάλατταν, πρὶν ἠθέλησαν Λακεδαιμόνιοι ποιήσασθαι τὰς συνθήκας τὰς περὶ τῆς αὐτονομίας. ὅτι μὲν οὖν οὐ δίκαιόν ἐστι τοὺς κρείττους τῶν ἡττόνων ἄρχειν, ἐν ἐκείνοις τε τοῖς χρόνοις [8] τυγχάνομεν ἐγνωκότες, καὶ νῦν ἐπὶ τῆς πολιτείας τῆς παρ᾽ ἡμῖν καθεστώσης.

[1] ἀνέχεσθαι A. C. L. [2] ἂν om. A. C. L. [3] ἀναλώσαμεν C. [4] Ἑλληνίδων A. C. L. [5] [οὐκ] ἀπεστείλ. C. [6] διδασκούσας A. C. L. [7] πολεμοῦντες ἐπαυσάμεθα A. C. L. [8] ἐτυγχάνομεν A. C. L.

Φιλαπεχθήμονας] invidiosos, odiosos. Lang.

Ἐπὶ τὴν συμμαχίαν] Intelligo Græcorum conspirationem, cum triginta millibus sagittariorum (nomisma Persicum id erat) corrupti Lacedæmonios ita oppugnarunt, ut Agesilaum ex Asia revocare cogerentur. Wolf.

Τῆς πολιτείας] Τῆς δημοκρατίας, καθ᾽ ἣν οἱ πένητες καὶ ἄποροι ἐξ ἴσου ζῆν καὶ πολιτεύεσθαι τοῖς πλουσιωτάτοις καὶ δυνατωτάτοις ἀξιοῦσιν. Idem. Post καθεστώσης subaudi vel adde γινώσκομεν vel ἐπιδείκνυμεν. Auger.

κγ΄. Ὡς δ᾽ οὐδ᾽ ἂν [1]δυνηθεῖμεν τὴν ἀρχὴν ταύτην
κατακτήσασθαι, ταχέως οἶμαι δηλώσειν. ἣν γὰρ μετὰ
μυρίων ταλάντων οὐχ οἷοί τ᾽ ἦμεν διαφυλάξαι, πῶς ἂν
ταύτην ἐκ τῆς παρούσης ἀπορίας κτήσασθαι [1]δυνηθεῖμεν,
ἄλλως τε καὶ χρώμενοι τοῖς ἤθεσιν, οὐχ οἷς ἐλάβομεν, ἀλλ᾽ b
οἷς ἀπωλέσαμεν αὐτήν;

κδ΄. Ὡς τοίνυν οὐδὲ διδομένην δέξασθαι τῇ πόλει συμφέρει, δοκεῖτέ μοι τάχιστ᾽ ἂν ἐκεῖθεν καταμαθεῖν. μᾶλλον δὲ καὶ περὶ τούτων βούλομαι μικρὰ προειπεῖν· δέδοικα
γὰρ, μὴ διὰ τὸ [2]πολλοῖς ἐπιτιμᾶν δόξω τισὶ [3]προῃρῆσθαι
τῆς πόλεως κατηγορεῖν.

κε΄. Ἐγὼ δ᾽, εἰ μὲν πρὸς ἄλλους τινὰς οὕτως ἐπεχείρουν
διεξιέναι περὶ τῶν πραγμάτων, εἰκότως ἂν εἶχον τὴν αἰτίαν c
ταύτην· νῦν δὲ πρὸς ὑμᾶς ποιοῦμαι τοὺς λόγους, οὐ διαβάλλειν [4]ἑτέροις ἐπιθυμῶν, ἀλλ᾽ αὐτοὺς [5]βουλόμενος παῦσαι
τῶν τοιούτων ἔργων, καὶ τὴν εἰρήνην, περὶ ἧς ἅπας ὁ λόγος
ἐστὶ, βεβαίως καὶ τὴν πόλιν καὶ [6]τοὺς ἄλλους Ἕλληνας ἀγαγεῖν. ἀνάγκη δὲ τοὺς νουθετοῦντας καὶ τοὺς κατηγοροῦντας τοῖς μὲν λόγοις χρῆσθαι παραπλησίοις, τὰς δὲ
[7]διανοίας ἔχειν [8]ἀλλήλοις ὡς οἷόν τ᾽ ἐναντιωτάτας. ὥστε d
περὶ τῶν ταὐτὰ λεγόντων οὐκ [9]ἀεὶ προσήκει τὴν αὐτὴν
ὑμᾶς γνώμην ἔχειν, ἀλλὰ τοὺς μὲν ἐπὶ βλάβῃ λοιδοροῦντας
μισεῖν ὡς κακόνους ὄντας τῇ πόλει, τοὺς δ᾽ ἐπ᾽ [10]ὠφελίᾳ
νουθετοῦντας ἐπαινεῖν καὶ [11]βελτίστους τῶν πολιτῶν νομίζειν, καὶ τούτων αὐτῶν μάλιστα τὸν ἐναργέστατα δυνάμενον δηλῶσαι τάς τε πονηρὰς τῶν πράξεων καὶ τὰς συμφορὰς
τὰς ἀπ᾽ αὐτῶν γιγνομένας. [12]οὗτος γὰρ ἂν τάχιστα ποιή-
73 σειεν ὑμᾶς, μισήσαντας ἃ δεῖ, βελτιόνων ἐπιθυμῆσαι πρα- e
γμάτων. ὑπὲρ μὲν οὖν τῆς τῶν λόγων τραχύτητος καὶ τῶν

[1] δυνηθείημεν A. C. L. [2] πολλάκις A. C. L. [3] προαιρεῖσθαι A. C. L.
[4] πρὸς ἑτέρους A. C. L. [5] ὑμᾶς βουλ. A. C. L. [6] τοὺς Ἑλλ. τοὺς ἄλλους A. C. L.
[7] δυνάμεις L. [8] ἀλλήλαις A. L. [9] ἀεὶ om. A. C. L.
[10] ὠφελείᾳ A. C. L. [11] βελτίους L. [12] οὕτω A. C. L.

Μετὰ μυρίων ταλάντων] Cf. Demosth. Olynth. Γ. §. θ΄. Thucyd. ii. 13. Andocid. de Pac. cum Laced. §. α΄. et Æschin. de male gesta leg. §. νδ΄.

Ἐκεῖθεν] Hic interrumpit se orator et pergit demum §. κς΄. Lang.

Κατηγοροῦντας] Segaar. l. c. p. 95. mutari suadet in κακηγοροῦντας, quoniam mox pariter opponit λοιδοροῦντας et νουθετοῦντας. Lang.

Τὰς μὲν διανοίας κ. τ. λ.] Οἱ μὲν γὰρ νουθετοῦντες ἐπ᾽ ὠφελείᾳ τῶν ἁμαρτημάτων καθάπτονται, παῦσαι τούτων τὸν νουθετούμενον βουλόμενοι· οἱ δὲ κατηγοροῦντες, κακόνοι ὄντες τῷ ἁμαρτάνοντι, ἐπὶ τῷ ὀνειδίζειν μᾶλλον ἢ ἐπανορθοῦν αὐτὸν τοῦτο ποιοῦσι. Cor.

εἰρημένων καὶ τῶν ῥηθήσεσθαι μελλόντων ταῦτ᾽ ἔχω λέγειν πρὸς ὑμᾶς· ὅθεν δ᾽ ἀπέλιπον, πάλιν ποιήσομαι τὴν ἀρχήν.

174 κϛ΄. Ἔφασκον γὰρ ἐκεῖθεν κάλλιστ᾽ ἂν ὑμᾶς καταμαθεῖν, ὡς οὐ [1]συμφέρει λαβεῖν τὴν κατὰ θάλατταν ἀρχὴν, εἰ σκέψαισθε τίνα τρόπον ἡ πόλις [2]διέκειτο, πρὶν τὴν δύναμιν ταύτην κτήσασθαι, καὶ πῶς ἐπειδὴ κατέσχεν αὐτήν· ἢν γὰρ ταῦτα παρ᾽ ἄλληλα τῇ διανοίᾳ θεωρήσητε, γνώσεσθ᾽ [3]ὅσων κακῶν αἰτία τῇ πόλει γέγονεν.

κζ΄. Ἡ μὲν τοίνυν πολιτεία τοσούτῳ βελτίων ἦν καὶ
b κρείττων ἡ τότε τῆς ὕστερον καταστάσεως, ὅσῳ περ Ἀριστείδης καὶ Θεμιστοκλῆς καὶ Μιλτιάδης ἄνδρες ἀμείνους ἦσαν Ὑπερβόλου καὶ Κλεοφῶντος καὶ τῶν νῦν δημηγορούντων· τὸν δὲ δῆμον εὑρήσετε τὸν τότε πολιτευόμενον οὐκ ἀργίας οὐδ᾽ ἀπορίας οὐδ᾽ ἐλπίδων κενῶν ὄντα μεστὸν, ἀλλὰ νικᾷν μὲν δυνάμενον ἐν ταῖς μάχαις [4]ἅπαντας τοὺς εἰς τὴν χώραν εἰσβάλλοντας, ἀριστείων δ᾽ ἀξιούμενον ἐν τοῖς ὑπὲρ τῆς Ἑλλάδος κινδύνοις, οὕτω δὲ πιστευόμενον ὥςτε τὰς
c πλείστας [5]αὐτῷ τῶν πόλεων ἑκούσας [6]ἐγχειρίσαι σφᾶς αὐτάς. τούτων δ᾽ ὑπαρχόντων, ἀντὶ μὲν τῆς πολιτείας τῆς παρὰ πᾶσιν εὐδοκιμούσης ἐπὶ τοιαύτην ἀκολασίαν ἡ δύναμις ἡμᾶς αὕτη προήγαγεν, ἣν οὐδεὶς ἂν [7]ἀνθρώπων ἐπαινέσειεν· ἀντὶ δὲ τοῦ νικᾷν τοὺς ἐπιστρατεύοντας οὕτω τοὺς πολίτας ἐπαίδευσεν, ὥστε μηδὲ πρὸ τῶν τειχῶν τολμᾷν ἐπεξιέναι τοῖς πολεμίοις· ἀντὶ δὲ τῆς εὐνοίας τῆς παρὰ τῶν
d συμμάχων αὐτοῖς ὑπαρχούσης καὶ τῆς δόξης τῆς παρὰ τῶν ἄλλων Ἑλλήνων εἰς [8]τοσοῦτον μῖσος κατέστησεν, ὥςτε παρὰ μικρὸν ἐλθεῖν ἐξανδραποδισθῆναι τὴν πόλιν, εἰ μὴ Λακεδαιμονίων τῶν ἐξ ἀρχῆς πολεμούντων εὐνουστέρων ἐτύχομεν ἢ τῶν πρότερον ἡμῖν συμμάχων ὄντων. οἷς οὐκ ἂν

[1] συμφέροι L. [2] διῳκεῖτο A. C. L. [3] πόσων A. C. L. [4] πάντας A. C. L. [5] αὐτοῖς A. L. [6] ἐγχειρίζειν A. C. L. [7] τῶν ἀνθρώπων A. L. [8] τοσοῦτο μίσους A. C. L.

Ἔφασκον] Dicebam, i. e. dicere instituebam. AUGER.

Κάλλιστ᾽ ἂν] Γράφε· μάλιστ᾽ ἂν κ. τ. λ. COR.

Ὑπερβόλου καὶ Κλεοφῶντος] Οὓς κωμῳδεῖ καὶ Ἀριστοφάνης, Κλεοφῶντα μὲν Βατρ. 678. τὸν δ᾽ Ὑπέρβολον Εἰρήν. 689. IDEM.

Αὐτῷ] Τῷ δήμῳ. IDEM.

Εἰ μὴ Λακεδαιμονίων κ. τ. λ.] Cum in concilio Græcorum [post Lysandri victoriam] deliberaretur, utrum Athenæ exscindendæ essent et cives sub corona vendendi; quæ quidem Thebanorum et Corinthiorum sententia fuit: Archidamus negavit se commissurum, ut Græcia fieret ἑτερόφθαλμος; cujus oculus Sparta unus esset, alter Athenæ. WOLF. Cf. Ulpian. ad Demosth. π. Παραπρεσβ. §. κβ΄.

δικαίως ἐγκαλοῖμεν, ὅτι χαλεπῶς πρὸς ἡμᾶς διετέθησαν· οὐ
γὰρ ὑπάρχοντες, ἀλλ' ἀμυνόμενοι καὶ πολλὰ καὶ δεινὰ
παθόντες τοιαύτην γνώμην ἔσχον περὶ ἡμᾶς.

174 κη'. Τίς γὰρ ἂν ὑπέμεινε τὴν ἀσέλγειαν τῶν πατέρων e
τῶν ἡμετέρων, οἳ [1] συναγαγόντες ἐξ ἁπάσης τῆς Ἑλλάδος
τοὺς ἀργοτάτους καὶ τοὺς ἁπασῶν τῶν πονηριῶν μετέχοντας, πληροῦντες τούτων τὰς τριήρεις, ἀπηχθάνοντο
τοῖς Ἕλλησι, καὶ τοὺς μὲν βελτίστους τῶν ἐν ταῖς ἄλλαις 175
πόλεσιν ἐξέβαλλον, τοῖς δὲ πονηροτάτοις τῶν Ἑλλήνων
τἀκείνων διένεμον; ἀλλὰ γὰρ εἰ τολμήσαιμι περὶ τῶν ἐν
ἐκείνοις τοῖς χρόνοις γενομένων ἀκριβῶς διελθεῖν, ὑμᾶς μὲν
ἴσως ἂν ποιήσαιμι βέλτιον βουλεύσασθαι περὶ τῶν [2] παρόντων, αὐτὸς δ' ἂν διαβληθείην· εἰώθατε γὰρ μισεῖν οὐχ
οὕτω τοὺς αἰτίους τῶν ἁμαρτημάτων ὡς τοὺς κατηγοροῦντας αὐτῶν. τοιαύτην οὖν ὑμῶν γνώμην ἐχόντων, δέδοικα μὴ b
πειρώμενος ὑμᾶς εὐεργετεῖν αὐτὸς ἀπολαύσω τι φλαῦρον.
οὐ μὴν ἀποστήσομαι παντάπασιν ὧν διενοήθην, ἀλλὰ τὰ
μὲν πικρότατα καὶ μάλιστ' ἂν ὑμᾶς λυπήσοντα παραλείψω, μνησθήσομαι δὲ τούτων [3] μόνον, ἐξ ὧν γνώσεσθε τὴν
ἄνοιαν τῶν τότε πολιτευομένων.

κθ'. Οὕτω γὰρ ἀκριβῶς εὕρισκον ἐξ ὧν ἄνθρωποι μάλιστ' ἂν μισηθεῖεν, ὥστ' ἐψηφίσαντο τὸ περιγιγνόμενον ἐκ
τῶν φόρων ἀργύριον, διελόντες κατὰ τάλαντον, εἰς τὴν c
ὀρχήστραν τοῖς Διονυσίοις [4] εἰσφέρειν, ἐπειδὰν πλῆρες ᾖ τὸ
θέατρον· καὶ τοῦτ' ἐποίουν, καὶ παρεισῆγον τοὺς παῖδας
τῶν ἐν τῷ πολέμῳ τετελευτηκότων, ἀμφοτέροις ἐπιδεικνύντες, τοῖς μὲν συμμάχοις τὰς τιμὰς τῆς οὐσίας αὐτῶν ὑπὸ

[1] συνάγοντες A. C. L. [2] ἄλλων A. C. L. [3] μόνων C. [4] ἐκφέρειν A. L.

Ποιήσαιμι] Malim πείσαιμι. Wolf.

Μὴ — ἀπολαύσω τι φλαῦρον] *ne ipse quid mali patiar.* Lang. Λείπει, ἐξ ὑμῶν. Cor.

Τοῖς Διονυσίοις εἰσφέρειν] Ὃ λέγει τοιοῦτόν ἐστιν· Ἀθηναῖοι τὸ ἐκ τῶν φόρων περιγιγνόμενον ἀργύριον καὶ εἰς τὴν ἀκρόπολιν ἀποκείμενον ἐν τοῖς Διονυσίοις, ὁπότε δηλαδὴ πλεῖστοι ξένοι ἐπεδήμουν κατὰ θέαν Ἀθήνησι, ἐπιδεικνύμενοι τούτοις τὸν πλοῦτον καὶ τὴν εὐδαιμονίαν, εἰσέφερον ὡς ἐν πομπῇ εἰς τὸ θέατρον, καὶ οἱ φέροντες ἐβάσταζον αὐτὸ κατὰ τάλαντον, ἵνα καὶ οἱ ξένοι ἀριθμεῖν ἔχοιεν τὸν πλοῦτον τῶν Ἀθηναίων. Idem.

Παρεισῆγον τοὺς παῖδας] Nam pupilli eorum, qui in bellis pro patria gestis occubuerant, ad virilem usque ætatem publice alebantur et instituebantur; jamque adulti panoplia donabantur. Hac de re agitur in Epitaphio Platonis et Demosthenis, itemque apud Laertium in vita Solonis. Wolf. Et fuse apud Æschin. c. Ctesiph. §. μη'.

Τὰς τιμὰς τῆς οὐσίας αὐτῶν] Τὰ χρήματα, ἃ ἐδασμολογήθησαν, εἰσφέροντες καὶ τὰς συντάξεις ὑποτελοῦντες. Wolf. Intellige pecunias a sociis collatas et Athenis depositas ad bellum Persicum, quasque oratores quidam perversi Atheniensibus suaserant inter se dividere. Auger. *æstimationem facultatum sociorum.*

μισθωτῶν εἰσφερομένας, τοῖς δ' ἄλλοις Ἕλλησι τὸ πλῆθος
τῶν ὀρφανῶν καὶ τὰς συμφορὰς τὰς διὰ τὴν πλεονεξίαν
d ταύτην γιγνομένας. καὶ ταῦτα δρῶντες αὐτοί τε τὴν πόλιν
εὐδαιμόνιζον, καὶ πολλοὶ τῶν νοῦν οὐκ ἐχόντων ἐμακάριζον
αὐτὴν, τῶν μὲν συμβήσεσθαι διὰ ταῦτα μελλόντων οὐδεμίαν ποιούμενοι πρόνοιαν, τὸν δὲ πλοῦτον θαυμάζοντες καὶ
ζηλοῦντες, ὃς ἀδίκως εἰς τὴν πόλιν εἰσελθὼν καὶ τὸν δικαίως
ὑπάρξαντα διὰ ταχέων [1]ἤμελλε προσαπολεῖν. εἰς τοῦτο
γὰρ κατέστησαν τῶν μὲν οἰκείων ἀμελείας, τῶν δ' ἀλλο-
e τρίων ἐπιθυμίας, ὥστε Λακεδαιμονίων ἐμβεβληκότων εἰς
τὴν χώραν καὶ τοῦ τείχους ἤδη τοῦ [2]Δεκελειᾶσιν ἑστη- 175
κότος εἰς Σικελίαν τριήρεις ἐπλήρουν, καὶ οὐκ ᾐσχύνοντο
τὴν [3]μὲν πατρίδα τεμνομένην καὶ πορθουμένην περιορῶντες,
ἐπὶ δὲ τοὺς οὐδὲν πώποτ' εἰς ἡμᾶς ἐξαμαρτόντας [4]στρα-
176 τιὰν ἐκπέμποντες, ἀλλ' εἰς τοῦτο ἀφροσύνης ἦλθον, ὥστε
τῶν προαστείων τῶν οἰκείων οὐ κρατοῦντες Ἰταλίας καὶ
Σικελίας καὶ Καρχηδόνος ἄρξειν προσεδόκησαν. τοσοῦτον δὲ
διήνεγκαν ἀνοίᾳ πάντων ἀνθρώπων, ὥστε τοὺς μὲν ἄλλους αἱ συμφοραὶ συστέλλουσι καὶ ποιοῦσι [5]ἐμφρονεστέ-
ρους, ἐκεῖνοι δ' [6]οὐδ' ὑπὸ τούτων ἐπαιδεύθησαν. καίτοι
πλείοσι καὶ μείζοσι κακοῖς περιέπεσον ἐπὶ τῆς ἀρχῆς ταύ-
b της τῶν ἐν ἅπαντι τῷ χρόνῳ τῇ πόλει γεγενημένων. εἰς
Αἴγυπτον μέν [7]γε διακόσιαι πλεύσασαι τριήρεις αὐτοῖς
πληρώμασι διεφθάρησαν, περὶ δὲ Κύπρον πεντήκοντα καὶ
ἑκατόν· ἐν δὲ τῷ Πόντῳ μυρίους ὁπλίτας αὐτῶν καὶ τῶν
συμμάχων ἀπώλεσαν, ἐν Σικελίᾳ δὲ τέτταρας μυριάδας καὶ
τριήρεις τετταράκοντα καὶ διακοσίας, τὸ δὲ τελευταῖον ἐν
c Ἑλλησπόντῳ διακοσίας. τὰς δὲ κατὰ δέκα καὶ [8]πέντε καὶ
πλείους τούτων ἀπολλυμένας καὶ τοὺς κατὰ χιλίους καὶ

[1] ἔμελλε A. C. L. [2] Δεκελεικοῦ συνεστηκότος A. L. [3] μὲν om. A. L.
[4] στρατιὰς A. C. L. [5] σωφρονεστέρους A. C. L. [6] οὐδὲν A. L.
[7] γὰρ L. [8] πεντεκαίδεκα C.

Augerus, cujus versio hoc toto loco trunca est, vertit *pecunias*. LANG.

Εἰσφερομένας] Malim εἰσφερομένης. IDEM.

Δεκελειᾶσιν] Ἡ Δεκέλεια τῆς Ἀττικῆς ἦν, Ἀθηνῶν ἀπέχουσα σταδίους μάλιστα εἴκοσι καὶ ἑκατὸν, ἣν Ἆγις ὁ Λακεδαιμονίων βασιλεὺς κατὰ τῶν Ἀθηναίων ἐτείχισεν. Θουκυδίδ. Ζ. ιη' — κ'. κζ'. COR.

Εἰς Σικελίαν τριήρεις ἐπλήρουν] Τὸ ἐντελές· τριήρεις ἐπλήρουν στρατιωτῶν πεμφθησομένων (ἢ πεμφθησομένας) εἰς Σικελίαν. IDEM.

Συστέλλουσι] Μετριωτέρους ποιοῦσιν. IDEM.

Μέν γε] Malim μὲν γάρ. WOLF.

Αὐτοῖς πληρώμασι] Sub. σύν. AUGER.

Κατὰ δέκα καὶ πέντε] F. leg. κατὰ δέκα καὶ δέκα πέντε. Gallice *des pertes de vaisseaux par dix, par quinze*. IDEM. Recte, credo. LANG.

δισχιλίους ἀποθνήσκοντας τίς ἂν ἐξαριθμήσειε; πλὴν [1]ἐν
ἣν τοῦτο τῶν ἐγκυκλίων, ταφὰς [2]ποιεῖν καθ' ἕκαστον [3]τὸν
ἐνιαυτὸν, εἰς ἃς πολλοὶ καὶ τῶν ἀστυγειτόνων καὶ τῶν ἄλλων Ἑλλήνων ἐφοίτων, οὐ συμπενθήσοντες τοὺς τεθνεῶτας,
ἀλλὰ [4]συνησθησόμενοι ταῖς ἡμετέραις συμφοραῖς. [5]τελευ-
τῶντες δ' ἔλαθον σφᾶς αὐτοὺς τοὺς μὲν τάφους τοὺς δημοσίους τῶν πολιτῶν ἐμπλήσαντες, τὰς δὲ φρατρίας καὶ τὰ d
γραμματεῖα τὰ ληξιαρχικὰ τῶν οὐδὲν τῇ πόλει προσηκόντων. γνοίη δ' ἄν τις ἐκεῖθεν μάλιστα τὸ πλῆθος τῶν
[6]ἀπολλυμένων· τὰ γὰρ γένη τῶν ἀνδρῶν τῶν ὀνομαστοτάτων, καὶ τοὺς οἴκους τοὺς μεγίστους, οἳ καὶ τὰς τυραννικὰς
στάσεις καὶ τὸν Περσικὸν πόλεμον διέφυγον, εὑρήσομεν ἐπὶ
τῆς ἀρχῆς, ἧς ἐπιθυμοῦμεν, ἀναστάτους γεγενημένους. ὥςτ',
εἴ τις σκοπεῖσθαι βούλοιτο περὶ τῶν ἄλλων, ὥςπερ πρὸς e
[7]δεῖγμα τοῦτ' ἀναφέρων, [8]φανεῖμεν ἂν μικροῦ δεῖν ἀντηλ-
λαγμένοι.

176 λ'. Καίτοι χρὴ πόλιν μὲν εὐδαιμονίζειν μὴ τὴν ἐξ
ἁπάντων [9]τῶν ἀνθρώπων εἰκῇ πολλοὺς πολίτας ἀθροίζου-
σαν, ἀλλὰ τὴν τὸ γένος τῶν ἐξ ἀρχῆς τὴν πόλιν [10]οἰκισάν-
των μᾶλλον τῶν ἄλλων διασώζουσαν, ἄνδρας δὲ ζηλοῦν
μὴ τοὺς τὰς τυραννίδας κατέχοντας μηδὲ τοὺς [11]μείζω 177
[12]δυναστείαν τοῦ δικαίου κεκτημένους, ἀλλὰ τοὺς ἀξίους
μὲν ὄντας τῆς μεγίστης τιμῆς, στέργοντας δὲ ἐπὶ ταῖς ὑπὸ
τοῦ πλήθους διδομέναις δωρεαῖς. ταύτης γὰρ [13]ἕξιν οὔτ' ἀνὴρ
οὔτε πόλις λαβεῖν ἂν δύναιτο σπουδαιοτέραν οὐδὲ ἀσφαλε-
στέραν οὐδὲ πλείονος ἀξίαν· [14]ἥνπερ οἱ περὶ τὰ Περσικὰ
γενόμενοι σχόντες οὐχ ὁμοίως τοῖς λῃσταῖς ἐβίωσαν, τοτὲ
μὲν πλείω τῶν ἱκανῶν ἔχοντες, τοτὲ δ' ἐν σιτοδείαις καὶ πο- b
λιορκίαις καὶ τοῖς μεγίστοις κακοῖς καθεστῶτες, ἀλλὰ περὶ

[1] ἐνῆν τούτων τῶν ἐγκ. C. ἐνῆν τούτων τῶν ἐγκ. ὄντων A. L. [2] ποιεῖσθαι A. C. L. [3] τὸν om. A. C. L. [4] ἐφησθησόμενοι A. C. L. [5] τελευτήσαντες A. C. L. [6] ἀπολομένων C. [7] παράδειγμα A. C. L. [8] φανείημεν A. C. L. [9] τῶν om. A. C. L. [10] οἰκησάντων A. C. L. [11] μείζους A. [12] δυναστείας A. L. [13] ἐξουσίαν οὐδεὶς οὔτ' A. C. L. [14] οἵανπερ A.

Φρατρίας] Tribus Athenis dividebantur in tres partes, quæ dicebantur φρατρίαι [*curiæ*]. AUGER.

Τὰ γραμματεῖα τὰ ληξιαρχικὰ] Erant tabulæ, in quas inscribebantur puberes jam suæ tutelæ facti, et in quas pariter referebantur omnium civium nomina. IDEM.

Ἐπὶ τῆς ἀρχῆς] Τῆς κατὰ θάλατταν. COR.

Ἀντηλλαγμένοι] Ἄλλοι ἀντ' ἄλλων γεγονότες. IDEM.

Τῆς μεγίστης τιμῆς] I. e. ἡγεμονίας. LANG.

μὲν τὴν τροφὴν τὴν καθ' ἡμέραν οὔτ' ἐν ἐνδείαις οὔτ' ἐν ὑπερβολαῖς ὄντες, ἐπὶ δὲ τῇ τῆς πολιτείας δικαιοσύνῃ καὶ ταῖς ἀρεταῖς ταῖς αὑτῶν φιλοτιμούμενοι καὶ τὸν βίον ἥδιον τῶν ἄλλων διάγοντες. ὧν ἀμελήσαντες οἱ γενόμενοι μετ' ἐκείνους οὐκ ἄρχειν ἀλλὰ τυραννεῖν [1] ἐπεθύμησαν, ἃ δοκεῖ μὲν
c τὴν αὐτὴν ἔχειν δύναμιν, πλεῖστον δ' ἀλλήλων κεχώρισται· τῶν μὲν γὰρ ἀρχόντων ἔργον ἐστὶ τοὺς ἀρχομένους ταῖς αὑτῶν ἐπιμελείαις ποιεῖν εὐδαιμονεστέρους, τοῖς δὲ τυράννοις ἔθος καθέστηκε τοῖς τῶν ἄλλων πόνοις καὶ κακοῖς αὑτοῖς ἡδονὰς παρασκευάζειν. ἀνάγκη δὲ τοὺς τοιούτοις ἔργοις ἐπιχειροῦντας τυραννικαῖς καὶ ταῖς συμφοραῖς περιπίπτειν, καὶ τοιαῦτα πάσχειν οἷά περ ἂν καὶ τοὺς ἄλλους δράσωσιν. ἃ καὶ τῇ πόλει συνέπεσεν· ἀντὶ μὲν γὰρ τοῦ
d φρουρεῖν τὰς τῶν ἄλλων ἀκροπόλεις τῆς αὑτῶν ἐπεῖδον τοὺς πολεμίους κυρίους γενομένους· ἀντὶ δὲ τοῦ παῖδας ὁμήρους λαμβάνειν, [2] ἀποσπῶντες ἀπὸ πατέρων καὶ μητέρων, πολλοὶ τῶν πολιτῶν ἠναγκάσθησαν τοὺς αὑτῶν ἐν [3] τῇ πολιορκίᾳ χεῖρον παιδεύειν καὶ τρέφειν ἢ προσῆκεν αὐτοῖς· ἀντὶ δὲ τοῦ γεωργεῖν τὰς χώρας τὰς ἀλλοτρίας πολλῶν ἐτῶν οὐδ' ἰδεῖν αὐτοῖς ἐξεγένετο τὴν αὑτῶν.

λα΄. Ὥστ' εἴ τις ἡμᾶς ἐρωτήσειεν, εἰ δεξαίμεθ' ἂν το- 177
e σοῦτον χρόνον ἄρξαντες τοιαῦτα [4] παθοῦσαν τὴν πόλιν ἐπιδεῖν, τίς ἂν ὁμολογήσειε, πλὴν [5] εἴ τις παντάπασιν ἀπονενοημένος ἐστὶ, καὶ μήθ' ἱερῶν μήτε γονέων μήτε παίδων μήτ' ἄλλου μηδενὸς [6] φροντίζει πλὴν τοῦ χρόνου [7] μόνον τοῦ
178 καθ' αὑτόν; ὧν οὐκ ἄξιον τὴν διάνοιαν ζηλοῦν, ἀλλὰ πολὺ μᾶλλον τῶν πολλὴν πρόνοιαν ἁπάντων τῶν τοιούτων [8] ποιουμένων, καὶ μηδὲν ἧττον ὑπὲρ τῆς κοινῆς δόξης ἢ τῆς ἰδίας

[1] ἐπεχείρησαν A. C. L. [2] ἀποσπῶντας A. C. L. [3] τῇ om. A. C. L. [4] πάσχουσαν A. C. L. [5] εἰ μή τις A. C. L. [6] φροντίζοι A. C. L. [7] μόνου A. C. L. [8] πεποιημένων A. C. L.

Τῆς αὑτῶν] Sc. πόλεως. Nam captis Athenis neque Lacedæmonios neque Macedonas arcem occupasse tradunt, sed præsidium in Munychia fuisse collocatum. WOLF.

Ἀποσπῶντες] F. ἀποσπῶντας. IDEM.

Δεξαίμεθ' ἂν] Ἴσως· δεξαίμεθα. COR.

Τοσοῦτον χρόνον] Sc. ὅσον περ πρότερον. Fuit autem id tempus vel septuaginta annorum, ut in Panegyrica; vel sexaginta quinque, ut in Panathenaica scriptum est. WOLF.

Ἀπονενοημένος] Cf. Theophrast. Char. vi.

Τοῦ χρόνου μόνον τοῦ καθ' αὑτοῦ] *suæ vitæ tempus*, de gloria post mortem securus. LANG.

Τῶν τοιούτων] Scil. ἱερῶν, γονέων, etc. IDEM.

φιλοτιμουμένων, καὶ προαιρουμένων μέτριον βίον μετὰ δικαιοσύνης μᾶλλον ἢ μέγαν [1] πλοῦτον μετ' ἀδικίας. καὶ γὰρ οἱ πρόγονοι τοιούτους αὑτοὺς παρασχόντες τήν τε πόλιν εὐδαιμονεστάτην τοῖς [2] ἐπιγιγνομένοις παρέδοσαν καὶ τῆς αὑτῶν ἀρετῆς ἀθάνατον τὴν μνήμην κατέλιπον. ἐξ ὧν ἀμφό- b
τερα ῥᾴδιόν ἐστι καταμαθεῖν, καὶ τὴν χώραν ἡμῶν, ὅτι δύναται τρέφειν ἄνδρας ἀμείνους τῶν ἄλλων, καὶ τὴν καλουμένην μὲν ἀρχὴν οὖσαν δὲ συμφορὰν, ὅτι πέφυκε χείρους ἅπαντας ποιεῖν τοὺς χρωμένους αὐτῇ.

λβʹ. Μέγιστον δὲ τεκμήριον· οὐ γὰρ μόνον ἡμᾶς ἀλλὰ καὶ τὴν Λακεδαιμονίων πόλιν διέφθειρεν, [3] ὥστε τοῖς εἰθισμένοις ἐπαινεῖν τὰς ἐκείνων ἀρετὰς οὐχ οἷόν τ' ἐστὶν εἰπεῖν c
τοῦτον τὸν λόγον, ὡς ἡμεῖς μὲν διὰ τὸ δημοκρατεῖσθαι κακῶς ἐχρησάμεθα τοῖς πράγμασιν, [4] εἰ δὲ Λακεδαιμόνιοι ταύτην τὴν δύναμιν [5] παρέλαβον, εὐδαίμονας ἂν καὶ τοὺς ἄλλους καὶ σφᾶς αὐτοὺς ἐποίησαν. πολὺ γὰρ θᾶττον ἐν ἐκείνοις ἐπεδείξατο τὴν φύσιν τὴν αὑτῆς· τὴν γὰρ πολιτείαν, ἣν [6] ἐν ἑπτακοσίοις ἔτεσιν οὐδεὶς οἶδεν οὔθ' ὑπὸ κινδύνων οὔθ' ὑπὸ συμφορῶν κινηθεῖσαν, ταύτην ἐν ὀλίγῳ χρόνῳ [7] σαλεῦσαι d
καὶ λυθῆναι παρὰ μικρὸν ἐποίησεν. ἀντὶ γὰρ τῶν καθεστώτων παρ' αὐτοῖς ἐπιτηδευμάτων τοὺς μὲν ἰδιώτας [8] ἐνέπλησεν ἀδικίας, ῥᾳθυμίας, ἀνομίας, φιλαργυρίας, τὸ δὲ κοινὸν τῆς πόλεως ὑπεροψίας μὲν τῶν συμμάχων, ἐπιθυμίας δὲ τῶν ἀλλοτρίων, ὀλιγωρίας δὲ τῶν ὅρκων καὶ τῶν συνθηκῶν. τοσοῦτον γὰρ ὑπερεβάλοντο τοὺς ἡμετέρους τοῖς
178 εἰς τοὺς Ἕλληνας ἁμαρτήμασιν, ὅσον πρὸς τοῖς πρότερον ὑπάρχουσι σφαγὰς καὶ στάσεις ἐν ταῖς πόλεσιν [9] ἐποίησαν, e
ἐξ ὧν ἀειμνήστους τὰς ἔχθρας πρὸς ἀλλήλους [10] ἕξουσιν. οὕτω δὲ φιλοπολέμως καὶ φιλοκινδύνως διετέθησαν, τὸν ἄλλον

[1] πλοῦτον μέγαν A. C. L. [2] ἐπιγενομένοις A. C. L. [3] οὕτως, ὥστε A. C. L. [4] οἱ A. C. L. [5] εἰ παρέλαβον A. C. L. [6] ἐν om. A. C. L. [7] σαλευθῆναι A. C. L. [8] ἀνέπλησεν C. [9] ἐποιήσαντο A. C. L. [10] ἔχουσιν A. C. L.

Καὶ τὴν χώραν, ὅτι δύναται] Pro καὶ ὅτι δύναται ἡ χώρα ἡμῶν — καὶ ὅτι πέφυκε ἡ καλουμένη etc. IDEM.

Ταύτην τὴν δύναμιν] Τὴν κατὰ θάλατταν. COR.

Εἰ παρέλαβον] *si suscepissent.* LANG.

Ἐποίησαν] *reddituros fuisse.* IDEM.

Εἰ ἑπτακοσίοις ἔτεσιν] Hic Isocrates diserte tradit ætatem qua vixit Lycurgus, de qua Plutarchus [in Vit. §. αʹ.] dubitat. AUGER.

Πρὸς τοῖς πρότερον ὑπάρχουσι] *præter ea peccata quæ affuerunt.* Wolf. putat deesse aut saltem subintelligi κακοῖς. LANG.

χρόνον πρὸς τὰ τοιαῦτα πεφυλαγμένως μᾶλλον τῶν ἄλλων
179 ἔχοντες, ὥστε οὐδὲ τῶν συμμάχων οὐδὲ τῶν εὐεργετῶν ἀπέσχοντο τῶν σφετέρων αὐτῶν, ἀλλὰ βασιλέως μὲν αὐτοῖς εἰς τὸν πρὸς ἡμᾶς πόλεμον πλέον ἢ πεντακισχίλια τάλαντα παρασχόντος, Χίων δὲ προθυμότατα πάντων τῶν συμμάχων συγκινδυνευσάντων τῷ ναυτικῷ, Θηβαίων δὲ μεγίστην [1] δύναμιν εἰς τὸ πεζὸν [2] συμβαλομένων, οὐκ [3] ἔφθασαν τὴν ἀρχὴν κατασχόντες, καὶ Θηβαίοις μὲν εὐθὺς ἐπεβούλευσαν,
b ἐπὶ δὲ τὸν βασιλέα Κλέαρχον καὶ στρατιὰν [4] ἀνέπεμψαν, Χίων δὲ τοὺς [5] μὲν πρώτους τῶν πολιτῶν ἐφυγάδευσαν, τὰς δὲ τριήρεις ἐκ τῶν νεωρίων ἐξελκύσαντες ἁπάσας ᾤχοντο λαβόντες.

λγʹ. Οὐκ [6] ἐξήρκεσε δ᾽ αὐτοῖς ταῦτα ἐξαμαρτεῖν, ἀλλὰ περὶ τοὺς αὐτοὺς χρόνους ἐπόρθουν μὲν τὴν ἤπειρον, ὕβριζον δὲ τὰς νήσους, ἀνῄρουν δὲ τὰς ἐν Ἰταλίᾳ καὶ Σικελίᾳ πολιτείας καὶ [7] τυράννους καθίστασαν, ἐλυμαίνοντο δὲ τὴν Πελο-
c πόννησον καὶ μεστὴν στάσεων καὶ [8] πολέμων ἐποίησαν. ἐπὶ ποίαν γὰρ τῶν πόλεων οὐκ ἐστράτευσαν; ἢ περὶ τίνας αὐτῶν οὐκ ἐξήμαρτον; οὐκ Ἠλείων μὲν μέρος τι τῆς χώρας ἀφείλοντο, τὴν δὲ γῆν [9] τὴν Κορινθίων ἔτεμον, Μαντινέας δὲ διῴκισαν, Φλιασίους δὲ ἐξεπολιόρκησαν, εἰς δὲ τὴν Ἀργείων [10] εἰσέβαλον, οὐδὲν δὲ [11] ἐπαύσαντο τοὺς μὲν ἄλλους κακῶς ποιοῦντες, αὑτοῖς δὲ τὴν ἧτταν τὴν ἐν Λεύκτροις παρασκευάζοντες; ἣν φασί τινες αἰτίαν [12] γεγενῆσθαι τῇ
d Σπάρτῃ τῶν κακῶν, οὐκ ἀληθῆ λέγοντες· οὐ γὰρ διὰ ταύτην ὑπὸ τῶν συμμάχων ἐμισήθησαν, ἀλλὰ διὰ τὰς ὕβρεις τὰς ἐν τοῖς ἔμπροσθεν χρόνοις καὶ ταύτην ἡττήθησαν καὶ περὶ τῆς αὑτῶν ἐκινδύνευσαν. χρὴ δὲ τὰς αἰτίας ἐπιφέρειν οὐ τοῖς κακοῖς τοῖς ἐπὶ τῇ τελευτῇ γιγνομένοις, ἀλλὰ τοῖς πρώτοις τῶν ἁμαρτημάτων, ἐξ ὧν ἐπὶ τὴν τελευτὴν ταύτην κατη-

[1] δύναμιν om. A. L. [2] ἰσχὺν συμβαλ. A. L. [3] ἔφθησαν A. C. L.
[4] ἐξέπεμψαν A. C. L. [5] πρώτους μὲν A. C. L. [6] ἤρκεσε A. C. L.
[7] τυραννίδας A. C. L. [8] πολέμων καὶ στάσεων A. C. L. [9] τῶν A. C. L.
[10] ἐνέβαλον A. C. L. [11] ἐπαύοντο A. C. L. [12] γενέσθαι A. C. L.

Οὐκ ἔφθασαν — καὶ] *vix tamen principatum occupaverunt, quum etc.* Idem. Historiam vide ap. Diod. Sic. l. xv. p. 342. et xiv. p. 249.

Τίνας αὐτῶν] Scil. τῶν πόλεων. Hic autem agitur præsertim de urbibus sociorum. Auger.

Μαντινέας δὲ διῴκισαν] Hujus historiæ præter Xenophontem [Hell. v. 2.] Plato etiam meminit in Symposio. Wolf.

Περὶ τῆς αὑτῶν] *de sua ipsorum urbe seu patria.* Lang.

179 νέχθησαν. ὥστε [1] πολὺ ἂν τις ἀληθέστερα τυγχάνοι λέγων,
εἰ φαίη τότε τὴν ἀρχὴν αὐτοῖς γεγενῆσθαι τῶν συμφορῶν, e
ὅτε τὴν ἀρχὴν τῆς θαλάττης παρελάμβανον, ἐκτῶντό [2] τε
δύναμιν οὐδὲν ὁμοίαν τῇ πρότερον ὑπαρχούσῃ. διὰ μὲν γὰρ
[3] τὴν κατὰ γῆν [4] ἡγεμονίαν καὶ τὴν εὐταξίαν καὶ τὴν καρτερίαν τὴν ἐν αὐτῇ μελετωμένην ῥᾳδίως τῆς κατὰ θάλατταν 180
[5] δυνάμεως ἐπεκράτησαν, διὰ δὲ τὴν ἀκολασίαν τὴν ὑπὸ
ταύτης τῆς ἀρχῆς αὐτοῖς [6] ἐγγενομένην ταχέως κἀκείνης
τῆς ἡγεμονίας [7] ἀπεστερήθησαν. οὐ γὰρ ἔτι τοὺς νόμους
ἐφύλαττον οὓς παρὰ τῶν προγόνων παρέλαβον, οὐδ' ἐν
τοῖς ἤθεσιν [8] ἔμενον οἷς πρότερον εἶχον, ἀλλ', [9] ὑπολαβόντες ἐξεῖναι ποιεῖν αὐτοῖς ὅ τι ἂν βουληθῶσιν, εἰς πολλὴν
ταραχὴν κατέστησαν. οὐ γὰρ ᾔδεσαν τὴν ἐξουσίαν, ἧς
πάντες εὔχονται τυχεῖν, ὡς δύσχρηστός ἐστιν, οὐδ' ὡς πα- b
ραφρονεῖν ποιεῖ τοὺς ἀγαπῶντας αὐτήν, οὐδ' ὅτι τὴν φύσιν
ὁμοίαν ἔχει ταῖς ἑταίραις ταῖς ἐρᾶν μὲν αὐτῶν ποιούσαις,
τοὺς δὲ χρωμένους ἀπολλυούσαις.

λδ'. Καίτοι φανερῶς ἐπιδέδεικται ταύτην ἔχουσα τὴν
δύναμιν. τοὺς γὰρ ἐν πλείσταις ἐξουσίαις γεγενημένους ἴδοι
τις ἂν ταῖς μεγίσταις συμφοραῖς περιπεπτωκότας, [10] ἀρξαμένους ἀφ' ἡμῶν καὶ Λακεδαιμονίων. αὗται γὰρ αἱ πόλεις
καὶ πολιτευόμεναι πρότερον σωφρονέστατα καὶ δόξαν ἔχου- c
σαι καλλίστην, ἐπειδὴ ταύτης ἔτυχον καὶ τὴν ἀρχὴν ἔλαβον, οὐδὲν ἀλλήλων διήνεγκαν, ἀλλ', ὥσπερ προσήκει [11] τοὺς
ὑπὸ τῶν αὐτῶν ἐπιθυμιῶν καὶ τῆς αὐτῆς νόσου [12] διεφθαρμένους, καὶ ταῖς πράξεσι ταῖς αὐταῖς ἐπεχείρησαν καὶ τοῖς
αὐτοῖς ἁμαρτήμασι παραπλησίως ἐχρήσαντο καὶ τὸ τελευταῖον [13] ὁμοίαις ταῖς συμφοραῖς περιέπεσον. ἡμεῖς τε γὰρ
μισηθέντες ὑπὸ τῶν συμμάχων καὶ περὶ ἀνδραποδισμοῦ d
κινδυνεύσαντες ὑπὸ Λακεδαιμονίων ἐσώθημεν, ἐκεῖνοί τε
πάντων αὐτοὺς ἀπολέσαι βουληθέντων ἐφ' ἡμᾶς καταφυ-
γόντες δι' ἡμῶν τῆς σωτηρίας ἔτυχον. καίτοι πῶς χρὴ τὴν

[1] πολὺ ἂν τις πῶς οὐκ ἂν A. L. πῶς οὐκ ἂν τις C. [2] δὲ L. [3] τῆς A. L. τὴν τῆς C.
[4] ἡγεμονίας εὐταξίαν A. C. L. [5] ἀρχῆς A. C. L. [6] γεγενημένην A. C. L.
[7] ἐστερήθησαν A. C. L. [8] ἐνέμενον A. C. L. [9] ὑπολαμβάνοντες A. C. L.
[10] ἀρξάμενος A. C. L. [11] τοῖς A. C. L. [12] διεφθαρμένοις A. C. L.
[13] ὁμοίως A. L.

Ταύτης τῆς ἀρχῆς] Τῆς κατὰ θάλατταν. Cor.
Κἀκείνης τῆς ἡγεμονίας] Τῆς κατὰ γῆν. Wolf.

ἀρχὴν [1] ταύτην ἐπαινεῖν τὴν τὰς τελευτὰς οὕτω πονηρὰς ἔχουσαν; [2] ἢ πῶς οὐ μισεῖν καὶ φεύγειν [3] τὴν πολλὰ καὶ δεινὰ ποιεῖν ἀμφοτέρας τὰς πόλεις ἐπάρασαν καὶ παθεῖν ἀναγκάσασαν;

e λε΄. Οὐκ ἄξιον δὲ θαυμάζειν, εἰ τὸν ἄλλον χρόνον ἐλάν- 180
θανεν ἅπαντας τοσούτων οὖσα κακῶν αἰτία τοῖς ἔχουσιν
αὐτὴν, οὐδ' εἰ περιμάχητος ἦν ὑφ' ἡμῶν καὶ Λακεδαιμονίων·
εὑρήσετε γὰρ τοὺς πλείστους τῶν ἀνθρώπων περὶ τὰς αἱρέ-
181 σεις τῶν πραγμάτων ἁμαρτάνοντας, καὶ πλείους μὲν ἐπιθυμίας ἔχοντας τῶν κακῶν ἢ τῶν ἀγαθῶν, ἄμεινον δὲ βουλευομένους ὑπὲρ τῶν ἐχθρῶν ἢ σφῶν αὐτῶν. καὶ ταῦτ' ἴδοι
τις ἂν ἐπὶ τῶν μεγίστων· τί γὰρ οὐχ οὕτω γέγονεν; οὐχ
ἡμεῖς μὲν [4] τοιαῦτα [5] προῃρούμεθα πράττειν, ἐξ ὧν Λακεδαιμόνιοι τῶν Ἑλλήνων δεσπόται κατέστησαν, ἐκεῖνοι δ'
οὕτω κακῶς προὔστησαν τῶν πραγμάτων, ὥσθ' ἡμᾶς οὐ
b πολλοῖς ἔτεσιν ὕστερον πάλιν ἐπιπολάσαι καὶ κυρίους γενέσθαι τῆς ἐκείνων σωτηρίας; οὐχ ἡ μὲν τῶν ἀττικιζόντων
πολυπραγμοσύνη λακωνίζειν τὰς πόλεις ἐποίησεν, ἡ δὲ τῶν
λακωνιζόντων ὕβρις ἀττικίζειν τὰς αὐτὰς ταύτας ἠνάγκασεν; οὐ διὰ μὲν τὴν τῶν δημηγορούντων πονηρίαν αὐτὸς ὁ
δῆμος ἐπεθύμησε τῆς ὀλιγαρχίας τῆς ἐπὶ τῶν Τετρακοσίων
καταστάσης; διὰ δὲ τὴν [6] τῶν Τριάκοντα μανίαν [7] ἅπαντες
c δημοτικώτεροι γεγόναμεν τῶν Φυλὴν καταλαβόντων; ἀλλὰ
γὰρ ἐπὶ τῶν ἐλαττόνων καὶ τοῦ βίου τοῦ καθ' ἡμέραν ἐπιδείξειεν ἄν τις [8] τοὺς πολλοὺς χαίροντας μὲν καὶ τῶν ἐδεσμάτων καὶ τῶν ἐπιτηδευμάτων τοῖς καὶ τὸ σῶμα καὶ τὴν
ψυχὴν βλάπτουσιν, ἐπίπονα δὲ καὶ χαλεπὰ νομίζοντας
ἀφ' ὧν ἀμφότερα ταῦτ' ἂν ὠφελοῖτο, καὶ καρτερικοὺς εἶναι
δοκοῦντας τοὺς ἐν τούτοις ἐμμένοντας. [9] οἵ τινες οὖν, ἐν οἷς

[1] τοιαύτην ἀρχὴν A. C. L. [2] πῶς δ' οὐ A. C. L. [3] τὴν οὕτω δεινὰ καὶ πολλὰ A. C. L. [4] ταῦτα A. L. [5] προῃρήμεθα A. C. L. [6] ἐπὶ τῶν A. C. L. [7] πάντες A. C. L. [8] τοὺς om. A. C. L. [9] εἴ A. C. L.

Ἐπιπολάσαι] Ὑπερτερῆσαι τῶν Λακεδαιμονίων. Cor.

Τῶν ἀττικιζόντων] *Atticis partibus faventium.* Lang.

Ἐπὶ τῶν Τετρακοσίων κ. τ. λ.] Pisandri aliorumque conjuratione prævalente, populus tandem consensit ut eligerentur cccc viri qui rempublicam administrarent. Auger. Cf. Thucyd. viii. 65. sqq.

Τῶν Τριάκοντα] Lacedæmonii, victores et Athenarum domini facti, xxx cives elegerunt, qui civitatem sub ipsorum beneplacito regerent. Phyle autem castellum Atticæ, quod exsules sub xxx tyrannis Thrasybulo duce occuparunt. Auger.

Τοὺς ἐν τούτοις ἐμμένοντας] Τοὺς ἐκεῖνα πράττοντας, ἀφ' ὧν οἷόν τε καὶ τὴν ψυχὴν

ἀεὶ ζῶσι καὶ περὶ ὧν αὐτοῖς μᾶλλον μέλει, τὰ χείρω φαίνονται προαιρούμενοι, τί θαυμαστὸν εἰ περὶ τῆς ἀρχῆς τῆς d
κατὰ θάλατταν ἀγνοοῦσι καὶ μάχονται πρὸς ἀλλήλους,
περὶ ἧς μηδεὶς πώποτε λογισμὸς αὐτοῖς εἰσῆλθεν;

λϛʹ. Ὁρᾶτε δὲ καὶ τὰς μοναρχίας τὰς ἐν ταῖς πόλεσι
καθισταμένας, ὅσους ἔχουσι τοὺς ἐπιθυμητὰς καὶ τοὺς
ἑτοίμους ὄντας ὁτιοῦν πάσχειν ὥστε κατασχεῖν αὐτάς· αἷς
τί τῶν δεινῶν [1]ἢ τῶν χαλεπῶν οὐ πρόσεστιν; οὐκ εὐθὺς
ἐπειδὰν λάβωσι τὰς δυναστείας, ἐν τοσούτοις κακοῖς εἰσὶν e
181 ἐμπεπλεγμένοι, ὥστ' ἀναγκάζεσθαι πολεμεῖν μὲν ἅπασι
τοῖς πολίταις, μισεῖν δὲ τούτους ὑφ' ὧν οὐδὲν κακὸν πεπόνθασιν, ἀπιστεῖν δὲ [2]τοῖς φίλοις καὶ τοῖς ἑταίροις τοῖς αὑτῶν,
παρακατατίθεσθαι δὲ τὴν τῶν σωμάτων σωτηρίαν μισθοφό- 182
ροις ἀνθρώποις οὓς οὐδὲ πώποτ' εἶδον, [3]μηδὲν δ' ἧττον φοβεῖσθαι τοὺς φυλάττοντας ἢ τοὺς ἐπιβουλεύοντας, οὕτω δ' ὑπό-
πτως πρὸς ἅπαντας ἔχειν ὥστε μηδὲ τοῖς οἰκειοτάτοις θαῤῥεῖν πλησιάζοντας; εἰκότως· συνίσασι γὰρ τοὺς πρὸ αὐτῶν
[4]τετυραννευκότας τοὺς μὲν ὑπὸ [5]τῶν γονέων ἀνῃρημένους,
τοὺς δ' ὑπὸ [5]τῶν παίδων, τοὺς δ' ὑπ' ἀδελφῶν, τοὺς δ'
ὑπὸ γυναικῶν, ἔτι δὲ τὸ γένος αὐτῶν ἐξ ἀνθρώπων ἠφα- b
νισμένον· ἀλλ' ὅμως ὑπὸ τοσαύτας τὸ πλῆθος συμφορὰς
ἑκόντες σφᾶς αὐτοὺς ὑποβάλλουσιν. ὅπου δ' οἱ πρωτεύοντες
καὶ δόξας μεγίστας ἔχοντες τοσούτων κακῶν ἐρῶσι, τί δεῖ
τοὺς ἄλλους θαυμάζειν, εἰ τοιούτων [6]ἑτέρων ἐπιθυμοῦσιν;

λζʹ. Οὐκ ἀγνοῶ δ' ὅτι τὸν μὲν περὶ τῶν τυράννων λόγον
ἀποδέχεσθε, τὸν δὲ περὶ τῆς ἀρχῆς δυσκόλως ἀκούετε· πε-
πόνθατε γὰρ [7]πάντων αἴσχιστον [8]καὶ ῥαθυμότατον· ἃ
γὰρ ἐπὶ τῶν ἄλλων ὁρᾶτε, ταῦτ' ἐφ' ὑμῶν αὐτῶν [9]ἀγνοεῖτε. c
καίτοι τῶν φρονίμως διακειμένων οὐκ [10]ἐλάχιστον τοῦτο
σημεῖόν ἐστιν, ἢν τὰς αὐτὰς πράξεις ἐπὶ πάντων [11]τῶν
ὁμοίων [12]φαίνωνται γνωρίζοντες. ὧν ὑμῖν οὐδὲν πώποτ'
ἐμέλησεν, ἀλλὰ τὰς μὲν τυραννίδας ἡγεῖσθε χαλεπὰς εἶναι

[1] τί A. C. L. [2] καὶ τοῖς A. C. L. [3] καὶ μηδὲν A. C. L.
[4] τετυραννηκότας A. C. L. [5] τῶν om. A. C. L. [6] ἔργων A. C. L.
[7] ἅπαν A. C. L. [8] καὶ ῥαθυμότατον om. A. C. L. [9] ἀγνοεῖτε αὐτῶν A. C. L.
[10] ἔλαττον A. C. L. [11] ὁμοίως A. C. L. [12] φαίνονται A. L.

καὶ τὸ σῶμα ὠφελεῖσθαι. Cor.
Ἀγνοοῦσι] Ἐν ἀγνοίᾳ εἰσίν. Idem.

Ὑπὸ τοσαύτας — ὑποβάλλουσιν] *se ipsos tantis calamitatibus subjiciunt.* Lang.

καὶ βλαβερὰς οὐ μόνον τοῖς ἄλλοις ἀλλὰ καὶ τοῖς ἔχουσιν
αὐτάς, τὴν δ' ἀρχὴν τὴν κατὰ θάλατταν [1]μέγιστον τῶν
d ἀγαθῶν, τὴν οὐδὲν [2]οὔτε τοῖς πάθεσιν [2]οὔτε ταῖς πράξεσι
τῶν μοναρχιῶν διαφέρουσαν. καὶ τὰ μὲν [3]Θηβαίων πράγματα νομίζετε πονηρῶς ἔχειν, ὅτι τοὺς περιοίκους ἀδικοῦσιν, αὐτοὶ δ', οὐδὲν βέλτιον τοὺς συμμάχους διοικοῦντες ἢ
[4]'κεῖνοι τὴν Βοιωτίαν, ἡγεῖσθε πάντα τὰ δέοντα πράττειν.
λη'. Ἢν οὖν ἐμοὶ [5]πεισθῆτε, παυσάμενοι τοῦ παντάπασιν εἰκῇ βουλεύεσθαι προσέξετε τὸν νοῦν ὑμῖν αὐτοῖς καὶ
e τῇ πόλει, καὶ φιλοσοφήσετε καὶ σκέψεσθε, τί τὸ ποιῆσάν
ἐστι [6]τὼ πόλη τούτω, λέγω δὲ τὴν ἡμετέραν καὶ τὴν Λα- 182
κεδαιμονίων, ἐκ ταπεινῶν μὲν πραγμάτων ἑκατέραν ὁρμη-
θεῖσαν ἄρξαι τῶν Ἑλλήνων, ἐπεὶ δ' ἀνυπέρβλητον τὴν δύ-
183 ναμιν ἔλαβον, περὶ ἀνδραποδισμοῦ κινδυνεῦσαι· καὶ διὰ
τίνας αἰτίας Θετταλοὶ μὲν, μεγίστους πλούτους παραλαβόντες καὶ [7]χώραν ἀρίστην καὶ πλείστην ἔχοντες, εἰς
ἀπορίαν καθεστήκασι, Μεγαρεῖς δὲ, μικρῶν αὐτοῖς καὶ
φαύλων τῶν ἐξ ἀρχῆς [8]ὑπαρξάντων, καὶ γῆν μὲν οὐκ ἔχοντες οὐδὲ λιμένας οὐδ' ἀργυρεῖα, πέτρας δὲ γεωργοῦντες,
μεγίστους οἴκους [9]τῶν Ἑλλήνων κέκτηνται· κἀκείνων μὲν
τὰς ἀκροπόλεις ἄλλοι τινὲς ἀεὶ κατέχουσιν, ὄντων αὐτοῖς
b πλέον ἢ τρισχιλίων ἱππέων καὶ πελταστῶν ἀναριθμήτων,
οὗτοι δὲ μικρὰν δύναμιν ἔχοντες τὴν αὑτῶν ὅπως βούλονται
διοκοῦσι· καὶ πρὸς τούτοις, οἱ μὲν σφίσιν αὐτοῖς [10]πολεμοῦ-
σιν, οὗτοι δὲ μεταξὺ Πελοποννησίων καὶ Θηβαίων καὶ τῆς
ἡμετέρας πόλεως οἰκοῦντες [11]εἰρήνην ἄγοντες διατελοῦσιν.
ἢν γὰρ ταῦτα καὶ τὰ τοιαῦτα διεξίητε πρὸς ὑμᾶς αὐτοὺς,
εὑρήσετε τὴν μὲν ἀκολασίαν καὶ τὴν ὕβριν τῶν κακῶν αἰ-
c τίαν γιγνομένην, τὴν δὲ σωφροσύνην τῶν ἀγαθῶν· ἣν ὑμεῖς
ἐπὶ μὲν τῶν ἰδίων ἐπαινεῖτε, καὶ νομίζετε τοὺς ταύτῃ χρωμένους ἀσφαλέστατα ζῆν καὶ [12]βελτίστους εἶναι τῶν πολιτῶν, τὸ δὲ κοινὸν [13]ἡμῶν οὐκ οἴεσθε δεῖν τοιοῦτο παρασκευά-

[1] μεγίστων ἀγαθῶν αἰτίαν A. C. L. [2] οὔτ' ἐν A. C. L. [3] τῶν Θηβ. A. C. L. [4] ἐκεῖνοι A. C. L. [5] πείθησθε A. C. L. [6] τὰ πόλεε ταύτα A. C. L. [7] δύναμιν μεγίστην A. C. L. [8] ὑπαρχόντων A. C. L. [9] τῶν Ἑλλ. οἴκους A. C. L. [10] ἀεὶ πολεμοῦσιν A. C. L. [11] τὴν εἰρήνην A. C. L. [12] βελτίους L. [13] ὑμῶν A. C. L.

Εἰς ἀπορίαν] Np. πραγμάτων. AUGER. Τοιοῦτο] Scil. τὴν σωφροσύνην, et regitur a παρασκευάζειν. AUGER.
Ἀργυρεῖα] Ἀργύρου μέταλλα. COR.

ζειν. καίτοι προσήκει τὰς ἀρετὰς ἀσκεῖν καὶ τὰς κακίας
φεύγειν [1] πολὺ μᾶλλον ταῖς πόλεσιν ἢ τοῖς ἰδιώταις. ἀνὴρ
μὲν γὰρ ἀσεβὴς καὶ πονηρὸς τυχὸν ἂν φθάσειε [2] τελευτήσας πρὶν δοῦναι δίκην τῶν ἡμαρτημένων· αἱ δὲ πόλεις διὰ d
τὴν ἀθανασίαν ὑπομένουσι καὶ τὰς παρὰ τῶν ἀνθρώπων
καὶ τὰς παρὰ τῶν θεῶν τιμωρίας.

λθʹ. Ὧν ἐνθυμουμένους χρὴ μὴ προσέχειν τὸν νοῦν τοῖς
ἐν τῷ παρόντι μὲν χαριζομένοις, τοῦ δὲ μέλλοντος χρόνου
μηδεμίαν ἐπιμέλειαν ποιουμένοις, μηδὲ τοῖς φιλεῖν μὲν τὸν
δῆμον φάσκουσιν, ὅλην δὲ τὴν πόλιν λυμαινομένοις· ὡς καὶ
πρότερον, ἐπειδὴ παρέλαβον οἱ τοιοῦτοι τὴν ἐπὶ τοῦ βήμα- e
τος δυναστείαν, εἰς τοσαύτην ἄνοιαν προήγαγον τὴν πόλιν,
183 ὥστε παθεῖν αὐτὴν οἷά περ ὀλίγῳ πρότερον ὑμῖν διηγησάμην. ὃ καὶ πάντων μάλιστ' ἄν τις θαυμάσειεν, ὅτι προ-
χειρίζεσθε δημαγωγοὺς οὐ τοὺς τὴν αὐτὴν γνώμην ἔχοντας 184
τοῖς μεγάλην τὴν πόλιν ποιήσασιν, ἀλλὰ τοὺς ὅμοια καὶ
λέγοντας καὶ πράττοντας τοῖς ἀπολέσασιν αὐτὴν, καὶ
ταῦτ' εἰδότες οὐ μόνον [3] ἐν τῷ ποιῆσαι τὴν πόλιν εὐδαίμονα
τοὺς χρηστοὺς τῶν πονηρῶν διαφέροντας, ἀλλὰ καὶ τὴν δημοκρατίαν ἐπὶ μὲν ἐκείνων [3] ἐν πολλοῖς ἔτεσιν οὔτε κινηθεῖσαν οὔτε μεταστᾶσαν, ἐπὶ δὲ τούτων ἐν ὀλίγῳ χρόνῳ δὶς
ἤδη καταλυθεῖσαν, καὶ τὰς φυγὰς τὰς ἐπὶ τῶν τυράννων
καὶ τὰς ἐπὶ τῶν Τριάκοντα [4] γενομένας οὐ διὰ τοὺς συκο- b
φάντας κατελθούσας, ἀλλὰ διὰ τοὺς μισοῦντας τοὺς τοιούτους καὶ μεγίστην ἐπ' ἀρετῇ δόξαν ἔχοντας.

μʹ. Ἀλλ' ὅμως τηλικούτων ἡμῖν ὑπομνημάτων καταλε-
λειμμένων [5] ὡς [6] ἐφ' ἑκατέρων αὐτῶν ἡ πόλις ἔπραττεν,
οὕτω χαίρομεν ταῖς τῶν ῥητόρων πονηρίαις, ὥσθ' ὁρῶντες
διὰ τὸν πόλεμον καὶ τὰς ταραχὰς ἃς [7] οὗτοι πεποιήκασι
τῶν μὲν ἄλλων πολιτῶν πολλοὺς ἐκ τῶν πατρῴων ἐκπεπτω- c

[1] καὶ πολὺ A. C. L. [2] τελευτῆσαι C. [3] ἐν om. A. C. L.
[4] γεγενημένας A. C. L. [5] ἐξ ὧν A. C. L. [6] ἀφ' A. L. [7] αὐτοὶ A. C. L.

Ὑπομένουσι] Hic non *sufferunt*, sed *exspectant*. IDEM. Male. LANG.

Τοῖς φιλεῖν μὲν τὸν δῆμον φάσκουσιν] Τοὺς δημαγωγοὺς καὶ ῥήτορας λέγει. COR.

Ὡς καὶ πρότ.] Ὡς h. l. significare *quia*, docet nos Auger, sed quare, nescio. LANG.

Τὰς φυγὰς] Pro τοὺς φυγάδας. Per tyrannos autem intelligendi sunt Pisistratidæ, contra quos Clisthenes libertatis defensionem suscepit. WOLF.

Ἐφ' ἑκατέρων] Intellige tum bonos tum malos demagogos.

Ἐκ τῶν πατρῴων ἐκπεπτωκότας] Τὴν πατρῴαν οὐσίαν ἀποβαλόντας καὶ πένητας γεγονότας. COR.

κότας, τούτους δ' ἐκ πενήτων πλουσίους γεγενημένους, οὐκ
ἀγανακτοῦμεν οὐδὲ φθονοῦμεν ταῖς εὐπραγίαις αὐτῶν,
ἀλλ' ὑπομένομεν τὴν [1] μὲν πόλιν διαβολὰς ἔχουσαν ὡς λυ-
μαίνεται καὶ δασμολογεῖ τοὺς Ἕλληνας, τούτους δὲ τὰς
ἐπικαρπίας λαμβάνοντας, καὶ τὸν μὲν δῆμον, ὅν φασιν
οὗτοι δεῖν τῶν ἄλλων ἄρχειν, [2] χεῖρον πράττοντα τῶν ταῖς
ὀλιγαρχίαις δουλευόντων, οἷς δ' οὐδὲν ὑπῆρχεν ἀγαθὸν,
d τούτους [3] δὲ διὰ τὴν ἄνοιαν τὴν ἡμετέραν ἐκ ταπεινῶν εὐδαίμονας γεγενημένους. καίτοι Περικλῆς ὁ πρὸ τῶν τοιούτων
δημαγωγὸς καταστὰς, παραλαβὼν τὴν πόλιν, [2] χεῖρον
μὲν φρονοῦσαν ἢ πρὶν κατασχεῖν τὴν ἀρχὴν, ἔτι δ' ἀνεκτῶς
πολιτευομένην, οὐκ ἐπὶ τὸν ἴδιον χρηματισμὸν ὥρμησεν,
ἀλλὰ τὸν μὲν οἶκον ἐλάττω τὸν αὑτοῦ κατέλιπεν ἢ παρὰ
τοῦ πατρὸς παρέλαβεν, [4] εἰς δὲ τὴν ἀκρόπολιν ἀνήνεγκεν
e ὀκτακισχίλια τάλαντα, χωρὶς τῶν ἱερῶν. οὗτοι δὲ τοσοῦτον
ἐκείνου διενηνόχασιν, ὥστε λέγειν μὲν τολμῶσιν ὡς διὰ τὴν 184
τῶν κοινῶν ἐπιμέλειαν οὐ δύνανται τοῖς αὑτῶν ἰδίοις προσέχειν τὸν νοῦν, φαίνεται δὲ τὰ μὲν ἀμελούμενα τοσαύτην
185 εἰληφότα τὴν ἐπίδοσιν, ὅσην οὐδ' ἂν εὔξασθαι τοῖς θεοῖς
πρότερον ἠξίωσαν, τὸ δὲ πλῆθος ἡμῶν, οὗ κήδεσθαι φασὶν,
οὕτω διακείμενον ὥστε μηδένα τῶν πολιτῶν ἡδέως [5] ζῆν
μηδὲ ῥᾳθύμως, ἀλλ' ὀδυρμῶν μεστὴν εἶναι τὴν πόλιν. οἱ
μὲν γὰρ τὰς πενίας καὶ τὰς ἐνδείας ἀναγκάζονται διεξιέναι
[6] καὶ θρηνεῖν πρὸς σφᾶς αὐτοὺς, οἱ δὲ τὸ πλῆθος τῶν προσταγμάτων καὶ [7] τῶν λειτουργιῶν καὶ τὰ [8] κακὰ τὰ περὶ
τὰς [9] συμμορίας καὶ τὰς ἀντιδόσεις· ἃ τοιαύτας ἐμποιεῖ
b λύπας, ὥστ' ἄλγιον ζῆν τοὺς τὰς οὐσίας κεκτημένους
ἢ τοὺς συνεχῶς πενομένους.

[1] μὲν om. A. L. [2] χεῖρω A. C. L. [3] δὲ om. A. C. L. [4] ἐς A. [5] ζῆν ἡδέως μήτε A. C. L. [6] ἢ A. [7] τῶν om. A. C. L. [8] κακὰ τὰ om. A. C. L. [9] εἰσφορὰς A. C. L.

Φθονοῦμεν] Ἀντὶ τοῦ νεμεσῶμεν. IDEM.

Ὡς λυμαίνεται] Τούτων τὴν ἐξήγησιν ζήτει ἐν ταῖς Ἀριστοφάνους Σφηξὶ 655—724. IDEM.

Τὰς ἐπικαρπίας] Τὰς ἀπὸ τοῦ φόρου ὠφελείας καὶ τὰ κέρδη, ἅπερ Ἀριστοφάνης (Σφ. 1114.) φόρου γόνον ὠνόμασε, καὶ Κηφῆνας τοὺς κατεσθίοντας αὐτὸν δημαγωγούς. IDEM.

Τὴν ἀρχὴν] Τὴν κατὰ θάλατταν. IDEM.

Ὀκτακισχίλια] Μύρια εἶπεν ἀνωτέρω κγ'. IDEM.

Τῶν ἱερῶν] Τῶν τοῖς θεοῖς καθιερωθέντων χρημάτων. WOLF.

Ὅσην — ἠξίωσαν] *quanta (incrementa) olim ne a diis quidem precari ausi fuissent.* LANG.

Πρὸς σφᾶς αὐτοὺς] *intra privatos parietes,* oppositum est τῷ διεξιέναι, *aliis narrare.* IDEM. Διηγεῖσθαι καὶ ὀδύρεσθαι πρὸς ἀλλήλους. τοῦτο γὰρ ἐνταῦθα δύναται τὸ σφᾶς αὐτοὺς, πρὸς ἀμφότερα ἀναφερόμενον, τό τε διεξιέναι καὶ τὸ θρηνεῖν. COR.

Λειτουργιῶν] Cf. F. A. Wolf. Proleg. ad Demosth. Lept. p. 370—384.

μα. Θαυμάζω δ' εἰ μὴ δύνασθε συνιδεῖν, ὅτι γένος
οὐδέν ἐστι κακονούστερον τῷ πλήθει πονηρῶν ῥητόρων καὶ
δημαγωγῶν· πρὸς γὰρ τοῖς ἄλλοις κακοῖς, καὶ τῶν κατὰ
[1]τὴν ἡμέραν ἑκάστην ἀναγκαίων οὗτοι μάλιστα βούλονται
σπανίζειν ὑμᾶς· [2]ὁρῶντες τοὺς μὲν ἐκ τῶν ἰδίων δυναμένους
τὰ σφέτερ' αὐτῶν διοικεῖν τῆς πόλεως ὄντας καὶ τῶν τὰ
βέλτιστα λεγόντων, τοὺς δ' ἀπὸ τῶν δικαστηρίων ζῶντας c
καὶ τῶν ἐκκλησιῶν καὶ τῶν ἐντεῦθεν λημμάτων ὑφ' αὐτοῖς
διὰ τὴν ἔνδειαν ἠναγκασμένους εἶναι, καὶ πολλὴν χάριν
ἔχοντας ταῖς εἰσαγγελίαις καὶ ταῖς γραφαῖς καὶ ταῖς
ἄλλαις συκοφαντίαις ταῖς δι' αὐτῶν γιγνομέναις. ἐν οὖν
ταῖς ἀπορίαις, ἐν αἷς αὐτοὶ δυναστεύουσιν, ἐν ταύταις ἥδιστ'
ἂν ἴδοιεν ἅπαντες ὄντας τοὺς πολίτας. τεκμήριον δὲ μέγι-
στον· οὐ γὰρ τοῦτο σκοποῦσιν, ἐξ [3]οὗ τρόπου τοῖς δεομένοις
[4]βίον ἐκποριοῦσιν, ἀλλ' ὅπως [5]τοὺς ἔχειν τι δοκοῦντας d
τοῖς ἀπόροις ἐξισώσουσι.

μβ'. Τίς οὖν ἀπαλλαγὴ γένοιτ' ἂν κακῶν [6]τῶν παρόντων; διείλεγμαι μὲν τὰ πλεῖστα περὶ αὐτῶν τούτων, οὐκ
ἐφεξῆς, ἀλλ' ὡς ἕκαστον τῷ καιρῷ συνέπιπτε· μᾶλλον δ'
ἂν ὑμῖν ἐγγένοιτο μνημονεύειν, εἰ συναγαγὼν τὰ μάλιστα
κατεπείγοντα πάλιν ἐπανελθεῖν αὐτὰ πειραθείην.

μγ'. Ἔστι δ' ἐξ ὧν [7]ἂν ἐπανορθώσαιμεν τὰ τῆς πόλεως e
185 καὶ βελτίω ποιήσαιμεν, πρῶτον μὲν ἢν συμβούλους ποιώμεθα τοιούτους περὶ τῶν κοινῶν, οἵους περ ἂν περὶ τῶν
ἰδίων ἡμῖν εἶναι [8]βουληθεῖμεν, καὶ παυσώμεθα δημοτικοὺς
μὲν εἶναι [9]νομίζοντες τοὺς συκοφάντας, ὀλιγαρχικοὺς δὲ 186
τοὺς καλοὺς κἀγαθοὺς τῶν ἀνδρῶν, γνόντες ὅτι φύσει μὲν

[1] τὴν om. A. C. L. [2] ὁρῶσι γὰρ τοὺς A. C. L. [3] ὅπου A. C. L.
[4] τὸν βίον A. C. L. [5] καὶ τοὺς A. C. L. [6] τῶν παρόντων κακῶν A. C. L.
[7] ἂν om. A. C. L. [8] βουληθείημεν A. C. L. [9] νομίζοντες εἶναι A. C. L.

Τῆς πόλεως — λεγόντων] *reipublicæ addictos esse et cum iis facere qui optima vobis suadent.* Lang.

Τοὺς δ' ἀπὸ τῶν δικαστ. ζῶντας] Vide Areopag. §. κ'. Idem.

Ὡς ἕκαστον τῷ καιρῷ συνέπιπτε] *uti singula pro tempore in mentem veniebant.* Idem.

Ἐγγένοιτο μνημονεύειν] *memoria tenere possetis.* Idem.

Ἐπανελθεῖν] Ἐκ δευτέρου διηγήσασθαι. Cor.

Ὅτι φύσει μὲν οὐδεὶς κ. τ. λ.] Sensus: Improba reipublicæ administratio improbos fingit populi ductores, et improbi populi ductores improbam efficiunt cupiuntque reipublicæ administrationem. Boni contra semper bonam cupiunt. Cf. de Antid. §. κδ'. Lang. Οὐδείς ἐστιν ἐκ φύσεως οὔτε δημοτικὸς οὔτ' ὀλιγαρχικός, τουτέστιν, οὔτε δημοκρατίας οὔτ' ὀλιγαρχίας ἐραστὴς, ἀλλ' ἐν ὁποτέρᾳ τῶν πολιτειῶν τούτων ἕκαστος τιμᾶται, ταύτην συνεστάναι καὶ σώζεσθαι βούλεται. ὅτι δ' οὗτός ἐστιν ὁ

οὐδεὶς οὐδέτερον τούτων ἐστὶν, ἐν ᾗ δ' ἂν ἕκαστοι τιμῶνται, ταύτην βούλονται καθεστάναι τὴν πολιτείαν.

μδ'. Δεύτερον [1]δ' ἦν ἐθελήσωμεν χρῆσθαι τοῖς συμμάχοις ὁμοίως ὥσπερ τοῖς φίλοις, καὶ μὴ λόγῳ μὲν [2]αὐτονόμους ἀφιῶμεν, ἔργῳ δὲ τοῖς στρατηγοῖς αὐτοὺς ὅ τι ἂν βούλωνται ποιεῖν [3]ἐκδιδῶμεν, μηδὲ δεσποτικῶς ἀλλὰ συμμαχικῶς
b αὐτῶν ἐπιστατῶμεν, ἐκεῖνο καταμαθόντες, ὅτι μιᾶς μὲν ἑκάστης τῶν πόλεων κρείττους ἐσμὲν, ἁπασῶν δ' ἥττους.

με'. Τρίτον δ' ἦν μηδὲν περὶ πλείονος ἡγῆσθε, μετά γε τὴν περὶ τοὺς θεοὺς εὐσέβειαν, τοῦ παρὰ τοῖς Ἕλλησιν εὐδοκιμεῖν· τοῖς γὰρ οὕτω διακειμένοις ἑκόντες καὶ τὰς ἡγεμονίας καὶ σφᾶς αὐτοὺς [4]διδόασιν·

μς'. Ἢν οὖν ἐμμείνητε τοῖς εἰρημένοις, καὶ πρὸς τούτοις ὑμᾶς αὐτοὺς παράσχητε πολεμικοὺς μὲν ὄντας ταῖς μελέ-
c ταις καὶ ταῖς παρασκευαῖς, εἰρηνικοὺς δὲ τῷ μηδὲν παρὰ τὸ δίκαιον πράττειν, οὐ μόνον εὐδαίμονα ποιήσετε ταύτην τὴν πόλιν, ἀλλὰ καὶ τοὺς Ἕλληνας ἅπαντας. οὐδὲ γὰρ ἄλλη τῶν πόλεων οὐδεμία τολμήσει περὶ αὐτοὺς ἐξαμαρτάνειν, ἀλλ' ὀκνήσουσι καὶ πολλὴν ἡσυχίαν [5]ἄξουσιν, ὅταν ἴδωσιν ἐφεδρεύουσαν [6]τὴν δύναμιν τὴν ἡμετέραν [7]καὶ παρεσκευασμένην τοῖς ἀδικουμένοις βοηθεῖν. οὐ μὴν ἀλλ' ὁπότερον ἂν [8]ποιήσωσι, τό γ' ἡμέτερον καλῶς ἕξει καὶ συμφερόντως.
d ἤν τε γὰρ δόξῃ τῶν πόλεων ταῖς προεχούσαις ἀπέχεσθαι [9]τῶν ἀδικημάτων, ἡμεῖς τούτων τῶν ἀγαθῶν τὴν αἰτίαν ἕξομεν· ἤν τ' ἐπιχειρῶσιν ἀδικεῖν, ἐφ' ἡμᾶς ἅπαντες οἱ δεδιότες καὶ κακῶς πάσχοντες καταφεύξονται, πολλὰς

[1] δ' om. A. C. L. [2] αὐτοὺς αὐτονόμους A. L. αὐτοὺς inclusit C. [3] ἐνδιδῶμεν A. C. L. [4] ἐνδιδόασιν A. C. L. [5] ἕξουσιν A. C. L. [6] τὴν δύναμιν om. A. C. L. [7] πόλιν καὶ A. C. L. [8] ποιῶσιν A. C. L. [9] τούτων τῶν A. C. L.

νοῦς τοῦ χωρίου, δῆλον ἐκ τοῦ Λυσίου (Δημ. καταλ. ἀπολογ. γ'.), ἐξ οὗ προδήλως παρείληφεν Ἰσοκράτης τὴν γνώμην, μικρὸν μεταποιήσας τὰς λέξεις. ταῦτα γὰρ ἐκεῖνός φησι· Πρῶτον μὲν οὖν ἐνθυμηθῆναι χρὴ, ὅτι οὐδείς ἐστιν ἀνθρώπων φύσει οὔτ' ὀλιγαρχικὸς οὔτε δημοκρατικὸς, ἀλλ ἥτις ἂν ἑκάστῳ πολιτεία μὴ συμφέρῃ, ταύτην προθυμεῖται μεθιστάναι. Cor.

Τοῖς στρατηγοῖς] Οὗτοι γὰρ ἦσαν οἱ μάλιστα τοὺς συμμάχους δασμολογοῦντες καὶ πάντα τρόπον λυμαινόμενοι. Ἐπιθι Ἀριστοφάν. Σφ. 669. Idem.

Τοῖς εἰρημένοις] *tribus illis quæ dicta sunt.* Lang.

Ὀκνήσουσι] Οὐ τολμήσουσι. Cor.

Ἐφεδρεύουσαν] Ἔφεδροι in certamine Olympico, ut scribit Lucianus, dicebantur pugiles,, qui exspectabant dum aliquis e concertantibus occubuisset, in cujus ipsi locum luctæ succederent. Hinc ductum verbum est ἐφεδρεύειν *stare in procinctu, esse in statione*, ac veluti in sublimi specula prospicientem ne quid mali ingruat. Wolf.

[1]ἱκετείας καὶ δεήσεις ποιούμενοι, καὶ διδόντες οὐ μόνον τὴν
ἡγεμονίαν ἀλλὰ καὶ σφᾶς αὐτούς. ὥστ' οὐκ ἀπορήσομεν
186 μεθ' ὧν κωλύσομεν τοὺς ἐξαμαρτάνοντας, ἀλλὰ πολλοὺς
ἕξομεν τοὺς ἑτοίμως [2]καὶ προθύμως συναγωνιζομένους ἡμῖν.
ποία γὰρ [3]πόλις ἢ τίς ἀνθρώπων οὐκ ἐπιθυμήσει μετα- e
σχεῖν τῆς φιλίας καὶ τῆς συμμαχίας τῆς ἡμετέρας, ὅταν
ὁρῶσι τοὺς αὐτοὺς ἀμφότερα, καὶ δικαιοτάτους ὄντας καὶ 187
μεγίστην δύναμιν κεκτημένους, καὶ τοὺς μὲν ἄλλους σώζειν
καὶ βουλομένους καὶ δυναμένους, αὐτοὺς δὲ μηδεμιᾶς βοηθείας δεομένους; πόσην δὲ χρὴ προσδοκᾶν ἐπίδοσιν τὰ
τῆς πόλεως λήψεσθαι, [4]τοιαύτης εὐνοίας [5]ἡμῖν παρὰ τῶν
ἄλλων ὑπαρξάσης; πόσον δὲ πλοῦτον εἰς τὴν πόλιν
[6]εἰσρυήσεσθαι, δι' ἡμῶν ἁπάσης τῆς Ἑλλάδος σωζομένης;
τίνας δ' οὐκ ἐπαινέσεσθαι τοὺς τοσούτων καὶ τηλικούτων
ἀγαθῶν αἰτίους γεγενημένους; ἀλλὰ γὰρ οὐ δύναμαι διὰ b
τὴν ἡλικίαν ἅπαντα τῷ λόγῳ περιλαβεῖν, ἃ τυγχάνω
τῇ διανοίᾳ καθορῶν, πλὴν ὅτι καλόν ἐστιν ἐν ταῖς τῶν
ἄλλων ἀδικίαις καὶ μανίαις πρώτους εὖ φρονήσαντας προστῆναι τῆς τῶν Ἑλλήνων ἐλευθερίας, καὶ [7]σωτῆρας ἀλλὰ
μὴ λυμεῶνας αὐτῶν κληθῆναι, καὶ περιβλέπτους ἐπ' ἀρετῇ
γενομένους τὴν δόξαν [8]τὴν τῶν προγόνων ἀναλαβεῖν.

μζ'. Κεφάλαιον δὲ [9]τούτων ἐκεῖνο ἔχω λέγειν, εἰς ὃ c
πάντα τὰ προειρημένα συντείνει, καὶ πρὸς ὃ χρὴ βλέποντας
τὰς πράξεις τὰς τῆς πόλεως δοκιμάζειν. δεῖ γὰρ ἡμᾶς,
εἴπερ βουλόμεθα διαλύσασθαι μὲν τὰς διαβολὰς ἃς ἔχομεν
ἐν τῷ παρόντι, παύσασθαι δὲ τῶν πολέμων τῶν μάτην
γιγνομένων, κτήσασθαι δὲ [10]τῇ πόλει τὴν ἡγεμονίαν εἰς τὸν
ἅπαντα χρόνον, μισῆσαι μὲν ἁπάσας τὰς τυραννικὰς ἀρχὰς

[1] ἱκετηρίας A. L. ἱκεσίας C. [2] καὶ προθύμως om. A. C. L.
[3] ἡ πόλις A. ἢ πόλις L. [4] τῆς τοιαύτης A. L. [5] ἡμῖν om. A. C. L.
[6] εἰσρυήσεσθαι καὶ (καὶ om. C.) εἰς τὴν πόλιν A. C. L. [7] σωτηρίας A.
[8] τὴν om. A. C. L. [9] πάντων A. C. L. [10] τῇ πόλει om. A. C. L.

Ἀμφότερα] Adverbialiter sumitur, utroque modo, simul. AUGER.

Πόσην δὲ χρὴ] Ἴσως· πόσην δ' οὐ χρή. COR.

Ἐπαινέσεσθαι] Potius ἐπαινέσαι. WOLF. Repete προσδοκᾶν χρή. LANG.

Διὰ τὴν ἡλικίαν] Diximus in fine analysis hujus orationis, Isocratem novemdecim et septuaginta annos fuisse natum, quum hanc scriberet. AUGER.

Μισῆσαι — ἀρχὰς] Quomodo? Itane ut Syracusani tyrannidem Dionysii? At illud quidem ultro faciebant Athenienses. Est igitur μισῆσαι hoc loco μὴ ἐπιθυμεῖν τυραννικῆς δυναστείας μήτε καταδουλοῦσθαι τοὺς Ἕλληνας, ἀλλὰ προστῆναι τῆς ἐλευθερίας αὐτῶν. WOLF.

καὶ τὰς δυναστείας, [1] ἀναλογισαμένους τὰς συμφορὰς τὰς
d [2] ἐξ αὐτῶν [3] γεγενημένας, ζηλῶσαι δὲ καὶ μιμήσασθαι τὴν
[4] ἐν Λακεδαίμονι βασιλείαν. ἐκείνοις γὰρ ἀδικεῖν μὲν ἧττον
ἔξεστιν ἢ τοῖς ἰδιώταις· τοσούτῳ δὲ μακαριστότεροι τυγχάνουσιν ὄντες τῶν βίᾳ τὰς τυραννίδας κατεχόντων, ὅσον οἱ
μὲν τοὺς τοιούτους ἀποκτείναντες τὰς μεγίστας δωρεὰς
παρὰ τῶν συμπολιτευομένων λαμβάνουσιν, ὑπὲρ ἐκείνων δ'
e οἱ μὴ τολμῶντες ἐν ταῖς μάχαις ἀποθνήσκειν ἀτιμότεροι
γίγνονται τῶν τὰς τάξεις λειπόντων καὶ τὰς ἀσπίδας 187
ἀποβαλλόντων. ἄξιον οὖν ὀρέγεσθαι τῆς τοιαύτης ἡγεμονίας. ἔνεστι [5] δὲ [6] τοῖς πράγμασιν ἡμῶν τυχεῖν παρὰ τῶν
Ἑλλήνων τῆς τιμῆς ταύτης, ἥνπερ ἐκεῖνοι παρὰ τῶν πολιτῶν ἔχουσιν, ἢν ὑπολάβωσι τὴν δύναμιν τὴν ἡμετέραν μὴ
188 δουλείας ἀλλὰ σωτηρίας αἰτίαν [7] αὐτοῖς [8] ἔσεσθαι.

μη΄. Πολλῶν δὲ καὶ [9] καλῶν λόγων ἐνόντων περὶ τὴν
ὑπόθεσιν ταύτην, ἐμοὶ μὲν ἀμφότερα συμβουλεύει παύσασθαι λέγοντι, καὶ τὸ μῆκος τοῦ λόγου καὶ τὸ πλῆθος [10] τῶν
ἐτῶν τῶν ἐμῶν· τοῖς δὲ νεωτέροις καὶ μᾶλλον ἀκμάζουσιν ἢ
ἐγὼ παραινῶ καὶ παρακελεύομαι τοιαῦτα [11] καὶ λέγειν καὶ
γράφειν, ἐξ ὧν τὰς μεγίστας τῶν πόλεων καὶ τὰς εἰθισμένας ταῖς ἄλλαις κακὰ παρέχειν προτρέψουσιν ἐπ' ἀρετὴν
καὶ δικαιοσύνην, ὡς ἐν ταῖς τῆς Ἑλλάδος εὐπραγίαις συμβαίνει καὶ τὰ τῶν φιλοσόφων πράγματα πολλῷ βελτίω
γίγνεσθαι.

[1] ἀναλογιζομένους A. C. L. [2] ἀπ' A. C. L. [3] γενησομένους A. C. L. [4] Λακεδαιμονίων A. C. L. [5] δ' ἐν τοῖς τοιούτοις πραγμ. ἡμᾶς A. C. L. [6] τοιαύτης τιμῆς A. C. L. [7] αὐτοῖς αἰτίαν A. C. L. [8] γενήσεσθαι A. C. L. [9] παντοδαπῶν A. C. L. [10] τῶν ἐμῶν ἐτῶν A. C. L. [11] καὶ om. A. C. L.

Ἐκείνοις] Τοῖς Λακεδαιμονίων βασιλεῦσι. Cor.

Ἧττον ἔξεστιν] Ephori potestatem habuerunt etiam interficiendi regis: id quod in Agide et Pausania declararunt. Wolf.

Ὑπὲρ ἐκείνων] Subintellige βασιλέων τῶν Λακεδαιμονίων. Lang.

Θ.

ΙΣΟΚΡΑΤΟΥΣ

ΕΥΑΓΟΡΟΥ ΕΓΚΩΜΙΟΝ

[1]Η

ΕΥΑΓΟΡΑΣ.

Pag. ed. Cor. 188 Pag. ed. H. Ste 189

α΄. ΟΡΩΝ, ὦ Νικόκλεις, τιμῶντά σε τὸν τάφον τοῦ πατρὸς οὐ μόνον τῷ πλήθει καὶ τῷ κάλλει τῶν ἐπιφερο-

[1] Η ΕΥΑΓΟΡΑΣ om. A.

SUMMARIUM. (α΄.) *Exordium.* Si quis est in mortuis sensus eorum, quæ in terra fiunt, Evagoram quidem tantam sui curam tuamque in funeris apparatu magnificentiam benigne excipere et libenter spectare existimabam, at multo tamen majorem gratiam illi habiturum arbitrabar, qui oratione, studiis et rebus gestis Evagoræ digna, laudem ejusdem, quam quisque homo magnanimus omnibus rebus anteponit, ad posteros propagare possit. (β΄.) Hucusque quidem non fuit in more positum, ut æquales nostros post mortem laudaremus, sed quum nil nisi invidia prohibuerit ejusmodi laudationes, ad excitandam juvenum virtutem propter veritatem, qua oratorem uti oportet, multo aliis efficaciores, hanc pravam consuetudinem emendandam et quemvis pro merito laudandum esse arbitror. (γ΄.) Sentio quidem, difficile esse, viros præstantes oratione prosa prædicare, ideoque oratoribus, qui his rebus abstinuerunt, lubenter ignosco, siquidem poetis permulta ornamenta concessa sunt, quæ oratoribus desunt; at nihilo minus tamen non cessandum est, sed periculum faciundum, an viri præstantes ab oratore non minus ornari possint quam a poetis. (δ΄.) *Confirmatio.* Ut omnes igitur sciant, Evagoram a pulcherrimis maximisque exemplis nihil degenerasse, de ortu primum ac natalibus illius dicendum erit. (ε΄.) Teucridarum, a quibus Evagoras ortum ducit, Æacus auctor, tantum inter semideos a Jove oriundos excelluit, ut Græci ope illius fame liberati communne illi in Ægina templum ædificarent, et post mortem illum Plutoni ac Proserpinæ assidere perhiberent. (ς΄.) Hujus filii Telamon et Peleus fuerunt, quorum alter expeditionis Herculanæ contra Laomedontem socius præmio virtutis ornatus est, alter vero, Peleus, ubi in pugna contra Centauros se fortiter gesserat, Thetidem, Nerei filiam, mortalis immortalem in matrimonium accepit. (ζ΄.) A Peleo Achilles, a Telamone Ajax et Teucer procreati sunt: quorum Achilles in bello Trojano clarissimus fuit; Ajax secundum ab eo virtutis locum obtinuit; Teucer denique, quum in Troja expugnanda strenuam operam navasset, Cyprum advectus Salaminem condidit, eamque, quæ nunc regnat, familiam reliquit. (η΄.) Sic condita urbe initio quidem Teucri progenies regnum tenuerunt, sed insecutis temporibus e Phœnicia exsul a rege in fidem receptus magnamque potentiam nactus, pulso rege et hospitii jure violato, regno potitus est. (θ΄.) Tali rerum statu Evagoras nascitur, de quo, omnibus iis neglectis, quæ in paucorum tantum notitiam venerunt, ab his, quæ omnes fatentur, initium faciam. (ι΄.) Puer igitur et forma et viribus et modestia excelluit, viro autem facto et hæc omnia una creverunt, et his accessit fortitudo, sapientia, justitia, quæ quidem virtutes non mediocres in illo fuerunt, sed singulæ excellentes, ita ut tum Salamine regnantes neque eum privata sorte contentum

μένων, ἀλλὰ καὶ χοροῖς καὶ μουσικῇ καὶ γυμνικοῖς ἀγῶσιν· ἔτι δὲ πρὸς τούτοις ἵππων τε καὶ τριήρων ἁμίλλαις, καὶ

fore, neque sibi insidias structurum existimarent. (ια'.) Ac licet duæ hæ de Evagora opiniones maxime inter se discreparent, neutra tamen eos fefellit, siquidem unus e proceribus tyrannum occidit, Evagoras vero, quem ille simul e medio tollere totius putavit, incolumis Solos Ciliciæ urbem perfugit. Despectis inde fugitivis erronibus, adhibitisque, ut plerique dicunt, quinquaginta tantum hominibus, unde animus ejusdem et apud socios auctoritas apparet, reditum in patriam sibi patefacere aggressus est. (ιβ'.) Atque cum his paucis non castellum aliquod firmum occupavit, sed ea ipse nocte, qua e navi descenderat, porta muri perfracta impetum in regiam fecit, neque prius pugnare adversus regis satellites desiit, quam capta regia et patrios honores suæ familiæ restituisset et dominum civitatis se ipse constituisset. (ιγ'.) Quanquam vero Evagoræ virtus rerumque ab eo gestarum magnitudo ex his jam satis appareat, utramque tamen sequentibus dilucidius etiam declarari arbitror. (ιδ'.) Nemo enim inter omnes omnium temporum reges reperietur, qui honorem regium pulcrius quam ille acquisiverit, præstantissimis illorum brevitatis causa cum illo comparatis. (ιε'.) Quis vero tam socors atque ignavus est, qui imperium a parentibus accipere, quam tam sancte partum, ut ille fecit, liberis suis relinquere maluerit? (ιϛ'.) Ac inter veteres quidem patrii regni recuperationes eæ maxime celebrantur, quas a poetis accepimus, nec quisquam tamen eorum de ullo fabulatus est, qui per tam atrocia et horrenda pericula in regnum redierit, sed partim fortuna, partim dolo fraudeque reduces factos esse canunt. (ιζ'.) Cyrus, quem ex posterioribus maxime admirantur, utpote regno Persarum potitum, Medorum copias exercitu vicit, Evagoram autem animo tantum suo et corpore pleraque perfecisse constat. Evagoras hostes occidit, Cyrus contra matris suæ patrem interemit, ita ut, si breviter libereque dicendum sit, nec quisquam mortalium, immortalium et semideorum pulerius et splendidius et justius regnum acquisiverit. (ιη'.) At si quis omnium rerum longe pulcherrimam pulcherrime sit adeptus, quomodo is pro factorum dignitate collaudari possit? (ιθ'.) Neque vero, quum in his excelluisset, in cæteris inferior fuisse reperietur. Quamvis enim ingenio felicissimo esset, non tamen quidquam negligenter ac temere egit, sed in inquirendo et cogitando plurimum temporis consumpsit, existimans, qualis mens sit, tale et regnum futurum esse. Eodem igitur præclaro modo, quo regno potitus est, illud etiam administravit. In negotiis certe diligens, laboriosus, circumspiciens, neminem injuria affecit, bonos honoravit, malos punivit, atque tanta pietate et humanitate civitatem rexit, ut rex non minus quam cives fortunati judicarentur. Qamvis nihil consiliariis indigeret, cum amicis tamen consilium capiebat. Amicis sæpe de jure cedebat, hostes semper superabat. Nulla in re ordinis et constantiæ negligens fuit, et quidquid verbis promiserat, non minus servabat, quam si jusjurandum dedisset. Animosus fuit, alios sibi devinciens, ingenia aliorum longe superando terribilis, voluptatibus imperans non serviens, multumque sibi otii faciens paucis laboribus, non parvis oblectationibus multos labores sibi præparans. Atque plura etiam in illo fuisse, facta ejus declarant. (κ'.) Urbis suæ florem, qui sub Phœnicum imperiis marcuerat, restituit et auxit, eamque ita potentem reddidit, ut, qui illam antea contempserant, nunc vehementer timerent. Nec solum urbem, sed totam etiam insulam mansuetam et moderatam efficit. Nam incolæ ante Evagoram inaccessibiles et in Græcos crudeles ita nunc mutati sunt, ut in amore Græcorum certent, Græcas mulieres in matrimonium ducant, Græcisque et operibus et studiis delectentur. (κα'.) Itaque multi, iique Græcorum probi viri in Cyprum habitatum concesserunt, e quibus Cononem tantum nomino, qui post acceptam ad Ægospotamos cladem hunc locum et tutissimum sibi et patriæ utilissimum fore ratus, spe sua non excidit. Nam simulac Evagoram convenisset, se invicem plurimi fecerunt et de urbe nostra restituenda consenserunt. Videntes nempe patriam suam Lacedæmoniorum imperio subjectam esse, gravissime tulerunt et deliberantibus, quomodo eam infortuniis eriperent, mox opportunitatem Lacedæmonii præbuerunt. Quum enim Lacedæmonii, insatiabili cupiditate incensi, totius Asiæ imperium affectarent, illi duces regios docuerunt, non terra, sed mari cum Lacedæmoniis decertandum esse, ut non solum Asia, sed tota Græcia victoriæ fructus perciperet. Quod reipsa evenit. Nam victis duce Conone et adjutore Evagora (ad Cnidum) Lacedæmoniis imperioque privatis, et Græci libertatem et nostra civitas antiquæ gloriæ partem recuperaverunt; pro quibus meritis statuas illis juxta

λείποντ' οὐδεμίαν τῶν τοιούτων ὑπερβολὴν, ἡγησάμην Εὐαγόραν, εἴ τις ἐστὶν αἴσθησις τοῖς τετελευτηκόσι περὶ τῶν

Jovis servatoris simulacrum posuimus, tum maximi in Græcos beneficii tum arctissimæ inter ipsos amicitiæ monumentum. (κβ'.) Aliter autem erga illos affectus fuit Persarum rex; quippe qui Evagoram adeo reformidarit, ut dum beneficia illius experiebatur, bellum adversus illum moliretur, timens nimirum, ne, quæ erat illius magnanimitas et rerum gestarum gloria et successus, non Cypri tantum, sed totum Persarum regnum everteret. (κγ'.) Quo facto Evagoras, quanquam omnibus copiis inferior, ita tamen præclare se gessit, ut sua ipsius virtute filioque Protagora sociis, tota pæne Cypro potiretur, Phœniciam vastaret, Tyrum vi caperet, Ciciliam ad defectionem a rege impelleret, atque ita hostes bello satiaret, ut, bello per decem annos frustra gesto, cupide pacem facerent. (κδ'.) Quapropter Evagoras non tantum reliqua bella, sed illud etiam Trojanum ab Heroibus gestum superasse videtur, siquidem unius urbis dominus, vires totius Asiæ sustinuit, dum illi conjunctis universæ Græciæ viribus solam Trojam expugnaverunt. Hinc majorem etiam quam illi gloriam adeptus esset, si tot laudis suæ præcones habuisset, quot illi. (κε'.) Quis enim illorum tanta perfecit, quanta Evagoras? Ex privato regem se constituit; gentem suam regno pulsam restituit; cives e Barbaris Græcos, ex mollibus bellicosos reddidit; urbem inhospitabilem mansuetiorem et mitiorem fecit; regis socius ad navale prœlium circa Cnidum maximas vires contulit; sed hostis factus ejusdem, tam præclare ultus est, ut bellum in Cypro gestum alta mente regis maneat repostum. (κϛ'.) Hinc quid maximum sit inter Evagoræ facinora, dicere nequeo, quocunque enim me convertero, omnia mihi maxima et admiratione dignissima videntur. (κζ'.) Quapropter illum immortalitate dignatum esse judico, siquidem perpetua felicitate ad obitum usque gravis est. (κη'.) *Epilogus.* Nulla nempe felicitatis pars illi defuit. Tales enim habuit majores, quales præter illum nemo alius; corpore et animo cæteris longe præstitit; immortalem nominis sui memoriam reliquit; senex factus, morborum senectutis expers decessit; multos, eosque pulcros, liberos suscepit, quorum alius rex, alius princeps vocatus est, ita ut nomen dei aut numinis aut immortalis in eum perquam commode conveniat. (κθ'.) Sentio quidem, multa, quæ de Evagora dici poterant, ob senectutis infirmitatem prætermissa esse, verumtamen pro viribus non illaudatus fuit. (λ'.) Pulcra sunt corporum imagines monumenta, attamen mentis rerumque gestarum illa, quæ in artificiosis orationibus conspiciuntur, multis de causis anteponenda videntur. Nam primum viri præstantes rerum gestarum gloria magis quam corporis forma superbiunt; deinde expressæ corporum formæ eodem loco manent; orationes vero evulgantur et eruditos delectant; porro fictis et pictis imaginibus nec quisquam corpus assimilare potest, mentem vero ac mores oratione depictos mente imitari valet. (λα'.) Atque hæc præcipua causa est, quare hanc orationem scripserim, quia ejusmodi pictura, non aliena præsertim, sed domestica, te tuosque tum in agendo tum in dicendo omnibus superiores reddere potest. (λβ'.) Ne vero putes, me segniorem te credere et stimulo egentem, quum tam sæpe te hortor, scias, me spectatoribus certaminum esse similem, qui non ultimos cursorum, sed primos metæque proximos instigare solent. (λγ'.) Meum igitur est aliorumque, qui tibi bene volunt, te hortari, ut eadem, qua incepisti via, pergas, tuum contra eniti, ut majoribus tuis quam simillimus fias, non contentus, nisi non tantum aliis, sed etiam iis, qui in iisdem tecum honoribus versantur, antecellueris. Atque hoc facile perfeceris, dummodo in sapientiæ studio perseveraveris, tantosque, quantos hucusque, feceris progressus. Lang. Videtur hæc oratio inscripta fuisse anno ante Christum 374. et Isocratis ætatis 62. Auger.

Νικόκλεις] Filius Evagoræ, regis Salaminis, urbis Cypri, atque ejus in regno successor: quare ab Isocrate de Permut. §. ιϛ'. ὁ τῶν Σαλαμινίων βασιλεὺς et §. κε'. ὁ Κύπριος appellatur, ut et a Maximo Tyrio Dissert. xx. et ab Ælian. V. H. vii. 2. Alio nomine dici putatur Nicocreon a Leopardo Emend. i. 10. et a Casaubono ad Athenæum viii. 9. Duos fuisse, quibus nomen Nicoclis tributum offenderetur docet Perizonius ad Ælian. l. l. quorum priorem hunc Evagoræ filium, cujus mentio ab Æliano fieret, fuisse existimat. Videtur eidem Perizonio regno privatus esse a Prytagora, seu Protagora, qui §. κγ'. ab Isocrate commemoratur. Findeisen. Cf. Diod. Sic. l. xiv. 98. Aristot. Polit. v. 10. et Justin. v. 6.

Τῶν ἐπιφερομένων] *inferiarum.* ἐπιφέρεσθαι enim idem est ac Lat. *inferre.* Lang.

Μουσικῇ] Morus ad Paneg. §. μϛ'. conjicit hic legendum esse μουσικῆς, improbantibus Findeiseno et Langio.

Λείποντ' οὐδεμίαν ὑπερβολὴν] Λείπειν,

b ἐνθάδε γιγνομένων, εὐμενῶς μὲν ἀποδέχεσθαι καὶ ταῦτα
καὶ χαίρειν ὁρῶντα τήν τε περὶ αὐτὸν ἐπιμέλειαν καὶ τὴν
σὴν μεγαλοπρέπειαν, πολὺ δ' ἂν ἔτι πλείω χάριν ἔχειν ἢ
τοῖς ἄλλοις ἅπασιν, εἴ τις δυνηθείη περὶ τῶν ἐπιτηδευμάτων
αὐτοῦ καὶ τῶν κινδύνων ἀξίως διελθεῖν τῶν ἐκείνῳ πεπρα-
γμένων· εὑρήσομεν γὰρ τοὺς φιλοτίμους καὶ μεγαλοψύχους
τῶν ἀνδρῶν οὐ μόνον ἀντὶ τῶν τοιούτων ἐπαινεῖσθαι βουλο-
c μένους, ἀλλ' ἀντὶ τοῦ ζῆν ἀποθνήσκειν [1] εὐκόλως αἱρουμένους, καὶ μᾶλλον περὶ τῆς δόξης ἢ τοῦ βίου σπουδάζοντας,
καὶ πάντα ποιοῦντας ὅπως ἀθάνατον τὴν περὶ αὑτῶν
μνήμην [2] καταλείψουσιν. αἱ μὲν οὖν δαπάναι τῶν μὲν τοιούτων οὐδὲν ἐξεργάζονται, τοῦ δὲ πλούτου σημεῖόν εἰσιν. οἱ
δὲ περὶ τὴν μουσικὴν καὶ τὰς ἄλλας ἀγωνίας ὄντες, οἱ μὲν
τὰς δυνάμεις [3] τὰς αὑτῶν οἱ δὲ τὰς τέχνας ἐπιδειξάμενοι, 189
d σφᾶς αὐτοὺς ἐντιμοτέρους κατέστησαν· ὁ δὲ λόγος, εἰ καλῶς
διέλθοι τὰς ἐκείνου πράξεις, ἀείμνηστον ἂν τὴν ἀρετὴν τὴν
Εὐαγόρου παρὰ πᾶσιν ἀνθρώποις ποιήσειεν.

β'. Ἐχρῆν μὲν οὖν καὶ τοὺς ἄλλους ἐπαινεῖν τοὺς ἐφ'
αὑτῶν ἄνδρας ἀγαθοὺς γεγενημένους, ἵν' οἵ τε δυνάμενοι τὰ
190 τῶν [4] ἄλλων ἔργα κοσμεῖν ἐν εἰδόσι ποιούμενοι τοὺς λόγους
ταῖς ἀληθείαις ἐχρῶντο περὶ αὐτῶν, οἵ τε νεώτεροι φιλοτι-
μοτέρως διέκειντο πρὸς τὴν ἀρετήν, εἰδότες ὅτι τούτων [5] εὐλογήσονται μᾶλλον, ὧν ἂν ἀμείνους σφᾶς αὐτοὺς παρά-

[1] εὐκλεῶς A. C. L. [2] καταλείψωσιν A. [3] αὐτῶν A. C. L. [4] παλαιῶν A. L. [5] εὐλογηθήσονται A. C. L.

item ἀπολείπειν et καταλείπειν, οὐδεμίαν ὑπερβολὴν dicitur apud Isocratem is omnino, qui tantum facit, quantum nec exspectari ab eo nec fieri ab aliis potest, qui talem se quadam in re præstat, ut alios quidem superet, ab his vero, experientibus etiam, superari nequeat, qui adeo aliis longe præstat, et quidem in utramque partem. Sic usurpatur de insigniter improbis Paneg. §. λβ'. et Panath. §. κη'. de eo qui summam gloriam nactus est, ita ut alii eandem, nedum majorem, consequi non possint. Inprimis usurpatur de iis, qui magnificentia vincunt alios, et tantum insumunt in aliquam rem, quantum ab aliis fere insumi non possit. V. c. de Big. §. ιδ'. dicitur Alcibiades, τοῖς μέλλουσιν ἱπποτροφεῖν οὐδεμίαν ὑπερβολὴν καταλιπών. et paulo post Isocrates alia commemorans munera publica, quibus Alcibiades vacaverit, utitur verbo διαφέρειν. FIND.

Ἔχειν] Wolf. mavult ἕξειν, præter necessitatem, quum duo præsentia antecedant, et præsens apud optimos et Isocratem pro futuro ponatur. LANG.

Εἴ τις] Idem est h. l. ac τούτῳ, ὅς. IDEM.

Τῶν ἐκείνῳ πεπραγμένων] Regitur ab ἀξίως. AUGER.

Ἀντὶ τῶν τοιούτων] Refer ad ἐπιφερομένων etc. p. 438. 2. LANG.

Οἱ δὲ — ὄντες] Nominativus absolutus pro τῶν δὲ — ὄντων. IDEM.

Ἀγωνίας] *certamina*, i. q. ἀγῶνες. Sic ap. Æschin. Socrat. Dial. i. §. 7. FIND.

Ἐν εἰδόσι] Wolf. recte intellexit, et explicuit παρὰ τοῖς εἰδόσι. Verte: *qui rerum quæ sua ætate gestæ sunt notitiam habent*. LANG.

σχῶσι. νῦν δὲ τίς οὐκ ἂν ἀθυμήσειεν, ὅταν ὁρᾷ τοὺς μὲν
περὶ τὰ Τρωϊκὰ [1] καὶ τοὺς ἐπέκεινα γενομένους ὑμνουμένους
καὶ τραγῳδουμένους, αὑτὸν δὲ προειδῇ, μηδ' ἂν [2] ὑπερβάλλῃ τὰς ἐκείνων ἀρετὰς, μηδέποτε τοιούτων ἐπαίνων ἀξιω- b
θησόμενον; τούτων δ' αἴτιος ὁ φθόνος, ᾧ τοῦτο μόνον πρόσεστιν ἀγαθὸν, ὅτι μέγιστον κακὸν τοῖς ἔχουσίν ἐστιν. οὕτω
γάρ τινες δυσκόλως πεφύκασιν, ὥσθ' ἥδιον [3] ἂν εὐλογουμέ-
νων [4] ἀκούοιεν οὓς οὐκ ἴσασιν εἰ γεγόνασιν, [5] ἢ τούτους ὑφ'
ὧν εὖ πεπονθότες αὐτοὶ [6] τυγχάνουσιν· οὐ μὴν δουλευτέον
[7] τοὺς νοῦν ἔχοντας τοῖς οὕτω κακῶς φρονοῦσιν, ἀλλὰ τῶν
μὲν τοιούτων ἀμελητέον, τοὺς δ' ἄλλους ἐθιστέον ἀκούειν c
περὶ ὧν καὶ λέγειν [8] δίκαιόν ἐστιν, ἄλλως [9] τ' ἐπειδὴ καὶ
τὰς ἐπιδόσεις [10] ἴσμεν γιγνομένας καὶ τῶν τεχνῶν καὶ τῶν
ἄλλων ἁπάντων οὐ διὰ τοὺς ἐμμένοντας τοῖς καθεστῶσιν,
ἀλλὰ διὰ τοὺς ἐπανορθοῦντας καὶ τολμῶντας ἀεί τι κινεῖν
τῶν μὴ καλῶς ἐχόντων.

γ'. Οἶδα μὲν οὖν, ὅτι χαλεπόν ἐστιν ὃ μέλλω ποιεῖν,
ἀνδρὸς ἀρετὴν διὰ λόγων ἐγκωμιάζειν. σημεῖον δὲ μέγιστον·
περὶ μὲν γὰρ ἄλλων πολλῶν καὶ παντοδαπῶν λέγειν τολμῶσιν οἱ περὶ τὴν φιλοσοφίαν ὄντες, περὶ δὲ τῶν τοιούτων d
οὐδεὶς πώποτ' αὐτῶν συγγράφειν ἐπεχείρησε. καὶ πολλὴν
αὐτοῖς ἔχω συγγνώμην. τοῖς μὲν γὰρ ποιηταῖς πολλοὶ δέδονται κόσμοι· καὶ γὰρ πλησιάζοντας τοῖς ἀνθρώποις τοὺς
θεοὺς οἷόν τ' αὐτοῖς ἐστὶ ποιῆσαι, καὶ διαλεγομένους καὶ
190 συναγωνιζομένους οἷς ἂν βουληθῶσι, καὶ περὶ τούτων δηλῶσαι, μὴ μόνον τοῖς τεταγμένοις ὀνόμασιν, ἀλλὰ τὰ μὲν

[1] τούς τ' A. L. [2] ὑπερβάλληται A. C. L. [3] ἂν om. A. C. L.
[4] ἀκούειν A. G. L. [5] ἤ τι τούτων A. C. L. [6] τυγχάνουσιν ἀποδέχεσθαι. A. C. L.
[7] τούς γε A. C. L. [8] δικαιότερόν A. C. L. [9] τε καὶ ἐπειδὴ C. [10] ὁρῶμεν A. C. L.

Τοὺς ἐπέκεινα γενομ.] Intelliguntur ii a quibus bellum Thebanum gestum est. Vid. Fischer. ad Anacreont. Od. 1. Find. Λέγει τοὺς πρὸ τῶν Τρωϊκῶν γενομένους, οἷον Ἡρακλέα, Θησέα, καὶ τοὺς τοιούτους. Cor.

Ὑμνουμένους] Δι' ὕμνων ἐγκωμιαζομένους. Idem.

Τραγῳδουμένους] Ἐν δράμασιν ᾀδομένους. Idem.

Τοὺς νοῦν ἔχοντας] Est vel accus. absolut. pro dat. τοῖς ἔχουσι (quo autem Isocrates noluit hic uti, ne orationi inde exsisteret ambiguitas, quod statim dativ. sequatur), vel pendet a δεῖ latens in δουλευτέον, quod est i. q. δεῖ δουλεύειν. Sic ap. Xenoph. Mem. iii. 2. 10. τί δὲ, τοὺς κινδυνεύειν μέλλοντας, ἆρα τοὺς φιλοτιμοτάτους προτακτέον. Find.

Ἀκούειν] Supple περὶ τούτων. Lang.

Οἱ περὶ τὴν φιλοσοφίαν ὄντες] *oratores seu homines eruditi.* Idem.

Πολλοὶ δέδονται κόσμοι] Συγκεχώρηται πλεοναχῶς κοσμεῖν τὰ λεγόμενα. Cor.

Συναγωνιζομένους] *opem ferentes.* Lang.

Βουληθῶσι] Scil. οἱ ποιηταί. Idem.

Τοῖς τεταγμένοις ὀνόμασι] *verbis receptis seu usitatis.* Idem. Τοῖς ἐν πλείονι χρήσει, ἃ μετ' ὀλίγον πολιτικὰ ὀνόματα καλέσει. Cor.

Τὰ μὲν ξένοις] Ξένα μὲν ὀνόματα τὰ ἀφ'

ξένοις τὰ δὲ καινοῖς τὰ δὲ μεταφοραῖς, καὶ μηδὲν παραλιπεῖν, ἀλλὰ πᾶσι τοῖς εἴδεσι διαποικίλαι τὴν ποίησιν· τοῖς δὲ περὶ τοὺς λόγους οὐδὲν ἔξεστι τῶν τοιούτων, ἀλλ' ἀποτόμως καὶ τῶν ὀνομάτων τοῖς πολιτικοῖς [1] μόνον καὶ τῶν ἐνθυμημάτων τοῖς περὶ αὐτὰς τὰς πράξεις ἀναγκαῖόν ἐστι
101 χρῆσθαι. πρὸς δὲ τούτοις οἱ μὲν μετὰ μέτρων καὶ ῥυθμῶν ἅπαντα ποιοῦσιν, οἱ δ' οὐδενὸς τούτων κοινωνοῦσιν· ἃ τοσαύτην ἔχει χάριν, ὥστ', ἂν καὶ τῇ λέξει καὶ τοῖς ἐνθυμήμασιν ἔχῃ κακῶς, ὅμως [2] αὐταῖς ταῖς [3] εὐρυθμίαις καὶ ταῖς συμμετρίαις ψυχαγωγοῦσι τοὺς ἀκούοντας· [4] γνοίη δ' ἄν τις ἐκεῖθεν τὴν δύναμιν αὐτῶν· ἢν γάρ τις τῶν ποιημάτων τῶν εὐδοκιμούντων τὰ μὲν ὀνόματα καὶ τὰς διανοίας κατα-
b λίπῃ, τὸ δὲ μέτρον διαλύσῃ, φανήσεται πολὺ καταδεέστερα τῆς δόξης ἧς νῦν ἔχομεν περὶ αὐτῶν. ὅμως δέ, καίπερ τοσοῦτον πλεονεκτούσης τῆς ποιήσεως, οὐκ ὀκνητέον, ἀλλ' ἀποπειρατέον ἐστὶ τῶν λόγων εἰ καὶ [5] τοῦτο δυνήσονται, τοὺς ἀγαθοὺς ἄνδρας [6] εὐλογεῖν μηδὲν χεῖρον τῶν ἐν ταῖς ᾠδαῖς καὶ τοῖς μέτροις ἐγκωμιαζόντων.

c δ'. Πρῶτον μὲν οὖν περὶ τῆς φύσεως τῆς Εὐαγόρου, καὶ τίνων ἦν ἀπόγονος, εἰ καὶ πολλοὶ προεπίστανται, δοκεῖ μοι πρέπειν [7] κἀμὲ τῶν ἄλλων ἕνεκα διελθεῖν περὶ αὐτῶν, ἵνα πάντες εἰδῶσιν, ὅτι καλλίστων αὐτῷ καὶ μεγίστων παραδειγμάτων καταλειφθέντων οὐδὲν καταδεέστερον αὐτὸν ἐκείνων παρέσχεν. ὁμολογεῖται μὲν γὰρ τοὺς ἀπὸ Διὸς εὐγε-

[1] μόνον om. A. C. L. [2] αὐταῖς om. A. C. L. [3] γε εὐρ. A. C. L.
[4] καταμάθοι A. C. L. [5] οὗτοι A. C. L. [6] εὖ λέγειν A. C. L.
[7] καὶ ἐμὲ A. C. L.

ἑτέρας γλώσσης ἢ διαλέκτου· καινὰ δέ, τὰ ἐφ' ἑτέρας τασσόμενα σημασίας τῆς ἐφ' ἧς τέως ἐτέτακτο, ἢ καὶ ἀνάλογον τοῖς τεταγμένοις πλαττόμενα. λέγοιντο δ' ἂν καθ' ἕτερον τρόπον [καινὰ καὶ αὐτὰ τὰ ἀρχαϊκά· εἰ γάρ τις τοῖς μηκέτι ἐν χρήσει ὀνόμασι χρῷτο, οὐκ ἂν ἀπεικότως κἀκεῖνον καινοῖς ὀνόμασι χρῆσθαι φήσαιεν οἱ ἀκούοντες. COR.

Πᾶσι τοῖς εἴδεσι] *omni modo.* LANG.

Λόγους] Supple οὖσιν. IDEM.

Τοῖς πολιτικοῖς] *ad sensum populi accommodatis seu usitatis.* IDEM. Οἷς ἐν τῇ πόλει χρῶνται, ἢ ἅπερ οἱ πολῖται γνωρίζουσιν. COR.

Τῶν ἐνθυμημάτων] Ἐνθυμήματα τοῖς ῥήτορσι λέγεται (ἀντιδιεσταλμένως πρὸς τὰ ὀνόματα) ἃ συλλογισμοὺς καλοῦσιν οἱ διαλεκτικοί. IDEM.

Τοῖς περὶ αὐτὰς τὰς πράξεις] *quas* (sententias) *res* ipsæ suppeditant. LANG. Τοῖς μὴ πόῤῥωθεν καὶ πανταχόθεν λαμβανομένοις, ἀλλ' ἐγγὺς οὖσι τῶν πράξεων, ὥς φησιν Ἀριστοτέλης Ῥητορικ. B. κβ'. COR.

Ἂν καὶ τῇ λέξει — κακῶς] I. e. εἰ καὶ ἡ λέξις καὶ τὰ ἐνθυμήματα τῶν ποιημάτων κακά ἐστι. WOLF.

Περὶ τῆς φύσεως] *de natalibus*, quæ sequuntur §. η'. Wolf. [improbante quoque Findeiseno, qui proximum καὶ exponit *scilicet*] de corporis et animi virtutibus hoc vocabulum intelligi mavult. LANG. Περὶ τῆς γενέσεως. COR.

Τῶν ἄλλων ἕνεκα] Τῶν μὴ ἐπισταμένων χάριν. IDEM.

Ἀπὸ Διὸς] Supple γενομένους. LANG.

νεστάτους τῶν ἡμιθέων εἶναι, τούτων δ' αὐτῶν οὐκ ἔστιν ὅςτις οὐκ ἂν Αἰακίδας προκρίνειεν, ἐν μὲν γὰρ τοῖς ἄλλοις d γένεσιν εὑρήσομεν τοὺς μὲν ὑπερβάλλοντας τοὺς δὲ καταδεεστέρους ὄντας, οὗτοι δ' ἅπαντες ὀνομαστότατοι τῶν καθ' αὑτοὺς γεγόνασι.

έ. Τοῦτο μὲν γὰρ Αἰακὸς ὁ Διὸς μὲν ἔκγονος, τοῦ δὲ γένους τοῦ Τευκριδῶν πρόγονος, τοσοῦτον διήνεγκεν ὥςτε γενομένων αὐχμῶν ἐν τοῖς Ἕλλησι καὶ πολλῶν ἀνθρώπων
191 διαφθαρέντων, ἐπειδὴ τὸ μέγεθος τῆς συμφορᾶς [1] ὑπερέβαλλεν, ἦλθον οἱ προεστῶτες τῶν πόλεων ἱκετεύοντες αὐτὸν, e νομίζοντες διὰ τῆς [2] συγγενείας καὶ τῆς εὐσεβείας τῆς ἐκείνου τάχιστ' ἂν εὑρέσθαι παρὰ τῶν θεῶν τῶν παρόντων κακῶν ἀπαλλαγήν. σωθέντες δὲ καὶ τυχόντες [3] ὧν ἐδεήθησαν, ἱερὸν ἐν Αἰγίνῃ κατεστήσαντο κοινὸν τῶν Ἑλλήνων, οὗπερ ἐκεῖνος ἐποιήσατο τὴν εὐχήν. καὶ κατ' ἐκεῖνον μὲν τὸν χρόνον, ἕως 192
ἦν μετ' ἀνθρώπων, μετὰ καλλίστης [4] ὢν δόξης διετέλεσεν· ἐπειδὴ δὲ μετήλλαξε τὸν βίον, λέγεται παρὰ Πλούτωνι καὶ Κόρῃ μεγίστας [5] τιμὰς ἔχων παρεδρεύειν ἐκείνοις.

ϛ'. Τούτου δὲ παῖδες ἦσαν Τελαμὼν καὶ Πηλεὺς, ὧν ὁ μὲν ἕτερος μεθ' Ἡρακλέους ἐπὶ Λαομέδοντα στρατευσάμενος

[1] ὑπερέβαλεν A. C. L. [2] εὐγενείας A. C. L. [3] ἁπάντων ὧν A. C. πάντων ὧν L. [4] δόξης ὢν A. C. L. [5] τιμὰς μεγίστας A. C. L.

Καθ' αὑτοὺς] Idem est quod supra §. β'. ἐφ' αὐτῶν. Cæterum repete γενομένων. IDEM.

Τοῦτο μὲν] Anantapodoton est. Sequi enim debet τοῦτο δὲ, quod ob periodi prolixitatem et mutatam constructionem est omissum. Sequitur enim §. ϛ'. τούτου δὲ, et §. ζ'. τούτοιν δ'. WOLF.

Αἰακὸς] Fuit filius Æginæ, filiæ Asopi (unde ab Ovidio Metam. vii. 113. 484. dicitur Asopiades), et Jovis, qui in ignem conversus Æginam compressit. V. Ovid. Metam. vii. 113. Præter filios ab Isocrate laudatos, Telamonem et Peleum, ex Enclaide filia Chironis susceptos, tertius a veteribus, nomine Phocus, e Psammathe filia Nerei natus, commemoratur. V. Metam. vii. 668. [et Pindar. Nem. iv. 20. sqq.] Ab hoc Phoco, qui ab Apollon. Rod. i. 93. sq. dicitur interemptus esse a Telamone et Peleo, Phocenses nomen traxisse putantur. Vid. Schol. ad Apollon. Rhod. i. 207. FIND.

Ἐν τοῖς Ἕλλησι] Pro ἐν τῇ Ἑλλάδι. Vid. Diod. Sic. iv. x. Qui scribit, ex imprecatione Minois pestilentiam istam invasisse Græciam, et precibus Æaci a cæteris depulsam solos Athenienses infestare non destitisse donec tributum illud, cujus in Helena mentio fit, Minoi pependissent. WOLF. Vid. Hemsterhus. ad Aristoph. Plut. p. 389. FIND.

Ὑπερέβαλλεν] Ἐλλειπτικῶς τοῦ πᾶσαν ἀνθρωπίνην βοήθειαν, ἢ τινὸς τοιούτου. COR.

Ἱκετεύοντες] F. leg. ἱκετεύσοντες, ut Plataic. §. α'. ἥκομεν ἱκετεύσοντες. Certe, ut ab aliis, ita semper ab Isocrate verbis, quibus notio eundi subjecta est, junguntur participia futurorum. Infra §. κα'. ἦλθον οἰκήσοντες, Plataic. §. κ'. κα'. Verum nil mutandum videtur. Participium præs. etiam hac in re poni solet. v. c. ap. Lucian. Timon. §. 110. προσῆλθεν ἐπικουρίας δεόμενος. FIND.

Εὑρέσθαι] Pro εὑρήσεσθαι. WOLF.

Ἱερὸν ἐν Αἰγ.] Τὸ καὶ Αἰάκειον παρὰ τὸν ἥρωα καλούμενον. COR. Vid. Pausan. Corinth. c. 29.

Λαομέδοντα] Vid. Ovid. Metam. xi. 210. sqq. Apollod. ii. 123. Hygin. fab. 89. FIND.

[1] ἀριστείων ἠξιώθη, Πηλεὺς δ' ἔν [2] τε τῇ μάχῃ τῇ πρὸς Κενταύρους ἀριστεύσας καὶ κατὰ πολλοὺς ἄλλους κινδύνους εὐ-
b δοκιμήσας Θέτιδι τῇ Νηρέως, θνητὸς ὢν [3] ἀθανάτῃ, συνῴ-
κησε, καὶ μόνου τούτου φασὶ τῶν προγεγενημένων ὑπὸ θεῶν
ἐν τοῖς γάμοις ὑμέναιον ᾀσθῆναι.

ζ'. Τούτοιν δ' [4] ἑκατέρου, Τελαμῶνος μὲν Αἴας καὶ Τεῦκρος [5] ἐγενέσθην, Πηλέως δὲ Ἀχιλλεὺς, οἳ μέγιστον καὶ
σαφέστατον ἔλεγχον ἔδοσαν τῆς αὐτῶν ἀρετῆς· οὐ γὰρ ἐν
ταῖς αὐτῶν πόλεσιν μόνον [6] ἐπρώτευσαν, οὐδ' ἐν τοῖς τόποις
ἐν οἷς κατῴκουν, ἀλλὰ στρατείας τοῖς Ἕλλησιν ἐπὶ τοὺς
c βαρβάρους [7] γενομένης, καὶ πολλῶν μὲν ἑκατέρωθεν ἀθροι-
σθέντων, οὐδενὸς δὲ τῶν ὀνομαστῶν ἀπολειφθέντος, ἐν τούτοις τοῖς κινδύνοις Ἀχιλλεὺς μὲν ἁπάντων διήνεγκεν, Αἴας
δὲ μετ' ἐκεῖνον ἠρίστευσε, Τεῦκρος δὲ τῆς τε τούτων συγγενείας ἄξιος καὶ τῶν ἄλλων οὐδενὸς χείρων γενόμενος, ἐπειδὴ
Τροίαν συνεξεῖλεν, ἀφικόμενος εἰς Κύπρον, Σαλαμῖνά τε
κατῴκισεν, ὁμώνυμον ποιήσας τῆς πρότερον αὐτῷ πατρίδος
d οὔσης, καὶ τὸ γένος τὸ νῦν βασιλεῦον κατέλιπε.

η'. Τὰ μὲν οὖν ἐξ ἀρχῆς Εὐαγόρᾳ παρὰ τῶν προγόνων
ὑπάρξαντα τηλικαῦτα τὸ μέγεθός ἐστι. τοῦτον δὲ τὸν τρόπον τῆς πόλεως [8] κατοικισθείσης, κατὰ μὲν ἀρχὰς οἱ γε- 19
γονότες ἀπὸ Τεύκρου τὴν βασιλείαν εἶχον· χρόνῳ δὲ ὕστερον
ἀφικόμενος ἐκ Φοινίκης ἀνὴρ φυγὰς, καὶ πιστευθεὶς ὑπὸ
e τοῦ τότε [9] βασιλεύοντος καὶ μεγάλας δυναστείας λαβὼν,
οὐ χάριν ἔσχε τούτων, ἀλλὰ κακὸς μὲν [10] γενόμενος περὶ
τὸν ὑποδεξάμενον, δεινὸς δὲ πρὸς τὸ πλεονεκτῆσαι, τὸν μὲν
εὐεργέτην ἐξέβαλεν, αὐτὸς δὲ τὴν βασιλείαν κατέσχεν.
ἀπιστῶν δὲ τοῖς πεπραγμένοις, καὶ βουλόμενος ἀσφαλῶς
[11] κατασκευάσασθαι τὰ περὶ αὐτὸν, τήν τε πόλιν ἐξεβαρ-

[1] τῶν ἀριστείων ἔτυχε A. C. L. [2] τε om. A. C. L. [3] ἀθανάτῳ A. C. L.
[4] ἑκατέραν A. C. L. [5] ἐγεννήθη A. C. L. [6] ἐπρώτευσαν μόνον A. C. L.
[7] γινομένης L. [8] οἰκισθείσης A. C. L.
[9] βασιλεύοντας τότε καὶ δυναστείας μεγάλας A. C. L. [10] γινόμενος A. L.
[11] καταθέσθαι A. C. L.

Κενταύρους] Vid. Palæphat. c. 1. et quos ibi laudat Fischer. cf. Hygin. fab. 33. Idem.

Μόνου τούτου] Pendet a sequenti γάμοις. Lang. Idem contigisse Cadmo in nuptiis narrat Theognis ver. 15. sqq. et Diodor. Sic. V. 49.

Ἑκατέρωθεν] ab utraque parte, et Græcorum et barbarorum. Lang.

Ἐξεβαρβάρωσε] Βάρβαρον ἀνθ' Ἑλληνικῆς ἐποίησε, καὶ αὐτῶν τῶν κατοικούντων Ἑλλήνων τὰ ἤθη τῇ πρὸς τοὺς βαρβάρους ἐπιμιξίᾳ εἰς τὸ ἄγριον καὶ ἄμικτον τελέως μεταστήσας· τοιαῦτα γὰρ ἀπεργάζεται ἡ μετὰ βαρβάρων

βάρωσε καὶ τὴν νῆσον ὅλην βασιλεῖ τῷ μεγάλῳ κατεδούλωσεν.

θ΄. Οὕτω δὲ [1] καὶ τῶν πραγμάτων καθεστώτων [2] καὶ 193
τῶν ἐκγόνων τῶν ἐκείνου τὴν ἀρχὴν ἐχόντων Εὐαγόρας γίγνεται· περὶ οὗ τὰς μὲν φήμας καὶ τὰς μαντείας καὶ τὰς ὄψεις τὰς ἐν τοῖς ὕπνοις γενομένας, ἐξ ὧν [3] μειζόνως ἂν φανείη γεγονὼς ἢ κατὰ ἄνθρωπον, αἱροῦμαι [4] παραλιπεῖν, οὐκ ἀπιστῶν τοῖς λεγομένοις, ἀλλ' ἵνα πᾶσι ποιήσω φανερὸν ὅτι τοσούτου δέω πλασάμενος εἰπεῖν τι περὶ τῶν ἐκείνῳ πεπραγμένων, ὥστε καὶ τῶν ὑπαρχόντων ἀφίημι τὰ τοιαῦτα περὶ ὧν ὀλίγοι τινὲς ἐπίστανται καὶ μὴ πάντες οἱ πολῖται συνίσασιν. ἄρξομαι δὲ ἐκ τῶν ὁμολογουμένων λέγειν b
περὶ αὐτοῦ.

ι΄. Παῖς μὲν γὰρ ὢν ἔσχε κάλλος καὶ ῥώμην καὶ σωφροσύνην, ἅπερ τῶν ἀγαθῶν πρεπωδέστατα τοῖς τηλικούτοις ἐστί. καὶ τούτων μάρτυρας [5] ἄν τις ποιήσαιτο, τῆς μὲν σωφροσύνης τοὺς συμπαιδευθέντας τῶν πολιτῶν, τοῦ δὲ κάλλους ἅπαντας τοὺς ἰδόντας, τῆς δὲ ῥώμης τοὺς ἀγῶνας ἐν οἷς ἐκεῖνος τῶν ἡλικιωτῶν ἐκρατίστευσεν. ἀνδρὶ δὲ γενομένῳ ταῦτά τε πάντα συνηυξήθη, καὶ πρὸς τούτοις ἀνδρία c
προσεγένετο καὶ σοφία καὶ δικαιοσύνη, καὶ ταῦτ' οὐ μέσως οὐδὲ ὥσπερ [6] ἑτέροις, ἀλλ' ἕκαστον αὐτῶν [7] εἰς ὑπερβολήν· τοσοῦτον γὰρ καὶ ταῖς τοῦ σώματος καὶ ταῖς τῆς ψυχῆς ἀρεταῖς διήνεγκεν, ὥσθ', ὁπότε μὲν αὐτὸν ὁρῷεν οἱ τότε βασιλεύοντες, ἐκπλήττεσθαι καὶ φοβεῖσθαι περὶ τῆς ἀρχῆς, ἡγουμένους οὐχ οἷόν τ' εἶναι τὸν τοιοῦτον τὴν φύσιν ἐν

[1] καὶ om. A. C. L. [2] καὶ τῶν - - - - - ἐχόντων om. A. C. L. [3] μείζω A. C. L. [4] καταλιπεῖν A. C. L. [5] ἄν τις μάρτυρας A. C. L. [6] ἐν ἑτέροις πισὶν A. C. L. [7] πρὸς A. C. L.

ἀναστροφὴ καὶ συμβίωσις. Διὸ καὶ ὁ παρὰ τῷ Εὐριπίδῃ Τυνδαρέως (Ὀρέστ. 485.) πρὸς Μενέλαον, ἀπὸ τοῦ περὶ Τροίαν ἐπανιόντα πολέμου, λέγει· Βεβαρβάρωσαι, χρόνιος ὢν ἐν βαρβάροις. Cor.

Φήμας] Hic videtur φῆμαι *omina* intelligi et *voces ex occulto editæ*. Wolf.

Τοῖς τηλικούτοις] Τοῖς τοιαύτην ἡλικίαν ἔχουσι, τοῖς παισὶ δηλονότι. Cor.

Ἐκρατίστευσεν] Κρείττων ἐγένετο, ὑπερεβάλετο. Idem.

Ἀνδρὶ δὲ γενομένῳ] Ἄνδρα γίγνεσθαι, *robustiorem fieri* (Corn. Nep. Alcib. 2. fin.), est Romanorum togam virilem sumere, et Græcorum inter ephebos referri, quod fiebat ætatis anno xviii. i. q. al. ἐγγράφεσθαι εἰς τοὺς ἐφήβους. Guarinus reddidit ad verbum: *virum fieri*. Wolfius melius per *adolescere*. Find.

Ἕκαστον αὐτῶν] *unaquæque harum* scil virtutum, ἀνδρία, σωφροσύνη, et δικαιοσύνη, pro ἑκάστη. Idem.

Οἱ τότε βασιλεύοντες] Aut positum est pro singulari, aut rex cum filiis et proceribus intelliguntur. Lang.

Τὸν τοιοῦτον τὴν φύσιν] *oriundum a.tam*

d ἰδιώτου μέρει διαγαγεῖν, ὁπότε δ' εἰς τοὺς τρόπους ἀπο-
βλέψαιεν οὕτω σφόδρα πιστεύειν, [1] ὥστ' εἴ καί τις ἄλλος 193
τολμῴη περὶ αὐτοὺς ἐξαμαρτάνειν, νομίζειν Εὐαγόραν αὐτοῖς
ἔσεσθαι βοηθόν.

ια'. Καὶ τοσοῦτον τῆς δόξης παραλλαττούσης, οὐδετέ-
ρου τούτων ἐψεύσθησαν· οὔτε γὰρ ἰδιώτης ὢν διετέλεσεν
οὔτε περὶ ἐκείνους ἐξήμαρτεν, ἀλλὰ τοσαύτην ὁ δαίμων
ἔσχεν αὐτοῦ πρόνοιαν, ὅπως καλῶς λήψεται τὴν βασιλείαν,
e ὥσθ', ὅσα μὲν ἀναγκαῖον ἦν παρασκευασθῆναι δι' ἀσεβείας, ταῦτα μὲν ἕτερος ἔπραξεν, ἐξ ὧν δ' οἷόν τ' ἦν ὁσίως
καὶ δικαίως λαβεῖν τὴν ἀρχήν, [2] Εὐαγόρᾳ διεφύλαξεν. εἷς
γὰρ τῶν δυναστευόντων ἐπιβουλεύσας τόν τε τύραννον
ἀπέκτεινε καὶ συλλαβεῖν Εὐαγόραν ἐπεχείρησεν, ἡγούμενος
οὐ δυνήσεσθαι κατασχεῖν τὴν ἀρχήν, εἰ μὴ κἀκεῖνον ἐκ
194 ποδῶν [3] ποιήσαιτο. διαφυγὼν δὲ τὸν κίνδυνον, καὶ σωθεὶς εἰς
Σόλους τῆς Κιλικίας, οὐ τὴν αὐτὴν γνώμην ἔσχε τοῖς ταῖς
τοιαύταις συμφοραῖς περιπίπτουσιν. οἱ μὲν γὰρ ἄλλοι, κἂν
ἐκ τυραννίδος ἐκπέσωσι, διὰ τὰς παρούσας τύχας ταπεινοτέρας τὰς ψυχὰς ἔχουσιν· ἐκεῖνος δ' εἰς τοσοῦτον μεγαλοφροσύνης ἦλθεν, ὥστε τὸν ἄλλον χρόνον ἰδιώτης ὤν, ἐπειδὴ
[4] φεύγειν ἠναγκάσθη, τυραννεῖν ᾠήθη δεῖν. καὶ τοὺς μὲν
b πλάνους τοὺς φυγαδικούς, καὶ τὸ δι' ἑτέρων ζητεῖν τὴν κάθοδον καὶ θεραπεύειν [5] αὐτοῦ χείρους, ὑπερεῖδε· λαβὼν δὲ
ταύτην [6] ἀφορμὴν ἥνπερ χρὴ τοὺς [7] εὐσεβεῖν βουλομένους,
ἀμύνεσθαι καὶ μὴ προτέρους ὑπάρχειν, καὶ προελόμενος ἢ
κατορθώσας τυραννεῖν ἢ διαμαρτὼν ἀποθανεῖν. παρακα-

[1] ὥστε καὶ εἰ A. C. L. [2] Εὐαγόραν A. C. Εὐαγόρας L. [3] ποιήσειε A. C. L.
[4] φυγεῖν A. C. L. [5] τοὺς αὐτοῦ A. C. L. [6] τὴν ἀφορμὴν A. C. L.
[7] εὐσεβεῖς A. L.

præclaris majoribus. Wolfius: *talem natura.* Guarinus æque male: *qui tali ingenio præditus esset.* FIND.

Αὐτοῖς] Findeisen. cum Wolf. non male αὐτοῖς, βοηθὸν enim h. l. verte: *ultorem.* LANG.

Εὐαγόρᾳ διεφύλαξεν] Scil. ταῦτα, h. e. ut hæc Evagoræ servaret integra. FIND. Alteram lectionem Εὐαγόρᾳ recipisse malim, ut ὁ δαίμων subjectum maneat. LANG.

Εἷς τῶν δυναστ.] Ἀβδήμονα καλεῖ τοῦτον Διόδωρος ὁ Σικ. ΙΔ. ζη'. καὶ Τύριον γεγονέναι φησίν· ἔστι δ' ἡ Τύρος τῆς Φοινίκης. COR.

Σόλους] Auctore Diogene Laertio condita est a Solone. Vid. Freinshem. ad Curt. iii. 7. 2. FIND.

Κἂν ἐκ τυρανν. ἐκπέσωσι] *etiam si regno exciderint.* Supple: ideoque majoribus animis res adversas ferre deberent. LANG.

Τοὺς φυγαδικοὺς] Τοὺς διὰ τὴν φυγὴν ἐξ ἀνάγκης συμβαίνοντας, οὓς εἰκὸς πλανᾶσθαι τοὺς φεύγοντας. COR.

Ἥνπερ χρὴ τοὺς εὐσεβεῖν βουλομένους] Ἣν ὀφείλουσι λαμβάνειν οἱ βουλόμενοι εὐσεβεῖν· ἔστι δ' αὕτη τὸ ἀμύνεσθαι τοὺς κακῶς ποιήσαντας, ἀλλὰ μὴ προτέρους αὐτοὺς κακῶς ποιεῖν ἄλλους. IDEM. Cf. Paneg. §. μθ'.

λέσας ἀνθρώπους — ὡς οἱ [1]τοὺς πλείστους λέγοντες —
περὶ πεντήκοντα, μετὰ τούτων παρεσκευάζετο ποιεῖσθαι
τὴν κάθοδον. ὅθεν καὶ μάλιστ' ἄν τις [2]καὶ τὴν φύσιν τὴν
ἐκείνου καὶ τὴν δόξαν ἣν εἶχε παρὰ τοῖς ἄλλοις θεωρήσειε· c
μέλλων τε γὰρ πλεῖν μετὰ τοσούτων ἐπὶ τηλικαύτην
[3]πόλιν τὸ μέγεθος, καὶ πάντων τῶν δεινῶν πλησίον ὄντων,
οὔτ' ἐκεῖνος ἠθύμησεν οὔτε τῶν παρακληθέντων οὐδεὶς ἀποστῆναι τῶν κινδύνων ἠξίωσεν, ἀλλ' οἱ μὲν ὥσπερ θεῷ
194 [4]συνακολουθοῦντες ἅπαντες ἐνέμειναν τοῖς ὡμολογημένοις,
ὁ δ', [5]ὥσπερ ἢ στρατόπεδον ἔχων κρεῖττον τῶν ἀντιπάλων
ἢ προειδὼς τὸ συμβησόμενον, οὕτω διέκειτο τὴν γνώμην. d
ιβ'. Δῆλον δ' ἐκ τῶν ἔργων· ἀποβὰς γὰρ εἰς τὴν νῆσον,
οὐχ ἡγήσατο δεῖν χωρίον ἐχυρὸν καταλαβὼν καὶ τὸ σῶμα
[6]ἐν ἀσφαλείᾳ καταστήσας περιιδεῖν, εἴ τινες αὐτῷ τῶν
πολιτῶν βοηθήσουσιν· ἀλλ' εὐθύς, ὥσπερ εἶχε, ταύτης τῆς
νυκτὸς διελὼν τοῦ τείχους πυλίδα καὶ ταύτῃ τοὺς μεθ'
αὑτοῦ διαγαγὼν προσέβαλε πρὸς τὸ βασίλειον. καὶ τοὺς
μὲν θορύβους τοὺς ἐν τοῖς τοιούτοις καιροῖς [7]γιγνομένους καὶ e
τοὺς φόβους [8]τοὺς τῶν ἄλλων καὶ τὰς παρακελεύσεις τὰς
ἐκείνου τί δεῖ λέγοντα διατρίβειν; γενομένων δ' αὐτῷ τῶν
μὲν περὶ τὸν τύραννον ἀνταγωνιστῶν, τῶν δ' ἄλλων πολιτῶν θεατῶν — δεδιότες γὰρ τοῦ μὲν τὴν ἀρχὴν τοῦ δὲ τὴν 195
ἀρετὴν ἡσυχίαν [9]εἶχον —, οὐ πρότερον ἐπαύσατο μαχόμενος
καὶ μόνος πρὸς πολλοὺς καὶ μετ' ὀλίγων πρὸς ἅπαντας
τοὺς ἐχθρούς, πρὶν ἑλὼν τὸ βασίλειον καὶ τοὺς ἐχθροὺς
ἐτιμωρήσατο καὶ τοῖς φίλοις ἐβοήθησεν, ἔτι δὲ τῷ γένει τὰς

[1] πλεῖστοι λέγουσιν A. C. L. [2] καὶ om. A. C. L. [3] πρᾶξιν A. C. L.
[4] συνακολουθήσαντες A. C. L. [5] ὡσπερεὶ στρατ. A. C. L. [6] ἐπ' A. C. L.
[7] συμβαίνοντας A. C. L. [8] τοὺς om. A. L. [9] ἦγον A. C. L.

Τῶν παρακληθέντων] Οἱ παρακληθέντες dicuntur qui in societatem expeditionis suscipiendæ veniunt. Wolfius: *commilitones*. bene. Guarinus: *quos adhortatus fuerat*. male. FIND.

Περιιδεῖν] Ἀναμεῖναι. COR.

Ὥσπερ εἶχε] Usurpatur de eo, qui statim nulla mora interjecta, nec aliis opinantibus, aliquam rem suscipiendam aggreditur. Præmittitur εὐθύς. Sic ap. Xenoph. Cyrop. iii. 1. εὐθὺς πορεύεται ὥσπερ εἶχε, πρὸς τὸν Κῦρον, de Tigrane, qui ex itinere redux factus et cognito parentum et reliquorum necessariorum casu statim ad Cyrum se confert. FIND.

Τῶν ἄλλων] Pro ἄλλων Wolf. mavult πολιτῶν aut πολλῶν. Ad quos autem ἄλλων pertineat, auctor ipse definire noluit. In antecedentibus supple τούτων. *horum aliorum*. LANG. Ἔστι ἡ φράσις κατὰ πρωθύστερον, ἀντὶ τοῦ, καὶ τὰς παρακελεύσεις ἐκείνου καὶ τοὺς φόβους τῶν ἄλλων. COR.

Τῷ γένει — ἐκομίσατο] I. q. §. κε'. τὸ γένος εἰς τὰς προσηκούσας τιμὰς πάλιν ἐπανήγαγε. FIND.

τιμὰς τὰς πατρίους ἐκομίσατο, καὶ τύραννον αὐτὸν τῆς πόλεως κατέστησεν.

b ιγ'. Ἡγοῦμαι μὲν οὖν, εἰ καὶ μηδενὸς ἄλλου μνησθείην, ἀλλ' ἐνταῦθα [1] καταλείποιμι τὸν λόγον, ῥᾴδιον ἐκ τούτων εἶναι γνῶναι τήν τε ἀρετὴν τὴν Εὐαγόρου καὶ τὸ μέγεθος τῶν ἐκείνῳ πεπραγμένων. οὐ μὴν ἀλλ' ἔτι γε σαφέστερον περὶ ἀμφοτέρων τούτων ἐκ τῶν ἐχομένων [2] οἴομαι δηλώσειν.

ιδ'. Τοσούτων γὰρ τυράννων ἐν ἅπαντι τῷ χρόνῳ γεγενημένων οὐδεὶς φανήσεται τὴν τιμὴν ταύτην κάλλιον ἐκείνου
c κτησάμενος. εἰ μὲν οὖν πρὸς ἕκαστον αὐτῶν τὰς πράξεις τὰς Εὐαγόρου [3] παραβάλλοιμεν, οὔτ' ἂν ὁ λόγος ἴσως τοῖς [4] καιροῖς ἁρμόσειεν, οὔτ' ἂν ὁ χρόνος τοῖς λεγομένοις ἀρκέσειεν· ἢν δὲ προελόμενοι τοὺς εὐδοκιμωτάτους ἐπὶ τούτων σκοπῶμεν, οὐδὲν μὲν χεῖρον [6] ἐξετῶμεν, πολὺ δὲ συντομώτερον διαλεχθησόμεθα περὶ αὐτῶν.

ιε'. Τῶν μὲν οὖν τὰς πατρικὰς βασιλείας παραλα- 195
βόντων τίς οὐκ ἂν τοὺς Εὐαγόρου κινδύνους προκρίνειεν;
d οὐδεὶς γάρ ἐστιν οὕτω ῥάθυμος, ὅστις ἂν δέξαιτο παρὰ τῶν προγόνων τὴν ἀρχὴν ταύτην παραλαβεῖν μᾶλλον ἢ κτησάμενος [7] ὥσπερ ἐκεῖνος τοῖς παισὶ τοῖς αὐτοῦ καταλιπεῖν.

ις'. Καὶ μὴν τῶν γε παλαιῶν καθόδων αὗται μάλιστ' εὐδοκιμοῦσιν, ἃς παρὰ τῶν ποιητῶν ἀκούομεν· οὗτοι γὰρ οὐ μόνον τῶν [8] γεγενημένων τὰς καλλίστας ἡμῖν ἀπαγγέλλουσιν, ἀλλὰ καὶ παρ' αὑτῶν καινὰς συντιθέασιν. ἀλλ' ὅμως οὐδεὶς αὐτῶν μεμυθολόγηκεν, ὅστις οὕτω δεινοὺς καὶ
e φοβεροὺς ποιησάμενος [9] τοὺς κινδύνους εἰς τὴν αὑτοῦ κατῆλθεν· ἀλλ' οἱ μὲν πλεῖστοι πεποίηνται διὰ τύχην λαβόντες τὰς βασιλείας, οἱ δὲ μετὰ δόλου καὶ τέχνης περιγενόμενοι τῶν ἐχθρῶν.

[1] καταλίποιμι A. C. L. [2] οἶμαι A. C. L. [3] παραβάλοιμεν A. C. L. [4] ἀκούουσιν ἀρέσειεν A. C. L. [5] ἐὰν A. C. L. [6] ἔξομεν A. L. λέξομεν C. [7] ὁσίως ὥσπερ A. C. L. [8] προγεγενημένων A. C. L. [9] τοὺς om. A. C. L.

Ἐπὶ τούτων] Ἴσως γρ. περὶ τούτων. Cor.

Τὴν ἀρχὴν ταύτην] Ταύτην mihi videtur hic suspectum esse: aut τοιαύτην legendum, aut suo loco motum librariorum culpa et post verba ὥσπερ ἐκεῖνος collocandum esse existimo. Find. Τὴν τῆς βασιλείας δηλονότι· ἀναφέρεται γὰρ πρὸς τὸ μικρὸν ἀνωτέρω βασιλείας. Cor.

Μᾶλλον] Non cum Guarino et Wolfio pertinere arbitror ad δέξαιτο, sed seq. ἢ h. l. notare æque ac. Find.

Μεμυθολόγηκεν] Sub. περί τινος. Auger. Lang. Πρεσυπάκουε ἄνδρα, ἥρωα, ἤ τι τοιοῦτον, πρὸς ὃ ἔχοι ἀναφέρεσθαι τὸ ἐπαγόμενον ὅστις. Cor.

Πεποίηνται] inducti sunt, sc. a poetis. Auger.

ιζ΄. Ἀλλὰ μὴν τῶν [1]γ᾽ ἐπὶ τάδε γεγενημένων, ἴσως δὲ
καὶ τῶν ἁπάντων, Κῦρον τὸν [2]Μήδους μὲν ἀφελόμενον τὴν
ἀρχὴν, Πέρσαις δὲ κτησάμενον, [3]καὶ πλεῖστοι καὶ μάλιστα
θαυμάζουσιν. ἀλλ᾽ ὁ μὲν τῷ Περσῶν στρατοπέδῳ τὸ Μήδων 196
ἐνίκησεν, ὃ πολλοὶ καὶ τῶν Ἑλλήνων καὶ τῶν Βαρβάρων
ῥᾳδίως ἂν ποιήσειαν· ὁ δὲ διὰ τῆς ψυχῆς τῆς αὑτοῦ καὶ τοῦ
σώματος τὰ πλεῖστα φαίνεται τῶν προειρημένων διαπραξάμενος. ἔπειτ᾽ ἐκ μὲν τῆς Κύρου στρατείας οὔπω δῆλον ὅτι
καὶ τοὺς Εὐαγόρου κινδύνους ἂν ὑπέμεινεν· ἐκ δὲ τῶν τούτῳ
πεπραγμένων ἅπασι φανερὸν ὅτι ῥᾳδίως ἂν κἀκείνοις τοῖς
ἔργοις ἐπεχείρησε. πρὸς δὲ τούτοις, τῷ μὲν ὁσίως καὶ δι- b
καίως ἅπαντα [4]πέπρακται, τῷ δὲ οὐκ εὐσεβῶς ἔνια συμ-
βέβηκεν· ὁ μὲν γὰρ τοὺς ἐχθροὺς ἀπώλεσε, Κῦρος δὲ τὸν
πατέρα [5]τὸν τῆς μητρὸς ἀπέκτεινεν. ὥστ᾽, εἴ τινες βούλοιντο μὴ τὸ μέγεθος τῶν συμβάντων ἀλλὰ τὴν ἀρετὴν [6]τὴν
ἑκατέρου κρίνειν, δικαίως ἂν Εὐαγόραν καὶ τούτου μᾶλλον
ἐπαινέσειαν. εἰ δὲ δεῖ συντόμως καὶ μηδὲν ὑποστειλάμενον
μηδὲ δείσαντα τὸν φθόνον, ἀλλὰ παῤῥησίᾳ χρησάμενον c
εἰπεῖν· οὐδεὶς οὔτε θνητὸς οὔτ᾽ ἡμίθεος οὔτ᾽ ἀθάνατος εὑρε-
196 θήσεται κάλλιον οὐδὲ λαμπρότερον οὐδ᾽ εὐσεβέστερον λαβὼν ἐκείνου τὴν βασιλείαν. καὶ τούτοις ἐκείνως μάλιστ᾽
ἄν τις πιστεύσειεν, εἰ [7]σφόδρα τοῖς λεγομένοις ἀπιστήσας
ἐξετάζειν ἐπιχειρήσειεν ὅπως ἕκαστος [8]ἐτυράννευσε. φανήσομαι γὰρ οὐκ ἐκ παντὸς τρόπου μεγάλα λέγειν προθυ-
μούμενος, ἀλλὰ διὰ τὴν τοῦ πράγματος ἀλήθειαν οὕτω
περὶ αὐτοῦ θρασέως εἰρηκώς. d

ιή. Εἰ μὲν οὖν ἐπὶ μικροῖς διήνεγκε, τοιούτων ἂν καὶ

[1] γε ἔπειτα γεγ. A. C. L. [2] Μήδων A. C. L. [3] οἱ A. C. L.
[4] πέπρακται ἅπαντα A. C. L. [5] τὸν om. A. C. L. [6] τὴν om. A. C. L.
[7] μὴ σφόδρα τοῖς νῦν λεγ. A. C. L. [8] ἐτυράννησε A. C. L.

Τὸν πατέρα τὸν τῆς μητρὸς] Intelligendus est Astyages rex Persarum, e cujus filia Mandane et Cambyse rege Persarum Cyrus natus fuit. Est hoc παρ᾽ ἱστορίαν amplificandi Evagoræ et extenuandi Cyri causa usurpatum. WOLF. Cf. Herodot. i. 130. Xenoph. Cyrop. i. 5. Aristot. Polit. v. 10. Diod. Sic. ii. 34. et Justin. i. 7.

Μηδὲν ὑποστειλάμενον] *nihil retrahentem*, metaphora sumpta a nautis, quam eleganter expressit Horatius: "Contrahes vento nimium secundo turgida vela." WOLF.

Ἐκείνου] Regitur ab εὐσεβέστερον, et ab aliis comparativis, *magis pie quam ille* [sc. Evagoras]. AUGER.

Ἐκ παντὸς τρόπου] Καὶ δικαίως καὶ ἀδίκως. COR.

Τοιούτων] Np. οἷα ἂν ἦν ἔργα. Interpretare: *conveniens esset ipsum tales assequi laudes qualia essent ipsius facta*, scil. mediocres laudes pro factis mediocribus. AUGER. Μικρῶν δηλονότι. COR.

τῶν λόγων αὐτὸν [1] προσῆκεν ἀξιοῦσθαι· νῦν [2] δ' ἅπαντες ἂν ὁμολογήσειαν τυραννίδα καὶ τῶν θείων ἀγαθῶν καὶ τῶν ἀνθρωπίνων μέγιστον καὶ σεμνότατον καὶ περιμαχητότατον εἶναι. τὸν δὴ τὸ κάλλιστον τῶν ὄντων κάλλιστα κτησάμενον, τίς ἂν [3] ῥήτωρ ἢ ποιητὴς ἢ λόγων εὑρετὴς ἀξίως τῶν πεπραγμένων ἐπαινέσειεν;

e ιθʹ. Οὐ τοίνυν ἐν τούτοις [4] ὑπερβαλλόμενος, ἐν τοῖς ἄλλοις εὑρεθήσεται καταδεέστερος [5] γενόμενος, ἀλλὰ πρῶτον μὲν εὐφυέστατος ὢν τὴν γνώμην καὶ πλεῖστα κατορθοῦν δυνάμενος ὅμως οὐκ ᾠήθη δεῖν ὀλιγωρεῖν οὐδ' αὐτοσχεδιάζειν
197 περὶ τῶν πραγμάτων, ἀλλ' ἐν τῷ ζητεῖν καὶ φροντίζειν καὶ βουλεύεσθαι τὸν πλεῖστον [6] τοῦ χρόνου διέτριβεν, ἡγούμενος μὲν, εἰ καλῶς τὴν αὑτοῦ φρόνησιν παρασκευάσειε, καλῶς αὐτῷ καὶ τὴν βασιλείαν ἕξειν, θαυμάζων δ' ὅσοι τῶν μὲν ἄλλων ἕνεκα [7] τῆς ψυχῆς ποιοῦνται τὴν ἐπιμέλειαν, αὐτῆς δὲ [8] ταύτης μηδὲν τυγχάνουσι φροντίζοντες. ἔπειτα καὶ περὶ τῶν πραγμάτων τὴν αὐτὴν διάνοιαν εἶχεν·
b ὁρῶν γὰρ τοὺς ἄριστα τῶν ὄντων ἐπιμελουμένους ἐλάχιστα λυπουμένους, καὶ τὰς ἀληθινὰς τῶν ῥᾳθυμιῶν οὐκ ἐν ταῖς ἀργίαις ἀλλ' ἐν ταῖς εὐπραγίαις [9] καὶ καρτερίαις ἐνούσας, οὐδὲν ἀνεξέταστον [10] παρέλιπεν, ἀλλ' οὕτως ἀκριβῶς καὶ τὰς πράξεις ᾔδει καὶ τῶν πολιτῶν ἕκαστον ἐγίγνωσκεν, ὥστε μήτε τοὺς ἐπιβουλεύοντας αὐτῷ φθάνειν μήτε τοὺς ἐπιεικεῖς ὄντας λανθάνειν, ἀλλὰ πάντας τυγχάνειν τῶν

[1] προσῆκον ἦν A. C. L. [2] δὲ πάντες A. C. L. [3] ἢ ῥήτωρ A. [ἢ ῥήτωρ] C. L. [4] ὑπερβαλόμενος C. L. [5] γεγονὼς A. C. L. [6] χρόνον A. C. L. [7] τῆς μὲν ψυχῆς ἕνεκα τῶν ἄλλων A. C. L. [8] ταύτης om. A. C. L. [9] καὶ ταῖς καρτ. A. C. L. [10] παρέλειπεν C.

Τυραννίδα] Τὴν βασιλείαν. Idem.

Λόγων εὑρετὴς] Guarinus: *orationis inventor.* Wolfius: *verborum opifex.* Non probo. λόγων εὑρετὴς est vel i. q. λογοποιὸς, quod vocabulo ποιητὴς junctum legitur orat. ad Phil. §. μςʹ. λογοποιὸς autem auctore Harpocratione est i. q. ἱστορικὸς, vel λόγων εὑρετὴς significat h. l. *oratorem*, ita ut voc. ῥήτωρ sit e glossemate ortum: quod magis placet. Nam supra §. γʹ. Isocrates de poetis et oratoribus exposuit, et orat. ad Phil. §. ξαʹ. λόγων εὑρετὴς copulatur cum voc. ποιητής. ita ut voc. ῥήτωρ legatur omissum. Find.

Αὐτοσχεδιάζειν] Ἀπροβουλεύτως καὶ μὴ προευτρεπισθέντα πράττειν ἢ λέγειν. Cor.

Ἕνεκα τῆς ψυχῆς] *voluptatis, animi recreandi causa.* Wolfius: *vitæ tuendæ causa.* male, opinor, ut seqq. docent. Æque male Guarinus: *quicunque aliorum gratia animi curam gerunt.* Find.

Ἔπειτα] *deinde*, respondet τῷ πρῶτον in antecedentibus. Lang.

Τὰς ἀληθινὰς τῶν ῥαθ.] *veras animi remissiones.* Idem.

Εὐπραγίαις] Hic intelligo εὐπραγίαι, non *boni rerum successus*, sed *diligentia in rebus gerendis.* Auger. Ταῖς τῶν ἀγαθῶν ἔργων πράξεσι. Cor.

Καρτερίαις] Ταῖς ὑπομοναῖς τῶν πόνων. Idem.

προσηκόντων· οὐ γὰρ ἐξ ὧν ἑτέρων ἤκουεν, οὔτ' ἐκόλαζεν c
197 οὔτ' [1]ἐτίμα τοὺς πολίτας, ἀλλ' ἐξ ὧν αὐτὸς συνῄδει, τὰς
κρίσεις ἐποιεῖτο περὶ αὐτῶν. ἐν [2]τοιαύταις δ' ἐπιμελείαις
αὑτὸν καταστήσας, οὐδὲ περὶ τῶν κατὰ τὴν ἡμέραν ἑκάστην
προσπιπτόντων οὐδὲ περὶ ἓν πεπλανημένως εἶχεν, ἀλλ'
οὕτω θεοφιλῶς καὶ φιλανθρώπως διῴκει τὴν πόλιν, ὥστε
τοὺς [3]εἰσαφικνουμένους μὴ μᾶλλον Εὐαγόραν τῆς ἀρχῆς
ζηλοῦν ἢ τοὺς [4]ἄλλους τῆς ὑπ' [5]ἐκείνου βασιλείας· ἅπαντα d
γὰρ τὸν χρόνον διετέλεσεν οὐδένα μὲν ἀδικῶν, τοὺς δὲ χρηστοὺς τιμῶν, καὶ σφόδρα μὲν ἁπάντων ἄρχων, νομίμως δὲ τοὺς [6]ἐξαμαρτόντας κολάζων· οὐδὲν μὲν συμβούλων δεόμενος, ὅμως δὲ τοῖς φίλοις συμβουλευόμενος· πολλὰ μὲν τῶν [7]χρωμένων ἡττώμενος, ἅπαντα δὲ τῶν ἐχθρῶν [8]περιγιγνόμενος· σεμνὸς ὢν οὐ ταῖς τοῦ προσώπου συναγωγαῖς,
ἀλλὰ ταῖς τοῦ βίου κατασκευαῖς· οὐδὲ πρὸς ἓν ἀτάκτως e
οὐδ' ἀνωμάλως διακείμενος, ἀλλ' ὁμοίως τὰς ἐν τοῖς [9]ἔργοις ὁμολογίας ὥσπερ τὰς ἐν τοῖς [10]λόγοις διαφυλάττων· μέγα φρονῶν οὐκ ἐπὶ τοῖς διὰ τύχην, ἀλλ' ἐπὶ τοῖς δι' αὑτὸν [11]γιγνομένοις· τοὺς μὲν φίλους ταῖς εὐεργεσίαις ὑφ' αὑτῷ
ποιούμενος, τοὺς δ' ἄλλους τῇ μεγαλοψυχίᾳ καταδουλού- 198
μενος· φοβερὸς ὢν οὐ τῷ πολλοῖς χαλεπαίνειν, ἀλλὰ τῷ πολὺ τὴν τῶν ἄλλων [12]φύσιν ὑπερβάλλειν· ἡγούμενος τῶν ἡδονῶν, ἀλλ' οὐκ ἀγόμενος ὑπ' αὐτῶν· ὀλίγοις πόνοις πολλὰς ῥᾳστώνας κτώμενος, ἀλλ' οὐ διὰ μικρὰς ῥαθυμίας μεγάλους πόνους ὑπολειπόμενος· ὅλως [13]οὐδὲν [14]παραλείπων,
ὧν προσεῖναι [15]δεῖ τοῖς βασιλεῦσι, ἀλλ' ἐξ ἑκάστης [16]τῆς b
πολιτείας [17]ἐξειλεγμένος τὸ βέλτιστον, καὶ δημοτικὸς μὲν ὢν τῇ τοῦ πλήθους θεραπείᾳ, πολιτικὸς δὲ τῇ τῆς πόλεως [18]ὅλης διοικήσει, στρατηγικὸς δὲ τῇ πρὸς [19]τοὺς κινδύνους

[1] ἐπετίμα τοῖς πολίταις A. L. [2] ταῖς τοιαύταις A. C. L. [3] ἀφικνουμένους A. C. L. [4] ἀρχομένους A. C. L. [5] ἐκείνῳ C. [6] ἐξαμαρτάνοντας A. C. L. [7] ἑταίρων A. [8] περιγενόμενος A. L. [9] λόγοις A. C. L. [10] ὅρκοις A. C. L. [11] γιγν. ἀγαθοῖς· A. C. L. [12] φύσιν τῶν ἄλλων A. C. L. [13] δὲ οὐδὲν A. C. L. [14] παραλιπὼν A. L. [15] τοῖς βασ. πρέπει A. C. L. [16] τῆς om. A. C. L. [17] ἐκλεγόμενος A. C. L. [18] ὅλης om. A. C. L. [19] τοὺς om. A. C. L.

Τῆς ἀρχῆς — βασιλείας] Sub. ἕνεκα. AUGER.

Τῶν χρωμένων] Τῶν φίλων. COR. Hunc locum exhibet Stobæus p. 329.

Ταῖς τοῦ προσώπου συναγωγαῖς] Ταῖς κατηφείαις, ἀπὸ τοῦ παρακολουθοῦντος τοῖς οὖσι σεμνοῖς ἢ δοκεῖν βουλομένοις· συνῆκται γὰρ αὐτῶν τὰ πρόσωπα. IDEM.

Χαλεπαίνειν] De rege indignante dicitur, ut ap. Ælian. V. H. xii. 54. Vid. Valckenaer. Diatr. Eurip. Hippol. annexæ c. 25. p. 289. FIND.

εὐβουλίᾳ, [1] μεγαλόφρων δὲ τῷ πᾶσι τούτοις διαφέρειν. καὶ
ταῦθ᾽ ὅτι προσῆν Εὐαγόρᾳ, καὶ πλείω τούτων, ἐξ αὐτῶν
τῶν ἔργων ῥᾴδιον καταμαθεῖν.

κ΄. Παραλαβὼν γὰρ τὴν πόλιν ἐκβεβαρβαρωμένην, καὶ
c διὰ τὴν [2] τῶν Φοινίκων ἀρχὴν οὔτε τοὺς Ἕλληνας προσδε-
χομένην οὔτε τέχνας ἐπισταμένην οὔτ᾽ ἐμπορίῳ χρωμένην
οὔτε [3] λιμένα κεκτημένην, ταῦτά τε πάντα διώρθωσε, καὶ 198
πρὸς τούτοις καὶ χώραν πολλὴν προσεκτήσατο καὶ τείχη
προσπεριεβάλετο καὶ τριήρεις ἐναυπηγήσατο, καὶ ταῖς ἄλλαις [4] κατασκευαῖς οὕτως ηὔξησε τὴν πόλιν ὥςτε μηδεμιᾶς
τῶν Ἑλληνίδων [5] ἀπολελεῖφθαι, καὶ δύναμιν τοσαύτην ἐνε-
ποίησεν ὥςτε φοβεῖσθαι πολλοὺς τῶν πρότερον καταφρο-
d νούντων αὐτῆς. καίτοι τηλικαύτας ἐπιδόσεις τὰς πόλεις λαμβάνειν οὐχ οἷόν τ᾽ ἐστὶν, [6] ἢν μή τις αὐτὰς διοικῇ τοιούτοις
ἤθεσιν, οἵοις Εὐαγόρας μὲν εἶχεν, ἐγὼ δ᾽ ὀλίγῳ πρότερον
ἐπειράθην διελθεῖν. ὥςτ᾽ οὐ δέδοικα, μὴ φανῶ μείζω λέγων
τῶν ἐκείνῳ προσόντων, ἀλλὰ μὴ πολὺ λίαν ἀπολειφθῶ τῶν
πεπραγμένων αὐτῷ. τίς γὰρ ἂν ἐφίκοιτο τοιαύτης φύσεως,
ὃς οὐ μόνον τὴν αὑτοῦ πόλιν πλείονος ἀξίαν ἐποίησεν, ἀλλὰ
e καὶ [7] τὸν τόπον ὅλον τὸν περιέχοντα τὴν νῆσον ἐπὶ πρᾳότητα
καὶ μετριότητα προήγαγε; πρὶν [8] μὲν λαβεῖν Εὐαγόραν τὴν
ἀρχὴν οὕτως ἀπροσοίστως καὶ χαλεπῶς εἶχον, ὥςτε καὶ
τῶν ἀρχόντων τούτους ἐνόμιζον εἶναι βελτίστους, οἵ τινες
[9] ὠμότατα πρὸς τοὺς Ἕλληνας διακείμενοι τυγχάνοιεν·
199 νῦν δὲ τοσοῦτον μεταπεπτώκασιν, ὥςθ᾽ ἁμιλλᾶσθαι μὲν
οἵ τινες αὐτῶν δόξουσι φιλέλληνες εἶναι [10] μάλιστα, παιδο-
ποιεῖσθαι δὲ τοὺς πλείστους αὐτῶν γυναῖκας λαμβάνοντας
παρ᾽ ἡμῶν, χαίρειν δὲ καὶ τοῖς κτήμασι καὶ τοῖς ἐπιτηδεύ-

[1] τυραννικὸς A. C. L. [2] τῶν om. A. [3] λιμένας A. C. L.
[4] παρασκευαῖς A. C. L. [5] πόλεων ἀπολελ. A. C. L. [6] ἂν A. C. L.
[7] τὸν περιέχοντα τόπον A. C. L. [8] μὲν γὰρ A. C. L. [9] ἂν ὠμότατα A. C. L.
[10] μᾶλλον εἶναι A. C. L.

Τριήρεις ἐναυπηγήσατο] Sic τείχη τειχίζεσθαι Busir. §. ς΄. λειτουργίας λειτουργεῖν Ægin. §. ιζ΄. Idem.

Τοιαύτης φύσεως] Pro τοιούτου ἀνθρώπου. Auger. *dicendo sive verbis exæquet tale ingenium.* Lang.

Προήγαγε] Προάγειν significat præire aliis ad virtutem, h. e. suo exemplo auctoritateque, seu eo quod virtutem, quam aliis commendaveris, ipse vita exprimas, efficere ut hanc virtutem, antea ab iis neglectam, adamare atque colere incipiant. Find.

Ἀπροσοίστως] *omnem congressionem respuens inhumaniter.* Lang. Ἀπροσομιλήτως, ἀμίκτως, ἀγρίως, οἷς δηλονότι οὐχ οἷόν τε προσφέρεσθαι καὶ πλησιάζειν. Cor.

μασι τοῖς Ἑλληνικοῖς μᾶλλον ἢ τοῖς παρὰ σφίσιν αὐτοῖς, πλείους δὲ καὶ τῶν περὶ τὴν μουσικὴν καὶ [1] περὶ τὴν ἄλλην παίδευσιν ἐν τούτοις τοις τόποις διατρίβειν ἢ παρ' οἷς πρότερον εἰώθότες ἦσαν. καὶ τούτων ἁπάντων οὐδεὶς ὅςτις οὐκ b
ἂν Εὐαγόραν αἴτιον εἶναι [2] προσομολογήσειεν.

κά. Μέγιστον δὲ τεκμήριον καὶ τοῦ τρόπου καὶ τῆς ὁσιότητος τῆς ἐκείνου· τῶν γὰρ Ἑλλήνων πολλοὶ καὶ καλοὶ [3] κἀγαθοὶ τὰς αὑτῶν πατρίδας ἀπολιπόντες ἦλθον εἰς Κύπρον οἰκήσοντες, ἡγούμενοι [4] κουφοτέραν καὶ νομιμωτέραν εἶναι τὴν Εὐαγόρου βασιλείαν τῶν οἴκοι πολιτειῶν. ὧν τοὺς μὲν ἄλλους ὀνομαστὶ διελθεῖν πολὺ ἂν ἔργον εἴη· Κόνωνα δὲ
199 τὸν διὰ πλείστας ἀρετὰς πρωτεύσαντα τῶν Ἑλλήνων τίς c
οὐκ οἶδεν, ὅτι δυστυχησάσης τῆς πόλεως ἐξ ἁπάντων ἐκλεξάμενος ὡς Εὐαγόραν ἦλθε νομίσας καὶ τῷ σώματι βεβαιοτάτην εἶναι τὴν παρ' [5] ἐκείνῳ καταφυγὴν, καὶ τῇ πόλει τάχιστ' ἂν αὐτὸν γενέσθαι βοηθόν. [6] καὶ πολλὰ πρότερον ἤδη κατωρθωκὼς, οὐδὲ περὶ ἑνὸς πώποτε πράγματος ἔδοξεν ἄμεινον ἢ περὶ [7] τούτου βουλεύσασθαι· συνέβη γὰρ αὐτῷ διὰ τὴν ἄφιξιν τὴν εἰς Κύπρον καὶ ποιῆσαι καὶ παθεῖν d
πλεῖστα ἀγαθά. πρῶτον μὲν γὰρ οὐκ [8] ἔφθασαν ἀλλήλοις πλησιάσαντες, καὶ περὶ πλείονος ἐποιήσαντο σφᾶς αὐτοὺς ἢ [9] τοὺς πρότερον οἰκείους ὄντας. ἔπειτα περί τε τῶν ἄλλων ὁμονοοῦντες ἅπαντα τὸν χρόνον διετέλεσαν, καὶ περὶ τῆς ἡμετέρας πόλεως τὴν αὐτὴν γνώμην ἔσχον. ὁρῶντες γὰρ αὐτὴν ὑπὸ Λακεδαιμονίοις οὖσαν καὶ μεγάλῃ μεταβολῇ κεχρημένην λυπηρῶς καὶ βαρέως ἔφερον, ἀμφότεροι προσήκοντα ποιοῦντες· τῷ μὲν γὰρ ἦν φύσει πατρὶς, τὸν δὲ [10] διὰ e
πολλὰς καὶ μεγάλας εὐεργεσίας νόμῳ πολίτην ἐπεποίηντο.

[1] τῶν περὶ A. C. L. [2] ὁμολογήσειεν A. L. [3] καὶ ἀγαθοὶ A. C. L. [4] κοινοτέραν εἶναι καὶ νομιμωτέραν A. C. L. [5] ἐκείνου A. L. ἐκεῖνον C. [6] πολλὰ δὲ A. C. L. [7] τούτων βεβουλεῦσθαι A. C. L. [8] ἔφθησαν A. C. L. [9] τοὺς om. L. [10] καὶ διὰ L.

Δυστυχησάσης τῆς πόλεως] Scil. τῆς τῶν Ἀθηναίων. Intelligenda est autem clades accepta in Hellesponto ad Ægospotamos: cum Athenienses a Lysandro tanta clade affecti sunt, ut et mœnia subruere cogerentur et libertatem amitterent. Wolf. Cf. Lysiam Ἀπολ. Δωροδ. Xenoph. Hell. ii. 1. Diod. Sic. xiii. 106. Pausan. iii. 11. Aristot. Rhet. ii. 23. Plutarch. in Lysand. Vit. Justin. v. 8.

Ἐκλεξάμενος] Scil. τὸν Εὐαγόραν. Wolf.

Περὶ πλείονος — ὄντας] Ὁ νοῦς· Περὶ πλείονος ἕτερος τὸν ἕτερον ἐποιήσατο ἢ τοὺς ὄντας ἑαυτῷ πρότερον οἰκείους. Cor. *se pluris fecerunt, quam si ante jam summa inter eos familiaritas intercessisset.* Find. Quocum facit Langius. Vid. Findeisenum in not. et Ind. s. voc. οἰκεῖος.

Τῷ μὲν] Τῷ Κόνωνι. Cor.

Τὸν δὲ] Τὸν Εὐαγόραν. Idem.

σκοπουμένοις δὲ αὐτοῖς ὅπως τῶν συμφορῶν αὐτὴν [1] ἀπαλλάξουσι, [2] ταχὺν τὸν καιρὸν Λακεδαιμόνιοι παρεσκεύασαν·
200 ἄρχοντες γὰρ τῶν Ἑλλήνων καὶ κατὰ γῆν καὶ κατὰ θάλατταν, εἰς τοῦτ' ἀπληστίας ἦλθον ὥστε καὶ τὴν Ἀσίαν
κακῶς ποιεῖν ἐπεχείρησαν. λαβόντες δ' ἐκεῖνοι τοῦτον τὸν
καιρὸν, καὶ τῶν στρατηγῶν τῶν βασιλέως ἀπορούντων ὅ τι
[3] χρήσωνται τοῖς [4] πράγμασιν, ἐδίδασκον αὐτοὺς μὴ κατὰ
γῆν ἀλλὰ κατὰ θάλατταν τὸν πόλεμον τὸν πρὸς Λακεδαιμονίους ποιεῖσθαι, νομίζοντες εἰ μὲν πεζὸν στρατόπεδον
καταστήσαιντο καὶ τούτῳ περιγένοιντο, τὰ περὶ τὴν ἤπει-
b ρον [5] μόνον καλῶς ἕξειν, εἰ δὲ κατὰ θάλατταν κρατήσειαν,
[6] ἅπασαν τὴν Ἑλλάδα τῆς νίκης ταύτης μεθέξειν. ὅπερ
συνέβη· πεισθέντων γὰρ ταῦτα τῶν στρατηγῶν καὶ ναυτικοῦ συλλεγέντος, Λακεδαιμόνιοι μὲν κατεναυμαχήθησαν καὶ
τῆς ἀρχῆς ἀπεστηρήθησαν, οἱ δ' Ἕλληνες ἠλευθερώθησαν,
ἡ δὲ πόλις ἡμῶν τῆς τε παλαιᾶς δόξης μέρος τι πάλιν
[7] ἀνέλαβε, καὶ τῶν συμμάχων ἡγεμὼν κατέστη. καὶ ταῦτ'
c ἐπράχθη, Κόνωνος μὲν στρατηγοῦντος, Εὐαγόρου δὲ αὐτόν 200
τε παρασχόντος καὶ τῆς δυνάμεως τὴν πλείστην παρα-
σκευάσαντος. ὑπὲρ ὧν ἡμεῖς μὲν αὐτοὺς ἐτιμήσαμεν ταῖς
μεγίσταις τιμαῖς, καὶ τὰς εἰκόνας αὐτῶν ἐστήσαμεν, οὗπερ
τὸ τοῦ Διὸς ἄγαλμα τοῦ σωτῆρος, πλησίον ἐκείνου τε καὶ
σφῶν αὐτῶν, ἀμφοτέρων ὑπόμνημα, καὶ τοῦ μεγέθους τῆς
εὐεργεσίας καὶ τῆς φιλίας τῆς πρὸς ἀλλήλους.

κβʹ. Βασιλεὺς δὲ οὐ τὴν αὐτὴν γνώμην ἔσχε περὶ αὐτῶν,
d ἀλλ' ὅσῳ μείζω καὶ πλείονος ἄξια κατειργάσαντο, τοσού-

[1] ἀπαλλάξωσι A. [2] ταχὺ A. C. L. [3] χρήσονται A. L.
[4] παροῦσιν A. C. L. [5] μόνην A. C. L. [6] πᾶσαν A. C. L.
[7] ἀπέλαβε A. C. L.

Ἄρχοντες γὰρ κ. τ. λ.] Scil. οὗτοι. *cum et mari et terra duces essent Lacedæmonii* (Corn. Nep. Aristid. 2.), vel *cum cuncta Græcia sub Lacedæmoniorum esset imperio* (Corn. Nep. Con. 4.). Find.

Ὥστε καὶ — ἐπεχείρησαν] Guarinus: *ut totius Asiæ imperium affectarent.* His verbis utitur Justinus, eadem de re exponens. vid. l. vi. 1. Fiebat autem hoc duce Agesilao, quem Lacedæmonii, victis ad Ægos flumen Atheniensibus, magno cum exercitu in Asiam miserunt ad eam occupandam. Vid. Xenoph. Ages. 1. Corn. Nep. Ages. c. 2. sq. Idem.

Ὅπερ συνέβη] Γραπτέον· ὅπερ καὶ συνέβη. Cor.

Κατεναυμαχήθησαν] Vid. Corn. Nep. Con. c. 4. et Justin. vi. 3.

Εὐαγόρου — παρασχόντος] Guarinus: *Evagoraque ipsam præbente victoriam.* inepte. Intell. συναγωνιζόμενον αὐτῷ. *ita autem ut Evagoras ei se præberet auxiliatorem, seu eum in hoc bello gerendo adjuvaret.* Find.

Τὴν πλείστην] Scil. μερίδα. Lang.

Πλησίον ἐκείνου τε καὶ σφῶν αὐτῶν] *tum Jovi tum sibi ipsis vicinas.* Idem.

τῳ μᾶλλον ἔδεισεν αὐτούς. περὶ μὲν οὖν Κόνωνος ἄλλος ἡμῖν
ἔσται λόγος· ὅτι δὲ πρὸς Εὐαγόραν οὕτως ἔσχεν, οὐδ' αὐτὸς
λαθεῖν ἐζήτησε. φαίνεται γὰρ μᾶλλον μὲν σπουδάσας περὶ
τὸν ἐν Κύπρῳ πόλεμον ἢ περὶ τοὺς ἄλλους ἅπαντας, μείζω
δὲ καὶ χαλεπώτερον ἐκεῖνον ἀνταγωνιστὴν νομίσας ἢ Κῦρον
τὸν περὶ τῆς βασιλείας ἀμφισβητήσαντα. [1] μέγιστον δὲ e
τεκμήριον· τοῦ μὲν γὰρ ἀκούων τὰς παρασκευὰς τοσοῦτον
κατεφρόνησεν, ὥστε διὰ τὸ μὴ φροντίζειν μικροῦ δεῖν ἔλαθεν
αὐτὸν ἐπὶ τὸ βασίλειον ἐπιστάς· πρὸς δὲ τοῦτον οὕτως ἐκ
πολλοῦ περιδεῶς ἔσχεν, ὥστε μεταξὺ πάσχων εὖ πολεμεῖν
πρὸς αὐτὸν ἐπεχείρησε, δίκαια μὲν οὐ ποιῶν, οὐ μὴν παντά- 201
πασιν ἀλόγως βουλευσάμενος. ἠπίστατο μὲν γὰρ πολλοὺς
καὶ τῶν Ἑλλήνων καὶ τῶν Βαρβάρων ἐκ ταπεινῶν καὶ
φαύλων πραγμάτων μεγάλας δυναστείας κατεργασαμένους,
ᾐσθάνετο δὲ τὴν Εὐαγόρου μεγαλοψυχίαν καὶ τὰς ἐπιδόσεις
αὐτῷ καὶ [2] τῆς δόξης καὶ τῶν πραγμάτων οὐ κατὰ μικρὸν
γιγνομένας, ἀλλὰ καὶ τὴν φύσιν ἀνυπέρβλητον ἔχοντα καὶ
τὴν τύχην αὐτῷ συναγωνιζομένην· ὥστ' οὐχ ὑπὲρ τῶν γεγε- b
νημένων ὀργιζόμενος ἀλλὰ περὶ τῶν μελλόντων φοβούμενος,
οὐδὲ περὶ Κύπρου μόνον δεδιὼς ἀλλὰ πολὺ περὶ μειζόνων,
ἐποιήσατο τὸν πόλεμον πρὸς αὐτόν· οὕτω δ' οὖν ὥρμησεν,
ὥστ' εἰς τὴν [3] στρατείαν ταύτην πλέον ἢ [4] τάλαντα πεντακισχίλια καὶ μύρια [5] κατηνάλωσεν.

[1] καὶ τούτου μέγιστον τεκμ. A. C. L. [2] τὰς δόξας τῶν A. C. L. [3] στρατιὰν A. L. [4] πεντάκις μύρια τάλαντα A. C. L. [5] κατανάλωσεν C.

Ἄλλος] Idem valet ac ἄλλως. *alio loco.* IDEM.

Ἔλαθεν αὐτὸν] Ὁ Κῦρος τὸν ἀδελφὸν αὐτοῦ καὶ βασιλέα Ἀρταξέρξην ἔλαθεν ἐπιστὰς ἐπὶ τὸ βασίλειον, τουτέστι, ἔφθη παραγενόμενος, πρὶν ἐκεῖνον εἰδῆσαι. COR. Cf. Paneg. §. μ'.

Μεταξὺ πάσχων εὖ] *interim patiens bene,* i. e. interea dum beneficiis ab illo afficiebatur. LANG. Ἐν αὐτῷ τῷ χρόνῳ, ἐν ᾧ ὠφελεῖτο ὑπ' Εὐαγόρου. COR.

Φαύλων] Εὐτελῶν. IDEM.

Πραγμάτων] Post πραγμάτων Wolf. omissum esse putat, vel omissum videri posse dicit, ὁρμηθέντας: non negat tamen Isocratem et alibi ita locutum esse. LANG. *opibus et copiis parvis nec firmis.* ut πολλοὶ ἐκ ταπεινῶν καὶ φ. πραγμάτων μεγάλας δυναστείας κατεργάσασθαι dicantur, ut Paneg. §. λη'. μικραὶ δυνάμεις μεγάλας τὰς ῥοπὰς ποιῆσαι. fere ut Corn. Nep. Pelop. c. 2. "Magnæ sæpe res non ita magnis copiis sunt gestæ." Vel verba vertenda sunt: *cum re tenui et vili uterentur.* nam præpositio cum suo casu sæpe totam propositionem exprimit. Sic. Nep. l. l. "sed profecto nunquam a tam tenui initio tantæ opes sunt profligatæ." Quare non est, cur cum Wolfio existimes hic omissum esse ὁρμηθέντας, etsi sciam id tum addi ab Isocrate. FIND.

Ἔχοντα] Non significat *habentem,* sed *se habentem:* refertur ad φύσιν, et idem valet ac ὄντα. AUGER.

Δεδιὼς] Ut enim Pomp. Mela l. ii. 7. tradit, Cyprus novem regna cepit, quæ sub imperio regis Persarum fuisse auctor est Diod. Sic. xvi. Quare rex Persarum timebat, ne Evagoras, cujus opes indies augebantur, a se deficeret, et reliqui, qui erant in Cypro reguli, hujus auctoritatem atque exemplum sequerentur. FIND.

κγ'. Ἀλλ' ὅμως Εὐαγόρας, πάσαις ἀπολελειμμένος ταῖς
δυνάμεσιν, ἀντιτάξας τὴν αὑτοῦ γνώμην πρὸς τὰς οὕτως 201
c ὑπερμεγέθεις παρασκευὰς, ἐπέδειξεν αὑτὸν ἐν τούτοις πολὺ
θαυμαστότερον ἢ τοῖς ἄλλοις τοῖς προειρημένοις: ὅτε μὲν
γὰρ αὐτὸν εἴων εἰρήνην ἄγειν, τὴν αὑτοῦ πόλιν [1] μόνην εἶχεν·
ἐπειδὴ δ' ἠναγκάσθη πολεμεῖν, τοιοῦτος ἦν καὶ τοιοῦτον
εἶχε [2] Πνυταγόραν τὸν υἱὸν τὸν αὑτοῦ συναγωνιστὴν, ὥστε
μικροῦ μὲν ἐδέησε Κύπρον ἅπασαν κατασχεῖν, Φοινίκην δ'
ἐπόρθησε, Τύρον δὲ κατὰ κράτος εἷλε, Κιλικίαν δὲ βασι-
d λέως ἀπέστησε, τοσούτους δὲ τῶν πολεμίων ἀπώλεσεν, ὥστε
πολλοὺς [3] Περσῶν πενθοῦντας τὰς αὑτῶν συμφορὰς μεμνῆσθαι τῆς ἀρετῆς τῆς ἐκείνου· τελευτῶν δ' οὕτως ἐνέπλησεν αὐτοὺς τοῦ πολεμεῖν, ὥστ' εἰθισμένων τὸν ἄλλον χρόνον
τῶν βασιλέων μὴ διαλλάττεσθαι τοῖς ἀποστᾶσι πρὶν κύριοι
γένοιντο τῶν σωμάτων, ἄσμενοι τὴν εἰρήνην ἐποιήσαντο λύ-
σαντες μὲν τὸν νόμον τοῦτον, οὐδὲν δὲ κινήσαντες τῆς Εὐα-
e γόρου τυραννίδος. καὶ Λακεδαιμονίων μὲν τῶν καὶ δόξαν καὶ
δύναμιν μεγίστην ἐχόντων κατ' ἐκεῖνον τὸν [4] χρόνον, ἐντὸς
τριῶν ἐτῶν ἀφείλετο τὴν ἀρχήν· Εὐαγόρᾳ δὲ πολεμήσας ἔτη
δέκα τῶν αὐτῶν κύριον [5] αὐτὸν κατέλιπεν, ὧνπερ ἦν καὶ
πρὶν εἰς τὸν πόλεμον εἰσελθεῖν. ὃ δὲ πάντων [6] δεινότατον·
202 τὴν γὰρ πόλιν ἣν Εὐαγόρας ἑτέρου τυραννεύοντος μετὰ πεν-
τήκοντ' ἀνδρῶν εἷλε, ταύτην βασιλεὺς ὁ μέγας τοσαύτην
δύναμιν ἔχων οὐχ οἷός τ' ἐγένετο χειρώσασθαι.

κδ'. Καίτοι πῶς ἂν τις τὴν ἀνδρίαν ἢ τὴν φρόνησιν ἢ
σύμπασαν τὴν ἀρετὴν τὴν Εὐαγόρου φανερώτερον ἐπιδείξειεν, ἢ διὰ τοιούτων ἔργων καὶ κινδύνων; οὐ γὰρ μόνον
φανεῖται τοὺς ἄλλους πολέμους ἀλλὰ καὶ τὸν τῶν ἡρώων
b ὑπερβαλόμενος, τὸν ὑπὸ πάντων ἀνθρώπων ὑμνούμενον. οἱ

[1] μόνην πόλιν A. C. L. [2] Πρωταγόραν A. C. L. [3] τῶν Περσῶν A. C. L [4] καιρὸν A. C. L. [5] αὐτὸν om. A. C. L. [6] θαυμαστότατον A. C. L.

Πνυταγόραν] Vid. Theopompus ap. Phot. cod. clxxvi. et Diod. Sic. l. l.

Λύσαντες] Λύσειν τὸν νόμον, *instituta patria non servare, recedere a more patriæ.* Vid. Raphel. Annott. ex Polyb. et Arrian. ad Ioh. vii. 23. FIND.

Ἀφείλετο] Scil. rex Persarum.

Τῶν αὐτῶν κύριον] Hæ enim conditiones pacis fuerunt, ut Evagoras, regis nomine utens (servum enim se regis dici noluit, quod postulabatur), regi Persarum, sicut ante defectionem, dicto audiens esset. Vid. Συνθήκας Ὀρόντου πρὸς Εὐαγόραν Diod. Sic. xv. WOLF.

Τυραννεύοντος] Βασιλεύοντος. COR.

μὲν γὰρ [1] μεθ' ἁπάσης Ἑλλάδος Τροίαν μόνην εἷλον, ὁ δὲ
μίαν πόλιν ἔχων πρὸς ἅπασαν τὴν Ἀσίαν ἐπολέμησεν·
ὥστ', εἰ τοσοῦτοι τὸ πλῆθος ἐγκωμιάζειν αὐτὸν [2] ἐβουλήθησαν ὅσοιπερ ἐκείνους, πολὺ ἂν [3] μείζω καὶ τὴν δόξαν
αὐτῶν ἔλαβε.

κέ. Τίνα γὰρ [4] εὑρήσομεν τῶν τότε γενομένων, εἰ τοὺς
202 μύθους [5] ἀφέντες τὴν ἀλήθειαν [6] σκοποῖμεν, τοιαῦτα διαπεπραγμένον, ἢ τίνα τοσούτων μεταβολῶν ἐν τοῖς πράγμασιν αἴτιον γεγενημένον; ὃς αὐτὸν μὲν ἐξ ἰδιώτου τύραννον c
κατέστησε, τὸ δὲ γένος ἅπαν [7] ἀπεληλαμένον τῆς πολιτείας
εἰς τὰς προσηκούσας τιμὰς πάλιν ἐπανήγαγε, τοὺς δὲ πολίτας ἐκ βαρβάρων μὲν Ἕλληνας ἐποίησεν, ἐξ ἀνάνδρων δὲ
πολεμικοὺς, ἐξ ἀδόξων δὲ ὀνομαστοὺς, τὸν δὲ τόπον ἄμικτον ὅλον παραλαβὼν καὶ παντάπασιν ἐξηγριωμένον ἡμερώ-
τερον καὶ πραότερον κατέστησεν, ἔτι δὲ πρὸς τούτοις εἰς
ἔχθραν μὲν βασιλεῖ καταστὰς οὕτως αὐτὸν ἠμύνατο καλῶς, d
ὥστ' ἀείμνηστον [8] γεγενῆσθαι τὸν πόλεμον τὸν περὶ Κύπρον, ὅτε δ' ἦν αὐτῷ σύμμαχος, τοσούτῳ χρησιμώτερον αὐτὸν
παρέσχε τῶν ἄλλων, ὥσθ' ὁμολογουμένως μεγίστην αὐτῷ
συμβαλέσθαι δύναμιν εἰς τὴν ναυμαχίαν τὴν περὶ Κνίδον, ἧς
γενομένης βασιλεὺς μὲν ἁπάσης τῆς Ἀσίας κύριος κατέστη,
Λακεδαιμόνιοι δ' ἀντὶ τοῦ τὴν ἤπειρον πορθεῖν περὶ τῆς
αὐτῶν κινδυνεύειν ἠναγκάσθησαν, οἱ δ' Ἕλληνες ἀντὶ δου- e
λείας [9] αὐτονομίας ἔτυχον, Ἀθηναῖοι δὲ τοσοῦτον ἐπέδοσαν

[1] μετὰ πάσης A. C. L. [2] ἠβουλήθησαν C. [3] μείζω ἂν C. μείζον' ἂν A. L.
[4] ἂν εὑρήσομεν A. C. L. [5] νῦν ἀφέντες A. C. L. [6] σκοπῶμεν A. L.
[7] ἀπεληλαμένον ἅπαν A. C. L. [8] γενέσθαι A. C. L. [9] αὐτονομίαν ἔσχον A. C. L.

Τῶν τότε γενομ.] I. e. tempore Trojani belli. Augerus male: 'tunc quum Evagoras viveret.' Est enim expresse adjectum: Missis de heroibus temporis Trojani fabulis, quæ poetis, non veritati debentur. Lang.

Γεγενημένον] Supple ὅσων Εὐαγόρας. Auger.

Ἀπεληλαμένον τῆς πολιτείας] *regno pulsum.* Lang.

Ἄμικτον] *purum*, i. e. cujus incolæ cum aliis hominibus non miscentur. H. l. idem est ac ἄξενος, *inhospitalis*, uti Wolf. explicuit. Alias ἀπρόσμικτος et δυσπρόσμικτος. Lang.

Σύμμαχος] Positum est pro ἐπίκουρος. Find.

Τῶν ἄλλων] Intelliguntur reliqui, qui erant præter Evagoram in Cypro reguli, et aliæ civitates maritimæ, quibus auctore Corn. Nep. Con. c. 4. rex Persarum per Cononem ad bellum cum Lacedæmoniis gerendum naves longas imperavit. Vid. §. κα'. Idem.

Τὴν ἤπειρον] Τὴν Ἀσίαν ὧδε, ἢ μᾶλλον τῆς Ἀσίας τὴν ὑπὸ τῷ Περσῶν βασιλεῖ τελοῦσαν Cor. Lacedæmonii enim, pugna navali apud Cnidum superati, a Thebanis et Atheniensibus bello petebantur; et ab his victi ex Asia Agesilaum revocabant, ut patriæ laboranti subveniret atque eam ab obsidionis periculo tutam præstaret. Vid. Xenoph. Ages. c. 1. §. 36. Corn. Nep. Ages. c. 4. et Justin. l. vi. 4. Find.

Ἀθηναῖοι δὲ κ. τ. λ.] Citat Coraes Demosth. adv. Leptin. p. 477. ed. Reisk.

ὥστε τοὺς πρότερον αὐτῶν ἄρχοντας ἐλθεῖν [1] αὐτοῖς τὴν ἀρχὴν [2] δώσοντας.

κϛ΄. Ὥστ᾽, εἴ τις ἔροιτό με τί νομίζω μέγιστον εἶναι τῶν
203 Εὐαγόρᾳ πεπραγμένων, πότερον τὰς ἐπιμελείας καὶ τὰς παρασκευὰς τὰς πρὸς Λακεδαιμονίους, [3] ἐξ ὧν τὰ προειρημένα γέγονεν, ἢ τὸν τελευταῖον πόλεμον, ἢ τὴν κατάληψιν τῆς βασιλείας, ἢ τὴν ὅλην τῶν πραγμάτων διοίκησιν, εἰς πολλὴν ἀπορίαν ἂν κατασταίην. [4] ἀεὶ γάρ μοι δοκεῖ μέγιστον εἶναι καὶ θαυμαστότατον, καθ᾽ ὅ τι ἂν αὐτῶν ἐπιστήσω τὴν γνώμην.

κζ΄. Ὥστ᾽, εἴ τινες τῶν προγεγενημένων δι᾽ ἀρετὴν
b ἀθάνατοι γεγόνασιν, οἶμαι κἀκεῖνον ἠξιῶσθαι ταύτης τῆς δωρεᾶς, σημείοις χρώμενος, ὅτι καὶ τὸν ἐνθάδε [5] χρόνον εὐτυχέστερον καὶ θεοφιλέστερον ἐκείνων διαβεβίωκε. τῶν μὲν γὰρ ἡμιθέων τοὺς πλείστους καὶ [6] τοὺς ὀνομαστοτάτους
εὑρήσομεν ταῖς μεγίσταις συμφοραῖς περιπεσόντας, Εὐαγό- 203
ρας δ᾽ οὐ μόνον θαυμαστότατος ἀλλὰ καὶ μακαριώτατος [7] ἐξ ἀρχῆς ὢν διετέλεσεν.

κη΄. Τί γὰρ ἀπέλιπεν εὐδαιμονίας; ὃς τοιούτων μὲν προ-
c γόνων ἔτυχεν οἵων οὐδεὶς ἄλλος, πλὴν εἴ τις ἀπὸ τῶν αὐτῶν ἐκείνῳ γέγονε, τοσοῦτον δὲ καὶ τῷ σώματι καὶ τῇ γνώμῃ [8] τῶν ἄλλων διήνεγκεν ὥστε μὴ μόνον Σαλαμῖνος ἀλλὰ καὶ τῆς Ἀσίας ἁπάσης ἄξιος εἶναι τυραννεῖν, κάλλιστα δὲ κτησάμενος τὴν βασιλείαν ἐν ταύτῃ τὸν βίον διετέλεσε, θνητὸς δὲ γενόμενος ἀθάνατον τὴν περὶ αὑτοῦ μνήμην κατέλιπε, τοσοῦτον δ᾽ ἐβίω χρόνον ὥστε μήτε τοῦ γήρως ἄμοιρος γενέσθαι μήτε τῶν [9] νόσων μετασχεῖν τῶν διὰ ταύτην τὴν
d ἡλικίαν γιγνομένων· πρὸς δὲ τούτοις, ὃ δοκεῖ σπανιώτατον

[1] ὡς αὐτοὺς A. C. L. [2] παραδώσοντας A. C. L. [3] δι᾽ A. C. L. [4] τοῦτο A. C. L. [5] βίον A. C. L. [6] τοὺς om. A. C. L. [7] ἐξ ἀρχῆς ὢν διετέλεσεν ἀλλὰ καὶ μακαριστότατος A. C. L. [8] τῶν ἄλλων καὶ τῇ γνώμῃ (ῥώμῃ A.) A. C. L. [9] νοσημάτων A. C. L.

Καθ᾽ ὅ τι ἂν αὐτῶν ἐπιστήσω τὴν γνώμην] Refer αὐτῶν ad ἐπιμελείας et alios accusativos sequentes, et interpretare: *ad quodcunque horum mentem applicuero*, i. e. quodcunque horum mente attentiori considero. AUGER. *ad quodcunque eorum animum intendam.* LANG. Καθ᾽ ὅ τι ἂν πρῶτον γένωμαι τῷ λογισμῷ καὶ προσέξω τὸν νοῦν. COR.

Τὸν ἐνθάδε] Τὸν ἐπὶ τῆς γῆς. WOLF.

Θεοφιλέστερον] Ἀντὶ τοῦ, μᾶλλον ὑπὸ θεοῦ φιλούμενον. COR.

Ἀπέλιπεν] I. e. οὐ προσῆν αὐτῷ. WOLF.

Εὐδαιμονίας] Scil. μέρος. IDEM.

Τῇ γνώμῃ] Γνώμην ἐνταῦθα, καθὰ καὶ μικρὸν ἀνωτέρω, τὸν νοῦν ἢ τὴν ψυχὴν λέγει. COR.

εἶναι καὶ χαλεπώτατον, εὐπαιδίας τυχεῖν ἅμα καὶ πολυ-
παιδίας, οὐδὲ τούτου διήμαρτεν, ἀλλὰ καὶ τοῦτ' αὐτῷ
συνέπεσε· καὶ τὸ μέγιστον, ὅτι τῶν ἐξ αὐτοῦ [1]γεγονότων
οὐδένα κατέλιπεν ἰδιωτικοῖς ὀνόμασι προσαγορευόμενον,
ἀλλὰ τὸν μὲν βασιλέα καλούμενον, τοὺς δὲ ἄνακτας, τὰς
δὲ ἀνάσσας. ὥστ', εἴ τινες τῶν ποιητῶν περί τινος τῶν
[2]γεγενημένων ὑπερβολαῖς κέχρηνται, λέγοντες ὡς ἦν θεὸς e
ἐν ἀνθρώποις ἢ δαίμων [3]θνητὸς, ἅπαντα τὰ τοιαῦτα περὶ
τὴν ἐκείνου φύσιν [4]ῥηθῆναι μάλιστ' ἂν ἁρμόσειε.

κθ'. Τῶν μὲν οὖν εἰς Εὐαγόραν πολλὰ μὲν οἴομαι παρα-
λιπεῖν· ὑστερίζω γὰρ τῆς ἀκμῆς τῆς ἐμαυτοῦ, μεθ' ἧς 204
ἀκριβέστερον καὶ φιλοπονώτερον ἐξειργασάμην ἂν τὸν ἔπαινον τοῦτον· οὐ μὴν ἀλλὰ καὶ νῦν, ὅσον [5]κατὰ τὴν ἐμὴν
δύναμιν, οὐκ ἀνεγκωμίαστός ἐστιν.

λ'. Ἐγὼ δ', ὦ Νικόκλεις, ἡγοῦμαι καλὰ μὲν εἶναι μνημεῖα καὶ τὰς τῶν σωμάτων εἰκόνας, πολὺ μέντοι πλείονος
ἀξίας τὰς τῶν πράξεων καὶ τῆς διανοίας, ἃς ἐν τοῖς λόγοις
ἄν τις μόνον τοῖς τεχνικῶς ἔχουσι θεωρήσειε. προκρίνω δὲ
ταύτας, πρῶτον μὲν εἰδὼς τοὺς καλοὺς [6]κἀγαθοὺς τῶν b
ἀνδρῶν οὐχ οὕτως ἐπὶ τῷ κάλλει τοῦ σώματος σεμνυνομένους, ὡς ἐπὶ τοῖς ἔργοις καὶ τῇ [7]γνώμῃ φιλοτιμουμένους·
204 ἔπειθ' ὅτι τοὺς μὲν τύπους ἀναγκαῖον παρὰ τούτοις εἶναι
[8]μόνοις παρ' οἷς ἂν σταθῶσι, τοὺς δὲ λόγους ἐξενεχθῆναι
οἷόν τ' ἐστὶν εἰς τὴν Ἑλλάδα, καὶ διαδοθέντας ἐν ταῖς τῶν
εὖ φρονούντων διατριβαῖς ἀγαπᾶσθαι, παρ' οἷς κρεῖττόν
ἐστιν ἢ παρὰ τοῖς ἄλλοις ἅπασιν εὐδοκιμεῖν· πρὸς δὲ τού- c

[1] γενομένων A. C. L. [2] προγεγενημένων A. C. L. [3] ἀλλ' οὐ θνητὸς A. C. L. [4] ῥηθῆναι φύσιν A. C. L. [5] ἦν κατὰ A. C. L. [6] καὶ ἀγαθοὺς A. C. L. [7] μνήμῃ A. C. L. [8] μόνον A. C. L.

Συνέπεσε] Συνέβη. Idem.

Τὸ μέγιστον] Sub. ἐστί. Auger.

Τὸν μὲν] Τὸν Νικοκλέα. Cor.

Ἄνακτας — ἀνάσσας] Anglice: *princes — princesses.*

Τῶν ποιητῶν] Τὸν Ὅμηρον αἰνίττεται, εἰπόντα περὶ τοῦ Ἕκτορος Ἰλ. Ω. 258.

Ἕκτορά θ', ὃς θεὸς ἔσκε μετ' ἀνδράσιν, οὐδὲ ἐῴκει
Ἀνδρός γε θνητοῦ παῖς ἔμμεναι, ἀλλὰ θεοῖο.

διαφέρουσι δὲ θεῶν δαίμονες, τῷ τοὺς μὲν δώδεκα τὸν ἀριθμὸν ὄντας κυρίως θεοὺς εἶναι καὶ μεγάλους θεοὺς λέγεσθαι. τοὺς δὲ δαίμονας τρισμυρίους τὸν ἀριθμὸν, ὥς φησιν Ἡσίοδος, φύσιν ἔχειν μεταξὺ θεῶν καὶ ἀνθρώπων. τρίτοι δὲ παρὰ τούτους ἦσαν οἱ καλούμενοι ἡμίθεοι ἢ ἥρωες, τουτέστιν, οἱ γεγονότες ἐκ θεοῦ καὶ θνητῆς ἢ ἐκ θνητοῦ καὶ θεᾶς, καὶ μετὰ θάνατον εἰς θεοὺς ἀναγόμενοι. Cor.

Περὶ τὴν ἐκείνου φύσιν] Ἀντὶ τοῦ, περὶ τῆς ἐκείνου φύσεως. Idem.

Εἰς Εὐαγόραν] Ἀνηκόντων. Idem.

Τοὺς μὲν τύπους] Τὰς μὲν εἰκόνας. Idem.

Ἀγαπᾶσθαι] Θαυμάζεσθαι, ἐπαινεῖσθαι, ἀποδοχῆς ἀξιοῦσθαι. Idem.

τοις, ὅτι τοῖς μὲν πεπλασμένοις καὶ [1] γεγραμμένοις οὐδεὶς ἂν τὴν τοῦ σώματος φύσιν ὁμοιώσειε, τοὺς δὲ τρόπους τοὺς ἀλλήλων καὶ τὰς διανοίας τὰς ἐν τοῖς λεγομένοις ἐνούσας [2] ῥᾴδιόν ἐστι μιμεῖσθαι τοῖς μὴ ῥᾳθυμεῖν αἱρουμένοις ἀλλὰ χρηστοῖς εἶναι βουλομένοις.

λα΄. Ὧν ἕνεκα καὶ μᾶλλον ἐπεχείρησα γράφειν τὸν λόγον [3] τοῦτον, ἡγούμενος καὶ σοὶ καὶ τοῖς σοῖς παισὶ καὶ
d τοῖς ἄλλοις τοῖς ἀπ' Εὐαγόρου γεγονόσι πολὺ καλλίστην ἂν γενέσθαι ταύτην [4] παράκλησιν, εἴ τις ἀθροίσας τὰς ἀρετὰς τὰς ἐκείνου καὶ τῷ λόγῳ κοσμήσας παραδοίη θεωρεῖν ὑμῖν καὶ συνδιατρίβειν αὐταῖς. τοὺς μὲν γὰρ ἄλλους προτρέπομεν ἐπὶ τὴν φιλοσοφίαν ἑτέρους ἐπαινοῦντες, ἵνα ζηλοῦντες [5] τοὺς εὐλογουμένους τῶν αὐτῶν ἐκείνοις ἐπιτηδευμάτων ἐπιθυμῶσιν· ἐγὼ δὲ σὲ καὶ τοὺς σοὺς οὐκ ἀλλο-
e τρίοις παραδείγμασι χρώμενος ἀλλ' οἰκείοις παρακαλῶ, καὶ συμβουλεύω προσέχειν τὸν νοῦν, ὅπως καὶ λέγειν καὶ πράττειν μηδενὸς ἧττον δυνήσῃ τῶν Ἑλλήνων.

λβ΄. Καὶ μὴ νόμιζέ με καταγιγνώσκειν ὡς νῦν ἀμελεῖς, ὅτι πολλάκις σοι διακελεύομαι περὶ τῶν αὐτῶν. οὐ γὰρ οὔτ'
207 ἐμὲ [6] λέληθας οὔτε τοὺς ἄλλους, ὅτι καὶ μόνος καὶ πρῶτος τῶν ἐν τυραννίδι καὶ πλούτῳ καὶ τρυφαῖς ὄντων φιλοσοφεῖν καὶ φιλοπονεῖν [7] ἐπικεχείρηκας, οὐδ' ὅτι πολλοὺς τῶν βασιλέων ποιήσεις ζηλώσαντας τὴν σὴν παίδευσιν τούτων τῶν διατριβῶν ἐπιθυμεῖν, ἀφεμένους ἐφ' οἷς νῦν λίαν χαίρουσιν.

[1] τοῖς γεγρ. A. C. L. [2] ἐκ τούτων ῥᾴδιον A. C. L. [3] τοῦτον τὸν λόγον A. C. L. [4] τὴν παράκλησιν A. L. [5] ἐκ τούτων τοὺς A. C. L. [6] λέληθεν A. C. L. [7] ἐπεχείρησας A. C. L.

Τοῖς μὲν πεπλασμένοις κ. τ. λ.] Τοῖς ἐκ πηλοῦ πεποιημένοις καὶ τοῖς διὰ χρωμάτων μεμιμημένοις, ὁ δὲ νοῦς τοῦ ὅλου χωρίου· Οὐδεὶς ἂν πεπλασμένον ἢ γεγραμμένον ἰδὼν ἄνδρα, πρὸς ἐκεῖνον τὸ ἑαυτοῦ σῶμα ὁμοιώσειεν, οἷον εἴ τις Ἡρακλέους ἀνδριάντα ἀκριβῶς θεωρήσειε καὶ κατασκέψαιτο, οὐκ ἂν Ἡρακλέους ῥώμην προσκτήσαιτο, ἄῤῥωστος ὢν αὐτὸς τῷ σώματι. οἱ δὲ μὴ ῥᾳθυμεῖν, ἀλλ' εἶναι χρηστοὶ βουλόμενοι, ῥᾳδίως ἂν ἐκ τῆς ἀκοῆς τῶν ἐπαίνων τούτων μιμήσαιντο τοὺς ἀλλήλων τρόπους, καὶ τὰς διανοίας τὰς ἐνυπαρχούσας ἐν τοῖς λεγομένοις, τουτέστι, τὰς διὰ τῶν λεγομένων φανερὰς γιγνομένας. Μετήνεγκε τοῦτο τὸ χωρίον ὁ Κικέρων ἐν τῷ ὑπὲρ Ἀρχίου λόγῳ κεφ. 12. μικρὸν παρεγκλίνας καὶ τῇ καθ' ὑπόκρισιν ἐρωτήσει δεινώσας, πρὸς δὲ καὶ ὁ Τάκιτος ἐν τῷ βίῳ τοῦ Ἀγρικόλα κεφ. 46. IDEM.

Ἀλλήλων] F. leg. τῶν ἄλλων. AUGER. COR. Attamen ferri potest ἀλλήλων. LANG.

Παράκλησιν] Προτροπὴν ἐπὶ τὴν Εὐαγόρου μίμησιν. COR.

Θεωρεῖν] Ὡς εἰκόνα. IDEM.

Συνδιατρίβειν αὐταῖς] Ἀναγινώσκειν αὐτάς. IDEM.

Ἑτέρους] Opponitur οἰκείοις v. 15. LANG. Μηδὲν ἐκείνοις προσήκοντας, ἀλλοτρίους. COR.

Τοὺς εὐλογουμένους] Τοὺς ἐπαινουμένους. IDEM.

Οὐκ ἀλλοτρίοις κ. τ. λ.] Cf. Demosth. Olynth. Γ. §. θ΄.

Ἀφεμένους] Sub. ἀπὸ τούτων. AUGER.

ἀλλ᾽ ὅμως ἐγὼ ταῦτ᾽ εἰδὼς οὐδὲν ἧττον καὶ ποιῶ καὶ ποιήσω ταὐτὸν, ὅπερ ἐν τοῖς γυμνικοῖς ἀγῶσιν οἱ θεαταί· καὶ γὰρ ἐκεῖνοι παρακελεύονται τῶν δρομέων οὐ τοῖς ἀπολελειμμένοις, ἀλλὰ τοῖς περὶ τῆς νίκης [1] ἁμιλλωμένοις.

λγ΄. Ἐμὸν μὲν οὖν [2] ἔργον καὶ τῶν ἄλλων φίλων τοιαῦτα
205 [3] λέγειν καὶ γράφειν, ἐξ ὧν μέλλομέν σε παροξύνειν ὀρέγεσθαι τούτων ὧνπερ καὶ νῦν τυγχάνεις ἐπιθυμῶν· σοὶ δὲ προσήκει μηδὲν ἐλλείπειν, ἀλλ᾽ ὥσπερ ἐν τῷ παρόντι καὶ τὸν [4] λοιπὸν χρόνον ἐπιμελεῖσθαι, καὶ τὴν ψυχὴν ἀσκεῖν, ὅπως ἄξιος ἔσῃ καὶ τοῦ πατρὸς καὶ τῶν ἄλλων προγόνων. [5] ὡς ἅπασι μὲν προσήκει περὶ πολλοῦ ποιεῖσθαι τὴν φρόνησιν, μάλιστα δ᾽ ὑμῖν τοῖς πλείστων [6] καὶ μεγίστων κυρίοις οὖσι. χρὴ δ᾽ οὐκ ἀγαπᾶν εἰ τῶν παρόντων τυγχάνεις ὢν ἤδη κρείττων, ἀλλ᾽ ἀγανακτεῖν εἰ τοιοῦτος μὲν αὐτὸς ὢν τὴν φύσιν, γεγονὼς δὲ τὸ μὲν παλαιὸν [7] ἐκ Διὸς, τὸ δ᾽ ὑπογυιώτατον ἐξ ἀνδρὸς τοιούτου τὴν ἀρετὴν, [8] μὴ πολὺ διοίσεις καὶ τῶν ἄλλων καὶ τῶν ἐν ταῖς αὐταῖς σοι τιμαῖς ὄντων. ἔστι δ᾽ ἐπὶ σοὶ μὴ διαμαρτεῖν τούτων· ἐὰν γὰρ ἐμμένῃς τῇ φιλοσοφίᾳ καὶ τοσοῦτον ἐπιδιδῷς ὅσον περ νῦν, ταχέως γενήσῃ τοιοῦτος οἷόν σε προσήκει.

[1] ἀγωνιζομένοις A. C. L. [2] ἐστι A. C. L. [3] καὶ λέγειν A. C. L. [4] ἄλλον A. C. L. [5] ὧν L. [6] καὶ μεγίστων om. A. C. L. [7] ἀπὸ A. C. L. [8] εἰ μὴ A. L. εἰ inclusit C.

Καὶ ποιῶ καὶ ποιήσω κ. τ. λ.] Ἔντεχνον καὶ πάνυ εὐφυὲς παράδειγμα, οὗ τῇ γλυκύτητι συνεκέρασε τὸ ἐκ τῆς συμβουλῆς αὐστηρόν. Cor.

Γυμνικοῖς] Quia vel nudi, ut athletæ, vel sola tunica induti, ut cursores, certabant. Find.

Παρακελεύονται] Παρακελεύεσθαι sensu proprio dicitur de spectatoribus, qui cursores cohortantur ad studium, eosque, ut loquitur Tacitus, clamore et plausu fovent. Idem.

Τοῖς περὶ τῆς νίκης] I. e. æmulos in currendo longe post se relinquentibus ideoque victoriæ proximos. Lang.

Ὧν ἅπασι κ. τ. λ.] Ὧν e Bav. revocavi et punctum post προγόνων delevi, ita ut vertendus sit locus: *quorum* (majorum vestrorum) *sapientiam magni facere omnibus quidem convenit, præsertim vero vobis, qui multos regitis.* Atque ita quoque legisse et construxisse videtur Guarinus, vertens: *quorum prudentiam.* Lang.

Ἀγαπᾶν] *contentum esse.* Sic, ἀγαπητῶς ἔχειν ap. Herodian. vi. 2. Find.

Τὸ δ᾽ ὑπογυιώτατον] Τὸ νεώτατον, τὸ τελευταῖον, τὸ πρὸ μικροῦ, ἐπιῤῥηματικῶς. Cor.

I.

ΙΣΟΚΡΑΤΟΥΣ
ΕΛΕΝΗΣ ΕΓΚΩΜΙΟΝ.

Pag. ed. Steph. — Pag. ed. Cor.

208 α'. ΕΙΣΙ τινες οἳ μέγα φρονοῦσιν, ἢν ὑπόθεσιν ἄτοπον 206
καὶ παράδοξον ποιησάμενοι περὶ ταύτης ἀνεκτῶς εἰπεῖν

SUMMARIUM. (α'.) *Prologus.* Sunt qui valde sibi placeant, si de argumento absurdo et mirabili tolerabiliter dicere queant, rixisque tempus terant, quæ plus difficultatis quam utilitatis habent. (β'.) Quodsi ineptiæ istæ ab istis inventæ essent, equidem non perinde mirarer de inventionis honore gloriantes, sed quis est, qui nesciat, Protagoram aliosque temporis illius sophistas, Gorgiam, Zenonem et Melissum, non solum talia, sed operosiora etiam scripta nobis reliquisse? (γ'.) Qui licet evidenter ostenderint, haud difficile esse, falsam de quacunque re orationem comminisci, tamen rhetores nostri his nugis jam diu explosis immorantur, quos veritatem persequi potius decebat, auditoresque suos erudire et exercere in iis rebus, quæ ad vitam civilem pertinent, quarum vel mediocris notitia supervacanearum rerum cognitioni longe præferenda est. (δ'.) Verum istis nihil curæ est, quam ut adolescentes bene nummatos de rebusque futilibus blaterare solentes, pecunia emungant. (ε'.) Quæ res non tam adolescentibus quam doctoribus, discipulos decipientibus, vitio est vertenda, (ς'.) qui arti mentiendi tantum favoris conciliarunt, ut nonnulli jam scribere audeant: exsulum egenorumque vitam quacunque alia optabiliorem esse, quo scilicet demonstrent, se de rebus civilibus facilius etiam dicere posse. At sophistas sapientiam sibi vindicantibus decet excellere indoctosque superare, non in iis rebus, quas Cæteri negligunt, sed in iis, quas universi æmulantur. Verum manifestum est, eos ob ingenii infirmitatem huc confugere, siquidem orationes ad omnium utilitatem spectantes inventionis et compositionis difficilioris sunt, quam istæ inutiles; nam parva facillime verbis superantur, et quidquid de illis dixerit aliquis, proprium ipsius est, de magnis vero secus est. (ζ'.) Hinc laudatorem Helenæ laudo, quod sibi feminam elegerit et venustate et genere et gloria præstantem. Attamen in eo erravit, quod laudationem scripturus defensionem scripsit, ideoque rem diversissimam commiscuit. (η'.) Ne vero reprehendere tantum videar, de propriis nihil ostendens, omnibus iis, quæ a cæteris dicta sunt, relictis, de Helena verba facere conabor. (θ'.) *Confirmatio.* Omnium semideorum a se ortorum Jupiter solius Helenæ pater vocari voluit, eamque præ Hercule ita honoravit, ut huic robur, illi pulcritudinem dederit, ejusque formam ubique et conspicuam et viris efficerit expetendam. (ι'.) Ac primum Theseus pulcritudine ejus victus, quum illam a parentibus fratribusque nondum adultam accipere non posset, periculis omnibus, quæ a Lacedæmone impendebant, neglectis, patria relicta Aphidnam Atticæ oppidum transtulit, ac tantum habuit gratiam Perithoo, qui cœptorum socius fuerat, ut illum ad inferos comitaretur Plutoni Proserpinam, Jovis et Cereris filiam, cujus Perithous nuptias petiit, erepturus. (ια'.) Quodsi Theseus vir vulgaris fuisset, nondum constaret, utrum hæc narratio laus Helenæ an Thesei accusatio esset, at huic nullam virtutem defuisse reperiemur. Quo autem laudationi Helenæ majorem etiam fidem conciliemus, de Thesei, qui illam amabat, laudibus plura adjicere lubet; (ιβ'.) in quibus viros illius ætatis fide dignissimos sequemur. (*Digressio in laudes Thesei.*) Theseus eodem tempore, quo Hercules natus, eandem quam ille gloriam æmulatus est. Uterque e fratribus, alter a Jove, a Neptuno alter, geniti, fraterna quoque studia habuerunt generisque humani quasi pugiles exstiterunt; (ιγ'.) hoc tamen discrimine, quod Hercules,

δυνηθῶσι· καὶ καταγεγηράκασιν οἱ μὲν οὐ φάσκοντες οἷόν τ' εἶναι ψευδῆ λέγειν οὐδ' ἀντιλέγειν οὐδὲ δύο λόγω περὶ τῶν

laboribus ab Eurystheo sibi impositis, non tam aliis quam sibi periclitatus sit, Theseus vero, quum sui juris esset, ejusmodi certamina delegit, per quæ aut Græcorum aut suæ ipsius patriæ benefactor haberetur. Taurum nempe a Neptuno immissum, qui Atticam vastaret, quem universi aggredi non audebant, solus ille domuit magnaque trepidatione incolas urbis liberavit. Postea Lapitharum auxilio bimembres Centauros, alias urbes vastantes, aliis minitantes, prœlio vicit nec multo post funditus delevit. Circa eadem tempora monstrum illud ex Pasiphae natum, cui Atheniensium civitas bis septenos pueros ex oraculo mittebat, superavit, et liberos non solum incolumes parentibus restituit, sed civitatem etiam a tam injusto acerboque tributo liberavit. (ιδ'.) Thesei facinora semel ingressus non facile inducor, ut Scironis Cercyonisque inhumanitatem prætermittam, quibus ille superatis a multis magnisque calamitatibus Græcos liberavit. Ne vero morosis quibusdam auditoribus a proposito aberrare iisque nimium tamen concedere videar, plurimis de Theseo omissis, reliqua, quam brevissimis potero, absolvam. (ιε'.) Fortitudinem ille ostendit in iis certaminibus, ubi solus pugnavit; rei militaris peritiam in prœliis, quæ universa civitas se duce commisit; pietatem erga deos in Adrasti liberorumque Herculis supplicationibus; reliquas denique virtutes in administrandæ civitatis ratione. (ιϛ'.) Quum enim tyrannorum vitam multis de causis omnium miserrimam esse existimaret, eosque non principes, sed civitatum pestes judicaret, inter liberam civitatem et tyrannidem medium quoddam interesse ostendit. (ιζ'.) Ac primum quidem cives sparsim prius ac vicatim habitantes, in unam civitatem, quæ etiam nunc inter Græcas amplissima est, congregavit; deinde omnibus civibus aditum ad magistratus patefecit; populum summam rerum administrare jussit; pericula sibi privatim vindicavit; utilitates in commune contulit; potestate rex, beneficiis popularis vitam sine ullis insidiis summaque omnium caritate peregit. (ιη'.) Quanquam vero virtutum, quibus Helena prædita fuit, testem nec fide digniorem nec judicem magis idoneum habemus quam Theseum, tamen, ne unius viri gloria ad laudandam illam abuti videamur, ad reliqua transire placet. (ιθ'.) Post Thesei descensum ad inferos præstantissimi illius temporis reges, spretis domesticis nuptiis, Helenæ Lacedæmonem reversæ nuptias petierunt, congressique fidem sibi mutuo dederunt, se eum adjuturos, qui connubio illius dignus haberetur; (κ'.) manifestum enim fuit, de ea armis dimicatum iri. Brevi post orta inter deas de formæ præstantia contentione. Alexander, Priami filius, judex delectus, præ omnibus aliis, quæ illi offerebantur, Helenam ideo elegit, quod Jovis gener vocari, liberisque suis talem originem, quæ ad Jovem referri potest, honorificentissimum sibi et nobilitatem subolis quasi possessionem perpetuam esse existimavit. (κα'.) Sunt quidem, qui eventum hujus optionis spectantes conviciis eum incesserunt, sed isti rem maxime ridiculam faciunt, si sua ipsorum ingenia illius ingenio antecellere arbitrantur, cui deæ de re gravissima primas detulerint. (κβ'.) Non igitur mirum, Alexandrum cum illa vivere decrevisse, propter quam multi semidei mori non recusarunt, eamque rem omnibus anteposuisse, de qua deas contendere viderat. (κγ'.) Quis Helenæ conjugium neglexisset, qua rapta tantum inter Græcos Barbarosque bellum exortum est, quantum nunquam antea fuerat. Illi peregre senescere, quam hac relicta domum reverti maluerunt, hi urbes exscindi agrosque vastari siverunt, ne illam Græcis redderent, utrique existimantes, in utracunque illa femina habitaret, eam regionem felicem fore. (κδ'.) Cujus belli tanta omnes incessit cupiditas, ut non Græci solum Barbarique, sed dii etiam inter se dimicarent, nedum filios suos, etsi fatum illorum prævidebant, a certamine prohiberent. (κε'.) Atque hoc illi recte, quum omne certamen iniretur de pulcritudine, cui mortalium rerum quævis ita postponitur, ut virtus ipsa ideo præcipue celebretur, quod omnium studiorum est pulcherrimum. Pulcritudinis amor, omni deliberatione superior, a natura nobis tributus est. Formosis bene volumus, eosdem tanquam deos colimus, illis libentius inservimus quam aliis imperamus, servosque pulcritudinis strenuos elegantesque ducimus. Qui ætatis florem prostituunt, infamia notamus, formam vero suam ipsorum custodientes honoramus. (κϛ'.) At non tantum homines a pulcritudine superantur, sed ipse Jupiter omnibus rebus major pulcritudini est obnoxius, quod ejusdem cum Alcmena, Danae, Nemesi, Ledaque amores manifestant. Quin tantus apud deos pulcritudini bonos tribuitur, ut uxoribus suis, quum ab illa vincuntur, ignoscant, æque

αὐτῶν πραγμάτων ἀντειπεῖν, οἱ δὲ διεξιόντες ὡς ἀνδρία b καὶ σοφία καὶ δικαιοσύνη ταὐτόν ἐστι, καὶ φύσει μὲν οὐδὲν αὐτῶν ἔχομεν, μία δ' ἐπιστήμη [1]καθ' ἁπάντων ἐστίν· ἄλλοι δὲ περὶ τὰς ἔριδας διατρίβουσι τὰς οὐδὲν μὲν ὠφελούσας, πράγματα δὲ παρέχειν τοῖς πλησιάζουσι δυναμένας.

β'. Ἐγὼ δ', εἰ μὲν ἑώρων νεωστὶ τὴν περιεργίαν ταύτην ἐν τοῖς λόγοις [2]ἐγγεγενημένην καὶ τούτους ἐπὶ [3]τῇ καινότητι τῶν εὑρημένων φιλοτιμουμένους, οὐκ ἂν ὁμοίως ἐθαύμαζον [4]αὐτῶν· νῦν δὲ τίς οὕτως ὀψιμαθής ἐστιν ὅστις οὐκ οἶδε c Πρωταγόραν καὶ τοὺς κατ' ἐκεῖνον τὸν χρόνον γενομένους σοφιστάς, ὅτι καὶ τοιαῦτα καὶ πολὺ τούτων [5]πραγματωδέστερα συγγράμματα κατέλιπον ἡμῖν; πῶς γὰρ ἄν τις ὑπερβάλοιτο Γοργίαν τὸν τολμήσαντα λέγειν ὡς οὐδὲν τῶν ὄντων ἐστὶν, ἢ Ζήνωνα τὸν ταὐτὰ δυνατὰ καὶ πάλιν ἀδύ- d νατα πειρώμενον ἀποφαίνειν, ἢ Μέλισσον ὃς ἀπείρων τὸ

[1] κατὰ πάντων A. C. L. [2] γεγενημένην A. C. L. [3] τῇ om. A. C. L. [4] αὐτοὺς A. C. L. [5] ἔτι πραγμ. A. C. L.

non tam sileri suos cum mortalibus amores quam celebrari cupiant, pluresque ob pulcritudinem, quam ob alias virtutes in deorum numerum recipiantur. (κζ'.) Quos quum Helena forma superaret omnes, non tantum immortalitate, sed divina etiam potentia donata est, ita ut et fratres suos immortales reddiderit et Agamemnonem, a communi Pelopidarum calamitate liberatum deumque pro mortali factum, assessorem sibi constituerit. Hinc in hunc usque diem Spartiatæ Therapnis in Laconia utrique ut diis sacra faciunt. (κη'.) Stesichoro, qui initio carminis maledictis eam incesserat, illa potentiam suam eo ostendit, quod cæcus surrexit factaque palinodia visum recepit. Quin et Homerum ad carmina sua componenda ab ea impulsum Homeridæ quidam narrant, eaque re præcipue factum esse dictitant, ut poesis illius tam venusta tamque celebris reddita sit. (κθ'.) Divites igitur sacrificiis illam honorare, doctos scriptis virtutes illius prædicare decet. (λ'.) *Epilogus.* Ad ea, quæ prætermissa sunt, hoc imprimis pertinet, quod Helena in causa fuit, quod nos Barbaris non servimus. Constat enim, Græcos propter eam communem contra Barbaros expeditionem suscepisse atque tunc primum Europam de Asia triumphasse. Nam ante hoc bellum multi Barbari, calamitatibus in patria oppressi, in Græciam migrarunt ibique regnarunt, sed post idem bellum nos multas provincias Barbaris eripuimus; atque hic de Helenæ meritis locus longiori ejusdem laudationi materiam præbere potest. LANG. Non constat qua ætate hanc orationem scripserit Isocrates; sed ex hujus genere et stylo videtur tunc fuisse adolescens. AUGER.

Καταγεγηράκασιν οἱ μὲν οὐ φασκ. κ. τ. λ.] I. e. διατελοῦσι λέγοντες πάντα τὸν χρόνον τῆς ἡλικίας. WOLF. Πρὸς Πρωταγόραν ταῦτα καὶ τοὺς μετ' ἐκείνου σοφιστάς. Σεξτ. Ἐμπειρ. π. τ. Λογικ. 60. 382. COR. Vid. Plat. in Protag.

Μία δ' ἐπιστήμη καθ' ἁπάντων ἐστὶ] Ἀντὶ τοῦ, περὶ ἁπάντων. *sola doctrina virtutes omnes comparari.* WOLF. Κατὰ pro ἐπὶ juxta Langium, pro ὑπὲρ juxta Augerum.

Τούτους] I. e. sophistas nostri temporis. AUGER.

Πραγματωδέστερα] Πλείονας σοφιστικὰς καὶ ματαιολόγους δυσχερείας ἔχοντα. COR.

Γοργίαν] Τὸν Λεοντῖνον σοφιστὴν, τὸν καὶ Ἐγκώμιον εἰς Ἑλένην γεγραφότα. IDEM.

Ζήνωνα] Τὸν Ἐλεάτην φιλόσοφον, τὸν καὶ Ἀμφοτερόγλωσσον κληθέντα σκωπτικῶς ὑπὸ Τίμωνος τοῦ Φλιασίου. IDEM.

Μέλισσον] Τὸν Σάμιον, ὃς καὶ στρατηγῶν τῶν Σαμίων κατεναυμάχησεν Ἀθηναίους. IDEM.

πλῆθος πεφυκότων τῶν πραγμάτων ὡς ἑνὸς ὄντος τοῦ παντὸς ἐπεχείρησεν ἀποδείξεις εὑρίσκειν;

γ΄. Ἀλλ᾽ ὅμως, οὕτω φανερῶς ἐκείνων [1]ἐπιδειξάντων,
ὅτι ῥᾴδιόν ἐστι περὶ ὧν ἄν τις πρόθηται ψευδῆ μηχανήσα-
207 σθαι λόγον, ἔτι περὶ τὸν τόπον τοῦτον διατρίβουσιν· οὓς 209
ἐχρῆν ἀφεμένους ταύτης τῆς [2]τερθρείας, τῆς ἐν μὲν τοῖς λόγοις ἐξελέγχειν προσποιουμένης, ἐν δὲ τοῖς ἔργοις πολὺν ἤδη
χρόνον ἐξεληλεγμένης, τὴν ἀλήθειαν διώκειν, καὶ περὶ τὰς
πράξεις ἐν αἷς πολιτευόμεθα τοὺς συνόντας παιδεύειν, καὶ
περὶ τὴν ἐμπειρίαν τὴν τούτων γυμνάζειν, ἐνθυμουμένους
ὅτι πολὺ κρεῖττόν ἐστι περὶ τῶν χρησίμων ἐπιεικῶς δοξάζειν ἢ περὶ τῶν ἀχρήστων ἀκριβῶς ἐπίστασθαι, καὶ μικρὸν
προέχειν ἐν τοῖς μεγάλοις [3]μᾶλλον ἢ πολὺ διαφέρειν ἐν b
τοῖς μικροῖς, καὶ τοῖς μηδὲν πρὸς τὸν βίον ὠφελοῦσιν.

δ΄. Ἀλλὰ γὰρ οὐδενὸς αὐτοῖς ἄλλου μέλει, πλὴν τοῦ
χρηματίζεσθαι παρὰ τῶν νεωτέρων. ἔστι δ᾽ ἡ περὶ τὰς
ἔριδας [4]φιλοσοφία δυναμένη τοῦτο ποιεῖν· οἱ γὰρ μήτε τῶν
ἰδίων [5]πω μήτε τῶν κοινῶν φροντίζοντες τούτοις μάλιστα
χαίρουσι τῶν λόγων, οἳ μηδὲ πρὸς ἓν χρήσιμοι τυγχάνουσιν
ὄντες.

ε΄. Τοῖς μὲν οὖν τηλικούτοις πολλὴ συγγνώμη ταύτην c
ἔχειν τὴν διάνοιαν· ἐπὶ γὰρ ἁπάντων τῶν πραγμάτων πρὸς
τὰς περιττότητας καὶ [6]τὰς θαυματοποιΐας οὕτω διακείμενοι διατελοῦσι· τοῖς δὲ παιδεύειν προσποιουμένοις ἄξιον
ἐπιτιμᾶν, ὅτι κατηγοροῦσι μὲν τῶν ἐπὶ τοῖς [7]ἰδίοις συμβολαίοις ἐξαπατώντων καὶ μὴ δικαίως τοῖς λόγοις χρωμένων, αὐτοὶ δ᾽ ἐκείνων δεινότερα ποιοῦσιν. οἱ μὲν γὰρ
ἄλλους τινὰς ἐζημίωσαν, οὗτοι δὲ τοὺς συνόντας μάλιστα
βλάπτουσι. d

[1] ἀποδειξάντων A. C. L. [2] τεραθείας A. [3] μᾶλλον om. A. C. L.
[4] φιλονεικία A. C. L. [5] πω om. A. C. L. [6] τὰς om. A. C. L.
[7] ἰδίοις om. A. C. L.

Ῥᾴδιόν — λόγον] Ὡς γάρ φησιν Εὐριπίδης παρ᾽ Ἀθην. ΙΕ. 677.

Ἐκ παντὸς ἄν τις πράγματος δισσῶν λόγων
Ἀγῶνα θεῖτ᾽ ἄν, εἰ λέγειν εἴη σοφός.

IDEM.

Διατρίβουσιν] Velim addi οὗτοι, np. nostrates sophistæ. AUGER.

Τῆς τερθρείας — ἐξεληλεγμένης] *præstigiarum, quæ verbis convincere profitentur, dum reipsa convictæ sunt.* LANG.

Ἀλλὰ γὰρ οὐδενὸς κ. τ. λ.] Ἔπιθι τὸν τοῦ Ξενοφῶντος Κυνηγετικὸν κεφ. ιγ΄. ἐν ᾧ πολλὰ τοῖς Ἰσοκράτους παραπλήσια εὑρήσεις κατὰ τῶν σοφιστῶν. COR.

Τοῖς τηλικούτοις] Τοῖς ταύτην τὴν ἡλικίαν ἔχουσιν, ἤγουν τοῖς νεωτέροις, ὧν φθὰς ἐμνημόνευσε. IDEM.

Τοὺς συνόντας] Τοὺς ἰδίους μαθητάς. IDEM.

ϛʹ. Τοσοῦτον δὲ ἐπιδεδωκέναι πεποιήκασι τὸ ψευδολο-
γεῖν, ὥστ' ἤδη τινὲς, ὁρῶντες τούτους ἐκ τῶν τοιούτων ὠφε-
λουμένους, τολμῶσι γράφειν ὡς ἔστιν ὁ τῶν πτωχευόντων
καὶ φευγόντων βίος ζηλωτότερος ἢ ὁ τῶν ἄλλων ἀνθρώπων.
καὶ ποιοῦνται τεκμήριον ὡς, εἰ περὶ πονηρῶν πραγμάτων
ἔχουσί τι λέγειν, περί [1] γε τῶν καλῶν [2] κἀγαθῶν ῥᾳδίως
e εὐπορήσουσιν. ἐμοὶ δὲ δοκεῖ πάντων εἶναι καταγελαστότατον
τὸ διὰ τούτων τῶν λόγων ζητεῖν πείθειν ὡς περὶ τῶν πολιτικῶν ἐπιστήμην ἔχουσιν, ἐξὸν ἐν αὐτοῖς οἷς ἐπαγγέλλονται τὴν [3] ἐπίδειξιν ποιεῖσθαι· τοὺς γὰρ ἀμφισβητοῦντας
210 τοῦ φρονεῖν καὶ φάσκοντας εἶναι σοφιστὰς οὐκ ἐν τοῖς ἠμε- 208
λημένοις ὑπὸ τῶν ἄλλων, [4] ἀλλ' ἐν οἷς ἅπαντές εἰσιν ἀντα-
γωνισταὶ προσήκει διαφέρειν καὶ κρείττους εἶναι τῶν ἰδιωτῶν.
νῦν δὲ παραπλήσιον ποιοῦσιν, ὥσπερ ἂν εἴ τις προσποιοῖτο
κράτιστος εἶναι τῶν ἀθλητῶν, ἐνταῦθα καταβαίνων οὗ μηδεὶς ἂν ἄλλος ἀξιώσειε. τίς γὰρ ἂν τῶν εὖ φρονούντων συμφορὰς ἐπαινεῖν ἐπιχειρήσειεν; ἀλλὰ δῆλον ὅτι δι' ἀσθένειαν
b ἐνταῦθα καταφεύγουσιν. ἔστι γὰρ τῶν μὲν τοιούτων συγγραμμάτων μία τις ὁδὸς, ἣν οὔθ' εὑρεῖν οὔτε μαθεῖν οὔτε
μιμήσασθαι δύσκολόν ἐστιν· οἱ δὲ κοινοὶ καὶ πιστοὶ καὶ
τούτοις ὅμοιοι τῶν λόγων διὰ πολλῶν ἰδεῶν καὶ καιρῶν
δυσκαταμαθήτων εὑρίσκονταί τε καὶ λέγονται, καὶ τοσούτῳ
χαλεπωτέραν ἔχουσι τὴν σύνθεσιν, ὅσῳ περ τὸ σεμνύνεσθαι τοῦ σκώπτειν καὶ τὸ σπουδάζειν τοῦ παίζειν ἐπιπο-
νώτερόν ἐστι. σημεῖον δὲ μέγιστον· τῶν μὲν γὰρ τοὺς βομ-

[1] γε om. A. C. L. [2] καὶ ἀγαθῶν A. C. L. [3] ἀπόδειξιν A. C. L.
[4] Ἑλλήνων, ἀλλ' A. C. L.

Ὠφελουμένους] Χρηματιζομένους καὶ δόξαν λαμβάνοντας. WOLF.

Καὶ ποιοῦνται τεκμήριον] et (ejusmodi futile argumentum) *tanquam exemplum exhibent.* LANG. Καινοπρεπὴς ἡ σύνταξις, ἀντὶ τοῦ, Καὶ τὸ ἔχειν τι λέγειν περὶ πονηρῶν πραγμάτων ποιοῦνται τεκμήριον τοῦ ῥᾳδίως εὐπορήσειν καὶ περὶ τῶν ἀγαθῶν εἰπεῖν. COR.

Συμφορὰς] Ut vitam exsulum et mendicorum, quam quidem prædicant. LANG.

Μία τις ὁδὸς] Adhibetur nempe nil nisi occupationes, exaggerationes, insinuationes, extenuationes, comparationes, etc. IDEM.

Οἱ δὲ κοινοὶ] Οἱ λόγοι, ἐν οἷς κοινῶς ἅπαντές εἰσιν ἀνταγωνισταί. COR.

Πιστοὶ] Οἱ ἀληθεῖς εἶναι δοκοῦντες τοῖς πλείστοις τῶν ἀνθρώπων καὶ ἔνδοξοι. WOLF. certi. AUGER. Οἱ ἀληθεῖς, ἀντιδιεσταλμένως πρὸς τοὺς ψευδεῖς τῶν σοφιστῶν λόγους. COR.

Τούτοις ὅμοιοι] I. e. οἱ πιθανοί. WOLF. *his*, i. e. certis, *similes.* AUGER.

Διὰ πολλῶν ἰδεῶν] *per multas formas et decentius cognitu difficiles.* LANG. Διὰ πολλῶν εἰδῶν ἢ τρόπων. COR.

Τοὺς βομβυλιοὺς] Βομβυλιός· ζῶον παραπλήσιον μελίττῃ, ὠνομασμένον ἀπὸ τοῦ βόμβου. Harpocrat. Εἶδος μελίσσης παρὰ τὸ βομβεῖν, ἐκ πηλοῦ τὰ κηρία πλαττούσης. Suid. Ὥσπερ μέλιττ' ἢ βομβυλιὸς εἰσέρχεται. Aristoph. Vesp. 107. Quod Angli forsan vocant *a humblebee* or *bumblebee.*

βυλιοὺς καὶ τοὺς ἅλας καὶ τὰ τοιαῦτα βουληθέντων ἐπαι- c
νεῖν οὐδεὶς πώποτε λόγων ἠπόρησεν, οἱ δὲ περὶ τῶν ὁμολογουμένων ἀγαθῶν [1] ἢ καλῶν ἢ τῶν διαφερόντων ἐπ' ἀρετῇ
[2] λέγειν ἐπιχειρήσαντες πολὺ καταδεέστερον τῶν ὑπαρχόντων ἅπαντες εἰρήκασιν. οὐ γὰρ τῆς αὐτῆς γνώμης [3] ἐστὶν
ἀξίως εἰπεῖν περὶ ἑκατέρων αὐτῶν, ἀλλὰ τὰ μὲν μικρὰ
ῥᾴδιον τοῖς λόγοις ὑπερβαλέσθαι, τῶν δὲ χαλεπὸν τοῦ
μεγέθους ἐφικέσθαι· καὶ περὶ μὲν τῶν δόξαν ἐχόντων σπά-
νιον εὑρεῖν [4] ἃ μηδεὶς πρότερον εἴρηκε, περὶ δὲ τῶν φαύλων d
καὶ ταπεινῶν ὅ τι ἂν τις τύχῃ φθεγξάμενος, ἅπαν ἴδιόν
ἐστι.

ζ'. Διὸ καὶ τὸν γράψαντα περὶ τῆς Ἑλένης ἐπαινῶ
μάλιστα τῶν εὖ λέγειν τι βουληθέντων, ὅτι περὶ τοιαύτης
ἐμνήσθη γυναικὸς, ἣ καὶ τῷ γένει καὶ τῷ κάλλει καὶ τῇ
δόξῃ πολὺ διήνεγκεν. οὐ μὴν ἀλλὰ καὶ [6] τοῦτον μικρόν τι
παρέλαθε· φησὶ [5] μὲν γὰρ ἐγκώμιον γεγραφέναι περὶ
αὐτῆς, τυγχάνει δ' ἀπολογίαν εἰρηκὼς ὑπὲρ τῶν ἐκείνῃ e
πεπραγμένων. ἔστι δ' οὐκ ἐκ τῶν αὐτῶν ἰδεῶν οὐδὲ περὶ
τῶν αὐτῶν ἔργων ὁ λόγος, [7] ἀλλὰ πᾶν τοὐναντίον· ἀπο-
09 λογεῖσθαι μὲν γὰρ προσήκει περὶ τῶν ἀδικεῖν αἰτίαν ἐχόν- 211
των, ἐπαινεῖν δὲ τοὺς ἐπ' ἀγαθῷ τινὶ διαφέροντας.

η'. Ἵνα δὲ μὴ δοκῶ τὸ ῥᾷστον ποιεῖν, ἐπιτιμᾷν τοῖς
ἄλλοις, μηδὲν ἐπιδεικνὺς τῶν ἐμαυτοῦ, πειράσομαι περὶ
[8] τῆς αὐτῆς ταύτης εἰπεῖν, παραλιπὼν ἅπαντα τὰ τοῖς
ἄλλοις εἰρημένα.

θ'. Τὴν μὲν οὖν ἀρχὴν τοῦ λόγου ποιήσομαι τὴν ἀρχὴν
τοῦ γένους αὐτῆς. πλείστων γὰρ ἡμιθέων γεννηθέντων ὑπὸ
Διὸς μόνης ταύτης [9] γυναικὸς πατὴρ ἠξίωσε κληθῆναι.

[1] καὶ A. [2] τι λέγειν A. C. L. [3] [μικρὰ] C. [4] ὃ A. C. L.
[5] μὲν om. A. C. L. [6] γράφειν A. L. [7] ἀλλ' ἅπαν A. C. L.
[8] τῆς om. A. C. L. [9] τῆς γυναικὸς A. C. L.

Τοὺς ἅλας] Plat. in Sympos. §. 5. Ἀλλ' ἔγωγε ἤδη τινὶ ἐνέτυχον βιβλίῳ ἀνδρὸς σοφοῦ, ἐν ᾧ ἐνῆσαν ἅλες ἔπαινον θαυμάσιον ἔχοντες πρὸς ὠφέλειαν.

Τῶν διαφερόντων] Scil. ἀνδρῶν ἢ ἀνθρώπων. Wolf.

Περὶ ἑκατέρων αὐτῶν] I. e. περὶ μικρῶν καὶ μεγάλων. Auger.

Τῶν δὲ χαλεπὸν] Verba sic ordinentur: ἐφικέσθαι δὲ τοῦ μεγέθους τῶν, scil. μεγάλων, χαλεπόν ἐστι. Wolf.

Τὸν γράψαντα] Scil. Corgias.

Εὖ λέγειν] *laudare*. Construe: διὸ τῶν (i. e. ἐν τοῖς) εὖ λέγειν τι βουληθέντων ἐπαινῶ μάλιστα τὸν γράψαντα περὶ τῆς Ἑλένης. Lang.

Οὐκ ἐκ τῶν αὐτῶν ἰδεῶν] *non ejusdem generis*. ἀπολογία enim ad genus judiciale, λόγος (*laudatio*) contra ad genus demonstrativum, pertinet. Idem.

b σπουδάσας δὲ μάλιστα περί [1] τε τὸν ἐξ Ἀλκμήνης [2] καὶ
τοὺς ἐκ Λήδας, τοσούτῳ μᾶλλον Ἑλένην Ἡρακλέους προὐ-
τίμησεν, ὥστε τῷ μὲν ἰσχὺν ἔδωκεν, ἣ βίᾳ τῶν ἄλλων
ἁπάντων κρατεῖν δύναται, τῇ δὲ κάλλος ἀπένειμεν, ὃ καὶ
τῆς ῥώμης αὐτῆς ἄρχειν πέφυκεν. εἰδὼς δὲ τὰς λαμπρότητας καὶ τὰς ἐπιφανείας οὐκ ἐκ τῆς ἡσυχίας ἀλλ᾽ ἐκ τῶν
c πολέμων καὶ τῶν ἀγώνων γιγνομένας, καὶ βουλόμενος αὐτῶν μὴ μόνον τὰ σώματ᾽ εἰς θεοὺς ἀναγαγεῖν ἀλλὰ καὶ
τὰς δόξας ἀειμνήστους καταλιπεῖν, τοῦ μὲν ἐπίπονον καὶ
φιλοκίνδυνον τὸν βίον κατέστησε, τῆς δὲ περίβλεπτον καὶ
περιμάχητον τὴν φύσιν ἐποίησε.

ι΄. Καὶ πρῶτον μὲν Θησεύς, ὁ λεγόμενος μὲν Αἰγέως, γενόμενος [3] δ᾽ ἐκ Ποσειδῶνος, ἰδὼν αὐτὴν οὔπω μὲν ἀκμάζου-
σαν, ἤδη δὲ τῶν ἄλλων διαφέρουσαν, τοσοῦτον ἡττήθη τοῦ
d κάλλους [4] ὁ κρατεῖν τῶν ἄλλων εἰθισμένος, ὥσθ᾽ ὑπαρχούσης
αὐτῷ καὶ πατρίδος μεγίστης καὶ βασιλείας ἀσφαλεστά-
της ἡγησάμενος οὐκ ἄξιον εἶναι ζῆν ἐπὶ τοῖς παροῦσιν ἀγαθοῖς ἄνευ τῆς πρὸς ἐκείνην οἰκειότητος, ἐπειδὴ παρὰ τῶν
κυρίων οὐχ οἷός τ᾽ ἦν αὐτὴν λαβεῖν, ἀλλ᾽ [5] ἐπέμενον τήν τε
τῆς παιδὸς ἡλικίαν καὶ τὸν χρησμὸν τὸν παρὰ τῆς Πυθίας,
ὑπεριδὼν τὴν ἀρχὴν τὴν Τυνδάρεω, καὶ καταφρονήσας τῆς
e ῥώμης της Κάστορος καὶ Πολυδεύκους, καὶ πάντων τῶν
ἐν Λακεδαίμονι δεινῶν ὀλιγωρήσας, βίᾳ λαβὼν αὐτὴν εἰς
Ἄφιδναν τῆς Ἀττικῆς [6] κατέθετο, καὶ τοσαύτην χάριν ἔσχε
Πειρίθῳ τῷ μετασχόντι τῆς ἁρπαγῆς, ὥστε, βουληθέντος
αὐτοῦ μνηστεῦσαι Κόρην τὴν Διὸς καὶ Δήμητρος καὶ παρα- 210
212 καλοῦντος αὐτὸν ἐπὶ τὴν [7] εἰς ᾅδου κατάβασιν, ἐπειδὴ

[1] τε om. A. L. [2] καὶ τοὺς ἐκ Λήδας om. A. L. [3] εἴδει A. C. L.
[4] ὁ om. A. C. L. [5] ἀνέμενον A. C. L. [6] ἐκόμισε A. C. L. [7] εἰς om. A. L.

Περί τε τὸν ἐξ Ἀλκμ.] Τὸν Ἡρακλέα. Cor.

Τοὺς ἐκ Λήδας] Τὴν Ἑλένην καὶ οἱ ἀδελφοὶ αὐτῆς Κάστωρ καὶ Πολυδεύκης. Idem.

Ἡ βίᾳ τῶν ἄλλων] Herculi quidem Jupiter ἰσχὺν ἔδωκεν, ᾗ μία τῶν ἄλλων κ. τ. λ. Sic litera mutata legendum arbitror. *In Annot. ad Hippol.* 1403. Valckenaer. Οὐκ ἀπιθάνως ἴσως. Cor.

Καὶ πρῶτον μὲν Θησεὺς] Cf. Lucian. Charid. in quo dialogo Isocratem imitatus est.

Αἰγέως] Scil. γενέσθαι, ἢ υἱὸς εἶναι. Wolf.

Τῶν ἄλλων] Ἤτε ἀνδρῶν, ἤτε ἐπιθυμιῶν. Potest enim hæc clausula vel ad fortitudinem vel ad continentiam Thesei referri. Idem.

Ἄνευ τῆς πρὸς ἐκείνην οἰκειότητος] *sine consuetudine illius.* Lang.

Παρὰ τῶν κυρίων] Scil. τῆς Ἑλένης, i. e. τῶν γονέων καὶ τῶν ἀδελφῶν. De oraculo isto non memini me quicquam legisse. Wolf.

Δεινῶν] Ἴσως· δυνατῶν. Cor.

Κόρην] Κόρη κατ᾽ ἐξοχὴν ἡ Περσεφόνη, οὕτως ἐπονομασθεῖσα ὑπὸ τοῦ πατρὸς Ἄδου, βασιλέως Μολοσσῶν, διὰ τὸ κάλλος. Idem. Cf. Suid. in voc.

συμβουλεύων οὐχ οἷός τ' ἦν ἀποτρέπειν, προδήλου τῆς συμφορᾶς οὔσης ὅμως αὐτῷ συνηκολούθησε, νομίζων ὀφείλειν τοῦτον τὸν ἔρανον, μηδενὸς ἀποστῆναι τῶν ὑπὸ Πειρίθου [1]προσταχθέντων, ἀνθ' ὧν ἐκεῖνος αὐτῷ συνεκινδύνευσεν.

ια'. Εἰ μὲν οὖν ὁ ταῦτα πράξας εἷς ἦν τῶν τυχόντων ἀλλὰ μὴ τῶν πολὺ διενεγκόντων, οὐκ ἂν πω δῆλος ἦν ὁ λόγος, πότερον Ἑλένης ἔπαινος ἢ κατηγορία Θησέως ἐστί· νῦν δὲ τῶν μὲν ἄλλων τῶν εὐδοκιμησάντων εὑρήσομεν τὸν μὲν b
[2]ἀνδρίας, τὸν δὲ σοφίας, τὸν δ' ἄλλου τινὸς τῶν τοιούτων μερῶν ἀπεστερημένον, τοῦτον δὲ μόνον [3]οὐδενὸς ἐνδεᾶ γενόμενον, ἀλλὰ παντελῆ τὴν ἀρετὴν κτησάμενον. δοκεῖ δέ μοι περὶ αὐτοῦ καὶ διὰ μακροτέρων εἰπεῖν· ἡγοῦμαι γὰρ ταύτην μεγίστην εἶναι πίστιν τοῖς βουλομένοις Ἑλένην ἐπαινεῖν, ἢν ἐπιδείξωμεν τοὺς ἀγαπήσαντας καὶ θαυμάσαντες ἐκείνην αὐτοὺς τῶν ἄλλων θαυμαστοτέρους ὄντας. c

ιβ'. Ὅσα μὲν γὰρ ἐφ' ἡμῶν γέγονεν, εἰκότως ἂν ταῖς δόξαις ταῖς ἡμετέραις αὐτῶν διακρίνοιμεν, περὶ δὲ τῶν οὕτω παλαιῶν προσήκει τοῖς κατ' ἐκεῖνον τὸν χρόνον εὖ φρονήσασιν ὁμονοοῦντας ἡμᾶς φαίνεσθαι. κάλλιστον μὲν οὖν περὶ Θησέως τοῦτ' εἰπεῖν ἔχω, ὅτι κατὰ τὸν αὐτὸν χρόνον Ἡρακλεῖ γενόμενος [4]ἐνάμιλλον τὴν αὑτοῦ δόξαν πρὸς τὴν ἐκείνου κατέστησεν· οὐ γὰρ μόνον τοῖς ὅπλοις ἐκοσμήσαντο [5]παραπλησίοις, ἀλλὰ καὶ τοῖς ἐπιτηδεύμασιν ἐχρήσαντο d
τοῖς αὐτοῖς, πρέποντα τῇ συγγενείᾳ ποιοῦντες. ἐξ ἀδελφῶν [6]γὰρ γεγονότες, ὁ μὲν ἐκ Διὸς, ὁ δ' ἐκ Ποσειδῶνος, ἀδελφὰς καὶ τὰς ἐπιθυμίας ἔσχον. μόνοι γὰρ οὗτοι τῶν προγεγενημένων ὑπὲρ τοῦ βίου [7]τοῦ τῶν ἀνθρώπων ἀθληταὶ κατέστησαν.

ιγ'. Συνέβη δὲ τὸν μὲν ὀνομαστοτέρους καὶ μείζους, τὸν δὲ ὠφελιμωτέρους καὶ τοῖς Ἕλλησιν οἰκειοτέρους, ποιήσασθαι τοὺς κινδύνους· τῷ μὲν γὰρ Εὐρυσθεὺς προσέταττε τάς τε e
βοῦς τὰς [8]ἐκ τῆς Ἐρυθείας ἀγαγεῖν καὶ τὰ μῆλα [9]τὰ τῶν

[1] προσταττομένων A. C. L. [2] ἀνδρείας A. [3] οὐθενὸς L. [4] ἐφάμιλλον A. C. L. [5] παραπλησίως A. L. [6] δὲ A. C. L. [7] τοῦ om. A. C. L. [8] ἐξ Ἐρυθείας A. C. L. [9] τὰ om. A. C. L.

Τὸν δ' ἄλλου] Ad verbum: *alium aliqua alia hujusmodi partium caruisse.* Sciendum est, quod jam observavimus, veteres universam virtutem in plures partes divisisse, ita ut singulæ virtutes ipsius forent pars aliqua. AUGER.

Παραπλησίοις] Λέγει τὴν κορύνην, ἣν ἔφερε Θησεὺς, ὀνόματι μόνον διαφέρουσαν τοῦ Ἡρακλείου ῥοπάλου. Ἐπιθ· Πλούταρχ. Θησ. η'. καὶ Εὐριπίδ. Ἱκέτ· 715. COR.

Ἑσπερίδων ἐνεγκεῖν καὶ τὸν Κέρβερον ἀναγαγεῖν καὶ τοιού- 211
τους ἄλλους [1] πόνους, ἐξ ὧν ἤμελλεν οὐ τοὺς ἄλλους [2] ὠφε-
213 λήσειν ἀλλ' αὐτὸς κινδυνεύσειν· ὁ δ' αὐτὸς αὑτοῦ κύριος ὢν
τούτους [3] προῃρεῖτο τῶν ἀγώνων, ἐξ ὧν [4] ἤμελλεν ἢ τῶν
Ἑλλήνων ἢ τῆς αὑτοῦ πατρίδος εὐεργέτης [5] γενήσεσθαι· καὶ
τόν τε ταῦρον τὸν ἀνεθέντα μὲν ὑπὸ Ποσειδῶνος, τὴν δὲ
χώραν λυμαινόμενον, ὃν πάντες οὐκ ἐτόλμων ὑπομένειν, μόνος χειρωσάμενος μεγάλου φόβου καὶ [6] πολλῆς ἀπορίας πάντας τοὺς οἰκοῦντας τὴν πόλιν ἀπήλλαξε· καὶ μετὰ ταῦτα
Λαπίθαις σύμμαχος γενόμενος καὶ στρατευσάμενος ἐπὶ
b Κενταύρους τοὺς διφυεῖς, οἳ [7] τάχει καὶ ῥώμῃ καὶ τόλμῃ
διενεγκόντες τὰς μὲν ἐπόρθουν τὰς δ' [8] ἤμελλον ταῖς δ'
ἠπείλουν τῶν πόλεων, τούτους μάχῃ νικήσας εὐθὺς μὲν
αὐτῶν τὴν ὕβριν ἔπαυσεν, οὐ πολλῷ δ' ὕστερον [9] χρόνῳ τὸ
γένος ἐξ ἀνθρώπων ἠφάνισε. περὶ δὲ τοὺς αὐτοὺς χρόνους τὸ
τέρας τὸ τραφὲν μὲν ἐν Κρήτῃ, γενόμενον δ' ἐκ Πασιφάης
τῆς Ἡλίου θυγατρός· ᾧ κατὰ μαντείαν δασμὸν τῆς πόλεως
c δὶς ἑπτὰ παῖδας ἀποστελλούσης, ἰδὼν αὐτοὺς ἀγομένους
καὶ [10] πανδημεὶ προπεμπομένους ἐπὶ θάνατον ἄνομον καὶ
πρόϋπτον καὶ πενθουμένους ἔτι ζῶντας, οὕτως ἠγανάκτησεν
ὥσθ' ἡγήσατο κρεῖττον εἶναι τεθνάναι μᾶλλον ἢ ζῆν [11] ἄρχων
τῆς πόλεως τῆς οὕτως οἰκτρὸν τοῖς ἐχθροῖς φόρον ὑποτελεῖν
ἠναγκασμένης. σύμπλους δὲ γενόμενος, καὶ κρατήσας φύσεως
ἐξ ἀνδρὸς μὲν καὶ ταύρου μεμιγμένης, τὴν δ' ἰσχὺν ἐχούσης
d οἵαν προσήκει τὴν ἐκ τοιούτων [12] σωμάτων συγκειμένην, τοὺς
μὲν παῖδας διασώσας τοῖς γονεῦσιν ἀπέδωκε, τὴν δὲ πόλιν
οὕτως ἀνόμου καὶ δεινοῦ καὶ δυσαπαλλάκτου προστάγμα-
τος ἠλευθέρωσεν.

ιδ'. Ἀπορῶ δ' ὅ τι [13] χρήσωμαι τοῖς ἐπιλοίποις· ἐπιστὰς
γὰρ ἐπὶ τὰ Θησέως ἔργα καὶ λέγειν ἀρξάμενος περὶ αὐτῶν

[1] πόνους ἄλλους A. C. L. [2] ὠφελεῖν A. C. L. [3] προήρητο A. C. L.
[4] ἔμελλεν A. L. [5] νομισθήσεσθαι A. C. L. [6] μεγάλης A. C. L.
[7] καὶ τάχει A. C. L. [8] ἔμελλον A. L. [9] χρόνῳ om. A. C. L.
[10] πάνδημον C. L. [11] αἰσχρῶς ἄρχων A. C. L. [12] σωμάτων τοιούτων A. C. L.
[13] χρήσομαι L.

Πάντες οὐκ ἐτόλμων] Καινῶς εἰρημένον, ἀντὶ τοῦ, οὐδεὶς ἐτόλμα. Idem.

Θυγατρὸς] Post θυγατρὸς subaudi ἠφάνισε, vel adde ἀνεῖλε, nisi mavis suspensionem quandam fieri post θυγατρὸς, et multis interjectis oratorem oblivisci præpositum accusativum; quæ artificiosa oblivio sæpe occurrit apud oratores. Auger. Ἄμεινον ἀνακόλουθον ἡγεῖσθαι τὴν σύνταξιν. Cor.

ὀκνῶ μὲν μεταξὺ παύσασθαι καὶ παραλιπεῖν τὴν [1] Σκίρω-
νός τε καὶ Κερκύονος καὶ τῶν ἄλλων τῶν τοιούτων παρανομίαν, πρὸς οὓς ἀνταγωνιστὴς γενόμενος ἐκεῖνος πολλῶν καὶ e
212 μεγάλων συμφορῶν τοὺς Ἕλληνας ἀπήλλαξεν, αἰσθάνομαι
δ' ἐμαυτὸν ἔξω φερόμενον τῶν καιρῶν, καὶ δέδοικα μή τισι
δόξω περὶ τούτου μᾶλλον σπουδάζειν ἢ περὶ ἧς τὴν ἀρχὴν
ὑπεθέμην. ἐξ ἀμφοτέρων οὖν τούτων αἱροῦμαι τὰ μὲν πλεῖ- 214
στα παραλιπεῖν διὰ τοὺς δυσκόλως ἀκροωμένους, περὶ δὲ
τῶν ἄλλων ὡς ἂν δύνωμαι συντομώτατα διελθεῖν, ἵνα τὰ
μὲν ἐκείνοις τὰ δ' ἐμαυτῷ χαρίσωμαι, καὶ μὴ παντάπασιν
ἡττηθῶ τῶν εἰθισμένων φθονεῖν καὶ τοῖς λεγομένοις ἅπασιν
ἐπιτιμᾶν.

ιε'. Τὴν μὲν οὖν ἀνδρίαν ἐν τούτοις ἐπεδείξατο τοῖς ἔργοις,
ἐν οἷς αὐτὸς καθ' αὑτὸν ἐκινδύνευσε, τὴν δ' ἐπιστήμην ἣν
εἶχε πρὸς τὸν πόλεμον, ἐν ταῖς μάχαις ἐν αἷς μεθ' ὅλης τῆς b
πόλεως ἠγωνίσατο, τὴν δ' εὐσέβειαν τὴν πρὸς τοὺς θεοὺς ἔν
τε ταῖς Ἀδράστου καὶ ταῖς τῶν παίδων τῶν Ἡρακλέους
ἱκετείαις — τοὺς μὲν γὰρ μάχῃ νικήσας Πελοποννησίους
διέσωσε, τῷ δὲ τοὺς ὑπὸ [2] τῇ Καδμείᾳ τελευτήσαντας βίᾳ
Θηβαίων θάψαι παρέδωκε —, τὴν δ' ἄλλην ἀρετὴν καὶ
[3] σωφροσύνην ἔν τε τοῖς προειρημένοις καὶ μάλιστ' ἐν οἷς τὴν
πόλιν διῴκησεν.

ις'. Ὁρῶν γὰρ τοὺς βίᾳ τῶν πολιτῶν ζητοῦντας [4] ἄρ- c
χειν ἑτέροις δουλεύοντας, καὶ τοὺς ἐπικίνδυνον τὸν βίον τοῖς
ἄλλοις καθιστάντας αὐτοὺς περιδεῶς ζῶντας καὶ πολεμεῖν
ἀναγκαζομένους μετὰ μὲν [5] τῶν πολιτῶν πρὸς τοὺς [6] πολεμίους, μετὰ δ' ἄλλων τινων πρὸς τοὺς συμπολιτευομένους,
ἔτι δὲ συλῶντας μὲν τὰ τῶν θεῶν, [7] ἀποκτείνοντας δὲ τοὺς
βελτίστους τῶν πολιτῶν, ἀπιστοῦντας δὲ τοῖς οἰκειοτάτοις,

[1] Σκείρωνος καὶ A. C. L. [2] τὴν Καδμείαν A. C. L. [3] τὴν σωφρ. A. C. L. [4] ἄρχειν ζητοῦντας A. C. L. [5] τῆς πόλεως A. C. L. [6] ἐπιστρατευομένους, μετ' ἄλλων δέ A. C. L. [7] ἀποκτιννύντας A. C. L.

Ἔξω φερόμενον τῶν καιρῶν] *excedere modum.* Lang.

Περὶ ἧς τὴν ἀρχὴν ὑπεθέμην] Scil. λέγειν. *proposui me dicturum esse.* τὴν ἀρχὴν pro κατὰ τὴν ἀρχὴν vel ἐν τῇ ἀρχῇ. Neque enim placet conjungere ὑπεθέμην τὴν ἀρχὴν, *proposui principium,* vel *jeci fundamentum.* Wolf. Repete σπουδάζειν, et verte: *de qua ab initio dicere proposui.* Lang.

Βίᾳ Θηβαίων] Ἀκόντων Θηβαίων. ἐλλειπτικῶς, ἀντὶ τοῦ ἐν βίᾳ ἢ σὺν βίᾳ Θηβαίων. δῆλον δὲ τοῦτο ἐκ τοῦ παρὰ τῷ Σοφοκλεῖ (Αἴαντ. 1327.) πλήρους, Πρὸς βίαν ἐμοῦ. Cor.

Θάψαι παρέδωκε] Cf. Paneg. §. ιε'. Lang.

οὐδὲν δὲ [1]ῥαθυμότερον ζῶντας τῶν ἐπὶ θανάτῳ συνειλημ-
d μένων, ἀλλὰ τὰ μὲν ἔξω ζηλουμένους, αὐτοὺς δὲ παρ'
αὐτοῖς μᾶλλον τῶν ἄλλων λυπουμένους — τί γάρ ἐστιν
ἄλγιον ἢ ζῆν [2]δεδιότα μή τις αὐτὸν τῶν παρεστώτων ἀπο-
κτείνῃ, καὶ μηδὲν ἧττον φοβούμενον τοὺς φυλάττοντας ἢ
τοὺς ἐπιβουλεύοντας;—, τούτων ἁπάντων καταφρονήσας,
καὶ νομίσας οὐκ ἄρχοντας ἀλλὰ νοσήματα τῶν πόλεων
εἶναι τοὺς τοιούτους, [3]ἐπέδειξεν ὅτι [4]ῥάδιόν ἐστιν ἅμα 213
e τυραννεῖν καὶ μηδὲν χεῖρον διακεῖσθαι τῶν ἐξ ἴσου πολιτευομένων.

ιζ'. Καὶ πρῶτον μὲν τὴν πόλιν σποράδην καὶ κατὰ
κώμας οἰκοῦσαν εἰς [5]ταὐτὸ συναγαγὼν τηλικαύτην ἐποίη-
215 σεν, ὥστ' ἔτι καὶ νῦν ἀπ' ἐκείνου τοῦ χρόνου μεγίστην τῶν
Ἑλληνίδων εἶναι· μετὰ δὲ ταῦτα κοινὴν τὴν πατρίδα καταστήσας, καὶ τὰς ψυχὰς τῶν [6]συμπολιτευομένων ἐλευθερώσας, ἐξ ἴσου τὴν ἅμιλλαν αὐτοῖς περὶ [7]τῆς ἀρετῆς
ἐποίησε, πιστεύων μὲν ὁμοίως αὐτῶν προέξειν ἀσκούντων
ὥσπερ ἀμελούντων, εἰδὼς δὲ τὰς τιμὰς ἡδίους οὔσας τὰς
παρὰ τῶν μέγα φρονούντων ἢ τὰς παρὰ τῶν δουλευόντων.
b [8]τοσούτου [9]δ' ἐδέησεν ἀκόντων τι ποιεῖν τῶν πολιτῶν, ὥσθ'
ὁ μὲν τὸν δῆμον καθίστη κύριον τῆς πολιτείας, οἱ δὲ μόνον
αὐτὸν ἄρχειν ἠξίουν, ἡγούμενοι πιστοτέραν καὶ κοινοτέραν
εἶναι τὴν ἐκείνου μοναρχίαν τῆς αὑτῶν δημοκρατίας. οὐ
γὰρ ὥσπερ ἕτεροι τοὺς μὲν πόνους ἄλλοις προσέταττε, τῶν
δ' ἡδονῶν αὐτὸς μόνος ἀπέλαυεν, ἀλλὰ τοὺς μὲν κινδύνους
ἰδίους ἐποιεῖτο, τὰς δ' ὠφελείας ἅπασιν εἰς τὸ κοινὸν ἀπε-
δίδου. καὶ γάρ τοι διετέλεσε τὸν βίον οὐκ ἐπιβουλευόμενος
c ἀλλ' ἀγαπώμενος· οὐδ' [10]ἐπάκτῳ δυνάμει τὴν ἀρχὴν διαφυλάττων, ἀλλὰ τῇ τῶν πολιτῶν εὐνοίᾳ δορυφορούμενος, τῇ
μὲν ἐξουσίᾳ τυραννῶν, ταῖς δ' εὐεργεσίαις δημαγωγῶν.
οὕτω γὰρ νομίμως καὶ καλῶς διῴκει τὴν πόλιν, ὥστ' ἔτι

[1] εὐθυμότερον A. L. [2] ἀεὶ δεδιότα A. C. L. [3] ἀπέδειξεν A. C. L. [4] ῥᾷον A. L. [5] ταὐτὸν A. C. L. [6] πολιτευομένων A. C. L. [7] τὴν ἀρχὴν A. C. L. [8] τοσοῦτον A. L. [καὶ] τοσοῦτον C. [9] δ' om. A. C. L. [10] ἐπεισάκτῳ A. C. L.

Μεγίστην] Conf. Panegyr. §. γ. Idem.

Ἀσκούντων] Sub. ἑαυτοὺς, sicut ad ἀμελούντων, vel ἑαυτῶν vel τῶν πραγμάτων. Auger.

Τυράννων] Μοναρχῶν. Cor.

καὶ νῦν ἴχνος τῆς ἐκείνου πρᾳότητος ἐν τοῖς ἤθεσιν ἡμῶν
καταλελεῖφθαι.

ιη΄. Τὴν δὴ γεννηθεῖσαν μὲν ὑπὸ Διὸς, κρατήσασαν δὲ
τοιαύτης ἀρετῆς καὶ σωφροσύνης, πῶς οὐκ ἐπαινεῖν χρὴ καὶ d
τιμᾶν καὶ νομίζειν πολὺ τῶν πώποτε γενομένων διενεγκεῖν;
οὐ γὰρ δὴ μάρτυρά γε πιστότερον οὐδὲ κριτὴν ἱκανώτερον
ἕξομεν ἐπαγαγέσθαι περὶ τῶν Ἑλένῃ προσόντων ἀγαθῶν
τῆς Θησέως διανοίας. ἵνα δὲ μὴ δοκῶ περὶ τὸν αὐτὸν τόπον
δι' ἀπορίαν διατρίβειν, μηδ' ἀνδρὸς ἑνὸς δόξῃ καταχρώ-
μενος ἐπαινεῖν αὐτὴν, βούλομαι καὶ περὶ τῶν ἐχομένων
διελθεῖν.

214 ιθ΄. Μετὰ γὰρ τὴν Θησέως εἰς ᾅδου κατάβασιν ἐπανελ- e
θούσης αὐτῆς εἰς Λακεδαίμονα, καὶ πρὸς τὸ [1] μνηστεύεσθαι
λαβούσης ἡλικίαν, ἅπαντες οἱ τότε βασιλεύοντες καὶ δυναστεύοντες [2] τὴν αὐτὴν γνώμην ἔσχον περὶ αὐτῆς. ἐξὸν γὰρ
αὐτοῖς λαμβάνειν ἐν ταῖς αὐτῶν πόλεσι γυναῖκας τὰς πρω- 216
τευούσας, ὑπεριδόντες τοὺς οἴκοι γάμους ἦλθον [3] ἐκείνην μνη-
στεύσοντες. οὔπω δὲ κεκριμένου τοῦ μέλλοντος αὐτῇ [4] συνοικήσειν, ἀλλ' ἔτι κοινῆς τῆς τύχης οὔσης, οὕτω πρόδηλος ἦν
ἅπασιν [5] ἐσομένη περιμάχητος, ὥστε συνελθόντες πίστεις
ἔδοσαν ἀλλήλοις ἦ μὴν βοηθήσειν, εἴ τις ἀποστεροίη τὸν
ἀξιωθέντα λαβεῖν αὐτὴν, νομίζων ἕκαστος ταύτην τὴν ἐπι- b
κουρίαν αὑτῷ παρασκευάζειν. τῆς μὲν οὖν ἰδίας ἐλπίδος
πλὴν ἑνὸς ἀνδρὸς ἅπαντες ἐψεύσθησαν, τῆς δὲ κοινῆς δόξης,
[6] ἧς ἔσχον περὶ ἐκείνης, οὐδεὶς αὐτῶν διήμαρτεν.

κ΄. Οὐ πολλοῦ γὰρ χρόνου διελθόντος, [7] γενομένης ἐν
θεαῖς περὶ κάλλους ἔριδος ἧς Ἀλέξανδρος ὁ Πριάμου κατέστη
κριτὴς, καὶ διδούσης Ἥρας μὲν ἁπάσης αὐτῷ [8] τῆς Ἀσίας
βασιλεύειν, Ἀθηνᾶς δὲ κρατεῖν ἐν [9] τοῖς πολέμοις, Ἀφροδί-
της δὲ τὸν γάμον τὸν Ἑλένης, τῶν μὲν σωμάτων οὐ δυνηθεὶς c
λαβεῖν διάγνωσιν, ἀλλ' ἡττηθεὶς τῆς τῶν θεῶν ὄψεως, τῶν

[1] μνηστεύσασθαι A. C. L. [2] ἐν ταῖς πόλεσι τὴν A. C. L. [3] ὡς ἐκείνην A. C. L.
[4] συνοικεῖν A. C. L. [5] ἀνθρώποις ἐσομένη A. C. L. [6] ἣν A. C. L.
[7] καὶ γενομένης A. C. L. [8] βασιλείαν τῆς Ἀσίας, A. C. L. [9] τοῖς om. A. C. L.

Οὐδὲ κριτὴν ἱκανώτερον] Ἔπιθι τὸν Ἀριστοτέλην Ῥητορικ. B. κγ΄. 12. Idem. Vi receptam esse a fratribus, Theseo in exsilium acto a populo Atheniensi, callide dissimulat. Wolf.

Τῆς δὲ κοινῆς δόξης] Np. αὐτὴν ἔσεσθαι περιμάχητον. Lang.

Διδούσης] *promittente.* Idem.

Ἡττηθεὶς — ὄψεως] *adspectu dearum stupefactus.* Idem.

δὲ δωρεῶν ἀναγκασθεὶς γενέσθαι κριτὴς, εἵλετο τὴν οἰκειότητα [1] τὴν Ἑλένης ἀντὶ τῶν ἄλλων ἁπάντων, οὐ πρὸς τὰς
ἡδονὰς ἀποβλέψας, — καίτοι [2] καὶ τοῦτο τοῖς εὖ φρονοῦσι
πολλῶν αἱρετώτερόν ἐστιν, ἀλλ' ὅμως οὐκ ἐπὶ τοῦθ' ὥρμησεν, — ἀλλ' ἐπεθύμησε Διὸς γενέσθαι [3] [καὶ κληθῆναι]
κηδεστὴς, νομίζων πολὺ μείζω καὶ καλλίω ταύτην εἶναι τὴν
d τιμὴν ἢ τὴν τῆς Ἀσίας βασιλείαν, καὶ μεγάλας μὲν ἀρχὰς
καὶ δυναστείας καὶ φαύλοις ἀνθρώποις ποτὲ [4] παραγίγνεσθαι, τοιαύτης δὲ γυναικὸς οὐδένα τῶν ἐπιγιγνομένων ἀξιω-
θήσεσθαι, πρὸς δὲ τούτοις, οὐδὲν ἂν κάλλιον κτῆμα καταλιπεῖν τοῖς παισὶν ἢ παρασκευάσας αὐτοῖς, ὅπως [5] μὴ
μόνον πρὸς πατρὸς [6] ἀλλὰ καὶ πρὸς μητρὸς ἀπὸ Διὸς
ἔσονται γεγονότες. ἠπίστατο γὰρ τὰς μὲν ἄλλας εὐτυ-
e χίας ταχέως μεταπιπτούσας, τὴν δ' εὐγένειαν ἀεὶ τοῖς
αὐτοῖς παραμένουσαν, ὥστε ταύτην μὲν τὴν αἵρεσιν ὑπὲρ 215
ἅπαντος τοῦ γένους ἔσεσθαι, τὰς δ' ἑτέρας δωρεὰς ὑπὲρ
τοῦ χρόνου [7] μόνον τοῦ καθ' αὐτόν.

κα'. Τῶν μὲν οὖν εὖ φρονούντων οὐδεὶς ἂν τοῖς λογι-
217 σμοῖς τούτοις ἐπιτιμήσειε, τῶν δὲ μηδὲν πρὸ τοῦ πράγματος
ἐνθυμουμένων ἀλλὰ τὸ συμβαῖνον [8] σκοπουμένων ἤδη τινὲς
ἐλοιδόρησαν αὐτόν· ὧν τὴν ἄνοιαν, ἐξ ὧν ἐβλασφήμησαν
περ ἐκείνου, ῥᾴδιον ἅπασι καταμαθεῖν. πῶς γὰρ οὐ [9] καταγέλαστον πεπόνθασιν, εἰ τὴν αὑτῶν φύσιν ἱκανωτέραν
εἶναι νομίζουσι τῆς ὑπὸ τῶν θεῶν προκριθείσης; οὐ γὰρ
δή [10] που περὶ ὧν εἰς τοσαύτην [11] ἔριν κατέστησαν, τὸν τυχόντα διαγνῶναι κύριον ἐποίησαν, ἀλλὰ δῆλον ὅτι τοσαύτην
b ἔσχον σπουδὴν ἐκλέξασθαι [12] κριτὴν τὸν βέλτιστον, ὅσην
[13] περ αὐτοῦ τοῦ πράγματος ἐπιμέλειαν ἐποιήσαντο. χρὴ
δὲ σκοπεῖν ὁποῖός τις ἦν καὶ δοκιμάζειν αὐτὸν οὐκ ἐκ τῆς
ὀργῆς [14] τῆς τῶν ἀποτυχουσῶν, ἀλλ' ἐξ ὧν ἅπασαι βου-

[1] τῆς A. C. L. [2] καὶ om. A. C. L. [3] uucos om. A. C. L.
[4] παραγενήσεσθαι A. C. L. [5] καὶ πρὸς A. C. L. [6] ἀλλὰ om. A. C. L.
[7] μόνου C. [8] σκοπούντων A. C. L. [9] καταγελαστότατον A. C. L.
[10] που om. A. C. L. [11] φιλονεικίαν A. C. L. [12] κριτὴν ἐκλέξασθαί A. C. L.
[13] περὶ A. C. L. [14] τῆς om. A. C. L.

Τῶν δὲ μηδὲν πρὸ τοῦ πρ. ἐνθυμ.] *qui ea quæ actionibus antecedunt, seu actionum fines, non reputant.* Idem.

Ὁποῖός τις ἦν] Soil. ὁ Ἀλέξανδρος. Wolf.

Τῶν ἀποτυχουσῶν] *dearum victarum.* Lang.

Ἐξ ὧν] Pro ἐκ τούτου, ὅτι. Wolf.

λευσάμεναι προείλοντο τὴν ἐκείνου διάνοιαν. κακῶς μὲν
γὰρ παθεῖν ὑπὸ τῶν κρειττόνων οὐδὲν κωλύει καὶ τοὺς
μηδὲν ἐξημαρτηκότας· τοιαύτης δὲ τιμῆς τυχεῖν, ὥστε c
θνητὸν ὄντα θεῶν γενέσθαι κριτὴν, οὐχ οἷόν τε μὴ οὐ τὸν
πολὺ τῇ γνώμῃ διαφέροντα.

κβ΄. Θαυμάζω δ᾽ εἴ τις οἴεται κακῶς βεβουλεῦσθαι
τὸν μετὰ ταύτης ζῆν ἑλόμενον, ἧς ἕνεκα πολλοὶ τῶν ἡμιθέων ἀποθνήσκειν ἠθέλησαν. πῶς δ᾽ οὐκ ἂν [1]ἦν ἀνόητος, εἰ
τὰς θεὰς εἰδὼς περὶ κάλλους φιλονεικούσας αὐτὸς κάλλους
κατεφρόνησε, καὶ μὴ ταύτην ἐνόμισε μεγίστην εἶναι τῶν
δωρεῶν, περὶ ἧς κἀκείνας ἑώρα μάλιστα σπουδαζούσας;

κγ΄. Τίς δ᾽ ἂν τὸν γάμον τὸν Ἑλένης ὑπερεῖδεν, ἧς ἁρ- d
πασθείσης οἱ μὲν Ἕλληνες οὕτως ἠγανάκτησαν ὥσπερ ὅλης
τῆς Ἑλλάδος πεπορθημένης, οἱ δὲ βάρβαροι τοσοῦτον ἐφρόνησαν ὅσον περ ἂν εἰ πάντων ἡμῶν ἐκράτησαν. δῆλον δ᾽ ὡς
ἑκάτεροι διετέθησαν· πολλῶν γὰρ αὐτοῖς πρότερον ἐγκλημάτων γενομένων περὶ μὲν τῶν ἄλλων ἡσυχίαν ἦγαγον,
ὑπὲρ δὲ ταύτης [2]τηλικοῦτον συνεστήσαντο πόλεμον οὐ
216 μόνον τῷ μεγέθει τῆς ὀργῆς, ἀλλὰ καὶ τῷ μήκει τοῦ e
χρόνου καὶ τῷ πλήθει τῶν παρασκευῶν, ὅσος οὐδεὶς πώποτε γέγονεν. ἐξὸν δὲ τοῖς μὲν ἀποδοῦσιν Ἑλένην ἀπηλλάχθαι τῶν παρόντων κακῶν, τοῖς δ᾽ ἀμελήσασιν ἐκείνης 216
ἀδεῶς οἰκεῖν τὸν ἐπίλοιπον χρόνον, οὐδέτεροι ταῦτ᾽ ἠθέλησαν·
ἀλλ᾽ οἱ μὲν περιεώρων καὶ πόλεις ἀναστάτους γιγνομένας
καὶ τὴν χώραν πορθουμένην, ὥστε μὴ προέσθαι αὐτὴν τοῖς
Ἕλλησιν, οἱ δ᾽ ᾑροῦντο μένοντες ἐπὶ τῆς ἀλλοτρίας καταγηράσκειν καὶ μηδέποτε τοὺς αὑτῶν ἰδεῖν μᾶλλον ἢ [3]᾽κείνην
καταλιπόντες εἰς τὰς αὑτῶν πατρίδας ἐπανελθεῖν. καὶ b
ταῦτ᾽ ἐποίουν οὐχ ὑπὲρ Ἀλεξάνδρου καὶ Μενελάου φιλονει-
κοῦντες, ἀλλ᾽ οἱ μὲν ὑπὲρ τῆς Ἀσίας, οἱ δ᾽ ὑπὲρ τῆς Εὐρώπης, νομίζοντες ἐν ὁποτέρᾳ τὸ σῶμα [4]τοὐκείνης κατοική-
σειε, ταύτην τὴν χώραν εὐδαιμονεστέραν ἔσεσθαι.

κδ΄. Τοσοῦτος δ᾽ ἔρως ἐνέπεσε τῶν πόνων καὶ τῆς [5]στρα-

[1] εἴη A. L. [2] τοσοῦτον A. C. L. [3] ἐκείνην A. C. L. [4] τὸ ἐκείνης A. C. L. [5] στρατιᾶς A. L.

Κακῶς — παθεῖν ὑπὸ τῶν κρειττ.] *male audire a potentioribus*, i. e. deabus. LANG.

Ὑπὲρ Ἀλεξάνδρου] *pro Alexandro*, i. e. pro Paride, filio Priami. AUGER.

τείας ἐκείνης οὐ μόνον τοῖς Ἕλλησι καὶ τοῖς βαρβάροις ἀλλὰ
καὶ τοῖς θεοῖς, ὥςτε οὐδὲ τοὺς ἐξ αὐτῶν γεγονότας ἀπέτρε-
c ψαν τῶν ἀγώνων τῶν περὶ Τροίαν, ἀλλὰ Ζεὺς μὲν προειδὼς τὴν Σαρπηδόνος εἱμαρμένην, Ἠὼς δὲ τὴν Μέμνονος,
Ποσειδῶν δὲ τὴν Κύκνου, Θέτις δὲ τὴν Ἀχιλλέως, ὅμως
αὐτοὺς συνεξώρμησαν, καὶ [1] συνέπεμψαν, ἡγούμενοι κάλλιον
αὐτοῖς εἶναι τεθνάναι μαχομένοις περὶ τῆς Διὸς θυγατρὸς
μᾶλλον ἢ ζῆν ἀπολειφθεῖσι τῶν περὶ ἐκείνης κινδύνων. καὶ
τί δεῖ θαυμάζειν ἃ περὶ τῶν παίδων [2] διενοήθησαν; αὐτοὶ
γὰρ πολὺ μείζω καὶ δεινοτέραν ἐποιήσαντο [3] παράταξιν τῆς
d πρὸς [4] Γίγαντας αὐτοῖς γενομένης· πρὸς μὲν γὰρ ἐκείνους
μετ' ἀλλήλων ἐμαχέσαντο, περὶ δὲ ταύτης πρὸς σφᾶς αὐτοὺς ἐπολέμησαν.

κε'. Εὐλόγως δὲ κἀκεῖνοι ταῦτ' ἔγνωσαν, κἀγὼ τηλικαύταις ὑπερβολαῖς ἔχω χρήσασθαι περὶ [5] αὐτῆς· κάλλους
γὰρ πλεῖστον μέρος [6] μετέσχεν, ὃ σεμνότατον καὶ τιμιώτα-
τον καὶ θειότατον τῶν ὄντων ἐστί. ῥᾴδιον δὲ [7] γνῶναι τὴν
δύναμιν αὐτοῦ· τῶν μὲν γὰρ ἀνδρίας ἢ σοφίας ἢ δικαιοσύ-
e νης [8] μὴ μετεχόντων πολλὰ φανήσεται τιμώμενα μᾶλλον 217
[9] ἢ τούτων ἕκαστον, τῶν δὲ κάλλους ἀπεστερημένων οὐδὲν
εὑρήσομεν ἀγαπώμενον, ἀλλὰ πάντα καταφρονούμενα πλὴν
ὅσα τῆς ἰδέας ταύτης κεκοινώνηκε, καὶ τὴν ἀρετὴν διὰ τοῦτο
μάλιστ' εὐδοκιμοῦσαν, [10] ὅτι κάλλιστον τῶν ἐπιτηδευμάτων
217 ἐστί. γνοίη δ' ἄν τις κἀκεῖθεν, ὅσον διαφέρει τῶν ὄντων, ἐξ
ὧν αὐτοὶ διατιθέμεθα πρὸς ἕκαστον αὐτῶν. τῶν μὲν γὰρ
ἄλλων, ὧν ἂν ἐν χρείᾳ [11] γενώμεθα, τυχεῖν μόνον βουλόμεθα, περαιτέρω δὲ περὶ αὐτῶν οὐδὲν τῇ ψυχῇ προσπεπόν-
θαμεν· τῶν δὲ καλῶν ἔρως ἡμῖν ἐγγίγνεται, τοσούτῳ μείζω
τοῦ [12] βούλεσθαι ῥώμην ἔχων, ὅσῳ περ καὶ τὸ πρᾶγμα κρεῖττόν ἐστι. καὶ τοῖς μὲν κατὰ σύνεσιν ἢ κατ' ἄλλο τι προέ-
b χουσι φθονοῦμεν, ἢν μὴ τῷ ποιεῖν ἡμᾶς εὖ καθ' ἑκάστην

[1] συνεξέπεμψαν A. C. L. [2] ἔγνωσαν A. C. L. [3] τὴν παράταξιν A. C. L.
[4] τοὺς Γίγ. A. C. L. [5] αὐτῶν A. L. [6] μετέσχηκεν A. C. L.
[7] διαγνῶναι A. C. L. [8] μὴ om. A. C. L. [9] [ἢ τούτων ἕκαστον] C. L.
[10] διότι A. C. L. [11] γιγνώμεθα A. L. [12] βουλεύσασθαι A. C. L.

Συνεξώρμησαν] *una erumpere faciebant.* Lang.

Περὶ αὐτῆς] Τῆς Ἑλένης δηλαδή. Cor.

Περαιτέρω δὲ περὶ — προσπεπόνθαμεν] F. pro περὶ legendum πρὸς, et verba sic ordinanda: προσπεπόνθαμεν τῇ ψυχῇ περαιτέρω πρὸς οὐδὲν τούτων. Wolf. *ulterius erga hæc propensione animi non progredimur.* Lang.

[1]τὴν ἡμέραν [2]προσαγάγωνται καὶ στέργειν σφᾶς αὐτοὺς
[3]ἀναγκάσωσι· τοῖς δὲ καλοῖς εὐθὺς ἰδόντες εὖνοι γιγνόμεθα,
καὶ μόνους αὐτοὺς ὥςπερ τοὺς θεοὺς οὐκ ἀπαγορεύομεν θεραπεύοντες, ἀλλ' ἥδιον δουλεύομεν τοῖς τοιούτοις ἢ τῶν ἄλλων ἄρχομεν, πλείω χάριν ἔχοντες τοῖς πολλὰ προστάττουσιν ἢ τοῖς μηδὲν ἐπαγγέλλουσι. καὶ τοὺς μὲν [4]ὑπ' ἄλλῃ
τινὶ δυνάμει γιγνομένους λοιδοροῦμεν καὶ κόλακας ἀποκα-
λοῦμεν, τοὺς δὲ τῷ κάλλει λατρεύοντας φιλοκάλους καὶ c
φιλοπόνους εἶναι [5]νομίζομεν· τοσαύτῃ δ' εὐσεβείᾳ καὶ προ-
νοίᾳ χρώμεθα περὶ τὴν ἰδέαν τὴν τοιαύτην, ὥςτε καὶ [6]τῶν
ἐχόντων τὸ κάλλος τοὺς μὲν μισθαρνήσαντας καὶ κακῶς
βουλευσαμένους περὶ τῆς αὑτων ἡλικίας μᾶλλον ἀτιμάζομεν
ἢ τοὺς εἰς τὰ τῶν ἄλλων σώματ' [7]ἐξαμαρτόντας· ὅσοι δ' ἂν
τὴν αὑτῶν ὥραν διαφυλάξωσιν, ἄβατον τοῖς πονηροῖς ὥςπερ
ἱερὸν ποιήσαντες, τούτους εἰς τὸν ἐπίλοιπον χρόνον [8]ὁμοίως d
τιμῶμεν ὥςπερ τοὺς ὅλην τὴν πόλιν ἀγαθόν τι [9]ποιήσαντας.

κϛ'. Καὶ τί δεῖ τὰς ἀνθρωπίνας δόξας λέγοντα διατρίβειν; ἀλλὰ Ζεὺς ὁ κρατῶν [10]πάντων ἐν μὲν τοῖς ἄλλοις
τὴν αὑτοῦ δύναμιν ἐνδείκνυται, πρὸς δὲ τὸ κάλλος ταπεινὸς
[11]γιγνόμενος ἀξιοῖ πλησιάζειν. Ἀμφιτρύωνι μὲν γὰρ εἰκα-
σθεὶς ὡς Ἀλκμήνην ἦλθε, χρυσὸς δὲ ῥυεὶς Δανάῃ συνεγένετο,
218 κύκνος δὲ γενόμενος εἰς τοὺς Νεμέσεως κόλπους κατέφυγε, e
τούτῳ δὲ πάλιν ὁμοιωθεὶς Λήδαν ἐνύμφευσεν· ἀεὶ δὲ μετὰ
τέχνης ἀλλ' οὐ μετὰ βίας θηρώμενος φαίνεται [12]τὴν φύσιν
τὴν τοιαύτην. τοσούτῳ δὲ μᾶλλον προτετίμηται τὸ κάλλος 218
παρ' ἐκείνοις ἢ παρ' ἡμῖν, ὥςτε καὶ ταῖς γυναιξὶ ταῖς αὑτῶν
ὑπὸ τούτου κρατουμέναις συγγνώμην ἔχουσι· καὶ πολλὰς
ἄν τις ἐπιδείξειε τῶν ἀθανάτων, αἳ θνητοῦ κάλλους ἡττήθησαν, ὧν οὐδεμία λαθεῖν τὸ γεγενημένον ὡς αἰσχύνην ἔχον
ἐζήτησεν, ἀλλ' ὡς καλῶν ὄντων τῶν πεπραγμένων ὑμνεῖσθαι
μᾶλλον ἢ σιωπᾶσθαι περὶ αὐτῶν ἠβουλήθησαν. μέγιστον

[1] τὴν om. A. C. L. [2] προσάγωνται A. C. L. [3] ἀναγκάζωσι C.
[4] ἐπ' A. [5] νομίζομεν εἶναι A. C. L. [6] αὐτῶν τῶν κεκτημένων A. C. L.
[7] ἐξαμαρτάνοντας A. C. L. [8] ὁμοιώς om. A. C. L. [9] δράσαντας A. C. L.
[10] ἁπάντων A. C. L. [11] γενόμενος A. C. L. [12] τὰς φύσεις τὰς τοιαύτας A. C. L.

Ἐπαγγέλλουσι] I. e. αἰτοῦσιν, ἢ ἀξιοῦσι λαμβάνειν. Wolf.

Μισθαρνήσαντας] quæstum occipientes. Lang.

Ταπεινὸς γενόμενος] sive alia terrestri specie humana assumpta. Idem.

Πολλὰς — τῶν ἀθανάτων] Soil. Auroram, Cererem, Venerem, etc.

Ὑμνεῖσθαι] Alludit ad hymnos Orphei, Homeri, et aliorum. Wolf.

b δὲ τῶν εἰρημένων τεκμήριον· πλείους γὰρ ἂν εὕροιμεν διὰ τὸ
κάλλος ἀθανάτους γεγενημένους ἢ διὰ τὰς ἄλλας ἀρετὰς
ἁπάσας.

κζ΄. Ὧν Ἑλένη τοσούτῳ πλέον ἔσχεν, ὅσῳ περ καὶ τὴν
ὄψιν αὐτῶν διήνεγκεν. οὐ γὰρ μόνον ἀθανασίας ἔτυχεν, ἀλλὰ
καὶ τὴν δύναμιν ἰσόθεον λαβοῦσα πρῶτον μὲν τοὺς ἀδελφοὺς ἤδη κατεχομένους ὑπὸ τῆς πεπρωμένης εἰς θεοὺς ἀνή-
γαγε· βουλομένη δὲ πιστὴν ποιῆσαι τὴν μεταβολὴν οὕτως
c αὐτοῖς τὰς τιμὰς ἐναργεῖς ἔδωκεν, ὥσθ' ὁρωμένους ὑπὸ τῶν
ἐν τῇ θαλάττῃ κινδυνευόντων σώζειν οἵ τινες ἂν εὐσεβῶς
αὐτοὺς ἐπικαλέσωνται. μετὰ δὲ ταῦτα Μενελάῳ τοσαύτην
χάριν ἀπέδωκεν ὑπὲρ τῶν πόνων καὶ τῶν κινδύνων οὓς δι'
ἐκείνην ὑπέμεινεν, ὥστε, τοῦ γένους ἅπαντος τοῦ Πελοπιδῶν
διαφθαρέντος καὶ κακοῖς ἀνηκέστοις περιπεσόντος, οὐ μόνον
αὐτὸν τῶν συμφορῶν τούτων ἀπήλλαξεν, ἀλλὰ καὶ θεὸν
[1] αὐτὸν ἀντὶ θνητοῦ ποιήσασα σύνοικον αὑτῇ καὶ πάρεδρον
d εἰς ἅπαντα τὸν αἰῶνα κατεστήσατο. καὶ τούτοις ἔχω τὴν
πόλιν [2] τὴν Σπαρτιατῶν τὴν μάλιστα τὰ παλαιὰ διασώζουσαν ἔργῳ παρασχέσθαι μαρτυροῦσαν· ἔτι γὰρ καὶ νῦν ἐν
Θεράπναις τῆς Λακωνικῆς θυσίας αὐτοῖς [3] ἁγίας καὶ πατρίας
ἀποτελοῦσιν οὐχ ὡς ἥρωσιν, ἀλλ' ὡς θεοῖς ἀμφοτέροις οὖσιν.

κη΄. [4] Ἐνεδείξατο δὲ καὶ Στησιχόρῳ τῷ ποιητῇ τὴν αὑτῆς δύναμιν· ὅτε μὲν γὰρ ἀρχόμενος τῆς ᾠδῆς ἐβλασφήμησέ
e τι περὶ αὐτῆς, ἀνέστη τῶν ὀφθαλμῶν [5] ἐστερημένος, ἐπειδὴ
δὲ γνοὺς τὴν αἰτίαν τῆς συμφορᾶς τὴν καλουμένην παλινῳ- 219
δίαν ἐποίησε, πάλιν αὐτὸν εἰς τὴν αὐτὴν φύσιν κατέστησε.
λέγουσι δέ τινες καὶ τῶν Ὁμηριδῶν, ὡς ἐπιστᾶσα [6] τῆς
νυκτὸς Ὁμήρῳ [7] προσέταξε ποιεῖν περὶ τῶν στρατευσαμένων
219 ἐπὶ Τροίαν, βουλομένη τὸν ἐκείνων θάνατον ζηλωτότερον ἢ
τὸν βίον [8] τὸν [9] τῶν ἄλλων καταστῆσαι· καὶ μέρος μέν τι

[1] αὐτὸν om. A. C. L. [2] τῶν A. C. L. [3] ἁγίους καὶ πατρίους ἐπιτελοῦσιν A. C. L.
[4] ἐπιδείξατο A. C. L. [5] ἀπεστερημένος A. C. L. [6] τῆς om. A. C. L.
[7] προστάξαι A. C. L. [8] τὸν om. A. L. [9] τῶν om. C.

Τοὺς ἀδελφοὺς] Κάστορα καὶ Πολυδεύκην. Cor.

Ἤδη κατεχ. ὑπὸ τῆς πεπρωμένης] *qui fato jam concesserant.* pro ἀποθανόντας. Lang.

Ὁρωμένους] Ἐγίγνετο δὲ ἡ τοιαύτη ἐπιφάνεια ἐν εἴδει πυρὸς περιφυομένου τοῖς ἄκροις τῶν ἱστῶν· ὅπερ, καὶ μέχρι δεῦρο γιγνόμενον ἐν τοῖς χειμῶσιν, οὐδέν ἐστιν ἕτερον, ἢ ἠλεκτρικαὶ ἐκπυρσεύσεις. Cor.

Ἐν Θεράπναις] Τὰς Θεράπνας οἱ μὲν τόπον, οἱ δὲ πόλιν, τῆς Λακωνικῆς ἀποδεδώκασι. Cor. Castor et Pollux ibi sepulti sunt. Cf. Pind. Pyth. xi. fin. et Nem. x. 105. et Harpocrat. sub voc.

Ποιεῖν] *canere.* de poetis proprium. Lang.

[1]διὰ τὴν Ὁμήρου τέχνην, μάλιστα δὲ διὰ ταύτην οὕτως ἐπαφρόδιτον καὶ παρὰ πᾶσιν ὀνομαστὴν αὐτοῦ γενέσθαι τὴν ποίησιν.

κθ΄. Ὡς οὖν καὶ δίκην [2]λαβεῖν καὶ χάριν [3]ἀποδοῦναι δυναμένην, τοὺς μὲν τοῖς χρήμασι προέχοντας ἀναθήμασι καὶ θυσίαις καὶ ταῖς ἄλλαις προσόδοις ἱλάσκεσθαι καὶ τιμᾶν αὐτὴν χρὴ, τοὺς δὲ φιλοσόφους πειρᾶσθαί τι λέγειν περὶ b αὐτῆς ἄξιον τῶν ὑπαρχόντων ἐκείνῃ· τοῖς γὰρ πεπαιδευμένοις πρέπει τοιαύτας ποιεῖσθαι τὰς ἀπαρχάς.

λ΄. ολ` δὲ πλείω τὰ παραλελειμμένα τῶν εἰρημένων ἐστί. [4]Πχωρὶς γὰρ τεχνῶν καὶ φιλοσοφιῶν καὶ τῶν ἄλλων ὠφελειῶν, ἃς ἔχοι τις ἂν εἰς ἐκείνην καὶ τὸν πόλεμον τὸν Τρωϊκὸν ἀνενεγκεῖν, δικαίως ἂν καὶ τοῦ μὴ δουλεύειν ἡμᾶς τοῖς βαρβάροις Ἑλένην αἰτίαν εἶναι νομίζοιμεν. εὑρήσομεν c γὰρ τοὺς Ἕλληνας [5]δι᾽ αὐτὴν ὁμονοήσαντας καὶ κοινὴν στρατείαν ἐπὶ τοὺς βαρβάρους ποιησαμένους, καὶ τότε πρῶτον τὴν Εὐρώπην [6]τῆς Ἀσίας τρόπαιον στήσασαν· ἐξ ὧν τοσαύτης μεταβολῆς ἐτύχομεν, ὥστε τὸν μὲν ἐπέκεινα χρόνον οἱ δυστυχοῦντες ἐν τοῖς βαρβάροις τῶν Ἑλληνίδων πόλεων ἠξίουν ἄρχειν, καὶ Δαναὸς μὲν ἐξ Αἰγύπτου φυγὼν Ἄργος κατέσχε, Κάδμος δὲ [7]Σιδώνιος Θηβῶν ἐβασίλευσε, Κᾶρες δὲ τὰς νήσους κατῴκουν, Πελοποννήσου δὲ συμπάσης d ὁ Ταντάλου Πέλοψ ἐκράτησε, [8]μετὰ δ᾽ ἐκεῖνον τὸν πόλεμον τοσαύτην ἐπίδοσιν τὸ γένος ἡμῶν ἔλαβεν, ὥστε καὶ πόλεις μεγάλας καὶ χώραν πολλὴν ἀφελέσθαι τῶν βαρβάρων. ἢν οὖν τινὲς βούλωνται ταῦτα [9]διεργάζεσθαι καὶ μηκύνειν, οὐκ ἀπορήσουσιν ἀφορμῆς ὅθεν Ἑλένην ἔξω τῶν εἰρημένων ἕξουσιν ἐπαινεῖν, ἀλλὰ πολλοῖς [10][καὶ καλοῖς] καὶ καινοῖς λόγοις ἐντεύξονται περὶ αὐτῆς.

[1] καὶ διὰ A. C. L. [2] λαμβάνειν A. C. L. [3] ἀποδιδόναι C.
[4] καὶ χωρὶς A. C. L. [5] διὰ ταύτην A. C. L. [6] κατὰ τῆς A. C. L.
[7] ὁ Σιδ. A. C. L. [8] μετ᾽ ἐκεῖνον δὲ A. C. L. [9] ἐπεξεργάζεσθαι A. C. L.
[10] uncos om. A. C. L.

Ταῖς ἄλλαις προσόδοις] Alias *reditus* sunt, ut intelligi possit Helenæ certos reditus esse assignandos, quo magnificentius colatur: alias sunt *supplicationes*, quas nunc vulgo *processiones* vocant. Wolf. Malim abesse ταῖς ἄλλαις, ut inutile et sensum impediens. Auger. Quod verum est, si ἀναθήματα et θυσίαι non vocari possunt πρόσοδοι, *accessus cujuscunque generis*. Lang.

Τοὺς δὲ φιλοσόφους] *viros eruditos, viros literatos*. Auger. Τοὺς περὶ τοὺς λόγους σπουδάζοντας ἰδίως ὧδε λέγει, ἤγουν τοὺς ῥήτορας. Cor.

Φιλοσοφιῶν] Præter *disciplinas*. Lang. Τῶν παρ᾽ ἀνθρώπους ἁπασῶν ἐπιστημῶν, παρὰ τὰς καλουμένας τέχνας. Cor.

ΙΑ.

ΙΣΟΚΡΑΤΟΥΣ
ΒΟΥΣΙΡΙΣ.

ΥΠΟΘΕΣΙΣ

ΑΔΗΛΟΥ ΤΟΥ ΓΡΑΨΑΝΤΟΣ.

Pag. ed. Steph. — Pag. ed. Cor.

220 ΤΟΥΤΟΝ τὸν λόγον γράφει πρὸς Πολυκράτη τινὰ σοφιστὴν, ἐξ ἀνάγκης ἐλθόντα ἐπὶ τὸ σοφι- 220
στεύειν διὰ πενίαν, Ἀθηναῖον μὲν τῷ γένει, σοφιστεύοντα δὲ νῦν ἐν Κύπρῳ. γράφει δὲ αὐτῷ ὡς
φίλος, ἐπανορθούμενος αὐτὸν δῆθεν ὡς σφαλέντα ἐν τούτοις τοῖς λόγοις οἷς ἔγραφεν, ἔν τε τῷ
ἐγκωμίῳ τοῦ Βουσίριδος καὶ ἐν τῇ κατηγορίᾳ τοῦ Σωκράτους. αὐτὸς γάρ ἐστιν ὁ παρασχὼν τὸν
λόγον τῆς κατηγορίας Σωκράτους τοῖς περὶ Ἄνυτον καὶ [1] Μέλητον, ἵνα κατηγορηθεὶς ἀποθάνῃ·
κατηγόρουν δὲ αὐτοῦ ὡς ὅτι καινὰ δαιμόνια εἰσφέρει τοῖς Ἀθηναίοις, λέγων [2] δεῖν σέβειν ὄρνεα
καὶ κύνας καὶ τὰ τοιαῦτα, καὶ διὰ τοῦτο [3] διαφθείρει τοὺς νέους τοὺς μανθάνοντας. ἐζήτησαν δέ τινες διὰ ποίαν αἰτίαν μὴ φανερῶς τὸν κατ' αὐτοῦ λόγον εἰσῆλθεν, εἴ γε φεί-
δεται τοῦ διδασκάλου; καὶ λέγομεν, ἵνα μὴ ὀργισθῶσιν οἱ Ἀθηναῖοι, ἀρτίως Σωκράτους καταψηφισάμενοι. δοκεῖ οὖν διὰ τούτου ὥσπερ ἐλέγχειν αὐτοὺς ὡς κακῶς καταψηφισαμένους. καὶ γὰρ
καὶ αὐτοὶ μετέγνωσαν ὕστερον, ὅτι ἀσεβῶς ἔπραξαν καταψηφισάμενοι Σωκράτους, εἶτα καὶ
σωφρονισθέντες διὰ τοῦ λοιμοῦ τοῦ ἐγκατασκήψαντος αὐτοῖς διὰ τὸν Σωκράτους θάνατον. ἀπέθανε δὲ ἐπὶ Λάχητος ἄρχοντος. ὅθεν λοιπὸν ἐκέλευσαν μηδένα δημοσίᾳ, οἷον ἐν κοινῷ θεάτρῳ,
λέγειν περὶ Σωκράτους. ἀμέλει λέγεταί τι τοιοῦτον, ὡς ὅτι Εὐριπίδου βουλομένου εἰπεῖν περὶ
αὐτοῦ καὶ δεδιότος, ἀναπλάσασθαι Παλαμήδην, ἵνα διὰ τούτου σχοίη καιρὸν τοῦ αἰνίξασθαι
εἰς τὸν Σωκράτην καὶ εἰς τοὺς Ἀθηναίους, Ἐκάνετε, ἐκανέτε τῶν Ἑλλήνων τὸν ἄρι- 221

[1] Μέλιτον A. C. L. [2] δὴ A. L. [3] διαφθείρειν A. L.

Πολυκράτη] De hoc obtrectatore vid. Aristot. Rhet. ii. 24. Ælian. V. H. xi. 10. et Athenæus viii. p. 335.

Αὐτὸς γάρ ἐστιν κ. τ. λ.] Huic facto contradicit Phavorinus apud Diogenem Laertium, ostenditque accusationem Socratis fuisse scriptam a Polycrate exercendi duntaxat ingenii causa. AUGER.

Ὡς ὅτι] Alterutrum videtur redundare, nisi peculiaris idiotismus fuerit recentium sophistarum. WOLF.

Μὴ φανερῶς τὸν κατ' αὐτοῦ] Puto leg. καὶ τὸν ἕτερον κατ' αὐτοῦ. IDEM. κατ' αὐτοῦ ad Polycratem, εἰσῆλθεν ad Isocratem, spectat. LANG. Ὁ νοῦς· Διὰ τί ὡς συμβουλεύων, καὶ μὴ φανερῶς κατηγορῶν Πολυκράτους, ἔγραψε τὸν κατ' αὐτοῦ λόγον, εἴγε ἀσπάζεται καὶ ἀγαπᾷ τὸν διδάσκαλον. COR.

Εἴγε] Pro εἴγε Wolf. mavult ἢ cum interrogatione. Quod non est opus. LANG.

Τοῦ διδασκάλου] Socratem, magistrum suum, intelligit Coraes: cæteri Polycratem, magistrum non suum, sed aliorum.

Διὰ τούτου] Intellige λόγου, vel Πολυκράτους, *sub persona Polycratis*. WOLF. Np. τοῦ λόγου. AUGER.

Ὥσπερ ἐλέγχειν αὐτοὺς ὡς κακῶς καταψ.] F. leg. ἐλέγχειν αὐτοὺς ὥσπερ κακῶς καταψ. WOLF.

Εἶτα] Wolf. per *præsertim* interpretaretur, si exemplum adesset. Interea accipit pro *sane*, aut ejusmodi aliquo. LANG.

Ἀμέλει] *deinceps, profecto*. IDEM.

Ὡς ὅτι] Jungendum est cum ἀναπλάσασθαι, etsi Auger. hoc fieri vetat. Vid. Viger. p. 530. IDEM.

Τοῦ αἰνίξασθαι] *obscure alludendi*. IDEM.

Ἐκάνετε, ἐκάνετε] Diogenes Laertius hos versiculos sic citat:

Ἐκτάνετε, ἐκτάνετε τὰν πάνσοφον
Τὰν οὐδένα ἀλγύνουσαν ἀηδόνα μουσῶν.

et addit, Meletum damnatum capitis, Anytum et cæteros accusatores in exsilium actos, Socrati æneam statuam a Lysippo factam esse decretam, civitatem lustratam, palæstras et gymnasia, velut in publico civitatis luctu, clausa. Nos

στον, ὅ ἐστιν ἐφονεύσατε. καὶ νοῆσαν τὸ θέατρον ἅπαν ἐδάκρυσε, διότι περὶ Σωκράτους ᾐνίττετο. γράφει οὖν αὐτῷ τὸν λόγον τοῦτον, ὥςπερ εἴπομεν, ἐπιλαμβανόμενος αὐτοῦ. εἰ δέ τις ζητήσει τὴν αἰτίαν διὰ τί μὴ καὶ τὸν ἄλλον λόγον εἶπεν εἰς τὸν Σωκράτην, λέγομεν, ὡς ἤδη περὶ τούτου προειρήκαμεν, ἵνα μὴ ὀργισθῶσιν αὐτῷ οἱ Ἀθηναῖοι ἔναγχος καταψηφισάμενοι. Ἡ δ' ὑπόθεσις τοῦ Βουσίριδος τοιαύτη. Βούσιρις τῆς Λιβύης καὶ Ποσειδῶνος ἐγένετο παῖς· οὗτος τεχθεὶς ἐν Λιβύῃ τῇ χώρᾳ, ὑπεριδὼν τῆς ἐκεῖ οἰκήσεως εἵλετο τὴν ἐν Αἰγύπτῳ, καὶ κτίζει πόλιν ὁμώνυμον αὐτῷ Βούσιριν, ἥ τις καὶ νῦν οὕτω κέκληται. αἰτίαν δ' ἔσχεν ὡς ξενηλάτης καὶ ὡς θύων τοὺς ξένους. ὁ οὖν Πολυκράτης, ἅτε δὴ καὶ σοφιστὴς καὶ λογογράφος, ἠθέλησε καὶ ἀπολογίαν γράψαι ὑπὲρ τοῦ Βουσίριδος καὶ ὑπὲρ τούτων ὧν ἐνεκαλεῖτο· εἰς ἣν αὐτοῦ ὁ Ἰσοκράτης ἐπιλαμβάνεται, καὶ ὑποτίθεται αὐτὸς πῶς ἔδει αὐτὸν γράψαι τὸ ἐγκώμιον. διὸ καὶ ὁ λόγος οὗτος τῶν τεσσάρων ἐγκωμίων ἐστί.

α'. ΤΗΝ μὲν [1]ἐπιείκειαν τὴν σὴν, ὦ Πολύκρατες, καὶ 221
τὴν τοῦ βίου μεταβολὴν παρ' ἄλλων πυνθανόμενος οἶδα·

[1] ἀποικίαν A.

Euripidis Palamedem amisimus. Sed historia exstat apud Dictym Cretensem et in Philostrati Heroicis; qui in Ulysse scribit: ἐκάνετε, ἐκάνετε etc. ut loco nostro. Wolf.

Νοῆσαν] *intelligens, animadvertens, quid sibi velint hæc verba.* Lang.

Αὐτῷ] I. e. Polycrati. Idem.

Ἐπιλαμβανόμενος] *reprehensurus.* Idem.

Τῶν τεσσάρων ἐγκωμίων ἐστὶ] Scil. εἷς. una de quatuor, quarum nomina Evagoras, Helena, Busiris, Panathenaicus. Nam Panegyricus inter suasorias est potius numerandus, si Quinctilianum sequimur; et oratio Περὶ Ζεύγους, quanquam ibi prædicatur virtus Alcibiadis, tamen ad judiciales pertinet, ut et Plataicus. Wolf.

SUMMARIUM. (α'.) Orationum tuarum, o Polycrates, quibusdam leotis, equidem lubentissime de omni rhetorica arte tecum libere deseruissem, sed hæc in tempus opportunius differre et in præsentia de iis, quæ tibi utilia esse possint, per literas agere decrevi. Vereor quidem, ne in offensionem tuam incurram, quod omnibus, qui admonent, accidere solet; attamen operam dabo, ut te ab hac animi affectione abducam meque tibi ex animo bene velle demonstrem. (β'.) Animadvertens igitur, te et defensione Busiridis et Socratis accusatione, quas edidisti, vel imprimis gloriari, ego tibi manifestum reddere conabor, Busiridem non tam defensum quam accusatum, Socratem contra, quem accusare instituis, a te magis esse laudatum. (γ'.) Æoli Orpheique gloriam illum æmulatum esse dicis eique contraria prorsus instituta tribuis. Æolus hospites in regionem ipsius ejectos in patriam quemque suam reducendos curavit; hic vero, si tibi credendum est, hospites immolatos devoravit. Orpheus mortuos ab inferis reduxit; hic viventes ante fatum Orco tradidit. Absurdissimum est, quod contra genealogiam hunc illos æmulatum esse scribis, quorum ne patres quidem illis temporibus nati erant. (δ'.) Ne vero a te dicta tantum reprehendam, in hoc ipso argumento tibi paucis ostendere conabor, quæ sit tum laudandi tum defendendi ratio. (ε'.) (*Confirmatio.*) Neptunus illi pater, mater Libya fuit, quam primam regno potitam regioni nomen dedisse ferunt. Sed tales parentes nactus non splendore natalium superbiit, sed suæ virtutis perpetuum monumentum relinquendum esse putavit. (ϛ'.) Relicto imperio materno regnum armorum vi in Ægypto constituit, quam propter situm cœlique temperiem ac fertilitatem, Nili denique præsidium, Ægypto fœcunditatem continentis commoditatemque insulæ præbentis, qua quæ desunt importari et quæ supersunt exportari possunt, omnibus omnino terris anteposuit, locum amœnissimum et eum, qui incolis omnia ad victum necessaria præbere possit, recte is eligens. (ζ'.) Civium in ordines distributorum alios sacris præfecit, aliis artes designavit, alios rei militari vacare jussit, existimans, necessitates vitæque commoditates e terræ artiumque cultura profectas, tum rei militaris exercitatione tum erga deos pietate optime custodiri. (η'.) Quum observasset, qui rebus iisdem perpetuo essent occupati, eos in suo genere plurimum excellere, singulos easdem semper artes tractare jussit. Hinc Ægyptiorum artificum præstantia, hinc præclara illorum reipublicæ administrandæ ratio. Hinc Lacedæmonii, qui quandam illius partem ad se transtulerunt, optime civitatem administrant; hoc tamen discrimine, quod Ægyptii non omnes militiæ operam dant nec ob victus penuriam aliis sua eripere coguntur. Lacedæmoniorum enim pigritia atque rapacitas penuriam et, si omnibus communes essent, bella parerent, Ægyptiorum contra labor dominiique tutela securam beatamque vitam efficerent. (θ'.) Quin etiam ingenii cultura Busiridi accepta refertur: nam sacerdotibus, opes, moderationem et otium

τῶν δὲ λόγων τινὰς, ὧν γέγραφας, αὐτὸς ἀνεγνωκὼς ἥδιστα μὲν ἂν σοι περὶ ὅλης ἐπαῤῥησιασάμην τῆς παιδεύσεως, περὶ ἣν ἠνάγκασαι διατρίβειν — ἡγοῦμαι γὰρ τοῖς μὲν ἀναξίως δυστυχοῦσιν, ἐκ δὲ φιλοσοφίας χρηματίζεσθαι ζητοῦσιν

ut haberent, prospexit, per quas illi commoditates artem medicam repererunt; philosophiam introduxit; senibus gravissima quæque munia mandavit, adolescentibus persuasit, ut in astronomia, arithmetica et geometria versarentur, quæ studia non tantum ad alias res, verum etiam ad virtutem fructuosissima sunt. (ι'.) Maxime vero admiranda est illorum pietas cultusque deorum a Busiride institutus. In quacunque alia arte vel disciplina decipientes deceptis nocent; qui autem deos ad præmia pœnasque paratiores docent, in causa fuerunt ab initio, ne homines more ferarum inter se viverent. Hinc juramenti sanctitas apud Ægyptos, qui pœnas non differri, sed extemplo exigi opinantur. Deinde ut plebem ad omnia principum edicta observanda assuefaceret et in manifestis rebus tentaret, quid illa de occultis sentiret, ille quoque multa contempta apud nos animalia coli jussit. (ια'.) Sanctitatem Ægyptorum, de qua plura adjicere possem, imprimis perspexit Pythagoras, qui tum reliquam philosophiam ex Ægypto huc transtulit, tum consecrationibus in templis et sacrificiis illorum tantopere studuit, ut omnes Græcos nominis celebritate antecelleret et ut ejus discipulos magis admiremur tacentes quam eloquentiæ gloria præstantissimos. (ιβ'.) Quodsi vero omnium harum rerum, quas laudavi, Busiridem esse auctorem, demonstrari posse negas, (ιγ'.) ego tibi hæc non licere contendo, quum et ipse tuas de illo narrationes non probes, et talia illi tribuas, quæ neque in hominum imbecillitatem neque mansuetudinem cadant. Deinde etiamsi mea tuaque falsa sint, ego tamen illum laudo, tu contra vituperas, ideoque dupliciter peccas. (ιδ'.) Quæ ego profero, verosimilia sunt; siquidem receptorum illic institutorum præter Busiridem, Neptuno et Libya ortum, nemo auctor esse possit. (ιε'.) Denique rationi temporum non congruunt, quæ Busiridi objiciuntur. Ab Hercule illum propter cæsos hospites occisum esse dictitant, etsi constat, Herculem quatuor ætatibus illo juniorem fuisse, quod a te neglectum esse valde miror. (ιϛ'.) Sed nulla tu veritatis ratione habita poetarum maledicta secutus es, qui de diis immortalibus eorumque filiis tales fabulas commenti sunt, quales nemo in suos inimicos dicere audeat. Pro quibus, quum pœnas, etsi non meritas, dederint, istorum deliramenta, si sapimus, non imitemur, cogitantes, eos, qui talia credunt et dicunt, eadem delinquere. (ιζ'.) Ego igitur non tantum deos, sed et illorum filios a quovis scelere alienos esse puto, aliisque ad optima quæque duces et magistros esse. Quoniam vero homines nos sobolis prosperitatem diis acceptam referimus, nostrosque liberos probos esse optamus eosque tales reddere possumus, absurdum esset, credere, deos nullam prorsus suorum liberorum curam gerere, eosque ex sese genitos adeo pravos et impios esse sinere. Quodsi eosdem bonos esse nolunt, deteriore sunt quam homines ingenio, si nequeunt, minore sunt quam sophistæ, qui discipulos emendant, potentia instructi. (ιη'.) Equidem laudationem et defensionem Busiridis facile dilatare possem, sed hæc sufficiant, quum non ostendendi mei, sed erudiendi tui causa, quomodo laudatio et apologia conficiendæ sint, hæc scripserim; nam tua oratio non defensio, sed criminum confessio rectius nominanda est. (ιθ'.) Tecum velim reputes, si ipse ad istum modum defenderere, quem tu animum erga defensorem habiturus sis! (κ'.) Deinde consideres, quam noxia ejusmodi sit oratio, quæ auditorum quempiam infelicem reddere possit! (κα'.) At si te hac oratione demonstrare voluisse ais, quomodo oporteat fœda crimina purgare, intelliges nunc, melius esse tacere, quam hac ratione quemquam defendere, præsertim cum ejusmodi orationibus arti oratoriæ maxima invidia contrahatur. (κβ'.) In posterum igitur talia improba argumenta ne tractes te rogo, (κγ'.) neque mireris, si ego te junior, nec ulla necessitudine tecum conjunctus monere instituerim, quum de ejusmodi rebus consilia dare eorum sit, qui et plurima sciant et prodesse velint. Lang. De hac oratione non magis constat, quam de illa quæ præcedit, qua ætate scripserit Isocrates; sed videtur tunc non fuisse annis provectior. Auger.

'Επιείκειαν] *æquitatem*, qua admonitionem hanc tibi salutarem æqui bonique facies. Wolf. conjicit ἀποίκησιν, vel ἀποικίαν. Lang. Ἴσον, ὡς εἰπεῖν, ὧδε δύναται ἡ ἐπιείκεια τῇ πενίᾳ, ἢ δῆλον οὐ μόνον ἐκ τῶν ἑπομένων, ἀλλὰ καὶ ἐξ ὧν Ὅμηρος (Ἰλ. Ψ. 245.) τὸν ἐπιεικῆ πρὸς τὸν πολλὸν ἀντιδιέσταλκε. Cor.

ἅπαντας τοὺς πλείω πεπραγματευμένους καὶ μᾶλλον ἀπηκριβωμένους προσήκειν ἐθελοντὰς τοῦτον εἰσφέρειν τὸν ἔρανον —, ἐπειδὴ δ' οὔπω περιτετυχήκαμεν ἀλλήλοις, περὶ
μὲν τῶν ἄλλων, [1]ἤν ποτ' εἰς ταὐτὸν [2]ἔλθωμεν, τόθ' ἡμῖν
ἐξέσται διὰ πλειόνων ποιήσασθαι τὴν συνουσίαν, ἃ δ' ἐν
τῷ παρόντι δυναίμην ἂν εὐεργετῆσαί σε, ταῦτα δ' ᾠήθην
[3]χρῆναι σοὶ μὲν ἐπιστεῖλαι, πρὸς δὲ τοὺς ἄλλους ὡς οἷόν
τε μάλιστ' ἀποκρύψασθαι. γιγνώσκω μὲν οὖν, ὅτι τοῖς
222 πλείστοις τῶν νουθετουμένων ἔμφυτόν ἐστι μὴ πρὸς τὰς
ὠφελείας ἀποβλέπειν, ἀλλὰ τοσούτῳ χαλεπώτερον ἀκούειν 222
τῶν λεγομένων, ὅσῳ περ ἄν τις ἀκριβέστερον αὐτῶν ἐξετάζῃ
τὰς ἁμαρτίας· ὅμως δ' οὐκ ὀκνητέον ὑπομένειν τὴν ἀπέχθειαν ταύτην τοῖς εὐνοϊκῶς πρός τινας ἔχουσιν, ἀλλὰ
πειρατέον μεθιστάναι τὴν δόξαν τῶν οὕτω πρὸς τοὺς συμβουλεύοντας διακειμένων.

β'. [4]Αἰσθόμενος οὖν οὐχ ἥκιστά σε μεγαλαυχούμενον
ἐπί τε τῇ Βουσίριδος ἀπολογίᾳ καὶ τῇ Σωκράτους κατηγορίᾳ, πειράσομαί σοι ποιῆσαι καταφανές, ὅτι πολὺ [5]τοῦ b
δέοντος ἐν ἀμφοτέροις τοῖς λόγοις διήμαρτες. ἁπάντων γὰρ
εἰδότων ὅτι δεῖ τοὺς μὲν εὐλογεῖν τινὰς βουλομένους πλείω
τῶν ὑπαρχόντων ἀγαθῶν αὐτοῖς [6]προσόντ' ἀποφαίνειν,
τοὺς δὲ κατηγοροῦντας τἀναντία τούτων ποιεῖν, [7]τοσούτου
δέεις οὕτω κεχρῆσθαι τοῖς λόγοις, ὥσθ' ὑπὲρ μὲν Βουσίριδος
ἀπολογήσασθαι φάσκων οὐχ ὅπως τῆς ὑπαρχούσης αὐτὸν
διαβολῆς ἀπήλλαξας, ἀλλὰ καὶ τηλικαύτην αὐτῷ τὸ c
μέγεθος παρανομίαν προσῆψας, ἧς οὐκ ἔσθ' ὅπως ἄν τις
δεινοτέραν ἐξευρεῖν δυνηθείη· τῶν γὰρ ἄλλων τῶν ἐπιχειρησάντων ἐκεῖνον λοιδορεῖν τοσοῦτο μόνον περὶ αὐτοῦ βλασφημούντων, ὡς ἔθυε τῶν ξένων τοὺς ἀφικνουμένους, σὺ καὶ
κατεσθίειν αὐτὸν τοὺς ἀνθρώπους ᾐτιάσω· Σωκράτους δὲ
κατηγορεῖν [8]ἐπιχειρήσας, ὥσπερ ἐγκωμιάσαι βουλόμενος
Ἀλκιβιάδην ἔδωκας αὐτῷ μαθητήν, ὃν ὑπ' ἐκείνου μὲν d

[1] ὁπόταν εἰς A. C. L. [2] συνέλθωμεν A. C. L. [3] δεῖν A. C. L. [4] αἰσθανόμενος A. C. L. [5] τοῦ δέοντος πολὺ A. C. L. [6] τὰ προσόντα A. [τὰ] προσόντα C. L. [7] τοσούτῳ A. L. [8] ἐγχειρήσας A. C. L.

Ἀπηκριβωμένους] *exercitatiores.* LANG.

Τοὺς μὲν εὐλογεῖν κ. τ. λ.] *plura illis inesse bona, quam quæ insunt, monstrare oportet.* IDEM.

Τἀναντία τούτων ποιεῖν] I. e. plura inesse illis mala demonstare. IDEM.

Οὐχ ὅπως] *non modo non.* IDEM.

Ἀλκιβιάδην ἔδωκας αὐτῷ μαθ.] Idem fe-

οὐδεὶς ᾔσθετο παιδευόμενον, ὅτι δὲ πολὺ διήνεγκε τῶν ἄλλων, ἅπαντες ἂν ὁμολογήσειαν. τοιγαροῦν, εἰ γένοιτ' ἐξουσία
τοῖς τετελευτηκόσι βουλεύσασθαι περὶ τῶν εἰρημένων, ὁ
μὲν [1] ἄν σοι τοσαύτην ἔχοι χάριν ὑπὲρ τῆς κατηγορίας ὅσην
οὐδενὶ τῶν ἐπαινεῖν αὐτὸν εἰθισμένων, ὁ δ' εἰ καὶ περὶ τοὺς
ἄλλους πρᾳότατος ἦν, ἀλλ' οὖν ἐπί γε τοῖς ὑπὸ σοῦ λεγομένοις οὕτως [2] ἂν ἀγανακτήσειεν, ὥστε μηδεμιᾶς ἂν ἀποσχέσθαι τιμωρίας. καίτοι πῶς οὐκ αἰσχύνεσθαι μᾶλλον ἢ
e σεμνύνεσθαι προσήκει, τὸν παρὰ τοῖς λοιδορουμένοις [3] ὑφ'
αὐτοῦ μᾶλλον ἀγαπώμενον ἢ παρὰ τοῖς ἐγκωμιαζομένοις;

γ'. Οὕτω δ' ἠμέλησας εἰ μηδὲν ὁμολογούμενον ἐρεῖς, ὥστε
[4] φῂς μὲν αὐτὸν τὴν Αἰόλου καὶ τὴν Ὀρφέως ζηλῶσαι δόξαν, 223
ἀποφαίνεις δ' [5] οὐδὲν τῶν αὐτῶν ἐκείνοις ἐπιτηδεύσαντα.
[6] πότερα γὰρ τοῖς περὶ Αἰόλου λεγομένοις αὐτὸν [7] παρατά-
223 ξωμέν; ἀλλ' ἐκεῖνος μὲν τῶν ξένων τοὺς ἐπὶ τὴν χώραν
ἐκπίπτοντας εἰς τὰς αὑτῶν πατρίδας ἀπέστελλεν, ὁ δ', εἰ
χρὴ τοῖς ὑπὸ σοῦ λεγομένοις πιστεύειν, [8] θύσας κατήσθιεν.
[9] ἢ τοῖς Ὀρφέως ἔργοις ὁμοιώσωμεν; ἀλλ' ὁ μὲν ἐξ ᾅδου
τοὺς τεθνεῶτας ἀνῆγεν, ὁ δὲ πρὸ μοίρας τοὺς ζῶντας ἀπώλ-
λυεν. ὥσθ' ἡδέως ἂν εἰδείην [10] τί ποτ' ἂν ἐποίησεν, εἰ καταφρονῶν αὐτῶν ἐτύγχανεν, ὃς θαυμάζων τὴν ἀρετὴν τὴν
b ἐκείνων ἅπαντα φαίνεται τἀναντία διαπραττόμενος. ὃ δὲ
πάντων ἀτοπώτατον, ὅτι περὶ τὰς γενεαλογίας ἐσπουδα-
κὼς ἐτόλμησας εἰπεῖν ὡς τούτους ἐζήλωσεν, ὧν οὐδ' οἱ πατέρες πω κατ' ἐκεῖνον τὸν χρόνον γεγονότες ἦσαν.

δ'. Ἵνα δὲ μὴ δοκῶ τὸ προχειρότατον ποιεῖν, ἐπιλαμβάνεσθαι τῶν εἰρημένων μηδὲν ἐπιδεικνὺς τῶν ἐμαυτοῦ,
πειράσομαί σοι διὰ βραχέων δηλῶσαι [11] περὶ τὴν αὐτὴν
c ὑπόθεσιν, καίπερ οὐ σπουδαίαν οὖσαν, οὐδὲ σεμνοὺς λόγους
ἔχουσαν, [12] ἐξ ὧν ἔδει καὶ τὸν ἔπαινον καὶ τὴν ἀπολογίαν
ποιήσασθαι.

[1] χάριν ἂν εἰδείη σοι, ὁ δ' A. C. L. [2] ἂν om. A. C. L. [3] ὑπ' αὐτοῦ A. C. L.
[4] ἔφης A. C. L. [5] αὐτὸν οὐδὲν A. C. L. [6] πότερον A. C. L.
[7] παραβάλωμεν A. C. L. [8] τοὺς ξένους θύσας A. C. L. [9] ἀλλὰ C. ἀλλὰ καὶ A. L.
[10] ὅ τι A. C. L. [11] τὰ περὶ A. C. L. [12] ὡς δεῖ A. C. L.

cit et Plato tum alibi passim, tum duobus Dialogis ejus nomine inscriptis. WOLF.

Ἠμέλησας — ἐρεῖς] Καινὴ σύνταξις, ἀντὶ τοῦ, ἠμέλησας τοῦ ὁμολογούμενόν τι ἐρεῖν. COR.

Ἐκπίπτοντας] *delapsos, ejectos.* LANG.

Περὶ τὰς γενεαλ. ἐσπουδακὼς] *in genealogiarum studio versatus.* IDEM.

έ. Περὶ μὲν οὖν τῆς Βουσίριδος εὐγενείας τίς οὐκ ἂν δυνηθείη ῥᾳδίως εἰπεῖν; ὃς πατρὸς μὲν ἦν Ποσειδῶνος, μητρὸς
δὲ Λιβύης τῆς Ἐπάφου τοῦ Διός; ἥν φασι πρώτην γυναῖκα
βασιλεύσασαν ὁμώνυμον αὐτῇ τὴν χώραν καταστῆσαι.
τυχὼν δὲ τοιούτων προγόνων οὐκ ἐπὶ τούτοις [1]μόνοις μέγ'
ἐφρόνησεν, ἀλλ' ᾠήθη δεῖν καὶ τῆς ἀρετῆς τῆς αὑτοῦ μνη- d
μεῖον εἰς ἅπαντα τὸν χρόνον καταλιπεῖν.

ς'. Τὴν μὲν οὖν μητρῴαν ἀρχὴν ὑπερεῖδεν, ἐλάττω νομίσας ἢ κατὰ τὴν αὑτοῦ φύσιν εἶναι· πλείστους δὲ κατα-
στρεψάμενος καὶ μεγίστην δύναμιν κτησάμενος ἐν Αἰγύπτῳ
κατεστήσατο τὴν βασιλείαν, οὐκ ἐκ τῶν [2]παρουσῶν μόνον,
ἀλλ' ἐξ [3]ἁπασῶν προκρίνας τὴν [4]ἐκεῖ πολὺ διαφέρειν
οἴκησιν. ἑώρα γὰρ τοὺς μὲν ἄλλους τόπους οὐκ εὐκαίρως
οὐδ' εὐαρμόστως πρὸς τὴν τοῦ σύμπαντος [5]φύσιν ἔχοντας, e
224 ἀλλὰ τοὺς μὲν ὑπ' ὄμβρων κατακλυζομένους, τοὺς δ' ὑπὸ
καυμάτων διαφθειρομένους, ταύτην δὲ τὴν χώραν ἐν καλ-
λίστῳ μὲν τοῦ κόσμου κειμένην, πλεῖστα δὲ καὶ παντοδαπὰ τἀγαθὰ φέρειν δυναμένην, ἀθανάτῳ δὲ τείχει τῷ
Νείλῳ τετειχισμένην, ὃς οὐ μόνον φυλακὴν ἀλλὰ καὶ τρο- 224
φὴν ἱκανὴν αὐτῇ παρέχειν πέφυκεν, ἀνάλωτος μὲν ὢν καὶ
[6]δύσμαχος τοῖς ἐπιβουλεύουσιν, εὐαγωγὸς δὲ καὶ πρὸς
πολλὰ χρήσιμος τοῖς ἐντὸς αὐτοῦ κατοικοῦσι. πρὸς γὰρ
τοῖς [7]προειρημένοις καὶ τὴν δύναμιν αὐτῶν πρὸς τὴν τῆς
γῆς ἐργασίαν ἰσόθεον πεποίηκε· τῶν γὰρ ὄμβρων καὶ
τῶν αὐχμῶν [8]τοῖς μὲν ἄλλοις ὁ Ζεὺς ταμίας ἐστὶν, ἐκείνων
δ' ἕκαστος ἀμφοτέρων τούτων αὐτὸς αὑτῷ κύριος καθέ- b
στηκεν. εἰς τοσαύτην δ' ὑπερβολὴν εὐδαιμονίας ἥκουσιν,
ὥστε τῇ μὲν ἀρετῇ καὶ τῇ φύσει τῆς χώρας καὶ τῷ πλήθει
τῶν πεδίων ἤπειρον καρποῦνται, τῇ δὲ τῶν [9]περιόντων δια-

[1] μόνοις om. A. C. L. [2] παρόντων A. C. L. [3] ἁπάντων A. C. L.
[4] ἐκεῖσε A. L. [5] κόσμου φύσιν A. C. L. [6] δυσμάχητος A. C. L.
[7] εἰρημένοις A. C. L. [8] [ὢν] τοῖς L. [9] ὄντων C. L.

Προκρίνας] Aut pro simplici κρίνας positum est, ut Wolf. explicuit, aut πολὺ διαφέρειν supervacaneum est. IDEM.

Ἐν καλλίστῳ] Scil. μέρει. WOLF. Ἡ τόπῳ. COR.

Κόσμου] Ἀντὶ τοῦ, οὐρανοῦ. IDEM.

Τῷ Νείλῳ τετειχισμένην] Τὸ Δέλτα καλούμενον τῆς Αἰγύπτου λέγει, τὴν καὶ ἰδιαιτέρως Αἴγυπτον τοῖς πολλοῖς ὠνομασμένην. IDEM.

Εὐαγωγὸς] Intelligendæ sunt derivationes Nili et fossæ, tum ad irrigandos agros tum ad commoditatem navigationis et delectationem factæ. WOLF.

Δύναμιν αὐτῶν] Γράφε· αὐτοῦ, τοῦ Νείλου δηλονότι. COR.

Ἐκείνων] *Ægyptiorum.* LANG.

Αὐτὸς αὑτῷ] *per se.* IDEM.

Διαθέσει] Harpocr. διάθεσις ἀντὶ τοῦ

θέσει καὶ τῇ τῶν ἐλλειπόντων κομιδῇ διὰ τὴν τοῦ ποταμοῦ δύναμιν νῆσον οἰκοῦσι· κύκλῳ γὰρ αὐτὴν περιέχων καὶ πᾶσαν διαῤῥέων πολλὴν αὐτοῖς εὐπορίαν ἀμφοτέρων τούτων πεποίηκεν. ἤρξατο μὲν οὖν ἐντεῦθεν ὅθενπερ χρὴ τοὺς εὖ
c φρονοῦντας, ἅμα [1] τόν τε τόπον ὡς κάλλιστον [2] καταλαβεῖν καὶ [3] τροφὴν ἱκανὴν τοῖς περὶ αὐτὸν [4] ἐξευρεῖν.

ζ'. Μετὰ δὲ ταῦτα διελόμενος χωρὶς ἑκάστους, τοὺς μὲν ἐπὶ [5] τὰς ἱερωσύνας κατέστησε, τοὺς δ' ἐπὶ τὰς τέχνας ἔτρεψε, τοὺς δὲ τὰ περὶ τὸν πόλεμον μελετᾶν ἠνάγκασεν, ἡγούμενος τὰ μὲν ἀναγκαῖα καὶ τὰς περιουσίας ἔκ τε τῆς χώρας καὶ τῶν τεχνῶν δεῖν ὑπάρχειν, τούτων δ' εἶναι φυλακὴν ἀσφαλεστάτην τήν τε περὶ τὸν πόλεμον ἐπιμέλειαν,
d καὶ τὴν [6] πρὸς τοὺς θεοὺς εὐσέβειαν.

η'. Ἅπαντας δὲ τοὺς ἀριθμοὺς περιλαβὼν ἐξ ὧν ἄριστ' ἄν τις τὰ κοινὰ διοικήσειεν, ἀεὶ τοῖς αὐτοῖς τὰς αὐτὰς πράξεις μεταχειρίζεσθαι προσέταξεν, εἰδὼς τοὺς μὲν μεταβαλλομένους τὰς ἐργασίας [7] οὐδὲ πρὸς ἓν τῶν ἔργων ἀκριβῶς ἔχοντας, τοὺς δ' ἐπὶ ταῖς αὐταῖς πράξεσι συνεχῶς [8] διαμένοντας εἰς ὑπερβολὴν ἕκαστον ἀποτελοῦντας. τοιγαροῦν
e καὶ πρὸς τὰς τέχνας εὑρήσομεν αὐτοὺς [9] πλεῖον διαφέροντας 225
τῶν περὶ τὰς αὐτὰς ἐπιστήμας ἢ τοὺς ἄλλους δημιουργοὺς τῶν ἰδιωτῶν· καὶ [10] πρὸς τὴν σύνταξιν, δι' ἧς τήν τε βασιλείαν καὶ τὴν ἄλλην πολιτείαν διαφυλάττουσιν, οὕτω καλῶς ἔχοντας, ὥστε καὶ τῶν φιλοσόφων τοὺς ὑπὲρ τῶν τοιούτων λέγειν
225 ἐπιχειροῦντας καὶ μάλιστ' εὐδοκιμοῦντας τὴν ἐν Αἰγύπτῳ προαιρεῖσθαι πολιτείαν [11] ἐπαινεῖν, καὶ Λακεδαιμονίους μέρος τι τῶν ἐκεῖθεν μιμουμένους ἄριστα διοικεῖν τὴν αὐτῶν πόλιν. καὶ γὰρ τὸ μηδένα τῶν μαχίμων ἄνευ τῆς τῶν ἀρχόντων

[1] τόν τε om. A. C. L. [2] καταλαβὼν A. [3] τὴν τροφὴν A. C. L. [4] ἐξευρὼν A. [5] ταῖς ἱερωσύναις A. C. L. [6] περὶ A. C. L. [7] πρὸς οὐδὲν τῶν A. C. L. [8] ἐπιμένοντας A. C. L. [9] πλεῖστον A. [10] περὶ A. C. L. [11] ἐπαινεῖν om. A. C. L.

πρᾶσις. Cf. Paneg. §. ια'. et Dorvill. ad Charit. ed. Lips. p. 362. Idem. Interpretatus sum *exportationem*, quia bona regionis superflua exportantur ut vendantur. Auger.

Ἔκ τε τῆς χώρας] Ἐκ τῆς γεωργίας, ἀντιδιεσταλμένως πρὸς τὰς τέχνας. Cor.

Ἅπαντας δὲ τοὺς ἀριθμοὺς] *omnes numeros*, i. e. omnia. Lang.

Τοῖς αὐτοῖς τὰς αὐτὰς πρ.] Παῖς γὰρ πατρὸς ἐξεδέχετο τὸ ἐπιτήδευμα ἕκαστος. Cor.

Πρὸς τὰς τέχνας κ. τ. λ.] Sententia: Ægyptiorum artifices alios longius superant, quam artifices in universum præstant illis qui artis ignari sunt. Lang.

Ἔχοντας] Regitur ab εὑρήσομεν, *se habentes*, sc. Ægyptios. Auger.

Καὶ γὰρ τὸ κ. τ. λ.] Cf. Harpocrat. sub voc. κάθετος.

γνώμης ἀποδημεῖν καὶ τὰ συσσίτια καὶ τὴν τῶν σωμάτων
ἄσκησιν, ἔτι δὲ τὸ [1] μηδένα τῶν ἀναγκαίων [2] ἀποροῦντα τῶν
κοινῶν προσταγμάτων [3] ἀμελεῖν, μηδ' ἐπὶ ταῖς ἄλλαις
τέχναις διατρίβειν, ἀλλὰ τοῖς ὅπλοις καὶ ταῖς στρατείαις
προσέχειν τὸν νοῦν, ἐκεῖθεν ἅπαντα ταῦτ' εἰλήφασι. [4] τοσού- b
τῳ δὲ χεῖρον κέχρηνται [5] τούτοις τοῖς ἐπιτηδεύμασιν, ὅσον
οὗτοι μὲν ἅπαντες στρατιῶται καταστάντες βίᾳ τὰ τῶν
ἄλλων λαμβάνειν ἀξιοῦσιν, ἐκεῖνοι δ' οὕτως οἰκοῦσιν ὥσπερ
χρὴ τοὺς μήτε τῶν ἰδίων ἀμελοῦντας μήτε τοῖς ἀλλοτρίοις
ἐπιβουλεύοντας. γνοίη δ' ἄν τις ἐνθένδε τὸ διάφορον ἑκατέρας
τῆς πολιτείας· εἰ μὲν γὰρ ἅπαντες μιμησαίμεθα τὴν Λακεδαιμονίων ἀργίαν καὶ πλεονεξίαν, εὐθὺς ἂν ἀπολοίμεθα c
καὶ διὰ τὴν ἔνδειαν τῶν καθ' ἡμέραν καὶ διὰ τὸν πόλεμον
τὸν πρὸς ἡμᾶς αὐτούς· εἰ δὲ τοῖς Αἰγυπτίων νόμοις [6] χρῆσθαι [7] βουληθεῖμεν, καὶ τοῖς μὲν ἐργάζεσθαι τοῖς δὲ τὰ
τούτων σώζειν δόξειεν, ἕκαστοι τὴν αὑτῶν ἔχοντες εὐδαιμό-
νως ἂν τὸν βίον διατελοῖμεν.

θ'. Καὶ μὲν δὴ καὶ τῆς περὶ τὴν φρόνησιν ἐπιμελείας
εἰκότως ἄν τις ἐκεῖνον αἴτιον [8] νομίσειεν. τοῖς γὰρ ἱερεῦσι
παρεσκεύασεν εὐπορίαν μὲν ταῖς ἐκ τῶν ἱερῶν προσόδοις, d
σωφροσύνην δὲ ταῖς ἁγνείαις ταῖς ὑπὸ τῶν νόμων προστε-
ταγμέναις, σχολὴν δὲ ταῖς τῶν κινδύνων καὶ τῶν ἄλλων
ἔργων ἀτελείαις· μεθ' ὧν ἐκεῖνοι βιοτεύοντες τοῖς μὲν σώμασιν ἰατρικὴν ἐξεῦρον ἐπικουρίαν, οὐ διακεκινδυνευμένοις φαρ-
μάκοις χρωμένην, ἀλλὰ τοιούτοις ἃ τὴν μὲν ἀσφάλειαν
226 ἔχει ὁμοίαν τῇ τροφῇ τῇ καθ' ἡμέραν, τὰς δ' ὠφελείας e
τηλικαύτας ὥστ' ἐκείνους ὁμολογουμένως ὑγιεινοτάτους καὶ
μακροβιωτάτους εἶναι, ταῖς δὲ ψυχαῖς φιλοσοφίας ἄσκησιν
[9] κατέδειξαν, ἣ καὶ νομοθετῆσαι καὶ τὴν φύσιν τῶν ὄντων

[1] μηδενὸς A. L. [2] ἀποροῦντας A. L. [3] οὐκ ἀμελεῖν A. L.
[4] τοσοῦτον A. C. L. [5] τούτοις κέχρηνται A. C. L. [6] χρῆσθαι νομίμοις A. C. L.
[7] βουληθείημεν A. C. L. [8] εἶναι νομίσειεν A. C. L. [9] κατέδειξεν L.

Μηδενὸς τῶν ἀναγκ. ἀπορρῦντας] Leg. μηδένα τῶν ἀναγκ. ἀποροῦντα. CLAVER.

Ἅπαντες στρατιῶται καταστ.] Sensus: Ægyptii quidem uni quoque rei operam dant, sed non omnino omnes eidem; Lacedæmonii contra omnes eidem student, ita ut militiæ dediti victu quotidiano careant. LANG.

Τὴν αὑτῶν] Scil. μερίδα. IDEM.

Τῶν κινδύνων] Τῶν πολέμων. COR.

Οὐ διακεκινδυνευμένοις] Diod. Sic. l. i. p. 52. Αἰγύπτιοι θεραπεύουσι τὰ σώματα κλυσμοῖς καὶ ποτίμοις τισὶ καθαρτηρίοις καὶ νηστείαις καὶ ἐμέτοις. WOLF. Cf. Aristot. Polit. iii. 11.

Κατέδειξαν] Scil. οἱ ἱερεῖς. WOLF.

ζητῆσαι [1]δύναται. καὶ τοὺς μὲν πρεσβυτέρους ἐπὶ τὰ [2]μέγιστα [3]τῶν πραγμάτων [4]ἔταξαν, τοὺς δὲ νεωτέρους ἀμε-
226 λήσαντας τῶν ἡδονῶν ἐν [5]ἀστρολογίᾳ καὶ λογισμοῖς καὶ γεωμετρίᾳ διατρίβειν [6]ἔπεισαν, ὧν τὰς δυνάμεις οἱ μὲν ὡς πρὸς ἕτερα χρησίμους ἐπαινοῦσιν, οἱ δ' ὡς [7]πλεῖστα πρὸς ἀρετὴν [8]συμβαλλομένας ἀποφαίνειν ἐπιχειροῦσι.

ι'. Μάλιστα δ' [9]ἄξιον ἐπαινεῖν καὶ θαυμάζειν τὴν εὐσέβειαν αὐτῶν [10]καὶ τὴν περὶ τοὺς θεοὺς θεραπείαν. ὅσοι μὲν γὰρ σφᾶς αὐτοὺς οὕτω κατεσχημάτισαν, ὥστ' ἢ κατὰ
b [11]σοφίαν ἢ κατ' ἄλλην τιν' ἀρετὴν ὑπολαμβάνεσθαι μειζόνως ἢ κατὰ τὴν ἀξίαν, οὗτοι [12]μὲν βλάπτουσι τοὺς ἐξαπατηθέντας. ὅσοι δὲ τῶν θείων πραγμάτων οὕτω προέστησαν, ὥστε καὶ τὰς ἐπιμελείας καὶ τὰς τιμωρίας δοκεῖν [13]εἶναι ἀκριβεστέρας τῶν συμβαινόντων, οἱ δὲ τοιοῦτοι πλεῖστα [14]τὸν βίον τὸν τῶν ἀνθρώπων ὠφελοῦσι. καὶ γὰρ τὴν ἀρχὴν οἱ τὸν φόβον ἡμῖν [15]ἐνεργασάμενοι τούτων αἴτιοι
c γεγόνασι τοῦ μὴ παντάπασι θηριωδῶς διακεῖσθαι πρὸς ἀλλήλους. ἐκεῖνοι τοίνυν οὕτως ἁγίως καὶ σεμνῶς περὶ ταῦτα ἔχουσιν, ὥστε καὶ τοὺς ὅρκους πιστοτέρους εἶναι τοὺς ἐν τοῖς ἐκείνων ἱεροῖς ἢ τοὺς παρὰ [16]τοῖς ἄλλοις [17]καθεστῶτας, καὶ τῶν ἁμαρτημάτων ἕκαστον οἴεσθαι παραχρῆμα δώσειν δίκην, ἀλλ' οὐ διαλήσειν τὸν παρόντα χρόνον, οὐδ' εἰς τοὺς παῖδας ἀναβληθήσεσθαι τὰς τιμωρίας. καὶ ταῦτ' εἰκότως δοξάζουσι· πολλὰς γὰρ αὐτοῖς καὶ παντο-
d δαπὰς ἀσκήσεις τῆς [18]ὁσιότητος ἐκεῖνος κατέστησεν, ὅστις καὶ τῶν ζώων τῶν παρ' ἡμῖν καταφρονουμένων ἔστιν ἃ σέβεσθαι καὶ τιμᾶν ἐνομοθέτησεν, οὐκ ἀγνοῶν τὴν δύναμιν αὐτῶν, ἀλλ' ἅμα μὲν ἐθίζειν οἰόμενος δεῖν τὸν ὄχλον ἐμ-

[1] δύναται ζητῆσαι A. C. L. [2] βέλτιστα A. C. L. [3] τῶν πραγμάτων om. A. C. L.
[4] ἔταξε A. C. L. [5] ἀστρονομίᾳ A. C. L. [6] ἔπεισεν A. C. I.
[7] πλεῖστον A. C. L. [8] συλλαμβανομένας A. L. [9] ἄξιον om. A. C. L.
[10] ἄξιον καὶ A. C. L. [11] φιλοσοφίαν A. C. L. [12] μὲν om. A. C. L.
[13] εἶναι δοκεῖν A. C. L. [14] τὸν τῶν ἀνθρώπων βίον A. C. L. [15] ἐργασάμενοι A. C. L.
[16] τοῖς om. A. C. L. [17] καθεστηκότας A. C. L. [18] θειότητος A. C. L.

Λογισμοῖς] I. e. τῇ ἀριθμητικῇ. Idem.

Κατεσχημάτισαν] *conformarunt*, i. e. qui severitate vultus, promissa barba, vestitu singulari, magnificientia verborum, se plus scire et posse quam alios profitentur. Idem.

Ὑπολαμβάνεσθαι μειζόνως] ut *pluris aestimentur*, nisi μειζόνως cuipiam suspectum videatur. Lang. Ἴσως· μείζονας ἢ μείζους. Cor.

Τὰς ἐπιμελείας] Scil. τὰς τῶν θεῶν περὶ τοὺς ἀνθρώπους. Wolf.

Τούτων], Scil. θείων πραγμάτων. Lang. Cor.

μένειν [1] ἅπασι τοῖς ὑπὸ τῶν ἀρχόντων παραγγελλομένοις,
ἅμα δὲ βουλόμενος πεῖραν λαμβάνειν [2] ἐν τοῖς φανεροῖς, ἥν
τινα περὶ τῶν ἀφανῶν διάνοιαν [3] ἔχουσιν. ἐνόμιζε γὰρ τοὺς
227 μὲν τούτων ὀλιγωροῦντας τυχὸν [4] καὶ τῶν μειζόνων καταφρονήσειν, τοὺς δ' ἐπὶ πάντων ὁμοίως ἐμμένοντας τῇ τάξει e
βεβαίως ἔσεσθαι τὴν αὑτῶν εὐσέβειαν ἐπιδεδειγμένους.

ια'. Ἔχοι δ' ἄν τις μὴ σπεύδειν ὡρμημένος πολλὰ καὶ
[5] θαυμαστὰ περὶ τῆς ὁσιότητος αὐτῶν διελθεῖν, ἣν οὔτε
μόνος οὔτε πρῶτος ἐγὼ τυγχάνω καθεωρακώς, ἀλλὰ πολλοὶ καὶ τῶν ὄντων καὶ τῶν προγεγενημένων, ὧν καὶ Πυθα- 227
γόρας ὁ Σάμιός [6] ἐστιν· ὃς ἀφικόμενος εἰς Αἴγυπτον καὶ μαθητὴς ἐκείνων γενόμενος τήν τε ἄλλην φιλοσοφίαν πρῶτος
εἰς τοὺς Ἕλληνας ἐκόμισε, καὶ [7] τὰ περὶ τὰς θυσίας [8] καὶ
τὰς ἁγιστείας τὰς ἐν τοῖς ἱεροῖς ἐπιφανέστερον τῶν ἄλλων
ἐσπούδασεν, ἡγούμενος, εἰ καὶ μηδὲν αὐτῷ διὰ ταῦτα πλεῖον
γίγνοιτο παρὰ τῶν θεῶν, ἀλλ' [9] οὖν παρά γε τοῖς ἀνθρώποις b
ἐκ τούτων μάλιστ' [10] εὐδοκιμήσειν. ὅπερ αὐτῷ καὶ συνέβη·
τοσοῦτον γὰρ εὐδοξίᾳ τοὺς ἄλλους ὑπερέβαλεν, ὥστε καὶ
τοὺς νεωτέρους ἅπαντας ἐπιθυμεῖν αὐτοῦ μαθητὰς εἶναι,
καὶ τοὺς πρεσβυτέρους ἥδιον ὁρᾶν τοὺς παῖδας τοὺς αὑτῶν
ἐκείνῳ συγγιγνομένους ἢ τῶν οἰκείων ἐπιμελουμένους. καὶ
τούτοις οὐχ οἷόν τ' ἀπιστεῖν· ἔτι γὰρ καὶ νῦν τοὺς προσποιουμένους ἐκείνου μαθητὰς εἶναι μᾶλλον σιγῶντας [11] θαυμάζουσι ἢ τοὺς ἐπὶ τῷ λέγειν μεγίστην δόξαν ἔχοντας. c

ιβ'. Ἴσως ἂν οὖν τοῖς εἰρημένοις ἀπαντήσειας, ὅτι τὴν μὲν
χώραν καὶ τοὺς νόμους καὶ τὴν εὐσέβειαν, ἔτι δὲ [12] τὴν φιλοσοφίαν ἐπαινῶ [13] τὴν Αἰγυπτίων, ὡς δὲ τούτων αἴτιος ἦν ὃν
ὑπεθέμην, οὐδεμίαν ἔχω λέγειν ἀπόδειξιν.

ιγ'. Ἐγὼ δ', εἰ μὲν ἄλλος τίς μοι τὸν τρόπον τοῦτον
ἐπέπληττεν, ἡγούμην ἂν αὐτὸν πεπαιδευμένως ἐπιτιμᾶν·
σοὶ δ' οὐ προσήκει ταύτην ποιεῖσθαι τὴν ὑπόληψιν. βου-

[1] ἅπασιν ἐμμένειν A. C. L. [2] ἐν om. A. [3] ἔχωσιν A. C. L. [4] ἂν καὶ A. C. L. [5] μεγάλα A. C. L. [6] εἷς ἐστιν A. C. L. [7] τὰ om. A. L. [8] τε καὶ A. C. L. [9] οὖν om. A. C. L. [10] ἂν εὐδοκ. A. C. L. [11] θαυμάζομεν A. C. L. [12] καὶ τὴν A. C. L. [13] τῶν A. C. L.

Τυχὸν] Sub., inquit Coraes, κατὰ ἢ παρὰ ἢ μετά· ἔστι δὲ ἀναλύειν εἰς τὸ ὅταν τύχῃ καὶ εἰς τὸ ἐὰν τύχῃ ἀδιαφόρως.

Τῶν οἰκείων] rei familiaris. Lang.

Τὸν τρόπον τοῦτον] hoc modo. Idem.

Τὴν ὑπόληψιν] Τὴν ἀντίρρησιν, τὴν αἰτιαλογίαν. Ἴσως δὲ ἐγέγραπτο ἐπίληψιν, διὰ τὰ προηγησάμενα ἐπέπληττεν καὶ ἐπιτιμᾶν, ὧν συνώνυμόν ἐστι τὸ ἐπιλαμβάνεσθαι, παρ' ὃ ἡ ἐπίληψις. Cor.

d ληθεὶς γὰρ Βούσιριν εὐλογεῖν προείλου λέγειν ὡς τόν τε Νεῖλον περὶ τὴν χώραν περιέῤῥηξε καὶ τῶν ξένων τοὺς [1]ἀφικουμένους [2]θύων κατήσθιεν· ὡς δὲ ταῦτ᾽ ἐποίησεν, οὐδεμίαν πίστιν εἴρηκας. καίτοι πῶς οὐ καταγέλαστόν ἐστι ταῦτα παρὰ τῶν ἄλλων ἀπαιτεῖν, οἷς αὐτὸς μηδὲ κατὰ μικρὸν κεχρημένος τυγχάνεις; ἀλλὰ τοσούτῳ πλέον ἡμῶν ἀπέχεις τοῦ πιστὰ λέγειν, ὅσον ἐγὼ μὲν οὐδενὸς αὐτὸν 228
αἰτιῶμαι τῶν ἀδυνάτων, ἀλλὰ νόμων καὶ πολιτείας, αἵπερ
e εἰσὶ πράξεις τῶν ἀνδρῶν τῶν καλῶν [3]κἀγαθῶν· σὺ δὲ τοιούτων δημιουργὸν ἀποφαίνεις, ὧν οὐδέτερον οὐδεὶς ἂν ἀνθρώπων ποιήσειεν, ἀλλὰ τὸ μὲν τῆς τῶν θηρίων ὠμότητος, τὸ δὲ τῆς τῶν θεῶν δυνάμεως ἔργον ἐστίν. ἔπειτ᾽ εἰ καὶ τυγ-
228 χάνομεν ἀμφότεροι [4]ψευδῆ λέγοντες, ἀλλ᾽ οὖν ἐγὼ μὲν τούτοις κέχρημαι τοῖς λόγοις οἷς περ χρὴ τοὺς ἐπαινοῦντας, σὺ δ᾽ οἷς προσήκει τοὺς λοιδοροῦντας· ὥστ᾽ οὐ μόνον τῆς ἀληθείας αὐτῶν ἀλλὰ καὶ τῆς ἰδέας ὅλης, δι᾽ ἧς εὐλογεῖν δεῖ, φαίνῃ διημαρτηκώς.

ιδ΄. Χωρὶς δὲ τούτων, εἰ δεῖ τῶν σῶν ἀπαλλαγέντα τὸν ἐμὸν λόγον ἐξετάζειν, οὐδεὶς ἂν αὐτῷ δικαίως [5]ἐπιπλήξειεν. εἰ μὲν γὰρ ἄλλος τις ἦν φανερὸς ὁ ταῦτα πράξας [6]ἁγὼ
b φημὶ γεγενῆσθαι δι᾽ ἐκεῖνον, ὁμολογῶ λίαν εἶναι τολμηρὸς, εἰ περὶ ὧν ἅπαντες ἐπίστανται, περὶ τούτων μεταπείθειν ἐπιχειρῶ. νῦν δ᾽ ἐν κοινῷ τῶν πραγμάτων ὄντων, καὶ δοξάσαι δέον περὶ αὐτῶν, τίν᾽ ἂν τις τῶν ἐκεῖ καθεστώτων ἐκ τῶν εἰκότων σκοπούμενος αἰτιώτερον εἶναι νομίσειεν ἢ τὸν ἐκ Ποσειδῶνος μὲν γεγονότα, πρὸς δὲ μητρὸς ἀπὸ Διὸς ὄντα, μεγίστην δὲ δύναμιν τῶν [7]καθ᾽ αὐτὸν κτησάμενον, καὶ παρὰ τοῖς [8]Ἕλλησιν ὀνομαστότατον γεγενημένον; οὐ
c γὰρ δή που τοὺς [9]ἀπάντων τούτων ἀπολελειμμένους προσ-

[1] εἰσαφικνουμένους A. C. L. [2] θύων om. A. C. L. [3] καὶ ἀγαθῶν A. L.
[4] τὰ ψευδῆ A. C. L. [5] ἀπιστήσειεν A. C. L. [6] ἃ ἐγὼ A. C. L.
[7] κατ᾽ αὐτὸν A. L. [8] ἄλλοις A. C. L. [9] ἅπασι τούτοις A. C. L.

Περιέῤῥηξε] *rupit circa regionem*, i. e. vi a suo cursu aversum coegerit Ægyptum circumfluere. WOLF.

Αἰτιῶμαι] I. e. αἴτιον εἶναι λέγω. IDEM.

Τὸ μὲν] Scil. τὸ κατεσθίειν τοὺς ξένους. IDEM.

Τὸ δὲ] Scil. τὸ περιῤῥῆξαι τῇ χώρᾳ τὸν Νεῖλον. IDEM.

Ἐν κοινῷ τῶν πρ. ὄντων] Aristoteles Polit. vii. *c.* 10. Sesostrin Ægyptiorum legislatorem facit. IDEM. *quum res in communi sint*, i. e. quum nihil certi bisce de rebus constet, quum alius alia de iis suspicari licet. LANG.

Δέον] Ἀντὶ τοῦ, δέοντος. WOLF.

ἥκει μᾶλλον ἢ [1]'κεῖνον τηλικούτων ἀγαθῶν [2]εὑρετὰς γενέσθαι.

ιέ. Καὶ μὲν δὴ καὶ τοῖς χρόνοις ῥαδίως ἄν τις τοὺς λόγους τοὺς τῶν λοιδορούντων ἐκεῖνον ψευδεῖς ὄντας ἐπιδείξειεν· οἱ γὰρ αὐτοὶ τῆς [3]τε Βουσίριδος [4]ξενοφονίας κατηγοροῦσι καὶ φασὶν αὐτὸν ὑφ' Ἡρακλέους ἀποθανεῖν· ὁμολογεῖται δὲ παρὰ πάντων τῶν λογοποιῶν Περσέως τοῦ Διὸς καὶ Δανάης Ἡρακλέα μὲν εἶναι [5]τέτταρσι γενεαῖς νεώτερον, Βούσιριν δὲ πλέον ἢ διακοσίοις ἔτεσι πρεσβύτερον. καίτοι d
τὸν βουλόμενον [6]ἀπολύσασθαι τὴν ὑπὲρ ἐκείνου [7]διαβολὴν πῶς οὐκ ἄτοπόν ἐστι ταύτην τὴν πίστιν παραλιπεῖν, τὴν οὕτως ἐναργῆ καὶ τηλικαύτην δύναμιν ἔχουσαν;

ις΄. Ἀλλὰ γὰρ οὐδέν σοι τῆς ἀληθείας ἐμέλησεν, ἀλλὰ
229 ταῖς τῶν ποιητῶν βλασφημίαις ἐπηκολούθησας, οἳ δεινότερα μὲν πεποιηκότας καὶ πεπονθότας ἀποφαίνουσι τοὺς ἐκ τῶν ἀθανάτων γεγονότας ἢ τοὺς ἐκ τῶν ἀνθρώπων τῶν ἀνοσιωτάτων, τοιούτους δὲ λόγους περὶ αὐτῶν τῶν θεῶν e
εἰρήκασιν, [8]οἵους οὐδεὶς ἂν περὶ τῶν ἐχθρῶν τολμήσειεν εἰπεῖν· οὐ γὰρ μόνον κλοπὰς καὶ μοιχείας καὶ παρ' ἀνθρώποις θητείας αὐτοῖς ὠνείδισαν, ἀλλὰ καὶ παίδων βρώσεις καὶ πατέρων ἐκτομὰς καὶ μητέρων [9]δεσμοὺς καὶ 229
πολλὰς ἄλλας ἀνομίας [10]κατ' αὐτῶν ἐλογοποίησαν. ὑπὲρ ὧν τὴν μὲν ἀξίαν δίκην οὐκ ἔδοσαν, οὐ μὴν ἀτιμώρητοί γε διέφυγον, ἀλλ' οἱ μὲν αὐτῶν [11]ἀλῆται καὶ τῶν καθ' ἡμέραν ἐνδεεῖς κατέστησαν, οἱ δ' ἐτυφλώθησαν, [12]ἄλλος δὲ φεύγων τὴν πατρίδα καὶ τοῖς [13]οἰκειοτάτοις πολεμῶν ἅπαντα τὸν χρόνον [14]διετέλεσεν, Ὀρφεὺς δέ, ὁ μάλιστα [15]τούτων τῶν

[1] ἐκεῖνον A. C. L. [2] εὐεργέτην γεγενῆσθαι A. C. L. [3] τε om. A. C. L.
[4] ξενοκτονίας A. C. L. [5] τέτρασι A. L. [6] διαλύσασθαι τὰς A. C. L.
[7] διαβολὰς A. C. L. [8] οὓς A. C. L. [9] συνουσίας A. C. L.
[10] ἐλογοποίησαν κατὰ τούτων A. C. L. [11] πλανῆται A. C. L.
[12] ἄλλοι δὲ φεύγοντες A. C. L. [13] οἰκείοις πολεμοῦντες A. C. L.
[14] διετέλεσαν A. C. L. [15] τῶν τοιούτων A. C. L.

Ὑφ' Ἡρ. ἀποθανεῖν] Vid. Schol. Apollon. Arg. iv. 1396.

Λογοποιῶν] Ἱστορίας συγγραφέων. Cor.

Τὴν πίστιν] *argumentum*. Lang.

Κλοπὰς — μοιχείας — θητείας] Mercurius, Mars, Apollo, intelligatur.

Βρώσεις — ἐκτομὰς] Ad Saturnium referatur.

Δεσμοὺς] Ad Vulcanum pertinet, qui Junoni vincula imposuit. Cf. Plat. Respub. ii. §. 17.

Ἀλῆται] Ut Homerus, Hesiodus. Wolf.

Ἐτυφλώθησαν] Ut Stesichorus itemque Homerus. Idem.

Ἄλλος δὲ φεύγων] Archilochus. Idem.

b λόγων ἀψάμενος, διασπασθεὶς τὸν βίον ἐτελεύτησεν· ὥςτ'
[1]ἢν σωφρονῶμεν, οὐ μιμησόμεθα τοὺς λόγους τοὺς ἐκείνων,
οὐδὲ περὶ μὲν τῆς [2]πρὸς ἀλλήλους [3]κακηγορίας νομοθετήσο-
μεν, τῆς δ' εἰς τοὺς θεοὺς παῤῥησίας ὀλιγωρήσομεν, ἀλλὰ
φυλαξόμεθα καὶ νομιοῦμεν ὁμοίως [4]ἀσεβεῖν τούς τε λέγοντας τὰ τοιαῦτα [5]καὶ τοὺς πιστεύοντας αὐτοῖς.

ιζ'. Ἐγὼ μὲν οὖν, οὐχ ὅπως τοὺς θεοὺς ἀλλ' οὐδὲ τοὺς
ἐξ ἐκείνων γεγονότας οὐδεμιᾶς ἡγοῦμαι κακίας μετασχεῖν,
c ἀλλ' αὐτούς τε [6]πάσας ἔχοντας [7]τὰς ἀρετὰς φῦναι, καὶ
τοῖς ἄλλοις τῶν καλλίστων ἐπιτηδευμάτων ἡγεμόνας καὶ
διδασκάλους [8]γεγενῆσθαι· καὶ γὰρ ἄλογον, εἰ τῆς μὲν
ἡμετέρας εὐπαιδίας εἰς τοὺς θεοὺς τὴν αἰτίαν ἀναφέρομεν,
τῆς δὲ σφετέρας αὐτῶν μηδὲν αὐτοὺς φροντίζειν νομίζομεν.
ἀλλ' εἰ μὲν ἡμῶν τις τῆς τῶν ἀνθρώπων φύσεως [9]κατα-
σταίη κύριος, οὐδ' ἂν τοὺς οἰκέτας ἐάσειεν εἶναι πονηρούς·
d ἐκείνων δὲ [10]καταγιγνώσκομεν ὡς καὶ τοὺς ἐξ αὐτῶν γεγονότας [11]περιεῖδον οὕτως ἀσεβεῖς καὶ παρανόμους ὄντας.
καὶ σὺ μὲν οἴει καὶ τοὺς μηδὲν προσήκοντας, [12]ἢν σοι πλη-
σιάσωσι, [13]βελτίους ποιήσειν, τοὺς δὲ θεοὺς οὐδεμίαν ἡγῇ
τῆς τῶν παίδων ἀρετῆς ἔχειν ἐπιμέλειαν. καίτοι κατὰ τὸν 230
σὸν λόγον δυοῖν τοῖν αἰσχίστοιν οὐ διαμαρτάνουσιν· εἰ μὲν
γὰρ [14]μηδὲν δέονται χρηστοὺς αὐτοὺς εἶναι, χείρους εἰσὶ
e τῶν ἀνθρώπων τὴν διάνοιαν, εἰ δὲ βούλονται μὲν, ἀποροῦσι
δ' ὅπως ποιήσωσιν, ἐλάττω τῶν σοφιστῶν τὴν δύναμιν
ἔχουσιν.

ιη'. Πολλῶν δ' ἐνόντων εἰπεῖν ἐξ ὧν ἄν τις καὶ τὸν ἔπαινον καὶ τὴν ἀπολογίαν μηκύνειεν, οὐχ ἡγοῦμαι δεῖν μακρο-
230 λογεῖν· οὐ γὰρ ἐπίδειξιν τοῖς ἄλλοις ποιούμενος, ἀλλ' ὑποδεῖξαι σοὶ βουλόμενος ὡς χρὴ τούτων ἑκάτερον ποιεῖν, διείλεγμαι περὶ αὐτῶν, ἐπεὶ τόν [15]γε λόγον ὃν συνέγραψας οὐκ
ἀπολογίαν ὑπὲρ Βουσίριδος ἀλλ' ὁμολογίαν τῶν [16]ἐπικα-

[1] ἂν A. C. L. [2] ἀλλήλων A. C. L. [3] κατηγορίας C. L.
[4] ἀσεβεῖν om. A. C. L. [5] πλημμελεῖν καὶ A. C. L. [6] τὰς πάσας A. C. L.
[7] τὰς om. A. C. L. [8] γενέσθαι A. C. L. [9] καταστῇ A. L.
[10] οὐ καταγιγνώσκοιμεν, εἰ τοὺς A. C. L. [11] περιίδοιεν A. C. L. [12] ἂν A. C. L.
[13] βελτίστους A. C. L. [14] μηδὲ βούλονται A. C. L. [15] τε A. L.
[16] ἐγκαλουμένων A. C. L.

Διασπασθεὶς] A Thraciis mulieribus. νονται. Cor.
Idem. Οὐ διαμαρτάνουσιν] L c. ἔνοχοί εἰσι.
Ἢν σοι πλησιάσωσι] Ἢν σου μαθηταὶ γέ. Wolf. non absunt. Lang.

λουμένων δικαίως ἂν τις εἶναι νομίσειεν. οὐ γὰρ ἀπολύεις αὐτὸν τῶν [1] αἰτιῶν, ἀλλὰ ἀποφαίνεις ὡς καὶ τῶν ἄλλων τινὲς [2] ταῦτα πεποιήκασι, ῥαθυμοτάτην τοῖς ἁμαρτάνουσιν εὑρίσκων καταφυγήν. εἰ γὰρ τῶν μὲν ἀδικημάτων [3] μὴ ῥᾴδιον εὑρεῖν ὃ μήπω τυγχάνει γεγενημένον, τοὺς δ' ἐφ' ἑκάστοις b
αὐτῶν ἁλισκομένους μηδὲν ἡγοίμεθα δεινὸν ποιεῖν, ὅταν ἕτεροι ταῦτα φαίνωνται διαπεπραγμένοι, πῶς οὐκ ἂν καὶ τὰς ἀπολογίας ἅπασι ῥᾳδίας ποιήσαιμεν, καὶ τοῖς βουλομένοις εἶναι πονηροῖς πολλὴν ἐξουσίαν [4] παρασκευάσαιμεν;

ιθʹ. Μάλιστα δ' ἂν κατίδοις τὴν εὐήθειαν τῶν εἰρημένων, ἐπὶ σαυτοῦ θεωρήσας. ἐνθυμήθητι γάρ· εἰ μεγάλων καὶ δεινῶν αἰτιῶν περὶ σὲ [5] γενομένων τοῦτόν τις τὸν τρόπον c
[6] σοι συνείποι, πῶς ἂν διατεθείης· ἐγὼ μὲν [7] γὰρ οἶδ' ὅτι [8] μᾶλλον ἂν αὐτὸν μισήσειας ἢ τοὺς κατηγοροῦντας. καίτοι πῶς οὐκ αἰσχρὸν τοιαύτας ὑπὲρ τῶν ἄλλων ποιεῖσθαι τὰς ἀπολογίας, ἐφ' αἷς ὑπὲρ σαυτοῦ λεγομέναις μάλιστ' ἂν ὀργισθείης;

κʹ. Σκέψαι δὲ κἀκεῖνο, καὶ δίελθε πρὸς αὐτόν· εἴ τις τῶν [9] νῦν σοὶ συνόντων [10] ἐπαρθείη ποιεῖν ἃ σὺ τυγχάνεις εὐλογῶν, πῶς οὐκ ἂν ἀθλιώτατος εἴη καὶ τῶν ὄντων καὶ τῶν d
πώποτε γεγενημένων; ἆρ' οὖν χρὴ τοιούτους λόγους [11] γράφειν, οἷς τοῦτο προσέσται μέγιστον ἀγαθὸν, ἣν μηδένα πεῖσαι τῶν ἀκουσάντων δυνηθῶσιν;

231 καʹ. Ἀλλὰ γὰρ ἴσως ἂν εἴποις ὡς οὐδὲ σὲ τοῦτο παρέλαθεν, ἀλλ' [12] ἐβουλήθης τοῖς φιλοσόφοις παράδειγμα καταλιπεῖν ὡς χρὴ περὶ τῶν αἰσχρῶν αἰτιῶν καὶ δυσχερῶν πραγμάτων ποιεῖσθαι τὰς ἀπολογίας. ἀλλ' εἰ καὶ πρότερον e
ἠγνόεις, οἶμαί σοι νῦν γεγενῆσθαι φανερὸν, ὅτι πολὺ θᾶττον ἄν τις σωθείη μηδὲν φθεγξάμενος ἢ τοῦτον τὸν τρόπον ἀπολογησάμενος. καὶ μὲν δὴ καὶ τοῦτο δῆλον, ὅτι τῆς φιλοσο-

[1] ἁμαρτιῶν A. C. L. [2] ταῦτα L. [3] οὐ A. C. L. [4] κατασκευάσαιμεν A. C. L. [5] γεγονυιῶν A. C. L. [6] σοι τὸν τρόπον A. C. L. [7] γὰρ om. A. C. L. [8] πολὺ μᾶλλον αὐτὸν A. C. L. [9] νῦν om. A. C. L. [10] ἐπαρθεὶς A. [11] συγγράφειν A. C. L. [12] ἠβουλήθης C.

Ἁλισκομένους] convictos, condemnatos. Idem.

Μηδὲν — δεινὸν ποιεῖν] I. e. μηδὲν ἀδικεῖν καὶ παρανομεῖν. Wolf.

Ἐξουσίαν] Τοῦ εἶναι δηλαδὴ πονηροῖς, ἀπὸ κοινοῦ τοῦ προηγησαμένου. Cor.

Ἀθλιώτατος] Ἀνοητότατος. Idem.

Σωθείη] *faceret, ut absolveretur.* Lang.

Τῆς φιλοσοφίας ἐπικήρως διακειμ.] Nam post Anaxagoram in carcerem conjectum et Socratem interfectum populus Atheniensis omnes philosophos impietatis suspectos habebat. Wolf. Ἐπικινδύνως καὶ σφαλερῶς ἐχούσης. Cor.

φίας ἐπικήρως διακειμένης καὶ φθονουμένης διὰ τοὺς τοιούτους τῶν λόγων ἔτι μᾶλλον αὐτὴν μισήσουσιν.

231 κβ΄. Ἢν οὖν [1] ἐμοὶ πείθῃ, μάλιστα μὲν οὐ ποιήσεις τοῦ λοιποῦ πονηρὰς ὑποθέσεις, εἰ δὲ μή, τοιαῦτα ζητήσεις λέγειν, ἐξ ὧν μήτ' αὐτὸς χείρων εἶναι δόξεις μήτε τοὺς μιμουμένους λυμανῇ μήτε τὴν περὶ τοὺς λόγους παίδευσιν διαβαλεῖς.

κγ΄. Καὶ μὴ [2] θαυμάσῃς, εἰ νεώτερος ὢν καὶ μηδέν σοι προσήκων οὕτω προχείρως ἐπιχειρῶ σε νουθετεῖν· ἡγοῦμαι γὰρ οὐ τῶν πρεσβυτάτων οὐδὲ τῶν οἰκειοτάτων, ἀλλὰ τῶν πλεῖστα εἰδότων καὶ βουλομένων ὠφελεῖν, ἔργον εἶναι περὶ τῶν τοιούτων συμβουλεύειν.

[1] μοι A. C. L.

[2] θαύμαζε A. C. L.

IB.

ΙΣΟΚΡΑΤΟΥΣ

ΠΑΝΑΘΗΝΑΙΚΟΣ.

Pag. ed. Cor. 232 — Pag. ed. H. Ste 232

α΄. ΝΕΩΤΕΡΟΣ μὲν ὢν προῃρούμην γράφειν τῶν λόγων οὐ τοὺς μυθώδεις οὐδὲ τοὺς τερατείας καὶ ψευδολογίας

SUMMARIUM. (α΄.) *Procemium.* Quum junior essem, orationes meas, præcipue de iis, quæ tum Atheniensium civitati tum Græcis in universum salutaria essent, scriptas, multis rhetoricis figuris ornavi; sed ejusmodi ornamenta nonagenario mihi non conveniunt, simplicitas potius, quæ imitatu facillima videatur, huic ætati apta est, ideoque lectores rogo, ne quem in superioribus ornatum, eundem in hac oratione quærant, sed potius rem ipsam, quam mihi proposui, considerent. (β΄.) Disseram vero de Atheniensium rebus gestis nostrorumque majorum virtutibus. (γ΄.) Sed ut improborum quorumdam et obscurorum sophistarum, quos minime læsi, maledicta reprimam, cæterisque, qui me ex fama tantum noverunt, ostendam, quibus in studiis versari decreverim, et de me ipso et de calumniatoribus meis pauca præfari necessarium puto. (δ΄.) Mala non minus quam bona candide profitebor. Maximis quamvis hominum bonis, i. e. animi et corporis sanitate haud vulgari, donatus sum, nec re familiari, quæ sufficiat, careo, nec gloria quædam mihi deest; senectus tamen mea morosa, pusilla, querula, ingenio ad res gerendas infirmiori et ad eloquentiam imperfectiori, audaciæque et vocis vehementioris inopia, quæ duæ res apud Athenienses plurimum possunt, minime est contenta. (ε΄.) Non tamen propterea abjecto animo commisi, ut prorsus inglorius et obscurus viverem, sed ad sapientiæ studium et ad ea scribenda, quæ de rebus Græcorum, regum et publicis negotiis cogitando eruissem, scribenda confugi. At quanquam a commodo privato, cui alii oratores inhiant, ita fuerim alienus, ut ad sublevandas reipublicæ necessitates majores etiam quam pro opibus meis sumptus fecerim, Græcorumque utilitati semper consuluerim in orationibus, spes tamen, ut majori etiam honore afficerer, semper fefellit. (ϛ΄.) Iniqua sunt de nobis populi judicia, perturbata, plane inconsiderata. Aliorum oratorum morem vituperantes illos ipsos reipublicæ præficiunt, meas autem orationes laudantes mihi ipsi ob easdem orationes invident. (ζ΄.) Sed quid mirum est, populum ita erga me affectum esse, quum ii, qui se egregios putant, mihi etiam sint infensiores indoctis. Sine me vivere vix queunt, orationibus meis pro exemplis utuntur et tamen obtrectare mihi semper student. (η΄.) Attamen orationes nostras ab iis male tractari æquo animo ferrem, nisi quoque maledictis aggrederentur, meque nihili habere doctrinam aliorumque omnium institutionem præ mea contemnere dicerent, ut nuper factum esse accipio. Quæ etsi de me nec quisquam credat, siquidem contrarium ubique præ me feram, tamen pungit me infelicitas mea, quæ, ab isto hominum genere profecta, perpetuo me persecuta est, calumniarum et invidiæ mei unica causa. (θ΄.) At quanquam vera criminando mendaces istos facile refellere possem, tamen, quia nulla eorum ratio habenda est, iis tanquam invidis neglectis reliquos docere conabor, eos immerito et injuria ita de me sentire. Sed et hoc rejiciendum est, siquidem illos hoc ipso, quo eos lenire studerem, i. e. oratione non invenusta fortasse, magis etiam irritarem. At tacite prorsus præterire illos et ad orationem ipsam accedere, ideo non licet, quoniam et procemium fine et oratio secutura exordio tunc careret. Optimum igitur fuerit, pergere, quæ incœpi, et quid de doctrina deque poetis sentiam, proferre, quo desinant, falsa de me comminisci et quidquid in buccam venerit, garrire. (ι΄.) Licet igitur sophistæ mihi succenseant, tamen

μεστοὺς, οἷς οἱ πολλοὶ μᾶλλον χαίρουσιν ἢ τοῖς περὶ τῆς αὑτῶν σωτηρίας λεγομένοις, οὐδὲ τοὺς τὰς παλαιὰς πρά-

adolescentibus modo, non item iis, qui ad virilem ætatem pervenerunt, ista studia convenire dico. His aliæ potius res, et quidem utiliores, curæ sunto, ne in cæteris vitæ negotiis imperitiores sint quam servi et in privatis congressibus inepti et vix tolerabiles. (ια'.) Contemno igitur omnem artem, doctrinam facultatemque eorum, qui negotiorum in vita communi ignari sunt; secundo, qui cum hominibus versandi artem non callent; tertio, qui sibi ipsis imperare nequeunt; quarto denique, qui moderatione ac prudentia carent. (ιβ'.) De Homeri reliquorumque poematibus, quorum contemptus mihi objectus est, dicere quidem velim, sed præfationis fines jam a me prætergressos esse video, ideoque hæc in aliud tempus differenda, et gravioribus de rebus jam dicendum erit. (ιγ'.) De beneficiis igitur Athenarum, sed alia ratione, quam in Panegyrico factum est, disseram; nam ibi obiter tantum, hoc loco consulto de iisdem loquar. Quanquam vero probe scio, quam provecta sim ætate, et quanta de re dicere coner, quamque difficile sit, factis et magnitudine et pulcritudine excellentibus laudes æquare; tamen partim ob accusatores urbis, partim ob inertes laudatores ejusdem, imprimis autem ob ætatem meam, quæ, si res successerit, gloriam, si minus contigerit, veniam sperare facit, ab incœpto non desistendum esse judico. (ιδ'.) Qui civitatem aliquam rite laudaturus est, eum oportet aliam eamque similem comparare, quo excellentia illius eo magis appareat; quodsi quis fecerit nostramque civitatem cum Lacedæmoniorum civitate comparaverit, is nostram et potentia et rebus gestis beneficiisque in Græcos inveniet longe superiorem. (ιε'.) *Confirmatio.* Vetera certamina mittens, ab eo tempore initium faciam, quo Lacedæmonii illas regiones occuparunt, in quibus postea habitarunt, ut appareat, Atheniensium majores istas contra Barbaros inimicitias retinuisse, quas a Trojano bello conceperant. (ιϛ'.) Atque primo Cycladas insulas Caribus eripuerunt Græcorumque egentissimis colendas tradiderunt. Deinde Græciam versus Ionium et Ægæum mare Barbaris ejectis dilatarunt, in utraque ora multas magnasque urbes condentes; Lacedæmonii contra, tantum abfuit, ut Barbaros invaderent Græcisque benefacerent, ut etiam, agricultura, opificiis cæterisque omnibus neglectis, omnes Peloponnesi civitates singulatim oppugnare, vexare evertereque non desisterent, una Argivorum urbe excepta. Athenienses igitur Græciam, Lacedæmonii suam tantum civitatem auxerunt: illi inopibus Græcis urbes agrosque Barbarorum tradiderunt; hi Græcis sua eripere non erubuerunt. (ιζ'.) Exorto deinde Persico bello, in quo Xerxes mille et ducentas triremes et septies centena millia peditum coegerat, Spartiatæ, omnibus Peloponnesiis imperantes, ad navale prœlium decem tantum triremes contulerunt; patres vero nostri, urbe relicta, plures naves easque pluribus copiis instructas præbuerunt, quam universi reliqui una prœliantes. Illi Eurybiadem ducem, nostri Themistoclem miserunt, cujus imperio omnia ita prospere successerunt, ut ii, qui periculorum socii fuerant, adeptum Lacedæmoniis imperium nostris ultro traderent. (ιη'.) Postea contigit, ut Lacedæmoniorum quoque civitas maris imperio potiretur, in quo administrando Lacedæmonii majoribus nostris, etsi et hos non omnino laudo, non minus inferiores sunt, quam in antea commemoratis: nostri enim patres sociis suaserunt, ut eandem reipublicæ formam, qua ipsi perpetuo usi fuerant, amplecterentur; Lacedæmonii contra novam prorsus iis obtruserunt, decem viros singulis urbibus præficientes, qui, quod inter omnes constat, injustitia rapacitateque non tantum se suosque amicos suasque patrias perdiderunt, sed Lacedæmonios etiam in maximas miserias conjecerunt. (ιθ'.) Hinc Athenienses imperium illud quinque et sexaginta continuos annos, Spartiatæ vero idem vix decem annos tenuerunt. Deinde quum utrique imperio hoc invisi facti in bella atque tumultus incidissent, nostra civitas conjunctas Græcorum Barbarorumque vires per decem annos sustinuit, Lacedæmonii autem uno tantum a solis Thebanis prœlio fusi, iisdem fere quam nos calamitatibus circumventi sunt. Præterea nos breviori temporis spatio ad pristinum dignitatis gradum revertimus, quam debellati sumus; sed Lacedæmonii in iisdem adhuc malis versantur. (κ'.) Sub nostro imperio Barbari terra marique angustis limitibus coercebantur, Lacedæmoniis contra imperantibus quacunque libertate fruebantur, multasque etiam Græcas civitates in ditionem acceperunt. (κα'.) Nonne igitur æquum est, eam civitatem, quæ Barbarorum insolentiam fœdere cladibusque fregerit, Græcos beneficiis affecerit, pro sua ipsius salute fortius dimicaverit, quam illa, quæ ob rem militarem maxime celebratur, calamitatesque celerius quam illa

ξεις καὶ τοὺς πολέμους τοὺς Ἑλληνικοὺς ἐξηγουμένους, καίπερ εἰδὼς δικαίως αὐτοὺς ἐπαινουμένους, οὐδ᾽ αὖ τοὺς ἁπλῶς 233

propulsaverit, magis etiam laudari atque honorari, quam illam, quæ in omnibus his fuerit inferior? (κβ'.) At quanquam Lacedæmoniorum fautores hæc refutare non possunt, accusant tamen civitatem nostram, judiciaque criminantur, quæ sub imperio nostro socii subierunt, maximeque Meliorum Scionæorumque infortuniis immorantur. (κγ'.) Ego vero, etsi omnia hæc refellere neque possem neque velim, ostendere tamen conabor, Lacedæmonios in rebus modo dictis acerbiores sæviores-que etiam nostra civitate fuisse, eosque, qui in illorum gratiam nobis maledicunt, perquam stolidos esse, accusantes quippe eorum, quibus Lacedæmonii potius obnoxii sunt nobisque majora etiam in illos crimina regerendi occasionem præbentes. (κδ'.) Veluti nunc, quis adeo stupidus sit, quin respondeat, plures Græcos a Lacedæmoniis indicta causa interfectos esse, quam a nobis, ex quo urbem incolimus, in jus vocatos. (κε'.) Atque eadem est tributorum exigendorum ratio: nam tributariarum civitatum commodis melius quam Lacedæmonii consuluimus, quæ ex arbitrio suaque potius quam nostra causa, et pauca tantum ex iis, quæ nostris beneficiis possidebant, contulerunt. (κϛ'.) Quod porro ad eversiones attinet, quas quidam nobis solis objiciunt, sciendum est, nos in tantillas insulas deliquisse, quas plerique Græcorum ignorant; Lacedæmonios contra maximas nobilissimasque Peloponnesi civitates evertisse, Messenen, Lacedæmonem et Argon, quarum duces, Nestor, Menelaus atque Agamemnon, in bello Trojano maximis virtutibus conspicui fuerunt, ut ex sequentibus clarius etiam apparebit. (κζ'.) Vereor quidem, ne in Agamemnonis laudes digressio vitio vertatur, sed illi opem ferre decrevi, cui idem, quod mihi aliisque multis accidit, ut ea fraudaretur gloria, quæ meritis ejus debebatur. (κη'.) Tantum ille honorem adeptus est, ut solus totius Græciæ dux factus sit. Hanc vero potentiam nactus nulli Græcarum urbium molestius fuit, sed adeo fuit ab hac re alienus, ut etiam nonnullas bello et turbis liberaverit et reconciliatas inter se contra Barbaros duxerit. Qua illius expeditione nihil præstantius nihilque Græcis fuit utilius, etsi minorem assecutus est gloriam, quam ii, qui nec imitari illum ausi sunt. (κθ'.) Nec illi satis fuit, milites privatæ conditionis delegisse, verum etiam regibus persuasit, ut se duce, verbo quidem pro Helena, re autem vera pro Græciæ salute contra Barbaros bellum gererent. (λ'.) Ac tantam multitudinem, cui et deorum geniti impetuosi, invidi gloriæque cupidi heroes inerant, per decem totos annos continuit, non magnis stipendiis, sed quod et prudentia cæteros præstaret, et commeatum ex hostium agris militibus suppeditaret, rectiusque consuleret illorum saluti, quam illi sibimetipsis; non prius discedens, quam et ejus urbem excidisset, qui in Græcos delinquere ausus esset, et Barbarorum insolentiam coercuisset. (λα'.) Atqui non ignoro, hæc de Agamemnonis virtute dicta, etsi nec quidquam eorum sit improbandum, tamen ab omnibus, ut multo prolixiora, reprehensum iri. (λβ'.) Sed existimavi, minus grave fore, si quibus in hac parte videar temporis et modi rationem non habere, quam si de tali viro disserens, aliquas laudes prætercam; etsi nocitura mihi, laudatis profutura esse sciam; utilitate enim neglecta justitiam ubique præposui. (λγ'.) Sed nescio, quo abripiar, ab instituto longissime digressus. Restat, ut, petita senectuti oblivionis et loquacitatis venia, ad illum locum redeam, ex quo in hanc garrulitatem incidi. (λδ'.) Istis igitur, qui nostræ civitati Meliorum taliumque oppidulorum calamitates exprobrant, respondi, Athenienses deliquisse quidem, sed Lacedæmonios urbes majores pluresque quam nos evertisse, easdemque, quæ tales viros genuissent et educassent, de quibus plura etiam atque præclariora, quam a me factum sit, dici possent. Ne vero de Lacedæmoniorum crudelitate disserenti mihi unus hic locus relictus videatur, hæc sufficiant; (λε'.) quippe qui non tantum in has urbes virosque deliquerint, verum etiam Messenios, populares suos occupandæque Peloponnesi omniumque periculorum socios, regione expulerint cumque Argivis etiam nunc bellum gerant. Platæenses quoque, in quorum agro quorumque solo, ex omnibus Bœotiis, auxilio, nobiscum et cum aliis sociis, omnibus Græcis libertatem in bello Persico restituerunt, iidem Lacedæmonii, capta urbe, in Thebanorum gratiam paucis exceptis omnes interfecerunt; nostra vero civitas Messeniorum reliquiis Naupactum habitatum dedit, et Platæenses, quicunque Athenas confugerant, civitate donavit. (λϛ'.) Sed sicuti antea in oblivionem incidi, ita nunc in asperitatem me esse delapsum sentio, omniaque quæ dicere noluerim, propter copiam rerum mihi affluentium, manifestasse. Quod quum semel factum sit, de cæteris etiam

εἰρῆσθαι δοκοῦντας καὶ μηδεμιᾶς [1]κομψότητος μετέχοντας, οὓς οἱ δεινοὶ περὶ τοὺς ἀγῶνας παραινοῦσι τοῖς νεωτέροις

[1] κοσμιότητος A. C. L.

Græcorum malis, quorum Lacedæmonii quædam primi, quædam soli admiserunt, non est silendum. (λζ'.) Plurimi utramque civitatem accusant, quod prætexens, se pro Græcis contra Barbaros dimicasse, Græcas civitates tanquam bello captas servitute oppresserit. (λη'.) Cujus accusationis non nos in causa fuimus, sed nostri in quacunque re adversarii. Nostri enim majores nunquam civitatis alicujus imperium affectarunt; Lacedæmonii contra, ex quo in Peloponnesum venerunt, nihil aliud egerunt, nisi ut omnibus, vel, si id fieri nequeat, Peloponnensibus saltem, imperarent, et fere omnes civitates seditionibus, cædibus administrationumque mutationibus implerent; quod nostram civitatem sub primo suo imperio commisisse in socios nemo dicere audeat. Verum quidem est, recuperato post Cononis ad Cnidum victoriam imperio, duos vel tres Atheniensium duces in quasdam seditiosas civitates acerbius consuluisse, sed Lacedæmoniorum in hac re exemplo seducti facile excusari possunt. (λθ'.) Illud vero est Lacedæmoniis proprium, quod nulla alia re, quam insatiabili regnandi cupiditate impulsi, socios nostros ad defectionem spe libertatis impellentes, et cum Persarum rege de amicitia et societate agentes, illos servitute oppresserint, regis autem fratri, Cyro minori, persuaserint, ut de regno armis contenderet, collectoque exercitu Clearchum ducem contra illum miserint; sed spe sua frustrati qualesque essent cogniti, in maximas turbas inciderunt. Ad postremum navali certamine a Conone et Persis superati pacem Antalcidicam sibi turpissimam inierunt, qua Persis omnes Asiam incolentes Græcos tradiderunt, quorum auxilio et nos subegerant et Græcos in suam redegerant potestatem; atque hoc fœdus in suis ipsorum templis inscripserunt sociosque inscribere coegerunt. (μ'.) Ac cæteris quidem hæc argumenta satisfacere arbitror, mihi vero ipsi deesse videntur, quæ amentiam illorum ostendant, qui his dictis adversari susceperint. (μα'.) Illorum enim, qui omnia Lacedæmoniorum facta probant, prudentiores, credo, de rebus eorundem contra Græcos gestis mihi assentient; insipientiores vero, qui, quum de nulla re tolerabiliter dicere queant, Lacedæmonios extollunt, ubi nihil eorum, quæ a me dicta sunt, refutari posse viderint, ad disputationem de rebuspublicis se convertent et Spartanos præcipue ob temperantiam et obedientiam, quæ illic vigent, laudabunt. (μβ'.) Quam isti, quæso, ridiculi! Ego enim non disputationem de rebuspublicis institui, sed illud probare volui, nostram civitatem de Græcia melius esse meritam, quam Lacedæmonios. (μγ'.) Verum quum eos de reipublicæ forma locuturos esse putem, de hac quoque disserere non gravabor, sperans, nostram civitatem hac in re plus etiam excellere, quam breviter ante dictis. (μδ'.) Hæc autem dico de illa forma, quæ apud majores nostros fuit, non de hac, quam tanquam ad imperium maritimum utiliorem patres nostri, temporibus coacti, assumpserunt, quaque ordo rerum paullo immutatus est. Quanquam enim apparebat, nautis aliisque hujus generis hominibus in urbem confluentibus et veteris reipublicæ disciplinam dissolutum iri et sociorum benevolentiam alienatum; tamen patres nostri satius ducebunt, quaslibet potius difficultates, quam Lacedæmoniorum imperium perpeti, et quum duæ res ad eligendum proponerentur, quarum neutra bona esset, id potius eligendum putabant, ut aliis contra jus imperarent, quam ut Lacedæmoniis injuste servirent. (με'.) Nunc vero de rebus Atheniensium gestis et majorum virtute verba faciam, ab illis temporibus exorsus, in quibus et barbaricæ gentes et omnes Græciæ civitates regibus parebant, ut, qui de laude virtutis contendunt, eos a primo statim ortu aliis longe antecelluisse appareat, et ne alienorum mentione facta, de majoribus nostris taceam, qui alios potentia præditos tanto superarunt, quanto mansuetissimi viri immanissimas bestias post se relinquunt. (μϛ'.) Nam tum in aliis civitatibus, tum vero in his potissimum, quæ maximæ sunt et habentur, cædes fratrum, et patrum, et hospitum, matrumque mactationes incestosque concubitus aliaque id generis quam plurima perpetrata inveniemus; (μζ'.) quorum non ideo mentionem feci, quo nec quidquam tale apud majores factum esse ostendam, sed illos etiam et superioris et hujus nostræ ætatis hominibus omni virtutis genere antecelluisse, demonstrem. (μη'.) Ita sancte et præclare tum res civitatis, tum suas administrarunt. A diis geniti, primi urbem condiderant, legibus usi erant, deos justitiamque coluerant; neque permixti cum aliis neque aliunde venerant, sed soli Græcorum indigenæ regionem natalem parentis loco diligebant,

μελετᾷν, εἴπερ βούλονται πλέον ἔχειν τῶν ἀντιδίκων, ἀλλὰ πάντας τούτους ἐάσας περὶ ἐκείνους ἐπραγματευόμην τοὺς

diis adeo cari, ut quædam regiæ familiæ quatuor aut quinque totas ætates permanserint, ut Erechthonii gens, quæ ad Theseum usque regnavit, satis docet. (μθ'.) Cujus Thesei etsi jam antea mentionem feci, quod nunc factum nollem, unum tamen restat et virtutis et prudentiæ illius insigne documentum. (ν'.) Etsi regnum habebat tutissimum et maximum, in quo multas easque præclaras res gesserat, ille tamen gloriam, laboribus certaminibusque partam, ignavæ beatæque vitæ in ipso ætatis flore anteposuit, civitateque multitudini ad administrandum permissa, tum pro ea, tum pro aliis Græcis pericula adire perrexit. (να'.) Illi autem, qui civitatis regundæ curam ab illo susceperant, quanquam varias rerumpublicarum formas ignorabant, democratiam tamen cum aristocratia conjunctam, quam omnes utilissimam et jucundissimam confitentur, elegerunt. Nostra quidem plebs illam timocratiam appellat; (νβ'.) ego vero tres duntaxat esse dico rerumpublicarum formas: monarchiam, oligarchiam, democratiam: quarum in quavis bene vivitur, si optimis civium magistratus et cætera munia mandata sunt; pessime autem, si pessimis; denique nunc bene, nunc male, si alias boni, alias mali in consilium adhibentur. (νγ'.) At hæc aliis plura de imperii formis disserendi materiam præbeant, mihi in præsentia tantum de majorum nostrorum republica, tanquam optima et Lacedæmoniorum formæ præferenda, disserendum est. (νδ'.) Erit autem hæc oratio neque molesta neque intempestiva iis, qui de rebus gravissimis libenter audiunt; prolixior vero iis, qui tum conviciis oratorum, tum rerum vilissimarum laudationibus delectantur. Verum ego ejusmodi auditores nunquam curavi, sed eos habere præoptavi, qui, prolixitatis plane securi, tantam hujus orationis partem perlegant, quantam ipsi voluerint; maxime vero eos, qui præstantium virorum laudibus delectentur, quorum virtutes imitantes, quum ipsi splendidam gloriam assequi, tum civitates suas feliciores reddere possint. (νε'.) Melior igitur civitatis nostræ illis temporibus administratio regibus, quos paullo ante commemoravi, acceptum referri debet, quippe qui populum in omni virtutis genere erudirent exemploque suo docerent, animam civitatis esse reipublicæ formam, a qua omnis civium felicitas pendeat. (νϛ'.) Neque vero priscum administrandi modum propter factam imperii mutationem populus oblitus est, sed malos ejusmodi reipublicæ duces, qui sibi potius quam civitati bene volunt, respuit, quorum si quis omnia scelera et improbitates recensere voluerit, scribendo deficiat. (νζ'.) Quas improbitates quum majores nostri odissent, non temere quoslibet consiliarios et magistratus fecerunt, sed optimos quosque et prudentissimos ac vitæ integritate spectatissimos elegerunt, omnia illis civitatis munia mandantes, sperantesque, eos, qui pro concione optima suadere et vellent et possent, omnibus quoque in locis et negotiis eodem animo futuros. (νη'.) Neque illi hac spe frustrati sunt: nam per hos viderunt paucis diebus leges conscriptas paucas quidem, sed cognitu faciles, sed sibi consentientes, sed justas et utiles. Eodem tempore ad magistratus sunt evecti, qui a tribulibus et popularibus delecti erant: quibus, si bene rem gesserint, præter honorem et molestiam, si male, præter pœnam et ignominiam nihil a populo exspectandum erat. Hinc nullæ tunc de magistratibus contentiones, quos effugiendos potius quam ambiendos cerdebant; omniumque comprobatio democratiæ, quæ populo talium munerum immunitatem daret, eundemque quum delegendi tum delinquentes puniendi arbitrum faceret. (νθ'.) Argumento est, quod populus, qui formas imperii, quæ sibi displicent, destruere solet, in hac plusquam mille annos perstiterit, ab illo tempore, quo accepit, usque ad Pisistrati tyrannidem. (ξ'.) Quibus si qui fortasse fidem denegaverint, scriptorum me de veterum institutis nobis relictorum auctoritate usum esse sciant; hominesque plura auditu cognoscere quam visu; neque, non negligendas quidem ejusmodi objectiones existimare, neque tamen refutandis iis diutius immorandum. (ξα'.) Exposita igitur reipublicæ forma restat, ut civitatis commoda inde secuta enarrem, quo reipublicæ ejusque consiliariorum præstantia magis etiam intelligatur. (ξβ'.) Sed ne hæc quidem sine præfatione; ne quis dicat, me, dum res a majoribus gestas eorumque disciplinam militarem expono, leges Lycurgi a Spartanis hodieque observatas recitare. (ξγ'.) Verum quidem me multa esse dicturum, quæ et illic recepta sunt; sed Lycurgus nostrorum majorum administrationem tantum imitatus, democratiam aristocratia temperatam, qualis apud nos fuit, domi instituit, magistratus per suffragia creando, Senatuique eandem quam Areopago nostro auctoritatem tribuendo. (ξδ'.) Jam rei militaris peritiam

περὶ τῶν συμφερόντων τῇ τε πόλει καὶ τοῖς ἄλλοις Ἕλλησι συμβουλεύοντας, καὶ πολλῶν μὲν ἐνθυμημάτων γέμοντας,

non prius excoluisse Spartanos, quam nostros, ita me perspicue ostensurum arbitror, ut nemo contradicere audeat. (ξε'.) At si quis dicat, civitates Atheniensium et Lacedæmoniorum plurima beneficia in Græcos contulisse, eosdemque maximis malis, post Xerxis expeditionem, affecisse, is verum cuique dicit, qui res illorum temporum cognitas habet: nam postquam contra Xerxem fortissime pugnaverant, eo insaniæ sunt progressi, ut cum eodem, qui utramque urbem funditus delere animo conceperat, quemque facillime fregerant, pacem in omne ævum fecerint, pravaque æmulatione incensæ se ipsæ cæterosque Græcos perdere non prius destiterint, quam communi hosti eam potentiam dedissent, ut Lacedæmoniorum ope Athenienses et horum ope illos in summum discrimen adduceret; neque nunc pudeat eas, opibus illius cum contentione quadam adulari, seorsim ad illum legatos mittentes, quamvis inter utramque civitatem societas facta sit, sperantes scilicet, utri ille fuerit propitior, ejus in potestate Græciam fore. (ξϛ'.) His plane contraria fecerunt ii, qui nostram urbem olim administrarunt. A Græcis urbibus, tanquam a donariis templorum abstinentes, primum justissimum et maxime necessarium bellum habuerunt illud, quod contra belluas gereretur; proximum, quod Græci contra Barbaros, et natura hostes et nobis omni tempore insidiantes, susciperent. (ξζ'.) Aliarum civitatum dissidia legationibus et disceptationibus tollere studuerunt, mittentes summæ apud se auctoritatis viros, qui cum civitatum illarum egenis ac ferocibus, quibus persuaserunt, ut se in militiam sequerentur, Barbaros, partim ex insulis, partim ex utraque ora, expulerunt, ibique egentissimos Græcorum collocarunt. Atque hoc nostri majores tamdiu fecerunt, quoad Spartani omnes Peloponnesi civitates subigere inceperunt, ubi sua tueri coacti sunt. (ξη'.) Bellis autem de coloniis constituendis hoc effectum est, ut Græci rebus ad vitam necessariis instructiores fierent, Barbari expellerentur, Græcia denique fieret duplo major. (ξθ'.) Quo beneficio etsi nihil possit reperiri majus, tamen aliud afferri potest, haud minore prædicatione dignum, idemque cum peritia rei militaris magis conjunctum. (ο'.) Quum ad Thebas Adrastus non posset inducias impetrare, nec occisos ad sepulturam auferre, nostra civitas, cui ille supplex factus erat, legatos Thebas misit, et cadavera sepelienda accepit.

(οα'.) Scio quidem, me in oratione Panegyrica contraria his scripsisse, sed tempora ita facere suaserunt. Nihilo minus tamen id, opinor, omnibus hinc manifestum erit, quantum civitas nostra illo tempore bellica fortitudine præstiterit; si quidem Thebanorum principes nostris legatis obtemperare maluerint, quam legibus a deo latis. (οβ'.) Quanquam autem multa et præclara majorum facinora dicenda habeam, Spartanorum tamen dimicationes et pugnas nostris præmittam, ut Atheniensium facinora clariora et æquiora ad finem disputationis reserventur. (ογ'.) Doriensium, qui, expugnata Peloponneso, urbes ejusdem trifariam diviserant, tertia pars, quos nunc Lacedæmonios dicimus, quum seditionibus laboraret, iique, qui altiora quam vulgus cogitabant, superiores evasisssent, adversam factionem non, ut alii, in eadem secum urbe vivere passi sunt, sed plebem servitute oppressam in vicinia collocarunt, eique tam parum deterrimi agri impertierunt, ut maximo labore victum vix extruderent. Cujus multitudinis humilem ac infimam partem postea angustissimo loco concluserunt, ut nomine quidem cives, re vera autem municipia essent. Hos insuper maximis periculis et laboribus objicere moris erat, et, quod maximum est, Ephoris licet, indicta causa tot eorum occidere, quot libitum fuerit. (οδ'.) Quæ ideo fusius exposui, ut Lacedæmoniorum acres defensores interrogare possim, an hæc aliaque ejusmodi facta probent, nullius rei nisi emolumenti causa commissa, neque decora iis, qui veram virtutem sibi vindicant, bonis viris ac honestis cum pietate et justitia innatam. Qua neglecta quidam eos laudant, qui maxima scelera perpetrarunt, non animadvertentes, se mentem suam aperire, prædicando, illos, qui alienarum rerum cupiditate etiam amicissimos sibi occidere non dubitent. (οε'.) Miror autem, si qui sunt, qui partas præter jus victorias cladibus sine ignavia acceptis non turpiores putent, quanquam sciant, sceleratos, qui rerum alienarum cupidi pugnant, multitudine et incuria deorum superiores sæpius fieri viris honestis, qui, ut Spartani illi ad Thermopylas, pro patria mori non recusant. Ignorant scilicet, nihil sanctum, nihil honestum esse, nisi quod cum justitia dicatur et fiat, cujus Spartani nunquam curam habuerunt. (οϛ'.) Nostris vero majoribus nihil magis curæ fuit, quam ut apud Græcos bono audiront, quod tam in administranda repu-

οὐκ ὀλίγων δ' ἀντιθέσεων καὶ παρισώσεων καὶ τῶν ἄλλων b ἰδεῶν τῶν ἐν ταῖς ῥητορείαις διαλαμπουσῶν, καὶ τοὺς ἀκού-

blica quam in rebus Græcorum curandis manifestarunt; nam in tribus bellis præter Trojanum cum Barbaris gestis omnibus aliis præstantiores fuere. (οζ'.) Jam vero de bellis cum Xerxe et de coloniis condendis cum barbaricis gentibus gestis antea satis dictum est; de eo igitur, quam brevissime potero, loquar, quod eo tempore conflatum est, quo Græcæ urbes vix conditæ essent, civitasque nostra regibus adhuc pareret; omissis pluribus, quæ illo tempore contigerunt. (οη'.) Quum Eumolpus, jus urbis possidendæ sibi arrogans, Amazonesque, ob Antiopem a Theseo captam et in matrimonium ductam, majoribus nostris bellum intulissent, victi atque deleti sunt. Idem accidit Erechtheo, Herculis liberos, qui supplices ad nos confugerant, in potestatem accipere postulanti, qui tantum abfuit, ut voti compos factus sit, ut etiam prœlio superatus et captus occubuerit. Post hæc isti a Dario ad vastandam Græciam missi, tantis ad Marathonem cladibus sunt accepti, ut fuga se ex universa Græcia proriperent. (οθ'.) Omnibus his, qui diversis temporibus urbem nostram invaserant, superatis, minime tamen superbia elati sunt, magis confidentes animi sui virtute suaque prudentia, quam prœliis commissis; quippe non ignorantes, multos, etiam flagitiis coopertos, fortitudine bellica præditos esse, sapientia autem ubique utili destitutos. (π'.) *Epilogus.* Alii quidem maximis facinoribus, et imprimis memorabilibus, orationem concludunt; sed cur ego ulterius dicere cogar, nunc ostendam. (πα'.) Quum perscriptam hactenus orationem cum aliquot discipulis meis corrigerem, et nil nisi conclusione opus esse videretur, eorum quidam, qui Lacedæmonios impense prædicant, laudata cæterum oratione, dicere audebat, Lacedæmoniis, etiamsi nullum in Græcos beneficium contulissent, illud tamen acceptum referri, quod inventa a se pulcherrima instituta et ipsi usurpassent et aliis demonstrassent. (πβ'.) Quod dictum in causa fuit, ne orationem finirem, ubi decreveram, sed illum edocerem primum, Spartanos ideo non posse esse inventores neque pietatis erga deos, neque justitiæ erga homines, neque denique in aliis rebus prudentiæ, quod multi his virtutibus conspicui fuerint, antequam Spartani istas sedes occuparint; deinde, par esse potius, ut diis geniti hasce virtutes invenerint aliisque imitandas proposuerint; tertio denique, sibi ipsi contradicere eum, qui, laudans orationem, in qua Lacedæmonios reprehenderim, diceret tamen, illos pulcherrimorum institutorum participes fuisse. (πγ'.) Præterea illud etiam mirabar, si nesciret, artes aut quaslibet res inveniri ab illis, qui ingeniis excellant aut e veteribus inventis plurima discere potuerint et ad nova investiganda animum præ aliis applicare voluerint; a quibus rebus Lacedæmonii tam remoti essent, ut ne elementa quidem literarum discant suosque liberos in ejusmodi rebus erudiant, quibus aliis malefacere possint. (πδ'.) Quarum exercitationum hanc tantum commemorabo, quod quotidie liberos a lecto statim, nomine ad venationem, re vera ad furtum emittunt, quorum deprehensi nummis plagisque puniuntur, latentes vero et inter pueros sunt celebriores et viam sibi ad maximos honores hac solertia muniunt. Nonne erubescendum est istis, qui tam longe a communibus legibus recedunt, ut Græci Barbarique maleficiis ac furto deditos servis nequiores judicent, ipsi vero ejusmodi nebulones honorandos existiment? (πε'.) Hæc ille audiens, non quidem omnia illorum probare se dixit, sed doluisse se, lecta mea oratione, nihil habuisse, quod respondere potuisset, Lacedæmonios hactenus laudare solitus; nec, quum de institutis eorum pulcherrimis locutus esset, pietatem, justitiam prudentiamque respexisse, sed hoc de gymnasiis ibi receptis, fortitudinis exercitatione et de rei militaris studio in universum intellexisse, quæ, sicuti per se ipsa præclara, ita apud illos usitatissima esse, quivis fateatur. (πϛ'.) Hoc illius responso acquievi, non, quod ullum accusationis meæ caput diluisset, sed quod sapientius se defendisset, quam antea jactasset. (πζ'.) At habere me, inquiebam, quare istas res, quas modo laudasset, gravius etiam quam puerorum furacitatem accusem. Hac enim liberi duntaxat eorum corrumpuntur, his vero institutis Græcos perdiderunt; quippe qui rei militaris peritia non contra hostes, sed contra conjunctissimos et cognatos utantur. (πη'.) Verum tu non solus ignoras, quinam rebus bene utantur, sed maxima fere pars Græcorum. Nulla enim res per se est laudanda, sed usus ejusdem est ubique exspectandus, qui si bonus est, bona hæc res est habenda, si malus, mala; quod inde perspicitur, quod eædem res aliis prosunt, aliis obsunt. (πθ'.) Atqui hoc de concordia quoque valet, quam in Spartanis multorum malorum causam fuisse reperimus. Hi enim,

οντας ἐπισημαίνεσθαι καὶ θορυβεῖν ἀναγκαζουσῶν· νῦν δ' οὐδ' ὁπωσοῦν τοὺς τοιούτους. ἡγοῦμαι γὰρ οὐχ ἁρμόττειν

concordia sua freti, ubi Græcos inter se dissidere cognoverant, ita se gesserunt, ut rapiendi studium eorum artificium esse videretur, civitatesque factionibus distractas ex arbitrio tractarent, ut concordia illorum piratarum illi aut Triballorum sit similis, qua hi non tantum finitimos, sed omnes etiam, ad quos pervenire possunt, perimunt. At vero non hos, qui sibimet ipsis tantum bene volunt, sed virtutem imitandam esse censeo, quæ non ipsa se, sed alios, quorum animis insederit, felices reddat. (ϟ'.) Quibus dictis, adolescentuli quidem, qui omnibus his interfuerant, me laudarunt, illumque contempserunt; sed de utroque nostrum in errore versabantur. Ille enim prudentior factus discesserat, Lacedæmoniosque melius noverat; ego vero amentior relictus eram et animosior, quam nostram ætatem decet, (ϟα'.) quod statim apparebat: nam simulatque respiravi paullulum, non prius conquievi, quam puero orationem hanc dictassem. Sed, ubi paucis post diebus eam attentius perlegeram, ob ea, quæ de Lacedæmoniis temere ac nimis acerbe dicta erant, graviter dolui, eamque totam delere jam certum, piguit tamen me senectutis laborisque, quam illi conficiendæ impenderam. (ϟβ'.) His curis æstuanti sæpiusque consilia mutanti consultissimum visum est, ut cum discipulis aliquot, qui in urbe essent, deliberarem, utrum oratio hæc prorsus delenda an edenda esset: a quibus, statim vocatis, lecta est illa ac magno plausu excepta. (ϟγ'.) Deinde, dum reliqui de iis, quæ lecta fuerant, inter se disputabant, is, quem ab initio in consilium adhibueram, videris mihi, inquit, neque de abolenda oratione cogitasse, neque, quo dicis consilio, nos advocasse, neque denique hac mente hanc orationem scripsisse, quam quis te habuisse putet. Tentaturus nos potius videris, an veram orationis mentem et solertiam perspicere queamus. (ϟδ'.) Propositum tibi erat ab initio, Atheniensium laudes conscribere ita, ut, rebus fabulosis, quæ in vulgus notæ sunt, prætermissis, earum tantum mentionem faceres, quas veras esse omnes confiteantur, neque has simpliciter narrares, sed laudes majorum cum vituperatione Lacedæmoniorum conjungeres, quo majorem tibi hæc oratio conciliaret apud nonnullos admirationem et tute tibi ipse constares. (ϟε'.) Ac ne tibi contradicere videreris in hoc, quod Lacedæmonios antea laudibus extollens, nunc opprobriis obrueres, ecce tibi aperta est callidissima via; usus es ambiguis verbis, quæ intelligentibus laudem, tardis vero convicia continerent, quibus in tali negotio absque reprehensione uti licet. Laudatis nimirum Atheniensium majoribus, Lacedæmoniis contra vituperatis; (ϟς'.) esse tamen nonnullos, ais, qui Lacedæmonios prædicarent, omniaque eorum opprobria in laudes converterent, dicentes, superbiam, quam tute ipsis objiceres, cum magnanimitate conjunctam esse, studium belli pacis amori multis de causis anteponendum, excellendi denique cupiditatem nemini unquam vitio, sed laudi ductam, utpote quod ab omnibus omnino hominibus tanquam maxime optabile semper expeteretur. (ϟζ'.) Nunc, prætermissis iis, quare nos in consilium vocasse simulas, restat, ut objectionibus tuis, quas futuras prævideo, occurram. Dices nimirum, hac mea veri consilii tui explicatione orationi tuæ, quam de industria intellectu difficilem reddideris, lectores quidem me conciliaturum, sed sagacitatis laudem iis lectoribus adempturum, qui sibimet ipsis negotium facessere amant. (ϟη'.) At pace tua dictum sit, equidem aliter prorsus hac de re sentio. Quanquam enim intelligentia mea longissime distat a tua, tamen, quod subinde fieri solet, ut imperitior melius perspiciat, quid faciendum sit, quam exercitatus, ego quoque hac in re expedire tibi potius duco, si eam sententiam, quæ vere in hac oratione latet, quam citissime manifestam reddere possis, quam tibi honori futurum, si lectores de vera orationis mente diutissime ambigui fuerint, atque hoc imprimis Lacedæmoniorum causa, qui, bisce, quæ a me dicta sunt, lectis, quum in legendo parum sint exercitati, statim animadvertent laudes, quæ in civitatem suam a te collatæ sunt, neglectisque conviciis acceptum tibi referent, quod hac ratione clariores etiam fient. (ϟθ'.) Hæc cogitantes, vetera facinora, ob quæ majores eorum laudasti, sæpe, te duce, in memoriam revocabunt: primum, se, quum Dorienses essent, multarumque rerum egentes, primarias Peloponnesi civitates expugnasse, occupatasque hodieque tenere; (ρ'.) deinde, regione cum Messeniis et Argivis partita, ubi seorsim in Sparta consedissent, tanta se animi magnitudine fuisse, ut omnibus, quamvis numero paucissimi essent, Peloponnesi civitatibus, urbe Argivorum excepta, potirentur. Qua tanta gloria potentiaque auctos atque cumulatos, non minus laudi

οὔτε τοῖς ἔτεσι τοῖς [1]ἐνενήκοντα καὶ [2]τέτταρσιν, [3]ἁγὼ τυγχάνω γεγονὼς, οὔθ' ὅλως τοῖς ἤδη πολιὰς ἔχουσιν, ἐκεῖνον τὸν τρόπον ἔτι λέγειν, ἀλλ' ὡς ἅπαντες μὲν ἂν ἐλπίσειαν [4]εἰ βουληθεῖεν, οὐδεὶς δ' ἂν δυνηθείη ῥαδίως πλὴν τῶν πονεῖν c
ἐθελόντων καὶ σφόδρα προσεχόντων τὸν νοῦν. τούτου δ' ἕνεκα ταῦτα προεῖπον, ἵν', ἥν τισιν ὁ μέλλων δειχθήσεσθαι [5]λόγος

[1] ἐννενήκοντα A. C. L. [2] τέσσαρσιν A. L. [3] ὧν ἐγὼ A. C. L.
[4] ἢ A. C. L. [5] λόγος λεχθήσεσθαι A. C. L.

sibi duxisse Spartanos, se nullius unquam civitatis ductum secutos esse, sed perpetuo sui juris, bello Persico omnium Græcorum duces constitutos fuisse, in nullo unquam prœlio, rege suo duce, succubuisse, ac nunquam in tales calamitates, quales sunt cædes injustæ, direptiones pecuniarum etc., incidisse, aliis urbibus accidere solitas. Quæ quum omnia tu in hac oratione collegeris, maximam illi tibi gratiam habebunt. (ρα'.) Atque nunc aliam quam antea de te opinionem habeo. Quamdiu enim vives, majori etiam, credo, gloria gaudebis, quam qua nunc flores: defunctus vero immortalitatem nominis assequeris; nam pulcre laudasti utramque civitatem: alteram ex multitudinis opinione, quæ magni est æstimanda; alteram juxta judicium eorum, qui veritatem conjectura assequi valent, quod certe maximi est momenti. (ρβ'.) Jam, omissis reliquis, quæ addere possim, de eo sententiam declarabo, cujus causa me arcessitum esse dicis. Auctor tibi sum, ut hanc orationem neque flammis tradas, neque aliter deleas, sed additis, quæ omissa fuerint visa, omnes has de ea disputationes illi adjungas, et si optimis Græcorum gratum, obtrectatoribus vero ægre facere volueris, illam cuivis legendi cupido impertias. (ργ'.) Quibus dictis magnoque a præsentibus non plausu, sed clamore exceptis, hi præter hæc, quæ modo dicta essent, nihil reliquum esse censuerunt, egoque præterquam, quod ingenium ejus et voluntatem erga me laudabam, de vera orationis meæ mente nihil adjeci. (ρδ'.) Hinc pauca tantum de iis, quæ in conficienda hac oratione mihi acciderunt, adjungere liceat. Incipiens illam nonaginta quatuor annos natus, eam demum hoc nonagesimo septimo ætatis anno profligavi; aliorum magis hortatu quam proprio animo commotus; siquidem morbus, quocum triennium fortiter conflictatus eram, et animum et vires mihi eripuerat. Sed tanta fuit illorum; qui absolutam partem perlegerant, prædicatio, ut resistere nullo modo potuerim. (ρε'.) Atque hæc non ideo narravi, quo veniam huic orationi peterem, sed imprimis, ut ejusmodi auditores laudem, qui orationes, doctrinam et artem commonstrantes, præponunt iis, quæ ad ostentationem et ad certamina publica compositæ sunt, veras, decipientibus, admonentes, ad gratiam et voluptatem dictis. Istos vero, qui aliter sentiunt, rogo, ut in judicando neque sibi neque aliis plus æque fidant, sed judicium modeste inhibeant, donec peritis harum rerum judicibus assentiri possint, a quibus non stolidi, sed modesti habebuntur. Lang. Ex ipso Isocrate, 94. annos ipse natus erat, quum hanc orationem scribere incepit: edita est triennio post, id est, quum orator 98. annum ageret, ante Christum 339. Auger.

ΠΑΝΑΘΗΝΑΙΚΟΣ] Διότι πάντων Ἀθηναίων ὁμοῦ ἐγκώμιον περιέχει. Wolf. Hæc oratio videtur inscribi Panathenaicus, quia recitata fuit in Panathenæis, festis Athenarum solennibus. Id intendit orator ut laudet civitatem Atheniensem; sed in hoc discrepat Panathenaicus a Panegyrico ubi laudatur pariter civitas Atheniensis, quod illic laudetur occasione alterius argumenti, hic autem ejus laudatio sit ipsum orationis argumentum. Auger.

Ἀντιθέσεων] Ἀντιθέσει, Quinctilianus *contraposita* vocat, Cicero fortasse *contraria relata contrariis.* Aristoteles in Rhet. ad Alexand. Ἀντίθετον, inquit, est *quod contraria nomina simul et vim suis oppositis habet, vel alterum horum:* παρίσωσις, *quum duo paria dicuntur membra:* παρομοίωσις, *non tantum paria membra facit, sed etiam similia ex similibus vocabulis.* Wolf. Vid. Dionys. Hal. de Isocrat.

Ἰδεῶν] Σχημάτων. Cor.

Ἐπισημαίνεσθαι] Le. ut Wolf. explicat, ἐπαινεῖν, ἐπιφωνεῖν. Lang.

Οὐδ' ὁπωσοῦν] *neque quomodocunque*, i. e. neutiquam. Ad τοὺς τοιούτους subaudi μελετῶ vel προαιροῦμαι. Auger.

Ἡγοῦμαι γὰρ κ. τ. λ.] Cf. Plat. Apol. Socr. §. 1.

Ἢ βουληθεῖεν] Conj. εἰ βουληθεῖεν. *si modo velint.* Lang.

μαλακώτερος ὢν φαίνηται τῶν πρότερον [1] διαδεδομένων, μὴ
παραβάλλωσι πρὸς τὴν ἐκείνων ποικιλίαν, ἀλλὰ πρὸς τὴν 233
ὑπόθεσιν αὐτὸν κρίνωσι τὴν [2] ἐν τῷ παρόντι δεδοκιμασμένην.

β'. Διαλέξομαι δὲ περί τε τῶν τῇ πόλει πεπραγμένων
d καὶ περὶ τῆς τῶν προγόνων ἀρετῆς, οὐκ ἀπὸ τούτων ἀρξάμενος, ἀλλὰ ἀπὸ τῶν ἐμοὶ συμβεβηκότων· ἐντεῦθεν γὰρ
οἶμαι μᾶλλον κατεπείγειν.

γ'. Πειρώμενος γὰρ ἀναμαρτήτως ζῆν καὶ τοῖς ἄλλοις
ἀλύπως, οὐδένα διαλέλοιπα χρόνον ὑπὸ μὲν τῶν σοφιστῶν
τῶν ἀδοκίμων καὶ πονηρῶν διαβαλλόμενος, ὑπ' ἄλλων δέ
τινων οὐχ οἷός εἰμι γιγνωσκόμενος, ἀλλὰ τοιοῦτος ὑπολαμ-
e βανόμενος οἷον ἂν παρ' ἑτέρων ἀκούσωσι. βούλομαι οὖν
προδιαλεχθῆναι περί τ' ἐμαυτοῦ καὶ περὶ τῶν οὕτω πρός
με διακειμένων, ἵν', ἢν πως οἷός τε [3] γένωμαι, τοὺς μὲν παύσω βλασφημοῦντας, τοὺς δ' εἰδέναι ποιήσω περὶ ἃ [4] τυγχάνω
διατρίβων· ἢν γὰρ ταῦτα τῷ λόγῳ δυνηθῶ διοικῆσαι κατὰ
234 τρόπον, ἐλπίζω τὸν ἐπίλοιπον χρόνον αὐτός τε ἀλύπως διάξειν, καὶ τῷ λόγῳ τῷ μέλλοντι ῥηθήσεσθαι τοὺς παρόντας
μᾶλλον προσέξειν τὸν νοῦν.

δ'. Οὐκ ὀκνήσω δὲ κατειπεῖν οὔτε νῦν [5] τὴν ἐγγιγνομένην ἐν τῇ διανοίᾳ [6] μοι ταραχὴν, οὔτε τὴν ἀτοπίαν [7] ὧν ἐν
τῷ παρόντι τυγχάνω γιγνώσκων, οὔτ' εἴ τι πράττω τῶν
[8] δεόντων· ἐγὼ γὰρ μετεσχηκὼς τῶν μεγίστων ἀγαθῶν, ὧν
ἅπαντες ἂν εὔξαιντο μεταλαβεῖν, πρῶτον μὲν τῆς περὶ τὸ
b σῶμα καὶ τὴν ψυχὴν ὑγιείας, οὐχ ὡς [9] ἔτυχον, ἀλλ' ἐνα-
μίλλως τοῖς μάλιστα περὶ ἑκάτερον τούτων ηὐτυχηκόσιν,
ἔπειτα τῆς περὶ τὸν βίον εὐπορίας, [10] ὥστε μηδενὸς πώποτε

[1] ἐκδεδομένων A. L. [2] τε om. A. C. L. [3] γίγνωμαι A. L.
[4] προαιρούμενος τυγχάνω διατρίβειν A. C. L. [5] τὴν νῦν γενομένην A. C. L.
[6] μου A. C. L. [7] ἣν A. C. L. [8] μὴ δεόντων A. [9] ἔτυχεν A. C. L.
[10] οὕτως, ὥστε A. C. L.

Ποικιλίαν] *varietatem, ornamenta elocutionis.* Idem.

Τὴν ἐν τῷ παρόντι δεδοκιμασμένην] Ἣν ἐπὶ τοῦ παρόντος ἐξελεξάμην καὶ προειλόμην ὑπόθεσιν τοῦ λόγου. Cor.

Ἐντεῦθεν — κατεπείγειν] Ad ἐντεῦθεν supple ἄρξασθαι, et verte: *hinc enim ordiri magis necessarium puto.* Lang.

Διοικῆσαι] *exponere.* Idem.

Ταραχὴν — ἀτοπίαν] *perturbationem — absurditatem* in eo sitam, quod in tantis bonis a natura sibi donatis, fortunam propter pauca quædam vitia culpet. Idem.

Τῶν δεόντων] F. τῶν οὐ δεόντων. Wolf. Male, credo. Sensus: neque mala neque bona taceo. πράττειν autem τὰ δέοντα h. l. significat *felicem esse.* Laudat scilicet corporis animique sanitatem, vituperat morositatem et insatietatem. Lang. Τὸ πράττειν τὰ δέοντα πρὸς τὰ ἑξῆς ἀναφέρεται (ε'.), τὸ φιλοσοφεῖν δηλονότι καὶ τὸ πονεῖν. Cor.

ἀπορῆσαι τῶν μετρίων μηδ᾽ ὧν ἄνθρωπος ἂν νοῦν ἔχων
ἐπιθυμήσειεν, ἔτι [1]τοῦ μὴ τῶν καταβεβλημένων εἷς εἶναι
μηδὲ τῶν κατημελημένων, ἀλλ᾽ ἐκείνων περὶ ὧν οἱ χαριέ-
στατοι τῶν Ἑλλήνων καὶ μνησθεῖεν ἂν καὶ διαλεχθεῖεν c
ὡς σπουδαίων ὄντων, τούτων ἁπάντων μοι συμβεβηκότων
τῶν μὲν ὑπερβαλλόντως τῶν δ᾽ ἐξαρκούντως οὐκ ἀγαπῶ
ζῶν ἐπὶ τούτοις, ἀλλ᾽ οὕτω μοι τὸ γῆράς ἐστι δυσάρεστον
234 καὶ μικρολόγον καὶ μεμψίμοιρον· ὥστε πολλάκις ἤδη τήν
[2]τε φύσιν τὴν ἐμαυτοῦ κατεμεμψάμην, ἣς οὐδεὶς ἄλλος
καταπεφρόνηκε, καὶ τὴν τύχην ὠδυράμην, ταύτῃ μὲν οὐδὲν
ἔχων [3]ἐπικαλεῖν ἄλλο πλὴν ὅτι περὶ τὴν φιλοσοφίαν ἣν d
προειλόμην ἀτυχίαι τινές μοι καὶ συκοφαντίαι γεγόνασι,
τὴν δὲ φύσιν εἰδὼς πρὸς μὲν τὰς πράξεις ἀῤῥωστοτέραν καὶ
μαλακωτέραν οὖσαν τοῦ δέοντος, πρὸς δὲ τοὺς λόγους οὐ
τελείαν οὔτε πανταχῇ χρησίμην, ἀλλὰ δοξάσαι μὲν περὶ
ἑκάστου τὴν ἀλήθειαν μᾶλλον δυναμένην τῶν εἰδέναι φασκόντων, εἰπεῖν δὲ [4]περὶ τῶν αὐτῶν τούτων ἐν συλλόγῳ πολλῶν
[5][παῤῥησίᾳ] ἀνθρώπων ἁπασῶν [6]ὡς ἔπος εἰπεῖν ἀπολε- e
λειμμένην. οὕτω γὰρ ἐνδεὴς ἀμφοτέρων ἐγενόμην τῶν μεγίστην δύναμιν ἐχόντων παρ᾽ ἡμῖν, φωνῆς ἱκανῆς καὶ τόλμης, ὡς οὐκ οἶδ᾽ εἴ τις ἄλλος τῶν πολιτῶν· ὧν οἱ μὴ τυχόντες ἀτιμότεροι [7]περιέρχονται πρὸς [8]τὸ [9]δοκεῖν ἄξιοί τινος
εἶναι, τῶν ὀφειλόντων τῷ δημοσίῳ· τοῖς μὲν γὰρ ἐκτίσειν 235
τὸ καταγνωσθὲν ἐλπίδες ὕπεισιν, οἱ δ᾽ οὐδέποτ᾽ ἂν τὴν
φύσιν μεταβάλοιεν.

έ. Οὐ μὴν ἐπὶ τούτοις ἀθυμήσας περιεῖδον ἐμαυτὸν ἄδοξον οὐδ᾽ ἀφανῆ παντάπασι γενόμενον, ἀλλ᾽ [10]ἐπειδὴ τοῦ [11]πολιτεύεσθαι διήμαρτον, ἐπὶ τὸ φιλοσοφεῖν καὶ πονεῖν καὶ γρά-

[1] δὲ τοῦ A. C. L. [2] μὲν A. L. [3] ἐγκαλεῖν A. C. L. [4] παῤῥησίᾳ περὶ A. C. [5] [παῤῥησίᾳ] om. A. C. L. [6] τῶν φύσεων ὡς C. [7] γίγνονται A. C. L. [8] τῷ C. [9] μὴ δοκεῖν A. C. L. [10] ἐπεὶ A. C. L. [11] πεπολιτεῦσθαι A. L.

Τοῦ μὴ—εἷς εἶναι] Repete μετεσχηκώς. Lang.

Τῶν καταβεβλημένων] Τῶν ἀπεῤῥιμένων καὶ καταπεφρονημένων. Cor.

Οἱ χαριέστατοι] *elegantissimi, gratiosissimi.* Lang. Οἱ μάλιστα πεπαιδευμένοι. Cor.

Τῶν μὲν ὑπερβαλλόντως τῶν δ᾽ ἐξαρκούντως] Prius ad sanitatem, posterius ad rem familiarem spectat. Lang.

Πλὴν ὅτι περὶ — γεγόνασι] *nisi quod meum philosophiæ studium casus quidam adversi et malitiæ* (fortunæ) *interpellarunt.* Lang.

Εἰδὼς] Dubitari potest, an legendum sit εἰληχὼς vel εἰληφώς. Wolf. Egregie. contextus postulat εἰληφώς. Lang.

Παρ᾽ ἡμῖν] *apud nos Athenienses,* uti sequentia docent. Idem.

Ὕπεισιν] Ὑπολείπονται. Cor.

φειν ἃ διανοηθείην κατέφυγον, οὐ περὶ μικρῶν τὴν προαίρεσιν [1] ποιούμενος, οὐδὲ περὶ τῶν ἰδίων συμβολαίων, οὐδὲ περὶ
b ὧν ἄλλοι τινὲς ληροῦσιν, ἀλλὰ περὶ τῶν Ἑλληνικῶν καὶ
βασιλικῶν καὶ πολιτικῶν πραγμάτων, δι' ἃ προσήκειν
[2] ᾠόμην μοι [3] τοσούτῳ μᾶλλον τιμᾶσθαι τῶν ἐπὶ τὸ βῆμα
παριόντων, ὅσῳ [4] περ περὶ μειζόνων καὶ καλλιόνων ἢ 'κεῖνοι
τοὺς λόγους ἐποιούμην. ὧν οὐδὲν ἡμῖν ἀποβέβηκε. καίτοι πάντες ἴσασι τῶν μὲν ῥητόρων [5] τοὺς πολλοὺς οὐχ ὑπὲρ τῶν τῇ
πόλει συμφερόντων, ἀλλ' ὑπὲρ ὧν αὐτοὶ λήψεσθαι προσδοκῶσι, δημηγορεῖν τολμῶντας, ἐμὲ δὲ καὶ τοὺς ἐμοὺς οὐ μό-
c νον τῶν κοινῶν ἀπεχομένους μᾶλλον τῶν ἄλλων, ἀλλὰ καὶ
τῶν ἰδίων εἰς τὰς τῆς πόλεως χρείας ὑπὲρ τὴν δύναμιν τὴν
ἡμετέραν [6] αὐτῶν δαπανωμένους· ἔτι δὲ τοὺς μὲν ἢ λοιδορουμένους ἐν ταῖς ἐκκλησίαις περὶ [7] μεσεγγυώματος σφίσιν 235
αὐτοῖς ἢ λυμαινομένους τοὺς συμμάχους ἢ τῶν ἄλλων [8] ὃν
ἂν τύχωσι συκοφαντοῦντας, ἐμὲ δὲ τῶν λόγων τούτων ἡγεμόνα γεγενημένον τῶν παρακαλούντων τοὺς Ἕλληνας ἐπί τε
d τὴν ὁμόνοιαν τὴν πρὸς ἀλλήλους καὶ τὴν στρατείαν τὴν ἐπὶ
τοὺς βαρβάρους, καὶ τῶν συμβουλευόντων ἀποικίαν ἐκπέμ-
πειν κοινῇ πάντας [9] ἡμᾶς ἐπὶ [10] τοσαύτην χώραν καὶ τοιαύτην, περὶ ἧς ὅσοι περ ἀκηκόασιν ὁμολογοῦσιν ἡμᾶς τε, εἰ
σωφρονήσαιμεν καὶ παυσαίμεθα τῆς πρὸς ἀλλήλους μανίας,
ταχέως [11] ἂν ἄνευ πόνων καὶ κινδύνων κατασχεῖν αὐτήν, ἐκείνην τε ῥᾳδίως ἂν ἅπαντας δέξασθαι τοὺς ἐνδεεῖς ἡμῶν ὄντας
e τῶν ἐπιτηδείων· ὧν πράξεις, εἰ πάντες συνελθόντες ζητοῖεν,
οὐδέποτ' ἂν εὕροιεν καλλίους οὐδὲ μείζους οὐδὲ μᾶλλον ἅπασιν ἡμῖν συμφερούσας.
ς'. Ἀλλ' ὅμως οὕτω πολὺ τῇ διανοίᾳ διεστώτων ἡμῶν,
236 καὶ τοσούτῳ σπουδαιοτέραν ἐμοῦ πεποιημένου τὴν αἵρεσιν,
οὐ δικαίως οἱ πολλοὶ περὶ ἡμῶν ὑπειλήφασιν, ἀλλὰ [12] ταραχωδῶς καὶ παντάπασιν [13] ἀλογίστως. τῶν [14] μὲν γὰρ [15] ῥητόρων τὸν τρόπον ψέγοντες προστάτας αὐτοὺς τῆς πόλεως

[1] αἱρούμενος C. L. [2] ᾤμην A. C. L. [3] τοσοῦτον A. C. L.
[4] περ om. A. C. L. [5] τοὺς om. A. C. L. [6] αὐτῶν om. A. C. L.
[7] μεσεγγυημάτων A. C. L. [8] ὧν A. L. [9] ἡμᾶς om. A. C. L.
[10] τοιαύτην χ. κ. τοσαύτην A. C. L. [11] ἂν om. A. C. L. [12] ταραχώδη A. C. L.
[13] ἀλόγιστον A. C. L. [14] τι A. [15] ἄλλων ῥητόρων A. C. L.

Τῶν ἐπιτηδείων] Vid. orat. ad Phil. §. ν'. Lang.

ποιοῦνται καὶ κυρίους [1] ἁπάντων καθιστᾶσιν, ἐμοῦ δὲ τοὺς
λόγους ἐπαινοῦντες αὐτῷ μοι φθονοῦσι, δι' οὐδὲν ἕτερον ἢ
διὰ τούτους οὓς ἀποδεχόμενοι τυγχάνουσιν· οὕτως ἀτυχῶς
φέρομαι παρ' αὐτοῖς.

ζ'. Καὶ τί δεῖ θαυμάζειν τῶν [2] πρὸς ἁπάσας τὰς ὑπερ- b
οχὰς οὕτω διακεῖσθαι πεφυκότων, ὅπου καὶ τῶν οἰομένων
διαφέρειν καὶ ζηλούντων ἐμὲ καὶ μιμεῖσθαι γλιχομένων
τινὲς ἔτι δυσμενέστερον ἔχουσί [3] μοι τῶν ἰδιωτῶν; ὧν τίνας
ἄν τις εὕροι πονηροτέρους — εἰρήσεται γάρ, εἰ καί [4] τισι
δόξω νεώτερα καὶ βαρύτερα λέγειν τῆς ἡλικίας —, οἵτινες
οὔτε φράζειν οὐδὲν μέρος ἔχοντες τοῖς μαθηταῖς [5] τῶν εἰρημένων ὑπ' ἐμοῦ, τοῖς τε λόγοις παραδείγμασι χρώμενοι τοῖς c
ἐμοῖς καὶ ζῶντες ἐντεῦθεν, τοσούτου δέουσι χάριν ἔχειν
[6] τούτων, ὥστ' οὐδ' ἀμελεῖν ἡμῶν ἐθέλουσιν, ἀλλ' ἀεί τι
φλαῦρον περὶ ἐμοῦ λέγουσιν.

236 η'. Ἕως μὲν οὖν τοὺς λόγους [7] μου ἐλυμαίνοντο, παραναγινώσκοντες ὡς δυνατὸν κάκιστα τοῖς αὑτῶν καὶ διαιροῦντες
οὐκ ὀρθῶς καὶ κατακνίζοντες καὶ πάντα τρόπον διαφθείρον-
τες, οὐδὲν ἐφρόντιζον τῶν ἀπαγγελλομένων, ἀλλὰ ῥαθύμως
εἶχον· μικρὸν δὲ πρὸ τῶν Παναθηναίων τῶν μεγάλων ἠχθέ- d
σθην δι' αὐτούς. ἀπαντήσαντες γάρ μοί τινες τῶν ἐπιτηδείων ἔλεγον ὡς ἐν τῷ Λυκείῳ συγκαθεζόμενοι τρεῖς ἢ τέτταρες τῶν ἀγελαίων σοφιστῶν καὶ πάντα φασκόντων εἰδέναι
καὶ ταχέως πανταχοῦ γιγνομένων διαλέγοιντο περί τε τῶν
ἄλλων ποιητῶν καὶ [8] τῆς Ἡσιόδου καὶ [9] τῆς Ὁμήρου [10] ποιή-

[1] αὐτῶν A. L. αὐτῆς C. [2] πρὸς ἁπ. τ. ὑπεροχὰς post πεφυκότων ponunt A. C. [3] μοι om. A. C. L. [4] τι A. L. [5] ἄνευ τῶν A. [6] τούτων om. A. C. L. [7] ἡμῶν A. C. L. [8] τῶν A. C. L. [9] τῆς om. A. C. L. [10] ποιήσεων A. C. L.

Διὰ τούτους] Repete λόγους. IDEM.

Τὰς ὑπεροχὰς] *exsuperantiam.* IDEM.

Νεώτερα] *quæ juvenili magis ætati conveniant, efferventiora.* IDEM.

Τῶν εἰρημένων] F. ἄνευ τῶν εἰρ. *qui quum nullam artis rhetoricæ partem sine his, quæ a me dicta sunt, suis discipulis explicare queant.* WOLF.

Ἀμελεῖν ἡμῶν] Ἐὰν ἡμᾶς ἡσυχίαν ἔχειν καὶ μὴ ἐνοχλεῖν. COR.

Παραγινώσκοντες] Τὸ ἐν μέρει τούς θ' ἑαυτῶν καὶ τοὺς ἐμοῦ ἀναγινώσκοντες. WOLF. Ita ut τοῖς αὑτῶν non ad discipulos, sed ad orationes spectet, quod mihi valde contortum videtur. Verte: *perperam prælegentes et recitantes.* LANG. Κακῶς ἀναγινώσκοντες. COR.

Διαιροῦντες] *distinguentes,* in recitatione. LANG. Κακῶς στίζοντες καὶ διατέμνοντες τά τε κῶλα καὶ περιόδους αὐτῶν, ἵνα καταδεέστεροι τῆς ἐμῆς δόξης φαίνοιντο. COR.

Κατακνίζοντες] *vellicantes.* LANG. Κατακόπτοντες καὶ οἱονεὶ κατακερματίζοντες. COR.

Τῶν ἀγελαίων] Τῶν εὐτελῶν, τῶν φαύλων, τῶν χυδαίων. IDEM.

Ταχέως πανταχοῦ γιγνομένων] Wolf. vertit: *et celeriter in quovis loco sunt.* Auger: *et ad quasvis literarum partes celeriter transvolant.* Utra sit vera interpreta-

e σεως, οὐδὲν μὲν παρ' αὐτῶν λέγοντες, τὰ δ' ἐκείνων ῥαψῳ-
δοῦντες καὶ τῶν πρότερον ἄλλοις τισὶν εἰρημένων τὰ χαριέ-
στατα μνημονεύοντες· ἀποδεξαμένων δὲ τῶν περιεστώτων
τὴν διατριβὴν αὐτῶν ἕνα τὸν τολμηρότατον [1] ἐπιχειρῆσαί με
διαβάλλειν, λέγονθ' ὡς ἐγὼ πάντων καταφρονῶ τῶν τοιού-
237 των, καὶ τάς τε φιλοσοφίας τὰς τῶν ἄλλων καὶ τὰς παιδείας ἁπάσας ἀναιρῶ, καὶ φημὶ πάντας ληρεῖν πλὴν τοὺς
μετεσχηκότας τῆς ἐμῆς διατριβῆς· τούτων δὲ ῥηθέντων ἀηδῶς τινὰς τῶν παρόντων διατεθῆναι πρὸς ἡμᾶς. ὡς μὲν οὖν
ἐλυπήθην καὶ συνεταράχθην ἀκούσας ἀποδέξασθαί τινας
τοὺς λόγους τούτους, [2] οὐκ ἂν δυναίμην εἰπεῖν· ᾤμην γὰρ
οὕτως ἐπιφανὴς εἶναι τοῖς ἀλαζονευομένοις πολεμῶν καὶ
b περὶ ἐμαυτοῦ μετρίως διειλεγμένος, μᾶλλον δὲ ταπεινῶς,
ὥςτε μηδέν' [3] ἄν ποτε γενέσθαι πιστὸν τῶν λεγόντων ὡς
ἐγὼ τοιαύταις ἀλαζονείαις ἐχρησάμην. ἀλλὰ γὰρ οὐκ ἀλόγως ὠδυράμην ἐν ἀρχῇ τὴν ἀτυχίαν τὴν [4] παρακολουθοῦσάν
μοι πάντα τὸν χρόνον [5] ἐν [6] τοῖς τοιούτοις· αὕτη γάρ ἐστιν
αἰτία καὶ τῆς ψευδολογίας τῆς περὶ ἐμὲ γιγνομένης καὶ τῶν
διαβολῶν καὶ τοῦ φθόνου καὶ τοῦ μὴ δύνασθαί με τυχεῖν
c τῆς δόξης ἧς ἄξιός εἰμι, μηδὲ τῆς ὁμολογουμένης, μηδ' ἣν
ἔχουσί τινες τῶν πεπλησιακότων [7] μοι καὶ πανταχῇ τεθεω-
ρηκότων ἡμᾶς. ταῦτα μὲν οὖν οὐχ οἷόν τ' ἄλλως ἔχειν, ἀλλ'
ἀνάγκη στέργειν τοῖς ἤδη συμβεβηκόσι.

θ'. Πολλῶν δέ μοι λόγων ἐφεστώτων, ἀπορῶ πότερον 237
[8] ἀντικατηγορῶ τῶν εἰθισμένων ἀεί τι ψεύδεσθαι περὶ ἐμοῦ
[9] καὶ λέγειν [10] ἀνεπιτήδειον τολμώντων. ἀλλ' εἰ φανείην
d σπουδάζων, καὶ πολλοὺς λόγους ποιούμενος περὶ ἀνθρώπων
οὓς οὐδεὶς ὑπείληφεν ἀξίους εἶναι λόγου, δικαίως ἂν μωρὸς

[1] ἐκεινῶν ἐπιχειρῆσαί A. C. L. [2] εἶναι ἐμοὺς, οὐκ A. C. L. [3] ἂν om. A. C. L.
[4] παρακολουθήσασάν A. C. L. [5] διὰ A. om. L. [6] τοὺς τοιούτους A. [7] ἐμοὶ A. C. L.
[8] ἀντικατηγορῶν A. L. [9] γενήσομαι καὶ A. L. [10] ἀνεπιτήδειόν τι A. C. L.

tio, vix definiri potest. LANG. Ἀντὶ τοῦ, παραγιγνομένων καὶ πανταχοῦ εὑρισκομένων. COR.

Καὶ τῶν προτέρον κ. τ. λ.] *et elegantissima quæque, quæ ab aliis ante nostra tempora dicta sunt, referentes.* LANG.

Ἀποδεξαμένων δὲ κ. τ. λ.] *quum disputationem seu recitationem suavissimorum e veteribus poetis locorum approbassent.* IDEM.

Φιλοσοφίας] *orationes, seu artis rhetoricæ cognitionem.* IDEM.

Διατεθῆναι] E superioribus repete: ἔλεγόν τινες τῶν ἐπιτηδείων. IDEM.

Ἀποδέξασθαί τινας] Πιστεῦσαί τινας. COR.

Καὶ περὶ ἐμαυτοῦ — ταπεινῶς] *et de me ipso modice vel potius submisse loqui.* LANG.

Ἐν τοῖς τοιούτοις] Πράγμασι δηλαδή. COR.

Τῆς δόξης] Per δόξαν non εὔκλειαν, sed τὴν ὑπόληψιν intelligo. WOLF. Recte *opinionem de me.* LANG.

εἶναι δοκοίην. ἀλλὰ τούτους ὑπεριδὼν [1] ἀπολογῶμαι πρὸς
τοὺς ἀδίκως μοι τῶν ἰδιωτῶν φθονοῦντας, καὶ πειρῶμαι
διδάσκειν [2] αὐτοὺς ὡς οὐ δικαίως οὐδὲ προσηκόντως περὶ ἐμοῦ
ταύτην ἔχουσι τὴν γνώμην; καὶ τίς οὐκ ἂν καταγνοίη μου
πολλὴν ἄνοιαν, εἰ τοὺς μηδὲν δι᾽ ἕτερον δυσκόλως πρός με
διακειμένους ἢ [3] διὰ τὸ δοκεῖν χαριέντως εἰρηκέναι περί
τινων, τούτους οἰηθείην ὁμοίως διαλεχθεὶς ὥσπερ πρότερον e
παύσειν ἐπὶ τοῖς λεγομένοις λυπουμένους, ἀλλ᾽ οὐ μᾶλλον
ἀλγήσειν; ἄλλως τε [4] κἂν φανῶ μηδὲ νῦν πω τηλικοῦτος
ὢν [5] πεπαυμένος παραληρῶν. ἀλλὰ μὴν οὐδ᾽ ἐκεῖνο ποιεῖν
οὐδεὶς ἄν μοι συμβουλεύσειεν, ἀμελήσαντι τούτων καὶ [6] με- 238
ταξὺ [7] καταβαλόντι περαίνειν τὸν λόγον, ὃν προήρημαι
βουλόμενος ἐπιδεῖξαι τὴν πόλιν ἡμῶν πλειόνων ἀγαθῶν
αἰτίαν γεγενημένην τοῖς Ἕλλησιν ἢ τὴν Λακεδαιμονίων· εἰ
γὰρ τοῦτο ἤδη [8] ποιοίην μήτε τέλος ἐπιθεὶς τοῖς γεγραμμένοις μήτε συγκλείσας τὴν ἀρχὴν τῶν ῥηθήσεσθαι μελλόντων
τῇ τελευτῇ τῶν ἤδη προειρημένων, ὅμοιος ἂν εἶναι δόξαιμι
τοῖς εἰκῇ καὶ φορτικῶς καὶ χύδην ὅ τι ἂν ἐπέλθῃ λέγουσιν·
ἃ φυλακτέον ἡμῖν ἐστί. κράτιστον οὖν ἐξ ἁπάντων τούτων, b
[9] περὶ ὧν τὸ τελευταῖόν με διέβαλλον ἀποφηνάμενον ἃ δοκεῖ
μοι, τότ᾽ ἤδη λέγειν περὶ ὧν ἐξ ἀρχῆς [10] διενοήθην· οἶμαι γάρ,
ἢν ἐξενέγκω γράψας καὶ ποιήσω φανερὰν ἣν ἔχω γνώμην περί
τε τῆς παιδείας καὶ τῶν ποιητῶν, παύσειν αὐτοὺς ψευδεῖς
πλάττοντας αἰτίας καὶ λέγοντας ὅ τι ἂν τύχωσιν.

ι΄. [11] Τῆς μὲν οὖν παιδείας τῆς ὑπὸ τῶν προγόνων καταλειφθείσης τοσούτου δέω καταφρονεῖν, ὥστε καὶ τὴν ἐφ᾽ ἡμῶν
κατασταθεῖσαν ἐπαινῶ, λέγω δὲ τήν τε γεωμετρίαν καὶ
τὴν ἀστρολογίαν καὶ τοὺς διαλόγους τοὺς ἐριστικοὺς καλουμένους, οἷς οἱ μὲν νεώτεροι μᾶλλον χαίρουσι τοῦ δέοντος, τῶν
δὲ πρεσβυτέρων οὐδεὶς ἔστιν ὅστις ἀνεκτοὺς αὐτοὺς εἶναι φήσειεν. ἀλλ᾽ ὅμως ἐγὼ τοῖς ὡρμημένοις ἐπὶ ταῦτα [12] παρακελεύομαι πονεῖν καὶ προσέχειν τὸν νοῦν ἅπασι τούτοις, λέγων, c

[1] ὡς φθονοῦντας, πειρῶμαι A. C. L. [2] τοὺς ἄλλους A. C. L. [3] διὰ om. A. C. L. [4] ἂν καὶ A. C. L. [5] μὴ A. C. L. [6] μεταξὺ om. A. C. L. [7] καταβάλλοντι A. L. [8] ποιοίμην A. L. [9] περὶ - - - λέγειν om. A. C. L. [10] διενοήθην εἰπεῖν· A. C. L. [11] τῆς μὲν - - - φήσειεν om. A. C. L. [12] παρακελεύω μὴ πονεῖν καὶ μὴ προσέχειν A. L.

Πειρῶμαι] Malim πειρήσομαι. AUGER. Καταβαλόντι] Καταφρονήσαντι. COR.

ὡς εἰ καὶ μηδὲν ἄλλο [1]δύναται τὰ μαθήματα ταῦτα ποιεῖν
ἀγαθὸν, ἀλλ' οὖν ἀποτρέπει γε τοὺς νεωτέρους πολλῶν ἄλλων ἁμαρτημάτων. τοῖς μὲν οὖν τηλικούτοις οὐδέποτ' ἂν
εὑρεθῆναι νομίζω διατριβὰς ὠφελιμωτέρας τούτων οὐδὲ 23
μᾶλλον πρεπούσας· τοῖς δὲ πρεσβυτέροις καὶ τοῖς εἰς ἄνδρας
δεδοκιμασμένοις οὐκέτι φημὶ τὰς μελέτας ταύτας ἁρμόττειν. ὁρῶ γὰρ ἐνίους τῶν ἐπὶ τοῖς μαθήμασι τούτοις οὕτως
d ἀπηκριβωμένων ὥστε καὶ τοὺς ἄλλους διδάσκειν, οὔτ' εὐκαίρως ταῖς ἐπιστήμαις αἷς ἔχουσι χρωμένους, ἔν τε ταῖς ἄλλαις
πραγματείαις ταῖς περὶ τὸν βίον ἀφρονεστέρους ὄντας τῶν
μαθητῶν· ὀκνῶ γὰρ εἰπεῖν τῶν οἰκετῶν. τὴν αὐτὴν δὲ γνώμην
ἔχω καὶ περὶ τῶν δημηγορεῖν δυναμένων καὶ τῶν περὶ τὴν
γραφὴν τὴν τῶν λόγων εὐδοκιμούντων, ὅλως δὲ [2]περὶ ἁπάντων τῶν [3]περὶ τὰς τέχνας καὶ τὰς ἐπιστήμας καὶ τὰς
e δυνάμεις διαφερόντων. οἶδα γὰρ καὶ τούτων τοὺς πολλοὺς
οὔτε τὰ περὶ σφᾶς αὐτοὺς καλῶς [4]διῳκηκότας οὔτ' ἐν ταῖς
ἰδίαις συνουσίαις ἀνεκτοὺς ὄντας, τῆς τε δόξης τῆς τῶν
συμπολιτευομένων ὀλιγωροῦντας, ἄλλων τε πολλῶν καὶ
239 μεγάλων ἁμαρτημάτων γέμοντας· ὥστ' οὐδὲ τούτους ἡγοῦμαι [5]μετέχειν τῆς ἕξεως περὶ ἧς ἐγὼ τυγχάνω διαλεγόμενος.

ιά. Τίνας οὖν [6]καλῶ πεπαιδευμένους, ἐπειδὴ τὰς τέχνας
καὶ τὰς ἐπιστήμας καὶ τὰς δυνάμεις ἀποδοκιμάζω; πρῶτον μὲν τοὺς καλῶς χρωμένους τοῖς πράγμασι τοῖς κατὰ
τὴν ἡμέραν ἑκάστην προσπίπτουσι, καὶ τὴν δόξαν ἐπιτυχῆ
τῶν καιρῶν ἔχοντας καὶ δυναμένην ὡς ἐπὶ τὸ πολὺ στοχάζεσθαι του συμφέροντος· ἔπειτα τοὺς πρεπόντως καὶ δι-
b καίως ὁμιλοῦντας τοῖς ἀεὶ πλησιάζουσι, καὶ τὰς μὲν τῶν

[1] δυνήσεται A. C. L. [2] καὶ περὶ A. C. L. [3] περὶ τὰς τέχνας καὶ om. C. L. κατὰ A. [4] διοικήσαντας A. C. L. [5] μετασχεῖν A. C. L. [6] ἔχω A. C. L.

Τοῖς μὲν οὖν τηλικούτοις] Τοῖς ταύτην ἔχουσι τὴν ἡλικίαν. Idem.

Τὰς μελέτας] Τῆς ἐριστικῆς nempe et ποιητικῆς, ut Wolf. explicat. Lang.

Ἐπὶ τοῖς μαθήμασι] *istas disciplinas* (de rebus futilibus disputandi et poemata aliorum recitandi) *ita cognitus habentium*. Idem.

Οὔτ' εὐκαίρως] *quavis occasione etsi maxime inopportuna*. Idem.

Τῶν οἰκετῶν] Τῶν δούλων, οἵτινες οὐ μετεῖχον ὅλως παιδείας. Cor.

Τὰς ἐπιστήμας καὶ τὰς δυνάμεις] *disciplinas et artes*. Lang.

Τῆς τε δόξης] *existimationis*. Idem.

Τῆς ἕξεως] Τῆς ἐπιστήμης, τῆς μαθήσεως. Cor.

Τὴν δόξαν] Τὴν περὶ τῶν πραγμάτων κρίσιν. Idem.

ἄλλων ἀηδίας καὶ βαρύτητας εὐκόλως καὶ ῥᾳδίως φέροντας,
σφᾶς δ' αὐτοὺς ὡς δυνατὸν ἐλαφροτάτους καὶ μετριωτάτους
τοῖς συνοῦσι παρέχοντας· ἔτι [1] τοὺς τῶν μὲν ἡδονῶν ἀεὶ κρατοῦντας, τῶν δὲ συμφορῶν μὴ λίαν ἡττωμένους, ἀλλ' ἀνδρωδῶς ἐν αὐταῖς διακειμένους καὶ τῆς φύσεως ἀξίως ἧς
μετέχοντες τυγχάνομεν· τέταρτον, ὅπερ μέγιστον, τοὺς μὴ
διαφθειρομένους ὑπὸ τῶν εὐπραγιῶν μηδ' [2] ἐξισταμένους αὑ- c
τῶν μηδ' ὑπερηφάνους γιγνομένους, ἀλλ' ἐμμένοντας τῇ τάξει
[3] τῇ τῶν εὖ φρονούντων, καὶ μὴ μᾶλλον χαίροντας τοῖς διὰ
239 τύχην ὑπάρξασιν ἀγαθοῖς ἢ τοῖς διὰ τὴν αὑτῶν φύσιν καὶ
φρόνησιν ἐξ ἀρχῆς γιγνομένοις. τοὺς δὲ μὴ μόνον πρὸς ἓν
τούτων ἀλλὰ [4] καὶ πρὸς ἅπαντα ταῦτα τὴν ἕξιν τῆς ψυχῆς
εὐάρμοστον ἔχοντας, τούτους φημὶ καὶ φρονίμους εἶναι καὶ
[5] τελέους ἄνδρας καὶ πάσας ἔχειν τὰς ἀρετάς. περὶ μὲν οὖν
τῶν πεπαιδευμένων τυγχάνω [6] ταῦτα γιγνώσκων. d

ιβ'. Περὶ δὲ τῆς Ὁμήρου καὶ [7] τῆς Ἡσιόδου καὶ τῆς τῶν
ἄλλων ποιήσεως ἐπιθυμῶ μὲν εἰπεῖν — οἶμαι γὰρ ἂν
παῦσαι τοὺς ἐν τῷ Λυκείῳ ῥαψῳδοῦντας [8] τἀκείνων καὶ
ληροῦντας [9] περὶ αὐτῶν —, αἰσθάνομαι δ' ἐμαυτὸν ἔξω
φερόμενον τῆς συμμετρίας τῆς συντεταγμένης τοῖς προοιμίοις. ἔστι δ' ἀνδρὸς νοῦν ἔχοντος μὴ τὴν εὐπορίαν ἀγαπᾶν,
[10] ἣν ἔχῃ τις περὶ τῶν αὐτῶν πλείω τῶν ἄλλων εἰπεῖν,
ἀλλὰ τὴν εὐκαιρίαν διαφυλάττειν [11] ὑπὲρ ὧν ἂν ἀεὶ τυγ- e
χάνῃ διαλεγόμενος· ὅπερ ἐμοὶ ποιητέον ἐστί. περὶ μὲν
οὖν τῶν ποιητῶν αὖθις ἐροῦμεν, ἢν μή με προανέλῃ τὸ
γῆρας, [12] ἢ περὶ σπουδαιοτέρων πραγμάτων [13] ἔχω τι λέγειν
ἢ τούτων. 240

ιγ'. Περὶ δὲ τῶν τῆς πόλεως εὐεργεσιῶν τῶν εἰς τοὺς
Ἕλληνας ἤδη ποιήσομαι τοὺς λόγους, οὐχ ὡς οὐ πλείους
ἐπαίνους πεποιημένος περὶ αὐτῆς ἢ σύμπαντες οἱ περὶ τὴν

[1] δὲ τοὺς A. C. L. [2] ἐξανισταμένους A. L. [3] τῇ om. A. C. L. [4] καὶ om. A. C. L. [5] τελείους A. C. L. [6] ταῦτα γιγνώσκων τυγχάνω A. C. L. [7] τῆς Ἡσιόδου καὶ τῆς om. A. C. L. [8] τὰ ἐκείνων A. C. L. [9] τὰ περὶ A. L. inclusit τὰ C. [10] ἣν ἔχει A. L. [11] περὶ A. C. L. [12] περὶ γὰρ A. C. L. [13] ἔχομεν λέγειν A. C. L.

Ἐλαφροτάτους] Πρᾳοτάτους. Harpocrat.
Ἐξισταμένους αὑτῶν] delirantes.
Γιγνομένοις] Ἄμεινον γράφειν, γενομένοις. Cor.

Τὴν εὐκαιρίαν διαφυλάττειν] modum servare. Lang.
Ἢ σύμπαντες] Cf. Paneg. §. α'.

ποίησιν καὶ τοὺς λόγους ὄντες· οὐ μὴν ὁμοίως καὶ νῦν. τότε
μὲν γὰρ ἐν [1]λόγοις [2][τοῖς] περὶ ἑτέρων πραγμάτων ἐμε-
μνήμην αὐτῆς, νῦν δὲ περὶ ταύτης τὴν ὑπόθεσιν ποιησάμενος.
οὐκ ἀγνοῶ δ' ἡλίκος ὢν ὅσον ἔργον ἐνίσταμαι τὸ μέγεθος,
b ἀλλ' ἀκριβῶς εἰδὼς καὶ πολλάκις εἰρηκὼς ὅτι τὰ μὲν μικρὰ
τῶν πραγμάτων ῥᾴδιον τοῖς λόγοις αὐξῆσαι, τοῖς δ' ὑπερ-
βάλλουσι τῶν ἔργων καὶ τῷ μεγέθει καὶ τῷ κάλλει χαλεπὸν ἐξισῶσαι τοὺς ἐπαίνους. ἀλλ' [3]ὅμως οὐδὲν μᾶλλον
ἀποστατέον αὐτῶν [4]ἐστὶν, ἀλλ' ἐπιτελεστέον, ἤν περ ἔτι
ζῆν δυνηθῶμεν, ἄλλως τε καὶ πολλῶν [5]με παροξυνόντων
γράφειν αὐτὸν, πρῶτον μὲν τῶν εἰθισμένων ἀσελγῶς κατηγορεῖν τῆς πόλεως ἡμῶν, ἔπειτα τῶν χαριέντως μὲν [6]ἀπει-
c ροτέρως δὲ καὶ καταδεεστέρως ἐπαινούντων αὐτὴν, ἔτι δὲ τῶν
ἑτέρων μᾶλλον [7]εὐλογεῖν τολμώντων οὐκ ἀνθρωπίνως ἀλλ'
οὕτως ὥστε πολλοὺς ἀντιτάττεσθαι πρὸς αὐτοὺς, πάντων 240
δὲ μάλιστα τῆς ἡλικίας τῆς παρούσης, ἣ τοὺς ἄλλους
πέφυκεν ἀποτρέπειν· ἐλπίζω γὰρ, ἢν μὲν κατορθώσω, μείζω
λήψεσθαι δόξαν τῆς ὑπαρχούσης, ἢν δὲ ἐνδεέστερον τύχω
διαλεχθεὶς, πολλῆς συγγνώμης τεύξεσθαι παρὰ τῶν ἀκουόντων.

d ιδ'. Ἃ μὲν οὖν ἠβουλήθην καὶ περὶ ἐμαυτοῦ καὶ περὶ
τῶν ἄλλων ὥσπερ χορὸς πρὸ τοῦ ἀγῶνος προαναβαλέσθαι,
ταῦτά ἐστιν. ἡγοῦμαι δὲ χρῆναι τοὺς βουλομένους ἐγκωμιάσαι τινὰ τῶν πόλεων ἀκριβῶς καὶ δικαίως μὴ μόνον
περὶ αὐτῆς [8]ποιεῖσθαι τοὺς λόγους [9]ἧς προῃρημένοι τυγ-

[1] τοῖς λόγοις A. C. L. [2] [τοῖς] om. A. L. [3] ὅμως om. A. C. L.
[4] ἐστὶν αὐτῶν A. C. L. [5] με om. A. C. L. [6] ἀπείρως A. C. L.
[7] εὖ λέγειν A. C. L. [8] ποιεῖσθαι περὶ αὐτῆς A. C. L. [9] περὶ ἧς A.

Ὁμοίως καὶ νῦν] Ὡσαύτως ὥσπερ νῦν. Cor.

Τότε] In Panegyr. nempe. Lang.

Ποιησάμενος] Hic velim legi et distingui: ποιησάμενος· οὐκ ἀγνοῶν δὴ ἡλίκ. Auger.

Ἐνίσταμαι] Ἀναδέχομαι, ἐπιχειρῶ. Cor.

Χαριέντως] Wolf. recte explicat: εὐνοϊκῶς μᾶλλον ἢ πρεπόντως. Lang.

Ἔτι δὲ τῶν ἑτέρων μᾶλλον] *præterea propter eos qui nostram civitatem plus aliis* (i. e. *plus quam alii*, vel *plus quam alios*) *prædicare audent, idque faciunt non humaniter* (i. e. vel divinis laudibus eam celebrant, vel cum depressione et insectatione aliorum), *sed sic ut multi se eis opponant*, i. e. Athenienses insectentur et se ac suos tueantur. Wolf. Ἑτέρων regitur a μᾶλλον. *præterea eorum qui audent laudare* (civitatem Atheniensem) *magis quam alias civitates*. Auger. Lang. Ὁ νοῦς· Παροξυνόντων με πρῶτον μὲν τῶν κατηγορούντων, ἔπειτα τῶν ἐπαινούντων, ἀπείρως δὲ καὶ καταδεεστέρως ἐπαινούντων, ἔτι δὲ μᾶλλον τῶν ἑτέρων ἐπαινετῶν, τουτέστι τῶν οὐκ ἀνθρωπίνως ἐπαινούντων, πάντων δὲ μάλιστα κ. τ. λ. Cor. Qui tamen pro ἑτέρων mavult νεωτέρων.

Ὥσπερ χορὸς π. τ. ἀγ. προαναβαλέσθαι] *tanquam cœtus musicorum, antequam in certaminibus seu ludis canere incipiant, præludere*. Wolf.

χάνουσιν, ἀλλ' ὥσπερ τὴν πορφύραν καὶ τὸν χρυσὸν θεω-
ροῦμεν καὶ δοκιμάζομεν ἕτερα παραδεικνύοντες τῶν καὶ τὴν e
ὄψιν ὁμοίαν ἐχόντων καὶ τῆς τιμῆς τῆς αὐτῆς ἀξιουμένων,
οὕτω καὶ ταῖς πόλεσι παριστάναι, μὴ τὰς μικρὰς ταῖς
μεγάλαις, μηδὲ [1] τὰς πάντα τὸν χρόνον ὑφ' ἑτέραις [2] οὔσας
ταῖς [3] [πάντα τὸν χρόνον] ἄρχειν [4] εἰθισμέναις, μηδὲ τὰς 241
σώζεσθαι δεομένας πρὸς τὰς σώζειν δυναμένας, ἀλλὰ τὰς
παραπλησίαν καὶ τὴν δύναμιν ἐχούσας καὶ περὶ τὰς αὐτὰς
πράξεις γεγενημένας καὶ ταῖς ἐξουσίαις ὁμοίαις κεχρη-
μένας· οὕτω γὰρ ἂν μάλιστα τῆς ἀληθείας τύχοιεν. ἢν δή
τις ἡμᾶς τὸν τρόπον τοῦτον σκοπῆται καὶ [5] παραβάλλῃ μὴ
πρὸς τὴν τυχοῦσαν πόλιν ἀλλὰ πρὸς τὴν Σπαρτιατῶν, ἣν
οἱ μὲν πολλοὶ μετρίως ἐπαινοῦσιν, ἔνιοι δέ τινες ὥσπερ τῶν b
ἡμιθέων ἐκεῖ πεπολιτευμένων μέμνηνται περὶ αὐτῶν, φανησόμεθα καὶ τῇ δυνάμει καὶ ταῖς πράξεσι καὶ ταῖς [6] εὐεργεσίαις ταῖς περὶ τοὺς Ἕλληνας πλέον ἀπολελοιπότες αὐτοὺς
ἢ [7] 'κεῖνοι τοὺς ἄλλους.

ιέ. Τοὺς μὲν οὖν παλαιοὺς ἀγῶνας τοὺς ὑπὲρ τῶν Ἑλλήνων [8] γεγενημένους ὕστερον ἐροῦμεν, νῦν δὲ ποιήσομαι περὶ
ἐκείνων τοὺς λόγους ἀρξάμενος, ἐπειδὴ [9] κατέσχον τὰς
πόλεις τὰς [10] Ἀχαιΐδας [11] καὶ πρὸς Ἀργείους καὶ [12] Μεσση- c
νίους διείλοντο τὴν χώραν· ἐντεῦθεν γὰρ προσήκει διαλέγεσθαι περὶ αὐτῶν. οἱ μὲν τοίνυν ἡμέτεροι πρόγονοι φανήσονται τήν τε πρὸς τοὺς Ἕλληνας ὁμόνοιαν καὶ τὴν πρὸς
241 τοὺς βαρβάρους ἔχθραν, ἣν παρέλαβον ἐκ τῶν Τρωϊκῶν,
διαφυλάττοντες καὶ μένοντες ἐν τοῖς αὐτοῖς.

ις'. Καὶ πρῶτον μὲν τὰς Κυκλάδας νήσους, περὶ ἃς ἐγένοντο πολλαὶ πραγματεῖαι κατὰ τὴν Μίνω τοῦ Κρητὸς δυναστείαν, ταύτας τὸ τελευταῖον ὑπὸ Καρῶν κατεχομένας,
ἐκβαλόντες ἐκείνους οὐκ ἐξιδιώσασθαι τὰς χώρας ἐτόλμη- d

[1] ταῖς A. L. [2] οὔσαις τὰς A. L. [3] uncos om. A. C. L.
[4] εἰθισμένας A. L. [5] παραβάλῃ A. C. L. [6] εὐπραγίαις A. C. L.
[7] ἐκεῖνοι A. C. L. [8] γενομένους A. C. L. [9] κατασχόντες C.
[10] Ἀχαΐδας A. C. L. [11] καὶ om. C. [12] Μεσηνίους A. L.

Σκοπῆται] Ἴσως· σκοπῇ τε. Cor.

Περὶ αὐτῶν] Sc. τῶν Σπαρτιατῶν. Sed, quia præcedit ἐκεῖ, i. e. ἐν τῇ Σπάρτῃ πεπολιτευμένων, malim περὶ αὐτῆς. Wolf.

Ἀπολελοιπότες] Νενικηκότες. Harpocrat.

'Κεῖνοι] I. e. Lacedæmonii. Lang.

Παλαιοὺς ἀγῶνας] Scil. ἡμῶν, Atheniensium. Idem.

Περὶ ἐκείνων] *de Lacedæmoniis*, nisi ad ἀγῶνας referas. Ad κατέσχον intelligendum est Λακεδαιμόνιοι. Idem.

Ἐξιδιώσασθαι τὰς χώρας] *proprias sibi facere terras.* Idem.

σαν, ἀλλὰ τοὺς μάλιστα βίου τῶν Ἑλλήνων δεομένους κατῴκισαν εἰς αὐτάς· καὶ μετὰ ταῦτα πολλὰς πόλεις ἐφ'
ἑκατέρας τῶν ἠπείρων καὶ μεγάλας ἔκτισαν, καὶ τοὺς μὲν
βαρβάρους [2] ἀνέστειλαν ἀπὸ τῆς θαλάττης, τοὺς δ' Ἕλληνας ἐδίδαξαν ὃν τρόπον διοικοῦντες τὰς αὑτῶν πατρίδας καὶ
πρὸς οὓς πολεμοῦντες μεγάλην [3] ἂν τὴν Ἑλλάδα ποιήσειαν.
e Λακεδαιμόνιοι δὲ περὶ τὸν αὐτὸν χρόνον τοσοῦτον ἀπέσχον
τοῦ πράττειν τι τῶν αὐτῶν τοῖς ἡμετέροις καὶ τοῦ τοῖς
μὲν βαρβάροις πολεμεῖν τοὺς δ' Ἕλληνας εὐεργετεῖν, ὥστ'
οὐδ' ἡσυχίαν ἄγειν ἠθέλησαν, ἀλλ' ἔχοντες πόλιν ἀλλο-
242 τρίαν καὶ χώραν οὐ μόνον ἱκανὴν, ἀλλ' ὅσην οὐδεμία πόλις
τῶν Ἑλληνίδων, οὐκ ἔστερξαν ἐπὶ τούτοις, ἀλλὰ μαθόντες
ἐξ αὐτῶν τῶν συμβεβηκότων κατὰ μὲν τοὺς νόμους τάς τε
πόλεις καὶ τὰς χώρας τούτων εἶναι δοκούσας τῶν ὀρθῶς καὶ
νομίμως κτησαμένων, κατὰ δὲ τὴν ἀλήθειαν τούτων γιγνομένας τῶν τὰ περὶ τὸν πόλεμον [4] μάλιστ' ἀσκούντων καὶ
νικᾶν ἐν ταῖς μάχαις [5] τοὺς πολεμίους δυναμένων, ταῦτα
b διανοηθέντες, ἀμελήσαντες γεωργιῶν καὶ τεχνῶν καὶ τῶν
ἄλλων ἁπάντων, οὐδὲν ἐπαύοντο κατὰ μίαν ἑκάστην τῶν
πόλεων τῶν ἐν Πελοποννήσῳ πολιορκοῦντες καὶ κακῶς ποιοῦντες [6] ἕως ἁπάσας κατεστρέψαντο πλὴν τῆς Ἀργείων.
συνέβαινεν οὖν ἐξ ὧν μὲν ἡμεῖς ἐπράττομεν, αὐξάνεσθαί
[7] τε τὴν Ἑλλάδα καὶ τὴν Εὐρώπην κρείττω γίγνεσθαι τῆς
Ἀσίας, καὶ πρὸς τούτοις τῶν μὲν Ἑλλήνων τοὺς ἀποροῦντας πόλεις λαμβάνειν καὶ χώρας, τῶν δὲ βαρβάρων τοὺς
c εἰθισμένους ὑβρίζειν ἐκπίπτειν [8] ἐκ τῆς αὑτῶν καὶ φρονεῖν
ἔλαττον ἢ πρότερον· ἐξ ὧν δὲ Σπαρτιᾶται, τὴν ἐκείνων
μόνην μεγάλην γίγνεσθαι, καὶ πασῶν μὲν τῶν ἐν Πελοποννήσῳ πόλεων ἄρχειν, ταῖς [9] δ' ἄλλαις φοβερὰν εἶναι καὶ 242

[1] ἑκάτερα τῆς ἠπείρου A. C. L. [2] ἀνέστησαν A. C. L. [3] ἂν om. A. C. L.
[4] κάλλιστα A. C. L. [5] τοὺς πολεμίους ἐν ταῖς μάχαις A. C. L.
[6] καὶ καταστρέψαντες A. L. καὶ καταστρέφοντες C. [7] τε om. A. C. L.
[8] ἐκ om. A. C. L. [9] ἄλλαις φανερὰν A. L.

Πόλιν ἀλλοτρίαν] Erant enim primitus Dores, quorum quidem duces Heraclidæ Lacedæmonem, Messenen et Argon jure possidebant; horum vero socii et subjecti, tanquam Dores, non item. Vid. Archid. §. ς'. IDEM.

Ἐξ αὐτῶν τῶν συμβεβ.] *ex ipso eventu*, i. e. propria experientia edocti, siquidem ipsi armorum vi sua aliis eripuerant. IDEM.

Πλὴν τῆς Ἀργείων] Messene enim a Lacedæmoniis quoque capta est. Vid. Archid. §. ζ'. IDEM.

Ἐξ ὧν δὲ Σπαρτιᾶται] Subaudi ἔπραττον. AUGER.

πολλῆς θεραπείας τυγχάνειν παρ' αὐτῶν. ἐπαινεῖν μὲν οὖν δίκαιόν ἐστι τὴν τοῖς ἄλλοις πολλῶν ἀγαθῶν αἰτίαν [1]γεγενημένην, δεινὴν δὲ νομίζειν τὴν αὑτῇ τὰ συμφέροντα διαπραττομένην, καὶ φίλους μὲν ποιεῖσθαι τοὺς ὁμοίως αὑτοῖς τε καὶ τοῖς ἄλλοις χρωμένους, φοβεῖσθαι δὲ καὶ d
δεδιέναι τοὺς πρὸς σφᾶς μὲν αὐτοὺς ὡς δυνατὸν οἰκειότατα διακειμένους, πρὸς δὲ τοὺς ἄλλους ἀλλοτρίως καὶ πολεμικῶς τὴν αὑτῶν διοικοῦντας. τὴν μὲν οὖν ἀρχὴν ἑκατέρα [2]τοῖν πολέοιν τοιαύτην ἐποιήσατο.

ιζ'. Χρόνῳ δ' ὕστερον γενομένου τοῦ Περσικοῦ πολέμου, καὶ Ξέρξου τοῦ τότε βασιλεύοντος τριήρεις μὲν συναγαγόντος [3]τριακοσίας καὶ χιλίας, τῆς δὲ πεζῆς στρατιᾶς πεντακοσίας [4]μὲν μυριάδας τῶν [5]ἁπάντων, ἑβδομήκοντα δὲ e
τῶν μαχίμων, τηλικαύτῃ [6]δὲ δυνάμει στρατεύσαντος ἐπὶ τοὺς Ἕλληνας, Σπαρτιᾶται μὲν ἄρχοντες Πελοποννησίων εἰς τὴν ναυμαχίαν τὴν ποιήσασαν ῥοπὴν ἅπαντος τοῦ πολέμου δέκα μόνον συνεβάλοντο τριήρεις, οἱ δὲ πατέρες 243
ἡμῶν ἀνάστατοι γενόμενοι καὶ τὴν πόλιν ἐκλελοιπότες διὰ τὸ μὴ τετειχίσθαι κατ' ἐκεῖνον τὸν χρόνον [7]πλείους ναῦς [8]παρέσχοντο καὶ μείζω δύναμιν ἐχούσας ἢ σύμπαντες οἱ [9]συγκινδυνεύσαντες· καὶ στρατηγὸν οἱ μὲν Εὐρυβιάδην, ὃς εἰ τέλος ἐπέθηκεν οἷς διενοήθη πράττειν οὐδὲν ἂν [10]ἐκώλυεν ἀπολωλέναι τοὺς Ἕλληνας, οἱ δ' ἡμέτεροι Θεμιστοκλέα τὸν ὁμολογουμένως ἅπασιν αἴτιον εἶναι δόξαντα καὶ τοῦ τὴν ναυμαχίαν γενέσθαι κατὰ τρόπον καὶ τῶν ἄλλων b
ἁπάντων τῶν ἐν ἐκείνῳ τῷ χρόνῳ κατορθωθέντων. τεκμήριον δὲ μέγιστον· ἀφελόμενοι γὰρ Λακεδαιμονίους τὴν ἡγεμονίαν οἱ συγκινδυνεύσαντες τοῖς ἡμετέροις παρέδοσαν. καίτοι τίνας ἂν τις κριτὰς ἱκανωτέρους ποιήσαιτο καὶ πιστοτέρους τῶν τότε πραχθέντων, ἢ τοὺς ἐν αὐτοῖς τοῖς [11]ἀγῶσι παραγενομένους; τίνα δ' ἂν τις εὐεργεσίαν εἰπεῖν

[1] γενομένην A. C. L. [2] ταῖν πολέοιν ἑκατέρα A. C. L. [3] διακοσίας A. C. L. [4] μὲν om. A. C. L. [5] πάντων A. C. L. [6] δὲ inclusit C. [7] κρείττους A. [8] παρέσχον A. C. L. [9] κινδυνεύσαντες A. L. [10] ἐκώλυσεν A. C. L. [11] κινδύνοις A. C. L.

Ποιεῖσθαι] Repete δίκαιόν ἐστι, aut subaudi δεῖ. LANG.

Χρόνῳ δ' ὕστερον κ. τ. λ.] Cf. Paneg. §. κϛ'. sq.

Ἀνάστατοι γενόμενοι] *extorres facti.* LANG.

Ἀφελόμενοι γὰρ Λακεδ.] Διὰ τὴν Παυσανίου ὕβριν καὶ προδοσίαν. WOLF.

c ἔχοι ταύτης μείζω τῆς ἅπασαν τὴν Ἑλλάδα σῶσαι δυνηθείσης;

ιή. Μετὰ ταῦτα τοίνυν συνέβη κυρίαν ἑκατέραν γενέσθαι τῆς ἀρχῆς τῆς κατὰ θάλατταν, ἣν ὁπότεροι ἂν κατάσχωσιν, ὑπηκόους ἔχουσι τὰς πλείστας τῶν πόλεων. ὅλως 243
μὲν οὖν οὐδετέραν ἐπαινῶ· πολλὰ γὰρ ἄν τις αὐταῖς ἐπιτιμήσειεν· οὐ μὴν ἀλλὰ καὶ περὶ τὴν ἐπιμέλειαν ταύτην οὐκ ἔλαττον αὐτῶν διηνέγκαμεν ἢ περὶ τὰς πράξεις τὰς ὀλίγῳ
d πρότερον εἰρημένας. οἱ μὲν γὰρ ἡμέτεροι πατέρες ἔπειθον τοὺς συμμάχους ποιεῖσθαι πολιτείαν [1]ταύτην, ἥνπερ αὐτοὶ διετέλουν ἀγαπῶντες· ὃ σημεῖόν ἐστιν εὐνοίας καὶ φιλίας, ὅταν τινὲς παραινῶσι τοῖς ἄλλοις χρῆσθαι τούτοις, ἅπερ ἂν σφίσιν αὐτοῖς συμφέρειν ὑπολάβωσιν· Λακεδαιμόνιοι δὲ κατέστησαν οὔθ' ὁμοίαν τῇ παρ' αὐτοῖς οὔτε ταῖς ἄλλοθί που [2]γεγενημέναις, ἀλλὰ δέκα μόνους ἄνδρας [3]κυρίους ἑκάστης
e [4]τῆς πόλεως ἐποίησαν, ὧν ἐπιχειρήσας ἄν τις κατηγορεῖν τρεῖς ἢ τέτταρας ἡμέρας συνεχῶς οὐδὲν ἂν μέρος εἰρηκέναι δόξειε τῶν ἐκείνοις ἡμαρτημένων. καθ' ἕκαστον μὲν οὖν διεξιέναι περὶ τῶν τοιούτων καὶ τοσούτων τὸ πλῆθος ἀνόητόν
244 ἐστιν· ὀλίγα δὲ [5]καθ' ἁπάντων εἰπεῖν, ἃ τοῖς ἀκούσασιν ὀργὴν ἀξίαν [6]ἐμποιήσειεν ἂν τῶν πεπραγμένων, νεώτερος μὲν ὢν ἴσως [7]ἂν ἐξεῦρον, νῦν δ' οὐδὲν [8]ἐπέρχεταί μοι τοιοῦτον, ἀλλ' [9]ἅπερ ἅπασιν, ὅτι τοσοῦτον ἐκεῖνοι διήνεγκαν ἀνομίᾳ καὶ πλεονεξίᾳ τῶν προγεγενημένων, ὥστ' οὐ μόνον αὑτοὺς ἀπώλεσαν καὶ τοὺς φίλους καὶ τὰς πατρίδας τὰς αὑτῶν, ἀλλὰ καὶ Λακεδαιμονίους πρὸς τοὺς συμμάχους
b [10]διαβαλόντες εἰς τοιαύτας καὶ τοσαύτας συμφορὰς [11]εἰσέβαλον, ὅσας οὐδεὶς πώποτε αὐτοῖς γενήσεσθαι προσεδόκησε·

ιθ'. Μάλιστα μὲν οὖν ἐντεῦθεν ἄν τις δυνηθείη κατιδεῖν ὅσῳ μετριώτερον καὶ πρᾳότερον ἡμεῖς τῶν πραγμάτων ἐπε-

[1] τοιαύτην A. C. L. [2] γενομέναις A. C. L. [3] κυρίους om. A.
[4] τῆς om. A. C. L. [5] κατὰ πάντων A. C. L. [6] ἐμποιήσουσι τῶν A. C. L.
[7] ἂν om. A. L. [8] ὑπέρχεται A. L.
[9] παρὰ πᾶσιν ὁμολογεῖται A. L. ἅπαντες ἴσασιν C. [10] διαβάλλοντες A. C. L.
[11] ἐνέβαλον A. C. L.

Ἑκατέραν] *utrumque*, i. e. et Lacedæmoniorum civitatem, non uno, sed diverso tempore. LANG.

Ἐκεῖνοι] I. e. οἱ δέκα ἄνδρες. IDEM.

Τῶν προγεγενημένων] I. e. triginta tyrannorum, qui decemviros tempore anteiverunt. Vid. Harpocrat. in voc. δέκα. IDEM.

μελήθημεν, δεύτερον δ' ἐκ τοῦ ῥηθήσεσθαι μέλλοντος· Σπαρτιᾶται μὲν γὰρ ἔτη δέκα μόλις ἐπεστάτησαν αὐτῶν, ἡμεῖς
δὲ πέντε καὶ ἑξήκοντα συνεχῶς κατέσχομεν τὴν ἀρχήν. καίτοι πάντες ἴσασι τὰς πόλεις τὰς ὑφ' ἑτέροις γιγνομένας, c
ὅτι πλεῖστον χρόνον τούτοις παραμένουσιν ὑφ' ὧν ἂν ἐλάχιστα κακὰ πάσχουσαι τυγχάνωσιν. ἐκ τούτων τοίνυν
ἀμφότεραι μισηθεῖσαι κατέστησαν εἰς πόλεμον καὶ ταρα-
244 χὴν, ἐν ᾗ τὴν μὲν ἡμετέραν εὕροι τις ἂν ἁπάντων αὐτῇ
καὶ τῶν Ἑλλήνων καὶ τῶν βαρβάρων ἐπιθεμένων, ἔτη δέκα
τούτοις ἀντισχεῖν δυνηθεῖσαν, Λακεδαιμονίους δὲ κρατοῦντας [1]ἔτι κατὰ γῆν, πρὸς Θηβαίους μόνους πολεμήσαντας d
καὶ μίαν μάχην ἡττηθέντας, ἁπάντων ἀποστερηθέντας ὧν
εἶχον, καὶ παραπλησίαις ἀτυχίαις χρησαμένους καὶ συμφοραῖς αἷσπερ ἡμεῖς, καὶ πρὸς τούτοις τὴν μὲν ἡμετέραν πόλιν
[2][ἐν] ἐλάττοσιν ἔτεσιν ἀναλαβοῦσαν αὑτὴν ἢ κατεπολε-
μήθη, Σπαρτιάτας δὲ μετὰ τὴν ἧτταν μηδ' ἐν πολλα-
πλασίῳ χρόνῳ δυνηθέντας καταστῆσαι σφᾶς αὐτοὺς εἰς
τὴν [3]αὐτὴν ἕξιν ἐξ ἧσπερ ἐξέπεσον, ἀλλ' ὁμοίως ἔτι καὶ νῦν e
ἔχοντας.

κ'. Τὰ τοίνυν πρὸς τοὺς βαρβάρους ὡς ἑκάτεροι προσηνέ-
χθημεν, δηλωτέον· ἔτι γὰρ τοῦτο λοιπόν ἐστιν. ἐπὶ μὲν γὰρ
τῆς ἡμετέρας δυναστείας οὐκ ἐξῆν αὐτοῖς οὔτ' ἐντὸς Ἅλυος
[4]πεζῷ στρατοπέδῳ καταβαίνειν οὔτε μακροῖς πλοίοις ἐπὶ
[5]τάδε πλεῖν Φασήλιδος· ἐπὶ δὲ τῆς Λακεδαιμονίων οὐ μόνον 245
τοῦ πορεύεσθαι καὶ πλεῖν [6]ὅποι βουληθεῖεν ἐξουσίαν ἔλαβον, ἀλλὰ καὶ δεσπόται πολλῶν Ἑλληνίδων πόλεων κατέστησαν.

κα'. Τὴν δὴ καὶ τὰς συνθήκας τὰς πρὸς βασιλέα γεν-
ναιοτέρας καὶ μεγαλοφρονεστέρας ποιησαμένην, καὶ τῶν
πλείστων καὶ μεγίστων τοῖς μὲν βαρβάροις κακῶν τοῖς δ'

[1] ἔτι, κατὰ γῆν A. C. L. [2] [ἐν] om. A. L. [3] αὑτῶν A. C. L.
[4] ποταμοῦ πεζῷ καταβαίνειν A. C. L. [5] τἄνδον A. C. L. [6] ὅπου A. L. ὅπη C.

Ἔτη δέκα μόλις] Scil. a clade in Hellesponto ad victoriam apud Cnidum. Cf. Paneg. §. λγ'.

Αὐτῶν] Np. πραγμάτων. AUGER.

Κατέσχομεν] Malim κατείχομεν. WOLF.

Ἐκ τούτων] Scil. κακῶν. AUGER. *his rebus*, i. e. imperii administratione. LANG.

Μίαν μάχην] Vid. or. ad Philip. §. ιϑ'. IDEM.

Ἕξιν ἐξ ἧσπερ] Perizon. ad Ælian. V. H. v. 9. *se restituere in fortunam qua ceciderunt.* IDEM.

Κατέστησαν] Conf. Paneg. §. λδ'. LANG.

Ἕλλησιν ἀγαθῶν αἰτίαν γεγενημένην, ἔτι δὲ τῆς [1] Ἀσίας
b τὴν παραλίαν καὶ πολλὴν ἄλλην χώραν [2] τοὺς μὲν πολεμίους ἀφελομένην τοῖς δὲ συμμάχοις κτησαμένην, καὶ τοὺς
μὲν ὑβρίζοντας τοὺς δ' ἀποροῦντας παύσασαν, πρὸς δὲ
τούτοις ὑπὲρ αὐτῆς τε πολεμήσασαν ἄμεινον τῆς εὐδοκιμούσης περὶ τὰ τοιαῦτα καὶ τὰς συμφορὰς θᾶττον διαλυ-
σαμένην τῶν αὐτῶν τούτων, πῶς οὐ δίκαιόν ἐστιν ἐπαινεῖν
καὶ τιμᾶν μᾶλλον ἢ τὴν ἐν ἅπασι τούτοις ἀπολελειμμένην;
c περὶ μὲν οὖν [3] τῶν πραχθέντων παρ' ἄλληλα καὶ τῶν κινδύνων τῶν ἅμα καὶ πρὸς τοὺς αὐτοὺς γενομένων ἐν τῷ παρόντι ταῦτ' [4] εἶχον εἰπεῖν.

κϐʹ. Οἶμαι δὲ τοὺς ἀηδῶς ἀκούοντας τῶν λόγων τούτων
τοῖς μὲν εἰρημένοις οὐδὲν [5] ἀντερεῖν ὡς οὐκ ἀληθέσιν οὖσιν, 245
οὐδ' αὖ πράξεις ἑτέρας ἕξειν εἰπεῖν περὶ ἃς Λακεδαιμόνιοι
[6] γενόμενοι πολλῶν ἀγαθῶν αἴτιοι τοῖς Ἕλλησι κατέστησαν, κατηγορεῖν δὲ τῆς πόλεως ἡμῶν [7] ἐπιχειρήσειν, ὅπερ
d ἀεὶ ποιεῖν εἰώθασι, καὶ διεξιέναι τὰς δυσχερεστάτας τῶν
πράξεων τῶν ἐπὶ τῆς ἀρχῆς τῆς κατὰ θάλατταν γεγενημένων, καὶ τάς τε δίκας καὶ τὰς κρίσεις τὰς ἐνθάδε γιγνομένας τοῖς συμμάχοις καὶ τὴν τῶν φόρων εἴσπραξιν [8] διαβαλεῖν, καὶ μάλιστα [9] διατρίψειν περὶ τὰ Μηλίων πάθη
καὶ Σκιωναίων [10] καὶ Τορωναίων, [11] οἰομένους ταῖς κατηγορίαις ταύταις [12] καταρυπανεῖν τὰς τῆς πόλεως εὐεργεσίας
τὰς ὀλίγῳ πρότερον εἰρημένας.

κγʹ. Ἐγὼ δὲ πρὸς ἅπαντα μὲν τὰ δικαίως ἂν ῥηθέντα
e κατὰ τῆς πόλεως οὔτ' ἂν δυναίμην ἀντειπεῖν οὔτ' ἂν ἐπιχειρήσαιμι τοῦτο ποιεῖν· καὶ γὰρ ἂν αἰσχυνοίμην, ὅπερ εἶπον
ἤδη καὶ πρότερον, εἰ τῶν ἄλλων μηδὲ τοὺς θεοὺς ἀναμαρ-

[1] μὲν Ἀσιάς A. L. [2] τοῖς μὲν πολεμίοις A. L. [3] τῶν om. A. C. L. [4] εἴχομεν A. C. L. [5] ἂν ἀντερεῖν A. L. [6] γιγνόμενοι A. L. [7] ἐπιχειροῦσιν A. L. ἐπιχειρήσουσιν C. [8] διαβαλοῦσι A. C. L. [9] διατρίψουσι A. C. L. [10] καὶ Τορωναίων om. A. C. L. [11] οἰόμενοι A. C. L. [12] καταρυπαίνειν A. C. L.

Περὶ τὰ τοιαῦτα] *quæ ad rem militarem pertinent.* IDEM.

Τῶν αὐτῶν τούτων] *quam Lacedæmonios.* IDEM.

Περὶ μὲν οὖν τῶν πραχθ. παρ' ἄλληλα] Τὸ ἑξῆς· ταῦτα ἐν τῷ παρόντι ἔχομεν εἰπεῖν περὶ τῶν πραχθέντων ἑκατέροις (τουτέστιν, ἡμῖν τε καὶ Λακεδαιμονίοις τιθέντες καὶ ἐξετάζοντες αὐτὰ) παρ' ἄλληλα κ. τ. λ. COR.

Ἐνθάδε γιγνομένας] F. ἐνθάδε γενομένας. WOLF.

Σκιωναίων] Cf. Thucyd. v. 3. et 32. et Paneg. §. κθʹ.

Καταρυπαίνειν] Καταμολύνειν καὶ καθυβρίζειν. COR.

Ὅπερ εἶπον ἤδη καὶ πρότ.] Np. in Epistola ad Philipp. secunda. LANG.

τήτους εἶναι νομιζόντων ἐγὼ γλιχοίμην καὶ πειρῴμην πείθειν ὡς περὶ οὐδὲν πώποτε τὸ κοινὸν ἡμῶν πεπλημμέληκεν· οὐ μὴν ἀλλ᾽ ἐκεῖνό γ᾽ οἴομαι ποιήσειν, τήν τε πόλιν τὴν 246
Σπαρτιατῶν ἐπιδείξειν περὶ τὰς πράξεις τὰς προειρημένας πολὺ πικροτέραν καὶ χαλεπωτέραν τῆς ἡμετέρας γεγενημένην, τούς θ᾽ ὑπὲρ ἐκείνων βλασφημοῦντας καθ᾽ ἡμῶν ὡς δυνατὸν ἀφρονέστατα διακειμένους καὶ τοῦ κακῶς ἀκούειν ὑφ᾽ ἡμῶν τοὺς φίλους αὐτῶν αἰτίους ὄντας· ἐπειδὰν γὰρ [1] τὰ τοιαῦτα κατηγορῶσιν, οἷς ἔνοχοι Λακεδαιμόνιοι μᾶλλον τυγχάνουσιν ὄντες, οὐκ ἀποροῦμεν [2] τοῦ περὶ ἡμῶν ῥηθέντος b
μεῖζον ἁμάρτημα κατ᾽ ἐκείνων εἰπεῖν.

κδ΄. Οἷον καὶ νῦν, ἣν μνησθῶσι τῶν ἀγώνων τῶν [3] τοῖς συμμάχοις ἐνθάδε [4] γιγνομένων, τίς ἐστιν οὕτως ἀφυὴς, ὅστις οὐχ εὑρήσει πρὸς τοῦτ᾽ ἀντειπεῖν ὅτι πλείους Λακεδαιμόνιοι τῶν Ἑλλήνων ἀκρίτους ἀπεκτόνασι τῶν παρ᾽ ἡμῖν, ἐξ οὗ τὴν πόλιν οἰκοῦμεν, εἰς ἀγῶνα καὶ κρίσιν καταστάντων;

κέ. Τοιαῦτα δὲ καὶ περὶ τῆς εἰσπράξεως τῶν φόρων ἤν τι λέγωσιν, ἕξομεν εἰπεῖν· πολὺ γὰρ ἐπιδείξομεν συμφορώ- c
246 τερα πράξαντας τοὺς ἡμετέρους ἢ Λακεδαιμονίους ταῖς πόλεσι ταῖς τὸν φόρον ἐνεγκούσαις. πρῶτον μὲν γὰρ οὐ προσταχθὲν ὑφ᾽ ἡμῶν τοῦτ᾽ ἐποίουν, [5] ἀλλ᾽ αὐτοὶ γνόντες, ὅτε [6] περ τὴν ἡγεμονίαν ἡμῖν τὴν κατὰ θάλατταν ἔδοσαν· ἔπειτ᾽ οὐχ ὑπὲρ τῆς σωτηρίας τῆς ἡμετέρας ἔφερον, ἀλλ᾽ ὑπὲρ τῆς δημοκρατίας καὶ τῆς ἐλευθερίας τῆς αὐτῶν καὶ τοῦ μὴ περιπεσεῖν ὀλιγαρχίας γενομένης τηλικούτοις κακοῖς τὸ d
μέγεθος, ἡλίκοις ἐπὶ τῶν [7] δεκαρχιῶν καὶ τῆς δυναστείας τῆς Λακεδαιμονίων. ἔτι δ᾽ οὐκ ἐκ τούτων ἔφερον ἐξ ὧν αὐτοὶ διέσωσαν, ἀλλ᾽ ἀφ᾽ ὧν δι᾽ ἡμᾶς εἶχον· ὑπὲρ ὧν, εἰ καὶ μικρὸς λογισμὸς ἐνῆν αὐτοῖς, δικαίως ἂν χάριν εἶχον ἡμῖν. παραλαβόντες γὰρ τὰς πόλεις αὐτῶν τὰς μὲν παντάπασιν ἀναστάτους γεγενημένας ὑπὸ τῶν βαρβάρων, τὰς δὲ πεπορθη-

[1] τὰ om. A. C. L. [2] τῶν π. ἡ. ῥηθέντων A. C. L. [3] ἐν τοῖς A.
[4] γενομένων L. [5] ἀλλὰ καὶ αὐτοὶ A. C. L. [6] περ om. A. C. L.
[7] δεκαδαρχιῶν C. L.

Τὸ κοινὸν ἡμῶν] commune nostrum, i. e. nostra respublica. Auger. Ἡ ἡμετέρα πόλις, ὁ δῆμος. Cor.

Ἀκρίτους ἀπεκτόνασι] Cf. Panegyr. §. λβ΄.

e μένας, εἰς τοῦτο προηγάγομεν ὥστε μικρὸν μέρος τῶν γιγνομένων ἡμῖν διδόντας μηδὲν [1] ἐλάττους ἔχειν αὐτοὺς [2] οἴκους
Πελοποννησίων τῶν οὐδένα φόρον ὑποτελούντων.

κϛʹ. Περὶ τοίνυν τῶν ἀναστάτων γεγενημένων ὑφ' ἑκατέ-
247 ρας τῶν πόλεων, ὃ μόνοις τινὲς ἡμῖν ὀνειδίζουσιν, ἐπιδείξομεν
πολὺ δεινότερα πεποιηκότας οὓς ἐπαινοῦντες διατελοῦσιν.
ἡμῖν μὲν γὰρ συνέπεσε περὶ νησύδρια τοιαῦτα καὶ τηλικαῦτα τὸ μέγεθος [3] ἐξαμαρτεῖν, ἃ πολλοὶ τῶν Ἑλλήνων
οὐδ' ἴσασιν, ἐκεῖνοι δὲ τὰς μεγίστας πόλεις [4] τῶν ἐν Πελοποννήσῳ καὶ τὰς πανταχῇ προεχούσας τῶν [5] ἄλλων ἀναστάτους ποιήσαντες αὐτοὶ τἀκείνων ἔχουσιν, ἃς ἄξιον ἦν, εἰ καὶ
μηδὲν αὐταῖς [6] πρότερον ὑπῆρχεν ἀγαθὸν, τῆς μεγίστης
b δωρεᾶς παρὰ τῶν Ἑλλήνων τυχεῖν διὰ τὴν στρατείαν τὴν ἐπὶ
Τροίαν, ἐν ᾗ σφᾶς [7] τε αὐτὰς [8] παρέσχον πρωτευούσας [9] καὶ
τοὺς ἡγεμόνας ἀρετὰς ἔχοντας οὐ μόνον τὰς τοιαύτας ὧν
πολλοὶ καὶ [10] τῶν φαύλων κοινωνοῦσιν, ἀλλὰ κἀκείνας ὧν
οὐδεὶς ἂν πονηρὸς ὢν δυνηθείη μετασχεῖν. Μεσσήνη μὲν γὰρ
Νέστορα παρέσχε τὸν φρονιμώτατον ἁπάντων τῶν κατ'
ἐκεῖνον τὸν χρόνον [11] γενόμενον, Λακεδαίμων δὲ Μενέλαον
τὸν διὰ σωφροσύνην [12] καὶ δικαιοσύνην μόνον ἀξιωθέντα Διὸς
c γενέσθαι [13] [καὶ κληθῆναι] κηδεστὴν, ἡ δ' Ἀργείων πόλις
Ἀγαμέμνονα τὸν οὐ μίαν οὐδὲ δύο σχόντα [14] μόνον ἀρετὰς, 247
ἀλλὰ πάσας ὅσας ἂν [15] ἔχοι τις εἰπεῖν, καὶ ταύτας οὐ μετρίως ἀλλ' ὑπερβαλλόντως· οὐδένα γὰρ εὑρήσομεν τῶν
ἁπάντων οὔτ' ἰδιωτέρας πράξεις μεταχειρισάμενον οὔτε
καλλίους οὔτε μείζους οὔτε τοῖς Ἕλλησιν ὠφελιμωτέρας
οὔτε πλειόνων ἐπαίνων ἀξίας. καὶ τούτοις οὕτω μὲν ἀπη-
d ριθμημένοις εἰκότως [16] ἂν τινες ἀπιστήσειαν, μικρῶν δὲ περὶ

[1] ἐλάττονας A. ἔλαττον L. [2] οἰκείους L. [3] ἐξαμαρτάνειν A. C. L.
[4] τὰς A. C. L. [5] Ἑλλήνων A. C. L. [6] πρότερον αὐταῖς ὑπῆρξεν A. C. L.
[7] τε om. A. C. L. [8] παρεῖχον A. L. [9] τούς θ' A. C. L.
[10] φαῦλοι A. C. L. [11] γενομένων A. C. L. [12] καὶ δικαιοσύνην om. A. C. L.
[13] uncos om. A. C. L. [14] μόνον ἔχοντα A. C. L. [15] ἔχοι τις ἂν A. C. L.
[16] ἂν ἀπιστήσειαν πολλοὶ A. C. L.

Οἴκους] Ἀντὶ τοῦ, οὐσίας, ἀπὸ μέρους τὸ ὅλον. Cor.

Περὶ νησύδρια] Scione nempe et Melus, quarum vero primam urbem Macedoniæ esse scribunt. Wolf.

Τηλικαῦτα] In sensu diminutivo accipe, *tantilla*: nisi forte accipiendum sit sensu ironico, *tanta et tam magna* Auger.

Προεχούσας] Cf. or. ad Phil. §. ιαʹ. Lang.

Μενέλαον] Γράφε Ἀττικῶς, Μενέλεων. Cor.

Ἰδιωτέρας] Οἰκειοτέρας. τοῦτο δὲ ἐπὶ τοῦ μᾶλλον προσηκούσας, πρεπωδεστέρας. Idem.

Ἀπηριθμημένοις] Ἄνευ ἐλέγχων καὶ μὴ μετ' ἀποδείξεως εἰρημένοις. Wolf.

ἑκάστου ῥηθέντων ἅπαντες ἂν ἀληθῆ με λέγειν ὁμολογήσειαν.

κζʹ. Οὐ δύναμαι δὲ κατιδεῖν, ἀλλ' ἀπορῶ ποίοις [1] ἂν
λόγοις μετὰ [3] ταῦτα χρησάμενος ὀρθῶς [2] εἴην βεβουλευμένος.
αἰσχύνομαι μὲν γάρ, εἰ, τοσαῦτα περὶ τῆς Ἀγαμέμνονος
ἀρετῆς προειρηκὼς μηδενὸς μνησθήσομαι τῶν ὑπ' ἐκείνου
πεπραγμένων, ἀλλὰ δόξω τοῖς ἀκούουσιν ὅμοιος εἶναι τοῖς
ἀλαζονευομένοις καὶ λέγουσιν ὅ τι ἂν τύχωσιν· ὁρῶ δὲ τὰς
πράξεις τὰς ἔξω λεγομένας τῶν ὑποθέσεων οὐκ ἐπαινου- e
μένας ἀλλὰ ταραχώδεις εἶναι δοκούσας, καὶ πολλοὺς μὲν
ὄντας τοὺς κακῶς χρωμένους αὐταῖς, πολὺ δὲ πλείους τοὺς
ἐπιτιμῶντας. διὸ δέδοικα μὴ καὶ περὶ ἐμὲ συμβῇ τι τοι- 248
οῦτον. οὐ μὴν ἀλλ' αἱροῦμαι βοηθῆσαι τῷ ταὐτὸν ἐμοί τε
καὶ πολλοῖς ἄλλοις πεπονθότι, καὶ διημαρτηκότι τῆς δόξης
ἧς προσῆκε τυχεῖν αὐτόν, καὶ μεγίστων [4] μὲν ἀγαθῶν
αἰτίῳ γεγενημένῳ περὶ ἐκεῖνον τὸν χρόνον, ἧττον δ' ἐπαι-
νουμένῳ τῶν οὐδὲν ἄξιον λόγου διαπεπραγμένων.

κηʹ. Τί γὰρ ἐκεῖνος ἐνέλιπεν, ὃς τηλικαύτην μὲν ἔσχε
τιμήν, ἧς εἰ πάντες συνελθόντες μείζω ζητοῖεν, οὐδέποτ'
ἂν εὑρεῖν δυνηθεῖεν; μόνος γὰρ ἁπάσης τῆς Ἑλλάδος ἠξιώθη b
γενέσθαι στρατηγός. ὁπότερον δέ, εἴθ' ὑπὸ πάντων αἱρεθεὶς
εἴτ' αὐτὸς κτησάμενος, οὐκ ἔχω λέγειν. ὁποτέρως δ' [5] οὖν
συμβέβηκεν, οὐδεμίαν ὑπερβολὴν λέλοιπε τῆς περὶ αὐτὸν
δόξης τοῖς ἄλλως πως τιμηθεῖσι. ταύτην δὲ λαβὼν τὴν δύναμιν οὐκ ἔστιν ἥντινα τῶν Ἑλληνίδων πόλεων ἐλύπησεν·
ἀλλ' οὕτως ἦν πόῤῥω [6] τοῦ περί τινας ἐξαμαρτεῖν, ὥστε
παραλαβὼν τοὺς Ἕλληνας ἐν πολέμῳ καὶ ταραχαῖς καὶ
248 πολλοῖς [7] κακοῖς ὄντας, τούτων μὲν αὐτοὺς ἀπήλλαξεν, εἰς c
ὁμόνοιαν δὲ καταστήσας τὰ μὲν περιττὰ τῶν ἔργων καὶ
τερατώδη καὶ μηδὲν ὠφελοῦντα τοὺς ἄλλους ὑπερεῖδε,
στρατόπεδον δὲ συστήσας ἐπὶ τοὺς βαρβάρους ἤγαγε. τούτου δὲ κάλλιον στρατήγημα καὶ τοῖς Ἕλλησιν ὠφελιμώ-
τερον οὐδεὶς φανήσεται πράξας οὔτε τῶν κατ' ἐκεῖνον τὸν

[1] ἂν om. A. C. L. [2] ἂν εἴην A. C. L. [3] μὲν om. A. L. [4] μὲν om. A. C. L. [5] οὖν om. A. [6] τούτου, ὡς καί τινας ἐν πολ. A. C. L. [7] ἄλλοις κακοῖς A. C. L.

Ἔξω — τῶν ὑποθέσεων] I. e. per digressionem. Lang.

Ταραχώδεις εἶναι] I. e. lectorem a via seducere et confusum reddere. Idem.

Ταύτην δὲ] Ἴσως· ταύτην γάρ. Cor.

Τὰ μὲν περιττὰ τῶν ἔργων] Οἷα τὰ πολλὰ τῶν Ἡρακλέους καὶ τὰ Ξέρξου καὶ τὰ τῶν Πυραμίδων. Wolf.

χρόνον εὐδοκιμησάντων [1] οὔτε τῶν ὕστερον ἐπιγενομένων.
ἃ [2] 'κεῖνος πράξας καὶ τοῖς ἄλλοις ὑποδείξας οὐχ οὕτως
d εὐδοκίμησεν, ὡς προσῆκεν αὐτὸν, διὰ τοὺς μᾶλλον ἀγαπῶντας τὰς θαυματοποιΐας τῶν εὐεργεσιῶν καὶ τὰς ψευδολογίας τῆς ἀληθείας, ἀλλὰ τοιοῦτος γενόμενος ἐλάττω
δόξαν ἔχει τῶν οὐδὲ μιμήσασθαι τολμησάντων αὐτόν.

κθ'. Οὐ μόνον δ' ἐπὶ τούτοις ἄν τις αὐτὸν ἐπαινέσειεν,
ἀλλὰ καὶ ἐφ' οἷς περὶ τὸν αὐτὸν χρόνον ἔπραξεν. εἰς τοῦτο
γὰρ μεγαλοφροσύνης ἦλθεν, ὥστ' οὐκ ἀπέχρησεν αὐτῷ λαβεῖν στρατιώτας τῶν ἰδιωτῶν ὁπόσους ἐξ ἑκάστης ἠβουλήθη
e [3] τῆς πόλεως ἀλλὰ τοὺς βασιλέας τοὺς ποιοῦντας ἐν ταῖς
αὑτῶν [4] ὅ τι βουληθεῖεν καὶ τοῖς ἄλλοις προστάττοντας,
τούτους ἔπεισεν ὑφ' αὑτῷ γενέσθαι, καὶ συνακολουθεῖν
ἐφ' οὓς ἂν [5] ἡγῆται καὶ ποιεῖν τὸ προσταττόμενον, καὶ
βασιλικὸν βίον [6] ἀφέντας στρατιωτικῶς ζῆν, ἔτι δὲ κιν-
249 δυνεύειν καὶ πολεμεῖν οὐχ ὑπὲρ τῆς σφετέρας αὐτῶν πατρίδος καὶ βασιλείας, ἀλλὰ λόγῳ μὲν ὑπὲρ Ἑλένης τῆς Μενέλεω γυναικὸς, ἔργῳ δ' ὑπὲρ τοῦ μὴ τὴν Ἑλλάδα πάσχειν
ὑπὸ τῶν βαρβάρων μήτε τοιαῦτα, μήθ' οἷα πρότερον αὐτῇ
συνέπεσε περὶ τὴν Πέλοπος μὲν ἁπάσης Πελοποννήσου κατάληψιν, Δαναοῦ δὲ τῆς πόλεως τῆς Ἀργείων, Κάδμου δὲ
b Θηβῶν. ὧν τίς ἄλλος φανήσεται προνοηθεὶς, ἢ τίς ἐμποδὼν
καταστὰς τοῦ μηδὲν ἔτι γενέσθαι τοιοῦτον, πλὴν τῆς ἐκείνου φύσεως καὶ δυνάμεως;

λ'. Τὸ τοίνυν ἐχόμενον, ὃ τῶν μὲν προειρημένων ἔλαττόν
ἐστι, τῶν δὲ πολλάκις ἐγκεκωμιασμένων μεῖζον καὶ λόγου
μᾶλλον ἄξιον· στρατόπεδον γὰρ συνεληλυθὸς ἐξ ἁπασῶν
τῶν πόλεων, τοσοῦτον [7] τ' πλῆθος ὅσον εἰκὸς, [8] ὃ πολλοὺς
εἶχεν αὐτῷ τοὺς μὲν ἀπὸ θεῶν τοὺς δ' ἐξ αὐτῶν τῶν θεῶν
c γεγονότας, οὐχ ὁμοίως διακειμένους τοῖς πολλοῖς οὐδ' ἴσον 249
φρονοῦντας τοῖς ἄλλοις, ἀλλ' ὀργῆς καὶ θυμοῦ καὶ φθόνου
καὶ φιλοτιμίας μεστοὺς, ἀλλ' ὅμως [9] τὸ τοιοῦτον ἔτη δέκα

[1] οὐδὲ A. L. [2] ἐκεῖνος A. C. L. [3] τῶν πόλεων A. C. L.
[4] ἃ βούλονται A. C. L. [5] ἡγήσηται A. C. L. [6] ἀφέντας om. A. C. L.
[7] τὸ om. A. L. [8] πολλοὺς ἔχειν τοὺς A. C. L. [9] τοὺς τοιούτους A. C. L.

Θηβῶν] Cf. Helen. Encom. §. λ'. LANG.

Τους μὲν ἀπὸ θεῶν] I. e. viribus divinis præditi. IDEM. Τοὺς μὲν εἰς θεοὺς ἀναφέροντας τὴν τοῦ γένος καταβολὴν, οἷος ἦν Αἴας υἱωνὸς Αἰακοῦ τοῦ Διός. COR.

Τοὺς ἐξ αὐτῶν τῶν θεῶν] Τοὺς δὲ καὶ ἀμέσως ἐκ θεῶν γεννηθέντας, οἷος ἦν Ἀχιλλεὺς ὁ ἐκ Θέτιδος μιᾶς τῶν Νηρηΐδων. COR.

κατέσχεν οὐ μισθοφοραῖς μεγάλαις οὐδὲ χρημάτων δαπάναις, αἷς νῦν [1]ἅπαντες δυναστεύουσιν, ἀλλὰ τῷ [2]καὶ τῇ φρονήσει διαφέρειν καὶ δύνασθαι τροφὴν ἐκ τῶν πολεμίων τοῖς στρατιώταις πορίζειν, καὶ μάλιστα τῷ δοκεῖν ἐκεῖνον ἄμεινον ὑπὲρ τῆς τῶν ἄλλων βουλεύεσθαι σωτηρίας ἢ τοὺς ἄλλους περὶ σφῶν αὐτῶν. τὸ τοίνυν τέλος, ὃ πᾶσι τούτοις d
[3]ἐπέθηκεν, οὐδενὸς ἧττον προσήκει θαυμάζειν· οὐ γὰρ ἀπρεπὲς οὐδ' ἀνάξιον τῶν προειρημένων φανήσεται ποιησάμενος, ἀλλὰ λόγῳ μὲν πρὸς μίαν πόλιν πολεμήσας, ἔργῳ δ' οὐ μόνον πρὸς ἅπαντας τοὺς τὴν Ἀσίαν κατοικοῦντας ἀλλὰ καὶ πρὸς ἄλλα γένη πολλὰ τῶν βαρβάρων κινδυνεύων, οὐκ ἀπεῖπεν [4]οὐδ' ἀπῆλθε, πρὶν τήν τε πόλιν τοῦ τολμήσαντος ἐξαμαρτεῖν ἐξηνδραποδίσατο καὶ τοὺς βαρβάρους ἔπαυσεν ὑβρίζοντας. e

λα'. Οὐκ ἀγνοῶ δὲ τὸ πλῆθος τῶν εἰρημένων περὶ τῆς Ἀγαμέμνονος ἀρετῆς, οὐδ' ὅτι τούτων [5]καθ' ἓν μὲν ἕκαστον, εἴ τινες σκοποῖντο τί ἂν ἀποδοκιμάσειαν, οὐδεὶς ἂν οὐδὲν αὐτῶν [6]ἀφελεῖν τολμήσειεν, ἐφεξῆς δὲ ἀναγιγνωσκο- 250
μένων ἅπαντες ἂν ἐπιτιμήσειαν ὡς πολὺ πλείοσιν εἰρημένοις τοῦ δέοντος.

λβ'. Ἐγὼ δ', εἰ μὲν ἔλαθον ἐμαυτὸν πλεονάζων, ᾐσχυνόμην ἂν, εἰ γράφειν ἐπιχειρῶν περὶ ὧν μηδεὶς ἂν ἄλλος ἐτόλμησεν, οὕτως ἀναισθήτως διεκείμην· νῦν δ' ἀκριβέστερον ᾔδειν τῶν ἐπιπλήττειν μοι [7]τολμησόντων, ὅτι πολλοὶ τούτοις ἐπιτιμήσουσιν· ἀλλὰ γὰρ ἡγησάμην οὐχ οὕτως ἔσεσθαι δεινὸν, ἣν ἐπὶ τοῦ μέρους τούτου δόξω τισὶ τῶν καιρῶν b
ἀμελεῖν, ὡς [8]ἣν περὶ ἀνδρὸς τοιούτου διαλεγόμενος [9]παραλίπω τι τῶν ἐκείνῳ τε προσόντων ἀγαθῶν κἀμοὶ προσηκόντων εἰπεῖν. [10]ᾤμην δὲ καὶ παρὰ τοῖς χαριεστάτοις τῶν ἀκροατῶν εὐδοκιμήσειν, [8]ἢν φαίνωμαι περὶ ἀρετῆς μὲν τοὺς λόγους ποιούμενος, ὅπως δὲ ταύτης ἀξίως ἐρῶ μᾶλλον

[1] πάντες A. C. L [2] πολλῷ καὶ A. C. L. [3] προσέθηκεν A. C. L.
[4] οὐκ A. L. [5] τοσούτων ὄντων καθ' A. C. L. [6] ἀφελεῖν αὐτῶν A. C. L.
[7] τολμησάντων A. C. L. [8] ἐὰν A. C. L. [9] παραλείπω A. C. L.
[10] ᾠόμην A. C. L.

Πλεονάζων] Πλείονας τοῦ δέοντος τοὺς λόγους ποιούμενος, μακρολογῶν. IDEM.

Οὕτως ἀναισθήτως διεκείμην] usque adeo *stupidus essem*, i. e. non sentirem me modum excedere. LANG.

Τῶν καιρῶν] Τοῦ μέτρου. COR.

Τοῖς χαριεστάτοις] Τοῖς μάλιστα πεπαιδευμένοις. IDEM.

σπουδάζων ἢ περὶ τὴν τοῦ λόγου συμμετρίαν· καὶ ταῦτα 250
c σαφῶς εἰδὼς τὴν μὲν περὶ τὸν λόγον ἀκαιρίαν ἀδοξότερον
ἐμὲ ποιήσουσαν, τὴν δὲ περὶ τὰς πράξεις εὐβουλίαν αὐτοὺς
τοὺς ἐπαινουμένους ὠφελήσουσαν· ἀλλ' ὅμως ἐγὼ τὸ λυσιτελὲς ἐάσας τὸ δίκαιον [1] εἱλόμην. οὐ μόνον δ' ἂν εὑρεθείην
ἐπὶ τοῖς νῦν λεγομένοις ταύτην ἔχων τὴν διάνοιαν, ἀλλ'
[2] ὁμοίως ἐπὶ πάντων, ἐπεὶ καὶ τῶν πεπλησιακότων μοι φανείην ἂν μᾶλλον χαίρων τοῖς ἐπὶ τῷ βίῳ καὶ ταῖς πράξεσιν
d εὐδοκιμοῦσιν ἢ τοῖς περὶ τοὺς λόγους δεινοῖς εἶναι δοκοῦσι.
καίτοι τῶν μὲν [3] εὖ ῥηθέντων, εἰ καὶ μηδὲν [4] συμβαλοίμην,
ἅπαντες ἂν ἐμοὶ τὴν αἰτίαν [5] ἀναθεῖεν, τῶν δ' ὀρθῶς πραττομένων εἰ καὶ πάντες [6] εἰδεῖέν με [7] σύμβουλον γεγενημένον,
οὐδεὶς ὅστις οὐκ ἂν αὐτὸν τὸν μεταχειριζόμενον, τὰς πράξεις ἐπαινέσειεν.

λγ'. Ἀλλὰ γὰρ οὐκ οἶδ' [8] ὅποι τυγχάνω φερόμενος· [9] ἀεὶ
γὰρ οἰόμενος [10] δεῖν προστιθέναι τὸ τῶν προειρημένων ἐχόμε-
e νον, παντάπασι πόῤῥω [11] γέγονα τῆς ὑποθέσεως. λοιπὸν οὖν
ἐστὶν οὐδὲν ἄλλο, πλὴν αἰτησάμενον τῷ γήρᾳ συγγνώμην
ὑπὲρ τῆς λήθης καὶ τῆς μακρολογίας, τῶν εἰθισμένων παραγίγνεσθαι τοῖς τηλικούτοις, ἐπανελθεῖν εἰς τὸν τόπον
ἐκεῖνον ἐξ οὗπερ [12] εἰσέπεσον εἰς τὴν περιττολογίαν ταύτην.
251 οἶμαι [13] δ' ἤδη καθορᾶν ὅθεν ἐπλανήθην.

λδ'. Τοῖς γὰρ ὀνειδίζουσιν ἡμῶν τῇ πόλει τὰς Μηλίων
καὶ τὰς τῶν τοιούτων πολιχνίων συμφορὰς ἀντέλεγον, οὐχ
ὡς οὐχ ἡμαρτημένων τούτων, ἀλλ' ἐπιδεικνύων τοὺς ἀγαπωμένους ὑπ' αὐτῶν, πολὺ πλείους πόλεις καὶ [14] μείζους
ἡμῶν ἀναστάτους πεποιηκότας, ἐν οἷς καὶ περὶ τῆς [15] ἀρε-

[1] προειλόμην A. C. L. [2] ὅλως A. C. L. [3] εὖ om. A. L.
[4] ἕτερον συμβ. A. L μέρος συμβ. C. [5] ἐπιθεῖεν A. C. L. [6] εἰδεῖεν ἐμὲ A. C. L.
[7] αἴτιον σύμβουλόν τε A [8] ὅπως A. ὅπη C. L. [9] ἀεὶ γὰρ οἰόμενος om. A. C. L.
[10] δέον A. C. [11] γεγονότα A. L. γεγονὼς C. [12] ἐξέπεσον A. C. L.
[13] δὲ δεῖν καθορᾶν A. C. L [14] μείζους καὶ πλείους πόλεις A. C. L. [15] ἀρχῆς A. C. L.

Ἀκαιρίαν] Ἀμετρίαν. IDEM.

Τὴν δὲ περὶ τὰς πράξεις εὐβουλίαν] I. e. *illis, quos celebro, prudentia in rebus gerendis laudem parit, mihi prolixitas orationis ignominiam.* Videtur enim ἡ Ἀγαμέμνονος εὐβουλία potius quam Isocratis intelligenda. WOLF. Ἴσως ἀντὶ τοῦ εὐβουλίαν ἐγέγραπτο εὐπορίαν, ἵν' ᾖ ὁ νοῦς· Τὸ δὲ πολλὰς πράξεις τῶν ἐπαινουμένων ἔχειν ἐγκωμιάσαι, αὐτοὺς τοὺς ἐπαινουμένους ὠφελῆσον. Ἐπιθ. ιβ'. COR.

Τοῖς τηλικούτοις] Τοῖς, οἷος ἐγὼ, πρεσβυτέροις. IDEM.

Οὐχ ὡς οὐχ ἡμαρτ. τούτων] *non quod in illis eversionibus Atheniensium nullum peccatum inesset.* LANG.

Τοὺς ἀγαπωμένους ὑπ' αὐτῶν] I. e. Lacedæmonios a quibusdam defensos. IDEM.

Ἐν οἷς] Mihi videtur sumendum adverbialiter, et respondere huic quod dicimus Gallice, *à ce sujet.* AUGER. *in quo loco, ubi.* Vid. §. κη'. LANG.

τῆς τῆς Ἀγαμέμνονος καὶ Μενελάου καὶ Νέστορος διελέχθην, ψεῦδος μὲν οὐδὲν λέγων, πλείω δ' ἴσως τῶν μετρίων. b
τοῦτο δ' ἐποίουν ὑπολαβὼν οὐδενὸς ἔλαττον ἁμάρτημα
τοῦτο [1]δόξειν εἶναι τῶν τολμησάντων ἀναστάτους ποιῆσαι
τὰς πόλεις τὰς γεννησάσας καὶ θρεψάσας τοιούτους ἄνδρας,
περὶ ὧν καὶ νῦν ἔχοι τις ἂν πολλοῖς καὶ καλοῖς χρήσασθαι
λόγοις. ἀλλὰ γὰρ ἴσως ἀνόητόν ἐστι περὶ μίαν πρᾶξιν
251 διατρίβειν, ὥσπερ ἀπορίας οὔσης τί ἂν ἔχοι τις εἰπεῖν περὶ
τῆς ὠμότητος καὶ χαλεπότητος τῆς Λακεδαιμονίων, ἀλλ' c
οὐ πολλῆς ἀφθονίας ὑπαρχούσης.

λε'. Οἷς οὐκ ἐξήρκεσε περὶ τὰς πόλεις ταύτας καὶ τοὺς
ἄνδρας [2]τοὺς τοιούτους ἐξαμαρτεῖν, ἀλλὰ καὶ περὶ τοὺς ἐκ
τῶν αὐτῶν ὁρμηθέντας καὶ [3]κοινὴν τὴν στρατείαν ποιησαμένους καὶ τῶν αὐτῶν κινδύνων μετασχόντας· λέγω δὲ περὶ
Ἀργείων καὶ Μεσσηνίων. καὶ γὰρ τούτους ἐπεθύμησαν ταῖς
αὐταῖς συμφοραῖς περιβαλεῖν αἷσπερ ἐκείνους· καὶ Μεσσηνίους μὲν [4]πολιορκοῦντες οὐ πρότερον ἐπαύσαντο πρὶν ἐξέ- d
βαλον ἐκ τῆς χώρας, [5]Ἀργείοις δ' ὑπὲρ τῶν αὐτῶν τούτων
ἔτι καὶ νῦν πολεμοῦσιν. ἃ τοίνυν περὶ [6]Πλαταιᾶς ἔπραξαν,
ἄτοπος ἂν εἴην, εἰ ταῦτ' εἰρηκὼς ἐκείνων μὴ μνησθείην. ὧν
ἐν τῇ χώρᾳ στρατοπεδευσάμενοι [7]μεθ' ἡμῶν καὶ τῶν ἄλλων
συμμάχων, καὶ παραταξάμενοι τοῖς πολεμίοις, καὶ θυσά-
μενοι τοῖς θεοῖς ὑπ' ἐκείνων ἱδρυμένοις, οὐ μόνον ἠλευθερώ-
σαμεν τῶν Ἑλλήνων τοὺς μεθ' ἡμῶν ὄντας ἀλλὰ καὶ τοὺς e
ἀναγκασθέντας γενέσθαι μετ' ἐκείνων, καὶ ταῦτ' ἐπράξα-

[1] δείξειν A. C. L. [2] τούτους ἐξαμαρτάνειν A. C. L. [3] κοινῶς A. C. L.
[4] πολιορκοῦντες om. A. C. L. [5] Ἀργεῖοι A. L. [6] Πλαταιέας A. C. L.
[7] μετ' αὐτῶν C.

Μενελάου] Γράφε, Μενέλεω. Cor.

Οὐδενὸς ἔλαττον] *nihilo levius*, scil. aliis peccatis. Auger.

Περὶ τὰς πόλεις ταύτας] I. e. in Lacedæmonem, Messenem et Argon tempore occupationis Peloponnesi, ducibus Heraclidis. Vid. §. κϛ'. Lang.

Τοὺς τοιούτους] Λέγει Ἀγαγέμνονα, Μενέλαον, Νέστορα· περὶ τούτους γὰρ ἐξημάρτανον οἱ τὰς ἐνεγκαμένας αὐτοὺς πόλεις καὶ τοὺς ἀπογόνους αὐτῶν ἀναστάτους ποιοῦντες. Cor.

Ἐκ τῶν αὐτῶν] Supple τόπων, np. ex Doride. Lang.

Τούτους] Ad Messenios tempore belli Messenici. Idem.

Ἐκείνους] Ad primos Messenæ incolas tempore occupationis per Dores spectat. Idem.

Ἃ τοίνυν κ. τ. λ.] Construe: ταῦτ' εἰρηκὼς (hæc de Messenæ eversione) τοίνυν ἄτοπος ἂν εἴην, εἰ ἐκείνων μὴ μνησθείην, ἃ περὶ Πλαταιᾶς ἔπραξαν (οἱ Λακεδαιμόνιοι). Idem.

Μεθ' ἡμῶν] Γράφε, μετ' αὐτῶν, τουτέστιν μετὰ τῶν Λακεδαιμονίων. Cor.

Τοῖς πολεμίοις] I. e. Persis. Lang.

Ὑπ' ἐκείνων] I. e. a Platæensibus. Idem.

Ἠλευθερώσαμεν] Pro ἠλευθέρωσαν μεθ' ἡμῶν. Idem.

Μεθ' ἡμῶν] I. e. cum Græcis nobis, libertatis Græcorum defensoribus. Idem.

Μετ' ἐκείνων] I. e. cum Persis. Idem.

μεν Πλαταιέας μόνους λαβόντες Βοιωτῶν συναγωνιστάς· οὓς οὐ πολὺν χρόνον διαλιπόντες Λακεδαιμόνιοι, χαριζόμενοι Θηβαίοις, ἐκπολιορκήσαντες ἅπαντας ἀπέκτειναν πλὴν τῶν
252 ἀποδρᾶναι δυνηθέντων. περὶ οὓς ἡ πόλις ἡμῶν οὐδὲν ὁμοία γέγονεν ἐκείνοις· οἱ μὲν γὰρ περί τε τοὺς εὐεργέτας τῆς Ἑλλάδος καὶ τοὺς συγγενεῖς τοὺς αὐτῶν τὰ τοιαῦτα ἐξαμαρτάνειν ἐτόλμησαν, οἱ δ' ἡμέτεροι Μεσσηνίων μὲν τοὺς διασωθέντας εἰς Ναύπακτον κατῴκισαν, Πλαταιέων δὲ τοὺς [1] περιγενομένους πολίτας ἐποιήσαντο καὶ τῶν ὑπαρχόντων αὐτοῖς ἁπάντων μετέδοσαν. ὥστ' εἰ μηδὲν [2] εἴχομεν ἄλλο
b περὶ [3] τοῖν πολέοιν εἰπεῖν, ἐκ τούτων ῥᾴδιον εἶναι καταμαθεῖν τὸν τρόπον ἑκατέρας αὐτῶν, καὶ ποτέρα πλείους πόλεις καὶ μείζους ἀναστάτους πεποίηκεν.

λϛʹ. Αἰσθάνομαι δὲ πάθος μοι συμβαῖνον ἐναντίον τοῖς ὀλίγῳ πρότερον εἰρημένοις· τότε μὲν γὰρ εἰς ἄγνοιαν [4] καὶ πλάνον καὶ λήθην ἐνέπεσον, νῦν δ' οἶδα σαφῶς ἐμαυτὸν οὐκ ἐμμένοντα τῇ πρᾳότητι τῇ περὶ τὸν λόγον, ἣν εἶχον ὅτ' ἠρχόμην γράφειν αὐτόν, ἀλλὰ λέγειν [5] τ' ἐπιχειροῦντα 252
c [6] περὶ ὧν οὐκ [7] ᾤμην ἐρεῖν, θρασύτερόν τε διακείμενον ἢ κατ' ἐμαυτόν, ἀκρατῆ τε γιγνόμενον ἐνίων [8] ὧν λέγω διὰ τὸ πλῆθος τῶν εἰπεῖν ἐπιῤῥεόντων. ἐπειδήπερ οὖν ἐπελήλυθέ μοι τὸ [9] παῤῥησιάζεσθαι, καὶ λέλυκα τὸ στόμα, καὶ τοιαύτην τὴν ὑπόθεσιν ἐποιησάμην ὥστε μήτε καλὸν εἶναί [10] μοι μήτε δυνατὸν παραλιπεῖν τὰς τοιαύτας πράξεις, ἐξ ὧν οἷόν τ' ἐστὶν ἐπιδεικνύναι [11] πλείονος ἀξίαν τὴν πόλιν ἡμῶν [12] γεγε-
d νημένην περὶ τοὺς Ἕλληνας τῆς Λακεδαιμονίων, οὐ κατασιωπητέον οὐδὲ περὶ τῶν ἄλλων κακῶν τῶν οὔπω μὲν εἰρημένων ἐν δὲ τοῖς Ἕλλησι γεγενημένων, ἀλλ' ἐπιδεικτέον τοὺς μὲν ἡμετέρους ὀψιμαθεῖς αὐτῶν γεγενημένους, Λακεδαιμονίους δὲ τὰ μὲν πρώτους τὰ δὲ μόνους [13] ἐξαμαρτόντας.

λζʹ. Πλεῖστοι μὲν οὖν κατηγοροῦσιν ἀμφοῖν [14] τοῖν πο-

[1] παραγενομένους A. [2] ἔχοιμεν A. C. L. [3] ταῖν A. C. L.
[4] καὶ πλάνον om. A. C. L. [5] τ' om. A. C. L. [6] περὶ A. C. L.
[7] ᾠόμην A. C. L. [8] λέγω δὲ διὰ A. C. L. [9] παῤῥησιάσασθαι A. C. L.
[10] μοι om. A. C. L. [11] [12] γεγενημένην ἡμῶν A. C. L.
[13] ἐξημαρτηκότας A. C. L. [14] ταῖν A. C. L.

Τοὺς εὐεργέτας] Ad Platæenses, τοὺς συγγενεῖς ad Messenios, spectat. Idem.

Ἐναντίον] Nimiam nempe peccatorum Lacedæmoniorum recordationem.

Εἰπεῖν] Ὀβελιστέον ἔμοιγε δοκεῖ. ἢ γραπτέον, τῶν εἰπεῖν ἔτι γ' ἐνόντων, ἢ τῶν εἰπεῖν ἐπειγόντων. Cor.

λέοιν, ὅτι [1]προσποιούμεναι κινδυνεῦσαι πρὸς τοὺς βαρβάρους ὑπὲρ τῶν Ἑλλήνων οὐκ εἴασαν τὰς πόλεις αὐτονόμους
εἶναι καὶ διοικῆσαι τὰ σφέτερ᾽ αὐτῶν ὅπως ἑκάστῃ συνέ- e
φερεν, ἀλλ᾽ ὥσπερ αἰχμαλώτους εἰληφυῖαι διελόμεναι κατεδουλώσαντο πάσας αὐτὰς, καὶ παραπλήσιον ἐποίησαν τοῖς
παρὰ μὲν τῶν ἄλλων τοὺς οἰκέτας εἰς ἐλευθερίαν ἀφαιρου-
μένους, σφίσι δ᾽ αὐτοῖς δουλεύειν ἀναγκάζουσι.

λη΄. Τοῦ δὲ λέγεσθαι ταῦτα καὶ πολὺ πλείω καὶ πι- 253
κρότερα τούτων οὐχ ἡμεῖς αἴτιοι γεγόναμεν, ἀλλ᾽ οἱ νῦν
μὲν ἐν τοῖς λεγομένοις ἡμῖν ἀντιτεταγμένοι, τὸν δ᾽ ἄλλον
χρόνον ἐν τοῖς πραττομένοις ἅπασι. τοὺς μὲν γὰρ ἡμετέρους
προγόνους οὐδεὶς ἂν ἐπιδείξειεν ἐν τοῖς ἐπέκεινα χρόνοις τοῖς
ἀναριθμήτοις οὐδεμιᾶς πόλεως οὔτε μείζονος οὔτ᾽ ἐλάττονος ἄρχειν ἐπιχειρήσαντας· Λακεδαιμονίους δὲ πάντες
ἴσασιν, ἀφ᾽ οὗπερ εἰς Πελοπόννησον εἰσῆλθον, οὐδὲν ἄλλο b
πράττοντας οὐδὲ βουλευομένους πλὴν ὅπως μάλιστα μὲν
ἁπάντων ἄρξουσιν, εἰ δὲ μὴ, Πελοποννησίων. ἀλλὰ μὴν καὶ
τὰς στάσεις καὶ τὰς σφαγὰς καὶ τὰς τῶν πολιτειῶν μεταβολὰς, [2]ἃς ἀμφοτέροις τινὲς ἡμῖν ἐπιφέρουσιν, ἐκεῖνοι
253 μὲν ἂν φανεῖεν ἁπάσας τὰς πόλεις πλὴν ὀλίγων μεστὰς
πεποιηκότες τῶν τοιούτων συμφορῶν καὶ νοσημάτων, τὴν δ᾽
ἡμετέραν πόλιν οὐδεὶς ἂν [3]οὐδ᾽ εἰπεῖν τολμήσειε πρὸ τῆς
ἀτυχίας τῆς ἐν Ἑλλησπόντῳ γενομένης, ὡς τοιοῦτον ἐν τοῖς c
συμμάχοις τι [4]διαπραξαμένη ἦν. ἀλλ᾽, ἐπειδὴ Λακεδαιμόνιοι κύριοι καταστάντες τῶν Ἑλλήνων πάλιν ἐξέπιπτον
ἐκ τῶν πραγμάτων, ἐν τούτοις τοῖς καιροῖς στασιαζουσῶν
τῶν ἄλλων πόλεων, δύ᾽ ἢ τρεῖς τῶν στρατηγῶν τῶν ἡμετέρων — οὐ γὰρ [5]ἀποκρύψομαι τἀληθὲς — ἐξήμαρτον περί
τινας αὐτῶν ἐλπίζοντες, ἢν μιμήσωνται τὰς Σπαρτιατῶν
πράξεις, μᾶλλον αὐτὰς δυνήσεσθαι κατασχεῖν. ὥστε d

[1] προσποιούμενοι A. [2] ἃς - - - ἐπιφέρουσιν om. A. C. L.
[3] οὐδ᾽ om. A. C. L. [4] διαπεπραγμένη [ἦν] C. διαπεπραγμένην A. L.
[5] ἀποκρύψαιμι A. L. [ἂν] ἀποκρύψαιμι C.

Διελόμεναι] Cf. Paneg. §. β΄.

Οἱ νῦν μὲν — ἡμῖν ἀντιτετ.] *nobis hac in accusatione contradicentes*, np. Lacedæmonii. LANG.

Ἀναριθμήτοις] Per totum imperii tempus a Salaminia victoria usque ad cladem in Hellesponto. cf. §. ιθ΄. IDEM.

Ἁπάντων ἄρξουσιν] Cf. §. ις΄. IDEM.

Τὰς στάσεις] Sub. κατά. AUGER.

Πρὸ τῆς ἀτυχίας] I. e. per totum imperii Atheniensium primi tempus usque ad cladem ad Ægospotamon. LANG.

δικαίως [1] ἂν ἐκείνοις μὲν ἅπαντες [2] ἐγκαλέσειαν ὡς ἀρχηγοῖς γεγενημένοις καὶ διδασκάλοις τῶν τοιούτων ἔργων, τοῖς [3] δ' ἡμετέροις, ὥσπερ τῶν μαθητῶν τοῖς ὑπὸ τῶν ὑπισχνουμένων ἐξηπατημένοις καὶ διημαρτηκόσι τῶν ἐλπίδων, εἰκότως ἂν συγγνώμην [4] ἔχοιεν.

λθ'. Τὸ τοίνυν τελευταῖον, ὃ μόνοι [5] καὶ καθ' αὑτοὺς
e ἔπραξαν, τίς οὐκ οἶδεν ὅτι, κοινῆς ἡμῖν τῆς ἔχθρας ὑπαρχούσης τῆς πρὸς τοὺς βαρβάρους καὶ τοὺς βασιλέας αὐτῶν, ἡμεῖς μὲν ἐν πολέμοις πολλοῖς γιγνόμενοι καὶ μεγάλαις συμφοραῖς ἐνίοτε περιπίπτοντες καὶ τῆς χώρας [6] ἡμῶν θαμὰ πορθουμένης [7] καὶ τεμνομένης οὐδεπώποτ' ἀπεβλέψαμεν πρὸς τὴν ἐκείνων φιλίαν καὶ συμμαχίαν, ἀλλ' ὑπὲρ ὧν τοῖς Ἕλλησιν ἐπεβούλευσαν μισοῦντες αὐτοὺς διετελέσαμεν μᾶλλον ἢ τοὺς ἐν τῷ παρόντι κακῶς ἡμᾶς ποιοῦντας·
254 Λακεδαιμόνιοι δ' οὔτε πάσχοντες κακὸν οὐδὲν οὔτε μέλλοντες οὔτε δεδιότες εἰς τοῦτ' ἀπληστίας ἦλθον, ὥστ' οὐκ ἐξήρκεσεν αὐτοῖς ἔχειν τὴν κατὰ γῆν ἀρχήν, ἀλλὰ καὶ τὴν κατὰ θάλατταν δύναμιν οὕτως ἐπεθύμησαν λαβεῖν, ὥστε κατὰ τοὺς αὐτοὺς χρόνους τούς τε συμμάχους τοὺς ἡμετέρους ἀφίστασαν, ἐλευθερώσειν αὐτοὺς ὑπισχνούμενοι, καὶ βασιλεῖ περὶ φιλίας διελέγοντο καὶ συμμαχίας, παραδώσειν
b αὐτῷ φάσκοντες ἅπαντας τοὺς ἐπὶ τῆς Ἀσίας [8] κατοικοῦντας· πίστεις δὲ δόντες [9] τούτοις [10] ἀμφοτέροις καὶ καταπολεμήσαντες ἡμᾶς, οὓς μὲν ἐλευθερώσειν [11] ὤμοσαν, κατεδουλώσαντο μᾶλλον ἢ τοὺς Εἵλωτας, βασιλεῖ δὲ τοιαύτην χάριν 254
ἀπέδοσαν ὥστ' ἔπεισαν τὸν ἀδελφὸν αὐτοῦ Κῦρον ὄντα νεώτερον ἀμφισβητεῖν τῆς βασιλείας, καὶ στρατόπεδον αὐτῷ συναγαγόντες καὶ Κλέαρχον στρατηγὸν ἐπιστήσαντες ἀνέ-
c πεμψαν ἐπ' ἐκεῖνον· ἀτυχήσαντες δ' ἐν τούτοις καὶ γνω-

[1] ἂν om. A. C. L. [2] ἐγκαλέσαιμεν A. C. L. [3] μέντοι A. L. [4] ἔχοιμεν A. C. L. [5] καὶ om. A. C. L. [6] ἡμῖν θαμινὰ A. C. L. [7] καὶ τεμνομένης om. A. C. L. [8] οἰκοῦντας A. C. L. [9] τούτων A. C. L. [10] ἀμφοτέρους A. L. [11] ὡμολόγησαν A. C. L.

Πίστεις δὲ δόντες κ. τ. λ.] Ὁ νοῦς· Πίστεις δόντες ἀμφοτέροις, ἤγουν τοῖς θ' ἡμετέροις συμμάχοις τοῦ ἐλευθερώσειν αὐτοὺς καὶ τῷ Περσῶν βασιλεῖ τοῦ παραδώσειν αὐτῷ τοὺς ἐπὶ τῆς Ἀσίας οἰκοῦντας, ἀμφοτέρους ἐξηπάτησαν, τοὺς μὲν συμμάχους ἡμῶν ἀντὶ τοῦ ἐλευθερῶσαι καταδουλωσάμενοι, τὸν δὲ βασιλέα, ἀντὶ τοῦ παραδοῦναι τοὺς ἐπὶ τῆς Ἀσίας οἰκοῦντας αὐτῷ, τὴν βασιλείαν αὐτοῦ ἐπιχειρήσαντες ἀφελέσθαι. Cor.

Κλέαρχον] Hæc dicuntur accusatorie contra historiam. Nam Clearchus a Lacedæmoniis exsilio fuerat mulctatus: non igitur Lacedæmonis auctoritate et nomine Cyro militabat. Auger.

σθέντες ὧν ἐπεθύμουν, καὶ μισηθέντες ὑπὸ πάντων, εἰς πόλεμον καὶ ταραχὰς τοσαύτας κατέστησαν, [1]ὅσας εἰκὸς τοὺς
[2]καὶ περὶ τοὺς Ἕλληνας καὶ τοὺς βαρβάρους ἐξημαρτηκότας.
περὶ ὧν οὐκ οἶδ' ὅτι δεῖ πλείω λέγοντα διατρίβειν, πλὴν
ὅτι καταναυμαχηθέντες ὑπό τε τῆς βασιλέως δυνάμεως καὶ
τῆς Κόνωνος στρατηγίας τοιαύτην ἐποιήσαντο τὴν εἰρήνην,
ἧς οὐδεὶς ἂν ἐπιδείξειεν οὔτ' αἰσχίω [3]πώποτε γενομένην
οὔτ' ἐπονειδιστοτέραν οὔτ' ὀλιγωροτέραν τῶν Ἑλλήνων οὔτ' d
ἐναντιωτέραν τοῖς λεγομένοις ὑπό τινων περὶ τῆς ἀρετῆς τῆς
Λακεδαιμονίων· οἵτινες, ὅτε μὲν [4]αὐτοὺς ὁ βασιλεὺς δεσπότας τῶν Ἑλλήνων κατέστησεν, ἀφελέσθαι τὴν βασιλείαν αὐτοῦ καὶ τὴν εὐδαιμονίαν ἅπασαν ἐπεχείρησαν,
ἐπειδὴ δὲ καταναυμαχήσας ταπεινοὺς ἐποίησεν, οὐ μικρὸν
μέρος αὐτῷ [5]τῶν Ἑλλήνων παρέδωκαν ἀλλὰ πάντας τοὺς
τὴν Ἀσίαν οἰκοῦντας, διαῤῥήδην γράψαντες χρῆσθαι τοῦθ' e
ὅ τι ἂν αὐτὸς βούληται, καὶ οὐκ ᾐσχύνθησαν τοιαύτας
ποιούμενοι τὰς ὁμολογίας περὶ ἀνδρῶν, οἷς χρώμενοι συμμάχοις ἡμῶν τε περιεγένοντο καὶ τῶν Ἑλλήνων κύριοι κατέστησαν καὶ τὴν Ἀσίαν ἅπασαν ἤλπισαν [6]κατασχήσειν,
ἀλλὰ τὰς τοιαύτας συνθήκας αὐτοί τ' ἐν τοῖς ἱεροῖς τοῖς 255
σφετέροις αὐτῶν ἀνέγραψαν καὶ τοὺς συμμάχους ἠνάγκασαν.

μ'. Τοὺς μὲν οὖν ἄλλους οὐκ [7]οἴομαι πράξεων ἑτέρων
ἐπιθυμήσειν ἀκούειν, ἀλλ' ἐκ τῶν [8]εἰρημένων ἱκανῶς μεμα-
θηκέναι [9]νομιεῖν ὁποία τις [10]τοῖν πολέοιν ἑκατέρα περὶ τοὺς
Ἕλληνας γέγονεν· ἐγὼ δὲ οὐχ οὕτω τυγχάνω διακείμενος,
ἀλλ' ἡγοῦμαι τὴν ὑπόθεσιν ἣν ἐποιησάμην ἄλλων τε πολλῶν b
προσδεῖσθαι λόγων, καὶ μάλιστα τῶν ἐπιδειξόντων τὴν

[1] ὅσον A. C. L. [2] καὶ om. A. C. L. [3] ποτὲ A. C. L. [4] αὐτοὺς om. A. L. [5] τῶν Ἑλλήνων om. A. C. L. [6] κατασχεῖν A. C. L. [7] οἶμαι A. C. L. [8] προειρημένων A. C. L. [9] νομίζειν A. L. νομίζω C. [10] ταῖν A. C. L.

Ὧν ἐπεθύμουν] *quarum rerum cupidi essent.* Vid. Evag. §. κα'. Lang. Μήποτε δὲ ἐγέγραπτο· γνωσθέντες ἐξ ὧν ἐπεθύμουν, τουτέστι, κατάδηλοι γεγονότες οἷοι ἦσαν ἐξ ἐκείνων ὧν ἐπεθύμουν. Cor.

Εἰς πόλεμον — κατέστησαν] Vid. or. ad Philip. §. λζ'. Lang.

Καὶ τῆς Κόνωνος στρατ.] Vid. Evag. §. κα'. fin. Idem.

Πάντας τοὺς τὴν Ἀσίαν οἰκ.] Xenoph. Hell. V. 1. 25. Ἀρταξέρξης νομίζει δίκαιον τὰς ἐν τῇ Ἀσίᾳ πόλεις ἑαυτοῦ εἶναι. Cf. Paneg. §. λδ'. Idem.

Τοῦθ' ὅτι] Pro οὕτως ὥσπερ. χρῆσθαι scilicet τοῖς τὴν Ἀσίαν κατοικοῦσιν. Wolf.

Ἠνάγκασαν] Ἀναγράψαι δηλονότι ἑκάστους ἐν τοῖς παρ' αὐτοῖς ἱεροῖς, ὥσπερ οἱ Λακεδαιμόνιοι ἀνέγραψαν ἐν τοῖς αὐτῶν. Cor.

ἄνοιαν τῶν ἀντιλέγειν τοῖς εἰρημένοις [1]ἐπιχειρησόντων· οὓς οἴομαι ῥᾳδίως εὑρήσειν.

μα'. Τῶν γὰρ ἀποδεχομένων ἁπάσας τὰς Λακεδαι- 255
μονίων πράξεις, τοὺς μὲν βελτίστους αὐτῶν ἡγοῦμαι καὶ πλεῖστον νοῦν ἔχοντας τὴν μὲν Σπαρτιατῶν πολιτείαν ἐπαινέσεσθαι, καὶ τὴν αὐτὴν γνώμην ἕξειν περὶ αὐτῆς ἥνπερ πρότερον, περὶ δὲ τῶν εἰς τοὺς Ἕλληνας πεπραγμένων
c [2]ὁμονοήσειν τοῖς ὑπ' ἐμοῦ λεγομένοις, τοὺς δὲ φαυλοτέρους οὐ μόνον τούτων ὄντας ἀλλὰ καὶ τῶν πολλῶν, καὶ περὶ μὲν ἄλλου πράγματος οὐδενὸς ἂν οἵους τε γενομένους ἀνεκτῶς εἰπεῖν, περὶ δὲ Λακεδαιμονίων οὐ δυναμένους σιωπᾶν, ἀλλὰ προσδοκῶντας, ἢν ὑπερβάλλοντας τοὺς ἐπαίνους περὶ ἐκείνων ποιῶνται, τὴν αὐτὴν λήψεσθαι δόξαν τοῖς ἁδροτέροις αὐτῶν καὶ πολὺ βελτίοσιν εἶναι δοκοῦσι· τοὺς [3]δὴ τοιούτους,
d ἐπειδὰν αἴσθωνται τοὺς τόπους ἅπαντας προκατειλημμένους καὶ μηδὲ πρὸς ἓν ἀντειπεῖν ἔχωσι τῶν εἰρημένων, ἐπὶ τὸν λόγον οἶμαι τρέψεσθαι τὸν περὶ τῶν πολιτειῶν, καὶ [4]παραβάλλοντας τἀκεῖ καθεστῶτα τοῖς ἐνθάδε, καὶ μάλιστα τὴν σωφροσύνην καὶ τὴν πειθαρχίαν πρὸς τὰς παρ' ἡμῖν ὀλιγωρίας, ἐκ τούτων ἐγκωμιάσειν τὴν Σπάρτην.

e μβ'. Ἢν δὴ [5]τοιοῦτον ἐπιχειρῶσί [6]τι ποιεῖν, προσήκει τοὺς εὖ φρονοῦντας ληρεῖν νομίζειν αὐτούς. ἐγὼ γὰρ ὑπεθέμην οὐχ ὡς περὶ τῶν πολιτειῶν διαλεξόμενος, ἀλλ' ὡς ἐπιδείξων τὴν πόλιν ἡμῶν πολὺ πλείονος ἀξίαν [7]Λακεδαιμονίων περὶ τοὺς Ἕλληνας γεγενημένην. ἢν μὲν οὖν ἀναιρῶσί τι τούτων, ἢ πράξεις ἑτέρας κοινὰς λέγωσι περὶ ἃς ἐκεῖνοι βελτίους ἡμῶν γεγόνασιν, εἰκότως ἂν ἐπαίνου τυγχάνοιεν·
256 ἢν δὲ λέγειν ἐπιχειρῶσι περὶ ὧν ἐγὼ μηδεμίαν μνείαν [8]ποιησαίμην, δικαίως ἂν ἅπασιν ἀναισθήτως ἔχειν δοκοῖεν.

μγ'. Οὐ μὴν ἀλλ' ἐπειδήπερ αὐτοὺς οἴομαι τὸν λόγον τὸν περὶ τῶν πολιτειῶν εἰς τὸ μέσον ἐμβαλεῖν, οὐκ ὀκνήσω διαλεχθῆναι περὶ αὐτῶν· οἶμαι γὰρ ἐν αὐτοῖς τούτοις τὴν

[1] ἐπιχειρησάντων A. C. L. [2] ὁμολογήσειν A. C. L. [3] δὲ C.
[4] παραθέντας A. C. L. [5] τοιοῦτο A. C. L. [6] τι om. A. C. L.
[7] ἢ τὴν Λακεδαιμονίων A. C. L. [8] ἐποιησάμην A. C. L.

Ἥνπερ πρότερον] I. e. cui (opinioni) antea semper adhæserunt. LANG.
Τῶν πολλῶν] plebe. IDEM.
Τοῖς ἁδροτέροις] iis qui *longa ipsis* copiosiores sunt. IDEM. Τοῖς ἐπισημοτέροις τῶν ἐπαινούντων Λακεδαιμονίους. COR.
Τἀκεῖ] I. e. apud Lacedæmonios. LANG.

πόλιν ἡμῶν ἐπιδείξειν πλέον διενεγκοῦσαν ἢ τοῖς ἤδη προειρημένοις.

μδʹ. Καὶ μηδεὶς ὑπολάβῃ με ταῦτ' εἰρηκέναι περὶ ταύ-
256 της, ἣν ἀναγκασθέντες μετελάβομεν, ἀλλὰ περὶ τῆς τῶν b
προγόνων, ἧς οὐ καταφρονήσαντες οἱ πατέρες ἡμῶν ἐπὶ τὴν
νῦν καθεστῶσαν ὥρμησαν, ἀλλὰ περὶ μὲν τὰς ἄλλας πράξεις πολὺ σπουδαιοτέραν [1] ἐκείνην προκρίναντες, περὶ δὲ τὴν
δύναμιν τὴν κατὰ θάλατταν, ταύτην χρησιμωτέραν εἶναι
νομίζοντες· ἣν λαβόντες καὶ [2] καλῶς ἐπιμεληθέντες οἷοί τ'
ἐγένοντο καὶ τὰς ἐπιβουλὰς τὰς Σπαρτιατῶν ἀμύνασθαι
καὶ [3] τὴν Πελοποννησίων ἁπάντων [4] ῥώμην, [5] ὧν κατήπειγε
τὴν πόλιν περὶ ἐκεῖνον τὸν χρόνον μάλιστα περιγενέσθαι c
πολεμοῦσαν. ὥστ' οὐδεὶς ἂν δικαίως ἐπιτιμήσειε τοῖς ἑλο-
μένοις αὐτήν· οὐ γὰρ διήμαρτον τῶν ἐλπίδων, οὐδ' ἠγνόησαν
[6] οὐδὲν οὔτε τῶν ἀγαθῶν οὔτε τῶν [7] κακῶν τῶν προσόντων
ἑκατέρᾳ τῶν δυνάμεων, ἀλλ' ἀκριβῶς ᾔδεσαν τὴν μὲν κατὰ
γῆν ἡγεμονίαν [8] ὑπ' εὐταξίας καὶ σωφροσύνης καὶ πειθαρ-
χίας καὶ τῶν ἄλλων τῶν τοιούτων μελετωμένην, τὴν δὲ
κατὰ θάλατταν δύναμιν οὐκ ἐκ τούτων αὐξανομένην, ἀλλ' d
ἔκ [9] τε τῶν τεχνῶν τῶν περὶ τὰς ναῦς καὶ τῶν ἐλαύνειν
αὐτὰς δυναμένων καὶ τῶν τὰ σφέτερα μὲν αὐτῶν ἀπολωλε-
κότων, ἐκ δὲ τῶν ἀλλοτρίων πορίζεσθαι τὸν βίον εἰθισμέ-
νων· ὧν εἰσπεσόντων εἰς τὴν πόλιν οὐκ ἄδηλος ἦν ὅ τε
κόσμος ὁ [10] τῆς πολιτείας τῆς πρότερον ὑπαρχούσης λυθη-
σόμενος, ἥ τε τῶν συμμάχων εὔνοια ταχέως ληψομένη μεταβολήν, ὅταν οἷς πρότερον χώρας ἐδίδοσαν καὶ πόλεις, τούτους ἀναγκάζωσι συντάξεις καὶ φόρους ὑποτελεῖν, ἵν' ἔχωσι e
μισθὸν διδόναι τοῖς τοιούτοις οἵους ὀλίγῳ πρότερον εἶπον.

1 ἐκείνην om. L. 2 καλῶς om. A. C. L. 3 τῆς A. 4 ῥώμης A. 5 ἢ A. L. 6 οὐδὲν om. L. 7 κακῶν οὔτε τῶν ἀγαθῶν A. C. L. 8 ἐπ' A. C. L. 9 τε om. A. C. L. 10 τῆς πρότερον ὑπαρχούσης πολιτείας A. C. L.

Ἧς οὐ καταφρον. — ὥρμησαν] *quam* (majorem reipublicæ formam) *non propter contemptum in hanc præsentem mutarunt.* Idem.

Νομίζοντες] Ἴσως· νομίσαντες. Cor.

Οἷοί τ' ἐγένοντο κ. τ. λ.] Ὁ νοῦς· Ἠδυνήθησαν οἱ πατέρες ἡμῶν ἀμύνασθαι καὶ τὰς ἐπιβουλὰς (insidias) τῶν Σπαρτιατῶν καὶ τὴν ῥώμην τῶν Πελοποννησίων ἁπάντων, ὧν κατέπειγε, τουτέστι, ὧν ἀναγκαῖον ἦν μάλιστα, κατ' ἐκεῖνον τὸν χρόνον τὴν πόλιν ἡμῶν περιγενέσθαι πολεμοῦσαν. Ἐχρήσατο δὲ καὶ ἀλλαχοῦ (πρὸς Φίλ. λθʹ.) τῷ κατεπείγω ὁ ῥήτωρ ἀπροσώπως, ἢ μᾶλλον εἰπεῖν ἐλλειπτικῶς. Idem.

Πειθαρχίας] Γαλλιστὶ *discipline.* Idem.

Εἰσπεσόντων] (quod genus hominum) *quum in urbem confluxisset.* Lang.

Τούτους] Τοὺς συμμάχους. Cor. Sed alia vide §. κεʹ.

Τοῖς τοιούτοις] I. e. τοῖς ἐλαύνειν τὰς ναῦς δυναμένοις, quorum paulo ante mentionem fecit. Lang.

ἀλλ' ὅμως οὐδὲν ἀγνοοῦντες τῶν προειρημένων ἐνόμιζον τῇ
πόλει [1] [τῇ] τηλικαύτῃ μὲν τὸ μέγεθος, τοιαύτην δ' ἐχούσῃ
δόξαν, λυσιτελεῖν καὶ πρέπειν ἁπάσας ὑπομεῖναι τὰς
257 δυσχερείας μᾶλλον ἢ τὴν Λακεδαιμονίων ἀρχήν· [2] δυοῖν γὰρ
πραγμάτοιν προτεινομένοιν μὴ σπουδαίοιν, κρείττω τὴν
αἵρεσιν εἶναι τοῦ δεινὰ ποιεῖν ἑτέρους ἢ πάσχειν αὐτοὺς
[3] καὶ τοῦ μὴ δικαίως τῶν ἄλλων ἄρχειν μᾶλλον ἢ φεύγοντας
τὴν αἰτίαν ταύτην ἀδίκως Λακεδαιμονίοις δουλεύειν. ἅπερ
ἅπαντες μὲν ἂν οἱ νοῦν ἔχοντες ἕλοιντο καὶ βουληθεῖεν,
ὀλίγοι [4] δ' ἄν τινες τῶν προσποιουμένων εἶναι σοφῶν ἐρωτη- 257
b θέντες οὐκ ἂν φήσαιεν. αἱ μὲν οὖν αἰτίαι, δι' ἃς μετέλαβον
τὴν πολιτείαν τὴν ὑπό τινων ψεγομένην ἀντὶ τῆς ὑπὸ πάντων ἐπαινουμένης, διὰ μακροτέρων μὲν αὐτὰς διῆλθον, αὗται
δ' οὖν ἦσαν.

με'. Ἤδη [5] δὲ περὶ ἧς τε ὑπεθέμην καὶ τῶν προγόνων
ποιήσομαι τοὺς λόγους, ἐκείνων τῶν χρόνων ἐπιλαβόμενος,
ὅτ' οὐκ ἦν οὔτε δημοκρατίας οὔτ' ὀλιγαρχίας ὄνομά πω
c λεγόμενον, ἀλλὰ μοναρχίαι καὶ τὰ γένη [6] τὰ τῶν βαρβάρων
καὶ τὰς πόλεις τὰς Ἑλληνίδας ἁπάσας διῴκουν. διὰ τοῦτο
δὲ προειλόμην πορρωτέρωθεν [7] ποιήσασθαι τὴν ἀρχὴν, πρῶτον μὲν ἡγούμενος προσήκειν τοῖς ἀμφισβητοῦσιν ἀρετῆς
εὐθὺς ἀπὸ γενεᾶς διαφέροντας εἶναι τῶν ἄλλων, ἔπειτ'
αἰσχυνόμενος εἰ περὶ ἀνδρῶν ἀγαθῶν μὲν οὐδὲν δέ μοι προσηκόντων πλείω διαλεχθεὶς τῶν μετρίων περὶ τῶν προγόνων
d τῶν τὴν πόλιν κάλλιστα διοικησάντων μηδὲ μικρὰν ποιήσομαι μνείαν, οἳ τοσοῦτον βελτίους ἐγένοντο τῶν [8] τοιαύτας
δυναστείας ἐχόντων, ὅσονπερ ἄνδρες οἱ πρᾳότατοι καὶ
φρονιμώτατοι [9] διενέγκοιεν ἂν θηρίων τῶν ἀγριωτάτων καὶ
πλείστης ὠμότητος μεστῶν.

μς'. Τί γὰρ οὐκ [10] ἂν εὕροιμεν τῶν ὑπερβαλλόντων ἀνο-
σιότητι καὶ δεινότητι [11] πεπραγμένον ἐν [12] ταῖς ἄλλαις πό-

[1] [τῇ] om. A. C. L.
[2] καὶ δυοῖν πραγμάτων προτεινομένων καὶ (καὶ om. C.) μὴ σπουδαίων A. C. L.
[3] ἐνόμισαν, καὶ A. C. L. [4] δέ τινες A. C. L. [5] δ' ὑπὲρ ὧν A. C. L.
[6] τὰ om. A. C. L. [7] ποιήσασθαι πόῤῥωθεν A. C. L. [8] τὰς A. C. L.
[9] διενέγκαιεν A. C. L. [10] [ἂν] οὐχ C. ἂν om. A. L. [11] τῶν πεπραγμένων A. L.
[12] τε ταῖς A. C. L.

Τὸ μέγεθος] Ἴσως· τὸ μέγεθος οὔσῃ. Cor.
Ἤδη δὲ περὶ ἧς κ. τ. λ.] Cf. §. β'.
Διὰ τοῦτο] *ob causas sequentes.* Lang.
Δυναστείας] Μοναρχίας. Cor.

λεσι, [1]καὶ μάλιστα ἐν ταῖς μεγίσταις καὶ τότε νομιζομέναις e
καὶ νῦν εἶναι δοκούσαις; οὐ φόνους ἀδελφῶν καὶ πατέρων
καὶ ξένων παμπληθεῖς γεγενημένους; οὐ σφαγὰς μητέρων
καὶ μίξεις καὶ παιδοποιΐας ἐξ ὧν ἐτύγχανον αὐτοὶ πεφυκό-
τες; οὐ παίδων βρῶσιν ὑπὸ τῶν οἰκειοτάτων [2]ἐπιβεβου-
λευμένην; οὐκ ἐκβολὰς ὧν ἐγέννησαν, καὶ καταποντισμοὺς
καὶ τυφλώσεις καὶ τοσαύτας τὸ πλῆθος κακοποιΐας, ὥςτε 258
μηδένα πώποτε ἀπορῆσαι τῶν εἰθισμένων καθ' ἕκαστον [3]τὸν
ἐνιαυτὸν εἰσφέρειν εἰς τὸ θέατρον τὰς τότε [4]γεγενημένας
συμφοράς;

μζ'. Ταῦτα δὲ διῆλθον οὐκ ἐκείνους λοιδορῆσαι βουλόμενος, ἀλλ' ἐπιδεῖξαι παρὰ τοῖς ἡμετέροις οὐ μόνον οὐδὲν
258 [5]τοιοῦτον γεγενημένον· τοῦτο μὲν γὰρ ἂν σημεῖον ἦν οὐκ
ἀρετῆς, ἀλλ' ὡς οὐχ ὅμοιοι τὰς φύσεις ἦσαν τοῖς ἀνοσιωτά-
τοις γεγενημένοις· δεῖ δὲ τοὺς ἐπιχειροῦντας καθ' ὑπερβολήν b
τινας ἐπαινεῖν μὴ τοῦτο μόνον ἐπιδεικνύναι, μὴ πονηροὺς
ὄντας αὐτοὺς, ἀλλ' ὡς ἁπάσαις ταῖς ἀρεταῖς καὶ τῶν τότε
καὶ τῶν νῦν διήνεγκαν. ἅπερ ἔχοι τις ἂν καὶ περὶ τῶν προγόνων τῶν ἡμετέρων εἰπεῖν.

μη'. Οὕτω γὰρ ὁσίως καὶ καλῶς καὶ τὰ περὶ τὴν πόλιν
καὶ τὰ περὶ σφᾶς αὐτοὺς διῴκησαν, ὥςπερ προσῆκον ἦν
τοὺς ἀπὸ θεῶν μὲν γεγονότας, [6]πρώτους δὲ καὶ πόλιν οἰκήσαντας καὶ νόμοις χρησαμένους, [7]ἅπαντα δὲ τὸν χρόνον
ἠσκηκότας εὐσέβειαν μὲν περὶ τοὺς θεοὺς δικαιοσύνην δὲ c
περὶ τοὺς ἀνθρώπους, ὄντας δὲ μήτε μιγάδας μήτ' ἐπήλυδας, ἀλλὰ μόνους αὐτόχθονας τῶν Ἑλλήνων, καὶ ταύτην
ἔχοντας τὴν χώραν τροφὸν ἐξ ἧςπερ ἔφυσαν, καὶ στέργον-

[1] μάλιστα δ' ἐν A. C. L. [2] ἐπιβουλευομένην A. C. L. [3] τὸν om. A. C. L.
[4] γενομένας A. C. L. [5] τοιοῦτο A. C. L. [6] πρώτως A. L.
[7] πάντα A. C. L.

Φόνους ἀδελφῶν καὶ πατέρων] Eteoclem et Polynicem Œdipi filios et ejusdem patrem Laium intelligit Wolfius.

Ξένων] Lycaonem Wolfius, Iphitum intelligit Coraes.

Σφαγὰς μητέρων] Clytæmnestram ab Oreste occisam innuit.

Μίξεις καὶ παιδοποιΐας] Œdipum et Jocastam intellige.

Παιδων βρῶσιν] Thyestem dicit.

Ἐκβολὰς] Œdipum et Laium forsan iterum innuit.

Καταποντισμοὺς] Ad Danaen forsan alludit.

Τυφλώσεις] Phineam intellige.

Οὐ μόνον —] Pendent hæc verba, et nihil est in sequentibus ad quod referantur. Hoc quidem peccat contra grammaticæ regulas, sed apud oratores non est inusitatum. AUGER.

Δεῖ δὲ etc.] Anacoluthon est, nisi verba a τοῦτο μὲν ad πονηροὺς ὄντας αὐτοὺς parenthesi includere malis. LANG.

Οἰκήσαντες] Ἴσως· οἰκίσαντες. COR. Cf. Paneg. §. δ'. ιϛ'.

τας αὐτὴν ὁμοίως ὥσπερ οἱ βέλτιστοι τοὺς πατέρας καὶ
τὰς μητέρας τὰς αὑτῶν, πρὸς δὲ τούτοις οὕτω θεοφιλεῖς
ὄντας ὥσθ', ὃ δοκεῖ χαλεπώτατον εἶναι καὶ σπανιώτατον,
d εὑρεῖν τινὰς τῶν οἴκων τῶν τυραννικῶν καὶ βασιλικῶν ἐπὶ
τέτταρας ἢ πέντε γενεὰς διαμείναντας, καὶ τοῦτο [1]συμ-
βῆναι μόνοις ἐκείνοις. Ἐριχθόνιος μὲν γὰρ ὁ φὺς ἐξ Ἡφαί-
στου καὶ γῆς παρὰ Κέκροπος ἄπαιδος ὄντος ἀῤῥένων παίδων τὸν οἶκον καὶ τὴν βασιλείαν παρέλαβεν· ἐντεῦθεν [2]δ'
ἀρξάμενοι πάντες οἱ γενόμενοι μετ' ἐκεῖνον, ὄντες οὐκ ὀλίγοι,
τὰς κτήσεις τὰς αὑτῶν καὶ τὰς δυναστείας τοῖς αὑτῶν
παισὶ παρέδοσαν μέχρι Θησέως.
e μθ΄. Περὶ οὗ πρὸ πολλοῦ ἂν ἐποιησάμην μὴ διειλέχθαι
πρότερον [3]περὶ τῆς ἀρετῆς καὶ τῶν πεπραγμένων αὐτῷ·
πολὺ γὰρ ἂν μᾶλλον ἥρμοσεν ἐν τῷ λόγῳ τῷ περὶ τῆς
πόλεως διελθεῖν περὶ αὐτῶν. ἀλλὰ γὰρ χαλεπὸν ἦν, μᾶλλον δ' ἀδύνατον, τὰ κατ' ἐκεῖνον ἐπελθόντα τὸν χρόνον εἰς
259 τοῦτον ἀποθέσθαι τὸν καιρὸν, [4]ὃν οὐ προῄδειν ἐσόμενον.
ἐκεῖνα μὲν οὖν ἐάσομεν, ἐπειδὴ πρὸς τὸ παρὸν αὐτοῖς κατε-
χρησάμην, μιᾶς δὲ μόνον μνησθήσομαι πράξεως, ἣ συμβέβηκε μήτ' εἰρῆσθαι πρότερον μήτε πεπρᾶχθαι μηδ' ὑφ' 259
ἑνὸς ἄλλου πλὴν ὑπὸ Θησέως, σημεῖόν [5]δ' εἶναι μέγιστον
τῆς ἀρετῆς τῆς ἐκείνου καὶ φρονήσεως.
ν΄. Ἔχων γὰρ [6]βασιλείαν ἀσφαλεστάτην καὶ μεγίστην,
b ἐν ᾗ πολλὰ καὶ καλὰ διαπεπραγμένος ἦν καὶ κατὰ πόλεμον καὶ [7]περὶ διοίκησιν τῆς πόλεως, ἅπαντα ταῦθ' ὑπερεῖδε, καὶ μᾶλλον εἵλετο τὴν δόξαν τὴν ἀπὸ τῶν πόνων
καὶ τῶν ἀγώνων εἰς ἅπαντα τὸν χρόνον μνημονευθησομένην
ἢ τὴν ῥαθυμίαν καὶ τὴν εὐδαιμονίαν τὴν διὰ τὴν βασιλείαν
ἐν τῷ παρόντι γιγνομένην. καὶ ταῦτ' ἔπραξεν οὐκ ἐπειδὴ
πρεσβύτερος γενόμενος ἀπολελαυκὼς ἦν [8]τῶν ἀγαθῶν τῶν
c παρόντων, ἀλλ' ἀκμάζων, ὡς λέγεται, τὴν μὲν πόλιν διοι-

[1] συμβαίνει A. συμβαίνειν C. L. [2] δραξάμενοι A. L. [3] καὶ A. C. L.
[4] ἡ τόνδε προϊδεῖν A. [ὃν] οὐδὲ προϊδεῖν [ἦν] C. οὐδὲ προϊδεῖν L. [5] τ' A. C. L.
[6] τὴν βασιλ. A. C. L. [7] κατὰ A. C. L. [8] τῶν παρόντων ἀγαθῶν A. C. L.

Τυραννικῶν καὶ βασιλικῶν] Idem significare videntur: nisi Cecropem, tanquam advenam, τύραννον, successores autem illius βασιλεῖς vocare velis. LANG.

Ἐπὶ τέτταρας ἢ πέντε] Si Cecropem recipis, πέντε, si numero excludis, τέτταρες sunt a primo ad Theseum reges. Vid. Perizon. ad Ælian. V. H. v. 13. IDEM.

Περὶ διοίκησιν] Cf. Helen. Enc. §. ιγ΄. IDEM.

κεῖν τῷ πλήθει παρέδωκεν, αὐτὸς δ' ὑπὲρ ταύτης τε καὶ
τῶν ἄλλων Ἑλλήνων διετέλει κινδυνεύων.

να'. Περὶ μὲν οὖν τῆς Θησέως ἀρετῆς νῦν μὲν ὡς οἷόν τ'
ἦν ἀνεμνήσαμεν, πρότερον δ' ἁπάσας αὐτοῦ τὰς πράξεις
οὐκ ἀμελῶς διήλθομεν· περὶ δὲ τῶν παραλαβόντων τὴν τῆς
πόλεως διοίκησιν, ἣν ἐκεῖνος παρέδωκεν, οὐκ ἔχω τίνας ἐπαίνους εἰπὼν [1] ἀξίως ἂν εἴην εἰρηκὼς τῆς ἐκείνων διανοίας.
οἵτινες, ἄπειροι πολιτειῶν ὄντες, οὐ διήμαρτον αἱρούμενοι d
τῆς ὑπὸ πάντων [2] ἂν ὁμολογηθείσης οὐ μόνον εἶναι κοινοτάτης καὶ δικαιοτάτης, ἀλλὰ καὶ συμφορωτάτης ἅπασι τοῖς
χρωμένοις καὶ ἡδίστης. κατεστήσαντο γὰρ δημοκρατίαν οὐ
τὴν εἰκῇ πολιτευομένην, καὶ νομίζουσαν τὴν μὲν ἀκολασίαν
ἐλευθερίαν [3] εἶναι, τὴν δ' ἐξουσίαν [4] τοῦ ὅ τι βούλεταί τις
ποιεῖν εὐδαιμονίαν, ἀλλὰ τὴν τοῖς τοιούτοις μὲν ἐπιτιμῶσαν, ἀριστοκρατίᾳ δὲ χρωμένην· ἣν οἱ μὲν πολλοὶ [5] χρησι- e
μωτάτην οὖσαν ὥσπερ τὴν ἀπὸ [6] τῶν τιμημάτων ἐν ταῖς
πολιτείαις ἀριθμοῦσιν, οὐ δι' ἀμαθίαν ἀγνοοῦντες, ἀλλὰ
διὰ τὸ μηδὲν πώποτ' αὐτοῖς μελῆσαι τῶν τοιούτων.

νβ'. Ἐγὼ δὲ φημὶ τὰς μὲν ἰδέας τῶν πολιτειῶν τρεῖς
260 εἶναι μόνας, ὀλιγαρχίαν, δημοκρατίαν, μοναρχίαν, τῶν δ' 260
ἐν ταύταις οἰκούντων ὅσοι μὲν εἰώθασιν ἐπὶ τὰς ἀρχὰς καθιστάναι καὶ τὰς ἄλλας πράξεις τοὺς ἱκανωτάτους τῶν
πολιτῶν καὶ τοὺς μέλλοντας ἄριστα καὶ δικαιότατα τῶν
πραγμάτων ἐπιστατήσειν, τούτους μὲν ἐν ἁπάσαις ταῖς
πολιτείαις καλῶς οἰκήσειν καὶ πρὸς σφᾶς αὐτοὺς καὶ πρὸς
τοὺς ἄλλους· τοὺς δὲ τοῖς θρασυτάτοις καὶ [7] πονηροτάτοις b
ἐπὶ ταῦτα χρωμένους, καὶ τῶν μὲν τῇ πόλει συμφερόντων
μηδὲν φροντίζουσιν, ὑπὲρ δὲ τῆς αὐτῶν πλεονεξίας ἑτοίμοις
οὖσιν ὁτιοῦν πάσχειν, τὰς δὲ [8] τούτων πόλεις ὁμοίως [9] οἰκήσεσθαι ταῖς τῶν προεστώτων πονηρίαις [10] [[11] θέλοντας, τούτους
αὖ τοὐναντίον κακίστους ἑαυτοῖς τε καὶ τοῖς πολίταις εἶναι

[1] ἀξίους A. L. [2] ἀνομολογηθείσης A. L. [3] εἶναι om. A. C. L. [4] τοῦ om. A. L.
[5] χρησίμην A. C. L. [6] τῶν om. A. C. L. [7] πονηροτάτοις καὶ θρασυτάτοις A. C. L.
[8] ἑαυτῶν A. [9] οἰκεῖσθαι A. [10] uncos om. A. L. [11] θέλουσι A.

Διήλθομεν] In Helen. Enc. l. l.
Τὴν ἀπὸ τῶν τιμημάτων] Scil. πολιτείαν. quæ Τιμοκρατία uno vocabulo dicitur, ubi census et opum ratio habetur, non admodum ab Oligarchia abhorrens. Wolf. Cf. Aristot. Polit. iii. 5. et Diog. Laert. in Vit. Plat.
Τούτους μὲν] Sub. φημί. Auger.
Ἐπὶ ταῦτα] Np. ἐπὶ τὰς ἀρχὰς καὶ τὰς ἄλλας πράξεις. Idem.
Οἰκήσεσθαι] Scribo οἰκεῖσθαι. H. Stephan.

νομίζω]· τοὺς δὲ μήθ' οὕτως μήθ' ὡς πρότερον εἶπον, ἀλλ' ὅταν μὲν θαῤῥῶσι, τούτους μάλιστα τιμῶντας τοὺς πρὸς
c χάριν λέγοντας, ὅταν δὲ δείσωσιν, ἐπὶ τοὺς βελτίστους καὶ φρονιμωτάτους καταφεύγοντας, τοὺς [1] δὲ τοιούτους ἐναλλὰξ τοτὲ μὲν χεῖρον τοτὲ δὲ βέλτιον πράξειν.

νγ'. Αἱ μὲν οὖν φύσεις καὶ δυνάμεις τῶν πολιτειῶν οὕτως ἔχουσιν, ἡγοῦμαι δὲ ταῦτα ἑτέροις [2] μὲν πολὺ πλείους λόγους παρέξειν τῶν νῦν εἰρημένων, ἐμοὶ δ' οὐκ ἔτι περὶ [3] ἁπασῶν αὐτῶν εἶναι διαλεκτέον, ἀλλὰ περὶ μόνης τῆς τῶν προγόνων· ταύτην γὰρ ὑπεσχόμην ἐπιδείξειν σπουδαιοτέραν καὶ πλειόνων ἀγαθῶν αἰτίαν οὖσαν [4] τῆς ἐν τῇ Σπάρτῃ
d [5] καθεστηκυίας.

νδ'. Ἔσται δ' ὁ λόγος τοῖς μὲν ἡδέως ἂν ἀκούσασι πολιτείαν χρηστὴν ἐμοῦ διεξιόντος οὔτ' ὀχληρὸς οὔτ' ἄκαιρος, ἀλλὰ σύμμετρος καὶ προσήκων τοῖς [6] πρότερον εἰρημένοις, τοῖς δὲ μὴ χαίρουσι τοῖς μετὰ πολλῆς σπουδῆς εἰρημένοις, ἀλλὰ τοῖς ἐν ταῖς πανηγύρεσι μάλιστα μὲν λοιδορουμένοις, ἢν δ' ἀπόσχωνται τῆς μανίας ταύτης, ἐγκωμιάζουσιν [7] ἢ τὰ φαυλότατα τῶν ὄντων ἢ τοὺς παρανομωτάτους τῶν γεγενη-
e μένων, τούτοις δ' αὐτὸν οἶμαι δόξειν πολὺ μακρότερον εἶναι τοῦ δέοντος. ἐμοὶ δὲ τῶν μὲν τοιούτων ἀκροατῶν οὐδὲν πώποτ' ἐμέλησεν, οὐδὲ [8] τοῖς ἄλλοις τοῖς εὖ φρονοῦσιν, ἐκείνων δὲ τῶν ἅ τε προεῖπον πρὸ [9] ἅπαντος τοῦ λόγου μνημονευσόντων, 261
261 τῷ τε πλήθει τῶν λεγομένων οὐκ ἐπιτιμησόντων, οὐδ' [10] ἢν μυρίων ἐπῶν ᾖ τὸ μῆκος, ἀλλ' ἐφ' αὐτοῖς εἶναι νομιούντων τοσοῦτον ἀναγνῶναι μέρος καὶ διελθεῖν ὁπόσον ἂν αὐτοὶ [11] βουληθῶσιν, πάντων δὲ μάλιστα τῶν οὐδενὸς ἂν ἥδιον ἀκουόντων ἢ λόγου διεξιόντος ἀνδρῶν ἀρετὰς καὶ πόλεως τρόπον καλῶς οἰκουμένης· ἅπερ εἰ μιμήσασθαί τινες βουληθεῖεν καὶ δυνηθεῖεν, αὐτοί τ' ἂν ἐν μεγάλῃ δόξῃ τὸν βίον διαγάγοιεν καὶ τὰς πόλεις τὰς αὑτῶν εὐδαίμονας [12] ποιή-

[1] δὴ A. L. [2] μὲν ἑτέροις A. C. L. [3] πασῶν A. C. L. [4] ἢ τὴν A. C. L. [5] καθεστηκυῖαν A. C. L. [6] ἔμπροσθεν A. C. L. [7] ἢ om. A. C. L. [8] τῶν ἄλλων A. C. L. [9] παντὸς λόγου A. C. L. [10] ἂν A. C. L. [11] βούλωνται A. C. L. [12] ποιήσαιεν A. C. L.

Φύσεις καὶ δυνάμεις] naturam et indolem. Lang.

Ἐγκωμιάζουσιν] Οἷον τοὺς βομβυλιοὺς καὶ τοὺς ἅλας ἐν Ἑλένης ἐγκωμ. ς'. Cor.

Παρανομωτάτους] Lacedæmonios respicit. Cf. §. μς'. Lang.

Ἅτε προεῖπον] Conf. §. μζ. seqq. Idem.

σειαν. οἵους μὲν οὖν εὐξαίμην ἂν εἶναι τοὺς ἀκουσομένους τῶν b ἐμῶν, εἴρηκα, δέδοικα δὲ μὴ τοιούτων γενομένων πολὺ κατεδεέστερον εἴπω τῶν πραγμάτων περὶ ὧν μέλλω ποιεῖσθαι τοὺς λόγους. ὅμως δ' οὕτως [1] ὅπως ἂν οἷός τ' ὦ πειράσομαι διαλεχθῆναι περὶ αὐτῶν.

νε'. Τοῦ μὲν οὖν διαφερόντως τῶν ἄλλων οἰκεῖσθαι τὴν πόλιν ἡμῶν κατ' ἐκεῖνον τὸν χρόνον δικαίως ἂν [2] ἐπενέγκοιμεν τὴν αἰτίαν τοῖς βασιλεύσασιν αὐτῆς, περὶ ὧν ὀλίγῳ πρότερον [3] διελέχθην· ἐκεῖνοι γὰρ ἦσαν οἱ παιδεύσαντες τὸ c πλῆθος ἐν ἀρετῇ καὶ δικαιοσύνῃ καὶ πολλῇ σωφροσύνῃ, καὶ διδάξαντες ἐξ ὧν διῴκουν, ἅπερ ἐγὼ φανείην [4] ἂν ὕστερον εἰρηκὼς ἢ 'κεῖνοι πράξαντες, ὅτι πᾶσα πολιτεία ψυχὴ πόλεώς ἐστι, τοσαύτην ἔχουσα δύναμιν ὅσην περ ἐν σώματι φρόνησις· αὕτη γάρ ἐστιν ἡ βουλευομένη περὶ ἁπάντων, καὶ τὰ μὲν ἀγαθὰ διαφυλάττουσα, τὰς δὲ συμφορὰς διαφεύγουσα, καὶ πάντων αἰτία τῶν ταῖς πόλεσι [5] συμβαινόντων. d

νς'. [6] Ἃ μαθὼν ὁ δῆμος οὐκ ἐπελάθετο διὰ τὴν μεταβολήν, ἀλλὰ μᾶλλον τούτῳ προσεῖχεν ἢ τοῖς ἄλλοις, ὅπως λήψεται τοὺς ἡγεμόνας, δημοκρατίας μὲν ἐπιθυμοῦντας, τὸ δ' ἦθος τοιοῦτον ἔχοντας οἷόν περ οἱ πρότερον ἐπιστατοῦντες αὐτῶν, καὶ μὴ λήσουσι σφᾶς αὐτοὺς κυρίους ἁπάντων τῶν κοινῶν καταστήσαντες οἷς οὐδεὶς [7] ἂν οὐδὲν τῶν ἰδίων ἐπιτρέψειε, μηδὲ περιόψονται πρὸς τὰ τῆς πόλεως προσιόντας e τοὺς [8] ὁμολογουμένως ὄντας πονηρούς, μηδ' ἀνέξονται [9] τὴν
262 φωνὴν τῶν τὰ μὲν σώματα τὰ σφέτερ' αὐτῶν ἐπονειδίστως διατιθεμένων συμβουλεύειν δὲ τοῖς ἄλλοις ἀξιούντων ὃν τρόπον τὴν πόλιν [10] διοικοῦντες σωφρονοῖεν ἂν καὶ βέλτιον 262
πράττοιεν, μηδὲ τῶν ἃ μὲν παρὰ τῶν πατέρων παρέλαβον εἰς αἰσχρὰς ἡδονὰς [11] ἀνηλωκότων, ἐκ δὲ τῶν κοινῶν ταῖς ἰδίαις ἀπορίαις βοηθεῖν ζητούντων, μηδὲ τῶν πρὸς χάριν

[1] ὁποίως A. C. L. [2] ἐπενέγκαιμεν A. C. L. [3] διειλέχθη A. L.
[4] ἂν om. A. L. [5] συμβαινόντων ἀγαθῶν A. C. L. [6] Ἧς ὁ A. C. L.
[7] οὐδὲ τῶν ἰδίων τι A. L. [8] ὁμολογουμένους A. [9] τὴν om. A. C. L.
[10] διοικήσουσι, καὶ ὅπως σωφρονοῖεν A. C. L. [11] ἀναλωκότων C.

Ἐκεῖνοι] Ὅ τε Θησεὺς καὶ οἱ μετ' ἐκεῖνον διοικήσαντες τὴν πόλιν μέχρι τῶν Περσικῶν. Cor.

Ἅπερ ἐγὼ φανείην] Ἴσως· ὅπερ. ὁ δὲ νοῦς· Διδάξαντες διὰ τῆς αὐτῶν ὀρθῆς διοικήσεως τοῦθ' ὅπερ (ἢ ταῦθ' ἅπερ) ἐγὼ εἴρηκα ὕστερον ἢ ἐκεῖνοι ἔπραξαν. Τί δ' ἔστι τοῦτο; ὅτι πᾶσα πολιτεία κ. τ. λ. Cor. Cf. Areopag. §. ε'.

Τὰ μὲν σώματα] Τὰ σώματα αὐτῶν h. l. τῷ σώματι πόλεως opponi observes. Lang. Λέγει τοὺς ἑταιροῦντας. Cor. Cf. de Pace §. ιζ'.

μὲν ἀεὶ λέγειν γλιχομένων, εἰς πολλὰς δ᾿ ἀηδίας καὶ λύπας
τοὺς πειθομένους ἐμβαλλόντων, ἀλλὰ τούς [1]τε τοιούτους
ἅπαντας ἀπείργειν ἀπὸ τοῦ συμβουλεύειν ἕκαστος οἰήσεται δεῖν, καὶ πρὸς τούτοις ἐκείνους τοὺς τὰ μὲν τῶν ἄλλων
b κτήματα τῆς πόλεως εἶναι φάσκοντας, τὰ δὲ ταύτης ἴδια
κλέπτειν καὶ διαρπάζειν τολμῶντας, καὶ φιλεῖν μὲν τὸν
δῆμον προσποιουμένους, ὑπὸ δὲ τῶν ἄλλων ἁπάντων αὐτὸν
μισεῖσθαι ποιοῦντας, καὶ λόγῳ μὲν δεδιότας ὑπὲρ τῶν Ἑλλήνων, ἔργῳ δὲ λυμαινομένους καὶ συκοφαντοῦντας καὶ διατιθέντας [2]αὐτοὺς οὕτω πρὸς ἡμᾶς, ὥστε τῶν πόλεων τὰς
εἰς τὸν πόλεμον καθισταμένας ἥδιον ἂν καὶ θᾶττον ἐνίας
c εἰσδέξασθαι τοὺς πολιορκοῦντας ἢ τὴν παρ᾿ ἡμῶν βοήθειαν.
ἀπείποι δ᾿ ἄν τις γράφων, εἰ πάσας τὰς κακοηθείας καὶ
πονηρίας ἐξαριθμεῖν ἐπιχειρήσειεν.

νζ΄. Ἃς ἐκεῖνοι μισήσαντες καὶ τοὺς ἔχοντας αὐτὰ
ἐποιοῦντο συμβούλους καὶ προστάτας οὐ τοὺς τυχόντας,
ἀλλὰ τοὺς βελτίστους καὶ [3]φρονιμωτάτους καὶ κάλλιστα
βεβιωκότας, καὶ τοὺς αὐτοὺς τούτους στρατηγοὺς ᾑροῦντο
καὶ πρέσβεις — εἴ [4]ποι δεήσειεν — ἔπεμπον, καὶ πάσας
τὰς ἡγεμονίας τὰς τῆς πόλεως αὐτοῖς παρεδίδοσαν, νομί-
d ζοντες τοὺς ἐπὶ τοῦ βήματος βουλομένους καὶ δυναμένους
τὰ βέλτιστα συμβουλεύειν, τούτους [5]καὶ καθ᾿ αὐτοὺς γενομένους ἐν [6]ἅπασι τοῖς τόποις καὶ περὶ ἁπάσας τὰς πράξεις τὴν αὐτὴν γνώμην ἕξειν· ἅπερ αὐτοῖς καὶ συνέβαινεν.

νη΄. Διὰ γὰρ τὸ ταῦτα γιγνώσκειν ἐν ὀλίγαις ἡμέραις
ἑώρων τούς τε νόμους ἀναγεγραμμένους, οὐχ [7]ὁμοίους τοῖς
νῦν κειμένοις, οὐδὲ τοσαύτης ταραχῆς καὶ τοσούτων ἐναντιώσεων μεστούς, ὥστε [8]μηδέν᾿ ἂν δυνηθῆναι [9]συνιδεῖν μήτε 26
e τοὺς χρησίμους μήτε τοὺς ἀχρήστους αὐτῶν, ἀλλὰ πρῶτον
μὲν ὀλίγους, ἱκανοὺς δὲ τοῖς χρῆσθαι μέλλουσι καὶ [10]ῥᾳδίους
συνιδεῖν, ἔπειτα δικαίους καὶ συμφέροντας καὶ σφίσιν αὐτοῖς
263 ὁμολογουμένους, καὶ μᾶλλον ἐσπουδασμένους τοὺς περὶ τῶν

[1] γε A. C. L. [2] αὐτοὺς om. A. C. L. [3] φρονιμωτάτους καὶ βελτίστους A. C. L. [4] ποτε A. C. L. [5] δὲ καὶ A. L. [6] πᾶσι A. C. L. [7] ὁμοίως A. C. L. [8] μηδὲν A. L. [9] συνιδεῖν om. A. L. [10] ῥᾳδίως L.

Οἰήσεται] Malim ᾤετο vel ᾤηται. Auger.

Τούς τε νόμους ἀναγεγραμμένους] Cf. Lysias c. Nicomach. §. α΄. et Demosth. adv. Leptin. §. κ΄.

Καὶ μᾶλλον ἐσπουδασμένους —] Ad verbum interpretor: *et majore diligentia claboratas eas quæ ad mores publicos quam eas*

κοινῶν ἐπιτηδευμάτων ἢ τοὺς περὶ τῶν ἰδίων συμβολαίων,
οἵουσπερ εἶναι χρὴ παρὰ τοῖς καλῶς πολιτευομένοις. περὶ
δὲ τοὺς αὐτοὺς χρόνους καθίστασαν ἐπὶ τὰς ἀρχὰς τοὺς
προκριθέντας ὑπὸ τῶν [1] φυλετῶν καὶ δημοτῶν, οὐ περιμαχήτους αὐτὰς ποιήσαντες οὐδ' ἐπιθυμίας ἀξίας, ἀλλὰ πολὺ
μᾶλλον λειτουργίαις ὁμοίας ταῖς ἐνοχλούσαις μὲν οἷς ἂν
προσταχθῶσι, τιμὴν δέ τινα [2] περιτιθείσαις αὐτοῖς· ἔδει
γὰρ τοὺς ἄρχειν αἱρεθέντας τῶν τε κτημάτων τῶν ἰδίων
ἀμελεῖν, καὶ τῶν [3] λημμάτων τῶν εἰθισμένων δίδοσθαι ταῖς b
ἀρχαῖς ἀπέχεσθαι μηδὲν ἧττον ἢ τῶν ἱερῶν — ἃ τίς ἂν ἐν
τοῖς νῦν καθεστῶσιν ὑπομείνειε; —, καὶ τοὺς μὲν ἀκριβεῖς
περὶ [4] ταύτας γιγνομένους μετρίως ἐπαινεθέντας [5] ἐφ' ἑτέραν
ἐπιμέλειαν τάττεσθαι τοιαύτην, τοὺς δὲ καὶ μικρὸν παρα-
βάντας ταῖς ἐσχάταις αἰσχύναις καὶ μεγίσταις ζημίαις
περιπίπτειν· ὥστε μηδένα τῶν πολιτῶν ὥσπερ νῦν διακεῖσθαι πρὸς τὰς ἀρχάς, ἀλλὰ μᾶλλον [6] τότε ταύτας φεύγειν c
[7] ἢ νῦν διώκειν, καὶ πάντας νομίζειν μηδέποτ' ἂν γενέσθαι
δημοκρατίαν ἀληθεστέραν [8] μηδὲ βεβαιοτέραν μηδὲ μᾶλλον
τῷ πλήθει συμφέρουσαν τῆς τῶν μὲν τοιούτων πραγματειῶν ἀτέλειαν τῷ δήμῳ διδούσης, τοῦ δὲ τὰς ἀρχὰς καταστῆσαι καὶ δίκην λαβεῖν παρὰ τῶν [9] ἐξαμαρτόντων κύριον
ποιούσης, ἅπερ ὑπάρχει καὶ τῶν τυράννων τοῖς εὐδαιμονε-
στάτοις.

νθ'. Σημεῖον δὲ μέγιστον ὅτι ταῦτ' ἠγάπων μᾶλλον d
[10] ἢ γὼ λέγω· φαίνεται γὰρ ὁ δῆμος, ταῖς μὲν ἄλλαις πολιτείαις ταῖς οὐκ ἀρεσκούσαις μαχόμενος καὶ καταλύων καὶ
τοὺς προεστῶτας αὐτῶν ἀποκτείνων, ταύτῃ δὲ χρώμενος οὐκ
[11] ἐλάττω χιλίων ἐτῶν, ἀλλ' ἐμμείνας ἀφ' οὗ [12] περ ἔλαβε
μέχρι τῆς Σόλωνος μὲν ἡλικίας Πεισιστράτου δὲ δυναστείας,
264 ὅς, δημαγωγὸς γενόμενος καὶ πολλὰ τὴν πόλιν λυμηνά-

[1] συμφυλετῶν καὶ τῶν δημ. A. C. L. [2] προστιθείσαις A. C. L. [3] πλεονεκτημάτων A. [4] ταῦτα C. [5] ὑφ' A. [6] τὸ A. C. L. [7] ἡδὺ ἢ διώκειν A. L. ἡδὺ ἢ διώκειν [εἶναι] C. [8] μηδὲ βεβαιοτέραν om. A. C. L. [9] ἐξαμαρτανόντων A. C. L. [10] ἃ ἐγὼ A. C. L. [11] ἔλαττον A. C. L. [12] παρέλαβε A. C. L.

quæ ad privatos contractus pertinebant. Auger.

Λημμάτων] *muneribus quibus corrumpi solent.* Lang.

Γιγνομένους] Ἴσως· γενομένους. Cor.

Χιλίων] F. leg. ἑξακοσίων. *De Fort. Athen.* c. 10. Meursius. Οὐκ ἀπιθάνως· καὶ γὰρ τοσαῦτα μάλιστα ἀριθμοῦνται ἔτη ἀπὸ Θησέως μέχρι Πεισιστράτου. Cor.

e μενος καὶ τοὺς βελτίστους τῶν πολιτῶν ὡς ὀλιγαρχικοὺς ὄντας ἐκβαλὼν, τελευτῶν τόν τε δῆμον κατέλυσε καὶ τύραννον αὑτὸν κατέστησε.

ξ΄. Τάχ᾽ οὖν ἄν τινες ἄτοπον εἶναί με φήσειαν — οὐδὲν γὰρ κωλύει [1]διαλαβεῖν τὸν λόγον —, ὅτι τολμῶ λέγειν ὡς
264 ἀκριβῶς εἰδὼς περὶ πραγμάτων οἷς οὐ παρῆν πραττομένοις. ἐγὼ δὲ οὐδὲν τούτων ἄλογον οἶμαι ποιεῖν. εἰ [2]μὲν γὰρ μόνος ἐπίστευον τοῖς τε λεγομένοις περὶ τῶν παλαιῶν καὶ τοῖς γράμμασι τοῖς ἐξ ἐκείνου τοῦ χρόνου παραδεδομένοις ἡμῖν, εἰκότως ἂν ἐπιτιμῴμην· νῦν δὲ πολλοὶ καὶ νοῦν ἔχοντες ταὐτὸν ἐμοὶ φανεῖεν ἂν [3]πεπονθότες. χωρὶς δὲ τούτων, εἰ κατασταίην εἰς ἔλεγχον [4]καὶ λόγον, δυνηθείην ἂν ἐπιδεῖξαι
b πάντας ἀνθρώπους πλείους ἐπιστήμας ἔχοντας διὰ τῆς ἀκοῆς ἢ τῆς ὄψεως, καὶ μείζους πράξεις καὶ καλλίους εἰδότας ἃς παρ᾽ ἑτέρων ἀκηκόασιν ἢ [5]᾽κείνας αἷς αὐτοὶ [6]παραγεγενημένοι τυγχάνουσιν. ἀλλὰ γὰρ οὔτ᾽ ἀμελεῖν καλῶς ἔχει τῶν τοιούτων ὑπολήψεων — τυχὸν γὰρ μηδενὸς ἀντειπόντος λυμήναιντ᾽ ἂν τὴν ἀλήθειαν — οὔτ᾽ αὖ πολὺν χρόνον ἀντιλέγοντας διατρίβειν ἐν αὐταῖς, ἀλλ᾽ ὅσον ὑποδείξαντας μόνον τοῖς ἄλλοις ἐξ ὧν ληροῦντας ἂν [7]αὐτοὺς ἐπι-
c δείξαιεν, πάλιν ἐπανελθόντας περαίνειν καὶ [8]λέγειν ὅθεν ἀπέλιπον· ὅπερ ἐγὼ ποιήσω.

ξα΄. Τὸ μὲν οὖν σύνταγμα τῆς τότε πολιτείας, καὶ τὸν χρόνον ὅσον αὐτῇ χρώμενοι [9]διετέλεσαν, ἐξαρκούντως [10]δεδηλώκαμεν· λοιπὸν δ᾽ ἡμῖν τὰς πράξεις τὰς ἐκ τοῦ καλῶς [11]πολιτεύεσθαι γεγενημένας διελθεῖν. ἐκ τούτων γὰρ [12]ἔτι μᾶλλον ἔσται καταμαθεῖν ὅτι καὶ τὴν πολιτείαν εἶχον ἡμῶν οἱ πρόγονοι βελτίω τῶν ἄλλων καὶ σωφρονεστέραν,
d καὶ προστάταις καὶ συμβούλοις ἐχρῶντο τοιούτοις [13]οἵοις χρὴ τοὺς εὖ φρονοῦντας.

ξβ΄. Οὐ μὴν οὐδὲ ταῦτά μοι πρότερον λεκτέον ἐστὶ, πρὶν

[1] διαβαλεῖν A. C. L. [2] μὲν om. A. C. L. [3] πάσχοντες A. C. L. [4] καὶ λόγον om. A. C. L. [5] κείναις A. [6] παραγιγνόμενοι A. C. L. [7] αὐτοὺς ἂν A. C. L. [8] λέγειν καὶ περαίνειν A. C. L. [9] διετελέσαμεν A. C. L. [10] δεδήλωται A. C. L. [11] πολιτεύεσθαι καλῶς A. C. L. [12] ἔτι om. A. C. L. [13] οἵους A. L.

Ἄλογον] F. ἀλόγως. Wolf.

Ὑπολήψεων] *opiniones*, seu, ut Wolf. mavult, *objectiones*. Lang. Ἀντιλογιῶν, ἀντιῤῥήσεων. Cor.

Ὅσον] Wolf. explicat per ὀλίγον. malim *veluti*. Lang.

Ἐξ ὧν — ἐπιδείξαιεν] *e quo adversarios nugari ostendere queant*. Idem.

ἂν μικρὰ προείπω περὶ αὐτῶν. ἢν γὰρ ὑπεριδὼν τὰς ἐπιτι-
μήσεις τὰς τῶν οὐδὲν ἄλλο ποιεῖν ἢ τοῦτο δυναμένων ἐφεξῆς
διηγῶμαι περί τε τῶν ἄλλων τῶν πεπραγμένων καὶ τῶν
265 ἐπιτηδευμάτων τῶν περὶ τὸν πόλεμον, οἷς οἱ πρόγονοι χρώμενοι τῶν τε βαρβάρων περιεγένοντο καὶ παρὰ τοῖς Ἕλλησιν εὐδοκίμησαν, οὐκ ἔστιν ὅπως οὐ φήσουσί τινές με διεξ- e
ιέναι τοὺς νόμους οὓς Λυκοῦργος μὲν ἔθηκε, Σπαρτιᾶται
δ' αὐτοῖς χρώμενοι τυγχάνουσιν.

ξγ'. Ἐγὼ δ' ὁμολογῶ μὲν ἐρεῖν πολλὰ τῶν ἐκεῖ [1] καθεστώτων, οὐχ ὡς Λυκούργου τι τούτων εὑρόντος ἢ διανοηθέντος, ἀλλ' ὡς μιμησαμένου τὴν διοίκησιν ὡς δυνατὸν ἄριστα 265
τὴν τῶν προγόνων τῶν ἡμετέρων, καὶ τήν τε δημοκρατίαν
καταστήσαντος παρ' αὐτοῖς τὴν ἀριστοκρατίᾳ μεμιγμένην,
ἥπερ ἦν παρ' ἡμῖν, καὶ τὰς ἀρχὰς οὐ κληρωτὰς ἀλλ' αἱρετὰς
ποιήσαντος, καὶ τὴν τῶν γερόντων αἵρεσιν τῶν ἐπιστατούντων
ἅπασι τοῖς πράγμασι μετὰ τοσαύτης σπουδῆς ποιεῖσθαι
νομοθετήσαντος, μεθ' ὅσης περ φασὶ καὶ τοὺς ἡμετέρους περὶ b
τῶν εἰς Ἄρειον πάγον ἀναβήσεσθαι μελλόντων, ἔτι δὲ καὶ
τὴν δύναμιν αὐτοῖς περιθέντος τὴν αὐτήν, ἥνπερ ᾔδει καὶ τὴν
βουλὴν ἔχουσαν τὴν παρ' ἡμῖν.

ξδ'. Ὅτι μὲν οὖν τὸν αὐτὸν τρόπον τἀκεῖ καθέστηκεν
ὥσπερ εἶχε τὸ παλαιὸν καὶ τὰ παρ' ἡμῖν, παρὰ πολλῶν
[2] ἔσται πυθέσθαι τοῖς εἰδέναι βουλομένοις· ὡς δὲ καὶ τὴν ἐμπειρίαν τὴν περὶ τὸν πόλεμον οὐ πρότερον ἤσκησαν οὐδ'
ἄμεινον ἐχρήσαντο Σπαρτιᾶται τῶν ἡμετέρων, ἐκ τῶν c
ἀγώνων καὶ τῶν πολέμων [3] τῶν ὁμολογουμένων γενέσθαι
κατ' ἐκεῖνον τὸν χρόνον οὕτως οἶμαι σαφῶς ἐπιδείξειν, ὥστε
[4] μήτε τοὺς ἀνοήτως λακωνίζοντας ἀντειπεῖν δυνήσεσθαι τοῖς
ῥηθεῖσι, μήτε τοὺς [5] τὰ ἡμέτερα ἅμα τε θαυμάζοντας καὶ
βασκαίνοντας καὶ μιμεῖσθαι γλιχομένους.

ξε'. Ποιήσομαι δὲ τὴν ἀρχὴν τῶν λεχθησομένων ἀκοῦσαι
μὲν ἴσως τισὶν ἀηδῆ, ῥηθῆναι δ' οὐκ ἀσύμφορον. εἰ γάρ τις
φαίη [6] τὼ πόλεε τούτω πλείστων ἀγαθῶν αἰτίας γεγενῆ- d

[1] καθεστώτων ἐκεῖ A. C. L. [2] ἔστι A. C. L. [3] καὶ τῶν ὡμολογημένων A. C. L.
[4] μηδὲ A. C. L. [5] τὰ ἡμέτερα om. A. C. L. [6] τὰ πόλεε ταῦτα A. C. L.

Τὴν τῶν γερόντων αἵρεσιν] Demosth. adv. Lept. p. 489. ed. R. laudat Coraes. LANG.
Αἰτίας] F. in dual. αἰτία. WOLF.
Ἀναβήσεσθαι] Conf. Areopag. §. ιε'. AUGER.

σθαι τοῖς Ἕλλησι καὶ μεγίστων κακῶν μετὰ τὴν Ξέρξου
στρατείαν, οὐκ ἔστιν ὅπως οὐκ ἀληθῆ δόξειεν ἂν λέγειν τοῖς
εἰδόσι τι περὶ τῶν τότε γεγενημένων. ἠγωνίσαντό τε γὰρ ὡς
δυνατὸν ἄριστα πρὸς τὴν ἐκείνου δύναμιν, ταῦτά τε πρά- 266
ξασαι, προσῆκον αὐταῖς [1] καὶ περὶ τῶν ἐχομένων βουλεύ-
e σασθαι καλῶς, εἰς τοῦτ' ἦλθον οὐκ ἀνοίας ἀλλὰ μανίας,
ὥστε πρὸς μὲν τὸν ἐπιστρατεύσαντα καὶ βουληθέντα [2] τὼ
μὲν πόλεε [3] τούτω παντάπασιν ἀνελεῖν, τοὺς δὲ ἄλλους Ἕλληνας καταδουλώσασθαι, πρὸς μὲν τὸν τοιοῦτον, κρατή-
σασαι ῥαδίως ἂν αὐτοῦ καὶ κατὰ γῆν καὶ κατὰ θάλατταν,
εἰρήνην εἰς ἅπαντα συνεγράψαντο [4] τὸν χρόνον ὥσπερ πρὸς
266 εὐεργέτην γεγενημένον, φθονήσασαι δὲ ταῖς ἀρεταῖς ταῖς
αὐτῶν, εἰς πόλεμον καταστᾶσαι πρὸς ἀλλήλας καὶ φιλονεικίαν, οὐ πρότερον ἐπαύσαντο σφᾶς [5] τε [6] αὐτὰς ἀπολλύουσαι καὶ τοὺς ἄλλους Ἕλληνας, πρὶν κύριόν ἐποιήσαντο τὸν
κοινὸν ἐχθρὸν [7] [τοῦ] τήν τε πόλιν τὴν ἡμετέραν εἰς τοὺς ἐσχάτους καταστῆσαι κινδύνους διὰ τῆς δυνάμεως τῆς Λακεδαιμονίων, καὶ πάλιν τὴν ἐκείνων διὰ τῆς πόλεως τῆς ἡμετέ-
b ρας. καὶ τοσοῦτον ἀπολειφθέντες τῆς τοῦ βαρβάρου φρονήσεως, οὔτ' ἐν ἐκείνοις τοῖς χρόνοις ἤλγησαν ἀξίως ὧν ἔπαθον
οὐδ' ὡς προσῆκεν αὐτούς, οὔτε νῦν αἱ μέγισται τῶν Ἑλληνίδων πόλεων αἰσχύνονται διακολακευόμεναι πρὸς τὸν ἐκείνου
πλοῦτον, ἀλλ' ἡ μὲν Ἀργείων καὶ Θηβαίων Αἴγυπτον αὐτῷ
συγκατεπολέμησεν, ἵν' ὡς μεγίστην ἔχων δύναμιν [8] ἐπιβουλεύῃ τοῖς Ἕλλησιν, ἡμεῖς δὲ καὶ Σπαρτιᾶται, συμμα-
c χίας ἡμῖν ὑπαρχούσης, ἀλλοτριώτερον ἔχομεν πρὸς ἡμᾶς
αὐτοὺς ἢ πρὸς οὓς ἑκάτεροι πολεμοῦντες τυγχάνομεν.
σημεῖον δὲ οὐ μικρόν· κοινῇ [9] μὲν γὰρ οὐδὲ περὶ ἑνὸς πράγματος
βουλευόμεθα, χωρὶς δ' ἑκάτεροι πρέσβεις πέμπομεν ὡς
ἐκεῖνον, ἐλπίζοντες, ὁποτέροις ἂν οἰκειότερον [10] διατεθῇ, κυ-

[1] καὶ om. L. [2] τὰ A. [3] ταύτα A. [4] τὸν χρόνον συνεγράψαντο A. C. L. [5] τε om. A. C. L. [6] αὐτοὺς L. [7] uncos om. A. C. L. [8] ἐπιβουλεύοι A. C. L. [9] μὲν om. A. C. L. [10] διατεθείη A. C. L.

Ταῖς αὐτῶν] Ταῖς ἀλλήλων. Cor.

Ἐποιήσαντο] Ἴσως· ἐποίησαν. Ἐρεῖ δὲ καὶ μετ' ὀλίγα (ϛθ'.) κυρίους ποιησάσης. Idem.

Διακολακευόμεναι πρὸς τὸν ἐκείνου πλοῦτον] Ἁμιλλώμεναι πρὸς ἀλλήλας, ἥτις πλέον κολακεύσει τὸν τοῦ βαρβάρου πλοῦτον. Wolf.

Ἔχει δ' ἄν τις καὶ οὕτω πως ἑρμηνεῦσαι τὸ χωρίον ἁπλούστερον· Ἁμιλλώμεναι τῇ κολακείᾳ πρὸς τὸν ἐκείνου πλοῦτον, τουτέστι, τοσούτῳ πλέον κολακεύοντες τὸν βάρβαρον ἐπαίνοις τε καὶ τῇ ἄλλῃ θεραπείᾳ, ὅσον ἐκεῖνος ἐκολάκευεν ἐκείνας τῷ πλούτῳ, ἤγουν τῷ πλουτίζειν. Cor.

ρίους τούτους γενήσεσθαι τῆς ἐν τοῖς Ἕλλησι πλεονεξίας,
κακῶς εἰδότες ὡς τοὺς μὲν θεραπεύοντας αὐτὸν ὑβρίζειν
εἴθισται, πρὸς δὲ τοὺς [1] ἀντιταττομένους καὶ καταφρονοῦντας τῆς ἐκείνου δυνάμεως, ἐκ παντὸς τρόπου διαλύεσθαι
πειρᾶται τὰς διαφοράς. d

ξϛ'. Ταῦτα δὲ διῆλθον οὐκ ἀγνοῶν ὅτι λέγειν τινὲς τολ-
μήσουσιν ὡς ἔξω τῆς ὑποθέσεως τοῖς λόγοις τούτοις ἐχρησά-
267 μην. ἐγὼ δ' οὐδέποτ' ἂν οἶμαι τοῖς προειρημένοις οἰκειοτέρους
[2] λόγους ῥηθῆναι τούτων, οὐδ' ἐξ ὧν ἄν τις σαφέστερον ἐπιδείξειε τοὺς προγόνους ἡμῶν φρονιμωτέρους ὄντας περὶ τὰ
μέγιστα τῶν τήν τε πόλιν τὴν ἡμετέραν καὶ τὴν Σπαρτια- e
τῶν μετὰ τὸν πόλεμον τὸν πρὸς Ξέρξην διοικησάντων. αὗται
μὲν γὰρ ἂν φανεῖεν, ἐν ἐκείνοις τε τοῖς χρόνοις πρὸς μὲν τοὺς
βαρβάρους εἰρήνην ποιησάμεναι, σφᾶς δ' αὐτὰς καὶ τὰς
ἄλλας πόλεις ἀπολλύουσαι, νῦν τε τῶν [3] μὲν Ἑλλήνων ἄρ- 267
χειν ἀξιοῦσαι, πρὸς δὲ τὸν βασιλέα πρέσβεις πέμπουσαι
περὶ φιλίας καὶ συμμαχίας· οἱ δὲ τότε τὴν πόλιν οἰκοῦντες
οὐδὲν τούτων ἔπραττον, ἀλλὰ [4] πᾶν τοὐναντίον· τῶν μὲν
γὰρ Ἑλληνίδων πόλεων οὕτως αὐτοῖς ἀπέχεσθαι σφόδρα
δεδογμένον ἦν ὥσπερ τοῖς εὐσεβέσι τῶν ἐν τοῖς ἱεροῖς ἀνακει-
μένων, [5] τῶν δὲ πολέμων ὑπελάμβανον ἀναγκαιότατον μὲν
[6] εἶναι καὶ δικαιότατον τὸν μετὰ πάντων ἀνθρώπων πρὸς
τὴν ἀγριότητα τὴν τῶν θηρίων [7] γιγνόμενον, δεύτερον δὲ τὸν b
μετὰ τῶν Ἑλλήνων πρὸς τοὺς βαρβάρους τοὺς καὶ φύσει
πολεμίους ὄντας καὶ πάντα τὸν χρόνον ἐπιβουλεύοντας
ἡμῖν. τοῦτον δ' εἴρηκα τὸν λόγον οὐκ αὐτὸς εὑρών, ἀλλ' ἐκ
τῶν ἐκείνοις πεπραγμένων συλλογισάμενος.

ξζ'. Ὁρῶντες γὰρ τὰς μὲν ἄλλας πόλεις ἐν πολλοῖς
κακοῖς καὶ πολέμοις καὶ ταραχαῖς οὔσας, τὴν δ' αὑτῶν
μόνην καλῶς [8] διοικουμένην, οὐχ ἡγήσαντο δεῖν τοὺς ἄμεινον c
τῶν ἄλλων φρονοῦντας καὶ πράττοντας ἀμελεῖν οὐδὲ περιορᾶν τὰς τῆς αὐτῆς συγγενείας μετεχούσας ἀπολλυμένας,

[1] ἀντιπραττομένοις A. L. ἂν λόγους A. C. L. [3] μὲν om. A. C. L.
[4] πᾶν om. A. C. L. [5] τὸν δὲ πόλεμον A. [6] εἶναι om. A. C. L.
[7] γενόμενον A. L. [8] οἰκουμένην A. C. L.

Κακῶς εἰδότες ὡς] Ἀγνοοῦντες ὅτι. Idem.
Ἀντιταττομένους] Ἀντιπολεμοῦντας, ἐναντιουμένους αὐτῷ. Idem.
Τῶν — διοικησάντων] Pendet a φρονιμωτέρους. quam qui etc. Lang.

Θηρίων γενόμενον] Scribo γενησόμενον. H. Stephan. F. leg. γενησόμενον, vel γιγνόμενον. Auger. Quorum neutrum opus est. Lang.

ἀλλὰ σκεπτέον εἶναι καὶ πρακτέον ὅπως ἁπάσας ἀπαλλάξουσι τῶν κακῶν τῶν παρόντων. ταῦτα δὲ διανοηθέντες τῶν μὲν ἧττον νοσουσῶν πρεσβείαις καὶ λόγοις ἐξαιρεῖν ἐπειρῶντο τὰς διαφορὰς, εἰς δὲ τὰς μᾶλλον στασιαζούσας ἐξέπεμπον
d τῶν πολιτῶν τοὺς μεγίστην παρ' αὐτοῖς δόξαν ἔχοντας, οἳ περί τε τῶν παρόντων [1] πραγμάτων αὐταῖς συνεβούλευον, καὶ [2] συγγιγνόμενοι τοῖς τε [3] μὴ δυναμένοις ἐν ταῖς αὑτῶν ζῆν [4] καὶ τοῖς χεῖρον γεγονόσιν ὧν οἱ νόμοι προστάττουσιν, οἵπερ ὡς ἐπὶ τὸ πολὺ λυμαίνονται τὰς πόλεις, ἔπειθον μεθ' αὑτῶν στρατεύεσθαι καὶ βίον ζητεῖν βελτίω τοῦ [5] παρόν- 268
e τος. πολλῶν δὲ γιγνομένων τῶν ταῦτα βουλομένων καὶ πειθομένων, στρατόπεδα συνιστάντες ἐξ αὐτῶν, τούς τε τὰς νήσους κατέχοντας των βαρβάρων καὶ τοὺς ἐφ' ἑκατέρας τῆς ἠπείρου τὴν παραλίαν κατοικουντας καταστρεφόμενοι, καὶ πάντας [6] ἐκβαλόντες, τοὺς μάλιστα βίου δεομένους τῶν
268 Ἑλλήνων κατῴκιζον. καὶ ταῦτα πράττοντες καὶ τοῖς ἄλλοις ὑποδεικνύοντες διετέλουν, ἕως ἤκουσαν Σπαρτιάτας τὰς πόλεις τὰς ἐν Πελοποννήσῳ [7] κατοικούσας, ὥσπερ εἶπον, ὑφ' [8] αὑτοῖς πεποιημένους· μετὰ δὲ ταῦτα τοῖς ἰδίοις ἠναγκάζοντο προσέχειν τὸν νοῦν.

ξη'. Τί οὖν ἐστὶ τὸ συμβεβηκὸς ἀγαθὸν ἐκ τοῦ πολέμου τοῦ περὶ τὰς ἀποικίας καὶ πραγματείας; τοῦτο γὰρ οἶμαι μάλιστα ποθεῖν ἀκοῦσαι τοὺς πολλούς. τοῖς μὲν Ἕλλησιν
b [9] εὐπορωτέροις γενέσθαι τὰ περὶ τὸν βίον καὶ μᾶλλον ὁμονοεῖν τοσούτων τὸ πλῆθος καὶ τοιούτων ἀνθρώπων ἀπαλλαγεῖσι, τοῖς δὲ βαρβάροις ἐκπίπτειν ἐκ τῆς αὑτῶν καὶ φρονεῖν ἔλαττον ἢ πρότερον, τοῖς δὲ αἰτίοις τούτων γεγενημένοις εὐδοκιμεῖν καὶ [10] δοκεῖν διπλασίαν πεποιηκέναι τὴν Ἑλλάδα τῆς ἐξ ἀρχῆς συστάσης.

ξθ'. Μεῖζον μὲν οὖν εὐεργέτημα [11] τούτου καὶ κοινότερον τοῖς Ἕλλησι γεγενημένον παρὰ τῶν προγόνων τῶν ἡμετέρων
c οὐκ ἂν δυναίμην ἐξευρεῖν· οἰκειότερον δὲ τῇ περὶ τὸν πόλεμον

[1] παρ' αὐταῖς πραγμάτων A. C. L. [2] συγγενόμενοι A. L. [3] δι' ἀπορίαν μὴ A. [4] πατρίσι, καὶ A. C. L. [5] νῦν παρόντος A. C. L. [6] ἐκβάλλοντες A. C. L. [7] κατῳκισμένας A. C. L. [8] αὑτοὺς A. C. L. [9] εὐπορωτέρους A. L. [10] δοκεῖν om. A. C. L. [11] τούτου om. A. C. L.

Ἐξέπεμπον] Cf. Paneg. §. θ'. Idem.
Καὶ πραγματείας] Malim abesse has duas voces quæ mihi videntur sensum interturbare. Auger. In quo errat. Lang.

ἐπιμελείᾳ καὶ δόξης οὐκ ἐλάττονος ἄξιον καὶ πᾶσι [1] φανερώτερον ἴσως ἕξομεν εἰπεῖν.

σ′. Τίς γὰρ οὐκ οἶδεν, ἢ τίς οὐκ ἀκήκοε τῶν τραγῳδιδασκάλων [2] Διονυσίοις, τὰς Ἀδράστῳ γενομένας ἐν [3] Θήβαις συμφορὰς, ὅτι κατάγειν βουληθεὶς τὸν Οἰδίπου μὲν υἱὸν, αὑτοῦ δὲ κηδεστὴν, παμπληθεῖς μὲν Ἀργείων ἀπώλεσεν, ἅπαντας δὲ τοὺς λοχαγοὺς ἐπεῖδε διαφθαρέντας, αὐτὸς δ' ἐπονειδίστως σωθεὶς, ἐπειδὴ σπονδῶν οὐχ οἷός τ' ἦν τυχεῖν d
οὐδ' ἀνελέσθαι τοὺς τετελευτηκότας, ἱκέτης γενόμενος τῆς πόλεως, ἔτι Θησέως αὐτὴν διοικοῦντος, ἐδεῖτο μὴ [4] περιϊδεῖν τοιούτους ἄνδρας ἀτάφους γενομένους μηδὲ παλαιὸν ἔθος
269 καὶ πάτριον νόμον καταλυόμενον, ᾧ πάντες ἄνθρωποι χρώμενοι διατελοῦσιν οὐχ ὡς ὑπ' ἀνθρωπίνης κειμένῳ φύσεως, ἀλλ' ὡς ὑπὸ δαιμονίας προστεταγμένῳ δυνάμεως. ὧν ἀκούσας, οὐδένα χρόνον ἐπισχὼν [5] ὁ δῆμος ἔπεμψε πρεσβείαν εἰς Θήβας, περί τε τῆς ἀναιρέσεως [6] συμβουλεύσοντας αὐτοῖς ὁσιώτερον βουλεύσασθαι καὶ τὴν ἀπόκρισιν νομιμωτέραν ποιήσασθαι τῆς πρότερον [7] γενομένης, κἀκεῖνο ὑποδείξοντας, ὡς ἡ πόλις αὐτοῖς οὐκ ἐπιτρέψει παραβαίνουσι τὸν νόμον τὸν
κοινὸν ἁπάντων [8] τῶν Ἑλλήνων. [9] ὧν ἀκούσαντες οἱ κύριοι 269
τότε ὄντες Θηβῶν οὐχ ὁμοίως ἔγνωσαν οὔτε ταῖς δόξαις αἷς ἔχουσί τινες περὶ αὐτῶν, οὔθ' οἷς ἐβουλεύσαντο πρότερον, ἀλλὰ μετρίως περὶ αὐτῶν τε διαλεχθέντες καὶ τῶν ἐπιστρατευσάντων κατηγορήσαντες ἔδοσαν τῇ πόλει τὴν ἀναίρεσιν.

σα′. Καὶ μηδεὶς οἰέσθω με ἀγνοεῖν ὅτι τἀναντία τυγχάνω [10] λέγων οἷς ἐν τῷ Πανηγυρικῷ λόγῳ φανείην ἂν περὶ
τῶν αὐτῶν τούτων γεγραφώς· ἀλλὰ γὰρ οὐδένα νομίζω τῶν b
ταῦτα συνιδεῖν ἂν δυνηθέντων τοσαύτης ἀμαθίας εἶναι καὶ φθόνου μεστὸν, ὅστις οὐκ ἂν ἐπαινέσειέ [11] με καὶ σωφρονεῖν

[1] φανερὸν A. C. L. [2] ἐν Διονυσίοις A. C. L. [3] Θηβαίοις A. C. L. [4] παριδεῖν A. C. L. [5] ὁ δῆμος om. A. C. L. [6] συμβουλεύοντας L. [7] γεγενημένης A. C. L. [8] τῶν om. A. C. L. [9] ἀκούσαντες δ' οἱ τότε κύριοι Θηβαίων ὄντες A. C. L. [10] λέγων τυγχάνω A. C. L. [11] ἐμὲ A. C. L.

Ὑποδείξοντας] Ἴσως· ἐπιδείξοντας, τουτέστι, καὶ πρὸς τούτοις δείξοντας. Cor.

Τἀναντία λέγων] Diversitas in eo est, quod in Panegyrico §. ιε′. Athenienses bello oppugnasse Thebas narrantur; in hoc loco missa legatione Thebanos permovisse, ut occisorum corpora humanda redderent. Lang.

Σωφρονεῖν ἡγήσαιτο] In causa fuisse (Wolf. ait) opinor societatem cum Thebanis vel initam vel ineundam sub Chæronense bellum. Idem.

ἡγήσαιτο τότε μὲν ἐκείνως νῦν δ' οὕτως διαλεχθέντα περὶ αὐτῶν. περὶ μὲν οὖν τούτων οἶδ' ὅτι καλῶς γέγραφα καὶ συμφερόντως· ὅσον δ' ἡ πόλις [1]ἡμῶν διέφερε τὰ περὶ τὸν πόλεμον κατ' ἐκεῖνον τὸν χρόνον — τοῦτο γὰρ ἀποδεῖξαι βουλόμενος διῆλθον τὰ γενόμενα Θήβησιν —, ἡγοῦμαι
c τὴν πρᾶξιν ἐκείνην ἅπασι σαφῶς δηλοῦν τὴν τὸν μὲν βασιλέα τῶν Ἀργείων ἀναγκάσασαν ἱκέτην γενέσθαι τῆς πόλεως τῆς ἡμετέρας, τοὺς δὲ κυρίους ὄντας Θηβῶν οὕτω διαθεῖσαν, ὥστε ἑλέσθαι μᾶλλον αὐτοὺς ἐμμεῖναι τοῖς λόγοις τοῖς ὑπὸ τῆς πόλεως [2]πεμφθεῖσιν ἢ τοῖς νόμοις τοῖς ὑπὸ τοῦ δαιμονίου κατασταθεῖσιν· ὧν οὐδὲν ἂν οἷά τε ἐγένετο διοικῆσαι κατὰ τρόπον ἡ πόλις ἡμῶν, εἰ μὴ καὶ τῇ δόξῃ
d καὶ τῇ δυνάμει πολὺ διήνεγκε τῶν ἄλλων.

οβ'. Ἔχων δὲ πολλὰς καὶ καλὰς πράξεις [3]περὶ τῶν προγόνων εἰπεῖν, σκοποῦμαι, τίνα τρόπον διαλεχθῶ περὶ αὐτῶν. μέλει γάρ μοι τούτων μᾶλλον ἢ τῶν ἄλλων· 270
τυγχάνω γὰρ ὢν περὶ τὴν ὑπόθεσιν ἣν ἐποιησάμην [4]τελευταίαν, ἐν ᾗ προεῖπον ὡς ἐπιδείξω τοὺς προγόνους ἡμῶν ἐν τοῖς πολέμοις καὶ ταῖς μάχαις πλέον διενεγκόντας Σπαρ-
e τιατῶν ἢ τοῖς ἄλλοις ἅπασιν. ἔσται δ' ὁ λόγος παράδοξος μὲν τοῖς πολλοῖς, [5]ὁμοίως δ' ἀληθὴς τοῖς ἄλλοις. ἄρτι μὲν οὖν ἠπόρουν [6]ποτέρων διεξίω πρότερον τοὺς κινδύνους καὶ τὰς μάχας, τὰς [7]Σπαρτιατῶν ἢ τὰς τῶν ἡμετέρων· νῦν δὲ προαιροῦμαι λέγειν τὰς ἐκείνων, ἵν' ἐν ταῖς καλλίοσι καὶ δικαιοτέραις καταλύω τὸν λόγον τὸν περὶ τούτων.

270 ογ'. Ἐπειδὴ γὰρ Δωριέων οἱ στρατεύσαντες εἰς Πελοπόννησον τριχῇ διείλοντο τὰς πόλεις καὶ τὰς χώρας ἀφείλοντο τοὺς δικαίως κεκτημένους, οἱ μὲν Ἄργος λαχόντες καὶ [8]Μεσσήνην παραπλησίως διῴκουν τὰ σφέτερ' αὐτῶν τοῖς ἄλλοις Ἕλλησι, τὸ δὲ τρίτον μέρος αὐτῶν, οὓς καλοῦμεν νῦν Λακεδαιμονίους, στασιάσαι μέν φασιν αὐτοὺς οἱ [9]τἀκεί-

[1] ἡμῶν ἡ πόλις A. C. L. [2] ἐκπεμφθεῖσιν A. C. L. [3] καὶ περὶ A. C. L. [4] τὸ τελευταῖον A. C. L. [5] ὅμως A. [6] πότερον A. C. L. [7] τῶν Σπαρτ. A. C. L. [8] Μεσήνην A. L. [9] τὰ ἐκείνων A. C. L.

Ἄρτι] primum. non in ipsa oratione, sed in mente oratoris. AUGER.

Καταλύω] Ἴσως· καταλύσω. COR.

Τριχῇ διείλοντο] Scil. Temenus (ut ait Coraes) Argos obtinebat, Messenem Cresphontes, et Patrocles atque Eurysthenes Lacedæmonem. cf. Plat. Leg. lib. iii. §. 5.

Τὰς χώρας ἀφείλοντο] Cf. Archid. §. ε'. ϛ'. LANG.

Οἱ τἀκείνων ἀκριβοῦντες] rerum Laconicarum studiosi. IDEM.

νων ἀκριβοῦντες ὡς οὐδένας ἄλλους τῶν Ἑλλήνων, περιγενομένους δὲ τοὺς μεῖζον τοῦ πλήθους φρονοῦντας οὐδὲν τῶν
αὐτῶν βουλεύσασθαι περὶ τῶν συμβεβηκότων τοῖς τοιαῦτα
διαπεπραγμένοις· τοὺς μὲν γὰρ ἄλλους [1] συνοίκους ἔχειν [2] ἐν
τῇ πόλει τοὺς στασιάσαντας καὶ κοινωνοὺς [3] ἁπάντων πλὴν
τῶν ἀρχῶν [4] καὶ τῶν [5] τιμῶν· οὓς οὐκ εὖ φρονεῖν ἡγεῖσθαι
Σπαρτιατῶν τοὺς νοῦν ἔχοντας, εἰ νομίζουσιν ἀσφαλῶς
[6] πολιτεύεσθαι μετὰ τούτων οἰκοῦντες, περὶ οὓς τὰ μέγιστα
τυγχάνουσιν ἐξημαρτηκότες· αὐτοὺς δ' οὐδὲν τούτων ποιεῖν, c
ἀλλὰ παρὰ σφίσι μὲν αὐτοῖς ἰσονομίαν καταστῆσαι καὶ
δημοκρατίαν τοιαύτην, οἵαν περ χρὴ τοὺς μέλλοντας ἅπαντα
τὸν χρόνον ὁμονοήσειν, τὸν δὲ δῆμον περιοίκους ποιήσασθαι,
καταδουλωσαμένους αὐτῶν τὰς ψυχὰς οὐδὲν ἧττον ἢ τὰς
τῶν οἰκετῶν· ταῦτα δὲ πράξαντας τῆς χώρας, ἧς προσῆκεν
ἴσον ἔχειν ἕκαστον, αὐτοὺς μὲν λαβεῖν ὀλίγους ὄντας οὐ
μόνον τὴν ἀρίστην, ἀλλὰ καὶ τοσαύτην ὅσην οὐδένες τῶν
271 Ἑλλήνων ἔχουσι, τῷ δὲ πλήθει τηλικοῦτον ἀπονεῖμαι μέρος d
τῆς χειρίστης ὥστ' ἐπιπόνως ἐργαζομένους μόλις ἔχειν τὸ
καθ' ἡμέραν· μετὰ δὲ ταῦτα διελόντας τὸ πλῆθος αὐτῶν
ὡς οἷόν τ' ἦν εἰς [7] ἐλαχίστους εἰς τόπους κατοικίσαι μικροὺς
καὶ πολλούς, ὀνόμασι μὲν προσαγορευομένους ὡς πόλεις
οἰκοῦντας, τὴν δὲ δύναμιν ἔχοντας ἐλάττω τῶν δήμων τῶν
παρ' ἡμῖν· ἁπάντων δ' ἀποστερήσαντας αὐτοὺς ὧν [8] προσήκει μετέχειν τοὺς ἐλευθέρους, τοὺς πλείστους ἐπιθεῖναι τῶν e
κινδύνων αὐτοῖς· ἔν [9] τε γὰρ ταῖς στρατείαις, αἷς [10] ἡγεῖται
βασιλεύς, κατ' ἄνδρα [11] συμπαρατάττεσθαι σφίσιν αὐτοῖς,
ἐνίους δὲ καὶ τῆς πρώτης [12] τάττειν, ἐάν τέ [13] ποι [14] δεῆσαν

[1] ὁμολογοῦντας συνοίκους A. [2] ἐν om. A. C. L. [3] ὥσθ' ἁπάντων C. L.
[4] τε καὶ A. [5] τιμῶν, οὐκ ἔχειν νοῦν οὐδ' εὖ A. τιμῶν, μετέχειν αὐτούς· οὓς οὐκ ἂν C. L.
[6] πολιτεύσεσθαι A. [7] ἐλάχιστον τόπον A. C. L. [8] προσῆκε A. C. L.
[9] τε om. A. C. L. [10] ἡγεῖτο A. C. L. [11] ἠνάγκαζον συμπαρατάττεσθαι A. C. L.
[12] φάλαγγος ἠροῦντο προτάττειν A. C. L. [13] που A. L. [14] ἐδέησεν A.

Τοὺς μεῖζον τ. π. φρονοῦντας] *multitudinem præ se contemnentes*, vel *majore quam plebs animo*. IDEM.

Τοὺς μὲν γὰρ ἄλλους] Τοὺς τοιαῦτα διαπεπραγμένους. COR.

Πολιτεύεσθαι] Ἄμεινον πολιτεύσεσθαι. IDEM.

Ποιεῖν] Hunc etiam infinitivum et sequentes refer ad φασὶν p. 547. ult. AUGER.

Συμπαρατάττεσθαι σφίσιν αὐτοῖς] *velut armigeri aut satellites esse*. LANG. Καθ' ἕκαστον Λακεδαιμόνιον στρατιώτην συμπαρατάττεσθαι ἕνα τῶν περιοίκων ἐν ὑπηρέτου μέρει. COR.

Ἐάν τέ ποι δεῆσαν κ. τ. λ.] Ὁ νοῦς· Ἐάν τε, ὁπόταν ποι δέῃ βοήθειαν ἐκπέμψαι, φοβηθῶσιν αὐτοὶ ἰέναι διὰ τοὺς πόνους ἢ διὰ τοὺς κινδύνους ἢ διὰ τὸ πλῆθος τοῦ χρόνου, ἀπέστελλον τοὺς περιοίκους. Τούτων δὲ τῶν περιοίκων ἐξαίρετοι ἦσαν οἱ καλούμενοι Σκιρῖται

αὐτοὺς ἐκπέμψαι βοήθειαν [1] φοβηθῶσιν ἢ τοὺς πόνους ἢ τοὺς κινδύνους ἢ τὸ πλῆθος τοῦ χρόνου, τούτους ἀποστέλλειν [2] προκινδυνεύσοντας τῶν ἄλλων. καὶ τί δεῖ μακρολογεῖν [3] ἁπάσας διεξιόντα τὰς ὕβρεις τὰς περὶ τὸ πλῆθος γιγνο-
b μένας, ἀλλὰ μὴ τὸ μέγιστον εἰπόντα τῶν κακῶν ἀπαλλαγῆναι τῶν ἄλλων; τῶν γὰρ οὕτω μὲν ἐξ ἀρχῆς δεινὰ πεπονθότων, ἐν δὲ τοῖς παροῦσι καιροῖς χρησίμων ὄντων, ἔξεστι τοῖς Ἐφόροις [4] ἀκρίτους ἀποκτεῖναι τοσούτους, [5] ὁπόσους ἂν βουληθῶσιν· ἃ [6] τοῖς ἄλλοις Ἕλλησι οὐδὲ τοὺς πονηροτάτους τῶν οἰκετῶν ὅσιόν ἐστι μιαιφονεῖν.

οδʹ. Τούτου δ᾽ ἕνεκα περὶ τῆς οἰκειότητος καὶ τῶν ἡμαρτημένων εἰς αὐτοὺς διὰ πλειόνων διῆλθον, ἵν᾽ ἔρωμαι τοὺς
c ἀποδεχομένους ἁπάσας τὰς Σπαρτιατῶν πράξεις, εἰ καὶ ταύτας ἀποδέχονται, καὶ τὰς μάχας [7] εὐσεβεῖς εἶναι νομίζουσι [8] καὶ καλὰς τὰς πρὸς τούτους γεγενημένας. ἐγὼ μὲν γὰρ ἡγοῦμαι μεγάλας μὲν αὐτὰς γεγενῆσθαι καὶ δεινὰς καὶ πολλῶν αἰτίας τοῖς μὲν ἡττηθεῖσι κακῶν τοῖς δὲ κατορθώσασι λημμάτων, ὧνπερ ἕνεκα πολεμοῦντες ἅπαντα τὸν χρόνον διατελοῦσιν, οὐ μὴν ὁσίας οὐδὲ καλὰς οὐδὲ πρεπούσας τοῖς ἀρετῆς ἀντιποιουμένοις, μὴ τῆς ἐπὶ τῶν τεχνῶν
d ὀνομαζομένης καὶ πολλῶν ἄλλων, ἀλλὰ τῆς τοῖς καλοῖς κἀγαθοῖς τῶν ἀνδρῶν ἐν ταῖς ψυχαῖς μετ᾽ εὐσεβείας καὶ δικαιοσύνης [9] ἐγγιγνομένης, περὶ ἧς ἅπας ὁ λόγος ἐστίν. ἧς 272
ὀλιγωροῦντές τινες ἐγκωμιάζουσι τοὺς πλείω τῶν ἄλλων ἡμαρτηκότας, καὶ οὐκ αἰσθάνονται τὰς διανοίας ἐπιδεικνύντες τὰς σφετέρας αὐτῶν, ὅτι κἀκείνους ἂν ἐπαινέσειαν

[1] ἵνα βοηθῶσιν A. L. [2] ἤθελον προκινδ. A. C. L. [3] πάσας A. C. L.
[4] ἀκρίτως A. C. L. [5] ὅσους A. C. L. [6] τοῖς Ἕλλησι τοῖς ἄλλοις A. C. L.
[7] εὐσεβεῖς om. A. C. L. [8] καὶ om. A. C. L. [9] γιγνομένης A. G. L.

ἡ Σκειρῖται ἡ Σκιρίτης λόχος ἀπὸ Σκίρου πόλεως Ἀρκαδικῆς, οἷς ἐχρῶντο Λακεδαιμόνιοι, οὐδὲν (ὥς φησιν ὁ Ξενοφῶν Κυρ. παιδ. Δ. βʹ. 1.) φειδόμενοι αὐτῶν οὔτ᾽ ἐν πόνοις οὔτ᾽ ἐν κινδύνοις. IDEM.

Παροῦσι καιροῖς] opportuno tempore. LANG.

Ἃ τοῖς ἄλλοις Ἑλλ.] ἃ Wolf. explicat καθ᾽ ὅν τινα τρόπον. IDEM. Totum hunc locum explica: ἃ ποιῆσαι οὐκ ἔστιν ὅσιον τοῖς ἄλλοις Ἕλλησι, οὐχ ὅσιόν ἐστι οὐδὲ τοὺς πονηροτάτους τῶν οἰκετῶν μιαιφονεῖν. AUGER.

Μιαιφονεῖν] trucidare. Post μιαιφονεῖν Auger. plura de bellis Lacedæmoniorum cum Messeniis et Argivis deesse putat justis de causis, quas ille in disputatione brevi, secundo volumini adjectæ fusius exposuit. LANG.

Οἰκειότητος] Pro οἰκειότητος, scil. τῶν Σπαρτιατῶν πρὸς τοὺς περιοίκους αὐτῶν, Wolf. mavult ὠμότητος, quod Auger. ideo non recepit, quod οἰκειότητος optime videtur jungi posse cum iis quod desint. IDEM.

Ἐπὶ τῶν τεχνῶν] ex artibus, i. e. ut Wolf. explicat, ex fortitudine, dexteritate in certaminibus, etc. IDEM.

τοὺς πλείω μὲν κεκτημένους τῶν ἱκανῶν, ἀποκτεῖναι δ᾽ ἂν
τολμήσαντας τοὺς ἀδελφοὺς τοὺς αὑτῶν καὶ τοὺς ἑταίρους
καὶ τοὺς κοινωνοὺς ὥςτε καὶ τἀκείνων λαβεῖν· ὅμοια γὰρ e
τὰ τοιαῦτα τῶν ἔργων ἐστὶ τοῖς ὑπὸ Σπαρτιατῶν πεπραγμένοις, ἃ τοὺς ἀποδεχομένους ἀναγκαῖόν ἐστι [1]καὶ περὶ
τῶν εἰρημένων ἄρτι τὴν αὐτὴν γνώμην ἔχειν.

οε΄. Θαυμάζω δ᾽ εἴ τινες τὰς μάχας καὶ τὰς νίκας τὰς 272
παρὰ τὸ δίκαιον [2]γιγνομένας μὴ νομίζουσιν αἰσχίους εἶναι
καὶ πλειόνων ὀνειδῶν μεστὰς ἢ τὰς ἥττας τὰς ἄνευ κακίας
συμβαινούσας, καὶ ταῦτ᾽ εἰδότες, ὅτι μεγάλαι δυνάμεις
πονηραὶ δὲ πολλάκις γίγνονται κρείττους ἀνδρῶν σπουδαίων
καὶ κινδυνεύειν ὑπὲρ τῆς πατρίδος προαιρουμένων. οὓς πολὺ
ἂν [3]δικαιότερον ἐπαινοῖμεν ἢ τοὺς περὶ τῶν ἀλλοτρίων ἑτοίμως [4]ἀποθνήσκειν ἐθέλοντας καὶ τοῖς ξενικοῖς στρατεύμα- b
σιν ὁμοίους ὄντας· ταῦτα μὲν γάρ ἐστιν ἔργα πονηρῶν ἀνθρώπων, τὸ δὲ τοὺς χρηστοὺς ἐνίοτε χεῖρον ἀγωνίζεσθαι
τῶν ἀδικεῖν βουλομένων θεῶν ἄν τις ἀμέλειαν εἶναι [5]φήσειεν.
ἔχοιμι δ᾽ ἂν τῷ λόγῳ τούτῳ [6]χρήσασθαι καὶ περὶ τῆς συμφορᾶς τῆς Σπαρτιάταις ἐν Θερμοπύλαις [7]γενομένης, ἣν
ἅπαντες ὅσοιπερ ἀκηκόασιν ἐπαινοῦσι καὶ θαυμάζουσι
μᾶλλον ἢ τὰς μάχας καὶ τὰς νίκας τὰς κρατησάσας μὲν
τῶν ἐναντίων, πρὸς οὓς δ᾽ οὐκ ἐχρῆν γεγενημένας· ἃς εὐλο- c
γεῖν τινὲς τολμῶσι, κακῶς εἰδότες ὡς οὐδὲν [9]οὔθ᾽ ὅσιον οὔτε
καλόν ἐστι [8]τῶν μὴ μετὰ δικαιοσύνης καὶ λεγομένων καὶ
πραττομένων. ὧν Σπαρτιάταις μὲν οὐδὲν πώποτ᾽ ἐμέλησε·
βλέπουσι γὰρ εἰς οὐδὲν ἄλλο πλὴν ὅπως [10]ὡς πλεῖστα τῶν
ἀλλοτρίων κατασχήσουσιν.

οϛ΄. Οἱ δ᾽ ἡμέτεροι περὶ οὐδὲν οὕτω τῶν ὄντων ἐσπούδαζον, ὡς τὸ παρὰ τοῖς Ἕλλησιν εὐδοκιμεῖν· ἡγοῦντο γὰρ οὐ- d
δεμίαν ἂν γενέσθαι κρίσιν [11]οὔτ᾽ ἀληθεστέραν [12]οὔτε δι-
273 καιοτέραν τῆς ὑπὸ παντὸς τοῦ γένους γνωσθείσης. δῆλοι δ᾽
ἦσαν οὕτως ἔχοντες ἔν τε τοῖς ἄλλοις οἷς διῴκουν τὴν πόλιν

[1] καὶ om. A. L. [2] γενομένας A. C. L. [3] δικαιότερον ἂν ἐπαινοίημεν A. C. L.
[4] ἀποθνήσκειν ἑτοίμως A. C. L. [5] φήσαιεν A. L. [6] χρῆσθαι A. C. L.
[7] γεγενημένης A. C. L. [8] τὸ A. C. L. [9] λεγόμενον καὶ πραττόμενον A. C. L.
[10] ὡς om. A. C. L. [11] οὔτ᾽ om. A. C. L. [12] οὐδὲ A. C. L.

Ὑπὸ παντὸς τοῦ γένους] a toto genere, i.e. ὑπὸ πάντων τῶν ὁμοφύλων, *ab omnibus*

καὶ τοῖς [1] μεγίστοις τῶν πραγμάτων. τριῶν γὰρ πολέμων
γενομένων ἄνευ τοῦ Τρωϊκοῦ τοῖς Ἕλλησι πρὸς τοὺς βαρβάρους, ἐν ἅπασι τούτοις πρωτεύουσαν αὐτὴν παρέσχον. ὧν εἷς
μὲν ἦν ὁ πρὸς Ξέρξην, ἐν ᾧ πλέον διήνεγκαν Λακεδαιμο-
e νίων ἐν ἅπασι τοῖς κινδύνοις ἢ 'κεῖνοι τῶν ἄλλων· δεύτερος
δὲ ὁ περὶ τὴν κτίσιν τῶν ἀποικιῶν, εἰς ὃν Δωριέων μὲν οὐδεὶς ἦλθε συμπολεμήσων, ἡ δὲ πόλις ἡμῶν ἡγεμὼν κατα-
273 στᾶσα τῶν οὐκ εὐπορούντων καὶ τῶν ἄλλων [2] τῶν βουλομένων τοσοῦτον τὰ πράγματα μετέστησεν, ὥστ' εἰθισμένων
τῶν βαρβάρων [3] τὸν ἄλλον χρόνον τὰς μεγίστας πόλεις τῶν
Ἑλληνίδων καταλαμβάνειν ἐποίησε τοὺς Ἕλληνας, ἃ πρότερον ἔπασχον, ταῦτα δύνασθαι ποιεῖν.

οζ'. Περὶ μὲν οὖν τοῖν δυοῖν πολέμοιν ἐν τοῖς ἔμπροσθεν
ἱκανῶς [4] εἰρήκαμεν, περὶ δὲ τοῦ τρίτου ποιήσομαι τοὺς λόγους, ὃς ἐγένετο τῶν μὲν Ἑλληνίδων πόλεων ἄρτι κατῳ-
b κισμένων, τῆς δὲ ἡμετέρας ἔτι βασιλευομένης. ἐφ' ὧν καὶ
πόλεμοι πλεῖστοι καὶ κίνδυνοι μέγιστοι [5] συνέπεσον, οὓς
ἅπαντας μὲν οὔθ' [6] εὑρεῖν οὔτ' εἰπεῖν ἂν δυνηθείην, παραλιπὼν δὲ τὸν πλεῖστον ὄχλον τῶν ἐν ἐκείνῳ μὲν τῷ χρόνῳ
πραχθέντων ῥηθῆναι δὲ νῦν οὐ κατεπειγόντων, ὡς ἂν δύνωμαι συντομώτατα πειράσομαι δηλῶσαι τούς τ' ἐπιστρατεύσαντας τῇ πόλει καὶ τὰς μάχας τὰς ἀξίας μνημονευθῆναι [7] [καὶ ῥηθῆναι] καὶ τοὺς ἡγεμόνας αὐτῶν, ἔτι δὲ τὰς
c προφάσεις ἃς ἔλεγον καὶ τὴν δύναμιν τῶν γενῶν τῶν συνα-
κολουθησάντων αὐτοῖς· ἱκανὰ γὰρ ἔσται ταῦτ' εἰπεῖν πρὸς
[8] οἷς περὶ τῶν ἐναντίων εἰρήκαμεν.

οη'. Θρᾷκες μὲν γὰρ μετ' Εὐμόλπου τοῦ Ποσειδῶνος
[9] εἰσέβαλον εἰς τὴν χώραν ἡμῶν, ὃς ἠμφισβήτησεν Ἐρεχθεῖ
τῆς πόλεως, φάσκων [10] Ποσειδῶ πρότερον Ἀθηνᾶς καταλα-

[1] περὶ τῶν κοινῶν πραγμ. A. C. L. [2] τῶν om. A. L. [3] τὸν ἄλλον χρόνον om. A. C. L. [4] ἡμῖν εἴρηται A. C. L. [5] συνέβησαν A. C. L. [6] ἂν εὑρεῖν οὔτ' ἂν εἰπεῖν δυν. A. C. L. [7] καὶ τοὺς ἡγεμόνας αὐτῶν τοὺς ῥηθῆναι ἀξίους A. L. καὶ [ῥηθῆναι] τοὺς ἡγεμόνας ἡμῶν C. [8] ἃ A. C. L. [9] ἐνέβαλον A. C. L. [10] Ποσειδῶνα A. L.

Græcis. Wolf.

Ἢ 'κεῖνοι τῶν ἄλλων] *quanto Lacedæmonii aliis præstiterunt.* Lang.

Τοῖν δυοῖν πολέμοιν] Nimirum de illis contra Xerxem et *barbaricas* gentes Græciam antea incolentes gestis. Vid. §. ιϛ'. ιζ'. Idem.

Ἐφ' ὧν] Sub. χρόνων. Auger. Ἄμεινον προσυπακούειν τὸ βασιλέων, περιεχόμενον δυνάμει ἐν τῷ προηγησαμένῳ βασιλευομένης, ὅπερ ἀναλύεται εἰς τὸ ὑπὸ βασιλέων διοικουμένης. Cor.

Περὶ τῶν ἐναντίων] *de Lacedæmoniis, Atheniensium æmulis.* Lang.

Θρᾷκες μὲν γὰρ etc.] Cf. Paneg. §. ιθ'. Idem.

βεῖν αὐτήν. Σκύθαι δὲ μετ' Ἀμαζόνων, τῶν ἐξ Ἄρεως
274 [1] γενομένων, αἳ τὴν στρατείαν [2] ἐφ' Ἱππολύτην [3] ἐποιήσαντο d
τὴν τούς τε νόμους παραβᾶσαν τοὺς παρ' αὐταῖς κειμένους,
ἐρασθεῖσάν τε Θησέως καὶ συνακολουθήσασαν ἐκεῖθεν καὶ
συνοικήσασαν αὐτῷ· Πελοποννήσιοι δὲ μετ' Εὐρυσθέως, ὃς
Ἡρακλεῖ μὲν οὐκ ἔδωκε δίκην ὧν [4] ἡμάρτανεν εἰς αὐτὸν,
στρατεύσας δ' ἐπὶ τοὺς ἡμετέρους προγόνους ὡς ἐκληψόμε-
νος [5] βίᾳ τοὺς ἐκείνου παῖδας — παρ' ἡμῖν γὰρ ἦσαν κα-
ταπεφευγότες — ἔπαθεν ἃ προσῆκεν αὐτόν· τοσούτου γὰρ e
ἐδέησε [6] κύριος γενέσθαι τῶν ἱκετῶν, ὥστε ἡττηθεὶς μάχῃ
καὶ ζωγρηθεὶς ὑπὸ τῶν ἡμετέρων, αὐτὸς ἱκέτης γενόμενος
τούτων οὓς [7] ἐξαιτῶν ἦλθε τὸν βίον ἐτελεύτησε. μετὰ δὲ
[8] τοῦτον οἱ πεμφθέντες ὑπὸ Δαρείου τὴν Ἑλλάδα πορθή-
σοντες, ἀποβάντες [9] εἰς Μαραθῶνα, πλείοσι κακοῖς καὶ 274
μείζοσι συμφοραῖς περιπεσόντες ὧν ἤλπισαν τὴν πόλιν
ἡμῶν ποιήσειν, ᾤχοντο φεύγοντες ἐξ ἁπάσης τῆς Ἑλλάδος.

οθ'. Τούτους δ' ἅπαντας οὓς διῆλθον, οὐ μετ' ἀλλήλων
εἰσβαλόντας οὐδὲ κατὰ τοὺς αὐτοὺς χρόνους, ἀλλ' ὡς οἵ τε
καιροὶ καὶ τὸ συμφέρον ἑκάστοις καὶ τὸ [10] βούλεσθαι συνέ-
πιπτε, μάχῃ νικήσαντες καὶ τῆς ὕβρεως παύσαντες, οὐκ b
ἐξέστησαν αὐτῶν τηλικαῦτα διαπραξάμενοι τὸ μέγεθος,
οὐδ' ἔπαθον ταὐτὸν τοῖς διὰ μὲν τὸ καλῶς καὶ φρονίμως
βουλεύσασθαι καὶ πλούτους μεγάλους καὶ δόξας καλὰς
κτησαμένοις, διὰ δὲ τὰς ὑπερβολὰς τὰς τούτων ὑπερηφά-
νοις γενομένοις καὶ τὴν φρόνησιν διαφθαρεῖσι καὶ κατενε-
χθεῖσιν εἰς χείρω πράγματα καὶ ταπεινότερα τῶν πρότερον αὐτοῖς ὑπαρχόντων, ἀλλὰ [11] πάντα τὰ τοιαῦτα διαφυγόντες ἐνέμειναν τοῖς ἤθεσιν οἷς εἶχον διὰ τὸ πολιτεύεσθαι c
καλῶς, [12] μεῖζον φρονοῦντες ἐπὶ τῇ τῆς ψυχῆς ἕξει καὶ ταῖς
διανοίαις ταῖς αὐτῶν ἢ ταῖς μάχαις ταῖς γεγενημέναις, καὶ
[13] μᾶλλον ὑπὸ τῶν ἄλλων [14] θαυμαζόμενοι διὰ τὴν καρτερίαν
ταύτην καὶ σωφροσύνην ἢ διὰ τὴν ἀνδρίαν τὴν ἐν τοῖς κινδύ-

[1] γενέσθαι λεγομένων A. C. L. [2] ἐπ' Ἀντιώπην τὴν Ἱππολύτης A. C. L. ἐποίησαν A. C. L. [4] ἥμαρτεν A. C. L. [5] βίᾳ om. A. C. L. [6] γράψας κύριος A. L. πράξας κύριος C. [7] ἐξαιτήσων A. C. L. [8] τούτων L. [9] ἐπὶ Μαραθῶνι A. C. L. [10] συμβουλεύσασθαι A. C. L. [11] ταῦτα πάντα διαφ A.C. L. [12] μείζω A. C. L. [13] [τῷ] μᾶλλον C. [14] θαυμάζεσθαι C. L.

Πελοποννήσιοι δὲ] Cf. Paneg. §. ιε'. Idem. Cor.
Μετὰ δὲ τοῦτον] Μετὰ τὸν Εὐρυσθέα. Ὑπὸ Δαρείου] Cf. Paneg. §. κ'. Lang.

νοις αὐτοῖς παραγενομένην· ἑώρων γὰρ [1] πάντες τὴν μὲν εὐψυχίαν τὴν πολεμικὴν πολλοὺς ἔχοντας καὶ τῶν ταῖς
d [2] κακουργίαις ὑπερβαλλόντων, τῆς δὲ χρησίμης ἐπὶ πᾶσι καὶ πάντας δυναμένης ὠφελεῖν οὐ κοινωνοῦντας τοὺς πονη- 275
ροὺς, ἀλλὰ μόνοις ἐγγιγνομένην τοῖς καλῶς γεγονόσι καὶ τεθραμμένοις καὶ πεπαιδευμένοις, ἅπερ προσῆν τοῖς τότε τὴν πόλιν διοικοῦσι καὶ τῶν [3] εἰρημένων ἀγαθῶν ἁπάντων αἰτίοις καταστᾶσι.

π΄. Τοὺς μὲν οὖν ἄλλους ὁρῶ περὶ τὰ μέγιστα τῶν ἔργων καὶ μάλιστα μνημονευθησόμενα τοὺς λόγους καταλύοντας,
e ἐγὼ δὲ σωφρονεῖν μὲν νομίζω τοὺς ταῦτα γιγνώσκοντας καὶ πράττοντας, οὐ μὴν συμβαίνει μοι ταὐτὸ ποιεῖν ἐκείνοις, ἀλλ' ἔτι λέγειν ἀναγκάζομαι. τὴν δ' αἰτίαν, δι' [4] ἣν, [5] ὀλίγον ὕστερον ἐρῶ, μικρὰ πάνυ [6] προδιαλεχθείς.

πα΄. Ἐπηνώρθουν μὲν γὰρ τὸν λόγον τὸν μέχρι τῶν ἀναγνωσθέντων γεγραμμένον μετὰ μειρακίων τριῶν ἢ τετ-
275 τάρων τῶν εἰθισμένων μοι συνδιατρίβειν· ἐπειδὴ δὲ διεξιοῦσιν ἡμῖν ἐδόκει καλῶς ἔχειν καὶ προσδεῖσθαι τελευτῆς μόνον, ἔδοξέ μοι μεταπέμψασθαί τινα τῶν ἐμοὶ μὲν πεπλησιακότων, ἐν ὀλιγαρχίᾳ δὲ πεπολιτευμένων, προῃρημένων δὲ Λακεδαιμονίους ἐπαινεῖν, ἵν', εἴ τι παρέλαθεν ἡμᾶς [7] ψεῦδος εἰρημένον, ἐκεῖνος κατιδὼν δηλώσειεν ἡμῖν. ἐλθὼν δὲ ὁ κληθεὶς καὶ διαναγνοὺς τὸν λόγον — τὰ γὰρ μεταξὺ τί δεῖ λέγοντα διατρίβειν; — ἐδυσχέρανε μὲν [8] ἐπ' οὐδενὶ τῶν
b γεγραμμένων, ἐπῄνεσε δ' ὡς δυνατὸν μάλιστα, καὶ διελέχθη περὶ ἑκάστου τῶν μερῶν παραπλησίως οἷς ἡμεῖς ἐγιγνώσκομεν· οὐ μὴν ἀλλὰ φανερὸς ἦν οὐχ ἡδέως ἔχων ἐπὶ τοῖς περὶ Λακεδαιμονίων εἰρημένοις. ἐδήλωσε δὲ διὰ ταχέων· ἐτόλμησε γὰρ εἰπεῖν, ὡς εἰ καὶ μηδὲν ἄλλο πεποιήκασι τοὺς Ἕλληνας ἀγαθὸν, ἀλλ' οὖν [9] ἐκείνου γε δικαίως ἂν

[1] ἅπαντες A. C. L. [2] κακίαις A. C. L. [3] προειρημένων A. C. L.
[4] ἣν ποιῶ A. L. [5] ὀλίγον om. A. C. L. [6] περὶ αὐτῶν διαλεχθεὶς A. C. L.
[7] ψευδῶς A. C. L. [8] ἐπ' om. A. C. L. [9] ἐκεῖνό γε οὐ A. ἐκεῖνό γε L.

Παραγενομένην] Ἴσως· παραγιγνομένην. Cor.

Τῆς δὲ χρησίμης] Aut deest σωφροσύνης aut subintelligendum. Wolf. Auger. Scil. εὐψυχίας, i. e. prudentiæ. Lang. Cum Langio facit Coraes.

Ἀλλὰ μόνοις] Post ἀλλὰ subaudi ταύτην. Auger.

Μνημονευθησόμενα] Ἄξια τοῦ μνημονευθῆναι, ὧν χρὴ ἢ προσήκει μνείαν ποιεῖσθαι. Cor.

Δι' ἣν] Scil. ἀναγκάζομαι.

Ἐκεῖνό γε] Scribendum puto ἐκεῖνό γε οὐ. H. Stephan. F. δι' ἐκεῖνό γε, ut §. πε΄. legitur. Retberg. F. ἐκείνου γε. Lang. Scil. ἕνεκα.

αὐτοῖς ἅπαντες χάριν ἔχοιεν, ὅτι τὰ κάλλιστα τῶν ἐπιτηδευμάτων εὑρόντες αὐτοί [1] τε χρῶνται καὶ τοῖς ἄλλοις c
κατέδειξαν.

πβ΄. Τοῦτο δὲ ῥηθὲν οὕτω βραχὺ καὶ μικρὸν αἴτιον ἐγένετο τοῦ μήτε καταλῦσαί με τὸν λόγον ἐφ' [2] ὧν ἐβουλήθην,
ὑπολαβεῖν θ' ὡς αἰσχρὸν ποιήσω καὶ δεινὸν, εἰ παρὼν περιό-
ψομαί τινα τῶν ἐμοὶ πεπλησιακότων πονηροῖς λόγοις χρώμενον. ταῦτα δὲ διανοηθεὶς ἠρόμην αὐτὸν εἰ μηδὲν φροντίζει
276 τῶν παρόντων, μηδ' αἰσχύνεται λόγον εἰρηκὼς ἀσεβῆ καὶ
ψευδῆ καὶ πολλῶν ἐναντιώσεων μεστόν; Γνώσῃ δ' ὡς d
ἔστι τοιοῦτος, ἢν ἐρωτήσῃς τινὰς τῶν εὖ φρονούντων [3] ποῖα τῶν ἐπιτηδευμάτων [4] κάλλιστα
νομίζουσιν εἶναι; καὶ μετὰ ταῦτα πόσος χρόνος ἐστὶν ἐξ οὗ Σπαρτιᾶται τυγχάνουσιν ἐν
Πελοποννήσῳ κατοικοῦντες; οὐδεὶς γὰρ ὅστις
[5] οὐ τῶν μὲν ἐπιτηδευμάτων προκρινεῖ τὴν εὐσέβειαν τὴν περὶ τοὺς θεοὺς καὶ τὴν δικαιοσύνην
τὴν περὶ τοὺς ἀνθρώπους καὶ τὴν φρόνησιν τὴν
περὶ τὰς ἄλλας πράξεις, Σπαρτιάτας δὲ ἐνταῦθα κατοικεῖν οὐ πλείω φήσουσιν ἐτῶν ἑπτα- e
κοσίων. τούτων δὲ οὕτως ἐχόντων, εἰ μὲν σὺ
τυγχάνεις ἀληθῆ λέγων τούτους φάσκων εὑρετὰς γεγενῆσθαι τῶν καλλίστων ἐπιτηδευμάτων, ἀναγκαῖόν ἐστι τοὺς πολλαῖς γενεαῖς
πρότερον γεγονότας, πρὶν Σπαρτιάτας ἐνταῦθα
κατοικῆσαι, μὴ μετέχειν αὐτῶν μήτε τοὺς ἐπὶ 276
Τροίαν στρατευσαμένους μήτε τοὺς περὶ Ἡρακλέα καὶ Θησέα γεγονότας μήτε Μίνω τὸν Διὸς
μήτε Ῥαδάμανθυν μήτ' Αἰακὸν μήτε τῶν ἄλλων μηδένα τῶν [6] ὑμνουμένων ἐπὶ ταῖς ἀρεταῖς
ταύταις, ἀλλὰ ψευδῆ τὴν δόξαν ταύτην ἅπαντας ἔχειν· εἰ δὲ σὺ μὲν φλυαρῶν τυγχάνεις,

[1] τ' ἐχρῶντο A. C. L. [2] οἷς A. [3] ὁποῖα A. C. L.
[4] κάλλιστ' ἂν νομίζωσιν A. L. [5] οὐχὶ τῶν ἐπιτ. A. C. L. [6] νῦν ὑμνουμένων A. C. L.

Ἐτῶν ἑπτακοσίων] Numerus rotundus pro definito 764. incipiens a reditu Heraclidarum ad annum 339. ante Chr., quo tempore hæc oratio scripta est, quum Isocrates, 436. ante Chr. natus, nonaginta et septem annos habebat. Vid. §. α΄. collat. cum §. ϱδ΄. Lang. Ὀκτακοσίων conjicit Coraes.

προσήκει δὲ [1]τοὺς ἀπὸ θεῶν γεγονότας καὶ
b [2]χρῆσθαι ταύταις μᾶλλον τῶν ἄλλων καὶ καταδεῖξαι τοῖς [3]ἐπιγιγνομένοις, οὐκ ἔστιν ὅπως
οὐ μαίνεσθαι δόξεις ἅπασι τοῖς [4]ἀκούσασιν,
οὕτως εἰκῇ καὶ παρανόμως οὓς ἂν τύχῃς ἐπαινῶν. [5]ἔπειτ' εἰ μὲν εὐλόγεις αὐτοὺς οὐδὲν ἀκηκοὼς τῶν ἐμῶν, ἐλήρεις [6]μὲν ἄν, οὐ μὴν ἐναντία
γε λέγων ἐφαίνου σαυτῷ· νῦν δ' [7]ἐπῃνεκότι [8]σοι
τὸν ἐμὸν λόγον, τὸν ἐπιδεικνύντα πολλὰ καὶ
δεινὰ Λακεδαιμονίους περί τε τοὺς συγγενεῖς
τοὺς αὑτῶν καὶ περὶ τοὺς ἄλλους Ἕλληνας
c διαπεπραγμένους, πῶς οἷόν τ' ἦν ἔτι σοι λέγειν
τοὺς ἐνόχους ὄντας τούτοις, ὡς τῶν καλλίστων
ἐπιτηδευμάτων ἡγεμόνες γεγόνασι;

πγʹ. Πρὸς δὲ τούτοις κἀκεῖνό [9]σε λέληθεν
ὅτι τὰ παραλελειμμένα τῶν ἐπιτηδευμάτων
καὶ τῶν τεχνῶν καὶ τῶν ἄλλων ἁπάντων οὐχ
οἱ τυχόντες εὑρίσκουσιν, ἀλλ' οἱ τάς τε φύσεις 277
διαφέροντες καὶ μαθεῖν πλεῖστα τῶν πρότε-
d ρον εὑρημένων δυνηθέντες καὶ προσέχειν τὸν
νοῦν τῷ ζητεῖν μᾶλλον τῶν ἄλλων ἐθελήσαν-
τες. ὧν Λακεδαιμόνιοι [10]πλέον ἀπέχουσι τῶν
βαρβάρων· οἱ μὲν γὰρ ἂν φανεῖεν πολλῶν εὑρη-
μάτων καὶ μαθηταὶ καὶ διδάσκαλοι γεγονότες, οὗτοι δὲ τοσοῦτον ἀπολελειμμένοι τῆς
κοινῆς παιδείας καὶ φιλοσοφίας εἰσὶν ὥστ' οὐδὲ
γράμματα μανθάνουσιν, ἃ τηλικαύτην ἔχει δύναμιν ὥστε τοὺς ἐπισταμένους [11]καὶ χρωμένους
αὐτοῖς μὴ μόνον ἐμπείρους γίγνεσθαι τῶν ἐπὶ
e τῆς ἡλικίας τῆς αὑτῶν πραχθέντων ἀλλὰ καὶ
τῶν πώποτε γενομένων. ἀλλ' ὅμως σὺ καὶ τοὺς
τῶν τοιούτων ἀμαθεῖς ὄντας ἐτόλμησας εἰπεῖν
ὡς εὑρεταὶ τῶν καλλίστων [12]ἐπιτηδευμάτων
γεγόνασι, καὶ ταῦτ' εἰδὼς ὅτι τοὺς παῖδας

[1] καὶ τοὺς A. L. [2] κεχρῆσθαι A. C. L. [3] ἐπιγενομένοις C.
[4] ἀκούουσιν A. C. L. [5] οἷς δὲ ἐπιτιμᾶν δέον, εὐλογῶν αὐτοὺς ὡς μηδὲν ἀκηκοὼς A. C. L.
[6] μὲν γὰρ καὶ πρὶν ἂν A. C. L. [7] ἐπῃνηκότι A. C. L. [8] μοι L. om. A. C.
[9] ἐθαύμαζον, εἰ λέληθεν αὐτὸν, ὅτι A. C. L. [10] πλεῖστον A. C. L.
[11] αὐτὰ καὶ χρωμένους ὀρθῶς αὐτοῖς A. C. L. [12] παιδευμάτων A. C. L.

τοὺς αὑτῶν ἐθίζουσι περὶ τοιαύτας πραγματείας διατρίβειν, ἐξ ὧν ἐλπίζουσιν αὐτοὺς οὐκ 277
εὐεργέτας [1] γενήσεσθαι τῶν ἄλλων, ἀλλὰ κακῶς
ποιεῖν μάλιστα δυνήσεσθαι τοὺς Ἕλληνας.
πδʹ. [2] Ἃς [3] πάσας μὲν διεξιὼν πολὺν ὄχλον
ἐμαυτῷ τ᾽ ἂν παράσχοιμι καὶ τοῖς ἀκούουσι,
μίαν δὲ μόνον εἰπών, ἣν ἀγαπῶσι καὶ περὶ ἣν
μάλιστα σπουδάζουσιν, οἶμαι δηλώσειν ἅπαντα
τὸν τρόπον αὐτῶν. ἐκεῖνοι γὰρ καθ᾽ ἑκάστην [4] τὴν
ἡμέραν εὐθὺς ἐξ εὐνῆς [5] ἐκπέμπουσι τοὺς παῖδας,
μεθ᾽ ὧν ἂν ἕκαστοι βουληθῶσι, λόγῳ μὲν ἐπὶ
θήραν, ἔργῳ δ᾽ ἐπὶ [6] κλοπείαν τῶν ἐν τοῖς ἀγροῖς b
κατοικούντων· ἐν ᾗ συμβαίνει τοὺς μὲν ληφθέν-
τας ἀργύριον ἀποτίνειν καὶ πληγὰς λαμβάνειν,
τοὺς δὲ πλεῖστα κακουργήσαντας καὶ [7] λαθεῖν
δυνηθέντας ἔν τε τοῖς παισὶν εὐδοκιμεῖν μᾶλλον
τῶν ἄλλων, ἐπειδὰν δ᾽ εἰς ἄνδρας συντελῶσιν,
ἢν ἐμμείνωσι τοῖς ἤθεσιν οἷς παῖδες ὄντες ἐμελέτησαν, ἐγγὺς εἶναι [8] τῶν μεγίστων ἀρχῶν.
καὶ ταύτης ἥν τις ἐπιδείξῃ παιδείαν μᾶλλον
ἀγαπωμένην ἢ σπουδαιοτέραν παρ᾽ αὐτοῖς εἶναι c
νομιζομένην, ὁμολογῶ μηδὲν [9] ἀληθὲς εἰρηκέναι
μηδὲ περὶ ἑνὸς πώποτε πράγματος. καίτοι τί
τῶν τοιούτων ἔργων καλόν ἐστιν ἢ σεμνόν, ἀλλ᾽
οὐκ αἰσχύνης ἄξιον; πῶς δ᾽ οὐκ ἀνοήτους χρὴ
νομίζειν τοὺς ἐπαινοῦντας τοὺς τοσοῦτον τῶν
278 νόμων τῶν κοινῶν ἐξεστηκότας καὶ μηδὲν τῶν
αὐτῶν μήτε τοῖς Ἕλλησι μήτε τοῖς βαρβάροις
γιγνώσκοντας; οἱ μὲν γὰρ [10] ἄλλοι τοὺς κακουργοῦντας καὶ κλέπτοντας [11] πονηροτάτους τῶν
οἰκετῶν νομίζουσιν, ἐκεῖνοι δὲ [12] τοὺς ἐν τοῖς τοιού- d
τοις τῶν ἔργων πρωτεύοντας βελτίστους εἶναι
τῶν παίδων ὑπολαμβάνουσι καὶ μάλιστα τι-

[1] γενῆσθαι L. [2] Καὶ A. L. [3] ἁπάσας A. C. L. [4] τὴν om. A. C. L.
[5] προπέμπουσι A. C. L. [6] κλοπίαν A. C. L. [7] λαβεῖν A. L.
[8] τῶν ἀρχῶν τῶν μεγίστων A. C. L. [9] ἀληθὲς om. A. C. L. [10] ἄλλοι om. A. C. L.
[11] πονηροτέρους A. C. L. [12] τοὺς τοιούτων A. L.

Ἃς πάσας] Scil. πραγματείας. LANG.

μῶσι. καίτοι τίς ἂν τῶν εὖ φρονούντων οὐκ ἂν [1]τρὶς ἀποθανεῖν ἕλοιτο μᾶλλον ἢ διὰ τοιούτων ἐπιτηδευμάτων γνωσθῆναι τὴν ἄσκησιν τῆς ἀρετῆς ποιούμενος;

πέ. Ταῦτ' ἀκούσας θρασέως μὲν οὐδὲ πρὸς ἓν ἀντεῖπε
τῶν εἰρημένων, οὐδ' αὖ παντάπασιν ἀπεσιώπησεν, ἀλλ'
ἔλεγεν ὅτι Σὺ μὲν πεποίησαι τοὺς λόγους (ἐμὲ
e λέγων) ὡς [2]ἅπαντ' ἀποδεχομένου μου [3]τἀκεῖ
καὶ καλῶς ἔχειν νομίζοντος· ἐμοὶ δὲ δοκεῖς
[4]περὶ μὲν τῆς τῶν παίδων αὐτονομίας καὶ περὶ
ἄλλων πολλῶν εἰκότως ἐπιτιμᾶν ἐκείνοις, ἐμοῦ
δ' οὐ δικαίως κατηγορεῖν. ἐγὼ γὰρ ἐλυπήθην
278 μὲν τὸν λόγον ἀναγιγνώσκων ἐπὶ τοῖς περὶ
Λακεδαιμονίων εἰρημένοις, οὐ μὴν οὕτως ὡς
ἐπὶ τῷ μηδὲν ἀντειπεῖν ὑπὲρ αὐτῶν δύνασθαι
τοῖς γεγραμμένοις, εἰθισμένος τὸν ἄλλον χρόνον αὐτοὺς ἐπαινεῖν. εἰς τοιαύτην δ' ἀπορίαν
καταστὰς εἶπον ὅπερ ἦν λοιπὸν, ὡς, εἰ καὶ
μηδὲν δι' ἄλλο, διά γ' ἐκεῖνο δικαίως ἂν αὐτοῖς
ἅπαντες χάριν ἔχοιμεν, ὅτι τοῖς καλλίστοις
τῶν ἐπιτηδευμάτων χρώμενοι [5]τυγχάνουσιν.
b ταῦτα δ' εἶπον οὐ πρὸς τὴν εὐσέβειαν οὐδὲ πρὸς
τὴν φρόνησιν ἀποβλέψας, ἃ σὺ διῆλθες, ἀλλὰ πρὸς τὰ γυμνάσια τἀκεῖ καθεστῶτα καὶ πρὸς τὴν ἄσκησιν τῆς ἀνδρίας καὶ [6]τὴν ὁμόνοιαν καὶ [7]συνόλως [8]τὴν περὶ τὸν πόλεμον [9]ἐπιμέλειαν, ἅπερ ἅπαντες [10]ἂν εἴποιεν, καὶ μάλιστα ἂν αὐτοῖς ἐκείνους χρῆσθαι [11]φήσειαν.

πς'. Ταῦτα δ' αὐτοῦ [12]διαλεχθέντος ἀπεδεξάμην μὲν, οὐχ ὡς [13]διαλυόμενόν τι τῶν κατηγορημένων, ἀλλ' ὡς ἀπο-

[1] τρὶς om. A. C. L. [2] ἂν ἅπαντ' A. C. L. [3] τἀκείνων A. C. L.
[4] ὑπὲρ τῆς τῶν παίδων μὲν A. C. L. [5] τυγχάνοιεν A. C. L. [6] πρὸς τὴν A. C. L.
[7] τὸ σύνολον A. C. L. [8] τῆς C. [9] ἐπιμελείας C.
[10] εἶναι μέγιστα ἂν εἴποιεν A. ἂν ἐπαινοῖεν C. [11] φήσαιεν A. C. L.
[12] μοι διαλεχθέντος A. C. L. [13] ἀπολυόμενον A. C. L.

Οὐδὲ πρὸς ἓν] Ἀντὶ τοῦ κοινοτέρου πρὸς οὐδέν. Cor.

Ἐμὲ λέγων] Quia σὺ in oratione μιμητικῇ ambiguum est ad quem referatur, ideo addidit ἐμὲ λέγων, *me alloquens, me Isocratem compellans*. Wolf.

Ἂν εἴποιεν] Wolf. aut supplendum esse ait κάλλιστα εἶναι, aut, quod ego probo, legendum ἐπαινοῖεν. Lang.

κρυπτόμενον τὸ πικρότατον τῶν τότε ῥηθέντων οὐκ ἀπαι- c
δεύτως ἀλλὰ νουνεχόντως, καὶ περὶ τῶν ἄλλων ἀπολελογη-
μένον σωφρονέστερον ἢ τότε παῤῥησιασάμενον.
279 πζ΄. Οὐ μὴν ἀλλ᾽ ἐκεῖν᾽ ἐάσας περὶ αὐτῶν τούτων ἔφασκον κατηγορίαν ἔχειν πολὺ δεινοτέραν ἢ περὶ τῆς τῶν
παίδων [1]κλοπείας. Ἐκείνοις μὲν γὰρ τοῖς ἐπιτηδεύμασιν ἐλυμαίνοντο τοὺς αὑτῶν παῖδας, οἷς
δ᾽ ὀλίγῳ πρότερον σὺ διῆλθες, τοὺς Ἕλληνας
[2]ἀπώλλυσαν. ῥᾴδιον δ᾽, ὡς οὕτως εἶχε ταῦτα, d
συνιδεῖν. οἶμαι γὰρ ἅπαντας [3]ἂν ὁμολογῆσαι
κακίστους ἄνδρας εἶναι καὶ μεγίστης ζημίας
ἀξίους, ὅσοι τοῖς πράγμασι τοῖς εὑρημένοις ἐπ᾽
[4]ὠφελίᾳ, τούτοις ἐπὶ βλάβῃ χρώμενοι τυγχάνουσι, [5]μὴ πρὸς τοὺς βαρβάρους μηδὲ πρὸς τοὺς
ἁμαρτάνοντας μηδὲ πρὸς τοὺς εἰς τὴν αὐτῶν
χώραν εἰσβάλλοντας, ἀλλὰ πρὸς τοὺς οἰκειοτάτους καὶ τῆς αὐτῆς συγγενείας μετέχον-
τας· ἅπερ ἐποίουν Σπαρτιᾶται. καίτοι πῶς
ὅσιόν ἐστι τούτους φάσκειν καλῶς χρῆσθαι e
τοῖς περὶ τὸν πόλεμον ἐπιτηδεύμασιν, οἵτινες,
οὓς προσῆκε σώζειν, τούτους ἀπολλύντες ἅπαντα τὸν χρόνον διετέλεσαν;
πη΄. Ἀλλὰ γὰρ οὐ σὺ μόνος ἀγνοεῖς τοὺς καλῶς χρωμένους τοῖς πράγμασιν, ἀλλὰ σχεδὸν
οἱ πλεῖστοι τῶν Ἑλλήνων. ἐπειδὰν γάρ τινας
ἴδωσιν ἢ πύθωνται παρά τινων ἐπιμελῶς διατρί- 279
βοντας [6]περὶ τὰ δοκοῦντ᾽ εἶναι καλὰ τῶν ἐπιτηδευμάτων, ἐπαινοῦσι καὶ πολλοὺς λόγους
ποιοῦνται περὶ αὐτῶν, οὐκ εἰδότες τὸ συμβησόμενον. χρὴ δὲ τοὺς ὀρθῶς δοκιμάζειν [7]βου-
λομένους [8]περὶ τῶν τοιούτων ἐν ἀρχῇ μὲν
ἡσυχίαν ἄγειν καὶ μηδεμίαν δόξαν ἔχειν περὶ
αὐτῶν, ἐπειδὰν δ᾽ εἰς τὸν χρόνον ἐκεῖνον ἔλθωσιν,
ἐν ᾧ καὶ λέγοντας καὶ πράττοντας αὐτοὺς
ὄψονται καὶ περὶ τῶν ἰδίων καὶ περὶ τῶν κοι-

[1] κλοπίας A. C. L. [2] ἀπώλεσαν A. C. L. [3] ἂν om. A. L. [4] ὠφελείᾳ A. C. L.
[5] μηδὲ A. C. L. [6] περί τι τῶν δοκούντων εἶναι καλῶν ἐπιτ. A. C. L.
[7] προαιρουμένους A. C. L. [8] [καὶ] περὶ C. καὶ περὶ L.

b νῶν, τότε θεωρεῖν ἀκριβῶς ἕκαστον αὐτῶν, καὶ
τοὺς μὲν νομίμως καὶ καλῶς χρωμένους οἷς [1]ἐμε-
λέτησαν ἐπαινεῖν καὶ τιμᾶν, τοὺς δὲ πλημμε-
λοῦντας καὶ κακουργοῦντας ψέγειν καὶ μισεῖν
καὶ φυλάττεσθαι τὸν τρόπον αὐτῶν, ἐνθυμουμένους ὡς οὐχ αἱ φύσεις [2]αἱ τῶν πραγμάτων
οὔτ' ὠφελοῦσιν οὔτε βλάπτουσιν ἡμᾶς, ἀλλ' αἱ
τῶν ἀνθρώπων χρήσεις καὶ πράξεις ἁπάντων
ἡμῖν αἴτιαι τῶν συμβαινόντων εἰσίν· γνοίη δ' 280
c ἄν τις ἐκεῖθεν. τὰ γὰρ αὐτὰ πανταχῇ καὶ μη-
δαμῇ διαφέροντα τοῖς μὲν ὠφέλιμα τοῖς δὲ βλα-
βερὰ γίγνεται. καίτοι [3]τὴν μὲν φύσιν ἔχειν
ἕκαστον τῶν ὄντων [4]τὴν ἐναντίαν [5]αὐτὴν αὐτῇ
καὶ μὴ τὴν αὐτὴν οὐκ [6]εὔκολόν ἐστι· τὸ δὲ μηδὲν
τῶν αὐτῶν συμβαίνειν τοῖς ὀρθῶς καὶ δικαίως
πράττουσιν καὶ τοῖς ἀσελγῶς [7]τε καὶ κακῶς,
[8]τίνι τῶν ὀρθῶς λογιζομένων [9]οὐκ ἂν εἰκότως
τοῦτο γίγνεσθαι δόξειεν;

πθ'. Ὁ δ' αὐτὸς οὗτος λόγος καὶ περὶ τὰς
d ὁμονοίας ἂν ἁρμόσειε· καὶ γὰρ ἐκεῖναι τὴν φύσιν [10]εἰσὶν οὐκ ἀνόμοιαι τοῖς εἰρημένοις, ἀλλὰ
τὰς μὲν αὐτῶν εὕροιμεν ἂν πλείστων ἀγαθῶν
αἰτίας γιγνομένας, τὰς δὲ τῶν μεγίστων κακῶν καὶ συμφορῶν. ὧν μίαν εἶναί φημι καὶ τὴν
Σπαρτιατῶν· εἰρήσεται γὰρ τἀληθές, εἰ καί
τισι δόξω λίαν παράδοξα λέγειν. οὗτοι γὰρ
[11]τῷ ταὐτὰ γιγνώσκειν περὶ τῶν ἔξω πραγμάτων ἀλλήλοις στασιάζειν τοὺς Ἕλληνας, ὥσ-
e περ τέχνην [12]ἔχοντες, ἐποίουν, καὶ τὸ χαλεπώτατον ταῖς ἄλλαις πόλεσι τῶν κακῶν γι-

[1] ἂν ἐμελέτησαν A. L. [ἂν] ἐμελέτησαν C. [2] αἱ om. A.
[3] οὐ τὸ φύσιν A. [οὐ] τὸ φύσιν C. L. [4] τὴν om. A. C. L. [5] αὐτὴν om. A. C. L.
[6] εὔλογον A. C. L. [7] τε om. A. C. L. [8] τισὶ A. τίσι C. L.
[9] οὐκ ἀπεικότως A. [οὐκ] ἀπεικότως L. [10] εἰσὶν om. A. C. L.
[11] ἀφορμῇ τοῦ ταὐτὰ γιγνώσκειν, εἰδότες παρὰ τῶν ἔξω παραγενομένων ἀλλ. A. C. L.
[12] ἔχοντες τὸ ἁρπάζειν οὕτως ἐποίουν A. C. L.

Οὗτοι γὰρ — ἐποίουν] Ὁ νοῦς· Οὗτοι γὰρ Λακεδαιμόνιοι διὰ τὸ ταὐτὰ γιγνώσκειν, ἤγουν διὰ τὸ ὁμονοεῖν ἔνδον καὶ παρ' ἑαυτοῖς, ἐποίουν στασιάζειν ἀλλήλοις τοὺς Ἕλληνας περὶ τῶν ἔξω πραγμάτων, ὥσπερ τέχνην ἔχοντες τοῦτο, τουτέστι τὸ ποιεῖν στασιάζειν τοὺς ἄλλους. Cor.

γνόμενον, [1]τοῦθ' αὑτοῖς ἁπάντων [2]συμφορώ-
τατον ἐνόμιζον εἶναι. τὰς οὖν οὕτω διακειμέ-
νας ἐξῆν αὐτοῖς, ὅπως [3]ἠβούλοντο, διοικεῖν.
ὥςτ' οὐδεὶς [4]ἂν αὐτοὺς διά γε τὴν ὁμόνοιαν δικαίως ἐπαινέσειεν, οὐδὲν μᾶλλον ἢ τοὺς κα- 280
ταποντιστὰς [5]καὶ λῃστὰς καὶ τοὺς περὶ τὰς
ἄλλας ἀδικίας ὄντας· καὶ γὰρ ἐκεῖνοι σφίσιν
αὐτοῖς ὁμονοοῦντες τοὺς ἄλλους ἀπολλύουσιν. εἰ
δέ τισι δοκῶ τὴν παραβολὴν ἀπρεπῆ πεποιῆσθαι πρὸς τὴν ἐκείνων δόξαν, ταύτην μὲν ἐῶ,
λέγω δὲ Τριβαλλοὺς, οὓς [6]ἅπαντές φασιν ὁμονοεῖν μὲν ὡς οὐδένας ἄλλους ἀνθρώπους, ἀπολλύναι δ' οὐ μόνον τοὺς ὁμόρους καὶ τοὺς πλησίον οἰκοῦντας, ἀλλὰ καὶ τοὺς ἄλλους ὅσων
ἂν ἐφικέσθαι δυνηθῶσιν· οὓς οὐ χρὴ μιμεῖσθαι b
τοὺς ἀρετῆς ἀντιποιουμένους, ἀλλὰ πολὺ μᾶλλον [7]τὴν τῆς σοφίας καὶ τῆς δικαιοσύνης καὶ
τῶν ἄλλων ἀρετῶν [8]δύναμιν. αὗται μὲν γὰρ οὐ
τὰς σφετέρας αὐτῶν φύσεις εὐεργετοῦσιν, ἀλλ'
οἷς ἂν παραγενόμεναι παραμείνωσιν, εὐδαίμονας καὶ μακαρίους ποιοῦσι· Λακεδαιμόνιοι δὲ
281 τοὐναντίον, οἷς μὲν ἂν πλησιάσωσιν, ἀπολλύ-
ουσι, τὰ δὲ τῶν ἄλλων ἀγαθὰ πάντα περὶ σφᾶς
αὐτοὺς ποιοῦνται.

ϛ. Ταῦτ' εἰπὼν, κατέσχον πρὸς ὃν τοὺς λόγους ἐποιού- c
μην, ἄνδρα δεινὸν καὶ πολλῶν ἔμπειρον καὶ περὶ τὸ λέγειν
γεγυμνασμένον οὐδενὸς ἧττον τῶν ἐμοὶ πεπλησιακότων. οὐ
μὴν τὰ μειράκια τὰ πᾶσι τούτοις παραγεγενημένα τὴν
αὐτὴν ἐμοὶ γνώμην ἔσχον, ἀλλ' ἐμὲ μὲν ἐπῄνεσαν ὡς διει-
λεγμένον τε [9]νεαρωτέρως ἢ προσεδόκησαν ἠγωνισμένον τε

[1] τοῦτ' αὐτοῖς A. L. [2] συμφορώτατον ἁπάντων A. C. L. [3] βούλοιντο A. C. L.
[4] ἂν ἐπαινέσειεν A. C. L. [5] καὶ λῃστὰς om. A. C. L. [6] πάντες A. C. L.
[7] τὴν om. A. C. L. [8] τὴν δύναμιν A. C. L. [9] νεαρώτερον A. C. L.

Τὰς οὖν οὕτω διακειμένας] Τὰς στασιαζούσας πόλεις. Idem.

Πρὸς τὴν ἐκείνων δόξαν] *ratione seu respectu illorum famæ.* Lang.

Δύναμιν] *vim insitam.* Wolf.

Περὶ σφᾶς αὐτοὺς ποιοῦνται] *sibimet ipsis vindicant,* Lang.

Κατέσχον] I. e. ἔπαυσα τοῦ ἀντιλέγειν ἐμοὶ καὶ τοῦ ἀπολογεῖσθαι ὑπὲρ τῶν Σπαρτιατῶν. Wolf.

Ἄνδρα δεινὸν] Ἴσως τὸν Θεόπομπον τὸν Χῖον λέγει, συγγραφέα τῶν εὐδοκιμησάντων. Idem.

καλῶς, ἐκείνου δὲ κατεφρόνησαν, οὐκ ὀρθῶς γιγνώσκοντες,
d ἀλλὰ διημαρτηκότες ἀμφοτέρων ἡμῶν. ὁ μὲν γὰρ ἀπῄει
φρονιμώτερος γεγενημένος καὶ συνεσταλμένην ἔχων τὴν διάνοιαν, ὥςπερ χρὴ τοὺς εὖ φρονοῦντας, καὶ πεπονθὼς τὸ γεγραμμένον ἐν Δελφοῖς, αὐτόν τ' ἐγνωκὼς καὶ τὴν [1] Λακεδαιμονίων φύσιν μᾶλλον ἢ πρότερον· ἐγὼ δ' ὑπελειπόμην ἐπιτυχῶς μὲν ἴσως διειλεγμένος, ἀνοητότερος δὲ δι' αὐτὸ τοῦτο γεγενημένος, καὶ φρονῶν μεῖζον ἢ προσήκει τοὺς τηλικούτους, καὶ ταραχῆς μειρακιώδους μεστὸς ὤν.

e ϛα'. Δῆλος δ' ἦν οὕτω διακείμενος· ἐπειδὴ γὰρ ἡσυχίας ἐπελαβόμην, οὐ πρότερον ἐπαυσάμην πρὶν ὑπέβαλον τῷ παιδὶ τὸν λόγον, ὃν ὀλίγῳ μὲν πρότερον μεθ' ἡδονῆς διῆλθον,
281 μικρῷ δ' ὕστερον [2] ἤμελλέ με λυπήσειν. τριῶν γὰρ ἢ τεττάρων ἡμερῶν [3] διαλειφθεισῶν ἀναγιγνώσκων αὐτὰ καὶ διεξιὼν, ἐπὶ μὲν οἷς περὶ τῆς πόλεως ἦν εἰρηκὼς, οὐκ ἠχθόμην — καλῶς γὰρ καὶ δικαίως ἦν ἅπαντα περὶ [4] αὐτῆς γεγραφὼς —, ἐπὶ δὲ τοῖς περὶ Λακεδαιμονίων ἐλυπήθην καὶ βαρέως ἔφερον· οὐ γὰρ μετρίως ἐδόκουν μοι διειλέχθαι περὶ αὐτῶν οὐδ' ὁμοίως τοῖς ἄλλοις, ἀλλ' ὀλιγώρως καὶ λίαν
b πικρῶς καὶ παντάπασιν ἀνοήτως· ὥςτε πολλάκις [5] ὁρμήσας ἐξαλείφειν αὐτὸν ἢ [6] κατακάειν μετεγίγνωσκον, ἐλεῶν τὸ γῆρας [7] τοὐμαυτοῦ καὶ τὸν πόνον τὸν περὶ τὸν λόγον γεγενημένον.

ϛβ'. Ἐν τοιαύτῃ δέ μοι ταραχῇ καθεστῶτι καὶ [8] μεταβολὰς ποιουμένῳ πολλὰς ἔδοξε κράτιστον εἶναι παρακαλέσαντι τῶν πεπλησιακότων τοὺς ἐπιδημοῦντας βουλεύσασθαι
μετ' αὐτῶν, πότερον ἀφανιστέος παντάπασίν [9] ἐστιν ἢ δια- 282
δοτέος τοῖς βουλομένοις [10] λαμβάνειν, ὁπότερα δ' ἂν ἐκείνοις
c δόξῃ, ταῦτα ποιεῖν. τούτων [11] γνωσθέντων οὐδεμίαν διατριβὴν ἐποιησάμην, ἀλλ' εὐθὺς [12] παρεκέκλητο μὲν [13] οὓς εἶπον,

[1] τῶν Λακεδ. A. C. L. [2] ἔμελλέ A. C. L. [3] διαλειπουσῶν A. C. L.
[4] ταύτης A. C. L. [5] ἐξορμήσας A. C. L. [6] κατακαίειν A. C. L.
[7] τὸ ἐμαυτοῦ A. C. L. [8] μεταμελείας ποιουμ. π. ἔδοξέ μοι A. C. L.
[9] ἔσται A. C. L. [10] μεταλαμβάνειν ὁποτέρως A. C. L. [11] δὲ γνωσθέντων A. C. L.
[12] παρακέκλητο L. [13] ὡς A.

Συνεσταλμένην] contractam, i. e. modestam nec se efferentem. Idem.
Ὑπελειπόμην] Ἴσως· ἀπελειπόμην. Cor.
Τοὺς τηλικούτους] Scil. nonagenarios. Lang.
Ὑπέβαλον] subjeci, i. e. dictavi. Wolf.
Ἀναγιγνώσκων αὐτὰ] Ἄμεινον γράφειν, ἀναγιγνώσκων αὐτὸν, τὸν λόγον δηλονότι. Cor.

προειρηκὼς δ' ἦν αὐτοῖς ἐφ' ἃ συνεληλυθότες ἦσαν, ἀνέγνωστο
δ' ὁ λόγος, ἐπῃνημένος δ' ἦν καὶ τεθορυβημένος καὶ τετυ-
χηκὼς [1]ὧνπερ οἱ κατορθοῦντες ἐν ταῖς ἐπιδείξεσιν.

ϛγ'. Ἁπάντων δὲ τούτων ἐπιτετελεσμένων οἱ μὲν ἄλλοι διελέγοντο πρὸς σφᾶς αὐτοὺς, δῆλον ὅτι περὶ τῶν ἀνα-
γνωσθέντων· ὃν δ' ἐξ ἀρχῆς μετεπεμψάμεθα σύμβουλον, τὸν τῶν Λακεδαιμονίων ἐπαινέτην, πρὸς ὃν πλείω d
[2]διελέχθην τοῦ δέοντος, σιωπὴν ποιησάμενος καὶ [3]πρὸς
ἐμὲ βλέψας ἀπορεῖν ἔφασκεν ὅ τι χρήσηται τοῖς παροῦ-
σιν· οὔτε γὰρ ἀπιστεῖν βούλεσθαι τοῖς ὑπ' ἐμοῦ λεγομένοις, οὔτε πιστεύειν δύνασθαι παντάπασιν αὐτοῖς. Θαυμάζω γὰρ [4]εἴθ' οὕτως ἐλυπήθης καὶ βα-
ρέως ἔσχες, ὥσπερ φῂς, ἐπὶ τοῖς περὶ Λακεδαιμονίων εἰρημένοις — οὐδὲν γὰρ ἐν αὐτοῖς
ὁρῶ τοιοῦτο γεγραμμένον —, εἴτε συμβούλοις
περὶ τοῦ λόγου χρήσασθαι βουλόμενος ἡμᾶς e
συνήγαγες, οὓς οἶσθα ἀκριβῶς ἅπαν ὅ τι ἂν
σὺ λέγῃς ἢ πράττῃς ἐπαινοῦντας. εἰθισμένοι
δ' εἰσὶν οἱ νοῦν ἔχοντες ἀνακοινοῦσθαι, περὶ
ὧν ἂν [5]σπουδάζωσι, μάλιστα μὲν τοῖς ἄμεινον αὐτῶν φρονοῦσιν, εἰ δὲ μὴ, τοῖς μέλλουσιν 282
ἀποφαίνεσθαι τὴν αὐτῶν γνώμην· ὧν τἀναντία σὺ πεποίηκας. τούτων μὲν οὖν οὐδέτερον
ἀποδέχομαι τῶν λόγων· δοκεῖς δέ μοι ποιήσασθαι τήν τε παράκλησιν τὴν ἡμετέραν καὶ
τὸν ἔπαινον τὸν τῆς πόλεως οὐχ ἁπλῶς, οὐδ'
ὡς διείλεξαι πρὸς ἡμᾶς, ἀλλ' ἡμῶν μὲν πεῖραν λαβεῖν βουλόμενος, εἰ φιλοσοφοῦμεν καὶ
μεμνήμεθα τῶν ἐν ταῖς διατριβαῖς λεγομένων καὶ συνιδεῖν [6]δυνηθεῖμεν ἂν ὃν τρόπον ὁ b
λόγος τυγχάνει γεγραμμένος, τὴν δὲ πόλιν
ἐπαινεῖν προελέσθαι τὴν σαυτοῦ, σωφρονῶν,

[1] ἦν, ὧνπερ A. L. [ἦν], ὥσπερ C. [2] διειλέχθη A. L. [3] προσεμβλέψας A. C. L. [4] εἰ A. C. L. [5] σπουδάσωσι A. C. L. [6] δυνηθείημεν A. C. L.

Τεθορυβημένος] *plausu excepta.* Cf. §. α'. Lang.

Μετεπεμψάμεθα] Vid. §. πα'. Idem.

Σιωπὴν ποιησάμενος] Vel *quum ipse aliquamdiu siluisset,* vel *quum reliquos tacere jussisset.* Wolf. *quum sibimet ipsi fecisset silentium.* Auger.

Προελέσθαι] Refer ad δοκεῖς. Idem.

ἵνα τῷ τε πλήθει [1]τῷ τῶν πολιτῶν χαρίσῃ
καὶ παρὰ τοῖς εὐνοϊκῶς πρὸς [2]ὑμᾶς διακειμένοις εὐδοκιμήσῃς.

ϞΔʹ. Ταῦτα [3]δὲ γνοὺς ὑπέλαβες ὡς, εἰ μὲν
περὶ μόνης αὐτῆς ποιήσῃ τοὺς λόγους καὶ τὰ 283
μυθώδη περὶ αὐτῆς ἐρεῖς ἃ πάντες [4]θρυλοῦ-
σιν, ὅμοια φανεῖται τὰ λεγόμενα τοῖς ὑπὸ
τῶν ἄλλων γεγραμμένοις, ἐφ᾽ ᾧ σὺ μάλιστ᾽
c ἂν αἰσχυνθείης καὶ λυπηθείης· ἐὰν δ᾽ ἐάσας
ἐκεῖνα λέγῃς τὰς πράξεις τὰς ὁμολογουμένας
καὶ πολλῶν ἀγαθῶν αἰτίας τοῖς Ἕλλησι γεγενημένας, καὶ [5]παραβάλλῃς αὐτὰς πρὸς τὰς
Λακεδαιμονίων, καὶ τὰς μὲν τῶν προγόνων
ἐπαινῇς, τῶν δ᾽ ἐκείνοις πεπραγμένων κατη-
γορῇς, ὅ τε λόγος [6]ἐναργέστερος εἶναι δόξει
τοῖς ἀκούουσι καὶ σὺ μενεῖς ἐν τοῖς αὐτοῖς,
ὃ μᾶλλον ἄν τινες θαυμάσειαν τῶν [7]τοῖς ἄλ-
d λοις γεγραμμένων. ἐν ἀρχῇ μὲν οὖν οὕτω [8]μοι
φαίνῃ τάξαι καὶ βουλεύσασθαι περὶ αὐτῶν.

ϞΕʹ. Εἰδὼς δὲ σαυτὸν ἐπῃνεκότα τὴν Σπαρτιατῶν [9]διοίκησιν ὡς οὐδεὶς ἄλλος, φοβεῖσθαι τοὺς
ἀκηκοότας, μὴ δόξῃς ὅμοιος εἶναι τοῖς λέγουσιν
ὅτι ἂν τύχωσι καὶ τούτους νῦν ψέγειν οὓς πρότερον ἐπῄνεις μᾶλλον τῶν ἄλλων· ταῦτ᾽ ἐνθυμηθεὶς σκοπεῖσθαι ποίους τινὰς ἂν ἑκατέρους
[10]εἶναι φήσας ἀληθῆ τε λέγειν δόξειας [11]περὶ
ἀμφοτέρων, ἔχοις τ᾽ ἂν τοὺς μὲν [12]προγόνους
e ἐπαινεῖν, οὕσπερ βούλει, Σπαρτιατῶν δὲ δοκεῖν
μὲν κατηγορεῖν τοῖς ἀηδῶς πρὸς αὐτοὺς διακειμένοις, μηδὲν δὲ ποιεῖν τοιοῦτον ἀλλὰ λανθάνειν
ἐπαινῶν αὐτούς· ζητῶν δὲ τὰ τοιαῦτα ῥᾳδίως

[1] τῷ om. A. C. L. [2] ἡμᾶς C. L. [3] δὴ A. C. L. [4] θρυλλοῦσιν A. C. L.
[5] παραβάλῃς πρὸς A. C. L. [6] ἐνεργέστερος A. C. L. [7] ἐν τοῖς A. C. L.
[8] μοι δοκεῖς οὕτω τάξαι A. C. L. [9] πόλιν A. C. L. [10] εἶναι om. A. C. L.
[11] ἂν περὶ A. C. L. [12] σοὺς προγόνους A. C. L.

Ὁμολογουμένας καὶ πολλῶν] Γράφε, ὁμολογουμένως πολλῶν. Ἐπιθ. ιζ'. Cor.

Ἐναργέστερος] Μᾶλλον ὑπ᾽ ὄψιν ἄγουν τὰ λεγόμενα. Ἐπιθ. π. Εἰρήν. κε'. Idem.

Δόξει] Subaudi ὑπέλαβες ὡς, quod præcessit. Auger.

Φοβεῖσθαι] Refer ad δοκεῖς, ut et paulo inferius σκοπεῖσθαι et εὑρεῖν. Idem.

εὑρεῖν λόγους ἀμφιβόλους καὶ μηδὲν μᾶλλον
μετὰ τῶν ἐπαινούντων ἢ [1]τῶν ψεγόντων ὄντας,
ἀλλ' ἐπαμφοτερίζειν δυναμένους καὶ πολλὰς 283
ἀμφισβητήσεις ἔχοντας, οἷς χρῆσθαι περὶ μὲν
συμβολαίων καὶ πλεονεξίας ἀγωνιζόμενον αἰσχρὸν καὶ πονηρίας οὐ μικρὸν σημεῖον, περὶ δὲ
φύσεως ἀνθρώπων διαλεγόμενον καὶ [2]πραγμά-
των [3]καλὸν καὶ φιλόσοφον. οἷός περ ὁ λόγος ὁ
διαναγνωσθείς ἐστιν· ἐν ᾧ [4]πεποίηκας τοὺς μὲν
σοὺς προγόνους εἰρηνικοὺς καὶ φιλέλληνας καὶ
τῆς ἰσότητος τῆς ἐν ταῖς πολιτείαις ἡγεμόνας,
Σπαρτιάτας δ' ὑπεροπτικοὺς καὶ πολεμικοὺς b
καὶ [5]πλεονέκτας, οἵους περ αὐτοὺς εἶναι [6]πάν-
τες ὑπειλήφασιν.

284 ϟϛ'. Τοιαύτην δ' ἐχόντων ἑκατέρων τὴν φύσιν,
τοὺς μὲν ὑπὸ πάντων ἐπαινεῖσθαι καὶ δοκεῖν
εὔνους εἶναι τῷ πλήθει, τοῖς δὲ τοὺς μὲν πολλοὺς φθονεῖν καὶ δυσμενῶς ἔχειν, ἔστι δ' οὓς καὶ
ἐπαινεῖν αὐτοὺς καὶ θαυμάζειν, καὶ τολμᾶν
λέγειν ὡς ἀγαθὰ μείζω τυγχάνουσιν ἔχοντες
τῶν τοῖς προγόνοις τοῖς σοῖς προσόντων· τήν τε c
γὰρ ὑπεροψίαν σεμνότητος μετέχειν, εὐδοκίμου
πράγματος, καὶ δοκεῖν ἅπασι [7]μεγαλοφρονε-
στέρους εἶναι τοὺς τοιούτους ἢ τοὺς τῆς ἰσότητος
προεστῶτας, τούς τε πολεμικοὺς πολὺ διαφέρειν τῶν εἰρηνικῶν· τοὺς μὲν γὰρ οὔτε κτητικοὺς
εἶναι τῶν οὐκ ὄντων οὔτε φύλακας δεινοὺς τῶν
ὑπαρχόντων, τοὺς δ' ἀμφότερα δύνασθαι, καὶ
λαμβάνειν ὧν ἂν ἐπιθυμῶσι, καὶ σώζειν ἅπερ
ἂν ἅπαξ κατάσχωσιν· ἃ ποιοῦσιν οἱ τέλειοι δο- d
κοῦντες εἶναι τῶν ἀνδρῶν. ἀλλὰ μὴν [8]καὶ περὶ

[1] τῶν om. A. C. L. [2] πρᾶγμα τῶν L. [3] καλῶν καὶ φιλοσόφων A. L. [4] σὺ πεποίηκας A. C. L. [5] πλεονεκτικοὺς A. C. L. [6] πάντες ὑπειλήφασιν εἶναι A. C. L. [7] μεγαλοπρεπεστέρους A. C. L. [8] καὶ om. A. L.

Αἰσχρὸν καὶ] F. αἰσχρόν τε καὶ —. Wolf.

Περὶ δὲ φύσεως κ. τ. λ.] Ὁ νοῦς· Περὶ δὲ φύσεως καὶ πραγμάτων ἀνθρώπων διαλεγόμενον, καλὸν καὶ φιλόσοφόν ἐστι χρῆσθαι τοῖς προειρημένοις λόγοις. Cor.

Τοὺς μὲν] Adde vel subaudi πεποίηκας. Auger.

Ἔστι δ' οὓς] I. e. nonnullos. repete iterum πεποίηκας vel εἶπας, vid. §. κβ'. Auger. pro ἔστι οἳ ἐπαινοῦσι duriuscule dictum putat. Lang.

τῆς πλεονεξίας καλλίους ἔχειν οἴονται λόγους
τῶν εἰρημένων· τοὺς μὲν γὰρ [1]ἀποστέροντας τὰ
συμβόλαια καὶ [2]τοὺς παρακρουομένους καὶ παραλογιζομένους οὐχ ἡγοῦνται [3]δικαίως καλεῖσθαι πλεονεκτικοὺς — διὰ γὰρ τὸ πονηρὰν ἔχειν
τὴν δόξαν ἐν ἅπασιν αὐτοὺς ἐλαττοῦσθαι τοῖς
πράγμασι —, τὰς δὲ Σπαρτιατῶν πλεονεξίας
e καὶ τὰς τῶν βασιλέων καὶ τὰς τῶν τυράννων
εὐκτὰς μὲν εἶναι καὶ [4]ἅπαντας αὐτῶν ἐπιθυμεῖν, οὐ μὴν [5]ἀλλὰ λοιδορεῖσθαι καὶ καταρᾶσθαι τοῖς τὰς τηλικαύτας ἔχουσι δυναστείας·
οὐδένα δὲ [6]τοιοῦτον εἶναι τὴν φύσιν ὅςτις οὐκ ἂν
284 εὔξαιτο τοῖς θεοῖς μάλιστα μὲν αὐτὸς [7]τυχεῖν
τῆς ἐξουσίας ταύτης, εἰ δὲ μὴ, τοὺς οἰκειοτά-
τους· [8]ὧ καὶ φανερόν ἐστιν ὅτι μέγιστον τῶν
ἀγαθῶν ἅπαντες εἶναι νομίζομεν [9]τὸ πλέον
ἔχειν τῶν ἄλλων. τὴν μὲν οὖν περιβολὴν τοῦ
λόγου δοκεῖς μοι ποιήσασθαι μετὰ τοιαύτης
διανοίας.

ϛζʹ. Εἰ μὲν οὖν ἡγούμην ἀφέξεσθαί σε τῶν
εἰρημένων καὶ παραλείψειν ἀνεπιτίμητον τὸν
λόγον τοῦτον, οὐδ᾽ ἂν αὐτὸς ἔτι λέγειν ἐπε-
b χείρουν· νῦν δ᾽ ὅτι μὲν οὐκ ἀπεφηνάμην περὶ
ὧν παρεκλήθην σύμβουλος, οὐδὲν οἶμαί σοι
[10]μελήσειν — οὐδὲ γὰρ, ὅτε [11]συνῆγες ἡμᾶς, ἐδόκεις μοι σπουδάζειν περὶ αὐτῶν —, ὅτι δὲ 285

[1] ἀποστεροῦντας A. C. L. [2] τοὺς om. A. C. L.
[3] δικαίως, ἀλλὰ πλεονεκτικοὺς A. C. L. [4] πάντας A. C. L. [5] ἀλλὰ om. A. L.
[6] τοιοῦτον τὴν φύσιν εἶναι A. τὴν φύσιν εἶναι [τοιοῦτον] C. τὴν φύσιν εἶναι L.
[7] τυγχάνειν A. C. L. [8] ὃ C. L. [9] τὸ om. A. C. L. [10] μελήσει A. C. L.
[11] συνήγαγες A. C. L.

Ἐλαττοῦσθαι] *minoris fieri, contemptos et abjectos esse.* IDEM.

Οὐ μὴν ἀλλὰ λοιδορ.] Ὁ νοῦς· Πάντας μὲν ἐπιθυμεῖν τῶν τοιούτων πλεονεξιῶν, οἷαί εἰσιν αἱ τῶν Σπαρτιατῶν καὶ ἁπλῶς τῶν ἐν δυναστείαις ὄντων, λοιδορεῖσθαι δ᾽ ὅμως καὶ καταρᾶσθαι τοῖς ἔχουσι ταύτας. COR.

Περιβολὴν] *primas lineas.* LANG.

Τῶν εἰρημένων] I. e. a me hactenus dictorum: quod neque de Isocratis, neque de habenda(?) mox Philolaconis oratione, uti Wolf. opinatur, accipi potest. IDEM.

Ὅτι δὲ προελόμενος etc.] Hic, si non addendum, at saltem mente supplendum quod deest: δοκεῖς δέ μοι ὅτι προελόμενος τυγχάνεις συνθεῖναι etc. AUGER. ὅτι δὲ προελόμενος usque ad οὐκ αἰσθάνεσθαι p. 566. 16. anacoluthia est pro: τοῦτο δέ σοι μελήσει, ὅτι προελομένου σοῦ etc. τὴν δύναμιν τῶν λεγομένων ἐδίδαξα καὶ τὴν σὴν διάνοιαν ἐξηγησάμην, φήσεις αἰσθάνεσθαι etc. LANG. Ἐντεῦθεν μέχρι τέλους τοῦ κεφαλαίου ἀσυνάρτητος ὁ λόγος. ἐμοὶ δ᾽ ἐπέχειν τέως ἐφεῖσθω, ἕως ἄν τι πιθανώτερον περὶ τούτου κατανοῆσαι δυνηθῶ. COR.

προελόμενος συνθεῖναι λόγον μηδὲν ὅμοιον τοῖς
ἄλλοις, ἀλλὰ τοῖς μὲν ῥαθύμως ἀναγιγνώσκου-
σιν ἁπλοῦν εἶναι [1]δόξοντα καὶ ῥᾴδιον καταμαθεῖν, τοῖς δ' ἀκριβῶς διεξιοῦσιν αὐτὸν καὶ πει-
ρωμένοις κατιδεῖν ὃ τοὺς ἄλλους λέληθε χαλεπὸν [2]φανούμενον καὶ δυσκαταμάθητον, καὶ
πολλῆς μὲν ἱστορίας γέμοντα καὶ φιλοσοφίας, c
παντοδαπῆς δὲ μεστὸν ποικιλίας καὶ ψευδολογίας, οὐ τῆς εἰθισμένης μετὰ κακίας βλάπτειν τοὺς συμπολιτευομένους, ἀλλὰ τῆς δυναμένης μετὰ [3]παιδιᾶς ὠφελεῖν ἢ τέρπειν τοὺς
ἀκούοντας· ὧν οὐδὲν [4]ἐάσαντά με φήσεις τὸν
τρόπον [5]τοῦτον ἔχειν ὡς ἐβουλεύσω σὺ περὶ
αὐτῶν, ἀλλὰ τήν τε δύναμιν τῶν λεγομένων διδάσκοντα καὶ τὴν σὴν διάνοιαν ἐξηγούμενον
οὐκ αἰσθάνεσθαι τοσούτῳ τὸν λόγον [6]ἀδοξό- d
τερον δι' ἐμὲ [7]γιγνόμενον, ὅσῳ περ αὐτὸν φανερώτερον ἐποίουν καὶ [8]γνωριμώτερον τοῖς
ἀναγιγνώσκουσιν· ἐπιστήμην γὰρ τοῖς οὐκ εἰδό-
σιν [9]ἐνεργαζόμενον ἔρημον τὸν λόγον [10]με ποιεῖν
[11]καὶ τῆς τιμῆς ἀποστερεῖν τῆς γιγνομένης [12]ἂν
αὐτῷ διὰ τοὺς πονοῦντας καὶ πράγματα σφίσιν
αὐτοῖς παρέχοντας.

ζή. Ἐγὼ δ' ὁμολογῶ μὲν ἀπολελεῖφθαι τὴν
ἐμὴν φρόνησιν τῆς σῆς ὡς δυνατὸν πλεῖστον, οὐ e
μὴν ἀλλ' ὥσπερ τοῦτ' οἶδα, κἀκεῖνο τυγχάνω
γιγνώσκων, ὅτι τῆς πόλεως τῆς ἡμετέρας βου-
λευομένης περὶ τῶν μεγίστων οἱ μὲν ἄριστα
[13]φρονεῖν δοκοῦντες ἐνίοτε διαμαρτάνουσι τοῦ
συμφέροντος, τῶν δὲ φαύλων νομιζομένων εἶναι
καὶ καταφρονουμένων ἔστιν ὅτε κατώρθωσεν ὁ 285

[1] δόξαντα A. L. [2] φαινόμενον A. L. [3] παιδείας A.
[4] ἐξετάσαντα A. C. L. [5] τοῦτον τὸν τρόπον A. C. L. [6] ἐνδοξότερον A. C. L.
[7] γενόμενον A. C. L. [8] γνωριμώτατον A. C. L.
[9] ἐργαζόμενον, ἔρημον μὲν τὸν A. [10] ἐμὲ μὴ ποιεῖν A. C. L. [11] τῆς τιμῆς δὲ A.
[12] αὐτῶν τοὺς A. C. L. [13] φρονοῦντες, ἐνίοτε A. C. L.

Ἢ τέρπειν] Ἴσως· καὶ τέρπειν. Idem.

Οὐκ αἰσθάνεσθαι] Scil. σὲ φήσεις. *te non intelligere dices.* Reliqui perperam: *me non animadvertere dices.* ita ut supplerent ἐμέ. Lang.

Κατώρθωσεν ὁ τυχὼν] Postremam vocem referas ad τῶν δὲ φαύλων, et vertas: *primus optimus rem tetigit.* Idem.

τυχὼν καὶ βέλτιστα λέγειν ἔδοξεν· ὥςτ' οὐδὲν θαυμαστὸν, εἰ καὶ περὶ τοῦ νῦν ἐνεστῶτος
τοιοῦτόν τι συμβέβηκεν, ὅπου σὺ μὲν οἴει
[1]μάλιστ' εὐδοκιμήσειν, ἣν ὡς πλεῖστον χρόνον
[2]διαλάθῃς ἣν ἔχων γνώμην τὰ περὶ τὸν λόγον
ἐπραγματεύθης, ἐγὼ δ' ἡγοῦμαι βέλτιστά σε
πράξειν, ἢν δυνηθῇς τὴν διάνοιαν, ᾗ χρώμενος
b [3]αὐτὸν συνέθηκας, ὡς [4]τάχιστα φανερὰν ποιῆσαι
τοῖς [5]τ' ἄλλοις ἅπασι καὶ Λακεδαιμονίοις, περὶ
ὧν πεποίησαι πολλοὺς λόγους, τοὺς μὲν δικαίους
καὶ σεμνοὺς, τοὺς δ' ἀσελγεῖς καὶ λίαν φιλαπε-
χθήμονας· οὓς εἴ τις [6]ἐπέδειξεν αὐτοῖς πρὶν ἐμὲ 286
διαλεχθῆναι περὶ αὐτῶν, οὐκ ἔστιν ὅπως οὐκ ἂν
ἐμίσησαν καὶ δυσκόλως πρὸς σὲ διετέθησαν ὡς
κατηγορίαν γεγραφότα [7]καθ' αὐτῶν. νῦν δ' [8]οἴο-
μαι τοὺς μὲν πλείστους Σπαρτιατῶν [9]ἐμμενεῖν
c τοῖς ἤθεσιν οἷσπερ καὶ τὸν ἄλλον χρόνον, τοῖς δὲ
λόγοις τοῖς ἐνθάδε [10]γραφομένοις οὐδὲν μᾶλλον
προσέξειν τὸν νοῦν ἢ τοῖς ἔξω τῶν Ἡρακλέους
στηλῶν λεγομένοις, τοὺς δὲ φρονιμωτάτους αὐτῶν
καὶ τῶν λόγων τινὰς ἔχοντας τῶν σῶν [11]καὶ
[12]θαυμάζοντας, τούτους, ἢν λάβωσι τὸν [13]ἀνα-
γνωσόμενον καὶ χρόνον ὥςτε συνδιατρίψαι σφίσιν
αὐτοῖς, οὐδὲν ἀγνοήσειν τῶν λεγομένων, ἀλλὰ
καὶ τῶν ἐπαίνων αἰσθήσεσθαι τῶν μετ' ἀποδείξεως εἰρημένων περὶ τῆς πόλεως [14]τῆς αὐτῶν, καὶ

[1] μάλιστα μὲν A. C. L. [2] διαλεχθῶσι A. [3] αὐτὸς A.
[4] τάχιστ' ἂν A. C. L. [5] τ' om. A. C. L. [6] ἐπιδείξειεν A. C. L.
[7] περὶ αὐτῶν A. C. L. [8] οἶμαι A. C. L. [9] ἐμμένειν A. L.
[10] γεγραμμένοις A. C. L. [11] καὶ om. A. L. [12] θαυμάσοντας L.
[13] ἀνεγνωσμένον A. [14] αὐτῶν A. C. L.

Περὶ τοῦ νῦν ἐνεστῶτος] *de causa quæ nunc dijudicatur.* an melius sit orationis hujus veram mentem explicare seu lectoribus investigandam relinquere. Idem.

Διαλάθῃς ἣν etc.] *si lateas qualem in componenda oratione mentem habueris.* Idem.

Καὶ Λακεδαιμονίοις] *et præsertim Lacedæmoniis.* utpote qui in explicando parum sunt exercitati, quosque maxime læsisti. Idem.

Πρὶν ἐμὲ διαλεχθῆναι περὶ αὐτῶν] I. e. priusquam adjecta fuerit mea explicatio. Idem.

Οἴομαι τοὺς μὲν κ. τ. λ.] Ὁ νοῦς· Οἶμαι τοὺς φρονιμωτάτους τῶν Λακεδαιμονίων, καὶ τοὺς ἔχοντας ἤδη τινὰς τῶν ἄλλων σου λόγων, καὶ θαυμάζειν αὐτοὺς εἰθισμένους, οὐδὲν ἀγνοήσειν καὶ τῶν λεγομένων ἐν τούτῳ τῷ λόγῳ, ἢν λάβωσιν ἀναγνώστην καὶ χρόνον ἱκανὸν ὥστε συνδιατρίψαι, ἤγουν διαλεχθῆναι, ἀλλήλοις. Cor.

Μετ' ἀποδείξεως] *cum demonstratione.* Lang.

τῶν λοιδοριῶν καταφρονήσειν τῶν εἰκῇ μὲν τοῖς
πράγμασι λεγομένων πικρῶς δὲ τοῖς ὀνόμασι κε- d
χρημένων, καὶ νομιεῖν τὰς μὲν βλασφημίας τὰς
ἐνούσας ἐν [1]τῷ βιβλίῳ τὸν φθόνον [2]ὑποβαλεῖν,
τὰς δὲ πράξεις καὶ τὰς μάχας, ἐφ᾽ αἷς αὐτοί τε
μέγα φρονοῦσι καὶ παρὰ τοῖς ἄλλοις εὐδοκιμοῦσι,
σὲ γεγραφέναι καὶ μνημονεύεσθαι πεποιηκέναι,
συναγαγόντα [3]πάσας αὐτὰς [4]καὶ θέντα παρ᾽
ἀλλήλας, αἴτιον δ᾽ εἶναι καὶ τοῦ [5]πολλοὺς ποθεῖν
ἀναγνῶναι καὶ [6]διελθεῖν αὐτάς, οὐ τὰς ἐκείνων e
ἐπιθυμοῦντας ἀκοῦσαι πράξεις, [7]ἀλλὰ πῶς σὺ
διείλεξαι περὶ αὐτῶν μαθεῖν βουλομένους.

ζθ´. Ταῦτ᾽ ἐνθυμουμένους καὶ διεξιόντας οὐδὲ
τῶν παλαιῶν ἔργων ἀμνημονήσειν, δι᾽ ὧν ἐγκε-
κωμίακας τοὺς προγόνους αὐτῶν, ἀλλὰ καὶ 286
πολλάκις διαλέξεσθαι πρὸς σφᾶς αὐτούς, πρῶτον μὲν ὅτι Δωριεῖς ὄντες, ἐπειδὴ κατεῖδον τὰς
πόλεις τὰς αὑτῶν ἀδόξους καὶ μικρὰς καὶ πολλῶν ἐνδεεῖς οὔσας, ὑπεριδόντες ταύτας [8]ἐστρά-
τευσαν ἐπὶ τὰς ἐν Πελοποννήσῳ πρωτευούσας,
ἐπ᾽ Ἄργος καὶ Λακεδαίμονα καὶ [9]Μεσσήνην,
μάχῃ δὲ νικήσαντες τοὺς μὲν ἡττηθέντας ἔκ τε
τῶν πόλεων καὶ τῆς χώρας ἐξέβαλον, αὐτοὶ b
[10]δὲ τὰς κτήσεις ἁπάσας τὰς ἐκείνων [11]τότε
κατασχόντες ἔτι καὶ νῦν ἔχουσιν, οὗ μεῖζον
ἔργον καὶ θαυμαστότερον οὐδεὶς ἐπιδείξει κατ᾽
287 ἐκεῖνον τὸν χρόνον γενόμενον, οὐδὲ πρᾶξιν εὐτυ-
χεστέραν καὶ θεοφιλεστέραν τῆς τοὺς χρησαμέ-

[1] τῇ βίβλῳ A. C. L. [2] ὑποβάλλειν A. L. [3] ἁπάσας A. C. L.
[4] καθ᾽ αὑτὰς καὶ A. C. L. [5] τοὺς πολλοὺς A. C. L. [6] διεξελθεῖν A. C. L.
[7] ἀλλ᾽ ὅπως A. C. L. [8] ἐστράτευον A. C. L. [9] Μεσήνην A. L.
[10] τε A. L. [11] τότε om. A. C. L.

Τῶν εἰκῇ μὲν — κεχρημένων] *quæ, quod ad res, temere, quod ad verba, acerbe dicta sunt.* Idem.

Αἴτιον δ᾽ εἶναι] Pro εἶναι malim ἔσεσθαι subaudiendo σε. *te vero putabunt in causa fore cur* etc. Auger. Quod neque necessarium neque rectius est. Cæterum hic et reliqui infinitivi ab οἶμαι pendent, quod præcessit. Lang. Ὁ νοῦς· Οἶμαι τοὺς Λακεδαιμονίους νομιεῖν σὲ τὸν Ἰσοκράτην αἴτιον εἶναι τοῦ τοὺς πολλοὺς ποθεῖν ἀναγνῶναι κ. τ. λ. Cor.

Ἀμνημονήσειν] Subaudi ἡγοῦμαι. Auger.

Τοὺς χρησαμένους] *oraculum consulentes.* Vid. Archid. §. ς´. Hinc πρᾶξις hæc vocatur θεοφιλής. Auger. cum reliquis vertens, *quam id* (gestum) *per quod et suæ inopiæ consuluerunt et alienam felicitatem obtinuerunt*, locum non intellexisse videtur. Verte: *quam id, quod eos oraculo consulto*

νους τῆς μὲν οἰκείας ἀπορίας ἀπαλλαξάσης, τῆς δ' ἀλλοτρίας εὐδαιμονίας κυρίους ποιησάσης. καὶ ταῦτα μὲν μετὰ πάντων [1]συστρατευσαμένων ἔπραξαν·

ρ'. [2]Ἐπειδὴ δὲ πρὸς Ἀργείους καὶ [3]Μεσση-
c νίους τὴν χώραν διείλοντο καὶ καθ' αὑτοὺς ἐν Σπάρτῃ κατῴκησαν, ἐν τούτοις τοῖς καιροῖς τοσοῦτον φρονῆσαι φῂς αὐτούς, ὥστε ὄντας οὐ πλείους τότε δισχιλίων οὐχ ἡγήσασθαι σφᾶς αὐτοὺς ἀξίους εἶναι ζῆν, εἰ μὴ δεσπόται πασῶν τῶν ἐν Πελοποννήσῳ πόλεων γενέσθαι δυνηθεῖεν, ταῦτα δὲ [4]διανοηθέντας καὶ πολεμεῖν [5]ἐπιχειρήσαντας οὐκ ἀπειπεῖν, ἐν πολλοῖς κακοῖς καὶ κινδύνοις [6]γιγνομένους, πρὶν ἁπάσας ταύτας ὑφ'
d αὑτοῖς ἐποιήσαντο πλὴν τῆς Ἀργείων πόλεως, ἔχοντας δ' ἤδη καὶ χώραν πλείστην καὶ δύναμιν μεγίστην καὶ δόξαν τοσαύτην ὅσην προσήκει τοὺς τηλικαῦτα διαπεπραγμένους οὐχ ἧττον διακεῖσθαι φιλοτίμως, ὅτι λόγος ὑπῆρχεν αὐτοῖς ἴδιος καὶ καλὸς μόνοις τῶν Ἑλλήνων· ἐξεῖναι γὰρ εἰπεῖν αὐτοῖς ὅτι σφεῖς μὲν ὄντες οὕτως ὀλίγοι τὸν ἀριθμὸν οὐδεμιᾷ πώποτε τῶν
e μυριάνδρων πόλεων ἠκολούθησαν οὐδ' ἐποίησαν τὸ προσταττόμενον, ἀλλ' αὐτόνομοι διετέλεσαν ὄντες, αὐτοὶ δ' ἐν τῷ πολέμῳ τῷ πρὸς τοὺς βαρβάρους [7]πάντων τῶν Ἑλλήνων ἡγεμόνες κατέστησαν, καὶ τῆς τιμῆς ταύτης ἔτυχον οὐκ ἀλόγως ἀλλὰ διὰ τὸ μάχας ποιησάμενοι πλείστας [8]ἀνθρώπων κατ' ἐκεῖνον τὸν χρόνον μηδεμίαν ἡττηθῆναι τούτων ἡγουμένου βασιλέως, ἀλλὰ
287 νενικηκέναι πάσας, οὗ τεκμήριον οὐδεὶς ἂν δύ-

[1] τῶν συστρατ. A. C. L. [2] Ἐπεὶ A. C. L. [3] Μεσηνίους A. L.
[4] διανοηθέντες A. C. L. [5] ἐπιχειρήσαντες οὐκ ἀπεῖπον A. C. L.
[6] γενόμενα A. C. L. [7] ἁπάντων A. C. L. [8] τῶν ἀνθρώπων A. L.

et inopia propria liberaret et alienæ felicitatis dominos redderet. LANG. Προσυπακουστέον τῇ πράξει. Ἴσως μέντοι ἄμεινον γράφειν, τοὺς κτησαμένους, διὰ τὸ πρὸ τούτου ῥηθέν· Αὐτοὶ δὲ τὰς κτήσεις ἁπάσας τὰς ἐκείνων κατασχόντες ἔτι καὶ νῦν ἔχουσιν. COR.

Τῆς Ἀργείων πόλεως] Vid. §. λε'. LANG.

Πλείστας ἀνθρώπων] Τοσαύτας ὅσας οὐδεὶς ἀνθρώπων. COR.

ναιτο μεῖζον εἰπεῖν ἀνδρίας καὶ καρτερίας καὶ
τῆς πρὸς ἀλλήλους ὁμονοίας, πλὴν ἣ τὸ ῥηθήσεσθαι μέλλον· τοσούτων γὰρ τὸ πλῆθος [1]τῶν
πόλεων τῶν Ἑλληνίδων οὐσῶν, τῶν μὲν ἄλλων
οὐδεμίαν [2][ἐστὶν] εἰπεῖν οὐδ' [3]εὑρεῖν, ἥτις οὐ
[4]περιπέπτωκε ταῖς συμφοραῖς ταῖς εἰθισμέναις γίγνεσθαι ταῖς πόλεσιν, ἐν δὲ τῇ Σπαρτιατῶν οὐδεὶς ἂν ἐπιδείξειεν [5]οὔτε στάσιν οὔτε
σφαγὰς οὔτε φυγὰς ἀνόμους γεγενημένας, οὐδ'
288 ἁρπαγὰς χρημάτων οὐδ' αἰσχύνας γυναικῶν b
καὶ παίδων, ἀλλ' οὐδὲ πολιτείας μεταβολὴν
οὐδὲ χρεῶν ἀποκοπὰς οὐδὲ γῆς ἀναδασμὸν οὐδ'
ἄλλο οὐδὲν τῶν ἀνηκέστον κακῶν. περὶ ὧν διεξιόντας οὐκ ἔστιν ὅπως οὐ καὶ σοῦ, [6]τοῦ τ'
ἀθροίσαντος καὶ διαλεχθέντος οὕτω καλῶς περὶ
αὐτῶν, μεμνήσεσθαι καὶ πολλὴν χάριν ἕξειν.

ρα'. Οὐ τὴν αὐτὴν δὲ γνώμην ἔχω περὶ σοῦ νῦν
[7]καὶ πρότερον· ἐν μὲν γὰρ τοῖς παρελθοῦσι χρόνοις ἐθαύμαζόν σου τήν τε φύσιν καὶ τὴν τοῦ c
βίου τάξιν καὶ τὴν φιλοπονίαν καὶ μάλιστα τὴν
ἀλήθειαν τῆς φιλοσοφίας, νῦν δὲ ζηλῶ [8]σε καὶ
μακαρίζω [9]τῆς εὐδαιμονίας· δοκεῖς γάρ μοι ζῶν
μὲν λήψεσθαι δόξαν οὐ μείζω [10]μὲν ἧς ἄξιος εἶ
— χαλεπὸν γὰρ —, [11]παρὰ πλείοσι δὲ καὶ μᾶλλον ὁμολογουμένην τῆς νῦν ὑπαρχούσης, [12]τελευ-
τήσας δὲ τὸν βίον μεθέξειν ἀθανασίας, οὐ τῆς
τοῖς θεοῖς παρούσης, ἀλλὰ τῆς [13]τοῖς ἐπιγιγνομένοις περὶ τῶν διενεγκόντων ἐπί τινι τῶν καλῶν d
ἔργων μνήμην ἐμποιούσης. καὶ δικαίως τεύξῃ
τούτων· [14]ἐπήνεκας γὰρ [15]τὰς πόλεις ἀμφοτέρας
καλῶς καὶ προσηκόντως, τὴν μὲν κατὰ [16]τὴν δόξαν [17]τὴν τῶν πολλῶν, ἧς ουδεὶς τῶν ὀνομαστῶν

[1] τῶν om. A. C. L. [2] uncos om. A. L. [3] εὑρεῖν ἐστιν C.
[4] περιέπεσε A. C. L. [5] οὔτε στάσιν om. A. C. L. [6] ταῦτ' A. τοῦτ' L.
[7] τε καὶ A. C. L. [8] σου A. C. L. [9] τὴν εὐδαιμονίαν A. C. L.
[10] δὲ C. L. [11] παραπλησίαν A. παραπλήσιον C. L. [12] τελευτήσαντα C. L.
[13] παρὰ τοῖς A. L. [14] ἐπήνεσας A. C. L. [15] τὰς πόλεις om. A. L.
[16] τὴν om. L. [17] τὴν om. A. C. L.

Τὴν μὲν] Scil. Atheniensium civitatem. Lang.

ἀνδρῶν καταπεφρόνηκεν, ἀλλ᾽ ἐπιθυμοῦντες τυχεῖν αὐτῆς οὐκ ἔστιν ὅντινα κίνδυνον οὐχ ὑπομένουσι, τὴν δὲ κατὰ τὸν λογισμὸν τῶν πειρωμένων στοχάζεσθαι τῆς ἀληθείας, παρ᾽ οἷς εὐδοκιμεῖν ἄν τινες ἕλοιντο μᾶλλον ἢ παρὰ τοῖς ἄλλοις
e διπλασίοις γενομένοις ἢ νῦν εἰσίν.

ρβ΄. Ἀπλήστως δὲ διακείμενος ἐν τῷ [1]παρόντι πρὸς τὸ λέγειν, καὶ πολλ᾽ ἂν εἰπεῖν ἔχων [2]ἔτι καὶ περὶ σοῦ καὶ περὶ [3]τοῖν πόλεοιν καὶ περὶ τοῦ λόγου, ταῦτα μὲν ἐάσω, περὶ ὧν δὲ παρακληθῆναί
288 με σὺ φῄς, περὶ τούτων ἀποφανοῦμαι. [4]συμβουλεύω γάρ σοι μήτε [5]κατακάειν τὸν λόγον μήτ᾽ ἀφανίζειν, ἀλλ᾽ εἴ τινος ἐνδεής ἐστι, διορθώσαντα καὶ προσγράψαντα πάσας τὰς διατριβὰς τὰς περὶ αὐτὸν [6]γεγενημένας διδόναι τοῖς βουλομένοις λαμβάνειν, εἴπερ βούλει χαρίσασθαι μὲν τοῖς ἐπιεικεστάτοις τῶν Ἑλλήνων καὶ τοῖς ἀλη-
b θῶς φιλοσοφοῦσιν ἀλλὰ μὴ προσποιουμένοις, λυπῆσαι δὲ τοὺς θαυμάζοντας [7]μὲν τὰ σὰ μᾶλλον 289
τῶν ἄλλων, λοιδορουμένους δὲ τοῖς λόγοις τοῖς σοῖς ἐν τοῖς ὄχλοις τοῖς πανηγυρικοῖς, ἐν οἷς πλείους [8]εἰσὶν οἱ καθεύδοντες τῶν ἀκροωμένων, καὶ προσδοκῶντας, ἢν παρακρούσωνται τοὺς τοιούτους, ἐναμίλλους τοὺς αὑτῶν [9]γενήσεσθαι τοῖς ὑπὸ σοῦ γεγραμμένοις, κακῶς [10]εἰδότες ὅτι πλέον ἀπολελειμμένοι τῶν σῶν εἰσὶν ἢ τῆς Ὁμήρου δόξης οἱ περὶ τὴν αὐτὴν ἐκείνῳ ποίησιν γεγονότες.

c ργ΄. Ταῦτ᾽ εἰπόντος αὐτοῦ καὶ τοὺς παρόντας ἀξιώσαντος ἀποφήνασθαι περὶ ὧν παρεκλήθησαν, οὐκ ἐθορύβησαν, ὃ ποιεῖν εἰώθασι [11]ἐπὶ τοῖς χαριέντως διειλεγμένοις, ἀλλ᾽ ἀνεβόησαν ὡς ὑπερβαλλόντως εἰρηκότος, καὶ περι-

[1] καιρῷ τῷδε (τῷ C.) πρὸς τοὺς λόγους A. C. καιρῷ τῷ πρὸς τοὺς ἄλλους L.
[2] ἔτι om. A. C. L.
[3] τῶν πόλεων A. C. L.
[4] συμβουλεύσω A. C. L.
[5] καίειν A. C. L.
[6] γενομένας A. C. L.
[7] σε μᾶλλον A. C. L.
[8] εἶναι συμβαίνει τοὺς καθεύδοντας A. C. L.
[9] γεγενῆσθαι A.
[10] εἰδότας C.
[11] πᾶσι A. C. L.

Τὴν δὲ] Τὴν τῶν Λακεδαιμονίων πόλιν. Cor.

Γεγενημένας] Scil. a nobis, quos in consilium adhibuisti. Lang.

Ὅτι πλέον] F. ὅτι πλεῖστον. H. Stephan.

πάντες αὐτὸν ἐπῄνουν, ἐζήλουν, ἐμακάριζον· καὶ προσθεῖναι
μὲν οὐδὲν εἶχον τοῖς εἰρημένοις οὐδ' ἀφελεῖν, συναπεφαίνοντο
δὲ καὶ συνεβούλευόν [1] μοι ποιεῖν ἅπερ ἐκεῖνος παρῄνεσεν. οὐ
μὴν οὐδ' ἐγὼ παρεστὼς ἐσιώπων, ἀλλ' [2] ἐπῄνεσα τήν τε
φύσιν αὐτοῦ καὶ τὴν ἐπιμέλειαν, περὶ δὲ τῶν ἄλλων οὐδὲν d
ἐφθεγξάμην ὧν εἶπεν, οὔθ' ὡς ἔτυχε ταῖς ὑπονοίαις τῆς
ἐμῆς διανοίας οὔθ' ὡς διήμαρτεν, ἀλλ' εἴων αὐτὸν οὕτως
ἔχειν ὥσπερ αὐτὸς αὑτὸν διέθηκε.

ρδ'. Περὶ μὲν οὖν ὧν ὑπεθέμην ἱκανῶς εἰρῆσθαι νομίζω·
τὸ γὰρ ἀναμιμνήσκειν καθ' ἕκαστον τῶν εἰρημένων οὐ πρέπει
τοῖς λόγοις τοῖς τοιούτοις· βούλομαι δὲ διαλεχθῆναι περὶ e
τῶν ἰδίᾳ μοι περὶ τὸν λόγον συμβεβηκότων. ἐγὼ γὰρ ἐνεστησάμην μὲν αὐτὸν ἔτη γεγονὼς [3] ὅσαπερ ἐν ἀρχῇ προ-
εῖπον· ἤδη δὲ τῶν ἡμισέων γεγραμμένων ἐπιγενομένου μοι
νοσήματος ῥηθῆναι μὲν οὐκ εὐπρεποῦς, δυναμένου δ' ἀναιρεῖν 289
οὐ μόνον τοὺς πρεσβυτέρους ἐν τρισὶν ἢ τέτταρσιν ἡμέραις
ἀλλὰ καὶ τῶν ἀκμαζόντων πολλούς, τούτῳ [4] διατελῶ [5] τρί'
ἔτη μαχόμενος, οὕτω φιλοπόνως ἑκάστην τὴν ἡμέραν διά-
γων, ὥστε [6] τοὺς εἰδότας καὶ τοὺς παρὰ [7] τούτων πυνθανο-
μένους μᾶλλον [8] με θαυμάζειν διὰ τὴν καρτερίαν ταύτην ἢ
δι' ἃ πρότερον ἐπῃνούμην. ἤδη δ' ἀπειρηκότος καὶ διὰ τὴν b
νόσον καὶ διὰ τὸ γῆρας, τῶν ἐπισκοπούντων τινές με καὶ
πολλάκις ἀνεγνωκότων τὸ μέρος τοῦ λόγου τὸ γεγραμμένον,
290 ἐδέοντό μου καὶ συνεβούλευον μὴ καταλιπεῖν αὐτὸν ἡμιτελῆ
μηδ' ἀδιέργαστον, ἀλλὰ πονῆσαι μικρὸν χρόνον καὶ προσέχειν τοῖς λοιποῖς τὸν νοῦν. οὐχ ὁμοίως δὲ διελέγοντο περὶ
τούτων τοῖς ἀφοσιουμένοις, ἀλλ' ὑπερεπαινοῦντες μὲν τὰ

[1] μοι om. A. C. L. [2] ἐπῄνουν A. C. L. [3] ἅπερ A. C. L. [4] διετέλουν A. C. L. [5] τριετῆ A. L. [6] καὶ τοὺς A. C. L. [7] τῶν εἰδότων A. C. L. [8] με om. A. C. L.

Τοῖς εἰρημένοις] Scil. a Philolacone. Lang.

Ἅπερ ἐκεῖνος παρῄνεσε] Vid. supra §. ϛη'. Idem.

Ταῖς ὑπονοίαις] Ταῖς δοκήσεσι, τοῖς στοχασμοῖς. Cor.

Καθ' ἕκαστον] *singulatim*, i. e. ἕκαστα. Wolf.

Ἐνεστησάμην μὲν αὐτὸν] Ἐπεχείρησα αὐτῷ, ἔκρινα συγγράψαι αὐτόν. Cor.

Ἔτη] Scil. xciv.

Νοσήματος] Μῶν διάῤῥοιαν λέγει, νόσημα τοῖς πρεσβυτέροις ἐπισφαλέστατον. Cor.

Ἀδιέργαστον] *inelaboratam*. Lang.

Προσέχειν] Ἴσως· προσχεῖν. Cor.

Τοῖς ἀφοσιουμένοις] Ἀφοσιοῦσθαι Wolf. recte explicat: τῆς ὁσίας ἕνεκά τι ποιεῖν, i. e. aliquid agere non tam ex animo, quam ut ne officium neglexisse videaris. Harpocr. τὸ μὴ ἐντελῶς τι ποιῆσαι, ἀλλ' ὥσπερ ὁσίας

c γεγραμμένα, τοιαῦτα δὲ λέγοντες, ὧν εἴ τινες ἤκουον μήτε συνήθεις ἡμῖν ὄντες μήτ᾽ εὔνοιαν μηδεμίαν ἔχοντες, οὐκ ἔστιν ὅπως οὐκ ἂν ὑπέλαβον τοὺς μὲν φενακίζειν, ἐμὲ δὲ διεφθάρθαι καὶ παντάπασιν εἶναι μωρὸν, εἰ πείσομαι τοῖς λεγομένοις. οὕτω δ᾽ ἔχων, [1]ἐφ᾽ οἷς εἰπεῖν ἐτόλμησαν, ἐπείσθην — τί γὰρ δεῖ [2]μακρολογεῖν ;— γενέσθαι πρὸς τῇ τῶν λοιπῶν πραγματείᾳ, γεγονὼς μὲν ἔτη τρία μόνον ἀπολεί-
d ποντα τῶν ἑκατὸν, οὕτω δὲ διακείμενος ὡς ἕτερος ἔχων οὐχ ὅπως γράφειν ἂν λόγον ἐπεχείρησεν, ἀλλ᾽ οὐδ᾽ ἄλλου δεικνύοντος καὶ πονήσαντος ἠθέλησεν ἀκροατὴς γενέσθαι.

ρε´. Τίνος οὖν ἕνεκα ταῦτα διῆλθον; οὐ συγγνώμης τυχεῖν ἀξιῶν ὑπὲρ τῶν εἰρημένων — οὐ γὰρ οὕτως οἴομαι διειλέχθαι περὶ αὐτῶν —, ἀλλὰ δηλῶσαι βουλόμενος τά τε περὶ ἐμὲ [3]γεγενημένα, καὶ τῶν ἀκροατῶν ἐπαινέσαι μὲν τοὺς τόν τε λόγον ἀποδεχομένους τοῦτον καὶ τῶν ἄλλων σπου-
e δαιοτέρους καὶ φιλοσοφωτέρους εἶναι νομίζοντας [4]τοὺς διδασκαλικοὺς καὶ τεχνικοὺς τῶν πρὸς τὰς ἐπιδείξεις καὶ τοὺς ἀγῶνας γεγραμμένων, καὶ τοὺς τῆς ἀληθείας στοχαζομένους τῶν τὰς δόξας τῶν ἀκρωμένων παρακρούεσθαι ζητούν-
290 των, καὶ τοὺς ἐπιπλήττοντας τοῖς ἁμαρτανομένοις καὶ νουθετοῦντας τῶν πρὸς ἡδονὴν καὶ χάριν λεγομένων, συμβουλεῦσαι δὲ τοῖς τἀναντία τούτων γιγνώσκουσι πρῶτον μὲν μὴ πιστεύειν ταῖς αὑτῶν γνώμαις, μηδὲ νομίζειν ἀληθεῖς εἶναι τὰς κρίσεις τὰς ὑπὸ τῶν ῥαθυμούντων γιγνομένας, ἔπειτα μὴ προπετῶς ἀποφαίνεσθαι περὶ ὧν οὐκ ἴσασιν, ἀλλὰ περιμένειν ἕως ἂν ὁμονοῆσαι δυνηθῶσι τοῖς τῶν ἐπι-

[1] ὡς ἴσως ἂν εἰπεῖν τινὲς ἐτόλμ. A. C. L.
[2] μακρὸν λόγον γενέσθαι περὶ τὴν τῶν λοιπῶν πραγματείαν;) A. C. L.
[3] γινόμενα A. L. γενόμενα C.
[4] τούς τε διδ. A. C. L.

ἕνεκεν. Lang.

Διεφθάρθαι] Προσυπακουστέον τὸν νοῦν ἢ τὴν φρόνησιν. Cor.

Οὕτω δὲ διακείμενος] I. e. quod ad valetudinem et animum laborandi. Lang.

Ὑπὲρ τῶν εἰρημένων] I. e. postremæ orationis parti. Reliqui parum accurate: *orationi meæ*. Idem.

Περὶ αὐτῶν] Num εἰρημένων? num πραγμάτων, i. e. de rebus quas in altera orationis parte tractavi? Aut posterius verum, aut περὶ αὐτῶν suspectum est. Idem.

Καὶ τῶν ἀκροατῶν ἐπαινέσαι] Pro καὶ βουλόμενος ἐπαινέσαι τούτους ἀκροατὰς τοὺς μὲν etc. Idem. Τὸ ἑξῆς· Καὶ [ἐκείνους] τῶν ἀκροατῶν ἐπαινέσαι τοὺς ἀποδεχομένους τοῦτόν τε τὸν λόγον, καὶ νομίζοντας τούς τε διδασκαλικοὺς καὶ τεχνικοὺς τῶν ἄλλων λόγων εἶναι σπουδαιοτέρους τῶν πρὸς τὰς ἐπιδείξεις καὶ τοὺς ἀγῶνας γεγραμμένων, καὶ τοὺς τῆς ἀληθείας στοχαζομένους [εἶναι σπουδαιοτέρους] τῶν τὰς δόξας κ. τ. λ. Cor.

Συμβουλεῦσαι δὲ] Repete βουλόμενος. Respondet τῷ ἐπαινέσαι μὲν in antecedentibus. Lang.

Τῶν ἐπιδεικνυμένων π. ἐμπ. ἔχουσι] iis *qui harum rerum experientiam se habere ostenderunt*. est enim oppositum τῷ τῶν δεικνυμένων πολλὴν ἐμπειρίαν ἔχουσι· τῶν γὰρ οὕτω [1] διοικούντων τὰς ἑαυτῶν διανοίας οὐκ ἔστιν ὅπως ἄν τις τοὺς τοιούτους ἀνοήτους εἶναι νομίσειεν.

[1] διηκόντων διανοίας A. C. L.

ῥᾳθυμούντων, quod præcessit. Positum est pro: τοῖς, οἳ ἐπιδεικνύμενοί εἰσιν αὐτοὺς ἔχειν πολλὴν ἐμπειρίαν. Reliqui perperam: *qui de iis, quæ ostenduntur orationibus, peritissime judicant.* Lang. Ἔστι δὲ καὶ ἄλλως ἑρμηνεῦσαι τὸ χωρίον· Ἐκείνοις τῶν ἐπιδεικνυμένων, τουτέστι, τῶν πρὸς τὰς ἐπιδείξεις γραφόντων, οἳ πολλὴν ἔχουσιν ἐμπειρίαν. Ἀλλ' ἴσως ἄμεινον τῇ Οὐολφιανῇ στέργειν ἐκφράσει. Ὁ δὲ Λάγγιος ὀρθῶς μὲν ἴσως κατὰ μέσην ἐκδεξάμενος τὸ ῥῆμα διάθεσιν, οὐκ ὀρθῶς δὲ, δι' ἣν ὑπενόησε τοῦ λόγου συνάρτησιν, εἰ γὰρ τοιοῦτόν τι λέγειν ἠβούλετο ὁ ῥήτωρ, οὐκ ἂν ἔχουσιν, ἀλλ' ἔχειν, ἔγραψε. Cor.

ΙΣΟΚΡΑΤΟΥΣ

ΚΑΤΑ ΤΩΝ ΣΟΦΙΣΤΩΝ.

Pag. ed. Steph. 291 — Pag. ed. Cor. 291

α΄. ΕΙ πάντες ἤθελον οἱ παιδεύειν ἐπιχειροῦντες ἀληθῆ λέγειν, καὶ μὴ μείζους ποιεῖσθαι τὰς ὑποσχέσεις ὧν ἔμελ-

SUMMARIUM. (α΄.) Si omnes literarum magistri non plura pollicerentur, quam quæ præstare possent, et sibi et literis melius consultum esset. (β΄.) Faciant initium Dialectici, qui, dum veritatis indagationem præ se ferunt, in eo statim mentiuntur, quod discipulis suis tradere pollicentur, quid faciendum sit, quanquam cuique notum est, tantum abesse, ut mortales rerum futurarum scientiam habeant, ut Homerus, sapientiæ laude clarissimus, etiam deos interdum introduxerit de rebus futuris deliberantes. (γ΄.) Universam porro virtutem felicitatemque, rem pretiosissimam, quatuor aut quinque minis isti offerunt sapientesque haberi cupiunt. Auro argentoque indigere se negant et parva tamen mercede discipulis tantum non immortalitatem promittunt, iisque, quos justitiam docere perhibent, minus quam ignotis confidunt; quod aliis quidem licet, virtutis ac temperantiæ magistris non licet. (δ΄.) Has aliasque id genus inconstantias si indoctorum nonnulli considerant, quid mirum est, si istos contemnunt, atque ejusmodi disputationes loquacitatem nugasque existimant? (ε΄.) Sequantur civilis eloquentiæ magistri, non minus isti reprehendendi; siquidem adeo stupidi sunt et alios habent, ut, quum deteriores orationes scribant, quam indoctorum nonnulli ex tempore habent, discipulos tamen suos, licet ingenium et usus desint, ad artem oratoriam, tanquam ad elementa literarum cognoscenda, informaturos se polliceantur, non cogitantes, quantum inter utrumque intersit, nec vanis artes pollicitationibus, sed studio augeri. (ϛ΄.) Quæ quum optanda magis quam rata sint, illos tandem conticescere velim, ne universi, huic studiorum generi dediti, inde aliquid labis trahant. (ζ΄.) Mirum autem est, eis discipulos committi, qui artem mechanicam cum ingenii opere comparant: nam literæ, ut ita dicam, immutabiles sunt, oratio non item; artisque dicendi is habetur peritissimus, qui, pro rerum dignitate, prorsus nova invenerit dixeritque, et, quod maximum est discrimen, orationem suam temporibus et decoro accommodare possit. (η΄.) Quæ inde, puto, clariora etiam fiunt, quod multi nullis eloquentiæ præceptis instructi, tam in dicendo quam in republica gerenda solertes exstiterunt. Eloquentiæ cæterarumque facultatum vis sola ab ingenio et usu pendet, quam institutio quodammodo quidem reparare, nunquam tamen effingere potest. (θ΄.) Atque facile quidem adducor, ut credam, regulas eloquentiæ, si quis bono magistro usus fuerit, addisci posse; sed usus earundem ingentem curam, animum generosum atque sagacem requirit. Sit igitur hujus artis magister non tantum ingenio, verum etiam omnibus præceptis instructus, quod non solum præceptorum explicatione, verum etiam exemplo manifestare debet. (ι΄.) Cæterum in hanc classem omnes referendi sunt sophistæ, qui recens suborti sunt. (ια΄.) Restant igitur ii, qui ante hanc nostram ætatem docere professi sunt, quomodo lites agendæ sint, eloquentiæ studium falsissimo et simul odiosissimo nomine insignientes, Dialecticisque eo pejores, quod hi, bonum finem mala via, illi malum finem bona via assequi conati sunt: nam dialecticis istis minutiis, si quis in vita insisteret, improbissimus sane evaderet, quanquam illæ ad virtutem et sapientiam ex præceptorum opinione viam muniunt, rhetorica vero hæc præcepta, etsi nihil nisi πολυπραγμοσύνην et πλεονεξίαν promittunt, ad virtutem tamen, recte adhibita, ducere possent. (ιβ΄.) Ne vero aliorum pollicitationes criminari videar, causas, quare ita judicem, facile me demonstraturum confido. Lang.
Ignoratur quo tempore scripta fuerit et prolata oratio contra Sophistas. Auger.

λον ἐπιτελεῖν, οὐκ ἂν κακῶς ἤκουον ὑπὸ τῶν ἰδιωτῶν. νῦν
δ' οἱ τολμῶντες λίαν ἀπερισκέπτως ἀλαζονεύεσθαι πεποιήκασιν ὥστε δοκεῖν ἄμεινον βουλεύεσθαι τοὺς ῥαθυμεῖν
αἱρουμένους τῶν περὶ τὴν φιλοσοφίαν διατριβόντων.

β'. Τίς γὰρ οὐκ ἂν μισήσειεν ἅμα καὶ καταφρονήσειε b
πρῶτον μὲν τῶν περὶ τὰς ἔριδας διατριβόντων, οἳ προσποιοῦνται μὲν τὴν ἀλήθειαν ζητεῖν, εὐθὺς δ' ἐν ἀρχῇ τῶν
ἐπαγγελμάτων ψευδῆ λέγειν ἐπιχειροῦσιν; οἶμαι γὰρ
ἅπασιν εἶναι φανερὸν ὅτι [1] τὸ τὰ μέλλοντα προγιγνώσκειν
οὐ τῆς ἡμετέρας φύσεώς ἐστιν, ἀλλὰ τοσοῦτον ἀπέχομεν
ταύτης τῆς φρονήσεως, ὥσθ' Ὅμηρος ὁ μεγίστην ἐπὶ σοφίᾳ
[2] δόξαν εἰληφὼς καὶ τοὺς θεοὺς πεποίηκεν ἔστιν ὅτε βου- c
λευομένους [3] ὑπὲρ αὐτῶν, οὐ τὴν ἐκείνων γνώμην εἰδὼς, ἀλλ'
ἡμῖν ἐνδείξασθαι βουλόμενος ὅτι τοῖς ἀνθρώποις [4] ἓν τοῦτο
τῶν ἀδυνάτων ἐστίν.

γ'. Οὗτοι τοίνυν εἰς τοῦτο τόλμης ἐληλύθασιν, ὥστε
πειρῶνται πείθειν τοὺς νεωτέρους ὡς, ἢν αὐτοῖς [5] πλησιάζωσιν, ἅ τε πρακτέον ἐστὶν εἴσονται καὶ διὰ ταύτης τῆς
ἐπιστήμης εὐδαίμονες γενήσονται. καὶ τηλικούτων ἀγαθῶν
[6] αὑτοὺς διδασκάλους καὶ κυρίους [7] καταστήσαντες, οὐκ d
292 αἰσχύνονται [8] τρεῖς ἢ τέτταρας μνᾶς ὑπὲρ τούτων αἰτοῦντες.
ἀλλ' εἰ μέν τι τῶν ἄλλων κτημάτων πολλοστοῦ μέρους τῆς
ἀξίας ἐπώλουν, οὐκ ἂν [9] ἠμφεσβήτησαν ὡς οὐκ εὖ φρονοῦντες τυγχάνουσι, σύμπασαν δὲ τὴν ἀρετὴν καὶ [10] τὴν εὐδαιμονίαν οὕτως ὀλίγου [11] τιμῶντες, ὡς νοῦν ἔχοντες διδάσκαλοι
τῶν ἄλλων ἀξιοῦσι [12] γίγνεσθαι. καὶ λέγουσι μὲν ὡς οὐδὲν
δέονται χρημάτων, ἀργυρίδιον καὶ χρυσίδιον τὸν πλοῦτον
ἀποκαλοῦντες, μικροῦ δὲ κέρδους ὀρεγόμενοι μόνον οὐκ ἀθα- e
νάτους ὑπισχνοῦνται τοὺς συνόντας [13] ποιήσειν. ὃ δὲ πάντων

[1] τὸ om. A. L. [2] δόξαν ἐπὶ σοφίᾳ σχὼν καὶ A. C. L. [3] περὶ A. C. L. [4] ἕν τι τοῦτο A. C. L. [5] πλησιάσωσιν A. C. L. [6] αὐτοὺς om. A. C. L. [7] σφᾶς αὐτοὺς καταστήσαντες A. C. L. [8] τέτταρας ἢ πέντε A. C. L. [9] ἠμφισβήτησαν A. C. L. [10] τὴν om. L. [11] πωλοῦντες A. C. L. [12] γενέσθαι A. L. [13] ποιήσειν τοὺς αὐτοῖς συνόντας· A. C. L.

Τὴν φιλοσοφίαν] *liberalem cognitionem.* quæ significatio ex tota hac oratione egreditur. LANG.

Πρῶτον μὲν] Huic respondet §. ε'. οὐ μόνον δὲ. AUGER.

Διατριβόντων] Puto vel ex superiore periodo huc quoque translatum vel a scholiaste adjectum. Legere malim ὄντων, ne idem verbum tam cito recurrat. WOLF. Cui assentitur Augerus.

Περὶ αὐτῶν] Id est, τῶν μελλόντων. LANG.

Πολλοστοῦ — ἐπώλουν] *minutissima parte pretii venderent.* IDEM.

καταγελαστότατον, ὅτι παρὰ [1] μὲν ὧν δεῖ [2] λαβεῖν αὐτοὺς,
292 τούτοις μὲν ἀπιστοῦσιν, οἷς μέλλουσι τὴν δικαιοσύνην παραδώσειν, ὧν δ' οὐδεπώποτε διδάσκαλοι γεγόνασι, παρὰ
τούτοις τὰ παρὰ τῶν μαθητῶν [3] μεσεγγυοῦνται, πρὸς μὲν
τὴν ἀσφάλειαν εὖ βουλευόμενοι, τῷ δ' ἐπαγγέλματι τἀναντία πράττοντες. τοὺς μὲν γὰρ ἄλλο τι παιδεύοντας
προσήκει διακριβοῦσθαι περὶ τῶν διαφερόντων — οὐδὲν γὰρ
κωλύει τοὺς περὶ ἕτερα δεινοὺς γενομένους μὴ χρηστοὺς εἶναι
b περὶ τὰ συμβόλαια —· τοὺς δὲ τὴν ἀρετὴν καὶ τὴν σωφροσύνην [4] ἐνεργαζομένους πῶς οὐκ ἄλογός ἐστι μὴ [5] [οὐ] τοῖς
μαθηταῖς [6] μάλιστα πιστεύειν; οὐ γὰρ δήπου περὶ τοὺς
ἄλλους ὄντες καλοὶ κἀγαθοὶ καὶ δίκαιοι περὶ τούτους ἐξα-
μαρτήσονται, δι' οὓς τοιοῦτοι γεγόνασιν.

δ'. Ἐπειδὰν οὖν τῶν ἰδιωτῶν τινὲς, ἅπαντα ταῦτα συλ-
λογισάμενοι, κατίδωσι τοὺς τὴν σοφίαν διδάσκοντας καὶ τὴν
εὐδαιμονίαν παραδιδόντας αὐτούς τε πολλῶν δεομένους καὶ
c τοὺς μαθητὰς μικρὸν πραττομένους, καὶ τὰς ἐναντιώσεις
ἐπὶ μὲν τῶν [7] λόγων τηροῦντας, ἐπὶ δὲ τῶν ἔργων μὴ καθο-
ρῶντας, ἔτι δὲ περὶ μὲν [8] τῶν μελλόντων εἰδέναι προσποιουμένους, περὶ δὲ τῶν παρόντων μηδὲν τῶν δεόντων μήτ'
εἰπεῖν μήτε συμβουλεῦσαι δυναμένους, ἀλλὰ μᾶλλον ὁμονοοῦντας καὶ πλείω κατορθοῦντας τοὺς ταῖς δόξαις χρωμένους
ἢ τοὺς τὴν ἐπιστήμην ἔχειν ἐπαγγελλομένους, εἰκότως οἶμαι
d καταφρονοῦσι, καὶ νομίζουσιν ἀδολεσχίαν καὶ μικρολογίαν 293
ἀλλ' οὐ τῆς ψυχῆς ἐπιμέλειαν εἶναι τὰς τοιαύτας [9] διατριβάς.

ε'. Οὐ μόνον δὲ τούτοις ἀλλὰ καὶ τοῖς τοὺς πολιτικοὺς λόγους ὑπισχνουμένοις ἄξιον ἐπιτιμῆσαι· καὶ γὰρ ἐκεῖνοι

[1] μὲν om. A. C. L. [2] λαμβάνειν A. C. L. [3] μεσεγγυῶνται A. C. L. [4] ἐργαζομένους A. C. L. [5] uncus om. A. C. L. [6] μᾶλλον A. C. L. [7] λογιδίων A. C. L. [8] τῶν μελλόντων μὲν A. C. L. [9] τὰς διατριβὰς τὰς τοιαύτας A. C. L.

Λαβεῖν] Scil. ἀργύριον. Idem.

Τὰ παρὰ τῶν μαθητῶν] Scil. λαμβάνειν δέοντα, μεσεγγυῶνται, *caveri sibi volunt.* Idem.

Περὶ τῶν διαφερόντων] *de rebus magni momenti*, i. e. de mercede. Idem.

Τοὺς δὲ — ἐργαζομένους] Τοὺς ἐκ τοῦ διδάσκειν τὴν ἀρετὴν καὶ τὴν σωφροσύνην τὰ πρὸς τὸ ζῆν πορίζομένους. Cor.

Τοὺς μαθητὰς μικρὸν πραττομένους] *a discipulis mercedulam exigentes.* Wolf. Recte. Lang.

Τὰς ἐναντιώσεις] Τὰς ἀντιφάσεις. Cor.

Ταῖς δόξαις] Ταῖς ὑπολήψεσι, ταῖς ἀλόγοις γνώσεσι, ἀντιδιεσταλμένως πρὸς τὴν ἐπιστήμην, ἥτις ἐστὶ μετὰ λόγου γνῶσις. Idem.

Μικρολογίαν] Περὶ μικρῶν καὶ οὐδενὸς ὡς εἰπεῖν ἀξίων πραγμάτων διατριβὴν, καὶ ὡς ἄν τις φαίη μωρολογίαν. Idem.

τῆς μὲν ἀληθείας οὐδὲν φροντίζουσιν, ἡγοῦνται δὲ τοῦτ'
εἶναι τὴν τέχνην, ἣν ὡς πλείστους τῇ [1]μικρότητι τοῦ μισθοῦ
καὶ τῷ μεγέθει τῶν ἐπαγγελμάτων προσαγάγωνται καὶ
λαβεῖν τι παρ' αὐτῶν δυνηθῶσιν· οὕτω δ' ἀναισθήτως
αὐτοί τε διάκεινται καὶ τοὺς ἄλλους ἔχειν ὑπειλήφασιν, e
ὥστε χεῖρον γράφοντες τοὺς λόγους ἢ τῶν ἰδιωτῶν τινὲς αὐ-
τοσχεδιάζουσιν, ὅμως ὑπισχνοῦνται τοιούτους ῥήτορας τοὺς
συνόντας ποιήσειν ὥστε μηδὲν τῶν ἐνόντων ἐν τοῖς πράγμασι
παραλιπεῖν· καὶ ταύτης τῆς δυνάμεως οὐδὲν οὔτε ταῖς 293
ἐμπειρίαις οὔτε τῇ φύσει [2]τῇ τοῦ μαθητοῦ μεταδιδόασιν,
ἀλλά φασιν ὁμοίως τὴν τῶν λόγων ἐπιστήμην ὥσπερ τὴν
τῶν γραμμάτων παραδώσειν, ὡς μὲν ἔχει τούτων ἑκάτερον
οὐκ ἐξετάσαντες, οἰόμενοι δὲ διὰ τὰς ὑπερβολὰς τῶν ἐπαγγελμάτων αὐτοί τε θαυμασθήσεσθαι καὶ τὴν παίδευσιν
τὴν τῶν λόγων πλείονος ἀξίαν δόξειν εἶναι, κακῶς εἰδότες
ὅτι μεγάλας ποιοῦσι τὰς τέχνας οὐχ οἱ τολμῶντες ἀλαζο- b
νεύεσθαι περὶ αὐτῶν, ἀλλ' οἵτινες ἄν, ὅσον ἔνεστιν ἐν ἑκάστῃ,
τοῦτ' ἐξευρεῖν δυνηθῶσιν.

ς'. Ἐγὼ δὲ πρὸ πολλῶν [3]μὲν ἂν χρημάτων ἐτιμησάμην
τηλικοῦτον δύνασθαι τὴν φιλοσοφίαν, ὅσον οὗτοι λέγουσιν — ἴσως γὰρ [4]οὐκ ἂν ἡμεῖς πλεῖστον ἀπελείφθημεν,
οὐδ' ἂν ἐλάχιστον μέρος ἀπελαύσαμεν αὐτῆς —· ἐπειδὴ
δ' οὐχ οὕτως ἔχει, βουλοίμην ἂν παύσασθαι τοὺς φλυα-
ροῦντας· ὁρῶ γὰρ οὐ μόνον περὶ τοὺς ἐξαμαρτάνοντας τὰς
βλασφημίας γιγνομένας, ἀλλὰ καὶ τοὺς ἄλλους ἅπαντας c
συνδιαβαλλομένους, τοὺς περὶ τὴν [5]αὐτὴν διατριβὴν ὄντας.

ζ'. Θαυμάζω δ' ὅταν ἴδω τούτους [6]μαθητῶν ἀξιουμέ-
νους, οἳ ποιητικοῦ πράγματος τεταγμένην τέχνην παρά-

[1] σμικρότητι A. C. L. [2] τῇ om. A. C. L. [3] μὲν om. A. C. L.
[4] οὔτ' A. C. L. [5] ταύτην τὴν A. C. L. [6] τῶν μαθητῶν A. L. [τῶν] μαθητῶν C.

Παραλιπεῖν] Ἄμεινον· παραλείπειν. Idem.

Ταῖς ἐμπειρίαις] *usui, vel exercitationi.* Vid. §. η'. Lang.

Τὴν φιλοσοφίαν] H. l. sensu strictiori *rhetoricam.* Idem.

Πλεῖστον ἀπελείφθημεν] *postremi essemus*, si nempe rhetorica ingenium, i. e. facultatem oratoriam in universum, efficere posset. Deerat Isocrati vox et audaciá. Idem.

Ἀπελαύσαμεν αὐτῆς] *neque fructus inde minimos caperemus.* Idem.

Ποιητικοῦ πράγματος] Ποιητικὸν πρᾶγμα est id cujus post actionem opus aliquod remanet quod oculis adspicitur. Talis est scribendi actio; ubi desiit, in conspectu manet id quod scriptum est. Sed dicere est πρακτικόν, ὡς. v. g. ubi peroravit Demosthenes et actio desiit, opus nullum cernitur. Auger. *qui non animadvertunt se comparare artem regulis penitus definitum cum opere ingenii*, quod regulis non

δειγμα φέροντες λελήθασι σφᾶς αὐτούς. τίς γὰρ οὐκ οἶδε
πλὴν τούτων ὅτι τὸ μὲν τῶν γραμμάτων ἀκινήτως ἔχει 294
καὶ μένει κατὰ ταὐτὸν, ὥστε τοῖς αὐτοῖς ἀεὶ περὶ τῶν αὐ-
d τῶν χρώμενοι διατελοῦμεν, τὸ δὲ τῶν λόγων πᾶν τοὐναντίον πέπονθε· τὸ γὰρ ὑφ' ἑτέρου ῥηθὲν τῷ λέγοντι μετ'
ἐκεῖνον οὐχ ὁμοίως χρήσιμόν ἐστιν, ἀλλ' οὗτος εἶναι δοκεῖ
τεχνικώτατος, ὅς [1] τις ἂν ἀξίως μὲν λέγῃ τῶν πραγμάτων,
μηδὲν δὲ τῶν αὐτῶν τοῖς ἄλλοις εὑρίσκειν δύνηται. μέγιστον
δὲ σημεῖον τῆς ἀνομοιότητος αὐτῶν· τοὺς μὲν γὰρ λόγους
οὐχ οἷόν τε καλῶς ἔχειν, ἢν μὴ τῶν καιρῶν καὶ τοῦ [2] πρεπόντως καὶ καινῶς ἔχειν μετάσχωσι, τοῖς δὲ γράμμασιν
e οὐδενὸς τούτων προσεδέησεν. ὥσθ' οἱ χρώμενοι τοῖς τοιούτοις
παραδείγμασι πολὺ ἂν δικαιότερον ἀποτίνοιεν ἢ λαμβά-
νοιεν ἀργύριον, ὅτι πολλῆς ἐπιμελείας [3] αὐτοὶ δεόμενοι παιδεύειν τοὺς ἄλλους ἐπιχειροῦσιν.

η'. Εἰ δὲ δεῖ μὴ μόνον [5] κατηγορεῖν τῶν ἄλλων ἀλλὰ
294 καὶ τὴν ἐμαυτοῦ δηλῶσαι διάνοιαν, ἡγοῦμαι πάντας ἄν μοι
τοὺς εὖ φρονοῦντας συνειπεῖν ὅτι πολλοὶ μὲν τῶν φιλοσο-
φησάντων ἰδιῶται διετέλεσαν ὄντες, ἄλλοι δέ τινες οὐδενὶ
πώποτε συγγενόμενοι τῶν σοφιστῶν καὶ λέγειν καὶ πολιτεύεσθαι δεινοὶ γεγόνασιν. αἱ μὲν γὰρ δυνάμεις καὶ τῶν
λόγων καὶ τῶν ἄλλων ἔργων ἁπάντων ἐν τοῖς εὐφυέσιν ἐγ-
γίγνονται καὶ τοῖς περὶ τὰς ἐμπειρίας γεγυμνασμένοις· ἡ
δὲ παίδευσις τοὺς μὲν τοιούτους τεχνικωτέρους καὶ πρὸς τὸ
b [6] ζητεῖν εὐπορωτέρους ἐποίησεν — οἷς γὰρ [7] νῦν ἐντυγχάνουσι πλανώμενοι, ταῦτ' ἐξ ἑτοιμοτέρου λαμβάνειν [8] αὐ-

[1] τις om. A. C. L. [2] πρέποντος ἱκανῶς μετάσχωσι A. C. L. [3] οὗτοι C. L.
[4] τοὺς ἄλλους παιδεύειν A. C. L. [5] κατηγορῆσαι A. C. L. [6] ζῆν A. L.
[7] καὶ νῦν A. C. L. [8] αὐτοὺς om. A. C. L.

totum comprehendi potest, sed præterea alia quædam requirit, quæ, quum ignota nobis sint, doceri non possunt, quæque ingenium appellamus. πρᾶγμα ποιητικὸν est opus, quod ποίησιν, i. e. inventio seu ingenium, requirit, quod regulis comprehendi ideoque doceri nequit; τέχνη autem τεταγμένη (h. l. elementorum literarum cognitio), ars penitus definita regulis est, quæ ideo quoque penitus doceri potest. Reliqui interpretes male hunc locum intellexerunt. Cæterum *aliquid in exemplum alterius rei afferre*, seu *aliquid cum alia re comparare*, ut nos vertimus, idem esse, vix est commemorandum. Idem. Ὁ νοῦς· Οἳ ἀγνοοῦσι φέροντες παράδειγμα τέχνην τεταγμένην, καὶ οὐδὲν ἀδιόριστον ἔχουσαν, τὴν ἐπιστήμην δηλονότι τῶν γραμμάτων, ἥπερ ἐστὶ πρᾶγμα ποιητικὸν, καὶ διὰ τοῦτο οὐδὲν ἔχει κοινὸν πρὸς τὴν τῶν λόγων ἐπιστήμην, πρᾶγμα οὖσαν πρακτικόν. Cor.

Μηδὲν δὲ τῶν αὐτῶν τοῖς ἄλλοις] *quod sit ab aliorum inventione diversum.* Lang.

Αὐτῶν] I. e. λόγων καὶ γραμμάτων. Idem.

Οἷς — ἐντυγχάνουσι πλανώμενοι] *quæ forte fortuna errantes inveniunt.* Idem.

τοὺς ἐδίδαξε —, τοὺς δὲ καταδεεστέραν τὴν φύσιν ἔχοντας
ἀγωνιστὰς μὲν ἀγαθοὺς ἢ λόγων ποιητὰς οὐκ ἂν ἀποτε-
λέσειεν, αὐτοὺς δ' ἂν αὑτῶν [1] προαγάγοι καὶ πρὸς πολλὰ
[2] φρονιμωτέρως διακεῖσθαι ποιήσειεν.

θ'. Βούλομαι δ', ἐπειδήπερ [3] εἰς τοῦτο προῆλθον, ἔτι
σαφέστερον εἰπεῖν περὶ αὐτῶν. φημὶ γὰρ ἐγὼ τῶν μὲν ἰδεῶν, c
ἐξ ὧν τοὺς λόγους ἅπαντας καὶ λέγομεν καὶ συντίθεμεν,
λαβεῖν [4] τὴν ἐπιστήμην οὐκ εἶναι τῶν πάνυ χαλεπῶν, ἤν
295 τις αὑτὸν παραδιδῷ μὴ τοῖς ῥᾳδίως ὑπισχνουμένοις ἀλλὰ
τοῖς εἰδόσι [5] τι περὶ αὐτῶν· τὸ δὲ τούτων ἐφ' ἑκάστῳ τῶν
πραγμάτων, ἃς δεῖ [6] προελέσθαι καὶ μῖξαι πρὸς ἀλλήλας
καὶ τάξαι κατὰ τρόπον, ἔτι δὲ [7] τῶν καιρῶν μὴ διαμαρτεῖν, ἀλλὰ καὶ τοῖς ἐνθυμήμασι πρεπόντως ὅλον τὸν λόγον d
καταποικῖλαι καὶ τοῖς ὀνόμασιν εὐρύθμως καὶ μουσικῶς
εἰπεῖν, ταῦτα δὲ πολλῆς ἐπιμελείας [8] δεῖσθαι καὶ ψυχῆς
ἀνδρικῆς καὶ δοξαστικῆς ἔργον [9] εἶναι, καὶ δεῖν τὸν μὲν
μαθητὴν πρὸς τῷ τὴν φύσιν ἔχειν οἵαν χρὴ τὰ μὲν εἴδη
[10] τὰ τῶν λόγων μαθεῖν, περὶ δὲ τὰς χρήσεις αὐτῶν γυμνασθῆναι, τὸν δὲ διδάσκαλον τὰ μὲν οὕτως ἀκριβῶς [11] οἷόν τ'
εἶναι διελθεῖν ὥστε μηδὲν τῶν διδακτῶν παραλιπεῖν, περὶ e
δὲ τῶν λοιπῶν τοιοῦτον αὑτὸν παράδειγμα παρασχεῖν ὥστε
τοὺς ἐκτυπωθέντας καὶ [12] μιμήσασθαι δυναμένους εὐθὺς
ἀνθηρότερον καὶ χαριέστερον τῶν ἄλλων φαίνεσθαι λέγοντας. καὶ τούτων μὲν [13] ἁπάντων συμπεσόντων [14] τελείως

[1] προαγάγοιτο A. C. L. [2] φρονιμώτερον A. C. L. [3] ἐνταῦθα προῆλθον A. C. L. [4] τὴν om. A. C. L. [5] τι om. A. C. L. [6] προδιελέσθαι καὶ μίξασθαι A. C. L. [7] καὶ τῶν A. C. L. [8] δεῖται A. C. L. [9] ἐστί. καὶ δεῖ A. C. L. [10] τὰ om. A. C. L. [11] ὡς οἷόν A. [12] μιμεῖσθαι δυνηθέντας A. C. L. [13] πάντων A. C. L. [14] τὸ τέλειον A. C. L.

Αὐτῶν προαγάγοι] *effecerit ut semetipsis superiores sint.* Wolf.

Τῶν μὲν ἰδεῶν] Per ἰδεάς opinor, non tantum genera causarum, sed τέχνας, i. e. omnia rhetorum præcepta et circumstantias intelligendas esse. Idem.

Προδιελέσθαι καὶ μίξασθαι] Ἴσως· προελέσθαι καὶ μῖξαι. Ὁ νοῦς· Τὸ δὲ τούτων τῶν ἰδεῶν ἃς δεῖ πρὸ τῶν ἄλλων ἐκλέξασθαι καὶ μῖξαι πρὸς ἀλλήλας, ὅ ἐστι, συναρμόσαι (ὡς αὐτὸς ἀλλαχοῦ π. Ἀντιδ. §. ε'. εἴρηκε) καὶ τὰς ἐπιφερομένας οἰκειῶσαι ταῖς προειρημέναις καὶ πάσας ποιῆσαι σφίσιν αὐταῖς ὁμολογουμένας. Cor.

Δοξαστικῆς] I. e. acuti, sagacis, qui mox intelligit, quod rebus, personis, locis, temporibus conveniat. Wolf.

Παραλιπεῖν] Ἴσως· παραλείπειν. Cor.

Περὶ τῶν λοιπῶν] *de reliquis*, i. e. de orationis formarum usu. Auger. *in reliquis.* Wolf. exercitationem et imitationem intelligit, quod probo. Lang.

Ἐκτυπωθέντας] Pro ἐκτυπώσαντας. *ut illi qui expresserint, qui effinxerint, propositum exemplum.* Sic enim exponere malo, quam *formatos* aut *expressos*, i. e. edoctos a magistro. Wolf. Ἄμεινον εἰς ἐκτυπώσαντας ἢ γοῦν εἰς ἐκτυπωσαμένους τρέπειν τὴν λέξιν. Cor.

295 ἕξουσιν οἱ φιλοσοφοῦντες· καθ' ὃ δ' ἂν [1] ἐλλείφθῃ τι τῶν εἰρημένων, ἀνάγκη ταύτῃ [2] χεῖρον διακεῖσθαι τοὺς πλησιάζοντας.

ι'. Οἱ μὲν οὖν ἄρτι τῶν σοφιστῶν ἀναφυόμενοι καὶ νεωστὶ προσπεπτωκότες ταῖς ἀλαζονείαις, εἰ καὶ νῦν πλεονάζουσιν, [3] εὖ οἶδ' ὅτι πάντες ἐπὶ ταύτην κατενεχθήσονται τὴν ὑπόθεσιν.

ια'. Λοιποὶ δ' ἡμῖν [4] εἰσὶν οἱ πρὸ ἡμῶν γενόμενοι καὶ τὰς καλουμένας τέχνας γράψαι τολμήσαντες, οὓς οὐκ ἀφετέον ἀνεπιτιμήτους· οἵτινες ὑπέσχοντο δικάζεσθαι διδά-
b ξειν, ἐκλεξάμενοι τὸ δυσχερέστατον τῶν ὀνομάτων, ὃ τῶν φθονούντων ἔργον ἦν λέγειν, ἀλλ' οὐ τῶν προεστώτων τῆς τοιαύτης παιδεύσεως, καὶ ταῦτα τοῦ πράγματος, καθ' ὅσον ἐστὶ διδακτὸν, οὐδὲν μᾶλλον πρὸς τοὺς δικανικοὺς λόγους ἢ πρὸς τοὺς ἄλλους ἅπαντας ὠφελεῖν δυναμένου. τοσούτῳ δὲ χείρους ἐγένοντο τῶν περὶ τὰς ἔριδας καλινδου-
c μένων, ὅσον οὗτοι μὲν τοιαῦτα λογίδια διεξιόντες, οἷς εἴ τις ἐπὶ τῶν πράξεων ἐμμείνειεν εὐθὺς ἂν ἐν πᾶσιν εἴη [5] κακοῖς,
ὅμως ἀρετὴν ἐπηγγείλαντο καὶ σωφροσύνην [6] περὶ αὐτῶν· 296
ἐκεῖνοι δ' ἐπὶ τοὺς πολιτικοὺς λόγους παρακαλοῦντες, ἀμελήσαντες τῶν ἄλλων τῶν προσόντων αὐτοῖς ἀγαθῶν, πολυπραγμοσύνης καὶ πλεονεξίας ὑπέστησαν εἶναι διδάσκαλοι. καίτοι τοὺς βουλομένους πειθαρχεῖν τοῖς ὑπὸ τῆς φιλοσοφίας ταύτης προσταττομένοις πολὺ ἂν θᾶττον πρὸς

[1] ἐλλείπῃ A. C. L. [2] χείρους εἶναι τοὺς A. C. L. [3] εὖ om. A. C. L.
[4] εἰσὶν ἡμῖν A. C. L. [5] κακὸς A. C. L. [6] ὑπὲρ A. C. L.

Τοὺς πλησιάζοντας] Τοὺς μαθητάς. IDEM.

Πλεονάζουσιν] *redundant, vel magnam turbam efficiunt.* LANG. Coraes ταῖς ἀλαζονείαις cum πλεονάζουσι conjungi mavult, καθ' ὑπερβιβασμὸν pro εἰ καὶ νῦν πλεονάζουσι ταῖς ἀλαζονείαις, i. e. πλέον τοῦ δέοντος καὶ πέρα τοῦ μετρίου ἀλαζονεύονται. Cf. Archid. §. ις'. ιθ'.

Ἐπὶ ταύτην κατενεχθήσονται τὴν ὑπόθ.] *hisce criminibus obnoxii erunt, vel huc trahi poterunt.* Ex Wolfii sententia ita quoque explicari potest: *hoc scriptum exagitabunt.* LANG. Ἐφ' ὃ ἐγὼ ἐξ ἀρχῆς ὑπεθέμην καταντήσουσι καὶ ἄκοντες, τὸ ὁμολογῆσαι δηλαδὴ, ὅτι τὸ λόγους γράφειν ῥητορικοὺς πολλῆς ἐπιμελείας καὶ ἐμπειρίας δεῖται, καὶ πρὸς τούτοις εὐφυΐας τῆς τοῦ γράφοντος. COR.

Τέχνας] Intellige τέχνας δικανικὰς, *artes forenses.* AUGER. Τὰς ῥητορικὰς τέχνας λέγει. COR.

Ὑπὲρ αὐτῶν] Scil. τῶν λογιδίων. *præter contentiones dialecticas.* LANG. Ὁ νοῦς· Οἱ διδάσκοντες καὶ διαλεγόμενοι τὰ ἐριστικὰ λογίδια, καίπερ βλάπτειν μᾶλλον ἢ ὠφελεῖν πεφυκότα, ὁμῶς ἀντ' αὐτῶν ἐπηγγείλαντο τοῖς διδασκομένοις ἀρετὴν, τουτέστιν, ἀπεφήναντο ἄνδρας αὐτοὺς καλοὺς κἀγαθοὺς γενήσεσθαι, εἰ μάθοιεν. COR.

Αὐτοῖς] Scil. τοῖς πολιτικοῖς λόγοις. AUGER.

Ὑπέστησαν] *susceperunt, professi sunt.* LANG.

Τοῖς ὑπὸ — προσταττομένοις] *præceptis eloquentiæ civilis.* quæ si, ut potest, et viros fortes laudat, improbos vituperat, honesta et utilia laudat, etc.; illa ad ἐπιείκειαν maximo conferre potest. IDEM.

ἐπιείκειαν ἢ πρὸς ῥητορείαν [1]ὠφελήσειεν. καὶ μηδεὶς οἰέσθω d
με λέγειν ὡς ἔστι δικαιοσύνη διδακτόν· ὅλως μὲν γὰρ οὐδεμίαν ἡγοῦμαι τοιαύτην εἶναι [2]τέχνην, ἥτις τοῖς κακῶς πεφυκόσι πρὸς ἀρετὴν σωφροσύνην ἂν [3]ἢ δικαιοσύνην ἐμποιήσειεν·
οὐ μὴν ἀλλὰ [4]συμπαρακελεύσασθαί γε καὶ συνασκῆσαι
μάλιστ' ἂν οἶμαι τὴν τῶν πολιτικῶν ἐπιμέλειαν.

ιβ'. Ἵνα δὲ μὴ δοκῶ τὰς μὲν τῶν ἄλλων ὑποσχέσεις e
[5]διαλύειν, αὐτὸς δὲ μείζω λέγειν των ἐνόντων, ἐξ ὧνπερ αὐτὸς ἐπείσθην οὕτω ταῦτ' ἔχειν, ῥᾳδίως οἶμαι καὶ τοῖς
ἄλλοις φανερὸν καταστήσειν.

[1] ὠφελήσειαν A. C. L.
[2] τέχνην τοιαύτην εἶναι A. C. L.
[3] ἢ δικαιοσύνην ἂν ἐμπ. A. C. L.
[4] καὶ συμπαρασκευάσασθαί A. C. L.
[5] διαβάλλειν A. C. L.

Ὠφελέσειαν] Np. οἱ τῶν πολιτικῶν λόγων διδάσκαλοι. Auger. Cor. Scil. τὰ προσταττόμενα ταῦτα. Lang.

Μείζω λέγειν τῶν ἐνόντων] *majora dicere quam ea quæ reipsa sunt.* Mihi videtur imperfectam esse hanc orationem, et ex duabus partibus quas continere debuit, unam tantummodo fuisse tractatam, alteram tractandam quidem oratorem suscepisse, sed intactam reliquisse. Imo quæ nunc dicitur oratio contra Sophistas, nihil aliud est fortassis quam prologus longior orationis in qua id probare propositum fuit, ejusmodi esse eloquentiæ studium ut nos ad omnes virtutes parare possit et informare: quæ oratio vel deperdita fuit lapsu temporis, prologo tantum servato; vel de industria ab Isocrate non scripta fuit, ob aliquam causam nobis ignotam. Auger. Cui assentitur Coraes et laudat Helen. Encom. §. η'.

ΙΔ.

ΙΣΟΚΡΑΤΟΥΣ

ΠΛΑΤΑΙΚΟΣ.

Pag. ed. Steph. 296 α΄. ΕΙΔΟΤΕΣ ὑμᾶς, ὦ ἄνδρες Ἀθηναῖοι, καὶ τοῖς ἀδι- Pag. ed. Cor. 297
κουμένοις προθύμως βοηθεῖν εἰθισμένους καὶ τοῖς εὐεργέταις

SUMMARIUM. (α΄.) *Exordium.* Vestra, viri Athenienses, justitia gratoque animo freti, venimus supplicaturi, ne nos, tempore pacis, a Thebanis everti sinatis, præsertim quum omni culpa vacemus, eaque quæ petimus, nihil periculi habeant. (β΄.) Quodsi Thebani soli contra nos perorarent, paucis profecto opus esset; sed quum præstantissimos etiam causæ patronos e pecunia nostra sibi conciliarunt, res erit prolixius explicanda. (γ΄.) Tanta fuit illorum iniquitas ac violentia, ut, quod maxime dolemus, pace constituta, ne moderatam quidem servitutem impetrare potuerimus. (δ΄.) Oramus igitur vos, ut supplices nos et amicos vestros benevole audiatis; reputantes, etiam Thebanos inimicos vestros in libertatem a vobis restitutos esse. (ε΄.) Quid factum sit, non ignoratis; urbem nostram everterunt agrumque diviserunt; de causis tantum, quas illi interserunt, præmonendi estis. (ϛ΄.) *Confirmatio.* Tributa pendere recusasse nobis objiciunt; at persuasione eo aut vi adigendi eramus, non servitute opprimendi, quum fœdera quemvis sui juris esse jubeant. Hic agrum potius nostrum quam tributum concupivisse eos, apparet. (ζ΄.) Verum quidem est, quod illi perhibent, a Lacedæmoniorum partibus nos stetisse; (η΄.) at hoc inviti fecimus utque alii Græcorum coacti. Cavendum est igitur, ne talis Thebanorum insolentia multos Græcos, qui antea Lacedæmoniorum imperium oderunt, in horum societate salutem quærere cogat. (θ΄.) Cogitate porro, vos proximum bellum suscepisse eorum causa, quibus contra jusjurandum et fœdus libertas erepta erat. Quodsi iniquum putatis, alias civitates Lacedæmoniis servire, a Thebanis nos everti ne patiamini; qui dum Lacedæmonios ob Cadmeam occupatam accusant, ipsi aliorum mœnia subruunt, alios funditus perdunt, ac tanta sunt impudentia et improbitate, ut, suæ salutis curam ab omnibus haberi sociis postulantes, ipsi alios servitute opprimendi potestatem sibi arrogent. (ι΄.) Jam præter alias improbitates se ob commune sociorum commodum hæc fecisse dictitant, non cogitantes, hæc deliberanda prius fuisse cum sociis quam excusanda. Opes nostras privatim diripuerunt, crimen omnibus commune esse volunt, quod propter jusjurandum ac fœdera minime in vos recipietis. In omnibus isti legationibus nil nisi libertatem et fœdera jactitabant: postquam autem sibi licere putant facere, quidquid libuerit, lucra privata ac violentiam defendere audent, quasi e re sociorum sit, quod fecerint. (ια΄.) Neque illud quidem dicere poterunt, metuendum esse, ne, recuperata regione nostra, ad Lacedæmonios deficiamus: (ιβ΄.) nos enim semper fideliores vobis fuimus quam Thebani, qui, ut veteres proditiones omittam, primum in bello Corinthiaco, deinde Cadmea occupata vestris conservati auxiliis, ad Lacedæmonios transierunt, jurejurando illis pollicentes, se illos contra vos secuturos esse. (ιγ΄.) Etsi autem ipsi voluntariis his ac magnis injuriis veniam a vobis impetrarunt, tamen, quæ nos coacti fecimus, haud condonanda putant, ac studium Laconum isti objiciunt aliis, quos diutissime Lacedæmoniis serviisse et pro illorum imperio promptius quam de propria salute contra vos dimicasse constat. Quod, quæso, beneficium isti commemorabunt, quod par sit inimicitiis exstinguendis, quas jure a vobis subiissent? (ιδ΄.) Nulla igitur istis excusatione relicta, patroni tamen eorum dicent: Bœotiam nunc pro vestra regione

μεγίστην χάριν ἀποδιδόντας, ἥκομεν ἱκετεύσοντες μὴ περι- 297
ϊδεῖν ἡμᾶς εἰρήνης οὔσης ἀναστάτους ὑπὸ Θηβαίων [1]γεγε-
νημένους. πολλῶν δ' ἤδη πρὸς ὑμᾶς καταφυγόντων καὶ διαπραξαμένων ἅπανθ' ὅσων ἐδεήθησαν, [2]ἡγούμεθα μάλισθ'
ὑμῖν προσήκειν περὶ τῆς ἡμετέρας πόλεως ποιήσασθαι πρό-
νοιαν· οὔτε γὰρ ἂν [3]ἀδικώτερον οὐδένας ἡμῶν εὕροιτε τηλικαύταις συμφοραῖς περιπεπτωκότας, οὔτ' ἐκ πλείονος χρό- b
νου πρὸς τὴν ὑμετέραν πόλιν οἰκειότερον διακειμένους. ἔτι δὲ

[1] γενομένους A. C. L. [2] πολλὴν ἡγούμεθα μάλιστα προσήκειν ὑμῖν A. C. L.
[3] ἀδικώτερον οὐδένας ἂν A. C. L.

propugnare, Lacedæmoniisque magni momenti futurum hoc, si Thebanorum secum conjunxerint civitatem. (ιε'.) Ego vero Thebanorum defectionem, qua patroni eorum vos terrent, neque ratam fore neque sociis obfuturam arbitror, quum res Thebanorum ita desperatæ sint, ut propter civium discordiam ac finitimorum inimicitias vestrum potius imperium quam Lacedæmoniorum societatem inire cogantur, sicuti jam alia occasione satis declararunt. (ιϛ'.) Verum transeant ad Lacedæmonios: vos decet, fœdera ac pacem pluris facere quam Thebanos, ac, more majorum, probra magis quam pericula timere, præsertim quum victoria justitiæ defensores sequi soleat, (ιζ'.) ut vestrum ac Lacedæmoniorum exemplum satis docuit; vos enim injustam Lacedæmoniorum dominationem, hi vestram dissolverunt, utrique justæ causæ defensione plures socios allicientes. (ιη'.) Nemo igitur vestrum in defendendis injuria affectis pericula reformidet, nec socios sibi defore arbitretur, ubi ostenderitis, vos paratos esse ad bella pro defensione fœderum suscipienda. Nonne hæc ipsa causa est quare Lacedæmoniis bellum intulistis? Quid socios cogitaturos opinamini, si idem Thebanis liceret, quod Lacedæmoniis prohibituri estis, præsertim quum Thebani continuo a Lacedæmoniis steterint, nos vero, longissimum tempus vestras partes secuti, omnium mortalium miserrimi simus? (ιθ'.) Urbe et agro omnibusque fortunis uno die spoliati, errones facti nescimus, quo nos convertamus. Parentes indigno modo ali, liberos non ea, qua illos suscepimus, spe educari dolemus. Cives a civibus, uxores a conjugibus, liberi a matribus divulsi sunt, totaque cognatio ob victus communis penuriam dissipata. Reliqua paupertatis exsiliique probra pudibundi præterimus. (κ'.) Consideretis insuper, rogamus, et benevolentia nos et cognatione vobiscum conjunctos esse: plerique enim nostrum e vestris filiabus progeniti sumus; utque olim patriæ vestræ jus dedistis, ita nunc patriam quoque nostram reddere nobis velitis. Si singuli misericordia digni habentur, quidni tota civitas, contra omnem æquitatem eversa, vestram miserationem commoveat? (κα'.) Vestri majores, Argivis, ob negata a Thebanis cadavera, supplicibus opitulati, vestræ civitati immortalem gloriam reliquerunt. Facta vero majorum sibi laudi ducere et de supplicibus secus statuere, turpe est. (κβ'.) Accedit, quod nostræ preces graviores sunt et justiores Argivorum illis, utpote qui in alienam ditionem impetum fecerant, nos de patria recipienda supplicamus; illi cadaverum, nos superstitum restitutionem petimus, maximis malis oppressorum. (κγ'.) Restituatis igitur nobis urbem et agrum, gratiamque referatis iis, qui soli Græcorum Persico bello majoribus vestris patriæ conservatæ adjutores fuimus; (κδ'.) et nisi nostrum, regionis tamen nostræ curam geratis, in qua splendidissima virtutis vestræ monumenta relicta sunt, quæque Thebani, tanquam contumeliæ suæ documenta, certissime delebunt. Recordemini heroum illius regionis, quibus faventibus et Thebanos ipsos et reliquos Græcos in libertatem vindicastis. Cogitate, quibus essent animis majores vestri, si animadverterent, eos, qui Barbaris servire maluerint, Græcorum dominos factos, nos, qui pro tuenda libertate strenuam operam navavimus, solos e Græcis oppressos esse. (κε'.) Mitto reliqua vobisque ipsis deliberanda relinquo, quum brevi hac oratione comprehendi vix queant. Jurisjurandi ac fœderum benevolentiæque nostræ et Thebanorum perfidiæ memores, ita de nobis statuere vos obsecramus, ut jus et æquum postulant. Lang.

Τοῖς εὐεργέταις] Cf. Panath. §. λε'. Idem.

'Αναστάτους] Cf. Archid. §. ϑ'. et de Pace §. ζ'. Idem.

[1] τοιούτων δεησόμενοι πάρεσμεν, ἐν οἷς κίνδυνος μὲν οὐδεὶς ἔνεστι, [2] ἅπαντες δὲ ἄνθρωποι νομιοῦσιν ὑμᾶς [3] πειθομένους ὁσιωτάτους καὶ δικαιοτάτους εἶναι τῶν Ἑλλήνων.

β΄. Εἰ μὲν οὖν [4] μὴ Θηβαίους [5] ἑωρῶμεν ἐκ παντὸς τρόπου παρεσκευασμένους πείθειν ὑμᾶς ὡς οὐδὲν εἰς ἡμᾶς ἐξημαρτήκασι, διὰ βραχέων ἂν ἐποιησάμεθα τοὺς λόγους·
c ἐπειδὴ δὲ εἰς τοῦθ' ἥκομεν ἀτυχίας, ὥστε μὴ μόνον ἡμῖν εἶναι τὸν ἀγῶνα πρὸς τούτους ἀλλὰ καὶ [6] τῶν ῥητόρων [7] πρὸς τοὺς [8] δυνατωτάτους, οὓς ἀπὸ τῶν ἡμετέρων αὐτοῖς οὗτοι παρεσκευάσαντο συνηγόρους, ἀναγκαῖον διὰ μακροτέρων δηλῶσαι περὶ αὐτῶν.

γ΄. Χαλεπὸν μὲν οὖν μηδὲν καταδεέστερον εἰπεῖν ὧν πεπόνθαμεν· ποῖος γὰρ ἂν λόγος ἐξισωθείη ταῖς ἡμετέραις 298
δυσπραξίαις; ἢ τίς ἂν ῥήτωρ ἱκανὸς γένοιτο κατηγορῆσαι τῶν Θηβαίοις εἰς ἡμᾶς ἡμαρτημένων; ὅμως δὲ πειρατέον
d οὕτως ὅπως ἂν δυνώμεθα φανερὰν καταστῆσαι τὴν τούτων παρανομίαν. πολὺ δὲ μάλιστα ἀγανακτοῦμεν, ὅτι τοσούτου δέομεν τῶν ἴσων ἀξιοῦσθαι τοῖς ἄλλοις Ἕλλησιν, ὥστ' εἰρήνης οὔσης καὶ συνθηκῶν γεγενημένων οὐχ ὅπως τῆς κοινῆς ἐλευθερίας μετέχομεν, ἀλλ' οὐδὲ δουλείας μετρίας τυχεῖν [9] ἠξιώθημεν·

δ΄. Δεόμεθα οὖν ὑμῶν, [10] ὦ ἄνδρες Ἀθηναῖοι, μετ' εὐνοίας ἀκροάσασθαι τῶν λεγομένων, ἐνθυμηθέντας ὅτι πάντων ἂν
e ἡμῖν ἀλογώτατον εἴη συμβεβηκός, [11] εἰ τοῖς μὲν ἅπαντα τὸν χρόνον δυσμενῶς πρὸς τὴν πόλιν ὑμῶν διακειμένοις αἴτιοι γεγένησθε τῆς ἐλευθερίας, ἡμεῖς δὲ μηδ' ἱκετεύοντες ὑμᾶς τῶν αὐτῶν τοῖς ἐχθίστοις τύχοιμεν.

298 ε΄. Περὶ μὲν οὖν τῶν γεγενημένων οὐκ οἶδ' ὅ τι δεῖ μακρολογεῖν· τίς γὰρ οὐκ οἶδεν ὅτι καὶ τὴν χώραν ἡμῶν κατανενέμηνται καὶ τὴν πόλιν κατεσκάφασιν; ἃ δὲ λέγοντες ἐλπίζουσιν ἐξαπατήσειν ὑμᾶς, [12] περὶ τούτων πειρασόμεθα διδάσκειν.

[1] περὶ τοιούτων A. C. L. [2] πάντες A. C. L. [3] πειθομένους νομιοῦσιν ὑμᾶς A. C. L. [4] μὴ om. A. C. L. [5] μόνους ἑωρῶμεν A. [6] πρὸς τῶν A. [7] πρὸς om. A. C. L. [8] ἱκανωτάτους A. G. L. [9] ἠξιώθημεν τυχεῖν A. C. L. [10] ὦ om. A. L. [11] εἰ Θηβαίοις μὲν τοῖς ἅπ. A. C. L. [12] , περὶ τούτων ὑμᾶς A. C. L.

Ἡμετέρων] Ἴσως· ὑμετέρων, τουτέστιν, ἀπὸ τῶν ὑμετέρων πολιτῶν, τῶν Ἀθηναίων. Cor.

Αἴτιοι γεγένησθε] Cf. or. ad Phil. §. ιζ. Lang.

ϛʹ. [1] Ἐνίοτε [2] γὰρ ἐπιχειροῦσι λέγειν ὡς διὰ τοῦτο πρὸς ἡμᾶς οὕτω προσηνέχθησαν, ὅτι συντελεῖν αὐτοῖς οὐκ [3] ἠθέλομεν. ὑμεῖς δ' ἐνθυμεῖσθε πρῶτον μὲν εἰ δίκαιόν ἐστιν ὑπὲρ b
τηλικούτων ἐγκλημάτων οὕτως ἀνόμους καὶ δεινὰς ποιεῖσθαι τὰς τιμωρίας, ἔπειτ' εἰ προσήκειν ὑμῖν δοκεῖ μὴ πεισθεῖσαν τὴν Πλαταιέων πόλιν ἀλλὰ βιασθεῖσαν Θηβαίοις συντελεῖν. ἐγὼ μὲν γὰρ οὐδένας ἡγοῦμαι τολμηροτέρους εἶναι τούτων, οἵτινες τὰς μὲν ἰδίας ἡμῶν ἑκάστων πόλεις ἀφανίζουσι, τῆς δὲ σφετέρας αὐτῶν πολιτείας οὐδὲν δεομένους κοινωνεῖν ἀναγκάζουσι. πρὸς δὲ τούτοις οὐδ' ὁμολογούμενα φαίνονται c
διαπραττόμενοι πρός τε τοὺς ἄλλους καὶ πρὸς ἡμᾶς. ἐχρῆν γὰρ αὐτούς, ἐπειδὴ πείθειν ἡμῶν τὴν πόλιν οὐχ οἷοί τ' ἦσαν,
299 ὥσπερ τοὺς Θεσπιέας καὶ τοὺς Ταναγραίους, συντελεῖν μόνον εἰς τὰς Θήβας ἀναγκάζειν· οὐδὲν γὰρ ἂν τῶν ἀνηκέστων κακῶν ἦμεν πεπονθότες. νῦν δὲ φανεροὶ γεγόνασιν οὐ τοῦτο διαπράξασθαι βουληθέντες, ἀλλὰ τῆς χώρας ἡμῶν ἐπιθυμήσαντες. θαυμάζω δὲ πρὸς τί τῶν γεγενημένων [4] ἀναφέ- d
ροντες καὶ πῶς ποτὲ τὸ δίκαιον κρίνοντες ταῦτα φήσουσι προστάττειν ἡμῖν. εἰ μὲν γὰρ τὰ πάτρια σκοποῦσιν, οὐ τῶν ἄλλων αὐτοῖς ἀρκτέον, ἀλλὰ πολὺ μᾶλλον Ὀρχομενίοις φόρον οἰστέον· οὕτω γὰρ εἶχε τὸ παλαιόν· εἰ δὲ τὰς συνθήκας ἀξιοῦσιν εἶναι κυρίας, ὅπερ ἐστὶ δίκαιον, πῶς οὐχ ὁμολογήσουσιν ἀδικεῖν καὶ παραβαίνειν αὐτάς; ὁμοίως γὰρ τάς τε μικρὰς τῶν πόλεων καὶ τὰς μεγάλας αὐτονόμους κελεύουσιν [5] εἶναι.

ζʹ. Οἶμαι δὲ περὶ μὲν τούτων οὐ τολμήσειν αὐτοὺς ἀναι- e
σχυντεῖν, ἐπ' ἐκεῖνον δὲ τρέψεσθαι τὸν λόγον, ὡς μετὰ Λακεδαιμονίων ἐπολεμοῦμεν, καὶ πάσῃ τῇ συμμαχίᾳ διαφθείραντες ἡμᾶς τὰ συμφέροντα πεποιήκασιν.

[1] Ἔνιοί τε C. L. [2] μὲν γὰρ τολμῶσι λέγειν A. C. L. [3] ἐθέλομεν A. C. L.
[4] ἀφορῶντες καὶ πῶς πώποτε A. C. L. [5] εἶναι κελεύουσιν A. C. L.

Συντελεῖν] *tributa pendere.* Idem.

Ὑπὲρ τηλικούτων ἐγκλημάτων] Accipe sensu diminutivo: *ob tantilla crimina.* Auger.

Πόλεις] H. l. pro πολιτείας. Wolf. 'omnem auctoritatem nobis eripiunt, quasi nullas ipsi respublicas haberemus.' Lang.

Οὕτω γὰρ εἶχε τὸ παλαιὸν] Τουτέστιν, ἐδασμοφόρουν τὸ πάλαι τοῖς Ὀρχομενίοις οἱ Θηβαῖοι, ἕως Ἡρακλῆς ἠλευθέρωσεν αὐτοὺς τοῦ δασμοῦ. Cor. Cf. Diod. Sic. xv. 79.

Τὰς συνθήκας] Scil. Antalcidicas. Vid. Xenoph. Hellen. v. 1. 28.

Κελεύουσιν] Np. αἱ συνθῆκαι. Auger.

Περὶ μὲν — ἀναισχυντεῖν] *impudentes fore ut hæc negent.* Lang.

Μετὰ Λακ. ἐπολεμοῦμεν] I. e. συνεμαχοῦμεν Λακεδαιμονίοις. Wolf.

Πάσῃ τῇ συμμ.] Sub. ὡς.

299 η'. Ἐγὼ δ' ἡγοῦμαι μὲν χρῆναι μηδεμίαν μήτ' αἰτίαν μήτε κατηγορίαν [1]μεῖζον δύνασθαι τῶν ὅρκων καὶ [2]τῶν συνθηκῶν· οὐ μὴν ἀλλ' εἰ δεῖ τινὰς κακῶς παθεῖν διὰ τὴν Λακεδαιμονίων συμμαχίαν, οὐκ ἂν Πλαταιεῖς ἐξ ἁπάντων τῶν Ἑλλήνων [3]προὐκρίθησαν δικαίως· οὐ γὰρ ἑκόντες ἀλλ' ἀναγκασθέντες αὐτοῖς ἐδουλεύομεν· τίς γὰρ ἂν πιστεύσειεν εἰς τοῦθ' ἡμᾶς ἀνοίας ἐλθεῖν, ὥστε περὶ πλείονος [4]ποιήσασθαι τοὺς ἐξανδραποδισαμένους ἡμῶν τὴν [5]πατρίδα μᾶλλον
b ἢ τοὺς τῆς πόλεως τῆς αὑτῶν μεταδόντας; ἀλλὰ γάρ, οἶμαι, χαλεπὸν ἦν νεωτερίζειν, αὐτοὺς μὲν μικρὰν πόλιν οἰκοῦντας, ἐκείνων δ' οὕτω μεγάλην δύναμιν κεκτημένων, ἔτι δὲ πρὸς τούτοις ἁρμοστοῦ καθεστῶτος καὶ φρουρᾶς ἐνούσης καὶ τηλικούτου στρατεύματος ὄντος Θεσπιᾶσιν, ὑφ' ὧν οὐ μόνον [6]ἂν θᾶττον ἢ ὑπὸ Θηβαίων διεφθάρημεν, ἀλλὰ καὶ δικαιότερον· [7]τούτους μὲν γὰρ εἰρήνης οὔσης οὐ
c προσῆκε μνησικακεῖν περὶ τῶν τότε [8]γεγενημένων, ἐκεῖνοι δ' ἐν τῷ πολέμῳ προδοθέντες εἰκότως ἂν παρ' ἡμῶν τὴν μεγίστην δίκην ἐλάμβανον. ἡγοῦμαι δ' ὑμᾶς [9]οὐκ ἀγνοεῖν 300
ὅτι πολλοὶ καὶ τῶν ἄλλων Ἑλλήνων τοῖς μὲν σώμασι μετ' ἐκείνων ἀκολουθεῖν ἠναγκάζοντο, ταῖς δ' εὐνοίαις μεθ' ὑμῶν ἦσαν. οὓς τίνα χρὴ προσδοκᾶν γνώμην ἕξειν, [10]ἣν ἀκούσωσιν ὅτι Θηβαῖοι τὸν δῆμον τῶν Ἀθηναίων πεπείκασιν ὡς οὐδενός ἐστι φειστέον τῶν ὑπὸ Λακεδαιμονίοις γενο-
d μένων; ὁ γὰρ τούτων λόγος οὐδὲν [11]ἄλλ' ἢ τοῦτο φανήσεται δυνάμενος· [12]οὐ γὰρ ἰδίαν κατηγορίαν ποιούμενοι κατὰ τῆς ἡμετέρας πόλεως ἀπολωλέκασιν αὐτήν, ἀλλ' ἣν ὁμοίως καὶ κατ' ἐκείνων ἔξουσιν εἰπεῖν. ὑπὲρ ὧν βουλεύεσθαι χρή, καὶ σκοπεῖν ὅπως μὴ τοὺς πρότερον μισοῦντας τὴν ἀρχὴν τὴν Λακεδαιμονίων ἡ τούτων ὕβρις [13]διαλλάξει καὶ ποιήσει τὴν ἐκείνων συμμαχίαν αὑτῶν νομίζειν σωτηρίαν εἶναι.

[1] μείζω A. C. L. [2] τῶν om. A. C. L. [3] προεκρίθησαν A. C. L. [4] ποιεῖσθαι A. C. L. [5] πόλιν A. C. L. [6] οὐκ ἂν ἔλαττον ἢ A. C. L. [7] τούτοις A. C. L. [8] γενομένων A. C. L. [9] οὐδὲ τοῦτο ἀγνοεῖν A. C. L. [10] ἂν A. C. L. [11] ἀλλ' A. L. [12] οὐδὲ A. C. L. [13] διαλλάξῃ καὶ ποιήσῃ A. L.

Τοὺς τῆς πόλεως — μεταδόντας] Vid. Panath. §. λϛ'. fin. LANG.

Ἁρμοστοῦ] Vocabantur ἁρμοσταί, inquit Suidas, magistratus qui a Lacedæmoniis in civitates sibi subjectas mittebantur. AUGER.

Καθεστῶτος] Scil. ἐν τῇ [πόλει] ἡμῶν. WOLF.

Προδοθέντες] relicti, deserti a [nobis]. LANG.

Ἣν ὁμοίως] Ἣν refer ad κατηγορίαν, sicut ἐκείνων ad τῶν ἄλλων Ἑλλήνων. AUGER.

θ΄. Ἐνθυμεῖσθε δ᾽ ὅτι τὸν πόλεμον ἀνείλεσθε τὸν [1]ὑπο-
γυιότατον οὐχ ὑπὲρ τῆς ὑμετέρας οὐδ᾽ ὑπὲρ τῆς τῶν συμ- e
μάχων ἐλευθερίας — ἅπασι γὰρ ὑπῆρχεν ὑμῖν — ἀλλ᾽
ὑπὲρ τῶν παρὰ τοὺς ὅρκους καὶ τὰς συνθήκας τῆς αὐτονομίας ἀποστερουμένων. ὃ δὴ καὶ πάντων σχετλιώτατον, εἰ
τὰς πόλεις ἃς οὐκ [2]ᾤεσθε δεῖν Λακεδαιμονίοις δουλεύειν,
ταύτας περιόψεσθε νῦν ὑπὸ Θηβαίων ἀπολλυμένας, οἳ 300
τοσούτου δέουσι μιμεῖσθαι τὴν πρᾳότητα τὴν ὑμετέραν,
ὥσθ᾽, ὃ δοκεῖ πάντων δεινότατον εἶναι, δοριαλώτους γενέσθαι, τοῦτο κρεῖττον ἦν ἡμῖν παθεῖν ὑπὸ ταύτης τῆς
πόλεως ἢ τούτων τυχεῖν [3]ὁμόρους ὄντας· οἱ μὲν γὰρ ὑφ᾽ ὑμῶν
κατὰ κράτος ἁλόντες εὐθὺς μὲν ἁρμοστοῦ καὶ δουλείας
ἀπηλλάγησαν, νῦν δὲ τοῦ συνεδρίου καὶ τῆς ἐλευθερίας
μετέχουσιν· οἱ δὲ τούτων πλησίον οἰκοῦντες, οἱ μὲν οὐδὲν b
ἧττον τῶν ἀργυρωνήτων δουλεύουσιν, τοὺς δ᾽ οὐ πρότερον
παύσονται [4][κακῶς ποιοῦντες] πρὶν ἂν οὕτως ὥσπερ ἡμᾶς
διαθῶσι. καὶ Λακεδαιμονίων μὲν κατηγοροῦσιν ὅτι τὴν
Καδμείαν κατέλαβον καὶ φρουρὰς εἰς τὰς πόλεις [5]καθί-
στασαν, αὐτοὶ δ᾽ οὐ φύλακας εἰσπέμποντες, ἀλλὰ τῶν
μὲν τὰ τείχη κατασκάπτοντες τοὺς δὲ ἄρδην ἀπολλύντες,
οὐδὲν οἴονται δεινὸν ποιεῖν, ἀλλ᾽ εἰς τοῦτ᾽ ἀναισχυντίας
[6][καὶ πονηρίας] ἐληλύθασιν, ὥστε τῆς μὲν αὐτῶν σωτηρίας c
01 τοὺς συμμάχους ἅπαντας ἀξιοῦσιν ἐπιμελεῖσθαι, τῆς δὲ τῶν
ἄλλων δουλείας αὐτοὺς κυρίους καθιστᾶσι. καίτοι τίς οὐκ
ἂν μισήσειε τὴν τούτων πλεονεξίαν, οἳ τῶν μὲν ἀσθενεστέρων
ἄρχειν ζητοῦσι, τοῖς δὲ κρείττοσιν ἴσον ἔχειν οἴονται δεῖν,
καὶ τῇ μὲν ὑμετέρᾳ πόλει τῆς γῆς τῆς ὑπ᾽ Ὠρωπίων δεδο-
μένης φθονοῦσιν, αὐτοὶ δὲ βίᾳ τὴν ἀλλοτρίαν χώραν κατα-
νέμονται;

ι΄. Καὶ πρὸς τοῖς ἄλλοις κακοῖς λέγουσιν ὡς ὑπὲρ τοῦ d
κοινοῦ τῶν συμμάχων ταῦτ᾽ ἔπραξαν. καίτοι χρῆν αὐτούς,
ὄντος ἐνθάδε συνεδρίου καὶ τῆς ὑμετέρας πόλεως ἄμεινον
βουλεύεσθαι δυναμένης ἢ τῆς Θηβαίων, οὐχ ὑπὲρ τῶν πεπραγμένων ἥκειν ἀπολογησομένους, ἀλλά, πρὶν ποιῆσαί τι

[1] ὑποογυιώτατον A. C. ὑπογυώτατον L. [2] οἴεσθε A. L. [3] ὁμορούντων. οἱ A.
[4] uncos om. A. C. L. [5] καθιστᾶσιν A. C. L. [6] uncos om. A. C. L.

Τυχεῖν ὁμόρους ὄντας] I. e. ὁμόρους εἶναι. Nisi forte legendum videatur τυχεῖν ὁμο-

τούτων, ἐλθεῖν ὡς ὑμᾶς βουλευσομένους. νῦν δὲ τὰς μὲν οὐσίας τὰς ἡμετέρας ἰδίᾳ διηρπάκασι, τῆς δὲ διαβολῆς ἅπασι
e τοῖς συμμάχοις ἥκουσι μεταδώσοντες. ἣν ὑμεῖς, ἢν σωφρονῆτε, φυλάξεσθε· πολὺ γὰρ κάλλιον τούτους ἀναγκάσαι
μιμήσασθαι τὴν ὁσιότητα τὴν ὑμετέραν, ἢ τῆς τούτων παρανομίας αὐτοὺς πεισθῆναι μετασχεῖν, οἱ μηδὲν τῶν αὐτῶν
τοῖς ἄλλοις γιγνώσκουσιν. οἶμαι γὰρ ἅπασιν εἶναι [1] φανερὸν
301 ὅτι προσήκει τοὺς εὖ φρονοῦντας ἐν μὲν τῷ πολέμῳ σκοπεῖν
ὅπως ἐκ παντὸς τρόπου πλέον ἕξουσι τῶν ἐχθρῶν, ἐπειδὰν
δ' εἰρήνη γένηται, μηδὲν περὶ πλείονος ποιεῖσθαι τῶν ὅρκων
καὶ τῶν συνθηκῶν. οὗτοι δὲ τότε μὲν ἐν ἁπάσαις ταῖς πρεσβείαις ὑπὲρ τῆς ἐλευθερίας καὶ τῆς αὐτονομίας ἐποιοῦντο
τοὺς λόγους· ἐπειδὴ δὲ νομίζουσιν αὐτοῖς ἄδειαν [2] γεγενῆσθαι
b ποιεῖν ὅ τι ἂν βουληθῶσιν, [3] πάντων τῶν ἄλλων ἀμελήσαντες ὑπὲρ τῶν ἰδίων κερδῶν καὶ τῆς αὐτῶν βίας λέγειν τολμῶσι, καὶ φασὶ τὸ Θηβαίους ἔχειν τὴν ἡμετέραν, τοῦτο
συμφέρον εἶναι τοῖς συμμάχοις, κακῶς εἰδότες ὡς [4] οὐδὲν τοῖς
παρὰ τὸ δίκαιον πλεονεκτοῦσιν [5] οὐδὲ πώποτε συνήνεγκεν,
ἀλλὰ πολλοὶ δὴ τῆς ἀλλοτρίας ἀδίκως ἐπιθυμήσαντες
περὶ τῆς αὐτῶν [6] δικαίως εἰς τοὺς μεγίστους κινδύνους
κατέστησαν.

ια'. Ἀλλὰ μὴν οὐδ' ἐκεῖνό γε ἕξουσι λέγειν, ὡς αὐτοὶ
c μὲν μεθ' ὧν ἂν γένωνται πιστοὶ διατελοῦσιν ὄντες, ἡμᾶς δ'
ἄξιον φοβεῖσθαι, μὴ κομισάμενοι τὴν χώραν, πρὸς Λακε- 302
δαιμονίους ἀποστῶμεν· εὑρήσετε γὰρ ἡμᾶς μὲν δὶς ἐκπεπο-
λιορκημένους ὑπὲρ τῆς φιλίας τῆς ὑμετέρας, τούτους δὲ πολλάκις εἰς [7] ταύτην τὴν πόλιν ἐξημαρτηκότας.

ιβ'. Καὶ τὰς μὲν παλαιὰς προδοσίας πολὺ ἂν ἔργον εἴη
λέγειν· γενομένου δὲ τοῦ Κορινθιακοῦ πολέμου διὰ τὴν ὕβριν
τὴν τούτων, καὶ Λακεδαιμονίων μὲν ἐπ' αὐτοὺς στρατευ-
d σάντων, δι' ὑμᾶς δὲ σωθέντες, οὐχ ὅπως τούτων χάριν ἀπέδοσαν, ἀλλ' ἐπειδὴ [8] διελέλυσθε τὸν πόλεμον, ἀπολιπόντες

[1] φανερὸν εἶναι A. C. L. [2] εἶναι A. C. L. [3] ἁπάντων A. C. L. [4] οὐδ' αὐτοῖς τοῖς A. L. οὐδ' αὐτοῖς C. [5] οὐδὲν A. C. L. [6] εἰς τ. μ. κινδύνους δικαίως A. C. L. [7] ταυτηνὶ A. C. L. [8] διελύσασθε A. C. L.

[...]σούντων. Wolf.

Δὶς ἐκπεπολιορκημένους] Vid. Thucyd. ii. 71—78. et iii. 52. Lang.

Τὴν τούτων, καὶ Λακεδ.] F. leg. τὴν Λακεδαιμονίων καὶ τούτων, jubente historia. Idem.

ὑμᾶς εἰς τὴν Λακεδαιμονίων συμμαχίαν εἰσῆλθον. καὶ Χῖοι
μὲν καὶ Μιτυληναῖοι καὶ Βυζάντιοι συμπαρέμειναν, οὗτοι δὲ
τηλικαύτην πόλιν οἰκοῦντες οὐδὲ κοινοὺς σφᾶς αὐτοὺς παρασχεῖν ἐτόλμησαν, ἀλλ' εἰς τοῦτ' ἀνανδρίας καὶ πονηρίας
[1][καὶ ἀφροσύνης] ἦλθον, ὥστ' ὤμοσαν ἦ μὴν ἀκολουθήσειν
μετ' ἐκείνων ἐφ' ὑμᾶς τοὺς διασώσαντας τὴν πόλιν αὐτῶν· e
ὑπὲρ ὧν δόντες τοῖς θεοῖς [2]δίκην τῆς Καδμείας [3]καταλη-
φθείσης ἠναγκάσθησαν ἐνθάδε καταφυγεῖν. ὅθεν καὶ μάλιστα ἐπεδείξαντο τὴν αὐτῶν ἀπιστίαν· σωθέντες γὰρ πάλιν
διὰ τῆς ὑμετέρας δυνάμεως καὶ κατελθόντες εἰς τὴν αὐτῶν
οὐδένα χρόνον ἐνέμειναν, ἀλλ' εὐθὺς εἰς Λακεδαίμονα πρέ- 302
σβεις ἀπέστελλον, ἕτοιμοι δουλεύειν ὄντες καὶ μηδὲν κινεῖν
τῶν πρότερον πρὸς αὐτοὺς ὡμολογημένων. καὶ τί δεῖ μακρολογεῖν; εἰ γὰρ μὴ προσέταττον ἐκεῖνοι τούς [4]τε φεύγοντας
καταδέχεσθαι καὶ τοὺς αὐτόχειρας ἐξείργειν, οὐδὲν ἂν
ἐκώλυεν αὐτοὺς μετὰ τῶν ἠδικηκότων ἐφ' ὑμᾶς τοὺς εὐεργέτας στρατεύεσθαι.

ιγ'. Καὶ τοιοῦτοι μὲν νεωστὶ περὶ τὴν πόλιν τήνδε γεγενημένοι, τὸ δὲ παλαιὸν ἁπάσης τῆς Ἑλλάδος προδόται b
καταστάντες, αὐτοὶ μὲν ὑπὲρ οὕτως ἑκουσίων καὶ μεγάλων
ἀδικημάτων συγγνώμης τυχεῖν ἠξιώθησαν, [5]ἡμῖν δ' ὑπὲρ
ὧν ἠναγκάσθημεν οὐδεμίαν ἔχειν οἴονται δεῖν [6]συγγνώμην,
ἀλλὰ τολμῶσιν ὄντες Θηβαῖοι λακωνισμὸν ἑτέροις ὀνειδίζειν, οὓς πάντες ἴσμεν πλεῖστον χρόνον Λακεδαιμονίοις δεδουλευκότας καὶ προθυμότερον ὑπὲρ τῆς ἐκείνων ἀρχῆς ἢ τῆς
303 αὑτῶν σωτηρίας πεπολεμηκότας. ποίας γὰρ εἰσβολῆς ἀπελείφθησαν τῶν εἰς ταύτην τὴν χώραν γεγενημένων; ἢ τίνων
οὐκ ἐχθίους ὑμῖν καὶ δυσμενέστεροι διετέλεσαν ὄντες; οὐκ c
ἐν τῷ Δεκελεικῷ πολέμῳ πλειόνων αἴτιοι κακῶν ἐγένοντο
τῶν ἄλλων τῶν [7]συνεισβαλόντων; οὐ δυστυχησάντων ὑμῶν
μόνοι τῶν συμμάχων ἔθεντο τὴν ψῆφον ὡς χρὴ τήν τε πόλιν

[1] uncos om. A. C. L. [2] δίκας A. C. L. [3] καταλειφθείσης A. L.
[4] τε om. A. C. L. [5] ἡμᾶς A. C. L. [6] σύγγνώμην om. A. C. L.
[7] εἰσβαλόντων A. C. L.

Εἰ γὰρ μὴ — καταδέχεσθαι] Verte: *nisi Lacedæmonii* (ἐκεῖνοι) *jussissent Thebanos exsules suos recipere.* IDEM.

Τὸ δὲ παλαιὸν] Ἐπὶ τῶν Περσικῶν. COR.

Ἢ τίνων οὐκ — ὄντες] Ad verbum interpretor: *vel quibusnam isti non inimiciores vobis et malevolentiores perpetuo fuerunt.* AUGER.

Δυστυχησάντων ὑμῶν] Ad Ægospotamos. LANG.

[1]ἐξανδραποδίσασθαι καὶ τὴν χώραν ἀνεῖναι μηλόβοτον ὥσπερ τὸ Κρισαῖον πεδίον; ὥστ' εἰ Λακεδαιμόνιοι τὴν αὐτὴν
d γνώμην [2]ἔσχον Θηβαίοις, οὐδὲν ἂν ἐκώλυε [3]τοὺς ἅπασι τοῖς Ἕλλησιν αἰτίους τῆς σωτηρίας γενομένους αὐτοὺς ὑπὸ τῶν Ἑλλήνων ἐξανδραποδισθῆναι καὶ ταῖς μεγίσταις συμφοραῖς περιπεσεῖν. καίτοι τίνα τηλικαύτην εὐεργεσίαν ἔχοιεν ἂν εἰπεῖν, ἥτις ἱκανὴ γενήσεται διαλῦσαι τὴν ἔχθραν τὴν ἐκ τούτων δικαίως ἂν [4]ὑπάρχουσαν πρὸς αὐτούς;

ιδ'. Τούτοις μὲν οὖν οὐδεὶς λόγος ὑπολείπεται τηλικαῦτα
e τὸ μέγεθος ἐξημαρτηκόσι, τοῖς δὲ συνηγορεῖν βουλομένοις ἐκεῖνος μόνος, ὡς νῦν μὲν ἡ Βοιωτία προπολεμεῖ τῆς ὑμετέρας χώρας, ἢν δὲ διαλύσησθε τὴν πρὸς τούτους φιλίαν, ἀσύμφορα τοῖς συμμάχοις διαπράξεσθε· μεγάλην γὰρ ἔσεσθαι τὴν ῥοπὴν, εἰ μετὰ Λακεδαιμονίων ἡ τούτων γενήσεται πόλις.

303 ιε'. Ἐγὼ δ' οὔτε τοῖς συμμάχοις ἡγοῦμαι λυσιτελεῖν τοὺς ἀσθενεστέρους τοῖς κρείττοσι δουλεύειν — [5]καὶ γὰρ τὸν παρελθόντα χρόνον ὑπὲρ [6]τουτων ἐπολεμήσαμεν —, οὔτε Θηβαίους εἰς τοῦτο μανίας ἥξειν ὥστ' ἀποστάντας τῆς [7][ὑμετέρας] συμμαχίας Λακεδαιμονίοις ἐνδώσειν τὴν πόλιν, οὐχ ὡς πιστεύων τοῖς τούτων ἤθεσιν, ἀλλ' οἶδ' ὅτι γιγνώσκουσιν, ὡς δυοῖν θάτερον ἀναγκαῖόν ἐστιν [8]αὐτοῖς, ἢ
b μένοντας ἀποθνήσκειν καὶ πάσχειν οἷάπερ ἐποίησαν, ἢ φεύγοντας ἀπορεῖν καὶ τῶν ἐλπίδων [9]ἁπασῶν ἐστερῆσθαι. πότερα γὰρ τὰ πρὸς τοὺς πολίτας αὐτοῖς ἔχει καλῶς, ὧν τοὺς μὲν ἀποκτείναντες τοὺς δ' ἐκ τῆς πόλεως ἐκβαλόντες διηρπάκασι τὰς οὐσίας, ἢ τὰ πρὸς τοὺς ἄλλους Βοιωτοὺς, ὧν οὐκ ἄρχειν μόνον ἀδίκως ἐπιχειροῦσιν, ἀλλὰ τῶν μὲν τὰ τείχη κατεσκάφασι, τῶν δὲ καὶ τὴν χώραν ἀπεστερήκασιν; ἀλλὰ μὴν οὐδ' ἐπὶ τὴν ὑμετέραν πόλιν οἷόν τ' αὐτοῖς [10]ἐπαν- 304
c ελθεῖν ἐστὶν, ἣν οὕτω συνεχῶς φανήσονται προδιδόντες, ὥστ' οὐκ ἔστιν ὅπως βουλήσονται πρὸς ὑμᾶς ὑπὲρ τῆς ἀλλοτρίας

[1] ἐξανδραποδισθῆναι A. C. L. [2] ἴσχον γνώμην A. C. L. [3] ὑμᾶς τοὺς A. C. L. [4] ὑπάρξασαν A. C. L. [5] οὐδὲ A. C. L. [6] ἄλλων τινῶν ἢ τούτων A. C. L. [7] uncos om. A. C. L. [8] αὐτοῖς ἐστιν A. C. L. [9] πασῶν ἀποστερεῖσθαι A. C. L. [10] ἐπανελθεῖν αὐτοῖς οἷόν τ' ἐστὶν A. C. L.

Ἐξανδραποδίσασθαι] Cf. de Pace §. κζ'.

Μένοντας ἀποθνήσκειν] Scil. a civibus et finitimis intercepti, quorum iram sibi contraxerunt, et a qua Lacedæmonii illos neque defendent neque defendere volent. Lang.

διενεχθέντες τὴν αὑτῶν πόλιν οὕτως εἰκῇ καὶ προδήλως ἀποβαλεῖν, ἀλλὰ πολὺ κοσμιώτερον διακείσονται πρὸς ἁπάσας
τὰς πράξεις, καὶ τοσούτῳ [1]πλείω ποιήσονται θεραπείαν
ὑμῶν, ὅσῳπερ ἂν μᾶλλον περὶ σφῶν αὐτῶν δεδίωσιν.[2] ἐπεδείξαντο δ' ὑμῖν ὡς χρὴ τῇ φύσει χρῆσθαι τῇ τούτων, ἐξ d
ὧν ἔπραξαν περὶ Ὠρωπόν· ὅτε μὲν γὰρ ἐξουσίαν ἤλπισαν
[3]αὐτοῖς ἔσεσθαι ποιεῖν ὅ τι ἂν βουληθῶσιν, οὐχ ὡς συμμάχοις ὑμῖν προσηνέχθησαν, ἀλλ' [4]ἅπερ ἂν εἰς τοὺς πολε-
μιωτάτους ἐξαμαρτεῖν ἐτόλμησαν· ἐπειδὴ δ' ἐκσπόνδους
αὐτοὺς ἀντὶ τούτων ἐψηφίσασθε ποιῆσαι, παυσάμενοι τῶν
φρονημάτων ἦλθον [5]ὡς ὑμᾶς, ταπεινότερον διατεθέντες ἢ
νῦν ἡμεῖς τυγχάνομεν ἔχοντες. ὥστ' ἤν τινες ὑμᾶς ἐκφοβῶσι e
τῶν ῥητόρων [6][λέγοντες] ὡς κίνδυνός ἐστι μὴ μεταβάλωνται
καὶ γένωνται [7]μετὰ τῶν πολεμίων, οὐ χρὴ πιστεύειν· τοιαῦται γὰρ αὐτοὺς ἀνάγκαι κατειλήφασιν, ὥστε πολὺ ἂν
θᾶττον τὴν ὑμετέραν ἀρχὴν ἢ τὴν Λακεδαιμονίων συμμαχίαν ὑπομείναιεν.

ιϛ'. Εἰ δ' οὖν καὶ τἀναντία μέλλοιεν ἅπαντα πράξειν, 304
οὐδ' οὕτως ἡγοῦμαι προσήκειν ὑμῖν τῆς Θηβαίων πόλεως
πλείω ποιήσασθαι λόγον ἢ τῶν ὅρκων καὶ τῶν συνθηκῶν,
ἐνθυμουμένους πρῶτον μὲν ὡς οὐ τοὺς κινδύνους ἀλλὰ τὰς
ἀδοξίας καὶ τὰς αἰσχύνας φοβεῖσθαι πάτριον ὑμῖν ἐστιν,
ἔπειθ' ὅτι συμβαίνει κρατεῖν ἐν τοῖς πολέμοις οὐ τοὺς βίᾳ
τὰς πόλεις καταστρεφομένους, ἀλλὰ τοὺς ὁσιώτερον καὶ
πρᾳότερον τὴν Ἑλλάδα διοικοῦντας. b

ιζ'. Καὶ ταῦτ' ἐπὶ πλειόνων μὲν ἄν τις παραδειγμάτων
ἔχοι διελθεῖν· τὰ δ' οὖν ἐφ' ἡμῶν γενόμενα τίς οὐκ οἶδεν,
ὅτι [8]Λακεδαιμόνιοι τὴν δύναμιν τὴν ὑμετέραν ἀνυπόστατον
δοκοῦσαν εἶναι κατέλυσαν, μικρὰς μὲν ἀφορμὰς εἰς τὸν
πόλεμον τὸν κατὰ θάλατταν τὸ πρῶτον ἔχοντες, διὰ δὲ τὴν
305 δόξαν ταύτην [9]προσαγόμενοι τοὺς Ἕλληνας· καὶ πάλιν
ὑμεῖς τὴν ἀρχὴν ἀφείλεσθε τὴν ἐκείνων, ἐξ ἀτειχίστου μὲν c

[1] πλείονα A. πλέον L. [2] σφῶν αὐτῶν A. C. L.
[3] αὐτοῖς ἐξουσίαν ἤλπισαν A. C. L. [4] ὥσπερ A. C. L. [5] εἰς A. C. L.
[6] uncos om. A. C. L. [7] μετὰ Λακεδαιμονίων, οὐ A. C. L.
[8] καὶ Λακεδαιμόνιοι A. C. L. [9] προσαγαγόμενοι A. C. L.

Οὐχ ὡς συμμάχοις ὑμῖν προσηνέχθησαν] *vobis non usi sunt tanquam sociis.* Idem.

Ταπεινότερον] Accipe adverbialiter. Ad verbum interpretare: *humilius dispositi quam nunc nos sumus.* Auger.

τῆς πόλεως ὁρμηθέντες [1] καὶ κακῶς πραττούσης, τὸ δὲ δίκαιον ἔχοντες σύμμαχον; καὶ τούτων ὡς οὐ βασιλεὺς αἴτιος ἦν, ὁ τελευταῖος χρόνος σαφῶς ἐπέδειξεν· [2] ἔξω γὰρ αὐτοῦ πραγμάτων γεγενημένου, καὶ τῶν μὲν ὑμετέρων ἀνελπίστως ἐχόντων, Λακεδαιμονίοις δὲ σχεδὸν ἁπασῶν τῶν πόλεων δουλευουσῶν, ὅμως αὐτῶν [3] τοσοῦτον περιεγένεσθε πολεμοῦντες
d ὥστε ἐκείνους ἀγαπητῶς ἰδεῖν τὴν εἰρήνην γενομένην.

ιη'. Μηδεὶς οὖν ὑμῶν ὀῤῥωδείτω μετὰ τοῦ δικαίου ποιούμενος τοὺς κινδύνους, μηδ' οἰέσθω συμμάχων ἀπορήσειν, ἐὰν τοῖς ἀδικουμένοις [4] ἐθέλητε βοηθεῖν ἀλλὰ μὴ Θηβαίοις μόνοις· οἷς νῦν τἀναντία ψηφισάμενοι πολλοὺς ἐπιθυμεῖν ποιήσετε τῆς ὑμετέρας φιλίας. ἢν γὰρ ἐνδείξησθε ὡς ὁμοίως ἅπασιν ὑπὲρ τῶν συνθηκῶν παρεσκεύασθε πολεμεῖν, τίνες εἰς τοῦτ' ἀνοίας ἥξουσιν ὥστε βούλεσθαι μετὰ τῶν καταδουλου-
e μένων τὴν Ἑλλάδα εἶναι μᾶλλον ἢ μεθ' ὑμῶν τῶν ὑπὲρ τῆς [5] αὐτῶν ἐλευθερίας ἀγωνιζομένων; εἰ δὲ μὴ, τί λέγοντες, ἢν πάλιν γένηται πόλεμος, ἀξιώσετε προσάγεσθαι τοὺς Ἕλληνας, εἰ τὴν αὐτονομίαν προτείνοντες [6] ἐνδώσετε πορθεῖν
305 Θηβαίοις ἣν τιν' ἂν βούλωνται τῶν πόλεων; πῶς δ' [7] οὐ τἀναντία φανήσεσθε πράττοντες ὑμῖν αὐτοῖς, εἰ Θηβαίους μὲν μὴ [8] διακωλύσετε παραβαίνοντας τοὺς ὅρκους καὶ τὰς συνθήκας, πρὸς δὲ Λακεδαιμονίους ὑπὲρ τῶν αὐτῶν τούτων προσποιήσεσθε πολεμεῖν; καὶ τῶν μὲν κτημάτων τῶν ὑμετέρων αὐτῶν ἀπέστητε, βουλόμενοι τὴν συμμαχίαν ὡς μεγίστην ποιῆσαι, τούτους δὲ τὴν ἀλλοτρίαν ἔχειν ἐάσετε
b καὶ τοιαῦτα ποιεῖν ἐξ ὧν ἅπαντες χείρους ὑμᾶς [9] εἶναι νομιοῦσιν; ὃ δὲ πάντων [10] δεινότατον, εἰ τοῖς μὲν συνεχῶς μετὰ Λακεδαιμονίων γεγενημένοις δεδογμένον ὑμῖν ἐστὶ βοη-

[1] καὶ πραττούσης ἀσθενῶς A. C. L. [2] Ξέρξη γὰρ αὐτῷ πραγμ. γεγενημένων A. C. L. [3] τοσοῦτον αὐτῶν A. C. L. [4] ἐθελήσῃ τις A. C. L. [5] ἑαυτῶν A. C. L. [6] ἐκδώσετε A. C. L. [7] οὐχὶ καὶ τἀν. A. C. L. [8] διακωλύσητε L. [9] εἶναι νομιοῦσιν ὑμᾶς A. C. L. [10] ἀλογώτατον A. C. L.

Ξέρξῃ γὰρ αὐτῷ πραγμ. γεγενημένων] *nam quum ipsi Xerxi negotium facesseretur*, intellige scil. ab Agesilao. Fuit quidem tunc Persarum rex Artaxerxes Mnemon (ut Wolf. observat); sed fieri tamen potest, ut et hunc Xerxem noster nominet. Bav. et Auger. H. et I. *ἔξω γὰρ αὐτοῦ (βασιλέως) πραγμάτων γενομένου*. qua mutatione ille quidem de Artaxerxe scrupulus removetur, sed alia difficultas in re ipsa oritur, quæ difficilius removetur: nam Artaxerxes ad classem Cnidicam, quamvis non plurimas copias, tamen nonnullas contulit. Vid. Evag. §. *κα'*. LANG.

Τὴν εἰρήνην] Intellige Antalcidæ istam. IDEM.

Εἰ δὲ μὴ] Repete *ἐνδείξεσθε*. IDEM.

Παραβαίνοντας] I. e. *παραβαίνειν*. WOLF.

θεῖν, ἥν τι παράσπονδον αὐτοῖς ἐκεῖνοι προστάττωσιν, ἡμᾶς
δ', οἳ τὸν μὲν πλεῖστον χρόνον μεθ' ὑμῶν ὄντες διατετελέκα-
μεν, τὸν δὲ τελευταῖον μόνον πόλεμον ὑπὸ Λακεδαιμονίοις
306 ἠναγκάσθημεν γεγενῆσθαι, διὰ ταύτην τὴν πρόφασιν ἀθλιώ-
τατα [1] πάντων ἀνθρώπων περιόψεσθε διακειμένους.

ιθ'. Τίνας γὰρ ἂν ἡμῶν εὕροι τις δυστυχεστέρους; οἵτινες καὶ πόλεως καὶ χώρας καὶ χρημάτων ἐν μιᾷ στερηθέντες
ἡμέρᾳ, πάντων τῶν [2] ἀναγκαίων ὁμοίως ἐνδεεῖς ὄντες ἀλῆται
καὶ πτωχοὶ [3] καθέσταμεν, ἀποροῦντες [4] ὅποι τραπώμεθα
[5] [ἐκπεσόντες γὰρ ἐκ τῆς οἰκείας, ἀθυμοῦντες καὶ ἀλώμενοι
τὴν Ἑλλάδα περίιμεν] [6] καὶ πάσας δυσχεραίνοντες τὰς
οἰκήσεις· ἥν τε γὰρ δυστυχοῦντας καταλάβωμεν, ἀλγοῦμεν
ἀναγκαζόμενοι πρὸς τοῖς οἰκείοις κακοῖς καὶ τῶν ἀλλοτρίων d
κοινωνεῖν· ἥν θ' ὡς εὖ πράττοντας ἔλθωμεν, ἔτι χαλεπώτερον ἔχομεν, οὐ ταῖς ἐκείνων φθονοῦντες εὐπορίαις, ἀλλὰ
μᾶλλον ἐν τοῖς τῶν πέλας ἀγαθοῖς τὰς ἡμετέρας αὐτῶν
συμφορὰς καθορῶντες, ἐφ' αἷς ἡμεῖς οὐδεμίαν ἡμέραν ἀδακρυτὶ διάγομεν, ἀλλὰ πενθοῦντες τὴν πατρίδα καὶ θρηνοῦντες τὴν μεταβολὴν τὴν γεγενημένην ἅπαντα τὸν χρόνον
διατελοῦμεν. τίνα γὰρ ἡμᾶς [8] οἴεσθε γνώμην ἔχειν ὁρῶντας e
[9] καὶ τοὺς γονέας [10] αὐτῶν ἀναξίως γηροτροφουμένους καὶ
τοὺς παῖδας οὐκ ἐπὶ ταῖς ἐλπίσιν αἷς ἐποιησάμεθα παι-
δευομένους, ἀλλὰ πολλοὺς μὲν μικρῶν ἕνεκα συμβολαίων
δουλεύοντας, ἄλλους δ' ἐπὶ θητείαν ἰόντας, τοὺς δ' ὅπως 306
ἕκαστοι δύνανται τὸ καθ' ἡμέραν ποριζομένους, ἀπρεπῶς
καὶ τοῖς τῶν προγόνων ἔργοις καὶ ταῖς αὑτῶν ἡλικίαις καὶ
τοῖς φρονήμασι τοῖς ἡμετέροις. ὃ δὲ πάντων [11] ἄλγιστον, ὅταν
τις ἴδῃ χωριζομένους ἀπ' ἀλλήλων μὴ μόνον πολίτας ἀπὸ
πολιτῶν, ἀλλὰ καὶ γυναῖκας ἀπ' ἀνδρῶν καὶ [12] θυγατέρας
ἀπὸ μητέρων, καὶ πᾶσαν τὴν συγγένειαν διαλυομένην, ὃ

[1] ἀπάντων A. C. L. [2] ἀναγκαιοτάτων A. C. L. [3] καθεστήκαμεν A. L. [4] ποῖ A. C. L. [5] uncos om. A. C. L. [6] καὶ om. A. C. L. [7] εὐπραγοῦντας A. C. L. [8] οἴεσθε ἡμᾶς A. C. L. [9] καὶ om. A. C. L. [10] ἡμῶν αὐτῶν A. ἡμῶν, αὐτῶν C. ἡμῶν, αὐτῶν L. [11] ἐστὶν ἀλγεινότατον A. C. L. [12] τέκνα A. C. L.

Μικρῶν ἕνεκα συμβολαίων] Συμβόλαια hic intellige, conditiones sub quibus liber aliquis alieni libero servit. AUGER. *ob parvos contractus*, seu *pro vili mercede*, seu *parvo pretio a parentibus venditi*. LANG.

Ἐπὶ θητείαν ἰόντας] Ἐπὶ θητείαν ἰέναι, ἢ θητεύειν, τὸ ἐπὶ μισθῷ ἄλλοις ἄλλοτε ἐργάζεσθαι. COR. Cf. Aristot. Polit. iii. 5. et Demosth. c. Macart. §. ιγ'.

πολλοῖς τῶν ἡμετέρων πολιτῶν διὰ [1] τὴν ἀπορίαν συμβέ-
b βηκεν· ὁ γὰρ κοινὸς βίος ἀπολωλὼς ἰδίας [2] τὰς ἐλπίδας
ἕκαστον ἡμῶν ἔχειν πεποίηκεν. οἶμαι δ' ὑμᾶς οὐδὲ τὰς ἄλλας αἰσχύνας ἀγνοεῖν τὰς διὰ πενίαν καὶ φυγὴν γιγνομένας, ἃς ἡμεῖς τῇ μὲν διανοίᾳ χαλεπώτερον τῶν ἄλλων [3] φέρομεν, τῷ δὲ λόγῳ παραλείπομεν, αἰσχυνόμενοι λίαν ἀκριβῶς τὰς ἡμετέρας αὐτῶν ἀτυχίας ἐξετάζειν.

κ'. Ὧν αὐτοὺς [4] ὑμᾶς ἀξιοῦμεν ἐνθυμουμένους ἐπιμέ- 307
c λειάν τινα ποιήσασθαι περὶ ἡμῶν. καὶ γὰρ οὐδ' ἀλλότριοι
τυγχάνομεν ὑμῖν ὄντες, ἀλλὰ ταῖς μὲν εὐνοίαις ἅπαντες
οἰκεῖοι, τῇ δὲ συγγενείᾳ τὸ πλῆθος ἡμῶν· διὰ γὰρ τὰς ἐπι-
γαμίας τὰς δοθείσας ἐκ πολιτίδων ὑμετέρων γεγόναμεν·
ὥστ' οὐχ οἷόν τ' ὑμῖν ἀμελῆσαι περὶ ὧν ἐληλύθαμεν δεησόμενοι. καὶ γὰρ ἂν [5] πάντων εἴη δεινότατον, εἰ πρότερον μὲν
ἡμῖν μετέδοτε τῆς πατρίδος τῆς ὑμετέρας αὐτῶν, νῦν δὲ
μηδὲ τὴν ἡμετέραν ἀποδοῦναι δόξειεν ὑμῖν. ἔπειτ' οὐδ' εἰκὸς
d ἕνα μὲν ἕκαστον ἐλεεῖσθαι τῶν παρὰ τὸ δίκαιον δυστυχούντων, ὅλην δὲ πόλιν οὕτως ἀνόμως διεφθαρμένην μηδὲ κατὰ
μικρὸν οἴκτου δυνηθῆναι τυχεῖν, ἄλλως τε καὶ πρὸς ὑμᾶς
καταφυγοῦσαν, οἷς οὐδὲ τὸ πρότερον αἰσχρῶς οὐδ' ἀκλεῶς
ἀπέβη τοὺς ἱκέτας ἐλεήσασιν.

κα'. Ἐλθόντων γὰρ Ἀργείων ὡς τοὺς προγόνους ὑμῶν καὶ
δεηθέντων ἀνελέσθαι τοὺς ὑπὸ τῇ Καδμείᾳ τελευτήσαντας,
πεισθέντες ὑπ' ἐκείνων καὶ Θηβαίους ἀναγκάσαντες βουλεύ-
e σασθαι νομιμώτερον οὐ μόνον αὐτοὶ κατ' ἐκείνους τοὺς [6] καιροὺς εὐδοκίμησαν, ἀλλὰ καὶ τῇ πόλει δόξαν ἀείμνηστον εἰς
ἅπαντα τὸν χρόνον κατέλιπον, ἧς οὐκ ἄξιον προδότας γε-
307 νέσθαι. καὶ γὰρ αἰσχρὸν φιλοτιμεῖσθαι μὲν ἐπὶ τοῖς τῶν
προγόνων ἔργοις, φαίνεσθαι δ' ἐκείνοις τἀναντία περὶ τῶν
ἱκετῶν πράττοντας.

κβ'. Καίτοι πολὺ περὶ μειζόνων καὶ δικαιοτέρων ἥκομεν
ποιησόμενοι [7] τὰς δεήσεις· οἱ μὲν γὰρ ἐπὶ τὴν ἀλλοτρίαν

[1] τὰς ἀπορίας A. C. L. [2] τὰς om. A. C. L. [3] κακῶν φέρομεν A. C. L. [4] ὑμᾶς αὐτοὺς A. C. L. [5] ἁπάντων A. C. L. [6] χρόνους A. C. L. [7] τὰς δεήσεις ποιησόμενοι A. C. L.

Τὰς ἐπιγαμίας] Vid. Demosth. c. Neær. §. κε'.

Μετέδοτε τῆς πατρίδος] Vid. Panath. §. λε'. Lang.

Κατὰ μικρὸν] *paullulum, aliquantum.* Idem.

Ἐλθόντων γὰρ Ἀργείων] Vid. Panath. §. ο'. Idem.

[1] στρατεύσαντες ἱκέτευον ὑμᾶς, ἡμεῖς δὲ, τὴν ἡμετέραν αὐτῶν ἀπολωλεκότες, κἀκεῖνοι μὲν παρεκάλουν ἐπὶ τὴν τῶν
νεκρῶν ἀναίρεσιν, ἡμεῖς δ' ἐπὶ τὴν τῶν λοιπῶν σωτηρίαν.
ἔστι δ' οὐκ ἴσον κακὸν οὐδ' ὅμοιον τοὺς τεθνεῶτας ταφῆς
εἴργεσθαι καὶ τοὺς ζῶντας πατρίδος ἀποστερεῖσθαι καὶ b
τῶν ἄλλων ἀγαθῶν ἁπάντων, ἀλλὰ τὸ μὲν δεινότερον τοῖς
κωλύουσιν ἢ τοῖς ἀτυχοῦσι, τὸ δὲ μηδεμίαν ἔχοντα καταφυγὴν ἀλλ' ἄπολιν γενόμενον καθ' ἑκάστην [2] τὴν ἡμέραν
308 κακοπαθεῖν καὶ τοὺς αὑτοῦ περιορᾶν, μὴ δυνάμενον ἐπαρκεῖν, τί δεῖ λέγειν ὅσον τὰς ἄλλας συμφορὰς [3] ὑπερβέβληκεν;

κγ'. Ὑπὲρ ὧν ἅπαντας ὑμᾶς ἱκετεύομεν ἀποδοῦναι τὴν
χώραν ἡμῖν καὶ τὴν πόλιν, τοὺς μὲν πρεσβυτέρους ὑπομι- c
μνήσκοντες ὡς οἰκτρὸν τοὺς τηλικούτους ὁρᾶσθαι δυστυχοῦντας καὶ τῶν καθ' ἡμέραν ἀποροῦντας, τοὺς δὲ νεωτέρους
ἀντιβολοῦντες καὶ δεόμενοι [4] βοηθῆσαι τοῖς ἡλικιώταις καὶ
μὴ περιιδεῖν ἔτι πλείω κακὰ τῶν εἰρημένων παθόντας.
ὀφείλετε δὲ[6] [5] μόνοι τῶν Ἑλλήνων τοῦτον τὸν ἔρανον, ἀναστάτοις ἡμῖν γενομένοις ἐπαμῦναι. καὶ γὰρ τοὺς ἡμετέρους
προγόνους φασὶν, ἐκλιπόντων τῶν ὑμετέρων πατέρων ἐν τῷ d
Περσικῷ πολέμῳ ταύτην τὴν χώραν, μόνους τῶν ἔξω Πελοποννήσου κοινωνοὺς ἐκείνοις τῶν κινδύνων γενομένους συν-
ανασῶσαι τὴν πόλιν αὐτοῖς· ὥστε δικαίως ἂν τὴν αὐτὴν
εὐεργεσίαν ἀπολάβοιμεν, ἥνπερ αὐτοὶ τυγχάνομεν εἰς ὑμᾶς
ὑπάρξαντες.

κδ'. Εἰ δ' οὖν καὶ μηδὲν ὑμῖν τῶν σωμάτων τῶν ἡμετέρων δέδοκται φροντίζειν, ἀλλὰ τήν γε χώραν οὐ πρὸς ὑμῶν e
ἐστὶν [7] ἀνέχεσθαι πεπορθημένην, ἐν ᾗ μέγιστα σημεῖα τῆς
ἀρετῆς τῆς ὑμετέρας καὶ τῶν ἄλλων τῶν συναγωνισαμένων
[8] καταλείπεται· τὰ μὲν γὰρ ἄλλα τρόπαια πόλει πρὸς
πόλιν γέγονεν, ἐκεῖνα δ' ὑπὲρ ἁπάσης τῆς Ἑλλάδος πρὸς

[1] στρατεύοντες A. C. L. [2] [τὴν] C. [3] ὑπερβέβηκεν A. C. L.
[4] βοηθεῖν A. C. L. [5] μόνοις A. C. L. [6] γεγενημένοις A. C. L.
[7] ἀνασχέσθαι A. C. L. [8] καταλέλειπται A. C. L.

Τῶν λοιπῶν] Opponitur τῶν νεκρῶν. Vertas igitur: *superstitum.* Idem. Τῶν μὴ ἀποθανόντων ἐν τῷ πολέμῳ τῷ πρὸς Θηβαίους. Cor.

Δεινότερον — ἀτυχοῦσι] *contumeliosius est,* seu *pejus est, iis qui prohibent* (cadavera sepeliri) *quam iis qui prohibentur.* ἀτυχοῦσι enim idem est ac μὴ τυγχάνουσι, scil. τῆς ταφῆς. Lang.

Μόνους τῶν ἔξω Πελοπ.] Vid. Paneg.

ὅλην τὴν ἐκ τῆς Ἀσίας δύναμιν ἕστηκεν. ἃ Θηβαῖοι μὲν
308 εἰκότως ἀφανίζουσι — τὰ γὰρ μνημεῖα τῶν τότε γενομένων αἰσχύνη τούτοις ἐστὶν —, ὑμῖν δὲ προσήκει διασώζειν·
ἐξ ἐκείνων γὰρ τῶν ἔργων ἡγεμόνες κατέστητε τῶν Ἑλλήνων. ἄξιον δὲ καὶ τῶν θεῶν καὶ τῶν ἡρώων μνησθῆναι τῶν
ἐκεῖνον τὸν τόπον κατεχόντων, καὶ μὴ περιορᾶν τὰς τιμὰς
αὐτῶν καταλυομένας, οἷς ὑμεῖς καλλιερησάμενοι τοιοῦτον
ὑπέστητε κίνδυνον, ὃς καὶ τούτους καὶ τοὺς ἄλλους ἅπαν-
b τας Ἕλληνας ἠλευθέρωσε. χρὴ δὲ καὶ τῶν προγόνων ποιήσασθαί τινα πρόνοιαν, καὶ μὴ παραμελῆσαι μηδὲ τῆς περὶ
ἐκείνους εὐσεβείας, [1] οἳ πῶς ἂν διατεθεῖεν, εἴ τις ἄρα τοῖς
ἐκεῖ φρόνησίς ἐστι περὶ τῶν ἐνθάδε γιγνομένων, εἰ κυρίων 309
ὑμῶν [2] ὄντων αἴσθοιντο τοὺς μὲν δουλεύειν τοῖς βαρβάροις
ἀξιώσαντας δεσπότας τῶν ἄλλων [3] καθισταμένους, ἡμᾶς δὲ
τοὺς ὑπὲρ τῆς ἐλευθερίας συναγωνισαμένους μόνους τῶν
c Ἑλλήνων ἀναστάτους γεγενημένους, καὶ τοὺς μὲν τῶν
[4] συγκινδυνευσάντων τάφους μὴ τυγχάνοντας τῶν νομιζομένων σπάνει τῶν [5] ἐποισόντων, Θηβαίους δὲ τοὺς τἀναντία
[6] παραταξαμένους κρατοῦντας τῆς χώρας ἐκείνης; ἐνθυμεῖσθε
δ' ὅτι [7] Λακεδαιμονίων μεγίστην ἐποιεῖσθε κατηγορίαν, ὅτι
Θηβαίοις χαριζόμενοι, τοῖς τῶν Ἑλλήνων προδόταις, [8] ἡμᾶς
τοὺς εὐεργέτας διέφθειραν. μὴ τοίνυν ἐάσητε [9] ταύτας τὰς
d βλασφημίας περὶ τὴν ὑμετέραν γενέσθαι πόλιν, μηδὲ τὴν
ὕβριν τὴν τούτων ἀντὶ τῆς παρούσης ἕλησθε δόξης.

κε'. Πολλῶν δ' ἐνόντων εἰπεῖν ἐξ ὧν ἄν τις ὑμᾶς ἐπα-
γάγοιτο μᾶλλον φροντίσαι τῆς ἡμετέρας σωτηρίας, οὐ
δύναμαι [10] [βραχεῖ λόγῳ] πάντα περιλαβεῖν, ἀλλ' αὐτοὺς
ὑμᾶς χρὴ καὶ τὰ παραλελειμμένα συνιδόντας καὶ μνη-
σθέντας μάλιστα μὲν τῶν ὅρκων καὶ τῶν συνθηκῶν, ἔπειτα
δὲ καὶ τῆς ἡμετέρας εὐνοίας καὶ τῆς τούτων ἔχθρας, ψηφίσασθαι τὰ δίκαια περὶ ἡμῶν.

[1] ἐνθυμουμένους ὅπως A. C. L. [2] ὑπαρχόντων ὑμῶν A. ὄντων ὑμῶν C. L. [3] Ἑλλήνων καθισταμένους A. C. L. [4] κινδυνευσάντων A. C. L. [5] ποιησόντων A. C. L. [6] διαπραξαμένους A. C. L. [7] καὶ Λακεδαιμονίων A. C. L. [8] ὑμᾶς A. C. L. [9] ταύτην τὴν βλασφημίαν A. C. L. [10] uncos om. A. C. L.

§. κϛ'. et Panath. §. λε'. Idem.
Αἰσχύνη τούτοις ἐστὶν] Vid. Panath. §. λε'. Idem.
Κυρίων ὑμῶν ὄντων] vobis dominantibus. Idem.
Δουλεύειν] Vid. Paneg. §. κϛ'. Idem.
Μὴ τυγχάνοντας τῶν νομιζομένων] non honorari inferiis consuetis. Idem.

ΙΕ.

ΙΣΟΚΡΑΤΟΥΣ

ΠΕΡΙ [1]ΑΝΤΙΔΟΣΕΩΣ.

Pag. ed. Cor. 310 α΄. ΕΙ μὲν ὅμοιος ἦν ὁ λόγος ὁ μέλλων ἀναγνωσθήσεσθαι Pag. ed. H. Ste 310
τοῖς [2] ἢ πρὸς τοὺς ἀγῶνας ἢ πρὸς τὰς ἐπιδείξεις [3] γιγνομένοις,

[1] ΤΗΣ ΑΝΤΙΔΟΣΕΩΣ A. C. L. [2] ἢ om. A. C. L. [3] γεγραμμένοις A. C. L.

SUMMARIUM. (α΄.) *Exordium.* Nisi oratio hæc peculiaris ac novi prorsus generis esset, præfatione non egeret; nunc discrepantiæ hujus ratio ante omnia mihi reddenda est. (β΄.) Non ignorabam quidem, nonnullos sophistas studia mea calumniari, forensibus tantum orationibus scribendis me operam dare dictitantes, parva nimirum cum magnis comparantes, nunquam tamen istam mei extenuationem ultus sum, quum, quo in genere orationum laborarem, cuivis manifestum esse putarem, atque ob hoc meum institutum quietisque studium, apud omnes cives gratiosus esse mihi viderer; sed in fine vitæ meæ de permutandis bonis in judicium vocatus, multos de populo perverse de me existimare et melius edoctos invidos esse vidi; quanquam enim causæ, quas adversarius meus proferebat, futiles tantum erant, munus tamen illud judices mihi obeundum esse decreverunt, egoque illud sucepi. (γ΄.) Quod hac demum occasione animadvertens et deliberans, quomodo non tantum æqualibus, verum etiam posterioribus, vitæ meæ rationem ac studia ante oculos quasi ponerem, inveni, hoc melius fieri posse oratione, quæ veluti imago mentis meæ ac reliquarum mearum rerum esset, quam corporis mei effigie. (δ΄.) Ne vero laudationem mei scribens plura omittere cogerer, quæ dicenda erant, et invidiam excitarem, hanc orationem composui, in speciem defensionis coram judicibus contra adversarii calumnias fictam. (ε΄.) Quoniam vero scripta est anno ætatis meæ octogesimo secundo, multiplex illa ac compositu difficilis, veniam a lectoribus peto, si orationibus ante a me editis mollior esse videbitur. (ϛ΄.) Ad has igitur varias formas, lector, respicias, nec totam simul, sed per partes legas, si, an dignum nobis locuti simus, perspicere velis. (ζ΄.) Finge porro, habitam esse coram judicibus, et verum de me explicare, rerum mearum ignaros melius edocere, invidosque invidiores etiam reddere senties. (η΄.) Quum adversarius meus imprimis sit multus in eo, quod eloquentiam meam apud vos criminatur, dicens causam inferiorem, me posse dicendo reddere superiorem, cui crimini iste obnoxius est, non item ego, ut, hoc illius artificio circumventus, vel bene vel male me defendam, causa cadere cogere, vos, judices, rogo, ne decernatis, antequam nostram defensionem totam audieritis, præsertim quum vix ex utraque parte, nedum ex una, verum elici possit. (θ΄.) Maximorum certe malorum causa est calumnia, quæ innocentissimos nonnunquam homines damnavit, quos si in vitam revocare potuisset civitas nostra, magni fecisset. Non mirum igitur, si calumniatoribus accusandis, qui judicibus fucum faciunt, diutius immorantur nonnulli, quam sibimet ipsis defendendis. (ι΄.) Hinc cavendum judicibus, ne accusatoribus aurem præbeant faciliorem quam reis, quandoquidem ejusmodi in judiciis iniquitas ac perversitas non tantum misericordiæ laudi, qua civitas nostra floret, sed justitiæ et proprio imprimis commodo maxime adversatur: (ια΄.) nam isti homunculi, quibus negligere sua, alienis insidiari propositum est, a sceleratis pecuniam extorquent, ne accusent illos, in civibus vero modestis criminandis et in judicium vocandis vires suas ostendunt, iisque terrorem sui incutiunt. (ιβ΄.) Quorum e numero iste Lysimachus est, qui hoc meum periculum, quod innocentissimo mihi creavit, opti-

οὐδὲν ἂν [1]οἶμαι προδιαλεχθῆναι περὶ αὐτοῦ· νῦν δὲ διὰ τὴν καινότητα καὶ τὴν διαφορὰν ἀναγκαῖόν ἐστι προειπεῖν

[1] ἔδει A. C. L.

mam pecuniæ extorquendæ viam habet, præsertim quum judices ad calumnias audiendas tam promptos esse videat, meque et propter ætatem et ejusmodi certaminum imperitiam facillime superari posse confidat. Ita enim semper me gessi, ut neminem injuria afficerem, ipse vero læsus, controversias amicis ejus, qui læserat, dirimendas relinquerem. Quorum nihil mihi profuit, quippe qui, vita ad hanc usque ætatem sine ullius querela transacta, in eodem nunc periculo versor, ac si omnes offendissem. Attamen spero, si me cum benevolentia audire volueritis, quum eos, qui de me false existiment, a sua opinione deducere, tum, qui me melius noverint, in sua de me opinione confirmare. Nunc, ne vos diutius morer, ea audire velitis, de quibus judicandum est. (ιγ΄.) Videtis hinc, me eo nomine accusari, quod adolescentes eloquentiæ præceptis corrumpam, eosque in judiciis vel contra jus vincere edoceam. Cujus criminis accusans me adversarius et supra omnes omnino causidicos oratoresque extollens, et auditorum invidiam et vestram mihi iram movere cupit. (ιδ΄.) At cum alia prorsus mentitum esse, alia immodice exaggerasse, facile me ostensurum esse confido, dummodo judicium vestrum tamdiu retinere velitis, quam defensionem audiveritis. (ιε΄.) Atqui neminem civium neque eloquentia mea neque scriptis unquam læsum esse, hoc ipsum testimonio est, quod, etsi quivis antea tacuisset, hanc tamen occasionem ad ulciscendum non dimisisset, ubi iste me, quem ne verbis quidem læsi, accusavit. Sed neque nunc, neque antea tale quidquam mihi evenit, ita ut, si verum esset, quod adversarios obtinet, me esse in orationibus noxiis versatissimum, non tam pœnam quam laudem mererer, utpote qui ingenio moderate semper fuerim usus. (ιϛ΄.) Me vero nequaquam tales orationes conscripsisse, e quotidianæ vitæ meæ consuetudine cognoscere potestis. Nullus me unquam in istis locis vidit, quæ frequentare necesse fuisset, si e vestris contractibus victitassem. Deinde opes, de quibus iste dixit, ab externis potius quam a vobis comparavi, discipulique mei non ut istorum illi in angustiis versantur, sed Græcorum opulentissimi et otiosissimi sunt. Quis credat, Nicoclem, Salaminiorum regem, mihi idcirco munera dedisse, ut causas agere disceret? Causidicorum denique nullus est, cujus fidei discipuli committerentur; ego vero, ut accusator ait, plures habui, quam omnes rhetores. (ιζ΄.) Quam diversa fuerit vita mea ab illorum, qui in judiciis versantur, ita vobis optime demonstrasse puto, si earum rerum, de quibus accusator dixit, nullos mihi discipulos fuisse, neque me egregium orationum forensium artificem exstitisse ostendero; ita enim cupide vos audituros esse arbitror, quibusnam aliis orationibus conficiendis tantam mihi gloriam compararerim, quarum deinde specimina vobis proponentur. Tanquam igitur vera, etsi nocitura mihi, nullo tamen modo dissimulanda, hæc accipite. (ιη΄.) Inter multa orationum genera, numero, poematum generibus haud cedentia, unum est illud, quod Græciæ rerumque publicarum statum tractat, conventibus publicis maxime illud accommodatum, et poematibus propius accedens; quo multi non minus delectantur, quam poematibus, quodque tanquam utilius, celebrius, difficilius ac nobilius addiscere cupientes disciplinæ se tradunt, ex quo ego amplam et gratiam et celebritatem mihi peperi. (ιθ΄.) Atque hæc de mea sive facultate, sive eloquentia, sive exercitatione dicta sint. Quod vero ad me ipsum attinet, ego severius atque audacius etiam nunc loquar; provoco enim vos, ut, non modo, si noxias orationes scribam, nullam a vobis veniam impetrem, sed, nisi tales elaboro, quales præter me nullus, gravissima supplicia subeam. (κ΄.) Ne vero ambigui sitis, an verum loquar, id, quod in factis judicandis non licet, orationes ipsas non describam vobis, sed ante oculos ponam, non illas quidem totas, sed earum particulas; ut inde et mores meos et reliquas omnes orationes dijudicare possitis. In quibus recitandis ne ægre feratis, rogo, me eodem modo illas repetere, quo scriptæ sunt, quum omnis mutatio consilio esset contraria. Sed ipsi recitationi pauca præmittere liceat, quæ ad meliorem cujusque intelligentiam faciant. (κα΄.) Prima, quæ ostendetur, de Græcis inter se reconciliandis et de bello Barbaris inferendo scripta est, cum Lacedæmoniis de principatu contendens, et rempublicam nostram omnium bonorum Græciæ causam fuisse, demonstrans, non tantum in bello, verum etiam in pace. Ne vero prorsus deficiam, quum mihi multa dicenda restent, alius recitet. (E PANEGYRICO.) At non tantum in pace, verum

τὰς αἰτίας, δι' ἃς οὕτως ἀνόμοιον αὐτὸν ὄντα τοῖς ἄλλοις
γράφειν προειλόμην· μὴ γὰρ τούτων δηλωθεισῶν πολλοῖς b
ἂν ἴσως ἄτοπος εἶναι δόξειεν.

etiam in bello Atheniensium beneficia laudari merentur, quum pro patria aliorumque libertate multa magnaque et splendida pericula subierunt, imbecillioribusque opitulari, quam potentioribus injuriarum adjutores esse maluerunt. Quem promptum eorum ad opem ferendam animum ac potentiam, supplices, antiquissimis jam temporibus, Athenas, tanquam ad communem misericordiæ aram confugientes, satis declarant. Ut leviora omittam, Adrastus, Argivorum rex, adversus Thebanos, qui corpora ad Cadmeam cæsorum sepelienda reddere recusaverant, et Heraclidæ adversus Eurystheum opem urbis nostræ implorarunt, tanto successu, ut Atheniensium auxilio adjuti alteros cadavera reddere cogerent et alterius ferociam prorsus compescerent. Adrastus, compos voti factus, Thebas reliquit, et Eurystheus, qui Herculem, Jove natum divinoque robore præditum, partim imperiis, partim injuriis, per totam vitam vexaverat, ubi nos lacessiverat, captus ab Heraclidis contumeliosa morte periit; quum vero Heraclidæ Spartam postea conderent ejusque reges fierent, omnis posterioris Lacedæmoniorum felicitatis, Atheniensium beneficio, auctores fuerunt. Quodsi vero antiquissimis illis temporibus civitas nostra Thebanos imperata facere coegit, Lacedæmonios servavit, Argivos vicit, atque hi tres populi potentissimi omnium Græcorum fuerunt, nostros majores omnibus ab initio superiores fuisse liquet. Atque idem fere de Barbaris dicere licet, quorum antiquissimos ac potentissimos civitas nostra vicit. Thracum et Amazonum incursiones, qui, Atheniensibus in potestatem redactis, omnes omnino Græcos subegisse opinabantur, tanto successu a majoribus nostris repulsæ sunt, ut alteri sedes suas Græcis permittere cogerentur, alterarum nulla clade superstes esset. In bello autem contra Darium et Xerxem gesto et virtus et opes majorum nostrorum tam insignes fuere, ut præmio fortitudinis ab initio statim digni haberentur, et paullo post, omnium consensu, maris imperium obtinerent, non recusantibus Lacedæmoniis, de quorum et Atheniensium civitate paullo prolixius disserere conabor, etsi plures iique eloquentissimi cives easdem res jam olim occuparunt. Atque hoc loco ii, qui ante hoc bellum in utraque civitate rempublicam administrarunt, propter egregia instituta moresque, quibus populum ad virtutem, in Persico bello probatam, præpararunt, silentio non sunt prætereundi. Quemadmodum vero erga se, eodem modo et erga reliquas civitates affecti erant, quas beneficiis conciliare sibi, quam vi subigere, satius duxerunt. His igitur moribus posteri eorum imbuti et aucti, tales sese in bello Persico præstiterunt, ut, viribus totius totius Asiæ perbrevi tempore fractis, omnique laude superiores facti, neque poetarum neque oratorum quisquam eos digne satis extollere potuerit. Fuit quidem semper inter Athenienses Lacedæmoniosque æmulatio quædam ac honoris contentio; sed tum de salute Græcorum, non de servitute, certarunt, quod utique imprimis celeritate, qua primam Persarum in Græciam irruptionem represserunt, ubi alteri alteris priores esse voluerunt, affatim satis manifestarunt. Quæ utriusque civitatis æmulatio etiam palam fit ex eo, quod Athenienses in secunda Persarum in Græciam expeditione, cui Xerxes ipse præfuit, cum paucis navibus suis, veluti soli cum Barbaris confligere cuperent, classi illorum ad Artemisium, Lacedæmonii autem, paucis adjuti sociis, Persarum pedestribus copiis innumerabilibus in Thermopylis occurrerunt. Verum enimvero varia utrique fortuna usi sunt. Lacedæmonii in Thermopylis ab hostibus circumventi perierunt; Athenienses vero, victis ad Artemisium Barbaris, ubi Thermopylas expugnatas audiverunt, domum reversi omnibusque sociis destituti, proprio Marte immensam hostium multitudinem terra marique repellere conati sunt. Muneribus Persarum, si bello desisterent, generoso animo repudiatis, nec Græcis, a quibus turpiter destituti erant, irati, solos se, tanquam Græciæ principes, pro patria mori decere existimarunt, et, urbe hostibus ad diripiendum et diruendum relicta, soli naves conscenderunt. Victis vero hac classe ad Salaminem Barbaris, Athenienses, qui plurimas ad hoc prœlium naves contulerant, salutis Græcorum auctores putandi sunt. Qui igitur in superioribus bellis maximam gloriam deportarunt, qui privata sæpius pro communi salute pericula subierunt, qui in communibus prœliis fortitudinis præmia acceperunt, qui pro salute Græcorum urbem suam reliquerunt, denique qui priscis temporibus plurimas urbes condiderunt, casque maximis peri-

β'. Ἐγὼ γὰρ, εἰδὼς ἐνίους τῶν σοφιστῶν βλασφημοῦντας περὶ τῆς ἐμῆς διατριβῆς, καὶ λέγοντας ὡς ἔστι περὶ

culis liberarunt, nonne æquum est, eos in bello contra Barbaros suscepto hegemoniam habere? (κβ'.) Reputetis igitur vobiscum, an orationibus meis juvenum animos corrumpere, et non potius ad virtutem ducere, præmioque quam pœna dignior esse videar, qui urbem nostram majoresque nostros ita extulerim, ut neque antea quisquam aliquid dixisse sibi videatur, neque nunc dicere audeat. (κγ'.) At nihilominus tamen invidi quidam obtrectatores præferendas esse dicent illas orationes, quæ non tam superiora facta prædicent, quam præsentia peccata castigent. (κδ'.) Cui objectioni ut occurram, ejus orationis vobis partem aliquam proponam, in qua, ubi bellum cum sociis finiendum esse demonstravi, imperium Græcorum tanquam civitati inutile reprehendo, idque exemplis roboro. Postquam de his disserui et deploravi Græciæ calamitates, et cives admonui, ut tantis malis remedium invenire studeant, in fine ipsos ad colendam justitiam adhortor, et errata vitupero, et de futuris do consilium. Hanc igitur partem recita: Ex Oratione de Pace. At vero non solum pax facienda est, sed deliberandum etiam, qua ratione illam conservemus, nec tantum dilationem, sed præsentium malorum liberationem inveniamus; quod fieri nullo modo potest, nisi persuasum vobis fuerit, quietem esse sollicitudini præferendam, improbitati justitiam, suarum rerum curam cupiditati alienarum; de quibus rebus oratorum nullus apud vos verba adhuc facere conatus est. Omnes quidem homines commodum suum spectant, sed viam nescientes, diversas rationes ineunt. Ita nos quoque Græcorum imperium expetentes, dum a recta via aberramus, nil nisi inimicitias, bella et sumptus nobis paramus. Qui justitiam probatam quidem, sed inutilem, vel justos etiam miseriores habent injustis, in magno isti errore versantur. Sola virtus ejusque pars justitia est, quæ, etsi non semper, plerumque tamen, non in præsentia tantum, sed etiam in omne ævum felices nos reddit. Utinam vero æque facile sit, virtutem laudibus extollere, atque auditores ad colendam eum docere, corruptos nempe ab hominibus, qui nihil aliud quam decipere possunt, quique, quando largitionibus corrupti, bellum aliquibus inferre volunt, majores esse imitandos dicere audent, etc. Quos lubenter interrogarem, utros majorum nobis ad imitandum commendent, utrum eos, qui tempore belli Persici fuerunt, an eos, qui ante bellum Decelicum rempublicam gesserunt. Loquar an taceam, dubito. Quanquam autem gravius irascimini iis, qui delicta vestra vituperant, quam malorum vestrorum auctoribus, tamen quum ægrotis animis nullum aliud remedium sit, quam libere reprehendens oratio, meus me patriæ amor cogit, ut loquar ac vituperem. Laudamus majores, iisque contraria facimus; illi enim contra Barbaros pugnarunt, Græcis libertatem donarunt, pro Græcorum salute urbem suam reliquerunt, nos vero cum Græcis adversus Græcos pugnamus, Græcos servitute opprimimus, ne pro amplificando quidem dominatu nostro dimicare volumus, ipsi indigentes rebus ad victum necessariis, peregrinum militem eumque omni flagitiorum genere corruptissimum alere conamur, conductitios milites gravi armatura dignamur, et cives remigare cogimus. Verum non militiæ solum, sed etiam domi deterrime ac perturbatissime res nostras administramus, civitatem, qua gloriamur, cuivis impertientes, leges, quarum plurimas ferimus, ubivis negligentes, belli concitatores tanquam democratiæ fautores æstimantes, sententias in concione semper mutantes, pessimos consultores adhibentes, improbissimos civium fidelissimos reipublicæ custodes existimantes, eos denique, a quibus nemo vel de privatis vel de publicis rebus consilium peteret, summa potestate instructos emittentes. — Res vero civitatis emendabimus, primum, si desierimus calumniatores pro popularibus et honestos viros pro oligarchicis habere; deinde, si socios vobis beneficiis adjungatis, tum præter pietatem erga deos nihil prius habeatis, quam apud Græcos bene audire. Quodsi his accesserit, ut exercitatione et apparatu bellicosi, revera pacis et justitiæ studiosi sitis, non tantum civitatem vestram, verum etiam omnes omnino Græcos felices reddetis. Potentiores enim Græciæ civitates, quibus inferiorem aliquam lædendi animus erit, ubi paratam viderint nostram læsis opitulari, abstinebunt injuriis, aut omnes, qui in angustiis erunt, ad nos confugient. Hinc neque amici nobis, neque opes et potentia, neque denique gloria deerunt, si in aliorum insania primi nos ad sanam mentem reversi, recuperata majorum laude, libertatis potius vindices quam Græciæ pestis fuerimus appellati. Totius autem rei caput est, si maledicta, quibus nunc petimur, exstinguere et a bellis temere susceptis cessare, principatumque in omne tempus tenere cupimus,

δικογραφίαν, καὶ παραπλήσιον ποιοῦντας ὥσπερ ἂν εἴ τις
Φειδίαν τὸν τὸ τῆς Ἀθηνᾶς ἕδος ἐργασάμενον τολμῴη
καλεῖν κοροπλάθον, ἢ [1] Ζεῦξιν καὶ Παῤῥάσιον τὴν αὐτὴν
ἔχειν φαίη [2] τέχνην τοῖς τὰ πινάκια γράφουσιν, ὅμως οὐδὲ
πώποτε τὴν μικρολογίαν ταύτην ἠμυνάμην αὐτῶν, ἡγούμενος τὰς μὲν ἐκείνων φλυαρίας οὐδεμίαν δύναμιν [3] ἔχειν, c
αὐτὸς δὲ πᾶσι τοῦτο πεποιηκέναι φανερὸν, ὅτι προῄρημαι
καὶ λέγειν καὶ γράφειν οὐ περὶ τῶν ἰδίων συμβολαίων, ἀλλ'
ὑπὲρ τηλικούτων τὸ μέγεθος καὶ τοιούτων πραγμάτων,
ὑπὲρ ὧν οὐδεὶς ἂν ἄλλος ἐπιχειρήσειε, πλὴν τῶν ἐμοὶ πεπλησιακότων ἢ τῶν τούτους μιμεῖσθαι βουλομένων. μέχρι d

[1] Ζεύξιδα A. C. L. [2] τέχνην φαίη A. C. L. [3] ἔχειν δύναμιν A. C. L.

ut principatus noster non tyrannico imperio, sed Lacedæmoniorum regum illi similis sit, qui suos servare, non opprimere solent, indeque apud cives suos in maximo honore et amore sunt. Juniores vero et per ætatem alacriores in fine moneo, ut ea dicant et scribant, quibus maximas civitates aliis mala inferre solitas ad virtutem et justitiam adhortentur, cogitantes, a communi Græcorum salute suam quoque ipsorum prosperam fortunam pendere. (κε'.) Verum ut clarius etiam fiat vobis, omnes meas orationes ad virtutem et justitiam tendere, ex tertia etiam, de regis officio ad Nicoclem scripta, pauca quædam recitato. Singulis separatisque præceptis, e quibus ista oratio constat, et quo ab aliis differt, tum ingenio illius prodesse, tum meos ipsius mores ostendere volui. Populi causam agens, ipsam regni administrationem, quantum in me fuit, quam lenissimam efficere operam dedi, et libere quidem, sicuti Atheniensem civem decet. (κϛ'.) Postquam in procemio principes, ob minorem, quam quæ hominum privatorum esse solet, animi culturam, reprehendi, Nicoclem moneo, ut, spretis voluptatibus, animum rebus gerendis intendat, quum turpe sit, stultiores prudentioribus imperare. * * * (κζ'.) Vereor quidem, ne mea hæc dicendi intemperantia vobis molestiam afferat, ideoque plura, quæ dicenda habeam, omitto, fieri tamen non potest, quin pauca adhuc vobiscum disseram. (κη'.) Pungit me iste vester sapientiæ contemptus, calumniæque, ne dicam, admiratio. Aliter prorsus majores vestri temporibus Solonis. Illi sapientes summis honoribus, calumniatores, tanquam maximorum malorum auctores, gravissimis pœnis afficiebant, (κθ'.) quos tantum abest ut imitemini, ut etiam illos tanquam civium accusatores et legislatores adhibeatis. In causa sunt majores ii, qui tempore auctæ et amplificatæ reipublicæ vixerunt. Isti viris præstantibus et rempublicam amplificantibus ob potentiam invidentes, homines improbos audaciæque plenos summæ rerum præfecerunt, quorum opera in maxima mala civitas conjecta est, ita ut status popularis bis solveretur, mœnibusque dirutis parum abesset, quin urbs everteretur. (λ'.) At sentio, tempus præterlapsum esse meque in longos et accusationis plenos sermones incidisse; hinc omissis reliquis, si pauca adjecero, finem orandi faciam. (λα'.) Equidem nullam rem mihi præsidio ac saluti esse volo, præter scriptas a me et modo recitatas orationes, in quibus tum de majoribus nostris, tum de diis ita juste et sancte locutus sum, ut quidquid de me statueritis, e deorum voluntate tanquam optimum mihi eventurum esse confidam. Lang. Scripta est hæc oratio anno ante Christum 355. et Isocratis ætatis 82. Auger.

ΠΕΡΙ ΑΝΤΙΔΟΣΕΩΣ] Vid. F. A. Wolfii Proleg. ad Demosth. or. adv. Lept. p. 384. sq. ed. nostr.

Ἀγῶνας] Scil. δικανικούς. Lang.

Πρὸς τὰς ἐπιδείξεις] *ad ostentationem ingenii in conventibus.* Idem.

Ὡς ἔστι] Np. ἡ ἐμὴ διατριβή. Auger.

Ἕδος] I. e. ἄγαλμα. Lang.

Κοροπλάθον] Eos vocabant κοροπλάθους, inquit Harpocration, qui e luto aut cera aut alia hujusmodi materia puellulas aut puellulos fingebant. Auger.

Τοῖς τὰ πινάκια γραφ.] Τοῖς εὐτελέσι τῶν ζωγράφων δηλονότι. Cor.

Τὴν μικρολογίαν] *malignam comparationem rerum magnarum cum parvis.* Lang.

Τούτους] *hos*, i. e. me: nam, dum imitantur meos discipulos, me imitantur. Auger.

Μέχρι — πόῤῥω τῆς ἡλικίας] *ad maximam*

μὲν οὖν πόῤῥω τῆς ἡλικίας ᾠόμην καὶ διὰ τὴν προαίρεσιν
ταύτην καὶ διὰ τὴν ἄλλην ἀπραγμοσύνην ἐπιεικῶς ἔχειν πρὸς
ἅπαντας τοὺς ἰδιώτας· ἤδη δ᾽ ὑπογυίου μοι τῆς τοῦ βίου
τελευτῆς οὔσης, ἀντιδόσεως γενομένης περὶ τριηραρχίας καὶ
311 περὶ ταύτης ἀγῶνος [1] ἔγνων καὶ τούτων τινὰς [2] οὐχ οὕτω 311
πρός με διακειμένους ὥσπερ ἤλπιζον, ἀλλὰ τοὺς μὲν πολὺ
διεψευσμένους τῶν ἐμῶν ἐπιτηδευμάτων καὶ ῥέποντας ἐπὶ τὸ
πείθεσθαι τοῖς ἀνεπιτήδειόν τι λέγουσι, τοὺς δὲ σαφῶς μὲν
εἰδότας περὶ ἃ τυγχάνω διατρίβων, φθονοῦντας δὲ καὶ ταὐτὸν πεπονθότας τοῖς σοφισταῖς καὶ χαίροντας ἐπὶ τοῖς
ψευδῆ περὶ ἐμοῦ δόξαν ἔχουσιν. ἐδήλωσαν δ᾽ οὕτω διακεί-
b μενοι· τοῦ γὰρ ἀντιδίκου περὶ μὲν ὧν ἡ κρίσις ἦν οὐδὲν
[3] λέγοντος δίκαιον, διαβάλλοντος δὲ [4] τὴν τῶν λόγων τῶν
ἐμῶν [5] δύναμιν, καὶ καταλαζονευομένου περί τε τοῦ πλούτου καὶ τοῦ πλήθους τῶν μαθητῶν, ἔγνωσαν ἐμὴν εἶναι τὴν
λειτουργίαν. τὴν μὲν οὖν δαπάνην οὕτως ἠνέγκαμεν, ὥσπερ
προσήκει τοὺς μήτε λίαν ὑπὸ τῶν τοιούτων ἐκταραττομένους
μήτε παντάπασιν ἀσώτως μηδ᾽ ὀλιγώρως πρὸς χρήματα
διακειμένους.
c γ΄. Ἠισθημένος δ᾽ ὥσπερ εἶπον, πλείους ὄντας ὧν ᾠόμην
τοὺς οὐκ ὀρθῶς περὶ ἐμοῦ γιγνώσκοντας, ἐνεθυμούμην [6] πῶς
ἂν δηλώσαιμι καὶ τούτοις καὶ τοῖς ἐπιγιγνομένοις καὶ τὸν
τρόπον ὃν ἔχω καὶ τὸν βίον ὃν ζῶ καὶ τὴν παιδείαν περὶ
ἣν διατρίβω, καὶ [7] μὴ περιίδοιμι περὶ τῶν τοιούτων ἄκριτον
ἐμαυτὸν ὄντα, μηδ᾽ ἐπὶ τοῖς βλασφημεῖν εἰθισμένοις ὥσπερ
d νῦν γενόμενον. σκοπούμενος οὖν εὕρισκον οὐδαμῶς ἂν ἄλλως

[1] ἔγνων om. A. C. L. [2] ἔγνων οὐχ A. C. L. [3] ἀντιλέγοντος A. C. L.
[4] τὴν om. A. C. L. [5] τὴν δύναμιν A. C. L. [6] μὲν πῶς A. L. [7] μήτε A. L.

ætatis partem progressus. LANG.

Διὰ τὴν προαίρεσιν ταύτην] Διὰ τὸν βίον ὃν προῄρημαι ζῆν. COR.

Πρὸς ἅπαντας τοὺς ἰδιώτας] *me æquum esse omnibus, injuriam facere nemini.* At sensus postulat, ut Wolf. recte observavit, ἐπιεικῶς ἔχειν πρὸς ἐμὲ ἅπαντας τ. ἰδ., vulgatam pro hypallage habens. Atque ita legere suadet Retberg., qui ἰδιώτας insuper mutat in εἰδότας, quod ego factum nollem; quum ἰδιώτας, ut ex opposito σοφιστὰς apparet, omnes significet h. l. qui sophistæ non sunt, et non solum εἰδότας, sed etiam διεψευσμένους, complectatur. LANG. Ὁ νοῦς· Ὠόμην μετρίως φέρεσθαι παρὰ τοῖς ἰδιώταις, τουτέστι, μήτε θαυμάζεσθαι ἄγαν μήτε μὴν φθονεῖσθαι ὑπ᾽ αὐτῶν. COR.

Ἀγῶνος] Sub. γενομένου. WOLF. AUGER. At ex additamento συγγενῶν post ἀγῶνος ego legendum potius duco: ἀγῶνος συγγενομένου. *et insuper judicio hac de re conflato.* LANG.

Καὶ τούτων] Scil. ἰδιωτῶν. AUGER.

Λέγουσι] Np. περὶ ἐμοῦ. IDEM.

Καταλαζονευομένου] Καταψευδομένου, πολὺ μείζω τοῦ προσήκοντος πλοῦτον καὶ πολὺ πλείους ὧν ἔχω μαθητὰς εἶναί μοι λέγοντος. COR.

Ἔγνωσαν] Ἔκριναν οἱ δικασταί. IDEM.

τοῦτο [1]διαπραξάμενος, πλὴν εἰ γραφείη λόγος ὥσπερ εἰκὼν
τῆς ἐμῆς διανοίας καὶ τῶν ἄλλων τῶν ἐμοὶ βεβιωμένων· διὰ
τούτου γὰρ ἤλπιζον καὶ τὰ περὶ ἐμὲ [2]μάλιστα γνωσθήσεσθαι, [3]καὶ τὸν αὐτὸν τοῦτον μνημεῖόν μου καταλειφθήσεσθαι πολὺ κάλλιον [4]τῶν χαλκῶν ἀναθημάτων.
δ΄. Εἰ μὲν οὖν ἐπαινεῖν [5]ἐμαυτὸν ἐπιχειροίην, ἑώρων οὔτε
περιλαβεῖν ἅπαντα περὶ ὧν διελθεῖν προῃρούμην οἷός τε
γενησόμενος, οὔτ' ἐπιχαρίτως οὐδ' ἀνεπιφθόνως εἰπεῖν περὶ e
αὐτῶν [6]δυνησόμενος· εἰ δὲ ὑποθείμην ἀγῶνα [7]μὲν καὶ κίν-
δυνόν τινα περὶ ἐμὲ γιγνόμενον, συκοφάντην δ' ὄντα τὸν γεγραμμένον καὶ τὸν [8]πράγματά μοι παρέχοντα, [9]κἀκεῖνον
μὲν ταῖς διαβολαῖς χρώμενον ταῖς ἐπὶ τῆς ἀντιδόσεως ῥηθεί-
σαις, ἐμαυτὸν δ' ἐν ἀπολογίας σχήματι τοὺς λόγους [10]ποι-
312 ούμενον, οὕτως ἂν [11]ἐκγενέσθαι μοι μάλιστα διαλεχθῆναι 312
περὶ ἁπάντων ὧν τυγχάνω βουλόμενος.
ε΄. Ταῦτα δὲ διανοηθεὶς ἔγραφον τὸν λόγον τοῦτον, οὐκ
ἀκμάζων, ἀλλ' ἔτη γεγονὼς δύο καὶ ὀγδοήκοντα. διόπερ
χρὴ συγγνώμην ἔχειν, ἢν μαλακώτερος ὢν φαίνηται τῶν
[12]παρ' ἐμοῦ πρότερον ἐκδεδομένων. καὶ γὰρ οὐδὲ ῥᾴδιος ἦν
οὐδ' ἁπλοῦς, ἀλλὰ πολλὴν ἔχων πραγματείαν. ἔστι γὰρ
τῶν γεγραμμένων ἔνια μὲν ἐν δικαστηρίῳ πρέποντα ῥηθῆναι,
τὰ δὲ πρὸς μὲν τοὺς τοιούτους ἀγῶνας οὐχ ἁρμόττοντα, b
περὶ δὲ φιλοσοφίας πεπαρρησιασμένα καὶ δεδηλωκότα τὴν
δύναμιν αὐτῆς· ἔστι δέ τι καὶ τοιοῦτον, ὃ τῶν νεωτέρων τοῖς
ἐπὶ τὰ μαθήματα καὶ τὴν παιδείαν ὁρμῶσιν ἀκούσασιν ἂν
συνενέγκοι, πολλὰ δὲ καὶ τῶν ὑπ' ἐμοῦ πάλαι γεγραμμένων ἐγκαταμεμιγμένα τοῖς νῦν λεγομένοις οὐκ ἀλόγως οὐδ'
ἀκαίρως, ἀλλὰ προσηκόντως τοῖς ὑποκειμένοις. τοσοῦτον
οὖν μῆκος λόγου συνιδεῖν, καὶ τοσαύτας ἰδέας καὶ τοσοῦτον c
ἀλλήλων ἀφεστώσας συναρμόσαι [13]καὶ συναγαγεῖν, καὶ τὰς

[1] διαπραξόμενος L. [2] μάλιστα om. A. C. L.
[3] καὶ τὸν - - - καταλειφθήσεσθαι om. A. C. L. [4] ἢ διὰ τῶν A. C. L.
[5] ἐμαυτὸν ἐπαινεῖν ἐγχειροίην A. C. L. [6] δυνησόμενος περὶ αὐτῶν A. L.
[7] μέν τινα καὶ κίνδυνον περὶ A. C. L. [8] τὰ πράγματα A. C. L. [9] καὶ ἐκεῖνον A. C. L.
[10] ποιούμενον τοὺς λόγους A. L. [11] ἐγγενέσθαι A. C. L. [12] ὑπ' A. C. L.
[13] καὶ συναγαγεῖν om. A. C. L.

Οὐδ' ἀνεπιφθόνως] Γραπτέον· οὔτ' ἀνεπιφθ. Idem.

Τὸν γεγραμμένον] Τὸν τὴν γραφὴν ἐπενεγκόντα μοι, τὸν εἰς ἀντίδοσίν με προκαλεσάμενον. Idem.

Ἐκγενέσθαι] Scil. ἑώρων.

Τοῖς ὑποκειμένοις] *subjecto argumento.* Auger.

ἐπιφερομένας οἰκειῶσαι ταῖς προειρημέναις, καὶ πάσας ποιῆσαι σφίσιν αὐταῖς ὁμολογουμένας, οὐ πάνυ μικρὸν ἦν ἔργον. ὅμως δ' οὐκ ἀπέστην, καίπερ τηλικοῦτος ὤν, πρὶν αὐτὸν ἀπετέλεσα μετὰ πολλῆς μὲν ἀληθείας εἰρημένον, τὰ δ' ἄλλα τοιοῦτον οἷος ἂν εἶναι δόξῃ τοῖς ἀκροωμένοις.

ς'. Χρὴ δὲ [1] τοὺς διεξιόντας αὐτὸν πρῶτον μὲν ὡς ὄντος
d μικτοῦ τοῦ λόγου καὶ πρὸς ἁπάσας τὰς ὑποθέσεις ταύτας γεγραμμένου ποιεῖσθαι τὴν ἀκρόασιν, ἔπειτα προσέχειν τὸν νοῦν ἔτι μᾶλλον τοῖς λέγεσθαι μέλλουσιν ἢ τοῖς ἤδη προειρημένοις, πρὸς δὲ τούτοις μὴ ζητεῖν εὐθὺς ἐπελθόντας ὅλον αὐτὸν διελθεῖν, ἀλλὰ τοσοῦτον μέρος ὅσον μὴ [2] λυπήσει τοὺς παρόντας. [3] ἐὰν γὰρ ἐμμείνητε τούτοις, μᾶλλον δυνήσεσθε κατιδεῖν εἴ τι τυγχάνομεν λέγοντες ἄξιον ἡμῶν αὐτῶν.

e ζ'. Ἃ μὲν οὖν ἀναγκαῖον ἦν προειπεῖν, ταῦτ' ἐστίν· ἤδη δ' ἀναγιγνώσκετε τὴν ἀπολογίαν τὴν προσποιουμένην μὲν περὶ κρίσεως γεγράφθαι, βουλομένην δὲ περὶ ἐμοῦ δηλῶσαι τὴν ἀλήθειαν, καὶ τοὺς μὲν ἀγνοοῦντας εἰδέναι ποιῆσαι, τοὺς 313
313 δὲ φθονοῦντας ἔτι μᾶλλον ὑπὸ τῆς νόσου ταύτης λυπεῖσθαι· μείζω γὰρ δίκην οὐκ ἂν δυναίμην λαβεῖν παρ' αὐτῶν.

η'. Πάντων [4] ἡγοῦμαι πονηροτάτους εἶναι καὶ μεγίστης ζημίας ἀξίους, οἵτινες, οἷς αὐτοὶ τυγχάνουσιν ὄντες ἔνοχοι, ταῦτα τῶν ἄλλων τολμῶσι κατηγορεῖν, ὅπερ Λυσίμαχος πεποίηκεν. οὗτος γὰρ αὐτὸς συγγεγραμμένα λέγων περὶ τῶν ἐμῶν συγγραμμάτων πλείω πεποίηται λόγον ἢ περὶ τῶν ἄλλων ἁπάντων, ὅμοιον ἐργαζόμενος ὥσπερ ἂν εἴ τις
b ἱεροσυλίας ἕτερον διώκων αὐτὸς τὰ τῶν θεῶν ἐν [5] τοῖν χεροῖν ἔχων φανείη. πρὸ πολλοῦ δ' ἂν ἐποιησάμην οὕτως αὐτὸν νομίζειν εἶναί με δεινόν, ὥσπερ ἐν ὑμῖν εἴρηκεν· οὐ γὰρ ἄν ποτέ μοι πράγματα [6] ποιεῖν ἐπεχείρησε. νῦν δὲ λέγει μὲν

[1] καὶ τοὺς A. C. L. [2] λυπήσῃ A. L. [3] ἢν A. C. L.
[4] δ' ἡγοῦμαι A. C. L. [5] ταῖν A. C. L. [6] παρέχειν A. C. L.

Πρὶν αὐτὸν] Np. τὸν λόγον. Lang.

Ποιεῖσθαι τὴν ἀκρόασιν] Vulgo *audire, auscultare*; hic significat *sibi facere auditionem, facere ut se alii audiant:* nam hic agitur de iis qui legunt orationem coram aliis. τοῦ λόγου, quod præcedit, regitur a τὴν ἀκρόασιν. Itaque commentando interpretare: *facere ut, se recitantibus, alii audiant orationem, tanquam* etc. Auger. Recte, ut e seqq. elucet. Lang.

Αὐτὸς συγγεγραμμένα λέγων] *quum ipse scripta recitet*, quibus id ipsum exprobrari potest, quo iste mea scripta suspecta reddere conatur. Lang.

Διώκων] *reum agens.* Idem.

Δεινὸν] H. l. *eloquentem.* Idem.

ὡς ἐγὼ τοὺς ἥττους λόγους κρείττους δύναμαι ποιεῖν,
τοσοῦτον δέ μου καταπεφρόνηκεν, ὥστ' αὐτὸς ψευδόμενος
ἐμοῦ τἀληθῆ λέγοντος ἐλπίζει ῥᾳδίως ἐπικρατήσειν. οὕτω
δέ μοι δυσκόλως ἅπαντα συμβέβηκεν, ὥσθ' οἱ μὲν ἄλλοι c
τοῖς λόγοις διαλύονται τὰς διαβολὰς, ἐμοῦ δὲ Λυσίμαχος
αὐτοὺς τοὺς λόγους μάλιστα διαβέβληκεν, ἵν', ἢν μὲν ἱκανῶς δόξω λέγειν, ἔνοχος ὢν [1]φανῶ τοῖς ὑπὸ τούτου περὶ
τῆς δεινότητος τῆς ἐμῆς προειρημένοις, ἢν δ' ἐνδεέστερον
τύχω διαλεχθεὶς ὧν οὗτος ὑμᾶς προσδοκᾷν πεποίηκε, τὰς
πράξεις [2]ἡγῆσθέ μου χείρους εἶναι. δέομαι οὖν ὑμῶν μήτε
πιστεύειν [3]πω μήτ' ἀπιστεῖν τοῖς εἰρημένοις, πρὶν ἂν διὰ d
τέλους ἀκούσητε καὶ τὰ παρ' ἡμῶν, ἐνθυμουμένους ὅτι
οὐδὲν ἂν ἔδει δίδοσθαι τοῖς φεύγουσιν ἀπολογίαν, εἴπερ
οἷόν τ' ἦν ἐκ τῶν τοῦ διώκοντος λόγων [4]ἐψηφίσθαι τὰ
δίκαια. νῦν δ', εἰ μὲν [5]εὖ τυγχάνει κατηγορηκὼς ἢ κακῶς,
οὐδεὶς ἂν τῶν παρόντων ἀγνοήσειεν· εἰ δ' ἀληθέσι κέχρηται τοῖς λόγοις, οὐκέτι τοῦτο τοῖς κρίνουσι γνῶναι ῥᾴδιον ἐξ
ὧν ὁ πρότερος εἴρηκεν, ἀλλ' ἀγαπητὸν ἢν ἐξ ἀμφοτέρων
τῶν λόγων ἐκλαβεῖν δυνηθῶσι τὸ δίκαιον. e

θ'. Οὐ θαυμάζω δὲ τῶν πλείω χρόνον διατριβόντων ἐπὶ
314 ταῖς τῶν ἐξαπατώντων κατηγορίαις ἢ ταῖς ὑπὲρ αὐτῶν
ἀπολογίαις, οὐδὲ τῶν λεγόντων ὡς ἔστι μέγιστον κακὸν
διαβολή· τί γὰρ ἂν γένοιτο ταύτης κακουργότερον, ἣ ποιεῖ 314
τοὺς μὲν ψευδομένους εὐδοκιμεῖν, τοὺς δὲ μηδὲν [6]ἡμαρτηκό-
τας δοκεῖν ἀδικεῖν, τοὺς δὲ δικάζοντας ἐπιορκεῖν, ὅλως δὲ
τὴν μὲν ἀλήθειαν [7]ἀφανίζειν, ψευδῆ δὲ δόξαν παραστή-
σασα τοῖς ἀκούουσιν ὃν ἂν τύχῃ τῶν πολιτῶν ἀδίκως
ἀπόλλυσιν; ἃ φυλακτέον ἐστὶν, ὅπως μηδὲν ὑμῖν συμβήσεται τοιοῦτον, μηδ' ἃ τοῖς ἄλλοις ἂν [8]ἐπιτιμήσαιτε, τούτοις αὐτοὶ [9]φανήσεσθε περιπίπτοντες. οἶμαι δ' ὑμᾶς

[1] φαίνωμαι A. C. L. [2] ἡγήσησθέ A. C. L. [3] πώποτε A. C. L.
[4] ψηφίσασθαι A. C. L. [5] ἐντυγχάνει κατηγορικῶς καὶ κακοήθως A. L.
[6] ἠδικηκότας A. C. L. [7] ἀφανίζει A. C. L. [8] ἐπιτιμήσητε A. L.
[9] φανοῖσθε A. φαίνοισθε C. L.

Τοὺς ἥττους λόγους κρείττους] I. e. λέγοντα νικᾷν καὶ δίκαια καὶ ἄδικα, Idem.

Ὅτι οὐδὲν ἂν ἔδει] *supervacaneum fuisse.* Idem. Ἴσως· ὅτι οὐδ' ἂν ἔδει. Cor.

Ἀλλ' ἀγαπητὸν] *sed boni consulendum.* Lang.

Ἃ φυλακτέον] Vel ad ἃ subaudi διὰ, vel eo sensu accipe, quo Latini dicerent: *quod præcuvendum est ne* —. Auger. I. e. δι' ἅ. Lang.

b οὐκ ἀγνοεῖν ὅτι τῇ πόλει πολλάκις οὕτως ἤδη μετεμέλησε
τῶν κρίσεων τῶν μετ᾽ ὀργῆς καὶ μὴ μετ᾽ ἐλέγχου γενομένων, ὥστ᾽ οὐ πολὺν χρόνον διαλιποῦσα παρὰ μὲν τῶν
ἐξαπατησάντων δίκην λαβεῖν ἐπεθύμησε, τοὺς δὲ διαβληθέντας ἡδέως ἂν εἶδεν ἄμεινον ἢ πρότερον πράττοντας.
ι΄. Ὧν χρὴ μεμνημένους μὴ προπετῶς πιστεύειν τοῖς
τῶν κατηγόρων λόγοις, μηδὲ μετὰ θορύβου καὶ χαλεπότητος ἀκροᾶσθαι τῶν ἀπολογουμένων. καὶ γὰρ αἰσχρὸν
c ἐπὶ μὲν τῶν ἄλλων πραγμάτων ἐλεημονεστάτους ὁμολογεῖσθαι καὶ πρᾳοτάτους ἁπάντων εἶναι τῶν Ἑλλήνων, ἐπὶ
δὲ τοῖς ἀγῶσι τοῖς ἐνθάδε γιγνομένοις τἀναντία τῇ δόξῃ
ταύτῃ φαίνεσθαι πράττοντας· καὶ παρ᾽ ἑτέροις μὲν, ἐπειδὰν
περὶ ψυχῆς ἀνθρώπου δικάζωσι, μέρος [1] τι τῶν ψήφων ὑποβάλλεσθαι τοῖς φεύγουσι, παρ᾽ ὑμῖν δὲ μηδὲ τῶν ἴσων τυγχάνειν τοὺς κινδυνεύοντας τοῖς συκοφαντοῦσιν, ἀλλ᾽ ὀμνύναι
d μὲν καθ᾽ ἕκαστον [2] τὸν ἐνιαυτὸν ἦ μὴν ὁμοίως [3] ἀκροάσεσθαι
τῶν κατηγορούντων καὶ τῶν ἀπολογουμένων, τοσοῦτον δὲ
τὸ μεταξὺ ποιεῖν, ὥστε τῶν μὲν αἰτιωμένων ὅ τι ἂν λέγωσιν
ἀποδέχεσθαι, τῶν δὲ τούτους ἐξελέγχειν πειρωμένων ἐνίοτε
μηδὲ τὴν φωνὴν ἀκούοντας ἀνέχεσθαι, καὶ νομίζειν μὲν ἀοι-
κήτους εἶναι ταύτας τῶν πόλεων ἐν αἷς ἄκριτοί τινες ἀπόλλυνται τῶν πολιτῶν, ἀγνοεῖν δ᾽ ὅτι τοῦτο ποιοῦσιν οἱ μὴ
e κοινὴν τὴν εὔνοιαν τοῖς ἀγωνιζομένοις παρέχοντες. ὃ δὲ
πάντων δεινότατον, ὅταν τις αὐτὸς μὲν κινδυνεύων [4] κατη- 315

[1] τι om. A. C. L. [2] [τὸν] C. [3] ἀκροᾶσθαι A. C. L.
[4] ἀξιοῖ κατηγορεῖν A. C. L.

Ἤδη μετεμέλησε τῶν κρίσεων] Socratis injustam damnationem alludere nostrum quid non videat? ad quam h. l. non tantum alludere, sed cujus ulciscendæ causa magna ex parte hanc causam finxisse videtur, ita ut hanc orationem Isocratis apologiam Socratis cum vindicta conjunctam jure vocare possis. Vid. Prooem. §. ε΄. Idem.

Ὑποβάλλεσθαι] *subjicere*, i. e. numerum calculorum absolventium affingere. Auger. contra de contrario vertit *condonari*. Idem. Τῶν λευκῶν, ἤγουν τῶν ἀπολυουσῶν, ψήφων τὸν ἀριθμὸν αὐξάνεσθαι, χάριν τοῦ φεύγοντος, λάθρα ὑποβαλλομένων ἑτέρων τοιούτων ψήφων. Cor.

Τὸ μεταξὺ ποιεῖν] *intervallum seu medium facere*, ita intelligendum est: Inter duo nimirum contraria, quorum alterum est, tum accusatores tum reos eadem attentione et animo audire, alterum, id non facere, tanquam medium (τὸ μεταξὺ) interjacet, accusatores approbare, reos ne loqui quidem sinere. Hinc τὸ μεταξὺ h. l. vertere possis *contrarium* (τοὐναντίον), præsertim quum additum sit τοσοῦτον. sed stricte si sumpseris, nostra explicatio retinenda erit. Wolf. explicuit hanc phrasin: τοσοῦτο ἀπέχειν τοῦ τοῦτο ποιεῖν. Auger.: 'tantum vero ab æquabilitate illa recedere.' sed neuter accurate illam intellexit. Lang.

Ἀκούοντας ἀνέχεσθαι] Ἀντὶ τοῦ, ἀκούειν ἀνέχεσθαι. Wolf.

Νομίζειν] Refer ad αἰσχρὸν quod præcessit. Auger.

γορῇ τῶν διαβαλλόντων, ἑτέρῳ δὲ δικάζων μὴ τὴν αὐτὴν
ἔχῃ γνώμην περὶ αὐτῶν. καίτοι χρὴ τοὺς νοῦν ἔχοντας τοιούτους εἶναι κριτὰς τοῖς ἄλλοις, οἵωνπερ ἂν αὐτοὶ [1] τυγχάνειν ἀξιώσαιεν, λογιζομένους ὅτι διὰ τοὺς συκοφαντεῖν τολ- 315
μῶντας ἄδηλον ὅςτις εἰς κίνδυνον καταστὰς ἀναγκασθήσεται
λέγειν ἅπερ ἐγὼ νῦν πρὸς τοὺς μέλλοντας περὶ [2] ἐμαυτοῦ τὴν
ψῆφον διοίσειν.

ια΄. Οὐ γὰρ δὴ τῷ γε κοσμίως ζῆν ἄξιόν πιστεύειν ὡς
ἀδεῶς ἐξέσται τὴν πόλιν οἰκεῖν· οἱ γὰρ προηρημένοι τῶν μὲν
ἰδίων ἀμελεῖν, τοῖς δ' ἀλλοτρίοις ἐπιβουλεύειν, οὐ τῶν μὲν
σωφρόνως πολιτευομένων ἀπέχονται, τοὺς δὲ κακόν τι δρῶν-
τας εἰς ὑμᾶς [3] εἰσάγουσιν, ἀλλ' ἐν τοῖς μηδὲν ἀδικοῦσιν ἐπι- b
δειξάμενοι τὰς αὑτῶν δυνάμεις παρὰ τῶν φανερῶς ἐξημαρ-
τηκότων πλεῖον λαμβάνουσιν ἀργύριον.

ιβ΄. Ἅπερ Λυσίμαχος διανοηθεὶς εἰς [4] τουτονὶ τὸν κίν-
δυνόν με κατέστησεν, ἡγούμενος τὸν ἀγῶνα τὸν πρὸς ἐμὲ
παρ' ἑτέρων αὑτῷ χρηματισμὸν [5] ποιήσειν, καὶ προσδοκῶν,
ἐὰν ἐμοῦ περιγένηται τοῖς λόγοις, ὃν φησι διδάσκαλον εἶναι
τῶν ἄλλων, ἀνυπόστατον τὴν αὐτοῦ δύναμιν ἅπασιν εἶναι
δόξειν. ἐλπίζει δὲ ῥαδίως [6] τοῦτο ποιήσειν· ὁρᾷ γὰρ ὑμᾶς μὲν c
λίαν ταχέως ἀποδεχομένους τὰς αἰτίας καὶ τὰς διαβολὰς,
ἐμὲ δ' ὑπὲρ αὑτῶν οὐ δυνησόμενον ἀξίως τῆς δόξης ἀπολογήσασθαι καὶ διὰ τὸ γῆρας καὶ διὰ τὴν ἀπειρίαν τῶν τοιούτων ἀγώνων. οὕτω γὰρ βεβίωκα τὸν παρελθόντα χρόνον,
ὥςτε μηδένα μοι πώποτε [7] μήτ' ἐν ὀλιγαρχίᾳ [7] μήτ' ἐν δημοκρατίᾳ μήθ' ὕβριν μήτ' ἀδικίαν ἐγκαλέσαι, μηδ' εἶναι
[8] μήτε διαιτητὴν μήτε δικαστὴν ὅςτις περὶ τῶν ἐμοὶ πεπρα- d
γμένων φανήσεται κριτὴς γεγενημένος· ἠπιστάμην γὰρ αὐτὸς
μὲν εἰς τοὺς ἄλλους μηδὲν ἐξαμαρτάνειν, ἀδικούμενος δὲ μὴ
μετὰ δικαστηρίου ποιεῖσθαι τὰς τιμωρίας, ἀλλ' ἐν τοῖς φίλοις τοῖς ἐκείνων διαλύεσθαι περὶ τῶν ἀμφισβητουμένων. ὧν

[1] τυχεῖν A. C. L. [2] αὑτοῦ A. C. L. [3] ἄγουσιν A. C. L.
[4] τοῦτον A. C. L. [5] ποιήσειν om. A. C. L. [6] τοῦτο ῥαδίως A. C. L.
[7] μηδ' A. L. [8] μήτε δικαστὴν μήτε διαιτητὴν A. C. L.

Περὶ αὐτῶν] Soil. τῶν διαβαλλόντων. Lang.

Ἡγούμενος καὶ ἀγῶνα — χρηματισμὸν] *hanc causam sibi lucrum existimans.* Hinc γενησόμενον, quod subaudiri vel addere jubet Auger., non opus est. Idem.

Διαιτητὴν] Διαιτητὴς arbiter est, qui, antequam res in judicium deduceretur, lites componere studebat ex æquo et bono. Vid. Harpocrat. in h. v. Idem.

οὐδέν μοι πλεῖον γέγονεν, ἀλλ' [1] ἀνεγκλητεὶ μέχρι ταυτησὶ
τῆς ἡλικίας βεβιωκὼς εἰς τὸν αὐτὸν καθέστηκα κίνδυνον, 316
e εἰς ὅνπερ ἂν εἰ πάντας ἐτύγχανον ἠδικηκώς. οὐ μὴν [2] παντάπασιν ἀθυμῶ διὰ τὸ μέγεθος τοῦ τιμήματος, ἀλλ', ἐάν
περ ἐθελήσητε μετ' εὐνοίας ἀκροάσασθαι, πολλὰς ἐλπίδας
316 ἔχω τοὺς μὲν διεψευσμένους [3] τῶν ἐμῶν ἐπιτηδευμάτων καὶ
[4] πεπεισμένους ὑπὸ τῶν βουλομένων βλασφημεῖν ταχέως
μεταπεισθήσεσθαι [5] περὶ αὐτῶν, τοὺς δὲ τοιοῦτον εἶναί με
νομίζοντας οἷός περ εἰμὶ, βεβαιότερον ἔτι ταύτην ἕξειν τὴν
διάνοιαν. ἵνα δὲ μὴ λίαν ἐνοχλῶ πολλὰ πρὸ τοῦ πράγματος λέγων, ἀφέμενος τούτων, περὶ ὧν οἴσετε τὴν ψῆφον ἤδη
πειράσομαι διδάσκειν ὑμᾶς. καί μοι ἀνάγνωθι [6] τὴν γραφήν.

b

ΓΡΑΦΗ.

ιγ'. Ἐκ μὲν τοίνυν τῆς γραφῆς πειρᾶταί με διαβάλλειν
ὁ κατήγορος ὡς διαφθείρω τοὺς νεωτέρους λέγειν διδάσκων
καὶ παρὰ τὸ δίκαιον ἐν τοῖς ἀγῶσι πλεονεκτεῖν, ἐκ δὲ τῶν
ἄλλων λόγων ποιεῖ με τηλικοῦτον, ὅσος οὐδεὶς πώποτε γέγονεν οὔτε τῶν περὶ τὰ δικαστήρια καλινδουμένων οὔτε τῶν
περὶ τὴν φιλοσοφίαν διατριψάντων· οὐ γὰρ μόνον [7] ἰδιώτας
c φησί [8] μου γεγενῆσθαι μαθητὰς, ἀλλὰ καὶ ῥήτορας καὶ
στρατηγοὺς καὶ βασιλέας καὶ τυράννους, καὶ χρήματα παρ'
αὐτῶν παμπληθῆ τὰ μὲν εἰληφέναι τὰ δ' ἔτι καὶ νῦν λαμβάνειν. τοῦτον δὲ τὸν τρόπον πεποίηται τὴν κατηγορίαν,
ἡγούμενος ἐκ μὲν ὧν καταλαζονεύεται περὶ ἐμοῦ καὶ τοῦ
πλούτου καὶ τοῦ πλήθους τῶν μαθητῶν φθόνον ἅπασι τοῖς
ἀκούουσιν ἐμποιήσειν, ἐκ δὲ τῆς περὶ τὰ δικαστήρια πρα-

[1] ἀνεγκλήτως A. C. L. [2] παντάπασίν γε A. C. L. [3] περὶ τῶν A. C. L.
[4] ῥέποντας ἐπὶ τὸ πείθεσθαι τοῖς ἀνεπιτήδειόν τι λέγουσι περὶ ἡμῶν, ταχέως A. C. L.
[5] περὶ αὐτῶν om. A. C. L. [6] τὴν γραφὴν ἀνάγνωθι A. C. L.
[7] ἰδιώτας μόνον A. C. L. [8] μοι γενέσθαι A. C. L.

Ὧν οὐδέν μοι πλεῖον γέγονεν] I. e. ἀλλ' οὐδὲν τούτων ὠφέλησέ με. Male ergo ad ὧν Auger. subaudit ἕνεκα. IDEM. Ἐξ ὧν (ἐκ τῶν σωφρόνως μοι βεβιωμένων δηλονότι) οὐδὲν κέρδος μοι προσεγένετο. COR.

Εἰς ὅνπερ ἂν] Sub. καθεστήκαιμι. AUGER.

Διὰ τὸ μέγεθος τοῦ τιμήμ.] Τὴν δαπάνην τῆς τριηραρχίας, ἥπερ ἠδύνατο εἶναι τάλαντον ὁμοῦ τι κατ' ἔτος ἐν ἅπαντι τῷ τῆς τριηραρχίας χρόνῳ, ὡς ἔστιν εἰκάσαι ἐκ τῶν Λυσίου Ἀπολ. Δωροδοκ. α'. COR.

Ἐκ δὲ τῶν ἄλλων λόγων] *ex aliis verbis*, i. e. ex verbis orationis quæ non continentur in libello accusatoris. AUGER. *ex aliis verbis*, seu secundum alios accusatoris sermones. Vid. §. η'. LANG. Ἡ γραφὴ γὰρ ὀλίγοις ῥήμασιν ἐδήλου τὸ περὶ οὗ ἡ δίκη, οὐ τὰς ἀποδείξεις περιεῖχεν· ἔπειτα διὰ μακρῶν ὁ δικανικὸς λόγος. COR.

Καλινδουμένων] *volutantium*, i. e. tantum non in judiciis habitantium; non tamen sine notione indecori. LANG.

Τοῖς ἀκούουσιν] Ad coronam audientium, et p. 610. v. 1. ὑμᾶς ad judices, spectat. IDEM.

γματείας εἰς ὀργὴν καὶ μῖσος ὑμᾶς καταστήσειν· ἅπερ ὅταν d
πάθωσιν οἱ κρίνοντες, [1] χαλεπώτατοι τοῖς ἀγωνιζομένοις
εἰσίν.

ιδ'. Ὡς οὖν τὰ μὲν μείζω τοῦ προσήκοντος εἴρηκε, τὰ δ'
ὅλως ψεύδεται, ῥᾳδίως οἶμαι φανερὸν [2] [ὑμῖν] ποιήσειν. ἀξιῶ
δ' ὑμᾶς τοῖς μὲν λόγοις, [3] οἷς πρότερον ἀκηκόατε περὶ ἐμοῦ,
τῶν βλασφημεῖν καὶ διαβάλλειν βουλομένων μὴ προσέχειν
317 τὸν νοῦν, μηδὲ πιστεύειν τοῖς μήτε μετ' ἐλέγχου μήτε μετὰ e
κρίσεως εἰρημένοις, [4] μηδὲ ταῖς δόξαις χρῆσθαι ταῖς ἀδίκως
ὑπ' ἐκείνων ὑμῖν [5] ἐγγεγενημέναις, ἀλλ' ὁποῖός τις ἂν ἐκ τῆς
κατηγορίας τῆς νῦν καὶ τῆς ἀπολογίας φαίνωμαι, τοιοῦτον
εἶναί με νομίζειν· οὕτω γὰρ γιγνώσκοντες αὐτοί τε δόξετε
καλῶς κρίνειν καὶ νομίμως, ἐγώ τε τεύξομαι πάντων τῶν 317
δικαίων.

ιε'. Ὅτι μὲν οὖν οὐδεὶς οὔθ' ὑπὸ τῆς δεινότητος τῆς ἐμῆς
οὔθ' ὑπὸ τῶν συγγραμμάτων βέβλαπται τῶν πολιτῶν, τὸν
ἐνεστῶτα κίνδυνον [6] ἡγοῦμαι μέγιστον εἶναι τεκμήριον. εἰ
γάρ τις ἦν ἠδικημένος, εἰ καὶ τὸν ἄλλον χρόνον ἡσυχίαν
εἶχεν, οὐκ ἂν ἠμέλησε [7] τοῦ καιροῦ τοῦ παρόντος, ἀλλ'
ἦλθεν ἂν ἤτοι κατηγορήσων ἢ [8] καταμαρτυρήσων. ὅπου γὰρ b
ὁ [9] μηδ' ἀκηκοὼς μηδὲν πώποτε φλαῦρον εἰς ἀγῶνά με
[10] τηλικουτονὶ κατέστησεν, ἦπου σφόδρ' ἂν οἱ κακῶς πεπονθότες ἐπειρῶντ' ἂν δίκην παρ' ἐμοῦ λαμβάνειν. οὐ γὰρ [11] δὴ
τοῦτό γ' ἐστὶν οὔτ' εἰκὸς οὔτε δυνατὸν, ἐμὲ μὲν περὶ πολλοὺς ἡμαρτηκέναι, τοὺς δὲ ταῖς συμφοραῖς δι' ἐμὲ περιπεπτωκότας ἡσυχίαν ἔχειν καὶ μὴ τολμᾶν ἐγκαλεῖν, ἀλλὰ
πρᾳοτέρους ἐν τοῖς ἐμοῖς εἶναι κινδύνοις τῶν μηδὲν ἠδικημέ-
νων, ἐξὸν αὐτοῖς δηλώσασιν ἃ πεπόνθασι τὴν μεγίστην c
παρ' ἐμοῦ λαβεῖν τιμωρίαν. ἀλλὰ γὰρ οὔτε πρότερον οὔτε
νῦν οὐδείς μοι φανήσεται τοιοῦτον οὐδὲν ἐγκαλέσας. ὥστ',
εἰ συγχωρήσαιμι τῷ κατηγόρῳ καὶ προσομολογήσαιμι

[1] χαλεπώτεροι A. C. L. [2] uncos om. A. C. L. [3] οὓς A. C. L.
[4] μήτε A. C. L. [5] γεγενημέναις A. C. L. [6] ἡγοῦμαί μοι A. C. L.
[7] τοῦ παρόντος καιροῦ A. C. L. [8] καταψευδομαρτυρήσων A. C. L.
[9] μηδ' om. A. C. L. [10] τηλικοῦτον A. C. L. [11] δήπου τοῦτό ἐστιν A. C. L.

Μήτε μετ' ἐλέγχου μήτε μετὰ κρ.] Ἄμεινον· μὴ μετ' ἐλέγχου μηδὲ μετὰ κρ. Cor.

Εἰ γάρ τις ἦν κ. τ. λ] Cf. Plat. Apol. Socrat. §. 22.

Ἤπου σφόδρ' ἂν οἱ] Ἴσως· ἦπου σφόδρα γ' οἱ. Cor.

Δηλώσασιν] Id est, ἐὰν δηλώσωσι. Lang.

πάντων ἀνθρώπων εἶναι δεινότατος, καὶ συγγραφεὺς τῶν λόγων τῶν λυπούντων ὑμᾶς τοιοῦτος οἷος οὐδεὶς ἄλλος γέγονε, πολὺ ἂν [1]δικαιότερον ἐπιεικὴς εἶναι δοκοίην ἢ ζημιωθείην· τοῦ μὲν γὰρ γενέσθαι προέχοντα τῶν ἄλλων
d [2]ἢ περὶ τοὺς λόγους ἢ περὶ τὰς πράξεις εἰκότως ἄν τις τὴν τύχην αἰτιάσαιτο, τοῦ δὲ καλῶς καὶ μετρίως κεχρῆσθαι τῇ φύσει δικαίως ἂν [3]ἅπαντες τὸν τρόπον τὸν ἐμὸν ἐπαινέσειαν.

ιϛ'. Οὐ μὴν οὐδ' εἰ ταῦτ' [4]ἔχων περὶ ἐμαυτοῦ λέγειν, οὐδ' οὕτω φανήσομαι περὶ τοὺς λόγους τοὺς τοιούτους γεγενημένος. γνώσεσθε δ' ἐκ τῶν ἐπιτηδευμάτων τῶν ἐμῶν, ἐξ ὧνπερ οἷόν τ' ἐστὶν εἰδέναι τὴν ἀλήθειαν πολὺ 31
μᾶλλον ἢ παρὰ τῶν [5]διαβαλλόντων. οἶμαι γὰρ οὐδένα
e τοῦτ' ἀγνοεῖν, ὅτι πάντες ἄνθρωποι περὶ τὸν τόπον τοῦτον εἰώθασι διατρίβειν, ὅθεν ἂν προέλωνται τὸν βίον πορίζεσθαι. τοὺς μὲν τοίνυν ἀπὸ τῶν συμβολαίων τῶν ὑμετέρων ζῶντας καὶ τῆς περὶ ταῦτα πραγματείας [6]ἴδοιτ' ἂν μόνον
318 οὐκ ἐν τοῖς δικαστηρίοις οἰκοῦντας, ἐμὲ δ' οὐδεὶς πώποθ' ἑώρακεν οὔτ' ἐν τοῖς συνεδρίοις οὔτε περὶ τὰς [7]ἀνακρίσεις οὔτ' ἐπὶ τοῖς δικαστηρίοις οὔτε πρὸς τοῖς διαιτηταῖς, ἀλλ' οὕτως ἀπέχομαι τούτων ἁπάντων ὡς οὐδεὶς ἄλλος τῶν πολιτῶν. ἔπειτ' ἐκείνους μὲν ἂν εὕροιτε παρ' ὑμῖν μόνοις χρηματίζεσθαι δυναμένους, εἰ δ' ἄλλοσέ [8]ποι πλεύσειαν, ἐνδεεῖς [9]ἂν ὄντας τῶν καθ' ἡμέραν, ἐμοὶ δὲ τὰς εὐπορίας, περὶ ὧν [10]οὕτως μειζόνως [11]εἴρηκεν ἔξωθεν ἁπάσας γεγενη-
b μένας· ἔτι δὲ [12]τοῖς μὲν πλησιάζοντας ἢ τοὺς ἐν κακοῖς αὐτοὺς ὄντας ἢ τοὺς ἑτέροις πράγματα παρέχειν βουλομένους, ἐμοὶ δὲ τοὺς πλείστην σχολὴν τῶν Ἑλλήνων [13]ἄγοντας. ἠκούσατε δὲ καὶ τοῦ κατηγόρου λέγοντος ὅτι παρὰ Νικοκλέους τοῦ [14]Σαλαμινίων βασιλέως πολλὰς ἔλαβον καὶ μεγάλας δωρεάς. [15]καίτοι τίνι πιστὸν ὑμῶν

[1] μᾶλλον δικαιότερον A. C. L. [2] ἢ om. A. C. L. [3] πάντες A. C. L.
[4] ἔχω A. C. L. [5] ἐνδιαβαλλόντων A. L. [6] ἴδοι τις ἂν A. C. L.
[7] κρίσεις A. C. L. [8] που ἐπιπλεύσειαν A. L. [9] ἂν om. A. C. L.
[10] οὗτος A. L. [11] εἴρηκε μειζόνως A. C. L. [12] τούτοις A. C. L.
[13] ἄγοντας τῶν Ἑλλήνων A. C. L. [14] τῶν Σαλ. A. C. L. [15] καὶ τοῦτο A. C. L.

Οὐ μὴν οὐδ' εἰ κ. τ. λ.] *verum etsi vel talia de me prædicare possem*, scil. ἐμὲ γενέσθαι προέχοντα περὶ τοὺς λόγους, *tamen ne sic quidem etc.* LANG.

Λόγους τοὺς τοιούτους] I. e. λυποῦντας ὑμᾶς. IDEM.

Παρ' ὑμῖν] I. e. Athenis, ubi rixæ et disceptationes vigent. IDEM.

ἐστὶν ὡς Νικοκλῆς ἔδωκέ μοι ταύτας, ἵνα δίκας μανθάνῃ
λέγειν, ὃς καὶ τοῖς ἄλλοις περὶ τῶν ἀμφισϐητουμένων ὥσπερ c
δεσπότης ἐδίκαζεν; ὥστ' ἐξ ὧν αὐτὸς [1] οὗτος εἴρηκε,
[2] ῥᾴδιον καταμαθεῖν ὅτι πόῤῥω τῶν [3] πραγματειῶν εἰμὶ
τῶν περὶ τὰ συμϐόλαια γιγνομένων. ἀλλὰ μὴν [4] κἀκεῖνο
πᾶσι φανερὸν [5] ἐστιν ὅτι παμπληθεῖς εἰσὶν οἱ παρασκευάζοντες τοὺς λόγους τοῖς ἐν τοῖς δικαστηρίοις ἀγωνιζομένοις. τούτων μὲν τοίνυν τοσούτων ὄντων οὐδεὶς πώποτε φανήσεται μαθητῶν ἠξιωμένος, ἐγὼ δὲ πλείους εἰληφὼς, ὥς φησιν
ὁ κατήγορος, ἢ σύμπαντες οἱ περὶ τὴν φιλοσοφίαν διατρί- d
ϐοντες. καίτοι πῶς εἰκὸς τοὺς [6] τοσοῦτον τοῖς ἐπιτηδεύμασιν
ἀλλήλων ἀφεστῶτας [7] [καὶ διαφέροντας] περὶ τὰς αὐτὰς
πράξεις ἡγεῖσθαι διατρίϐειν;

ιζ'. Ἔχων δὲ πολλὰς εἰπεῖν διαφορὰς περὶ τοῦ βίου τοῦ
19 [8] τ' ἐμοῦ καὶ τῶν περὶ [9] τὰς δίκας, ἐκείνως ὑμᾶς ἡγοῦμαι
τάχιστ' ἂν [10] ἀφεῖσθαι τῆς δόξης ταύτης, εἴ τις ὑμῖν ἐπιδείξειε μὴ τούτων τῶν πραγμάτων μαθητάς μου [11] γιγνομέ- e
νους ὧν ὁ κατήγορος εἴρηκε, μηδὲ περὶ τοὺς λόγους ὄντα με
δεινὸν τοὺς περὶ τῶν ἰδίων συμβολαίων. οἶμαι γὰρ ὑμᾶς,
ἐξελεγχομένης τῆς αἰτίας ἧς εἶχον πρότερον, ζητεῖν ἑτέραν
μεταλαβεῖν διάνοιαν, καὶ ποθεῖν ἀκοῦσαι περὶ ποίους ἄλλους λόγους γεγενημένος τηλικαύτην δόξαν ἔλαϐον. εἰ μὲν 319
οὖν μοι συνοίσει κατειπόντι τὴν ἀλήθειαν, οὐκ οἶδα· χαλεπὸν γὰρ [12] στοχάζεσθαι τῆς ὑμετέρας διανοίας· οὐ μὴν ἀλλὰ
[13] παῤῥησιάσομαί γε πρὸς ὑμᾶς. καὶ γὰρ ἂν αἰσχυνθείην
τοὺς πλησιάσαντας, εἰ πολλάκις εἰρηκὼς ὅτι δεξαίμην [14] ἂν
ἅπαντας εἰδέναι τοὺς πολίτας καὶ τὸν ϐίον ὃν ζῶ καὶ τοὺς
λόγους οὓς λέγω, νῦν μὴ [15] δηλοίην ὑμῖν αὐτοὺς, ἀλλ' ἀπο-

[1] οὗτος om. A. C. L. [2] οὕτω ῥᾴδιον A. L. τοῦτο ῥᾴδιον C. [3] πραγμάτων A. C. L. [4] κἀκεῖνό γε A. C. L. [5] ἐστιν om. A. C. L. [6] οὕτω A. C. L. [7] uncos om. A. C. L. [8] τ' om. A. C. L. [9] τὰ δικαστήρια διατριβόντων, ἐκείνως A. C. L. [10] ἀφέσθαι C. [11] γεγενημένους A. C. L. [12] στοχάσασθαι C. [13] παῤῥησιάσασθαί γε πρὸς ὑμᾶς οἶμαι δεῖν A. C. L. [14] ἂν om. A. L. [15] δηλοίην αὐτοῖς A. C. L.

Πλείους] Cf. §. ιγ'. IDEM.

Ἀφεῖσθαι] I. e. ἀφεθήσεσθαι, *vos dimissum iri ab ista opinione.* WOLF.

Μαθητάς μου] Malim cum Battie μαθητάς μοι. AUGER.

Δεξαίμην] Auger. aut mutandum censet in εὐξαίμην (cum Wolfio), vel subaudiendum ἐπὶ πολλῷ. LANG. Προειλοίμην, ἢ προκρίναιμι. ἐπὶ ταύτης γὰρ τῆς σημασίας κέχρηνται τῇ λέξει οἱ ῥήτορες. COR.

Αὐτοὺς] Scil. τοὺς λόγους.

κρυπτόμενος φανείην. ὡς οὖν ἀκουσόμενοι τὴν ἀλήθειαν,
b οὕτω προσέχετε τὸν νοῦν.
ιη΄. Πρῶτον μὲν οὖν ἐκεῖνο δεῖ μαθεῖν ὑμᾶς, ὅτι τρόποι
τῶν λόγων εἰσὶν οὐκ ἐλάττους ἢ τῶν μετὰ μέτρου ποιημάτων. οἱ μὲν γὰρ τὰ γένη [1] τὰ τῶν ἡμιθέων ἀναζητοῦντες
τὸν βίον τὸν αὑτῶν κατέτριψαν· οἱ δὲ περὶ τοὺς ποιητὰς
ἐφιλοσόφησαν, ἕτεροι δὲ τὰς πράξεις τὰς ἐν τοῖς πολέμοις
συναγαγεῖν [2] ἐβουλήθησαν, ἄλλοι δέ τινες περὶ τὰς ἐρωτήσεις καὶ τὰς ἀποκρίσεις γεγόνασιν, οὓς ἀντιλογικοὺς κα-
c λοῦσιν. εἴη δ' ἂν οὐ μικρὸν ἔργον, εἰ πάσας [3] τις τὰς ἰδέας
[4] τὰς τῶν λόγων ἐξαριθμεῖν [5] ἐπιχειρήσειεν· ἧς δ' οὖν ἐμοὶ
προσήκει, ταύτης μνησθεὶς ἐάσω τὰς ἄλλας. εἰσὶ γάρ τινες,
οἳ τῶν μὲν προειρημένων οὐκ ἀπείρως ἔχουσι, γράφειν δὲ
προῄρηνται λόγους οὐ περὶ τῶν ἰδίων συμβολαίων, ἀλλ'
Ἑλληνικοὺς καὶ Πολιτικοὺς καὶ Πανηγυρικούς, οὓς ἅπαντες ἂν [6] φήσαιεν ὁμοιοτέρους εἶναι τοῖς μετὰ μουσικῆς καὶ
d ῥυθμῶν πεποιημένοις ἢ τοῖς ἐν δικαστηρίῳ λεγομένοις. καὶ
γὰρ τῇ λέξει ποιητικωτέρᾳ καὶ ποικιλωτέρᾳ τὰς πράξεις
δηλοῦσι, καὶ τοῖς ἐνθυμήμασιν ὀγκωδεστέροις καὶ καινοτέ-
ροις χρῆσθαι ζητοῦσιν, ἔτι δὲ [7] ταῖς ἄλλαις ἰδέαις ἐπιφα- 320
νεστέραις καὶ πλείοσιν ὅλον τὸν λόγον διοικοῦσιν. ὧν ἅπαντες μὲν ἀκούοντες χαίρουσιν οὐδὲν ἧττον ἢ τῶν ἐν τοῖς μέτροις πεποιημένων, πολλοὶ δὲ καὶ μαθηταὶ [8] γίγνεσθαι
βούλονται, νομίζοντες τοὺς ἐν τούτοις πρωτεύοντας πολὺ
e σοφωτέρους καὶ βελτίους καὶ μᾶλλον ὠφελεῖν δυναμένους
εἶναι τῶν τὰς δίκας εὖ λεγόντων. συνίσασι γὰρ [9] τοὺς μὲν

[1] τὰ om. A. C. L. [2] ἠβουλήθησαν C. [3] τις om. A. C. L. [4] τὰς om. A. C. L. [5] ἐπιχειροίην A. C. L. [6] φήσειαν A. C. L. [7] καὶ ταῖς A. C. L. [8] γενέσθαι A. C. L. [9] τοῖς L.

Τῶν λόγων] *orationis prosæ.* Lang.

Ἀντιλογικοὺς] E Wolfii et Corais sententia idem est quod ἐριστικοὺς φιλοσόφους.

Ἑλληνικοὺς] Τοὺς περὶ τῶν συμφερόντων κοινῇ τοῖς Ἕλλησι συμβουλεύοντας. Cor.

Πολιτικοὺς] Τοὺς περὶ τῶν ἰδίᾳ τῇ πόλει συμφερόντων. Idem.

Πανηγυρικοὺς] Τοὺς ἐπιδεικτικοὺς καὶ πανηγύρεσι πρέποντας. Idem.

Ποιητικωτέρᾳ] Verbum κέχρηνται ante ποιητικωτέρᾳ deesse puto. Wolf.

Συνίσασι γὰρ κ. τ. λ.] *sciunt enim hos, cupiditate facessendi aliis negotia, litigandi peritiam sibi peperisse, illos e philosophia earum orationum, quas modo dicebam, facultatem adeptos.* Opposita sibi sunt h. l. διὰ φιλοπραγμοσύνην et ἐκ φιλοσοφίας, quod reliqui interpretes non animadvertentes perperam conjunxerunt ἐκ φιλοσοφίας ἐκείνων τῶν λόγων, *e studio illarum orationum.* Sed ἐκείνων τῶν λόγων pendet a sequenti δύναμιν. Cæterum Auger. e conjectura propter sequentes infinitivos posuit τοὺς — ἐμπείρους — γεγενημένους, etsi συνίσασι cum dativo construi non ignorat. Solvendum est quidem hoc modo, sed neutiquam mutandum. Lang. Sed de Pace §. λς΄. συνίσασι γὰρ τοὺς πρὸ αὐτῶν τετυραννευκότας, τοὺς μὲν ὑπὸ κ. τ. λ.

διὰ [1]πολυπραγμοσύνην [2]ἐμπείρους τῶν ἀγώνων γεγενημένους, τοὺς δ' ἐκ φιλοσοφίας ἐκείνων τῶν λόγων ὧν [3]ἄρτι
προεῖπον τὴν δύναμιν εἰληφότας, καὶ τοὺς μὲν δικανικοὺς 320
δοκοῦντας εἶναι ταύτην τὴν ἡμέραν [4]μόνην ἀνεκτοὺς ὄντας, ἐν ᾗ [5]περ ἂν ἀγωνιζόμενοι τυγχάνωσι, τοὺς δ' ἐν ἁπάσαις ταῖς ὁμιλίαις καὶ παρὰ πάντα τὸν χρόνον ἐντίμους ὄντας καὶ δόξης ἐπιεικοῦς τυγχάνοντας· ἔτι δὲ τοὺς μέν, ἢν ὀφθῶσι δὶς ἢ τρὶς ἐπὶ τῶν δικαστηρίων, μισουμένους καὶ διαβαλλομένους, τοὺς δ', ὅσῳπερ ἂν πλείοσι καὶ πλεονάκις
συγγίγνωνται, τοσούτῳ μᾶλλον θαυμαζομένους· πρὸς δὲ b
τούτοις τοὺς μὲν περὶ τὰς δίκας δεινοὺς πόρρω τῶν λόγων ἐκείνων ὄντας, τοὺς δ' εἰ βουληθεῖεν ταχέως ἂν [6]ἑλεῖν καὶ τούτους δυνηθέντας. ταῦτα λογιζόμενοι καὶ πολὺ κρείττω νομίζοντες εἶναι [7]τὴν αἵρεσιν, βούλονται μετασχεῖν τῆς παιδείας ταύτης, ἧς οὐδ' ἂν ἐγὼ φανείην [8]ἀπεληλαμένος, ἀλλὰ πολλῷ χαριεστέραν δόξαν εἰληφώς.

ιθ'. Περὶ μὲν οὖν τῆς ἐμῆς εἴτε βούλεσθε καλεῖν δυνάμεως εἴτε φιλοσοφίας εἴτε διατριβῆς, ἀκηκόατε πᾶσαν τὴν c
ἀλήθειαν. βούλομαι δὲ περὶ ἐμαυτοῦ καὶ νόμον θεῖναι χαλεπώτερον ἢ περὶ τῶν ἄλλων, καὶ λόγον εἰπεῖν θρασύτερον ἢ κατὰ τὴν ἐμὴν ἡλικίαν. ἀξιῶ γὰρ οὐ μόνον, εἰ βλαβεροῖς χρῶμαι τοῖς λόγοις, μηδεμιᾶς συγγνώμης τυγχάνειν παρ' [9]ὑμῖν, ἀλλ', εἰ μὴ τοιούτοις [10]οἵοις οὐδεὶς ἄλλος, τὴν μεγίστην ὑποσχεῖν τιμωρίαν. [11]οὐχ οὕτω δ' ἂν τολμηρὰν ἐποιησάμην τὴν ὑπόσχεσιν, εἰ μὴ καὶ δείξειν [12]ἤμελλον ὑμῖν καὶ d
ῥᾳδίαν ποιήσειν τὴν διάγνωσιν αὐτῶν.

κ'. Ἔχει γὰρ οὕτως. ἐγὼ καλλίστην ἡγοῦμαι καὶ δι-
321 καιοτάτην εἶναι τὴν τοιαύτην ἀπολογίαν, ἥτις εἰδέναι ποιεῖ τοὺς δικάζοντας ὡς δυνατὸν μάλιστα, περὶ ὧν τὴν ψῆφον οἴσουσι, καὶ μὴ πλανᾶσθαι τῇ διανοίᾳ μηδ' ἀμφιγνοεῖν τοὺς τἀληθῆ λέγοντας. εἰ μὲν τοίνυν ἠγωνιζόμην ὡς περὶ πράξεις τινὰς ἡμαρτηκώς, οὐκ ἂν οἷός τ' ἦν ἰδεῖν [13]ὑμῖν αὐτὰς
παρασχεῖν, ἀλλ' ἀναγκαίως ἂν εἶχεν εἰκάζοντας ὑμᾶς ἐκ e

[1] φιλοπραγμοσύνην A. C. L. [2] ἐμπείροις τ. ἀ. γεγενημένοις L. [3] ἀρτίως A. C. L. [4] μόνον A. C. L. [5] περ om. A. C. L. [6] λέγειν A. C. L. [7] ταύτην τὴν A. [8] ἀπολελειμμένος A. C. L. [9] ὑμῶν A. C. L. [10] οἷς A. C. L. [11] ἀλλ' οὐχ οὕτω γ' ἂν A. C. L. [12] ἔμελλον A. C. L. [13] ὑμῖν ἰδεῖν A. C. L.

Τούτους] I. e. δικανικούς. LANG. Ἀναγκαίως ἂν εἶχεν] necesse esse. IDEM.

τῶν εἰρημένων διαγιγνώσκειν ὅπως [1] ἐτύχετε περὶ τῶν πε-
πραγμένων· ἐπειδὴ δὲ περὶ τοὺς λόγους ἔχω τὴν αἰτίαν,
οἶμαι μᾶλλον ὑμῖν ἐμφανιεῖν τὴν ἀλήθειαν. αὐτοὺς γὰρ
ὑμῖν δείξω τοὺς εἰρημένους ὑπ' ἐμοῦ καὶ γεγραμμένους, ὥστ'
οὐ [2] δοξάσαντες ἀλλὰ σαφῶς εἰδότες ὁποῖοί τινές εἰσι τὴν
321 ψῆφον οἴσετε περὶ αὐτῶν. ἅπαντας μὲν οὖν διὰ τέλους εἰπεῖν
οὐκ ἂν δυναίμην· ο γὰρ χρόνος ὁ δεδομένος ἡμῖν ὀλίγος ἐστίν·
ὥσπερ δὲ τῶν καρπῶν, ἐξενεγκεῖν ἑκάστου δεῖγμα πειράσομαι. μικρὸν γὰρ μέρος ἀκούσαντες ῥᾳδίως [3] τό τ' ἐμὸν ἦθος
γνωριεῖτε καὶ τῶν λόγων τὴν δύναμιν [4] ἁπάντων μαθήσεσθε.
δέομαι δὲ τῶν πολλάκις ἀνεγνωκότων τὰ μέλλοντα ῥηθήσεσθαι μὴ ζητεῖν ἐν τῷ παρόντι παρ' ἐμοῦ καινοὺς λόγους,
b μηδ' ὀχληρόν με νομίζειν, ὅτι λέγω τοὺς πάλαι παρ' ὑμῖν
[5] διατεθρυλημένους. εἰ μὲν γὰρ ἐπίδειξιν ποιούμενος ἔλεγον
αὐτοὺς, εἰκότως ἂν εἶχον τὴν αἰτίαν ταύτην· νῦν δὲ κρινόμενος καὶ κινδυνεύων ἀναγκάζομαι χρῆσθαι τοῦτον τὸν τρόπον αὐτοῖς. καὶ γὰρ ἂν [6] πάντων εἴην καταγελαστότατος,
εἰ, τοῦ κατηγόρου διαβάλλοντος ὅτι τοιούτους γράφω λόγους οἳ καὶ τὴν πόλιν βλάπτουσι καὶ τοὺς νεωτέρους
διαφθείρουσι, δι' ἑτέρων ποιοίμην τὴν ἀπολογίαν, ἐξὸν αὐ-
c τοὺς δείξαντι [7] τούτους ἀπολύσασθαι τὴν διαβολὴν τὴν
λεγομένην περὶ ἡμῶν. ὑμᾶς μὲν οὖν ἀξιῶ μοι διὰ ταῦτα
συγγνώμην ἔχειν καὶ συναγωνιστὰς γίγνεσθαι, [8] τοῖς δὲ
ἄλλοις ἤδη περαίνειν ἐπιχειρήσω, [9] μικρὸν ἔτι προειπὼν,
ἵνα ῥᾷον [10] ἐπακολουθῶσι τοῖς λεγομένοις.

κα΄. Ὁ μὲν γὰρ λόγος ὁ μέλλων πρῶτος ὑμῖν [11] δειχθήσεσθαι κατ' ἐκείνους ἐγράφη τοὺς χρόνους, ὅτε Λακεδαιμόνιοι μὲν ἦρχον τῶν Ἑλλήνων, ἡμεῖς δὲ ταπεινῶς ἐπράτ- 322
d τομεν. ἔστι δὲ τοὺς μὲν Ἕλληνας παρακαλῶν ἐπὶ τὴν [12] τῶν
βαρβάρων στρατείαν, Λακεδαιμονίοις δὲ περὶ τῆς ἡγεμονίας
ἀμφισβητῶν. τοιαύτην δὲ τὴν ὑπόθεσιν ποιησάμενος, ἀπο-
φαίνω τὴν πόλιν ἁπάντων τῶν ὑπαρχόντων τοῖς Ἕλλησιν

[1] ἔτυχε A. C. L. [2] δόξαντες, ἀλλ' ὁποῖοί τινές εἰσι σαφῶς εἰδότες A. C. L.
[3] τοὐμὸν A. C. L. [4] ἁπάντων τὴν δύναμιν A. C. L. [5] διατεθρυλλημένος A. C. L.
[6] πάντων ἂν A. C. L. [7] τοὺς λόγους διαλῦσαι A. C. L.
[8] τοὺς δὲ λόγους ἤδη A. C. L. [9] μικρόν τι πρ. A. C. L. [10] ἐπακολουθῆτε A. C. L.
[11] ἐπιδειχθήσεσθαι A. C. L. [12] κατὰ A. C. L.

Δοξάσαντες] Ὑπολήψει χρησάμενοι. Cor. Γνωριεῖτε] Γνώσεσθε. Idem.
Δεῖγμα] specimen. Lang.

ἀγαθῶν αἰτίαν γεγενημένην. ἀφορισάμενος δὲ τὸν λόγον τὸν περὶ τῶν τοιούτων εὐεργεσιῶν, καὶ βουλόμενος τὴν ἡγεμονίαν ἔτι σαφέστερον ἀποφαίνειν ὡς ἔστι τῆς πόλεως, ἐνθένδε e ποθὲν ἐπιχειρῶ διδάσκειν περὶ τούτων, ὡς τῇ πόλει τιμᾶσθαι προσήκει πολὺ μᾶλλον ἐκ τῶν περὶ τὸν πόλεμον κινδύνων ἢ τῶν ἄλλων εὐεργεσιῶν. μὲν οὖν αὐτὸς δυνήσεσθαι διελθεῖν περὶ αὐτῶν· νῦν δέ ᾤμην με τὸ γῆρας ἐμποδίζει καὶ ποιεῖ προαπαγορεύειν. ἵν᾽ οὖν μὴ παντάπασιν ἐκλυθῶ πολλῶν ἔτι 322 μοι λεκτέων ὄντων, ἀρξάμενος ἀπὸ τῆς παραγραφῆς ἀνάγνωθι τὰ περὶ τῆς ἡγεμονίας αὐτοῖς.

ΕΚ ΤΟΥ ΠΑΝΗΓΥΡΙΚΟΥ.

[§. ιδ′—§. κη′.]

[2] Ἡγοῦμαι δὲ τοῖς προγόνοις ἡμῶν οὐχ ἧττον ἐκ τῶν κινδύνων τιμᾶσθαι προσήκειν ἢ τῶν ἄλλων εὐεργεσιῶν

* * * * * * * * *

καὶ τότε προταχθέντες ὑπὲρ ἁπάντων νῦν ἑτέροις ἀκολουθεῖν ἀναγκασθεῖμεν.

332 κβ′. Περὶ μὲν οὖν τῆς ἡγεμονίας, ὡς δικαίως ἂν εἴη τῆς 332 πόλεως, ῥᾴδιον ἐκ τῶν εἰρημένων καταμαθεῖν. ἐνθυμήθητε δὲ πρὸς ὑμᾶς αὐτοὺς, εἰ δοκῶ τοῖς λόγοις διαφθείρειν τοὺς νεωτέρους, ἀλλὰ μὴ προτρέπειν ἐπ᾽ ἀρετὴν καὶ τοὺς ὑπὲρ τῆς πόλεως κινδύνους, ἢ δικαίως ἂν δοῦναι δίκην ὑπὲρ τῶν εἰρη- d μένων, ἀλλ᾽ οὐκ ἂν χάριν κομίσασθαι παρ᾽ ὑμῶν τὴν μεγίστην, ὃς οὕτως ἐγκεκωμίακα [3] τὴν πόλιν καὶ τοὺς προγόνους
333 καὶ τοὺς κινδύνους τοὺς ἐν ἐκείνοις τοῖς χρόνοις γεγενημένους, ὥστε τούς τε πρότερον γράψαντας περὶ τὴν ὑπόθεσιν ταύτην ἅπαντας ἠφανικέναι τοὺς λόγους, αἰσχυνομένους ὑπὲρ τῶν εἰρημένων αὑτοῖς, τούς τε [4] νῦν δοκοῦντας εἶναι δεινοὺς μὴ τολμᾷν ἔτι λέγειν περὶ τούτων, ἀλλὰ [5] καταμέμφεσθαι e τὴν δύναμιν τὴν σφετέραν αὐτῶν.

[1] μοι A. C. L. [2] locum iterum edunt C. L. [3] καὶ τὴν A. C. L. [4] νυνὶ A. C. L. [5] καὶ καταμέμφεσθαι A. C. L.

Ἀφορισάμενος] *separavi a reliquo corpore orationis atque seorsim collocavi.* Wolf. *postquam segregaverim*, i. e. postquam concluserim, finierim. Auger. Cum Augero faciunt Langius et Coraes.

Ἐνθένδε ποθὲν] *hinc alicunde*, per hæc verba declarat Isocrates et indigitat a quo incepturus sit recitare ex oratione Panegyrica. Auger.

Προαπαγορεύειν] *defatigari, despondere animo* Wolf. Προαπαυδᾷν, προαποκάμνειν. Cor.

Ἀπὸ τῆς παραγραφῆς] Ἀφ᾽ οὗ παρέγραψα, τοῦτο δ᾽ ἂν εἴη, ἀφ᾽ οὗ παρεθέμην. Harpocrat. *ab eo loco quo notam apposui.* Wolf. Est enim παραγραφὴ, *nota apposita.* Lang.

Αὐτοῖς] Τοῖς δικασταῖς. Cor.

Ἢ δικαίως ἂν δοῦναι δίκην] Ὁ νοῦς· ἐνθυμήθητε εἰ δοκῶ δίκαιος εἶναι δοῦναι δίκην, ἀλλὰ μὴ πολὺ μᾶλλον κομίσασθαι χάριν. Idem.

κγʹ. Ἀλλ᾽ ὅμως, τούτων οὕτως ἐχόντων, φανήσονταί
τινες τῶν εὑρεῖν μὲν οὐδὲν οὐδ᾽ εἰπεῖν ἄξιον λόγου δυναμένων,
333 ἐπιτιμᾶν δὲ καὶ βασκαίνειν τὰ τῶν ἄλλων μεμελετηκότων,
οἳ χαριέντως μὲν εἰρῆσθαι ταῦτα φήσουσι — [1] τὸ γὰρ εὖ
φθονήσουσιν εἰπεῖν —, πολὺ μέντοι χρησιμωτέρους εἶναι
τῶν λόγων καὶ κρείττους τοὺς ἐπιπλήττοντας τοῖς νῦν
ἁμαρτανομένοις ἢ τοὺς τὰ πεπραγμένα πρότερον ἐπαινοῦντας, καὶ τοὺς [2] ὑπὲρ ὧν δεῖ πράττειν συμβουλεύοντας ἢ τοὺς
τὰ παλαιὰ τῶν ἔργων διεξιόντας.

κδʹ. Ἵν᾽ οὖν μηδὲ ταῦτ᾽ ἔχωσιν εἰπεῖν, ἀφέμενος τοῦ
b βοηθεῖν τοῖς εἰρημένοις πειράσομαι μέρος ἑτέρου λόγου τοσοῦτον, ὅσονπερ ἄρτι διελθεῖν ὑμῖν· ἐν ᾧ φανήσομαι περὶ τούτων ἁπάντων πολλὴν ἐπιμέλειαν πεποιημένος. ἔστι δὲ τὰ
μὲν ἐν ἀρχῇ λεγόμενα περὶ τῆς εἰρήνης τῆς πρὸς Χίους καὶ
Ῥοδίους καὶ Βυζαντίους, ἐπιδείξας δ᾽ ὡς συμφέρει τῇ πόλει
[3] διαλύσασθαι τὸν πόλεμον, κατηγορῶ τῆς δυναστείας τῆς ἐν
τοῖς Ἕλλησι καὶ τῆς ἀρχῆς τῆς κατὰ θάλατταν, ἀποφαί-
c νων αὐτὴν οὐδὲν διαφέρουσαν οὔτε ταῖς πράξεσιν οὔτε τοῖς
πάθεσι τῶν μοναρχιῶν· ἀναμιμνήσκω δὲ καὶ τὰ συμβάντα
δι᾽ αὐτὴν τῇ πόλει καὶ Λακεδαιμονίοις καὶ τοῖς ἄλλοις
ἅπασι· διαλεχθεὶς δὲ περὶ τούτων, καὶ τὰς τῆς Ἑλλάδος
συμφορὰς [4] ὀδυράμενος, καὶ τῇ πόλει παραινέσας ὡς χρὴ μὴ
περιορᾶν αὐτὴν οὕτω πράττουσαν, ἐπὶ τελευτῆς ἐπί τε τὴν
δικαιοσύνην παρακαλῶ καὶ τοῖς ἁμαρτανομένοις ἐπιπλήττω
d καὶ περὶ τῶν μελλόντων συμβουλεύω. λαβὼν οὖν ἀρχὴν
ταύτην ὅθεν διαλέγομαι περὶ αὐτῶν, ἀνάγνωθι καὶ τοῦτο
τὸ μέρος [5] αὐτοῖς·

ΕΚ ΤΟΥ ΠΕΡΙ ΕΙΡΗΝΗΣ.

[§. ιʹ—§. ιζʹ. ∞ §. μβʹ—μηʹ.]

§. ιʹ. [6] Ἡγοῦμαι δὲ δεῖν ἡμᾶς οὐ μόνον ψηφισαμένους τὴν εἰρήνην ἐκ τῆς ἐκκλησίας ἀπελθεῖν, ἀλλὰ καὶ βουλευσαμένους ὅπως ἕξομεν αὐτὴν

* * * * * * * * *

ἐπιλίποι δ᾽ ἄν με τὸ λοιπὸν μέρος τῆς ἡμέρας, εἰ πάσας τὰς πλημμελείας τὰς ἐν τοῖς πράγμασιν ἐγγεγενημένας ἐξετάζειν ἐπιχειροίην.
310 μβʹ. Τίς οὖν ἀπαλλαγὴ γενήσεται τῆς ταραχῆς ταύτης; καὶ πῶς ἂν ἐπανορθωσόμεθα 340
τὰ τῆς πόλεως πράγματα καὶ βελτίω ποιήσομεν; πρῶτον μὲν ἢν παυσώμεθα δημοτικοὺς

[1] τοῦτο γὰρ οὐ φθονήσ. A. C. L. [2] περὶ A. C. L. [3] διαλύσασθαι τῇ πόλει A. C. L. [4] ὀδυνώμενος L. [5] αὐτῆς A. [6] loca integra edunt C. L.

Τῶν λόγων] Refer ad τοὺς, i. e. τοὺς λόγους τοὺς —. Auger.

Αὐτὴν] Np. τὴν Ἑλλάδα. Idem.

Αὐτοῖς] Soil. τοῖς δικασταῖς. Lang.

μὲν νομίζοντες τοὺς συκοφάντας, ὀλιγαρχικοὺς δὲ τοὺς καλοὺς κἀγαθοὺς τῶν ἀνδρῶν, γνόντες
ὅτι φύσει μὲν οὐδεὶς οὐδέτερον τούτων ἐστὶν, ἐν ᾗ δ' ἂν ἕκαστοι τιμῶνται, ταύτην βούλονται
καθεστάναι τὴν πολιτείαν· ἢν οὖν ἀσκῆτε καὶ προσδέχησθε τοὺς χρηστοὺς ἀντὶ τῶν πονηρῶν, b
ὥςπερ τὸ παλαιὸν, βέλτιον ἕξετε χρῆσθαι καὶ τοῖς δημαγωγοῖς καὶ τοῖς ἄλλοις τοῖς πολιτευομένοις. Δεύτερον δ' ἢν ἐπιχειρῆτε τὰς συμμαχίας κτᾶσθαι μὴ πολέμοις μηδὲ πολιορκίαις,
ἀλλ' εὐεργεσίαις· προσήκει γὰρ τὰς μὲν φιλίας ἐκ τούτων γίγνεσθαι, τὰς δ' ἔχθρας ἐξ ὧν νῦν
τυγχάνομεν πράττοντες. Τρίτον ἢν μηδὲν περὶ πλείονος ποιήσησθε μετά γε τὴν περὶ τοὺς c
θεοὺς εὐσέβειαν τοῦ παρὰ τοῖς Ἕλλησιν εὐδοκιμεῖν· τοῖς γὰρ οὕτω διακειμένοις ἑκόντες καὶ τὰς
δυναστείας καὶ τὰς ἡγεμονίας παραδιδόασιν.

* * * * * * * * *

342 ὡς ἐν ταῖς τῆς Ἑλλάδος εὐπραγίαις συμβαίνει καὶ τὰ τῶν φιλοσόφων πράγματα πολὺ βελ- 342
τίω γίγνεσθαι.

κέ. Δυοῖν μὲν τοίνυν λόγοιν ἀκηκόατε. βούλομαι δὲ καὶ τοῦ c
τρίτου μικρὰ διελθεῖν, ἵν' ὑμῖν ἔτι [1] μᾶλλον γένηται καταφανὲς
ὅτι πάντες οἱ λόγοι πρὸς ἀρετὴν καὶ δικαιοσύνην συντείνου-
σιν. ἔστι δ' ὁ μέλλων [2] δειχθήσεσθαι Νικοκλεῖ τῷ Κυπρίῳ,
τῷ κατ' ἐκεῖνον τὸν χρόνον βασιλεύοντι, συμβουλεύων ὡς δεῖ
τῶν πολιτῶν ἄρχειν· οὐχ ὁμοίως δὲ γέγραπται τοῖς ἀνεγνωσμένοις. οὗτοι μὲν γὰρ τὸ λεγόμενον ὁμολογούμενον ἀεὶ
[3] τῷ προειρημένῳ καὶ [4] συγκεκλειμένον ἔχουσιν, ἐν δὲ τούτῳ d
τοὐναντίον. [5] ἀπολύσας γὰρ ἀπὸ τοῦ προτέρου καὶ [6] χωρὶς,
ὥσπερ τὰ καλούμενα κεφάλαια, ποιήσας, πειρῶμαι διὰ βραχέων ἕκαστον ὧν συμβουλεύω φράζειν. τούτου δ' ἕνεκα ταύτην ἐποιησάμην τὴν ὑπόθεσιν, ἡγούμενος ἐκ τοῦ παραινεῖν
343 τήν τε διάνοιαν τὴν ἐκείνου μάλιστ' [7] ὠφελήσειν καὶ τὸν τρόπον τὸν ἐμαυτοῦ τάχιστα δηλώσειν. διὰ τὴν αὐτὴν δὲ ταύτην
πρόφασιν καὶ νῦν αὐτὸν ὑμῖν δεῖξαι προειλόμην, οὐχ ὡς e
ἄριστα τῶν λοιπῶν [8] [λόγων] γεγραμμένον, ἀλλ' ὡς ἐκ
τούτου μάλιστα φανερὸς γενησόμενος, ὃν τρόπον εἴθισμαι
[9] καὶ τοῖς ἰδιώταις καὶ τοῖς δυνάσταις πλησιάζειν· φανήσομαι γὰρ πρὸς αὐτὸν ἐλευθέρως καὶ τῆς πόλεως ἀξίως 343
διειλεγμένος, καὶ οὐ τὸν ἐκείνου πλοῦτον [10] οὐδὲ τὴν δύναμιν
θεραπεύων ἀλλὰ [11] τοῖς ἀρχομένοις ἐπαμύνων, καὶ παρασκευάζων καθ' ὅσον ἠδυνάμην τὴν πολιτείαν [12] αὐτοῖς ὡς
οἷόν τε πρᾳοτάτην. ὅπου δὲ βασιλεῖ διαλεγόμενος ὑπὲρ τοῦ
δήμου τοὺς λόγους ἐποιούμην, ἦπου τοῖς ἐν δημοκρατίᾳ πο-

[1] μᾶλλον ἔτι A. C. L. [2] ῥηθήσεσθαι A. C. L. [3] τοῖς προειρημένοις A. C. L.
[4] συγκεκλιμένον A. L. συγκεκλεισμένον C. [5] διαλύσας A. C. L. [6] χωρίσας A. L.
[7] ἂν ὠφελήσειν A. C. L. [8] uncos om. A. C. L. [9] καὶ om. A. C. L.
[10] οὔτε A. C. L. [11] καὶ τοῖς A. C. L. [12] αὐτὴν A. C. L.

Συγκεκλειμένον] *conclusum, inclusum.* Wolf.

Πλησιάζειν] Ὁμιλεῖν, συνδιατρίβειν. Cor.

Αὐτὸν] Scil. τὸν Νικοκλέα. Auger.

Θεραπεύων] Κολακεύων, θωπεύων. Cor.

Καθ' ὅσον ἠδυνάμην] Ablegatum it Coraes, ut merum scholion sequentium ὡς οἷόν τε.

λιτευομένοις σφόδρ' ἂν παρακελευσαίμην τὸ πλῆθος θεραπεύειν.

b κς'. Ἐν μὲν οὖν τῷ προοιμίῳ καὶ τοῖς πρώτοις λεγομένοις ἐπιτιμῶ [1] ταῖς μοναρχίαις, ὅτι δέον αὐτοὺς τὴν φρόνησιν ἀσκεῖν μᾶλλον τῶν ἄλλων, οἱ δὲ χεῖρον [2] παιδεύονται τῶν ἰδιωτῶν. διαλεχθεὶς δὲ περὶ τούτων, παραινῶ τῷ Νικοκλεῖ μὴ ῥαθυμεῖν μηδ', ὥςπερ ἱερωσύνην εἰληφότα τὴν βασιλείαν, [3] [ἀμελῶς] οὕτω τὴν γνώμην ἔχειν, ἀλλὰ τῶν ἡδονῶν ἀμελήσαντα προσέχειν τὸν νοῦν τοῖς πράγμασιν. ἐπιχειρῶ δὲ καὶ τοῦτο πείθειν αὐτὸν, ὡς χρὴ δεινὸν νομίζειν, c ὅταν ὁρᾷ τοὺς [4] μὲν χείρους τῶν [5] βελτιόνων ἄρχοντας καὶ τοὺς ἀνοητοτέρους τοῖς φρονιμωτέροις προστάττοντας, λέγων ὡς ὅσῳ περ ἂν ἐῤῥωμενέστερον τὴν τῶν ἄλλων [6] ἄνοιαν ἀτιμάσῃ, τοσούτῳ μᾶλλον τὴν αὑτοῦ διάνοιαν ἀσκήσει. [7] ποιησάμενος οὖν ἀρχὴν ἣν ἐγὼ τελευτὴν, ἀνάγνωθι καὶ τούτου τοῦ λόγου τὸ λοιπὸν μερὸς αὐτοῖς.

ΕΚ ΤΟΥ ΠΡΟΣ ΝΙΚΟΚΛΕΑ.

[§. δ'—§. ια'.]

Μάλιστα δ' ἂν αὐτὸς ὑπὸ σαυτοῦ παρακληθείης, εἰ δεινὸν ἡγήσαιο τοὺς χείρους τῶν βελτιόνων ἄρχειν καὶ τοὺς ἀνοητοτέρους τοῖς φρονιμωτέροις προστάττειν

* * * * * * * *

σοφοὺς νόμιζε μὴ τοὺς περὶ μικρῶν ἀκριβῶς ἐρίζοντας, ἀλλὰ τοὺς εὖ περὶ τῶν μεγίστων λέγοντας. χρῶ τοῖς εἰρημένοις, ἢ ζήτει βελτίω τούτων. Pag. ed. Orell.

κς'.* α'. Τῶν μὲν τοίνυν λόγων ἅλις ἡμῖν ἔστω τῶν ἀναμιμνησκομένων καὶ τηλικοῦτο μῆκος ἐχόντων· ἐπεὶ μικροῦ γε μέρους τῶν πάλαι γεγραμμένων οὐκ ἂν ἀποσχοίμην, ἀλλ' εἴποιμ' ἂν εἴ τι μοι δόξειε πρέπον εἶναι τῷ παρόντι καιρῷ· καὶ γὰρ ἂν ἄτοπος εἴην, εἰ τοὺς ἄλλους ὁρῶν τοῖς ἐμοῖς χρωμένους ἐγὼ μόνος ἀπεχοίμην τῶν ὑπ' ἐμοῦ πρότερον εἰρημένων, ἄλλως τε καὶ νῦν ὅτ' οὐ μόνον μικροῖς μέρεσιν ἀλλ' ὅλοις εἴδεσι προειλόμην χρῆσθαι πρὸς ὑμᾶς. ταῦτα μὲν οὖν, ὅπως ἂν ἡμῖν συμπίπτῃ, ποιήσομεν. εἶπον 58

[1] τοῖς μονάρχαις L. [2] πεπαίδευνται A. C. L. [3] uncos om. A. C. L. [4] μὲν om. A. C. L. [5] κρειττόνων A. C. L. [6] ἄγνοιαν A. [7] ποιησάμενος οὖν - - - (ad p. 668. v. 3.) ἀλλ' οὐκ ἐν τοῖς συκοφάνταις om. A. C. L.

Ταῖς μοναρχίαις] Lego τοῖς μονάρχαις. Wolf.

Ὥσπερ ἱερωσύνην] Τούτῳ παραπλήσιον τὸ τοῦ Δημοσθένους Προοιμ. δημηγ. νγ'. Νῦν δὲ πεπόνθασι τὸν αὐτὸν τρόπον, ὦ ἄνδρες Ἀθηναῖοι, ὅνπερ τοὺς ἱερεῖς, οὕτω καθίστατε τοὺς ἄρχοντας. Cor.

Ἀναμιμνησκομένων] F. ἀναγιγνωσκομένων. Orellius.

δέ που, πρὶν ἀναγιγνώσκεσθαι τούτους, ὡς ἄξιος εἴην οὐ μόνον, εἰ βλαβεροῖς χρῶμαι τοῖς λόγοις, δοῦναι δίκην ὑμῖν, ἀλλ' εἰ μὴ τοιούτοις οἵοις οὐδεὶς ἄλλος, τῆς μεγίστης τυχεῖν τιμωρίας. εἴ τινες οὖν ὑμῶν ὑπέλαβον τό τε λίαν ἀλαζονικὸν εἶναι καὶ μέγα τὸ ῥηθὲν, οὐκ ἂν δικαίως ἔτι τὴν γνώμην ταύτην ἔχοιεν· οἶμαι γὰρ ἀποδεδωκέναι τὴν ὑπόσχεσιν καὶ τοιούτους εἶναι τοὺς λόγους τοὺς ἀναγνωσθέντας, οἵους περ ἐξ ἀρχῆς ὑπεθέμην. βούλομαι δ' ὑμῖν διὰ βραχέων ἀπολογήσασθαι περὶ ἑκάστου, καὶ ποιῆσαι μᾶλλον ἔτι καταφανὲς ὡς ἀληθῆ καὶ τότε προεῖπον καὶ νῦν λέγω περὶ αὐτῶν.

59 κς'.* β'. Καὶ πρῶτον μὲν ποῖος γένοιτ' ἂν λόγος ὁσιώτερος ἢ δικαιότερος τοῦ τοὺς προγόνους ἐγκωμιάζοντος ἀξίως τῆς ἀρετῆς τῆς ἐκείνων καὶ τῶν ἔργων τῶν πεπραγμένων αὐτοῖς; ἔπειτα τίς ἂν πολιτικώτερος καὶ μᾶλλον πρέπων τῇ πόλει τοῦ τὴν ἡγεμονίαν ἀποφαίνοντος ἔκ τε τῶν ἄλλων εὐεργεσιῶν καὶ τῶν κινδύνων ἡμετέραν οὖσαν μᾶλλον ἢ Λακεδαιμονίων; ἔτι δὲ τίς ἂν περὶ καλλιόνων καὶ μειζόνων πραγμάτων τοῦ τοὺς Ἕλληνας ἐπί τε τὴν τῶν βαρβάρων στρατείαν παρακαλοῦντος καὶ περὶ τῆς πρὸς ἀλλήλους ὁμονοίας συμβουλεύοντος; ἐν μὲν τοίνυν τῷ πρώτῳ λόγῳ περὶ τούτων τυγχάνω διειλεγμένος, ἐν δὲ τοῖς ὑστέροις περὶ ἐλαττόνων μὲν ἢ τηλικούτων, οὐ μὴν περὶ ἀχρηστοτέρων οὐδ' ἧττον τῇ πόλει συμφερόντων. γνώσεσθε δὲ τὴν δύναμιν αὐτῶν, ἢν παραβάλλητε πρὸς ἕτερα τῶν εὐδοκιμούντων καὶ τῶν ὠφελίμων εἶναι δοκούντων. οἶμαι δὴ πάντως ἂν ὁμολογῆσαι τοὺς νόμους πλείστων καὶ μεγίστων ἀγαθῶν αἰτίους εἶναι τῷ βίῳ τῶν ἀνθρώπων· ἀλλ' ἡ μὲν τούτων χρῆσις τοῦτ' ὠφελεῖν μόνον πέφυκε τὰ κατὰ τὴν πόλιν καὶ τὰ συμβόλαια τὰ γιγνόμενα πρὸς ἡμᾶς αὐτούς· εἰ δὲ τοῖς λόγοις πείθοισθε τοῖς ἐμοῖς, ὅλην τὴν Ἑλλάδα καλῶς διοικοῖτε καὶ δικαίως καὶ τῇ πόλει συμφερόντως· χρὴ δὲ τοὺς νοῦν ἔχοντας περὶ ἀμφότερα μὲν
60 ταῦτα σπουδάζειν, αὐτοῖν δὲ τούτοιν τὸ μεῖζον καὶ τὸ πλέονος ἄξιον προτιμᾶν, ἔπειτα κἀκεῖνο γιγνώσκειν, ὅτι νόμους μὲν θεῖναι μυρίοι καὶ τῶν ἄλλων Ἑλλήνων καὶ τῶν βαρβάρων ἱκανοὶ γεγόνασιν, εἰπεῖν δὲ περὶ τῶν συμφερόντων

ἀξίως τῆς πόλεως καὶ τῆς Ἑλλάδος οὐκ ἂν πολλοὶ δυνη-
θεῖεν· ὧν ἕνεκα τοὺς ἔργον ποιουμένους τοὺς τοιούτους λόγους εὑρίσκειν τοσούτῳ χρὴ περὶ πλείονος ποιεῖσθαι τῶν
τοὺς νόμους τιθέντων καὶ γραφόντων, ὅσῳπέρ εἰσι σπανιώ-
τεροι καὶ χαλεπώτεροι καὶ ψυχῆς φρονιμωτέρας δεόμενοι
τυγχάνουσιν, ἄλλως τε δὴ καὶ νῦν. ὅτε μὲν γὰρ ἤρχετο τὸ
γένος τὸ τῶν ἀνθρώπων γίγνεσθαι καὶ συνοικίζεσθαι κατὰ
πόλεις, εἰκὸς ἦν παραπλησίαν εἶναι τὴν ζήτησιν αὐτῶν·
ἐπειδὴ δ' ἐνταῦθα προεληλύθαμεν ὥστε καὶ τοὺς λόγους
τοὺς εἰρημένους καὶ τοὺς νόμους τοὺς κειμένους ἀναριθμή-
τους εἶναι, καὶ τῶν μὲν νόμων ἐπαινεῖσθαι τοὺς ἀρχαιοτά-
τους, τῶν δὲ λόγων τοὺς καινοτάτους, οὐκ ἔτι τῆς αὐτῆς
διανοίας ἔργον ἐστὶν, ἀλλὰ τοῖς μὲν τοὺς νόμους τιθέναι
προαιρουμένοις προὔργου γέγονε τὸ πλῆθος τῶν κειμένων
— οὐδὲν γὰρ αὐτοὺς δεῖ ζητεῖν ἑτέρους, ἀλλὰ τοὺς παρὰ
τοῖς ἄλλοις εὐδοκιμοῦντας πειραθῆναι συναγαγεῖν, ὃ ῥαδίως ὅστις ἂν οὖν βουληθεὶς ποιήσειε —, τοῖς δὲ περὶ τοὺς
λόγους πραγματευομένοις διὰ τὸ προκατειλῆφθαι τὰ πλεῖ- 61
στα, τοὐναντίον συμβέβηκε· λέγοντες μὲν γὰρ ταὐτὰ τοῖς
πρότερον εἰρημένοις ἀναισχυντεῖν καὶ ληρεῖν δόξουσι, καινὰ
δὲ ζητοῦντες ἐπιπόνως εὑρήσουσι. διόπερ ἔφασκον ἀμφοτέροις μὲν ἐπαινεῖσθαι προσήκειν, πολὺ δὲ μᾶλλον τοῖς τὸ
χαλεπώτερον ἐξεργάζεσθαι δυναμένοις. ἀλλὰ μὴν καὶ τῶν
ἐπὶ τὴν σωφροσύνην καὶ τὴν δικαιοσύνην προσποιουμένων
προτρέπειν ἡμεῖς ἂν ἀληθέστεροι καὶ χρησιμώτεροι φανεῖμεν ὄντες. οἱ μὲν γὰρ παρακαλοῦσιν ἐπὶ τὴν ἀρετὴν καὶ
τὴν φρόνησιν τὴν ὑπὸ τῶν ἄλλων μὲν ἀγνοουμένην, ὑπ' αὐτῶν δὲ τούτων ἀντιλεγομένην, ἐγὼ δ' ἐπὶ τὴν ὑπὸ πάντων
ὁμολογουμένην· κἀκείνοις μὲν ἀπόχρη τοσοῦτον, ἢν ἐπαγαγέσθαι τινὰς τῇ δόξῃ τῇ τῶν ὀνομάτων δυνηθῶσιν εἰς τὴν
αὑτῶν ὁμιλίαν, ἐγὼ δὲ τῶν μὲν ἰδιωτῶν οὐδένα πώποτε
φανήσομαι παρακαλέσας ἐπ' ἐμαυτὸν, τὴν δὲ πόλιν ὅλην
πειρῶμαι πείθειν τοιούτοις πράγμασιν ἐπιχειρεῖν, ἐξ ὧν
αὐτοί τε εὐδαιμονήσουσι καὶ τοὺς ἄλλους Ἕλληνας τῶν
παρόντων κακῶν ἀπαλλάξουσι. καίτοι τὸν πάντας τοὺς

Τοῖς τὸ - - - δυναμένοις] Eloquentiam difficillime omnium acquiri prolixe demonstrat etiam Cicero de Orat. I. c. 2. et sqq. A. Maius.

πολίτας προτρέπειν προθυμούμενον πρὸς τὸ βέλτιον καὶ
δικαιότερον προστῆναι τῶν Ἑλλήνων, πῶς εἰκὸς τοῦτον
τοὺς συνόντας διαφθείρειν; τίς δὲ τοιούτους λόγους εὑρίσκειν
δυνάμενος πονηροὺς ἂν καὶ περὶ πονηρῶν πραγμάτων ζητεῖν
2 ἐπιχειρήσειεν, ἄλλως τε καὶ διαπεπραγμένος ἀπ᾽ αὐτῶν
ἅπερ ἐγώ;

κϛʹ. * γʹ. Τούτων γὰρ γραφέντων καὶ διαδοθέντων καὶ
δόξαν ἔσχον παρὰ πολλοῖς καὶ μαθητὰς πολλοὺς ἔλαβον,
ὧν οὐδεὶς ἂν παρέμεινεν, εἰ μὴ τοιοῦτον ὄντα με κατέλαβον
οἷόν περ προσεδόκησαν. νῦν δὲ τοσούτων γεγενημένων, καὶ
τῶν μὲν ἔτη τρία τῶν δὲ τέτταρα συνδιαιτηθέντων, οὐδεὶς
οὐδὲν φανήσεται τῶν παρ᾽ ἐμοὶ μεμψάμενος, ἀλλ᾽ ἐπὶ τελευτῆς, ὅτ᾽ ἤδη μέλλοιεν ἀποπλεῖν ὡς τοὺς γονέας καὶ τοὺς
φίλους τοὺς ἑαυτῶν, οὕτως ἠγάπων τὴν διατριβὴν ὥστε
μετὰ πόθου καὶ δακρύων ποιεῖσθαι τὴν ἀπαλλαγήν. καίτοι πότερα χρὴ πιστεύειν ὑμᾶς τοῖς σαφῶς ἐπισταμένοις
καὶ τοὺς λόγους καὶ τὸν τρόπον τὸν ἐμόν, ἢ τῷ μηδὲν μὲν
εἰδότι τῶν ἐμῶν, προῃρημένῳ δὲ συκοφαντεῖν; ὃς εἰς τοσοῦτο
πονηρίας καὶ τόλμης ἐλήλυθεν, ὥστε γραψάμενος, ὡς λόγους
διδάσκω δι᾽ ὧν πλεονεκτήσουσι παρὰ τὸ δίκαιον, ἀπόδειξιν
μὲν οὐδεμίαν τούτων ἤνεγκε, λέγων δὲ διατετέλεκεν ὡς δεινόν ἐστι διαφθείρεσθαι τοὺς τηλικούτους, ὥσπερ ἀντιλέγον-
τός τινος περὶ τούτων, ἢ τοῦτο δέον αὐτὸν ἀποφαίνειν ὃ
πάντες ὁμολογοῦσιν, ἀλλ᾽ οὐκ ἐκεῖνο μόνον διδάσκειν ὡς ἐγὼ
τυγχάνω ταῦτα διαπραττόμενος. καὶ εἰ μέν τις τοῦτον
ἀπαγαγὼν ἀνδραποδιστὴν καὶ κλέπτην καὶ λωποδύτην
3 μηδὲν μὲν αὐτὸν ἀποφαίνοι τούτων εἰργασμένον, διεξίοι δ᾽
ὡς δεινὸν ἕκαστόν ἐστι τῶν κακουργημάτων, ληρεῖν ἂν φαίη
καὶ μαίνεσθαι τὸν κατήγορον, αὐτὸς δὲ τοιούτοις λόγοις
κεχρημένος οἴεται λανθάνειν ὑμᾶς. ἐγὼ δ᾽ ἡγοῦμαι τοῦτό
γε καὶ τοὺς ἀμαθεστάτους γιγνώσκειν, ὅτι δεῖ πιστὰς
εἶναι καὶ μέγα δυναμένας τῶν κατηγοριῶν οὐχ αἷς ἔξεστι
χρήσασθαι καὶ περὶ τῶν μηδὲν ἠδικηκότων, ἀλλ᾽ ἃς οὐχ
οἷόν τ᾽ εἰπεῖν ἀλλ᾽ ἢ κατὰ τῶν ἡμαρτηκότων· ὧν αὐτὸς
ὀλιγωρήσας οὐδὲν προσήκοντας τῇ γραφῇ λόγους εἴρηκεν.

Τούτων ἀπαγαγὼν] Lege τοῦτον, scil. Λυσίμαχον. ORELL.

Ἐγὼ δ᾽ ἡγοῦμαι κ. τ. λ.] Vide locum omnino similem, immo eadem fere verba, in orat. adv. Callimach. §. ιϛʹ. A. MAIUS.

Πιστὰς] Πίστεις. ORELL.

ἔδει γὰρ αὐτὸν καὶ τοὺς λόγους δεικνύναι τοὺς ἐμοὺς, οἷς διαφθείρω τοὺς συνόντας, καὶ τοὺς μαθητὰς φράζειν τοὺς χείρους διὰ τὴν συνουσίαν τὴν ἐμὴν γεγενημένους· νῦν δὲ τούτων μὲν οὐδέτερον πεποίηκε, παραλιπὼν δὲ τὴν δικαιοτάτην τῶν κατηγοριῶν ἐξαπατᾷν ὑμᾶς ἐπεχείρησεν. ἐγὼ δ' ἐξ αὐτῶν τούτων ἐξ ὧν περ προσήκει καὶ δίκαιόν ἐστι, ποιήσομαι τὴν ἀπολογίαν. καὶ τοὺς μὲν λόγους ὀλίγῳ πρότερον ἀνέγνωμεν ὑμῖν, τοὺς δὲ κεχρημένους ἐκ μειρακίων μοι μέχρι γήρως δηλώσω, καὶ μάρτυρας ὑμῶν αὐτῶν παρέξομαι περὶ ὧν ἂν λέγω τοὺς κατὰ τὴν ἡλικίαν τὴν ἐμὴν γεγενημένους. ἤρξαντο μὲν οὖν ἐν πρώτοις Εὔνομός μοι καὶ Λυσιθείδης καὶ Κάλλιππος πλησιάζειν, μετὰ δὲ τούτους Ὀνήτωρ, Ἀντικλῆς, Φιλωνίδης, Φιλόμηλος, Χαρμαντίδης. τούτους ἅπαντας ἡ πόλις χρυσοῖς στεφάνοις ἐστεφάνωσεν, 64
οὐχ ὡς τῶν ἀλλοτρίων ἐφιεμένους, ἀλλ' ὡς ἄνδρας ἀγαθοὺς ὄντας καὶ πολλὰ τῶν ἰδίων εἰς τὴν πόλιν ἀνηλωκότας. πρὸς οὓς ὅπως βούλεσθε θέτε με διακεῖσθαι· πρὸς γὰρ τὸ παρὸν πανταχῶς ἕξει μοι καλῶς. ἤν τε γὰρ ὑπολάβητε σύμβουλον εἶναί με καὶ διδάσκαλον τούτων, δικαίως ἂν ἔχοιτέ μοι πλείω χάριν ἢ τοῖς δι' ἀρετὴν ἐν πρυτανείῳ σιτουμένοις· τούτων μὲν γὰρ ἕκαστος αὑτὸν μόνον παρέσχε καλὸν κἀγαθὸν, ἐγὼ δὲ τοσούτους τὸ πλῆθος ὅσους ὀλίγῳ πρότερον διῆλθον ὑμῖν. εἴτε τῶν μὲν πεπραγμένων ἐκείνοις μηδὲν συναίτιος ἐγενόμην, ὡς ἑταίροις δὲ καὶ φίλοις αὐτοῖς ἐχρώμην, ἱκανὴν ὑπὲρ ὧν φεύγω τὴν γραφὴν ἡγοῦμαι καὶ ταύτην εἶναι τὴν ἀπολογίαν· εἰ γὰρ τοῖς μὲν δι' ἀρετὴν δωρεὰς εἰληφόσιν ἤρεσκον, τῷ δὲ συκοφάντῃ μὴ τὴν αὐτὴν ἔχω γνώμην, πῶς ἂν εἰκότως γνωσθείην τοὺς συνόντας διαφθείρειν; ἢ πάντων γ' ἂν εἴην δυστυχέστατος, εἰ τῶν ἄλλων ἀνθρώπων ἔκ τε τῶν ἐπιτηδευμάτων καὶ τῶν συνουσιῶν τῶν μὲν χείρω τῶν δὲ βελτίω δόξαν λαμβανόντων ἐγὼ μόνος μὴ τύχοιμι τῆς δοκιμασίας ταύτης, ἀλλὰ τοιούτοις μὲν ἀνδράσι συμβεβιωκὼς, ἀνέγκλητον δ' ἐμαυτὸν μέχρι

Δικαιοτάτην] Δικαίαν. IDEM.

Ὑμῶν αὐτῶν] Ὑμῖν αὐτῶν. IDEM.

Τούτους ἅπαντας κ. τ. λ.] Consonat Cicero de Orat. III. c. 35. "Aristoteles cum florere Isocratem discipulum nobilitate videret." Et II. c. 22. "Isocratis e ludo, tanquam ex equo Trojano, innumeri principes exierunt." Luculentas Isocratis laudes vide apud eundem Ciceronem Orator. c. 13. Item de opt. gen. Orat. c. 6. A. MAIUS.

Γνωσθείην] Forte καταγνωσθείην. ORELL.

ταυτησὶ τῆς ἡλικίας παρεσχηκὼς, ὅμοιος εἶναι δόξαιμι τοῖς
65 ἔκ τε τῶν ἐπιτηδευμάτων καὶ τῶν ἄλλων συνουσιῶν διαβεβλημένοις. ἡδέως δ' ἂν εἰδείην τί ποτ' ἂν ἔπαθον, εἴ τίς μοι τοιοῦτος ἦν συγγεγενημένος οἷόσπερ ἐστὶν ὁ κατήγορος, ὃς μισῶν ἅπαντας τοὺς τοιούτους καὶ μισούμενος εἰς τουτονὶ καθέστηκα τὸν κίνδυνον. καὶ μὴν οὐδ' ἐκεῖνος ὁ λόγος δικαίως ἄν με βλάψειεν, ὃν ἴσως ἄν τινες τολμήσαιεν εἰπεῖν τῶν παντάπασι πρός με δυσκόλως διακειμένων, ὡς τούτοις μὲν οἷς εἴρηκα τοσοῦτον μόνον ἐχρώμην ὅσον ὀφθῆναι διαλεγόμενος, ἕτεροι δέ τινές μοι πολλοὶ καὶ πολυπράγμονες μαθηταὶ γεγόνασιν, οὓς ἀποκρύπτομαι πρὸς ὑμᾶς. [ἔχω γὰρ λόγον ὃς ἐξελέγξει καὶ διαλύσει πάσας τὰς τοιάσδε βλασφημίας·] ἀξιῶ γὰρ, εἰ μέν τινες τῶν ἐμοὶ συγγεγενημένων ἄνδρες ἀγαθοὶ γεγόνασι περὶ τὴν πόλιν καὶ τοὺς φίλους καὶ τὸν ἴδιον οἶκον, ἐκείνους ὑμᾶς ἐπαινεῖν, ἐμοὶ δὲ μηδεμίαν ὑπὲρ τούτων χάριν ἔχειν· εἰ δὲ πονηροὶ καὶ τοιοῦτοι τὰς φύσεις οἷοι φαίνειν καὶ γράφεσθαι καὶ τῶν ἀλλοτρίων ἐπιθυμεῖν, παρ' ἐμοῦ δίκην λαμβάνειν. καίτοι τίς ἂν πρόκλησις γένοιτο ταύτης ἀνεπιφθονωτέρα καὶ δικαιοτέρα τῆς τῶν μὲν καλῶν κἀγαθῶν οὐκ ἀμφισβητούσης, εἰ δέ τινες πονηροὶ γεγόνασιν, ὑπὲρ τούτων δίκην ὑποσχεῖν ἐθελούσης; καὶ ταῦτ' οὐ λόγος μάτην εἰρημένος ἐστὶν,
66 ἀλλὰ παραχωρῶ καὶ τῷ κατηγόρῳ καὶ τῷ βουλομένῳ τῶν ἄλλων, εἴ τις ἔχει τινὰ φράσαι τοιοῦτον, οὐχ ὡς οὐχ ἡδέως ἂν τινῶν μου καταψευσαμένων, ἀλλ' ὡς εὐθὺς φανερῶν ἐσομένων ὑμῖν καὶ τῆς ζημίας ἐκείνοις ἀλλ' οὐκ ἐμοὶ γενησομένης. περὶ μὲν οὖν ὧν φεύγω τὴν γραφὴν καὶ τοῦ μὴ διαφθείρειν τοὺς συνόντας, οὐκ οἶδ' ὅπως ἂν σαφέστερον ἐπιδεῖξαι δυνηθείην.

κς΄.* δ. Ἐμνήσθη δὲ καὶ τῆς πρὸς Τιμόθεον μοι φιλίας

Δικαιοτέρα τῆς] Ante τῆς videtur excidisse περὶ. ORELL.

Καταψευσαμένων] Καταψευσομένων. IDEM.

Πρὸς Τιμόθεον] Ex hoc loco cognoscitur, quod apud veteres auctores non vidi notatum, nempe Timotheum intra Olympiadem CVI. esse exstinctum. Nam Isocrates hanc Orationem in qua scilicet asserit eum jam mortuum, scripsit annos natus duos et octoginta, ut ipse ait superius §. ε΄. Jam Isocrates editus in lucem fuit an. 1. Olymp. LXXXVI., ut Plutarchus, Laertius, Dionysius Halic. testantur. Igitur Oratio an. 3. aut 4. Olymp. CVI. scripta est. Jam vero damnatio Timothei viventis incidit in an. 2. aut 3. ejusdem Olymp., ut vides apud Dionys. Halic. in Dinarcho n. 13. (sed juxta Diodorum Sic. in an. 1.) Ergo Timotheus intra Olympiadem CVI. vitam finivit. Timotheum dicit

γεγενημένης, καὶ διαβάλλειν ἡμᾶς ἀμφοτέρους ἐπεχείρησεν, καὶ οὐκ ᾐσχύνθη περὶ ἀνδρὸς τετελευτηκότος καὶ πολλῶν ἀγαθῶν αἰτίου τῇ πόλει βλασφήμους καὶ λίαν ἀσελγεῖς λόγους εἰπών. ἐγὼ δ᾽ ᾤμην μὲν, εἰ καὶ φανερῶς ἐξηλεγχόμην ἀδικῶν, διὰ τὴν πρὸς ἐκεῖνον φιλίαν σώζεσθαί μοι προσήκειν· ἐπειδὴ δὲ Λυσίμαχος καὶ τοῖς τοιούτοις ἐπιχειρεῖ με βλάπτειν ἐξ ὧν δικαίως ἂν ὠφελοίμην, ἀναγκαίως ἔχει διαλεχθῆναι περὶ αὐτῶν. διὰ τοῦτο δ᾽ οὐχ ἅμα περὶ τούτου καὶ τῶν ἄλλων ἐπιτηδείων ἐποιησάμην τὴν μνείαν, ὅτι πολὺ τὰ πράγματα διέφερεν αὐτῶν. περὶ μὲν γὰρ ἐκείνων οὐδὲν φλαῦρον εἰπεῖν ὁ κατήγορος ἐτόλμησε, περὶ δὲ τὴν Τιμοθέου κατηγορίαν μᾶλλον ἐσπούδασεν ἢ περὶ ὧν ἀπήνεγκε τὴν γραφήν· ἔπειθ᾽ οἱ μὲν ὀλίγων ἐπεστάτησαν, τῶν δ᾽ ἑκάστῳ προσταχθέντων οὕτως ἐπεμελήθησαν ὥστε τυχεῖν τῆς τιμῆς ὀλίγῳ πρότερον ὑπ᾽ ἐμοῦ λεχθείσης, ὁ δὲ 67
πολλῶν καὶ μεγάλων πραγμάτων καὶ πολὺν χρόνον κατέστη κύριος. ὥστ᾽ οὐκ ἂν ἥρμοσεν ἅμα περὶ τούτου καὶ τῶν ἄλλων χρήσασθαι τοῖς λόγοις, ἀλλ᾽ ἀναγκαίως εἶχεν οὕτω διελέσθαι καὶ διατάξασθαι περὶ αὐτῶν. χρὴ δὲ τὸν ὑπὲρ ἐκείνου λόγον οὐκ ἀλλότριον εἶναι νομίζειν τοῖς ἐνεστῶσι πράγμασιν, οὐδ᾽ ἐμὲ λέγειν ἔξω τῆς γραφῆς· τοῖς μὲν γὰρ ἰδιώταις ὑπὲρ ὧν ἕκαστος ἔπραξε προσήκει διαλεχθεῖσι καταβαίνειν ἢ δοκεῖν περιεργάζεσθαι, τοῖς δ᾽ ὑπολαμβανομένοις συμβούλοις εἶναι καὶ διδασκάλοις ὁμοίως ὑπὲρ τῶν συγγεγενημένων ὥσπερ ὑπὲρ αὐτῶν ἀναγκαῖον ποιεῖσθαι τὴν ἀπολογίαν, ἄλλως τ᾽ ἢν καὶ τύχῃ τις διὰ τὴν αἰτίαν ταύτην κρινόμενος· ὅ περ ἐμοὶ συμβέβηκεν· ἑτέρῳ μὲν οὖν ἀπέχρησεν ἂν τοῦτ᾽ εἰπεῖν, ὡς οὐ δίκαιόν ἐστι μετέχειν εἴ τι Τιμόθεος πράττων μὴ κατώρθωσεν· οὐδὲ γὰρ τῶν δωρεῶν οὐδὲ τῶν τιμῶν οὐδεὶς αὐτῷ μετέδωκε τῶν ἐκείνῳ ψηφισθεισῶν, ἀλλ᾽ οὐδ᾽ ἐπαινέσαι τῶν ῥητόρων οὐδεὶς ἠξίωσεν ὡς σύμβουλον γεγενημένον· εἶναι δὲ δίκαιον ἢ καὶ τῶν ἀγα-

mortuum Isocrates etiam in Epist. VIII. ad Mityl. Magistr. §. ε'., quæ quo tempore scripta sit definire nequeo. A. MAIUS.

Διδασκάλοις] Isocratem magistrum fuisse Timothei confirmat Cicero de Orat. III. c. 34. "Aliis ne igitur artibus instituit Isocrates clarissimum virum Timotheum Cononis præstantissimi imperatoris filium, summum ipsum imperatorem, hominemque doctissimum." Porro narrat Plutarchus in vita Isocratis §. ε'. fin. Timotheum Isocrati magistro æream statuam cum titulo posuisse Eleusine. Mitto nunc quærere sint ne opus Plutarchi Vitæ X. Orator., necne. A. MAIUS.

θῶν κοινωνεῖν ἢ μηδὲ τῶν ἀτυχιῶν ἀπολαύειν. ἐγὼ δὲ ταῦτα
μὲν αἰσχυνθείην ἂν εἰπεῖν, τὴν αὐτὴν δὲ ποιοῦμαι πρόκλη-
σιν ἥνπερ καὶ περὶ τῶν ἄλλων· ἀξιῶ γὰρ, εἰ μὲν κακὸς
ἀνὴρ γέγονε Τιμόθεος καὶ πολλὰ περὶ ὑμᾶς ἐξήμαρτε, μετ-
68 έχειν καὶ δίκην διδόναι καὶ πάσχειν ὅμοια τοῖς ἀδικοῦσιν·
ἢν δ' ἐπιδειχθῇ καὶ πολίτης ὢν ἀγαθὸς καὶ στρατηγὸς
τοιοῦτος οἷος οὐδεὶς ἄλλος ὧν ἡμεῖς ἴσμεν, ἐκεῖνον μὲν οἶμαι
δεῖν ὑμᾶς ἐπαινεῖν καὶ χάριν ἔχειν αὐτῷ, περὶ δὲ ταυτησὶ
τῆς γραφῆς ἐκ τῶν ἐμοὶ πεπραγμένων, ὅ τι ἂν ὑμῖν δίκαιον
εἶναι δοκῇ, τοῦτο γιγνώσκειν.

κϛ΄. * ε΄. Ἀθροώτατον μὲν οὖν τοῦτ' εἰπεῖν ἔχω περὶ
Τιμοθέου καὶ μάλιστα καθ' ἁπάντων, ὅτι τοσαύτας ᾕρηκε
πόλεις κατὰ κράτος ὅσας οὐδεὶς πώποτε τῶν ἐστρατηγηκό-
των, οὔτε τῶν ἐκ ταύτης τῆς πόλεως οὔτε τῶν ἐκ τῆς ἄλλης
Ἑλλάδος, καὶ τούτων ἐνίας, ὧν ληφθεισῶν ἅπας ὁ τόπος
ὁ περιέχων οἰκεῖος ἠναγκάσθη τῇ πόλει γενέσθαι· τηλικαύτην ἑκάστη δύναμιν εἶχε. τίς γὰρ οὐκ οἶδε Κόρκυραν μὲν
ἐν ἐπικαιροτάτῳ καὶ κάλλιστα κειμένην τῶν περὶ Πελοπόννησον, Σάμον δὲ τῶν ἐν Ἰωνίᾳ· Σηστὸν δὲ καὶ Κριθωτὴν τῶν
ἐν Ἑλλησπόντῳ, Ποτίδαιαν δὲ καὶ Τορώνην τῶν ἐπὶ Θρά-
κης; ἃς ἐκεῖνος ἁπάσας κτησάμενος παρέδωκεν ὑμῖν, οὐ
δαπάναις μεγάλαις, οὐδὲ τοὺς ὑπάρχοντας συμμάχους λυ-
μηνάμενος, οὐδὲ πολλὰς ὑμᾶς εἰσφορὰς ἀναγκάσας εἰσενεγκεῖν, ἀλλ' εἰς μὲν τὸν περίπλουν τὸν περὶ Πελοπόννησον
τρία καὶ δέκα μόνον τάλαντα δούσης αὐτῷ τῆς πόλεως καὶ
τριήρεις πεντήκοντα Κόρκυραν εἷλε, πόλιν ὀγδοήκοντα τριή-
69 ρεις κεκτημένην, καὶ περὶ τὸν αὐτὸν χρόνον Λακεδαιμονίους
ἐνίκησε ναυμαχῶν, καὶ ταύτην ἠνάγκασεν αὐτοὺς συνθέσθαι
τὴν εἰρήνην, ἣ τοσαύτην μεταβολὴν ἑκατέρᾳ τῶν πόλεων
ἐποίησεν, ὥσθ' ἡμᾶς μὲν ἀπ' ἐκείνης τῆς ἡμέρας θύειν αὐτῇ
καθ' ἕκαστον τὸν ἐνιαυτὸν ὡς οὐδεμίας ἄλλης οὕτω τῇ πο-

Κριθωτὴν] De urbe appellata Critbote vehementer æstuarunt Critici, ut vides in notis Variorum ad Nepotem in Timoth. c. 1. Veteribus ibidem citatis auctoribus, qui ejus meminerunt, adde jam Isocratem: et præterea Harpocrationem, atque ex hoc Demosthenem adv. Aristocr. §. λθ΄., Hellanicum l. I. Troicorum, Ephorum l. IV. A. Maius.

Πεντήκοντα Κόρκυραν εἷλε] Πεντήκοντα· Κόρκυραν δ' εἷλε. Orell.

Θύειν αὐτῇ] Confirmat Nepos. in Timoth. c. 2. "Quæ victoria tantæ fuit Atticis lætitiæ, ut tum primum aræ Paci publice sint factæ, eique deæ pulvinar sit institutum." De hac pace vide etiam Xenoph. Hist. Græc. l. VI. c. 2. Diodor. Sic. l. XV. §. 38. A. Maius.

λει συνενεγκούσης, Λακεδαιμονίων δὲ μετ' ἐκεῖνον τὸν χρόνον μηδ' ὑφ' ἑνὸς ἑωρᾶσθαι μήτε ναυτικὸν ἐντὸς Μαλέας περιπλέον μήτε πεζὸν στρατόπεδον διὰ τοῦ Ἰσθμοῦ πορευόμενον, ὅπερ αὐτοῖς τῆς περὶ Λεῦκτρα συμφορᾶς εὕροι τις ἂν αἴτιον γεγενημένον. μετὰ δὲ ταύτας τὰς πράξεις ἐπὶ Σάμον στρατεύσας, ἣν Περικλῆς ὁ μεγίστην ἐπὶ σοφίᾳ καὶ δικαιοσύνῃ καὶ σωφροσύνῃ δόξαν εἰληφὼς ἀπὸ διακοσίων νεῶν καὶ χιλίων ταλάντων κατεπολέμησε, ταύτην, οὔτε πλέον οὔτ' ἔλαττον παρ' ὑμῶν λαβὼν οὔτε παρὰ τῶν συμμάχων ἐκλέξας, ἐν δέκα μησὶν ἐξεπολιόρκησεν ὀκτακισχιλίοις πελτασταῖς καὶ τριήρεσι τριάκοντα, καὶ τούτοις ἅπασιν ἐκ τῆς πολεμίας τὸν μισθὸν ἀπέδωκε. καί τοι τοιοῦτον ἔργον ἄν τις ἄλλος φανῇ πεποιηκὼς, ὁμολογῶ ληρεῖν, ὅτι διαφερόντως ἐπαινεῖν ἐπιχειρῶ τὸν οὐδὲν περιττότερον τῶν ἄλλων διαπεπραγμένον. ἐντεῦθεν τοίνυν ἀναπλεύσας Σηστὸν καὶ Κριθωτὴν ἔλαβε, καὶ τὸν ἄλλον χρόνον ἀμελουμένης Χεῤῥονήσου προσέχειν ὑμᾶς αὐτῇ τὸν νοῦν ἐποίησε. τὸ δὲ τελευταῖον Ποτίδαιαν εἰς ἣν ἡ πόλις τετρακόσια καὶ δισχίλια 70 τάλαντα τὸ πρότερον ἀνήλωσε, ταύτην εἷλεν ἀπὸ τῶν χρημάτων ὧν αὐτὸς ἐπόρισε καὶ τῶν συντάξεων τῶν ἀπὸ Θράκης· καὶ προσέτι Χαλκιδεῖς ἅπαντας κατεπολέμησεν. εἰ δὲ δεῖ μὴ καθ' ἕκαστον ἀλλὰ διὰ βραχέων εἰπεῖν, τεττάρων καὶ εἴκοσι πόλεων κυρίους ὑμᾶς ἐποίησεν ἐλάττω δαπανήσας ὧν οἱ πατέρες ἡμῶν εἰς τὴν Μηλίων πολιορκίαν ἀνήλωσαν. ἠβουλόμην δ' ἂν, ὥσπερ ἐξαριθμῆσαι τὰς πράξεις ῥάδιον γέγονεν, οὕτως οἷόν τ' εἶναι συντόμως δηλῶσαι τοὺς καιροὺς ἐν οἷς ἕκαστα τούτων ἐπράχθη, καὶ τὰ τῆς πόλεως ὡς εἶχε, καὶ τὴν τῶν πολεμίων δύναμιν· πολὺ γὰρ ἂν ὑμῖν αἵ τε εὐεργεσίαι μείζους κἀκεῖνος πλείονος ἄξιος ἔδοξεν εἶναι. νῦν δὲ ταῦτα μὲν ἐάσω διὰ τὸ πλῆθος.

κϛ'. * ϛ'. Ἡγοῦμαι δ' ὑμᾶς ἡδέως ἂν ἀκοῦσαι διὰ τί

Δόξαν εἰληφὼς] Similem prorsus Periclis laudem habes in Orat. de Bigis §. ια'. A. Maius.

Οὔτε παρὰ τῶν συμμ.] Bekkerus mavult οὐδὲ παρὰ τῶν συμμ.

Τεττάρων καὶ εἴκοσι πόλεων] Æschines de fals. legat. §. κδ'. ait Timotheum Cononis F. potitum fuisse urbium LXXV., easque Athenarum Concilio adjunxisse. Itaque Isocrates sub numero XXIV. eas tantum comprehendit urbes, quas Timotheus tenuiori dispendio cepit, quam olim Athenienses in obsidendis Meliis passi erant. Apud Dinarchum Orat. c. Demosth. p. 91. antep. et c. Philocl. p. 110. 23. ed. Steph. dicitur Conon pater Timothei cepisse urbes XXIV. A. Maius.

ποτε τῶν μὲν εὐδοκιμούντων ἀνδρῶν παρ᾽ ὑμῖν καὶ πολεμικῶν εἶναι δοκούντων οὐδὲ κώμην ἔνιοι λαβεῖν ἠδυνήθησαν,
Τιμόθεος δ᾽ οὔτε τὴν τοῦ σώματος φύσιν ἔχων ἐῤῥωμένην
οὔτ᾽ ἐν τοῖς στρατοπέδοις τοῖς πλανωμένοις κατατετριμμέ-
νος, ἀλλὰ ὁ μεθ᾽ ὑμῶν πολιτευόμενος τηλικαῦτα διεπρά-
ξατο τὸ μέγεθος. ἔστι δ᾽ ὁ λόγος ὁ περὶ τούτων φιλα-
πεχθήμων μὲν, ῥηθῆναι δ᾽ οὐκ ἀσύμφορος. ἐκεῖνος γὰρ
τούτῳ τῶν ἄλλων διήνεγκεν, ὅτι περὶ τῶν Ἑλληνικῶν καὶ
71 συμμαχικῶν πραγμάτων καὶ τῆς ἐπιμελείας τῆς τούτων
οὐ τὴν αὐτὴν ὑμῖν γνώμην ἔσχεν· ὑμεῖς μὲν γὰρ χειροτονεῖτε στρατηγοὺς τοὺς εὐρωστοτάτους τοῖς σώμασι καὶ
πολλάκις ἐν τοῖς ξενικοῖς στρατεύμασι γεγενημένους, ὡς
διὰ τούτων διαπραξάμενοί τι τῶν δεόντων· ὁ δὲ τοῖς μὲν
τοιούτοις λοχαγοῖς ἐχρῆτο καὶ ταξιάρχοις, [ὧν ἔνιοι διὰ τὴν
μετ᾽ ἐκείνου στρατείαν ἄξιοι λόγου καὶ χρήσιμοι τῇ πόλει
γεγόνασιν,] αὐτὸς δὲ περὶ ταῦτα δεινὸς ἦν, περὶ ἅπερ χρὴ
φρόνιμον εἶναι τὸν στρατηγὸν τὸν ἀγαθόν. ἔστι δὲ ταῦτα
τίνα δύναμιν ἔχοντα; — δεῖ γὰρ οὐχ ἁπλῶς εἰπεῖν, ἀλλὰ
σαφῶς φράσαι περὶ αὐτῶν — πρῶτον μὲν δύνασθαι γνῶναι
πρὸς τίνας πολεμητέον καὶ τίνας συμμάχους ποιητέον·
ἀρχὴ γὰρ αὕτη στρατηγίας ἐστὶν, ἧς ἣν διαμάρτῃ τις,
ἀνάγκη τὸν πόλεμον ἀσύμφορον καὶ χαλεπὸν καὶ περίεργον εἶναι. περὶ τοίνυν τὴν τοιαύτην προαίρεσιν οὐ μόνον οὐδεὶς τοιοῦτος γέγονεν, ἀλλ᾽ οὐδὲ παραπλήσιος. ῥᾴδιον δ᾽ ἐξ
αὐτῶν τῶν ἔργων γνῶναι· πλείστους γὰρ πολέμους ἄνευ
τῆς πόλεως ἀνελόμενος, ἅπαντας τούτους κατώρθωσε καὶ
δικαίως ἅπασι τοῖς Ἕλλησιν ἔδοξεν αὐτοὺς ποιήσασθαι.
καί τοι τοῦ καλῶς βουλεύσασθαι τίς ἂν ἀπόδειξιν ἔχοι
σαφεστέραν καὶ μείζω ταύτης παρασχέσθαι; δεύτερον τί
προσήκει τὸν στρατηγὸν τὸν ἀγαθόν; στρατόπεδον συνα-
72 γαγεῖν ἁρμόττον τῷ πολέμῳ τῷ παρόντι, καὶ τοῦτο συν-
τάξαι καὶ χρήσασθαι συμφερόντως. ὡς μὲν τοίνυν ἠπί-

Γνώμην ἔχειν] Ἴσως, γνώμην εἶχεν, ἢ ἔσχεν. Mustoxydes.

Τοὺς εὐρωστάτους] Innuit Charetem, Timothei postea accusatorem, quem oratores Athenienses, licet imprudentem et stolidum, tamen quia corporis viribus præpollebat, imperatorem fieri volebant: dicente contra Timotheo, eum potius ad imperatoris stragula gestanda esse idoneum. Vide Plutarch. An Seni &c. §. η΄. Apophth. vol. viii. p. 119. ed. Hutten. Diodor. Sic. l. XVI. §. 85. A. Maius.

Τίνα δύναμιν] Bekkerus mavult, τίνα, καὶ τίνα δύν.

Δεύτερον τί - - - ἀγαθόν;] Δεύτερον δὲ - - - ἀγαθὸν —. Orell.

στατο χρῆσθαι καλῶς, αἱ πράξεις αὐταὶ δεδηλώκασιν· ὡς δὲ καὶ πρὸς τὸ παρασκευάσασθαι μεγαλοπρεπῶς καὶ τῆς πόλεως ἀξίως ἁπάντων διήνεγκεν, οὐδὲ τῶν ἐχθρῶν οὐδεὶς ἂν ἄλλως εἰπεῖν τολμήσειεν. ἔτι τοίνυν πρὸς τούτοις ἀπορίας ἐνεγκεῖν στρατοπέδου καὶ πενίας, καὶ πάλιν εὐπορίας εὑρεῖν, τίς οὐκ ἂν τῶν συνεστρατευμένων πρὸς ἀμφότερα ταῦτα διαφέρειν ἐκείνου προκρίνειε; συνίσασι γὰρ αὐτῷ κατὰ μὲν ἀρχὰς τῶν πολέμων διὰ τὸ μηδὲν παρὰ τῆς πόλεως λαμβάνειν εἰς τὰς ἐσχάτας ἐνδείας καθιστάμενον, ἐκ δὲ τούτων εἰς τοῦτο τὰ πράγματα περιϊστάναι δυνάμενον, ὥςτε καὶ τῷ πολέμῳ περιγίγνεσθαι καὶ τοῖς στρατιώταις ἐντελεῖς ἀποδιδόναι τοὺς μισθούς. οὕτω τοίνυν τούτων μεγάλων ὄντων καὶ σφόδρα κατεπειγόντων, ἐπὶ τοῖς ἐχομένοις δικαίως ἄν τις αὐτὸν ἔτι μᾶλλον ἐπαινέσειεν. ὁρῶν γὰρ ὑμᾶς τούτους μόνους ἄνδρας νομίζοντας, τοὺς ἀπειλοῦντας καὶ τοὺς ἐκφοβοῦντας τὰς ἄλλας πόλεις καὶ τοὺς ἀεί τι νεωτερίζοντας ἐν τοῖς συμμάχοις, οὐκ ἐπηκολούθησε ταῖς ὑμετέραις γνώμαις, οὐδ' ἠβουλήθη βλάπτων τὴν πόλιν εὐδοκιμεῖν, ἀλλὰ τοῦτ' ἐφιλοσόφει καὶ τοῦτ' ἔπραττεν, ὅπως μηδεμία τῶν πόλεων αὐτὸν φοβήσεται τῶν Ἑλληνίδων, ἀλλὰ πᾶσαι θαρσήσουσι πλὴν τῶν ἀδικουσῶν· ἠπί- 73
στατο γὰρ τούς τε δεδιότας ὅτι μισοῦσι δι' οὓς ἂν τοῦτο πεπονθότες τυγχάνωσι, τήν τε πόλιν διὰ μὲν τὴν φιλίαν τὴν τῶν ἄλλων εὐδαιμονεστάτην καὶ μεγίστην γενομένην, διὰ δὲ τὸ μῖσος μικρὸν ἀπολιποῦσαν τοῦ μὴ ταῖς ἐσχάταις συμφοραῖς περιπεσεῖν. ὧν ἐνθυμούμενος τῇ μὲν δυνάμει τῇ τῆς πόλεως τοὺς πολεμίους κατεστρέφετο, τῷ δ' ἤθει τῷ ἑαυτοῦ τὴν εὔνοιαν τὴν τῶν ἄλλων προσήγετο, νομίζων τοῦτο στρατήγημα μεῖζον εἶναι καὶ κάλλιον ἢ πολλὰς πόλεις ἑλεῖν καὶ πολλάκις νικῆσαι μαχόμενος. οὕτω δ' ἐσπούδαζε περὶ τὸ μηδεμίαν τῶν πόλεων μηδὲ μικρὰν ὑποψίαν περὶ αὐτοῦ λαβεῖν ὡς ἐπιβουλεύοντος, ὥςθ' ὁπότε μέλλοι τινὰ παραπλεῖν τῶν μὴ τὰς συντάξεις διδουσῶν, πέμψας προηγόρευε τοῖς ἄρχουσιν, ἵνα μὴ πρὸ τῶν λιμένων ἐξαίφνης ὀφθεὶς εἰς θόρυβον καὶ ταραχὴν αὐτοὺς καταστή-

Διαφέρειν ἐκείνου] Διαφέρειν ἐκεῖνον. Orell.

Τὴν εὔνοιαν] Vide eandem sententiam Epist. II. ad Philipp. §. η'. fin. A. Maius.

σειεν. εἴτε τύχοι καθορμισθεὶς πρὸς τὴν χώραν, οὐκ ἂν ἐφῆκε τοῖς στρατιώταις ἁρπάζειν καὶ κλέπτειν καὶ πορθεῖν τὰς οἰκίας, ἀλλὰ τοσαύτην εἶχεν ἐπιμέλειαν ὑπὲρ τοῦ μηδὲν γίγνεσθαι τοιοῦτον, ὅσην περ οἱ δεσπόται τῶν χρημάτων· οὐ γὰρ τούτῳ προσεῖχε τὸν νοῦν, ὅπως ἐκ τῶν τοιούτων αὐτὸς εὐδοκιμήσει παρὰ τοῖς στρατιώταις, ἀλλ᾽ ὅπως ἡ πόλις παρὰ τοῖς Ἕλλησι. πρὸς δὲ τούτοις τὰς
74 δοριαλώτους τῶν πόλεων οὕτω πράως διῴκει καὶ νομίμως ὡς οὐδεὶς ἄλλος τὰς συμμαχίδας, ἡγούμενος εἰ τοιοῦτος ὢν φαίνοιτο περὶ τοὺς πολεμήσαντας, τὴν μεγίστην πίστιν ἔσεσθαι δεδωκὼς ὡς οὐδέποτ᾽ ἂν περί γε τοὺς ἄλλους ἐξαμαρτεῖν τολμήσειε. τοιγάρτοι διὰ τὴν δόξαν τὴν ἐκ τούτων γιγνομένην πολλαὶ τῶν πόλεων τῶν πρὸς ὑμᾶς δυσκόλως ἐχουσῶν ἀναπεπταμέναις αὐτὸν ἐδέχοντο ταῖς πύλαις· ἐν αἷς ἐκεῖνος οὐδεμίαν ταραχὴν ἐποίησεν, ἀλλ᾽ ὥσπερ οἰκουμένας αὐτὰς εἰσιὼν κατέλαβεν, οὕτως ἐξιὼν κατέλειπε: κεφάλαιον δὲ πάντων τούτων· εἰθισμένων γὰρ τὸν ἄλλον χρόνον πολλῶν γίγνεσθαι καὶ δεινῶν ἐν τοῖς Ἕλλησιν, ἐπὶ τῆς ἐκείνου στρατηγίας οὐδεὶς ἂν οὔτ᾽ ἀναστάσεις εὕροι γεγενημένας οὔτε πολιτειῶν μεταβολὰς οὔτε σφαγὰς καὶ φυγὰς οὔτ᾽ ἄλλ᾽ οὐδὲν τῶν κακῶν τῶν ἀνηκέστων, ἀλλ᾽ οὕτως αἱ τοιαῦται συμφοραὶ κατ᾽ ἐκεῖνον τὸν χρόνον ἐλώφησαν, ὥστε μόνος ὧν ἡμεῖς μνημονεύομεν ἀνέγκλητον τὴν πόλιν τοῖς Ἕλλησι παρέσχε. καί τοι χρὴ στρατηγὸν ἄριστον νομίζειν οὐκ εἴ τις μιᾷ τύχῃ τηλικοῦτόν τι κατώρθωσεν ὥσπερ Λύσανδρος, ὃ μηδενὶ τῶν ἄλλων διαπράξασθαι συμβέβηκεν· ἀλλ᾽ ὅστις ἐπὶ πολλῶν καὶ παντοδαπῶν καὶ δυσκόλων πραγμάτων ὀρθῶς ἀεὶ πράττων καὶ νουνεχόντως διατετέλεκεν, ὅπερ Τιμοθέῳ συμβέβηκεν.

75 κϛʹ. * ζʹ. Οἶμαι οὖν ὑμῶν τοὺς πολλοὺς θαυμάζειν τὰ λεγόμενα καὶ νομίζειν τὸν ἔπαινον τὸν ἐκείνου κατηγορίαν εἶναι τῆς πόλεως, εἰ τοσαύτας μὲν πόλεις ἑλόντα μηδεμίαν δ᾽ ἀπολέσαντα περὶ προδοσίας ἔκρινε, καὶ πάλιν εἰ διδόντος εὐθύνας αὐτοῦ, καὶ τὰς μὲν πράξεις Ἰφικράτους ἀναδε-

Λύσανδρος] Confirmat Nepos ita Lysandri vitam exordiens: "Lysander Lacedæmonius magnam reliquit sui famam, magis felicitate quam virtute partam." Porro hic indicat Isocrates famigeratam Atheniensium cladem ad Ægos flumen, de qua vide Xen. Hist. Græc. l. ii. c. 1. A. Maius.

Ἰφικράτους] Vide Nepotem in Iphicr. c.

χομένου, τὸν δʼ ὑπὲρ τῶν χρημάτων λόγον Μενεσθέως, τούτους μὲν ἀπέλυσε, Τιμόθεον δὲ τοσούτοις ἐζημίωσε χρήμασιν ὅσοις οὐδένα πώποτε τῶν προγεγενημένων. ἔχει δʼ οὕτως· βούλομαι γὰρ καὶ τὸν ὑπὲρ τῆς πόλεως λόγον εἰπεῖν. εἰ μὲν ὑμεῖς πρὸς αὐτὸ τὸ δίκαιον ἀποβλέποντες σκέψεσθε περὶ τούτων, οὐκ ἔστιν ὅπως οὐ δεινὰ καὶ σχέτλια πᾶσιν εἶναι δόξει τὰ πεπραγμένα περὶ Τιμόθεον· ἢν δʼ ἀναλογίσησθε τὴν ἄγνοιαν ὅσην ἔχομεν πάντες ἄνθρωποι, καὶ τοὺς φθόνους τοὺς ἐπιγιγνομένους ἡμῖν, ἔτι δὲ τὰς ταραχὰς καὶ τὴν τύρβην ἐν ᾗ ζῶμεν, οὐδὲν τούτων ἀλόγως οὐδʼ ἔξω τῆς ἀνθρωπίνης φύσεως εὑρεθήσεται γεγενημένον, ἀλλὰ καὶ Τιμόθεος μέρος τι συμβεβλημένος τοῦ μὴ κατὰ τρόπον γνωσθῆναι περὶ αὐτῶν. ἐκεῖνος γὰρ οὔτε μισόδημος ὢν οὔτε μισάνθρωπος οὔθʼ ὑπερήφανος οὔτʼ ἄλλʼ οὐδὲν ἔχων τῶν τοιούτων κακῶν διὰ τὴν μεγαλοφροσύνην τὴν τῇ στρατηγίᾳ μὲν συμφέρουσαν, πρὸς δὲ [illegible] χρείας τῶν ἀεὶ προσπιπτόντων οὐχ ἁρμόττουσαν, ἅπασιν ἔδοξεν ἔνοχος εἶναι τοῖς προειρημένοις· οὕτω γὰρ ἀφυὴς ἦν πρὸς τὴν τῶν ἀνθρώπων 76 θεραπείαν, ὥσπερ δεινὸς περὶ τὴν τῶν πραγμάτων ἐπιμέλειαν. καί τοι πολλάκις καὶ παρʼ ἐμοῦ τοιούτους λόγους ἤκουσεν, ὡς χρὴ τοὺς πολιτευομένους καὶ βουλομένους ἀρέσκειν προαιρεῖσθαι μὲν τῶν τε πράξεων τὰς ὠφελιμωτάτας καὶ βελτίστας καὶ τῶν λόγων τοὺς ἀληθεστάτους καὶ δικαιοτάτους, οὐ μὴν ἀλλὰ κἀκεῖνο παρατηρεῖν καὶ σκοπεῖν, ὅπως ἐπιχαρίτως καὶ φιλανθρώπως ἅπαντα φανήσονται καὶ λέγοντες καὶ πράττοντες, ὡς οἱ τούτων ὀλιγωροῦντες ἐπαχθέστεροι καὶ βαρύτεροι δοκοῦσιν εἶναι τοῖς συμπολιτευομένοις. ὁρᾷς δὲ τὴν φύσιν τὴν τῶν πολλῶν ὡς διάκειται πρὸς τὰς ἡδονάς, καὶ διότι μᾶλλον φιλοῦσι τοὺς πρὸς χάριν ὁμιλοῦντας ἢ τοὺς εὖ ποιοῦντας, καὶ τοὺς μετὰ φαιδρότητος

3. Item in Timoth. c. 3. Dionys. Hal. in Lysia c. 12. quorum postremus ait Iphicratem τὰς εὐθύνας ὑπεσχηκέναι τῆς στρατηγίας. Iphicratem autem hoc judicio fuisse absolutum confirmat Nepos in ejus Vita c. 3. et Polyænus Stratag. l. iii. 29. Contra Diodorus Sic. l. xvi. §. 21. ait Iphicratem mulctatum esse cum Timotheo. A. Maius.

Τοσούτοις ἐζημίωσε χρήμ.] Lis Timotheo æstimata est C. talentis, ut ait Nepos in Timoth. c. 3. Dinarchus c. Demosth. p. 92. 1. et c. Philocl. p. 110. 26. ed. H. Steph. A. Maius.

Περὶ Τιμόθ.] Τὰ περὶ Τιμόθ. Orell.

Περὶ αὐτῶν] Περὶ αὐτόν. Idem.

Διὰ τὴν μεγαλοφροσύνην] Id de Timotheo innuit etiam Plutarchus in Sylla, §. ϛʹ. A. Maius.

καὶ φιλανθρωπίας φενακίζοντας ἢ τοὺς μετ' ὄγκου καὶ σεμνότητος ὠφελοῦντας. ὧν οὐδέν σοι μεμέληκεν, ἀλλ' ἣν ἐπιεικῶς τῶν ἔξω πραγμάτων ἐπιμεληθῇς, οἴει σοι καὶ τοὺς ἐνθάδε πολιτευομένους καλῶς ἕξειν. τὸ δ' οὐχ οὕτως, ἀλλὰ τοὐναντίον φιλεῖ συμβαίνειν. ἢν γὰρ τούτοις ἀρέσκῃς, ἅπαν ὅ τι ἂν πράξῃς οὐ πρὸς τὴν ἀλήθειαν κρινοῦσιν ἀλλὰ πρὸς τὸ σοὶ συμφέρον ὑπολήψονται, καὶ τὰ μὲν ἁμαρτανόμενα παρόψονται, τὸ δὲ κατορθωθὲν οὐρανόμηκες ποιήσουσιν· ἡ γὰρ εὔνοια
77 πάντας οὕτω διατίθησιν. ἣν σὺ τῇ μὲν πόλει παρὰ τῶν ἄλλων ἐκ παντὸς τρόπου κτήσασθαι ζητεῖς, ἡγούμενος μέγιστον εἶναι τῶν ἀγαθῶν, αὐτὰς δὲ σαυτῷ παρὰ τῆς πόλεως οὐκ οἴει δεῖν τὴν αὐτὴν ταύτην παρασκευάζειν, ἀλλὰ πλείστων ἀγαθῶν αἴτιος γεγενημένος χεῖρον διάκεισαι τῶν οὐδὲν ἄξιον λόγου διαπεπραγμένων. εἰκότως· οἱ μὲν γὰρ τοὺς ῥήτορας καὶ τοὺς ἐν τοῖς ἰδίοις συλλόγοις λογοποιεῖν δυναμένους καὶ πάντα προσποιουμένους εἰδέναι θεραπεύουσι, σὺ δ' οὐ μόνον ἀμελεῖς, ἀλλὰ καὶ πολεμεῖς τοῖς μέγιστον ἀεὶ δυναμένοις αὐτῶν. καίτοι πόσους οἴει διὰ τὰς τούτων ψευδολογίας, τοὺς μὲν συμφοραῖς περιπεπτωκέναι, τοὺς δ' ἀτίμους εἶναι, [πόσους δὲ τῶν προγεγενημένων ἀνωνύμους εἶναι,] πολὺ σπουδαιοτέρους καὶ πλέονος ἀξίους γεγενημένους τῶν ᾀδομένων καὶ τραγῳδουμένων; ἀλλ' οἱ μέν, οἶμαι, ποιητῶν ἔτυχον καὶ λογοποιῶν, οἱ δ' οὐκ ἔσχον τοὺς ὑμνήσοντας. ἢν οὖν ἐμοὶ πείθῃ καὶ νοῦν ἔχῃς, οὐ καταφρονήσεις τῶν ἀνδρῶν τούτων οἷς τὸ πλῆθος εἴθισται πιστεύειν οὐ μόνον περὶ ἑνὸς ἑκάστου τῶν πολιτῶν, ἀλλὰ καὶ περὶ ὅλων τῶν πραγμάτων, ἀλλ' ἐπιμέλειάν τινα ποιήσῃ καὶ θεραπείαν αὐτῶν, ἵν' εὐδοκιμήσῃς δι' ἀμφότερα, καὶ διὰ τὰς σαυτοῦ πράξεις καὶ

διὰ τοὺς τούτων λόγους. ταῦτα δ' ἀκούων ὀρθῶς μὲν ἔφασκέ με λέγειν, οὐ μὴν οἷός τ' ἦν τὴν φύσιν μεταβαλεῖν, 78
ἀλλ' ἦν καλὸς κἀγαθὸς ἀνὴρ καὶ τῆς πόλεως καὶ τῆς Ἑλλάδος ἄξιος, οὐ μὴν σύμμετρός γε τοῖς τοιούτοις τῶν ἀνθρώπων, ὅσοι τοῖς ὑπὲρ αὑτοὺς πεφυκόσιν ἀχθόμενοι τυγχάνουσι. τοιγαροῦν οἱ μὲν ῥήτορες ἔργον εἶχον αἰτίας περὶ αὐτοῦ πολλὰς καὶ ψευδεῖς πλάττειν, τὸ δὲ πλῆθος ἀποδέχεσθαι τὰς ὑπὸ τούτων λεγομένας. περὶ ὧν ἡδέως ἂν ἀπελογησάμην, εἰ καιρὸν εἶχον· οἶμαι γὰρ ἂν ὑμᾶς ἀκούσαντας μισῆσαι τούς τε προαγαγόντας τὴν πόλιν ἐπὶ τὴν ὀργὴν τὴν πρὸς ἐκεῖνον καὶ τοὺς φλαῦρόν τι περὶ αὐτοῦ λέγειν τολμῶντας.

κϛ'. * η'. Νῦν δὲ ταῦτα μὲν ἐάσω, περὶ ἐμαυτοῦ δὲ καὶ τῶν ἐνεστώτων πραγμάτων πάλιν ποιήσομαι τοὺς λόγους. ἀπορῶ δ' ὅ τι χρήσομαι τοῖς ὑπολοίποις, καὶ τίνος πρώτου μνησθῶ καὶ ποίου δευτέρου· τὸ γὰρ ἐφεξῆς με λέγειν διαπέφευγεν. ἴσως μὲν οὖν ἀναγκαῖόν ἐστιν, ὡς ἂν ἕκαστον τύχῃ προσπεσὸν, οὕτως εἰπεῖν περὶ αὐτῶν· ἃ δ' οὖν μοι νῦν ἐπελήλυθε, καὶ περὶ ὧν ἐγὼ μὲν ἐνόμιζον εἶναι δηλωτέον, ἄλλος δέ τις μοι συνεβούλευε μὴ λέγειν, οὐκ ἀποκρύψομαι πρὸς ὑμᾶς. ἐπειδὴ γὰρ ἀπήνεγκε τὴν γραφὴν, ἐσκόπουν περὶ αὐτῶν τούτων ὥσπερ ἂν ὑμῶν ἕκαστος, καὶ τόν τε βίον τὸν ἐμαυτοῦ καὶ τὰς πράξεις ἐξήταζον, καὶ πλεῖστον χρόνον περὶ τὰς τοιαύτας διέτριβον ἐφ' αἷς ᾠόμην ἐπαινεῖσθαί με 79
προσήκειν. ἀκροώμενος δέ τις τῶν ἐπιτηδείων ἐτόλμησεν εἰπεῖν πρός με λόγον πάντων σχετλιώτατον, ὡς ἄξια μὲν εἴη τὰ λεγόμενα φιλοτιμίας, οὐ μὴν ἀλλ' αὐτός γε δεδιέναι ταῦτα μάλιστα, μὴ πολλοὺς λυπήσῃ τῶν ἀκουόντων. οὕτω γὰρ ἔφη τινὲς ὑπὸ τοῦ φθόνου καὶ τῶν ἀποριῶν ἐξηγρίωνται καὶ δυσμενῶς ἔχουσιν, ὥστ' οὐ ταῖς πονηρίαις ἀλλὰ ταῖς εὐπραγίαις πολεμοῦσι, καὶ μισοῦσιν οὐ μόνον τῶν ἀνθρώπων τοὺς ἐπιεικεστάτους, ἀλλὰ καὶ τῶν ἐπιτηδευμάτων τὰ βέλτιστα, καὶ πρὸς τοῖς ἄλλοις κακοῖς τοῖς μὲν ἀδικοῦσι συναγωνίζονται καὶ

Εὐπραγίαις] Εὐπραγία apud Isocratem *gerendis*. Vide Evagor. Laudat. §. ιθ'. significat aliquando *diligentiam in rebus* A. Maius.

συγγνώμην ἔχουσιν, οἷς δ' ἂν φθονήσωσι ἀπολλύουσιν, ἤνπερ δυνηθῶσι. ταῦτα δὲ δρῶντες οὐκ ἀγνοοῦσι περὶ ὧν τὴν ψῆφον οἴσουσιν, ἀλλ' ἀδικήσειν μὲν ἐλπίζοντες, ὀφθήσεσθαι δ' οὐ προσδοκῶντες· σώζοντες [δ'] οὖν τοὺς ὁμοίους σφίσιν αὐτοῖς βοηθεῖν νομίζουσι. τούτου δ' ἕνεκά σοι ταῦτα διῆλθον, ἵνα προειδὼς ἄμεινον προσφέρῃ καὶ τοῖς λόγοις ἀσφαλεστέροις χρῇ πρὸς αὐτούς· ἐπεὶ νῦν γε τίνα χρὴ προσδοκᾶν γνώμην ἕξειν τοὺς τοιούτους, ὅταν τόν τε βίον τὸν σαυτοῦ καὶ τὰς πράξεις διεξίῃς μηδὲ κατὰ μικρὸν ὁμοίας οὔσας ταῖς τούτων, ἀλλ' οἵαςπερ πρὸς ἐμὲ λέγειν ἐπιχειρεῖς; ἀποφαίνεις γὰρ τούς τε λόγους οὓς γέγραφας οὐ μέμψεως ἀλλὰ χάριτος τῆς μεγίστης ἀξίους ὄντας, τῶν τε πεπλησιακότων σοι τοὺς μὲν
80 οὐδὲν ἠδικηκότας οὐδ' ἡμαρτηκότας, τοὺς δὲ δι' ἀρετὴν ὑπὸ τῆς πόλεως ἐστεφανωμένους, τά τε καθ' ἡμέραν οὕτω κοσμίως καὶ τεταγμένως βεβιωκότα σαυτὸν ὡς οὐκ οἶδ' εἴ τις ἄλλος τῶν πολιτῶν, ἔτι δὲ μήτε δεδικασμένον μηδενὶ μήτε πεφευγότα πλὴν περὶ ἀντιδόσεως, μήθ' ἑτέροις συνηγωνισμένον μήτε μεμαρτυρηκότα, μήτ' ἄλλο πεποιηκότα μηδέν, ἐν οἷς ἅπαντες οἱ πολιτευόμενοι τυγχάνουσι. πρὸς δὲ τούτοις οὕτως ἰδίοις οὖσι καὶ περιττοῖς κἀκεῖνο λέγεις, ὡς τῶν μὲν ἀρχῶν καὶ τῶν ὠφελιῶν τῶν ἐντεῦθεν γιγνομένων καὶ τῶν ἄλλων ἁπάντων τῶν κοινῶν ἐξέστηκας, εἰς δὲ τοὺς διακοσίους καὶ χι-

Ἀποφαίνεις] Etiam in Panathenaica §. ρα'. inducitur quidam Isocratem laudans. Idem.

Τοὺς διακοσίους καὶ χιλίους] Declaratur hic locus ex Sigonio de Rep. Athen. l. iv. c. 4. "Placuit (Atheniensibus) ut MCC. ex universis classibus legerentur, qui cum cæteros divitiis antecederent, soli etiam publicorum munerum onera sustinerent. Unde Pollux et Harpocratio scripserunt, MCC. fuisse ex quibus legerentur liturgi." Jam εἰσφορὰ, *tributum militare*, imperabatur Athenis impendente aut urgente bello. Quid autem est Trierarchia, nempe *triremium instructio*, explicatum est in argumento orationis. Erat præterea Athenis tria alia sumptuosissima munera, Choragia, Gymnasiarchia, Hestiasis, de quibus, ut de duobus prædictis, præter laudatum Sigonium, vide Prolegomena doctissimi viri F. A. Wolfii ad orationem Demosthenis contra Leptinem. Idem.

λίους τοὺς εἰσφέροντας καὶ λειτουργοῦντας οὐ μόνον αὑτὸν παρέχεις ἀλλὰ καὶ τὸν υἱὸν, καὶ τρὶς μὲν ἤδη τετριηραρχήκατε, τὰς δ᾽ ἄλλας λειτουργίας πολυτελέστερον λελειτουργήκατε καὶ κάλλιον ὧν οἱ νόμοι προστάττουσι. ταῦτ᾽ ἀκούοντας τοὺς τἀναντία πᾶσι τοῖς προειρημένοις ἐπιτετηδευκότας οὐκ οἴει βαρέως οἴσειν καὶ νομιεῖν ἐλέγχεσθαι τὸν βίον τὸν αὑτῶν οὐ σπουδαῖον ὄντα; καὶ γὰρ εἰ μὲν μετὰ πόνου καὶ ταλαιπωρίας ᾐσθάνοντό σε ποριζόμενον εἴς τε τὰς λειτουργίας καὶ περὶ τὴν ἄλλην διοίκησιν, οὐκ ἂν ὁμοίως ἔμελεν αὐτοῖς· νῦν δὲ τά τε παρὰ τῶν ξένων σοι γιγνόμενα πολὺ πλείω νομίζουσιν εἶναι τῶν διδομένων, αὐτόν τε σὲ ῥαθυμότερον ἡγοῦνται ζῆν οὐ μόνον 81
τῶν ἄλλων ἀλλὰ καὶ τῶν περὶ τὴν φιλοσοφίαν καὶ τὴν αὐτήν σοι πραγματείαν ὄντων. ὁρῶσι γὰρ ἐκείνων μὲν τοὺς πλείστους, πλὴν τῶν τὸν σὸν βίον καὶ τὸν τρόπον ἠγαπηκότων, ἔν τε ταῖς πανηγύρεσι καὶ τοῖς ἰδίοις συλλόγοις ἐπιδείξεις ποιουμένους, διαγωνιζομένους πρὸς ἀλλήλους καθ᾽ ὑπερβολὴν, ὑπισχνουμένους, ἐρίζοντας, λοιδορουμένους, οὐδὲν ἀπολείποντας κακῶν, ἀλλὰ σφίσι μὲν αὐτοῖς πράγματα παρέχοντας, τοῖς δ᾽ ἀκροωμένοις ἐξουσίαν παραδιδόντας τοῖς μὲν καταγελάσαι τῶν λεγομένων, ἐνίοις δ᾽ ἐπαινέσαι τοῖς δὲ πλείστοις μισῆσαι, τοῖς δ᾽ ὅπως ἕκαστοι βούλονται διατεθῆναι πρὸς αὐτούς· σὲ δ᾽ οὐδενὸς μετέχοντα τούτων, ἀλλ᾽ ἀνομοίως ζῶντα καὶ τοῖς σοφισταῖς καὶ τοῖς ἰδιώταις, καὶ τοῖς πολλὰ κεκτημένοις καὶ τοῖς ἀπόρως διακειμένοις. ἐφ᾽ οἷς οἱ μὲν λογίζεσθαι δυνάμενοι

Αὑτὸν παρέχεις] Forte σαυτὸν παρέχεις. Orell.

Πολυτελέστερον] Gloriabantur sæpe veteres se publica munera splendide obivisse. Vide et de Bigis §. ιδ'. Æginet. §. ιζ'. A. Maius.

Οὐδὲν ἀπολείποντας] *nihil ab improbis differre.* Licet etiam interpretari: *nihil improbitatis omittere.* Idem.

Οὐδενὸς μετέχοντα τούτων] Etiam in orat. ad Philippum §. λδ'. scribit Isocrates se neque ad populum agere neque cum rhetorum turba confligere solitum. Sic in Epist. II. ad Mityl. §. ε'. Idem.

καὶ νοῦν ἔχοντες ἴσως ἄν σε ζηλώσειαν, οἱ δὲ καταδεέστερον πράττοντες καὶ λυπεῖσθαι μᾶλλον εἰωθότες ἐπὶ ταῖς τῶν ἄλλων ἐπιεικείαις ἢ ταῖς αὑτῶν ἀτυχίαις οὐκ ἔστιν ὅπως οὐ δυσκολανοῦσι καὶ χαλεπῶς οἴσουσιν. ὡς οὖν οὕτως αὐτῶν διατεθησομένων σκόπει τί σοι λεκτέον τούτων καὶ τί παραλειπτέον ἐστίν. ἐγὼ δὲ κἀκείνου τότε ταῦτα λέγοντος καὶ νῦν ἡγοῦμαι πάντων ἀνθρώπων ἀτοπωτάτους εἶναι καὶ σχετλιωτάτους, οἵτινες βαρέως ἂν ἀκούοιεν εἰ
82 λειτουργοῦντα μὲν ἐμαυτὸν τῇ πόλει παρέχω καὶ ποιοῦντα τὸ προσταττόμενον, μηδὲν δὲ δέομαι μήτε κληροῦσθαι τῶν ἀρχῶν ἕνεκα, μήτε λαμβάνειν ἃ τοῖς ἄλλοις ἡ πόλις δίδωσι, μήτ' αὖ φεύγειν δίκας μήτε διώκειν. ταῦτα γὰρ συνεταξάμην οὐ διὰ πλοῦτον οὐδὲ δι' ὑπερηφανίαν, οὐδὲ καταφρονῶν τῶν μὴ τὸν αὐτὸν τρόπον ἐμοὶ ζώντων, ἀλλὰ τὴν μὲν ἡσυχίαν καὶ τὴν ἀπραγμοσύνην ἀγαπῶν, μάλιστα δ' ὁρῶν τοὺς τοιούτους καὶ παρ' ὑμῖν καὶ παρὰ τοῖς ἄλλοις εὐδοκιμοῦντας, ἔπειτα τὸν βίον ἡδίω νομίσας εἶναι τοῦτον ἢ τὸν τῶν πολλὰ πραττόντων, ἔτι δὲ ταῖς διατριβαῖς ταῖς ἐμαῖς πρεπωδέστερον, αἷς ἐξ ἀρχῆς κατεστησάμην. τούτων μὲν ἕνεκα τοῦτον τὸν τρόπον ζῆν προειλόμην· τῶν δὲ λημμάτων τῶν παρὰ τῆς πόλεως ἀπεσχόμην, δεινὸν ἡγησάμενος, εἰ δυνάμενος ἐκ τῶν ἰδίων τρέφειν ἐμαυτὸν ἐμποδών τῳ γενήσομαι τῶν ἐντεῦθεν ζῆν ἠναγκασμένων λαβεῖν τὸ διδόμενον ὑπὸ τῆς πόλεως, καὶ διὰ τὴν ἐμὴν παρουσίαν ἐνδεής τις γενήσεται τῶν ἀναγκαίων. ὑπὲρ ὧν ἐπαίνου τυγχάνειν ἄξιος ἦν μᾶλλον ἢ διαβολῆς. νῦν δ' εἰς πολλὴν ἀπορίαν καθέστηκα, τί δρῶν ἀρέσαι δυνηθείην ἂν τοῖς τοιούτοις. εἰ γὰρ ἅπαντα τὸν χρόνον ἔργον ποιούμενος ὅπως μηδένα μήτ' ἀδικήσω μήτ' ἐνοχλήσω μήτε λυπήσω, δι' αὐτὰ ταῦτα λυπῶ
83 τινάς, τί ποιῶν ἂν χαριζοίμην; ἢ τί λοιπόν ἐστι πλὴν ἐμὲ μὲν ἀτυχῆ, τοὺς δε τοιούτους ἀμαθεῖς δοκεῖν εἶναι καὶ δυσκόλους τοῖς συμπολιτευομένοις.

κϛ'. * θ'. Πρὸς μὲν οὖν τοὺς μηδὲν τῶν αὐτῶν τοῖς ἄλ-

Μήτε κληροῦσθαι] Idem ait in Epist. A. ad Phil. §. ϛ'. et Epist. H. ad Mityl. Mag. §. ι'. A. Maius.

Ταῦτα γὰρ συνεταξάμην] Confer hunc locum cum simili in Panath. §. η'. Idem.

λοις γιγνώσκοντας, ἀλλὰ χαλεπωτέρους ὄντας τοῖς μὴ
κακῶς πράττουσιν ἢ τοῖς ἀδικοῦσι, μωρόν ἐστιν ἀπολογίαν
ζητεῖν· ὅσῳ γὰρ ἄν τις ἐπιεικέστερον αὑτὸν ἐπιδείξῃ, δῆλον
ὅτι τοσούτῳ χεῖρον ἀγωνιεῖται παρ' αὐτοῖς· πρὸς δὲ τοὺς
ἄλλους, περὶ ὧν Λυσίμαχος διέβαλεν, ὡς παμπληθῆ κε-
κτήμεθα τὴν οὐσίαν, ἀναγκαῖόν ἐστιν εἰπεῖν, ἵνα μὴ πιστευθεὶς ὁ λόγος εἰς μείζους καὶ πλείους ἡμᾶς ἐμβάλῃ λειτουργίας ὧν ὑπενεγκεῖν ἂν δυνηθεῖμεν. ὅλως μὲν οὖν οὐδεὶς
εὑρεθήσεται τῶν καλουμένων σοφιστῶν πολλὰ χρήματα
συλλεξάμενος, ἀλλ' οἱ μὲν ἐν ὀλίγοις οἱ δ' ἐν πάνυ μετρίοις
τὸν βίον διαγαγόντες· ὁ δὲ πλεῖστα κτησάμενος ὧν ἡμεῖς
μνημονεύομεν, Γοργίας ὁ Λεοντῖνος, οὗτος διατρίψας μὲν
περὶ Θετταλίαν, ὅτ' εὐδαιμονέστατοι τῶν Ἑλλήνων ἦσαν,
πλεῖστον δὲ χρόνον βιοὺς καὶ περὶ τὸν χρηματισμὸν τοῦτον γενόμενος, πόλιν δ' οὐδεμίαν καταπαγίως οἰκήσας
οὐδὲ περὶ τὰ κοινὰ δαπανηθεὶς οὐδ' εἰσφορὰν εἰσενεγκεῖν
ἀναγκασθεὶς, ἔτι δὲ πρὸς τούτοις οὔτε γυναῖκα γήμας οὔτε
παῖδας ποιησάμενος, ἀλλ' ἀτελὴς γενόμενος καὶ ταύτης τῆς
λειτουργίας τῆς ἐνδελεχεστάτης καὶ πολυτελεστάτης, το- 84
σοῦτον προλαβὼν πρὸς τὸ πλείω κτήσασθαι τῶν ἄλλων
χιλίους μόνους στατῆρας κατέλιπε. καί τοι χρὴ περὶ τῆς
οὐσίας τῆς ἀλλήλων μὴ τοῖς αἰτιωμένοις εἰκῆ πιστεύειν, μηδὲ
τὰς ἐργασίας ἴσας νομίζειν τάς τε τῶν σοφιστῶν καὶ τὰς τῶν
ὑποκριτῶν, ἀλλὰ τοὺς ἐν ταῖς αὐταῖς τέχναις ὄντας πρὸς ἀλλήλους κρίνειν, καὶ τοὺς ὁμοίαν ἐν ἑκάστῃ δύναμιν λαβόντας
παραπλησίαν καὶ τὴν οὐσίαν ἔχειν νομίζειν. ἣν οὖν ἐξισώσητέ
με τῷ πλεῖστον ἐξειργασμένῳ καὶ θῆτε πρὸς ἐκεῖνον, οὔθ'
ὑμεῖς παντάπασιν ἀσκέπτως εἰκάζειν δόξετε περὶ τῶν
τοιούτων, οὔθ' ἡμεῖς εὑρεθεῖμεν ἂν οὔτε τὰ περὶ τὴν πόλιν
οὔτε τὰ περὶ ἡμᾶς αὐτοὺς κακῶς διῳκηκότες, ἀλλ' ἀπ'
ἐλαττόνων ζῶντες ὧν εἰς τὰς λειτουργίας ἀνηλώκαμεν. καί

Περὶ Θετταλίαν] Ipse Isocrates adolescens audivit Gorgiam senem in Thessalia, teste Cicerone Orator. c. 52. Idem.

Στατῆρας] Ne Gorgiæ lucra tenuissima putem, censeo omnino non de argenteo sed de aureo statere hic agi, qui appendebat duas drachmas et valebat viginti. (Vide Eckhel Doctr. Num. Vet. t. I. p. 42.) Plures stateres aurei philippici exstant in regio Museo nummario Mediolanensi, ubi initis rationibus apparuit M. aureos stateres valere hodie circiter aureos venetos MMCCCLXIV. De divitiis a Gorgia collectis testatur etiam Plato Hipp. Maj. §. 4. A. Maius.

Τῶν ὑποκριτῶν] Magna fuisse histrionum apud Græcos lucra patet etiam ex Plutarcho, qui narrat in Vit. Demosth. inter Vit. X. Orat. ad fin. Polum histrionem biduo talentum lucratum esse. A. Maius.

τοι τοὺς εὐτελεστέρους ἐν τοῖς ἰδίοις ἢ τοῖς κοινοῖς ὄντας δίκαιόν ἐστιν ἐπαινεῖν.

κϛ'. * ί. Ἐνθυμοῦμαι δὲ μεταξὺ λέγων, ὅσον τὰ τῆς
πόλεως μεταπέπτωκε, καὶ τὰς διανοίας ὡς οὐδὲν ὁμοίας
περὶ τῶν πραγμάτων οἱ νῦν τοῖς πρότερον πεπολιτευμένοις
ἔχουσιν. ὅτε μὲν γὰρ ἐγὼ παῖς ἦν, οὕτως ἐνομίζετο τὸ
πλουτεῖν ἀσφαλὲς εἶναι καὶ σεμνὸν ὥστ' ὀλίγου δεῖν πάντες προσεποιοῦντο πλείω κεκτῆσθαι τὴν οὐσίαν ἧς ἔχοντες
ἐτύγχανον, βουλόμενοι μετασχεῖν τῆς δόξης ταύτης· νῦν
5 δ' ὑπὲρ τοῦ μὴ πλουτεῖν ὥσπερ τῶν μεγίστων ἀδικημάτων ἀπολογίαν δεῖ παρασκευάζεσθαι, καὶ σκοπεῖν εἰ
μέλλει τις σωθήσεσθαι. πολὺ γὰρ δεινότερον καθέστηκε
τὸ δοκεῖν εὐπορεῖν ἢ τὸ φανερῶς ἀδικεῖν· οἱ μὲν γὰρ ἢ
συγγνώμης ἔτυχον ἢ μικροῖς ἐζημιώθησαν, οἱ δ' ἄρδην
ἀπόλλυνται, καὶ πλείους ἂν εὕροιμεν τοὺς ἐκ τῶν ὄντων
ἐκπεπτωκότας ἢ τοὺς δίκην ὑπὲρ τῶν ἁμαρτημάτων δεδωκότας. καὶ τί δεῖ λέγειν περὶ τῶν κοινῶν; αὐτὸς γὰρ
οὐ μικρὸν διήμαρτον διὰ ταύτην τὴν μεταβολὴν τῶν ἐμαυτοῦ πραγμάτων. ὅτε γὰρ ἐπαμύνειν ἠρχόμην τοῖς ἰδίοις,
ἀπολομένων ἐν τῷ πολέμῳ τῷ πρὸς Λακεδαιμονίους ἁπάντων τῶν ὑπαρχόντων ἡμῖν, ἀφ' ὧν ὁ πατὴρ ἅμα τῇ τε
πόλει χρήσιμον αὑτὸν παρεῖχεν, ἡμᾶς θ' οὕτως ἐπιμελῶς
ἐπαίδευσεν ὥστ' ἐπιφανέστερον εἶναί με τότε καὶ γνωριμώτερον ἐν τοῖς ἡλικιώταις καὶ συμπαιδευομένοις ἢ νῦν ἐν τοῖς
συμπολιτευομένοις, ὅτε δ' οὖν, ὥσπερ εἶπον, ἠρχόμην πλησιάζειν τισὶν, ᾠόμην, εἰ δυνηθείην πλείω κτήσασθαι καὶ
περιποιήσασθαι τῶν ἐπὶ τὸν αὐτὸν βίον ὁρμησάντων, ἀμφότερα δόξειν, καὶ περὶ τὴν φιλοσοφίαν διαφέρειν καὶ κοσμιώτερον βεβιωκέναι τῶν ἄλλων. ἐμοὶ δὲ τοὐναντίον ἀποβέβηκεν. εἰ μὲν γὰρ μήτ' ἄξιος μηδενὸς ἐγενόμην μήτε περιεποιη-
σάμην μηδὲν, οὐδεὶς ἂν μοι πράγματα παρεῖχεν, ἀλλὰ
6 φανερῶς ἀδικῶν ἀσφαλῶς ἂν ἔζων ἕνεκά γε τῶν συκοφαντῶν·
νῦν δ', ἀντὶ τῆς δόξης ἧς προσεδόκων, ἀγῶνες περὶ ἐμὲ
καὶ κίνδυνοι καὶ φθόνοι καὶ διαβολαὶ γεγόνασιν. οὕτω γὰρ
ἡ πόλις ἐν τῷ παρόντι χαίρει τοὺς μὲν ἐπιεικεῖς πιέζουσα

Ἁμαρτημάτων] Elegantior forte lectio Cod. Laur. ἡμαρτημένων. Orell.

Ἀπολομένων κ. τ. λ.] Hoc confirmat Plutarchus in Vita Isocratis §. γ'. A. Maius.

καὶ ταπεινοὺς ποιοῦσα, τοῖς δὲ πονηροῖς ἐξουσίαν· διδοῦσα
καὶ λέγειν καὶ ποιεῖν ὅ τι ἂν βουληθῶσιν, ὥστε Λυσίμαχος
μὲν ὁ προῃρημένος ζῆν ἐκ τοῦ συκοφαντεῖν καὶ κακῶς ἀεί
τινα ποιεῖν τῶν πολιτῶν κατηγορήσων ἡμῶν ἀναβέβηκεν,
ἐγὼ δ᾽ ὃς οὐδὲ περὶ ἕνα πώποτ᾽ ἐξήμαρτον, ἀλλὰ τῶν μὲν
ἐνθένδε λημμάτων ἀπεσχόμην, παρὰ ξένων δὲ καὶ νομιζόντων εὖ πάσχειν ἐποριςάμην τὰς ὠφελίας, ὡς δεινὰ ποιῶν
εἰς τηλικουτονὶ καθέστηκα κίνδυνον. καί τοι προσῆκε τοὺς
εὐφρονοῦντας εὔχεσθαι τοῖς θεοῖς ὡς πλείστοις τῶν πολιτῶν
παραγενέσθαι τὴν δύναμιν ταύτην, δι᾽ ἣν ἔμελλον παρ᾽ ἑτέρων λαμβάνοντες χρησίμους αὑτοὺς, ὥσπερ ἐγὼ, τῇ πόλει
παρέξειν. πολλῆς δ᾽ ἀλογίας περὶ ἐμὲ γεγενημένης πάντων
ἂν συμβαίη δεινότατον, εἰ οἱ μὲν δεδωκότες μοι χρήματα
τοσαύτην ἔχοιεν χάριν, ὥςτε ἔτι καὶ νῦν με θεραπεύειν·
ὑμεῖς δὲ, εἰς οὓς ἀνήλωκα τἀμαυτοῦ, δίκην ἐπιθυμήσαιτε
παρ᾽ ἐμοῦ λαβεῖν. ἔτι δὲ δεινότερον, εἰ Πίνδαρον μὲν τὸν
ποιητὴν οἱ πρὸ ἡμῶν γεγονότες ὑπὲρ ἑνὸς μόνου ῥήματος, ὅτι
τὴν πόλιν Ἔρεισμα τῆς Ἑλλάδος ὠνόμασεν, οὕτως ἐτίμη- 87
σαν ὥςτε καὶ πρόξενον ποιήσασθαι καὶ δωρεὰν μυρίας αὐτῷ
δοῦναι δραχμὰς, ἐμοὶ δὲ πολὺ πλείω καὶ κάλλιον ἐγκεκω-
μιακότι καὶ τὴν πόλιν καὶ τοὺς προγόνους μηδ᾽ ἀσφαλῶς
ἐγγένοιτο ἐπιβιῶναι τὸν ἐπίλοιπον χρόνον. περὶ μὲν οὖν
τούτων καὶ τῶν ἄλλων τῶν κατηγορηθέντων ἱκανὴν εἶναι
νομίζω τὴν εἰρημένην ἀπολογίαν.

κς΄. * ια΄. Οὐκ ὀκνήσω δὲ πρὸς ὑμᾶς οὔθ᾽ ὡς ἔχω νῦν

Ἀπεσχόμην] Confirmat Plutarchus in Isocr. Vit. Isocratem a nullo unquam cive mercedem exegisse. Idem.

Ἔρεισμα τῆς Ἑλλ.] Confer Æschinem epist. Δ. qui illius Pindarici cautici, ubi hæc laus Athenarum fuit, nobis aliqua verba conservavit, nempe αἵ τε λιπαραὶ καὶ ἀοίδιμοι Ἑλλάδος ἔρεισμα Ἀθᾶναι. Narrat autem Æschines Pindarum ob hanc laudem mulctatum esse pecunia a Thebanis Atheniensium odio, quam ei duplam Athenienses rependerunt. Vide etiam Pausaniam l. i. c. 8. Paulo aliter citavit hunc locum Scholiastes ad Aristoph. Nub. 298. ἔρεισμα κλειναὶ Ἀθῆναι. Rem autem minus fideliter narrare videtur Thom. Magister in Vita Pindari, nempe hunc a Thebanis mulctatum, quia scripserat μεγαλοπόλιες Ἀθᾶναι, quod nimirum est initium Odæ vii. Pyth. Idem.

πρόξενον] Proxenus, saltem publicus, is erat qui peregrinos nomine totius civitatis hospitio excipiebat, publica auctoritate ad id munus electus. Vide saltem Eustath, in Il. Δ. p. 485. ed. Rom. Proxeni etiam in alienis civitatibus deligebantur, ut hi nimirum ibi legatos aut peregrinos ejus urbis, cujus erant Proxeni, domi sua reciperent operaque juvarent, atque adeo ejusdem urbis negotia procurarent. Vide Polluc. l. iii. §. 59. Athen. l. xiii. p. 603. Demosth. in Callipp. §. γ΄. atque hoc modo Athenienses suum Proxenum Pindarum fecerunt. Plura de Proxenis si vis cognoscere, lege Voyage d'Anach. t. iv. p. 46—7. Vide denique Decreta quatuor Corcyræorum, quibus creantur Proxeni, apud Cl. Mustoxidum Illustr. Corcyr. p. 188. sqq. Idem.

πρὸς τὸν ἐνεστῶτα κίνδυνον κατειπεῖν τὴν ἀλήθειαν, οὔθ᾽
ὡς τὸ πρῶτον διετέθην πρὸς αὐτόν. ἐγὼ γὰρ ὑπὲρ μὲν τῶν
ἰδίων πολλὰς ἐλπίδας εἶχον καλῶς ἀγωνιεῖσθαι· καὶ γὰρ
τοῖς βεβιωμένοις καὶ τοῖς πεπραγμένοις ἐπίστευον, καὶ
πολλοὺς λόγους καὶ δικαίους ᾤμην ἔχειν ὑπὲρ αὐτῶν· ὁρῶν
δ᾽ οὐ μόνον δυσκόλως διακειμένους περὶ τὴν τῶν λόγων παιδείαν τοὺς εἰθισμένους ἅπασι χαλεπαίνειν, ἀλλὰ καὶ τῶν
ἄλλων πολιτῶν πολλοὺς τραχέως πρὸς αὐτὴν διακειμένους,
ἐφοβούμην μὴ τὰ μὲν ἴδιά μου παραμεληθῇ, τῆς δὲ κοινῆς
καὶ τῆς περὶ τοὺς σοφιστὰς διαβολῆς ἀπολαύσω τι φλαῦρον. ἐπειδὴ δὲ χρόνων ἐγγιγνομένων εἰσέπεσον εἰς τὸ λογίζεσθαι καὶ σκοπεῖν τί χρήσωμαι τοῖς παροῦσιν, ἐπαυσάμην τοῦ δέους καὶ τῆς ταραχῆς ταύτης, οὐκ ἀλόγως, ἀλλ᾽
ἐκ τῶν εἰκότων λογισάμενος καὶ παραμυθησάμενος ἐμαυ-
τόν· τούς τε γὰρ ἐπιεικεῖς ὑμῶν, πρὸς οὕς περ ἐγὼ ποιήσο-
88 μαι τοὺς λόγους, ἠπιστάμην οὐκ ἐμμένοντας ταῖς δόξαις
ταῖς ἀδίκως ἐγγεγενημέναις, ἀλλ᾽ ἐπακολουθοῦντας ταῖς
ἀληθείαις καὶ μεταπειθομένους ὑπὸ τῶν λεγόντων τὰ
δίκαια, τήν τε φιλοσοφίαν ἐκ πολλῶν ἐνόμιζον ἐπιδείξειν
ἀδίκως διαβεβλημένην, καὶ πολὺ ἂν δικαιοτέρως ἀγαπωμένην αὐτὴν ἢ μισουμένην. ἔχω δὲ καὶ νῦν ἔτι ταύτην τὴν
γνώμην. οὐκ ἄξιον δὲ θαυμάζειν εἴ τι τῶν καλῶν ἐπιτηδευμάτων ἠγνόηται καὶ διαλέληθεν, οὐδ᾽ εἰ διεψευσμένοι τινὲς
αὐτοῦ τυγχάνουσι· καὶ γὰρ περὶ ἡμῶν αὐτῶν καὶ περὶ ἄλλων πραγμάτων ἀναριθμήτων οὕτως ἔχοντες ἂν εὑρεθεῖμεν.
ἡ γὰρ πόλις ἡμῶν πολλῶν ἀγαθῶν αἰτία καὶ νῦν οὖσα
καὶ πρότερον γεγενημένη καὶ τοῖς πολίταις καὶ τοῖς ἄλλοις
Ἕλλησι, καὶ πολλῶν ἡδονῶν γέμουσα, τοῦτ᾽ ἔχει δυσκολώ-
τατον· διὰ γὰρ τὸ μέγεθος καὶ τὸ πλῆθος τῶν ἐνοικούντων
οὐκ εὐσύνοπτός ἐστιν οὐδ᾽ ἀκριβής, ἀλλ᾽ ὥσπερ χειμάῤῥους,
ὅπως ἂν ἕκαστον ὑπολαβοῦσα τύχῃ καὶ τῶν ἀνθρώπων καὶ
τῶν πραγμάτων, οὕτω κατήνεγκε, καὶ δόξαν ἐνίοις τὴν ἐναντίαν τῆς προσηκούσης περιέθηκεν· ὅπερ καὶ τῇ παιδείᾳ ταύτῃ συμβέβηκεν. ὧν ἐνθυμουμένους χρὴ μηδενὸς πράγματος
ἄνευ λόγου καταγιγνώσκειν, μηδ᾽ ὁμοίως διακεῖσθαι δικάζοντας ὥσπερ ἐν ταῖς ἰδίαις διατριβαῖς, ἀλλὰ διακριβοῦσθαι
89 περὶ ἑκάστου καὶ τὴν ἀλήθειαν ζητεῖν, μεμνημένους τῶν ὅρκων

καὶ τῶν νόμων, καθ' οὓς συνεληλύθατε δικάσοντες. ἔστι δ' οὐ περὶ μικρῶν οὔθ' ὁ λόγος οὔθ' ἡ κρίσις, ἐν ᾗ καθέσταμεν, ἀλλὰ περὶ τῶν μεγίστων· οὐ γὰρ περὶ ἐμοῦ μέλλετε μόνον τὴν ψῆφον διοίσειν, ἀλλὰ καὶ περὶ ἐπιτηδεύματος ᾧ πολλοὶ τῶν νεωτέρων προσέχουσι τὸν νοῦν. οἶμαι δ' ὑμᾶς οὐκ ἀγνοεῖν ὅτι τὰ πράγματα τῆς πόλεως τοῖς ἐπιγιγνομένοις καὶ τοῖς τηλικούτοις οἱ πρεσβύτεροι παραδιδόασι. τοιαύτης οὖν ἀεὶ τῆς περιόδου γιγνομένης ἀναγκαῖόν ἐστιν, ὅπως ἂν οἱ νεώτεροι παιδευθῶσιν, οὕτω τὴν πόλιν πράττουσαν διατελεῖν ὥστ' οὐ ποιητέον τοὺς συκοφάντας κυρίους τηλικούτου πράγματος, οὐδὲ τοὺς μὲν μὴ διδόντας τούτοις ἀργύριον τιμωρητέον, παρ' ὧν δ' ἂν λάβωσιν ἐατέον ποιεῖν ὅ τι ἂν βουληθῶσιν, ἀλλ' εἰ μὲν ἡ φιλοσοφία τοιαύτην ἔχει δύναμιν ὥστε διαφθείρειν τοὺς νεωτέρους, οὐ τοῦτον χρὴ μόνον κολάζειν ὃν ἂν γράψηταί τις τούτων, ἀλλὰ πάντας ἐκποδὼν ποιεῖσθαι τοὺς περὶ τὴν διατριβὴν ταύτην ὄντας· εἰ δὲ τοὐναντίον πέφυκεν ὥστ' ὠφελεῖν καὶ βελτίους ποιεῖν τοὺς πλησιάζοντας καὶ πλέονος ἀξίους, τοὺς μὲν διαβεβλημένους πρὸς αὐτὴν παυστέον, τοὺς δὲ συκοφαντοῦντας ἀτιμητέον, τοῖς δὲ νεωτέροις συμβουλευτέον ἐν ταύτῃ διατρίβειν μᾶλλον ἢ τοῖς ἄλλοις ἐπιτηδεύμασι. 90

κς'.* ιβ'. Πρὸ πολλῶν δ' ἂν ἐποιησάμην, εἴπερ ἦν εἱμαρμένον μοι φεύγειν τὴν γραφὴν ταύτην, ἀκμάζοντί μοι προσπεσεῖν τὸν κίνδυνον· οὐ γὰρ ἂν ἠθύμουν, ἀλλὰ μᾶλλον οἷός τ' ἂν ἐγενόμην καὶ τὸν κατήγορον ἀμύνασθαι καὶ τῇ φιλοσοφίᾳ βοηθῆσαι· νῦν δὲ φοβοῦμαι μὴ διὰ ταύτην ὑπὲρ ἄλλων πραγμάτων ἐπιεικῶς εἰρηκὼς, περὶ αὐτῆς ταύτης χεῖρον τύχω διαλεχθεὶς ἢ περὶ ὧν ἧττόν μοι σπουδάσαι προσῆκε. καίτοι δεξαίμην ἂν — εἰρήσεται γὰρ τἀληθὲς, εἰ καὶ μωρὸς ὁ λόγος ἐστὶν — ἤδη τελευτῆσαι τὸν βίον ἀξίως εἰπὼν τῆς ὑποθέσεως καὶ πείσας ὑμᾶς τοιαύτην νομίζειν τὴν τῶν λόγων μελέτην οἵαπερ ἐστὶ, μᾶλλον ἢ ζῆν πολυπλασίω χρόνον ἐφορῶν οὕτως αὐτὴν ὥσπερ νῦν παρ' ὑμῖν φερομένην. τῆς μὲν οὖν ἐπιθυμίας οἶδ' ὅτι πολὺ καταδεέστερον ἐροῦμεν· ὅμως δ' ὅπως ἂν δύνωμαι, πειράσομαι διελθεῖν τήν τε φύσιν αὐτῆς καὶ τὴν δύναμιν ἣν ἔχει, καὶ ποίᾳ τῶν ἄλλων τεχνῶν ὁμοιοειδής ἐστι, καὶ τί τοὺς συν-

όντας ὠφελεῖ, καὶ ποίας τινὰς ποιούμεθα ἡμεῖς τὰς ὑπο-
σχέσεις· οἶμαι γὰρ ὑμᾶς μαθόντας τὴν ἀλήθειαν ἄμεινον
καὶ βουλεύσεσθαι καὶ διαγνώσεσθαι περὶ αὐτῆς. ἀξιῶ δ'
ὑμᾶς, ἢν ἄρα φαίνωμαι λόγους διεξιὼν πολὺ τῶν εἰθισμένων λέγεσθαι παρ' ὑμῖν ἐξηλλαγμένους, μὴ δυσχεραίνειν
ἀλλ' ἔχειν συγγνώμην, ἐνθυμουμένους ὅτι τοὺς περὶ πρα-
91 γμάτων ἀνομοίων τοῖς ἄλλοις ἀγωνιζομένους ἀναγκαῖόν
ἐστι καὶ τοῖς λόγοις τοιούτοις χρῆσθαι περὶ αὐτῶν. ὑπο-
μείναντες οὖν τὸν τρόπον τῶν λεγομένων καὶ τὴν παῤῥησίαν, καὶ τὸν χρόνον ἐάσαντες ἀναλῶσαί με τὸν δεδομένον
ταῖς ἀπολογίαις, ὅπως ἂν ὑμῶν ἑκάστῳ δοκῇ δίκαιον εἶναι
καὶ νόμιμον, οὕτω φέρετε τὴν ψῆφον.

κϛ'.* ιγ'. Βούλομαι δὲ περὶ τῆς τῶν λόγων παιδείας
ὥσπερ οἱ γενεαλογοῦντες πρῶτον διελθεῖν πρὸς ὑμᾶς. ὁμολογεῖται μὲν γὰρ τὴν φύσιν ἡμῶν ἔκ τε τοῦ σώματος συγκεῖ-
σθαι καὶ τῆς ψυχῆς, αὐτοῖν δὲ τούτοιν οὐδείς ἐστιν ὅστις
οὐκ ἂν φήσειεν ἡγεμονικωτέραν πεφυκέναι τὴν ψυχὴν καὶ
πλέονος ἀξίαν· τῆς μὲν γὰρ ἔργον εἶναι βουλεύσασθαι καὶ
περὶ τῶν ἰδίων καὶ περὶ τῶν κοινῶν, τοῦ δὲ σώματος ὑπη-
ρετῆσαι τοῖς ὑπὸ τῆς ψυχῆς γνωσθεῖσιν. οὕτω δὲ τούτων
ἐχόντων ὁρῶντές τινες τῶν πολὺ πρὸ ἡμῶν γεγονότων περὶ
μὲν τῶν ἄλλων πολλὰς τέχνας συνεστηκυίας, περὶ δὲ τὸ
σῶμα καὶ τὴν ψυχὴν οὐδὲν τοιοῦτον συντεταγμένον, εὑρόντες
διττὰς ἐπιμελείας κατέλιπον ἡμῖν· περὶ μὲν τὰ σώματα
τὴν παιδοτριβικήν, ἧς ἡ γυμναστικὴ μέρος ἐστί, περὶ δὲ
τὰς ψυχὰς τὴν φιλοσοφίαν, περὶ ἧς ἐγὼ μέλλω ποιεῖσθαι
τοὺς λόγους, ἀντιστρόφους καὶ σύζυγας καὶ σφίσιν αὐταῖς
92 ὁμολογουμένας, δι' ὧν οἱ προεστῶτες αὐτῶν τάς τε ψυχὰς
φρονιμωτέρας καὶ τὰ σώματα χρησιμώτερα παρασκευάζουσιν, οὐ πολὺ διαστησάμενοι τὰς παιδείας ἀπ' ἀλλήλων,
ἀλλὰ παραπλησίαις χρώμενοι καὶ ταῖς διδασκαλίαις καὶ
ταῖς γυμνασίαις καὶ ταῖς ἄλλαις ἐπιμελείαις. ἐπειδὰν γὰρ

Τὴν φιλοσοφίαν] Philosophiæ vocabulum in hac oratione, et sæpe alibi apud Isocratem, significat plerumque *studium* aut *scientiam recte sentiendi et dicendi.* Nam, ut inquit Cicero de Orat. iii. c. 15. "Cogitandi pronuntiandique rationem vimque dicendi, veteres Græci sapientiam (φιλοσοφίαν) nominabant." Et c. 16. "Quod omnis rerum optimarum cognitio, atque in iis exercitatio, philosophia nominaretur." A. Maius.

Ὁμολογουμένους] Leg. ὁμολογουμένας. A. Maius. Orell.

λάβωσι μαθητάς, οἱ μὲν παιδοτρίβαι τὰ σχήματα τὰ πρὸς τὴν ἀγωνίαν εὑρημένα τοὺς φοιτῶντας διδάσκουσιν, οἱ δὲ περὶ τὴν φιλοσοφίαν ὄντες τὰς ἰδέας ἁπάσας, αἷς ὁ λόγος τυγχάνει χρώμενος, διεξέρχονται τοῖς μαθηταῖς. ἐμπείρους δὲ τούτων ποιήσαντες καὶ διακριβώσαντες ἐν τούτοις πάλιν γυμνάζουσιν αὐτούς, καὶ πονεῖν ἐθίζουσι, καὶ συνείρειν καθ' ἓν ἕκαστον ὧν ἔμαθον ἀναγκάζουσιν, ἵνα ταῦτα βεβαιότερον κατάσχωσι καὶ τῶν καιρῶν ἐγγυτέρω ταῖς δόξαις γένωνται. τῷ μὲν γὰρ εἰδέναι περιλαβεῖν αὐτοὺς οὐχ οἷόν τ' ἐστίν· ἐπὶ γὰρ ἁπάντων τῶν πραγμάτων διαφεύγουσι τὰς ἐπιστήμας, οἱ δὲ μάλιστα προσέχοντες τὸν νοῦν καὶ δυνάμενοι θεωρεῖν τὸ συμβαῖνον ὡς ἐπὶ τὸ πολὺ πλειστάκις αὐτῶν τυγχάνουσι. τοῦτον δὲ τὸν τρόπον ἐπιμελόμενοι καὶ παιδεύοντες μέχρι μὲν τοῦ γενέσθαι βελτίους αὐτοὺς αὑτῶν τοὺς μαθητὰς καὶ ἔχειν ἄμεινον τοὺς μὲν τὰς διανοίας τοὺς δὲ τὰς τῶν σωμάτων ἕξεις, ἀμφότεροι δύνανται προαγαγεῖν· ἐκείνην δὲ τὴν ἐπιστήμην οὐδέτεροι τυγχάνουσιν ἔχοντες, δι' ἧς ἂν οἱ μὲν ἀθλητὰς οὓς βουληθεῖεν, 93
οἱ δὲ ῥήτορας ἱκανοὺς ποιήσαιεν, ἀλλὰ μέρος μὲν ἄν τι συμβάλοιντο, τὸ δ' ὅλον αἱ δυνάμεις αὗται παραγίγνονται τοῖς καὶ τῇ φύσει καὶ ταῖς ἐπιμελείαις διενεγκοῦσιν. ὁ μὲν οὖν τύπος τῆς φιλοσοφίας τοιοῦτός τίς ἐστιν.

κς'.* ιδ'. Ἡγοῦμαι δ' ὑμᾶς μᾶλλον ἂν ἔτι καταμαθεῖν τὴν δύναμιν αὐτῆς, εἰ διέλθοιμι τὰς ὑποσχέσεις ἃς ποιούμεθα πρὸς τοὺς πλησιάζειν ἡμῖν βουλομένους. λέγομεν γάρ, ὡς δεῖ τοὺς μέλλοντας διοίσειν ἢ περὶ τοὺς λόγους ἢ περὶ τὰς πράξεις ἢ περὶ τὰς ἄλλας ἐργασίας πρῶτον μὲν πρὸς τοῦτο πεφυκέναι καλῶς, πρὸς ὃ ἂν προῃρημένοι τυγχάνωσιν, ἔπειτα παιδευθῆναι καὶ λαβεῖν τὴν ἐπιστήμην, ἥτις ἂν ᾖ περὶ ἑκάστου, τρίτον ἐντριβεῖς γενέσθαι καὶ

Τῶν καιρῶν ἐγγυτέρω] Huic loco sane difficili magnam lucem affundit ipse Isocrates Panath. §. ια'. ubi sermo est de hac eadem scientia *opportune agendi*. Vide etiam Orat. ad Philipp. §. ι'. A. Maius.

Τύπος τῆς φιλοσοφίας] Τέχνην ῥητορικὴν ab Isocrate conscriptam ut nonnulli veteres auctores testantur (apud Fabricium Bibl. Gr. ed. nov. t. ii. p. 790. cum quibus tamen conferendus Cicero de Invent. l. ii. c. 2.), et ingenti cum literarum damno deperditam, nemo adhuc, quod sciam, e tenebris, sicubi latet, in publicam lucem eduxit. Verum tam multa in hac oratione sunt oratoria præcepta, ut vel partem illius libri huc infusam ab Isocrate arbitrer, vel certe hæc oratio vice illius Rhetoricæ Artis apud nos fungi quodammodo possit. Idem.

Πρὸς ὃ] Præpositionem deletum it Bekkerus.

γυμνασθῆναι περὶ τὴν χρείαν καὶ τὴν ἐμπειρίαν αὐτῶν· ἐκ τούτων γὰρ ἐν ἁπάσαις ταῖς ἐργασίαις τελείους γίγνεσθαι καὶ πολὺ διαφέροντας τῶν ἄλλων. εἶναι δὲ τούτων προσῆκον ἑκατέροις, τοῖς τε διδάσκουσι καὶ τοῖς μανθάνουσιν, ἴδιον μὲν τοῖς μὲν εἰσενέγκασθαι τὴν φύσιν οἵαν δεῖ, τοῖς δὲ δύνασθαι παιδεῦσαι τοὺς τοιούτους, κοινὸν δ' ἀμφοτέρων τὸ περὶ τὴν ἐμπειρίαν γυμνάσιον· δεῖν γὰρ τοὺς μὲν ἐπιμελῶς ἐπιστατῆσαι τοῖς παιδευομένοις, τοὺς δ' ἐγκρατῶς ἐμμεῖναι τοῖς προσταττομένοις. ταῦτα μὲν οὖν ἐστιν, ἃ κατὰ πασῶν λέγομεν τῶν τεχνῶν· εἰ δὲ δή τις ἀφέμενος τῶν
4 ἄλλων ἔροιτό με τί τούτων μεγίστην ἔχει δύναμιν πρὸς τὴν τῶν λόγων παιδείαν, ἀποκριναίμην ἂν ὅτι τὸ τῆς φύσεως ἀνυπέρβλητόν ἐστι καὶ πολὺ πάντων διαφέρει· τὸν γὰρ ἔχοντα τὴν μὲν ψυχὴν εὑρεῖν καὶ μαθεῖν καὶ πονῆσαι καὶ μνημονεῦσαι δυναμένην, τὴν δὲ φωνὴν καὶ τὴν τοῦ στόματος σαφήνειαν τοιαύτην ὥστε μὴ μόνοις τοῖς λεγομένοις ἀλλὰ καὶ ταῖς τούτων εὐαρμοστίαις συμπείθειν τοὺς ἀκούοντας, ἔτι δὲ τὴν τόλμαν μὴ τὴν ἀναισχυντίας σημεῖον γινομένην, ἀλλὰ τὴν μετὰ σωφροσύνης οὕτω παρασκευάζουσαν τὴν ψηχὴν ὥστε μηδὲν ἧττον θαρρεῖν ἐν δὴ πᾶσι τοῖς πολίταις τοὺς λόγους ποιούμενον ἢ πρὸς αὑτὸν διανοούμενον, τίς οὐκ οἶδεν ὅτι τυχὼν ὁ τοιοῦτος παιδείας μὴ τῆς ἀπηκριβωμένης, ἀλλὰ τῆς ἐπιπολαίου καὶ πᾶσι κοινῆς, τοιοῦτος ἂν εἴη ῥήτωρ οἷος οὐκ οἶδ' εἴ τις τῶν Ἑλλήνων γέγονε; καὶ μὴν δὴ κἀκείνους ἴσμεν τοὺς καταδεεστέραν μὲν τούτων τὴν φύσιν ἔχοντας, ταῖς δ' ἐμπειρίαις καὶ ταῖς ἐπιμελείαις προσέχοντας, ὅτι γίγνονται κρείττους οὐ μόνον αὑτῶν ἀλλὰ καὶ τῶν εὖ μὲν πεφυκότων λίαν δὲ αὑτῶν κατημεληκότων· ὥσθ' ἑκάτερόν τε τούτων δεινὸν ἂν καὶ λέγειν καὶ πράττειν ποιήσειεν, ἀμφότερά τε γενόμενα περὶ τὸν αὐτὸν ἀνυπέρβλητον ἂν τοῖς ἄλλοις ἀποτελέσειε. περὶ μὲν οὖν τῆς φύσεως καὶ τῆς ἐμπειρίας ταῦτα γιγνώσκω·
5 περὶ δὲ τῆς παιδείας οὐκ ἔχω τοιοῦτον λόγον εἰπεῖν, οὔτε παρομοίαν οὔτε παραπλησίαν ἔχει τούτοις τὴν δύναμιν. εἰ γάρ τις διακούσειεν ἅπαντα τὰ περὶ τοὺς λόγους καὶ δια-

Δὲ τούτων προσῆκον] Legendum nunc arbitror: δὲ τούτων προσήκειν. ORELL.

Dederat enim δ' ἐκ τούτων προσῆκεν. Προσέχοντας] Corrige προέχοντας. ORELL.

κριβωθείη μᾶλλον τῶν ἄλλων, λόγων μὲν ποιητὴς τυχὸν ἂν χαριέστερος γένοιτο τῶν πολλῶν, εἰς ὄχλον δὲ καταστὰς τούτου μόνον ἀποστερηθεὶς, τοῦ τολμᾷν, οὐδ' ἂν φθέγξασθαι δυνηθείη.

κς'. * ιε'. Καὶ μηδεὶς οἰέσθω με πρὸς μὲν ὑμᾶς συστέλλειν τὴν ὑπόσχεσιν, ἐπειδὰν δὲ διαλέγωμαι πρὸς τοὺς συνεῖναί μοι βουλομένους, ἅπασαν ὑπ' ἐμαυτῷ ποιεῖσθαι τὴν δύναμιν· φεύγων γὰρ τὰς τοιαύτας αἰτίας, ὅτ' ἠρχόμην περὶ ταύτην εἶναι τὴν πραγματείαν, λόγον διέδωκα γράψας, ἐν ᾧ φανήσομαι τοῖς τε μείζους ποιουμένοις τὰς ὑποσχέσεις ἐπιτιμῶν καὶ τὴν ἐμαυτοῦ γνώμην ἀποφαινόμενος. ἃ μὲν οὖν κατηγορῶ τῶν ἄλλων παραλείψω· καὶ γὰρ ἐστὶ πλείω τοῦ καιροῦ τοῦ παρόντος· ἃ δ' αὐτὸς ἀποφαίνομαι, πειράσομαι διελθεῖν ὑμῖν. ἄρχομαι δ' ἐνθένδε ποθέν·

ΕΚ ΤΟΥ ΚΑΤΑ ΣΟΦΙΣΤΩΝ.

[§. η'.—§. θ'.]

Εἰ δὲ δεῖ μὴ μόνον κατηγορεῖν τῶν ἄλλων, ἀλλὰ καὶ τὴν ἐμαυτοῦ δηλῶσαι διάνοιαν

* * * * * * *

καθ' ὃ δ' ἂν ἐλλειφθῇ τι τῶν εἰρημένων, ἀνάγκη ταύτῃ χεῖρον διακεῖσθαι τοὺς πλησιάζοντας.

ταῦτα κομψοτέρως μὲν πέφρασται τῶν ἔμπροσθεν 97
εἰρημένων, βούλεται δὲ ταὐτὰ δηλοῦν ἐκείνοις. ὃ χρὴ μέγιστον ὑμῖν γενέσθαι τεκμήριον τῆς ἐμῆς ἐπιεικείας· οὐ γὰρ, ὅτε μὲν ἦν νεώτερος, ἀλαζονευόμενος φαίνομαι καὶ μεγάλας τὰς ὑποσχέσεις ποιούμενος, ἐπειδὴ δ' ἀπολέλαυκα τοῦ πράγματος καὶ πρεσβύτερος γέγονα, τηνικαῦτα ταπεινὴν ποιῶ τὴν φιλοσοφίαν, ἀλλὰ τοῖς αὐτοῖς λόγοις χρώμενος ἀκμάζων καὶ παυόμενος αὐτῆς, καὶ θαῤῥῶν καὶ
κινδυνεύων, καὶ πρὸς τοὺς βουλομένους πλησιάζειν καὶ 98
πρὸς τοὺς μέλλοντας περὶ ἐμοῦ τὴν ψῆφον οἴσειν διατελῶ, ὥστ' οὐκ οἶδ' ὅπως ἂν τις ἀληθέστερος ἢ δικαιότερος περὶ αὐτὴν ἐπιδειχθείη γεγενημένος. ταῦτα μὲν οὖν ἐκείνοις προσκείσθω τοῖς πρότερον περὶ ἡμῶν εἰρημένοις.

κς'. * ις'. Οὐκ ἀγνοῶ δ' ὅτι τοὺς δυσκόλως διακειμένους οὐδέν πω τῶν εἰρημένων ἱκανόν ἐστιν ἀπαλλάξαι τῆς διανοίας ταύτης, ἀλλὰ πολλῶν ἔτι δέονται λόγων καὶ παντοδαπῶν, εἰ μέλλουσιν ἑτέραν μεταλήψεσθαι δόξαν ἀνθ' ἧς νῦν τυγχάνουσιν ἔχοντες. δεῖ δὴ μηδ' ἡμᾶς προαπειπεῖν διδάσκοντας καὶ λέγοντας, ἐξ ὧν δυοῖν θάτερον [ποιήσο-

Παυόμενος αὐτῆς] Παυόμενος ἀκμῆς conjectat Bekkerus.

μεν] ἢ μεταστήσομεν τὰς γνώμας αὐτῶν, ἢ τὰς βλασφημίας καὶ κατηγορίας αἷς χρῶνται καθ' ἡμῶν ἐξελέγξομεν
ψευδεῖς οὔσας. εἰσὶ δὲ διτταί. λέγουσι γὰρ οἱ μὲν ὡς ἔστιν
ἡ περὶ τοὺς σοφιστὰς διατριβὴ φλυαρία καὶ φενακισμός·
οὐδεμία γὰρ εὕρηται παιδεία τοιαύτη, δι' ἧς γένοιτό τις
ἂν ἢ περὶ τοὺς λόγους δεινότερος ἢ περὶ τὰς πράξεις φρονιμώτερος, ἀλλ' οἱ προέχοντες ἐν τούτοις τῇ φύσει τῶν ἄλλων
διαφέρουσιν. οἱ δὲ δεινοτέρους μὲν ὁμολογοῦσιν εἶναι τοὺς
περὶ τὴν μελέτην ταύτην ὄντας, οὐ μὴν ἀλλὰ διαφθείρεσθαι καὶ γίγνεσθαι χείρους· ἐπειδὰν γὰρ λάβωσι δύναμιν,
τοῖς ἀλλοτρίοις ἐπιβουλεύειν. ὡς οὖν οὐδὲν ὑγιὲς οὐδ' ἀλη-
99 θὲς οὐδέτεροι τούτων λέγουσι, πολλὰς ἐλπίδας ἔχω πᾶσι
φανερὸν ποιήσειν. πρῶτον δ' ἐνθυμήθητε περὶ τῶν φλυα-
ρίαν φασκόντων εἶναι τὴν παιδείαν, ὡς αὐτοὶ λίαν κατα-
φανῶς ληροῦσι. διασύρουσι μὲν γὰρ αὐτὴν ὡς οὐδὲν ὠφελεῖν δυναμένην ἀλλ' ἀπάτην καὶ φενακισμὸν οὖσαν, ἀξιοῦσι δὲ τοὺς συνόντας ἡμῖν εὐθὺς μὲν προσελθόντας διαφέρειν αὐτοὺς αὐτῶν, ὀλίγας δ' ἡμέρας συνδιατρίψαντας
σοφωτέρους ἐν τοῖς λόγοις καὶ κρείττους φαίνεσθαι τῶν καὶ
ταῖς ἡλικίαις καὶ ταῖς ἐμπειρίαις προεχόντων, ἐνιαυτὸν δὲ
μόνον παραμείναντας ῥήτορας ἅπαντας ἀγαθοὺς εἶναι καὶ
τελέους καὶ μηδὲν φαυλοτέρους τοὺς ἀμελεῖς τῶν πονεῖν
ἐθελόντων μηδὲ τοὺς ἀφυεῖς τῶν τὰς ψυχὰς ἀνδρικὰς
ἐχόντων. καὶ ταῦτα προστάττουσιν οὔθ' ἡμῶν ἀκηκοότες
τοιαύτας ποιουμένων τὰς ὑποσχέσεις, οὔτ' ἐν ταῖς ἄλλαις
τέχναις καὶ παιδείαις οὐδὲν ἑωρακότες τούτων συμβαῖνον,
ἀλλὰ μόλις μὲν ἡμῖν τὰς ἐπιστήμας παραγιγνομένας, οὐχ
ὁμοίως δ' ἀλλήλοις ὅ τι ἂν μάθωμεν ἐξεργαζομένους, ἀλλὰ
δύο μὲν ἢ τρεῖς ἐξ ἁπάντων τῶν διδασκαλείων ἀγωνιστὰς
γιγνομένους, τοὺς δ' ἄλλους ἐξ αὐτῶν ἰδιώτας ἀπαλλαττο-
μένους. καίτοι πῶς οὐκ ἄφρονας εἶναι χρὴ νομίζειν τοὺς
τὰς δυνάμεις τὰς ἐν ταῖς ὁμολογουμέναις τῶν τεχνῶν οὐκ
ἐνούσας, ταύτας ἀπαιτεῖν τολμῶντας παρὰ ταύτης ἣν οὐκ
εἶναι φασὶ, καὶ πλείους τὰς ὠφελίας ἀξιοῦντας γίγνεσθαι
100 παρὰ τῆς ἀπιστουμένης ὑφ' αὐτῶν ἢ παρὰ τῶν ἀκριβῶς
εὑρῆσθαι δοκουσῶν; χρὴ δὲ τοὺς νοῦν ἔχοντας οὐκ ἀνωμάλως ποιεῖσθαι τὰς κρίσεις περὶ τῶν ὁμοίων πραγμάτων,

'Εωρακότες τοῦτο] 'Εωρακότες τοιοῦτο. ORELL.

οὐδ᾽ ἀποδοκιμάζειν τὴν παιδείαν τὴν ταὐτὰ ταῖς πλείσταις τῶν τεχνῶν ἀπεργαζομένην. τίς γὰρ οὐκ οἶδεν ὑμῶν
πολλοὺς τῶν ὑπὸ τοῖς σοφισταῖς γενομένων οὐ φενακισθέν-
τας οὐδ᾽ οὕτως διατεθέντας ὡς οὗτοι λέγουσιν, ἀλλὰ τοὺς
μὲν αὐτῶν ἱκανοὺς ἀγωνιστὰς ἀποτελεσθέντας, τοὺς δὲ
παιδεύειν ἑτέρους δυνηθέντας, ὅσοι δὲ αὐτῶν ἰδιωτεύειν ἐβουλήθησαν, ἔν τε ταῖς ὁμιλίαις χαριεστέρους ὄντας ἢ πρότερον ἦσαν, τῶν τε λόγων κριτὰς καὶ συμβούλους ἀκριβε-
στέρους τῶν πλείστων γεγενημένους; ὥστε πῶς χρὴ τῆς
τοιαύτης διατριβῆς καταφρονεῖν τῆς τοὺς κεχρημένους αὐτῇ
τοιούτους παρασκευάζειν δυναμένης; ἀλλὰ μὴν καὶ τόδε
πάντες ἂν ὁμολογήσαιεν, ὅτι τούτους τεχνικωτάτους εἶναι
νομίζομεν ἀπὸ πασῶν τῶν τεχνῶν καὶ χειρουργιῶν, οἵτινες
ἂν τοὺς μαθητὰς ὡς οἷόν θ᾽ ὁμοιοτάτους ἐργάτας ἀλλήλοις
ἀποδείξωσι. τῇ τοίνυν φιλοσοφίᾳ φανήσεται καὶ τοῦτο
συμβεβηκός. ὅσοι γὰρ ἡγεμόνος ἔτυχον ἀληθινοῦ καὶ νοῦν
ἔχοντος, εὑρεθεῖεν ἂν ἐν τοῖς λόγοις οὕτως ὁμοίαν τὴν δύναμιν ἔχοντες ὥστε πᾶσιν εἶναι φανερὸν ὅτι τῆς αὐτῆς παιδείας μετεσχήκασι. καί τοι μηδενὸς ἔθους αὐτοῖς ἐγγενομένου κοινοῦ μηδὲ διατριβῆς τεχνικῆς ὑπαρξάσης οὐκ ἔστιν 101
ὅπως ἂν εἰς τὴν ὁμοιότητα ταύτην κατέστησαν. ἔτι τοίνυν
ὑμῶν αὐτῶν οὐδείς ἐστιν ὅστις οὐκ ἂν εἰπεῖν ἔχοι πολλοὺς
τῶν συμπαιδευθέντων, οἳ παῖδες μὲν ὄντες ἀμαθέστατοι
τῶν ἡλικιωτῶν ἔδοξαν εἶναι, πρεσβύτεροι δὲ γενόμενοι πλέον
διήνεγκαν πρὸς τὸ φρονεῖν καὶ λέγειν τῶν αὐτῶν τούτων ὧν
παῖδες ὄντες ἀπελείφθησαν. ὅθεν μάλιστ᾽ ἄν τις γνοίη
τὴν ἐπιμέλειαν ὅσην ἔχει δύναμιν· δῆλον γὰρ ὅτι τότε μὲν
ἅπαντες τοιαύταις ἐχρῶντο ταῖς διανοίαις οἵας περ ἐξ
ἀρχῆς ἔφυσαν ἔχοντες, ἄνδρες δὲ γενόμενοι τούτων διήνεγκαν καὶ μετήλλαξαν τὴν φρόνησιν τῷ τοὺς μὲν ἐκ-
κεχυμένως ζῆν καὶ ῥᾳθύμως, τοὺς δὲ τοῖς τε πράγμασι
καὶ σφίσιν αὐτοῖς προσέχειν τὸν νοῦν. ὅπου δὲ καὶ διὰ
τὰς αὐτῶν ἐπιμελείας γίγνονταί τινες βελτίους, πῶς
οὐκ ἂν οὗτοι λαβόντες ἐπιστάτην καὶ πρεσβύτερον καὶ
πολλῶν πραγμάτων ἔμπειρον, καὶ τὰ μὲν παρειληφότα,
τὰ δ᾽ αὐτὸν εὑρηκότα, πολὺ ἂν ἐπὶ πλεῖον καὶ σφῶν αὐ-

Τὰ δ᾽ αὐτῶν] Pro αὐτῶν scriberetur αὐτὸν melius, non tamen necessario. A.

τῶν καὶ τῶν ἄλλων διήνεγκαν; οὐ μόνον δ' ἐκ τούτων, ἀλλὰ καὶ τῶν λοιπῶν εἰκότως ἂν ἅπαντες τὴν ἄγνοιαν θαυμάσειαν τῶν τολμώντων οὕτως εἰκῇ καταφρονεῖν τῆς φιλοσοφίας, πρῶτον μὲν εἰ πάσας τὰς πράξεις καὶ τὰς τέχνας εἰδότες ταῖς μελέταις καὶ ταῖς φιλοπονίαις ἁλισκο-
102 μένας πρὸς τὴν τῆς φρονήσεως ἄσκησιν ταῦτα μηδεμίαν ἡγοῦνται δύναμιν ἔχειν, ἔπειτ' εἰ τῶν μὲν σωμάτων μηδὲν οὕτως ἂν φήσαιεν εἶναι φαῦλον, ὅτι γυμνασθὲν καὶ πονῆσαν οὐκ ἂν εἴη βέλτιον, τὰς δὲ ψυχὰς τὰς ἄμεινον πεφυκυίας τῶν σωμάτων μηδὲν ἂν νομίζουσι γενέσθαι σπουδαιοτέρας παιδευθείσας καὶ τυχούσας τῆς προσηκούσης ἐπιμελείας· ἔτι δ' εἰ περὶ τοὺς ἵππους καὶ τοὺς κύνας καὶ τὰ πλεῖστα τῶν ζώων ὁρῶντες τέχνας ἔχοντας τινὰς, αἷς τὰ μὲν ἀνδρειότερα τὰ δὲ πρᾳότερα τὰ δὲ φρονιμώτερα ποιοῦσι, περὶ τὴν τῶν ἀνθρώπων φύσιν μηδεμίαν οἴονται τοιαύτην εὑρῆσθαι παιδείαν, ἥτις ἂν αὐτοὺς ἐπί τι τούτων ὧν περ καὶ τὰ θηρία δυνηθείη προαγαγεῖν, ἀλλὰ τοσαύτην ἁπάντων ἡμῶν ἀτυχίαν κατεγνώκασιν, ὥσθ' ὁμολογήσειαν μὲν ἂν ταῖς ἡμετέραις διανοίαις ἕκαστον τῶν ὄντων βέλτιον γίγνεσθαι καὶ χρησιμώτερον, αὐτοὺς δ' ἡμᾶς τοὺς ἔχοντας τὴν φρόνησιν ταύτην, ᾗ πάντα πλέονος ἄξια ποιοῦμεν, τολμῶσι λέγειν ὡς οὐδὲν ἂν ἀλλήλους πρὸς ἐπιείκειαν εὐεργετήσαιμεν. ὃ δὲ πάντων δεινότατον, ὅτι καθ' ἕκαστον τὸν ἐνιαυτὸν θεωροῦντες ἐν τοῖς θαύμασι τοὺς μὲν λέοντας πρᾳότερον διακειμένους πρὸς τοὺς θεραπεύοντας ἢ τῶν ἀνθρώπων ἔνιοι πρὸς τοὺς εὖ
103 ποιοῦντας, τὰς δ' ἄρκτους καλινδουμένας καὶ παλαιούσας καὶ μιμουμένας τὰς ἡμετέρας ἐπιστήμας, οὐδ' ἐκ τούτων δύνανται γνῶναι τὴν παιδείαν καὶ τὴν ἐπιμέλειαν ὅσην ἔχει δύναμιν, οὐδ' ὅτι ταῦτα πολὺ ἂν θᾶττον τὴν ἡμετέραν φύσιν ἢ τὴν ἐκείνων ὠφελήσειεν· ὥστ' ἀπορῶ πότερον ἄν τις δικαιότερον θαυμάσειε τὰς πρᾳότητας τὰς τοῖς χαλεπωτάτοις τῶν θηρίων ἐγγιγνομένας ἢ τὰς ἀγριότητας τὰς ἐν ταῖς ψυχαῖς τῶν τοιούτων ἀνθρώπων ἐνούσας. ἔχοι δ' ἄν τις πλείω περὶ τούτων εἰπεῖν· ἀλλὰ γὰρ ἣν

Maius. Cui assentitur Orellius.
Διήνεγκαν] Διενέγκειαν. Orell.

Πρὸς τὴν τῆς - - - ἔχειν] Vide locum similem in orat. ad Nicocl. §. 8. A. Maius.

πολλὰ λίαν λέγω περὶ τῶν παρὰ τοῖς πλείστοις ὁμολογουμένων, δέδοικα μὴ περὶ τῶν ἀμφισβητουμένων ἀπορεῖν δόξω.
κς΄. * ιζ΄. Παυσάμενος οὖν τούτων, ἐπ᾽ ἐκείνους τρέψομαι τοὺς οὐ καταφρονοῦντας μὲν τῆς φιλοσοφίας, πολὺ δὲ
πικρότερον κατηγοροῦντας αὐτῆς, καὶ μεταφέροντας τὰς
πονηρίας τὰς τῶν φασκόντων μὲν εἶναι σοφιστῶν ἄλλο δέ
τι πραττόντων ἐπὶ τοὺς οὐδὲν τῶν αὐτῶν ἐκείνοις ἐπιτηδεύοντας. ἐγὼ δ᾽ οὐχ ὑπὲρ ἁπάντων τῶν προσποιουμένων
δύνασθαι παιδεύειν ποιοῦμαι τοὺς λόγους, ἀλλ᾽ ὑπὲρ τῶν
δικαίως τὴν δόξαν ταύτην ἐχόντων. οἶμαι δὲ σαφῶς ἐπιδείξειν τοὺς κατηγοροῦντας ἡμῶν πολὺ τῆς ἀληθείας διημαρ-
τηκότας, ἤνπερ ἐθελήσητε διὰ τέλους ἀκοῦσαι τῶν λεγομένων. πρῶτον μὲν οὖν ὁρίσασθαι δεῖ τίνων ὀρεγόμενοι καὶ
τίνος τυχεῖν βουλόμενοι τολμῶσί τινες ἀδικεῖν· ἢν γὰρ
ταῦτα καλῶς περιλάβωμεν, ἄμεινον γνώσεσθε τὰς αἰτίας 104
τὰς καθ᾽ ἡμῶν λεγομένας, εἴτ᾽ ἀληθεῖς εἰσὶν εἴτε ψευδεῖς.
ἐγὼ μὲν οὖν ἡδονῆς ἢ κέρδους ἢ τιμῆς ἕνεκα φημὶ πάντας
πάντα πράττειν· ἔξω γὰρ τούτων οὐδεμίαν ἐπιθυμίαν ὁρῶ
τοῖς ἀνθρώποις ἐγγιγνομένην. εἰ δὴ ταῦθ᾽ οὕτως ἔχει,
λοιπόν ἐστι σκέψασθαι τί τούτων ἂν ἡμῖν γίγνοιτο διαφθείρουσι τοὺς νεωτέρους. πότερ᾽ ἂν ἡσθεῖμεν ὁρῶντες ἢ καὶ
πυνθανόμενοι πονηροὺς αὐτοὺς ὄντας καὶ δοκοῦντας τοῖς
συμπολιτευομένοις; καὶ τίς οὕτως ἐστὶν ἀναίσθητος,
ὅστις οὐκ ἂν ἀλγήσειε τοιαύτης διαβολῆς περὶ αὐτὸν γιγνομένης; ἀλλὰ μὴν οὐδ᾽ ἂν θαυμασθεῖμεν οὐδὲ τιμῆς μεγάλης τύχοιμεν τοιούτους τοὺς συνόντας ἀποπέμποντες, ἀλλὰ
πολὺ ἂν μᾶλλον καταφρονηθεῖμεν καὶ μισηθεῖμεν τῶν
ταῖς ἄλλαις πονηρίαις ἐνόχων ὄντων. καὶ μὴν οὐδ᾽ εἰ ταῦτα
παρίδοιμεν, χρήματα πλεῖστ᾽ ἂν λάβοιμεν οὕτω παιδείας
προεστῶτες. οἶμαι γὰρ δήπου τοῦτό γε πάντας γιγνώσκειν,
ὅτι σοφιστῇ μισθὸς κάλλιστός ἐστι καὶ μέγιστος, ἢν τῶν
μαθητῶν τινὲς καλοὶ κἀγαθοὶ καὶ φρόνιμοι γένωνται καὶ
παρὰ τοῖς πολίταις εὐδοκιμοῦντες· οἱ μὲν γὰρ τοιοῦτοι
πολλοὺς μετασχεῖν τῆς παιδείας εἰς ἐπιθυμίαν καθιστᾶσιν,
οἱ δὲ πονηροὶ καὶ τοὺς πρότερον συνεῖναι διανοουμένους ἀπο-
τρέπουσιν, ὥστε τίς ἂν ἐν τούτοις τὸ κρεῖττον ἀγνοήσειεν, 105
οὕτω μεγάλην τὴν διαφορὰν τῶν πραγμάτων ἐχόντων;

κς'. * ιη'. Ἴσως οὖν ἄν τις πρὸς ταῦτα τολμήσειεν εἰπεῖν ὡς πολλοὶ τῶν ἀνθρώπων διὰ τὰς ἀκρασίας οὐκ ἐμμένουσι τοῖς λογισμοῖς, ἀλλ' ἀμελήσαντες τοῦ συμφέροντος ἐπὶ τὰς ἡδονὰς ὁρμῶσιν. ἐγὼ δ' ὁμολογῶ καὶ τῶν ἄλλων πολλοὺς καὶ τῶν προσποιουμένων εἶναι σοφιστῶν ἔχειν τινὰς τὴν φύσιν ταύτην. ἀλλ' ὅμως οὐδὲ τῶν τοιούτων οὐδείς ἐστιν οὕτως ἀκρατής, ὅστις ἂν δέξαιτο καὶ τοὺς μαθητὰς εἶναι τοιούτους· τῶν μὲν γὰρ ἡδονῶν τῶν διὰ τὴν ἀκρασίαν ἐκείνοις συμβαινουσῶν οὐκ ἂν δύναιτο μετασχεῖν, τῆς δὲ δόξης τῆς διὰ τὴν πονηρίαν γιγνομένης αὐτὸς ἂν τὸ πλεῖστον μέρος ἀπολαύσειεν. ἔπειτα τίνας ἂν καὶ διαφθείραιεν καὶ τοὺς πῶς διακειμένους λάβοιεν ἂν μαθητάς; ἄξιον γὰρ καὶ ταῦτα διελθεῖν. πότερον τοὺς ἤδη κακοήθεις ὄντας καὶ πονηρούς; καὶ τίς ἄν, ἃ παρὰ τῆς αὑτοῦ φύσεως ἐπίσταται, ταῦτα παρὰ ἑτέρου μανθάνειν ἐπιχειρήσειεν; ἀλλὰ τοὺς ἐπιεικεῖς καὶ χρηστῶν ἐπιτηδευμάτων ἐπιθυμοῦντας; ἀλλ' οὐδ' ἂν εἷς τῶν τοιούτων τοῖς κακόν τι λέγουσιν ἢ πράττουσι διαλεχθῆναι τολμήσειεν.

κς'.* ιθ'. Ἡδέως δ' ἂν κἀκεῖνο πυθοίμην παρὰ τῶν χαλεπῶς ἐχόντων πρὸς ἡμᾶς, τίνα ποτὲ γνώμην ἔχουσι
106 περὶ τῶν ἐκ Σικελίας καὶ τοῦ Πόντου καὶ τῶν ἄλλων τόπων δεῦρο πλεόντων ὡς ἡμᾶς, ἵνα παιδευθῶσι; πότερον αὐτοὺς οἴονται σπανίζοντας ἐκεῖ πονηρῶν ἀνθρώπων ἐνθάδε ποιεῖσθαι τὴν πορείαν; ἀλλὰ πανταχοῦ πολλὴν ἀφθονίαν εὕροι τις ἂν τῶν συμπονηρεύεσθαι καὶ συνεξαμαρτάνειν βουλομένων. ἀλλ' ἵνα κακοπράγμονες καὶ συκοφάνται γένωνται, πολλὰ χρήματα τελέσαντες; ἀλλὰ πρῶτον μὲν οἱ ταύτην ἔχοντες τὴν γνώμην πολὺ ἂν ἥδιον τὰ τῶν ἄλλων λάβοιεν ἢ δοῖεν ἑτέροις ὁτιοῦν τῶν σφετέρων αὐτῶν· ἔτι δὲ τίνες ἂν ὑπὲρ πονηρίας ἀργύριον ἀναλώσαιεν, ἐξὸν αὐτοῖς μηδὲν δαπανηθεῖσιν εἶναι τούτοις, ὁπόταν βουληθῶσιν; οὐ γὰρ μαθεῖν, ἀλλ' ἐπιχειρῆσαι μόνον δεῖ τοῖς τοιούτοις τῶν ἔργων. ἀλλὰ δῆλον ὅτι καὶ πλέουσι καὶ χρήματα διδόασι καὶ πάντα ποι-

'Ακρόασιν - - - δύναιντο] Levi facta mutatione verborum ἀκρόασιν in ἀκρασίαν et δύναιντο in δύναιτο lucidissimus sensus emergit. Si nihil mutare velis, dicas: *nam voluptatum quidem, quæ ex auditione illis acciderent, participes esse non possent.* quod est obscurius et alio recidit. A. Maius. Egregia est Maii conjectura. Orell.

οὖσι νομίζοντες αὐτοί τε βελτίους γενήσεσθαι καὶ τοὺς ἐνθάδε παιδεύοντας πολὺ φρονιμωτέρους εἶναι τῶν παρὰ σφίσιν
αὐτοῖς· ἐφ' οἷς ἄξιον ἦν ἅπαντας τοὺς πολίτας φιλοτιμεῖσθαι, καὶ περὶ πολλοῦ ποιεῖσθαι τοὺς αἰτίους τῇ πόλει
τῆς δόξης ταύτης γενομένους. ἀλλὰ γὰρ οὕτω τινὲς ἀγνω-
μόνως ἔχουσιν, ὥστ' εἰδότες καὶ τοὺς ξένους τοὺς ἀφικνουμένους καὶ τοὺς προεστῶτας τῆς παιδείας οὐδὲν κακὸν ἐπιτηδεύοντας, ἀλλ' ἀπραγμονεστάτους μὲν ὄντας τῶν ἐν τῇ πόλει καὶ πλείστην ἡσυχίαν ἄγοντας, προσέχοντας δὲ τὸν 107
νοῦν σφίσιν αὐτοῖς καὶ τὰς συνουσίας μετ' ἀλλήλων ποιουμένους, ἔτι δὲ τὰ καθ' ἡμέραν εὐτελέστατα καὶ κοσμιώ-
τατα ζῶντας, καὶ τῶν λόγων ἐπιθυμοῦντας οὐ τῶν ἐπὶ
τοῖς ἰδίοις συμβολαίοις λεγομένων οὐδὲ τῶν λυπούντων
τινὰς, ἀλλὰ τῶν παρὰ πᾶσιν ἀνθρώποις εὐδοκιμούντων,
ὅμως τολμῶσι βλασφημεῖν περὶ αὐτῶν, καὶ λέγειν ὡς
ταύτην ποιοῦνται τὴν μελέτην, ἵν' ἐν τοῖς ἀγῶσι παρὰ τὸ
δίκαιον πλεονεκτῶσι. καί τοι τίνες ἂν ἀδικίαν καὶ κακίαν
ἀσκοῦντες σωφρονέστερον τῶν ἄλλων ζῆν ἐθελήσαιεν; τίνας
δὲ πώποθ' ἑωράκασιν οἱ ταῦτα λέγοντες ἀναβαλλομένους
καὶ θησαυριζομένους τὰς πονηρίας, ἀλλ' οὐκ εὐθὺς τῇ φύσει
τῇ παρούσῃ χρωμένους;

κς'. * κ'. Χωρὶς δὲ τούτων, εἴπερ ἡ περὶ τοὺς λόγους
δεινότης ποιεῖ τοῖς ἀλλοτρίοις ἐπιβουλεύειν, προσῆκεν ἅπαντας τοὺς δυναμένους εἰπεῖν πολυπράγμονας καὶ συκοφάντας εἶναι· τὸ γὰρ αἴτιον ἐν ἅπασι τοῦτο πέφυκεν ἐνεργάζεσθαι. νῦν δ' εὑρήσετε καὶ τῶν ἐν τῷ παρόντι πολιτευομένων καὶ τῶν νεωστὶ τετελευτηκότων τοὺς πλείστην ἐπιμέλειαν τῶν λόγων ποιουμένους βελτίστους ὄντας τῶν ἐπὶ
τὸ βῆμα παριόντων, ἔτι δὲ τῶν παλαιῶν τοὺς ἀρίστους
ῥήτορας καὶ μεγίστην δόξαν λαβόντας πλείστων ἀγαθῶν
αἰτίους τῇ πόλει γεγενημένους, ἀρξαμένους ἀπὸ Σόλωνος.
ἐκεῖνός τε γὰρ προστάτης τοῦ δήμου καταστὰς οὕτως 108
ἐνομοθέτησε καὶ τὰ πράγματα διέταξεν καὶ τὴν πόλιν
κατεσκεύασεν, ὥστ' ἔτι καὶ νῦν ἀγαπᾶσθαι τὴν διοίκησιν
τὴν ὑπ' ἐκείνου συνταχθεῖσαν· μετὰ δὲ ταῦτα Κλεισθένης

Τὸ γὰρ αἴτιον ἐν ἅπ. τοῦτο] Τὸ αὐτὸ γὰρ αἴτιον ἐν ἅπ. ταὐτὸ —. Idem. Bekkerus etiam mavult ταὐτό.

Ἐκεῖνός τε γὰρ] Ἐκεῖνος μὲν γὰρ —. Orell.

ἐκπεσὼν ἐκ τῆς πόλεως ὑπὸ τῶν τυράννων, λόγῳ πείσας τοὺς Ἀμφικτύονας δανεῖσαι τῶν τοῦ θεοῦ χρημάτων αὐτῷ, τόν τε δῆμον κατήγαγε καὶ τοὺς τυράννους ἐξέβαλε καὶ τὴν δημοκρατίαν ἐκείνην κατέστησε τὴν αἰτίαν τοῖς Ἕλλησι τῶν μεγίστων ἀγαθῶν γενομένην· ἐπὶ δὲ τούτῳ Θεμιστοκλῆς ἡγεμὼν ἐν τῷ πολέμῳ τῷ Περσικῷ γενόμενος, συμβουλεύσας τοῖς προγόνοις ἡμῶν ἐκλιπεῖν τὴν πόλιν — ὃ τίς ἂν οἷός τ' ἐγένετο πεῖσαι μὴ πολὺ τῷ λόγῳ διενεγκών; —, εἰς τοῦτ' αὐτῶν τὰ πράγματα προήγαγεν ὥστ' ὀλίγας ἡμέρας ἀνάστατοι γενόμενοι πολὺν χρόνον δεσπόται τῶν Ἑλλήνων κατέστησαν· τὸ δὲ τελευταῖον Περικλῆς καὶ δημαγωγὸς ὢν ἀγαθὸς καὶ ῥήτωρ ἄριστος οὕτως ἐκόσμησε τὴν πόλιν καὶ τοῖς ἱεροῖς καὶ τοῖς ἀναθήμασι καὶ τοῖς ἄλλοις ἅπασιν, ὥστ' ἔτι καὶ νῦν τοὺς εἰσαφικνουμένους εἰς αὐτὴν νομίζειν μὴ μόνον ἄρχειν ἀξίαν εἶναι τῶν Ἑλλήνων ἀλλὰ καὶ τῶν ἄλλων ἁπάντων, καὶ πρὸς τούτοις εἰς τὴν ἀκρόπολιν οὐκ ἔλαττω μυρίων ταλάντων ἀνήνεγκε. καὶ τούτων τῶν ἀνδρῶν τῶν τηλικαῦτα διαπραξαμένων οὐδεὶς λόγων
109 ἠμέλησεν, ἀλλὰ τοσούτῳ μᾶλλον τῶν ἄλλων προσέσχον αὐτοῖς τὸν νοῦν, ὥστε Σόλων μὲν τῶν ἑπτὰ Σοφιστῶν ἐκλήθη καὶ ταύτην ἔσχε τὴν ἐπωνυμίαν τὴν νῦν ἀτιμαζομένην καὶ κρινομένην παρ' ὑμῖν, Περικλῆς δὲ δυοῖν ἐγένετο μαθητής, Ἀναξαγόρου τε τοῦ Κλαζομενίου καὶ Δάμωνος τοῦ κατ' ἐκεῖνον τὸν χρόνον φρονιμωτάτου δόξαντος εἶναι τῶν πολιτῶν. ὥστε ἐκ τίνων ἂν τις ὑμῖν σαφέστερον ἐπιδείξειεν ὡς οὐχ αἱ δυνάμεις αἱ τῶν λόγων κακοπράγμονας τοὺς ἀνθρώπους ποιοῦσιν, ἀλλ' οἱ τοιαύτην φύσιν ἔχοντες, οἵαν περ ὁ κατήγορος, πονηροῖς οἶμαι καὶ τοῖς λόγοις καὶ τοῖς πράγμασι χρώμενοι διατελοῦσιν;

κϛ΄.*κα΄. Ἔχω δὲ δεῖξαι καὶ τόπους ἐν οἷς ἔξεστιν ἰδεῖν τοῖς βουλομένοις τοὺς πολυπράγμονας καὶ τοὺς ταῖς αἰτίαις

Τοὺς Ἀμφικτύονας δαν.] Amphictyones "commune Græciæ concilium," ut inquit Cicero de Invent. l. ii. c. 23. A. Maius.

Τοῦ θεοῦ] Nempe Apollinis Delphici, cujus templum Clisthenes mercede conduxit ædificandum. Vide Herodot. Terpsich. 62. Idem.

Τόν τε δῆμον κατήγαγε] Idem de Clisthene narrat Isocrates in Areopagit. §. ϛ΄. de Bigis §. ι΄. Idem.

Δεσπόται τῶν Ἑλλ. κατέστησαν] Idem dicitur in Archidamo §. ιϛ΄. fin. Idem.

Περικλῆς] Eadem pæne de Pericle habes in orat. de Pace §. μ΄. Idem.

Ἀναξαγόρου] De Anaxagora Clazomenio confirmat Cicero de Orat. iii. c. 34. Idem.

ἐνόχους ὄντας ἃς οὗτοι τοῖς σοφισταῖς ἐπιφέρουσιν. ἐν γὰρ
ταῖς σανίσι ταῖς ὑπὸ τῶν ἀρχόντων ἐκτιθεμέναις ἀναγκαῖόν
ἐστιν, ἐν μὲν ταῖς ὑπὸ τῶν θεσμοθετῶν ἀμφοτέρους ἐνεῖναι
τούς τε τὴν πόλιν ἀδικοῦντας καὶ τοὺς συκοφαντοῦντας, ἐν
δὲ ταῖς τῶν ἕνδεκα τούς τε κακουργοῦντας καὶ τοὺς τούτοις
ἐφεστῶτας, ἐν δὲ ταῖς τῶν τετταράκοντα τοὺς ἐν τοῖς ἰδίοις
πράγμασιν ἀδικοῦντας καὶ τοὺς μὴ δικαίως ἐγκαλοῦντας·
ἐν αἷς τοῦτον μὲν καὶ τοὺς τούτου φίλους εὕροιτ' ἂν ἐν πολλαῖς ἐγγεγραμμένους, ἐμὲ δὲ καὶ τοὺς περὶ τὴν αὐτὴν ἐμοὶ
διατριβὴν ὄντας οὐδ' ἐν μιᾷ τούτων ἐνόντας, ἀλλ' οὕτω τὰ 110
περὶ ἡμᾶς αὐτοὺς διοικοῦντας ὥστε μηδὲν δεῖσθαι τῶν ἀγώνων τῶν παρ' ὑμῖν. καί τοι τοὺς μήτ' ἐν ταῖς πραγματείαις
ταύταις ὄντας μήτε ἀκολάστως ζῶντας μήτε περὶ ἄλλην
πρᾶξιν μηδεμίαν αἰσχρὰν γεγενημένους πῶς οὐκ ἐπαινεῖσθαι
προσήκει μᾶλλον ἢ κρίνεσθαι; δῆλον γὰρ ὅτι τοιαῦτα τοὺς
συνόντας παιδεύομεν, οἷά περ αὐτοὶ τυγχάνομεν ἐπιτηδεύοντες.

κς'.*κβ'. Ἔτι τοίνυν γνώσεσθε σαφέστερον ἐκ τῶν ῥηθήσεσθαι μελλόντων ὡς πόῤῥω τοῦ διαφθείρειν τοὺς νεωτέρους ἐσμέν. εἰ γάρ τι τοιοῦτον ἐποιοῦμεν, οὐκ ἂν Λυσίμαχος
ἦν ὁ λυπούμενος ὑπὲρ αὐτῶν οὐδ' ἄλλος οὐδεὶς τῶν τοιούτων,
ἀλλὰ τοὺς πατέρας ἂν ἑωρᾶτε τῶν συνόντων ἡμῖν καὶ τοὺς
οἰκείους ἀγανακτοῦντας καὶ γραφομένους καὶ δίκην ζητοῦντας παρ' ἡμῶν λαμβάνειν. νῦν δ' ἐκεῖνοι μὲν συνιστᾶσι τοὺς
παῖδας τοὺς αὑτῶν καὶ χρήματα διδόασι καὶ χαίρουσιν
ὁπόταν ὁρῶσιν αὐτοὺς μεθ' ἡμῶν ἡμερεύοντας, οἱ δὲ συκοφάνται διαβάλλουσι καὶ πράγματα παρέχουσιν ἡμῖν, ὧν
τίνες ἂν ἥδιον ἴδοιεν πολλοὺς τῶν πολιτῶν διαφθειρομένους
καὶ πονηροὺς γιγνομένους; ἴσασι γὰρ σφᾶς αὐτοὺς ἐν μὲν
τοῖς τοιούτοις δυναστεύοντας, ὑπὸ δὲ τῶν καλῶν κἀγαθῶν
καὶ νοῦν ἐχόντων ἀπολλυμένους, ὁπόταν ληφθῶσιν. ὥσθ'

Τῶν ἀρχόντων] Supremus magistratus Athenis fuerunt Archontes. Novem hi erant, primus Eponymus, alter Rex, tertius Polemarchus, reliqui sex Thesmothetæ dicebantur. Cuncti vario officii gradu judiciis præerant. XIviri erant judices, quorum singuli e singulis tribubus, quæ decem fuerunt Athenis, eligebantur, ipsisque scriba annumerabatur. XLviri, qui primum XXX. tantum fuerunt, pagatim Atticam obeuntes de minoribus quibusdam litibus et criminibus judicabant. Vide Polluc. l. viii. c. 9. et rerum Græcarum scriptores passim. IDEM.

Τῶν θεσμοθετῶν] Vide contra Lochitem §. γ'. ubi dicitur licere deferre ad Thesmothetas de contumelia, περὶ ὕβρεως, tanquam de crimine publico. IDEM.

111 οὗτοι μὲν σωφρονοῦσιν ἀναιρεῖν ζητοῦντες ἁπάσας τὰς τοιαύτας διατριβὰς, ἐν αἷς ἡγοῦνται βελτίους γενομένους χαλεπωτέρους ἔσεσθαι ταῖς αὐτῶν πονηρίαις καὶ συκοφαντίαις, ὑμᾶς δὲ προσήκει τἀναντία τούτοις πράττειν, καὶ ταῦτα νομίζειν εἶναι κάλλιστα τῶν ἐπιτηδευμάτων οἷς ἂν τούτους ὁρᾶτε μάλιστα πολεμοῦντας.

κϛ΄. *κγ΄. Ἄτοπον δέ τι τυγχάνω πεπονθώς· εἰρήσεται γὰρ, εἰ καί τινες λίαν εὐμετάβολον εἶναί με φήσουσιν. ὀλίγῳ μὲν γὰρ πρότερον ἔλεγον ὡς πολλοὶ τῶν καλῶν κἀγαθῶν ἀνδρῶν διεψευσμένοι τῆς φιλοσοφίας τραχύτερον πρὸς αὐτὴν ἔχουσι· νῦν δ' οὕτως ἐναργεῖς ὑπείληφα τοὺς λόγους εἶναι τοὺς εἰρημένους καὶ πᾶσι φανεροὺς, ὥστε οὐδεὶς ἀγνοεῖν μοι δοκεῖ τὴν δύναμιν αὐτῆς, οὐδὲ καταγιγνώσκειν ἡμῶν ὡς διαφθείρομεν τοὺς μαθητὰς, οὐδὲ πεπονθέναι τοιοῦτον οὐδὲν οἷον αὐτοὺς ὀλίγῳ πρότερον ᾐτιώμην· ἀλλ' εἰ δεῖ τἀληθὲς εἰπεῖν καὶ τὸ νῦν ἐν τῇ διανοίᾳ μοι παρεστηκὸς, ἡγοῦμαι πάντας τοὺς φιλοτίμως μοι διακειμένους ἐπιθυμητικῶς ἔχοντας τοῦ φρονεῖν εὖ καὶ λέγειν αὐτοὺς μὲν ἀμελεῖν τούτων, τοὺς μὲν διὰ ῥαθυμίαν, τοὺς δὲ καταμεμφομένους τὴν φύσιν τὴν αὑτῶν, τοὺς δὲ δι' ἄλλας τινὰς προφάσεις — παμπληθεῖς δ' εἰσὶ —, πρὸς δὲ τοὺς πολλὴν ἐπιμέλειαν ποιουμένους καὶ τυχεῖν βουλομένους ὧν εἰς ἐπιθυμίαν αὐτοὶ καθεστᾶσι, δυσκόλως ἔχειν καὶ ζηλοτυ-
112 πεῖν καὶ τὰς ψυχὰς τεταραγμένως διακεῖσθαι καὶ πεπονθέναι παραπλήσια τοῖς ἐρῶσι· τίνα γὰρ ἄν τις αὐτοῖς ἐπενεγκεῖν αἰτίαν ἔχοι πρεπωδεστέραν ταύτης; οἵτινες μακαρίζουσι μὲν καὶ ζηλοῦσι τοὺς καλῶς χρῆσθαι τῷ λόγῳ δυναμένους, ἐπιτιμῶσι δὲ τῶν νεωτέρων τοῖς τυχεῖν ταύτης τῆς τιμῆς βουλομένοις. καὶ τοῖς μὲν θεοῖς οὐδείς ἐστιν ὅστις οὐκ ἂν εὔξαιτο μάλιστα μὲν αὐτὸς δύνασθαι λέγειν, εἰ δὲ μὴ, τοὺς παῖδας καὶ τοὺς οἰκείους τοὺς αὑτοῦ· τοὺς δὲ πόνῳ καὶ φιλοσοφίᾳ τοῦτο κατεργάσασθαι πειρωμένους, ὃ παρὰ τῶν θεῶν αὐτοὶ βούλονται λαβεῖν, οὐδέν φασι τῶν δεόντων πράττειν, ἀλλ' ἐνίοτε μὲν ὡς ἐξηπατημένων καὶ πεφενακισμένων προσποιοῦνται καταγελᾶν αὐτῶν, ὁπόταν

Παμπληθεῖς δ' εἰσὶ] *quæ* (scil. causæ) *est*. IDEM. *innumeræ esse possunt*. Vel refer ad personas, et dic *atque horum maxima turba*

Δυσκόλως ἔχειν —] Idem dicit Isocrates in Panegyric. §. ιγ΄. IDEM.

δὲ τύχωσι, μεταβάλοντες ὥςπερ πλεονεκτεῖν δυναμένων
τοὺς λόγους ποιοῦνται. καὶ συμβούλοις μὲν, ὅταν κίνδυνός
τις καταλάβῃ τὴν πόλιν, τοῖς ἄριστα περὶ τῶν πραγμάτων
λέγουσι, τούτοις χρῶνται, καὶ πράττουσιν ὅ τι ἂν [αὐ-
τοῖς] οἱ τοιοῦτοι παραινέσωσι· περὶ δὲ τοὺς ἔργον ποιουμένους ὅπως χρησίμους αὑτοὺς ἐν τοῖς καιροῖς τοῖς τοιούτοις
τῇ πόλει παρασχήσουσι, βλασφημεῖν οἴονται χρῆναι. καὶ
Θηβαίοις μὲν καὶ τοῖς ἄλλοις ἐχθροῖς τὴν ἀμαθίαν ὀνειδί-
ζουσι, τοὺς δ' ἐκ παντὸς τρόπου ζητοῦντας τὴν νόσον
ταύτην διαφεύγειν λοιδοροῦντες διατελοῦσι. ὃ δ' οὐ μόνον
ταραχῆς σημεῖόν ἐστιν, ἀλλὰ καὶ τῆς περὶ τοὺς θεοὺς 113
ὀλιγωρίας· τὴν μὲν γὰρ Πειθὼ μίαν τῶν θεῶν νομίζουσι
εἶναι, καὶ τὴν πόλιν ὁρῶσι καθ' ἕκαστον τὸν ἐνιαυτὸν θυσίαν αὐτῇ ποιουμένην, τοὺς δὲ τῆς δυνάμεως ἧς ἡ θεὸς ἔχει
μετασχεῖν βουλομένους ὡς κακοῦ πράγματος ἐπιθυμοῦντας
διαφθείρεσθαι φασίν. ὃ δὲ πάντων δεινότατον, ὅτι προκρί-
ναιεν μὲν ἂν τὴν ψυχὴν σπουδαιοτέραν εἶναι τοῦ σώματος,
οὕτω δὲ γιγνώσκοντες ἀποδέχονται μᾶλλον τοὺς γυμναζο-
μένους τῶν φιλοσοφούντων. καί τοι πῶς οὐκ ἄλογον τοὺς
τοῦ φαυλοτέρου ποιουμένους τὴν ἐπιμέλειαν ἐπαινεῖν μᾶλλον
ἢ τοὺς τοῦ σπουδαιοτέρου, καὶ ταῦτα πάντων εἰδότων διὰ
μὲν εὐεξίαν σώματος οὐδὲν πώποτε τὴν πόλιν τῶν ἐλλογίμων ἔργων διαπραξαμένην, διὰ δὲ φρόνησιν [ἑνὸς] ἀνδρὸς
εὐδαιμονεστάτην καὶ μεγίστην τῶν Ἑλληνίδων πόλεων
γενομένην.

κϛ'. * κδ'. Πολὺ δ' ἄν τις ἔχοι πλείους τούτων ἐναντιώσεις συναγαγεῖν τῶν ἀκμαζόντων τε μᾶλλον ἢ ἐγὼ καὶ
τοῦ καιροῦ τοῦ παρόντος μὴ φροντιζόντων· ἐπεὶ καὶ τάδε
περὶ τῶν αὐτῶν τούτων ἔνεστιν εἰπεῖν. φέρε γὰρ εἴ τινες

Ὥσπερ πλεονεκτεῖν] Ὡς περὶ πλεονεκτεῖν. ORELL.

Θηβαίοις] Hinc vides Isocratem orationem hanc scripsisse, quum Atheniensibus bellum esset adversus Thebanos. Revera Athenienses societatem inierunt cum Phocensibus contra Thebanos bello sacro, Olymp. cvi. an. 3. Vide Diodorum Siculum ad hunc annum. Porro orationem hanc esse scriptam anno 3. aut 4. ejusdem Olympiadis ostendimus §. κϛ'. * γ'. A. MAIUS.

Πειθὼ] Suadam inter *deas* numerat Hesiodus Op. et Dies 73. Immo hanc magnam deam Atheniensium comitem dicit Themistocles apud Herodot. in Uran. 111. Apud Aristoph. invocatur ut *domina* in Lysistr. 203. ubi vide et Scholiastem: et apud Eurip. in Hecub. 816. dicitur *regina*. Suadæ templum erat Ægialeæ, ut vides apud Pausan. l. ii. c. 7. De hac Cicero in Brut. c. 15. "Quam Πειθὼ vocant Græci, cujus effector est orator, hanc Suadam appellavit Ennius, quam deam in Periclis labris scripsit Eupolis sessitavisse." IDEM.

πολλὰ χρήματα παρὰ τῶν προγόνων παραλαβόντες τῇ μὲν πόλει μηδὲν εἶεν χρήσιμοι, τοὺς δὲ πολίτας ὑβρίζοιεν καὶ τούς τε παῖδας καὶ τὰς γυναῖκας αἰσχύνοιεν, ἔστιν
114 ὅστις ἂν τοὺς αἰτίους τοῦ πλούτου μέμψασθαι τολμήσειεν, ἀλλ' οὐκ ἂν αὐτοὺς τοὺς ἐξαμαρτάνοντας κολάζειν ἀξιώσειε; τί δ' εἴ τινες ὁπλομαχεῖν μαθόντες πρὸς μὲν τοὺς πολεμίους μὴ χρῷντο ταῖς ἐπιστήμαις, ἐπανάστασιν δὲ ποιήσαντες πολλοὺς τῶν πολιτῶν διαφθείραιεν, ἢ καὶ πυκτεύειν καὶ παγκρατιάζειν ὡς οἷόν τ' ἄριστα παιδευθέντες τῶν μὲν ἀγώνων ἀμελοῖεν, τοὺς δ' ἀπαντῶντας τύπτοιεν, τίς οὐκ ἂν τούτων τοὺς μὲν διδασκάλους ἐπαινέσειε, τοὺς δὲ κακῶς χρωμένους οἷς ἔμαθον ἀποκτείνειεν; οὐκοῦν χρὴ καὶ περὶ τῶν λόγων τὴν αὐτὴν ἔχειν διάνοιαν, ἥν περ καὶ περὶ τῶν ἄλλων, καὶ μὴ περὶ τῶν ὁμοίων τἀναντία γιγνώσκειν, μηδὲ πρὸς τοιοῦτο πρᾶγμα δυσμενῶς φαίνεσθαι διακειμένους ὃ πάντων τῶν ἐνόντων ἐν τῇ τῶν ἀνθρώπων φύσει πλείστων ἀγαθῶν αἴτιόν ἐστι. τοῖς μὲν γὰρ ἄλλοις οἷς ἔχομεν, ἅπερ ἤδη καὶ πρότερον εἶπον, οὐδὲν τῶν ζώων διαφέρομεν, ἀλλὰ πολλῶν καὶ τῷ τάχει καὶ τῇ ῥώμῃ καὶ ταῖς ἄλλαις εὐπορίαις καταδεέστεροι τυγχάνομεν ὄντες· ἐγγενομένου δ' ἡμῖν τοῦ πείθειν ἀλλήλους καὶ δηλοῦν πρὸς ἡμᾶς αὐτοὺς περὶ ὧν ἂν βουληθῶμεν, οὐ μόνον τοῦ θηριωδῶς ζῆν ἀπηλλάγημεν, ἀλλὰ καὶ συνελθόντες πόλεις ᾠκίσαμεν καὶ νόμους ἐθέμεθα καὶ τέχνας εὕρομεν, καὶ σχεδὸν ἅπαντα τὰ δι' ἡμῶν μεμηχανημένα λόγος ἡμῖν ἔστιν ὁ συγκατασκευάσας. οὗτος γὰρ περὶ τῶν δικαίων
115 καὶ τῶν ἀδίκων καὶ τῶν καλῶν καὶ τῶν αἰσχρῶν ἐνομοθέτησεν, ὧν μὴ διαταχθέντων οὐκ ἂν οἷοί τ' ἦμεν οἰκεῖν μετ' ἀλλήλων. τούτῳ καὶ τοὺς κακοὺς ἐξελέγχομεν καὶ τοὺς

Τοῖς μὲν γὰρ ἄλλοις - - - νοῦν ἔχοντας] Tota hæc eloquentiæ laudatio exstat etiam in Nicocle §. γ'. Porro locum hunc egregie imitatus est Cicero de Orat. c. 8. 9. Et quam sedulo ex Isocratis lectione proficeret Cicero, vides etiam ad Atticum l. ii. ep. 1. ubi de Græco Commentario proprii Consulatus a se confecto dicit: "Meus liber totum Isocratis μυροθήκιον, atque omnes ejus discipulorum arculas consumpsit." De Cicerone Isocratem imitante vide etiam Justi Lipsii Var. Lect. l. i. c. 12. l. iii. c. 24. Nota etiam ex hoc loco orationis oriri argumentum confirmans orationem quæ inscribitur *Nicocles* revera esse Isocratis nostri, contra nonnullorum et nominatim H. Stephani suspiciones, qui in sua Diatriba ii. Isocratea eam huic tribuere dubitat: quo in dubio versatur etiam Augerus Præf. iv. Et quidem Augero *Nicocles* non videtur Isocrateus, quia stylo a cæteris Isocratis Operibus differat. Sed nunc ecce tibi satis lata Nicoclis particula in Opere Isocratis. Idem. Pro ἅπερ Bekkerus mavult ὅπερ.

ἀγαθοὺς ἐγκωμιάζομεν. διὰ τούτου τούς τε ἀνοήτους παιδεύομεν καὶ τοὺς φρονίμους δοκιμάζομεν· τὸ γὰρ λέγειν ὡς δεῖ τοῦ φρονεῖν εὖ μέγιστον σημεῖον ποιούμεθα, καὶ λόγος ἀληθὴς καὶ νόμιμος καὶ δίκαιος ψυχῆς ἀγαθῆς καὶ πιστῆς εἴδωλον ἐστί. μετὰ τούτου καὶ περὶ τῶν ἀμφισβητησίμων ἀγωνιζόμεθα, καὶ περὶ τῶν ἀγνοουμένων σκοπούμεθα· ταῖς γὰρ πίστεσιν, αἷς τοὺς ἄλλους λέγοντες πείθομεν, ταῖς αὐταῖς ταύταις βουλευόμενοι χρώμεθα, καὶ ῥητορικοὺς μὲν καλοῦμεν τοὺς ἐν τῷ πλήθει λέγειν δυναμένους, εὐβούλους δὲ νομίζομεν οἵτινες ἂν αὐτοὶ πρὸς αὑτοὺς ἄριστα περὶ τῶν πραγμάτων διαλεχθῶσιν. εἰ δὲ δεῖ συλλήβδην περὶ τῆς δυνάμεως ταύτης εἰπεῖν, οὐδὲν τῶν φρονίμως πραττομένων εὑρήσομεν ἀλόγως γιγνόμενον, ἀλλὰ καὶ τῶν ἔργων καὶ τῶν διανοημάτων ἁπάντων ἡγεμόνα λόγον ὄντα, καὶ μάλιστα χρωμένους αὐτῷ τοὺς πλεῖστον νοῦν ἔχοντας. ὧν οὐδὲν ἐνθυμηθεὶς Λυσίμαχος κατηγορεῖν ἐτόλμησε τῶν ἐπιθυμούντων τοιούτου πράγματος, ὃ τοσούτων τὸ πλῆθος καὶ τηλικούτων τὸ μέγεθος ἀγαθῶν αἴτιόν ἐστι.

κς΄.* κε΄. Καὶ τί δεῖ τούτου θαυμάζειν, ὅπου καὶ τῶν
περὶ τὰς ἔριδας σπουδαζόντων ἔνιοι τινὲς ὁμοίως βλασφη- 116
μοῦσι περὶ τῶν λόγων τῶν κοινῶν καὶ τῶν χρησίμων ὥσπερ οἱ φαυλότατοι τῶν ἀνθρώπων, οὐκ ἀγνοοῦντες τὴν δύναμιν αὐτῶν, οὐδ᾽ ὅτι τάχιστ᾽ ἂν οὗτοι τοὺς χρωμένους ὠφελήσαιεν, ἀλλ᾽ ἐλπίζοντες, ἢν τούτους διαβάλλωσι, τοὺς αὑτῶν ἐντιμοτέρους ποιήσειν. περὶ ὧν δυνηθείην μὲν ἂν ἴσως διαλεχθῆναι πολὺ πικρότερον ἢ 'κεῖνοι περὶ ἡμῶν, οὐδέτερον δ᾽ οἶμαι δεῖν, οὔθ᾽ ὅμοιος γίγνεσθαι τοῖς ὑπὸ τοῦ φθόνου διεφθαρμένοις, οὔτε ψέγειν τοὺς μηδὲν μὲν κακὸν τοὺς συνόντας ἐργαζομένους, ἧττον δ᾽ ἑτέρων εὐεργετεῖν δυναμένους. οὐ μὴν ἀλλὰ μικρά γε μνησθήσομαι περὶ αὐτῶν, μάλιστα μὲν ὅτι κἀκεῖνοι περὶ ἡμῶν, ἔπειθ᾽ ὅπως ἂν ὑμεῖς σαφέστερον εἰδότες τὴν δύναμιν αὐτῶν οὕτω διάκεισθε πρὸς ἑκάστους ἡμῶν ὥσπερ δίκαιόν ἐστι, πρὸς δὲ τούτοις ἵνα καὶ τοῦτο ποιήσω φανερὸν, ὅτι περὶ τοὺς πολιτικοὺς λόγους

Πρὸς ἑκάστους] Πρὸς ἑκατέρους. Orell.
Τοὺς πολιτικοὺς λόγους] *orationes civiles*, quæ nempe de rebus agunt ad reip. administrationem vel ad mores pertinentibus. Porro Plutarchus monet in Isocr. Vit. §. ιγ΄. primum Isocratem contentiosas orationes a civilibus, quibus operam dabat, segregasse: χωρίσας πρῶτος τοὺς ἐριστικοὺς λόγους τῶν πολιτικῶν, περὶ οὓς ἐσπούδασε. Idem ait Dionysius Hal. in Judicio

ἡμεῖς ὄντες, οὓς ἐκεῖνοι φασὶν εἶναι φιλαπεχθήμονας, πολὺ πρᾳότεροι τυγχάνομεν αὐτῶν ὄντες· οἱ μὲν γὰρ ἀεί τι περὶ ἡμῶν φλαῦρον λέγουσιν, ἐγὼ δ' οὐδὲν ἂν εἴποιμι τοιοῦτον, ἀλλὰ ταῖς ἀληθείαις χρήσομαι περὶ αὐτῶν. ἡγοῦμαι γὰρ καὶ τοὺς ἐν τοῖς ἐριστικοῖς λόγοις δυναστεύοντας καὶ τοὺς περὶ τὴν ἀστρολογίαν καὶ τὴν γεωμετρίαν καὶ τὰ τοιαῦτα
117 τῶν μαθημάτων διατρίβοντας οὐ βλάπτειν ἀλλ' ὠφελεῖν τοὺς συνόντας, ἐλάττω μὲν ὧν ὑπισχνοῦνται, πλείω δ' ὧν τοῖς ἄλλοις δοκοῦσιν. οἱ μὲν γὰρ πλεῖστοι τῶν ἀνθρώπων ὑπειλήφασιν ἀδολεσχίαν καὶ μικρολογίαν εἶναι τὰ τοιαῦτα τῶν μαθημάτων· οὐδὲν γὰρ αὐτῶν οὔτ' ἐπὶ τῶν ἰδίων οὔτ' ἐπὶ τῶν κοινῶν εἶναι χρήσιμον, ἀλλ' οὐδ' ἐν ταῖς μνήμαις οὐδένα χρόνον ἐμμένειν ταῖς τῶν μαθόντων διὰ τὸ μήτε τῷ βίῳ παρακολουθεῖν μήτε ταῖς πράξεσιν ἐπαμύνειν, ἀλλ' ἔξω παντάπασιν εἶναι τῶν ἀναγκαίων. ἐγὼ δ' οὔθ' οὕτως οὔτε πόῤῥω τούτων ἔγνωκα περὶ αὐτῶν, ἀλλ' οἵ τε νομίζοντες μηδὲν χρησίμην εἶναι τὴν παιδείαν ταύτην πρὸς τὰς πράξεις ὀρθῶς μοι δοκοῦσι γιγνώσκειν, οἵ τ' ἐπαινοῦντες αὐτὴν ἀληθῆ λέγειν. διὰ τοῦτο δ' οὐχ ὁμολογούμενον αὐτὸν αὑτῷ τὸν λόγον εἴρηκα, διότι καὶ ταῦτα τὰ μαθήματα τὴν φύσιν οὐδὲν ὁμοίαν ἔχει τοῖς ἄλλοις οἷς διδασκόμεθα. τὰ μὲν γὰρ ἄλλα τοτ' ὠφελεῖν ἡμᾶς πέφυκεν, ὅταν λάβωμεν αὐτῶν τὴν ἐπιστήμην, ταῦτα δὲ τοὺς μὲν ἀπηκριβωμένους οὐδὲν ἂν εὐεργετήσειε, πλὴν τοὺς ἐντεῦθεν ζῆν προῃρημένους, τοὺς δὲ μανθάνοντας ὀνίνησι· περὶ γὰρ τὴν περιττολογίαν καὶ τὴν ἀκρίβειαν τῆς ἀστρολογίας καὶ γεωμετρίας διατρίβοντες, καὶ δυσκαταμαθήτοις πράγμασιν ἀναγκαζόμενοι προσέχειν τὸν νοῦν, ἔτι δὲ συνεθιζόμενοι
118 λέγειν καὶ πονεῖν ἐπὶ τοῖς λεγομένοις καὶ δεικνυμένοις καὶ μὴ πεπλανημένην ἔχειν τὴν διάνοιαν, ἐν τούτοις γυμνασθέντες καὶ παροξυνθέντες ῥᾷον καὶ θᾶττον τὰ σπουδαιότερα καὶ πλέονος ἄξια τῶν πραγμάτων ἀποδέχεσθαι καὶ μανθάνειν δύνανται. φιλοσοφίαν μὲν οὖν οὐκ οἶμαι δεῖν

de Isocr. Jam ἐριστικὸν dicendi genus definit Plato Sophist. p. 159. C. esse illud, *quod arte compositum, de justo et injusto deque aliis rebus generatim disceptat.* A. Maius.

Φλαῦρον λέγουσιν] Etiam in Helenæ Laudat. sub init. invehitur Isocrates in contentiosos et argutos sophistas. Idem.

Τοῖς ἄλλοις] Probabiliter legas: τοῖς πολλοῖς. Orell.

Μανθάνειν δύνανται] Jam huc fere pertinet locus Ciceronis pro Arch. c. 1. "Et-

προσαγορεύειν τὴν μηδὲν ἐν τῷ παρόντι μήτε πρὸς τὸ λέγειν μήτε πρὸς τὸ πράττειν ὠφελοῦσαν, γυμνασίαν μέν
τοι τῆς ψυχῆς καὶ παρασκευὴν φιλοσοφίας καλῶ τὴν
διατριβὴν τὴν τοιαύτην, ἀνδρικωτέραν μὲν ἧς οἱ παῖδες ἐν
τοῖς διδασκαλείοις ποιοῦνται, τὰ δὲ πλεῖστα παραπλησίαν·
καὶ γὰρ ἐκείνων οἱ περὶ τὴν γραμματικὴν καὶ τὴν μουσικὴν
καὶ τὴν ἄλλην παιδείαν διαπονηθέντες πρὸς μὲν τὸ βέλτιον
εἰπεῖν ἢ βουλεύσασθαι περὶ τῶν πραγμάτων οὐδεμίαν πω
λαμβάνουσιν ἐπίδοσιν, αὐτοὶ δ' αὐτῶν εὐμαθέστεροι γίγνονται πρὸς τὰ μείζω καὶ σπουδαιότερα τῶν μαθημάτων.
διατρίψαι μὲν οὖν περὶ τὰς παιδείας ταύτας χρόνον τινὰ
συμβουλεύσαιμ' ἂν τοῖς νεωτέροις, μὴ μέντοι περιϊδεῖν
τὴν φύσιν τὴν αὐτῶν κατασκελετευθεῖσαν ἐπὶ τούτοις, μηδ'
ἐξοκείλασαν εἰς τοὺς λόγους τοὺς τῶν παλαιῶν σοφιστῶν,
ὧν οἱ μὲν ἄπειρον τὸ πλῆθος ἔφησαν εἶναι τῶν ὄντων, Ἐμπε-
δοκλῆςδὲ τέτταρα, καὶ νεῖκος καὶ φιλίαν ἐν αὐτοῖς, Ἴων δ'
οὐ πλείω τριῶν, Ἀλκμαίων δὲ δύο μόνα, Παρμενίδης δὲ καὶ 119
Μέλισσος ἕν, Γοργίας δὲ παντελῶς οὐδέν. ἡγοῦμαι γὰρ
τὰς μὲν τοιαύτας περιττολογίας ὁμοίας εἶναι ταῖς θαυμα-
τοποιΐαις ταῖς οὐδὲν μὲν ὠφελούσαις, ὑπὸ δὲ τῶν ἀνοήτων
περιστάτοις γιγνομέναις, δεῖν δὲ τοὺς προὔργου τι ποιεῖν
βουλομένους καὶ τῶν λόγων τοὺς ματαίους καὶ τῶν πράξεων τὰς μηδὲν πρὸς τὸν βίον φερούσας ἀναιρεῖν ἐξ ἁπασῶν
τῶν διατριβῶν.

κϛʹ. * κϛʹ. Περὶ μὲν οὖν τούτων ἀπόχρη μοι τὸ νῦν εἶναι

enim omnes artes quæ ad humanitatem pertinent, habent quoddam commune vinculum, et quasi cognatione quadam inter se continentur." A. Maius.

Ἐμπιδοκλῆς] Empedoclis sententiam de quatuor rebus exsistentibus vide etiam in Fragmentis Empedoclis et Parmenidis, quæ nuper ope Codicis Taurinensis in pristinam sinceritatem ingeniose vindicavit eruditissimus juvenis Amedeus Peyronus in Taurin. Acad. LL. Orient. Professor. Item apud Ciceronem Acad. iv. c. 37. Placitum suum Ion in opere inscripto Τριαγμὸς explicuit, cujus vide particulam apud Harpocrationem. Ionem forte innuit Plato Sophist. p. 170. ubi ait quendam philosophum tres statuere res exsistentes. De Ione denique multa habes in Harpocratione et in Notis ad Suidam. Alcmæonis opinionem narrant etiam Aristot. Metaph. l. i. c. 5. Diog. Laert. l. viii. §. 83. Bruckerus Hist. Crit. Philos. t. i. p. ii. pag. 1132. Parmenidis ipsa verba vide in Fragmentis a Cl. Peyrono restitutis: tum idem de eo et de Melisso confirmant Aristot. l. s. d. Cicero l. item d. Denique de eodem Melisso et de Gorgia eadem scribit ipse Isocrates in Helenæ Laudat. sub init. De his pæne omnibus philosophorum placitis, simillima dicit Plato Sophist. p. 170. quem conferre operæ pretium erit. Idem.

Περιστάτοις] Notavit Cl. Mustoxidus Præf. Gr. p. IX. hunc locum laudari ab Harpocratione ex oratione Isocratis de Permutatione sub voc. περίστατος. Adde jam et Suidam eodem modo citantem sub eodem vocabulo, nisi forte ex Harpocratione Suidas locum exscripsit. Idem.

ταῦτ' εἰρηκέναι καὶ συμβεβουλευκέναι· περὶ δὲ σοφίας καὶ φιλοσοφίας τοῖς μὲν περὶ ἄλλων τινῶν ἀγωνιζομένοις οὐκ ἂν ἁρμόσειε λέγειν περὶ τῶν ὀνομάτων τούτων — ἔστι γὰρ ἀλλότρια πάσαις ταῖς πραγματείαις —, ἐμοὶ δ', ἐπειδὴ καὶ κρίνομαι περὶ τῶν τοιούτων καὶ τὴν καλουμένην ὑπό τινων φιλοσοφίαν οὐκ εἶναι φημὶ, προσήκει τὴν δικαίως ἂν νομιζομένην ὁρίσαι καὶ δηλῶσαι πρὸς ὑμᾶς. ἁπλῶς δέ πως τυγχάνω γιγνώσκων περὶ αὐτῶν. ἐπειδὴ γὰρ οὐκ ἔνεστιν ἐν τῇ φύσει τῇ τῶν ἀνθρώπων ἐπιστήμην λαβεῖν ἣν ἔχοντες ἂν εἰδεῖμεν ὅ τι πρακτέον ἢ λεκτέον ἐστὶν, ἐκ τῶν λοιπῶν σοφοὺς μὲν νομίζω τοὺς ταῖς δόξαις ἐπιτυγχάνειν ὡς ἐπὶ τὸ πολὺ τοῦ βελτίστου δυναμένους, φιλοσόφους δὲ τοὺς ἐν τούτοις διατρίβοντας, ἐξ ὧν τάχιστα λήψονται τὴν τοιαύτην φρόνησιν. ἃ δ' ἐστὶ τῶν ἐπιτηδευμάτων ταύτην ἔχοντα τὴν
120 δύναμιν, ἔχω μὲν εἰπεῖν, ὀκνῶ δὲ λέγειν· οὕτω γάρ ἐστι σφόδρα καὶ παράδοξα καὶ πολὺ τῆς τῶν ἄλλων ἀφεστῶτα διανοίας, ὥστε φοβοῦμαι μὴ τὴν ἀρχὴν αὐτῶν ἀκούσαντες θορύβου καὶ βοῆς ἅπαν ἐμπλήσητε τὸ δικαστήριον. ὅμως δὲ καί περ οὕτω διακείμενος ἐπιχειρήσω διαλεχθῆναι περὶ αὐτῶν· αἰσχύνομαι γὰρ εἴ τισι δόξω δεδιὼς ὑπὲρ γήρως καὶ μικροῦ βίου προδιδόναι τὴν ἀλήθειαν. δέομαι δ' ὑμῶν μὴ προκαταγνῶναί μου τοιαύτην μανίαν, ὡς ἄρ' ἐγὼ κινδυνεύων προειλόμην ἂν λόγους εἰπεῖν ἐναντίους [καὶ] ταῖς ὑμετέραις γνώμαις, εἰ μὴ καὶ τοῖς προειρημένοις ἀκολούθους αὐτοὺς ἐνόμιζον εἶναι, καὶ τὰς ἀποδείξεις ἀληθεῖς καὶ σαφεῖς ᾤμην ἔχειν ὑπὲρ αὐτῶν. ἡγοῦμαι δὲ τοιαύτην μὲν τέχνην, ἥτις τοῖς κακῶς πεφυκόσιν πρὸς ἀρετὴν ἐνεργάσαιτ' ἂν καὶ δικαιοσύνην, οὔτε πρότερον οὔτε νῦν οὐδεμίαν εἶναι, τούς τε τὰς ὑποσχέσεις ποιουμένους περὶ αὐτῶν πρότερον ἀπερεῖν καὶ παύσεσθαι ληροῦντας, πρὶν εὑρεθῆναι τινὰ παιδείαν τοιαύτην, οὐ μὴν ἀλλ' αὐτούς γ' αὐτῶν βελτίους ἂν γενέ-

Προτείνω, οὐκ εἶναι φημὶ, προσήκει] Puto scribendum: προτείνω, εἶναι φημὶ προσῆκον. Tum participium καλουμένην videtur explicandum *quæ in jus vocatur*, potius quam *quæ dicitur*. Quod si quis non probat, sua utatur opinione, me non invito. Idem. Haud placet. Ejiciendum potius προτείνω, quod temere in πρότερον mutavi. Orell.

'Αρετὴν ἐργάσαιτ'] 'Αρετὴν, σωφροσύνην ἐργάσαιτ'. Idem.

Οὐδεμίαν εἶναι] Similem prorsus locum vide in oratione contra Sophistas sub fin. Et quoniam ea oratio mutila est, fortasse complebitur, si addamus ei multa ex his quæ hic sequuntur. A. Maius. οὐδεμίαν εἶναί πω· τούς τε τοιαύτας τὰς ὑποσχ. Orell.

Οὐ μὴν ἀλλ' αὐτούς γ'] Nec dissentit Cicero de Orat. iii. c. 15. " Nam vetus

σθαι καὶ πλέονος ἀξίους, εἰ πρός τε τὸ λέγειν εὖ φιλοτίμως
διατεθεῖεν, καὶ τοῦ πείθειν δύνασθαι τοὺς ἀκούοντας ἐρα-
σθεῖεν, καὶ πρὸς τούτοις τῆς πλεονεξίας ἐπιθυμήσαιεν, μὴ
τῆς ὑπὸ τῶν ἀνοήτων νομιζομένης, ἀλλὰ τῆς ὡς ἀληθῶς τὴν
δύναμιν ταύτην ἐχούσης. καὶ ταῦθ' ὡς οὕτω πέφυκε, τα- 121
χέως οἶμαι δηλώσειν. πρῶτον μὲν γὰρ ὁ λέγειν ἢ γράφειν
προαιρούμενος λόγους ἀξίους ἐπαίνου καὶ τιμῆς οὐκ ἔστιν
ὅπως ποιήσεται τὰς ὑποθέσεις ἀδίκους ἢ μικρὰς ἢ περὶ τῶν
ἰδίων συμβολαίων, ἀλλὰ μεγάλας καὶ καλὰς καὶ φιλαν-
θρώπους καὶ περὶ τῶν κοινῶν πραγμάτων· μὴ γὰρ τοιαύτας εὑρίσκων οὐδὲν διαπράξεται τῶν δεόντων. ἔπειτα τῶν
πράξεων τῶν συντεινουσῶν πρὸς τὴν ὑπόθεσιν ἐκλέξεται τὰς
πρεπωδεστέτας καὶ μάλιστα συμφερούσας· ὁ δὲ τὰς τοιαύτας
συνεθιζόμενος θεωρεῖν καὶ δοκιμάζειν οὐ μόνον περὶ τὸν ἐνεστῶτα λόγον, ἀλλὰ καὶ περὶ τὰς ἄλλας πράξεις τὴν αὐτὴν
ἕξει ταύτην δύναμιν, ὥσθ' ἅμα τὸ λέγειν εὖ καὶ τὸ φρονεῖν
παραγενήσεται τοῖς φιλοσόφως καὶ φιλοτίμως πρὸς τοὺς
λόγους διακειμένοις. καὶ μὴν οὐδ' ὁ πείθειν τινὰς βουλόμενος ἀμελήσει τῆς ἀρετῆς, ἀλλὰ τούτῳ μάλιστα προσέξει
τὸν νοῦν, ὅπως δόξαν ὡς ἐπιεικεστάτην λήψεται παρὰ τοῖς
συμπολιτευομένοις. τίς γὰρ οὐκ οἶδε καὶ τοὺς λόγους ἀληθεστέρους δοκοῦντας εἶναι τοὺς ὑπὸ τῶν εὖ διακειμένων λεγομένους ἢ τοὺς ὑπὸ τῶν διαβεβλημένων, καὶ τὰς πίστεις
μεῖζον δυναμένας τὰς ἐκ τοῦ βίου γεγενημένας ἢ τὰς ὑπὸ
τοῦ λόγου πεπορισμένας; ὥσθ' ὅσῳ ἄν τις ἐῤῥωμενεστέρως
ἐπιθυμῇ πείθειν τοὺς ἀκούοντας, τοσούτῳ μᾶλλον ἀσκήσει 122
καλὸς κἀγαθὸς εἶναι καὶ παρὰ τοῖς πολίταις εὐδοκιμεῖν.
καὶ μηδεὶς ὑμῶν οἰέσθω τοὺς μὲν ἄλλους ἅπαντας γιγνώσκειν ὅσην ἔχει ῥοπὴν εἰς τὸ πείθειν τὸ τοῖς κρίνουσιν ἀρέσκειν, τοὺς δὲ περὶ τὴν φιλοσοφίαν ὄντας μόνους ἀγνοεῖν τὴν
τῆς εὐνοίας δύναμιν· πολὺ γὰρ ἀκριβέστερον τῶν ἄλλων καὶ
ταῦτ' ἴσασι, καὶ πρὸς τούτοις ὅτι τὰ μὲν εἰκότα καὶ τὰ

quidem illa doctrina eadem videtur et recte faciendi et bene dicendi magistra; neque disjuncti doctores, sed iidem erant vivendi præceptores atque dicendi." A. Maius.

"Ὥσθ' ἅμα τὸ λέγειν εὖ —] Cicero de Orat. iii. c. 16. ipsum Socratem castigat, "qui sapienter sentiendi et ornate dicendi scientiam, re cohærentes, disputationibus suis separavit . . . Hinc dissidium illud extitisse quasi linguæ atque cordis, absurdum sane et inutile, et reprehendendum, ut alii nos sapere, alii dicere, docerent." Idem.

τεκμήρια καὶ πᾶν τὸ τῶν πίστεων εἶδος τοῦτο μόνον ὠφελεῖ τὸ μέρος, ἐφ' ᾧ ἂν αὐτῶν ἕκαστον τύχῃ ῥηθὲν, τὸ δὲ δοκεῖν εἶναι καλὸν κἀγαθὸν οὐ μόνον τὸν λόγον πιστότερον ἐποίησεν, ἀλλὰ καὶ τὰς πράξεις τοῦ τὴν τοιαύτην δόξαν ἔχοντος ἐντιμοτέρας κατέστησεν, ὑπὲρ οὗ σπουδαστέον ἐστὶ τοῖς εὖ φρονοῦσι μᾶλλον ἢ περὶ τῶν ἄλλων ἁπάντων.

κς'. * κζ'. Τὸ τοίνυν περὶ τὴν πλεονεξίαν, ὃ δυσχερέστατον ἦν τῶν ῥηθέντων· εἰ μέν τις ὑπολαμβάνει τοὺς ἀποστεροῦντας ἢ παραλογιζομένους ἢ κακόν τι ποιοῦντας πλεονεκτεῖν, οὐκ ὀρθῶς ἔγνωκεν· οὐδένες γὰρ ἐν ἅπαντι τῷ βίῳ μᾶλλον ἐλαττοῦνται τῶν τοιούτων, οὐδ' ἐν πλέοσιν ἀπορίαις εἰσὶν, οὐδ' ἐπονειδιστότερον ζῶσιν, οὐδ' ὅλως ἀθλιώτεροι τυγχάνουσιν ὄντες· χρὴ δὲ καὶ νῦν πλέον ἔχειν ἡγεῖσθαι καὶ πλεονεκτήσειν νομίζειν παρὰ μὲν τῶν θεῶν τοὺς εὐσεβεστάτους καὶ τοὺς περὶ τὴν θεραπείαν τὴν ἐκείνων ἐπιμελεστάτους ὄντας, παρὰ δὲ τῶν ἀνθρώπων τοὺς
123 ἄριστα πρὸς τούτους μεθ' ὧν ἂν οἰκῶσι καὶ πολιτεύωνται διακειμένους καὶ τοὺς βελτίστους αὐτοὺς εἶναι δοκοῦντας. καὶ ταῦτα καὶ ταῖς ἀληθείαις οὕτως ἔχει, καὶ συμφέρει τὸν τρόπον τοῦτον λέγεσθαι περὶ αὐτῶν· ἐπεὶ νῦν γ' οὕτως ἀνέστραπται καὶ συγκέχυται πολλὰ τῶν κατὰ τὴν πόλιν, ὥστ' οὐδὲ τοῖς ὀνόμασιν ἐν τῇ διαλέκτῳ ἔνιοί τινες ἔτι χρῶνται κατὰ φύσιν, ἀλλὰ μεταφέρουσιν ἀπὸ τῶν καλλίστων πραγμάτων ἐπὶ τὰ φαυλότατα τῶν ἐπιτηδευμάτων. τοὺς μέν γε βωμολοχευομένους καὶ σκώπτειν καὶ μιμεῖσθαι δυναμένους εὐφυεῖς καλοῦσι, προσῆκον τῆς προσηγορίας ταύτης τυγχάνειν τοὺς ἄριστα πρὸς ἀρετὴν πεφυκότας, τοὺς δὲ ταῖς κακοηθείαις καὶ ταῖς κακουργίαις χρωμένους, καὶ μικρὰ μὲν λαμβάνοντας πονηρὰν δὲ δόξαν κτωμένους, πλεονεκτεῖν νομίζουσιν, ἀλλ' οὐ τοὺς ὁσιωτάτους καὶ δικαιοτάτους, οἳ περὶ τῶν ἀγαθῶν ἀλλ' οὐ τῶν κακῶν πλεονεκτοῦσι· τοὺς δὲ τῶν μὲν ἀναγκαίων ἀμελοῦντας, τὰς δὲ τῶν παλαιῶν σοφιστῶν τερατολογίας

Ὃ δυσχερέστατον] *quod omnium probatu difficillimum*, vel *quod omnium odiosissimum*. Jam id superius p. 660. 26. sqq. dictum vides. Hic autem contendit Isocrates τὴν πλεονεξίαν, nempe *studium præstandi cæteris* sive *ipsam præstantiam inter cæteros*,, non vituperatione sed laude dignam esse, ita tamen ut stricte definiat quid sit vere præstare cæteris. Idem.

Αὐτοὺς εἶναι] Αὐτοῖς εἶναι. Orell.

ἀγαπῶντας φιλοσοφεῖν φασὶν, ἀμελήσαντες τοὺς τὰ τοιαῦτα μανθάνοντας καὶ μελετῶντας ἐξ ὧν καὶ τὸν ἴδιον οἶκον καὶ τὰ κοινὰ τὰ τῆς πόλεως καλῶς διοικήσουσιν, ὧνπερ ἕνεκα καὶ πονητέον καὶ φιλοσοφητέον καὶ πάντα πρακτέον ἐστίν. ἀφ᾽ ὧν ὑμεῖς πολὺν ἤδη χρόνον ἀπελαύνετε τοὺς νεωτέρους, ἀποδεχόμενοι τοὺς λόγους τῶν διαβαλλόν- 124
των τὴν τοιαύτην παιδείαν. καὶ γάρ τοι πεποιήκατε τοὺς μὲν ἐπιεικεστάτους αὐτῶν ἐν πότοις καὶ συνουσίαις καὶ ῥαθυμίαις καὶ παιδιαῖς τὴν ἡλικίαν διάγειν, ἀμελήσαντες τοῦ σπουδάζειν ὅπως ἔσονται βελτίους, τοὺς δὲ χείρω τὴν φύσιν ἔχοντας ἐν τοιαύταις ἀκολασίαις ἡμερεύειν, ἐν αἷς πρότερον οὐδ᾽ ἂν οἰκέτης ἐπιεικὴς οὐδεὶς ἐτόλμησεν· οἱ μὲν γὰρ αὐτῶν ἐπὶ τῆς ἐννεακρούνου ψύχουσιν οἶνον, οἱ δ᾽ ἐν τοῖς καπηλείοις πίνουσιν, ἕτεροι δ᾽ ἐν τοῖς σκιραφείοις κυβεύουσι, πολλοὶ δ᾽ ἐν τοῖς τῶν αὐλητρίδων διδασκαλείοις διατρίβουσι. καὶ τοὺς μὲν ἐπὶ ταῦτα προτρέποντας οὐδεὶς πώποτε τῶν κήδεσθαι φασκόντων τῆς ἡλικίας ταύτης εἰς ὑμᾶς εἰσήγαγεν· ἡμῖν δὲ κακὰ παρέχουσιν, οἷς ἄξιος ἦν, εἰ καὶ μηδενὸς ἄλλου, τούτου γε χάριν ἔχειν, ὅτι τοὺς συνόντας τῶν τοιούτων ἐπιτηδευμάτων ἀποτρέπομεν. οὕτω δ᾽ ἐστὶ δυσμενὲς ἅπασι τὸ τῶν συκοφαντῶν γένος, ὥστε τοῖς μὲν λυομένοις εἴκοσι καὶ τριάκοντα μνῶν τὰς μελλούσας καὶ τὸν ἄλλον οἶκον συναναιρήσειν οὐχ ὅπως ἂν ἐπιπλήξειαν, ἀλλὰ καὶ συγχαίρουσι ταῖς ἀσωτίαις αὐτῶν, τοὺς δὲ εἰς τὴν αὑτῶν παιδείαν ὁτιοῦν ἀναλίσκοντας διαφθείρεσθαι φασίν. ὧν τίνες ἂν ἀδικώτερον ἔχοιεν τὴν αἰτίαν ταύτην; οἵτινες ἐν αὐταῖς μὲν ταῖς ἀκμαῖς ὄντες ὑπερεῖδον τὰς ἡδονὰς, ἐν αἷς οἱ πλεῖστοι τῶν τηλικούτων 125
μάλιστ᾽ αὐτῶν ἐπιθυμοῦσιν, ἐξὸν δ᾽ αὐτοῖς ῥαθυμεῖν μηδὲν δαπανωμένοις εἵλοντο πονεῖν χρήματα τελέσαντες· ἄρτι δ᾽ ἐκ παίδων ἐξεληλυθότες ἔγνωσαν ἃ πολλοὶ τῶν πρεσβυ-

Ἀμελήσαντες] Ἀμελήσαντας. Idem.

Ἐννεακρούνου] Enneacrunus celeberrimus fons Athenis, qui prius Callirhoe dictus fuit. De eo vide, si lubet, Thucydidem l. ii. 94. 15. A. Maius.

Σκιραφείοις] Confer cum loco simili Areopag. §. ιη΄. Ibi editiones quas vidi habent ἐν τοῖς σκιραφίοις, *in lustris* vel *in aleatoriis*. Sed Codex Ambrosianus habet ibidem ἐν τοῖς σκυττοῤῥαφείοις, quod melius respondet præsenti loco ἐν τοῖς σκηνοῤῥαφείοις. Quamobrem suspicor veram lectionem Areopagiticæ corruptam esse in nonnullis codicibus et in Editionibus ex vana conjectura. Idem. Et vertit: *alii in tentoriorum officinis multum parant.*

τέρων οὐκ ἴσασιν, ὅτι δεῖ τὸν ὀρθῶς καὶ πρεπόντως προεστῶτα τῆς ἡλικίας καὶ καλὴν ἀρχὴν τοῦ βίου ποιούμενον αὑτοῦ πρότερον ἢ τῶν αὑτοῦ ποιήσασθαι τὴν ἐπιμέλειαν, καὶ μὴ σπεύδειν μήτε ζητεῖν ἑτέρων ἄρχειν πρὶν ἂν τῆς αὑτοῦ διανοίας λάβῃ τὸν ἐπιστατήσοντα, μηδ' οὕτω χαίρειν μηδὲ μέγα φρονεῖν ἐπὶ τοῖς ἄλλοις ἀγαθοῖς ὡς ἐπὶ τοῖς ἐν τῇ ψυχῇ διὰ τὴν παιδείαν ἐγγιγνομένοις. καί τοι τοὺς τοιούτῳ λογισμῷ κεχρημένους πῶς οὐκ ἐπαινεῖσθαι χρὴ μᾶλλον ἢ ψέγεσθαι, καὶ νομίζεσθαι βελτίστους εἶναι καὶ σωφρονεστάτους τῶν ἡλικιωτῶν; θαυμάζω δ' ὅσοι τοὺς μὲν φύσει δεινοὺς ὄντας εἰπεῖν εὐδαιμονίζουσιν ὡς ἀγαθοῦ καὶ καλοῦ πράγματος αὐτοῖς συμβεβηκότος, τοὺς δὲ τοιούτους γενέσθαι βουλομένους λοιδοροῦσιν ὡς ἀδίκου καὶ κακοῦ παιδεύματος ἐπιθυμοῦντας. καί τοι τί τῶν φύσει καλῶν ὄντων μελέτῃ κατεργασθὲν αἰσχρὸν ἢ κακόν ἐστιν; οὐδὲν γὰρ εὑρήσομεν τοιοῦτον, ἀλλ' ἔν γε τοῖς ἄλλοις ἐπαινοῦμεν τοὺς ταῖς φιλοπονίαις ταῖς αὑτῶν ἀγαθόν τι κτήσασθαι
126 δυνηθέντας μᾶλλον ἢ τοὺς παρὰ τῶν προγόνων παραλαβόντας. εἰκότως· συμφέρει γὰρ ἐπί τε τῶν ἄλλων ἁπάντων, καὶ μάλιστ' ἐπὶ τῶν λόγων, μὴ τὰς εὐτυχίας ἀλλὰ τὰς ἐπιμελείας εὐδοκιμεῖν. οἱ μὲν γὰρ φύσει καὶ τύχῃ δεινοὶ γενόμενοι λέγειν οὐ πρὸς τὸ βέλτιστον ἀποβλέπουσιν, ἀλλ' ὅπως ἂν τύχωσιν, οὕτω χρῆσθαι τοῖς λόγοις εἰώθασιν· οἱ δὲ φιλοσοφίᾳ καὶ λογισμῷ τὴν δύναμιν ταύτην λαβόντες, οὐδὲν ἀσκέπτως λέγοντες, ἧττον περὶ τὰς πράξεις πλημμελοῦσιν. ὥςθ' ἅπασι μὲν βούλεσθαι προσήκει πολλοὺς εἶναι τοὺς ἐκ παιδείας δεινοὺς εἰπεῖν γιγνομένους, μάλιστα δ' ὑμῖν· καὶ γὰρ αὐτοὶ προέχετε καὶ διαφέρετε τῶν ἄλλων οὐ ταῖς περὶ τὸν πόλεμον ἐπιμελείαις, οὐδ' ὅτι κάλλιστα πολιτεύεσθε καὶ μάλιστα φυλάττετε τοὺς νόμους οὓς ὑμῖν οἱ πρόγονοι κατέλιπον, ἀλλὰ τούτοις οἷς περ ἡ φύσις ἡ τῶν ἀνθρώπων τῶν ἄλλων ζώων διήνεγκε, καὶ τὸ γένος τὸ τῶν Ἑλλήνων τῶν βαρβάρων, τῷ καὶ πρὸς τὴν φρόνησιν καὶ πρὸς τοὺς λόγους ἄμεινον πεπαιδεῦσθαι τῶν ἄλλων. ὥςτε πάντων ἂν συμβαίη δεινότατον, εἰ τοὺς βουλομένους τοῖς αὐτοῖς τούτοις διενεγκεῖν τῶν ἡλικιωτῶν, οἷςπερ ὑμεῖς ἁπάντων, δια-

βελτίστους εἶναι] Probo supplementum quod exhibet Cod. Laurent. βελτίστους

φθείρεσθαι ψηφίσαισθε, καὶ τοὺς τῇ παιδείᾳ ταύτῃ χρωμένους, ἧς ὑμεῖς ἡγεμόνες γεγένησθε, συμφορᾷ τινὶ περιβάλοιτε.
κς΄. * κη΄. Χρὴ γὰρ μηδὲ τοῦτο λανθάνειν ὑμᾶς, ὅτι
πάντων τῶν δυναμένων λέγειν ἢ παιδεύειν ἡ πόλις ἡμῶν
δοκεῖ γεγενῆσθαι διδάσκαλος. εἰκότως· καὶ γὰρ ἆθλα μέ- 127
γιστα τιθεῖσαν αὐτὴν ὁρῶσι τοῖς τὴν δύναμιν ταύτην
ἔχουσι, καὶ γυμνάσια πλεῖστα καὶ παντοδαπώτατα παρέ-
χουσαν τοῖς ἀγωνίζεσθαι προῃρημένοις, καὶ περὶ τὰς τοιαύτας γυμνάζεσθαι βουλομένοις, ἔτι δὲ τὴν ἐμπειρίαν, ἥπερ
μάλιστα ποιεῖ δύνασθαι λέγειν, ἐνθένδε πάντας λαμβά-
νοντας· πρὸς δὲ τούτοις καὶ τὴν τῆς φωνῆς κοινότητα καὶ
μετριότητα καὶ τὴν ἄλλην εὐτραπελίαν καὶ φιλολογίαν οὐ
μικρὸν ἡγοῦνται συμβαλέσθαι μέρος πρὸς τὴν τῶν λόγων
παιδείαν, ὥστ᾽ οὐκ ἀδίκως ὑπολαμβάνουσιν ἅπαντας τοὺς
λέγειν ὄντας δεινοὺς τῆς πόλεως εἶναι μαθητάς. σκοπεῖτ᾽
οὖν μὴ παντάπασιν ᾖ καταγέλαστον τῆς δόξης ταύτης
φλαῦρόν τι καταγιγνώσκειν, ἣν ὑμεῖς ἔχετε παρὰ τοῖς Ἕλλησι πολὺ μᾶλλον ἢ ἐγὼ παρ᾽ ὑμῖν· οὐδὲν γὰρ ἀλλ᾽ ἢ φανερῶς ὑμῶν αὐτῶν ἔσεσθε κατεψηφισμένοι τὴν τοιαύτην ἀδικίαν, καὶ πεποιηκότες ὅμοιον ὥσπερ ἂν εἰ Λακεδαιμόνιοι τοὺς
τὰ περὶ τὸν πόλεμον ἀσκοῦντας ζημιοῦν ἐπιχειροῖεν, ἢ
Θετταλοὶ παρὰ τῶν ἱππεύειν μελετώντων δίκην λαμβάνειν
ἀξιοῖεν. ὑπὲρ ὧν φυλακτέον ἐστὶν, ὅπως μηδὲν τοιοῦτον ἐξα-
μαρτήσεσθε περὶ ὑμᾶς αὐτοὺς, μηδὲ πιστοτέρους ποιήσεσθε τοὺς λόγους τοὺς τῶν κατηγορούντων τῆς πόλεως ἢ 128
τοὺς τῶν ἐπαινούντων.

κς΄. * κθ΄. Οἶμαι δ᾽ ὑμᾶς οὐκ ἀγνοεῖν ὅτι τῶν Ἑλλήνων οἱ μὲν δυσκόλως πρὸς ὑμᾶς ἔχουσιν, οἱ δ᾽ ὡς οἷόν τε
μάλιστα φιλοῦσι καὶ τὰς ἐλπίδας τῆς σωτηρίας ἐν ἡμῖν
ἔχουσι. καὶ φασὶν οἱ μὲν τοιοῦτοι μόνην εἶναι ταύτην πόλιν,
τὰς δ᾽ ἄλλας κώμας, καὶ δικαίως ἂν αὐτὴν ἄστυ τῆς Ἑλλάδος προσαγορεύεσθαι καὶ διὰ τὸ μέγεθος καὶ διὰ τὰς
εὐπορίας τὰς ἐνθένδε τοῖς ἄλλοις γιγνομένας καὶ μάλιστα

τοὺς τοιούτους εἶναι. ORELL.

Διδάσκαλος] Idem ait Isocrates in Panegyr. §. ιγ΄. A. MAIUS.

Περὶ τὰς τοιαύτας] Addendum necessario διατριβὰς, vel aliquid simile. IDEM. Assentior. ORELL.

Οἱ μὲν τοιοῦτοι] Οἱ μὲν τοιαῦτα. IDEM.

Ἄστυ τῆς Ἑλλάδος] Idem de Athenis dicitur in orat. de Bigis §. ι΄. fin. A. MAIUS.

διὰ τὸν τρόπον τῶν ἐνοικούντων· οὐδένας γὰρ εἶναι πρᾳοτέρους
οὐδὲ κοινοτέρους οὐδ᾽ οἷς οἰκειότερον ἄν τις τὸν ἅπαντα βίον
συνδιατρίψειεν. οὕτω δὲ μεγάλαις χρῶνται ταῖς ὑπερβολαῖς,
ὥστ᾽ οὐδὲ τοῦτ᾽ ὀκνοῦσι λέγειν, ὡς ἥδιον ἂν ὑπ᾽ ἀνδρὸς Ἀθη-
ναίου ζημιωθεῖεν ἢ διὰ τῆς ἑτέρων ὠμότητος εὖ πάθοιεν. οἱ
δὲ ταῦτα μὲν διασύρουσι, διεξιόντες δὲ τὰς τῶν συκοφαντῶν
πικρότητας καὶ κακοπραγίας ὅλης τῆς πόλεως ὡς ἀμίκτου
καὶ χαλεπῆς οὔσης κατηγοροῦσιν. ἔστιν οὖν δικαστῶν νοῦν
ἐχόντων, τοὺς μὲν τῶν τοιούτων λόγων αἰτίους γιγνομένους
ἀποκτείνειν ὡς μεγάλην αἰσχύνην τῇ πόλει περιποιοῦντας,
τοὺς δὲ τῶν ἐπαίνων τῶν λεγομένων περὶ αὐτῆς μέρος τι
συμβαλλομένους τιμᾶν μᾶλλον ἢ τοὺς ἀθλητὰς τοὺς ἐν τοῖς
στεφανίταις ἀγῶσι νικῶντας· πολὺ γὰρ καλλίω δόξαν ἐκεί-
129 νων κτώμενοι τῇ πόλει τυγχάνουσι καὶ μᾶλλον ἁρμόττουσαν. περὶ μὲν γὰρ τὴν τῶν σωμάτων ἀγωνίαν πολλοὺς τοὺς
ἀμφισβητοῦντας ἔχομεν, περὶ δὲ τὴν παιδείαν ἅπαντες ἂν
ἡμᾶς πρωτεύειν προκρίνειαν. χρὴ δὲ τοὺς μικρὰ λογίζεσθαι
δυναμένους τοὺς ἐν τοῖς τοιούτοις τῶν ἔργων διαφέροντας ἐν
οἷς ἡ πόλις εὐδοκιμεῖ, τιμῶντας φαίνεσθαι, καὶ μὴ φθονερῶς ἔχειν, μηδ᾽ ἐναντία τοῖς ἄλλοις Ἕλλησι γιγνώσκειν
περὶ αὐτῶν. ὧν ὑμῖν οὐδὲν πώποτ᾽ ἐμέλησεν, ἀλλὰ τοσοῦτον
διημαρτήκατε τοῦ συμφέροντος, ὥσθ᾽ ἥδιον ἔχετε δι᾽ οὓς
ἀκούετε κακῶς ἢ δι᾽ οὓς ἐπαινεῖσθε, καὶ δημοτικοὺς εἶναι
νομίζετε τοὺς τοῦ μισεῖσθαι τὴν πόλιν ὑπὸ πολλῶν αἰτίους
ὄντας, ἢ τοὺς ἅπαντας οἷς πεπλησιάκασιν εὖ διακεῖσθαι
πρὸς αὐτὴν πεποιηκότας. ἢν οὖν σωφρονῆτε, τῆς μὲν ταραχῆς
παύσεσθε ταύτης, οὐχ οὕτω δ᾽ ὥσπερ νῦν οἱ μὲν τραχέως
οἱ δ᾽ ὀλιγώρως διακείσεσθε πρὸς τὴν φιλοσοφίαν, ἀλλ᾽ ὑπολαβόντες κάλλιστον εἶναι καὶ σπουδαιότατον τῶν ἐπιτηδευμάτων τὴν τῆς ψυχῆς ἐπιμέλειαν, προτρέψετε τῶν
νεωτέρων τοὺς βίον ἱκανὸν κεκτημένους καὶ σχολὴν ἄγειν
δυναμένους ἐπὶ τὴν παιδείαν καὶ τὴν ἄσκησιν τὴν τοιαύτην,
καὶ τοὺς μὲν πονεῖν ἐθέλοντας καὶ παρασκευάζειν σφᾶς

Διεξιόντες δὲ τὰς τῶν συκοφ.] En tibi in Isocratis oratione, quod Ælianus l. xii. c. 52. narrat Isocratem dicere solitum, np. τὴν Ἀθηναίων πόλιν ἐνεπιδημῆσαι μὲν εἶναι ἡδίστην, καὶ κατά γε τοῦτο πασῶν τῶν κατὰ τὴν Ἑλλάδα διαφέρειν· ἐνοικῆσαι δὲ ἀσφαλῆ μηκέτι εἶναι. ᾐνίττετο δὲ διὰ τούτων τοὺς ἐπιχωριάζοντας αὐτῇ συκοφάντας καὶ τὰς ἐκ τῶν δημαγωγούντων ἐπιβουλάς. Idem.

αὐτοὺς χρησίμους τῇ πόλει περὶ πολλοῦ ποιήσεσθε, τοὺς δὲ καταβεβλημένως ζῶντας καὶ μηδενὸς ἄλλου φροντί- 130
ζοντας, πλὴν ὅπως ἀσελγῶς ἀπολαύσονται τῶν καταλειφθέντων, τούτους δὲ μισήσετε καὶ προδότας νομιεῖτε καὶ τῆς πόλεως καὶ τῆς τῶν προγόνων δόξης· μόλις γὰρ ἢν οὕτως ὑμᾶς αἴσθωνται πρὸς ἑκατέρους αὐτῶν διακειμένους, ἐθελήσουσιν οἱ νεώτεροι καταφρονήσαντες τῆς ῥᾳθυμίας προσέχειν σφίσιν αὐτοῖς καὶ τῇ φιλοσοφίᾳ τὸν νοῦν. ἀναμνήσθητε δὲ τὸ κάλλος καὶ τὸ μέγεθος τῶν ἔργων τῶν τῇ πόλει καὶ τοῖς προγόνοις πεπραγμένων, καὶ διέλθετε πρὸς ὑμᾶς αὐτοὺς καὶ σκέψασθε ποῖός τις ἦν καὶ πῶς γεγονὼς καὶ τίνα τρόπον πεπαιδευμένος ὁ τοὺς τυράννους ἐκβαλὼν καὶ τὸν δῆμον καταγαγὼν καὶ τὴν δημοκρατίαν καταστήσας, ποῖος δέ τις ὁ τοὺς βαρβάρους Μαραθῶνι τῇ μάχῃ νικήσας καὶ τὴν δόξαν τὴν ἐκ ταύτης γενομένην τῇ πόλει κτησάμενος, τίς δ᾽ ἦν ὁ μετ᾽ ἐκεῖνον τοὺς Ἕλληνας ἐλευθερώσας καὶ τοὺς προγόνους ἐπὶ τὴν ἡγεμονίαν καὶ τὴν δυναστείαν ἣν ἔσχον προαγαγὼν, ἔτι δὲ τὴν φύσιν τὴν τοῦ Πειραιῶς κατιδὼν καὶ τὸ τεῖχος ἀκόντων Λακεδαιμονίων τῇ πόλει περιβαλὼν, τίς δὲ ὁ μετὰ τοῦτον ἀργυρίου καὶ χρυσίου τὴν ἀκρόπολιν ἐμπλήσας καὶ τοὺς οἴκους τοὺς ἰδίους μεστοὺς πολλῆς εὐδαιμονίας καὶ πλούτου ποιήσας· εὑρήσετε γὰρ, ἢν ἐξετάζητε τούτων ἕκαστον, οὐ τοὺς συκοφαντικῶς βεβιωκότας οὐδὲ τοὺς ἀμελῶς, οὐδὲ τοὺς τοῖς πολλοῖς ὁμοίους ὄν- 131
τας, ταῦτα διαπεπραγμένους, ἀλλὰ τοὺς διαφέροντας καὶ προσέχοντας μὴ μόνον ταῖς εὐγενείαις καὶ ταῖς δόξαις, ἀλλὰ καὶ τῷ φρονεῖν καὶ λέγειν, τούτους ἁπάντων ἀγαθῶν αἰτίους γεγενημένους. ὧν εἰκὸς ὑμᾶς ἐνθυμουμένους, ὑπὲρ μὲν τοῦ πλήθους τοῦτο σκοπεῖν, ὅπως ἔν τε τοῖς ἀγῶσι τοῖς περὶ τῶν συμβολαίων τῶν δικαίων τεύξονται καὶ τῶν ἄλλων τῶν κοινῶν μεθέξουσι, τοὺς δ᾽ ὑπερέχοντας καὶ τῇ φύσει καὶ ταῖς μελέταις, καὶ τοὺς τοιούτους γενέσθαι προθυμουμένους, ἀγαπᾷν καὶ τιμᾷν καὶ θεραπεύειν, ἐπισταμένους, ὅτι καὶ τὸ καλῶν καὶ μεγάλων ἡγήσασθαι πραγμάτων

Διέλθετε πρὸς ὑμᾶς αὐτοὺς] Clisthenis, Miltiadis, Themistoclis, Periclis, notissima facinora recensentur. IDEM.

Προσαγαγὼν] Legendum suspicor: προαγαγών. ORELL.

Προσέχοντας] Προέχοντας. IDEM.

Τῷ φρονεῖν] Post φρονεῖν videtur excidisse εὖ. IDEM.

καὶ τὸ δύνασθαι τὰς πόλεις ἐκ τῶν κινδύνων σώζειν καὶ τὴν
Pag. δημοκρατίαν διαφυλάττειν ἐν τοῖς τοιούτοις ἔνεστιν, ἀλλ' Pag.
ed. οὐκ ἐν τοῖς συκοφάνταις. ed.
Cor. H. Ste
343 κζ. Πολλῶν δ' ἐφεστώτων μοι λόγων ἀπορῶ πῶς αὐ- 343
τοὺς διαθῶμαι· δοκεῖ γάρ μοι καθ' αὑτὸ μὲν ἕκαστον ὧν
διανοοῦμαι ῥηθὲν ἐπιεικὲς ἂν φανῆναι, πάντα δὲ νυνὶ λεγόμενα πολὺν ἂν ὄχλον ἐμοί τε καὶ τοῖς ἀκούουσι παρα- d
σχεῖν. ὅπερ καὶ περὶ τῶν ἤδη προειρημένων δέδοικα, μὴ
τοιοῦτόν τι πάθος αὐτοῖς διὰ τὸ πλῆθος τυγχάνῃ συμβεβηκός. οὕτω γὰρ ἀπλήστως ἅπαντες ἔχομεν περὶ τοὺς
λόγους, ὥστ' ἐπαινοῦμεν μὲν τὴν εὐκαιρίαν καὶ φαμὲν
344 οὐδὲν εἶναι τοιοῦτον, ἐπειδὰν δ' οἰηθῶμεν ὡς ἔχομέν τι λέγειν, ἀμελήσαντες τοῦ μετριάζειν, κατὰ μικρὸν ἀεὶ προσ-
τιθέντες εἰς τὰς ἐσχάτας ἀκαιρίας ἐμβάλλομεν ἡμᾶς e
αὐτούς. ὅπου γε καὶ λέγων ἐγὼ ταῦτα καὶ γιγνώσκων,
ὅμως ἔτι βούλομαι [1] διαλεχθῆναι πρὸς ὑμᾶς.

κη'. Ἀγανακτῶ γὰρ ὁρῶν τὴν συκοφαντίαν ἄμεινον
τῆς φιλοσοφίας φερομένην, καὶ τὴν μὲν κατηγοροῦσαν, τὴν 344
δὲ κρινομένην. ὃ τίς ἂν τῶν παλαιῶν ἀνδρῶν [2] γενήσεσθαι
προσεδόκησεν, ἄλλως τε καὶ παρ' ὑμῖν τοῖς ἐπὶ σοφίᾳ
[3] μεῖζον τῶν ἄλλων φρονοῦσιν; οὔκουν ἐπί γε τῶν προγόνων
οὕτως εἶχεν, ἀλλὰ τοὺς μὲν καλουμένους σοφιστὰς ἐθαύμαζον καὶ τοὺς συνόντας αὐτοῖς ἐζήλουν, τοὺς δὲ συκοφάντας πλείστων κακῶν αἰτίους ἐνόμιζον εἶναι. μέγιστον δὲ
τεκμήριον· Σόλωνα μὲν γὰρ, τὸν πρῶτον τῶν πολιτῶν λαβόντα τὴν ἐπωνυμίαν ταύτην, προστάτην ἠξίωσαν τῆς πό- b
λεως εἶναι, περὶ δὲ τῶν [4] συκοφαντῶν χαλεπωτέρους ἢ περὶ
τῶν ἄλλων κακουργιῶν τοὺς νόμους ἔθεσαν. τοῖς μὲν γὰρ
μεγίστοις τῶν ἀδικημάτων, ἐν ἑνὶ τῶν δικαστηρίων [5] τὴν

[1] βραχέα διαλεχθῆναι A. C. L. [2] γενέσθαι A. C. L. [3] μείζω A. C. L. [4] συκοφαντιῶν L. [5] τὰς κρίσεις ἐποιήσαντο A. C. L.

Τὴν εὐκαιρίαν] Τὸ μέτρον. Cor.

Οὐδὲν εἶναι τοιοῦτον] *nihil esse tale*, i. e. nihil esse tam bonum, tam pulcrum. Ita Gallice trito loquendi modo, *il n'est rien de tel*. Auger. Recte: ita ut τοιοῦτον idem sit ac οὕτω καλὸν καὶ πρέπον. Lang. Προσυπακουστέον τὸ ἀναφορικὸν, οἷόν ἐστιν ἡ εὐκαιρία. Cor.

Ἀκαιρίας] Ἀμετρίας τὰς περὶ τὸ λέγειν. Idem.

Καὶ τὴν μὲν — κρινομένην] *et illam quidem accusare, hanc vero causam dicere*, quod mihi ipsi nunc accidit. Lang.

Σοφιστὰς] Σοφοὺς, φιλοσόφους. ἐπὶ καλοῦ γὰρ ἦν τέως τοὔνομα. Cor.

Ἐν ἑνὶ τῶν δικαστηρίων] Uti ἐν τῷ ἐπὶ Παλλαδίῳ, ἐπὶ Δελφινίῳ, ἐπὶ Πρυτανείῳ, ἐν Φρεαττοῖ. Cf. Demosth. c. Aristocrat. §. ιε' — ιθ'.

κρίσιν ἐποίησαν, κατὰ δὲ τούτων γραφὰς μὲν πρὸς τοὺς
θεσμοθέτας, εἰσαγγελίας δ' εἰς τὴν βουλὴν, προβολὰς δ' ἐν
τῷ δήμῳ, νομίζοντες τοὺς ταύτῃ τῇ τέχνῃ χρωμένους ἁπά-
c σας ὑπερβάλλειν τὰς πονηρίας. τοὺς μὲν γὰρ ἄλλους
[1] ἀλλ' οὖν πειρᾶσθαί γε λανθάνειν κακουργοῦντας, τούτους
δ' ἐν ἅπασιν ἐπιδείκνυσθαι τὴν αὐτῶν ὠμότητα καὶ μισ-
ανθρωπίαν καὶ φιλαπεχθημοσύνην.

κθ'. Κἀκεῖνοι μὲν οὕτως ἐγίγνωσκον περὶ αὐτῶν· ὑμεῖς
δὲ τοσοῦτον ἀπέχετε τοῦ κολάζειν αὐτοὺς, ὥστε τούτοις
[2] χρῆσθε [3] καὶ κατηγόροις καὶ νομοθέταις περὶ τῶν ἄλλων.
καίτοι προσῆκεν αὐτοὺς νῦν μισεῖσθαι μᾶλλον ἢ κατ'
d ἐκεῖνον τὸν χρόνον. τότε μὲν γὰρ ἐν τοῖς ἐγκυκλίοις μόνον
καὶ τοῖς κατὰ τὴν πόλιν ἔβλαπτον τοὺς συμπολιτευομένους, [4] ἐπειδὴ δ' αὐξηθείσης τῆς πόλεως καὶ λαβούσης τὴν
ἀρχὴν [5] οἱ πατέρες ἡμῶν, μᾶλλον θαρρήσαντες τοῦ συμφέροντος, τοῖς μὲν καλοῖς κἀγαθοῖς τῶν ἀνδρῶν καὶ μεγάλην τὴν πόλιν ποιήσασι διὰ τὰς δυναστείας ἐφθόνησαν, 345
πονηρῶν δ' ἀνθρώπων καὶ μεστῶν θρασύτητος ἐπεθύμησαν,
οἰηθέντες ταῖς μὲν τόλμαις καὶ ταῖς φιλαπεχθημοσύναις
e ἱκανοὺς αὐτοὺς ἔσεσθαι διαφυλάττειν τὴν δημοκρατίαν, διὰ
δὲ τὴν φαυλότητα τῶν ἐξ ἀρχῆς αὐτοῖς ὑπαρξάντων οὐ
μέγα φρονήσειν οὐδ' ἐπιθυμήσειν ἑτέρας πολιτείας, ἐκ ταύτης [6] τῆς μεταβολῆς τί τῶν δεινῶν οὐ συνέπεσε τῇ [7] πόλει; τί
345 δὲ τῶν μεγίστων κακῶν [8] οἱ ταύτην ἔχοντες τὴν φύσιν [9] οὐ

[1] ἀλλ' οὖν om. A. C. L. [2] χρῆσθαι A. L. [3] καὶ om. A. C. L.
[4] νυνὶ A. C. L. [5] ἣν οἱ πατ. ἡμ. εἶχον, μᾶλλον A. C. L. [6] δὴ τῆς A. C. L.
[7] πολιτείᾳ καὶ τῶν A. C. L. [8] ὧν οἱ A. C. L. [9] οὐ om. A. C. L.

Γραφὰς — εἰσαγγελίας — προβολὰς] Γραφαὶ sunt causæ seu actiones publicæ. Thesmothetæ fuere magnæ auctoritatis, numero sex, singulares legum vindices, quos nonnulli Censores posse dici censent. Phavorinus ait, proprie pertinere εἰσαγγελίαν ad magna et publica crimina, de quibus sit nihil legibus definitum. Idem προβολὴν γραφὴν esse ait κατὰ τῶν συκοφαντούντων. Ulpianus in commentario orationis κατὰ Μειδίου inquit, προβολὴ est judicii nomen contra eos qui ferias violent. Budæus interpretatur: intentionem et objectionem judicii dictati, quasi petitionem digladiantis. Wolf. Προβολὴ, ἀπὸ τοῦ προβάλλεσθαί τινα ἀδικεῖν. *Harpocrat.* Προβολὴ, ἡ κλῆσις εἰς δίκην κατὰ τῶν κακόνως πρὸς τὸν δῆμον διακειμένων. προβολαὶ δὲ γίγνονται τοῦ δήμου ψηφισαμένου καὶ τῶν εὐνουστάτων τῇ πόλει. προβολαὶ δὲ ἦσαν καὶ αἱ τῆς συκοφαντίας γραφαί. ἐγίνοντο δὲ καὶ περὶ τῶν ἐξυβρισάντων ἢ ἀδικησάντων ἢ ἀσεβησάντων περὶ τὰς ἑορτάς. *Pollux* l. viii. c. 1. 6.

Τὴν βουλὴν] Τὴν τῶν πεντακοσίων. Cor.

Αὐξηθείσης τῆς πόλεως] I. e. Xerxe superato et imperio maritimo accepto. Lang.

Συμφέροντος] Ἐπὶ τοῦ προσήκοντος ἢ ἁρμόζοντος ἐνταῦθα (Ἡσυχ. λέξ. σύμφορον). Cor.

Τὴν φαυλότητα] Verte: *et quum ex infimo loco emerserint.* Lang. Cf. Demosth. de Chers. §. ιε'. et de Syntax. §. θ'.

καὶ λέγοντες καὶ πράττοντες διετέλεσαν; [1]οὐ τοὺς μὲν
ἐνδοξοτάτους τῶν πολιτῶν καὶ μάλιστα δυναμένους ποιῆσαί
τι τὴν πόλιν ἀγαθὸν, ὀλιγαρχίαν ὀνειδίζοντες καὶ λακωνισμὸν, οὐ πρότερον ἐπαύσαντο πρὶν ἠνάγκασαν ὁμοίους
γενέσθαι ταῖς αἰτίαις ταῖς λεγομέναις περὶ αὐτῶν; τοὺς
δὲ συμμάχους λυμαινόμενοι καὶ συκοφαντοῦντες, καὶ τοὺς
βελτίστους ἐκ τῶν [2]ὄντων ἐκβάλλοντες, οὕτω διέθεσαν b
ὥςθ' ἡμῶν μὲν [3]ἀποστῆναι, τῆς δὲ Λακεδαιμονίων ἐρασθῆ-
ναι φιλίας καὶ συμμαχίας; ἐξ ὧν εἰς πόλεμον καταστάντες
πολλοὺς ἐπείδομεν τῶν πολιτῶν τοὺς μὲν τελευτήσαντας,
τοὺς δ' ὑπὸ τοῖς πολεμίοις γενομένους, τοὺς δ' εἰς ἔνδειαν
τῶν ἀναγκαίων καταστάντας, ἔτι δὲ τὴν δημοκρατίαν δὶς
καταλυθεῖσαν, καὶ τὰ τείχη τῆς πατρίδος κατασκαφέντα,
τὸ δὲ μέγιστον, ὅλην τὴν πόλιν περὶ ἀνδραποδισμοῦ κινδυ- c
νεύσασαν καὶ τὴν ἀκρόπολιν τοὺς πολεμίους οἰκήσαντας.

λ'. Ἀλλὰ γὰρ αἰσθάνομαι, καίπερ ὑπὸ τῆς ὀργῆς [4]βίᾳ
φερόμενος, τὸ μὲν ὕδωρ ἡμᾶς ἐπιλεῖπον, αὐτὸς δ' ἐμπε-
πτωκὼς εἰς λόγους ἡμερησίους καὶ κατηγορίας. ὑπερβὰς
οὖν τὸ πλῆθος τῶν συμφορῶν, τῶν διὰ τούτους γεγενημένων, καὶ διωσάμενος τὸν ὄχλον τῶν ἐνόντων εἰπεῖν περὶ τῆς
τούτων συκοφαντίας, μικρῶν ἔτι πάνυ μνησθεὶς [5]ἤδη καταλύσω τὸν λόγον. d

λα'. Τοὺς μὲν οὖν ἄλλους ὁρῶ τοὺς κινδυνεύοντας, ἐπειδὰν περὶ τὴν τελευτὴν ὦσι τῆς ἀπολογίας, ἱκετεύοντας,
[6]δεομένους, τοὺς παῖδας, τοὺς φίλους ἀναβιβαζομένους·
ἐγὼ δὲ οὔτε πρέπειν οὐδὲν ἡγοῦμαι τῶν τοιούτων τοῖς τηλι-
346 κούτοις, πρός τε τῷ ταῦτα γιγνώσκειν, αἰσχυνθείην ἂν, εἰ
δι' ἄλλο τι σωζοίμην ἢ διὰ τοὺς λόγους τοὺς προειρημένους
[7][ὑπ' ἐμοῦ καὶ γεγραμμένους]. οἶδα γὰρ ἐμαυτὸν οὕτως e
ὁσίως καὶ δικαίως κεχρημένον αὐτοῖς καὶ περὶ τὴν πόλιν

[1] οἳ A. C. L. [2] ὑπαρχόντων A. C. L. [3] ἀπωσθῆναι A. L.
[4] ἔξω A. C. L. [5] ἤδη om. A. C. L. [6] καὶ δεομένους, καὶ τοὺς π. καὶ τοὺς A. C. L.
[7] uncos om. A. C. L.

Δὶς καταλυθεῖσαν] Ὑπὸ τῶν Τετρακοσίων καὶ ὑπὸ τῶν Τριάκοντα. WOLF.

Κατασκαφέντα] Ὑπὸ Λακεδαιμονίων. COR.

Περὶ ἀνδρ. κινδυνεύσασαν] Διὰ τὴν Θηβαίων γνώμην. COR. Cf. De Pace §. κζ'.

Τὸ μὲν ὕδωρ] Tempus scilicet dimensum fuit litigantibus per horologium aquæ, nomine Κλεψύδρα. AUGER.

Ἡμερησίους] I. e. ὅλην ἡμέραν ἀναλίσκοντας, quibus absolvendis totus dies requiratur. WOLF.

Τοὺς μὲν οὖν ἄλλους κ. τ. λ.] Cf. Plat. Apol. Socrat. §. 23.

Κεχρημ. αὐτοῖς] Νp. τοῖς λόγοις. AUGER.

καὶ περὶ τοὺς προγόνους καὶ μάλιστα περὶ τοὺς θεούς, ὥστ᾽, εἴ τι μέλει τῶν ἀνθρωπίνων αὐτοῖς [1] πραγμάτων, οὐδὲ τῶν
346 νῦν περὶ ἐμὲ γιγνομένων οὐδὲν αὐτοὺς [2] οἶμαι λανθάνειν. διόπερ οὐκ ὀῤῥωδῶ τὸ μέλλον [3] συμβήσεσθαι παρ᾽ ὑμῶν, ἀλλὰ θαῤῥῶ καὶ πολλὰς ἐλπίδας ἔχω τότε μοι τοῦ βίου τὴν τελευτὴν ἥξειν, ὅταν μέλλῃ συνοίσειν ἡμῖν, [4] [σημείῳ] χρώμενος, ὅτι καὶ τὸν παρελθόντα χρόνον οὕτω τυγχάνω βεβιωκὼς μέχρι [5] ταύτης τῆς ἡμέρας, ὥσπερ [6] προσήκει τοὺς εὐσεβεῖς καὶ θεοφιλεῖς τῶν ἀνθρώπων. ὡς οὖν ἐμοῦ ταύτην ἔχοντος τὴν γνώμην, καὶ νομίζοντος ὅ τι ἂν ὑμῖν δόξῃ, τοῦθ᾽ ἕξειν μοι καλῶς καὶ συμφερόντως, ὅπως ἕκαστος ὑμῶν χαίρει καὶ βούλεται, [7] τοῦτον τὸν τρόπον φερέτω τὴν ψῆφον.

[1] πραγμάτων αὐτοῖς A. C. L. [2] οἴομαι A. C. L. [3] μοι συμβήσεσθαι A. C. L. [4] uncos om. A. C. L. [5] ταυτησὶ A. C. L. [6] προσῆκε A. L. [7] τῷ τρόπῳ τούτῳ περαινέτω τὴν ψῆφ. A. C. L.

Θεοφιλεῖς] Passive: *diis cari*. LANG.

Φερέτω τὴν ψῆφον] Et iterum hic Socratem in mente habere, sive comparans se cum illo, sive illius mortem ulciscens, quis est, quin videat? IDEM.

ΙΣΟΚΡΑΤΟΥΣ

ΠΕΡΙ ΤΟΥ ΖΕΥΓΟΥΣ

Η

ΠΕΡΙ ΤΟΥ ΑΛΚΙΒΙΑΔΟΥ.

Pag. ed. Cor. 347 — Pag. ed. H. Ste 347

α΄. ΠΕΡΙ μὲν οὖν τοῦ ζεύγους τῶν ἵππων, ὡς οὐκ ἀφελόμενος ὁ πατὴρ Τισίαν εἶχεν ἀλλὰ πριάμενος παρὰ τῆς

SUMMARIUM. (α΄.) *Exordium.* Omnes quidem calumniari me solent, pœnasque injuriarum, quas a patre meo vobis illatas esse aiunt, a me exigere volunt, causas publicas permiscentes cum privatis; sed mittam hoc tempore alios, et contra Tisiæ calumniam, exsilium patris mihi sæpius objicientis, peracta de equorum jugo causa, cujus ergo hac postulabar, me defendam, ne patris existimationem minus quam mea ipsius pericula curare videar. (β΄.) Verum propter juniores, qui post illas res nati sunt, res erit altius repetenda. (γ΄.) Quum populo inimici patrem meum ad partes suas trahere non possent, sed populo fidelem viderent, neque tamen ulla vetera instituta loco se movere posse confiderent, nisi illum e medio sustulissent, gravissimorum scelerum insimularunt, et per absentiam, quoniam primo se optime defenderat et dux in Siciliam creatus erat, de integro rem moverunt, nec prius conquieverunt, quam et patrem ab exercitu revocassent et ex ejus amicis alios occidissent, alios urbe ejecissent. Quanquam autem indigne secum actum existimabat, quod absens condemnatus esset, ne sic tamen ad hostes transiit, sed Argos profectus otium egit et adversariorum demum insolentia ad Lacedæmonios confugere coactus est. (δ΄.) Quid mirum igitur, quum tam injuste urbe pulsus fuerit, eum Deceleam contra rempublicam muniisse præceptoremque hostium exstitisse? Facile ostenderem, eum alia juste egisse, de aliis injuste in crimen vocari. Omnium autem esset injustissimum, si, quum pater meus post exsilium præmium acciperet, ego ob illius exsilium plecterer. (ε΄.) Maximam autem illi veniam tribuetis, si in animum revocaveritis, quid ipsi a Triginta pulsi tentaveritis, ut in patriam redire et de adversariis vindictam sumere possetis. (ς΄.) Ipsi igitur, quum fecistis, quæ pater meus, non irascendum vobis erit ei, qui quovis modo in patriam redire conatus est; nec judicandum, qualis fuerit civis, quo tempore nihil eum attinuit civitas, sed considerandum, qualia ante exsilium bona in civitatem contulerit. (ζ΄.) Recordamini porro, postquam reversus est, quibus civitatem beneficiis affecerit, et quo rerum statu eum recepistis. Nam in summis civitatis angustiis, ubi rempublicam gubernantes a populo magis quam hostes timebantur, a ducibus revocatus, quidvis cum republica pati maluit, quam cum Lacedæmoniis felicissimus esse, planumque omnibus reddidit, se bellum gessisse non contra vos, sed contra inimicos suos. Vobiscum vero conjunctus omnia in integrum restituit populoque reddidit libertatem. Atque quum nostra civitas illis temporibus plurima prœlia commisit, nunquam patre meo duce hostes tropæum adversus nos erexerunt. (η΄.) Quoniam vero in reliquam quoque patris vitam insolenter nimis et confidenter invehuntur idque sibi apud vos laudi fore arbitrantur, (θ΄.) de moribus ejus ac studiis, re paullo altius repetita majorumque facta mentione verba facere cupio. (ι΄.) E nobili Patriciorum gente ortus pater maternum genus ab Alcmæonidis, divitiis ac populi amore insignibus, duxit; qui, quanquam cum Pisistrato cognati erant,

πόλεως τῶν Ἀργείων, τῶν τε πρέσβεων τῶν ἐκεῖθεν ἡκόντων καὶ τῶν ἄλλων τῶν εἰδότων ἀκηκόατε μαρτυρούντων. τὸν αὐτὸν δὲ τρόπον ἅπαντες εἰσὶν εἰθισμένοι με συκοφαντεῖν. τὰς μὲν γὰρ δίκας ὑπὲρ τῶν ἰδίων ἐγκλημάτων λαγχάνουσι,
b τὰς δὲ κατηγορίας ὑπὲρ τῶν τῆς πόλεως πραγμάτων

tamen exsulare maluerunt, quam tyrannidis participes esse civesque intueri servitute oppressos. Tyrannis admodum invisi, tantum apud exsules naeti sunt fidem, ut omni eo tempore populi duces fuerint, atque Alcibiades et Clisthenes, alter paternus, alter maternus patris mei proavus, ab exsilio populum reduxerint, tyrannisque ejectis, eam constituerent democratiam, in qua cives ita sunt ad fortitudinem instituti, ut Barbaros, qui contra totam Græciam venerant, soli prœlio vincerent, iisque ultro traderent Græci maris imperium. (ια΄.) Amorem igitur populi a majoribus accepit Alcibiades, qui, pupillus a patre relictus, tutorem habuit Periclem, modestissimum et justissimum et sapientissimum civem. Jam virilem consecutus ætatem non degeneravit a virtute majorum, sed tanta fuit magnanimitate, ut existimaret, oportere se propter semet ipsum, non ob illorum res gestas celebrari. (ιβ΄.) Ac primum contra Thraces inter delectos viros duce Phormione militans corona et armatura ab imperatore est ornatus. (ιγ΄.) Post prima hæc adolescentiæ facinora matrem meam, Hipponici, opibus inter Græcos principis et ætatis suæ honoratissimi hominis, filiam, in matrimonium duxit. (ιδ΄.) Circa eadem tempora, quum videret Olympicam celebritatem ab omnibus amari et prædicari, ibique nomine civitatis in totius Græciæ delectationem munera subiri, relictis omnibus certaminibus reliquis equos alere suscepit, quam plurimos iisque primam simul et secundam et tertiam palmam retulit. Atque quemadmodum in hac urbe in ædilitatibus, gymnasiarchiis et trierarchiis omnes superavit, sic quoque ibi in sacrificiis aliisque sumptibus effecit, ut nulli unquam excellentiæ ejus spes relinqueretur. (ιε΄.) Quod autem ad rempublicam attinet, adeo reliquis, qui maxime habiti sunt populares, in populum benevolentior exstitit, ut exsulare quam oligarchiæ particeps aut princeps esse mallet, quod clarius apparet ex seditionibus, in quarum prima simulatque illum removissent, populi auctoritatem dissolverunt, in secunda primus ille fuit, quem exsilio mulctarunt. Nihilominus tamen multi cives ei offensi fuerunt tanquam regnum affectanti, non e factis eum, sed communi principatus appetitione et opibus ac potentia dijudicantes. (ιϛ΄.) Atque missis aliis multis hoc tantum commemorare volo, quod illius felicitas cum civitatis illa tam arcte cohæreret, ut hanc optare illi necesse esset. In civitatis igitur calamitate semper infelicissimus repertus est. Hinc eadem semper illi fuit cum civitate voluntas, diversa prorsus ab affinis tui, Tisia, consiliis, et ipsius tuis, qui sub Triginta Senator fuisti, non reputantis, si decretum fuerit, ut veteres offensæ puniantur, tibi et prius et magis quam mihi periclitandum esse. Tu enim et ipse ea fecisti, quæ patri meo crimini das, et aliis ac ille de causis. (ιζ΄.) Sed de his alias, quando ipse fortasse in judicium vocaberis. Nunc autem a vobis peto, ut me juvetis, nec patria spoliari aut infamia conspicuum fieri patiamini, quum etiamnum omnia infortunia exhauserim parentibus in prima infantia orbatus, puer adhuc a Triginta urbe pulsus et tenui patrimonio per inimicos spoliatus, qui denique nunc in infamiæ periculo versor. Res autem meæ ita sunt comparatæ, ut per se commiserationem vestram mereantur, tametsi ego vos eo deducere non studeam. Indigna patior tum me, tum majoribus meis. Maxime autem ob hæc indignor: primum, si isti pœnas dare cogar, de quo sumere deberem; deinde, si ignominia notabor, ob quæ alios præmia accepisse video; post, si male ab omnibus excipiar, quos nunquam offendi; denique, si vos eodem erga me animo esse video, quo Triginta fuerunt, egoque per vos civitate exterminabor. Lang. Quum Alcibiades exsularit anno 415. ante Christum, quumque eo tempore filius quatuor duntaxat annos attigerit, et debuerit viginti ad minus adimplevisse quando hanc causam diceret, hæc oratio, modo dicta fuerit, debuit scribi anno circiter ante Christum 399. et Isocratis ætatis 70. Auger.

ΖΕΥΓΟΥΣ] Ad hanc orationem rectius intelligendam vide Alcibiadem Plutarchi et Xenophontis Ἑλληνικὰ et Diodorum Siculum l. xii. et. xiii. Wolf.

Τισίαν] Apud Andocidem c. Alcib. §. ι΄., Plutarchum in Vit. §. 12., et Diodorum Siculum l. xiii. 74. Diomedes nominatur: ut alia videatur fuisse controversia.

Κατηγορίας] Ad Lysiam c. Theomn. ii. §. γ΄. κακηγορίας vult Markland.

ποιοῦνται, καὶ πλείω χρόνον διατρίβουσι τὸν πατέρα μου διαβάλλοντες ἢ περὶ ὧν ἀντώμοσαν διδάσκοντες, καὶ τοσοῦτον καταφρονοῦσι τῶν νόμων, ὥστε, περὶ ὧν ὑμᾶς ὑπ' ἐκείνου φασὶν ἠδικῆσθαι, τούτων αὐτοὶ δίκην παρ' ἐμοῦ λαβεῖν ἀξιοῦσιν. ἐγὼ δ' ἡγοῦμαι μὲν οὐδὲν προσήκειν τὰς κοινὰς αἰτίας τοῖς ἰδίοις ἀγῶσιν· ἐπειδὴ δὲ Τισίας πολλάκις ὀνειδίζει μοι τὴν φυγὴν [1]τὴν τοῦ πατρὸς, καὶ μᾶλλον ὑπὲρ c
τῶν [2]ὑμετέρων ἢ τῶν αὑτοῦ σπουδάζει πραγμάτων, ἀνάγκη πρὸς ταῦτα τὴν ἀπολογίαν ποιεῖσθαι· καὶ γὰρ ἂν αἰσχυνοίμην, εἴ τῳ δόξαιμι τῶν πολιτῶν ἧττον φροντίζειν τῆς ἐκείνου δόξης ἢ τῶν ἐμαυτοῦ κινδύνων.

β'. Πρὸς μὲν οὖν τοὺς πρεσβυτέρους βραχὺς ἂν ἐξήρκει λόγος· ἅπαντες γὰρ ἴσασιν ὅτι διὰ τοὺς αὐτοὺς ἄνδρας ἥ τε δημοκρατία κατελύθη κἀκεῖνος ἐκ τῆς πόλεως ἐξέπεσε·
348 τῶν δὲ νεωτέρων ἕνεκα, οἳ τῶν μὲν πραγμάτων [3]ὕστεροι d
γεγόνασι, τῶν δὲ διαβαλλόντων πολλάκις ἀκηκόασι, [4]πορρωτέρωθεν ἄρξομαι διδάσκειν.

γ'. Οἱ [5]γὰρ τὸ πρῶτον ἐπιβουλεύσαντες τῷ δήμῳ καὶ καταστήσαντες τοὺς Τετρακοσίους, ἐπειδὴ παρακαλούμενος ὁ πατὴρ οὐκ ἤθελε γενέσθαι μετ' αὐτῶν, ὁρῶντες αὐτὸν καὶ πρὸς τὰς πράξεις ἐῤῥωμένως ἔχοντα καὶ πρὸς τὸ πλῆθος πιστῶς διακείμενον, οὐχ ἡγοῦντ' οὐδὲν οἷοί τ' εἶναι κινεῖν τῶν καθεστώτων, πρὶν [6]ἐκποδὼν ἐκεῖνος αὐτοῖς e
γένοιτο. εἰδότες δὲ τὴν πόλιν τῶν μὲν περὶ τοὺς θεοὺς μάλιστ' ἂν ὀργισθεῖσαν εἴ τις εἰς τὰ μυστήρια φαίνοιτ' ἐξαμαρτάνων, τῶν δ' ἄλλων εἴ [7]τις τὴν δημοκρατίαν τολμῴη καταλύειν, ἀμφοτέρας ταύτας συνθέντες τὰς αἰτίας εἰσήγγελ- 348
λον εἰς τὴν βουλὴν, λέγοντες ὡς ὁ πατὴρ μὲν [8]συνάγοι τὴν ἑταιρείαν ἐπὶ νεωτέροις πράγμασιν, οὗτοι δ' ἐν τῇ [9]Πουλυ-

[1] τὴν om. A. C. L. [2] ἡμετέρων A. C. L. [3] ὕστερον A. C. L. [4] πόῤῥωθεν A. C. L. [5] γὰρ πρότερον A. C. L. [6] ἐκ ποδῶν C. [7] τις τολμῴη τὸν δῆμον καταλ. A. C. L. [8] συνάγει μὲν τὴν ἑταιρίαν A. C. L. [9] Πολυτίωνος A. C. L.

Ἀντώμοσαν] Ἀντωμοσία, mutuum utriusque partis jusjurandum, quo actor jurabat se juste accusaturum, reus se justa defensione usurum. Auger. Vid. Harpocrat. et Suid. in voc.

Περὶ ὧν — ἠδικῆσθαι] Hinc conjicio Atticam fuisse legem, ne paterna in Rempub. delicta filii luerent. Wolf.

Διὰ τοὺς αὐτοὺς ἄνδρας] I. e. qui Quadringentos constituerant. Lang.

Πρὸς τὰς πράξεις ἐῤῥωμένως ἔχοντα] *in rebus gerendis esse strenuum.* Idem.

Τῶν μὲν] Sub. ἕνεκα, sicut et ad τῶν δ' ἄλλων. Auger.

Οὗτοι] Np. ii qui cœtus concelebrabant. Idem.

τίωνος οἰκίᾳ συνδειπνοῦντες τὰ μυστήρια [1] ποιήσειαν. ὀρθῆς δὲ τῆς πόλεως γενομένης διὰ τὸ μέγεθος τῶν αἰτιῶν, καὶ διὰ ταχέων συλλεγείσης ἐκκλησίας, οὕτω σαφῶς ἐπέδειξεν [2] αὐτοὺς ψευδομένους, ὥστε παρὰ μὲν τῶν κατηγόρων ἡδέως
b ἂν ὁ δῆμος δίκην ἔλαβε, τὸν δ' εἰς Σικελίαν στρατηγὸν ἐχειροτόνησε. μετὰ δὲ ταῦθ' ὁ μὲν ἐξέπλευσεν ὡς ἀπηλλαγμένος ἤδη τῆς διαβολῆς, οἱ δὲ συστήσαντες τὴν βουλὴν καὶ τοὺς ῥήτορας ὑφ' αὑτοῖς ποιησάμενοι πάλιν ἤγειρον τὸ πρᾶγμα καὶ μηνυτὰς εἰσέπεμπον. καὶ τί δεῖ μακρολογεῖν; οὐ γὰρ πρότερον ἐπαύσαντο, πρὶν [3] τόν τε [4] πατέρα ἐκ τοῦ στρατοπέδου μετεπέμψαντο, καὶ τῶν φίλων αὐτοῦ τοὺς
c μὲν ἀπέκτειναν τοὺς δ' ἐκ τῆς πόλεως ἐξέβαλον. πυθόμενος δὲ τήν τε τῶν ἐχθρῶν δύναμιν καὶ τὰς τῶν ἐπιτηδείων συμφορὰς, καὶ νομίζων δεινὰ πάσχειν, ὅτι παρόντα μὲν αὐτὸν οὐκ ἔκρινον ἀπόντος δὲ κατεγίγνωσκον, οὐδ' [5] ὣς ἀπελθεῖν ἠξίωσεν εἰς τοὺς πολεμίους· ἀλλ' ἐκεῖνος μὲν τοσαύτην πρόνοιαν [6] ἔσχεν ὑπὲρ τοῦ μηδὲ φεύγων μηδὲν [7] ἐξαμαρτεῖν εἰς τὴν πόλιν, ὥστ' εἰς Ἄργος ἐλθὼν ἡσυχίαν [8] εἶχεν, οἱ δ'
d εἰς τοσοῦθ' ὕβρεως ἦλθον, ὥστ' ἔπεισαν ὑμᾶς ἐλαύνειν αὐτὸν ἐξ ἁπάσης τῆς Ἑλλάδος καὶ [9] στηλίτην ἀναγράφειν καὶ 349
πρέσβεις πέμποντας ἐξαιτεῖν παρ' Ἀργείων. ἀπορῶν δ' ὅ τι χρήσαιτο τοῖς παροῦσι κακοῖς καὶ πανταχόθεν εἰργόμενος, καὶ σωτηρίας οὐδεμιᾶς ἄλλης αὐτῷ φαινομένης, [10] τελευτῶν ἐπὶ Λακεδαιμονίους ἠναγκάσθη καταφυγεῖν.

δ'. Καὶ τὰ μὲν [11] γενόμενα ταῦτ' ἐστίν· [12] τοσοῦτον δὲ τοῖς ἐχθροῖς τῆς ὕβρεως περίεστιν, ὥστε οὕτως [13] ἀνόμως [14] τοῦ
e πατρὸς ἐκπεσόντος, ὡς δεινὰ δεδρακότος αὐτοῦ κατηγοροῦσι,

[1] ποιήσαιεν A. C. L. [2] αὐτοὺς ἀπέδειξε A. C. L. [3] ἂν τόν A. L. αὐτόν C. [4] πατέρα om. C. [5] οὕτως A. C. L. [6] εἶχεν A. C. L. [7] ἐξαμαρτάνειν A. C. L. [8] ἦγεν A. C. L. [9] στήλην A. C. L. [10] τὸ τελευταῖον A. τελευταῖον C. L. [11] γεγενημένα A. C. L. [12] τοσοῦτον - - - περίεστιν, ὥστε om. A. C. L. [13] δ' ἀνόμως A. C. L. [14] τοῦ πατρὸς om. A. C. L.

Ὀρθῆς — γενομένης] Ἐν μεγίστῃ ταραχῇ γενομένης. Cor.

Συστήσαντες τὴν βουλὴν] *senatum Atheniensem sollicitantes.* Wolf. aliter quidem, sed quoque recte: *sibi conciliantes et adjungentes.* Lang. Συναθροίσαντες τὴν βουλήν. Cor.

Μηνυτὰς εἰσέπεμπον] Scil. εἰς τὰς τῶν ἐγκαλουμένων οἰκίας, *indices seu delatores immiserunt*, negotium explorandum curarunt. Wolf. *delatores immiserunt*, i. e. subornarunt. Lang.

Στηλίτην] In columna hujus nomen inscribere solebant Athenienses, cujus caput proscribebatur. Auger.

Ὅ τι χρήσαιτο — κακοῖς] *quo se in his malis converteret.* Lang.

[1][καὶ διαβάλλειν ἐπιχειροῦσιν] ὡς Δεκέλειάν [2]τ' ἐπετεί-
χισε καὶ τὰς νήσους ἀπέστησε καὶ τῶν πολεμίων διδάσκαλος [3]κατέστη· καὶ ἐνίοτε μὲν αὐτοῦ προσποιοῦνται καταφρονεῖν, λέγοντες ὡς οὐδὲν διέφερε τῶν ἄλλων, [4]νυνὶ δ' ἁπάντων αὐτὸν τῶν γεγενημένων αἰτιῶνται, καὶ φασὶ παρ' ἐκείνου
μαθεῖν Λακεδαιμονίους ὡς χρὴ πολεμεῖν, οἳ καὶ τοὺς ἄλλους 349
διδάσκειν [5]τέχνην ἔχουσιν. ἐγὼ δ' εἴ μοι χρόνος ἱκανὸς γένοιτο, ῥᾳδίως ἂν αὐτὸν ἐπιδείξαιμι τὰ μὲν δικαίως πράξαντα,
τῶν δ' ἀδίκως αἰτίαν ἔχοντα. πάντων δ' ἂν εἴη δεινότατον,
εἰ τοῦ πατρὸς μετὰ τὴν φυγὴν δωρεὰν λαβόντος ἐγὼ διὰ
τὴν ἐκείνου φυγὴν ζημιωθείην.

ε'. Ἡγοῦμαι δ' αὐτὸν παρ' ὑμῶν δικαίως ἂν πλείστης
συγγνώμης τυγχάνειν· ὑπὸ γὰρ τῶν Τριάκοντ' ἐκπεσόντες
ταῖς αὐταῖς ἐκείνῳ συμφοραῖς [6]ἐχρήσασθε. ἐξ ὧν ἐνθυμεῖ- b
σθαι χρὴ πῶς ἕκαστος ὑμῶν διέκειτο καὶ τίνα γνώμην εἶχε
καὶ ποῖον κίνδυνον οὐκ ἂν ὑπέμεινεν, ὥστε παύσασθαι μὲν
μετοικῶν, κατελθεῖν δ' εἰς τὴν πατρίδα, τιμωρήσασθαι δὲ
τοὺς ἐκβαλόντας; ἐπὶ τίνα δ' ἢ πόλιν ἢ φίλον ἢ ξένον οὐκ
ἤλθετε δεησόμενοι συγκαταγαγεῖν ὑμᾶς; τίνος δ' [7]ἀπέ-
σχεσθε πειρώμενοι κατελθεῖν; οὐ καταλαβόντες τὸν Πειραιᾶ καὶ τὸν σῖτον τὸν ἐν τῇ χώρᾳ διεφθείρετε καὶ τὴν γῆν
ἐτέμνετε καὶ τὰ προάστεια ἐνεπρήσατε, καὶ τελευτῶντες c
τοῖς τείχεσι προσεβάλετε; καὶ ταῦθ' οὕτω σφόδρα ἐνομί-
ζετε χρῆναι ποιεῖν, ὥστε τοῖς ἡσυχίαν ἄγουσι τῶν συμφυγάδων μᾶλλον ὠργίζεσθε, ἢ τοῖς αἰτίοις τῶν συμφορῶν γεγενημένοις.

350 ς'. Ὥστ' οὐκ εἰκὸς ἐπιτιμᾶν τοῖς τῶν [8]αὐτῶν ὑμῖν ἐπιθυμοῦσιν, οὐδὲ κακοὺς ἄνδρας νομίζειν ὅσοι φυγόντες κατελ- d
θεῖν ἐζήτησαν, ἀλλὰ πολὺ μᾶλλον ὅσοι μένοντες φυγῆς
ἄξια ἐποίησαν· οὐδ' ἐντεῦθεν ἀρξαμένους κρίνειν ὁποῖός τις
ἦν ὁ πατὴρ πολίτης, ὅτ' οὐδὲν αὐτῷ τῆς πόλεως προσῆκεν,
ἀλλ' [9]ἐπ' ἐκείνου τοῦ χρόνου σκοπεῖν, οἷος ἦν πρὶν φυγεῖν

[1] uncos om. A. C. L. [2] τ' om. A. C. L. [3] κατέστη διδάσκαλος A. C. L.
[4] νῦν δὲ πάντων A. C. L. [5] τὴν τέχνην διδάσκειν A. C. L. [6] ἐχρῆσθε A. C. L.
[7] ἀπείχεσθε; οὐ A. C. L. [8] αὐτῶν πραγμάτων A. C. L.
[9] ἀπ' A. C. L.

Αἰτιῶνται] Resolve αἴτιον εἶναι φασί. Auger.

Μετοικῶν] in alia urbe inquilinum vivere. Lang.

περὶ τὸ πλῆθος, καὶ ὅτι διακοσίους ὁπλίτας [1] ἔχων τὰς
μεγίστας πόλεις τῶν ἐν Πελοποννήσῳ Λακεδαιμονίων μὲν
e ἀπέστησεν, ὑμῶν δὲ συμμάχους ἐποίησε, καὶ εἰς οἵους κινδύνους αὐτοὺς κατέστησε, καὶ ὡς [2] περὶ Σικελίαν ἐστρατή-
γησε. τούτων μὲν γὰρ ἐκείνῳ προσήκει χάριν ὑμᾶς ἔχειν·
τῶν δ' ἐν τῇ συμφορᾷ γενομένων τοὺς ἐκβαλόντας αὐτὸν
δικαίως ἂν αἰτίους νομίζοιτε.

ζ'. Ἀναμνήσθητε δὲ πρὸς ὑμᾶς αὐτοὺς, ἐπειδὴ κατῆλ-
350 θεν, ὡς πόλλ' ἀγαθὰ τὴν πόλιν ἐποίησεν, ἔτι δὲ πρότερον,
ὡς ἐχόντων τῶν πραγμάτων αὐτὸν κατεδέξασθε, καταλε-
λυμένου μὲν τοῦ δήμου, στασιαζόντων δὲ τῶν πολιτῶν,
διαφερομένων δὲ τῶν στρατιωτῶν πρὸς τὰς ἀρχὰς τὰς ἐνθάδε
καθεστηκυίας, εἰς τοῦτο δὲ μανίας ἀμφοτέρων ἀφιγμένων
ὥστε μηδετέροις μηδεμίαν ἐλπίδ' εἶναι σωτηρίας· οἱ μὲν γὰρ
b τοὺς ἔχοντας τὴν πόλιν ἐχθροὺς ἐνόμιζον μᾶλλον ἢ Λακεδαιμονίους, οἱ δὲ τοὺς ἐκ Δεκελείας μετεπέμποντο, ἡγούμενοι κρεῖττον εἶναι τοῖς πολεμίοις τὴν πατρίδα παραδοῦναι
μᾶλλον ἢ τοῖς ὑπὲρ τῆς πόλεως στρατευομένοις τῆς πολιτείας μεταδοῦναι. τοιαύτην μὲν οὖν τῶν πολιτῶν γνώμην
ἐχόντων, κρατούντων δὲ τῶν πολεμίων καὶ τῆς γῆς καὶ τῆς
θαλάττης, ἔτι δὲ χρημάτων ὑμῖν [3] μὲν οὐκ ὄντων, ἐκείνοις
c δὲ βασιλέως [4] παρέχοντος, πρὸς δὲ τούτοις ἐνενήκοντα νεῶν
ἐκ Φοινίκης εἰς Ἄσπενδον ἡκουσῶν καὶ παρεσκευασμένων
Λακεδαιμονίοις βοηθεῖν, ἐν τοσαύταις συμφοραῖς καὶ [5] τοιούτοις κινδύνοις τῆς πόλεως οὔσης, μεταπεμψαμένων αὐτὸν
τῶν στρατηγῶν οὐκ ἐσεμνύνατο ἐπὶ τοῖς παροῦσιν, οὐδ'
ἐμέμψατο περὶ τῶν γεγενημένων, οὐδ' ἐβουλεύσατο περὶ
τῶν μελλόντων, ἀλλ' εὐθὺς εἵλετο μετὰ τῆς πόλεως ὁτιοῦν
πάσχειν μᾶλλον ἢ μετὰ Λακεδαιμονίων εὐτυχεῖν, καὶ 351
d πᾶσι φανερὸν ἐποίησεν ὅτι τοῖς ἐκβαλοῦσιν ἀλλ' οὐχ ὑμῖν
ἐπολέμει, καὶ ὅτι κατελθεῖν ἀλλ' [6] οὐκ ἀπολέσαι τὴν πόλιν
ἐπεθύμει. γενόμενος δὲ μεθ' ὑμῶν ἔπεισε μὲν Τισσαφέρνην
μὴ παρέχειν χρήματα Λακεδαιμονίοις, ἔπαυσε δὲ τοὺς

[1] ἔχων ὁπλίτας A. C. L. [2] εἰς A. C. L. [3] μὲν ὑμῖν A. C. L.
[4] χορηγοῦντος A. C. L. [5] τοσούτοις A. C. L. [6] οὐ καταπολεμῆσαι A. C. L.

Καὶ ὅτι] Refer ad σκοπεῖν, sicut et εἰς οἵους et ὡς quae sequuntur. AUGER.

βασιλέως] Scil. Persarum.

Οὐκ ἐσέμνυνατο ἐπὶ τοῖς παροῦσιν] non se jactavit ob præsentem rerum difficultatem. LANG.

συμμάχους ὑμῶν ἀφισταμένους, διέδωκε δὲ παρ' αὐτοῦ
μισθὸν τοῖς στρατιώταις, ἀπέδωκε δὲ τῷ δήμῳ τὴν πολιτείαν, διήλλαξε δὲ τοὺς πολίτας, ἀπέστρεψε δὲ τὰς ναῦς
τὰς [1] Φοινίσσας. καὶ μετὰ ταῦτα καθ' ἕκαστον μὲν ὅσας e
τριήρεις ἔλαβεν, ἢ μάχας ἐνίκησεν ἢ πόλεις κατὰ κράτος
εἷλεν ἢ λόγῳ πείσας φίλας ὑμῖν ἐποίησε, πολὺ ἂν ἔργον
εἴη λέγειν· πλείστων δὲ κινδύνων τῇ πόλει κατ' ἐκεῖνον τὸν
[2] καιρὸν γενομένων, οὐδέποτε τοῦ πατρὸς ἡγουμένου τρόπαιον
[3] ὑμῶν ἔστησαν οἱ πολέμιοι. περὶ μὲν οὖν τῶν ἐστρατηγη- 351
μένων οἶδα μὲν ὅτι πολλὰ παραλείπω, διὰ τοῦτο δ' οὐκ
ἀκριβῶς εἴρηκα περὶ αὐτῶν, ὅτι σχεδὸν ἅπαντες μνημο-
νεύετε τὰ πραχθέντα.

η'. Λοιδοροῦσι δὲ λίαν ἀσελγῶς καὶ θρασέως καὶ τὸν
ἄλλον βίον [4] τὸν τοῦ πατρὸς, καὶ οὐκ αἰσχύνονται τοιαύτῃ
παῤῥησίᾳ χρώμενοι περὶ τοῦ τεθνεῶτος, ἣν ἔδεισαν ἂν [5] ποιήσασθαι περὶ ζῶντος, ἀλλ' εἰς τοσοῦτον ἀνοίας ἐληλύθασιν,
ὥστ' οἴονται καὶ παρ' ὑμῖν καὶ παρὰ τοῖς ἄλλοις εὐδοκιμή- b
σειν, ἢν ὡς ἂν δύνωνται πλεῖστα περὶ αὐτοῦ βλασφημή-
σωσιν, ὥσπερ οὐ πάντας εἰδότας ὅτι καὶ τοῖς φαυλοτάτοις
τῶν ἀνθρώπων ἔξεστιν οὐ μόνον περὶ τῶν ἀνδρῶν τῶν ἀρί-
στων ἀλλὰ καὶ περὶ τῶν θεῶν ὑβριστικοὺς λόγους [6] εἰπεῖν.

θ'. Ἴσως μὲν οὖν ἀνόητόν [7] ἐστιν ἁπάντων τῶν εἰρημένων
φροντίζειν· ὅμως δ' οὐχ ἥκιστα ἐπιθυμῶ περὶ τῶν ἐπιτηδευμάτων τῶν τοῦ πατρὸς διελθεῖν πρὸς ὑμᾶς, μικρὸν προλαβὼν καὶ τῶν προγόνων ἐπιμνησθεὶς, ἵν' ἐπίστησθ' ὅτι c
πόῤῥωθεν ἡμῖν ὑπάρχει μέγιστα καὶ κάλλιστα τῶν
πολιτῶν.

ι'. Ὁ γὰρ πατὴρ πρὸς μὲν ἀνδρῶν [8] ἦν Εὐπατριδῶν, ὧν
τὴν εὐγένειαν ἐξ αὐτῆς τῆς ἐπωνυμίας ῥᾴδιον γνῶναι, πρὸς

[1] ἐκ Φοινίκης A. C. L. [2] χρόνον A. C. L. [3] καθ' ὑμῶν A. C. L.
[4] τὸν om. A. C. L. [5] ποιούμενοι A. C. L. [6] εἰπεῖν λόγους A. C. L.
[7] ἐστιν ἀνόητον A. C. L. [8] ἦν πρὸς μὲν ἀνδρῶν A. C. L.

Παῤῥησίᾳ] Hic juxta Harpocrat. ἀντὶ τοῦ, βλασφημίᾳ καὶ λοιδορίᾳ. Cf. Sophocl. Aj. 167.

Πόῤῥωθεν] *a prima origine.* Lang.

Εὐπατριδῶν] Wolfius dubitat, an Εὐπατριδῶν proprium sit gentis alicujus nomen, ideoque ex Plutarcho, qui Alcibiadis paternum genus ad Eurysacem, Ajacis Telamonii filium, refert, fortasse corrigendum opinatur Εὐρυσακιδῶν, sed huic conjecturæ proxime sequentia obstare mihi videntur. Hinc referendum potius credo ad vetustissimam populi Atheniensis divisionem, qua is in εὐπατρίδας, γεωμόρους, δημιουργοὺς, h. e. patricios, agricolas, opifices, dividebatur: cui explicationi Wolfius ipse non est alienus. Idem.

Πρὸς γυναικῶν δ' Ἀλκμαιωνιδῶν] Πρὸς πα-

γυναικῶν δ' Ἀλκμαιωνιδῶν, οἳ τοῦ μὲν πλούτου μέγιστον
[1]μνημεῖον κατέλιπον — ἵππων γὰρ [2]ζεύγει πρῶτος Ἀλ- 352
κμαίων τῶν πολιτῶν [3]Ὀλυμπιάσιν ἐνίκησε —, τὴν δ'
εὔνοιαν, ἣν εἶχον εἰς τὸ πλῆθος, ἐν τοῖς τυραννικοῖς ἐπεδεί-
d ξαντο· συγγενεῖς γὰρ ὄντες Πεισιστράτου, καὶ πρὶν εἰς τὴν
ἀρχὴν καταστῆναι μάλιστ' αὐτῷ χρώμενοι τῶν πολιτῶν,
οὐκ ἠξίωσαν μετασχεῖν τῆς ἐκείνου τυραννίδος, [4]ἀλλ'
εἵλοντο φυγεῖν μᾶλλον ἢ τοὺς πολίτας ἰδεῖν δουλεύοντας.
τετταράκοντα δ' ἔτη τῆς στάσεως γενομένης, ὑπὸ μὲν τῶν
e τυράννων [5]τοσούτῳ μᾶλλον τῶν ἄλλων ἐμισήθησαν, ὥςθ'
ὁπότε τἀκείνων κρατήσειεν, οὐ μόνον τὰς οἰκίας αὐτῶν
κατέσκαπτον ἀλλὰ καὶ τοὺς τάφους ἀνώρυττον, ὑπὸ δὲ
τῶν [6]συμφυγάδων οὕτω σφόδρ' ἐπιστεύθησαν, ὥςθ' ἅπαντα
τοῦτον τὸν χρόνον ἡγούμενοι τοῦ δήμου διετέλεσαν. καὶ τὸ
τελευταῖον Ἀλκιβιάδης καὶ Κλεισθένης, ὁ μὲν πρὸς πατρὸς
ὁ δὲ πρὸς μητρὸς ὢν πρόπαππος τοῦ πατρὸς τοὐμοῦ,
352 στρατηγήσαντες [7]τῆς φυγῆς κατήγαγον τὸν δῆμον καὶ
τοὺς τυράννους ἐξέβαλον, καὶ κατέστησαν ἐκείνην τὴν δημοκρατίαν, ἐξ ἧς οἱ πολῖται πρὸς μὲν ἀνδρίαν οὕτως ἐπαιδεύθησαν, ὥςτε τοὺς βαρβάρους τοὺς ἐπὶ πᾶσαν ἐλθόντας
τὴν Ἑλλάδα μόνοι νικᾶν μαχόμενοι, περὶ δὲ δικαιοσύνης τοσαύτην δόξαν ἔλαβον, ὥςθ' ἑκόντας αὐτοῖς τοὺς Ἕλληνας
ἐγχειρίσαι τὴν ἀρχὴν τῆς θαλάττης, τὴν δὲ πόλιν τηλικαύ-
b την ἐποίησαν καὶ τῇ δυνάμει καὶ ταῖς ἄλλαις κατασκευαῖς, ὥςτε τοὺς φάσκοντας αὐτὴν Ἄστυ τῆς Ἑλλάδος εἶναι
καὶ τοιαύταις ὑπερβολαῖς εἰθισμένους χρῆσθαι δοκεῖν
ἀληθῆ λέγειν.

[1] σημεῖον A. C. L. [2] ζεύγη L. [3] Ὀλυμπιᾶσιν C.
[4] ἀλλ' ἡγήσαντο κρεῖττον εἶναι φυγεῖν τὴν πατρίδα μᾶλλον A. C. L.
[5] συγγενῶν ὄντων οὕτως ἐμισήθ. A. τοσοῦτον ἐμισήθ. C. τοσούτων ἐτῶν, οὕτως ἐμισήθ. L.
[6] φυγάδων A. C. L. [7] ἐκ τῆς A. C. L.

πρὸς μὲν Ἀλκμαιωνιδῶν e contrario Demosth. c. Mid. §. μα'. Vid. ibi annotata et H. Vales. Emend. l. iv. c. 1. et Lysias c. Alcib. A. §. ι'.

Τυραννικοῖς] Πράγμασι sub. vult Coraes, i. e. ἐν τοῖς συμβᾶσι πράγμασι κατὰ τοὺς τυράννους. cæteri χρόνοις.

Καταστῆναι] Τὸν Πεισίστρατον. Cor.

Χρώμενοι] Φίλοι ὄντες. Idem.

Τετταράκοντα] Hic restituendum πεντήκοντα. In Pisistr. c. 20. fin. Meursius. Coraes citat Larcherum ad Herodot. tom. vii. p. 542—9. ubi multa de hac discrepantia.

Κατέσκαπτον] Ὑπὸ τῶν Πεισιστρατιδῶν, οὐχ ὑπ' αὐτοῦ Πεισιστράτου. Cor.

Ὁ μὲν πρὸς πατρὸς] Leg. ὁ μὲν πάππος πρὸς πατρός. In Emend. l. iv. c. 1. H. Vales. Vid. Meurs. Att. Lect. l. vi. 12. et Harpocrat. in v. Ἀλκιβιάδης, quem etiam correctum it Valesius.

Ταῖς ἄλλαις κατασκευαῖς] Ταῖς ἄλλαις εὐτρεπίσεσι καὶ παρασκευαῖς ταῖς κατὰ τὴν πόλιν. Cor. Vid. Demosth. π. Συντάξ. §. ι'

ια΄. Τὴν μὲν οὖν φιλίαν τὴν πρὸς τὸν δῆμον οὕτω παλαιὰν καὶ γνησίαν καὶ διὰ τὰς μεγίστας εὐεργεσίας γεγενημένην παρὰ τῶν προγόνων παρέλαβεν· [1]αὐτὸς δὲ κατε-
λείφθη μὲν ὀρφανὸς — ὁ γὰρ πατὴρ αὐτοῦ μαχόμενος ἐν
Κορωνείᾳ τοῖς πολεμίοις ἀπέθανεν —, ἐπετροπεύθη δ᾽ ὑπὸ c
Περικλέους ὃν πάντες ἂν [2]ὁμολογήσειαν καὶ σωφρονέστατον
καὶ δικαιότατον καὶ σοφώτατον [3]γενέσθαι τῶν πολιτῶν.
353 ἡγοῦμαι γὰρ καὶ τοῦτ᾽ εἶναι τῶν καλῶν, ἐκ τοιούτων γενόμενον ὑπὸ τοιούτοις ἤθεσιν ἐπιτροπευθῆναι καὶ τραφῆναι
καὶ παιδευθῆναι. δοκιμασθεὶς δ᾽ οὐκ ἐνδεέστερος ἐγένετο
τῶν προειρημένων, οὐδ᾽ ἠξίωσεν αὐτὸς μὲν ῥαθύμως ζῆν,
σεμνύνεσθαι δ᾽ ἐπὶ ταῖς τῶν προγόνων ἀρεταῖς, ἀλλ᾽ εὐθὺς
οὕτω μέγα ἐφρόνησεν, ὥστ᾽ ᾠήθη δεῖν δι᾽ αὑτὸν καὶ [4]τἀκεί- d
νων ἔργα μνημονεύεσθαι.

ιβ΄. Καὶ πρῶτον μέν, ὅτε Φορμίων ἐξήγαγεν ἐπὶ [5]Θρᾴ-
κης χιλίους Ἀθηναίων ὁπλίτας, ἐπιλεξάμενος τοὺς ἀρίστους, [6]μετὰ τούτων στρατευσάμενος τοιοῦτος ἦν ἐν τοῖς
κινδύνοις ὥστε στεφανωθῆναι καὶ πανοπλίαν λαβεῖν παρὰ
τοῦ στρατηγοῦ. καίτοι τί χρὴ [7][νομίζειν ποιεῖν] τὸν τῶν
μεγίστων ἐπαίνων ἄξιον; οὐ μετὰ μὲν τῶν βελτίστων ἐκ
τῆς πόλεως στρατευόμενον ἀριστείων ἀξιοῦσθαι, πρὸς δὲ e
τοὺς κρατίστους τῶν Ἑλλήνων ἀντιστρατηγοῦντ᾽ ἐν [8]ἅπασι
τοῖς κινδύνοις [9]αὐτῶν φαίνεσθαι περιγιγνόμενον; ἐκεῖνος
τοίνυν τῶν μὲν νέος ὢν ἔτυχε, τὰ δ᾽ ἐπειδὴ πρεσβύτερος
ἦν ἔπραξε.

ιγ΄. Μετὰ δὲ ταῦτα τὴν μητέρα τὴν [10]ἐμὴν ἔγημεν. 353
ἡγοῦμαι γὰρ καὶ ταύτην ἀριστεῖον αὐτὸν λαβεῖν. ὁ γὰρ
πατὴρ αὐτῆς Ἱππόνικος, πλούτῳ μὲν [11]πρῶτος ὢν τῶν

[1] οὗτος A. C. L. [2] ὁμολογήσειαν ὡς σωφρ. A. C. L. [3] γεγενῆσθαι A. C. L. [4] ὡς διὰ τἀκείνων A. C. L. [5] Θρᾷκας A. C. L. [6] καὶ μετὰ A. C. L. [7] uncos om. A. C. L. [8] πᾶσι A. C. L. [9] αὐτὸν A. [10] ἡμετέραν A. C. L. [11] ἦν πρῶτος τῶν A. C. L.

Ὁ γὰρ πατὴρ αὐτοῦ] Clinias, qui propria nave ad Artemisium magna gloria dimicavit. Wolf.

Εἶναι τῶν καλῶν] Suppleas τι. *inter præclara habendum esse.* Lang. Ἴσως· καὶ τοῦθ᾽ ἓν εἶναι τῶν καλ. Cor.

Δοκιμασθεὶς] I. e. εἰς ἄνδρας ἐγγραφεὶς, quia nempe is ἐδοκιμάζετο, *examinabatur,* qui inscribebatur inter viros. Vide ad hoc verbum Suidam et Harpocrationem. Auger.

Τῶν μὲν] Τοῦ ἀριστείων ἀξιωθῆναι, ἢ ἁπλῶς, τῶν ἀριστείων. Cor.

Τὰ δ᾽] Τὸ περιγενέσθαι τῶν ἐν τοῖς Ἕλλησι κρατίστων στρατηγῶν ἀντιστρατηγοῦντα. Cor.

Μετὰ δὲ ταῦτα] *post hæc,* e. i. post facinora adolescentiæ. Auger.

Ἑλλήνων, γένει δ' οὐδενὸς ὕστερος τῶν πολιτῶν, τιμώμενος δὲ καὶ θαυμαζόμενος μάλιστα τῶν ἐφ' αὑτοῦ, μετὰ προικὸς δὲ πλείστης καὶ δόξης μεγίστης ἐκδιδοὺς τὴν θυγατέρα, καὶ τοῦ γάμου τυχεῖν εὐχομένων μὲν ἁπάντων, ἀξιούντων δὲ τῶν πρώτων, τὸν πατέρα τὸν ἐμὸν ἐξ ἁπάντων ἐκλεξά-
b μενος κηδεστὴν ἐπεθύμησε ποιήσασθαι.

ιδ'. Περὶ δὲ τοὺς αὐτοὺς χρόνους ὁρῶν τὴν [1] ἐν Ὀλυμπίᾳ πανήγυριν ὑπὸ πάντων ἀνθρώπων ἀγαπωμένην καὶ θαυμαζομένην, καὶ τοὺς Ἕλληνας [2] ἐπίδειξιν ἐν αὐτῇ ποιουμένους πλούτου καὶ ῥώμης καὶ παιδεύσεως, καὶ τούς τ' ἀθλητὰς ζηλουμένους καὶ τὰς πόλεις ὀνομαστὰς γιγνομένας [3] τὰς τῶν νικώντων, καὶ πρὸς τούτοις ἡγούμενος τὰς μὲν ἐνθάδε
c λειτουργίας ὑπὲρ τῶν ἰδίων πρὸς τοὺς πολίτας εἶναι, τὰς δ'
εἰς ἐκείνην τὴν πανήγυριν ὑπὲρ τῆς πόλεως εἰς ἅπασαν 354
τὴν Ἑλλάδα γίγνεσθαι, ταῦτα [4] διανοηθεὶς, οὐδενὸς ἀφυέστερος οὐδ' ἀῤῥωστότερος τῷ σώματι γενόμενος τοὺς μὲν γυμνικοὺς ἀγῶνας ὑπερεῖδεν, εἰδὼς ἐνίους τῶν ἀθλητῶν καὶ κακῶς γεγονότας καὶ μικρὰς πόλεις οἰκοῦντας καὶ ταπεινῶς πεπαιδευμένους, ἱπποτροφεῖν δ' ἐπιχειρήσας, ὃ τῶν εὐ-
d δαιμονεστάτων ἔργον ἐστὶ, φαῦλος δ' οὐδεὶς ἂν ποιήσειεν, οὐ μόνον τοὺς ἀνταγωνιστὰς ἀλλὰ καὶ τοὺς πώποτε νικήσαντας ὑπερεβάλετο. ζεύγη γὰρ καθῆκε τοσαῦτα μὲν τὸν ἀριθμὸν, ὅσοις οὐδ' αἱ μέγισται τῶν [5] πόλεων ἠγωνίσαντο, τοιαῦτα δὲ τὴν ἀρετὴν, ὥστε καὶ πρῶτος καὶ δεύτερος καὶ τρίτος γενέσθαι. χωρὶς δὲ τούτων ἐν ταῖς θυσίαις καὶ ταῖς ἄλλαις ταῖς περὶ τὴν ἑορτὴν δαπάναις οὕτως ἀφειδῶς
e διέκειτο καὶ μεγαλοπρεπῶς, ὥστε φαίνεσθαι τὰ κοινὰ [6] τὰ τῶν ἄλλων ἐλάττω τῶν ἰδίων τῶν ἐκείνου. κατέλυσε δὲ τὴν

[1] Ὀλυμπιάσι A. L. Ὀλυμπιᾶσι C. [2] ἐπιδείξεις A. C. L. [3] τὰς om. A. C. L.
[4] δὲ διανοηθεὶς A. L. [5] ἄλλων πόλεων A. C. L. [6] τὰ om. A. C. L.

Τῶν ἐφ' αὐτοῦ] inter ætatis suæ homines. Lang.

Εὐχομένων] quum optarent. Idem.

Ἀξιούντων] quum ambirent. Idem. Ζητούντων. Cor.

Κηδεστὴν] Γαμβρόν. Idem.

Ὑπὲρ τῶν ἰδίων] Interpretari malim pro singulis, quam e re privata; oppositum enim est ὑπὲρ τῆς πόλεως. πρὸς τοὺς πολίτας autem est in usum omnium civium.

Κακῶς γεγονότας] Δυσγενεῖς ὄντας. Cor.

Τὸν ἀριθμὸν] Ἕπτα, ὥς φησιν Θουκυδίδης ς. ις'. Idem. Cf. Plutarch. in Vit. §. 11.

Τὴν ἑορτὴν] Scil. Olympicam.

Κατέλυσε δὲ τὴν θεωρίαν] Ἐκ τῆς θεωρίας οὕτως ἀπῆλθε συντετελεσμένης. Wolf. Ἐπαύσατο τοῦ θεωρεῖν καὶ ἀγωνίζεσθαι, ἀπελύθη τοῦ ἀγῶνος καὶ ἀνεχώρησεν οἴκαδε. Cor.

θεωρίαν, τὰς μὲν τῶν [1] προτέρων εὐτυχίας μικρὰς πρὸς τὰς
αὑτοῦ [2] δόξαι ποιήσας, τοὺς δ' ἐφ' αὑτοῦ νικήσαντας παύσας ζηλουμένους, τοῖς δὲ μέλλουσιν ἱπποτροφεῖν οὐδεμίαν 354
ὑπερβολὴν καταλιπών. περὶ δὲ τῶν ἐνθάδε χορηγιῶν καὶ
γυμνασιαρχιῶν καὶ τριηραρχιῶν αἰσχύνομαι λέγειν. [3] τοσοῦτον γὰρ τῶν ἄλλων διήνεγκεν, ὥσθ' οἱ μὲν ἐνδεεστέρως
ἐκείνου λειτουργήσαντες ἐκ τούτων σφᾶς αὐτοὺς ἐγκωμιά-
ζουσιν· ὑπὲρ [4] ἐκείνου δ' εἴ τις καὶ τῶν τηλικούτων χάριν
ἀπαιτοίη, περὶ [5] μικρῶν ἂν δόξειε τοὺς λόγους ποιεῖσθαι.

ιέ. Πρὸς δὲ τὴν πολιτείαν, οὐδὲ γὰρ τοῦτο παραλει- b
πτέον, ὥσπερ οὐδ' ἐκεῖνος αὐτῆς ἠμέλησεν, ἀλλὰ τοσούτῳ
τῶν μάλιστ' εὐδοκιμησάντων ἀμείνων περὶ τὸν δῆμον [6] γέγονεν, ὅσον τοὺς μὲν ἄλλους εὑρήσεθ' ὑπὲρ αὑτῶν στασιάσαντας, ἐκεῖνον δ' ὑπὲρ ὑμῶν κινδυνεύοντα. οὐ γὰρ ἀπε-
λαυνόμενος ἀπὸ τῆς ὀλιγαρχίας, ἀλλὰ παρακαλούμενος, ἦν δημοτικός· καὶ πολλάκις [7] ἐκγενόμενον αὐτῷ μὴ
μόνον μετ' ὀλίγων τῶν ἄλλων ἄρχειν, ἀλλὰ καὶ τούτων αὐτῶν πλέον ἔχειν, οὐκ ἠθέλησεν, ἀλλ' εἵλεθ' ὑπὸ τῆς c
355 πόλεως ἀδικηθῆναι μᾶλλον ἢ τὴν πολιτείαν προδοῦναι. καὶ
ταῦθ' ἕως μὲν συνεχῶς ἐδημοκρατεῖσθ', οὐδεὶς ἂν ὑμᾶς
λέγων ἔπεισε· νῦν δ' αἱ στάσεις αἱ γενόμεναι σαφῶς ὑμῖν
ἐπέδειξαν καὶ τοὺς δημοτικοὺς καὶ τοὺς ὀλιγαρχικούς, καὶ
τοὺς οὐδετέρων ἐπιθυμοῦντας καὶ τοὺς ἀμφοτέρων μετέχειν
ἀξιοῦντας. ἐν αἷς δὶς ὑπὸ τῶν ἐχθρῶν τῶν ὑμετέρων ἐξέ-
πεσε· καὶ τὸ μὲν πρότερον, ἐπειδὴ τάχιστ' ἐκεῖνον [8] ἐκ- d
ποδὼν ἐποιήσαντο, τὸν δῆμον κατέλυσαν, τὸ δ' ὕστερον
οὐκ ἔφθησαν ὑμᾶς καταδουλωσάμενοι, καὶ πρώτου τῶν πολιτῶν αὐτοῦ φυγὴν κατέγνωσαν· οὕτω σφόδρα ἥ τε πόλις
τῶν τοῦ πατρὸς [9] κακῶν ἀπέλαυσε, κἀκεῖνος τῶν τῆς πόλεως συμφορῶν ἐκοινώνησε. καίτοι πολλοὶ τῶν πολιτῶν
πρὸς αὐτὸν δυσκόλως εἶχον [10] ὡς πρὸς τυραννεῖν ἐπιβουλεύοντα, οὐκ ἐκ τῶν ἔργων σκοποῦντες, ἀλλ' ἡγούμενοι τὸ μὲν

[1] πρώτων A. L. πρότερον C. [2] δόξας A. C. L. [3] τοσούτῳ A. C. L. [4] ἐκείνων A. C. L. [5] τούτων A. C. L. [6] ἐγεγόνει A. C. L. [7] ἐγγενόμενον A. C. L. [8] ἐκ ποδῶν C. [9] καλῶν A. C. L. [10] ὡς τυραννεῖν ἐπιχειροῦντα A. C. L.

Ἐκγενόμενον] Pro ἐκγενομένου, quum licuisset. LANG. Coraes vero sic construit: οὐκ ἠθέλησε τὸ μετ' ὀλίγων τῶν ἄλλων ἄρχειν, καὶ τὸ τούτων αὐτῶν πλέον ἔχειν, ἐκγενόμενον αὐτῷ πολλάκις.

Τούτων αὐτῶν πλέον ἔχειν] Scil. τῶν ὀλίγων, i. e. quum liceret ei tyrannidem occupare. WOLF.

e πρᾶγμα ὑπὸ πάντων ζηλοῦσθαι, δύνασθαι δ' ἂν [1] ἐκεῖνον
μάλιστα διαπράξασθαι. διὸ καὶ δικαίως ἂν αὐτῷ πλείω
χάριν ἔχοιτε, ὅτι τὴν μὲν αἰτίαν [2] μόνος τῶν πολιτῶν
355 ἄξιος ἦν ταύτην ἔχειν, τῆς δὲ πολιτείας ἴσον ᾤετο δεῖν
[3] καὶ τοῖς ἄλλοις μετεῖναι.

ιϛ'. Διὰ δὲ τὸ πλῆθος τῶν ἐνόντων εἰπεῖν ὑπὲρ τοῦ
πατρὸς, ἀπορῶ τίνος ἐν τῷ παρόντι πρέπει μνησθῆναι καὶ
ποῖ' αὐτῶν χρὴ παραλιπεῖν· ἀεὶ γάρ μοι δοκεῖ μεῖζον εἶναι
τὸ μήπω πεφρασμένον τῶν ἤδη πρὸς ὑμᾶς εἰρημένων. ἐπεὶ
καὶ τοῦθ' ἡγοῦμαι πᾶσιν εἶναι φανερὸν, ὅτι τοῦτον ἀναγκαῖόν
b ἐστιν εὐνούστατον εἶναι ταῖς τῆς πόλεως εὐτυχίαις, [4] ὅτῳ τὸ
πλεῖστον μέρος καὶ τῶν ἀγαθῶν καὶ [5] τῶν κακῶν μέτεστιν. ἐκείνου τοίνυν εὖ μὲν πραττούσης τῆς πόλεως τίς
εὐδαιμονέστερος ἢ θαυμαστότερος [6] ἢ ζηλωτότερος ἦν τῶν
πολιτῶν, δυστυχησάσης δὲ τίς ἐλπίδων μειζόνων ἢ χρημάτων πλειόνων ἢ δόξης καλλίονος ἐστερήθη; οὐ τὸ τελευταῖον, ἐπειδὴ κατέστησαν οἱ Τριάκονθ', οἱ μὲν ἄλλοι τὴν
πόλιν ἔφευγον, ἐκεῖνος δ' ἐξ ἁπάσης τῆς Ἑλλάδος ἐξέπεσεν;
c οὐ Λακεδαιμόνιοι καὶ Λύσανδρος ὁμοίως ἔργον ἐποιήσαντ'
ἐκεῖνον [7] ἀποκτεῖναι καὶ τὴν ὑμετέραν καταλῦσαι δύναμιν,
οὐδεμίαν ἡγούμενοι πίστιν ἕξειν παρὰ τῆς πόλεως, εἰ τὰ 356
τείχη καταβάλοιεν, εἰ μὴ καὶ τὸν ἀναστῆσαι δυνάμενον
ἀπολέσαιεν; ὥστ', οὐ μόνον ἐξ ὧν ὑμᾶς εὖ πεποίηκεν,
ἀλλὰ καὶ ἐξ ὧν δι' ὑμᾶς κακῶς πέπονθε, ῥᾴδιον γνῶναι
τὴν εὔνοιαν τὴν ἐκείνου. φαίνεται γὰρ τῷ δήμῳ βοηθῶν,
τῆς αὐτῆς πολιτείας ὑμῖν ἐπιθυμῶν, ὑπὸ τῶν αὐτῶν κακῶς
πάσχων, ἅμα τῇ πόλει δυστυχῶν, τοὺς αὐτοὺς ἐχθροὺς καὶ
d φίλους ὑμῖν νομίζων, ἐκ παντὸς τρόπου κινδυνεύων τὰ μὲν
ὑφ' ὑμῶν, τὰ δὲ μεθ' ὑμῶν, τὰ δὲ δι' ὑμᾶς, τὰ δ' ὑπὲρ
ὑμῶν, ἀνόμοιος πολίτης Χαρικλεῖ τῷ τούτου κηδεστῇ [8] γεγενημένος, ὃς τοῖς μὲν πολεμίοις δουλεύειν ἐπεθύμει, τῶν

[1] ἐκεῖνον ἂν A. C. L. [2] ταύτην μόνος τῶν πολ. ἦν ἄξιος ἔχειν A. C. L. [3] αὐτῷ καὶ A. L. αὐτῷ καὶ C. [4] ᾧ A. C. L. [5] τῶν κακῶν καὶ τῶν ἀγαθῶν A. C. L. [6] ἢ ζηλωτότερος om. A. C. L. [7] κτεῖναι A. C. L. [8] γενόμενος A. C. L.

Πρᾶγμα] I. e. tyrannidem. LANG.

Τῶν ἀγαθῶν] Sub. ταύτης, np. τῆς πόλεως. AUGER.

Πίστιν ἕξειν παρὰ τῆς πόλεως] Se fiduciam in civitate haud posse ponere. LANG.

Χαρικλεῖ] E numero xxx tyrannorum hunc Chariclem fuisse suspicatur Coraes.

Κηδεστῇ] Πενθερῷ. COR.

δὲ πολιτῶν ἄρχειν ἠξίου, καὶ φεύγων μὲν ἡσυχίαν [1]εἶχε,
κατελθὼν δὲ κακῶς ἐποίει τὴν πόλιν. καίτοι πῶς ἂν γένοιτο
ἢ φίλος πονηρότερος ἢ ἐχθρὸς ἐλάττονος ἄξιος; εἶτα σὺ e
κηδεστὴς μὲν ὢν ἐκείνου, βεβουλευκὼς δ' ἐπὶ τῶν Τριάκοντα, τολμᾷς ἑτέροις μνησικακεῖν, καὶ οὐκ αἰσχύνῃ τὰς
συνθήκας παραβαίνων, δι' ἃς αὐτὸς οἰκεῖς τὴν πόλιν, οὐδ'
ἐνθυμῇ διότι, ὁπόταν δόξῃ τῶν παρεληλυθότων τιμωρίαν 356
ποιεῖσθαι, σοὶ καὶ [2]προτέρῳ καὶ μᾶλλον ἢ ἐμοὶ κινδυνεύειν
ὑπάρχει; οὐ γὰρ δήπου παρ' ἐμοῦ μὲν [3]ὑπὲρ ὧν ὁ πατὴρ
ἔπραξε δίκην λήψονται, σοὶ δὲ καὶ ὧν αὐτὸς ἡμάρτηκας
συγγνώμην ἕξουσιν. ἀλλὰ μὴν οὐδ' ὁμοίας ἐκείνῳ φανήσῃ
τὰς προφάσεις ἔχων· οὐ γὰρ ἐκπεσὼν ἐκ τῆς πατρίδος
ἀλλὰ συμπολιτευόμενος, οὐδ' ἀναγκασθεὶς ἀλλ' ἑκών, οὐδ'
ἀμυνόμενος ἀλλ' ὑπάρχων, ἠδίκεις αὐτούς, ὥστ' οὐδ' ἀπολογίας σοι προσήκει τυχεῖν [4]παρ' αὐτῶν. b

ιζʹ. Ἀλλὰ γὰρ περὶ μὲν τῶν [5]Τισίᾳ πεπολιτευμένων
ἴσως ποτ' ἐν τοῖς τούτου κινδύνοις ἐγγενήσεται [6]καὶ διὰ
μακροτέρων εἰπεῖν· ὑμᾶς δ' ἀξιῶ μὴ προέσθαι με τοῖς
ἐχθροῖς, μηδ' ἀνηκέστοις συμφοραῖς περιβαλεῖν. [7]ἱκανῶς
γὰρ καὶ νῦν πεπείραμαι κακῶν, ὃς εὐθὺς μὲν γενόμενος
ὀρφανὸς κατελείφθην, τοῦ μὲν πατρὸς φυγόντος, τῆς δὲ
μητρὸς τελευτησάσης, οὔπω δὲ τέτταρα ἔτη γεγονὼς διὰ c
τὴν τοῦ πατρὸς φυγὴν περὶ τοῦ σώματος εἰς κίνδυνον κατέ-
357 στην, ἔτι δὲ παῖς ὢν ὑπὸ τῶν Τριάκοντα ἐκ τῆς πόλεως
ἐξέπεσον. κατελθόντων δὲ τῶν ἐκ Πειραιῶς, καὶ τῶν ἄλλων κομιζομένων τὰς οὐσίας, ἐγὼ μόνος τὴν γῆν, ἣν ἡμῖν
[8]ἀπέδωκεν ὁ δῆμος ἀντὶ τῶν δημευθέντων χρημάτων, διὰ
τὴν τῶν ἐχθρῶν δύναμιν ἀπεστερήθην. τοσαῦτα δὲ δεδυστυχηκὼς καὶ δὶς τὴν οὐσίαν ἀπολωλεκὼς [9]νυνὶ πέντε τα- d
λάντων φεύγω δίκην. καὶ τὸ μὲν ἔγκλημά ἐστι περὶ χρημάτων, ἀγωνίζομαι δ' εἰ χρὴ μετεῖναί μοι τῆς πόλεως. τῶν

[1] ἦγε A. C. L. [2] πρότερον A. C. L. [3] ὑπὲρ om. A. C. L. [4] περὶ A. C. L. [5] τότε A. C. L. [6] καὶ om. A. C. L. [7] ἱκανῶν A. C. L. [8] ἀπέδωκεν ἡμῖν A. C. L. [9] νῦν A. C. L.

Κηδεστὴς] Γαμβρός. Idem.

Τὰς συνθήκας] De oblivione injuriarum a Thrasybulo sancita hoc est intelligendum. Wolf.

Ἐν τοῖς τούτου κινδύνοις] Ἐν ταῖς κατὰ τούτου γραφαῖς, ὅταν, ἐμὲ νῦν διώκων, αὐτὸς ἀναγκασθῇ περὶ τῶν αὐτῷ ἡμαρτημένων ἀπολογεῖσθαι. Cor.

Πέντε ταλάντων] Τῆς τιμῆς τοῦ ζεύγους, ὅπερ ἀφείλετο Τισίαν ὁ πατὴρ Ἀλκιβιάδης. Idem.

Τῶν γὰρ αὐτῶν τιμημ.] Sensus est

γὰρ αὐτῶν τιμημάτων [1] ἐπιγεγραμμένων οὐ περὶ τῶν αὐτῶν ἅπασιν ὁ κίνδυνός ἐστιν, ἀλλὰ τοῖς μὲν χρήματα κεκτημένοις περὶ ζημίας, τοῖς δ' ἀπόρως ὥσπερ ἐγὼ διακειμένοις περὶ
e ἀτιμίας, ἣν ἐγὼ φυγῆς μείζω συμφορὰν νομίζω· πολὺ γὰρ ἀθλιώτερον παρὰ τοῖς αὑτοῦ πολίταις ἠτιμωμένον οἰκεῖν ἢ παρ' ἑτέροις μετοικεῖν. δέομαι [2] οὖν ὑμῶν βοηθῆσαί μοι, καὶ μὴ περιιδεῖν [3] ὑπὸ τῶν ἐχθρῶν ὑβρισθέντα μηδὲ τῆς πατρίδος [4] στερηθέντα μηδ' ἐπὶ τοιαύταις τύχαις περίβλεπτον γενόμενον. δικαίως δ' ἂν ὑφ' ὑμῶν ἐξ αὐτῶν τῶν ἔργων
357 ἐλεηθείην, εἰ καὶ τῷ λόγῳ τυγχάνω μὴ [5] δυνάμενος ἐπὶ τοῦθ' ὑμᾶς ἄγειν, εἴπερ χρὴ τούτους [6] ἐλεεῖν τοὺς ἀδίκως μὲν κινδυνεύοντας, περὶ δὲ τῶν μεγίστων ἀγωνιζομένους, ἀναξίως δ' αὑτῶν καὶ τῶν προγόνων πράττοντας, πλείστων δὲ χρημάτων ἀπεστερημένους καὶ μεγίστῃ μεταβολῇ τοῦ βίου κεχρημένους. πολλὰ δ' ἔχων ἐμαυτὸν [7] ὀδύρασθαι μάλιστ' ἐπὶ τούτοις ἀγανακτῶ, πρῶτον μὲν εἰ τούτῳ δώσω
b δίκην παρ' οὗ λαβεῖν μοι προσήκει, δεύτερον δ' εἰ διὰ τὴν τοῦ πατρὸς νίκην τὴν Ὀλυμπιάσιν ἀτιμωθήσομαι, δι' ἣν τοὺς ἄλλους ὁρῶ δωρεὰν λαμβάνοντας, πρὸς δὲ τούτοις εἰ Τισίας μὲν μηδὲν ἀγαθὸν ποιήσας [8] τὴν πόλιν καὶ ἐν δημοκρατίᾳ καὶ ἐν ὀλιγαρχίᾳ μέγα δυνήσεται, ἐγὼ δ' εἰ μηδετέρους ἀδικήσας ὑπ' ἀμφοτέρων κακῶς πείσομαι· καὶ περὶ
c μὲν τῶν ἄλλων τἀναντία τοῖς Τριάκοντα [9] πράξετε, περὶ δ' ἐμοῦ τὴν αὐτὴν ἐκείνοις [10] γνώμην ἕξετε, καὶ τότε μὲν μεθ' ὑμῶν νῦν δ' ὑφ' ὑμῶν τῆς πόλεως στερήσομαι.

[1] ἀπογεγραμμένων A. L. [2] δ' οὖν A. L. [3] με ὑπὸ A. C. L. [4] ἀποστερηθέντα A. C. L. [5] βουλόμενος ὑμᾶς ἐπὶ τοῦτ' A. C. L. [6] ἐλεεῖσθαι A. C. L. [7] ὀδύρεσθαι A. C. L. [8] τῇ πόλει A. C. L. [9] πράττετε A. C. L. [10] γνώμην ἐκείνοις A. C. L.

Equidem tantummodo ob quinque talenta in jus vocor, sed quum non habeam, unde pecuniam sumam, idem mihi est, ac si de exsilio, quo mulctantur ii qui solvere nesciunt, causam dicerem. LANG.

Τἀναντία τοῖς Τριάκοντα] Sententia est, sed tecta et modesta: Non ut judices agetis, sed ut tyranni, si me damnaveritis. WOLF.

IZ.

· ΙΣΟΚΡΑΤΟΥΣ

ΤΡΑΠΕΖΙΤΙΚΟΣ.

Pag. ed. Cor. 358 — Pag. ed. H. Ste 358

α'. Ο ΜΕΝ ἀγών μοι μέγας ἐστὶν, ὦ ἄνδρες δικασταί. οὐ γὰρ μόνον περὶ πολλῶν χρημάτων κινδυνεύω, ἀλλὰ καὶ περὶ

SUMMARIUM. (α'.) Magna res agitur [filius inquit Sopæi cujusdam, pecunias Pasioni mensario creditas sibique denegatas coram judicio repetens, cui hæc oratio ab Isocrate scripta est], judices, non tantum de pecuniis multis, sed quod pluris est, de existimatione mea, quæ in magno foret periculo, si aliena concupiscere viderer, (β'.) et periculosa simul, quum adversarium habeam mensarium, quocum et omnis res sine testibus agitur, et cui magna fides est, nec desunt amici. (γ'.) Rem ab initio narrabo. Pater Sopæus, Satyri in Ponto principis familiaris et amplæ regionis copiarumque præfectus, me et mercandi et visendæ urbis hujus causa cum duabus navibus frumento impletis huc misit, ubi Pasionis mensa usus sum. (δ'.) Aliquanto post patrem meum Satyrus in vincula conjicit, et pecunias a me reditumque in patriam postulat. (ε'.) Tantis igitur mihi circumvento malis Pasio, in quo in omnibus rebus magnam fiduciam ponebam, consilium dat, ut promitterem, me imperata Satyri facturum, traditis iis opibus, quæ in aperto essent, sed retentis, quæ apud ipsum depositæ essent, simulans etiam, plures tum ab ipso, tum ab aliis fenore accepisse. (ϛ'.) Hac re transacta, ubi, jussu Satyri, abire volui et depositas pecunias repetii, Pasionem fortunis meis insidias tetendisse animadverti. Ille enim optimam hanc occasionem sibi datam ratus, simulabat, se in præsentia non habere, quod redderet, et quum Philomelum et Menexenum ad ipsum misissem, pecunias meas repetituros, coram eis inficiatus est, se meum quidquam habere. Equidem hoc tempore quiescere optimum duxi. (ζ'.) Post hæc nuntiatur, patrem meum cum Satyro in gratiam rediisse. Quod ubi Pasio audivit, timens, ne jus meum aperte persequerer, Cittum puerum, qui de pecuniis quod actum esset conscius erat, occuluit, illumque a me et Menexeno corruptum sex talenta per fraudem ablata nobis dedisse nosque ipsos hunc puerum occultasse affirmans, non prius destitit, quam sex talentorum sponsores ei dedissem. (η'.) Quum ipse in Peloponnesum abiissem ad puerum investigandum, Menexenus eum hic Athenis deprehendit eumque in quæstionem postulat. Sed Pasio eundem in libertatem asseruit ac ne torqueretur prohibuit, ac coram polemarcho septem talenta pro eodem tanquam libero ipse spopondit. (θ'.) Deinde, ubi Pasio puerum quæstioni tradere paratum se dixerat, egoque quæsitores rogabam, ut flagellarent illum et torquerent, iste, ut verbis illum percontarentur, si quid vellent, jussit, nec de tradendo nobis puero quidquam audire voluit. (ι'.) Post hæc sibi nullum patere existimans effugium, si ad judices iret, me rogavit, ut in templo se convenirem. Postquam conveneramus, paupertate se adactum dicebat, ut iret inficias; sed brevi operam daturum, ut pecunias redderet, meque precabatur, ut sibi ignoscerem, ne resciceretur, se ad hunc modum deliquisse. Triduo post congressi fidem dedimus, omnino tacitum iri, quæ acta essent, ac pollicitus est, se in Pontum navigaturum ibique aurum redditurum. Quæ ni fecisset, arbitrium certis conditionibus se ad Satyrum delaturum, ut sesquialteræ partis damnaretur. Hæc pacta conscripta Pyroni Pheræo in Pontum navigare solito, custodienda damus, ea conditione, ut, si inter nos convenisset, scriptum combureret, sin minus, ut Satyro traderet. (ια'.) Menexenus autem, iratus ob crimen sibi etiam a Pasione objectum, die illi dicta petiit, ut

τοῦ [1][μὴ] δοκεῖν ἀδίκως τῶν ἀλλοτρίων ἐπιθυμεῖν· ὃ ἐγὼ περὶ πλείστου ποιοῦμαι. οὐσία μὲν γὰρ ἱκανή μοι κατα-

[1] uncos om. A. C. L.

Cittus dederetur et Pasio puniretur. Ille igitur non de quæstione tantum, sed etiam de scripto sollicitus, ne id a Menexeno deprehenderetur, Satyronis pueros corrumpit, tabulasque Satyro reddendas, nisi iste mihi satisfecisset, adulterat. (ιβ'.) Hac re peracta ait, se neque in Pontum navigaturum, neque sibi mecum rei quidquam esse tabulasque coram testibus aperiri jubet. Scriptum in iis inventum est, eum mihi omnia quæ debuisset, persolvisse. (ιγ'.) Suspicor autem, Pasionem e corruptis tabulis omnem sibi defensionem petiturum, per quæ ipsa, si attendere me velitis, illius improbitatem declaraturum me esse spero. (ιδ'.) Primum autem illud cogitate, judices, qui nobis in mentem venire potuerit. Satyroni tabulas tradere conditionibus supra commemoratis, siquidem Pasio causa liberatus fuisset, re ad exitum perducta? Causa, quare iste promiserit, se aurum redditurum, in aperto est, sed quare ego illum crimine liberarim, nulla est. Æquius igitur est, mihi credi de tabulis, quam isti. (ιε'.) Argumentum autem evidentissimum, Pasionem in pactione non absolutum, sed aurum se velle reddere pollicitum esse, illud est, quod, quum Menexenus ei diem dixisset, misso Agyrrhio petiit, ut aut Menexenum placarem, aut pactionem secum initam abrogarem. Num vero postulaturus fuisset, ut adulterata hæc pactio aboleretur, qua nos, si mentiremur, convicturus erat? Eum vero pactionem abolere voluisse, testis est Agyrrhius. (ιϛ'.) Neque vero mirandum est, eum tabulas adulterasse; nam Pasionis quidam familiares, his multo graviora commiserunt. (ιζ'.) Exemplo sit Pythodori factum. (ιη'.) Jam autem Pasio quibusdam persuadere conatus est, mihi prorsus nullas pecunias hic fuisse, quod a Stratocle trecentas stateres sim mutuatus, de quibus audire operæ pretium est. (ιθ'.) Hæc ipsa, quæ cum Stratocle egi, firmissimæ sunt probationes, mihi apud Pasionem aurum fuisse. Nam quum Stratoclem in Pontum navigaturum, e qua ego plurimas pecunias exportare volebam, precarer, ut suum aurum mihi reliqueret meumque a patre meo reciperet in Ponto, Pasio, nisi sic esset, ut dicerem, et sortem et usuras redditurum se Stratocli promisit. (κ'.) Fortassis autem inde demonstrabit testesque rei producet, se mihi nihil debere, 1. quod coram Satyri procuratoribus negaverim, me nihil habere, præter ea, quæ ipsis tradidissem; 2. quod confessus sim, trecentas me drachmas debere; 3. quod Hippolaidam, hospitem et familiarem meum, a se mutuum sumere permiserim. (κα'.) Hæc me fecisse confiteor, sed, ut facile conjicere potestis, eo consilio, ut nihil mihi esse eo facilius iis persuaderem. Testes contra producam, satis locupletes, aliaque testimonia proferam, me magnas opes hic possedisse. (κβ'.) Quin ipsum Pasionem producam, non verbis, sed facto mihi testificantem. Nam occasione quadam Archestratum, mensæ suæ præfectum, mihi exhibuit septem talentum sponsorem, quod facere sibi cavisset, si me nihil hic habere scivisset. Trecentas igitur istas drachmas me sibi debere tantum simulavit, et sponsor factus est, quum aurum meum apud se depositum haberet. (κγ'.) Si autem optime percipere volueritis controversiam omnem, reputetis, quæso, utrum verisimilius sit, me tantis afflictum calamitatibus, quibus tunc eram, Pasionem injuste accusasse, an hunc, tum nostris calamitatibus, tum magna pecunia impulsum, fraudare nos voluisse? Quid me impellere potuisset, ut postularem a Pasione, quæ iste mihi non debuisset, et sperarem, ea præter omnem exspectationem accipere? (κδ'.) At vero Pasioni talia apprime conveniunt; qui tum, quum persequi injuriam non poteram, criminatur, me injuste litem inferre conatum esse, postquam vero et ego purgatus essem crimine apud Satyrum et istum omnes damnatum iri crederent, tum ait se a me omnibus liberatum esse petitionibus. (κε'.) Sed ejusmodi sibi contraria multa fecisse Pasionem et illius mendacium de puero nunc servo, nunc libero, et furtum nobis afflictum satis ostendunt. Qui in rebus tam manifestis mentitur, ei in iis, quæ quis solus cum solo agit, nulla fides habenda est. (κϛ'.) Postremo, ad Satyrum se navigaturum pollicitus, etiam in eo me decepit. Misit enim mecum Cittum, cujus tamen præsentia ad jus dicendum nequaquam sufficiebat. (κζ'.) Illud autem maximum testimonium esse arbitror, Pasionem pecuniis me fraudare, quod puerum depositi conscium in quæstionem tradere noluit. Quum enim sciret, tormentum esse argumentum validissimum de negotiis, quibus testes non adhibemus, vos conjectura uti, quam rem certo cognoscere maluit. Quanquam

λειφθήσεται καὶ τούτων στερηθέντι· εἰ δὲ δόξω μηδὲν [1]προσῆκον τοσαῦτα χρήματα [2]ἐγκαλέσαι, διαβληθείην ἂν τὸν ἅπαντα [3]βίον· b

β'. Ἔστι δ', ὦ ἄνδρες δικασταὶ, πάντων χαλεπώτατον τοιούτων ἀντιδίκων τυχεῖν. τὰ μὲν γὰρ συμβόλαια [4]τὰ πρὸς τοὺς ἐπὶ ταῖς τραπέζαις ἄνευ μαρτύρων γίγνεται· τοῖς ἀδικουμένοις δὲ πρὸς [5]τοιούτους ἀνάγκη κινδυνεύειν, οἳ καὶ φίλους πολλοὺς κέκτηνται καὶ χρήματα πολλὰ διαχειρίζουσι καὶ πιστοὶ διὰ τὴν τέχνην δοκοῦσιν εἶναι. ὅμως δὲ καὶ τούτων ὑπαρχόντων ἡγοῦμαι φανερὸν πᾶσι c ποιήσειν, ὅτι ἀποστεροῦμαι [6]τῶν χρημάτων ὑπὸ Πασίωνος.

γ'. Ἐξ ἀρχῆς οὖν ὑμῖν [7][ὡς ἂν δύνωμαι] διηγήσομαι τὰ πεπραγμένα. ἐμοὶ γὰρ, ὦ ἄνδρες δικασταὶ, πατὴρ μέν ἐστι Σωπαῖος, ὃν οἱ πλέοντες εἰς τὸν Πόντον ἅπαντες ἴσασιν οὕτως οἰκείως πρὸς Σάτυρον διακείμενον, ὥστε πολλῆς μὲν 359 χώρας ἄρχειν, ἁπάσης δὲ τῆς δυνάμεως ἐπιμελεῖσθαι τῆς ἐκείνου. πυνθανόμενος δὲ καὶ περὶ τῆσδε τῆς πόλεως καὶ

[1] προσηκόντως A. L. [2] ἐγκαλεῖσθαι A. L. [3] χρόνον A. C. L.
[4] τὰ om. A. C. L. [5] τοὺς τοιούτους A. C. L. [6] τοσούτων A. C. L.
[7] uncos om. A. C. L.

autem hoc sibi obesse nullo modo poterat, tamen delictorum suorum sibi conscius recusavit. (κη'.) Itaque vos rogo, ut Pasionem condemnetis, neque me ita improbum putetis, ut, multas quum habeam opes, Pasionem calumniaturus huc advenerim; (κθ'.) nec Satyri et patris qui omni tempore vos maximi fecerunt idque pluribus factis declararunt, literas parvi faciatis, sed quæ justa sunt decernatis, neque Pasionis orationem mea veriorem arbitremini. Lang. Hæc oratio scripta fuit Isocrate annis provectissimo; quippe tunc regnabat Satyrus, Heracleæ tyrannus. Qui quidem successit Clearcho fratri occiso ante Christum anno 353. Ex iis autem factis quæ in oratione referuntur patet hanc scriptam fuisse aliquot annis postquam regnare incipit Satyrus: collocari igitur debet hujus orationis scriptio circa annum 350. ante Christum, et Isocratis ætatis 86. Cæterum, ex historia cognoscitur Clearchum, postquam multa cum sævitia per annos 12. regnaverit, occisum fuisse; Satyrum autem ipsius fratrem per 7. annos summam potentiam exercuisse, quum pupilli essent fratris filii Timotheus et Dionysius. Tria tamen de Satyro mihi negotium facessunt. 1°. Non facile mihi persuadeo Isocratem scripsisse orationem forensem ætatis suæ anno 86. quum ipse affirmet in oratione de permutatione ante hoc tempus scripta, se nunquam versatum fuisse circa res forenses. 2°. Historia refert Satyrum noluisse uxori liberos procreare, ne fratris filiis summæ potentiæ æmulos procrearet; oratio autem commemorat filio suo filiam Sopæi ducendam curavisse. 3°. In eadem oratione legitur Lacedæmoniis mari imperavisse, quum Sopæus causam diceret: porro regnavit Satyrus multis annis post cladem Lacedæmoniorum ad Leuctra, quæ clades ipsorum opes penitus afflixit. Ex his omnibus conjicio fuisse olim per Isocratis adolescentiam Satyrum quendam alium, urbis cujusdam Ponticæ principem, de quo silet historia. Auger.

Χαλεπώτατον] Δυσχερέστατον, ἐπικινδυνώτατον, ἀηδέστατον. Wolf.

Πρὸς τοὺς ἐπὶ ταῖς τραπέζαις] Πρὸς τοὺς τραπεζίτας. Idem.

Τοῖς ἀδικουμένοις] Scil. ὑπ' αὐτῶν. Lang.

Ἁπάσης δὲ τῆς δυνάμεως] *totius exercitus*. Sopæus igitur summus imperator Satyri fuit. Lang.

περὶ τῆς [1]ἄλλης Ἑλλάδος ἐπεθύμησ' ἀποδημῆσαι. γεμίσας [2]οὖν ὁ πατήρ μου δύο ναῦς σίτου καὶ χρήματα δοὺς
ἐξέπεμψεν ἅμα κατ' ἐμπορίαν καὶ κατὰ θεωρίαν. συστήσαντος δέ μοι Πυθοδώρου τοῦ Φοίνικος Πασίωνα, ἐχρώμην
τῇ τούτου τραπέζῃ.

b δ'. Χρόνῳ δ' ὕστερον διαβολῆς πρὸς Σάτυρον γενομένης, 359
ὡς ὁ πατὴρ [3]οὑμὸς ἐπιβουλεύοι τῇ ἀρχῇ κἀγὼ τοῖς φυγάσι συγγιγνοίμην, τὸν μὲν πατέρα μου συλλαμβάνει,
ἐπιστέλλει δὲ τοῖς ἐνθάδ' ἐπιδημοῦσιν ἐκ τοῦ Πόντου τά τε
χρήματα παρ' ἐμοῦ παραλαβεῖν καὶ αὐτὸν εἰσπλεῖν κε-
λεύειν· [4]ἐὰν δὲ τούτων μηδὲν ποιῶ, παρ' ὑμῶν ἐξαιτεῖν.

ε'. Ἐν τοσούτοις δὲ κακοῖς ὤν, ὦ ἄνδρες δικασταί, λέγω
πρὸς Πασίωνα τὰς ἐμαυτοῦ συμφοράς· οὕτω γὰρ οἰκείως
c [5]πρὸς αὐτὸν διεκείμην, ὥςτε μὴ μόνον περὶ χρημάτων ἀλλὰ
καὶ περὶ τῶν ἄλλων τούτῳ μάλιστα πιστεύειν. [6][ἡγούμην
δ', εἰ μὲν προείμην ἅπαντα τὰ χρήματα, κινδυνεύσειν, εἴ
τι πάθοι ἐκεῖνος, στερηθεὶς καὶ τῶν ἐνθάδε καὶ τῶν ἐκεῖ,
πάντων ἐνδεὴς γενήσεσθαι· εἰ δ' ὁμολογῶν εἶναι ἐπιστείλαντος Σατύρου μὴ παραδοίην, εἰς τὰς μεγίστας διαβολὰς
ἐμαυτὸν καὶ τὸν πατέρα καταστήσειν πρὸς Σάτυρον.]
d βουλευομένοις οὖν ἡμῖν ἐδόκει [7]βέλτιστον εἶναι [6][προσομολο-
γεῖν πάντα ποιεῖν, ὅσα Σάτυρος προσέταττε, καὶ] τὰ μὲν
φανερὰ τῶν χρημάτων παραδοῦναι, περὶ δὲ τῶν παρὰ τούτῳ κειμένων μὴ μόνον ἔξαρνον εἶναι, ἀλλὰ καὶ ὀφείλοντά
με καὶ τούτῳ καὶ ἑτέροις ἐπὶ τόκῳ [8]φαίνεσθαι, καὶ πάντα
ποιεῖν ἐξ ὧν ἐκεῖνοι μάλιστ' [9]ἤμελλον πεισθήσεσθαι μὴ εἶναί
μοι χρήματα.

ϛ'. Τότε μὲν οὖν, ὦ ἄνδρες δικασταί, ἐνόμιζόν μοι Πα-
e σίωνα δι' εὔνοιαν ἅπαντα ταῦτα συμβουλεύειν· ἐπειδὴ δὲ
πρὸς τοὺς παρὰ Σατύρου διεπραξάμην, ἔγνων αὐτὸν ἐπιβουλεύοντα τοῖς ἐμοῖς. βουλομένου γὰρ ἐμοῦ κομίσασθαι

[1] ὅλης A. C. L. [2] δ' A. C. L. [3] ὁ ἐμὸς A. C. L. [4] ἂν A. C. L.
[5] πρὸς αὐτὸν οἰκείως A. C. L. [6] uncos om. A. C. L. [7] βέλτιον A. L.
[8] φαίνεσθαι post με ponunt A. C. L. [9] ἔμελλον A. C. L.

Συστήσαντος] quum commendaret. IDEM.

Αὐτὸν εἰσπλεῖν κελεύειν] Ἐμὲ κελεύειν εἰσπλεῖν εἰς τὸν Πόντον. COR.

Ἐξαιτεῖν] Sub. ἐμέ. LANG.

Εἴ τι πάθοι ἐκεῖνος] Εἰ ὁ πατήρ μου ὑπὸ Σατύρου ἀποθάνοι. COR.

Ὁμολογῶν εἶναι] Scil. μοι χρήματα. WOLF.

Ἐκεῖνοι] I. e. Pontici negotiatores. LANG.

τἀμαυτοῦ καὶ πλεῖν εἰς Βυζάντιον, ἡγησάμενος οὗτος κάλλιστον [1]αὐτῷ καιρὸν παραπεπτωκέναι — [2]τὰ μὲν γὰρ 360
χρήματα πολλὰ εἶναι τὰ παρ' αὐτῷ κείμενα καὶ ἄξι'
ἀναισχυντίας, ἐμὲ δὲ πολλῶν ἀκουόντων ἔξαρνον γεγενῆσθαι μηδὲν κεκτῆσθαι, πᾶσι [3]δ' εἶναι φανερὸν ἀπαιτούμενον καὶ ἑτέροις [4]προσομολογοῦντα ὀφείλειν —, καὶ πρὸς
τούτοις, ὦ ἄνδρες δικασταὶ, νομίζων, εἰ μὲν αὐτοῦ μένειν
ἐπιχειροίην, ἐκδοθήσεσθαί μ' ὑπὸ τῆς πόλεως Σατύρῳ, εἰ
δ' ἄλλοσέ ποι τραποίμην, οὐδὲν μελήσειν [5]αὐτῷ τῶν ἐμῶν b
360 λόγων, εἰ δ' [6]εἰσπλευσοίμην, ἀποθανεῖσθαί με μετὰ τοῦ
πατρὸς, — ταῦτα λογιζόμενος διενοεῖτ' [7]ἀποστερεῖν με
τῶν χρημάτων. καὶ πρὸς μὲν ἐμὲ προσεποιεῖτ' [8]ἀπορεῖν ἐν
τῷ παρόντι [9]καὶ οὐκ ἂν ἔχειν ἀποδοῦναι· ἐπειδὴ δὲ βουλόμενος εἰδέναι σαφῶς τὸ πρᾶγμα προσπέμπω Φιλόμηλον
αὐτῷ καὶ Μενέξενον, [10]ἔξαρνος γίγνεται πρὸς αὐτοὺς μηδὲν
ἔχειν τῶν ἐμῶν. πανταχόθεν δέ μοι τοσούτων κακῶν [11]συμ- c
πεπτωκότων τίν' οἴεσθέ με γνώμην ἔχειν; [12]ᾧ ὑπῆρχε σι-
γῶντι μὲν ὑπὸ τούτου [13]ἀπεστερῆσθαι τῶν χρημάτων, λέγοντι δὲ [14]ταῦτα μηδὲν μᾶλλον κομίσασθαι, πρὸς Σάτυρον
δ' εἰς τὴν μεγίστην διαβολὴν καὶ ἐμαυτὸν καὶ τὸν πατέρα
[15]καταστῆσαι. κράτιστον οὖν ἡγησάμην [16]εἶναι ἡσυχίαν
ἄγειν.

ζʹ. Μετὰ δὲ ταῦτ', ὦ ἄνδρες δικασταὶ, [17]ἀφικνοῦνται
ἀπαγγέλλοντες ὅτι ὁ πατὴρ ἀφεῖται, καὶ Σατύρῳ οὕτως
ἁπάντων μεταμέλει τῶν πεπραγμένων, ὥστε πίστεις τὰς d
μεγίστας [18]αὐτῷ δεδωκὼς εἴη, καὶ τὴν ἀρχὴν ἔτι μείζω
πεποιηκὼς ἧς εἶχε πρότερον, καὶ τὴν ἀδελφὴν τὴν ἐμὴν
εἰληφὼς [19]γυναῖκα τῷ αὐτοῦ [20]υἱεῖ· πυθόμενος δὲ ταῦτα

[1] αὐτῷ κάλλιστον A. C. L. [2] καὶ τὰ μὲν χρήμ. C. L. [3] τ' C.
[4] ὁμολογοῦντα A. C. L. [5] αὐτῷ μελήσειν A. C. L. [6] εἰσπλευσαίμην A. L.
[7] ἀποστερεῖν τὰ χρήματα A. C. L. [8] ἀπορεῖν om. A. C. L. [9] καὶ om. A. C. L.
[10] ἀπαιτήσοντας, ἔξαρνος A. C. L. [11] προσπεπτωκότων A. C. L.
[12] ᾧ γ' A. [13] ἀποστερεῖσθαι τὰ χρήματα A. C. L. [14] ταῦτα om. A. C. L.
[15] καταστῆσαι post διαβολὴν ponunt A. C. L. [16] εἶναι om. A. C. L.
[17] ἀφικνοῦνταί μοι A. C. L. [18] αὐτῷ τὰς μεγίστας A. C. L.
[19] γυναῖκα om. A. C. L. [20] υἱῷ A. C. L.

Ἀναισχυντίας] Ψεύδους. Cor.

Ἀπαιτούμενον] *quum argentum a me repeteretur, me confessum esse quod etiam aliis deberem.* Wolf.

Ὧ ὑπῆρχε] *cui periculum erat.* Lang.

Ἀφεῖται] Scil. τῶν τε δεσμῶν καὶ τῶν ἐγκλημάτων. Wolf.

Πίστεις] Non tam ad promissa verborum quam ad testimonia rerum pertinere videtur, np. ad amplificationem imperii et contractam affinitatem. Idem.

Πασίων, καὶ εἰδὼς ὅτι φανερῶς [1] ἤδη πράξω περὶ τῶν ἐμαυτοῦ, ἀφανίζει Κίττον τὸν παῖδα, ὃς συνῄδει περὶ τῶν χρημάτων. ἐπειδὴ δ' ἐγὼ προσελθὼν [2] ἐξήτουν αὐτὸν, ἡγούμενος ἔλεγχον [3] ἂν τοῦτον σαφέστατον γενέσθαι περὶ ὧν
e ἐνεκάλουν, λέγει λόγον πάντων δεινότατον, ὡς ἐγὼ καὶ Μενέξενος διαφθείραντες καὶ πείσαντες [4] αὐτὸν ἐπὶ τῇ τραπέζῃ καθήμενον ἓξ τάλαντ' ἀργυρίου λάβοιμεν [5] πάρ' αὐτοῦ· ἵνα δὲ μηδεὶς ἔλεγχος μηδὲ βάσανος γένοιτο περὶ αὐτῶν, ἔφασκεν ἡμᾶς ἀφανίσαντας τὸν παῖδ' ἀντεγκαλεῖν
361 [6] αὐτῷ, καὶ ἐξαιτεῖν τοῦτον ὃν αὐτοὶ ἠφανίσαμεν. καὶ ταῦτα λέγων καὶ ἀγανακτῶν καὶ δακρύων εἷλκέ με πρὸς τὸν πολέμαρχον, ἐγγυητὰς αἰτῶν, καὶ οὐ πρότερον ἀφῆκεν, ἕως αὐτῷ κατέστησα ἓξ ταλάντων ἐγγυητάς. καί μοι κάλει τούτων μάρτυρας.

ΜΑΡΤΥΡΕΣ.

η'. Τῶν μὲν μαρτύρων ἀκηκόατε, ὦ ἄνδρες δικασταί· ἐγὼ δὲ τὰ μὲν ἀπολωλεκὼς ἤδη, περὶ δὲ τῶν αἰσχίστας 361
b αἰτίας ἔχων, αὐτὸς μὲν εἰς Πελοπόννησον ᾠχόμην ζητήσων, Μενέξενος δ' εὑρίσκει τὸν παῖδα ἐνθάδε, καὶ ἐπιλαβόμενος ἠξίου αὐτὸν βασανίζεσθαι καὶ περὶ τῆς παρακαταθήκης καὶ περὶ ὧν οὗτος [7] ἡμᾶς ᾐτιάσατο. Πασίων δ' εἰς τοῦτο τόλμης ἀφίκεθ', ὥστ' ἀφῃρεῖτ' αὐτὸν ὡς ἐλεύθερον ὄντα, καὶ οὐκ ᾐσχύνετ' οὐδ' ἐδεδοίκει, ὃν ἔφασκεν [8] ὑφ' ἡμῶν ἠνδραποδίσθαι καὶ παρ' οὗ τοσαῦτα χρήματα ἡμᾶς ἔχειν, τοῦτον ἐξαιρούμενος εἰς ἐλευθερίαν καὶ κωλύων βασανίζε-
c σθαι. ὃ δὲ πάντων δεινότατον· διεγγυῶντος γὰρ Μενεξένου

[1] ἤδη om. A. L. [2] ἐζήτουν A. C. L. [3] σαφέστατον τοῦτον ἂν A. C. L. [4] τὸν A. L. [5] παρ' αὐτοῦ λάβοιμεν A. C. L. [6] αὐτὸν A. L. [7] ἡμᾶς αὐτὸς A. C. L. [8] ὑφ' ἡμῶν ἔφασκεν A. C. L.

Κίττον] Hunc eundem Cittom esse, qui apud Demosthenem c. Phorm. §. γ'. memoratur, suspicatur Coraes.

Αὐτὸν ἐπὶ] F. leg. αὐτὸν τὸν ἐπὶ —. Auger.

Ἀντεγκαλεῖν αὐτῷ] Ἀντεγκαλεῖν ἐμὲ τῷ Πασίωνι. Cor.

Πολέμαρχον] Ἕνα τῶν ἐννέα ἀρχόντων, qui præter alia jus inquilinis et populis fundis dicebat. Wolf.

Αὐτῷ] Τῷ Πασίωνι. Cor.

Ζητήσων] Τὸν παῖδα τὸν ἀφανισθέντα. Idem.

Ἠνδραποδίσθαι] Ὡς ἀνδράποδον ἀπαχθῆναι ἢ ὑφαρπασθῆναι. Wolf.

Διεγγυῶντος] Διεγγυᾷν est ἐγγυητὰς καθιστάναι. Lang. Ὁ μὲν Μενέξενος, δεδιὼς μὴ Πασίων ἀφανίσῃ τὸν παῖδα, παρὰ τῷ πολεμάρχῳ διεγγυᾷ, τουτέστιν ἐγγυητὰς ζητεῖ τοῦ παρ' ἐκείνῳ ἢ παρ' ἑτέρῳ τινὶ μένειν τὸν παῖδα, καὶ οἱονεὶ εἰς φυλακὴν παραδίδωσιν αὐτὸν, μέχρις ἂν ὁ Πασίων διαλύσηται τὰς πρὸς τὸν Ποντικὸν νεανίσκον διαφοράς· ὁ δὲ Πασίων, δεδιὼς καὶ αὐτὸς μὴ παρ' ἄλλοις ὁ παῖς γένηται, διεγγυᾶται αὐτὸν ὡς ἐλεύθερον, τουτέστιν ἀναδέχεται τὴν ἐγγύησιν, καὶ παρ'

πρὸς τὸν πολέμαρχον τὸν παῖδα, Πασίων [1] αὐτὸν ἑπτὰ ταλάντων [2] διηγγυήσατο. καί μοι τούτων ἀνάβητε μάρτυρες.

ΜΑΡΤΥΡΕΣ.

θ΄. Τούτων τοίνυν [3] αὐτῷ πεπραγμένων, ὦ ἄνδρες δικασταὶ, ἡγούμενος περὶ μὲν τῶν παρεληλυθότων φανερῶς ἡμαρτηκέναι, οἰόμενος δ' ἐκ τῶν λοιπῶν ἐπανορθώσεσθαι,
προσῆλθεν ἡμῖν φάσκων ἕτοιμος εἶναι παραδοῦναι βασανί- d
ζειν τὸν παῖδα. ἑλόμενοι δὲ βασανιστὰς ἀπηντήσαμεν εἰς τὸ [4] Ἡφαιστεῖον. κἀγὼ μὲν ἠξίουν αὐτοὺς μαστιγοῦν τὸν ἐκδοθέντα καὶ στρεβλοῦν, ἕως ἂν τἀληθῆ δόξειεν αὐτοῖς λέγειν· [5] Πασίων δ' οὑτοσὶ οὐ δημοκοίνους ἔφασκεν αὐτοὺς [6] ἑλέσθαι, ἀλλ' ἐκέλευε λόγῳ πυνθάνεσθαι παρὰ τοῦ παιδὸς, εἴ τι βούλοιντο. διαφερομένων δ' ἡμῶν, οἱ βασανισταὶ αὐτοὶ μὲν οὐκ [7] ἔφασαν βασανιεῖν, ἔγνωσαν δὲ Πασίωνα
ἐμοὶ παραδοῦναι τὸν παῖδα. [8] οὗτος δ' οὕτω σφόδρα e
ἔφυγε τὴν βάσανον, ὥστε περὶ μὲν τῆς παραδόσεως οὐκ ἤθελεν αὐτοῖς πείθεσθαι, τὸ δ' ἀργύριον ἕτοιμος ἦν [9] ἀποτίσειν, εἰ καταγνοῖεν αὐτοῦ. καί μοι κάλει τούτων μάρ- 362
τυρας.

ΜΑΡΤΥΡΕΣ.

ι΄. Ἐπειδὴ τοίνυν ἐκ τῶν συνόδων, ὦ ἄνδρες δικασταὶ, πάντες αὐτοῦ κατεγίγνωσκον ἀδικεῖν καὶ δεινὰ ποιεῖν, ὅστις
362 τὸν παῖδα, ὃν ἔφασκον ἐγὼ συνειδέναι περὶ τῶν χρημάτων, πρῶτον μὲν αὐτὸς ἀφανίσας ὑφ' ἡμῶν αὐτὸν ᾐτιᾶτο ἠφανίσθαι, [10] ἔπειτα δὲ συλληφθέντα ὡς ἐλεύθερον [11] ὄντα διεκώλυσε βασανίζεσθαι, μετὰ δὲ ταῦθ' ὡς δοῦλον ἐκδοὺς καὶ
βασανιστὰς ἑλόμενος λόγῳ μὲν [12] ἐκέλευσε βασανίζειν, ἔργῳ b
δ' οὐκ εἴα, διὰ ταῦθ' ἡγούμενος οὐδεμίαν αὐτῷ σωτηρίαν

[1] ὡς ἐλευθέρου ὄντος αὐτοῦ A. C. L. [2] διεγγυήσατο A. L. [3] οὕτω διαπεπραγμένων A. C. L. [4] Ἡφαιστήϊον. καὶ ἐγὼ A. C. L. [5] οὗτος δ' οὐ A. C. L. [6] ἑλέσθαι αὐτοὺς A. C. L. [7] ἂν ἔφασαν βασανίσαι A. C. L. [8] οὕτω δ' οὗτος A. C. L. [9] ἅπαν ἀποτίσειν A. C. L. [10] ἔπειτα ληφθέντα A. C. L. [11] ὄντα om. A. C. L. [12] ἐκέλευε A. C. L.

ἑαυτῷ κατέχειν τέως τὸν παῖδα βούλεται, ἑπτὰ παρασχόμενος, ἢ γοῦν ἐκτίσειν ὑποσχόμενος, τῆς ἐγγυήσεως τάλαντα, εἰ μὴ παρεδίδου τοῖς ἐξαιτοῦσιν εἰς βάσανον, ἢ εἰ μὴ ἐλεύθερον ἀπεδείκνυεν ὄντα, καὶ διὰ τοῦτο οὐκ ὀφείλοντα βασανισθῆναι. Cor.

Οἰόμενος — ἐπανορθ.] *putans ea delicta deinceps correcturum.* Lang.

Δημοκοίνους] Δημοσίους βασανιστάς. Harpocrat.

Ἐκ τῶν συνόδων] Pro μετὰ τὰς συνόδους, *post hos congressus, postquam hoc inter nos*

εἶναι, ἐάν περ εἰς ὑμᾶς εἰσέλθῃ, προσπέμπων ἐδεῖτό μου εἰς ἱερὸν [1] ἐλθόνθ' αὐτῷ συγγενέσθαι. καὶ ἐπειδὴ ἤλθομεν εἰς ἀκρόπολιν, ἐγκαλυψάμενος ἔκλαιε, καὶ ἔλεγεν ὡς ἠναγκάσθη μὲν δι' ἀπορίαν ἔξαρνος γενέσθαι, ὀλίγου δὲ χρόνου πειράσοιτο τὰ χρήματ' ἀποδοῦναι· ἐδεῖτο δέ μου συγγνώμην
c ἔχειν αὐτῷ καὶ συγκρύψαι τὴν συμφοράν, ἵνα μὴ παρακαταθήκας δεχόμενος φανερὸς γένηται [2] τοιαῦτ' ἐξημαρτηκώς. ἡγούμενος δ' αὐτῷ μεταμέλειν τῶν πεπραγμένων συνεχώρουν, καὶ ἐκέλευον αὐτὸν ἐξευρεῖν ὅντινα ἂν βούληται τρόπον, ὅπως τούτῳ τε καλῶς ἕξει, κἀγὼ [3] τἀμαυτοῦ κομιοῦμαι. τρίτῃ δ' ἡμέρᾳ συνελθόντες πίστιν τ' ἔδομεν [4] ἀλλήλοις ἦ μὴν σιωπήσεσθαι τὰ πραχθέντα, ἣν [5] οὗτος ἔλυσεν, ὡς ὑμεῖς αὐτοὶ προϊόντος τοῦ λόγου γνώσεσθε, καὶ ὡμολόγησεν εἰς
d τὸν [6] Πόντον μοι συμπλευσεῖσθαι κἀκεῖ τὸ χρυσίον ἀποδώσειν, ἵν' ὡς πορρωτάτω ἀπὸ τῆσδε τῆς πόλεως διαλύσειε [7] τὸ συμβόλαιον, καὶ τῶν μὲν ἐνθάδε μηδεὶς εἰδείη τὸν τρόπον τῆς ἀπαλλαγῆς, ἐκπλεύσαντι δὲ αὐτῷ ἐξείη λέγειν ὅ τι [8] αὐτὸς βούλοιτο· εἰ δὲ μὴ [9] ταῦτα ποιήσειε, δίαιταν ἐπὶ ῥητοῖς [10] ἐπέτρεπε Σατύρῳ, ἐφ' ᾧ τε καταγιγνώσκειν ἡμιόλι' αὐτοῦ τὰ χρήματα. ταῦτα δὲ συγγράψαντες καὶ [11] ἀναγα-
e γόντες εἰς ἀκρόπολιν [12] Πύρωνα Φεραῖον ἄνδρα, εἰθισμένον εἰσπλεῖν εἰς τὸν Πόντον, δίδομεν αὐτῷ φυλάττειν τὰς συνθήκας, [13] προστάξαντες αὐτῷ, ἐὰν μὲν διαλλαγῶμεν πρὸς ἡμᾶς αὐτούς, κατακαῦσαι τὸ γραμματεῖον, εἰ δὲ μή, Σατύρῳ ἀποδοῦναι.

ια'. Τὰ μὲν οὖν ἡμέτερα, ὦ ἄνδρες δικασταί, οὕτω διεπέπρακτο· Μενέξενος δ' ὀργιζόμενος ὑπὲρ τῆς αἰτίας ἧς κἀ-
363 κεῖνον Πασίων ᾐτιάσατο, λαχὼν δίκην [14] ἐξῄτει τὸν Κίττον, ἀξιῶν τὴν αὐτὴν Πασίωνι ψευδομένῳ γίγνεσθαι ζημίαν, 363

[1] ἐλθόντα αὐτῷ A. C. L. [2] τοιαῦθ' A. C. L. [3] τὰ ἐμαυτοῦ A. C. L. [4] ἡμῖν αὐτοῖς ἦ A. C. L. [5] αὐτὸς A. C. L. [6] Πόντον εἰσπλεύσεσθαι κἀκεῖ ἀποδώσειν μοι τὸ χρυσίον A. C. L. [7] τὰ συμβόλαια A. C. L. [8] αὐτὸς om. A. C. L. [9] ταῦτα μὴ A. C. L. [10] ἐπιτρέψειν A. C. L. [11] συναγαγόντες A. L. [12] Σατύρωνα A. L. παρὰ Σατύρωνα C. [13] συντάξαντες A. C. L. [14] ἐξῃτεῖτο A. C. L.

acta fuerant. WOLF.

Εἰς ἱερὸν] Scil. τῆς Ἀθηνᾶς. Mox enim arcis mentionem facit. IDEM.

Καλῶς ἕξει] Np. τὰ πράγματα, i. e. quomodo ipso fidem servaret. KANO.

Ἐπὶ ῥητοῖς] *ea conditione.* IDEM.

Ἐφ' ᾧ τε — χρήματα] *ut* (Satyrus) *ipsum totius summæ cum dimidio insuper*

ἧσπερ ἂν αὐτὸς [1]ἐτύγχανεν, εἴ τι τούτων ἐφαίνετο ποιήσας. καὶ οὗτος, ὦ ἄνδρες δικασταὶ, ἐδεῖτό μου ἀπαλλάττειν Μενέξενον, λέγων ὅτι οὐδὲν αὐτῷ πλέον ἔσται, εἰ τὰ μὲν χρήματα ἐκ τῶν συγγεγραμμένων εἰς τὸν Πόντον εἰσπλεύσας ἀποδώσει, αὐτὸς δ' ὁμοίως ἐνθάδε καταγέλαστος ἔσοιτο· ὁ γὰρ παῖς, ἐὰν βασανίζηται, περὶ πάντων τἀληθῆ κατερεῖ. ἐγὼ δ' ἠξίουν πρὸς [2]μὲν Μενέξενον πράττειν ὅ τι βούλοιτο, b
πρὸς δὲ ἐμὲ ποιεῖν αὐτὸν τὰ συγκείμενα. ἐν ἐκείνῳ μὲν οὖν τῷ χρόνῳ ταπεινὸς ἦν, οὐκ ἔχων ὅ τι χρήσαιτο τοῖς αὐτοῦ κακοῖς. καὶ γὰρ οὐ μόνον περὶ τῆς βασάνου καὶ τῆς [3]δίκης ἐκείνης ἐδεδοίκει τῆς εἰληγμένης, ἀλλὰ καὶ περὶ τοῦ γραμματείου, ὅπως μὴ ὑπὸ τοῦ Μενεξένου [4]συλληφθήσοιτο.

ιβ'. Ἀπορῶν δὲ, καὶ οὐδεμίαν ἄλλην εὑρίσκων ἀπαλλαγὴν, πείσας [5]τοὺς παῖδας διαφθείρει τὸ γραμματεῖον, c
ὃ ἔδει Σάτυρον λαβεῖν, εἰ μή μ' ἀπαλλάξειεν οὗτος. καὶ οὐκ ἔφθη διαπραξάμενος ταῦτα, καὶ θρασύτατος [6]ἁπάντων ἀνθρώπων ἐγεγένητο, καὶ οὔτ' εἰς τὸν Πόντον ἔφη μοι [7]συμπλευσεῖσθαι οὔτ' εἶναι πρὸς ἔμ' [8]αὐτῷ συμβόλαιον οὐδὲν, ἀνοίγειν τ' ἐκέλευε τὸ γραμματεῖον ἐναντίον μαρτύρων. τί ἂν [9]ὑμῖν τὰ πολλὰ λέγοιμι, ὦ ἄνδρες δικασταί; εὑρέθη γὰρ ἐν τῷ γραμματείῳ γεγραμμένον, ἀφειμένος ἁπάντων τῶν [10]ἐγκλημάτων ὑπ' ἐμοῦ. d

ιγ'. Τὰ μὲν οὖν γεγενημένα, ὡς ἀκριβέστατα οἷός τ' ἦν, ἅπανθ' ὑμῖν εἴρηκα. ἡγοῦμαι δὲ Πασίωνα, ὦ ἄνδρες δικασταὶ, ἐκ τοῦ διεφθαρμένου γραμματείου τὴν ἀπολογίαν ποιήσεσθαι καὶ τούτοις ἰσχυριεῖσθαι μάλιστα. ὑμεῖς οὖν μοι τὸν νοῦν προσέχετε· οἶμαι γὰρ ἐξ αὐτῶν τούτων φανερὰν ὑμῖν ποιήσειν τὴν τούτου πονηρίαν.

ιδ'. Πρῶτον δ' ἐκ τούτου [11]σκοπεῖσθε. ὅτε γὰρ ἐδίδομεν e
τὴν συνθήκην τῷ ξένῳ, καθ' ἣν οὗτος μὲν ἀφεῖσθαί φησι τῶν ἐγκλημάτων, ἐγὼ [12]δ' ὡς ἔδει με παρὰ τούτου κομί-

[1] ἔτυχεν A. C. L. [2] μὲν om. A. L. [3] δίκης τῆς εἰληγμένης ἐδεδοίκει A. C. L. [4] συλληφθείη A. C. L. [5] τοῦ Σατύρωνος τοὺς A. C. L. [6] ἁπάντων om. A. C. L. [7] συμπλεύσεσθαι A. C. L. [8] αὐτῷ πρὸς ἐμὲ A. C. L. [9] οὖν ὑμῖν A. C. L. [10] συμβολαίων A. C. L. [11] σκοπεῖτε A. C. L. [12] δὲ δεῖν με κομίσασθαι παρὰ τούτου A. C. L.

ejus parte damnaret. Idem.

Ἐδεῖτό μου ἀπαλλάττειν M.] Ad verbum: *me rogabat ut a se dimitteret Menexenum*, i. e. ut se a Menexeno liberarem. Auger.

Ἀφείμενος] I. e. ὅτι ἀφεῖται. Wolf.

σασθαι τὸ χρυσίον, ἐκελεύομεν τὸν ξένον, ἐὰν μὲν διαλλαγῶμεν πρὸς ἡμᾶς αὐτοὺς, κατακαῦσαι τὸ γραμματεῖον, εἰ 364
δὲ μὴ, Σατύρῳ ἀποδοῦναι· καὶ ταῦτα ῥηθῆναι ὑπ' ἀμφοτέρων ἡμῶν [1] ὁμολογεῖται. καίτοι τί [2] μαθόντες, ὦ ἄνδρες
364 δικασταὶ, προσετάττομεν ἀποδοῦναι Σατύρῳ [3] τὸ γραμματεῖον, ἐὰν μὴ διαλλαγῶμεν, εἴπερ ἀπηλλαγμένος ἤδη
Πασίων [4] ἦν τῶν ἐγκλημάτων καὶ τέλος εἶχεν [5] ἡμῖν τὸ
πρᾶγμα; ἀλλὰ δῆλον ὅτι ταύτας τὰς συνθήκας ἐποιησάμεθα ὡς ὑπολοίπων ὄντων [6] ἡμῖν ἔτι πραγμάτων, περὶ ὧν
ἔδει τοῦτον πρὸς ἐμὲ κατὰ τὸ γραμματεῖον [7] διαλύσασθαι.
ἔπειτ' ἐγὼ μὲν, ὦ ἄνδρες δικασταὶ, ἔχω [8] τὰς αἰτίας εἰπεῖν,
b δι' ἃς οὗτος ὡμολόγησεν ἀποδώσειν τὸ χρυσίον· [9] ἐπεὶ γὰρ
ἡμεῖς τε τῶν πρὸς Σάτυρον διαβολῶν ἀπηλλάγημεν καὶ
τὸν Κίττον οὐχ οἷός τ' [10] ἐγένετο ἀφανίσαι, τὸν συνειδότα
περὶ τῆς [11] καταθήκης, ἡγησάμενος, εἰ μὲν ἐκδοίη τὸν παῖδα
βασανίσαι, φανερὸς γενήσεσθαι πανουργῶν, εἰ δὲ μὴ ποιήσειε ταῦτα, ὀφλήσειν τὴν δίκην, [12] ἐβουλήθη πρὸς αὐτὸν ἐμὲ
τὴν ἀπαλλαγὴν ποιήσασθαι. τοῦτον δὲ κελεύσαθ' ὑμῖν
ἀποδεῖξαι, τί κερδαίνων ἢ τίνα κίνδυνον φοβηθεὶς [13] ἀφῆκ'
c αὐτὸν τῶν ἐγκλημάτων; ἐὰν δὲ μηδὲν ἔχῃ τούτων ὑμῖν
ἀποφαίνειν, πῶς [14] οὐκ ἂν δικαίως ἐμοὶ μᾶλλον ἢ τούτῳ περὶ
τοῦ γραμματείου πιστεύοιτε; καὶ μὲν δὴ, ὦ ἄνδρες δικασταὶ, καὶ τόδε ῥᾴδιον πᾶσι γνῶναι, ὅτι ἐμοὶ μὲν [15] ὃς ἐνεκάλουν, εἰ τοὺς ἐλέγχους ἐφοβούμην, ἐξῆν καὶ μηδεμίαν συνθήκην ποιησαμένῳ χαίρειν ἐᾶν τὸ πρᾶγμα· τούτῳ δὲ διά
τε τὴν βάσανον καὶ τοὺς ἀγῶνας τοὺς ἐν ὑμῖν οὐχ οἷόν τε
d ἦν, ὁπότε βούλοιτ', ἀπηλλάχθαι τῶν κινδύνων, εἰ μὴ πείσειεν ἐμὲ τὸν ἐγκαλοῦντα. ὥστ' οὐκ ἐμὲ περὶ τῆς ἀφέσεως,
ἀλλὰ τοῦτον περὶ τῆς ἀποδόσεως [16] τῶν χρημάτων ἔδει [17] τὰς
συνθήκας ποιεῖσθαι. ἔτι δὲ κἀκεῖν' ὑπερφυὲς, εἰ πρὶν μὲν

[1] ὡμολόγηται A. C. L. [2] παθόντες L. [3] τὸ γραμματεῖον om. A. C. L.
[4] ἦν Πασίων A. C. L. [5] ἡμῖν om. A. C. L. [6] ἡμῖν ἔτι πραγμ. ὄντων A. C. L.
[7] διαλύεσθαι A. C. L. [8] τὴν αἰτίαν εἰπεῖν, δι' ἣν A. C. L. [9] ἐπειδὴ A. C. L.
[10] ἦν A. C. L. [11] παρακαταθήκης A. L. [12] ἠβουλήθη C.
[13] ἀφῆκα τοῦτον A. C. L. [14] οὐ δικαίως ἂν A. C. L. [15] ὧν A. C. L.
[16] τῶν χρημάτων om. A. C. L. [17] τὴν συνθήκην ποιεῖσθαι. ἔπειτα καὶ τοῦθ' ὑπ. A. C. L.

Τί μαθόντες] *quo cognito*, i. e. quo animo, qua mente. AUGER.

Ὀφλήσειν τὴν δίκην] Καταδικασθήσεσθαι. WOLF.

Ὑπερφυὲς] Ἄτοπον. COR.

[1] συγγράψασθαι τὸ γραμματεῖον οὕτω σφόδρ' ἠπίστησα τοῖς πράγμασιν, ὥστε μὴ μόνον ἀφεῖναι Πασίωνα τῶν ἐγκλημάτων ἀλλὰ καὶ συνθήκας περὶ αὐτῶν [2] ποιήσασθαι· ἐπειδὴ δὲ τοιοῦτον ἔλεγχον κατ' ἐμαυτοῦ συνεγραψάμην, τηνικαῦτ' ἐπεθύμησα εἰς ὑμᾶς εἰσελθεῖν. καίτοι τίς ἂν e
οὕτω περὶ τῶν αὑτοῦ πραγμάτων βουλεύσαιτο;

365 ιε'. Ὃ δὲ πάντων μέγιστον τεκμήριον ὡς οὐκ ἀφειμένος ἦν Πασίων ἐν ταῖς συνθήκαις, ἀλλ' ὡμολογηκὼς ἀποδώσειν τὸ χρυσίον· ὅτε γὰρ Μενέξενος ἔλαχεν αὐτῷ τὴν δίκην οὔπω διεφθαρμένου τοῦ γραμματείου, προσπέμπων Ἀγύρ- 365
ριον, [3] ὄντ' ἀμφοτέροις ἡμῖν ἐπιτήδειον, ἠξίου [4] με ἢ Μενέξενον ἀπαλλάττειν ἢ τὰς συνθήκας τὰς γεγενημένας πρὸς αὐτὸν ἀναιρεῖν. καίτοι, ὦ ἄνδρες δικασταί, οἴεσθ' ἂν αὐτὸν ἐπιθυμεῖν ἀναιρεθῆναι ταύτας τὰς συνθήκας, ἐξ ὧν ψευδομένους ἡμᾶς ἔμελλεν [5] ἐξελέγξειν; οὔκουν ἐπειδή [6] γε μετεγράφησαν, τούτους ἔλεγε τοὺς λόγους, ἀλλὰ περὶ ἁπάντων εἰς ἐκείνας [7] κατέφευγε καὶ ἀνοίγειν ἐκέλευε τὸ γραμματεῖον. ὡς οὖν τὸ πρῶτον ἀναιρεῖν ἐζήτει τὰς συνθήκας, αὐτὸν Ἀγύῤῥιον b
[8] μαρτυροῦντα παρέξομαι. καί μοι ἀνάβηθι.

ΜΑΡΤΥΡΙΑ.

ις'. Ὅτι μὲν τοίνυν τὰς συνθήκας ἐποιησάμεθ' οὐχ ὡς Πασίων [9] ἐπιχειρήσει λέγειν, ἀλλ' ὡς ἐγὼ πρὸς ὑμᾶς εἴρηκα, ἱκανῶς ἐπιδεδεῖχθαι νομίζω. οὐκ ἄξιον δὲ θαυμάζειν, ὦ ἄνδρες δικασταί, εἰ τὸ γραμματεῖον διέφθειρεν, οὐ μόνον διὰ τοῦτο ὅτι πολλὰ τοιαῦτ' ἤδη γέγονεν, ἀλλ' ὅτι καὶ c
τῶν χρωμένων τινὲς Πασίωνι πολὺ δεινότερα τούτων πεποιήκασι.

ιζ'. Πυθόδωρον γὰρ τὸν Σκηνίτην καλούμενον, ὃς ὑπὲρ Πασίωνος ἅπαντα καὶ λέγει καὶ πράττει, τίς οὐκ οἶδεν ὑμῶν πέρυσιν ἀνοίξαντα τὰς ὑδρίας καὶ τοὺς κριτὰς ἐξε-

[1] συγγράψαι A. C. L. [2] ποιήσασθαι περὶ αὐτῶν A. C. L. [3] ὄνθ' ἡμῖν ἀμφοτέροις A. C. L. [4] με ἢ om. A. C. L. [5] ἐξελέγχειν A. C. L. [6] γε om. A. C. L. [7] κατέφυγε A. C. L. [8] μάρτυρα A. C. L. [9] ἐπεχείρησε A. C. L.

Μενέξενον ἀπαλλάττειν] *petebat, ut efficerem, ut Menexenus ab actione desisteret.* Lang.

Τῶν χρωμένων τινὲς Πασίωνι] Τῶν Πασίωνος φίλων τινές. Cor.

Σκηνίτην] *tabernarium.* Lang. Sed vid. Harpocrat. in voc.

Τὰς ὑδρίας] *urnas* simpliciter intelligo in quas judicum nomina conjiciebantur. Wolf. Ἔοικε μέντοι οὐχ ἁπλῶς ἐπὶ κριτῶν

λόντα τοὺς ὑπὸ τῆς βουλῆς εἰσβληθέντας; καίτοι ὅστις
μικρῶν [1]ἕνεκεν, καὶ περὶ τοῦ σώματος κινδυνεύων, ταύτας
ὑπανοίγειν ἐτόλμησεν, αἳ σεσημασμέναι μὲν ἦσαν ὑπὸ
d τῶν πρυτάνεων, [2]κατεσφραγισμέναι δ' ὑπὸ τῶν χορηγῶν,
ἐφυλάττοντο δ' ὑπὸ τῶν ταμιῶν, ἔκειντο δ' ἐν ἀκροπόλει, τί
δεῖ θαυμάζειν, εἰ [3]γραμματείδιον παρ' ἀνθρώπῳ ξένῳ [4]κεί-
μενον τοσαῦτα μέλλοντες χρήματα κερδαίνειν [5]μετέγρα-
ψαν, ἢ τοὺς παῖδας αὐτοῦ πείσαντες ἢ ἄλλῳ τρόπῳ ᾧ
[6]ἠδύναντο μηχανησάμενοι; περὶ μὲν οὖν τούτων οὐκ οἶδ' ὅτι
δεῖ [7]πλείω λέγειν.

ιη'. Ἤδη δέ τινας Πασίων ἐπεχείρησε πείθειν ὡς τὸ πα-
e ράπαν οὐδ' ἦν ἐνθάδε [8]μοι χρήματα, λέγων ὡς παρὰ 366
Στρατοκλέους ἐδανεισάμην τριακοσίους στατῆρας. ἄξιον
οὖν καὶ περὶ τούτων ἀκοῦσαι, ἵν' ἐπίστησθ' οἵοις τεκμηρίοις
ἐπαρθεὶς ἀποστερεῖ με [9]τῶν χρημάτων.

ιθ'. Ἐγὼ γάρ, ὦ ἄνδρες δικασταί, μέλλοντος Στρατοκλέους εἰσπλεῖν εἰς τὸν Πόντον, βουλόμενος ἐκεῖθεν ὡς
πλεῖστ' ἐκκομίσασθαι τῶν χρημάτων, ἐδεήθην Στρατο-
366 κλέους τὸ μὲν αὐτοῦ χρυσίον ἐμοὶ καταλιπεῖν, ἐν δὲ τῷ
Πόντῳ παρὰ τοῦ πατρὸς τοὐμοῦ κομίσασθαι, νομίζων μεγάλα κερδαίνειν, εἰ κατὰ πλοῦν μὴ κινδυνεύοι τὰ χρήματα,
ἄλλως τε καὶ Λακεδαιμονίων [10]ἀρχόντων κατ' ἐκεῖνον τὸν
χρόνον [11]τῆς θαλάττης. τούτῳ μὲν οὖν οὐδὲν ἡγοῦμαι τοῦτ'
εἶναι σημεῖον, ὡς οὐκ ἦν ἐνθάδε μοι [12]χρήματα· ἐμοὶ δὲ μέγιστ' [13]ἔσται τεκμήρια τὰ πρὸς Στρατοκλέα πραχθέντα,
ὡς ἦν μοι παρὰ τούτῳ χρυσίον. ἐρωτῶντος γὰρ Στρα-
b τοκλέους ὅστις αὐτῷ ἀποδώσει τὰ χρήματα, ἐὰν ὁ πατὴρ
ὁ ἐμὸς μὴ ποιήσῃ τὰ ἐπεσταλμένα, ἢ αὐτὸς ἐκπλεύσας
ἐνθάδ' [14]ἐμὲ μὴ καταλάβῃ, Πασίωνα αὐτῷ συνέστησα,

[1] ἕνεκα A. C. L. [2] σεσημασμέναι A. C. L. [3] γραμματεῖον A. C. L.
[4] κείμενον om. A. [5] μετέγραψαν post μηχανησάμενοι ponunt A. C. L.
[6] ἐδύναντο A. C. L. [7] πλείω δεῖ A. C. L. [8] μοι ἐνθάδε A. C. L.
[9] τὰ χρήματα A. C. L. [10] ὑπαρχόντων A. C. L. [11] κυρίων τῆς A. C. L.
[12] τὰ χρήματα A. L. [13] ἔσεσθαι σημεῖα A. C. L. [14] ἐμὲ ἐνθάδε A. C. L.

ὧδε τετάχθαι τοὔνομα, ἀλλ' εἰδικώτερον ἐπὶ τῶν Διονυσίοις κρινόντων τοὺς νικῶντας τῶν χορῶν καὶ τῶν ἀγωνιζομένων ποιητῶν. ἔστι δὲ τοῦτο πιστώσασθαι ἔκ τε τοῦ προσεχῶς ἐπαγομένου, Ὑπὸ τῶν χορηγῶν· καὶ ἐκ τῶν ἐν ἀρχῇ τοῦ Περὶ τραύμ. ἐκ προν. λόγου τοῦ Λυσίου· Ἐβουλόμην δ' ἂν μὴ ἀπολαχεῖν αὐτὸν κριτὴν Διονυσίοις — ἐπεὶ σαφῶς ἔγνωτ' ἄν, ὅτι ἡμεῖς ἦμεν αὐτὸν οἱ κριτὴν ἐμβαλόντες. Cor.

Στατῆρας] Varii stateres fuerunt, sed quia sequitur τοσούτων χρημάτων, de aureis cateribus accipio, quorum singuli, Polluce auctore, minam valuerunt. Wolf.

Πασίωνα αὐτῷ συνέστησα] I. e. a Pa-

καὶ ὡμολόγησεν οὗτος αὐτῷ καὶ τὸ ἀρχαῖον καὶ τοὺς
τόκους τοὺς γιγνομένους ἀποδώσειν. καίτοι εἰ μηδὲν ἔκειτο
παρ' αὐτῷ τῶν ἐμῶν, οἴεσθ' ἂν αὐτὸν οὕτω ῥᾳδίως τοσούτων χρημάτων ἐγγυητὴν [1] μου γενέσθαι; καί μοι ἀνάβητε μάρτυρες.

ΜΑΡΤΥΡΕΣ.

κ'. Ἴσως τοίνυν, ἄνδρες δικασταί, καὶ τούτων ὑμῖν c
μάρτυρας παρέξεται, ὡς ἔξαρνος ἐγενόμην πρὸς τοὺς ὑπὲρ
Σατύρου πράττοντας μηδὲν κεκτῆσθαι πλὴν ὧν ἐκείνοις
παρεδίδουν, καὶ ὡς αὐτὸς ἐπελαμβάνετο τῶν χρημάτων
τῶν ἐμῶν ὁμολογοῦντος ἐμοῦ ὀφείλειν τριακοσίας δραχμάς,
καὶ ὅτι Ἱππολαΐδαν, ξένον ὄντ' [2] ἐμαυτοῦ καὶ ἐπιτήδειον,
περιεώρων παρὰ τούτου δανειζόμενον.

κα'. Ἐγὼ δ', ὦ ἄνδρες δικασταί, καταστὰς εἰς συμφορὰς οἵας ὑμῖν διηγησάμην, καὶ τῶν μὲν οἴκοι πάντων d
367 ἀπεστερημένος, τὰ δ' ἐνθάδε ἀναγκαζόμενος παραδιδόναι
τοῖς ἥκουσιν, ὑπολοίπου δ' οὐδενὸς ὄντος μοι, πλὴν εἰ [3] δυνηθείην λαθεῖν περιποιησάμενος τὸ χρυσίον τὸ παρὰ τούτῳ κείμενον, ὁμολογῶ καὶ τούτῳ προσομολογῆσαι [4] τριακοσίας δραχμὰς καὶ περὶ τῶν ἄλλων τοιαῦτα πράττειν καὶ
λέγειν, ἐξ ὧν [5] ἐκεῖνοι μάλιστ' ἤμελλον πεισθήσεσθαι μὴ
εἶναί μοι χρήματα. καὶ ταῦθ' ὡς οὐ δι' ἀπορίαν [6] ἐγίγνετο,
ἀλλ' ἵνα πιστευθείην ὑπ' ἐκείνων, ῥᾳδίως [7] γνώσεσθε. πρῶ- e
τον μὲν [8] γὰρ ὑμῖν μάρτυρας παρέξομαι τοὺς εἰδότας πολλά
μοι χρήματα ἐκ τοῦ Πόντου κομισθέντα, ἔπειτα δὲ τοὺς
ὁρῶντάς με τῇ τούτου τραπέζῃ χρώμενον, ἔτι δὲ παρ' ὧν
ἐχρυσώνησα ὑπ' ἐκεῖνον τὸν χρόνον [9] πλέον ἢ χιλίους στατῆρας. πρὸς δὲ τούτοις, εἰσφορᾶς ἡμῖν προσταχθείσης καὶ 367
ἑτέρων ἐπιγραφῶν γενομένων ἐγὼ πλεῖστον εἰσήνεγκα τῶν
ξένων, αὐτός [10] τε αἱρεθεὶς ἐμαυτῷ μὲν ἐπέγραψα τὴν εἰσφο-

[1] μου om. A. C. L. [2] ἐμαυτῷ A. C. L. [3] οἷός τ' ἦν λαθεῖν A. C. L.
[4] τὰς τριακοσίας A. C. L. [5] ἐκείνους μάλιστα πείθειν ᾠόμην μηδὲν εἶναί μοι. καὶ A. C. L.
[6] ἐγίγνετό μοι A. C. L. [7] γνώσεσθε ἂν A. C. L. [8] οὖν A. C. L.
[9] πλείους A. C. L. [10] τε καὶ οἱ ἐμοί. καὶ ἐμαυτῷ μὲν ἐπεγραψάμην εἰσφορὰν A. C. L.

sione repetere jussi, Pasionem sponsorem dedi. Lang.

Καὶ ὡς αὐτὸς — ἐμῶν] Repete ὡς ἔξαρνος ἐγενόμην. *atque ut ipse negaverim, se meas opes sibi vindicasse*, i. e. se mihi quidquam debere, *eo, quod confessus sim* etc. Idem.

Τούτῳ] Sub. ὀφείλειν. Auger.

Ἑτέρων ἐπιγραφῶν γεν.] *aliis inscriptionibus factis*, i. e. cum alii census agerentur. Wolf.

ῥὰν μεγίστην, ὑπὲρ δὲ Πασίωνος ἐδεόμην τῶν [1]συνεπιγρα-
φέων, λέγων ὅτι τοῖς ἐμοῖς χρήμασι [2]τυγχάνει χρώμενος.
καί μοι ἀνάβητε μάρτυρες.

ΜΑΡΤΥΡΕΣ.

κβ'. Αὐτὸν τοίνυν Πασίωνα ἔργῳ παρέξομαι [3]τούτοις
b συμμαρτυροῦντα. ὁλκάδα γὰρ, ἐφ' ᾗ πολλὰ χρήματα ἦν
ἐγὼ δεδωκὼς, ἔφηνέ τις ὡς οὖσαν ἀνδρὸς Δηλίου. ἀμφισβη-
τοῦντος δ' ἐμοῦ καὶ καθέλκειν ἀξιοῦντος οὕτω τὴν βουλὴν
διέθεσαν οἱ βουλόμενοι συκοφαντεῖν, ὥστε παρὰ μικρὸν
[4]ἦλθον ἄκριτος ἀποθανεῖν. τελευτῶντες δ' ἐπείσθησαν
ἐγγυητὰς παρ' ἐμοῦ δέξασθαι. καὶ Φίλιππος μὲν [5]ὤν μοι
ξένος πατρικὸς, κληθεὶς καὶ ὑπακούσας, δείσας τὸ μέγεθος
c τοῦ κινδύνου ἀπιὼν ᾤχετο· Πασίων δ' Ἀρχέστρατόν μοι
τὸν ἀπὸ τῆς τραπέζης ἑπτὰ ταλάντων ἐγγυητὴν παρέσχε.
καίτοι, εἰ [6]μικρῶν ἀπεστερεῖτο καὶ μηδὲν ᾔδει μ' ἐνθάδε
κεκτημένον, οὐκ ἂν δήπου τοσούτων χρημάτων ἐγγυητής
[7]μου κατέστη. ἀλλὰ δῆλον ὅτι τὰς μὲν τριακοσίας δραχμὰς ἐνεκάλεσεν ἐμοὶ χαριζόμενος, τῶν δ' ἑπτὰ ταλάντων
ἐγγυητής μου ἐγένετο ἡγούμενος πίστιν ἔχειν [8]ἱκανὴν τὸ 368
χρυσίον τὸ παρ' αὐτῷ κείμενον. ὡς μὲν τοίνυν [9]ἦν τέ μοι
d πολλὰ χρήματ' ἐνθάδε, καὶ ταῦτ' ἐπὶ τῇ τούτου τραπέζῃ
[10]κεῖταί μοι, καὶ ἐκ τῶν ἔργων τῶν Πασίωνος ὑμῖν δεδήλωκα,
καὶ παρὰ [11]τῶν ἄλλων τῶν εἰδότων ἀκηκόατε.

κγ'. Δοκεῖτε δέ μοι, ὦ ἄνδρες δικασταὶ, ἄριστ' ἂν
γνῶναι περὶ ὧν ἀμφισβητοῦμεν, ἀναμνησθέντες [12]ἐκεῖνον

[1] ἐπιγραφέων C. [2] τυγχάνει χρήμασι A. C. L. [3] ταῦτα A. C.
[4] ἐδέησα ἀποθανεῖν ἄκριτος A. C. L. [5] ξένος ὢν A. C. L. [6] μικρῶν A.
[7] μοι χρημάτων ἐγγυητὴς A. C. L. [8] ἱκανὴν πίστιν ἔχειν παρ' ἐμοῦ τὸ A. C. L.
[9] ἦν ἐμοὶ A. C. L. [10] ἔκειτό A. C. L. [11] τῶν ἄλλων om. A. C. L.
[12] ἐκείνων τῶν χρόνων A. C. L.

Χρώμενος] Propter quæ plus possidere videbatur, quam re possidebat. Lang.

Ἐφ' ᾗ — δεδωκὼς] Tametsi ἐφ' ᾗ videatur causam notare, tamen sic intelligo: *cui ego multas merces imposueram*, vel *in quam multas pecunias dederam*, vel *quam magno emeram*. Wolf. *quæ mihi oppignerata erat pro ingenti pecunia.* In Emend. l. iv. c. 3. Vales. Cf. Demosth. c. Phorm. §. η'.

Ἔφηνε] *indicarat*, vel *detulerat*, *tanquam esset cujusdam Delii*. Haud scio an historia aliqua hic lateat de inimicitiis Atheniensium cum Deliis, ut si qua e Delo navis Athenas appulisset, publicaretur. Wolf.

Καθέλκειν] *arripere velut meam.* Lang.

Τὸν ἀπὸ τῆς τραπέζης] Idem est quod τὸν ἐπὶ τῇ τραπέζῃ. Wolf. Ἴσως· τὸν ἐπὶ τῆς τραπέζης. Cor.

Μικρῶν ἀπεστερεῖτο] *si putasset vel parvam jacturam sibi faciendam esse.* Lang.

Δῆλον ὅτι — ἐνεκάλεσεν] *evidens est postulasse*, i. e. sibi me debere dixisse verbis, non re. Vid. §. κ'. Idem.

τὸν χρόνον, καὶ τὰ πράγματα πῶς εἶχεν ἡμῖν, ὅτ' ἐγὼ e
Μενέξενον καὶ Φιλόμηλον προσέπεμψ' ἀπαιτήσοντας τὴν παρακαταθήκην, καὶ Πασίων τὸ πρῶτον [1] ἐτόλμησε ἔξαρνος γενέσθαι. εὑρήσετε γὰρ τὸν μὲν πατέρα μου συνειλημμένον καὶ τὴν οὐσίαν ἅπασαν ἀφῃρημένον, ἐμοὶ δ' οὐχ οἷόν τε ὂν διὰ τὰς παρούσας τύχας οὔτ' αὐτοῦ μένειν οὔτ' εἰς τὸν
Πόντον εἰσπλεῖν. καίτοι πότερον εἰκὸς ἐμὲ ἐν τοσούτοις ὄντα 368
κακοῖς ἀδίκως ἐγκαλεῖν, ἢ Πασίωνα καὶ διὰ τὸ μέγεθος τῶν ἡμετέρων συμφορῶν καὶ διὰ τὸ πλῆθος τῶν χρημάτων ἐπαρθῆναι [2] τὴν ἀποστέρησιν ποιήσασθαι; τίς δὲ πώποτ' εἰς τοσοῦτον συκοφαντίας ἀφίκετο, ὥστ' αὐτὸς περὶ τοῦ σώματος κινδυνεύων τοῖς ἀλλοτρίοις ἐπιβουλεύειν; μετὰ
ποίας δ' ἂν ἐλπίδος ἢ τί διανοηθεὶς ἀδίκως ἦλθον ἐπὶ τοῦ- b
τον; πότερον ὡς δείσας τὴν δύναμιν τὴν ἐμὴν [3] ἤμελλεν εὐθύς μοι δώσειν ἀργύριον; ἀλλ' οὐχ οὕτως ἑκάτερος [4] ἡμῶν ἔπραττεν· ἀλλ' εἰς ἀγῶνα καταστὰς ᾤμην καὶ παρὰ τὸ δίκαιον πλέον ἕξειν Πασίωνος παρ' ὑμῖν; ὃς οὐδὲ μένειν [5] ἐνθάδε παρεσκευαζόμην, δεδιὼς μή μ' [6] ἐξαιτήσειε Σάτυρος παρ' ὑμῶν. ἀλλ' ἵνα μηδὲν διαπραττόμενος ἐχθρὸς τούτῳ κατασταίην, ᾧ μάλιστ' ἐτύγχανον πάντων τῶν ἐν τῇ πόλει
χρώμενος; καὶ τίς ἂν ὑμῶν ἀξιώσειε καταγνῶναί μου c
τοσαύτην μανίαν καὶ ἀμαθίαν;

κδ'. Ἐνθυμηθῆναι δ' ἄξιόν ἐστιν, ὦ ἄνδρες δικασταί, τὴν ἀτοπίαν καὶ [7] τὴν ἀπιστίαν ὧν ἑκάστοτε Πασίων ἐπιχειρεῖ λέγειν. ὅτε μὲν γὰρ οὕτως ἔπραττον, ὥστ' οὐδ' ἂν εἰ προσωμολόγει με ἀποστερεῖν [8] τῶν χρημάτων, οἷός τ' ἂν ἦν παρ' αὐτοῦ δίκην λαβεῖν, τότε μὲν αἰτιᾶταί με ἀδίκως ἐγκαλεῖν ἐπιχειρῆσαι· ἐπειδὴ δ' ἐγώ τε τῶν πρὸς
369 Σάτυρον διαβολῶν ἀπηλλάγην καὶ τοῦτον [9] ἅπαντες ὀφλή- d
σειν τὴν δίκην ἐνόμιζον, τηνικαῦτά μέ φησιν ἀφεῖναι πάντων τῶν ἐγκλημάτων αὐτόν. καίτοι πῶς ἂν τούτων ἀλογώτερα γένοιτο;

[1] ἐτόλμησε τὸ πρῶτον A. C. L. [2] καὶ τὴν A. C. L. [3] ἔμελλε A. C. L.
[4] ἡμῶν ἑκάτερος A. C. L. [5] ἐνθάδε μένειν A. C. L. [6] ἐξαιτοίη A. C. L.
[7] τὴν om. A. C. L [8] τὰ χρήματα A. C. L.
[9] ᾤοντο ἅπ. ὀφλ. τὴν δίκην, τηνικαῦτά A. C. L.

Προσέπεμψ'] Vid. §. ϛ'. Idem.
Αὐτοῦ μένειν] Ἀθήνῃσι δηλονότι. Cor.
Ἀδίκως ἦλθον ἐπὶ τοῦτον] *injuste contra istum venisse*, i. e. injuste accusassem. Lang.
Τοῦτον] Ad Pasionem referas. Idem.

κε΄. Ἀλλὰ γὰρ [1]ἴσως περὶ τούτων μόνον, [2]ἀλλ᾽ οὐ καὶ περὶ τῶν ἄλλων ἐναντί᾽ αὐτὸς αὑτῷ καὶ λέγων καὶ πράττων φανερός ἐστιν· ὃς τὸν μὲν παῖδα, ὃν αὐτὸς ἠφάνισεν, ὑφ᾽ ἡμῶν ἔφασκεν ἀνδραποδισθῆναι, τὸν αὐτὸν δὲ τοῦτον ἀπεγράψατο μὲν ἐν τοῖς τιμήμασιν ὡς δοῦλον μετὰ τῶν οἰκετῶν
e τῶν ἄλλων, ἐπεὶ δ᾽ αὐτὸν ἠξίου Μενέξενος βασανίζειν, [3]ἀφῃρεῖθ᾽ ὡς ἐλεύθερον ὄντα. πρὸς δὲ τούτοις ἀποστερῶν αὐτὸς τὴν παρακαταθήκην, ἐτόλμησεν [4]ἡμῖν ἐγκαλεῖν ὡς ἔχοιμεν ἓξ τάλαντα ἀπὸ τῆς τούτου τραπέζης. καίτοι ὅστις περὶ πραγμάτων οὕτω φανερῶν [5]ἐπεχείρει ψεύδεσθαι, πῶς
369 χρὴ πιστεύειν αὐτῷ περὶ ὧν μόνος πρὸς μόνον ἔπραξε;

κϛ΄. Τὸ τελευταῖον τοίνυν, ὦ ἄνδρες δικασταὶ, ὁμολογήσας ὡς Σάτυρον [6]εἰσπλευσεῖσθαι καὶ ποιήσειν ἅττ᾽ ἂν ἐκεῖνος γνῷ, καὶ ταῦτ᾽ ἐξηπάτησε, καὶ αὐτὸς μὲν οὐκ ἤθελεν εἰσπλεῦσαι πολλάκις [7]ἐμοῦ [8]προκαλεσαμένου, [9]εἰσέπεμψε δὲ τὸν Κίττον· ὃς [10]ἐλθὼν ἐκεῖσε ἔλεγεν ὅτι ἐλεύθερος εἴη καὶ τὸ γένος Μιλήσιος, πέμψειε δ᾽ αὐτὸν Πασίων διδάξοντα
b περὶ τῶν χρημάτων. ἀκούσας δὲ [11]Σάτυρος ἀμφοτέρων ἡμῶν δικάζειν μὲν οὐκ ἠξίου περὶ τῶν ἐνθάδε γενομένων συμβολαίων, ἄλλως τε καὶ μὴ παρόντος τούτου μηδὲ μέλλοντος ποιήσειν ἃ ἐκεῖνος δικάσειεν, οὕτω [12]δὲ σφόδρα ἐνόμιζεν ἀδικεῖσθαί [13]με, ὥστε συγκαλέσας τοὺς ναυκλήρους ἐδεῖτ᾽ [14]αὐτῶν βοηθεῖν ἐμοὶ καὶ μὴ περιορᾶν ἀδικούμενον, καὶ πρὸς τὴν πόλιν [15]συγγράψας ἐπιστολὴν ἔδωκε φέρειν Ξενοτίμῳ τῷ Καρκίνου. καί μοι ἀνάγνωθι [16]αὐτοῖς.

ΕΠΙΣΤΟΛΗ.

c κζ΄. Οὕτω τοίνυν, ὦ ἄνδρες δικασταὶ, πολλῶν μοι τῶν δικαίων ὑπαρχόντων, ἐκεῖν᾽ ἡγοῦμαι μέγιστον εἶναι τεκμή-

[1] ἴσως om. A. C. L. [2] ἀλλὰ καὶ A. C. L. [3] ἀφείλετο A. C. L. [4] ἡμῖν om. A. C. L. [5] ἐπιχειρεῖ A. C. L. [6] εἰσπλεύσειν A. C. L. [7] μου A. C. L. [8] προσκαλεσαμένου C. [9] ἐξέπεμψε A. C. L. [10] ἐκεῖσε μὲν ἐλθὼν ἔλ. ὅτι ἐλεύθερός ἐστι καὶ τὸ γένος εἴη A. C. L. [11] ὁ Σατ. A. C. L. [12] δέ με A. C. L. [13] με om. A. C. L. [14] αὐτῶν om. A. C. L. [15] ἐγγράψας A. C. L. [16] αὐτοῖς om. A. C. L.

Ἀνδραποδισθῆναι] *furto abductum esse.* IDEM.

Ἐν τοῖς τιμήμασιν] *cum census ageretur.* WOLF.

Τούτου] F. αὐτοῦ. AUGER.

Καρκίνου] Harpocration hunc arbitratur fuisse ducem qui Peloponnesum classe infestavit. Quem vide ad hanc ipsam vocem. IDEM.

ριον ὡς ἀποστερεῖ με Πασίων [1] τῶν χρημάτων, ὅτι τὸν παῖδα
370 οὐκ ἠθέλησε [2] βασανίζειν ἐκδοῦναι τὸν συνειδότα περὶ τῆς
παρακαταθήκης. καίτοι περὶ τῶν πρὸς τοὺς ἐπὶ [3] ταῖς τραπέζαις συμβολαίων τίς ἂν ἔλεγχος ἰσχυρότερος [4] τούτου γένοιτο; οὐ γὰρ δὴ μάρτυράς γ' αὐτῶν ποιούμεθα. ὁρῶ δὲ καὶ
ὑμᾶς καὶ περὶ τῶν ἰδίων καὶ περὶ τῶν δημοσίων οὐδὲν πι- d
στότερον οὐδ' ἀληθέστερον βασάνου νομίζοντας, καὶ μάρτυρας μὲν [5] ἡγουμένους οἷόν τ' εἶναι καὶ τῶν μὴ γεγενημένων
παρασκευάσασθαι, τὰς δὲ βασάνους φανερῶς ἐπιδεικνύναι
ὁπότεροι τἀληθῆ λέγουσιν. ἃ οὗτος εἰδὼς ἠβουλήθη εἰκάζειν
ὑμᾶς περὶ τοῦ πράγματος μᾶλλον ἢ [6] σαφῶς εἰδέναι. οὐ γὰρ
δὴ τοῦτό γ' ἂν εἰπεῖν ἔχοι, ὡς ἔλαττον [7] ἤμελλεν ἕξειν ἐν
τῇ βασάνῳ, καὶ διὰ τοῦτ' οὐκ εἰκὸς [8] ἦν αὐτὸν ἐκδοῦναι.
πάντες γὰρ ἐπίστασθ' ὅτι κατειπὼν μὲν [9] ἤμελλε τὸν ἐπί- e
λοιπον χρόνον ὑπὸ τούτου κάκιστ' ἀνθρώπων ἀπολεῖσθαι,
διακαρτερήσας δὲ καὶ ἐλεύθερος ἔσεσθαι καὶ μεθέξειν ὧν
οὗτος [10] ἐμὲ ἀπεστέρησεν. ἀλλ' ὅμως τοσούτῳ μέλλων πλέον
ἕξειν, συνειδὼς αὑτῷ τὰ πεπραγμένα ὑπέμεινε καὶ δίκας 370
φεύγειν καὶ τὰς ἄλλας αἰτίας ἔχειν, ὥστε μηδεμίαν βάσανον
περὶ τοῦ πράγματος τούτου γενέσθαι.

κη'. Ἐγὼ οὖν ὑμῶν δέομαι μεμνημένους τούτων καταψηφίσασθαι Πασίωνος, καὶ μὴ τοσαύτην πονηρίαν [11] ἐμοῦ
καταγνῶναι, ὡς οἰκῶν ἐν τῷ Πόντῳ, καὶ τοσαύτην οὐσίαν
κεκτημένος ὥστε καὶ ἑτέρους εὖ ποιεῖν δύνασθαι, Πασίωνα
ἦλθον συκοφαντήσων καὶ ψευδεῖς αὐτῷ παρακαταθήκας b
[12] ἐγκαλῶν.

κθ'. Ἄξιον δὲ [13] καὶ Σατύρου καὶ τοῦ πατρὸς ἐνθυμηθῆναι,
οἳ πάντα τὸν χρόνον περὶ πλείστου τῶν Ἑλλήνων ὑμᾶς ποι-

[1] τὰ χρήματα A. C. L. [2] βασανίζειν om. A. C. L. [3] ταῖς om. A. L.
[4] τούτου om. A. C. L. [5] γεγενημένους A. L. [6] φανερῶς A. C. L.
[7] ἔμελλεν A. C. L. [8] ἦν om. A. L. [9] ἔμελλε A. C. L.
[10] ἐμὲ om. A. C. L. [11] μου πονηρίαν A. C. L. [12] ἐγκαλέσων A. C.
[13] καὶ om. A. L.

Οὐ γὰρ δὴ τοῦτό] Ἴσως· οὐ γὰρ δήπου τοῦτό. Cor.

Ὡς ἔλαττον— βασάνῳ] *se facile damnum aliquod capere posse, si servus torqueretur.* Lang.

Αὐτὸν] Np. τὸν δοῦλον. Auger.

Κατειπὼν] *si contra istum dixisset.* Lang.

Κάκιστ' ἀνθρώπων] *crudelius quam quisquam alius periisset, sibi pereundum fore sciebat.* Wolf.

Τὰς ἄλλας] F. leg. τὰς αἰσχρὰς, vel aliud quid. Auger.

Ἐγκαλῶν] Scribo: ἐγκαλέσων. H. Stephan.

οῦνται, καὶ πολλάκις ἤδη διὰ σπάνιν σίτου τὰς τῶν ἄλλων ἐμπόρων ναῦς κενὰς ἐκπέμποντες ὑμῖν ἐξαγωγὴν ἔδοσαν· καὶ ἐν τοῖς ἰδίοις συμβολαίοις, ὧν ἐκεῖνοι κριταὶ γίγνονται,
c οὐ μόνον ἴσον ἀλλὰ καὶ πλέον ἔχοντες ἀπέρχεσθε. ὥστ' οὐκ ἂν εἰκότως περὶ ὀλίγου ποιήσαισθε τὰς ἐκείνων ἐπιστολάς. δέομαι οὖν ὑμῶν καὶ ὑπὲρ ἐμαυτοῦ καὶ ὑπὲρ ἐκείνων τὰ δίκαια ψηφίσασθαι, καὶ μὴ τοὺς Πασίωνος λόγους ψευδεῖς ὄντας πιστοτέρους ἡγεῖσθαι τῶν ἐμῶν.

Ἐκπέμποντες] *dimittentes* vel *abigentes e portu*, exportationem recusantes. LANG.

ΙΣΟΚΡΑΤΟΥΣ

[1]ΠΑΡΑΓΡΑΦΗ

ΠΡΟΣ ΚΑΛΛΙΜΑΧΟΝ.

Pag. ed. Cor. 371 α'. ΕΙ μὲν [2]καὶ ἄλλοι τινὲς ἦσαν ἠγωνισμένοι τοιαύτην Pag. ed. H. Ste 371 παραγραφὴν, ἀπ' αὐτοῦ τοῦ πράγματος ἠρχόμην ἂν τοὺς

[1] ΠΑΡΑΓΡΑΦΙΚΟΣ A. C. L. [2] καὶ om. A.

SUMMARIUM. Nomen rei, cui Isocrates hanc orationem adversus Callimachum scripsit de exceptione, i. e. de eo, quod actio, quam Callimachus ipsi intendat, illo non danda sit, tacetur. (α'.) Quoniam ante me nemo talem exceptionem ad judices attulit, prius de lege, qua fretus huc veni et qua tanquam reus prius dico quam accusator, dicendum est, quam rem ipsam aggrediar. Ea lex jubet: si quis præter pactum, quod e Piræeo in urbem reversi fecistis, litem moveat, reo licere exceptione (Einwendung gegen die Zulasslichkeit der Klage) uti, eumque, qui præscriptione utatur, priore loco dicere, uter vero succubuisset, eum mulctam solvere. (β'.) Ostendam autem, Callimachum non tantum contra fœdera litem mihi intendere, sed falsa etiam crimina comminisci, quin et arbitri sententiam hac de re intercessisse, Nunc vobis omnem rem, ut ab initio gesta est, exponam. (γ'.) Decemviris, qui post Triginta constituti fuerant, imperantibus accidit, ut Patrocles, familiaris meus, ambulans mecum, Callimacho, inimico suo, obviam fieret pecuniam ferenti, et ad unum de Decemviris, de pecuniis referens, efficeret, ut Senatus decerneret, quod Callimachus unus esset ex iis, qui Piræeum confugissent, pecuniam Callimachi esse publicam. Postea, quum exsules e Piræeo rediissent, Callimachus litem intendit Patrocli, et decem minis ab eo extortis mihi negotium facessit, in me unum omnia, quæ facta fuerant, conferens. Ego vero testes producam, qui dicent, me nec ipsum apprehendisse, nec ejus pecuniam attigisse, deinde alios, qui sciunt, rem non me, sed Patroclem detulisse, et accusatorem fuisse. (δ'.) Quanquam vero tam multi factis illis interfuerunt, Callimachus tamen ubique questus est, ut qui pessime a me tractatus pecuniisque spoliatus esset. Hinc, ne calumnia latius spargeretur, hortantibus illius amicis, tandem drachmas isti ducentas dedi, et ne iterum calumniari liceret transacta re Nicomachum Batensem arbitrum sumpsimus ad illam confirmandam. (ε'.) Ac primum pacta iste servabat; deinde actionem decem mille drachmarum in me movet, quam testibus a me productis primum quidem omisit, sed agendi potestate a magistratu impetrata iterum intendit; egoque consultissimum esse duxi, in judicium venire. (ϛ'.) Audio autem Callimachum tum de ipsis criminibus falsa dicturum, tum arbitrium negaturum dicendo, se Nicomachum nunquam sumpturum fuisse arbitrum mihi familiarem, nec consentaneum, ducentas pro decies mille drachmis ipsum accipere voluisse. (ζ'.) Vos autem consideretis velim, primum, nos transacta re ad arbitrum venisse; deinde, si ipsi decies mille drachmæ deberentur, non verisimile esse, ipsum duabus minis contentum fuisse. Si multa postulavit et pauca accepit, nihil aliud sequitur, quam istum nos ab initio per injuriam accusasse. Postremo, illum accepisse, quod negat, palam fit ex eo, quod hac de re testem non reum peregit. (η'.) Sed omnibus his missis, ne verosimile quidem est, me, quum erga neminem ne Triginta quidem regnantibus deliquerim, erga hunc deliquisse, et quidem

λόγους ποιεῖσθαι· νῦν δὲ ἀνάγκη περὶ τοῦ νόμου πρῶτον εἰπεῖν καθ' ὃν εἰσεληλύθαμεν, ἵν' ἐπιστάμενοι περὶ ὧν

illo tempore, quo Triginta jam expulsi erant; præsertim quum ne inimicorum quidem quemquam ulcisci voluerim, nedum prorsus incognitum. (θ'.) Licet vero omnia fecissem, quorum iste me insimulat, de rebus tamen anteactis litem movere fœdera prohibent; (ι'.) quæ expresse dimittunt eos, qui aliquem accusarunt aut detulerunt, nedum eos, qui, ut ego, nihil omnino deliquerunt. (ια'.) Mirum ergo, Callimachum tantam in eloquentia sua ponere fiduciam, ut vobis quos fœdera hæc magni facere, et vel pœnæ obnoxios dimisisse videt, persuadere cogitet, ut fœderibus contraria decernatis, præsertim quum illum fugere nequeat, vel potentissimos in urbe neque lites intendere cuiquam nec injuriarum meminisse audere, sibique, quod ad fœdera attinet, par jus cum cæteris esse censere; deinde, vos reconciliationem civium eo jurejurando firmasse, ut, etiamsi non expediret, tamen stare iis necesse esset; denique, vos iis irasci, qui fœdera delenda censent, nedum qui rata ea et scripta transgredi audent. (ιβ'.) De fœderibus ergo suffragia feretis, quæ nemini unquam neglexisse profuit, quæque in hominum societate tuenda gravissimi sunt momenti, (ιγ'.) quibus salutem nostram hoc tempore debemus, et a quibus conservandis futura felicitas nostra pendet, quorumque laude civitas nostra vel maxime celebratur. (ιδ'.) Neque vero quisquam me rem nimis exaggerare putet, sed tantum inter hoc judicium et alia interest, ut cætera ad reos solos attineant, in hoc vero periculum commune civitatis agatur. De hoc duobus sacramentis obstricti sententiam dicitis; in hoc, si contra jus decreveritis, non civitatis, sed communes omnium leges violabitis. (ιε'.) Quod ita esse, nec ipsum Callimachum negaturum esse arbitror, sed jus suum in calamitate sua quærere. (ιϛ'.) Sed quid hæc illius calamitas ad me pertinet, quem injuste criminatur? et quis alius est in culpa, si pœna est illi de falsa criminatione luenda, cui etiamnum licet actione omissa toto negotio liberari? (ιζ'.) Ne ille meminerit, quæ in oligarchia gesta sunt, sed doceat, quæ hujus loci sunt, me esse, qui pecunias illi abstulerit, meque esse calamitatis suæ auctorem. Hac enim accusatione contra omnes uti licet. (ιη'.) Cogitate porro, multos huic judicio intendere animum, audire cupientes, quid de fœdere judicium laturi sitis. Si decreveritis, quod justum est, illi securi erunt, sin minus alii ad calumniandum excitabuntur, alii hunc civitatis statum pertimescent, tanquam nullo amplius sibi relicto confugio. (ιθ'.) Ante fœdera bellum gessimus; postquam vero in unum convenimus, fide data atque accepta, ita honeste et comiter in urbe vivimus, quasi nulla inter nos dissensio exstitisset. Quare qui fœdera violare audent, extremis suppliciis afficiendi sunt, illi præsertim, qui sic vixerunt, ut Callimachus, (κ'.) qui, quamdiu duravit bellum, auffugit et opes suas occultavit; ubi vero Triginta constituti sunt, in urbem reversus est, ac tyrannicæ administrationis ad eum usque diem particeps mansit, quo murum expugnaturi eratis, quo tempore rursus auffugit et in Bœotia commoratus est, in transfugis potius quam exsulibus numerandus. Atque talis quum fuerit, non pœnam, sed præmium meruisse sibi videtur, ac meliore esse vult conditione, quam reliqui cives. Sed tempus duplo etiam majus non sufficeret ad omnia ejus facinora enarranda: unum si audiveritis, facile omnem ejus improbitatem cognoveritis. (κα'.) Quum Cratinus quidam cum quodam Callimachi affine litigaret pugnaque inter eos esset orta, criminabantur Cratinum caput ancillæ contrivisse illamque esse ex eo vulnere mortuam, quod coram judicio Callimachus affirmavit; sed Cratinus cum ipsius amicis ingressi domum, in qua illa occultabatur, vi abreptam et in judicium adductam omnibus judicibus viventem ostenderunt. (κβ'.) E talibus facinoribus omnis, credo, delinquentium vita facile perspicitur. An isti credendum est pro se ipso dicenti, quem in aliorum gratiam pejerasse constat? Quis unquam falsi testimonii evidentius est convictus? Et hæc quum peccaverit, dicere conabitur nos mentiri? (κγ'.) Quod autem ad me attinet, unius modo in civitatem beneficii mentionem faciam. Classe in Hellesponto amissa ita præstiti plerisque trierarchis, ut meam navem cum paucis conservarem, et hoc inter eos peculiare haberem, ut nave in Piræeum perducta non destiterim a trierarchia et cum meo fratre munus trierarchiæ obirem numerataque de nostro nautis mercede hostes infestarem, et quum Lysander pœna capitis sanxisset, ne quis ad vos frumentum veheret, ego non hoc solum facerem, sed etiam frumentum, quod ad Lacedæmonios vehebatur, interciperem et in Piræeum adducerem. Pro quibus beneficiis nobis publice corona decreta est. (κδ'.) Omnium autem essem infelicissimus, si, quum de meo multa in

ἀμφισβητοῦμεν τὴν ψῆφον φέρητε, καὶ μηδεὶς ὑμῶν θαυμάσῃ, διότι φεύγων τὴν δίκην πρότερος λέγω τοῦ διώκοντος. ἐπειδὴ γὰρ ἐκ Πειραιέως κατελθόντες ἐνίους ἑωρᾶτε τῶν b πολιτῶν συκοφαντεῖν ὡρμημένους καὶ τὰς συνθήκας λύειν ἐπιχειροῦντας, βουλόμενοι τούτους τε παῦσαι, καὶ τοῖς ἄλλοις ἐπιδεῖξαι ὅτι οὐκ ἀναγκασθέντες ἐποιήσασθε αὐτὰς ἀλλ' ἡγούμενοι τῇ πόλει συμφέρειν, εἰπόντος Ἀρχίνου νόμον ἔθεσθε, ἄν τις δικάζηται παρὰ τοὺς ὅρκους, ἐξεῖναι τῷ φεύγοντι παραγράψασθαι, τοὺς δὲ ἄρχοντας περὶ τούτου πρῶτον εἰσάγειν, λέγειν δὲ πρότερον τὸν παραγραψάμενον, c ὁπότερος δ' ἂν ἡττηθῇ, τὴν [1] ἐπωβελίαν ὀφείλειν, ἵν' οἱ τολμῶντες μνησικακεῖν, μὴ μόνον ἐπιορκοῦντες ἐξελέγχοιντο μηδὲ τὴν παρὰ τῶν θεῶν τιμωρίαν ὑπομένοιεν, ἀλλὰ καὶ παραχρῆμα ζημιοῖντο. δεινὸν οὖν ἡγησάμην, εἰ τῶν νόμων οὕτως ἐχόντων ἐγὼ περιόψομαι τὸν μὲν συκοφάντην ἐν τριάκοντα δραχμαῖς κινδυνεύοντα, ἐμαυτὸν δὲ περὶ τῆς οὐσίας ἁπάσης ἀγωνιζόμενον.

372 β'. Ἀποδείξω δὲ Καλλίμαχον οὐ μόνον παρὰ τὰς συν- d θήκας δικαζόμενον, ἀλλὰ καὶ περὶ τῶν ἐγκλημάτων ψευ-

[1] ἐπωβελείαν A. C. L.

rempublicam contulerim, jam viderer alienis insidiari, et infamiam nihili facere, qui non rem tantum familiarem, sed vitam etiam minoris fecisse reperiar, quam bonam apud vos existimationem. Qui possit calumniator plus valere, quam fœdera et leges, et eripere mihi ea, quæ post publica munera mihi relicta sunt? Gratiam nunc reposcimus vestram, non id quærentes, ut æquo plus habeamus, sed declarantes, nihil nos iniqui agere, dum jusjurandum et fœdera defendimus, quæ absolvunt eos, qui de republica bene meriti sunt. Fœderum vero, quæ nobis tam salutares fuerunt, memores, vos et justa et utilia decernere decet. Lang. Hæc oratio videtur scripta fuisse circa annum 402. ante Christum, et Isocratis ætatis 32. Auger.

Αὐτὰς] Refer ad *συνθήκας* de amnestia. Lang.

Περὶ τούτου] Scil. *τοῦ φεύγοντος*. Wolf. Np. *πράγματος*. Auger. I. e. de exceptione, quod posterius probo. Erat nempe Archontum post Solonem, auctore Suida, illud munus, ut ad judices referrent, quæ causæ imprimis dijudicandæ essent; atque hac lege, de qua hic sermo est, sancitum erat ut Exceptiones præ aliis dijudicarentur. Lang.

Τὴν ἐπωβελίαν] Ἐπωβελία est, Suida auctore, sexta pars æstimationis litis, quæ exigeretur ab iis, qui aliquem per calumniam reum fecissent nec convincere potuissent; ita dicta, quod de singulis drachmis singuli oboli, i. e. sexta pars drachmæ numeranda erat. Lang. Τοῦ χωρίου, οὐ πάνυ τι σαφοῦς ὄντος, οὗτος ἂν ἴσως εἴη ὁ νοῦς· Κἂν αὐτὸς ὁ παραγραψάμενος τὴν δίκην ἡττηθῇ, οὐδὲν ἧττον ὀφείλειν τὴν ἐπωβελίαν τὸν νικήσαντα, τουτέστι τὸν εἰσαγώγιμον γενέσθαι τὴν δίκην παρασκευάσαντα. Cor.

Ἐν τριάκοντα δραχμαῖς κινδυνεύοντα] Fortassis hæc pœna fuit temere litigantium in nonnullis prætoriis, aut *τὰ πρυτανεῖα* tanti fuerunt. Wolf. Τὰ πρυτανεῖα, μόνον ζημιωθῆναι κινδυνεύοντα, έ. Cor. Οἱ μὲν ἀπὸ ἑκατὸν δραχμῶν ἄχρι χιλίων δικαζόμενοι τρεῖς δραχμὰς κατετίθεντο· οἱ δὲ ἀπὸ χιλίων μέχρι μυρίων τριάκοντα. Poll. Onom. viii. 1. 6. Verum juxta Schol. ad Aristoph. Nub. 1182. τὸ δεκατὸν τοῦ χρεόυς ἦν, quod debebat reus petitori. Cf. §. ε'.

Περὶ τῶν ἐγκλημάτων ψευδ.] *falsa crimina comminisci.* Lang.

δόμενον, καὶ προσέτι δίαιταν ἡμῖν γεγενημένην περὶ αὐτῶν.
βούλομαι δ' ἐξ ἀρχῆς ὑμῖν διηγήσασθαι τὰ πραχθέντα·
ἐὰν γὰρ τοῦτο μάθητε, ὡς οὐδὲν ὑπ' ἐμοῦ κακὸν πέπονθεν,
ἡγοῦμαι ταῖς τε συνθήκαις ὑμᾶς ἥδιον βοηθήσειν καὶ τούτῳ
μᾶλλον ὀργιεῖσθαι.

372 γʹ. Ἦρχον μὲν γὰρ οἱ Δέκα οἱ μετὰ τοὺς Τριάκοντα
καταστάντες, ὄντος δέ μοι Πατροκλέους ἐπιτηδείου, τοῦ
τότε βασιλεύοντος, ἔτυχον μετ' αὐτοῦ βαδίζων. ἐκεῖνος δὲ,
ἐχθρὸς ὢν Καλλιμάχῳ τῷ νῦν ἐμὲ διώκοντι τὴν δίκην,
ἀπήντησεν ἀργύριον φέροντι. [1]λαβόμενος δ' αὐτοῦ φίλον
ἔφασκεν αὐτὸ καταλιπεῖν δημόσιον γίγνεσθαι· ἐκεῖνον γὰρ
εἶναι τῶν ἐν Πειραιεῖ. ἀμφισβητοῦντες δὲ περὶ τούτου, καὶ
b λοιδορίας αὐτοῖς γενομένης, ἄλλοι μὲν πολλοὶ συνέδραμον,
καὶ κατὰ τύχην [2]Ῥίνων εἷς τῶν Δέκα γενόμενος προσῆλθεν.
εὐθὺς οὖν πρὸς αὐτὸν τὴν φάσιν τῶν χρημάτων ὁ Πατροκλῆς ἐποιεῖτο· ὁ δ' ὡς τοὺς συνάρχοντας ἦγεν ἀμφοτέρους.
ἐκεῖνοι δ' εἰς τὴν βουλὴν περὶ αὐτῶν ἀπέδοσαν· κρίσεως δὲ
γενομένης ἔδοξε τὰ χρήματα δημόσια εἶναι. μετὰ δὲ ταῦτα,
ἐπειδὴ κατῆλθον οἱ φεύγοντες ἐκ Πειραιέως, ἐνεκάλει τῷ
Πατροκλεῖ καὶ δίκας ἐλάγχανεν ὡς αἰτίῳ τῆς συμφορᾶς
c γεγενημένῳ· διαλλαγεὶς δὲ πρὸς ἐκεῖνον, καὶ πραξάμενος
αὐτὸν δέκα μνᾶς ἀργυρίου, Λυσίμαχον ἐσυκοφάντει· λαβὼν δὲ καὶ παρὰ τούτου διακοσίας δραχμὰς, ἐμοὶ πράγματα παρεῖχε. καὶ τὸ μὲν πρῶτον ἐνεκάλει φάσκων με
συμπράττειν ἐκείνοις, τελευτῶν δ' εἰς τοῦτ' ἀναιδείας ἦλθεν, ὥστε ἁπάντων με τῶν γεγενημένων ᾐτιᾶτο· ἅπερ ἴσως
καὶ νῦν τολμήσει κατηγορεῖν. ἐγὼ δ' ὑμῖν παρέξομαι μάρ-
d τυρας πρῶτον μὲν τοὺς ἐξ ἀρχῆς παραγενομένους, ὡς οὔτ'
ἐπελαβόμην οὔτ' ἐφηψάμην τῶν χρημάτων, ἔπειτα καὶ

[1] βουλόμενος δὲ αὐτοῦ ἀφελέσθαι αὐτὸ, οὐκ ἂν φίλον τοῦτο ἔφασκεν αὐτῷ καταλιπεῖν, ὅ τε δεῖ δημόσιον γίγνεσθαι A. L. βουλόμενος δὲ αὐτοῦ ἀφελέσθαι αὐτὸ, Πάμφιλον ἔφασκεν αὐτῷ καταλιπεῖν, ὥστε δεῖν δημόσιον γίγνεσθαι αὐτό C.

[2] Οἴνων A.

Βασιλεύοντος] I. e. βασιλέως ὄντος. Vocabatur βασιλεὺς unus ex novem archontibus, qui ea sacra faciebat quæ faciebant olim reges, quorum auctoritas abolita erat. Auger.

Βουλόμενος δ' αὐτοῦ — γίγνεσθαι] *cum vellet autem ipsi eripere, dicebat se, ne quidem si amicus esset, eam ipsi relicturum, quæ deberet publicari.* Lang.

Τὴν φάσιν — ἐποιεῖτο] Indicabat apud eum pecunias cum accusatione Callimachi. Wolf.

Εἰς τὴν βουλὴν — ἀπέδοσαν] *cognitioni senatus subjecerunt.* Lang.

Ἐνεκάλει] Nempe Callimachus. Auger.

τοὺς συνάρχοντας, ὡς οὐκ ἐγὼ τὴν φάσιν ἀλλὰ Πατροκλῆς
375 ἐποιήσατο πρὸς αὐτοὺς, ἔτι δὲ τοὺς βουλευτὰς, ὡς ἐκεῖνος
ἦν ὁ κατηγορῶν. καί μοι κάλει τούτων μάρτυρας.

ΜΑΡΤΥΡΕΣ.

δ'. Οὕτω τοίνυν πολλῶν παραγενομένων τοῖς πραχθεῖ-
σιν, ὥςπερ οὐδενὸς συνειδότος αὐτὸς μὲν οὗτος ἐφιστάμενος
εἰς τοὺς ὄχλους καὶ καθίζων ἐπὶ τοῖς ἐργαστηρίοις λόγους e
ἐποιεῖτο ὡς δεινὰ πεπονθὼς ὑπ' ἐμοῦ καὶ τῶν χρημάτων
ἀπεστερημένος, τῶν δὲ χρωμένων τινὲς τούτῳ προσιόντες
μοι συνεβούλευον ἀπαλλάττεσθαι τῆς πρὸς τοῦτον διαφορᾶς, καὶ μὴ βούλεσθαι κακῶς ἀκούειν μηδὲ κινδυνεύειν περὶ
πολλῶν χρημάτων, μηδ' εἰ σφόδρα πιστεύω τῷ πράγματι, 373
λέγοντες ὡς πολλὰ παρὰ γνώμην ἐν τοῖς δικαστηρίοις
ἀποβαίνει, καὶ ὅτι τύχῃ μᾶλλον ἢ τῷ δικαίῳ κρίνεται τὰ
παρ' ὑμῖν, ὥςτε λυσιτελεῖν μοι μικρὰ ἀναλώσαντι μεγάλων
ἐγκλημάτων ἀπαλλαγῆναι μᾶλλον ἢ μηδὲν ἀποτίσαντι
κινδυνεύειν περὶ τηλικούτων. τί [1]ἂν ὑμῖν καθ' ἕκαστον
διηγοίμην, [2]ἃ πολλὰ παρέλιπον τῶν εἰθισμένων περὶ τῶν
τοιούτων λέγεσθαι; τελευτῶν δ' οὖν ἐπείσθην — ἅπαντα b
γὰρ εἰρήσεται τἀληθῆ πρὸς ὑμᾶς — δοῦναι τούτῳ διακοσίας δραχμάς. ἵνα δὲ μὴ πάλιν ἐξείη συκοφαντεῖν αὐτῷ,
δίαιταν ἐπὶ ῥητοῖς ἐπετρέψαμεν Νικομάχῳ Βατῆθεν.

ΜΑΡΤΥΡΕΣ.

ε'. Τὸ μὲν τοίνυν πρῶτον ἐνέμεινε τοῖς ὡμολογημένοις,
ὕστερον δ' ἐπιβουλεύσας μετὰ Ξενοτίμου τοῦ τοὺς νόμους
διαφθείροντος καὶ τὰ δικαστήρια δεκάζοντος καὶ τὰς ἀρχὰς
λυμαινομένου καὶ πάντων κακῶν αἰτίου λαγχάνει μοι δί- c
κην μυρίων δραχμῶν. προβαλλομένου δ' ἐμοῦ [3]μάρτυρα ὡς
οὐκ εἰσαγώγιμος ἦν ἡ δίκη διαίτης γεγενημένης, [4]ἐκείνῳ

[1] δ' ἂν A. C. L. [2] [ἃ πολλὰ παρέλιπον] C. [3] μάρτυρας A. C. L. [4] ἐκείνῃ A. C. L.

Ἐπὶ ῥητοῖς] *certis conditionibus*, i. e. re jam deliberata, et eo adducta ut auctoritas publica adhiberetur, non ad statuendam rem, sed ad confirmandam. IDEM. Cf. Herald. ad Jus Att. et Rom. l. v. c. 14. §. 9.

Βατῆθεν] *e Bato*, uno ex demis Atheniensibus. Post Βατῆθεν deesse videtur: καί μοι ἀνάβητε μάρτυρες. vel aliud quid. AUGER.

Προβαλλομένου] Ἴσως· προβαλομένου. COR.

μὲν οὐκ ἐπεξῆλθεν, εἰδὼς ὅτι,[1] εἰ μὴ μεταλάβοι τὸ πέμπτον μέρος τῶν ψήφων, τὴν ἐπωβελίαν ὀφλήσει, πείσας δὲ τὴν ἀρχὴν πάλιν τὴν αὐτὴν δίκην ἐγράψατο, ὡς ἐν τοῖς πρυτανείοις μόνον κινδυνεύσων. ἀπορῶν δ' ὅ τι χρησαίμην 374
τοῖς κακοῖς, ἡγησάμην εἶναι κράτιστον ἐξ ἴσου καταστή-
d σαντα ἀμφοτέροις τὸν κίνδυνον εἰσελθεῖν εἰς ὑμᾶς. καὶ τὰ μὲν γενόμενα ταῦτ' ἐστί.

ϛ'. Πυνθάνομαι δὲ Καλλίμαχον οὐ μόνον περὶ τῶν ἐγκλημάτων διανοεῖσθαι ψευδῆ λέγειν, ἀλλὰ καὶ τὴν δίαιταν μέλλειν ἔξαρνον εἶναι, καὶ παρεσκευάσθαι λέγειν τοιούτους λόγους, ὡς οὐκ ἄν ποτε ἐπέτρεψε Νικομάχῳ [2]δίαιταν, ὃν
e ἠπίστατο πάλαι χρώμενον ἡμῖν, καὶ ὡς οὐκ εἰκὸς ἦν αὐτὸν ἀντὶ μυρίων δραχμῶν διακοσίας ἐθελῆσαι λαβεῖν.

ζ'. Ὑμεῖς δὲ ἐνθυμεῖσθε πρῶτον μὲν ὅτι τὴν δίαιταν οὐκ ἀμφισβητοῦντες ἀλλ' ἐπὶ ῥητοῖς ἐπετρέψαμεν, ὥστε
374 οὐδὲν ἄτοπον ἐποίησεν εἰ Νικόμαχον εἵλετο διαιτητὴν, ἀλλὰ πολὺ μᾶλλον εἰ περὶ τῶν πραγμάτων ὡμολογηκὼς περὶ τοῦ διαιτητοῦ διεφέρετο. ἔπειτ' ὀφειλομένων μὲν αὐτῷ μυρίων δραχμῶν οὐκ εἰκὸς ἦν αὐτὸν ἐπὶ δυοῖν μναῖν ποιήσασθαι τὴν διαλλαγήν· ἀδίκως δὲ αἰτιώμενον καὶ συκοφαντοῦντα οὐδὲν θαυμαστὸν τοσοῦτον ἐθελῆσαι λαβεῖν. ἔτι δὲ εἰ μεγάλα ἐγκαλῶν ὀλίγα ἐπράξατο, οὐ τούτῳ τοῦτο τε-
b κμήριόν ἐστιν ὡς ἡ δίαιτα οὐ γέγονεν, ἀλλὰ πολὺ μᾶλλον ἡμῖν ὡς καὶ τὴν ἀρχὴν οὐ δικαίως ἐνεκάλεσε. θαυμάζω δ' εἰ αὐτὸν μὲν ἱκανὸν γνῶναι νομίζει ὅτι οὐκ εἰκὸς ἀντὶ μυρίων δραχμῶν διακοσίας ἐθελῆσαι λαβεῖν, ἐμὲ δ' οὐκ ἂν οἴεται τοῦτ' ἐξευρεῖν, εἴπερ [3]ἐβουλόμην ψευδῆ λέγειν, ὅτι πλέον ἔδει φάσκειν τούτων δεδωκέναι. ἀξιῶ δὲ, ὅσον περ

[1] ἐπωβελίαν A. C. L. [2] διαιτᾷν A. C. L. [3] ἠβουλόμην C.

Τὴν ἀρχὴν] Ἀντὶ τοῦ, τὸν ἄρχοντα. Wolf.

Ἐν τοῖς πρυτανείοις] Πρυτανεῖα, Latine *sportulæ*, erat pecunia quam deponebat uterque litigantium, tam actor quam reus. Vide Harpocrationem in ea voce. Auger. Vid. Demosth. c. Macartat. §. ιϛ'. et c. Everg. et Mnesib. §. ιζ'.

Πάλαι χρώμενον ἡμῖν] *vetusta familiaritate mecum conjunctum.* Wolf.

Πολὺ μᾶλλον] Scil. ἄτοπον ἂν ἐποίησεν. Idem.

Εἰ αὐτὸν μὲν ἱκανὸν γνῶναι] Sententia: Si dicit non verosimile esse, se pro decies mille drachmis ducentas accepisse, ego contra, si mentiri voluissem, dicere potueram me plus ducentis numerasse.

Ὅσονπερ ἂν τούτῳ κ. τ. λ.] Ὁ νοῦς· Ὅσον ἂν ἐγένετο σημεῖον τῷ ἀντιδίκῳ μου, ὅτι οὐ γέγονεν ἡ δίαιτα, εἰ εἷλε τὰ διαμαρτυρηθέντα, τουτέστιν εἰ ψευδῆ ἀπέδειξε τὴν περὶ τῆς διαίτης μαρτυρίαν, ἀξιῶ τοσοῦτον κἀμοὶ τεκμήριον γενέσθαι, ὅτι τἀληθῆ λέγω περὶ αὐτῆς, ἤγουν περὶ τοῦ γεγονέναι τὴν δίαιταν, ἐπειδὴ οὐδὲ ἐτόλμησεν ἐπεξελθεῖν καὶ ἐπισκήψασθαι, ἤγουν ψευδομαρτυριῶν ἐγκαλέσαι, τῷ διαμαρτυραμένῳ. Ὅπερ γὰρ ἐν ταῖς ἄλλαις δικαῖς ἐκα-

ἂν τούτῳ σημεῖον ἦν ὡς ἡ δίαιτα οὐ γέγονεν, [1]ἑλόντι τὰ
διαμαρτυρηθέντα, τοσοῦτον ἐμοὶ γενέσθαι τεκμήριον ὡς
ἀληθῆ λέγω περὶ αὐτῆς, ἐπειδὴ τῷ μάρτυρι φανερός ἐστιν
οὐδ' ἐπεξελθεῖν ἀξιώσας.

η'. Ἡγοῦμαι δὲ, εἰ μήτε ἡ δίαιτα ἐγεγόνει μήτε τῶν
πεπραγμένων ἦσαν [2]μάρτυρες, [3]ἔδει δ' ἐκ τῶν εἰκότων σκοπεῖν, οὐδ' οὕτω χαλεπῶς ἂν ὑμᾶς γνῶναι τὰ δίκαια. εἰ
μὲν γὰρ καὶ τοὺς ἄλλους ἀδικεῖν ἐτόλμων, εἰκότως ἄν μου
375 κατεγιγνώσκετε καὶ περὶ τοῦτον ἐξαμαρτάνειν: νῦν δ' οὐδένα φανήσομαι τῶν πολιτῶν οὔτε χρήμασι ζημιώσας οὔτε d
περὶ τοῦ σώματος εἰς κίνδυνον καταστήσας, οὔτ' ἐκ μὲν
τῶν μετεχόντων τῆς πολιτείας ἐξαλείψας, εἰς δὲ τὸν μετὰ
[4]Λυσάνδρου κατάλογον ἐγγράψας. καίτοι πολλοὺς ἐπῆρεν
ἡ τῶν Τριάκοντα πονηρία τοιαῦτα ποιεῖν· οὐ γὰρ ὅτι τοὺς
ἀδικοῦντας ἐκόλαζον, ἀλλ' ἐνίοις καὶ προσέταττον ἐξαμαρτάνειν. ἐγὼ μὲν τοίνυν οὐδ' ἐπὶ τῆς ἐκείνων ἀρχῆς
οὐδὲν εὑρεθήσομαι τοιοῦτον ἐργασάμενος· οὗτος δὲ ἀδικηθῆναι
φησὶν, ὅτε ἐξεβέβληντο μὲν οἱ Τριάκοντα, ὁ δὲ Πειραιεὺς e
ἦν κατειλημμένος, [5]ἐκράτει δ' ὁ δῆμος, περὶ διαλλαγῶν δ'
ἦσαν οἱ λόγοι. καίτοι δοκεῖ ἂν ὑμῖν, ὅστις ἐπὶ τῶν Τριάκοντα κόσμιον ἑαυτὸν παρέσχεν, εἰς τοῦτον ἀποθέσθαι τὸν 375
χρόνον ἀδικεῖν, ἐν ᾧ καὶ τοῖς πρότερον ἡμαρτηκόσι μετέ-
μελεν; ὃ δὲ πάντων δεινότατον, εἰ τῶν [6]μὲν ὑπαρχόντων
ἐχθρῶν μηδ' ἀμύνεσθαι μηδένα ἠξίωσα, τοῦτον δὲ κακῶς
ποιεῖν ἐπεχείρουν, πρὸς ὃν [7]οὐδὲν πώποτέ μοι συμβόλαιον
ἐγένετο.

θ'. Ὡς μὲν οὖν οὐκ αἴτιός εἰμι Καλλιμάχῳ τῆς τῶν χρημάτων δημεύσεως, ἱκανῶς ἀποδεδεῖχθαί μοι νομίζω· ὡς δ'
οὐκ ἐξῆν αὐτῷ δικάζεσθαι περὶ τῶν τότε γεγενημένων, οὐδ' b

[1] οὐχ ἑλόντι A. L. [2] οἱ μάρτυρες A. L. μοι μάρτυρες C. [3] δεῖ L.
[4] Πεισάνδρου A. L. [5] ἐκρατεῖτο L. [6] μὲν om. A. L.
[7] οὐδὲ πώποτέ A. οὐδεπώποτέ L.

λεῖτο μαρτυρία, τοῦτο ἐν ταῖς παραγραφαῖς ἐλέγετο διαμαρτυρία. Cor. Cf. Lysias π. τραυμ. ἐκ προν. §. β'.

Περὶ τοῦ σώματος εἰς κίνδ.] *in capitis periculum adduxisse.* Lang.

Κατάλογον] Scil. τῶν τρισχιλίων πολιτῶν, septem post Pisandrianum catalogum annis factum sub xxxviris, imperante Lysandro. Cf. Xenoph. Hellen. ii. 3., Thucyd. viii. 65. 70. et Lysias de pop. stat. evers. §. ε'. μετὰ deletum eunt Augerus et Langius, pro quo ἐπὶ mavult Coraes.

Οὐ γὰρ ὅτι] Idem quod οὐ γὰρ μόνον. Wolf.

Προσέταττον] Ἐπειρῶντο πάντας ἀνομίας ἀναπλῆσαι, ἵνα πολλοὺς ἔχοιεν τοὺς συνεξαμαρτάνοντας. Cor.

εἰ πάντα ταῦτ᾽ ἦν πεποιηκὼς ἅ φησιν αὐτὸς, ἐκ τῶν συνθηκῶν γνώσεσθε. καί μοι λάβε τὸ βιβλίον.

ΣΥΝΘΗΚΑΙ.

ί. Ἆρα μικρῷ τῷ δικαίῳ πιστεύων τὴν παραγραφὴν
ἐποιησάμην, ἀλλ᾽ οὐ τῶν μὲν συνθηκῶν διαῤῥήδην ἀφιεισῶν
τοὺς ἐνδείξαντας ἢ φήναντας ἢ τῶν ἄλλων τι τῶν τοιούτων
πράξαντας, ἐμαυτὸν δ᾽ ἔχων ἀποφαίνειν ὡς οὔτε ταῦτα
c πεποίηκα οὔτ᾽ ἄλλο οὐδὲν ἐξήμαρτον; ἀνάγνωθι δή μοι καὶ
τοὺς ὅρκους.

ΟΡΚΟΙ.

ιά. Οὐκοῦν δεινὸν, ὦ ἄνδρες δικασταὶ, οὕτω μὲν τῶν
συνθηκῶν ἐχουσῶν, τοιούτων δὲ τῶν ὅρκων γενομένων, το- 376
σοῦτον φρονεῖν Καλλίμαχον ἐπὶ τοῖς λόγοις τοῖς αὐτοῦ, ὥστ᾽
ἡγεῖσθαι πείσειν ὑμᾶς ἐναντία τούτοις ψηφίσασθαι; καὶ εἰ
μὲν ἑώρα μεταμέλον τῇ πόλει τῶν πεπραγμένων, οὐκ ἄξιον
ἦν θαυμάζειν αὐτοῦ· νῦν δ᾽ οὐ μόνον ἐν τῇ θέσει τῶν νόμων
ἐπεδείξασθε περὶ πολλοῦ ποιούμενοι τὰς συνθήκας, ἀλλὰ
d καὶ Φίλωνα τὸν ἐκ Κοίλης ἐνδειχθέντα παραπρεσβεύεσθαι,
καὶ περὶ μὲν τοῦ πράγματος οὐδὲν ἔχοντα ἀπολογήσασθαι,
τὰς δὲ συνθήκας παρεχόμενον, ἔδοξεν ὑμῖν ἀφεῖναι καὶ
μηδὲ κρίσιν περὶ αὐτοῦ ποιήσασθαι. καὶ ἡ μὲν πόλις οὐδὲ
παρὰ τῶν ὁμολογούντων ἐξαμαρτάνειν ἀξιοῖ δίκην λαβεῖν,
οὗτος δὲ καὶ τοὺς οὐδὲν ἠδικηκότας τολμᾷ συκοφαντεῖν. καὶ
μὴν οὐδὲ τάδ᾽ αὐτὸν λέληθεν, ὅτι Θρασύβουλος καὶ Ἄνυτος
e μέγιστον μὲν δυνάμενοι τῶν ἐν τῇ πόλει, πολλῶν δ᾽ ἀπε-
στερημένοι χρημάτων, εἰδότες δὲ τοὺς ἀπογράψαντας, ὅμως
οὐ τολμῶσιν αὐτοῖς δίκας λαγχάνειν οὐδὲ μνησικακεῖν, ἀλλ᾽
εἰ καὶ περὶ τῶν ἄλλων μᾶλλον ἑτέρων δύνανται διαπράττε-

Ἐνδείξαντας ἢ φήναντας] *accusatores et delatores.* LANG.

Ἢ τῶν ἄλλων τι] F. Ἢ τοὺς ἄλλο τι. WOLF. Οὐκ ἀπιθάνως. COR.

ΟΡΚΟΙ] Cf. Andocid. de Myster. §. ιέ.

Μεταμέλον] Participium pro μεταμέλει. WOLF. Μήποτε· Καὶ εἰ μὲν ἐνεώρα μετάμελον. ὥπερ [scil. μετάμελος] ἐχρήσατο Θουκυδίδης ἀντὶ τοῦ μεταμέλεια. COR.

Τῶν νόμων] Ἴσως· τοῦ νόμου. IDEM.

Φίλωνα] Wesselingius ad Diod. Sic. l. xiv. 33. ex Lysia in Eratosth. §. ί. et Xenoph. Hellen. ii. 3. 2. it correctum Φείδωνα.

Ἐκ Κοίλης] Cœle demus Hippothoontidis tribus. Cf. Corsin. Fast. Att. par. i. diss. v. p. 233.

Οὐδὲ τάδε] Ἴσως· οὐδὲ τόδε. COR.

Ἀπογράψαντας] *qui eas pecunias tyrannis prodiderant, aut proscripserant, ut publicarentur.* LANG.

Περὶ τῶν ἄλλων] Malim ἐπὶ τῶν ἄλλων, scil. πραγμάτων. WOLF. Εἰ καὶ ἐν τοῖς ἄλλοις πράγμασι δύνανται μᾶλλον ἑτέρων διαπράττεσθαι, τουτέστι κατορθοῦν, καὶ τυγ-

σθαι, ἀλλ' οὖν περί γε τῶν ἐν ταῖς συνθήκαις ἴσον ἔχειν 376
τοῖς ἄλλοις ἀξιοῦσι. καὶ οὐχ οὗτοι μόνοι ταῦτα ἠξιώκασιν,
ἀλλ' οὐδ' ὑμῶν οὐδεὶς τοιαύτην δίκην εἰσελθεῖν τετόλμηκε.
καίτοι δεινὸν, εἰ ἐπὶ μὲν τοῖς ὑμετέροις αὐτῶν πράγμασιν
ἐμμενεῖτε τοῖς ὅρκοις, ἐπὶ δὲ τῇ τούτου συκοφαντίᾳ παραβαίνειν ἐπιχειρήσετε, καὶ τὰς μὲν ἰδίας ὁμολογίας δημοσίᾳ
κυρίας ἀναγκάζετε εἶναι, τὰς δὲ τῆς πόλεως συνθήκας ἰδίᾳ
τὸν βουλόμενον λύειν ἐάσετε. ὃ δὲ πάντων ἂν τις μάλιστα
θαυμάσειεν, εἰ, ὅτε μὲν ἄδηλον ἦν εἰ συνοίσουσιν αἱ διαλ- b
λαγαὶ τῇ πόλει, τοιούτους ὅρκους ἐποιήσασθε περὶ αὐτῶν,
ὥστ' εἰ καὶ μὴ συνέφερεν ἀναγκαῖον εἶναι τοῖς ὡμολογημένοις ἐμμένειν, ἐπειδὴ δὲ οὕτω καλῶς ὑμῖν συμβέβηκεν, ὥστε
καὶ μηδεμιᾶς πίστεως γεγενημένης ἄξιον εἶναι τὴν παροῦσαν
πολιτείαν διαφυλάττειν, τηνικαῦτα τοὺς ὅρκους παραβήσε-
σθε· καὶ τοῖς μὲν εἰρηκόσιν ὡς χρὴ τὰς συνθήκας ἐξαλείφειν c
[1]ὀργίζεσθε, τουτονὶ δὲ, ὃς γεγραμμένας αὐτὰς τολμᾷ παρα-
77 βαίνειν, ἀζήμιον ἀφήσετε. ἀλλ' οὔτ' ἂν δίκαια οὔτ' ἄξια
ὑμῶν αὐτῶν οὔτ' ἂν πρέποντα τοῖς πρότερον ἐγνωσμένοις
ποιήσαιτε.

ιβ'. Ἐνθυμεῖσθε δὲ ὅτι περὶ τῶν μεγίστων ἥκετε δικάσοντες. περὶ γὰρ συνθηκῶν τὴν ψῆφον οἴσετε, ἃς οὐδὲ πώποτ' οὔθ' ὑμῖν πρὸς ἑτέρους οὔτ' ἄλλοις πρὸς ὑμᾶς ἐλυσι-
τέλησε παραβῆναι· τοσαύτην δ' ἔχουσι δύναμιν, ὥστε τὰ d
πλεῖστα τοῦ βίου καὶ τοῖς Ἕλλησι καὶ τοῖς βαρβάροις διὰ
συνθηκῶν εἶναι. ταύταις γὰρ πιστεύοντες ὡς ἀλλήλους ἀφι-
κνούμεθα, καὶ πορίζομεθα ὧν ἕκαστοι τυγχάνομεν δεόμενοι·
μετὰ τούτων καὶ τὰ συμβόλαια τὰ πρὸς ἡμᾶς αὐτοὺς
ποιούμεθα, καὶ τὰς ἰδίας ἔχθρας, καὶ τοὺς κοινοὺς πολέμους διαλυόμεθα· τούτῳ μόνῳ κοινῷ πάντες ἄνθρωποι διατελοῦμεν χρώμενοι. ὥστε ἅπασι μὲν προσήκει βοηθεῖν αὐταῖς, e
μάλιστα δ' [2]ὑμῖν.

[1] ὠργίζεσθε C. [2] ἡμῖν A. L.

χάνειν ὧν ἂν βούλωνται. Cor.

Ἐπὶ δὲ τῇ τούτου συκοφαντίᾳ] Intellige phrasim, quasi legeretur: διὰ δὲ τὴν τούτου συκοφαντίαν. Auger.

Δημοσίᾳ κυρίας — εἶναι] I. e. publice valere. Lang.

Γεγραμμένας;] Si fœdus perscriptum non fuit, deleri quomodo potuit? Quid ergo si ἀναγεγραμμένας legatur, ἀντὶ τοῦ κεκυρωμένας. Wolf. Præter necessitatem, credo. *postquam proscripta sunt et auctoritatem publicam acceperunt.* Idem.

ιγ΄. Ὑπόγυιον γάρ ἐστιν ἐξ οὗ καταπολεμηθέντες, ἐπὶ
τοῖς ἐχθροῖς γενόμενοι, πολλῶν ἐπιθυμησάντων διαφθεῖραι
τὴν πόλιν εἰς ὅρκους καὶ συνθήκας [1]κατεφύγομεν, ἃς εἰ
[2]Λακεδαιμόνιοι τολμῷεν παραβαίνειν, σφόδρ' [3]ἂν ἕκαστος
377 ὑμῶν ἀγανακτήσειε. καίτοι πῶς οἷόν τ' ἐστιν ἑτέρων κατηγορεῖν, οἷς αὐτός τις ἔνοχός ἐστι; τῷ δ' ἂν δόξαιμεν ἀδι-
κεῖσθαι παρὰ τὰς συνθήκας κακῶς πάσχοντες, εἰ μηδ'
αὐτοὶ [4]φαινοίμεθ' αὐτὰς περὶ πολλοῦ ποιούμενοι; τίνας δὲ
πίστεις πρὸς τοὺς ἄλλους εὑρήσομεν, εἰ τὰς πρὸς ἡμᾶς αὐτοὺς γεγενημένας οὕτως εἰκῇ λύσομεν; ἄξιον δὲ καὶ τῶνδε
μνησθῆναι, διότι πολλῶν καὶ καλῶν τοῖς προγόνοις ἐν τῷ
b πολέμῳ πεπραγμένων οὐχ ἥκισθ' ἡ πόλις ἐκ τούτων τῶν
διαλλαγῶν εὐδοκίμησε. πρὸς μὲν γὰρ τὸν πόλεμον πολλαὶ
πόλεις ἂν εὑρεθεῖεν καλῶς ἠγωνισμέναι, περὶ δὲ [5]στάσεως
οὐκ ἔστιν ἣν ἄν τις ἐπιδείξειεν ἄμεινον τῆς ἡμετέρας βεβου-
λευμένην. ἔτι δὲ τῶν μὲν τοιούτων ἔργων, ὅσα μετὰ κινδύνων
πέπρακται, τὸ πλεῖστον ἄν τις μέρος τῇ τύχῃ μεταδοίη·
τῆς δ' εἰς ἡμᾶς αὐτοὺς μετριότητος οὐδεὶς ἂν ἀλλ' ἢ τὴν
c ἡμετέραν γνώμην αἰτιάσαιτο. ὥστ' οὐκ ἄξιον προδότας ταύτης τῆς δόξης [7]γενέσθαι.

ιδ΄. Καὶ μηδεὶς ἡγείσθω με ὑπερβάλλειν μηδὲ μείζω 378
λέγειν, ὅτι δίκην ἰδίαν φεύγων τούτους εἴρηκα τοὺς λόγους.
οὐ γὰρ μόνον περὶ τῶν ἐπιγεγραμμένων χρημάτων ἐστὶν οὗτος ὁ ἀγών, ἀλλ' ἐμοὶ μὲν περὶ τούτων, ὑμῖν δὲ περὶ τῶν
ὀλίγῳ πρότερον εἰρημένων· ὑπὲρ ὧν οὐδεὶς οὔτ' ἂν εἰπεῖν
ἀξίως δύναιτο οὔτ' ἂν τίμημα ἱκανὸν ἐπιγράψαιτο. τοσοῦτον γὰρ αὕτη διαφέρει τῶν ἄλλων δικῶν, ὥστε τῶν μὲν τοῖς
d ἀγωνιζομένοις μόνον προσήκει, ταύτῃ δὲ τὸ κοινὸν τῆς πόλεως συγκινδυνεύει. περὶ ταύτης δύο ὅρκους ὀμόσαντες δικά-
ζετε, τὸν μέν, ὅνπερ ἐπὶ ταῖς ἄλλαις εἴθισθε, τὸν δ', ὃν
ἐπὶ ταῖς συνθήκαις ἐποιήσασθε. ταύτην ἀδίκως γνόντες οὐ

[1] κατεφεύγομεν A. C. L. [2] οἱ Λακεδ. A. L. [οἱ] Λακεδ. C. [3] ἂν om. A. L.
[4] φανοίμεθ' A. C. L. [5] συστάσεως A. C. L. [6] ἄλλ' C.
[7] γεγενῆσθαι A. C. L.

Ἐπὶ τοῖς ἐχθροῖς γενόμενοι] Np. post cladem Hellesponticam. IDEM.

Εἰς ὅρκους καὶ συνθήκας] Wolfius, recte puto, intelligit fœdus Græcorum post Xerxem profligatum, quo cavebatur, ne qua urbs, quæ Græciam contra barbaros defendisset, everteretur. IDEM.

Ὑπερβάλλειν] Ὑπερβολαῖς χρῆσθαι. COR.

Περὶ τῶν ἐπιγ. χρημάτων] *de pecuniis quæ in accusatione perscriptæ sunt.* WOLF.

Οὔτ' ἂν τίμημα ἱκανὸν ἐπιγρ.] *nec satis magni æstimari queat.* IDEM.

τοὺς τῆς πόλεως μόνον νόμους, ἀλλὰ καὶ τοὺς ἁπάντων κοινοὺς παραβήσεσθε. ὥςτ' οὐκ ἄξιον οὔτε κατὰ χάριν οὔτε
κατ' ἐπιείκειαν οὔτε κατ' ἄλλο οὐδὲν ἢ κατὰ τοὺς ὅρκους
περὶ αὐτῶν ψηφίσασθαι. e

ιε'. Ὡς μὲν οὖν χρὴ καὶ συμφέρει καὶ δίκαιον ὑμᾶς ἐστὶν
οὕτω περὶ τῶν συνθηκῶν γιγνώσκειν, οὐδ' αὐτὸν ἡγοῦμαι
Καλλίμαχον ἀντερεῖν· οἶμαι δ' [1] αὐτὸν ὀδύρεσθαι τὴν
παροῦσαν πενίαν καὶ τὴν γεγενημένην αὐτῷ συμφορὰν,
καὶ [2] λέξειν ὡς δεινὰ καὶ σχέτλια πείσεται, εἰ τῶν χρη- 378
μάτων ὧν ἐπὶ τῆς ὀλιγαρχίας ἀφῃρέθη, τούτων ἐν δημοκρατίᾳ τὴν [3] ἐπωβελίαν ὀφλήσει, καὶ εἰ τότε μὲν διὰ τὴν
οὐσίαν τὴν αὐτοῦ φυγεῖν ἠναγκάσθη, νυνὶ δ' ἐν ᾧ χρόνῳ
προσῆκεν αὐτὸν δίκην λαβεῖν ἄτιμος γενήσεται. κατηγο-
ρήσει δὲ καὶ τῶν ἐν τῇ μεταστάσει γενομένων, ὡς ἐκ τούτων
μάλισθ' ὑμᾶς εἰς ὀργὴν καταστήσων· ἴσως γὰρ τινος ἀκή- b
κοεν ὡς ὑμεῖς, ὅταν μὴ τοὺς ἀδικοῦντας λάβητε, τοὺς ἐντυγχάνοντας κολάζετε. ἐγὼ δὲ οὔθ' ὑμᾶς ταύτην ἔχειν τὴν
γνώμην ἡγοῦμαι, πρός τε τοὺς ὑπειρημένους λόγους ῥᾴδιον
ἀντειπεῖν νομίζω.

ιϛ'. Πρὸς μὲν οὖν τοὺς ὀδυρμοὺς, ὅτι προσήκει βοηθεῖν
ὑμᾶς οὐχ οἵτινες ἂν δυστυχεστάτους σφᾶς αὐτοὺς ἀποδεί-
ξωσιν, ἀλλ' οἵτινες ἂν περὶ ὧν ἀντωμόσαντο δικαιότερα
λέγοντες φαίνωνται. περὶ δὲ τῆς [4] ἐπωβελίας, εἰ μὲν ἐγὼ c
379 τούτων τῶν πραγμάτων αἴτιος ἦν, εἰκότως ἂν αὐτῷ μέλλοντι ζημιώσεσθαι συνήχθεσθε· νῦν δ' οὗτός ἐστιν ὁ συκοφαντῶν, ὥςτ' οὐδὲν ἂν δικαίως αὐτοῦ λέγοντος ἀποδέχοισθε.
ἔπειτα κἀκεῖνο χρὴ σκοπεῖν, ὅτι πάντες οἱ κατελθόντες ἐκ
Πειραιέως ἔχοιεν ἂν τοὺς αὐτοὺς λόγους εἰπεῖν οὕςπερ οὗτος,
ὧν οὐδεὶς ἄλλος τετόλμηκε τοιαύτην δίκην εἰσελθεῖν. καίτοι
χρὴ μισεῖν ὑμᾶς τοὺς τοιούτους καὶ κακοὺς πολίτας νομί-

[1] [ἂν] αὐτὸν ὀδύρασθαι C. [2] λέγειν A. C. L. [3] ἐπωβελείαν A. C. L.
[4] ἐπωβελείας A. C. L.

Ὀδύρεσθαι] Ἀντὶ τοῦ, ὀδυρεῖσθαι. IDEM.

Ἄτιμος] Nam qui mulctam non solverant, in ærarios relati jus adipiscendorum magistratuum non habebant. IDEM.

Μεταστάσει] Μετάστασιν, ut opinor, nominat τὴν τῆς πολιτείας μεταβολὴν, estque aliquanto lenius quam si dixisset ἐν τῇ ὀλιγαρχίᾳ. IDEM.

Ἴσως γὰρ κ. τ. λ.] Ironice dictum est. LANG.

Ὑπειρημένους] *ad ea quæ ego jam sub adversarii persona dixi.* Accipio ὑπειρημένους pro προειρημένους. WOLF.

Ὅτι προσήκει] Ante ὅτι subaudi ἀντείπω. AUGER.

Ἀλλ' οἵτινες — φαίνωνται] I. e. quorum accusatio est justa, non quorum calamitas magna. Cf. de Big. §. α'. LANG.

ζειν, οἵτινες ταῖς μὲν συμφοραῖς ὁμοίαις τῷ πλήθει κέχρην-
d ται, τὰς δὲ τιμωρίας διαφόρους τῶν ἄλλων ἀξιοῦσι ποιεῖσθαι. πρὸς δὲ τούτοις ἔτι καὶ νῦν ἔξεστιν αὐτῷ, πρὶν ἀποπειραθῆναι τῆς ὑμετέρας γνώμης, ἀφέντι τὴν δίκην ἀπηλλάχθαι πάντων τῶν πραγμάτων. καίτοι πῶς οὐκ ἄλογόν ἐστιν ἐν τούτῳ τῷ κινδύνῳ ζητεῖν αὐτὸν ἐλέους παρ' ὑμῶν τυγχάνειν, οὗ κύριός ἐστιν αὐτὸς, καὶ εἰς ὃν αὐτὸς αὑτὸν καθίστησι, καὶ ὃν ἔτι καὶ νῦν ἔξεστιν αὐτῷ μὴ κινδυνεύειν;

e ιζ'. Ἐὰν δ' ἄρα μεμνῆται τῶν ἐπὶ τῆς ὀλιγαρχίας γεγενημένων, ἀξιοῦτε αὐτὸν μὴ ἐκείνων κατηγορεῖν ὑπὲρ ὧν οὐδεὶς ἀπολογήσεται, ἀλλ' ὡς ἐγὼ τὰ χρήματα εἴληφα διδάσκειν, περὶ οὗπερ ὑμᾶς δεῖ ψηφίζεσθαι, μηδ' ὡς αὐτὸς δεινὰ πέπονθεν ἀποφαίνειν, ἀλλ' ὡς ἐγὼ πεποίηκα ἐξελέγ-
379 χειν, παρ' οὗπερ ἀξιοῖ τὰ ἀπολωλότα κομίζεσθαι· ἐπεὶ κακῶς γε αὐτὸν πράττοντα ἐπιδεῖξαι καὶ πρὸς ἄλλον ὁντινοῦν ἀγωνιζόμενος τῶν πολιτῶν δύναται. καίτοι χρὴ μέγα παρ' ὑμῖν δύνασθαι τῶν κατηγοριῶν οὐχ αἷς ἔξεστι χρῆσθαι καὶ πρὸς τοὺς μηδὲν ἡμαρτηκότας, ἀλλ' ἃς οὐχ οἷόν τ' εἰπεῖν ἀλλ' ἢ κατὰ τῶν ἠδικηκότων. πρὸς μὲν οὖν τούτους τοὺς λόγους καὶ ταῦτ' ἴσως ἀρκέσει καὶ [1] τάχα ἀντειπεῖν ἐξέσται.

b ιη'. Ἐνθυμεῖσθε δὲ, εἰ καί τῳ δόξω δὶς περὶ τῶν αὐτῶν λέγειν, ὅτι πολλοὶ προσέχουσι ταύτῃ τῇ δίκῃ τὸν νοῦν, οὐ τῶν ἡμετέρων πραγμάτων φροντίζοντες, ἀλλ' ἡγούμενοι περὶ τῶν συνθηκῶν εἶναι τὴν κρίσιν. οὓς ὑμεῖς τὰ δίκαια γνόντες ἀδεῶς οἰκεῖν ἐν τῇ πόλει ποιήσετε· εἰ δὲ μὴ, πῶς οἴεσθε διακείσεσθαι τοὺς ἐν ἄστει μείναντας, ἢν ὁμοίως ἅπασιν ὀργιζόμενοι [2] φανήσησθε τοῖς μετασχοῦσι τῆς πολιτείας; 380
c τίνα δὲ γνώμην ἕξειν τοὺς καὶ μικρὸν ἁμάρτημα σφίσιν αὐτοῖς συνειδότας, ὅταν [3] ὁρῶσι μηδὲ τοὺς κοσμίως πεπολιτευμένους τῶν δικαίων τυγχάνοντας; πόσην δὲ χρὴ προσδοκᾶν ἔσεσθαι ταραχὴν, ὅταν οἱ μὲν ἐπαρθῶσι συκοφαντεῖν ὡς

[1] πλεῖον A. C. L. [2] φανήσεσθε A. L. [3] εἰδῶσι A. C. L.

Τῶν κατηγοριῶν οὐχ αἷς] I. e. οὐ τὰς κατηγορίας αἷς. Auger.

Καὶ τάχα ἀντειπεῖν ἐξέσται] *et fortasse refutare licebit*, scil. si talia inculcare perrexerit. Sed quid si leg. καὶ τάχα πλεῖον ἀντειπεῖν ἐξέσται. Wolf.

ὑμῶν αὐτοῖς ἤδη [1]ταὔτ' ἐγνωκότων, οἱ δὲ δεδίωσι τὴν παροῦσαν πολιτείαν ὡς οὐδεμιᾶς αὐτοῖς ἔτι καταφυγῆς ὑπαρχούσης; ἆρ' οὐκ ἄξιον φοβεῖσθαι μὴ συγχυθέντων τῶν ὅρκων πάλιν εἰς ταῦτα καταστῶμεν, ἐξ ὧνπερ ἠναγκάσθημεν d
τὰς συνθήκας ποιήσασθαι; καὶ μὴν οὐ δεῖ γ' ὑμᾶς παρ'
ἑτέρων μαθεῖν, ὅσον ἐστὶν ὁμόνοια ἀγαθὸν ἢ στάσις κακόν·
οὕτω γὰρ ἀμφοτέρων σφόδρα πεπείρασθε, ὥστε καὶ τοὺς
ἄλλους ὑμεῖς ἄριστ' ἂν [2]διδάξαιτε περὶ αὐτῶν.

ιθ'. Ἵνα δὲ μὴ δοκῶ διὰ τοῦτο πολὺν χρόνον περὶ τὰς
συνθήκας διατρίβειν, ὅτι ῥᾴδιόν ἐστι περὶ [3][τῶν] αὐτῶν
πολλὰ καὶ δίκαια εἰπεῖν, τοσοῦτον ὑμῖν ἔτι διακελεύομαι e
μνημονεύειν, ὅταν φέρητε τὴν ψῆφον, ὅτι πρὶν μὲν ποιήσασθαι ταύτας ἐπολεμοῦμεν, οἱ μὲν τὸν κύκλον ἔχοντες, οἱ δὲ
τὸν Πειραιᾶ κατειληφότες, μᾶλλον ἀλλήλους μισοῦντες ἢ
τοὺς ὑπὸ τῶν προγόνων πολεμίους ἡμῖν καταλειφθέντας·
ἐπειδὴ δὲ τὰς πίστεις ἀλλήλοις ἔδομεν εἰς ταὐτὸν συνελ- 380
θόντες, οὕτω καλῶς καὶ κοινῶς πολιτευόμεθα ὥσπερ οὐδεμιᾶς ἡμῖν [4]συμφορᾶς γεγενημένης. καὶ τότε μὲν ἀμαθεστάτους καὶ δυστυχεστάτους πάντες ἡμᾶς ἐνόμιζον· νῦν δὲ
εὐδαιμονέστατοι καὶ σωφρονέστατοι τῶν Ἑλλήνων δοκοῦμεν
εἶναι. ὥστ' ἄξιον οὐ μόνον τηλικαύταις ζημίαις κολάζειν
τοὺς παραβαίνειν τολμῶντας τὰς συνθήκας, ἀλλὰ ταῖς ἐσχάταις, ὡς τῶν μεγίστων κακῶν αἰτίους ὄντας, ἄλλως τε καὶ b
τοὺς ὥσπερ Καλλίμαχος βεβιωκότας.

κ'. Ὃς δέκα μὲν ἔτη συνεχῶς ἡμῖν Λακεδαιμονίων [5]πο-
λεμησάντων οὐδεμίαν παρέσχεν αὑτὸν ἡμέραν τάξαι τοῖς
στρατηγοῖς, ἀλλ' ἐκεῖνον μὲν τὸν χρόνον διετέλεσεν ἀποδι-
δράσκων καὶ τὴν οὐσίαν ἀποκρυπτόμενος, ἐπειδὴ δὲ οἱ Τριά-
381 κοντα κατέστησαν, τηνικαῦτα κατέπλευσεν εἰς τὴν πόλιν.
καὶ φησὶ [6][μὲν] εἶναι δημοτικός, τοσούτῳ δὲ μᾶλλον τῶν

[1] ταῦτ' L. [2] διδάξητε A. L. [3] uncos om. A. C. L. [4] διαφορᾶς L.
[5] πολεμιτάντων L. [6] [μὲν] om. A. C. L.

Ταὐτὰ ἐγνακότων] Ὡς αὐτοῖς ὁμογνωμόνων ὑμῶν ὄντων καὶ τὰ αὐτὰ φρονούντων, τουτέστι τὸ συκοφαντεῖν καλὸν ἡγουμένων. Cor.

Τὸν κύκλον ἔχοντες] *circuitum habentes*, np. mœnium, i. e. mœnibus conclusi, manentes in urbe. Auger.

Τηλικαύταις] *tantis*, np. tantis quantas lex jubet. Idem.

Δέκα μὲν ἔτη] Peloponnesiacum bellum annos duravit 28. Sed Isocrates loqui videtur de bello tantum Decelico. Wolf.

Οὐδεμίαν παρέσχεν] *nunquam nomen militiæ dedit, nullo die nomen suum apud duces professus est.* Wolf..

c ἄλλων [1] ἐπιθυμεῖ μετασχεῖν [2] ἐκείνης τῆς πολιτείας, ὥστ'
οὐδ' εἰ κακῶς ἔπαθεν ἠξίωσεν ἀπελθεῖν, ἀλλ' ᾑρεῖτο μετὰ
τῶν ἡμαρτηκότων εἰς αὐτὸν πολιορκεῖσθαι μᾶλλον ἢ μεθ'
ὑμῶν τῶν συνηδικημένων πολιτεύεσθαι. καὶ μέχρι τῆς ἡμέρας ἐκείνης παρέμεινε μετέχων τῆς πολιτείας, ἐν ᾗ προσβα-
λεῖν ἐμέλλετε πρὸς τὸ τεῖχος· τότε δ' ἐξῆλθεν, οὐ τὰ παρόντα μισήσας, ἀλλὰ δείσας τὸν ἐπιόντα κίνδυνον, ὡς
ὕστερον ἐδήλωσεν. ἐπειδὴ γὰρ Λακεδαιμονίων ἐλθόντων ὁ
d δῆμος ἐν τῷ Πειραιεῖ κατεκλείσθη, πάλιν ἐκεῖθεν διαδρὰς
ἐν Βοιωτοῖς διῃτᾶτο. ὥστ' αὐτῷ προσήκει μετὰ τῶν αὐτομό-
λων ἀναγεγράφθαι πολὺ μᾶλλον ἢ τῶν φευγόντων ὀνομά-
ζεσθαι. καὶ τοιοῦτος γεγενημένος καὶ περὶ τοὺς ἐκ Πειραιέως
καὶ περὶ τοὺς ἐν ἄστει μείναντας καὶ περὶ πᾶσαν τὴν
πόλιν, οὐκ ἀγαπᾷ τῶν ἴσων [3] τυγχάνων τοῖς ἄλλοις, ἀλλὰ
ζητεῖ πλέον ἔχειν ὑμῶν, ὥσπερ ἢ μόνος ἀδικηθεὶς ἢ βέλτι-
e στος ὢν τῶν πολιτῶν ἢ μεγίσταις συμφοραῖς δι' ὑμᾶς κεχρημένος ἢ πλείστων ἀγαθῶν αἴτιος τῇ πόλει γεγενημένος.
[4] ἐβουλόμην δ' ἂν ὑμᾶς ὁμοίως ἐμοὶ γιγνώσκειν αὐτόν, ἵν'
αὐτῷ μὴ τῶν ἀπολωλότων συνήχθεσθε, ἀλλὰ τῶν ὑπολοίπων ἐφθονεῖτε. νῦν δὲ περὶ μὲν τῶν ἄλλων, ὅσοις ἐπιβεβού-
381 λευκε, καὶ δίκας οἵας δεδίκασται καὶ γραφὰς [5] εἰσελήλυθε,
καὶ μεθ' ὧν συνέστηκε καὶ καθ' ὧν τὰ ψευδῆ μεμαρτύρηκεν,
οὐδ' ἂν δὶς τοσοῦτον ὕδωρ ἱκανὸν διηγήσασθαι γένοιτο· ἓν
δὲ μόνον ἀκούσαντες τῶν τούτῳ πεπραγμένων ῥᾳδίως καὶ
τὴν ἄλλην αὐτοῦ πονηρίαν γνώσεσθε.

κα'. Κρατῖνος γὰρ ἠμφισβήτησε χωρίου τῷ τούτου κηδεστῇ. μάχης δ' αὐτοῖς γενομένης, [6] ὑποκρυψάμενοι θερά-
b παιναν ἠτιῶντο [7] τὸν Κρατῖνον συντρῖψαι [8] [κατὰ] τῆς κεφαλῆς αὐτῆς, ἐκ δὲ τοῦ τραύματος φάσκοντες ἀποθανεῖν τὴν
ἄνθρωπον λαγχάνουσιν αὐτῷ φόνου δίκην ἐπὶ Παλλαδίῳ.
πυθόμενος δὲ ὁ Κρατῖνος τὰς τούτων ἐπιβουλὰς τὸν μὲν

[1] ἐπεθύμει A. C. L. [2] ἐκείνων A. C. L. [3] τυγχάνει A. τυγχάνειν L. [4] ἠβουλόμην C. [5] [ἃς] εἰσελήλυθε C. [6] ἀποκρυψάμενοι L. [7] τὸν om. A. L. [8] uncos om. A. C. L.

Τὰ παρόντα] Scil. πράγματα, τὴν τυραννικὴν ὀλιγαρχίαν. Idem.

Τῶν φευγόντων] Scil. ἵνα. Idem.

Τῶν ἀπολωλότων] Scil. ἕνεκα, ἤ, διὰ τὰ ἀπολωλότα. Idem.

Μεθ' ὧν συνέστηκε] Scil. ἐπὶ συκοφαντίᾳ καὶ βλάβῃ τῶν συμπολιτευομένων. Idem. *quibuscum conspiraverit.* Lang.

Κατὰ τῆς κεφαλῆς] Pro τὴν κεφαλὴν αὐτῆς. Wolf. Ἀντὶ τοῦ, συντρῖψαι αὐτὴν κατὰ τῆς κεφαλῆς. Cor.

ἄλλον χρόνον ἡσυχίαν ἦγεν, ἵνα μὴ μεταθεῖντο τὸ πρᾶγμα
382 μηδ᾽ ἑτέρους λόγους ἐξευρίσκοιεν, ἀλλ᾽ ἐπ᾽ αὐτοφώρῳ
ληφθεῖεν κακουργοῦντες· ἐπειδὴ δὲ ὁ κηδεστὴς μὲν ἦν ὁ τούτου κατηγορηκὼς, οὗτος δὲ [1]μεμαρτυρηκὼς ἦ μὴν τεθνάναι
τὴν ἄνθρωπον, ἐλθόντες εἰς τὴν οἰκίαν ἵνα ἦν κεκρυμμένη, c
βίᾳ λαβόντες αὐτὴν καὶ ἀγαγόντες ἐπὶ τὸ δικαστήριον ζῶσαν
ἅπασι τοῖς παροῦσιν ἐπέδειξαν. ὥςθ᾽ ἑπτακοσίων μὲν δικα-
ζόντων, τεττάρων δὲ καὶ δέκα μαρτυρησάντων [2]ἅπερ οὗτος,
οὐδεμίαν ψῆφον μετέλαβε. καί μοι κάλει τούτων μάρτυρας.

ΜΑΡΤΥΡΕΣ.

κβ΄. Τίς ἂν οὖν ἀξίως δύναιτο κατηγορῆσαι τῶν τούτῳ
πεπραγμένων; ἢ τίς ἂν εὑρεῖν ἔχοι παράδειγμα μεῖζον ἀδι- d
κίας καὶ συκοφαντίας καὶ πονηρίας; ἔνια μὲν γὰρ τῶν ἀδικημάτων οὐκ ἂν ὅλον τὸν τρόπον δηλώσειε τῶν ἀδικησάντων,
ἐκ δὲ τῶν τοιούτων ἔργων ἅπαντα τὸν βίον τῶν ἐξαμαρτανόντων ῥάδιον κατιδεῖν ἐστιν. ὅςτις γὰρ τοὺς ζῶντας τεθνάναι μαρτυρεῖ, τίνος ἂν ὑμῖν ἀποσχέσθαι δοκεῖ; ἢ ὅςτις
ἐπὶ τοῖς ἀλλοτρίοις πράγμασιν οὕτω πονηρός ἐστι, τί οὐκ
ἂν ἐπὶ τοῖς αὑτοῦ τολμήσειε; πῶς δὲ χρὴ τούτῳ πιστεύειν
ὑπὲρ αὑτοῦ λέγοντι, ὃς ὑπὲρ ἑτέρων ἐπιορκῶν ἐξελέγχεται; e
τίς δὲ πώποτε φανερώτερον [3]ἐπεδείχθη τὰ ψευδῆ μαρτυρῶν;
τοὺς μὲν γὰρ ἄλλους ἐκ τῶν λεγομένων κρίνετε, τὴν δὲ τούτου μαρτυρίαν, ὅτι ψευδὴς ἦν, εἶδον οἱ δικάζοντες. καὶ τοι-
αῦθ᾽ ἡμαρτηκὼς ἐπιχειρήσει λέγειν ὡς ἡμεῖς ψευδόμεθα, 382
ὅμοιον ἐργαζόμενος ὥςπερ ἂν εἴ τῳ Φρυνώνδας πανουργίαν
ὀνειδίσειεν, ἢ [4]Φιλοργὸς ὁ τὸ [5]Γοργόνειον ὑφελόμενος τοὺς

[1] ὁ μεμαρτυρηκὼς ὑμῖν τεθν. A. C. L. [2] ἅπερ om. A. C. L.
[3] ἀπεδείχθη A. C. L. [4] Φιλεργὸς A. C. L. [5] Γοργόνιον L.

Ὑμῖν τεθνάναι] Lego ἦ μὴν τεθν. Wolf.

Ἐλθόντες] Scil. οἱ περὶ Κρατῖνον, quod Wolfius in textum recipere mavult. Lang. Ὁ Κρατῖνος δηλονότι καὶ οἱ συνηγοροῦντες αὐτῷ. Cor.

Ἑπτακοσίων] F. leg. πεντακοσίων. Wolf. Ἀλλ᾽ ὅμως ὁ τῶν δικαστῶν ἀριθμὸς ἄλλοτε ἄλλος ἐτύγχανεν ὤν, τὸ μὲν μέγιστον χιλίων καὶ πεντακοσίων, τὸ δ᾽ ἐλάχιστον πεντακοσίων. Cor.

Ἂν — ἀποσχέσθαι] I. e. ἀφέξεσθαι.

Φρυνώνδας] Hunc Suidas improbitate nobilitatum esse scribit et mercenarium fuisse, artificem noxiarum machinationum. Wolf. Cf. Harpocrat. ad voc.

Φιλοργὸς] Taylorus ad Lysiam c. Andocid. §. α΄. et Augerus legendum suspicantur Φιλέας, secundum Suidam in h. v. Sed vide eundem Suidam sub v. φιλουργός.

Τὸ Γοργόνειον] Sub. κάρα, caput Medusæ. Auger. Ἔστιν ἡ τῆς Ἀθηνᾶς αἰγὶς, ἐν ᾗ ἡ τῆς Γοργοῦς κεφαλὴ (Ἰλ. Ε. 741. καὶ Λουκιαν. Φιλοπάτρ. §. 8.), καὶ ἣν εἰκὸς πολύτιμον γεγονέναι, εἴπερ Φειδίας, ὁ τὸ τῆς θεᾶς ἐργα-

ἄλλους ἱεροσύλους ἔφασκεν εἶναι. τίνα δὲ προσήκει τῶν μὴ
γενομένων παρασχέσθαι [1]μάρτυρας μᾶλλον ἢ τοῦτον, ὃς
αὐτὸς ἑτέροις τὰ ψευδῆ τολμᾷ μαρτυρεῖν;

κγʹ. Ἀλλὰ γὰρ Καλλιμάχου μὲν ἔξεστι πολλάκις κατηγορεῖν — οὕτω γὰρ παρεσκεύασται πολιτεύεσθαι —,
b περὶ δὲ ἐμαυτοῦ τὰς μὲν ἄλλας πάσας παραλείψω λειτουργίας, ἧς δ' οὐ μόνον ἂν μοι δικαίως ἔχοιτε χάριν,
ἀλλὰ καὶ τεκμηρίῳ χρήσαισθε περὶ τοῦ παντὸς πρά- 383
γματος, ταύτης δὲ μνησθήσομαι πρὸς ὑμᾶς. ὅτε γὰρ ἡ
πόλις ἀπώλεσε τὰς ναῦς ἐν Ἑλλησπόντῳ καὶ τῆς δυνάμεως ἐστερήθη, τῶν μὲν πλείστων τριηράρχων τοσοῦτον
[2]διήνεγκον, ὅτι μετ' ὀλίγων ἔσωσα τὴν ναῦν, αὐτῶν δὲ τούτων, ὅτι καταπλεύσας εἰς τὸν Πειραιᾶ μόνος οὐ κατέλυσα
c τὴν τριηραρχίαν, ἀλλὰ τῶν ἄλλων ἀσμένως ἀπαλλαττο-
μένων τῶν λειτουργιῶν καὶ πρὸς τὰ παρόντα ἀθύμως διακειμένων, καὶ τῶν μὲν [3]ἀνηλωμένων αὐτοῖς μεταμέλον, τὰ
δὲ λοιπὰ ἀποκρυπτομένων, καὶ νομιζόντων τὰ μὲν κοινὰ
διεφθάρθαι, τὰ δ' ἴδια σκοπουμένων, οὐ τὴν αὐτὴν ἐκείνοις
γνώμην ἔσχον, ἀλλὰ πείσας τὸν ἀδελφὸν συντριηραρχεῖν,
παρ' ἡμῶν αὐτῶν μισθὸν διδόντες τοῖς ναύταις, κακῶς
d ἐποιοῦμεν τοὺς πολεμίους. τὸ δὲ τελευταῖον προειπόντος
Λυσάνδρου, εἴ τις εἰσάγει σῖτον ὡς ὑμᾶς, θάνατον τὴν
ζημίαν, οὕτω φιλοτίμως εἴχομεν πρὸς τὴν πόλιν, ὥστε τῶν
ἄλλων οὐδὲ τὸν σφέτερον αὐτῶν εἰσάγειν τολμώντων ἡμεῖς
τὸν ὡς ἐκείνους εἰσπλέοντα λαμβάνοντες εἰς τὸν Πειραιᾶ
κατήγομεν. ἀνθ' ὧν ὑμεῖς ἐψηφίσασθε ἡμᾶς στεφανῶσαι
καὶ [4]πρόσθε τῶν ἐπωνύμων ἀνειπεῖν, ὡς μεγάλων ἀγαθῶν

[1] μάρτυρα A. C. L. [2] διήνεγκα A. C. L. [3] ἀναλωμένων C. [4] πρόσθεν A. C. L.

σάμενος εἶδος, καὶ κατὰ μικρὸν τὴν Ὁμηρικὴν ἐμιμήσατο πολυτέλειαν Ἰλ. Β. 446.

Μετὰ δὲ γλαυκῶπις Ἀθήνη,
Αἰγίδ' ἔχουσ' ἐρίτιμον, ἀγήραον, ἀθανάτην τε
Τῆς ἑκατὸν θύσανοι παγχρύσεοι ἠερέθοντο,
Πάντες ἐϋπλεκέες· ἑκατόμβοιος δὲ ἕκαστος.
Cor.

Τῶν μὴ γενομένων παρασχέσθαι μάρτυρα] *rerum non factarum producere testem*, i. e. subornare falsos testes. Wolf.

Μετ' ὀλίγων] Μετ' ὀλίγων τριηράρχων, τουτέστιν, ὀλίγοι τῶν τριηράρχων ἦσαν οἱ σεσωκότες τὰς ἰδίας ναῦς, ὡς ἐγὼ τὴν ἐμαυτοῦ, τῶν πλείστων ἀπολεσάντων αὐτάς. Cor.

Αὐτῶν δὲ τούτων] Τούτων δὲ πάλιν τῶν ὀλίγων τοσοῦτον διήνεγκα, ὅτι κ. τ. λ. Idem.

Οὐ κατέλυσα τὴν τριηρ.] Οὐκ ἐπαυσάμην τριηραρχῶν. Wolf.

Μεταμέλον] Μεταμέλοντος melius congrueret cum aliis genitivis, sed potest retineri μεταμέλον in accusativo absoluto. Auger.

Παρ' ἡμῶν αὐτῶν] Ἀντὶ τοῦ, ἐκ τῆς ἰδίας οὐσίας. Wolf.

Τὸν σφέτερον] Scil. σῖτον. Idem.

Ὡς ἐκείνους] Εἰς τοὺς Λακεδαιμονίους. Cor.

Πρόσθε τῶν ἐπωνύμων] *ante statuas he-*

αἰτίους ὄντας. καίτοι χρὴ τούτους δημοτικοὺς νομίζειν,
οὐχ ὅσοι κρατοῦντος τοῦ δήμου μετασχεῖν τῶν πραγμάτων e
ἐπεθύμησαν, ἀλλ᾽ οἳ δυστυχησάσης τῆς πόλεως προκινδυ-
νεύειν ὑμῶν ἠθέλησαν, καὶ χάριν ἔχειν οὐκ εἴ τις αὐτὸς
κακῶς πέπονθεν, ἀλλ᾽ εἴ τις ὑμᾶς εὖ πεποίηκε, καὶ πένη- 383
τας γενομένους ἐλεεῖν οὐ τοὺς ἀπολωλεκότας τὴν οὐσίαν,
ἀλλὰ τοὺς εἰς ὑμᾶς [1] ἀνηλωκότας.

κδ΄. Ὧν εἷς ἐγὼ φανήσομαι γεγενημένος, ὃς πάντων ἂν
εἴην δυστυχέστατος, εἰ πολλὰ τῶν ἐμαυτοῦ δεδαπανημένος
εἰς τὴν πόλιν εἶτα δόξαιμι τοῖς ἀλλοτρίοις ἐπιβουλεύειν, καὶ
περὶ μηδενὸς ποιεῖσθαι τὰς παρ᾽ ὑμῖν διαβολάς, ὃς οὐ μόνον τὴν οὐσίαν ἀλλὰ καὶ τὴν ψυχὴν τὴν ἐμαυτοῦ περὶ
ἐλάττονος φαίνομαι ποιούμενος τοῦ παρ᾽ ὑμῖν εὐδοκιμεῖν. b
τῷ δ᾽ οὐκ ἂν ὑμῶν μεταμελήσειεν, εἰ καὶ μὴ παραχρῆμα,
384 ἀλλ᾽ ὀλίγον ὕστερον, εἰ τὸν μὲν συκοφάντην ἴδοιτε πλούσιον
γεγενημένον, ἐμὲ δ᾽ ἐξ ὧν ὑπέλιπον λειτουργῶν, καὶ τούτων ἐκπεπτωκότα; καὶ τὸν μὲν μηδὲ πώποτε ὑπὲρ ὑμῶν
κινδυνεύσαντα μεῖζον καὶ τῶν νόμων καὶ τῶν συνθηκῶν δυνάμενον, ἐμὲ δὲ τὸν οὕτω πρόθυμον περὶ τὴν πόλιν γεγενη- c
μένον μηδὲ τῶν δικαίων ἀξιούμενον τυγχάνειν; τίς δ᾽ οὐκ
ἂν ὑμῖν ἐπιτιμήσειεν, εἰ πεισθέντες ὑπὸ τῶν Καλλιμάχου
λόγων τοσαύτην πονηρίαν ἡμῶν καταγνοίητε, οὓς ἐκ τῶν
ἔργων κρίναντες δι᾽ ἀνδραγαθίαν ἐστεφανώσατε, [2] ὅτ᾽ οὐδ᾽
οὕτω ῥᾴδιον ἦν ὥσπερ νῦν τυχεῖν ταύτης τῆς τιμῆς; τοὐναντίον δ᾽ ἡμῖν συμβέβηκεν ἢ τοῖς ἄλλοις· οἱ μὲν γὰρ ἄλλοι τοὺς εἰληφότας τὰς δωρεὰς ὑπομιμνήσκουσιν, ἡμεῖς δ᾽
ὑμᾶς τοὺς δεδωκότας ἀξιοῦμεν μνημονεύειν, ἵν᾽ ὑμῖν τεκμή- d
ριον τῶν εἰρημένων ἁπάντων καὶ τῶν ἐπιτηδευμάτων τῶν
ἡμετέρων γένηται. δῆλον δ᾽ ὅτι ταύτης τῆς τιμῆς ἀξίους
ἡμᾶς αὐτοὺς παρείχομεν οὐχ ἵνα ὀλιγαρχίας γενομένης
τἀλλότρια διαρπάζοιμεν, ἀλλ᾽ ἵνα σωθείσης τῆς πόλεως οἵ
τ᾽ ἄλλοι τὰ σφέτερ᾽ αὐτῶν ἔχοιεν, ἡμῖν τε παρὰ τῷ πλήθει τῶν πολιτῶν χάρις ὀφείλοιτο· ἣν ἡμεῖς νῦν ἀπαιτοῦμεν,

[1] ἀναλωκότας C. [2] ὅτε μηδ᾽ A. C. L.

roum, a quibus decem tribus Athenis cognominabantur. Wolf.

Ἀντειπεῖν] Ἀναγορεύειν. Idem.

Τῷ δ᾽ οὐκ ἂν ὑμῶν μεταμελήσειεν] Τίς δ᾽ ἐξ ὑμῶν οὐ μετανοήσει; Cor.

Ἐξ ὧν ὑπέλιπον] Ἐκ τούτων ἃ οὐ δεδαπάνημαι εἰς τὴν πόλιν. Wolf. *ex his quæ reliqua feci.* Auger.

e οὐ πλέον ἔχειν τοῦ δικαίου ζητοῦντες, ἀλλ᾽ ἀποφαίνοντες
μὲν ὡς οὐδὲν ἀδικοῦμεν [1] * * * τοῖς [2] ὅρκοις καὶ ταῖς συνθήκαις ἐμμένοντες. καὶ γὰρ ἂν εἴη δεινὸν, εἰ τοὺς μὲν ἠδικηκότας τιμωρίας ἀφεῖναι κύριαι [3] ἐγένοντο, ἐφ᾽ ἡμῖν δὲ τοῖς
εὖ πεποιηκόσιν ἄκυροι κατασταθεῖεν. ἄξιον δὲ τὴν παροῦ-
384 σαν τύχην διαφυλάττειν, ἐνθυμουμένους ὅτι ἑτέρας μὲν
πόλεις ἐποίησαν [4] ἤδη συνθῆκαι στασιάσαι, τὴν δ᾽ ἡμετέραν μᾶλλον ὁμονοεῖν. ὧν χρὴ μεμνημένους ἅμα τά τε δίκαια καὶ τὰ συμφέροντα [5] ψηφίζεσθαι.

1 asteriscos om. A. C. L. 2 δ᾽ ὅρκοις C. L. 3 γένοιντο A. L.
4 αἱ A. C. L. 5 ψηφίσασθαι A. C.

Τοῖς ὅρκοις] Videntur hæc ad judicum personam pertinere, ac aliquid deesse. Wolf.

ΙΘ.

ΙΣΟΚΡΑΤΟΥΣ

ΑΙΓΙΝΗΤΙΚΟΣ.

Pag. ed. Cor. 385 α΄. ENOMIZON μὲν, ὦ ἄνδρες Αἰγινῆται, οὕτω καλῶς βεβουλεῦσθαι περὶ τῶν αὑτοῦ Θρασύλοχον, ὥστε μηδέν᾽ ἂν Pag. ed. H. Step 384.

SUMMARIUM. (α΄.) *Exordium.* Parum abest, judices, quin adversariis [mulieri cuidam, quæ cum suis patronis homini, cui Isocrates hanc orationem scripsit, litem intenderat de hereditate] gratiam habeam, quod me in hanc litem adduxerint. Nam nisi res in judicium venisset, non comperissetis, propter quæ in defunctum merita ipsius honorum heres sim constitutus, quamque malitiosa sit adversaria cum patronis suis, qui testamentum hoc oppugnant. Ut causæ statum celerrime cognoscere possitis, hæc accipite. (β΄.) Thrasyllus, illius pater, qui mihi testamentum reliquit, haruspex fuit, in Siphno natus, qui in pluribus civitatibus commoratus, et cum aliis mulieribus consuevit, quarum nonnullæ liberos pepererunt, quos ille nunquam pro legitimis habuit; et adversariæ matrem illis temporibus accepit. His dimissis et magnis opibus comparatis in patriam rediit uxoremque duxit, primum patris mei sororem, deinde patris mei consobrinam, post e Seripho aliquam, ex qua suscepit Sopolidem, Thrasylochum et uxorem meam, quos solos ille legitimos liberos judicavit relictaque illis re familiari vitam finivit. (γ΄.) Ego vero et Thrasylochus amicitiam a patribus acceptam arctiorem etiam effecimus a pueritia usque ad mortem. Tandem ilium tabe correptum et diu ægrotantem, quum frater ejus Sopolis jam obiisset, mater vero et soror nondum huc Æginam advenisset, ideoque destitutum ab omnibus tanta industria et fide curavi, ut ingravescente morbo testibus advocatis me adoptaret et suam ipsius sororem suasque facultates mihi daret. (δ΄.) Factum autem est testamentum et secundum Æginetarum, inter quos decessit, (ε΄.) et Siphniorum, in quarum civitate olim vixit, legem, secundum quam ejusdem conditionis homines adoptare licet. Ego vero civis illius et amicus fui, ac Siphniorum nemine deterior, eodemque modo, quo ille, institutus et educatus. (ς΄.) Et his legibus consentit quoque in patria adversariorum lex recepta. (ζ΄.) Quum vero ipsi testamentum hoc genuinum esse fateantur, et leges mulieri nullæ, mihi omnes patrocinentur, a quo tandem facinore ii abstinebunt, qui vobis persuadere conantur, ut testamentum hoc infirmetis, quum juravistis, e legibus vos sententiam laturos? (η΄.) Ne quis vero putet, me parvas ob causas hereditatem adeptum istamque illa fraudari sciatis, illam, quæ secundum generis proximitatem de relictis opibus mecum contendit, perpetuo cum illo et Sopolide et horum matre litigasse et inimicitias exercuisse, me vero non tantum erga Thrasylochum et fratrem, verum etiam erga has facultates excellenter gessisse. (θ΄.) Quum Pasinus insulam Parum occupabat, maximam honorum partem, quæ illic apud hospites meos occultata jacebat, ego conscenso navigio nocte cum vitæ meo periculo exportavi, patre meo et fratre tribusque affinibus, qui ibi tunc commorabantur, jam occisis. (ι΄.) Post hæc, fuga nobis e Siphno facta, absente Sopolide, Thrasylochum ægrotantem una cum matre illius et sorore opibusque universis extuli. (ια΄.) Deinde, dum illi obsequor, in maximas etiam incidi calamitates. (ιβ΄.) Thrasylochus enim mihi persuasit, ut, relicta Melo, quo confugeramus, Trœzenen secum navigarem, ubi ipse morti propior, sororem meam ac matrem post paucos adventus nostri dies sepelii, dum illi obsequor exsul ac pauper carissimisque in terra aliena orbatus. (ιγ΄.) Quanta eum benevolentia prosecutus sim, evidentius etiam ac certius e sequentibus patet. Quum enim Æginam se habitatum

ποτ' ἐλθεῖν ἐναντία πράξοντα ταῖς διαθήκαις ἃς ἐκεῖνος κατέλιπεν· ἐπειδὴ δὲ τοῖς ἀντιδίκοις τοιαύτη γνώμη [1] παρέστηκεν ὥστε καὶ πρὸς οὕτως ἐχούσας αὐτὰς ἀμφισβητεῖν,
c ἀναγκαίως ἔχει παρ' ὑμῶν τῶν δικαίων τυγχάνειν πειρᾶσθαι. τοὐναντίον δὲ πέπονθα τοῖς πλείστοις τῶν ἀνθρώπων· τοὺς μὲν γὰρ ἄλλους ὁρῶ χαλεπῶς φέροντας, ὅταν ἀδίκως περί τινος [2] κινδυνεύωσιν· ἐγὼ δ' ὀλίγου δέω χάριν

[1] καθέστηκεν A. C. L. [2] κινδυνεύσωσιν A. L.

contulisset, ac in eum morbum incidisset, quo periit, ita eum curavi, ut haud scio, an quisquam alius alium unquam. Sex totos menses in lecto decubuit, nullusque cognatorum, præter matrem illius ac sororem, quæ ægrotæ Trœzene advenerunt, eum invisit; quo tempore eum cum unico puero curavi. Nullum diem sine lacrymis egimus; quibus omnibus accedebat, quod mihi nuspiam discedere licebat. (ιδ'.) Quæ in curatione morbi difficillima et molestissima sunt, non satis commode enarrari possunt. Quibus equidem ita affectus fui, ut amici, quotquot me invisebant, vereri dicerent, ne ipse una cum eo perirem; quibus ego respondebam, me longe malle emori, quam committere, ut ille curatore egens ante diem moreretur. (ιε'.) Ac mecum, qui talis fui erga Thrasylochum, ausa est contendere ista, quæ neque in tam diuturno morbo illum invisere, neque funus ejus concelebrare dignata est, sed, quasi pecuniæ non homini cognata exstitisset, de bonis relictis, antequam decem dies exiissent, controversiam motura venit. Quodsi per inimicitias ista facere non potuit, Thrasylochus opes suas mihi rectius reliquit, quam isti; sin nihil dissidii inter ipsos fuit, multo æquius suis ipsa bonis spoliaretur, quam honorum illius heres fieret. Atqui æquum est, vos in sententia ferenda non tam eos spectare, qui se genere proximos esse dicunt, re ipsa inimicos sese præbuerunt, sed qui in calamitatibus amiciores se præstiterunt, quam ipsi cognati. (ιϛ'.) Bene igitur et recte egit Thrasylochus, qui amicis gratiam retulit, mihi sororem suam uxorem dedit, meque matri suæ adoptavit, ideoque cognatis non suam solum rem familiarem, sed etiam meam tradidit. (ιζ'.) Nec indignus eram, qui filius Thrasylocho adoptarer, quum majores mei et genere et opibus et gratia principes civitatis fuerint, egoque, etsi vilissimus civium essem, jure tamen, ob collata in ipsum beneficia, maxima quæque ab eo essem assecutus. (ιη'.) Arbitror autem, et Sopolidi fratri hoc testamento rem gratissimam factam esse, qui et ipse istam oderat, sibique male velle existimabat et me inter omnes amicos maximi faciebat. Ego enim illum vulneratum ex acie deportavi, illa vero post acceptum de obitu ejus nuntium sacrificabat et diem festum celebrabat. (ιθ'.) At fortasse dicent, Thrasyllum, istius mulieris patrem, si quis sensus sit defunctis rerum, quæ hic gerantur, indignaturum esse, si viderit filiam hereditate sua fraudatam et me heredem factum earum opum, quas ipse comparavit. (κ'.) Ego vero arbitror, Thrasylochi patrem judicem omnium acerrimum fore, si intelligeret, qualis in liberos ipsius ea fuerit, ideoque animo longe iniquiore laturum, si testamentum videret a filio suo factum, irritum fieri, qui non meæ familiæ facultates suas tradidit, sed me in suam ipsius familiam adoptavit. Præterea Thrasyllus pater ipse pecunias accepit a Polemæneto, non jure cognationis, sed ratione virtutis. (κα'.) Ille ipse nostram necessitudinem tanti fecit, ut patris mei et sororem et consobrinam duxerit. (κβ'.) Itaque, si mihi adjudicaveritis hereditatem, rem gratam facietis et illi et reliquis omnibus, ad quos hæc negotia aliqua ex parte attinent. Convenit et vos eam legem defendere, per quam nobis et liberos adoptare licet et de nostris fortunis nostro arbitratu statuere, cogitantes, hanc legem orbis hominibus loco liberorum esse. (κγ'.) Considerate denique primum amicitiam meam erga illos, qui hereditatem reliquerunt, a patribus acceptam et sine intermissione ad finem perductam; deinde multa et magna beneficia et in illos, dum calamitosi erant, collata, testamentum præterea ab ipsis adversariis non negatum; legem denique huic testamento suffragantem et Græcis omnibus probatam. Vos igitur oro, ut justa et æqua decernatis, et tales mihi sitis judices, quales vobis alios esse cupiatis. Lang. Ignoratur quo tempore hæc oratio scripta fuerit. Auger.

Αὐτὰς] Scil. διαθήκας. Lang.

ἔχειν τούτοις ὅτι με εἰς [1] τουτονὶ τὸν ἀγῶνα κατέστησαν.
ἀκρίτου μὲν γὰρ ὄντος τοῦ πράγματος οὐκ ἂν ἠπίστασθ' 385
ὁποῖός τις γεγενημένος περὶ τὸν τετελευτηκότα κληρονόμος
εἰμὶ τῶν ἐκείνου· πυθόμενοι δὲ τὰ πραχθέντα [2] πάντες
εἴσεσθ' ὅτι δικαίως ἂν καὶ μείζονος ἢ τοσαύτης δωρεᾶς
ἠξιώθην. [3] χρῆν μέντοι καὶ τὴν ἀμφισβητοῦσαν τῶν χρημάτων μὴ παρ' ὑμῶν πειρᾶσθαι λαμβάνειν τὴν οὐσίαν ἣν
Θρασύλοχος κατέλιπεν, ἀλλὰ περὶ ἐκεῖνον χρηστὴν οὖσαν
οὕτως ἀξιοῦν [4] αὐτῆς ἐπιδικάζεσθαι. νῦν δ' αὐτῇ τοσούτου
δεῖ μεταμέλειν ὧν εἰς ζῶντα ἐξήμαρτεν, ὥστε καὶ τεθνεῶ- b
τος αὐτοῦ πειρᾶται τήν τε διαθήκην ἄκυρον [5] ἅμα καὶ τὸν
οἶκον ἔρημον ποιῆσαι. θαυμάζω δὲ καὶ τῶν πραττόντων
ὑπὲρ αὐτῆς, εἰ διὰ τοῦτ' οἴονται καλὸν εἶναι τὸν κίνδυνον,
ὅτι μὴ κατορθώσαντες οὐδὲν μέλλουσιν ἀποτίσειν. ἐγὼ μὲν
386 γὰρ ἡγοῦμαι μεγάλην εἶναι καὶ ταύτην ζημίαν, ἐὰν ἐξελεγ-
χθέντες ὡς ἀδίκως ἀμφισβητοῦσι, [6] ἔπειθ' ὑμῖν δόξωσι
χείρους εἶναι. τὴν μὲν οὖν τούτων κακίαν ἐξ αὐτῶν τῶν ἔργων γνώσεσθ', ἐπειδὰν διὰ τέλους ἀκούσητε τῶν πεπραγμέ- c
νων· ὅθεν δ' [7] οἴομαι τάχιστ' ἂν ὑμᾶς μαθεῖν περὶ ὧν ἀμφισβητοῦμεν, ἐντεῦθεν ἄρξομαι διηγεῖσθαι.

β'. [8] Θράσυλλος γὰρ ὁ πατὴρ τοῦ καταλιπόντος τὴν
διαθήκην [9] παρὰ μὲν τῶν προγόνων οὐδεμίαν οὐσίαν [10] παρέλαβεν, ξένος δὲ Πολεμαινέτῳ [11] τῷ μάντει γενόμενος οὕτως
οἰκείως διετέθη πρὸς αὐτὸν, ὥστ' ἀποθνήσκων ἐκεῖνος τάς
τε βίβλους τὰς περὶ τῆς μαντικῆς αὐτῷ κατέλιπε καὶ τῆς
οὐσίας μέρος τι τῆς νῦν οὔσης ἔδωκε. λαβὼν δὲ [8] Θράσυλλος d
ταύτας [12] ἀφορμὰς ἐχρῆτο τῇ τέχνῃ· [13] πλάνης δὲ γενόμενος
καὶ διαιτηθεὶς ἐν πολλαῖς πόλεσιν ἄλλαις τε γυναιξὶ συνεγένετο, ὧν ἔνιαι καὶ παιδάρι' ἀπέδειξαν, ἃ ἐκεῖνος οὐδὲ πώποτε γνήσια ἐνόμισε, καὶ δὴ καὶ τὴν ταύτης μητέρα ἐν
τούτοις τοῖς χρόνοις ἔλαβεν. ἐπειδὴ δ' οὐσίαν τε πολλὴν

[1] τοῦτον A. C. L. [2] πάντα A. C. L. [3] ἐχρῆν A. C. L.
[4] αὐτὴν A. C. L. [5] ἅμα om. A. C. L. [6] ἔπειθ' ὑμῖν om. A. C. L.
[7] οἶμαι A. C. L. [8] Θρασύλοχος A. C. L. [9] ἐμοὶ παρὰ A. C. L.
[10] κατέλιπε A. C. L. [11] τῷ om. A. C. L.
[12] τὰς ἀφορμὰς ἐχρῆτο ταύτῃ τῇ A. C. L. [13] πλάνος A. C. L.

Μέντοι καὶ] Np. sicuti ego. Idem.

Παρ' ὑμῶν πειρᾶσθαι λαμβάνειν] Quod judices alicujus esse pronunciant, id dare quodammodo videntur. Si pro ὑμῶν legas ἡμῶν, interpretor *a nobis auferre, nobis eripere*. Wolf.

Αὐτῆς] Scil. τῆς οὐσίας.

'Απέδειξαν] 'Απέτεκον. Cor.

e ἐκτήσατο καὶ τὴν πατρίδα [1]ἐπόθεσεν, ἐκείνης μὲν καὶ τῶν
[2]ἄλλων ἀπηλλάγη, καταπλεύσας δ' εἰς Σίφνον ἔγημεν
ἀδελφὴν τοῦ πατρὸς τοὐμοῦ, πλούτῳ μὲν αὐτὸς πρῶτος ὢν
τῶν πολιτῶν, γένει δὲ καὶ τοῖς ἄλλοις ἀξιώμασιν εἰδὼς τὴν
386 ἡμετέραν οἰκίαν προέχουσαν. οὕτω δὲ σφόδρ' ἠγάπησε τὴν
τοῦ πατρὸς φιλίαν, ὥστ' ἀποθανούσης ἐκείνης ἄπαιδος αὖθις ἠγάγετο [3]ἀνεψιὰν τοῦ πατρὸς, οὐ βουλόμενος διαλύσασθαι τὴν πρὸς ἡμᾶς οἰκειότητα. οὐ πολὺν δὲ χρόνον συνοική-
σας ταῖς αὐταῖς τύχαις ἐχρήσατο καὶ περὶ ταύτην, αἷς
[4]περ καὶ περὶ τὴν προτέραν. μετὰ δὲ [5]ταῦτ' ἔγημεν ἐκ Σε-
b ρίφου παρ' ἀνθρώπων πολὺ πλείονος ἀξίων ἢ κατὰ τὴν
αὐτῶν πόλιν, ἐξ ἧς ἐγένετο Σώπολις καὶ Θρασύλοχος καὶ
[6]θυγάτηρ ἡ νῦν ἐμοὶ συνοικοῦσα. [7]Θράσυλλος μὲν οὖν,
τούτους μόνους παῖδας [8]γνησίους [9]καταλιπὼν καὶ κληρονόμους τῶν αὐτοῦ καταστήσας, τὸν βίον ἐτελεύτησεν.

γʹ. Ἐγὼ δὲ καὶ Θρασύλοχος τοσαύτην φιλίαν παρὰ
τῶν πατέρων παραλαβόντες ὅσην ὀλίγῳ πρότερον διηγησάμην, ἔτι μείζω τῆς ὑπαρχούσης αὐτὴν ἐποιήσαμεν. ἕως μὲν 387
c γὰρ παῖδες ἦμεν, περὶ πλείονος ἡμᾶς αὐτοὺς [10]ἡγούμεθα
ἢ τοὺς ἀδελφοὺς, καὶ οὔτε θυσίαν οὔτε θεωρίαν οὔτ' ἄλλην
ἑορτὴν οὐδεμίαν χωρὶς ἀλλήλων [11]ἤγομεν· ἐπειδὴ δ' ἄνδρες
ἐγενόμεθα, οὐδὲν πώποτ' ἐναντίον ἡμῖν αὐτοῖς ἐπράξαμεν,
ἀλλὰ καὶ τῶν ἰδίων ἐκοινωνοῦμεν καὶ πρὸς τὰ τῆς πόλεως
ὁμοίως διεκείμεθα, [12]καὶ φίλοις καὶ ξένοις τοῖς αὐτοῖς ἐχρώμεθα. καὶ τί δεῖ λέγειν τὰς οἴκοι χρήσεις; ἀλλὰ οὐδὲ φυγόντες ἀπ' ἀλλήλων ἠξιώσαμεν γενέσθαι. τὸ [13]δὲ τελευ-
d ταῖον φθόῃ ἰσχόμενον αὐτὸν καὶ πολὺν χρόνον ἀσθενήσαντα,
καὶ τοῦ μὲν ἀδελφοῦ Σωπόλιδος [14]αὐτῷ πρότερον τετελευτηκότος, τῆς δὲ μητρὸς καὶ τῆς ἀδελφῆς οὔπω παρουσῶν,

[1] ἐπέθησεν A. C. L. [2] λοιπῶν A. C. L. [3] τὴν ἀνεψιὰν A. C. L. [4] περ om. A. C. L. [5] ταύτην A. C. L. [6] θυγάτηρ om. A. C. L. [7] Θρασύλοχος A. C. L. [8] γνησίους παῖδας A. C. L. [9] ποιησάμενος A. C. L. [10] ἐποιούμεθα ἡμᾶς αὐτοὺς A. C. L. [11] ἠγάγομεν A. C. L. [12] καὶ φίλοις - - - ἐχρώμεθα om. A. C. L. [13] δὴ A. C. L. [14] αὐτοῦ A. C. L.

Τοῦ πατρὸς] Scil. τοὐμοῦ. LANG.

Ἡ κατὰ τὴν αὐτῶν πόλιν] Seriphus, insula e Sporadibus, contempta fuit apud Græcos, ut docet Cic. de Senect. c. 2. IDEM.

Τὰς οἴκοι χρήσεις] Τὰς, ὅτε ἦμεν ἐν τῇ πατρίδι, φιλίας. COR.

Φθόῃ] Τὴν νῦν φθίσιν λεγομένην, φθόην ἔλεγον (scil. Demosthenes et Isocrates). *Harpocrat.*

Οὔπω παρουσῶν] *nondum præsentibus* hic in Ægina. LANG.

[1]μετὰ τοσαύτης ἐρημίας γενόμενον οὕτως ἐπιπόνως καὶ καλῶς αὐτὸν ἐθεράπευσα, ὥστ᾽ ἐκεῖνον μὴ νομίζειν [2]ἀξίαν μοι δύνασθαι χάριν ἀποδοῦναι τῶν πεπραγμένων. ὅμως δ᾽ οὐδὲν ἐνέλιπεν, ἀλλ᾽ ἐπειδὴ πονήρως διέκειτο καὶ οὐδεμίαν ἐλπίδα εἶχε τοῦ βίου, παρακαλέσας μάρτυρας υἱόν μ᾽ ἐποιή- e
σατο καὶ τὴν ἀδελφὴν τὴν αὑτοῦ καὶ τὴν οὐσίαν ἔδωκε. καί μοι λάβε τὰς διαθήκας.

ΔΙΑΘΗΚΑΙ.

δ΄. Ἀνάγνωθι δή μοι καὶ τὸν νόμον τῶν Αἰγινητῶν· κατὰ γὰρ τοῦτον ἔδει ποιεῖσθαι τὰς διαθήκας· ἐνθάδε γὰρ μετῳκοῦμεν.

ΝΟΜΟΣ.

ε΄. Κατὰ [3]τουτονὶ τὸν νόμον, ὦ ἄνδρες Αἰγινῆται, υἱόν μ᾽ ἐποιήσατο Θρασύλοχος, πολίτην μὲν αὑτοῦ καὶ φίλον ὄντα, γεγονότα δ᾽ οὐδενὸς [4]χεῖρον Σιφνίων, πεπαιδευμένον 387
δ᾽ ὁμοίως αὐτῷ καὶ τεθραμμένον. ὥστ᾽ οὐκ οἶδ᾽ ὅπως ἂν [5]μᾶλλον κατὰ τὸν νόμον ἔπραξεν, ὃς τοὺς ὁμοίους [6]κελεύει παῖδας εἰσποιεῖσθαι. λάβε [7]δή μοι καὶ τὸν Σιφνίων νόμον, καθ᾽ ὃν [8]ἡμεῖς ἐπολιτευόμεθα.

388 ΝΟΜΟΣ.

ϛ΄. Εἰ μὲν τοίνυν, ὦ ἄνδρες Αἰγινῆται, τούτοις μὲν τοῖς νόμοις ἠναντιοῦντο, τὸν δὲ παρ᾽ αὐτοῖς κείμενον σύνδικον εἶχον, ἧττον ἄξιον ἦν θαυμάζειν αὐτῶν· νῦν δὲ κἀκεῖνος ὁμοίως τοῖς ἀνεγνωσμένοις κεῖται. [9]καί μοι λάβε τὸ b
βιβλίον.

ΝΟΜΟΣ.

ζ΄. Τί οὖν ὑπόλοιπόν [10]ἐστιν αὐτοῖς, ὅπου τὰς διαθήκας μὲν αὐτοὶ προσομολογοῦσι Θρασύλοχον καταλιπεῖν, τῶν δὲ νόμων [11]τούτοις μὲν οὐδείς, ἐμοὶ δὲ πάντες βοηθοῦσι, πρῶτον μὲν ὁ παρ᾽ ὑμῖν τοῖς μέλλουσι [12]διαγνώσεσθαι περὶ τοῦ πράγματος, ἔπειθ᾽ ὁ Σιφνίων, ὅθεν ἦν ὁ τὴν διαθήκην

[1] ἐπὶ A. C. L. [2] ἂν ἀξίαν δύνασθαι A. C. L. [3] τοῦτον A. C. L.
[4] χείρω A. L. [5] μᾶλλον ἂν A. C. L. [6] κελεύει τοὺς ὁμοίους A. C. L.
[7] δὲ καὶ A. C. L. [8] πάλαι A. C. L. [9] καὶ λάβε μοι A. C. L.
[10] ἐστιν om. A. C. L. [11] ταύτῃ A. C. L. [12] ἀναγνώσεσθαι A. L.

Γεγονότα δ᾽ οὐδενὸς χεῖρον Σιφνίων] Οὐδενὸς Σιφνίων ὄντα δυσγενέστερον. Cor.

καταλιπὼν, ἔτι δ' ὁ παρ' αὐτοῖς ἀμφισβητοῦσι κείμενος;
c [1]καίτοι τίνος ἂν ὑμῖν ἀποσχέσθαι δοκοῦσιν, οἵτινες ζητοῦσι
πείθειν ὑμᾶς ὡς χρὴ τὰς διαθήκας ἀκύρους ποιῆσαι, τῶν
μὲν νόμων οὕτως ἐχόντων, ὑμῶν δὲ [2]κατ' αὐτοὺς ὀμωμοκό-
των ψηφιεῖσθαι;

η'. Περὶ μὲν οὖν αὐτοῦ τοῦ πράγματος ἱκανῶς [3]ἀποδεδεῖ-
χθαι νομίζω· ἵνα δὲ μηδεὶς οἴηται μήτ' ἐμὲ διὰ μικρὰς
προφάσεις ἔχειν τὸν κλῆρον μήτε ταύτην ἐπιεικῆ γεγενημένην [4]περὶ Θρασύλοχον ἀποστερεῖσθαι τῶν χρημάτων,
d βούλομαι καὶ περὶ τούτων εἰπεῖν. αἰσχυνθείην γὰρ ἂν ὑπὲρ
τοῦ τετελευτηκότος, εἰ μὴ πάντες [5]πεισθείητε, μὴ μόνον
ὡς κατὰ τοὺς νόμους, ἀλλ' ὡς καὶ δικαίως ταῦτ' ἔπραξε.
ῥᾳδίας δ' ἡγοῦμαι τὰς ἀποδείξεις εἶναι. [6]τοσοῦτον γὰρ
διηνέγκαμεν, [7]ὥσθ' αὕτη μὲν ἡ κατὰ γένος ἀμφισβητοῦσα
πάντα τὸν χρόνον διετέλεσε καὶ πρὸς αὐτὸν ἐκεῖνον καὶ
πρὸς Σώπολιν καὶ πρὸς τὴν μητέρ' αὐτῶν διαφερομένη
e καὶ δυσμενῶς ἔχουσα, ἐγὼ δ' οὐ μόνον περὶ Θρασύλοχον
καὶ τὸν ἀδελφὸν, ἀλλὰ καὶ περὶ αὐτὴν τὴν οὐσίαν ἧς
ἀμφισβητοῦμεν φανήσομαι πλείστου τῶν φίλων ἄξιος γεγενημένος.

θ'. Καὶ περὶ μὲν τῶν παλαιῶν πολὺ ἂν ἔργον εἴη λέγειν· 389
ὅτε δὲ [8]Πασῖνος Πάρον κατέλαβεν, ἔτυχεν αὐτοῖς ὑπεκκεί-
μενα τὰ πλεῖστα τῆς οὐσίας παρὰ τοῖς ξένοις τοῖς ἐμοῖς·
388 ᾠόμεθα γὰρ μάλιστα [9]ταύτην τὴν νῆσον ἀσφαλῶς ἔχειν.
ἀπορούντων δ' ἐκείνων καὶ νομιζόντων [10]αὔτ' ἀπολωλέναι,
πλεύσας ἐγὼ τῆς νυκτὸς ἐξεκόμισ' αὐτοῖς τὰ χρήματα, κινδυνεύσας περὶ τοῦ σώματος· ἐφρουρεῖτο μὲν γὰρ ἡ χώρα,
συγκατειληφότες δ' ἦσαν τινὲς τῶν ἡμετέρων φυγάδων τὴν
πόλιν, οἳ μιᾶς ἡμέρας ἀπέκτειναν αὐτόχειρες γενόμενοι τόν
τε πατέρα τὸν ἐμὸν καὶ τὸν θεῖον καὶ τὸν κηδεστὴν καὶ
b πρὸς τούτοις ἀνεψιοὺς τρεῖς. ἀλλ' ὅμως οὐδέν με τούτων

[1] καὶ A. C. L. [2] κατὰ τούτους A. C. L. [3] ἀποδεδεῖχθαί μοι A. C. L.
[4] πρὸς A. C. L. [5] πεισθήσησθε A. L. πεισθήσεσθε C. [6] τοσούτῳ A. C. L.
[7] ὥστ' αὐτὴ A. C. L. [8] Πάσινος A. Πασίνους C. Πασίνος L.
[9] ταύτην μάλιστα τῶν νήσων A. C. L. [10] αὐτὰ ἀπολωλεκέναι A. C. L.

Πασῖνος Πάρον κατέλαβεν] Factum silet historia.

Αὐτοῖς] I. e. Thrasylocho ejusque fratri Sopolidi. Lang.

Παρὰ τοῖς ξένοις] Np. in Paro. Idem.

Ἀπορούντων] *quum anxii essent.* Idem.

ἀπέτρεψεν, ἀλλ᾽ ᾠχόμην πλέων, ἡγούμενος ὁμοίως με δεῖν
ὑπὲρ ἐκείνων κινδυνεύειν ὥσπερ [1] ὑπὲρ ἐμαυτοῦ.

ι΄. Μετὰ δὲ ταῦτα φυγῆς ἡμῖν γενομένης ἐκ τῆς πόλεως
μετὰ τοσούτου θορύβου καὶ δέους, ὥστ᾽ ἐνίους καὶ τῶν σφετέρων αὐτῶν [2] ἀμελεῖν, οὐδ᾽ ἐν τούτοις τοῖς κακοῖς ἠγάπησα
εἰ τοὺς οἰκείους τοὺς ἐμαυτοῦ διασῶσαι δυνηθείην, ἀλλ᾽ εἰδὼς Σώπολιν μὲν ἀποδημοῦντα, αὐτὸν δ᾽ ἐκεῖνον ἀῤῥώστως c
διακείμενον, συνεξεκόμισ᾽ αὐτῷ καὶ τὴν μητέρα καὶ τὴν
ἀδελφὴν καὶ τὴν οὐσίαν ἅπασαν. καίτοι τίνα δικαιότερον
αὐτὴν ἔχειν [3] ἢ τὸν τότε μὲν συνδιασώσαντα, [4] νῦν δὲ παρὰ
τῶν κυρίων εἰληφότα;

ια΄. Τὰ μὲν τοίνυν εἰρημένα [5] ἐστὶν ἐν οἷς ἐκινδύνευσα μέν,
φλαῦρον δ᾽ οὐδὲν ἀπέλαυσα· ἔχω δὲ καὶ τοιαῦτ᾽ εἰπεῖν, ἐξ
ὧν ἐκείνῳ χαριζόμενος αὐτὸς ταῖς μεγίσταις συμφοραῖς d
περιέπεσον.

ιβ΄. Ἐπειδὴ γὰρ ἤλθομεν εἰς Μῆλον, [6] αἰσθόμενος ὅτι
μέλλοιμεν αὐτοῦ καταμένειν, ἐδεῖτό [7] μου συμπλεῖν εἰς Τροιζῆνα καὶ μηδαμῶς αὐτὸν ἀπολιπεῖν, λέγων τὴν ἀῤῥωστίαν
τοῦ σώματος καὶ τὸ πλῆθος τῶν ἐχθρῶν, καὶ ὅτι χωρὶς
ἐμοῦ γενόμενος οὐδὲν [8] ἕξοι χρῆσθαι τοῖς αὐτοῦ πράγμασι.
φοβουμένης δὲ τῆς μητρός, ὅτι τὸ χωρίον ἐπυνθάνετο νοσῶδες
390 εἶναι, καὶ τῶν ξένων συμβουλευόντων αὐτοῦ μένειν, ὅμως e
ἔδοξεν ἡμῖν ἐκείνῳ χαριστέον εἶναι. καὶ μετὰ ταῦτ᾽ οὐκ
ἔφθημεν εἰς Τροιζῆνα ἐλθόντες, καὶ τοιαύταις νόσοις ἐλή-
φθημεν, ἐξ ὧν αὐτὸς μὲν παρὰ μικρὸν ἦλθον ἀποθανεῖν,
ἀδελφὴν δὲ κόρην [9] τετρακαιδεκέτιν γεγονυῖαν ἐντὸς τριά-
κονθ᾽ ἡμερῶν κατέθαψα, τὴν δὲ μητέρα οὐδὲ πένθ᾽ ἡμέραις
[10] ἐκείνης ὕστερον. καίτοι τίν᾽ οἴεσθέ με γνώμην ἔχειν τοσαύ- 389
της μοι μεταβολῆς τοῦ βίου γεγενημένης; ὃς τὸν μὲν ἄλλον χρόνον ἀπαθὴς [11] ἦν κακῶν, νεωστὶ δ᾽ ἐπειρώμην φυγῆς
καὶ τοῦ παρ᾽ ἑτέροις [12] μὲν μετοικεῖν, στέρεσθαι δὲ τῶν

[1] ὑπὲρ om. L. [2] ἀμελεῖν αὐτῶν A. C. L. [3] προσήκει ἢ A. C. L.
[4] νυνὶ A. C. L. [5] ταῦτ᾽ ἐστὶν A. C. L. [6] αἰσθανόμενος A. L.
[7] ἡμῶν A. C. L. [8] ἕξει A. C. L. [9] τέτταρα καὶ δέκ᾽ ἔτη A. C. L.
[10] ἐκείνης om. A. C. L. [11] εἴην A. L. [12] μὲν om. A. C. L.

Ἐκ τῆς πόλεως] I. e. e Sipho. Idem.
Ἠγάπησα] *satis habui*. Idem.
Ἀδελφὴν] Scil. ἐμοῦ, quod item supplendum est ad μητέρα: nam de oratoris nostri, non Thrasylochi, matre ac sorore sermonem esse, sequentia docent. Idem.
Ἐντὸς τριάκονθ᾽ ἡμερῶν] Πρὶν ὅλας ἐξήκειν ἡμέρας τριάκοντα. Cor.

ἐμαυτοῦ, πρὸς δὲ τούτοις [1]ὁρῶν τὴν μητέρα τὴν ἐμαυτοῦ
καὶ τὴν ἀδελφὴν ἐκ μὲν τῆς πατρίδος ἐκπεπτωκυίας, ἐπὶ
δὲ ξένης καὶ παρ' ἀλλοτρίοις τὸν βίον τελευτώσας. ὥστ'
οὐδεὶς ἄν μοι δικαίως φθονήσειεν, εἴ τι τῶν Θρασυλόχου
b πραγμάτων ἀγαθὸν ἀπολέλαυκα· καὶ γὰρ ἵνα χαρισαί-
μην ἐκείνῳ, [2]κατοικισάμενος ἐν Τροιζῆνι [3]τοιαύταις ἐχρησάμην συμφοραῖς, ὧν οὐδέποτ' ἂν ἐπιλαθέσθαι δυνηθείην.
ιγ'. Καὶ μὴν οὐδὲ [4]τοῦθ' ἕξουσιν εἰπεῖν, ὡς, εὖ μὲν πράτ-
τοντος Θρασυλόχου πάντα [5]ταῦθ' ὑπέμενον, δυστυχήσαντα
δ' αὐτὸν [6]ἀπέλιπον· ἐν αὐτοῖς γὰρ τούτοις ἔτι σαφέστερον
καὶ μᾶλλον ἐπεδειξάμην τὴν εὔνοιαν ἣν εἶχον εἰς ἐκεῖνον.
c ἐπειδὴ γὰρ εἰς Αἴγιναν [7]κατοικισάμενος ἠσθένησε ταύτην
τὴν νόσον ἐξ ἧς [8]περ ἀπέθανεν, οὕτως αὐτὸν ἐθεράπευσα
ὡς οὐκ οἶδ' [9]ὅςτις πώποθ' ἕτερος ἕτερον, [10]τὸν μὲν πλεῖστον
τοῦ χρόνου πονήρως μὲν ἔχοντα περιιέναι δ' [11]ἔτι δυνάμενον,
ἓξ δὲ μῆνας συνεχῶς ἐν τῇ κλίνῃ κείμενον. καὶ τούτων τῶν
ταλαιπωριῶν οὐδεὶς τῶν συγγενῶν μετασχεῖν ἠξίωσεν, ἀλλ'
οὐδ' ἐπισκεψόμενος ἀφίκετο, πλὴν τῆς μητρὸς καὶ τῆς ἀδελφῆς, αἳ πλέον θάτερον ἐποίησαν· ἀσθενοῦσαι γὰρ ἦλθον ἐκ
d Τροιζῆνος, ὥστ' αὐταὶ θεραπείας ἐδέοντο. ἀλλ' ὅμως ἐγώ,
τοιούτων τῶν ἄλλων περὶ αὐτὸν γεγενημένων, οὐκ ἀπεῖπον
οὐδ' [12]ἀπέστην, ἀλλ' ἐνοσήλευον αὐτὸν μετὰ παιδὸς ἑνός·
οὐδὲ γὰρ τῶν οἰκετῶν οὐδεὶς [13]ὑπέμενε· καὶ γὰρ φύσει χαλεπὸς ὢν ἔτι δυσκολώτερον διὰ τὴν νόσον διέκειτο, ὥστ' οὐκ
ἐκείνων ἄξιον θαυμάζειν, εἰ μὴ παρέμενον, ἀλλὰ πολὺ 391
μᾶλλον ὅπως ἐγὼ τοιαύτην νόσον θεραπεύων ἀνταρκεῖν
e [14]ἠδυνάμην· ὃς ἔμπυος μὲν [15]ἦν πολὺν χρόνον, ἐκ δὲ τῆς κλίνης
οὐκ [16]ἠδύνατο κινεῖσθαι, τοιαῦτα δ' ἔπασχεν [17]ὥςθ' ἡμᾶς
μηδεμίαν ἡμέραν ἀδακρύτους διαγαγεῖν, ἀλλὰ θρηνοῦντες

[1] ἑώρων C. [2] μετοικησάμενος A. L. μετοικισάμενος C. [3] τοσαύταις A. C. L.
[4] τοῦτό μοι A. C. L. [5] ταῦτα πάνθ' ὑπέμεινα A. C. L. [6] ἐπέλιπον A.
[7] κατοικησάμενος A. L. [8] περ om. A. C. L. [9] εἴ τις ἄλλος πώποθ' A. C. L.
[10] τὸ A. C. L. [11] οὐ A. C. L. [12] ἀπέστην οὐδ' ἀπεῖπον A. C. L.
[13] ὑπέμεινε A. C. L. [14] ἐδυνάμην αὐταρκεῖν A. L. ἐδυνάμην ἀνταρκεῖν C.
[15] ἐμεῖν ἦν L. [16] ἐδύνατο A. C. L.
[17] ὥστε μηδεμίαν ἡμέραν ἡμᾶς ἀδακρυτὶ διάγειν A. C. L.

Ἐπὶ δὲ ξένης] Scil. γῆς. *peregre, inter peregrinos.* Lang.

Αἳ πλέον θάτερον ἐποίησαν] Scil. κακόν. Prius malum erat morbus Thrasylochi, quod duplicabatur, matre et sorore ægrotantibus. Wolf.

Τοιαύτην νόσον — ὅς] I. e. τοιοῦτον νοσοῦντα — ὅς. Auger.

διετελοῦμεν καὶ τοὺς πόνους τοὺς ἀλλήλων καὶ τὴν φυγὴν καὶ τὴν ἐρημίαν τὴν ἡμετέραν αὐτῶν. καὶ ταῦτ' οὐδένα χρόνον διέλιπεν· οὐδὲ γὰρ ἀπελθεῖν οἷόν τ' ἦν [1]ἢ δοκεῖν 390
ἀμελεῖν, [2]ὃ ἐμοὶ πολὺ δεινότερον ἦν τῶν κακῶν τῶν παρόντων.

ιδ'. [3]Ἐβουλόμην δ' ἂν ὑμῖν [4]οἷός τ' εἶναι ποιῆσαι φανερὸν, οἷος περὶ αὐτὸν ἐγενόμην· οἶμαι γὰρ οὐδ' ἂν τὴν φωνὴν ὑμᾶς ἀνασχέσθαι τῶν ἀντιδίκων. νῦν δὲ τὰ χαλεπώτατα τῶν ἐν τῇ θεραπείᾳ καὶ δυσχερέστατα καὶ πόνους ἀηδεστάτους ἔχοντα καὶ πλείστης ἐπιμελείας δεηθέντα οὐκ εὐδιήγητά ἐστιν. ἀλλ' ὑμεῖς αὐτοὶ [5]σκοπεῖτε
μετὰ πόσων [6]ἄν τις ἀγρυπνιῶν καὶ ταλαιπωριῶν τοιοῦτον b
νόσημα τοσοῦτον χρόνον θεραπεύσειεν. ἐγὼ μὲν γὰρ οὕτω κακῶς διετέθην, ὥσθ' ὅσοι [7]περ εἰσῆλθον τῶν φίλων, ἔφασαν [8]δεδιέναι μὴ κἀγὼ προσαπόλωμαι, καὶ συνεβούλευόν μοι φυλάττεσθαι, λέγοντες ὡς [9]οἱ πλεῖστοι τῶν θεραπευσάντων ταύτην τὴν νόσον αὐτοὶ προσδιεφθάρησαν. πρὸς οὓς ἐγὼ τοιαῦτ' ἀπεκρινάμην, ὅτι πολὺ ἂν θᾶττον ἑλοίμην
ἀποθανεῖν ἢ 'κεῖνον περιιδεῖν δι' ἔνδειαν τοῦ θεραπεύσοντος c
πρὸ τελευτήσαντα.

ιε'. Καὶ τοιούτῳ μοι γεγενημένῳ τετόλμηκεν ἀμφισβητεῖν τῶν χρημάτων ἡ μηδ' ἐπισκέψασθαι πώποτ' αὐτὸν ἀξιώσασα, τοσοῦτον μὲν χρόνον ἀσθενήσαντα, πυνθανομένη δὲ καθ' ἑκάστην [10]τὴν ἡμέραν ὡς διέκειτο, ῥᾳδίας δ' οὔσης αὐτῇ τῆς πορείας. εἶτα νῦν αὐτὸν [11]ἀδελφίζειν ἐπιχειρήσουσιν, [12]ὥσπερ οὐχ ὅσῳ ἂν οἰκειότερον προσείπωσι τὸν
τεθνεῶτα, τοσούτῳ [13]δόξουσαν [14]αὐτὴν μείζω καὶ δεινότερα d
[15]ἐξαμαρτεῖν· ἥτις οὐδ' ἐπειδὴ τελευτᾶν ἤμελλε τὸν βίον, ὁρῶσα τοὺς πολίτας τοὺς ἡμετέρους, ὅσοι περ ἦσαν ἐν Τροιζῆνι, διαπλέοντας εἰς Αἴγιναν, ἵν' αὐτὸν συγκαταθά-
92 ψειαν, οὐδ' εἰς τοῦτον τὸν καιρὸν ἀπήντησεν, ἀλλ' οὕτως

[1] ἢ μοι τοῦ μὴ δοκ. A. C. L. [2] ὅ μοι A. C. L. [3] ἠβουλόμην C. [4] οἷον A. C. L. [5] σκοπεῖσθε A. C. L. [6] ἄν τις post θεραπεύσειεν ponunt A. C. L. [7] ποτ' A. C. L. [8] δεδιέναι ἔφασαν A. C. L. [9] οἱ om. A. C. L. [10] τὴν om. A. C. L. [11] ἀδελφίζειν αὐτὸν A. C. L. [12] ὡς A. C. L. [13] δόξουσιν A. C. L. [14] εἰς αὐτὸν A. C. L. [15] ἐξαμαρτάνειν. ἥτις, ἐπειδὴ ἐτελεύτα τὸν A. C. L.

Διέλιπεν] Accipe sensu neutrali, *defecerunt, intermissa sunt*. Idem.
Ἀδελφίζειν] *fratris nomine compellare*. Vid. p. 724. v. 12. Idem.

Lang.
Ἐπιχειρήσουσιν] Scil. ipsa cum patronis.

ὠμῶς καὶ σχετλίως εἶχεν ὥστ᾽ ἐπὶ μὲν τὸ κῆδος οὐκ ἠξίωσε [1]ἀφικέσθαι, τῶν δὲ καταλειφθέντων οὐδὲ δέχ᾽ ἡμέρας διαλιποῦσα ἦλθεν [2]ἀμφισβητοῦσα, ὥσπερ τῶν χρημάτων ἀλλ᾽
e οὐκ ἐκείνου συγγενὴς οὖσα. καὶ εἰ μὲν ὁμολογήσει τοσαύτην ἔχθραν ὑπάρχειν αὐτῇ πρὸς ἐκεῖνον ὥστ᾽ εἰκότως ταῦτα ποιεῖν, οὐκ ἂν κακῶς εἴη βεβουλευμένος, εἰ τοῖς φίλοις ἐβουλήθη μᾶλλον ἢ ταύτῃ τὴν οὐσίαν καταλιπεῖν· εἰ δὲ
391 μηδεμιᾶς διαφορᾶς οὔσης οὕτως ἀμελὴς καὶ κακὴ περὶ αὐτὸν ἐγένετο, πολὺ ἂν δήπου δικαιότερον στερηθείη τῶν αὐτῆς ἢ τῶν ἐκείνου κληρονόμος γένοιτο. ἐνθυμεῖσθε δ᾽ ὅτι τὸ μὲν ταύτης μέρος οὔτ᾽ ἐν τῇ νόσῳ θεραπείας ἔτυχεν οὔτ᾽ ἀποθανὼν τῶν νομιζομένων ἠξιώθη, δι᾽ ἐμὲ δ᾽ ἀμφότερα ταῦτ᾽ [3]αὐτῷ γεγένηται. καίτοι δίκαιόν ἐστιν [4]ὑμᾶς τὴν ψῆφον
b φέρειν, οὐκ εἴ τινες γένει μέν φασι [5]προσήκειν, ἐν δὲ τοῖς ἔργοις ὅμοιοι τοῖς ἐχθροῖς γεγόνασιν, ἀλλὰ πολὺ μᾶλλον ὅσοι [6]μηδὲν ὄνομα συγγενείας ἔχοντες οἰκειοτέρους σφᾶς αὐτοὺς ἐν ταῖς συμφοραῖς τῶν ἀναγκαίων παρέσχον.

ιϛ΄. Λέγουσι δ᾽ ὡς τὰς μὲν διαθήκας οὐκ ἀπιστοῦσι Θρασύλοχον καταλιπεῖν, οὐ μέντοι καλῶς οὐδ᾽ ὀρθῶς [7]φασὶν αὐτὰς ἔχειν. καίτοι, ὦ ἄνδρες Αἰγινῆται, πῶς ἂν τις ἄμεινον ἢ μᾶλλον συμφερόντως περὶ τῶν αὑτοῦ πρα-
c γμάτων ἐβουλεύσατο; ὃς οὔτ᾽ ἔρημον τὸν οἶκον κατέλιπε, τοῖς τε φίλοις χάριν ἀπέδωκεν, ἔτι δὲ τὴν μητέρα καὶ τὴν ἀδελφὴν οὐ μόνον τῶν αὑτοῦ κυρίας ἀλλὰ καὶ τῶν ἐμῶν κατέστησε, τὴν μὲν ἐμοὶ συνοικίσας, [8]τῇ δὲ υἱόν με εἰσποιήσας; ἆρ᾽ [9]ἂν ἐκείνως ἄμεινον ἔπραξεν, εἰ μήτε τῆς μητρὸς τὸν ἐπιμελησόμενον κατέστησε, μήτ᾽ ἐμοῦ μηδεμίαν μνείαν ἐποιήσατο, τήν τ᾽ ἀδελφὴν ἐπὶ τῇ τύχῃ κατέλιπε, καὶ τὸν οἶκον τὸν αὑτοῦ ἀνώνυμον γενόμενον περιεῖδεν;

d ιζ΄. Ἀλλὰ γὰρ ἴσως ἀνάξιος ἦν υἱὸς εἰσποιηθῆναι Θρασυλόχῳ καὶ λαβεῖν αὐτοῦ τὴν ἀδελφήν. ἀλλὰ πάντες ἂν

[1] παραγενέσθαι A. L. γενέσθαι C. [2] ἀμφισβητήσουσα A. C. L. [3] αὐτῷ ταῦτα A. C. L. [4] ὑμᾶς ἐστιν A. C. L. [5] προσήκειν φασὶν A. C. L. [6] μηδ᾽ A. C. L. [7] φασὶν om. A. C. L. [8] τῆς A. C. L. [9] γὰρ ἐκεῖνος ἄμεινον ἂν A. C. L.

Τὸ μὲν ταύτης μέρος] *quantum in ista fuit.* IDEM.

Φέρειν] Subaudi ὑπὲρ τούτων. AUGER.

Οὐκ εἴ τινες] Ἴσως· οὐχ οἵ τινες. COR.

Ἔρημον τὸν οἶκον] Ἔρημος οἶκος, quum quis orbus et sine liberis perit, et, ut mox sequitur, ἀνώνυμος. WOLF.

Τὸν ἐπιμελησόμενον] *curatorem.* LANG.

μαρτυρήσειαν Σίφνιοι τοὺς προγόνους τοὺς ἐμοὺς καὶ γένει
393 καὶ πλούτῳ καὶ δόξῃ καὶ τοῖς ἄλλοις ἅπασι πρώτους εἶναι
τῶν πολιτῶν. τίνες γὰρ ἢ μειζόνων ἀρχῶν ἠξιώθησαν, ἢ
πλείω χρήματ' εἰσήνεγκαν, ἢ κάλλιον ἐχορήγησαν, ἢ μεγα-
λοπρεπέστερον τὰς ἄλλας λειτουργίας ἐλειτούργησαν; ἐκ e
ποίας δ' οἰκίας τῶν ἐν Σίφνῳ [1]πλείους βασιλεῖς γεγόνασιν; ὥστε [2]Θρασύλοχός τε, εἰ καὶ μηδὲ πώποτ' αὐτῷ διελέχθην, εἰκότως ἂν [3]ἐβουλήθη μοι διὰ ταῦτα δοῦναι τὴν
ἀδελφὴν, ἐγώ τ', εἰ [4]καὶ μηδέν μοι τούτων ὑπῆρχεν, ἀλλὰ
[5]φαυλότατος ἦν τῶν πολιτῶν, δικαίως ἂν παρ' αὐτοῦ διὰ
τὰς εὐεργεσίας τὰς εἰς ἐκεῖνον τῶν μεγίστων ἠξιώθην. 392

ιή. Οἶμαι τοίνυν αὐτὸν καὶ Σωπόλιδι τῷ ἀδελφῷ μάλιστα κεχαρίσθαι ταῦτα διαθέμενον. καὶ γὰρ ἐκεῖνος ταύτην μὲν ἐμίσει καὶ κακόνουν τοῖς αὐτοῦ πράγμασιν [6]ἡγεῖτο,
ἐμὲ δὲ περὶ πλείστου τῶν αὑτοῦ φίλων ἐποιεῖτο. ἐδήλωσε
δ' ἐν ἄλλοις τε πολλοῖς, καὶ ὅτ' ἔδοξε τοῖς συμφυγάσιν
ἐπιχειρεῖν τῇ πόλει μετὰ τῶν ἐπικούρων. αἱρεθεὶς γὰρ
[7]ἄρχειν αὐτοκράτωρ, ἐμὲ καὶ γραμματέα προσείλετο καὶ
τῶν χρημάτων ταμίαν [8]ἁπάντων κατέστησε, καὶ ὅτ' b
[9]ἠμέλλομεν κινδυνεύειν, αὐτὸς αὑτῷ με παρετάξατο. καὶ
σκέψασθ' ὡς σφόδρ' αὐτῷ συνήνεγκε· δυστυχησάντων γὰρ
ἡμῶν ἐν τῇ προσβολῇ τῇ [10]πρὸς τὴν πόλιν καὶ τῆς ἀναχω-
ρήσεως οὐχ οἵας ἠβουλόμεθα γενομένης, τετρωμένον αὐτὸν
καὶ βαδίζειν οὐ δυνάμενον, ἀλλὰ [11]ὀλιγοψυχοῦντα, ἀπε-
κόμισα ἐπὶ τὸ πλοῖον μετὰ τοῦ θεράποντος τοῦ [12]ἐμαυτοῦ,
φέρων ἐπὶ τῶν ὤμων, ὥστ' ἐκεῖνον πολλάκις καὶ πρὸς πολ- c
λοὺς εἰπεῖν ὅτι μόνος ἀνθρώπων αἴτιος εἴην αὐτῷ τῆς σωτηρίας. καίτοι τίς ἂν μείζων [13]ταύτης εὐεργεσία γένοιτο;

1 πλεῖστοι A. C. L. 2 καὶ Θρασύλοχός A. C. L. 3 ἠβουλήθη C.
4 καὶ τούτων μηδὲν A. C. L. 5 καὶ φαυλότατος A. C. L. 6 ἐνόμιζεν A. C. L.
7 ἄρχων A. C. L. 8 ἁπάντων om. A. C. L. 9 ἐμέλλομεν A. C. L.
10 πρὸς Σίφνον καὶ A. C. L. 11 λειποψυχοῦντα A. C. L. 12 ἐμοῦ A. C. L.
13 ταύτης μείζων A. C. L.

Βασιλεῖς] Utrum βασιλεῖς hic proprie dicantur, an alterius alicujus dignitatis (ut apud Athenienses) sit vocabulum, nescio. WOLF. Arbitror apud civitatem Siphniam summos magistratus βασιλεῖς vocari. AUGER. LANG. Ἦν δηλονότι καὶ παρὰ Σιφνίοις, ὥσπερ Ἀθήνησι, τῶν ἀρχόντων ὃς βασιλεὺς ἐκαλεῖτο. COR.

Συμφυγάσιν] I. e. iis, qui una e Siphno fugerant vel expulsi erant. Vid. §. ε'. LANG.

Συνήνεγκε] Subaudi τοῦτο. nisi mavis legere αὑτῷ et subaudire αὐτός. *quantum sibi ipse profuerit ita agendo.* AUGER. Ὠφέλιμον ὑπῆρξεν αὐτῷ τὸ παρατεταχέναι με ἑαυτῷ. COR.

ἐπειδὴ τοίνυν εἰς Λυκίαν ἐκπλεύσας ἀπέθανεν, αὕτη μὲν οὐ
πολλαῖς ἡμέραις ὕστερον μετὰ τὴν ἀγγελίαν ἔθυε καὶ
ἑώρταζε, καὶ οὐδὲ τὸν ἀδελφὸν ᾐσχύνετο τὸν ἔτι ζῶντα,
οὕτως ὀλίγον φροντίζουσα τοῦ τεθνεῶτος, ἐγὼ δ' ἐπένθουν
αὐτὸν, ὥσπερ τοὺς οἰκείους νόμος ἐστί. καὶ ταῦτα πάντ'
d ἐποίουν διὰ τὸν τρόπον τὸν ἐμαυτοῦ καὶ τὴν φιλίαν τὴν
πρὸς ἐκείνους, ἀλλ' οὐ [1]ταυτησὶ τῆς δίκης ἕνεκα· οὐ γὰρ
ᾤμην αὐτοὺς οὕτω δυστυχήσειν, ὥστ' ἄπαιδας ἀμφοτέρους 394
τελευτήσαντας εἰς ἔλεγχον καταστήσειν, ὁποῖός τις [2]ἡμῶν
ἕκαστος περὶ αὐτοὺς [3]ἐγένετο.

ιθ'. Πρὸς μὲν οὖν Θρασύλοχόν τε καὶ Σώπολιν ὡς αὐτή
e τε κἀγὼ διεκείμεθα, σχεδὸν ἀκηκόατε· τρέψονται δ' ἴσως
ἐπ' ἐκεῖνον τὸν λόγον, ὅσπερ αὐτοῖς λοιπός ἐστιν, ὡς [4]Θρά-
συλλος ὁ πατὴρ [5]ὁ ταύτης ἡγοῖτ' ἂν δεινὰ πάσχειν, εἴ τις
ἔστιν αἴσθησις τοῖς τεθνεῶσι περὶ τῶν ἐνθάδε γιγνομένων,
ὁρῶν τὴν μὲν θυγατέρα ἀποστερουμένην τῶν χρημάτων, ἐμὲ
δὲ κληρονόμον ὧν αὐτὸς ἐκτήσατο γιγνόμενον.

κ'. Ἐγὼ δ' ἡγοῦμαι μὲν οὐ περὶ τῶν πάλαι τεθνεώτων,
393 ἀλλὰ περὶ τῶν [6]ἔναγχος τὸν κλῆρον καταλιπόντων προσήκειν ἡμῖν τοὺς λόγους ποιεῖσθαι. [4]Θράσυλλος μὲν γὰρ, οὕςπερ αὐτὸς [7]ἐβούλετο, τούτους κυρίους τῶν αὐτοῦ κατέλιπε·
δίκαιον δὲ καὶ Θρασυλόχῳ τὰ αὐτὰ ταῦτ' ἀποδοθῆναι παρ'
ὑμῶν, καὶ γενέσθαι διαδόχους [8]τῆς κληρονομίας μὴ ταύτην,
ἀλλ' οἷς ἐκεῖνος διέθετο. οὐ μέντ' ἂν μοι δοκῶ φυγεῖν οὐδὲ
τὴν [9]Θρασύλλου γνώμην. οἶμαι γὰρ ἂν [10]αὐτὸν πάντων
b γενέσθαι ταύτῃ χαλεπώτατον δικαστὴν, εἴπερ αἴσθοιτο
οἷα περὶ τοὺς παῖδας αὐτοῦ γεγένηται· [11]πολλοῦ ἂν
δεήσειεν ἀχθεσθῆναι κατὰ τοὺς νόμους ὑμῶν ψηφισαμένων,
ἀλλὰ πολὺ ἂν μᾶλλον, εἰ τὰς τῶν παίδων διαθήκας ἀκύρους

[1] ταύτης A. C. L. [2] ἦν ἡμῶν C. [3] ἐγένετο περὶ αὐτούς A. L. ἐγένετο om. C.
[4] Θρασύλοχος A. C. L. [5] ὁ om. A. C. L. [6] ἔγγιστα A. C. L.
[7] ἠβούλετο C. [8] αὐτῷ τῆς A. C. L. [9] Θρασυλόχου A. C. L.
[10] αὐτὸν πάντων ἂν A. C. L.

Τὸν ἀδελφὸν] Np. Thrasylochum. LANG.

Εἰς ἔλεγχον καταστήσειν] *rem eo deventuram, ut evidenter cognosceretur.* WOLF. *ut hoc probandum relicturi essent.* AUGER. Quod posterius præfero. Wolfius enim interpretatus est, quasi legeretur καταστῆναι, quod pro vulgata offert. LANG.

Προσήκειν ἡμῖν] Μήποτε· προσήκειν ἐν ὑμῖν, τουτέστιν ἐναντίον ὑμῶν τῶν δικαστῶν. COR.

Φυγεῖν — γνώμην] *videor mihi etiam Thrasylli ferre posse judicium,* i. e. non recuso etiam Thrasyllum judicem. WOLF.

Δεήσειεν] F. δεήσει. IDEM. COR.

ἴδοι [1]γενομένας. καὶ γὰρ, εἰ μὲν εἰς τὸν οἶκον τὸν ἐμὸν
δεδωκὼς ἦν Θρασύλοχος τὴν οὐσίαν, τοῦτ᾽ ἂν ἐπιτιμᾷν εἶχον
αὐτῷ· νῦν δ᾽ εἰς τὸν [2]αὐτῶν εἰσεποιήσατο, ὥστ᾽ οὐκ
ἐλάττω τυγχάνουσιν εἰληφότες ὧν δεδώκασι. χωρὶς δὲ τού- c
των, οὐδένα μᾶλλον εἰκός ἐστιν ἢ [3]Θράσυλλον εὔνουν εἶναι
τοῖς κατὰ δόσιν ἀμφισβητοῦσι. καὶ γὰρ αὐτὸς καὶ τὴν
τέχνην ἔμαθε Πολεμαινέτου τοῦ μάντεως καὶ [4]τὰ χρήματ᾽
ἔλαβεν οὐ κατὰ γένος ἀλλὰ δι᾽ ἀρετήν. ὥστ᾽ οὐκ ἂν δήπου
φθονήσειεν, εἴ τις περὶ [5]τοὺς παῖδας αὐτοῦ χρηστὸς γενόμενος τῆς αὐτῆς δωρεᾶς ἧσπερ ἐκεῖνος ἠξιώθη.

κα΄. Μεμνῆσθαι δὲ χρὴ καὶ τῶν ἐν ἀρχῇ ῥηθέντων. ἐπέ-
395 δειξα γὰρ ὑμῖν αὐτὸν οὕτω περὶ πολλοῦ τὴν ἡμετέραν οἰ- d
κειότητα ποιησάμενον, ὥστε γῆμαι καὶ τὴν ἀδελφὴν [6]τὴν
τοῦ πατρὸς καὶ τὴν ἀνεψιάν. καίτοι τίσιν ἂν θᾶττον τὴν
αὑτοῦ θυγατέρα ἐξέδωκεν ἢ τούτοις παρ᾽ [7]ὧν αὐτὸς λαμβάνειν ἠξίωσεν; ἐκ ποίας δ᾽ ἂν οἰκίας ἥδιον εἶδεν [8]υἱὸν αὑτῷ
κατὰ τοὺς νόμους εἰσποιηθέντα μᾶλλον, ἢ ταύτης ἐξ ἧσπερ
[9]καὶ φύσει παῖδας ἐζήτησεν αὑτῷ γενέσθαι;

κβ΄. Ὥστ᾽ ἐὰν μὲν [10]ἐμοὶ ψηφίσησθε τὸν κλῆρον, καὶ e
πρὸς ἐκεῖνον ὑμῖν καλῶς ἕξει καὶ πρὸς τοὺς ἄλλους ἅπαντας, οἷς προσήκει τι τούτων τῶν πραγμάτων· ἢν δ᾽ ὑπὸ
ταύτης πεισθέντες ἐξαπατηθῆτε, οὐ μόνον ἐμὲ ἀδικήσετε,
ἀλλὰ καὶ Θρασύλοχον τὸν τὴν διαθήκην καταλιπόντα, καὶ
Σώπολιν, καὶ τὴν ἀδελφὴν τὴν [11]ἐκείνων ἣ νῦν ἐμοὶ συνοικεῖ, 394
καὶ τὴν μητέρ᾽ αὐτῶν, ἣ πασῶν ἂν εἴη δυστυχεστάτη γυναικῶν, εἰ μὴ μόνον ἐξαρκέσειεν αὐτῇ στέρεσθαι τῶν παίδων,
ἀλλὰ καὶ τοῦτ᾽ αὐτῇ προσγένοιτο, ὥστ᾽ ἐπιδεῖν ἄκυρον μὲν
τὴν ἐκείνων γνώμην οὖσαν, ἔρημον δὲ τὸν οἶκον [12]γιγνόμενον,
καὶ τὴν μὲν ἐπιχαίρουσαν τοῖς αὑτῆς κακοῖς ἐπιδικαζομένην

[1] γεγενημένας A. C. L. [2] αὐτοῦ A. C. L. [3] Θρασύλοχον A. C. L.
[4] τὰ om. A. C. L. [5] τύχοι, ἥσπερ A. C. L. [6] τὴν om. A. C. L.
[7] ὧνπερ A. C. L. [8] υἱὸν εἶδεν A. C. L. [9] καὶ om. A. C. L.
[10] ἐμὸν A. C. L. [11] ἐκείνου A. C. L. [12] γενόμενον A. C. L.

Εἰσεποιήσατο] Sub. ἐμέ. Pro αὐτοῦ autem vett. αὐτῶν, quod non penitus rejiciendum est. Verte: *in familiam eorum me adoptavit.* LANG.

Τοῖς κατὰ δόσιν ἀμφισβ.] *iis qui hæreditatem ex testamento petunt*, ut ego, non ratione cognationis. WOLF. Τοῖς οὐ διὰ συγγένειαν, ἀλλὰ διὰ δωρεὰν, ἀντιποιούμενος τοῦ κλή ου, ὥσπερ ἐγώ. COR.

Ἥδιον] Ἀσμενέστερον, ἀγαπητότερον. IDEM.

Ὑμῖν· καλῶς ἕξει] *hoc vobis bene erit*, i. e. bene facietis. AUGER.

Μόνον ἐξαρκέσειεν] Τὸ *μόνον* puto supervacaneum esse. WOLF. Οὐκ ἀλόγως. Μήποτε· νῦν ἐξαρκ. COR.

τῶν χρημάτων, ἐμὲ [1] δὲ μηδενὸς δυνάμενον τῶν δικαίων τυχεῖν, ὃς τοιαῦτ' ἔπραξα [2] περὶ τοὺς ἐκείνης, ὥςτ' εἴ τίς [3] με σκο-
b ποῖτο μὴ πρὸς ταύτην ἀλλὰ πρὸς τοὺς πώποτε κατὰ δόσιν ἀμφισβητήσαντας, εὑρεθείην ἂν οὐδενὸς χείρων αὐτῶν περὶ τοὺς φίλους γεγενημένος. καίτοι χρὴ τοὺς τοιούτους τιμᾶν καὶ περὶ [4] πολλοῦ ποιεῖσθαι πολὺ μᾶλλον ἢ τὰς ὑφ' ἑτέρων δεδομένας δωρεὰς ἀφαιρεῖσθαι. ἄξιον δ' ἐστὶ καὶ τῷ νόμῳ βοηθεῖν, καθ' ὃν ἔξεστιν ἡμῖν καὶ παῖδας εἰσποιήσασθαι καὶ βουλεύσασθαι περὶ τῶν ἡμετέρων αὐτῶν, ἐνθυμηθέντας
c ὅτι τοῖς ἐρήμοις τῶν ἀνθρώπων ἀντὶ παίδων οὗτός ἐστιν [5] [ὁ νόμος]· διὰ γὰρ τοῦτον καὶ οἱ συγγενεῖς καὶ οἱ μηδὲν προσήκοντες μᾶλλον ἀλλήλων [6] ἐπιμέλονται.

κγ′. Ἵνα δὲ παύσωμαι λέγων καὶ μηκέτι [7] πλείω χρόνον διατρίβω, σκέψασθ' ὡς μεγάλα καὶ δίκαια ἥκω πρὸς ὑμᾶς ἔχων· πρῶτον μὲν φιλίαν πρὸς τοὺς καταλιπόντας τὸν κλῆρον παλαιὰν καὶ πατρικὴν καὶ πάντα τὸν χρόνον διατελέσασαν, ἔπειτ' εὐεργεσίας πολλὰς καὶ μεγάλας καὶ
d περὶ δυστυχοῦντας ἐκείνους γεγενημένας, πρὸς δὲ τούτοις 396
διαθήκας παρ' αὐτῶν τῶν ἀντιδίκων ὁμολογουμένας, ἔτι δὲ νόμον ταύταις βοηθοῦντα, ὃς δοκεῖ τοῖς Ἕλλησι [8] ἅπασι καλῶς κεῖσθαι. τεκμήριον δὲ μέγιστον· [9] περὶ γὰρ ἄλλων πολλῶν διαφερόμενοι περὶ τούτου ταὐτὰ γιγνώσκουσι. δέομαι οὖν ὑμῶν καὶ τούτων μεμνημένους καὶ τῶν ἄλλων τῶν εἰρη-
e μένων τὰ δίκαια ψηφίσασθαι, καὶ τοιούτους μοι γενέσθαι δικαστὰς οἵων περ ἂν αὐτοὶ τυχεῖν [10] ἀξιώσαιτε.

[1] δὲ μὴ δυνάμενον μηδενὸς A. C. L.
[2] περί τε ἐκεῖνον καὶ τὰ ἐκείνου σώσας, ὥστ' A. περὶ τοὺς ἐκεῖνον σώσαντας, ὥστ' C. L.
[3] με om. A. C. L.
[4] πλείστου A. C. L.
[5] uncos om. A. C. L.
[6] ἐπιμελοῦνται A. C. L.
[7] πλείονα A. L.
[6] ἅπασι om. A. C. L.
[9] περὶ μὲν γὰρ ἄλλων διαφέρονται, περὶ δὲ τούτου πάντες ταὐτὰ A. C. L.
[10] ἀξιώσητε A. C. L.

Πρὸς ταύτην] Scil. τὴν ἀντίδικον. LANG. Πρὸς τὴν ἐπιδικαζομένην τοῦ κλήρου. COR.

Ὁ νόμος] De adoptione, aut certe testamenti factione. WOLF.

Ὁμολογουμένας] Cf. §. ις′.

K.

ΙΣΟΚΡΑΤΟΥΣ

ΚΑΤΑ [1]ΛΟΧΙΤΟΥ.

Pag. ed. Cor. — Pag. ed. H. St

397 α'. ΩΣ μὲν τοίνυν ἔτυπτέ με Λοχίτης ἄρχων χειρῶν 395
ἀδίκων, ἅπαντες [2]ὑμῖν οἱ παρόντες μεμαρτυρήκασι.

β'. Τὸ δ' ἁμάρτημα τοῦτο οὐχ ὅμοιον δεῖ νομίζειν τοῖς ἄλλοις, οὐδὲ τὰς τιμωρίας ἴσας ποιεῖσθαι περί τε τοῦ σώματος καὶ τῶν χρημάτων, ἐπισταμένους ὅτι τοῦτο πᾶσιν

[1] ΤΟΥ ΛΟΧΙΤΟΥ A. C. L. [2] ἡμῖν C.

SUMMARIUM. Vir plebeius, cujus nomen ignoratur, contra Lochitem, a quo verbera acceperat, in hac altera orationis parte (prima omissa est), crimen exaggerat, et judices impellere studet, ut eum tanquam legum contemptorem et popularis status eversorem graviter puniant. (α'.) Me igitur a Lochite, nulla injuria lacessito, verberatum esse, omnes rei præsentes vobis testificati sunt. (β'.) Si personæ securitas res est in civitate omnium gravissima, violatio ejusdem gravissimo quoque supplicio coercenda erit. (γ'.) Hinc leges ejusmodi actioni favent, et contumelia pro crimine publico habetur. (δ'.) Vel convicia pœna acerrima interdicta sunt, quid verbera? (ε'.) Quum eos, qui in oligarchia contumeliosi fuerunt, ubi licebat, morte dignos censeatis, qua pœna afficiendi sunt, qui in democratia, in qua non licet, eadem libidine grassantur? (ϛ'.) Fortassis autem Lochites dicet, verbera nihil mihi nocuisse. (ζ'.) Non damnum, sed pulsatio ipsa eique adjuncta contumelia est, quare illum in judicium voco. (η'.) Ut in furto leges non rem ablatam, sed animum furandi respiciunt, sic in hoc casu non id, quod contigit, sed universa morum petulantia coercenda erit, siquidem parvæ causæ sæpe jam ingentia mala pepererunt. A verberibus ad iracundiam, ad vulnera, ad cædes, ad mortes, ad atrocissimas clades jam processum est. (θ'.) Aliæ injuriæ societatis modo partem lædunt, contumeliæ universæ societati nocent. Multas illæ familias exstinxerunt multasque urbes everterunt. (ι'.) Nos ipsi per istos legum contemptores, qui et hostibus servire et civibus insultare voluerunt, democratiam bis jam solutam vidimus, e quorum genere Lochites est. (ια'.) Præstabilius est, futura mala prohibere, quam præterita ulcisci. Neque exspectandum, donec ejusmodi improbi homines in totam civitatem delinquant, sed prima optima occasio puniendi illos arripienda erit. (ιϐ'.) Corporum autem contumeliæ omnibus sunt communes, non item bona. De contumelia igitur ea mulcta irroganda est, qua soluta reus a petulantia cessabit; non cessabit autem pecunia soluta, sed graviori pœna affectus; quam si statueritis, vestram ipsorum vitam magis in tuto collocabitis. (ιγ'.) Ac nemo vestrum eo, quod pauper sum, litem hanc minoris æstimet. Vigente democratia omnes æquales sunt. Ii omnes æque lædunt, qui legem pro corporis nostri salute latam transgredi audent. (ιδ'.) Quare, si sapitis, Lochitæ vestram iracundiam ostendite, reputantes, istiusmodi viros ea, quæ in judiciis decernantur, pro legibus habere. (ιε'.) Si quis præsentium habet, quo mihi patrocinetur, dicat. Lang. Ignoratur quo tempore hæc oratio scripta fuerit. Auger.

Ἄρχων χειρῶν ἀδίκων] *incipiens injustis manibus*, i. e. prior percutiens, nulla injuria lacessitus verberans. Auger.

Δεῖ] Subaudi ὑμᾶς. Lang.

Τοῦτο] Refer ad σῶμα. Idem.

ἀνθρώποις οἰκειότατόν ἐστι, καὶ τούς τε νόμους ἐθέμεθα·
b καὶ περὶ τῆς ἐλευθερίας μαχόμεθα καὶ τῆς δημοκρατίας
ἐπιθυμοῦμεν καὶ τἄλλα πάντα τὰ περὶ τὸν βίον [1] ἕνεκα
τούτου πράττομεν. ὥστ' εἰκὸς ὑμᾶς [2] ἐστὶν τοὺς περὶ
τοῦτο ἐξαμαρτάνοντας, ὃ περὶ πλείστου ποιεῖσθε, τῇ
μεγίστῃ ζημίᾳ κολάζειν.

γ'. Εὑρήσετε δὲ καὶ τοὺς θέντας ἡμῖν τοὺς νόμους ὑπὲρ
τῶν σωμάτων μάλιστα σπουδάσαντας. πρῶτον μὲν γὰρ περὶ
c μόνου τούτου τῶν ἀδικημάτων καὶ δίκας καὶ γραφὰς ἄνευ
παρακαταβολῆς ἐποίησαν, ἵν', ὅπως ἂν ἕκαστος [3] ἡμῶν
τυγχάνῃ [4] δυνάμενος καὶ βουλόμενος, οὕτως ἔχῃ τιμωρεῖσθαι
τοὺς ἀδικουντας. ἔπειτα [5] τῶν μὲν ἄλλων ἐγκλημάτων αὐτῷ
396 [6] τῷ παθόντι μόνον ὁ δράσας ὑπόδικός ἐστι· περὶ δὲ τῆς
ὕβρεως, ὡς κοινοῦ τοῦ πράγματος ὄντος, ἔξεστι τῷ βουλομένῳ τῶν πολιτῶν γραψαμένῳ πρὸς τοὺς θεσμοθέτας
εἰσελθεῖν εἰς ὑμᾶς.

δ'. Οὕτω δ' ἡγήσαντο δεινὸν εἶναι τὸ τύπτειν ἀλλήλους,
ὥστε [7] καὶ περὶ τῆς κακηγορίας νόμον ἔθεσαν, ὃς κελεύει 398
τοὺς λέγοντάς τι τῶν ἀποῤῥήτων πεντακοσίας δραχμὰς
ὀφείλειν. καίτοι πηλίκας τινὰς χρὴ ποιεῖσθαι τὰς τιμωρίας
ὑπὲρ τῶν ἔργῳ παθόντων [8] κακῶς, ὅταν ὑπὲρ τῶν λόγῳ
b μόνον ἀκηκοότων οὕτως ὀργιζόμενοι φαίνησθε;

ε'. Θαυμαστὸν δ', εἰ τοὺς μὲν ἐπὶ τῆς ὀλιγαρχίας ὑβρί-
σαντας ἀξίους θανάτου [9] νομίζετε, τοὺς δ' ἐν δημοκρατίᾳ
[10] ταὐτὰ ἐκείνοις ἐπιτηδεύοντας ἀζημίους ἀφήσετε. καίτοι
[11] δικαίως ἂν μείζονος οὗτοι τιμωρίας τυγχάνοιεν· φανερώτερον γὰρ ἐπιδείκνυνται τὴν αὑτῶν πονηρίαν. ὅστις γὰρ νῦν
c τολμᾷ παρανομεῖν [12] ὅτ' οὐκ ἔξεστι, τί ποτ' ἂν ἐποίησεν,

[1] ἕνεκεν A. C. L. [2] ἐστιν ὑμᾶς A. C. L. [3] ἡμῶν ἕκαστος A. C. L.
[4] καὶ δυνάμενος A. C. L. [5] περὶ τῶν A. [6] μόνῳ τῷ παθόντι κακῶς ὁ A. C. L.
[7] καὶ om. A. C. L. [8] κακῶς πεπονθότων A. C. L. [9] νομιεῖτε A. C. L.
[10] τὰ αὐτὰ A. C. L. [11] γε δικαίως A. C. L. [12] εἰς τοὺς πολίτας, ὅτε A. C. L.

Οἰκειότατον] *maxime propinquum.* IDEM.

Ἐθέμεθα] Τουτέστιν, ἔθεμεν ἑαυτοῖς. COR.

Τοὺς θέντας] Draconem, Solonem, cæteros.

Καὶ δίκας καὶ γραφὰς] Np. causas tum privatas tum publicas.

Ἄνευ παρακαταβολῆς] *sine sponsione.* Nam alioqui decima pars in privatis, quinta in publicis, causis æstimationis litis deponebatur, quæ mulcta esset temere litigantium. WOLF.

Γραψαμένῳ πρὸς τοὺς θεσμοθέτας] *re ad thesmothetas relata.* IDEM. Cf. Demosth. c. Mid. §. ιγ'.

Τῶν ἀποῤῥήτων] Τῶν ἀπειρημένων ἐν τοῖς νόμοις. HARPOCRAT. Τὰ ἀπόῤῥητα hic, intellige *convicia legibus interdicta.* AUGER.

ὅθ᾿ οἱ κρατοῦντες τῆς πόλεως [1]καὶ χάριν εἶχον τοῖς τὰ τοιαῦτα ἐξαμαρτάνουσιν;

ϛ΄. Ἴσως [2]οὖν Λοχίτης ἐπιχειρήσει μικρὸν ποιεῖν τὸ πρᾶγμα, διασύρων τὴν κατηγορίαν, καὶ λέγων ὡς οὐδὲν ἐκ τῶν πληγῶν κακὸν ἔπαθον, ἀλλὰ μείζους ποιοῦμαι τοὺς λόγους ἢ [3]κατὰ τὴν ἀξίαν τῶν γεγενημένων.

ζ΄. Ἐγὼ δ᾿, εἰ μὲν μηδεμία προσῆν ὕβρις τοῖς πεπραγμένοις, οὐκ ἂν ποτ᾿ εἰσῆλθον εἰς ὑμᾶς· νῦν δ᾿ οὐχ ὑπὲρ τῆς
[4]ἄλλης βλάβης τῆς ἐκ τῶν πληγῶν γενομένης, ἀλλ᾿ ὑπὲρ d
τῆς αἰκίας καὶ τῆς ἀτιμίας ἥκω παρ᾿ αὐτοῦ δίκην ληψόμενος, ὑπὲρ ὧν προσήκει τοῖς ἐλευθέροις μάλιστ᾿ ὀργίζεσθαι καὶ μεγίστης τυγχάνειν τιμωρίας.

η΄. Ὁρῶ δὲ ὑμᾶς, ὅταν τοῦ καταγνῶτε ἱεροσυλίαν ἢ κλοπὴν, οὐ πρὸς τὸ μέγεθος ὧν ἂν λάβωσι τὴν [5]τίμησιν ποιουμένους, ἀλλ᾿ ὁμοίως ἁπάντων θάνατον [6]καταγιγνώ-
σκοντας, καὶ νομίζοντας δίκαιον εἶναι τοὺς τοῖς αὐτοῖς ἔρ- e
γοις ἐπιχειροῦντας ταῖς αὐταῖς ζημίαις [7]κολάζεσθαι. χρὴ τοίνυν καὶ περὶ τῶν ὑβριζόντων τὴν αὐτὴν γνώμην ἔχειν, καὶ μὴ τοῦτο σκοπεῖν, εἰ μὴ σφόδρα συνέκοψαν, ἀλλ᾿ εἰ τὸν νόμον παρέβησαν, μηδ᾿ ὑπὲρ τοῦ [8]συντυχόντος μόνον ἀλλ᾿ ὑπὲρ [9]ἅπαντος τοῦ τρόπου δίκην παρ᾿ αὐτῶν λαμβάνειν, ἐνθυμουμένους ὅτι πολλάκις ἤδη μικραὶ προφάσεις μεγάλων
399 κακῶν αἴτιαι γεγόνασι, καὶ [10]ὅτι διὰ τοὺς τύπτειν τολμῶν- 397
τας εἰς τοῦτ᾿ [11]ἤδη τινὲς ὀργῆς προήχθησαν, ὥστ᾿ εἰς τραύματα [12]καὶ θανάτους καὶ φυγὰς καὶ τὰς μεγίστας συμφορὰς ἐλθεῖν· ὧν οὐδὲν διὰ τὸν φεύγοντα τὴν δίκην [13]ἀγένητόν ἐστιν, ἀλλὰ κατὰ μὲν τὸ τούτου μέρος ἅπαντα [14]πέπρακται, διὰ δὲ τὴν τύχην καὶ τὸν τρόπον τὸν ἐμὸν οὐδὲν τῶν ἀνηκέστων συμβέβηκεν.

θ΄. Ἡγοῦμαι δ᾿ ὑμᾶς οὕτως ἂν ἀξίως ὀργισθῆναι [15]τοῦ b
πράγματος, εἰ διεξέλθοιτε πρὸς ὑμᾶς αὐτοὺς, ὅσῳ μεῖζόν

[1] καὶ om. A. C. L. [2] δ᾿ A. L. [3] κατ᾿ ἀξίαν A. C. L. [4] ἄλλης om. A. C. L. [5] τιμωρίαν A. C. L. [6] κατακρίνοντας A. C. L. [7] κολάζειν A. C. L. [8] τυχόντος A. C. L. [9] παντὸς A. C. L. [10] διότι πολλοὶ τῶν τε ξένων καὶ τῶν πολιτῶν διὰ A. L. διότι πολλοὶ τῶν πολιτῶν διὰ C. [11] ἤδη τινὲς om. A. C. L. [12] καὶ σφαγὰς καὶ θανάτους A. C. L. [13] ἀγέννητόν A. C. L. [14] τὰ προειρημένα πέπρακται A. C. L. [15] περὶ τοῦ A. C. L.

Οἱ κρατοῦντες] Np. Triginta tyranni.

Διασύρων] Διαπαίζων, χλευάζων, ὡς ἐξηγεῖται Ἡσύχιος. Cor.

Ὑπὲρ τῆς αἰκίας] Cf. Demosth. c. Mid. §. ι΄. adv. Pantæn. §. ϛ΄. et c. Everg. et Mnesib. §. γ΄.

ἐστι τοῦτο τῶν ἄλλων [1]ἁμαρτημάτων. εὑρήσετε γὰρ τὰς μὲν ἄλλας ἀδικίας μέρος τι τοῦ βίου βλαπτούσας, τὴν δ' ὕβριν ὅλοις τοῖς πράγμασι λυμαινομένην, καὶ πολλοὺς μὲν οἴκους [2]δι' αὐτὴν διαφθαρέντας, πολλὰς δὲ πόλεις ἀναστάτους [3]γεγενημένας.

ι΄. Καὶ τί δεῖ τὰς τῶν ἄλλων συμφορὰς λέγοντα δια-
c τρίβειν; αὐτοὶ γὰρ ἡμεῖς δὶς ἤδη τὴν δημοκρατίαν ἐπείδομεν καταλυθεῖσαν καὶ δὶς τῆς ἐλευθερίας ἀπεστερήθημεν οὐχ ὑπὸ τῶν ταῖς ἄλλαις πονηρίαις ἐνόχων ὄντων, ἀλλὰ διὰ τοὺς καταφρονοῦντας [4]τῶν νόμων καὶ βουλομένους τοῖς μὲν πολεμίοις δουλεύειν, τοὺς δὲ πολίτας ὑβρίζειν. [5]ὧν οὗτος εἷς ὢν τυγχάνει. καὶ γὰρ εἰ τῶν τότε κατασταθέντων νεώτερός ἐστιν, ἀλλὰ τόν γε τρόπον ἔχει τὸν ἐξ ἐκείνης τῆς πολιτείας. αὗται γὰρ αἱ φύσεις [6]εἰσὶν αἱ παραδοῦσαι μὲν τὴν δύναμιν [7]τὴν ἡμετέραν τοῖς πολεμίοις, κατασκάψασαι
d δὲ τὰ τείχη τῆς πατρίδος, πεντακοσίους δὲ καὶ χιλίους [8]ἀκρίτους ἀποκτείνασαι τῶν πολιτῶν.

ια΄. Ὧν εἰκὸς ὑμᾶς μεμνημένους [9]τιμωρεῖσθαι μὴ μόνον τοὺς τότε λυμηναμένους ὑμᾶς, ἀλλὰ καὶ τοὺς νῦν βουλομένους οὕτω διαθεῖναι τὴν πόλιν, καὶ τοσούτῳ μᾶλλον τοὺς ἐπιδόξους γενήσεσθαι πονηροὺς τῶν πρότερον ἡμαρτηκότων, ὅσῳπερ κρεῖττόν ἐστι τῶν μελλόντων κακῶν ἀποτροπὴν εὑρεῖν ἢ τῶν ἤδη γεγενημένων δίκην λαβεῖν· καὶ μὴ [10]περι-
e μείνηθ' ἕως ἂν ἀθροισθέντες καὶ καιρὸν λαβόντες εἰς ὅλην τὴν πόλιν ἐξαμάρτωσιν, ἀλλ' ἐφ' ἧς ἂν προφάσεως ὑμῖν παραδοθῶσιν, ἐπὶ ταύτης αὐτοὺς [11]τιμωρεῖσθε, νομίζοντες 400
εὕρημ' ἔχειν, ὅταν τινὰ λάβητ' ἐν μικροῖς πράγμασιν ἐπι-
398 δεδειγμένον ἅπασαν τὴν αὑτοῦ πονηρίαν. κράτιστον μὲν γὰρ [12]ἦν, εἴ τι προσῆν ἄλλο σημεῖον τοῖς πονηροῖς τῶν ἀνθρώπων, [13]πρὶν ἀδικηθῆναί τινα τῶν πολιτῶν, πρότερον κο-

[1] ἀδικημάτων A. C. L. [2] διὰ ταύτην A. C. L. [3] γενομένας A. C. L.
[4] τῶν νόμων om. A. [5] ὧν εἷς ἐστιν οὗτος· A. C. L. [6] εἰσὶν αἱ φύσεις A. C. L.
[7] τὴν ἡμετέραν om. A. C. L. [8] ἀκρίτως A. C. L. [9] τιμωρήσασθαι A. C. L.
[10] περιμένειν A. C. L. [11] τιμωρήσασθαι, νομίζοντας A. C. L. [12] ἂν ἦν A. C. L.
[13] καὶ πρὶν A. C. L.

Δὶς ἤδη] Scil. sub cccc viris et xxx viris.

Κατασταθέντων] Scilicet πραγμάτων. Wolf.

Πεντακοσίους δὲ καὶ χιλίους] Cf. Areopag. §. κζ. fin. Lang.

Τοὺς ἐπιδόξους γεν. πονηροὺς] *quos fore improbos conjectura colligitur.* Wolf.

Εἴ τι — ἄλλο σημεῖον] *si quod aliud signum*, i. e. quam improbitatis facinora. Auger. Cf. Eurip. Med. 516.

λάζειν αὐτούς· ἐπειδὴ δ' οὐχ οἷόν τ' [1]ἐστὶν αἰσθέσθαι
πρὶν κακῶς τινὰ παθεῖν ὑπ' αὐτῶν, ἀλλ' οὖν [2]γ' ἐπειδὰν
[3]γνωρισθῶσι προσήκει πᾶσι μισεῖν τοὺς τοιούτους καὶ κοινοὺς ἐχθροὺς νομίζειν.

ιβ'. Ἐνθυμεῖσθε δ', ὅτι τῶν μὲν περὶ [4]τὰς οὐσίας κινδύνων οὐ μέτεστι τοῖς πένησι, τῆς δ' εἰς τὰ σώματα αἰκίας
ὁμοίως [5]ἅπαντες κοινωνοῦμεν· ὥσθ' ὅταν μὲν τοὺς ἀποστε- b
ροῦντας τιμωρῆσθε, τοὺς πλουσίους μόνον ὠφελεῖτε, ὅταν
δὲ τοὺς ὑβρίζοντας κολάζητε, ὑμῖν αὐτοῖς βοηθεῖτε. ὧν
ἕνεκα δεῖ περὶ πλείστου ποιεῖσθαι ταύτας τῶν δικῶν, καὶ
περὶ μὲν τῶν ἄλλων συμβολαίων τοσούτου τιμᾶν, ὅσον
προσήκει τῷ διώκοντι κομίσασθαι, περὶ δὲ τῆς ὕβρεως,
ὅσον ἀποτίσας ὁ φεύγων [6]παύσεσθαι μέλλει τῆς παρούσης
ἀσελγείας. ἢν οὖν [7]περιαιρῆτε τὰς οὐσίας [8]τῶν νεανιευομέ- c
νων εἰς τοὺς πολίτας, καὶ μηδεμίαν [9]νομίζηθ' ἱκανὴν εἶναι
ζημίαν, [10]οἵ τινες ἂν εἰς τὰ σώματα ἐξαμαρτάνοντες τοῖς
χρήμασι τὰς δίκας ὑπέχωσιν, ἅπανθ' ὅσα δεῖ τοὺς καλῶς
δικάζοντας διαπράξεσθε· καὶ γὰρ [11]περὶ τοῦ παρόντος πράγματος ὀρθῶς γνώσεσθε, καὶ τοὺς ἄλλους πολίτας κοσμιω-
τέρους ποιήσετε, καὶ τὸν βίον τὸν ὑμέτερον αὐτῶν ἀσφαλέστερον καταστήσετε. ἔστι δὲ δικαστῶν νοῦν ἐχόντων,
περὶ τῶν ἀλλοτρίων τὰ δίκαια ψηφιζομένους ἅμα καὶ τὰ d
σφέτερ' αὐτῶν εὖ τίθεσθαι.

ιγ'. Καὶ μηδεὶς ὑμῶν εἰς τοῦτ' ἀποβλέψας, ὅτι πένης
εἰμὶ καὶ τοῦ πλήθους εἷς, ἀξιούτω τοῦ τιμήματος ἀφαιρεῖν.
οὐ γὰρ δίκαιόν ἐστιν ἐλάττους ποιεῖσθαι τὰς τιμωρίας ὑπὲρ
τῶν ἀδόξων ἢ τῶν [12]διωνομασμένων, οὐδὲ χείρους ἡγεῖσθαι
τοὺς πενομένους [13]ἢ τοὺς πολλὰ κεκτημένους. ὑμᾶς γὰρ ἂν
αὐτοὺς ἀτιμάζοιτ', εἰ τοιαῦτα γιγνώσκοιτε περὶ τῶν πολι- e

[1] ἐστιν om. A. C. L. [2] γ' om. A. C. L. [3] γνωσθῶσι A. C. L.
[4] τῆς A. C. L. [5] πάντες A. C. L. [6] παύσασθαι A. C. L.
[7] περιαιρήσητε C. περιαιρήσητε τὸ A. L. [8] ἀφαιρεῖν τῶν A. L.
[9] ἱκανὴν ἡγῆσθε A. C. L. [10] εἰ A. C. L. [11] καὶ περὶ A. C. L.
[12] ὠνομασμένων A. C. L. [13] τῶν πολλὰ κεκτημένων A. C. L.

Ὅσον ἀποτίσας] *eam mulctam* (non pecuniariam), *qua soluta*. LANG.

Καὶ μηδεμίαν κ. τ. λ.] Καὶ ἢν ἐκείνοις, οἵτινες ἂν εἰς τὰ σώματα τῶν πολιτῶν ὑβρίζοντες ζημιῶνται χρήμασι, μὴ νομίσητε ζημίαν μηδεμίαν ἱκανὴν, ἄλλην δηλονότι ἢ τὴν ἀφαίρεσιν πάσης τῆς οὐσίας, ἢ γοῦν τῆς πλείστης, τουτέστι τὸ πένητας αὐτοὺς ἐκ πλουσίων ἀποδεῖξαι, καὶ οὕτω παῦσαι τῆς παρούσης ἀσελγείας. Μεταμέλει μοι τὸ εἴ τινες μὴ τρέψαντι εἰς τὸ οἵτινες. COR.

Ἀξιούτω τοῦ τιμήματος ἀφαιρεῖν] *quidquam de litis æstimatione detruhendum censeat*. LANG.

τῶν. ἔτι δὲ καὶ πάντων ἂν εἴη δεινότατον, εἰ [1]δημοκρατου-
μένης τῆς πόλεως μὴ τῶν αὐτῶν ἅπαντες τυγχάνοιμεν, 401
ἀλλὰ τῶν μὲν ἀρχῶν μετέχειν ἀξιοῖμεν [2]τὸ ἴσον, τῶν δ' ἐν
399 τοῖς νόμοις δικαίων ἀποστεροῖμεν ἡμᾶς αὐτοὺς, καὶ μαχόμενοι μὲν ὁμοίως ἐθέλοιμεν ἀποθνήσκειν ὑπὲρ τῆς πολιτείας,
ἐν δὲ τῇ ψήφῳ πλέον νέμοιμεν τοῖς τὰς οὐσίας ἔχουσιν.
οὐκ, ἐάν [3]γε σωφρονῆθ', οὕτω διακείσεσθε πρὸς ὑμᾶς αὐτοὺς, οὐδὲ διδάξετε τοὺς νεωτέρους καταφρονεῖν τοῦ πλήθους τῶν πολιτῶν, οὐδὲ ἀλλοτρίους ἡγήσεσθ' εἶναι τοὺς τοιούτους τῶν ἀγώνων, ἀλλ' [4]ὡς ὑπὲρ αὐτοῦ δικάζων, [5]οὕτως ἕκαστος ὑμῶν οἴσει τὴν ψῆφον. ἅπαντας γὰρ ὁμοίως ἀδικοῦσιν οἱ τολμῶντες [6]τοῦτον τὸν νόμον παραβαίνειν τὸν ὑπὲρ τῶν σωμάτων τῶν ὑμετέρων κείμενον.

ιδ'. Ὥστ' [7]ἐὰν σωφρονῆτε, παρακαλέσαντες ἀλλήλους ἐνσημανεῖσθε Λοχίτῃ τὴν ὀργὴν τὴν ὑμετέραν αὐτῶν, εἰδότες ὅτι πάντες οἱ τοιοῦτοι τῶν μὲν νόμων τῶν κειμένων καταφρονοῦσι, τὰ δ' [8]ἐνθάδε γιγνωσκόμενα, [9]ταῦτα νόμους εἶναι νομίζουσιν.

ιε'. Ἐγὼ μὲν οὖν ὡς οἷός τ' ἦν εἴρηκα περὶ τοῦ πράγματος· εἰ δέ [10]τις τῶν παρόντων ἔχει τί μοι συνειπεῖν, ἀναβὰς εἰς ὑμᾶς λεγέτω.

[1] δημοκρατίας οὔσης μὴ A. C. L. [2] τὸ ἴσον om. A. C. L. [3] γέ μοι πεισθῆτε A. C. L. [4] ὥσπερ A. C. L. [5] οὕτως om. A. C. L. [6] τοῦτον om. A. C. L. [7] ἂν A. C. L. [8] ἐνταῦθα A. C. L. [9] ταῦτα om. A. C. L. [10] τις ἔχει (ἔχοι C.) μοι τῶν παρόντων A. C. L.

Ἐνσημανεῖσθε — τὴν ὀργὴν] Φανερὰν ποιήσετε τὴν ὀργήν. Cor.

Εἰ δέ τις κ. τ. λ.] Cf. p. 737. v. 14. sqq. Lang.

ΙΣΟΚΡΑΤΟΥΣ

ΠΡΟΣ ΕΥΘΥΝΟΥΝ

[1]ΑΜΑΡΤΥΡΟΣ.

Pag. ed. Cor. — Pag. ed. H.Ste

402 α'. ΟΥ προφάσεως ἀπορῶ, δι' ἥντινα λέγω ὑπὲρ Νικίου τουτουΐ· καὶ γὰρ φίλος ὤν μοι τυγχάνει καὶ δεόμενος καὶ ἀδικούμενος καὶ ἀδύνατος εἰπεῖν, ὥστε διὰ ταῦτα πάντα ὑπὲρ αὐτοῦ λέγειν ἀναγκάζομαι. 400

[1] ΥΠΕΡ ΝΙΚΙΟΥ ΑΜΑΡΤΥΡΟΣ A. C. L.

SUMMARIUM. (α'.) Nicias, amicus meus, injuria affectus dicendique imperitus me rogavit, ut se [contra Euthynum, qui tertiam depositi alicujus partem non reddidit et accepisse negat] defenderem. (β'.) Rem, quam brevissime potero, vobis exponam. (γ'.) Quum Triginta regnarent, Nicias ab inimicis e civium numero deletus, tria argenti talenta Euthyno sine testibus tradidit custodienda, et rus profectus est. Non ita multo post Euthynus quidem duo talenta reddidit, sed tertium infìciatur. Nicias temporibus coactus rem tunc silentio præteriit. (δ'.) Verum quum nec quisquam negotio huic adfuerit testis, argumentis et conjecturis verum elicere vos necesse est. (ε'.) Nicias Euthyno ut locuples magis, sic dicendi minus peritus est. Tales autem solent peti calumniis ab eloquentibus, sed pauperibus hominibus. (ς'.) Deinde, qui negant depositum, habent id, propter quod jus violant; qui vero repetunt, nesciunt, an accepturi sint. Verosimilius igitur est, Euthynum negare, quod acceperit, quam Niciam postulare, quod non dederit. (ζ'.) Præterea sublatis in urbe judiciis, illum verosimilius est fraudasse Niciam, quam hunc injuste quidquam repetiisse. (η'.) Huc accedit, quod Euthynus amicus fuit Niciæ, nec dives, nec destitutus prorsus, nec rebus gerendis ineptus. (θ'.) Nec injuriam certe fecisset Euthynus Niciæ, nisi necessitate, quum alius deesset, quem fraudare posset, coactus fuisset. (ι'.) Maximum autem argumentum est, quod petitio eo tempore facta est, quo oligarchia constituta erat, in qua pauper ad injurias diviti faciendas incitabatur. Illo enim tempore gravius delictum fuit, divitem esse, quam improbum. Ergo Euthynus potuit ea, quæ acceperat, fraudare, Nicias vero non potuit calumniari. Qui enim sua tueri non potest, is non insidiabitur alienis. (ια'.) Sed objici et fortasse Euthynus, se, si facere injuriam constituisset, duas quoque alteras depositi partes retenturum fuisse. (ιβ'.) Ego vero vos scire arbitror, omnes homines si quid injusti moliantur, etiam defensionem simul meditari. Euthynus igitur duas partes reddidit, ut illam objectionem facere posset, sicuti multi jam ante illum in modicis negotiis fraudem adhibuerunt, in magnis justitiam coluerunt. (ιγ'.) Considerate porro, eadem facile posse pro Nicia dici. Si ei libitum fuit, calumniari, non confessus esset, duas partes recepisse, sed totam summam recepisse negaret. (ιδ'.) Præterea omnes Niciæ cognati ac familiares sciebant, eum quidquid argenti habuerit, apud istum deposuisse. Euthynus igitur partem quidem subtrahere potuit, quum nemo sciret, quantum deposuisset, nequaquam vero totum. Lang. Si causa vere dicta est, nec res et personæ suppositæ sunt, hæc oratio valde ingeniosa et acuta, et, si Philostrato creditur, inter Isocrateas ex optimis, scripta esse debuit circa annum 402. ante Christum, et Isocratis ætatis 32. Auger.

ΑΜΑΡΤΥΡΟΣ] Ὅτι μὴ παρῆσαν παρακατατιθεμένῳ μάρτυρες τῷ Νικίᾳ, ὥστ' ἐξ

β΄. Ὅθεν οὖν τὸ συμβόλαιον [1] αὐτῷ πρὸς Εὐθύνουν γεγένηται, διηγήσομαι ὑμῖν ὡς ἂν δύνωμαι διὰ βραχυτάτων.

b γ΄. Νικίας γὰρ οὑτοσὶ, ἐπειδὴ οἱ Τριάκοντα κατέστησαν, καὶ αὐτὸν οἱ ἐχθροὶ ἐκ μὲν τῶν μετεχόντων τῆς πολιτείας ἐξήλειφον, εἰς δὲ τὸν μετὰ [2] Λυσάνδρου κατάλογον [3] ἐνέγραφον, δεδιὼς τὰ παρόντα πράγματα τὴν μὲν [4] οὐσίαν ὑπέθηκε, τοὺς δ' οἰκέτας ἔξω τῆς γῆς ἐξέπεμψε, τὰ δ' ἔπιπλα ὡς ἐμὲ ἐκόμισε, τρία δὲ τάλαντα ἀργυρίου Εὐθύνῳ φυλάττειν ἔδωκεν, αὐτὸς δ' εἰς ἀγρὸν ἐλθὼν διῃτᾶτο. οὐ
c πολλῷ δὲ χρόνῳ ὕστερον βουλόμενος ἐκπλεῖν ἀπῄτησε τἀργύριον· Εὐθύνους δὲ τὰ μὲν δύο τάλαντα ἀποδίδωσι, τοῦ δὲ τρίτου ἔξαρνος γίγνεται. ἄλλο μὲν οὖν οὐδὲν εἶχε Νικίας ἐν τῷ τότε χρόνῳ ποιῆσαι, προσιὼν δὲ πρὸς τοὺς ἐπιτηδείους ἐνεκάλει καὶ ἐμέμφετο καὶ ἔλεγεν ἃ πεπονθὼς εἴη. καίτοι οὕτω τοῦτόν τε περὶ πολλοῦ ἐποιεῖτο καὶ τὰ καθεστῶτα ἐφοβεῖτο, ὥστε πολὺ ἂν θᾶττον ὀλίγων στερηθεὶς ἐσιώπησεν ἢ μηδὲν ἀπολέσας ἐνεκάλεσε. τὰ μὲν οὖν γεγε-
d νημένα, ταῦτ' ἐστίν.

δ΄. Ἀπόρως δ' ἡμῖν ἔχει τὸ πρᾶγμα. Νικίᾳ γὰρ οὔτε πα- 403
ρακατατιθεμένῳ τὰ χρήματα οὔτε κομιζομένῳ οὐδεὶς οὔτ' ἐλεύθερος οὔτε δοῦλος παρεγένετο· ὥστε μήτ' ἐκ βασάνων μήτ' ἐκ μαρτύρων οἷόν τ' εἶναι γνῶναι περὶ αὐτῶν, ἀλλ' ἀνάγκη ἐκ τεκμηρίων καὶ ἡμᾶς διδάσκειν καὶ ὑμᾶς δικάζειν ὁπότεροι [5] ἀληθῆ λέγουσιν.

ε΄. Οἶμαι [6] οὖν ἅπαντας εἰδέναι ὅτι μάλιστα συκοφαντεῖν ἐπιχειροῦσιν οἱ λέγειν μὲν δεινοὶ, ἔχοντες δὲ μηδὲν,
401 τοὺς ἀδυνάτους μὲν εἰπεῖν, ἱκανοὺς δὲ χρήματα τελεῖν. Νικίας τοίνυν Εὐθύνου πλείω μὲν ἔχει, ἧττον δὲ δύναται

[1] αὐτὸ A. [2] Πεισάνδρου A. L. [3] ἀνέγραφον A. L. [4] οἰκίαν A. C. [5] τἀληθῆ A. C. L. [6] δ' οὖν A. C. L.

ἐκείνων ἔχειν ἐξελέγχειν Εὐθύνουν. Cor.

Αὐτῷ] Scil. τῷ Νικίᾳ. Lang.

Κατάλογον] Cf. c. Callimach. §. η΄. et Lysiam c. Eratosth. §. ια΄.

Τὴν μὲν οὐσίαν] Ὑποθεῖναι τὴν οὐσίαν is dicitur, qui fœnore accepta pecunia sua prædia oppignorat. ὑποθέσθαι ad eum refertur, qui pignus capit. Wolf. Leg. τὴν μὲν οἰκίαν. Auger. Quod probo. Lang.

Προσιὼν δὲ] Ἀντὶ τοῦ, ἢ ὅτι προσῄει. Wolf.

Ἐνεκάλει καὶ ἐμέμφετο] *istum incusabat et querebatur.* Lang.

Ἀπόρως — πρᾶγμα] *res autem non parum difficultatis habet.* Idem.

λέγειν· ὥςτ' οὐκ ἔστι δι' ὅ τι ἂν ἐπήρθη ἀδίκως ἐπ' Εὐθύνουν ἐλθεῖν.

ς'. Ἀλλὰ μὴν καὶ ἐξ αὐτοῦ ἄν τις τοῦ πράγματος
γνοίη ὅτι πολὺ μᾶλλον εἰκὸς ἦν Εὐθύνουν λαβόντα ἐξαρνεῖ-
σθαι ἢ Νικίαν μὴ δόντα αἰτιᾶσθαι. δῆλον γὰρ ὅτι πάντες
κέρδους ἕνεκ' ἀδικοῦσιν. οἱ μὲν οὖν ἀποστεροῦντες, ὧνπερ
ἕνεκ' ἀδικοῦσιν, ἔχουσιν, οἱ δ' ἐγκαλοῦντες οὐδ' εἰ λήψεσθαι b
μέλλουσιν ἴσασιν.

ζ'. Πρὸς δὲ τούτοις, ἀκαταστάτως ἐχόντων τῶν ἐν τῇ
πόλει καὶ δικῶν οὐκ οὐσῶν τῷ μὲν οὐδὲν ἦν πλέον ἐγκα-
λοῦντι, τῷ δὲ οὐδὲν ἦν δέος ἀποστεροῦντι. ὥςτε τὸν μὲν
οὐδὲν ἦν θαυμαστὸν, ὅτε καὶ οἱ μετὰ μαρτύρων δανεισά-
μενοι ἐξηρνοῦντο, τότε ἃ μόνος παρὰ μόνου ἔλαβεν ἀπο-
στερῆσαι· τὸν δ' οὐκ εἰκὸς, ὅτε οὐδ' οἷς δικαίως ὠφείλετο
οἷόν τ' ἦν πράττεσθαι, τότε ἀδίκως ἐγκαλοῦντα οἴεσθαί c
τι λήψεσθαι.

η'. [1]Ἔτι δ', εἰ καὶ μηδὲν αὐτὸν ἐκώλυεν, ἀλλὰ καὶ ἐξῆν
καὶ [2]ἐβούλετο συκοφαντεῖν, ὡς οὐκ ἂν ἐπ' Εὐθύνουν ἦλθε,
ῥᾴδιον γνῶναι. οἱ γὰρ τοιαῦτα πράττειν ἐπιθυμοῦντες οὐκ
ἀπὸ τῶν φίλων ἄρχονται, ἀλλὰ μετὰ τούτων ἐπὶ τοὺς
ἄλλους ἔρχονται, καὶ τούτοις ἐγκαλοῦσιν οὓς ἂν μήτ'
[3]αἰσχύνωνται μήτε δεδίωσι, καὶ οὓς ἂν ὁρῶσι πλουσίους
μὲν ἐρήμους δὲ καὶ ἀδυνάτους πράττειν.

θ'. Εὐθύνῳ τοίνυν τἀναντία τούτων ὑπάρχει· ἀνεψιὸς d
γὰρ ὢν Νικίου τυγχάνει, λέγειν δὲ καὶ πράττειν μᾶλλον
404 δύναται [4]τούτου, ἔτι δὲ χρήματα μὲν ὀλίγα φίλους δὲ πολλοὺς κέκτηται. ὥςτ' οὐκ ἔστιν ἐφ' ὅντινα ἂν ἧττον ἢ ἐπὶ
τοῦτον ἦλθεν· ἐπεὶ ἔμοιγε δοκεῖ, εἰδότι τὴν τούτων οἰκειότητα, οὐδ' ἂν Εὐθύνους Νικίαν [5]ἀδικῆσαι, εἰ ἐξῆν ἄλλον
τινὰ τοσαῦτα χρήματα ἀποστερῆσαι. νῦν δ' [6]ἀρχαιότερον e

[1] Ὅτι A. L. [2] ἠβούλετο C. [3] αἰσχύνονται· μήτε δεδίασι A. L.
[4] τουτουὶ A. C. L. [5] ἀδικήσαι L. [6] ἀναγκαιότερον A.

Ἀδίκως ἐπ' Εὐθ. ἐλθεῖν] Idem est, quam quod antecessit *συκοφαντεῖν*. Idem.

Κέρδους] Κέρδος h. l. est *certum lucrum*, ut sequentia docent. Idem.

Πράττεσθαι] *æs alienum exigere*. Idem.

Ἀρχαιότερον — πρᾶγμα] *causa negotii altius repetenda est et inquirenda subtilius.* Wolf. Emendavi: νῦν δ' ἀναγκαιότερον αὐτῷ τὸ πρᾶγμα, subaudiendo ἦν. *nunc vero ipsum premebat rei necessitas.* quam phrasim conjungo cum præcedentibus. Auger. Quæ conjectura propter contextum valde probabilis est. Lang. Τὸ ἀρχαιότερον σημαίνοι ἂν ὧδε, εἰ μὴ ἡμάρτηται ἡ γραφὴ, τὸ ἁπλούστερον, τουτέστιν, Ἦν Εὐθύνῳ καὶ Νικίᾳ τὸ πρᾶγμα ἁπλούστερον,

[1] ἦν [2] αὐτοῖς τὸ πρᾶγμα· ἐγκαλεῖν μὲν γὰρ ἔξεστιν ἐξ
ἁπάντων ἐκλεξάμενον, ἀποστερεῖν δ' οὐχ οἷόν τ' ἄλλον ἢ
τὸν παρακαταθέμενον. ὥστε Νικίας μὲν συκοφαντεῖν ἐπιθυμῶν οὐκ ἂν ἐπὶ τοῦτον ἦλθεν, Εὐθύνους δ' ἀποστερεῖν
ἐπιχειρῶν οὐκ ἂν ἄλλον εἶχεν.

402 ι. Ὃ δὲ μέγιστον τεκμήριον καὶ πρὸς ἅπαντα ἱκανόν·
ὅτε γὰρ τὸ ἔγκλημα ἐγένετο, ὀλιγαρχία καθειστήκει, ἐν
ᾗ οὕτως ἑκάτερος αὐτῶν διέκειτο, ὥστε Νικίας μέν, εἰ καὶ
τὸν ἄλλον χρόνον εἴθιστο συκοφαντεῖν, τότ' ἂν ἐπαύσατο,
Εὐθύνους δέ, καὶ εἰ μηδὲ πώποτε διενοήθη ἀδικεῖν, τότ' ἂν
ἐπήρθη. ὁ μὲν γὰρ διὰ τὰ ἁμαρτήματα ἐτιμᾶτο, ὁ δὲ διὰ
τὰ χρήματα ἐπεβουλεύετο. πάντες γὰρ ἐπίστασθ' ὅτι ἐν
b ἐκείνῳ τῷ χρόνῳ δεινότερον ἦν πλουτεῖν ἢ ἀδικεῖν· οἱ μὲν
γὰρ τὰ ἀλλότρια ἐλάμβανον, οἱ δὲ τὰ σφέτερ' αὐτῶν
ἀπώλλυον. ἐφ' οἷς γὰρ ἦν ἡ πόλις, οὐ τοὺς ἁμαρτάνοντας
ἐτιμωροῦντο, ἀλλὰ τοὺς ἔχοντας ἀφῃροῦντο, καὶ ἡγοῦντο
τοὺς μὲν ἀδικοῦντας πιστούς, τοὺς δὲ πλουτοῦντας ἐχθρούς.
ὥστε μὴ περὶ [3] τοῦτ' εἶναι [4] Νικίᾳ, ὅπως συκοφαντῶν τἀλλότρια λήψοιτο, ἀλλ' ὅπως [5] [μὴ] μηδὲν ἀδικῶν κακόν τι
πείσοιτο. τῷ μὲν γὰρ [6] ὅσον Εὐθύνους δυναμένῳ ἐξῆν ἅ τ'
c ἔλαβεν ἀποστερεῖν καὶ οἷς μὴ συνέβαλεν ἐγκαλεῖν· οἱ δ'
ὥσπερ Νικίας διακείμενοι ἠναγκάζοντο τοῖς τ'
τὰ χρέα ἀφιέναι καὶ τοῖς συκοφαντοῦσι τὰ αὑτῶν διδόναι.
καὶ ταῦθ' ὅτι ἀληθῆ λέγω, αὐτὸς ἂν [7] ἡμῖν Εὐθύνους μαρ-
τυρήσειεν· ἐπίσταται γὰρ ὅτι Τιμόδημος τουτονὶ τριάκοντα

[1] ἦν om. A. L. [2] αὐτῷ A. [3] τούτου C. [4] Νικίαν A. L.
[5] [μὴ] om. A. C. L. [6] ὥσπερ A. L. [7] ὑμῖν A. L.

καὶ οὐ τοσαύτης περιεργίας τε καὶ πανουργίας δεόμενον· ὁ μὲν γάρ, συκοφαντεῖν βουλόμενος, οὐκ ἄν, ἄλλους ἀφείς, ἀνεψιόν, καὶ πένητα, καὶ φίλους ἔχοντα συνηγορήσοντας, ἐσυκοφάντει· ὁ δ' Εὐθύνους, ἀποστερεῖν βουλόμενος, οὐκ εἶχεν ἄλλον ἀποστερεῖν, ἢ πλούσιον, ἔρημον συνηγορησόντων, ἀδύνατον αὐτὸν εἰπεῖν, καὶ τὸ μέγιστον, οὗ χρήματα παρ' ἑαυτῷ εἶχε κατατεθειμένα. Cor.

Οὐκ ἂν ἄλλον] Ἴσως· οὐκ ἄλλον. Idem.

Ὥστε μὴ περὶ τοῦτ' εἶναι Νικίᾳ] *ut non ita cum Nicia ageretur.* Constructio insolentior est, si lectio depravata non est. Wolf. Pro Νικίᾳ legi Νικίαν, et phrasim interpretor: *ita ut Nicias non circa hoc versaretur.* Auger. Νικίαν dedi ex Augeri emendatione. Verte: *non in eo loco Niciæ res fuerunt.* Lang. Ὁ νοῦς· Ὥστε μὴ εἶναι τῷ Νικίᾳ τὸν λόγον περὶ τούτου, τοῦ ὅπως δηλάδη συκοφαντήσας λήψοιτο τὰ μηδὲν αὐτῷ προσήκοντα, ἀλλὰ πολὺ μᾶλλον περὶ τούτου εἶναι αὐτῷ τὸν λόγον, καὶ τὸν φόβον, τοῦ κακόν τι δηλονότι πείσεσθαι καίπερ μηδὲν ἀδικῶν. Cor.

Καὶ οἷς μὴ συνέβαλεν ἐγκαλεῖν] *et eos, quibuscum nulla conventa iniit, accusare.* significat enim h. l. συμβάλλειν, *pacisci*, seu *contractus et conventa inire.* Auger.: *et ea, quæ non dedisset, repetere.* Lang.

Τουτονὶ] Ad Niciam referendum. Idem.

μνᾶς ἐπράξατο, οὐ χρέος ἐγκαλῶν, ἀλλ' ἀπάξειν ἀπειλῶν.
καίτοι πῶς εἰκὸς Νικίαν εἰς τοῦτ' ἀνοίας ἐλθεῖν, ὥστ' αὐτὸν
περὶ τοῦ σώματος κινδυνεύοντα ἑτέρους συκοφαντεῖν, καὶ μὴ d
δυνάμενον τὰ αὑτοῦ σώζειν τοῖς ἀλλοτρίοις ἐπιβουλεύειν,
καὶ πρὸς τοῖς ὑπάρχουσιν ἐχθροῖς ἑτέρους διαφόρους ποιεῖσθαι, καὶ τούτοις ἀδίκως ἐγκαλεῖν· παρ' ὧν οὐδ' ὁμολογούντων ἀποστερεῖν οἷός τ' ἂν ἦν δίκην λαβεῖν; καὶ τότε
πλέον ἔχειν ζητεῖν, ὅτε οὐδὲ ἴσον ἐξῆν αὐτῷ; καὶ ὅτε ἃ
οὐκ ἔλαβεν ἀποτίνειν ἠναγκάζετο, τότε καὶ ἃ μὴ συνέβαλεν [1]ἤλπιζε πράξασθαι; περὶ μὲν οὖν τούτων ἱκανὰ τὰ e
εἰρημένα.

ιά. Ἴσως δ' Εὐθύνους ἐρεῖ ἃ καὶ πρότερον ἤδη, ὅτι οὐκ
ἄν ποτ' ἀδικεῖν ἐπιχειρῶν τὰ μὲν δύο μέρη τῆς παρακαταθήκης ἀπέδωκε, τὸ δὲ τρίτον μέρος ἀπεστέρησεν, ἀλλ' εἴτ' 403
ἀδικεῖν ἐπεθύμει εἴτε δίκαιος [2]ἐβούλετο εἶναι, περὶ ἁπάντων
ἂν τὴν αὐτὴν γνώμην ἔσχεν.

ιβ'. Ἐγὼ δ' ἡγοῦμαι πάντας ὑμᾶς εἰδέναι ὅτι πάντες
ἄνθρωποι, ὅταν περ ἀδικεῖν ἐπιχειρῶσιν, ἅμα καὶ τὴν ἀπολογίαν σκοποῦνται· ὥστ' οὐκ ἄξιον θαυμάζειν, εἰ τούτων
ἕνεκα τῶν λόγων οὕτως Εὐθύνους ἠδίκησεν. ἔτι δ' ἔχοιμ'
ἂν ἐπιδεῖξαι καὶ ἑτέρους, οἳ χρήματα λαβόντες τὰ μὲν
πλεῖστ' ἀπέδοσαν, ὀλίγα δ' ἀπεστέρησαν, καὶ ἐν μικροῖς b
μὲν συμβολαίοις ἀδικήσαντας, ἐν μεγάλοις δὲ δικαίους γε-
νομένους· ὥστ' οὐ μόνος οὐδὲ πρῶτος Εὐθύνους τοιαῦτα πεποίηκεν. ἐνθυμεῖσθαι δὲ χρή, εἰ ἀποδέξεσθε τῶν τὰ τοιαῦτα
λεγόντων, ὅτι νόμον θήσετε [3]πῶς χρὴ ἀδικεῖν· ὥστε τοῦ
λοιποῦ χρόνου τὰ μὲν ἀποδώσουσι, τὰ δ' [4]ὑπολείψονται.
λυσιτελήσει γὰρ αὐτοῖς, εἰ μέλλουσιν, οἷς ἂν ἀποδῶσι
τεκμηρίοις χρώμενοι, ὧν ἂν ἀποστερῶσι μὴ δώσειν δίκην. c

[1] ἐλπίσαι πράξεσθαι C. [2] ἠβούλετο C. [3] ὡς A. [4] ὑπολήψονται A. L.

Οὐ χρέος ἐγκαλῶν] *non ut debitum postulantem.* Idem.

Ἀπάξειν] Ἀπάγειν h. l. *abducere ad pœnam, in carcerem, ad supplicium,* aut *ad judicem.* Idem.

Ἴσον ἐξῆν αὐτῷ] Insolentius dictum videtur pro τῶν ἴσων μετεῖναι. *pari et æquo jure vivere cum reliquis.* Wolf. Augerus bene subintelligit ἔχειν. Lang.

Ἤλπιζε] Constructio postulat infinitivum ἐλπίσαι vel ἐλπίζειν. Wolf. Lang.

Τούτων ἕνεκα τῶν λόγων] Explica: ut *hæc objicere* seu *tali excusatione uti posset,* se nempe totum retenturum fuisse, non partem, si decipere in animo habuisset. Idem.

Οὕτως] *hoc modo,* ut redderet nempe partem, partem vero debiti retineret. Idem.

Ὑπολείψονται] Ἀντὶ τοῦ, ὑπολείψουσιν ἑαυτοῖς, μέρος δηλάδη τῶν δοθέντων αὐτοῖς. Cor.

Οἷς ἂν ἀποδῶσι] Construe: εἰ τούτοις, ἃ ἂν ἀποδῶσι, τεκμηρίοις χρώμενοι. si iis,

ιγʹ. Σκέψασθε δὲ καὶ ὡς ὑπὲρ Νικίου ῥᾴδιον εἰπεῖν ὅμοια τῇ Εὐθύνου ἀπολογίᾳ. ὅτε γὰρ ἀπελάμβανε τὰ δύο τάλαντα, οὐδεὶς αὐτῷ παρεγένετο· ὥστ᾽ εἴπερ [1] καὶ [2] ἐβούλετο καὶ ἐδόκει αὐτῷ συκοφαντεῖν, δῆλον ὅτι οὐδ᾽ ἂν ταῦτα ὡμολόγει κεκομίσθαι, ἀλλὰ περὶ ἁπάντων ἂν τοὺς αὐτοὺς λόγους ἐποιεῖτο, καὶ περὶ πλειόνων τε χρημάτων Εὐθύνους ἂν ἐκινδύνευεν, καὶ ἅμα οὐκ ἂν εἶχεν οἷσπερ νυνὶ τεκμηρίοις χρῆσθαι.

d ιδʹ. Καὶ δὴ καὶ Νικίαν μὲν οὐδ᾽ ἂν εἷς δύναιτο ἀποδεῖξαι, δι᾽ [3] ἥν τινά ποτε αἰτίαν ἐνεκάλεσεν· Εὐθύνουν δὲ
ῥᾴδιον γνῶναι, ὧν ἕνεκεν τοῦτον τὸν τρόπον ἠδίκησεν. ὅτε 406
γὰρ Νικίας ἦν ἐν ταῖς συμφοραῖς, πάντες οἱ συγγενεῖς καὶ
οἱ ἐπιτήδειοι ἀκηκοότες ἦσαν ὅτι τὸ ἀργύριον, ὃ ἦν αὐτῷ,
τούτῳ κατέθετο. ἐγίγνωσκεν οὖν Εὐθύνους, ὅτι μὲν ἔκειτο
τὰ χρήματα παρ᾽ αὐτῷ, πολλοὺς ᾐσθημένους, ὁπόσα δὲ,
e οὐδένα πεπυσμένον· ὥσθ᾽ ἡγεῖτο ἀπὸ μὲν τοῦ ἀριθμοῦ
ἀφαιρῶν οὐ γνωσθήσεσθαι, πάντα δ᾽ ἀποστερῶν καταφανὴς γενήσεσθαι. [2] ἐβούλετο οὖν ἱκανὰ λαβὼν ἀπολογίαν
ὑπολείπεσθαι μᾶλλον ἢ μηδὲν ἀποδοὺς μηδ᾽ ἀρνηθῆναι
δύνασθαι.

[1] [καὶ] C. [2] ἠβούλετο C. [3] ἣν ποτὲ αἰτίαν τίνα A.

quæ reddiderint, argumenti loco usi, se nihil prorsus debere, etc. Lang.

Δι᾽ ἥν τινά ποτε αἰτίαν] Wolf. supplet τοῦτον τὸν τρόπον. *cur Nicias Euthynum hunc in modum accuset?* Auger. verba transposuit: δι᾽ ἥν ποτε αἰτίαν τινὰ ἐνεκάλ. *quædam duntaxat* (i. e. unum duntaxat talentum) *in judicio repetiit*. Præter necessitatem, opinor. Idem.

Κατέθετο] Malim παρακατέθετο. Wlof.

Ὑπολείπεσθαι] Ἀντὶ τοῦ, ὑπολείπειν ἑαυτῷ, Γαλατιστὶ *se réserver une excuse*. Cor.

Ε Π Ι Σ Τ Ο Λ Α Ι.

Α.

ΙΣΟΚΡΑΤΗΣ [1]ΔΙΟΝΥΣΙΩΙ ΧΑΙΡΕΙΝ.

Pag. ed. Cor. 409 α΄. ΕΙ μὲν νεώτερος ἦν, οὐκ ἂν ἐπιστολὴν ἔπεμπον, ἀλλ' αὐτὸς ἂν σοι πλεύσας ἐνταῦθα [2]διελέχθην· ἐπειδὴ δὲ οὐ κατὰ τοὺς αὐτοὺς χρόνους ὅ τε τῆς ἡλικίας τῆς ἐμῆς καιρὸς καὶ ὁ τῶν [3]σῶν πραγμάτων συμβέβηκεν, ἀλλ' ἐγὼ μὲν προαπείρηκα, τὰ δὲ πράττεσθαι νῦν ἀκμὴν εἴληφεν, ὡς οἷόν τ' ἐστὶν ἐκ τῶν παρόντων, οὕτω σοι πειράσομαι δηλῶσαι περὶ αὐτῶν. Pag. ed. H. Ste 404

β΄. Οἶδα μὲν οὖν ὅτι τοῖς συμβουλεύειν ἐπιχειροῦσι πολὺ διαφέρει μὴ διὰ γραμμάτων ποιεῖσθαι τὴν συνουσίαν, ἀλλ' αὐτοὺς πλησιάσαντας, οὐ μόνον ὅτι περὶ τῶν αὐτῶν πραγμάτων ῥᾷον ἄν τις παρὼν πρὸς παρόντας φράσειεν ἢ δι' ἐπιστολῆς δηλώσειεν, [4]οὐδ' ὅτι πάντες τοῖς λεγομένοις μᾶλλον ἢ τοῖς γεγραμμένοις πιστεύουσι, καὶ τῶν μὲν ὡς εἰσηγη-

[1] ΦΙΛΙΠΠΩΙ ΤΩΙ ΤΩΝ ΜΑΚΕΔΟΝΩΝ ΒΑΣΙΛΕΙ A. C. L. [2] διειλέχθην A.
[3] σῶν om. A. C. L. [4] οὐθ' A. C. L.

Πλεύσας ἐνταῦθα] Conjecturæ meæ mihi non satis placent, sive πλησιάσας ταῦτα, sive ἐντυχὼν ἐν ταὐτῷ, substituam. Wolf. Dubium est, an referendum sit ἐνταῦθα ad πλεύσας et explicandum per *istuc*, an transferendum, *coram, in præsentia*, et conjungendum cum διελέχθην. Prius Matthæi, posterius Wolf. [Augerus, Coraes] fecit. Lang.

Προαπείρηκα] *ante sum viribus destitutus, prius despondi animum*, i. e. senio sum laboribusque confectus. Wolf.

Τὰ δὲ — εἴληφεν] Soil. πράγματα. *res vero, nunc ut gerantur, vigorem acceperunt*, i. e. ipsa jam adest rerum gerendarum summa occasio. Idem.

Ἐκ τῶν παρόντων] *ut fieri potest ex præsentibus*, i. e. ut et ætas mea et locorum intervalla et tempora hæc patiuntur. Idem.

Διαφέρει] *interest*. Lang.

Τῶν μὲν — τῶν δ'] Τῶν λεγομένων — τῶν γεγραμμένων. Cor.

Εἰσηγημάτων — ποιημάτων] Εἰσηγήματα sunt consultationes et suasiones rerum arduarum, ποιήματα figmenta et fabulæ poetarum; illis ad agendum impellimur, in his præter voluptatem nihil fere spectamus. Lang.

μάτων τῶν δ' ὡς ποιημάτων ποιοῦνται τὴν ἀκρόασιν. [1]ἔτι δὲ πρὸς τούτοις ἐν μὲν ταῖς συνουσίαις ἢν ἀγνοηθῇ τι τῶν λεγομένων ἢ μὴ πιστευθῇ, παρὼν ὁ τὸν λόγον διεξιὼν ἀμφοτέροις τούτοις ἐπήμυνεν, ἐν δὲ τοῖς ἐπιστελλομένοις καὶ γεγραμμένοις [3]ἤν τι συμβῇ τοιοῦτον, οὐκ ἔστιν ὁ διορθώσων· ἀπόντος γὰρ τοῦ γράψαντος ἔρημα τοῦ βοηθήσοντός ἐστιν. οὐ μὴν ἀλλ', ἐπειδὴ σὺ μέλλεις αὐτῶν ἔσεσθαι κριτὴς, πολλὰς ἐλπίδας ἔχω φανήσεσθαι λέγοντας ἡμᾶς τι τῶν δεόντων· ἡγοῦμαι γὰρ ἁπάσας [4]ἀφέντα σε [5]τὰς δυσχε-
b ρείας τὰς προειρημένας αὐταῖς ταῖς πράξεσι [6]προσέξειν τὸν νοῦν.

γ'. Καίτοι τινὲς ἤδη με τῶν σοὶ πλησιασάντων ἐκφοβεῖν ἐπεχείρησαν, λέγοντες ὡς [7]σὺ τοὺς μὲν κολακεύοντας τιμᾷς, τῶν δὲ συμβουλευόντων καταφρονεῖς. ἐγὼ δ', εἰ μὲν ἀπεδεχόμην τοὺς λόγους [8]τούτους ἐκείνων, πολλὴν ἂν ἡσυχίαν εἶχον· νῦν δ' οὐδεὶς ἄν με πείσειεν ὡς οἷόν τ' ἐστὶ τοσοῦτον καὶ τῇ γνώμῃ καὶ [9]ταῖς πράξεσι διενεγκεῖν, ἐὰν μή τις τῶν μὲν μαθητὴς τῶν δ' ἀκροατὴς τῶν δ' [10]εὑρετὴς
c γένηται, καὶ πανταχόθεν [11]προσαγάγηται καὶ συλλέξηται δι' ὧν οἷόν τ' ἐστὶν ἀσκῆσαι τὴν αὑτοῦ διάνοιαν. ἐπήρθην μὲν οὖν ἐπιστέλλειν σοι διὰ ταῦτα.

δ'. Λέγειν δὲ [12]μέλλω περὶ μεγάλων [13]πραγμάτων καὶ περὶ ὧν οὐδενὶ τῶν [14]ζώντων ἀκοῦσαι μᾶλλον ἢ σοὶ [15]προσήκει. καὶ μὴ νόμιζέ με προθύμως οὕτω σε παρακαλεῖν, ἵνα γένῃ συγγράμματος ἀκροατής. οὐ γὰρ οὔτ' ἐγὼ τυγχάνω φιλοτίμως διακείμενος [16]πρὸς τὰς ἐπιδείξεις, οὔτε σὺ

1 ἀλλὰ πρὸς A. C. L. 2 καὶ γεγραμμένοις om. A. C. L. 3 ἂν A. C. L. 4 ἀφελόντα A. C. L. 5 τὰς προειρημένας δυσχερείας A. L. 6 προσέχειν A. L. 7 δὴ A. 8 τοὺς A. C. L. 9 ταῖς πράξεσι καὶ τῇ γνώμῃ A. C. L. 10 εὐεργέτης A. C. L. 11 προσάγηται A. L. 12 μέλλων A. C. L. 13 πραγμάτων καὶ μεγάλων A. L. πραγμάτων [πολλῶν] καὶ μεγάλων C. 14 ὄντων A. C. L. 15 προσήκει, νομίζω δεῖν με A. C. L. 16 πρὸς τὰς ἐπιδείξεις om. A. C. L.

Ἐπήμυνεν] Pro ἐπαμύνει, vel ἐπαμύνειν εἴωθε. Wolf.

Ἔρημα] Subaudi τὰ ἐπιστελλόμενα. Auger.

Καίτοι τινὲς κ. τ. λ.] Callide tribuit aliis Isocrates, quæ fortasse ipse cogitabat. Matthæi.

Δι' ὧν] Soil. πραγμάτων. Wolf. Soil. ἀνθρώπων. Lang.

Ἐπήρθην] impulsus sum. Ducta est metaphora a vento, qui ἐπαίρων τὰ ἱστία navem promovet. Matth.

Συγγράμματος] Sensus: ut scriptam orationem eodem studio eademque attentione legas, qua audiri solet oratio, quum habetur et oratoris idonea actione commendatur. Matth. Cæterum post συγγράμματος idem bene supplet οὐκ ἐπιδείξεως, quod in textu desideratur et quod adesse malim. Deest enim ad quod τῶν τοιούτων in seqq. referri possit. Cf. or. ad Phil. §. ι'. Lang.

λανθάνεις ἡμᾶς [1] ἤδη πλήρης ὢν τῶν τοιούτων. πρὸς δὲ τούτοις κἀκεῖνο πᾶσι φανερὸν, ὅτι τοῖς μὲν ἐπιδείξεως δεομένοις d
αἱ πανηγύρεις ἁρμόττουσιν — [2] ἐκεῖ γὰρ ἄν τις ἐν πλείστοις τὴν αὑτοῦ δύναμιν διασπείρειε —, τοῖς δὲ διαπράξασθαί τι βουλομένοις πρὸς τοῦτον διαλεκτέον, ὅστις τάχιστα
μέλλει τὰς πράξεις ἐπιτελεῖν τὰς ὑπὸ τοῦ λόγου δηλωθεί-
σας. εἰ μὲν οὖν μιᾷ τινὶ τῶν πόλεων εἰσηγούμην, πρὸς τοὺς
ἐκείνης προεστῶτας τοὺς λόγους ἂν ἐποιούμην· ἐπειδὴ δ'
ὑπὲρ τῆς τῶν Ἑλλήνων σωτηρίας παρεσκεύασμαι συμβου- e
λεύειν, πρὸς τίν' ἂν δικαιότερον διαλεχθείην ἢ πρὸς τὸν πρω-
τεύοντα τοῦ γένους καὶ μεγίστην ἔχοντα δύναμιν; 406

έ. Καὶ μὴν οὐδ' ἀκαίρως φανησόμεθα μεμνημένοι περὶ
τούτων. ὅτε μὲν γὰρ Λακεδαιμόνιοι τὴν ἀρχὴν εἶχον, οὐ
ῥᾴδιον ἦν ἐπιμεληθῆναί σοι τῶν περὶ τὸν τόπον τὸν ἡμέτερον, οὐδὲ τούτοις ἐναντία [3] πράττειν ἅμα καὶ Καρχηδονίοις πολεμεῖν. ἐπειδὴ δὲ Καρχηδόνιοι μὲν οὕτω πράττουσιν, ὥστ' ἀγαπᾶν ἣν τὴν χώραν τὴν αὑτῶν ἔχωσιν, ἡ δ'
411 ἡμετέρα πόλις ἡδέως ἂν αὐτήν σοι παράσχοι [4] συναγωνι-
ζομένην, [5] εἴ τι πράττοις ὑπὲρ τῆς Ἑλλάδος ἀγαθὸν, πῶς
ἂν παραπέσοι καλλίων καιρὸς τοῦ νῦν σοι παρόντος; b

ϛ'. Καὶ μὴ [6] θαυμάσῃς, εἰ μήτε δημηγορῶν μήτε στρατηγῶν μήτ' ἄλλως δυνάστης ὢν οὕτως ἐμβριθὲς [7] αἴρομαι
πρᾶγμα, καὶ δυοῖν ἐπιχειρῶ τοῖν μεγίστοιν, ὑπέρ τε τῆς
Ἑλλάδος λέγειν καὶ σοὶ συμβουλεύειν. ἐγὼ γὰρ τοῦ μὲν
πράττειν τι τῶν κοινῶν εὐθὺς ἐξέστην — δι' ἃς δὲ προφάσεις, πολὺ ἂν ἔργον [8] εἴη λέγειν —, τῆς δὲ παιδεύσεως
τῆς τῶν μὲν μικρῶν καταφρονούσης, τῶν δὲ μεγάλων ἐφι- c
κνεῖσθαι πειρωμένης, οὐκ ἂν φανείην [9] ἄμοιρος γεγενημένος.

[1] ἤδη om. A. C. L.
[2] ἐκεῖσε A. C. L.
[3] πράττειν - - - Καρχηδόνιοι μὲν] πράττειν. νῦν δὲ A. L. πράττειν. ἀλλὰ νῦν Λακεδαιμόνιοι μὲν C.
[4] συναγωνισομένην C.
[5] ἤν τι πράττῃς ὑ. τ. Ἑ. ἀγαθόν. πῶς οὖν ἂν A. C. L.
[6] θαυμάζῃς A. L.
[7] αἱροῦμαι A. C. L.
[8] εἴη ἔργον A. C. L.
[9] ἄπειρος A. C. L.

Τοῦ γένους] Propter antecedentia necessario intelligendum est Ἑλληνικοῦ, nec referendum ad generis nobilitatem; contextus enim postulat *Græci*, non *sui*, *generis principem*. Lang. Τοῦ τῶν Ἑλλήνων δηλονότι. Cor.

Τὴν ἀρχὴν εἶχον] I. e. ante pugnam Leuctricam. Cf. or. ad Phil. §. ιε'. ιθ'. Lang.

Ἐμβριθὲς — πρᾶγμα] *rem gravem*. Idem.

Εὐθὺς ἐξέστην] *statim abstinui*. Cf. Dionys. Hal. de Isocr. §. α'. Idem.

Τῶν μὲν μικρῶν] I. e Sophistarum rixas eorumque in minutis rebus studium. Matth.

ὥστ' οὐδὲν ἄτοπον, εἴ τι τῶν συμφερόντων ἰδεῖν ἂν μᾶλλον δυνηθείην τῶν [1]εἰκῆ μὲν πολιτευομένων, μεγάλην δὲ δόξαν [2]εἰληφότων. δηλώσομεν δ' οὐκ εἰς ἀναβολὰς εἴ τινος ἄξιοι τυγχάνομεν ὄντες, ἀλλ' ἐκ τῶν ῥηθήσεσθαι μελλόντων.

[1] ἐκεῖ A. L. [2] ἐσχηκότων A. C. L.

Ἄτοπον] I. e. παράδοξον. Lang.

Οὐκ εἰς ἀναβολὰς] *non in moras*, i. e. quam primum, nulla mora interposita. Wolf.

Ἐκ τῶν ῥηθήσεσθαι μελλ.] Ex oratione, quam tibi misi. Verte: *declarabimus autem tibi, an alicujus pretii simus, non mora interposita, sed statim oratione quam tibi misimus.* Lang.

B.

[1]ΦΙΛΙΠΠΩΙ.

Pag. ed. Steph. — Pag. ed. Cor.

406 α'. ΟΙΔΑ μὲν ὅτι πάντες εἰώθασι πλείω χάριν ἔχειν τοῖς 412
ἐπαινοῦσιν ἢ τοῖς συμβουλεύουσιν, ἄλλως τε [2]κἂν μὴ κελευ-
407 σθεὶς ἐπιχειρῇ [3]τις τοῦτο ποιεῖν. ἐγὼ δ', εἰ μὲν μὴ [4]καὶ πρότερον ἐτύγχανόν σοι παρηνεκὼς μετὰ πολλῆς εὐνοίας, ἐξ ὧν ἐδόκεις μοι τὰ πρέποντα [5]μάλιστ' ἂν σαυτῷ πράττειν, [6]ἴσως οὐδ' ἂν νῦν ἐπεχείρουν ἀποφαίνεσθαι περὶ τῶν σοὶ συμβεβηκότων. ἐπειδὴ δὲ προειλόμην φροντίζειν τῶν σῶν πραγμάτων καὶ τῆς πόλεως ἕνεκα τῆς ἐμαυτοῦ καὶ τῶν ἄλλων Ἑλλήνων, αἰσχυνθείην ἄν, εἰ περὶ μὲν τῶν ἧττον ἀνα-
b γκαίων φαινοίμην σοι συμβεβουλευκώς, ὑπὲρ δὲ τῶν μᾶλλον κατεπειγόντων μηδένα λόγον ποιοίμην, καὶ [7]ταῦτ' εἰδὼς ἐκεῖνα μὲν ὑπὲρ δόξης ὄντα, ταῦτα δ' ὑπὲρ τῆς σωτηρίας· ἧς ὀλιγωρεῖν ἅπασιν ἔδοξας τοῖς ἀκούσασι τὰς περὶ σοῦ ῥηθείσας βλασφημίας.

β'. Οὐδεὶς γάρ ἐστιν ὅστις οὐ κατέγνω προπετέστερόν σε κινδυνεύειν ἢ βασιλικώτερον, καὶ μᾶλλόν σοι μέλειν τῶν περὶ τὴν ἀνδρίαν ἐπαίνων ἢ τῶν ὅλων πραγμάτων. ἔστι δ' ὁμοίως αἰσχρὸν περιστάντων τε τῶν πολεμίων μὴ διαφέροντα γε-

[1] ΙΣΟΚΡΑΤΗΣ ΦΙΛΙΠΠΩΙ ΧΑΙΡΕΙΝ A. C. L. [2] καὶ ἂν A. C. L. [3] τις ἐπιχείρῃ A. C. L. [4] καὶ om. A. [5] μάλιστα τὰ πρέποντα σαυτῷ A. C. L. [6] οὐκ ἂν ἴσως γε νῦν A. [7] ταυτί πως ἐκεῖνα A. L.

Ὑπὲρ τῆς σωτηρίας] Ἴσως· ὑπὲρ τῆς σῆς σωτηρίας, ἢ γοῦν, ὑπὲρ σωτηρίας. Cor.

Προπετέστερον] Cf. Dem. pro Cor. §. κα'. Diod. Sic. l. xvi. p. 108. 30. et Justin.

νέσθαι τῶν ἄλλων, μηδεμιᾶς τε συμπεσούσης ἀνάγκης αὐτὸν [1] ἐμβαλεῖν εἰς τοιούτους ἀγῶνας, ἐν οἷς κατορθώσας μὲν
οὐδὲν [2] ἂν ἦσθα μέγα διαπεπραγμένος, τελευτήσας δὲ τὸν
βίον ἅπασαν [3] ἂν τὴν ὑπάρχουσαν εὐδαιμονίαν συνανεῖλες.
χρὴ δὲ μὴ καλὰς ἁπάσας ὑπολαμβάνειν τὰς ἐν τοῖς πολέμοις τελευτὰς, ἀλλὰ τὰς μὲν ὑπὲρ τῆς πατρίδος καὶ τῶν
γονέων καὶ τῶν παίδων ἐπαίνων ἀξίας, τὰς δὲ ταῦτά τε d
πάντα βλαπτούσας καὶ τὰς πράξεις τὰς πρότερον κατωρ-
413 θωμένας καταρυπαινούσας αἰσχρὰς νομίζειν, καὶ φεύγειν
ὡς [4] αἰτίας πολλῆς ἀδοξίας γιγνομένας.

γʹ. Ἡγοῦμαι δέ σοι συμφέρειν μιμεῖσθαι τὰς πόλεις,
ὃν τρόπον διοικοῦσι τὰ περὶ τοὺς πολέμους. ἅπασαι γὰρ,
ὅταν στρατόπεδον ἐκπέμπωσιν, εἰώθασι τὸ κοινὸν καὶ τὸ
[5] βουλευσόμενον ὑπὲρ τῶν ἐνεστώτων εἰς ἀσφάλειαν καθιστάναι. διὸ δὴ [6] συμβαίνει μηδεμιᾶς ἀτυχίας συμπεσούσης e
ἀνῃρῆσθαι καὶ τὴν δύναμιν αὐτῶν, ἀλλὰ πολλὰς ὑποφέ-
ρειν δύνασθαι συμφορὰς καὶ πάλιν ἑαυτὰς ἐκ τούτων ἀναλαμβάνειν. ὃ καὶ σὲ δεῖ σκοπεῖν, καὶ μηδὲν μεῖζον ἀγαθὸν
τῆς σωτηρίας ὑπολαμβάνειν, ἵνα καὶ τὰς νίκας τὰς συμβαινούσας κατὰ τρόπον διοικῇς [7] καὶ τὰς ἀτυχίας τὰς 408
συμπιπτούσας ἐπανορθοῦν δύνῃ. ἴδοις δ' ἂν καὶ Λακεδαιμονίους περὶ τῆς τῶν βασιλέων σωτηρίας πολλὴν ἐπιμέλειαν
ποιουμένους, καὶ τοὺς ἐνδοξοτάτους τῶν πολιτῶν φύλακας
αὐτῶν [8] καθιστάντας, οἷς αἴσχιόν ἐστιν ἐκείνους τελευτήσαντας περιιδεῖν ἢ τὰς ἀσπίδας ἀποβαλεῖν. ἀλλὰ μὴν οὐδ'
ἐκεῖνά σε λέληθεν, ἃ Ξέρξῃ τε τῷ [9] καταδουλώσασθαι τοὺς
Ἕλληνας βουληθέντι καὶ Κύρῳ τῷ τῆς βασιλείας ἀμ-
φισβητήσαντι συνέπεσεν· ὁ μὲν γὰρ τηλικαύταις ἥτταις b
καὶ συμφοραῖς περιπεσὼν, ἡλίκας οὐδεὶς οἶδεν [10] ἄλλοις γενομένας, διὰ τὸ περιποιῆσαι τὴν αὑτοῦ ψυχὴν [11] τήν τε βασιλείαν κατέσχε καὶ τοῖς παισὶ τοῖς αὑτοῦ παρέδωκε καὶ

[1] ἐμβάλλειν A. C. L. [2] ἂν om. A. L. [3] ἂν om. A. C. L.
[4] αἰτίους ἀδοξίας A. C. L. [5] συμβουλευόμενον A. C. L.
[6] καὶ συμβαίνει μηδὲ μιᾶς A. C. L. [7] καὶ τὰς - - - δύνῃ om. A. C. L.
[8] καταστάντας A. [9] τῷ om. A. L. [10] ἄλλος οἶδε A. L. ἄλλοις οἶδε C.
[11] καὶ τήν L.

vii. 6. ix. 3. Lang.
Καταρυπαινούσας] *labem adspergentes*. Idem.
Μηδεμιᾶς] F. leg. μηδαμῶς. Matth. F. leg. καὶ μὴ συμβαίνει μηδὲν, vel inverso ordine μηδὲ συμβαίνει. Lang.
Κύρῳ] *Cyro* minori in bello contra fratrem Artaxerxem. Idem.

τὴν Ἀσίαν οὕτω διῴκησεν ὥστε μηδὲν ἧττον αὐτὴν εἶναι
φοβερὰν [1] τοῖς Ἕλλησιν ἢ πρότερον· Κῦρος δὲ νικήσας ἅπασαν τὴν βασιλέως δύναμιν καὶ κρατήσας τῶν πραγμάτων
διὰ τὴν αὑτοῦ προπέτειαν οὐ μόνον αὑτὸν ἀπεστέρησε τη-
c λικαύτης δυναστείας, ἀλλὰ καὶ τοὺς [2] συνακολουθήσαντας
εἰς τὰς ἐσχάτας συμφορὰς κατέστησεν. ἔχοιμι δ' ἂν παμπληθεῖς εἰπεῖν, οἱ μεγάλων στρατοπέδων ἡγεμόνες γενόμενοι διὰ τὸ προδιαφθαρῆναι πολλὰς μυριάδας αὐτοῖς συν-
απώλεσαν.

δ'. Ὧν ἐνθυμούμενον χρὴ μὴ τιμᾶν τὴν ἀνδρίαν τὴν
μετ' ἀνοίας [3] ἀλογίστου καὶ φιλοτιμίας ἀκαίρου γιγνομένην, μηδὲ πολλῶν κινδύνων [4] ἰδίων ὑπαρχόντων ταῖς μοναρχίαις ἑτέρους ἀδόξους καὶ στρατιωτικοὺς αὑτῷ προσεξευρί-
d σκειν, μηδ' ἁμιλλᾶσθαι τοῖς ἢ βίου δυστυχοῦς ἀπαλλαγῆναι 414
βουλομένοις ἢ μισθοφορᾶς ἕνεκα μείζονος εἰκῇ τοὺς κινδύνους
προαιρουμένοις, μηδ' ἐπιθυμεῖν τοιαύτης δόξης ἧς πολλοὶ καὶ
τῶν [5] Ἑλλήνων καὶ τῶν βαρβάρων τυγχάνουσιν, ἀλλὰ τῆς
τηλικαύτης τὸ μέγεθος ἣν μόνος ἂν σὺ τῶν νῦν ὄντων κτήσασθαι δυνηθείης· μηδ' ἀγαπᾶν λίαν τὰς τοιαύτας ἀρετὰς ὧν
καὶ τοῖς φαύλοις μέτεστιν, ἀλλ' ἐκείνας ὧν οὐδεὶς ἂν πονηρὸς
e κοινωνήσειε· μηδὲ ποιεῖσθαι πολέμους ἀδόξους καὶ χαλεπούς,
ἐξὸν ἐντίμους καὶ [6] ῥᾳδίους, μηδ' ἐξ ὧν τοὺς μὲν οἰκειοτάτους εἰς λύπας καὶ φροντίδας καταστήσεις, τοὺς δ'
ἐχθροὺς ἐν ἐλπίσι μεγάλαις [7] ποιήσεις, οἵας καὶ νῦν αὐτοῖς
345 παρέσχες· ἀλλὰ τῶν μὲν βαρβάρων, πρὸς οὓς νῦν πολεμεῖς,
ἐπὶ τοσοῦτον ἐξαρκέσει [8] σοι κρατεῖν ὅσον ἐν ἀσφαλείᾳ καταστῆσαι τὴν σαυτοῦ χώραν, τὸν δὲ νῦν Μέγαν προσαγορευόμενον καταλύειν ἐπιχειρήσεις, ἵνα [9] τὴν σαυτοῦ δόξαν
μείζω ποιήσῃς καὶ τοῖς Ἕλλησιν [10] ὑποδείξῃς πρὸς ὃν χρὴ
πολεμεῖν.

[1] τοῖς Ἕλλησιν om. A. L. [2] συνακολουθοῦντας A. C. L. [3] ἀλογίστου om. A. C. L. [4] ἰδίων om. A. C. L. [5] ἄλλων Ἑλλήνων A. C. L. [6] ἡδίους A. C. L. [7] ποιήσεις om. A. C. L. [8] σοι om. A. [9] τήν τε A. C. L. [10] ἐπιδείξῃς πρὸς οὓς A. C. L.

Διὰ τὴν αὑτοῦ προπέτειαν] Cf. or. ad Phil. §. λζ'. et Diod. Sic. l. xiv. p. 659. Idem.

Στρατιωτικοὺς] Pericula *gregarii militis.* Idem.

Ἐξὸν] *quum liceat,* intellige ποιεῖσθαι. Idem.

Καταστήσεις] Np. temeritate tua. Idem.

Πρὸς οὓς νῦν πολεμεῖς] Sermo est de Illyriis, Pæonibus, Thracibus, Scythis, et finitimis populis. Idem.

Μεγάν] Soil. *βασιλέα,* i. e. regem Persarum. Wolf.

έ. Πρὸ πολλοῦ δ᾽ ἂν ἐποιησάμην ἐπιστεῖλαί σοι ταῦτα
πρὸ τῆς στρατείας, ἵν᾽, εἰ μὲν ἐπείσθης, μὴ τηλικούτῳ κινδύνῳ [1]περιέπεσες, εἰ δ᾽ [2]ἠπίστησας, μὴ ἐγὼ συμβουλεύειν b
ἐδόκουν ταῦτα τοῖς ἤδη διὰ τὸ πάθος ὑπὸ πάντων ἐγνωσμένοις, ἀλλὰ τὸ συμβεβηκὸς ἐμαρτύρει τοὺς λόγους ὀρθῶς
ἔχειν τοὺς ὑπ᾽ ἐμοῦ περὶ αὐτῶν εἰρημένους.

ς́. Πολλὰ δ᾽ ἔχων εἰπεῖν διὰ τὴν τοῦ πράγματος φύσιν,
παύσομαι λέγων· οἶμαι γὰρ καὶ σὲ καὶ τῶν ἑταίρων τοὺς
σπουδαιοτάτους ῥᾳδίως, ὁπόσ᾽ ἂν βούλησθε, τοῖς εἰρημένοις
προσθήσειν. πρὸς δὲ τούτοις φοβοῦμαι τὴν [3]ἀκαιρίαν· καὶ
γὰρ νῦν κατὰ μικρὸν προϊὼν ἔλαθον ἐμαυτὸν οὐκ εἰς ἐπι- c
στολῆς συμμετρίαν ἀλλ᾽ εἰς λόγου μῆκος ἐξοκείλας.

ζ́. Οὐ μὴν ἀλλὰ καίπερ τούτων οὕτως ἐχόντων, οὐ παραλειπτέον ἐστὶ τά γε περὶ τῆς πόλεως, ἀλλὰ πειρατέον
παρακαλέσαι σε πρὸς τὴν οἰκειότητα καὶ [4]τὴν χρῆσιν αὐτῆς. οἶμαι γὰρ πολλοὺς εἶναι τοὺς ἀπαγγέλλοντας καὶ λέγοντας οὐ μόνον τὰ δυσχερέστατα τῶν περὶ σοῦ παρ᾽ ἡμῖν
415 εἰρημένων, ἀλλὰ καὶ παρ᾽ αὐτῶν προστιθέντας· οἷς οὐκ
εἰκὸς προσέχειν σε τὸν νοῦν. καὶ γὰρ ἂν [5]ἄτοπον ποιοίης, εἰ
τὸν μὲν δῆμον τὸν ἡμέτερον ψέγοις ὅτι ῥᾳδίως πείθεται τοῖς d
διαβάλλουσιν, αὐτὸς δὲ φαίνοιο πιστεύων τοῖς τὴν τέχνην
ταύτην ἔχουσι, καὶ [6]μὴ γιγνώσκοις ὡς ὅσῳ περ ἂν τὴν
πόλιν εὐαγωγοτέραν ὑπὸ τῶν τυχόντων οὖσαν [7]ἀποφαίνωσι,
τοσούτῳ μᾶλλόν σοι συμφερόντως ἔχουσαν αὐτὴν ἐπιδεικνύ-
ουσιν. εἰ γὰρ οἱ μηδὲν ἀγαθὸν οἷοί τ᾽ ὄντες ποιῆσαι δια-
πράττονται τοῖς λόγοις [8]ὅ τι ἂν βουληθῶσιν, ἦ πού σέ γε
προσήκει τὸν πλεῖστ᾽ ἂν ἔργῳ δυνάμενον εὐεργετῆσαι μη- e
δενὸς [9]ἀποτυχεῖν παρ᾽ ἡμῶν.

[1] περιπεσεῖν A. L. [2] ἠπείθησας A. C. ἠπείσθησας L. [3] ἀκρίβειαν A. C. L.
[4] τὴν om. A. C. L. [5] ἄτοπον ἂν A. C. L. [6] μὴν γινώσκεις A. L.
[7] ἀποφαίνονται A. C. L. [8] ἃ ἂν A. C. L. [9] ἀτυχεῖν A. C. τυχεῖν L.

Ἠπίστησας] Ἀπιστεῖν ἀντὶ τοῦ ἀπειθεῖν. Ἰσοκράτης ἐν τῇ ἐπιστολῇ τῇ πρὸς Φίλιππον. HARPOCRAT.

Διὰ τὸ πάθος] *propter eventum*. Sensus: ut eventus sermonis mei veritatem declararet. LANG.

Ἐξοκείλας] Verte: *nam dum progredior paulatim, non animadverti me, neglecta epistolæ brevitate, in justæ orationis prolixitatem incidisse*. Nota, ἐξοκείλας εἰς ἐπιστολῆς συμμετρίαν non dici posse, et aliud verbum idoneum [scil. προβὰς (inquit Coraes) ἢ προχωρήσας, ἢ ἕτερόν τι τοιοῦτον] intelligi oportere. IDEM.

Περὶ τῆς πόλεως] Intellige τῆς ἐμαυτοῦ. IDEM.

Χρῆσιν] Φιλίαν. COR.

Τὴν τέχνην] Τοῦ διαβάλλειν δηλονότι. IDEM.

η'. Ἡγοῦμαι δὲ δεῖν πρὸς μὲν τοὺς πικρῶς τῆς πόλεως
410 [1]ἡμῶν κατηγοροῦντας ἐκείνους [2]ἀντιτάττεσθαι τοὺς πάντα
τε ταῦτ' εἶναι λέγοντας, καὶ τοὺς μήτε μεῖζον μήτ' ἔλαττον
αὐτὴν ἠδικηκέναι φάσκοντας. ἐγὼ δὲ οὐδὲν ἂν εἴποιμι
τοιοῦτον. αἰσχυνθείην γὰρ ἄν, εἰ τῶν [3]ἄλλων μηδὲ τοὺς
θεοὺς ἀναμαρτήτους εἶναι νομιζόντων αὐτὸς τολμῴην λέγειν
ὡς οὐδὲν [4]πώποθ' ἡ πόλις ἡμῶν πεπλημμέληκεν. οὐ μὴν
ἀλλ' ἐκεῖν' [5]ἔχω περὶ αὐτῆς εἰπεῖν, ὅτι χρησιμωτέραν οὐκ
ἂν εὕροις ταύτης οὔτε τοῖς Ἕλλησιν οὔτε τοῖς [6]σοῖς πρά-
b γμασιν· ᾧ μάλιστα προσεκτέον τὸν νοῦν ἐστίν. οὐ μόνον
γὰρ ἂν συναγωνιζομένη γίγνοιτ' ἂν αἰτία σοι πολλῶν ἀγαθῶν, ἀλλὰ καὶ φιλικῶς ἔχειν δοκοῦσα [7]μόνον· τούς τε γὰρ
ὑπὸ [8]σοὶ νῦν ὄντας ῥᾷον ἂν [9]κατέχοις, εἰ μηδεμίαν ἔχοιεν
ἀποστροφήν, τῶν τε βαρβάρων οὓς βουληθείης θᾶττον ἂν
καταστρέψαιο. καίτοι πῶς οὐ χρὴ προθύμως ὀρέγεσθαι
τῆς τοιαύτης εὐνοίας, δι' [10]ἣν οὐ μόνον τὴν ὑπάρχουσαν
c [11]ἀρχὴν ἀσφαλῶς καθέξεις, ἀλλὰ καὶ πολλὴν ἑτέραν ἀκιν-
δύνως προσκτήσῃ; θαυμάζω δ' ὅσοι τῶν τὰς δυνάμεις
ἐχόντων τὰ μὲν τῶν ξενιτευομένων στρατόπεδα μισθοῦνται
καὶ χρήματα πολλὰ [12]δαπανῶσι, συνειδότες ὅτι πλείους
ἠδίκηκε τῶν [13]πιστευσάντων αὐτοῖς ἢ σέσωκε, τὴν δὲ πόλιν
τὴν τηλικαύτην δύναμιν κεκτημένην μὴ πειρῶνται θεραπεύειν, ἣ καὶ [14]μίαν ἑκάστην τῶν πόλεων καὶ [15]σύμπασαν
d τὴν Ἑλλάδα πολλάκις ἤδη σέσωκεν. ἐνθυμοῦ δ' ὅτι πολλοῖς καλῶς βεβουλεῦσθαι δοκεῖς, ὅτι δικαίως κέχρησαι 416
Θετταλοῖς καὶ συμφερόντως ἐκείνοις, ἀνδράσιν οὐκ εὐμετα-
χειρίστοις, ἀλλὰ μεγαλοψύχοις καὶ στάσεως μεστοῖς·
χρὴ τοίνυν καὶ περὶ ἡμᾶς πειρᾶσθαι γίγνεσθαί [16]σε τοιοῦτον, ἐπιστάμενον ὅτι τὴν μὲν χώραν Θετταλοί, τὴν δὲ δύ-

[1] ἡμῶν om. A. C. L. [2] ἀντιτάττειν τοὺς πάντα γε ταύτης A. C. L.
[3] μὲν ἄλλων A. C. L. [4] πώποτε πεπλημμελήκαμεν A. C. L. [5] [γ'] ἔχω C.
[6] σοῖς om. A. C. L. [7] μόνον δοκοῦσα A. C. L. [8] σοῦ A. L.
[9] κατάσχοις οὕτως, εἰ A. [10] ἧς A. C. L. [11] ἰσχὺν A. C. L.
[12] δαπανῶνται A. C. L. [13] πιστευόντων A. [14] πόλιν μίαν ἑκάστην καὶ A. C. L.
[15] ξύμπασαν A. L. [16] σε om. A. C. L.

Ἀναμαρτήτους] *sine erroribus*, ut docet oppositum πλημμελεῖν. LANG.

Οὓς βουληθ.] F. οὓς ἂν βουληθ. MATTH.

Τῶν ξενιτευομένων] Τῶν μισθοῦ στρατευομένων. COR. Cf. or. ad Phil. §. ν'.

Ἠδίκηκε] Scil. τὰ τῶν ξενιτευομένων στρατόπεδα. WOLF.

Θετταλοῖς] Vid. Diod. Sic. xvi. 14. LANG.

Εὐμεταχειρίστοις] *tractabilibus*. IDEM.

ναμιν ἡμεῖς ὅμορόν σοι τυγχάνομεν ἔχοντες· ἣν ἐκ παντὸς τρόπου ζήτει [1] προσαγαγέσθαι. πολὺ γὰρ κάλλιόν ἐστι τὰς εὐνοίας τὰς τῶν πόλεων αἱρεῖν ἢ τὰ τείχη. τὰ μὲν e
γὰρ [2] τοιαῦτα τῶν ἔργων οὐ μόνον ἔχει φθόνον, ἀλλὰ καὶ τῶν τοιούτων τὴν αἰτίαν τοῖς στρατοπέδοις ἀνατιθέασιν· ἢν δὲ τὰς οἰκειότητας καὶ τὰς εὐνοίας κτήσασθαι δυνηθῇς, ἅπαντες τὴν σὴν διάνοιαν [3] ἐπαινέσονται.

θʹ. Δικαίως δ' ἄν μοι πιστεύοις οἷς εἴρηκα περὶ τῆς πόλεως· φανήσομαι γὰρ οὔτε κολακεύειν αὐτὴν ἐν τοῖς λόγοις 411
εἰθισμένος, ἀλλὰ πλεῖστα πάντων ἐπιτετιμηκώς, οὔτ' [4] εὖ παρὰ τοῖς πολλοῖς καὶ τοῖς εἰκῇ δοκιμάζουσι [5] φερόμενος, ἀλλ' ἀγνοούμενος ὑπ' αὐτῶν καὶ φθονούμενος ὥσπερ σύ. πλὴν [6] τοσοῦτον διαφέρομεν, ὅτι πρὸς σὲ μὲν διὰ τὴν δύναμιν καὶ [7] τὴν εὐδαιμονίαν οὕτως ἔχουσι, πρὸς ἐμὲ δὲ, διότι προσποιοῦμαι τὸ βέλτιον αὐτῶν φρονεῖν, καὶ πλείους [8] ὁρῶσιν ἐμοὶ διαλέγεσθαι βουλομένους ἢ σφίσιν αὐτοῖς. [9] ἠβουλόμην δ' ἂν ἡμῖν [10] ὁμοίως ῥᾴδιον εἶναι τὴν δόξαν, ἣν ἔχομεν παρ' αὐτοῖς, διαφεύγειν. νῦν δὲ σὺ μὲν οὐ χαλεπῶς, [11] ἢν βουληθῇς, αὐτὴν διαλύσεις, ἐμοὶ δὲ ἀνάγκη καὶ διὰ τὸ γῆρας καὶ δι' ἄλλα πολλὰ στέργειν τοῖς παροῦσιν.

ιʹ. [12] Οὐκ οἶδ' ὅτι πλείω δεῖ λέγειν, πλὴν τοσοῦτον, ὅτι [13] καλόν ἐστι τὴν βασιλείαν καὶ τὴν εὐδαιμονίαν τὴν ὑπάρχουσαν ὑμῖν [14] παρακαταθέσθαι τῇ τῶν Ἑλλήνων [15] εὐνοίᾳ.

[1] προσάγεσθαι A. C. L. [2] τοιαῦτα τῶν ἔργων om. A. C. L. [3] ἐπαινέσουσι A. C. L. [4] αὖ A. C. L. [5] εὖ φερόμενος A. [6] τοῦτον A. C. L. [7] τὴν εὐδαιμονίαν καὶ τὴν δύναμιν A. C. L. [8] ὁρῶσί μοι A. C. L. [9] ἐβουλόμην A. L. [10] ὁμογνωμόνως A. C. L. [11] ἂν A. C. L. [12] Ὥστ' οὐκ A. C. L. [13] καλόν om. A. C. L. [14] παρακατατίθεσθαι A. C. L. [15] εὐδαιμονίᾳ καὶ εὐνοίᾳ A. C. L.

Οἷς] Pro ἐν τούτοις οἷς, quia præcessit μοί. Idem.

Ἀγνοούμενος] Κακῶς γινωσκόμενος καὶ κρινόμενος. Cor. Cf. Panath. §. γʹ.

Προσποιοῦμαι] *quod præ me fero et hoc vendico, me illis sapientiorem esse*, i. e. utinam ego tam facile possem, quam tu, et tu ita velles, ut ego, effugere calumnias. Wolf. Ἴσως· προσποιοῦμαί τι βέλτιον. Cor.

Σφίσιν αὐτοῖς] Intellige sophistas.

Ὑμῖν] Soil. σοὶ καὶ Ἀλεξάνδρῳ, καὶ τοῖς ἄλλοις Μακεδόσι. Wolf. Ἀντὶ τοῦ σοὶ, τουτέστι τῷ Φιλίππῳ. Cor.

Γ.

[1]ΦΙΛΙΠΠΩΙ.

Pag. ed. Steph. — Pag. ed. Cor.

411 α΄. ΕΓΩ διελέχθην μὲν καὶ πρὸς Ἀντίπατρον περί τε 417
τῶν τῇ [1] πόλει [2] καὶ τῶν σοὶ συμφερόντων ἐξαρκούντως, ὡς
ἐμαυτὸν ἔπειθον· [3] ἠβουλήθην δὲ καὶ πρὸς σὲ [4] γράψαι περὶ
ὧν μοι δοκεῖ πρακτέον εἶναι μετὰ τὴν εἰρήνην, παραπλήσια
τοῖς ἐν τῷ λόγῳ γεγραμμένοις, πολὺ δ᾽ ἐκείνων συντομώτερα.
β΄. Κατ᾽ ἐκεῖνον μὲν γὰρ τὸν χρόνον συνεβούλευον ὡς χρὴ
διαλλάξαντά σε [5] τὴν πόλιν τὴν ἡμετέραν καὶ τὴν Λακεδαιμονίων καὶ τὴν Θηβαίων καὶ τὴν Ἀργείων, εἰς ὁμόνοιαν καταστῆσαι τοὺς Ἕλληνας, ἡγούμενος, ἐὰν τὰς [6] προεστώσας
πόλεις πείσῃς οὕτω φρονεῖν, ταχέως καὶ τὰς ἄλλας ἐπακο-
412 λουθήσειν. τότε μὲν οὖν ἄλλος ἦν καιρός· νῦν δὲ συμβέβηκε
μηκέτι δεῖν πείθειν. διὰ γὰρ τὸν ἀγῶνα τὸν γεγενημένον
ἠναγκασμένοι πάντες εἰσὶν εὖ φρονεῖν, καὶ τούτων ἐπιθυμεῖν ὧν [7] ὑπονοοῦσί σε βούλεσθαι πράττειν, καὶ λέγειν ὡς
δεῖ παυσαμένους τῆς μανίας καὶ τῆς πλεονεξίας, ἣν ἐποιοῦντο πρὸς ἀλλήλους, εἰς τὴν Ἀσίαν τὸν πόλεμον ἐξενεγκεῖν.
γ΄. [8] Καὶ πολλοὶ πυνθάνονται παρ᾽ ἐμοῦ, πότερον ἐγώ
b σοι παρῄνεσα [9] ποιεῖσθαι τὴν στρατείαν [10] τὴν ἐπὶ τοὺς βαρβάρους, ἢ σοῦ διανοηθέντος συνεῖπον· ἐγὼ δ᾽ οὐκ εἰδέναι μέν
φημι τὸ σαφὲς — οὐ γὰρ συγγεγενῆσθαί σοι πρότερον —,
οὐ μὴν ἀλλ᾽ οἴεσθαι σὲ μὲν ἐγνωκέναι περὶ τούτων, ἐμὲ δὲ
συνειρηκέναι ταῖς σαῖς ἐπιθυμίαις. ταῦτα δ᾽ ἀκούοντες ἐδέοντό μου [11] πάντες παρακελεύεσθαί σοι καὶ προτρέπειν ἐπὶ

[1] ΙΣΟΚΡΑΤΗΣ ΦΙΛΙΠΠΩΙ ΧΑΙΡΕΙΝ A. C. L. [2] πόλει συμφερόντων καὶ σοὶ A. C. L. [3] ἐβουλήθην A. L. [4] γράψαι καὶ πρὸς σε A. C. L. [5] τήν τε A. C. L. [6] προεχούσας A. C. L. [7] ἐπενοούμην A. L. ἐπινοοῦσι C. [8] Πρὸς δὲ τούτοις κἀκεῖνο πολλοὶ παρ᾽ ἐμοῦ πυνθάνονται A. C. L. [9] ποιῆσαι A. C. L. [10] τὴν om. A. C. L. [11] πάντες om. A. C. L.

Ἀντίπατρον] Qui finito de Amphipoli bello legatus Athenas missus est. LANG. Cf. or. ad Phil. §. γ΄.

Τοὺς Ἕλληνας] Vid. or. ad Phil. §. ια΄. LANG.

Τὸν ἀγῶνα] Fortasse ad sacri belli confectionem pertinet, post quod Philippus potentissimus evasit. IDEM.

τῶν αὐτῶν τούτων μένειν, ὡς οὐδέποτ᾽ ἂν γενομένων οὔτε καλλιόνων ἔργων οὔτε ὠφελιμωτέρων τοῖς Ἕλλησιν οὔτ᾽ ἐν c καιρῷ μᾶλλον πραχθησομένων.

418 δ'. Εἰ μὲν οὖν εἶχον τὴν αὐτὴν δύναμιν ἥνπερ πρότερον, καὶ μὴ παντάπασιν ἦν ἀπειρηκὼς, οὐκ ἂν δι᾽ ἐπιστολῆς διελεγόμην, ἀλλὰ παρὼν [1]αὐτὸς παρώξυνον ἄν σε καὶ παρεκάλουν ἐπὶ τὰς πράξεις ταύτας. νῦν δ᾽ ὡς δύναμαι παρακελεύομαί σοι μὴ καταμελῆσαι τούτων, πρὶν ἂν τέλος ἐπιθῇς αὐτοῖς. ἔστι δὲ πρὸς μὲν ἄλλο τι τῶν [2]δεόντων ἀπλήστως ἔχειν οὐ καλὸν — αἱ γὰρ μετριότητες παρὰ τοῖς d πολλοῖς εὐδοκιμοῦσι —, δόξης δὲ μεγάλης καὶ καλῆς ἐπιθυμεῖν καὶ μηδέποτ᾽ ἐμπίπλασθαι προσήκει τοῖς πολὺ τῶν ἄλλων διενεγκοῦσιν· ὅπερ σοὶ συμβέβηκεν. ἡγοῦ δὲ τόθ᾽ ἕξειν ἀνυπέρβλητον [3]αὐτὴν καὶ τῶν σοὶ πεπραγμένων ἀξίαν, ὅταν τοὺς μὲν βαρβάρους ἀναγκάσῃς εἱλωτεύειν τοῖς Ἕλλησι, πλὴν τῶν σοὶ [4]συναγωνισαμένων, τὸν δὲ βασιλέα τὸν νῦν Μέγαν προσαγορευόμενον ποιήσῃς τοῦτο πράττειν [5]ὅ τι ἂν σὺ προστάττῃς. ταῦτα δὲ κατεργάσασθαι πολὺ e ῥᾷόν ἐστιν ἐκ τῶν νῦν παρόντων, ἢ προελθεῖν ἐπὶ τὴν δύναμιν καὶ τὴν δόξαν, ἣν [6]νῦν ἔχεις, [7]ἐκ τῆς βασιλείας τῆς ἐξ ἀρχῆς ὑμῖν ὑπαρξάσης· [8]οὐδὲν γὰρ ἔσται λοιπὸν ἔτι πλὴν θεὸν γενέσθαι. χάριν δ᾽ ἔχω τῷ γήρᾳ ταύτην μόνην, 413 ὅτι προήγαγεν εἰς τοῦτό μου τὸν βίον, ὥσθ᾽ ἃ νέος ὢν διενοούμην καὶ γράφειν ἐπεχείρουν ἔν τε τῷ πανηγυρικῷ λόγῳ καὶ τῷ πρὸς σὲ πεμφθέντι, [9]ταῦτα νῦν τὰ μὲν ἤδη γιγνόμενα διὰ τῶν σῶν ἐφορῶ πράξεων, τὰ δ᾽ ἐλπίζω γενήσεσθαι.

[1] νῦν αὐτὸς A. C. L. [2] ὄντων A. C. L. [3] αὐτὴν ἀνυπέρβλητον A. C. L. [4] συναγωνιζομένων A. C. L. [5] ὃ ἂν A. C. L. [6] νῦν om. A. L. [7] παρὰ A. C. L. [8] οὐδὲ A. L. [9] τούτων ἤδη τὰ μὲν νῦν γιγν. A. C. L.

Δόξης δὲ μεγάλης] Cf. Dionys. Hal. in Hypoth. or. ad Phil. Idem.

Εἱλωτεύειν] *servire*. Cf. Paneg. §. λϛ'. Idem.

Πολὺ ῥᾷόν ἐστιν κ. τ. λ.] Cf. or. ad Phil. §. μη'. Idem.

Γιγνόμενα] Ut consentiant Græciæ civitates. Idem.

Γενήσεσθαι] Ut bellum contra Persas geratur. Idem.

Pag. ed. Steph. —— Pag. ed. Cor.

413 α΄. ΕΓΩ, καίπερ [2]κινδύνου παρ' ἡμῖν ὄντος εἰς Μακε- 419
δονίαν πέμπειν ἐπιστολὴν, οὐ μόνον νῦν ὅτε πολεμοῦμεν πρὸς ὑμᾶς, ἀλλὰ καὶ τῆς εἰρήνης οὔσης, ὅμως γράψαι πρὸς σὲ [3]προειλόμην περὶ Διοδότου, δίκαιον εἶναι νομίζων πάντας μὲν περὶ πολλοῦ ποιεῖσθαι τοὺς ἐμαυτῷ πεπλησιακότας καὶ γεγενημένους ἀξίους ἡμῶν, οὐχ ἥκιστα δὲ τοῦτον καὶ διὰ τὴν εὔνοιαν τὴν εἰς ἡμᾶς καὶ [4]διὰ τὴν ἄλλην ἐπιείκειαν· μάλιστα μὲν οὖν [5]ἐβουλόμην ἂν αὐτὸν συσταθῆναί σοι δι' ἡμῶν· ἐπειδὴ δὲ δι' ἑτέρων ἐντετύχηκέ σοι, λοιπόν ἐστί μοι μαρτυρῆσαι περὶ αὐτοῦ καὶ βεβαιῶσαι τὴν γεγενημένην αὐτῷ πρὸς σὲ γνῶσιν. ἐμοὶ γὰρ πολλῶν καὶ παντοδαπῶν [7]συγγεγενημένων ἀνδρῶν, καὶ δόξας ἐνίων μεγάλας ἐχόντων, τῶν μὲν ἄλλων ἁπάντων οἱ μέν τινες περὶ [8]αὐτὸν τὸν λόγον, οἱ δὲ περὶ τὸ διανοηθῆναι καὶ πρᾶξαι δεινοὶ γεγόνασιν, οἱ δ' ἐπὶ μὲν τοῦ βίου σώφρονες καὶ χαρίεντες, πρὸς δὲ τὰς ἄλλας χρήσεις καὶ διαγωγὰς ἀφυεῖς παντάπασιν· οὗτος δὲ οὕτως εὐάρμοστον τὴν φύσιν ἔσχεν, ὥστ' ἐν ἅπασι τοῖς εἰρημένοις τελειότατος εἶναι. καὶ ταῦτ' οὐκ ἂν ἐτόλμων λέγειν, εἰ μὴ τὴν ἀκριβεστάτην πεῖραν αὐτός τε εἶχον αὐτοῦ καὶ σὲ λήψεσθαι προσεδόκων, τὰ μὲν αὐτὸν
414 χρώμενον αὐτῷ, τὰ δὲ καὶ παρὰ τῶν ἄλλων τῶν ἐμπείρων αὐτοῦ πυνθανόμενον. ὧν οὐδεὶς ὅστις οὐκ ἂν ὁμολογήσειεν, εἰ μὴ λίαν εἴη φθονερὸς, καὶ εἰπεῖν καὶ βουλεύσασθαι οὐδενὸς ἧττον αὐτὸν δύνασθαι, καὶ δικαιότατον καὶ σωφρονέστατον

[1] ΙΣΟΚΡΑΤΗΣ ΦΙΛΙΠΠΩΙ ΧΑΙΡΕΙΝ A. C. L. [2] ἐπικινδύνου A. C. L. [3] εἱλόμην A. C. L. [4] διὰ om. A. C. L. [5] ἠβουλόμην C. [6] σοι om. A. [7] συγγενομένων A. C. L. [8] αὐτὸν om. A. C. L.

Ὅτε πολεμοῦμεν] Puto scriptam hanc epistolam renovato bello post pacem Amphipolitanam. Wolf.

Πεπλησιακότας] Discipulos. Lang.

Ἐπιείκειαν] *probitatem*. Idem.

Χαρίεντες] *morum suavitate commendabiles*. Wolf. *probi*. Matth.

εἶναι καὶ χρημάτων ἐγκρατέστατον, ἔτι [1]δὲ συνημερεῦσαι
καὶ συμβιῶναι ἁπάντων ἥδιστον καὶ λιγυρώτατον, πρὸς δὲ
τούτοις πλείστην ἔχειν παῤῥησίαν, οὐχ ἣν οὐ προσῆκεν,
ἀλλὰ τὴν εἰκότως ἂν μέγιστον γιγνομένην σημεῖον τῆς
420 εὐνοίας τῆς πρὸς τοὺς φίλους· ἣν τῶν [2]δυναστῶν οἱ μὲν b
ἀξιόχρεων τὸν ὄγκον τὸν τῆς ψυχῆς ἔχοντες τιμῶσιν ὡς
χρησίμην οὖσαν, οἱ δ' ἀσθενέστεροι τὰς φύσεις ὄντες ἢ
κατὰ τὰς ὑπαρχούσας ἐξουσίας δυσχεραίνουσιν, ὡς ὧν οὐ
προαιροῦνταί τι ποιεῖν βιαζομένην αὐτοὺς, οὐκ εἰδότες ὡς
οἱ μάλιστα περὶ τοῦ συμφέροντος ἀντιλέγειν τολμῶντες,
οὗτοι πλείστην ἐξουσίαν αὐτοῖς τοῦ πράττειν ἃ βούλονται
παρασκευάζουσιν. εἰκὸς γὰρ διὰ [3]μὲν τοὺς ἀεὶ πρὸς ἡδονὴν c
λέγειν προαιρουμένους οὐχ ὅπως τὰς μοναρχίας δύνασθαι
[4]διαμεῖναι, αἳ πολλοὺς τοὺς ἀναγκαίους ἐφέλκονται κινδύνους, ἀλλ' οὐδὲ τὰς πολιτείας, αἳ μετὰ πλείονος ἀσφαλείας εἰσὶ, [5]διὰ δὲ τοὺς ἐπὶ τῷ βελτίστῳ παῤῥησιαζομένους
πολλὰ [6]σώζεσθαι καὶ τῶν ἐπιδόξων διαφθαρήσεσθαι
πραγμάτων. ὧν ἕνεκα [7]προσῆκε μὲν παρὰ πᾶσι τοῖς μο-
νάρχοις πλέον φέρεσθαι τοὺς τὴν ἀλήθειαν ἀποφαινομένους
τῶν ἅπαντα μὲν πρὸς χάριν, μηδὲν δὲ χάριτος [8]ἄξιον λε- d
γόντων· [9]συμβαίνει δ' ἔλαττον ἔχειν αὐτοὺς παρ' ἐνίοις
αὐτῶν. ὃ καὶ Διοδότῳ παθεῖν συνέπεσε παρά τισι τῶν [10]περὶ
τὴν Ἀσίαν [11]δυναστῶν, οἷς πολλὰ [12]χρήσιμος γενόμενος
οὐ μόνον τῷ συμβουλεύειν, ἀλλὰ καὶ τῷ πράττειν καὶ κινδυνεύειν, διὰ τὸ παῤῥησιάζεσθαι πρὸς αὐτοὺς περὶ ὧν ἐκείνοις

[1] δὲ καὶ σύμβιον ἅπαντων A. C. L. [2] δυνατῶν A. L.
[3] μὲν γὰρ τοὺς A. L. μὲν γὰρ διὰ τοὺς C. [4] ποιεῖν δυνατὰς A. L. ποιεῖν διαμένειν C.
[5] δεῖ A. L. [6] σώζειν δύνασθαι A. C. L. [7] προσήκει A. C. L.
[8] ἄξιον χάριτος A. C. L. [9] συνέβη A. C. L. [10] κατὰ A. C. L.
[11] δυναστευόντων A. C. L. [12] μὲν χρήσιμος A. L. μὲν inclusit C.

Λιγυρώτατον] De elocutione h. l. intelligendum est. LANG. Ἥδιστον ἐν τῷ διαλέγεσθαι, εὐφραδέστατον. COR.

Ἀξιόχρεων τὸν ὄγκον] *animi magnitudinem principis persona dignam.* LANG.

Ἢ κατὰ τὰς ὑπαρχ. ἐξουσίας] *quam pro imperii majestate.* WOLF.

Ὡς ὧν — αὐτοὺς] Construe: ὡς βιαζομένην (παῤῥησίαν) αὐτοὺς ποιεῖν τι ὧν (pro τούτων ἃ) οὐ προαιροῦνται. LANG.

Περὶ τοῦ συμφέροντος] I. e. ὅταν συμφέρῃ. WOLF. Sententia: Qui regibus contradicunt, quando utilitas regum id postulat, hi potentiam (seu quidvis faciendi potestatem) illorum augent. LANG.

Τὰς πολιτείας] Wolf. recte, opinor, explicat τὰς δημοκρατίας, in quibus, quum assentatores audiuntur, ochlocratia et anarchia locum habent. Cf. de Pace §. β'. IDEM.

Πολλὰ — πραγμάτων] Construe: πολλὰ καὶ τῶν πραγμάτων, ἐπιδόξων διαφθαρήσεσθαι, σώζεσθαι. *multa servare posse et ex iis quæ exitio sunt proxima.* IDEM.

Παρ' ἐνίοις αὐτῶν] Scil. τῶν μονάρχων. WOLF.

Διὰ τὸ παῤῥησ.] Ante διὰ velim addi ὅμως, vel aliud quid. AUGER.

e συνέφερε, καὶ τῶν οἴκοι τιμῶν [1] ἀπεστέρηται καὶ πολλῶν
ἄλλων ἐλπίδων, καὶ μεῖζον ἴσχυσαν αἱ τῶν τυχόντων ἀνθρώπων κολακεῖαι τῶν εὐεργεσιῶν τῶν τούτου. [2] διὸ δὴ [3] καὶ
πρὸς ὑμᾶς ἀεὶ προσιέναι διανοούμενος ὀκνηρῶς εἶχεν, οὐχ ὡς
415 ἅπαντας ὁμοίους εἶναι νομίζων τοὺς ὑπὲρ αὐτὸν ὄντας, ἀλλὰ
διὰ τὰς [4] πρὸς ἐκείνους γεγενημένας δυσχερείας καὶ πρὸς
τὰς παρ' ὑμῶν ἐλπίδας [5] ἀθυμότερος ἦν, παραπλήσιον, [6] ὡς
ἐμοὶ δοκεῖ, πεπονθὼς τῶν πεπλευκότων τισὶν, οἳ [7] τὸ πρῶτον ὅταν χρήσωνται χειμῶσιν, οὐκέτι θαῤῥοῦντες εἰσβαί-
νουσιν εἰς [8] θάλατταν, καίπερ εἰδότες ὅτι καὶ καλοῦ πλοῦ
πολλάκις ἐπιτυχεῖν ἐστίν. οὐ μὴν ἀλλ' ἐπειδὴ συνέστηκέ
b σοι, καλῶς [9] ποιεῖ· λογίζομαι γὰρ αὐτῷ συνοίσειν, μάλιστα μὲν τῇ φιλανθρωπίᾳ τῇ σῇ [10] στοχαζόμενος, ἣν ἔχειν
ὑπείληψαι παρὰ τοῖς ἔξωθεν ἀνθρώποις, ἔπειτα νομίζων
οὐκ ἀγνοεῖν ὑμᾶς ὅτι πάντων ἐστὶν ἥδιστον καὶ [11] λυσιτελέ- 421
στατον [12] πιστοὺς ἅμα καὶ χρησίμους φίλους κτᾶσθαι ταῖς
εὐεργεσίαις, καὶ τοὺς τοιούτους εὖ ποιεῖν ὑπὲρ ὧν πολλοὶ
καὶ τῶν ἄλλων ὑμῖν [13] χάριν ἕξουσιν. ἅπαντες γὰρ οἱ
c χαρίεντες τοὺς τοῖς σπουδαίοις τῶν [14] ἀνδρῶν καλῶς ὁμιλοῦντας ὁμοίως ἐπαινοῦσι καὶ τιμῶσιν, ὥσπερ αὐτοὶ τῶν
ὠφελειῶν ἀπολαύοντες.

β'. Ἀλλὰ γὰρ Διόδοτον αὐτὸν οἶμαι μάλιστά [15] σε
[16] προτρέψασθαι πρὸς τὸ φροντίζειν αὐτοῦ. συνέπειθον δὲ
καὶ τὸν υἱὸν αὐτοῦ τῶν ὑμετέρων ἀντέχεσθαι πραγμάτων,
καὶ παραδόνθ' ὑμῖν αὐτὸν ὥσπερ μαθητὴν εἰς [17] τοὔμπροσθε
πειραθῆναι προελθεῖν. ὁ δὲ ταῦτά μου λέγοντος ἐπιθυμεῖν
d μὲν ἔφασκε τῆς ὑμετέρας φιλίας, οὐ μὴν ἀλλὰ παραπλή-
σιόν τι πεπονθέναι πρὸς αὐτὴν καὶ πρὸς τοὺς στεφανίτας

[1] ἀπεστερήθη A. C. L. [2] δι' ἃ A. C. L. [3] καὶ om. A. [4] παρ' ἐκείνων A. C. L. [5] οὐ προθυμότερος A. C. L. [6] ἔμοιγε δοκεῖ A. C. L. [7] τὸ om. A. C. L. [8] τὴν θάλατταν A. C. L. [9] ἔδοξε ποιεῖν A. [10] λογιζόμενος A. C. L. [11] λυσιτελὲς A. C. [12] τὸ πιστοὺς A. C. L. [13] χάριν ὑμῖν A. C. L. [14] ἀνθρώπων A. C. L. [15] σε μάλιστα A. C. L. [16] προτρέψεσθαι A. C. [17] τοὔμπροσθεν A. C. L.

Ὀκνηρῶς εἶχεν] Ηὐλαβεῖτο, ἐφοβεῖτο. Cor.

Τοὺς ὑπὲρ αὐτὸν ὄντας] *in altioris dignitatis gradu posita.* Lang.

Συνέστηκε] Passive sumitur, *commendatus est.* Auger.

Συνοίσειν] Sub. τοῦτο. Idem.

Τῶν ὑμετέρων κατεχ. πραγμάτων] *animum adjicere ad res vestras.* quod Wolf. expressit: *ut se ad vos conferret.* Lang.

Στεφανίτας] Στεφανίτης ἀγὼν dicitur, e quo victores coronam reportant. Videtur autem hic imprimis intelligere illa quatuor certamina. Matth.

ἀγῶνας. ἐκείνους [1] τε γὰρ νικᾶν μὲν ἂν βούλεσθαι, κατα-
βῆναι δ' εἰς αὐτοὺς οὐκ ἂν τολμῆσαι διὰ τὸ μὴ μετεσχηκέναι ῥώμης ἀξίας τῶν στεφάνων, τῶν τε παρ' ὑμῶν τιμῶν
εὔξασθαι μὲν ἂν τυχεῖν, [2] ἐφίξεσθαι δ' αὐτῶν οὐ προσδοκᾶν·
τήν τε γὰρ ἀπειρίαν τὴν αὑτοῦ καταπεπλῆχθαι καὶ τὴν
λαμπρότητα τὴν ὑμετέραν, ἔτι δὲ καὶ τὸ σωμάτιον οὐκ
εὐκρινὲς ὄν, ἀλλ' ἔχον [3] ἅττα σίνη, νομίζειν ἐμποδιεῖν αὐτὸν e
πρὸς [4] πολλὰ τῶν πραγμάτων.

γ'. Οὗτος μὲν οὖν, ὅ τι [5] ἂν αὐτῷ [6] δοκῇ συμφέρειν,
τοῦτο πράξει· σὺ δ', ἐάν τε ᾖ περὶ ὑμᾶς, ἐάν θ' ἡσυχίαν
ἔχων διατρίβῃ περὶ τούτους τοὺς τόπους, ἐπιμελοῦ καὶ τῶν 416
ἄλλων μὲν ἁπάντων, [7] ὧν ἂν τυγχάνῃ δεόμενος, μάλιστα
δὲ τῆς ἀσφαλείας καὶ τῆς τούτου καὶ τῆς τοῦ πατρὸς
αὐτοῦ, νομίσας ὥσπερ παρακαταθήκην ἔχειν τοῦτον παρά
τε τοῦ γήρως ἡμῶν, ὃ προσηκόντως ἂν πολλῆς [8] τυγχάνοι
προνοίας, καὶ τῆς δόξης τῆς [9] ὑπαρχούσης, εἴ τινος ἄρα
σπουδῆς ἐστιν ἀξία, καὶ [10] τῆς εὐνοίας τῆς [11] περὶ ὑμᾶς, ἣν
ἔχων ἅπαντα τὸν χρόνον διατετέλεκα. καὶ μὴ θαυμάσῃς,
μήτ' εἰ μακροτέραν γέγραφα τὴν ἐπιστολήν, μήτ' εἴ τι
περιεργότερον [12] καὶ πρεσβυτικώτερον εἰρήκαμεν ἐν αὐτῇ·
πάντων γὰρ τῶν ἄλλων ἀμελήσας ἑνὸς μόνου ἐφρόντισα,
τοῦ φανῆναι σπουδάζων ὑπὲρ ἀνδρῶν φίλων καὶ προσφιλεστάτων μοι γεγενημένων.

[1] τε om. A. L. [2] οὐκ ἐφίξεσθαι δ' αὐτῶν (αὐτὸν A. L.) πρ. A. C. L. [3] πρόφασιν, ἣν νομίζειν A. L. πρόφασιν, [ἣν] νομίζειν C. [4] τὰ πολλὰ A. C. L. [5] ἂν om. A. [6] δοκῇ αὐτῷ A. C. L. [7] ὧν τυγχάνει A. C. L. [8] τυγχάνῃ A. L. [9] ὑπερεχούσης C. L. [10] τῆς om. A. L. [11] πρὸς A. [12] ἢ A. C. L.

Ἐκείνους — βούλεσθαι] *cupere enim se in illis victoriam consequi.* Lang.

Παρ' ὑμῶν] Ἴσως· παρ' ὑμῖν. Cor.

Τὸ σωμάτιον οὐκ εὐκρινὲς] *corpusculum non elegans,* i. e. metuit deformitatem et pusillitatem corporis sibi nocituram. Wolf. Quod magis mihi arridet quam *corpus minus firmum et imbecillum.* Lang. Γαλατ. *valétudinaire.* Cor.

Περὶ ὑμᾶς] Est in aula Philippi, munere aliquo fungens, et περὶ τούτους τοὺς τόπους, in Macedonia in universum. Lang.

Ἔχειν τοῦτον] Malim, τούτους, sc. Diodotum et ejus filium. Auger.

Περιεργότερον] Περιττότερον, πλέον τοῦ προσήκοντος. Cor.

Πρεσβυτικώτερον] Παραφρονέστερον, διὰ τὸ γῆρας. Idem.

[1]ΑΛΕΞΑΝΔΡΩΙ.

Pag. ed. Steph. — Pag. ed Cor.

416 α'. ΠΡΟΣ τὸν πατέρα σου γράφων ἐπιστολὴν ἄτοπον 422
ᾤμην ποιήσειν, εἰ περὶ τὸν αὐτὸν ὄντα σε τόπον ἐκείνῳ μήτε
προσερῶ μήτ' ἀσπάσομαι, μήτε γράψω τι τοιοῦτον, ὃ
ποιήσει τοὺς [2]ἀναγνόντας μὴ νομίζειν ἤδη με παραφρονεῖν
διὰ τὸ γῆρας μηδὲ παντάπασι ληρεῖν, ἀλλ' ἔτι τὸ καταλελειμμένον [3]μου μέρος [4]καὶ λοιπὸν ὂν οὐκ ἀνάξιον εἶναι τῆς
δυνάμεως ἣν ἔσχον νεώτερος ὤν.

β'. Ἀκούω δέ σε πάντων λεγόντων, ὡς φιλάνθρωπος εἶ
καὶ φιλαθήναιος καὶ φιλόσοφος, οὐκ ἀφρόνως, [5]ἀλλὰ νουνεχόντως. τῶν τε γὰρ πολιτῶν ἀποδέχεσθαί σε τῶν ἡμετέρων οὐ τοὺς ἠμεληκότας αὐτῶν καὶ πονηρῶν πραγμάτων
417 ἐπιθυμοῦντας, ἀλλ' οἷς συνδιατρίβων [6]τε οὐκ ἂν λυπηθείης,
συμβάλλων τε καὶ κοινωνῶν πραγμάτων οὐδὲν ἂν βλαβείης
οὐδ' ἀδικηθείης, οἷοίσπερ χρὴ πλησιάζειν τοὺς εὖ φρονοῦντας·
τῶν τε φιλοσοφιῶν οὐκ ἀποδοκιμάζειν μὲν οὐδὲ τὴν περὶ
τὰς ἔριδας, ἀλλὰ νομίζειν εἶναι πλεονεκτικὴν ἐν ταῖς ἰδίαις
διατριβαῖς, οὐ μὴν ἁρμόττειν οὔτε τοῖς τοῦ πλήθους προεστῶσιν οὔτε τοῖς τὰς μοναρχίας ἔχουσιν· οὐ γὰρ συμφέρειν
b οὐδὲ πρέπειν τοῖς μεῖζον τῶν ἄλλων φρονοῦσιν, οὔτ' αὐτοῖς
ἐρίζειν πρὸς τοὺς συμπολιτευομένους οὔτε τοῖς ἄλλοις ἐπιτρέπειν πρὸς αὐτοὺς ἀντιλέγειν. ταύτην μὲν οὖν οὐκ ἀγαπᾶν σε τὴν διατριβήν, προαιρεῖσθαι δὲ τὴν παιδείαν τὴν
περὶ τοὺς λόγους, οἷς χρώμεθα περὶ τὰς πράξεις τὰς προσ-

[1] ΙΣΟΚΡΑΤΗΣ ΑΛΕΞΑΝΔΡΩΙ ΧΑΙΡΕΙΝ A. C. L. [2] ἀγνοοῦντας A. C. L. [3] μοι A. C. L. [4] καὶ λοιπὸν ὂν inclusit C. [5] ποιῶν, ἀλλὰ A. C. L. [6] τε om. A. C. L.

Τὸ καταλελειμμένον μου μέρος] I. e. τὸν νοῦν καὶ τὴν φρόνησιν, sed quomodo differat ab hoc λοιπὸν ὄν, haud equidem video. MATTH.

Συμβάλλων] I. e. ὁμιλῶν. Συνδιατρίβειν est, crebro cum aliquo versari, συμβαλλειν vero est, etiam participem facere consiliorum et negotiorum familiarium. LANG.

Περὶ τὰς ἔριδας] Perstringi videtur Aristotelis institutio. WOLF. Intellige argutas sophistarum disputationes, de quibus vide or. c. Sophist. §. ϛ'. LANG. Langio assentitur Coraes.

πιπτούσας καθ' ἑκάστην [1]τὴν ἡμέραν, καὶ μεθ' ὧν βουλευόμεθα περὶ τῶν κοινῶν. δι' ἣν νῦν τε [2]δοξάζεις περὶ [4]τῶν μελλόντων ἐπιεικῶς, τοῖς [3]τ' ἀρχομένοις προστάττειν οὐκ ἀνοήτως, ἃ δεῖ [5]πράττειν ἑκάστους, ἐπιστήσει, περὶ δὲ τῶν c
423 καλῶν καὶ δικαίων καὶ τῶν τούτοις ἐναντίων ὀρθῶς κρίνειν, πρὸς δὲ τούτοις τιμᾶν καὶ κολάζειν ὡς προσῆκόν ἐστιν ἑκατέρους. σωφρονεῖς οὖν [6]νῦν ταῦτα μελετῶν· [7]ἐλπίδας γὰρ τῷ τε πατρὶ καὶ τοῖς ἄλλοις παρέχεις, ὡς [8]ἐὰν πρεσβύτερος γενόμενος ἐμμείνῃς τούτοις, τοσοῦτον προέξεις τῇ φρονήσει τῶν ἄλλων, ὅσονπερ ὁ πατήρ σου διενήνοχεν ἁπάντων.

[1] τὴν inclusit C. [2] δοκεῖς A. C. L. [3] τ' om. A. C. L. [4] καὶ οὐκ A. C. L. [5] ποιεῖν ἑκάστους, περί τε τῶν A. C. L. [6] νῦν om. A. C. L. [7] ἐλπίδα A. C. L. [8] ἂν A. C. L.

'Εκατέρους] *utrosque*, sc. bonos et malos. Auger.

'Απάντων] Mihi vid. add. τῇ δυνάμει, vel aliud quid. Idem.

ς'.

[1]ΤΟΙΣ ΙΑΣΟΝΟΣ ΠΑΙΣΙ.

Pag. ed. Cor. Pag. ed. H. Steph.

424 α'. ΑΠΗΓΓΕΙΛΕ τίς μοι τῶν πρεσβευσάντων ὡς 417
ὑμᾶς, ὅτι καλέσαντες αὐτὸν ἄνευ τῶν ἄλλων [2]ἐρωτήσαιτε,
εἰ πεισθείην [3]ἂν ἀποδημῆσαι καὶ διατρῖψαι παρ' ὑμῖν. ἐγὼ 418
δὲ ἕνεκα μὲν τῆς Ἰάσονος καὶ [4]Πολυαλκοῦς ξενίας ἡδέως ἂν ἀφικοίμην ὡς ὑμᾶς· [5]οἶμαι γὰρ ἂν τὴν ὁμιλίαν τὴν γενομένην ἅπασιν ἡμῖν συνενεγκεῖν· ἀλλὰ γὰρ ἐμποδίζει με πολλά, μάλιστα μὲν τὸ μὴ δύνασθαι πλανᾶσθαι καὶ τὸ μὴ πρέπειν ἐπιξενοῦσθαι τοῖς τηλικούτοις, [6]ἔπειθ' ὅτι πάντες οἱ πυθόμενοι τὴν ἀποδημίαν δικαίως ἂν μου καταφρονήσειαν, εἰ b

[1] ΙΣΟΚΡΑΤΗΣ ΤΟΙΣ ΙΑΣΟΝΟΣ ΠΑΙΣΙ ΧΑΙΡΕΙΝ A. C. L. [2] ἠρωτήσατε A. C. L. [3] ἀποδημῆσαί τε A. C. L. [4] Πολυάκους A. C. L. [5] οἶδα A. C. L. [6] ἔπειτα δ' A. C. L.

ΙΑΣΟΝΟΣ] Vid. or. ad Phil. §. ν'. Perizon. ad Ælian. V. H. ix. 9. Diod. Sic. xv. 60. Xenoph. Hell. vi. 4. 27. et Corn. Nep. Timoth. c. 4.

προῃρημένος τὸν ἄλλον χρόνον ἡσυχίαν ἄγειν, ἐπὶ γήρως
ἀποδημεῖν ἐπιχειροίην, ὅτ᾽ εἰκὸς [1]ἦν, εἰ καὶ πρότερον [2]ἀλλο-
θί που διέτριβον, νῦν οἴκαδε σπεύδειν, οὕτως ὑπαγυίου μοι
τῆς τελευτῆς οὔσης. πρὸς δὲ τούτοις φοβοῦμαι καὶ τὴν
πόλιν· χρὴ γὰρ τἀληθῆ λέγειν. ὁρῶ γὰρ τὰς συμμαχίας
τὰς πρὸς αὐτὴν γιγνομένας ταχέως διαλυομένας. εἰ δή τι
c συμβαίη καὶ πρὸς ὑμᾶς τοιοῦτον, [3]εἰ καὶ τὰς αἰτίας καὶ
τοὺς κινδύνους διαφυγεῖν δυνηθείην, ὃ χαλεπόν ἐστιν, ἀλλ᾽
οὖν αἰσχυνθείην ἂν, εἴτε διὰ τὴν πόλιν δόξαιμί τισιν ἀμελεῖν ὑμῶν, εἴτε δι᾽ ὑμᾶς τῆς πόλεως ὀλιγωρεῖν. μὴ κοινοῦ
δὲ τοῦ συμφέροντος ὄντος, οὐκ οἶδ᾽ ὅπως [4]ἂν ἀμφοτέροις
ἀρέσκειν δυνηθείην. αἱ μὲν οὖν αἰτίαι, δι᾽ ἃς οὐκ ἔξεστί μοι
ποιεῖν ἃ βούλομαι, [5]τοιαῦται συμβεβήκασιν.

β΄. Οὐ μὴν [6]περὶ τῶν ἐμαυτοῦ μόνον ἐπιστείλας οἴομαι
δεῖν ἀμελῆσαι τῶν ὑμετέρων, ἀλλ᾽, ἅπερ ἂν παραγενόμενος
d πρὸς ὑμᾶς διελέχθην, πειράσομαι καὶ νῦν περὶ τῶν αὐτῶν
τούτων ὅπως ἂν δύνωμαι διεξελθεῖν. μηδὲν δ᾽ ὑπολάβητε
τοιοῦτον, ὡς ἄρ᾽ ἐγὼ ταύτην ἔγραψα τὴν ἐπιστολὴν οὐχ
ἕνεκα τῆς ὑμετέρας ξενίας, ἀλλ᾽ ἐπίδειξιν ποιήσασθαι βου- 425
λόμενος. οὐ γὰρ εἰς τοῦθ᾽ ἥκω μανίας, ὥστ᾽ ἀγνοεῖν ὅτι
κρείττω μὲν γράψαι τῶν πρότερον [7]διαδεδομένων [8]οὐκ ἂν
δυναίμην, τοσοῦτον τῆς ἀκμῆς ὑστερῶν, χείρω δ᾽ ἐξενεγκὼν
e πολὺ φαυλοτέραν ἂν λάβοιμι δόξαν τῆς νῦν ἡμῖν ὑπαρχούσης. ἔπειτ᾽, εἴπερ ἐπεδείξει προσεῖχον τὸν νοῦν, ἀλλὰ μὴ
πρὸς ὑμᾶς ἐσπούδαζον, οὐκ ἂν ταύτην ἐξ ἁπασῶν προειλόμην τὴν ὑπόθεσιν, περὶ ἧς [9]χαλεπόν ἐστιν ἐπιεικῶς
εἰπεῖν, ἀλλὰ πολὺ καλλίους ἑτέρας ἂν εὗρον καὶ μᾶλλον
419 λόγον ἐχούσας. ἀλλὰ γὰρ οὔτε πρότερον οὐδεπώποτ᾽ ἐφιλο-

[1] ἦν om. A. C. L. [2] ἄλλοσέ ποι A. C. L. [3] πῶς ἂν καὶ A. L.
[4] ἂν om. A. C. L. [5] τοσαῦται A. L. [6] περί γε A. C. L.
[7] διαδεδειγμένων A. L. [8] οὐδ᾽ A. C. L. [9] οὐ χαλεπόν A. C. L.

Εἰ δή τι συμβαίη κ. τ. λ.] Ὁ νοῦς· Εἰ παρ᾽ ὑμῖν ἐμοῦ διατρίβοντος τοιοῦτό τι συμβαίη, εἰ διαλυθείη δηλονότι ἡ πρὸς τὴν Ἀθηναίων πόλιν ὑμῖν γενομένη συμμαχία, κἂν τὰς αἰτίας καὶ τοὺς κινδύνους τοὺς παρὰ τοῖς ἐμοῖς πολίταις διαφυγεῖν δυνηθῶ, ἤγουν κἂν αὐτοί με μὴ αἰτιάσωνται ὡς παρὰ τοῖς αὐτῶν ἐχθροῖς διατρίβοντα (ὃ χαλεπόν ἐστιν), ἀλλ᾽ ὅμως αἰσχυνθείην ἂν ἐγὼ, εἴτε ἀποχωρῶν τῆς ὑμετέρας πόλεως, καὶ εἰς τὰς Ἀθήνας ἐπανερχόμενος, δόξαιμι ἀμελεῖν ὑμῶν διὰ τὴν ἐμὴν πόλιν, εἴτε παρ᾽ ὑμῖν μένων δόξαιμι ὀλιγωρεῖν τῆς ἐμῆς πόλεως δι᾽ ὑμᾶς. Cor.

Μὴ κοινοῦ δὲ τοῦ συμφέροντος ὄντος] *quum utilitas vestra et urbis non sit eadem*, i. e. quum ea, quæ vobis expediunt, urbi obsint et vicissim. Lang.

Μηδὲν δ᾽ ὑπολάβητε κ. τ. λ.] Demosth. Amator. §. θ΄. citat Coraes.

Μᾶλλον λόγον ἔχουσας] *quod* (argumentum) *largam dicendi copiam prabet.* Lang.

τιμήθην ἐπὶ τούτοις, ἀλλ᾽ ἐφ᾽ ἑτέροις μᾶλλον ἃ τοὺς πολλοὺς διαλέληθεν, οὔτε νῦν ἔχων [1] ταύτην τὴν διάνοιαν ἐπρα-
γματευσάμην· ἀλλ᾽ ὑμᾶς μὲν ὁρῶν ἐν πολλοῖς καὶ μεγάλοις πράγμασιν ὄντας, αὐτὸς δ᾽ ἀποφήνασθαι βουλόμενος
ἣν ἔχω γνώμην περὶ αὐτῶν, ἡγοῦμαι συμβουλεύειν μὲν
ἀκμὴν ἔχειν — αἱ γὰρ ἐμπειρίαι παιδεύουσι τοὺς τηλικούτους, καὶ [2] ποιοῦσι μᾶλλον τῶν ἄλλων δύνασθαι καθορᾶν b
τὸ βέλτιστον —, εἰπεῖν δὲ περὶ τῶν προτεθέντων ἐπιχαρίτως καὶ μουσικῶς καὶ διαπεπονημένως οὐκ ἔτι τῆς ἡμετέρας
ἡλικίας [3] ἐστὶν, ἀλλ᾽ ἀγαπῴην ἂν εἰ μὴ παντάπασιν ἐκλε-
λυμένως διαλεχθείην περὶ αὐτῶν.

γ΄. Μὴ [4] θαυμάζετε δ᾽, ἄν τι φαίνωμαι λέγων ὧν πρότερον ἀκηκόατε· [5] τῷ μὲν γὰρ ἴσως ἄκων ἂν [6] ἐντύχοιμι,
[7] τὸ δὲ καὶ προειδὼς, [8] εἰ πρέπον [9] εἰς τὸν λόγον εἴη, προσ-
λάβοιμι. καὶ γὰρ ἂν ἄτοπος εἴην, εἰ, τοὺς ἄλλους ὁρῶν c
τοῖς ἐμοῖς χρωμένους αὐτὸς μόνος ἀπεχοίμην τῶν [10] ὑπ᾽
ἐμοῦ πρότερον εἰρημένων. τούτων δ᾽ ἕνεκα ταῦτα προεῖπον,
ὅτι τὸ πρῶτον [11] ἐπιφερόμενον ἓν τῶν τεθρυλημένων ἐστίν.
εἴθισμαι γὰρ λέγειν πρὸς τοὺς περὶ τὴν φιλοσοφίαν τὴν
ἡμετέραν διατρίβοντας, ὅτι τοῦτο πρῶτον δεῖ σκέψασθαι,
τί τῷ λόγῳ καὶ τοῖς τοῦ λόγου [12] μέρεσι διαπρακτέον ἐστίν·
ἐπειδὰν δὲ τοῦθ᾽ εὕρωμεν καὶ διακριβωσώμεθα, ζητητέον d
εἶναί φημι τὰς ἰδέας, δι᾽ ὧν ταῦτ᾽ ἐξεργασθήσεται καὶ
λήψεται τέλος ὅπερ ὑπεθέμεθα. καὶ ταῦτα [13] φράζω μὲν
426 ἐπὶ τῶν λόγων, ἔστι δὲ τοῦτο [14] στοιχεῖον καὶ κατὰ τῶν
ἄλλων ἁπάντων καὶ κατὰ τῶν ὑμετέρων πραγμάτων. οὐδὲν
γὰρ οἷόν τ᾽ ἐστὶ πραχθῆναι νουνεχόντως, ἐὰν μὴ τοῦτο

[1] ταύτην ἔχων A. C. L. [2] δοκοῦσι A. C. L. [3] ἔργον ἐστὶν A. C. L.
[4] θαυμάζητε A. L. θαυμάσητε C. [5] τῶν A. C. L. [6] τύχοιμι A. C. L.
[7] τὰ C. [8] ὅτι A. [9] ἐστὶ λέγειν, προσλ. A. C. L. [10] γ᾽ ὑπ᾽ A. L. [γ᾽] ὑπ᾽ C.
[11] ἐπιφαινόμενον ἓν τῶν θρυλλουμένων A. C. L. [12] μέρισι τοῦ λόγου A. C. L.
[13] φράζομεν περὶ τῶν A. L. ἔφραζον μὲν περὶ τῶν C. [14] τὸ στοχεῖον A. C. L.

Ἃ τοὺς πολλοὺς διαλέληθεν] *quæ plerique ignorant*, i. e. res totius Græciæ. Idem.

Τοὺς τηλικούτους] Τοὺς, οἵαν ἐγὼ, ἔχοντας ἡλικίαν. Cor.

Ἐκλελυμένως] *dissolute*, ut oratio viribus destituta videatur. Lang.

Τί τῷ λόγῳ — ἐστὶν] *quo tota oratio ejusque partes tendant.* Sermo est de dispositione orationis, quæ, antequam singulæ partes elaborentur, conficienda erit. Præceptum, ut ipse auctor vocat, pervulgatum. Idem.

Τὰς ἰδέας] Auger. h. l. recte interpretatus est *figuras*, i. e. dictionem et elocutionem in universum, itemque Morus ad Paneg. §. α΄. Idem.

Καὶ λήψεται τέλος] *et finem consequatur.* Auger. male: *et eam absolutionem accipiant*, formæ nimirum orationes. Idem.

πρῶτον μετὰ πολλῆς προνοίας [1]λογίσησθε καὶ βουλεύ-
e σησθε, πῶς χρὴ τὸν ἐπίλοιπον χρόνον ὑμῶν αὐτῶν προστῆναι καὶ τίνα βίον προελέσθαι καὶ ποίας δόξης [2]ὀριγνηθῆναι καὶ ποτέρας τῶν τιμῶν ἀγαπῆσαι, [3]τὰς παρ' ἑκόντων γιγνομένας ἢ τὰς παρ' ἀκόντων τῶν πολιτῶν· ταῦτα δὲ [4]διορισαμένους, τότ' [5]ἤδη τὰς πράξεις τὰς καθ' ἑκάστην
420 [6]τὴν ἡμέραν σκεπτέον, ὅπως [7]συντενοῦσι πρὸς τὰς ὑποθέσεις τὰς ἐξ ἀρχῆς [8]γενομένας. καὶ τοῦτον μὲν τὸν τρόπον ζητοῦντες [9][καὶ φιλοσοφοῦντες] ὥσπερ σκοποῦ κειμένου στοχάσεσθε τῇ ψυχῇ καὶ μᾶλλον ἐπιτεύξεσθε τοῦ συμφέροντος· ἐὰν δὲ μηδεμίαν ποιήσησθε τοιαύτην ὑπόθεσιν, ἀλλὰ τὸ προσπῖπτον ἐπιχειρῆτε πράττειν, ἀναγκαῖόν ἐστιν ὑμᾶς ταῖς διανοίαις πλανᾶσθαι καὶ πολλῶν διαμαρτάνειν πραγμάτων.

b δ'. Ἴσως ἂν [10]οὖν τις τῶν εἰκῇ ζῆν [11]προῃρημένων, τοὺς μὲν τοιούτους λογισμοὺς διασύρειν ἐπιχειρήσειεν [12]ἀξιώσειε δ' ἂν [13]ἤδη με συμβουλεύειν περὶ τῶν προειρημένων. ἔστιν οὖν οὐκ ὀκνητέον ἀποφήνασθαι περὶ αὐτῶν ἃ τυγχάνω γιγνώσκων. ἐμοὶ γὰρ [14]αἱρετώτερος ὁ βίος εἶναι δοκεῖ καὶ βελτίων ὁ τῶν ἰδιωτευόντων ἢ ὁ τῶν [15]τυραννούντων, καὶ τὰς τιμὰς [16]ἡδίους ἡγοῦμαι τὰς ἐν ταῖς πολιτείαις ἢ τὰς ἐν ταῖς
c μοναρχίαις. καὶ περὶ τούτων λέγειν ἐπιχειρήσω. καίτοι με οὐ λέληθεν ὅτι πολλοὺς ἕξω τοὺς ἐναντιουμένους, καὶ μάλιστα τοὺς περὶ ὑμᾶς ὄντας. οἶμαι γὰρ οὐχ ἥκιστα τούτους ἐπὶ τὴν τυραννίδα παροξύνειν ὑμᾶς. σκοποῦσι γὰρ οὐ [17]πανταχῇ τὴν φύσιν τοῦ πράγματος, ἀλλὰ [18]πολλὰ παραλογίζονται σφᾶς αὐτούς. τὰς μὲν γὰρ ἐξουσίας καὶ τὰ κέρδη καὶ τὰς ἡδονὰς ὁρῶσι, καὶ τούτων ἀπολαύσεσθαι προσδοκῶσι, τὰς δὲ ταραχὰς [19]καὶ τὰς συμφορὰς τὰς τοῖς

[1] λογίζησθε A. L. [2] ὀρεχθῆναι A. C. L. [3] πότερον τὰς A. C. L.
[4] διορισαμένοις A. [5] ἰδίᾳ A. C. L. [6] τὴν inclusit C. [7] συντείνωσι A. C. L.
[8] γιγνομένας A. C. L. [9] uncos om. A. C. L. [10] οὖν ἄν τις A. C. L.
[11] ᾑρημένων A. C. L. [12] ἀξιοίη A. C. L. [13] σαφῶς διορισάμενον οὕτως με A.
[14] ἀσφαλέστερος βίος A. C. L. [15] τυραννευόντων A. τυραννιώντων C. L.
[16] ἡδίους νομίζω τὰς παρὰ τῶν μέγα φρονούντων ἢ τὰς παρὰ τῶν δουλευόντων. καὶ A. L. [ἡδίους νομίζω τὰς παρ' ἑκόντων γιγνομένας ἢ τὰς παρ' ἀκόντων τῶν πολιτῶν]. καὶ C.
[17] πανταχοῦ A. [18] πολλὰ om. A. C. L. [19] καὶ τοὺς φόβους καὶ A. C. L.

Ὑμῶν αὐτῶν προστῆναι] *vosmet ipsos gerere.* IDEM.

Εἰκῇ ζῆν] Ὡς ἂν τύχῃ καὶ μὴ μετὰ προνοίας τῆς τοῦ μέλλοντος. COR.

Ἀξιώσειε δ' ἂν ἤδη· συμβ.] *postulabitque* (fortasse) *ut de his quæ dixi jam præcipiam*, i. e. non in universum, sed singulatim præcipiam. LANG.

ἄρχουσι συμπιπτούσας καὶ τοῖς φίλοις αὐτῶν οὐ θεωροῦσιν, d
ἀλλὰ πεπόνθασιν ὅπερ οἱ τοῖς αἰσχίστοις καὶ παρανο-
μωτάτοις τῶν ἔργων ἐπιχειροῦντες. καὶ γὰρ ἐκεῖνοι τὰς
427 μὲν πονηρίας τὰς τῶν πραγμάτων οὐκ ἀγνοοῦσιν, ἐλπί-
ζουσι δὲ, ὅσον [1] μὲν ἀγαθόν ἐστιν ἐν αὐτοῖς, τοῦτο μὲν ἐκλή-
ψεσθαι, τὰ δὲ δεινὰ πάντα τὰ προσόντα τῷ πράγματι
καὶ τὰ κακὰ διαφεύξεσθαι, καὶ διοικήσειν τὰ περὶ σφᾶς
[2] αὐτοὺς οὕτως· ὥστε τῶν μὲν κινδύνων [3] εἶναι πόῤῥω, τῶν δ'
ὠφελειῶν ἐγγύς. τοὺς μὲν οὖν ταύτην ἔχοντας τὴν διάνοιαν e
ζηλῶ τῆς ῥᾳθυμίας, αὐτὸς δὲ αἰσχυνθείην ἂν εἰ συμβουλεύων ἑτέροις, ἐκείνων ἀμελήσας, τὸ ἐμαυτῷ συμφέρον
[4] ποιοίην, καὶ μὴ παντάπασιν ἔξω θεὶς ἐμαυτὸν καὶ τῶν
ὠφελειῶν καὶ τῶν ἄλλων ἁπάντων τὰ βέλτιστα παραινοίην. 421
ὡς οὖν ἐμοῦ ταύτην ἔχοντος τὴν γνώμην, οὕτως ἐμοὶ προσέχετε τὸν νοῦν.

[1] μὲν om. A. C. L. [2] αὐτοὺς ο. ὥ. τῶν μὲν om. A. C. L. [3] ὄντας A. C. L. [4] σκοποίην A.

Ζηλῶ] F. οὐ ζηλῶ. *haud æmulari velim judico.* Ironice. LANG. *eorum socordiam.* WOLF. *ob istam beatos*

Z.

[1] ΤΙΜΟΘΕΩΙ.

Pag. ed. Cor. 428 — Pag. ed. H. Ste 421

α'. ΠΕΡΙ μὲν τῆς οἰκειότητος τῆς ὑπαρχούσης ἡμῖν 421
πρὸς ἀλλήλους οἶμαί σε πολλῶν ἀκηκοέναι, συγχαίρω δέ
σοι, πυνθανόμενος πρῶτον μὲν [2] ὅτι τῇ δυναστείᾳ τῇ παρούσῃ κάλλιον [3] χρῇ τοῦ πατρὸς καὶ φρονιμώτερον, ἔπειθ'

[1] ΙΣΟΚΡΑΤΗΣ ΤΙΜΟΘΕΩΙ ΧΑΙΡΕΙΝ A. C. L. [2] ὅτι πρῶτον μὲν A. C. L. [3] χρᾷ A. C. L.

ΤΙΜΟΘΕΩΙ] Hic Timotheus Heracleæ Ponticæ fuit tyrannus, vir et ingenio et virtute et artibus belli pacisque clarissimus. Filius fuit Clearchi, nepos Dionysii. Vid. Diod. Sic. xv. 81. xvi. 36. xx. 77. et Memnon in Fragmentis p. 76. 78. ed. Steph. LANG.

Ἀκηκοέναι] Juxta Memnonem pater ejus Clearchus quatuor annos discipulus Isocratis fuit.

ὅτι προαιρῇ δόξαν καλὴν κτήσασθαι μᾶλλον ἢ πλοῦτον μέγαν συναγαγεῖν. σημεῖον γὰρ οὐ μικρὸν ἐκφέρεις ἀρετῆς, ἀλλ᾽ ὡς δυνατὸν μέγιστον, ταύτην ἔχων τὴν γνώμην· ὥστ᾽, ἢν ἐμμείνῃς τοῖς περὶ σοῦ νῦν λεγομένοις, οὐκ ἀπορήσεις τῶν ἐγκωμιασομένων τήν τε φρόνησιν τὴν σὴν καὶ τὴν προαίρεσιν ταύτην. ἡγοῦμαι δὲ καὶ τὰ [1] διηγγελμένα περὶ τοῦ πατρός σου· συμβάλλεσθαι [2] μεγάλην πίστιν πρὸς τὸ δοκεῖν εὖ φρονεῖν σε καὶ διαφέρειν τῶν ἄλλων. εἰώθασι γὰρ οἱ πλεῖστοι τῶν ἀνθρώπων οὐχ οὕτως ἐπαινεῖν καὶ τιμᾶν τοὺς ἐκ τῶν πατέρων τῶν εὐδοκιμούντων γεγονότας, ὡς τοὺς ἐκ τῶν δυσκόλων καὶ χαλεπῶν, ἤν περ φαίνωνται μηδὲν ὅμοιοι τοῖς γονεῦσιν ὄντες. μᾶλλον γὰρ ἐπὶ πάντων κεχαρισμένον αὐτοῖς ἐστὶ τὸ παρὰ λόγον [3] συμβαῖνον ἀγαθὸν τῶν εἰκότως καὶ προσηκόντως γιγνομένων.

β΄. Ὧν ἐνθυμούμενον χρὴ ζητεῖν καὶ φιλοσοφεῖν, ἐξ [4] ὅτου τρόπου καὶ μετὰ τίνων καὶ τίσι συμβούλοις χρώμενος τάς τε τῆς πόλεως ἀτυχίας ἐπανορθώσεις, καὶ τοὺς πολίτας
422 ἐπί τε τὰς [5] ἐργασίας καὶ τὴν σωφροσύνην προτρέψεις, καὶ
ποιήσεις αὐτοὺς ἥδιον ζῆν καὶ θαῤῥαλεώτερον ἢ τὸν παρελθόντα χρόνον. ταῦτα γάρ ἐστιν ἔργα τῶν ὀρθῶς καὶ φρονίμως δυναστευόντων. ὧν ἔνιοι καταφρονήσαντες, οὐδὲν ἄλλο σκοποῦσι πλὴν ὅπως αὐτοί τε ὡς μετὰ πλείστης ἀσελγείας [6] τὸν βίον διάξουσι, τῶν τε πολιτῶν τοὺς βελτίστους
[7] καὶ πλουσιωτάτους καὶ φρονιμωτάτους [8] λυμανοῦνται καὶ 429
δασμολογήσουσι, κακῶς εἰδότες ὅτι προσήκει τοὺς εὖ φρο-
b νοῦντας καὶ [9] τὴν τιμὴν ταύτην ἔχοντας, μὴ τοῖς τῶν ἄλ-
λων κακοῖς αὐτοῖς ἡδονὰς παρασκευάζειν, ἀλλὰ ταῖς αὐτῶν ἐπιμελείαις τοὺς πολίτας εὐδαιμονεστέρους ποιεῖν, μηδὲ πικρῶς μὲν καὶ χαλεπῶς διακεῖσθαι πρὸς ἅπαντας, ἀμελεῖν δὲ τῆς αὐτῶν σωτηρίας, ἀλλ᾽ οὕτω [10] μὲν πράως καὶ νομίμως ἐπιστατεῖν τῶν πραγμάτων, ὥστε [11] μηδένα τολμᾶν αὐτοῖς ἐπιβουλεύειν, μετὰ [12] τοσαύτης δ᾽ ἀκριβείας τὴν

[1] διαγούμενα περὶ τοῦ σοῦ πατρὸς A. C. L. [2] μεγίστην A. C. L. [3] συμβὰν A. C. L. [4] οὗ A. C. L. [5] εὐεργεσίας A. [6] τὸν βίον om. A. C. L. [7] καὶ πλουσιωτάτους om. A. C. L. [8] ἀμυνοῦνται L. [9] τοὺς τὴν A. C. L. [10] μὲν om. A. C. L. [11] οὐδένα αὐτοῖς τολμᾶν A. C. L. [12] τοιαύτης A. C. L.

Φιλοσοφεῖν] Σκόπειν. Cor.
Τὴν τιμὴν] I. e. τὴν ἀρχὴν, τὴν δυναστείαν.

Matth.
Ἀκριβείας] Ἀκρίβειαν ἐνταῦθα ὁ ῥήτωρ λέ-

τοῦ σώματος ποιεῖσθαι φυλακὴν, ὡς ἁπάντων αὐτοὺς ἀνε- c
λεῖν βουλομένων. ταύτην γὰρ τὴν διάνοιαν ἔχοντες αὐτοί τ'
ἂν ἔξω τῶν κινδύνων [1] εἶεν καὶ παρὰ τοῖς Ἕλλησιν εὐδοκι-
μοῖεν· ὧν ἀγαθὰ μείζω χαλεπὸν εὑρεῖν [2] ἐστίν. ἐνεθυμή-
θην δὲ μεταξὺ γράφων, ὡς εὐτυχῶς ἅπαντά σοι συμβέβηκε.
τὴν μὲν γὰρ εὐπορίαν, ἣν [3] ἀναγκαῖον ἦν κτήσασθαι τυραννικῶς μετὰ βίας καὶ [4] πολλῆς ἀπεχθείας, ὁ πατήρ σοι
καταλέλοιπε, τὸ δὲ χρῆσθαι τούτοις καλῶς [5] καὶ φιλανθρώπως ἐπὶ σοὶ γέγονεν· ὧν χρή σε πολλὴν ποιεῖσθαι τὴν ἐπι- d
μέλειαν.

γ'. Ἃ μὲν οὖν ἐγὼ γιγνώσκω, ταῦτ' ἐστίν. ἔχει δὲ οὕτως. εἰ μὲν ἐρᾷς χρημάτων καὶ [6] μείζονος δυναστείας καὶ
κινδύνων, δι' ὧν αἱ κτήσεις τούτων εἰσὶν, ἑτέρους σοι συμβούλους παρακλητέον· εἰ δὲ ταῦτα μὲν ἱκανῶς ἔχεις,
ἀρετῆς δὲ καὶ δόξης καλῆς καὶ τῆς παρὰ τῶν πολλῶν
εὐνοίας ἐπιθυμεῖς, τοῖς τε λόγοις τοῖς ἐμοῖς προσεκτέον e
τὸν νοῦν ἐστὶ, καὶ τοῖς καλῶς τὰς πόλεις τὰς αὑτῶν διοικοῦσιν ἁμιλλητέον, καὶ πειρατέον αὐτῶν διενεγκεῖν. ἀκούω
δὲ [7] Κλέομμιν τὸν ἐν Μηθύμνῃ ταύτην ἔχοντα τὴν δυναστείαν περί τε τὰς ἄλλας πράξεις [8] καλὸν κἀγαθὸν εἶναι
καὶ φρόνιμον, καὶ τοσοῦτον ἀπέχειν τοῦ [9] τῶν πολιτῶν
τινὰς ἀποκτείνειν ἢ φυγαδεύειν ἢ δημεύειν τὰς οὐσίας ἢ 423
ποιεῖν ἄλλο τι κακὸν, ὥστε πολλὴν [10] μὲν ἀσφάλειαν παρέχειν τοῖς συμπολιτευομένοις, κατάγειν δὲ τοὺς [11] φεύγοντας,
ἀποδιδόναι δὲ τοῖς μὲν κατιοῦσι τὰς κτήσεις ἐξ ὧν ἐξέπεσον, τοῖς δὲ πριαμένοις τὰς τιμὰς τὰς ἑκάστοις γιγνομένας,
430 πρὸς δὲ τούτοις καθοπλίζειν ἅπαντας τοὺς πολίτας, ὡς
οὐδενὸς μὲν ἐπιχειρήσοντος περὶ αὐτὸν νεωτερίζειν, ἢν δ'
ἄρα τινὲς τολμήσωσιν, ἡγούμενος λυσιτελεῖν αὐτῷ τεθνάναι τοιαύτην ἀρετὴν ἐνδειξαμένῳ τοῖς πολίταις, [12] μᾶλλον b

[1] εἶεν ἔξω τῶν κινδύνων καὶ παρὰ τοῖς ἄλλοις Ἑλλ. A. C. L. [2] ἔστιν εὑρεῖν A. C. L. [3] ἀναγκαίως ἔχει A. L. ἀναγκαίως [εἶχεν] C. [4] πολλῆς καὶ ἀπεχθ. A. C. L. [5] τε καὶ A. C. L. [6] πολλῆς A. C. L. [7] καὶ Κλέομμιν A. C. L. [8] καλόν τε A. C. L. [9] τῶν πολιτῶν om. A. C. L. [10] μὲν om. A. C. L. [11] φυγόντας A. C. L. [12] μᾶλλον post τεθνάναι ponunt A. C. L.

γει, τὴν ἀκριβεστάτην τῶν πρὸς τοὺς ἀρχομένους καθηκόντων πλήρωσιν, ἐξ ἧς προσγίνεται καὶ τὸ ἀσφαλῶς ζῆν τοῖς ἄρχουσι. Cor.

Κλέομμιν] Coraes suspicatnr hunc Cleommin esse, qui Cammes vocatur ap. Demosth. c. Bœot. pro dot. mat. §. η'.

Τὰς τιμὰς] *pretium emptionis.* Ad ἑκάστοις Auger. male subaudit πράγμασι, et vertit: *pretium singulis rebus additum.* Lang.

ἢ ζῆν πλείω χρόνον [1] τῇ πόλει τῶν μεγίστων κακῶν αἰτίῳ γενομένῳ.

δʹ. Ἔτι δ᾽ ἂν πλείω σοι περὶ τούτων διελέχθην, [2] ἴσως δ᾽ ἂν καὶ χαριέστερον, εἰ μὴ παντάπασιν [3] ἔδει με διὰ ταχέων γράψαι [4] σοι τὴν ἐπιστολήν· νῦν δὲ σοὶ μὲν αὖθις συμβουλεύσομεν, [5] ἐὰν μὴ κωλύσῃ με τὸ γῆρας, ἐν δὲ τῷ παρόντι περὶ τῶν ἰδίων δηλώσομεν.

εʹ. Αὐτοκράτωρ γὰρ ὁ τὰ γράμματα φέρων οἰκείως ἡμῖν ἔχει. περί τε γὰρ [6] τὰς διατριβὰς τὰς αὐτὰς γεγόναμεν, καὶ [7] τῇ τέχνῃ [8] πολλάκις τῇ [9] αὐτῇ κέχρημαι, καὶ τὸ τελευταῖον [10] τῆς ἀποδημίας τῆς ὡς σὲ σύμβουλος ἐγενόμην αὐτῷ. περὶ διὰ δὴ ταῦτα πάντα βουλοίμην ἄν σε καλῶς αὐτῷ [11] χρήσασθαι καὶ συμφερόντως ἀμφοτέροις ἡμῖν, καὶ γενέσθαι [12] φανερὸν ὅτι μέρος τι [13] καὶ δι᾽ [14] ἐμὲ γίγνεται τῶν δεόντων αὐτῷ.

d ϛʹ. Καὶ μὴ θαυμάσῃς, εἰ σοὶ μὲν οὕτως ἐπιστέλλω προθύμως, Κλεάρχου δὲ μηδὲν πώποτ᾽ ἐδεήθην. σχεδὸν γὰρ ἅπαντες οἱ παρ᾽ ὑμῶν καταπλέοντες σὲ μὲν ὅμοιόν [15] φασιν εἶναι τοῖς [16] βελτίστοις τῶν ἐμοὶ πεπλησιακότων, Κλέαρχον δὲ κατὰ μὲν ἐκεῖνον τὸν χρόνον, ὅτ᾽ ἦν παρ᾽ ἡμῖν, ὡμολόγουν, ὅσοι [17] περ ἐνέτυχον, ἐλευθεριώτατον εἶναι καὶ πρᾳότατον καὶ φι-
e λανθρωπότατον τῶν μετεχόντων τῆς διατριβῆς· ἐπειδὴ δὲ [18] δύναμιν ἔλαβε, τοσοῦτον ἔδοξε μεταπεσεῖν, ὥστε πάντας θαυμάζειν τοὺς πρότερον αὐτὸν γιγνώσκοντας. πρὸς μὲν οὖν ἐκεῖνον διὰ ταύτας [19] τὰς αἰτίας ἀπηλλοτριώθην· σὲ δ᾽ ἀποδέχομαι καὶ πρὸ πολλοῦ ποιησαίμην [20] ἂν οἰκείως διατεθῆναι πρὸς ἡμᾶς. δηλώσεις δὲ καὶ σὺ διὰ ταχέων, εἰ τὴν αὐτὴν γνώ-
424 μην [21] ἔχεις ἡμῖν· Αὐτοκράτορός τε γὰρ ἐπιμελήσῃ, καὶ πέμ-

[1] τῶν ἄλλων τῇ A. C. L. [2] ἴσως ἄν, A. C. L. [3] ἐδένησέ A. C. L. [4] σοι om. A. C. L. [5] ἂν μὴ κωλύῃ A. C. L. [6] τὰς αὐτὰς διατριβὰς γέγονα A. C. L. [7] τῇ om. A. C. [8] πολλάκις om. A. C. L. [9] αὐτοῦ A. [10] πολλάκις περὶ A. C. L. [11] χρῆσθαι A. C. L. [12] φανερὸς L. [13] καὶ om. L. [14] ἡμᾶς A. [15] φασιν ὅμοιον A. C. L. [16] κρατίστοις A. C. L. [17] ποτε A. C. L. [18] τὴν δύναμιν A. L. [19] τὰς αἰτίας ταύτας A. C. L. [20] γ᾽ ἂν A. C. L. [21] ἔχεις γνώμην A. C. L.

Χαριέστερον] *accuratius, diligentius.* Matth.

Τέχνῃ] Scil. ῥητορικῇ.

Ἡμῖν] Ἴσως, ὑμῖν, ἵν᾽ ᾖ, ὡς συμφέρει σοί τε καὶ Αὐτοκράτορι, τουτέστι, βουλοίμην ἄν σε οὕτως αὐτῷ χρῆσθαι, ὥστε κἀκεῖνον ὠφεληθῆναι ὑπὸ σοῦ, σέ τε ἀπολαῦσαι τῆς παρ᾽ ἐκείνου ὠφελείας, εἴ τι ἄρα ἐστὶν αὐτοῦ ὄφελος. Cor.

Ὅτ᾽ ἦν παρ᾽ ἡμῖν] Ὅτε ἐμαθήτευε παρ᾽ ἐμοί. Idem.

ψεις ἐπιστολὴν ὡς ἡμᾶς, ἀνανεούμενος τὴν φιλίαν καὶ ξενίαν τὴν πρότερον ὑπάρχουσαν. ἔῤῥωσο, [1] κἄν του δέῃ τῶν παρ' ἡμῶν, ἐπίστελλε.

[1] καὶ, εἴ του ἄλλου δέῃ παρ' A. C. L.

Η.

ΤΟΙΣ [1] ΜΥΤΙΛΗΝΑΙΩΝ ΑΡΧΟΥΣΙ.

Pag. ed. Cor. — Pag. ed. H.Ste

431 α'. ΟΙ παῖδες οἱ Ἀφαρέως, υἱϊδεῖς δ' ἐμοὶ, παιδευθέντες 424
ὑπὸ Ἀγήνορος τὰ περὶ τὴν μουσικὴν, ἐδεήθησάν μου γράμ- b
ματα πέμψαι πρὸς ὑμᾶς, ὅπως ἂν, [2] ἐπειδὰν καὶ τῶν ἄλλων
τινὰς [3] καταγάγητε φυγάδων, καὶ τοῦτον καταδέξησθε καὶ
τὸν πατέρα καὶ τοὺς ἀδελφούς. λέγοντος δ' ἐμοῦ πρὸς αὐτοὺς ὅτι δέδοικα μὴ λίαν ἄτοπος [4] εἶναι δόξω καὶ περίεργος,
ζητῶν εὑρίσκεσθαι τηλικαῦτα τὸ μέγεθος παρ' ἀνδρῶν οἷς
οὐδεπώποτε πρότερον οὔτε διελέχθην οὔτε συνήθης ἐγενό- c
μην, ἀκούσαντες ταῦτα πολὺ μᾶλλον ἐλιπάρουν. ὡς δ'
οὐδὲν αὐτοῖς ἀπέβαινεν ὧν ἤλπιζον, ἅπασιν ἦσαν καταφανεῖς ἀηδῶς διακείμενοι καὶ χαλεπῶς φέροντες. ὁρῶν δ' αὐτοὺς λυπουμένους μᾶλλον τοῦ προσήκοντος, τελευτῶν ὑπεσχόμην γράψειν τὴν ἐπιστολὴν καὶ πέμψειν ὑμῖν. [5] ὑπὲρ
μὲν οὖν τοῦ μὴ δικαίως ἂν δοκεῖν μωρὸς εἶναι [6] μηδ' ὀχληρὸς
ταῦτ' ἔχω λέγειν.

β'. Ἡγοῦμαι δὲ καλῶς [7] ὑμᾶς βεβουλεῦσθαι καὶ διαλ- d
λαττομένους τοῖς πολίταις τοῖς ὑμετέροις, καὶ πειρωμένους
τοὺς μὲν φεύγοντας ὀλίγους ποιεῖν τοὺς δὲ συμπολιτευομένους πολλοὺς, καὶ μιμουμένους τὰ περὶ τὴν στάσιν τὴν

[1] ΜΙΤΥΛΗΝΑΙΩΝ A. L. [2] ἐπειδὴ A. C. L. [3] κατηγάγετε A. C. L.
[4] εἶναι om. A. L. [5] περὶ A. C. L. [6] καὶ L. [7] ἂν ὑμᾶς L.

Ἀφαρέως] De Aphareo vid. Harpocrat. in v. et Plutarch. in Vit. Isocr. §. ε'.

Εὑρίσκεσθαι] *impetrare.* Lang.

Ἐλιπάρουν] *assidue et blandius rogarunt.* Idem. Συντόνως καὶ μετ' ἐπιμονῆς ἐδέοντο. Cor.

Τὰ περὶ τὴν στάσιν] Regitur non a μιμουμένους, sed a κατὰ subaudito. Auger.

πόλιν τὴν ἡμετέραν. μάλιστα δ' ἄν τις ὑμᾶς ἐπαινέσειεν,
ὅτι τοῖς κατιοῦσιν ἀποδίδοτε τὴν οὐσίαν· [1]ἐπιδείκνυσθε γὰρ
καὶ ποιεῖτε πᾶσι φανερὸν ὡς οὐ τῶν [2]κτημάτων ἐπιθυμή-
425 σαντες τῶν ἀλλοτρίων, ἀλλ' ὑπὲρ τῆς πόλεως δείσαντες,
ἐποιήσασθε τὴν ἐκβολὴν αὐτῶν.

γ'. Οὐ μὴν ἀλλ' εἰ καὶ μηδὲν ὑμῖν ἔδοξε τούτων μηδὲ
προσεδέχεσθε μηδένα τῶν φυγάδων, τούτους γε νομίζω
συμφέρειν ὑμῖν κατάγειν. αἰσχρὸν γὰρ τὴν μὲν πόλιν ὑμῶν 432
ὑπὸ πάντων ὁμολογεῖσθαι μουσικωτάτην εἶναι, καὶ τοὺς
ὀνομαστοτάτους ἐν [3]αὐτῇ παρ' ὑμῖν τυγχάνειν γεγονότας,
τὸν δὲ προέχοντα τῶν νῦν ὄντων περὶ ἱστορίαν τῆς παιδείας
b ταύτης φεύγειν ἐκ τῆς τοιαύτης πόλεως, καὶ τοὺς μὲν ἄλλους Ἕλληνας τοὺς διαφέροντας [4]περί τι τῶν καλῶν ἐπιτηδευμάτων [5]κἂν μηδὲν προσήκωσι, ποιεῖσθαι πολίτας,
ὑμᾶς δὲ τοὺς εὐδοκιμοῦντάς τε παρὰ τοῖς ἄλλοις καὶ μετασχόντας τῆς αὐτῆς φύσεως περιορᾶν παρ' ἑτέροις μετοικοῦντας. θαυμάζω δ', ὅσαι τῶν πόλεων μειζόνων δωρεῶν ἀξιοῦσι
τοὺς ἐν τοῖς γυμνικοῖς ἀγῶσι κατορθοῦντας μᾶλλον ἢ τοὺς
c τῇ φρονήσει καὶ τῇ φιλοπονίᾳ [6]τι τῶν χρησίμων εὑρίσκον-
τας, καὶ μὴ συνορῶσιν ὅτι πεφύκασιν αἱ μὲν περὶ τὴν ῥώμην
καὶ τὸ τάχος δυνάμεις συναποθνήσκειν τοῖς σώμασιν, αἱ δ'
ἐπιστῆμαι παραμένειν ἅπαντα τὸν χρόνον ὠφελοῦσαι τοὺς
χρωμένους αὐταῖς. ὧν ἐνθυμουμένους χρὴ τοὺς νοῦν ἔχοντας
περὶ πλείστου μὲν ποιεῖσθαι τοὺς καλῶς καὶ δικαίως τῆς
αὐτῶν πόλεως ἐπιστατοῦντας, δευτέρους δὲ τοὺς τιμὴν καὶ
d δόξαν [7]αὐτῇ καλὴν συμβαλέσθαι δυναμένους· ἅπαντες γὰρ
ὥσπερ [8]δείγματι τοῖς τοιούτοις χρώμενοι, καὶ τοὺς ἄλλους
τοὺς συμπολιτευομένους ὁμοίους εἶναι [9]τούτοις νομίζουσιν.

[1] ἐπιδείκνυτε A. C. L. [2] χρημάτων A. C. L. [3] ταύτῃ τυγχάνειν παρ' ὑμῖν A. C. L.
[4] ἐπί τῳ τῶν A. L. [5] καὶ μηδὲν προσήκοντας A. C. L.
[6] τῶν χρησ. εὑρίσκοντάς τι A. C. L. [7] αὐταῖς καλὴν συμβάλλεσθαι A. C. L.
[8] δείγμασι A. C. L. [9] τοῖς τοιούτοις A. L.

Matth. illud ad *μιμουμένους* refert, annotans hoc verbum etiam alibi cum duplici accusativo occurrere. Videtur respicere ad seditionem Atheniensium, quæ facta est sub Triginta. Lang.

Ἱστορίαν] Σύνεσιν, ἐμπειρίαν, καθὰ ἐξηγεῖται Ἡσύχιος. Cor.

Τῆς αὐτῆς φύσεως] Ἡ φύσις mihi videtur respondere his vocibus Gallicis *le génie, le talent*. Auger. Male Wolf. εὐδοκιμοῦντας ad Mitylenæos refert, quod ad musicos solos referendum est. Malim abesset τῆς αὐτῆς, ita ut εὐδοκιμοῦντας et μετασχόντας φύσεως sit *celeberrimos* et *ingeniosos*. Lang. Ὑμεῖς δὲ περιορᾶτε μετοικοῦντας παρ' ἑτέροις, τοὺς εὐδοκιμοῦντας παρὰ τοῖς ἄλλοις, ἄλλως τε καὶ τῆς αὐτῆς φύσεως, ἤγουν τοῦ αὐτοῦ γένους, μετασχόντας ὑμῖν, ὅ ἐστι Μυτιληναίους ὄντας, ὥσπερ ὑμεῖς. Cor.

δ΄. Ἴσως οὖν εἴποι τις [1]ἂν ὅτι προσήκει τοὺς εὑρέσθαι
τι βουλομένους μὴ τὸ πρᾶγμα μόνον ἐπαινεῖν, ἀλλὰ καὶ
σφᾶς αὐτοὺς [2]ἐπιδεικνύναι δικαίως ἂν τυγχάνοντας περὶ
ὧν ἂν ποιῶνται τοὺς λόγους.

ε΄. Ἔχει δ᾽ οὕτως. ἐγὼ τοῦ μὲν πολιτεύεσθαι καὶ ῥη-
τορεύειν [3]ἀπέστην· οὔτε γὰρ φωνὴν [4]εἶχον ἱκανὴν οὔτε τόλ-
μαν· οὐ μὴν [5]παντάπασιν ἄχρηστος ἔφυν οὐδὲ ἀδόκιμος, e
ἀλλὰ τοῖς [6]προῃρημένοις λέγειν ἀγαθόν τι περὶ ὑμῶν καὶ
τῶν ἄλλων συμμάχων φανείην ἂν καὶ σύμβουλος καὶ συνα-
γωνιστὴς γεγενημένος, αὐτός τε πλείους λόγους πεποιημένος
ὑπὲρ τῆς ἐλευθερίας καὶ τῆς αὐτονομίας τῶν Ἑλλήνων ἢ 426
σύμπαντες οἱ τὰ βήματα κατατετριφότες. ὑπὲρ ὧν ὑμεῖς
433 ἄν μοι δικαίως πλείστην ἔχοιτε χάριν· μάλιστα γὰρ ἐπιθυμοῦντες [7]διατελεῖτε τῆς τοιαύτης καταστάσεως. οἶμαι
δ᾽ εἰ Κόνων καὶ [8]Τιμόθεος ἐτύγχανον ζῶντες, Διόφαντος
δ᾽ ἧκεν ἐκ τῆς Ἀσίας, πολλὴν ἂν αὐτοὺς ποιήσασθαι
σπουδήν, εὑρέσθαι με βουλομένους ὧν [9]τυγχάνω [10]δεόμενος.
περὶ ὧν οὐκ οἶδ᾽ ὅτι δεῖ πλείω λέγειν· οὐδεὶς γὰρ ὑμῶν b
οὕτως ἐστὶ νέος οὐδ᾽ ἐπιλήσμων, ὅστις οὐκ οἶδε τὰς ἐκείνων
εὐεργεσίας.

ϛ΄. Οὕτω δ᾽ ἄν μοι [11]δοκεῖτε κάλλιστα βουλεύσασθαι
περὶ τούτων, εἰ [12]σκέψεσθε τίς ἐστιν ὁ δεόμενος καὶ ὑπὲρ
ποίων τινῶν ἀνθρώπων. εὑρήσετε [13]τοίνυν ἐμὲ μὲν οἰκειότατα
κεχρημένον τοῖς μεγίστων ἀγαθῶν αἰτίοις γεγενημένοις ὑμῖν
τε καὶ τοῖς ἄλλοις, ὑπὲρ ὧν [14]δὲ δέομαι τοιούτους ὄντας,
οἵους τοὺς μὲν πρεσβυτέρους καὶ τοὺς περὶ τὴν πολιτείαν c

[1] ἂν, προσήκει A. L. ἂν προσήκειν C. [2] δεικνύειν δικαίως ἂν (ὄντας A.) τυγχάνειν A. L. [3] ἀπέσχον A. L. [4] ἔσχον C. [5] δέ γε παντάπασιν A. C. L. [6] προαιρουμένοις A. C. L. [7] διετελεῖτε A. [8] Τιμόθεος καὶ Κόνων A. C. L. [9] ἐτύγχανον A. C. L. [10] χρείαν ἔχοντες A. L. χρείαν ἔχων C. [11] δοκοίητε κάλλιστα βεβουλεῦσθαι A. C. L. [12] σκέψαισθε A. [13] γὰρ A. C. L. [14] δ᾽ ὧν A. δὲ ὧν L.

Τὸ πρᾶγμα] Quod assequi cupiunt, majora nempe sibi præmia præponi. Matth. intelligit μουσικήν. At totum hoc additamentum non ad Autocratorem, sed Isocratem referri oportet, ut sequentia docent: est enim transitus quodammodo inopinatus ad sequentem sui ipsius laudem. Lang.

Ῥητορεύειν] Δημογορεῖν. Matth. Cor.

Εἰ Κόνων κ. τ. λ.] Ὁ νοῦς· Εἰ Κόνων καὶ Τιμόθεος ἔζων ἔτι, καὶ Διόφαντος ἐπανῆκεν ἐκ τῆς Ἀσίας, οἱ πολλὰ ὑμᾶς ἀγαθὰ ἐργασάμενοι, πολλὴν ἂν ἐποιήσαντο σπουδὴν βουλόμενοί με εὑρέσθαι, τουτέστι προθυμούμενοι ἵνα εὕρωμαι παρ᾽ ὑμῶν ὧν τυγχάνω δεόμενος. Cor.

Ὑπὲρ ὧν] Scil. τοῦ Ἀγήνορος καὶ τοῦ πατρὸς καὶ τῶν ἀδελφῶν αὐτοῦ.

ὄντας μὴ λυπεῖν, τοῖς δὲ νεωτέροις διατριβὴν παρέχειν ἡδεῖαν καὶ χρησίμην καὶ πρέπουσαν τοῖς τηλικούτοις.

ζ'. Μὴ [1]θαυμάσητε δ', εἰ [2]προθυμότερον καὶ διὰ μακροτέρων τῶν ἄλλων γέγραφα τὴν ἐπιστολήν. βούλομαι γὰρ ἀμφότερα, τοῖς τε παισὶν ἡμῶν χαρίσασθαι, καὶ ποιῆσαι φανερὸν [3]αὐτοῖς ὅτι κἂν μὴ δημηγορῶσι [4]μηδὲ στρατηγῶσιν, ἀλλὰ μόνον μιμῶνται τὸν τρόπον τὸν ἐμὸν, οὐκ ἠμελημένως
d [5]διάξουσιν ἐν τοῖς Ἕλλησιν. ἓν ἔτι λοιπόν· ἣν ἄρα δόξῃ τι τούτων ὑμῖν πράττειν, [6]Ἀγήνορί τε δηλώσατε καὶ τοῖς ἀδελφοῖς, ὅτι μέρος τι καὶ δι' ἐμὲ τυγχάνουσιν ὧν [7]ἐπεθύμουν.

[1] θαυμάζητε A. L.
[2] ῥαδίως οὕτω γράφω, καὶ περὶ μὲν τῶν ἄλλων ἁπάντων καὶ τῶν φιλτάτων τὴν ἐπιστολὴν πέπομφα. βούλομαι A. C. L.
[3] αὐτοῖς om. A. C. L.
[4] μηδὲ στρατηγῶσιν om. A. C. L.
[5] ἕξουσιν ἐν τοῖς ἄλλοις. A. C. L.
[6] δηλοῦν Ἀγήνορί τε καὶ A. C. L.
[7] αὐτοὶ λίαν ἐπιθυμοῦσιν τυγχάνειν. A. C. L.

Διατριβὴν παρέχειν ἡδεῖαν] Διδάσκοντας δηλάδη τὴν Μουσικὴν αὐτούς. Cor.

Τοῖς τε παισὶν ἡμῶν] Τοῖς ἐμοῖς υἱωνοῖς, τοῖς τοῦ Ἀφαρέως υἱοῖς, οἵ με ἐλιπάρησαν συστῆσαι δι' ἐπιστολῆς ὑμῖν τὸν Ἀγήνορα. Idem.

Κἂν μὴ δημηγορῶσιν] Κἂν ἀφέξωνται τοῦ δημηγορεῖν ἐν Ἀθηναίοις, ὥσπερ ἀπεσχόμην κἀγώ. Idem.

Μίμωνται τὸν τρόπον τὸν ἐμὸν] Τὴν ἐμὴν τοῦ βίου προαίρεσιν, γράφοντες λόγους περὶ τῶν Ἑλληνικῶν καὶ πολιτικῶν πραγμάτων, τουτέστιν Ἀθηναίοις τε καὶ πᾶσι τοῖς Ἕλλησι συμφέροντας. Idem.

Οὐκ ἠμελημένως] Οὐκ ἔσονται τῶν καταβεβλημένων οὐδὲ τῶν ἠμελημένων, ὥσπερ οὐδὲ ἐγὼ (ἴδ. Παναθ. δ'.), ἀλλὰ πολλῆς σπουδῆς καὶ ἐπιμελείας ἀξιωθήσονται παρὰ τοῖς χαριεστάτοις τῶν Ἑλλήνων, εἰ μὴ παρὰ τῷ δήμῳ τῶν Ἀθηναίων, ᾧπερ ἤρεσκε μᾶλλον ἡ τῶν δημηγορούντων, τουτέστι τῶν ἐν ταῖς ἐκκλησίαις ῥητορευόντων, τόλμη. Idem.

Μέρος τι] *partim.* Post τυγχάνουσιν autem suppleas τούτων. Non igitur necesse est, ut τυγχάνειν h. l. cum duplici accusativo construatur. Lang.

Θ.

[1]ΑΡΧΙΔΑΜΩΙ.

Pag. ed. Cor.

α'. ΕΙΔΩΣ, ὦ Ἀρχίδαμε, πολλοὺς ὡρμημένους ἐγκω- 434
μιάζειν σὲ καὶ τὸν πατέρα καὶ τὸ γένος ὑμῶν, εἱλόμην τοῦτον

[1] ΙΣΟΚΡΑΤΗΣ ΑΡΧΙΔΑΜΩΙ ΛΑΚΕΔΑΙΜΟΝΙΩΝ ΒΑΣΙΛΕΙ A. C. L.

ΑΡΧΙΔΑΜΩΙ] Hæc epistola ante Augerum in nulla legebatur Isocratis editione. Primus eam in collectionem Isocraticarum epistolarum recepit Matthæi V. C. Secutus est Augerus, qui eam in duobus Codicibus bibliothecæ regiæ invenit.

μὲν τὸν λόγον, ἐπειδὴ λίαν ῥᾴδιος ἦν, ἐκείνοις παραλιπεῖν, αὐτὸς δέ σε διανοοῦμαι παρακαλεῖν ἐπὶ στρατηγίας καὶ στρατείας ουδὲν ὁμοίας ταῖς νῦν ἐνεστηκυίαις, ἀλλ' ἐξ ὧν μεγάλων ἀγαθῶν αἴτιος γενήσῃ καὶ τῇ πόλει τῇ σαυτοῦ καὶ τοῖς Ἕλλησιν ἅπασι. ταύτην δὲ ἐποιησάμην τὴν αἵρεσιν οὐκ ἀγνοῶν [1] τὸν λόγον τὸν εὐμεταχειριστότερον, ἀλλ' ἀκριβῶς εἰδὼς ὅτι πράξεις μὲν εὑρεῖν καλὰς καὶ μεγάλας καὶ συμφερούσας χαλεπὸν καὶ σπάνιόν ἐστιν, ἐπαινέσαι δὲ τὰς ἀρετὰς τὰς ὑμετέρας ῥᾳδίως οἷός τ' ἂν ἐγενόμην. οὐ γὰρ [2] ἔδει με παρ' ἐμαυτοῦ πορίζεσθαι τὰ λεχθησόμενα περὶ αὐτῶν, ἀλλ' ἐκ τῶν ὑμῖν πεπραγμένων τοσαύτας ἂν καὶ τοιαύτας ἀφορμὰς ἔλαβον, ὥστε τὰς περὶ τῶν ἄλλων εὐλογίας μηδὲ κατὰ μικρὸν ἐναμίλλους [3] γενέσθαι τῇ περὶ ὑμᾶς ῥηθείσῃ.

β'. Πῶς γὰρ ἄν τις ἢ τὴν εὐγένειαν ὑπερεβάλετο τῶν γεγονότων ἀφ' Ἡρακλέους καὶ Διὸς, ἣν πάντες ἴσασι μόνοις ὑμῖν ὁμολογουμένως ὑπάρχουσαν, ἢ τὴν ἀρετὴν τῶν ἐν Πελοποννήσῳ τὰς Δωρικὰς πόλεις κτισάντων καὶ τὴν χώραν ταύτην κατασχόντων, ἢ τὸ πλῆθος τῶν κινδύνων καὶ τῶν τροπαίων τῶν διὰ τὴν ὑμετέραν ἡγεμονίαν καὶ βασιλείαν σταθέντων; τίς δ' ἂν ἠπόρησε διεξιέναι βουληθεὶς τὴν [4] ἀνδρίαν ὅλης τῆς πόλεως καὶ σωφροσύνην καὶ πολιτείαν τὴν ὑπὸ τῶν προγόνων τῶν ὑμετέρων συνταχθεῖσαν; [6] πόσοις

[1] τῶν λόγων τὸν εὐμεταχειριστότατον C. [2] ἂν ἔδει C. [3] ἂν γενέσθαι C. L. [4] ἀνδρείαν ὅλην A. [5] πρὸς δὲ, οἷς ἂν A.

Battie omisit. Primus edidit Hœschelius in Animadversionibus ad Photii Bibliothecam, p. 942. 943. postquam ineditam secum ex Italia attulerat Andr. Schottus. — In inscript. Ἀρχιδάμῳ. Esse hunc Archidamum II., Agesilai filium, ex ipsa hac epistola intelligitur. Idem est, cui Isocrates orationem Archidami nomine inscriptam tribuit. Scripta est, quum Isocrates octaginta annos habebat, (ut inferius expresse dicitur,) i. e. circa Olympiadem 105.. Lang.

Οὐδὲν ὁμοίας ταῖς νῦν ἐνεστηκυίαις] Intelligendum videtur de bello sacro, in quo se socium adjunxit Philomelo. Vid. Diodor. Sic. XVI. 24. p. 100. et ad h. l. Wesselingium, quod Diodorus ipse in eo reprehendit, XVI. 63. Idem.

Εὐμεταχειριστότερον] *tractatu facilem.* Conf. epist. 2. Idem.

Εὑρεῖν] *invenire*, res, quæ ab aliquo geri possint. Idem.

Ὥστε τὰς περὶ τῶν ἄλλων εὐλογίας etc.] *ut quæ de aliis prædicantur laudes, ne vel tantillum cum iis conferri possint, quibus vos soletis celebrari.* Hoc igitur loco εὐλογία idem est ac ἐγκώμιον ut Areopag. §. λγ'. Alias εὐλογία et εὐλογεῖν de facultate dicendi et orationis præstantia usurpatur, ut de Permut. ιη'. ubi tamen Wolf. correxit εὐλεγόντων, cui nollem ibi me obsecutum esse. Idem.

Περὶ ὑμᾶς] I. q. περὶ ὑμῶν. et sic infra περὶ τὴν φρόνησιν, etc. i. q. περὶ τῆς φρονήσεως, etc. Cf. Fischer. ad Plat. Phædr. §. 11.

Ἀφ' Ἡρακλέους] Vid. Archid. §. ϛ'. seqq., et Corn. Nep. Ages., c. 1. Idem.

Ἀνδρίαν ὅλης τῆς πόλεως] Μεταμέλει μοι τῆς γραφῆς. δέον γράφειν· ἀνδρίαν τῆς πόλεως, ἢ γοῦν, ἀνδρίαν τὴν τῆς πόλ. Cor.

δ' ἂν λόγοις ἐξεγένετο χρήσασθαι περὶ τὴν φρόνησιν τοῦ σοῦ 435
πατρὸς, καὶ τὴν ἐν ταῖς συμφοραῖς διοίκησιν, καὶ τὴν μάχην τὴν ἐν τῇ πόλει γενομένην; ἧς [1]ἡγεμὼν σὺ καταστὰς, καὶ μετ' ὀλίγων πρὸς πολλοὺς κινδυνεύσας καὶ πάντων διενεγκὼν, αἴτιος ἐγένου τῇ πόλει τῆς σωτηρίας, οὗ κάλλιον ἔργον οὐδεὶς ἂν ἐπιδείξειεν. οὔτε γὰρ πόλεις ἑλεῖν οὔτε πολλοὺς ἀποκτεῖναι τῶν πολεμίων οὕτω μέγα καὶ σεμνόν ἐστιν, ὡς ἐκ [2]τῶν τοιούτων κινδύνων σῶσαι τὴν πατρίδα, [3]μὴ τὴν τυχοῦσαν, ἀλλὰ τὴν τοσοῦτον ἐπ' ἀρετῇ διενεγκοῦσαν. περὶ ὧν μὴ κομψῶς ἀλλ' ἁπλῶς διελθὼν, μηδὲ τῇ λέξει κοσμήσας ἀλλ' ἐξαριθμήσας μόνον καὶ χύδην εἰπὼν, οὐδεὶς ὅστις οὐκ ἂν [4]εὐδοκιμήσειεν.

γ'. Ἐγὼ τοίνυν δυνηθεὶς ἂν καὶ περὶ τούτων ἐξαρκούντως διαλεχθῆναι, κἀκεῖνο γιγνώσκω, πρῶτον μὲν ὅτι ῥᾷόν ἐστι περὶ τῶν γεγενημένων εὐπόρως ἐπιδραμεῖν ἢ περὶ τῶν μελλόντων νουνεχόντως εἰπεῖν, ἔπειθ' ὅτι πάντες ἄνθρωποι [5]μείζω χάριν ἔχουσι τοῖς ἐπαινοῦσιν ἢ τοῖς συμβουλεύουσι — τοὺς μὲν γὰρ ὡς εὔνους [6]ὄντας ἀποδέχονται, τοὺς δ', ἂν μὴ κελευσθέντες παραινῶσιν, ἐνοχλεῖν νομίζουσιν —, ἀλλ' ὅμως ἅπαντα ταῦτα προειδὼς τῶν μὲν πρὸς χάριν ἂν [7]ῥηθέντων ἀπεσχόμην, περὶ δὲ τοιούτων μέλλω λέγειν περὶ ὧν οὐδεὶς ἂν ἄλλος τολμήσειεν, ἡγούμενος δεῖν τοὺς [8]περὶ ἐπιεικείας καὶ φρονήσεως ἀμφισβητοῦντας μὴ τοὺς ῥᾴστους προαιρεῖσθαι τῶν λόγων ἀλλὰ τοὺς ἐργωδεστάτους, μηδὲ

[1] καὶ ἡγεμὼν A. L. [2] τῶν om. A. C. L. [3] καὶ μὴ A. C. L.
[4] εὐδοκίμησεν L. [5] πλείω A. C. L. [6] ὄντας om. A. C. L.
[7] ῥηθησομένων A. L. [8] περὶ om. C.

Τὴν ἐν τῇ πόλει γενομένην] Cf. or. ad Phil. §. ιθ'.

Κομψῶς] I. e. κεκαλλωπισμένως, χαριέντως, ἐπιχαρίτως. MATTH.

Ἐξαριθμήσας] Ἐξαριθμεῖν, h. l. i. q. ἀπαριθμεῖν in or. ad Phil. §. ι'., i. e. *enarrare*.

Χύδην] Est ὡς ἔτυχε, *utut in buccam venit*. LANG.

Ἐγὼ τοίνυν δυνηθεὶς κ. τ. λ.] Verte: *præterquam* igitur, *quod et ego potuissem laudes tuas* prædicando cuivis *lectori facile satisfacere*, primum hoc *observo, quod de futuris* prudenter dicere (i. e. consilia dare) *difficilius est, quam de præteritis* (de factis) *copiose loqui*. κἀκεῖνο igitur ad sequentia referendum est, sicuti περὶ τούτων ad Archidami res gestas et genus etc. IDEM.

Εὐπόρως ἐπιδραμεῖν] Ut ex opposito νουνεχόντως εἰπεῖν apparet, h. l. est: *facili opera enarrare sive calamo quasi percurrere*. In factis enim enarrandis data est materia, in dandis vero consiliis invenienda. Hinc facta facili negotio quasi percurruntur; consilia, multa meditatione inventa, ratione, ac via proponuntur. εὐπόρως igitur est *facili opera*, quæ inde exsistit, quod materia largam dicendi copiam suppeditat. IDEM.

Ἐνοχλεῖν] *molestos sive importunos habent*. IDEM.

Ἐπιεικείας] Ἐπιείκεια est h. l. ἀρετή IDEM.

τοὺς ἡδίστους τοῖς ἀκούουσιν, ἀλλ᾽ ἐξ ὧν ὠφελήσουσι καὶ τὰς πόλεις τὰς αὑτῶν καὶ τοὺς ἄλλους Ἕλληνας, ἐφ᾽ οἷσπερ ἐγὼ τυγχάνω νῦν ἐφεστηκώς.

δ΄. Θαυμάζω δὲ καὶ τῶν ἄλλων τῶν πράττειν ἢ λέγειν δυναμένων, εἰ μηδὲ πώποτ᾽ αὐτοῖς ἐπῆλθεν ἐνθυμηθῆναι περὶ τῶν κοινῶν πραγμάτων, μηδ᾽ ἐλεῆσαι τὰς τῆς Ἑλλάδος δυσπραξίας οὕτως αἰσχρῶς καὶ δεινῶς διατιθεμένης, ἧς οὐδεὶς παραλέλειπται τόπος ὃς οὐ γέμει καὶ μεστός ἐστι πολέμου καὶ στάσεων καὶ σφαγῶν καὶ κακῶν ἀναριθμήτων.
436 ὧν πλεῖστον μέρος μετειλήφασιν οἱ τῆς Ἀσίας τὴν παραλίαν οἰκοῦντες, οὓς ἐν ταῖς συνθήκαις [1]ἅπαντας ἐκδεδώκαμεν οὐ μόνον τοῖς βαρβάροις, ἀλλὰ καὶ τῶν Ἑλλήνων τοῖς τῆς μὲν φωνῆς τῆς ἡμετέρας κοινωνοῦσι, τῷ δὲ τρόπῳ τῷ τῶν βαρβάρων χρωμένοις· οὓς, εἰ νοῦν εἴχομεν, οὐκ ἂν [2]περιεωρῶμεν ἀθ οιζομένους οὐδ᾽ ὑπὸ τῶν τυχόντων στρατηγουμένους, οὐδὲ μείζους καὶ κρείττους συντάξεις στρατοπέδων γιγνομένας ἐκ τῶν πλανωμένων ἢ [3]τῶν πολιτευομένων. οἳ τῆς μὲν βασιλέως χώρας μικρὸν μέρος λυμαίνονται, τὰς δὲ πόλεις τὰς Ἑλληνίδας, εἰς [4]ἣν ἂν εἰσέλθωσιν, ἀναστάτους ποιοῦσι, τοὺς μὲν ἀποκτείνοντες, τοὺς δὲ φυγαδεύοντες, τῶν δὲ τὰς οὐσίας διαρπάζοντες, ἔτι δὲ παῖδας καὶ γυναῖκας ὑβρίζοντες, καὶ τὰς μὲν εὐπρεπεστάτας καταισχύνοντες, τῶν δ᾽ ἄλλων ἃ περὶ τοῖς σώμασιν ἔχουσι περισπῶντες, ὥσθ᾽ ἃς πρότερον οὐδὲ κεκοσμημένας ἦν ἰδεῖν τοῖς ἀλλο-

[1] ἅπαντες A. [2] περιορῶμεν A. L. [3] τῶν om. A. [4] ἃς L.

Ἐφ᾽ οἷσπερ ἐγὼ τυγχάνω νῦν ἐφεστηκὼς] *de quibus* (orationibus) *nunc ipsum intentus sum.* Auger. ἐφ᾽ οἷσπερ male refert ad Græcos, vertens: *in quorum utilitatem totus nunc intendor.* Idem. Ὁ νοῦς· Ὧν λόγων, ταῖς πόλεσι καὶ τοῖς Ἕλλησι ὠφελίμων, ἐγὼ νῦν προΐσταμαι, τουτέστιν, ὧν διδάσκαλός εἰμι, οὓς διδάσκειν προαιροῦμαι καὶ ἐπαγγέλλομαι. Cor.

Ἐν ταῖς συνθήκαις] Intelligit pacem Antalcidicam. Cf. Paneg. §. λδ΄. Lang.

Τῶν Ἑλλήνων τοῖς] Intelligit, ut sequentia docent, Græcorum Asiaticorum exsules qui ob victus quotidiani inopiam latronum more conjuncti, obvia quæque invastant. Vid. or. ad Phil. §. ν΄. et §. μ΄. Idem.

Τῶν δ᾽ ἄλλων] Cod. Helm. τὰς δὲ ἄλλως περὶ τοῖς σώμασιν ἐχούσας, i. e. sed qui aliter circa corpus comparatæ sunt, i. e. ut ex opposito εὐπρεπεστάτας liquet, *deformes.* Sed receptionem hujus lectionis impedire videtur περὶ τοῖς σώμασι. Verte: *aliis vero* (τῶν δὲ ἄλλων, scil. ταῦτα) *ea detrahentes, quæ circum corpus habent,* i. e. vestimenta. Formosas vitiant, turpes contemptui et ludibrio habent. Idem. Τῶν μὴ καλῶν τὴν ὄψιν γυναικῶν. Cor.

Τοῖς ἀλλοτρίοις] Opponuntur sibi hoc loco τοῖς ἀλλοτρίοις et ὑπὸ πολλῶν, γυμνὰς et κεκοσμημένας. τοῖς ἀλλοτρίοις autem est: *aliis, præter maritum.* Ita castæ et pudicæ antea fuerint, ut a nemine nisi marito et quidem vestitæ conspicerentur, nunc nudæ a quovis. Auger. locum non intellexit, cui hunc sensum tribuit: 'Feminas illas Græcas prius ita fuisse locupletes et splendidis vestibus abundantes, ut peregrina veste uti nollent, imo dedignaren-

τρίοις, ταύτας ὑπὸ πολλῶν ὁρᾶσθαι γυμνὰς, ἐνίας δ' αὐτῶν ἐν ῥάκεσι περιφθειρομένας δι' ἔνδειαν τῶν ἀναγκαίων.

ε'. Ὑπὲρ ὧν πολὺν ἤδη χρόνον γιγνομένων οὔτε πόλις οὐδεμία τῶν [1]προεστάναι τῶν Ἑλλήνων ἀξιουσῶν ἠγανάκτησεν, οὔτ' ἀνὴρ τῶν πρωτευόντων οὐδεὶς βαρέως ἤνεγκε, πλὴν ὁ σὸς πατήρ. μόνος γὰρ Ἀγησίλαος ὧν ἡμεῖς ἴσμεν ἐπιθυμῶν ἅπαντα τὸν χρόνον διετέλεσε μὲν Ἕλληνας ἐλευθερῶσαι, πρὸς δὲ τοὺς βαρβάρους πόλεμον ἐξενεγκεῖν. οὐ μὴν ἀλλὰ κἀκεῖνος ἑνὸς πράγματος διήμαρτε. καὶ μὴ [2]θαυμάσῃς, εἰ πρὸς σὲ διαλεγόμενος μνησθήσομαι τῶν οὐκ ὀρθῶς ὑπ' αὐτοῦ γνωσθέντων· εἴθισμαί τε γὰρ μετὰ παῤῥησίας ἀεὶ ποιεῖσθαι τοὺς λόγους, καὶ δεξαίμην ἂν δικαίως ἐπιτιμήσας ἀπέχθεσθαι μᾶλλον ἢ παρὰ τὸ προσῆκον ἐπαινέσας χαρίσασθαι. τὸ μὲν οὖν ἐμὸν οὕτως ἔχον ἐστὶν, ἐκεῖνος δ' ἐν [3]πᾶσι τοῖς ἄλλοις διενεγκὼν, καὶ γενόμενος ἐγκρατέστατος καὶ δικαιότατος καὶ πολιτικώτατος, διττὰς ἔσχεν ἐπιθυμίας, χωρὶς μὲν ἑκατέραν καλὴν εἶναι δοκοῦσαν, οὐ συμφωνούσας δ' ἀλλήλαις οὐδ' ἅμα πράττεσθαι δυναμένας· ἠβούλετο γὰρ βασιλεῖ τε πολεμεῖν, καὶ τῶν φίλων τοὺς 437
φεύγοντας εἰς τὰς πόλεις καταγαγεῖν καὶ κυρίους καταστῆσαι τῶν πραγμάτων. συνέβαινεν οὖν ἐκ μὲν τῆς πραγματείας τῆς ὑπὲρ τῶν ἑταίρων ἐν κακοῖς καὶ κινδύνοις εἶναι τοὺς Ἕλληνας, διὰ δὲ τὴν ταραχὴν τὴν ἐνθάδε γιγνομένην [4]μὴ σχολὴν ἄγειν μηδὲ δύνασθαι πολεμεῖν τοῖς βαρβάροις. ὥστ' ἐκ τῶν ἀγνοηθέντων κατ' ἐκεῖνον τὸν χρόνον ῥᾴδιον καταμαθεῖν ὅτι δεῖ [5]τοὺς ὀρθῶς βουλευομένους μὴ πρότερον ἐκφέρειν πρὸς βασιλέα τὸν πόλεμον, πρὶν ἂν διαλλάξῃ [6]τις

[1] προστῆναι A. L. [2] θαυμασείας A. L. [3] ἅπασι A. C. L.
[4] αὐτὸν μὴ A. [5] τὸν ὀρθῶς βουλευόμενον A. C. [6] τις om. A. C. L.

tur.' ἀλλοτρίοις igitur male ad vestes refert. Lang.

Περιφθειρομένας] I. e. ἀλωμένας, πλανωμένας. Matth. Ὧδε κἀκεῖσε μετὰ φθορᾶς, ἤγουν μετὰ πολλοῦ τοῦ κακοῦ, φερομένας. Cor.

Ὁ σὸς πατὴρ] Agesilaus. Lang.

Ἐξενεγκεῖν] Vid. Xenoph. Ages. c. 7. §. 4. et 7. Idem.

Διττὰς ἔσχεν κ. τ. λ.] Cf. or. ad Phil. §. λϛ'.

Τοὺς φεύγοντας — καταγαγεῖν] Hoc ad Agesilai in Europa amicos referendum esse, atque ex hoc illius conatu turbas exstitisse inter Græcos Europæos, docet Xenoph. l. c. c. 2. §. 21. Lang.

Ἐνθάδε] I. e. in Græcia. Idem.

Μὴ σχολὴν] Ante μὴ Auger. textui inseruit αὐτὸν, ut ad Agesilaum referatur oratio; sed vid. or. ad Phil. §. λϛ'. Idem.

Ἀγνοηθέντων] Τὰ ἀγνοηθέντα autem sunt errores per imprudentiam et incogitantiam commissi, ut Matth. explicat. Idem.

τοὺς Ἕλληνας καὶ παύσῃ τῆς μανίας καὶ τῆς φιλονεικίας ἡμᾶς. περὶ ὧν ἐγὼ καὶ πρότερον εἴρηκα καὶ νῦν ποιήσομαι τοὺς λόγους.

ϛʹ. Καίτοι τινὲς τῶν [1]οὐδεμιᾶς μὲν παιδείας μετεσχηκότων, δύνασθαι δὲ παιδεύειν τοὺς ἄλλους ὑπισχνουμένων, καὶ ψέγειν μὲν [2]τἀμὰ τολμώντων, μιμεῖσθαι δὲ γλιχομένων, τάχ' ἂν μανίαν εἶναι φήσαιεν τὸ μέλειν ἐμοὶ τῶν τῆς Ἑλλάδος συμφορῶν, ὥσπερ παρὰ τοὺς ἐμοὺς λόγους ἢ βέλτιον ἢ χεῖρον αὐτὴν πράξουσαν.

ζʹ. Ὧν δικαίως ἂν ἅπαντες πολλὴν ἀνανδρίαν καὶ μικροψυχίαν καταγνοῖεν, ὅτι προσποιούμενοι φιλοσοφεῖν αὐτοὶ μὲν ἐπὶ μικροῖς φιλοτιμοῦνται, τοῖς δὲ δυναμένοις περὶ τῶν μεγίστων συμβουλεύειν φθονοῦντες διατελοῦσιν. οὗτοι μὲν οὖν βοηθοῦντες ταῖς αὐτῶν ἀσθενείαις καὶ ῥᾳθυμίαις ἴσως τοιαῦτ' ἐροῦσιν· ἐγὼ δὲ οὕτως ἐπ' ἐμαυτῷ μέγα φρονῶ, καίπερ ἔτη γεγονὼς ὀγδοήκοντα καὶ παντάπασιν ἀπειρηκὼς, ὥστ' οἶμαι καὶ λέγειν ἐμοὶ προσήκειν μάλιστα περὶ τούτων, καὶ καλῶς βεβουλεῦσθαι πρὸς σὲ ποιούμενος τοὺς λόγους, καὶ τυχὸν ἀπ' αὐτῶν γενήσεσθαί τι τῶν δεόντων. ἡγοῦμαι δὲ καὶ τοὺς [3]Ἕλληνας, εἰ δεήσειεν αὐτοὺς ἐξ ἁπάντων ἐκλέξασθαι τόν τε τῷ λόγῳ κάλλιστ' ἂν δυνηθέντα παρακαλέσαι τοὺς Ἕλληνας ἐπὶ τὴν τῶν βαρβάρων στρατείαν καὶ τὸν τάχιστα μέλλοντα τὰς πράξεις ἐπιτελεῖν τὰς συμφέρειν δοξάσας, οὐκ ἂν ἄλλους ἀνθ' ἡμῶν προκριθῆναι. καίτοι πῶς οὐκ ἂν αἰσχρὸν ποιήσαιμεν, εἰ τούτων ἀμελήσαιμεν οὕτως ἐντί-
438 μων ὄντων, ὧν ἅπαντες ἂν ἡμᾶς ἀξιώσειαν; τὸ μὲν οὖν ἐμὸν ἔλαττόν ἐστιν· ἀποφήνασθαι γὰρ ἃ γιγνώσκει τις,

[1] μηδεμιᾶς A. C. L. [2] τὰ ἐμὰ A. C. L. [3] ἄλλους Ἕλληνας A.

Γλιχομένων] *cupientium*. Idem.

Παρὰ τοὺς ἐμοὺς λόγους] Παρὰ h. l. est *propter*. Cf. Zeune ad Memorabil. Socrat. ii. 1. 2. Idem.

Ὥστ' οἶμαι] De ὥστε cum indicativo admonuit Fischerus ad Welleri Grammat., p. 402. Exempla de imperfecto et præsenti indicativi addidit Matth. ad h. l. Idem.

Ποιούμενος] Refer ad ἐγὼ μέγα φρονῶ et οἶμαι. Idem.

Ἀπ' αὐτῶν] Intell. λόγων. Idem.

Τοὺς Ἕλληνας] Μεταμέλει μοι μὴ ἀκολουθήσαντι Αὐγήρῳ, ὃς ἐφύλαξε τὴν τῶν ἀρχαίων ἐκδόσεων γραφήν· καὶ τοὺς ἄλλους Ἕλληνας. ἀντιδιέσταλται γὰρ τοῦτο πρὸς τοὺς Ἀθηναίους, ὧν ἦν Ἰσοκράτης, καὶ πρὸς τοὺς Λακεδαιμονίους, ὧν ἦν Ἀρχίδαμος. Ὁ νοῦς· Εἰ δεήσειεν ἐκλέξασθαι τὸν κάλλιστα συμβουλεύσοντα καὶ τὸν ἄριστα στρατηγήσοντα τὸν ἐπὶ τοὺς βαρβάρους πόλεμον, νομίζω οὐκ ἂν ἄλλους ἀντ' ἐμοῦ συμβούλου καὶ σοῦ στρατηγοῦ προκριθῆναι οὐ μόνον ὑπ' Ἀθηναίων καὶ Λακεδαιμονίων, ἀλλὰ καὶ ὑπὸ τῶν ἄλλων Ἑλλήνων. Cor.

Κάλλιστ' ἂν] Ἴσως· μάλιστ' ἄν. Idem.

Ἀνθ' ἡμῶν] Se et Archidamum intelligit: se qui consulat, Archidamum qui agat. Idem.

Ἔλαττόν ἐστιν] (meum quidem munus)

οὐ πάνυ τῶν χαλεπῶν πέφυκε. σοὶ δὲ προσήκει προσέχοντι τὸν νοῦν τοῖς ὑπ' ἐμοῦ λεγομένοις βουλεύσασθαι, πότερον ὀλιγωρητέον ἐστὶ τῶν Ἑλληνικῶν πραγμάτων γεγονότι μὲν ὥσπερ ὀλίγῳ πρότερον ἐγὼ διῆλθον, ἡγεμόνι δὲ Λακεδαιμονίων ὄντι, βασιλεῖ δὲ προσαγορευομένῳ, μεγίστην δὲ τῶν Ἑλλήνων ἔχοντι δόξαν, ἢ τῶν μὲν ἐνεστώτων πραγμάτων ὑπεροπτέον, μείζοσι δ' ἐπιχειρητέον.

η'. Ἐγὼ μὲν γάρ φημι χρῆναί σε πάντων ἀφέμενον τῶν ἄλλων δυοῖν τούτοιν προσέχειν τὸν νοῦν, ὅπως τοὺς μὲν Ἕλληνας ἀπαλλάξεις πολέμων καὶ τῶν ἄλλων κακῶν τῶν νῦν αὐτοῖς παρόντων, τοὺς δὲ βαρβάρους παύσεις ὑβρίζοντας καὶ πλείω κεκτημένους ἀγαθὰ τοῦ προσήκοντος. ὡς δ' ἐστὶ ταῦτα δυνατὰ καὶ συμφέροντα καὶ σοὶ καὶ τῇ πόλει καὶ τοῖς ἄλλοις [1] ἅπασιν, ἐμὸν ἔργον [2] ἤδη διδάξαι περὶ αὐτῶν [3] ἐστίν.

[1] πᾶσιν A. C. L. [2] ἤδη om. A. C. L. [3] ἐστίν om. A. L.

levioris momenti est; nihil enim nisi suadere possum. IDEM.

Γεγονότι] Tali patre et majoribus orto. IDEM. Scil. Hercule et Jove.

Ἔχοντι δόξαν] Vid. Diod. Sic. xvi. 63. LANG.

Ἢ τῶν μὲν] ἢ respondet τῷ πότερον v. 2. IDEM.

Ἐμὸν ἔργον ἤδη διδάξαι] Matthaei V. C. ex hoc postremo loco conjicit, hanc epistolam simul cum oratione, quæ idem argumentum tractet, ad Archidamum missam esse. IDEM.

I.

ΔΙΟΝΥΣΙΩΙ.

Pag. ed. Steph. 407 — Pag. ed. Cor. 439

ΠΡΟΠΟΜΠΟΙ καὶ ῥαβδοῦχοι καὶ κήρυκες καὶ θρόνων ὑψηλοτάτων ἐπίτευξις φιλοσοφίας εἰσὶν ἀχλύς, καὶ διαιρε-

ΔΙΟΝΥΣΙΩΙ] Hæc epistola ab Augero [et Corae] jure abjudicatur Isocrati, quoniam dictio tam longe abhorret a dictione Isocratea. Videtur potius scripta fuisse a rhetore vel sophista ad principem virum, nomine Dionysium, vel ad aliquem, quem favor in eminenti loco posuerat. Hinc illi cum Augero ultimum locum assignavi. LANG.

Ἐπίτευξις] Verto *adeptio*. IDEM.

Φιλοσοφίας εἰσὶν ἀχλὺς] *tenebræ sunt sapientiæ obductæ*, i. e. quibus sapientia impeditur, quas sapientia tanquam nebulas crassas penetrare non potest, quibusque quæ hominis sit natura et ratio, videre non possumus. IDEM.

Διαιρετικώτατος — χωρισμὸς] *separatio maxime separans*. IDEM.

τικώτατος πέφυκε τῶν ἀρετῶν χωρισμός. οὐκ ἤμειψας μετὰ τῆς τύχης τὴν φύσιν. ἔτι τὸν θύλακον ἔχεις δερμάτινον· θνητὴν γὰρ ἔχεις ἐκ προοιμίου τὴν σύστασιν. τί δῆτα τὸ κενὸν τοῦτο δοξάριον ἐπὶ τοσοῦτον τὸν πήλινον ἀσκὸν διεφύσησε; μεγάλης ἀνοίας ἐνεφορήθης, ὦ δύστηνε, καὶ τῆς φύσεως τὴν γνῶσιν ἀφῄρησαι· οὕτω τὰ μετέωρα τῆς τύχης κινήματα ἐκστῆναί σε τῆς πάλαι θεωρίας [1] ἠνάγκασαν, καὶ τῆς σώφρονος ἐκείνης μανίας [2] ἀπαναχωρεῖν [3] παρεσκεύασαν. ἦν σοι πάλαι μετάρσιον τὸ χαμαίζηλον, νῦν δὲ καὶ [4] χθαμαλὸν καὶ περίγειον ὁ τῆς τύχης ὅρος ἀκρότατος. οὐκοῦν τῆς ψευδοῦς εὐδαιμονίας ἀφίστασο, καὶ τὴν δραπέτιν τύχην δραπέτευε· προφθάνων γὰρ τὴν ἀγνώμονα, ἄφνω [5] τὴν μεταβολὴν οὐ δυσφορήσεις [6] προσπίπτουσαν.

[1] ἠνάγκασε A. C. [2] ἀναχωρεῖν C. [3] παρεσκεύασε A. C.
[4] χθαμαλὸς καὶ περίγειος A. [5] τὴν ἄφνω A. [6] προπίπτουσαν A.

Τὸν θύλακον — δερμάτινον] *saccum coriaceum*, i. e. corpus mortale, quod cum sacco coriaceo magnam similitudinem habet. Idem vocatur statim πήλινος ἀσκὸς, *fictilis uter*. Idem.

Ἐκ προοιμίου] *ab initio*. Idem.

Τὸ κενὸν τοῦτο δοξάριον — διεφύσησε] *vana ista gloriola inflavit*. Sub vana ista gloriola intelligit majestatem regiam, quæ homini plus obest, quam prodest. Idem.

Ἐνεφορήθης] *repletus es*. Idem.

Ἀφῄρησαι] *privatus es*. Idem.

Μετέωρα] *sublimes volatus*. Idem.

Ἐκστῆναι τῆς πάλαι θεωρίας] *a veteri contemplatione desistere*. Idem.

Ἦν σοι πάλαι μετάρσιον τὸ χαμαίζηλον] *humile tuum fuit olim sublime*, i. e. humilitas tua pristina, qua te hominem esse sciebas, summo tibi fuit decori, præsens fortunæ tuæ cacumen humile est et dedecori. In illa enim sapiens eras, in hoc desipis. Idem.

Μανίας] Μανία Græce aliquando in bonam partem accipitur, sicut et Latine *furor*, siquidem dicitur 'furor divinus,' et Gallice *passion*, *enthousiasme*. Auger.

Χθαμαλὸν καὶ περίγειον] Auger. e conjectura præter necessitatem, ut genera secum convenirent, posuit χθαμαλὸς καὶ περίγειος. Cui ignotum est: triste lupus stabulis? Lang.

Δραπέτιν] *fugitivam*. Idem.

Τὴν ἀγνώμονα] Scil. τύχην, *stolidam et improbam*. Idem.

Ἄφνω τὴν μεταβολὴν] *mutationem subitam*. Idem.

Οὐ δυσφορήσεις] *non ægre feres*. Idem.

ISOCRATIS

ORATIONUM ET EPISTOLARUM

FINIS.

ΣΧΟΛΙΑ.

ΣΧΟΛΙΑ

ΕΙΣ ΤΟΥΣ ΙΣΟΚΡΑΤΟΥΣ ΛΟΓΟΥΣ.

P. 110. 21. Τοῖς μὲν φαύλοις] Τοῖς εὐτελέσι, ἤγουν τοῖς φαύλοις. Φλαῦρος δὲ λέγεται ὁ πονηρός.

P. 112. 2. Ἄγειν] Τὸ μὲν Ἄγειν κυρίως ἐπὶ ἐμψύχων λέγεται· καταχρηστικῶς δὲ καὶ ἐπὶ ἀψύχων.

P. 113. 17. Τοῖς δὲ τυράννοις] Ἀντὶ τοῦ, Τοῖς βασιλεῦσιν· ἀδιαφόρως γὰρ κέχρηνται τῷ ὀνόματι οἱ Ῥήτορες.

P. 115. 6. Καταλογάδην] Καταλογάδην λέγεται ὁ πεζὸς λόγος, καὶ μὴ ὢν ἔμμετρος.

P. 120. ult. Τίμα ταῖς μὲν ἀρχαῖς τῶν τιμῶν κ. τ. λ.] Ἀντίστροφος φράσις.[1]

P. 123. 2. Πλεονεκτεῖν] Τὸ Πλεονεκτεῖν καὶ ἐπὶ ἀρετῆς καὶ ἐπὶ κακίας.

P. 124. pen. Ἀμφιγνοῇς] Ἀμφιβάλλῃς. Ἀγνοεῖν δὲ τὸ μηδόλως εἰδέναι.

P. 125. 12. Φιλοτιμούμενος] Σεμνυνόμενος, ὑπερηφανευόμενος.

P. 127. 13. Τοὺς μὲν σεμνυνομένους] Τοὺς ὑπερηφάνους.

P. 129. 10. Περὶ μικρῶν ἐρίζοντας] Ἤγουν τοῦ φυσιολογεῖν περὶ τῆς τοῦ κώνωπος φύσεως καὶ τῆς ψύλλης . . . . . τοιοῦτοι γὰρ οἱ κυμινοπρίσται καὶ . . . . .[2]

P. 130. antep. Τοὺς πολλοὺς] Τοὺς μὴ φρονίμους.

P. 131. 5. Πρὸς τοῖς εἰρημένοις] Ἀντὶ τῆς Σύν· ἤγουν σὺν οἷς ἀρχόμενοι εἰρήκαμεν.

— 9. Περὶ τῶν ἰδίων λογιζόμενοι κ. τ. λ.] Ἤγουν λογοπραγούμενοι καὶ ἐξεταζόμενοι.

P. 134. 9 Ἢ τῶν πωλούντων] Δῶρόν τι, ὃ ἐὰν παρὰ τῶν πωλούντων ἐξωνηθῇ, ὀλίγου ἂν ἠγοράσθη.

— pen. Καὶ πλείονος ἀξίας] Πολλοῦ τιμώμενον καὶ πολλαπλάσιον τῆς τοῦ εἰσαχθέντος δώρου τιμῆς.

P. 135. 1. Δυσκόλως] Ἐχθρῶς καὶ μεμισημένως.

P. 136. 2. Ἡδέως ἂν οὖν πυθοίμην] Ἰστέον, ὅτι ἐν τοῖς προοιμίοις τούτοις πρότασιν λέγει καὶ εὐθὺς κατασκευήν· καὶ πάλιν προτείνει καὶ κατασκευάζει. Τοιοῦτος γὰρ Ἰσοκράτης, καὶ ἐν ἄλλοις αὐτοῦ λόγοις τοῦτο ποιῶν.

— 15. Θαυμάζω] Ἀντὶ τοῦ, Καταγινώσκω.

— 16. Τὴν ῥώμην, καὶ τὴν ἀνδρίαν] Ῥώμη μὲν ἐπὶ σώματος, Ἀνδρεία δὲ ἐπὶ ψυχῆς.

P. 138. 10. Ἕδη] Ἑδράσματα, ἀγάλματα.

P. 142. 4. Τοῦτο μὲν γὰρ] Ἀριθμητικόν ἐστι τὸ σχῆμα, παρὰ τοῖς Ῥήτορσιν οὕτω λαμβανόμενον· ὅταν εἴπωσι, Τοῦτο μὲν, σημαίνουσιν ἀντὶ τοῦ, Πρῶτον.

— 26. Καὶ τοὺς θεοὺς ὑπὸ τοῦ Διὸς βασιλεύεσθαι] Σημείωσαι, ὡς φαίνεται Ἰσοκράτης ἀπὸ τούτου μὴ ἀρεσκόμενος ἐπὶ τῇ πολυθεΐᾳ.

P. 144. 25. Δυσκόλως] Φθονερῶς.

— pen. Ἦν καὶ] Ὅρα, πῶς εἰς ἀνάγκην ἐλθὼν τοῦ εἰπεῖν, κἂν, οὐκ εἶπεν· ἐπειδὴ οἶδε σπανίως αὐτὸ λεγόμενον, καὶ παραχαραττόμενον, ὡς τὸ παρὰ Μενάνδρῳ ἐν Μισουμένῳ,[3]

Εἴσελθε κἂν νῦν, ὦ μακάριε. . . . .

P. 147. 4. Οὐχ ἥκιστα] Μάλιστα.

[1] Ἔστι τοῦτο τὰ μὴ σαφῆ διὰ τῶν ἀσαφεστέρων ἑρμηνεύειν. Cor.

[2] Ταυτὶ μόνα μοι ἐξεγένετο ἀναγνῶναι ἐκ τοῦ ἀμυδρῶς γεγραμμένου σχολίου. Αἰνίττεται δὲ τῷ τοῦ κώνωπος καὶ τῆς ψύλλης παραδείγματι ἅπερ ἁπάντων, ὡς εἰπεῖν, τῶν περὶ τὴν τῆς φύσεως θεωρίαν διατριβόντων κατηγόρουν, τινῶν μὲν ἐν δίκῃ, οἷοί περ ἦσαν οὐκ ὀλίγοι τῶν σοφιστῶν, ἔστι δ' οὓς καὶ συκοφαντοῦντες, ἢ γοῦν φορτικῶς σκώπτοντες, οἷά γ' ἐστὶ τὰ παρὰ τῷ Κωμικῷ (Νεφ. 144-164.) περὶ τῆς ψύλλης καὶ τῆς ἐμπίδος κατὰ Σωκράτους πλασθέντα. Idem.

[3] Οὐδὲν πρὸς ἔπος τὸ ἐκ τοῦ Μενάνδρου μαρτύριον. Ἰσοκράτης μὲν γὰρ, καὶ πάντες οἱ δόκιμοι, καὶ ἐν διαλύσει, καὶ ἐν συνθέσει, κέχρηνται πολλάκις τῇ λέξει· εὐθύνοιτο δ' ἂν εἰκότως ὁ Μένανδρος, οὐ διὰ τὸ συνάψαι, ἀλλὰ διὰ τὸ ἐπὶ μειωτικῆς ἐννοίας τεταχέναι τὸ Κἂν. Τὸ γὰρ, Εἴσελθε κἂν νῦν (ὅσον γ' ἔστι τεκμήρασθαι ἐκ τοῦ κολοβοῦ τούτου ἰαμβείου) ταὐτὸν σημαίνει τῷ, Εἰσελθέ γε (ἢ Γοῦν) νῦν. Καὶ ὅρα, ὅπως, Μενάνδρου τοῦτο καινοτομήσαντος, καθὰ καὶ ἕτερα πλεῖστα (Προδρομ. Ἑλλ. Βιβλιοθ. σελ. ογ'.), οἱ μετ' ἐκεῖνον κακόζως χρησάμενοι παραδεδώκασι τῇ παρ' ἡμῖν συνηθείᾳ· τὸ γὰρ τοῦ Ἀποστόλου (Β. Κορινθ. ΙΑ. ις'.) Κἂν ὡς ἄφρονα δέξασθέ "με" καὶ ἡμεῖς ἑρμηνεῦσαι βουλόμενοι, οὐκ ἂν ἄλλως φράσαιμεν, ἢ, Δεχθῆτέ με κἂν ὡς ἀνόητον. Ἐκ τούτου δὲ τοῦ μειωτικοῦ, Κἂν, καὶ τὰ παρ' ἡμῖν σύνθετα, Κανεὶς, Καμπόσος, Κάποιος, Κάτι. Idem.

P. 223. 7. Τὰ μὲν ἔχει κ. τ. λ.] Ὁ Δημοσθένης, ἐν τοῖς Φιλιππικοῖς, καὶ τῇ διανοίᾳ, καὶ σχεδὸν τῇ λέξει ἐχρήσατο.

P. 224. 6. Εἰ μὲν γὰρ ἀπέφαινον αὐτὸν κ. τ. λ.] Τοῦτο Δημοσθένης, ἐν τοῖς Φιλιππικοῖς, εἰληφὼς σαφῶς φαίνεται, μόνον μεγεθύνας.

P. 283. 22. Καὶ διαλαβεῖν τὴν Ἀσίαν] Περὶ τῆς ἐπικαλουμένης ἰδίως Ἀσίας.

P. 288. 15. Πέρας ἕξειν] Ἤγουν, τέλος εἶναι τῶν κακῶν, καὶ μὴ ἔχειν πλέον τούτων.

P. 301. 5. Ἐκείνην δὲ ἐλάβομεν] Ἤγουν τὴν ἀμφισβητουμένην Μεσσήνην.

P. 305. 6. Ἐξ ὧν τοῖς ἄλλοις προσέταττον] Τετράκωλος περίοδος χιαστή,[1]

Ἐξ ὧν τοῖς ἄλλοις προσέταττον — X — πρὸς τοὺς Ἕλληνας διαβληθέντας,
Ἐξ ὧν δὲ τοὺς ὑβρίζοντας . . . . — X — παρὰ πᾶσιν ἀνθρώποις κ. τ. λ.

P. 306. 11. Τὸ πρὸς Διονύσιον ῥηθὲν] Ἤγουν τὸ μικρὸν κῶλον τοῦτο νοήσας, τὸ, "Καλὸν ἐντάφιον ἡ τυραννίς."

P. 407. antep. Πλεονεξίαν] Ἤγουν, πλέον ἔχειν καὶ κτᾶσθαι.

P. 411. 24. Πλεονεκτεῖν] Πλέον ἔχειν.

P. 416. 1. Δεκάζων] Δωροδοκῶν.

P. 417. 10. Ὡς ἐκεῖ σοφωτέρους ἐσομένους] Κατ' εἰρωνείαν τὸ σχῆμα.

P. 427. 19. Οὐκ Ἠλείων μὲν . . . . εἰς δὲ τὴν Ἀργείων ἐνέβαλον] Σχῆμα διαζεύξεως, τὸ λεγόμενον ἐφ' ἑκάστῳ.[2]

P. 428. 4. Διὰ μὲν γὰρ τὴν . . . τῆς ἡγεμονίας ἐστερήθησαν] Τετράκωλος περίοδος ἀχίαστος.[3]

P. 429. 17. Οὐχ ἡ μὲν τῶν Ἀττικιζόντων] Ἀγχίστροφον τὸ σχῆμα.

— 20. Οὐ διὰ μὲν τὴν τῶν δημηγορούντων] Τὸ σχῆμα ἀντίθετον.

P. 430. 26. Περὶ τῆς ἀρχῆς] Τῆς κατὰ θάλατταν δηλαδή.

P. 434. 10. Εἰσαγγελίαις] Ἤγουν κατηγορίαις.

P. 438. 1. Ὁρῶν, ὦ Νικόκλεις] Τριῶν προοιμίων, ὡς εἴπομεν, μελλόντων λέγεσθαι, τὸ μὲν ἓν, τὸ πρῶτον, ἀποδίδωσι τῷ Νικοκλεῖ, ἔπαινον ἔχον αὐτοῦ, διότι οὕτω πολυτελῶς ἐτίμησε τὸν πατέρα τελευτήσαντα· τὰ δὲ ἄλλα δύο πρὸς αὐτὸν τὸν ἀπελθόντα. Ζητήσειε δ' ἄν τις ἐν τῷ λόγῳ τούτῳ, διὰ τί, ἐπιταφίου ὄντος, καὶ τοῦ ἐπιταφίου ἀπαιτοῦντος παρὰ τὰ ἐγκωμιαστικὰ πάντα κεφάλαια πλέον τό τε θρηνητικὸν ἐν τῇ ἀρχῇ, καὶ τὸ παραμυθητικὸν ἐν τῷ τέλει (ἐν γὰρ μόνοις τοῖς δύο τούτοις κεφαλαίοις διαφέρουσιν ὅ τε ἐπιτάφιος λόγος καὶ τὸ ἐγκώμιον), ἐνταῦθα δὲ παρῆκε τὰ δύο κεφάλαια; καὶ λέγομεν, ὅτι φαίνεται ἐκ πολλοῦ τοῦ χρόνου τετελευτηκὼς Εὐαγόρας· καὶ ὁ Ἰσοκράτης, νῦν πέμψας τὸν λόγον μετὰ πολὺ τοῦ ἐκείνου θανάτου, ἄτοπον ἡγεῖτο θρηνητικὸν τάττειν, καὶ ἀναμιμνήσκειν τῶν θρήνων τῶν ὀφειλόντων πρότου λεχθῆναι παρ' αὐτὸν τὸν θάνατον. Εἰ δέ τις εἴποι, ὅτι, εἰ διὰ ταύτην τὴν αἰτίαν παρῆκε τὸ θρηνητικὸν, διὰ τί καὶ ἐν τῷ τέλει ἐξέστη τοῦ εἰπεῖν τὸ παραμυθητικόν; λέγομεν, ὅτι, εἰ τοῦτο ἐπήγαγε, μὴ προηγησαμένου τοῦ θρηνητικοῦ, ἔτι πλέον ἀκαιρότερον ἐδόκει ποιεῖν. Ἔνθα γάρ εἰσι θρῆνοι, ἐκεῖ ὀφείλει καὶ ἡ παραμυθία παρέπεσθαι· εἰ δὲ μηδένα ἐθρηνήσαμεν τῷ λόγῳ, ὑπὲρ τίνος ἐμέλλομεν παραμυθεῖσθαι τοὺς τῷ γένει προσήκοντας; Ὥστε οὖν δύναται ὁ λόγος καὶ Ἐπιτάφιος λέγεσθαι, καὶ Ἐγκώμιον· Ἐπιτάφιος μὲν, διότι εἰς τὸν τετελευτηκότα Εὐαγόραν γράφει τὸν λόγον, Ἐγκώμιον δὲ, διότι παρῆκε τὰ δύο κεφάλαια τοῦ Ἐπιταφίου. Ἐνίκησε δὲ αὐτὸν τὸν λόγον, Ἐγκώμιον μᾶλλον λέγεσθαι. Ἰστέον δὲ ὡς ὅτι ἀντὶ τῶν δύο τούτων κεφαλαίων ἕτερα δύο ἀντεισήγαγε, τό τε τρίτον προοίμιον, ὅπερ οὐκ ἔστιν εὑρεῖν ἐγκω-

[1] Ἐν μὲν ταῖς ἡμετέραις σχολαῖς, καθὰ καὶ ὁ Εὐστάθιος (Ἰλιαδ. Γ. 103.) παραδέδωκε, Χιαστὴ καλεῖται ἡ περίοδος, ἡνίκα τὸ τρίτον αὐτῆς καὶ τέταρτον κῶλον ἀνταποδίδοται μὴ κατὰ γραμμικὴν εὐθυωρίαν τῶν πλευρῶν τοῦ ὑποκειμένου τετραγώνου, ἀλλὰ τὸ μὲν τρίτον τῷ δευτέρῳ, τὸ δὲ τέταρτον τῷ πρώτῳ, κατὰ τὰς ἀποτελούσας τὸ X στοιχεῖον διαγωνίους Γ Β καὶ Δ Α· οἷόν ἐστι τὸ παρ' Ἰσοκράτει ἐκ πολλῶν ἓν τουτὶ παράδειγμα τετρακώλου Χιαστῆς περιόδου (Πρὸς Νικοκλ. σελ. 15),

Τὰς μὲν ἐργασίας αὐτοῖς καθίστη κερδαλέας, A — X — Γ Ἵνα τὰς μὲν φεύγωσι,
Τὰς δὲ πραγματείας ἐπιζημίους B — X — Δ Πρὸς δὲ τὰς προθύμως ἔχωσι.

Ὁ δὲ σχολιαστὴς Χιαστοῦ σχήματος παράδειγμα φέρει ταύτην τὴν περίοδον, "A, Ἐξ ὧν τοῖς ἄλλοις προσέταττον, B, πρὸς τοὺς Ἕλληνας διαβληθέντας· Γ, ἐξ ὧν δὲ τοὺς ὑβρίζοντας ἠμύνοντο, Δ, παρὰ πᾶσιν ἀνθρώποις εὐδοκιμήσαντας," καίπερ προσεχῶς κώλου κώλῳ ἀποδεδομένου, τοῦ δευτέρου τῷ πρώτῳ, καὶ τῷ τρίτῳ τοῦ τετάρτου. Idem.

[2] Τοιαῦτα πολλὰ παρὰ τοῖς σχολιασταῖς τῶν ῥητόρων εὑρήσεις, τερατείας μὲν τῆς περὶ τὴν λέξιν μεστὰ, νοῦ δὲ ὅλως κενά. Idem.

[3] Ποῖον λέγει ἐνταῦθα τὸ ἀχίαστον, αὐτὸς ἂν εἰδείη ὁ μικρὸν ἀνωτέρω χιαστὴν καλέσας τὴν οὐδὲν ἧττον τῆς προκειμένης ἀχίαστον περίοδον. Idem.

μιον, ὡς προείρηται, καὶ τὸ παραινετικόν. Καὶ τὸ μὲν προσθεῖναι τρίτον προοίμιον, ἣν ἀντὶ τοῦ θρηνητικοῦ· τὸ δὲ παραινετικὸν ἐν τῷ τέλει ἀντὶ τοῦ παραμυθητικοῦ· ἐν ᾧ αὐτῷ παραινεῖ, ὅτι, "Ὀφείλεις, ὦ Νικόκλεις, μιμήσασθαι τὰς πράξεις τὰς τοῦ πατρὸς, ἃς νῦν διήλθομεν ἐν τῷ ἐπιταφίῳ." Διὰ τοῦτο γὰρ καὶ τὸ παραινετικὸν ἐν τῷ τέλει ἔταξε, καὶ οὐκ ἐν τῇ ἀρχῇ, ἐπειδὴ ἔδει πρῶτον ἀποδειχθῆναι τοῦ πατρὸς τὰς πράξεις, ἵνα πρὸς ταύτας ὕστερον δυνηθῇ αὐτῷ παραινεῖν βιῶναι.[1]

P. 441. 6. Εὑρήσομεν γὰρ τοὺς φιλοτίμους] Κατασκευὴ τοῦ προοιμίου.

— 11. Αἱ μὲν οὖν δαπάναι] Συμπέρασμα τοῦ προοιμίου.

— 18. Ἐχρῆν μὲν οὖν καὶ τοὺς ἄλλους] Δεύτερον, πρὸς τὸν πατέρα προοίμιον

— ibid. Ἐπαινεῖν] Ἰστέον, ὅτι Ἔπαινος μὲν κυρίως κληθείη ὁ λόγος, ὁ ἐγκωμιάζων μόνην πρᾶξιν· Ἐγκώμιον δὲ τὸ παραλαμβάνον (γρ. Περιλαμβάνον) πολλὰς πράξεις.[2] Ὅμως ἀδιαφόρως τούτοις κέχρηνται.

P. 442. 2. Τοὺς ἐπέκεινα γενομένους] Οἷον Ἐριχθόνιος, Ἴναχος, Εὔμολπος.[3]

— 9. Οὐ μὴν δουλευτέον] Συμπέρασμα τοῦ προοιμίου.

— 17. Οἶδα μὲν οὖν] Τρίτον προοίμιον, εἰς τὸν τελευτήσαντα.

— 18. Σημεῖον δὲ μέγιστον· περὶ μὲν γὰρ ἄλλων] Κατασκευὴ τοῦ προοιμίου.

P. 443. 14. Ὅμως δὲ, καίπερ] Συμπέρασμα τοῦ προοιμίου.

— 19. Πρῶτον μὲν οὖν] Εἰσβολὴ τῶν ἐγκωμίων.

— ult. Ὁμολογεῖται μὲν γὰρ] Ἄρχεται μὲν ἀπὸ τῶν προγόνων. Εἰ δέ τις εἴποι, διὰ τί παρῆκε τὸ ἀπὸ πατρίδος; οὕτω γὰρ ὀφείλει διαιρεῖσθαι τὸ ἐγκώμιον, πρῶτον ἀπὸ πατρίδος, εἶτα ἀπὸ προγόνων, εἶτα ἀπὸ ἀνατροφῆς, ἀπὸ πράξεων, καὶ συγκρίσεων, καὶ ἐπιλόγων· λέγομεν, ὅτι οὐδὲν μέγα εἶχεν εἰπεῖν εἰς τὴν θέσιν τῆς πατρίδος, τῆς Σαλαμῖνος. Δεῖ δὲ ἐν πᾶσι τὰ συμφέροντα, καὶ τὰ ἀναγκαίως ὀφείλοντα λεχθῆναι, λέγειν, οὐ μέντοι ὅσα διδάσκει ἡ τέχνη· μᾶλλον δὲ τέχνη ἀνέγκλητον τὸ ἐπιτηδείως ἀποδοκιμάζειν τὰ μὴ ὀφείλοντα ἕπεσθαι.[4]

P. 446. 19. Ἐκρατίστευσεν] Σημείωσαι, ὡς γράψαι τις Κρατιστείαν ἀπὸ τοῦ Κρατιστεύω, ὡς ἀπὸ τοῦ Ἀριστεύω, Ἀριστείαν.[5]

P. 448. 3. Τὴν κάθοδον] Ἐπάνοδος μὲν γάρ ἐστι τὸ ἐπανελθεῖν τινὰ εἰς τὴν ἰδίαν πατρίδα, ἐξελθόντα ἐξ ἀρχῆς, μηδενὸς βιασαμένου· Κάθοδος δὲ, ὅταν τις ἄκων ἀποδημήσῃ καὶ φυγαδευθῇ, ἢ συμφορᾶς τινὸς προηγησαμένης, ἢ διὰ φόβον τυράννων, ἤ τι τοιοῦτον.

P. 450. 2. Κῦρον] Διὰ τί, ἀεὶ μετὰ τὰς πράξεις τιθεμένης τῆς συγκρίσεως, ἐν τῷ μεταξὺ τῶν πράξεων παρήγαγε σύγκρισιν πρὸς Κῦρον, τὴν ἀπὸ τοῦ μείζονος; Λέγομεν, ὅτι δεῖ μὲν αὐτὴν μετὰ τὰς πράξεις· εἰ δὲ ἀνάγκη τις, καὶ μεταξὺ τούτων, καὶ οἱωνδήποτε, οὐ παραιτητέον αὐτὴν τιθεμένους, χωρὶς τῶν προοιμίων.

P. 452. 14. Σεμνὸς] Τὸ Σεμνὸς διττῶς λέγεται, καὶ ἐπὶ τοῦ ὑπερηφάνου, καὶ ἐπὶ τοῦ σεμνῶς ποιοῦντος τὰ πράγματα.

P. 453. 6. Οὔτε τέχνας ἐπισταμένην κ. τ. λ.] Εἴ τις οὖν εἴποι, Καὶ πόθεν ἔζων μηδενὶ τούτων κεχρημένοι; λέγομεν ὅτι μάλιστα μὴν ἔξεστιν ἐν ἐγκωμίῳ ψεύδεσθαι.[6]

— 22. Ἀπροσοίστως] Μὴ προσδεχόμενοι τινὰς τῶν Ἑλλήνων.

P. 455. 10. Τὰ περὶ τὴν ἤπειρον] Ἤγουν τὰ περὶ τὴν Ἀσίαν· καὶ αὕτη γὰρ Ἤπειρος καλεῖται.

P. 464. 1. Καὶ καταγεγηράκασιν, οἱ μὲν κ. τ. λ.] Κατασκευὴ τοῦ προοιμίου, πῶς τινὲς ἀτόπους ποιοῦσιν ὑποθέσεις. Ἰστέον ὅτι τρία εἴδη προοιμίων τὰ κεφαλαιωδέστατα, ἓν μὲν τὸ πρὸς κατηγορίαν τῶν ἐναντίων λαμβανόμενον, δεύτερον δὲ τὸ πρὸς θεραπείαν τῶν δικαστῶν, τρίτον, τὸ ἕνεκα τοῦ προσώπου αὐτοῦ τοῦ λέγοντος. Εἰ δέ τις ἀκριβῶς ζητήσαι, εὑρήσει ὅτι καὶ τὰ τρία ἕνεκα τοῦ ἰδίου προσώπου τοῦ λέγοντος γίγνεται.

[1] Οὔτ' ὄναρ, οὔθ' ὕπαρ, προσεδόκησεν ὁ μουσικώτατος Ἰσοκράτης οὕτως ἀμούσων καὶ ἀδολέσχων τεύξεσθαί ποτε σχολιαστῶν. IDEM.

[2] Ἐκ τοῦ Σουΐδα (λέξ. Ἐγκώμιον). Κατ' Ἀριστοτέλην δὲ (Ἠθ. Νικομ. Α. ιβ'.), ὁ μὲν Ἔπαινος κυρίως τῆς ἀρετῆς, τὸ δ' Ἐγκώμιον, τῶν ἔργων. IDEM.

[3] Πρῶτον ὤφειλε τάξαι τὸν Ἴναχον, ὡς καὶ τοῖς χρόνοις πρῶτον, δισχιλίοις ὁμοῦ τι ἔτεσι γεγονότα πρὸ Χριστοῦ, δεύτερον, τὸν Ἐριχθόνιον, μεθ' ὃν τὸν Εὔμολπον. IDEM.

[4] Ὤφελες ἐν ἅπασι τοιοῦτος εἶναι, ὦ Σχολιαστά· τοῦτο γοῦν σου τὸ δίδαγμα ἔχει τι καὶ διδασκάλοις καὶ μαθηταῖς χρήσιμον. IDEM.

[5] Τοῦτο μὲν οὖν ἐχρῆν σημειώσασθαι (εἴγε ὅλως ἔδει καὶ τὰ τοιαῦτα σημειοῦσθαι τὸν σχολιάζοντα), ὡς, καθάπερ παρὰ τὸ Ἄριστος, καὶ Κάλλιστος, Ἀριστεύω, καὶ Καλλιστεύω, ὡσαύτως καὶ παρὰ τὸ Κράτιστος, τὸ Κρατιστεύω· ἐκ δὲ τῶν ῥημάτων αὖθις, ἡ μὲν Ἀριστεία καὶ τὸ Ἀριστεῖον, καὶ τὸ Καλλιστεῖον, χρηστὰ, οὐκέτι δὲ καὶ τὸ Κρατιστεῖον, οὐδ' ἡ Κρατιστεία, ὥσπερ οὐδὲ ἡ Καλλιστεία, καίπερ οὐ μαχόμενα τῇ ἀναλογίᾳ. Αἰσχύνομαι μὲν τὰ τοιαῦτα γράφων· πολύ γε μὴν μᾶλλον ἐκείνους ἐχρῆν αἰσχύνεσθαι τοὺς τοιαῦτα γράφειν ἡμᾶς ἀναγκάζοντας. IDEM.

[6] Καὶ τοῦτο μειρακιῶδες τὸ ἀπόρημα. Οὐδὲν γὰρ μᾶλλον ψεύδεται ὁ ἐν ταῖς σοφαῖς Ἀθήναις γεννηθεὶς καὶ τραφεὶς Ἰσοκράτης, ἢ εἴ τις τῶν παρὰ τοῖς Γαλάταις χαριεστέρων φήσειε τοὺς Τούρκους μήτε τέχνας ἐπίστασθαι μήτ' ἐμπορίῳ χρῆσθαι, πρὸς τοὺς ἑαυτοῦ πολίτας σκοπούμενος. Τὸ γὰρ μὴ χρῆσθαι οὐκ ἀεὶ τὸ παντάπασιν ἀγνοεῖν τὴν χρῆσιν τινὸς σημαίνει, ἀλλὰ πολλάκις καὶ τὸ ὀλίγως ἢ μὴ ὀρθῶς χρῆσθαι· καθάπερ καὶ ἄφωνον λέγομεν, οὐ μόνον τὸν ἐστερημένον ὅλως φωνῆς, ἀλλὰ καὶ τὸν ὀλιγόφωνον, ἢ κακόφωνον. IDEM.

P. 467. ult. Βομβυλιοὺς] Οἱ μὲν λέγουσιν, εἶδος Καυκαλίου,[1] οἱ δὲ εἶδος μυίας, ὥσπερ ἡ ἐμπίς.

P. 468. 12. Τὸν γραψαντα περὶ τῆς Ἑλένης] Πολυκράτην λέγει τὸν σοφιστήν.[2]

P. 479. 20. Θεράπναις] Κωμύδριον τῆς Λακωνικῆς.

P. 484. 8. Γιγνώσκω μὲν οὖν, ὅτι κ. τ. λ.] Δεύτερον προοίμιον, ἔννοιαν ἔχον τοῦ μὴ δεῖν τὸν Πολυκράτην ἐπαχθῶς φέρειν πρὸς τὴν νουθεσίαν· ὅπερ πάσχουσιν οἱ μωροί.

P. 485. 26. Ἵνα δὲ μὴ δοκῶ] Ἰστέον, ὅτι συμπέρασμα τοῦ προοιμίου, καὶ εἰσβολὴ τοῦ ἐγκωμίου.

— antep. Οὐδὲ σεμνοὺς λόγους ἔχουσαν] Ἰστέον, ὅτι αἱ προσποιήσεις αὗται ῥητορικαί εἰσι, τὸ ἐξ ἀρχῆς μετριάζειν, ἵνα, ὅταν ἀγωνίσηται καλῶς, μετὰ τὴν ἐπίδειξιν πλέον θαυμάζηται.

P. 491. 16. Ἀλλὰ καὶ τῆς ἰδέας ὅλης ... διημαρτηκὼς] Ἰστέον, ὅτι εἰ καὶ δεῖ ψεύδεσθαι ἐν τοῖς ἐγκωμίοις, καὶ τῶν προσόντων ἀγαθῶν μείζονα λέγειν· ἀλλ' οὐκ ἀδύνατα γίνεσθαι. Εἰ δὲ μὴ, τοὐναντίον δόξομεν κατηγορεῖν τοὺς ἐγκωμιαζομένους, ἢ ἐπαινεῖν, ἐλεγχόμενοι παρὰ τοῖς ἀκροαταῖς ψευδόμενοι φανερῶς, ἀποδεικνύντες τὸν ἐπαινούμενον μὴ πεπραχότα ταῦτα.

P. 515. 22. Ἐξ ὧν μὲν ἡμεῖς ἐπράττομεν κ. τ. λ.] Συμπέρασμα κατὰ χιασμὸν, μὴ ἀναστρέφον πρὸς τὴν διάνοιαν τοῦ λόγου,[3]

Ἐξ ὧν μὲν ἡμεῖς ἐπράττομεν, Χ Ἐξ ὧν δὲ Σπαρτιᾶται,
Αὐξάνεσθαι τὴν Ἑλλάδα κ. τ. λ. Χ Τὴν ἐκείνων μόνην μεγάλην κ. τ. λ.

P. 535. 2. Θεοφιλεῖς] Τοῦτο οὕτω νοητέον· οὐχὶ φιλοῦντας τοὺς θεοὺς, ἀλλ' ὑπὸ τῶν θεῶν φιλουμένους.[4]

— 6. Ὁ φὺς] Ὁ γενόμενος.

P. 577. 24. Ἀδολεσχίαν] Ἀδολεσχία, ἡ πάνυ φλυαρία, ἤγουν ἡ πλείστη.

P. 581. 9. Καὶ τὰς καλουμένας τέχνας γράψαι τολμήσαντες] Τισίαν καὶ Κόρακα λέγει τοὺς Συρακουσίους, Γοργίαν, καὶ Θρασύμαχον, οἳ πρῶτοι ῥητορικὰς τέχνας ἔγραψαν.

[1] Περὶ μὲν τῶν τοῦ Βομβυλιοῦ σημαινομένων, καὶ ἐφ' ἧς ἐννοίας ἔταξεν Ἰσοκράτης τὴν λέξιν, ῥηθήσεται ἐξηγουμένοις τοδὶ τὸ χωρίον. Τὸ δὲ Καυκάλιον γράφεται καὶ διὰ τοῦ β, ὡς δῆλον ἐκ πολλῶν μὲν καὶ ἄλλων, μάλιστα δὲ ἐκ τῶν ἀσκητικῶν βίων τε καὶ ἀποφθεγμάτων· εὕρηται γὰρ ἐν ἐκείνοις οὐ μόνον Βαῦκος, Βαυκάλιον, Βαυκαλία, Βαύκαλις, ἀλλὰ καὶ, Καύκη, Καυκίον, Καῦκος, Καυκάλιον, τῆς σημασίας ἐν ἑκατέρᾳ τῇ γραφῇ μηδὲν, ἢ ὡς ἐλάχιστόν γε, παραλλαττούσης· ἀγγεῖον γὰρ οἴνου ἢ ὕδατος σημαίνει ταῦθ' ἅπαντα. Καὶ οἱ μέν τινες τὴν διττογραφίαν ἀναλόγως τῇ τῆς Βορβορυγῆς καὶ Κορκορυγῆς γραφῇ γενέσθαι ὑπειλήφασιν· ἕτεροι δὲ παρὰ τὴν παρ' Ἀλεξανδρεῦσι βαύκαλιν (οὕτω γὰρ ἐκάλουν ἐκεῖνοι ποτηρίου τι εἶδος) παρεφθάρθαι πρῶτον τὴν διὰ τοῦ κ γραφὴν, εἶτα ἐκνικῆσαι τῷ χρόνῳ μηδὲν ἧττον τῆς ἑτέρας γνησίαν λογίζεσθαι, οὐ μόνον παρ' Ἕλλησιν, ἀλλὰ καὶ παρὰ Ῥωμαίοις. Καὶ οὗτοι γὰρ ἐν τῷ παρακμάζοντι Λατινισμῷ διὰ τῶν ὀνομάτων Bauca, Baucale, Baucalium, καὶ Caucus, Caucalus, τὴν Ἑλληνικὴν Βαύκαλιν, ἢ Καύκαλιν, ἀδιαφόρως ἐξέφρασαν. ἐξ ὧν οἱ Ἰταλοὶ παραλαβόντες ἐσχημάτισαν τὸ Bocale. Ἡ δὲ παρ' ἡμῖν συνήθεια, ἀμφοτέρας φυλάξασα τὰς γραφὰς, Βωκάλιον μὲν καλεῖ αὐτὸ τοῦτο τὸ τῶν Ἰταλῶν Bocale, Καυκίον δὲ, τὸ κοῖλον τρυβλίον, καὶ τῆς τρυτάνης ἑκατέραν τὴν πλάστιγγα, Καύκαλον δὲ, τὸ κρανίον, διὰ τὴν τοῦ ὀστέου κοιλότητα, δι' ἣν καὶ οἱ Σκύθαι τοῖς τῶν πολεμίων κρανίοις ἀντὶ ποτηρίων ἐχρῶντο. Idem.

[2] Γοργίαν μὲν οὖν· οὗτος γὰρ ἔγραψεν Ἑλένης ἐγκώμιον, ὁ δὲ Πολυκράτης, Βουσίριδος. Idem.

[3] Ἔπιθι τὰ ἀνωτέρω (σελ. 786.) σημειωθέντα μοι περὶ τῶν καινῶν τούτων χιασμῶν. Idem.

[4] Τοῦτο βούλεται λέγειν, ὅτι Θεοφιλὴς ὀξυτόνως, ὁ τοῖς θεοῖς φιλούμενος· Θεοφίλης δὲ παροξυτόνως ὁ τοὺς θεοὺς φιλῶν. Ἔπιθι τὸν Σουίδαν (λέξ. Θεομίσης, καὶ Θεοστυγεῖς). Idem.

VARIANTES LECTIONES
AD ISOCRATEM.

AD VARIANTES LECTIONES

PRÆFATIO.

RECENSIO codicum et manuscriptorum et impressorum, qui laudantur; et Notæ quibus singuli designati sunt.

CODICES REGII PARISINI.

*** Hæc notitia de codicibus Parisinis ex editione Augeri exscripta est.

p 1. 963. Codex chartaceus, qui inter alia habet orationem Isocratis ad Demonicum. Is Codex ineunte sæculo decimo sexto exaratus videtur.

p 2. 1739. Codex chartaceus, qui inter alia plura præbet eandem orationem Isocratis ad Demonicum. Is Codex sæculo decimo quinto videtur exaratus.

p 3. 2010. Codex chartaceus, qui inter alia plura continet eandem Isocratis orationem ad Demonicum cum glossis interlinearibus. Quarum glossarum scripturæ lineamenta quum pæne obliterata sint, et mihi saltem legere conanti impervia, nihil inde extrudere potui. Is Codex sæculo decimo quarto exaratus videtur.

p 4. 2077. Codex chartaceus, olim Colbertinus, qui inter plura alia exhibet eandem Isocratis orationem ad Demonicum. Is Codex sæculo decimo quinto videtur exaratus.

p 5. 2557. Codex chartaceus, qui inter alia plura præbet eandem Isocratis orationem ad Demonicum. Ex hujus codicis margine distichum non contemnendum assumpsi [cf. p. 91. not.]. Is codex sæculo decimo quinto exaratus videtur.

p 6. 2596. Codex bombycinus, qui inter multa alia habet eandem Isocratis orationem ad Demonicum. Hujusce codicis pars major sæculo decimo quarto, reliqua anno Christi MCCCCXLVII. exarata sunt.

p 7. 2678. Codex chartaceus, qui inter alia plura orationem habet Isocratis ad Nicoclem. Is codex sæculo decimo sexto exaratus videtur.

p 8. 2930. Codex chartaceus, qui inter alia continet omnes Isocratis orationes, cum brevibus scholiis ad marginem conjectis. De his scholiis idem dico, quod de glossis interlinearibus codicis p 3. Hic peccat Catalogus impressus MSS. bibliothecæ Regiæ, siquidem XV. tantum orationes enumerat, quum omnes, i. e. XXI. contineantur. Is codex sæculo decimo quinto videtur exaratus.

p 9. 2931. Codex chartaceus, in quo omnes Isocratis orationes exhibentur. Is codex sæculo decimo quinto videtur exaratus.

p 10. 2932. Codex chartaceus, Fonteblandensis, in quo leguntur Isocratis orationes XIII. Desunt Panathenaicus, oratio de Antidosi, oratio adversus Lochitem, oratio de Bigis, Ægineticus, Trapeziticus, oratio adversus Callimachum. Hic etiam peccat Catalogus impressus; namque in orationum enumeratione Panegyricum omittit. Is codex sæculo decimo quinto exaratus videtur.

p 11. 2944. Codex chartaceus, qui inter alia plura habet Isocratis Archidamum. Ita Catalogus impressus, sed debebat scribere non *Isocratis Archidamum*, i. e. orationem Isocratis inscriptam Archidamus, at *Epistolam Isocratis ad Archidamum*, quam habet codex sub titulo non recto satis *Encomium Archidami*. Is codex sæculo decimo quinto videtur exaratus.

p 12. 2990. Codex bombycinus, qui continet Demosthenis in Æschinem fragmentum tribus constans paginis, et XIV. Isocratis orationes. Desiderantur Panegyricus, Panathenaicus, orationes ad Demonicum, adversus Lochitem, adversus Euthynum, de Antidosi, de Bigis. Is codex sæculo decimo quarto exaratus videtur.

p 13. 2991. Codex bombycinus, qui habet anonymi ad amicum consolationem de adverso rerum suarum statu, et omnes Isocratis orationes. Hic adhuc peccat Catalogus impressus, qui XVII. solummodo orationes recenset. Is codex sæculo decimo quinto videtur exaratus. In codice inscripto 2991 A. inter alia plura, legitur oratio Isocratis ad Demonicum. Quem codicem, quum ex eo nullam neque emendationem neque variantem extraxerim, nulla litera designavi.

p 14. 2992. Codex chartaceus, qui inter multa alia habet orationem Isocratis ad Demonicum. Is codex ineunte sæculo decimo sexto videtur exaratus.

p 15. 3024. Codex chartaceus, olim Colbertinus, qui inter alia exhibet Isocratis orationes ad Demonicum, ad Nicoclem, ejusdemque Nicoclem et encomium Helenæ. Catalogus impressus duarum duntaxat orationum mentionem facit, scilicet orationis ad Demonicum et laudationis Helenæ. Is codex sæculo decimo quinto exaratus videtur.

p 16. 3054. Codex chartaceus, qui, inter alias plures diversorum auctorum, continet Isocratis Epistolas, scilicet primam ad Philippum, ad Iasonis liberos, secundam ad Philippum, tertiam ad eundem, ad Alexandrum, quartam ad Philippum. Deest folium in quo legi deberet finis hujus epistolæ, et initium epistolæ ad Timotheum. Ultimum verbum epistolæ ad Philippum est διατετέλεκα, primum epistolæ sequentis ἀνθρώπων. Post epistolam, vel potius partem epistolæ, ad Timotheum legitur epistola ad Mitylenæorum magistratus, et epistola ad Archidamum, cujus deest initium. Incipit in codice ab his verbis *τῶν ἐν Πελοποννήσῳ*. Hujus codicis accuratam rationem eo lubentius exscripsi, quod ex eo, quem primo adspectu libellum vilem et contemnendum dixeris, multo plures quam ex aliis omnibus tum emendationes tum conjecturarum mearum confirmationes eduxerim. Cæterum is codex sub finem sæculi decimi quinti videtur exaratus.

CODICES ALII.

a. Codex Augustanus, a Matthæi collatus, orationem primam continens.

b. Codex Bavaricus, qui Monachii est, ab Hardtio collatus.

f. Codex Fuggeranus Hieronymi Wolfii.

h. Codex Helmstadiensis, quo Matthæi usus est in Epistolis. Cf. Præfat. ad Variantes Lectiones Æschin. p. 403.

i. Codex Ambrosianus, a Mustoxyde collatus.

k. Codex Baroccianus.

l. Codex Laudianus.

m. Codex Mosquensis, quem cum ultima epistola Matthæi contulit.

n. Codex MS. in bibliotheca Collegii Novi apud Oxonienses reservatus, a Battieo collatus.

o. Codex Bodleianus, a Battieo collatus.

r. Codex Harleianus, a Battieo collatus.

s. Codex impressus 1493. Collegii Novi apud Oxonienses, a Battieo collatus.

t. Plut. 87. cod. 14. Codex Laurentianus, ab Orellio collatus.

u. 111. Codex Urbinas membranaceus, cum conjecturis diversorum et variis lectionibus ad marginem conjectis. Ipsum Textum porro audaces isti ac factiosi correctores temerarunt, et multis in locis lectionem primariam plane deleverunt.

v. 65. Codex Vaticanus membranaceus, a Corae collatus. *Ἐτελειώθη ἡ βίβλος αὕτη παρὰ Θεοδώρου ὑπάτου καὶ βασιλικοῦ Νοταρίου, γραφεῖσα οἰκείᾳ χειρὶ αὐτοῦ μηνὶ Ἀπριλλίῳ ΚΕ - - - τοῦ ἁγιόυ Μάρκου, ἔτει ,ϛΦΟΑ. Κύριε, βοήθει τῷ ταύτην γράψαντι. Ἀμήν. Ἔχει τὸ παρὸν βιβλίον φύλλα τδʹ.* Cf. Coraes *περὶ τῆς Ἐκδόσεως τοῦ Ἰσοκράτους σελ. οθ.*

EDITIONES.

Med. Editio Mediolanensis, 1493. fol.

Ald. Editio Aldina, 1513. fol.

Hag. Editio Haganoensis, 1533. 8vo.

Bas. Editio Basiliensis prima, 1546. 8vo.

Isin. Editio Isingriniana, Bas. 1550. 8vo.
Wolf. Editio Hieronymi Wolfii, Bas. 1570. fol.
Brub. Editio Brubachiana, seu Francofurtensis.
Bekk. Editio Immanuelis Bekkeri, Oxon. 1823. 8vo.

*** Notæ compendii gratia: pr., quod dicunt, prima manus — corr. correctus — lit. litera vel literæ — om. omittit vel omittunt — eras. erasa est vel erasæ sunt — sup. lin. supra lineam — add. in marg. addit vel addunt in margine.

Codices et Editiones cum Editione H. Stephani conferuntur.

Cæterum, velim intelligas, omnes verborum transpositiones, quas post secundam orationem in Sylva Variantium Lectionum notare desii, ex auctoritate Cod. Urbinatis factas esse, inque omnibus his locis me Bekkeranis vestigiis institisse.

VARIANTES LECTIONES AD ISOCRATEM.

ΠΡΟΣ ΔΗΜΟΝΙΚΟΝ.

P. 87. Tit. ΠΡΟΣ ΔΗΜΟΝΙΚΟΝ ΠΑΡΑΙΝΕΣΙΣ] ΛΟΓΟΣ ΠΡΟΣ ΔΗΜΟΝΙΚΟΝ n. ΠΡΟΣ ΔΗΜΟΝΙΚΟΝ u. Bekk. ΠΡΟΣ ΔΗΜΟΝΙΚΟΝ ΛΟΓΟΣ ΠΑΡΑΙΝΕΤΙΚΟΣ s.

P. 87. 2. εὑρίσομεν n.

P. 88. 1. ἀπέστειλά l. o. 2. ἡμᾶς] ὑμᾶς a. n. p 1. 3. 5. 6. 8. 10. r. u. Bekk. Ibid. φιλίας] εὐνοίας n. r. u. Bekk. 7. σὺ μὲν ἀκμὴν φιλοσοφεῖς] σοὶ μὲν ἀκμὴ φιλοσοφεῖν k. o. p 1. 2. 13. u. Bekk. 10. ἐπιχειροῦσιν ποιεῖν, οὐ k. 11. κράτιστον] κάλλιστον r.

P. 89. 1. μόνον om. k. u. Bekk. 2. καὶ om. k. u. Bekk. 9. ἐστι om. n. o. Ibid. ἀνάλωσεν] ἀνήλωσεν r. u. Bekk. ἠνάλωσεν alter r. ult. ταύτης om. o. Ibid. πλέον r.

P. 90. 1. ἔβλαψε] ἐλυμήνατο k. et γρ. in marg. u. 2. ἐπεσκότισεν k. n. o. r. ἐσκότισεν p 1. 3. ἐν ταῖς] ἐν om. k. n. o. r. u. v. Bekk. 6. καθιστῶσα] καθιστᾶσα k. u. Bekk. 10. ἐπέβαλλεν l. n. o. ult. καὶ om. o.

P. 91. 1. ἐμοῦ λεγ.] ἐμοῦ σοι λεγ. l. o. r. u. Bekk. Ibid. οὐδὲ γὰρ] οὐ γὰρ k. u. v. Bekk. 3. ὑπέμενεν] ὑφίστατο k. et corr. u. 4. παρακαίρως] ἀκαίρως k. παρακαιρὸν h. n. παρὰ καιρὸν o. Ibid. ἀπήλαυε] ἀπέλαυε u. Bekk. 7. τε om. u. v. Bekk. 8. ἐθαύμ. πάντας τοὺς l. o. 14. πρὸς ὃν k. u. Ibid. δεῖ σε ζῆν r.

P. 92. 1. γενήσει u. Bekk. 7. ἅπασιν om. o.

P. 93. 2. νόμοις] ὅρκοις u. 3. τοὺς] τοὺς σεαυτοῦ r. 4. σαυτοῦ] σεαυτοῦ k. u. Bekk. σοὺς r. 6. συμφέροντα om. k. u. Ibid. ἐπιτυγχάνοις] ἐπιτύχοις k. u. Bekk. Ibid. λέγεις p 1. ult. σαυτὸν] σεαυτὸν k. p 1. u. Bekk.

P. 94. ult. σαυτῷ] σεαυτῷ k. n. u. Bekk. αὐτῷ Ald. Ibid. γε om. u. Ibid. Τὸν μὲν θεὸν] Τοὺς μὲν θεοὺς l. o. r. u. Bekk.

P. 95. 7. κρύψῃ r. Ibid. ὀφθήσει u. Bekk. 8. τοιαῦτα r. Ibid. ἄλλοις ἦν] ἄλλοις ἂν k. n. o. r. u. v. Bekk. Ibid. πράττωσιν l. n. o. r. v. 10. ταῦτα διαφύλαττε k. u. pen. μανθάνειν] μαθεῖν k. u. o. u. Bekk. ult. λαμβάνειν r.

P. 96. 1. τῶν λόγων om. x. 4. κρείττω χρημάτων r. 5. μόνη] μόνον k. u. Bekk. Ibid. χρημάτων u.

P. 97. 2. et 7. ἔσει u. Bekk. qui sic et infra. 3. πυκνὰς ποιοῦ] ποιοῦ πυκνὰς u. v. Bekk. 5. δύναιο] δύνῃ k. u. Bekk. 7. ἄσκει] ἡγεῖσθαι p 1. 8. ἂν κέρδη] ἐὰν κέρδη u. Bekk. 9. ἂν παραπλ.] ἂν om. p 1. 5. 8. 9. 10. 13. 15. r. u. Bekk. 10. ἔχεις k. Ibid. σαυτὸν] αὐτὸν k. ἑαυτὸν u. σεαυτὸν Bekk. 12. ἂν αἰσχρὸν] ἐὰν αἰσχρὸν k. n. o. r. u. Bekk. 13. λυπηροῖς] πονηροῖς k. u. Ibid. ἂν τὰς] ἐὰν τὰς k. n. o. r. u. Bekk.

P. 98. 5. δύω v. 6. ἐκ κινδ.] ἐκ μεγάλων κινδ. k. l. n. o. u. Bekk. 7. θεὸν] θεῶν l. n. o. u. Bekk. Ibid. ὀμόσεις k. ὀμώσῃς o. Ibid. μέλλῃς εὐορκεῖν r. antep. προτέροις] πρότερον l. o. p 1. 6. r. u. Bekk. προτέροις πρότερον p 5. pen. γενήσεσθαι] γενέσθαι codd. et Bekk.

P. 99. 4. ἂν μὴ] ἐὰν μὴ k. n. o. u. Bekk. Ibid. δεόμενος τὸ] δεόμενός του Bekk. antep. ἀνακοίνου] ἀνακοινοῦ u. Bekk. pen. αὐτῶν τὸν τρόπον u. Bekk. ult. τε om. o.

P. 100. 1. δοκιμάζομεν] βασανίζομεν k. r. u. Bekk. 2. ἐπιγιγνώσκομεν l. om. r. 3. οὕτω δ' ἂν] οὕτω δ' l. n. o. r. οὕτως k. n. Bekk. Ibid. ἂν μὴ] ἐὰν μὴ k. n. o. u. Bekk. Ibid. προσμένῃς k. u. παραμένῃς n. o. Ibid. ἐν τοῖς καιροῖς αὐτοῖς] αὐτοῖς ἐν τοῖς καιροῖς v. u. Bekk. 5. ὁμοίως δ' o. p 5. r. Ibid. αἰσχρὸν νομ.] αἰσχρὸν εἶναι νομ. k. o. r. u. Bekk. Ibid. ἐχθρῶν τε l. n. 9. μὲν γὰρ ἀτυχοῦσι] γὰρ ἀτυχοῦσι μὲν o. u. Bekk. pen. ἔστι γὰρ] ἔστι δὲ l. n. u. Bekk.

P. 101. 4. τῶν πλούτων p 1. Ibid. σπουδ. χρῆσθαι] σπουδαζόντων μὲν χρῆσθαι u. Bekk. ult. τοῖς χρῆσθαι] τοῖς κτᾶσθαι k. n. p 15. r. u. et in marg. p 8. 14. Bekk.

P. 102. 1. ἕνεκεν u. Bekk. 2. ἐκτῖσαι καὶ] ἐκτῖσαι δύνασθαι, καὶ k. u. Bekk. 4. αὐτὸν] αὐτὴν l. p 5. 15. r. u. Bekk. αὐτὴν (above: αὐτὸν) p 6. 5. βέλτιστα k. Ibid. ὀνειδίσκει l. 8. κακοὺς εὖ] κακοὺς δ' εὖ r. δ' om. Bekk.

P. 103. 1. πιστεύοντας] πιστεύσαντας k. l. o. u. Bekk. 2. σοι om. k. u. Bekk. 4. ὁμιλιτικὸς k. o. 5. σεμνός τε καὶ ὑπεροπτικός.

o. Ibid. τῶν μὲν γὰρ τὸν ὑπερoπτικὸν] τὸν μὲν γὰρ τῶν ὑπερoπτικῶν r. u. Bekk. 6. τῶν δὲ τὸν ὁμιλητικὸν] τὸν δὲ τῶν ὁμιλητικῶν r. u. Bekk. τῶν δὲ τῶν ὁμιλητικῶν p 1. 5. 7. ἅπαντες ἂν r. 8. πάντα] πάντας k. r. u. Bekk. τοὺς πάντας n. ult. περὶ] παρὰ l. u. om. k. Ibid. περὶ] παρὰ u.

P. 104. 2. τὰς om. k. r. Ibid. ἀχαρίστοις k. r. 3. πάσχουσιν] ποιοῦσιν l. o. 6. ἂν δέ] ἐὰν δέ k. n. o. u. Bekk. Ibid. ποτε om. r. Ibid. σοι om. k. antep. ἀποβάλλουσιν] ἀποβαλοῦσιν u. Bekk. pen. διαμαρτάνοντα] διαμαρτόντα u. Bekk. ult. εὐθυνόντων] εὐθυνούντων a. u. Med. Bekk.

P. 105. 6. ὃν] ὧν k. o. u. Bekk. Ibid. ἐλύπησε r. Ibid. τούτῳ] τούτων k. o. u. Bekk. 7. ἔδωκεν o. r. Ibid. βούλει k. l. n. 8. αὐτῶν πρότερον πρὸς k. r. 9. μὲν γὰρ φιλίας] γὰρ φιλίας μὲν k. u. Ald. Bekk. 10. παράδειγμα o. antep. ταχίστην] πλείστην k. p 1. r. ult. μὲν θεοῦ] μὲν τῶν θεῶν k. l. n. o. r. u. Bekk.

P. 106. 1. αὐτῶν om. o. r. 2. βούλει] βούλη u. Bekk. Ibid. τινι n. o. 3. κοινώσασθαι n. o. 4. γνώμην] γνῶσιν k. u. Bekk. 5. δὲ ὑπὲρ τῶν] ὑπὲρ k. o. r. u. Bekk. 6. συμβουλεύεσθαι] συμβούλῳ χρῆσθαι a. k. u. et γρ. r. Bekk. βουλεύεσθαι o. Ibid. πρότερον l. o. 7. ὑπὲρ τῶν αὐτοῦ] τὰ ἑαυτοῦ k. u. Bekk. Ibid. ὑπὲρ τῶν] περὶ τῶν k. l. o. r. u. Bekk. 8. ἰδίων] οἰκείων k. u. Bekk. Ibid. περὶ] ὑπὲρ o. 9. ἂν κάλλιστα βουλεύσασθαι r. 10. ἐξ ἀβουλ. o. 11. ὑγείας o.

P. 107. 1. μὲν καὶ om. k. l. o. 7. ἁμάρτοι] διαμάρτη k. l. o. ἁμάρτη u. Bekk. 13. δυνάμενον] δύνασθαι k. u. Bekk. 14. ἔχειν] ἔχων k. n. o. u. Bekk. Ibid. δοκῇς γ' ἂν ὀρ. k. ult. τούτου k. u.

P. 108. 3. γε σπουδαίαις] χρησταῖς k. r. 4. περὶ βίου o. περὶ om. n. 6. τὸ μὲν σῶμα εἶναι φιλ., τὴν δὲ ψυχὴν] τῷ μὲν σώματι εἶναι φιλ., τῇ δὲ ψυχῇ k. u. Bekk. 8. ἐπέστη o. 9. ἂν om. o. Ibid. λέγειν] ἐρεῖν u. Bekk.

P. 109. 1. καὶ λυποῦ] λυποῦ δὲ k. o. u. Bekk. 2. ἐν μηδετέροις n. o. 12. ἡ φύσις om. k. p 1. u. Ibid. ἀπένειμε om. p 1. 16. παρ. σοῦ βίου o. r. 17. παράγγελμα] παράδειγμα o. 18. μετ' εὐνοίας συμβουλεύοντα u. Bekk. 19. οὖν om. o. Ibid. μὴ παρ' ἑτέρου τὰ λοιπὰ u. Bekk. antep. ἂν ἔχω] ἂν om. u. Bekk. pen. τῷ θεῷ] τοῖς θεοῖς k. l. o. u. Bekk. ult. ἣν] ἧς k. u. Bekk.

P. 110. 1. εὑρίσομεν n. 5. σου om. u. Ibid. φιλοσοφίᾳ p 1. 8. ὀρέγεσθαι u. 10. τὰς ἐκ] τὰς om. k. n. o. u. Bekk. Ibid. ἐχώμενο. 11. καὶ τῷ τὰς o. r. 14. πρῶτον] πρότερον k. n. Bekk. 15. ἐλυπήθησαν k. n. 16. ἅπασι] πᾶσι u. Bekk. 18. τῶν om. o. r. Ibid. αὐτὰ om. k. u. 19. ἕνεκεν u. Bekk. 21. διότι] ὅτι k. p 5. r. u. Bekk. ult. ἢ] ἢ r: διὰ τὸ k. u. Bekk. Ibid. ἔχει r.

P. 111. 2. φήσαντας u. 3. καὶ εἰκότως o. Ibid. μόνῳ] μόνον u. Bekk. 4. που τοὺς] πού γε τοὺς k. o. r. u. Bekk. 5. ἐλαττωμένους r. 6. ὑπολαμβάνομεν o. Ibid. αὐτοὺς u. Bekk. 8. ἐνεχείρησεν o. 13. ἀνδρῶν n. 16. οἷς χρὴ] οἷς δεῖ k. u. Bekk. 19. τι om. o. 22. ἑκάστων n. o. Ibid. χρήσιμα] βέλτιστα k. u. Bekk. Ibid. χρὴ] δεῖ u. Bekk. ult. κρατήσειεν k. subscribit u. πρὸς δημόνικον. ἅμα τῶι ἑταίρωι εὐσταθίωι.

ΠΡΟΣ ΝΙΚΟΚΛΕΑ.

P. 112. Tit. ΠΕΡΙ ΤΟΥ ΒΑΣΙΛΕΥΕΙΝ Η ΠΕΡΙ ΒΑΣΙΛΕΙΑΣ om. u. Bekk. ΠΕΡΙ ΤΟΥ ΒΑΣΙΛΕΥΕΙΝ Η om. v.

P. 112. 1. Νικόκλεες k. Ibid. τοῖς βασιλεῦσιν ὑμῖν u. Bekk. 2. ἢ ἄλλο] ἢ τῶν ἄλλων u. Bekk. ult. χρημάτων] κτημάτων k. u. p 7. 8. 9. 12. r. u. Bekk.

P. 113. 3. ἐγὼ δ' ἡγησαίμην] ἐγὼ δ' ἡγησάμην v. et in marg. u. Bekk. ἡγησάμην δ' u. ἡγησαίμην n. 4. ταύτην καλλίστην γενέσθαι] γενέσθαι ταύτην καλλίστην u. Bekk. εἶναι pro γενέσθαι habet u. 7. ἔργων om. u. 8. διοικῆς u. διοικοῖς Bekk. 9. καὶ μάλιστα] καὶ om. u. Bekk. 10. ἀγωνίζεσθαι τὴν ἡμέραν] τὴν ἡμέραν βουλεύεσθαι u. Bekk. 13. ταῖς ἀλλήλων ἁμαρτίαις om. k. r. 14. τινὲς καὶ τῶν ποιητῶν] καὶ τῶν ποιητῶν τινὲς u. Bekk. 17. μᾶλλον ἔδει τῶν ἄλλων παιδεύεσθαι] ἔδει παιδεύεσθαι μᾶλλον τῶν ἄλλων r. u. v. Bekk. 19. κατασταθῶσιν] καταστῶσιν u. Bekk. 21. γενόμενοι] γιγνόμενοι k. u. v. Bekk.

P. 114. 3. ἅπαντας] ἅπαντες u. v. Bekk. 5. εὕρωσι] ὁρῶσι u. Bekk. Ibid. ἐχρῆν] χρῆν u. Bekk. 11. ὃ πάντων τῶν k. 12. πλείονος] πλείστης k. n. u. Bekk. antep. οὖν πρᾶξιν] οὖν τὴν πρᾶξιν u. Bekk.

P. 115. 1. καθόλου] καθ' ὅλων u. Bekk. 5. τῶν ἐμμέτρων] τῶν μετὰ μέτρου u. Bekk. 8. ὑποδειχθέντα] ἐπιδειχθέντα r. u. v. Bekk. 10. καὶ τό γε] καὶ τό γε p 7. καὶ τὸ τοῦτο k. n. τό γε u. Bekk. Ibid. ἐγχείρημα] ἐπιχείρημα u. Bekk. 12. μόνον u. Bekk. 14. ἂν om. n. Ibid. ὠφελήσειε] ὀνήσειε u. Bekk. 15. αὐταῖς] αὐτοῖς r. u. Ald. Bekk. antep. τὸ κεφάλαιον καὶ τὴν δύναμιν ὅλου τοῦ πράγματος καλῶς παραλάβωμεν] ἐν κεφαλαίοις περιλάβωμεν ὅλην τὴν δύναμιν τοῦ πράγματος, καλῶς k. ἐν κεφαλαίοις τὴν δύναμιν ὅλου τοῦ πράγματος καλῶς περιλάβωμεν r. u. Bekk. συμπεριλάβωμεν habet p 7. ult. τῶν ἄλλων μερῶν] τῶν μερῶν u. Bekk. τῶν λοιπῶν μερῶν in marg. u.

P. 116. 1. τε om. u. Bekk. 3. τὰ συμπίπτοντα κατὰ τὴν ἡμέραν ἑκάστην u. Bekk. τὰ καθ' ἡμέραν ἑκάστην συμπ. v. 6. τούτων] τηλικούτων r. u. Bekk. Ibid. ῥαθ. ἀλλὰ] ῥαθ. μηδὲ ἀμελεῖν, ἀλλὰ r. u. Bekk. 7. φρονιμώτεροι r. Ibid. διακείσωνται] διακείσονται u. Bekk. 8. ἕξουσι τὰς βασιλείας] τὰς βασιλείας ἕξουσι u. Bekk. Ibid. οἵας ἂν τὰς ἑαυτῶν u. Bekk. 10. ἀθλητῶν] ἀσκητῶν u. Bekk. 11. βασιλεύουσι in marg. u. 12. οὐθὲν] οὐδὲν r. u. Bekk. Ibid. ὑπὲρ ὧν] περὶ ὧν r. u. v. Bekk. 13. ἀγωνίζεσθε τὴν ἡμέραν] τὴν ἡμέραν ἀγωνίζεσθε u. Bekk. 15. προέχῃς r. 16. διοίσῃς r. antep. ὑμᾶς r. Ibid. δύναμιν ἔχειν u. Bekk.

P. 117. 2. ἄλλως τε καὶ r. x. Ald. 3. μάλιστα δυναμένης r. Ibid. ψυχὴν] φύσιν r. u. Bekk. 4. τὴν γνώμην om. n. Ibid. καὶ om. r. 5. τοὺς ἄλλους p 7. τῶν ἁπάντων r. 9. ἐλασσόνων] ἐλαττόνων u. Bekk. 10. μεγίστων in marg. u. Ibid. ἀνταγωνιστήν] ἀγωνιστήν u. Bekk. pen. βουλεύσοντα καὶ τ. π. ὀρθῶς ὡς r.

P. 118. 2. φρονίμοις v. 3. ἄγνοιαν u. 6. ποιήσειν τῶν δεόντων] τῶν δεόντων ποιήσειν u. Bekk. 8. ἦν] ἂν u. 11. αὐτοῖς om. n. 13. θεραπεύσωσι] θεραπεύωσι r. u. Bekk. 14. μήτε τὸν ὄχλον ὑβρίζειν] μήθ' ὑβρίζειν τὸν ὄχλον u. Bekk. 15. σκοπεῖς r. 16. ἀδικηθήσονται] ἀδικήσονται u. Bekk. ult. τῶν πραγμάτων καὶ τῶν προσταγμάτων κίνει r.

P. 119. 1. καλῶς καὶ μετατίθη n. 3. καλῶς ἔχ.] ὀρθῶς ἔχ. r. u. Bekk. 7. ποιήσουσι u. Bekk. 10. προθύμως] προθυμότερον u. Bekk. 11. ἀμφισβητοῦσι r. 12. περί γε] καὶ περὶ r. περὶ u. Bekk. 14. ἀμετακινήτως] ἀκινήτως r. u. v. Bekk. antep. διοίκει] οἴκει u. Bekk.

P. 120. 1. ἐν μηδεμίᾳ] μηδ' ἐν μιᾷ u. Bekk. 4. τὰ] καὶ r. 6. πλέονος] πλείονος r. u. Bekk. Ibid. τὰ περὶ] τὰ μὲν πρὸς u. τὰ πρὸς Bekk. 8. τοῦτο εἶναι θῦμα κάλλιστον] θῦμα τοῦτο κάλλιστον εἶναι u. Bekk. εἶναι om. r. 9. σαυτὸν u. Bekk. 10. ἐλπίς ἐστι τοὺς r. ult. ταῖς ἀρχαίαις p. 12. Ibid. τῶν τιμῶν] τῶν φίλων n. r. u. Bekk.

P. 121. 1. ἀληθεστάταις τοὺς] ἀληθείαις αὐταῖς τοὺς r. u. Bekk. 4. διασώζειν] σώζειν u. Bekk. 5. τῶν οἴκων τῶν ἰδιωτῶν] τῶν οἴκων τῶν ἰδίων n. τῶν πολιτικῶν οἴκων ἢ τῶν οἴκων τῶν ἰδίων r. τῶν οἴκων τῶν πολιτικῶν u. Bekk. 6. καὶ τοὺς u. Bekk. Ibid. δαπανωμένους] δαπανῶντας r. u. Bekk. Ibid. ἀπὸ τῶν] ἀπὸ τῶν ἰδίων τῶν p 8. 9. r. et in marg. u. 7. καὶ τοὺς] τοὺς δὲ n. Ibid. πλείω ποιεῖν τὰ σά r. antep. τιμῶν n. pen. μᾶλλον ἢ r.

P. 122. 1. ἀφικνούντων r. 2. εἰσάγοντας] ἄγοντας r. u. Bekk. 4. φόβους ἐξαιροῦ] πολλοὺς φόβους ἐξαίρει u. Bekk. 5. πολιτειῶν n. Ibid. περιδεὴς ε. τοῖς μ. ἀδικοῦσι] περιδεεῖς ε. τοὺς μ. ἀδικοῦντας u. Bekk. 8. σοι om. r. Ibid. post ἢ add. sup. lin. in p 7. ὀργισθῆναι. ult. ἑαυτῶν σ. ἄ. σε] αὐτῶν σ. ἄ. ἑαυτῶν σε u. Bekk.

P. 123. 1. γίγνου] μὲν ἴσθι u. Bekk. 5. et 12. ἁπάντων] πάντων u. Bekk. Ibid. ἂν om. n. u. Ibid. μέλλοι n. r. u. 7. εἶναι om. u. Bekk. 9. μετρίων μὲν] καλῶν μὲν r. u. v. Bekk. 12. εὐδαιμονίσειν r. antep. ἄρχῃς] καὶ κακίας ἄρξῃς u. Bekk. pen. οἷος n. Ibid. ὡς ἐν n. ult. ἀπορῇς] ἀτυχῇς u. Bekk.

P. 124. 2. σῆς om. r. 3. συνδιατρίψοις — διοικήσοις r. 4. συνόντων σοι r. 5. πλησιάζοντες] πλησιάσαντες u. Bekk. 6. νομιοῦσι] εἶναι νομιοῦσι n. r. u. v. Bekk. 7. αὐτὸς σὺ r. 8. ἐκεῖνοί γε r. Ibid. πᾶν] ἅπαν u. Bekk. 9. ἢ] ἢ ὅτι ἂν r. pen. συνδοκιμάσαντας r. ult. καὶ τοὺς μετ' εὐνοίας θεραπεύοντας om. r. v.

P. 125. 3. τοὺς λέγ.] τούς τε λέγ. r. u. Bekk. Ibid. ὁποῖοι καὶ τίνες] ὁποῖοί τινές u. Bekk. 5. αἷσπερ ἂν] ἂν om. u. v. Bekk. 6. καὶ τῶν] καὶ om. u. Bekk. 7. κρατεῖς n. 10. χαίρειν] διατελεῖν in marg. u. 13. ἐπ' ἀρετῇ μέγα φρόνει r. ἔσο μεγαφρονῶν ἐπ' ἀρετῇ k. pen. γιγνομένας om. k. r. ult. θαυμάζουσιν a. r.

P. 126. 1. ἐὰν] ἢν u. Bekk. 2. δὲ ἀεὶ περὶ r. 6. βουλεύειν k. r. 10. τῇ δόξῃ — ἡ δόξα k. antep. τοῖς φαύλοις παρ.] φαύλοις παρ. u. Bekk. τοῖς φαύλοις ἐνίοτε παρ. k. ult. μὲν ταῖς] μὲν ἐν ταῖς k. r. u. v. Bekk.

P. 127. 1. βασιλέας] βασιλεύοντας u. Bekk. 6. τοῖς ἁμαρτ.] τοῖς om. u. Bekk. 7. ἐπιτυγχάνειν r. 9. ἰσχύουσιν] ἔνεισιν u. Bekk. 12. πραγμάτων] τῶν προσταγμάτων u. Bekk. 13. ἐπὶ πολὺ] ἐπὶ τὸ πολὺ k. r. u. v. Bekk. 16. ἑκατέραις] ἐν ἑκατέραις r. ἑκατέρᾳ u. Bekk. 17. ἀκριβῶς εἰδέναι βούλει] ἀκριβῶσαι βουληθῇς u. Bekk. antep. βασιλεῖς, ἐμπ. μετατίθει u. pen. διδάξει n.

P. 128. 2. τυράννοις ἀπ' αὐτῶν· ἂν u. 3. καὶ περὶ] καὶ om. u. Bekk. 4. ἐθέλειν τινὰς] τινὰς ἐθέλειν u. Bekk. 9. καὶ σαυτῷ καὶ u. Bekk. Ibid. ἢν δ'] ἐὰν δ' k. u. v. Bekk. pen. ἅπασι] πᾶσι u. Bekk. ult. ποιήσεις] ποιήσῃς r. πράξεις u. Bekk.

P. 129. 1. ἅμα πᾶσαν] ἅπασαν ἅμα u. Bekk. 2. [μὲν] om. codd. et edd. Ibid. ἔτυχες μὲν k. 3. [ἀθανάτου δὲ ψυχῆς] om. u. Bekk. Ibid. ἀθ. μνήμην] ἀθ. τὴν μνήμην u. Bekk. 5. ὅμοιος n. Ibid. ἃ δ'] ἅττ' k. n. r. u. v. Bekk. 7. μιμοῦ καὶ τὰς k. 8. τοῖς παισὶν τοῖς σαυτοῦ (et sic Auger.)] τοῖς αὐτοῦ παισὶν u. Bekk. ἅ τινα ἂν συμβουλεύσειας τοῖς παισὶ σεαυτοῦ k. 10. ἀκριβῶς περὶ μικρῶν] περὶ μικρῶν ἀκριβῶς u. Bekk. 17. δυστυχίας r. antep. εἰρημένων] λεγομένων u. Bekk. pen. σὺ αὐτὸς γινώσκεις. οὐ γὰρ r. Ibid. διέλαθεν] παρέλαθεν u. Bekk. ult. ἰδιωτῶν] ἄλλων u. Bekk.

P. 130. 2. ἔνια δ'] οἱ δ' u. Bekk. 3. γὰρ om. k. 6. ἔστιν εὑρεῖν] ἔξεστιν εἰπεῖν

u. Bekk. Ibid. ἀλλὰ χρὴ ἡγ. k. Ibid. εἶναι om. u. Bekk. 12. ταὐτὸ om. u. Bekk. Ibid. νομοθετοῦντας r. 13. ἅπαντες om. u. Bekk. Ibid. οὐ om. u. Bekk. 14. ἀλλὰ μᾶλλον αἱρ. συνεῖναι om. u. Bekk. Ibid. προαιροῦνται k. r. Ibid. ἐξαμαρτάνουσιν] συνεξαμαρτάνουσιν u. Bekk. 16. Φωκυλλίδου r. 17. γεγενῆσθαι συμβούλους u. Bekk. 20. καὶ τῶν] καὶ om. u. Bekk. 25. ἓν om. n. 26. ἐθέλοιμεν] θέλοιμεν ἂν r. θέλοιμεν u. Bekk. Ibid. φύσεις τῶν] φύσεις τὰς τῶν u. Bekk. antep. εὑρίσομεν n.

P. 131. 3. εἶναι καὶ φιλοπόνους] καὶ φιλοπόνους εἶναι u. Bekk. 4. μὴ ποιοῦντας] μὴ om. u. Bekk. 6. λόγοις om. u. Bekk. ult. τινος om. k. r.

P. 132. 1. συνουσίαις λοιδ.] συνουσίαις ἢ λοιδ. u. Bekk. 3. εὐωχουμένους k. n. p 7. 8. 10. r. Ibid. ταῦτα om. u. Bekk. Ibid. κατὰ πάντων] καθ' ἁπάντων u. Bekk. 9. ἁμίλλας ἄχθονται] ἄχθονται om. u. Bekk. ψυχαγωγοῦνται adscriptum in marg. habet v. Ibid. τὴν τοῦ 'Ομ. k. 10. πρώτως] πρώτους k. r. u. Bekk. 11. τὴν secundum om. k. 13. πολ. τῶν] πολ. τοὺς τῶν u. Bekk. μύθους r. Ibid. τῶν ἡμιθέων om. k. r. 15. ἀκουστὰς] ἀκουστοὺς k. n. p 7. 8. 9. r. u. v. Med. Bekk. 16. γεγενῆσθαι] γενέσθαι u. Bekk. 18. ἀφετέον k. Ibid. ἐκεῖνα δὲ γραπτέον καὶ] τὰ δὲ τοιαῦτα u. Bekk. 19. ὄχλους χαίρ.] ὄχλους μάλιστα χαίρ. u. Bekk. antep. δεῖν post τύραννον ponit r. Ibid. οὐχ] τὸν οὐχ u. Bekk. pen. ὄντα τύραννον] βασιλεύοντα u. Bekk.

P. 133. 2. ἀνακρίνειν] κρίνειν k. n. p 7. 8. r. u. Bekk. Ibid. τῶν πράξεων om. u. 3. περὶ τῶν] περὶ μὲν τῶν u. Bekk. Ibid. τῶν secundum om. k. 4. τὴν om. k. r. Ibid. διατρίβοντες] ὄντες k. r. u. Bekk. 7. αὐτῇ k. r. 8. γενέσθαι συμβουλεύεσθαι δυν.] φαίνεσθαι δυν. βουλεύεσθαι r. γενέσθαι βουλεύεσθαι δυν. n. φαίνεσθαι βουλεύεσθαι δυν. u. Bekk. 9. ἀφέμενον] τὸν δυνάμενον βουλεύεσθαι k. 10. ἐπὶ τοῦ συνομολογουμένου λαμβ. u. Bekk. 12. τοὺς primum om. u. Bekk. Ibid. εἰ δὲ μὴ] δεῖ δὲ k. r. Ibid. τοὺς καθόλου] τοὺς μὴ καθόλου k. r. τοὺς καὶ περὶ καθόλων n. τοὺς καθόλου p. 7. καὶ καθ' ὅλων u. Bekk. 13. τοὺς μηδὲν] τοὺς μὲν μηδὲν u. Bekk. 14. ἀποδοκιμάζειν] ἀποδοκίμαζε u. Bekk. antep. ὧν om. k. r. Ibid. αὐτῷ] αὐτὸς u. Bekk.

P. 134. 2. ἁπάντων κτ.] ἁπάντων τῶν κτ. k. r. u. Bekk. Ibid. μεγίστην σοι u. Bekk. 3. ποιήσειν] ποιεῖν u. Bekk. 5. παρῄνεσα] παρῄνεκα u. Bekk. 7. ἀρχόμενος, μὴ] ἀρχόμενος τοῦ λόγου, μὴ k. τοῦ λόγου om. Bekk. 8. πολὺ om. n. 9. ἢ τῶν] ἢ παρὰ τῶν u. Bekk. antep. ἐὰν σφόδρα χρήσῃ] ἐὰν χρήσῃ καὶ σφόδρα n. κἂν σφόδρα χρῇ u. Bekk. Ibid. διαλίπῃς] διαλείπῃς u. Bekk. pen. κατατρίψῃς n. Ibid. μείζους καὶ] μείζους om. k. u. Med. Bekk. Ibid. οὔσας αὐτὰς ποιήσεις] οὔσας om. k. οὔσας αὐτὰς om. u. Med. Bekk. Subscribit u. πρὸς νικοκλέα περὶ βασιλείας ὑποθῆκαι. θεόδωρος ἅμα εὐσταθίωι.

ΝΙΚΟΚΛΗΣ.

P. 135. Tit. ΣΥΜΒΟΥΛΕΥΤΙΚΟΣ] ΣΥΜΜΑΧΙΚΟΣ v. x. Ald. ΚΥΠΡΙΟΙ u. Bekk.

P. 136. 3. φεύγουσι] ψέγουσι p 8. 9. 10. 13. 15. r. u. Bekk. 7. καὶ τὴν δικαιοσύνην ἀσκοῦμεν om. r. 11. τῶν πραγμάτων τούτων u. Bekk. Ibid. δι'] μεθ' r. u. om. x. Ald. 12. ἀλλὰ καταγορητέον τῶν r. 15. ὅπως] πῶς r. 17. ἐξαπατῶντας] ἐξαμαρτάνοντας r. u. Bekk.

P. 137. 2. οὐδ'] οὔτ' r. u. Bekk. Ibid. τύπτοιεν] τύπτουσι r. u. Bekk. 3. ἀποκτιννύντας τὴν] ἀποκτείνοντας οὓς οὐ δεῖ τὴν r. u. Bekk. 10. αἴσθονται u. Bekk. 12. ὄντων] ἐνόντων r. u. Bekk. Ibid. ζωῇ καὶ φύσει r. 15. πολλῷ] πολλῶν u. Bekk. 20. ᾠκήσαμεν v. Ald. 22. καὶ περὶ] καὶ om. u. Bekk. Ibid. καὶ περὶ] περὶ om. u. Bekk. ult. καὶ περὶ τῶν ἰδίων βουλ.] καὶ περὶ τῶν ἄλλων βουλ. x. Ald. καὶ περὶ τῶν ἰδίων om. r. u. Bekk.

P. 138. 1. δυναμένους λέγειν u. Bekk. 6. τὸν λόγον] τὸν om. u. Bekk. 10. ἤδη om. r. u. Ibid. πάντας] ἅπαντας u. Bekk. 12. καὶ καλλίστους] καὶ om. u. v. Bekk. 16. πρὸς ἀρχ.] πρὸς τοὺς ἀρχ. u. v. Bekk. 17. καὶ γὰρ διὰ] καὶ γὰρ n. διὰ γὰρ u. Bekk. 19. λόγον om. r. u. Bekk. Ibid. τοῦ 'Ισοκρ. r. 20. ἐκεῖνα ἃ r. 24. διαμαρτάνοιτε] διαμάρτοιτε r. u. Bekk. 26. γίγν. τοιοῦτον] γίγν. τούτων r. u. Bekk.

P. 139. 2. προσεπιδείξαιμι] προεπιδείξαιμι u. Bekk. 4. καὶ βελτίστη τῶν ἄλλων] βελτίστη τῶν r. u. Bekk. 8. οὐκ ἔστιν ὅστις οὐκ] τίς οὐκ r. u. Bekk. 14. διορθώσασθαι] διωρίσθαι r. u. Bekk. 18. ἐὰν μηδέτερος] ἢν μηδ' ἕτερος r. u. Bekk. 21. δευτέρῳ δὲ u. δεύτερα r. Ibid. τρίτῳ δὲ καὶ τετάρτῳ καὶ τοῖς r. u. pen. καὶ μὴν εἰ δεῖ] καὶ μὴν δὴ r. καὶ μὲν δὴ u. Bekk.

P. 140. 1. εὔξαιτο] δέξαιτο r. u. Bekk. 2. διαλήσῃ] διαλήσει u. v. Bekk. 5. καὶ δικαιοτέραν δικαίως] καὶ δικαιοτέραν om. p 10. r. u. v. Bekk. Ibid. κρίνοιμεν] εἶναι κρίνοιμεν u. Bekk. 11. καὶ πρὸς] καὶ om. r. u. Bekk. Ibid. βουλεύεσθαι r. u. v. Bekk. Ibid. καὶ πρὸς τὸ] πρὸς τὸ om. r. u. Bekk. 17. ἦν] εἰ r. 18. ἔχουσιν r. 21. πάντα δεῖ u. Bekk. 24. περὶ ἁπάντων] πάντων u. Bekk. antep. τὰ βέλτ.] τὰ om. u. Bekk. Ibid. ὑστεροῦσι] ὑστερίζουσι r. u. Bekk. pen. ὅτι τὸν πλεῖστον μὲν r.

P. 141. 2. βουλομένους r. 5. πρὸς ἀλλήλους om. r. u. 7. ἑαυτῶν] ἑαυτοῖς r. Ald. αὐτοῖς u. Bekk. 8. λαμβάνωσι] λάβωσιν r. u. Bekk. 9. πάντα] ἅπαντα r. u. Bekk. 10. ὁμοίως ἔχουσι] ὁμοίως om. r. u. Bekk. Ibid. μέγιστον πάντων] πάντων om. r. u. Bekk. Ibid. τοῖς γὰρ] ὅτι τοῖς r. 14. τοὺς φρονιμωτάτους] τοῖς φρονιμωτάτοις r. u. Bekk. 17. καθ' ἡμέραν] κατὰ τὴν ἡμέραν ἑκάστην r. u. Bekk. pen. χρῆσθαι] χρήσασθαι r. u. Bekk. ult, ὀφθῆναι codd. et edd.

P. 142. 7. ἴσμεν τὸν r. 8. ὃς παραλ.] ὅτι παραλ. r. u. Bekk. 13. παρὰ] περὶ r. 15. τῶν Ἀθηναίων om. u. 17. ποιῆται] ποιήσηται u. Bekk. 18. διὰ τούτων τῶν] διὰ τοιούτων u. Bekk. 20. τυραννούμενοι] τυραννευόμενοι r. u. Bekk. 26. τοῦ Διὸς] τοῦ om. u. Bekk. antep. ἀληθὴς ὁ λόγος u. Bekk.

P. 143. 3. αὐτὴν προέχειν u. Bekk. 5. ἐξαρκούντως] ἀποχρώντως u. Bekk. 7. τὴν ἀρχὴν ἡμεῖς u. Bekk. 11. καὶ πόλιν] καὶ τὴν πόλιν u. Bekk. 12. διένειμεν] κατένειμεν u. Bekk. 18. ὁ βασιλεύων u. 19. δι' αὐτὸν s. 20. ἀξιωθείην] ἀρχῆς ἀξιωθείην r. ἠξιώθην u. Bekk. Ibid. ἔγωγε (et sic A. C. L.)] ἐγὼ u. Bekk. ult. μετεχούσας μηδαμῶς] μὴ μετεχούσας r. u. Bekk. Ibid. τῶν ἰδεῶν om. u.

P. 144. 2. βίον τῶν] βίον τὸν τῶν u. Bekk. 3. δὲ δή] δὲ om. u. Bekk. 5. καταναλωμένα] κατηναλωμένα u. Med. Bekk. 10. δ' ἑτέρους] δ' om. u. Bekk. 20. δὲ τῆς Ἑλλ. ἡμῖν u. Bekk. 21. πανταχῆ r. v. Ibid. συλουμένων] συλωμένων u. Bekk. 23. ἀναβάλλεσθαι] ἀναβαλέσθαι r. u. Bekk. 25. τοῦ βασιλέως] τοῦ u. Bekk. pen. μικρῷ] μακρῷ v. μικρῷ Bekk.

P. 145. 1. μοι χώραν] μοι om. u. Bekk. 3. μόνην] μόνον u. Bekk. 4. καθ' ἕκ.] καθ' ἓν ἕκ. r. u. v. Bekk. 6. μηδένα] οὐδένα u. Bekk. 8. δεδωκέναι s. 10. μεγαλοφρονοῦντας r. 18. ἤδη τῶν] ἤδη καὶ τῶν u. Bekk. Ibid. δυναστευόντων δ. τ. ἀπολλυμένους] δυναστευσάντων δ. τ. ἀπολομένους u. Bekk. 22. ὡς κάκ.] ὅτι κάκ. b. u. v. Bekk.

P. 146. 6. καὶ om. u. 8. ἐβουλήθην u. Bekk. 10. πολλῶν r. 13. etc. στέργωσιν — λυπῶσι — παρέχωσι — ἐξαμαρτάνωσι] στέργουσι — λυποῦσι — παρέχουσι — ἐξαμαρτάνουσι u. v. Ald. Bekk. 19. τῶν ἄλλων τυγχάνουσιν u. Bekk. Ibid. καὶ om. u. Bekk. 20. αὐτοῖς τοῖς] αὐτοῖς om. u. Bekk. 23. τοὺς ἰδίους οἴκους] τοὺς οἴκους τοὺς ἰδίους u. Bekk.

P. 147. 4. με om. u. Bekk. 5. ἀνδρείας Wolf. 7. τὴν δὲ δικαιοσύνην καὶ σωφροσύνην u. Bekk. 9. προσέχειν τὸν νοῦν] προέχειν u. Bekk. 10. ἀφελόμενος ὧν μηδὲν] ὧν οὐδὲν u. Bekk. Ibid. ἀλλὰ καὶ γνησ.] καὶ om. u. Bekk. 11. καὶ μέγισται καὶ] καὶ μέγισται om. r. u. v. Bekk. 12. ἕνεκα ταῦτα] ἕνεκα καὶ ταῦτα u. Bekk. Ibid. περιττότερον] περιττοτέρως u. Bekk. antep. τὴν δικαιοσύνην καὶ ταύτας om. u. Bekk. ult. μηδ. τιμ. ἐχούσας] τοῖς μηδ. τιμ. ἔχουσιν u. Bekk.

P. 148. 4. δὲ καρτερίαν] δ' ἐγκράτειαν u. Bekk. 5. ἅπασι] πᾶσι u. Bekk. Ibid. τούτοις om. u. Bekk. 6. μὲν γὰρ] μέν γε corr. u. Bekk. μὲν pr. u. 11. μάλιστα] πλεῖστα u. Bekk. 12. πάντα ταῦτα] ταῦτ' b. u. v. Bekk. τοῦτ' r. 21. διαμένουσι Ald. 25. συμβουλεύσω καὶ προστάξω u. Bekk. 26. δὴ πράττειν] δὲ χρῆναι πράττειν u. Bekk. pen. ἐλλίπητέ τι] ἐλλείπητε u. Bekk. Ibid. ταύτῃ κακ. ἔχειν] κακ. σχεῖν ταύτῃ u. Bekk.

P. 149. 1. ταῦτ'] τοῦτ' u. Bekk. 2. τὸ σύμπαν ἔξον u. Bekk. 3. καὶ κήδεσθε] καὶ om. u. Bekk. 9. ἀξιοῦσθε u. 17. ὠφελήσει] ὠφελεῖ u. Bekk. 18. πραττομένων r. antep. ἀλλ' ἐὰν καὶ] ἀλλὰ κἂν r. v. vulg. habet Bekk. pen. τοὐμὸν om. u. Ibid. τε om. u.

P. 150. 1. ἂν βουλεύσαισθε περὶ αὐτῶν] βουλεύσεσθε περὶ ἁπάντων u. Bekk. 6. ὑμᾶς εἶναι u. Bekk. Ibid. διαβάλλειν] διαβαλεῖν u. Bekk. 8. ἃς ἂν πρ.] ἂν om. u. Bekk. Ibid. ἐμὲ βούλησθε λανθ.] λανθ. ἐμὲ βούλεσθε u. Bekk. 9. ἂν ἐγὼ] ἂν om. u. Bekk. 12. ζημίας ἀξίους εἶναι u. Bekk. Ibid. ἁμαρτάνουσιν u. Bekk. 13. Εὐτυχεῖς δὲ] Εὐτυχεῖν u. Bekk. δὲ om. quoque p 15, v. 17. ποιεῖτε μήτε] ποιεῖσθε μηδὲ u. Bekk. pen. γίγνεσθαι] ἐγγίγνεσθαι u. Bekk.

P. 151. 2. καὶ διαφυλ.] καὶ om. u. Bekk. 3. τὰς τοιαύτας ταρ.] τοιαύτας om. u. Bekk. 7. τρόπ. τῶν] τρόπ. τὸν τῶν u. Bekk. 10. μὴ μᾶλλον διὰ τὴν πρᾳότητα τὴν ἐμὴν u. Bekk. 11. ἑαυτοῖς] ὑμῖν αὐτοῖς u. Bekk. 13. αὐτοὺς ἕξει] αὐτοὺς om. u. Bekk. 15. ἤθεσι] ἔθεσι u. Bekk. 16. δ' ἐν ταῖς u. Bekk. Ibid. καὶ τοῖς ὑπ'] καὶ τοῖς ἄλλοις τοῖς ὑπ' r. u. v. Bekk. antep. ὑποδεικνύοντες u. Ibid. ὁποίους] οἵους u. Bekk. ult. βασιλεύεσθαι] πειθαρχεῖν u.

P. 152. 1. τῆς τοιαύτης ἀρετῆς] τὴν τοιαύτην r. v. Bekk. τὴν εἰρημένην u. Ibid. ἐὰν γὰρ] ἢν γὰρ καλῶς u. Bekk. 2. πολλῷ μᾶλλον] πολλῶν u. Bekk. 7. καταλιπεῖν] καταλείπειν u. Bekk. 8. πιστεύοντας u. Bekk. 10. ἅπαντας] ἅπαντα u. Bekk. 13. ἥδιον] ἥδιστ' u. Bekk. 14. δύναιτο τὸν βίον u. Bekk. Ibid. διάγειν] διαγαγεῖν u. Bekk. Ibid. δύνασθαι μὲν πλέον τ. ἀ. ὠ. νομίζετε] οἴεσθε δύνασθαι μὲν πλείω τ. ἀ. ὠ. u. Bekk. 16. ἕκαστα] ἕκαστον u. Bekk. 18. ἐμοῦ] ἐμοὶ u. Bekk. 20. παρέχοντας] παρέχοντες u. Bekk. pen. καὶ ἀπόντος] καὶ περὶ ἀπόντος u. Bekk. ult. ἢ τοῖς] ἢ ἐν τοῖς u. Bekk.

P. 153. 1. τοῖς ἄλλοις] τοὺς ἄλλους Bekk. 4. διανοεῖσθε] διανοῆσθε u. Bekk. 6. νομίζετε καὶ] νομίζοντες u. Bekk. 7. ἃ] ἀγὼ u. Bekk. 8. τούτοις] τάχιστα τούτοις u.

Bekk. μάλιστα τούτοις in marg. u. 9. ἂν τοὺς] ἂν om. u. Bekk. 11. χρὴ περὶ] χρὴ καὶ περὶ u. Bekk. 12. ἂν u. 14. καὶ ὑμεῖς τὰ r. Ibid. ὁμοίως om. u. Bekk. Ibid. ὑπηρετῆτε r. Subscribit u: νικοκλῆς ἢ κύπριοι.

ΠΑΝΗΓΥΡΙΚΟΣ.

P. 167. 1. εὐεξίας] εὐτυχίας u.

P. 168. ult. τούτοις οὐδ.] τούτοις δ' οὐδ. u. Bekk.

P. 170. 9. αὐτῶν διοίσειν] αὐτῶν om. u. Bekk.

P. 171. 2. περὶ αὐτῶν] περὶ τούτων u. Bekk. 3. λέγοντα Ald.

P. 172. 4. προσθεῖναι] περιθεῖναι u. Bekk. 5. διεξελθεῖν] διελθεῖν u. Bekk. ult. ἂν] ἀεὶ s. Med.

P. 173. 1. τις θαυμάζοι καὶ τιμῴη u. Bekk. 2. τῶν λόγων] τῶν ἔργων u. Bekk. 3. ἄρισθ' ἕκαστον αὐτῶν u. Bekk. 4. ζητοῦντάς τι] τι om. u. Bekk. ult. ὥστε οὐ τοὺς s. Med. Ald.

P. 174. 2. δέον ἀμφοτέρους u. Bekk. 5. ἂν μὴ δυν.] μὴ om. u. Bekk. 9. λόγοις om. u. Bekk. 10. ὃ παρὰ] οἷον παρὰ u. Bekk. 15. ὥσπερ Med. Ald. 16. τῷ μεγέθει λόγους] τοὺς λόγους τῷ μεγέθει u. Bekk.

P. 175. 1. μὴ πάσχειν p 8. 9. Med. Ald. 2. ποιοῦμαι τὰς ὑποσχέσεις u. Bekk. 9. γε om. u. Bekk. antep. ἐφ' ἡμῖν] ὑφ' ἡμῖν u. Bekk. Ibid. λακεδαιμονίων v.

P. 176. 3. τοὺς — ποιουμένους — βουλομένους] τὸν — ποιούμενον — βουλόμενον u. Bekk. 5. τὰς πόλεις ταύτας] τὼ πόλεε τούτω, litt. εε corr., u. τὼ πόλη τούτω Bekk. 9. προσαγαγεῖν] προαγαγεῖν u. Bekk. 13. ἐκείνων] κείνων u. Bekk. 16. πρὶν περὶ] πρὶν ἢ περὶ u. Bekk. 17. ἡμᾶς ἀπαλλάξαι] ἡμᾶς ἐδίδαξαν u. Bekk. 20. φιλονικίας u. Bekk. Ibid. κοινῇ] καὶ νῦν p 8. ult. περὶ om. v. Bekk.

P. 177. 4. ἣν] ἥν περ u. Bekk. 8. νομίζωσι] νομίζουσι u. Bekk. 11. πρώτως Ald. 13. γ' εἶναι] γ' om. u. Bekk. 14. πορρωτέρω] πρότερον p. 8. πορρωτέρωθεν u. Bekk. 15. πλεῖον] πλέον u. Bekk. Ibid. ἀμφισβ. περὶ αὐτῶν] περὶ αὐτῶν om. u. Bekk. 18. καλλίστης ὑποθ.] καλῆς τῆς ὑποθ. u. Bekk.

P. 178. 3. τοῖς ὀνόμασι] τῶν ὀνομάτων u. Bekk. Ibid. ὥσπερ Med. Ald. 8. πατρῴων s. Med. Ald.

P. 179. 6. μὲν οὖν] μὲν τοίνυν u. Bekk. 8. αὐτὸν] αὐτῷ u. Bekk. 9. ἀφικνουμένης] ἀφικομένης u. Bekk. Ibid. ἡμῶν ὅτ'] ἡμῶν om. u. Bekk. 10. προγ. τοὺς ἡμετέρους] προγ. ἡμῶν u. Bekk. 12. διττὰς αἵπερ] διττὰς om. u. Bekk. 15. μετέχοντες] μετασχόντες u. Bekk.

P. 180. 1. ἕκαστον ἐν.] ἕκαστον τὸν ἐν. u. Bekk. 2. εὐεργεσίας κ. τ. χρείας κ. τ. ὠφελείας τὰς δι'] χρείας κ. τ. ἐργασίας κ. τ. ὠφελίας τὰς ἀπ' u. Bekk. 3. ἐδιδάξαμεν] ἐδίδαξεν u. Bekk. Ibid. μικρὸν ἔτι ἡμῶν προστιθέντων] μικρῶν ἔτι προστεθέντων u. Bekk. 8. καινὰ] κενὰ f.

P. 181. 1. ὑπομνήματα] ὑπόμνημα u. Bekk. 2. τὸν om. codd. et edd. 6. μάλιστα] μᾶλλον u. Bekk. 10. ἐὰν ἄπ.] ἢν ἄπ. u. Bekk. 13. αὐτοῖς] αὐτοὶ u. Bekk. antep. πάρεργον] περίεργον u. Bekk. pen. δωρεᾶς τοσαύτης] δωρεὰν τοσαύτην u. Bekk.

P. 182. 2. εἰπεῖν ἔχομεν u. Bekk. 5. κατακεκλεισμένους] κατακεκλειμένους u. Bekk. 9. πόλεις] χώρας b. ult. ἑκάτερα] ἑκατέρας u. Bekk.

P. 183. 1. πάσας] ἁπάσας u. Bekk. 6. τισὶ b. 11. πρὶν πλείστας] πρὶν τὰς πλείστας u. Bekk. pen. ἐπὶ τοσ.] εἰς τοσ. u. Bekk.

P. 184. 7. τῶν om. u. Bekk. 19. τούτων] αὐτῶν u. Bekk. Ibid. τὰ ἀναγκαῖα] τἀναγκαῖα u. Bekk. pen. τοῖς λοιποῖς] τοῖς ἄλλοις u. Bekk.

P. 185. 5. ἐν πατρίσι ταῖς b. 12. κατεστήσατο, τοσ. ὑπερβ. ἔχον] κατεσκευάσατο, τοσ. ἔχονθ' ὑπερβ. u. Bekk. 18. πρὸς ἀλλήλους om. u. 19. μετὰ δὲ] καὶ μετὰ u. Bekk. Ibid. ταῦτ' u. Bekk. 23. κοινὰς b. s. Med. Ald. Ibid. ἄλλας] ἑτέρας u. Bekk. pen. εἰς ἓν γενέσθαι] ἐγγενέσθαι u. Bekk.

P. 186. 1. ἀθύμως] ῥαθύμως p 8. 7. κέκτηνται b. s. Med. Ald. 9. ἀφικνουμένων] εἰσαφικνουμένων u. Bekk. 11. ἀλλήλους b. Ald. Med. 13. παντοδαπαῖς] παντοδαπωτάταις u. Bekk. 14. καὶ μὴ] καὶ om. u. Bekk.

P. 187. 6. ἡμῶν, καὶ] ἡμῶν κατέδειξε, καὶ p 10. u. Bekk. 16. ἀλλήλων om. s. Med. Ibid. τοὺς ἐξ] τοὺς εὐθὺς ἐξ u. Bekk. 21. τῷ λόγῳ] τῷ om. u. Bekk. antep. τοσοῦτον ἀπ.] τοσοῦτον δ' ἀπ. u. Bekk. Ibid. περὶ τοῦ] περὶ τὸ u. Bekk.

P. 188. 2. τεκμήριον εἶναι] τεκμήριον om. u. Bekk. 4. μετασχόντας] μετέχοντας u. Bekk. 6. ἐρεῖν μηδ'] ἐρεῖν om. u. Bekk. 9. τοὺς προγόνους] τοῖς προγόνοις i. t. u. Bekk. 10. τῶν πρὸς τὸν πόλεμον om. i. u. Bekk. 16. ἐπαμύνοντες t. antep. ἐβουλευσάμεθα] ἐβουλευόμεθα i. t. u. Bekk.

P. 189. 3. ῥώμην τῆς] ῥώμην τὴν τῆς u. Bekk. 4. ἡμῶν] ἡμῖν u. Bekk. 7. περὶ] ὑπὲρ u. Bekk. 11. ἐπὶ τῇ t. Med. Ald. 12. ἡμῶν om. u. Bekk. 13. παρορᾶν] περιορᾶν i. t. u. v. Bekk.

P. 190. 4. εὐηργέτησεν] εὐεργέτησεν i. t. u. Bekk. Ibid. δὲ b. Med. 6. τίνες — τολμήσαιεν — αὐτῶν — παραλιπόντες] τίς — τολμήσειεν — αὐτοῦ — παραλιπὼν i. t. u.

Bekk. 10. πλὴν τῶν] πλὴν τοὺς i. t. u. Bekk. 11. ἀξιούντων] ἀξιοῦντας i. t. Bekk. ἀξιοῦν u. 13. τὸν πόλεμον] τὸν om. i. t. u. Bekk.

P. 191. 3. κρατήσας ἅπανθ'] κρατήσας om. i. t. u. Bekk. 5. γεγονὼς] γενόμενος i. t. u. Bekk. 6. ἦν γεγονὼς] ἦν om. u. Bekk. 7. εἶχε] ἔσχε u. Bekk. 10. παισὶ ἐκ.] παισὶ τοῖς ἐκ. i. s. t. u. v. Med. Ald. Bekk. 13. τῶν Λακ.] τὴν Λακ. u. Bekk. ult. Μεσήνην] Μεσσήνην i. u. Bekk.

P. 192. 1. ἀγαθῶν αὐτοῖς i. u. Bekk. 3. ἐμβαλεῖν] εἰσβαλεῖν t. u. Bekk. εἰσβάλλειν i. Ibid. εἰς τοσαύτην] τὴν om. i. u. Bekk. 4. κατέστησαν] κατεστήσαντο i. u. Bekk. 6. γενομένοις] γεγονόσι u. Bekk. 10. τῶν λόγων] λόγον i. t. 14. συντομώτερον i. t. u. Bekk.

P. 193. 3. πελοποννησίων i. t. Ibid. νικήσαντες, ἐκ δὲ τοῦ — κινδύνου] κρατήσαντες, ἐκ δὲ τῶν — κινδύνων i. t. u. Bekk. 4. τῆς Σπάρτης om. i. t. u. ult. τῶν πρότερον τῶν] τῶν πρότερον i. τῶν t. u. Bekk.

P. 194. 1. τε ἐπειδὴ καὶ] τε καὶ ἐπειδὴ t. 4. στὰς τὸν i. v. [στὰς] τὸν Bekk. 5. διῆλθον πειράσομαι] διῆλθον om. t. u. Bekk. 6. τῶν ἐθνῶν] τῶν γενῶν i. t. u. Bekk. 7. ἔχοντες i. t. 9. ἡμετέρα om. i. t. u. Bekk.

P. 195. 2. τούτων τεκμήρια] τούτων om. u. Bekk. 7. ἐπέσχον t. 9. νομίζοντες] δοκοῦντες i. 10. ἐπικρατήσειν i. 20. διὰ τὴν τότε γεγενημένην στρατείαν om. i. t. u.

P. 196. 2. ἃ] οἱ i. t. u. Bekk. 5. κατὰ τὸν] εἰς τὸν i. t. u. Bekk. 8. ἑκατέρῳ] ἑκατέρων i. t. u. Bekk. 10. παρέλαβον t. 11. ἄλλων om. b. antep. καὶ secundum om. t. ult. ἀλλὰ] καὶ u.

P. 197. 1. τὴν ἡμετέραν om. i. t. u. Bekk. 3. ταῖν πολέοιν ταύταιν] τοῖν πολέοιν τούτοιν t. τοῖν πολέοιν u. Bekk. 4. ὑπομνήματα] ὑπόμνημα t. Bekk. 6. με οὐδὲ] με οὐ i. t. μ' οὐ u. Bekk. 10. μέγιστα τούτων] μέγιστ' αὐτῶν u. Bekk. 11. δέ τι u. δὲ i. t. Ibid. καταλελεῖφθαι t. 12. μν. αὐτῶν] μν. περὶ αὐτῶν i. s. t. u. Ald. Bekk. 15. τοῖς αὐτῶν σώμ. t. 17. γεγενημένων] γενομένων i. t. u. Bekk. Ibid. δυναστευόντων s. Ald. Ibid. ἐν om. s. Med. Ald. 18. ταῖν πολ.] τοῖν πολ. i. t. u. Bekk. 20. ἀρετῇ Med. Ald.

P. 198. 2. τυγχάνει τοιαῦτα] αὐτὰ τυγχάνοι i. u. τοιαῦτα τυγχάνοι Bekk. 4. γὰρ τὰς] γὰρ om. i. t. u. Bekk. Ibid. θρασ. ἀλλήλων] θρασ. τὰς ἀλλήλων i. t. u. Bekk. 5. τὰς καθ' ἑαυτῶν] τὰς αὐτῶν i. u. Bekk. αὐτῶν t. 6. δειν. ἐνόμ. εἶναι τὸ κακ.] δειν. μὲν ἐνόμ. εἶναι κακ. i. t. u. Bekk. 7. πατρίδος ἀποθανεῖν] πόλεως ἀποθνήσκειν τῆς αὐτῶν i. πατρίδος ἀποθνήσκειν t. πόλεως ἀποθνήσκειν u. Bekk. 10. μὲν νόμους i. t. 11. ὡς] καὶ Med. 12. ἑκάστην ἡμ.] ἑκάστην τὴν ἡμ. u. Bekk.

P. 199. 2. ὀφθήσονται] φθήσονται i. t. u. 3. ἑταιρίας] ἑταιρείας u. Bekk.

P. 200. 1. Ἑλλάδα] αὐτῶν πόλιν i. u. 3. νεωτ. τοιούτοις] νεωτ. ἐν τοῖς τοιούτοις i. u. Bekk. νεωτ. ἐν τοιούτοις b. f. t. 9. ὑπερβεβηκότας] ὑπερβεβληκότας i. t. u. Bekk. 11. πρὸς] περὶ i. 12. τοῖς τοιούτοις f. 13. τοσ. τῶν] τοσ. μὲν τῶν i. t. u. Bekk. 14. ἐπὶ μίαν] περὶ μίαν b. i. t. u. Med. Ald. Bekk. Ibid. στρατεύσαντες om. t. u. Bekk. 21. τοῦτον om. i. t. u. Bekk. 23. τελευτήσειαν, ἀλλὰ τοῖς αὐτῶν t. antep. ἐκεῖνοι] ἐκείνων i. u. Bekk. ult. κατέλιπον] ἐποίησαν i. t. u. Bekk.

P. 201. 2. ἔσχον i. t. Ibid. καὶ περὶ] καὶ om. i. t. u. Bekk. 3. ἐφιλονίκησαν u. Bekk. 6. ἅμα μὲν περὶ] περὶ μὲν i. t. u. Bekk. 11. κίνδυνον om. u. 14. κινδυνεύσειν] κινδυνεύειν i. t. u. Bekk. 16. τοιαύτην t. 17. οἵανπερ t. Ibid. ἂν om. Med. 18. ἀμίλλης αὐτῶν· τοὺς i. t. 19. φασὶ] ἴσασι t. pen. καὶ om. u.

P. 202. 3. ὀφθῆναι] φθῆναι i. t. u. Bekk. 10. ὑπερηφανείας] ὑπερηφανίας i. t. u. Bekk. 14. θρυλλοῦσιν] θρυλοῦσιν u. Bekk. antep. τοσούτων δὲ] καὶ τοσούτων i. t. u. Ald. Bekk.

P. 203. ult. ἀγωνιζόμενοι] ἀγωνιῶντες i. t. u. Bekk.

P. 204. 1. τῆς ἐν Μαρ.] ἐν om. u. Bekk. Ibid. αὐτὴν t. 2. ἐξίσου καταστῆσαι] ἐξισῶσαι i. t. u. Bekk. 3. πρόγονοι] om. u. Bekk. πατέρες t.. 5. καὶ πρότερον] καὶ τὸ πρότερον i. u. Bekk. καὶ πρότερον ἡ πόλις ἡμῶν t. 6 τὴν τύχην] τὴν om. i. t. u. Bekk. Ibid. ἐνίκησεν t. Ibid. δὲ καὶ προσαγαγέσθαι] καὶ προαγαγέσθαι u. Bekk. 7. βουλόμενοι τοὺς t. Ibid. ἐπὶ τῷ] ἐπὶ τὸ i. t. u. Bekk. 8. ἐν πεζοῖς] ἐν τοῖς πεζοῖς b. f. i. t. u. Bekk. 10. ὁμοίως] ὁμοίαις i. t. u. Bekk.

P. 205. 2. καὶ τὰ κ. τ. π. διοικήσαντες de suo addidit Wolf. et codd. i. t. in Antid. addunt καὶ κατασκευάσαντες τὰ περὶ τὴν πόλιν. 4. καὶ om. Wolf. 5. ἐπὶ πλέον διενεγκεῖν] ἔτι πλέον διήνεγκαν i. t. u. Bekk. 8. δὲ om. u. 9. εἴ τινες i. t. Ibid. σμικρότητα παρημελήθη] σμικρότητα ἠμελήθησαν i. t. μικρότητα ἠμελήθη u. Bekk. 11 τῆς πεζῆς] τῆς om. u. Bekk. 12. ἐμβαλεῖν t. Ibid. ὑπολειπομένης] ὑποφαινουμένης i. t. u. Bekk. 16. προσλάβοιεν i. antep. ὀργιζόμενοι t.

P. 206. 3. ἐξ ἅπαντος] ἐκ παντὸς i. t. u. Bekk. 5. διαφυγεῖν t. 10. γὰρ om. b. s. Med. Ald. 13. τὴν δύν. ἀλλὰ μὴ π. ἀ. ἅμα om. i. t. u. 18. γενομένην u. Bekk. 19. καὶ τὸν] καὶ om. codd. et edd. 20. περὶ πατρίδα] περὶ τὴν πατρίδα u. Bekk. 21. ἐτόλμησαν] ἐμέλησαν in marg. i. ἐμέλλησαν u. Bekk.

P. 207. 2. εἰσὶ] ἐστὶ u. Bekk. 3. τῶν om. Wolf. Ibid. οὐχ ὁρῶ τί] οὐκ οἶδ' ὅτι i. t. u. Bekk. 8. συνναυμαχήσαντες t. antep. ἡμετέραν om. i. t. u. Bekk. Ibid. γεγενῆσθαι t. pen. στρατιᾶς i. ult. τὴν ἡγ. μᾶλλον i. μᾶλλον τὴν ἡγ. t.

P. 208. 4. τό γε i. 5. γεγενημένους t. 7. δεινότατα i. 8. ἀξιωθείημεν] ἀξιωθεῖμεν u. Bekk. Ibid. προταχθέντων ἁπάντων t. 9. ἀναγκασθείημεν] ἀναγκασθεῖμεν u. Bekk. 11. ὁμολογήσαιεν] ὁμολογήσειαν u. Bekk. 12. ἡμῶν] τὴν ἡμετέραν u. Bekk. ὑμῶν b. f. 13. αὐτοῖς Med. Ald. 17. τῶν Σκιων.] τὸν Σκιων. u. v. Bekk. Ibid. ὄλεθρον om. u.

P. 209. 2. ἐφ' ἡμῖν] ὑφ' ἡμῖν u. Bekk. 5. μήποτε] μήτε u. Bekk. 7. οὐ δίκ.] οὐκ ἤδη δίκ. u. Bekk. 11. γεγενῆσθαι] γενήσεσθαι u. Bekk. 16. ἐποιοῦμεν b. Med. Ald. Ibid. ὑπεναντίας u. Bekk. 17. ἐν ἀλλήλοις] ἐν om. u. Bekk.

P. 210. 9. δεῖ om. u. pen. διετελέσαμεν codd. et edd.

P. 211. 1. ἅπαντας] πάντας u. Bekk. 7. μὲν πρὸς] μὲν ὡς πρὸς u. Bekk. 8. κεκτημένοι δὲ] καὶ κεκτημένοι u. Bekk. 10. δὲ τῆς] δὲ om. u. Bekk. 11. ἀρχὴν τῆς] ἀρχὴν τὴν τῆς u. Bekk. 12. πρὸς τὴν] πρὸς om. u. Bekk. 14. ἄλλων om. u. Bekk. antep. κάλλιστ'] μάλιστ' b. f. u. v. Bekk.

P. 212. 2. ἐχόντων] λαβόντων u. Bekk. Ibid. ἀπορώτερον] ἀπόρωτέρως u. Bekk. 11. λυμηνάμενοι] διαλυμηνάμενοι u. Bekk. 13. ἀπολιπόντες] λιπόντες u. Bekk. Ibid. γεγενῆσθαι (et sic A. L.)] γενέσθαι u. Bekk. antep. καὶ] ἢ u. Ibid. ἀνοητοτάτους] ἀνομωτάτους b. f. u. Bekk. ult. ἡγοῦντο Med. Ald. ἡγοῦντο v. (ἡροῦντο) Ibid. ἐνίοις] ἐνὶ u.

P. 213. ult. [καὶ φονέας] Bekk.

P. 214. 3. καὶ] κἂν Wolf. Ibid. ἕκαστον ἡμῶν ἔχειν u. ult. τοσοῦτον πόῤῥω] τοσοῦτον om. u. Bekk.

P. 215. 3. τὰς μὲν] μὲν om. u. Bekk. 4. τῆς δ'] καὶ τῆς u. Bekk. 5. καὶ τῶν] καὶ περὶ τῶν f. u. Wolf. Bekk. pen. κατὰ πάντων] καθ' ἁπάντων u. Bekk.

P. 216. 1. ἀνίστασθαι] ἂν ἰάσασθαι codd. et edd. 10. οἱ πολῖται πρὸς ἀλλήλους u. Bekk. 12. ἀθυμότερον] ἀθυμοτέρως u. Bekk.

P. 217. 1. προσῆκον] προσῆκεν u. Bekk. 6. ἐντὸς Φασ.] ἐπὶ τάδε Φασ. u. Bekk. antep. εἴπερ ἀναγνοίη] εἰ παραναγνοίη u. Bekk.

P. 218. 11. ὃς] οὓς b. Med. Ald. 13. ποθῆσαι] ποθέσαι u. Bekk. 16. τοῖς βαρβάροις om. u. Bekk. ult. τοσαύτην] τοιαύτην u. Bekk. Ibid. δουλίαν] δουλείαν codd. et edd.

P. 219. 8. ἐλευθέροις ἀξιοῦσιν εἶναι u. 10. ἐπίλοιπον] λοιπὸν u. Bekk. 16. εἰς τοσοῦτον] εἰς om. u. Bekk. 18. τὴν δὲ] τὴν μέν γε u. Bekk. antep. τὴν δὲ] καὶ τὴν b. u. Med. Ald. Bekk. pen. Ὀλυνθίοις καὶ Φλιασίοις πολεμοῦσιν] Ὀλυνθίους καὶ Φλιασίους πολιορκοῦσιν u. Bekk.

P. 220. 1. βαρβ. τῆς] βαρβ. τῷ τῆς u. Bekk. 2. ὅπως μεγ.] ὅπως ὡς μεγ. u. Bekk. 10. μόνον οὐχὶ om. u. Bekk. Ibid. τὴν om. codd. et edd. 18. γνώμην ἔχοντας] ἔχοντας τὴν γνώμην u. Bekk. 20. ἁμαρτάνουσι] παροῦσι u. Bekk. antep. λοιδοροῦντας] τοιαῦτα λέγοντας u. Bekk. Ibid. τοιαῦτα πράττοντας λοιδοροῦντας u. Bekk.

P. 221. 2. κοινῷ τῶν] κοινῷ τῷ τῶν u. Bekk. 3. ἐξ ὧν ἔσται] ἐξὸν u. Bekk. antep. τοὺς μὲν] τούτους μὲν u. Bekk. pen. τὰ om. u. Bekk. ult. ἀφθ. χώρας] ἀφθ. τῆς χώρας u. Bekk.

P. 222. 8. τοῦ τὴν] τοῦ om. u. Bekk. Ibid. προυργιαίτερόν ἐστιν u. Bekk. 9. οὐδέποτε] μηδέποτε u. Bekk. Ibid. πρὸς ἀλλήλους πολεμοῦντες u. Bekk. 12. τύχας] τύχην u. Bekk. Ibid. διαλύειν] συνδιαλύειν u. Bekk. 15. ἐκ τῆς] ἐκ om. u. Bekk. pen. τειριβάζου u.

P. 223. 1. μέρος om. u. Bekk. 5. τριήρεις] πόλεις u. Bekk. 13. τειχίζειν] ἐντειχίζειν u. Bekk. antep. ἐν τοῖς] ἐν om. u. Bekk. Ibid. πεποίηται] πεποίηκεν u. Bekk. ult. στρατιάν] στρατείαν u. Bekk.

P. 224. 1. ἁπάντων αὐτὸς] ἁπάντων om. u. Ald. Bekk. Ibid. πρὸς τὸ πολεμεῖν] προσπολεμεῖν u. Bekk. 6. περὶ τῆς] τῆς περὶ v. 7. ταῖν πολ. ἀμφοτέραιν] τοῖν πολ. ἀμφοτέροιν u. Bekk. 9. μηδέποτε] μὴ u. Bekk. 11. τούτων ἐπ.] θάτερ' ἐπ. u. Bekk. 13. μεγ. ῥοπὰς] μεγ. τὰς ῥοπὰς u. Bekk. ult. Ἀκροκόμαν] Ἀβροκόμαν u. Bekk.

P. 225. 6. τῶν ἐν Κύπρῳ om. u. Bekk. 7. δὲ τὴν (et sic A. [δὲ] τὴν L.)] τὴν om. u. v. Bekk. 8. εἶχε] ἔχει u. Bekk.

P. 226. 1. Κνίδον] Ῥόδον codd. et Med. Ald. Bekk. 5. Κόνωνος] Κίμωνος codd. præter u. qui κοίνωνος et Med. Ald. 8. τὸ περὶ τὴν Ἀσίαν] τὸ προκινδυνεῦον ὑπὲρ τῆς Ἀσίας u. Bekk. Ibid. μόνον] μόνων u. Bekk.

P. 227. 5. δικαίοις] δικαίως u. Bekk. 7. παραλιπὼν] παραλείπων u. Bekk. 9. Δερκυλίδας u. Bekk. 10. ἐπῆρξε] ἐπῆρχε u. Bekk. antep. Θίμβρων] Θίβρων u. v. Med. Ald. Bekk. pen. πᾶσαν] ἅπασαν u. Bekk. ult. Κύρου cum vulg. codd. et Bekk. Ibid. στρατοπέδῳ] στρατεύματι u. Bekk.

P. 228. 1. ἁπάσης om. u. Bekk. Ibid. καὶ οὐδὲ] καὶ μὴν οὐδὲ u. Bekk. 2. τοῦ βασιλέως u. 5. θαλάττης] θαλάττῃ u. Bekk. 7. τοῦ βασ.] τὸν βασ. u. Bekk. 10. ὑπολείπειν] ὑπολιπεῖν u. Bekk. antep. τὴν τῶν] τῶν om. u. Bekk. pen. μὲν ἐπιλελεγμένους] ἐπειλεγμένους u. Bekk. ult. πόλεσιν om. u. Bekk.

P. 229. 2. προδιδομένους v. Med. 4. αὐτῶν ἥττους u. Bekk. 6. τῶν Ἑλλήνων] τῶν ἐπικούρων u. Bekk. 11. ἐνεγκάντων] ἐνεγκόντων u. Bekk. 12. Τισσαφέρνην] Τισσαφέρνην u. Bekk. ult. ἐπιμέλειαν] ἐπὶ λείαν u. Bekk.

P. 230. 3. αὐτοῦ] αὐτῶν b. v. Med. Ald.

ὡς αὐτὸν u. Bekk. 8. ἐπ' αὐτοῖς] ὑπ' αὐτοῖς u. Bekk. antep. οὐδὲ γὰρ] οὐ γὰρ u. Bekk. ult. ἵστασθαι] ἱστάναι u. Bekk.

P. 231. 1. ἂν ἐν] ἂν om. u. Bekk. 4. ἀμείνων b. Med. Ald. Hag. 8. ὡσανεὶ] ὡς ἂν b. u. Med. Bekk. antep. οἱ τὰς Med. Ibid. διεφθαρμένοι] διαφθαρεῖεν u. Bekk.

P. 232. 1. δὲ πρὸς] δὲ om. u. Bekk. Ibid. προκυλινδούμενοι] προκαλινδούμενοι u. Bekk. 4. καταφρονοῦντες] ὀλιγωροῦντες u. Bekk. 6. ἐκείνων] ἐκεῖ u. Bekk. 8. τοὺς om. Wolf. antep. κινδυνεύσαντας] κινδυνεύοντας u. Bekk.

P. 233. 2. καθ' ἑκ.] καθ' ἓν ἑκ. u. Bekk. 3. πολὺ] τὸ πολὺ b. f. u. v. Bekk. 6. τὴν Λακ. ἀρχὴν] τὴν ἀρχὴν τὴν Λακ. u. Bekk. 7. θάνατον] θανάτῳ u. Bekk. 9. καὶ μεγ.] τῶν μεγ. u. Bekk. pen. ἐξαμαρτάνουσι] ἐξημαρτήκασι u. Bekk. ult. οὐκ ἐπιβουλεύοντες] οὐκ om. u. Bekk.

P. 234. 2. κατακάειν u. Bekk. 4. τι om. codd. et edd. Ibid. οἰκοδομήσαιεν] κινήσειαν u. Bekk. 5. τὰ ἀρχαῖα] τἀρχαῖα u. Bekk. 6. ὅθεν] πόθεν u. Bekk. ὁπόθεν v. pen. ἔδη om. u. Bekk. ult. τολμήσασιν] τολμῶσιν u. Bekk.

P. 235. 4. πολλὰ τοιαῦτα] πολλὰ om. u. Bekk. 6. προγεγενημένης] γεγενημένης u. Bekk. 8. τὴν ὀργὴν προς αὐτοὺς u. Bekk.

P. 236. 7. πρὸς Ἕλλ.] πρὸς τοὺς Ἕλλ. u. Bekk.

P. 237. 1. ἐπὶ Τροίαν om. u. 5. οὐ σαφέστερον οὐδέν om. pr. u. Bekk. 7. βουληθείημεν] βουληθεῖμεν u. Bekk. 14. Ἑκατόμνος] Ἑκατόμνως u. Wolf. Bekk. ἑκατόμνως Med. Ald. 18. καὶ] καίτοι u. Bekk. 20. προαγορεύειν] ἐξετάζειν u. Bekk. 21. εἰσὶ, πῶς] εἰσὶ, οὐκ ἄδηλον ὡς u. Bekk. antep. διατελεῖεν] διατεθεῖεν b. p 8. 9. 13. u. v. Med. Wolf. Bekk. διατεθῶσιν p 10.

P. 238. 1. εἰσι περὶ] εἰσι om. u. Bekk. 7. ὑστερήσαντες] ὑστερίσαντες u. Bekk. 11. χειρώσασθαι] χειροῦσθαι u. Bekk. 14. ἂν ἀθροισθῶσιν] ἂν ἐπιστῶσιν u. Bekk. 18. καὶ περὶ] περὶ om. u. Bekk. pen. ὁπόταν] ὅταν u. Bekk. ult. ἣν βουλ.] ὃ βουλ. b. f. u. v. Bekk.

P. 239. 5. στρατιὰν] στρατείαν u. Bekk. 7. χρόνος om. u. Bekk. 9. τῇ om. Wolf. Ibid. πλεῖον] πλείω u. Wolf. Bekk. antep. ἐπὶ ταῖς] ἐπὶ μὲν ταῖς u. Bekk.

P. 240. 2. αὐτῶν ἰδίοις u. Bekk. 3. δυστυχίαν] δυστυχίας u. Bekk. Ibid. ἐν τοιούτοις καιρ. ὀδυρ.] ὀδυρ. ἐν τοῖς τοιούτοις καιρ. u. Bekk. 6. δὲ secundum om. Ald. 14. διεπέραναν] συνεπέραναν u. Bekk. 15. τούς τε Ald. antep. χρόνον κατ.] χρόνον ἂν κατ. u. Bekk.

P. 241. 1. καταλελοίπασιν] παραλελοίπασιν u. Bekk. 3. τοσοῦτον] τοσούτῳ u. Bekk. 4. ἀπαλλαγησώμεθα] ἀπαλλαγησόμεθα u. Med. Ald. Bekk. 8. δυνησώμεθα Wolf. 9. ἐπιβολὰς Wolf. Ibid. ἐκ ποδῶν v. 13. ἐστι om. u. Bekk. 14. ἐὰν μὴ] ἢν μὴ u. Bekk. antep. τὰς φιλίας] τὰς ὠφελίας u. Bekk. pen. τοὺς secundum om. b. Med. Ald. ult. γεγονότων] γενομένων u. Bekk.

P. 242. 7. γ' ἂν] δ' ἂν b. Med. Ald. Wolf. ἂν u. Bekk. Ibid. ἐκ τῶν κινδ.] ἐκ om. u. Bekk. pen. στρατιὰν] στρατείαν u. Bekk.

P. 243. 3. ἐγκαλοῦσιν] ἐπικαλοῦσιν u. Bekk. 4. μετέχουσι] μετασχοῦσι u. Bekk. Ibid. ὑπὲρ] ὑπὸ u. Bekk. 13. ἡμῖν φέρει u. Bekk. 14. καὶ κατὰ v. 15. πάντ'] πάντες u. Bekk. Ibid. χρὴ] χρῆν u. Bekk. ult. ἐν ἀμφοτέροις] ἐν om. u. Bekk.

P. 244. 6. καὶ τούτων] καὶ om. u. Bekk. 13. νεωστὶ τὴν] νεωστὶ ταύτην τὴν u. Bekk. antep. [τοῦ] Bekk. pen. κειμένης om. Wolf.

P. 245. 2. τοὺς ἀνθρώπους] τοὺς om. u. Bekk. 3. συνηνάγκασεν ἡμᾶς] ἡμᾶς ἠνάγκασεν u. Bekk. 7. παντὸς] ἅπαντος u. Bekk. 8. καὶ ἄξιον] καὶ om. u. Bekk. 9. τῶν γεγ.] τῶν τε γεγ. u. Bekk. Ibid. ληψώμεθα — διορθωσώμεθα] ληψόμεθα — διορθωσόμεθα u. v. Med. Ald. Bekk. 13. γιγνομένους Med. Ald. ult. εἰρήνης κρείττων u. Bekk. Ibid. καὶ θεωρίᾳ] θεωρίᾳ μὲν u. Bekk.

P. 246. 1. στρατιᾷ] στρατείᾳ u. Bekk. Ibid. τοῖς τὴν ἡσ.] τὴν om. u. Bekk. 3. ἐξέσται] εἴη u. Bekk. 4. κατακτήσασθαι u. Bekk. 10. κακῶς τὴν Ἑλλάδα u. Bekk. 11. πρὸς ἡμᾶς διακειμένους u. Bekk. 16. μᾶλλον προσήκει στρατεύειν] στρατεύειν προσήκει u. Bekk. 18. προνοουμένους] ἐνθυμουμένους u. Bekk. pen. ἀμύνασθαι] ἀμύνεσθαι u. Bekk.

P. 247. 3. ἐστιν αὐταῖς u. Bekk. 4. ἐθέλοντας] ἐθελήσοντας u. Bekk. 5. ἐπιθυμησάντων] ἐπιθυμησόντων b. u. v. Med. Ald. Bekk. 12. τούτοις τοῖς] τοῖς τοιούτοις u. Bekk. 16. ὅλης Ἀσ.] ὅλης τῆς Ἀσ. u. Bekk. 18. ἅμα τῆς θ' u. Bekk. 19. μνήμην] μνημεῖον u. Bekk. 22. καιρῷ om. u. Bekk. 23. περὶ τῶν] περὶ om. u. Bekk. pen. συνορᾶν] συνδιορᾶν u. Bekk. ult. μὲν om. u.

P. 248. 7. ἁπάντων om. u. Bekk. 8. παύσασθαι] παύεσθαι u. Bekk. 10. μεγάλας τὰς ὑποσχέσεις ποιουμένοις] μεγάλα ὑπισχνουμένοις u. Bekk. antep. τῆς τοιαύτης] τῆς παρούσης u. Bekk.

ΠΡΟΣ ΦΙΛΙΠΠΟΝ] ΦΙΛΙΠΠΟΣ u. Bekk.

P. 252. 1. ἄγνοιαν u. 2. ὑπὸ τῆς] ὑπὸ om. u. Bekk. Ibid. ὑπεθέμην] ἐπεθέμην u. Bekk.

P. 253. 1. τε καὶ] τε om. u. Bekk. 7. μὲν om. Med. 9. ἀπεφηνάμην] ἀπεφαινόμην u. Bekk. 13. μὲν ἔχειν] μὲν ἡμᾶς ἔχειν u. v. Bekk. 16. αὐτὸν] αὐτῶν u. Bekk. Ibid. μήτε v. 17. ὥσπερ] ὅπερ u. Bekk. antep. φιλονικίας ὑμᾶς, πλὴν u. Bekk.

P. 254. 7. σὺ μὲν λόγῳ] σὺ μὲν om. u. Bekk. 9. λήψει παρ' ἡμῶν u. Bekk. 10. ἀποίκους] ἐποίκους u. Bekk. 14. ἡμῶν οἵαν] ἡμῶν om. u. Bekk. Ibid. ἀμαθόκω corr. u. 16. ὄντων τῇ πόλει τῶν λεγομένων ἡμῖν] πολλῶν λεγομένων u. Bekk. 17. διαλύσασθαι Med. 18. ἡμᾶς] ὑμᾶς u. Bekk. Ibid. βουλεύσασθαί Med. 19. ἡμῶν] ὑμῶν u. Bekk. Ibid. καὶ] οὐ v. Med. Ald. 23. ὑμῖν] ἡμῖν Wolf. αὐτὴν u. Bekk. om. v.

P. 255. 3. δ' ἕκαστα] δὲ περὶ u. Bekk. 5. δόξῃ Ald. 7. παρὰ τῶν Ἑλλ. ἀξιοῦσιν u. Bekk. 13. ἡμῖν] ἡμῖν ἅπασιν u. Bekk. Ibid. ξυμφέρουσαν] συμφέρουσαν u. Ibid. συγγράψαι] γράψαι u. Bekk. 15. τῆς ἐμῆς ἡλικ.] τῆς ἡλικ. τῆς ἐμῆς u. Bekk. 18. τ' ἂν] τε καὶ p 8. 9. v. τε κἂν u. Med. Bekk. 19. πρότερον] πρότερος u. Bekk. 21. ἁπάσας om. u. Bekk. 22. ἐπὶ γήρως] ἐν δυσχερείᾳ u. 23. ὥστε βουληθῆναι] ὥστ' ἠβουλήθην u. Bekk.

P. 256. 8. μέλλουσι] μέλλουσί τινες u. v. Bekk. 11. τὰ πρὸς] τὰ om. u. v. Med. Ald. Bekk. 12. τοῦτο] τούτῳ u. Bekk. 15. ἢ τὸ] πλὴν τὸ u. Bekk. 18. οὓς ἂν βουληθείης] οὕς τινας ἂν βουληθῇς u. Bekk. antep. ὅσον] ὅσην u. Bekk. pen. νῦν om. u. Bekk.

P. 257. 2. στρατεύειν ἰδίᾳ (ἰδίαν Wolf.) σοι τιμὴν φέρον· τὸ δὲ ἐπὶ τοὺς βαρβ. κοινῇ] πρὸς τοὺς Ἕλληνας συμφέρον· τὸ δὲ βιάζεσθαι πρὸς τοὺς βαρβ. u. Bekk. 7. τινές με u. Bekk. Ibid. πλησιαζόντων] πλησιασάντων u. Bekk. 9. ἐγκωμιαζόμενον] ἐγκωμιασόμενον p 10. 13. u. v. Bas. Bekk. 14. ἐξέστηκα τοῦ] ἐξεστηκὼς ὦ u. Bekk. 17. μέλλω] μέλλεις u. Bekk.

P. 258. 6. τοὺς om. Wolf. Ibid. ἐπάρξαντας] ἐπάρχοντας u. Bekk. 13. ἀναστάτους] αὐτὸν ἀναστάτους u. Bekk. 14. Περρεβαίους] Περραιβαίους u. Bekk. 16. περὶ τὸν] παρὰ τὸν u. Bekk. 19. τοιοῦτον] τοιαῦτα u. Bekk. 26. τισὶ ἀγ.] τισὶ λίαν ἀγ. u. Bekk. 27. οὐ μετρίως] οὐ om. u. Bekk. ult. τὸν λόγον τῶν ἐν τῇ πόλει u. Bekk.

P. 259. 4. τοσοῦτο] τοσοῦτον u. Bekk. Ibid. κατέπεσον v. 5. ἐθρασύνοντο] ἐθρασύναντο u. Bekk. 6. τοσούτου] τοσοῦτον u. Bekk. 7. εἰς τὸ] ἠγὼ u. ἢ 'γὼ Bekk. 8. τὸν λόγον τοῦτον u. Bekk. 11 ἦν] ἂν u. 12. φαίνηται] φανῇ u. Bekk. 14. τὸ αὐτὸ] ταὐτὸ u. Bekk. Ibid. ἐπιτ. ἐμοὶ] ἐπιτ. τοῖς ἐμοῖς u. Bekk. 22. οὐ κακῶς] οὐκ ἀλόγως u. Bekk. antep. δόξης τοῦ] δόξης τῆς τοῦ u. Bekk. ult. καὶ primum om. u. Bekk.

P. 260. 5. δοκοίη Wolf. 6. ἔτι δεικνύμενον] ἐπιδεικνύμενον u. Bekk. 10. θ' ἅμα] ἂν ἅμα u. Bekk. 15. θεωρήσαις v. Ibid. τι om. u. Ibid. τυγχάνοιμεν] τυγχάνομεν u. Bekk. 16. εἰ τὰς (et sic A. L.)] ἢν τὰς u. v. Bekk. 18. ἐξετάσῃς] ἐξετάζῃς u. Med. Ald. Bekk. ἐξετάζοις v. antep. ἐβουλόμην u. Bekk. Ibid. σοι] μοι v. et corr. u. om. Med.

P. 261. 1. τῶν Ἀργ.] τὴν Ἀργ. u. v. Bekk. 3. οἶμαι om. u. Bekk. 6. τύχωσι τούτων u. Bekk. 7. ὥστε ἂν] ὥστ' ἐὰν u. Bekk. 11. ἐν ἑκάστῃ] ἐν om. u. Bekk. 20. αἰτίαν] συναιτίαν u. Bekk. 24. τῆς μεγίστης ὕβρ. u. ult. οὐδ' ἂν v.

P. 262. 3. πάντες] ἅπαντες u. Bekk. 6. τοιοῦτο] σοι τοιοῦτον u. Bekk. 9. ὀφείλεις] ὤφειλες u. Bekk. 11. τὸ τὰς corr. v. 12. δ' om. v. Ibid. σεαυτὸν ἢ ἐκείνας ὠφ.] ἑαυτὸν ἢ κείνας ὠφ. u. Bekk. σεαυτῷ ἢ ἐκείναις συμφέρειν corr. v. 15. ἐμποιήσουσι] ἐμποιοῦσι u. Bekk. 16. ἡμῖν] ὑμῖν u. Bekk. 18. ὑφ' ὧν u. 19. ὥστε Ald. 21. αὐξομένης u. Bekk. 26. ἐπιθέσθαι] ἐπιτίθεσθαι u. Bekk. 28. οὔτ' ἂν Λακ.] οὔτε Λακ. u. Bekk. ult. ἡγούμην] ἡγοῦμαι u. Bekk.

P. 263. 9. ἀνελπίστων δοκούντων u. v. Bekk. 11. ἂν συστῆσαι] ἂν om. u. 12. μὴ τοιούτ.] μὴ τοῖς τοιούτ. u. Bekk. 18. τυγχάνωσιν Med. Ald. 19. δὲ καὶ δεινοὶ πόλ.] δὴ πόλ. καὶ δεινοὶ u. v. Bekk. 25. με λέγειν] με om. u. Bekk. antep. ἄλλων] Ἑλλήνων u. Bekk.

P. 264. 1. διοικῆσαι p 8. 9. v. et pr. u. Med. Ald. 5. μόνους] μόνοι u. Bekk. 6. αἴτιοι] συναίτιοι u. Bekk. 11. στεργούσας μόνον u. Bekk. 12. τοῦτο] τούτου u. Bekk. 15. τούτων συναγ.] τούτων σοι συναγ. u. Bekk. 20. ἀλλὰ τὰ] ἀλλὰ om. u. Bekk. 21. τὰ τῶν Λακ.] τὰ Λακ. u. v. Med. Ald. Wolf. Bekk. 22. μὲν γὰρ] μὲν om. u. Bekk. 23. οὐ, κατὰ] οὐ, καὶ κατὰ p 8. 9. v. Med. καὶ om. Bekk.

P. 265. 2. μετ' αὐτῶν] μεθ' αὐτῶν u. Bekk. 3. εἰσβάλλοντας] εἰσβαλόντας u. Bekk. 4. κινδυνεύειν] διακινδυνεύειν u. Bekk. 7. ἀπόλοιντο] ἀπώλλυντο u. Bekk. 10. ὑπὸ πάντων] ὑφ' ἁπάντων u. Bekk. 17. αὐτοῖς γεγεν.] αὐτοῖς om. u. Bekk. 19. ἀσμένως] ἀσμένους u. Bekk. 20. πολέμους αὐτοῖς u. Bekk. 24. γὰρ ἐξ ὅσου] μὲν γὰρ ἐξ οὗ u. Bekk. 25. καὶ om. u. Bekk. pen. δεῖ u. ult. ἔκ. ἐνιαυτὸν] ἔκ. τὸν ἐνιαυτὸν u. Bekk. Ibid. τὴν χώραν] τὴν αὐτῶν χώραν u. Bekk.

P. 266. 2. πόλεμοι] πολέμιοι u. v. Bekk. 3. ἐνδόξους] ἐνδοξοτάτους u. v. Bekk. 5. ἀποκτείναντες] ἀποκτείνοντες u. Bekk. 6. ζῆν οὕτως u. Bekk. 10. δόξαν ἐξ αὐτῆς μεγίστην u. Bekk. 11. χρήσασθαι] χρῆσθαι u. Bekk. 14. τὰς πόλεις τὰς] ταῖς πόλεσι ταῖς u. Bekk. 16. ὁμογόροις pr. u. μόνοις Med. 20. κρατήσαντες u. 23. οὐδὲν ἀποβ.] οὐδὲν αὐτοῖς ἀποβ. u. Bekk. 24. εἰσβαλόντες] εἰσβάλλοντες u. v. Bekk. 25. ἐκείνοις] ἐκείνους u. Bekk. antep. πρὶν ἀπιέναι] ἀπιόντες u. Bekk. ult. ἐνδοξ. καὶ] ἐνδοξ. αὐτῶν καὶ u. Bekk.

P. 267. 2. δ' αὐτῶν περιέστηκε τὰ πράγματα u. Bekk. 5. κελεύῃς.] κελεύῃς καὶ συμβουλεύῃς. u. Bekk. 9. ἐποιήσατο] ἐπεποίητο u. Bekk. Ibid. οἶμαι om. u. 11. διοικήσεις] διοικεῖς u. Bekk. 14. γενήσεσθαι] γεγενῆσθαι u. Bekk. 16. σε γνῶναι u. Bekk. 19. σκολιώτερα] δυσκολώτερα u. Bekk. 20. σὺ ταῦτα] σὺ τὰ ῥᾴω u. Bekk. 22. τὸν Ἀλκ.] τὸν om. u. Bekk. 23. ἐκπεσὼν παρ'] φυγὼν παρ' u. Bekk. antep. μέγεθος τῆς] μέγεθος τὸ τῆς u. Bekk.

P. 268. 1. οὔτε λέγειν ἄν τις] εἴ τις λέγειν u. Bekk. 7. γεγενημένης] ἐγγεγενημένης u. Bekk. 9. ὑφ' αὐτοῦ u. 12. γίγνεσθαι u. 14. τηλικούτων κακῶν u. 16. ἐπαινουμένης] ἐπαινούμενος u. Bekk. 22. μετὰ πολλῆς δυνάμεως εἰς τὴν Ἀσίαν u. Bekk. 26. ἄλλων om. u. Bekk. pen. ὑπισχνεῖται] ὑπισχνεῖτο u. v. Bekk. Ibid. δεῖ πλείω] δεῖ τὰ πλείω u. v. Bekk. ult. Κνίδον νικήσας] Ῥόδον καὶ νικήσας u. Bekk. καὶ addit v. et Med. quoque.

P. 269. 2. ἄλλους om. u. Bekk. 3. τὰ secundum om. u. 11. Συρακουσίων] Συρακοσίων u. Bekk. 12. ἄλλοις] ἄλλοις ἅπασιν u. Bekk. 17. πεζικὴν] πεζὴν u. Bekk. 18. γεγενημένων] γενομένων u. Bekk. 19. καὶ τῶν] καὶ περὶ τῶν u. Bekk. 25. ὑπαρχούσης] ὑπαρξάσης u. Bekk. 26. τοσαῦτα] τηλικαῦτα u. Bekk.

P. 270. 2. ἐφάμιλλον] ἐνάμιλλον u. Bekk. 6. ἔχειν Med. Ald. 10. διάγειν] διαγαγεῖν u. Bekk. 12. ἔσει u. Bekk. 16. βουλεύσησθε v. 18. αἰσθάνῃ - - - εἰσηγούμενος om. Med. 19. ἡγούμενος] εἰσηγούμενος u. v. Bekk. Ibid. ἔχει p 8. 9. 20. πυνθάνονται p 8. 9. 21. εἰσὶν] ἐστὶν u. Med. Bekk. Ibid. εὔχονται — δεδίασι p 8. 9. Med. 23. ἐφ' οἷς γιγνομένοις] ὧν γιγνομένων u. Bekk. ἐφ' om. Med. Ald. 24. δὲ οὐχὶ] δ' οὐκ ἂν u. Bekk. 25. εἰδὼς σαυτὸν u. Bekk. 26. λογίζεσθαι δυναμένων] λογιζομένων u. Bekk. pen. ἀμφότερά σοι] σοι om. u. Bekk. Ibid. ὥσπερ ἅμα καρπ. v.

P. 271. 1. ἀπόχρῃ] ἀπίχρῃ u. Bekk. Ibid. ἄν μοι] ἂν ἤδη μοι u. Bekk. Ibid. πάντως περὶ v. 2. οὔκουν μὲν ἀμν. v. 8. καθεστάναι Med. Ibid. τῆς εἰρήνης οὔσης τοῖς ἄλλοις κοινῆς, τὸν πόλεμον] τὴν εἰρήνην τὴν τοῖς ἄλλοις κοινὴν πόλεμον τοῖς u. Bekk. 9. ἴδιον] ἡδίω p 8. 9. Med. Ald. ἰδίοις u. Bekk. 12. συχνὸν ἤδη χρόνον ἅπασιν] σὺ πολὺν χρόνον ἤδη πᾶσιν u. Bekk. Ibid. μὲν om. Med. Ald. 13. et 17. Μεσην.] Μεσσην. u. Bekk. Ibid. ἔργῳ διοικήσῃς, ὑπὸ σαυτῷ δὲ p 8. 9. Med. Ald. 14. ποιήσειν Med. Ibid. διανοῇ om. u. Bekk. 19. πράξ. καὶ] πράξ. ὡς καὶ u. Bekk. pen. μάλ. τοὺς] μάλ. μὲν τοὺς u. Bekk. Ibid. ἔπειτα δὲ] δὲ om. u. Bekk.

P. 272. 1. λόγῳ] λογισμῷ u. Bekk. 2. ἀνοήτως] ἀναισθήτως u. Bekk. 5. ἐπιβουλεύειν σε u. Bekk. Ibid. αἰτίαν] ἀρχὴν Med. 7. λογισμοῖς] λόγοις u. Bekk. 10. παρασκευάζεσθαι] παρεσκευάσθαι u. Bekk. 11. φαῦλον] φλαῦρον u. v. Ald. Bekk. 12. πλείονος] πλέονος u. Bekk. Ibid. δοκ. εἶναι] δοκ. ἂν εἶναι v. et corr. u. Bekk. 15. τίς γὰρ - - - μισήσειεν om. Med. 21. Ὧν om. v. Ibid. μὴ om. Med. 22. σοὶ corr. v. qui pr. σαυτῷ. 25. ἀμφοτέραις Med. 27. δ' ὑπολ.] οὖν ὑπολ. u. Bekk. antep. συνίδῃς] συνειδῇς u. Bekk.

P. 273. 1. καὶ σοὶ καὶ] σοὶ καὶ u. Bekk. 5. εἰπεῖν τυχεῖν p 8. 9. Med. Ald. 11. τὸν τυρ.] τὴν τυρ. u. Bekk. 15. χρήσασθαι καὶ μολύνασθαι] χρῆσθαι καὶ μολύνεσθαι u. Bekk. 16. κυλινδουμένοις u. Bekk. 18. ἀμφισβητῶν] ἀμφισβητῶ u. v. Ald. Bekk. 21. τὸν τρόπον τοῦτον u. Bekk. 22. ἄλλοις om. u. Bekk. 24. περὶ ὧν ἡγοῦμαί σοι πρακτέον εἶναι] ὧν σοι πρακτέον ἐστὶ u. Bekk. ult. μοι δοκῶ συμβουλεύειν] συμβουλεύσομεν u. Bekk.

P. 274. 1. αὐτὰς om. v. 3. νῦν καὶ] νῦν om. u. Bekk. Ibid. ἔγρ. τὴν] ἔγρ. περὶ τὴν u. Bekk. 7. τοὺς λόγους] τὸν λόγον u. Bekk. 13. οὔτε] οὔτ' ἔτι u. Bekk. 14. γ' ἐστὶν] γ' om. u. v. Bekk. 15. ὑποπέσοι] ὑποπέσῃ u. Bekk. θ' ὕπεστί μοι corr. ὑποπέσοι pr. v. Ibid. συμφέροι] συμφέρῃ u. Bekk. συμφέρει v.

P. 275. 2. κατάγειν] καταγαγεῖν u. Bekk. 5. αὐτὸν μὴ Wolf. 8. τοὺς ὁ. βουλευομένους u. Ibid. ἐκφ. πρὸς τὸν u. 13. μὲν om. u. Ibid. τι] τισι p 8. 9. u. et corr. v. Ald. Bekk. τις p 10. Med. 21. στρατευσαμένων] συστρατευσαμένων u. Bekk. 22. ὁμολογοῦσι] ὁμολογεῖται u. Bekk. 28. αὐτῷ οὕτω] αὐτῷ om. u. Bekk. 29. προσκαλεσάμενος] προκαλεσάμενος u. Bekk. pen. ὑπισχνούμενος u. Bekk.

P. 276. 1. ὑπαγόμενος] ὑπαγαγόμενος u. Bekk. Ibid. ἐκείνῳ] ἐκεῖ u. Bekk. 5. καίτοι τίς] ὥστε τίς u. Bekk. 6. κἀκεῖνοι om. Med. 7. τὴν ἀτ.] τήν τε ἀτ. u. Bekk. 8. γενομένην] γεγενημένην u. Bekk. 10. κατασκευάσασθαι u. 15. εἰ γὰρ] ἐπιστὰς γὰρ u. Bekk. Ibid. ἐλθεῖν ποιεῖν] μὴ πονεῖν u. Bekk. 16. καλῶς εἶχεν] καλῶς ἑτέρως u. Bekk. 18. διαφυλάττειν] διαφεύγειν u. Bekk. Ibid. ἂν εἴην] ἂν ὂν u. Bekk. 19. πλείονα] πλείω u. Bekk. πλεῖον Med. Ald. 21. ἀπεσχόμην] ἀπεχοίμην Wolf. ἀπειχόμην u. Bekk. 23. πρέπον ᾖ] πρέπῃ u. Bekk. antep. μὲν οὕτως ἕξει] μὲν οὖν οὕτως u. Bekk. pen. γενομένης] γενησομένης u. Bekk.

P. 277. 1. ἐθέλῃς] ἐθελήσῃς u. Bekk. 2. δεκαρχίας v. Med. 12. τοῖς Ἕλλησι] τοῖς συλλέγουσι u. Bekk. Ibid. ἢ εἰς τὸν] ἢ τὸν p 8. 9. v. Med. Ald. ἢ τὴν u. Bekk. Ibid. μισθὸν] μισθοφορὰν u. Bekk. 14. βουληθείημεν] βουληθεῖμεν u. Bekk. 16. πάντων] ἁπάντων u. Bekk. 22. ἕτερον v. Ibid. καλ. εἶχε] καλ. ἂν εἶχε u. Bekk. 23. πάσας τὰς] τὰς σὰς u. Bekk. 24. ἀν. καὶ] ἀν. ἅμα καὶ u. Bekk. 25. βασ. ἐφ'] βασ. ἀμφοτέρων ἐφ' u. Bekk. antep. συμβουλεύομεν] συμβουλεύω u. Bekk. pen. ἑκατέρον καὶ] καὶ om. u. Bekk. ult. τήν τε πόλιν] τε om. u. Bekk.

P. 278. 1. τὴν τῶν Λ.] τῶν om. u. Bekk. 3. πᾶσαν] ἅπασαν u. Bekk. 4. ἔλαβεν] ἐξέλαβεν u. Bekk. 5. τῶν Ἑλλήνων] τῶν ἄλλων u. Bekk. 6. πόλεων om. v. Med. Ald. Ibid. κύριός] ἐγκρατής u. Bekk. Ibid. ὥστ' οὐκ ἔστιν] ὥστ' οὐδεὶς u. Bekk. 8. ἐκείνας v. 12. γὰρ ἀφειστήκει μὲν u. Bekk. 16. συναγαγὼν γὰρ] ὥστε συναγαγὼν p 8. 9. v. συμπαρασκευασάμενος γὰρ u. Bekk. 21. τῷ ναυτικῷ] τῷ om. u. Bekk. 22. μετὰ βασιλέως] μετὰ om. u. Bekk. antep. τούτων τῶν ἐθνῶν u. Bekk. Ibid. σὺ corr. v. pen. συμφόρως] συμμάχους corr. v. ult. καὶ Μηνιδρέα p 8. 9. Med. Ald.

P. 279. 2. πάντων ἂν] πάντων γ' ἂν u. Bekk. 5. βουλευομένην] βουλομένην u. Bekk. 8. ἕκαστον ἐν.] ἕκαστον τὸν ἐν. u. Bekk. 18. μεταχειρισάμενοι] μεταχειρισάμενος u. Bekk. Ibid. τῶν στρατηγικῶν] τῶν στρατιωτικῶν u. Bekk. στρατηγικὸν v. Ibid. σοὶ τολμῶμεν] νῦν τολμῴην σοὶ u. Bekk. 20. κατὰ τὸν πόλ. v. 22. ἀρκεῖν πρὸς παράδειγμα τόν] ἀρκεῖν, πρὸς παράδειγμα om. u. et pr. v. Bekk. Ibid. σοι] σου u. Bekk. 24. εἴη βουλομένῳ λέγειν] εἴη θέμις u. Bekk. βουλομένῳ om. v. Med. Ald. 25. τούτων om. Hag. Wolf. Ibid. γενέσθαι] ἔσεσθαι αὐτοὺς v.

P. 280. 2. ὡρμημένοις] ὁρμωμένοις u. Bekk. 6. τοὺς μὲν om. Med. 10. αὐτῶν p 8. 9. Med. Ald. 11. γὰρ τῶν Ἑλλ.] τῶν om. u. Bekk. 12. ἄρχειν ἀξιώσας u. Bekk. 17. διάγοντα] διαγαγόντα v. 23. μνείαν] μνήμην Med. 24. ἀδιέργαστον] διεξέργαστον u. ἀδιεξέργαστον Bekk. Ibid. καινὸν Med. Ald. 28. φιλοσοφίᾳ] φιλοτιμίᾳ u. Bekk.

P. 281. 1. διπλασίω] διπλάσιον u. Bekk. 2. ἂν om. v. 3. ἀφέξομαι πάντων] ἀπέστην u. Med. Bekk. 4. ἐξ αὐτῶν] ἐκλεξάμενος v. 5. εἰρημένοις] προειρημένοις u. Bekk. 8. καὶ τῶν] καὶ πολλῶν u. v. Bekk. 11. μὴ γὰρ ῥαθυμήσας ποιησάμενος δὲ] ποιησάμενος γὰρ u. Bekk.

P. 282. 3. τὸ κράτ.] τὸν κράτ. u. Bekk. 5. τῷ] τὸ p 8. 9. u. v. Med. Ald. Bekk. Ibid. μηδὲν] μηδὲ p 8. 9. v. μὴ δεῖν u. Bekk. 7. φιλονικεῖν u. Bekk. 8. παρακευάσῃς u. Med. Wolf. 11. ἦθος] πάθος Med. 13. βουλεύμασιν] βουλήμασιν u. Bekk. 14. βουληθῇς u. Bekk. 15. ῥᾴδιον u. v. Ibid. σε om. u. Ibid. καλλίστην δόξαν u. 16. ἤπερ ἐξ] ἢ ἐξ u. Bekk. Ibid. τὴν ὑπ.] τὴν νῦν ὑπ. u. Bekk. 22. ἐπὶ τὰς εὐεργ. τῶν] ἐπί τε τὰς εὐεργ. τὰς τῶν u. Bekk. 23. πρᾳότητας καὶ φιλανθρωπίας] πρᾳότητα καὶ φιλανθρωπίαν u. Bekk. pen. ἐπὶ τῶν ζώων καὶ τῶν ἀνθρώπων καὶ τῶν ἄλλων] ἐπὶ τῶν ἀνθρώπων καὶ τῶν ἄλλων ζώων u. Bekk.

P. 283. 5. ἱδρυμένας] ἱδρυμένους p 10. 13. u. v. Med. Wolf. Bekk. Ibid. ἐν ταῖς om. u. 10. περιβαλέσθαι] περιβάλλεσθαι u. Bekk. 21. ἀνελεῖν u. 22. ἣν λέγ.] ὡς λέγ. u. Bekk. antep. ἐν] ἐπὶ u. Bekk. ult. παύσωμεν] παύσομεν u. Bekk.

P. 284. 1. αὐτοῖς ἱκανὸν u. Bekk. Ibid. εὐπορίσαντες] πορίσαντες u. Bekk. 8. ἀποτεμνόμενον Wolf. ἀπονεμόμενον v. 9. ξενιτευομένους] πολιτευομένους u. 11. ἐχυρῶσαι τὴν] ὁρίσαι τὴν u. Bekk. 18. μᾶλλον] μόνον u. 19. αὐτός τ' ἐπὶ ταῦθ' u. Bekk. 24. γεγόνασιν] ἐγγεγόνασιν u. Bekk. 25. ἄρχειν ἠξίωσαν u. Bekk. Ibid. Ἑλλήνων] ἄλλων u. 26. τοσοῦτο] τοσοῦτον u. Bekk. Ibid. παραπεφρόνηκεν p 8. περιφρόνηκεν p 9. antep. ἀμύνασθαι] ἀμύνεσθαι u. Bekk. ult. μηδὲ ἄλλο Wolf.

P. 285. 4. αὐτοὺς] τ' αὐτοὺς u. Bekk. 7. τοὺς Ἕλληνας v. 10. πολ. πρὸς] πολ. τοῦ πρὸς u. v. Bekk. 11. προσήκειν p 8. 9. v. Wolf. 14. πᾶσαν] ἅπασαν u. Bekk. 16. ὡς περὶ] ὥσπερ ὑπὲρ u. Bekk. 19. τε om. u. 23. πατρίδα τὴν αὐτοῦ τὴν u. 24. ἀπὸ] ὑπὸ Med. Ald. 26. ἐκ. φανήσ. πρῶτον] ἐκ. μὲν φανησ. πρώτην u. Bekk. ult. ἢ τῶν ἐπὶ τοῦ βήματος μαινομένων om. v.

P. 286. 4. μοι γν. ἐχ.] ἐμοὶ γν. ἐχ. u. Bekk. γν. ἐχ. ἐμοὶ v. 5. ἐλπίζω] ἐλπίσω u. v. Bekk. 8. ποιήσομαι u. 9. ὅτι τοῖς] ὅτι τούτοις u. Bekk. 10. αὐτοῖς] αὖ τοῖς Med. Ald. Ibid. ὑπὸ] ὑπὲρ Ald. 12. ὠφελειῶν] ὠφελιῶν u. Bekk. 16. τῶν Ἑλλήνων ὄντας u. Bekk. 17. τὴν om. Wolf. Ibid. βασιλεῖς] βασιλέας u. Bekk. 20. κεῖνοι] κείνους u. Bekk. 21. ἀλλὰ μεταναστέον καὶ ἀναστρεπτέον] ἀλλ' ἀναστρεπτέον καὶ μεταστατέον u. v. Bekk. 24. σε πείθειν u. Bekk. pen. εὐλογίαν corr. u. Ibid. φήμην τὴν] φήμην καὶ τὴν μνήμην τὴν u. Bekk.

P. 287. 7. ἀλλ' ὅτι Med. Ald. Ibid. τῶν ἀνοήτως φιλουμένων τοῖς πολλοῖς ὁλοσχερῶς διακειμ.] τῶν ὄντων ἀπλήστως διακειμ.

u. Bekk. 11. πολιτῶν] πολλῶν u. 14. σε] om. u. Bekk. 16. ἂν ὑπολ.] ἣν ὑπολ. u. Bekk. 18. πατέρων ἀνδρίαν] βαρβάρων ἀνανδρίαν u. Bekk. 21. μὲν] καὶ Ald. 22. οἰκησάντων] κατοικησάντων u. Bekk. 23. οὕτω σφόδρα u. Bekk. Ibid. μεμισημένον καὶ καταπεφρονημένον u. 26. εἶναι ὅπως ἂν] ὅπως ἂν om. u. et pr. v. Bekk. Ibid. συνερανίσαιμι] συνεράσαι pr. u. Bekk. συγκεράσαι corr. u. 27. πάντας] ἅπαντας u. Bekk. 28. ἂν om. u. Ibid. ἀξιόχρεως ἔδοξεν οὕτως ἡ πραγματεία εἶναι τῆς] ἄξιος οὗτος ἔδοξεν εἶναι τῆς u. Bekk. 29. σέ τε p 8. 9. Med. Ald. antep. καὶ τὰ προτρ. v. Ibid. τοῦτον. οὐκ] τοῦτον· οὕτω γὰρ ἂν ἄριστα βουλεύσαιο περὶ αὐτῶν. οὐκ u. Bekk.

P. 288. 3. καταστραφεῖσαν u. Ibid. συνταχθεῖσαν v. 7. διαλῦσαι] διαστῆσαι u. 9. ἀμφ. ἂν] ἂν ἀμφ. v. ἂν om. u. Bekk. Ibid. δύνωνται] δύνανται u. Bekk. 11. τοιαύτην] ταύτην u. Bekk. 17. γεγενῆσθαι] γενήσεσθαι u. Bekk. 19. οὔτ' ἐν τοῖς] οὔτε τοῖς u. Bekk. 21. νῦν μὲν Med. Ald. 22. τῶν προγ. ἔχομεν] τῶν γε προγ. ἔχω μὲν u. Bekk. 23. παραβαλεῖν f. 24. οὐκ αἰσχρῶς] οὐκ ἐχθρῶς f. οὐ γλίσχρως u. Bekk. antep. ἄλλων om. u. Bekk. pen. ἀντιπαραβάλλων u.

P. 289. 8. ἀλλὰ μετά γε] ἀλλά γε μετὰ u. Bekk. 9. καὶ τοὺς] καὶ om. u. Bekk. 11. καὶ τοὺς] καίτοι τοὺς p 8. 9. u. v. Bekk. Ibid. καὶ ἀρ.] καὶ τοὺς ἀρ. u. Bekk. 13. καὶ πᾶσιν] καὶ παρὰ πᾶσιν u. v. Bekk. Ibid. ὀνομαστὴν om. v. 15. κεκτημένους] κτησαμένους u. v. Bekk. 20. τοσοῦτο] τοσοῦτον u. Bekk. Ibid. τῶν χρημ.] τῶν om. u. v. Bekk. 23. ἐβουλήθη u. Bekk. 24. ταῦτα γὰρ ἅπαντα] πάντα γὰρ ταῦτα u. Bekk. 25. κατὰ ταύτης u. antep. ἐν Μαραθῶνι] ἐν om. u. Bekk. Ibid. καὶ Σαλ.] καὶ τῆς ἐν Σαλ. u. Bekk. ult. αὐτὴν primum om. u.

P. 290. 7. πάντα] ἅπαντα u. Bekk. 8. εἴη μαλ. καὶ] ᾖ μαλ. ἢ u. Bekk. 9. ἀποβλέπειν εἰς τὴν] αἰτιῶ τὴν u. Bekk. Ibid. τὴν ἐμὴν δεῖ] δεῖ τὴν ἐμὴν v. δεῖ om. u. Bekk. 14. σοὶ δόξαν π. μ. τηρηθῆναι] σοὶ π. μ. περιθεῖναι δόξαν u. Bekk. 16. οὔτε μετὰ τῶν] μετὰ om. u. Bekk. 17. συνόντων] συμβαινόντων u. Bekk. pen. ὅπως ἐν] ὅπως ἂν ἐν u. Bekk. ult. ἐπιθυμήσεις p 8. 9. Ibid. ὧν τυγχ.] ὧν ἐγὼ τυγχ. u. Bekk.

P. 291. 2. αὐτὸν εἰς ἃ] σαυτὸν εἰς ὃ u. Bekk. 6. ἐκείνους ἐγκωμιάζειν u. Bekk. Ibid. καὶ τηλικ.] ἢ τηλικ. u. Bekk. 7. τὴν φύσιν] τὴν σὴν φύσιν u. Wolf. Bekk. 8. οἵτινες τοὺς] οἵτινες ἂν τοὺς u. Bekk. 9. ποιήσουσι] ποιήσωσι u. Bekk. Ibid. σὰς om. u. Bekk. 13. ὡς ἐλαχ.] ὡς ἐν ἐλαχ. u. Bekk. 18. ἂν εὖ πάσχωσι· Μακ. δ' ἂν] εὖ πάσχουσι· Μακ. δ' ἢν u. Bekk. 20. ἂν διὰ] ἢν διὰ u. Bekk. pen. ἐπάρχουσιν u.

ΑΡΧΙΔΑΜΟΣ.

P. 294. 1. πεπ. μεταβολὴν] πεπ. τὴν μεταβολὴν u. v. Bekk.

P. 295. ult. τις τῶν] τις ἄλλος τῶν u. Bekk.

P. 296. 1. ἡσυχ. ἂν] πολλὴν ἂν ἡσυχ. u. Wolf. Bekk. 4. ἀποφαινόμενος p 9. t. v. ἀποφηνάμενος Med. Ald. 6. προήσομαι τὴν πόλιν ἀναξίως προφεισαμένην] περιόψομαι τὴν πόλιν ἀνάξια ψηφισαμένην u. Bekk. 8. τηλ., περί] τηλ. σιωπᾶν, περί u. Bekk. 10. μάλιστα τούτοις] τούτους μάλιστα u. Bekk. 12. ὑμῖν] ἡμῖν p 10. 12. 13. u. v. Med. Wolf. Bekk. 14. περὶ μηδενὸς] μηδὲ περὶ ἑνὸς u. Bekk. 18. οὐκ ἐπ' ἀμφ.] ἐπ' om. t. u. Bekk. 19. συμφερώτατα Med. Ald. 22. μεγίσταις u. antep. περιβάλλοιμεν u. ult. ἂν] ὑμᾶς u. Ibid. ὠφελήσομεν corr. u. ult. ἡμετέρας] ὑμετέρας t. u. Bekk.

P. 297. 1. ἂν φαυλ. δόξαιμεν] φαυλ. δόξομεν u. Bekk. 6. εἴ τις] τίς τι u. Bekk. ἥτις v. 7. ἀγαθόν τι] τι om. u. Bekk. 9. κίνδυνος οὔτε πόλεμος u. Bekk. Ibid. τοσούτων u. 10. νῦν] νυνὶ u. Bekk. Ibid. βουλευσόμενος συνελήλυθα] βουλευσόμενοι συνεληλύθαμεν t. u. Bekk. 13. ὑπομονητέον] ὑπομενετέον u. Bekk. ὑπομενητέον t. 14. μηδὲ ἀν.] μὴ λίαν ἀν. u. Bekk. 16. μετὰ τοῦτο ἴδιον] μέ τι τῶν ἰδίων p 13. μετὰ τούτων ὅμοιον t. τοὐμὸν ἴδιον u. Bekk. Ibid. εἱλόμην u. 18. πολὺ πλείονα] πολλαπλάσιον u. Bekk. Ibid. ποιήσας] ψηφισάμενος u. Bekk. 22. ἐν ἐμοὶ] ἐπ' ἐμοὶ u. Bekk. Ibid. πρόγονοι] πατέρες u. Bekk. 25. ταύτης] ταυτησὶ u. Bekk. antep. τῶν ο. ὁ. ἡγησαμένων] τὸν ο. ὁ. ἡγησάμενον t. u. Bekk. pen. ἴσχειν p 8. 9. v. Med. ult. ἡμ., βεβ.] ἡμ. αὐτῶν, βεβ. u. Bekk.

P. 298. 4. πείσει] πείσῃ p 10. 13. t. u. v. Bekk. 7. Μεσήνην] Μεσσήνην u. Bekk. et sic ubique. 10. ὑμετέρας] ἡμετέρας u. Bekk. 12. ὑμᾶς] ἡμᾶς u. Bekk. Ibid. ἥκουσι κακῶς ποιήσοντες u. Bekk. 13. ἔτεσι κατ.] ἔτεσι κτησάμενοι κατ. u. Bekk. 14. αὐτὴν] ταύτην t. u. Med. Bekk. 15. Λακ. οὔτε] Λακ. συμφορὰν οὔτε u. Bekk. 20. ἡμᾶς om. u. 21. ὑμᾶς Wolf. 24. τοσοῦτον Med. Ald. antep. ἄλλοις τῆς] ἄλλοις τοῖς τῆς t. u. v. Med. Bekk. ult. ταῦτα] τοῦτο u. Bekk. Ibid. εἶναι τὰς] εἶναι πρὸς τὰς t. u. v. Bekk.

P. 299. 5. ὑμᾶς ὑπομνῆσαι δι' ὃν] διαλεχθῆναι πρὸς ὑμᾶς ὃν u. Bekk. 8. πόῤῥωθεν] πορρωτέρωθεν u. Bekk. Ibid. διότι] ὅτι u. Bekk. 11. ἐπεὶ] ἐπειδὴ u. Bekk. 12. γεγονὼς v. 13. πλάνοις ἦσαν] πλάνοις καὶ κινδύνοις ἦσαν t. u. v. Bekk. 15. τῆς τρίτης] τῆς om. u. Bekk. 17. δ' ἐπὶ] δ' αὐτοὺς ἐπὶ u. Bekk. 20. Περσιδῶν Med. Ald. 21. δὲ καταδουλωθεῖσαν] δὲ κατὰ δόσιν u. Bekk. Ibid. ἐκβληθέντος u. v. 22. τυνδαρέω u. 24. δίδ. τὴν] δίδ. αὐτῷ τὴν u. Bekk. ult. ἃς ἐκ τῆς 'Ερ. ἐξήλασεν ὑπὸ] τὰς ἐκ τῆς 'Ερ. ὑπὸ u. Bekk.

P. 300. 1. πλὴν Ν.] πλὴν ὑπὸ Ν. u. Bekk. 6. τὸ στρατ.] τὸ om. u. Bekk. 9. πίστιν] πίστεις u. Bekk. 15. et 23. ταύτης] ταυτησὶ u. Bekk. 16. προγόνους] γονεῖς p 8. 9. v. 22. αὐτὸν] αὐτῶν u. Bekk. Ibid. ἡγεμόνα γεγενημένον u. Bekk. 28. οὖν om. u. Ibid. ὑπαρξάντων ἡμῖν u. Bekk. pen. ἢ] καὶ u. ult. πᾶσιν φανερὸν εἶναι u. Bekk.

P. 301. 3. μὲν γὰρ] τε γὰρ u. Bekk. μὲν v. om. t. 5. δὲ ἐλάβ.] τ' ἐλάβ. u. v. Bekk. Ibid. κατὰ τὸν] καὶ τὸν u. Bekk. 8. μηδ' ἂν] μηδ' ἐὰν u. Bekk. Ibid. ἐκλείπειν] ἐκλιπεῖν t. u. Bekk. Ibid. προστάττωσιν ἡμῖν u. Bekk. 9. περὶ Μ.] ὑπὲρ Μ. t. u. v. Bekk. 11. τὴν αὐτὴν ὑμᾶς u. Bekk. 13. εἰπεῖν ἔχοιμεν] ἔχομεν εἰπεῖν u. Bekk. 17. πρὶν ἢ] ἢ om. u. Bekk. 19. ἡμῖν ὑπαρχόντων u. Bekk. 20. ὥσπερ] ὡς u. Bekk. Ibid. ἀπεδίδοσαν] ἀποδιδόασιν u. Bekk. 21. κατέσχε] κατέσχηκε u. Bekk. Ibid. Μεσσήνης] Μεσσήνην u. Bekk. 22. πλεῖον] πλέον u. Bekk. 23. Πλάταιαν μὲν καὶ Θεσπιὰς] Θεσπιὰς μὲν καὶ Πλαταιὰς u. Bekk. 24. ἀναστάτους πεποιήκασι u. Bekk. 25. τριακοσίων] τετρακοσίων u. Bekk. Ibid. κατοικίζουσι] μέλλουσι κατοικίζειν u. Bekk. pen. εὐλογώτερον — ἐξήμαρτον] εὐλογωτέρως — ἐξημάρτανον u. Bekk.

P. 302. 1. στερηθησόμεθα] στερησόμεθα u. Bekk. 5. Μεσσήνην εἴχομεν δικαίως u. Bekk. 6. ἡμῖν γεγενημένων t. u. Bekk. Ibid. ποιεῖσθαι] ποιήσασθαι u. Bekk. 8. γενομένων] γιγνομένων t. u. Bekk. 10. ἀμφισβήτησις ἐγίγνετο] ἀμφισβητήσεις ἐγίγνοντο u. Bekk. Ibid. δὲ τῆς] τῆς om. u. Bekk. 11. οὔτε βασ. t. u. Bekk. Ibid. Θηβαίων] 'Αθηναίων u. Bekk. 12. ἐνεκάλεσαν] ἐνεκάλεσεν u. Bekk. Ibid. ὡς om. v. Med. Ald. Bas. 16. ὁμολογήσαιεν] ὁμολογήσειαν u. Bekk. 18. ἡμῖν τῶν] ἡμῖν αὐτὴν τῶν u. Bekk. 19. τὴν πόλιν] τὴν δωρεὰν u. Bekk. 20. ἠδικημένοις t. v. 21. ἡμῶν ἀμφ.] ἡμῶν om. u. Bekk. 22. ἐκείνων] κἀκείνων u. Bekk. 25. καὶ θυσίας οἵας] καὶ τὰς θυσίας ἃς u. Bekk. 26. μεταπέμπεσθαι] μεταπέμψασθαι u. Bekk. 27. ἂν μαρτ.] ἄν τις μαρτ. u. Bekk. 28. παράσχοι τις τούτων] τούτων παράσχοιτο u. Bekk. παράσχοι τοιούτων corr. v. antep. τὴν χώραν λαβόντες u. Bekk. pen. πάλιν διὰ βραχέων u. Bekk. Ibid. ἔτι διελθεῖν] ἔτι om. u. Bekk. ult. ἔχοντες] ἑλόντες u. Bekk.

P. 303. 2. τοῦ 'Ηρ.] τοὺς 'Ηρ. t. u. Bekk. 6. ὧν ἐκ.] ὧν ἐν ἐκ. u. Bekk. Ibid. ἱκανόν ἐστιν u. Bekk. 7. τολμώντων κατηγορεῖν u. Bekk. 8. οὐ om. v. Med. Ald. 10. ἴσως πλείω τούτων εἰπεῖν u. Bekk. 14. τε καὶ] τε om. u. Bekk. 15. εὖ βουλ.] ἀεὶ βουλ. u. Bekk. 16. μείζονα] μεῖζον u. Bekk. 20. χρὴ τοῦ δικαίου u. Bekk. Ibid. τὸ συμφέρον οὐδεὶς] τὸ συμφέρον om. u. Bekk. Ibid. ἂν μελετῶν] ἄν με λέγων u. Bekk. 22. τε κἀγαθοὺς] τε om. u. Bekk. 23. τοῦτο p 8. 9. t. v. Ibid. καὶ τὰς εὖ πολιτευομένας πόλεις u. Bekk. Ibid. εὖ φιλοτίμους v. 24. τοῦτο] τούτου u. Bekk. 25. καὶ τοὺς] ἔτι δὲ τοὺς u. Bekk. 26. καὶ κατὰ] καὶ om. t. u. v. Bekk. Ibid. δίκ. τέλος] δίκ. τὸ τέλος u. Bekk. 27. τῶν om. pr. u. 28. ἐκθυμεῖν Med.

P. 304. 2. προκειμένοιν] προτεινομένοιν u. Bekk. 4. ποιήσετε v. Med. ποιήσητε t. 5. ἀποδοκιμάσετε t. v. Med. Ald. 7. τοῖς ἡμετέροις] τοῖς ἐμοῖς u. Bekk. 8. μηδὲν πρ.] μηδὲν μὲν πρ. u. Bekk. Ibid. ὑμετέρων v. 9. τὴν πόλιν om. Med. Ibid. δεινῶν v. Med. Ald. 11. προεξαμαρτάνοντας] προεξαμαρτόντας u. Bekk. 12. τυχὸν] σχεδὸν u. 13. διαμαρτάνειν] διαμαρτεῖν u. Bekk. 14. τοῦτο] τοῦτό πω u. Bekk. 15. ἕξομεν] ἄξομεν u. Bekk. 16. ὑμᾶς οὐκ ἀγνοεῖν u. Bekk. 18. πλέον προσεπιτάττειν ὧν ἂν ἐξ ἀ. ἐπινοηθῶσιν] πλείω προσεπιβάλλειν οἷς ἂν ἐξ ἀ. διανοηθῶσιν u. Bekk. 19. συμβαίνει (et sic A. C. L.)] συμβαίνειν u. Bekk. 22. πάντων] ἁπάντων u. Bekk. 25. πώποτε om. Med. antep. τῶν καταδεεστέρων u. Ibid. κατακεκλεισμένων] κατακεκλειμένων u. Bekk. κεκλεισμένων Med. Hag. Wolf.

P. 305. 1. Περὶ] 'Επὶ t. u. v. Med. Ald. Bekk. 3. κρείττονες] κρεῖττον t. v. κρείττους u. Bekk. Ibid. ἡμῖν v. Med. Bas. Hag. 6. ὧν τοῖς] ὧν μὲν τοῖς u. Bekk. 7. ἠμύνοντο] ἠμύναντο u. Bekk. 9. εἰ διεξέλθοιμι κινδύνους] κινδύνους εἰ διεξιοίην u. Bekk. 10. τοὺς] τοῦ t. Med. Ald. 11. εἰσβάλλοντος t. Med. Ald. Ibid. πορρωτέρω] πόρρω u. Bekk. 17. ἀνάστατον τὴν πόλιν u. Bekk. 18. γιγνομένην] γεγενημένην u. Bekk. Ibid. τὴν πόλιν καὶ τὴν χώραν t. v. καὶ τὴν πόλιν om. u. Bekk. 22. τῶν ἄλλων δεσπόται u. Bekk. 23. ἐπὶ ταύτης ἄν τις u. Bekk. 27. ὑπολειπομένης] ὑποφαινομένης u. Bekk. antep. δυσχερῶς πρὸς αὐτὸν t. δυσκόλως πρὸς αὐτὸν u. Bekk.

P. 306. 3. ἀρχὴν τῶν] ἀρχὴν τὴν τῶν u. Bekk. 7. ὁ τῶν Μ.] τῶν om. t. u. Bekk. 13. ἐντὸς τριῶν] ἐντὸς μὲν τριῶν t. u. v. Bekk. 14. κατέσχεν ἅπασαν u. Bekk. 19. λυπηθείημεν] λυπηθεῖμεν u. Bekk. 20. ἐλπίδας ἂν u. Bekk. 22. πράγματ' αὐτῶν περιέστησεν u. Bekk. 23. ἡμᾶς] ἡμῖν u. Bekk. 24. τοιαύτας] τὰς t. τοσαύτας u. Bekk. 25. παύεσθαι] παύσεσθαι u. Bekk.

P. 307. 1. οὐδεὶς τολμ.] οὐδεὶς ἂν τολμ. u. Bekk. 2. πολιτεία] πολιτείαν t. u. v. Med. Ald. Hag. Bekk. 3. οἵαν χρὴ] οἵαν εἶναι χρὴ u. Bekk. Ibid. ὑπαρξάντων] ὑπαρχόντων t. u. v. Bekk. 13. στερηθέντας] ἀποστερηθέντας u. Bekk. Ibid. τῶν ὄντων] τῶν τοιούτων t. u. v. Bekk. 19. ὅπως] ὡς u. Bekk. 15. τις καὶ] καὶ om. u. Bekk. 16. εὐπραγοῦντας v. Ibid. πραττ. εἰρήνης] πραττ. τῆς εἰρήνης u. Bekk. Ibid. ἐν ταύτῃ γὰρ τῇ καταστάσει u. Bekk. 20. πανουργίας] καινουργίας u. Bekk. 21. δεδοίκαμεν t. u. v. Med. Ald. 22. ὅτε γὰρ] ὅτε μὲν γὰρ t. u. v. Bekk. 23. καθίσταμεν] καθέσταμεν u. Bekk. κατέστημεν Wolf. ult. τὴν αὐτῶν δύναμιν] τὴν δύναμιν τὴν αὐτῶν u. Bekk. pen. φοβεῖσθαι t. Med.

P. 308. 1. ὥστε t. v. Med. Ald. Wolf. 2. διάλυσιν] κατάλυσιν u. Bekk. 3. ὑμᾶς Wolf. 4. ἐμβάλλειν εἰς αἰσχρὰν ὁμολογίαν] ἐμβαλεῖν εἰς αἰσχρὰς ὁμολογίας u. Bekk. 5. περὶ τῶν] περὶ om. u. Bekk. 7. Λακεδαιμόνιος] Λακεδαιμονίων u. Bekk. 8. πάντων ὠμ.] πάντων ἂν ὠμ. u. Bekk. 9. γεγενῆσθαι] γενέσθαι u. Bekk. 12. Παιδάρετος] Πεδάριτος u. Ald. Bekk. τοιοῦτος p 8. 9. 10. t. v. Med. Ibid. πλεύσας] εἰσπλεύσας u. Bekk. πλεύσασι Med. 15. Συρακουσίοις] Συρακοσίοις u. Bekk. 20. μήτε δύνασθαι μήτε πειρᾶσθαι u. 21. μὲν Εὐρώπην καὶ τὴν Ἀσίαν u. Bekk. 28. ὑπομεῖναι] ὑπενεγκεῖν u. Bekk.

P. 309. 2. ῥᾳθ. βουλ.] ῥαθ. τῶν ἄλλων βουλ. u. Bekk. 3. τίνα] τίνας p 10. t. u. v. Med. Bekk. Ibid. δὲ τῶν περιισταμένων ἡμῖν ἐξ ἀνδρῶν τοιούτων ἀπειλῶν καὶ ποιεῖσθαι] παριστaμένων καὶ ποιήσασθαι p 10. et. pr. v. γὰρ ἴσμεν ὧν καὶ ποιήσασθαι u. Bekk. 4. ὑμᾶς (ἡμᾶς corr.) ἄξιόν v. Ibid. αὐτοὶ ἡττηθ. v. 5. ἅπαντα] πάντα u. Bekk. 6. ἢ πῶς] πῶς δ' u. Bekk. ἢ γὰρ πῶς corr. v. 7. πολὺν χρόνον δυστυχοῦντες u. Bekk. Ibid. ἐπαρκέσειαν] ἀνταρκέσειαν u. Bekk. 8. ἐπὶ τῆς] ὑπὲρ τῆς t. u. v. Bekk. Ibid. ταύτης τῆς χώρας u. Bekk. 15. συμβουλεύουσι ταῦτα] τοιαῦτα συμβουλεύουσιν ὑμῖν u. Bekk. 17. παρακαλοῦσιν] ἐπάγουσιν u. Bekk. Ibid. ἡμᾶς] ὑμᾶς t. u. Bekk. Ibid. τὴν Μεσ.] τὴν om. t. u. Bekk. 18. διελθεῖν Hag. Wolf. 20. ἕξειν] ἥξειν u. Bekk. 21. πολεμεῖν ὑμῖν] ὑμῖν om. u. Bekk. 24. ἔσεσθαι] γενέσθαι u. Bekk. antep. καὶ μεχρὶ θανάτου μάχεσθαι τ. π. θέλειν] ζῆν καὶ μάχεσθαι τ. π. ἐθέλειν u. Bekk. ult. ὃ μᾶλλον] ἃ μᾶλλον u. Bekk.

P. 310. 2. προγόνους] πρώτους u. Bekk. 3. ἀφικνουμένους] ἀφικομένους u. Bekk. 8. τοῖς νομιζομένοις] τοῖς γενομένοις t. v. τοῖς τε νόμοις u. Bekk. τοῖς ἐπιτηδευομένοις καὶ τοῖς γινομένοις ἐμμένοντες Med. 10. δὲ τὰς εὐτ. φέρειν μὴ] δὲ μηδὲ τὰς εὐτ. φέρειν u. Bekk. 11. ἔχοντας συμμαχίας] τὰς συμμαχίδας u. Bekk. 13. μᾶλλον ἢ] τοὺς δὲ μᾶλλον ἀλλήλοις φθονοῦντας ἢ t. u. v. Bekk. μᾶλλον om. Med. Ald. 15. θαυμάζειν] θαυμάζω u. Bekk. 16. ταῦθ' ἡμῖν βοηθήσει om. u. Bekk. 19. ὑπολαμβάνω πολλοὺς] ἡγοῦμαι πολλοὺς u. Bekk. πολλοὺς p 8. 9. t. v. Med. Ald. Ibid. ἐπαμύνειν ἡμῖν u. Bekk. 21. ἀλλ' οὖν ὑπέρ γε] ἀλλ' ὑπέρ γε u. Bekk. ἀλλ' οὖν γε ὑπὲρ v. Ibid. τῆς ἑαυτῶν σωτ. πάντα] τῆς σωτ. τῆς ἡμετέρας ὁτιοῦν ἂν u. Bekk. 23. τίνας ὁμ.] ἔστιν ἃς ὁμ. u. Bekk. Ibid. νῦν ἡμῖν] νῦν om. u. Bekk. 24. συμβουλευσομένας v. 25. τῶν Αἰγ. t. v. Med. Ald. Wolf. 26. ἂν ἔχ. δύνωνται] ἔχ. δύνανται u. Bekk. ult. τῶν βελτ.] τῶν om. u. Bekk.

P. 311. 3. τὰς ἐλπίδας] τὰς om. u. Bekk. 4. τὸν ὄχλον] τὸν ἄλλον ὄχλον u. Bekk. 5. κἂν οὐ πρότερον, ἀλλὰ νῦν γε πολλὴν ποιήσεσθαι τὴν ἐπιμ.] μάλιστα πολεμεῖν ἡμῖν, ποθεῖν ἤδη τὴν ἡμετέραν ἐπιμ. u. Bekk. κἂν οὐ πρ. ἀλλὰ νῦν γε om. t. 8. αὐτοῖς ἀποβέβηκεν] αὐτοῖς om. u. Bekk. 12. ἐπ' αὐτοὺς ὁρῶσι] ὁρῶσιν ἐφ' αὐτοὺς u. Bekk. 15. γιγνομένας ὁρῶσιν. οὕτω δὲ δεδαμασμένοι] γιγνομένας. οὕτω δ' ὡμαλισμένοι u. Bekk. 16. μηδὲ] μηδένα u. Bekk. 18. ἀκερ. ἢ] ἀκέρ. οὐδ' ἢ u. Bekk. 19. ὡς codd. et edd. 22. τῶν Ἑλλ. ἐτύγχανον] τῶν Ἑλλ. ἦσαν u. Bekk. ἦσαν τῶν Ἑλλ. Med. ἐτύγχανον om. in lacuna t. et pr. v. 23. οὕτω δ' - - - ἔχουσιν om. Med. Ibid. ἀπίστ. πρὸς] ἀπίστ. τὰ πρὸς u. Bekk. 25. εὐπορίας κ. τ. παρ' ἡμῶν εὐνοίας] ὁμονοίας κ. τ. παρ' ἀλλήλων εὐπορίας u. Bekk. antep. βάλοιεν] ἐκβάλοιεν u. Bekk.

P. 312. 5. ἔτι u. Ibid. ὃ οὐκ] ὃ om. t. u. v. Bekk. 6. δὲ ταχέως] δὲ διὰ ταχέων u. Bekk. 8. μένειν codd. et edd. 11. ἂν μαχ. νικῶμεν, ἀλλὰ κἂν] ἢν μαχ. νικήσωμεν, ἀλλ' ἐὰν u. Bekk. 12. περιμένωμεν v. 13. αὐτοῖς] αὐτῶν u. Bekk. 15. ποιεῖν] ποιῆσαί u. Bekk. 18. ὑπερορῷεν] περιορῷεν u. Bekk. 21. ὑπ' ἀμφ.] ὑπὲρ ἀμφ. t. u. v. Bekk. 22. Μεσσηνίων] Μεσσηνίους t. u. Bekk. 23. κτησ. ἡμεῖς] κτησ. καὶ προσηκόντως ἡμεῖς u. Bekk. 24. οὐθέτερον t. v. Ald. οὔθ' ἕτερον Med. Hag. 25. πολεμήσωμεν] πολεμήσομεν v. Med. Ald. Bekk. 26. ἡμῶν om. u. Bekk. 27. ἐλέγξωμεν] ἐλέγξομεν u. Bekk. ἐξελέγξωμεν t. v. antep. παρασχήσωμεν] παρασχήσομεν Med. Ald. ἡμᾶς αὐτοὺς παρασχήσομεν u. v. Bekk. Ibid. δοκεῖν ἐκείνους ἐλάττω τῶν ὑπαρχόντων u. Bekk. ult. οὖν μηδὲν] οὖν οὐδὲν u. Bekk. Ibid. συμβήσεσθαι δεινότερον u. Bekk.

P. 313. 4. φυλάττειν] διαφυλάττειν u. Bekk. 8. ἢ ὧν] ἢ om. t. u. et pr. v. Wolf. Bekk. 11. καὶ Ἰταλίαν om. Med. Ald. 12. τὴν om. Wolf. 13. ἀσμένως] ἄσμενοι u. Bekk. 14. ἄλλαις περὶ] ἄλλαις ταῖς περὶ u. Bekk. 15. ὑφ' ἡμῶν om. u. Bekk. Ibid. κομίσασθαι] κομιεῖσθαι u.

Bekk. 16. προϋπάρχωσιν] προϋπάρξωσιν u. Bekk. 18. ἀφίστασθαι] ἀφεῖσθαι u. Bekk. 19. δυνώμεθα] οἷοί τ' ὦμεν u. Bekk. 20. ὀχυρώτατον] ἐχυρώτατον u. Bekk.

P. 314. 1. ἢ γεν.] ἣν γεν. t. v. ἢ om. u. Bekk. 2. συμπεπραγμένον] διαπεπραγμένον u. Bekk. 5. πρῶτον ἄγειν] πρῶτον om. u. Bekk. 6. μηκέτι ἐν ἄλλῳ] μηδὲ (μὴ t. v.) περὶ ἓν ἄλλο t. u. v. Bekk. 9. ἐν μηδεμιᾷ πόλει τεταγμένον] μηδεμιᾷ πολιτείᾳ τεταγμένῃ χρώμενον u. Bekk. ἐν om. Med. Ald. 14. μόνων t. Ibid. ῥηθ. εἰς] ῥηθ. τούτων καὶ διασπαρέντων εἰς u. Bekk. 16. ἐχθροὺς] ἐχθροὺς ἡμῶν u. Bekk. Ibid. εἰ καὶ] ἣν καὶ u. Bekk. 19. ποιεῖν μὴ δύνωνται] μηδὲν δύνωνται ποιεῖν u. Bekk. 21. παρεσκευασμένην] διεσκευασμένην u. Bekk. 23. ἔκ τε τῆς τῶν ὑπαρχόντων κτήσεως] οὖσαν ἔκ τε τῶν ὑπαρχόντων u. Bekk. 24. εἶναι διὰ] εἶναι om. u. Bekk. antep. τε] δὲ pr. om. corr. u. Ibid. τοιοῦτο] τοιοῦτον t. u. Bekk. Ibid. τὸν ὄχλον τὸν] τοὺς ὄχλους τοὺς u. Bekk. pen. παντὸς] πάντων u. Bekk. πάντως t. ult. ἐκείνοις ἀλγεινότατον] ἄλγιστον ἐκείνοις u. Bekk.

P. 315. 1. ἐμπειρίαις καὶ εὐπορίαις] ἐμπειρίαις καὶ om. t. u. v. Bekk. 2. ἐκ. ἡμ.] ἐκ. τὴν ἡμ. t. Bekk. Ibid. τῶν ἀναγκαίων ἐνδεεῖς ὄντας u. Bekk. 3. κακοῖς, ἀλλ'] κακοῖς τούτοις, καὶ u. Bekk. 5. αὐταρκεῖν] ἀνταρκεῖν u. Bekk. 8. ἡμῖν, καὶ] ἡμῖν om. u. Bekk. 10. παραταττομένους t. v. 11. δυσχερείας] δυσχωρίας u. Bekk. 13. οὐδὲ γὰρ] οὐδὲν γὰρ u. Bekk. Ibid. δεηθείημεν] δεήσειεν u. Bekk. 14. μὲν αὐτοὺς ἀναγκάσαιμεν] ἂν αὐτοὺς ἐξαναγκάσαιμεν u. Bekk. 15. ἀλλὰ μὴ ἐν] καιροῖς ἀλλὰ μὴ u. Bekk. 16. ἐπιλείπα] ἐπιλίποι u. Bekk. 17. τὰς ἡμετέρας] τὰς ἐσομένας u. Bekk. 18. δ' αὖ] δ' οὖν v. δ' οὖν πᾶσι u. Bekk. 20. ἀνδρῶν] ἀνθρώπων u. Bekk. 22. θέλοντι] ἐθέλοντι u. Bekk. Ibid. ποιησώμεθα] ποιήσωμεν u. Bekk. 23. ὅτι τῶν] ὅτι ῥᾳδίως τῶν u. Bekk. pen. ἐπικρατεῖς] οἰκιστὰς u. Bekk. ἐπικρατιστὰς t. Ibid. ταύτης] ταυτησὶ t. u. Bekk.

P. 316. μεγάλων ἐκρ.] μεγάλων πόλεων ἐκρ. u. Bekk. 4. τιμὰς ἀναλ.] τιμὰς καὶ τὰς δυναστείας ἀναλ. u. Bekk. 6. τὴν χώρ.] τὴν αὐτῶν χώρ. u. Bekk. Ibid. ἄλλων om. u. Bekk. 9. παραδείγματα τοιούτων ἔργ. καὶ] παράδειγμα τῶν τοιούτων ἔργ. τοῖς u. Bekk. 10. μιμεῖσθαι] μιμήσασθαι u. Bekk. 11. τοῦτο] τούτου t. u. v. Bekk. 12. Φωκεῖς t. Med. 14. εἰς τοῦτο] εἰς τοσοῦτον u. Bekk. 15. ὑπομείναιμεν u. 17. μηδὲ] μὴ u. Bekk. om. t. 18. εὐθὺς ἀφ'] εὐθὺς om. u. Bekk. 19. ἀλλ' ἐκ.] ἀλλ' ἐπ' ἐκ. u. Bekk. 20. ἐπανορθώσομεν] ἀνορθώσομεν u. Bekk. τὴν μὲν πόλιν ἐπανορθώσομεν Wolf. 21. αὐτῶν οἰκείους] οἰκείους om. u. Bekk. 22. παρεληλυθότα] παρελθόντα u. v. Bekk. 24. γὰρ τούτους] γὰρ om. t. u. Bekk. 26. προπαρασκευάσαι] προτρέψασθαι u. Bekk. antep. ταύτας καὶ πολὺ τούτων δεινοτέρας συμφορὰς] ταύτας τὰς συμφορὰς καὶ πολὺ δεινοτέρας τούτων u. Bekk. pen. περὶ] ὑπὲρ u.

P. 317. 3. ἔνιοι συμβουλεύουσιν] ἔνιοί τινες συμβουλεύουσιν, οὐ μόνον u. Bekk. 5. ἐὰν] ἢν u. Bekk. Ibid. παρακατοικήσωμεν ταύτην αὐξ.] παρακατοικισώμεθα τοὺς Εἵλωτας καὶ τὴν πόλιν ταύτην περιίδωμεν αὐξ. u. Bekk. 7. χρόνον] βίον t. u. v. Bekk. 8. διατελέσομεν] διατελοῦμεν u. Bekk. Ibid. ὥσπερ Med. Hag. 10. ἡμῖν om. Wolf. Ibid. πάντα] ἅπαντα t. u. Bekk. 14. προστάττωσι] προστάττωσί τι u. Bekk. 15. τοὺς μὲν] τούτους μὲν u. Bekk. 16. εἰς ταύτην κατάγωσιν] κατοικίζωσιν εἰς ταύτην u. Bekk. 17. ὄντων] ὄψων u. Bekk. 18. πρὸς τοῖς ἄλλοις καὶ] καὶ πρὸς τοῖς ἄλλοις κακοῖς u. Bekk. 22. ἐν πάσαις ἀτ., ποιήσαντας] ἐν ταῖς ἀτ., ἃς ληψόμεθα ποιήσαντες u. Bekk. 23. εἰ δὲ] ὅμως δ' εἰ u. Bekk. 24. τὸ φαινόμενον αἱρετ. ἡμῖν ἀναστάτους] αἱρετ. ἡμῖν ἐστὶν ἀναστάτοις u. Bekk. 25. καταγελάστους] καταγελάστοις u. Bekk. 26. τοιούτοις] τηλικούτοις u. Bekk. pen. ἀναιρεῖσθαι] ἀνῃρῆσθαι u. Bekk. Ibid. μηδὲν ταπεινὸν om. v. Ibid. διαπραξαμένους] διαπραξαμένους, ἀλλὰ καλὴν τοῦ βίου τὴν τελευτὴν διαπραξαμένους p 8. 9. v. ἀλλὰ καλὴν τὴν τελευτὴν τοῦ βίου διαπραξαμένους t. διαπραξαμένους, ἀλλὰ καλὴν τὴν τελευτὴν τοῦ βίου ποιησαμένους u. Bekk.

P. 318. 1. λογιζομένους] διαλογισαμένους u. Bekk. διαλογιζομένους v. 4. ὃ] τὸ u. Bekk. 7. ποιήσωνται τούτου] τοῦ βίου ποιήσωνται u. Bekk. Ibid. μὲν οὖν] μὲν γὰρ u. Bekk. 8. Κορινθίοις καὶ Φλιασίοις u. Bekk. Ibid. ἢ πρὸς τὸ] προσῇ τὸ f. t. u. Bekk. Ibid. καλῶς σώζ.] καλῶς τῷ σωζ. u. Bekk. Ibid. θάνατον ἡμῖν] τὸν θάνατον ἡμῖν μετ' εὐδοξίας u. Bekk. Ibid. περὶ ἀρετῆς] περὶ om. u. Bekk. 14. φανῆναι πράττοντας u. Bekk. Ibid. δὲ] δ' αἱ u. Bekk. 17. τῶν — γνωσθέντων t. v. Med. Ald. 19. φιλονικητέον u. Bekk. Ibid. ψηφιζομένων, ὡς] ψηφισθησομένων, ὥσπερ u. Bekk. 20. πολέμοις] ὅπλοις u. Bekk. 21. τῆς ἰδίας χώρας] μὲν τῆς ἰδίας δόξης u. Bekk. 23. καὶ μὴ καταισχύνειν] ὥστε μὴ καταισχύναι u. Bekk. 24. περιιδεῖν αὐτὴν] περιιδεῖν τὴν πόλιν v. αὐτὴν om. t. u. Med. Bekk. Ibid. ἐκλείπουσαν τὴν τάξιν] τὴν τάξιν λιποῦσαν u. Bekk. τὴν τάξιν ἐκλιποῦσαν t. 26. ἡμῖν καὶ δεινῶν u. Bekk. ult. προσταττόμενον] κελευόμενον u. Bekk. Ibid. κινδυνεύειν] διακινδυνεύειν u. Bekk.

P. 319. 1. Ὀλυμπίαν] Ὀλυμπιάδα u. Bekk. 4. τίνας ἂν τολμήσειν ἡμῶν οἴεσθε (οἴει v.) ἐλθεῖν] τίς ἂν ἐλθεῖν τολμήσειεν u. Bekk. 5. μέντοι u. Ibid. καταφρονηθησομένους — περιστάτους — περιβλέπτους — γενησομένους — ὀψομένους] καταφρονησόμενος — περίστατος — περίβλεπτος — γενησόμενος — οἰόμενος u. Bekk. 8. ἐκ τῆς χώρ. ἧν] ἀπὸ τῆς χώρ. ἧς u. Bekk. 10. ἀκουσομένους] ἀκουσόμενος u. Bekk. 10. αἷς περ t. v. 13. ἕκαστον] ἕκαστος u. Bekk. 14. ἀναγκάσειαν] ἂν ἀλγήσειεν u. Bekk. Ibid. λόγων δηλῶσαι] λόγου δηλώσειεν u. Bekk. 17. τοιοῦτο] τοιοῦτον u. Bekk. 18. τὰς τῶν codd. et edd. Ibid. ἀνασχέσθαι] ἀνέχεσθαι u. Bekk. 22. ἀληθινῶς ἀλλὰ καταπεπλασμένως χρῆσθαι u. 23. ἐνδ. τοῖς] ἐνδ. τοιοῦτον τοῖς u. Bekk. 24. μὲν λόγους] λόγους αὐτῶν u. Bekk. pen. τῶν προγόνων τῶν πρὸς τοὺς Ἀρκ. ἠγωνισμένων] τῶν ἐν Διπαλίᾳ πρὸς Ἀρκ. ἀγωνισαμένων u. Bekk.

P. 320. 2. Θυρεαῖς] Θυρέαις u. Bekk. Θυραιαῖς v. Med. 6. οὗ ἔτ'] οὗ περ ἔτ. u. Bekk. 9. μνησθέντες ἐῤῥωμένως] ἀναμνησθέντες ἐῤῥωμενέστερον u. Bekk. 10. πολεμεῖν] πολέμου u. Bekk. Ibid. περιμένωμεν u. Bekk. 12. αὐτὰς διαλ.] αὐτὰς καὶ διαλ. u. Bekk. Ibid. γὰρ τοὺς] δὲ τοὺς u. Bekk. 16. οἷοί περ] ὁποῖοί τινες u. Bekk. 17. ὅτι τῶν] εἴ τι τῶν u. Bekk. 19. νυνὶ] νῦν u. Bekk. 20. μὴ παρόντων] δεόντων u. Bekk. Ibid. ἡμῖν om. Hag. Wolf. antep. ἀλλὰ νῦν τὰς πόλ. τὰς] ἀλλὰ καὶ νῦν τὰς πόλ. τάς γε u. Bekk. pen. δὴ] δὲ u. Bekk. Ibid. τῶν Ἀθ. καὶ τῶν Θηβ. v. ult. λαμβανούσας] λαβούσας u. Bekk. Ibid. ὧν τῷ] ὧν ἐν τῷ t. u. v. Bekk.

P. 321. 1. δυστυχήσασαι] προδυστυχήσασαι u. Bekk. Ibid. αὐτὰς ἀνέλαβον u. Bekk. 4. ἡγ. κατ.] ἡγ. τῶν Ἑλλήνων κατ. u. Bekk. 8. ἐὰν γὰρ] ἣν γὰρ u. Bekk. 10. ἐγκωμιασθησόμεθα] θαυμασθησόμεθα u. Bekk. 11. καταλείψομεν u. 13. τί] ὅ τι u. Bekk. Ibid. ἀξίως] ἄξιον u. Bekk. 14. δὲ μὴ] δὲ μηδὲ t. u. v. Bekk. 15. προσέξουσι] προσέχουσι u. Bekk. 20. ἐὰν μὲν] ἣν μὲν u. Bekk. 22. φοβηθησόμεθα] φοβησόμεθα u. Bekk. 27. πλ. ποιούμενοι τὸ ζῆν προδόται φανῶμεν] πλ. φανῶμεν ποιούμενοι τὸ ζῆν u. Bekk. pen. ἧς] ἣν u. Ibid. οὐκ εὐπορήσομεν] οὐχ ἕξομεν p 8. 9. t. u. v. Bekk.

P. 322. 1. γιγνομένοις] γενομένοις u. Bekk. Ibid. πολὺ γὰρ μᾶλλον κρεῖττον μεγάλου καιροῦ τιμὴν ἀνταλλάξασθαι ἢ μικροῦ] πολὺ μᾶλλον ἢ μικροῦ t. u. Bekk. 2. ἀντὶ μικροῦ f. Ibid. χρόν. μεγ.] χρόν. γλιχομένους μεγ. u. Bekk. 3. οὕτως ἂν ὑμᾶς u. Bekk. 5. ὑμ. τοὺς] ὑμ. αὐτῶν, τοὺς u. Bekk. 10. δυναστείαν τῶν] τὴν δυναστείαν τὴν u. Bekk. 11. παρέλαβον v. Med. Ald. 12. οὐκ] οὐδὲν u. 14. ὡς πολλῶν τῇ πόλει] ὡς πλείστων τῇ πόλει ταύτῃ u. Bekk. antep. οἷσπερ ἐν] οἷσπερ ἂν ἐν u. Bekk. pen. κατορθοῦσι] κατορθῶσι u. Bekk.

ΑΡΕΙΟΠΑΓΙΤΙΚΟΣ] ΑΡΕΟΠΑΓΙΤΙΚΟΣ u. Bekk.

P. 337. ult. ἑτοίμους] ἑτοίμως b. u. Wolf. Bekk.

P. 338. 1. συνάξεις b. v. 2. ἡμᾶς] ὑμᾶς u. Bekk. 5. περὶ σωτ.] περὶ τῆς αὐτῶν σωτ. u. Bekk. ult. τὰ κάκιστα] τὰ om. u. Bekk. Ibid. συμβουλευομένας] βουλευομένας p 10. u. Bekk.

P. 339. ult. πλουσίοις p 8. 9. Med. Ald.

P. 340. 2. καὶ πολλὴ μετριότης u. 8. ἐστὶ] ἔχει b. ἔχω u. Bekk. ἔχειν v. Med. Ald. 9. ἰδίων u. 10. μείζω δὲ] οὐ μὴν ἀλλὰ μείζω γε u. Bekk.

P. 341. 1. γενομένης] γεγενημένης u. Bekk. pen. τὴν δύναμιν ἔχειν u. Bekk.

P. 342. 1. φαύλων τε καὶ μικρῶν] φαύλων καὶ ταπεινῶν u. Bekk. 3. μείζω] μεῖζον u. Bekk. 5. κινδύνους κατέστησαν ἡμῖν u. Bekk. 7. παροῦσιν, ἀν.] παροῦσιν, λίαν ἀν. u. Bekk. antep. μὲν om. u.

P. 343. 1. τὸν om. u. Bekk. 3. μέλλειν b. Med. pen. ἡμῶν om. u. Bekk.

P. 344. ult. ἀπαντηλωκότες] ἀνηλωκότες u. Bekk.

P. 346. 1. τοιαύταις Wolf. 2. τεθεῖκαμεν, ῥαθυμώτερον Med. Ald. ult. τινας πράξεις] τινας τῶν πράξεων u. Bekk.

P. 347. 2. γενομένων] γεγενημένων u. Bekk.

P. 348. 3. ἂν τοῖς om. u. pen. χρησαμένην] χρησαμένην u. Bekk. Ibid. λαβεῖν αἰτοῦμεν] λαβεῖν ζητοῦμεν b. v. καλῶς ζητοῦμεν u. Bekk.

P. 349. 1. τοῖς τείχη] τοῖς τὰ τείχη u. Bekk. Ibid. κάλλιστα καὶ μέγιστα u. Bekk. 3. ἠθροισμένοις] συνηθροισμένοις u. Bekk. 4. αὐτῶν διοικ.] αὐτῶν πόλιν διοικ. u. Bekk. 5. ἄλλο ἢ] ἕτερον ἢ u. Bekk. Ibid. τοιαύτην b. 6. περ om. u.

P. 350. 1. αὐτὴν] ταύτην u. Bekk. 2. ἐπανορθώσωμεν b. u. Med. 3. τῶν δικαστηρίων τῶν καθεστηκότων κατηγοροῦμεν] τῶν ἐργαστηρίων καθίζοντας κατηγοροῦμεν τῶν καθεστώτων u. Bekk. 7. τὸν λόγον] τοὺς λόγους u. Bekk.

P. 351. ult. πολλάκις δεινὰ] πολλὰ καὶ δεινὰ u. Bekk.

P. 352. 3. αἰτίαν πρότερον u. Bekk. 4. ἐκ. ἐν.] ἐκ. μὲν τὸν ἐν. u. ἐκ. τὸν ἐν. Bekk. Ibid. ἀεὶ om. u. 5. οὐ δεῖ] οὐ χρὴ u. Bekk. Ibid. τοιαύτης u. 6. γιγνομένων u. 9. περὶ αὐτῶν] περὶ om. u. Bekk. 10. παρέχοντας b. v. 12. περὶ ἀμφ. τούτων πειράσομαι u. Bekk. ult. τῷ πρᾳοτάτῳ καὶ ὀνομαστοτάτῳ προσ. u.

P. 353. 2. οὐδὲ τὸν τρόπον τοῦτον ἐπαίδευον] οὐδ' ἢ τοῦτον τὸν τρόπον ἐπαίδευε u. Bekk. 5. τοῦ ταῦτα] τοῦ πάντα u. Bekk. 6. καὶ μισοῦσα] καὶ om. u. Bekk. 7. μὲν καὶ] μὲν om. b. u. Bekk. pen. πρὸς τὸ] πρὸς om. u. Bekk. Ibid. τούτων om. u. Bekk.

P. 354. 2. καὶ πον.] καὶ τοὺς πον. u. Bekk. 2. κατ' ἀξίαν] κατὰ τὴν ἀξίαν u. Bekk.

P. 355. 1. πληροῦντες u. Ibid. βελτίους] βελτίστους p 10. u. Bekk. 2. προκρίναντες] προκρίνοντες b. u. Bekk.

P. 356. 1. τῆς — γιγνομένης] ἡ τὴν — γιγνομένην u. Bekk. 3. βραβεύειν] βραβεύσειν u. Bekk. 5. ἔσεσθαι κύριον om. b. 8. μεμελητηκότες] μεμαθηκότες u. Bekk. antep. ὁπότε] ἐνίοτε b. v. εἴποτε u. Ibid. δεήσει u. Ibid. καὶ τοῖς] καὶ om. u. Bekk. ult. ἀπείχ. τῶν] ἀπείχ. σφόδρα τῶν u. Bekk.

P. 357. 4. ἐσκ. εἰ] ἐσκ. ἐλθόντες εἰ u. Bekk.

P. 358. 2. τῶν om. Ald. 4. οἰκειοτάτων] οἰκέτας u. Bekk. 5. ταύτην τὴν τιμὴν] ταύτῃ τῇ τιμῇ u. Bekk. 7. τις εὕροι ταύτης βεβ. ἢ δικ. δημοκρατίαν u. Bekk. 12. καταμανθύνειν] καταμαθεῖν u. Bekk. Ibid. τὰ om. u. 13. τὴν om. codd. et edd. pen. τὰ κατὰ] κατὰ τὰ Med. Ald. τὰ u. Bekk.

P. 359. 2. ἄρξασθαι] ἄρχεσθαι u. Bekk. Ibid. δίκαιόν μοι δοκεῖ] δίκαιον ἦν μοι δοκεῖ p 9. Med. δίκαιον ἡμῖν δοκεῖ p 8. δίκαιον ἢ μοι δοκεῖ v. δίκαιον u. Bekk. 3. εἴποτε] ὁπότε u. Bekk. 4. τριακοσίους codd. et edd. 5. ἐξέλιπον] ἐξέλειπον u. Bekk. pen. καταλύσωσι] καταλύσουσι Med. Bekk. καταλύουσι u. ult. προσθήσωσιν] προσθήσουσιν u. v. Med. Ald. Bekk.

P. 360. 2. κινεῖν] ποιεῖν u. Ibid. τοιγάρτοι] καὶ γάρ τοι u. v. Bekk. 6. προειρημένοις] εἰρημένοις u. Bekk.

P. 361. 2. οὐδὲ γὰρ] οὐ γὰρ u. Bekk. 4. πρόσθεν ὄντων] ἐθέντων pr. προεθέντων corr. u. Bekk. 5. διδομένων] δεδομένων u. Bekk. 6. ἔνδον] οἴκοι u. Ibid. ἀποκειμένων] κειμένων u. Bekk. Ibid. τῶν τοιούτων] τῶν συμβολαίων u. Bekk. antep. καταχρωμένους] χρωμένους u. Bekk.

P. 362. 4. προσποιούμενοι] προϊέμενοι u. Bekk. 5. ἀποστερήσεσθαι] ἀποστερηθήσεσθαι u. Bekk. Ibid. ἂν] ἦν u. Bekk. 6. κατασταθήσεσθαι] καταστήσεσθαι u. Bekk. 7. τὴν γνώμην ταύτην u. Bekk. Ibid. οὔτ'] οὐδεὶς οὔτ' u. Bekk. 8. συμβάλλ. οὐδεὶς] οὐδεὶς om. u. Bekk.

P. 363. 1. ὑπῆρχεν Med. Ald. Ibid. χρήσεις ἐπίσης] χρήσεις om. p 8. 9. v. Med. Ald. ἐπίσης om. u. Bekk. 3. τινες ἐπιτιμήσειαν] τις ἐπιτιμήσειεν u. Bekk. 4. γιγνομένας u. 5. καὶ πρὸς] καὶ τὰ πρὸς u. Bekk. ult. παιδίαις b. Wolf.

P. 364. 2. ταύταις u. 3. πλέονος u. Bekk. 4. οἱ πρ. ἡμῶν περὶ] ἡμῶν οἱ πρ. σφόδρα περὶ u. Bekk. pen. ἐν τῷ βίῳ καὶ σωφροσύνην u. Bekk. Ibid. ὥστ' εἰκότως αὐτὴν διεν. u. Bekk.

P. 365. 2. γὰρ] δὲ u. 3. ταύτην καθημένων] κατημελημένων u. Bekk.

P. 366. 2. ἐναπειργάσαντο, καὶ τοσοῦτον] ἐνειργάσαντο, καὶ τοιοῦτο u. Bekk. 5. τῆς εὐταξίας ἐπιμελεῖσθαι u. Bekk. 5. οἳ] ἣ u. Bekk. 7. ἐνόμιζον] ἐνόμιζεν u. Bekk. Ibid. γὰρ κωλ.] γὰρ ἂν κωλ. u. Bekk. 10. τοιούτων] τούτων u. Bekk. 11. ἐκ. ἡμ.] ἐκ. τὴν ἡμ. u. Bekk. 12. ἀνάγκη, ἐν] ἀνάγκη om. u. Bekk. pen. πόλ. αὐτὴν] πόλ. ταύτην u. Bekk.

P. 367. 1. γίγνεσθαι] τίθεσθαι p 10. u. Bekk. Ibid. δεῖ] δεῖν u. Bekk. 2. εὖ] ὀρθῶς u. Bekk.

P. 368. 1. δὲ ἀσφαλῶς] δὲ καλῶς u. Bekk. 2. καλῶς] ἁπλῶς u. Bekk. Ibid. θελήσειν] ἐθελήσειν u. Bekk. 3. δὲ διαν.] δὲ om. u. Bekk. 4. ἂν κατασκευάσουσι] ἂν κατασκευάσωσι p 8. 9. Wolf. et Lang. παρασκευάσουσι u. Bekk. 5. ἀξιοῦν u. Ibid. βουλήσεσθαι om. u. Ibid. ἁμαρτάνειν] ἐξαμαρτάνειν u. Bekk. pen. μᾶλλον Med.

P. 369. 2. ἐν ἐπιθυμίαις] ἐν om. u. Bekk. 4. ἐμμένειν] ἐμμεῖναι u. Bekk. Ibid. αὐτοὺς] τοὺς u. Bekk. Ibid. ἐλευθέρους b. ult. ἐκείνων] ἐκείνην u. Bekk.

P. 370. 1. περί τε] περὶ τὴν u. Bekk. 4. ἀποσχομένους] ἀπεχομένους u. Bekk. 5. ταῦτ' οὐ νομοθ.] ταῦτα νομοθ. οὐδὲ u. Bekk.

P. 371. 1. εἰς τὴν βουλὴν ἦγον] ἀνῆγον εἰς τὴν βουλὴν u. Bekk. ult. ἀμφοτέρως b. ως ἀμφοτέρους v. ἀμφοτέρους Med. Ald.

P. 372. 2. τοσοῦτον u. Ibid. ἐδέοντο] ἔδεον u. Bekk. 3. ὥσπερ b. Ibid. ἁμαρτήσεσθαι] ἁμαρτήσεσθαί τι u. Bekk. pen. σκιραφίοις] σκιραφείοις pr. u. Bekk. σκυτορραφίοις corr. u.

P. 373. ult. ὁμιλοῦντες] ζηλοῦντες u. Bekk.

P. 374. 5. εἶναι ἢ] εἶναι om. u. Bekk. Ibid. ἐξαμαρτάνειν] ἐξαμαρτεῖν u. Bekk. pen. οὐθεὶς] οὐδεὶς u. v. Med. Ald. Bekk. ult. δὲ ἐμελέτων καὶ] γὰρ ἐμελέτων, ἀλλ' u. Bekk.

P. 375. 1. καὶ σκώπτ.] καὶ τοὺς σκώπτ. u. Bekk. 8. ἐπιτιμῴημεν, ἀλλὰ πολὺ ἂν] ἐπιτιμῴην, ἀλλὰ πολὺ u. Bekk. antep. οἱ τὴν ἀρχὴν προτρέψαντες] τὴν ἀρχὴν om. u. Bekk. ult. δικαίων u.

P. 376. 6. ἔτι] ἄλλον b. 9. ἐπισκευὰς] κατασκευὰς u. Bekk.

P. 377. 1. ἕνεκά τις] ἕνεκ' ἄν τις u. Bekk. 3. χωρίας b. 7. ὡς om. u. Ibid. φροντικῶς b. antep. τινὰς] πολλοὺς u. Bekk.

P. 378. 2. τούτοις] τοιούτοις u. Bekk. 4. τοιαύτην διοίκησιν] τοιαύτην om. u. Bekk. Ibid. αἰσχ. τῇ πόλει ποιοῦσιν u. Bekk.

P. 379. 1. εὐεργεσίαις] ἐργασίαις u. Bekk. 2. ὠφελείαις] ὠφελίαις u. Bekk. 6. ῥαθυμιῶν] ἀθυμιῶν u. Bekk. 7. νέων Med. 10. καὶ περὶ μὲν] καὶ περὶ μὲν οὖν v. Med. Hag. Bas. περὶ μὲν οὖν u. Bekk. Ibid. τότε] ποτὲ u. Bekk. 14. ἐπεξιόντος] διεξιόντος u. Bekk. 15. ἐπῄνεσάν με] ἐπῄνεσαν μὲν u. Bekk. 17. ὑμᾶς] ὑμᾶς γε u. Bekk. 20. μοι] ἐμοὶ u. Bekk.

P. 380. 1. καινῶν] μὴ κοινῶν u. Bekk. Ibid. περὶ] παρὰ b.

P. 381. 1. ἔσχον] εἶχον u. Bekk. Ibid. ταύτην τὴν αἰτίαν u. Bekk. 2. τοιοῦτο Med. Ald. 3. ἀλλὰ φαν.] ἀλλὰ πᾶσι φαν. u. Bekk. Ibid. ἅπαντες] πάντες u. Bekk. 4. πάτριον] πατρίαν u. Bekk. 8. [τῶν πολιτῶν] Bekk. horum loco lit. 3. quarum ultima ν, habet u. 11. τὴν διάνοιαν διαγνῶναι τὴν ἐμὴν] γνῶναι τὴν ἐμὴν διάνοιαν u. Bekk. pen. καὶ πλεον.] καὶ ταῖς πλεον. u. Bekk.

P. 382. 1. ἐτύγχανον] ἔτυχον u. Bekk. Ibid. νουνεχόντως] λογονεχόντως u. Bekk. 2. ἡμ. ταύτῃ] ἡμ. ἐν ταύτῃ u. Bekk.

P. 383. 1. ἀρχόντων u. 3. τοῖς ἐπιτηδ.] τοῖς om. u. Wolf. Bekk. 8. μεγάλαις] μεγίσταις u. Bekk. antep. ἐπὶ τῶν] ὑπὸ τῶν u. Bekk. ult. καί τινες] καί τί u. Bekk.

P. 384. 2. διέστηκεν] διήνεγκεν u. Bekk. 4. παραλιπεῖν] δὲ παραλείπειν u. Bekk. 6. τὸν Ἑλλήσπ.] τὸν om. u. Bekk. 7. ἀτυχίαις] συμφοραῖς u. Bekk. ult. ἀρξ. ἐφ'] ἀρξ. ταύτην ἐφ' u. Bekk.

P. 385. 1. καὶ τ. μὲν ἑ. γενομένους om. u. Bekk. 2. τῆς om. b. 4. ἣν κύριον u. Bekk. pen. ἀρχὴν τῆς] ἀρχὴν τὴν τῆς u. Bekk. ult. μὲν γὰρ δημοκρ.] γὰρ om. b. u. Bekk.

P. 386. ult. ταῖς θυσίαις] τοῖς ὁσίοις u. Bekk.

P. 387. ult. τοὺς δὲ συλ.] τὰ δὲ συλ. u. Bekk. τοὺς δὲ συλ. τὰ νεώρια p 10. Ibid. νεωσήκους b. f.

P. 388. 1. ἀποδιδομένους] ἀποδομένους v. Bekk. ἀπολομένους u. 4. τὴν τῆς δημοκρατίας] τὴν τοῦ δήμου u. Bekk. pen. φεύγειν πλείονας] φυγεῖν πλείους u. Bekk.

P. 389. 1. μετιόντες b. p 8. 9. Med. Ald. 2. ἀλλήλους] ἄλλους p 10. 12. τοὺς ἀλλήλους b. v. τοὺς ἄλλους u. Bekk. 8. κατεχόντων b. Ald. 10. τοὺς Λακεδ.] τοὺς om. u. Bekk. 15. ἐκ. ἡμ.] ἐκ. τὴν ἡμ. u. Bekk. 16. προστάττοντας ἡμῖν u. Bekk. antep. σφᾶς αὐτοὺς] σφᾶς om. u. Bekk. Ibid. ὑπὸ Θηβαίων om. u. Bekk.

P. 390. 3. ἕνεκεν] ἕνεκα u. Bekk. 6. τάς — καθεστηκυίας — τάς — πολιτευομένας] τῶν — καθεστηκότων — τῶν — πολιτευομένων u. 8. καὶ κοινοτέρας om. Med. Ald. 10. τινες θαυμάσειαν] τις θαυμάσειεν u. Bekk. 14. καθεστηκότων] καθεστώτων u. Bekk. 17. μεμφομαι Med. Hag. 18. πρός τε] πρός γε u. v. Bekk. antep. πατρῴων] πατρῶν b. πατέρων u. v. Bekk. ult. ἔχων] ἔχω u. Bekk. Ibid. ἡγ. δεῖν] ἡγ. γὰρ δεῖν u. Bekk.

P. 391. 1. μὴ μεγαλοφρονεῖν μηδ'] οὐ μέγα φρονεῖν οὐδ' u. Bekk. 4. τυγχάνομεν] τυγχάνοιμεν u. Bekk. 6. τε προσ.] τε καὶ προσ. b. p 8. u. v. Bekk. Ibid. ἡμῖν ἐστιν p 8. 9. v. ult. ἐν τοῖς] ἐν μὲν τοῖς u. Bekk.

P. 392. 2. ἰδέας] εἰδέας v. ἰδίας u. Bekk. 4. πράξ. εὐφ.] πράξ. καὶ τοὺς λόγους εὐφ. u. Bekk. pen. ἀρ. διαφ.] ἀρ. πολὺ διαφ. u. Bekk.

P. 393. 6. ταύτην τὴν εὐλογίαν ἡμῖν προσήκειν u. Bekk. 8. ἔπαινοι] ἔπαινος u. Bekk. Ibid. ἀξίων] ἀξίους b. u. v. Bekk. pen. τοιαύτης φύσ.] τοιαύτης γὰρ ἡμῖν τῆς φύσ. u. Bekk. ult. ἄγνοιαν] ἄνοιαν u. Bekk.

P. 394. 2. ἐπακολουθῶν] ἐπακολουθῶ u. Bekk. Ibid. αἰνοῦσιν] ἐνοῦσιν p 10. u. Wolf. Bekk. Ibid. ἐπιτιμήσω καὶ κατηγορήσω] ἐπιτιμῆσαι καὶ κατηγορῆσαι u. Bekk. 4. ἀποπλανῶ b. Med. Ald. pen. παραχωρήσομαι] παραχωρῶ u. Bekk.

P. 395. 2. οἰκοῦσι, οὐκ ἔ. ὅ. οὐκ ἂν] οὐκ ἔ. ὅ. οὐ καὶ u. Bekk. 3. κακὰ πείσ.] καὶ πεισ. u. Bekk. 4. παρόντι καὶ] παρόντι καιρῷ καὶ u. Bekk. 10. τιθέντας] θέντας u. Bekk. 11. ἡμῖν om. b. Ibid. πρῶτον σκεψ.] πρῶτον μὲν σκεψ. u. Bekk.

P. 396. 5. ἔγγιστα] ἔγγυστα Hag. Wolf. ἐπὶ τάδε u. Bekk. 8. καθέστηκεν] περιέστηκεν u. Bekk. pen. τὰ πρὸς] τὰ om. u. Bekk.

P. 397. 1. δὲ πρὸς] δὲ om. u. Bekk. 3. μὴ κινεῖν] μὴ λυπεῖν u. Bekk. 5. παρέχειν] παρέχοντες u. Bekk. Ibid. παραλείπομεν] διαλείπομεν u. Bekk. 6. κατημελήσαμεν] κατημελήκαμεν u. Bekk.

P. 398. 1. σπανιζόμενοι] σπανίζοντες u. Bekk. 4. δυνήσονται διαγαγεῖν] διάξουσιν u. Bekk. antep. πάντα λογισάμενοι ταῦτα u. Bekk.

ΠΕΡΙ ΕΙΡΗΝΗΣ.

P. 399. Tit. Η ΣΥΜΜΑΧΙΚΟΣ om. u. Med. Bekk.

P. 401. 1. συμβουλεύειν] συμβουλεύσειν b. u. v. Bekk. ult. ἥρμοζε] ἥρμοσε u. Bekk.

P. 402. 1. νυνὶ παρόντων πραγμάτων] νῦν παρόντων u. Bekk.

P. 403. 1. περί τε] περὶ u. Bekk.

P. 404. 9. τὴν γνώμην] τὴν τέχνην u. Dionys. Bekk. 12. τούτοις] τοῖς τοιούτοις u. 13. γὰρ αὐτοὶ] γάρ τοι u. Dionys. Bekk. 16. ἐρρύηκεν u. Bekk. Ibid. ἅπασι] πᾶσι u. Bekk. Ibid. γάρ ἐστι] γὰρ ἦν u. Dionys. Bekk. Ibid. ἥδεσθε] ἠσθήσεσθε u. Bekk. 17. ἡμᾶς b. Med. 20. ἣν καὶ πρ.] καὶ om. u. Dionys. Bekk. 21. προτείνουσιν] ὑποτείνουσιν u. Dionys. Bekk. antep. πλημμελείας] πλεονεξίας

b. p 10. u. Dionys. Bekk. ult. πλέονος u. Bekk. Ibid. καὶ περὶ] καὶ om. u. Dionys. Bekk.

P. 405. 1. διόπερ Med. Dionys. 4. ἀλλ' ὡς τῶν] ἀλλὰ τῶν u. Bekk. 5. ὅτι καὶ κατ.] καὶ om. u. Dionys. Bekk. 8. ὧν ἐγνώκ.] ὡς ἐγνώκ. codd. et edd. 10. ὅ τι δ' ἂν τύχῃ γεν. Dionys. 18. ἡμετέραις] ὑμετέραις b. u. v. Hag. Wolf. Dionys. Bekk. 24. δυνηθῶσιν u. 27. τοὺς secundum om. Wolf. pen. ἀμφοτέρους b. Med. Ald. Ibid. παρέχοιεν] παράσχοιεν u. Dionys. Bekk. ult. τῶν πρεσβ.] τῶν τε πρεσβ. u. Bekk.

P. 406. 3. ἀναιρουμένους] αἱρουμένους u. Dionys. Bekk. 9. προσῆκεν] προσῆκον b. p 9. u. v. Dionys. Bekk. 11. ὑμεῖς δὲ οὐ] ὑμεῖς δὲ om. u. Bekk. 13. τῶν τῆς] τῶν om. u. et pr. v. Dionys. Bekk. 15. πονηροὺς b. v. Ald. Med. 16. ἐπαινεῖτε] ἀσκεῖτε u. Bekk.

P. 407. 3. ὥσπερ τοὺς] ὥσπερ πρὸς τοὺς u. Dionys. Bekk. 8. καὶ περὶ] καὶ om. u. Dionys. Bekk. 9. ἐστι τῶν] ἔσται τῶν u. Dionys. Wolf. Bekk. 13. Βυζ. καὶ Κῴους] καὶ Κῴους om. codd. et edd. Ibid. καὶ πρὸς (et sic A. C. L.)] καὶ om. u. Dionys. Bekk. 26. ἂν ὑμᾶς] ἂν om. u. Bekk.

P. 408. 2. πειράσομαι] πειρασόμεθα u. Bekk. 4. βουληθείημεν] βουληθεῖμεν u. Bekk. 5. νουνεχόντως om. Ald. 9. πρὸς τὸν] περὶ τὸν u. Bekk. 11. ἄλλοις om. u. Bekk. 12. πόλιν πάλιν] πάλιν om. u. Bekk. 14. γάρ τοι] γὰρ u. Bekk. Ibid. ἐποίησε u. 16. πάντα τρόπον] πάντας τρόπους u. Bekk. 20. κατέστημεν] καθέσταμεν b. u. v. Med. Ald. Bekk. 21. εἰς εὐπ.] πρὸς εὐπ. u. Bekk. antep. μεγίστην Med. Hag. Ibid. γενομένην] γιγνομένην u. Bekk. pen. ἔρημος] ἐρήμη u. Bekk.

P. 409. 2. ὑποδεξομένους] ὑποδεχομένους u. Bekk. 3. τοὺς ὡς ἀληθῶς u. Bekk. 8. ἡμῖν πολεμήσειν] ἡμῖν om. u. Bekk. 11. στέργ. οἷς] στέργ. ἐφ' οἷς u. Bekk. 12. ἔχομεν] ἔχωμεν b. u. v. Ald. Bekk. ἔχοιμεν Med. Ibid. πλέονος u. Bekk. 18. ἀποτέμνεσθαι] ἀποτεμέσθαι codd. et edd. 32. οἰκῆσαι b. v. Med. Ald. 23. δυνηθείημεν κατασχεῖν] κατασχεῖν δυνηθεῖμεν u. Bekk. 26. στρατοπέδου ξενικοῦ] στρατοπέδων ξενικῶν u. Bekk. Ibid. ἐπιθυμοῦντες ἡμεῖς u. Bekk.

P. 410. 2. βουλευσομένους] βουλευσαμένους i. t. u. Bekk. 11. εἰπεῖν ὑμῖν] εἰπεῖν ἐν ὑμῖν i. t. u. Bekk. 13. ἐν τοιούτοις i. t. 14. οἷς ἐτυγχάνομεν] οἷς νῦν τυγχάνομεν u. Bekk. Ibid. γὰρ τὸν] δὲ τὸν b. i. t. u. v. Wolf. Bekk. 19. ἂν om. t. 24. τὰς secundum om. b. Ibid. φερομένας i. u. 25. ἔχουσιν] ἔχειν i. u. Bekk. Ibid. ἐπιεικῶς t. 30. διαπράξεσθαί i. t. ult. δαπάναι πολλαὶ] δαπάναι μεγάλαι i. t. u. Bekk.

P. 411. 4. μὴ] μηδενὸς i. 12. οὔτε πρὸς δόξαν om. b. v. Med. Ald. 13. οὐδ' ὅλως v. 14. τηλικαύτη δύναμις b. p 8. 9. v. Med. Ald. Ibid. ὅσον περ b. v. Med. Ald. ὅσην i. t. 16. τὰς ὠφ.] τὰς ἄλλας ὠφ. i. t. u. Bekk. 17. ὀλιγωροῦντες] ἀμελοῦντες i. t. u. Bekk. 20. τινες οἴονται t. 21. καὶ καρτ.] καὶ om. u. Bekk. Ibid. ἐπὶ τούτοις] ἐν τούτοις i. t. u. Bekk. Ibid. ἐθέλοντας] ἐλπίζοντας i. u. Bekk. 25. ἄλλους οὐδὲ γιγνώσκειν οὐδὲν ὧν i. t. Ibid. ὁρῶ μὲν] ὁρῶμεν v. μὲν om. i. t. u. Bekk. 27. εἶναι νομίζοντας] εἶναι om. u. Bekk. ult. τοῖς πᾶσι] τοῖς παροῦσι b. i. p 8. 9. 12. 13. t. u. v. Bekk.

P. 412. 3. ἀλλ' αὐτό γε ἐπὶ τὸ π. b. 8. θεοφιλέστατον b. v. 9. οἴεσθαι i. u. 10. προαιρουμένων] προῃρημένων i. t. u. Bekk. 11. ἐπαινεῖσθαι i. u. 12. καὶ ῥᾴδιον] ῥᾴδιον t. Bekk. προσῆκον i. u. 13. λέγωμεν i. u. λέγομεν t. 16. ὅταν βουλ.] ὁπόταν βουλ. i. t. u. Bekk. 22. γεγενῆσθαι] γίγνεσθαι i. t. u. Bekk. Ibid. πότερα i. t. 26. ἐν Μαρ. νικήσ.] ἐν Μαρ. τοὺς βαρβάρους νικήσ. i. t. u. Bekk. 27. αὐτῶν γεγενημένοις] τούτων γενομένοις u. Bekk. Ibid. οὐχ ἁπάντων] οὐ πάντων i. u. Bekk. 28. πεπολιτευμένους] πολιτευομένους u. v. Bekk. pen. καὶ ἀπορῶ] καὶ om. i. t. u. Med. Bekk. ult. καὶ om. i.

P. 413. 3. μὲν om. v. 7. ἐμὸν οὖν] ἐμὸν μὲν οὖν i. u. Bekk. ἐμοῦ μὲν οὖν t. 11. τῶν περὶ] τῶν μὲν περὶ u. Bekk. 12. νοσούσαις] ἀγνοούσαις i. t. u. Bekk. 14. ἐξαμαρτανομένοις i. t. 17. ὑποδοκιμάζειν b. 18. τὴν om. b. 22. γὰρ ἂν ἀλλ. b. v. 23. ὑμῖν b. Med. Ald. 28. ἀλλ' ἅπαν t. πᾶν om. b. v. antep. οὐσίας Med.

P. 414. 3. ἔχομεν] ἕξομεν codd. et edd. 5. γεγενημένων t. Ibid. Ἑλλήνων] ἄλλων i. t. u. 7. τοὺς βαρβάρους ἐνίκησαν om. Med. 8. ἡμετέρας om. t. 12. ἀνθρ. τοὺς] ἀνθρ. αἱρούμεθα τοὺς i. t. u. Bekk. 14. πλείονα μισθὸν διδῶ] διδῷ πλείω μισθὸν i. t. u. Bekk. 15. ἐκείνων t. u. Ibid. ἀκολουθοῦσιν i. t. 17. ἣν περὶ] εἰ περὶ i. t. u. Bekk. 19. πλεονεξίας] παρανομίας i. t. u. Bekk. 21. ἀκούωμεν i. t. Ibid. διαπραττομένους] διαπεπραγμένους i. t. u. Bekk. antep. ἀπ. κοινοῖς] ἀπ. ἀνθρώπων κοινοῖς i. t. u. Bekk.

P. 415. 15. καὶ περὶ] καὶ om. i. t. u. Bekk. Ibid. ἂν om. i. t. 16. μάλιστ' om. Med. 20. αὐτῶν om. t. 22. βελτίους Med. Ibid. ῥᾴδιον i. t. u. antep. αὐτῶν om. i. u.

P. 416. 10. ἐμποιοῦντας] ποιοῦντας i. t. u. Bekk. ἀγαπῶντας Dionys. 12. ἀλογίστως] ὀλιγώρως t. et in marg. i. 14. ἀναβαίνειν t. 16. διαλείποντες τοῖς ἐνταῦθα] διαλιπόντες τοῖς ἐνθάδε i. t. u. Bekk. 21. οὐδὲν τῶν ἰδίων i. t. u. Med. Bekk. Ibid. τὸ δὲ] ὃ δὲ i. t. u. Bekk.

P. 417. 2. προστ. τῆς] προστ. τε τῆς i. t. u. Bekk. 4. συμβουλεύσασθαι v. 5. δυνάμενον b. v. Med. Ald. 12. πραγμάτων καὶ πολιτικῶν ἢ] τε πραγμάτων καὶ πολιτικῶν ἢ i. καὶ πολιτικῶν πραγμάτων ἢ t. πραγμάτων ἢ

u. Bekk. 13. δὲ τὸν λόγον τοῦτον οὐ t. 14. ἐπιλείποι] ἐπιλίποι u. Bekk. 16. γεγενημένας] ἐγγεγενημένας i. u. Bekk. Ibid. ἐπιχειρησαίμην t. 18. οὖν, εἴπερ] οὖν om. u. Bekk. 24. Ἕλληνας om. u. 25. δὲ ταῦτα] δὲ τοιαῦτ' b. u. v. Bekk. 26. εἶχε] ἔσχε u. Bekk. Ibid. ταύτην ποιήσασθαι u. Bekk. antep. τὰ πράγματα περιέστηκεν u. Bekk. ult. ἡμᾶς — ἐκείνους] ἡμῖν — ἐκείνοις u. Bekk.

P. 418. 1. ἔχοιμεν — παρέχοιμεν u. 9. βεβαίως] βεβαιοτέρως u. Bekk. 10. ὑπολήψεις] ἐπιλήψεις u. Bekk. 15. ποίων ἀπ.] τίνων ἀπ. u. Bekk. 16. τίνων ὀρ.] ποίων ὀρ. u. Bekk. 18. οὐδὲ συμφ.] καὶ συμφ. u. Bekk. 23. τ' om. u. Ibid. τὴν δικαιοσύνην om. u. 24. ὀλίγον Med. Ald. 25. παιδευθείημεν] παιδευθεῖμεν u. Bekk.

P. 419. 3. αἰτία τῶν κακῶν u. Bekk. 8. τοῦτον u. 9. ἀνέχεσθαι] ἀνασχέσθαι u. Bekk. 10. προειλ. διαλ.] προειλ. ἂν διαλ. u. Bekk. 12. πᾶσι φανερὸν ποιήσειν u. Bekk. 20. Ἑλληνίδων οὐ] ἐλλογίμων οὐ u. Bekk. 22. διδασκούσας] διδαξούσας u. Bekk. antep. ἐτυγχάνομεν] τυγχάνομεν u. Bekk. pen. καθεστηκυίας u.

P. 420. 1. συνηθείημεν codd. et edd. 4. συνηθείημεν] συνηθεῖμεν u. Bekk. 2. καταστρέψασθαι u. 7. δέξασθαι διδομένην u. Bekk. 10. πολλάκις — προαιρεῖσθαι] πολλοῖς — προῃρῆσθαι u. Bekk. 12. ἐπεχείρουν οὕτω u. Bekk. 15. πρὸς ἑτέρους] ἑτέροις u. Bekk. Ibid. ὑμᾶς βουλ.] ὑμᾶς om. u. Bekk. 17. ἐστὶ βέβαιος Med. Ald. Ibid. τοὺς Ἑλλ. τοὺς ἄλλους] τοὺς ἄλλους Ἑλλ. u. Bekk. 20. δυνάμεις] διανοίας p 14. u. et pro var. lect. v. Bekk. Ibid. ἀλλήλαις codd. et edd. 21. οὐ προσ.] οὐκ ἀεὶ προσ. u. Bekk. 23. ὠφελεία] ὠφελία u. Bekk. 24. βελτίους] βελτίστους u. Bekk. 26. τε om. u. Bekk. Ibid. πονηρίας u. antep. οὕτω γὰρ] οὗτος γὰρ u. Bekk.

P. 421. 4. συμφέροι b. Hag. Wolf. 5. σκέψασθε b. Ibid. διῳκεῖτο] διέκειτο u. Bekk. 8. πόσων] ὅσων u. Bekk. 15. πάντας] ἅπαντας u. Bekk. 18. αὐτοῖς] αὐτῷ u. v. Bekk. αὐτῶν Med. Ald. Ibid. ἐγχειρίζειν] ἐγχειρίσαι u. Bekk. 19. αὐτοὶ; v. 21. τῶν ἀνθρώπων] τῶν om. u. v. Bekk. 26. τοσοῦτο μίσους] τοσοῦτον μῖσος u. Bekk.

P. 422. 5. συνάγοντες] συναγαγόντες u. Bekk. 6. καὶ τῶν ἀπ. b. 11. τοῖς πράγμασιν γιγνομένων u. 12. βουλεύσασθαι om. b. Ibid. τῶν ἄλλων] τῶν παρόντων u. Bekk. 19. μόνων b. v. 22. περιγ. τῶν πόρων u. 23. διελόντας b. v. u. 24. ἐκφέρειν] εἰσφέρειν b. u. Bekk. pen. ἐπιδεικνύοντες u.

P. 423. 3. τι om. b. 5. μὲν om. u. 8. ἔμελλε] ἤμελλε u. Bekk. 11. Δεκελεικοῦ συνεστηκότος] Δεκελιᾶσιν ἑστηκότος v. (ἑστηκότος etiam pr. u.) Δεκελειᾶσιν ἑστηκότος Bekk. 13. τὴν πατρ.] τὴν μὲν πατρ. u. v. Bekk. 14. ἐξαμαρτάνοντας Med. Ald. Ibid. στρατιὰς] στρατιὰν u. Bekk. 17. ἄρχειν] ἄρξειν b. u. v. Wolf. Bekk. 19. σωφρονεστέρους] ἐμφρονεστέρους u. Bekk. 20. οὐδὲν ὑπὸ] οὐδὲν ὑπὲρ Med. Ald. οὐδ' ὑπὸ b. u. v. Bekk. 21. κακοῖς om. u. 23. αὐτοῖς τοῖς u.

P. 424. 1. ἐνῆν τούτων ἐγκυκλίων] ἐνῆν τούτων τῶν ἐγκυκλίων p 10. 13. Med. Ald. ἐν ἦν τοῦτο τῶν ἐγκυκλίων u. Bekk. 4. ποιεῖσθαι] ποιεῖν u. Bekk. Ibid. ἐκ. ἐνιαυτὸν] ἐκ. τὸν ἐνιαυτὸν u. Bekk. 5. ἐφησθησόμενοι] συνησθησόμενοι u. Bekk. Ibid. ὑμετέραις Med. Ald. Ibid. τελευτήσαντες] τελευτῶντες u. Bekk. 7. φατρίας v. 8. τὰ om. Med. 10. ἀπολλομένων v. 15. παράδειγμα — φανείημεν] δεῖγμα — φανεῖμεν u. Bekk. 18. ἁπάντων ἀνθρ.] ἁπάντων τῶν ἀνθρ. u. Bekk. 19. οἰκησάντων] οἰκισάντων u. Bekk. 20. τῶν ἄλλων om. u. 21. τὰς om. v. 22. δυναστείας] δυναστείαν u. Bekk. 24. τοῦ om. Med. Ibid. δωρεαῖς om. u. Bekk. Ibid. ἐξουσίαν οὐδεὶς] ἔξιν u. Bekk. Ibid. οὔτ' ἀνὴρ οὔτε πόλις om. b. 26. οἵαπερ] ἥνπερ b. u. v. Med. Ald. Bekk. pen. ἐν om. Med. Ald.

P. 425. 1. ἐν primum om. u. 5. ἐπεχείρησαν] ἐπεθύμησαν u. Bekk. 10. τοὺς τοῖς τοιούτοις v. 16. ἀποσπῶντας u. v. 17. ἐν πολ.] ἐν τῇ πολ. u. Bekk. 21. ἂν om. u. 22. πάσχουσαν] παθοῦσαν u. Bekk. 23. εἰ μή τις] εἴ τις u. Bekk. 25. φροντίζοι] φροντίζει u. Bekk. Ibid. μόνου] μόνον u. Bekk. om. b. pen. ἁπάντων τῶν τοιούτων om. u. Ibid. πεποιημένων] ποιουμένων u. Bekk.

P. 426. 4. ἐπιγενομένοις] ἐπιγιγνομένοις u. Bekk. 7. δύναιτο Ald. 11. οὕτως ὥστε] οὕτως om. u. Bekk. 14. οἱ δὲ — εἰ παρέλαβον] εἰ δὲ — παρέλαβον u. Bekk. 17. ἐπεδείξαντο b. Ibid. γὰρ] δὲ v. Ibid. ἣν ἐπτ.] ἣν ἐν ἐπτ. u. Bekk. 19. σαλευθῆναι] σαλεῦσαι u. Bekk. 21. ἐνέπλησαν b. v. antep. ἐποιήσαντο] ἐποίησαν u. Bekk. pen. ἔχουσιν] ἕξουσιν u. Bekk.

P. 427. 2. εὐεργετῶν om. b. 4. πεντακόσια b. v. Ald. 6. τῷ ναυτικῷ συγκινδυνευσάντων u. Bekk. Ibid. εἰς τὸ πεζὸν συμβ.] δύναμιν εἰς τὸ πεζὸν συμβ. u. v. Bekk. 7. συμβαλλομένων u. Ibid. ἔφθησαν] ἔφθασαν u. Bekk. 9. ἐξέπεμψαν] ἀνέπεμψαν u. Bekk. 13. ἤρκεσε] ἐξήρκεσε u. Bekk. 16. τυραννίδας] τυράννους u. Med. Bekk. 20. τῶν Κορ.] τὴν Κορ. u. Bekk. 22. ἐνέβαλον] εἰσέβαλον u. Bekk. Ibid. ἐπαύοντο] ἐπαύσαντο u. Bekk. 23. τὴν secundum om. u. 24. γενέσθαι] γεγενῆσθαι u. Bekk. pen. τοῖς ἐπὶ τῇ τελευτῇ γιγνομένοις] ἐπιγιγνομένοις u.

P. 428. 1. πολὺ ἄν τις πῶς οὐκ ἂν] πολὺ ἄν τις u. Bekk. πολὺ ἄν τις: πῶς οὐκ ἄν τις v. 3. ἐκτῶντο τε] ἐκ τῶν τότε b. Ald. ἐκ τῶν τότε γὰρ Med. ἐκτῶντο γὰρ u. ἐκτῶντό τε v. Bekk. 5. τῆς κατὰ γῆν ἡγεμονίας] τὴν κατὰ τὴν ἡγεμονίαν b. Med. Ald. τὴν ἡγεμονίαν γῆν v. τὴν κατὰ γῆν ἡγεμονίαν καὶ τὴν u.

Bekk. 7. ἀρχῆς ἐπεκρ.] δυνάμεως ἐπεκρ. u. Bekk. 8. ταύτης om. b. v. Med. Ald. Ibid. γεγενημένην — ἐστερήθησαν] ἐγγενομένην — ἀπεστερήθησαν u. Bekk. 11. ἂν ἔμενον] ἀνέμενον b. v. Med. Ald; ἐνέμενον p 8. 10. 13. ἔμενον u. Bekk. Ibid. ὑπολαμβάνοντες] ὑπολαβόντες u. Bekk. 16. ταῖς ἑταίραις] ταῖς σειρῆσι in marg. p 9. 20. ἀρξάμενος] ἀρξαμένους u. Bekk. 24. τοῖς — διεφθαρμένοις] τοὺς — διεφθαρμένους u. Bekk. 28. ὁμοίως] ὁμοίαις u. Bekk.

P. 429. 1. τοιαύτην ἀρχὴν] ἀρχὴν ταύτην u. Bekk. 2. πῶς δ' οὐ] ἢ πῶς οὐ u. Bekk. Ibid. τὴν οὕτω δεινὰ καὶ πολλὰ] τὴν πολλὰ καὶ δεινὰ u. Bekk. 13. μὲν ταῦτα] μὲν τοιαῦτα u. v. Ibid. προῃρήμεθα] προῃρούμεθα u. Bekk. 14. δεσπόται τῶν Ἑλλήνων u. Bekk. 19. ἠνάγκαζεν u. 22. τὴν ἐπὶ τῶν Τ. μ. πάντες] τὴν τῶν Τ. μ. ἅπαντες u. Bekk. 23. φυλακὴν b. Med. Hag. 24. τοῦ secundum om. Med. Ald. 25. τις πολλοὺς] τις τοὺς πολλοὺς u. Bekk. pen. καὶ ταῦτ' u. Ibid. ὠφελοῖντο (et sic A. C. L.)] ὠφελοῖτο u. Bekk. Ibid. καρτεροὺς u. ult. εἴ τινες] οἵ τινες u. Bekk.

P. 430. 4. αὐτοὺς Wolf. αὐτοῖς λογισμὸς u. Bekk. 6. τοὺς secundum om. Med. 8. δεινῶν, τί] δεινῶν, ἢ u. Bekk. 10. ἐμπεπλεγμένοι κακοῖς εἰσὶν u. Bekk. 11. τούτους om. u. Bekk. 12. δὲ καὶ τοῖς] καὶ om. u. Bekk. Ibid. τοῖς tertium om. b. 14. καὶ μηδὲν] μηδὲν δ' u. Bekk. 18. τετυραννηκότας] τετυραννευκότας u. Bekk. Ibid. ὑπὸ γον.] ὑπὸ τῶν γον. u. Bekk. 19. ὑπὸ παίδ.] ὑπὸ τῶν παίδ. u. Bekk. 24. θαυμάζειν τοὺς ἄλλους u. Bekk. Ibid. ἔργων] ἑτέρων u. Bekk. 27. ἅπαν αἴσχιστον] πάντων αἴσχιστον καὶ ῥᾳθυμότατον u. Bekk. 29. ἔλαττον] ἐλάχιστον u. Bekk. antep. τὰς πρ.] τὰς αὐτὰς πρ. u. Wolf. Bekk. τὰς αὐτὰς ταύτας πρ. b. v. Med. Ald. Ibid. πάντων ὁμοίως] πάντων τῶν ὁμοίων u. Bekk. pen. φαίνονται] φαίνωνται b. v. u. Med. Ald. Wolf. Bekk.

P. 431. 2. μεγίστων ἀγαθῶν αἰτίαν] μέγιστον τῶν ἀγαθῶν u. Bekk. 3. οὔτ' ἐν τοῖς π. οὔτ' ἐν ταῖς] οὔτε τοῖς π. οὔτε ταῖς u. Bekk. 4. μὲν Θηβ.] μὲν τῶν Θηβ. u. Bekk. 6. πονηρῶς ἔχειν νομίζετε u. Bekk. 7. ἐκεῖνοι] κεῖνοι u. Bekk. Ibid. πάντας Med. 8. πείθησθε] πεισθῆτε u. Bekk. 11. τὰ πόλεε ταύτα] τὰ πόλη τούτω u. τὼ πόλεε τούτω v. τὼ πόλη τούτω Bekk. 12. μὲν om. b. 16. καὶ δύναμιν μεγίστην] καὶ χώραν ἀρίστην u. Bekk. 18. ὑπαρχόντων] ὑπαρξάντων u. Bekk. 19. ἀργύρια v. 22. ἢ om. u. 24. ἀεὶ πολεμοῦσιν] ἀεὶ om. u. Bekk. 26. τὴν εἰρήνην] τὴν om. u. Bekk. 27. εἰ γὰρ] ἢν γὰρ codd. et edd. Ibid. διεξίῃτε] διεξῄειτε Med. διεξίειτε Hag. διεξίετε Brub. διεξίητε u. Bekk. antep. ἰδιωτῶν u. pen. βελτίους] βελτίστους u. Bekk. ult. ὑμῶν] ἡμῶν u. Bekk.

P. 432. 3. καὶ πολὺ] καὶ om. u. Bekk. 3. τελευτῆσαι] τελευτήσας u. Bekk. 13. ὅπερ u. 14. ὃ] ἃ u. 18. μόνον τῷ] μόνον ἐν τῷ u. Bekk. 20. ἐκείνων πολλ.] ἐκείνων ἐν πολλ. u. Bekk. 22. τὰς ἐπὶ] καὶ τὰς ὑπὸ u. 23. γεγενημένας] γενομένας u. Bekk. 24. τοὺς secundum om. b. 27. ἐξ ὧν ἀφ'] ὡς ἐφ' u. Bekk. pen. ἃς αὐτοὶ] ἃς οὗτοι u. Bekk.

P. 433. 3. τὴν πόλιν] τὴν μὲν πόλιν u. Bekk. 6. et 10. χείρω] χεῖρον u. Bekk. 8. τούτους διὰ] τούτους δὲ διὰ u. Bekk. 14. ἐς] εἰς u. v. Bas. 1. Bekk. ἐκ Med. Ald. Ibid. εὐδαιμονεστέρους u. 14. ἀνήγαγεν u. 22. μήτε ῥᾳθ.] μηδὲ ῥᾳθ. u. Bekk. 24. πραγμάτων u. 25. καὶ λειτ.] καὶ τῶν λειτ. u. Bekk. Ibid. καὶ τὰ περὶ] καὶ τὰ κακὰ τὰ περὶ u. Bekk. καὶ Med. antep. εἰσφορὰς] συνεισφορὰς p 8. Med. συμφορὰς p 9.
εισ
συμμορίας u. Bekk. συμφορὰς v.

P. 434. 4. καθ' ἡμέραν] κατὰ τὴν ἡμέραν u. Bekk. τὴν ἡμέραν Med. Ald. 5. ὁρῶσι γὰρ] ὁρῶντες u. Bekk. 12. αὐτοὶ om. u. 13. εἴδοιεν b. 14. ἐξ ὅτου] ἐξ οὗ u. Bekk. 15. τὸν βίον] τὸν om. u. Bekk. Ibid. καὶ τοὺς] καὶ om. u. Bekk. 17. τῶν παρόντων κακῶν] τῶν κακῶν τῶν παρόντων u. Bekk. 20. ἡμῖν Med. Ald. 22. ὧν ἐπαν.] ὧν ἂν ἐπαν. u. Bekk. Ibid. ἐπανορθωσαίμεθα i. t. antep. βουληθείημεν] βουληθεῖμεν u. Bekk. ult. τοὺς om. Med.

P. 435. 3. Δεύτ. ἦν] Δεύτ. δ' ἦν i. u. Δεύτ. δ' ἂν t. 4. ὁμοίως περ i. u. Ibid. αὐτοὺς αὐτονόμους] αὐτοὺς om. u. Bekk. 6. ἐνδιδῶμεν] ἐκδιδῶμεν i. u. Bekk. 9. δ' om. i. u. Ibid. ἡγεῖσθε] ἡγῆσθε codd. præter v. et edd. 11. τὰς ἡγ. καὶ σφᾶς αὐτοὺς] τὰς δυναστείας καὶ τὰς ἡγ. i. t. u. 12. ἐνδιδόασιν] διδόασιν t. u. Bekk. παραδιδόασιν i. 13. καὶ τοιούτους ὑμᾶς i. t. 17. τοὺς ἄλλους Ἕλλ. i. t. u. 19. ὁμονοήσουσι t. et in marg. i. Ibid. ἕξουσιν] ἄξουσιν i. u. 20. τὴν ἡμετέραν πόλιν] τὴν δύναμιν τὴν ἡμετέραν i. t. u. Bekk. 22. ποιῶσι] ποιήσωσι u. Bekk. Ibid. τόθ' ἡμ. Med. Hag. 23. ἀπέχ. τούτων τῶν] τούτων om. i. t. u. Bekk. pen. πάντες i.

P. 436. 1. ἱκετηρίας] ἱκεσίας i. t. ἱκετείας u. Bekk. 4. ἑτοίμως συν.] ἑτοίμως καὶ προθύμως συν. i. t. u. Bekk. 5. ἡ πόλις] ἡ om. u. Bekk. 9. καὶ primum om. i. t. 11. τῆς τοιαύτης εὐν.] τοιαύτης εὐν. ἡμῖν i. t. u. Bekk. 13. εἰσρυήσεσθαι καὶ εἰς τ. π.] εἰς τ. π. εἰσρυήσεσθαι i. t. u. Bekk. 19. σωτηρίας] σωτῆρας t. u. Bekk. 20. λυμαιῶνας u. Ibid. ἐπ'] ἐν b. v. Ald. Med. 21. δόξαν τῶν] δόξαν τὴν τῶν i. t. u. Bekk. 22. δὲ πάντων] δὲ τούτων i. t. u. Bekk. 25. ἐβουλόμεθα i. pen. δὲ τὴν] δὲ τῇ πόλει τὴν i. t. u. Bekk. ult. δὲ πάσας t.

P. 437. 1. ἀναλογιζομένους — ἀπ' αὐτ. γενησομένους] ἀναλογισαμένους — ἐξ αὐτ. γεγενημένας i. t. u. Bekk. 2. μιμεῖσθαι b. Med. Ibid. τὴν Λακεδαιμονίων βασιλείαν] τὰς ἐν Λακεδαίμονι βασιλείας i. t. u. τὴν ἐν Λακεδαίμονι βασιλείαν Bekk. 3. μακαριώτεροι (et sic A.)] μακαριστότεροι b. i. t. u. v. Bekk. 5. βίᾳ τὰς τυραννίδας κατασχόντων i. βίᾳ τυραννευόντων t. 6. δωρεὰς] τιμὰς t. 9. τὰς secundum om. Med. Ald. 10. ἀποβαλόντων t. 11. ἐν τοῖς τοιούτοις πράγμασιν ἡμᾶς] τοῖς πράγμασιν ἡμῶν i. u. Bekk. 12. τοιαύτης τιμῆς] τιμῆς ταύτης i. t. u. Bekk. 14. αὐτοῖς αἰτίαν γενήσεσθαι] αἰτίαν αὐτοῖς ἔσεσθαι i. t. u. Bekk. 15. καὶ παντοδαπῶν] καὶ καλῶν i. t. u. Bekk. 17. καὶ τὸ πλῆθος τ. λ. καὶ τὸ μῆκος b. v. Med. Ibid. τῶν ἐμῶν ἐτῶν] τῶν ἔτων τῶν ἐμῶν i. t. u. Bekk. 19. τοιαῦτα λέγ.] τοιαῦτα καὶ λέγ. u. Bekk. 21. προτρέπουσιν t.

ΕΥΑΓΟΡΑΣ.

P. 438. Tit. ΕΥΑΓΟΡΟΥ ΕΓΚΩΜΙΟΝ Η om. u. Bekk.

P. 440. 4. μηδεμίαν Wolf. Ibid. τῶν τοιούτων om. Hag. Brub.

P. 441. 8. εὐκλεῶς] εὐκόλως u. Bekk. 11. καταλείψωσιν] καταλείψουσιν u. Bekk. 14. δυν. αὐτῶν] δυν. τὰς αὐτῶν u. v. Bas. Bekk. 18. οὖν om. Med. 20. τῶν πολλῶν] τῶν ἄλλων u. Bekk. τῶν παλαιῶν Wolf. pen. εὐλογηθήσονται] εὐλογήσονται u. Bekk.

P. 442. 2. τούς τ'] καὶ τοὺς b. u. v. Bekk. 3. ὑπερβάληται] ὑπερβάλλῃ pr. u. Bekk. 6. ἀγαθὸν πρόσεστιν u. Bekk. 7. ἥδ. εὐλογ. ἀκούειν] ἥδ. ἂν εὐλογ. ἀκούοιεν u. Bekk. 8. ἤ τι τούτων] ἢ τούτους u. ἢ [τούτους] Bekk. 9. τυγχάνουσιν ἀποδέχεσθαι] τυγχάνουσιν ἀπαναίνονται b. p 8. 9. et corr. v. τυγχάνουσιν u. Bekk. 10. τούς γε νοῦν] τοὺς νοῦν u. Bekk. 12. δικαιότερον] δίκαιον u. Bekk. 13. ὁρῶμεν γιγν.] ἴσμεν γιγν. u. Bekk. 23. τοὺς θεοὺς τοῖς ἀνθρώποις u. Bekk. antep. ἐστι om. u. Bekk.

P. 443. 4. πολιτ. καὶ] πολιτ. μόνον καὶ u. Bekk. 9. ὅμως ταῖς γε] ὅμως αὐταῖς ταῖς u. Bekk. 10. καταμάθοι δ'] γνοίη δ' u. Bekk. 16. τῶν λόγων ἐστὶν u. Bekk. Ibid. καὶ οὗτοι] καὶ τοῦτο u. Bekk. 17. εὖ λέγειν] εὐλογεῖν u. Bekk. 21. καὶ ἐμὲ] κἀμὲ u. Bekk. antep. ἐδῶσιν b.

P. 444. 9. ὑπερέβαλεν] ὑπερέβαλλεν u. Bekk. 11. εὐγενείας] συγγενείας u. Bekk. 13. ἁπάντων ὧν] πάντων ὧν b. v. Med. ὧν u. Bekk. 15. μὲν] τε u. Med. Wolf. ult. στρατεύμενος b.

P. 445. 1. τῶν ἀριστείων ἔτυχε] ἀριστείων ἠξιώθη u. Bekk. Ibid. ἐν τῇ] ἔν τε τῇ u. Bekk. 3. ἀθανάτῳ] ἀθανάτῃ pr. u. Bekk. 6. ἑκατέροιν] ἑκατέρου pr. u. Bekk. 7. ἐγεννήθη] ἐγενέσθην u. Bekk. 11. γινομένης] γενομένης u. v. Wolf. Bekk. 17. κατῴκησεν b. v. Med. Ald. 21. οἰκισθείσης] κατοικισθείσης u. Bekk. 25. γινόμενος] γενόμενος u. v. Wolf. Bekk. ult. καταθέσθαι] κατασκευάσασθαι u. Bekk. Ibid. τὰ om. u. [τὰ] Bekk.

P. 416. 3. δὲ τῶν] δὲ καὶ τῶν u. Bekk. Ibid. καθεστώτων Εὐαγ.] καθεστώτων καὶ τῶν ἐκγόνων τῶν ἐκείνου τὴν ἀρχὴν ἐχόντων Εὐαγ. u. Bekk. 6. μείζων] μειζόνως u. Bekk. 7. καταλιπεῖν] παραλιπεῖν u. Bekk. 9. τοσούτῳ b. 22. ὥσπερ ἐν ἑτέροις τισὶν] ὥσπερ ἑτέροις u. Bekk. Ibid. πρὸς ὑπερβ.] εἰς ὑπερβ. u. Bekk.

P. 447. 2. ὥστε καὶ εἰ] ὥστ' εἰ καί u. Bekk. 3. αὐτοῖς Wolf. 11. Εὐαγόραν] Εὐαγόρας b. et pr. v. Εὐαγόρᾳ p 10. 12. u. Bekk. 15. ποιήσειε] ποιήσαιτο u. Bekk. 21. φυγεῖν] φεύγειν u. Bekk. 23. τοὺς αὐτοῦ] τοὺς om. u. Bekk. antep. τὴν ἀφορμὴν] τὴν om. u. Bekk. Ibid. χρὴ λαβεῖν τοὺς b.

P. 448. 1. οἱ πλεῖστοι λέγουσιν] οἱ πλείστους λέγοντες u. Bekk. 3. τις τὴν] τις καὶ τὴν u. Bekk. τις Hag. Brub. 6. πρᾶξιν τὸ] πόλιν τὸ u. Bekk. 9. συνακολουθήσαντες] συνακολουθοῦντες u. Bekk. Ibid. ὡμολογουμένοις b. 10. ὡσπερεὶ] ὥσπερ ἢ u. Bekk. 14. ἐπ' ἀσφ.] ἐν ἀσφ. u. Bekk. 18. συμβαίνοντας καὶ] γιγνομένους καὶ u. Bekk. 19. φόβ. τῶν] φόβ. τοὺς τῶν b. u. v. Bekk. 20. λέγοντας v. Med. 23. ἡσυχ. ἦγον] ἡσυχ. εἶχον u. Bekk. antep. καὶ μόνος καὶ v. Med. Ald. Hag. Brub. Ibid. ἅπαντας τούς τ' u. pen. ἑλεῖν b. Med. Ald.

P. 449. 4. καταλίποιμι] καταλείποιμι u. Bekk. 7. οἶμαι] οἴομαι u. Bekk. 11. παραβάλοιμεν] παραβάλλομεν b. παραβάλλοιμεν u. Bekk. 12. ἀκούουσιν ἀρέσειεν] καιροῖς ἁρμόσειεν u. Bekk. 13. ἐὰν δὲ] ἢν δὲ u. Bekk. 14. ἕξομεν] ἐξετῶμεν u. Bekk. 20. ὁσίως ὥσπερ] ὁσίως om. u. Bekk. 22. ὡς] ἃς b. u. v. Med. Bekk. 23. προγεγενημένων] γεγενημένων u. Bekk. 26. ποιησ. κινδ.] ποιησ. τοὺς κινδ. u. Bekk. pen. περιγεγενημένοι u.

P. 450. 1. γε ἔπειτα γεγ.] γ' ἐπὶ τάδε γεγ. u. Bekk. 2. Μήδων] Μῆδον Med. Μήδους corr. u. Bekk. 3. οἱ πλεῖστ.] ὃν οἱ πλεῖστ. b. v. καὶ πλεῖστ. u. Bekk. 14. πατ. τῆς] πατ. τὸν τῆς u. Bekk. 15. ἀρετ. ἐκ.] ἀρετ. τὴν ἐκ. o. Bekk. 22. ἄν τις μάλιστα u. Bekk. Ibid. μὴ σφόδρα τοῖς νῦν λεγ.] σφόδρα τοῖς λεγ u. Bekk. 23. ἐτυράννησε] ἐτυράννευσε u. Bekk.

P. 451. 1. προσῆκον ἦν] προσῆκεν u. Bekk. Ibid. δὲ πάντες] δ' ἅπαντες u. Bekk. 5. ὁ ῥήτωρ] ὁ om. u. Bekk. 7. ὑπερβαλόμενος v. Ald. 8. γεγονὼς] γενόμενος u. Bekk. 12. πλεῖστ. χρόνον] πλεῖστ. τοῦ χρόνου u. Bekk. 14. καὶ om. b. 16. δὲ μηδὲν] δὲ ταύτης μηδὲν u. Bekk. 20.

καὶ ταῖς καρτερ.] om. pr. u. καὶ καρτερ. corr. u. [καὶ καρτερ.] Bekk. pen. φθονεῖν corr. u.

P. 452. 2. ἐπιτίμα τοῖς πολίταις] ἐτίμα τοὺς πολίτας u. Bekk. 3. ἐν ταῖς τοιαύταις] ταῖς om. u. Bekk. 7. ἀφικνουμένους] εἰσαφικνουμένους u. Bekk. 8. τοὺς ἀρχομένους] τοὺς ἄλλους u. Bekk. Ibid. ἐκείνῳ b. v. 11. ἐξαμαρτάνοντας] ἐξαμαρτόντας u. Bekk. 13. ὁμιλούντων ἑταίρων χρωμένων] χρωμένων p 10. u. v. Bekk. ἑταίρων p 8. 9. Wolf. Ibid. περιγενόμενος] περιγιγνόμενος u. Bekk. 16. λόγοις — ὅρκοις] ἔργοις — λόγοις u. Bekk. 19. γιγν. ἀγαθοῖς] ἀγαθοῖς om. u. Bekk. 25. δὲ οὐδὲν παραλιπὼν] οὐδὲν παραλείπων u. Bekk. 26. τοῖς βασιλεῦσι πρέπει] δεῖ τοῖς βασιλεῦσι u. Bekk. Ibid. ἐκ. πολ. ἐκλεγόμενος] ἐκ. τῆς πολ. ἐξειλεγμένος u. Bekk. pen. πόλ.. διοικ.] πόλ. ὅλης διοικ. u. Bekk. ult. πρὸς κινδ.] πρὸς τοὺς κινδ. u. Bekk.

P. 453. 1. τυραννικὸς δὲ] μεγαλόφρων δὲ u. Bekk. Ibid. διαφέρει b. 4. γὰρ] δὲ b. 5. τὴν Φ.] τὴν τῶν Φ. b. u. v. Bekk. 6. οὔτε τέχνας ἐπισταμ. om. b. Ibid. χρωμένην διὰ τὸ μὴ ἐμπορεύεσθαί τινας παρ' αὐτῶν διὰ τὴν ὠμότητα αὐτῶν. εἰ δέ τις οὖν εἴποι καὶ οὔτε in marg. u. 7. λιμένας] λιμένα u. Bekk. 10. παρασκευαῖς] κατασκευαῖς u. Bekk. 11. πόλεων ἀπολελ.] πόλεων om. u. Bekk. 12. πολλοὺς φοβεῖσθαι u. Bekk. 14. ἂν μή] ἢν μή u. Bekk. 20. τὸν περιέχοντα τόπον]. τὸν τόπον ὅλον τὸν περιέχοντα u. Bekk. 21. μὲν γὰρ] μέν γε u. Bekk. 24. ἂν ὠμότ.] ἂν om. u. Bekk. antep. μᾶλλον εἶναι] εἶναι μάλιστα u. Bekk.

P. 454. 2. μουσ. καὶ τῶν] τῶν om. u. Bekk. 5. ἂν om. b. Ibid. ὁμολογήσειεν] προσομολογήσειεν b. u. v. Bekk. 8. καὶ κἀγ.] καὶ om. u. Bekk. 9. οἰκήσαντες b. Ibid. κοινοτέραν εἶναι καὶ νομιμωτέραν] κουφοτέραν καὶ νομιμωτέραν εἶναι u. Bekk. 13. τῆς Ἀθηνῶν πόλ. b. 15. ἐκείνου] ἐκεῖνον b. v. ἐκείνῳ u. Wolf. Bekk. 16. πολλὰ δὲ] καὶ πολλὰ u. Bekk. 18. τούτων βεβουλεῦσθαι] τούτου βουλεύσασθαι u. Bekk. 20. γὰρ om. b. Med. Ald. Ibid. ἔφθησαν] ἔφθασαν u. Bekk. 22. τοὺς om. Ald. 24. ἔσχον] εἶχον u. Bekk. pen. δὲ καὶ διὰ b. v. Ald.

P. 455. 1. ἀπαλλάξωσι] ἀπαλλάξουσι u. Bekk. 2. ταχὺ] ταχὺν u. Bekk. 7. χρήσονται τοῖς παροῦσιν] χρήσωνται τοῖς πράγμασιν u. Bekk. 9. ποιεῖσθαι τὸν πόλεμον τὸν πρὸς Λακ. u. Bekk. 10. καταστήσαιντο στρατόπεδον u. Bekk. 11. μόνην] μόνον u. Bekk. 12. πᾶσαν] ἅπασαν u. Bekk. 17. ἀπέλαβε] ἀνέλαβε u. Bekk. 23. ἑαυτῶν v. ult. πλέονος u. Bekk. Ibid. κατειργάσατο b.

P. 456. 1. ἄλλως Wolf 6. καὶ τούτου μέγιστον] μέγιστον u. Bekk. 7. γὰρ om. b. 16. τὰς δόξας τῶν] τῆς δόξης καὶ τῶν u. v. Bekk. pen. στρατιὰν] στρατείαν u. Bekk. pen. πεντάκις μύρια τάλαντα] τάλαντα πεντακισχίλια καὶ μύρια u. Bekk.

P. 457. 7. Πρωταγόραν] Πυνταγόραν u. Bekk. 11. τῶν Περσῶν] τῶν om. u. Bekk. 18. τὸν καιρὸν] τὸν χρόνον u. Bekk. 20. κύριον κατ.] κύριον αὐτὸν κατ. u. Bekk. 21. θαυμαστότατον] δεινότατον u. Bekk. 22. τυραννοῦντος u. Bekk.

P. 458. 1. μετὰ πάσης Ἑλλ.] μεθ' ἁπάσης τῆς Ἑλλ. u. Bekk. 4. μείζον' ἂν] μείζω ἂν b. v. ἂν μείζω u. Bekk. 6. ἂν εὑρήσομεν] ἂν εὑρήσωμεν b. v. εὑρήσομεν u. Bekk. 7. νῦν ἀφέντες] νῦν om. u. Bekk. Ibid. σκοπῶμεν] σκοποῖμεν u. Bekk. 9. ὃς om. u. 17. γενέσθαι] γεγενῆσθαι u. Bekk. ult. αὐτονομίαν ἔσχον] αὐτονομίας ἔτυχον u. Bekk.

P. 459. 1. ὡς αὐτοὺς τ. ἀ. παραδώσοντας] αὐτοῖς τ. ἀ. δώσοντας u. Bekk. 5. δι' ὧν] ἐξ ὧν u. Bekk. 8. ἂν om. u. Ibid. τοῦτο γάρ] ἀεὶ γάρ u. Bekk. 13. βίον εὐτ.] χρόνον εὐτ. u. Bekk. 14. θεοφιλέστατον Med. Hag. 15. καὶ ὀνομ.] καὶ τοὺς ὀνομ. u. Bekk. 17. μακαριστότατος b. p 8. 9. v. Med. Wolf. 21. ῥώμῃ] γνώμῃ u. Bekk. 24. διετέλεσε τὸν βίον u. Bekk. antep. ἐβίωσε b. pen. νοσημάτων] νόσων u. Bekk.

P. 460. 3. γενομένων] γεγονότων u. Bekk. 5. ἀλλὰ τ. μ. β. καλούμενον om. b. 7. προγεγενημένων] γεγενημένων u. Bekk. 8. ἀλλ' οὐ θνητὸς] ἀλλ' οὐ om. u. Bekk. 10. οἶμαι u. Bekk. 13. ἣν κατὰ] ἣν om. u. Bekk. 16. πλέονος u. Bekk. 19. καὶ ἀγαθοὺς] κἀγαθοὺς u. Bekk. 21. τῇ μνήμῃ] τῇ γνώμῃ u. Bekk. 23. μόνον] μόνοις u. Bekk.

P. 461. 1. καὶ τοῖς γεγρ.] τοῖς om. u. Bekk. 4. ἐκ τούτων ῥᾴδιον] ἐκ τούτων om. u. Bekk. Ibid. μιμεῖσθαι] τεκμαίρεσθαι in marg. u. 9. ταύτην τὴν παρ.] τὴν om. u. Bekk. 13. ἐκ τούτων τοὺς] ἐκ τούτων om. u. Bekk. 20. λέληθεν] λέληθας b. u. v. Bekk. antep. φιλοπονεῖν ἐπεχείρησας] πονεῖν ἐπικεχείρηκας u. Bekk.

P. 462. 4. ἀγωνιζομένοις] ἁμιλλωμένοις u. Bekk. 5. οὖν ἐστι] οὖν ἔργον u. Bekk. 6. καὶ λέγειν] καὶ om. u. Bekk. 9. τὸν ἄλλον] τὸν λοιπὸν u. Bekk. 11. ὡς] ὧν b. v. 12. πλείστων κυρ.] πλείστων καὶ μεγίστων κυρ. u. Bekk. 14. ὧν αὐτοῖς u. ὧν αὐτὸς Bekk. 15. ἀπὸ Δ.] ἐκ Δ. u. Bekk. 16. εἰ μὴ] εἰ om. u. Bekk. antep. ἐὰν] ἂν u. Subscribit u. εὐαγόρας : ἑλικώνιος ἅμα τῶι ἑταίρωι εὐσταθίωι.

ΕΛΕΝΗΣ ΕΓΚΩΜΙΟΝ.

P. 465. 3. κατὰ πάντων] καθ' ἁπάντων u. Bekk. 8. γεγενημένην κ. τ. ἐπὶ κ.] ἐγγεγενημένην κ. τ. ἐπὶ τῇ κ. u. Bekk. 10. αὐτοὺς] αὐτῶν u. Bekk. Ibid. ἐστιν οὕτως ὀψιμαθὴς u. Bekk. 12. τούτων ἔτι πραγμ.] ἔτι om. u. Bekk.

P. 466. 3. ἀποδειξάντων] ἐπιδειξάντων u. Bekk. 6. τεραθείας] τερθρίας p 8. 9. v. Med. τερθρείας u. Ald. Bekk. 13. μεγ. ἢ] μεγ. μᾶλλον ἢ u. Bekk. 15. μέλλει b. Med. 17. φιλονεικία] φιλοσοφία u. Bekk. 18. ἰδίων μήτε] ἰδίων πω μήτε u. Bekk. 23. καὶ θαυμ.] καὶ τὰς θαυμ. u. Bekk. 25. τοῖς συμβ.] τοῖς ἰδίοις συμβ. u. Bekk.

P. 467. περὶ τ. κ. καὶ ἀγαθῶν] περί γε τ. κ. κἀγαθῶν u. Bekk. 10. ἀπόδειξιν] ἐπίδειξιν u. Bekk. 12. ἄλλων Ἑλλήνων] Ἑλλήνων om. u. Bekk. ult. συμβουλιοὺς pr. συμβουλιὰς corr. b.

P. 468. 4. τὸ λέγειν] τι λέγειν Med. vett. om. Ald. λέγειν u. Bekk. 7. χαλεπῶν Wolf. 9. ὃ] ἃ u. Bekk. 16. φησὶ γὰρ] φασὶ γὰρ b. φησὶ μὲν γὰρ u. Bekk. Ibid. γράφειν] γεγραφέναι b. u. v. Bekk. 19. ἀλλ' ἅπαν] ἀλλὰ πᾶν u. Bekk. 23. περὶ αὐτῆς] περὶ τῆς αὐτῆς u. Bekk. antep. τὴν ἀρχὴν] τοιαύτην u. pen. ὑπὸ Διὸς γεννηθέντων u. Bekk. ult. ταύτης τῆς γυν.] τῆς om. u. Bekk.

P. 469. 1. περὶ τὸν ἐξ Ἀλκ. τοσ.] περί τε τὸν ἐξ Ἀλκ. καὶ τοὺς ἐκ Λήδας, τοσ. b. u. v. Bekk. 4. ἁπάντων om. u. Bekk. 6. τὰς ἐπιφανείας καὶ τὰς λαμπρότητας u. Bekk. 14. εἴδει δὲ] ἤδη δὲ u. Bekk. 15. κάλλους κρατ.] κάλλους ὁ κρατ. u. Bekk. 19. ἀνέμενον] ἐνέμενον u. Bekk. 24. ἐκόμισε] κατέθετο u. Bekk. ult. αὐτὸν om. u. Ibid. τὴν ᾅδου] τὴν εἰς Ἅιδου u. Bekk.

P. 470. 4. προσταττομένων] προσταχθέντων u. Bekk. 10. οὐθενὸς Med. Ald. οὐθ' ἑνὸς v. 11. μοι πρέπειν περὶ u. Bekk. 12. ταύτην τὴν μεγ. b. 17. διακρίνομεν b. 20. ἔχω περὶ Θησέως τοῦτ' εἰπεῖν u. Bekk. 21. ἐφάμιλλον] ἐνάμιλλον u. Bekk. 23. παραπλησίως] παραπλησίοις u. Bekk. 25. δὲ γεγον.] γὰρ γεγον. u. Bekk. 27. βίου τῶν] βίου τοῦ τῶν u. Bekk. 29. τῶν μὲν — τῶν δὲ] τῶν μὲν — τὸν δὲ Med. Ald. τὸν μὲν — τὸν δὲ b. u. v. Hag. Bekk. 30. καὶ τοῖς Ἕλλησι οἰκειοτέρους om. b. ult. ἐξ Ἐρυθ.] ἐκ τῆς Ἐρυθ. u. Bekk. Ibid. μῆλα τῶν] μῆλα τὰ τῶν u. Bekk.

P. 471. 1. Ἑσπερίων Med. Ald. 2. ὠφελεῖν] ὠφελήσειν u. Bekk. 4. προῄρητο] προῃρεῖτο u. Bekk. Ibid. ἔμελλεν] ἤμελλεν u. Bekk. 5. νομισθήσεσθαι] γενήσεσθαι u. Bekk. 6. ἀναθέντα b. 8. μεγάλης ἀπορ.] πολλῆς ἀπορ. u. Bekk. Ibid. πάντας om. u. Bekk. 11. καὶ τάχει] καὶ om. u. Bekk. Ibid. καὶ τόλμῃ om. u. 12. ἔμελλον] ἤμελλον u. Bekk. 14. ὕστερον τὸ] ὕστερον χρόνῳ τὸ u. Bekk. 15. δὲ om. b. 19. πάνδημον b. p 8. 9. v. Med. Ald. 21. αἰσχρῶς ἄρχων] αἰσχρῶς om. u. Bekk. pen. χρήσομαι Med.

P. 472. 1. τὴν Σκίρ.] τήν τε Σκίρ: u. Bekk. 19. τὴν Καδμείαν] τῇ Καδμείᾳ u. Bekk. 21. τὴν σωφρ.] τὴν om. u. Bekk. 26. τῆς πόλεως — ἐπιστρατευομένους, μετ' ἄλλων δὲ] τῶν πολιτῶν — πολεμίους, μετὰ δ' ἄλλων τινῶν u. Bekk. pen. ἀποκτιννύντας] ἀποκτειννύντας Med. Hag. ἀποκτείνοντας u. Bekk.

P. 473. 1. εὐθυμότερον] ῥᾳθυμότερον u. v. Bekk. ἀθυμότερον Med. Ald. 4. ἀεὶ δεδιότα] ἀεὶ om. u. Bekk. 8. ἀπέδειξεν] ἐπέδειξεν u. Bekk. Ibid. ῥᾷον] ῥᾴδιον u. Bekk. 12. ταὐτὸν] ταὐτὸ u. Bekk. 15. πολιτευομένων] συμπολιτευομένων u. Bekk. Ἑλληνίδων ἱτεβομένων b. 16. τὴν ἀρχὴν] τὴν ἀρετὴν b. Med. τῆς ἀρετῆς u. Bekk. 17. αὐτῷ προέξειν ἀσκοῦντας ὥσπερ ἀμελοῦντας b. 20. τοσοῦτον] τοσούτου u. τοσούτου δ' Bekk. 25. ἀπέλαβεν b. 28. ἐπεισάκτῳ] ἐπάκτῳ u. Bekk.

P. 474. 9. δι' ἀπορίαν περὶ τὸν αὐτὸν τόπον u. Bekk. 13. μνηστεύσασθαι] μνηστεύεσθαι u. Bekk. 15. ἐν ταῖς πόλεσι τὴν] ἐν ταῖς πόλεσι om. u. Bekk. 17. ὡς ἐκείνην] ὡς om. u. Bekk. 18. συνοικεῖν] συνοικήσειν u. Bekk. 20. ἀνθρώποις ἐσομένη] ἀνθρώποις om. u. Bekk. 22. τὴν ἐπικουρίαν ταύτην u. Bekk. 25. ἣν] ἧς u. Bekk. 26: καὶ γεν. ἐν θεαῖς] γεν. ἐν θεοῖς u. Bekk. 28. βασιλείαν τῆς Ἀσίας] τῆς Ἀσίας βασιλεύειν u. Bekk. antep. ἐν πολ.] ἐν τοῖς πολ. u. Bekk.

P. 475. 2. τῆς Ἑλ.] τὴν Ἑλ. u. Bekk. 3. καίτοι τοῦτο] καίτοι καὶ τοῦτο u. Bekk. 5. καὶ κληθῆναι om. u. Bekk. 6. δικαστὴς b. 8. παραγενήσεσθαι] παραγίγνεσθαι u. Bekk. 10. κτῆμα κάλλιον u. Bekk. 11. καὶ πρὸς πατρὸς καὶ] μὴ μόνον πρὸς πατρὸς ἀλλὰ καὶ u. Bekk. 20. σκοπούντων] σκοπουμένων u. Bekk. 22. καταγελαστότατον] καταγέλαστον u. Bekk. 25. δὴ — φιλονεικίαν] δή που — ἔριν u. Bekk. antep. περὶ] περ cod. Vatic. 936. περὶ Bekk. ult. ὀργῆς τῶν] ὀργῆς τῆς τῶν u. Bekk.

P. 476. 8. ἂν εἴη] ἂν ἦν v. Bekk. 17. ἦγον u. Bekk. 18. τοσοῦτον] τηλικοῦτον u. Bekk. 25. τοῖς Ἕλλησιν αὐτὴν u. Bekk. 27. ἐκείνην] κείνην u. Bekk. 28. ἀπελθεῖν u. antep. τὸ ἐκείνης] τοὐκείνης u. Bekk. pen. εὐδαιμ. τὴν χώραν u. Bekk. ult. στρατιᾶς] στρατείας u. Bekk.

P. 477. 6. συνεξέπεμψαν] συνέπεμψαν u. Bekk. 9. ἔγνωσαν] διενοήθησαν u. Bekk. 10. τὴν παράτ. τ. π. τοὺς Γίγ.] τὴν et τοὺς om. u. Bekk. 15. αὐτῶν] αὐτῆς b. u. v.

Bekk. 16. μετέσχηκεν] μετέσχεν u. Bekk. 17. διαγνῶναι] γνῶναι u. Bekk. 18. καὶ σοφ. καὶ b. Ibid. δικ. μετεχ.] δικ. μὴ μετεχ. u. Bekk. 19. τιμιώτερον b. 22. ταύτης τῆς ἰδέας u. Bekk. 23. διότι] ὅτι u. Bekk. 26. γιγνώμεθα] γενώμεθα b. u. v. Med. Bekk. antep. βουλεύσασθαι] βούλεσθαι u. Bekk. ult. τοῦ] τῷ u. Wolf. Bekk. Ibid. ἑκάστ. ἡμ. προσάγωνται] ἑκάστ. .τὴν ἡμ. προσαγάγωνται u. Bekk.

P. 478. 2. εἰδότες Med. Ald. 6. μὲν ἄλλῃ] μὲν ἐπ' ἄλλῃ p 10. μὲν ὑπ' ἄλλῃ u. Bekk. 10. αὐτῶν τῶν κεκτημένων] τῶν ἐχόντων u. Bekk. 13. ἐξαμαρτάνοντας] ἐξαμαρτόντας u. Bekk. 15. χρόνον τιμ.] χρόνον ὁμοίως τιμ. u. Bekk. 16. δράσαντας] ποιήσαντας u. Bekk. 18. ἁπάντων] πάντων u. Bekk. 20. γενόμενος] γιγνόμενος u. Bekk. 24. τὰς φύσεις τὰς τοιαύτας] τὴν φύσιν τὴν τοιαύτην u. Bekk. 25. προτετίμητο b. Med. Ald. ult. ἐβουλήθησαν u. Bekk.

P. 479. 11. αὐτοὺς εὐσεβῶς u. Bekk. Ibid. τοσαύτην Μενελάῳ u. Bekk. 15. θεὸν ἀντὶ] θεὸν αὐτὸν ἀντὶ u. Bekk. 18. τῶν Σπαρτ.] τὴν Σπαρτ. u. Bekk. 20. ἁγίους καὶ πατρίους ἐπιτελοῦσιν] ἁγίας καὶ πατρίας ἀποτελοῦσιν u. Bekk. 22. Ἐπεδείξατο] Ἐνεδείξατο u. Bekk. 24. ἀπεστερημένος] ἐστερημένος u. Bekk. 27. ἐπιστ. νυκτὸς] ἐπιστ. τῆς νυκτὸς u. Bekk. antep. προστάξαι] προσέταξε u. Bekk. pen. τῶν ἐκείνων] τὸν ἐκείνων u. Bekk. ult. βίον τῶν] βίον τὸν τῶν u. Bekk. Ibid. μέν τι καὶ διὰ] μὲν διὰ u. μέν τι διὰ Bekk.

P. 480. 4. λαμβάνειν] λαβεῖν u. Bekk. 11. καὶ χωρὶς] καὶ om. u. Bekk. 14. νομίζομεν b. 15. διὰ ταύτην] δι' αὐτὴν u. Bekk. 17. κατὰ τῆς] κατὰ om. u. Bekk. 20. ἄρχειν ἠξίουν u. Bekk. 21. δὲ ὁ Σιδ.] ὁ om. u. Bekk. 23. μετ' ἐκεῖνον δὲ] μετὰ δ' ἐκεῖνον u. Bekk. 26. ἐπεξεργάζεσθαι] διεργάζεσθαι u. Bekk. pen. καὶ καλοῖς om. u. Bekk. Subscribit u. ἑλένης ἐγκώμιον. ἑλικώνιος.

ΒΟΥΣΙΡΙΣ] ΒΟΥΣΕΙΡΙΣ u. qui sic et infra.

P. 481. Argumentum om. u. Med. 11. ὥσπερ μετέγνωσαν Ald.

P. 482. 6. οἰκειώσεως Ald.

P. 483, pen. ἀναξίως μὲν u. Bekk.

P. 484. ὁπόταν ε. τ. συνέλθωμεν] ἥν ποτε ε. τ. ἔλθωμεν u. Bekk. 5. ἐν om. b. 7. δεῖν σοι] χρῆναι σοὶ u. Bekk. 8. ἀποκρύψεσθαι b. 9. νουθετημένων b. u. 11. αὐτῶν τις ἀκριβέστερον u. Bekk. 14. πρὸς συμβ.] πρὸς τοὺς συμβ. u. Wolf. Bekk. 16. αἰσθανόμενος] αἰσθόμενος u. Bekk. 21. τὰ προσόντα] προσόντ' u. Bekk. 22. τοσούτῳ] τοσούτου u. Bekk. pen. ἐγχειρήσας] ἐπιχειρήσας u. Bekk.

P. 485. 4. χάριν ἂν εἰδείη σοι] ἄν σοι τοσαύτην ἔχοι χάριν ὑπὲρ τῆς κατηγορίας ὅσην οὐδενὶ τῶν ἐπαινεῖν αὐτὸν εἰθισμένων u. Bekk. om. Med. Ald. 5. οὐδ' εἰ b. v. 7. οὕτως ἀγ.] οὕτως ἂν ἀγ. u. Bekk. 9. ὑπ' αὐτοῦ] ὑπ' αὐτῶν b. p 8. 9. v. Med. ὑφ' αὑτοῦ u. Bekk. 11. ὥστ' ἔφης] ὥστε φῂς u. Bekk. 13. δ' αὐτὸν οὐδὲν] αὐτὸν om. u. Bekk. 14. πότερον] πότερα u. Bekk. Ibid. παραβάλωμεν] παρατάξωμεν u. Bekk. 17. τοὺς ξένους θύσας] τοὺς ξένους om. u. Bekk. 18. ἀλλὰ καὶ] ἀλλὰ v. ἢ u. Bekk. 20. ὅ τι ποτ'] τί ποτ' u. Bekk. 32. ἑαυτοῦ Med. 33. τὰ περὶ] τὰ om. u. Bekk. pen. ὡς δεῖ] ἐξ ὧν ἔδει u. Bekk.

P. 486. 5. τούτοις μέγα] τούτοις μόνοις μέγ' u. Bekk. 11. παρόντων — ἁπάντων] παρουσῶν — ἁπασῶν u. Bekk. 12. ἐκεῖσε] ἐκεῖ u. Bekk. 14. κόσμου φύσιν] κόσμου om. u. Bekk. 21. δυσμάχητος] δύσμαχος u. Bekk. 23. εἰρημένοις] προειρημένοις u. Bekk. 25. ὧν τοῖς] ὧν om. u. Bekk. ult. τῶν ὄντων] τῶν περιόντων u. Bekk.

P. 487. 5. ἅμα τόπον] ἅμα τόν τε τόπον u. v. ἅμα τὸν δὲ τόπον b. vulg. habet Bekk. 6. τὴν τροφὴν] τὴν om. u. Bekk. 8. ταῖς ἱερωσύναις] τὰς ἱερωσύνας u. Bekk. 13. et 22. περὶ] πρὸς u. Bekk. 17. πρὸς οὐδὲν τῶν] οὐδὲ πρὸς ἓν τῶν u. Bekk. 18. αὐτῶν b. Med. Ibid. ἐπιμένοντας] διαμένοντας u. Bekk. 20. πλεῖστον] πλεῖον b. πλέον u. Bekk. antep. πολιτ. καὶ] πολιτ. ἐπαινεῖν, καὶ u. Bekk.

P. 488. 2. μηδενὸς — ἀποροῦντας] μηδένα — ἀποροῦντα Bekk. 3. οὐκ ἀμελεῖν] οὐκ om. b. u. v. Med. Ald. Bekk. 5. τὸν νοῦν προσέχειν u. Bekk. Ibid. τοσοῦτον] τοσούτῳ u. Bekk. 14. χρῆσθαι νομίμοις] νόμοις χρῆσθαι u. Bekk. 15. βουληθείημεν codd. et edd. 16. τὴν πατρίδα αὐτῶν b. 19. εἶναι νομίσειεν] εἶναι om. u. Bekk. 20. ταῖς om. b. 26. ὅμοιαν ἔχει u. Bekk. antep. ὑγιειν. εἶναι καὶ μακροβιωτάτους u. Bekk. ult. κατέδειξεν] κατέδειξαν b. p 13. u. v. Wolf. Bekk.

P. 489. 2. βέλτιστα ἔταξε] μέγιστα τῶν πραγμάτων ἔταξαν u. Bekk. 3. ἀστρονομίᾳ] ἀστρολογίᾳ b. u. Bekk. 4. ἔπεισεν] ἔπεισαν u. Bekk. 5. πλεῖστον] πλεῖστα u. Bekk. 6. συλλαμβανομένας] συμβαλλομένας b. u. v. Bekk. 7. δ' ἐπ. — αὐτῶν ἄξιον] δ' ἄξιον ἐπ. — αὐτῶν u. Bekk. 10. φιλοσοφίαν] σοφίαν u. Bekk. 11. οὗτοι βλ.] οὗτοι μὲν βλ. u. Bekk. 15. τὸν τῶν ἀνθρώπων βίον] τὸν βίον τὸν τῶν ἀνθρώπων u. Bekk. 16. ἐργασάμενοι] ἐνεργασάμενοι u. Bekk. Ibid. αἴτιοι τούτων b. v. Med. Ald. τοῦτον, αἴτιοι Wolf. 18. περὶ ταῦτα καὶ σεμνῶς

u. Bekk. 20. παρ' ἄλλοις καθεστηκότας] παρὰ τοῖς ἄλλοις καθεστῶτας u. Bekk. 25. θειότητος] ὁσιότητος u. Bekk. Ibid. ἐκεῖνο b.

P. 490. 2. λαμβ. τοῖς] λαμβ. ἐν τοῖς b. u. v. Med. Bekk. 3. ἔχωσιν] ἔχουσιν u. Bekk. 4. ἂν καὶ] ἂν om. u. Bekk. 6. βεβαιώσεσθαι] βεβαιώσασθαι b. v. βεβαίως ἔσεσθαι u. Wolf. Bekk. 8. μεγάλα περὶ] θαυμαστὰ περὶ u. Bekk. 11. εἷς ἐστιν] εἷς om. u. Bekk. 13. τοὺς om. b. Ibid. καὶ περὶ] καὶ τὰς περὶ v. Med. Ald. καὶ τὰ περὶ b. u. Bekk. Ibid. τε καὶ] τε om. u. Bekk. 15. πλέον u. Bekk. 16. ἀλλὰ παρὰ] ἀλλ' οὖν παρὰ u. Bekk. 17. μάλιστ' ἂν] ἂν om. u. v. Bekk. 23. θαυμάζομεν] θαυμάζουσιν u. Bekk. 26. δὲ καὶ τὴν] καὶ om. u. Bekk. 17. τῶν Αἰγ.] τὴν Αἰγ. u. Bekk.

P. 491. 3. εἰσαφικνουμένους κατ.] ἀφικνουμένους θύων κατ. u. Bekk. 6. τυχχάνεις κεχρημένος u. Bekk. Ibid. τοσοῦτον] τοσούτῳ b. u. Wolf. Bekk. 9. καὶ ἀγαθῶν] κἀγαθῶν u. v. Bekk. 13. τὰ ψευδῆ] τὰ om. u. Bekk. 14. κέχρημαι τούτοις u. Bekk. 19. ἀπιστήσειεν] ἀποστήσειεν b. ἐπιπλήξειεν u. Bekk. 20. ἃ ἐγὼ] ἀγὼ u. Bekk. antep. κατ' αὐτὸν] καθ' αὑτὸν u. v. Bekk. pen. τοῖς ἄλλοις] τοῖς Ἕλλησιν u. Bekk. ult. ἅπασι τούτοις] ἁπάντων τούτων u. Bekk.

P. 492. 1. ἐκεῖνον τ. ἀ. εὐεργέτην γεγενῆσθαι] κεῖνον τ. ἀ. εὑρετὰς γενέσθαι u. Bekk. 5. τῆς Β. ξενοκτονίας] τῆς τε Β. ξενοφονίας u. Bekk. 8. τέτρασι] τέτταρσι b. u. Bekk. 10. διαλύσασθαι τὰς ὑ. ἐ. διαβολὰς] ἀπολύσασθαι τὴν ὑ. ἐ. διαβολὴν u. Bekk. 18. οὗς] οἵους u. Bekk. 19. εἰπεῖν τολμήσειεν u. Bekk. 21. συνουσίας] δεσμοὺς u. Bekk.

22. ἐλογοπ. κατὰ τούτων] κατ' αὐτῶν ἐλογοπ. u. Bekk. 24. πλανῆται] ἀλῆται u. Bekk. antep. ἄλλοι δὲ φεύγοντες τ. π. κ. τ. οἰκείοις πολεμοῦντες ἄ. τ. χ. διετέλεσαν] ἄλλος δὲ φεύγων τ. π. κ. τ. οἰκειοτάτοις πολεμῶν ἄ. τ. χ. διετέλεσεν u. Bekk. ult. τῶν τοιούτων] τούτων τῶν u. Bekk.

P. 493. 2. ἂν] ἦν u. Bekk. Ibid. φρονῶμεν b. 3. ἀλλήλων κατηγορίας] πρὸς ἀλλήλους κακηγορίας u. Bekk. 5. τούς τε λ. τ. τ. πλημμελεῖν] ἀσεβεῖν τούς τε λ. τ. τ. u. Bekk. 9. τὰς πάσας ἔχ. ἀρετὰς] πάσας ἔχ. τὰς ἀρετὰς u. Bekk. 11. γενέσθαι] γεγενῆσθαι u. Bekk. 13. νομίζοιμεν u. Bekk. 14. καταστῇ] κατασταίη u. Bekk. 16. οὐ καταγιγνώσκοιμεν, εἰ τοὺς — περιίδοιεν] καταγιγνώσκομεν ὡς καὶ τοὺς — περιεῖδον u. Bekk. 18. ἂν] ἦν u. Bekk. 19. βελτίστους] βελτίους u. Bekk. 22. μηδὲ βούλονται] μηδὲν δέονται u. Bekk. pen. τόν τε] τόν γε u. v. Bekk. ult. ἐγκαλουμένων] ἐπικαλουμένων u. Bekk.

P. 494. 1. ἁμαρτιῶν] αἰτιῶν u. Bekk. 4. οὐ ῥᾴδιον] μὴ ῥᾴδιον u. Bekk. 9. κατασκευάσαιμεν] παρασκευάσαιμεν u. Bekk. 12. γεγονυιῶν] γενομένων u. Bekk. 13. μὲν οἶδ'] μὲν γὰρ οἶδ' u. Bekk. 14. μᾶλλον ἂν πολὺ μᾶλλον u. Bekk. 19. τῶν σοι] τῶν νῦν σοι u. Bekk. Ibid. ἐπαρθεὶς] ἐπαρθείη b. u. v. Bekk. 23. συγγράφειν] γράφειν u. Bekk.

P. 495. 2. μισοῦσιν b. v. 3. μοι] ἐμοὶ u. Bekk. 4. τὰς πονηρὰς b. 6. λυμανεῖν p 8. λυμανεῖ p 9. Bekk. λυμαίνει u. Ibid. διαβάλῃς b. 8. θαύμαζε] θαυμάσῃς u. Bekk. Subscribit u. βούσειρις ΗΗΗΙΔΙ ΔΔΔΔ. ἑλικώνιος ἅμα τοῖς ἑταίροις θεοδώρῳ καὶ εὐσταθίῳ.

ΠΑΝΑΘΗΝΑΙΚΟΣ.

P. 496. 1. τὸν λόγον b.

P. 499. 1. δοκοῦντας εἰρῆσθαι u. Bekk. Ibid. κοσμιότητος] κομψότητος u. Bekk.

P. 502. 1. περισώσεων b.

P. 504. 1. ἐννενήκοντα καὶ τέσσαρσιν, ὧν ἐγὼ] ἐνενήκοντα καὶ τέτταρσιν, ἀγὼ u. Bekk. antep. ἢ βουλ.] εἰ βουλ. u. Bekk. pen. ἕνεκεν u. Bekk. ult. μέλλ. λόγος λεχθήσεσθαι] μέλλ. δειχθήσεσθαι λόγος u. Bekk.

P. 505. 1. ἐκδεδομένων] διδομένων b. v. Med. Ald. διαδεδομένων u. Bekk. 4. περὶ τῶν] περί τε τῶν u. Bekk. 11. οἷός τ' εἰμὶ b. 14. γίγνωμαι] γένωμαι b. u. v. Bekk. 15. προαιρούμενος τυγχάνω διατρίβειν] τυγχάνω διατρίβων u. et pr. v. Bekk. 20. τὴν νῦν γενομένην] νῦν τὴν ἐγγιγνομένην u. Bekk. 21. μου — ἦν] μοι — ὢν u. Bekk. antep. ἔτυχεν] ἔτυχον u. Bekk. pen. εὐτυχηκόσιν u. Bekk. ult. οὕτως ὥστε] οὕτως om. u. Bekk.

P. 506. 2. δὲ τοῦ] δὲ om. u. Bekk. 8. τὴν μὲν] τήν τε u. Bekk. 11. ἐγκαλεῖν] ἐπικαλεῖν u. Bekk. 14. οὔτε λείαν Med. Ald. 18. [παρρησίᾳ] om. Wolf. ante πολλῶν ponit b. Ibid. ἁπασῶν τῶν φύσεων ὡς b. 22. γίγνονται] περιέρχονται u. Bekk. Ibid. πρὸς τῷ μὴ] πρὸς τὸ μὴ b. p 13. πρὸς τὸ u. et pr. v. Bekk. pen. ἐπεὶ πεπολιτεῦσθαι] ἐπειδὴ τοῦ πολιτεύεσθαι u. Bekk.

P. 507. 2. αἱρούμενος] ποιούμενος u. Wolf. Bekk. 5. ᾤμην μοι τοσοῦτον] ᾠόμην μοι τοσούτῳ u. Bekk. 6. ὅσῳ περὶ] ὅσῳ περ περὶ u. Bekk. 8. ῥητ. πολλοὺς] ῥητ. τοὺς πολλοὺς u. Bekk. 13. ἡμ. δαπαν.] ἡμ. αὐτῶν δαπαν. u. Bekk. 14. μισεγγυημάτων] μισεγγυώματος u. Bekk. 15. ὧν] ὂν u. Bekk. 16. ἡγεμόνα τούτων u. Bekk. 20. πάντ. ἐπὶ τοιαύτην χ. κ. τοιαύτην] πάντ. ἡμᾶς ἐπὶ τοσαύτην χ. κ. τοιαύτην u. Bekk. 23. ταχ. ἄνευ] ταχ. ἂν ἄνευ u. Bekk. antep. ταραχώδη κ. π. ἀλόγιστον] ταραχωδῶς κ. π. ἀλογίστως u. Bekk. pen. τῶν τε γὰρ ἄλλων] τῶν μὲν γὰρ ἄλλων b. v. τῶν μὲν γὰρ u. Bekk.

P. 508. 1. αὐτοὺς] αὐτῶν Wolf. ἁπάντων u. Bekk. 8. ἔχουσι τῶν] ἔχουσί μοι τῶν u. Bekk. 9. καί τι] καὶ τισι u. Bekk. 13. ἔχειν, ὥστ'] ἔχειν τούτων, ὥστ' u. Bekk. 16. ἡμῶν ἐλυμ.] μου ἐλυμ. u. Bekk. Ibid. παραγινώσκοντες Med. Ald. 21. γάρ τινές μοι u. Bekk. τῶν 'Ησ. καὶ 'Ομ. ποιήσεων] τῆς 'Ησ. καὶ τῆς 'Ομ. ποιήσεως u. Bekk.

P. 509. +. ἐκείνων ἐπιχ.] ἐκείνων om. u. Bekk. Ibid. ἐμὲ Bekk. 10. ἀπολέξασθαι u. 11. τούτους εἶναι ἐμοὺς] τοὺς ἐμοὺς v. τούτους u. Bekk. 14. μηδέν ποτε] μηδέν' ἄν ποτε u. Bekk. 16. παρακολουθήσασάν] παρακολουθοῦσάν b. u. Bekk. 17. χρόν. τοῖς] χρόν. ἐν τοῖς u. Bekk. 21. ἐμοὶ] μοι u. Bekk. 25. ἀντικατηγορῶν — γενήσομαι] ἀντικατηγορῶν v. ἀντικατηγορῶ u. Wolf. Bekk. antep. ἀνεπιτήδειόν τι] τι om. b. u. v. Med. Ald. Bekk. Ibid. τολμώντων om. pr. u. [τολμώντων] Bekk.

P. 510. 1. ὡς φθονοῦντας, πειρ.] ἀπολογοῦμαι πρὸς τοὺς ἀδίκως μοι τῶν ἰδιωτῶν φθονοῦντας, καὶ πειρ. u. Bekk. 3. τοὺς ἄλλους] αὐτοὺς b. p 8. 9. u. v. Med. Ald. Bekk. 6. ἢ τὸ] ἢ διὰ τὸ u. Bekk. 9. ἂν καὶ] κἂν u. Bekk. 10. ὧν μὴ] ὧν πεπαυμένος u. Bekk. 11. καὶ καταβάλλοντι] καὶ μεταξὺ καταβαλόντι u. Bekk. 15. ποιοίμην] ποιοίην u. Bekk. 20. περὶ ὧν - - - ἤδη λέγειν] Hæc cum Bekk. add. ex u. 21. διενοήθην εἰπεῖν] εἰπεῖν om. u. Bekk. 25. Τῆς μὲν οὖν - - - εἶναι φήσειεν] Hæc cum Bekk. add. ex u. pen. παρακελεύω μὴ πονεῖν καὶ μὴ προσ.] παρακελεύομαι πονεῖν καὶ προσ. u. Bekk.

P. 511. 1. δυνήσεται] δύναται u. Bekk. 2. ἄλλων om. b. 8. ὥστε καὶ τοὺς ἄλλους διδάσκειν om. b. 13. καὶ περὶ ἀπ. τῶν τὰς ἐπιστήμ.] περὶ ἀπ. τῶν περὶ τὰς τέχνας καὶ τὰς ἐπιστήμ. u. Bekk. 16. διοικήσαντας] διῳκηκότας u. Bekk. 20. μετασχεῖν] μετέχειν u. Bekk. 22. οὖν ἔχω] οὖν καλῶ u. Bekk.

P. 512. 2. ἐλαφροτέρους] ἐλαφροτάτους u. Bekk. 3. δὲ τοὺς] δὲ om. u. Bekk. 7. ἐξανισταμένους] ἐξισταμένους u. Bekk. 8. τάξει τῶν] τάξει τῇ τῶν u. Bekk. 12. ἀλλὰ πρὸς] ἀλλὰ καὶ πρὸς u. Bekk. 14. τελείους] τελέους b. u. v. Med. Ald. Bekk. 15. τῶν om. Med. 16. 'Ομ. καὶ τῶν] 'Ομ. καὶ τῆς 'Ησιόδου καὶ τῆς τῶν u. Bekk. 18. τὰ ἐκείνων] τἀκείνων u. Bekk. 19. τὰ περὶ] τὰ om. u. Bekk. 22. ἣν ἔχει] ἣν ἔχῃ u. Bekk. 23. περὶ ὧν] ὑπὲρ ὧν u. Bekk. 26. περὶ γὰρ] ἢ περὶ u. Bekk. περὶ γὰρ τῶν b. Ibid. ἔχομεν] ἔχω· τι u. Bekk. pen. ποιήσωμεν b.

P. 513. 2. τοῖς λόγοις περὶ] λόγοις περὶ u. λόγοις [τοῖς] περὶ Bekk. 8. ἀλλ' οὐδὲν] ἀλλ' ὅμως οὐδὲν u. Bekk. 10. πολλῶν παρ.] πολλῶν με παρ. u. Bekk. 12. ἀπείρως] ἀπειροτέρως u. Bekk. 14. εὖ λέγειν] εὐλογεῖν u. Bekk. 21. ἐβουλήθην u. Bekk.

P. 514. 5. ταῖς — οὔσαις τὰς — εἰθισμένας] τὰς — οὔσας ταῖς — εἰθισμέναις b. f. u. v. Bekk. 6. πάντα τὸν χρόνον om. u. Bekk. 11. παραβάλῃ] παραβάλλῃ u. Bekk. 15. εὐπραγίαις] εὐεργεσίαις u. Bekk. 17. ἐκεῖνοι] κεῖνοι u. Bekk. 19. γενομένους] γεγενημένους u. Bekk. 21. 'Αχαΐδας] 'Αχαιίδας u. v. Bekk. Ibid. καὶ πρὸς] καὶ om. b. v. Med. Ald.

P. 515. 3. ἑκάτερα] ἑκατέρας Bekk. Ibid. τῆς ἠπείρου] τῶν ἠπείρων u. Bekk. 4. ἀνέστησαν] ἀνέστειλαν u. Bekk. 6. μεγ. τὴν] μεγ. ἂν τὴν u. Bekk. 11. ὅσον] ὅσην b. u. Wolf. Bekk. 16. περὶ τῶν] περὶ τὸν b. u. v. Wolf. Bekk. Ibid. κάλλιστα] μάλιστ' u. Bekk. 21. καὶ καταστρέψαντες] ἕως ἁπάσας κατεστρέψαντο u. Bekk. καὶ om. b. v. Med. Ald. 22. αὐξάνεσθαι τὴν] αὐξάνεσθαί τε τὴν u. Bekk. 26. ἐκπ. τῆς] ἐκπ. ἐκ τῆς u. Bekk. ult. ταῖς ἄλλαις φανερὰν] ταῖς δ' ἄλλαις φοβερὰν u. Bekk.

P. 516. 3. γενομένην] γεγενημένην u. Bekk. 9. ταῖν πολέοιν ἑκατ.] ἑκατ. τοῖν πολέοιν u. Bekk. 12. διακοσίας] τριακοσίας u. Bekk. Ibid. πεντ. μ. π. πάντων] πεντ. μὲν μ. τ. ἁπάντων u. Bekk. 19. κρείττους] πλείους u. Bekk. 20. παρέσχον] παρέσχοντο u. Bekk. 21. κινδυνεύσαντες] συγκινδυνεύσαντες f. u. v. Bekk. 22. ἐκώλυσεν] ἐκώλυεν u. Bekk. 26. ἐν om. b. pen. τοῖς κινδύνοις] τοῖς ἀγῶσι u. Bekk.

P. 517. 7. ταύτην] τὴν τοιαύτην b. 10. τοιαύτην] ταύτην u. Bekk. 15. γενομέναις] γεγενημέναις u. Bekk. Ibid. ἄνδρας ἐκ.] ἄνδρας κυρίους ἐκ. b. u. v. Bekk. Ibid. ἐκ. πόλ.] ἐκ. τῆς πόλ. u. Bekk. 20. κατὰ πάντων] καθ' ἁπάντων u. Bekk. 21. ἐμποιήσουσι] ἐμποιήσειεν ἂν u. Bekk. 22. ἴσως ἐξ.] ἴσως ἂν ἐξ. u. Bekk. Ibid. ὑπέρχεταί] ἐπέρχεταί b. u. v. Med. Bekk. 23. ἀλλὰ παρὰ πᾶσιν ὁμολογεῖται] ἀλλὰ παρὰ πᾶσιν b. v. Med. Ald. ἀλλ' ἅπερ ἅπασιν u. Bekk. 27. διαβάλλοντες — ἐνέβαλον] διαβαλόντες — εἰσέβαλον u. Bekk.

P. 518. 11. κατὰ τὴν Med. Ald. 15. ἐν om. codd. et edd. 18. τὴν αὐτῶν] τὴν αὐτὴν u. Bekk. 23. ποταμοῦ πεζῷ] πεζῷ στρατοπέδῳ u. Bekk. 24. τἄνδον] τάδε u. Bekk. 25. ὅπου] ὅπη b. v. ὅποι u. Bekk.

P. 519. 1. μὲν 'Ασίας] μὲν om. u. Bekk. 2. τοῖς μὲν πολεμίοις] τοὺς μὲν πολεμίους u. Bekk. 7. ἐστιν om. u. Bekk. 9. κινδ. ἅμα] κινδ. τῶν ἅμα u. Bekk. 11. εἴχομεν] εἶχον u. Bekk. 13. ἂν ἀντερεῖν] ἂν om. u. Bekk. 15. γιγνόμενοι] γενόμενοι u. Bekk. 16. ἐπιχειροῦσιν] ἐπιχειρήσειν u. Bekk. 20. διαβαλοῦσι — διατρίψουσι] διαβαλεῖν — διατρίψειν u. Bekk. 22. Σκιων. οἰόμενοι] Σκιων. καὶ Τορωναίων, οἰομένους u. Bekk. 23. καταρυπαίνειν] καταρυπανεῖν u. Bekk. 25. δὲ om. b. pen. ταυτὸ b.

P. 520. 3. οὐ μὴν om. f. Ibid. τὴν Σπ.] τῶν Σπ. b. 8. γὰρ τοιαῦτα] γὰρ τὰ τοιαῦτα u. Bekk. 9. μᾶλλον om. b. 10. τῶν π. ἤ. ῥηθέντων] τοῦ π. ἤ. ῥηθέντος u. Bekk. 12.

ἐν τοῖς] ἐν om. b. u. v. Bekk. 13. γενομένων Bas. 22. ἀλλὰ καὶ] ἀλλ' u. Bekk. Ibid. ὅτε τὴν] ὅτε περ τὴν u. Bekk. 27. δεκαδαρχιῶν b. v.

P. 521. 2. ἐλάττονας] ἐλάττους b. u. v. Bekk. ἔλαττον Med. Ald. Ibid. οἴκους] οἰκείους b. v. Med. Ald. 7. μὲν om. Med, 8. ἐξαμαρτάνειν] ἐξαμαρτεῖν u. Bekk. 9. τὰς ἐν] τῶν ἐν u. Bekk. 10. τῶν Ἑλλήνων] τῶν ἄλλων u. Bekk. 12. ὑπῆρξεν] ὑπῆρχεν u. Bekk. 14. αὐτὰς παρεῖχον πρωτ. τούς θ'] τε αὐτὰς παρέσχον πρωτ. καὶ τοὺς u. Bekk. 16. καὶ φαῦλοι] καὶ τῶν φαύλων u. Bekk. 17. δυνηθῇ (et sic A. L.)] δυνηθείη u. Bekk. 19. γενομέναν] γενόμενον Bekk. 20. σωφρ. μόνον] σωφρ. καὶ δικαιοσύνην μόνον u. Bekk. 21. καὶ κληθῆναι om. u. Bekk. 22. μόνον ἔχοντα] σχόντα μόνον u. Bekk. ult. ἂν ἀπιστήσειαν πολλοὶ] ἄν τινες ἀπιστήσειαν u. Bekk.

P. 522. 1. ἑκατέρου b. f. ἑκατέρους v. 3. ποίοις λόγ. — ἂν εἴην] ποίοις ἂν λόγ. — εἴην u. Bekk. 5. αἰσχ. γὰρ] αἰσχ. μὲν γὰρ u. Bekk. 10. καὶ om. b. 14. ἄλλοις om. u. Bekk. 15. μεγ. ἀγ.] μεγ. μὲν ἀγ. u. Bekk. 22. δὲ] δ' οὖν f. u. v. Bekk. οὖν b. 24. δὲ om. b. 26. τούτου, ὡς καί τινας ἐν] τοῦ περί τινας ἐξαμαρτεῖν, ὥστε παραλαβὼν τοὺς Ἕλληνας ἐν u. Bekk. 28. ἄλλοις κακοῖς] ἄλλοις om. u. Bekk. ult. τῶν om. b.

P. 523. 1. οὐδὲ] οὔτε u. Bekk. 2. ἐκεῖνος] κεῖνος f. u. v. Bekk. κεῖνο b. 7. ἐπαινέσειεν αὐτὸν u. Bekk. 10. ἐβουλήθη u. Bekk. 11. τῶν πόλεων] τῆς πόλεως u. Bekk. 12. ἃ βούλωνται] ἃ βούλονται b. v. Wolf. ὅ τι βουληθεῖεν u. Bekk. 14. ἡγήσηται] ἡγῆται u. Bekk. Ibid. post προσταττόμενον babent διότι ὑπετάσσοντο τῷ Ἀγαμέμνονι p 9. Med. et in marg. p 8. v. 15. βίον στρατ.] βίον ἀφέντας στρατ. u. Bekk. 20. μὲν] τῆς b. 28. τοσ. πλῆθος ὅ. ε. πολλοὺς ἔχειν] τοσ. τὸ πλῆθος ὅ. ε., ὃ πολλοὺς εἶχεν αὐτῷ u. Bekk. ult. τοὺς τοιούτους] τὸ τοιοῦτον u. Bekk.

P. 524. 2. πάντες] ἅπαντες u. Bekk. Ibid. τῷ πολλῷ] τῷ ἐλάττῳ, add. in marg. σοφῷ φαρμάκῳ (τῇ ταπεινώσει), f. τῷ τῷ ἐλάττῳ b. et corr. v. τῷ u. Bekk. 7. προσέθηκεν] ἐπέθηκεν u. Bekk. 12. οὐκ ἀπῆλθε] οὐδ' ἀπῆλθε u. Bekk. 16. τοσούτων ὄντων καθ'] τοσούτων ὄντων om. u. Bekk. 24. τολμησάντων] τολμησόντων u. Bekk. 27. et pen. ἐὰν] ἢν u. Bekk. Ibid. παραλείπω] παραλίπω u. Bekk. antep. ᾠόμην] ᾤμην u. Bekk.

P. 525. 5. προειλόμην] εἱλόμην u. Bekk. 7. ὅλως] ὁμοίως u. Bekk. 10. ῥηθέντων] εὑρεθέντων u. et pr. v. εὖ ῥηθέντων Bekk. Ibid. ἕτερον συμβαλοίμην] ἕτερον om. u. Bekk. 11. ἐπιθεῖεν] ἀναθεῖεν u. Bekk. 12. ἐμὲ] με u. Bekk. Ibid. σύμβουλόν τε] σύμβουλον p 13. u. Bekk. 15. ὅπως] ὅπη b. ὅποι u. Bekk. 16. δέον] δεῖν b. p 8. 9. v. Med. Ald. ἀεὶ γὰρ οἰόμενος δεῖν u. Bekk. Ibid. τὸ] τὸν b. v. Brub. 17. γεγονότα] γέγονα u. Bekk. 21. ἐξέπεσον] εἰσέπεσον u. Bekk. 22. δὴ δεῖν] δ' ἤδη u. Bekk. 23. ἡμῖν b. v. Med. Ald. 24. οὐχ om. b. v. Med. Ald. ult. τῆς ἀρχῆς] τῆς ἀρετῆς u. Bekk.

P. 526. 4. δείξειν] δόξειν u. Bekk. 12. τούτους] τοιούτους v. τοὺς τοιούτους u. Bekk. Ibid. ἐξαμαρτάνειν] ἐξαμαρτεῖν u. Bekk. 13. κοινῶς] κοινὴν u. Bekk. 17. μὲν οὐ] μὲν πολιορκοῦντες οὐ u. Bekk. 18. Ἀργεῖοι] Ἀργείοις u. Bekk. 19. Πλαταιέας] Πλαταιᾶς u. Bekk. antep. οὐ om. Med. Ald.

P. 527. 1. λαβόντες μόνους u. Bekk. 3. τῶν om. b. 5. τε] τὸ u. om. Bekk. 9. παραγινομένους] περιγινομένους b. u. v. Bekk. 10. ἔχοιμεν ἅ. π. ταῖν] εἴχομεν ἅ. π. τοῖν u. Bekk. 15. ἄγνοιαν καὶ λήθ.] ἄγνοιαν καὶ πλάνον καὶ λήθ. u. Bekk. 18. ἐπιχειροῦντα ταῦτα] τ' ἐπιχειροῦντα u. Bekk. 19. ᾠόμην] ᾤμην u. Bekk. 20. ἐμαυτὸν om. Med. Ibid. λέγω δὲ] ὧν λέγω u. Bekk. δὲ om. v. λέγω δὲ om. p 13. 22. παῤῥησιάσασθαι] παῤῥησιάζεσθαι u. Bekk. 23. εἶναι] εἶναί μοι u. Bekk. 24. καταλιπεῖν b. 25. πλέονος u. Bekk. pen. ἐξημαρτηκότας] ἐξαμαρτόντας u. Bekk. ult. ταῖν] τοῖν b. u. v. Bekk.

P. 528. 1. προσποιούμενοι] προσποιούμεναι b. u. Bekk. 19. ὧν ἐκεῖνοι] ἐκεῖνοι b. p 13. Med. Ald. ἃς ἀμφοτέροις τινὲς ἡμῖν ἐπιφέρουσιν, ἐκεῖνοι u. Bekk. 22. ἂν ἀντειπεῖν v. ἂν οὐδ' εἰπεῖν u. Bekk. 24. διαπεπραγμένην] διαπεπραγμένη Med. Ald. διαπραξαμένην u. διαπραξαμένη ἦν Bekk. antep. ἀποκρύψαιμι] ἀποκρύψομαι u. Bekk. Ibid. παρά b.

P. 529. 1. δικ. ἐκ.] δικ. ἂν ἐκ. u. Bekk. Ibid. ἐγκαλέσαιμεν] ἐγκαλέσειαν u. Bekk. 3. μέντοι ἡμ.] μὲν δὴ ἡμ. b. v. δ' ἡμ. u. Bekk. 5. ἔχοιμεν] ἔχοιεν u. Bekk. 6. μόνοι καθ'] μόνοι καὶ καθ' u. Bekk. 7. τῆς om. b. 10. ἡμῖν θαμινὰ] ἡμῶν θαμὰ u. Bekk. 11. πορθ. οὐδ.] πορθ. καὶ τεμνομένης οὐδ. u. Bekk. 22. οἰκοῦντας] κατοικοῦντας u. Bekk. 23. τούτων ἀμφότεροι] τούτοις ἀμφοτέροις u. Bekk. 24. ὡμολόγησαν] ὤμοσαν u. Bekk. pen. καὶ om. u. Ibid. στρατηγὸν Κλέαρχον u. Bekk.

P. 530. 2. ὅσον ε. τ. περὶ] ὅσας ε. τ. καὶ περὶ u. Bekk. 7. ἦν b. Ibid. ποτὲ] πώποτε u. Bekk. 10. μὲν ὁ] μὲν αὐτοὺς ὁ u. Bekk. 13. ἐπεὶ f. 14. αὐτῷ παρ.] αὐτῷ τῶν Ἑλλήνων παρ. u. Bekk. 19. κατασχεῖν] κατασχήσειν u. Bekk. 20. τὰς om. f. 23. οἶμαι] οἴομαι u. Bekk. 24. προειρημένων l. μ. νομίζειν] εἰρημένων l. μ. νομιεῖν u. Bekk. 25. ταῖν] τοῖν corr. u. Bekk. ult. ἐπιδειξάντων b.

P. 531. 1. ἐπιχειρησάντων] ἐπιχειρησόντων u. Bekk. 8. ὁμολογήσειν] ὁμονοήσειν u. Bekk. 17. παραθέντας] παραβάλλοντας u. Bekk. 21. τοιοῦτο ἐπιχειρῶσι] τοιοῦτον ἐπιχειρῶσί τι u. Bekk. 24. ἢ τὴν

Λακ.] ἢ τὴν om. u. Bekk. 29. ἐποιησάμην] ποιησαίμην u. Bekk.

P. 532. 3. ὑπολάβοι b. Med. 7. σπουδ. προκρ.] σπουδ. ἐκείνην προκρ. u. Bekk. 8. αὐτὴν] ταύτην u. Bekk. 9. καὶ ἐπιμ.] καὶ καλῶς ἐπιμ. u. Bekk. 11. τῆς — ῥώμης, ἢ] τὴν — ῥώμην, ὧν b. u. v. Med. Ald. Bekk. 15. οὐδὲν om. b. v. Med. Ald. 17. ἐπ'] ὑπ' u. Bekk. 19. οὐκ ἐκ τ. αὐξ. ἀλλ' om. b. 20. ἐκ τῶν] ἔκ τε τῶν u. Bekk. 24. τῆς πρότερον ὑπαρχούσης πολιτείας] τῆς πολιτείας τῆς πρότερον ὑπαρχούσης u. Bekk.

P. 533. 2. πόλ. τηλ.] πόλ. τῇ τηλ. corr. u. πόλ. [τῇ] τηλ. Bekk. 4. καὶ δυοῖν πραγμάτων προτεινομένων καὶ μὴ σπουδαίων] δύοιν γὰρ πραγμάτοιν προτεινομένοιν μὴ σπουδαίοιν u. Bekk. μὴ om. b. v. 7. ἐνόμισαν καὶ] ἐνόμισαν om. u. Bekk. Ibid. τὸ μὴ] τοῦ μὴ u. v. Bekk. 10. δέ τινες] δ' ἄν τινες u. Bekk. 15. δ' ὑπὲρ ὧν] δὲ περὶ ἧς u. Bekk. 17. οὔτ' ὀλιγαρχίας οὔτε δημοκρατίας u. Bekk. 18. γένη τῶν] γένη τὰ τῶν u. Bekk. 20. ποιήσασθαι πόῤῥωθεν] ποῤῥωτέρωθεν ποιήσασθαι u. Bekk. 23. δ' ἐμοὶ Bekk. 26. τῶν τὰς] τῶν τοιαύτας u. Bekk. 28. φρονιμώτατοι καὶ πραότατοι u. Bekk. Ibid. διενέγκαιεν] διενέγκοιεν u. Bekk. pen. οὐχ εὕρ.] οὐκ ἂν εὕρ. u. Bekk. ult. τῶν πεπραγμένων ἔν τε] πεπραγμένον ἐν u. Bekk. τῶν om. v.

P. 534. 1. μάλιστα δ' ἐν] καὶ μάλιστα ἐν u. Bekk. 5. ἐπιβουλευομένην] ἐπιβεβουλευμένην u. Bekk. 8. ἔκ. ἐν.] ἔκ. τὸν ἐν. v. Bekk. 9. γενομένας] γεγενημένας u. Bekk. 13. τοιοῦτο] τοιοῦτον b. u. Bekk. 14. οὐχ ὡς Med. Ald. 22. πρώτως] πρώτους u. Bekk. 23. πάντα] ἅπαντα u. Bekk.

P. 535. 5. συμβαίνει] συμβαίνειν b. Wolf. συμβῆναι u. Bekk. 8. δραξάμενοι] δ' ἀρξάμενοι u. Bekk. 13. καὶ τῆς] ἢ τῆς p 8. 9. v. Med. Ald. περὶ τῆς u. Bekk. 17. ἢ οὐδὲ προϊδεῖν] ὃν οὐ προῄδειν u. Bekk. ἢ om. p 8. 9. 13. Med. Ald. 21. σημεῖόν τε] σημεῖον δὲ u. Bekk. 23. γὰρ τὴν βασ.] τὴν om. u. Bekk. 25. κατὰ διοίκ.] περὶ διοίκ. u. Bekk. pen. τῶν παρόντων ἀγαθῶν] τῶν ἀγαθῶν τῶν παρόντων u. Bekk.

P. 536. 7. ἀξίους] ἀξίως u. Bekk. 9. ἀνομολογηθείσης] ἂν ὁμολογηθείσης u. Bekk. 13. ἐλευθ. τὴν] ἐλευθ. εἶναι, τὴν u. Bekk. Ibid. ἐξ. ὅ τι] ἐξ. τοῦ ὅ τι u. v. Bekk. ἐξ. τοῦ ὅτου b. 14. τοῖς om. Med. Wolf. 15. χρησίμην] χρησιμωτάτην u. Bekk. 16. ἀπὸ τιμ.] ἀπὸ τῶν τιμ. u. Bekk. pen. θέλοντας - - - εἶναι νομίζω om. u. et pr. v. Bekk.

P. 537. 4. τοὺς δὴ] τοὺς δὲ u. Bekk. 8. πασῶν] ἁπασῶν u. Bekk. 11. ἢ τὴν ἐν τ. Σ. καθεστηκυῖαν] τῆς ἐν τ. Σ. καθεστηκυίας u. Bekk. 15. τοῖς ἔμπροσθεν] τοῖς πρότερον u. Bekk. 18. ἐγκ. τὰ] ἐγκ. ἢ τὰ u. Bekk. 21. δὲ] γὰρ p 8. 9. et corr. v. Med. Ald. 22. τῶν ἄλλων] τοῖς ἄλλοις u. Bekk. 23. παντὸς λόγου] ἅπαντος τοῦ λόγου u. Bekk. 24. οὐδ' ἂν] οὐδ' ἦν u. Bekk. 27. βούλωνται] βουληθῶσιν u. Bekk. 28. λόγους δ' ἀνδρὸς Med. ult. ποιήσαιεν] ποιήσειαν u. Bekk.

P. 538. 4. ὁποίως] ὁποῖος b. v. Med. Ald. 7. ἐπενέγκαιμεν] ἐπενέγκοιμεν u. Bekk. ἐπενέγκαμεν Wolf. 8. αὐτῶν Med. αὐτοῖς Ald. 9. διειλέχθην] διελέχθην u. v. Wolf. Bekk. 10. [καὶ δικαιοσύνῃ] Bekk. om. pr. u. 11. φαν. ὕστ.] φαν. ἂν ὕστ. u. Bekk. 16. συμβαινόντων ἀγαθῶν. Ἧς ὁ] συμβαινόντων. Ἃ μαθὼν ὁ u. Bekk. 22. οὐδὲ τῶν ἰδίων τι] ἂν οὐδὲν τῶν ἰδίων u. Bekk. τι om. pr. v. 24. ὁμολογουμένους] ὁμολογουμένως b. u. v. Bekk. Ibid. ἀνέξ. φωνὴν] ἀνέξ. τὴν φωνὴν u. Bekk. 27. διοικήσουσι, καὶ ὅπως] διοικοῦντες u. Bekk.

P. 539. 2. τούς γε] τούς τε u. Bekk. 10. τιθ. οὕτω] τιθ. αὐτοὺς οὕτω u. Bekk. 19. εἴ ποτε] εἴ που u. εἴ ποι Bekk. 21. βουλευομένους Med. Ald. 22. δὲ καὶ] δὲ om. u. v. Bekk. 23. ἐν πᾶσι] ἐν ἅπασι u. Bekk. 24. καὶ om. u. 26. ὁμοίως] ὁμοίους u. Bekk. 28. μηδὲν ἂν δυν. μήτε] μηδέν' ἂν δυν. συνιδεῖν u. Bekk. antep. ῥᾳδίως Ald.

P. 540. 4. συμφυλετῶν καὶ τῶν δημ.] φυλετῶν καὶ δημ. u. Bekk. 7. προστιθείσαις] περιτιθείσαις u. Bekk. 9. πλημμελημάτων] λημμάτων f. u. Bekk. 12. ταῦτα b. v. Ibid. ὑφ'] ἐφ' u. Bekk. 16. τὸ] τότε u. Bekk. 17. ἡδὺ ἢ διώκ.] ἢ νῦν διώκ. u. Bekk. 18. ἀληθ. μηδὲ] ἀληθ. μηδὲ βεβαιοτέραν μηδὲ u. Bekk. 21. λαβεῖν δίκην u. Bekk. Ibid. ἐξαμαρτανόντων] ἐξαμαρτόντων u. Bekk. 25. ἃ ἐγω] ἠγὼ u. Bekk. 26. ταῖς om. v. Med. Ald. antep. ἐλάττον] ἐλάττω u. Bekk. Ibid. οὗ παρέλαβε] οὗ περ ἔλαβε u. Bekk.

P. 541. 5. διαβαλεῖν] διαλαβεῖν u. Bekk. 7. εἰ γὰρ] εἰ μὲν γὰρ u. Bekk. 11. πάσχοντες] πεπονθότες u. Bekk. 12. ἔλεγχον, δυν.] ἔλεγχον καὶ λόγον δυν. u. Bekk. 15. κείναις] κείνας v. u. Bekk. Ibid. οἷς Med. Ald. 16. παραγιγνόμενοι] παραγεγενημένοι u. Bekk. 21. παραινεῖν v. Med. Ald. 24. διετελέσαμεν, ἐξ. δεδήλωται] διετέλεσαν, ἐξ. δεδηλώκαμεν u. Bekk. 26. γὰρ] γὰρ ἔτι u. Bekk. antep. οἵους] οἵοις Bekk.

P. 542. 23. ἐστι] ἔσται u. v. Bekk. 26. καὶ τῶν ὡμολογημένων] τῶν ὁμολογουμένων u. Bekk. 28. μηδὲ τοὺς] μήτε τοὺς Bekk. 29. τοὺς ἅμα] τοὺς τὰ ἡμέτερα ἅμα u. Bekk. ult. τὰ πόλεε ταύτα] τὼ πόλεε τούτω u. Bekk.

P. 543. 3. τισὶ Med. Ald. 14. σφᾶς αὐτοὺς Med. Ald. σφᾶς τε αὐτὰς u. Bekk. 16. τοῦ om. codd. et Med. Ald. Steph. Bekk. 24. ἐπιβουλεύοι] ἐπιβουλεύῃ u. Bekk. antep. κοινῇ γὰρ] κοινῇ μὲν γὰρ u. Bekk. ult. διατεθείη] διατεθῇ u. Bekk.

P. 544. 1. τούτους] τότε Med. 2. ὡς] ὃς b. et pr. v. Med. Ald. 3. ἀντικραττομένους] ἀντιταττομένους u. Bekk. 9. ἂν λόγους] ἂν om. u. Bekk. 13. ἐν om. v. Med. Ald. 14. αὐτοὺς v. Med. Ald. 15. τῶν Ἑλλ.] τῶν μὲν Ἑλλ. u. Bekk. 18. ἀλλὰ τοὺν.] ἀλλὰ πᾶν τοὺν. u. Bekk. 21. τὸν δὲ πόλεμον] τῶν δὲ πολέμων b. u. v. Bekk. Ibid. μὲν καὶ] μὲν εἶναι καὶ u. Bekk. 22. τὸν om. b. 23. γενόμενον] γιγνόμενον u. Bekk. antep. οἰκουμένην] διοικουμένην u. Bekk. Ibid. τοὺς om. Wolf.

P. 545. 3. ἡττόνων οὐσῶν b. p 8. '9' v. Med. Ald. 5. παρ' αὐταῖς πραγμάτων] πραγμάτων αὐταῖς u. Bekk. 7. συγγενόμενοι] συγγιγνόμενοι u. v. Bekk. Ibid. δι' ἀπορίαν μὴ Wolf. 8. πατρίσι καὶ] πατρίσι om. u. Bekk. 10. νῦν παρόντος] νῦν om. u. Bekk. 15. ἐκβάλλοντες] ἐκβαλόντες u. Bekk. 18. κατῳκισμένας] κατοικούσας u. Bekk. 19. αὐτοὺς] αὐτοῖς u. Bekk. 24. εὐπορωτέρους] εὐπορωτέροις u. Bekk. 28. καὶ διπλ.] καὶ δοκεῖν διπλ. antep. εὐεργ. καὶ] εὐεργ. τούτου καὶ u. Bekk.

P. 546. 1. φανερὸν] φανερώτερον u. Bekk. 3. τραγῳδοδιδασκάλων b. u. v. (et C. L.) Bekk. 4. ἐν Διον.] ἐν om. u. Bekk. Ibid. Θηβαίοις] Θήβαις u. Bekk. 10. παριδεῖν] περιιδεῖν u. Bekk. 15. ἐπισχὼν ἐπ.] ἐπισχὼν ὁ δῆμος ἐπ. u. Bekk. 6. συμβουλεύσαντας v. 18. γεγενημένης] γενομένης u. Bekk. Ibid. ἀποδείξοντας Med. 19. ἐπιτρέπει b. 20. κοινὸν] καλὸν Med. Ibid. ἀπ. Ἑλλ.] ἀπ. τῶν Ἑλλ. u. Bekk. Ibid. ἀκούσαντες δ' οἱ τότε κύριοι Θηβαίων ὄντες] ὧν ἀκούσαντες οἱ κύριοι τότε ὄντες Θηβῶν u. Bekk. antep. τούτων om. b. ult. ἐμὲ] με u. Bekk.

P. 547. 10. ἐκπεμφθεῖσιν] πεμφθεῖσιν u. Bekk. 14. καὶ περὶ] καὶ om. u. Bekk. 17. τὸ τελευταῖον] τελευταίαν u. Bekk. 21. ὅμως] ὁμοίως codd. et edd. 22. πότερον] ποτέρων u. Bekk. 23. τὰς τῶν Σ.] τῶν om. u. Bekk. 25. τὸν secundum om. Med. Ald. ult. τὰ ἐκείνων] τἀκείνων u. Bekk.

P. 548. 2. περὶ τῶν] περὶ om. b. p 8. 13. u. v. et pr. p 9. Bekk. 4. ἔχειν τῇ] ἔχειν ἐν τῇ u. Bekk. 5. ὥσθ' ἁπάντων] ὥσθ' om. u. Bekk. 6. ἀρχόντων καὶ τῶν τιμῶν, μετέχειν αὐτοὺς, οὐκ ἂν] ἀρχῶν καὶ τῶν τιμῶν· οὓς οὐκ εὖ u. Bekk. 7. εἰ μὴ ἐκρίθη Σπαρτ.] εἰκὸς ἐκρίθη Σπαρτ. p 9. Med. Ald. εἰ μὴ ἐκρίθη om. u. Bas. Bekk. 8. πολιτεύσεσθαι] πολιτεύεσθαι b. u. v. Med. Ald. Bekk. 13. καταδουλωσαμένων b. v. Med. Ald. 20. ἐλάχιστον τόπον] ἐλαχίστους εἰς τόπους u. Bekk. Ibid. κατοικεῖσθαι b. v. Med. Ald. 23. προσῆκε] προσήκει u. Bekk. antep. ἐν γὰρ] ἔν τε γὰρ u. Bekk. Ibid. ἡγεῖτο] ἡγεῖται u. Bekk. pen. ἠνάγκαζον συμπαρ.] ἠνάγκαζον om. u. Bekk. ult. πρώτης φάλαγγος ἠξοῦντο προτάττειν] πρώτης τάττειν u. Bekk. Ibid. που] ποι Bekk.

P. 549. 1. ἵνα βοηθῶσιν] φοβηθῶσιν u. Bekk. 3. ἤθελον προκινδ.] ἤθελον om. u. Bekk. 4. πάσας] ἁπάσας u. Bekk. 8. ἀκρίτως — ὅσους] ἀκρίτους — ὁπόσους u. Bekk. 9. τοῖς Ἕλλησι τοῖς ἄλλοις] τοῖς ἄλλοις Ἕλλησι u. Bekk. 14. μάχ. εἶναι νομ. καλὰς] μάχ. εὐσεβεῖς εἶναι νομ. καὶ καλὰς u. Bekk. 23. γινομένης] ἐγγιγνομένης u. Bekk.

P. 550. 5. ἐστι περὶ] ἐστι καὶ περὶ u. 6. ἔχειν γνώμην u. Bekk. 8. γενομένας] γιγνομένας u. Bekk. 17. φήσαιεν] φήσειαν u. Bekk. 18. χρῆσθαι — γεγενημένης] χρήσασθαι — γενομένης u. Bekk. 21. μάχας καὶ] μάχας ἢ Med. Ald. 24. τὸν — λεγόμενον καὶ πραττόμενον] τῶν — λεγομένων καὶ πραττομένων u. Bekk. 25. μετεμέλησε b. v. 26. ὅπως πλ.] ὅπως ὡς πλ. u. Bekk. antep. κρ. ἀληθ. οὐδὲ] κρ. οὔτ' ἀληθ. οὔτε u. Bekk.

P. 551. 1. τοῖς τῶν] τοῖς τρισὶ τουτοισὶ p 13. τοῖς μεγίστοις τῶν u. Bekk. 8. ἄλλων βουλ.] ἄλλων τῶν βουλ. u. Wolf. Bekk. 10. βαρβ. τὰς] βαρβ. τὸν ἄλλον χρόνον τὰς u. Bekk. 14. ἡμῖν εἴρηται] εἰρήκαμεν u. Bekk. 17. συνέβησαν] συνέπεσον u. Bekk. 18. οὔτ' ἂν εὑρεῖν οὔτ' ἂν εἰπεῖν] οὐδ' εὑρεῖν οὔτ' εἰπεῖν ἂν u. Bekk. 19. ὄχλον] χρόνον b. v. Med. Ald. 23. καὶ ῥηθῆναι τοὺς ἡγ. ἡμῶν] καὶ ῥηθῆναι καὶ τοὺς ἡγ. αὐτῶν u. [καὶ ῥηθῆναι] καὶ τοὺς ἡγ. αὐτῶν Bekk. 26. ἃ περὶ] οἷς περὶ u. Bekk. pen. ἐνέβαλον] εἰσέβαλον u. Bekk. ult. Ποσειδῶνα] Ποσειδῶ u. et pr. v. Bekk.

P. 552. 2. γενέσθαι λεγομένων, αἳ τ. σ. ἐπὶ Ἀντιώπην τὴν Ἱππολύτης ἐποίησαν] γενομένων, αἳ τ. σ. ἐφ' Ἱππολύτην ἐποιήσαντο u. Bekk. 6. ἥμαρτεν] ἡμάρτανεν u. Bekk. 7. ἐκλ. τοὺς] ἐκλ. βίᾳ τοὺς u. Bekk. 10. γράψας κύριος] γράψας om. u. Bekk. 12. ἐξαιτήσων] ἐξαιτῶν u. Bekk. 13. τούτων Wolf. 14. ἐπὶ Μαρ.] εἰς Μαρ. u. Bekk. 19. συμβουλεύσασθαι] βούλεσθαι u. Bekk. 27. ταῦτα πάντα] πάντα τὰ τοιαῦτα u. Bekk. πάντα ταῦτα v. 29. μείζω] μεῖζον u. Bekk. antep. ταῖς primum om. Med. pen. θαυμάζεσθαι] θαυμαζόμενοι u. Bekk. ult. πόνοις καὶ κινδύνοις] πόνοις καὶ om. b. u. v. Bekk.

P. 553. 1. ἅπαντες] πάντες u. Bekk. 2. τῶν om. Med. 3. κακίαις] κακουργίαις u. Bekk. 5. ἐγγινομένης b. Med. Ald. 7. προειρημένων] εἰρημένων u. Bekk. 13. ἣν ποιῶ, ὥστ.] ἥν, ὥστ. v. ἥν, ὀλίγον ὥστ. u. Bekk. 14. περὶ αὐτῶν διαλεχθεὶς] προδιαλεχθεὶς u. Bekk. 17. διατρίβειν b. v. Med. Ald. 20. προειρημένων b. Med. 21. ψευδῶς] ψεῦδος u. Bekk. 23. διαγνοὺς v. Med. Ald. 24. μὲν οὐδενὶ] μὲν ἐπ' οὐδενὶ u. Bekk. antep. περὶ om. b. ult. ἐκεῖνο] ἐκείνου u. ἐκεῖνο Bekk.

P. 554. 2. τ' ἐχρῶντο] τι χρῶνται u. Bekk. 5. ὃν] ὧν b. u. Bekk. ὁ p 13. et corr. v. 6. αἰσχρῶς Bas. 8. εἰρόμην b. 11. ἐρωτήσεις b. 12. ὅποσα] ποῖα u. Bekk.

13. ἂν νομίζωσιν] νομίζουσιν u. Bekk. 14. τυγχάνωσιν b. 16. οὐχὶ τῶν ἐπ.] οὐ τῶν μὲν ἐπ. u. Bekk. 21. σὺ om. u. 28. τὸν] τοῦ b. antep. τῶν νῦν. ὑμν.] νῦν om. u. Bekk.

P. 555. 1. καὶ τοὺς] καὶ om. u. Bekk. 2. κεχρῆσθαι] χρῆσθαι u. Bekk. 3. ἐπιγενομένοις v. Med. 4. ἀκούουσιν] ἀκούσασιν u. Bekk. 6. οἷς (οὓς Med. Ald.) δὲ ἐπιτιμᾶν δέον, εὐλογεῖς αὐτοὺς (ὡς add. Wolf.) μηδὲν ἀκηκ.] ἔπειτ' εἰ μὲν εὐλογεῖς αὐτοὺς οὐδὲν ἀκηκ. u. Bekk. 7. μὲν γὰρ καὶ πρὶν ἂν] μὲν ἂν u. Bekk. 8. σαυτοῦ b. Med. Ald. Ibid. ἐπενεγκόντι] ἐπενεγκότι b. et corr. v. ἐπηνεκότι u. et pr. v. Bekk. Ibid. μοι] σοι u. et corr. v. Bekk. 12. ἐπὶ σοὶ] ἔτι σοι b. p 13. u. et corr. v. Wolf. Bekk. 15. ἐθαύμαζον εἰ λέληθεν αὐτὸν] σε λέληθεν u. Bekk. 22. πλεῖστον] πλέον u. Bekk. 28. αὐτὰ καὶ χρωμένους ὀρθῶς αὐτοῖς] καὶ χρωμένους αὐτοῖς u. Bekk. pen. παιδευμάτων] ἐπιτηδευμάτων u. Bekk.

P. 556. 3. γεγενῆσθαι] γενήσεσθαι u. Bekk. γενῆσθαι b. 5. καὶ ἁπάσας] ἃς ἁπάσας b. v. ἃς πάσας u. Bekk. 9. ἐκ. ἡμ.] ἐκ. τὴν ἡμ. u. Bekk. 10. προπέμπουσι] ἐκπέμπουσι u. Bekk. 12. κλοπίαν] κλωπείαν u. Bekk. 15. λαβεῖν] λαθεῖν u. v. Bekk. κακ. καὶ λαθεῖν om. b. 19. τῶν ἀρχῶν τῶν μεγίστων] τῶν μεγίστων ἀρχῶν u. Bekk. 22. μηδὲν εἰρ.] μηδὲν ἀληθὲς εἰρ. u. Bekk. 29. γὰρ τοὺς] γὰρ ἄλλοι τοὺς u. Bekk. 30. πονηροτέρους] πονηροτάτους u. Bekk. antep. τοιούτους τῶν] τοιούτων τῶν b. Wolf. τοιούτων v. ἐν τοῖς τοιούτοις τῶν u. Bekk.

P. 557. 1. ἂν ἀποθ.] ἂν τρὶς ἀποθ. u. Bekk. 2. τῶν τοιούτων b. 8. ἂν ἅπαντ' ἀ. μ. τἀκείνων] ἅπαντ' ἀ. μ. τἀκεῖ u. Bekk. 10. ὑπὲρ τ. τ. παίδ. μὲν] περὶ μὲν τ. τ. παίδ. u. Bekk. 21. τυγχάνοιεν] τυγχάνουσιν u. Bekk. 25. πρὸς τὴν ὁμ. καὶ τὸ σύνολον] τὴν ὁμ. καὶ συνόλως u. Bekk. 26. τῆς π. τ. π. ἐπιμελείας b. p 8. 9. v. Med. Ald. 27. ἂν om. B. antep. φήσαιεν] φήσειαν u. Bekk. pen. μοι διαλεχθ.] μοι om. u. Bekk. ult. ἀπολυόμενόν] διαλυόμενόν u. Bekk.

P. 558. 4. τούτων om. b. u. 6. κλοπίας] κλωπίας v. κλωπείας u. Bekk. 9. ἀπώλεσαν] ἀπώλλυσαν u. Bekk. 10. ἄπ. ὁμολ.] ἄπ. ἂν ὁμολ. u. Bekk. 13. ὠφελείᾳ] ὠφελίᾳ u. Bekk. 14. μηδὲ πρὸς] μὴ πρὸς u. Bekk. 19. [τούτους] Bekk. om. u. 27. περί τι τῶν δοκούντων εἶναι καλῶν] περὶ τὰ δοκοῦντ' εἶναι καλὰ τῶν u. Bekk. τι om. b. v. Med. Ald. 30. προαιρουμένους καὶ περὶ] βουλομένους περὶ u. Bekk.

P. 559. 2. οἷς ἂν ἐμελ.] ἂν om. u. Bekk. 6. φύσ. τῶν] φύσ. αἱ τῶν b. u. v. Med. Ald. Bekk. 12. οὐ τὸ τὴν] οὐ τὸ om. u. Bekk. 13. ὄντων ἐναντίαν] ὄντων τὴν ἐναντίαν αὐτὴν u. Bekk. 14. εὔλογόν] εὔκολόν u. Bekk. 16. ἀσελγ. καὶ] ἀσελγ. τε καὶ u. Bekk. 17. τισὶ — οὐκ ἀπεικότως] τίνι — οὐκ ἂν εἰκότως u. Bekk. 20. φύσιν οὐκ] φύσιν εἰσὶν οὐκ u. Bekk. 27. ἀφορμῇ τοῦ ταὐτὰ γιγνώσκειν, εἰδότες παρὰ (περὶ b.) τῶν ἔξω παραγενομένων (πραγμάτων b. p 8. 9. Med. Ald.)] τῷ ταὐτὰ γιγνώσκειν περὶ τῶν ἔξω πραγμάτων u. Bekk. pen. ἔχοντες τὸ ἁρπάζειν οὕτως] τὸ ἁρπάζειν οὕτως om. u. Bekk. ὥσπερ τέχνην ἔχοντες ἁρπάζειν τὸ om. b.

P. 560. 1. τοῦτ' αὐτοῖς] τοῦθ' αὐτοῖς u. Bekk. 3. βούλοιντο] ἠβούλοντο u. Bekk. 5. ἂν ἐπαινέσειεν] ἂν om. u. Bekk. Ibid. κατ. καὶ] κατ. καὶ λῃστὰς καὶ u. Bekk. 11. πάντες] ἅπαντές u. Bekk. 17. μᾶλλον τῆς — τὴν δύναμιν] μᾶλλον τὴν τῆς — δύναμιν u. Bekk. antep. παραγεγενημένα τούτοις u. Bekk. ult. νεώτερον] νεωτέρως u. Bekk.

P. 561. 5. τὴν τῶν Λ.] τῶν om. u. Bekk. 13. ἔμελλέ] ἤμελλέ u. Bekk. 14. διαλειπουσῶν] διαλειφθεισῶν u. Bekk. 16. περὶ ταύτης] περὶ αὐτῆς u. Bekk. 20. ἐξορμήσας] ὁρμήσας u. Bekk. 21. κατακαίειν] κατακάειν u. Bekk. 22. τὸ ἐμαυτοῦ] τοὐμαυτοῦ u. Bekk. 24. μεταμελείας π. π. ἔδοξέ μοι] μεταβολὰς π. π. ἔδοξε u. Bekk. 27. ἔσται] ἐστιν u. Bekk. antep. μεταλαμβάνειν ὁποτέρως] λαμβάνειν ὁπότερα u. Bekk. pen. δὲ γνωσθέντων] δὲ om. u. Bekk. ult. ὡς] οὓς u. Wolf. Bekk.

P. 562. 3. ἦν, ὧνπερ] ἦν, ὥσπερ b. Med. Ald. ὧνπερ u. Bekk. Ibid. ἀποδείξεσιν b. Med. Ald. 8. διειλέχθη] διελέχθη u. v. Wolf. Bekk. Ibid. καὶ προσεμβλέψας] καὶ πρὸς ἐμὲ βλέψας u. Bekk. 12. γὰρ εἰ] γὰρ εἴθ' u. Bekk. 16. ἡμᾶς βουλόμενος Med. Ald. 18. λέγεις ἢ πράττεις b. 20. σπουδάσωσι] σπουδάζωσι u. Bekk. 25. παράκλησιν] παράδοσιν b. p 8. 9. v. Med. Ald. antep. δυνηθείημεν] δυνηθεῖμεν u. Bekk.

P. 563. 1. πλήθ. τῶν] πλήθ. τῷ τῶν u. Bekk. 2. ἡμᾶς Med. Ald. 4. δὴ] δὲ u. Bekk. 5. ποιήσει b. 6. θρυλλοῦσιν] θρυλοῦσιν u. Med. Hag. Bekk. 12. παραβάλῃς πρὸς] παραβάλῃς αὐτὰς πρὸς u. 15. ἐνεργέστερος] ἐναργέστερος u. Bekk. 17. ἐν τοῖς] ἐν om. u. Bekk. 18. μοι δοκεῖς οὕτω] οὕτω μοι φαίνει u. Bekk. 19. τάξασθαι u. 21. πόλιν ὡς] διοίκησιν ὡς u. Bekk. 25. ἐκ. φήσας] ἐκ. εἶναι φήσας u. Bekk. 26. δόξειας. ἂν] δόξεις u. δόξειας Bekk. 27. σοὺς προγόνους] σοὺς om. u. Bekk.

P. 564. 2. ἢ ψεγ.] ἢ τῶν ψεγ. u. Bekk. 5. καὶ περὶ πλεον. u. Bekk. 7. διαλεγόμενος Med. Ald. 8. καλῶν καὶ φιλοσόφων] καλὸν καὶ φιλόσοφον u. Bekk. Ibid. οἵωνπερ Ald. 9. διαγνωσθεὶς u. v. Med. διαγνωστὴς Ald. Bas. Ibid. ᾧ σὺ πεπ.] σὺ om. u. Bekk. 13. πλεονεκτικοὺς] πλεονέκτας u. Bekk. 15. ἑκατέρων ἐχόντων u. Bekk. 23. ἅπαντας u. Ibid. μεγαλοπρεπεστέρους] μεγαλοφρονεστέρους u. Bekk.

ult. μὴν περὶ] μὴν καὶ περὶ b. u. v. Bekk.

P. 565. 2. ἀποστεροῦντας] ἀποστέροντας u. Bekk. 3. καὶ παρακρ.] καὶ τοὺς παρακρ. u. Bekk. 4. δικαίους ἀλλὰ πλ.] δικαίως καλεῖσθαι πλ. u. Bekk. 9. πάντας] ἅπαντας u. Bekk. 10. μὴν λοιδ.] μὴν ἀλλὰ λοιδ. u. et pr. v. Bekk. 12. δὲ τὴν φύσιν εἶναι] δὲ τοιοῦτον εἶναι τὴν φύσιν u. Bekk. 13. τυγχάνειν] τυχεῖν u. Bekk. 15. ὃ καὶ — πλέον] ᾧ καὶ — τὸ πλέον u. Bekk. pen. μελήσει] μελήσειν u. Bekk. Ibid. συνήγαγες] συνῆγες u. Bekk. ult. ὅτε δὲ προελ. οὐ συνθ. u.

P. 566. 3. δόξαντα — φαινόμενον] δόξοντα — φανούμενον u. Bekk. 11. παιδείας u. 12. ἐξετάσαντά] ἐάσαντά u. Bekk. 16. ἐνδοξότερον] ἀδοξότερον u. et pr. v. Bekk. 17. γενόμενον] γιγνόμενον u. Bekk. λεγόμενον b. v. Med. Ald. 18. γνωριμώτατον] γνωριμώτερον u. Bekk. 20. ἐργαζόμενον] ἐνεργαζόμενον b. u. v. Bekk. Ibid. ἐμὲ μὴ] ἐμὲ pr. v. με u. Bekk. 21. αὐτῶν τοὺς] ἂν αὐτῷ διὰ τοὺς u. Bekk. antep. φρονοῦντες ἐνίοτε] φρονεῖν δοκοῦντες ἐνίοτε u. Bekk.

P. 567. 4. μὲν εὐδοκιμήσειν — διαλεχθῇς] εὐδοκιμήσειν — διαλάθῃς u. Bekk. 8. αὐτὸς] αὐτὸν u. Wolf. Bekk. Ibid. τάχιστ' ἂν] ἂν om. u. Bekk. 9. τοῖς ἄλλοις] τοῖς τε ἄλλοις u. Bekk. 12. ἐπιδείξειεν] ἐπέδειξεν u. Bekk. 15. περὶ αὐτῶν. νῦν δ' οἶμαι] καθ' αὐτῶν. νῦν δ' οἴομαι u. Bekk. 16. ἐμμένειν] ἐμμενεῖν Bekk. 18. γεγραμμένοις] γραφομένοις u. Bekk. 21. σῶν θαυμ.] σῶν καὶ θαυμ. u. v. Bekk. ult. πόλεως αὐτῶν] πόλεως τῆς ἑαυτῶν u. Bekk.

P. 568. 4. τῇ βίβλῳ — ὑποβάλλειν] τῷ βιβλίῳ — ὑποβαλεῖν u. Bekk. 8. ἁπάσας αὐτὰς καθ' αὑτὰς] πάσας αὐτὰς καὶ u. Bekk. 9. καὶ τοὺς πολλ.] καὶ τοῦ τοὺς πολλ. Wolf. καὶ τοῦ πολλ. u. Bekk. 10. διεξελθεῖν] διελθεῖν u. Bekk. 11. ἀλλ' ὅπως] ἀλλὰ πῶς u. Bekk. 14. ἐγκεκωμίακε Med. Ald. 19. ἐστράτευον] ἐστράτευσαν u. Bekk. 23. αὐτοί τε — ἐκ. κατασχ.] αὐτοὶ δε — ἐκ. τότε κατασχ. u. Bekk.

P. 569. 3. τῶν συστρ.] τῶν om. u. Bekk. 5. Ἐπεὶ] Ἐπειδὴ u. Bekk. 7. κατῴκισαν Med. Ald. 12. διανοηθέντες — ἐπιχειρήσαντες οὐκ ἀπεῖπον] διανοηθέντας — ἐπιχειρήσαντας οὐκ ἀπειπεῖν u. Bekk. 14. γενόμενοι] γιγνομένους u. Bekk. 20. μόνος b. 23. μυριάδων b. Ibid. ἠκολουθήσαμεν οὐδ' ἐποιήσαμεν — διετελέσαμεν b. p 9. 10. v. 25. τῷ secundum om. Wolf. 26. ἁπάντων] πάντων u. Bekk. antep. τῶν ἀνθρώπων] τῶν om. u. v. Bekk.

P. 570. 3. τοσοῦτον Steph. Ibid. πλῆθ. πόλ.] πλῆθ. τῶν πόλ. u. Bekk. 5. ἐστὶν om. cod. et Med. Ald. 6. περιέπεσε] περιπέπτωκε u. Bekk. 8. ἐπιδείξ. οὔτε σφαγὰς (et sic A. L.)] ἐπιδείξ. οὔτε σφαγὰς οὔτε φυγὰς b. v. (et sic C.) ἐπιδείξ. οὔτε στάσιν οὔτε σφαγὰς οὔτε φυγὰς u. Bekk. 18. τε καὶ] τε om. u. Bekk. 21. ζηλῶ σου] ζηλῶ σε u. Bekk. ζηλώσας Med. Hag. 22. τὴν εὐδαιμονίαν] τῆς εὐδαιμονίας u. Bekk. 23. δὲ ἧς] μὲν ἧς u. Bekk. 24. παραπλήσιον] παρὰ πλείοσι u. Bekk. 25. τελευτήσαντα] τελευτήσας u. Bekk. 27. παρὰ τοῖς] ἐπὶ τοῖς Med. Ald. τοῖς b. u. v. Bekk. antep. ἐπῄνεσας] ἐπῄνεκας u. Bekk. Ibid. γὰρ ἀμφ.] γὰρ τὰς πόλεις ἀμφ. b. u. v. Bekk. ult. δόξαν τῶν] δόξαν τὴν τῶν u. Bekk.

P. 571. 7. τῷ καιρῷ τῷ πρὸς τοὺς ἄλλους] τῷ παρόντι πρὸς τὸ λέγειν u. Bekk. 8. ἔχων καὶ] ἔχων ἔτι καὶ u. Bekk. 9. τῶν πόλεων] τοῖν πολέοιν u. Bekk. 11. συμβουλεύσω — καίειν] συμβουλεύω — κατακάειν u. Bekk. 15. γενομένας] γεγενημένας u. Bekk. 19. σε μᾶλλον] μὲν τὰ σὰ μᾶλλον u. Bekk. 22. εἶναι συμβαίνει τοὺς καθεύδοντας] εἰσὶν οἱ καθεύδοντες u. Bekk. συμβαίνει om. Med. Ald. 24. γεγενῆσθαι] γενήσεσθαι u. Bekk. 25. εἰδότας v. Med. Bas. pen. πᾶσι τοῖς] ἐπὶ τοῖς u. Bekk.

P. 572. 3. συνεβ. ποιεῖν] συνεβ. μοι ποιεῖν u. Bekk. 4. ἐπῄνουν] ἐπῄνεσα u. Bekk. 13. ἅπερ] ὅσαπερ u. Bekk. 17. διετέλουν] διατελῶ u. Bekk. 18. καὶ τοὺς ε. κ. τ. παρὰ τῶν εἰδότων] τοὺς ε. κ. τ. παρὰ τούτων u. Bekk. 20. μᾶλλον θαυμ.] μᾶλλόν με θαυμ. u. Bekk. 23. τὸ secundum om. b. Med. Ald.

P. 573. 5. ὡς ἴσως ἂν εἰπεῖν τινὲς ἐτόλμ.] ἐφ' οἷς εἰπεῖν ἐτόλμ. u. Bekk. 6. μακρὸν λόγον γ. περὶ τὴν τ. λ. πραγματείαν] μακρολογεῖν;) γ. πρὸς τῇ τ. λ. πραγματείᾳ u. Bekk. 14. γινόμενα] γενόμενα Wolf. γεγένημένα u. Bekk. 16. τούς τε διδ.] τοὺς διδ. u. Bekk.

P. 574. 1. διῳκόντων διανοίας] διοικούντων τὰς ἑαυτῶν διανοίας u. Bekk. 2. ὅπως ἂν τις] ὅστις ἂν u. Bekk.

ΚΑΤΑ ΤΩΝ ΣΟΦΙΣΤΩΝ.

P. 576. 9. ὅτι τὰ] ὅτι τὸ τὰ u. Wolf. Bekk. 12. δόξαν ἐπὶ σοφίᾳ σχὼν] ἐπὶ σοφίᾳ δόξαν εἰληφὼς u. Bekk. 13. περὶ αὐτ.] ὑπὲρ αὐτ. u. Bekk. 14. ἕν τι] ἓν u. Bekk. 17. πλησιάσωσιν] πλησιάζωσιν u. Bekk. 20. διδασκ. καὶ κυρ. σφᾶς αὐτοὺς] αὑτοὺς διδασκ. καὶ κυρ. u. Bekk. 21. τέτταρας ἢ πέντε] τρεῖς ἢ τέτταρας u. Bekk. 23. ἠμφισβήτησαν] ἠμφεσβήτησαν u. Bekk. 24. καὶ εὐδ.] καὶ τὴν εὐδ. b. u. v. Bekk. 25. πωλοῦντες] τιμῶντες u. Bekk. 26. γενέσθαι] γίγνεσθαι u. v. Bekk. ult. ποιήσειν τοὺς αὐτοῖς συνόντας] τοὺς συνόντας ποιήσειν u. Bekk.

P. 577. 1. παρ' ὧν δεῖ λαμβάνειν] παρὰ μὲν ὧν δεῖ λαβεῖν u. Bekk. 4. μεσεγγυῶνται] μεσεγγυοῦνται u. Bekk. 10. ἐργαζομένους] ἐνεργαζομένους u. Bekk. Ibid. μὴ οὐ] οὐ add. in marg. u. om. Bekk. 11. μᾶλλον] μάλιστα u. Bekk. 18. λογιδίων] λόγων u. Bekk. 21. ὁμονοοῦντας] ὁμολογοῦντας b. p 9. Med. 25. τὰς διατριβὰς τὰς τοιαύτας] τὰς τοιαύτας διατριβὰς u. Bekk.

P. 578. 1. σμικρότητι] μικρότητι u. Bekk. 10. φύσει τοῦ] φύσει τῇ τοῦ u. Bekk. 15. πλέονος u. Bekk. 19. πολλῶν ἂν] πολλῶν μὲν ἂν u. Bekk. 21. οὔτ' ἂν] οὐκ ἂν u. Bekk. antep. ταύτην τὴν] τὴν αὐτὴν u. Bekk. pen. τῶν μαθητῶν] τοὺς τῶν μαθητῶν corr. v. μαθητῶν u. Bekk. τῶν καθηγητῶν in marg. habet p 9.

P. 579. 7. ὃς ἂν] ὅς τις ἂν u. Bekk. 10. πρέποντος ἱκανῶς] πρεπόντως καὶ καινῶς ἔχειν u. Bekk. 14. οὗτοι b. v. Med. Ald. αὐτοὶ οὗτοι Wolf. 16. κατηγορῆσαι] κατηγορεῖν i. t. u. Bekk. pen. ζῆν] ζητεῖν t. u. Bekk. Ibid. καὶ νῦν] καὶ om. u. Bekk. ult. λαμβ. ἐδίδ.] λαμβ. αὐτοὺς ἐδίδ. i. t. u. Bekk.

P. 580. 3. προαγάγοιτο κ. π. π. φρονιμώτερον] προαγάγοι . π. π. φρονιμωτέρως t. u. Bekk. 5. ἐνταῦθα] εἰς τοῦτο i. t. u. Bekk. 8. λαβ. ἐπιστήμην] λαβ. τὴν ἐπιστήμην u. Bekk. 10. εἰδόσι περὶ] εἰδόσι τι περὶ b. u. v. Bekk. 11. προδιελέσθαι] προελέσθαι i. t. u. Bekk. Ibid. μίξασθαι] μίξαι corr. cod. Vatic. 936. Bekk. 12. τάξασθαι i. t. u. Ibid. καὶ τῶν] καὶ om. i. t. u. Bekk. 13. πρεπωδεστέροις t. 15. δεῖται] δεῖσθαι i. t. u. Bekk. 16. ἐστί. καὶ δεῖ] εἶναι διελθεῖν, καὶ δεῖ i. t. εἶναι, καὶ δεῖν u. Bekk. 17. εἴδη τῶν] εἴδη τὰ τῶν i. t. u. Bekk. 19. ὡς οἷόν] ὡς om. b. i. t. u. v. Bekk. antep. μιμεῖσθαι] μιμήσασθαι i. t. u. Bekk. Ibid. δυνηθέντας] δυναμένους u. Bekk. ult. πάντων] ἁπάντων i. t. u. Bekk. Ibid. τὸ τέλειον] τελέως i. τελείως u. Bekk. τελείωσιν t.

P. 581. 1. ἐλλείπῃ] ἐλλειφθῇ i. t. u. Bekk. 2. χείρους εἶναι] χεῖρον διακεῖσθαι i. t. u. Bekk. 6. οἶδ'] εὖ οἶδ' u. Bekk. 18. κακὸς] κακοῖς u. Bekk. 19. ὑπὲρ αὐτῶν] περὶ αὐτῶν u. Bekk.

P. 582. 1. ὠφελήσειαν] ὠφελήσειεν u. Bekk. 4. ἢ] καὶ u. Bekk. 5. καὶ συμπαρασκευάσασθαι] συμπαρακελεύσασθαι u. Bekk. antep. διαβάλλειν] διαλύειν u. Bekk. Subscribit u. κατὰ τῶν σοφιστῶν. ἑλικώνιος ἅμα ὑπατίῳ.

ΠΛΑΤΑΙΚΟΣ.

P. 584. 2. γενομένους] γεγενημένους u. Bekk. 4. πολλὴν ἡγούμεθα] πολλὴν om. u. Bekk. antep. εὕρητε p 8. 9.

P. 585. 1. περὶ τοιούτων] περὶ om. u. Bekk. 2. πάντες] ἅπαντες u. Bekk. 4. οὖν Θηβ.] οὖν μὴ Θηβ. p 10. 13. u. et corr. v. Bekk. 8. ῥητ. τοὺς ἱκανωτάτους] ῥητ. πρὸς τοὺς δυνατωτάτους u. Bekk. 14. γένηται b. Med. 15. Θηβαίων b. 22. ὑμῶν, ἄνδρες] ὑμῶν, ὦ ἄνδρες b. u. v. Bekk. 24. εἰ Θηβαίοις μὲν τοῖς] εἰ τοῖς μὲν u. Bekk. 26. γένοισθε u.

P. 586. 1. ἔνιοι τε] ἐνίοτε u. Wolf. Bekk. Ibid. μὲν γὰρ τολμῶσι] γὰρ ἐπιχειροῦσιν u. Bekk. 2. ἐθέλομεν] ἠθέλομεν u. Bekk. 10. ὁμολογοῦσιν ἃ b. ὁμολογοῦμεν ἃ v. 17. ἀφορῶντες καὶ πῶς πώποτε] ἀναφέροντες καὶ πῶς ποτὲ u. Bekk.

P. 587. 2. μείζω] μεῖζον u. Bekk. Ibid. καὶ συνθ.] καὶ τῶν συνθ. u. Bekk. 5. προεκρίθησαν] προὐκρίθησαν u. Bekk. 6. τοῖς αὐτοῖς b. p 8. 9. Med. Ald. 7. ποιεῖσθαι — πόλιν] ποιήσασθαι — πατρίδα u. Bekk. 14. οὐκ ἂν ἔλαττον] ἂν θᾶττον u. Bekk. 15. τούτοις — γενομένων] τούτους — γεγενημένων u. Bekk. 18. οὐδὲ τοῦτο ἀγν.] οὐκ ἀγν. u. Bekk. 21. ἡμῶν b. Med. Ald. Ibid. ἂν] ἦν u. Bekk. 24. ἀλλ'] ἄλλ' u. v. Bekk. 25. οὐδὲ γὰρ] οὐ γὰρ u. Bekk. Ibid. τῆς πόλεως τῆς ἡμετέρας u. Bekk. pen. διαλλάξῃ καὶ ποιήσῃ] διαλλάξει καὶ ποιήσει u. Bekk. ult. εἶναι σωτηρίαν u. Bekk.

P. 588. 1. ὑπογυώτατον u. v. Med. Ald. 6. οἴεσθε] ᾤεσθε u. Bekk. 16. κακῶς ποιοῦντες om. u. Bekk. 18. καθιστᾶσιν] καθίστασαν u. Bekk. 21. καὶ πονηρίας om. u. Bekk. 26. οὐκ ἴσον b. 27. Ὀρωπίων Wolf. 31. ἐχρῆν b.

P. 589. 6. αὐτοὺς ὑμᾶς b. 13. εἶναι] γεγενῆσθαι u. Bekk. 14. ποιεῖν ὅ τι ἂν βουληθῶσιν om. u. Ibid. ἁπάντων] πάντων u. Bekk. 17. οὐδ' αὐτοῖς τοῖς] οὐδὲν τοῖς u. Bekk. 18. οὐδὲν] οὐδὲ u. Bekk. 19. πολλοὶ τῆς (et sic A. L.)] πολλοὶ δὴ τῆς u. v. Med. Ald. Bekk. 27. ταυτηνὶ] ταύτην u. Bekk. antep. μὲν om. Med. Ald. ult. διελύσασθε] διελέλυσθε u. Bekk.

P. 590. 2. Μυτιληναῖοι Bekk. 5. καὶ ἀφροσύνης om. u. Bekk. 7. δίκας — καταλειφθείσης] δίκην — καταληφθείσης u. Bekk. 14. τοὺς φεύγ. μὴ] τούς τε φεύγ. u. Bekk. τοὺς φεύγ. b. p 8. v. Wolf. 21. ἡμᾶς — δεῖν] ἡμῖν — δεῖν συγγνώμην u. Bekk. antep. πλεόνων u. Bekk. ult. εἰσβαλόντων] συνεισβαλόντων u. Bekk.

P. 591. 1. ἐξανδραποδισθῆναι] ἐξανδραποδίσασθαι u. Bekk. 3. ὑμᾶς τοὺς] ὑμᾶς om. u. Bekk. 8. ὑπάρξουσαν b. v. Med. Ald. Wolf. 17. οὐδὲ γὰρ — ἄλλων τινῶν ἢ τούτων] καὶ γὰρ — τούτων u. Bekk. 20. ὑμετέρας om. u. Bekk. 24. πασῶν ἀποστερεῖσθαι] ἁπασῶν ἐστερῆσθαι u. Bekk.

P. 592. 3. πλείονα] πλείω u. Bekk. πλέον v. Med. Ald. 5. τῇ σφῶν αὐτῶν] τῇ τούτων u. Bekk. 8. ὑμῶν b. Ibid. ὥσπερ] ἅπερ u. Bekk. 11. εἰς ὑμᾶς] ὡς ὑμᾶς u. Bekk. 13. λέγοντες om. u. Bekk. 14. μετὰ Λακεδαιμονίων] μετὰ τῶν πολεμίων u. Bekk. 28. ὅτι καὶ Λακ.] καὶ om. u. Bekk. pen. προσαγαγόμενοι] προσαγόμενοι u. Bekk.

P. 593. 1. πραττούσης ἀσθενῶς] κακῶς πραττούσης u. Bekk. 3. Ξέρξῃ γὰρ αὐτῷ πραγμάτων γεγενημένων] ἔξω γὰρ αὐτοῦ πραγμάτων γεγενημένου b. p 8. 9. u. v. Bekk. 10. ἐθελήσῃ τις] ἐθέλητε u. Bekk. 16. ἑαυτῶν] αὐτῶν u. Med. Ald. Bekk. 18. ἐκδώσετε] ἐνδώσετε u. Bekk. 19. οὐχὶ καὶ τάν.] οὐ τάν. u. Bekk. pen. πάντων ἀλογώτατον] πάντων δεινότατον u. Bekk.

P. 594. 5. ἁπάντων] πάντων u. Bekk. 8. τῶν om. b. Ibid. ἀναγκαιοτάτων] ἀναγκαίων u. Bekk. 9. καθεστήκαμεν] καθέσταμεν b. u. v. Bekk. Ibid. ποῖ] ὅποι u. Bekk. 10. ἐκπεσόντες - - - περίιμεν, πάσας] καὶ πάσας u. Bekk. 14. εὐπραγοῦντας] εὖ πράττοντας u. Bekk. 21. τοὺς γονέας ἡμῶν αὐτῶν] καὶ τοὺς γονέας αὐτῶν u. Bekk. 27. ἐστὶν ἀλγεινότατον] ἄλγιστον u. Bekk. pen. καὶ τέκνα] καὶ θυγατέρας u. Bekk.

P. 595. 1. τὰς ἀπορίας] τὴν ἀπορίαν u. Bekk. 2. ἰδ. ἐλπ.] ἰδ. τὰς ἐλπ. u. Bekk. 5. κακῶν φέρομεν] κακῶν u. Bekk. 6. παραλείπωμεν b. 14. ἁπάντων] πάντων u. Bekk. 25. τοὺς χρόνους] τοὺς καιροὺς u. Bekk. 26. ἀείμνηστον εἰς ἅ. τ. χρόνον om. b.

P. 596. 1. στρατεύοντες] στρατεύσαντες u. Bekk. 10. ὑπερβέβηκεν] ὑπερβέβληκεν u. Bekk. 16. ἀντιβολοῦντας καὶ δεομένους v. Med. Ald. Ibid. βοηθεῖν] βοηθῆσαι u. Bekk. 18. μόνοις] μόνοι u. Bekk. 19. γεγενημένοις] γενομένοις u. Bekk. 28. ἀνασχέσθαι] ἀνέχεσθαι u. Bekk. pen. καταλέλειπται] καταλείπεται u. Bekk. Ibid. ἄλλα om. u.

P. 597. 5. καὶ τῶν θεῶν om. Hag. Wolf. 11. ἐνθυμουμένους ὅπως] οἱ πῶς u. Bekk. 13. ὑμῶν] ὑμῶν ὄντων b. u. v. Bekk. ὑπαρχόντων ὑμῶν Wolf. 14. ἄλλων Ἑλλήνων καθ.] Ἑλλήνων om. u. Bekk. 17. κινδυνευσάντων — ποιησόντων — διαπραξαμένους] συγκινδυνευσάντων — ἐποισόντων — παραταξαμένους u. Bekk. 20. ὅτι καὶ Λακ.] καὶ om. u. Bekk. 21. ὑμᾶς] ἡμᾶς u. Bekk. 22. ταύτην τὴν βλασφημίαν] ταύτας τὰς βλασφημίας u. Bekk. 25. ὄντων u. 27. βραχεῖ λόγῳ om. u. Bekk. 28. ὑμᾶς om. u. ult. τι περὶ ἡμῶν δίκαιον u.

ΠΕΡΙ ΑΝΤΙΔΟΣΕΩΣ.

P. 598. Tit. ΠΕΡΙ ΤΗΣ ΑΝΤΙΔΟΣΕΩΣ] ΤΗΣ om. u. Bekk. ult. τοῖς πρὸς] τοῖς ἢ πρὸς i. t. u. Bekk. Ibid. γεγραμμένοις] γιγνομένας i. t. u. Bekk.

P. 599. 1. ἂν ἔδει] ἂν οἶμαι u. Bekk. ult. προσειπεῖν t. et pr. u.

P. 602. 3. Ζεύξιδα] Ζεῦξιν i. t. u. Bekk.

P. 603. 1. καὶ om. Steph. Wolf. 5. ἀγῶνος καὶ] ἀγῶνος συγγενῶν καὶ p 8. 9. t. v. Med. Ald. ἀγῶνος ἔγνων καὶ i. u. Bekk. Ibid. ἔγνων οὐχ] ἔγνων om. i. u. Med. Bekk. 13. ἀντιλέγοντος] λέγοντος i. u. Bekk. Ibid. δὲ τῶν λ. τ. ἐ. τὴν δύν.] δὲ τὴν τῶν λ. τ. ἐ. δύν. i. u. Bekk. 21. μου i. u. Bekk. Ibid. μὲν πῶς] μὲν om. i. t. u. Bekk. antep. καὶ μήτε] καὶ μὴ i. t. u. v. Bekk.

P. 604. 1. διαπραξόμενος] διαπραξάμενος i. p 8. 9. t. v. Bekk. 3. ἐμὲ γνωσθ.] ἐμὲ μάλιστα γνωσθ. i. u. Bekk. 4. κάλλιον τῶν] κάλλιον ἢ διὰ τῶν f. καὶ τὸν αὐτὸν τοῦτον μνημεῖόν μου καταλειφθήσεσθαι πολὺ κάλλιον τῶν i. t. u. Bekk. 6. ἐγχειροίην] ἐπιχειροίην u. Bekk. 10. τῶν γεγραμμένων p 8. 9. v. 11. τὰ πράγμ.] τὰ om. i. t. u. Bekk. Ibid. καὶ ἐκεῖνον] κἀκεῖνον i. u. Bekk. 14. ἐγγενέσθαι] ἐκγενέσθαι i. t. u. Bekk. 18. φανῆται i. t. u. 19. ὑπ' ἐμοῦ] παρ' ἐμοῦ i. u. Bekk. ult. συναρμ. καὶ τὰς] συαρμ. καὶ συναγαγεῖν καὶ τὰς i. u. Bekk.

P. 605. 6. καὶ τοὺς] καὶ om. u. Bekk. 11. λυπήσῃ] λυπήσει i. t. u. Bekk. 12. ἢν γὰρ] ἐὰν γὰρ i. u. Bekk. 21. δ' ἡγοῦμαι] δ' om. i. u. Bekk. 27. ἐν ταῖν] ἐν τοῖν i. u. Bekk. ult. παρέχειν] ποιεῖν i. t. u. Bekk.

P. 606. 7. φαίνωμαι] φανῶ i. u. Bekk. 10. ἡγήσησθέ] ἡγεῖσθε i. u. ἡγῆσθέ Bekk. 11. πώποτε] πω i. t. u. Bekk. 14. ψηφίσασθαι] ἐψηφίσθαι i. u. Bekk. 15. ἐντυγχάνει κατηγορικῶς] εὖ τυγχάνει κατηγορικῶς i. t. u. Bekk. Ibid. ἢ κακοήθως Steph. Wolf. 24. ἠδικηκότας] ἡμαρτηκότας i. t. u. Bekk. 26. ἀφανίζει] ἀφανίζειν i. t. u. Bekk. pen. ἐπιτιμήσητε] ἐπιτιμήσετε v. Med. ἐπιτιμήσαιτε corr. u. Wolf. Bekk. ult. φανοῖσθε] φαίνοισθε t. v. Med. Ald. φανήσεσθε i. u. Bekk.

P. 607. 13. μέρος τῶν] μέρος τι τῶν i. u. Bekk. 16. ἀκροᾶσθαι] ἀκροάσεσθαι i. t. u. Bekk. ult. ἀξιοῖ κατηγορεῖν] κατηγορῇ i. t. u. Bekk.

P. 608. 3. τυχεῖν] τυγχάνειν i. t. u. Bekk. 6. αὐτοῦ] ἐμαυτοῦ i. t. Bekk. 12. ἄγουσιν] εἰσάγουσιν i. u. Bekk. 15. τοῦτον] τουτονὶ i. u. Bekk. 17. χρημ. καὶ] χρημ. ποιήσειν, καὶ i. t. u. Bekk. 25. μηδ' — μηδ'] μήτ' — μήτ' i. t. u. v. Bekk.

P. 609. 1. ἀνεγκλήτως] ἀνεγκλητεὶ t. u. Bekk. ἀνεγκλητὰ i. 4. γ' ἀθυμῶ] γ' om. i. u. Bekk. 5. ἐθελήσετε Wolf. 6. περὶ τῶν] περὶ om. i. t. u. Bekk. 7. ῥίπτοντας ἐπὶ τὸ πείθεσθαι τοῖς ἀνεπιτήδειόν τι λέγουσι περὶ ἡμῶν, ταχέως μεταπεισθ.] πεπεισμένους ὑπὸ τῶν βουλομένων βλασφημεῖν ταχέως μεταπεισθ. περὶ αὐτῶν i. u. Bekk. 9. ἐπὶ ταύτην ἥξειν t. v. Med. Ald. 18. κυλινδουμένων] καλινδουμένων i. p 8. 9. t. u. v. Med. Ald. Bekk. 20. μοι γενέσθαι] μου γεγενῆσθαι i. u. Bekk.

P. 610. 2. χαλεπώτεροι] χαλεπώτατοι i. u. Bekk. 5. ὑμῖν om. u. Bekk. 6. οὓς] οἷς i. u. Bekk. 9. μήτε — γεγενημέναις] μηδὲ — ἐγγεγενημέναις i. u. Bekk. 17. ἡγοῦμαί μοι] μοι om. i. u. Bekk. 19. παρόντος καιροῦ] καιροῦ τοῦ παρόντος. i. u. Bekk. 20. καταψευδομαρτυρήσων] καταμαρτυρήσων u. Bekk. 21. ὁ ἀκηκ.] ὁ μηδ' ἀκηκ. i. t. u. Bekk. 22. τηλικοῦτον] τηλικουτονὶ i. u. Bekk. 23. δήπου τοῦτό] δὴ τοῦτό γ' i. t. u. Bekk.

P. 611. 3. ἂν μᾶλλον δικ.] μᾶλλον om. u. Bekk. 5. περὶ] ἢ περὶ i. u. Bekk. 7. πάντες] ἅπαντες i. u. Bekk. 9. ἔχω] ἔχων i. u. Bekk. 13. ἐνδιαβαλλόντων] διαβαλλόντων i. t. u. Bekk. 14. τρόπον u. Med. Ald. 17. ἴδοι τις] ἴδοιτ' i. t. u. Bekk. 19. κρίσεις] ἀνακρίσεις i. u. Bekk. 23. που ἐπιπλεύσειαν] ποι πλεύσειαν i. t. u. Bekk. 24. ἐνδ. ὄντας] ἐνδ. ἂν ὄντας i. u. Bekk. 25. οὗτος] οὕτως i. t. u. Bekk. 26. τούτοις] τοῖς i. u. Bekk. 27. αὐτοῖς Med. Ald. pen. τοῦ τῶν Σ.] τῶν om. u. Bekk. ult. καὶ τοῦτο τίνι] καίτοι τίνι i. u. Bekk.

P. 612. 3. αὐτὸς εἴρηκεν, οὕτω] αὐτὸς οὗτος εἴρηκεν i. t. u. Bekk. 4. πραγμάτων] πραγματειῶν u. Bekk. 5. κἀκεῖνό γε π. φ. ὅτι] κἀκεῖνο π. φ. ἐστιν ὅτι i. u. Bekk. 11. τοὺς οὕτω] τοὺς τοσοῦτον u. Bekk. τοσοῦτον i. t. 12. καὶ διαφέροντας om. i. t. u. Bekk. 15. ἐμοῦ κ. τ. π. τὰ δικαστήρια διατριβόντων] τ' ἐμοῦ κ. τ. π. τὰς δίκας i. t. u. Bekk. 17. μοι Wolf. Ibid. γεγενημένας] γιγνομένας u. Bekk. 24. στοχάσασθαι v. Med. Ald. 25. παῤῥησιάσασθαί γε πρὸς ὑμᾶς οἶμαι δεῖν] παῤῥησιάσομαί γε πρὸς ὑμᾶς i. u. Bekk. antep. δεξ. ἅπαντας] δέξ. ἂν ἅπαντας i. t. u. Bekk. ult. αὐτοῖς] ὑμῖν αὐτοὺς i. u. Bekk.

P. 613. 5. γένη τῶν] γένη τὰ τῶν i. t. u. Bekk. Ibid. ἐκζητοῦντες i. 10. πάσας τὰς] πάσας τις τὰς i. t. u. Bekk. 11. τῶν] τὰς τῶν u. Bekk. Ibid. ἐπιχειροίην] ἐπιχειρήσειεν i. t. u. Bekk. 16. φήσειαν] φήσαιεν i. u. Bekk. 18. ποιηκωτέρας καὶ ποικιλωτέρας i. 20. καὶ ταῖς] καὶ om. i. u. Bekk. 23. γενέσθαι] γίγνεσθαι i. t. u. Bekk. ult. εὐλογούντων] εὖ λεγόντων i. t. u. Wolf. Bekk. Ibid. τοῖς] τοὺς i. t. τοῖς Bekk.

P. 614. 1. φιλοπραγμοσύνην] πολυπραγμοσύνην i. u. Bekk. Ibid. ἐμπείροις] ἐμπείρους i. t. u. ἐμπείροις Bekk. Ibid. γεγενημένοις] γεγενημένους i. t. γεγενημένοις Bekk. 2. ἀρτίως] ἄρτι i. t. u. Bekk. 4. μόνον] μόνην i. u. Bekk. 5. ᾗ ἂν] ᾗ περ ἂν i. t. u. Bekk. 10. τοσοῦτο Med. Ald. 12. ἂν λέγειν] ἂν ἑλεῖν i. u. Bekk. 15. ἀπολελειμμένος] ἀπεληλαμένος u. Bekk. 23. ὑμῶν] ὑμῖν i. u. Bekk. Ibid. οἷς] οἵοις i. u. Bekk. 24. ἀλλ' οὐχ οὕτω γ' ἂν] οὐχ οὕτω δ' ἂν i. t. Bekk. οὕτω δ' ἂν u. 25. ἔμελλον] ἤμελλον i. t. u. Bekk. Ibid. καὶ om. t. antep. ἀληθῆ i. t. Med. Ald. pen. ἐξημαρτηκὼς t. ult. ἂν om. u.

P. 615. 1. ἔτυχε] ἐτύχετε i. Bekk. 5. δόξαντες] δοξάσαντες i. u. Bekk. 9. τοὐμὸν] τό τ' ἐμὸν i. t. u. Bekk. 14. διατεθρυλλημένος] διατεθρυλημένος u. Bekk. 21. τοὺς λόγους διαλῦσαι] τούτους ἀπολύσασθαι i. u. Bekk. 23. τοὺς δὲ λόγους ἤδη] τοῖς δὲ ἄλλοις ἤδη u. Bekk. 24. μικρόν τι] μικρὸν ἔτι i. u. Bekk. 25. ἐπακολουθῆτε] ἐπακολουθῶσι i. t. u. Bekk. 26. ἐπιδειχθήσεσθαι] δειχθήσεσθαι i. u. Bekk. 29. κατὰ βαρβ.] τῶν βαρβ. t. u. v. Bekk. βαρβ. Med. Ald.

P. 616. 7. δέ μοι] δέ με t. u. v. Bekk. 8. προαγορεύειν t. Med. Ald. προσαγορεύειν v. 9. λεκτέον] λεκτέων i. t. u. Wolf. Bekk. 13. ἡγοῦμαι κ. τ. λ.] codd. præter u. loca integra citant. 22. καὶ τὴν] καὶ om. i. t. u. antep. νυνὶ] νῦν t. u. Bekk. pen. ἀλλὰ καὶ κατ.] καὶ om. i. t. u. Bekk.

P. 617. 3. μεμελετηκότες Med. 4. τοῦτο γὰρ οὐ] τὸ γὰρ εὖ u. Bekk. 8. περὶ ὧν] ὑπὲρ ὧν i. u. Bekk. 22. ὀδυνώμενος p 8. 9. v. Med. Ald.

P. 618. 16. ῥηθήσεσθαι] δειχθήσεσθαι u. Bekk. 20. τοῖς προειρημένοις] τῷ προειρημένῳ u. Bekk. Ibid. συγκεκλιμένον] συγκεκλεισμένον i. t. συγκεκλειμένον u. Bekk. 21. διαλύσας] ἀπολύσας i. u. Bekk. Ibid. χωρίσας] χωρὶς i. t. u. Bekk. 25. ἂν ὠφελήσειν] ἂν om. i. u. Bekk. 28. λόγων om. u. Bekk. 29. εἶθ. τοῖς] εἶθ. καὶ τοῖς i. u. Bekk. 32. οὔτε τὴν] οὐδὲ τὴν i. t. u. Bekk. 33. καὶ τοῖς] καὶ om. t. u. Bekk. τοῖς om. Med. Ald. antep. αὐτὴν] αὐτοῖς u. Bekk.

P. 619. 4. δέον πλέον v. Med. Ald. 5. πεπαίδευνται] παιδεύονται i. u. Bekk. 8. ἀμελῶς om. u. Bekk. 11. τοὺς χείρ. τῶν κρειττόνων] τοὺς μὲν χείρ. τῶν βελτιόνων i. t. u. Bekk. 13. ἄγνοιαν] ἄνοιαν u. Bekk. 27. ἐν τῷ t. pen. τοῖς εἴδεσι t.

P. 620. 3. τὴν μεγίστην ὑμῖν i. ὑμῖν τὴν μεγίστην t. et in marg. u. 4. ὑπέλαβόν με i. t. et corr. u. 12. ποῖός τις i. t. 13. ἐγκωμιάζεσθαι i. t. 25. δὲ om. i. t. 29. ἡμᾶς μόνον i. t. 32. διοικῆτε i. t.

P. 621. 15. τοὺς τὰ παρὰ i. t. 16. πειρασθῆναι i. 21. ἀμφοτέρους i. t. 22. τοὺς—δυναμένους i. t. 25. φανείημεν i. t.

P. 622. 2. πῶς οὐκ εἰκὸς i. t. 25. τούτων i. t. pen. οὗτος t.

P. 623. 5. ἐπικεχείρηκεν i. t. 13. Ὀνήτωρ] ὁ ῥήτωρ i. t. Ibid. Φιλόμηδος i. 24. ἐγενόμην αὐτὸς, ὡς i. t.

P. 624. 9. οὐδ' ὅσον i. 11. ἔχω - - - βλασφημίας om. u. includit Bekk. 21. ὑπέχειν i. t. 24. οὐχ secundum om. i. u. 25. φανερῆς t. 26. ἐκείνης i. t.

P. 625. 4. μὲν om. i. t. 5. ὁμιλίαν i. t. et corr. u. 7. ὠφελούμην pr. u. 13. ἐπεστάτησαν i. t. et in marg. u. 18. ἄλλων ἐπιτηδείων i. t. et in marg. u. Ibid. χρῆσθαι i. t. antep. οὐδεὶς ἂν αὐτῶν i. t.

P. 626. 11. ἁπλούστατον i. t. et γρ. u. 15. λειφθεισῶν i. t. 17. et 26. Κέρκυραν i. t. 18. ἐπικαιρ. τόπῳ καὶ i. t. 19. τῶν primum om. i. t.

P. 627. 2. μαλείας i. μαλαίας t. 4. λεύκτρας i. t. 10. ἐκλέξας φόρους i. t. et in marg. u. 10. ἕνδεκα i. t. Bekk. 19. τὸ om. i. t. Ibid. ἀνάλωσε i. t. 24. ἀνάλωσαν i. t. ult. ἡγοῦμαι] αἰτοῦμαι i. t. Ibid. ἀδεῶς u.

P. 628. 10. ἔχην i. εἶχειν t. ἔχειν u. 14. ὧν ἔνιοι - - - γεγόνασιν om. u. includit Bekk. 28. βεβουλεῦσθαι t. ult. χρῆσθαι t.

P. 629. 15. τούς τ' ἀπ. i. t. 21. θαρρήσουσι i. t. 24. γενομένην ἂν i.

P. 630. 5. κτημάτων t. et corr. u. 6. εὐδοκιμήση i. 8. δορυαλώτους i. t. 11. ὡς] ὅς i. t. 13. περιγιγνομένην t. 16. κατέλιπε i. t. 23. μόνον i. t. 24. ἄριστον ἄριστον pr. u. ἀγαθὸν καὶ ἄριστον i. t. et corr. u. 30. οὖν] δ' i. t. et corr. u. antep. μὲν om. i. t.

P. 631. 7. ἃ περὶ i. u. 16. συμπιπτόντων i. t. 28. τὴν secundum om. i. t. antep. διάκεινται i. t.

P. 632. 10. τὸ δὲ] καὶ τὸ u. 26. ἐντίμους pr. u. Ibid. πόσους - - - εἶναι om. pr. u. includit Bekk. 31. ὑμνήσαντας i. t.

P. 633. 2. μεταβάλλειν pr. u. 5. ὅσοις u. 9. ἂν om. i. t. 17. μὲν om. pr. u. Ibid. ἐκ. αὐτῶν τύχῃ i. t. 18. δ' οὐ μοι i. t. et pr. u. 21. γραφὴν ταύτην, ἐσκ. i. t.

P. 634. 2. δρῶσι οὐκ ἀγνοοῦντες t. 4. ἀδικοῦσι i. t. 26. καὶ om. i. t. antep. ὠφελειῶν i. t.

P. 635. 2. καὶ secundum om. i. t. 16. τὴν om. i.

P. 636. 4. δυσχεραινοῦσι t. et γρ. i. u. 11. δὲ om. u. 23. εἰ δυνάμενος om. pr. u. 30. διὰ ταῦτα t. et pr. u. δι' αὐτὰ i. δι' αὐτὰ ταῦτα corr. u. Bekk. Ibid. λυπήσω pr. u.

P. 637. 8. δυνηθείημεν i. t. 19. καὶ πολυτελεστάτης in marg. habet u. antep. εὑρεθείημεν i. t.

P. 638. 7. δεῖ pr. u. 15. ἂν om. i. t. Ibid. ἐκ τῶν ἂν ἐκπ. i. t. 16. ἡμαρτημένων t. 24. ἡλικιώταις - - - ἐν τοῖς om. pr. u. antep. περί με u. πρός με t. ult. πιέζουσαν u.

P. 639. 8. προσήκει i. t. 11. λαμβάνοντας u. 12. περί με u. 13. με i. t. 15. ἐπιθυμήσετε i. t. 22. ἂν γένοιτο i. ἂν ὧν γένοιτο t. Ibid. καταβιῶναι t.

P. 640. 11. ἐπιγενομένων i. 12. χρήσομαι t. u. χρήσιμον i. 14. ὑπολογισάμενος i. 18. ἀδικίαις pr. u. 21. ἡ διαβαλλομένην καὶ μισουμένην i. t. 23. οὐδὲ δι. u. 25. εὑρεθείημεν i. t. εὑρέθημεν u. 30. οὐκ om. pr. u. antep. μηδ' ὁμοίως add. in marg. u.

P. 641. 1. καὶ τῶν νόμων om. pr. u. 5. δ' om. i. t. 7. τοιούτοις u. 24. τοῦτον τὸν] i. t. et corr. u. 33. πολὺ πλείω i. t. 34. ἡμῖν i. t. pen. τήν γε pr. u.

P. 642. 1. ὠφελεῖν i. u. 10. τὸν τρόπον pr. u. Ibid. ἀναλώσαμεν τὸν u. 14. ὁμολογεῖτε i. t. 18. βουλεύεσθαι τὰ περὶ i. βουλεύεσθαι περὶ t. 24. διττὰς] δὲ τὰς i. u. 23. ὁμολογουμένους i. t. et corr. u. ult. γρ. ἐπιστήμαις in marg. i.

P. 643. 1. τὰ secundum om. u. 13. ἐπιμελούμενοι i. t. 21. ἐπιστήμαις t. et γρ. u. 23. ἂν om. i. t.

P. 644. 3. προσῆκεν i. t. 7. δεῖ i. t. 8. δὲ κρατος pr. u. 16. τοῖς λεγομένοις om. pr. u. 18. μὲ τῆς ἀναισχ. i. t. 21. τοὺς om. i. t. 24. τις ἄλλος τῶν i. t. 27. αἷς προσέχ. u. 31. ἂν om. i. Ibid. τοῖς ἄλλοις om. t.

P. 645. 29. [διατελῶ] Bekk. om. pr. u. 30. ἡ δικαιότερος om. pr. u. ult. ποιήσομεν om. u. Bekk.

P. 646. 2. αἷς νῦν χρ. i. t. 6. ἂν om. u. 10. καὶ γίγνεσθαι χείρους a correctore u. 20. προσεχόντων i. t. 21. μόνον om. i. t. Ibid. τοῦτο i. t. 32. δυναστείας i. u. δυνάμεις t. et γρ. i. u. Ibid. τὰς om. i. t.

P. 647. 2. ἡμῶν i. t. 3. τῶν om. i. t. 20. κοινοῦ pr. u. ἱκάνου i. t. et corr. u. 33. τὴν αὐτ. ἐπιμέλειαν i. t. ult. αὐτῶν i. t. u. Ibid. ἐπὶ] ἔτι i. t.

P. 648. 10. νομίζοιεν i. t. 32. ποτέρου u. pen. τοιούτων om. pr. u.

P. 649. 4. οὐ om. i. t. 6. τὰς om. i. t. 18. πάντα om. i. t. 21. πότερον i. t. 25. θαυμασθείημεν i. t. 27. καταφρονηθείημεν καὶ μισηθείημεν i. t.

P. 650. 3. λόγοις pr. u. 6. ἀλλ' ὁμῶς - - - γνώμην ἔχουσι περὶ τῶν] ἀλλὰ γὰρ οὐ δίκαιον διὰ τοὺς ἀκρατεῖς καὶ πονηροὺς διαβάλλεσθαι καὶ τοὺς καλῶς τῇ φιλοσοφίᾳ χρωμένους· οὐδὲ γάρ, εἴ τινες τῶν πολιτῶν συκοφάνται καὶ κακοπράγμονες τυγχάνουσιν ὄντες, ὥσπερ ὁ κατήγορος, προσήκει καὶ τοὺς ἄλλους ἅπαντας δοκεῖν εἶναι τοιούτους, ἀλλὰ δεῖ χωρὶς περὶ ἑκάστου διαγιγνώσκειν· τούτου δ' ἕνεκα καὶ τοὺς λόγους ὑμῖν προανέγνων καὶ τοὺς πλησιάσαντάς μοι διῆλθον, βουλόμενος ὅσον διέσταμεν ἀλλήλων· εὑρήσετε γὰρ οὐδὲν τῶν αὐτῶν ἡμῶν (ἡμᾶς) οὔτ' ἐπιτηδεύοντας οὔτε λέγοντας οὔτ' ἀσκοῦντας οὔθ' ὑπισχνουμένους, ἀλλ' οὐδὲ τοὺς πλησιάζοντας τῶν αὐτῶν ἑκατέρων (ἑκατέροις) ἕνεκα συνόντας, ἀλλὰ τοὺς μὲν ἀλαζονείας, τοὺς δὲ παιδείας μετασχεῖν βουλομένους. πρὸς δὲ τούτοις ἴδοιτ' ἂν τοὺς μὲν δικαίως ἂν μισηθέντας ἐν ἁπάσαις ταῖς Ἑλληνίσι πόλεσιν ἐνοχλοῦντας καὶ ζητοῦντας οὓς τινας ἐξαπατήσουσιν, ἐπὶ δὲ τοὺς ἀληθεστέρους καὶ σπουδαιοτέρους ἐξ ἁπάντων τῶν τόπων πρὸς αὐτοὺς πλέοντας. περὶ ὧν ἂν ἡδέως Λυσιμάχου πυθοίμην, τίνα ποτὲ γνώμην εἶχε περὶ τῶν t. 8. ἀκρόασιν—δύναιντο] ἀκρασίαν—δύναιτο Bekk. 14. ἂν om. i. t. ἃ om. u. 22. ὡς ἡμᾶς om. pr. u. 29. ἂν om. i. t.

P. 651. 5. γενομένης i. t. 8. τῶν om. i. 20. θησαυριζομένους] ταμιεύοντας i. antep. διέταξεν ἐκείνου καὶ i. t. pen. ἄγασθαι t. et γρ. i. u. ult. ταχθεῖσαν t.

P. 652. 12. ὧν] ἣν i. t. 17. ἀνήγαγκε i. 18. τῶν secundum om. i. t. 25. πολιτῶν] σοφιστῶν t. et γρ. i. u.

P. 653. 3. ὑπὸ om. i. t. 14. γεγενημένην i. t. 16. παιδευόμενοι i. t. 20. ποιοῦμεν i. t. antep. γενομένους i. t.

P. 654. 1. ἁπάσας om. i. t. 7. δ' ἔτι i. δὲ t. 24. τεταραγμένας u.

P. 655. 1. μεταβάλλοντες i. t. 3. καταβάλῃ i. t. 4. αὐτοῖς om. u. includit Bekk. 10. ὃ] τοῦτο i. t. 13. τῶν ἐνιαυτῶν i. 21. ταῦθ' ἁπάντων i. t. 23. ἑνὸς om. u. includit Bekk. ult. ἓν ἐστὶν i. ἐστὶν t.

P. 656. 4. ἂν ὡς αἴτιον τούτων· τὸν πλοῦτον i. t. 5. τοὺς om. pr. u. 15. τὸ τοιοῦτο i. t. 16. τῶν om. i. t. 25. πάντα i. t. Ibid. ἡμῶν i. t.

P. 657. 8. ταύταις om. pr. u. 24. ἢν] ἐὰν i. t. 25. δυνηθείημεν ἂν i. t. 27. οἴομαι i. t. antep. διακεῖσθαι i. t. ult. ὅτι καὶ περὶ i. t. et corr. u.

P. 658. 4. γὰρ om. pr. u. 6. τὴν secundum om. u. 12. οὐδὲν ταῖς i. t. 16. ἔγνων i. t. 24. ζῆν om. i. 30. ἕξειν u.

P. 659. 11. διαγράψαι pr. u. 15. ὧν ὃ—ἔφησεν u. 18. μέλλισος u. 19. τερατολογίας t. et γρ. i. u.

P. 660. 4. ἀλλότριον i. t. 6. φιλ. προτείνω οὐκ i. t. 10. εἰδείημεν i. t. 20. αἰσχυνοίμην i. t. 21. μακροῦ i. t. 23. καὶ om. t. uncos om. Bekk. 27. ἐργάσαιτ' i. t. 28. εἶναί πω τοιαύτην, i. t. antep. ἀπορεῖν i. t. ult. γίγνεσθαι i. u. Bekk.

P. 661. 13. πρεπωδεστέρας i. t. 16. ταύτῃ u. 18. τινὰς om. pr. u. 19. τούτων i. t. 20. ὡς om. i. t. Ibid. τοῖς εὖ συμπολ. i. t. 26. ἐπιθυμεῖ i.

P. 662. 7. τὴν om. i. t. 8. ὑπολαμβάνῃ i. t. 10. οὐδένα i. οἵτινες t. Ibid. ἐν om. i. 11. πλείοσιν i. t. 17. τούτοις i. t. 22. οὐδ' ἓν τοῖς i. Ibid. ἐν τῇ διαλέκτῳ om. pr. u. 25. μὲν γὰρ βωμολοχουμένους i. t. 28. καὶ ταῖς] ἢ i. t. 30. πλεονεκτικοὺς i. t.

P. 663. 3. καλῶς om. i. t. 9. παιδιαῖς] λαγνείαις t. et γρ. i. u. 14. σκηνορραφείοις i. t. 18. δὲ καὶ κακὰ i. 22. λυομ. τὰς ἑταίρας εἰκ. i. λυομ. τοὺς ἑταίρους εἰκ. t. 23. συναιρήσειν i. t. 27. ἐν ταύταις i. u. Bekk.

P. 664. 2. τὴν ἡλικίαν i. t. 9. βελτ. τοὺς τοιούτους εἶναι i. t. 10. ὅσοι] ὅτι pr. u. 32. διήνεγκε om. pr. u. ult. ἄπ. τούτων διαφθ. i. t.

P. 665. 2. περιβάλητε t. antep. τῆς ὅλης Ἑλλάδος i. t.

P. 666. 23. δημοτικωτέρους i. t. et corr. u.

P. 667. 1. ποιήσεσθαι i. t. 3. ἀπολαύσωνται i. t. 4. δὲ] χωρὶς i. 8. καὶ τῆς πόλεως om. pr. u. 12. τρόπον καὶ πεπαιδ. u. 18. προσαγαγὼν codd. 19. Πειραιέως i. t. et pr. u.

P. 668. 14. ἐμβαλοῦμεν p 8. 9. 16. βραχέα διαλεχθῆναι] βραχέα om. i. t. u. Bekk. 19. γενέσθαι] γενήσεσθαι t. u. Bekk. 21. μείζω] μεῖζον i. u. Bekk. pen. κακουργιῶν add. in marg. u. ult. τὰς κρίσεις ἐποιήσαντο] τὴν κρίσιν ἐποίησαν i. u. Bekk.

P. 669. 4. ἄλλους πειρ.] ἄλλους ἀλλ' οὖν πειρ. t. u. Bekk. 10. χρῆσθαι κατ.] χρῆσθε καὶ κατ. i. u. Bekk. 12. ἐγκωμίοις t. v. Med. Ald. 14. νυνὶ δὲ] ἐπειδὴ δ' i. t. u. Bekk. 15. ἣν οἱ πατ. ἡμῶν εἶχον] οἱ πατ. ἡμῶν i. u. Bekk. pen. δὲ τῆς] δὲ om. i. u. Bekk. Ibid. πολιτείᾳ καὶ τῶν μ. κ. ὧν] πόλει, τί δὲ τῶν μ. κ. οἱ i. u. Bekk. καὶ om. v. Med. Ald. ult. φύσιν καὶ] φύσιν οὐ καὶ t. u. Bekk.

P. 670. 1. οἳ τοὺς] οὐ τοὺς i. u. Bekk. 7. ὑπαρχόντων] ὄντων i. u. Bekk. 8. ἀπωσθῆναι] ἀποστῆναι i. t. u. Bekk. 16. ὀργῆς ἔξω] ὀργῆς βίᾳ i. t. u. Bekk. 21. μικρὸν Med. Ald. Ibid. μνησθ. κατ.] μνησθ. ἤδη κατ. i. t. u. Bekk. Ibid. καταλύσω - - - τὴν ψῆφον habet in marg. u. 25. καὶ τοὺς παῖδας καὶ] τοὺς παῖδας i. t. u. Bekk. 26. τὸ πρέπειν i. [τὸ] πρέπειν Bekk. pen. ὑπ' ἐμοῦ καὶ γεγραμμένους om. i. u. Bekk.

P. 671. 2. οὐδὲ] ἐκ δὴ i. t. ἔκδοτον u. 3. οὐδὲ Ald. Ibid. οἴομαι] οἶμαι i. u. Bekk. 4. μοι συμβήσ.] μοι om. i. t. u. Bekk. 6. ὑμῖν] ἡμῖν p 13. t. u. v. Med. Bekk. Ibid. σημείῳ om. i. u. Bekk. 7. χρωμένοις u. 8. ταυτησὶ—προσῆκε] ταύτης—προσήκει i. u. v. Bekk. 9. οὖν om. u. pen. χαίρῃ καὶ βούληται i. u. Ibid. τῷ τρόπῳ τούτῳ περαινέτω] τοῦτον τὸν τρόπον φερέτω i. t. u. Bekk.

ΠΕΡΙ ΤΟΥ ΖΕΥΓΟΥΣ.

P. 672. 1. Περὶ - - - αἰτίας om. u.

P. 674. 7. φυγὴν τοῦ] φυγὴν τὴν τοῦ u. Bekk. 8. ἡμετέρων] ὑμετέρων u. Bekk. 15. ὕστερον] ὕστεροι u. Bekk. 16. πόρρωθεν] πορρωτέρωθεν u. Bekk. 18. γὰρ πρότερον] γὰρ τὸ πρῶτον u. Bekk. 22. οὐχ om. u. 23. ἐκ ποδῶν v. 26. τολμῴη τὸν δῆμον] τὴν δημοκρατίαν τολμῴη u. Bekk. pen. συνάγει μὲν τὴν ἑταιρίαν] μὲν συνάγοι τὴν ἑταιρείαν u. Bekk. ult. Πολυτ.] Πουλυτ. u. Bekk.

P. 675. 1. ποιήσαιεν] ποιήσειαν u. Bekk. 4. αὐτοὺς ἀπέδειξε] ἐπέδειξε αὐτοὺς u. Bekk. 10. ἂν τόν] ἂν om. u. Bekk. 15. οὐδ' οὕτως] οὐδ' ὣς u. Bekk. 17. εἶχεν—ἐξαμαρτάνειν] ἔσχεν—ἐξαμαρτεῖν u. Bekk.

18. ἦγεν] εἶχεν u. Bekk. 20. στήλην] στηλίτην u. Bekk. 23. τὸ τελευταῖον v. Med. Ald. τηλευτῶν u. Bekk. antep. γεγενημένα] γενόμενα u. Bekk. Ibid. οὕτω δ' ἀνόμως] τοσοῦτον δὲ τοῖς ἐχθροῖς τῆς ὕβρεως περίεστιν, ὥστε οὕτως ἀνόμως τοῦ πατρὸς u. Bekk.

P. 676. 1. καὶ διαβ. ἐπιχειροῦσιν om. u. includit Bekk. Ibid. Δεκέλειαν] Δεκέλειάν τ' u. Bekk. 4. νῦν δὲ πάντων] νυνὶ δ' ἁπάντων u. Bekk. 7. τὴν τέχνην] τὴν om. u. v. Med. Ald. Bekk. 14. ἐχρῆσθε] χρῆσθε v. Med. ἐχρήσασθε u. Bekk. 19. ἀπείχεσθε;] ἀπέσχεσθε πειρώμενοι κατελθεῖν; u. Bekk. 23. προσεβάλλετε v. Ibid. καὶ om. Wolf. et Steph. 27. αὐτῶν πραγμάτων] πραγμάτων om. u. Bekk. antep. χρὴ νῦν] κρίνειν p 8. 9. 13. u. v. Med. Ald. Wolf. Bekk. ult. ἀλλ' ἀπ'] ἀλλ' ἐπ' u. Bekk.

P. 677. 4. εἰς Σικ.] περὶ Σικ. u. Bekk. 22. χορηγοῦντος] παρέχοντος u. Bekk. 24. τοσούτοις] τοιούτοις u. Bekk. 26. στρατιῶν u. antep. καὶ ὅτι - - - ἐπεθύμει om. Med. Ibid. οὐ καταπολεμῆσαι] οὐκαταπολέσαι u. οὐκ ἀπολέσαι Bekk.

P. 678. 4. ἐκ Φοινίκης] Φοινίσσας u. Bekk. 8. χρόνον] καιρὸν u. Bekk. 9. καθ' ὑμῶν] καθ' om. u. Bekk. 14. βίον τοῦ] βίον τὸν τοῦ u. Bekk. 15. ποιούμεναι] ποιήσασθαι u. Bekk. 25. ἐπηίσθησθε v. ἐπήσθησθε Med.

P. 679. 2. σημεῖον] μνημεῖον u. Bekk. 3. Ὀλυμπιᾶσιν v. 7. ἀλλ' ἡγήσαντο κρεῖττον εἶναι φυγεῖν τὴν πατρίδα] ἀλλ' εἵλοντο φυγεῖν u. Bekk. 10. τοσούτων ὄντων οὕτως] οὕτως om. Med. Ald. τοσούτῳ μᾶλλον τῶν ἄλλων u. Bekk. 13. φυγάδων] συμφυγάδων u. Bekk. 17. φυλῆς corr. u. 23. τηλικαύτην τὸ μέγεθος ἐπ. u.

P. 680. 3. οὗτος δὲ] αὐτὸς δὲ u. 5. Χαιρωνείᾳ] Κορωνείᾳ u. Bekk. Χρωνίᾳ pr. v. 6. ὡς σωφρ.] καὶ σωφρ. u. Bekk. 7. γεγενῆσθαι] γενέσθαι u. Bekk. 13. ὡς διὰ τἀκείνων] ὡς διὰ om. u. Bekk. 15. Θρᾶκας] Θρᾴκης u. Bekk. 17. καὶ μετὰ] καὶ om. u. Bekk. 19. νομίζειν ποιεῖν om. u. Bekk. 22. πᾶσι] ἅπασι u. Bekk. 23. αὐτὸν] αὐτῶν u. Wolf. Bekk. antep. τὴν ἡμετέραν] τὴν ἐμὴν u. Bekk. ult. μὲν ἦν πρῶτος] μὲν πρῶτος ὢν u. Bekk.

P. 681. 7. Ὀλυμπιάσι] ἐν Ὀλυμπίᾳ u. Bekk. 9. ἐπιδείξεις] ἐπίδειξιν u. Bekk. 11. γιγν. τῶν] γιγν. τὰς τῶν u. Bekk. 15. δὲ διανοηθεὶς] δὲ om. u. Bekk. 20. ἐστὶ om. Med. 22. ἄλλων πόλεων] ἄλλων om. u. Bekk. 24. γενέσθαι καὶ τρίτος u. Bekk. ult. κοινὰ τῶν] κοινὰ τὰ τῶν u. Bekk.

P. 682. 1. πρώτων — δόξας] ποτέρων — δόξαι u. Bekk. 5. τοσούτῳ] τοσοῦτον u. Bekk. 8. ἐκείνων] ἐκείνου u. Bekk. 9. τούτων] μικρῶν u. Bekk. 10. οὐ γὰρ Wolf. 12. ἄμεινον v. Med. Ald. Ibid. ἐγεγόνει] γέγονεν u. Bekk. 14. ἡμῶν v. Med. Ald. 16. ἐγγενόμενον] ἐκγενόμενον u. Bekk. 24. ἡμετέρων v. Med. Ald. 25. ἐκ ποδῶν v. 29. καλῶν] κακῶν u. Bekk. pen. ὡς τυραννεῖν ἐπιχειροῦντα] ὡς πρὸς τυραννεῖν ἐπιβουλεύοντα u. Bekk.

P. 683. 5. αὐτῷ καὶ] αὐτῷ om. u. Bekk. 11. ᾧ τὸ] ὅτῳ τὸ u. Bekk. 14. θαυμ. ἦν] θαυμ. ἢ ζηλωτότερος u. Bekk. 20. κτεῖναι] ἀποκτεῖναι u. Bekk. pen. γενόμενος] γεγενημένος u. Bekk.

P. 684. 1. ἦγε] εἶχε u. Bekk. 8. πρότερον] προτέρῳ u. Bekk. 9. ἐμοῦ ὢν (et sic A. L.)] ἐμοῦ μὲν ὢν v. ἐμοῦ μὲν ὑπὲρ ὢν u. Bekk. 10. λήψεται Med. Ald. 15. περὶ αὐτῶν] παρ' αὐτῶν u. Bekk. 16. τῶν τότε] τῶν Τισίᾳ u. Bekk. 17. ἐγγ. διὰ] ἐγγ. καὶ διὰ u. Bekk. 19. ἱκανῶν] ἱκανῶς u. Bekk. antep νῦν] νυνὶ u. Bekk.

P. 685. 1. ἀπογεγραμμένων] ἐπιγεγραμμένων u. Bekk. 6. δ' οὖν] δ' om. u. v. Bekk. 7. με ὑπὸ] με om. u. Bekk. 8. ἀποστερηθέντα] στερηθέντα u. Bekk. 10. βουλόμενος] δυνάμενος u. Bekk. 11. ἐλεεῖσθαι] ἐλεεῖν u. Bekk. 14. μεγίστην μεταβολὴν Med. Ald. 15. ὀδύρεσθαι] ὀδύρασθαι u. Bekk. 20. τῇ πόλει] τὴν πόλιν u. Bekk. antep. ἐπράττετε] πράξετε u. Bekk.

ΤΡΑΠΕΖΙΤΙΚΟΣ.

P. 687. 1. μὴ om. u. includit Bekk.

P. 688. 2. προσηκόντως — ἐγκαλεῖσθαι — χρόνον] προσῆκον — ἐγκαλέσαι — βίον u. Bekk. 5. συμβ. πρὸς] συμβ. τὰ πρὸς u. Bekk. 7. τοὺς τοιούτους] τοὺς om. u. Bekk. 11. τοσούτων χρημ.] τῶν χρημ. 13. ὡς ἂν δύνωμαι om. u. Bekk. 15. Σωπάλος Med.

P. 689. 1. τῆς ὅλης] τῆς ἄλλης u. Bekk. 2. δ' ὁ] οὖν ὁ u. Bekk. 7. ὁ ἐμὸς] οὑμὸς u. Bekk. 11. ἂν δὲ] ἐὰν δὲ u. Bekk. 15. ἡγούμην - - - πρὸς Σάτυρον om. codd. Med. Ald. e Dionysio inseruit Wolf. includit Bekk. 21. βουλομένοις Med. Ald. Ibid. βέλτιον] βέλτιστον u. v. Bekk. Ibid. προσομολογεῖν - - - προσέταττε, καὶ om. u. Dionys. includit Bekk. 26. ἔμελλον] ἤμελλον u. Bekk.

P. 690. 2. καὶ τὰ μὲν] τὰ μὲν γὰρ u. Bekk. 4. πληροφορηθεὶς γεγενῆσθαι] πληροφορηθεὶς om. u. et pr. v. Wolf. Bekk. 6. ὁμολογοῦντα] προσομολογοῦντα u. Bekk. 7. ἐνόμιζεν εἶναι] ἐνόμιζεν u. νομίζων Dionys. Bekk. 10. εἰσπλευσαίμην] εἰσπλευσοίμην u. Bekk. Ibid. με om. v. Med. Ald. 12. τὰ χρήματα] με τῶν χρημάτων u. Bekk. Ibid. διεν. ἐν τῷ π. οὐκ] διεν. ἀπορεῖν ἐν τῷ π. καὶ οὐκ u. Bekk. 15. Μεν. ἀπαιτήσοντας, ἔξ.] ἀπαιτήσοντας om. u. Bekk. 16. προσπεπτωκότων] συμπεπτωκότων u. Bekk. 18. ἀποστερεῖσθαι τὰ χρήματα, λέγ. δὲ μηδὲν] ἀπεστερῆσθαι τῶν χρημάτων, λέγ. δὲ ταῦτα μηδὲν u. Bekk. 21. ἡγ. ἠσ.] ἡγ. εἶναι ἠσ. u. Bekk. 23. ἀφικνοῦνταί μοι] μοι om. u. Bekk. ult. εἰλ. τῷ αὐτοῦ υἱῷ] εἰλ. γυναῖκα τῷ αὐτοῦ υἱεῖ u. Bekk.

P. 691. 1. φαν. πράξω] φαν. ἤδη πράξω u. Bekk. 3. ἐζήτουν] ἐξήτουν u. Bekk. 6. αὐτὸν] τὸν Dionys. Wolf. 10. αὐτὸν] αὐτῷ u. Bekk. 21. ἡμᾶς αὐτὸς] οὗτος ἡμᾶς u. Bekk.

P. 692. 1. ὡς ἐλευθέρου ὄντος αὐτοῦ] αὐτὸν u. Bekk. 2. διεγγυήσατο] διηγγυήσατο u. v. Bekk. 4. οὕτω διαπεπραγμένων] αὐτῷ πεπραγμένων u. Bekk. 9. Ἡφαιστήϊον. καὶ ἐγὼ] Ἡφαιστεῖον. κἀγὼ u. Bekk. 11. οὗτος δ' οὖ] Πασίων δ' οὑτοσὶ u. Bekk. 14. ἂν ἔφασαν βασανίσαι] ἔφασαν βασανιεῖν u. Bekk. 16. ἔφευγε u. Bekk. 17. ἦν ἅπαν ἀποτ.] ἅπαν om. u. Bekk. 25. ἔπειτα ληφθέντα] ἔπειτα δὲ (δὲ add. v. quoque) συλληφθέντα u. Bekk. Ibid. ἐλ. διεκώλ.] ἐλ. ὄντα διεκάλ. u. Bekk. pen. ἐκέλευε] ἐκέλευσε u. Bekk.

P. 693. 2 ἐλθόντα αὐτῷ] ἐλθόνθ' αὐτῷ u. Bekk. 3. ἔκλαε u. Bekk. 7. τοιάδ'] τοιαῦτ' u. Bekk. 10. τὰ ἐμαυτοῦ] τἀμαυτοῦ u. Bekk. 11. ἡμῖν αὐτοῖς ἢ] ἀλλήλοις ἢ u. Bekk. 12. αὐτὸς] οὗτος u. Bekk. 14. Π. εἰσπλεύσεσθαι κἀκεῖ ἀποδώσειν μοι τὸ χρυσίον] Π. μοι συμπλευσεῖσθαι κἀκεῖ τὸ χρυσίον ἀποδώσειν u. Bekk. 16. τὰ συμβόλαια] τὸ συμβόλαιον u. Bekk. 18. τι βούλ.] τι αὐτὸς βούλ. u. Bekk. 19. ἐπιτρέψειν] ἐπέτρεπε u. Bekk. 20. συναγαγόντες] ἀναγαγόντες u. v. Bekk. 21. παρὰ Σατύρωνα] Πύρωνα u. Bekk. 22. συντάξαντες] προστάξαντες u. Bekk. pen. ἐξητεῖτο] ἐξήτει u. Bekk.

P. 694. 1. ἔτυχεν] ἐτύγχανεν u. Bekk. 7. πρὸς Μεν.] πρὸς μὲν Μεν. u. Bekk. 11. ἐκείνης add. cum Bekk. ex u. Ibid. εἰλεγμένης Med. Ald. Steph. 12. συλληφθείη] συλληφθήσοιτο u. Bekk. 14. τοῦ Σατύρωνος τοὺς] τοῦ Μενεξένου τοὺς v. Med. Ald. τοὺς u. Bekk. 16. θρασ. ἀνθρ.] θρασ. ἁπάντων ἀνθρ. u. Bekk. 18. συμπλεύσεσθαι] συμπλευσεῖσθαι u. Bekk. 20. οὖν ὑμῖν] οὖν om. u. Bekk. 22. τῶν συμβολαίων] τῶν ἐγκλημάτων u. Bekk. antep. σκοπεῖτε] σκοπεῖσθε u. Bekk. ult. δὲ δεῖν] δ' ὡς ἔδει u. Bekk.

P. 695. 4. ὡμολόγηται] ὁμολογεῖται u. Bekk. 5. Σατ. ἐὰν] Σατ. τὸ γραμματεῖον, ἐὰν u. Bekk. 7. εἶχεν τὸ] εἶχεν ἡμῖν τὸ u. Bekk. 10. διαλύεσθαι] διαλύσασθαι u. Bekk. 11. τὴν αἰτίαν ε. δι' ἣν] τὰς αἰτίας ε. δι' ἃς u. Bekk. 12. ἐπειδὴ] ἐπεὶ u. Bekk. 14. τ' ἦν] τ' ἐγένετο u. Bekk. 15. παρακαταθήκης] καταθήκης (παρα add. in marg. u.) u. v. Med. Ald. Bekk. 18. κελεύσασθ' p 8. 9. 19. ἀφῆκα τοῦτον] ἀφῆκ' αὐτὸν u. Bekk. 23. ὧν] ὅσ' u. ὅς Bekk. pen. ἀποδ. ἔδει τὴν συνθήκην ποιεῖσθαι. ἔπειτα καὶ τοῦθ'· ὑπ.] ἀποδ. τῶν χρημάτων ἔδει τὰς συνθήκας ποιεῖσθαι. ἔτι δὲ κἀκεῖν' ὑπ. u. Bekk.

P. 696. 1. συγγράψαι] συγγράψασθαι u. Bekk. 2. γράμμασιν v. 11. ἠξίου Μεν.] ἠξίου με ἢ Μεν. u. Bekk. 15. ἐξελέγχειν] ἐξελέγξειν u. Bekk. Ibid. ἐπειδὴ] ἐπειδή γε u. Bekk. 17. κατέφυγε] κατέφευγε u. Bekk. 19. μάρτυρα] μαρτυροῦντα u. Bekk. 22. ἐπεχείρησε] ἐπιχειρήσει u. Bekk. antep. σκηνήτην p 8. 9. Med. Ald.

P. 697. 2. ἕνεκα] ἕνεκεν u. Bekk. 4. σεσημασμέναι] κατεσφραγισμέναι u. Bekk. 6. γραμματεῖον] γραμματείδιον u. Bekk. Ibid. κείμενον om. Wolf. Steph. 9. ἐδύναντο] ἠδύναντο u. Bekk. 14. ἐπήσθησθε Med. 15. τὰ χρήματα] τῶν χρημάτων v. u. Bekk. 22. ὑπαρχόντων—χρόνον κυρίων τῆς] ἀρχόντων — χρόνον τῆς u. Bekk. 24. τὰ χρήματα] τὰ om. u. v. Bekk. 25. ἔσεσθαι σημεῖα] ἔσται τεκμήρια u. Bekk.

P. 698. 4. ἐγγυητὴν] ἐγγυητήν μου u. Bekk. 12. ἐμαυτῷ] ἐμαυτοῦ u. Bekk. 15. πάντων om. Wolf. 17. εἰ οἷός τ' ἦν] εἰ δυνηθείην u. Bekk. 19. τὰς τριακοσίας] τὰς om. u. Bekk. 21. ἐκείνους μάλιστα πείθειν ᾤόμην μηδὲν εἶναί μοι. καὶ] ἐκεῖνοι μάλιστ' ἤμελλον πεισθήσεσθαι μὴ εἶναί μοι χρήματα. καὶ u. Bekk. 22. ἐγίγνετό μοι] μοι om. u. Bekk. 23. ἐκείνου Med. Ald. Ibid. γνώσεσθε ἂν] ἂν om. u. Bekk. 24. μὲν οὖν] μὲν γὰρ u. Bekk. 27. πλείους] πλέον u. Bekk. ult. τε καὶ οἱ ἐμοί. καὶ ἐμαυτῷ μὲν ἐπεγραψάμην εἰσφ.] τε αἱρεθεὶς ἐμαυτῷ μὲν ἐπέγραψα τὴν μεγίστην εἰσφ. u. Bekk.

P. 699. 5. ταῦτα] τούτοις u. Bekk. 7. ἔφην ἔτι σώσουσαν v. 10. ἐδέησα ἀποθ. ἀκρ.] ἦλθον ἀκρ. ἀποθ. u. Bekk. 11. ξένος ὢν] ὤν μοι ξένος u. Bekk. 15. καὶ εἰ Wolf. Ibid. μικρὸν Med. 19. ἐγίνετο v. Ibid. παρ' ἐμοῦ τὸ] παρ' ἐμοῦ om. u. Bekk. 20. ἦν ἐμοὶ] ἦν τέ μοι u. Bekk. 22. ἔκειτό] κεῖταί u. Bekk. antep. παρὰ τῶν] παρὰ τῶν ἄλλων τῶν u. Bekk. Ibid. ἐξειδότων corr. u. ult. ἐκείνων τῶν χρόνων] ἐκεῖνον τὸν χρόνον u. v. Med. Bekk.

P. 700. 2. ἀπαιτήσοντα] ἀπαιτήσοντας u. v. Bekk. 10. καὶ τὴν] καὶ om. u. Bekk. 14. ἔμελλεν] ἤμελλεν u. Bekk. 18. ἐξαιτοίη] ἐξαιτήσειε u. Bekk. 24. καὶ ἀπ.] καὶ τὴν ἀπ. u. Bekk. 26. τὰ χρήματα] τῶν χρημάτων u. Bekk. 29. ᾤοντο ἅπαντες ὀφλήσειν τὴν δίκην] ἅπαντες ὀφλήσειν τὴν δίκην ἐνόμιζον u. Bekk.

P. 701. 1. οὐ περὶ τ. μ. ἀλλὰ καὶ] ἴσως περὶ τ. μ. ἀλλ' οὐ καὶ u. Bekk. 7. ἀφείλετο] ἀφῃρεῖθ' u. Bekk. 8. ἐτόλμ. ἐγκ.] ἐτόλμ. ἡμῖν ἐγκ. u. Bekk. 9. ἔχομεν u. 10. φανερῶς] φανερῶν u. Wolf. Bekk. Ibid. ἐπιχειρεῖ] ἐπεχείρει u. Bekk. 13. εἰσπλεύσειν] εἰσπλευσεῖσθαι u. Bekk. 15.

μου] ἐμοῦ u. Bekk. Ibid. προσκαλεσαμένου v. Med. Ald. Ibid. ἐξέπεμψε] εἰσέπεμψε u. Bekk. 16. ἐκεῖσε μὲν ἐλθὼν ἔλεγεν ὅτι ἐλεύθερός ἐστι καὶ τὸ γένος εἴη] ἐλθὼν ἐκεῖσε ἔλεγεν ὅτι ἐλεύθερος εἴη καὶ τὸ γένος u. Bekk. 18. δὲ ὁ Σατ.] ὁ om. u. Bekk. 22. με] μὲν u. 22. ἐδεῖτο] ἐδεῖτ' αὐτῶν u. v. Bekk. 24. ἐγγράψας] συγγράψας u. Bekk. 25. ἀνάγνωθι.] ἀνάγνωθι αὐτοῖς. u. Bekk.

P. 702. 1. τὰ χρήματα] τῶν χρημάτων u. Bekk. 2. ἠθέλ. ἐκδοῦναι] ἠθέλ. βασανίζειν ἐκδοῦναι u. Bekk. 3. ἐν τραπ.] ἐν ταῖς τραπ. u. v. Bekk. 4. ἰσχ. γέν.] ἰσχ. τούτου γέν. u. Bekk. 8. μὲν γεγενημένους] μὲν ἡγουμένους u. Bekk. Ibid. παραγενομένων u. 11. φανερῶς εἰδ.] σαφῶς εἰδ. u. Bekk. 13. εἰκ. αὐτὸν] εἰκ. ἦν αὐτὸν u. v. Bekk. 14. ἔμελλε] ἤμελλε u. Bekk. 15. ἐπὶ τούτου] ὑπὸ τούτου u. Wolf. Bekk. 17. οὗτος ἀπεστ.] οὗτος ἐμὲ ἀπεστ. u. v. Bekk. 22. μου πονηρίαν] πονηρίαν ἐμοῦ u. Bekk. 23. ὡς] ὃς u. v. Med. Ald. pen. δὲ Σατ.] δὲ καὶ Σατ. u. v. Bekk.

P. 703. 5. ποιήσεσθε u. v. Med. Ald. ποιήσαισθε Bekk.

ΠΡΟΣ ΚΑΛΛΙΜΑΧΟΝ.

P. 704. Tit. ΠΑΡΑΓΡΑΦΙΚΟΣ] ΠΑΡΑΓΡΑΦΗ v. Bekk.

P. 706. 4. λύσειν v. Med. 11. ἐπωβελείαν v. Med. Wolf. et sic infra.

P. 707. 4. ὑμῶν Med. Ald. 10. βουλόμενος] λαβόμενος codd. et edd. Ibid. ἀφελέσθαι αὐτὸ, ἂν φίλον τοῦτο ἔφασκεν αὐτῷ] ἔφασκεν αὐτὸ p 11. φίλον ἔφασκεν αὐτὸ pr. v. Bekk. ἀφελέσθαι αὐτὸ ἀμφίλον ἔφασκεν αὐτὸ corr. v. τοῦτο om. p 8. 9. 11. ὥστε δεῖ δημόσιον γίγνεσθαι αὐτὸ] δημόσιον γίγνεσθαι pr. v. Bekk. 14. Οἴνων] Ῥίνων v. Bekk.

P. 708. 15. λυσιτελεῖ p 8. 9. v. 17. δ' ἂν] δ' om. v. Med. Ald. Bekk. 26. διαφθείραντος] διαφθείροντος Wolf. Bekk. pen. μάρτυρας] μάρτυρα Bekk. ult. ἐκείνῃ] ἐκείνῳ v. Bekk.

P. 709. 1. μὲν οὖν οὐκ v. 2. τὴν om. v. Med. Ald. 11. διαιτᾷν] δίαιταν Bekk. 19. δυεῖν v. 25. νομίζειν v.

P. 710. 1. οὐχ ἑλόντι] οὐχ om. v. Bekk. 6. οἱ μάρτυρες] οἱ om. v. Bekk. Ibid. δεῖ p 12. v. Med. Ald. 9. τούτων v. 13. Πεισάνδρου] Λυσάνδρου p 8. 9. v. Med. Ald. Bekk. 19. ἐκρατεῖτο p 8. 9. v. Med. Ald. 23. τῶν ὑπ.] τῶν μὲν ὑπ. v. Bekk. 25. οὐδεπώποτέ] οὐδὲν πώποτέ v. Bekk.

P. 711. 15. μετάμελον v.

P. 712. 2. μόνοι] μὲν v. 8. ἐάσατε v. 16. ὠγγίζεσθε v. 19. ποιήσητε] ποιήσετε v. ποιήσαιτε Bekk. ult. ἡμῖν Med. Wolf.

P. 713. 3. κατεφεύγομεν] καταφεύγομεν v. κατεφύγομεν Bekk. Ibid. εἰ οἱ Λακ.] οἱ om. Bekk. 4. σφόδρ' ἔκ.] σφόδρ' ἂν ἔκ. Bekk. 8. φανοίμεθ'] φαινοίμεθ' v. Bekk. 14. συστάσεως] στάσεως v. Bekk. 18. ἄλλ' v. 19. ὑμετέραν v. 20. γεγενῆσθαι codd. et edd. 27. γὰρ om. Med. Ald. Ibid. τῶν μὲν τοῖς] τοῖς μὲν v.

P. 714. 1. νόμους μόνον v. 9. λέγειν] λέξειν v. Bekk. 25. ζημιώσασθαι v. Ibid. συνήχεσθε pr. v.

P. 715. 6. τῶν κινδύνων Med. Ald. 7. αὐτός ἐσπ. v. 10. μέμνησθε] μέμνηται v. Wolf. μεμνῆται p 13. Med. Bekk. 11. ἐκεῖνον v. 21. πλείω τάχα] πλείω om. codd. et Med. Ald. Bekk. 29. φανήσεσθε] φαίνησθε Bekk. antep. εἰδῶσι] ὁρῶσι v. Bekk.

P. 716. 1. δὲ δίδωσι v. δ' ἴδωσι Med. 8. διδάξητε] διδάξαιτε Bekk. 18. διαφορᾶς Wolf. 25. πολεμισάντων Wolf. ult. φήσιν εἶναι] φησὶ μὲν εἶναι Bekk.

P. 717. 1. ἐπεθύμει] ἐπιθυμεῖ v. Med. Ald. Bekk. Ibid. ἐκείνων] ἐκείνης fort. v. Bekk. 6. τὸν παρόντα Med. Ald. 14. τυγχάνειν] τυγχάνων Bekk. 27. ἀποκρυψάμενοι] ὑποκρυψάμενοι v. Bekk. 28. ἠτ. Κρ.] ἠτ. τὸν Κρ. v. Bekk. Ibid. κατὰ om. v. [κατὰ] Bekk.

P. 718. 4. ὁ μεμαρτ. ὑμῖν] ὁ μεμαρτ. ἡμῖν v. μεμαρτ. ἢ μὴν Bekk. 8. μαρτ. οὗτος] μαρτ. ἅπερ οὗτος v. Bekk. 17. δοκῇ p 8. 9. v. 21. ἀπεδείχθη] ἐπιδείχθη v. Bekk. ult. Φιλεργὸς] Φιλοργὸς v. Bekk. Ibid. Γοργόνιον] Γοργόνειον p 12. Suid. Bekk.

P. 719. 1. μάρτυρα] μάρτυρας Bekk. 8. χρήσεσθαι v. 12. διήνεγκα] διήνεγκον v. Bekk. Ibid. ἔσωσαν v. 16. μεταμελόντων p 8. 9. 11. v. 21. προσειπόντος v.
ὁ ο
24. τῶν σφετέρων Med. Ald. τῶν σφετέρων v. τὸν σφέτερον Bekk. ult. πρόσθεν] πρόσθε v. Bekk.

720. 4. αὐτοῖς p 8. 9. v. αὐτῶν Med. Ald. 23. ὅτε μηδ'] ὅτ' οὐδ' p 8. v. Bekk. οὐδ' p 9.

P. 721. 1. post ἀδικοῦμεν lacuna 8. vel 9. lit. in v. et Bekk. Ibid. δ' ὅρκοις] δ' om. v. Bekk. 4. γένοιντο] ἐγένοντο v. Bekk. antep. αἱ συνθ.] ἤδη συνθ v. Bekk. ult. ψηφίσασθαι] ψηφίζεσθαι p 9. v. Med. Ald. Bekk. ψηφίζειν p 8.

ΑΙΓΙΝΗΤΙΚΟΣ.

P. 723. 2. καθέστηκεν] παρέστηκεν u. Bekk. 4. πειρᾶσθαι τῶν δικαίων τυγχάνειν u. Bekk. ult. κινδυνεύσωσιν] κινδυνεύωσιν u. v. Ald. Bekk.

P. 724. 1. τοῦτον] τουτονὶ u. Bekk. 4. πάντα] πάντες u. Bekk. 6. ἐχρῆν] χρὴ v. Med. Ald. χρῆν u. Bekk. 9. αὐτὴν] αὐτῆς u. Bekk. 11. ἄκυρον καὶ] ἄκυρον ἅμα καὶ u. Bekk. 16. ἀμφισβ. δόξ.] ἀμφισβ. ἐπειδ' ὑμῖν δόξ. u. Bekk. 19. οἶμαι] οἴομαι u. Bekk. 21. et 26. Θρασύλοχος] Θράσυλλος u. Bekk. Ibid. γὰρ om. u. 22. ἐμοὶ παρὰ] ἐμοὶ om. u. Bekk. Ibid. κατέλιπε] παρέλαβεν u. Bekk. 23. Πολ. μάντει] Πολ. τῷ μάντει u. Bekk. 27. τὰς ἀφορμὰς ἐχρῆτο ταύτῃ τῇ τέχνῃ· πλάνος] ἀφορμὰς ἐχρῆτο τῇ τέχνῃ· πλάνης u. Bekk.

P. 725. ἐπόθησεν] ἐπόθεσεν u. Bekk. 2. λοιπῶν] ἄλλων u. Bekk. 7. τὴν ἀνεψιὰν] τὴν om. u. Bekk. 9. αἷς καὶ] αἵσπερ καὶ u. Bekk. 10. ταύτην] ταῦτ' u. Bekk. 12. καὶ ἡ] καὶ θυγάτηρ ἡ u. Bekk. Ibid. Θρασύλοχος] Θράσυλλος u. Bekk. 14. ποιησάμενος] καταλιπὼν u. Bekk. 19. ἐποιούμεθα ἡμᾶς αὐτοὺς] ἡμᾶς αὐτοὺς ἡγούμεθα u. Bekk. 21. ἠγάγομεν] ἤγομεν u. Bekk. 24. διεκείμεθα.] διεκείμεθα, καὶ φίλοις καὶ ξένοις τοῖς αὐτοῖς ἐχρώμεθα. u. Bekk. 26. δὴ] δὲ u. Med. Ald. Bekk. pen. αὐτοῦ] αὐτῷ u. Bekk.

P. 726. 1. ἐπὶ] μετὰ u. Bekk. 2. ἂν ἀξίαν] ἀξίαν μοι u. Bekk. 10. τοῦτο Ald. 13. τοῦτον] τουτονὶ u. Bekk. 15. χείρω] χεῖρον u. Bekk. 18. δὲ] δή μοι u. Bekk. Ibid. Σιφνίων] κίων u. Ald. κίον p. 8. 9. 11. 12. v. Med. Σιφνίων Bekk. 19. πάλιν] πάλαι Wolf. ἡμεῖς u. Bekk. 27. ὑπόλοιπον] ὑπόλοιπόν ἐστιν u. Bekk. antep. ταύτῃ] τούτοις u. Bekk. Ibid. δὲ μόνῳ πάντες p 8. 9. v. pen. ἀναγνώσεσθαι] διαγνώσεσθαι u. v. Bekk.

P. 727. 2. καὶ] καίτοι u. Bekk. 4. κατὰ τούτους] κατ' αὐτοὺς u. Bekk. 6. ἀποδεδεῖχθαί μοι] μοι om. u. Bekk. 9. πρὸς Θρασ.] περὶ Θρασ. u. Bekk. 10. καὶ om. Med. 11. πεισθήσησθε] πεισθήσεσθε v. Med. Ald. πεισθείητε u. Bekk. 13. τοσούτῳ] τοσοῦτον u. Bekk. 14. ὥστ' αὐτὴ] ὥσθ' αὕτη u. Bekk. 22. πᾶσιν οὓς παρὼν] Πασῖνος Πάρον u. Bekk. 24. τῶν νήσων] τὴν νῆσον u. Bekk. 25. αὐτὰ] αὐτ' u. Bekk. pen. τε om. u.

P. 728. 10. προσήκει ἢ] προσήκει om. u. Bekk. Ibid. νυνὶ] νῦν u. Bekk. 12. ταῦτ' ἐστὶν] ταῦτ' om. u. Bekk. 16. ἦλθον] ἤλθομεν u. Wolf. Bekk. Ibid. αἰσθανομένος] αἰσθόμενος u. v. Med. Ald. Bekk. 17. ἐδεῖτο ἡμῶν] ἐδεῖτό μου u. Bekk. 20. ἕξει] ἕξοι u. Bekk. Ibid. αὐτοῖς Med. Ald. 26. τέτταρα καὶ δέκ' ἔτη] τετρακαιδεκέτιν u. Bekk. 27. ἡμ. ὕστ.] ἡμ. ἐκείνης ὕστ. u. Bekk. pen. εἴη] ἦν u. Bekk. ult. ἑτέροις μετ.] ἑτέροις μὲν μετ. u. Bekk.

P. 729. 3. ξένοις Brub. Hag. 6. μετοικησάμενος] μετοικισάμενος v. Med. Ald. κατοικισάμενος u. Bekk. Ibid. τοσαύταις] τοιαύταις u. Bekk. 8. τοῦτό γε] τοῦθ' u. Bekk. 9. ὑπέμεινα] ὑπέμενον u. Bekk. 10. ἐπέλιπον Wolf. 12. κατοικησάμενος] κατοικισάμενος u. Bekk. 13. ἧς ἀπ.] ἧσπερ ἀπ. u. Bekk. 14. οἶδ' εἴ τις ἄλλος] οἶδ' ὅστις u. Bekk. Ibid. τὸ] τὸν u. Bekk. 15. δ' οὐ] δ' ἔτι u. Bekk. 20. ὥσθ' αὗται v. Med. Ald. 23. ὑπέμεινε] ὑπέμενε u. Bekk. antep. ἐδυνάμην αὐταρκεῖν] ἀνταρκεῖν ἠδυνάμην u. Bekk. Ibid. ὃς] ὡς p 8. 9. Med. Ald. Ibid. μὲν ἐμεῖν ἦν p 8. 9. v. Med. Ald. pen. ἐδύνατο] ἠδύνατο u. Bekk. ult. ἀδακρυτὶ διάγειν] ἀδακρύτους διαγαγεῖν u. Bekk.

P. 730. 3. ἦν μοι τοῦ μὴ] ἦν ἢ u. Bekk. 4. ὅ μοι] ὃ ἐμοὶ u. Bekk. 6. οἷόν] οἷός u. Bekk. 11. ἑαυτοὶ v. Ibid. σκοπεῖσθε] σκοπεῖτε u. Bekk. 14. ὅσοι ποτ'] ὅσοι περ u. Bekk. 16. ὡς πλεῖστοι] ὡς οἱ πλεῖστοι u. Bekk. 24. τὴν om. codd. et edd. 26. ὡς] ὥσπερ u. Bekk. ὥστε v. 27. δόξουσιν εἰς αὐτὸν μ. κ. δ. ἐξαμαρτάνειν· ἥτις, ἐπειδὴ ἐτελεύτα τὸν] δόξουσαν αὐτὴν μ. κ. δ. ἐξαμαρτεῖν· ἥτις οὐδ' ἐπειδὴ τελευτᾷν ἤμελλε τὸν u. Bekk.

P. 731. 2. παραγενέσθαι] γενέσθαι Med. Ald. ἀφικέσθαι u. Bekk. 3. ἀμφισβητήσουσα] ἀμφισβητήσασα p 8. 9. v. Med. Ald. ἀμφισβητοῦσα u. Bekk. 7. μᾶλλον ἐβουλήθη u. Bekk. 9. δήπου om. u. includit Bekk. 11. νήσῳ v. Med. Ald. 16. μηδ' ὄνομα] μηδὲν ὄνομα u. Bekk. 19. ὀρθῶς αὐτὰς] ὀρθῶς φασὶν αὐτὰς u. Bekk. 25. συνοικήσας] συνοικίσας u. Wolf. Bekk. Ibid. τῆς δὲ] τῇ δὲ u. Bekk. 26. γὰρ ἐκεῖνος ἄμεινον ἂν] ἂν ἐκείνως ἄμεινον u. Bekk. ἂν om. v. Med. antep. ἀνώνυμον τοῦ αὐτοῦ περιεῖδε γενόμενον u. Bekk.

P. 732. 6. πλεῖστοι] πλείους u. Bekk. 7. ὥστε καὶ Θ.] καὶ om. u. Bekk. 9. τούτων μηδὲν] μηδέν μοι τούτων u. Bekk. 10. καὶ φαυλότατος] καὶ om. u. Bekk. 14. ἐνόμιζεν] ἡγεῖτο u. Bekk. 18. ἄρχων] ἄρχειν u. Bekk. Ibid. προείλετο (et sic A. C. L.)] προσείλετο u. Bekk. 19. ταμίαν κατ. καὶ ὅτε ἐμέλλομεν] ταμίαν ἁπάντων κατ. καὶ ὅτ' ἠμέλλομεν u. Bekk. 22. πρὸς Σίφνον καὶ] πρὸς τὴν πόλιν καὶ u. Bekk. 24. λειποψυχοῦντα] ὀλιγοψυχοῦντα u. Bekk. 25. ἐμοῦ] ἐμαυτοῦ u. Bekk.

P. 733. 7. ταύτης] ταυτησὶ u. Bekk. 10. ἐγένετο om. v. Med. Ald. 13. et 20.

Θρασύλοχος] Θράσυλλος u. Bekk. 14. πατὴρ ταύτ.] πατὴρ ὁ ταύτ. u. Bekk. 19. ἔγγιστα] ἔναγχος u. Bekk. 23. αὐτῷ τῆς] αὐτῷ om. u. Bekk. 25. Θρασυλόχου] Θρασύλλου u. Bekk. antep. καὶ πολλοῦ] καὶ om. u. Bekk. pen. κατὰ] καὶ u.

P. 734. 1. γεγενημένας] γενομένας u. Bekk. 5. αὑτοῦ Wolf. 5. Θρασύλοχον] Θράσυλλον u. Bekk. 7. καὶ χρήμ.] καὶ τὰ χρήμ. u. Bekk. 10. τύχοι ἥσπερ] τύχοι om. u. Bekk. 13. ἀδελ. τοῦ] ἀδελ. τὴν τοῦ u. Bekk. 15. ὧνπερ] ἂν u. Bekk. 16. ἴδιου Med. Ald. 17. ἥσπερ φύσει] ἥσπερ καὶ φύσει u. Bekk. 19. ἐμὸν] ἐμοὶ u. Bekk. 24. ἐκείνου] ἐκείνων u. Bekk. pen. γενόμενον] γιγνόμενον u. Bekk.

P. 735. 1. μὴ δυνάμενον μηδενὸς] μηδενὸς δυνάμενον u. Bekk. 2. τοὺς ἐκεῖνον σώσαντας, ὥστ' εἴ τις σκοπ.] τοὺς ἐκείνης, ὥστ' εἴ τίς με σκοπ. u. Bekk. 6. πλείστου] πολλοῦ u. Bekk. 10. ὁ νόμος om. u. Bekk. 12. ἐπιμελοῦνται] ἐπιμέλονται u. Bekk. 13. πλείονα] πλείω u. Bekk. 20. Ἑλλ. καλῶς] Ἑλλ. ἅπασι καλῶς u. Bekk. 21. περὶ μὲν γὰρ ἄλλων διαφέρονται, περὶ δὲ τούτου πάντες ταὐτὰ] περὶ γὰρ ἄλλων πολλῶν διαφερόμενοι (περιφερόμενοι u.) περὶ τούτου ταὐτὰ u. Bekk. γὰρ om. Med. Ald. ult. ἀξιώσητε] ἀξιώσετε u. ἀξιώσαιτε Bekk.

ΚΑΤΑ ΛΟΧΙΤΟΥ ΑΙΚΙΑΣ ΕΠΙΛΟΓΟΣ. corr. u.

P. 736. 2. ἡμῖν Med. Ald. 3. δεῖ om. u. ult. παρὰ πᾶσιν b.

P. 737. 3. ἕνεκεν] ἕνεκα u. Bekk. 11. καὶ δυνάμενος] καὶ om. u. Bekk. 13. μόνῳ τῷ παθόντι κακῶς] τῷ παθόντι μόνον u. Bekk. 18. ὥστε περὶ] ὥστε καὶ περὶ u. Bekk. Ibid. κατηγορίας p 8. 9. Med. Ald. 21. κακῶς πεπονθότων] παθόντων κακῶς u. Bekk. 24. νομιεῖτε] νομίζετε u. Bekk. 25. τὰ αὐτὰ] ταὐτὰ u. Bekk. antep. γε δικαίως] γε om. u. Bekk. ult. εἰς τοὺς πολίτας, ὅτε] ὅτ' u. Bekk.

P. 738. 1. πόλ. χάριν] πόλ. καὶ χάριν u. Bekk. 3. Ἴσως δὲ] Ἴσως οὖν u. v. Med. Ald. Bekk. 6. κατ' ἀξίαν] κατὰ τὴν ἀξίαν u. Bekk. 9. τῆς βλάβ.] τῆς ἄλλης βλάβ. u. Bekk. 10. αἰκίας] ἀδικίας Wolf. 14. τιμωρίαν] τίμησιν u. Bekk. 15. κατακρίνοντας — κολάζειν] καταγιγνώσκοντας — κολάζεσθαι u. Bekk. 18. τῶν om. Med. Ald. 20. τυχόντος] συντυχόντος u. Bekk. 21. παντὸς] ἅπαντος u. Bekk. 23. διότι πολλοὶ τῶν τε ξένων καὶ τῶν πολιτῶν διὰ τοὺς τ. τ. εἰς τοῦτ'] διότι πολλοὶ τῶν πολιτῶν διὰ τοὺς τ. τ. εἰς τοῦτ' b. p 8. 9. v. Ald. ὅτι διὰ τοὺς τ. τ. εἰς τοῦτ' ἤδη τινὲς u. Bekk. 25. καὶ σφαγὰς καὶ θανάτους] καὶ θανάτους καὶ φυγὰς u. Bekk. 26. ἀγέννητόν] ἀγένητόν u. Bekk. 27. τὰ προειρημένα πέπρακται] τὰ προειρημένα om. u. Bekk. pen. περὶ τοῦ] περὶ om. u. Bekk.

P. 739. 1. ἀδικημάτων] ἁμαρτημάτων u. Bekk. 4. διὰ ταύτην] δι' αὐτὴν u. Bekk. 5. γενομένας] γεγενημένας u. Bekk. 10. καταφρ. καὶ] καταφρ. τῶν νόμων καὶ b. u. v. Bekk. 12. εἷς ἐστιν οὗτος] οὗτος εἷς ὢν τυγχάνει u. Bekk. 15. δύναμιν τοῖς] δύναμιν τὴν ἡμετέραν τοῖς b. u. v. Bekk. et sic C. 17. ἀκρίτως] ἀκρίτους u. Bekk. et sic C. 18. τιμωρήσασθαι] τιμωρεῖσθαι u. Bekk. 23. περιμένειν] περιμείνηθ' u. Bekk. 25. ἐφ' οἷς Med. Ald. Ibid. ὑμῖν προφάσεως u. Bekk. 26. τιμωρήσασθαι, νομίζοντας] τιμωρεῖσθε, νομίζοντες u. Bekk. pen. ἂν ἦν] ἂν om. u. Bekk. ult. καὶ πρὶν] καὶ om. u. Bekk.

P. 740. 1. τ' αἰσθ.] τ' ἐστὶν αἰσθ. u. Bekk. 2. ἐπειδὰν γνωσθῶσι] γ' ἐπειδὰν γνωρισθῶσι u. Bekk. 5. τῆς] τὰς u. Bekk. 7. πάντες] ἅπαντες u. Bekk. 13. παύσασθαι] παύσεσθαι u. Bekk. 14. περιαιρήσητε τὸ τ. οὐσ. ἀφαιρεῖν] περιαιρήσητε τ. οὐσ. pr. v. περιαιρῆτε τ. οὐσ. u. Bekk. 15. ἱκανὴν ἡγῆσθε] νομίζηθ' ἱκανὴν u. Bekk. 16. εἴ τινες] οἵ τινες u. Bekk. 18. καὶ περὶ] καὶ om. u. Bekk. 21. νοῦν ἐχόντων περὶ τῶν om. b. 26. ἐστιν om. u. Bekk. antep. ὠνομασμένων] διωνομασμένων u. Bekk. pen. τῶν πολλὰ κεκτημένων] ἢ τοὺς πολλὰ κεκτημένους u. Bekk.

P. 741. 1. δημοκρατίας οὔσης] δημοκρατουμένης τῆς πόλεως u. Bekk. 2. τυγχάνωμεν b. 3. ἀξ. τῶν] ἀξ. τὸ ἴσον, τῶν u. Bekk. 7. μοι πεισθῆτε] σωφρονῆθ' u. Bekk. 10. ὥσπερ ὑ. α. δ. ἕκαστος] ὡς ὑ. α. δ., οὕτως ἕκαστος u. Bekk. 12. τολμ. τὸν] τολμ. τοῦτον τὸν u. Bekk. 14. ἂν] ἐὰν u. Bekk. Ibid. σωφρονεῖτε b. 16. μὲν om. Med. Ald. 17. ἐνταῦθα γιγν., νόμους] ἐνθάδε γιγν., ταῦτα νόμους u. Bekk. pen. ἔχει (ἔχοι b.) μοι τῶν παρόντων] τῶν παρόντων ἔχει τί μοι u. Bekk.

ΠΡΟΣ ΕΥΘΥΝΟΥΝ.

P. 742. 1. ἀπορῶ] πόῤῥω b. p 8. 9. v. Med.

P. 743. 1. αὐτὸ] αὐτῷ b. v. Bekk. 6. τὸν om. b. 6. Πεισάνδρου] Λυσάνδρου b. p 8. 9. v. Med. Ald. Bekk. 7. ἀνέγραφον] ἐνέγραφον Bekk. 25. τἀληθῆ] ἀληθῆ b. v. Med. Ald. Bekk. 26. δ' οὖν] δ' om. pr. v. Bekk. ult. ἥττω v.

P. 744. 7. καλοῦντες v. 17. Ὅτι] Ἔτι Bekk. 22. αἰσχύνονται] αἰσχύνωνται b. v.

Med. Ald. Bekk. Ibid. δεδίασι] δεδίωσι Wolf. Bekk. 26. τουτουὶ] τούτου u. Bekk. pen. ἀδικήσῃ b. v. ἀδικήσαι Bas.

P. 745. 1. αὐτοῖς] ἦν αὐτοῖς b. v. Bekk. 19. μὴ om. codd. et edd. 20. γὰρ ὥσπερ] γὰρ ὅσον b. v. Bekk. pen. ὑμῖν] ἡμῖν Bekk.

P. 746. 9. συνέλαβεν b. v. 15. ἐβουλεύετο v. 26. ὡς χρὴ] πῶς χρὴ b. v. Wolf. Bekk. antep. ὑπολήψονται] ὑπολείψονται v. Bekk.

P. 747. 4. ἂν om. Wolf.

ΕΠΙΣΤΟΛΑΙ.

Α.

P. 748. Tit. ΦΙΛΙΠΠΩΙ ΤΩΙ ΤΩΝ ΜΑΚΕΔΟΝΩΝ ΒΑΣΙΛΕΙ] ΔΙΟΝΥΣΙΩΙ u. Bekk. 1. ἂν om. Wolf. 2. διειλέχθη] διελέχθη h. u. Med. Ald. Bekk. 4. ὁ om. u. Ibid. τῶν πρ.] τῶν σῶν πρ. u. Bekk. 9. ἀλλὰ τοὺς πλ. h. pen. οὔθ' ὅτι] οὐδ' ὅτι u. Bekk. οὐχ ὅτι Ald.

P. 749. 1. ἀλλὰ πρὸς] ἔτι δὲ πρὸς u. Bekk. 4. ἐπιστελλ. ἂν] ἐπιστελλ. καὶ γεγραμμένοις ἦν u. Bekk. 9. ἀφελόντα σε] ἀφέντες u. ἀφέντα σε Bekk. Ibid. τὰς προειρημένας δυσχερείας] τὰς δυσχερείας τὰς προειρημένας h. u. Bekk. 10. προσέχειν] προσέξειν u. Bekk. 13. ὡς δὴ] ὡς σὺ h. u. Bekk. 15. τοὺς ἐκ.] τούτους ἐκ. u. Bekk. 18. εὐεργέτης] εὑρετὴς u. Bekk. 19. προσάγηται] προσαγάγηται u. Bekk. 22. μέλλων] μέλλω u. Bekk. Ibid. πραγμάτων καὶ μεγάλων] μεγάλων πραγμάτων u. Bekk. 23. ὄντων] ζώντων u. Bekk. Ibid. προσήκει, νομίζω δεῖν] προσήκει. καὶ μὴ νόμιζέ u. Bekk. ult. διακείμενος, οὔτε] διακείμενος πρὸς τὰς ἐπιδείξεις, οὔτε u. Bekk.

P. 750. 1. ἡμᾶς πλήρ.] ἡμᾶς ἤδη πλήρ. u. Bekk. 3. ἐκεῖσε] ἐκεῖ u. Bekk. 15. πράττειν. νῦν δ' οὕτω] πράττειν ἅμα, καὶ νῦν Λακεδαιμονίοις μὲν οὕτω h. πράττειν ἅμα καὶ Καρχηδονίοις πολεμεῖν. ἐπειδὴ δὲ Καρχηδόνιοι μὲν οὕτω u. Bekk. πράττειν p 16. Ald. Bas. 17. τὴν secundum om. h. 19. ἤν τι πράττῃς ὑ. τ. Ἑ. ἀγαθόν.] εἴ τι πράττοις ὑ. τ. Ἑ. ἀγαθὸν, u. Bekk. Ibid. πῶς οὖν ἂν] οὖν om. h. u. Bekk. 21. θαυμάζῃς] θαυμάσῃς u. Bekk. 22. αἱροῦμαι] αἵρομαι u. Bekk. ult. ἄπειρος] ἄπορος Ald. ἄμοιρος u. Bekk.

P. 751. 2. ἐκεῖ μὲν] εἰκῇ μὲν u. Bekk. 3. ἐσχηκότων] εἰληφότων u. Bekk.

Β.

P. 751. Tit. ΙΣΟΚΡΑΤΗΣ ΦΙΛΙΠΠΩΙ ΧΑΙΡΕΙΝ.] ΦΙΛΙΠΠΩΙ. u. Bekk. 2. καὶ ἂν] ἂν καὶ h. Ald. κἂν u. Bekk. 3. μὴ πρότ.] μὴ καὶ πρότ. h. u. Bekk. 5. ἐδόκει Ald. Ibid. μάλιστα τὰ πρέποντα] τὰ πρέποντα μάλιστ' ἂν u. Bekk. 6. οὐκ ἂν ἴσως γε] ἴσως γ' ἂν Ald. Bas. ἴσως οὐδ' ἂν h. u. Bekk. 11. καὶ ταυτί πως] καὶ ταῦτ' εἰδὼς u. Bekk.

P. 752. 2. ἐμβάλλειν] ἐμβαλεῖν u. Bekk. Ibid. τοσούτους Ald. 4. ἄπ. τὴν] ἄπ. ἂν τὴν u. Bekk. 10. αἰτίους ἀδοξίας] αἰτίας πολλῆς ἀδοξίας u. Bekk. 14. συμβουλευόμενον] βουλευσόμενον u. Bekk. 15. συμπεριπεσούσης Ald. Ibid. δὴ καὶ συμβ.] καὶ om. u. Bekk. 20. διοικῇς. ἴδοις] διοικῇς καὶ τὰς ἀτυχίας τὰς συμπιπτούσας ἐπανορθοῦν δυνῇ. ἴδοις u. Bekk. 24. καταστάντας] καθιστάντας h. u. Bekk. Ibid. αἰσχρὸν h. 27. Κ. τῆς] Κ. τῷ τῆς u. Bekk. antep. ἄλλος οἶδε] οὐδὲν ἄλλαις u. οἶδεν ἄλλοις Bekk. pen. καὶ τήν] καὶ om. u. Bekk.

P. 753. 2. φοβ. ἢ] φοβ. τοῖς Ἕλλησιν ἢ u. Bekk. 5. συνακολουθοῦντας] συνακολουθήσαντας u. Bekk. 11. ἀνοίας καὶ] ἀνοίας ἀλογίστου καὶ u. Bekk. 12. κινδ. ὑπαρχ.] κινδ. ἰδίων ὑπαρχ. u. Bekk. 17. ἄλλων Ἑλλ.] ἄλλων om. u. Bekk. 19. δυνηθῇς h. 22. ἡδίους] ῥᾳδίους u. Bekk. 24. μεγ. οἵας] μεγ. ποιήσεις, οἵας u. Bekk. 26. ἐξαρκέσει κρ.] ἐξαρκέσει σοι κρ. h. Bekk. ἐξαρκέσοι u. pen. τήν τε σαυτοῦ] τε om. u. Bekk. ult. ἐπιδείξῃς πρὸς οὓς] ὑποδείξῃς πρὸς ὃν u. Bekk.

P. 754. 3. περιπεσεῖν] περιέπεσες u. Bekk. Ibid. ἠπείσθησας] ἠπίστησας u. Bekk. 10. προσθήσειν τοῖς εἰρημένοις u. Bekk. Ibid. ἀκρίβειαν] ἀκαιρίαν u. Bekk. 15. καὶ χρῆσιν] καὶ τὴν χρῆσιν u. Bekk. 16. ἐπαγγέλλοντας Ald. 22. μὴν γινώσκεις] μὴ γινώσκῃς h. p 16. μὴ γιγνώσκοις u. Bekk. 22. ὑπὲρ τῶν] ὑπὸ τῶν p 16. u. Wolf. Bekk. Ibid. ἀποφαίνονται] ἀποφαίνωσι u. Bekk. antep. ἃ ἂν] ὅ τι ἂν u. Bekk. ult. ἀτυχεῖν] τυχεῖν h. Ald. ἀποτυχεῖν u. Bekk.

P. 755. 1. πόλ. κατ. ἑ. ἀντιτάττειν τ. π. γε ταύτης.] πόλ. ἡμῶν κατ. ἑ. ἀντιτάττεσθαι τ. π. τε ταῦτ' u. Bekk. 5. μὲν ἄλλων] μὲν om. u. Bekk. 7. πώποτε πεπλημμελήκαμεν] πώποθ' ἡ πόλις ἡμῶν πεπλημμέληκεν u. Bekk. 9. τοῖς πράγμ.] τοῖς σοῖς πράγμ. u. Bekk. 13. σοῦ] σοὶ h. u. Bekk. Ibid. νῦν ὄντας] συνόντας h. Ald. Ibid. κατάσχοις οὕτως] κατέχοις h. p 16. u. Bekk. κατάσχοις ὡς Ald. 16. ἧς] ἣν u. Bekk. 17. ἰσχὺν] ἀρχὴν u. Bekk. 18. προκτήσῃ Ald. 20. δαπανῶνται] δαπανῶσι u. Bekk. 21. πιστευόντων] πιστευσάντων h. u. Bekk. Ibid. πόλιν om. p 16. 23. πόλιν μίαν ἑκάστην καὶ ξύμπασαν] μίαν ἑκάστην τῶν πόλεων καὶ σύμπασαν u. Bekk. πόλιν om. Ald. pen. γίγνεσθαι] γίγνεσθαί σε u. Bekk.

P. 756. 2. προσάγεσθαι] προσαγαγέσθαι u. Bekk. 4. γὰρ οὐ] γὰρ τοιαῦτα τῶν ἔργων οὐ u. Bekk. 7. ἐπαινέσουσι] ἐπαινέσονται u. Bekk. 10. εἰθισμένοις Ald. Ibid. οὔτ' αὖ] οὔτ' εὖ u. Bekk. οὔτ' αὖ (εὖ) p 16. 11. εὖ φερόμενος] εὖ om. h. p 16. u. Ald. Bekk. 13. τοῦτον] τοσοῦτον u. Bekk. 14. δ' ἐμὲ u. Bekk. 15. ὁρῶσί μοι] ὁρῶσιν ἐμοὶ u. Bekk. 16. ἐβουλόμην] ἠβουλόμην u. Bekk. 17. ὁμογνωμόνως] ὁμοίως u. Bekk. 18. ἂν βουλ.] ἣν βουλ. u. Bekk. antep. Ὥστ' οὐκ] Οὐκ u. Bekk. Ibid. ὅτι ἐστὶ] ὅτι καλόν ἐστι h. u. Bekk. ult. παρακατατίθεσθαι τῇ τ. Ἑ. εὐδαιμονίᾳ καὶ εὐνοίᾳ] παρακαταθέσθαι τῇ τ. Ἑ. εὐνοίᾳ u. Bekk.

Γ.

P. 757. Tit. ΙΣΟΚΡΑΤΗΣ ΦΙΛΙΠΠΩΙ ΧΑΙΡΕΙΝ.] ΦΙΛΙΠΠΩΙ u. Bekk. 2. συμφερόνταν καὶ σοι] καὶ τῶν σοὶ συμφερόντων u. Bekk. 3. ἐβουλήθην] ἠβουλήθην u. Bekk. 7. τήν τε πόλ.] τὴν πόλ. u. Bekk. 9. προεχούσας] προεστώσας u. Bekk. 14. ἐπενοούμην] ἐπινοοῦσί h. ὑπονοούμην u. ὑπονοοῦσί Bekk. 17. Πρὸς δὲ τούτοις κἀκεῖνο πολλοὶ] Καὶ πολλοὶ u. Bekk. 18. ποιῆσαι τὴν στρ. ἐπὶ] ποιεῖσθαι τὴν στρ. τὴν ἐπὶ u. Bekk. ult. μου παρακ.] μου πάντες παρακ. u. Bekk.

P. 758. 6. νῦν αὐτὸς] νῦν om. u. Bekk. 9. ἔσται u. ἔτι h. Ald. Ibid. ὄντων] δεόντων u. Bekk. 16. συναγωνιζομένων] συναγωνισαμένων u. Bekk. 17. ποιήσεις h. p 16. 18. ὃ ἂν] ὅ τι ἂν u. Bekk. 20. ἣν ἔχεις] ἣν νῦν ἔχεις h. u. Bekk. Ibid. παρὰ τῆς] ἐπὶ τῆς h. p 16. Ald. ἐκ τῆς u. Bekk. 21. οὐδὲ γὰρ] οὐδὲν γὰρ u. Bekk. per. τούτων] ταῦτα u. Bekk.

Δ.

P. 759. Tit. ΙΣΟΚΡΑΤΗΣ ΦΙΛΙΠΠΩΙ ΧΑΙΡΕΙΝ.] ΑΝΤΙΠΑΤΡΩΙ h. Bekk. ἀσήμας περὶ διοδότου, add. in marg. πρὸς ἀντίπατρον, u. 1. ἐπικινδύνου] κινδύνου u. Bekk. 4 εἰλόμην] προειλόμην u. Bekk. 7. καὶ τὴν ἄλλην] καὶ διὰ τὴν ἄλλην u. Bekk. 8. συσταθῆναι] συσταθῆναί σοι h. u. Bekk. 12. συγγενομένων] συγγεγενημένων u. Bekk. 13. περὶ τὸν] περὶ αὐτὸν τὸν u. Bekk. ult. καὶ ἀναγκαιότατον καὶ σωφρονέστατον εἶναι καὶ δικαιότατον h.

P. 760. 1. δὲ καὶ σύμβιον] δὲ συνημερεῦσαι καὶ συμβιῶναι u. Bekk. 5. δυνατῶν] δυναστῶν h. u. Bekk. 8. ὡς ὧν] ὅσον h. p 16. Ald. 14. ποιεῖν δυνάμεις] ποιεῖν διαμένειν h. διαμεῖναι u. Bekk. 16. δεῖ δὲ] διὰ δὲ u. Bekk. 17. σώζειν δύνασθαι] σώζεσθαι u. Bekk. 18. προσήκει] προσῆκε u. Bekk. 22. συνέβη] συμβαίνει u. Bekk. Ibid. τῶν κατὰ] τῶν περὶ u. Bekk. τῶν h. p 16. Ald. antep. δυναστευόντων] δυναστῶν u. Bekk. Ibid. πολλὰ μὲν] περὶ πολλὰ u. πολλὰ Bekk.

P. 761. 1. ἀπεστερήθη] ἀπεστέρηται u. Bekk. 3. δι' ἃ] διὸ u. Bekk. Ibid. δὴ κἂν] δὴ καὶ h. u. Bekk. 5. αὐτῶν Ald. 6. παρ' ἐκείνων] πρὸς ἐκείνους u. Bekk. 7. οὐ προθυμότερος ἦν, παραπλ. ἔμοιγε] ἀθυμότερος ἦν, παραπλ. ὡς ἐμοὶ u. Bekk. 8. οἳ πρ.] οἳ τὸ πρ. u. Bekk. 10. εἰς τὴν θάλ.] τὴν om. u. Bekk. 12. ἔδοξε ποιεῖν] ποιεῖ h. Bekk. ποίει u. ποιεῖν p 16. Ald. 13. λογιζόμενος] στοχαζόμενος u. Bekk. 15. λυσιτελὲς h. Ald. 16. τὸ πιστοὺς] τὸ om. u. Bekk. 19. τῶν ἀνθρώπων] τῶν ἀνδρῶν u. Bekk. 25. τοὔμπροσθεν] τοὔμπροσθε u. Bekk.

P. 762. 1. ἐκείνους γὰρ] ἐκείνους τε γὰρ u. Bekk. 4. οὐκ ἐφίξ. δ' αὐτὸν] ἐφίξ. δ' αὐτῶν οὐ u. Bekk. 7. πρόφασιν, ἣν] ἅττα σίνη, u. Bekk. 8. τὰ πολλὰ] τὰ om. h. u. Bekk. 9. ὅ τι] ὅ τι ἂν h. u. Bekk. 10. ἡμᾶς Ald. 12. ὧν τυγχάνει] ὧν ἂν τυγχάνῃ u. Bekk. 15. τυγχάνῃ] τυγχάνοι u. Bekk. 16. ὑπερεχούσης h. Ald. 17. καὶ εὐν.] καὶ τῆς εὐν. u. Bekk. Ibid. πρὸς ὑμᾶς] περὶ ὑμᾶς h. u. Ald. Bekk. 20. ἢ πρεσβ.] καὶ πρεσβ. u. Bekk.

Ε.

P. 763. Tit. ΙΣΟΚΡΑΤΗΣ ΑΛΕΞΑΝΔΡΩΙ ΧΑΙΡΕΙΝ.] ΑΛΕΞΑΝΔΡΩΙ u. Bekk. 4. ἀγνοοῦντας] ἀναγνόντας u. Bekk. Ibid. μεταφρονεῖν Ald. 6. μοι] μου u. Bekk. 9. ἀφρόνως ποιῶν,] ποιῶν om. u. Bekk. 12. συνδ. οὐκ] συνδ. τε οὐκ u. Bekk. 14. οἷοις περ] ὥσπερ h. Ald. 18. οὐδὲ γὰρ συμφέρον οὐδὲ πρέπον τοῖς μᾶλλον τῶν u.

P. 764. 2. δοκεῖς] δοξάζεις u. Bekk. 3. τοῖς ἀρχ. προστ. καὶ οὐκ] τοῖς τ' ἀρχ. προστ. οὐκ u. Bekk. 4. ποιεῖν ἑκάστους, περί τε] πράττειν ἑκάστους, ἐπιστήσει, περὶ δὲ u. Bekk. 6. τιμᾶν καὶ om. Ald. Steph. 7. οὖν ταῦτα] οὖν νῦν ταῦτα u. Bekk. Ibid. ἐλπίδα] ἐλπίδας u. Bekk. 8. ὡς ἂν] ὡς ἐὰν u. Bekk.

Ϛ.

P. 764. Tit. ΙΣΟΚΡΑΤΗΣ ΤΟΙΣ ΙΑΣΟΝΟΣ ΠΑΙΣΙ ΧΑΙΡΕΙΝ.] ΤΟΙΣ ΙΑΣΟΝΟΣ ΠΑΙΣΙ. u. Bekk. 2. ἠρωτήσατε, εἰ π. ἀποδημῆσαί τε] ἐρωτήσαιτε, εἰ π. ἂν ἀποδημῆσαι u. Bekk. 4. Πολυάκους] Πολυάλκους u. Bekk. 5. ἀφικόμην h. Ibid. οἶδα γὰρ] ἦ γὰρ h. οἶμαι γὰρ u. Bekk. pen. ἔπειτα δ'] ἔπειθ' u. Bekk. Ibid. ὅτε Ald.

P. 765. 1. ἐπὶ] περὶ Wolf. 2. εἰκὸς, εἰ κ. π. ἄλλοσέ ποι] εἰκὸς ἦν, εἰ κ. π. ἄλλοθί που u. Bekk. 7. πῶς ἂν καὶ] καὶ h. εἰ καὶ u. Bekk. 11. ὅπως ἀμφ.] ὅπως ἂν ἀμφ. u. Bekk. 13. τοσαῦται] τοιαῦται h. u. Bekk. 14. περί γε] περὶ u. Bekk. 21. διαδεδειγμένων] διαδεδομένων h. u. Bekk. Ibid. οὐδ'] οὐκ u. Bekk. antep. ἧς οὐ χαλ.] οὐ om. u. Bekk.

P. 766. 7. δοκοῦσι] ποιοῦσι u. Bekk. 10. ἔργον ἐστὶν] ἔργον om. u. Bekk. 12. θαυμάζητε] θαυμάζετε u. Bekk. 13. τῶν — τύχοιμι] τῷ — ἐντύχοιμι u. Bekk. 14. ὅτι] εἰ h. u. Ald. Bekk. Ibid. ἐστὶ λέγειν] εἰς τὸν λόγον u. Bekk. 16. γ' ὑπ'] γ' om. u. Bekk. 18. ἐπιφαινόμενον — θρυλλουμένων] ἐπιφερόμενον — τεθρυλημένων u. Bekk. 24. φράζομεν περὶ] φράζωμεν ἐπὶ (ἐπὶ h. Ald.) u. φράζω μὲν ἐπὶ Bekk. antep. τὸ στοχεῖον] τὸ om. h. u. Bekk. ult. γὰρ om. Ald. Steph.

P. 767. 1. λογίζησθε] λογιῆσθε h. Ald. λογίσησθε u. Bekk. 3. ὀρεχθῆναι] ὀριγνηθῆναι u. Bekk. 4. πότερον τὰς] πότερον om. u. Bekk. 6. τότ' ἰδίᾳ] τότ' ἤδη u. Bekk. 7. συντείνωσι] συντενοῦσι u. Bekk. 8. γιγνομένας] γενομένας u. Bekk. 9. καὶ φιλοσοφοῦντες om. u. Bekk. 10. τῆς ψυχῆς Ald. 15. ἠρημένων] προηρημένων u. Bekk. 16. ἀξιοίη] ἀξιώσειε u. Bekk. 17. σαφῶς διορισάμενον οὕτω με] ἤδη με h. p 16. u. Bekk. 19. ἀσφαλέστερος βίος] αἱρετώτερος ὁ βίος u. Bekk. 20. τυραννευόντων] τυραννιώντων h. τυραννιτῶν Ald. τυραννούντων u. Bekk. 21. ἡδίους νομίζω τὰς παρὰ τῶν μέγα φρονούντων ἢ τὰς παρὰ τῶν δουλευόντων] ἡδίους ἡγοῦμαι τὰς ἐν ταῖς πολιτείαις ἢ τὰς ἐν ταῖς μοναρχίαις u. Bekk. om. h. p 16. et in lacuna Ald. 26. ἀλλὰ παραλ.] ἀλλὰ πολλὰ παραλ. u. Bekk. ult. ταραχὰς καὶ τοὺς φόβους] καὶ τοὺς φόβους om. u. Bekk.

P. 768. 5. ὅσον ἀγ.] ὅσον μὲν ἀγ. u. Bekk. 7. σφᾶς κινδύνων ὄντας] σφᾶς αὐτοὺς οὕτως ὥστε τῶν μὲν κινδύνων εἶναι u. Bekk. 12. σκοποίην] ποιοίην h. u. Ald. Ibid. μὴ om. Ald. Steph. pen. οὖν om. h.

Z.

P. 768. Tit. ΙΣΟΚΡΑΤΗΣ ΤΙΜΟΘΕΩΙ ΧΑΙΡΕΙΝ.] ΤΙΜΟΘΕΩΙ u. Bekk. ult. χρᾷ] χρῇ u. Bekk.

P. 769. 6. διηγούμενα] διηγγελμένα u. Bekk. 7. μεγίστην] μεγάλην u. Bekk. 11. φαίνονται h. Ald. 13. παρὰ] ἐπὶ Ald. Ibid. συμβὰν] συμβαῖνον u. Bekk. 15. ἐξ οὗ] ἐξ ὅτου u. Bekk. 18. εὐεργεσίας] ἐργασίας h. p 16. u. Bekk. 21. τυραννευόνταν u. 22. ἀσελγείας διάξ.] ἀσελγείας τὸν βίον διάξ. u. Bekk. 23. βελτ. καὶ φρον. ἀμυνοῦνται] βελτ. καὶ πλουσιωτάτους καὶ φρον. λυμανοῦνται u. Bekk. 26. τοὺς τὴν] τοὺς om. u. Bekk. antep. οὕτω πράως] οὕτω μὲν πράως u. Bekk. pen. οὐδένα] μηδένα u. Bekk. ult. τοιαύτης] τοσαύτης h. u. Bekk.

P. 770. 3. τοῖς ἄλλοις Ἑλλ.] ἄλλοις om. u. Bekk. 6. ἀναγκαίως ἔχει] ἀναγκαίως h. Ald. ἀναγκαῖον ἦν u. Bekk. 8. τε καὶ] τε om. u. Bekk. 11. οὖν om. h. 12. πολλῆς δυν.] μείζονος δυν. u. Bekk. 19. δὲ καὶ Κλ.] καὶ om. u. Bekk. 20. καλόν τε] καλὸν u. Bekk. 21. τοῦ τινὰς] τοῦτόν τινας h. τοῦ τῶν πολιτῶν τινὰς u. Bekk. 23. πολλὴν ἀσφ.] πολλὴν μὲν ἀσφ. u. Bekk. 24. φυγόντας] φεύγοντας h. u. Bekk. 26. τὰς τιμὰς om. Ald.

P. 771. 1. τῶν ἄλλων τῇ] τῶν ἄλλων om. u. Bekk. 4. ἂν] δ' ἂν u. Bekk. Ibid. ἐδέησέ] ἔδει u. Bekk. 5. γράψ. τὴν] γράψ. σοι τὴν u. Bekk. 6. ἂν μὴ κωλύῃ] ἂν μὴ κωλύσῃ u. Bekk. 9. ὑμῖν Ald. Ibid. τὰς αὐτὰς διατριβὰς γέγονα] τὰς διατριβὰς τὰς αὐτὰς γεγόναμεν u. Bekk. 10. καὶ τέχνῃ] καὶ τῇ τέχνῃ h. καὶ τῇ τέχνῃ πολλάκις u. Bekk. qui πολλάκις lin. seq. om. Ibid. αὐτοῦ codd. et edd. 13. χρῆσθαι] χρήσασθαι u. Bekk. 14. φανερὸς h. Ald. Ibid. καὶ δι' ἡμᾶς] δι' ἐμὲ h. καὶ δι' ἐμὲ u. Bekk. om. Ald. 19. κρατίστοις] βελτίστοις u. Bekk. 22. δὲ τὴν δύν.] τὴν om. h. u. Ald. Bekk. antep. γ' ἂν] γ' om. u. Bekk.

P. 772. ὡς] εἰς p 16. Ald. 2. καὶ εἴ του ἄλλον δέῃ παρ'] κἄν του δέῃ τῶν παρ' u. Bekk.

H.

P. 772. Tit. ΜΙΤΥΛΗΝΑΙΩΝ] ΜΥΤΙΛΗΝΑΙΩΝ u. Bekk. 3. ἐπειδὴ — κατηγάγετε] ἐπειδὰν — καταγάγητε u. Bekk. 4. τούτων Ald. 6. ἄτοπος δόξω] ἄτοπος εἶναι δόξω h. u. Bekk. 13. περὶ μὲν] ὑπὲρ μὲν u. Bekk. 14. καὶ ὀχλ.] μηδ' ὀχλ. h. p 16. u. Bekk. 16. ἂν ὑμᾶς] ἂν om. h. u. Bekk.

P. 773. 2. ἐπιδείκνυτε] ἐπιδείκνυσθε h. u. Bekk. 3. τῶν χρημάτων] τῶν κτημάτων u. Bekk. 10. ἐν ταύτῃ] ἐν αὐτῇ u. Bekk. 13. ἐπί τῳ] περί γε h. Ald. περί τε p 16. περί τι u. Bekk. 14. καὶ μηδὲν προσήκοντας] κἂν μηδὲν προσήκωσι u. Bekk. 15. εὐδαιμονοῦντάς Ald. 16. αὐτῆς om. Steph. antep. αὐταῖς καλὴν συμβάλλεσθαι] αὐτῇ καλὴν συμβαλέσθαι u. Bekk. pen. δείγμασι] δείγματι h. u. Bekk. ult. τοῖς τοιούτοις] τούτοις u. Bekk.

P. 774. 1. ἂν προσήκειν] ἂν, προσήκει h. Ald. ἂν ὅτι προσήκει u. Bekk. 3. δεικνύειν δικαίους τυγχάνειν] δεικνύειν (om. Ald.) δικαίως ἂν τυγχάνειν Ald. Wolf. ἐπιδεικνύναι δικαίως ἂν τυγχάνοντας h. p. 16. u. Bekk. 5. μὲν τοῦ μὲν h. 6. ἀπέσχον] ἀπέστην h. u. Bekk. Ibid. ἔσχον h. 7. μὴν δέ γε παντ.] δέ γε om. u. Bekk. 8. προαιρουμένοις] προῃρημένοις u. Bekk. 9. ἀγωνιστὴς h. Ald. 14. διετελεῖτε] διατελεῖτε h. u. Bekk. 15. δ' ἂν εἰ h. 17. ἐτύγχανον χρείαν ἔχοντες] τυγχάνω δεόμενος cod. Vatic. 936. Bekk. 21. δοκοίητε] δοκεῖτε codd. Vatic. Bekk. Ibid. βεβουλεῦσθαι] βουλεύσεσθαι cod. Vatic. βουλεύσασθαι Bekk. 22. σκέψαισθε] σκέψεσθε h. u. Ald. Bekk. 23. γὰρ ἐμὲ] τοίνυν ἐμὲ cod. Vatic. Bekk.

P. 775. 3. θαυμάζητε] θαυμάσητε Bekk. Ibid. ῥᾳδίως οὕτω γράφω, καὶ περὶ μὲν τῶν ἄλλων ἁπάντων καὶ τῶν φιλτάτων τὴν ἐπιστολὴν πέπομφα.] προθυμότερον καὶ διὰ μακροτέραν τῶν ἄλλων γέγραφα τὴν ἐπιστολήν. cod. Vatic. Bekk. 6. φανερὸν ὅτι κ. μ. δ. ἀλλὰ] φανερὸν αὐτοῖς ὅτι κ. μ. δ. μηδὲ στρατηγῶσιν, ἀλλὰ cod. Vatic. Bekk. 8. ἕξουσιν ἐν τοῖς ἄλλοις] διάξουσιν ἐν τοῖς Ἕλλησιν cod. Vatic. Bekk. antep. δηλοῦν Ἀγήνορί τε] Ἀγήνορί τε δηλώσατε cod. Vatic. Bekk. ult. αὐτοὶ λίαν ἐπιθυμοῦσιν τυγχάνειν] αὐτοὶ λίαν ἐπιθυμοῦντες ἐτύγχανον h. ἐπεθύμουν cod. Vatic. Bekk.

Θ.

P. 775. Tit. ΙΣΟΚΡΑΤΗΣ ΑΡΧΙΔΑΜΩΙ ΛΑΚΕΔΑΙΜΟΝΙΩΝ ΒΑΣΙΛΕΙ.] ΑΡΧΙΔΑΜΩΙ. u. Bekk.

P. 776. 1. λίαν om. h. Ibid. ῥαδίως, sed in marg. ῥᾴδιος, p 11. 2. σε om. h. 6. τῶν λόγων h. 7. αἱρεῖν p 16. 10. ἂν δεῖ με π. ἐ. κομίζεσθαι h. 13. ἂν γενέσθαι h. 16. μόνως h. p 11. 18. καὶ τὴν χώραν ταύτην κατασχόντων om. h. 29. τῶν om. h. pen. ὅλης om. h. p 16. ὅλην p 11.

P. 777. 3. καὶ ἡγεμὼν p 11. 16. 8. τῶν om. h. p 16. Ibid. καὶ μὴ h. p 16. 14. κἀκείνῳ p 11. Ibid. ῥᾴδιόν p 16. 17. μείζω] πλείω h. p 11. 16. 18. ὄντας om. h. p 11. 16. Ibid. ἀποδέχονται] ὑπολαμβάνουσι h. p 16. 21. ῥηθησομένων h. p 16. antep. περὶ om. h. p 11. 16. pen. ῥᾴστους] ἀχρήστους h. p 11. 16.

P. 778. 2. ἄλλους om. h. 7. αἰσχρῶς] ἀδίκως n. p 11. 16. Ibid. ἧς] καὶ h. p 16. 11. ἅπαντες h. p 11. 16. 13. τῷ secundum om. h. p 11. 14. περιορῶ μεν p 11. 16. 19. εἰς ἃς h. pen. τὰς δ' ἄλλως περὶ τ. σ. ἐχούσας h. p 11. 16.

P. 779. 2. ῥακίοις h. p 11. 16. 4. πολλῶν ἤδη χρόνων h. p 16. 5. προστῆναι p 11. 16. Ibid. ἀξιωθεισῶν h. 8. πάντα h. 11. θαυμασείας p 11. 16. 16. ἅπασι h. p 11. 16. 20. ἐβούλετο h. 23. ἑτέρων h. 25. δύνασθαι om. p 11. 16. ult. τις om. h. p 11. 16.

P. 780. 1. φιλονικίας u. Bekk. 4. μηδεμιᾶς p 11. 16. Ibid. παιδεύσεως h. 6. τὰ ἐμὰ h. p 16. 7. μέλλειν p 11. 17. προσήκει h. p 16. 18. ποιούμενον p 16. 19. τυχὴν p 11. Ibid. ὑπ' h. 20. τοὺς ἄλλους Ἑλλ. p 11. u. Ibid. αὐτοῖς ἐξ αὐτῶν h. αὐτοῖς ἐξ αὐτῶν p 11. αὐτοὺς ἐξ αὐτῶν p 16. Ibid. ἐκλέγεσθαι h. 21. ἂν om. p 11. 24. ἀνθ'] ἐξ h. p 11. om. p 16. pen. ἀξιώσειεν h.

P. 781. 5. δὲ primum om. h. 9. ὅπως τε τοὺς h. p 16. 10. ἀπαλλάξῃς h. p 11. 26. et A. C. L. 12. πλέον p 11. 16. pen. πᾶσιν h. p 11. 16. Ibid. ἤδη om. h. p 11. 16. ult. ἐστίν om. h. p 11. 16.

Ι.

P. 782. 2. τὴν om. Ald. 4. τοῦτο καὶ κοῦφον δοξ. m 2. Ibid. τοσοῦτο m 2. 7. ἠνάγκασε m 2. 8. ἀναχωρεῖν m 1. Ibid. παρεσκεύασεν m 2. ult. προπίπτουσαν Wolf.

INDEX GRÆCITATIS
ISOCRATEÆ
A LANGIO CONSCRIPTUS.
AD PAGINAS ET VERSUS EDIT. NOV.

A.

ἀγαπᾷν. sibi placere. 258, 26. contentum esse. 462, 13. ἀγαπᾷν φιλίαν. amicitia delectari. 263, 23.

ἄγειν. afferre e longinquo. 112, 2. ἄγειν καὶ φέρειν. pecudes et res mobiles prædari, 313, 21.

ἀγελαῖος. gregarius. 508, antep.

ἀγέννητον. prætermissum. 738, 26.

ἀγνοεῖν. in errore versari. 366, 7. 430, 3.

ἀγνώμων. stultus, temerarius. 782, pen.

ἀγῶνες στεφανῖται. certamina coronaria, seu in quibus victori corona datur. 762, 1.

ἀδελφίζειν. fratris nomine compellare. 730, 25.

ἀδηφαγοῦντες ἵπποι. edaces equi. 308, antep.

ἀδολεσχία. loquacitas. 577, 24.

ἀθανασία τῶν πόλεων. 432, 5.

ἀκαταστάτως ἐχόντων τῶν ἐν τῇ πόλει. dum res in urbe incertæ erant. 744, 9.

ἀκέραιος. integer. 207, 6.

ἀκιβδήλως. pure, sincere. 90, 3.

ἀκμή. ætas virilis. 364, 3. ἀκμὴ ἀνθοῦσα. ætas florens. 255, 16. ἀκμὴ τῶν καιρῶν. temporis punctum sive articulus. 127, 7. ἀκμὴν, soil. κατά. hoc ipso tempore. 88, 8. (Wolf. *vehementer*.) ἀκμὴν ἔχειν συμβουλεύειν. consilii dandi facultate vigere. 766, 6. ἀκμὴν λαμβάνειν. in fiore esse. 748, 5.

ἀκοή. auditus. 541, 14.

ἀκούσιος. involuntarius. 97, 5.

ἀκρίβεια. prolixitas. 754, 10.

ἀκριβοῦντες τὰ Λακεδαιμονίων. rerum Laconicarum studiosi. 548, 1.

ἀκρόπολις Athenarum. 693, 3.

ἄκυρος. inutilis, irritus. 256, 1. jus et potestatem non habens. 727, 3.

ἄλλοσε. alibi. 765, 2.

ἀλόγως. sine oratione. 138, 5.

ἅμα—καί. 235, 5.

ἄμικτος. 458, 13.

ἅμιλλα. certamen. 439, 2.

ἀμύνασθαι. defendere. 258, 27. ulcisci. 602, 5. ὑπὲρ αὐτῶν. defendere, obtinere illas (opes). 246, pen.

ἀμφιγνοεῖν τοὺς τἀληθῆ λέγοντας. dubitare, an vera dicant. 614, 30.

ἀμφισβητεῖν τῶν λόγων. 248, 6. ἀμφισβητεῖν τινός. de re aliqua in certamen descendere. 273, 18.

ἀμφισβήτησις. incerta legum interpretatio indeque orta controversia forensis. 119, 5.

ἀμφισβητούμενα (τὰ). controversiæ. 253, 8.

ἀναβαίνειν, de Areopagi candidatis. 365, pen. ἀναβαίνεσθαι, de iisdem. 542, 18.

ἀναβάλλεσθαι δεόμενος. moram petens. 144, 23.

ἀναβὰς εἰς ὑμᾶς. ad vos progressus. 741, pen.

ἀναβολὴ] dilatio, mora. οὐκ εἰς ἀναβολάς. confestim. 751, 3.

ἀναγκάζειν. vexare. 319, 14. ἀναγκαίως ἔχει. necesse est. 770, 6.

ἀνδρωδῶς. viriliter. 512, 4.

ἀνακεκαινισμένος. instauratus, renovatus, ab ἀνακαινίζω. 343, 1.

ἀναλαβεῖν (sive ἀναλαμβάνειν) ἑαυτόν. se ipsum colligere, recreare. 258, 25. 304, 25.

ἀνανεεῖσθαι. renovare. 772, 1.

ἀνάστατος. vastatus, alii subjectus. 142, 8. ἀναστάτους ποιεῖν. sedibus pellere. 183, pen.

ἀναφυόμενος. subortus. 581, 4.

ἀνελόντες τὰς χάριτας καὶ τὰς ἐπιεικείας. omissis gratiæ referendæ et æquitatis officiis. 192, 9.

ἀνενέγκῃς. ἀναφέρειν, referre, reducere. 261, 10.

ἀνεξάλειπτος. indelebilis, sempiternus. 270, ult.

ἀνεπιτήδειος. ineptus, alienus. 509, antep.

ἀνέχεσθαι. tolerare, pati (cum genit.). 419, 9. idem quod ἀγαπᾷν, στέργειν. pati, contentum esse, acquiescere. 107, 13.

αὐταρκεῖν. durare, perdurare. 729, 26.
αὐτοί. sponte sua. 262, 22.
αὐτοσχεδιάζειν. temere et negligenter agere. 451, 10. ex tempore dicere. 578, 6.
αὐτόχθονες. eodem solo innati, quod incolunt. 178, 2. 415, 16. 534, pen.
αὐτόχειρ. qui sua manu alium interficit. 213, 2. 727, antep. (militum suorum occisor). 590, 15.
ἀφέλης. 260, 17.
ἀφελόμενος τῶν ἄλλων, i. e. ἐξ ἁπάντων ἐκλεξάμενος. seligens ac separans has duas virtutes a reliquis, has mihi peculiares esse volui. 147, 10.
ἀφέμενος τῶν ἄλλων. omnibus aliis omissis. 240, 12. 461, ult. 466, 6. πάντων τῶν τοιούτων. omnibus hujus generis omissis. 304, 23.
ἀφετέος] καιρὸν, ὃν οὐκ ἀφετέον. 237, 5.
ἀφίστασθαι πόλεως. urbem relinquere. 313, 18.
ἀφορμή. opportunitas. 361, 2. commoditas. 724, 27. ἀφορμὴν λαβόντες. occasione utentes. 191, 14.
ἀφορίζεσθαι. finire. 616, 1.
ἀφοσιούμενος. 572, ult.
ἀφ᾽ ὧν ἀμφότερα ταῦτ᾽ ἂν ὠφελοῖντο. quibus (cibis et institutis) utraque hæc (corpus et animus) juvarentur. 429, pen.
Ἀχαΐδες πόλεις. 314, 21.
ἀχαρίστως, idem quod ἀηδῶς. cum molestia et dolore ejus, cui benefit. 104, 2.
ἄχθεσθαι. graviter commoveri. 508, 20.

B.

βάσανος in servis tantum adhibetur. 743, 23.
βασιλεῖς. summi magistratus. 732, 6.
βασκαίνειν. criminari. 617, 3.
βεβιωμένα pro βίος. 604, 2.
βίβλοι μπερὶ τῆς μαντικῆς. libri artis divinandi. 724, 25.
βίος privatorum hominum jucundior quam tyrannorum. 767, 19.
βλαβεῖσθαι. detrimentum accipere. 99, antep.
βλάστημα. germen, flos. 111, 21.
βομβύλιος. 467, ult.
βουλεύεσθαι. consilium dare, deliberare, consultare. 105, pen.
βραβεύειν. gubernare. 356, 3. βραβεύεσθαι. dirigi, constitui. 270, 20.
βωμολοχεύεσθαι. 374, ult.

Γ.

γεγραμμένος. pictus. 461, 1.
γενόμενοι (οἱ) περὶ τὰ Περσικά. quales fuerint. 424, 26. γενόμενοι μετ᾽ ἐκείνους. quales. 425, 4.
γέροντες. summæ rerum præfecti apud Lacedæmonios. 542, 15.
γιγαντομαχία levior quam deorum pugna ad Ilium. 477, 11.
γνώμη, idem quod διάνοια. 87, 2. cognitio. 151, 9. ingenium. 468, 5.
γνωσιμαχεῖν. disputare. 254, 18.
Γοργόνειον. 718, ult.
γράμματα et λόγοι quomodo differant. 579, 2.
γράμματα (scripta), e tempore Pisistrati, tempore Panathenaici exstabant. 541, 9.
γράφεσθαι πρὸς τοὺς θεσμοθέτας. ad Themothetas referre. 737, 15.
γυμνασιαρχία. 682, 5.
γυμνάσιον. exercitatio. 117, 10.

Δ.

δεδαμασμένος. domitus. 311, 15.
δεδηλωμένα. dicta. 276, 16.
δεδοκιμασμένος. domitus. 311, 15.
δεῖγμα. specimen, exemplum. 91, 13.
δεινότης. vis, facultas, dotes, virtus. 147, 5.
Δέκα (οἱ). Decemviri post Trigintaviros constituti. 707, 6.
δεκαδαρχία. decemviratus. 277, 2. δεκαδαρχιῶν κοινωνήσαντες, Lacedæmonii eorum jussu Decemviri constituti. 212, 10. eorum malignitas. ibid. δεκαδαρχία Lacedæmoniorum. 520, 28.
δεκάζειν. largitionibus corrumpere. 416, 1.
δέοντα (τά). quæ fieri oportet seu decet, officia. 118, 6. 131, 3. δεόντων τι. quod opus est. 259, 16.
δηλοῦν πράξεις. de rebus dicere. 171, antep.
δήμευσις. proscriptio. 710, pen.
δημιουργός. opifex. 487, 21.
δημοκρατία. 536, 20.
διαβολή. crimen, sive verum sit, sive falsum. 95, 4. quantum illa malum. 606, 23.
διαγενέσθαι. permanere. 318, 9.
διάγνωσις] dijudicatio. ταχίστην ἔχει διάγνωσιν. facillime dijudicantur. 105, pen.
διαγωγή. negotium. 759, 16.
διάθεσις. exportatio. 486, ult.
διαθήκη. testamentum, hereditas. 724, 22.
διαιρετικώτατος χωρισμός. separatio maxima.
δίαιτα. arbitrium. 693, 18. δίαιτα ἐπὶ ῥητοῖς. arbitrium certis conditionibus. 708, 22.
διαιτᾶσθαι. commorari. 724, 8.
διαιτήτης. arbiter. 608, 27.
διακεῖσθαι δυσκολώτερον. morosiorem esse. 729, 24.
διαλαθεῖν. 766, 2. latere, effugere. 129, pen. 200, 23. 567, 5.
διαλαμβάνειν. distinguere, v. c. locum arboribus, quo in intervalla dividitur, hinc omnino dividere. 175, ult.
διαλιποῦσα (πόλις) χρόνον ὀλίγον. post exiguum temporis spatium. 255, 2.
διαλύειν ἑνὶ ψηφίσματι. uno decreto dissolvere. 215, ult. τὰ συμβόλαια. nomen solvere. 693, 15. dirimere. διάλυσι. di-

rimere solet. 87, x.

διαλύσασθαι τὰ πρὸς ἡμᾶς. abolire controversias nostras, (Auger. conj. τὰ πρὸς σφᾶς,) 221, 4.

διάλυσις. dijudicatio, et inde orta compositio, pacis conciliatio. 119, 6.

διαμαρτάνειν. errare. aberrare. 137, 10. destitutum esse. 104, pen. τῶν πραγμάτων. 253, 11.

διανοηθῆναι (τὸ). prudentia, intellectus. 759, 14.

διαπέπρακται. perfecit. 223, 9.

διαποικίλλειν. (per) ornare. 443, 2.

διαπράξασθαι εὐχῆς ἄξια. perficere ea, quibus meliora ne optari quidem possint. 245, pen.

διασύρειν. 767, 16.

διασκαριφεῖσθαι. scalpere, dissolvere. 348, 2.

διατίθεσθαι δυσκόλως. infensum esse. 407, 3.

διατρίβειν περὶ λόγον. orationem meditari sive elaborare. 253, 10.

διατριβή. studium. 601, 2.

διατρίψαντες. discipuli. 255, antep.

διαφορὰν εἰλήφασι, i. e. διαφέρουσι. 87, x.

διαφυσᾶν. inflare. 782, 4.

διαψεύδεσθαι. aberrare. 410, antep.

διεψεῦσθαι (cum genit.). se ipsum fefellisse. 258, 22.

διαχειρίζειν χρήματα. pecunias tractare. 688, 8.

διεγγυᾶν. 691, ult.

διέλαθεν. 109, 15. 129, pen.

διενεχθέντες πρὸς ὑμᾶς. a vobis dissidentes. 592, 1.

διεξιέναι περὶ τῶν πραγμάτων. de rebus loqui. 420, 13.

διημερεύειν. totam diem consumere. 373, 1.

διϊστάναι. discedere, reconciliari. 262, 23.

δικάζεσθαι. coram judicio cum aliquo contendere. 706, 8. litigare. 581, 10.

δίκαιον (τὸ) utique præferendum esse utili. 303, 20.

δικαιοσύνη οὐ διδακτός. sed ad comparandam illam exercendamque idonei juvantur maxime eloquentiæ politicæ institutione. 582, 2. sola beat. 412.

δικαίωμα. jus. 301, 12.

δικαστής. 608, 27.

δίκην φεύγειν. reum esse. 713, 22.

δικογραφία. orationum forensium compositio. 602, 1.

διοικεῖν. regnare. 114, pen. διοικεῖν περὶ τῶν ἄλλων. reliqua curare et administrare. 184, 4. διοικεῖν τὰς νίκας. victoria uti. 752, 12.

διοικεῖσθαι. administrari, se habere. 421, 5.

διοικῆσαι. 264, 1.

διοίκησις. negotium. 264, 1. administratio. 107, 6.

Διονύσια. 546, 4.

διορᾶν. perspicere. 174, 3.

διορίζειν, vel διοριεῖν, πόλεμον εἰς τὴν ἤπειρον. bellum includere intra fines imperii Persici. 242, 6.

διορίζεσθαι. distinguere. 137, 9.

Διὸς ἄγαλμα τοῦ σωτῆρος. 455, 22.

διώκειν. studere, expetere. 106, antep.

δόξα. judicium. 511, 25. existimatio bona opibus longè præferenda. 287. opinio. 260, 22.

δοξάζειν. conjectura uti. 491, 23.

δόξαντα (τὰ). deliberatà. 108, 8.

δοξαστικός. acutus, sagax. 580, 16.

δραπέτις τύχη. fortuna fugitiva. 782, antep.

δυνάμεις τῶν λόγων. orationum vis. 579, 21.

δυσάρεστος. cui haud facile placueris, morosus. 103, 8.

δύσερις. perverso rixandi studio deditus. 103, 8.

δυσκόλως ἔχειν. iniquo animo esse, male sentire. 135, 10. idem quod δυσμενῶς ἔχειν, 137, 11.

δυσμένεια. odium. 270, 7.

δυσπολέμητος, idem quod χαλεπὸς προσπολεμεῖν. 223, 17.

δυσφορεῖν. graviter ferre. 782, ult.

δυσχέρεια. difficultas. 749, 9. incommodum. 761, 6. αἱ δυσχέρειαι περὶ τὰς σοφιστάς. 260, 16.

δυσχεραίνειν. in judicando esse difficilem. 174, 9. fastidire, indignari. 259, 13. κακοῖς. malis mœrere. 100, 8.

δύσχρηστος. intractabilis, tractatu difficilis. 428, 14.

E.

ἐγγένοιτο μνημονεύειν. 434, 20.

ἐγγενόμενον. quum licuisset. 682, 16.

ἐγγυητὴς ἓξ ταλάντων. 691, 13.

ἐγείρειν τὸ πρᾶγμα. 675, 8.

ἐγκαλεῖν χρέος. debitum postulare. 746, 1.

ἐγκύκλιος. in orbem rediens. 424, 2.

ἐγκωμιάζειν ἔχομεν, pro ἐγκωμιάζομεν. 413, 27.

ἐγνωκέναι. decrevisse, statuisse. 110, 4.

εγχείρημα. conatus, inceptum. 115, 10.

ἕδος. sedes, templum, simulacrum. 602, 2.

εἰδέναι κακῶς. male scire, nescire. 411, 12.

εἴδη, idem quod ἰδέαι. 580, 17.

εἰκάζειν. conjectura uti. 142, ult.

εἰκότως. justis de causis. 252, ult.

εἰλικρινὴς ἡδονή. voluptas, quæ neque ante se neque post molesti quid habet. 110, 14.

Εἵλωτες. 212, ult.

εἱλωτεύειν. 221, 2. 758, 15.

εἰ μὴ διὰ Κῦρον. nisi Cyrus obstitisset. 276, 7.

εἰ περιέλαβον. ubi susceperunt. 426, 15.

εἶναι μεθ' ἡμῶν. a nostris partibus stare. 177, 13.

εἶναί τι προὔργου. operæ pretium esse. 257, 7.

εἴργεσθαι. abstinere, recedere. 236, 2.

εἰρήνη παροῦσα. pax Antalcidæ ignominiosa. 216, 3.

εἷς τοῦ πλήθους. unus e multis. 740, 25.

εἰσαγώγιμος δίκη. actio danda. 708, ult.

εἰσηγεῖσθαι. præcipere. (cum dat.) 88, antep. εἰσηγεῖσθαι καὶ συμβουλεύειν. 240, 13. suadere. 381, 9.
εἰσηγήματα. seriæ admonitiones. 748, ult.
εἰσρυεῖσθαι. influere. 436, 13.
εἰσφέρειν. 732, 4.
εἰσφερόμενος. exactus. 423, 1.
εἰσφορά. exactio. 376, 1.
εἶχε ποιῆσαι. facere potuit. 743, 13.
ἐκβαρβαροῦσθαι. barbarie deformari. 453, 4.
ἐκεῖσε pro ἐκεῖ. 486, 12.
ἐκλείπειν. deficere, deesse, negligi. 408, 25.
ἐκλελυμμένως. dissolute. 766, 10.
ἐκπεπτωκότες ἐκ τῶν πατρῴων. qui e patriis bonis exciderunt. 432, ult.
ἐκπίπτειν. excidere, amittere. 720, 17.
ἐκποδὼν ποιεῖν. e medio tollere. 447, 15.
ἐκπρίασθαι. largitionibus adducere. 142, 1.
ἐκτίειν. luere, rependere. 102, 2.
ἐκφέρειν. efferre, divulgare. 406, ult. σημεῖον. signum exhibere. 769, 2.
ἐλάττονες. minores, qui minoris pretii sunt. 117, 9.
ἐλαττοῦσθαι, scil. τῆς δόξης καὶ τῆς τῶν ἀνθρώπων προσδοκίας. hominum de se exspectationem fallere. 111, 5.
ἐλαύνειν. 415, 9.
ἐλθεῖν ἐπὶ τὸ συμφέρον. converti ad id, quod expedit. 176, 14. ἐλθεῖν ἐξανδραποδισθῆναι. servitutem subire, in eam incidere. 421, antep.
Ἑλλὰς πᾶσα ὀρθή. 270, 18.
ἐλλείπειν. citra resistere. 127, 8. prætermittere. 144, 15.
ἐλλέλοιπεν. reliquit. 258, 5.
ἐμβριθής. arduus. 750, 22.
ἐμποδιεῖν. 762, 7.
ἐμποδὼν ὄντες. qui impedimento sunt. 176, antep.
ἐμποιεῖν. inserere. 90, 11.
ἔμπυος. purulentus. 729, antep.
ἔμφραγμα. septum, obex. 366, ult.
ἐναπεργάζεσθαι. incutere. 366, 2.
ἔνδεια. inopia, quod parum est. 127, 9.
ἐνδεικνύειν, sive ἐνδεικεῖν. 711, 18.
ἐνδέχεται. convenit, licet. 110, 21.
ἐνδοῦναι. ansam præbere. 319, 23.
ἐνεγκεῖν. afferre. 340, 8.
ἐνεργὰ καθιστάναι τὰ ἑαυτῶν. quæstum facere e re familiari. 362, antep.
ἐνεστώς. 265, 20.
ἐνεστῶσα μανία, præsens furor. 375, 10.
ἐνεστῶτα (τὰ). res præsentes. 752, 14.
ἐνθάδε. 275, 5.
ἐνθένδε] τὸν ἐνθένδε πόλεμον, pro τὸν πόλεμον ἐνθένδε. 242, 6.
ἐν μέρει. diverso tempore, singillatim, cui oppositum est ἅμα. 206, 13. ἐν μέρει χειρώσασθαι. singulos deinceps subigere. 238, 11.
ἐνόντα εἰπεῖν. quum materia dicendi adsit. 493, 26. ἐνόντα. dicendi materia. 391, 2.
ἐνοχλεῖν. molestum esse. 172, 1. intrudere se. 777, 19.
ἐνσημαίνεσθαι. exprimere, significare. 260, 4.
ἐνστάντα (ἐνίστημι). durantem. 253, 1.
ἐνστῆναι. intercedere, interponere. 262, 25.
ἐνταῦθα. coram. 748, 2. illuc sive etiam coram. 115, pen.
ἐντάφιον ἡ τυραννὶς καλόν. 305, ult.
ἐντεῦθεν γὰρ ὑποτιθέμενος ἠρξάμην. hic enim proponens seu proponere cœpi, i. e. hæc prima pars propositionis meæ fuit. 139, 11.
ἔντευξις. congressus, qui sine colloquio esse non solet, hinc idem quod διάλεξις, colloquium. 97, 3.
ἐντυγχάνειν. experiri. 353, 2.
ἐνφορεῖσθαι. repletum esse. 669.
ἐξ ὑπογυίου. nuper demum. 174, 15.
ἐξ ὧν μεθ' ἑκατέρων γέγονεν. prout cum alterutris conjunctus erat. 224, 18.
ἐξ ὧν, idem quod ὅπως vel τινὰ τρόπον. 114, antep. 128, 6. idem quod δι' ὧν. 309, 15. ἐξ ὧν, ἐκ τῶν αὐτῶν τούτων. propterea, ob id ipsum. 180, 5. quo pacto. 222, 9. ἐξ ὧν ἔπραττεν. 432, 27.
ἐξαγωγή. exportatio. 703, 2.
ἔξαρνος γίνεται. inficitur. 743, 13.
ἐξελέγχειν. arguere, in lucem proferre, indicare. 150, 11.
ἐξέστησαν (οὐκ) αὐτῶν. a statu suo non declinarunt. 552, 21.
ἐξετάζεσθαι. ordine disponi. 231, ult.
ἐξηλλαγμένος. mutatus, diversus. 280, 11. 418, 27.
ἐξεστηκὼς τῶν πολιτικῶν. qui a politicis rebus longissime abest. 240, ult.
ἐξιστάναι] ἐξέστηκα τοῦ φρονεῖν. 257, 14.
ἐξίτηλος. evanidus. 371, pen.
ἐξοκέλλειν. incidere, incurrere. 352, 7. 754, 12.
ἐξουσία. potestas, locus, occasio. 89, 11.
ἐπαινεῖν dulcius esse auditoribus quam συμβουλεύειν. 777, 17. quid significet. 461, 21.
ἐπαμφοτερίζειν. dubium esse. 564, 3.
ἐπανορθοῦν. corrigere, emendare. 434, 22. 553, 15.
ἐπαρᾶσθαι (ἐπηράσαντο). diris devovere. 234, 4.
ἐπάρασα. quæ impulit. 429, 3.
ἐπείγομαι] ἐπειχθῆναι. festinare. 242, pen. ἐπείχθησαν. festinarunt. 202, 2.
ἐπείσακτος. peregrinus. 473, 28.
ἐπεξέρχεσθαι. actionem intentatam persequi. 709, 1.
ἐπήλυδες. 534, antep.
ἐπῄρθην συγγράψαι. ad scribendum incitabar. 255, 13.
ἐπὶ, pro περί. 305, 1. (cum dat.) propter. 144, 3. ἐπ' ἀρετῇ. 149, 11. ἐπὶ τῶν ἔργων opponitur τῷ λόγῳ. 282, 1. ἐπὶ τῶν καιρῶν. quum res consilium præsens postulat. 133, 11. ἐπὶ μιᾶς ἀσπίδος. 319. ult. ἐπὶ τοῖς παισὶ γινόμενος. filiis sub-

jectus. 191, 10. ἐπὶ μὲν τῶν ἰδίων. in rebus privatis. 431, pen.
ἐπίδειξιν ποιεῖσθαι. orationem ostentationis causa componere. 257, 9.
ἐπιδιδόναι. augeri, proficere. 462, pen.
ἐπίδοξος γενήσεσθαι. qui verosimilis est futurus. 739, 21. διαφθαρήσεσθαι. exitio proximus. 760, 17.
ἐπιείκεια. æquitas, humanitas, probitas. 107, 15.
ἐπιεικεῖς τῶν φύσεων. bona ingenia. 371, 7.
ἐπιεικῶς δοξάζειν. mediocres opiniones habere. 466, 11.
ἐπιεικῶς. sufficienter. 765, antep.
ἐπιζήμιος. detrimentosus. 119, 9.
ἐπιθέσθαι, ἐπιτίθεσθαι. manum imponere. 262, 26. ex insidiis aggredi, insidiari. 113, 13.
ἐπίθετος ἑορτή. 359, 5.
ἐπικαρπίας λαμβάνειν. 433, 5.
ἐπικηρυκεύεσθαι, idem. quod πρέσβειαν πέμπειν. 235, pen.
ἐπικήρως. 495, 1.
ἐπικυδέστερα. gloriosiora. 224, 11.
ἐπιλαμβάνεσθαι. reprehendere. 485, 26.
ἐπιλείπειν. deficere. 315, 16.
ἐπιμέλεια κοινή. curatio publica, munus publicum. 107, 8.
ἐπιξενοῦσθαι. peregre vivere. 764, pen.
ἔπιπλα (τὰ). supellex. 743, 9.
ἐπιπολάζειν. emergere, potentem esse. 429, 16.
ἐπισημαίνεσθαι. acclamare. 503, 1.
ἐπισκευάζειν. instaurare. 234, 6.
ἐπισκοτεῖν. luminibus officere, nocere. 90, 2. 405, 21.
ἐπισπεύδειν. accelerare. 223, ult.
ἐπιστήσῃ μᾶλλον. magis perspicies. 99, pen.
ἐπιστῆμαι. scientiæ ad perpetuam mortalium utilitatem semper manent. 773, 22.
ἐπίσταθμος. præfectus. 218, 3. mansionum curator, satrapa, idem quod δυνάστης. 237, 15. ἐπιστατεῖν ταῖς διαλλαγαῖς. reconciliationi præesse. 264, 13.
ἐπίτευξις. adeptio. 781, ult.
ἐπιτυχής. qui attingit. 511, 25.
ἐπιτυχῶς. cum successu. 561, 7.
ἐπιφερόμενα. inferiæ. 438, 2.
ἐπιχειρεῖν. invadere. 238, 14.
ἐπονείδιστος. probrosus. 411, 8.
ἐπονειδίστως. cum probro. 191, 10.
ἐπωβελεία. 706, 11. ἐπωβελείαν ὀφλεῖν. mulctam solvere. 714, 11.
ἐπώνυμοι. 719, ult.
ἔρανος. 596, 18. collatio pecuniæ ad juvandum aliquem, (milder Beytrag). 484, 2.
ἐργάζεσθαι τὴν ἀρετήν. ex honestate docenda quæstum facere. 577, 10.
ἐργασία. labor, ex labore quæstus, industria. 119, 8.
ἐργολαβία. quæstus. 259, 22.
ἔργον ἐστί. res est. 425, 7.
ἔρημος. orbatus. 735, 10. duce et auxiliis destitutus. 276, 4.
ἐῤῥωμένως ἔχειν πρὸς τὰς πράξεις. 674, 21.
ἔῤῥωσο. 772, 2.
ἕτοιμος] ἐξ ἑτοίμου. ex parato, i. e. paratus. 277, 7.
εὐβουλία. prudentia. 106, 1.
εὐεργέτης. 749, 18.
εὐκαίρως. commode, opportune. 486, 13.
εὔξεσθαι τοῖς θεοῖς. a diis precari. 433, 19.
εὐπαιδία. sobolis prosperitas. 493, 12.
εὐπορία. facultas. 137, 16.
εὐπροσήγορος. qui amice colloquitur, comiter aliquem appellat. 96, antep.
εὕρημα ἔχειν. in lucro ponere. 759, 27.
εὐρυθμίαι. 443, 9.
εὐρύθμως. 580, 14.
εὐσεβεῖν. pium esse. 136, 7.
εὐσέβεια et δικαιοσύνη et φρόνησις optima hominum instituta. 554, 16.
εὐτυχία. prosper successus. 106, 1.
εὐτράπελος. 375, 1.
ἐφ' ἑαυτῶν ἄνδρες. viri sui temporis. 441, 18.
ἐφάμιλλος τοῖς τοῦ πατρὸς ἐπιτηδεύμασιν. studia patris æmulans. 91, ult.
ἐφεδρεύειν. 435, 20.
ἐφεξῆς. uno tenore. 524, 18.
ἐφικνεῖσθαι τοῦ μεγέθους. magnitudinem assequi. 247, antep.
ἐφιστάναι τὴν γνώμην. 459, 9.
ἔχειν προθύμως πρός τι. aliquid appetere. 119, 10. ἔχειν ὑπὲρ τοὺς ἰδιώτας. captum indocti excedere. 173, pen.
ἐχθὲς καὶ πρώην. heri et pridie, nuper. 301, 24.
ἐχόμενα τούτων. cetera, quæ eo nituntur. 177, 18.

Z.

ζημία. damnum. 149, 15.
ζημιοῦσθαι. jacturam facere. 108, 2.

H.

ἡγεῖσθαι. ducere, terra marique imperare. 176, 11.
ἡγεμονία. imperium (maris). 177, 1.
ἤθη (τὰ) τῶν τρόπων. morum rationes, conformationes, mores ipsi. 88, ult. affectus. 260, 4.
ἥκετε. convenistis. 712, 20.
ἦλθον ἀποθανεῖν. 728, 25.
ἡλικία. ætas. 148, 5.
ἠμελημένα. neglecta, nullius pretii res. 467, 11.
ἡμιόλιος. 693, 19.
ἤπειρος (Asia). 313, 12.
ἠπείχθησαν. 202, 2.
ἦπου. certe, profecto. 225, 1. 618, ult. quanto magis (ubi sequitur post ὅπου). 111, 4.
ἥττους λόγους κρείττους ποιεῖν. 606, 1.

Θ.

θαυμάζειν, idem quod περὶ πλείστου ποιεῖσθαι καὶ τιμᾶν. maximi facere et colere. 107, 5.
θεοὶ ne filios quidem suos a Trojano bello averterunt. 477, 2. θεοὺς nullam suorum filiorum curam gerere haud verosimile est. 493, 19.
θεοποίητος. cœlitus demissa. 383, pen.
θεοφιλῶς καὶ φιλανθρώπως ἔχειν. diis et hominibus amicum esse. 179, antep.
θεραπεύειν νόσον. 729, 26.
θεσμοθέται. 737, 15.
θεωρεῖν, considerare, inquirere. 260, 15. perspicere, accuratius nosse. 509, 21.
θεωρία. cognitio. 782, 7.
θορυβεῖν. plaudere. 503, 1.
θρασύνεσθαι. audacter et libere loqui. 174, 11. 259, 5.
θρασύτερον διαλέγεσθαι. confidentius loqui. 273, 12.
θύλακος. saccus. 782, 2.
θυραυλεῖν. sub dio agere. 314, 10.

I.

ἰδέα ab Isocrate pro iis substantivis, quæ præcesserunt, relativi pronominis vice poni solet. ἀμφοτέραις ταῖς ἰδέαις ταύταις, reddere possis, *utraque virtute*. 127, 15. utroque genere. 132, 12. res. 289, 1. 478,10. 604, pen. genus. 468, 18. 491, 16. διὰ μιᾶς ἰδέας. una eademque ratione. 171, pen. ἐν ταῖς αὐταῖς ἰδέαις. una eademque ratione (unter einerley Umständen). 148, 2. forma. 467, 21. figura. 502, 1.
ἴδιος. 271, 9.
ἰδιώτης. rei alicujus imperitus. 487, 22. homo privatus.
ἱερωσύνη. sacerdotium, (res parvæ difficultatis). 114, 11.
ἰσηγορία. æqua loquendi libertas. 319, 18.
ἰσομοιρεῖν. æqualem portionem accipere, æquo jure esse. 176, 5. 262, antep.
ἱστορία. disciplina. 773, 11.
ἰσχύειν. vim habere. 127, 9.

K.

καθέστηκε, sive καθέστηκεν. est. 425, 9. 486, 26.
καθεστηκὼς. receptus, usitatus. 489, 20.
καθεστῶσα πολιτεία. civitatis constitutio. 256, 6. καθεστῶτα (τὰ νῦν). res præsentes. 304, pen. instituta. 491, 24. καθεστῶτες. versantes. 424, ult.
καθήμενοι περὶ τὴν αἵρεσιν (de Areopagi candidatis). 365, 3.
καθιζάνειν. insidere, residere. 111, 21.
καθιστάναι εἰς ὀνείδη. contumelia afficere. 317, 18. εἰς ἀσφάλειαν. in tuto collocare. 752, 14. καθιστάντες. facientes. 472, 25. καθίστη, pro καθίστασθι. fac. 119,8. καθίστη. fecit. 473, 21. καθιστᾶσα. efficiens. 90, 6. καταστὰθεὶς εἰς ἀρχήν. si magistratus tibi fuerit mandatus. 107, 6. καταστάντες εἰς τοὺς ἀγῶνας. certamina subire. 238, 16. καταστήσεις δόξαν ἐφάμιλλον. gloriam æmulandam facies. 270, 3. κατασταίην (εἰ) εἰς ἔλεγχον. si argumenta a me postularentur. 541, 11. καταστῇ τὰ τῶν Βαρβάρων. Barbarorum res pacatæ sunt. 224, 3. καταστῆσαι. efficere. 479, ult. καταστήσεσθαι. futuros esse. 314, 15. καταστήσειν εἰς ἔλεγχον. 733, 9. κατέστησεν εἰς κίνδυνον. periculum creavit. 608, 16. κατέστησαν σφᾶς αὐτούς. se ipsos reddiderunt. 441, 15. κατέστησαν. inciderant. 423, 9. 475, 25. κατέστησεν. fecit. 458, 10. 469, 10. κατέστη. fuit. 272, 13. κατέστη. factus est. 458, 21. κατέστημεν εἰς etc. incidimus. 411, 2. κατέστησεν ἑαυτόν. se constituerat. 449, 2.
κάθοδος. in regnum restitutio. 449, 21.
καθόλου. in universum, in summa. 115, 1.
καθορᾶν τῇ διανοίᾳ. mente perspicere. 436, 17.
καὶ γάρ τοι. itaque. 113, 21.
καὶ τοὺς μηδὲν, (fortasse) pro ὡς τὰς μηδέν. 133, 13.
καιρός. occasio. 104, 6. decentia. 467, 21. modus. 472, 5. 524, 26. ipse rei articulus. 511, antep.
κακηγορία. calumnia. 493, 3.
κακοήθεια. morum perversitas. 371, ult.
κακοήθως. malitiose. 606, 15.
κακοπαθεῖν 312, 10.
κακῶς ἐπιστάμενος. *suo incommodo* ignorare. 101, antep.
καλεῖν ἄνευ τινός. in secretum vocare. 764, 2.
καλινδούμενοι περὶ τὰς ἔριδας. qui in dialecticis contentionibus versantur. 581, 16.
κάλλους (pulcritudinis) laus. 477, 15. sqq.
καλλωπιστής. qui in vestitu adhibet munditiem odiosam et exquisitam nimis. 100, ult.
καπηλεῖον. caupona. 374, antep.
καρποῦσθαι τὴν Ἀσίαν. fructus ex Asia capere. 222, 8.
καρτερεῖν. abstinentem esse, laboris tolerantem. 127, 1. 307, antep. 411, 21.
καρτερία. abstinentia, tolerantia. 148, 4.
καρτερικός. sui ipsius carnifex propter moderationem et abstinentiam. 131, 3. 429, pen
κατ' ἀνθρώπους. ut hominem decet. 246, 14.
κατ' ἐμαυτόν. pro viribus. 527, 19.
κατὰ τάλαντον. per talenta. 422, 23.
καταβάλλειν. interficere, ferire. 120, 10.
καταγηράσκειν. senescere. 464, 1.
καταγινώσκειν. (1.) contra statuere (se-

quente gen.). (2.) judicare de. μηδὲ καταγνῷς τῶν ἀνθρώπων τοσαύτην δυστυχίαν. neque homines tam infelices habeas. 116, pen. καταγνώσεται αὐτὸς αὐτοῦ τὴν μεγίστην ζημίαν. ipse se maximo supplicio dignum fatebitur. 139, 9. καταγνώσεσθαι (activ.). judicaturum. 258, 21. κατεγίνωσκον τῶν τοιούτων πολλὴν κακίαν. tales valde pravos judicabant. 146, 12.

καταχλύζεσθαι. inundari. 486, 15.

κατακνίζειν. 508, 18.

καταλέγειν στρατιώτας. milites legere. 247, 2.

καταπεπλῆχθαι τὴν ἀπειρίαν. imperitia deterreri. 762, 5.

καταποικίλαι. ornare. 580, 14.

καταποντιστής. pirata. 216, 7.

καταπραΰνειν. demulcere. 174, 13.

καταρυπαίνειν. contaminare. 519, 23.

κατασκευάζειν οὐδὲν τοιοῦτον. nihil tale conferre. 221, 3.

κατασκευή. apparatus, eæque res omnes, quæ civitati opus sunt. 119, pen.

κατασχηματίζειν. formare, parare. 489, 9.

κατατρίβειν τὰ βήματα. 774, 12.

καταφέρεσθαι (κατηνέχθησαν) deferri. 427, ult.

καταψηφίσασθαι. condemnare. 702, 21.

κατειπεῖν πρὸς σέ. tibi indicare. 257, 6.

κατεπείγειν. necessarium esse. 505, 7. κατεπείγοντα. necessaria. 434, 21. 751, 11. κατεπειγόντων (τῶν) τέλος ἔχειν. quæ primo quoque tempore conficienda sunt. 357, pen.

κατηγορίας et εὐλογίας discrimen. 484, 17.

κατηγορικῶς. 606, 15.

κατηνάλωσεν. 456, ult.

κείμενος (de legibus). latus. 546, 13.

κεῖσθαι ἐν τῇ κλίνῃ. 729, 16.

κεφάλαιον. summa. 291, 14.

κεχαρισμένως. ad gratiam. 118, 10.

κῆδος. funus, exsequiæ. 731, 1.

κινδυνεύειν περὶ τοῦ σώματος. in capitis periculo versari. 746, 3.

κίνδυνος. periculum, quæstio capitalis. 684, 17.

κινεῖσθαι ἐκ τῆς κλίνης. 729, pen.

κληροῦν. sorte legere. 355, 1.

κληροῦσθαι. sortem ducere. 377, ult.

κληρουχία. colonia. 211, 4.

κοινὸς] ἐν κοινῷ καθεστώς. 296, 12. κοινόν. ærarium. 752, 13. εἰς τὸ κοινὸν διδόναι. dividere. 300, 7.

κομιδή. importatio. 487, 1.

κομίζεσθαι. restituere. 449, 1. recipere. 689, ult. 743, 9. κομίσασθαι. recuperare. 361, 4. 589, 24.

Κόρη (Proserpina). 179, 10. nuptias ejus ambire voluit Perithous. 469, pen.

κοροπλάθος. qui pupas e cera seu luteo fingit. 602, 3.

κόσμος. cœli ambitus. 244, 10.

κρατεῖν. superiorem evadere. 278, 14. dominum esse. 423, 16. κρατεῖσθαι. contineri. 94, 3.

κτᾶσθαι] quærere, parare. κεκτῆσθαι. quæsivisse, parasse, possidere. 101, 6.

κτῆσις. possessio, quærendi studium. 101, 3.

κύκλον ἔχοντες. 716, 13.

Κυρεῖον στράτευμα. 227, ult.

κύρια ποιεῖν. rata facere. 243, 15.

κωμῳδοδιδάσκαλος. 406, antep.

Λ.

λαγχάνειν δίκας. 673, pen.

λακωνίζειν. rebus Lacedæmoniorum studere. 429, 19. 542, 28.

λακωνισμός. 590, 23.

λαμβάνειν γυναῖκας. 474, 16. χρήματα. corrumpi. 412, 17.

λέγειν (de oratoribus). 247, 17.

λεγόμενα quomodo differant a γεγραμμένοις. 748, pen.

λείπειν οὐδεμίαν ὑπερβολήν. nullam excellendi copiam relinquere, 440, 1.

λειτουργεῖν. 406, 19.

λειτουργία. 357, 3. 408, 23. λειτουργίας λειτουργεῖν. 732, 5.

λῆμμα. lucrum. 357, 5. 540, 9.

λιγυρός. jucundus, suavis. 760, 2.

λιπαρεῖν. instare precibus. 772, 9.

λογίδιον. sententiola, 581, 17.

λογισμός. cogitata. 474, 18. cogitatio. 520, antep.

λογοποιός. historiæ scriptor. 492, 7.

λογοποιοῦντες. 271, ult.

λόγος μετὰ θράσους est λόγος θρασὺς vel θρασής. oratio audax, sive oratio cum audacia prolata. 93, antep. λόγοι πολιτικοί. 613, 15. Ἑλληνικοί. ibid. λόγοι dicti quantum differant a scriptis. 259, 18. πρὸς ὑπερβολὴν πεπονημένοι, i. e. ἐπιδεικτικοί. 173, ult. λόγων genera non pauciora sunt, quam carminum. 613, 4. λόγων eadem est quam vitæ descriptio. 766, 21. πανηγυρικοί. quales Isocrates composuit, sermone poetico ornatoque res enuntiant, sententiisque grandioribus et novis utuntur. 613, 15. κατὰ τὸν αὐτὸν λόγον. secundum eandem rationem. 139, 22. λόγων εὑρετής. 451, 5.

λοιποὶ (οἱ). superstites. 596, 3.

λύειν στόμα. 527, 22.

Λύκειον. 508, 22. 512, 18.

λυμεῶνες. perditores, vastatores. 436, 20. qui gravissima damna afferunt, pestes. 199, 9.

λυπεῖν. molestia afficere. 258, 27.

λυποῦνται λογιζόμενοι. cogitare iis molestum est. 131, 9.

Μ.

μακρολογία. loquacitas. 525, 19.

μαραίνω. marcidum reddo. 89, 10.

μάχη in Lacedæmoniorum urbe com-

missa. 777, 2. ejus dux Archidamus. 777, 3.
μεγαλαυχεῖσθαι. superbire. 484, 16.
Μέγας βασιλεύς. 415, 5. 758, 17.
μείζονες idem quod φρονιμώτεροι. 117, 10.
μειζόνως. maximam partem. 611, 25.
μέλλει τὰ δέ, scil. ἔχειν. 223, 7. μέλλοντες pro μέλλουσι. 237, 7. εἴπερ μέλλουσι etc. 256, 8.
μέλλειν. parare. 305, pen.
μεμψίμοιρος. querulus. 506. 8.
μένειν κατὰ χώραν. loco manere. 243, 15.
μέρος (τὸ μὲν ταύτης). quantum in ista fuit. 731, 11. τὸ τούτου. quod ad illum attinet. 738, 27. οὐδὲν μέρος. nullam partem, i. e. nihil. 116, 12. μέρος οὐδέν. nihil, nullius momenti, 263, antep.
μεσεγγυᾶσθαι. 577, 4.
μεσεγγύημα. 507, 14.
μεταξὺ γράφων. inter scribendum, 553, 23. μεταξύ. 607, 18.
μεταπείθειν. 491, 22.
μεταπίπτειν seu μεταπεσεῖν. mutari. 259, 4.
μετάρσιος. illustris, conspicuus. 782, 9.
μετιέναι] permittere. ἐμπειρίᾳ μέτιθι καὶ φιλοσοφίᾳ. 127, antep.
μέτρα. 443, 6.
μετριότητες παρὰ τοῖς πολλοῖς εὐδοκιμοῦσι. 758, 10.
μέχρι πόῤῥω τῆς ἡλικίας. usque ad magnam ætatis partem. 602, ult.
Μηδισμός. 235, 8.
μηνυτής. 675, 9.
μιγάς. mistus, permistus, miscellaneus. 177, ult. (Morus pro interpretamento ibi haberi non gravatur, sed suppleri possis ὡς.) 534, antep.
μικρολογία. nugæ. 577, 24. extenuatio. 602, 5.
μικρόλογος. pusillus. 506, 8.
μισθαρνεῖν. quæstum occipere. 478, 11.
μισθώματα. merces, qua aliquid utendum locatur. 359, antep.
μνηστεύειν χειροτονίας. suffragia ambire. 407, 6.
μοῖρα. fatum. 485, 19.
μόλις. et vix tamen. 111, antep. 410, 19.
μουσικῶς.. 580, 14.
μυθολογεῖν. narrare. 449, 25.
μυστήρια ποιεῖν. 675, 1.

N.

νεανιεύεσθαι, idem quod ὑβρίζειν. 740, 14.
νέμειν. colere. 416. pen. νέμεσθαι πρὸς τὸν Δία τὴν χώραν. cum Jove partiri regionem. 245, 2.
νεώσοικοι. navalia. 387, ult.
νικᾶν ἀγῶνας. in certaminibus victoriam consequi. 762, 1.
νομίζειν. putare, habere. 150. 9. crediturum esse. 258, 22. νομιζόμενα. quæ opinioni hominum conveniunt. 130, 5.
νόμιμος. justus. 121, ult.
νοσηλεύειν. ægrum curare eique necessaria suppeditare. 729, 22.
νυμφεύειν. sibi despondere. 478, 23.

Ξ.

ξενικὸν (mercenarii milites) tempore Cyri minoris nondum exstiterunt. 277, 11. ξενικὰ στρατεύματα. 314, 7.
ξενιτεύεσθαι. peregrinari. 284, 9. ξενιτευομένων στρατόπεδα. 755, 19.
ξενολογεῖν. mercenarios milites conscribere. 277, 11. qui hoc facere volebat, civitates donare debebat. ibid.
ξενοτροφεῖν. 414, 23.

O.

ὄγκος ὑπεροπτικός. fastus animi alios præ se despiciens. 103, 5. ἀξιόχρεως. magnitudo idonea, sufficiens. 760, 6.
οἱ ἐν ταῖς μεγίσταις δόξαις ὄντες. 240, antep.
οἰκειότατοι, idem quod συγγενέστατοι, proxime affines. 111, 11.
οἰκειότης. possessio. 475, 1.
οἰκείως, vel est φιλικῶς, amanter et familiariter, vel κατ' ἀξίαν, προσηκόντως. 96, ult.
οἰκονομεῖν τὸν βίον. vitam instituere, 89, 6.
ὄκνος. pigritia, ignavia. 90, 7.
ὀλιγαρχία. 535, 20.
ὁλοσχερῶς διακεῖσθαι. toto animo intentum esse. 287, 7.
ὄντες περὶ τὴν ποίησιν. 513, 1.
ὅπως οὖν. quovis modo. 254, 23.
ὀργιάζειν. sacra peragere. 539, 3.
ὀρθός. tumultuosus. 675, 1.
ὅρκος ἐπακτός. jusjurandum ab aliis quidem nobis delatum, sed spontaneum. 93, 4.
ὁρμᾶν ἐπί τι. certatim aliquid arripere. 170, 8.
ὁρμητήριον. locus unde exiri potest, opportunitas. 237, 19.
οὐδ' ὁπωσοῦν. neutiquam. 503, ult.
οὐδὲν μέρος, vid. μέρος.
οὐχ ὅπως. 414, 20. 484, 26.
ὀφλεῖν τὴν δίκην. causa cadere, 695, 17.
ὀψιμαθής. sero doctus, inscius. 465, 10. 527, antep.
ὄψις. 541, 14.
ὄχλος in Peloponneso. 311, 4.

Π.

παίδευσις. institutio. 581, 13.
παλαιὸς ἢ νέος. 247, 5.
παλινῳδία Stesichori. 479, 25.
πανηγυρίζειν. 256, 5.
πανήγυρις, i. e. συνάθροισις, εἰς ἣν πάντες ἀγείρονται. 116, 11.
παρὰ] ὡς οὐ παρὰ ταῦτ' ἐστίν. 149, 1. παρὰ μικρόν. 191, 1. παρὰ μικρὸν ἡγεῖσθαι. parvi ducere. 272, pen.
παράγγελμα. præceptum. 109, 17.

τῶν πραγμάτων ἐστίν. in rebus alienus est. 176, 2. (Morus in indice ad Paneg. *in otio vivit.*) πόῤῥω τῆς ὑποθέσεως. longissime ab instituto. 525, 17.

πρᾶγμα. negotium, munus. 619, 9. prœlium. 207, 1. πρᾶγμα παράβολον. res temeraria, periculosa. 307, 9.

πραγματεία] tractatio. διὰ τῆς αὐτῆς πραγματείας. una eademque opera. 109, 15. callidum et inhonestum aucupium. 119, 9.

πρᾶξις. ratio accepti expensi. 119, ult. medium. 410, 24.

πράττειν ἐπιεικῶς. mediocri sorte uti. 113, ult. τὶ παρά τινος. impetrare aliquid, consequi. 120, pen. πράττεσθαι. idem. 746, 10. τοὺς μαθητάς. a discipulis exigere. 577, 17. extorquere. 707, 21.

πρεσβεύειν εἰρήνην. legatione de pace fungi. 244, 2.

πρέσβεις (Philippi de Amphipoli et Chersobleptæ de Thracia). 409, pen.

προάγεσθαι. adduci. 738, 24.

προαγορεύειν. præconis voce denuntiare. 236, 3.

προαιρεῖσθαι. vello. 420, 10.

προαναβαλέσθαι. præludere. 513, 22.

προαπαγορεύειν. despondere animum, 616, 8.

προαπειπεῖν. 240, 15.

προαπειρεῖν. senectute confectum esse. 748, 5.

προβολή. 669, 2.

προδότης] quicunque suo officio deest. τῆς τύχης. qui fortunæ suæ deest. 111, 7. τοῦ εὐδοκιμεῖν. 321, 27. τῆς δόξης. 713, 19. προδότας γενέσθαι. 595, 27.

προδιαλέγεσθαι. proloqui. 599, 1.

προελέσθαι, sive προαιρεῖσθαι. velle. 109, 15.

προελθεῖν εἰς τοὔμπροσθεν. provehi in majus. 741, antep.

προέμενοι. 238, 8.

προεξαμαρτάνειν. antea delinquere, 304, 11.

προέσθαι. permittere. 476, 25.

προπετὴς γέλως. risus ineptus. 93, 7.

προπετῶς. præcipitanter. 308, 3.

πρόπομπος. satelles. 781, pen.

πρός. contra. 248. 6. πρὸς χάριν. in gratiam. 119, 11.

προσαπολεῖν. 423, 8.

προσδιαφθείρεσθαι. 730, 17.

πρόσοδοι. supplicationes. 261, 15.

προσπίπτειν. incidere. 581, 5.

προσποιεῖσθαι. pecuniam fenori dare. 362, 4. εἶναι σοφιστῶν, sive σοφιστάς. nomen philosophi sibi arrogare. 170, 7.

προσπταίειν. cladem accipere, adversa fortuna uti. 316, 3.

προσταττόμενα ποιεῖν. imperata facere. 309, 6.

προστῆναι ὑμῶν· αὐτῶν. vosmet ipsos gerere. 767, 2.

προσφέρεσθαι τοὺς πολίτας. tractare cives. 144, 17.

προτιθέασι (προτιθεῖσι). referunt, ad deliberandum proponunt, de Prytanibus. 407, 8.

προϋπάρχειν τῶν εὐεργεσιῶν. beneficiorum initium facere. 262, 10.

προὔπτος. manifestus, 471, 20.

προὐργιαίτερόν ἐστιν οὐδέν. nihil magis curæ est. 222, 8.

προὔργου τι γίνεται. efficitur aliquid. 176, 19. προὔργου τι ποιεῖν. efficere aliquid. 256, 4.

προφασίζεσθαι. excusare. 174, 13.

πρόφασις. causa. 618, 27. πρόφασιν ἔχειν. prætextum habere (Auger.: *obnoxium esse*). 762, 7. causa. 738, 22.

προφείδεσθαι. 296, 6.

προχειρίζεσθαι. designare, constituere. 432, 14.

πρυτανεῖα (τὰ). pecunia, quam deponebant actor et reus, judicio disceptatori, lat. sacramentum. 709, 4.

Πρυτάνεις (decima pars Senatus Atheniensis). 407, 6.

P.

ῥαβδοῦχος. caduceator. 781, pen.

ῥαψωδεῖν. 509, 1. 512, 18.

ῥητὰ] ἐπὶ ῥητοῖς. 695, 19. ea, quæ sine cujusquam fraude in publicum efferri possunt. Contrarium ἀπόῤῥητα. Horat.: "tacenda, dicenda locutus." 99, 5.

ῥητορεία. artificium oratorium. 259, ult. 502, ult.

ῥητορεύεσθαι. haberi (de orationibus). 259, 21.

ῥητόρων ἱκανώτατοι, a Thebanis corrupti. 585, 8.

ῥοπὰς μεγάλας ποιεῖν. magni momenti esse. 224, 13.

ῥυεὶς χρυσός. aureus imber. 478, 21.

ῥυθμός. 443, 6.

Σ.

σαλεύεσθαι. labefactari. 426, 19.

σεμνὸς, idem quod ὑπερήφανος, ἀλάζων, ὑπέρογκος, ἐφ᾽ ἑαυτῷ μέγα φρονῶν. 103, 5.

σεσημασμένος. consignatus. 697, 3.

σιτοδεία. inopia frumenti, 424, pen.

σκιράφειον. taberna lusoria. 372, pen.

σκολιώτερα. magis ardua. 267, 19.

σκοπεῖν καὶ φιλοσοφεῖν λόγον. meditari et elaborare orationem. 171, 7. σκοπεῖν τι πρός τι. comparare aliquid cum aliquo. 174, 1.

σοφιστὴς, idem quod σοφὸς et φιλόσοφος. cognitioni liberali et præcipue eloquentiæ studiosus. 111, 19. sophistæ fucos et sales laudant. 468, 1. eos decere, auditores suos erudire in iis rebus, quæ ad vitam civilem pertinent. 466, 9. iis nihil curæ est, quam ut juvenes pecunia emungant. 466, 16. iidem auditores decipiunt, pollicentes iis, quæ

præstare nequeunt. ibid. omnem honestatem et felicitatem quatuor aut quinque minis vendunt. 576, 21.
σπανίζειν ἀναγκαίων. inopia laborare. 434, 5.
σπουδάζειν περὶ τὰ γέλοια. seriam rem in nugis agere, severitate uti in rebus ludicris. 103, ult. operam dare. 130, 21. πρός τινα. alicui studere. 765, 25.
σπουδαῖος. strenuus, probus, adjuncta notione nobilitatis ortus. 110, pen.
συγγενὴς τῶν χρημάτων. pecuniis affinis. 731, 4.
συγγραφεύς. scriba. 380, ult.
συγκατασκευάζειν. una instruere, instruendo adjuvare. 137, 22.
συγκείμενος (passiv.). compositus (de poetis). 239, antep.
συγκρούειν. collidere, conturbare. 222, 10.
συκοφαντίαι apud Atheniensium majores legibus vindicatæ. 668, antep. de iis in pluribus judiciis indicatum est. ibid.
συλλαμβάνειν, opem ferre, idem quod συνεργεῖν, βοηθεῖν. 88, 5. συλλαμβάνεσθαι. idem. 489, 6.
συμβαίνειν] accidere. ἐπὶ τοῖς συμβαίνουσι τῶν ἀγαθῶν, pro συμβαίνουσι ἀγαθοῖς. 109, 1.
συμβάλλειν. dare. 745, 21.
σύμβιος. (prop. conviva) qui cum aliquo vivit. 760, 2.
συμβόλαιον. pactum. 121, ult.
συμβουλεύειν. consulere, præcipere. 129, 8. συμβουλεύοντα. utilia quidem putantur, sed molesta, erga quæ homines eodem modo affecti sunt, quo erga admonitiones. 130, 9.
συμβουλεύεσθαι τινὶ, i. e. συμβουλὴν τινὸς ζητεῖν. consilium alicujus petere. 106, 6. consilium dare, prudentem esse. 133, 12. bonæ institutionis signum. ibid. συμβουλευόμενον. consilium. 752, 14.
συμβούλοις χρᾶσθαι. 417, 7.
συμμετρίαι. 443, 10.
σύμμετρος. par, respondens. 200, 12. idem quod ἁρμόττων. ibid.
συμπαρακολουθεῖν. 283, ult.
συναναγορεύειν. consentire, subservire. 253, 7.
συναναγωγὴ προσώπου. superciliorum contractio. 452, 14.
συναγωνιεῖσθαι. 267, 9.
συνδιατρίβειν. colloqui. 130, 19.
συνδοκιμάζειν. simul explorare, seu probare. 124, pen.
συνέδριον. concilium. 364, ult. συνέδριον sociorum Athenis. 588, antep.
σύνεδρος. Decemvir. 380, 2.
συνεθίζεσθαι. consuefieri. 129, 5.
συνεῤῥυηκώς. qui confluxit. 414, 14.
σύνεσις. ratio, intellectus. 477, pen.
συνεσταλμένος. 561, 3.
συνέστηκε. commendatus est. 761, 11.
συνέχεσθαι. premi. 54, 23.
συνηγορεῖν (de oratoribus et caussidicis), qui reum defendunt. 107, 11.
συνήθεια. consuetudo, familiaritas. 88, 3.
σύνθεσις. 467, antep.
συνθῆκαι (Antalcidæ), quæ tempore Panegyrici factæ erant, bellum contra Persas detinere non possunt. 241, 5. συνθῆκαι et προστάγματα quomodo differant, 243, pen. (Antalcidæ) illæ columnis lapideis inscriptæ in templis Græciæ omnibus servantur. 245, 4. de amnestia. 711, 1.
συνιστάναι. consurgere. 311, 1. 697, ult.
σύννους. qui mente utitur. 93, ult.
σύνοδος. 692, 21.
συντείνειν. spectare. 618, 15.
συντιθέασιν (συντιθεῖσιν). 449, 24.
συντριηραρχεῖν. 719, 19.
συσσίτια. 488, 1.
συσταθῆναι. commendatum fuisse. 759, 8.
συστάντος ναυτικοῦ. classe collecta. 268, ult.
σύστασις. factio, conjuratio. 150, 18. reditus in gratiam. 713, 19.
συστέλλειν. contrahere, compescere, ad moderationem redigere. 423, 19.
συστῆναι. commendare. 624. συστῆσαι. reconciliare, reponere. 261, 3. perficere. 263, 11. 267, 13. 259, ult. exstruere. 288, 6.
στατήρ. minam valens. 697, 13.
στέργειν ἐπὶ τινί. aliqua re contentum esse. 424, 23.
στῆλαι idem quod συνθῆκαι. 243, 13.
στοχάζεσθαι. conjicere, conjectura assequi. 111, 10. collineare. 115, 2.
στρατήγημα. expeditio. 522, pen.
στρατοπέδῳ πορεύεσθαι. instructa acie proficisci. 202, 1.
στρεβλοῦν. torquere. 692, 10.
σφόδρα ἄρχειν. cum auctoritate regnare. 452, 10.

T.

τὰ τῶν θεῶν. 181, 17. τὰ περὶ τοὺς θεούς. res ad deos pertinentes, dii ipsi. 136, 7. 359, 1.
ταμιεῖον. cella penuaria. 109, 20.
ταμίας. arbiter. 697, 5. ταμίας χρημάτων. quæstor. 732, 19.
τάξις τοῦ βίου. vitæ ratio. 296, 5.
ταπεινός. humilis. 151, 13.
ταραχή. turbæ. 151, 4.
τεκμαίρεσθαι τὰ μέλλοντα τοῖς γεγενημένοις. 225, pen. conjicere. 309. 25.
τελευταὶ in bello, quæ laudandæ, quæ vituperandæ. 752, 6.
τερατεία. præstigiæ. 496, ult.
τεταγμένα ὀνόματα. verba usitata, recepta. 442, ult.
Τετρακόσιοι. 674, 19. illorum oligarchia a quibus effecta. 429, 21.
τέχνη τεταγμένη. 578, ult.
τιθέναι ἔξω. seorsim ponere. 768, 12.
τιμὴ τῆς οὐσίας. 422, ult.

τίμημα, census. 701, 5.

τόκος. fenus, usuræ. 689, 25.

τοὔμπροσθεν πράττειν. 406, 6.

τοσούτων ὄντων τὸ πλῆθος καὶ τῶν ἰδιωτῶν etc. pro τοσούτου πλήθους ὄντος ἰδιωτῶν etc. 129, ult.

τραγῳδεῖσθαι. tragœdiis celebrari. 442, 3.

τράπεζα. 689, 5. οἱ ἐπὶ ταῖς τραπέζαις. mensarii. 688, 6.

Τριάκοντα (οἱ). quum regnabant Athenis, quæ fuerit Atheniensium conditio. 385, 5. eorum μανία. 429, 22. πονηρία. 710, 14. mille et quingentos cives indicta causa interfecerunt. 388, antep. quinque millia civium in Piræeum confugere compulerunt. ibid. eorum sub imperio periculosius fuit, divitem esse, quam improbum. 745, 13.

τριηραρχία. 606, 4. 682, 5.

τρόπος] mores. τὰ τῶν τρόπων ἤθη, pro τὰ ἤθη καὶ τοὺς τρόπους. 88, pen.

τροφὸς καὶ πατρὶς καὶ μήτηρ. Cic. pro Flacco: "parens, altrix, patria." 178, 5.

τρυφᾷν. luxuriose vivere. 113, 9.

τυγχάνουσιν ὄντες. sunt. 256, 1. εἰδότες. sciunt. 263, 18. τυγχάνεις προῃρημένος. voluisti, elegisti. 257, 13.

τύπος. simulacrum, statua. 460, 22.

τυραννικοὶ, scil. χρόνοι. tyrannica Atheniensis civitatis tempora. 679, 4.

τύραννις, omnium tam divinarum quam humanarum rerum et maxima et splendidissima, summa contentione dignissima. 451, 2.

Υ.

ὕβρεως causa quisque civium, etsi non ipse, sed alius, affectus illa fuerit, in judicium deferre potest. 737, 14. contumelia. 145, 17.

ὑβρίζειν. injuria, insolentia afficere. 118, 14. ὑβρίζεσθαι. insolentia affici. 118, 15.

ὑδρία. 696, ult.

ὕδωρ (clepsydræ). 670, 17.

υἱδῆς. nepos. 772, 1.

υἱὸς εἰσποιεῖσθαι. adoptari. 731, pen.

ὑλακτεῖν. 102, antep.

ὑπάρχειν. initium facere. 447, pen.

ὑπαχθεὶς κατὰ μικρόν. paullatim adductus. 252, ult.

ὑπερβολή. quod nimium est. 127, 9. καθ' ὑπερβολὴν ἐπαινεῖν. supra modum laudare. 255, 21. τίς ὑπερβολὴ γένοιτο τῆς τοιαύτης εὐδαιμονίας. quæ felicitas major esse possit. 270, 13.

ὑπερφυής. monstri simile. 695, ult.

ὑπηρεσίαι. ministeria, quæ præstamus. 226, 14.

ὑπηρετεῖσθαι. inservire, obsequi. 153, 14.

ὑποβάλλειν. 430, 22. dictare. 561, 11. ὑποβάλλεσθαι. 607, 13.

ὑπογράφειν. scribere. 274, 17.

ὑπόγυιος. instans, qui prope adest. 765, 3. ὑπόγυιον. 603, 3.

ὑπόθεσις. fundamentum. 110, pen. πεποίηνται τὴν ὑπόθεσιν. tale fundamentum vitæ factum est a fortuna. ibid. materia. 115, 4. descriptio. 767, 7.

ὑποθήκη. præceptum. 113, 15.

ὑπόληψιν ποιεῖσθαι. objectionem facere. 490, ult. 541, 17.

ὑποστειλάμενος. dissimulans. 317, 23.

ὑποτελεῖν. 412, 20.

ὑποτιθέναι τὴν οὐσίαν. 743, 8. ὑποθέσθαι. præcipere. 92, 5.

ὑστερεῖν τῶν πραγμάτων, *occasiones rerum prætermittere*. idem quod ἀπολείπεσθαι τῶν καιρῶν. 140, antep.

ὑφιστάναι. suscipere. 581, antep.

Φ.

φαίνειν. indicare. 699, 7. 711. 6. φαίνεται. in aperto est. 433, 18.

φάσκειν (οὐ). negare. 464, 1. φάσκοντες εἶναι ἐπιεικεῖς. virtutis studium professi. 111, 2.

φαῦλος. malus, qui nunquam probus fuit, adjuncta notione ignobilitatis ortus. 110, 21.

φενακίζειν. fallere, decipere. 412, 15.

φέρειν πρὸς τὸ παρόν. ad institutum pertinere. 300, 12. ducere. 410, 24. φέρεσθαι μετὰ τοῦ πλήθους. ferri, abripi cum vulgo, commisceri vulgo. 140, 3. currere. 171, 6. se habere. 300, 17. deportare. 411, 23. πλέον. plus valere. 760, 19.

φεύγειν δίκην πέντε ταλάντων. 684, pen.

φθόη. 725, antep.

φιλαίτιος. incusare amans. 104, 4.

φιλαπεχθημοσύνη. odium de industria conceptum. 669, 7.

φιλεῖν. solere. 320, 6.

φιλεπιτιμητής. qui reprehendere solet. 104, 4.

φιληκοΐα. delectatio audiendi. 96, 1.

φιλόκαλος. ornatus decentis amans. 100, ult.

φιλονεικεῖν. contendere. 123, 4.

φιλόνικος. rixandi cupidus. 103, 8.

φιλόπονος. operosam vitam agens. 131, 3. gnavus, industrius, officiosus. 478, 9.

φιλοπόνως. patienter. 572, 18.

φιλοπροσήγορος. qui libenter alloquitur seu salutat. 96, antep. affabilis. ibid.

φιλοσοφεῖν. liberali doctrinæ et eloquentiæ operam dare. 88, 8. φιλοσοφεῖν καὶ σκέπτεσθαι. 431, 10. φιλοσοφοῦντες. qui eloquentiæ operam dant. 135, ult.

φιλοσοφία, sensu latiori, *liberalis cognitio*. 88, 6. 578, 20. sensu strictiori, *rhetorica*. φιλοσοφία περὶ τοὺς λόγους. eloquentia. οἱ περὶ φιλοσοφίαν ὄντες. rhetores. 442, 20. legum latrix et naturæ indagatrix. 489, 10. in odio est et statu calamitoso. 494, ult.

φιλοτιμεῖσθαι. ambitiose et magno studio

INDEX GRÆCITATIS
AD ISOCRATIS PANEGYRICAM
A SPOHNIO CONSCRIPTUS.

AD CAPITA SEU SECTIONES EDIT. NOSTRÆ.

A.

Ἁβροκόμας de orthographia h. nominis 39. ita etiam Hesych. legisse videtur. Phavorin. Ἀβρο. Etymol. Magn. et Lex. rhetor. sophist. in Bekkeri Anecdot. gr. Vol. I. p. 322. Ἁβροκόμης. Apud Xenoph. in Expedit. Cyr. Ἀβροκόμας. Cfr. Interpr. Hesych. ad h. v., Maussac. ad Harpocrat.

ἀγάζεσθαι τὴν ἀρετήν τινος. 23.

ἀγαθῶν κύριος. 6.

ἀγαπᾷν τὴν ἐλευθερίαν. 39. τὴν τούτων φιλίαν. 41.

ἀγὼν] ἀγῶνες γυμνικοί. 1. ἀ. περὶ τῶν ἰδίων συμβολαίων. causæ forenses de privatorum controversiis. 2. ἀ. τάχους, ῥώμης, λόγων, γνώμης. 12. bella. 14. ἀ. τῆς μουσικῆς. 42. vid. μουσική. ἀγῶνας καταστῆσαι. 1. ἰδεῖν. 2. ὑπομένειν. 14.

ἀγωνιᾷν. 25.

ἀδελφός τινος. consonus, consentaneus. 20.

ἀθροίζω εἰς ἕν. 12.

ἀθύμως. 12. 33.

ἀθύμως et ῥᾳθύμως confus. 12.

αἰκίζειν] male tractare. αἰκίζεσθαι τοὺς οἰκέτας. servos suos. 34. 41.

αἱρεῖσθαι. 32. αἱρ. ποιεῖν μᾶλλον, ἢ—longe præferre, malle. 14.

αἰσχύνη γυναικῶν. 32.

αἰτία. culpa, quæ exprobrari potest. Morus. 40.

ἀκέραιος. salvus, illæsus. Opp. ἀνάστατος. Mor. 27.

ἀκριβὴς] λόγος ἀκριβέστατος. 16.

ἀκριβῶς λέγειν. 2. ἀ. ἔχοντες νόμοι. diligenter scriptæ leges, et proinde accommodatæ saluti civitatis. 22. Areopagit. 16. μετὰ πλείστης ἀκριβείας κείμενοι. quæ omnia scelera notant, omnia officia muniunt. Mor.

ἄλλως τε καὶ, vel ἄλλωςτε καὶ, præsertim. 15. 30. ἄλλως τε. 18. Proprie, quum alias (i. e. alias ob causas), tum etiam. Et ita Thuc. p. 305. ἄλλως τε οὐκ εὔπορον ἦν, καὶ μετὰ ὅπλων γε δή. pro quo brevius poterat: ἄλλωςτε καὶ μετὰ ὅπλων. armatis præsertim difficile erat. Sic et Xen. Cyrop. I. 6. 11. Mor. Cfr. Hermann. ad Viger. p. 780. sq.

ἂν duplex. 41.

ἀναγκαῖα κακά. quæ cum imperfecta hominum conditione necessario conjuncta sunt. 44.

ἀνάγκη] ἀνάγκαι· 22. αἱ τῆς φύσεως ἀν. 23.

ἀναγράφειν τι ἐν συνθήκαις. 33. συνθήκας. 34. 48.

ἀνάθημα. res Deo sacrata, nominatim donarium, ipsumque adeo templum cum donariis. Virg. Georg. III. 533. "donaria alta," i. e. templa. Ovid. Fast. 3. 335. "tangere manibus donaria," i. e. templa, sive vasa sacra. 41. Mor.

ἀναιρεῖν. abolere. 47. ἀναιρεῖ θεός. respondet Deus, de oraculo. 7. ἀνελεῖν χάριτας. v. ad c. 16. ἀνελέσθαι τελευτήσαντας. cæsos in prœlio tollere ad sepulturam. 15. in quo est verbum proprium, ut Thuc. p. 187. ἀναίρεσις τῶν νεκρῶν. v. Wesseling. ad Herodot. IX. 27. Mor. ἀνελέσθαι πόλεμον πρός τινα ὑπέρ τινος. bellum inferre. 15. Xenoph. Exped. V. 7. 27.

ἀναμφισβητήτως. 3.

ἀνασκευάζειν. 21. 41.

ἀνάστατος. 9. 27. 31. 35. 40. 43. 48.

ἀνήκεστος] ἀνήκεστα ἀδικεῖν περί τινα. irreparabile damnum alicui adjungere. 32. Cfr. c. 45. fin. Mor.

ἀνθρωπίνη φύσις. 15. 25.

ἀνόητοι opponuntur τοῖς φρονίμοις. 13. τοῖς πιστοῖς. 32.

ἀνόμως ζῆν. sine legibus et disciplina. 10. πόλιν διαθέντες. 32. ἀπόλλυσθαι. 44.

ἀνταγωνιστής. 21. 24.

ἀνυπέρβλητος ἀρετή. 20.

ἀνυπόστατος. invictus. 20. Origo apud Hom. Il. 1. 160. cf. Diodor. Sic. XVIII. 55. Mor.

ἀξιοῦν. 1. 15. 16. 18. 26. 28. 34. 44. 48.

ἀπακριβοῦν τὸν λόγον. orationem diligenter elaborare. 2.

ἀπαλλάττειν τινά τινος. 1. 3. 10. 45. 51.

ἀπαντᾷν πρός τινα. 24. 25.

ἀπαρχαὶ τοῦ σίτου. 7.

ἀπειπεῖν τοῖς σώμασι. succumbere. 26.

ἄπειρος τῆς χώρας. qui non novit situm et indolem loci, ignarus, imperitus regionis. 40.

ἁπλοῦς λόγος. perspicua, plana oratio. 46.

ἁπλῶς εἰπεῖν. clare dicere, ita ut facile intelligi possit. 2. 41. ἁπλῶς ἔχειν. simplicem, imperitum esse. 2.

ἀπὸ originem indicat. 22. ἀφ' ἡμῶν. a nostris temporibus, inde ex quo nos, populares nostri et majores, constitueramus. 9. ἀπό τινος ὁμονοεῖν περί τινος. 22.

ἀποβαίνειν. e navibus. 24.

ἀποδείκνυμι. 23.

ἀποικεῖν ἐκ πόλεως τινός. in coloniam abire. 34.

ἀποκλίνειν ἐπὶ τύχην τινός. sequi fortunam alicujus. 43. Mor.

ἀπολαύειν τινός. 1. 11. ἔκ τινος. 46.

ἀπολείπειν. vincere. 12. 13.

ἀπόλλυσθαι ἀνόμως. 44. δι' ἀναρχίαν. 10.

ἀπονέμειν τιμήν τινι. 1. 47.

ἀπορεῖν τοῖς παροῦσι πράγμασι. 40.

ἀργός. de terra non culta. 36.

ἀργυρώνητος. servus. 34. Hesych. οἰκέτης ἀργυρίου ἀγοραστός. Mor.

ἀρετή. 23. ἀ. ἀνυπέρβλητος. 20. de terra. 31. cfr. Viger. p. 79. ed. Herm. sec. ἀρετὰς ἐπιδείξασθαι. c. 24. τὰς ἀ. ἄλλων ὑπερβεβηκότες. 23.

ἀριστεῖα. præmia præclare factorum et victoriæ, ut Dion. Hal. p. 631. aut plenius p. 570. τὰς ἀριστείας τιμὰς ἀποδιδόναι. Hinc ἀξιοῦσθαι ἀριστείων. accipere præmia præclare factorum et præcipuæ fortitudinis. atque adeo (ut hoc loco, sine notione doni, de quo non constat) judicari principem. 20. 28. Mor.

ἀριστεύειν. 50.

ἀριστίνδην ἐπιλελεγμένοι. sic delecti, ut optimus quisque delectus sit, optimorum delectu facto. 40. Sic Polyb. 6. 8. κατ' ἐκλογὴν κεκριμένοι (i. e. ἐπιλελεγμένοι) ἀριστίνδην. Proprie ἀριστίνδην est, eundo per optimos. v. Albert. ad Hesych. in h. v. Mor. cfr. Viger. p. 373. ed. Hermann. II. Lex. rhetor. soph. in Bekkeri Anecd. gr. Vol. I. p. 444.

ἁρμοστής. 33. Lex. rhetor. sophist. in Anecdot. Bekker. Vol. I. p. 206. et p. 445.

ἁρπαγαὶ χρημάτων. 32.

ἄρτι. 47.

ἀρχαῖος. 41. ἀρχαίως εἰπεῖν. 1.

ἄρχειν τῆς θαλάττης. 3.

ἀρχὴ] τῆς ἀ. ἐκβάλλεσθαι. 19. τῆς θαλάττης τὴν ἀ. καταλαμβάνειν. 20. 33. sensu duplici, priore (ἡγεμονίαν) principatum, posteriore initium denotat. αἱ ἀρχαί. magistratus. 30.

ἀρχηγὸς ἀγαθῶν. 16.

ἀρχικός. imperiosus. 18.

ἀρχικώτατος et ἀρχαϊκώτατος confus. 18.

αὐτάρκης χώρα. idonea, sufficiens. 11.

αὐτός ὥσπερ. 4. αὐτός τινι. idem cum aliquo. 23.

αὐτόχειρ ἄλλου τινός. 32. πράγματός τινος ibid. de vario hujus v. significatu ibid. sq.

αὐτόχθονες. indigenæ, non advenæ. 4. ut c. 16. αὐτόχθονες et ἐπήλυδες opponuntur. Suidas: Αὐτόχθονες οἱ Ἀθηναῖοι ἢ ἐπεὶ τὴν χθόνα ἀργὴν οὖσαν πρῶτον εἰργάσαντο· ἢ διὰ τὸ μὴ εἶναι αὐτοὺς ἐπήλυδας. Quum olim non constaret satis, unde Atticam incolentes venissent, eoque commigrassent, indigenas se censuerunt. Hinc fabella de natis e terra hominibus conficta. Mor.

ἀφικνεῖσθαι] ἀφικνουμένης. 6. vulgarem lectionem confirmat Archidam. 26. 12.

ἀφίστημι] ἀποστῆσαί τινος. 23.

B.

βασιλεύς. rex Persarum. 26. 34. 37. 38. 39. 40. 43. 47. ὁ β. 40. ter. 48. βασιλεὺς ὁ μέγας. 34.

βίος. 9.

βοηθεῖν ἐπὶ τόπον τινά. auxilio venire in locum. 24. Mor. β. συμφοραῖς. 15. τύχαις. ibid.

Γ.

γὰρ] post σημεῖον δὲ, τεκμήριον δὲ, et sim. 19.

γίγνεσθαι] γίγνεταί τινι θεάσασθαι. 12. γενέσθαι ἐπί τινι. 15. vid. ἐπί.

γιγνώσκειν ὀρθῶς περί τινος. 38.

γνησίως ponitur, ut genuini filii spuriis et insititiis opponuntur. 4. Aristid. Panathen. p. 11. καθαρὰ εὐγένεια de hac ipsa re. Mor.

γνώμην ἔχειν πρός τινα. 22. διὰ μιᾶς εἶναι γ. 38.

γραφή. accusatio. 32.

γυμνικοὶ ἀγῶνες. 1.

Δ.

Dativus cum partic. passiv. αὐτοῖς προειργασμένα. 26. ab ipsis. vid. πράττω.

δασμολογεῖν. tributa exigere. 34. 36.

δὲ] duplex δέ. 27. 47.

δείκνυμι] δέδεικται. exemplis et usu demonstratum est, constat. 43. sic etiam H. Wolfius. Mor.

δεινὸς ἀγών. 14. στρατηγός. 41. δεινόν. 22. 32. 44. πάθος. 44. δ. πάσχειν. 28. vid. Perizon. ad Ælian. V. H. I. 1. Mor.

δεῖσθαι βίου. 9. Panath. 68. χρημάτων. 11.

δεκαδαρχίαι. 32.

διὰ μακροτέρων. fusius. 30. δ. μιᾶς γνώμης

γένεσθαι. consentire. 38. δ. πολιτειῶν οἰκεῖν τὰς πόλεις. 2. δ. κατασκευῆς ζῆν. 5. δ. χρόνου. 12.
διαιρεῖν ἡγεμονίας. 2.
διακινδυνεύειν πρός τινα. 18.
διακεῖσθαι ἀνάνδρως. 49.
διακριβοῦσθαι περί τινος. aliquid diligenter examinare. 3. cf. epist. ad Iasonis liberos. 3. Mor.
διαλαμβάνειν. 2.
διαλείπειν. 19.
διαλλαγὴ πρός τινα. finis inimicitiæ. 26. 36. Nempe ellipsis est διαλλαγὴ τῆς ἔχθρας Dion. Hal. A. p. 205. v. 33. Mor.
διαλλάττειν τινάς. 2. διαλλάττεσθαι πρός τινα. 41.
διαλύειν. infectum reddere, abolere. 32. 47. πόλεμον. bello finem facere. 15. ταραχάς. seditiones opprimere. 37. διαλύεσθαι passivum, de exercitu qui domum discedit. 39. cfr. Xenoph. Hist. Gr. II. 3. 3. Thucyd. p. 383. Mor.
διαλύειν ἑταιρίας. 46
διαμαρτάνειν τῆς ἐπιβουλῆς. non perficere quod machinatus eras. 40. Mor.
διαμένειν ἐν ἤθεσι. 41.
διανέμειν τισὶ τάλαντα. 41.
διάνοια. 13. 36. διάνοιαι. 23.
διαπεραίνειν τι. 45.
διαπράττω] διαπέπρακται. perfecit. 39. vid. πράττω.
διατειχίζειν. 26.
διατιθέναι. 1. 11. 32. 33. 34. διατεθῆναι εὐμενῶς πρός τινα ἔκ τινος. bene velle alicui ob etc. 6.
διαφεύγειν] οὐδὲν ἀδίκημα διέφυγεν αὐτούς. nullam injuriam prætermiserunt. 32. Mor.
διαφθείρεσθαι. perire. 19. 26. διεφθαρμένος τὴν φύσιν. corruptis, perditis moribus. 41.
διεξέρχεσθαί τι. 1. 2. 32. 40. 42. στάδια. 24.
διεξιέναι. 38.
διέρχεσθαί τι. 5. περί τινος. 18.
δίκαιον παράδειγμα. idoneum. 40. κοινὸν τὸ δ. ποιήσασθαι. 47.
διοικεῖν καλῶς περὶ τῶν ἄλλων. 10. τὰ τῶν συμμάχων. 29. τὰ τῶν Ἑλλήνων. 34.
διοίκησιν κατασκευάζειν. institutionem civitatis describere, reipublicæ formam constituere. 11.
διορίζειν τὸν πόλεμον εἰς τὴν ἤπειρον. 46.
δοριάλωτος. de urbibus. 47.
δουλεία. 27. 34.
δουλεύειν. 16. 31. 34. 35.
δύναμις. exercitus. 23. 24. 26.
δυναστεία eadem quæ ἡγεμονία. 3. 17. 30. δυναστεῖαι. 10. 18. 22. 30.
δυναστεύειν. 47. ἐν ταῖς πόλεσι. 22. 45.
δυσπολέμητος. quam bello petere et vincere difficile est. 38. orat. ad Phil. ἡ βασιλέως δύναμις ἄμαχος. Mor.
δωρεά. præmium virtutis.

E.

ἐάω] sino. εἰάθησαν. permissum est iis. 27. ut ἐπιστεύθησαν, creditum iis est, δασμολογοῦνται, exiguntur ab iis tributa, aut lat. jussi sunt. Mor.
ἐγγὺς ὢν τινος. non multum diversus ab aliquo. 2. Mor.
ἐγκαθιστάναι. 43.
ἐγκαλεῖν. 10. τινί. 47.
ἔγκλημα. accusatio, querela, quæ fit belli causa. 19. Mor.
ἕδος] ἕδη τῶν θεῶν. 41.
εἰκῇ. frustra. 37.
εἰκότως. probabiliter. 38, 41.
εἱλωτεύειν. 36.
εἰπεῖν ἁπλῶς. 2. ἀξίως τινός. 2. ἀρχαίως. 1.
εἴργεσθαι τῶν ἱερῶν. 42.
εἰρήνην ἄγειν. 46, εἰ. πρυτανεύειν. 34.
εἷς] εἰς ἓν ἀθροίζω. 12.
εἰσηγεῖσθαι. suadere, proponere consilium. 45. Hesychius: εἰσηγοῦμαι· συμβουλεύω, παραινῶ, διδάσκω, νουθετῶ. Mor.
εἶτα. 32.
ἐκ πόλεως τινὸς ἀποικεῖν. colonos esse ejus. 34. ἔκ τινος πλούτους καταστήσασθαι. 48. ἐκ τούτου τοῦ τρόπου. 19. ἐξ ἅπαντος τρ. 26. cfr. Plataic. c. 11. ἐκ τῶν θεῶν γεγονότες. 23. ἐκ τοῦ φανεροῦ. 40. ἐξ ὧν. 22.
ἔκγονοι. 16.
ἐκδιδόναι. 34. 44. 47.
ἔκδοτον ποιεῖν. c. 34.
ἐκείνως. illo modo. 48. Mor.
ἐκλύεσθαι. 41.
ἐκποδών. 46.
ἐκπολιορκεῖν. 39.
ἐλαττοῦν. 47.
ἐλπίδες. 26. ἐλπίδων ψευσθῆναι. 15. ἐλπίδας ἔχειν περί τινος. 6.
ἐμμένειν συνθήκαις. 22.
ἐμποδών. 3.
ἐμποιεῖν πόλεμόν τινι. 44.
ἐμπόριον. 11.
ἐν κατασκευῇ κατοικεῖν. 5. ἐν νόμοις ποιήσασθαι τὰς κρίσεις. 10. Thucyd. p. 51. Mor. ἐν νόμοις παιδεύειν. 23. ἐν μέσῳ τῆς Ἑλλάδος. 11. ἐν ἀλλοτρίαις ψυχαῖς κινδυνεύειν. 24. ἐν ἀλλήλοις στασιάζειν. 30.
ἔνδεια τῶν καθ' ἡμέραν. 9. 43.
ἐνθένδε] ὁ ἐ. πόλεμος. 46.
ἐντὸς Ἅλυος. 40. ἐ. τείχους. 33. Φασήλιδος. ibid.
ἐξαίρετος. 26. exemptus reliquo cumulo. v. c. prædæ. Hom. Il. α. 369. Virg. Æn. IX. 271. Hinc eximius, præcipuus, ut h. l. Mor.
ἔξεστι] ἐξόν. quum liceat. 26. 37. 43. 48.
ἐξετάζεσθαι. 41. Mus. Att. I. 1. 177.
ἐξίστημι] ἐξεστηκὼς τῶν πολιτικῶν, de oratoribus. remotus a republica, privatus. 45. Paullo aliter Demosth. de Cor. c. 96. ἀποστὰς τῆς πολιτείας. qui olim gu-

bernavit, postea hanc curam omisit. Mor.
ἐπαίρειν. impellere. 31. ducta metaphora a vento, qui ἐπαίρων τὰ ἱστία, velis implendis, navem promovet. Mor.
ἐπαμύνειν. 11.
ἐπανορθοῦσθαι ἅπαντα ταῦτα. reparare, restituere in integrum. 43.
ἐπάρχειν. 19.
ἐπείγεσθαι. festinare. 24. 46.
ἐπεξέρχεσθαι hostibus. 15.
ἐπέρχεσθαι. prodire. 2.
ἐπέχειν. 46.
ἐπήλυδες. 16.
ἐπὶ] ὡς ἐπὶ πολύ. 41. ἐπὶ πλέον. 26. ἐ. ξένης ἀλᾶσθαι. 43. ἐπί τινος αἰσχύνεσθαι. 22. θαλάττης. 40. ἐφ' ἡμῶν. tempore nostri imperii. 32. 34. ἐφ' ὧν. sub quorum imperio. 30. ἐπί τινι γενέσθαι, εἶναι. 2. 13. 15. 29. 43. adde Callim. c. 13. Euthyn. c. 10. Epist. 7. prope, ad. 15. ἐπὶ τῇ νῦν ἡλικίᾳ. hac ætate. 44. τὸ ἐπ' ἐκείνῳ. 39. ὁ ἐπὶ τούτοις βίος. quæ his continetur vita. 10. ἐπί τινι φιλοτιμοῦμαι. 22. μέγα φρονεῖν. ib. προτρέπειν. 22. ἐπὶ θανάτῳ ἄγειν, συλλαμβάνειν, λαμβάνειν. 41. ἐπ' ὠφελείᾳ συνάγειν ἑταιρίας. 22. ἐπὶ θαλάττῃ. 43. ἐπί τι ἀποκλίνειν. 43. προσάγειν τινά. 3. ἐπὶ τὸ συμφέρον ἔρχεσθαι. 3. ἐπί τινα στρατεύεσθαι. 23. στρατείας ποιεῖσθαι. 9. ἰέναι. aggredi. 18. ἡγεμονία ἐπί τινα. 18. ἐπ' εὐπορίαν προάγειν. 9. ἐπὶ λείαν ἔρχεσθαι. 40.
ἐπιβουλαῖς διαμαρτάνειν. 40. ἐπιβουλαί. 46.
ἐπιδεικνύω] ὁ λόγος ἐπιδεικνύει τὸν λέγοντα. demonstrat facultatem oratoris. 1. v. Henr. Steph. diatr. 3. in Isocr. Mor.
ἐπιδεικτικῶς ἔχειν. comparatum esse ostentationi. 2. in bonam partem. Cic. Orat. c. 11. Mor.
ἐπιδεῖν. videro, æquo animo adspicere, et propemodum cum contemptu calamitatis. 27. Mor.
ἐπίδειξιν ποιεῖσθαι. 2.
ἐπιδιδόναι. incrementum accipere. 30, 51. Mor.
ἐπίδοσις. incrementum. 1.
ἐπιείκειαι. 16.
ἐπικηρυκεύω. 42.
ἐπικουρεῖν. 44.
ἐπικυδὴς] insignis, illustris, v. c. opibus, divitiis, victoria. ἐπικυδέστερα πράγματα. potentior respublica, ad victoriam opulentior. 38. Mox synon. εἶναι κρείττονα. Cf. Ernesti Glossar. Polyb. Mor.
ἐπιλέγειν. deligere. 25, 40. Eadem de re Herodot. VII. 205. VIII. 22. ἐπιλέγεσθαι. Mor.
ἐπισκευάζω. 41.
ἐπισπεύδειν. 38.
ἐπίσταθμος. 34. 43.
ἐπιστάτης. 34.
ἐπιτηδεύειν τἀναντία. 32.
ἐπιφανῶς κολακεύειν. sic adulari, ut in oculos incurrat. 41.
ἔργα. res gestæ. 2. 19. 23. 47. (pugna) ἐν ἔργοις ἀριστεύειν. 50.
ἐργάζεσθαι κακὸν ἀλλήλους. 45.
ἐργασίαι et εὐεργεσίαι confus. 6.
ἔρημος τῶν συμμάχων. 40.
ἐρρωμένως. fortiter, i. e. sine timore, ideoque graviter, aspere, si res postulet. 36. Antea dixerat τραχύτερον μνησθῆναι. ἐρρωμενεστέρως κατέχειν. majore cum apparatu obtinere velle, cui explicatio additur, præsidiis majoribus imponendis. 43. majore cum fortitudine animi. 45. Opp. μικρόψυχος. Mor.
ἑταιρίας συνάγειν. 22. διαλύειν. 46.
εὐδοκιμεῖν κατά τι. 12. ἔκ τινος. 15. μάλιστα. 22. κάλλιστα. 31.
εὐεξίαι τῶν σωμάτων. 1.
εὐεργεσίαι. 4. 6. 7. 9. 14.
εὐήθεια. 44.
εὐλόγως. cum ratione, non sine causa. 4. ut c. 10. μετὰ λόγου. Mor.
εὐμενῶς διατεθῆναι πρός τινα ἔκ τινος. 6. εὐμενεστέρως. 12.
εὔνοιαι ἀληθιναί. 46.
εὐσεβεῖν. 49.
εὐφυής. 8. εὐφυῶς. 31.
ἔχειν ἁπλῶς. simplicem, imperitum esse. 2. ἀκριβῶς. 22. ἀσφαλῶς. 2. ἴσως. 47. φιλοτίμως πρός τινα. 23. δυσπείστως. 3. θεοφιλῶς. 6. φιλανθρώπως. ibid. ἐλπίδας. ibid. ὑπέρ τινα ἔχειν. 2. ἡγεμονικῶς. 15.
ἔχθρας διαλύειν. 2. 12. ἔ. τινὸς φεύγειν. 15. ἔ. πρός τινα. 2. 21.

Z.

ζευγνύναι. ponte jungere. 25.
ζημιοῦν φυγῇ. exsilio punire. 33.

H.

ἡγεμονία ἐπὶ τοὺς Βαρβάρους. 18. περὶ ἡγεμονίας ἀμφισβητεῖν. 3. 4. 20. ἡγεμονίαν ἀπολαμβάνειν. 3. ἡγεμονίαι. 2. ἡγεμονίας διαιρεῖν. 2.
ἡγεμονικῶς. 15.
ἥκω συμβουλεύσων. 2.
ἡμίθεοι. 23.
ἤπειρος. 9. 46.
ἠπειρώτης. 36.
ἦπου. certe, sane. 38. Lycurg. in Leocr. c. 17. cf. ὅπου. Mor.

Θ.

θαυμάζειν τινός, ὅτι. 1. τινός, εἰ. 45. cfr. Anecdot. Bekk. p. 148.
θεάματα. 12. 48.
θεραπεύειν. 14. 22. 24. 30.
θεωρία. 12. 49.
θηριωδῶς. 6.
θρασύτητες, αἱ. 22. τὰς θρασύτητας ζηλοῦν. ibid.
θρῆνος. 42.

[.]

K.

Λ.

νόμον. pervertere legem. Mor.

λυμεών. qui gravissima damna affert. 22. ut Latini malum civem appellant pestem. Mor.

M.

μάλιστα, ἤ. magis, quam. 7.

μάτην ἐστὶ τὸ μεμνῆσθαι. 1.

μέγιστα. res gravissimæ. 1.

μείζων συμμαχία. cum potentiore contracta societas. 14. Mor.

μετὰ κατασκευῆς πολιτεύεσθαι. 5.

μεταβάλλειν. mutari. 35.

μετοικεῖν. 30.

μετριότητες. 2.

Μηδισμός. 42.

μηχανᾷν τέχνην. 10.

μιγάδες. 4.

μισθός. stipendium. 39.

μῖσος τούτων. odium in hos. 42.

μνήμην ἀθάνατον καταλείπειν. 23.

μόνον οὐκ. 34. μόνον οὐχί. tantum non. 35.

μουσικὴ] ἀγῶνα τῆς μουσικῆς. 42. Articulum non solenni more omitti, sed apud optimos scriptores additum deprehendi, et sæpenumero quidem, alio loco docebo.

μῦθοι. narrationes veræ et fabulosæ. nam μῦθος nihil aliud est, quam παλαιὸς λόγος. 42. vid. Vales. ad Harpocrat. p. 304. Mor.

μυστήρια. 42.

N.

νεωστί. 15.

νησιῶται. 36.

νόμος ἀκριβῶς ἔχει. 22. νόμον καταλύειν. 5. νόμοις διοικεῖν. 30. ἐν ν. ποιήσασθαι τὰς κρίσεις. 10. παιδεύειν. 23.

Ξ.

ξενίας ἀνανεώσασθαι, ποιήσασθαι. 12.

O.

ὅδε ad sequent. referendum. 37.

οἰκεῖος. 24. 4.

οἰκείως πρός τινα. 11. 37.

οἰκιστὴς πόλεως τινός. 16. 17. 28.

ὁμαλῶς. 41.

ὁμολογία. 47. ὁμολογίαι et συνθῆκαι quomodo differant in not. ibid.

ὀνόματα. 1.

ὅπου, si. 43. 50. de Pace p. 240—ὅπου—ἤπου. ad Phil. p. 140. ὅπου — πῶς οὐ. Mor.

ὄπτεσθαι] sive, quæ usitatius signif. passiv. leguntur, ὀφθῆναι et ὀφθήσεσθαι cum participio. 22. 24. 26. Sic φαίνονται c. 17. φαινόμεθα. 31. 34. Mor.

ὀργὴ ἀείμνηστος. 42.

ὅρκοις χρῆσθαι. 22.

ὁρμᾷν ἐπί τι. 1. πρός τινα. 26. ὁρμᾶσθαι. 43.

ὁρμητήριον. 43.

οὕτως, ὅστις. 27. 50.

οὕτω τοσοῦτον. 32.

Π.

παιδεύειν ἐν ἤθεσι. 23. πρὸς δουλείαν. 41.

παίδευσιν καταισχύνειν. 41.

παίδων ὕβρεις. 32.

παλαιός. senex. 52.

πανηγύρεις συνάγειν. 1. καταστῆσαι. 12.

παρά τινος ποιεῖσθαι πλεονεξίας. commoda sibi ab aliquo parare. 2. π. τὸ συμφέρον. neglecto commodo. 14. π. μικρὸν ἐποίησα. parum abfuit, quin perficerem. 15.

παράδειγμα. 10.

παρακαθιστάναι. 30.

παρακαταθήκη. 51.

παρακελεύομαι cum infin. 2.

παρακέλευσις. 27.

παραλαμβάνειν. 9. 10.

παραλείπειν. 24.

παρασκευάζειν τὴν ἑαυτοῦ ψυχήν. formare animum (ad aliquid). 1. Xenoph. Histor. Gr. III. 4. 20. Cyropæd. I. 5. 7. p. 52. Terent. Eun. II. 2. 9. Itane parasti te? Mor.

παρασκευὴ ad habendam orationem. 2.

πάρεργον. 8.

παροικεῖν. 43.

παρορᾷν. 15.

πάτριος] τὰ πάτρια ποιεῖν πρὸς τὴν πόλιν. 7. τὸ π. et τὰ π. 15. 16. 19. πάτρια et πατρῷα quomodo differant. 4. πατριώτερος. 9.

πατρικοὶ ἐχθροί. 49.

πεζεύειν. 25.

πελταστής. pelta armatus. 33. 40. v. Hesych. in πελτασταί. Mor.

πέρας ἔχει τι. aliquid ita perfectum est, ut nihil addi, nihil melius fieri possit. 1. Mor.

περὶ] περὶ αὐτῶν μεμνῆσθαι. 1. 21. περὶ τῶν ἰδίων. de rebus, quæ me unum spectant. 2. τῶν κοινῶν. ibid. π. τῶν ἄλλων καλῶς διοικεῖν. 10. π. τοὺς αὐτοὺς χρόνους. 9. χρόνος περὶ τὸν λόγον διατριφθείς. 2. π. πόλιν στρατεύεσθαι. 23.

περιβάλλειν τινὰ συμφοραῖς. 35. περιβάλλεσθαι τόπον. occupare. 9. δυναστείας. 49.

περίοικος. 36.

πίστεις λαμβάνειν. 15. πίστιν δεδωκέναι ὑπέρ τινος. documentum dare. 32. αἱ πίστεις. argumenta. 15. Busir. p. 342. πίστιν ἐρεῖν. commemorare argumentum. Longin. c. 12. Mor.

πιστός. 7. 13. 22. πιστός τινι. 39. πιστότατοι opponuntur τοῖς ἀνοητοτάτοις. 32.

πλεῖον. 3. 44. πλέον γίγνεταί τινι. 1.

πλεονεκτεῖν βουλόμενοι. 31. si plus habere (quam antea haberemus), h. e. augeri voluissemus, τούτῳ hac re aliquid præcipui nactum esse, præstare. 13.

P.

Σ.

sequuntur majoris sunt momenti, et majorem nobis vindicant gloriam.
ὑποκεῖσθαι ὑπὸ γῆν τινά. 31.
ὑπολαμβάνειν λόγον. 36.
ὑπομένειν δωρεάς. 26.
ὑπόσπονδος] qui fœdus contraxit, et, de quo cautum est fœdere. Ergo c. 40. per induciarum tempus, etsi fide data, iis facta est injuria. Or. ad Phil. p. 145. πίστεις δοὺς αὐτοὺς ἀπέκτεινε. quanquam fide data eos interfecit. Mor.
ὑποσχέσεις μεγάλας ποιεῖσθαι. promittere magno hiatu. 2. Horat. A. P. 138.
ὑποτίθεσθαι. proponere, quid dicturus sis. 14. velut fundamenta jacere, ut c. 36. προειπὼν (i. e. ὑποθέμενος), ὡς ποιήσομαι τοὺς λόγους. Mor.
ὑστερεῖν. 43.

Φ.

φαίνεσθαι cum participio (vid. ὅπτεσθαι, ὀφθῆναι) 15. 17. 29. 31. 34. C. 22. adde: Cfr. Fischer. ad Weller. Gr. Gr. T. III. P. II. p. 49. Ast. ad. Platon. Legg. p. 50. F. A. Wolf. ad Demosthen. orat. advers. Leptin. p. 259. 267.
φαῦλος 13. syn. ἀνόητος.
φαυλότης. 40.
φέρειν] φέρε. age vero, quæso. 49. τὰ πράγματα φέρεται ὁμοίως, ὥςπερ πρότερον. res eodem modo, ut antea, currunt. 1. Xen. Hellen. III. 4. 25. τὰ πράγματα φέρεται κακῶς. Thuc. II. 60. ἀνὴρ καλῶς φερόμενος. rebus secundis utens. Mor.
φιλίαι denotant συμμαχίας. 46.
φιλονεικεῖν περὶ καλλίστων. 24.
φιλοξένως. 10.
φιλοσοφεῖν. 1.
φιλοσοφία. 1, 13.
φιλοτιμεῖν ἐπί τινι. 12, 14, 22.
φιλοτίμως ἔχειν πρὸς ἀλλήλους. certare invicem, v. c. recte agendo. 24. Syn. φιλονεικεῖν, et c. 25. ἀγωνιζόμενοι, ubi varia lectio est φιλοτιμούμενοι. Mor.
φονικά. cædes. 10.
φυγαί. 32. 33.
φύλαξ τῆς εἰρήνης. 47.
φύσις ἀνθρωπίνη. 15, 25. φύσει. 42, 49. φ. καὶ μὴ διὰ τύχην. 36. φύσεις. 32, 41.

X.

χαλεπὸς ἀνταγωνιστής. 22.
χαλεπότης. 39.
χάριτες. 16.
χρεῖαι (τῶν καρπῶν). 6.
χρηματίζειν. 42.
χρῆσθαι τῇ θαλάττῃ. libere navigare, quousque velis. 34. Thucyd. p. 330. τῇ θαλάττῃ χρῆσθαι κατὰ τὴν ξυμμαχίαν. Mor. χρ. λόγῳ. 13. λόγοις. 22. ὅρκοις. ibid. διανοίαις. 23. τύχαις. 23. στρατεύματι. 40. ἀνδρίᾳ. 49.
χρόνος διατριφθεὶς περὶ τὸν λόγον. 2. χρόνου ἀξίως εἰπεῖν. ibid. χρόνον διέρχεσθαι. 5. χρόνοι. 24. περὶ τοὺς αὐτοὺς χρόνους. 9. διὰ χρόνου. 12.
χώρα] κατὰ χώραν. 47.

Ψ.

ψυχή. vita. 24. τὴν ἑαυτοῦ ψυχὴν παρασκευάζειν. 1.

Ω.

ὡς cum accusativo, omisso εἰς, ἐπὶ, πρὸς, ut ὡς ἡμᾶς c. 7. 12. 31. ὡς ἐκεῖνον 34. pro ὡς πρὸς ἐκεῖνον. v. Ernest. ad Xen. Mem. II. 7. 2. ὡς κωλύσοντες. quippe prohibituri. 25. Cf. Koen. ad Gregor. de dial. p. 31. ὡς συνταράξων pro ἵνα συνταράξῃ. 40. cf. Devar. de Partico. gr. I. p. 366. Mor.
ὡς ἐπὶ τὸ πολύ. in universum, summatim. 41. Rarior significatio: alibi est, plerumque. Idem.
ὥσπερ post αὐτός. 4. ὁμοίως. ibid.
ὥστε in eadem periodo post aliquam intercapedinem repetitum. 17. Simili modo in Archidam. c. 28. geminavit pronomen relativum. Cfr. etiam Lobeck. ad Ajac. p. 418.
ὠφέλειαι. 2. (τῶν καρπῶν). 6.

INDEX HISTORICUS
AD ISOCRATEM.

A.

B.

C.

D.

citu ducem illi dederunt. ibid. viribus Persarum et Cononis peritia (ad Cnidum) victi, fœdam Antalcidæ pacem fecerunt. 530. iis moderatio et obedientia in administranda republica haud abjudicanda. 531. peritia militari non prius usi sunt, quam Athenienses. 542. eorum civitas maxima beneficia in Græcos contulit, eosdemque post Xerxis expeditionem malis affecit. 543. eorum ad Athenienses ratio tempore Panathenaici. ibid. occupata Peloponneso factionibusque ortis plebem in servitutem redactam circa se in vicinia collocarunt, vitemque iis et exiguum agrum dederunt. 548. eorum Ephori servos pro lubitu trucidant. 549. eorum proceres tempore occupationis Peloponnesi in plebem iniqui. ibid. in Thermopylis semper laudati. 550. nihil unquam curæ fuit, quam res alienas possidere. ibid. tempore Panathenaici non ultra septingentos annos in Peloponneso habitabant. 554. a doctrina plus quam Barbari remoti. 555. ne literas quidem discunt. ibid. liberos suos malis artibus instruunt. 556. quotidie eos in agros mittunt ad furandum. ibid. deprehensi verberantur, cautis præmium datur. ibid. eorum belli exercitatio et peritia. 557. concordia eorum aliis semper noxia fuit. 560. origine Dores, Argos, Messenen et Lacedæmona invadunt. 568. quum Peloponnesum expugnabant, non plures numero fuerunt, quam duo millia. 569. omnes sibi Peloponnesi civitates præter Argos subjecerunt, et nunquam victi duce rege. ibid. in eorum civitate nunquam cædes, rapinæ, stupra uxorum etc. facta. 570. regum in bello virtus. 776. civitatis fortitudo ac temperantia, et reipublicæ status. ibid. eos multi secuti sunt corporibus, sed animis alieni. 587. prohibuerunt, ne Athenæ everterentur. 591. potentiam Atheniensium (in Hellesponto) frangunt. 592. in Thebanorum gratiam Athenienses perdiderunt. 597. tempore Panegyrici imperium Græciæ possidebant. 615. in bello Peloponnesiaco ab Alcibiade belli gerendi rationem discunt. 676. in eodem bello superiores Alcibiadis opera. 677.

Laomedon. 444.

Lapithæ. 471.

Leda sub specie cloris a Jove amata. 478.

Leucani. 415.

Lochites. 738.

Lycurgus imitatus est tantum Atheniensium priscæ administrationis formam, democratiam aristocratia (oligarchia) temperatam. 542.

Lysander Athenas oppugnans interdixit, ne quis Atheniensibus frumenta importaret. 719.

Lysandri catalogus. 710. 743.

Lysimachus, Isocratis in oratione de Antidosi adversarius. 605. 707.

M.

Magnetes. 258.

Medi. 450.

Medocus ὁ παλαιὸς, quem Athenienses colunt. 254.

Megalopolitæ. 271.

Megarenses pace sempiterna fruuntur. 431. maximas Græcorum domos possident, unde. ibid. illis Thebani minati sunt. 266.

Melii. 525. illorum adversa fortuna. 519.

Meliorum ἀνδραποδισμός. 208.

Melissus probare studuit, universum est unum. 465.

Menelaus immortalis redditus. 479. 521.

Menexenus. 690. 693.

Messenii. 271. Cresphontem interfecerunt. 300. viginti annos obsidionem Lacedæmoniorum sustinuerunt. 309. iidem. 514, 526.

Minerva de pulcritudine certans. 474, antep.

Minos, Cretensis. 554. sub illius imperio multæ turbæ de Cycladibus ortæ sunt. 514.

Mutilenæi. 590.

N.

Neleus. 299.

Nemesis a Jove amata, sub cloris specie. 478.

Neptunus, Cycni pater. 477.

Nestor. 300. 521. 526.

Nicias defenditur contra Euthynum in oratione ultima. 742. ditior Euthyno, ac dicendi peritior. 743.

Nicocles, Cyprius. 618. Evagoræ filius, regibus exemplum. 460.

Nicomachus Βατῆθεν. 709.

O.

Œdipi filius (Polynices). 546.

Olympii vocantur dii datores bonorum. 283. omni modo ab hominibus honorantur. ibid.

Orchomeniis tributa dare Thebanos æquum esset. 586.

Oropii Atheniensibus agrum donaverunt. 588.

Orpheus, deorum in primis calumniator, discerptus interiit, vid. ποιητής. mortuos ex Orco reduxit. 485. Busiride ætate posterior. ibid.

P.

Pæones. 258.

Panathenæa magna. 508.

Panathenaicus quomodo differat a Panegyrico. 255. 512. Panathenaici Sum-

R.

S.

INDEX GEOGRAPHICUS AD ISOCRATEM.

Consensus paginarum et versuum Editionis nostræ cum sectioni
Bekkeranæ in oratione de Permutatione.

	Bekk.
598. 1	1
601. 1	2
602. 5	3
ult.	4
603. 5	5
11	6
20	7
ult.	8
604. 6	9
16	10
20	11
pen.	12
605. 6	13
15	14
21	15
antep.	16
606. 3	17
10	18
20	19
antep.	20
607. 6	21
12	22
17	23
pen.	24
608. 8	25
15	26
20	27
24	28
609. 1	29
4	30
10	31
14	32
23	33
610. 4	34
10	35
15	36
23	37
antep.	38
611. 4	39
11	40
16	41
22	42
antep.	43
612. 5	44
14	45
19	46
25	47
613. 3	48
12	49
18	50
ult.	51
614. 7	52
13	53
19	54
27	55
antep.	56
615. 3	57

	Bekk.
615. 11	58
17	59
22	60
26	61
pen.	62
616. 6	63
13	64
16	65
22	66
617. 1	67
10	68
15	69
21	70
30	71
pen.	72
618. 13	73
19	74
23	75
31	76
619. 3	77
10	78
19	79
24	80
ult.	81
620. 8	82
12	83
21	84
26	85
33	86
621. 2	87
6	88
13	89
23	90
29	91
ult.	92
622. 7	93
12	94
18	95
25	96
30	97
623. 1	98
7	99
13	100
18	101
23	102
29	103
624. 3	104
6	105
11	106
18	107
27	108
625. 4	109
10	110
19	111
27	112
626. 1	113
11	114

	Bekk.
626. 17	115
24	116
28	117
627. 5	118
15	119
21	120
25	121
pen.	122
628. 7	123
17	124
24	125
29	126
629. 4	127
12	128
18	129
26	130
30	131
630. 1	132
7	133
12	134
17	135
24	136
30	137
631. 3	138
13	139
20	140
28	141
632. 5	142
11	143
19	144
29	145
633. 1	146
8	147
15	148
21	149
28	150
634. 2	151
6	152
14	153
21	154
25	155
635. 5	156
13	157
17	158
23	159
ult.	160
636. 7	161
13	162
20	163
27	164
ult.	165
637. 8	166
14	167
21	168
26	169
638. 3	170
9	171

	Bekk.		Bekk.		Bekk.		Bekk.
648. 27	229	654. 7	259	659. ult.	289	665. 27	319
ult.	230	11	260	660. 7	290	antep.	320
649. 8	231	15	261	14	291	666. 3	321
13	232	21	262	21	292	8	322
19	233	26	263	26	293	13	323
25	234	31	264	ult.	294	21	324
30	235	655. 2	265	661. 5	295	26	325
650. 1	236	10	266	11	296	ult.	326
6	237	16	267	18	297	667. 5	327
12	238	26	268	28	298	8	328
19	239	656. 6	269	ult.	299	16	329
24	240	12	270	662. 7	300	22	330
29	241	21	271	13	301	28	331
651. 3	242	26	272	19	302	pen.	332
11	243	657. 1	273	25	303	668. 4	333
17	244	5	274	pen.	304	10	334
22	245	11	275	663. 7	305	17	335
26	246	19	276	13	306	21	336
32	247	25	277	20	307	pen.	337
ult.	248	30	278	26	308	669. 5	338
652. 5	249	pen.	279	664. 1	309	12	339
11	250	658. 4	280	7	310	19	340
17	251	9	281	14	311	670. 1	341
25	252	15	282	21	312	9	342
pen.	253	22	283	26	313	16	343
653. 8	254	26	284	antep.	314	23	344
12	255	ult.	285	665. 3	315	pen.	345
18	256	659. 6	286	9	316	671. 4	346
24	257	11	287	15	317	9	347
ult.	258	18	288	20	318		

ADDENDA ET CORRIGENDA.

P. 97. in Var. Lect. infra Textum corr. ὀργῇ — p. 106. 5. dele τῶν — p. 112. 2. corr. ἢ χαλκὸν ἢ χρυσὸν, Coraes, casu nescio an industria, ἢ χαλκὸν omisit, meque in errorem duxit — p. 115. in Var. Lect. infra Textum corr. καθόλου — p. 144. in Var. Lect. infra Textum corr. καὶ τοῦ βασ. A. — p. 150. in Var. Lect. infra Textum corr. [1] ἂν βουλεύσαισθε π. α. — p. 189. in Var. Lect. infra Textum corr. [6] παρορᾶν A. L. — p. 209. in Var. Lect. infra Textum corr. [5] ἐποιοῦμεν L. — p. 223. 5. corr. πόλεις — p. 234. 5. corr. [3] τἀρχαῖα — p. 246. 4. corr. κατακτήσασθαι — p. 262. 6. corr. σοι [2] τοιοῦτον — p. 286. 16. corr. τῶν — p. 289. in Var. Lect. infra Textum corr. [5] παρὰ om. A. L. — p. 299. in Var. Lect. infra Textum corr. κινδύνοις — p. 302. 10. corr. δὲ — p. 303. 12. corr. ποιεῖσθαι τὴν — p. 309. 17. corr. ἐπάγουσιν — p. 314. 23. corr. ἔκ τε — p. 317. in Var. Lect. infra Textum corr. [4] παρακατοικήσωμεν — p. 369. 3. corr. ἐν [3] μόνοις — p. 382. in Var. Lect. infra Textum corr. νουνεχόντως — p. 412. 22. corr. κελεύουσιν — p. 434. 17. corr. [6] τῶν κακῶν τῶν — p. 446. in Var. Lect. infra Textum corr. μείζων — p. 453. 21. corr. μέν γε — p. ‘58· 1. corr. ἀπ. τῆς Ἑλλ. — p. 472. 1. corr. τήν τε Σκίρωνος καὶ — p. 529. in Var. Lect. infra Textum corr. [10] ἀμφότεροι — p. 532. 23. corr. ὧν — p. 539. 15. corr. αὐτὰς — p. 546. 3. corr. τραγῳδοδιδασκάλων — p. 552. antep. corr. αὐτῶν — p. 562. 3. corr. ὧνπερ — p. 572. 20. corr. μᾶλλόν — p. 582. 4. corr. ἂν καὶ δικ. — p. 685. in Var. Lect. infra Textum corr. [9] ἐπράττετε A. L. πράττετε C. — p. 698. 7. corr. ὦ ἄνδρες — p. 701. 24. corr. συγγράψας — p. 733. in Var. Lect. infra Textum add. [11] καὶ πολλοῦ A. C. L. — p. 746. 1. corr. ἀπάξειν — p. 751. in Var. Lect. infra Textum corr. ἐπιχειρῇ — p. 754. 23. corr. ἀποφαίνωσι — p. 757. 2. corr. [2] πόλει καὶ — p. 766. in Var. Lect. infra Textum corr. [12] μέρεσι — p. 769. in Var. Lect. infra Textum corr. διηγούμενα.

FINIS.

Londini imprimebat J. F. Dove in area quæ est Divi Joannis.

Lightning Source UK Ltd.
Milton Keynes UK
UKHW021354100219
336936UK00006B/257/P

9 780332 275